DICIONÁRIO BÁSICO

INGLÊS–PORTUGUÊS
PORTUGUÊS–INGLÊS

global

© Porto Editora, S.A. – 2017 www.portoeditora.pt
Título original: *Dicionário inglês-português/português-inglês*
A Global Editora tem autorização para proceder à adaptação
e publicação desta obra.

1ª Edição, Global Editora, São Paulo 2019
1ª Reimpressão, 2025

Jefferson L. Alves – diretor editorial
Dulce S. Seabra – gerente editorial
Flávio Samuel – gerente de produção
Juliana Campoi – assistente editorial
Thereza Pozzoli – adaptação
Daniela Binazzi – assessoria didática
Zareth Serviços Ltda. – revisão
Tathiana Inocêncio – diagramação e capa

CIP-BRASIL. CATALOGAÇÃO NA PUBLICAÇÃO
SINDICATO NACIONAL DOS EDITORES DE LIVROS, RJ

D542
　Dicionário básico inglês–português, português–inglês / Porto Editora. – 1. ed. – São Paulo : Global, 2019.
　768 p. ; 21 cm.

　ISBN 978-85-260-2503-5

　1. Língua inglesa – Dicionários – Português. 2. Língua portuguesa – Dicionários – Inglês. I. Porto Editora.

19-60268
　　　　　　　　　　　　　　　　CDD: 423.69
　　　　　　　　　　　　　　　　CDU: (038)=134.3=111

Meri Gleice Rodrigues de Souza – Bibliotecária CRB-7/6439

Obra atualizada conforme o
NOVO ACORDO ORTOGRÁFICO DA LÍNGUA PORTUGUESA

global
editora

Global Editora e Distribuidora Ltda.
Rua Pirapitingui, 111 – Liberdade
CEP 01508-020 – São Paulo – SP
Tel.: (11) 3277-7999
e-mail: global@globaleditora.com.br

(g) grupoeditorialglobal.com.br　　(◎) @globaleditora
(💬) blog.grupoeditorialglobal.com.br　(in) /globaleditora
(f) /globaleditora　　　　　　　　(d) @globaleditora
(▶) /globaleditora　　　　　　　　(X) @globaleditora

Direitos reservados.
Colabore com a produção científica e cultural.
Proibida a reprodução total ou parcial desta
obra sem a autorização do editor.

Nº de Catálogo: **3799**

Sumário

Como usar o dicionário	4
Abreviaturas de classes gramaticais	6
Rubricas, ou áreas de conhecimento	7
Usos da linguagem e registros sociais	8
Símbolos	9
Dicionário de Inglês–Português	11
Dicionário de Português–Inglês	417
Apêndices	755
Anos escolares nos Estados Unidos da América	757
Anos escolares na Grã-Bretanha	758
Comparativo de anos escolares	759
Numerais cardinais	760
Ponto ou vírgula na indicação de milhares e fracionários	761
Numerais ordinais	762
Numerais fracionários	763
Datas em inglês americano	764
Datas em inglês britânico	764
Abreviaturas ligadas a datas	765
Os dois sons do TH em inglês	765
O som do R em inglês	765
Unidades de medida americanas e britânicas	766
Bibliografia	767

Como usar o dicionário

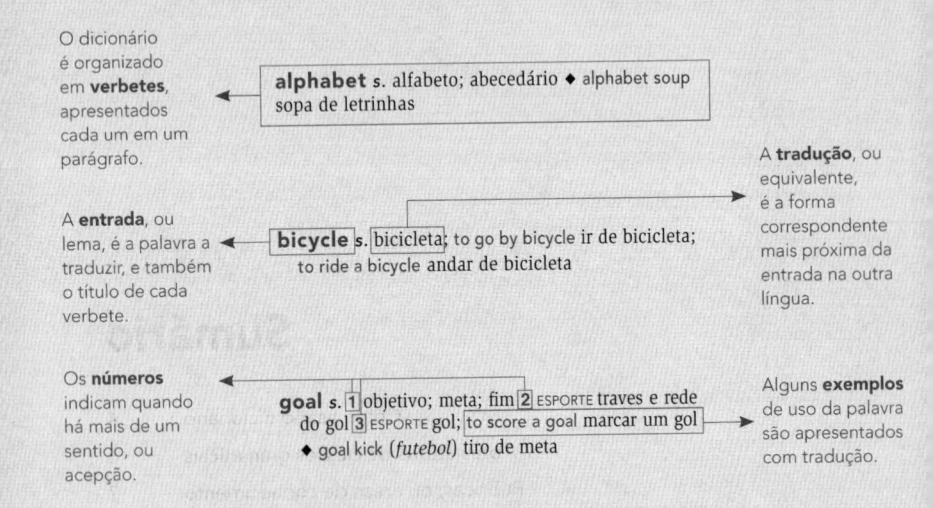

O dicionário é organizado em **verbetes**, apresentados cada um em um parágrafo.

> **alphabet** s. alfabeto; abecedário ♦ alphabet soup sopa de letrinhas

A **entrada**, ou lema, é a palavra a traduzir, e também o título de cada verbete.

> **bicycle** s. bicicleta; to go by bicycle ir de bicicleta; to ride a bicycle andar de bicicleta

A **tradução**, ou equivalente, é a forma correspondente mais próxima da entrada na outra língua.

Os **números** indicam quando há mais de um sentido, ou acepção.

> **goal** s. 1 objetivo; meta; fim 2 ESPORTE traves e rede do gol 3 ESPORTE gol; to score a goal marcar um gol ♦ goal kick (*futebol*) tiro de meta

Alguns **exemplos** de uso da palavra são apresentados com tradução.

As **expressões** e **frases** de cada idioma são tratadas em parte separada de cada verbete, após o símbolo ♦.

> **ice** s. 1 gelo; ice cube/pick cubo/picador de gelo 2 Grã-Bretanha antiquado sorvete ■ v. 1 (*bolo*) cobrir com glacê 2 gelar 3 (*bebida*) pôr gelo ♦ figurado to break the ice quebrar o gelo (*projeto*) to keep on ice deixar em banho-maria to skate on thin ice estar em uma situação delicada ice cream sorvete ice cream cone sorvete de casquinha ice cream parlour sorveteria vanilla ice cream sorvete de baunilha ice hockey hóquei no gelo Grã-Bretanha ice lolly picolé ice skate patim de gelo ice skating patinação no gelo EUA ice water água gelada

A **classe gramatical** é indicada na tipologia especial e se aplica a uma ou mais acepções. A mudança de classe gramatical é indicada com um ■.

> **jazz** s. 1 MÚSICA jazz 2 calão disparates; asneiras; bobagens; don't give me that jazz! não me venha com histórias! 3 calão animação ■ adj. de jazz; jazzístico

> **legend** s. lenda • A palavra "legenda", em inglês, traduz-se por *subtitle, caption*.

As **notas explicativas** foram elaboradas para o aluno brasileiro e são sinalizadas com a •.

A **região** é indicada pelos rótulos EUA ou Grã-Bretanha, tanto na língua consultada quanto na língua de resultado.

aeroplano *s.m.* aeroplane Grã-Bretanha; airplane EUA

capa *s.f.* 1 (*manto*) cloak; (*jaqueta*) cape 2 (*caderno*, *livro*) cover 3 (*papéis*) folder

Um **sinônimo** pode ser indicado entre parênteses, antes da tradução.

Os **usos da linguagem**, ou registros diferenciados, são indicados antes do equivalente.

coração *s.m.* 1 ANATOMIA heart 2 figurado centre, middle 3 figurado kindness; generosity; pessoa com coração a kind sort of person ♦ de bom coração kind-hearted de partir o coração heartbreaking do fundo do coração straight from the heart

fruto *s.m.* 1 BOTÂNICA fruit; árvore de fruto fruit tree; frutos secos dried fruit 2 (*resultado*) result, effect 3 (*lucro*) profit; reward ♦ dar fruto to bear fruit o fruto proibido é o mais apetecido stolen sweets are best

A **área de conhecimento** identifica sentidos especializados, termos técnicos e vocabulário estudado por disciplinas.

As **combinações mais usadas** de cada sentido são indicadas após ponto e vírgula.

papagaio *s.m.* 1 ZOOLOGIA parrot 2 (*de papel*) kite; soltar um papagaio to fly a kite

reta *s.f.* 1 (*linha*) straight line 2 (*estrada*) stretch of a straight road ♦ na reta final in the closing stages

As **expressões e frases** são apresentadas após o símbolo ♦.

As **preposições**, ou regência, são indicadas para as duas línguas. Caso não se use preposição na outra língua, consta um traço.

tocar *v.* 1 MÚSICA (*instrumento*) to play; to blow (a trumpet, a horn) 2 (*com as mãos*) to touch (em, –); ele gosta de tocar em tudo he likes to touch everything 3 (*estar próximo de*) to be contiguous to 4 figurado (*comover*) to move; to touch 5 (*campainha*) to ring; estão tocando a campainha the doorbell is ringing; o telefone está tocando the phone is ringing 6 (*sino*) to ring; to toll 7 (*assunto*) to mention (em, –); to talk (em, *about*); ele se recusa a tocar nesse assunto he refuses to talk about that **tocar-se** *v.pr.* coloquial to realize ♦ pelo que me toca as far as I am concerned

Abreviaturas de classes gramaticais

adj.	adjetivo
adv.	advérbio
art.	artigo
conj.	conjunção
def.	definido
dem.	demonstrativo
elem.	elemento
f.	feminino
indef.	indefinido
interj.	interjeição
interr.	interrogativo
loc.	locução
m.	masculino
num.	numeral
pess.	pessoal
pl.	plural
poss.	possessivo
prep.	preposição
pron.	pronome
refl.	reflexivo
rel.	relativo
s.	substantivo
v.	verbo
2g.	dois gêneros
2n.	dois números

Rubricas, ou áreas de conhecimento

AERONÁUTICA
AGRICULTURA
ANATOMIA
ARQUITETURA
ARTES PLÁSTICAS
ASTRONOMIA
AUDIOVISUAL
BIOLOGIA
BOTÂNICA
CINEMA
CULINÁRIA
DIREITO
ECONOMIA
ELETRICIDADE
ESPORTE
FARMÁCIA
FILOSOFIA
FÍSICA
FOTOGRAFIA
GEOGRAFIA

GEOLOGIA
GEOMETRIA
HISTÓRIA
INFORMÁTICA
LINGUÍSTICA
LITERATURA
MATEMÁTICA
MECÂNICA
MEDICINA
METEOROLOGIA
MITOLOGIA
MÚSICA
NÁUTICA
POLÍTICA
PSICOLOGIA
QUÍMICA
RELIGIÃO
TEATRO
VETERINÁRIA
ZOOLOGIA

Usos da linguagem e registros sociais

ant.	antiquado	Indica vocábulo (palavra) ou sentido que caiu em desuso, sendo encontrado em textos antigos e poucos contextos atuais.
arc.	arcaico	Palavra ou sentido usado apenas em textos antigos.
cal.	calão	Indica vocábulo usado por grupos restritos ou marginais, geralmente de caráter expressivo, humorístico e/ou transgressor.
col.	coloquial	Indica vocábulo usado em situações informais.
fig.	figurado	Indica sentido diferente do básico, do literal.
form.	formal	Indica palavra ou sentido próprio de um nível de linguagem culto ou extremamente convencional.
infant.	infantil	Indica palavra própria das crianças ou que os adultos utilizam quando falam com crianças.
lit.	literário	Marca sentido usado apenas na literatura.
ofens.	ofensivo	Marca palavra ou sentido desagradável ou insultuoso.
pej.	pejorativo	Indica sentido com conotação desfavorável ou negativa.
pop.	popular	Indica vocábulo usado no cotidiano, mais ligado à comunicação oral, à linguagem informal.
téc.	técnico	Indica palavra de área técnica ou especializada.
vulg.	vulgarismo	Indica vocábulo grosseiro ou obsceno.

Símbolos

◆	Indica expressões em que o vocábulo da entrada se combina com outras palavras.
1, 2, ...	Os números separam as acepções, ou sentidos, da palavra.
■	Indica alteração na classe gramatical.
[ ]	Delimitam condições gramaticais dentro do verbete.
( )	Delimitam contextos, sinônimos, variantes geográficas, regências preposicionais, complementos e palavras ou letras que podem ser omitidas.
/	Indica alternativa: sanduíche de presunto e/ou queijo.
/ê/, /é/	Indica pronúncia: *colher* /ê/ para o verbo, *colher* /é/ para o talher.
•	Apresenta uma nota explicativa para o leitor.

Inglês–Português

A

a¹ s. (letra) a A MÚSICA (nota) lá ♦ from A to Z de A a Z not to know A from B ser ignorante

a² art.indef. um; uma ■ prep. por; cada; 5 dollars a person 5 dólares por pessoa; twice a week duas vezes por semana ♦ Emprega-se o artigo **a** antes de substantivos iniciados por som consonântico (*a dog*), por "h" pronunciado (*a house*), do som / iu/ (*a university, a European*) ou de "y" (*a yacht*). A forma **an** é usada antes de som vocálico (*an elephant*) ou de "h" não pronunciado (*an hour*).

aback adv. to be taken aback ser pego de surpresa, ficar chocado com

abacus s. ábaco

abandon v. 1 abandonar; deixar; to abandon all hope of perder qualquer esperança de 2 desistir de ■ s. despreocupação; in abandon despreocupadamente

abandoned adj. abandonado; largado

abandonment s. 1 abandono 2 desistência 3 deserção 4 entrega 5 pejorativo despreocupação

abase v. to abase oneself rebaixar-se, humilhar-se

abate v. 1 diminuir; reduzir; new measures to abate crime novas medidas para reduzir a criminalidade 2 enfraquecer

abatement s. diminuição; redução; abatimento, desconto

abattoir s. matadouro

abbess s. abadessa

abbey s. abadia; mosteiro

abbot s. abade

abbreviate v. abreviar (to, para); The name United States of America is abbreviated to EUA O nome "Estados Unidos da América" é abreviado EUA

abbreviated adj. abreviado

abbreviation s. abreviatura

ABC s. 1 abc; abecedário 2 (*noções fundamentais*) bê-á-bá; abc

abdicate v. abdicar; renunciar; the king abdicated o rei abdicou; to abdicate a right renunciar a um direito ♦ to abdicate (your) responsibility for declinar da responsabilidade por

abdication s. 1 abdicação 2 renúncia

abdomen s. ANATOMIA abdome

abdominal adj. abdominal; abdominal pains dores abdominais

abduct v. 1 raptar; sequestrar 2 ANATOMIA abduzir

abduction s. 1 rapto; sequestro 2 ANATOMIA, FILOSOFIA abdução

abductor s. 1 raptor 2 (*músculo*) abdutor

aberrant adj. aberrante; anormal

aberration s. aberração

abet v. (*a um crime*) incitar; encorajar

abide v. suportar; tolerar; he can't abide incompetence ele não suporta incompetência abide by v. acatar; respeitar

abiding adj. permanente; duradouro

ability s. aptidão; capacidade; competência ♦ ability to pay solvência to the best of one's ability o melhor que se pode

abiotic adj. BIOLOGIA abiótico

abiu s. BOTÂNICA abiu

abject adj. 1 abjeto; miserável 2 total; completo; abject poverty pobreza absoluta

abjection s. abjeção

abjuration s. abjuração

abjure v. abjurar; renunciar a

ablation s. MEDICINA, GEOLOGIA ablação

able adj. capaz; competente; to be able to poder, conseguir, ser capaz de

ably adv. habilmente; competentemente

abnegation s. abnegação

abnormal adj. 1 anormal 2 estranho; não usual

abnormality s. anormalidade; anomalia

aboard adv. a bordo; all aboard! todos a bordo! ■ prep. a bordo de; to go aboard a train embarcar em um trem

abolish v. abolir

abolition s. abolição; the abolition of slavery a abolição da escravatura

abolitionism s. abolicionismo

abolitionist s. abolicionista

abominable adj. abominável; horrível ♦ Abominable Snowman Abominável Homem das Neves

abominate v. abominar; detestar

abomination s. abominação

aboriginal adj., s. aborígine

aborigine s. aborígene

abort v. 1 abortar 2 (*missão, plano*) interromper; cancelar

abortion s. (*interrupção voluntária da gravidez*) aborto

abortive adj. abortado; falhado; frustrado; the plan proved abortive o plano acabou por não dar certo

abound v. abundar (with, em); estar repleto (in, de); the river abounded in fish o rio estava repleto de peixes

about prep. 1 sobre; a respeito de; a book about shells um livro sobre conchas 2 cerca de; a child of about four uma criança com cerca de quatro anos 3 quase; prestes; I was about to leave eu estava prestes a sair 4 por; he wandered about the town for an hour vagueou pela cidade durante uma hora 5 em; there's something about him that I like há algo nele que eu gosto ■ adv. 1 por todo o lado; the dog followed him about o cachorro o seguia por todo o lado 2 por aqui; she's somewhere about ela está em algum lugar por aqui ♦ go about your own business! cuide da sua vida! how about this? que tal? I know what I am about sei muito bem onde estou me metendo that's about it é isso aí what are you about? o que você está tramando?

above

above *prep.* 1 sobre; por cima de; above the clouds por cima das nuvens; orders from above ordens superiores 2 superior a; acima de; above average acima da média ■ *adv.* 1 de cima; the room above o quarto de cima 2 anteriormente; as I mentioned above conforme mencionei acima 3 mais de; children of 10 and above crianças de 10 anos ou mais ◆ above all sobretudo; to get above oneself julgar-se superior aos outros

above-board *adj.* legítimo; legal

above-mentioned *adj.* supracitado; supramencionado

abracadabra *s.* abracadabra

abrasion *s.* 1 (*pele*) arranhão; esfoladura 2 desgaste; fricção

abrasive *adj.* 1 abrasivo 2 figurado cáustico, contundente ■ *s.* abrasivo ◆ abrasive paper lixa

abreast *adv.* lado a lado (of, *com*) ◆ to keep abreast of/with something manter-se a par de algo manter-se atualizado

abridge *v.* abreviar; resumir; encurtar

abridged *adj.* abreviado, resumido

abridgement *s.* 1 resumo 2 redução; diminuição

abroad *adv.* no exterior; para o exterior; to be back from abroad regressar do exterior; to go abroad ir para o exterior ◆ there's a rumour abroad that... dizem por aí que...

abrupt *adj.* 1 repentino; an abrupt change uma mudança repentina 2 brusco; rude; abrupt manners maneiras rudes

abruptly *adv.* bruscamente; repentinamente; abruptamente

abscess *s.* MEDICINA abscesso

abscissa *s.* GEOMETRIA abcissa

abseil *s.* Grã-Bretanha ESPORTE rapel ■ *v.* Grã-Bretanha ESPORTE fazer rapel

abseiling *s.* Grã-Bretanha ESPORTE rapel

absence *s.* 1 ausência 2 falta; absence of evidence falta de provas ◆ absence makes the heart grow fonder longe dos olhos, perto do coração

absent[1] *adj.* 1 ausente (from, *de*) 2 distante; distraído ◆ long absent, soon forgotten quem não é visto não é lembrado

absent[2] *v.* to absent oneself from ausentar-se de, retirar-se de

absentee *s.* pessoa ausente; faltoso

absenteeism *s.* absenteísmo

absent-minded *adj.* distraído; esquecido

absent-mindedly *adv.* distraidamente

absent-mindedness *s.* distração

absinth, absinthe *s.* absinto

absolute *adj.* 1 absoluto; completo; total; absolute majority maioria absoluta; absolute power poder absoluto 2 coloquial verdadeiro, perfeito; an absolute fool um perfeito idiota ■ *s.* absoluto

absolutely *adv.* 1 absolutamente; absolutely nothing absolutamente nada 2 completamente; totalmente ■ *interj.* (*concordância*) claro!; certamente! ◆ absolutely not! de jeito nenhum! de forma alguma!

absolution *s.* RELIGIÃO absolvição; perdão

absolutism *s.* HISTÓRIA, POLÍTICA absolutismo

absolutist *adj., s.* HISTÓRIA, POLÍTICA absolutista

absolve *v.* 1 absolver (from/of, *de*); to be absolved from blame ser absolvido de todas as culpas 2 perdoar (from/of, –); he was absolved of all his sins obteve a remissão de todos os pecados

absorb *v.* 1 absorver; incorporar 2 amortecer; to absorb a shock amortecer um choque 3 captar a atenção de

absorbent *adj., s.* absorvente; absorbent material material absorvente

absorption *s.* 1 absorção 2 (*choque*) amortecimento 3 integração; the absorption of immigrants a integração de imigrantes 4 concentração, fascinação

abstain *v.* privar-se (from, *de*); abster-se (from, *de*); to abstain from voting abster-se de votar

abstainer *s.* POLÍTICA abstencionista

abstemious *adj.* sóbrio; moderado

abstention *s.* abstenção; the abstention rate increased a taxa de abstenção aumentou

abstentionism *s.* abstencionismo

abstinence *s.* abstinência (from, *de*)

abstinent *adj.* abstinente

abstract[1] *adj.* abstrato; abstract art arte abstrata; abstract noun substantivo abstrato ■ *s.* resumo; sinopse ◆ in the abstract de forma geral

abstract[2] *v.* 1 resumir 2 extrair (from, *de*) 3 coloquial surrupiar; furtar às escondidas

abstraction *s.* (*processo, conceito, arte*) abstração

abstruse *adj.* complexo; obscuro ● É diferente de *obstuse.*

absurd *adj.* absurdo; that's absurd! isso é um absurdo!

absurdity *s.* absurdo

abundance *s.* abundância; fartura; to live in abundance viver na abundância

abundant *adj.* abundante (in, *em*); rico (in, *em*)

abundantly *adv.* abundantemente; em abundância

abuse[1] *s.* 1 abuso; abuse of power abuso de poder 2 maus-tratos; physical abuse maus-tratos físicos 3 insultos; injúrias

abuse[2] *v.* 1 abusar; maltratar 2 abusar de; aproveitar-se de 3 insultar; injuriar

abusive *adj.* 1 abusivo; insultuoso; ofensivo 2 violento

abut *v.* ser contíguo (on/onto, *a*); confinar (on/onto, *com*)

abyss *s.* abismo

abyssal *adj.* abissal; abismal

acacia *s.* BOTÂNICA acácia

academic *adj.* acadêmico; universitário; academic year ano letivo ■ *s.* acadêmico; professor universitário

academy *s.* 1 academia; naval academy escola naval; military academy colégio militar 2 escola superior

acarus *s.* ZOOLOGIA ácaro

accede *v.* 1 aceder (to, *a*); he acceded to my request ele acedeu ao meu pedido 2 ocupar (to, *a*); to accede to the throne subir ao trono

accelerate *v.* acelerar

acceleration *s.* aceleração

accelerator *s.* acelerador; to step on the accelerator pisar no acelerador

accent[1] *s.* 1 pronúncia; sotaque; he had a strange accent ele tinha uma pronúncia estranha 2 (*sinal*

gráfico) acento **3** ênfase; to put the accent on destacar, salientar
accent² *v.* **1** acentuar **2** destacar, salientar
accentuate *v.* **1** salientar; realçar **2** (*sílaba, palavra*) acentuar
accentuation *s.* acentuação
accept *v.* **1** (*oferta, proposta*) aceitar **2** admitir; he refused to accept she was right ele se recusava a admitir que ela estava certa • É diferente de *except*.
acceptable *adj.* **1** aceitável; acceptable to all parties aceitável para todos **2** satisfatório **3** admissível; that is not acceptable isso não é admissível
acceptance *s.* **1** aceitação **2** acolhimento; recepção; to meet with general acceptance ter aprovação geral
acceptation *s.* aceitação
access *s.* acesso (to, *a*); access to the Internet acesso à Internet; easy/difficult of access de fácil/difícil acesso; to gain access (to) ter acesso (a), entrar (em); to give/have access to dar/ter acesso a *v.* INFORMÁTICA acessar a ◆ access road (*via de entrada*) acesso access provider provedor de Internet • É diferente de *except*.
accessibility *s.* acessibilidade
accessible *adj.* acessível (to, *a*); his book is accessible to everyone o livro dele é acessível a todos
accession *s.* **1** (*poder, trono*) ascensão (to, *a*) **2** entrada; ingresso; the accession of new member states to the European Union a entrada de novos estados-membros na União Europeia **3** consentimento **4** (*museu, biblioteca*) nova aquisição
accessory *s.* **1** (*roupas, equipamentos*) acessório **2** (*pessoa*) cúmplice ■ *adj.* acessório; adicional
accident *s.* **1** acidente; road/traffic accident acidente de trânsito; to have an accident ter um acidente **2** acaso; by accident sem querer, por acaso ◆ accidents will happen acidentes acontecem
accidental *adj.* acidental • É diferente de *incidental*.
accidentally *adv.* por acaso; acidentalmente, sem intenção
acclaim *v.* **1** aclamar; proclamar **2** elogiar; aplaudir; his new book has been widely acclaimed seu novo livro tem sido muito elogiado ■ *s.* aclamação; aplauso; elogios; to receive critical acclaim ter boas críticas
acclamation *s.* **1** aclamação **2** aplauso; boa aceitação
acclimatization, aclimation EUA ■ *s.* aclimatação
acclimatize, acclimate EUA ■ *v.* aclimatar(-se) (to, *a*); adaptar(-se) (to, *a*)
acclivity *s.* aclive
accolade *s.* **1** elogio; louvor; honra **2** reconhecimento; prêmio
accommodate *v.* **1** alojar; hospedar **2** ter espaço para; the house can accommodate a big family a casa tem espaço para uma família numerosa **3** satisfazer as necessidades de; I changed the date to accommodate him mudei a data para conveniência dele **4** ter em conta; contemplar; our plan accommodates everyone o nosso plano contempla todo mundo **5** adaptar; to accommodate oneself to adaptar-se a

accommodating *adj.* prestativo; pronto para ajudar, conciliador
accommodation *s.* Grã-Bretanha alojamento; the price includes flights and accommodation o preço inclui voo e alojamento
accompaniment *s.* MÚSICA, CULINÁRIA acompanhamento
accompanist *s.* MÚSICA músico que faz acompanhamento
accompany *v.* acompanhar; she accompanied him to the museum ela foi com ele ao museu
accomplice *s.* cúmplice
accomplish *v.* **1** realizar **2** conseguir; cumprir
accomplished *adj.* **1** realizado; acabado; an accomplished fact um fato consumado **2** bem-sucedido **3** talentoso
accomplisher *s.* realizador
accomplishment *s.* **1** realização; concretização **2** feito; façanha accomplishments *s.pl.* talentos, dotes, habilidades; cooking was among his accomplishments a culinária era uma das suas habilidades
accord *s.* (*harmonia, pacto*) acordo ■ *v.* **1** conceder (to, *a*) **2** concordar (with, *com*) ◆ in accord with de acordo com of one's own accord espontaneamente with one accord unanimemente
accordance *s.* in accordance with em conformidade com
according to *loc.* de acordo com; conforme; segundo; according to law pela lei; legalmente; according to plan como planejado, como previsto
accordingly *adv.* **1** em conformidade **2** por consequência; por conseguinte
accordion *s.* MÚSICA acordeom
accordionist *s.* MÚSICA acordeonista
account *s.* **1** (*banco*) conta; Grã-Bretanha current account conta-corrente; deposit account conta bancária para depósito; on account por conta **2** registro **3** relato; descrição **4** importância; valor; of no account sem importância accounts *s.pl.* contabilidade; to do/keep the accounts fazer as contas, fazer a contabilidade ■ *v.* antiquado considerar, reconhecer como; I account myself happy considero-me feliz ◆ on account of por causa de, por conta de on every account em todos os aspectos on no account em nenhuma circunstância to call somebody to account for exigir explicações de alguém to take into account levar em consideração to account for *v.* **1** explicar; justificar **2** representar **3** acabar com
accountability *s.* responsabilidade
accountable *adj.* responsável (for, *por*); they are accountable for what they do são responsáveis pelo que fazem
accountancy *s.* (*profissão*) contabilidade
accountant *s.* contador, contabilista
accounting *s.* (*profissão*) contabilidade
accredit *v.* **1** acreditar; credenciar **2** oficializar; homologar **3** autorizar **4** atribuir
accreditation *s.* acreditação
acculturation *s.* aculturação
accumulate *v.* acumular(-se); juntar(-se)
accumulated *adj.* acumulado

accumulation

accumulation s. acúmulo; acumulação
accumulative adj. acumulativo
accumulator s. ELETRICIDADE acumulador
accuracy s. exatidão; precisão
accurate adj. 1 exato; preciso 2 correto 3 (tiro) certeiro
accurately adv. 1 com precisão; com exatidão 2 fielmente
accusation s. acusação; denúncia; to bring an accusation against apresentar uma denúncia contra
accuse v. acusar (of, de)
accused s. DIREITO acusado; to stand accused of ser acusado de
accuser s. DIREITO acusador
accustom v. acostumar (to, a); habituar (to, a); to accustom oneself to acostumar-se a, adaptar-se a
accustomed adj. acostumado (to, a); habituado (to, a); to become/get accustomed to acostumar-se a, habituar-se a
ace s. ás; ace of spades ás de espadas; a soccer ace um ás do futebol ■ adj. coloquial fantástico; an ace driver um ás do volante ◆ to be/come within an ace of faltar muito pouco para to have an ace up one's sleeve ter uma carta na manga, ter um recurso guardado
acellular adj. BIOLOGIA acelular
acephalia s. acefalia
acephalous adj. acéfalo
acetate s. QUÍMICA acetato
acetic adj. acético; sour; QUÍMICA acetic acid ácido acético
acetone s. acetona
ache s. dor ■ v. 1 doer; I am aching all over todo o meu corpo dói; my head aches minha cabeça está doendo, estou com dor de cabeça 2 estar ansioso (for/to, por); I was aching to meet him eu estava ansiosa para me encontrar com ele
achieve v. 1 atingir; alcançar; conseguir; to achieve success alcançar o sucesso 2 realizar; concretizar
achievement s. 1 realização 2 façanha; feito
achiever s. empreendedor
aching adj. dolorido
achromatic adj. acromático
acid s. QUÍMICA ácido ◆ acid rain chuva ácida acid test prova de fogo
acidity s. acidez
acknowledge v. 1 admitir; to acknowledge oneself beaten admitir a derrota, dar-se por vencido 2 reconhecer; an acknowledged expert um perito reconhecido 3 agradecer ◆ to acknowledge receipt of acusar o recebimento de
acknowledgement, acknowledgment s. 1 reconhecimento 2 manifestação de apreço; in acknowledgement of como reconhecimento por 3 aviso de recebimento acknowledgements, acknowledgments s.pl. (livro, jornal) agradecimentos
acne s. MEDICINA acne
acorn s. (fruto do carvalho) bolota, boleta, glande
acoustic adj. acústico; acoustic guitar violão acústico
acoustics s. (estudo do som) acústica ■ s.pl. (de local) acústica; the acoustics are excellent tem uma acústica excelente

acquaint v. 1 familiarizar (with, com); to be acquainted with estar familiarizado com, conhecer; to become/get acquainted with somebody travar conhecimento com, conhecer alguém 2 informar; he acquainted me with the facts ele me informou do sucedido
acquaintance s. 1 conhecimento; I have some acquaintance on the matter tenho algum conhecimento sobre o assunto; somebody of my acquaintance um conhecido meu; to make somebody's acquaintance conhecer alguém 2 (pessoa) conhecido
acquire v. 1 (bens, conhecimentos, reputação) adquirir 2 (informação) obter; conseguir 3 (hábito) adotar
acquisition s. aquisição
acquit v. DIREITO absolver (of, de); to acquit oneself (well/badly) sair-se (bem/mal)
acquittal s. DIREITO absolvição
acre s. (medida) acre ◆ coloquial acres of space muito espaço
acrid adj. 1 acre 2 figurado mordaz; sarcástico
acrimonious adj. 1 mordaz; sarcástico 2 (discussão) aceso; violento
acrimony s. acrimônia
acrobat s. acrobata
acrobatic adj. acrobático
acrobatics s.pl. 1 acrobacia 2 figurado agilidade
acronym s. acrônimo
acropolis s. acrópole
across prep. 1 através de; por; across the street do outro lado da rua; they ran across the road atravessaram a rua correndo 2 sobre; flight across the Pacific voo sobre o Pacífico ■ adv. de um lado ao outro; the river is 12 km across o rio tem 12 km de largura; to swim across atravessar a nado; the project was accepted across the board o projeto foi inteiramente aceito
acrostic s. LITERATURA acróstico
acrylic adj. acrílico ■ s. acrílico
act s. 1 ato; ação; act of terrorism ato terrorista 2 (espetáculo) número; a circus act um número de circo 3 TEATRO ato 4 lei; Act of Parliament lei ■ v. 1 agir, atuar; you must act now você tem que agir agora 2 atuar; representar 3 (advogado) representar; a lawyer acted on his behalf teve um advogado o representando 4 fingir; to act the fool se fazer de bobo ◆ an act of God uma ocorrência natural, imprevisível get your act together organize-se, recomponha-se in the act em flagrante delito to act upon a belief agir de acordo com uma crença to put on an act fingir
acting s. 1 (artes dramáticas) representação; interpretação 2 (atividade) teatro ■ adj. provisório; interino; acting president presidente interino
actinian s. ZOOLOGIA actínia
actinium s. QUÍMICA (elemento químico) actínio
action s. 1 ação; a person of action uma pessoa de ação 2 (comportamento) ato; atuação 3 combate ◆ out of action 1 fora de serviço desativado 2 fora de ação to go/put into action entrar/pôr em ação to take action tomar providências action film/movie filme de ação

action-packed *adj.* cheio de ação; cheio de aventura
activate *v.* ativar; acionar
activation *s.* acionamento
active *adj.* 1 ativo; (*medicamento*) active principle princípio ativo; active voice voz ativa 2 (*vulcão*) em atividade
activism *s.* ativismo
activist *s.* ativista; human rights activist ativista dos direitos humanos
activity *s.* atividade
actor *s.* ator; leading/supporting actor ator principal/secundário
actress *s.* atriz
actual *adj.* 1 verdadeiro; real; an actual fact um fato real 2 exato; his actual words were... o que ele disse exatamente foi... 3 propriamente dito; the actual ceremony takes more than one hour a cerimônia propriamente dita demora uma hora ♦ in actual fact na realidade ● As palavras inglesas **actual**, **actuality** e **actually** não têm o sentido das palavras portuguesas *atual*, *atualidade* e *atualmente*.
actuality *s.* realidade; in actuality na realidade actualities *s.pl.* condições reais; the actualities of hospitals as condições reais dos hospitais
actually *adv.* 1 na realidade; na verdade; de fato 2 mesmo; are you actually going to sell it? você vai mesmo vendê-lo?
actuate *v.* 1 acionar 2 motivar
acuity *s.* acuidade
acumen *s.* perspicácia
acupuncture *s.* acupuntura
acupuncturist *s.* acupunturista, acupuntor
acute *adj.* 1 agudo; acute accent acento agudo; acute angle ângulo agudo 2 intenso 3 aguçado 4 (*raciocínio*) perspicaz; acute intelligence inteligência viva
ad *s.* coloquial anúncio ● É diferente de *add*.
A.D. sigla de Anno Domini, que significa "Ano do Senhor" em latim e indica ano ou século depois do nascimento de Jesus Cristo
adage *s.* adágio; provérbio
adagio *adv., s.* MÚSICA adágio
adapt *v.* adaptar(-se); to adapt for television adaptar para a televisão; to adapt oneself to a new way of life adaptar-se a um novo estilo de vida ● É diferente de *adopt*.
adaptable *adj.* adaptável
adaptation *s.* adaptação; adaptation to the environment adaptação ao ambiente; a film adaptation of a novel uma adaptação cinematográfica de um romance
adapter, adaptor *s.* 1 adaptador 2 (*plugue*) benjamim, adaptador
add *v.* 1 adicionar; acrescentar 2 juntar; anexar 3 (*contas*) somar ♦ to add insult to injury ainda por cima add up *v.* 1 somar, adicionar 2 fazer sentido
addendum *s.* adendo, adenda
adder *s.* ZOOLOGIA víbora
addicted *adj.* 1 viciado (to, *em*) 2 figurado fanático (to, *de/por*); entusiasta (to, *de/por*)
addiction *s.* 1 (*vício*) dependência (to, *de*) 2 dependência química; vício em drogas

administer

addictive *adj.* que causa dependência; viciante
addition *s.* 1 aumento; acrescento; there was an addition of two chairs in the room acrescentaram duas cadeiras à sala 2 MATEMÁTICA soma, adição ♦ in addition to além de
additional *adj.* adicional
additive *s.* aditivo; food additive aditivo alimentar
addmited *adj.* admitido
address *s.* 1 endereço; direção; address book livro de endereços 2 discurso ■ *v.* 1 endereçar (to, *a*) 2 dirigir (to, *a*); to address oneself to somebody dirigir-se a alguém 3 tratar (as, *por*) 4 (*problema, situação*) abordar 5 empenhar-se (to, *em*); to address oneself to something empenhar-se em alguma coisa ♦ form of address tratamento address card cartão de visita
addressee *s.* destinatário
adequacy *s.* 1 suficiência 2 adequação
adequate *adj.* 1 suficiente 2 satisfatório; adequado
adhere *v.* 1 aderir, grudar-se 2 aderir (to, *a*); to adhere to a cause aderir a uma causa 3 (*regras*) seguir (to, –)
adherence *s.* 1 (*causa, ideia*) adesão (to, *a*) 2 (*regras*) observância (to, *a*), cumprimento
adherent *s.* partidário; apoiador; simpatizante
adhesion *s.* (*ser colado*) aderência
adhesive *adj.* adesivo; adhesive tape fita adesiva ■ *s.* adesivo
adipose *adj.* adiposo
adiposis *s.* MEDICINA adipose
adiposity *s.* adiposidade
adjacent *adj.* adjacente (to, *a*); the room adjacent to ours o quarto adjacente ao nosso
adjectival *adj.* adjetival; adjetivo
adjective *s.* LINGUÍSTICA adjetivo
adjoin *v.* ser contíguo a; confinar com
adjoining *adj.* contíguo; adjacente
adjourn *v.* 1 adiar; diferir 2 suspender; interromper; the meeting was adjourned at ten o'clock a sessão foi interrompida às dez horas 3 (*deslocamento*) passar (to, *para*)
adjournment *s.* 1 DIREITO adiamento 2 suspensão
adjudge *v.* 1 declarar; to adjudge somebody guilty declarar alguém culpado 2 considerar 3 decretar
adjudicate *v.* 1 pronunciar-se; he adjudicated on the matter ele se pronunciou sobre o assunto 2 (*competição*) arbitrar 3 decidir; julgar; to adjudicate a dispute between decidir sobre uma disputa entre
adjudication *s.* sentença; julgamento
adjudicator *s.* árbitro; juiz
adjunct *s.* 1 LINGUÍSTICA adjunto 2 complemento 3 assistente; adjunto
adjunction *s.* adjunção
adjust *v.* 1 ajustar; regular 2 adaptar(-se) (to, *a*); to adjust to the new rules adaptar-se às novas regras 3 retificar
adjustable *adj.* ajustável; regulável ♦ adjustable spanner chave-inglesa
adjustment *s.* 1 ajuste 2 adaptação; the period of adjustment período de adaptação 3 retificação
administer *v.* 1 administrar; gerir 2 (*medicamento*) administrar; ministrar 3 (*lei, castigo*) aplicar

administrate

administrate v. (*negócios*) administrar; gerir
administration s. 1 administração; gestão 2 governo; the American Administration o Governo americano 3 (*medicamento*) administração
administrative adj. administrativo
administrator s. administrador; gerente
admirable adj. admirável
admiral s. almirante
admiration s. admiração
admire v. admirar
admirer s. admirador; secret admirer admirador secreto
admiring adj. que admira; de admiração; maravilhado
admissible adj. admissível; aceitável
admission s. 1 admissão; ingresso 2 entrada; admission free entrada gratuita 3 reconhecimento (*of, de*); the admission of his guilt was inevitable o reconhecimento da culpa dele se tornou inevitável
admit v. 1 admitir; he admitted his guilt ele admitiu a culpa dele 2 permitir a entrada de 3 receber (*into, em*); I was admitted into the living room fui recebido na sala 4 ingressar; to be admitted into a hospital ser internado em um hospital admit to v. reconhecer; confessar; to admit to defeat dar-se por vencido
admittance s. acesso; entrada; I was refused admittance o acesso me foi recusado; no admittance entrada proibida
admonish v. repreender (*for, por*); censurar (*for, por*); he was admonished for his behaviour foi repreendido pelo seu comportamento
admonition s. 1 repreensão 2 advertência
ado s. much ado about nothing muito barulho por nada; without further ado sem mais demoras
adolescence s. adolescência
adolescent adj., s. adolescente
adopt v. adotar; to adopt a child adotar uma criança; to adopt a persuasive tone adotar um tom persuasivo
adopted adj. adotado, adotivo
adoption s. adoção
adoptive adj. (*pai, família*) adotivo
adorable adj. adorável; amoroso
adoration s. adoração; veneração
adore v. adorar; venerar
adorn v. formal adornar (*with, com*); enfeitar (*with, com*)
adornment s. adorno; enfeite
adrenalin, adrenaline s. adrenalina
adrift adv. 1 à deriva; to be adrift andar à deriva 2 sem rumo ♦ to go adrift ir por água abaixo
adroit adj. hábil; ágil; despachado
adulation s. adulação; lisonja
adult adj., s. adulto; adults only só para adultos
adulterate v. adulterar
adulteration s. adulteração
adulterer s. adúltero
adulteress s. adúltera
adulterous adj. adúltero
adultery s. adultério
adulthood s. idade adulta

advance s. 1 avanço 2 progresso 3 (*dinheiro*) adiantamento ■ v. 1 avançar (on/towards, em direção a) 2 progredir 3 (*dinheiro*) adiantar 4 (*tempo, data*) antecipar 5 (*preços*) aumentar 6 promover; favorecer 7 apresentar; may I advance my opinion? posso apresentar a minha opinião? ♦ in advance antecipadamente com antecedência advance notice aviso-prévio, pré-aviso
advanced adj. 1 avançado; advanced technology tecnologia de ponta 2 (*nível, estudos*) superior 3 (*doença*) adiantado; desenvolvido
advancement s. 1 avanço; progresso 2 (*trabalho*) promoção
advantage s. 1 vantagem (over, *sobre*) 2 superioridade 3 benefício; proveito ♦ to take advantage of something tirar partido de alguma coisa to take advantage of somebody aproveitar-se de alguém to use/turn something to your/good advantage tirar partido de algo
advantageous adj. vantajoso; proveitoso
advent s. advento; chegada Advent RELIGIÃO Advento
adventist adj. adventista
adventure s. aventura; adventure film filme de aventura; spirit of adventure espírito de aventura; to have an adventure ter uma aventura ■ v. aventurar(-se); arriscar(-se) ♦ Grã-Bretanha adventure playground parquinho, parque infantil • É diferente de *venture*.
adventurer s. aventureiro
adventuress s. aventureira
adventurous, adventuresome EUA adj. aventureiro
adverb s. LINGUÍSTICA advérbio
adverbial adj. LINGUÍSTICA adverbial
adversary s. adversário; rival
adverse adj. 1 negativo; to have an adverse effect on afetar negativamente 2 desfavorável; adverse weather conditions condições meteorológicas desfavoráveis 3 contrário; adverse to our interests contrário aos nossos interesses • É diferente de *averse*.
adversely adv. negativamente
adversity s. adversidade
advertise v. 1 (*produto*) fazer propaganda; publicitar; anunciar (on/in, *em*); to advertise on television anunciar na televisão 2 colocar um anúncio (for, *para*); to advertise for a lost dog colocar um anúncio à procura de um cão perdido 3 anunciar; divulgar
advertisement s. 1 (*jornal*) anúncio 2 (*rádio, televisão*) propaganda; comercial; anúncio publicitário; I made coffee during the advertisements fiz café durante o comercial
advertiser s. anunciante
advertising s. 1 publicidade; propaganda; advertising campaign campanha publicitária 2 anúncios
advice s. 1 conselho; to give a piece of advice dar um conselho 2 aconselhamento; to take legal/medical advice consultar um advogado/médico ♦ advice column (*jornal, revista*) correio sentimental • Advice não tem forma plural e não pode ser precedido de artigo indefinido (*an*) ou de um numeral (*one*). É diferente de *advise*.
advisable adj. aconselhável; recomendável

advise v. 1 aconselhar (to, a; against, a não); I advised him against doing such a thing eu o aconselhei a não fazer tal coisa; I advised him to study harder eu o aconselhei a estudar mais 2 assessorar (on, sobre) 3 formal informar (of, sobre; that, que); please advise us of any change of address por favor, queira nos informar sobre qualquer alteração de endereço ● É diferente de "avisar", que em inglês traduz-se por to *warn*.
advisedly adv. 1 deliberadamente 2 com conhecimento de causa
adviser, advisor s. 1 conselheiro 2 consultor; assessor
advisory adj. consultivo; in an advisory capacity a título consultivo
advocacy s. defesa (of, de)
advocate¹ s. 1 defensor 2 Escócia (*tribunal*) advogado
advocate² v. advogar; defender
aerate v. 1 (*solo*) arejar 2 (*líquido, bebida*) gaseificar 3 (*sangue*) oxigenar
aeration s. 1 (*solo*) arejamento 2 (*líquido, bebida*) gaseificação 3 (*sangue*) oxigenação
aerial s. Grã-Bretanha (*rádio, televisão*) antena; dish/parabolic aerial antena parabólica ■ adj. aéreo; aerial photograph aerofotografia
aerobic adj. 1 (*ser vivo*) aeróbio 2 (*exercício*) aeróbico
aerobics s. aeróbica
aerodrome s. aeródromo
aerodynamic adj. aerodinâmico
aerodynamics s. aerodinâmica
aeronaut s. aeronauta
aeronautical adj. aeronáutico
aeronautics s. aeronáutica
aeroplane s. Grã-Bretanha avião; aeroplano
aerosol s. aerossol
aerospace adj. aeroespacial; aerospace engineering/industry engenharia/indústria aeroespacial ■ s. espaço aéreo
aerostatic adj. aerostático
aerostatics s. aerostática
aesthetic adj. estético
aesthetics s. estética
afar adv. literário from afar à distância, de longe
affability s. afabilidade
affable adj. afável
affair s. 1 negócio; department of foreign affairs ministério dos negócios estrangeiros 2 assunto; affairs of state assuntos de Estado 3 acontecimento; caso 4 coloquial aventura; caso amoroso ♦ (*notícias*) current affairs atualidades that is my own affair isso é comigo isso é assunto/problema meu
affect v. 1 afetar 2 impressionar; comover; she was deeply affected by the news as notícias a impressionaram muito 3 fingir; to affect indifference fingir indiferença ● É diferente de *effect*.
affectation s. afetação
affected adj. afetado, sem naturalidade; affected manners maneiras afetadas
affection s. afeição; carinho
affectionate adj. afetuoso; carinhoso
affective adj. afetivo
affectivity s. afetividade

affiliate¹ v. fazer um consórcio (to/with, *com*); to affiliate oneself with/to filiar-se a; to affiliate somebody to a society fazer alguém entrar para uma sociedade
affiliate² s. sucursal; filial
affiliated adj. filiado; consorciado
affiliation s. filiação; afiliação
affinity s. afinidade; to have an affinity with ter afinidade com
affirm v. afirmar; declarar
affirmation s. afirmação
affirmative adj. afirmativo ■ s. afirmativa; to answer in the affirmative responder afirmativamente
affix¹ v. 1 afixar 2 (*selo*) colar 3 (*assinatura*) apor; assinar
affix² s. afixo
afflict v. 1 atacar; acometer; to be afflicted with a disease ser acometido por uma doença 2 afligir; atormentar
affliction s. aflição; angústia
affluence s. abundância; riqueza; to live in affluence viver na abundância
affluent adj. rico; próspero ■ s. (*rio*) afluente
afflux s. (*líquido*) afluxo
afford v. 1 poder; ter recursos para; I can't afford it não tenho dinheiro para isso; she couldn't afford to go abroad ela não tinha dinheiro para ir para viajar para fora do país 2 permitir-se; dar-se ao luxo; we cannot afford to lose any more player não podemos perder mais ninguém de jogador 3 proporcionar
afforestation s. reflorestamento
affray s. tumulto; rixa
affront s. afronta; insulto (to, *a*) v. afrontar; ofender; to feel affronted sentir-se ofendido
Afghan adj., s. afegão
afghani s. (*moeda*) afegane
Afghanistan s. Afeganistão
afield adv. far/further afield mais longe; muito longe
afloat adj. 1 boiando; flutuando; to get a ship afloat colocar um navio para navegar, pôr um navio em flutuação; to keep afloat manter-se à tona 2 financeiramente equilibrado; he kept the business afloat ele manteve o negócio funcionando
afoot adv. 1 acontecendo; em movimento; there's something afoot algo está sendo tramado/planejado 2 a pé
aforesaid adj. supracitado; supramencionado
afraid adj. com medo; receoso; she was afraid to go into the cellar ela tinha receio de ir ao porão; to be afraid of the dark ter medo de escuro; to be afraid for somebody recear por alguém ♦ I'm afraid not/so receio que não/sim I'm afraid that lamento informar que
afresh adv. outra vez; de novo; to start afresh começar de novo
Africa s. África
African adj., s. africano
Africanist adj., s. africanista
Afro-American adj., s. afro-americano
aft adj., adv. atrás; à popa
after prep. depois de; após; atrás de; day after day dia após dia; a friend of mine is after me um amigo

afterglow

anda atrás de mim ■ *adv.* 1 depois; soon after logo depois 2 seguinte; the day after no dia seguinte *conj.* depois de/que; it happened after he left aconteceu depois de ele ter saído ◆ after all afinal (de contas) after you! deixar alguém passar na frente to name somebody after somebody dar o nome de alguém a outra pessoa to work after hours trabalhar depois do expediente

afterglow *s.* 1 crepúsculo 2 bem-estar
afterlife *s.* vida após a morte
aftermath *s.* 1 segunda colheita anual 2 período após um evento ruim; in the aftermath of the war efeitos após a guerra 3 resultado, consequências
afternoon *s.* tarde; during the afternoon durante a tarde; good afternoon boa tarde; in the afternoon à tarde; tomorrow afternoon amanhã à tarde
afters *s.* coloquial sobremesa
aftersales *adj.* pós-venda; aftersales service serviço pós-venda
aftershave *s.* loção após barba
afterwards, afterward EUA ■ *adv.* depois; mais tarde
again *adv.* 1 outra vez; uma vez mais; never again nunca mais; to do something again voltar a fazer algo 2 além disso ◆ again and again/time and again vezes sem conta all over again tudo de novo now and again de vez em quando once again mais uma vez then again por outro lado
against *prep.* 1 contra; against the law/wall contra a lei/parede 2 em contraste com; against the light contra a luz, à/em contraluz against the grain contra a natureza de alguém
age *s.* 1 (*pessoa*) idade; at the age of 14 aos 14 anos; she is 7 years of age ela tem 7 anos 2 idade; época; período; Middle Ages Idade Média ■ *v.* envelhecer ◆ I haven't seen you for ages não te vejo há séculos to act one's age comportar-se de acordo com a idade to be of age ser maior de idade to be over age estar acima da idade determinada to be under age ser menor de idade to come of age atingir a maioridade age group/bracket faixa etária
ageing, aging *adj.* 1 envelhecido 2 de envelhecimento; the ageing process o processo de envelhecimento ■ *s.* envelhecimento
agency *s.* 1 agência; travel agency agência de viagens 2 organismo ◆ through the agency of por intermédio de
agenda *s.* 1 ordem do dia 2 intenções, objetivos ● Repare que em inglês essa palavra não significa o mesmo que em português.
agent *s.* 1 agente; authorized agent agente autorizado; secret agent agente secreto 2 representante
agglomerate *v.* aglomerar ■ *s.* aglomerado
agglomeration *s.* aglomeração
agglutinate *v.* aglutinar
agglutination *s.* aglutinação
aggravate *v.* 1 agravar; piorar 2 coloquial irritar
aggravating *adj.* 1 agravante 2 irritante
aggravation *s.* 1 agravamento 2 situação fastidiosa; maçada 3 irritação
aggregate[1] *s.* 1 total; in the aggregate no total 2 agregado ■ *adj.* global; total

aggregate[2] *v.* 1 agregar; reunir 2 perfazer um total de ■ *v.* agregar-se; reunir-se em um todo
aggression *s.* 1 (*comportamento*) agressividade 2 (*ataque*) agressão
aggressive *adj.* agressivo; an aggressive dog um cachorro agressivo; an aggressive marketing campaign uma campanha de marketing agressiva
aggressiveness *s.* agressividade
aggressor *s.* agressor
aggrieved *adj.* 1 ofendido 2 lesado; prejudicado
aghast *adj.* horrorizado (at, *com*); chocado (at, *com*)
agile *adj.* ágil
agility *s.* agilidade
agitate *v.* 1 agitar 2 inquietar 3 fazer campanha (for/against, em favor de/contra)
agitated *adj.* agitado; inquieto
agitation *s.* 1 agitação; ansiedade 2 campanha (for/against, em favor de/contra)
agitator *s.* (*pessoa*) agitador
aglow *adj., adv.* 1 radiante; resplandecente (with, *de*) 2 vermelho, afogueado; to be all aglow estar todo corado
agnail *s.* MEDICINA unheiro
agnostic *adj., s.* agnóstico
agnosticism *s.* agnosticismo
ago *adv.* há; a short time ago há pouco tempo; as long ago as 1970 já em 1970; long ago há muito tempo; ten days ago há dez dias ● Ago usa-se com o passado simples e nunca com tempos compostos.
agog *adj.* ansioso; excitado; I was all agog to know what had happened eu estava ansioso para saber o que tinha acontecido
agonize, agonise Grã-Bretanha ■ *v.* atormentar-se; torturar-se (over/about, *com*); stop agonizing over that problem pare de se torturar com esse problema
agonizing, agonising Grã-Bretanha ■ *adj.* 1 (*dor*) atroz 2 angustiante; aflitivo
agony *s.* 1 agonia; angústia 2 sofrimento atroz
agrarian agrário ■ *adj.* agrarian; leis agrárias agrarian laws
agrarian *adj.* agrário
agree *v.* 1 concordar (with, *com*; to, *em*; about/on, *em relação a*); I don't agree with you não concordo com você; we agreed about the price concordamos em relação ao preço 2 acordar; it was agreed that ficou acordado que 3 (*fatos, declarações*) coincidir 4 consentir (to, *em*); she agreed to come with me consentiu em vir comigo 5 fazer bem; onions don't agree with me cebolas me fazem mal ◆ agree to disagree decidir-se pela impossibilidade de um acordo
agreeable *adj.* 1 agradável 2 disposto (to, *a*); she seemed agreeable to coming on Thursday parecia disposta a vir na quinta 3 conveniente
agreement *s.* 1 acordo; entendimento; to come to an agreement chegar a um acordo 2 contrato 3 assentimento 4 LINGUÍSTICA concordância
agricultural *adj.* agrícola

agriculture s. agricultura; to invest in agriculture investir na agricultura ♦ Observe que não se usa o artigo *the* antes de *agriculture*.
agrochemical s. defensivo agrícola, pesticida
agronomist s. agrônomo
agronomy s. agronomia
aground *adj., adv.* encalhado; to run aground encalhar
ah *interj.* (*surpresa, alegria, espanto*) ah!
aha *interj.* (*descoberta*) ah-ah!
ahead *adv.* à frente; para a frente; para diante ♦ ahead of time antes da hora marcada straight ahead 1 bem em frente 2 sempre em frente to be ahead of ir à frente de to go ahead ir em frente to go ahead with avançar com; levar adiante to look ahead pensar no futuro
aid s. 1 ajuda; assistência; apoio; to come to the aid of vir em auxílio de 2 recurso; material; audiovisual aids recursos audiovisuais; teaching aids material pedagógico ■ *v.* ajudar; assistir; apoiar; to aid and abet somebody ser cúmplice de alguém ♦ aid agency organização humanitária
AIDS *sigla de* Acquired Immune Deficiency Syndrome, AIDS
ailing *adj.* 1 doente; enfermo 2 em mau estado
ailment s. achaque, doença, indisposição
aim s. 1 objetivo; meta; the aim of the programme o objetivo do programa 2 pontaria (at, *para/a*); to take aim at fazer pontaria para ■ *v.* 1 fazer pontaria; apontar (at, *para/a*; for, *para/a*); to aim a gun at apontar uma arma para 2 jogar (at, *em*); to aim a stone at jogar uma pedra em 3 dirigir (at, *a*) 4 aspirar (at/for, *a*); to aim high ter grandes ambições 5 ter como objetivo; he aims at being a journalist ele pretende ser jornalista; what we aim to do is... o que pretendemos fazer é...
aimless *adj.* sem objetivos
aimlessly *adv.* sem destino; sem rumo
air s. 1 ar; a breath of fresh air um sopro de ar fresco; in the open air ao ar livre 2 aparência; ar 3 MÚSICA ária ■ *v.* 1 arejar; ventilar 2 exprimir; revelar 3 EUA (*televisão*) transmitir; pôr no ar ♦ by air (*viajar*) de avião; (*enviar*) por via aérea in the air 1 no ar 2 iminente (*rádio, televisão*) to be on the air estar no ar to put on airs dar-se ares air conditioning (*sistema*) ar-condicionado air hostess aeromoça air conditioner (*aparelho*) ar-condicionado air raid ataque aéreo air freshener aromatizador/aromatizante de ambientes air force força aérea ● É diferente de *hair*.
airbed s. colchão inflável
airborne *adj.* 1 aerotransportado 2 no ar
aircraft s. avião; aeronave ♦ aircraft carrier porta-aviões
aircrew s. (*avião*) tripulação
airfield s. campo de aviação
airgun s. arma pneumática; arma de pressão, arma de ar comprimido
airing s. arejamento
airline s. companhia aérea; airline ticket passagem de avião
airliner s. avião grande de passageiros

airmail s. correio aéreo ■ *v.* enviar por via aérea; enviar por correio aéreo
airman s. 1 aviador 2 piloto da força aérea
airplane s. EUA avião, aeroplano
airport s. aeroporto
airship s. dirigível
airspace s. espaço aéreo
airtight *adj.* hermético
airtime s. (*televisão, rádio*) duração; tempo de um programa no ar
airy *adj.* 1 (*ambiente*) arejado 2 (*comportamento*) despreocupado
aisle s. 1 corredor; passagem 2 (*igreja*) nave ♦ to walk down the aisle casar ● É diferente de *isle*.
aitch s. (*letra*) agá; to drop one's aitches não pronunciar os h no início das palavras ● É diferente de *itch*.
ajar *adj., adv.* 1 entreaberto; to leave the door ajar deixar a porta entreaberta 2 perturbado; nervoso
akin *adj.* parecido (to, *com*); semelhante (to, *a*)
alabaster s. alabastro
alarm s. 1 alarme; the alarm went off o alarme começou a tocar; to set off the alarm acionar o alarme 2 alerta; to raise/sound the alarm dar o alerta 3 medo; sobressalto; in alarm em sobressalto ■ *v.* alarmar; assustar ♦ alarm clock despertador
alarming *adj.* alarmante
alarmism s. alarmismo
alarmist *adj., s.* alarmista
alas *adv.* infelizmente ■ *interj.* (*tristeza, lamento*) meu Deus!; ai de mim!
Albania s. Albânia
Albanian *adj., s.* albanês
albatross s. ZOOLOGIA albatross
albatross s. ZOOLOGIA albatroz
albinism s. MEDICINA, BOTÂNICA albinismo
albinistic *adj.* albino
albino s. albino
albite s. GEOLOGIA albite
album s. álbum; photo album álbum de fotografias
albumin s. albumina
alchemical *adj.* alquímico
alchemist s. alquimista
alchemy s. alquimia
alcohol s. QUÍMICA álcool; alcohol content teor alcoólico
alcohol-free *adj.* sem álcool
alcoholic *adj., s.* alcoólatra ♦ Alcoholics Anonymous Alcoólatras Anônimos
alcoholism s. alcoolismo
alcoholization s. alcoolização
alcove s. 1 nicho 2 recanto
aldehyde s. QUÍMICA aldeído
alder s. BOTÂNICA amieiro
ale s. cerveja
alelo s. BIOLOGIA alelo
alert *adj.* 1 alerta; de sobreaviso; to stay alert manter-se alerta 2 atento (to, *a*); to be alert to the possibility of invasion estar atento à possibilidade de invasão ■ s. alerta; to be on full alert estar em alerta máximo; to give the alert dar o alerta ■ *v.* alertar (to, *para*); to alert somebody to something alertar alguém para algo

alfalfa

alfalfa s. BOTÂNICA alfafa
alga s. BOTÂNICA alga
algebra s. álgebra
Algeria s. Argélia
algorithm s. MATEMÁTICA algoritmo
alias s. nome falso; pseudônimo ■ adv. aliás; ou seja
alibi s. álibi
alien adj. 1 (proveniência) estrangeiro 2 (invulgaridade) estranho (to, a); alheio (to, a); alien to man's nature estranho à natureza humana 3 extraterrestre; alien beings seres extraterrestres ■ s. 1 estrangeiro 2 extraterrestre
alienate v. alienar
alienation s. alienação
alight adj. 1 incendiado; em chamas; to set alight incendiar, atear fogo a 2 (luz) aceso 3 (olhos, face) radiante ■ v. 1 (de meio de transporte) descer (from, de) 2 (de cavalos) desmontar 3 (pássaros) pousar
align v. alinhar; to align oneself with a faction apoiar uma facção
alignment s. alinhamento; in alignment with alinhado com; out of alignment desalinhado
alike adj. parecido; semelhante; to be alike ser parecido ■ adv. da mesma maneira; men and women alike tanto homens como mulheres; to dress alike vestir-se da mesma forma
alimentary adj. alimentar ♦ alimentary canal tubo digestivo
alimony s. pensão de alimentos
aliquot adj., s. alíquota
alive adj. 1 (existência) vivo 2 (atividade) cheio de vida; enérgico; energético 3 fervilhando (with, de); cheio (with, de) ♦ alive and well são e salvo no man alive ninguém to be alive and kicking estar bem vivo wanted dead or alive procura-se vivo ou morto
alkali s. QUÍMICA alcali
alkaline adj. QUÍMICA alcalino
alkaline-earth adj. QUÍMICA alcalinoterroso
alkalinity s. alcalinidade
alkalise v. alcalinizar
alkaloid s. QUÍMICA alcaloide
all adj. todo, todos; all night long durante toda a noite; I am all ears sou todo ouvidos pron. todo, todos; tudo; all of you todos vocês; that is all é tudo ■ adv. 1 totalmente, completamente; she was all alone estava completamente só 2 empatados; the score was two all empataram em dois a dois ♦ all along desde o princípio all at once repentinamente all but 1 todos menos 2 quase all in all pensando bem all of a sudden de repente all over por todo o lado all set tudo pronto, preparado all that jazz toda essa besteira, falação all the same tudo a mesma coisa I don't like her at all não gosto nada dela it's all the same! dá na mesma! not at all! não tem de quê! once and for all de uma vez por todas to be all for ser completamente a favor de
allay v. 1 (fúria, ansiedade) acalmar 2 (suspeitas, medos) dissipar ♦ É diferente de ally.
allegation s. alegação; acusação
allege v. alegar
alleged adj. presumível; alegado

allegiance s. lealdade; fidelidade (to, a); oath of allegiance juramento de fidelidade; to pledge allegiance to the flag fazer juramento à bandeira
allegorical adj. alegórico
allegory s. alegoria
allegro adv. adj., s. MÚSICA alegro
alleluia interj., s. aleluia
allergen s. alergênio; alérgeno
allergenic adj. alergênico
allergic adj. alérgico (to, a); allergic to cats alérgico a gatos; coloquial (aversão) allergic to work alérgico ao trabalho; an allergic reaction uma reação alérgica
allergist s. alergologista
allergology s. MEDICINA alergologia
allergy s. alergia (to, a); an allergy to penicillin alergia a penicilina; coloquial (aversão) I have an allergy to arrogant people tenho alergia a pessoas arrogantes
alleviate v. aliviar; mitigar
alley s. viela, beco; blind alley beco sem saída ♦ EUA to be right up/down somebody's alley ser o ideal para alguém alley cat gato sem dono e que vive na rua ● É diferente de ally.
alliance s. 1 aliança (between, entre; with, com); an alliance between two countries uma aliança entre dois países; they entered into an alliance with the USA fizeram uma aliança com os EUA 2 afinidade; associação ♦ in alliance with juntamente com
allied s. aliado; allied forces forças aliadas
alligator s. ZOOLOGIA jacaré
all-in, all in adj., adv. 1 com tudo incluído; €500 all-in €500 com tudo incluído 2 exausto, arrasado ♦ all-in wrestling luta livre
alliteration s. aliteração
allocate v. 1 alocar; destinar 2 atribuir (to, a); colocar à disposição; the teacher allocated an hour to each student o professor colocou uma hora à disposição de cada aluno
allocation s. 1 atribuição 2 alocação; afetação
allot v. atribuir; reservar ● É diferente de a lot.
allow v. 1 permitir; deixar; allow me to permita-me que; to be allowed to ter autorização para 2 conceder; dar; I'm allowed an hour for lunch tenho uma hora para almoçar; to allow a discount conceder um desconto 3 admitir; no dogs allowed proibida a entrada de cães 4 reconhecer; we have to allow she has talent temos que reconhecer que ela tem talento 5 calcular; allow 3 days for the journey calcular 3 dias para a viagem
allowance s. 1 auxílio; ajuda de custo; subsídio 2 pensão; abono; family allowance salário-família 3 mesada 4 (imposto) abatimento; dedução 5 exceção; I'll make an allowance for you vou abrir uma exceção para você ♦ to make allowances for somebody dar um desconto a alguém to make allowances for something ter algo em conta allow for v. ter em conta; allowing for the circumstances tendo em conta as circunstâncias allow of v. admitir
allowed adj. permitido, autorizado
alloy¹ s. (metais) liga

alloy² v. (*metais*) ligar (with, *com*); to alloy copper with zinc ligar cobre com zinco
all-terrain adj. (*veículos*) todo o terreno; all-terrain bicycle bicicleta todo o terreno
allude v. aludir, fazer alusão (to, *a*) • É diferente de *elude*.
allure v. atrair; aliciar; seduzir ■ s. atração; sedução
alluring adj. sedutor; atraente
allusion s. alusão (to, *a*) • É diferente de *illusion*.
allusive adj. alusivo (to, *a*); sugestivo
alluvial adj. aluviano
alluvium s. GEOLOGIA aluvião
ally¹ s. aliado
ally² v. 1 (*reunir*) aliar 2 aliar-se (with, *a*)
almanac s. almanaque
almighty adj. 1 onipotente; todo-poderoso 2 enorme; tremendo
almond s. 1 amêndoa 2 amendoeira
almost adv. quase; praticamente; almost certainly quase de certeza
alms s.pl. (*no passado*) esmolas; caridade; alms box caixa de esmolas
aloe s. BOTÂNICA aloé; babosa • É diferente de *allow*.
alone adj. só, sozinho; all alone completamente só; I can do it alone eu consigo fazer isso sozinho ■ adv. somente; apenas; he alone knows the answer somente ele sabe a resposta ♦ leave me alone! deixe-me paz! let alone muito menos; quanto mais • É diferente de *lonely*.
along prep. ao longo de; a todo o comprimento de; along the street ao longo da rua; along the wall a todo o comprimento da parede ■ adv. adiante; the office is a bit further along o escritório é um pouco mais adiante ♦ all along desde o início along the way no caminho, pelo caminho along with juntamente com come along! vem também! it's coming along fine! está correndo bem!
alongside prep. 1 ao lado de; junto a 2 em comparação com ■ adv. 1 (*coisas*) lado a lado, ao lado 2 (*pessoas*) em colaboração; em conjunto
aloof adj. reservado; distante ■ adv. à distância; to stay aloof manter-se à distância
alopecia s. MEDICINA alopecia
aloud adv. alto; em voz alta; to laugh aloud rir alto • É diferente de *allowed*.
alpha s. alfa
alphabet s. alfabeto; abecedário ♦ alphabet soup sopa de letrinhas
alphabetical adj. alfabético; in alphabetical order por ordem alfabética
alphabetism s. (*sistema*) alfabetismo
alphanumeric adj. alfanumérico
Alpine adj. alpino
Alps s.pl. Alpes
already adv. já; he has already come ele já veio • É diferente de *all ready*.
also adv. 1 também; igualmente; he is also a teacher ele também é professor 2 além disso; also he is a good person além disso, ele é boa pessoa
altar s. altar

alter v. 1 alterar(-se); modificar(-se); things have altered as coisas se alteraram 2 EUA (*animal doméstico*) castrar • É diferente de *altar*.
alterability s. alterabilidade
alterable adj. alterável
alteration s. alteração; modificação • É diferente de *altercation*.
alternate¹ adj. 1 alternado; on alternate days dia sim, dia não 2 EUA alternativo
alternate² v. alternar(-se); they alternated between singing and dancing alternavam entre cantar e dançar; we will alternate nós nos revezamos
alternately adv. alternadamente; à vez
alternation s. alternância; BIOLOGIA alternation of generations alternância de gerações
alternative adj. alternativo; alternative medicine medicina alternativa; an alternative proposal uma contraproposta ■ s. alternativa; to have no alternative não ter alternativa
alternator s. ELETRICIDADE alternador
although conj. embora; ainda que
altimeter s. GEOGRAFIA altímetro
altitude s. altitude; at high/low altitude a grande/baixa altitude
alto s. MÚSICA contralto
altogether adv. 1 (*soma*) ao todo; no conjunto; it's nine dollars altogether são nove dólares ao todo 2 (*situação, conceito*) completamente; na totalidade; that is something different altogether isso é algo completamente diferente ♦ not altogether de forma alguma • É diferente de *all together*.
altruism s. altruísmo
altruist s. altruísta
altruistic adj.. altruísta
aluminum s. QUÍMICA (*elemento químico*) alumínio; aluminum foil papel-alumínio
always adv. sempre; as always como sempre; there is always something to do há sempre algo a ser feito
a.m. sigla de ante meridiem, usada para horário "antes do meio-dia"
amalgam s. amálgama
amass v. juntar; acumular; reunir
amateur adj., s. amador; amateur player/dramatics jogador/teatro amador
amaze v. surpreender; espantar
amazed adj. 1 espantado (at/by, *com*); pasmado (at/by, *com*); I was amazed at his calmness fiquei pasmado com a calma dele 2 encantado, maravilhado (at/by, *com*); amazed at the sight maravilhado com a paisagem
amazement s. pasmo; espanto; to be in amazement estar pasmado; to my amazement para meu espanto
amazing adj. 1 (*surpresa*) espantoso; incrível; that is amazing isso é incrível 2 fantástico; estupendo; an amazing film um filme fantástico
Amazon s. 1 (*rio*) Amazonas 2 amazona
Amazonian adj. amazônico ZOOLOGIA Amazonian manatee peixe-boi
ambassador s. embaixador
amber adj. de âmbar ■ s. âmbar
ambidextrous adj. ambidestro

ambience

ambience s. ambiente, ambiência
ambient adj. ambiente; ambient music/temperature música/temperatura ambiente
ambiguity s. ambiguidade
ambiguous adj. ambíguo
ambit s. âmbito; within the ambit of no âmbito de
ambition s. ambição; a man of ambition um homem ambicioso
ambitious adj. ambicioso; an ambitious plan um projeto ambicioso
amble v. andar devagar; to amble along ir devagar; to amble in/out entrar/sair devagar ■ s. passo tranquilo
ambulance s. ambulância; to call an ambulance chamar uma ambulância
ambush s. emboscada; cilada; to get caught in an ambush cair em uma emboscada ■ v. armar uma emboscada a
amen interj. (concordância) amém! ♦ to say amen to dizer amém a
amenable adj. receptivo
amend v. emendar(-se); corrigir(-se) • É diferente de emend.
amendment s. emenda (to, a), correção (to, a); revisão (to, a); a constitutional amendment uma revisão constitucional; an amendment to the minute uma emenda à ata; to table an amendment propor uma emenda
amends s.pl. to make amends to somebody for something compensar alguém por alguma coisa
amenity s. literário amenidade
America s. América
American adj., s. americano
Americanize v. americanizar
americium s. QUÍMICA (elemento químico) amerício
amethyst s. GEOLOGIA ametista
amiable adj. afável; amável
amicable adj. amigável; pacífico; amicable settlement acordo amigável
amid, amidst prep. no meio de; entre
amide s. QUÍMICA amido
aminoacid s. aminoácido
amiss adj. errado; que está mal ■ adv. mal; some coffee wouldn't come/go amiss um café não cairia mal; to take (something) amiss levar (alguma coisa) a mal
ammonia s. QUÍMICA amoníaco; amônia
ammoniacal adj. amoniacal
ammonium s. QUÍMICA amônio
ammunition s. 1 munições 2 argumentos
amnesia s. amnésia
amnesty s. anistia; to be freed under an amnesty ser libertado por anistia ■ v. anistiar
amniotic adj. amniótico; amniotic fluid líquido amniótico; amniotic sac saco amniótico
amoeba s. ZOOLOGIA ameba
amoebiasis s. MEDICINA amebíase
among, amongst prep. 1 entre; no meio de; among other things entre outras coisas 2 de entre; which would you choose among all these? qual você escolheria dentre estes todos? • É diferente de between.
amorphous adj. amorfo

amortize v. ECONOMIA amortizar
amount s. 1 (dinheiro) montante, quantia, importância (of, de); total (of, de) 2 quantidade (of, de); a large amount of things uma grande quantidade de coisas ■ v. 1 (quantia) perfazer (to, –); totalizar, chegar (to, a); importar (to, em) 2 (significado) equivaler (to, a); dar (to, em); it all amounted to nothing não deu em nada
amperage s. FÍSICA amperagem
amphibian s. ZOOLOGIA anfíbio ■ adj. anfíbio
amphibious adj. anfíbio; amphibious vehicle veículo anfíbio
amphitheatre s. anfiteatro
ample adj. 1 (quantidade) bastante; mais que suficiente 2 (dimensões) amplo; espaçoso; an ample space um espaço amplo 3 avantajado, grande
amplification s. amplificação
amplifier s. amplificador
amplify v. 1 (som) amplificar 2 (ideias) desenvolver
amplitude s. amplitude; wave amplitude amplitude da onda
ampoule s. ampola
amputate v. amputar
amputation s. amputação
amulet s. amuleto, talismã
amuse v. divertir; entreter; the children were amused by the clowns as crianças estavam entretidas pelos palhaços; to amuse oneself with something/by doing something entreter-se com algo/fazendo algo
amusement s. 1 divertimento; distração 2 passatempo amusements s.pl. diversões ♦ amusement park parque de diversões amusement arcade salão de jogos
amusing adj. divertido; engraçado
an art.indef. um, uma; an hour ago há uma hora; an old man um senhor idoso • A forma an é usada antes de som vocálico (an elephant) ou de "h" não pronunciado (an hour). Usa-se a antes de som consonântico (a dog), de "h" pronunciado (a house), do som /iu/ (a university, a European) e de "y" (a yacht).
anabolic adj. anabolizante
anachronism s. anacronismo
anachronistic adj. anacrônico; anachronistic views perspectivas anacrônicas
anaconda s. ZOOLOGIA sucuri
anaemia, anemia EUA ■ s. MEDICINA anemia
anaemic, anemic EUA ■ adj. MEDICINA anêmico
anaerobic adj. BIOLOGIA anaeróbico
anaesthesia s. Grã-Bretanha anestesia
anaesthetic adj. Grã-Bretanha anestésico; anestesiante ■ s. 1 Grã-Bretanha anestesiante 2 Grã-Bretanha anestesia; general anaesthetic anestesia geral; local anaesthetic anestesia local; under anaesthetic anestesiado
anaesthetist s. Grã-Bretanha anestesista
anaesthetize v. MEDICINA anestesiar
anagram s. anagrama
anal adj. ANATOMIA anal
analgesic adj. analgésico ■ s. analgésico
analogical adj. analógico
analogous adj. análogo (to/with, a)

analogue, analog EUA s. análogo ■ *adj.* analógico; analogue technology tecnologia analógica
analogy s. analogia
analyse, analyze EUA v. analisar
analysis s. análise ◆ in the final/last analysis em última análise
analyst s. 1 analista; comentador; political analyst comentador político 2 psicanalista
analytical *adj.* analítico
anarchic *adj.* anárquico
anarchism s. anarquismo
anarchist s. anarquista
anarchy s. anarquia
anathema s. anátema
anatomical *adj.* anatômico
anatomy s. anatomia
anatto s. BOTÂNICA urucueiro
ancestor s. antepassado; ascendente
ancestry s. ascendência; antepassados
anchor s. 1 âncora; to cast/weigh anchor lançar/levantar âncora 2 figurado sustentáculo 3 EUA (*noticiário*) pivô; apresentador ■ v. 1 ancorar 2 (*objetos*) prender (to, *a*); fixar (to, *a*) 3 EUA (*noticiário*) apresentar; she anchors the 8 o'clock news ela apresenta o noticiário das 8
anchorman s. (*televisão, rádio*) apresentador
anchorwoman s. (*televisão, rádio*) apresentadora
anchovy s. ZOOLOGIA anchova
ancient *adj.* 1 antigo; ancient civilizations civilizações antigas 2 velhíssimo ◆ the ancients os povos antigos
and *conj.* e; a hundred and one cento e um; and how! e como! sem dúvida!and so on etc. ● É diferente de *end*.
Andean *adj.* andino
Andes *s.pl.* Andes
Andorra s. Andorra
android s. androide
andropause s. MEDICINA andropausa
anecdotal, anecdotic *adj.* anedótico
anecdote s. história cômica
anemic *adj.* MEDICINA anêmico
anemometer s. anemômetro
anemone s. 1 BOTÂNICA anêmona 2 ZOOLOGIA sea anemone anêmona-do-mar
anesthesia s. Grã-Bretanha anestesia
anesthesiologist s. EUA anestesiologista
anesthetic *adj.* EUA anestésico; anestesiante ■ s. 1 EUA anestesiante 2 EUA anestesia
aneurysm s. MEDICINA aneurisma
anew *adv.* de novo; outra vez; to begin anew começar de novo
angel s. anjo ● É diferente de *angle*.
angelic *adj.* angélico; angelical
anger s. ira; raiva; cólera; in a fit of anger em um acesso de cólera ■ v. encolerizar; enfurecer
angina s. MEDICINA angina do peito
angiosperm s. BOTÂNICA angiosperma
angle s. 1 ângulo; an angle of 45 degrees um ângulo de 45 graus 2 esquina; canto; the house was at an angle a casa ficava em uma esquina 3 perspectiva; ângulo; taken from that angle nessa perspectiva ■ v. 1 (*conceito, ato*) direcionar-se (towards, *para*); tender (towards, *para*); it all angled towards his conviction tudo tendia para a sua condenação 2 pescar com vara, pescar com linha e anzol ◆ at an angle inclinado
angler s. pescador (que usa vara, linha e anzol)
Anglican *adj.*, s. anglicano; Anglican Church igreja anglicana
angling s. pesca com vara, pescar com linha e anzol
Anglo-Saxon s., *adj.* anglo-saxão ■ *adj.* anglo-saxão, anglo-saxônico anglo-saxão ■ s. (*língua*) anglo-saxão
Angola s. Angola
Angolan *adj.*, s. angolano
angora s. angorá; angora
angrily *adv.* furiosamente
angry *adj.* zangado (at/with, *com;* about/over, *por causa de*); I'm angry over his attitude estou zangado por causa da atitude dele; she was angry at her friend estava zangada com o amigo; to get angry zangar-se; to make somebody angry fazer alguém ficar zangado
anguish s. angústia, sofrimento; to be in anguish estar angustiado
anguishing *adj.* angustiante
angular *adj.* 1 angular 2 (*feições*) anguloso; ossudo
anhydrous *adj.* QUÍMICA anidro
aniline s. QUÍMICA anilina
animal s. 1 animal; wild/domestic animals animais selvagens/domésticos 2 figurado, pejorativo (*pessoa*) bruto; besta ■ *adj.* animal; animal kingdom reino animal; animal products produtos de origem animal; animal rights direitos dos animais
animate¹ *adj.* animado; com vida; animate beings seres animados
animate² v. animar; dar vida a
animated *adj.* animado; animated cartoon desenho animado
animation s. 1 animação; entusiasmo 2 (*filme*) animação 3 (*técnica*) cinema de animação
animator s. (*cinema*) animador
animosity s. animosidade (against, *contra*)
anise s. (*planta*) anis; erva-doce
aniseed s. (*sementes*) anis
ankle s. tornozelo; (*calçado*) ankle boots botins; (*meias*) ankle socks soquetes; to break/twist/sprain your ankle torcer o tornozelo
anklet s. tornozeleira
annals *s.pl.* anais; crônicas ◆ in the annals of history nos anais da História ● É diferente de *anal*.
annatto s. BOTÂNICA urucu, urucum
annelid s. ZOOLOGIA anelídeo
annex v. POLÍTICA anexar
annexation s. anexação
annexe, annex EUA s. (*construção, documento*) anexo ● A palavra portuguesa "anexo" corresponde, em inglês, a *attachment*.
annihilate v. aniquilar; destruir
annihilation s. aniquilação; destruição
anniversary s. aniversário; wedding anniversary aniversário de casamento
annotate v. anotar

annotation

annotation s. 1 anotação 2 nota explicativa
annotator s. anotador
announce v. anunciar; fazer saber; dar a conhecer
announcement s. 1 anúncio; to make an announcement anunciar algo 2 declaração pública 3 aviso
announcer s. 1 (*rádio, televisão*) locutor; apresentador 2 anunciador
annoy v. 1 aborrecer; irritar; zangar 2 incomodar; importunar
annoyance s. 1 aborrecimento; irritação; ira 2 incômodo; to somebody's annoyance para incômodo de alguém
annoying adj. irritante; incomodativo; what an annoying person! que pessoa mais irritante!
annual adj. anual ■ s. (*publicação*) anuário ● É diferente de *yearly*.
annually adv. anualmente; por ano
annuity s. anuidade; life annuity pensão vitalícia
annul v. anular; invalidar; tornar sem efeito; to annul a marriage anular um casamento
annular adj. (*forma*) anelar
annulment s. anulação; invalidação; annulment of a marriage anulação de um casamento
Annunciation s. RELIGIÃO Anunciação
anoint v. ungir (with, *de/com*)
anointment s. 1 unção 2 sagração; consagração
anomalous adj. anômalo
anomaly s. anomalia; irregularidade
anonymity s. anonimato; on condition of anonymity sob anonimato
anonymous adj. 1 anônimo; anonymous letter carta anônima 2 incaracterístico; an anonymous place um local incaracterístico
anorak s. anoraque
anorexia s. MEDICINA anorexia
anorexic adj., s. anoréxico
another adj., pron. outro; another thing outra coisa; I ordered another two drinks pedi mais duas bebidas; it will be difficult to find such another será difícil encontrar outro igual; one or another um ou outro; one thing after another uma coisa atrás da outra; they hate one another se odeiam mutuamente
answer s. 1 resposta (to, *a*); réplica (to, *a*); in answer to em resposta a 2 (*problema*) solução ■ v. 1 responder (to, *a*); answer me responda-me; to answer to an advertisement responder a um anúncio 2 atender; to answer the door ir ver quem está à porta; to answer the phone atender o telefone 3 reagir (to, *a*) 4 solucionar (to, –); to answer to a problem dar solução a um problema 5 corresponder (to, *a*); to answer to the description corresponder à descrição; to answer the purpose servir a uma necessidade, a um propósito ♦ answer back v. 1 responder com insolência; retrucar; responder torto 2 contra-argumentar answer for v. responder por; responsabilizar-se por answer to obedecer a
ant s. ZOOLOGIA formiga ♦ coloquial to have ants in your pants ter bicho-carpinteiro ● É diferente de *aunt*.
antacid adj. antiácido ■ s. antiácido

antagonism s. antagonismo (towards/to, *contra*; between, *entre*); mutual antagonism antipatia mútua
antagonist s. antagonista; opositor
antagonize, antagonise Grã-Bretanha v. hostilizar; opor-se a
Antarctic adj. antártico; the Antarctic region região antártica, Antártida
ante s. (*jogo de cartas*) aposta; parada; to up the ante subir a parada ■ v. (*jogo de cartas*) apostar; to ante up pagar uma aposta perdida ● É diferente de *anti*.
anteater s. ZOOLOGIA tamanduá
antelope s. ZOOLOGIA antílope
antenatal adj. pré-natal; antenatal care cuidados pré-natais
antenna s. 1 (*animal*) antena; the antennae of insects as antenas dos insetos 2 EUA (*rádio, televisão*) antena; television antennas antenas de televisão
antenuptial adj. pré-nupcial
antepenultimate adj. formal antepenúltimo
anteroom s. antessala; antecâmara
anthem s. hino; national anthem hino nacional
anthology s. antologia
anthracite s. antracito
anthrax s. MEDICINA antraz; carbúnculo
anthropoid adj., s. antropoide
anthropological adj. antropológico
anthropologist s. antropólogo
anthropology s. antropologia
anti-aircraft adj. antiaéreo; que combate ataque de força aérea
anti-inflammatory adj., s. anti-inflamatório
antibacterial adj. antibacteriano
antibiotic adj., s antibiótico
antibody s. QUÍMICA, MEDICINA anticorpo
Antichrist s. RELIGIÃO Anticristo
anticipate v. 1 antecipar; prever; I anticipate the worst prevejo o pior 2 adiantar-se a; antecipar-se a
anticipation s. 1 antecipação; in anticipation of... antecipando...; thank you in anticipation agradecemos antecipadamente 2 expectativa
anticlockwise adj. no sentido contrário ao dos ponteiros do relógio
antics s.pl. palhaçadas ● É diferente de *antique*.
anticyclone s. METEOROLOGIA anticiclone
anticyclonic adj. METEOROLOGIA anticiclônico
antidepressant adj., s. antidepressivo
antidote s. antídoto (to/for, *para/contra*); contraveneno (to/for, *para*)
antifreeze s. anticongelante
antihistamine s. anti-histamínico
Antilles s.pl. Antilhas
antimony s. QUÍMICA (*elemento químico*) antimônio
antioxidant s. antioxidante
antipathetic adj. formal contrário (to, *a*); hostil (to, *a*); they are antipathetic to all liberal ideas eles se opõem a todas as ideias liberais
antipathy s. formal antipatia (to/towards, *por*); antagonismo (to/towards, *a*) ● É diferente de *empathy*.
antipersonnel adj. antipessoal; antipersonnel mines minas antipessoais

antiquarian s. antiquário ■ adj. de antiguidades; (*livraria*) antiquarian bookshop sebo
antiquary s. 1 (*negociante*) antiquário 2 colecionador 3 (*estudioso*) arqueólogo
antiquated adj. formal antiquado
antique adj. antigo ■ s. (*período, objeto*) antiguidade; (*pessoa*) antique dealer negociante de antiguidades; (*loja*) antique shop antiquário
antiquity s. (*tempo*) antiguidade; in antiquity na antiguidade antiquities s.pl. (*objetos*) antiguidades
anti-Semite s. antissemita
anti-Semitic adj. antissemita
anti-Semitism s. antissemitismo
antiseptic adj. antisséptico ■ s. antisséptico
antisocial adj. 1 antissocial 2 pouco sociável
anti-tank adj. antitanque
antiterrorism s. antiterrorismo
anti-terrorist adj. antiterrorista
antitetanic adj. MEDICINA antitetânico
antithesis s. antítese
antitoxic adj. antitóxico
antitoxin s. antitoxina
anti-virus adj. antivírus
antler s. (*animal*) haste; chifres ramificados; the antlers of a deer a armação de um veado
antonym s. antônimo; to look for antonyms procurar antônimos
antonymous adj. antônimo; antonymous words palavras antônimas
antonymous adj. antônimo
antonymy s. antonímia
anus s. ânus
anvil s. bigorna
anxiety s. 1 ansiedade (about/over, *em relação a*); an anxiety attack um ataque de ansiedade; anxiety about an exam ansiedade por causa de uma prova 2 ânsia (to, *de*)
anxiolytic adj., s. ansiolítico
anxious adj. 1 ansioso (about/for, *em relação a*), preocupado (about/for, *em relação a*) 2 (*situação*) aflitivo; de angústia; anxious moments momentos de ansiedade 3 ansioso (to, *por*); desejoso (to, *por*)
anxiously adv. 1 ansiosamente 2 impacientemente
any adj., pron. 1 algum; alguns; are there any left? sobrou algum? 2 qualquer; qualquer que; seja qual for; any will do qualquer um serve 3 nenhum; I don't have any pets at home não tenho nenhum animal de estimação em casa 4 qualquer; any time em qualquer momento, quando você quiser; disponha any time soon num futuro próximo ♦ are you any better? você está melhor? at any rate seja como for I'm not going any further não vou mais longe in any case de qualquer modo not any more já não
anybody pron. 1 alguém; is anybody there? tem alguém aí? 2 ninguém; don't tell anybody! não conte para ninguém! 3 qualquer pessoa; to be just like anybody else ser como qualquer outra pessoa ♦ it's anybody's guess! só Deus sabe!
anyhow adv. 1 de qualquer modo; seja como for; it is all pointless anyhow de qualquer modo é tudo inútil 2 de qualquer maneira; they did it all anyhow fizeram tudo de qualquer maneira
anyone pron. 1 alguém; if anyone sees her, tell me se alguém a vir, me digam 2 ninguém; there wasn't anyone there não estava ninguém lá 3 qualquer pessoa; anyone but him todos menos ele ● É diferente de *any one of*.
anything pron. 1 alguma/qualquer coisa; is there anything I can do for you? posso ajudá-lo em alguma coisa? 2 nada; I don't need anything não preciso de nada 3 qualquer coisa; or anything ou qualquer coisa assim; that dog will eat anything aquele cachorro come qualquer coisa 4 tudo; as clever as anything esperto como tudo; I'd give anything to know dava tudo para saber ♦ I wouldn't do that for anything não faria isso por nada deste mundo not anything like that nada disso to be anything but... ser tudo menos...
anyway adv. 1 seja como for; de qualquer modo; thanks, anyway de qualquer modo, obrigado 2 (*em conversa*) bem; anyway, I'd better go now bem, é melhor eu ir indo
anywhere adv. 1 em/a qualquer parte; his house is miles away from anywhere a casa dele fica longe de tudo 2 em/a lugar nenhum; I can't find them anywhere não os encontro em lugar nenhum; investigation is not getting anywhere as investigações não estão avançando 3 qualquer lugar; I'd live anywhere in Italy eu viveria em qualquer lugar na Itália ♦ not anywhere near nem de perto nem de longe
apace adv. depressa; com passo acelerado
apart adv. 1 separado (from, *de*); afastado (from, *de*); to be apart from the others estar afastado dos outros 2 à parte; de parte ♦ apart from 1 para além de 2 exceto to be worlds apart estar a milhas de distância ● É diferente de *a part of*.
apartment s. 1 EUA apartamento; apartment block/building prédio de habitação 2 formal quarto; divisão apartments s.pl. formal aposentos; the presidential apartments os aposentos presidenciais
apathetic adj. apático
apathy s. apatia
ape s. 1 (*grande porte*) macaco 2 imitador; to play the ape ser macaco de imitação ■ v. imitar ♦ calão to go ape (over) ter um ataque (por causa de)
aperitif s. (*bebida*) aperitivo
apex s. 1 ápice; cimo; cume 2 vértice; ponta
aphelion s. ASTRONOMIA afélio
aphid s. ZOOLOGIA pulgão; afídio
aphonia s. afonia
aphonic adj. afônico
aphorism s. aforismo
aphrodisiac adj. afrodisíaco ■ s. afrodisíaco
aphtha s. afta
aphthous adj. aftoso
apiece adv. cada um; por peça; por cabeça; they had three dollars apiece cada um deles tinha três dólares ● É diferente de *a piece of*.
apocalypse s. apocalipse Apocalypse RELIGIÃO Apocalipse
apocalyptic adj. apocalíptico
apogee s. apogeu

apologize, apologise

apologize, apologise Grã-Bretanha ■ v. desculpar-se (to, a; for, por); pedir desculpa (to, a; for, por); he must apologize to his mother ele tem que pedir desculpa à mãe dele; I apologize for the delay peço desculpa pelo atraso
apology s. 1 desculpa (for, por); to make an apology for apresentar as desculpas por 2 formal apologia 3 péssimo exemplo; they served us up an apology for a meal eles nos serviram uma refeição péssima ♦ to make no apology for não se arrepender de assumir plenamente
apoplectic adj. 1 furioso 2 antiquado apoplético
apostil s. (anotação) apostila
apostle s. apóstolo
apostolic adj. apostólico
apostrophe s. 1 (sinal gráfico) apóstrofo 2 apóstrofe
apothem s. GEOMETRIA apótema
appal v. horrorizar; chocar; to be appalled at something ficar horrorizado com alguma coisa ● É diferente de appeal.
appalling adj. chocante; horrível; terrível ● É diferente de appealing.
apparatus s. 1 equipamento; camping apparatus equipamento de camping 2 aparelho; state apparatus aparelho do Estado; digestive apparatus aparelho digestivo
apparent adj. 1 evidente (to, para), óbvio (to, para); it is apparent that... é evidente que... 2 (indício) aparente; the apparent cause a causa aparente
apparently adv. 1 ao que parece; ao que tudo indica 2 aparentemente
apparition s. (fantasma) assombração
appeal s. 1 apelo; pedido 2 atração; atrativo; the appeal of nature a atração da natureza ■ v. 1 apelar (to, a); to appeal to one's sense of honour apelar ao sentido de honra de alguém 2 pedir auxílio (for, para) 3 pedir (for, para); solicitar (for, para); angariar (for, para) 4 atrair; despertar interesse; to appeal to the eye atrair o olhar
appealing adj. 1 atraente 2 apelativo; sugestivo 3 (situação) comovente
appear v. 1 aparecer; surgir; he appeared at last finalmente ele apareceu 2 comparecer (before, perante) 3 parecer; his essay appears to be the best a composição dele parece ser a melhor; so it appears assim parece
appearance s. 1 aparência; appearances can be deceptive as aparências enganam; by all appearances ao que parece; to keep up appearances manter as aparências 2 aparecimento; to make an appearance on TV aparecer na televisão; to put in an appearance marcar presença 3 comparência
appease v. apaziguar; acalmar
appeasement s. apaziguamento
appellative s. apelativo
append v. juntar (to, a); anexar (to, a)
appendage s. apêndice
appendicitis s. MEDICINA apendicite
appendix s. 1 ANATOMIA apêndice; he had his appendix out ele teve o apêndice removido 2 (livro, documento) anexo; apêndice

appetite s. 1 apetite (for, por); to have an appetite for ter apetite por; to spoil one's appetite fazer perder o apetite 2 (entusiasmo, desejo) sede fig. (for, de)
appetizer, appetiser Grã-Bretanha ■ s. aperitivo
appetizing, appetising Grã-Bretanha ■ adj. apetitoso
applaud v. 1 aplaudir 2 louvar; elogiar
applause s. aplausos; a round of applause uma salva de palmas
apple s. BOTÂNICA maçã; apple pie torta de maçã; apple tree macieira ♦ apple of discord pomo de discórdia the apple of somebody's eye a menina dos olhos de alguém
appliance s. aparelho; electrical appliance eletrodoméstico
applicable adj. aplicável
applicant s. candidato (for, a); applicants for this job must fill in this form os candidatos a este emprego devem preencher este formulário
application s. 1 candidatura 2 aplicação; uso; (cremes) for external application only para uso externo 3 requerimento 4 INFORMÁTICA aplicativo
applied adj. aplicado; applied sciences ciências aplicadas
apply v. 1 aplicar; apply the cream to your face aplique o creme no rosto; to apply a law aplicar uma lei 2 candidatar-se (for, a); to apply for a job candidatar-se a um emprego 3 aplicar-se (to, a); this doesn't apply to you isto não se aplica a você 4 fazer; apply pressure to the wound faça pressão sobre a ferida ♦ to apply one's mind to something empenhar-se/concentrar-se em algo to apply the brakes frear
appoint v. 1 nomear; he was appointed as chairman of the commission foi nomeado presidente da comissão; to appoint a committee nomear um comitê 2 fixar; marcar; at the appointed time à hora marcada
appointment s. 1 compromisso; hora marcada; to have an appointment ter um compromisso 2 nomeação (of, de); appointment as head of department nomeação para diretor da seção 3 consulta; dental appointment consulta no dentista; to make an appointment marcar uma consulta
appraisal s. avaliação (of, de); apreciação (of, de); the appraisal of the situation a análise da situação
appraise v. avaliar; apreciar ● É diferente de apprise.
appreciable adj. apreciável; considerável
appreciate v. 1 apreciar; he appreciates health food ele aprecia alimentos naturais 2 agradecer; ficar agradecido por; I appreciate what you have done estou agradecido pelo que você fez 3 estar consciente de; entender 4 valorizar-se; the first editions will appreciate in value as primeiras edições vão se valorizar
appreciation s. 1 gratidão; reconhecimento; to show somebody one's appreciation demonstrar a sua gratidão a alguém 2 apreciação; avaliação (of, de); to make a full appreciation of the situation avaliar globalmente a situação 3 consciência; noção 4 valorização

appreciative *adj.* 1 apreciativo 2 reconhecido; agradecido (of, *por*); to be appreciative of estar grato por 3 (*crítica, comentário*) favorável; elogioso

apprehend *v.* 1 formal apreender; deter; to apprehend a suspect deter um suspeito 2 formal (*compreensão*) apreender; captar; to apprehend the meaning of a sentence compreender o significado de uma frase

apprehension *s.* 1 apreensão; inquietação 2 formal detenção; captura

apprehensive *adj.* apreensivo (about/for, *em relação a*); he is apprehensive about his future ele está preocupado com o futuro

apprentice *s.* aprendiz ■ *v.* pôr como aprendiz

apprenticeship *s.* aprendizagem; to serve an apprenticeship as ser aprendiz de

apprise *v.* informar (of, *de/que*); pôr ao corrente (of, *de*)

approach *s.* 1 aproximação (of, *de*); the approach of New Year made everybody happy a proximidade do Ano Novo deixou todo mundo feliz 2 acesso (to, *a*) 3 abordagem (to, *a*); his approach to the question was a bit controversial a forma como ele abordou a questão foi um pouco controversa ■ *v.* 1 aproximar-se; he was approaching 50 estava se aproximando dos 50 anos 2 abordar (about/for, *acerca de*); to approach a question abordar uma questão; he's not easy to approach ele não é uma pessoa acessível

approachable *adj.* acessível

appropriate¹ *adj.* 1 apropriado (for/to, *a*); adequado (for/to, *a*) 2 oportuno; at the appropriate time no momento oportuno

appropriate² *v.* 1 apropriar-se indevidamente de 2 destinar (for, *a*); atribuir (for, *a*)

appropriation *s.* apropriação

approval *s.* aprovação; autorização; do I have your approval? tenho a sua aprovação? ♦ goods on approval mercadorias enviadas sob condição (de poder devolver)

approve *v.* aprovar; ratificar; Parliament has approved the new legislation o Parlamento aprovou a nova legislação approve of *v.* ver com bons olhos; mostrar-se favorável a

approving *adj.* de aprovação

approximate¹ *adj.* aproximado; the approximate value of the diamond o valor aproximado do diamante

approximate² *v.* aproximar-se (to, *de*); it does not even approximate to the average nem sequer se aproxima da média

approximately *adv.* aproximadamente

approximation *s.* aproximação (of/to, *a/de*); by approximation por aproximação

apricot *s.* BOTÂNICA damasco; apricot tree damasqueiro

April *s.* abril ♦ April Fool's Day Dia da Mentira

apron *s.* avental ♦ tied to somebody's apron strings amarrado na barra da saia de alguém

apse *s.* ARQUITETURA abside

apt *adj.* 1 apropriado; acertado 2 (*pessoa*) com grandes capacidades 3 propenso (to, *a*); to be apt to ter tendência a

aptitude *s.* dom, talento (for, *para*); to have an aptitude for sports ter um dom para o esporte ♦ aptitude test prova de aptidão

aquamarine *s.* GEOLOGIA água-marinha

aquaplane *s.* (*água*) esqui; aquaplano ■ *v.* 1 fazer esqui aquático 2 deslizar na água em um aquaplano

aquaplaning *s.* aquaplanagem

aquarium *s.* aquário grande

Aquarius *s.* ASTRONOMIA Aquário

aquarobics *s.* ESPORTE hidroginástica

aquatic *adj.* aquático; aquatic sports esportes aquáticos

aqueduct *s.* aqueduto

aquiline *adj.* aquiline nose nariz aquilino

Arab *adj., s.* (*pessoa*) árabe

arabesque *s.* arabesco

Arabia *s.* Arábia ♦ Saudi Arabia Arábia Saudita

Arabian *adj.* árabe; arábico; Arabian Peninsula Península Arábica

Arabic *s.* (*língua*) *árabe*

arable *adj.* arável; arable soil solo arável

arachnid *s.* ZOOLOGIA aracnídeo

arbitrary *adj.* arbitrário

arbitrate *v.* servir de árbitro a; mediar; to arbitrate a quarrel mediar um conflito

arbitration *s.* (*disputa*) arbitragem

arbitrator *s.* (*de disputa*) árbitro

arc *s.* GEOMETRIA, ELETRICIDADE arco ● É diferente de *ark*.

arcade *s.* 1 (*arcos*) arcada 2 (*lojas*) galeria; shopping arcade galeria comercial ♦ arcade game videojogo

arch *s.* 1 arco; abóbada; depressed arch arco abatido; pointed arch ogiva 2 curva do pé; to have fallen arches ter pés chatos ■ *v.* 1 arquear(-se) 2 abobadar(-se) ■ *adj.* malicioso; an arch look uma expressão maliciosa

archaeological, archeological EUA *adj.* arqueológico

archaeologist, archeologist EUA *s.* arqueólogo

archaeology, archeology EUA *s.* arqueologia

archaic *adj.* arcaico

archangel *s.* arcanjo

archbishop *s.* arcebispo

archduke *s.* arquiduque

archer *s.* arqueiro

archery *s.* ESPORTE (*arco e flecha*) tiro com arco

archetype *s.* arquétipo

archipelago *s.* arquipélago

architect *s.* arquiteto

architectonic *adj.* arquitetônico

architectural *adj.* arquitetônico

architecture *s.* arquitetura

archivist *s.* arquivista

archway *s.* (*entrada, passagem*) arcada

ardent *adj.* ardente; fervoroso; an ardent admirer um admirador apaixonado

ardour, ardor EUA *s.* ardor; paixão

arduous *adj.* árduo; an arduous climb uma escalada árdua

area *s.* 1 área; superfície 2 região; zona 3 área; domínio ♦ area code (*telefone*) prefixo ● É diferente de *aria*.

arena

arena s. 1 arena 2 estádio 3 anfiteatro 4 arena; contexto
Argentina s. Argentina
Argentinian adj., s. argentino
argentite s. GEOLOGIA argentite
argil s. argila
Argo s. ASTRONOMIA Argo
argon s. QUÍMICA (elemento químico) argônio
arguable adj. discutível; questionável
arguably adv. possivelmente; provavelmente
argue v. 1 discutir (with, com; about/over, sobre); he argued with his friend over what they should do ele discutiu com o amigo sobre o que deveriam fazer 2 argumentar (against, contra; for, a favor de); to argue against nuclear weapons argumentar contra as armas nucleares
argument s. 1 discussão; to have an argument with somebody about... discutir com alguém por causa de... 2 argumento; that's not a valid argument esse argumento não é válido
argumentation s. argumentação
argumentative adj. 1 argumentativo; argumentative text texto argumentativo 2 questionador; conflituoso; to be an argumentative person ser do contra
aria s. MÚSICA ária
arid adj. 1 árido; arid desert deserto árido 2 sem interesse; infrutífero; an arid discussion uma discussão infrutífera
aridity s. aridez
Aries s. ASTRONOMIA Áries
arise v. 1 aparecer; surgir 2 (vento, tempestade) levantar-se ◆ should the need arise se for necessário should the occasion arise se houver oportunidade
aristocracy s. aristocracia
aristocrat s. aristocrata
aristocratic adj. aristocrático
arithmetic s. aritmética
arithmetical adj. aritmético
arm s. 1 braço; arm in arm de braço dado; with open/folded arms de braços abertos/cruzados 2 (casaco) manga 3 (árvore) ramo 4 (cadeira, mar) braço 5 (organização) seção 6 figurado poder; autoridade arms s.pl. 1 armas; to lay down one's arms render-se, entregar as armas 2 (profissão militar) armas; to bear arms servir como soldado ■ v. 1 armar(-se) 2 (explosivo) armar ◆ by force of arms à mão armada to be up in arms about something estar em pé de guerra por/com algo to keep somebody at arm's length manter alguém à distância twist my arm! já que (você) insiste!
armadillo s. ZOOLOGIA tatu
armament s. armamento
armature s. 1 (animal) armadura 2 ELETRICIDADE induzido; rotor
armband s. (faixa, boia) braçadeira; black armband braçadeira de luto
armchair s. poltrona
armed adj. armado (with, com/de); armed conflict conflito armado; armed forces forças armadas; armed robbery assalto à mão armada; he was armed with a gun estava armado com uma pistola ◆ to be armed to the teeth estar armado até os dentes

Armenia s. Armênia
armful s. braçada (of, de); an armful of books uma braçada de livros ● É diferente de harmful.
armhole s. (vestuário) cava
armistice s. armistício
armour, armor EUA s. 1 armadura; suit of armour armadura completa 2 blindagem 3 conjunto de carros blindados
armoured, armored EUA adj. blindado; armoured car carro blindado
armoury, armory EUA s. arsenal
armpit s. axila; sovaco
army s. 1 exército; army corps corpo do exército; to be in the army ser militar; to join the army alistar-se no exército 2 multidão (of, de); batalhão fig. (of, de)
aroma s. aroma
aromatherapy s. aromaterapia
aromatic adj. aromático
aromatize v. aromatizar
around prep., adv. 1 à volta de; em torno de; they were sitting around the table estavam sentados ao redor da mesa; all around por toda a parte 2 aproximadamente; cerca de; there were around 20 people estavam cerca de 20 pessoas 3 por aí; is John around? o John está por aí? ◆ coloquial around/round the clock 24 horas por dia to have been around ter muita experiência do mundo see you around! até à próxima!
arousal s. 1 o despertar; o desencadear 2 excitação (sexual)
arouse v. 1 despertar; desencadear; the subject aroused his interest o assunto lhe despertou interesse 2 (sexualmente) estimular; excitar
arrange v. 1 organizar; ordenar; to arrange the books in alphabetical order ordenar os livros alfabeticamente 2 marcar; combinar; to arrange a meeting combinar uma reunião 3 tratar de; encarregar-se de 4 MÚSICA adaptar (for, para); a symphony arranged for piano uma sinfonia adaptada para piano
arrangement s. 1 acordo; to come to an arrangement chegar a acordo 2 plano; a normal working arrangement um plano de trabalho normal 3 (objetos, móveis) disposição 4 arranjo; a flower arrangement um arranjo floral 5 MÚSICA arranjo arrangements s.pl. preparativos (for, para); to make arrangements for preparar as coisas para
array s. 1 seleção (of, de); série (of, de); conjunto (of, de) 2 formação militar 3 INFORMÁTICA tabela ■ v. 1 dispor 2 pôr em formação de ataque
arrears s.pl. dívidas em atraso; to be in arrears with something ter algo em atraso; to be paid in arrears receber os pagamentos em atraso; to fall into arrears atrasar-se no pagamento
arrest s. 1 prisão; detenção; the police made several arrests a polícia fez várias detenções; to be under arrest estar preso 2 arresto; embargo ■ v. 1 prender, deter; to arrest somebody for something prender alguém por ter cometido algo 2 embargar, apreender 3 conter; the company tried to arrest the

losses a empresa tentou conter os prejuízos **4** chamar a atenção de; atrair
arrested *adj.* (*cadeia*) preso
arrhythmia *s.* MEDICINA arritmia
arrival *s.* **1** chegada; arrivals and departures chegadas e partidas; on arrival à chegada; the arrival of the computer revolutionized the industry a chegada do computador revolucionou a indústria **2** pessoa que chega; new arrival recém-chegado; late arrival retardatário
arrive *v.* **1** chegar (at/in, *a*); to arrive at a conclusion chegar a uma conclusão; to arrive in Brazil chegar ao Brasil **2** coloquial fazer sucesso; they really arrived when they made their first record eles tiveram um grande sucesso quando gravaram o primeiro disco **3** nascer
arrogance *s.* arrogância
arrogant *adj.* arrogante
arrogate *v.* arrogar
arrow *s.* **1** flecha **2** seta
arse *s.* Grã-Bretanha vulgarismo cu (cal.); rabo ♦ vulgarismo my arse! é ruim, heim! col. até parece! col. vulgarismo move your arse! se mexe!
arsenal *s.* arsenal (of, *de*); an arsenal of nuclear weapons um arsenal de armas nucleares
arsenic *s.* **1** QUÍMICA (*elemento químico*) arsênio **2** arsênico; he was poisoned with arsenic foi envenenado com arsênico
arson *s.* incêndio criminoso; the police suspect arson a polícia suspeita de incêndio criminoso
arsonist *s.* incendiário; pirômano
art *s.* **1** arte; art exhibition exposição; plastic arts artes plásticas; to study art estudar arte **2** manha; astúcia arts *s.pl.* **1** belas-artes **2** (*com maiúscula*) Letras, Ciências Humanas; Faculty of Arts Faculdade de Letras, Faculdade de Ciências Humanas ♦ art dealer negociador de artes, marchand arts and crafts artes e ofícios fine arts belas-artes
artefact, artifact EUA *s.* artefato
arterial *adj.* **1** arterial **2** (*estrada*) principal; importante; arterial road via/estrada principal
arteriosclerosis *s.* MEDICINA arteriosclerose
artery *s.* **1** (*sangue*) artéria **2** via/estrada principal; the main artery of the city a principal via da cidade
artful *adj.* **1** (*pessoa*) astuto **2** (*esquema*) engenhoso
arthritic *adj.* MEDICINA artrítico
arthritis *s.* MEDICINA artrite
arthropod *s.* ZOOLOGIA artrópode
arthrosis *s.* MEDICINA artrose
artichoke *s.* BOTÂNICA alcachofra
article *s.* **1** artigo **2** peça; an article of clothing uma peça de roupa **3** (*jornal*) artigo; leading article editorial **4** cláusula **5** LINGUÍSTICA artigo; the definite/indefinite article artigo definido/indefinido ■ *v.* contratar para estágio (to, *em*)
articulate[1] *adj.* **1** (*discurso*) articulado **2** (*pessoa*) eloquente **3** (*pensamento*) claro; coerente; a very articulate book um livro muito claro **4** (*animal*) articulado
articulate[2] *v.* **1** articular; pronunciar claramente **2** exprimir
articulation *s.* (*fala*) articulação

artifice *s.* **1** estratagema **2** astúcia; manha
artificial *adj.* artificial; artificial insemination/intelligence inseminação/inteligência artificial; artificial limb prótese; artificial smile sorriso artificial
artillery *s.* artilharia; heavy artillery artilharia pesada
artisan *s.* artesão
artist *s.* artista
artistic *adj.* artístico
artistically *adv.* artisticamente
artless *adj.* **1** simples; natural **2** tosco
arugula *s.* BOTÂNICA rúcula
as *conj.* **1** como; as if/though como se; as you like it como preferir; such as tal como **2** conforme; as I was saying... conforme eu estava dizendo... **3** enquanto; she talked as she painted ela falava enquanto pintava **4** porque; como; as it was late, she went away como era tarde, ela foi embora **5** embora; strange as it may seem... embora pareça estranho... ■ *prep.* como; I work as a teacher trabalho como professor ♦ as... as tão... como as far as até as far as I know pelo que sei as far as I am concerned na minha opinião as for no que concerne as long as enquanto, contanto que as of desde as soon as assim que as well as bem como
asbestos *s.* asbesto; amianto
ascend *v.* subir; ascender; to ascend the throne ascender ao trono ♦ in ascending order por ordem crescente
ascendancy *s.* supremacia (over, *sobre*)
ascendant *s.* ascendente ■ *adj.* **1** ascendente; em ascensão **2** formal dominante; the economically ascendant class a classe economicamente dominante
ascending *adj.* ascendente
ascension *s.* ascensão Ascension RELIGIÃO Ascensão
ascent *s.* **1** subida; ascensão **2** ladeira ● É diferente de *assent*.
ascertain *v.* **1** averiguar **2** comprovar
ascetic *adj.* ascético ■ *s.* asceta
asceticism *s.* ascetismo
ascribe *v.* **1** atribuir (to, *a*) **2** imputar (to, *a*); to ascribe something to somebody imputar algo a alguém
aseptic *adj.* asséptico
asexual *adj.* **1** assexuado **2** (*reprodução*) assexual
asexuality *s.* assexualidade
ash *s.* **1** cinza; to burn something to ashes reduzir algo a cinzas **2** (*árvore*) freixo ♦ ashes to ashes do pó viemos, para o pó iremos as pale as ashes branco como a cal Ash Wednesday Quarta-feira de Cinzas
ashamed *adj.* envergonhado; to be ashamed of ter vergonha de; to be ashamed to admit it ter vergonha de o admitir
ashore *adv.* em terra; para terra ♦ to go ashore desembarcar to run ashore encalhar ● É diferente de *shore*.
ashtray *s.* cinzeiro ● É diferente de *astray*.
Asia *s.* Ásia
Asian *adj., s.* asiático
aside *adv.* à parte; de lado; de parte; joking aside brincadeiras à parte; to stand aside colocar-se de lado ■ *s.* aparte; he said that in an aside ele disse isso em um aparte ■ *prep.* à parte; exceto; EUA aside from à parte ♦ to speak aside falar em privado

asinine

asinine adj. estúpido
ask v. 1 perguntar (about, acerca de; for, por); to ask a question fazer uma pergunta; he asked about her accident ele quis saber do acidente dela; he called asking for me ele telefonou perguntando por mim 2 pedir; to ask a favour pedir um favor 3 convidar; to ask somebody out to dinner convidar alguém para jantar ask after v. perguntar por; he asked after you ele perguntou por você ask out v. convidar para sair; to ask somebody out to dinner convidar alguém para jantar
askew adv. de lado
asking adj. solicitante
asleep adj. 1 dormindo; adormecido; to be asleep estar dormindo; to fall asleep pegar no sono, adormecer; sound asleep dormindo profundamente 2 (perna, braço etc.) dormente
asparagus s. BOTÂNICA aspargo
aspect s. 1 aspecto (of, de); vertente (of, de); to cover every aspect of the job abranger todos os aspectos do trabalho 2 (edifício) orientação; the rooms have a southern aspect os quartos estão virados para o sul
aspen s. BOTÂNICA faia preta
asperity s. 1 (atitude) severidade; rudeza 2 (superfície) aspereza
asphalt s. asfalto ■ v. asfaltar
asphyxia s. asfixia
asphyxiate v. asfixiar
asphyxiating adj. asfixiante
asphyxiation s. asfixia
aspiration s. aspiração
aspire v. aspirar (to/after, a); ambicionar (to/after, –); he aspired to the leadership of the team ele ambicionava a liderança do time • É diferente de inspire.
aspirin s. aspirina
aspiring adj. aspirante; an aspiring writer um aspirante a escritor
ass s. 1 coloquial, pejorativo (pessoa) burro; imbecil 2 EUA vulgarismo bunda; rabo; cu (cal.) ◆ calão get your ass over here! vem aqui, caramba! calão to be a pain in the ass ser um chato; ser um pé no saco (cal.) coloquial to make an ass of yourself fazer papel de idiota
assai s. BOTÂNICA (fruto) açaí
assailant s. atacante; agressor
assassin s. (de pessoa importante) assassino profissional • É diferente de murderer, killer.
assassinate v. (pessoa importante) assassinar; a plot to assassinate the President uma conspiração para assassinar o presidente
assassination s. (de pessoa importante) assassinato; an assassination attempt uma tentativa de assassinato
assault s. 1 (a pessoa) agressão (on, contra) 2 assalto (on, contra); ataque (on, contra) v. 1 agredir 2 atacar; assaltar ◆ to be taken by assault ser tomado de assalto assault and battery insulto e agressão • A expressão "assalto a banco" em inglês se diz bank robbery.
assay v. 1 analisar, testar 2 experimentar ■ s. 1 análise; teste 2 amostra • É diferente de essay.

assemble v. 1 reunir; juntar 2 montar; to assemble a car montar um carro
assembly s. 1 reunião 2 assembleia 3 ajuntamento 4 MECÂNICA montagem; assembly line linha de montagem ◆ assembly room salão de reunião, salão de festas
assent s. consentimento (to, a); aprovação (to, a); the Chairman gave his assent to the committee's proposals o presidente aprovou as propostas da comissão ■ v. consentir (to, em); concordar (to, com)
assert v. 1 afirmar; to assert oneself afirmar-se 2 fazer valer; defender; to assert one's rights defender os próprios direitos • É diferente de excerpt.
assertion s. asserção; afirmação
assertive adj. assertivo; afirmativo
assess v. 1 avaliar; to assess a property avaliar uma propriedade 2 calcular 3 tributar, coletar • É diferente de access.
assessment s. 1 avaliação; continuous assessment avaliação contínua 2 estimativa, cálculo 3 tributação; imposto
assessor s. 1 avaliador 2 perito 3 assessor
asset s. 1 vantagem 2 (pessoa) trunfo, elemento valioso assets s.pl. 1 bens; posses; personal assets bens móveis; real assets bens de raiz 2 ECONOMIA ativo; assets and liabilities ativo e passivo
assiduity s. assiduidade
assiduous adj. assíduo
assiduously adv. assiduamente
assign v. 1 atribuir (to, a); to assign a job to somebody atribuir uma tarefa a alguém 2 nomear (to, para); destacar (to, para) 3 (bens) transferir; ceder
assignation s. 1 (secreto) encontro amoroso 2 atribuição 3 destacamento 4 (bens) transferência
assignment s. 1 (cargo) nomeação 2 tarefa 3 missão 4 (bens) transferência; cessão
assimilate v. 1 assimilar 2 integrar-se (into, em); they assimilated easily into the new community eles se integraram facilmente na nova comunidade
assimilation s. 1 assimilação 2 integração
assist v. 1 ajudar (in/with, em); auxiliar (in/with, em) 2 prestar assistência a (in, em); the nurses assisted the doctor in the operation as enfermeiras prestaram assistência ao médico na operação • Observe que não corresponde a "assistir" no sentido de "ver".
assistance s. ajuda; auxílio; to come to somebody's assistance vir em auxílio de alguém; to give assistance to somebody prestar auxílio a alguém
assistant s. 1 assistente 2 ajudante; an assistant cook um cozinheiro ajudante ◆ assistant manager diretor adjunto
associate[1] s. 1 sócio; associado; a business associate um sócio 2 (crime) cúmplice
associate[2] v. associar(-se) (with, a); relacionar(-se) (with, com); to associate with somebody pertencer ao círculo de relações de alguém
association s. associação; in association with com a colaboração de
assorted adj. (bombons, camisas) sortido; variado
assortment s. 1 sortido; seleção; variedade; an assortment of sweets um sortido de doces 2 grupo;

she has an odd assortment of friends ela tem um estranho grupo de amigos
assume v. **1** supor; presumir; to assume guilt presumir a culpa; let's assume that... suponhamos que... **2** assumir; to assume responsibilities assumir as responsabilidades **3** adotar; she assumed an air of indifference pôs um ar de indiferença
assumption s. **1** suposição; hipótese; to make an assumption fazer uma suposição **2** (*poder*) tomada (of, *de*); the army's assumption of power a tomada do poder pelo exército ◆ on the assumption that supondo que partindo do princípio que
assurance s. **1** garantia (of, *de*); assurances of loyalty provas de lealdade; you have my assurance that... você tem a minha garantia de que... **2** confiança; segurança **3** seguro; life assurance seguro de vida • É diferente de *insurance*.
assure v. assegurar (of, *de*); garantir (of, *que*); he assured us of his ability to solve the problem ele nos assegurou da sua capacidade para resolver o problema • É diferente de *ensure* e de *insure*.
astatine s. QUÍMICA (*elemento químico*) astato
asterisk s. asterisco ■ v. marcar com asterisco
astern adv. à ré; à popa; atrás
asteroid s. ASTRONOMIA asteroide
asthenia s. MEDICINA astenia
asthma s. MEDICINA asma
asthmatic adj., s. MEDICINA asmático
astigmatism s. MEDICINA astigmatismo
astonish v. surpreender; espantar; you astonish me você me surpreende; we were astonished by the news ficamos espantados com a notícia
astonished adj. admirado (at, *com*), espantado (at, *com*); to look astonished estar com um ar espantado
astonishing adj. espantoso; surpreendente
astonishment s. surpresa; espanto; in astonishment com espanto; to our astonishment, he arrived on time para nosso espanto, ele chegou na hora
astound v. surpreender; espantar; the news astounded me a notícia me deixou perplexo
astounding adj. espantoso; incrível
astral adj. astral, sidereal
astray adv. to go astray perder-se, extraviar-se; to lead somebody astray levar alguém para o mau caminho
astride adj. montado; sentado com uma perna em cada lado ■ prep., adv. escarranchado
astringe v. MEDICINA adstringir
astringency s. adstringência
astringent adj. **1** adstringente **2** figurado severo; astringent criticism crítica dura
astrologer s. astrólogo
astrological adj. astrológico
astrology s. astrologia
astronaut s. astronauta
astronomer s. astrônomo
astronomical adj. astronômico; astronomical sums of money quantias astronômicas; astronomical telescope telescópio astronômico
astronomy s. astronomia
astrophysicist s. astrofísico
astrophysics s. astrofísica
astute adj. astuto; sagaz

attachment

astuteness s. astúcia; sagacidade
asunder adv. literário em pedaços; to be torn asunder ficar/ser despedaçado; to go asunder separar-se, despedaçar-se
asylum s. **1** asilo; to seek political asylum procurar asilo político **2** antiquado hospício
asymmetric, asymmetrical adj. assimétrico ◆ asymmetric bars (*ginástica*) barras assimétricas
asymmetry s. assimetria
at prep. **1** em; a; at a distance à distância; at hand à mão; at home em casa; at night à noite; at sea no mar; at the moment neste momento; at the top no topo; at war em guerra **2** de; contra; to shoot at somebody disparar contra alguém **3** para, por; at last por fim; at least pelo menos; to aim at the target apontar para o alvo **4** INFORMÁTICA arroba ◆ at all absolutamente at best na melhor das hipóteses at large solto, em liberdade at most quando muito at once **1** imediatamente **2** ao mesmo tempo at times às vezes, de vez em quando
atheism s. ateísmo
atheist s. ateu
atherine s. ZOOLOGIA peixe-rei
athlete s. atleta ◆ athlete's foot (*micose*) pé de atleta
athletic adj. atlético; of athletic build de constituição atlética ◆ athletic sports atletismo
athletics s. **1** Grã-Bretanha atletismo **2** EUA esportes
atishoo interj. atchim
Atlantic adj. atlântico; the Atlantic Ocean o Oceano Atlântico
atlas s. (*livro*) atlas; world atlas atlas do mundo
atmosphere s. **1** atmosfera **2** ambiente; a pleasant atmosphere in the office um ambiente agradável no escritório
atmospheric adj. atmosférico; atmospheric pressure pressão atmosférica
atoll s. atol
atom s. átomo ◆ atom bomb bomba atômica
atomic adj. atômico; atomic bomb/energy bomba/energia atômica
atomizer s. pulverizador
atone v. **1** (*culpa*) expiar (for, -) **2** (*erro*) reparar (for, -); to atone for a fault reparar um erro • É diferente de *attune*.
atonement s. **1** (*culpa*) expiação **2** reparação; to make atonement for a mistake reparar um erro
atonic adj. LINGUÍSTICA átono
atrium s. átrio
atrocious adj. **1** atroz **2** horrível
atrocity s. atrocidade
atrophy s. atrofia ■ v. atrofiar
attach v. **1** anexar (to, *a*); a document attached to a letter/an e-mail um documento anexo a uma carta/ um em-mail **2** prender; to attach something to prender algo a **3** atribuir; to attach importance to atribuir importância a • É diferente de *attack*.
attached adj. **1** (*documento*) em anexo; junto **2** ligado (to, *a*) **3** coloquial (*pessoa*) comprometido; não disponível ◆ to be attached to ter estima por to grow attached to afeiçoar-se a
attachment s. **1** acessório **2** INFORMÁTICA (*e-mail*) anexo **3** afeto; carinho **4** ligação (to/for, *com*); she

attack

has a strong attachment to her baby brother ela tem uma forte ligação com o irmão mais novo

attack s. 1 ataque (of, *de;* on, *a*); heart attack ataque cardíaco; to be under attack estar sob ataque; to launch an attack on lançar uma investida sobre 2 atentado; an attack on the president's life um atentado à vida do Presidente ■ v. 1 atacar; the enemy attacked at night o inimigo atacou à noite 2 criticar violentamente

attacker s. atacante; agressor; armed attackers agressores armados

attain v. alcançar; atingir; to attain power atingir o poder; the country attained its independence in 1822 o país alcançou a independência em 1822 ● É diferente de *obtain*.

attainable adj. alcançável; possível

attainment s. 1 êxito 2 (*sonho, objetivo*) realização

attempt s. 1 tentativa (at, *de*); an attempt at escape uma tentativa de fuga 2 atentado; an attempt on somebody's life um atentado contra a vida de alguém ■ v. tentar ♦ attempted murder/robbery tentativa de assassinato/roubo

attend v. 1 assistir a; to attend a meeting assistir a uma reunião 2 frequentar; to attend school frequentar a escola 3 tratar de; cuidar de; to attend patients cuidar de doentes 4 estar presente; assistir attend to v. 1 tratar de; lidar com 2 (*clientes*) atender

attendance s. 1 assistência; frequência (at, *a/de*); attendance at school a frequência das aulas 2 presença; comparecimento; low/high attendance reduzido/elevado número de presenças ♦ to be in attendance no acompanhar; prestar assistência a

attendant s. 1 empregado 2 assistente; flight attendant assistente de bordo 3 acompanhante ■ adj. associado; consequente; bad weather and its attendant problems mau tempo e problemas consequentes

attention s. atenção (to, *a*); (*carta*) for the attention of à atenção de; it has come to my attention that... soube que...; to bring (something) to somebody's attention chamar a atenção de alguém para (algo); to pay attention to prestar atenção a

attentive adj. 1 atento; an attentive audience uma audiência atenta 2 atencioso (to, *com*), solícito (to, *com*); he is very attentive to the customers ele é muito atencioso com os clientes

attentively adv. 1 atentamente 2 atenciosamente

attenuate v. (*diminuir*) atenuar

attest v. 1 atestar; confirmar 2 testemunhar

attic s. sótão

attitude s. atitude (towards, *perante*); to have a bad/good attitude ter uma atitude negativa/positiva

attorney s. 1 procurador 2 EUA advogado ♦ Attorney General Procurador-Geral da República ● **Lawyer** é a designação geral do profissional formado em direito ou que exerce funções de caráter técnico-jurídico. Em inglês americano, para esse sentido é mais usada a palavra **attorney**, particularmente em linguagem legal ou para designar um advogado que representa pessoas em tribunal.

attorneyship s. procuradoria

attract v. 1 atrair; seduzir; to attract investors atrair investidores; to be attracted to ter uma atração por 2 captar; to attract attention chamar a atenção

attraction s. 1 atração 2 atrativo

attractive adj. atrativo; atraente (to, *para*); he found her very attractive ele a achou muito atraente; he made us an attractive offer ele nos fez uma proposta atrativa

attribute[1] s. atributo

attribute[2] v. atribuir (to, *a*); he attributes his success to hard work ele atribui o seu sucesso ao trabalho árduo

attribution s. atribuição

attrition s. 1 atrito 2 desgaste; war of attrition guerra de desgaste

attune v. sintonizar (to, *com*); adaptar (to, *a*); to be attuned to estar em sintonia com

atypical adj. atípico

aubergine s. BOTÂNICA berinjela

auburn adj. (*cabelo*) ruivo, castanho-avermelhado

auction s. leilão; hasta pública; to be sold at/by auction ser vendido em leilão; to put something up for auction pôr algo à venda em leilão ■ v. leiloar ♦ auction house (*empresa*) leiloeira ● É diferente de *action*.

auctioneer s. (*pessoa*) leiloeiro

audacious adj. 1 audacioso 2 atrevido; descarado

audacity s. 1 audácia 2 atrevimento; descaramento

audible adj. audível

audience s. 1 público; target audience público-alvo 2 audiência; entrevista formal; he was granted an audience with the Pope foi concedida a ele uma audiência com o Papa ● Observe que para "audiência em tribunal" usa-se o termo *hearing*.

audio adj., s. áudio

audiobook s. audiolivro

audiovisual s. audiovisual

audit s. auditoria ■ v. fazer uma auditoria a

auditing s. auditoria

audition s. 1 (*televisão, cinema, teatro*) teste; auditions for the leading role testes para o papel principal 2 (*capacidade de ouvir*) audição ■ v. (*televisão, cinema, teatro*) fazer um teste (for, *para*); to audition for a part fazer o teste para um papel ● No sentido de "capacidade de ouvir", "audição" traduz-se por *hearing capacity*.

auditorium s. (*sala*) auditório

auditory adj. auditivo

augur v. agourar; pressagiar; to augur well/ill ser de bom/mau agouro

august adj. augusto; majestoso

August s. agosto

aunt s. tia

aureole s. auréola

auscultate v. MEDICINA auscultar

auspices s.pl. under the auspices of sob os auspícios de

auspicious adj. auspicioso; an auspicious occasion uma ocasião auspiciosa

austere adj. austero; severo

austerity s. austeridade; severidade

Australia s. Austrália

Australian adj., s. australiano

Austria s. Áustria
Austrian adj., s. austríaco
authentic adj. autêntico
authenticate v. autenticar; this painting has been authenticated as a Rembrandt este quadro foi autenticado como um Rembrandt
authentication s. autenticação
authenticity s. autenticidade
author s. 1 autor 2 escritor
authoritarian adj. autoritário; an authoritarian regime um regime autoritário
authoritative adj. 1 autorizado; fidedigno 2 autoritário
authority s. 1 autoridade; poder; local authority poder local; to be in authority over somebody ter autoridade sobre alguém 2 autorização 3 autoridade; perito **authorities** s.pl. autoridades; to apply to the proper authorities dirigir-se às autoridades competentes ♦ to have it on good authority saber de fonte segura
authorization s. autorização
authorize, authorise Grã-Bretanha v. autorizar
authorship s. autoria
autism s. MEDICINA autismo
autistic adj. MEDICINA autista
autobiographical adj. autobiográfico
autobiography s. autobiografia
autocracy s. autocracia
autocrat s. autocrata
autocratic adj. autocrático; autocratic regime regime autocrático
autocue s. (televisão) ponto
autograph s. autógrafo; to ask for an autograph pedir um autógrafo ■ v. autografar
automatic adj. automático; automatic pilot piloto automático; automatic transmission transmissão automática
automatically adv. automaticamente
automation s. automatização; automação
automatism s. automatismo
automatize v. automatizar
automaton s. autômato
automobile s. automóvel; automobile industry indústria automobilística
autonomous adj. autônomo; autonomous region região autônoma
autonomy s. autonomia
autopilot s. piloto automático
autopsy s. autópsia; to perform an autopsy on the victim fazer uma autópsia na vítima
autosuggestion s. autossugestão
autotroph s. BIOLOGIA autótrofo
autotrophic adj. BIOLOGIA autotrófico
autumn s. outono
autumnal adj. outonal
auxiliary adj. auxiliar; auxiliary staff pessoal auxiliar; auxiliary verb verbo auxiliar ■ s. auxiliar; ajudante
avail v. aproveitar-se; to avail oneself of an opportunity aproveitar uma oportunidade ♦ to be to/of no avail ser em vão
availability s. disponibilidade ♦ limited availability estoque limitado

award

available adj. disponível (to, para); to make something available to disponibilizar para
avalanche s. avalanche
avant-garde s. vanguarda; he made friends among the avant-garde fez amigos no grupo dos artistas de vanguarda ■ adj. de vanguarda; vanguardista
avarice s. avareza
avaricious adj. avarento
avenge v. vingar (on, em); he swore to avenge his brother ele jurou vingar o irmão; to avenge oneself on somebody vingar-se em alguém ● É diferente de revenge.
avenger s. vingador
avenue s. 1 avenida 2 via; meio
average s. média; above/below average acima/abaixo da média; on average em média ■ adj. 1 médio; average income rendimento médio; average height de estatura média 2 típico; normal; average family família típica ■ v. 1 fazer uma média de; our mail averages 20 letters a day nossa correspondência fica na média de 20 cartas por dia 2 calcular a média de
averse adj. avesso (to, a); he's not averse to... ele não diz que não a...
aversion s. aversão (to, a); she has an aversion to cats ela tem aversão a gatos
avert v. 1 evitar 2 desviar (from, de); she averted her eyes from the terrible sight ela desviou os olhos do terrível cenário
avian adj. das aves; aviário ♦ avian flu gripe das aves
aviary s. aviário
aviation s. aviação
aviator s. aviador
aviculturist s. avicultor
avid adj. ávido (for, de); avid for success ávido de êxito
avidly adv. avidamente
avocado s. BOTÂNICA abacate ● É diferente de avocation, vocation.
avoid v. 1 evitar 2 esquivar-se de; fugir de ♦ to avoid something like the plague fugir de algo como o diabo foge da cruz
avoidable adj. evitável
avoidance s. 1 evitamento 2 fuga; tax avoidance sonegação de impostos
await v. aguardar; esperar
awake adj. 1 acordado; to stay awake ficar acordado 2 consciente; to be awake to estar consciente de ■ v. 1 acordar; despertar; the noise awoke me o barulho me acordou 2 suscitar
awaken v. despertar; acordar
awakening adj. 1 que desperta 2 nascente, que começa ■ s. despertar; acordar ♦ a rude awakening uma grande desilusão
award s. 1 prêmio; galardão; the award for o prêmio para 2 condecoração 3 bolsa de estudo 4 indenização 5 sentença judicial ■ v. 1 premiar; galardoar 2 conceder; outorgar; atribuir (to, a); to award a compensation to somebody atribuir uma compensação a alguém 3 adjudicar ● É diferente de reward.

aware

aware *adj.* 1 consciente (of, *de*); to become aware of tomar consciência de, dar-se conta de 2 ciente (of, *de*); informado (of, *sobre*); the teacher is aware of the problem o professor está ciente do problema

awareness *s.* consciência (of, *de*); conhecimento (of, *de*); awareness campaign campanha de sensibilização

awash *adj.* inundado (with, *com/de*); coberto (with, *com/de*)

away *adv.* 1 longe; ao longe; the beach is a few minutes away a praia fica a uns minutos daqui 2 ausente; he's away today ele não está hoje ♦ far away longe right away imediatamente ESPORTE to play away jogar fora de casa ESPORTE away game/match jogo fora de casa

awe *s.* 1 profundo respeito; reverência; to stand in awe of sentir um profundo respeito por; in/with awe com imenso respeito 2 temor; receio ■ *v.* intimidar

awesome *adj.* 1 imponente; impressionante 2 EUA coloquial fenomenal; extraordinário

awful *adj.* horrível; terrível; péssimo; an awful weather um tempo horrível; he looks awful ele tem um aspecto medonho ♦ an awful lot (of) muito, um monte (de)

awfully *adv.* muito; awfully nice muito simpático

awkward *adj.* 1 desajeitado; he's rather awkward with his hands ele é bastante desajeitado com as mãos 2 embaraçoso; incômodo 3 inoportuno; the visitors came at an awkward time as visitas chegaram em um momento inoportuno 4 difícil; an awkward question uma pergunta difícil

awkwardly *adv.* 1 desajeitadamente 2 sem elegância; de forma pouco delicada 3 embaraçosamente

awkwardness *s.* 1 embaraço; acanhamento 2 (*situação, assunto*) caráter embaraçoso; delicadeza

awning *s.* 1 toldo 2 (*camping*) avançado

awry *adj.* torto ■ *adv.* de través, de lado ♦ to go awry dar errado

axe, ax EUA *s.* machado ■ *v.* 1 (*custos*) cortar em; reduzir 2 suprimir; eliminar ♦ to get the axe ser despedido to have an axe to grind puxar a brasa para a sua sardinha

axilla *s.* ANATOMIA axila

axiom *s.* axioma

axiomatic *adj.* axiomático

axis *s.* ASTRONOMIA, GEOGRAFIA, GEOMETRIA eixo

axle *s.* (*roda*) eixo

axon *s.* BIOLOGIA axônio

azalea *s.* BOTÂNICA azaleia

azure *adj., s.* azul-celeste

B

b *s.* (*letra*) b B MÚSICA si
baa *v.* balir ■ *s.* balido
babassu *s.* BOTÂNICA babaçu
babble *s.* 1 balbucio 2 murmúrio; sussurro ■ *v.* 1 balbuciar 2 tagarelar; the kids couldn't stop babbling as crianças não paravam de tagarelar 3 murmurar
baboon *s.* ZOOLOGIA babuíno
baby *s.* 1 bebê; neném 2 coloquial querido, amor ■ *v.* mimar ♦ EUA baby carriage carrinho de bebê Grã-Bretanha baby walker andador baby wipe (*bebê*) lenço umedecido to be left holding the baby ficar com a batata quente
babysit *v.* tomar conta de criança
babysitter *s.* baby-sitter
bachelor *s.* 1 solteiro; confirmed bachelor solteirão 2 (*universidade*) licenciado; bachelor's degree licenciatura; Bachelor of Arts/Sciences licenciatura/licenciado em Letras/Ciências; bachelor's bacharelato
bacillus *s.* BIOLOGIA bacilo
back *s.* 1 costas; the back of a chair as costas de uma cadeira 2 (*animal*) dorso; the back of a horse a garupa de um cavalo 3 (*espaço*) parte de trás; fundos; at the back of the house nos fundos da casa 4 (*futebol*) zagueiro; beque 5 (*página*) verso 6 (*livro*) contracapa ■ *adj.* 1 posterior; traseiro; de trás; (*veículo*) the back seat o banco de trás 2 secundário; back street estrada secundária ■ *adv.* para trás; atrás ■ *v.* 1 recuar; he backed against the wall ele recuou até a parede 2 sustentar; apoiar ♦ back and forth para frente e para trás (*balanço*) back to front ao contrário coloquial get off my back! não enche o saco! col. to back the wrong horse apostar no cavalo errado apoiar o lado errado to be on somebody's back andar em cima de alguém fig. to talk behind somebody's back falar pelas costas de alguém with one's back to the wall encostado na parede fig. back copy/issue (*revista, jornal*) número antigo back down *v.* (*opinião, exigência*) recuar; voltar atrás back off *v.* 1 afastar-se; recuar 2 deixar em paz back up *v.* 1 (*veículo*) recuar, dar marcha a ré 2 apoiar 3 INFORMÁTICA fazer backup; fazer uma cópia de segurança de
backache *s.* dor nas costas
backbite *v.* falar mal de
backbiter *s.* difamador
backbiting *s.* maledicência; má-língua
backbone *s.* 1 ANATOMIA coluna vertebral 2 base; eixo 3 firmeza; força
backcloth *s.* Grã-Bretanha pano de fundo
backfire *v.* sair pela culatra
backgammon *s.* (*jogo*) gamão
background *s.* 1 (*quadro*) último plano; fundo 2 antecedentes; proveniência; he comes from a rich background ele é de uma família rica 3 fundo; background music música de fundo ♦ to be in the background estar nos bastidores, estar por trás
backing *s.* 1 apoio 2 MÚSICA acompanhamento 3 recuo
backlash *s.* reação forte e negativa
backlighting *s.* contraluz
backlit *adj.* 1 em contraluz 2 INFORMÁTICA retroiluminado
backpack *s.* EUA mochila
backside *s.* 1 parte de trás 2 coloquial traseiro ♦ coloquial to do nothing but sit on one's backside não mover uma palha
backsliding *s.* reincidência; recidiva
backspace *s.* (*teclado*) tecla usada para retroceder ou apagar ■ *v.* retroceder
backstage *adv.* nos bastidores
backstreet *s.* rua secundária ■ *adj.* 1 em uma rua secundária 2 clandestino; ilícito
backstroke *s.* nado de costas
back talk *s.* revide, resposta ofensiva
backup *s.* 1 apoio 2 (*polícia*) reforços 3 INFORMÁTICA cópia de segurança; backup ■ *adj.* de reserva; de segurança; backup file arquivo de segurança; backup plan plano de reserva ● É diferente de *to back up*.
backward *adv.* 1 para trás; (*tempo*) looking backward olhando para trás; figurado to move backward andar para trás 2 ao contrário; you did it backward você fez isso ao contrário
backwardness *s.* atraso
backwards, backward EUA *adv.* 1 para trás; (*tempo*) looking backwards olhando para trás; figurado to move backwards andar para trás 2 ao contrário; you did it backwards você fez isso ao contrário ♦ backwards and forwards para trás e para a frente I know it backwards eu sei isso de cor e salteado
backwater *s.* 1 água represada 2 (*lugar tranquilo*) refúgio
backyard *s.* pátio dos fundos; quintal ♦ in your own backyard muito perto de onde se vive ou trabalha
bacon *s.* bacon; toucinho; bacon and eggs ovos com bacon ♦ to bring home the bacon sustentar a família to save one's bacon salvar a pele
bacteria *s.pl.* bactérias
bacterial *adj.* bacteriano
bactericidal *adj.* bactericida
bacteriologist *s.* bacteriologista
bacteriology *s.* bacteriologia
bacterium *s.* BIOLOGIA bactéria
bad *adj.* 1 mau 2 nocivo; prejudicial 3 perigoso 4 (*dor*) forte 5 (*dente*) cariado 6 (*acidente, erro*) grave ♦ from bad to worse de mal a pior not bad! nada mau! that's too bad 1 azar o seu 2 é uma pena to be in bad estar numa pior, estar em má

badge

situação to go bad estragar-se bad language linguagem ofensiva
badge s. 1 insígnia; emblema; divisa; football club badge emblema do clube de futebol 2 (*identificação*) crachá 3 (*polícia*) distintivo
badger s. texugo ■ v. importunar
badly adv. 1 mal; to think badly of pensar mal de 2 gravemente; badly wounded gravemente ferido; badly behaved malcomportado 3 muito; I badly need the money preciso muito do dinheiro
bad-mannered adj. mal-educado
badness s. 1 maldade 2 má qualidade
bad-tempered adj. mal-humorado
baffle v. 1 deixar perplexo; desconcertar; I was baffled by his behaviour fiquei estupefato com o comportamento dele 2 frustrar
bag s. 1 saco; bolsa 2 mala ■ v. 1 ensacar 2 colocar na mala 3 Grã-Bretanha coloquial agarrar; pegar ◆ bag and baggage de armas e bagagens bags of um monte de coloquial to be in the bag estar no papo coloquial to be a bag of bones ser só pele e osso to have bags under the eyes ter olheiras EUA to leave somebody holding the bag passar a batata quente para alguém bag of waters (*grávida*) bolsa das águas col.
bagel s. (*pão*) rosca
baggage s. 1 EUA bagagem; excess baggage excesso de bagagem; baggage allowance franquia de bagagem 2 equipamento
baggy adj. (*roupa*) largo; folgado
bagpiper s. gaiteiro
bagpipes s.pl. gaita de foles
baguette s. (*pão*) baguete
bail s. caução; fiança; to stand bail pagar a fiança de alguém; to be out on bail estar em liberdade sob fiança; to release somebody on bail libertar alguém sob fiança ■ v. libertar sob fiança bail out v. 1 libertar sob fiança 2 tirar de apuros 3 saltar de paraquedas 4 coloquial ir embora; sair
bailiff s. 1 oficial de justiça/diligências 2 feitor
bain-marie s. banho-maria; to heat in bain-marie aquecer em banho-maria
bait s. isca; engodo; chamariz; to take/swallow the bait morder a isca ■ v. 1 iscar; pôr isca; to bait a hook pôr isca em um anzol 2 tentar; aliciar 3 atormentar; arreliar
bake v. 1 (*forno*) assar; cozer; to bake a cake assar um bolo; the potatoes were baked together with the turkey as batatas foram assadas com o peru 2 coloquial assar fig.; morrer de calor fig.
baker s. padeiro ◆ baker's padaria baker's dozen dúzia de treze dúzia de frade
bakery s. padaria
baking s. (*forno*) cozedura; assadura; panificação ■ adj. coloquial (*local*) muito quente fig.; coloquial (*pessoa*) morrendo de calor ◆ baking powder fermento em pó
balance s. 1 equilíbrio; to keep/loose one's balance manter/perder o equilíbrio 2 proporção; harmonia 3 balança 4 (*conta*) saldo; balanço ■ v. 1 equilibrar (with, *com*) 2 contrabalançar (with, *com*) 3 (*conta*) tirar o saldo a ◆ on balance bem vistas as coisas to throw somebody off balance 1 desequilibrar alguém 2 desconcertar alguém balance of trade balança comercial balance of payments balança de pagamentos balance sheet balanço de contas
balanced adj. equilibrado; balanced diet dieta equilibrada
balancing s. estabilização ◆ to perform a balancing act 1 fazer equilibrismo 2 tentar agradar a gregos e troianos
balcony s. 1 varanda; sacada 2 ARQUITETURA, TEATRO balcão • O português "balcão" corresponde em inglês a *counter*.
bald adj. 1 calvo, careca; bald tyres pneus carecas; to go bald ficar careca 2 direto; a bald lie uma mentira descarada
baldness s. 1 calvície 2 descambado, baldio (de terrenos, montes etc.) 3 figurado despojamento
bale s. fardo; embrulho; a bale of newspapers um fardo de jornais ■ v. enfardar; empacotar
baleful adj. ameaçador; sinistro
balk, baulk Grã-Bretanha s. obstáculo; impedimento ■ v. 1 impedir; frustrar 2 mostrar-se relutante (at, *perante*); he balked at the idea of moving to another town ele se mostrou relutante perante a ideia de se mudar para outra cidade
ball s. 1 bola; as round as a ball redondo como uma bola 2 (*lã*) novelo; a ball of wool um novelo de lã 3 (*olho*) globo ocular 4 baile; to give a ball dar um baile 5 vulgarismo testículos ◆ coloquial I'm having a ball estou me divertindo muito the ball is on your court agora é contigo; a bola está no seu lado to play ball with 1 jogar bola com 2 colaborar com • É diferente de *bawl*.
ballad s. MÚSICA, LITERATURA balada
ballast s. lastro
ballerina s. bailarina
ballet s. balé
ballistic adj. balístico; ballistic missile míssil balístico ◆ coloquial to go ballistic ficar furioso dar um ataque
ballistics s. balística
balloon s. balão; a balloon ride um passeio de balão; to blow up/burst a balloon encher/rebentar um balão ■ v. 1 (*meio de transporte*) voar em balão 2 encher-se 3 disparar; subir em disparada; the divorce rate has ballooned a taxa de divórcio disparou ◆ the balloon went up o escândalo rebentou
ballooning s. balonismo
balloonist s. balonista
ballot s. 1 voto; votação; by secret ballot por voto secreto 2 total de votos contados ■ v. votar ◆ ballot box (*eleição*) urna
ballpark s. 1 estádio de beisebol 2 nível; área; in the same ballpark with ao mesmo nível de ■ adj. aproximado; ballpark figure número aproximado, quantia aproximada ◆ this puts them in the ballpark isto os coloca na corrida to be in the (right) ballpark estar próximo do preço/ da quantidade estimado, -a
ballpen s. esferográfica
ballpoint s. esferográfica

ballroom s. salão de baile ◆ ballroom dancing dança de salão
balm s. 1 bálsamo 2 BOTÂNICA (*erva*) melissa; erva--cidreira
balmy *adj.* (*tempo*) agradável; calmante
baloney s. EUA coloquial bobagem; tolice
balsam s. bálsamo
balsamic *adj.* balsâmico
balustrade s. balaustrada
bamboo s. BOTÂNICA bambu
bamboozle v. 1 coloquial enganar 2 coloquial confundir
ban s. interdição (on, *de*); proibição (on, *de*) v. proibir (from, *de*); to ban somebody from doing something proibir alguém de fazer alguma coisa
banal *adj.* 1 banal; trivial 2 HISTÓRIA antiquado banal
banality s. banalidade; trivialidade
banana s. BOTÂNICA banana; banana skin casca de banana; banana tree bananeira ◆ coloquial (*fúria*) to go bananas (*fúria*) dar um ataque col. banana plug ELETRICIDADE plugue de forma alongada
band s. 1 (*música*) banda; conjunto musical; brass band banda de metais; rock band banda de rock 2 bando; grupo; a band of teenagers um grupo de adolescentes 3 tira; faixa 4 (*rádio*) banda ■ v. 1 unir(-se), ligar(-se) 2 categorizar band together v. unir-se (against, *contra*); associar-se (against, *contra*)
bandage s. atadura; ligadura ■ v. proteger com ligadura, atar; his arm was bandaged o braço dele estava atado
bandit s. bandido
bandmaster s. regente de banda
bandsman s. músico de uma banda filarmônica
bandstand s. coreto
bandwidth s. INFORMÁTICA largura de banda
bandy *adj.* arqueado ■ v. 1 trocar palavras; falar; discutir 2 passar dum lado para o outro ◆ to bandy words with discutir com
bandy-legged *adj.* de pernas arqueadas
bane s. destruição; ruína ◆ to be the bane of somebody's life ser a cruz de alguém
bang s. 1 estrondo; with a bang com estrondo 2 pancada ■ v. 1 bater; bater em; to bang the door bater a porta violentamente 2 chocar (into, *contra*); I banged into the wall eu fui contra a parede 3 fazer barulho 4 vulgarismo (*sexo*) comer (vulg.); pegar (vulg.) ◆ bang goes... lá se vai... bang on! exato! to go bang rebentar
bangle s. bracelete; pulseira
banish v. 1 banir (from, *de*) 2 desterrar (to, *para*); exilar (from, *de*; to, *para*); he was banished from the country foi expulso do país 3 acabar com; livrar-se de
banister s. corrimão
bank s. 1 (*instituição*) banco 2 (*jogo*) banca 3 (*rio, lago*) margem; river bank margem do rio 4 (*recolha*) banco; blood bank banco de sangue 5 rampa; inclinação 6 baixio ■ v. 1 depositar 2 ter conta (with, *em*); to bank money with... ter conta em... ◆ bank statement extrato de conta bank balance saldo bancário bank clerk (*funcionário*) bancário bank rate taxa de juros bank loan empréstimo bancário bank

bareback

account conta bancária Grã-Bretanha bank holiday feriado piggy bank cofrinho bank on v. contar com
banker s. 1 banqueiro 2 (*cassino*) responsável pela banca
banking s. banca; instituições bancárias ■ *adj.* bancário
banknote s. Grã-Bretanha (*banco*) nota
bankrupt *adj., s.* falido; to go bankrupt abrir falência, falir ■ v. arruinar
bankruptcy s. bancarrota; falência; to declare bankruptcy abrir falência
banner s. 1 faixa 2 bandeira; insígnia 3 (*Internet*) banner ◆ to join the banner of aderir à causa de banner headline (*jornalismo*) manchete
banns *s.pl.* (*casamento*) proclama
banquet s. banquete ■ v. banquetear-se
banter s. brincadeira; galhofa; gracejos ■ v. estar na brincadeira; brincar; gracejar
baobab s. BOTÂNICA baobá
baptism s. RELIGIÃO batismo; batizado ◆ baptism of fire batismo de fogo
baptismal *adj.* batismal; baptismal font pia batismal
baptize v. RELIGIÃO batizar
bar s. 1 barra; bar of soap barra de sabão; iron bar barra de ferro 2 (*gol*) trave superior; his shot hit the bar o chute bateu no poste 3 (*chocolate*) barra 4 obstáculo 5 (*bebidas*) bar 6 (*música, ginástica, balé, tribunal*) barra 7 INFORMÁTICA barra; scroll bar barra de rolamento 8 ELETRICIDADE resistência 9 FÍSICA bar ■ v. 1 trancar; the door was barred a porta foi trancada 2 impedir (from, *de*) 3 cortar o acesso a 4 proibir a entrada de ◆ behind bars atrás das grades Bar (*profissão*) advocacia to be called to the Bar tornar-se advogado bar code código de barras bar chart/graph gráfico de barras
barb s. (*arame, comentário*) farpa ■ v. prover de farpas
barbarian *adj., s.* bárbaro; barbarian civilizations civilizações bárbaras
barbaric *adj.* bárbaro
barbarism s. barbárie
barbarity s. barbaridade; crueldade
barbecue s. 1 (*equipamento*) espeto; grelha de churrasco 2 churrasco; barbecue; to have a barbecue fazer/organizar um churrasco ■ v. fazer um churrasco com
barbed *adj.* 1 farpado; barbed wire arame farpado 2 mordaz
barber s. (*pessoa*) barbeiro; cabeleireiro ◆ barber's (*estabelecimento*) barbeiro cabeleireiro
barbiturate s. barbitúrico
bard s. bardo; trovador
bare *adj.* 1 despido; nu 2 (*caráter*) desarmado; sem defesa 3 (*decoração*) liso; simples 4 vazio; bare shelves prateleiras vazias 5 o mais básico; the bare minimum o estritamente necessário 6 mero; it lasted a bare 20 minutes durou só uns 20 minutos ■ v. descobrir; destapar ◆ the bare truth a verdade nua e crua to bare one's soul revelar os segredos mais íntimos to lay bare revelar with one's bare hands com as próprias mãos
bareback *adv.* sem sela; to ride bareback montar em pelo

barefaced

barefaced *adj.* sem-vergonha, descarado
barefoot *adj., adv.* descalço; to walk barefoot andar descalço
barely *adv.* 1 (*quantidade*) escassamente; mal; there was barely enough for everybody mal chegava para todos 2 (*tempo*) mal; we had barely enough time mal tivemos tempo
bargain *s.* 1 (*compra*) pechincha; my car was a bargain o meu carro foi uma pechincha 2 contrato; ajuste; negócio; to close a bargain fechar um negócio; to make a bargain with somebody fazer negócio com alguém ■ *v.* 1 (*compra*) pechinchar, regatear 2 negociar ♦ into the bargain ainda por cima além disso to drive a hard bargain não ser para brincadeiras
bargaining *s.* (*preços*) regateio
barge *s.* barca ■ *v.* 1 (*local*) irromper (into, *por*); he barged into the room ele irrompeu pelo quarto dentro 2 (*pessoa*) encontrar-se casualmente (into, *com*); deparar-se (into, *com*); I barged into him last night deparei-me com ele ontem à noite
bargepole *s.* (*barca*) vara ♦ Grã-Bretanha coloquial not to touch somebody/something with a bargepole não querer ver alguém/algo nem morto
baritone *s.* barítono
barium *s.* QUÍMICA (*elemento químico*) bário
bark *s.* 1 (*cachorro*) latido 2 casca de árvore; cortiça ■ *v.* 1 ladrar (at, *para*, *a*); latir (at, *para*, *a*) 2 (*pele*) esfolar 3 (*ordem, questão*) berrar; gritar 4 (*árvore*) descascar ♦ his bark is worse than his bite cão que ladra não morde to bark up the wrong tree estar batendo à porta errada
barking *s.* latido ♦ to be barking mad ser completamente doido
barley *s.* BOTÂNICA cevada; (*bebida*) barley water bebida feita com água do cozimento de cevada
barman *s.* barman
barmy *adj.* Grã-Bretanha coloquial louco; excêntrico
barn *s.* celeiro
barnacle *s.* craca
barometer *s.* FÍSICA barômetro
barometric *adj.* barométrico; barometric pressure pressão atmosférica
baron *s.* barão
baroness *s.* baronesa
baroque *adj., s.* barroco
barque *s.* barca
barrack *v.* 1 vaiar 2 (*tropas*) aquartelar; the troops were barracked near the beach as tropas estavam aquarteladas perto da praia
barracking *s.* 1 vaias 2 aquartelamento
barracks *s.* 1 (*militar*) quartel; confined to barracks detido no quartel 2 (*casas*) bloco; the barracks was an eyesore o bloco era um atentado à vista
barrage *s.* 1 (*militar*) barragem; barrage fire fogo de barragem 2 bombardeio (of, *de*); rajada (of, *de*); a barrage of questions bombardeio de perguntas
barrel *s.* 1 barrica; barril; pipo 2 (*espingarda*) cano ■ *v.* 1 embarrilar; embarricar 2 EUA coloquial ir a toda a velocidade; ir disparado ♦ to have somebody over a barrel ter alguém entre a espada e a parede

barren *adj.* 1 (*terra, planta, situação*) infrutífero; improdutivo 2 antiquado (*mulher*) infértil
barricade *s.* barricada; bloqueio ■ *v.* 1 obstruir; barricar; the demonstrators barricaded the road os manifestantes barricaram a estrada; they barricaded themselves inside the house eles barricaram-se dentro de casa 2 (*ruas*) bloquear; the police barricaded the road a polícia bloqueou a estrada
barrier *s.* barreira (to, *a*); obstáculo (to, *a*); a barrier to progress uma barreira ao progresso; language barrier barreira da língua; to break down barriers derrubar barreiras ♦ barrier cream (*Sol*) creme protetor
barrister *s.* Grã-Bretanha advogado
barrow *s.* 1 (*obras, jardinagem*) carrinho de mão 2 (*venda de rua*) banca móvel 3 (*pré-história*) túmulo
barter *v.* (*gêneros*) trocar (for, *por*); permutar (for, *por*) *s.* troca; permuta
barycentre, barycenter EUA *s.* FÍSICA baricentro Grã-Bretanha
basalt *s.* basalto
base *s.* 1 (*objetos*) base; the base of the lamp a base do abajur 2 (*conceitos, objetos*) base (for, *de*); sustentáculo (for, *de*) 3 base; military base base militar 4 (*componentes*) base; fundo 5 ponto de partida 6 CULINÁRIA, QUÍMICA, MATEMÁTICA base ■ *v.* 1 basear (on/upon, *em*); fundamentar (on/upon, *em*); I based my answer on what I had studied baseei a minha resposta no que tinha estudado 2 instalar; estabelecer; he's based in London está instalado em Londres ■ *adj.* 1 vil; ignóbil; base language linguagem grosseira 2 (*moeda*) falso; base coin moeda falsa ♦ EUA to be off base estar totalmente errado EUA to catch somebody off base pegar alguém desprevenido to get to first base alcançar a primeira vitória base point ponto de referência base price preço base ● É diferente de **basis**.
baseball *s.* ESPORTE beisebol
based *adj.* baseado (on, *em*); based on facts baseado em fatos
basement *s.* porão
baseness *s.* baixeza; vileza
bash *s.* 1 murro; pancada 2 amassado; my car has a bash o meu carro tem um amassado 3 farra ■ *v.* 1 bater com força; to bash one's head bater com a cabeça 2 criticar duramente ♦ to give it a bash tentar a sorte
bashful *adj.* envergonhado; tímido; acanhado
bashfulness *s.* timidez; acanhamento
basic *adj.* 1 básico; elementar; basic education educação básica; basic needs necessidades básicas 2 fundamental; essencial; basic truth uma verdade fundamental 3 vital (to, *para*); that is basic to the success of the experiment isso é vital para o sucesso da experiência 4 QUÍMICA básico ■ **basics** *s.pl.* o essencial, o fundamental; back to basics de volta ao fundamental; let's get down to basics vamos ao que interessa
basil *s.* BOTÂNICA manjericão; alfavaca
basilica *s.* basílica
basin *s.* 1 bacia; recipiente; tigela; a basin of water uma bacia de água 2 lavatório; he washed his

hands in the basin ele lavou as mãos no lavatório 3 GEOGRAFIA bacia hidrográfica 4 doca; ancoradouro
basis s. 1 base; fundamento; on what basis do you say that? com que fundamento é que você diz isso? 2 base; alicerce; suporte; the basis of a good relationship is... a base de um bom relacionamento é... ◆ on a regular/temporary basis regularmente/temporariamente on the basis of com base em
bask v. 1 estender-se (in, a); I love to bask in the sun adoro me estender ao sol 2 deliciar-se (in, com); alegrar-se (in, com); to bask in somebody's favour se alegrar com as atenções de alguém
basket s. cesta; cesto; laundry basket cesto de roupa suja; shopping basket cesta de compras ◆ basket case 1 coloquial amalucado 2 (país) caso perdido
basketball s. ESPORTE basquetebol; basquete; basketball player jogador de basquete
basketwork s. 1 (ofício) cestaria 2 (objeto) obra de vime
bas-relief s. baixo-relevo
bass adj., s. 1 MÚSICA baixo; bass drum zabumba
basset s. (cachorro) basset; podengo
bassoon s. MÚSICA fagote
bassoonist s. fagotista
bastard s. 1 ofensivo filho da mãe; he's such a bastard! ele é muito filho da mãe! 2 pejorativo, antiquado bastardo
baste v. 1 (comida assando) regar com molho 2 (costura) alinhavar
bastion s. 1 (castelo) bastião 2 figurado baluarte; freedom is the bastion of the revolution a liberdade é o baluarte da revolução
bat s. 1 ZOOLOGIA morcego 2 (beisebol, críquete) taco ■ v. (beisebol, críquete) bater; he batted skilfully ele bateu a bola com perícia ◆ coloquial like a bat out of hell muito depressa coloquial not to bat an eyelid reagir com total indiferença
batch s. 1 (pães, biscoitos) fornada 2 (pessoas) monte; leva 3 (bens, mercadorias) lote ■ v. organizar em grupos ◆ INFORMÁTICA batch file arquivo de comandos
bath s. 1 banho; to have/take a bath tomar banho; to run a bath preparar um banho 2 banheira; I'm in the bath estou na banheira baths s.pl. piscina pública ■ v. 1 dar banho em; he was bathing the baby ele estava dando banho no nebê 2 tomar banho; I am bathing estou tomando banho ◆ bath salts sais de banho
bathe v. 1 lavar; desinfetar; to bathe a wound desinfetar uma ferida 2 EUA (banheira) dar ou tomar banho 3 Grã-Bretanha (mar, rio, lagoa, lago) tomar banho (in, em); nadar (in, em); she was bathing in the sea ela estava tomando banho no mar 4 banhar; inundar; he was bathed in sweat ele estava encharcado de suor; the house was bathed in light a casa estava inundada de luz
bather s. banhista
bathhouse s. 1 banhos públicos 2 EUA balneário
bathing s. banho ◆ bathing hut barraca de praia EUA bathing suit maiô bathing resort estância balnear
bathmat s. 1 tapete para banheira 2 tapete de banheiro

beach

bathrobe s. roupão de banho
bathroom s. banheiro
bathtub s. banheira
baton s. 1 (policial) cassetete 2 MÚSICA batuta 3 ESPORTE (corrida de revezamento) bastão
batsman s. (beisebol, críquete) batedor
battalion s. batalhão
batten s. ripa; sarrafo
batter s. 1 (beisebol) batedor 2 (fritos, panqueca, bolo) massa ■ v. 1 espancar; bater em; to be battered by somebody ser espancado por alguém 2 (batida forte) martelar (on, em; at, a); bater (on, em; at, a); to batter at the door bater violentamente à porta 3 derrubar; arrombar; to batter a wall derrubar um muro
battery s. 1 pilha 2 bateria; to recharge the battery recarregar a bateria 3 (testes, exames, perguntas) bateria; série
battle s. 1 batalha; combate; to join the battle entrar no combate 2 disputa (with, com); to do battle with somebody entrar em disputa com alguém 3 luta (for, por; against, contra); the battle for human rights a luta pelos direitos humanos ■ v. batalhar (for, por; against, contra); lutar (for, por; against, contra); to battle for freedom lutar pela liberdade ◆ to fight a losing battle travar uma luta perdida battle paint tinta de camuflagem battle station posto de combate
battlefield s. campo de batalha
battlements s.pl. ameias; muralha
battleship s. encouraçado; couraçado
battleships s. (jogo) batalha naval
bauble s. bugiganga; quinquilharia
bauxite s. GEOLOGIA bauxita
bawdy adj. obsceno; picante fig.; bawdy jokes brincadeiras picantes
bawl v. 1 gritar; berrar 2 vociferar ■ s. grito; berro
bawling s. 1 (choro) berreiro 2 (gritos) falatório
bay s. 1 baía; enseada 2 (planta, folha) louro 3 cavalo baio 4 zona; área; a parking/loading bay uma zona de estacionamento/carga ■ v. uivar ◆ to keep at bay manter à distância bay window janela saliente
bayonet s. baioneta ■ v. atacar com baioneta
bazaar s. 1 (Oriente) bazar; mercado 2 (caridade) quermesse; bazar
bazooka s. (arma) bazuca
be v. 1 ser; you are intelligent você é inteligente 2 estar; it's sunny/cold está sol/frio; they are at home eles estão em casa; to be wrong estar enganado 3 ficar; situar-se; their house is near the beach a casa deles fica perto da praia 4 ter; be careful! tenha cuidado!; she's 31 ela tem 31 anos; to be right ter razão 5 (tomar posição) ser (for, por; a favor; against, contra) 6 custar; this book is 3 dollars este livro custa 3 dólares 7 medir; she's five feet tall ela mede 1 metro e meio ◆ be that as it may seja como for if I were you se eu fosse você coloquial let me be! deixe-me em paz! there is/are há existe/existem be in v. 1 estar em casa 2 estar na moda 3 participar; entrar be off v. estar de saída
beach s. praia; to walk on the beach passear pela praia; to be on the beach estar na praia ■ v. enca-

beachwear

lhar; dar à praia; a whale beached during the night uma baleia encalhou durante a noite ◆ **beach umbrella** guarda-sol **beach ball** bola de praia inflável

beachwear s. roupa de praia

beacon s. **1** baliza; boia luminosa; the beacon guided the ship a boia luminosa guiou o navio **2** farol **3** guru; ídolo; the beacon of a generation o guru de uma geração

bead s. **1** (*ornamento*) conta; miçanga; **bead necklace** colar de contas; **to thread beads** enfiar contas **2** gota; **beads of sweat** gotas de suor **beads** s.pl. rosário; terço ■ v. **1** enfeitar com contas **2** (*fio*) enfiar (contas); fazer (um colar); **to bead a necklace** fazer um colar de contas

beady adj. (*olho*) pequeno e brilhante

beak s. **1** (*ave*) bico **2** coloquial (*nariz*) bicanca, nariz grande

beaker s. **1** copo de plástico **2** proveta

beam s. **1** trave; viga **2** (*luz*) feixe; raio; **laser beam** feixe de laser **3** trave olímpica ■ v. **1** (*luz, fogo*) brilhar; irradiar **2** sorrir abertamente (at, perante) **3** (*rádio*) transmitir; emitir; enviar ◆ **off beam** errado incorreto

beaming adj. brilhante; luminoso; **beaming smile** sorriso luminoso

bean s. **1** BOTÂNICA feijão **2** semente; grão; **broad bean** fava; **coffee bean** grão de café ◆ coloquial (*segredo*) **to spill the beans** deixar escapar o segredo de alguém

beansprout s. rebento de soja

bear s. ZOOLOGIA urso ■ v. **1** suportar; aguentar; tolerar; I cannot bear that não posso tolerar isso **2** carregar, sustentar **3** levar; ter; the document bore her signature o documento levava a assinatura dela **4** dar à luz **5** (*direção*) voltar; you must bear right now tens que voltar à direita agora **6** arcar com; **to bear the responsibility** assumir a responsabilidade **7** produzir; this plant bears beautiful flowers esta planta produz flores lindas ◆ **to bear a grudge against somebody** guardar rancor de alguém **to bear in mind** ter em mente **to be like a bear with a sore head** estar mal-humorado **bear down** v. **1** avançar de forma ameaçadora (on, sobre) **2** (*objeto*) pressionar (on, –); carregar (on, em) **bear out** v. confirmar; corroborar **bear up** v. aguentar-se **bear with** v. ter paciência com

bearable adj. suportável; tolerável

beard s. **1** barba (*bode*) barbicha ■ v. enfrentar

bearded adj. barbudo

bearer s. **1** (*objeto, documento*) portador (of, de) **2** (*título*) detentor

bearing s. **1** relação; that has no bearing on the subject isso não tem qualquer relação com o assunto **2** (*modos*) gesto; porte; she had a majestic bearing ela tinha um porte majestoso ◆ **to lose one's bearings** perder o rumo **to get one's bearings** tentar se orientar

bearish adj. grosseiro, rude

beast s. **1** besta; animal; **beast of burden** besta de carga; **beast of prey** predador; **the king of the beasts** o rei dos animais; **wild beast** fera **2** coloquial, pejorativo bruto; animal; you're such a beast! você é um animal!

beastly adj. **1** coloquial (*comportamento*) brutal; it was a beastly crime foi um crime brutal **2** Grã-Bretanha coloquial desagradável; **beastly weather** tempo desagradável

beat s. **1** (*coração, música*) batida **2** ritmo **3** (*polícia*) ronda; the police officer was on his beat o policial estava fazendo a ronda ■ v. **1** (*pessoas*) bater em; espancar; he was beaten ele foi espancado **2** (*objetos*) bater em; dar pancadas em **3** (*competição*) vencer; derrotar; she always beats me at chess ela sempre me derrota no xadrez **4** CULINÁRIA bater; mexer; **to beat the eggs** bater os ovos **5** MÚSICA bater o compasso **6** (*coração*) bater; pulsar; his heart is beating o coração dele está batendo **7** (*mar, chuva*) bater (on, em; against, contra); the waves were beating against the rocks as ondas batiam contra as rochas **8** (*asas*) bater; agitar **9** (*terreno*) bater; explorar ◆ **beat it!** fora! if you can't beat them, join them se não consegue vencê-los, junte-se a eles **it beats me!** sei lá!, não sei! **that really beats me** essa não consigo compreender **to beat about/around the bush** ficar de rodeios EUA **to beat one's brains out** queimar os neurônios **beat back** v. obrigar a retroceder **beat down** v. **1** (*preço*) fazer baixar; reduzir **2** (*sol*) escaldar **3** (*chuva*) cair com força **beat off** v. livrar-se de; escapar de; **to beat off the police** livrar-se da polícia **beat out** v. **1** (*fogo*) abafar; apagar; **to beat the fire out with a blanket** abafar o fogo com um cobertor **2** (*ameaça*) obrigar a contar; arrancar; he beat the truth out of him arrancou-lhe a verdade **3** (*ritmo*) marcar **4** EUA derrotar; vencer; he beat him out in the last round ele o derrotou no último assalto **beat up** v. espancar; **to beat oneself up** martirizar-se, remoer-se, culpar-se

beaten adj. **1** batido; **beaten track** caminho batido **2** (*pessoa*) exausto; estourado **3** (*competição*) derrotado; **the beaten team** a equipe derrotada

beater s. **1** (*caça*) batedor **2** (*eletrodoméstico*) batedeira **3** (*objeto*) malho; pilão

beatification s. beatificação

beatify v. beatificar

beating s. **1** espancamento; surra; **to give somebody a beating** dar uma surra em alguém **2** derrota; **to take a heavy beating** sofrer uma derrota pesada **3** batida; batimento ◆ **to take some beating** ser difícil de bater

beautician s. esteticista

beautiful adj. **1** belo; bonito; what a beautiful sight! que bela vista! **2** excelente; fantástico; a beautiful day um dia fantástico **3** agradável

beauty s. **1** beleza; **beauty products** produtos de beleza **2** (*pessoa*) beldade ◆ **beauty is in the eye of the beholder** quem ama o feio bonito lhe parece **beauty contest** concurso de beleza EUA **beauty mark** sinal/pinta no rosto **beauty parlour** salão de beleza **beauty sleep** sono de beleza **beauty spot 1** Grã-Bretanha sinal/pinta no rosto **2** Grã-Bretanha lugar pitoresco

beaver s. ZOOLOGIA castor

because *conj.* **1** porque; pois; uma vez que; just because só porque **2** por causa (of, *de*); devido (of, *a*); he left early because of the weather ele foi embora cedo por causa do tempo
beccafico *s.* ZOOLOGIA papa-figos
beck *s.* Grã-Bretanha regato, ribeiro ♦ to be at somebody's beck and call estar sempre às ordens de alguém to have somebody at one's beck and call ter alguém a seu mando
beckon *v.* **1** acenar (to, *a*), chamar por sinais (to, –); he beckoned to his friend ele fez sinal ao amigo **2** atrair; he was beckoned by a life of adventures ele se sentia atraído por uma vida de aventuras
become *v.* **1** tornar-se; fazer-se; to become famous ficar famoso; to become suspicious of começar a desconfiar de **2** suceder (of, *a*); ser feito (of, *de*); what has become of your father? que é feito do seu pai?, o que aconteceu com seu pai? **3** (*comportamento*) ser próprio de; ficar bem a; it does not become you to say such a thing não pega bem você dizer uma coisa dessas **4** (*roupa*) cair bem em; ficar bem a; assentar bem a
becoming *adj.* **1** (*comportamento*) apropriado; conveniente; that is not very becoming isso não é muito apropriado **2** (*estilo*) atraente; she wore a becoming dress ela usou um vestido atraente
bed *s.* **1** cama; leito; double/single bed cama de casal/solteiro; to go to bed ir para a cama, deitar; to make the bed fazer a cama **2** (*rio, mar, lago*) leito; the bed of a river o leito de um rio **3** (*para edificação*) base; fundamento **4** (*jardim*) canteiro (of, *de*); a bed of daisies um canteiro de margaridas **5** (*pedras*) leito; camada; estrato ■ *v.* **1** assentar **2** coloquial, antiquado dormir com (alguém) ♦ a bed of roses um mar de rosas to get out of bed on the wrong side levantar com o pé esquerdo coloquial to go to bed with somebody ir para a cama com alguém you've made your bed and you must lie on it cada um se deita na cama que faz bed and breakfast (*hotel*) alojamento e café da manhã bed and board cama e mesa bed down *v.* **1** deitar; to bed down the baby deitar o bebê **2** (*em algum lugar*) passar a noite; to bed down somewhere ir dormir em algum lugar • É diferente do substantivo *bid* e do adjetivo *bad*.
bedbug *s.* ZOOLOGIA percevejo
bedclothes *s.pl.* roupa de cama
bedding *s.* **1** roupa de cama **2** (*animais*) cama de palha
bedeck *v.* enfeitar (with, *com*); adornar (with, *com*)
bedevil *v.* **1** lançar bruxaria a; enfeitiçar **2** atormentar, massacrar
bedlam *s.* confusão; desordem; caos; bedlam was all around imperava a confusão
bedpan *s.* comadre; aparadeira
bedrock *s.* **1** leito de rocha **2** fundamento; base
bedroom *s.* quarto; double/single bedroom quarto de casal/solteiro
bedside *s.* **1** cabeceira **2** beira da cama ♦ bedside carpet tapete do quarto bedside table mesa de cabeceira
bedspread *s.* colcha; coberta de cama
bedstead *s.* armação da cama

beggar

bedtime *s.* hora de dormir ♦ bedtime story história de ninar
bee *s.* ZOOLOGIA abelha ♦ coloquial to have a bee in one's bonnet (about) estar obcecado (com)
beech *s.* faia
beef *s.* **1** carne de vaca; beef cattle gado bovino; beef stew carne refogada/estufada/guisada **2** coloquial queixa; what's your beef? de que você se queixa? *v.* coloquial reclamar (about, *de*) • Não corresponde a "bife".
beefsteak *s.* bife
beefy *adj.* coloquial gordo
beehive *s.* colmeia; cortiço
beekeeper *s.* apicultor
beekeeping *s.* apicultura
beep *s.* (*som*) bip ■ *v.* **1** fazer bip **2** buzinar
beer *s.* cerveja; coloquial beer belly/gut barriga de cerveja
beerhouse *s.* choperia
beet *s.* EUA beterraba ♦ to turn as red as a beet ficar vermelho como um pimentão/tomate
beetle *s.* ZOOLOGIA besouro; escaravelho; potato beetle besouro-da-batata, escaravelho-da-batata ■ *v.* coloquial ir rapidamente
beetroot *s.* Grã-Bretanha BOTÂNICA beterraba
befall *v.* literário suceder; acontecer; he thought that nothing would befall him ele pensava que nada lhe aconteceria
befit *v.* formal ser conveniente; ser apropriado a; adequar-se a; his suit befitted the occasion o terno dele se adequava à ocasião
befitting *adj.* formal próprio, conveniente; adequado
before *prep.* **1** (*tempo*) antes de; before Christ antes de Cristo; before long em breve; the day before yesterday anteontem **2** em face de; perante; diante de; before God perante Deus ■ *adv.* **1** (*tempo*) antes; anteriormente; I have seen this before eu já vi isso antes **2** anterior; the day before o dia anterior, na véspera *conj.* **1** antes de; turn off the TV before you leave desligue a televisão antes de sair **2** antes que; go there before she goes vai lá antes que ela vá embora; I would die before I lied prefiro morrer a mentir
beforehand *adv.* antecipadamente; de antemão; nothing was known beforehand não se soube de nada antecipadamente
befriend *v.* tornar-se amigo de
befuddle *v.* atordoar; estontear
beg *v.* **1** implorar; rogar; I beg your pardon peço perdão; I beg you to come with me peço que você venha comigo; to beg for forgiveness pedir perdão; formal I beg of you! eu te imploro! **2** mendigar; pedir; to beg for food mendigar comida ♦ formal I beg to announce tomo a liberdade de anunciar formal I beg to inform you tenho a honra de o informar I beg your pardon? Como?, Desculpe? • É diferente de *bag*.
beget *v.* gerar; causar; motivar; hatred begot war o ódio gerou a guerra
beggar *s.* **1** mendigo; pedinte **2** Grã-Bretanha coloquial malandro; you little beggar! seu malandreco! *v.* reduzir à miséria; empobrecer; the floods

begging

beggared the region as inundações empobreceram a região ◆ beggars can't be choosers a cavalo dado não se olha os dentes it beggars belief/description é incrível/indescritível

begging s. 1 pedido; súplica 2 mendicância; mendicidade; to live by begging viver de esmolas ■ adj. mendicante ◆ begging letter carta pedindo doações

begin v. começar; iniciar; principiar; he began by asking me a question ele começou por me fazer uma pergunta; let the game begin! que comece o jogo!; to begin to study começar a estudar ◆ to begin with em primeiro lugar; para começar well begun is half done bem começado é meio caminho andado

beginner s. principiante; beginner's luck sorte de principiante

beginning s. princípio (of, de); início (of, de); começo (of, de); at the beginning of the book/century no início do livro/século; at the very beginning mesmo no início

begrudge v. 1 invejar; cobiçar 2 ver com maus olhos

beguile v. iludir (with, com); enganar (with, com); induzir (into, a); to beguile somebody with promises iludir alguém com promessas; to beguile somebody into doing something induzir alguém a fazer alguma coisa

behalf s. on behalf of em nome de; on my behalf no meu interesse, em meu favor

behave v. comportar-se; he is behaving rather well ele está se comportando muito bem; to behave oneself comportar-se bem

behaviour, behavior EUA s. comportamento

behead v. decapitar

behind prep. atrás de; detrás de; to put somebody behind bars pôr alguém atrás das grades ■ adv. atrás; far behind bem atrás, detrás; that's all behind now isso já passou; they were left behind eles ficaram para trás ■ s. coloquial traseiro ◆ behind one's back pelas costas de alguém, sem a pessoa saber behind schedule com atraso behind the scenes nos bastidores to be behind somebody apoiar alguém

behindhand adv. com atraso; I'm behindhand with my work estou atrasado com o meu trabalho

behold v. literário contemplar; observar; behold! olhe!, veja

beige adj., s. bege

being s. 1 ser; human being ser humano 2 existência; to bring something into being dar corpo a alguma coisa ◆ for the time being por enquanto

belch s. arroto ■ v. 1 arrotar 2 (chamas, fumaça) expelir; vomitar fig.

belfry s. campanário

Belgium s. Bélgica

belief s. fé (in, em); crença (in, em); his belief in God remained intact a fé dele em Deus se manteve intacta ◆ beyond belief sobremaneira it is past all belief é incrível to the best of my belief na minha modesta opinião tanto quanto sei

believe v. 1 acreditar em; crer em; believe it or not acredite ou não; believe me acredite em mim; I believe you eu acredito em ti; to believe in God acreditar em Deus 2 julgar, pensar; I believe he is wrong eu penso que ele está enganado ◆ seeing is believing ver para crer you wouldn't believe você não iria acreditar

believer s. 1 crente; fiel; they are Christian believers eles são fiéis de Cristo 2 (causa) defensor (in, de); I am a believer in freedom of expression eu sou um defensor da liberdade de expressão

belittle v. menosprezar; depreciar

bell s. 1 campainha; to ring the bell tocar à campainha 2 sino; a ring of bells repique dos sinos 3 guizo 4 chocalho ◆ as clear as a bell límpido nítido saved by the bell salvo pelo gongo that rings a bell isso me traz algo à lembrança isso me parece familiar

bell-bottoms s.pl. calça boca de sino

belligerence s. beligerância

belligerent s. beligerante

bellow s. 1 (bovino) mugido 2 (pessoa, animal) rugido; brado ■ v. 1 (bovino) mugir 2 (animal) rugir; bramir 3 (pessoa) berrar; gritar; bradar; to bellow an order gritar uma ordem

bellows s. fole

belly s. coloquial barriga; pança; ventre ◆ to go belly up falhar totalmente falir coloquial belly button umbigo belly dance dança do ventre belly dancer bailarina de dança do ventre belly flop (mergulho) barrigada

bellyache s. coloquial dor de barriga ■ v. coloquial lamentar-se (about, por); lamuriar-se (about, por)

bellyful s. coloquial barrigada

belong v. 1 pertencer (to, a); this book belongs to my aunt este livro pertence à minha tia 2 fazer parte (to, de) 3 ser membro (to, de); he belongs to a team ele é de um time 4 dever estar (in/on, em); the books belong in the bookcase o lugar dos livros é na estante

belonging adj. 1 pertencente (to, a) 2 relativo a pertaining (a, to)

belongings s. pl. pertences

beloved adj. querido; amado; my beloved son meu querido filho ■ s. amor, amado

below prep. 1 abaixo de; below average abaixo da média; below sea level abaixo do nível do mar; one degree below freezing point um grau abaixo de zero; sign below the text assine abaixo do texto 2 por baixo de; below the table por baixo da mesa ■ adv. 1 embaixo; por baixo; as mentioned below como abaixo indicado; put it below põe por baixo 2 abaixo; one floor below um andar abaixo

belt s. 1 cinto; safety belt cinto de segurança 2 (artes marciais) faixa; black belt faixa preta 3 (local) faixa; zona; belts of vineyards zonas de vinha 4 coloquial pancada; bofetada 5 técnico correia ■ v. 1 (vestuário) fechar/prender com cinto 2 coloquial dar uma pancada ou bofetada 3 disparar; sair em disparada; she belted down the stairs ela disparou escadas abaixo ◆ to hit below the belt acertar com um golpe baixo coloquial to tighten one's belt apertar o cinto economizar belt out v. coloquial cantar ou tocar alto; to belt out a song cantar em alto e bom tom belt up v. 1 Grã-Bretanha coloquial pôr o cinto de segurança 2 Grã-Bretanha coloquial calar-se; fechar o bico

bench s. 1 banco; assento; park bench banco de jardim 2 (*oficina, laboratório*) bancada; work bench bancada de trabalho 3 (*tribunal*) lugar do juiz 4 magistratura 5 (*esporte*) banco de reservas; to be on the bench estar no banco de reservas, ser suplente benches s.pl. Grã-Bretanha assentos parlamentares; bancada de representantes

bend s. curva; a bend in the river uma curva no rio ■ v. 1 (*corpo, objeto*) curvar(-se); inclinar(-se); arquear(-se); he bent over the water ele se inclinou sobre a água 2 contornar; desviar-se de; to bend the rules contornar as regras 3 dobrar; to bend the knees dobrar os joelhos 4 deixar-se persuadir (to, *por*); ceder (to, *a*); he bent to his daughter's requests ele cedeu aos pedidos da filha ♦ round the bend fora de si louco to bend somebody's ears about encher os ouvidos de alguém sobre • É diferente de *bent*.

beneath prep. 1 debaixo de; sob; por baixo de; beneath a tree sob uma árvore; beneath the car debaixo do carro; she wore a shirt beneath her coat ela usava uma blusa debaixo do casaco 2 inferior a; indigno de; that is beneath you isso é indigno de você

benediction s. (*oração*) bênção; ação de graças
benefactor s. benfeitor
benefactress s. benfeitora
beneficence s. formal beneficência
beneficent adj. beneficente
beneficial adj. benéfico (to, *para*); vantajoso (to, *para*); proveitoso (to, *para*); to prove to be beneficial acabar por ser benéfico
beneficiary s. beneficiário
benefit s. 1 benefício; proveito; I did it for your benefit eu o fiz por você; I've given him the benefit of the doubt eu lhe dei o benefício da dúvida 2 beneficência; benefit concert concerto de beneficência 3 subsídio; auxílio; seguro ■ v. beneficiar; everybody benefits from that todo mundo sai ganhando; it will benefit the whole community isso vai beneficiar toda a comunidade
benevolence s. benevolência
benevolent adj. benévolo; benevolente
benign adj. 1 benigno; benign tumour tumor benigno 2 (*pessoa*) afável; complacente 3 (*clima*) agradável; ameno; he lives in a benign region ele vive em uma região amena
benignant adj. agradável; afável
bent adj. 1 inclinado; curvado 2 (*objeto*) torto; deformado 3 Grã-Bretanha coloquial corrupto; desonesto 4 ofensivo veado; maricas ■ s. inclinação; tendência; queda; she has a bent for fashion ela tem uma queda para a moda ♦ bent on something/on doing something resolvido/determinado a fazer algo
benzine s. benzina
benzoin s. benjoim
bequeath v. 1 legar (to, *a*); deixar em testamento (to, *a*) 2 (*para a posteridade*) deixar; transmitir; legar
bequest s. legado; herança

bereaved adj. de luto, enlutado; a bereaved family uma família enlutada
bereavement s. 1 luto 2 falecimento
beret s. boina
bergamot s. BOTÂNICA bergamota
beriberi s. beri béri
berkelium s. berquélio
berlin s. berlinda
Bermuda s. Bermudas; Bermuda shorts bermudas
berry s. 1 baga 2 bago
berserk adj. coloquial descontrolado; coloquial to go berserk perder as estribeiras
berth s. 1 (*navio, trem, avião*) beliche 2 (*barcos*) ancoradouro ■ v. ancorar; fundear; the ship berthed o navio ancorou
beryllium s. QUÍMICA (*elemento químico*) berílio
beset v. formal preocupar (by/with, *com*); perturbar (by/with, *com*); assediar (by/with, *com*); to be beset with problems estar cheio de problemas; he is beset by the thought that he won't win está obcecado com a ideia de que vai perder
beside prep. ao lado de; junto de; I remained beside him permaneci ao lado dele ♦ that's beside the point isso não vem ao caso to be beside oneself estar fora de si
besides adv. além disso; de qualquer forma; She was too tired to go to the park; besides, she don't have any bike ela está muito cansada para ir ao parque; além disso, não tem bicicleta ■ prep. 1 para além de; there were other people besides me havia outras pessoas além de mim 2 exceto; a não ser; no one paid attention besides him ninguém prestou atenção exceto ele
besiege v. sitiar; cercar
besmear v. besuntar; lambuzar
besotted adj. perdido de amores (with, *por*); fascinado (with, *por*)
bespatter v. salpicar
best adj. (superlativo de good) o melhor; he's the best of the bunch ele é o melhor deles todos; my best friend o meu melhor amigo; the best film in his career o melhor filme da carreira dele ■ adv. (superlativo de well) melhor; I like this best eu prefiro este; it's best to warn his parents é melhor avisar os pais dele; she had best buy a new car era melhor ela comprar um carro novo; which coat suits me best? que casaco me fica melhor? s. o melhor; at one's best no seu melhor; the best is yet to come o melhor está por vir ♦ all the best tudo de bom at best na melhor das hipóteses best before consumir de preferência antes de best of luck with the exams boa sorte para os exames to the best of my knowledge tanto quanto sei to do one's best fazer o melhor possível to make the best of it aproveitar ao máximo best man (*casamento*) padrinho
bestow v. formal conceder (on/upon, *a*); outorgar (on/upon, *a*); to bestow a title on somebody conferir um título a alguém
bestowal s. formal concessão; outorga
bestseller s. 1 best-seller 2 autor de best-sellers
bet s. 1 aposta; do you want a bet? queres apostar?; he won the bet ele ganhou a aposta; I made a $5

beta

bet fiz uma aposta de 5 dólares **2** coloquial palpite **3** (*casamento*) partido; he's not a very good bet ele não é um bom partido ■ *v.* apostar (on, *em*); I bet you $5 that he can't do it aposto 5 dólares contigo em como ele não consegue; I've bet on horse number 5 apostei no cavalo número 5 ♦ don't bet on it!/I wouldn't bet on it! se fosse você, não contaria com isso coloquial you bet! pode crer! you can bet your boots/life that...: pode ter a certeza que...
beta *s.* beta ♦ beta blocker betabloqueador INFORMÁTICA beta test teste beta
betray *v.* **1** trair; atraiçoar; to betray somebody's trust trair a confiança de alguém **2** denunciar; revelar; the tears betrayed her feelings as lágrimas traíram-na **3** (*relação amorosa*) enganar; atraiçoar
betrayal *s.* traição
betrayer *s.* traidor
better *adj.* (comparativo de good) melhor (than, *que*); can you think of a better word? você consegue pensar em uma palavra melhor? *adv.* (comparativo de well) melhor; he swims better than he used to ele nada melhor do que antes; I like coffee better with sugar gosto mais do café com açúcar; I'm feeling much better estou me sentindo muito melhor; you could do better você podia fazer melhor ■ *v.* ultrapassar; superar; to better oneself melhorar, aperfeiçoar-se ■ *s.* melhor ♦ better and better cada vez melhor better late than never antes tarde do que nunca better luck next time! fica para a próxima! for better or for worse para o que der e vier had better é melhor que... so much the better tanto melhor to be better off **1** estar melhor **2** estar bem financeiramente to get better melhorar to get the better of somebody levar a melhor sobre alguém
betting *s.* aposta ♦ betting shop agência de apostas
between *prep.* entre; no meio de; between you and me cá entre nós; he stood between the two ele ficou entre os dois ■ *adv.* no meio; entre; the houses have trees in between havia árvores entre as casas ♦ between a rock and a hard place estar entre a cruz e a caldeirinha, estar entre a espada e a parede. • É diferente de *among*.
bevel *s.* chanfradura; recorte ■ *v.* chanfrar; recortar
beverage *s.* bebida; alcoholic beverages bebidas alcoólicas
bevy *s.* **1** grupo **2** (*pássaros*) bando
beware *v.* ter cuidado (of, *com*); beware of the dog cuidado com o cachorro
bewilder *v.* confundir; desorientar
bewilderment *s.* confusão; perplexidade; desorientação
bewitch *v.* **1** (*magia*) enfeitiçar; encantar **2** (*atração*) seduzir; fascinar
bewitching *adj.* encantador; sedutor; a bewitching smile um sorriso encantador
beyond *prep.* além de; para além de; beyond our wildest dreams muito para além do que poderíamos esperar; the level of inflation has gone beyond 10% o nível de inflação ultrapassou os 10% *adv.* do outro lado; para além; we could see the mountains and beyond conseguíamos ver as montanhas e para além ■ *s.* (o) além; (o) outro mundo ♦ beyond belief difícil de acreditar beyond control incontrolável beyond doubt sem sombra de dúvida it's beyond me não percebo
biannual *adj.* semestral; bianual; biannual meeting encontro semestral
bias *s.* **1** preconceito (towards, *em relação a;* against, *contra*); parcialidade **2** inclinação; propensão; to have no artistic bias não ter propensão para a arte **3** (*direção*) viés; diagonal; this cloth was cut on the bias este tecido foi cortado na diagonal ■ *v.* influenciar; condicionar; his political views biased his decision as ideias políticas dele influenciaram a decisão
biased *adj.* tendencioso, parcial; a biased article um artigo tendencioso
bib *s.* **1** babador **2** (*avental, jardineiras*) peitilho ♦ jocoso to put on one's best bib and tucker vestir as melhores roupas
Bible *s.* Bíblia
biblical *adj.* bíblico
bibliographical *adj.* bibliográfico
bibliography *s.* bibliografia (on, *sobre*)
bibliophile *s.* bibliófilo
bicarbonate *s.* bicarbonato; bicarbonate of soda bicarbonato de soda
bicentenary, **bicentennial** EUA ■ *adj.* bicentenário ■ *s.* bicentenário
biceps *s.* ANATOMIA bíceps
bicker *v.* discutir (about/over, *acerca de;* with, *com*)
bickering *adj.* conflituoso ■ *s.* conflito; discussão
bicolour *adj.* bicolor
bicycle *s.* bicicleta; to go by bicycle ir de bicicleta; to ride a bicycle andar de bicicleta
bid *s.* **1** (*leilão*) lanço (for, *por*); licitação (for, *por*); he made a bid of 50 dollars for the old book ele fez uma licitação de 50 dólares pelo livro antigo **2** (*preço*) orçamento (for, *para*); a bid for the house um orçamento para a casa **3** tentativa (for, *de/para;* to, *para*); to make a bid to control something fazer uma tentativa para controlar alguma coisa ■ *v.* **1** (*leilão*) licitar (for, *por*); oferecer (for, *por*); he bid $100 for the painting ele ofereceu 100 dólares pelo quadro **2** concorrer (for, *para*); two firms have bid for the contract duas firmas concorreram para o contrato **3** formal (*convenção*) desejar; he bade me good morning ele me desejou um bom dia **4** formal convidar; they bade us sit down eles nos convidaram para sentar • Quando o verbo **to bid** significa "licitar", as formas do passado são invariáveis (*bid*); quando significa "desejar" ou "convidar", usa-se *bade* ou *bid* no passado e *bid* ou *bidden* como particípios passados.
bidder *s.* licitador
bidding *s.* **1** lanço; oferta; he made a high bidding at the auction ele fez uma oferta elevada no leilão **2** ordem; mando; to be at somebody's bidding estar a mando de alguém; to do somebody's bidding fazer o que alguém pediu
bidet *s.* bidê
biennial *adj.*, *s.* bienal
biennium *s.* biênio
bifocal *adj.* bifocal

bifocals *s.pl.* óculos bifocais
bifurcation *s.* bifurcação
big *adj.* 1 (*tamanho*) grande; volumoso 2 (*idade*) mais velho; crescido; my big brother o meu irmão mais velho 3 (*importância*) grande; importante; famoso; he has big ideas for the future ele tem grandes planos para o futuro; his name was big in his country ele era famoso no país dele ♦ coloquial big deal! grande coisa! coloquial big word palavra difícil coloquial in big letters em maiúsculas to have a big heart ser generoso coloquial to have a big mouth falar de mais to think big ser ambicioso too big for one's boots presunçoso, arrogante big dipper montanha russa big wheel (*feira popular*) roda gigante
bigamist *s.* bígamo
bigamous *adj.* bígamo
bigamy *s.* bigamia
bighearted *adj.* generoso, de bom coração
bigot *s.* pejorativo fanático
bigoted *adj.* intolerante; fanático; preconceituoso
bigotry *s.* fanatismo; intolerância
big-ticket *adj.* caríssimo
bigwig *s.* coloquial pessoa importante
bike *s.* 1 coloquial bicicleta; to ride a bike andar de bicicleta 2 coloquial moto ♦ coloquial on your bike! desaparece daqui!
biker *s.* motoqueiro
bikini *s.* biquíni
bilateral *adj.* bilateral; bilateral agreement acordo bilateral
bile *s.* 1 bile 2 literário mau humor • É diferente de *bill*.
bilingual *adj., s.* bilíngue; bilingual dictionary dicionário bilíngue
bilingualism *s.* bilinguismo
bilious *adj.* 1 enjoado; maldisposto 2 repulsivo 3 formal mal-humorado
bill *s.* 1 conta; fatura; could we have the bill, please? poderia nos trazer a conta, por favor? 2 proposta de lei 3 EUA nota; a five-dollar bill uma nota de cinco dólares 4 anúncio; edital; cartaz 5 (*pássaro*) bico 6 (*espetáculos*) alinhamento; rol de artistas ■ *v.* 1 faturar; enviar a fatura a; bill me for the expenses envie-me a fatura das despesas 2 (*cartazes*) anunciar ♦ to fill/fit the bill preencher os requisitos
billiard *adj.* billiard ball/cue/table bola/taco/mesa de bilhar
billiards *s.* bilhar; to play billiards jogar bilhar
billion *s.* 1 mil milhões; milhar de milhão; two billion pounds dois mil milhões de libras; figurado, coloquial a billion photos/billions of photos milhões de fotografias 2 Grã-Bretanha antiquado bilhão
billsticking *s.* (*cartazes*) afixação
bimbo *s.* coloquial, pejorativo (*insulto*) cabeça-oca
bimonthly *adj.* bimensal, bimestral
bin *s.* 1 lata de lixo 2 caixa; caixote ♦ Grã-Bretanha bin liner saco de lixo
binary *adj.* binário; binary system sistema binário
bind *v.* 1 (*coisas*) amarrar; ligar; she bound her hair ela amarrou o cabelo; the nurse bound his wounds a enfermeira ligou-lhe as feridas 2 (*pessoas*) ligar; unir; bound by marriage unidos por casamento 3 debruar 4 obrigar moralmente; comprometer; I am bound by my promise estou obrigado pela minha promessa 5 CULINÁRIA ligar ■ *s.* coloquial aperto; apuro; to put somebody in a bit of a bind colocar alguém em uma situação desagradável bind together *v.* ligar; unir
binder *s.* 1 fichário 2 (*pessoa, máquina*) encadernador 3 aglutinante 4 (*máquina*) enfardadeira
binding *s.* 1 encadernação 2 (*esqui*) fixação ■ *adj.* obrigatório (on/upon, para); the contract is binding on/upon those who signed it o contrato compromete ambas as partes
binge *s.* 1 farra; to go on/have a binge fazer uma farra 2 comilança 3 bebedeira 4 orgia; a shopping binge uma orgia de compras ■ *v.* comer ou beber de mais (on, –); empanturrar-se (on, com/de)
bingo *s.* (*jogo*) bingo ■ *interj.* bingo!; heureca!; em cheio!
binoculars *s.pl.* binóculo
binomial *s.* binômio ■ *adj.* binomial
biochemical *adj.* bioquímico
biochemist *s.* bioquímico biochemical
biochemistry *s.* bioquímica
biodegradable *adj.* biodegradável
biodiesel *s.* biodiesel
biodiversity *s.* biodiversidade
biofuel *s.* biocombustível
biographer *s.* biógrafo
biographical *adj.* biográfico
biography *s.* biografia
biohazard *s.* ameaça biológica
biological *adj.* biológico; biological clock relógio biológico; biological parents pais biológicos; biological warfare guerra biológica
biologist *s.* biólogo
biology *s.* biologia
biomass *s.* biomassa
biome *s.* bioma
biomedical *adj.* biomédico
bionic *adj.* biônico
bionics *s.* biônica
biopsy *s.* MEDICINA biópsia
biorhythm *s.* biorritmo
biosecurity *s.* biossegurança
biosphere *s.* biosfera
biotechnology *s.* biotecnologia
biotic *adj.* BIOLOGIA biótico
biped *s.* bípede
biplane *s.* biplano
bipolar *adj.* bipolar; bipolar disorder transtorno bipolar
birch *s.* 1 (*planta*) vidoeiro; bétula 2 vergasta; chibata ■ *v.* açoitar; vergastar
bird *s.* 1 ave; pássaro; bird of passage ave migratória; bird of paradise ave-do-paraíso; bird of prey ave de rapina 2 coloquial, pejorativo menina ♦ a bird in the hand is worth two in the bush mais vale um pássaro na mão do que dois voando birds of a feather flock together diga-me com quem andas, e eu te direi quem és linguagem infantil, jocoso the birds and the bees como se fazem os bebês the early bird catches the worm Deus ajuda quem cedo

birdlime

madruga to kill two birds with one stone matar dois coelhos de uma só cajadada bird bath bebedouro para pássaros

birdlime s. (*pássaros*) visco

birdseed s. alpiste

birdsong s. gorjeio; trinado

biro s. coloquial esferográfica

birth s. 1 nascimento; date of birth data de nascimento 2 parto; natural/induced birth parto natural/induzido 3 descendência; origem; to be of noble birth ser de descendência nobre ♦ to give birth to dar à luz birth certificate certidão de nascimento birth control controle de natalidade birth rate taxa de natalidade

birthday s. aniversário; dia de aniversário, dia de anos; birthday cake/card bolo/cartão de aniversário; happy birthday parabéns, feliz aniversário; he's celebrating his 25th birthday ele está festejando o 25º aniversário

birthmark s. sinal de nascença

birthplace s. terra natal; local de nascimento; the birthplace of civilization o berço da civilização

biscuit s. Grã-Bretanha biscoito; bolacha ♦ that takes the biscuit! isso é o cúmulo!

bisect v. bissectar

bisector s. GEOMETRIA bissetriz

bisexual adj., s. bissexual

bishop s. bispo

bismuth s. QUÍMICA (*elemento químico*) bismuto

bison s. ZOOLOGIA bisão

bistro s. restaurante pequeno

bit s. 1 pouco (of, *de*); bocado (of, *de*); pedaço (of, *de*); a bit less um pouco menos; a little bit um pouquinho; bits of broken glass pedaços de vidro quebrado; to tear to bits fazer em pedaços 2 coloquial (*tempo*) momento; instante; I'm going out for a bit eu vou sair por uns instantes; wait a bit please espere um momento, por favor 3 (*cavalo*) freio; bridão 4 (*livro, filme*) excerto; parte; this is the bit I prefer esta é a parte que eu prefiro 5 INFORMÁTICA bit ♦ a bit too much um pouco exagerado bit by bit a pouco e pouco not a bit nem um pouco quite a bit bastante to do one's bit fazer a sua parte (*entusiasmo*) to take the bit between one's teeth tomar o freio nos dentes ● É o pretérito de **to bite**.

bitch s. 1 cadela, cachorra 2 ofensivo puta (ofens.); vadia (ofens.); cachorra (ofens.) ofensivo son of a bitch! filho da puta! ofensivo you bitch! sua puta! 3 calão coisa desagradável ou difícil ■ v. 1 calão dizer mal 2 EUA calão lamuriar-se (about, *de*); queixar-se (about, *de*); stop bitching about your job pare de se queixar do seu trabalho

bite s. 1 mordida; dentada; the dog gave me a bite o cachorro me deu uma mordida 2 (*inseto*) picada; a mosquito bite uma picada de mosquito 3 (*comida*) mordida; bocado; give me a bite of that dá-me um bocado disso 4 coloquial refeição rápida; let's grab a bite! vamos comer qualquer coisa ■ v. 1 morder 2 (*inseto*) picar; I've been bitten by a bee fui picado por uma abelha 3 roer; to bite one's fingernails roer as unhas ♦ to begin to bite começar a doer to bite one's lip engolir sapo to bite one's tongue morder a língua, evitar de dizer algo what's biting you? o que que há com você? bite into v. cortar; the rope had bitten into his wrists a corda tinha-lhe cortado os pulsos bite off v. arrancar com os dentes ♦ to bite off more than one can chew dar um passo maior do que as pernas to bite somebody's head off repreender alguém

biting adj. 1 (*tempo*) cortante, penetrante; biting wind vento cortante 2 mordaz; cáustico; biting sarcasm sarcasmo mordaz

bitter adj. 1 (*sabor, pessoa*) amargo; azedo 2 (*tempo*) cortante; penetrante; it's bitter cold está um frio cortante 3 (*experiência, situação*) duro; implacável; a bitter blow um golpe duro; a bitter enemy um inimigo implacável ■ s. Grã-Bretanha cerveja amarga ♦ to be a bitter pill to swallow ser difícil de aceitar to the bitter end até ao fim

bitterly adv. amargamente ♦ it is bitterly cold está um frio de rachar

bitterness s. amargura; azedume

bittersweet adj. 1 agridoce 2 (*chocolate*) amargo

bitumen s. betume

bivouac s. bivaque ■ v. bivacar

biweekly adj. 1 quinzenal 2 bissemanal ■ adv. 1 quinzenalmente 2 bissemanalmente ■ s. quinzenário

bizarre adj. bizarro; estranho

blab v. coloquial ser indiscreto; revelar um segredo (to, *a*); he's been blabbing to the press ele tem passado informações à imprensa

blabbermouth s. coloquial linguarudo; garganta

black adj. 1 (*cor*) preto, negro; a black sweater um pulôver preto 2 (*etnia*) negro; africano ou descendente de africanos 3 escuro, sombrio; black clouds nuvens escuras 4 sinistro 5 zangado; he gave me a black look ele me fez um olhar zangado 6 mau; feio; negro; the situation is not as black as it's painted a situação não é tão má como fazem parecer 7 (*café*) sem leite ■ v. 1 (*cor*) enegrecer; escurecer 2 Grã-Bretanha boicotar ■ s. 1 (*cor*) negro; preto; she was dressed in black ela estava vestida de preto 2 (*pessoa*) negro; africano ♦ to beat somebody black and blue espancar alguém to put down in black and white pôr por escrito ♦ black box caixa preta black eye olho roxo; hematoma no olho black hole buraco negro black humour humor negro black magic magia negra black market mercado negro black sheep ovelha negra black out v. 1 desmaiar 2 pôr às escuras

blackball v. votar contra; excluir

blackberry s. BOTÂNICA amora silvestre; blackberry bush amoreira brava

blackbird s. ZOOLOGIA melro

blackboard s. (*escola*) quadro

blacken v. 1 (*cor*) enegrecer; escurecer 2 (*reputação*) difamar; caluniar; desacreditar

blackleg s. Grã-Bretanha pejorativo fura-greve ■ v. Grã-Bretanha pejorativo furar greves

blacklist s. lista de restrições; to be placed on the blacklist ser colocado na lista de restrições

blackmail s. chantagem; emotional blackmail chantagem emocional ■ v. fazer chantagem com; chantagear
blackmailer s. chantagista
blackness s. 1 negrura 2 escuridão
blackout s. 1 apagão 2 desmaio; desfalecimento 3 perda de memória; he had a blackout after the accident ele sofreu uma perda de memória depois do acidente 4 blackout; news blackout blackout informativo
blacksmith s. ferreiro; blacksmith's serralheria
blackspot s. 1 (acidentes) ponto negro 2 (situação etc.) área problemática
bladder s. 1 ANATOMIA bexiga 2 câmara de ar
blade s. 1 lâmina; razor blade lâmina de barbear 2 (remo, hélice) pá; blade of the oar pá do remo 3 (erva) pé; blade of grass pé de erva
blame v. 1 culpar (for, por/de); responsabilizar (for, por/de); he was blamed for the accident ele foi responsabilizado pelo acidente 2 censurar; repreender; julgar; who am I to blame you? quem sou eu para te julgar? s. culpa (for, de); the blame for a crime a culpa de um crime; to bear the blame assumir a culpa; to put the blame on somebody colocar a culpa em alguém
blameless adj. inocente; sem culpa
blameworthy adj. reprovável, repreensível
blanch v. 1 empalidecer 2 (frutos, legumes) escaldar; pelar 3 (cor) branquear
bland adj. 1 brando, suave 2 (comida) insípido 3 (música) calmo; monótono
blank adj. 1 em branco; blank sheet of paper folha em branco 2 (expressão facial) indiferente; inexpressivo; vazio; to give a blank look fazer um olhar inexpressivo 3 (CD etc.) em branco; para gravar 4 (recusa, negação) total; absoluto ■ s. 1 espaço em branco; fill in all the blanks on the form preencha todos os espaços em branco no formulário 2 cartucho sem bala ♦ my mind went blank deu-me um branco blank cheque 1 cheque em branco 2 figurado carta branca; autorização para agir com liberdade
blanket s. 1 cobertor 2 manto (of, de); a blanket of snow um manto de neve ■ v. cobrir (in/with, de); the road was blanketed with mud a estrada estava coberta de lama ■ adj. abrangente; geral
blare v. fazer barulho ■ s. barulheira
blaspheme v. blasfemar (against, contra); to blaspheme against God blasfemar contra Deus
blasphemer s. blasfemo
blasphemous adj. blasfemo
blasphemy s. blasfêmia
blast s. 1 (vento) rajada (of, de); icy blasts of the north wind rajadas geladas de vento frio que sopra do norte 2 explosão; detonação 3 som estridente 4 EUA coloquial experiência muito agradável; espetáculo col.; the vacations were a blast! as férias foram o máximo! v. 1 abrir por meio de detonação; to blast a tunnel abrir um túnel com explosivos 2 destruir, arrasar; to blast somebody's reputation destruir a reputação de alguém ■ interj. Grã-Bretanha coloquial (enfado, irritação) poxa!; ora bolas! ♦ coloquial blast you! maldito sejas! at full blast com toda a potência
blasted adj. coloquial maldito
blast-off s. (foguetão espacial) lançamento; partida; decolagem; blast-off from the moon partida da Lua
blatant adj. descarado; gritante
blaze s. 1 incêndio; 100 firemen were fighting the blaze 100 bombeiros estavam combatendo o incêndio 2 fogueira; chama 3 esplendor (of, de), brilho (of, de); the blaze of the sun o brilho do sol 4 (sentimentos) explosão (of, de); in a blaze of anger em uma explosão de fúria 5 (tiros) rajada (of, de); a blaze of machinegun fire uma rajada de tiros de metralhadora ■ v. 1 (chamas) arder 2 brilhar (with, de), resplandecer (with, de); her eyes blazed with anger os olhos dela brilhavam de fúria 3 (sentimentos) explodir (with, de) 4 (arma) disparar continuamente ♦ coloquial like blazes a toda a velocidade to blaze a trail abrir caminho
blazing adj. 1 (visão) brilhante; resplandecente 2 (temperatura) ardente; escaldante; a blazing hot day um dia escaldante 3 (situação) escaldante; violento
bleach s. água sanitária ■ v. 1 (roupa) desbotar; branquear 2 (cabelo) descolorar; oxigenar
bleachers s.pl. EUA (estádio, pavilhão) arquibancada descoberta
bleaching s. branqueamento
bleak adj. 1 (situação) pouco promissor; que dá esperanças de receber pouco 2 (tempo) desagradável; frio 3 (local) desolado, árido; a bleak landscape uma paisagem árida
bleat v. 1 balir lamuriar-se; choramingar ■ s. 1 balido 2 queixume; lamento
bleed v. 1 sangrar; you're bleeding from the nose/your nose is bleeding você está sangrando pelo nariz/seu nariz está sangrando 2 (tratamento) sangrar ♦ irônico my heart bleeds for the pena que eu tenho de to bleed somebody dry deixar alguém sem dinheiro nenhum to bleed to death sangrar até morrer
bleeding s. hemorragia; sangramento; to stop the bleeding estancar a hemorragia
bleep s. 1 (som) bip 2 (aparelho) pager; bip ■ v. 1 (aparelho) fazer bip 2 chamar através do pager/bip
blemish v. 1 (nódoa) manchar; sujar 2 (reputação) difamar; denegrir ■ s. 1 imperfeição 2 (roupa, fruta) mancha; marca 3 (reputação) mancha; desonra
blend v. 1 misturar; combinar; blend the sugar, the flour and the eggs together misture o açúcar, a farinha e os ovos; their voices blend well with each other as duas vozes combinam bem 2 juntar (into, a); adicionar (into, a); blend the flour into the eggs and sugar junte a farinha aos ovos e ao açúcar ■ s. mistura; combinação; a blend of feelings uma mistura de sentimentos; this is a good blend of coffee esta é uma boa mistura de café
blender s. liquidificador
blepharitis s. MEDICINA blefarite; sapiranga

bless

bless v. abençoar; God bless you Deus te abençoe; to be blessed with ser abençoado por/com ♦ (*depois de espirro*) bless you! saúde! • É diferente de *bliss*.
blessed adj. 1 abençoado; santo, bem-aventurado 2 coloquial (*aborrecimento*) bendito; the whole blessed day todo o santo dia
blessing s. 1 bênção; to give one's blessing to somebody dar a bênção a alguém 2 aprovação; aval ♦ a blessing in disguise um mal que vem por bem to be a mixed blessing ter prós e contras to count one's blessings dar graças pela sorte que se tem
blight s. 1 (*doença de plantas*) ferrugem 2 figurado má influência; maldição; to cast a blight on somebody's happiness arruinar a felicidade de alguém ■ v. 1 (*plantas*) adoecer com praga 2 figurado arrasar; destruir; arruinar
blind adj. 1 cego (to, *a*); to go blind ficar cego, cegar; to be blind from birth ser cego de nascença 2 sem visibilidade; blind corner curva sem visibilidade 3 (*objeto*) sem aberturas; cego ■ v. 1 cegar 2 ofuscar ■ s. estore; persiana; shut the blinds fecha as persianas ■ adv. às cegas; sem visibilidade; to fly blind voar sem visibilidade ♦ to be as blind as a bat ser cego como uma toupeira to turn a blind eye to something fechar os olhos a algo blind alley beco sem saída blind man's buff cabra-cega
blinder s. Grã-Bretanha coloquial grande partida; grande gol
blindfold s. (*para olhos*) venda ■ v. vendar os olhos de ■ adv. de olhos vendados; I could do it blindfold podia fazê-lo de olhos fechados
blinding adj. 1 (*luz*) ofuscante 2 coloquial extraordinário, fantástico
blindness s. cegueira
blink v. 1 (*olhos*) pestanejar; piscar os olhos 2 (*luz*) cintilar; tremeluzir ■ s. 1 (*olhos*) piscar 2 (*luz*) clarão ♦ in the blink of an eye em um piscar de olhos coloquial (*aparelho*) to be on the blink estar com problemas; estar falhando
blinking adj. Grã-Bretanha coloquial maldito
bliss s. felicidade absoluta
blissful adj. 1 (*pessoa*) muito feliz 2 total; blissful ignorance ignorância total
blister s. bolha; blisters in the paint bolhas na tinta; the shoes gave me blisters os sapatos me fizeram bolhas ■ v. empolar; provocar bolhas ♦ blister pack blister
blithe adj. despreocupado; indiferente
blizzard s. METEOROLOGIA nevasca
bloated adj. 1 inchado 2 (*após refeição*) empanturrado 3 coloquial envaidecido; inchado
blob s. 1 (*substância*) bolha; borrão; a blob of paint um borrão de tinta 2 (*na paisagem*) ponto
block s. 1 bloco (of, *de*); block of flats bloco de apartamentos; block of stone bloco de pedra 2 EUA quarteirão; it is four blocks from here fica a quatro quarteirões daqui 3 (*estado mental*) bloqueio; obstrução; mental block bloqueio mental ■ v. 1 obstruir, bloquear; fechar; the road was blocked a estrada estava bloqueada 2 (*obstáculo*) tapar; encobrir; to block the view tapar a vista ♦ block capitals/letters (*letras*) maiúsculas coloquial to have been around the block ter muita experiência to lay one's head on the block pôr a reputação em risco ♦ block off v. (*rua, janela, porta*) cortar; obstruir; selar block out v. 1 (*luz, vista*) tapar 2 (*notícia, pensamento*) afastar; bloquear
blockade s. bloqueio; to impose/lift a blockade fazer/levantar um bloqueio ■ v. bloquear; the ships blockaded the harbour os navios bloquearam o porto
blockbuster s. (*filme*) campeão de bilheteria; (*livro, CD*) êxito de venda
blockhead s. coloquial, pejorativo imbecil
blocking s. bloqueio
blog s. (*Internet*) blogue; blog
blogger s. (*Internet*) bloguista
blogosphere s. (*Internet*) blogosfera
bloke s. Grã-Bretanha indivíduo; coloquial sujeito
blond adj., s. louro, loiro
blonde adj., s. loura, loira
blood s. 1 sangue; blood bank/donor banco/doador de sangue; blood group/type grupo sanguíneo; blood pressure tensão/pressão arterial; blood vessel vaso sanguíneo; to give blood dar sangue 2 formal parentesco; linhagem; blue/noble blood sangue azul/nobre ♦ in cold blood a sangue frio to run in one's blood estar no sangue de alguém
bloodhound s. (*cachorro*) sabujo
bloodless adj. 1 (*golpe, revolução*) sem derramamento de sangue 2 pálido
bloodshed s. derramamento de sangue; banho de sangue
bloodshot adj. (*olho*) injetado de sangue
bloodstain s. mancha de sangue
bloodsucker s. 1 ZOOLOGIA sanguessuga 2 vampiro 3 figurado (*explorador*) parasita; sanguessuga
bloodthirsty adj. 1 (*pessoa*) sanguinário; sedento de sangue 2 (*história, filme*) sangrento; violento
bloody adj. 1 sangrento; bloody battle batalha sangrenta 2 (*pessoa, coisa*) ensanguentado 3 (*temperamento*) sanguinário 4 Grã-Bretanha calão (*aborrecimento*) maldito; where's the bloody dog? onde está o maldito cachorro? v. manchar de sangue; ensanguentar ♦ calão bloody hell! Mas que inferno! calão it's bloody cold out here! está muito frio aqui! calão not bloody likely! nem pensar!
bloom s. 1 flor; the roses are in full bloom as rosas estão em flor 2 frescura; the bloom of youth a frescura da juventude ■ v. florescer; desabrochar ♦ to come into bloom desabrochar
blooming adj. florescente ■ adv. Grã-Bretanha coloquial, antiquado (*aborrecimento*) maldito; porcaria; I missed the blooming bus! perdi a porcaria do ônibus!
blooper s. EUA calinada; argolada
blossom s. flor; orange blossom flor de laranjeira; the trees are in full blossom as árvores estão em flor ■ v. florescer; desabrochar
blossoming s. (*florescência*) floração
blot s. 1 (*tinta*) borrão 2 mancha (on, *em*); a blot on one's reputation uma mancha na reputação ■ v. 1 manchar; borrar 2 absorver com papel mata-

boarding

-borrão ♦ Grã-Bretanha to blot one's copybook manchar a sua reputação
blotch s. 1 mancha; pinta; red blotches on the skin manchas vermelhas na pele 2 (*tinta*) borrão
blouse s. blusa
blouson s. (*casaco*) blusão
blow s. 1 pancada; golpe; murro 2 (*emoções*) choque; baque; golpe 3 sopro; one blow and the candles were out um sopro e as velas estavam apagadas ■ v. 1 soprar; to blow a candle apagar uma vela com o sopro; the wind blows o vento sopra 2 (*ar*) fazer voar; levar; a gust of wind blew the leaves uma rajada de vento levou as folhas 3 (*detonação*) rebentar; fazer explodir 4 (*instrumento*) tocar; soar 5 assoar; to blow one's nose assoar o nariz 6 (*pneu*) furar 7 (*fusível*) queimar; fundir 8 coloquial (*dinheiro*) esbanjar; gastar rápido; torrar 9 coloquial estragar; you blew it! você estragou tudo! ♦ coloquial blow me down! essa agora! to blow one's mind ser impressionante ou chocante deixar espantado to blow one's top/stack zangar-se to blow somebody's cover acabar com o disfarce de alguém to blow the whistle on denunciar coloquial to blow your own trumpet/horn gabar-se ♦ blow away v. 1 matar 2 derrotar completamente; arrasar; he blew away the other players derrotou os outros jogadores 3 surpreender; the book blew away the readers o livro surpreendeu os leitores 4 levar; arrancar; the wind blew away the trees o vento arrancou as árvores 5 desperdiçar; to blow away one's life desperdiçar a vida blow down v. 1 abater; derrubar; the wind blew down the trees o vento derrubou as árvores 2 tombar com o vento; the tree blew down a árvore tombou blow off v. 1 levar (pelos ares); arrebatar; the wind blew the hat off o vento levou o chapéu pelos ares 2 explodir; desmanchar com explosão; the car was blown off o carro ficou desmanchado com a explosão 3 EUA coloquial ignorar; não comparecer; he blew off the meeting ele ignorou a reunião 4 ir pelos ares ♦ EUA to blow off steam descarregar blow out v. 1 (*chama*) apagar(-se); he blew out the candles ele apagou as velas 2 (*tempestade*) amainar; acalmar 3 EUA derrotar facilmente; arrasar; they blew out the other team eles arrasaram a outra equipe 4 (*com sopro*) encher; inchar; fazer; she blew out a bubble fez uma bolha de sabão 5 (*pneu*) rebentar 6 fundir; the fuse blew out o fusível fundiu blow over v. 1 derrubar; deitar ao chão; the wind blew the chairs over o vento derrubou as cadeiras 2 (*tempestade, situação crítica*) passar; acalmar blow up v. 1 explodir; rebentar; figurado he blew up ele explodiu (de fúria); the bomb blew up a bomba explodiu; 2 (*balão, pneu*) encher 3 (*fotografia*) ampliar; aumentar 4 (*tempestade*) vir; aproximar-se; there's a storm blowing up vem aí uma tempestade
blower s. ventilador
blowpipe s. zarabatana
blowtorch s. EUA maçarico
blubber s. gordura de baleia ■ v. chorar alto
bludgeon s. cacete; porrete ■ v. 1 (*com porrete*) espancar; bater em 2 forçar (into, *a*); constranger (into, *a*); to bludgeon somebody into doing something forçar alguém a fazer algo
blue adj. 1 (*cor*) azul 2 triste; deprimido; to feel blue sentir-se deprimido ■ s. (*cor*) azul ♦ a bolt from the blue caído do céu once in a blue moon uma vez na vida out of the blue inesperadamente
blueberry s. BOTÂNICA mirtilo; arando
bluebottle s. ZOOLOGIA mosca-varejeira
blue-collar adj. (*trabalho, trabalhador*) manual
bluff s. blefe ■ v. blefar ♦ to call somebody's bluff desafiar alguém a provar o que diz
bluish adj. azulado
blunder s. gafe; deslize; to make a blunder cometer uma gafe ■ v. 1 cometer uma gafe; fazer besteira 2 chocar-se (against/into, *contra*); to blunder against the furniture chocar-se contra o móvel 3 cambalear (around, *por*); he blundered around the room ele cambaleou pelo quarto
blunt adj. 1 (*objeto*) embotado; rombo; a blunt knife uma faca por afiar 2 direto; franco; brusco; a blunt question uma pergunta direta ■ v. 1 (*faca, lápis*) embotar 2 (*emoções*) atenuar; conter; to blunt somebody's enthusiasm cortar o entusiasmo de alguém
bluntly adv. sem rodeios; diretamente
blur s. 1 névoa 2 mancha 3 (*memória*) confusão ■ v. turvar; toldar
blurb s. informação publicitária
blurred adj. 1 turvo; indistinto; embaçado 2 (*fotografia*) desfocado; borrado 3 (*recordações*) vago; indistinto
blurt v. deixar escapar (palavras) (out, -)
blush v. corar; to blush with embarrassment corar de vergonha ■ s. rubor; vermelhidão; spare my blushes! não me faça corar!
blusher, blush EUA s. (*cosmética*) blush
blushing adj. corado
bluster v. 1 falar alto; ralhar; berrar 2 (*vento*) soprar com força ■ s. bazófia; fanfarronice
boa s. ZOOLOGIA jiboia
boar s. 1 javali 2 varrão; varrasco
board s. 1 prancha; placa; (*madeira*) tábua 2 (*jogos*) tabuleiro; chess board tabuleiro de xadrez 3 (*escola*) quadro; go to the board vai para o quadro 4 placa; cartaz 5 comida; pensão 6 administração; board of directors conselho de administração ■ v. 1 (*meio de transporte*) embarcar; I boarded at Heathrow Airport embarquei no aeroporto de Heathrow; flight 172 is now boarding at gate 4 voo 172 em embarque imediato no portão 4 2 (*hotelaria*) hospedar; alojar; to board somebody dar alojamento a alguém ♦ above board legal de acordo com as regras across the board em geral a todos os níveis (*hotelaria*) board and lodging cama e mesa (*hotelaria*) full board pensão completa (*hotelaria*) half board meia-pensão (*navio, avião*) on board a bordo to go by the board ir por água abaixo board up v. (*janela, porta*) pregar placas em portas e janelas para enfrentar tempestade ou evitar invasão ● É diferente de *bored*.
boarder s. 1 hóspede 2 aluno interno
boarding s. 1 (*meio de transporte*) embarque 2 alojamento 3 (*para chão*) tábuas 4 acostagem; abor-

boast

dagem ♦ boarding card/pass cartão de embarque boarding house pensão; hospedaria boarding school internato, colégio interno

boast v. 1 vangloriar-se (about/of, de); gabar-se (about/of, de); he's always boasting about his car está sempre se gabando do carro 2 ostentar ■ s. bazófia; ostentação

boastful adj. presunçoso

boasting s. fanfarrice

boat s. barco; to row/sail a boat remar/velejar um barco; to travel by boat viajar de barco ♦ to be in the same boat estar no mesmo barco boat race regata

boatbill s. ZOOLOGIA tamatiá

boating s. passeio de barco; to go boating ir passear de barco

boatload s. 1 carregamento; carga; a boatload of rice um carregamento de arroz 2 barco cheio; a boatload of refugees um barco cheio de refugiados

bob v. 1 (com a cabeça) mover; acenar; to bob one's head acenar com a cabeça 2 (cabelo) cortar ao nível do queixo e todo do mesmo comprimento 3 (em água) balancear-se; oscilar ■ s. 1 cabelo cortado ao nível do queixo e todo do mesmo comprimento 2 reverência 3 coloquial xelim ♦ bits and bobs coisas; pertences to bob up and down mexer-se para cima e para baixo

bobbin s. (costura) bobina; carrinho

bobsleigh s. trenó ■ v. andar de trenó

bode v. to bode well/ill for ser um bom/mau presságio para

bodge v. Grã-Bretanha coloquial remendar mal ■ s. Grã-Bretanha coloquial coisa mal feita

bodice s. corpete

bodily adj. corporal; físico; bodily functions funções fisiológicas; bodily harm agressão física ■ adv. em peso; to move something bodily mover alguma coisa em peso

bodkin s. 1 (costura) agulha sem ponta 2 (papel, ilhós) furador

body s. 1 corpo; body language linguagem corporal; body search revista 2 cadáver 3 corporação; corpo; the student body of a school o corpo estudantil de uma escola 4 (carro) carroceria 5 (avião) fuselagem ♦ body and soul de corpo e alma in a body todos juntos over my dead body! só por cima do meu cadáver body clock relógio biológico

body-builder s. (musculação) fisiculturista

body-building s. musculação; fisiculturismo

bodyguard s. guarda-costas

bodysuit s. EUA (roupa) body

bodywork s. (veículo) carroceria

bog s. 1 lameiro, lamaçal 2 Grã-Bretanha calão vaso sanitário ■ v. atolar(-se) ♦ bog down v. atolar; to be bogged down estar atolado; figurado, coloquial to be bogged down in work estar atolado de trabalho

bogey s. 1 bicho-papão 2 problema; preocupação; let's put the bogey to rest vamos resolver o problema 3 Grã-Bretanha coloquial (nariz) meleca

bogeyman s. bicho-papão

boggy adj. pantanoso; lamacento

bogus adj. falso; fictício

bohrium s. QUÍMICA (elemento químico) bório

boil v. 1 (líquido, fúria) ferver; he was boiling with rage ele estava fervendo de raiva; let it boil for five minutes deixe ferver durante cinco minutos; water boils at 100 degrees centigrade a água ferve a 100 graus centígrados 2 cozer ■ s. 1 fervura; ebulição; first bring it to the boil primeiro deixe levantar fervura; to come to the boil levantar fervura 2 (pele) espinha; furúnculo ♦ (temperatura elevada) to be boiling hot estar fervendo to be boiling with activity estar fervilhando de atividade to go off the boil perder o interesse to make one's blood boil ficar com os nervos à flor da pele ♦ boil down v. 1 diminuir como a fervura 2 resumir-se (to, a); reduzir-se (to, a); it all boils down to the same thing vai tudo dar no mesmo; it all boils down to this tão simples quanto isto boil over v. 1 (líquido fervendo) ir por fora; transbordar 2 coloquial (fúria) explodir 3 (situação, emoção) explodir

boiled adj. CULINÁRIA cozido

boiler s. caldeira; central heating boiler caldeira do aquecimento central

boiling adj. fervendo; boiling water água fervendo ■ s. ebulição, fervura; boiling point ponto de ebulição

boisterous adj. turbulento; vivaço; a boisterous child uma criança turbulenta

bold adj. 1 arrojado; ousado; intrépido; that was a bold stroke esse foi um golpe ousado; to make so bold as to ter a coragem de 2 atrevido; descarado; insolente; she's as bold as brass ela é uma descarada 3 (traços, cores) bem marcado; nítido 4 (impressão) em negrito ■ s. negrito; bold; write the titles in bold escreve os títulos em negrito ♦ É diferente de bald.

boldness s. 1 intrepidez; arrojo 2 descaramento; atrevimento

Bolivia s. Bolívia

Bolivian adj., s. boliviano

bolster s. travesseiro longo e cilíndrico ■ v. incentivar; estimular; apoiar

bolt s. 1 parafuso; cavilha de ferro 2 (porta, janela) ferrolho; lingueta 3 (trovoada) raio; corisco; bolt of lightning raio 4 rolo de tecido ■ v. 1 unir(-se); apertar(-se); juntar(-se) 2 comer depressa; engolir sem mastigar 3 (porta, janela) fechar com ferrolho ♦ a bolt from the blue algo de inesperado to make a bolt for fugir para mover-se repentinamente para to shoot one's bolt dar tudo por tudo to sit bolt upright sentar-se direito

bomb s. bomba ■ v. 1 bombardear 2 coloquial fracassar ♦ to cost a bomb custar os olhos da cara to go down/like a bomb fazer muito sucesso

bombard v. bombardear (with, com); figurado to bombard somebody with questions bombardear alguém com perguntas

bombardment s. bombardeio; bombardeamento; aerial bombardment bombardeio aéreo

bombast s. pompa

bombastic adj. bombástico; pomposo

bomber s. 1 (avião) bombardeiro 2 (pessoa) quem fabrica ou arremessa bomba

bombing s. bombardeamento

bombproof *adj.* à prova de bomba
bombshell *s.* 1 obus 2 má notícia; bomba; to drop the bombshell dar uma notícia chocante; to fall like a bombshell cair como uma bomba
bonbon *s.* bombom; caramelo
bond *s.* 1 laço (between, *entre*; of, *de*); ligação (between, *entre*; of, *de*); there is a strong bond between them há uma forte ligação entre eles; bonds of friendship laços de amizade 2 compromisso (with, *com*); obrigação moral (with, *com*); to enter a bond with somebody fazer um contrato com alguém 3 ECONOMIA obrigação bonds *s.pl.* cadeias; correntes; prisão ▪ *v.* amarrar(-se); ligar(-se); unir(-se) ◆ A palavra portuguesa "bonde" em inglês corresponde a *streetcar, tram*.
bondage *s.* escravidão; servidão; cativeiro
bonding *s.* formação de laços afetivos; camaradagem, companheirismo
bone *s.* 1 osso; (*faca*) bone handle cabo de osso; bone marrow medula óssea; to be all skin and bone ser só pele e osso; to have a good bone structure ter uma boa estrutura óssea 2 (*peixes*) espinha bones *s.pl.* restos mortais ▪ *v.* (*carne*) desossar; (*peixe*) retirar as espinhas a ◆ bone of contention causa de discussão close to the bone verdade que dói frozen to the bone morrendo de frio the bare bones o cerne da questão to cut something to the bone reduzir ao essencial to feel it in one's bones ter um pressentimento to have a bone to pick with ter algo de que se queixar to make no bones about não hesitar
bonfire *s.* fogueira grande Bonfire Night, celebração noturna com fogueiras e fogos deartifício, em memória a algum evento histórico. ● No Reino Unido celebra-se Bonfire Night em 5 de novembro, em memória do insucesso do plano para destruir o Parlamento, em 1605.
bonnet *s.* 1 Grã-Bretanha capô 2 touca
bonny *adj.* bonito, formoso
bonus *s.* bônus; prêmio
bony *adj.* 1 ossudo; bony hand mão ossuda 2 cheio de espinhas; bony fish peixe cheio de espinhas
boo *interj.* 1 (*desaprovação*) fora! 2 (*assustar*) uh! *s.* apupo ▪ *v.* apupar; vaiar ◆ coloquial he wouldn't say boo to a goose ele é muito tímido
boob *s.* 1 calão mama 2 Grã-Bretanha coloquial gafe; to make a boob cometer uma gafe 3 EUA idiota; palerma ▪ *v.* Grã-Bretanha coloquial cometer uma gafe
booby *s.* coloquial tolo; pateta ◆ booby trap 1 bomba armadilhada 2 (*brincadeira*) objeto armadilhado
book *s.* livro; tomo; volume books *s.pl.* contas; contabilidade; to do the books fazer a contabilidade ▪ *v.* 1 reservar; marcar; I booked a table at the restaurant reservei uma mesa no restaurante; the hotel is fully booked o hotel está cheio 2 (*artista, profissional*) contratar; agendar a multar 3 Grã-Bretanha (*árbitro*) advertir ◆ by the book de acordo com as regras in my book na minha opinião to be booked up 1 (*lotação*) estar esgotado 2 ter a agenda cheia book in *v.* 1 (*hotel*) fazer uma reserva 2 (*hotel*) fazer o registro
bookbinder *s.* encadernador

bookbinding *s.* encadernação
bookcase *s.* estante
booking *s.* 1 marcação; reserva 2 contratação ◆ booking office bilheteria
bookish *adj.* 1 apaixonado pela leitura 2 (*conhecimento*) livresco
booklet *s.* folheto
bookmaker *s.* agente de apostas
bookmark *s.* 1 (*livro*) marcador 2 marcador de sites na Internet ▪ *v.* (*site da Internet*) marcar
bookseller *s.* livreiro
bookshelf *s.* estante
bookshop *s.* Grã-Bretanha livraria
bookstall *s.* quiosque
bookstore *s.* EUA livraria
bookworm *s.* coloquial rato de biblioteca fig.
boom *s.* 1 aumento súbito (in, *em*); boom (in, *em*); a boom in exports um boom nas exportações 2 estrondo; estampido ▪ *interj.* (*estrondo, pancada*) bum! *v.* 1 (*grande barulho*) retumbar 2 prosperar
boomerang *s.* bumerangue ▪ *v.* sair o tiro pela culatra fig.
booming *adj.* 1 ribombante; retumbante 2 próspero
boon *s.* bênção fig.
boor *s.* pessoa simplória, que desconhece tecnologia
boorish *adj.* rude; grosseiro
boost *v.* 1 levantar; to boost somebody's morale levantar o moral de alguém 2 aumentar 3 incentivar; impulsionar; to boost the economy impulsionar a economia ▪ *s.* 1 incentivo; empurrão fig. (to, *a*); to give a boost dar um incentivo 2 impulso; empurrão; he gave me a boost over the wall deu-me um impulso para eu saltar o muro 3 aumento
booster *s.* 1 reforço; a confidence booster um reforço da confiança 2 (*vacina*) reforço 3 (*foguetão*) propulsor 4 amplificador de sinal 5 ELETRICIDADE intensificador
boot *s.* 1 (*calçado*) bota 2 Grã-Bretanha mala do carro 3 coloquial pontapé 4 (*computador*) arranque; boot disk disquete de arranque ▪ *v.* 1 coloquial dar um pontapé em; chutar 2 (*computador*) iniciar (o sistema) ◆ the boot is on the other foot os papéis se inverteram to get the boot 1 (*trabalho*) ser demitido, ser posto na rua 2 (*relação amorosa*) levar um pontapé fig. to lick somebody's boots lamber as botas de; humilhar-se para conseguir apoio
bootblack *s.* engraxate
booth *s.* 1 cabine; phone booth cabine telefônica 2 (*feira*) stand; barraca
bootlace *s.* cadarço; cordão
bootleg *s.* gravação pirata; bootleg ▪ *adj.* ilegal; pirata ▪ *v.* 1 (*gravações, material informático*) piratear 2 (*bebidas alcoólicas*) fazer contrabando
booty *s.* 1 bens pilhados; saque 2 EUA coloquial traseiro; rabo
booze *s.* coloquial bebida alcoólica
boozer *s.* 1 coloquial bêbado 2 Grã-Bretanha pub; bar
borate *s.* QUÍMICA borato
borax *s.* QUÍMICA borato de sódio
border *s.* 1 fronteira (between, *entre*; with, *com*); the border between France and Spain a fronteira entre França e Espanha; the border with Germany a

bordering

fronteira com a Alemanha 2 margem; extremidade 3 limite 4 orla ■ v. 1 fazer fronteira com; confinar com; Brazil borders Bolivia o Brasil faz fronteira com a Bolívia 2 limitar 3 orlar; debruar
bordering adj. limítrofe; fronteiriço
borderline s. 1 fronteira 2 limite; on the borderline no limite ■ adj. 1 fronteiriço 2 limite; a borderline case um caso limite
bore (pretérito de to bear) s. 1 chato, irritante; importuno 2 chatice; aborrecimento 3 calibre 4 furo; buraco 5 macaréu ■ v. 1 aborrecer, maçar; coloquial to bore somebody stiff aborrecer profundamente alguém 2 perfurar (through/into, –), brocar (through/into, –)
bored adj. aborrecido; to be bored stiff estar morrendo de tédio; to get bored aborrecer-se
boredom s. aborrecimento
borer s. (ferramenta) furador
boring adj. aborrecido; enfadonho; chato ■ s. perfuração
born (particípio passado de to bear) adj. 1 nascido (in, em); born and bred nascido e criado; I was born in Brasil nasci no Brasil; she was born French ela é de origem francesa 2 nato; a born leader um líder nato ♦ in all my born days em toda a minha vida I wasn't born yesterday! não nasci ontem! to be born with a silver spoon in one's mouth nascer em berço de ouro
boron s. QUÍMICA (elemento químico) boro
borough s. 1 município 2 bairro 3 cidade pequena
borrow v. 1 pedir emprestado; can I borrow a pen? você pode me emprestar uma caneta?; he borrowed a car from a friend ele pediu um carro emprestado a um amigo 2 apropriar-se de; a borrowed word um empréstimo 3 figurado plagiar ♦ to be living on borrowed time ter os dias contados
borrower s. aquele que pede emprestado
Bosnia s. Bósnia
bosom s. 1 (mulher) peito 2 seio; coração; in the bosom of no seio de ♦ bosom friend amigo do peito
boss s. 1 coloquial patrão; chefe; show them who's the boss! mostre a eles quem manda! 2 dirigente ■ v. mandar em; to boss somebody around/about dar ordens a alguém ■ adj. calão excelente; formidável
bossy adj. mandão ♦ coloquial bossy boots mandão
botanical adj. botânico; botanical garden jardim botânico
botanist s. botânico
botany s. botânica
botch s. coloquial besteira (col.) ■ v. coloquial fazer sem cuidado; to botch things up estragar tudo
botcher s. coloquial trapalhão
botch-up s. coloquial porcaria, besteira col.
both pron. ambos; os dois; he got angry with both of them ele ficou irritado com ambos; we were both young éramos os dois jovens ♦ both... and... tanto... como...; não só... mas também...
bother s. incômodo; chateação; it's no bother não é incômodo nenhum, não custa nada; I've had a bit of a bother with the car tenho tido alguns problemas com o carro ■ v. 1 incomodar(-se); I'm sorry to bother you desculpe incomodá-lo; they didn't even bother to reply eles nem sequer se deram o trabalho de responder 2 preocupar(-se) interj. Grã-Bretanha droga!; bother! I missed my train! droga! perdi o trem! ♦ to go to the bother of dar-se o trabalho de ● É diferente de brother.
bothersome adj. aborrecido; incômodo
bottle s. 1 garrafa (of, de); a bottle of water uma garrafa de água 2 frasco (of, de); a bottle of perfume um frasco de perfume 3 (bebê) mamadeira 4 bebida alcoólica 5 Grã-Bretanha coloquial audácia, cara de pau; she's got a lot of bottle! ela tem muita audácia! v. 1 engarrafar 2 guardar em frasco ♦ bottle bank ecoponto para recipientes de vidro ♦ bottle out v. coloquial acovardar-se; fraquejar ♦ bottle up v. (sentimentos) reprimir
bottleneck s. 1 (trânsito) engarrafamento 2 obstáculo; impedimento
bottle-opener s. abridor de garrafas
bottling s. (bebidas) engarrafamento
bottom s. 1 fundo (of, de); at the bottom of the page no fundo da página 2 parte inferior (of, de) 3 traseiro; nádegas 4 (rio) leito; (mar) fundo 5 (roupa) parte de baixo ■ adj. (posição) de baixo; último ■ v. (navio) bater no fundo ♦ at bottom no fundo (brinde) bottoms up! saúde! from the bottom of the heart do fundo do coração from top to bottom de alto a baixo the bottom line 1 resumindo e concluindo 2 o essencial 3 resultado, balanço to get to the bottom of it ir ao fundo da questão to hit rock bottom bater no fundo ♦ bottom out v. atingir o ponto mais baixo; chegar ao fundo
bottomless adj. 1 sem fundo; bottomless pit poço sem fundo 2 inesgotável; ilimitado
botulism s. MEDICINA botulismo
bough s. formal ramo de árvore
boulder s. pedregulho
boulevard s. avenida; bulevar
bounce s. 1 (bola) salto; ressalto 2 vitalidade; energia ■ v. 1 (bola) fazer saltar 2 (cheque, mail) ser devolvido bounce back v. recuperar
bouncer s. coloquial porteiro; segurança
bound (pretérito, particípio passado de to bind) adj. 1 provável; esperado; he's bound to go está prestes a ir embora; it's bound to rain soon vai chover logo 2 preso, atado 3 sujeito; obrigado 4 destinado (for, a); bound for London com destino a Londres 5 encadernado ■ s. salto; pulo bounds s.pl. limites; within bounds dentro de certos limites ■ v. 1 saltar 2 fazer fronteira com; the US is bounded by Canada and Mexico os Estados Unidos fazem fronteira com o Canadá e o México
boundary s. 1 fronteira (between, entre); the boundary between the two countries a fronteira entre os dois países 2 limite (of, de); the boundaries of human knowledge os limites do conhecimento humano
boundless adj. ilimitado; boundless imagination imaginação fértil
bounty s. 1 recompensa; prêmio; bounty hunter caçador de recompensas 2 literário generosidade 3 literário abundância
bouquet s. (ramo, aroma) bouquet; buquê
bourgeois adj., s. burguês

bourgeoisie s. burguesia
bout s. 1 período 2 (*doença*) ataque (of, *de*); crise (of, *de*); acesso (of, *de*); a bout of fever um acesso de febre; a bout of flu um ataque de gripe 3 (*esgrima*) assalto; (*boxe*) combate
boutique s. (*loja*) boutique
bovine adj., s. bovino
bow[1] s. 1 reverência; to take a bow fazer uma reverência 2 (*navio*) proa ■ v. 1 fazer uma reverência (before/to, *a*) 2 inclinar(-se); curvar(-se); she bowed over the child ela curvou-se sobre a criança; (*saudação, respeito etc.*) to bow one's head inclinar a cabeça 3 ceder (to, *a*); submeter-se (to, *a*) ♦ bow down v. submeter-se; curvar-se bow out ■ v. retirar-se (of, *de*)
bow[2] s. 1 arco; bow and arrows arco e flechas 2 (*instrumento de corda*) arco 3 laço ■ v. 1 (*instrumento de corda*) manejar o arco 2 arquear(-se) ♦ bow tie (*colarinho*) laço
bowel s. intestino; tripa col. **bowels** s.pl. entranhas; the bowels of the earth as entranhas da terra
bowl s. 1 taça (of, *de*); tigela (of, *de*); a bowl of cereals uma tigela de cereais 2 (*salada*) saladeira 3 (*colher*) concha 4 (*lavatório*) bacia 5 EUA estádio 6 EUA (*evento esportivo*) taça ■ v. 1 (*bola*) atirar; lançar 2 rolar (along, *por*); passar com rapidez (along, *por*)
bowler s. 1 (*críquete*) lançador 2 jogador de boliche 3 (*chapéu*) coco
bowling s. boliche; bowling alley pista de boliche
box s. 1 caixa (of, *de*); box of chocolates caixa de chocolates 2 caixote (of, *de*); cardboard box caixote de papelão 3 (*teatro*) camarote 4 quadrado; put a cross in the box assinale com uma cruz o quadrado 5 (*endereço*) caixa postal; P.O. Box 47 caixa postal 47 6 coloquial televisão 7 cabine; phone box cabine telefônica 8 (*árvore, madeira*) buxo ■ v. 1 encaixotar 2 (*boxe*) combater (against, *com*); he's boxed against the champion ele teve um combate com o campeão ♦ antiquado to box somebody's ears dar um sopapo em alguém box office bilheteria box-office hit êxito de bilheteria
boxer s. 1 pugilista 2 (*cachorro*) bóxer ♦ boxer shorts roupa íntima masculina que cobre o começo da coxa; boxers
boxing s. 1 boxe; pugilato; boxing gloves luvas de boxe; boxing match combate de boxe; boxing ring ringue de boxe 2 encaixotamento ♦ Grã-Bretanha Boxing Day o dia seguinte ao Natal
boy s. 1 rapaz; menino 2 filho ■ interj. (*surpresa, prazer, aborrecimento etc.*) caramba! ♦ the boys in blue polícia boy scout escoteiro
boycott s. boicote (of/on/against, *a*); a boycott of/on/against foreign products um boicote aos produtos estrangeiros ■ v. boicotar
boyfriend s. namorado
boyhood s. infância; adolescência; a boyhood friend um amigo de infância
boyish adj. (*comportamento, aparência*) masculinizado
bra s. soutien; padded bra soutien almofadado

brass

brace s. 1 ligadura; cinta 2 abraçadeira 3 (*caça*) parelha 4 (*sinal gráfico*) chaveta 5 furadeira **braces** s.pl. 1 (*dentes*) aparelho odontológico 2 Grã-Bretanha suspensórios ■ v. 1 preparar-se (for, *para*); to brace oneself for bad news preparar-se para as más notícias 2 sustentar; estabilizar 3 segurar; I braced myself to the handrail eu segurei ao corrimão 4 prender; apertar 5 endireitar; brace your shoulders! endireita os ombros! ● A palavra portuguesa "braço" corresponde em inglês a *arm*.
bracelet s. 1 pulseira 2 bracelete
braces s.pl. suspensórios Grã-Bretanha
bracing adj. fortificante; revigorante
bracket s. 1 parêntesis; in brackets entre parêntesis; round/square brackets parênteses curvos/retos 2 suporte; shelf bracket suporte de estante 3 faixa; escalão; his income belongs to a high bracket o salário dele integra um escalão alto; people in the bracket of 30-40 pessoas na faixa dos 30 aos 40 anos ■ v. 1 colocar entre parênteses 2 agrupar
brackish adj. (*água*) salobra
bract s. BOTÂNICA bráctea
brag s. gabarolice; fanfarronice ■ v. gabar-se (about, *de*)
braid s. 1 (*costura*) galão 2 trança ■ v. 1 (*costura*) colocar galão em 2 entrançar; entrelaçar; she braided her hair ela entrançou o cabelo
brain s. 1 cérebro; brain damage/death morte/lesão cerebral 2 (*pessoa*) cabeça fig.; cérebro fig. **brains** s.pl. 1 miolos 2 inteligência; to have brains ser inteligente ♦ brain drain fuga de cérebros brain scan eletrencefalograma to have something on the brain estar sempre pensando em alguma coisa coloquial to pick somebody's brains pedir uma dica a alguém
brainless adj. desmiolado; idiota; estúpido
brainstorm s. 1 Grã-Bretanha momento de distração 2 EUA ideia luminosa
brainteaser s. quebra-cabeças
brainwash v. fazer uma lavagem cerebral a
brainy adj. coloquial muito inteligente
braise v. CULINÁRIA estufar
brake s. freio; brake fluid líquido do freio; to apply the brakes/to put on the brakes; to put the brake on pôr freio a v. frear ♦ brake light luz de freio
bramble s. BOTÂNICA silva; sarça
bran s. farelo; fibra
branch s. 1 ramo; figurado new branches of technology novos ramos de tecnologia 2 ramal; branch line ramal de ferrovia 3 entroncamento 4 (*rio*) braço 5 sucursal; filial ■ v. 1 ramificar-se 2 bifurcar-se ♦ branch off v. 1 (*rua*) bifurcar-se 2 ramificar-se branch out v. expandir-se; desenvolver-se
branchial adj. branquial
brand s. 1 marca; brand image imagem de marca; brand leader líder de mercado 2 tipo; estilo 3 (*marca*) ferrete 4 figurado estigma ■ v. 1 (*gado*) marcar a ferro quente 2 figurado etiquetar, rotular
brandish v. (*arma*) brandir
brand-new adj. novo em folha
brash adj. 1 insolente; impertinente 2 berrante; garrido
brass s. 1 latão; brass foundry fundição de latão 2 MÚSICA metais 3 Grã-Bretanha coloquial, antiquado

brassed off

cobres col.; dinheiro 4 coloquial descaramento fig.; to have the brass to ter descaramento para ♦ Grã--Bretanha coloquial it's brass monkeys está um frio de rachar coloquial to get down to brass tacks tratar do que importa brass band banda de metais
brassed off adj. Grã-Bretanha coloquial farto; to be brassed off with estar farto de
brasserie s. cervejaria
brat s. coloquial, pejorativo fedelho
bravado s. bravata; fanfarronice
brave adj. corajoso ■ v. desafiar; enfrentar; to brave it out enfrentar a situação, aguentar ■ s. EUA HISTÓRIA guerreiro índio ♦ to put a brave face on fazer cara boa ● O adjetivo português "bravo, brava" em inglês corresponde a angry, mad at.
bravery s. coragem; bravura; an act of bravery um ato de bravura
bravo interj. (aplauso, aprovação) bravo!
brawl s. rixa, conflito violento ■ v. andar à pancada
brawn s. 1 força muscular; músculo 2 Grã-Bretanha CULINÁRIA frio feito de pedaços de carne e patê
brawny adj. musculoso
bray s. zurro ■ v. zurrar
braze v. soldar
brazen adj. descarado; desavergonhado ♦ to brazen it out aguentar de cabeça erguida
brazier s. braseiro
Brazil s. Brasil; BOTÂNICA Brazil nut castanha do Pará
Brazilian adj., s. brasileiro ● O adjetivo Brazilian, como todos os outros adjetivos referentes a nacionalidade ou grupo étnico em inglês, é sempre escrito com inicial maiúscula.
brazilwood s. pau-brasil
breach s. 1 abertura (in, em); brecha (in, em); fenda (in, em); a breach in the roof uma fenda no telhado 2 infração (of, de); violação (of, de) 3 quebra de compromisso 4 (relações) rompimento; ruptura ■ v. 1 abrir uma brecha em 2 infringir; violar; he breached the law ele violou a lei 3 (acordo) quebrar; the Government breached the agreement with the unions o Governo quebrou o compromisso com os sindicatos ♦ Grã-Bretanha breach of the peace alteração da ordem pública breach of trust abuso de confiança to step in the breach suprir falhas
bread s. 1 pão; bread and butter pão com manteiga; brown bread pão integral; new/stale bread pão fresco/seco 2 coloquial, antiquado dinheiro ♦ this is my daily bread este é o pão nosso de cada dia to be somebody's bread and butter ser o ganha-pão de alguém to take the bread out of a somebody's mouth acabar com a fonte de sustento de alguém
breadboard s. tábua do pão
breadcrumb s. (pão) migalha breadcrumbs s.pl. farinha de rosca; to coat with breadcrumbs empanar
breaded adj. empanado; breaded chops costela empanada
breadfruit s. BOTÂNICA fruta-pão
breadth s. 1 largura 2 amplitude; extensão 3 tolerância, abertura; breadth of mind abertura de espírito
breadthways adv. à largura
breadwinner s. sustento da família; ganha-pão

break s. 1 fratura 2 quebra 3 ruptura; rompimento 4 (corrente elétrica) corte 5 pausa; intervalo; interrupção; coffee break pausa para café; without break sem interrupção 6 (bilhar) tacada 7 oportunidade 8 (prisão) fuga ■ v. 1 partir(-se); quebrar(-se) 2 fraturar 3 destruir; desmanchar 4 avariar 5 falhar 6 infringir; transgredir 7 (animal) domar 8 (recorde) bater 9 (código) decifrar 10 (onda) rebentar 11 (tempo) melhorar, abrir; if the weather breaks, we'll go for a walk se o tempo abrir vamos dar um passeio ♦ break of day o romper do dia to break a habit perder um hábito to break a promise quebrar uma promessa to break somebody's heart dar um desgosto a alguém to break the ice quebrar o gelo to break the news dar as notícias ♦ break away v. separar-se; afastar-se; he broke away from his friends ele se afastou dos amigos break down v. 1 avariar; my car broke down o meu carro avariou 2 fracassar; the peace talks broke down as conversações de paz falharam 3 (esgotamento) ir-se abaixo 4 colocar abaixo; demolir; they broke down the old house demoliram a casa antiga 5 ultrapassar; it took a long time to break down her prejudices levou muito tempo para vencer os preconceitos dela 6 decompor; dividir; she broke down the process into several steps dividiu o processo em várias etapas break in v. 1 (roubo, arrombamento) forçar a entrada 2 interromper; he broke in to make a suggestion interrompeu para fazer uma sugestão 3 acostumar-se com; he broke in his new boots começou a se acostumar com as botas novas 4 domar break into v. 1 (assalto, arrombamento) forçar a entrada 2 ser lançado; surgir no mercado 3 começar; desatar; she broke into a song desatou a cantar 4 interromper; he broke into the meeting interrompeu a reunião break off v. 1 desprender--se; the gem broke off the ring a pedra se soltou do anel 2 parar; deter-se; they broke off to rest pararam para descansar 3 interromper; he broke off the speech interrompeu o discurso 4 (relação, compromisso) acabar com; they broke off their engagement desmancharam o noivado break out v. 1 evadir-se; he broke out of jail fugiu da prisão; to break out of routine fugir à rotina 2 (guerra, fogo, epidemia) rebentar; declarar-se; he broke out in a rash apareceu-lhe uma alergia; the war broke out a guerra rebentou break through v. 1 abrir uma brecha em; atravessar; the army broke through the enemy lines o exército atravessou as linhas inimigas 2 vencer; ultrapassar; she broke through her limitations ultrapassou as suas limitações 3 aparecer; irromper; the sun broke through o sol apareceu break up v. 1 dividir; she broke up the class into groups dividiu a turma em grupos 2 pôr termo a; acabar com; the police broke up the fight a polícia pôs termo à luta 3 acabar; the meeting broke up a reunião acabou; (relação) they broke up eles terminaram 4 dispersar; separar-se; the group broke up o grupo dispersou break with v. cortar relações com; quebrar; she broke with her cousin ela cortou relações com o primo; they broke with the tradition quebraram a tradição

breakable *adj.* frágil; quebradiço
breakage *s.* 1 fratura; ruptura 2 dano material
breakdown *s.* 1 colapso 2 esgotamento; nervous breakdown esgotamento nervoso 3 fracasso 4 (*máquina, carro*) avaria; breakdown truck reboque 5 análise; descrição
breaker *s.* 1 onda grande 2 interruptor; disjuntor
breakfast *s.* café da manhã; to have breakfast tomar o café da manhã ■ *v.* formal tomar o café da manhã
break-in *s.* arrombamento
breaking *s.* 1 fratura 2 ruptura 3 arrombamento 4 transgressão ♦ breaking and entering roubo com arrombamento
breakneck *adj.* (*rapidez*) vertiginoso; at a breakneck speed em uma velocidade louca
breakthrough *s.* 1 descoberta importante 2 avanço; progresso 3 entrada nas linhas inimigas
breakup *s.* 1 separação; ruptura 2 (*sociedade*) dissolução; desmembramento
breakwater *s.* quebra-mar; molhe; paredão
bream *s.* ZOOLOGIA sargo
breast *s.* 1 mama; seio 2 peito; chicken breast peito de frango 3 (*roupa*) peito 4 figurado, literário coração ■ *v.* enfrentar ♦ to make a clean breast of something desabafar
breastbone *s.* esterno
breastfeed *v.* (*bebê*) amamentar
breaststroke *s.* (*natação*) bruços; to swim breaststroke nadar de bruços
breath *s.* 1 respiração; to hold one's breath suster a respiração; to take a deep breath respirar fundo 2 fôlego; to be short/out of breath estar sem fôlego; to catch one's breath recobrar o fôlego 3 hálito; bad breath mau hálito ♦ a breath of fresh air uma lufada de ar fresco in the same breath ao mesmo tempo to take one's breath away cortar a respiração breath test teste de alcoolemia
breathe *v.* 1 respirar; to breathe heavily arquejar, ofegar 2 soprar (on, *para*); he breathed on his cold hands soprou as mãos frias ♦ don't breathe a word! nem uma palavra! to breathe a sigh of relief suspirar de alívio coloquial to breathe down somebody's neck andar em cima de alguém to breathe new life into something trazer nova vida a algo breathe in *v.* inspirar breathe out *v.* expirar
breathing *s.* respiração; heavy breathing respiração pesada
breathless *adj.* sem fôlego; ofegante; esbaforido
breathtaking *adj.* assombroso; impressionante; de cortar a respiração
breech *s.* (*arma*) culatra breeches *s.pl.* bermuda até os joelhos
breed *s.* 1 raça; espécie; variedade 2 ninhada 3 figurado geração de ■ *v.* 1 gerar; produzir 2 (*animais*) criar; fazer criação de 3 multiplicar-se; reproduzir-se 4 propagar-se
breeder *s.* 1 criador de animais 2 (*animal*) reprodutor
breeding *s.* 1 (*animais*) criação 2 produção 3 educação

brighten

breeze *s.* 1 brisa; aragem 2 coloquial canja fig.; it was a breeze! foi canja! *v.* soprar levemente ♦ to breeze in/out entrar/sair calmamente e de forma segura
breezy *adj.* 1 ventoso 2 jovial
brevity *s.* 1 brevidade 2 concisão
brew *s.* 1 (*chá, café*) infusão 2 coloquial cerveja 3 fermentação 4 mistura ■ *v.* 1 (*cerveja*) fabricar; fazer 2 (*chá, café*) preparar 3 (*chá*) ficar em infusão; the tea is brewing o chá está em infusão ♦ brew up *v.* 1 fazer o chá 2 (*tempestade, problema*) preparar-se
brewer *s.* cervejeiro
brewery *s.* (*fábrica*) indústria cervejeira
brewing *s.* fabrico de cerveja
bribe *v.* subornar ■ *s.* suborno
bribery *s.* suborno
bric-a-brac *s.* (*objetos*) bricabraque
brick *s.* 1 tijolo 2 (*brinquedo*) cubo 3 (*sorvete*) barra 4 coloquial, antiquado bom amigo ■ *v.* 1 fechar, tapar com tijolos 2 construir com tijolos ♦ coloquial to drop a brick cometer um erro ou uma indiscrição, errar
bricklayer *s.* pedreiro
brickwork *s.* obra de tijolo ou ladrilho
bridal *adj.* nupcial
bride *s.* noiva; the bride and groom os noivos
bridegroom *s.* noivo
bridesmaid *s.* dama de honra
bridge *s.* 1 ponte 2 cavalete do nariz 3 (*jogo de cartas*) bridge 4 (*navio*) ponte de comando 5 (*dentes*) ponte ■ *v.* 1 unir através de ponte 2 figurado unir ♦ I'll cross that bridge when I come/get to it quando for a altura decido o que fazer that is water under the bridge isso são águas passadas to bridge a gap preencher uma lacuna
bridle *s.* rédeas ■ *v.* 1 pôr o freio a 2 (*emoções*) refrear; conter 3 mostrar desagrado (at, *em relação a*) ♦ bridle path caminho equestre
brief *adj.* 1 breve; curto; let's make a brief break vamos fazer um breve intervalo 2 resumido; conciso; sucinto; the letter was very brief a carta era muito resumida ■ *s.* 1 instruções 2 causa judicial; caso ■ *v.* 1 dar instruções a; they were briefed to start the search receberam instruções para iniciarem as buscas 2 informar (on, *de*); pôr ao corrente (on, *de*); they were briefed on the situation foram postos ao corrente da situação ♦ in brief em resumo
briefcase *s.* pasta
briefly *adv.* 1 brevemente 2 sucintamente
briefness *s.* 1 brevidade 2 concisão
brigade *s.* brigada
brigadier *s.* brigadeiro
bright *adj.* 1 brilhante; there was a bright future ahead of him ele tinha um futuro brilhante pela frente 2 (*luz, cor*) forte 3 (*dia*) luminoso 4 (*pessoa*) perspicaz; inteligente; vivo; he was very bright ele era muito inteligente ♦ bright and early logo pela manhãzinha look on the bright side veja o lado positivo
brighten *v.* 1 iluminar(-se) 2 alegrar(-se); animar(-se) brighten up *v.* 1 (*tempo*) melhorar 2 alegrar(-se); animar(-se)

brightness

brightness s. 1 luminosidade; claridade 2 brilho 3 esplendor 4 inteligência
brilliance s. 1 brilho 2 brilhantismo 3 esplendor
brilliant adj. 1 (*luz, talento*) brilhante 2 coloquial excelente; espantoso ◆ A palavra "brilhante" em inglês corresponde a *diamond*.
brim s. 1 aba 2 orla; borda; he stood at the brim of the lake ele estava na borda do lago ■ v. transbordar (with, *de*) ◆ full to the brim quase transbordando
brimful adj. a transbordar (of, *de*)
brine s. salmoura ■ v. pôr de salmoura
bring v. 1 trazer 2 causar 3 atrair; the exhibition brought many tourists a exposição atraiu muitos turistas 4 levar; acompanhar; I'll bring you to the door eu te acompanho ate à porta ◆ to bring charge against acusar em tribunal to bring home the bacon ganhar o sustento da casa to bring nearer aproximar to bring to an end pôr um ponto final em to bring to light revelar to bring to mind recordar ◆ bring about v. causar; provocar; levar a bring around/round v. 1 (*perda de consciência*) reanimar 2 convencer; persuadir bring back v. 1 restabelecer; recuperar; the old legislation was brought back a legislação antiga foi restabelecida 2 devolver 3 trazer à memória; fazer lembrar bring down v. 1 fazer baixar; causar; the pilot brought the plane down o piloto fez o avião aterrissar 2 (*pessoas, animais*) abater 3 depor 4 derrubar 5 baixar (os preços); the supermarket brought down its prices o supermercado baixou os preços bring forth v. gerar; originar bring forward v. 1 antecipar; his departure has been brought forward a sua partida foi antecipada 2 (*propostas, projetos*) apresentar bring in v. 1 lançar; introduzir 2 chamar 3 fazer entrar; ganhar; he brings in 100 dollars per week ganha 100 dólares por semana 4 (*veredicto*) pronunciar bring off v. (*tarefa difícil*) levar a cabo; ter êxito em bring on v. 1 causar; provocar; dust brings on her asthma o pó lhe provoca asma 2 fazer desabrochar; desenvolver bring out v. 1 realçar 2 publicar 3 revelar bring to v. (*perda de consciência*) reanimar bring together v. juntar; reunir bring up v. 1 criar; educar 2 colocar; mencionar; the question was brought up a questão foi colocada 3 vomitar; he brought up his dinner vomitou o jantar
brink s. borda; margem ◆ on the brink of... à beira de... prestes a... em vias de...
brisk adj. 1 ativo; enérgico; vigoroso 2 rápido; he walked at a brisk pace ele andava com passadas rápidas 3 alegre; jovial 4 refrescante; fresco; the day broke sunny and brisk o dia despertou ensolarado e fresco
brisket s. (*animais*) peito
bristle s. cerda; pelo; the bristles of a paintbrush os pelos de um pincel ■ v. 1 eriçar-se 2 indignar-se (at, *com*)
bristly adj. cerdoso; hirsuto; bristly hair cabelo hirsuto
British adj. britânico; inglês; he is British ele é inglês ■ s.pl. the British o povo britânico
brittle adj. quebradiço; frágil

broach v. (*assunto*) abordar; she broached the subject carefully ela abordou o assunto cuidadosamente ■ s. 1 (*assar*) espeto 2 furador; broca
broad adj. 1 largo; extenso; the piece of cloth is one metre broad o tecido tem um metro de largura 2 geral; lato; the broad opinion a opinião geral; in the broadest sense of the word no sentido mais lato da palavra 3 aberto; a broad smile um sorriso aberto 4 (*pronúncia*) forte; he spoke in a broad northern accent ele falou com um forte sotaque do norte ■ s. EUA calão, ofensivo mulher ofens. ◆ in broad daylight em pleno dia broad bean fava
broadband s. banda larga
broadcast s. (*rádio, televisão*) emissão; transmissão; live broadcast transmissão direta, transmissão ao vivo ■ v. 1 emitir; difundir; the show was broadcast last week o programa foi transmitido a semana passada 2 divulgar
broadcasting s. 1 radiodifusão 2 (*rádio, televisão*) emissão
broaden v. alargar(-se); ampliar(-se); to broaden one's horizons alargar os horizontes
broadly adv. 1 de modo geral; genericamente; broadly speaking em geral, falando em termos gerais 2 abertamente; she smiled broadly ela sorriu abertamente
broadminded adj. tolerante; liberal
broad-shouldered adj. espadaúdo
broadside s. 1 costado do navio 2 (*crítica*) ataque violento ■ adv. de lado; we could see the boat broadside to the pier podíamos ver o barco de lado para o cais
brocade s. (*tecido*) brocado
broccoli s. BOTÂNICA brócolis
brochure s. brochura; folheto
broil v. 1 EUA assar na grelha 2 (*calor*) tostar fig.; assar fig.; I'm broiling in the sun estou assando no sol
broke (pretérito de to break) adj. 1 coloquial duro 2 falido; the company went broke a empresa faliu ◆ coloquial to go for broke arriscar tudo
broken (particípio passado de to break) adj. 1 quebrado; partido; he has a broken arm ele tem um braço quebrado 2 destroçado; my heart is broken tenho o coração destroçado 3 desfeito; broken home lar desfeito 4 abatido; debilitado 5 (*terreno, superfície*) irregular 6 (*sono, conversa*) intermitente 7 (*língua*) cheio de erros; broken English inglês cheio de erros
broken-down adj. 1 em mau estado; avariado; broken-down car carro avariado 2 degradado 3 velho, gasto; a broken-down old man um homem gasto e velho
broken-hearted adj. (*mágoa*) de coração partido
broker s. 1 corretor de ações 2 intermediário, revendedor ■ v. mediar; to broker a deal mediar um negócio
brolly s. Grã-Bretanha coloquial guarda-chuva
bromine s. QUÍMICA (*elemento químico*) bromo
bronchial adj. (*infecção*) dos brônquios; bronchial tubes brônquios
bronchitis s. MEDICINA bronquite
bronchus s. ANATOMIA brônquio

bronze s. bronze; the Bronze Age a Idade do Bronze ■ adj. 1 de bronze; bronze medal medalha de bronze 2 acobreado ■ v. 1 bronzear; acobrear 2 coloquial (pele) bronzear-se
brooch s. broche; alfinete
brood s. 1 (aves) ninhada 2 coloquial, jocoso filhos; prole ■ v. 1 chocar; the chicken was brooding a galinha estava chocando 2 matutar (about/on/over, em); he kept on brooding over the matter ele continuou cismando com o assunto
brooding adj. 1 perturbador 2 absorto; pensativo ■ s. meditação
broody adj. 1 (galinha) choca 2 pensativo; absorto 3 coloquial (mulher) com vontade ter um filho
brook s. ribeiro; regato
broom s. 1 vassoura 2 giesta
broomstick s. cabo de vassoura
broth s. CULINÁRIA caldo
brothel s. bordel
brother s. 1 irmão 2 coloquial colega; companheiro; camarada 3 RELIGIÃO irmão 4 confrade ■ interj. (surpresa, contrariedade) caramba!
brotherhood s. 1 irmandade; confraria 2 fraternidade; the brotherhood of man a fraternidade entre os homens
brotherly adj. fraterno; fraternal
brow s. 1 testa 2 sobrolho; sobrancelha; to crease/wrinkle/knit your brow franzir/carregar a sobrancelha 3 cume; they climbed up to the brow of the hill eles escalaram até ao cume da colina
brown adj. 1 (cor) castanho; brown eyes olhos castanhos 2 moreno; brown skin pele morena ■ s. (cor) marrom, castanho ■ v. 1 (Sol) bronzear(-se) 2 CULINÁRIA dourar
brownie s. 1 (bolo de chocolate) brownie 2 duende; diabrete
brownish adj. (cor) acastanhado, amarronzado
browse v. 1 dar uma vista de olhos; he browsed through the magazine ela folheou a revista; she browsed in the bookshop ela foi dar uma vista de olhos pela livraria 2 (computador, Internet) pesquisar 3 pastar (on, -); alimentar-se (on, de); deers browse on tree leaves os veados alimentam-se de folhas de árvores
browser s. (Internet) browser; navegador; programa que acessa Internet
bruise s. 1 nódoa negra; pisadura 2 (fruta) pisadura 3 marca, vestígio ■ v. 1 machucar; I've bruised my leg machuquei-me na perna 2 (fruta) ficar tocado/pisado; ficar com manchas escuras; peaches bruise easily os pêssegos ficam com manchas escuras facilmente 3 figurado ferir; her leaving bruised his pride a sua partida feriu o orgulho dele
bruiser s. coloquial valentão; brutamontes; jagunço
bruising s. nódoa negra; pisadura ■ adj. doloroso; traumatizante; a bruising experience uma experiência que deixa marcas
brunette s. morena ■ adj. moreno; de cabelo escuro
brunt s. 1 embate, choque 2 ímpeto 3 parte pior ◆ to bear/take/suffer the brunt of ser o mais afetado por, aguentar; suportar

bucolic

brush s. 1 (cabelo, dentes, limpeza) escova 2 pincel; brocha 3 escovadela 4 toque leve 5 conflito menor (with, com) 6 cauda de raposa 7 matagal; mato ■ v. 1 escovar; he brushed the dust from his coat ele escovou o pó do casaco; you must brush your teeth você deve escovar os dentes 2 (com pincel ou brocha) pintar 3 tocar de leve em; roçar em; the car brushed the bushes o carro roçou nos arbustos ◆ brush aside v. pôr de parte; varrer do pensamento brush away v. 1 (lama, poeira) limpar 2 (lágrimas) enxugar 3 varrer brush off v. 1 (neve, lama) limpar 2 (inseto) repelir 3 coloquial (desprezo) mandar (alguém) passear fig.; ignorar
brushed adj. escovado; brushed hair cabelo escovado
brush-off s. coloquial to give somebody the brush-off mandar alguém se catar fig.
brushwood s. 1 matagal; mato 2 restolho
brusque adj. (atitude, palavras) brusco
brutal adj. brutal; cruel
brutality s. brutalidade; crueldade
brutalize, brutalise Grã-Bretanha ■ v. brutalizar
brute adj. 1 bruto; brute force força bruta 2 animalesco ■ s. 1 (pessoa) bruto 2 (animal) besta
brutish adj. animalesco; bestial
bubble s. 1 bolha; air bubble bolha de ar 2 bola; soap bubble bola de sabão; to blow bubbles fazer bolhas/bolas 3 (quadrinhos) balão ■ v. 1 formar bolhas, borbulhar 2 transbordar (with, de); she was bubbling with excitement ela estava transbordando de entusiasmo ◆ bubble bath banho de espuma bubble gum chiclete bubble wrap plástico com bolhas
bubbly adj. 1 (bebida) com bolhinhas; espumoso 2 figurado alegre; vivaço ■ s. coloquial espumante; champanhe
bubonic adj. bubônico; bubonic plague peste bubônica
buccal adj. bucal
buck s. 1 (bode, gamo, coelho etc.) macho 2 cavalo de volteio 3 EUA coloquial dólar ■ v. 1 (cavalo) corcovear 2 coloquial (problema, confusão) evitar; he carefully bucked the issue cuidadosamente evitou a questão ◆ buck teeth dentes salientes the buck stops here a responsabilidade é minha to make a fast buck ganhar dinheiro fácil to pass the buck passar a batata quente buck up v. 1 animar(-se); alegrar(-se) 2 apressar-se buckle down v. pôr mãos à obra
bucket s. balde; he was carrying a bucket of water ele trazia um balde de água ■ v. 1 (cavalo) cansar 2 remar depressa 3 colocar/transportar num balde ◆ to weep buckets chorar muito coloquial to kick the bucket bater as botas
buckle s. fivela ■ v. 1 (fivela) apertar; fechar; afivelar; his coat belt was buckled ele trazia o cinto do casaco apertado/fechado; buckle up! coloque o cinto (de segurança) 2 dobrar; ceder; his legs buckled under the weight as pernas dele cederam sob o peso 3 (calor) deformar-se; the rails buckled with the heat os trilhos deformaram-se com o calor
buckwheat s. trigo-mourisco
bucolic adj. literário bucólico

bud

bud s. 1 rebento 2 (*flor*) botão; rose bud botão de rosa 3 EUA coloquial (*vocativo*) cara ■ v. 1 rebentar; dar rebentos 2 dar flor ♦ to nip something in the bud cortar pela raiz ● É diferente de *buddy*.
Buddhism s. RELIGIÃO budismo
Buddhist *adj., s.* RELIGIÃO budista
budding *adj.* promissor; em ascensão
buddy s. 1 amigo; companheiro 2 EUA coloquial (*vocativo*) cara
budge v. 1 mover(-se), mexer(-se); don't budge! não te mexas! 2 ceder, (fazer) mudar de opinião (on, *sobre*); she will never budge on that matter ela nunca irá mudar de opinião sobre esse assunto ♦ budge up v. apertar-se (no assento para dar lugar a mais um)
budgerigar s. periquito
budget s. orçamento; to draw up a budget fazer um orçamento ■ *adj.* econômico; barato; budget prices preços econômicos ■ v. 1 orçar (for, *para*); fazer o orçamento (for, *de*); they are budgeting for the trip eles estão fazendo o orçamento da viagem 2 (*tempo, dinheiro*) gerir
budgetary *adj.* orçamental
buff s. 1 pele de búfalo 2 bege; he was wearing a buff coat ele estava usando um casaco bege ■ s. 1 aficionado; entusiasta 2 perito, especialista; he is a computer buff ele é um perito em informática ■ v. polir; puxar o lustro a
buffalo s. ZOOLOGIA búfalo
buffer s. 1 amortecedor 2 para-choques 3 barreira; tampão 4 INFORMÁTICA buffer ■ v. amortecer
buffet¹ s. bofetada ■ v. 1 esbofetear 2 fustigar; the wind buffeted the window o vento fustigava a janela
buffet² s. (*bar, comida*) bufete; buffet breakfast café da manhã bufete ♦ buffet car vagão-restaurante
buffoon s. palhaço; brincalhão
buffoonery s. (*comportamento*) bobice
bug s. 1 percevejo; pulgão 2 inseto; bicho 3 coloquial micróbio 4 (*aparelho*) escuta; there was a bug in the office havia uma escuta no escritório 5 INFORMÁTICA bug; erro ■ v. 1 pôr uma escuta em; somebody has bugged my telephone alguém pôs uma escuta no meu telefone 2 coloquial chatear; irritar; stop bugging me! para de me chatear! ♦ to be bitten by a bug estar muito entusiasmado
bugbear s. fantasma fig.; pesadelo fig.
buggy s. 1 buggy 2 carrinho de bebê
bugle s. MÚSICA corneta
bugler s. corneteiro
build s. constituição ■ v. 1 construir; edificar; erigir 2 fundar; basear 3 aumentar; desenvolver-se; acumular-se ♦ build in v. 1 embutir; the new shelves were built in as prateleiras novas foram embutidas 2 integrar build up v. 1 elogiar; the critics built up the new play os críticos elogiaram a nova peça 2 fortalecer; after her illness had to build up após a doença teve de se fortalecer 3 aumentar; his confidence built up a confiança dele aumentou 4 construir; criar; he built his fortune up from scratch construiu a fortuna do nada build up to v. preparar-se para; she has been building up to the opening night tem estado a se preparar para a noite de estreia
builder s. construtor; empreiteiro
building s. 1 edifício; prédio 2 construção; building industry construção civil; building site terreno de construção
bulb s. 1 bulbo 2 lâmpada
bulbous *adj.* 1 bolboso 2 (*nariz*) abatatado
Bulgaria s. Bulgária
Bulgarian *adj., s.* búlgaro
bulge s. 1 saliência; bojo; protuberância 2 subida; aumento; a bulge in birthrate um aumento da taxa de natalidade ■ v. 1 fazer bojo; estufar 2 estar cheio (with, *de*); estar abarrotado (with, *de*); the room was bulging with children a sala estava a abarrotada de crianças
bulging s. abaulamento
bulimia s. MEDICINA bulimia
bulimic *adj., s.* bulímico
bulk s. 1 tamanho (of, *de*), volume (of, *de*), massa (of, *de*); proporção; a building of great bulk um edifício de grandes proporções 2 grossura; grandeza 3 corpulência; estatura 4 capacidade; envergadura 5 carga de um navio 6 maioria (of, *de*) ♦ to bulk large ocupar um lugar importante em
bulkhead s. (*barco, avião, veículo*) tabique; divisão
bulky *adj.* 1 volumoso 2 corpulento
bull s. 1 touro 2 (*elefante, baleia*) macho 3 bula pontifícia 4 alvo; to hit the bull atingir o alvo 5 coloquial bobagem, treta ♦ to be like a bull in a china shop como um elefante em uma loja de porcelanas to take the bull by the horns pegar o touro pelos cornos
bull's-eye s. centro do alvo; to hit/score a bull's-eye acertar no alvo
bulldog s. buldogue ♦ Grã-Bretanha bulldog clip (*caderno, pasta*) mola
bulldozer s. buldôzer
bullet s. (*arma*) bala; bullet hole buraco da bala
bulletin s. 1 boletim; annual bulletin boletim anual 2 noticiário; let's listen to the radio news bulletin vamos ouvir o noticiário da rádio 3 comunicado oficial ♦ EUA bulletin board placard informativo
bulletproof *adj.* à prova de bala; bulletproof vest colete à prova de bala
bullfight s. tourada; corrida de touros
bullfighter s. toureiro
bullfighting s. tauromaquia; toureio
bullfinch s. (*ave*) pisco
bullion s. (*ouro, prata*) barra
bullish *adj.* otimista
bullock s. boi castrado
bullring s. arena; praça de touros
bullshit s. vulgarismo papo-furado; treta; to talk bullshit dizer bobagens ■ v. vulgarismo vir com conversa mole para cima de
bully s. valentão, brigão ■ v. 1 intimidar; aterrorizar 2 forçar (into, *a*); obrigar (into, *a*); they bullied him into stealing eles o obrigaram a roubar ♦ irônico bully for you! grande coisa!
bullying s. 1 ameaças; intimidação 2 coação ■ *adj.* persecutório; ameaçador

bulrush s. BOTÂNICA junco
bulwark s. 1 baluarte (against, *contra*) 2 proteção (against, *contra*) bulwarks s.pl. (*navio*) amurada
bum s. 1 coloquial vagabundo; vadio 2 Grã-Bretanha coloquial rabo; nádegas ■ v. coloquial pedir emprestado ■ *adj.* coloquial miserável
bumble v. 1 balbuciar; resmungar 2 andar aos tropeções
bumblebee s. ZOOLOGIA zangão; abelhão
bummer s. coloquial chatice
bump s. 1 inchaço; galo; a bump on the head um galo na cabeça 2 vestígio, marca; the car has a big bump o carro tem uma grande marca de amassado 3 pancada; barulho; I heard a bump upstairs ouvi um barulho lá em cima 4 solavanco; the bumps in the road os solavancos na estrada ■ v. 1 chocar-se 2 trepidar; the car was bumping along the road o carro trepidava pela estrada fora 3 bater (against/into, *contra*), chocar (against/into, *contra*); I bumped into the table choquei contra a mesa; to bump one's head bater com a cabeça ◆ bump into v. cruzar-se com; encontrar (alguém) por acaso bump off v. coloquial acabar com; matar bump up v. aumentar; subir
bumper s. para-choques; bumper sticker adesivo colado no para-choques; the traffic was bumper to bumper for several hours o trânsito esteve congestionado durante várias horas ■ *adj.* excepcional; extraordinário ◆ bumper car carrinho de choque
bumpkin s. coloquial caipira; matuto
bumptious *adj.* presunçoso; vaidoso
bumpy *adj.* acidentado; com altos e baixos; bumpy road estrada acidentada
bun s. 1 Grã-Bretanha pão doce, pequeno e redondo 2 pão de leite 3 (*penteado*) coque buns s.pl. EUA calão nádegas ◆ Grã-Bretanha coloquial to have a bun in the oven estar grávida
bunch s. 1 (*flores*) ramo; ramalhete; a bunch of flowers um ramo de flores 2 feixe; molho 3 cacho; a bunch of grapes um cacho de uvas 4 (*pessoas*) grupo 5 (*corridas, ciclismo*) pelotão bunches s.pl. (*penteado*) maria-chiquinha ■ v. 1 fazer feixes com; fazer ramos com 2 agrupar; juntar; let's bunch together/up all these books vamos lá juntar estes livros todos ◆ the best of a bad bunch o único que se aproveita the pick of the bunch o melhor entre os melhores
bundle s. 1 maço; trouxa; feixe; molho; a bundle of laundry uma trouxa de roupa 2 embrulho; pacote 3 (*software, hardware*) pacote ■ v. 1 empurrar; atirar 2 empacotar 3 (*software, equipamento*) integrar ◆ coloquial a bundle um monte de dinheiro coloquial not to go a bundle on não gostar muito de coloquial to be a bundle of laughs ser um ponto coloquial to be a bundle of nerves estar uma pilha de nervos
bung s. 1 tampão; rolha 2 Grã-Bretanha coloquial suborno ■ v. 1 tapar; they bunged the bottle eles taparam a garrafa 2 Grã-Bretanha coloquial atirar; enfiar; I just bunged the toys into the trunk enfiei os brinquedos dentro do baú ◆ bung up v. entupir; (*canos, nariz*) to be bunged up estar entupido
bungalow s. bangalô

burning

bungee s. corda elástica ◆ bungee jumping bungee-jumping
bungle s. coloquial engano; confusão ■ v. 1 coloquial estragar 2 coloquial confundir; stop bungling things! para de armar confusão!
bungler s. trapalhão; desastrado
bunion s. joanete
bunk s. 1 beliche; tarimba 2 Grã-Bretanha bobagens; coloquial disparates; asneiras ■ v. (*fora de casa*) dormir ◆ Grã-Bretanha coloquial to do a bunk cair fora, sair discretamente
bunker s. 1 bunker 2 carvoeira
bunny s. coloquial coelhinho
buoy s. boia; life buoy boia salva-vidas ■ v. balizar com boias buoy up v. 1 fazer boiar 2 animar
buoyancy s. 1 capacidade de flutuação 2 bom humor; otimismo 3 (*mercado, finanças*) estabilidade
buoyant *adj.* 1 flutuante 2 alegre; otimista; they were all in a buoyant mood estavam todos com boa disposição 3 florescente; buoyant economy economia florescente
burden s. 1 carga; fardo; to be a burden to/on somebody ser um fardo para alguém 2 tonelagem; capacidade ■ v. sobrecarregar; carregar
bureau s. 1 agência; escritório 2 EUA departamento governamental 3 Grã-Bretanha (*móvel*) secretária 4 EUA cômoda
bureaucracy s. burocracia
bureaucrat s. burocrata
bureaucratic *adj.* burocrático
bureaucratize v. burocratizar
burgeon v. 1 (*flor, planta*) rebentar 2 formal expandir-se
burger s. coloquial hambúrguer
burglar s. assaltante; ladrão; burglar alarm alarme antirroubo
burglary s. (*em edifício*) assalto; roubo
burgle v. forçar a entrada de; assaltar
burial s. enterro; funeral; burial ground cemitério
burin s. buril; cinzel
burlap s. serapilheira
burlesque *adj.* burlesco ■ s. 1 (*estilo*) burlesco 2 (*espetáculo*) farsa; paródia, v. parodiar; ridicularizar
burly *adj.* corpulento, entroncado
burn s. queimadura; escaldadela ■ v. queimar; pelar; escaldar; arder; to burn to the ground ficar em cinzas; this tea burns este chá está pelando; his cheeks were burning tinha o rosto ardendo ◆ to burn one's boats/bridges chegar a um ponto em que já não é possível recuar to burn the midnight oil queimar as pestanas to burn the candle at both ends trabalhar dia e noite ◆ burn down v. incendiar(-se); destruir(-se) pelo fogo burn out v. 1 extinguir-se 2 (*lâmpada*) fundir 3 gastar-se; esgotar-se burn up v. 1 arder; ser destruído pelo fogo 2 (*combustível, calorias*) consumir 3 (*febre*) estar ardendo
burner s. (*fogão*) boca ◆ to put something on the back burner pôr em banho-maria
burning *adj.* 1 em chamas 2 (*calor*) abrasador 3 (*desejo*) ardente 4 vital; crucial; a burning question

burnout

uma questão crucial ■ *s.* **1** incineração **2** incêndio **3** queimadura
burnout *s.* **1** (*motor*) queima, exaustão **2** MEDICINA exaustão, burnout
burnt *adj.* (*ação do fogo*) queimado
burnt-out, burned-out *adj.* **1** carbonizado, calcinado **2** (*pessoa*) esgotado
burp *s.* coloquial arroto ■ *v.* coloquial (fazer) arrotar; to burp the baby fazer o bebê arrotar
burr *s.* **1** (*castanha*) ouriço **2** (*metal*) rebarba **3** (*pronúncia*) 'r' carregado **4** murmúrio; the burr of the sea o murmúrio do mar
burrow *s.* toca ■ *v.* **1** escavar; cavar; the dog burrowed a hole o cachorro escavou um buraco **2** vasculhar (into, *em*); remexer (into, *em*); to burrow into the past remexer no passado
bursar *s.* **1** (*faculdade*) tesoureiro **2** bolsista
bursary *s.* **1** bolsa de estudo **2** tesouraria
burst *s.* **1** explosão **2** rebentamento; estouro **3** (*palmas*) salva ■ *v.* **1** rebentar; explodir; estourar **2** partir; quebrar ♦ to burst open **1** abrir-se de repente **2** (*porta*) arrombar ♦ burst in on/upon *v.* interromper bruscamente; irromper por; she burst in on the meeting irrompeu pela reunião burst into *v.* começar subitamente a; desatar a; the car burst into flames o carro começou a pegar fogo; she burst into tears desatou a chorar burst out *v.* **1** desatar a; começar a **2** exclamar **3** sair precipitadamente (of, *de*)
bury *v.* **1** sepultar; enterrar **2** absorver (in, *em*); he is buried in his work está embrenhado no trabalho ♦ let's bury the hatchet vamos fazer as pazes
bus *s.* **1** ônibus; bus driver/stop motorista/ponto de ônibus; by bus de ônibus **2** (*computador*) bus ■ *v.* transportar de ônibus; they were bused to school foram para a escola de ônibus
bush *s.* **1** arbusto **2** mata, matagal
bushed *adj.* coloquial estourado; exausto
bushy *adj.* cerrado; denso; bushy forest floresta cerrada
busily *adj.* energicamente; diligentemente
business *s.* **1** negócio; business trip viagem de trabalho; to do business with tem negócios com/em **2** profissão; emprego; ofício **3** objeto; assunto **4** estabelecimento comercial; loja; she owns a flower business ela tem uma loja de flores ♦ business hours horário de expediente let's talk about business now vamos ao que interessa! mind your own business! cuide da sua vida! that's not your business isso não é da sua conta (*empresa*) to be in business estar em atividade to have no business to do something não ter o direito de fazer algo
businessman *s.* homem de negócios; empresário
businesswoman *s.* mulher de negócios; empresária
busker *s.* artista de rua
bust *s.* **1** busto **2** coloquial (*polícia*) rusga **3** EUA fiasco ■ *adj.* **1** coloquial falido **2** coloquial estragado ■ *v.* **1** coloquial estragar; dar cabo de **2** (*polícia*) prender; desmantelar; fazer busca em ♦ coloquial to go bust falir bust out *v.* evadir-se; fugir bust up *v.* (*relação, namoro*) romper; acabar
bustle *s.* azáfama; the house was in a bustle a casa estava em uma azáfama ■ *v.* andar atarefado; to bustle about/around cirandar ♦ to be bustling with estar cheio de
bustling *adj.* **1** movimentado; animado **2** cheio; muito concorrido
bust-up *s.* **1** coloquial discussão **2** coloquial (*relação*) separação
busy *adj.* **1** ocupado; atarefado; I'm busy now agora não posso **2** movimentado; agitado; concorrido; this is a very busy street esta é uma rua muito movimentada **3** (*telefone, sinal*) ocupado ♦ to busy oneself ocupar-se, dedicar-se
busybody *s.* coloquial mexeriqueiro; intrometido
but *conj.* mas; porém; I would like to go, but I don't have the time eu gostaria de ir, mas não tenho tempo ■ *prep.* exceto; all but you todos exceto você ■ *adv.* **1** apenas; somente; there is but a problem há apenas um problema **2** mesmo; nobody but nobody can say such a thing ninguém, mesmo ninguém, pode dizer tal coisa ■ *s.* senão ♦ but for se não fosse(m) but then (again) ou então mas, também
butane *s.* QUÍMICA butano; butane gas gás butano
butcher *s.* **1** açougueiro **2** carniceiro fig., carrasco fig. ■ *v.* **1** (*animais para consumo*) abater **2** chacinar; massacrar ♦ butcher's açougue
butler *s.* mordomo
butt *s.* **1** cabeçada **2** (*animal*) marrada **3** coronha **4** cabo; extremidade; ponta; the butt of the spear a ponta da espada **5** (*cigarro*) guimba **6** alvo **7** EUA coloquial rabo; traseiro ■ *v.* **1** marrar; dar marrada **2** abrir caminho; forçar; he butted his way through the crowd ele abriu caminho entre a multidão ♦ butt in *v.* intrometer-se; interromper butt out *v.* coloquial não se meter; butt out! não se meta!
butter *s.* manteiga; butter dish manteigueira ■ *v.* barrar com manteiga ♦ butter wouldn't melt in somebody's mouth de sonso não tem nada ♦ butter up *v.* coloquial dar graxa a; engraxar
butterfly *s.* **1** borboleta **2** (*natação*) borboleta; butterfly stroke nado borboleta ♦ to have butterflies in one's stomach estar muito nervoso
buttery *adj.* **1** amanteigado; de manteiga **2** bajulador ■ *s.* **1** despensa **2** Grã-Bretanha local de venda de refeições e bebidas
buttock *s.* nádega **buttocks** *s.pl.* coloquial traseiro; rabo
button *s.* **1** botão; the right mouse button o botão do lado direito do mouse; to do up/undo a button apertar/desapertar um botão **2** EUA crachá ■ *v.* abotoar ♦ coloquial button it! silêncio! on the button **1** exato **2** em ponto
buttonhole *s.* **1** (*botão*) casa **2** Grã-Bretanha flor na lapela ■ *v.* deter e obrigar a ouvir
buttress *s.* **1** contraforte **2** pilar ■ *v.* reforçar; the wall of the castle was buttressed a muralha do castelo foi reforçada; to buttress an idea reforçar uma ideia
buxom *adj.* (*mulher*) roliça; rechonchuda
buy *v.* **1** comprar; adquirir; I bought it from a friend comprei-o a um amigo; let me buy you a drink deixe-me oferecer-lhe uma bebida **2** subornar; comprar fig. **3** coloquial acreditar; engolir fig.; I didn't buy his story não engoli a história dele ♦ to buy time ganhar tempo ♦ buy in *v.* abastecer-se de

buy into *v.* 1 (*empresa, negócio*) comprar parte de 2 (*ideia, argumento*) aceitar buy off *v.* subornar; comprar fig. buy out *v.* comprar a parte de buy up *v.* comprar; açambarcar

buyer *s.* 1 comprador 2 controlador de compras

buzz *s.* 1 zumbido 2 murmúrio 3 boato; rumor 4 coloquial (*telefone*) toque 5 coloquial excitação ■ *v.* 1 zumbir 2 murmurar; cochichar; what are you buzzing? o que você está murmurando? 3 coloquial dar um toque; why don't you buzz me when you're free for lunch? por que você não me dá um toque quando estiver livre para almoço? buzz off *v.* desaparecer

buzzard *s.* ZOOLOGIA abutre; urubu

buzzer *s.* 1 botão do interfone 2 (*despertador, forno etc.*) alarme

buzzword *s.* palavra da moda

by *prep.* 1 por; by a rich man por um homem rico; to divide/multiply six by two dividir/multiplicar seis por dois 2 de; the film by Spielberg o filme de Spielberg; to go by train ir de trem 3 em; his money increased by millions o dinheiro dele cresceu em milhões 4 com; what could they mean by that? que quererão eles dizer com isso? 5 a; his t-shirts are sold by the millions as camisetas dele são vendidas aos milhões; one by one um a um 6 perto de; por volta de; I'll get there by noon eu chegarei lá por volta do meio-dia 7 conforme; you must act by the rules você tem que seguir as regras ■ *adv.* perto; he is walking by ele anda por perto ♦ by all means claro que sim by and by logo by oneself sozinho by the skin of one's teeth por um fio de cabelo by the way a propósito ● É diferente de *buy*.

bye *interj.* coloquial adeus!; tchau!

bye-bye *interj.* coloquial adeus!; tchau!

bygone *adj.* passado; in bygone days antigamente; em tempos idos ■ *s.* coisa antiga ♦ let bygones be bygones o que lá vai lá vai

bypass *s.* 1 (*estrada*) variante; he drove through the bypass ele seguiu pela variante 2 (*operação*) by--pass ■ *v.* 1 contornar; to bypass the law contornar a lei 2 evitar; to bypass the subject evitar o assunto

bystander *s.* espectador

byte *s.* INFORMÁTICA byte

C

c s. (*letra*) c C MÚSICA (*nota*) dó
cab s. 1 táxi; cab stand ponto de táxi; to get a cab pegar um táxi 2 (*ônibus, caminhão*) cabine do motorista
cabaret s. cabaré
cabbage s. 1 BOTÂNICA repolho; couve 2 gíria dinheiro
cabbalistic adj. cabalístico
cabby, cabbie s. coloquial motorista de táxi
cabin s. 1 cabana 2 (*navio*) camarote 3 (*avião*) cabine
cabinet s. 1 armário 2 vitrine 3 conselho de ministros, gabinete
cable s. 1 cabo; fio; electrical cable fio elétrico 2 televisão a cabo 3 telegrama ■ v. 1 telegrafar; I cabled them the good news enviei um telegrama para eles com as boas notícias 2 prender com cabo
cablevision s. TV a cabo; televisão por cabo
cabotage s. cabotagem
cacao s. BOTÂNICA (*árvore*) cacaueiro; (*semente*) cacau
cache s. INFORMÁTICA cache
cacique s. cacique
cackle v. 1 (*galinha*) cacarejar 2 gargalhar ■ s. 1 cacarejo 2 gargalhada
cacophonous adj. cacofônico
cacophony s. cacofonia
cactus s. BOTÂNICA cacto
cadaver s. cadáver
caddy s. (*golfe*) caddie
cadence s. cadência; ritmo
cadet s. cadete; cadet school escola militar; the cadets from the Air Force os cadetes da Força Aérea
cadge v. coloquial cravar (from/off, *a*)
cadger s. coloquial crava
cadmium s. QUÍMICA (*elemento químico*) cádmio
caesarean, cesarean EUA s. MEDICINA cesárea; caesarean section cesárea, cesariana
caesium s. QUÍMICA (*elemento químico*) césio
café s. (*estabelecimento*) café; bar; padaria; I had a coffee in that café tomei um café naquele bar.
cafeteria s. 1 cafeteria; to have breakfast at the cafeteria tomar o café da manhã na cafeteria 2 cantina ● A palavra portuguesa "cafeteira" corresponde a *coffee-maker*.
caffeine s. cafeína
cage s. 1 gaiola; bird cage gaiola de pássaros 2 jaula ■ v. engaiolar; enjaular; to feel caged in sentir-se preso
cajole v. aliciar (into, *a*); convencer (into, *a*)
cake s. 1 bolo; birthday/chocolate cake bolo de aniversário/chocolate; cake pan/tin forma para bolos; to make/bake a cake fazer um bolo 2 barra; a cake of soap uma barra de sabão ■ v. 1 cobrir (with, com/de); his shoes were caked with mud os sapatos dele estavam cobertos de lama 2 endurecer; fazer crosta ♦ to be a piece of cake ser canja; to sell like hot cakes vender que nem água you can't have your cake and eat it não se pode ter tudo
caladium s. BOTÂNICA tambatajá
calamitous adj. calamitoso
calamity s. calamidade
calcification s. calcificação
calcify v. calcificar
calcine v. calcinar
calcium s. QUÍMICA (*elemento químico*) cálcio
calculate v. 1 calcular 2 avaliar; estimar ♦ to be calculated to ser concebido para destinar-se a
calculating adj. calculista
calculation s. 1 MATEMÁTICA cálculo; to make a calculation fazer um cálculo 2 atitude calculista
calculator s. calculadora
calculus s. MATEMÁTICA, MEDICINA cálculo
calendar s. calendário; pauta; agenda; calendar year ano civil
calf s. 1 ZOOLOGIA vitela; bezerro; (*vaca*) to be in calf estar prenhe; to kill the fatted calf dar uma festa 2 cria 3 (*pele*) calfe 4 batata da perna
calibrate v. calibrar, aferir
calibration s. calibragem
calibre s. calibre
californium s. QUÍMICA (*elemento químico*) califórnio
call v. 1 chamar; the teacher is calling you o professor está chamando você 2 telefonar (para); I'll call you after dinner eu te telefono depois do jantar 3 chamar para, convocar, anunciar, marcar; to call a meeting convocar uma reunião 4 considerar, classificar como; I wouldn't call him a bad person eu não diria que ele é uma pessoa honesta 5 fazer uma visita (round at, *a*) 6 (*pássaro*) piar 7 (*trem*) parar (at, *em*); this train calls at all stations este trem para em todas as estações ■ s. 1 chamamento 2 grito; apelo; a call for help um pedido de auxílio 3 telefonema; to make/take a call fazer/atender uma chamada 4 (*pássaro*) pio 5 visita; to make/pay a call on somebody fazer uma visita a alguém 6 (*jogo, ação*) vez; it's your call é a sua vez 7 procura; there's not much call for these boots estas botas não têm muita procura 8 serviço; to be on call estar de serviço ♦ to call attention to chamar a atenção para to call into question pôr em causa to call somebody names insultar alguém to call to order impor ordem, pedir silêncio ♦ **call back** v. telefonar de volta, retornar a ligação **call for** v. exigir; requerer; this calls for a celebration isto exige uma celebração **call forth** v. trazer à tona, evocar o assunto **call in** v. 1 (*médico, polícia*) chamar 2 (*produto*) retirar do mercado **call out** v. 1 (*bombeiros, médico*) chamar 2 (*greve*) convocar 3 gritar **call up** v. 1 mobilizar para 2 coloquial telefonar 3 (*equipe esportiva*) convocar

caller s. 1 visitante; visita; he's a regular caller ele é uma visita habitual 2 pessoa que faz um telefonema
calligraphy s. (*arte*) caligrafia
calling s. 1 vocação 2 profissão 3 convocação
callosity s. calo, calosidade
callous adj. duro; insensível
callow adj. pejorativo inexperiente, imaturo
callus s. (*mão, planta dos pés*) calo
calm adj. calmo; tranquilo; sereno; to keep calm ficar calmo ■ s. calma; tranquilidade; sossego ■ v. acalmar(-se) ♦ calm down v. acalmar(-se)
calmness s. calma; tranquilidade
caloric adj. calórico
calorie s. caloria
calorific adj. calórico; calorífico; calorific value valor energético
calotte s. GEOMETRIA calota
calyx s. BOTÂNICA cálice
camaraderie s. camaradagem; companheirismo
camber s. (*roda*) camber ■ v. arquear; curvar
camcorder s. câmera de vídeo
camel s. ZOOLOGIA camelo
camellia s. BOTÂNICA camélia
cameo s. 1 camafeu 2 (*cinema, televisão*) aparição/atuação especial
camera s. 1 máquina fotográfica 2 (*televisão, cinema*) câmera ♦ in camera em segredo de justiça; à porta fechada on camera na tela
cameraman s. (*televisão, cinema*) operador de câmera
camomile, chamomile s. BOTÂNICA camomila; camomile tea chá de camomila
camouflage s. camuflagem ■ v. camuflar
camp s. 1 acampamento; to break/pitch camp levantar/montar acampamento; army camp acampamento militar 2 campo; refugee camp campo de refugiados 3 partido; facção ■ v. acampar ■ adj. 1 efeminado 2 exagerado ♦ holiday/summer camp colônia de férias
campaign s. campanha (for, *por*; against, *contra*); to lead/conduct/run a campaign liderar uma campanha ■ v. fazer campanha (for, *por*; against, *contra*)
campaigner s. 1 manifestante 2 defensor; ativista 3 POLÍTICA militante
camper s. 1 campista 2 (*veículo*) caravana
campfire s. fogueira
camphor s. cânfora
camping s. camping; camping site parque de camping; no camping proibido acampar; to go camping ir acampar
campsite s. Grã-Bretanha parque de camping
campus s. campus; university campus campus universitário
can[1] s. 1 lata; garbage can lata do lixo 2 botijão; petrol can botijão de combustível 3 EUA calão prisão; cadeia 4 EUA calão banheiro 5 coloquial cabeça; what do you have in your can? o que você te na cabeça? ■ v. enlatar ♦ coloquial a can of worms um caso difícil EUA coloquial can it! silêncio! Grã-Bretanha to carry the can levar a culpa can opener abridor de latas

can[2] v. 1 (*capacidade*) conseguir; saber; he can touch the ceiling ele consegue chegar ao teto; she can speak French ela sabe falar francês 2 poder; (*possibilidade*) I can win the race posso vencer a corrida; (*sugestão*) we can go to another restaurant podemos ir a outro restaurante; (*autorização*) you can go to the party você pode ir à festa ● Compare com o verbo **may**.
Canada s. Canadá
Canadian adj., s. canadense
canalization s. (*ação*) canalização
canalize v. canalizar
canary s. ZOOLOGIA canário
cancel v. 1 cancelar; desmarcar 2 anular 3 (*selo, bilhete*) obliterar
cancellation s. 1 cancelamento 2 anulação 3 desmarcação
Cancer ASTRONOMIA Câncer, Caranguejo
cancer s. MEDICINA câncer
Cancerian adj., s. canceriano
cancerous adj. canceroso
candid adj. franco; sincero; to be quite candid, ... para ser franco, ... ● Repare que não corresponde ao sentido de "cândido".
candidacy s. candidatura
candidate s. candidato (for, *a/para*); to stand as a candidate apresentar a candidatura
candidature s. Grã-Bretanha candidatura
candidly adv. francamente
candied adj. cristalizado; candied fruit frutos cristalizados
candle s. vela; she blew out the candle ela apagou a vela ♦ he can't hold a candle to his father não chega aos calcanhares do pai to burn the candle at both ends se matar de trabalhar
candlelight s. luz de vela; we dined by candlelight jantamos à luz das velas
candlestick s. castiçal
candour, candor EUA s. franqueza; sinceridade; candura
candy s. EUA guloseima; caramelo; bombom; candy shop doceria ■ v. cristalizar
candyfloss s. Grã-Bretanha algodão-doce
cane s. 1 cana 2 vime; cane chairs cadeiras de vime 3 bastão; bengala ■ v. (*castigo*) bater com a cana em
canine adj. canino ■ s. 1 (*dente*) canino 2 cachorro
canister s. 1 (*chá, café*) lata; caixa 2 garrafa; a canister of teargas uma garrafa de gás lacrimogêneo
canned adj. 1 enlatado; de conserva; canned beans feijões enlatados; canned sardines sardinhas em lata 2 (*música, gargalhadas*) pré-gravado
cannery s. fábrica de conservas
cannibal s. canibal
cannibalism s. canibalismo
cannon s. 1 canhão 2 (*bilhar*) carambola ■ v. 1 embater (into, *contra*); she came running and cannoned into me ela veio correndo e se chocou contra mim 2 (*bilhar*) carambolar
cannonball s. bala de canhão
canny adj. astuto; sagaz
canoe s. canoa ■ v. andar de canoa
canoeing s. canoagem

canoeist

canoeist s. canoísta
canon s. 1 cânone 2 cônego ♦ canon law direito canônico
canonical adj. canônico
canonization s. RELIGIÃO canonização
canonize v. canonizar
canopy s. 1 dossel 2 pálio 3 toldo 4 abrigo; cobertura; the trees created a dense canopy as árvores formavam uma cobertura densa
canteen s. 1 cantina; refeitório 2 cantil 3 faqueiro
canter s. meio galope; to go for a canter ir dar um passeio de cavalo ■ v. ir a meio galope
canticle s. cântico
canvas s. 1 (tecido) lona; tela; canvas bag saco de lona 2 (pintura) tela; on canvas em tela 3 (navio) vela ♦ under canvas em uma tenda
canvass v. 1 fazer campanha (for, para) 2 sondar 3 discutir; analisar ■ s. angariação de votos
canyon s. desfiladeiro
cap s. 1 boné, touca; gorro, barrete 2 tampa; cápsula; to put the cap back on the bottle tampar a garrafa (depois de abrir) 3 (contraceptivo) diafragma ■ v. 1 cobrir; tapar 2 superar 3 Grã-Bretanha (esporte) convocar para a seleção; to cap somebody for convocar alguém para ♦ cap in hand humildemente if the cap fits se a carapuça servir to cap it all ainda por cima
capability s. capacidade (for, para)
capable adj. 1 capaz (of, de); to be capable of doing something ser capaz de fazer alguma coisa 2 competente; he is a very capable doctor ele é um médico muito competente 3 suscetível (of, de); that remark is capable of being misunderstood esse comentário é suscetível de ser mal interpretado
capacitate v. capacitar ♦ to be capacitated to estar habilitado a
capacity s. 1 (espaço) capacidade; to fill to capacity esgotar a lotação 2 capacidade (for, para); aptidão (for, para); he has a capacity for maths ele tem uma grande aptidão para a matemática 3 (funções) qualidade; in one's capacity as na qualidade de ♦ in a personal capacity a título pessoal
cape s. 1 cabo; Cape of Good Hope Cabo da Boa Esperança 2 capa; capote s Cape Verde Cabo Verde
caper s. 1 BOTÂNICA alcaparra 2 cabriola; salto 3 travessura; partida 4 coloquial atividade ilegal ■ v. andar às cabriolas
capillary adj., s. capilar
capital s. 1 (cidade) capital; Paris is the capital of France Paris é a capital da França 2 ECONOMIA capital 3 (letra) maiúscula 4 ARQUITETURA capitel ■ adj. 1 capital; essencial 2 (crime) gravíssimo; capital punishment pena de morte 3 maiúsculo; capital letters maiúsculas ♦ to make capital out of tirar partido de
capitalism s. capitalismo
capitalist adj., s. capitalista
capitalize, capitalise Grã-Bretanha v. 1 capitalizar 2 escrever com maiúsculas capitalize on/ upon v. tirar proveito de
capitulate v. capitular; render-se (to, perante)
capitulation s. capitulação

capon s. (galo) capão
Cappadocian adj., s. capadócio
caprice s. capricho
capricious adj. caprichoso
Capricorn s. capricorniano
Capricorn s. ASTRONOMIA Capricórnio
Capricornean adj. capricorniano
capsize v. (barco) virar
capsule s. cápsula; space capsule cápsula espacial
captain s. 1 capitão; comandante; captain of the team capitão da equipe 2 líder; chefe ■ v. 1 ser o capitão de; he captains the English team ele é o capitão da equipe inglesa 2 liderar; chefiar
captaincy s. (cargo, funções) capitania
caption s. 1 (texto) título 2 (filme, fotografia) legenda ■ v. legendar
captivate v. cativar; fascinar
captivating adj. cativante; fascinante
captive adj., s. cativo; prisioneiro; captive animal animal em cativeiro; to be held captive ser feito prisioneiro
captivity s. cativeiro; in captivity em cativeiro
capture v. 1 capturar; prender 2 conquistar; tomar; to capture a castle tomar um castelo 3 captar ■ s. 1 captura 2 (cidade) tomada; conquista
capybara s. ZOOLOGIA capivara
car s. 1 carro; automóvel; car accident acidente de carro; car park estacionamento; to go by car ir de carro 2 (trem) vagão; this train has a restaurant car este trem tem um vagão-restaurante 3 (balão) cesta 4 (elevador) plataforma ♦ car pool grupo de pessoas que partilham o mesmo carro para irem trabalhar
carafe s. garrafa; a crystal carafe uma garrafa de cristal
caramel s. 1 caramelo 2 açúcar caramelizado
caramelize, caramelise Grã-Bretanha ■ v. caramelizar
carapace s. ZOOLOGIA carapaça
carat s. (ouro) quilate; an 18-carat gold ring um anel de ouro de 18 quilates
caravan s. 1 (deserto, veículos) caravana 2 (modelo) perua
caravanning s. viajar de férias usando um trailer
caravel s. caravela
carbine s. carabina
carbohydrate s. QUÍMICA carboidrato
carbon s. QUÍMICA (elemento químico) carbono; carbon dioxide dióxido de carbono, gás carbônico ♦ carbon copy 1 cópia de papel carbono 2 réplica carbon paper papel químico
carbonated adj. (bebidas) gaseificado
carbonic adj. QUÍMICA carbônico
carbonization s. carbonização
carbonize v. carbonizar
carboy s. (ácidos) garrafão
carbuncle s. carbúnculo
carburet v. carburar
carburettor, carburetor EUA s. carburador
carcass s. 1 (animal) carcaça 2 (navio) casco 3 estrutura; armação
carcinogen s. substância cancerígena
carcinogenic adj. cancerígeno

card s. 1 cartão 2 carta de jogar; pack of cards baralho de cartas; to play cards jogar cartas 3 (*papel*) cartão 4 (*lā*) carda ■ v. (*lā*) cardar ♦ to have a card up one's sleeve ter uma carta, um trunfo na manga to lay the cards on the table pôr as cartas na mesa to play one's cards right jogar as cartas certas
cardboard s. cartão; cardboard box caixa de cartão ■ adj. (*personagem*) sem profundidade
cardiac adj. cardíaco; cardiac arrest/failure parada cardíaca
cardigan s. casaco de malha
cardinal s. 1 RELIGIÃO cardeal 2 numeral cardinal 3 (*cor*) cardinal ■ adj. 1 formal principal; capital; cardinal sins pecados capitais 2 cardeal; cardinal points pontos cardeais 3 cardinal; cardinal number numeral cardinal
cardiologist s. cardiologista
cardiology s. MEDICINA cardiologia
cardiovascular adj. MEDICINA cardiovascular
care s. 1 cuidado; medical care assistência médica; take care! tenha cuidado! 2 tratamento; (*têxteis*) care label etiqueta de tratamento; to take care of a problem tratar de um problema; to take care of somebody tratar de alguém 3 preocupação; encargo; she hasn't a care in the world ela não tem qualquer preocupação ■ v. importar-se (about, *com*); I couldn't care less what you think não estou nem aí para o que você pensa; we could be starving for all they care poderíamos estar morrendo de fome se dependesse deles; would you care to wait here? você se importa de esperar aqui? ♦ care for v. 1 tratar de; cuidar de 2 gostar de 3 formal desejar; would you care for a drink? deseja uma bebida?
career s. carreira; vida profissional; he's a career soldier ele é um soldado de carreira ■ v. mover-se em alta velocidade; the car careered down the hill o carro desceu a colina em alta velocidade ♦ careers advice orientação profissional careers office gabinete de saídas profissionais
carefree adj. despreocupado; descontraído
careful adj. cuidadoso (with, *com*); he's a careful driver ele é um motorista prudente ♦ be careful! tenha cuidado
carefully adv. cuidadosamente; com cuidado
careless adj. descuidado; pouco cuidadoso
carelessness s. descuido; falta de atenção
caress s. carícia ■ v. acariciar
caretaker s. 1 Grã-Bretanha (*edifício*) porteiro 2 EUA (*crianças, doentes, idosos*) acompanhante ■ adj. interino; provisório
cargo s. carga; carregamento; cargo plane avião de carga; cargo ship cargueiro
caricature s. 1 caricatura 2 paródia ■ v. 1 caricaturar 2 parodiar
caries s. cárie; dental caries cárie dentária
caring adj. bondoso; compreensivo ♦ caring professions profissões de vocação social
carnage s. massacre; carnificina
carnation s. BOTÂNICA cravo
carnival s. 1 Carnaval 2 feira popular 3 festa popular
carnivore s. carnívoro

carnivorous adj. carnívoro; carnivorous plants plantas carnívoras
carol s. cântico; Christmas carol cântico de Natal ■ v. entoar cânticos; cantar
carotid s. carótida; carotid artery artéria carótida
carousel s. 1 (*aeroporto*) esteira rolante (para bagagens) 2 EUA carrossel
carp s. carpa ■ v. coloquial queixar-se (at, *a*; about, *de*); he's always carping at his friends ele está sempre se queixando aos amigos
carpenter s. carpinteiro
carpentry s. carpintaria
carpet s. 1 carpete 2 tapete; magic carpet tapete voador; red carpet tapete vermelho ■ v. 1 cobrir com carpete 2 cobrir (with, *de*) 3 Grã-Bretanha coloquial dar um sermão a ♦ EUA coloquial to be on the carpet levar um sermão EUA to sweep something under the carpet tentar encobrir algo
carpool v. viajar em grupo no mesmo carro para o trabalho
carpus s. ANATOMIA carpo
carriage s. 1 Grã-Bretanha (*trem*) vagão 2 carruagem; coche 3 transporte; porte; carriage forward porte pago pelo destinatário; carriage free/paid transporte pago; the price includes carriage o preço inclui o transporte 4 armação; typewriter carriage armação de uma máquina de escrever
carriageway s. Grã-Bretanha rodovia, faixa de rodagem
carrier s. 1 (*empresa, companhia aérea*) transportadora; international carriers transportadoras internacionais 2 portador; to be carrier of a disease ser portador de uma doença ♦ carrier bag saco das compras carrier pigeon pombo-correio
carrion s. carne putrefata; cariniça
carrot s. 1 BOTÂNICA cenoura; carrot cake bolo de cenoura 2 incentivo; estímulo
carry v. 1 levar; carregar; he carried the luggage into the room levou as malas para o quarto; she carried the joke too far levou a brincadeira longe demais 2 transportar; the ship carries oil o barco transporta petróleo 3 trazer; I always carry my ID estou sempre com minha carteira de identidade 4 transmitir; many diseases are carried by insects muitas doenças são transmitidas por insetos 5 (*peso*) suportar; these pillars carry the roof estes pilares suportam o telhado 6 (*meios de comunicação*) trazer; transmitir; the newspaper carries a description of the accident o jornal traz uma descrição do acidente 7 ter; vender; this store doesn't carry organic food products esta loja não vende alimentos orgânicos 8 comportar-se; the children carried themselves very well as crianças se comportaram muito bem 9 (*som*) alcançar (to, –); the sound of the music carried to the street o som da música alcançava a rua 10 coloquial ganhar; to carry the day ganhar o dia ■ s. alcance; a golf drive with a carry of 300 metres uma tacada de golfe com um alcance de 300 metros ♦ to carry a burden carregar um fardo to carry a lot of weight ser muito importante ♦ carry away v. 1 levar 2 entusiasmar; arrebatar; to be carried away by deixar-se levar por carry off v. 1 pegar em 2 (*prêmio*) levar; arrecadar ♦ to carry it off sair-

carrycot

-se muito bem carry on *v.* **1** continuar com; prosseguir **2** manter carry out *v.* **1** realizar; levar a cabo **2** cumprir com carry through *v.* levar a cabo
carrycot *s.* (*bebê*) moisés
carsick *adj.* (*viagem de carro*) enjoado; to get carsick ficar enjoado
carsickness *s.* enjoo em viagem de carro
cart *s.* **1** carroça; charrete; cart track caminho de terra **2** carrinho de mão **3** EUA (*supermercado*) carro das compras ■ *v.* transportar; levar; we've been carting the furniture temos transportado os móveis ♦ to put the cart before the horse pôr o carro à frente dos bois
cartilage *s.* ANATOMIA cartilagem
cartload *s.* carregamento; grande quantidade ♦ by the cartload em grande quantidade
cartography *s.* cartografia
carton *s.* **1** caixa de cartão **2** pacote; embalagem; carton of fruit juice pacote de suco; milk carton pacote de leite **3** (*cigarro*) maço
cartoon *s.* **1** desenho animado; animated cartoons desenhos animados **2** (*jornalismo*) cartoon **3** história em quadrinhos
cartoonist *s.* **1** (*jornalismo*) cartoonista **2** autor de história em quadrinhos **3** (*desenhos animados*) animador
cartouche *s.* cartela
cartridge *s.* **1** (*arma*) cartucho **2** (*máquina fotográfica*) rolo **3** (*caneta*) carga; recarga **4** (*impressora*) *cartucho;* tinteiro ♦ Grã-Bretanha cartridge paper papel de desenho
cartwheel *s.* **1** roda de carroça **2** (*ginástica*) roda; to do a cartwheel fazer a roda
carve *v.* **1** esculpir (*into/out/on, em*); the statue is carved out of marble a estátua foi esculpida em mármore **2** (*madeira*) gravar (*into/out/on, em*); talhar (*into/out/on, em*); they carved their initials on the tree gravaram as iniciais na árvore **3** (*carne*) trinchar carve up *v.* **1** repartir **2** cortar
carving *s.* **1** escultura **2** entalhamento ♦ carving knife faca de trinchar
cascade *s.* cascata ■ *v.* cair em cascata; the water cascaded over the rocks a água caía em cascata pelas rochas
case *s.* **1** caso; a hopeless case um caso perdido; three cases of pneumonia três casos de pneumonia; to win/loose a case ganhar/perder um caso **2** mala; to carry the cases upstairs levar as malas para cima **3** caixa; a case of soda uma caixa de refrigerante **4** estojo; a jewel case um porta-joias **5** argumento; a good case for lowering the prices bons argumentos a favor da redução dos preços ■ *v.* revestir; the wire is cased in rubber o fio está revestido de borracha ♦ a case in point um bom exemplo as the case may be segundo o caso in case of em caso de in any case de qualquer modo in no case em nenhuma circunstância in that case nesse caso coloquial to case the joint fazer o reconhecimento de um local que se pretende assaltar mais tarde
case-sensitive *adj.* INFORMÁTICA sensível às diferenças entre maiúsculas e minúsculas

cash *s.* dinheiro; recurso financeiro; to pay in cash pagar em dinheiro ■ *v.* descontar ♦ cash on delivery pagar na entrega cash card cartão de débito cash dispenser caixa eletrônico 24 horas cash register caixa registradora ♦ No sentido "seção de loja ou mercado", "caixa" corresponde a *checkout.*
cashew *s.* BOTÂNICA caju; cashew tree cajueiro
cashier *s.* caixa; tesoureiro; he works as a cashier at the bank ele trabalha como caixa no banco ■ *v.* (*militar*) destituir
cashmere *s.* caxemira; cashmere sweater suéter de caxemira
cashpoint *s.* Grã-Bretanha caixa eletrônica 24 horas
casino *s.* cassino
cask *s.* barril; vasilhame; cask of beer barril de cerveja
casket *s.* **1** porta-joias **2** EUA caixão
cassava *s.* BOTÂNICA aipim, mandioca
casserole *s.* **1** caçarola **2** guisado; lamb casserole guisado de borrego ■ *v.* cozinhar na caçarola; casserole meat guisar carne
cassette *s.* cassete; cassette player leitor de cassetes
cassock *s.* sotaina
cast *s.* **1** (*cinema, teatro*) elenco; the cast of the film o elenco do filme **2** molde **3** lançamento; arremesso **4** tonalidade; a grey fabric with a silvery cast um tecido cinzento com tonalidades prateadas ■ *v.* **1** lançar; arremessar; the fishermen cast their nets into the sea os pescadores lançaram as redes ao mar **2** moldar; fundir; to cast bronze fundir bronze **3** (*cinema, teatro*) distribuir os papéis ♦ to cast an eye over something dar uma vista de olhos em algo to cast a spell on lançar um feitiço a to cast light on something esclarecer algo to cast one's mind back (to) recuar (até) fazer a memória recuar (até) to cast pearls before swine dar pérolas a porcos ♦ cast aside *v.* pôr de parte; rejeitar; descartar cast off *v.* **1** (*navio*) soltar as amarras **2** libertar-se de **3** (*tricô*) rematar cast out *v.* expulsar
castanets *s. pl.* MÚSICA castanholas
castaway *adj., s.* náufrago
caste *s.* (*classe*) casta
caster, castor *s.* **1** (*móveis*) rodízio **2** pimenteiro; saleiro; açucareiro ♦ caster sugar açúcar extrafino
Castilian *adj., s.* castelhano
castle *s.* **1** castelo; sand castle castelo de areia **2** (*xadrez*) torre ♦ to build castles in the air fazer castelos no ar
castrate *v.* castrar
castration *s.* castração
casual *adj.* **1** casual; a casual meeting encontro acidental **2** ocasional; they are casual readers of the paper eles são leitores ocasionais do jornal **3** descontraído **4** informal; casual wear roupa informal, roupa esportiva **5** temporário; they employ casual workers eles empregam trabalhadores temporários
casually *adv.* **1** casualmente **2** descontraidamente; com indiferença; he answered quite casually respondeu com indiferença **3** informalmente **4** temporariamente
casualty *s.* **1** (*acidente*) vítima **2** baixa; the army suffered heavy casualties o exército sofreu grandes baixas **3** Grã-Bretanha (*hospital*) emergência

cat s. 1 gato 2 felino ♦ has the cat got your tongue? o gato comeu a sua língua? to be like a cat on hot bricks/on a hot tin roof estar muito nervoso when the cat's away, the mice will play quando o gato não está, os ratos fazem a festa cat litter areia para gato
catalyser s. QUÍMICA catalisador
catalysis s. QUÍMICA catálise
catalogue, catalog EUA s. catálogo ■ v. 1 catalogar; I'm cataloguing the paintings estou catalogando os quadros 2 fazer o inventário de
Catalonia s. Catalunha
catalyse, catalyze EUA v. QUÍMICA catalisar
catalyser, catalyzer EUA s. QUÍMICA catalisador
catalyst s. catalisador
catamaran s. catamarã
catapult s. 1 Grã-Bretanha estilingue 2 catapulta ■ v. catapultar (to, *para*)
cataract s. 1 MEDICINA catarata; to have a cataract operation fazer uma operação de catarata 2 literário (*água*) catarata
catarrh s. catarro
catastrophe s. catástrofe
catastrophic adj. catastrófico
catch v. 1 apanhar; agarrar 2 alcançar 3 (*animal*) capturar 4 (*doença*) contrair; pegar; to catch a cold pegar um resfriado 5 (*ônibus, avião*) pegar 6 ficar preso (on/in, *em*); the jacket caught in the door o casaco ficou preso na porta 7 coloquial entender; I didn't catch a thing não entendi nada 8 surpreender 9 (*fogo*) atear ■ s. 1 captura 2 pesca; sea catch pescado 3 (*porta*) trinco 4 coloquial (*armadilha*) senão; where's the catch? o que é que você não está me dizendo? ♦ it's a catch-22 situation estar em dificuldade, qualquer que seja a resolução tomada ou o ato praticado ou por praticar to be a good catch ser um bom partido to catch sight/glimpse of ver de relance to catch somebody red-handed pegar alguém com a boca na botija to catch somebody with their trousers/pants down pegar alguém em flagrante/com a boca na botija ♦ catch on v. 1 compreender (to, –); he never catches on to the jokes nunca entende as piadas 2 pegar; tornar-se popular; that fashion caught on quickly essa moda pegou rapidamente catch out v. 1 (*alguém em falta*) pegar 2 surpreender; they were caught out by the storm foram surpreendidos pela tempestade catch up v. 1 alcançar (with, –); the last runner caught up with the first ones o último corredor alcançou os primeiros 2 pôr(-se) em dia (with/on, *em relação a*); atualizar-se (with/on, *em relação a*); we have to catch up on/with the news temos de pôr as novidades em dia 3 (*criminoso*) pegar (with, –)
catchment s. captação
catchword s. 1 palavra de ordem 2 slogan 3 deixa; dica
catchy adj. que fica no ouvido; this song is really catchy esta canção fica mesmo no ouvido
catechesis s. catequese
catechism s. catecismo
catechist s. RELIGIÃO catequista
catechize v. RELIGIÃO catequizar
categorical adj. categórico

celebrate

categorically adv. categoricamente, terminantemente
categorize, categorise Grã-Bretanha v. categorizar; classificar
category s. categoria
cater v. (*restauração*) fornecer o catering (for, *de*)
caterer s. (*restauração*) fornecedor
caterpillar s. (*larva, correia metálica*) lagarta; caterpillar tractor trator de lagarta
catfish s. ZOOLOGIA bagre
catharsis s. formal catarse
cathartic adj. catártico
cathedral s. catedral
catheter s. cateter
cathode s. cátodo
Catholic adj., s. católico
Catholicism s. RELIGIÃO catolicismo
cattle s. gado; cattle breeding criação de gado; pecuária
catty adj. malicioso; maldoso
catwalk s. passarela
cauldron s. caldeirão
cauliflower s. BOTÂNICA couve-flor
caulk v. calafetar
causality s. causalidade
cause s. 1 causa; motivo; to give cause for concern ser um motivo de preocupação; you have no cause for complaint não tens razão de queixa 2 (*defesa de princípios, ação judicial*) causa ■ v. causar; provocar ♦ to cause offence ofender
caustic adj. cáustico
cauterize, cauterise Grã-Bretanha v. cauterizar
caution s. 1 cautela; cuidado; proceed with caution avance com prudência 2 advertência; repreenda; he got off with a caution safou-se com uma repreenda ■ v. advertir (against, *em relação a*); to be cautioned for receber uma advertência por
cautionary adj. admonitório ♦ a cautionary tale uma lição de vida
cautious adj. prudente; cauteloso
cavalcade s. desfile
cavalry s. cavalaria
cave s. gruta; caverna; cave painting pintura rupestre ■ v. cavar, transformar em caverna ♦ cave in v. aluir; ceder
cavern s. caverna
caviar s. CULINÁRIA caviar
caving s. espeleologia
cavity s. 1 cavidade 2 (*dente*) cárie
CD sigla de compact disc; CD
cease v. cessar (from/to, *de*); parar (from/to, *de*); to cease to do something parar de fazer algo; to cease fire cessar fogo; without cease sem cessar
ceasefire s. cessar-fogo
cedar s. BOTÂNICA 1 cedro 2 madeira de cedro
cedilla s. cedilha
ceiling s. 1 teto 2 limite; ponto máximo; a ceiling has been set on price rises foi imposto um limite aos aumentos dos preços ♦ coloquial (*fúria*) to hit the ceiling atirar-se ao ar
celebrate v. 1 festejar; comemorar; we're celebrating the anniversary of our wedding estamos come-

celebrated

morando o nosso aniversário de casamento **2** celebrar; to celebrate mass celebrar a missa
celebrated *adj.* célebre, famoso
celebration *s.* **1** celebração; comemoração; a party in celebration of the victory uma festa em comemoração da vitória **2** festejo; festa; New Year's celebrations festejos do Ano Novo
celebrity *s.* (*pessoa, fama*) celebridade
celery *s.* BOTÂNICA aipo
celestial *adj.* **1** celestial **2** celeste; the moon is a celestial body a lua é um corpo celeste
celibacy *s.* celibato
celibate *adj., s.* celibatário
cell *s.* **1** (*prisão, mosteiro*) cela **2** célula **3** (*favo de mel*) alvéolo **4** técnico pilha **5** EUA celular
cellar *s.* **1** porão **2** adega; garrafeira
cellist *s.* MÚSICA violoncelista
cello *s.* MÚSICA violoncelo
cellophane *s.* celofane
cellphone *s.* celular
cellular *adj.* celular ♦ cellular phone celular, telefone celular
cellulite *s.* (*sob a pele*) celulite
cellulitis *s.* (*inflamação, infecção*) celulite
Celsius *s.* Celsius; 12 degrees Celsius 12 graus Celsius ● Na Grã-Bretanha e no resto da Europa é mais usada a escala Celsius; nos EUA, é mais usada a escala Fahrenheit. As temperaturas de 0°C e 100°C correspondem, respectivamente, a 32°F e 212°F. Para calcular a temperatura em graus Fahrenheit a partir de graus Celsius, multiplique por 1,8 e adicione 32.
cement *s.* **1** cimento **2** (*dentes*) amálgama ■ *v.* **1** cimentar **2** fortalecer ♦ cement mixer betoneira
cemetery *s.* cemitério
censor *s.* censor ■ *v.* censurar
censorship *s.* censura
censure *s.* formal censura ■ *v.* formal censurar (for, *por*)
census *s.* censo; recenseamento; to take a census of the population fazer o recenseamento da população
cent *s.* **1** centavo **2** coloquial tostão; without a cent sem um tostão
centenarian *adj.* centenário
centenary *adj.* centenário; a centenary tradition uma tradição secular ■ *s.* centenário
centennial *adj.* EUA centenário ■ *s.* EUA centenário
center *s.* **1** EUA centro; a banking and financial center um centro bancário e financeiro; center of gravity centro de gravidade; in the center no centro; to be the center of attention ser o centro das atenções **2** EUA (*futebol*) médio **3** EUA CULINÁRIA recheio ■ *v.* EUA centrar(-se)
centigrade *adj.* centígrado; twelve degrees centigrade doze graus centígrados
centilitre, centiliter EUA *s.* centilitro
centimetre, centimeter EUA *s.* centímetro
centipede *s.* ZOOLOGIA lacraia
central *adj.* central; central heating aquecimento central; of central importance fundamental; (*localização*) to be central ser no centro ♦ central locking (*carro*) fecho centralizado INFORMÁTICA central processing unit unidade central de processamento Grã-Bretanha central reservation (*autoestrada*) separador central
centralization, centralisation Grã-Bretanha *s.* centralização
centralize, centralise Grã-Bretanha *v.* centralizar
centre, center EUA *s.* **1** centro; a banking and financial centre um centro bancário e financeiro; centre of gravity centro de gravidade; in the centre no centro; to be the centre of attention ser o centro das atenções **2** (*futebol*) médio **3** CULINÁRIA recheio ■ *v.* centrar(-se)
centrepiece, centerpiece EUA *s.* **1** centro de mesa **2** prato forte fig.
centrifugal *adj.* centrífugo; centrifugal force força centrífuga
centrifugation *s.* centrifugação
centrifuge *s.* centrifugadora ■ *v.* centrifugar
centripetal *adj.* centrípeto; centripetal force força centrípeta
centrist *adj., s.* centrista
centurion *s.* centurião
century *s.* século; centuries ago há séculos; in the 21st century no século XXI
ceramic *adj.* **1** cerâmico **2** de cerâmica
ceramics *s.* cerâmica
Cerberus *s.* MITOLOGIA Cérbero
cereal *s.* cereal; (*café da manhã*) box of cereal embalagem de cereais; cereal crops colheitas de cereais
cerebellum *s.* ANATOMIA cerebelo
cerebral *adj.* cerebral; cerebral death/palsy morte/paralisia cerebral
ceremonial *adj.* **1** de cerimônia **2** protocolar; the President's ceremonial duties os deveres protocolares do presidente ■ *s.* cerimonial; religious ceremonial cerimonial religioso
ceremony *s.* cerimônia; wedding ceremony cerimônia de casamento ♦ to stand on ceremony fazer cerimônia
cerium *s.* QUÍMICA (*elemento químico*) cério
certain *adj.* **1** certo; confiante; que tem a certeza (about/of, *de*); I am certain of his success estou confiante no sucesso dele; I'm certain about the facts tenho a certeza dos fatos; to be almost certain ser quase certo **2** certo; determinado; a certain man um certo homem *pron.* alguns; certain of those present… alguns dos presentes… ♦ for certain com certeza; ao certo to a certain extent/degree até certo ponto to make certain of certificar-se de
certainly *adv.* **1** certamente; com certeza; he will certainly be late ele vai atrasar-se com toda a certeza **2** claro; certainly not claro que não; he certainly works very hard é claro que ele trabalha muito
certainty *s.* **1** certeza; convicção; to know (something) for a certainty ter a certeza em relação a (algo) **2** coisa certa; coisa segura
certificate[1] *s.* **1** certidão; certificado; birth/death certificate certidão de nascimento/óbito; marriage certificate certidão de casamento **2** (*saúde*) atestado
certificate[2] *v.* certificar; passar um diploma ou certificado a
certification *s.* certificação

certify v. 1 certificar 2 atestar a insanidade mental de (alguém) ♦ certified as a true copy cópia autenticada
cervical adj. 1 cervical; cervical vertebra vértebra cervical 2 do útero; cervical opening/cancer colo/câncer do útero
cervix s. ANATOMIA colo do útero
cesarean, caesarean EUA s. MEDICINA cesárea; cesarean section cesárea, cesariana
cesium s. QUÍMICA (elemento químico) césio
cessation s. formal cessação (of, de)
cetacean adj., s. cetáceo
chafe v. 1 esfolar; her new shoes chafed her feet os sapatos novos lhe esfolaram os pés 2 esfregar; friccionar; he chafed his cold hands esfregou as mãos geladas 3 (pele) irritar; the necklace chafed her neck o colar lhe irritou o pescoço 4 irritar-se (at/under, com); they are beginning to chafe at/under these restrictions eles já estão ficando irritados com estas restrições
chaff s. 1 (cereais) folhelho 2 palha ■ v. (troça) fazer pouco de ♦ to separate the wheat from the chaff separar o joio do trigo
chain s. 1 corrente; correia; bicycle chain correia da bicicleta; in chains acorrentado 2 colar; fio; gold chain fio de ouro 3 cadeia (of, de); série (of, de); chain of events sucessão de acontecimentos; food chain cadeia alimentar ■ v. acorrentar; prender ♦ chain store sucursal de uma cadeia de lojas chain reaction reação em cadeia
chair s. 1 cadeira; pull up a chair puxa uma cadeira; to sit on a chair sentar-se em uma cadeira 2 (debate, associação) presidente 3 (universidade) cátedra (of, de); to hold the chair of ter a cátedra de ■ v. presidir a; to chair a meeting presidir a uma reunião
chairman s. (empresa, reunião) presidente; to elect the chairman eleger o presidente
chairperson s. (empresa, reunião) presidente (homem)
chairwoman s. (reunião, empresa) presidente (mulher)
chaise s. espreguiçadeira
chalet s. chalé
chalice s. RELIGIÃO cálice
chalk s. 1 giz; a piece of chalk um pau de giz; coloured chalk giz colorido 2 (pedra) greda branca ■ v. marcar/escrever com giz; a line was chalked round the body desenharam com giz o contorno do corpo ♦ as like/different as chalk and cheese diferentes como a água do vinho
challenge s. 1 desafio; repto; to issue/face a challenge lançar/enfrentar um desafio; to take up a challenge aceitar um desafio 2 provocação ■ v. 1 desafiar (to, para) 2 pôr à prova 3 pôr em questão 4 (coisa difícil) constituir um desafio para
challenger s. 1 desafiador 2 concorrente 3 aspirante ao título
challenging adj. 1 que constitui um desafio; estimulante 2 (tom, atitude) de desafio
chamber s. 1 câmara; chamber music música de câmara; Chamber of Commerce Câmara do Comércio; gas chamber câmara de gás 2 antiquado quarto; aposento chambers s.pl. gabinete de magistrado; judge's chambers gabinete do juiz ♦ in chambers à porta fechada
chamberlain s. camareiro
chambermaid s. (hotel) camareira
chameleon s. ZOOLOGIA camaleão
chamois s. camurça; (pele) chamois leather camurça
champ s. coloquial campeão ■ v. 1 coloquial mastigar com ruído 2 coloquial estar impaciente (to, por); estar morto (to, por)
champagne s. champanhe; a glass of champagne uma taça de champanhe
champignon s. champignon
champion s. 1 campeão; world chess champion campeão mundial de xadrez 2 defensor (of, de) v. defender; apoiar
championship s. 1 campeonato 2 título de campeão; no one was up to the championship ninguém estava à altura do título de campeão 3 defesa (of, de); the championship of human rights a defesa dos direitos humanos
chance s. 1 oportunidade (of, de; to, para); the chance of a lifetime uma oportunidade única; to give somebody a second chance dar uma segunda oportunidade/chance a alguém; to miss the chance of perder a oportunidade de 2 possibilidade (of, de); probabilidade (of, de); chances are she's already there ela provavelmente já lá está; there's an outside chance há uma possibilidade remota 3 acaso; sorte; can you come by any chance? por acaso você pode vir?; it all happened by chance aconteceu tudo por acaso; to leave things to chance deixar correr as coisas 4 risco; to take a chance correr um risco ■ adj. fortuito; casual; chance meeting encontro casual ■ v. arriscar ♦ game of chance jogo de azar not to stand a chance não ter qualquer hipótese chance on/upon v. encontrar por acaso
chancel s. coro (de igreja) • A palavra portuguesa "chancela" corresponde a seal, approval.
chancellor s. 1 chanceler 2 Grã-Bretanha, Canadá (universidade) presidente honorário 3 (universidade) reitor ♦ Chancellor of the Exchequer ministro das Finanças; chanceler do Tesouro Lord Chancellor/Chancellor of England/Lord High Chancellor o mais alto cargo da magistratura judicial inglesa
chancy adj. coloquial arriscado; incerto; it's a bit chancy é um pouco incerto
chandelier s. lustre; candelabro
change v. 1 mudar; alterar; to change hands mudar de dono; to change jobs mudar de emprego; to change one's mind mudar de ideias 2 trocar; to change places with somebody trocar de lugar com alguém 3 (roupa) mudar, trocar; the nappy needs changing a fralda precisa de ser trocada; to change the sheets mudar os lençóis 4 (dinheiro) cambiar (for/into, para); to change reais into dollars trocar reais por dólares 5 (transportes) trocar de; you have to change bus downtown você tem de trocar de ônibus no centro ■ s. 1 mudança (of, de; in, em); a change for the better uma mudança para melhor; a change of heart uma mudança de ideias 2 (roupa) muda; a change of clothes uma muda de roupa 3

changeable

trocado; I have R$100 in change tenho 100 reais em dinheiro trocado 4 (*dinheiro*) troco 5 (*transportes*) mudança, transbordo ♦ for a change para variar ♦ change down v. Grã-Bretanha (*caixa de velocidades*) reduzir (into, *para*); you must change down into second você tem de reduzir para segunda change over v. 1 mudar (to, *para*) 2 passar (from, *de*; to, *para*) change up v. Grã-Bretanha (*caixa de velocidades*) meter (to, –); you must change up into third você tem de pôr a terceira

changeable *adj.* 1 (*circunstância*) variável 2 (*pessoa*) inconstante

changed *adj.* novo; diferente; he's a changed man ele parece outro

changeover s. 1 mudança; passagem 2 (*estafetas*) passagem do testemunho

channel s. 1 (*curso de água*) canal 2 (*televisão, rádio*) canal; to switch channels mudar de canal 3 via; the diplomatic channels a via diplomática 4 trâmite; to go through the usual channels seguir os trâmites habituais ■ v. canalizar (into, *para*)

chant s. 1 canto; cântico; Gregorian chant canto gregoriano 2 (*manifestações*) frase de protesto 3 (*futebol*) cântico ■ v. 1 entoar 2 (*multidão*) repetir; gritar; to chant slogans gritar frases de protesto

chantilly s. CULINÁRIA chantilly

chaos s. caos

chaotic *adj.* caótico

chap s. 1 Grã-Bretanha coloquial indivíduo; tipo; a decent sort of chap um tipo decente 2 coloquial companheiro; camarada; come on, chaps vamos lá, companheiros 3 (*lábios*) rachadura pelo frio

chapel s. capela ♦ chapel of rest câmara ardente

chaplain s. capelão

chapter s. 1 capítulo; the last chapter of the book o último capítulo do livro 2 época; it was a sad chapter in my life foi uma época triste na minha vida 3 (*Sé*) cabido

character s. 1 (*personalidade*) temperamento; feitio 2 (*conduta moral*) caráter; integridade; a person of high character uma pessoa de grande caráter 3 (*ficção*) personagem; the main character o personagem principal 4 coloquial (*pessoas*) ponto; she's quite a character ela é uma figura 5 (*símbolo*) caráter ♦ to be in/out of character ser/não ser típico

characteristic s. característica (of, *de*); traço (of, *de*); genetic characteristic característica genética ■ *adj.* característico; típico

characterization s. (*descrição*) caracterização

characterize, characterise Grã-Bretanha v. caracterizar; the main character is characterized as a villain o personagem principal é caracterizado como um vilão

characterless *adj.* pouco interessante; banal

charade s. (*situação*) farsa charades *s.pl.* (*jogo*) charadas; enigmas

charcoal s. carvão; charcoal drawing desenho a carvão; is the charcoal ready for the barbecue? o carvão está pronto para o churrasco?

charge v. 1 cobrar; the museum charges for admission o museu cobra a entrada 2 (*bateria*) carregar; I must charge my mobile tenho de carregar o meu celular 3 acusar (with, *de*); he's been charged with murder foi acusado de assassinato 4 atacar (at, *contra*); investir (at, *contra*); the police charged at the crowd a polícia investiu contra a multidão 5 formal incumbir; encarregar; I've been charged to make the beds fui incumbido de fazer as camas 6 antiquado (*arma*) carregar ■ s. 1 taxa; tarifa; free of charge sem taxas; there's an admission charge of €10 há uma taxa de admissão de €10 2 despesa; transport charges despesas de transporte 3 acusação; queixa; to press charges against apresentar queixa contra 4 responsabilidade; she's in charge of the office ela está à frente do escritório; he has charge of the children ele é responsável pelas crianças 5 (*energia*) carga; the battery is on charge a bateria está carregando 6 (*explosivo, arma*) carga

charger s. 1 (*bateria*) carregador 2 literário corcel

charging s. (*tarifas*) cobrança

chariot s. biga

charisma s. carisma

charismatic *adj.* carismático

charitable *adj.* 1 (*pessoa*) caridoso; generoso 2 (*ato, organização*) caritativo; beneficente; charitable organization associação de beneficência

charity s. 1 instituição de caridade; associação de beneficência; charity sale venda de beneficência; donations to charity donativos para instituições de caridade 2 caridade; compaixão; out of charity por caridade 3 esmolas; to live out on charity viver de esmolas

charlatan s. charlatão; impostor

charm s. 1 (*pessoa, local*) encanto; charme 2 (*pulseira, fio*) berloque 3 talismã; amuleto 4 feitiço ■ v. 1 encantar; seduzir 2 enfeitiçar ♦ to work like a charm funcionar às mil maravilhas charm offensive ofensiva de charme

charmer s. 1 sedutor 2 encantador; snake charmer encantador de serpentes

charming *adj.* 1 (*pessoa*) fascinante; sedutor 2 (*coisa*) amoroso; encantador

chart s. 1 gráfico; mapa; quadro; diagrama; pie chart gráfico de pizza 2 (*navegação*) carta, mapa charts *s.pl.* (*vendas*) tabelas; paradas de sucesso; this song is in the charts esta canção está nas paradas de sucesso ■ v. 1 fazer o gráfico/diagrama de 2 fazer a carta marítima de 3 (*plano*) delinear; traçar 4 (*percurso*) seguir; registrar

charter s. 1 (*povoações*) carta régia; foral 2 (*direitos*) decreto 3 (*instituição*) carta; documento de constituição 4 (*transporte*) fretamento; charter flight voo fretado ■ v. 1 (*povoações*) conceder escritura a 2 (*direitos*) decretar 3 (*transporte*) fretar

chary *adj.* cuidadoso; prudente ♦ to be chary of hesitar em

chase v. perseguir; andar atrás de; he's being chased by the police ele tem sido perseguido pela polícia ■ s. 1 perseguição; car chase perseguição de carro 2 (*esporte*) caça ♦ coloquial to cut to the chase não perder tempo, ir direto ao assunto ♦ chase around v. andar de um lado para o outro chase away v. afugentar; espantar chase up v. 1 ir à procura de 2 pressionar (about, *em relação a*)

chasm s. abismo; fosso
chassis s. chassi; chassis
chaste adj. 1 (pessoa) casto; puro 2 (coisa) sóbrio; simples
chasten v. disciplinar; meter na ordem
chastity s. 1 castidade; chastity belt cinto de castidade 2 simplicidade; sobriedade
chat v. coloquial conversar (about, sobre); papear (about, sobre) ♦ chat up v. Grã-Bretanha coloquial atirar-se a; fazer-se a s. coloquial conversa; I will have a chat with her vou ter uma conversa com ela ♦ chat room (Internet) fórum de discussão
chatter v. 1 tagarelar; dar à língua; stop chattering! parem com a conversa! 2 (pássaros) chilrear 3 (macacos) guinchar 4 (coisas) bater; my teeth chattered because of the cold o frio até me fez bater os dentes ■ s. 1 coloquial conversa fiada 2 ruído; the chatter of the machines o ruído das máquinas 3 (pássaros) chilreio 4 (macacos) guincho
chatterbox s. coloquial tagarela
chatty adj. 1 (pessoa) tagarela; falador 2 (tom) coloquial; informal
chauffeur s. motorista; chauffeur ■ v. fazer de chauffeur
chauvinist adj. que acha o próprio país ou grupo étnico com mais direitos que os outros male chauvinist machista
chayote s. BOTÂNICA chuchu
cheap adj. 1 barato 2 de preço reduzido 3 EUA avarento; pão-duro 4 pejorativo de má qualidade 5 pejorativo ordinário; de mau gosto; cheap humour humor ordinário ♦ (escrúpulos) to feel cheap sentir-se mal to get something on the cheap comprar alguma coisa por uma pechincha
cheapen v. 1 embaratecer; baixar o preço de 2 (dignidade) rebaixar; to cheapen oneself rebaixar-se
cheapjack s. barateiro
cheat s. 1 trapaceiro; you cheat! seu trapaceiro! 2 (ato) fraude ■ v. 1 (jogos) trapacear (at, –); he always cheats at cards ele sempre trapaceia ao jogar cartas 2 (escola) copiar 3 burlar; enganar ♦ (relação) to cheat on somebody enganar alguém; trair alguém to cheat somebody out of something extorquir algo a alguém
cheating s. 1 (jogos) trapaça, malandragem 2 (ato) fraude 3 (relação) traição, infidelidade
check v. 1 verificar; conferir 2 (doença, inimigo) deter; travar 3 (sentimentos) reprimir; conter 4 (xadrez) fazer xeque a 5 coincidir, bater com (with, com); her story checks with his a história dela coincide com a dele ■ s. 1 verificação; revisão; controle 2 (padrão) xadrez; check skirt saia de xadrez 3 (jogo de xadrez) xeque 4 EUA cheque; bad check cheque sem fundo; to cash a check descontar um cheque 5 EUA (restaurante) conta; can I have the check, please? poderia me trazer a conta, por favor? 6 bilhete; ficha; senha; I lost the check for my coat perdi a senha do meu casaco ♦ check yourself! modera a linguagem! to keep somebody in check manter alguém na ordem ♦ check in v. registrar-se, apresentar-se na recepção check off v. colocar um visto em; verificar check on v. 1 (bebê)

chequebook, checkbook

dar uma olhada a 2 vigiar; controlar check out v. 1 verificar; confirmar 2 encerrar a conta; fazer o checkout 3 dar uma olhada a
checkbook s. talão de cheques
checkers s. EUA (jogo) damas
check-in s. (aeroporto, hotel) check-in
checkmate s. 1 (xadrez) xeque-mate 2 fracasso total ■ v. 1 (xadrez) dar o xeque-mate a 2 dar o último golpe a
checkout s. 1 (loja, supermercado) caixa 2 (hotel) saída, checkout
checkpoint s. posto de controle
checkup, check-up s. check-up
cheek s. 1 bochecha; face; rosy cheeks faces rosadas 2 Grã-Bretanha coloquial descaramento; he had the cheek to come late ele teve o descaramento de chegar atrasado 3 coloquial nádega ■ v. Grã-Bretanha ser insolente para ♦ cheek by jowl lado a lado, muito perto to turn the other cheek dar a outra face
cheekiness s. petulância; insolência
cheeky adj. Grã-Bretanha descarado; atrevido
cheep v. chilrear; piar ■ s. chilreio
cheer s. 1 aclamação; aplauso; the cheers of the crowd o aplauso da multidão 2 entusiasmo; alegria 3 (saudação) viva; three cheers for him! três vivas para ele! v. 1 aclamar; dar vivas a; to cheer the winner dar vivas ao vencedor 2 animar; people were cheered by the news as pessoas se animaram com as notícias cheer up v. animar(-se), alegrar(-se)
cheerful adj. 1 alegre 2 entusiasta 3 (notícias) animador
cheerfulness s. boa disposição; jovialidade
cheering s. aplausos; aclamações ■ adj. animador
cheerio interj. Grã-Bretanha coloquial adeus!, até logo!
cheerleader s. animador de torcida
cheers interj. 1 (brinde) saúde! 2 Grã-Bretanha coloquial obrigado! 3 Grã-Bretanha coloquial adeus!
cheery adj. alegre; animador
cheese s. queijo ♦ (fotografia) say cheese! sorriam!
cheeseburger s. cheeseburger; hambúrguer com queijo
cheesy adj. 1 de queijo 2 EUA coloquial fajuto; a cheesy restaurant um restaurante fajuto
cheetah s. ZOOLOGIA chita, guepardo
chef s. chefe de cozinha
chemical adj. químico; chemical element elemento químico; chemical engineering/reaction engenharia/reação química ■ s. produto químico
chemist s. 1 químico 2 Grã-Bretanha (pessoa) farmacêutico 3 Grã-Bretanha (estabelecimento) farmácia ♦ Grã-Bretanha chemist's (estabelecimento) farmácia
chemistry s. 1 (ciência, empatia) química 2 (substância) composição; comportamento
chemotherapy s. MEDICINA quimioterapia
cheque, check EUA s. cheque; to cash a cheque at the bank descontar um cheque no banco; to pay by cheque pagar em cheque; to write a cheque passar um cheque
chequebook, checkbook EUA ■ s. talão de cheques

cherish

cherish v. 1 gostar muito de; estimar muito 2 dar muito valor a 3 nutrir; acalentar; to cherish a hope acalentar uma esperança

cherry s. 1 (*fruto*) cereja; cherry pie torta de cereja 2 (*árvore*) cerejeira; cherry orchard pomar de cerejeiras 3 (*cor*) vermelho-cereja

cherub s. querubim

chess s. (*jogo*) xadrez

chessboard s. tabuleiro de xadrez

chessman s. peça de xadrez; to set up the chessmen preparar o tabuleiro de xadrez

chest s. 1 peito 2 arca; baú; caixote; a chest full of blankets uma arca cheia de cobertores ♦ to get something off one's chest desabafar chest of drawers cômoda

chestnut s. 1 (*fruto*) castanha 2 (*árvore*) castanheiro 3 (*madeira, cor*) marrom, castanho ♦ (*história, piada*) that's an old chestnut! essa já é velha!

chesty adj. com problemas respiratórios

chevron s. (*em manga*) divisa militar

chew v. 1 mastigar; mascar 2 roer; to chew one's nails roer as unhas ♦ chew over v. repensar; remoer

chewing s. mastigaçãochewing gum s. chiclete

chewy adj. (*comida*) borrachudo, duro

chic adj. chique; sofisticado; elegante ■ s. elegância; sofisticação

chicane s. Grã-Bretanha (*corridas*) chicana

chick s. 1 passarinho; pintinho 2 calão menina

chicken s. 1 galinha; frango; to keep chickens fazer criação de galinhas; chicken soup canja de galinha 2 (*carne*) frango; roast chicken frango assado 3 coloquial, pejorativo covarde ■ v. desistir por medo ♦ don't count your chickens before they're hatched não deites foguetes antes do tempo ♦ chicken out v. acovardar-se; não ter coragem (of, *para*)

chickenfeed s. (*dinheiro*) pouco dinheiro; ninharia; quantia irrisória

chickenpox s. MEDICINA varicela; catapora

chickpea s. BOTÂNICA grão-de-bico

chicory s. BOTÂNICA chicória

chief s. chefe (of, *de*); comandante (of, *de*); diretor (of, *de*); the chief of the armed forces o chefe das forças armadas ■ adj. principal; chief executive officer diretor executivo; the chief cause of something a causa principal de alguma coisa ♦ Grã-Bretanha chief constable chefe de polícia

chiefly adv. principalmente; sobretudo

chieftain s. chefe de tribo

chikungunya s. MEDICINA chicungunha

chilblain s. frieira; to get chilblains ter frieiras

child s. **children** 1 criança; don't be such a child! não seja tão infantil! 2 filho; she's an only child ela é filha única; they have two children eles têm dois filhos ♦ to be child's play ser canja; ser brincadeira de criança

childbirth s. parto

childcare s. apoio social à criança

childhood s. infância ♦ to be in one's second childhood estar senil

childish adj. 1 infantil; childish voice voz infantil 2 pejorativo acriançado; he is rather childish ele é muito acriançado

childishness s. infantilidade

childproof adj. (*objeto, fechadura*) sem perigo para as crianças

children s. criançada, as crianças

Chile s. Chile

Chilean adj., s. chileno

chill s. 1 resfriado; constipação; to catch a chill pegar um resfriado 2 (*emoções*) calafrio; arrepio; to send a chill down somebody's spine provocar calafrios 3 (*temperatura*) frio ■ v. 1 esfriar; it is chilling fast está ficando um frio de rachar 2 pôr na geladeira 3 aterrorizar; to be chilled by something ficar gelado de medo com alguma coisa 4 esfriar o entusiasmo de; desanimar ♦ chill out v. coloquial relaxar; descontrair

chilli, chili EUA s. BOTÂNICA chili; malagueta

chilly adj. 1 frio; gélido 2 (*pessoas, situações*) reservado; frio

chime s. (*sinos, campainha*) toque ■ v. 1 (*sino*) tocar; the church bells chimed os sinos da igreja tocaram 2 (*relógio*) dar (horas); the clock chimed three o'clock o relógio deu três horas

chimney s. 1 chaminé; chimney stack chaminé de fábrica; chimney sweeper limpa-chaminés 2 técnico (*rocha, precipício*) fenda

chimp s. coloquial chimpanzé

chimpanzee s. ZOOLOGIA chimpanzé

chin s. queixo ♦ to keep one's chin up não desanimar

China s. China ♦ the Great Wall of China a Muralha Chinesa

china s. porcelana

Chinese adj. chinês; Chinese food comida chinesa Chinese s. (*língua*) chinês

chink s. 1 fenda (in, *em*); falha (in, *em*); a chink in the wall uma fenda na parede 2 nesga (in, *em*); a chink of light uma nesga de luz 3 (*vidro*) tinido ■ v. 1 tilintar, tinir 2 fazer barulho (com moedas) ♦ a chink in somebody's armour o ponto fraco de alguém

chintz s. (*tecido*) chita

chinwag s. Grã-Bretanha coloquial conversa; to have a chinwag with dar dois dedos de conversa com

chip s. 1 lasca; apara; estilhaço 2 Grã-Bretanha batata frita 3 (*jogo*) ficha 4 INFORMÁTICA chip ■ v. 1 lascar; this china chips easily esta louça lasca facilmente 2 (*batatas*) cortar em palitos 3 rachar ♦ to be a chip off the old block tal pai/mãe, tal filho/filha chip in v. 1 (*conversa*) intervir; intrometer-se 2 (*com dinheiro*) contribuir

chipboard s. (*construção*) aglomerado

chiropodist s. podólogo

chiropody s. podologia

chirp s. 1 (*pássaros*) chilreio 2 (*grilo*) cri-cri ■ v. 1 (*pássaros*) chilrear 2 (*grilo*) cricrilar

chirpy adj. coloquial alegre; to be in a chirpy mood estar alegre

chisel s. 1 (*pedra*) cinzel 2 (*madeira*) escopro; formão ■ v. 1 (*pedra*) cinzelar; gravar 2 (*madeira*) talhar 3 coloquial burlar (out of, *em*)

chitchat s. coloquial bate-papo ■ v. coloquial bater papo; they spent all night chitchatting passaram a noite toda batendo papo

chivalrous adj. cavalheiresco; cortês

chivalry s. 1 (*comportamento*) cavalheirismo; cortesia 2 (*sistema*) cavalaria
chives s.pl. BOTÂNICA cebolinha
chloride s. QUÍMICA cloreto
chlorine s. QUÍMICA cloro
chloroform s. QUÍMICA clorofórmio
chlorophyll s. clorofila
chock s. calço ■ v. (*objetos*) calçar
chock-a-block adj. coloquial muito cheio; a abarrotar; à cunha
chock-full adj. coloquial repleto; cheio
chocolate s. 1 chocolate; a bar of chocolate uma barra de chocolate; dark/milk/white chocolate chocolate preto/ao leite/branco 2 bombom; a box of chocolates uma caixa de bombons
choice s. 1 escolha; to make a choice escolher 2 alternativa; opção; each applicant has five choices cada candidato tem cinco opções; you have no choice você não tem alternativa 3 variedade (of, *de*); there's a wide choice of cars há uma grande variedade de carros ■ adj. (*qualidade*) selecionado; de primeira ♦ by choice por opção; por gosto
choir s. 1 coro; grupo coral 2 (*igreja*) coro
choirboy s. menino de coro
choke v. 1 asfixiar; sufocar; to choke to death morrer de asfixia 2 engasgar-se (on, *com*) 3 entupir (with, *de*); obstruir (with, *de*) ♦ choke back v. (*sentimentos*) reprimir; conter
choked adj. 1 (*voz*) embargado 2 (*emoções*) engasgado
choker s. (*joia*) gargantilha
cholera s. (*doença*) cólera
cholesterol s. colesterol
choose v. 1 escolher (between, *entre*); choose between these two escolhe um destes dois 2 preferir; do as you choose faz como você preferir 3 resolver (to, –); decidir (to, –); to choose to do something resolver fazer alguma coisa
choosy adj. coloquial esquisito; difícil de contentar
chop s. 1 golpe 2 machadada 3 (*carne*) costeleta; lamb chops costeletas de borrego ■ v. 1 (*com machado*) cortar; to chop wood cortar madeira 2 (*cebolas*) picar 3 (*carne*) cortar em pedacinhos 4 coloquial (*dinheiro, energia*) reduzir, fazer cortes em; the budget has been chopped by half o orçamento foi reduzido para metade ♦ Grã-Bretanha coloquial to chop and change estar sempre mudando de ideias ♦ chop down v. pôr abaixo; derrubar chop up v. picar; cortar em pedacinhos
chopper s. 1 (*carne*) cutelo 2 coloquial helicóptero
choppers s.pl. coloquial dentes
choppy adj. (*mar*) agitado
chopstick s. pauzinho; talher oriental
choral adj. coral; choral society grupo coral
chorale s. MÚSICA (*composição*) coral
chord s. 1 MÚSICA acorde 2 GEOMETRIA, ANATOMIA corda ♦ to touch a chord with somebody sensibilizar alguém
chore s. 1 tarefa 2 frete; chateação
choreograph v. coreografar
choreographer s. coreógrafo
choreography s. coreografia

churn

chorister s. MÚSICA corista
chorus s. 1 coro; church chorus coro da igreja 2 refrão 3 (*voz*) coro (of, *de*); a chorus of protest um coro de protestos; to reply in chorus responder em coro
chosen adj. 1 (*selecionado*) escolhido; selected; well-chosen bem escolhido 2 preferido
chrism s. RELIGIÃO crisma
Christ s. RELIGIÃO Cristo
christen v. 1 (*cerimônia*) batizar; the baby was christened o bebê foi batizado 2 dar nome a, batizar 3 estrear; inaugurar
christening s. batismo; (*cerimônia*) batizado
Christian adj., s. RELIGIÃO Christian era era cristã
Christianity s. RELIGIÃO cristianismo
Christmas s. Natal; Christmas card cartão de Boas Festas; Christmas carol cântico de Natal; Christmas Day/Eve dia/véspera de Natal; Christmas dinner/tree ceia/árvore de Natal; Merry Christmas! Feliz Natal!
• Observe que *Christmas* se escreve sempre com inicial maiúscula, assim como *Easter*, a Páscoa, e *Thanksgiving Day*, Dia de Ação de Graças.
chromatic adj. cromático
chrome adj. cromado ■ v. cromar
chromium s. QUÍMICA (*elemento químico*) cromo
chromosome s. BIOLOGIA cromossomo
chronic adj. 1 crônico; chronic disease doença crônica 2 inveterado 3 Grã-Bretanha coloquial terrível; péssimo
chronicle s. crônica; narrativa ■ v. registrar em crônica; fazer a crônica de
chronological adj. cronológico
chronology s. cronologia
chronometer s. cronômetro
chrysalis s. crisálida
chrysanthemum s. BOTÂNICA crisântemo
chubby adj. rechonchudo; gorducho; chubby cheeks bochechas rechonchudas
chuck v. 1 coloquial atirar, jogar; chuck me the ball jogue a bola para mim 2 coloquial livrar-se de 3 coloquial mandar embora 4 coloquial (*relacionamento, emprego*) deixar ♦ chuck away v. jogar fora
chuckle s. riso abafado ■ v. rir disfarçadamente
chuffed adj. Grã-Bretanha coloquial muito contente (about, *com*)
chug s. ruído do motor; zoada ■ v. (*motores*) zoar
chum s. coloquial amigo; companheiro ■ v. 1 dividir casa ou quarto (com alguém) 2 ser amigo; dar-se bem
chunk s. 1 coloquial pedaço; a chunk of cheese um pedaço de queijo 2 coloquial grande fatia (of, *de*)
chunky adj. 1 grosso e pesado 2 (*comida*) com pedaços grandes 3 (*pessoa*) corpulento; entroncado
church s. (*edifício, comunidade*) igreja; church hall salão paroquial; church wedding casamento religioso; the Church of England a Igreja Anglicana; Roman Catholic Church Igreja Católica Romana
churchyard s. (*junto a igreja*) cemitério
churlish adj. grosseiro; indelicado
churn s. 1 (*fabrico de manteiga*) batedeira 2 Grã-Bretanha (*recipiente*) leiteira ■ v. 1 (*leite, ovos*) bater 2 fazer (manteiga) 3 agitar(-se); revolver(-se)

chute

4 (*estômago*) embrulhar fig. ◆ **churn out** *v.* produzir em série
chute *s.* 1 descida; rampa 2 conduta 3 coloquial paraquedas
cicada *s.* ZOOLOGIA cigarra
cicatrization *s.* MEDICINA cicatrização
cicatrize *v.* cicatrizar
cider *s.* sidra
cigar *s.* charuto
cigarette *s.* cigarro
cilium *s.* ANATOMIA, BIOLOGIA cílio
cinch *s.* 1 coloquial (*facilidade*) canja fig.; the exam was a cinch a prova foi canja 2 coloquial certeza; it's a cinch! está no papo!
cinder *s.* 1 brasa; carvão 2 cinza; to burn (something) to a cinder reduzir a cinzas, carbonizar
cinema *s.* cinema; to go to the cinema ir ao cinema
cinnamon *s.* CULINÁRIA canela; cinnamon stick pau de canela
circle *s.* 1 GEOMETRIA círculo; circunferência 2 círculo; meio; large circle of friends grande círculo de amigos; literary circle meio literário 3 (*teatro*) balcão; dress circle balcão de primeira; upper circle segundo balcão ■ *v.* 1 traçar um círculo em torno de 2 rodear; circundar; to circle an area circundar uma zona 3 andar às voltas (around, em torno de) ◆ to come full circle voltar ao ponto de partida to go round in circles enrolar um assunto; não ir a lado nenhum
circuit *s.* 1 (*percurso*) circuito 2 ELETRICIDADE circuito; a break in the circuit uma falha no circuito; circuit breaker disjuntor; short circuit curto-circuito 3 ESPORTE circuito; recinto; racing circuit circuito para competição 4 coloquial volta; how many circuits are there left? quantas voltas faltam?
circular *adj.* 1 (*forma*) circular; redondo; a circular table uma mesa redonda 2 (*argumento*) tortuoso ■ *s.* (*carta*) circular
circulate *v.* 1 (fazer) circular; blood circulates through the body o sangue circula pelo corpo; rumours began to circulate começaram a circular rumores 2 (*trânsito*) circular; fluir
circulation *s.* 1 circulação; (*sangue*) bad circulation má circulação 2 (*jornal, revista*) tiragem ◆ to be back in circulation voltar ao ativo
circulatory *adj.* circulatório; circulatory system sistema circulatório
circumcise *v.* circuncidar
circumcision *s.* circuncisão
circumference *s.* circunferência
circumflex *s.* acento circunflexo
circumlocution *s.* (*discurso*) rodeio
circumscribe *v.* 1 formal limitar; restringir 2 GEOMETRIA circunscrever
circumspect *adj.* formal circunspecto; prudente
circumstance *s.* 1 circunstância; he died in suspicious circumstances ele morreu em circunstâncias suspeitas 2 situação financeira; to live in reduced circumstances viver com poucos recursos ◆ by force of circumstance por motivos de força maior under no circumstance nunca em circunstância alguma under the circumstances tendo em conta as circunstâncias
circumstantial *adj.* 1 circunstancial; circumstantial evidence provas circunstanciais 2 formal pormenorizado
circus *s.* circo
cirrhosis *s.* MEDICINA cirrose
cistern *s.* cisterna
citadel *s.* cidadela
citation *s.* 1 condecoração (for, *por*); menção honrosa (for, *por*); citation for bravery condecoração por bravura 2 citação; a citation from Shakespeare uma citação de Shakespeare 3 citação judicial; convocatória
cite *v.* (*mencionar*) citar
citizen *s.* cidadão; American citizen cidadão americano
citizenship *s.* cidadania; Italian citizenship cidadania italiana
citric *adj.* QUÍMICA cítrico; citric acid ácido cítrico
citrus *s.* cítrico; citrus fruits frutas cítricas
city *s.* cidade; city centre centro da cidade ◆ City zona comercial e financeira de Londres EUA city hall câmara municipal
civic *adj.* 1 cívico; civic rights and duties direitos e deveres cívicos 2 municipal
civil *adj.* 1 civil; civil aviation/war aviação/guerra civil; civil engineer engenheiro civil; civil marriage casamento pelo civil; civil rights direitos civis 2 (*atividade*) público; civil servant funcionário público; civil service função pública 3 (*comportamento*) delicado; educado; try to be civil to her tenta ser educado com ela
civilian *adj., s.* civil; civilian casualties baixas civis
civilization, civilisation Grã-Bretanha ■ *s.* civilização
civilize, civilise Grã-Bretanha ■ *v.* civilizar
clad *adj.* 1 literário vestido (in, *de*) 2 literário coberto (in, *de*)
claim *s.* 1 reclamação (on, *de*); reivindicação (on, *de*); union's claim reivindicação do sindicato 2 solicitação 3 direito (to, *a*); he has a claim to the property ele tem direito à propriedade 4 formal afirmação; alegação; an unsubstantial claim uma afirmação não fundamentada ■ *v.* 1 reclamar; reivindicar; to claim responsibility for a bombing reivindicar a autoria de um atentado 2 (*posse*) reclamar; to claim a piece of land reclamar um terreno 3 solicitar; to claim somebody's attention solicitar a atenção de alguém 4 alegar (to, *que*); dizer (to, *que*); they claim to be saying the truth eles alegam estar dizendo a verdade 5 participar (on, *a*); to claim on the insurance participar ao seguro ◆ to lay claim to something declarar a posse de alguma coisa
claimable *adj.* reivindicativo
claimant *s.* (*cargo, trono, lugar*) pretendente (to, *a*)
clairvoyant *adj., s.* vidente
clam *s.* ZOOLOGIA vôngole; amêijoa ■ *v.* espalhar, besuntar **clam up** *v.* coloquial fechar-se em copas
clamber *v.* trepar; they clambered up the hill subiram pelo monte acima
clammy *adj.* 1 (*mãos, pele*) úmido; grudento 2 (*parede*) molhado 3 (*tempo*) úmido

clamour, clamor EUA s. 1 clamor; brado 2 pressão pública; onda de protesto (for, *em relação a*) ■ v. 1 (*opinião pública*) clamar (for, *por*) 2 gritar
clamp s. 1 grampo 2 (*carpintaria*) torno ■ v. 1 prender com grancho ou grampo; apertar 2 bloquear, travar
clampdown s. repressão (on, *a*); medidas repressivas (on, *sobre*)
clan s. 1 clã 2 coloquial grupo; tropa col.; the whole clan is staying with us a tropa inteira vai ficar conosco
clandestine adj. formal clandestino; they held a clandestine meeting fizeram uma reunião clandestina
clang v. (*sino*) badalar
clank s. ruído metálico ■ v. retinir
clansman s. membro de um clã
clap s. 1 aplauso 2 palmada (on, *em*) 3 estrondo; a clap of thunder o estrondo de um trovão 4 coloquial (*doença*) gonorreia ■ v. 1 aplaudir; to clap somebody's speech aplaudir o discurso de alguém 2 bater palmas 3 dar uma palmada a; (*felicitações*) to clap somebody on the back dar uma palmadinha nas costas de alguém 4 coloquial enfiar; meter; he was clapped in prison enfiaram-no na prisão
clapper s. (*sino*) badalo ♦ **Grã-Bretanha** coloquial like the clappers como um foguete
clapperboard s. claquete
clapping s. aplauso; palmas
clarification s. clarificação; esclarecimento; the whole issue needs clarification o assunto necessita de esclarecimento
clarify v. clarificar; esclarecer
clarinet s. MÚSICA clarinete
clarinettist s. MÚSICA clarinetista
clarity s. 1 (*som, imagem*) clareza; nitidez 2 (*pensamento*) lucidez, clareza; clarity of thinking clareza de raciocínio
clash s. 1 (*ideias, interesses, culturas*) conflito (between, *entre*); confronto (between, *entre*); oposição (between, *entre*) 2 choque; embate ■ v. 1 estar em conflito (with, *com*); demonstrators clashed with the police os manifestantes se envolveram em confrontos com a polícia 2 chocar 3 (*datas*) sobrepor-se; coincidir 4 não combinar; these colours clash estas cores não combinam
clasp s. 1 fivela; the clasp on a belt a fivela de um cinto 2 (*joia*) fecho 3 colchete 4 abraço ■ v. 1 abraçar; to clasp somebody in your arms abraçar alguém 2 afivelar; prender com colchete; she clasped the necklace ela apertou o colar 3 apertar; to clasp somebody's hand apertar a mão de alguém
class s. 1 turma; we were in the same class andávamos na mesma turma 2 EUA (*liceu, universidade*) finalistas; the class of '96 os finalistas de 96 3 aula; evening classes aulas noturnas 4 estilo; classe; to have class ter estilo 5 posição, classe social; lower/middle/upper class classe baixa/média/alta; the class struggle luta de classes 6 (*meios de transporte*) classe; to travel first class viajar em primeira classe ■ v. classificar (as, *como*) ♦ to be in a class of its own ser único/inigualável
classic adj. clássico; a classic example exemplo típico ■ s. (*filme, livro, escritor etc.*) clássico
classical adj. clássico; classical music música clássica

classification s. classificação
classified adj. 1 classificado; (*anúncios*) classified ads classificados 2 secreto; confidencial; classified information informação confidencial
classify v. 1 classificar 2 (*serviços secretos*) classificar como confidencial
classmate s. colega de turma
classroom s. sala de aula
classy adj. coloquial com classe; chique; sofisticado
clatter s. barulho; estrépito; the clatter of cutlery o barulho dos talheres ■ v. fazer barulho (com)
clause s. 1 (*tratado, acordo*) cláusula; artigo 2 oração; main/subordinate clause oração principal/subordinada
claustrophobia s. claustrofobia
claustrophobic adj. claustrofóbico
clavicle s. ANATOMIA clavícula
claw s. 1 (*felinos*) garra; sharp claws garras afiadas 2 (*pássaros*) presa 3 (*escorpião, caranguejo*) pinça ■ v. arranhar; the cat clawed my hand o gato arranhou a minha mão ♦ to claw one's way up vencer com garra to get one's claws into somebody pôr as garras em alguém claw clip (*cabelo*) piranha
clay s. barro; argila; clay pottery louça de barro ♦ clay pigeon shooting tiro aos pratos
clayey adj. argiloso; clayey soil terreno argiloso
clean adj. 1 limpo; lavado; clean hands mãos limpas 2 (*moral*) sem mancha 3 decente; inocente; clean joke anedota decente 4 não radioativo; não poluente 5 (*papel*) branco; a clean sheet of paper uma folha em branco ■ adv. coloquial completamente; absolutamente; I clean forgot it was her birthday esqueci-me completamente do aniversário dela ■ v. limpar; lavar ♦ clean slate vida nova clean whisky uísque puro to be clean estar livre de drogas to come clean confessar to have (something) cleaned levar à lavanderia ♦ clean out v. 1 fazer uma limpeza a fundo em 2 coloquial roubar tudo; depenar col. clean up v. 1 (*espaço*) limpar; arrumar 2 coloquial fazer dinheiro
clean-cut adj. 1 (*contornos*) bem definido; claro; nítido 2 (*aspecto*) regular; clean-cut features feições regulares
cleaner s. 1 empregado de limpeza 2 produto de limpeza; carpet cleaner produto para limpar tapete ♦ cleaner's lavanderia
cleaning s. limpeza; cleaning lady faxineira; to do the cleaning fazer a limpeza
cleanliness s. limpeza; asseio; high standards of cleanliness elevados padrões de limpeza
cleanly adv. 1 suavemente 2 sem poluir 3 de acordo com as regras
cleanse v. 1 limpar; purificar 2 (*ferida, pele*) limpar, lavar; the nurse cleansed the wound a enfermeira limpou a ferida
cleanser s. 1 produto de limpeza 2 (*pele*) leite de limpeza
clean-shaven adj. sem barba
cleansing s. limpeza; ethnic cleansing limpeza étnica
clear adj. 1 claro; transparente; clear glass vidro transparente 2 limpo; límpido; clear skin pele limpa; clear sky céu limpo; clear water água lím-

clearance

pida 3 livre (of, *de*); desimpedido (of, *de*); clear of debt/suspicion livre de dívidas/suspeitas; the road is clear a estrada está desimpedida 4 claro; evidente; a clear case of murder um caso evidente de assassinato 5 (*som, imagem*) nítido; distinto 6 (*quantia*) limpo, líquido; I'll get clear one thousand dollars eu vou ganhar mil dólares limpos ■ *v.* 1 desvanecer-se; the mist cleared a névoa desvaneceu-se 2 (*céu, atmosfera*) desanuviar 3 (*líquido*) ficar limpo 4 (*cano, passagem*) abrir; desobstruir; desimpedir 5 (*mesa*) desocupar 6 (*ideias, problema*) esclarecer 7 (*obstáculo*) saltar 8 (*ordem*) autorizar; the plane took off as soon as it was cleared o avião decolou assim que obteve autorização 9 ilibar; she was cleared of all charges foi ilibada de todas as acusações 10 saldar, liquidar; to clear one's debts liquidar as dívidas ♦ all clear! o caminho está livre! clear conscience consciência tranquila in the clear livre de perigo loud and clear alto e bom som, distintamente (*início de tarefa*) to clear the decks arrumar a casa fig. to clear the ground desbravar terreno to keep clear of manter-se afastado de to make oneself clear explicar-se ♦ clear away *v.* 1 (*objetos*) arrumar 2 (*nevoeiro*) dissipar-se clear off *v.* 1 coloquial ir embora; desaparecer 2 (*dívida*) liquidar clear out *v.* 1 (*armário, quarto*) esvaziar; fazer uma arrumação geral a 2 (*objetos velhos*) jogar fora 3 coloquial cair fora; ir embora; clear out of my sight! cai fora daqui! clear up *v.* 1 (*problema*) resolver; esclarecer; let's clear things up vamos esclarecer isso 2 (*arrumações*) arrumar 3 (*tempo*) abrir; melhorar 4 (*doença*) passar

clearance *s.* 1 licença; autorização; to get clearance for take-off obter autorização para decolar 2 remoção; eliminação; slum clearance remoção de barracos

clear-headed *adj.* lúcido

clearing *s.* 1 clareira 2 (*objetos, papeladas*) arrumação ♦ clearing house 1 (*banco*) câmara de compensação 2 central, centro coordenador

clearly *adv.* 1 claramente; bem; distintamente; can you hear me clearly? você me ouve bem? 2 evidentemente; nitidamente; that was clearly a lie era evidentemente mentira

cleavage *s.* 1 (*mulher*) decote 2 clivagem; a sharp cleavage between rich and poor uma grande clivagem entre ricos e pobres

cleave *v.* 1 fender; rachar; dividir 2 ficar preso (to, *a*)

cleaver *s.* cutelo

clef *s.* MÚSICA clave; bass/treble clef clave de fá/sol

cleft *s.* fenda; racha; fissura ♦ in a cleft stick entre a espada e a parede cleft palate fenda palatina

clemency *s.* 1 formal clemência; compaixão 2 (*clima*) suavidade

clement *adj.* 1 formal clemente; compassivo 2 (*clima*) temperado

clench *v.* 1 (*punhos, dentes*) cerrar 2 (*mão, dentes*) agarrar com força; prender; apertar; he clenched her arm ele agarrou o braço dela 3 (*prego, cavilha*) firmar

clergy *s.* clero

clergyman *s.* clérigo

clerical *adj.* 1 clerical; eclesiástico 2 de escritório; administrativo; clerical error erro administrativo; clerical work trabalho de escritório

clerk *s.* 1 empregado de escritório 2 funcionário; bank clerk funcionário de banco; town clerk funcionário de câmara municipal; Clerk of the Court escrivão do Tribunal 3 EUA (*loja*) empregado de balcão; atendente ♦ Grã-Bretanha clerk of the works fiscal de obras

clever *adj.* 1 inteligente; a clever idea uma ideia inteligente 2 engenhoso 3 hábil; habilidoso; to be clever with one's hands ser habilidoso com as mãos 4 coloquial, pejorativo esperto; don't try and get clever with me! não tente dar uma de esperto para cima de mim! ♦ too clever by half espertinho; convencido

cleverness *s.* 1 inteligência 2 habilidade 3 engenho

click *s.* 1 (*som*) clique; the key turned with a click a chave rodou com um clique 2 INFORMÁTICA clique ■ *v.* 1 estalar; to click one's fingers estalar os dedos 2 INFORMÁTICA clicar (on, *em/sobre*) ♦ to click into place encaixar to click the heels together bater os calcanhares

client *s.* cliente; freguês

clientele *s.* clientela

cliff *s.* penhasco; falésia; escarpa

climate *s.* 1 clima; tropical climate clima tropical 2 ambiente, atmosfera; climate of hostility ambiente hostil ♦ a change of climate mudança de ares

climatic *adj.* climatérico

climatology *s.* climatologia

climax *s.* clímax; apogeu; the climax of somebody's life o apogeu da vida de alguém ■ *v.* atingir o clímax (in/with, *com*)

climb *s.* subida; escalada; a steep climb uma subida íngreme ■ *v.* 1 trepar a; subir; to climb a tree subir em uma árvore; to climb the stairs subir as escadas 2 escalar; to climb a mountain escalar uma montanha 3 subir; elevar-se; ascender; the sun climbed in the sky o sol se elevou no céu ♦ climb down *v.* ceder; recuar

climber *s.* 1 alpinista; a famous mountain climber um famoso alpinista 2 (*planta*) trepadeira

climbing *s.* 1 alpinismo; montanhismo 2 (*ato*) subida; escalada

clinch *s.* 1 coloquial abraço forte 2 (*boxe*) corpo a corpo ■ *v.* 1 agarrar; segurar; firmar; to clinch an agreement segurar um acordo 2 resolver; that clinches it! isto trata do assunto!

cling *v.* 1 segurar-se (to, *a*); agarrar-se (to, *a*) 2 ser fiel (to, *a*); to cling to a belief ser fiel a uma crença 3 colar-se (to, *a*); his shirt clung to his body a camisa colava no corpo dele

clingfilm *s.* película aderente

clingy *adj.* pegajoso

clinic *s.* 1 clínica; dental clinic clínica de odontologia 2 (*hospital*) ambulatório

clinical *adj.* 1 clínico; clinical medicine/training medicina/prática clínica 2 (*comportamento*) frio; distante 3 (*quarto, edifício*) frio; asséptico fig.

clink *s.* popular prisão; xilindró

clip *s.* 1 (*para papel*) clipe 2 (*construção*) grampo 3 (*cabelo*) grampo; hair clip fivela de cabelo 4 sa-

fanão; puxão; a clip on the ear um puxão de orelhas 5 (*televisão*) videoclip; teledisco 6 (*filmes*) excerto ■ v. 1 (*forma*) recortar 2 (*pequenos cortes*) aparar; I've been clipping the hedge estive aparando a sebe 3 (*bilhetes*) picar 4 (*sílabas*) comer; don't clip the words não comas as palavras ♦ at a good clip a grande velocidade to clip somebody's wings cortar as asas de alguém
clipboard s. 1 bloco com prendedor de papel 2 INFORMÁTICA clipboard; área de transferência
clippers s.pl. cortador de unhas
clique s. pejorativo grupo exclusivista
clitoris s. ANATOMIA clitóris
cloak s. 1 capa 2 manto; cobertura 3 disfarce, máscara; a cloak for his evil intentions um disfarce para suas intenções perversas ■ v. disfarçar; encobrir
cloakroom s. 1 vestiário 2 lavabo; Grã-Bretanha banheiro
clock s. 1 (*torre, parede*) relógio; clock dial mostrador do relógio; clock hand ponteiro do relógio; the clock stroke midnight o relógio deu meia-noite; to set the clock acertar o relógio; to wind up the clock dar corda no relógio 2 coloquial hodômetro ■ v. fazer; registrar (em cronômetro); he clocked 20 seconds ele fez 20 segundos ♦ round the clock noite e dia sem parar
clockmaker s. relojoeiro
clockwise adj. no sentido dos ponteiros do relógio
clockwork s. mecanismo de corda; a clockwork toy brinquedo de corda ♦ like clockwork com regularidade
clod s. 1 (*terra*) torrão 2 coloquial estúpido; bronco
clodhopper s. 1 (*calçado*) sapatão 2 coloquial campônio; labrego
clog s. tamanco ■ v. (*trânsito, máquinas*) entupir; the road is clogged with traffic a estrada está entupida de trânsito
cloister s. claustro
clone s. clone ■ v. clonar
cloning s. BIOLOGIA clonagem
close[1] adj. 1 (*local*) próximo 2 íntimo; chegado; close friend amigo íntimo 3 (*família*) próximo; a close relative um parente próximo 4 (*acompanhamento*) próximo; atento; to keep a close contact with seguir de perto 5 (*inspeções*) detalhado; minucioso; close examination exame minucioso 6 (*competição*) muito disputado; a close match um jogo muito disputado ■ adv. perto; the scholl is close to the park a escola é perto do park; they live close by vivem perto um do outro ■ s. vereda; caminho particular ♦ at close quarters muito próximo close on/to 1 perto de 2 cerca de that was a close shave foi por um triz to be close at hand estar à mão de semear to be close to estar prestes a
close[2] s. 1 formal encerramento, fecho 2 formal fim; to draw to a close aproximar-se do fim ■ v. 1 fechar; the shop closed at 5 o'clock a loja fechou às cinco horas; to close the door fechar a porta 2 encerrar; terminar 3 cerrar; to close the ranks cerrar as fileiras 4 (*passagem*) obstruir; bloquear 5 fechar; concluir; to close a bargain fechar um negócio 6 aproximar-se (on, *de*); they closed on me eles se aproximaram de mim ♦ close down v. 1 (*loja, negócio*) fechar; encerrar 2 (*emissão*) sair do ar; encerrar a emissão close in v. 1 aproximar-se (on, *de*); they closed in on the edge of the cliff eles se aproximaram da extremidade do despenhadeiro 2 (*dias*) encurtar close off v. fechar; vedar; to close off a street fechar uma rua close up v. 1 (*loja, casa*) fechar 2 (*pessoas*) aproximar-se 3 (*ferida*) cicatrizar 4 (*tropas*) cerrar fileiras
closed adj. 1 fechado; encerrado; a closed shop uma loja fechada 2 (*grupo*) restrito; fechado ♦ behind closed doors em segredo to be a closed book to somebody ser um mistério absoluto para alguém
close-fitting adj. (*roupa*) justo
closely adv. 1 atentamente 2 bem de perto 3 (*investigação*) minuciosamente; a fundo 4 intimamente (to, *a*); closely allied to intimamente ligado a
close-run adj. (*competição*) muito disputado, renhido
closet s. EUA armário ■ adj. que não se assume ■ v. (*em divisão*) fechar; to be closeted with estar fechado com; to closet oneself enclausurar-se, isolar-se ♦ to come out of the closet assumir-se sair do armário fig.
close-up s. close; close-up
closing adj. final; de encerramento; de fecho; (*ações*) closing price cotação do fecho; closing ceremony cerimônia de encerramento; closing time hora de fecho ♦ closing date data-limite
closure s. 1 encerramento; the closure of a factory o encerramento de uma fábrica 2 (*passagem*) bloqueio; obstrução
clot s. 1 (*leite*) grumo 2 (*sangue*) coágulo 3 Grã-Bretanha coloquial estúpido; parvo ■ v. coagular
cloth s. 1 tecido; silk cloth tecido de seda 2 pano 3 toalha de mesa; to lay the cloth pôr a toalha na mesa
clothe v. 1 vestir; to be clothed in estar vestido de 2 cobrir (in, *de*); revestir (in, *de*)
clothes s.pl. roupa; in plain clothes à paisana; with no clothes on sem roupa ♦ clothes horse estendedor de roupa Grã-Bretanha clothes peg (*roupa*) pregador
clothesline s. (*roupa*) varal
clothing s. vestuário; an article of clothing uma peça de vestuário; clothing industry confecções; protective clothing vestuário de proteção
cloud s. nuvem; a cloud of smoke uma nuvem de fumaça ■ v. 1 (*céu*) nublar(-se); escurecer 2 turvar; you'll cloud the beer if you shake the barrel vais turvar a cerveja se abanares o barril 3 assombrar ♦ every cloud has a silver lining não há mal sem bem to be in the clouds andar na Lua to be on cloud nine estar no sétimo céu cloud over v. enublar-se
cloudburst s. pé-d'água; toró; chuva forte
cloudless adj. sem nuvens; limpo; cloudless sky céu limpo
cloudy adj. 1 (*céu*) nublado 2 sombrio 3 (*líquido*) turvo 4 melancólico; triste 5 vago, confuso; a cloudy recollection of the accident uma lembrança vaga do acidente
clout s. 1 coloquial sapatada; sopapo 2 influência; poder ■ v. bater em; dar uma sapatada em
clove s. 1 BOTÂNICA cravo, cravo-da-índia 2 (*alho*) dente

cloven

cloven adj. fendido; dividido em dois
clover s. BOTÂNICA trevo ♦ to live in clover estar bem na vida
clown s. palhaço; to make a clown of oneself fazer papel de palhaço ■ v. fazer palhaçadas; stop clowning around! para de fazer palhaçadas!
clowning s. palhaçadas
club s. 1 clube; associação; club member sócio de clube; club subscription cota do clube; football club clube de futebol; to join a club entrar para um clube 2 clava; maça; cassetete; police clubs cassetetes da polícia 3 (golfe) taco 4 (de dança) discoteca clubs s.pl. (naipe) paus; the king of clubs o rei de paus ■ v. bater com cassetete/clava em
clubbing s. coloquial ronda das discotecas; to go clubbing fazer a ronda das discotecas
cluck v. cacarejar ■ s. cacarejo
clue s. indício (to, para); pista (to, para); the police were looking for clues a polícia estava procurando pistas ■ v. dar pistas a ♦ not to have a clue não fazer a mínima ideia
clump s. touceira
clumsily adv. desajeitadamente
clumsiness s. falta de jeito; falta de habilidade
clumsy adj. 1 desastrado; desajeitado; trapalhão 2 (objeto) tosco; grosseiro
cluster s. 1 (pessoas, objetos) aglomeração; amontoado 2 (uvas, bananas etc.) cacho (of, de) 3 tufo (of, de); a cluster of wild flowers um tufo de flores silvestres 4 enxame; a cluster of bees um enxame de abelhas ■ v. amontoar(-se); agrupar(-se)
clutch s. 1 (veículo) embreagem; clutch pedal pedal da embreagem 2 (ovos, pintinhos) ninhada clutches s.pl. (poder) garras; to fall into the clutches of cair nas garras de ■ v. agarrar; apertar; the mother clutched the baby in her arms a mãe segurou com força o bebê ♦ to be clutching at straws agarrar-se a uma última esperança
clutter s. confusão; desordem; desarrumação; to be all in a clutter estar tudo atravancado ■ v. atravancar
coach s. 1 técnico; treinador; football coach técnico de futebol 2 professor particular; a mathematics coach professor particular de matemática 3 Grã--Bretanha ônibus 4 Grã-Bretanha (trem) vagão 5 carruagem; coche 6 EUA (avião) classe turística 2 ■ v. 1 ESPORTE treinar 2 dar explicações (for, para; in, de); she is being coached in French ela tem explicações de francês; to be coached for an exam ter explicações para um exame
coaching s. 1 ESPORTE treino 2 explicações, aulas
coadjutant s. coadjuvante
coagulate v. coagular
coagulation s. coagulação
coagulum s. BIOLOGIA, MEDICINA coágulo
coal s. carvão; a lump of coal um pedaço de carvão; live coals brasas ♦ coal tar alcatrão
coalition s. coligação; aliança
coarse adj. 1 rude; grosseiro; a coarse behaviour um comportamento rude 2 áspero 3 grosso; coarse salt sal grosso
coarseness s. grosseria

coast s. costa; the south coast of England a costa sul de Inglaterra ■ v. 1 (carro) rodar em ponto morto 2 (bicicleta) ir em roda livre 3 avançar, ter sucesso sem grande esforço 4 costear; cabotar ♦ the coast is clear o caminho está livre
coastal adj. litoral; costeiro; coastal waters águas costeiras
coaster s. 1 (para copos) base 2 navio de cabotagem ♦ coaster brake (bicicleta) freio contrapedal
coastguard s. 1 (organização) Guarda Costeira 2 Grã-Bretanha (funcionário) guarda-costeiro
coastline s. litoral; costa
coat s. 1 casaco; to put on a coat um casaco de peles; coat and skirt conjunto de saia e casaco 2 (animais) pelo 3 demão (of, de); coat of paint demão de tinta 4 camada (of, de); coat of dust camada de pó ■ v. 1 cobrir (with/in, de); to coat with paint cobrir com tinta 2 revestir (with, com) ♦ coat of arms brasão
coati s. ZOOLOGIA quati
coating s. 1 revestimento 2 película 3 (tinta) demão 4 CULINÁRIA cobertura
coax v. lisonja; adulação ■ v. 1 convencer; persuadir; to coax somebody into doing something convencer alguém a fazer alguma coisa; to coax somebody out of doing something convencer alguém a não fazer alguma coisa 2 lisonjear; adular 3 conseguir com jeito
cobalt s. 1 QUÍMICA (elemento químico) cobalto 2 (cor) azul-cobalto
cobble s. (calçada) pedra arredondada ■ v. 1 calcetar 2 (calçado) remendar
cobbled adj. calcetado; cobbled street calçada
cobblestone s. (calçada) pedra arredondada
cobra s. ZOOLOGIA naja
cobweb s. teia de aranha
cocaine s. cocaína
coccyx s. ANATOMIA cóccix
cock s. 1 galo 2 (aves) macho 3 (arma de fogo) cão 4 vulgarismo pica (cal.); pênis ■ v. 1 levantar; erguer 2 engatilhar; to cock a pistol engatilhar uma pistola
cockatoo s. ZOOLOGIA cacatua
cockle s. ZOOLOGIA amêijoa
cockpit s. (avião) cabine
cockroach s. ZOOLOGIA barata
cockscomb s. (galo) crista
cocktail s. (bebida, aperitivo) cocktail; (móvel) cocktail cabinet bar; cocktail lounge bar
cocky adj. coloquial presumido; arrogante
cocoa s. 1 BOTÂNICA cacau; cocoa butter manteiga de cacau 2 (bebida) chocolate quente
coconut s. BOTÂNICA coco; coconut oil óleo de coco; coconut palm coqueiro
cocoon s. casulo ■ v. 1 tecer o casulo (de) 2 fechar(-se) em um casulo 3 proteger (from/against, de); resguardar (from/against, de)
cod s. ZOOLOGIA bacalhau
coda s. MÚSICA coda
code s. código; in code codificado ■ v. codificar ♦ code of practice deontologia
codex s. códex; códice
codfish s. ZOOLOGIA bacalhau

codification s. codificação
codify v. codificar
coefficient s. coeficiente
coerce v. formal coagir (into, a); forçar (into, a), obrigar (into, a)
coercion s. formal coerção; coação; under coercion sob coação
coexist v. coexistir (with, com)
coexistence s. coexistência (with, com)
coffee s. café; black/white coffee café simples/com leite; coffee bar/shop cafetaria; coffee bean grão de café; coffee break pausa para café; coffee grinder/mill moinho de café
coffeepot s. cafeteira
coffer s. cofre; arca; baú
coffin s. caixão ■ v. meter em caixão
cog s. 1 dente de roda 2 roda dentada ♦ to be just a cog in the machine ser apenas uma peça da engrenagem
cogitate v. cogitar
cognac s. conhaque
cognition s. formal cognição
cognitive adj. cognitivo
cogwheel s. engrenagem; roda dentada
cohabit v. formal viver em união estável (with, com)
cohabitation s. coabitação
coherence s. coerência
coherent adj. coerente
cohesion s. coesão
cohesive adj. coeso
coil s. 1 corda enrolada 2 laçada 3 espiral 4 ELETRICIDADE bobina 5 (cabelo) cacho 6 (contracepção) dispositivo intrauterino ■ v. 1 (corda, cabelo) enrolar(-se) 2 (cabo) recolher 3 (rio) serpentear
coin s. moeda; coin slot abertura para introduzir moedas; to toss/flip a coin atirar a moeda ao ar ■ v. 1 (palavras, expressões) inventar; criar 2 cunhar ♦ the other side of the coin o reverso da medalha to pay somebody in his own coin pagar a alguém na mesma moeda
coinage s. 1 cunhagem de moeda 2 sistema monetário 3 neologismo
coincide v. coincidir (with, com); her holidays don't coincide with mine as férias dela não coincidem com as minhas
coincidence s. coincidência; by coincidence por coincidência
coincidental adj. casual; acidental; it's entirely coincidental! é um puro acaso!
coitus s. coito; coitus interruptus coito interrompido
coke s. 1 (carvão) coque 2 coloquial cocaína
colander s. 1 coador 2 (alimentos sólidos) escorredor
cold adj. 1 frio; cold front superfície frontal fria; cold snap/wave onda de frio; I'm cold estou com frio; it's a cold morning está uma manhã fria 2 (pessoa) frio; indiferente; insensível 3 sem entusiasmo; a cold reception um acolhimento frio ■ s. 1 frio; don't go out in this cold não saia com este frio 2 resfriado, constipação; to catch a cold pegar um resfriado ■ adv. completamente; terminantemente; to turned somebody down cold rejeitar alguém completamente ♦ in cold blood a sangue-frio to get cold feet ficar com medo to give the cold shoulder to tratar (alguém) de modo indelicado ou frio to throw cold water on desanimar cold cream creme facial cold steel arma branca

cold-blooded adj. 1 (animal) de sangue frio 2 (pessoa) frio; insensível 3 (crime) a sangue-frio 4 (criminoso) cruel
cold-hearted adj. frio; insensível
cold-shoulder v. tratar com indiferença
colic s. cólica
collaborate v. colaborar (with, com; in/on, em); he's been collaborating with a new firm tem colaborado com uma empresa nova; the company collaborated on that project a empresa colaborou nesse projeto
collaborating adj. colaborador
collaboration s. 1 colaboração (with, com; between, entre); in collaboration with em colaboração com 2 colaboracionismo
collaborator s. 1 colaborador 2 colaboracionista
collapse s. 1 colapso 2 desabamento; desmoronamento; derrocada; aluimento 3 (negócios, finanças) quebra 4 (preços, valores) descida a pique 5 fracasso ■ v. 1 desabar; desmoronar; aluir; the whole building collapsed o edifício desabou por completo 2 (pessoa) sofrer um colapso; desfalecer; he collapsed at the end of the long race ele desfaleceu no final da longa corrida 3 (projetos) ir por água abaixo fig. 4 falir 5 (preços, valores) descer a pique
collar s. 1 colarinho; what size of collar is this shirt? qual é o tamanho do colarinho desta camisa? 2 (animais) coleira ■ v. 1 pôr um colarinho ou uma coleira a 2 agarrar pelos colarinhos 3 coloquial interceptar 4 coloquial (polícia) capturar ♦ hot under the collar furioso ♦ Um "colar, enfeite de pescoço" em inglês se diz necklace.
collarbone s. ANATOMIA clavícula
collate v. 1 reunir 2 (documentos escritos, fatos) confrontar; comparar
collateral adj. 1 paralelo; colateral; collateral damage danos colaterais 2 (parente) colateral; cousins are collateral relatives os primos são parentes colaterais ■ s. garantia; he offered his house as a collateral ele ofereceu a casa como garantia
colleague s. colega
collect v. 1 juntar(-se); reunir(-se) 2 colecionar; she collects stamps ela coleciona selos 3 angariar (for, para) 4 obter, conseguir; she collected three gold medals ela conseguiu três medalhas de ouro 5 ir buscar; I have to collect the children tenho de ir buscar as crianças 6 cobrar 7 (pó) juntar ■ adj., adv. 1 a cobrar I'll send you the books collect mando-te os livros a cobrar 2 a pagar no destinatário; collect call chamada a cobrar ♦ to collect one's thoughts concentrar-se; acalmar-se
collectable adj. colecionável
collected adj. 1 calmo; tranquilo 2 (obra) coligido; completo
collection s. 1 coleção (of, de) 2 compilação (of, de); her new book is a collection of short stories o novo livro dela é uma antologia de pequenas his-

collective

tórias 3 (*caridade*) coleta 4 cobrança 5 (*lixo, correio, objetos*) recolha
collective *adj.* coletivo; collective noun substantivo coletivo ■ *s.* cooperativa
collectivize *v.* coletivizar
collector *s.* 1 colecionador; collector's item peça de coleção 2 cobrador
college *s.* 1 (*ensino superior*) instituto; escola superior; college of music conservatório de música; teacher training college escola superior de educação; technical college escola superior técnica 2 EUA universidade; faculdade; to go to college ir para a faculdade 3 Grã-Bretanha (*universidade*) colégio universitário 4 (*conjunto de pessoas*) colégio; electoral college colégio eleitoral ◆ A palavra "colégio" com o sentido de "ensino médio" corresponde em inglês a *high school*.
collide *v.* 1 bater (with, *em*); colidir (with, *com*); chocar (with, *com*); the bus collided with a van o ônibus bateu em uma van 2 entrar em conflito (with, *com*)
colliery *s.* mina de carvão
collision *s.* 1 batida; colisão; embate; choque; there was a collision between a bus and a van houve uma batida entre um ônibus e uma van 2 conflito; a collision of interests um conflito de interesses ◆ to be on a collision course with estar em rota de colisão com
collocation *s.* (*palavras*) colocação; coocorrência
colloquial *adj.* coloquial; informal
colloquialism *s.* coloquialismo
collude *v.* conspirar (with, *com*); conluiar-se (with, *com*)
collusion *s.* 1 conluio 2 conivência (between/with, *com*); to act in collusion with agir em conivência com
cologne *s.* água-de-colônia
Colombia *s.* Colômbia
Colombian *adj., s.* colombiano
colon *s.* 1 cólon 2 dois-pontos (:)
colonel *s.* coronel
colonial *adj.* colonial ■ *s.* colono
colonist *s.* colono
colonization, colonisation Grã-Bretanha *s.* colonização
colonize, colonise Grã-Bretanha *v.* colonizar
colony *s.* colônia
color → **colour**
color-blind → **colour-blind**
colored → **coloured**
colorful → **colourful**
coloring → **colouring**
colorless → **colourless**
coloration *s.* coloração
colossal *adj.* colossal; descomunal
colossus *s.* colosso
colour, color EUA *s.* cor; dark colour cor escura; in colour a cores; light/bright colour cor clara; people of all colours pessoas de todas as cores; to change colour mudar de cor colours *s.pl.* 1 (*nação, regimento*) bandeira; to salute the colours saudar a bandeira 2 insígnias ■ *adj.* a cores, colorido; colour television televisão a cores ■ *v.* 1 colorir; dar cor a; pintar; she colours her hair red ela pinta o cabelo de ruivo 2 tingir 3 corar; ruborizar-se 4 mudar de cor; the leaves have already started to colour as folhas já começaram a mudar de cor
colour-blind, color-blind EUA *adj.* daltônico
colour-blindness, color-blindness EUA *s.* daltonismo
coloured, colored EUA *adj.* 1 colorido 2 de cor; coloured pencil lápis de cor; antiquado, ofensivo coloured person pessoa de cor ■ *s.* antiquado, ofensivo pessoa de cor
colourful, colorful EUA *adj.* 1 colorido 2 invulgar; interessante; a colourful character um personagem excêntrica 3 pitoresco 4 (*linguagem*) vulgar
colouring, coloring EUA *s.* 1 cor; colorido; coloração; colouring book livro de pintar 2 tez; aparência 3 (*alimentar*) corante
colourless, colorless EUA *adj.* 1 incolor; sem cor 2 pálido 3 desinteressante; a rather colourless person uma pessoa bastante desinteressante
colt *s.* 1 potro; poldro 2 Grã-Bretanha (*esporte*) júnior
column *s.* coluna
columnist *s.* (*jornalismo*) cronista; colunista; articulista
coma *s.* coma; to go into a coma entrar em coma
comatose *adj.* em estado de coma
comb *s.* 1 pente; to run a comb through one's hair pentear ligeiramente o cabelo 2 (*onda, galo, monte*) crista 3 (*mel*) favo ■ *v.* 1 pentear; to comb one's hair pentear o cabelo, pentear-se 2 (*lã*) cardar 3 passar a pente fino
combat *s.* combate; combat car carro de combate; killed in combat morto em combate ■ *v.* (*resistência*) combater; lutar contra; to combat inflation combater a inflação
combatant *s.* combatente
combination *s.* 1 combinação (of, *de*); the painting had a beautiful combination of colours o quadro tinha uma bela combinação de cores 2 (*cofre*) combinação; código; combination lock fechadura de segredo ◆ in combination with em conjunto com
combine *v.* agrupar, organizar; fazer coincidir; misturar, mesclar; combine the sugar and eggs misturar açúcar e ovos. ● No sentido de "ficar bem (roupa)", a palavra "combinar" corresponde em inglês a *to go with, to match*; no sentido de "ajustar, acertar", equivale a *to arrange to, to make plans to*.
combined *adj.* combinado
combustible *adj.* inflamável; combustível; combustible material materiais inflamáveis
combustion *s.* combustão
come *v.* 1 vir; to come by train vir de trem; to come on a coach vir de ônibus; to come to dinner/lunch vir jantar/almoçar 2 aproximar-se 3 chegar 4 proceder; resultar 5 calão (*orgasmo*) gozar vulg. ◆ come again? como? quê? come what may haja o que houver coming! já vai! to come home regressar to come near aproximar-se (*veículo*) to come to a halt parar to come to an end terminar to come true realizar-se come about *v.* acontecer; suceder; it came about by chance aconteceu

por acaso come across *v.* 1 (*coisa, pessoa*) encontrar por acaso; I came across her in a shop encontrei-a por acaso em uma loja 2 ser entendido; ser transmitido; her explanation came across a explicação dela foi entendida 3 parecer; he came across as being intelligent pareceu ser inteligente 4 sair-se; he came across very well in the exam saiu-se muito bem no exame come along *v.* 1 avançar; progredir; is your work coming along? o trabalho está progredindo? 2 aparecer; a new opportunity will come along uma nova oportunidade irá aparecer 3 vir; ir; come along, children! venham, crianças! come apart *v.* desfazer-se come away *v.* 1 soltar-se; sair; the pages of the book came away as páginas do livro se soltaram 2 afastar-se; come away from the window se afaste da janela 3 vir embora come back *v.* 1 regressar (from, *de*) 2 voltar (to, *a*) 3 estar na moda novamente 4 (*recordação*) voltar à cabeça; her answer just came back to me acabei de me lembrar da resposta dela 5 responder come before *v.* 1 comparecer perante 2 ser apresentado a; your case will come before the commission o seu caso será apresentado à comissão come between *v.* meter-se entre; interpor-se entre come by *v.* 1 arranjar; adquirir; how did you come by that first edition? como é que você adquiriu essa primeira edição? 2 passar por; we'll come by your house later passaremos pela casa de vocês mais tarde come down *v.* 1 baixar; the water level has come down o nível da água baixou 2 aparecer em 3 ser deitado abaixo; ser demolido; that old building has come down aquele edifício antigo foi demolido 4 cair; despencar; the plane came down in the sea o avião cair no mar 5 (*avião*) aterrissar 6 apoiar come down on *v.* castigar; criticar come for *v.* 1 ir/vir buscar; I'll come for you at five o'clock vou te buscar às cinco horas 2 ir/vir atrás de; the police came for him a polícia foi atrás dele come forward *v.* 1 oferecer-se; voluntariar-se; no one came forward for the job ninguém se ofereceu para o trabalho 2 avançar; she came forward to help the old lady ela avançou para a ajudar a senhora idosa come from *v.* ser de; vir de; he comes from London ele é de Londres come in *v.* 1 chegar; this package came in for you chegou esta encomenda para você 2 entrar; come in entre 3 usar-se; estar na moda; long skirts are coming in again as saias compridas vão estar na moda de novo 4 ficar em; he came in second ficou em segundo lugar 5 subir; the tide is coming in a maré está subindo 6 intervir; he came in on the middle of her answer interrompeu a meio da resposta dela 7 participar; come in on the race participa na corrida come into *v.* 1 herdar; she came into a fortune herdou uma fortuna 2 ter a ver com; estar relacionado com; he doesn't come into the story ele não tem a ver com a história come off *v.* 1 descolar; sair de the wall paper came off o papel de parede descolou 2 cair de; he came off his horse caiu do cavalo 3 (*medicamento, droga*) largar 4 soltar-se; the button came off o botão se soltou 5 correr; the presentation came off well a apresentação correu bem 6 sair; did the stain come off? a mancha saiu? come on *v.* 1 acender; he crossed when the green light came on ele atravessou quando o semáforo ficou verde 2 aparecer; I have a headache coming on está começando a me dar dor de cabeça 3 melhorar; her French is coming on o seu francês está melhorando ♦ come on! anda/andem lá! vá lá! come on to *v.* 1 abordar; we'll come on to that in a few moments abordaremos esse assunto dentro de momentos 2 atirar-se a; insinuar-se a come out *v.* 1 vir a público; tornar-se conhecido; sair; the truth came out a verdade veio a público; the results came out os resultados saíram 2 ser publicado; his new book has come out o novo livro dele já foi publicado 3 declarar-se; he came out against declarou-se contra 4 (*manchas*) sair 5 (*lua, sol, estrelas*) aparecer; nascer; the sun has come out o sol já nasceu 6 (*flores*) desabrochar; abrir 7 entrar em greve come out with *v.* sair-se com come over *v.* 1 aparecer; come over for dinner aparece para jantar 2 vir 3 dar; I don't know what came over him não sei o que é que lhe deu 4 parecer; she came over nervous pareceu nervosa come through *v.* 1 chegar; the news just came through as notícias acabaram de chegar 2 sair; the results will come through today os resultados saem hoje 3 escapar a; he came through the accident escapou ao acidente 4 ser oficializado come up *v.* 1 aproximar-se 2 aparecer; he came up to town last week apareceu na cidade na semana passada 3 surgir; that matter came up in the meeting essa questão surgiu durante a reunião 4 chegar; my birthday is coming up o meu aniversário está chegando 5 ir a tribunal; the case will come up in two days o caso vai a tribunal dentro de dois dias 6 (*vaga*) abrir; surgir; a vacancy has come up in my office surgiu uma vaga no meu escritório 7 (*Sol, Lua*) nascer; the sun had come up o Sol já tinha nascido 8 (*flores*) abrir; the roses are coming up as rosas estão abrindo come up against *v.* deparar-se com; ter que enfrentar come up with *v.* arranjar; he came up with a plan arranjou um plano

comeback *s.* 1 regresso 2 resposta; réplica
comedian *s.* comediante; humorista
comedienne *s.* comediante; humorista
comedy *s.* comédia; comedy of manners comédia de costumes
comet *s.* ASTRONOMIA cometa
comfort *s.* 1 conforto; bem-estar; material comfort conforto material 2 (*coisa, luxo*) comodidade 3 alívio, consolação; it was a comfort to know that they were already in town foi um alívio saber que já estavam na cidade ■ *v.* consolar; tranquilizar ♦ if it's any comfort... se serve de consolo....
comfortable *adj.* 1 confortável; cômodo 2 (*pessoa*) bem; à vontade; make yourself comfortable fica à vontade; to feel comfortable sentir-se bem 3 (*rendimento*) bom; razoável
comfortably *adv.* confortavelmente
comforter *s.* 1 consolador 2 EUA edredom
comforting *adj.* reconfortante
comfy *adj.* coloquial confortável

comic *adj.* cômico ■ *s.* **1** comediante; humorista **2** livro de história em quadrinhos **comics** *s.pl.* EUA história em quadrinhos ♦ EUA **comic book** livro de história em quadrinhos **comic strip** história em quadrinhos
comical *adj.* cômico
coming *s.* vinda; chegada; *the comings and goings* as chegadas e as partidas ■ *adj.* **1** que está para chegar **2** (*tempo*) próximo; futuro; *this coming Sunday* no próximo domingo
comma *s.* vírgula
command *s.* **1** ordem; *he gave a command* ele deu uma ordem **2** domínio; controle; *his command of English is perfect* ele tem um domínio perfeito do Inglês **3** INFORMÁTICA comando **4** oficiais em comando; *command post* posto de comando ■ *v.* **1** mandar, ordenar; *he commanded the attack* ele ordenou o ataque **2** dominar; controlar **3** dirigir; *he commanded the whole operation* ele dirigiu toda a operação **4** inspirar; infundir; impor ♦ *to be in full command of one's faculties* estar na plena posse das suas faculdades *to be in command of the situation* dominar a situação *to be the second in command* ser o número dois
commandant *s.* comandante
commander *s.* **1** comandante; *air force commander* comandante da força aérea **2** (*navio*) capitão
commanding *adj.* **1** superior; *commanding officer* comandante **2** imperioso; *he had a commanding voice* ele tinha uma voz imperiosa **3** proeminente; de destaque; *she had a commanding position in the firm* ela tinha uma posição de destaque na firma **4** imponente; impressionante
commandment *s.* mandamento; *the Ten Commandments* os Dez Mandamentos
commando *s.* **1** (*soldado*) comando; *the commando was killed by the enemy troops* o comando foi morto pelas tropas inimigas **2** (*divisão*) comandos
commemorate *v.* comemorar; celebrar
commemoration *s.* comemoração (*of, de*)
commemorative *adj.* comemorativo
commencement *s.* **1** formal princípio (*of, de*) **2** EUA (cerimônia de) graduação
commend *v.* **1** louvar (*for, por*); elogiar (*for, por*); *I was commended for my work* fui elogiado pelo meu trabalho **2** recomendar (*to, a*)
commendation *s.* **1** louvor; elogio **2** (*prêmio*) distinção; menção honrosa
commensalism *s.* BIOLOGIA comensalismo
comment *s.* comentário (*about/on, sobre*); *no comments* sem comentários; *to make a comment about* comentar ■ *v.* fazer comentários (*on, sobre*)
commentary *s.* **1** (*esporte*) relato **2** (*texto, televisão*) comentário (*on, a/sobre*)
commentator *s.* (*meios de comunicação social*) comentador; analista
commerce *s.* comércio; negócio
commercial *adj.* comercial; *commercial music* música comercial ■ *s.* (*televisão, rádio*) anúncio publicitário; reclame ♦ **commercial break** pausa para a publicidade
commercialization *s.* comercialização (*of, de*)
commercialize, commercialise Grã-Bretanha *v.* comercializar; tornar comercial
commiserate *v.* manifestar solidariedade (*with, a; over, em relação a*); *to commiserate with somebody over...* dizer a alguém o quanto se lamenta que...
commiseration *s.* comiseração; compaixão **commiserations** *s.pl.* condolências; *commiserations! sinto muito!*
commission *s.* **1** comissão; *the European Commission* a Comissão Europeia; *to work on commission* trabalhar à comissão **2** trabalho; encomenda; *I have a commission for a new painting* fizeram-me uma encomenda de um novo quadro ■ *v.* **1** encomendar; *these chairs were commissioned for the department* estas cadeiras foram encomendadas para o departamento **2** contratar; *he commissioned an artist to paint his portrait* ele contratou um artista para lhe pintar o retrato **3** dar patente de oficial a; *he was commissioned as officer in the air force* ele recebeu a patente de oficial na força aérea ♦ *out of commission* fora de serviço/uso
commissionaire *s.* Grã-Bretanha (*hotel, sala de espetáculos*) porteiro; recepcionista
commissioner *s.* comissário; *high commissioner* alto comissário
commit *v.* **1** cometer; praticar; *to commit a crime* cometer um crime **2** (*hospital, lar*) internar (*to, em*) **3** (*prisão*) deter **4** destinar (*to, a*); aplicar (*to, em*) ♦ *to commit oneself to* **1** (*dedicação*) empenhar-se aplicar-se **2** comprometer-se *to commit suicide* suicidar-se *to commit to memory* memorizar *to commit to paper* pôr por escrito; registrar
commitment *s.* **1** empenho; dedicação; entrega; *his commitment to his work is very strong* o empenho dele no trabalho é muito forte **2** obrigação; responsabilidade **3** compromisso
committal *s.* **1** (*hospital psiquiátrico*) internamento **2** (*prisão*) detenção
committed *adj.* **1** empenhado (*to, em*); dedicado (*to, a*); *to be committed to doing something* estar empenhado em fazer algo **2** comprometido
committee *s.* comitê; comissão; delegação; *to assign a committee to...* destacar um comitê para...; *to be/sit on a committee* ser membro de um comitê
commodity *s.* **1** produto; mercadoria; bem; *in this grocery store you can buy all sorts of commodities* nesta mercearia você pode comprar todo tipo de produtos **2** matéria-prima
common *adj.* **1** banal; vulgar **2** frequente; normal; *it is very common to see people walking their dogs in the beach* é muito frequente ver pessoas passeando os cachorros na praia **3** comum; *common denominator/market* denominador/mercado comum; *common sense* senso comum; *they shared common interests* eles partilhavam interesses comuns **4** ordinário; grosseiro; *she behaved in a rather common way* ela se comportou de modo bastante ordinário ■ *s.* terras comunitárias ♦ *in common* uso de uso corrente *it's common knowledge that...* todo mundo sabe que... *to have something in common with somebody* ter algo em comum com alguém Grã-Bretanha **common room** (*escola*) sala de convívio

commoner s. plebeu
commonly adv. comumente; vulgarmente; geralmente; it is commonly accepted that é vulgarmente aceito que
commonplace s. lugar-comum; banalidade; trivialidade; he says nothing but commonplaces ele só diz trivialidades ■ adj. vulgar; comum
commotion s. 1 agitação; confusão 2 distúrbios
communal adj. 1 comum; em comum 2 comunitário
commune s. comuna
communicable adj. 1 (doença) contagioso; transmissível 2 (ideia, conceito) fácil de explicar
communicate v. 1 comunicar (with, com) 2 revelar (to, a); divulgar (to, a); he communicated his decision to the press ele divulgou a sua decisão à imprensa 3 (doença) transmitir; contagiar 4 (espaços) estar em comunicação; ser adjacente
communication s. 1 comunicação; communication skills técnicas de comunicação; to be in communication with estar em contato com 2 comunicado; notificação; participação 3 passagem; ligação; via de comunicação
communicative adj. comunicativo; expansivo
communicator s. comunicador
communion s. 1 RELIGIÃO comunhão; first communion primeira comunhão; the Holy Communion a Sagrada Comunhão 2 RELIGIÃO confraternidade; congregação; communion of saints congregação de santos 3 (partilha, proximidade) comunhão; communion of interests comunhão de interesses
communism s. comunismo
communist adj., s. comunista
community s. 1 comunidade 2 população; the wolf community in the region came to extinction a população de lobos da região extinguiu-se ◆ community centre centro social community service serviço comunitário
commutator s. ELETRICIDADE comutador
commute v. 1 ir e vir todos dias (entre casa e o trabalho); he commutes everyday by car ele se desloca todos os dias para o trabalho de carro 2 permutar; trocar
commuter s. ◆ commuter belt subúrbios arredores
compact[1] adj. 1 compacto; denso 2 (espaço) apertado 3 conciso ■ v. compactar; comprimir ◆ compact disc disco compacto CD compact disc player leitor de discos compactos, leitor de CDs
compact[2] s. 1 estojo de pó de arroz 2 formal pacto; acordo 3 EUA veículo utilitário
companion s. 1 companheiro 2 (profissão) acompanhante 3 (livro) guia
companionship s. 1 companheirismo; camaradagem 2 companhia
company s. 1 companhia; to keep company with andar na companhia de; to keep somebody company fazer companhia a alguém; we loved his company nós adorávamos a companhia dele 2 visita; she was expecting company ela estava contando com visitas 3 empresa; firma; she worked in an oil company ela trabalhava em uma empresa petrolífera 4 (teatro, dança) companhia; theatre company companhia de teatro ◆ in company em público in company with em conjunto com two's company, three is a crowd dois é bom, três é de mais
comparable adj. equiparável (to/with, a); comparável (to/with, a/com)
comparative adj. 1 comparativo; a comparative study um estudo comparativo 2 (grau) comparativo 3 relativo; he lived in comparative comfort ele vivia com um relativo conforto; he's a comparative stranger to me conheço-o relativamente mal ■ s. grau comparativo
comparatively adv. relativamente; comparativamente
compare v. comparar(-se) (with, com) ◆ literário beyond compare sem comparação
comparison s. comparação; there's no comparison between... não há comparação possível entre... ◆ to stand comparison with comparar-se a
compartment s. 1 compartimento; the drawer had a secret compartment a gaveta tinha um compartimento secreto 2 divisão; the handbag had several compartments a bolsa tinha várias divisões
compartmentalize v. compartimentar
compass s. 1 bússola 2 âmbito; alcance; within the compass of no âmbito de ■ v. formal abranger; compreender 3 (desenho) compasso ◆ compass point ponto cardeal compass rose rosa dos ventos ● O "compasso" de música corresponde a *time*; no sentido de "ritmo, velocidade" corresponde a *pace*, *rate*.
compassion s. compaixão; pena; to feel compassion for sentir pena de
compassionate adj. compassivo; compadecido
compatibility s. compatibilidade (between, entre; with, com)
compatible adj. compatível (with, com)
compatriot s. compatriota
compel v. obrigar; forçar; they compelled me to resign eles me obrigaram a pedir a demissão
compelled adj. (forçado) obrigado (to, a)
compelling adj. 1 (argumentos, razões) de peso 2 envolvente; apaixonante 3 (impulso, necessidade) irresistível
compendium s. compêndio
compensate v. 1 compensar; his intelligence compensates for his lack of experience a inteligência dele compensa a falta de experiência 2 indenizar (for, por); ressarcir (for, por)
compensation s. 1 compensação 2 indenização (for, por); to seek/claim compensation exigir uma indenização
compensatory adj. 1 compensatório; compensatory payment indenização 2 de compensação; compensatory lessons aulas de compensação
compete v. 1 competir (with/against, com; for, para) 2 (competição, prova etc.) participar (in, em) 3 disputar entre si (for, -) 4 (empresas) ser concorrente (with, de)
competence s. competência (for, para); capacidade (for, para); that's not within my competence isso não é da minha competência
competent adj. 1 competente; apto; capaz 2 razoável; satisfatório

competing

competing adj. concorrente
competition s. 1 competição; prova; concurso 2 competição (between, entre); rivalidade (between, entre) 3 concorrência; unfair competition concorrência desleal
competitive adj. 1 competitivo 2 de competição; competitive sports esportes de competição
competitively adv. de forma competitiva
competitiveness s. competitividade
competitor s. 1 participante em competição 2 concorrente; competitor companies empresas concorrentes
compilation s. compilação; recolha
compile v. compilar; coligir
compiler s. 1 compilador 2 (computador) compilador
complacency s. pejorativo autocomplacência
complacent adj. pejorativo autocomplacente; contente consigo próprio
complain v. 1 (protesto) queixar-se (about, de; to, a); they complained to the police eles queixaram-se à polícia 2 lamentar-se (about, em relação a); lamuriar-se (about, em relação a) 3 (doença, dor) queixar-se (of, de); he was complaining of a stomach ache ele queixava-se de dores de estômago
complaint s. 1 queixa; reclamação; complaints book livro de reclamações; to have cause for complaint ter motivos de queixa; to lodge a complaint apresentar uma queixa 2 formal doença; achaque
complement s. 1 complemento (to, a) 2 acessório (to, de) v. complementar; funcionar como complemento de ♦ the full complement of a totalidade de
complementary adj. complementar
complete adj. 1 completo; the complete works of as obras completas de 2 acabado; concluído; your job is not complete o seu trabalho não está concluído 3 absoluto; total; a complete surprise uma verdadeira surpresa ■ v. 1 completar 2 acabar; concluir 3 preencher; to complete a form preencher um formulário
completely adv. completamente; totalmente
completion s. 1 remate 2 conclusão; acabamento; the work was far from completion o trabalho estava longe da conclusão
complex adj. complexo; complicado; a complex problem um problema complicado ■ s. complexo; building complex complexo habitacional; she had an inferiority complex about her nose ela tinha um complexo de inferioridade em relação ao nariz
complexion s. 1 (rosto) pele; tez; she had a dark complexion ela tinha uma tez escura 2 perspectiva; aspecto; that puts a different complexion on things isso muda tudo
complexity s. complexidade
compliance s. 1 conformidade; in compliance with de acordo com 2 obediência (with, a); submissão (with, a); acatamento (with, de); compliance with the new regulations acatamento das novas regras 3 INFORMÁTICA compatibilidade
compliant adj. 1 em conformidade (with, com) 2 submisso; dócil 3 INFORMÁTICA compatível
complicate v. complicar
complicated adj. complicado
complication s. complicação
complicity s. DIREITO cumplicidade (in, em)
complimentary adj. 1 elogioso 2 (relações públicas) gratuito; de cortesia; the school sent complimentary tickets to the teacher a escola enviou ingressos gratuitos ao professor
comply v. 1 obedecer (with, a); cumprir (with, -) 2 (pedido) aceder (with, a)
component s., adj. componente
compose v. 1 compor; constituir; to be composed of ser constituído por 2 (texto) redigir; escrever 3 (música) compor ♦ to compose oneself acalmar-se, recompor-se
composer s. MÚSICA compositor
composite adj. composto; compósito ■ s. composto; combinação
composition s. composição
compost s. estrume; adubo orgânico
composting s. compostagem
composure s. compostura; serenidade; try to keep your composure tente manter a compostura
compound[1] s. 1 (substância, palavra) composto 2 conjunto; combinação; mistura 3 recinto; military compound recinto militar ■ adj. composto; complexo; compound word palavra composta ♦ compound fracture fratura exposta compound interest juros acumulados
compound[2] v. 1 (doença, problema, dificuldade) agravar; complicar 2 combinar; misturar ♦ formal to be compounded of ser composto de
comprehend v. 1 compreender; entender 2 formal abranger; abarcar ● O sentido "compreender, entender" corresponde em inglês a understand.
comprehensible adj. compreensível; inteligível; you must write in a comprehensible way você tem que escrever de modo inteligível
comprehension s. compreensão; entendimento; (escola) listening comprehension compreensão auditiva; (escola) reading comprehension leitura e interpretação; this text is beyond my comprehension este texto está além da minha compreensão
comprehensive adj. 1 exaustivo; abrangente 2 (seguro) contra todos os riscos ● As comprehensive schools são estabelecimentos do ensino médio que aceitam todos os alunos sem distinção; foram introduzidas na década de 1960 para criar um sistema educativo mais igualitário. ● A palavra "compreensivo" se traduz por understanding.
compress[1] s. compressa
compress[2] v. 1 comprimir 2 reduzir; condensar 3 INFORMÁTICA compactar
compression s. compressão
comprise v. 1 incluir; conter; the book comprises twenty short stories o livro inclui vinte contos 2 constituir; to be comprised of ser constituído por
compromise s. 1 (transigência) compromisso (between, entre) 2 meio termo; solução de compromisso; to come to/reach a compromise chegar a uma solução de compromisso ■ v. 1 comprometer; pôr em risco; they compromised the entire operation eles comprometeram toda a operação; to

compromise oneself comprometer a sua reputação 2 transigir; chegar a um acordo; he was not willing to compromise on the price ele não estava disposto a transigir no preço ● Observe que "ter um compromisso" em inglês corresponde a *to have an appointment, an engagement*.
compromising *adj.* comprometedor; a compromising situation uma situação comprometedora
compulsion *s.* 1 coação; under compulsion sob coação 2 compulsão; impulso irresistível
compulsive *adj.* 1 compulsivo; inveterado; compulsive gambler jogador inveterado 2 irresistível
compulsory *adj.* obrigatório; compulsory military service serviço militar obrigatório; a compulsory subject uma disciplina obrigatória
computation *s.* formal cômputo; cálculo
compute *v.* formal calcular; fazer o cômputo de
computer *s.* computador; computer game jogo de computador ◆ computer hacking pirataria no computador computer language linguagem de programação computer science ciência da computação; informática computer system sistema informático computer virus vírus de computador
computer-aided *adj.* assistido por computador
computerize, computerise Grã-Bretanha ■ *v.* informatizar; computorizar
computer-literate *adj.* com conhecimentos de informática
computing *s.* informática
comrade *s.* camarada; companheiro
comradeship *s.* camaradagem
con *s.* 1 coloquial vigarice; esquema col. 2 calão bandido; criminoso; a dangerous con um criminoso perigoso 3 contra; the pros and cons os prós e os contras ■ *v.* coloquial enganar para tirar dinheiro
concave *adj.* côncavo
concavity *s.* concavidade
conceal *v.* ocultar (from, *de*); esconder (from, *de*); they concealed the whole truth from me eles me ocultaram toda a verdade
concealed *adj.* oculto; escondido; concealed cameras câmaras ocultas
concealment *s.* ocultação; encobrimento
concede *v.* 1 reconhecer; admitir; to concede defeat reconhecer a derrota; to concede that... admitir que... 2 (*gols, pontos*) sofrer; the french team conceded a goal a equipe francesa sofreu um gol
conceit *s.* presunção; vaidade ● A palavra "conceito" corresponde em inglês a *concept, notion*.
conceited *adj.* presunçoso (about, *em relação a*); vaidoso (about, *em relação a*)
conceivable *adj.* concebível; imaginável; it's conceivable that... é possível que...
conceive *v.* 1 (*criança, ideia, plano*) conceber 2 compreender; I cannot conceive why he acted that way não consigo compreender porque é que ele agiu daquele modo 3 conceber (of, *–*); imaginar (of, *–*); to conceive of something as... entender algo como...
concentrate *v.* 1 concentrar(-se) (on, *em*); they concentrated all their efforts on saving the ship eles concentraram todos os seus esforços no resgate do navio 2 centrar-se (on, *em*) 3 convergir (in, *para*) *s.* concentrado
concentration *s.* concentração; concentration camp campo de concentração
concentric *adj.* concêntrico
concept *s.* conceito (of, *de*); noção (of, *de*)
conception *s.* (*ideia, bebê*) concepção
conceptional *adj.* concepcional
conceptual *adj.* conceptual; conceptual art arte conceptual
concern *s.* 1 preocupação (about/over/for, *com*) 2 interesse; it's no concern of mine não tenho nada a ver com isso; it's none of his concern não é nada que lhe diga respeito; it's of no concern to you não te diz respeito 3 negócio; empresa ■ *v.* 1 dizer respeito a; afetar 2 preocupar 3 (*texto, filme etc.*) referir-se a; ser sobre ◆ to whom it may concern a quem de direito, a quem possa interessar
concerned *adj.* 1 preocupado (about/for, *com*); inquieto (about/for, *em relação a*) 2 visado; envolvido; interessado ◆ as far as I'm concerned quanto a mim, no que me diz respeito
concerning *prep.* acerca de; sobre; a meeting concerning the protection of wild life uma reunião sobre a proteção da vida selvagem
concert *s.* 1 (*show*) concerto 2 (*composição*) concerto; Chopin's piano concertos os concertos de piano de Chopin ■ *v.* 1 consertar 2 harmonizar
concertgoer *s.* frequentador de concertos
concerto *s.* (*composição*) concerto; piano concerto concerto para piano
concession *s.* 1 concessão; to make concessions to fazer concessões a 2 tarifa reduzida
conciliate *v.* (*inimigos*) conciliar
conciliation *s.* conciliação
concise *adj.* 1 conciso; sucinto 2 (*edição*) resumido; reduzido
conciseness *s.* concisão
concision *s.* concisão
conclave *s.* conclave; the ministers were meeting in conclave os ministros estavam reunidos em conclave
conclude *v.* 1 concluir (with, *com*); terminar (with, *com*) 2 concluir (from, *de*); deduzir (from, *de*); what can we conclude from that? que podemos concluir daí? 3 (*negócio, acordo*) firmar
concluding *adj.* final; concludente
conclusion *s.* 1 conclusão; in conclusion em conclusão; to bring to a conclusion para concluir; to come to the conclusion that chegar à conclusão de que; to draw a conclusion from tirar uma conclusão de; to jump to conclusions tirar conclusões precipitadas 2 (*tratado, reunião*) conclusão; final
conclusive *adj.* conclusivo; conclusive evidence provas conclusivas
conclusively *adv.* de forma conclusiva; definitivamente
concoct *v.* 1 confeccionar; preparar 2 figurado engendrar; maquinar; forjar
concoction *s.* 1 (*comida, bebida*) mistela 2 esquema
concordance *s.* 1 (*livro*) índice 2 formal (*ideias, ações*) concordância; conformidade

concourse s. 1 átrio; entrada; the hotel concourse was filled with people o átrio do hotel estava repleto de gente 2 literário (*pessoas*) multidão; afluência

concrete s. 1 concreto; cimento; concrete mixer betoneira 2 FILOSOFIA concreto ■ *adj.* 1 concreto 2 de concreto; a concrete wall um muro de concreto ■ *v.* cobrir de concreto; cimentar

concubine s. concubina

concur *v.* 1 concordar (with, *com*); I fully concur with you concordo plenamente com você 2 coincidir; conjugar-se (to, *para*)

concurrent *adj.* 1 concomitante; simultâneo; coincidente; he's working on two concurrent projects ele está trabalhando em dois projetos simultâneos 2 concertado

concuss *v.* bater na cabeça de (alguém)

concussion s. 1 MEDICINA traumatismo craniano, concussão cerebral 2 choque; abalo

condemn *v.* 1 condenar (to, *a*); sentenciar (to, *a*); to condemn to death condenar à morte 2 criticar (for, *por*); censurar (for, *por*); everybody condemned her attitude todo mundo censurou a atitude dela

condemnation s. 1 condenação 2 repúdio (of, *de*); censura (of, *de*)

condemned *adj.* 1 condenado; condemned cell cela de condenado à morte 2 censurado; reprovado

condensation s. condensação

condense *v.* 1 condensar(-se) 2 condensar (into/ to, *em*); resumir (into, to, *para*)

condensed *adj.* condensado; condensed milk leite condensado

condensing *adj.* condensador

condescend *v.* 1 condescender (to, *em*) 2 tratar de forma condescendente (to, –)

condescending *adj.* condescendente

condescension s. condescendência

condenser s. ELETRICIDADE condensador

condiment s. condimento

condition s. 1 condição; I'll do it on condition that you'll help me eu o faço na condição de você me ajudar; on one condition com uma condição; working conditions condições de trabalho 2 situação; of humble condition of origem humilde 3 estado; in good condition em bom estado 4 (*contrato*) cláusula (of, *de*) 5 doença; problema; he's got a heart condition ele sofre do coração ■ *v.* 1 condicionar; I'm conditioned by my work eu estou condicionado pelo meu trabalho 2 (*cabelo, pele*) tratar de ♦ to be out of condition estar fora de forma ● A expressão "ter condição financeira para fazer ou comprar algo" traduz-se por *to afford to*.

conditional *adj.* 1 condicional; conditional sentence frase condicional 2 dependente (on/upon, *de*); condicionado (on/upon, *por*) s. condicional

conditioner s. 1 (*cabelo*) condicionador 2 (*roupa*) amaciante 3 creme hidratante

conditioning s. condicionamento; social conditioning condicionamentos sociais

condolence s. condolência; letters of condolence cartas de condolência; please accept my condolences as minhas condolências, os meus sentimentos

condom s. preservativo

condominium s. EUA condomínio ● Um *condominium*, também chamado *condo*, pode ser um terreno ou casa em condomínio horizontal ou um apartamento em um prédio ou prédios.

condor s. ZOOLOGIA condor

conduct[1] s. 1 conduta; procedimento; I don't approve of his conduct eu não aprovo a conduta dele 2 gestão (of, *de*); organização (of, *de*)

conduct[2] *v.* 1 levar a cabo; realizar 2 gerir, dirigir; they conducted the whole operation eles dirigiram toda a operação 3 reger; to conduct an orchestra reger uma orquestra 4 (*visita*) guiar; conducted visit visita guiada 5 conduzir; to conduct an inquiry conduzir um inquérito ♦ formal to conduct oneself comportar-se portar-se

conductivity s. condutividade

conductor s. 1 condutor; this wire is a conductor of electricity este fio é um condutor de eletricidade 2 (*orquestra, coro*) regente; maestro; the conductor instructed the musicians o maestro dirigiu os músicos 3 (*transportes*) inspetor 4 líder; guia; he is the conductor of the operations ele é o chefe das operações

conduit s. 1 (*tubo*) conduta 2 intermediário

cone s. cone; an ice cream cone um sorvete de casquinha ou em copinho ■ *v.* 1 dar forma de cone 2 BOTÂNICA produzir cones 3 levar com luz nos olhos

confectioner s. pasteleiro; confeiteiro; doceiro; confectioner's confeitaria

confectionery s. artigos de confeitaria

confederacy s. confederação; confederacy of countries confederação de países

confederate[1] s. 1 confederado; aliado 2 cúmplice

confederate[2] *v.* confederar-se

confederation s. confederação

confer *v.* 1 conferenciar (with, *com*); aconselhar-se (with, *com*); he conferred with his parents before making the decision ele aconselhou-se com os pais antes de tomar a decisão 2 conceder (on/upon, *a*); atribuir (on/upon, *a*); to confer a title conceder um título

conference s. conferência (on, *sobre*); a conference on the environment uma conferência sobre o ambiente; conference room sala de reuniões; to be in conference estar em reunião

confess *v.* 1 confessar; he confessed everything to the police ele confessou tudo à polícia; to confess to a crime confessar um crime 2 declarar; he confessed himself guilty declarou-se culpado 3 reconhecer; admitir; I confess I am surprised reconheço que estou surpreendida

confession s. confissão; to go to confession confessar-se; to make a confession fazer uma confissão; RELIGIÃO to hear in confession ouvir em confissão

confessional s. confessionário ■ *adj.* confessional

confetti s. confete

confidant s. confidente (masculino)

confidante s. confidente (feminino)

confide *v.* 1 confidenciar (to, *a*); can I confide you a secret? posso te confidenciar um segredo? 2 formal confiar (to, *a*); this task was confided to me alone esta tarefa foi-me confiada somente a mim ♦ confide in v. confiar em; contar um segredo a

confidence s. 1 confiança 2 autoconfiança; segurança 3 (*segredo*) confidência; I was told about that in confidence isso me foi dito em confidência; this is in strict confidence isto é estritamente confidencial; to share confidences trocar confidências; to take somebody into one's confidence fazer confidências a alguém

confident *adj.* 1 confiante; she was feeling confident of her choice ela estava confiante na escolha dela 2 seguro; he was a very confident person ele era bastante seguro de si ♦ to be confident that... ter a certeza que...

confidential *adj.* 1 confidencial; these are confidential documents estes documentos são confidenciais 2 particular; they're having a confidential talk eles estão tendo uma conversa particular

confidentially *adv.* confidencialmente

configuration s. configuração

configure v. configurar

confine v. 1 limitar (to, *a*); restringir (to, *a*) 2 prender (to, *em*); encarcerar (to, *em*) ♦ to be confined to bed estar acamado

confined *adj.* (*espaço*) reduzido; limitado

confinement s. 1 prisão; clausura; years of confinement anos de clausura 2 antiquado parto

confines *s.pl.* confins; fronteiras; limites; they lived in the confines of the town eles viviam nos confins da cidade

confirm v. 1 confirmar 2 ratificar; the peace treaty was at last confirmed o tratado de paz foi por fim ratificado 3 RELIGIÃO crismar

confirmation s. 1 confirmação; all reservations are subject to confirmation todas as reservas requerem confirmação 2 ratificação 3 RELIGIÃO crisma

confirmed *adj.* 1 confirmado 2 inveterado; incorrigível

confirming *adj.* comprovante

confiscate v. confiscar; the police confiscated all his possessions a polícia lhe confiscou todos os bens

confiscation s. confiscação

conflagration s. conflagração

conflict[1] s. conflito (over, *por*; with, *com*; between, *entre*); armed conflict conflito armado; conflict of interest/interests conflito de interesses; to come into conflict with entrar em conflito com

conflict[2] v. entrar em conflito (with, *com*)

conflicting *adj.* 1 (*opiniões, interesses*) oposto; contrário 2 contraditório

confluence s. confluência (of, *de*); confluence of two rivers confluência de dois rios

conform v. 1 ajustar-se (to/with, *a*) 2 estar em conformidade (with, *com*) 3 obedecer (to/with, *a*); you must conform with the law você tem de obedecer à lei

conformity s. conformidade; concordância; you must act in conformity with the law você deve agir em conformidade com a lei

confound v. confundir

confounded *adj.* 1 confuso 2 coloquial, antiquado (*irritação*) maldito

confront v. 1 enfrentar; you must confront the problem tens de enfrentar o problema 2 confrontar (with, *com*); I confronted him with the truth confrontei-o com a verdade

confrontation s. confronto; conflito

confuse v. 1 confundir; atrapalhar 2 misturar; don't confuse my papers não misture os meus papéis 3 (*engano*) confundir (with, *com*)

confused *adj.* confuso; baralhado

confusion s. 1 confusão 2 desordem

congenial *adj.* (*pessoa, atmosfera*) agradável; simpático

congenital *adj.* congênito

conger s. congro

congest v. congestionar

congestion s. 1 congestão; to die of congestion morrer de congestão 2 congestionamento; traffic congestion congestionamento de trânsito

conglomeration s. conglomeração; conglomerado

congratulate v. felicitar (on/for, *por*); dar os parabéns (on/for, *por*) ♦ to congratulate oneself for congratular-se por

congratulation s. congratulação; congratulations parabéns • Usa-se *congratulations* para cumprimentar alguém por nascimento de filho, aniversário de casamento, conclusão de curso e outros. Para dar parabéns pelo aniversário de nascimento diz-se *happy birthday*.

congratulatory *adj.* de felicitação; congratulatory letters cartas de felicitações, carta de parabéns

congregate v. congregar-se; reunir-se; they congregated at table eles reuniram-se à mesa

congregation s. congregação

congress s. congresso

congressman s. 1 congressista 2 EUA membro da Câmara dos Representantes

congruent *adj.* congruente

congruous *adj.* congruente (with, *com*)

conic *adj.* cônico

conical *adj.* cônico

conjecture s. conjectura; suposição ■ v. conjecturar; supor

conjugal *adj.* conjugal

conjugate v. (*verbos*) conjugar

conjugation s. conjugação

conjunction s. 1 conjunção 2 combinação (of, *de*; with, *com*); associação (of, *de*; with, *com*); in conjunction with em conjunto com

conjunctivitis s. MEDICINA conjuntivite

conjuncture s. conjuntura

conjure v. 1 fazer magia; fazer passes de magia 2 invocar; conjurar

conjurer, conjuror s. ilusionista; prestidigitador

conjuring s. 1 ilusionismo; prestidigitação; conjuring trick truque de ilusionismo 2 artes mágicas; feitiçaria

conk s. Grã-Bretanha coloquial nariz ■ v. coloquial falhar, desistir ♦ **conk out** v. 1 coloquial (*máquina*) falhar; avariar 2 coloquial (*pessoa*) adormecer

connect v. 1 unir (to/with, *a*); ligar (to/with, *a*); the bridge connects Rio with Niterói a ponte liga o Rio a Niterói 2 relacionar (with, *com*); associar (with,

connected

a); I didn't connect you with your brother não te associei ao teu irmão **3** (*eletricidade*) ligar; you must connect this wire to the lamp você tem que ligar este fio ao abajur **4** (*chamada telefônica, trem, ônibus*) fazer a ligação; don't hang up, I'm going to connect you não desligue, vou fazer a ligação; this train connects with the bus that goes to the centre of the town este trem faz ligação com o ônibus que vai para o centro da cidade **5** comunicar (with, *com*)

connected *adj.* **1** ligado (with, *a*); relacionado (with, *com*) **2** da família (to, *de*); they are connected to the prime minister eles são da família do primeiro-ministro ◆ to be well connected estar bem relacionado, ter bons contatos

connecting *adj.* **1** de união; de ligação; the connecting link was cut o elo de ligação foi cortado **2** (*espaços*) que comunica

connection, connexion Grã-Bretanha ■ *s.* **1** relação (between, *entre;* with, *com;* to, *a*); ligação (between, *entre;* with, *com;* to, *a*); what's the connection between the two facts? qual é a relação entre os dois fatos? **2** (*meios de transporte, telefone*) ligação **3** (*eletricidade*) contato; the television has got a loose connection a televisão está com mau contato connections *s.pl.* he's got great connections ele tem altos contatos ◆ in connection with no que diz respeito a in this connection a propósito

connective *adj.* (*tecido*) conjuntivo
connector *s.* conector
connivance *s.* conivência
connive *v.* ser conivente (at, *em;* with, *com*)
connoisseur *s.* entendido (of, *em*)
connotation *s.* conotação; a negative connotation uma conotação negativa
connote *v.* conotar
conquer *v.* **1** conquistar **2** (*dificuldade, problema*) vencer
conquering *adj.* vitorioso; triunfante
conqueror *s.* conquistador; vencedor
conquest *s.* conquista (of, *de*)
conscience *s.* consciência; to have a clear/guilty conscience ter a consciência tranquila/pesada; to have something on one's conscience sentir remorsos por algo
conscientious *adj.* consciencioso; escrupuloso ◆ conscientious objector objetor de consciência
conscious *adj.* **1** consciente **2** deliberado **3** ciente (of, *de*); to be conscious of ter consciência de; to become conscious of dar-se conta de ■ *s.* PSICOLOGIA consciente
consciousness *s.* estado de consciência; to lose/regain consciousness perder/recuperar os sentidos ◆ to raise people's consciousness of... sensibilizar as pessoas para... alertar as pessoas para...
conscript *s.* recruta ■ *v.* recrutar; to be conscripted to ser recrutado para
conscription *s.* recrutamento
consecrate *v.* **1** consagrar **2** dedicar (to, *a*) **3** RELIGIÃO ordenar; he was consecrated bishop ele foi ordenado bispo
consecration *s.* **1** consagração; sagração **2** (*de bispo*) ordenação

consecutive *adj.* consecutivo; sucessivo
consensus *s.* consenso; the consensus of opinion a opinião geral
consent *s.* consentimento; permissão; autorização; by common consent de mútuo acordo; to give one's consent to dar consentimento a, autorizar ■ *v.* autorizar (to, –); permitir (to, –) ◆ age of consent idade núbil
consenting *adj.* responsável; consenting adults pessoas maiores e vacinadas
consequence *s.* **1** consequência; resultado; he will suffer the consequences of his actions ele vai sofrer as consequências dos seus atos **2** importância; that is of small consequence isso não tem grande importância ◆ in consequence por conseguinte
consequent *adj.* consequente, resultante
consequential *adj.* **1** consequente; resultante **2** importante
consequently *adv.* consequentemente
conservation *s.* **1** conservação; preservação **2** defesa do ambiente ◆ conservation area zona protegida
conservationist *s.* ambientalista
conservative *adj., s.* conservador; you're too conservative você é demasiado conservador ◆ at a conservative estimate calculando por baixo
conservatoire *s.* Grã-Bretanha conservatório
conservatory *s.* **1** Grã-Bretanha estufa **2** EUA conservatório
conserve *v.* **1** (*patrimônio*) conservar; proteger; preservar **2** (*água, energia*) poupar ■ *s.* compota; peach conserve compota de pêssego
consider *v.* **1** considerar; I consider it an honour to be here considero uma honra estar aqui **2** refletir sobre; ponderar; I'm considering the proposition estou refletindo sobre a proposta **3** (*problema, possibilidade*) examinar; estudar; the commission is considering the alternatives a comissão está examinando as alternativas **4** (*perigo*) avaliar, medir **5** levar em consideração; ter em conta ◆ all things considered, ... pensando bem, ...
considerable *adj.* considerável; substancial
considerate *adj.* atencioso; simpático; it was very considerate of you foi muito simpático da tua parte
consideration *s.* **1** consideração (for, *por*); respeito (for, *por*); you have no consideration for anyone você não respeita ninguém; in consideration of tendo em consideração **2** reflexão; exame; after long consideration I decided to turn down the proposition após longa reflexão decidi recusar a proposta; that's still under consideration isso está ainda sendo analisado **3** fator a ter em conta **4** formal (*pagamento*) importância; valor ◆ on no consideration will I accept what you're saying em circunstância alguma aceito o que você está me dizendo to take something into consideration ter alguma coisa em consideração
considering *prep.* tendo em conta; considering the alternatives, you made a good choice tendo em conta as alternativas, você fez uma boa escolha ■ *adv.* coloquial apesar de tudo; pensando bem
consign *v.* (*comércio*) consignar

consignment s. 1 consignação; on consignment à consignação 2 (*mercadorias*) remessa (of, *de*)
consist v. 1 consistir (in, *em*); the plan consisted in leaving at eight o'clock o plano consistia em partir às oito horas 2 ser composto (of, *por*)
consistency s. 1 coerência; lógica 2 (*textura*) consistência
consistent adj. 1 consistente; coerente; to be consistent with ser coerente com 2 (*textura*) consistente; sólido; this is a very consistent stone esta é uma pedra muito sólida
consolation s. 1 consolo; conforto 2 consolação; consolation prize prêmio de consolação
console¹ s. 1 console; game console console de jogos 2 (*televisão, rádio, computador*) suporte; mesa
console² v. consolar (with, *com*)
consolidate v. 1 consolidar; reforçar 2 unir; fundir
consolidation s. 1 consolidação; reforço 2 fusão; união
consonant s. (*som, letra*) consoante ∎ adj. formal em harmonia (with, *com*); coerente (with, *com*)
consort¹ s. consorte; prince consort príncipe consorte
consort² v. conviver (with, *com*)
consortium s. consórcio
conspicuous adj. 1 conspícuo; que dá nas vistas 2 visível 3 evidente; óbvio ♦ in a conspicuous position em evidência to be conspicuous by one's absence primar pela ausência
conspiracy s. conspiração
conspirator s. conspirador
conspiratorial adj. conspiratório
conspire v. 1 conspirar (against, *contra*; with, *com*) 2 unir-se (against, *contra*)
constable s. Grã-Bretanha (*polícia*) agente
constabulary s. Grã-Bretanha (*força pública*) polícia
constancy s. 1 constância; perseverança; firmeza 2 fidelidade; lealdade
constant adj. 1 constante; they had constant arguments discutiam constantemente 2 literário (*amigo*) leal; fiel ∎ s. constante; mistakes are a constant in life os erros são uma constante da vida; what's the constant in this equation? qual é a constante desta equação?
constellation s. ASTRONOMIA constelação
consternation s. consternação; he was filled with consternation ele estava consternado
constipate v. obstipar • Repare que *constipate*, *constipated* e *constipation* não têm o sentido de "constipação", "constipado" e "constipação".
constipation s. prisão de ventre; obstipação
constituency s. 1 círculo eleitoral 2 eleitorado de um círculo eleitoral 3 apoio político
constituent s. 1 (*círculo eleitoral*) eleitor 2 componente; constituinte ∎ adj. formal constituinte
constitute v. constituir
constitution s. 1 constituição; (*saúde*) he had a strong constitution ele tinha uma constituição forte; the Government must observe the Constitution o Governo deve obedecer à Constituição 2 composição (of, *de*)

constitutional adj. constitucional; a constitutional right um direito constitucional ∎ s. antiquado passeio; caminhada
constrain v. constranger (to, *a*); obrigar (to, *a*)
constraint s. 1 constrangimento; inibição 2 coação; police constraint coação policial 3 limitação (of, *de*; on, *a*); restrição (of, *de*; on, *a*)
constrict v. 1 apertar; the watchstrap constricted her wrist a pulseira do relógio lhe apertava o pulso 2 limitar; restringir 3 (*movimentos*) dificultar
constriction s. 1 constrição 2 (*peito, garganta*) opressão; aperto 3 limitação; restrição
constrictor s. 1 constritor; 2 ZOOLOGIA boa constrictor jiboia
construct¹ v. 1 construir; edificar 2 montar; armar 3 (*ideias, teorias*) estruturar; elaborar
construct² s. constructo
construction s. 1 (*atividade*) construção; construction site obra; construction worker operário de construção; the construction of a building a construção de um edifício; to be under construction estar em construção 2 edifício; construção; this is a rather complex construction este é um edifício bastante complexo 3 formal interpretação
constructive adj. construtivo; constructive criticism críticas construtivas
constructor s. (*empresa*) construtora
construe v. interpretar
consul s. cônsul; to be appointed consul for ser nomeado cônsul de
consulate s. consulado; the Brazilian consulate o consulado brasileiro
consult v. 1 consultar; to consult a doctor consultar um médico 2 aconselhar-se (with, *com;* about, *em relação a*); trocar impressões (with, *com;* about, *em relação a*); why don't you consult with your father? porque você não se aconselha com o seu pai?
consultancy s. assessoria
consultant s. 1 consultor; legal consultant consultor jurídico 2 Grã-Bretanha médico especialista
consultation s. 1 troca de impressões; discussão 2 (*pessoa, livro*) consulta
consultative adj. consultivo
consulting s. consulting room consultório
consumable adj. consumível consumables s.pl. consumíveis
consume v. 1 consumir; gastar; my car consumes too much fuel o meu carro consome demasiado combustível 2 (*fogo*) reduzir a cinzas; the fire consumed the entire house a casa ficou reduzida a cinzas ♦ to be consumed with jealousy morrer de ciúmes
consumer s. consumidor; consumer goods bens de consumo; consumer protection defesa do consumidor; consumer society sociedade de consumo
consumerism s. 1 consumismo 2 defesa do consumidor
consumerist adj. consumista
consummate¹ adj. perfeito; consumado
consummate² v. 1 formal (*relação, amor*) consumar 2 formal completar; concretizar; the plan must be fully consummated o plano deve ser concretizado na totalidade

consummation

consummation s. 1 formal (*relação, amor*) consumação 2 formal concretização

consumption s. 1 consumo; the consumption of organic products is increasing o consumo de produtos orgânicos está aumentando 2 antiquado tuberculose

contact s. contato (with, *com;* between, *entre*); to lose contact with somebody perder o contato com alguém ■ v. contatar; entrar em contato com; we'll contact you soon em breve o contataremos ♦ contact lens lente de contato contact sport esporte de contato

contagion s. 1 contágio 2 doença contagiosa

contagious adj. contagioso; infeccioso

contain v. 1 conter; incluir; this package contains fragile objects esta embalagem contém objetos frágeis 2 refrear; to contain oneself controlar-se; you must contain your enthusiasm tens de refrear o teu entusiasmo

container s. 1 recipiente 2 embalagem; cereal container embalagem dos cereais 3 contentor

containment s. formal contenção

contaminant s. contaminante

contaminate v. contaminar

contamination s. contaminação

contemplate v. 1 contemplar; admirar 2 pensar em; considerar a hipótese de; I'm contemplating buying a flat estou pensando em comprar um apartamento

contemplation s. contemplação

contemplative adj. contemplativo

contemporaneous adj. formal contemporâneo (with, *de*)

contemporary adj. contemporâneo (with, *de*); contemporary art arte contemporânea; to be contemporary with ser contemporâneo de ■ s. contemporâneo

contempt s. desprezo (for, *por*); desdém (for, *por*); to hold somebody in contempt desprezar alguém

contemptible adj. desprezível

contemptuous adj. 1 desdenhoso, de desprezo; contemptuous remarks comentários desdenhosos 2 insolente

contend v. 1 competir (for, *por*); disputar (for, *–*); the two teams are contending for the championship os dois times estão disputando o campeonato 2 formal sustentar; afirmar ♦ contend with v. (*dificuldades*) lidar com; enfrentar; I've got enough problems to contend with já tenho problemas suficientes para resolver

contender s. 1 candidato (for, *a*); the contenders for the title os candidatos ao título 2 concorrente (for, *a*) 3 adversário

content¹ s. 1 (*livro, discurso*) conteúdo 2 conteúdo; teor; food with a high fat content comida com elevado teor de gordura

content² adj. satisfeito (with, *com*); she seems content with life ela parece satisfeita com a vida ■ v. contentar; satisfazer; her answer seemed to content him a resposta dela pareceu satisfazê-lo ■ s. literário contentamento; a smile of pure content um sorriso de puro contentamento ♦ to your heart's content quanto te apetecer

contented adj. satisfeito; de satisfação

contention s. 1 formal opinião, convicção; it's my contention that... é minha convicção que... 2 formal discussão; disputa; out of contention for fora da disputa por; this is an issue of great contention este é um assunto muito controverso

contentious adj. 1 (*assunto, decisão*) controverso; polêmico 2 (*pessoa*) conflituoso

contentment s. satisfação; contentamento

contest¹ s. 1 concurso; beauty contest concurso de beleza 2 competição 3 (*boxe*) combate

contest² v. 1 formal contestar; I intend to contest the judge's decision eu pretendo contestar a decisão do juiz 2 formal disputar; to contest an election disputar uma eleição

contestant s. 1 concorrente 2 candidato (for, *a*) 3 adversário

context s. contexto; out of context fora de contexto

contextualize, contextualise Grã-Bretanha ■ v. contextualizar

contiguity s. (*proximidade*) adjacência

contiguous adj. formal contíguo (to/with, *a*)

continence s. continência

continent s. continente; European continent continente europeu

continental adj. continental

contingency s. formal contingência; eventualidade; we must be prepared for every contingency temos que estar preparados para todas as eventualidades ♦ contingency plan plano de emergência

contingent adj. formal dependente (on/upon, *de*) s. contingente; grupo; contingent of foreign soldiers contingente de soldados estrangeiros

continual adj. contínuo; constante; continual interruptions interrupções constantes

continuation s. continuação (of, *de*)

continue v. 1 continuar; prosseguir 2 durar; prolongar-se; the campaign continued for a week a campanha durou uma semana ♦ continued on page 5 continua na página 5 to be continued continua

continuity s. continuidade (between, *entre*) ♦ continuity announcer (*televisão, rádio*) locutor de continuidade

continuous adj. contínuo; constante; continuous assessment avaliação contínua

contort v. contorcer(-se); deformar(-se)

contortion s. contorção

contortionist s. contorcionista

contour s. 1 contorno 2 (*mapa*) curva de nível ■ v. desenhar em contorno

contraband s. contrabando ■ adj. de contrabando; contraband gadgets aparelhos contrabandeados

contrabass s. MÚSICA (*instrumento*) contrabaixo

contraception s. contracepção; anticoncepção

contraceptive adj., s. contraceptivo; contraceptive method método contraceptivo ■ s. contraceptivo

contract¹ s. contrato; acordo; to sign/break a contract assinar/quebrar um contrato

contract² v. 1 contrair(-se); metal contracts as it cools o metal contrai-se à medida que resfria; to contract the muscles contrair os músculos 2 formal (*dívida, doença*) adquirir; contrair; my son's con-

conversion

tracted pneumonia o meu filho contraiu pneumonia 3 contratar
contracting *adj.* contraente
contraction *s.* contração; "isn't" is a contraction of "is not" "isn't" é uma contração de "is not"
contractor *s.* 1 contratante; contratador 2 (*construção*) empreiteiro
contractual *adj.* contratual; contractual obligations obrigações contratuais
contracture *s.* MEDICINA contratura
contradict *v.* contradizer; their statements contradict each other as declarações deles são contraditórias; to contradict oneself contradizer-se
contradiction *s.* contradição (between, *entre*); to be in contradiction with entrar em contradição com ◆ a contradiction in terms um paradoxo
contradictory *adj.* contraditório
contraindicate *v.* contraindicar
contralto *s.* MÚSICA contralto ■ *adj.* de contralto
contraption *s.* coloquial maquineta, engenhoca, treco
contrast¹ *s.* contraste (between, *entre;* with/to, *com*); in contrast with/to the colour of the wall em contraste com a cor da parede; the contrast between light and dark colours o contraste entre cores claras e escuras ◆ by contrast em contrapartida
contrast² *v.* 1 comparar; confrontar 2 contrastar (with, *com*)
contravene *v.* transgredir, contravir
contravention *s.* contravenção, infração (of, *de*); violação (of, *de*); in contravention of the rules em violação das regras
contribute *v.* 1 contribuir com (to, *para*); several factors contributed to his bankruptcy diversos fatores contribuíram para a falência dele 2 (*jornalismo*) ser colaborador (to, *de*) 3 (*debate*) participar (to, *em*)
contribution *s.* 1 contribuição (to, *para*); contributo (to, *para*); all contributions are welcome todas as contribuições são bem-vindas 2 (*publicação*) colaboração 3 intervenção; participação
contributor *s.* 1 (*publicação*) colaborador (to, *de*); contributor to a magazine colaborador de uma revista 2 (*doação*) benemérito 3 causa; global warming is a possible contributor to floods o aquecimento global é uma das possíveis causas de inundações
contrition *s.* formal contrição
contrivance *s.* 1 engenhoca; maquineta 2 pejorativo artimanha (to, *para*); esquema (to, *para*)
contrive *v.* 1 inventar; arranjar 2 conseguir (to, –); arranjar forma (to, *de*)
contrived *adj.* artificial; simulado; forçado
control *s.* 1 controle (of, *de*) 2 restrição; to impose controls on impor restrições a 3 mecanismo de controle; botão; the volume control o botão do som ■ *v.* 1 controlar 2 dominar; the Romans controlled a vast empire os romanos eram senhores de um vasto império 3 controlar; verificar; to control the production quality controlar a qualidade da produção ◆ out of control descontrolado to be in control of controlar to control one's temper controlar-se, controlar seu humor, sua raiva to gain control of assumir o controle de to go out of control descontrolar-se under control sob controle control panel painel de controle
controller *s.* 1 controlador; air-traffic controller controlador de tráfego aéreo 2 inspetor 3 mecanismo de controle
controversial *adj.* controverso; polêmico; controversial book livro polêmico
controversy *s.* controvérsia; polêmica
controvert *v.* discutir; contestar; that matter has been controverted in the meeting esse assunto foi discutido na reunião
contuse *v.* contundir
contusion *s.* contusão
convalesce *v.* convalescer
convalescence *s.* convalescença
convalescent *adj., s.* convalescente; convalescent home clínica de repouso
convection *s.* FÍSICA convecção
convene *v.* 1 formal convocar 2 formal reunir
convenience *s.* 1 conveniência; marriage of convenience casamento por conveniência 2 comodidade; this house has the latest conveniences esta casa possui as últimas comodidades 3 Grã-Bretanha formal banheiro; gentlemen's conveniences banheiro dos homens ◆ at your earliest convenience logo que possível convenience food comida congelada convenience store loja de conveniência
convenient *adj.* 1 conveniente (for, *para*); will that be convenient for you? isso não lhe causa transtorno? 2 cômodo; prático 3 (*lugar*) bem situado (for, *em relação a*); it's very convenient for the station fica perto da estação
convent *s.* convento; to enter a convent ingressar em um convento
convention *s.* 1 convenção 2 congresso; to participate in a teacher's convention participar em um congresso de professores 3 convenção; convênio; all the countries signed the peace convention todos os países assinaram a convenção de paz
conventional *adj.* convencional; tradicional
converge *v.* convergir (on, *em/para*)
convergence *s.* convergência
convergent *adj.* convergente
conversant *adj.* formal familiarizado (with, *com*); to be conversant with the rules estar familiarizado com as regras
conversation *s.* conversa; to have a conversation about falar sobre; to hold a conversation with manter uma conversa com ◆ to run out of conversation ficar sem assunto conversation piece tema de conversa
conversational *adj.* coloquial; familiar; in a conversational tone em tom coloquial
converse¹ *s.* formal contrário, inverso ■ *adj.* formal oposto, contrário; I hold the converse opinion eu sou de opinião contrária
converse² *v.* formal conversar (about, *acerca de*)
conversion *s.* 1 conversão (to, *em*); conversion table tabela de conversão; conversion to Christianity conversão ao Cristianismo; to make the conversion

convert

of kilometres into miles converter quilômetros em milhas 2 transformação (into, *em*); conversion of chemical energy into electricity transformação de energia química em eletricidade

convert¹ s. convertido (to, *a*)

convert² v. 1 converter (to, *em/para;* into, *em*); to convert pounds into dollars converter libras em dólares 2 transformar (to, *em*); coal can be converted to gas o carvão pode ser transformado em gás

converter s. 1 técnico conversor 2 técnico transformador

convertible adj. conversível (into, *em*) ■ adj., s. (*carro*) conversível

convex adj. convexo; convex lens lente convexa

convexity s. convexidade

convey v. 1 formal transportar (from, *de;* to, *para*); levar (from, *de;* to, *para*); your luggage will be conveyed by taxi from the airport to your hotel a sua bagagem será transportada de táxi do aeroporto para o hotel 2 expressar; transmitir; the look in his eyes conveyed his anger a expressão dos olhos dele transmitia a sua fúria

conveyance s. formal transporte; public conveyances transportes públicos; the company agreed on the conveyance of goods by road a empresa concordou com o transporte de mercadorias por estrada

conveyor adj. conveyor belt esteira transportadora

convict¹ s. recluso; presidiário; an escaped convict um recluso fugitivo

convict² v. condenar (of, *por*); to be convicted of ser condenado por, ser declarado culpado de

conviction s. 1 convicção; she's a woman of strong convictions ela é uma mulher de convicções fortes 2 condenação (for, *por*); she had no previous convictions não tinha antecedentes criminais

convince v. convencer; persuadir; I'm convinced that he's telling the truth estou convencido de que ele está dizendo a verdade

convincing adj. 1 convincente; he delivered a convincing speech ele fez um discurso convincente 2 claro; inequívoco; they won by a convincing margin eles ganharam por uma margem clara

convivial adj. 1 (*pessoa*) jovial; alegre 2 (*ambiente*) animado; festivo

convocation s. (*chamada*) convocação

convoluted adj. 1 complicado; rebuscado 2 enrolado

convoy s. 1 (*veículos*) caravana; the cars crossed the desert in convoy os carros atravessaram o deserto em caravana 2 escolta; under convoy sob escolta ■ v. escoltar

convulse v. 1 provocar ou ter convulsões 2 sacudir; abalar ◆ to be convulsed with laughter estar morrendo de rir to convulse with pain contorcer-se de dores

convulsion s. convulsão; espasmo; to have convulsions ter convulsões ◆ to be in convulsions ter um ataque de riso

convulsive adj. convulsivo

coo v. arrulhar ■ s. arrulho ◆ to coo over something/somebody babar por algo/alguém

cook s. cozinheiro; chef ■ v. 1 cozinhar; (*refeição*) preparar; fazer 2 (*comida*) cozer; make sure the meat cooks for at least an hour certifique-se de que a carne cozinhe pelo menos uma hora ◆ coloquial to cook the books falsificar as contas what's cooking? o que se passa? o que está acontecendo? ◆ cook up v. (*história, desculpa*) inventar; fabricar

cooker s. Grã-Bretanha fogão

cookery s. culinária ◆ Grã-Bretanha cookery book livro de culinária

cookie s. 1 EUA bolacha; biscoito 2 (*Internet*) cookie ◆ a tough/smart cookie um osso duro de roer

cooking s. culinária; cozinha; I like Portuguese cooking eu gosto da cozinha portuguesa ■ adj. de cozinha ◆ cooking time tempo de preparação

cool adj. 1 (*água, mãos*) fresco; frio; it's a cool evening está uma noite fresca; (*rótulos*) keep in a cool place manter em local fresco 2 calmo; descontraído; to keep a cool head não perder a cabeça; to keep cool manter a calma 3 frio; distante; he's a cool and calculating person ele é uma pessoa fria e calculista; he was rather cool towards me foi bastante frio comigo 4 coloquial fantástico; espantoso 5 coloquial elegante, sofisticado; you look cool in that new dress ficas o máximo nesse vestido novo ■ v. 1 refrescar; esfriar; they opened the windows to cool the room eles abriram as janelas para esfriar a sala 2 acalmar; coloquial come on, cool it! vá lá, acalmem-se! s. fresco; I love going out in the cool of the evening adoro sair no fresco da noite ■ adv. calmamente; to play it cool reagir calmamente ◆ as cool as a cucumber impávido e sereno to keep a cool head manter a cabeça fria ◆ cool down v. 1 esfriar; refrescar 2 acalmar cool off v. 1 refrescar 2 acalmar

cooler s. 1 refrigerador 2 EUA bolsa térmica 3 EUA ar-condicionado; turn on the cooler liga o ar-condicionado 4 calão cadeia

coolness s. 1 frescura 2 frieza 3 calma; sangue-frio

co-op s. coloquial cooperativa

coop s. galinheiro ■ v. 1 prender 2 meter num quarto pequeno ◆ coop up v. (*espaço reduzido*) fechar; to feel cooped up sentir-se preso

cooperate, co-operate Grã-Bretanha ■ v. 1 cooperar (with, *com*) 2 colaborar; ajudar

cooperation, co-operation Grã-Bretanha ■ s. 1 cooperação; colaboração; in cooperation with em colaboração com 2 auxílio; ajuda

cooperative, co-operative Grã-Bretanha ■ adj. 1 cooperante 2 conjunto; a cooperative effort um esforço conjunto 3 cooperativo; cooperative enterprise empresa cooperativa ■ s. cooperativa

coordinate¹, co-ordinate Grã-Bretanha ■ adj. coordenado; coordinate clause oração coordenada ■ s. coordenada; flight coordinates coordenadas do voo

coordinate², co-ordinate Grã-Bretanha ■ v. coordenar

coordination, co-ordination Grã-Bretanha ■ s. coordenação (of, *de*)

coordinator, co-ordinator Grã-Bretanha ■ s. coordenador

cop s. coloquial polícia ■ v. Grã-Bretanha coloquial apanhar ◆ Grã-Bretanha cop that! olha para aquilo! Grã-

-Bretanha coloquial to be not much cop não ser grande coisa cop out v. coloquial acovardar-se; fraquejar
cope v. 1 safar-se; arranjar-se; I don't know how you cope! não sei como você consegue! 2 lidar (with, *com*); he coped very well with this situation ele lidou muito bem com esta situação
copier s. fotocopiadora
copilot s. copiloto
copious adj. abundante; copioso
copper s. 1 QUÍMICA (*elemento químico*) cobre 2 (*cor*) cobre; copper hair cabelo acobreado 3 Grã-Bretanha coloquial polícia coppers s.pl. Grã-Bretanha trocos; cobres pop. ■ v. cobrir com cobre
copulate v. copular (with, *com*)
copulation s. cópula
copy s. 1 cópia (of, *de*); I kept a copy of the letter fiquei com uma cópia da carta 2 (*publicação*) exemplar; this book has sold over a million copies este livro vendeu mais de um milhão de exemplares 3 imitação; reprodução ■ v. 1 copiar 2 reproduzir 3 imitar 4 fotocopiar
copybook adj. Grã-Bretanha correto, perfeito; a copybook landing uma aterrissagem perfeita ■ s. caderno ♦ to blot one's copybook ficar com a reputação manchada
copycat s. coloquial macaco de imitação ■ adj. copiado; imitado
copyedit v. copidescar
copyediting s. (*ato*) copidesque
copyright s. direitos de autor (for/on, *de*); copyright (for/on, *de*); to hold the copyright for/on ser proprietário dos direitos de autor de
copywriter s. redator publicitário
coral s. coral; coral reef recife de coral ■ adj. (*cor*) coral
cord s. 1 corda; cordel; I tied the suitcase with a piece of cord amarrei a mala com uma corda 2 cabo; to connect the power cord conectar o cabo de ligação cords s.pl. coloquial calças de veludo cotelê; a pair of cords umas calças de veludo cotelê ■ v. (*com cordas*) atar
cordial adj. cordial; afetuoso ■ s. (*bebida*) cordial
cordiality s. cordialidade
cordless adj. sem fio; cordless phone telefone sem fio
cordon s. (*soldados, policiais, veículos etc.*) cordão; there is a cordon of police around the stadium há um cordão policial à volta do estádio ■ v. 1 (*fio*) entrançar, transformar em corda 2 (*local*) isolar com corda ou cordão
corduroy s. cotelê corduroys s.pl. calça de veludo cotelê
core s. 1 (*frutos*) caroço 2 centro; núcleo; the earth's core o centro da Terra cerne (of, *de*); âmago (of, *de*); the core of the problem o cerne da questão ■ adj. fundamental; core issue questão fundamental ■ v. (*frutos*) descaroçar ♦ to the core até a medula core curriculum currículo obrigatório
coriander s. BOTÂNICA coentro
cork s. 1 cortiça 2 rolha ■ v. (*garrafa*) tampar com rolha
corkscrew s. saca-rolhas ■ adj. em espiral; torcido ■ v. torcer; enroscar

correlation

corn s. 1 Grã-Bretanha trigo; field of corn campo de trigo 2 EUA milho 3 calo
cornea s. ANATOMIA córnea
corner s. 1 canto 2 esquina (of, *de*); at the corner of the avenue and the main street na esquina da avenida com a rua principal 3 (*futebol*) canto; corner kick chute de escanteio 4 monopólio ■ v. 1 encurralar 2 controlar, conduzir ♦ from all corners of the world de todas partes do mundo just around the corner 1 mesmo ali ao virar da esquina 2 quase chegando para breve to be in a tight corner estar em uma situação difícil to force somebody into a corner encostar alguém à parede to turn the corner dar a volta por cima
cornerstone s. 1 pedra angular; the cornerstone of a building a pedra angular de um edifício 2 base; pilar
cornet s. Grã-Bretanha sorvete em casquinha ou copinho
cornfield s. 1 Grã-Bretanha campo de trigo 2 EUA campo de milho
cornflakes s.pl. flocos de cereais
cornflour s. farinha de milho
cornice s. cornija
cornucopia s. cornucópia
corny adj. coloquial brega; cafona
corolla s. BOTÂNICA corola
corollary s. formal corolário
coronary adj. coronário; coronary insufficiency/thrombosis insuficiência/trombose coronária ■ s. infarto do miocárdio
coronation s. coroação; the coronation of Queen Elizabeth II a coroação da Rainha Elizabeth II
coroner s. juiz de instrução que investiga homicídio ou morte suspeita, criminalista
corporal adj. corporal; corporal punishment castigo físico ■ s. cabo
corporate adj. 1 da empresa; corporativo; corporate culture cultura empresarial 2 coletivo; corporate responsibility responsabilidade coletiva
corporation s. sociedade; corporação; empresa; she works for a multinational corporation ela trabalha para uma empresa multinacional
corps s. 1 (*associação*) corpo; diplomatic corps corpo diplomático 2 (*exército*) corporação; força armada
corpse s. cadáver
corpulent adj. (*pessoa*) encorpado
corpus s. 1 corpus 2 conjunto; coletânea; we've collected a corpus of newspaper articles on this subject reunimos uma coletânea de artigos de jornal acerca deste assunto
corpuscle s. (*sangue*) glóbulo; red/white corpuscles glóbulos vermelhos/brancos
correct adj. correto; certo; he gave a correct answer ele respondeu acertadamente ■ v. corrigir; retificar ♦ if my memory is correct se bem me lembro
correction s. correção; all the corrections were in red todas as correções estavam a vermelho; to make a correction fazer uma correção ♦ correction fluid (*líquido*) corretor
corrective adj. corretivo ■ s. corretivo
correctness s. correção
correlation s. correlação (between, *entre*; with, *com*)

correspond

correspond v. 1 corresponder (with/to, *a*); equivaler (with/to, *a*) 2 trocar correspondência (with, *com*)
correspondence s. 1 correspondência (between, entre) 2 (*correio*) correspondência ♦ correspondence course curso por correspondência
correspondent s. (*jornal, carta*) correspondente; war correspondent correspondente de guerra ■ adj. correspondente
corresponding adj. correspondente
corridor s. corredor
corroborate v. corroborar; confirmar
corroboration s. corroboração; confirmação
corrode v. 1 corroer(-se) 2 oxidar; the sea air corrodes the pipes o ar do mar oxida os canos
corroded adj. (*metal*) corroído
corrosion s. 1 QUÍMICA corrosão 2 desgaste; destruição
corrosive adj. 1 QUÍMICA corrosivo 2 desgastante; destrutivo
corrugated adj. ondulado; enrugado; corrugado
corrupt adj. 1 corrupto; corrupt judge juiz corrupto 2 impuro 3 (*dados, arquivo*) corrompido; danificado ■ v. corromper
corruption s. 1 corrupção 2 técnico corruptela
corsair s. corsário
corset s. espartilho
cortex s. córtex; cerebral cortex córtex cerebral
cortisone s. cortisona
cosecant s. GEOMETRIA cossecante
cosine s. MATEMÁTICA cosseno
cosiness s. conforto; ambiente acolhedor
cosmetic s. cosmético; produto de beleza ■ adj. 1 cosmético; cosmetic surgery cirurgia estética 2 superficial; de superfície cosmetics cosmética
cosmic adj. 1 cósmico 2 gigantesco; prodigioso
cosmonaut s. cosmonauta
cosmopolitan adj., s. cosmopolita
cosmos s. cosmos; universo
cosset v. mimar; paparicar
cost s. 1 custo; despesa 2 preço ■ s.pl. (*tribunal*) custas ■ v. 1 custar; that mistake cost him his job esse erro custou-lhe o trabalho 2 coloquial ficar caro; it will cost you to go by plane ir de avião vai ficar caro para você 3 (pretérito, particípio passado -ed) I had the car repair costed in that garage pedi um orçamento para o conserto do carro naquela oficina ♦ at all costs a todo o custo custe o que custar at cost price a preço de custo at no extra cost sem tarifas adicionais at the cost of à custa de to cost an arm and a leg custar os olhos da cara to cut costs reduzir despesas to my cost é minha custa cost of living custo de vida
Costa Rica s. Costa Rica
Costa Rican adj., s. costa-riquenho
cost-effective adj. rentável
costly adj. dispendioso; caro
costume s. 1 traje 2 (*roupa*) máscara; fantasia; costume ball baile de máscaras • A palavra portuguesa "costume", no sentido de "hábito" corresponde em inglês a *habit*.
cosy, cozy EUA ■ adj. confortável; agradável; acolhedor; a cosy little house in the country uma casinha confortável no campo ■ s. abafador; tea cosy abafador para o chá
cot s. 1 Grã-Bretanha berço 2 EUA (*camping*) cama de lona ♦ Grã-Bretanha cot death (*bebê*) morte súbita
cotangent s. GEOMETRIA cotangente
cottage s. casa de campo ♦ cottage cheese queijo *cottage*
cotton s. 1 algodão; cotton shirt camisa de algodão; field of cotton campo de algodão 2 Grã-Bretanha linha; go get a needle and cotton vai buscar uma agulha e linha ■ v. 1 harmonizar-se, concordar 2 cobrir-se de pêlos, cobrir-se de penugem ♦ cotton bud cotonete EUA cotton candy algodão-doce Grã-Bretanha cotton wool algodão (hidrófilo)
couch s. sofá ■ v. formal formular (in, *em*); the decision was couched in clear terms a decisão foi formulada em termos claros ♦ coloquial couch potato viciado em televisão
cougar s. ZOOLOGIA puma
cough s. tosse; cough drop/lozenge pastilha contra a tosse; cough mixture/syrup xarope da tosse; I have a bad cough estou com uma tosse terrível ■ v. tossir; you're coughing a lot você anda tossindo muito cough up v. coloquial (*dinheiro*) largar
coughing s. tosse; coughing fit ataque de tosse
council s. 1 conselho; Council of Europe Conselho da Europa; council of ministers/war conselho de ministros/guerra 2 câmara municipal ♦ council housing habitação social
councillor, councilor EUA s. conselheiro; membro de um conselho
counsel s. 1 formal conselho 2 advogado; counsel for the defense/prosecution advogado de defesa/acusação ■ v. 1 (*profissional*) fazer aconselhamento a 2 formal aconselhar; she counselled them not to accept the proposal ela os aconselhou a não aceitar a proposta ♦ to keep your own counsel não revelar as suas intenções
counselling, counseling EUA s. orientação psicológica
counsellor, counselor EUA ■ s. 1 Grã-Bretanha conselheiro; consultor 2 EUA advogado
count s. 1 contagem; cálculo; to make a count fazer um cálculo 2 acusação; he was found guilty on all counts ele foi considerado culpado de todas as acusações 3 motivo; razão; on a number of counts por vários motivos 4 (*título*) conde ■ v. 1 contar; counting from today a contar de hoje; count to twenty conta até vinte; his opinion doesn't count much a opinião dele não conta muito; to count the votes fazer a contagem dos votos 2 calcular; to count the cost calcular as despesas 3 incluir; we were 20 counting the driver éramos 20 incluindo o motorista 4 considerar; I count myself honoured to be here considero-me honrado por estar aqui ♦ don't count your chickens before they're hatched não cante vitória antes do tempo to lose count of perder a conta de ♦ count down v. fazer contagem decrescente count in v. incluir; contar com count on/upon v. contar com count out v. 1 (*dinheiro*) contar um a um 2 não incluir; não contar com
countdown s. contagem decrescente

countenance s. formal semblante; fisionomia ■ v. formal permitir; tolerar; we will never countenance violence não toleraremos a violência
counter s. 1 balcão; guichê; this counter has just closed este balcão acabou de fechar 2 contador; to set the counter to zero colocar o contador no zero 3 (*jogo*) ficha 4 EUA (*cozinha*) balcão ■ v. 1 rebater; refutar; to counter an accusation rebater uma acusação 2 contrariar; fazer frente a; to counter a problem fazer frente a um problema ■ adv. contra; em sentido inverso a; to run counter to ir contra ♦ (*medicamento*) over the counter de venda livre under the counter clandestinamente
counteract v. contrariar; neutralizar
counterattack v. contra-atacars. contra-ataque
counterbalance v. contrabalançar
counterclockwise adj., adv. EUA em sentido contrário ao dos ponteiros do relógio
counterespionage s. contraespionagem
counterfeit v. falsificar; they have counterfeited thousands of bank notes eles falsificaram centenas de notas bancárias ■ adj. falso; fictício; he showed a counterfeit passport at the airport ele apresentou um passaporte falso no aeroporto ■ s. falsificação
counterfeiter s. falsificador
countermand v. anular, cancelar; his order was countermanded by his superior a ordem dele foi anulada pelo seu superior ■ s. contraordem
countermeasure s. medida preventiva
counteroffensive s. contraofensiva
counterpart s. 1 homólogo 2 equivalente 3 duplicado; cópia
counterpoint s. contraponto
counterproductive adj. contraproducente
counterproof s. (*investigação*) contraprova
countersign v. (*documento*) ratificar ■ s. contrassenha
countertenor s. MÚSICA contratenor
counterterrorism s. antiterrorismo
counterweight s. contrapeso
countess s. (*título*) condessa
counting s. contagem
countless adj. inúmero; sem conta
country s. 1 país; nação; pátria; country of origin país de origem; to die for one's country morrer pela pátria 2 (*região*) campo 3 região; área; zona; fishing country região de pesca 4 música country ■ adj. 1 rural; rústico; do campo; country life vida no campo 2 (*música*) country ♦ Grã-Bretanha to go to the country ir a eleições gerais Grã-Bretanha country dance dança folclórica Grã-Bretanha country house casa de campo
countryman s. 1 compatriota; my fellow countrymen os meus compatriotas 2 camponês
countryside s. (*região*) campo
countrywoman s. 1 compatriota 2 camponesa
county s. condado ■ adj. Grã-Bretanha coloquial da classe rica
coup s. golpe; military coup golpe militar ♦ coup de grâce golpe de misericórdia coup d'état golpe de estado

couple s. 1 par; dois; a couple of socks um par de meias; we'll be back in a couple of weeks estaremos de volta dentro de duas semanas 2 casal; they're a nice couple eles são um casal simpático ■ v. 1 ligar; unir; juntar 2 associar 3 engatar; atrelar; emparelhar; (*trem*) they coupled the carriages together eles atrelaram os vagões 4 formal (*pessoas*) copular; (*animais*) acasalar ♦ a couple of alguns coupled with associado a
couplet s. (*estrofe*) dístico
coupon s. 1 vale de desconto 2 cupom; to fill in the coupon preencher o cupom 3 (*totoloto, loteria esportiva*) boletim
courage s. coragem; ousadia; to show courage mostrar coragem
courageous adj. corajoso
courgette s. Grã-Bretanha abobrinha
courier s. 1 (*serviço*) correio expresso; to send something by courier mandar algo por correio expresso 2 (*profissional*) mensageiro 3 guia turístico
course s. 1 (*estudos*) curso (in, de); my brother is taking a course in painting o meu irmão está fazendo um curso de pintura 2 rumo; direção 3 rota; the plane changed course o avião mudou de rota 4 decurso (of, de); in the course of the year ao longo do ano 5 campo; pista, percurso; golf course campo de golfe 6 (*refeição*) prato; we had a 3 course dinner tivemos um jantar de 3 pratos 7 corrente, curso; the course of the river o curso do rio ■ v. correr; fluir ♦ in due course na devida altura in the course of time com o passar do tempo of course! claro!
court s. 1 tribunal; she took her husband to court ela levou o marido a tribunal 2 quadra de tênis; tennis court quadra de tênis 3 corte; paço; Court of Versailles palácio de Versalhes 4 comitiva, séquito 5 pátio ■ v. 1 cortejar; fazer a corte a 2 conquistar; granjear 3 (*perigo*) expor-se a ♦ the ball is in your court a bola está do teu lado
courteous adj. cortês
courtesy s. 1 cortesia; courtesy call visita de cortesia 2 favor; atenção ♦ by courtesy of por cortesia de
courthouse s. tribunal
courtier s. cortesão
court-martial s. conselho de guerra ■ v. julgar em conselho de guerra
courtroom s. (*tribunal*) sala de audiências
courtship s. 1 galanteio; corte 2 (*animais*) rituais de acasalamento
courtyard s. pátio
couscous s. CULINÁRIA cuscuz
cousin s. primo; first cousin primo de primeiro grau; second cousin primo de segundo grau
cove s. angra; enseada
covenant s. 1 convênio; contrato; pacto; there is a covenant between the two companies existe um acordo entre as duas empresas 2 Grã-Bretanha promessa escrita ■ v. comprometer; prometer por escrito; I covenanted to pay 60 dollars a year eu me comprometi a pagar 60 dólares por ano
cover s. 1 tampa; capa; cobertura 2 (*livro, revista*) capa 3 colcha 4 forro 5 sobrescrito; under plain

coverage

cover em um envelope em branco **6** proteção; to take cover from fire proteger-se do fogo **7** (*seguro*) cobertura (against, *contra*); we've got cover against fire temos cobertura contra incêndio; full cover seguro contra todos os riscos **8** disfarce **9** (*finanças*) cobertura ■ *v.* **1** cobrir (with, *com*); the floor is covered with mud o chão está coberto de lama **2** tapar; to cover one's eyes tapar os olhos **3** ocupar; the city covers an area of 25 square miles a cidade ocupa uma área de 25 milhas quadradas **4** proteger; cobrir; they covered our retreat eles cobriram a nossa retirada **5** (*período de tempo*) abranger; the book covers the period from 1840 to 1920 o livro abrange o período que decorre entre 1840 e 1920 **6** (*sentimentos, fatos*) dissimular; ocultar **7** (*seguro*) cobrir; the house is covered against fire a casa tem seguro contra incêndios **8** ESPORTE (*adversário*) marcar **9** percorrer; we covered the distance in 2 hours fizemos o percurso em 2 horas **10** (*jornalista*) fazer a cobertura de ◆ cover version (*música*) versão *cover* ◆ cover up *v.* **1** cobrir(-se); tapar(-se) **2** ocultar **3** encobrir (for, –)
coverage *s.* **1** (*meios de comunicação social*) cobertura; tempo de antena fig. **2** EUA (*seguros*) cobertura
covering *s.* **1** cobertura; revestimento **2** camada
covert *adj.* **1** encoberto; dissimulado **2** secreto ■ *s.* abrigo; esconderijo
cover-up *s.* encobrimento; ocultação de fatos
covet *v.* formal cobiçar; invejar; ambicionar
covetous *adj.* formal cobiçoso; invejoso
cow *s.* **1** vaca **2** (*mamíferos*) fêmea; cow elephant elefante fêmea **3** ofensivo (*mulher*) vaca ofens ■ *v.* intimidar; atemorizar ◆ coloquial till the cows come home até as galinhas terem dentes EUA coloquial to have a cow ficar muito chateado ou surpreso
coward *s.* covarde
cowardice *s.* covardia
cowardly *adj.* covarde
cowbell *s.* (*gado*) badalo
cowboy *s.* **1** vaqueiro; cowboy **2** Grã-Bretanha coloquial (*negócios*) trapaceiro ◆ to play cowboys and Indians brincar de índios e cowboys
cower *v.* (*medo*) aninhar-se; encolher-se; to cower in a corner aninhar-se em um canto
cowhide *s.* couro
cowl *s.* **1** capuz **2** (*chaminé*) cata-vento
cowshed *s.* estábulo; vacaria
coy *adj.* **1** dissimulado; sonso **2** reservado
coyote *s.* ZOOLOGIA coiote
crab *s.* **1** ZOOLOGIA caranguejo **2** coloquial (*parasita*) chato ■ *v.* coloquial lamuriar-se
crabby *adj.* rezingão; embirrento
crack *s.* **1** fenda; abertura; racha; there's a crack in this cup esta xícara está rachada **2** estalido; estalo; barulho seco **3** (*trovão*) estouro; estrondo **4** coloquial tentativa; to have a crack at experimentar **5** coloquial boca (about, *sobre*); piada (about, *sobre*) ■ *v.* **1** rachar; fender(-se) **2** partir; to crack eggs into a frying pan partir ovos para a frigideira **3** estalar **4** bater; I cracked my head on the door bati com a cabeça na porta **5** coloquial (*pessoa*) ir-se abaixo; (*sistema*) sofrer um colapso **6** (*voz*) fraquejar **7** decifrar; resolver; they cracked the code and opened the safe eles descobriram o código e abriram o cofre ◆ at the crack of dawn de madrugada not to give a fair crack of the whip não dar a mínima oportunidade coloquial to crack a joke mandar piadas coloquial to crack a smile deixar fugir um sorriso coloquial to crack (open) a bottle abrir uma garrafa coloquial to get cracking pôr mãos à obra ◆ crack up *v.* **1** (*riso*) morrer de rir col.; you crack me up! você me mata de rir col. **2** (*pessoa*) ir-se abaixo; ter um colapso
crackdown *s.* medidas severas (on, *contra*); medidas repressivas (on, *contra*)
cracked *adj.* **1** rachado; estalado; fendido **2** coloquial com um parafuso a menos col.
cracker *s.* **1** bolacha de água e sal **2** coloquial (*coisa, pessoa*) espetáculo col.; espanto col. **3** (*fogo de artifício*) petardo; busca-pé **4** pirata informático
crackers *adj.* coloquial louco; doido
cracking *adj.* **1** Grã-Bretanha coloquial excelente; sensacional **2** Grã-Bretanha coloquial bastante rápido; she maintained a cracking pace ela manteve um andamento bastante rápido
crackle *v.* **1** dar estalidos **2** (*fogo*) crepitar ■ *s.* **1** estalido **2** (*fogo*) crepitação
crackling *s.* **1** estalidos **2** crepitação
crackpot *adj., s.* coloquial maluco; disparatado
cradle *s.* **1** berço; the cradle of democracy o berço da democracia; to rock the cradle embalar o berço **2** (*auscultador do telefone*) suporte **3** Grã-Bretanha andaime ■ *v.* **1** embalar **2** segurar com cuidado ◆ from the cradle to the grave toda a vida
craft *s.* arte; ofício craft *s.pl.* **1** barco; embarcação **2** avião ■ *v.* trabalhar; a crafted vase um vaso trabalhado ◆ craft fair feira de artesanato
craftiness *s.* manha; astúcia
craftsman *s.* artesão; artífice
craftsmanship *s.* **1** habilidade **2** perfeição
crafty *adj.* esperto; astuto; manhoso
crag *s.* penhasco; rochedo
craggy *adj.* escarpado, íngreme
cram *v.* **1** enfiar; meter; he crammed the bank notes into his pocket ele enfiou as notas no bolso **2** encher (with, *de*); atafulhar (with, *de*) **3** coloquial estudar em excesso (for, *para*); he was cramming for his finals ele estava se matando de estudar para as provas finais ◆ to be crammed with estar abarrotado de
cramp *s.* cãibra; I had a cramp in my leg tive uma cãibra na perna cramps *s.pl.* dores fortes ■ *v.* **1** entravar; restringir; limitar **2** ter uma cãibra
cramped *adj.* estreito; apertado; exíguo; to be cramped for space ter pouco espaço
cranberry *s.* BOTÂNICA mirtilo; arando
crane *s.* **1** guindaste; grua **2** ZOOLOGIA grou ■ *v.* estender(-se), esticar(-se)
cranium *s.* crânio
crank *s.* **1** manivela; to turn the crank rodar a manivela **2** coloquial excêntrico; fanático; religious crank fanático religioso **3** EUA coloquial rabugento ■ *v.* usar a manivela de

cranky *adj.* 1 coloquial excêntrico; cranky ideas ideias excêntricas 2 EUA coloquial rabugento; irritável
cranny *s.* fenda; rachadela ♦ every nook and cranny todos os cantos e recantos
crap *s.* calão merda cal.; cut the crap! para com essa merda! cal., deixa de bobeira! ■ *adj.* calão de merda cal. ■ *v.* calão cagar cal.
crash *s.* 1 (*carro*) batida; choque; colisão 2 (*carro, avião*) acidente; plane crash acidente de avião 3 estrondo; estrépito; it fell down with a crash caiu com um estrondo 4 (*computador*) avaria 5 ECONOMIA forte crise, colapso financeiro ■ *v.* 1 (*veículos*) bater; colidir; she crashed her car ela bateu com o carro; the car crashed into a tree o carro bateu contra uma árvore 2 (*avião*) cair; the plane crashed o avião caiu 3 deixar cair com estrondo 4 despedaçar-se; the plates crashed to the ground os pratos se despedaçaram no chão 5 (*festa*) entrar sem convite; entrar de penetra; they crashed the party eles entraram de penetra na festa 6 (*computador*) rebentar 7 coloquial dormir; can I crash at your place tonight? posso dormir na sua casa esta noite? 8 ECONOMIA falir; the company crashed a empresa faliu ♦ coloquial a crashing bore um chato de galocha crash barrier (*estrada*) barreira de proteção (*autoestrada*) separador central/lateral crash course curso intensivo crash diet dieta radical crash helmet capacete crash landing aterrissagem de emergência crash test (*carro novo*) teste de resistência aos choques
crash-land *v.* fazer uma aterrissagem forçada
crasis *s.* LINGUÍSTICA crase
crass *adj.* crasso; grosseiro; estúpido; crass ignorance ignorância crassa
crate *s.* 1 caixa (of, *de*); grade (of, *de*); crate of beer grade de cerveja 2 coloquial, antiquado (*carro, avião*) lata fig. ■ *v.* embalar; encaixotar
crater *s.* cratera
cravat *s.* (*acessório de homem*) lenço de pescoço
crave *v.* 1 precisar muito de 2 ter ganas (for, *de*); estar mortinho fig. (for, *por*) 3 (*gravidez*) sentir desejos (for, *de*)
craving *s.* 1 desejo forte (for, *de*); she had a craving for sweets ela tinha desejos de guloseimas 2 (*bebidas, afeto, atenção etc.*) necessidade forte (for, *de*); sede fig. (for, *de*)
crawl *v.* 1 rastejar 2 engatinhar; the baby crawled across the bedroom o bebê engatinhou pelo quarto 3 (*inseto*) andar 4 (*trânsito*) andar muito devagar fig. *s.* 1 (*lentidão*) passo de caracol fig.; the traffic was moving at a crawl o trânsito andava a passo de caracol 2 (*natação*) crawl ♦ to be crawling with estar infestado/repleto de coloquial to crawl to somebody puxar o saco de alguém fig.
crawler *s.* 1 pessoa ou coisa que rasteja ou se desloca lentamente; Grã-Bretanha (*estrada*) crawler lane faixa dos veículos lentos 2 coloquial puxa-saco
crayfish, crawfish *s.* ZOOLOGIA lagostim do rio
crayon *s.* 1 lápis de cera; box of crayons caixa de lápis de cera 2 (*lápis*) pastel ■ *v.* 1 desenhar com lápis de cera 2 desenhar a pastel
craze *s.* (*moda, tendência*) loucura; mania

credit

crazed *adj.* 1 (*olhar, expressão*) de louco 2 louco; doido; to be crazed with jealousy estar doido de ciúmes
craziness *s.* loucura
crazy *adj.* louco; doido; like crazy como um louco; to be crazy about ser louco por; to drive somebody crazy levar alguém à loucura; to go crazy enlouquecer
creak *v.* ranger; chiar ■ *s.* rangido; chiadeira
cream *s.* 1 nata; strawberries and cream morangos e nata; the cream of society a nata da sociedade 2 creme; pomada; put some cream on that burn põe pomada nessa queimadura ■ *adj., s.* (*cor*) creme
■ *v.* CULINÁRIA bater até ficar cremoso; creamed potatoes purê de batata ♦ cream cake (*pastel*) nata Grã-Bretanha cream tea lanche em que se serve chá e bolinhos com creme e compota ♦ cream off *v.* selecionar (o melhor)
creamery *s.* 1 leitaria 2 fábrica de laticínios
creamy *adj.* 1 cremoso; creamy soap sabonete cremoso 2 com nata 3 (*cor*) creme
crease *s.* 1 prega; dobra; vinco 2 ruga ■ *v.* 1 enrugar(-se) 2 vincar
create *v.* 1 criar; produzir, gerar; to create a precedent criar um precedente 2 lançar; to create a new fashion lançar uma nova moda 3 Grã-Bretanha nomear; dar o título de; he was created duke foi dado a ele o título de duque ♦ to create a sensation fazer sensação
creation *s.* criação (of, *de*)
creative *adj.* criativo; creative writing escrita criativa
creativity *s.* criatividade
creator *s.* 1 criador 2 autor Creator RELIGIÃO Criador
creature *s.* criatura; ser, ente ♦ creature comforts pequenos confortos
credence *s.* formal crédito; credibilidade; to give credence to something dar credibilidade a algo
credentials *s.pl.* 1 referências; both candidates have excellent credentials ambos os candidatos possuem excelentes referências 2 carta de recomendação
credibility *s.* credibilidade; to lose one's credibility perder a credibilidade
credible *adj.* crédivel
credit *s.* 1 crédito; you have 20 dollars to your credit você tem um crédito de 20 dólares 2 credibilidade; he has no credit with the public ele não tem credibilidade junto do público 3 motivo de orgulho (to, *para*); you're a credit to your team você é um motivo de orgulho para a sua equipe 4 reconhecimento (for, *por*) 5 (*educação*) crédito; she hasn't enough credits to get her degree ela não tem créditos suficientes para terminar o curso credits *s.pl.* créditos; letreiro ■ *v.* 1 creditar; the cheque has been credited to your account o cheque foi creditado na sua conta 2 reconhecer (with, –); nobody credited him with any good quality ninguém lhe reconhecia qualquer qualidade 3 Grã-Bretanha acreditar em; his statement is hard to credit é difícil acreditar nas suas declarações ♦ credit card cartão de crédito no credit given não se vende fiado to buy (something) on credit comprar (alguma coisa) a crédito to do somebody credit fazer jus a alguém to

creditable give somebody credit for reconhecer o mérito de alguém por to take credit for ficar com a fama de fig.
creditable adj. louvável; honroso; meritório
creditor s. credor
credulity s. credulidade
credulous adj. crédulo
creed s. RELIGIÃO, POLÍTICA credo; doutrina
creek s. 1 Grã-Bretanha enseada; angra 2 EUA riacho ♦ to be up the creek estar metido em problemas
creep s. 1 coloquial palerma pej.; verme fig. 2 coloquial puxa-saco ■ v. 1 (pessoa, animal) rastejar; arrastar-se 2 (trânsito) andar muito devagar fig. 3 (planta) trepar ♦ to make one's flesh creep provocar calafrios/arrepios coloquial to give somebody the creeps dar arrepios em alguém; pôr alguém com os cabelos em pé
creeper s. (planta) trepadeira
creepy adj. sinistro; horripilante
cremate v. cremar
cremation s. cremação
crematorium s. crematório
Creole s.2g. descendente de africanos, às vezes também de europeus, nascido na América Central ou no sul dos Estados Unidos, durante a colonização ■ s. (língua) crioulo creole music música creole
crepe, crêpe s. crepe ♦ crepe paper papel crepe
crescendo s. MÚSICA crescendo; to rise to a crescendo ir em crescendo
crescent s. 1 crescente; (lua) crescent moon quarto crescente 2 rua em forma de meia-lua ♦ crescent roll croissant
cress s. BOTÂNICA agrião
crest s. 1 (pássaro, onda) crista; poupa 2 (estrada, encosta, rampa) cimo (of, de); cume (of, de) 3 armas; brasão ♦ on the crest of a wave na crista da onda
crestfallen adj. abatido; desanimado
cretin s. coloquial, ofensivo cretino; idiota; imbecil
crevasse s. (geleira) fenda
crevice s. (rocha) fenda; abertura
crew s. 1 tripulação; crew member membro da tripulação 2 equipe; film crew equipe de filmagem 3 pejorativo corja; súcia ■ v. tripular
crib s. 1 EUA berço 2 manjedoura 3 Grã-Bretanha presépio 4 coloquial cola em prova ■ v. coloquial copiar; plagiar; I cribbed the answers off her copiei as respostas dela
cricket s. 1 grilo 2 críquete; to play cricket jogar críquete
crime s. crime; delito; crime fiction literatura policial; crime wave onda de crimes; to commit a crime cometer um crime ♦ crime doesn't pay o crime não compensa
criminal s. criminoso ■ adj. 1 criminal; criminoso; criminal behaviour comportamento criminoso 2 penal; criminal code/law código/lei penal ♦ criminal record ficha criminal
criminality s. criminalidade
criminalize v. criminalizar
criminologist s. criminologista
criminology s. criminologia

crimp v. 1 (cabelo) frisar; ondular 2 (tecido, papel) enrugar ♦ to put a crimp in colocar entraves em
crimson adj., s. carmesim ♦ to go/turn crimson ficar muito vermelho
cringe v. 1 encolher-se de medo; recuar; the dog cringed when it saw me o cachorro recuou quando me viu 2 ficar envergonhado (at, com); ficar embaraçado (at, com); we all cringed at his jokes ficamos todos embaraçados com as piadas dele 3 rebaixar-se (to, perante)
crinkle s. ruga ■ v. enrugar(-se)
crinoline s. (tecido) crinolina
criollo adj., s. ofensivo negro
cripple s. ofensivo inválido; aleijado pej. ■ v. 1 aleijar; tornar inválido; the accident crippled him for life o acidente fez dele um inválido para toda a vida 2 prejudicar gravemente; paralisar
crippled adj. 1 inválido; mutilado; the men crippled in the war os mutilados da guerra 2 gravemente prejudicado
crisis s. 1 crise; to be in crisis estar em crise; to come to a crisis entrar em crise 2 (doença) ponto crítico; the fever passed its crisis point a febre já ultrapassou o ponto crítico
crisp adj. 1 (cabelo) crespo; encaracolado 2 firme, decidido; a crisp reply uma resposta decidida 3 (pão, biscoito) crocante 4 (hortaliça, fruta, tempo) fresco ■ s. (pacote) batata frita ■ v. tornar crocante ♦ to burn something to a crisp esturricar algo
criterion s. critério; what criteria do you use to judge a good singer? que critérios utiliza para avaliar um bom cantor?
critic s. 1 (profissional) crítico; music critic crítico de música 2 detrator
critical adj. crítico; at a critical moment em um momento crítico; critical analysis análise crítica; she was critical of his work ela criticava o seu trabalho; to be in a critical condition estar em um estado crítico
criticism s. crítica; literary/constructive criticism crítica literária/construtiva
criticize, criticise Grã-Bretanha ■ v. 1 criticar (for, por); censurar (for, por) 2 (filme, peça etc.) fazer a crítica de
critique s. crítica ■ v. fazer a crítica de
croak s. 1 (rãs) coaxar 2 (corvo) crocitar ■ v. 1 (rãs) coaxar 2 (corvo) crocitar 3 falar com voz rouca 4 coloquial bater a bota col.
Croatia s. Croácia
crochet s. crochê; crochet hook agulha de crochê ■ v. fazer crochê
crock s. 1 antiquado vaso de barro 2 coloquial traste velho
crockery s. louça
crocodile s. 1 ZOOLOGIA crocodilo 2 pele de crocodilo; crocodile shoes sapatos de pele de crocodilo 3 Grã-Bretanha coloquial fila de crianças da escola caminhando aos pares ♦ crocodile tears lágrimas de crocodilo
croissant s. CULINÁRIA croissant
crony s. camarada

crook s. 1 coloquial vigarista 2 cajado; shepherd's crook cajado de pastor 3 parte interior do cotovelo, curvatura ■ v. dobrar; vergar ◆ by hook or by crook de qualquer maneira

crooked adj. 1 arqueado; curvo 2 (caminho) sinuoso 3 torto 4 figurado desonesto; corrupto (particípio passado de **to crook**) ◆ a crooked smile um sorriso contrafeito, um sorriso enigmático

croon v. cantar suavemente

crop s. 1 colheita; to get the crops in fazer a colheita 2 (pessoas, coisas) grupo; fornada; last year's crop of students a fornada de estudantes do ano passado 3 (cabelo) corte à escovinha 4 (aves) papo 5 (equitação) chicote curto ■ v. 1 (cabelo) cortar à escovinha 2 (foto) recortar 3 (animais) comer o cimo das plantas 4 dar colheita; the potatoes have cropped well this year as batatas deram uma boa safra este ano 5 cultivar **crop out** surgir, manifestar-se

cropper s. to come a cropper cair pesadamente; falhar completamente

croquette s. CULINÁRIA croquete

cross s. 1 cruz; (marca) to mark with a cross marcar com uma cruz 2 (raças, espécies) cruzamento 3 (futebol, hóquei) passe cruzado 4 (boxe) cruzado 5 cruz fig., tormento ■ adj. zangado (with, com); furioso (with, com); Dad was really cross with me o pai estava mesmo zangado comigo ■ v. 1 (rua, oceano, ponte etc.) atravessar; to cross the street atravessar a rua 2 transpor; to cross a fence transpor uma cerca 3 (cheque) cruzar 4 (planos) frustrar; contrariar 5 (animais, plantas) cruzar 6 (braços, pernas, dedos) cruzar; she crossed her arms ela cruzou os braços 7 cruzar-se; I crossed with your sister today hoje cruzei-me com a sua irmã ◆ cross my heart (and hope to die)! juro por Deus! RELIGIÃO **to cross oneself** fazer o sinal da cruz **to cross one's mind** passar pela cabeça **to cross somebody's path** atravessar-se no caminho de alguém **to cross your fingers** fazer figas

crossbar s. 1 (baliza) trave; barra 2 barra transversal

crossbow s. (arma) besta

cross-country s., adj. cross-country

cross-dressing s. travestismo

crossed adj. cruzado

cross-examination s. contrainterrogatório

cross-eyed adj. estrábico

crossfire s. fogo cruzado ◆ to be caught in a crossfire estar entre dois fogos fig.

crossing s. 1 cruzamento 2 travessia (geralmente marítima) 3 (pedestres) faixa de pedestres

cross-legged adj., adv. de perna cruzada

cross-purposes s.pl. (mal-entendido) to be talking at cross-purposes estar falando de coisas diferentes

cross-reference s. remissão

crossroads s. cruzamento; encruzilhada ◆ to be at a crossroads estar em uma encruzilhada fig.

cross-section s. 1 seção; corte transversal 2 (população) amostra representativa

crossway s. encruzilhada

crosswind s. vento lateral

crosswise adv. transversalmente; de través

crossword s. palavras cruzadas

crotch s. entrepernas

crotchet s. MÚSICA semínima

crouch v. pôr-se de cócoras; agachar-se; I crouched behind the sofa agachei-me atrás do sofá

croup s. (cavalo) garupa

croupier s. (jogo) crupiê

crow s. 1 ZOOLOGIA corvo 2 canto do galo ■ v. 1 (galo) cucuricar; cantar 2 (criança) palrar alegremente 3 coloquial gabar-se (about/over, de) ◆ as the crow flies a direito EUA coloquial **to eat crow** ser forçado a reconhecer o erro

crowbar s. pé de cabra

crowd s. 1 multidão; ajuntamento; in crowds em massa 2 turba, populaça 3 grupo; I miss my college crowd tenho saudades do meu grupo do colégio ■ v. 1 aglomerar-se; apinhar-se; we crowded into the hall reunimo-nos à entrada 2 encher; the fans crowded the concert hall os fãs encheram a sala de concerto 3 pressionar ◆ **to go with/follow the crowd** deixar-se levar

crowded adj. 1 cheio de gente; abarrotado de gente; (sala de espetáculos) crowded house casa cheia 2 (dia, agenda) cheio; sobrecarregado

crown s. 1 (adorno, moeda, dentes) coroa 2 (chapéu) copa 3 (monte) topo; cume; crown of the hill cume do monte ■ v. 1 coroar; to be crowned king ser coroado rei 2 premiar; recompensar; success has crowned her years of effort os seus anos de esforço foram recompensados com o sucesso 3 (dentes) colocar uma coroa em 4 coloquial bater na cabeça de ◆ **crown prince** herdeiro da coroa coloquial **to crown it all** para cúmulo

crowning adj. supremo; culminante; her crowning glory o seu maior triunfo ■ s. coroação

crucial adj. crucial (to/for, para); decisivo (to/for, para)

crucifix s. crucifixo

crucifixion s. crucificação

crucify v. 1 crucificar 2 (crítica) pôr para abaixo fig. 3 (derrota) esmagar fig.

crude adj. 1 aproximado; geral 2 vulgar; ordinário; crude jokes anedotas vulgares 3 grosseiro; rudimentar 4 (material) bruto; crude oil petróleo bruto ■ s. petróleo bruto

cruel adj. 1 cruel (to, com); desumano (to, com) 2 doloroso; a cruel disappointment uma desilusão dolorosa

cruelty s. crueldade

cruet s. galheteiro; cruet set/stand galheteiro

cruise s. cruzeiro; to go on/for a cruise fazer um cruzeiro ■ v. 1 fazer um cruzeiro; we went cruising in the Mediterranean fizemos um cruzeiro no Mediterrâneo 2 circular (at, a); deslocar-se (at, a); the car was cruising at 60 km/h o carro circulava a 60 km por hora ◆ **cruise missile** míssil cruzeiro

cruiser s. 1 (navio) cruzador 2 iate de cruzeiro

crumb s. 1 migalha; to brush the crumbs off the table limpar as migalhas da mesa 2 pedaço; fragmento ◆ a crumb of comfort um pouco de consolo

crumble

crumble v. esmigalhar(-se); esboroar(-se); desfazer(-se); to crumble into dust desfazer-se em pó
crummy adj. coloquial péssimo; horrível; miserável
crumpet s. 1 Grã-Bretanha pequeno bolo redondo com buracos no topo, comido com manteiga quente 2 Grã-Bretanha calão pessoa atraente ant.
crumple v. amarrotar(-se); enrugar(-se)
crunch v. 1 roer (on, –); the dog was crunching on a bone o cachorro estava a roendo um osso 2 ranger; fazer um ruído seco ■ s. 1 rangido; ruído seco 2 momento da verdade; when it comes to the crunch no momento da verdade 3 (exercício) abdominal
crunchy adj. estaladiço; crocante
crusade s. 1 cruzada 2 campanha (against, contra; for, por); a crusade against smoking uma campanha contra o cigarro ■ v. fazer campanha (against/for, contra/por)
crusader s. 1 HISTÓRIA cruzado 2 defensor (for, de)
crush v. 1 esmagar 2 CULINÁRIA triturar 3 (gelo) picar 4 (uvas) pisar 5 comprimir; apertar 6 subjugar; dominar; esmagar fig. 7 destruir ■ s. 1 (multidão) aperto; confusão; I got lost in the crush perdi-me na confusão 2 esmagamento 3 coloquial interesse amoroso, começo de paixão; to have a crush on ter interesse por 4 coloquial pessoa por quem se tem interesse ♦ crush barrier (multidões) barreira de proteção
crushing adj. 1 esmagador; crushing defeat derrota esmagadora 2 aniquilador; terrível; crushing news notícias terríveis 3 (comentário) demolidor
crust s. 1 crosta; the earth's crust a crosta terrestre 2 casca (terra, neve) camada; a thin crust of ice uma fina camada de gelo 4 ousadia, audácia ■ v. encrostar
crustacean adj. ZOOLOGIA crustáceo ■ s. crustáceo
crusty adj. 1 estaladiço 2 impertinente, rabugento
crutch s. 1 muleta; to walk on crutches andar de muletas 2 apoio
crux s. âmago; cerne; the crux of the matter o cerne da questão
cry s. 1 choro 2 grito (of, de; for, por) 3 pedido; apelo 4 pregão 5 palavra de ordem ■ v. 1 chorar (over/about, por causa de; for, por); the baby is crying o bebê está chorando; she's crying for her mother ela está chorando pela mãe 2 gritar (for, por) 3 pedir; rogar; to cry for help pedir ajuda; to cry mercy pedir misericórdia 4 apregoar 5 (cachorro) ladrar; latir ♦ (impaciência) for crying out loud! pelo amor de Deus! to cry for the moon exigir o impossível to cry one's eyes out chorar copiosamente to cry over spilt milk chorar sobre o leite derramado to cry wolf dar um falso alarme ♦ cry off v. desistir cry out v. gritar
crybaby s. chorão; mimalho
crying s. choro ■ adj. 1 gritante; vergonhoso; flagrante; the state of the roads is a crying shame o estado das estradas é vergonhoso 2 urgente; premente; there's a crying need for food há uma necessidade urgente de comida
cryogenics s. criogenia
crypt s. cripta
cryptogam s. BOTÂNICA criptógama

crystal s. cristal ■ adj. 1 de cristal; crystal ball/glass bola/copo de cristal 2 transparente; cristalino
crystal-clear adj. 1 límpido; cristalino 2 (significado) claro; transparente; evidente
crystalline adj. cristalino; ANATOMIA (olho) crystalline lens lente, cristalino
crystallize, crystallise Grã-Bretanha ■ v. cristalizar
crystallized adj. cristalizado
cub s. cria; filhote ■ v. (animal) dar à luz
Cuba s. Cuba
Cuban adj., s. cubano
cube s. 1 cubo; a sugar cube um cubo de açúcar; an ice cube um cubo de gelo 2 MATEMÁTICA cubo; the cube of 3 is 27 3 ao cubo são 27 v. 1 MATEMÁTICA elevar ao cubo; 3 cubed is 27 3 ao cubo são 27 2 CULINÁRIA cortar em cubinhos ♦ cube root raiz cúbica
cubic adj. cúbico; cubic centimetre centímetro cúbico
cubicle s. cubículo
cubism s. cubismo
cubist adj., s. cubista
cuckoo s. (ave) cuco ■ adj. coloquial maluco ♦ cuckoo clock relógio de cuco
cucumber s. EUA pepino ♦ as cool as a cucumber impávido e sereno
cuddle s. abraço; to give somebody a cuddle dar um abraço a alguém ■ v. abraçar(-se)
cuddly adj. 1 fofo 2 amoroso; cuddly child criança amorosa
cudgel s. cacete, pau, clava ■ v. agredir com cacete, dar cacetadas ♦ to cudgel one's brains puxar pela cabeça to take up the cudgels on behalf of sair em defesa de
cue s. 1 (teatro) deixa; dica 2 (música) sinal de entrada 3 sinal 4 (bilhar) taco ■ v. fazer sinal a; dar a deixa a ♦ (right) on cue no momento preciso; na hora H to take one's cue from pegar a deixa de
cuff s. 1 (camisa) punho 2 EUA (calças) dobra 3 tabefe; sopapo cuffs s.pl. algemas ■ v. 1 esbofetear 2 algemar ♦ off the cuff de improviso
cufflinks s.pl. abotoadura
cuisine s. cozinha; French cuisine cozinha francesa
cul-de-sac s. beco sem saída
culinary adj. formal culinário; culinary skills dotes culinários
cull v. 1 (grupo de animais) eliminar (os mais fracos ou indesejados) 2 (informação) recolher; the facts were culled from various sources os fatos foram recolhidos através de várias fontes
culminate v. culminar (in, em)
culmination s. ponto culminante (of, de); auge (of, de)
culottes s. saia-calça
culprit s. 1 culpado 2 responsável
cult s. 1 culto; cerimônia religiosa 2 organização ou grupo religioso; seita
cultivate v. 1 cultivar 2 aperfeiçoar; cultivar; desenvolver; to cultivate the mind cultivar o espírito
cultivated adj. 1 (pessoa) culto 2 cultivado
cultivation s. 1 cultivo (of, de); the cultivation of cotton a cultura de algodão 2 (intelectual) aperfeiçoamento; desenvolvimento 3 (intelectual) cultura

cultivator s. 1 agricultor; lavrador 2 (*máquina*) cultivador
cultural adj. cultural; cultural activity/heritage atividade/patrimônio cultural
culture s. cultura; bee culture apicultura; popular culture cultura popular ♦ culture shock choque cultural
cultured adj. 1 culto 2 de cultura; cultured pearl pérola de cultura
cumbersome adj. pesado; incômodo; desconfortável
cumin s. BOTÂNICA cominho
cumulative adj. cumulativo; cumulative costs custos acumulados
cunning s. manha; astúcia ■ adj. 1 manhoso; astuto 2 hábil; engenhoso
cup s. 1 xícara; tea cup xícara de chá 2 (*prêmio*) taça 3 (*soutien*) copa 4 cálice ■ v. (*mãos*) colocar em concha ♦ it's not my cup of tea não faz o meu gênero that's another cup of tea isso é uma coisa muito diferente cup final (*futebol*) final de campeonato
cupboard s. (*louça, roupa etc.*) armário
Cupid s. Cupido
cupola s. ARQUITETURA cúpula
curable adj. curável; que tem cura
curative adj. curativo ● Um "curativo" para machucado traduz-se por *dressing*.
curator s. (*museu*) conservador; curador
curb s. 1 freio; controle; to keep a curb on manter controlado 2 EUA (*rua*) passeio ■ v. refrear; dominar; to curb one's enthusiasm controlar o entusiasmo
curbside s. EUA (*estrada*) meio-fio
curd s. coalhada
curdle v. coagular; coalhar ♦ to make one's blood curdle gelar de medo
cure s. 1 cura (for, *para*) 2 (*problema*) remédio; solução 3 (*processo*) recuperação ■ v. 1 curar (of, –); this medicine will cure you of your cough este remédio vai curar a sua tosse 2 (*alimentos*) curar 3 (*problema*) combater; eliminar ♦ to be past cure ser incurável to cure an evil reparar um mal what can't be cured, must be endured o que não tem remédio remediado está
curfew s. toque de recolher
curia s. cúria
curiosity s. 1 curiosidade (about, *em relação a*); just out of curiosity só por curiosidade 2 (*objeto, fenômeno*) raridade, curiosidade ♦ curiosity killed the cat a curiosidade matou o gato
curious adj. 1 curioso (about, *acerca de*); to be curious about ter curiosidade em relação a 2 estranho; invulgar ♦ the curious thing is that... curiosamente, ...
curium s. QUÍMICA (*elemento químico*) cúrio
curl s. 1 (*cabelo*) cacho, caracol 2 ondulação 3 espiral ■ v. encaracolar(-se); cachear, ondular ♦ to curl one's lip fazer uma careta
curly adj. cacheado ♦ curly brackets chavetas
currant s. 1 (*uva*) passa 2 groselha
currency s. 1 moeda 2 circulação; curso 3 crédito; aceitação; to gain currency ganhar crédito, expandir-se

customary

current adj. 1 atual; current affairs atualidades 2 (*mês, ano*) em curso 3 (*legislação*) vigente 4 (*número de publicação*) último ■ s. 1 (*água, ar, eletricidade*) corrente; currents of hot air correntes de ar quente 2 tendência ♦ Grã-Bretanha current account conta-corrente
currently adv. atualmente
curriculum s. currículo
curry s. caril, curry; chicken curry curry de galinha ■ v. preparar com caril ♦ to curry favour with procurar cair nas boas graças
curse s. 1 praga; maldição; to put a curse on somebody rogar uma praga em alguém 2 palavrão ■ v. 1 praguejar 2 amaldiçoar 3 rogar uma praga a
cursor s. INFORMÁTICA cursor ■ v. INFORMÁTICA mover o cursor
cursory adj. 1 rápido; I gave a cursory glance at the report dei uma vista de olhos rápida no relatório 2 superficial; apressado
curt adj. brusco; seco
curtail v. 1 reduzir; encurtar 2 restringir
curtain s. 1 cortina; curtain of smoke cortina de fumaça; to draw the curtains fechar as cortinas 2 pano de boca do palco ■ v. colocar cortina em ♦ coloquial to be curtains for ser o fim de curtain call chamada ao palco
curtly adv. secamente; bruscamente
curtsy, curtsey s. reverência; to make/drop a curtsy fazer uma reverência ■ v. fazer reverência; cumprimentar com respeito
curvaceous adj. (*corpo*) curvilíneo
curvature s. curvatura
curve s. curva ■ v. 1 curvar; encurvar(-se) 2 (*rua*) fazer uma curva ♦ EUA to throw somebody a curve pegar alguém desprevenido
curved adj. curvo; encurvado
cushion s. 1 almofada 2 (*bilhar*) tabela 3 amortecedor ■ v. 1 almofadar 2 atenuar; amortecer 3 proteger
cushy adj. (*trabalho, estilo de vida*) fácil; pouco exigente; coloquial a cushy job um trabalho fácil
cusp s. 1 cúspide 2 ponta; extremidade
cuss s. 1 tipo; fulano 2 praga; maldição ■ v. coloquial praguejar ♦ not to give a tinker's cuss não estar nem aí
cussed adj. 1 teimoso; difícil 2 maldito
custard s. CULINÁRIA creme de leite e ovos
custodian s. guarda; conservador
custody s. 1 custódia (of, *de*); guarda (of, *de*); the father was awarded custody of the children o pai ficou com a guarda das crianças; the children are in custody of their grandparents as crianças foram entregues aos cuidados dos avós 2 detenção; the criminal was taken into custody o criminoso foi detido; to be held/kept in custody estar detido 3 proteção; defesa; segurança
custom s. 1 costume; hábito; uso 2 formal (*loja*) freguesia, clientela ♦ EUA custom clothes roupa feita por encomenda
customary adj. usual; habitual; it is customary to do it é costume fazer-se isso

customer

customer s. freguês; cliente; regular customer cliente habitual ◆ customer services serviço de apoio ao cliente
customize, customise Grã-Bretanha ■ v. 1 fazer sob medida 2 personalizar; adaptar
customs s. alfândega; customs duty direitos alfandegários; to go through customs passar pela alfândega • **Customs** pode ser considerado um nome singular ou plural.
cut s. 1 golpe; corte; incisão 2 ECONOMIA redução; corte 3 (roupa, cabelo) corte 4 quinhão; parte ■ adj. talhado; cortado; lapidado; cut glass vidro lapidado ■ v. 1 cortar; I've had my hair cut fui cortar o cabelo; to cut in half cortar ao meio 2 trinchar 3 talhar 4 abrir; to cut a hole abrir um buraco 5 ECONOMIA fazer cortes em; reduzir 6 coloquial parar; cut the chatter! parem com a conversa! 7 (filme) editar 8 (observação, comentário) ferir; machucar 9 (dente) nascer 10 (disco, CD) gravar ◆ (cinema) cut! corta! to be a cut above the rest ser melhor que os outros to cut a long story short resumindo e concluindo EUA coloquial to cut classes faltar às aulas ◆ cut back ■ v. 1 reduzir; they are cutting back posts estão reduzindo os postos de trabalho 2 podar; aparar; the gardener is cutting back the tree o jardineiro está podando a árvore cut down v. 1 reduzir; diminuir; cortar; try cutting down expenses tente diminuir as despesas 2 cortar; pôr abaixo; the tree has been cut down a árvore foi cortada 3 formal matar; ceifar fig.; they were cut down by the plague as vidas deles foram ceifadas pela peste cut in v. 1 interromper; intervir; he cut in on the conversation ele interveio na conversa 2 cortar; dar uma cortada; atravessar-se; the driver cut in dangerously in front of the other car o motorista cortou o outro carro 3 disparar; the safety device cuts in automatically o dispositivo de segurança dispara automaticamente cut off v. 1 cortar; the water has been cut off in my building a água foi cortada no meu prédio 2 isolar; the village was cut off by the flood a aldeia ficou isolada pelas enchentes 3 deserdar 4 cortar a palavra a; she was cut off in the middle of the sentence foi-lhe cortada a palavra no meio da frase cut out v. 1 recortar; cortar 2 retirar; eliminar 3 pôr um fim a ◆ cut it out! para com isso! to be cut out for something nascer para ser alguma coisa cut up v. 1 cortar; cortar aos bocados; she cut up the apple ela cortou a maçã aos pedacinhos 2 dilacerar; transtornar
cutaneous adj. cutâneo
cutback s. redução; corte; diminuição; staff cutback corte de pessoal

cute adj. 1 coloquial fofinho, amoroso 2 fino, esperto; don't get cute with me não dê uma de espertinho comigo
cuticle s. cutícula
cutlery s. talheres
cutlet s. CULINÁRIA costeleta; grilled cutlet costeleta grelhada
cut-price adj. a preço reduzido; mais barato
cutter s. 1 cortador; talhador 2 (barco) cúter
cutting s. 1 corte 2 recorte; press/newspaper cuttings recortes de jornal 3 BOTÂNICA estaca ■ adj. 1 de corte; cutting tool ferramenta de corte 2 cortante 3 incisivo; áspero; mordaz ◆ EUA cutting board tábua (de cozinha) cutting edge 1 gume 2 vanguarda at the cutting edge na vanguarda 3 vantagem
cutting-edge adj. inovador; pioneiro; cutting-edge technology tecnologia de ponta
cuttlefish s. ZOOLOGIA sépia
CV sigla de Curriculum Vitae, currículo, CV
cyanide s. QUÍMICA cianeto
cybercafe s. cibercafé
cybercrime s. cibercrime
cyberculture s. cibercultura
cybernaut s. cibernauta
cybernetics s. cibernética
cybersex s. cibersexo
cyberspace s. ciberespaço
cyberterrorism s. ciberterrorismo
cyborg s. ciborgue
cyclamen s. BOTÂNICA cíclame; ciclâmen
cycle s. 1 ciclo (of, de) 2 (máquina) programa 3 bicicleta ■ v. andar de bicicleta; ir de bicicleta ◆ cycle counter contador de rotações cycle lane/path ciclovia
cyclic, cyclical adj. cíclico
cycling s. ciclismo; to go cycling ir andar de bicicleta
cyclist s. ciclista
cyclone s. ciclone
cylinder s. 1 cilindro; a six-cylinder engine um motor de seis cilindros 2 (de gás) cilindro, botijão
cylindrical adj. cilíndrico
cymbal s. MÚSICA címbalo
cynical adj. cínico
cynicism s. cinismo
cypress s. BOTÂNICA cipreste
Cyprus s. Chipre
cyst s. BIOLOGIA, MEDICINA cisto
cystic adj. cístico; cystic fibrosis fibrose cística
cysticercosis s. BIOLOGIA, MEDICINA cisticercose
cysticercus s. BIOLOGIA, MEDICINA cisticerco
cytology s. BIOLOGIA citologia
cytoplasm s. BIOLOGIA citoplasma
Czech Republic s. República Checa

D

d s. (letra) d **D** MÚSICA (nota) ré
dab s. 1 gota; a dab of glue uma gota de cola 2 toque ■ v. 1 tocar levemente (at, em); she dabbed at the wound ela tocou levemente na ferida 2 aplicar (on, em)
dabble v. 1 chapinhar (in, em); borrifar, salpicar; to dabble one's hands in the water chapinhar com as mãos na água 2 interessar-se (at/in/with, por); to dabble in arts interessar-se por arts
dad s. coloquial papai
daddy s. linguagem infantil papai; paizinho
daffodil s. narciso
daft adj. tolo; don't be daft! não seja bobo!
dagger s. punhal ♦ to look daggers at somebody lançar um olhar fulminante a alguém
dahlia s. BOTÂNICA dália
daily s. 1 (jornal) diário; the story was in all the dailies a história saiu em todos os diários 2 Grã-Bretanha antiquado diarista ■ adj. diário; de todos os dias; daily routine rotina diária ■ adv. diariamente; twice daily duas vezes por dia ♦ to earn one's daily bread ganhar o pão nosso de cada dia
dainty adj. delicado; dainty hands mãos delicadas ■ s. antiquado guloseima
dairy s. leitaria ■ adj. leiteiro; dairy cattle gado leiteiro ♦ dairy produce laticínios
dairyman s. leiteiro
dais s. estrado
daisy s. BOTÂNICA margarida ♦ to be pushing up (the) daisies estar morto e enterrado
dally v. perder tempo
Dalmatian adj., s. (cachorro) dálmata
daltonic adj. daltônico
daltonism s. daltonismo
dam s. barragem; represa ■ v. 1 represar 2 (sentimentos) conter; reprimir ● É diferente de damm.
damage s. 1 prejuízo(s); to do serious damage to prejudicar gravemente 2 dano(s); estrago(s); to cause serious damage to fazer grandes estragos em damages s.pl. indenização ■ v. danificar; prejudicar ♦ the damage is done o mal está feito
damaged adj. (objeto) danificado; inutilizado
damaging adj. prejudicial (to, a); damaging to health prejudicial à saúde
damn adj. coloquial maldito; this damn car has broken down again este maldito carro avariou outra vez ■ v. condenar ■ adv. coloquial muito; I know you damn well conheço-te muito bem damn it! interj. (fúria, irritação) droga! ♦ not to be worth a damn não valer nada not to give a damn (about) não estar nem aí
damnation s. danação; condenação ■ interj. antiquado (fúria, irritação) droga!
damned adj. coloquial maldito ■ adv. coloquial muito; damned hot quente à beça! col. s.pl. (os) condenados ♦ I'll be damned! diabos me levem!
damning adj. condenatório
damp adj. úmido; a damp cloth um pano úmido ■ s. umidade; a patch of damp on the wall uma mancha de umidade na parede ■ v. umedecer ● É diferente de dump.
dampen v. 1 umedecer 2 (sentimentos) conter; refrear
dampening s. contenção
damper s. 1 fim; to put the damper on pôr um fim a 2 (piano) abafador 3 (chaminé, fogão) registro
dampness s. umidade
damp-proof adj. Grã-Bretanha (parede) damp-proof course camada isolante
damson s. BOTÂNICA ameixa pequena
dance s. 1 dança 2 baile ■ v. dançar; to dance a waltz dançar uma valsa ♦ dance floor pista de dança dance hall salão de baile
dancer s. dançarino; bailarino
dancing s. dança ■ adj. dançante
dandelion s. BOTÂNICA dente-de-leão
dandruff s. caspa; dandruff shampoo xampu anticaspa
dandy adj. EUA coloquial estupendo; bacana; dandy fever dengue ■ s. dândi; janota
Dane s. (pessoa) dinamarquês
danger s. perigo (of, de); danger of death perigo de morte; danger signal sinal de perigo; out of danger livre de perigo ♦ Grã-Bretanha danger money subsídio de risco
dangerous adj. perigoso; arriscado; a dangerous situation uma situação perigosa ♦ to be on dangerous ground estar em terreno escorregadio
dangerousness s. periculosidade
dangle v. 1 balançar; to dangle one's feet balançar os pés 2 acenar com; oferecer
Danish adj. dinamarquês Danish s. (língua) dinamarquês
dank adj. úmido; frio
dapper adj. (homem) elegante ● É diferente de diaper.
dapple v. matizar; sarapintar
dare s. desafio; provocação ■ v. 1 atrever-se (to, a); how dare you? como te atreves? 2 desafiar (to, a); to dare somebody to do something desafiar alguém a fazer alguma coisa
daring adj. ousado; audaz ■ s. coragem; ousadia
dark adj. 1 escuro; dark blue azul-escuro; dark hair cabelo escuro 2 (pele) moreno 3 sombrio; obscuro; tenebroso 4 secreto; misterioso; to keep something dark esconder qualquer coisa de alguém ■ s. 1 escuro; escuridão; to be afraid of the dark ter medo do escuro 2 anoitecer; before dark antes que anoiteça ♦ Dark Ages Idade Média coloquial in the dark sem saber de nada to look on the dark side of things ser pessimista

darken

darken v. 1 escurecer 2 entristecer
darkness s. escuridão; the room was in darkness o quarto estava às escuras ♦ the forces of darkness as forças do mal
darling s. querido; amor; he is his mother's darling ele é o querido da mãe; she's a little darling ela é um amor ■ adj. amoroso; encantador; what a darling little house! que casinha amorosa!
darn s. cerzidura ■ v. cerzir ■ adj. maldito ■ adv. coloquial muito ■ interj. (fúria, irritação) droga!
darnel s. BOTÂNICA joio
dart s. 1 dardo 2 movimento rápido; he made a dart for the door precipitou-se para a porta darts s.pl. jogo de dardos ■ v. 1 lançar; to dart a glance lançar um olhar 2 precipitar-se
dartboard s. (dardos) alvo
dash s. 1 pitada; a dash of pepper uma pitada de pimenta 2 (pontuação) travessão 3 (código Morse) traço 4 corrida; he made a dash for the door precipitou-se para a porta ■ v. 1 arremessar 2 irromper; to dash into the room irromper pelo quarto 3 despachar-se; concluir rapidamente I must dash tenho que me despachar 4 (esperanças) frustrar ♦ Grã-Bretanha dash it! maldição! ♦ dash off v. 1 sair correndo 2 escrever à pressa
dashboard s. (carro) painel
data s.pl. dados; informação; data processing processamento de dados ♦ data bank banco de dados ● A palavra portuguesa "data" traduz-se por date.
database s. base de dados
date s. 1 data; date of birth data de nascimento; to set a date marcar uma data; to date até à data 2 EUA encontro; blind date encontro às escuras 3 (fruto) tâmara ■ v. 1 datar 2 EUA andar com; sair; she's dating my brother ela namora com o meu irmão
dated adj. antiquado; datado
dating s. datação
dative adj. dativo ■ s. dativo
daub v. borrar (with, com) s. 1 mancha (of, de); salpico (of, de) 2 argamassa
daughter s. filha
daughter-in-law s. nora
daunt v. intimidar
dauntless adj. destemido, audaz, intrépido, arrojado
dawdle v. embromar
dawn s. 1 amanhecer; aurora; at dawn/at the break of dawn ao amanhecer 2 início (of, de); the dawn of civilization o início da civilização ■ v. 1 amanhecer, alvorecer 2 começar
day s. 1 dia; all day/all day long o dia todo; day after day dia após dia; day in, day out dia após dia; day off dia de folga; by day durante o dia; every other day dia sim, dia não; one of these days um dia destes; on that day nesse dia; the day after no dia seguinte; the day before na véspera; the day before yesterday anteontem; these days hoje em dia; nestes dias 2 tempos; during my school days nos meus tempos de escola ♦ Grã-Bretanha day boy aluno externo day care 1 (crianças) creche 2 (idosos) centro de dia Grã-Bretanha day return passagem de ida e volta
daybreak s. amanhecer

daydream s. devaneio ■ v. sonhar acordado
daydreamer s. sonhador
daylight s. luz do dia; in broad daylight em plena luz do dia ♦ Grã-Bretanha coloquial daylight robbery roubo, roubalheira daylight saving time horário de verão
daytime s. dia ■ adj. de dia, diurno
daze s. in a daze aturdido, desorientado
dazzle v. 1 ofuscar; atrapalhar a visão; the light dazzled my eyes a luz ofuscou-me 2 deslumbrar ■ s. 1 encandeamento 2 deslumbramento
dazzling adj. 1 ofuscante 2 deslumbrante
deacon s. diácono
deactivate v. desativar
dead adj. 1 morto; dead body cadáver; over my dead body por cima do meu cadáver 2 que não funciona; sem corrente; the phone is dead o telefone não funciona 3 (corpo) entorpecido; dormente; my hand is dead tenho a mão dormente 4 coloquial (de rastos); cansado; I'm absolutely dead estou morto de cansaço 5 completo; absoluto; total; dead silence silêncio total ■ adv. 1 coloquial completamente; to be dead broke estar completamente falido; to be dead certain about something ter a certeza absoluta de qualquer coisa 2 coloquial muito; I'm dead tired estou muito cansado ■ s.pl. (os) mortos ♦ dead end 1 rua sem saída 2 (situação) beco sem saída to come to/reach a dead end chegar a um beco sem saída dead weight peso morto
deadbeat s. 1 coloquial mandrião 2 coloquial caloteiro
deaden v. amortecer; atenuar; to deaden a shock amortecer um choque
deadline s. prazo; to meet a deadline cumprir um prazo
deadlock s. impasse; to reach a deadlock chegar a um impasse
deadly adj. 1 mortal; fatal; a deadly virus um vírus mortal 2 total; absoluto; deadly silence silêncio absoluto 3 coloquial chato; aborrecido; a deadly party uma festa aborrecida ■ adv. muito; deadly tired muito cansado
deaf adj. 1 surdo; deaf and dumb surdo-mudo; deaf in one ear surdo de um ouvido 2 insensível (to, a); indiferente (to, a); she was deaf to all my requests ignorou todos os meus pedidos ♦ to be as deaf as a post ser surdo como uma porta to fall on deaf ears ser em vão to turn a deaf ear to fazer ouvidos de mercador
deafen v. ensurdecer
deafening adj. ensurdecedor
deaf-mute s. antiquado, ofensivo surdo-mudo
deafness s. surdez
deal s. 1 acordo; negócio; to strike/make/cut a deal fazer/fechar um negócio; it's no big deal não tem importância, não é um problema, 2 (jogo de cartas) vez de dar cartas 3 quantidade; a good deal bastante 4 Grã-Bretanha madeira de pinho; tábua de pinho ■ v. 1 (cartas) dar 2 coloquial (droga) traficar ♦ deal out v. 1 dar as cartas; it's your turn to deal out é a tua vez de dar as cartas 2 (cas-

tigo) impor; to make a big deal out of it fazer uma tempestade em copo d'água deal with *v.* **1** lidar com; tratar de; he's dealing with a new case está tratando de um caso novo **2** negociar com; I've never dealt with them nunca tive negócios com eles **3** (*assunto*) tratar de
dealer *s.* **1** negociante; comerciante **2** traficante **3** jogador que dá as cartas
dealership *s.* concessionário
dealing *s.* negócio; comércio dealings *s.pl.* negócios; transações; to have dealings with ter negócios com
dean *s.* **1** decano **2** reitor
dear *adj.* **1** querido; amoroso **2** precioso (to, *para*); importante (to, *para*); his family is very dear to him a família é muito importante para ele **3** Grã-Bretanha caro; it's too dear! é muito caro! **4** (*correspondência*) caro; prezado; Excelentíssimo; Dear John Caro João; Dear Sir Exmo. Sr. *s.* querido; amor; my dear meu querido; she's such a dear ela é um amor ♦ to cost somebody dear sair muito caro a alguém to hold somebody/something dear prezar/gostar muito de alguém/algo oh, dear!/Dear me! caramba!
dearly *adv.* **1** muito **2** caro; he paid dearly for his mistake o erro lhe saiu muito caro ♦ RELIGIÃO dearly beloved caríssimos
dearth *s.* escassez (of, *de*); falta (of, *de*); dearth of water escassez de água
death *s.* **1** morte **2** fim ♦ to be at death's door estar às portas da morte death blow golpe de misericórdia death certificate certidão de óbito death penalty pena de morte death rate taxa de mortalidade death toll número de mortos coloquial death trap perigo; till death do us apart até que a morte nos separe
debase *v.* **1** humilhar; rebaixar; to debase yourself humilhar-se **2** (*moeda*) desvalorizar
debatable *adj.* discutível
debate *s.* debate (on/about, *sobre*); a debate on elections um debate sobre as eleições; to be under debate estar em debate; to hold a debate fazer um debate ■ *v.* **1** debater; discutir **2** pensar; ponderar; he was debating what to do estava pensando no que devia fazer
debater *s.* participante em debate
debating *s.* debate; debating society clube de debate
debauchery *s.* deboche, caçoada; libertinagem; devassidão
debilitate *v.* debilitar; enfraquecer
debilitating *adj.* debilitante; a debilitating disease uma doença debilitante
debilitation *s.* debilitação
debility *s.* debilidade
debit *s.* débito; dívida the account is in debit a conta está devedora ■ *v.* debitar (from, *em*); the money has been debited from the account o dinheiro foi debitado da conta ♦ on the debit side como inconveniente debit card cartão de débito
debrief *v.* interrogar; recolher o testemunho de
debris *s.* **1** destroços; escombros **2** restos **3** detritos

decide

debt *s.* dívida; to be in debt to somebody estar em dívida com alguém; to pay off a debt pagar uma dívida; to run into debt endividar-se
debtor *s.* devedor
debug *v.* **1** INFORMÁTICA resolver erros de programação **2** (*local*) remover escutas de
debunk *v.* **1** desacreditar **2** desmistificar
debureaucratize *v.* desburocratizar
débutante *s.* debutante
decade *s.* década
decadence *s.* decadência
decadent *adj.* decadente
decaf *s.* coloquial descafeinado
decaffeinated *adj.* descafeinado ■ *s.* descafeinado
decagon *s.* GEOMETRIA decágono
decalcify *v.* descalcificar
decametre, decameter EUA ■ *s.* decâmetro
decamp *v.* **1** decampar **2** levantar o acampamento **3** coloquial fugir, cair fora; they decamped to the beach eles fugiram para a praia
decant *v.* decantar
decantation *s.* decantação
decapitate *v.* decapitar
decapitation *s.* decapitação
decathlon *s.* ESPORTE decatlo
decay *s.* **1** deterioração **2** (*dentes*) cárie **3** decadência; declínio; economical decay declínio econômico ■ *v.* **1** apodrecer; the body started to decay o corpo começou a apodrecer **2** (*edifício*) deteriorar-se; ficar degradado **3** decair; estar em declínio
decaying *adj.* **1** podre; estragado; decaying fruit fruta podre **2** (*dente*) cariado **3** decadente; a decaying industrial town uma cidade industrial em decadência
decease *s.* falecimento; morte
deceased *adj., s.* falecido
deceit *s.* engano; fraude
deceitful *adj.* enganador; falso
deceive *v.* enganar; levar (into, *a*); to deceive oneself enganar-se; he was deceived into signing the papers ele foi levado a assinar os documentos
deceiver *s.* impostor
decelerate *v.* abrandar
deceleration *s.* abrandamento
December *s.* dezembro
decency *s.* decência; decoro
decent *adj.* decente ♦ to do the decent thing fazer o que se deve ● É diferente de *descent*.
decentralization, decentralisation Grã-Bretanha *s.* descentralização
decentralize, decentralise Grã-Bretanha *v.* descentralizar
deception *s.* engano; fraude ● A palavra "decepção" se traduz por *disappointment, letdown, blow*.
deceptive *adj.* enganador; appearances can be deceptive as aparências enganam
decibel *s.* FÍSICA decibel
decide *v.* **1** decidir(-se); I'm old enough to decide my future já tenho idade suficiente para decidir o meu futuro; he decided to leave ele decidiu ir embora **2** julgar

decided

decided adj. nítido; evidente
decidedly adv. decididamente
deciding adj. decisivo
deciduous adj. caduco; transitório; deciduous tree árvore de folha caduca
decilitre, deciliter EUA s. decilitro
decimal adj., s. decimal; decimal system sistema decimal
decimalize, decimalise Grã-Bretanha v. reduzir a decimal
decimate v. dizimar
decimation s. dizimação
decimetre s. decímetro
decipher v. decifrar
decision s. 1 decisão; to make/take a decision tomar uma decisão; decision-making tomada de decisões; processo decisório 2 determinação; resolução
decisive adj. 1 decisivo 2 (pessoa) decidido; determinado; firme • É diferente de derisive.
decisiveness s. 1 caráter decisivo 2 (pessoa) firmeza; determinação
deck s. 1 (navio) convés; lower deck primeiro convés; upper deck convés superior 2 (avião, ônibus) piso 3 EUA (cartas) baralho; to shuffle the deck embaralhar as cartas ▪ v. 1 enfeitar (with, com); the street were decked with flags as ruas estavam enfeitadas com bandeiras 2 coloquial bater
declaim v. declamar
declaration s. declaração (of, de); declaration of income declaração dos rendimentos
declare v. 1 declarar; to declare war on declarar guerra a; they declared their intention declararam as suas intenções 2 pronunciar-se (for, a favor de; against, contra)
declared adj. declarado
declassify v. levantar a confidencialidade de
decline s. 1 declínio; to fall into decline entrar em declínio 2 decréscimo; diminuição; a decline in production um decréscimo da produção ▪ v. 1 decrescer; diminuir; the number of students is declining o número de estudantes está diminuindo 2 formal recusar; he declined my invitation recusou o meu convite 3 piorar; deteriorar-se; his health has been declining o seu estado de saúde tem piorado
declivity s. declive
declutch v. desembrear
decode v. descodificar; decifrar
decoder s. descodificador
decoding s. decodificação
decolonization, decolonisation Grã-Bretanha s. descolonização
decolonize, decolonise Grã-Bretanha v. descolonizar
decompose v. decompor
decomposition s. decomposição
decomposer s. BIOLOGIA decompositor
decompress v. descomprimir
decompression s. descompressão; decompression chamber câmara de descompressão
decongestant s. descongestionante
decongestion s. descongestionamento
decontaminate v. descontaminar

decontamination s. descontaminação
decorate v. 1 decorar (with, com); she decorated the room with flowers decorou a sala com flores 2 condecorar (for, por); he was decorated for his achievements ele foi condecorado pelos seus feitos
• A palavra "decorar" no sentido de "memorizar" se traduz por memorize, learn by heart.
decoration s. 1 decoração; enfeite; Christmas decorations enfeites de Natal 2 condecoração
decorative adj. decorativo; ornamental
decorator s. decorador
decorum s. decoro
decoy[1] s. 1 engodo; chamariz 2 (pássaros) armadilha
decoy[2] v. aliciar (into, a)
decrease[1] s. decréscimo (in, em; of, de); diminuição (in, em; of, de); a decrease in production um decréscimo na produção; a decrease of 10% uma diminuição de 10%
decrease[2] v. diminuir; baixar; reduzir
decreasing adj. decrescente
decree s. 1 decreto; to issue a decree emitir um decreto 2 deliberação judicial; sentença ▪ v. decretar
decrepit adj. decrépito
decrepitude s. decrepitude; senectude
decriminalization, decriminalisation Grã-Bretanha s. despenalização; descriminalização
decriminalize, decriminalise Grã-Bretanha v. despenalizar; descriminalizar
decry v. formal condenar • É diferente de descry.
dedicate v. 1 dedicar (to, a); the book was dedicated to his mother dedicou o livro à mãe 2 consagrar (to, a); the church was dedicated to Saint Paul a igreja foi consagrada a S. Paulo
dedicated adj. 1 dedicado (to, a); a dedicated father um pai dedicado; dedicated to work dedicado ao trabalho 2 especializado
dedication s. 1 dedicação (to, a); entrega (to, a); her dedication to her children a dedicação dela aos filhos 2 dedicatória; to write a dedication escrever uma dedicatória
deduce v. deduzir (from, de); concluir (that, que)
deduct v. deduzir (from, de); descontar (from, de)
deductible adj. dedutível
deduction s. 1 (quantia) dedução; desconto 2 dedução; conclusão
deed s. 1 feito; ação; good deed boa ação; heroic deeds feitos heroicos 2 DIREITO escritura
deem v. formal considerar; to deem necessary considerar necessário
deep adj. 1 profundo; a deep sleep um sono profundo 2 (respiração) fundo; to take a deep breath respirar fundo 3 grande; he was in deep trouble ele estava em uma grande enrascada 4 (sentimento) intenso 5 (som) grave 6 (cor) carregado; escuro 7 difícil; complicado; a deep problem um problema difícil ▪ adv. profundamente; he was deep in sleep ele estava dormindo profundamente ▪ s. literário (o) mar; (as) profundezas ♦ deep down no fundo; no íntimo deep into the night pela noite dentro to be deep in thought estar absorto nos seus pensamentos to be in deep water estar metido em uma enrascada deep freeze arca congeladora

deepen v. 1 aprofundar(-se) 2 acentuar(-se); intensificar(-se); the crisis has deepened in recent years a crise acentuou-se nos últimos anos 3 (*som, voz*) tornar(-se) mais grave 4 (*cor, luz*) tornar(-se) mais carregado
deepening s. aprofundamento
deep-fry v. CULINÁRIA fritar em óleo abundante
deeply adv. profundamente
deep-rooted adj. profundamente enraizado
deep-sea adj. em alto mar; deep-sea fishing pesca em alto-mar
deep-seated adj. profundamente enraizado
deer s. ZOOLOGIA veado; cervo
deface v. desfigurar
defamation s. difamação; he was sued for defamation ele foi processado por difamação
defamatory adj. difamatório
defame v. (*prejudicar reputação*) difamar
default s. 1 falta (on, com, em relação a) 2 não comparecimento; to win by default vencer por falta de comparecimento do adversário 3 (*computador*) predefinição; default option opção predefinida ■ v. 1 não cumprir; atrasar, faltar (on, com); he defaulted on this month's instalment ele faltou com a prestação deste mês 2 (*jogo*) não comparecer ♦ in default of à falta de
defaulter s. incumpridor
defeat s. derrota; to admit defeat admitir a derrota ■ v. 1 derrotar; Brazil defeated Argentina by 4 goals to 1 o Brasil derrotou a Argentina por quatro a um 2 (*planos, intenções*) frustrar
defeatism s. derrotismo
defeatist adj., s. derrotista; a defeatist attitude uma atitude derrotista
defecate v. formal defecar, evacuar
defecation s. formal defecação, evacuação
defect[1] s. defeito (in, em); there is a defect in this shirt tem um defeito nesta camiseta
defect[2] v. desertar (from, de); he defected from his country ele desertou do país
defection s. deserção
defective adj. defeituoso
defector s. desertor; trânsfuga
defence, defense EUA s. defesa; in defence of em defesa de; witness for the defence testemunha de defesa ♦ the best defence is offence a melhor defesa é o ataque
defenceless, defenseless EUA adj. indefeso
defend v. defender (from/against, de); proteger (from/against, de); we have to defend our interests temos de defender os nossos interesses
defendant s. réu; the defendant was found not guilty o réu foi declarado inocente
defender s. 1 defensor (of, de); a defender of human rights um defensor dos direitos humanos 2 ESPORTE defesa
defending adj. de defesa; defending counsellor advogado de defesa
defense s. defesa; in defense of em defesa de; witness for the defense testemunha de defesa

degenerate

defensive adj. defensivo; defensive measures medidas defensivas ■ s. defensiva; to be on the defensive estar na defensiva
defer v. adiar; diferir ● É diferente de *differ*.
deference s. formal deferência; respeito; out of deference to somebody por respeito a alguém
deferential adj. deferente; respeitador
deferment s. adiamento
defiance s. desobediência; desafio; an act of defiance um ato de desobediência ♦ in defiance of desrespeitando
defiant adj. desafiador; provocador
deficiency s. 1 deficiência; insuficiência; immunological deficiency deficiência imunológica 2 carência; falta; vitamin deficiency carência de vitaminas
deficient adj. 1 deficiente; insuficiente; deficient information informação insuficiente 2 com falta; a diet deficient in vitamins uma dieta com falta de vitaminas
deficit s. 1 déficit; a deficit of 10% um déficit de 10% 2 falta (in, de); a deficit in calcium falta de cálcio
defile v. profanar
define v. definir
definite adj. 1 definido; definite article artigo definido 2 definitivo; a definite answer uma resposta definitiva ♦ to be definite about something ter a certeza de alguma coisa
definitely adv. sem dúvida; definitely not! claro que não!
definition s. definição (of, de)
definitive adj. 1 definitivo; final; the definitive verdict o veredicto final 2 completo; fundamental
deflate v. 1 esvaziar(-se); I deflated the balloon eu esvaziei o balão; the tyre deflated o pneu esvaziou 2 desanimar; the team was deflated by losing the match a derrota desanimou a equipe
deflation s. esvaziamento
deflationary adj. deflacionário
deflect v. desviar(-se); the goalkeeper deflected the ball away from the goal o goleiro desviou a bola do gol
deflection s. desvio
deforest v. desmatar
deforestation s. desmatamento
deform v. deformar
deformation s. deformação
deformed adj. deformado
deformity s. deformidade
defragment v. INFORMÁTICA desfragmentar
defraud v. defraudar; extorquir (of, -)
defray v. (*despesas*) custear; cobrir
defrost v. 1 descongelar 2 EUA desembaciar
deft adj. hábil; destro ● É diferente de *deaf*.
defunct adj. formal extinto
defuse v. 1 (*situação*) acalmar 2 (*bomba*) desativar
defy v. 1 desafiar 2 transgredir; to defy the law transgredir a lei
degenerate[1] adj., s. degenerado
degenerate[2] v. degenerar (into, em); the demonstration degenerated into violence a manifestação degenerou em violência

degradation

degradation s. degradação
degrade v. degradar
degrading adj. degradante
degree s. 1 grau; degree centigrade grau centígrado 2 licenciatura; curso; to take a degree in Mathematics licenciar-se em Matemática 3 etapa; the process evolved by degrees o processo evoluiu por etapas ◆ by degrees a pouco e pouco to some degree até certo ponto ● A palavra "degrau" em inglês corresponde a *step*.
degustation s. (*comida*) degustação
dehumanize, dehumanise Grã-Bretanha v. desumanizar
dehumidifier s. desumidificador
dehumidify v. desumidificar
dehydrate v. desidratar
dehydration s. desidratação; to suffer from dehydration estar desidratado
deify v. divinizar
deign v. dignar-se (to, (*a*)); she didn't deign to look at me ela não se dignou a olhar para mim
deity s. divindade
déjà vu s. déjà-vu
dejected adj. desanimado; triste
dejection s. desânimo; desalento
delay s. atraso; demora; without delay sem demora ■ v. 1 atrasar(-se) 2 adiar; the match had to be delayed o jogo teve que ser adiado
delayable adj. adiável
delayed adj. 1 atrasado, retardado retardado
delectable adj. delicioso
delegacy s. delegacia
delegate[1] s. delegado
delegate[2] v. 1 delegar (to, *a*); the minor tasks were delegated to her assistant as tarefas de menor importância foram delegadas ao assistente dela 2 encarregar (to, *de*); to delegate somebody to do something encarregar alguém de alguma coisa
delegation s. delegação
delete v. apagar; eliminar; INFORMÁTICA apagar, deletar
deletion s. eliminação; supressão
deleterious adj. deletério; danoso
deliberate[1] adj. deliberado; intencional; premeditado
deliberate[2] v. deliberar (on/about/over, *sobre*); refletir (on/about/over, *sobre*)
deliberation s. deliberação
delicacy s. 1 delicadeza 2 iguaria; prato ou ingrediente caro e raro, muito especial
delicate adj. 1 delicado; a delicate situation uma situação delicada 2 suave; a delicate fragrance um perfume suave
delicatessen s. charcutaria
delicious adj. delicioso
delight s. prazer; deleite; delícia; to take delight in ter prazer em ■ v. deleitar; encantar; he delighted us with his words ficamos encantados com o que disse
delighted adj. encantado (at/by/with, *com*); she was delighted with the idea ficou encantada com a ideia; I'd be delighted to come to your party! teria todo o gosto em ir à sua festa!
delightful adj. delicioso; encantador
delimit v. formal delimitar
delimitation s. delimitação
delineate v. delinear, traçar
delineator s. delineador ● O sentido de "delineador" como "maquiagem para olhos" corresponde a *eyeliner*.
delinquency s. delinquência; juvenile delinquency delinquência juvenil
delinquent adj., s. delinquente
delirious adj. 1 delirante; to be delirious delirar 2 louco de alegria; em êxtase
delirium s. delírio ◆ delirium tremens delirium tremens delírio alcoólico
deliver v. 1 entregar; to deliver a package entregar uma encomenda 2 fazer entregas ao domicílio; to deliver on Sundays fazer entregas ao domingo 3 (*discurso, sentença*) pronunciar; proferir; to deliver a verdict pronunciar um veredicto 4 (*discurso, sermão*) fazer 5 (*golpe, murro*) desferir 6 (*promessa*) cumprir; to deliver the goods cumprir o prometido 7 assistir o parto de 8 literário livrar (from, *de*); deliver us from evil livrai-nos do mal
delivered adj. (*mensagem, encomenda*) entregue
delivery s. 1 entrega 2 dicção 3 parto; delivery room sala de partos ◆ delivery service serviço de entrega ao domicílio
delouse v. desparasitar; catar (*piolhos*)
delta s. GEOGRAFIA delta
deltoid adj. deltoide ■ s. ANATOMIA deltoide
delude v. enganar; iludir; to delude oneself iludir-se ● É diferente de *dilute*.
deluge s. 1 dilúvio; inundação 2 torrente (of, *de*); a deluge of questions uma torrente de perguntas ■ v. inundar; he was deluged with letters ele foi inundado de cartas
delusion s. ilusão; to be under the delusion that ter a ilusão que ◆ delusions of grandeur mania das grandezas
delve v. remexer (into, -); vasculhar (into, -); he delved into his pockets for a pen remexeu os bolsos à procura de uma caneta
demagnetize, demagnetise Grã-Bretanha v. desmagnetizar
demagogic adj. demagógico; demagogic speech discurso demagógico
demagogue s. demagogo
demagogy s. demagogia
demand s. 1 exigência; to give in to somebody's demands ceder às exigências de alguém 2 reivindicação (for, *de*); a demand for a 5% pay increase reivindicação de um aumento salarial de 5% 3 procura (for, *de*); to be in demand ser muito procurado; to meet demand satisfazer a procura ■ v. 1 exigir; I demand an explanation exijo uma explicação 2 reivindicar
demanding adj. exigente; difícil; a demanding customer um cliente exigente
demarcation s. demarcação; demarcation line linha de demarcação

demean v. rebaixar; to demean oneself rebaixar-se
demeanour, demeanor EUA s. comportamento, procedimento, conduta
demented adj. 1 desnorteado; louco 2 antiquado demente
dementia s. demência
demerit s. 1 demérito 2 EUA (escola) falta disciplinar
demijohn s. Grã-Bretanha garrafão
demilitarization, demilitarisation Grã--Bretanha s. desmilitarização
demilitarize, demilitarise Grã-Bretanha v. desmilitarizar
demise s. 1 formal falecimento 2 formal fim; termo
demisemiquaver s. Grã-Bretanha MÚSICA fusa
demist v. Grã-Bretanha desembaçar
demo s. 1 coloquial demonstração; demo tape cassete de demonstração 2 Grã-Bretanha coloquial manifestação ■ v. coloquial demonstrar ● É diferente de *demon*.
demobilization, demobilisation Grã-Bretanha s. desmobilização
demobilize, demobilise Grã-Bretanha v. (tropas) desmobilizar
democracy s. democracia
democrat s. democrata ♦ EUA Democrat membro do partido Democrata
democratic adj. democrático
democratization, democratisation Grã-Bretanha s. democratização
democratize, democratise Grã-Bretanha v. democratizar
demographic adj. demográfico; demographic studies estudos demográficos
demography s. demografia
demolish v. 1 demolir 2 (ideias, argumentos) arrasar; he demolished all my arguments arrasou com os meus argumentos 3 coloquial (comida) devorar
demolition s. demolição
demon s. 1 demônio 2 ás (at, em/de); fera (at, em/de); he is demon at maths ele é fera em matemática
demonstrable adj. demonstrável
demonstrate v. 1 demonstrar 2 manifestar-se (against, contra; in favour of, a favor de); they demonstrated against nuclear weapons eles se manifestaram contra as armas nucleares
demonstration s. 1 demonstração; to give a demonstration fazer uma demonstração 2 manifestação; demonstração; demonstrations of affection manifestações de afeto 3 manifestação; passeata
demonstrative adj. 1 (pessoa) expansivo 2 demonstrativo; demonstrative pronoun pronome demonstrativo
demonstrator s. 1 manifestante 2 demonstrador
demoralize, demoralise Grã-Bretanha v. desmoralizar
demote v. tirar a promoção; rebaixar
demotion s. despromoção
demotivate v. desmotivar
demotivating adj. desmotivante
demotivation s. (ato) desmotivação
demure adj. discreto; recatado
demystify v. desmistificar

department

den s. 1 (animais) covil 2 antro; covil; a den of thieves um covil de ladrões 3 (crianças) esconderijo
denationalization, denationalisation Grã--Bretanha s. privatização; the denationalization of industry a privatização da indústria
denationalize, denationalise Grã-Bretanha v. privatizar
dendrite s. BIOLOGIA dendrito
dengue s. MEDICINA dengue
denial s. 1 desmentido (of, de); a denial of the rumours um desmentido dos boatos 2 negação (of, de); recusa (of, de); denial of human rights negação dos direitos humanos
denigrate v. pejorativo denegrir
denim s. jeans
Denmark s. Dinamarca
denominate v. denominar
denomination s. 1 credo; confissão; Christians of all denominations cristãos de todas as confissões 2 (moedas, notas) valor
denominator s. MATEMÁTICA denominador; lowest common denominator mínimo denominador comum
denotation s. denotação
denote v. 1 denotar 2 representar; indicar
denounce v. denunciar; he denounced his friend to the police ele denunciou o amigo à polícia
dense adj. 1 denso; espesso 2 coloquial estúpido
densitometry s. densitometria; bone densitometry densitometria óssea
density s. densidade; population density densidade populacional
dent s. reentrância; amassado ■ v. 1 dentear; afundar 2 (orgulho, reputação) abalar; enfraquecer, prejudicar
dental adj. dentário; dental; dental appointment consulta no dentista ♦ dental floss fio dental dental surgeon dentista
dentist s. dentista
dentistry s. medicina dentária
denude v. despir, desnudar
denunciation s. denúncia
deny v. 1 negar; there's no denying that... não há como negar que... 2 recusar; rejeitar; her request was denied o seu pedido foi recusado 3 (emoções) reprimir ♦ to deny yourself something privar-se de alguma coisa
deodorant s. desodorante
deoxyribonucleic adj. desoxirribonucleico; deoxyribonucleic acid (DNA) ácido desoxirribonucleico
depart v. 1 partir (from, de); sair (from, de); the train departed from Rome at seven o'clock o trem partiu de Roma às sete horas 2 (trabalho) abandonar; sair 3 afastar-se (from, de) ♦ to depart this life falecer
departed adj., s. falecido; defunto; the departed os mortos
department s. 1 departamento; human resource department departamento de recursos humanos 2 ministério; Department of Social Security ministério da previdência social 3 (loja) seção; the toy department seção de brinquedos ♦ to be somebody's de-

departmental

partment ser da competência de alguém ser especialista em department store loja de departamento
departmental *adj.* departamental
departure *s.* 1 partida (for, *para*); departure for New York partida para Nova Iorque; departure lounge sala de embarque 2 abandono (from, *de*); saída (from, *de*) 3 novidade (from, *em relação a*); inovação (from, *em relação a*)
depend *v.* depender; it depends (on, de) depende
dependability *s.* fiabilidade
dependable *adj.* fiável; de confiança
dependant, dependent EUA *s.* (*família*) dependente
dependence *s.* dependência (on, *em relação a*); drug dependence toxicodependência; his dependence on his parents a dependência dele em relação aos pais
dependent *s.* (*família*) dependente
depict *v.* retratar; representar
depiction *s.* representação; retrato
deplete *v.* esgotar; gastar; to deplete the food reserves esgotar as reservas de comida
depleted *adj.* 1 esgotado; gasto 2 (*urânio*) empobrecido
depletion *s.* esgotamento; the depletion of water reserves o esgotamento das reservas de água
deplorable *adj.* deplorável; to live in deplorable conditions viver em condições deploráveis
deplore *v.* condenar; lamentar
deploy *v.* 1 (*tropas, equipamento*) posicionar(-se) 2 formal utilizar eficazmente
deployment *s.* 1 (*tropas, equipamento*) posicionamento estratégico 2 formal utilização eficaz
depolarize *v.* despolarizar
deponent *s.* DIREITO depoente; declarante
depopulate *v.* despovoar
depopulated *adj.* despovoado
depopulation *s.* despovoamento
deport *v.* deportar (from/to, *de/para*); illegal immigrants were deported to their home country os emigrantes ilegais foram deportados para o seu país
deportation *s.* deportação
deported *adj.* deportado
deportee *s.* deportado
deportment *s.* 1 Grã-Bretanha postura 2 EUA antiquado comportamento
depose *v.* 1 depor; the king was deposed after the revolution o rei foi deposto após a revolução 2 testemunhar ◆ É diferente de *dispose*.
deposit *s.* 1 depósito; to make a deposit fazer um depósito 2 (*dinheiro*) entrada; I put down a deposit on a bike paguei a entrada de uma bicicleta 3 caução 4 jazida; deposits of gold jazidas de ouro ■ *v.* depositar; to deposit money on a bank account depositar dinheiro em uma conta bancária ◆ Grã-Bretanha deposit account conta bancária para depósito
deposition *s.* 1 depoimento 2 deposição; the deposition of the tyrant a deposição do tirano 3 depósito; sedimento; marine deposition sedimentos marinhos

depot *s.* 1 depósito; armazém 2 Grã-Bretanha (*ônibus*) garagem 3 EUA (*trem*) estação ● É diferente de *despot*.
depravation *s.* depravação
deprave *v.* depravar ● É diferente de *deprive*.
depraved *adj.* depravado
depravity *s.* depravação
deprecate *v.* formal desaprovar; condenar
depreciate *v.* 1 desvalorizar(-se) 2 depreciar
depreciation *s.* desvalorização
depress *v.* 1 deprimir 2 (*preços, salários*) reduzir; baixar 3 (*botão*) premir
depressed *adj.* 1 deprimido 2 em recessão; depressed market mercado em recessão
depressing *adj.* deprimente
depression *s.* 1 depressão; economic depression recessão econômica; to fall into a deep depression cair em uma depressão profunda 2 (*terreno*) desnível
depressive *adj.* depressivo ■ *s.* deprimido
depressurization *s.* despressurização
depressurize *v.* despressurizar
deprivation *s.* 1 privação; sleep deprivation privação de sono; to suffer deprivations sofrer privações 2 carência 3 penúria; miséria ● É diferente de *depravation*.
deprive *v.* privar (of, *de*); to deprive oneself of something privar-se de algo
deprived *adj.* desprovido (of, de)
depth *s.* 1 profundidade; the water was five metres in depth a água tinha cinco metros de profundidade 2 espessura; this wall is one metre in depth esta parede tem um metro de espessura 3 intensidade 4 literário profundezas; the depths of the ocean as profundezas do mar ◆ to be out of your depth 1 estar como um peixe fora de água 2 Grã-Bretanha estar sem pé
deputation *s.* delegação
deputy *s.* 1 substituto; adjunto 2 deputado 3 EUA (*polícia*) subdelegado
derail *v.* 1 (*trem*) descarrilar 2 (*plano*) fazer fracassar
derailment *s.* descarrilamento
derange *v.* transtornar; enlouquecer
deranged *adj.* transtornado; louco
derby *s.* 1 (*jogo*) derby 2 EUA chapéu coco
deregulate *v.* liberalizar
deregulation *s.* liberalização
derelict *adj.* (*edifício*) abandonado; em ruínas
dereliction *s.* 1 abandono 2 degradação, deterioração 3 recuo, retrocesso (do mar) 4 negligência, incúria
deride *v.* ridicularizar
derision *s.* escárnio
derisive *adj.* irônico; trocista
derisory *adj.* irrisório; the expenses were derisory as despesas foram irrisórias
derivation *s.* derivação
derivative *adj.* sem originalidade ■ *s.* derivado
derive *v.* 1 derivar (from, *de*); this word is derived from Greek esta palavra deriva do Grego 2 (*causa*) ser originado (from, *por*) 3 obter (from, *de*); retirar

(from, *de*); I derive pleasure from my work eu retiro prazer do meu trabalho
dermatitis *s.* MEDICINA dermatite
dermatological *adj.* dermatológico
dermatologist *s.* dermatologista
dermatology *s.* dermatologia
derogatory *adj.* depreciativo; derogatory remarks comentários depreciativos
derrick *s.* 1 grua; guindaste 2 (*petróleo*) torre de perfuração/sondagem
descend *v.* 1 descer; she descended the stairs ela desceu as escadas 2 (*noite, silêncio*) cair ♦ descend from *v.* descender de; he is descended from Spanish descende de espanhóis
descendant *s.* descendente; to be a direct descendant of ser descendente direto de
descended *adj.* 1 descendente (from, *de*) 2 decrescente
descent *s.* 1 descida 2 (*terreno*) declive; ladeira 3 ascendência; they are of African descent eles são de ascendência africana 4 figurado queda; the descent of the British empire a queda do império britânico 5 figurado (*ataque*) invasão
describe *v.* 1 descrever (as, *como*); caracterizar (as, *como*); definir (as, *como*); to describe a landscape descrever uma paisagem 2 descrever; traçar; to describe a curve descrever uma curva
description *s.* 1 descrição; job description descrição do cargo; the film is beyond description nem encontro palavras para descrever o filme 2 classe; espécie; it is a food of the worst description é uma comida da pior espécie
descriptive *adj.* descritivo
desecrate *v.* profanar; to desecrate a tomb profanar um túmulo
desecration *s.* profanação
desensitize *v.* dessensibilizar
desert[1] *s.* merecimento; mérito ■ *v.* 1 abandonar; desertar (from, *de*); to desert to the enemy passar-se para o inimigo 2 desamparar; his presence of mind deserted him começou a se atrapalhar ♦ to meet with/to get one's deserts receber a recompensa/o castigo que se merece • É diferente de *dessert*.
desert[2] *s.* 1 deserto 2 ermo; descampado ■ *adj.* deserto; ermo; desert island ilha deserta
deserted *adj.* 1 ermo 2 abandonado
deserter *s.* desertor
desertion *s.* deserção
deserve *v.* 1 (*pessoa*) merecer (to, –); she deserved to win the award ela mereceu ganhar o prêmio 2 (*assunto*) ser digno de; ser merecedor de; this matter deserves our attention este assunto merece a nossa atenção
deservedly *adv.* merecidamente
deserving *adj.* digno (of, *de*); merecedor (of, *de*); to be deserving of ser merecedor de
desiccated *adj.* 1 seco; CULINÁRIA desiccated coconut coco ralado 2 desidratado
design *s.* 1 (*criação*) design; industrial design design industrial 2 (*decoração*) padrão; motivo; a floral design um padrão floral 3 planta; projeto 4 intenção; objetivo; by design de propósito ■ *v.* 1 desenhar;

dessert

he designed the whole collection ele desenhou toda a coleção 2 conceber; projetar 3 destinar; to be designed for children ser destinado às crianças ♦ to have designs on andar de olho em
designate *v.* designer; nomear
designation *s.* 1 designação; denominação 2 (*cargo*) nomeação
designer *s.* 1 designer, desenhista; fashion designer designer de moda (*moda*) estilista, costureiro
desirable *adj.* 1 (*pessoa, coisa*) desejável; apetecível 2 (*ato*) aconselhável; recomendável
desire *s.* desejo (for, *por*; to, *de*); vontade (to, *de*); ânsia (for, *de*); the desire to make something o desejo de fazer alguma coisa; to have no desire to não querer ■ *v.* desejar; ansiar (–, *por*) ♦ to leave a lot to be desired deixar muito a desejar
desired *adj.* desejado; almejado; to have the desired effect surtir o efeito desejado
desirous *adj.* formal desejoso (of, *de*); ansioso (of, *por*)
desist *v.* formal cessar (from, *de*) • A palavra portuguesa "desistir" corresponde em inglês a *to give up*.
desk *s.* 1 secretária (*escola*) carteira 3 recepção; balcão; information desk balcão de informações; EUA (*hotel*) desk clerk recepcionista
desktop *s.* (*computador*) área de trabalho ■ *adj.* de secretária; desktop computer computador de mesa ♦ desktop publishing edição eletrônica
desolate *adj.* 1 (*local*) desolado 2 desolado, inconsolável ■ *v.* 1 (*lugar*) desolar 2 (*pessoa*) desolar, entristecer
desolation *s.* 1 (*local*) desolação; devastação 2 (*sentimento*) tristeza; amargura
despair *s.* desespero; to be in despair estar desesperado; to drive somebody to despair levar alguém ao desespero ■ *v.* 1 desesperar (of, *com*) 2 não ter esperança (of, *de*)
desperado *s.* bandido, malfeitor
desperate *adj.* desesperado; to feel desperate estar desesperado; he's desperate for the lost dog ele está desesperado pelo cachorro sumido; to be desperate to estar morto por ♦ desperate cases require desperate remedies para grandes males, grandes remédios
desperately *adv.* 1 desesperadamente; desperately in love perdidamente apaixonado 2 gravemente; desperately ill gravemente doente
desperation *s.* desespero; in sheer desperation em desespero de causa
despicable *adj.* desprezível; vil
despise *v.* desprezar
despised *adj.* desprezado
despite *prep.* apesar de; despite the bad weather, they went for a walk apesar do mau tempo eles foram dar um passeio
despondency *s.* desânimo; abatimento
despondent *adj.* desanimado; abatido
despot *s.* déspota
despotic *adj.* despótico
despotism *s.* despotismo; tirania
dessert *s.* sobremesa; what's for dessert? o que é a sobremesa?

dessertspoon

dessertspoon s. colher de sobremesa
destabilize v. desestabilizar
destination s. (*viagens*) destino; to reach one's destination chegar ao seu destino
destine v. (*predestinar*) destinar
destiny s. destino; fado; sorte
destitute adj. 1 formal pobre; indigente; to be left destitute ficar na miséria 2 formal destituído; desprovido; to be destitute of ser destituído de
destitution s. formal indigência; miséria
destroy v. 1 destruir; aniquilar 2 (*animal*) exterminar; matar
destroyed adj. destruído
destroyer s. 1 destruidor, exterminador 2 contratorpedeiro, destroyer
destruction s. 1 destruição; devastação 2 figurado ruína; perdição
destructive adj. destrutivo
desultory adj. 1 irregular; desconexo 2 desligado, sem ligação 3 sem método 4 desmotivado; desinteressado
detach v. 1 destacar (from, *de*); separar (from, *de*); to detach oneself from distanciar-se de 2 destacar (to, *para*)
detachable adj. 1 destacável; separável 2 desmontável
detached adj. 1 (*objeto*) autônomo; separado 2 (*casa, edifício*) independente 3 (*comportamento*) distante 4 (*perspectiva*) objetivo; imparcial
detachment s. 1 (*objeto*) separação 2 (*comportamento*) distância 3 (*perspectiva*) objetividade; imparcialidade 4 (*tropas*) destacamento 5 MEDICINA descolamento; detachment of the retina descolamento da retina
detail s. 1 pormenor; detalhe; in detail pormenorizadamente; to go into details entrar em pormenores 2 destacamento ■ v. 1 pormenorizar; especificar 2 destacar (to, *para*)
detailed adj. detalhado; pormenorizado
detain v. 1 (*polícia*) deter 2 reter; demorar
detainee s. detido; political detainee preso político
detect v. notar; detectar
detection s. 1 detecção 2 (*investigação criminal*) descoberta
detective s. detetive; private detective detetive particular ◆ detective story romance policial
detector s. detector; metal detector detector de metais; smoke detector detector de incêndios
detention s. 1 (*prisão*) detenção; EUA detention center casa de correção; Grã-Bretanha detention home casa de correção 2 (*escola*) castigo; to be in detention estar de castigo
deter v. 1 dissuadir (from, *de*); desencorajar (from, *de*) 2 impedir (from, *de*) ◆ A palavra portuguesa "deter" se traduz em inglês por to stop, to detain, to halt.
detergent adj., s. detergente laundry detergent sabão de roupa
deteriorate v. 1 deteriorar(-se); to deteriorate into degenerar em 2 (*saúde*) piorar; agravar-se
deterioration s. 1 deterioração 2 agravamento
determination s. determinação; decisão; resolução

determine v. 1 determinar; estabelecer 2 (*fronteira*) delimitar, definir 3 formal decidir; resolver; we determined to leave after dinner decidimos partir a seguir ao jantar
determined adj. 1 (*decisão*) decidido; I am determined to go estou decidido a ir 2 (*pessoa*) determinado (to, *a*); resoluto
determinedly adv. com determinação; de forma resoluta
determiner s. determinante
deterrent adj. dissuasor; impeditivo ■ s. 1 impedimento 2 força dissuasora; to act as a deterrent exercer um efeito dissuasor
detest v. formal detestar; abominar
detestable adj. formal detestável; abominável
dethrone v. destronar
detonate v. detonar; explodir
detonation s. detonação; explosão
detonator s. detonador
detour s. desvio; to make a detour fazer um desvio ■ v. EUA desviar
detoxication s. desintoxicação
detoxify v. desintoxicar
detract v. desvalorizar; diminuir (from, –)
detraction s. detração, difamação, depreciação
detriment s. detrimento; prejuízo; to the detriment of em detrimento de; without detriment to sem prejuízo de
detrimental adj. nocivo (to, *a*); prejudicial (to, *a*)
detritus s. detritos; entulho
deuce s. 1 (*cartas, dados*) dois 2 (*tênis*) quarenta igual
devaluation s. desvalorização
devalue v. 1 desvalorizar 2 (*pessoa, coisa, ato*) depreciar; menosprezar
devastate v. 1 devastar 2 (*pessoa*) destroçar; arrasar
devastated adj. 1 arrasado; destroçado 2 chocado
devastating adj. 1 (*destruição*) devastador; catastrófico 2 (*efeito*) demolidor 3 (*emoções*) chocante 4 coloquial (*aparência*) irresistível
devastation s. devastação; destruição
develop v. 1 desenvolver(-se) 2 evoluir (into, *para*); transformar-se (into, *em*) 3 (*doença*) chocar; to develop flu incubar uma gripe 4 (*hábito*) adquirir; to develop a taste for adquirir o gosto de 5 (*conhecimentos*) aprofundar; consolidar
developing adj. em crescimento; em expansão; developing countries países em desenvolvimento
development s. 1 desenvolvimento; progresso 2 crescimento; expansão 3 (*evolução*) acontecimento; novos fatos; the latest developments os últimos acontecimentos 4 (*casas*) urbanização
deviance s. (*comportamentos*) desvio
deviant adj. 1 (*comportamento*) desviante; anormal 2 (*pessoa*) perverso
deviate v. 1 desviar-se (from, *de*) 2 afastar-se (from, *de*) 3 divergir (from, *de*)
deviation s. desvio (from, *em relação a*)
device s. 1 aparelho, dispositivo; safety device dispositivo de segurança 2 engenho; mecanismo; an explosive device um engenho explosivo 3 esquema, estratagema ◆ to leave somebody to their

own devices deixar alguém entregue à sua sorte ◆ É diferente de *devise*.
devil *s*. demônio; diabo; where the devil are you? onde raio está você?; you lucky devil! seu sortudo! devil is in the details o diabo mora nos detalhes ◆ talk/speak of the devil fala-se no diabo devil's advocate advogado do diabo devil's food cake bolo de chocolate com cobertura e recheio de chocolate
devilish *adj*. diabólico
devious *adj*. 1 (*caminho, meio*) sinuoso, tortuoso 2 (*pessoa*) astuto, matreiro ◆ by devious means à custa de estratagemas
devise *v*. 1 (*plano*) engendrar; conceber 2 (*bens imobiliários*) legar ■ *s*. (*bens imobiliários*) legado
devitalize *v*. desvitalizar
devoid *adj*. desprovido (of, *de*)
devolution *s*. POLÍTICA descentralização
devolve *v*. delegar (to, *em*); transferir (to, *para*) ◆ O verbo "devolver" em inglês traduz-se por *to return, to give back*.
devote *v*. dedicar (to, *a*); consagrar (to, *a*); to devote oneself to dedicar-se a
devoted *adj*. dedicado; extremoso; a devoted father um pai dedicado
devotee *s*. 1 RELIGIÃO devoto 2 adepto (of, *de*); seguidor (of, *de*)
devotion *s*. 1 (*fé*) devoção (to, *a*); devotion to God devoção a Deus 2 (*atitude*) dedicação (to, *a*); entrega (to, *a*) 3 lealdade; fidelidade
devour *v*. 1 devorar; figurado to devour a book devorar um livro 2 (*fogo, sentimentos*) consumir; to be devoured by ser consumido por
devout *adj*. 1 RELIGIÃO devoto, fervoroso 2 (*comportamento*) sincero
dew *s*. orvalho
dewdrop *s*. gota de orvalho
dexterity *s*. destreza; habilidade
dexterous *adj*. destro; hábil
diabetes *s*. MEDICINA diabetes
diabetic *adj., s*. diabético
diabolical, diabolic *adj*. 1 diabólico 2 Grã-Bretanha coloquial horrível; péssimo
diadem *s*. (*coroa*) diadema
diaeresis *s*. LINGUÍSTICA trema
diagnose *v*. diagnosticar
diagnosis *s*. diagnóstico (of, *de*)
diagonal *adj., s*. diagonal; em diagonal
diagram *s*. diagrama; gráfico; esquema
dial *s*. 1 (*aparelho*) mostrador; visor 2 (*telefone*) disco ■ *v*. (*número de telefone*) discar; to dial a wrong number discar um número errado
dialect *s*. dialeto
dialectics *s*. dialética
dialogue, dialog EUA *s*. diálogo
dial-up *adj*. INFORMÁTICA por modem; a dial-up connection uma ligação por modem
dialysis *s*. MEDICINA diálise
diameter *s*. diâmetro; to be 1 metre in diameter ter 1 metro de diâmetro
diametrically *adv*. diametralmente; diametrically opposed diametralmente opostos

different

diamond *s*. 1 diamante; diamond wedding bodas de diamante 2 (*forma*) losango diamonds *s.pl*. (*cartas*) ouros; the queen of diamonds a rainha de ouros ◆ diamond jubilee bodas de diamante to be a rough diamond ser um diamante bruto
diaper *s*. EUA fralda
diaphanous *adj*. literário diáfano; transparente
diaphragm *s*. diafragma
diarrhoea *s*. diarreia
diary *s*. diário; agenda; to keep a diary ter um diário
diastole *s*. diástole
diatom *s*. BIOLOGIA diatomácea
dice *s*. (*objeto*) dado; to play dice jogar aos dados; to roll the dice lançar os dados ■ *v*. 1 (*jogo*) lançar os dados 2 CULINÁRIA cortar em cubos ◆ to dice with death brincar com a morte
dichotomous *adj*. dicotômico
dichotomy *s*. dicotomia
dick *s*. 1 calão pênis 2 calão imbecil; estúpido ◆ Um "dique" corresponde em inglês a *dam, dike*.
dicotyledon *s*. BOTÂNICA dicotiledônea
dictate[1] *v*. 1 (*texto*) ditar; she dictated a letter ela ditou uma carta 2 (*regras*) estipular; impor
dictate[2] *s*. ditame; preceito; the dictates of conscience os ditames da consciência
dictation *s*. ditado; to take dictation fazer um ditado
dictator *s*. ditador; déspota
dictatorial *adj*. ditatorial; despótico
dictatorship *s*. ditadura
diction *s*. dicção
dictionary *s*. dicionário; pocket dictionary dicionário de bolso; to look up a word in a dictionary procurar uma palavra em um dicionário
didactic *adj*. didático; pedagógico
didactics *s*. didática
diddle *v*. Grã-Bretanha coloquial enganar; vigarizar; burlar; he diddled me out of $300 ele me burlou em 300 dólares
die *v*. morrer ◆ die away *v*. (*som*) desvanecer-se; extinguir-se die down ■ *v*. 1 (*fogo*) extinguir-se; apagar-se 2 (*emoção*) acalmar; sossegar 3 (*vento, tempestade*) amainar; abrandar die out ■ *v*. 1 (*espécie*) extinguir-se 2 (*costume*) desaparecer ◆ É diferente de *dye*.
diesel *s*. diesel; diesel engine motor a diesel; diesel oil gasóleo
diet *s*. dieta; to be on a diet estar de dieta ■ *adj*. (*alimento*) magro; baixo em calorias
dietary *adj*. alimentar
dietetic *adj*. dietético
dietician *s*. dietista; nutricionista
differ *v*. 1 ser diferente (from, *de*; in, *em*) 2 discordar (about, on, over, *em relação a*)
difference *s*. 1 diferença (between, *entre*) 2 divergência; desacordo; they've settled their differences eles resolveram as divergências ◆ it makes no difference to me isso não me importa para nada that makes all the difference isso muda tudo to make a difference ser importante ● Não tem o sentido de *deference*.
different *adj*. 1 diferente (from, *de*); distinto (from, *de*) 2 coloquial original; fora do vulgar

differential

differential *adj., s.* diferencial; MATEMÁTICA differential calculus cálculo diferencial
differentiate *v.* distinguir, diferenciar (between, *entre*)
differentiation *s.* diferenciação
difficult *adj.* difícil; complicado; to make life difficult for somebody fazer a vida dura a alguém; I find it difficult to believe é difícil acreditar
difficulty *s.* dificuldade (in, *em*); obstáculo; I have great difficulty in understanding him tenho grandes dificuldades em compreendê-lo; to raise difficulties levantar obstáculos ♦ A expressão *to have difficulty in* vem sempre seguida do verbo no gerúndio.
diffidence *s.* 1 timidez 2 insegurança
diffident *adj.* 1 tímido 2 inseguro (about, *em relação a*)
diffuse[1] *adj.* 1 (*nitidez*) difuso; diffuse light luz difusa 2 (*estilo*) prolixo
diffuse[2] *v.* difundir
diffusion *s.* . FÍSICA difusão; diffusion of light difusão de luz
dig *s.* 1 escavação 2 coloquial indireta; to have a dig at dar uma indireta digs *s.pl.* EUA alojamento ■ *v.* 1 (*terreno*) cavar, escavar 2 (*objeto*) espetar 3 coloquial pescar; entender; I can't dig this não pesco nada disto 4 coloquial curtir; I don't dig football não curto futebol ♦ to dig one's own grave cavar a própria sepultura dig in *v.* 1 coloquial (*comida*) atacar 2 entrincheirar-se; the soldiers dug in os soldados entrincheiraram-se dig out *v.* 1 remover; extrair; the doctor dug out the bullet o médico extraiu a bala 2 (*informação, objeto*) desencantar; desenterrar; I dug out this old record in the attic desencantei este disco antigo no sótão dig up *v.* 1 desenterrar; the gardener dug up the plant o jardineiro desencantou a planta 2 (*dados*) desencantar; desenterrar; descobrir; he dug up some information about the politician desenterrou umas informações sobre o político
digest[1] *s.* resumo; sumário; in digest form de forma resumida
digest[2] *v.* 1 (*alimentação*) digerir 2 (*informação, conhecimento*) assimilar
digestion *s.* digestão
digestive *adj., s.* digestivo; digestive biscuits bolacha água e sal; digestive tract aparelho digestivo
digger *s.* 1 (*pessoa*) cavador 2 (*máquina*) escavadora
digging *s.* escavação
digit *s.* 1 dígito; algarismo; a four-digit number um número com 4 algarismos 2 (*pé, mão*) dedo
digital *adj.* digital ♦ digital signature assinatura digital digital television televisão digital
digitization *s.* INFORMÁTICA, MEDICINA digitalização
digitize, digitise Grã-Bretanha *v.* INFORMÁTICA digitalizar
dignified *adj.* (*pessoa*) digno
dignify *v.* 1 dignificar; enobrecer 2 (*prêmio, honraria*) contemplar (with, *com*)
dignitary *s.* dignitário
dignity *s.* 1 (*princípio moral*) dignidade human dignity dignidade humana 2 (*função*) alto cargo
digress *v.* divagar; desviar-se (from, *de*); to digress from the main subject desviar-se do assunto principal
digression *s.* divagação; digressão
dike *s.* dique
dilapidate *v.* dilapidar
dilapidated *adj.* degradado; em mau estado
dilatation *s.* (*extensão*) dilatação
dilate *v.* 1 dilatar(-se) 2 (*olhos*) arregalar(-se)
dilation *s.* 1 dilatação 2 formal adiamento; prorrogação
dilemma *s.* dilema; to find oneself in a dilemma estar em um dilema
dilettante *s.* diletante
dilettantism *s.* diletantismo
diligence *s.* diligência; zelo
diligent *adj.* (*empreendedor*) diligente; zeloso
diligently *adv.* diligentemente; conscienciosamente
dilute *v.* 1 (*líquido*) diluir, dissolver (with, *em*); to dilute juice with water diluir suco em água 2 (*intensidade*) atenuar; enfraquecer ■ *adj.* 1 (*líquido*) diluído 2 (*intensidade*) atenuado
dilution *s.* 1 (*de líquidos*) diluição (with, *em*) 2 (*intensidade*) atenuação; enfraquecimento
dim *adj.* 1 (*luz*) fraco, pálido 2 (*falta de nitidez*) fusco; turvo 3 (*memória*) vago 4 coloquial (*pessoa*) tolo 5 (*futuro*) que promete pouco, de se esperar pouco ■ *v.* (*luz*) diminuir; baixar ♦ to take a dim view of mostrar-se cético em relação a
dime *s.* (*dólar americano*) dez centavos; coloquial it's not worth a dime não vale nada
dimension *s.* 1(*medidas*) dimensão; dimensions of a house dimensões de uma casa 2 aspecto; faceta; there's another dimension to this problem este problema tem uma outra faceta
diminish *v.* 1 (*reduzir*) diminuir; reduzir 2 (*diminuir o valor*) rebaixar; menosprezar
diminutive *s.* LINGUÍSTICA diminutivo ■ *adj.* (*tamanho, espaço*) diminuto
dimness *s.* 1 (*luz*) penumbra 2 (*escrita, imagem*) imprecisão 3 coloquial (*pessoa*) imbecilidade 4 (*futuro*) falta de perspectivas
dimple *s.* (*rosto*) covinha
dimwit *s.* coloquial, pejorativo palerma; pateta; parvo
din *s.* estrondo; barulheira, chinfrineira; to kick up a din fazer uma barulheira ■ *v.* fazer barulho; estrondear
dine *v.* jantar dine out *v.* jantar fora
diner *s.* 1 comensal 2 EUA vagão-restaurante 3 EUA restaurante barato ♦ É diferente de *dinner*.
dinghy *s.* bote; rubber dinghy barco de borracha; sailing dinghy barco à vela
dingy *adj.* 1 obscuro; lúgubre; a dingy street uma rua obscura 2 (*cor*) desbotado 3 monótono; insípido
dinner *s.* jantar; at dinner time à hora de jantar; I haven't had dinner yet ainda não jantei; to cook/make dinner fazer o jantar♦ dinner dance jantar dançante dinner jacket smoking dinner service serviço de mesa farewell dinner jantar de despedida
dinosaur *s.* ZOOLOGIA dinossauro
dint *s.* depressão; batida; mossa; a dint in the car door uma batida na porta do carro ♦ by dint of à custa de, à força de

diocesan *adj.* diocesano
diocese *s.* RELIGIÃO diocese
dioxide *s.* QUÍMICA dióxido
dip *s.* 1 declive 2 (*solo*) depressão 3 coloquial mergulho; to go for a dip ir dar um mergulho 4 (*preço, temperatura*) descida acentuada 5 (*venda, produção*) queda 6 CULINÁRIA molho ■ *v.* 1 (*líquido*) mergulhar (in, into, em) 2 (*avião, ave*) descer a pique 3 (*superfície*) afundar (into, em); to dip one's feet into the sand afundar os pés na areia ♦ É diferente de *deep*.
diphtheria *s.* MEDICINA difteria
diphthong *s.* LINGUÍSTICA ditongo
diploid *adj.* BIOLOGIA diploide
diploma *s.* diploma; to have/hold a diploma in ter um diploma em
diplomacy *s.* POLÍTICA diplomacia
diplomat *s.* diplomata
diplomatic *adj.* diplomático ♦ diplomatic corps corpo diplomático diplomatic bag mala diplomática diplomatic immunity imunidade diplomática
dipper *s.* (*colher*) concha ♦ EUA the Big Dipper Ursa Maior EUA the Little Dipper Ursa Menor
dipstick *s.* (*óleo do carro*) vareta do óleo
diptych *s.* díptico
dire *adj.* 1 extremo; grave; to live in dire poverty viver em condições de pobreza extrema 2 horrível; péssimo ♦ to be in dire need of ter necessidade urgente de to be in dire straits estar em apuros
direct *adj.* 1 direto; a direct consequence uma consequência direta 2 imediato 3 (*pessoa*) franco; frontal 4 LINGUÍSTICA direto; direct object complemento direto; direct speech discurso direto ■ *v.* 1 dirigir (to, para) 2 direcionar (to, towards, para); orientar (to, towards, para) 3 (*organização*) dirigir; coordenar; to direct an operation coordenar uma operação 4 endereçar (to, a) 5 (*cinema*) realizar; to direct a film realizar um filme 6 (*atenção*) concentrar (to, em)
direction *s.* 1 (*sentido*) direção; to be in the right direction estar na direção certa 2 orientação; sense of direction sentido de orientação 3 controle; direção 4 direção; realização directions *s.pl.* direções; indicações; orientações
directive *s.* diretriz
directly *adv.* 1 diretamente; to come directly home vir diretamente para casa 2 (*tempo*) imediatamente; logo; will you be here directly? você vem logo para cá? 3 (*falar*) abertamente 4 mesmo; precisamente; directly opposite mesmo em frente 5 (*genealogia*) em linha direta; to descend directly from somebody descender em linha direta de alguém *conj.* logo que; mal; he stood up directly he heard the bell ele levantou-se mal ouviu a campainha
directness *s.* franqueza
director *s.* 1 diretor 2 coordenador; organizador 3 cineasta, diretor de cinema
directorate *s.* 1 conselho diretivo; conselho de administração 2 (*departamento*) diretoria
directorship *s.* (*cargo*) diretoria
directory *s.* 1 lista telefônica; EUA directory assistance (serviço de) informações; Grã-Bretanha directory inquiries (serviço de) informações; to look up in the directory procurar na lista telefônica 2 livro de endereços 3 INFORMÁTICA diretório
directrix *s.* GEOMETRIA diretriz
dirge *s.* 1 canto fúnebre 2 figurado lamúria
dirigible *s.* dirigível
dirt *s.* 1 (*sujeira*) imundície; porcaria 2 figurado podres ♦ to treat somebody like dirt tratar alguém abaixo de cachorro dirt road estrada de terra
dirty *adj.* 1 sujo; imundo; to get dirty sujar-se; dirty hands mãos sujas 2 (*anedota, piada*) indecente; obsceno 3 desprezível; to be a dirty little coward ser um covarde desprezível ■ *v.* sujar; manchar ♦ EUA dirty pool jogo sujo coloquial dirty trick golpe baixo dirty word palavrão
disability *s.* 1 deficiência; invalidez; disability allowance/benefit pensão por invalidez; people with disabilities pessoas com deficiência 2 incapacidade
disable *v.* 1 (*pessoa*) incapacitar 2 (*mecanismo*) desativar
disabled *adj.* 1 (*pessoa*) com deficiência 2 (*mecanismo*) desativado ■ *s.pl.* the disabled pessoas com deficiência
disaccustom *v.* desabituar; desacostumar
disadvantage *s.* desvantagem; inconveniente; to be at a disadvantage estar em desvantagem; to somebody's disadvantage em prejuízo de alguém
disadvantaged *adj.* (*pessoas*) desfavorecido ■ *s.pl.* the disadvantaged os desfavorecidos
disadvantageous *adj.* desvantajoso (to, para); prejudicial (to, a); to be disadvantageous to the country ser desvantajoso para o país
disaffected *adj.* 1 descontente 2 revoltado 3 dissidente; rebelde; disaffected members membros dissidentes
disaffection *s.* 1 descontentamento 2 revolta; dissidência
disagree *v.* 1 (*opinião*) discordar (with, de; on/about, em relação a); to disagree with somebody about discordar de alguém em relação a 2 (*informação*) divergir; não coincidir 3 (*alimentos, bebidas*) não cair bem; cucumber disagrees with my stomach pepino não cai lá muito bem no meu estômago 4 (*situação*) não fazer bem; this weather disagrees with me este tempo não me faz nada bem
disagreeable *adj.* 1 desagradável; how disagreeable! que desagradável! 2 (*pessoa*) mal-encarado; antipático
disagreement *s.* 1 (*falta de acordo*) desacordo; divergência; desentendimento; to be in disagreement with estar em desacordo com 2 (*dados*) discrepância
disallow *v.* 1 rejeitar; desaprovar 2 desautorizar; to be disallowed by somebody ser desautorizado por alguém 3 (*gol*) anular
disappear *v.* desaparecer; sumir (from, de); to disappear for a while ausentar-se por uns tempos; to disappear without a trace desaparecer sem deixar rastro
disappearance *s.* desaparecimento (of, de); sumiço
disappoint *v.* desapontar; desiludir; decepcionar; to be disappointed decepcionar-se

disappointed

disappointed *adj.* desiludido (at/about, *com* (*algo*); in/with, *com* (*alguém*)); desapontado (at/about, *com* (*algo*); in/with, *com* (*alguém*)); to be disappointed at the news ficar decepcionado com a notícia; to be disappointed with somebody estar decepcionado com alguém
disappointing *adj.* decepcionante
disappointment *s.* desilusão; decepção; to be a disappointment ficar aquém das expectativas
disapproval *s.* reprovação (of, *de*); censura (of, *de*)
disapprove *v.* reprovar, não aprovar (of, –); desaprovar (of, –); I disapprove of all your actions não aprovo nenhum dos teus atos
disapproving *adj.* desaprovador; reprovador; to be disapproving of something ser contra algo
disarm *v.* 1 (*tirar armas*) desarmar(-se); the police disarmed the gang a polícia desarmou o bando 2 (*bomba*) desativar 3 figurado deixar desarmado
disarmament *s.* desarmamento; unilateral disarmament desarmamento unilateral
disarrange *v.* 1 (*descompor*) desarranjar
disarray *s.* desordem; confusão; his flat was in disarray o apartamento dele estava desarrumado ■ *v.* desarranjar
disaster *s.* 1 catástrofe; calamidade; disaster area zona de desastre; natural disaster catástrofe natural 2 coloquial desastre
disastrous *adj.* (*calamitoso*) desastroso; catastrófico
disband *v.* 1 (*grupo, organização*) dissolver(-se) 2 (*pessoas, multidão*) dispersar
disbelief *s.* incredulidade; descrença; to look at somebody in disbelief olhar para alguém com incredulidade
disbelieve *v.* duvidar de; não acreditar (in, *em*)
disc *s.* disco; ANATOMIA slipped disc disco deslocado; hérnia de disco; disc brake freio de disco ♦ compact disc, CD disco compacto, CD disc jockey disc jockey, DJ ● O verbo "discar" corresponde em inglês a *to dial*.
discard *v.* 1 jogar fora 2 descartar; pôr de parte; to discard a possibility descartar uma possibilidade
discern *v.* 1 (*visão*) discernir; entrever 2 (*entendimento*) entender; descortinar
discerning *adj.* 1 perspicaz 2 exigente 3 (*ouvido, olhos*) educado
discernment *s.* discernimento
discharge¹ *s.* 1 descarga; discharge of toxic waste descarga de resíduos tóxicos; electric discharge descarga elétrica 2 (*carregamento*) descarga 3 (*trabalhador*) demissão, dispensa 4 (*hospital*) alta (from, *de*) 5 (*detido*) libertação
discharge² *v.* 1 descarregar; desembarcar; to discharge a container descarregar um contentor 2 (*detido*) pôr em liberdade; libertar 3 (*hospital*) dar alta a (from, *de*); he was discharged from hospital ele teve alta do hospital 4 (*funcionário*) demitir, dispensar (from, *de*) 5 (*líquido*) verter 6 disparar; to discharge a gun on the enemy disparar uma arma contra o inimigo

disciple *s.* 1 discípulo; apóstolo; RELIGIÃO the twelve disciples of Christ os doze discípulos de Cristo 2 seguidor; pupilo
disciplinary *adj.* disciplinar; disciplinary problems problemas disciplinares
discipline *s.* 1 disciplina; rigor 2 (*universidade*) cadeira; disciplina ■ *v.* 1 disciplinar 2 castigar; punir
disclaimer *s.* 1 desmentido; to issue a disclaimer publicar um desmentido 2 DIREITO advertência, aviso que limita a responsabilidade sobre um produto ou serviço
disclose *v.* 1 (*segredo*) revelar; the truth was disclosed a verdade foi revelada 2 (*informação*) publicar; noticiar
disclosure *s.* revelação
disco *s.* coloquial discoteca; let's go to the disco vamos à discoteca
discography *s.* discografia
discolor *v.* EUA 1 desbotar; descolorar; the shirt discolored a camisa desbotou 2 manchar
discolour Grã-Bretanha *v.* 1 desbotar; descolorar; the shirt discoloured a camisa desbotou 2 manchar
discolouration, discoloration EUA *s.* 1 QUÍMICA descoloração 2 desbotamento; perda de cor
discolouring *adj.* descolorante
discomfort *s.* 1 desconforto; incômodo; mal-estar; physical discomfort mal-estar físico 2 preocupação; inquietação ■ *v.* causar desconforto a
discomposure *s.* 1 (*estado mental*) transtorno; agitação 2 (*local*) desordem; confusão
disconcert *v.* 1 desconcertar; deixar perplexo 2 (*planos*) estragar
disconcerting *adj.* desconcertante
disconnect *v.* 1 separar (from, *de*); to disconnect a link from the chain separar um elo da corrente 2 (*aparelho, equipamento*) desligar 3 (*gás, eletricidade, água*) cortar; to disconnect power cortar a eletricidade
disconnection *s.* 1 separação (from, *de*); desconexão 2 (*gás, eletricidade, água*) corte; disconnection of the water supply corte no abastecimento de água
disconsolate *adj.* desolado (at, *com*); inconsolável
discontent *s.* descontentamento; insatisfação
discontented *adj.* descontente (with, *com*); insatisfeito (with, *com*)
discontentment *s.* descontentamento; insatisfação
discontinue *v.* 1 (*serviço, pagamento*) suspender 2 (*produto, produção*) descontinuar
discontinuous *adj.* descontínuo
discord *s.* (*diferença de opiniões*) discórdia; discordância
discount¹ *s.* (*preço*) desconto; redução (de preço); at a discount com desconto, a preço reduzido; to make a discount fazer um desconto ♦ discount card cartão de desconto
discount² *v.* 1 (*preço*) descontar; abater; to discount 20% fazer um desconto de 20%; to give a 10% discount dar um desconto de 10% 2 (*ideia, opinião*) dar um desconto a; ignorar
discourage *v.* 1 desanimar; desencorajar; stop discouraging me não me desanime 2 dissuadir (from,

de); to discourage somebody from doing something dissuadir alguém de fazer alguma coisa **3** prevenir; evitar; a campaign to discourage the use of cars in the city uma campanha para evitar o uso do automóvel na cidade

discouragement *s.* **1** (*estado de espírito*) desânimo; desalento **2** (*desincentivo*) dissuasão

discouraging *adj.* **1** desanimador; a discouraging event um acontecimento desanimador **2** dissuasivo

discourse¹ *s.* **1** discurso **2** dissertação **3** debate

discourse² *v.* **1** discursar (on/upon, *sobre*) **2** dissertar (on/upon, *sobre*)

discourteous *adj.* indelicado; descortês

discourtesy *s.* indelicadeza; grosseria

discover *v.* **1** (*encontrar*) descobrir **2** encontrar; achar; to discover a vaccine descobrir uma vacina

discoverer *s.* **1** descobridor **2** explorador

discovery *s.* descoberta; descobrimento; the discovery of a new chemical a descoberta de um novo químico; to make a discovery fazer uma descoberta

discredit *s.* **1** descrédito; he was brought into discredit ele caiu em descrédito **2** vergonha (to, *para*); to be a discredit to ser uma vergonha para ■ *v.* desacreditar; questionar; desautorizar; desprestigiar

discreet *adj.* (*reservado*) discreto • É diferente de *discrete*.

discrepancy *s.* discrepância; divergência

discrete *adj.* **1** distinto; diferenciado; separado **2** MATEMÁTICA discreto • O adjetivo "discreto" traduz-se, em inglês, por *low-key, low profile*.

discretion *s.* **1** (*reserva*) discrição; circunspecção **2** discernimento; to use one's discretion usar de discernimento; at the discretion of de acordo com, segundo

discretionary *adj.* discricionário; arbitrário

discriminate *v.* **1** discriminar (against, –); to discriminate against immigrants discriminar os imigrantes **2** distinguir (between, *entre*); to discriminate between men and women estabelecer a distinção entre homens e mulheres; to discriminate something from something distinguir entre uma coisa e outra

discriminating *adj.* **1** criterioso; exigente; to be discriminating in making a decision ser criterioso na tomada de uma decisão **2** (*diferenças*) distintivo; discriminating traits of a species traços distintivos de uma espécie

discrimination *s.* **1** discriminação; positive discrimination discriminação positiva; sex/racial discrimination discriminação sexual/racial; to be a victim of discrimination ser vítima de discriminação **2** discernimento; to lack discrimination ter falta de discernimento **3** formal distinção; discrimination between right and wrong distinção entre o bem e o mal

discriminatory *adj.* discriminatório; discriminatory attitudes atitudes discriminatórias

discus *s.* ESPORTE disco; to throw the discus lançar o disco; (*competição*) the discus lançamento do disco

disguise

discuss *v.* **1** (*pessoa*) falar de; (*assunto, tema*) discutir; debater; scientists discussed cloning os cientistas debateram a clonagem **2** (*texto*) abordar • Os sentidos de "discutir, brigar" correspondem em inglês a *argue, have a fight* e *have a row* (Grã-Bretanha).

discussion *s.* **1** debate (on, *sobre*); discussion on cloning debate sobre a clonagem **2** (*análise*) estudo (on, *sobre*); to be under discussion estar em estudo **3** (*texto*) abordagem

disdain *s.* desdém; desprezo (for, *por*); to look at somebody in disdain olhar para alguém com desprezo ■ *v.* desprezar; menosprezar

disdainful *adj.* desdenhoso; to be disdainful of desdenhar; tratar com desdém

disease *s.* **1** doença; moléstia; enfermidade; foot and mouth disease febre aftosa; to suffer from a disease sofrer de uma doença; to contract a disease contrair uma doença **2** figurado mal • É diferente de *decease*.

disembark *v.* (*navio, avião, ônibus*) desembarcar; everybody disembarked from the plane todo mundo saiu do avião; to disembark a ship's cargo desembarcar a carga de um navio

disembarkation *s.* desembarque

disembowel *v.* estripar; esventrar

disenchant *v.* desencantar; desiludir

disenchantment *s.* desencanto; desilusão

disencumber *v.* desembaraçar; desimpedir

disengage *v.* **1** (*objetos*) desprender; desengatar; to disengage a hook desengatar um gancho **2** (*compromisso*) libertar; descomprometer; to disengage somebody from a promise libertar alguém de uma promessa **3** desocupar; retirar; the army disengaged the territory o exército desocupou o território **4** (*telefone*) desocupar; the line is disengaged a linha está desocupada

disentail *v.* (*propriedade*) desvincular

disentangle *v.* **1** desenredar; desemaranhar; to disentangle a ball of wool desemaranhar um novelo de lã **2** separar (from, *de*); he disentangled the key from the ring ele retirou a chave do chaveiro

disfigure *v.* **1** (*pessoa*) desfigurar **2** (*local*) descaracterizar

disfigured *adj.* desfigurado; the accident left her disfigured ficou desfigurada depois do acidente

disfigurement *s.* **1** (*pessoa*) desfiguração **2** (*local*) descaracterização

disgorge *v.* **1** vomitar **2** expelir; emitir **3** (*líquido*) verter

disgrace *s.* **1** desgraça; to fall into disgrace cair em desgraça **2** vergonha; he is the disgrace of the family ele é a vergonha da família ■ *v.* desgraçar; desonrar; he disgraced the family's good name ele desonrou o bom nome da família

disgraceful *adj.* vergonhoso; a disgraceful performance uma atuação vergonhosa

disgruntled *adj.* **1** descontente; contrariado **2** ressentido

disguise *s.* disfarce; máscara; in disguise disfarçado; a blessing in disguise um mal que vem por bem ■ *v.* **1** disfarçar; he disguised his voice ele dis-

disgust

farçou a voz 2 (*sentimentos, erros*) esconder; ocultar 3 fantasiar-se; mascarar-se; she disguised herself as a fairy ela se fantasiou de fada
disgust s. 1 nojo (at, *de*); repugnância (at, *perante*; for, *por*) 2 figurado revolta; indignação ■ v. 1 enojar; you disgust me você me dá nojo; to be disgusted by ter nojo de 2 figurado revoltar; indignar
disgusting *adj.* 1 repugnante; nojento; that's disgusting! que nojo! 2 (*situação*) chocante, revoltante
dish s. 1 (*recipiente, comida*) prato; vasilha, travessa; dish of the day prato do dia; typycal dish prato típico 2 antena parabólica; dish aerial antena parabólica 3 coloquial, figurado (*pessoa atraente*) pedaço de mau caminho col. **dishes** *s.pl.* louça; to do the dishes lavar a louça ■ v. 1 preparar para ser servido à mesa; pôr em travessas, servir em travessa 2 ser mais esperto que o adversário dish out v. 1 (*comida*) servir 2 (*roupa, armas*) distribuir 3 (*castigo, conselho*) dar • É diferente de plate.
dishcloth s. pano da louça
dishearten v. desanimar; desencorajar
disheartening *adj.* desanimador; desencorajante
dishevel v. 1 descabelar, despentear, desgrenhar
dishevelled, disheveled EUA *adj.* 1 (*cabelos*) despenteado; desgrenhado 2 (*roupa*) descomposto; desalinhado
dishonest *adj.* desonesto
dishonesty s. desonestidade
dishonor s. EUA desonra; infâmia ■ v. 1 EUA desonrar; infamar 2 EUA (*compromisso*) não honrar, faltar a 3 EUA (*dívida, letra de crédito*) não pagar
dishonour, dishonor EUA s. desonra; infâmia ■ v. 1 desonrar; infamar; he dishonoured his family name ele desonrou o nome da família 2 (*compromisso*) não honrar, faltar a 3 (*dívida, cheque*) não pagar; the bank dishonoured the cheque o banco negou o pagamento do cheque
dishonourable, dishonorable EUA ■ *adj.* 1 (*pessoa*) vil; indigno 2 (*comportamento*) vergonhoso
dishware s. louça
dishwasher s. máquina de lavar louça
disillusion s. desilusão; desapontamento; decepção; desengano ■ v. desiludir; desapontar; decepcionar, desenganar
disincentive s. desincentivo; desencorajamento; to be a disincentive to desincentivar
disinclination s. relutância; disinclination to do something pouca vontade para fazer algo
disinfect v. desinfetar; to disinfect a wound desinfetar uma ferida
disinfectant *adj., s.* desinfetante
disinfest v. desinfestar
disinformation s. desinformação
disingenuous *adj.* falso; dissimulado
disinherit v. deserdar
disintegrate v. 1 (*objeto*) desintegrar-se; desagregar 2 (*empresa, movimento*) desfazer-se; dissolver-se; the company disintegrated a empresa se dissolveu
disintegration s. desintegração; desagregação
disinterest s. 1 desinteresse; indiferença 2 imparcialidade

disinterested *adj.* 1 desinteressado; disinterested help ajuda desinteressada 2 imparcial
disjointed *adj.* 1 (*objeto*) desarticulado; desconjuntado 2 (*discurso*) desconexo; incoerente
disk s. INFORMÁTICA disco ♦ INFORMÁTICA disk drive drive unidade de disco; hard disk disco rígido
diskette s. disquete
dislike s. aversão (for, *por*); antipatia (for, of, *por*); to take a dislike to somebody ganhar antipatia por alguém ■ v. não gostar (–, *de*); antipatizar (–, *com*)
dislocate v. 1 MEDICINA deslocar; luxar to dislocate one's shoulder deslocar o ombro 2 figurado (*funcionamento*) perturbar; desorganizar
dislocated *adj.*deslocado
dislocation s. 1 MEDICINA deslocamento; luxação 2 figurado perturbação; transtorno
dislodge v. 1 (*objetos*) remover; arrancar 2 (*pessoas*) desalojar
disloyal *adj.* desleal (to, *para com*) he was disloyal to his friend ele foi desleal com o amigo
disloyalty s. deslealdade (to, *para com*)
dismal *adj.* 1 (*atmosfera*) carregado; pesado; deprimente; a dismal atmosphere um ambiente carregado 2 coloquial péssimo; horrível; a dismal movie um filme péssimo
dismantle v. desmantelar; desmontar; the ship was dismantled o navio foi desmantelado
dismantling s. desmantelamento; desmontagem
dismay s. 1 consternação; to my dismay para minha consternação 2 preocupação; inquietação; he looked at us in dismay ele nos olhou com preocupação ■ v. 1 consternar 2 preocupar, inquietar
dismember v. 1 (*corpo*) desmembrar; esquartejar 2 (*país, império*) dividir; desmantelar
dismiss v. 1 (*cargo*) despedir, destituir, demitir 2 (*consulta, sessão*) mandar embora; class dismissed a aula terminou 3 (*ideia, sugestão*) recusar, rejeitar 4 (*informação*) menosprezar
dismissal s. 1 (*cargo*) demissão, dispensa, destituição; unfair dismissal demissão sem justa causa 2 (*consulta, sessão*) autorização de saída 3 (*ideia, sugestão*) recusa, rejeição
dismissive *adj.* desdenhoso; to be dismissive of fazer pouco caso de
dismount v. desencaixar
disobedience s. desobediência
disobedient *adj.* desobediente
disobey v. 1 desobedecer; to disobey one's parents desobedecer aos pais 2 desrespeitar; desacatar to disobey an order desrespeitar uma ordem
disorder s. 1 desordem; confusão; the house was in complete disorder a casa estava em uma confusão completa 2 (*situação*) tumulto; distúrbio 3 indisposição; stomach disorder indisposição de estômago 4 distúrbio; eating disorder distúrbio alimentar ■ v. desordenar; desorganizar
disorderly *adj.* 1 desordenado; desarrumado 2 (*comportamento*) turbulento
disorganization s. desorganização
disorganize v. desorganizar; descoordenar
disorientate v. desorientar
disorientated *adj.* desnorteado

disorientation s. desorientação
disown v. repudiar; rejeitar
disparage v. denegrir; rebaixar; menosprezar
disparaging adj. depreciativo; pejorativo; desdenhoso; to be disparaging about somebody/something falar em tom depreciativo de alguém/algo
disparate adj. díspar; distinto; diferente
disparity s. disparidade; desigualdade
dispassionate s. 1 desapaixonado; calmo 2 frio; imparcial
dispatch s. 1 comunicação; despacho; government dispatch despacho governamental 2 envio; expedição; dispatch of special troops envio de tropas especiais 3 prontidão; rapidez; to do something with dispatch fazer algo com prontidão ▪ v. 1 enviar; he was dispatched to war ele foi enviado para a guerra 2 (carta, encomenda) despachar; expedir; aviar 3 figurado despachar; liquidar; matar • Um "despacho" no sentido de "envio" corresponde em inglês a shipment.
dispel v. dissipar
dispensable adj. dispensável; prescindível
dispensary s. enfermaria; dispensário
dispensation s. 1 administração; distribuição 2 licença; autorização 3 isenção; dispensa
dispense v. 1 distribuir; to dispense food to the homeless distribuir comida aos sem-teto 2 (medicamentos) preparar 3 (serviço público) administrar; to dispense justice administrar justiça 4 isentar (from, de); dispensar (from, de); he was dispensed from work ele foi dispensado do trabalho dispense with v. prescindir de; passar sem; deixar de usar
dispenser s. 1 (máquina) distribuidor automático; soft drink dispenser máquina de refrigerantes 2 (banco) caixa; cash dispenser caixa eletrônico 24 horas 3 (líquidos) doseador
disperse v. dispersar; espalhar; the demonstrators dispersed os manifestantes dispersaram; the wind dispersed the leaves o vento dispersou as folhas
dispersion s. (pessoas, objetos) dispersão
dispirited adj. desanimado; desalentado
displace v. 1 deslocar 2 (pessoas) desalojar 3 (governo, pessoa, sistema) substituir ♦ displaced person expatriado
displacement s. 1 deslocamento 2 (pessoas) desalojamento 3 (governo, pessoa, sistema) substituição
display s. 1 (apresentação) exibição; demonstração; a display of gymnastics um sarau de ginástica 2 (mostra) exposição; to be on display estar em exposição 3 INFORMÁTICA (ato) visualização; (aparelho) tela, monitor; colour display monitor a cores 4 pejorativo ostentação; display of richness ostentação de riqueza ▪ v. 1 exibir; demonstrar 2 (mostra) expor 3 INFORMÁTICA visualizar 4 figurado demonstrar; evidenciar; to display one's ignorance demonstrar ignorância 5 pejorativo ostentar
displease v. 1 formal desagradar a; desgostar 2 contrariar; aborrecer
displeased adj. descontente (at, com); aborrecido (with, com)
displeasing adj. desagradável

disrespectful

displeasure s. descontentamento (at, em relação a); desagrado (at, em relação a); to show one's displeasure at something mostrar desagrado em relação a algo
disposable adj. 1 descartável; disposable nappies fraldas descartáveis 2 disponível; disposable income salário líquido
disposal s. 1 (resíduos) tratamento; disposal field aterro sanitário; disposal of chemical waste tratamento de resíduos químicos 2 (propriedade) transferência; trespasse 3 (disponibilidade) disposição; to be at one's disposal estar ao dispor
dispose v. dispor; colocar dispose of v. 1 jogar fora; desfazer-se de; livrar-se de 2 (opositor, rival) liquidar; matar 3 (tarefa, problema) despachar; tratar de 4 (meios, recursos) dispor de
disposition s. 1 temperamento; of nervous disposition de temperamento nervoso 2 tendência (to, para); disposição (to, para); to have no disposition to não ter disposição para 3 (objetos) disposição (of, de); he liked the disposition of the furniture ele gostou da disposição dos móveis
dispossess v. espoliar (of, de); expropriar (of, de); desapropriar (of, de)
dispossession s. expropriação
disproportion s. desproporção (between, entre)
disproportionate adj. desproporcionado (to, em relação a)
disprove v. refutar; contestar; desmentir
dispute s. 1 (verbal) discussão; domestic disputes discussões domésticas 2 conflito; disputa; litígio; labour disputes conflitos laborais; to be beyond dispute ser irrefutável ▪ v. 1 (argumentação) contestar; questionar 2 discutir (about, por causa de) 3 disputar; to dispute a seat disputar um lugar
disqualification s. 1 (prova, competição) desqualificação (from, de); desclassificação (from, de) 2 (condução) apreensão; disqualification from driving apreensão da carteira de motorista
disqualify v. 1 (esporte) desqualificar (from, de); desclassificar (from, de); to disqualify a team from a competition desclassificar um time de uma competição 2 (carteira de motorista) apreender
disregard s. 1 indiferença (for, por); desinteresse (for, por) 2 desrespeito (for, por); desconsideração (for, por); disregard for human rights desrespeito pelos direitos humanos 3 (dinheiro) menosprezo (for, em relação a) ▪ v. 1 ignorar 2 desrespeitar; menosprezar, desconsiderar
disrepair s. mau estado; to be in complete disrepair estar em um estado deplorável
disreputable adj. 1 com má reputação; com má fama; he keeps disreputable company ele anda com más companhias 2 (comportamento) vergonhoso
disrepute s. má reputação; descrédito
disrespect s. falta de respeito (for, por); desacato, desrespeito (for, por); to treat somebody with disrespect faltar ao respeito a alguém ♦ no disrespect sem ofensa
disrespectful adj. desrespeitoso (to, com); indelicado (to, com); disrespectful remarks comentários indelicados

disrupt

disrupt v. 1 (*planos*) desfazer; estragar 2 (*conversação*) interromper; perturbar; afetar
disruptive adj. perturbador; insubordinado; indisciplinado; disruptive behaviour mau comportamento, indisciplina
dissatisfaction s. insatisfação (with, *em relação a*); descontentamento (with, *com*); dissatisfaction with one's life descontentamento com a vida
dissatisfactory adj. insatisfatório
dissatisfied adj. insatisfeito (with, *com*); descontente (with, *com*); to feel dissatisfied with one's trabalho sentir-se insatisfeito com o trabalho
dissect v. dissecar; to dissect a frog dissecar uma rã; figurado to dissect a text dissecar um texto
dissection s. dissecação
disseminate v. 1 (*doença, semente*) disseminar; propagar 2 (*informação*) divulgar; difundir
dissemination s. 1 disseminação; propagação; dissemination of a disease disseminação de uma doença 2 divulgação; difusão
dissension s. conflito; desavença
dissent s. 1 desacordo; discórdia; voices of dissent vozes de discórdia 2 dissidência; Church dissent dissidência religiosa ■ v. 1 discordar (from, *de*); to dissent from a generalized idea discordar de uma ideia generalizada 2 entrar em dissidência • É diferente de descent.
dissenter s. dissidente
dissertate v. (*discurso*) to dissertarte (on, *sobre*)
dissertation s. 1 dissertação; tese (on, *sobre*) 2 discurso (on, *sobre*)
dissidence s. 1 (*ato*) dissidência 2 divergência; desacordo
dissident adj., s. dissidente
dissimilar adj. diferente (to, *de*); distinto (to, *de*); dissemelhante
dissimilarity s. diferença, dessemelhança
dissimulate v. (*sentimentos*) dissimular
dissipate v. 1 desperdiçar; esbanjar; to dissipate one's fortune dissipar a fortuna 2 dissipar-se; the fog dissipated o nevoeiro dissipou-se 3 (*emoções*) desvanecer-se; esmorecer; the excitement dissipated o entusiasmo esmoreceu
dissipation s. desvanecimento
dissociate v. dissociar
dissolute adj. dissoluto; devasso; to lead a dissolute life levar uma vida dissoluta
dissolve v. 1 (*em líquido*) dissolver (in, *em*); diluir (in, *em*) 2 (*assembleia, situação*) dissolver; desfazer; Government was dissolved o Governo foi dissolvido 3 (*grupos*) dispersar; the crowd dissolved a multidão dispersou
dissolving adj. (*substância, produto*) solvente ■ s. QUÍMICA solvente
dissonance s. MÚSICA dissonância
dissuade v. demover; dissuadir (from, *de*); he was dissuaded from going abroad dissuadiram-no de ir para o estrangeiro
dissuasion s. dissuasão
dissuasive adj. dissuasivo; dissuasive course of action medidas dissuasivas
distaff s. (*fiação*) roca

distance s. 1 distância; at/from a distance de longe; in the distance ao longe 2 (*percurso*) distância; intervalo 3 figurado distância; reserva; to keep one's distance manter a distância ■ v. distanciar (from, *de*); afastar (from, *de*) ◆ seeing it from a distance passado este tempo todo to be within walking distance poder ir a pé distance learning ensino à distância
distant adj. 1 (*distância*) distante; remoto; longínquo; to live in a distant place viver em um local remoto 2 (*parente*) afastado; to be a distant relative ser um parente afastado 3 (*viagem*) longo; a distant journey uma viagem longa 4 (*tempo*) longe; the tournament is still very distant o torneio está ainda muito longe 5 (*comportamento*) reservado; frio; to be a distant person ser uma pessoa reservada 6 (*estado de espírito*) distraído; ausente • É diferente de far from.
distantly adv. 1 ao longe; à distância 2 (*comportamento*) friamente 3 (*estado de espírito*) distraidamente
distaste s. repugnância (for, *por*); aversão (for, *a*); to have a distaste for violence ter aversão à violência
distasteful adj. desagradável
distemper s. 1 (*pintura*) têmpera 2 (*cachorros*) cinomose
distend v. distender
distension s. MEDICINA distensão
distich s. LITERATURA (*versos*) dístico
distil, distill EUA v. destilar; to distil water destilar água
distillation s. destilação
distiller s. destilador
distillery s. destilaria
distinct adj. 1 distinto (from, *de*); diferente (from, *de*); his intentions are distinct from mine as intenções dele são diferentes das minhas; as distinct from em oposição a 2 nítido; claro; evidente; I had the distinct impression he was lying tive a nítida impressão de que ele estava mentindo • O adjetivo "distinto" em inglês traduz-se por *distinguished*.
distinction s. 1 distinção (between, *entre*); diferença (between, *entre*); to draw a distinction between fazer a distinção entre 2 distinção; honra; she graduated with distinction formou-se com distinção
distinctive adj. distintivo; característico; distinctive trait traço distintivo
distinctly adv. nitidamente, claramente
distinguish v. 1 distinguir (from, *de;* between, *entre*); diferenciar (from, *de*); to distinguish one thing from the other distinguir uma coisa da outra; to distinguish between good and evil distinguir entre o bem e o mal 2 (*sentidos*) discernir; captar; I couldn't distinguish what he said não consegui captar o que ele disse 3 distinguir-se; destacar-se; he distinguished himself as a poet destacou-se como poeta
distinguishable adj. distinguível
distinguished adj. 1 distinto; notável; prestigiado; exímio a distinguished doctor um médico prestigiado 2 (*aspecto*) distinto; a distinguished gentleman um senhor distinto

distort v. 1 distorcer; to distort one's voice distorcer a voz; to distort somebody's words distorcer as palavras de alguém 2 deformar; to distort one's face deformar o rosto

distortion s. distorção; a gross distortion of the facts uma distorção grosseira dos fatos

distract v. distrair (from, *de*); desviar a atenção (from, *de*); the call distracted her from her work o telefonema distraiu-a do trabalho

distracted adj. 1 distraído 2 transtornado (with, *com*); perturbado (with, *com*)

distraction s. 1 distração (from, *de*) 2 (*atividade*) diversão; entretenimento; to be a distraction ser um entretenimento 3 aflição; perturbação; to be driven to distraction perder a cabeça

distraught adj. transtornado; angustiado

distress s. 1 aflição; angústia; to be in distress estar em uma aflição 2 formal dor; sofrimento 3 perigo; a ship was in distress um navio estava em perigo 4 (*pobreza*) miséria; many people live in distress muita gente vive na miséria ■ v. afligir, atribular; penalizar

distressed adj. 1 aflito; transtornado 2 formal em sofrimento; the baby was distressed o bebê estava em sofrimento 3 (*pobreza*) em dificuldades

distressing adj. angustiante; perturbador; aflitivo

distribute v. 1 repartir; dividir 2 distribuir; entregar; to distribute goods distribuir mercadoria

distribution s. distribuição; distribution of wealth distribuição da riqueza

distributor s. distribuidor

district s. 1 distrito; região; country districts distritos da província 2 (*administração*) comarca; bairro 3 (*cidade*) zona; the financial district of London a zona financeira de Londres ♦ Grã-Bretanha district nurse enfermeiro domiciliar

distrust s. desconfiança (of, *em relação a*) v. desconfiar de; suspeitar de

distrustful adv. desconfiado (of, *de*); to be distrustful of somebody/something estar desconfiado de alguém/algo

disturb v. 1 perturbar; inquietar 2 incomodar; interromper; I hate to disturb you peço imensa desculpa por incomodá-lo; don't disturb! não incomodar! 3 mexer; mudar de posição; don't disturb the papers on the table não mexas nos papéis que estão em cima da mesa ♦ to disturb the peace perturbar a ordem pública

disturbance s. 1 distúrbio; tumulto; street disturbances tumultos de rua ♦ disturbance of public order perturbação da ordem pública 2 transtorno; to cause a disturbance causar transtorno 3 (*estado mental*) perturbação; emotional disturbance perturbação emocional

disturbed adj. 1 perturbado; a disturbed person uma pessoa perturbada 2 preocupado; inquieto; incomodado

disturbing adj. perturbador; a disturbing movie um filme perturbador

disunion s. desuniãoon

disunite v. to disunir

disuse s. desuso; to fall into disuse cair em desuso

ditch s. valeta; vala, barranco; rego ■ v. coloquial largar; abandonar; she ditched him pretty soon ela largou-o bem depressa

ditchwater s. coloquial as dull as ditchwater aborrecido de morte

dither v. hesitar; vacilar ■ s. 1 hesitação; to be in a dither não saber o que fazer 2 nervosismo; to be in a dither estar muito nervoso

ditto adv. coloquial idem; o mesmo que foi dito logo antes ou escrito logo acima; to say "ditto" to concordar com • A palavra **ditto** corresponde à pronúncia do símbolo de "idem", os dois iguais escritos sob uma ou mais palavras de uma lista com o significado de "o mesmo acima, o mesmo anterior".

ditty s. cançoneta

diuresis s. MEDICINA diurese

diuretic adj., s. diurético

diva s. diva

divan s. divã

dive s. 1 mergulho; to go for a dive ir dar um mergulho 2 descida a pique 3 coloquial (*lugar*) espelunca ■ v. 1 mergulhar (into, *em*); they dived into the pool mergulharam na piscina 2 descer a pique; the shares dived as ações desceram a pique

diver s. mergulhador

diverge v. 1 (*linha, percurso*) divergir 2 (*estrada*) bifurcar-se 3 (*opinião*) divergir (from, *de*); discordar (from, *de*)

divergence s. divergência; political divergences divergências políticas

divergent adj. divergente; divergent opinions opiniões divergentes

diverse adj. diverso, variado; diferente; they have diverse opinions têm opiniões diferentes

diversify v. diversificar(-se)

diversion s. 1 desvio; diversion of funds desvio de fundos; to make a diversion fazer um desvio 2 manobra para distrair a atenção 3 diversão; recreio; entretenimento

diversionary adj. (*tática, manobra*) de diversão

diversity s. diversidade; variedade; cultural diversity diversidade cultural BIOLOGIA biological diversity diversidade biológica

divert v. 1 desviar (from, *de*); to divert people's attention desviar a atenção das pessoas 2 formal distrair; entreter

divest v. despojar (of, *de*); privar (of, *de*)

divide v. 1 dividir(-se) (by/into, *por*); divide six by three divide seis por três 2 repartir (among/between, *por*); distribuir (among/between, *por*); we divided the costs between us dividimos as despesas entre nós 3 (*desacordo*) dividir 4 (*caminho*) bifurcar-se ■ s. fosso (between, *entre*); distância (between, *entre*)

dividend s. dividendo

divider s. 1 (*dossiê*) separador 2 (*espaço*) divisória

dividing adj. divisório; dividing line linha divisória

divine adj. 1 divino; divine right direito divino 2 fantástico ■ v. adivinhar; to divine the future adivinhar o futuro

diviner s. adivinho

diving

diving s. 1 mergulho; to go diving fazer mergulho 2 saltos para a água ♦ diving board (*piscina*) prancha diving suit roupa de mergulho

divinity s. 1 divindade 2 EUA teologia

divisible adj. divisível (by, *por;* into, *em*); 10 is divisible by 2 10 é divisível por 2

division s. 1 divisão; partilha division of labour divisão do trabalho 2 BIOLOGIA, MATEMÁTICA divisão 3 ESPORTE divisão, liga 4 desacordo (among/between/within, *entre*); discórdia (among/between/within, *entre*); division between brothers discórdia entre irmãos

divorce s. divórcio ■ v. 1 divorciar-se; they divorced after two years of marriage eles divorciaram-se após dois anos de casamento 2 dissociar (from, *de*); divorce fiction from reality dissociar a ficção da realidade ● O verbo "divorciar-se" pode ser traduzido por *to get divorced from someone* ou *to divorce someone*.

divorcé, divorcée s.m., s.f. divorciado, divorciada

divorced adj. divorciado

divulge v. divulgar; revelar; to divulge information divulgar informação

divulging s. divulgação

dizziness s. vertigem; tontura

dizzy adj. 1 tonto; zonzo; I'm feeling dizzy estou me sentindo zonzo; to have a dizzy spell ter uma tontura 2 (*velocidade*) vertiginoso

do¹ s. MÚSICA dó

do² v. 1 fazer; to do homework fazer os trabalhos de casa 2 cuidar de; lavar; to do the dishes lavar a louça; to do the laundry lavar a roupa 3 fazer; to do your hair/nails fazer o cabelo/as unhas 4 imitar; he does his father very well ele imita muito bem o pai 5 Grã-Bretanha estudar; I did History for 2 years estudei História durante 2 anos 6 coloquial visitar; we did the Museum of Modern Art visitamos o Museu de Arte Moderna 7 coloquial enganar; to be done ser enganado 8 cozinhar; I like the meat well done gosto da carne bem passada 9 bastar (for, *para*); dar, ser suficiente (for, *para*) 10 (*espetáculo*) encenar ■ s. 1 coloquial festa 2 EUA coloquial penteado do away with v. 1 livrar-se de; pôr de parte 2 coloquial matar do for v. coloquial acabar com do in v. 1 coloquial dar cabo de; matar; he did her in deu cabo dela 2 coloquial deixar esgotado; the walk did me in o passeio me deixou esgotado do out of v. coloquial burlar em; levar em; he's been done out of $20 foi burlado em 20 dólares do out v. 1 decorar; they did the room out with balloons decoraram a sala com balões 2 coloquial fazer uma boa limpeza; I have to do out my room tenho de fazer uma limpeza a fundo no meu quarto do over v. 1 (*decoração, pintura*) renovar 2 calão dar uma surra em; espancar; he's been done over levou uma surra 3 EUA (*tarefa*) repetir do up v. 1 apertar; fechar; do up your shoelaces aperte os cordões do sapato; the dress does up at the back o vestido fecha nas costas 2 reformar; restaurar; they did up their house reformaram a casa 3 decorar 4 embrulhar 5 arrumar-se; she's doing herself up for dinner ela está se arrumando para jantar do with v. 1 precisar de; I could do with some help uma ajuda vinha a calhar 2 fazer a; what have I done with my glasses? o que é que fiz com meus óculos? 3 ter a ver com; estar relacionado com 4 acabar de; I've done with reading the book acabei de ler o livro do without v. passar sem; I can't do without coffee não posso passar sem café

Doberman s. (*cachorro*) Dobermann

docile adj. dócil; meigo

docility s. docilidade

dock s. 1 doca; cais 2 (*tribunal*) banco dos réus 3 EUA pontão; molhe ■ v. 1 acostar; atracar; the ship docked o navio acostou 2 (*nave espacial*) acoplar; the two spacecrafts docked as duas naves espaciais se acoplaram 3 (*do salário*) deduzir; retirar 4 (*cauda*) cortar; to dock a dog's tail cortar o rabo de um cachorro

docker s. Grã-Bretanha estivador

docket s. 1 Grã-Bretanha (*encomenda*) guia 2 EUA (*reunião, tribunal*) agenda

dockland s. zona portuária

dockyard s. estaleiro

doctor s. 1 médico; to go to the doctor ir ao médico 2 doutorado (of, *em*); Doctor of Economy doutorado em Economia ■ v. 1 falsificar; adulterar; they've probably doctored the results eles provavelmente adulteraram os resultados 2 (*comida, bebida*) adulterar 3 (*animal*) castrar ♦ coloquial you're the doctor você é que manda

doctorate s. doutorado; to get a doctorate fazer o doutorado

doctrinaire adj. doutrinário

doctrine s. doutrina

docudrama s. filme que apresenta acontecimentos reais em forma de história

document s. documento ■ v. documentar

documental adj. documental; documental series série documental

documentary s. documentário ■ adj. documental; documentary evidence provas documentais a documentary on/about slavery um documentário sobre a escravidão

documentation s. documentação

dodder v. cambalear

doddle s. Grã-Bretanha coloquial canja fig.; it's a doddle! está no papo!

dodge s. coloquial estratagema; to do all sorts of dodges pôr em prática todo o tipo de estratagemas ■ v. 1 desviar-se; he dodged to avoid being hit desviou-se para não ser atingido 2 esquivar-se; fugir; evitar

dodgy adj. 1 Grã-Bretanha coloquial suspeito; duvidoso 2 Grã-Bretanha coloquial arriscado

dodo s. ZOOLOGIA dodó

doe s. ZOOLOGIA corça 2 (*coelho, lebre*) fêmea

doer s. 1 (*por ação*) responsável; agente 2 empreendedor

dog s. 1 cachorro 2 (*raposa, lobo*) macho 3 calão canalha; you're such a dirty dog! você é um canalha! v. perseguir; to dog a criminal perseguir um criminoso ♦ barking dogs seldom bite cão que ladra não morde dog collar 1 coleira 2 coloquial gola de padre dog days canícula coloquial barking dogs don't bite cão que ladra não morde he hasn't got a dog's chance ele não tem a mínima hipótese to lead a dog's life ter uma vida de cão coloquial you lucky dog! seu sortudo! to fight like cat and dog ser como cão e gato

doggy, doggie *s.* linguagem infantil cachorrinho, filhote de cachorro

doghouse *s.* EUA casinha do cachorro ♦ coloquial to be in the doghouse cair em desgraça

dogmatic *adj.* dogmático

dogmatism *s.* dogmatismo

dogmatize *v.* dogmatizar

do-gooder *s.* coloquial, pejorativo alma caridosa

dog-tired *adj.* coloquial exausto; extenuado

doily *s.* (*prato, bolo*) base rendada de papel ● É diferente de *dolly*.

doing *s.* trabalho; obra; is that your doing? isto é obra sua? **doings** *s.pl.* atividades

do-it-yourself *s.* Grã-Bretanha bricolagem

dole *s.* Grã-Bretanha subsídio de desemprego; to be on the dole estar recendo o seguro-desemprego ■ *v.* (*caridade*) distribuir em pequenas porções; repartir; dar dole out *v.* repartir; distribuir

doll *s.* 1 boneca; doll's house casa de bonecas; to play with dolls brincar com bonecas 2 EUA coloquial (*pessoa*) boneca; amor ■ *v.* coloquial embonecar(-se) doll up *v.* coloquial embonecar(-se); she dolled herself up for the party arrumou-se muito para a festa

dollar *s.* dólar

dollop *s.* 1 coloquial colherada 2 coloquial bocado; he'll need a big dollop of luck to succeed ele vai precisar de uma grande dose de sorte para ter êxito

dolly *s.* linguagem infantil boneca

dolmen *s.* HISTÓRIA dólmen

dolphin *s.* ZOOLOGIA golfinho

domain *s.* domínio; in the public domain no domínio público

dome *s.* cúpula

domestic *adj.* 1 doméstico; domestic violence violência doméstica 2 interno; nacional; domestic affairs assuntos internos 3 (*pessoa*) caseiro ■ *s.* antiquado empregada doméstica

domesticate *v.* domesticar

domestication *s.* domesticação

domesticity *s.* vida familiar

domicilie *v.* domiciliar

domiciliary *adj.* domiciliar

domiciliate *v.* domiciliar

dominant *adj.* dominante; predominante

dominate *v.* dominar; controlar

domination *s.* domínio; economic domination domínio econômico

domineer *v.* dominar; tiranizar

domineering *adj.* (*pessoa, personalidade*) dominador; autoritário; a domineering father um pai autoritário

Dominican *adj., s.* dominicano; da República Dominicana

domino *s.* peça de dominó; set of domino jogo de dominó **dominoes** *s.pl.* dominó; to play dominoes jogar dominó ♦ domino effect efeito dominó

don *s.* 1 Grã-Bretanha professor universitário (especialmente em Oxford e Cambridge) 2 coloquial chefe da mafia ■ *v.* literário vestir ♦ to be a don at something ser exímio em alguma coisa ● Um "dom, talento" em inglês traduz-se por *gift*.

donate *v.* (*bens, dinheiro, órgãos, sangue*) doar (to, *a*) to donate money to cancer research doar dinheiro para a pesquisa sobre o câncer

donation *s.* 1 donativo; to give a donation fazer um donativo 2 (*ato*) doação; MEDICINA organ donation doação de órgãos

done (particípio passado de to do) *adj.* 1 feito; acabado; done! pronto! 2 cansado; fatigado; I'm feeling really done estou me sentindo muito cansado ♦ well done! bom trabalho! let's be done with it! vamos acabar com isto! no sooner said than done foi dito e feito (*confusão*) to be done for estar ferrado

donkey *s.* ZOOLOGIA burro; asno; jumento ♦ coloquial for donkey's years há séculos donkey jacket casaco de trabalho donkey work trabalho pesado

donor *s.* doador; blood donor doador de sangue ♦ donor card cartão de doador

doodle *v.* rabiscar ■ *s.* rabisco

doom *s.* destino, fatalidade ■ *v.* condenar (to, *a*)

doomed *adj.* condenado (to, *a*); the project was doomed to failure o projeto estava condenado ao fracasso

door *s.* porta; to answer the door ver quem está à porta; to knock on the door bater à porta; door knocker batente♦ out of doors no exterior; ao ar livre to slam the door on somebody's face bater com a porta na cara de alguém

doorbell *s.* campainha

doorkeeper *s.* porteiro

doorknob *s.* (*porta*) puxador; maçaneta

doorman *s.* porteiro

doormat *s.* 1 tapete; capacho 2 coloquial, pejorativo capacho; to be treated like a doormat ser tratado como um capacho

doorstep *s.* soleira ♦ on my doorstep ao pé da minha casa

door-to-door *adj.* porta a porta; ao domicílio; door-to-door salesman vendedor ao domicílio

doorway *s.* entrada; in the doorway à entrada

dope *s.* 1 coloquial droga 2 coloquial idiota; stop being such a dope! deixa de ser idiota! *v.* drogar; dopar

dopey *adj.* 1 coloquial drogado 2 coloquial palerma; imbecil

dork *s.* coloquial idiota; tolo; he's such a dork! ele é tão idiota!

dormant *adj.* inativo; parado; a dormant volcano um vulcão inativo

dormitory *s.* 1 dormitório 2 EUA (*universidade*) residência ♦ dormitory town cidade-dormitório ● Um "dormitório, quarto" traduz-se por *bedroom*.

dormouse *s.* ZOOLOGIA arganaz, pequeno esquilo

dorsal *adj.* dorsal; dorsal fin nadadeira dorsal

dosage *s.* posologia; dosagem

dose

dose s. dose; porção; to take a medicine in small doses tomar um medicamento em doses pequenas ■ v. medicar (with, com); to dose oneself up automedicar-se

dosh s. coloquial grana

dossier s. dossiê

dot s. ponto; pinta ■ v. 1 pôr ponto em, pontilhar; to dot the i's pôr pontos nos is 2 salpicar (with, de); the landscape was dotted with houses a paisagem estava salpicada de casas ♦ since/from the year dot há muitos anos atrás on the dot em ponto

dotcom, dot-com s. empresa que vende bens e/ou serviços na Internet ■ adj. com base na Internet

doting adj. babão; doting father pai babão

dotted adj. tracejado ♦ dotted line tracejado cut along the dotted line recorte pelo tracejado

double s. 1 dobro 2 (ator) dublê 3 sósia; to have a double ter um sósia doubles s.pl. (tênis) pares ■ adj. 1 duplo; to play a double game fazer jogo duplo 2 de casal; double bed cama de casal 3 ambíguo; dúbio; double meaning significado ambíguo ■ v. 1 duplicar(-se) 2 dobrar ao meio; she doubled the towel ela dobrou a toalha ao meio ♦ on the double imediatamente double agent agente duplo MÚSICA double bass contrabaixo double chin queixo duplo double glazing vidro duplo double back v. dar meia volta; voltar para trás double up v. 1 (quarto, casa) partilhar; dividir 2 (riso, dor) contorcer-se; to double up in laughter morrer de rir

double-check v. tornar a verificar

double-click v. INFORMÁTICA fazer duplo clique (on, em/sobre)

double-cross v. coloquial enganar; atraiçoar; he double-crossed me ele me atraiçoou

double-decker s. ônibus de dois andares ■ adj. de duas camadas; a double-decker cake um bolo de duas camadas

double-park v. estacionar em fila dupla

doubt s. dúvida (about, sobre); to have doubts on the matter ter dúvidas sobre a questão; has anyone got any doubt? alguém tem alguma dúvida?; to be in doubt about something ter dúvidas em relação a algo ■ v. 1 duvidar de; I've never doubted his word eu nunca duvidei da palavra dele 2 desconfiar de; I doubt anything he tells eu desconfio de tudo o que ele diz ♦ beyond a shadow of a doubt sem sombra de dúvida no doubt sem dúvida to be in doubt não ser certo; ser uma incerteza when in doubt em caso de dúvida

doubtful adj. 1 duvidoso; to be doubtful about ter dúvidas em relação a 2 incerto; a doubtful future um futuro incerto

doubtless adv. indubitavelmente; sem dúvida

doubtlessly adv. indubitavelmente

dough s. 1 CULINÁRIA massa; cake dough massa de bolo 2 coloquial dinheiro; grana

doughnut s. CULINÁRIA doce de massa frita em forma de anel, ou outra

doughy adj. pastoso

dour adj. severo; austero

douse v. 1 mergulhar na água, banhar; encharcar 2 (chama, fogo) apagar 3 baixar a vela 4 fechar a escotilha

dove s. 1 ZOOLOGIA pomba 2 POLÍTICA pacifista

dovetail v. 1 (ideias, planos) encaixar(-se) 2 (madeira) ensamblar ■ s. ensambladura

dowdy adj. deselegante; desalinhado

down adv. abaixo; para baixo; they all looked down todos olharam para baixo; to bring something down trazer alguma coisa para baixo; three floors down três andares abaixo ■ adj. coloquial em baixo; abatido; pra baixo; to look down parecer abatido ■ prep. abaixo; the boat moved down the river o barco movia-se rio abaixo ■ s. 1 penugem; buço; lanugem 2 Grã-Bretanha colina ■ v. 1 derrubar; abater; to down one's opponents vencer os opositores 2 engolir; devorar; he downed dinner ele devorou o jantar 3 EUA derrotar; vencer; the local team was down by two a equipe local perdeu por dois gols ♦ down to até down with traitors! abaixo os traidores! he is down and out ele está completamente arruinado to be down on one's luck estar em maré de pouca sorte coloquial two down, one to go dois já foram; falta umdown payment entrada sinal

downbeat adj. desanimado; deprimido ■ s. MÚSICA compasso acentuado

downcast adj. abatido; cabisbaixo; with downcast eyes cabisbaixo

downfall s. queda; ruína; downfall of a regime queda de um regime

downgrade v. 1 (cargo) rebaixar 2 desprezar; desvalorizar

downhearted adj. desanimado; abatido; baixo-astral

downhill adv. pela encosta abaixo; to go downhill descer a encosta ■ adj. 1 íngreme; a downhill road uma rua íngreme 2 coloquial fácil; it's all downhill from here de agora em diante é sem parar, sem obstáculos col. s. ESPORTE atividade esportiva que consiste em descer encostas abruptas em bicicleta apropriada, a grande velocidade ♦ to go downhill ir de mal a pior

download v. INFORMÁTICA transferir, descarregar ■ s. INFORMÁTICA transferência

downmarket adj. Grã-Bretanha de pouca qualidade ■ adv. Grã-Bretanha para as massas; to move downmarket perder qualidade

downpour s. pé-d'água; toró; chuva forte

downright adj. inequívoco; categórico; a downright lie uma mentira categórica ■ adv. francamente; I'll tell you downright eu te direi francamente

downstairs adv. embaixo; para baixo; are you downstairs? você está aí embaixo?; to go downstairs descer ■ adj. no andar de baixo

downstream adv. a favor da corrente; jusante to sail downstream navegar a favor da corrente

downtown adj. EUA relativo ao centro de uma cidade; downtown Chicago centro de Chicago ■ adv. EUA no centro da cidade; to go shopping downtown fazer compras no centro da cidade ■ s. EUA centro da cidade

downtrodden adj. oprimido; humilhado

downturn s. baixa; descida
downward adj. descendente
downwards adv. para baixo; the birth rate is downwards a taxa de natalidade está em baixa
dowry s. (*de casamento*) dote
doze s. cochilo; soneca; to have a doze tirar um cochilo ■ v. cochilar; to be dozing estar cochilando doze off v. cochilar; adormecer
dozen s. dúzia; a dozen eggs uma dúzia de ovos; by the dozen às dúzias; em grande quantidade; half a dozen meia dúzia dozens s.pl. um monte (of, *de*); I've heard that dozens of times eu já ouvi isso um monte de vezes
dozy adj. 1 sonolento 2 Grã-Bretanha coloquial idiota; estúpido
drab adj. 1 (*cor*) apagado 2 monótono; insípido
drachma s. dracma
draft s. 1 esboço; rascunho 2 saque; ordem de pagamento; I got the draft eu recebi a ordem de pagamento 3 EUA recrutamento obrigatório 4 EUA (*jogadores*) contratação 5 EUA corrente de ar ■ v. 1 delinear; esboçar; to draft a project delinear um projeto 2 EUA (*jogadores*) contratar 3 EUA recrutar; to be drafted to serve in the air forces ser recrutado para servir na força aérea ♦ draft bill anteprojeto de lei
drag v. 1 dragar; to drag a river dragar um rio 2 arrastar 3 puxar à força 4 (*tempo*) arrastar-se; time dragged o tempo se arrastava ■ s. 1 coloquial saco; chatice; what a drag! que saco! 2 coloquial obstáculo (on, *para*); empecilho (on, *para*) 3 coloquial (*cigarro*) tragada col.; to take a drag dar uma tragada ♦ drag queen travesti drag along v. arrastar drag on v. prolongar-se; arrastar-se; the process dragged on for months o processo se arrastou por meses
dragging s. arrastão
dragnet s. 1 (*pesca*) rede de arrasto 2 (*polícia*) diligência
dragon s. 1 dragão 2 BOTÂNICA dragon tree dragoeiro 3 coloquial, pejorativo megera; jararaca
dragonfly s. ZOOLOGIA libélula
dragoon s. (*cavalaria*) dragão ■ v. perseguir com dragões
drain s. 1 cano de esgoto; dreno; esgoto open drain esgoto a céu aberto 2 Grã-Bretanha sarjeta 3 Grã-Bretanha (*pia, banheira*) ralo ■ v. 1 drenar; escoar(-se); they had to drain the pond tiveram de drenar o lago 2 esvaziar(-se); she drained the bathtub esvaziou a banheira 3 esgotar(-se); the journey drained all my energy a viagem me esgotou ♦ (*surpresa, choque, susto*) colour drained from his face ele ficou branco everything went out the drain foi tudo por água abaixo that's money down the drain isso é jogar dinheiro fora
drainage s. 1 drenagem; vazão 2 saneamento; drainage works obras de saneamento
drainer s. (*louça*) escorredor
drainpipe s. 1 Grã-Bretanha calha; bueiro 2 cano de esgoto
drake s. (*macho*) pato
drama s. drama; drama series série dramática

dramatic adj. dramático
dramatics s.pl. fingimento; teatro; TEATRO arte dramática dramatics
dramatist s. dramaturgo
dramatization, dramatisation s. dramatização
dramatize, dramatise Grã-Bretanha v. dramatizar
dramaturgy s. TEATRO dramaturgia
drape v. 1 drapejar 2 (*decoração*) cobrir (in/with, *com*) drapes s.pl. EUA reposteiros
drapery s. 1 tecido; a drapery store uma loja de tecidos 2 Grã-Bretanha comércio de tecidos draperies s.pl. EUA reposteiros
drastic adj. drástico; acentuado; drastic measures medidas drásticas drastic change mudança drástica; a drastic fall in the birth rate uma quebra acentuada na taxa de natalidade
draught s. 1 corrente de ar; to feel a draught sentir uma corrente de ar 2 gole; trago draughts s.pl. (*jogo*) damas
draughtboard s. Grã-Bretanha (*jogo de damas*) tabuleiro
draughtsman, draftsman EUA s. desenhista
draughtswoman, draftswoman EUA s. desenhista
draw s. 1 (*jogo*) empate a two-all draw um empate a dois 2 sorteio; extração 3 atração; chamariz 4 (*cigarro*) tragada col. ■ v. 1 desenhar; traçar; she drew a flower ela desenhou uma flor 2 puxar, sacar; to draw a gun puxar uma arma 3 (*atenção*) atrair; chamar 4 tirar; to draw water from a well tirar água do poço; to draw blood tirar sangue 5 (*jogo*) empatar 6 (*dinheiro*) sacar 7 (*cortinas*) abrir; fechar 8 fazer; to draw a comparison fazer uma comparação ♦ to draw a breath respirar to draw near aproximar-se draw back v. recuar; she drew back from her decision ela recuou na decisão dela draw in v. Grã-Bretanha (*dias*) ficar mais curto; in October the days draw in em outubro os dias ficam mais curtos draw off v. (*líquido*) tirar; retirar draw on v. 1 recorrer a; valer-se de; I had to draw on my savings tive de recorrer às minhas poupanças 2 (*tempo*) passar; it got colder as the days drew on foi esfriando à medida que os dias passavam; entardecer draw out v. 1 (*dinheiro*) sacar 2 pôr à vontade; desinibir 3 prolongar; esticar he drew the meeting out to over an hour prolongou a reunião por mais de uma hora 4 (*dia*) ficar mais longo draw up v. 1 (*documento*) redigir; registrar; inventariar 2 (*cadeira*) puxar 3 (*pessoa*) endireitar-se 4 (*carro*) parar; the taxi drew up at the curb o taxi parou junto da calçada
drawback s. desvantagem
drawbridge s. ponte levadiça
drawer s. 1 gaveta; top drawer gaveta de cima 2 (*cheque*) sacador
drawing s. 1 desenho; to make a drawing of fazer um desenho de; drawing sheet folha de desenho technical drawing desenho geométrico 2 EUA sorteio ♦ drawing board prancheta, tábua de desenho Grã-Bretanha drawing pin tachinha formal drawing room sala de estar
drawl s. voz arrastada ■ v. falar arrastadamente

drawn

drawn *adj.* entalado
dread *s.* medo (of, *de*); pavor (of, *de*); dread of flying medo de andar de avião ■ *v.* temer; recear; she dreaded everything would go wrong ela temia que corresse tudo mal ♦ I dread to think! nem quero imaginar!
dreadful *adj.* terrível; temeroso; assustador
dream *s.* 1 sonho; to have a bad dream ter um pesadelo 2 aspiração to fulfil a dream concretizar um sonho; to have a dream ter um sonho; this is a dream come true isto é a realização de um sonho 2 figurado ilusão; fantasia; he lived in a world of dreams vivia em um mundo de fantasia ■ *v.* sonhar (about, *com;* of, *em*); I dreamt of you eu sonhei contigo; I dreamt about a trip eu sonhei com uma viagem; I wouldn't dream of asking him that nem em sonhos lhe pediria isso ■ *adj.* de sonho; a dream house uma casa de sonho ♦ not in your wildest dreams nem pensar nisso dream of sonhar com, desejar dream up *v.* coloquial (*ideia, plano*) inventar; bolar
dreamer *s.* sonhador
dreamy *adj.* 1 sonhador 2 coloquial maravilhoso; fantástico; a dreamy sight uma vista maravilhosa
dreary *adj.* 1 triste, desolador 2 monótono, aborrecido
dredge *v.* 1 dragar; to dredge the river dragar o rio 2 polvilhar (with, *com*); to dredge with sugar polvilhar com açúcar dredge up *v.* 1 dragar 2 (*passado, memórias*) desenterrar
dredger *s.* draga
dregs *s.pl.* 1 borra 2 escória; the dregs of society a escória da sociedade
drench *v.* encharcar; ensopar
drenched *adj.* encharcado
dress *s.* 1 vestido; evening dress vestido de noite 2 roupa; veste; traje to spend money on dress gastar dinheiro em roupa ■ *v.* 1 vestir(-se); trajar to be dressed in estar vestido de/com 2 arrumar-se (for, *para*) 3 (*feridas*) fazer o curativo 4 (*salada*) temperar 5 preparar; to dress the meat preparar a carne 6 (*vitrine*) decorar; enfeitar ♦ dress parade parada militar dress circle (*teatro*) primeiro balcão dress rehearsal ensaio geral dress down *v.* 1 vestir-se de forma informal 2 repreender dress up *v.* 1 arranjar-se 2 mascarar-se (as, *de*)
dresser *s.* 1 Grã-Bretanha aparador 2 EUA cômoda 3 (*teatro*) assistente de camarim 4 maneira de vestir; to be a smart dresser vestir bem
dressing *s.* 1 (*feridas*) curativo; band-aid 2 (*salada*) molho 3 EUA (*carne etc.*) recheio ♦ dressing room 1 camarim 2 EUA (*loja*) provador dressing table penteadeira
dressing-down *s.* reprimenda; repreensão; to give somebody a dressing-down repreender alguém
dressing-gown *s.* (*roupa*) robe, roupão
dressmaker *s.* costureiro
dressmaking *s.* costura
dressy *adj.* 1 bem vestido; elegante 2 (*roupa*) chique
dribble *s.* 1 baba; perdigoto 2 gota; a dribble of water uma gota de água 3 ESPORTE drible ■ *v.* 1 babar(-se); to start to dribble começar a babar 2 gotejar; pingar 3 ESPORTE driblar
dried *adj.* seco ♦ dried and salted meat charque dried fruit fruto seco dried milk leite em pó
drier *s.* secador
drift *s.* 1 (*areia, neve*) banco 2 (*avião, navio*) deriva 3 turbilhão; impulso GEOLOGIA continental drift deriva dos continentes 4 (*pessoas*) êxodo; fluxo 5 significado; do you get my drift? entende o que eu quero dizer? *v.* 1 andar à deriva; the ship was drifting o navio andava à deriva 2 (*areia, neve*) formar bancos 3 vaguear (about/around, *por*) ♦ to let things drift deixar o barco correr drift apart *v.* distanciar-se; afastar-se drift off *v.* adormecer
drifter *s.* 1 vagabundo 2 (*barco*) traineira
drill *s.* 1 broca, furadeira 2 exercício; spelling drills exercícios de ortografia; military drills exercícios militares 3 simulação; fire drill simulação de incêndio 4 Grã-Bretanha antiquado etiqueta; modos ■ *v.* 1 perfurar; furar; to drill the ground in search of water perfurar o solo em busca de água 2 exercitar; treinar ♦ safety drill instruções de segurança
drink *s.* bebida ■ *v.* beber; to drink a toast to fazer um brinde a; he doesn't drink ele não bebe drink in *v.* embeber-se em; absorver; enlevar-se; they drank in the beauty of the scenery enlevaram-se na beleza da paisagem drink to *v.* brindar a; let's drink to our success! brindemos ao nosso sucesso! drink up *v.* beber tudo; drink up your milk bebe o leite todo
drinkable *adj.* 1 potável; drinkable water água potável 2 bebível
drinker *s.* bebedor; to be a heavy drinker beber muito
drinking *s.* bebida; to have a drinking problem ter problemas com bebida; ♦ drinking fountain fontanário público drinking water água potável
drip *s.* 1 gota; pingo 2 soro; to be/put somebody on a drip pôr alguém no soro 3 coloquial mosca-morta ■ *v.* pingar; gotejar
dripping *s.* Grã-Bretanha CULINÁRIA banha ■ *adj.* encharcado; to be dripping wet estar encharcado
drive *s.* 1 passeio de carro 2 entrada; they parked their car in the drive estacionaram o carro na entrada 3 (*automóvel*) tração 4 esforço 5 instinto; necessidade 6 energia; dinamismo 7 INFORMÁTICA drive ■ *v.* 1 dirigir; conduzir; guiar; I don't drive eu não dirijo 2 levar de carro; can you drive me home? você pode me levar em casa? 3 impelir; atirar; the waves drove the boat to the rocks as ondas atiraram o barco para as rochas 4 impelir (to, *a*); levar (to, *a*); to drive somebody mad/crazy/insane levar à loucura 5 (*bola*) jogar, lançar ♦ to drive oneself too hard ser demasiado exigente consigo mesmo drive away *v.* afastar; afugentar, enxotar drive off *v.* 1 ir embora 2 afugentar; pôr em fuga drive out *v.* afastar; he was driven out of the market by his opponent foi afastado do mercado pelo concorrente
drivel *s.* bobagem; asneira ■ *v.* dizer bobagem; disparatar; stop drivelling para de dizer bobagem
drivelling *adj.* completo; perfeito; chapado; drivelling idiot perfeito idiota

driver s. 1 motorista; condutor de um veículo 2 chofer, motorista ♦ EUA driver's license carteira de motorista

driving s. direção; condução; dangerous driving direção/condução perigosa ■ *adj.* 1 impulsionador; driving force força impulsionadora 2 torrencial; driving rain chuva torrencial ♦ Grã-Bretanha driving licence carteira de motorista; habilitação driving school autoescola driving test exame de motorista

drizzle s. chuvisco; garoa ■ v. chuviscar

droll *adj.* cômico; engraçado

dromedary s. ZOOLOGIA dromedário

drone s. 1 (*inseto*) zangão 2 (*som*) zumbido 3 rumor 4 (*veículo*) drone 5 figurado pessoa indolente 6 orador monótono ■ v. 1 zumbir 2 não fazer nada, ser indolente

drool s. baba ■ v. babar(-se); he drooled at the sight of her ele babava quando a via

droop v. 1 inclinar-se; curvar-se; pender 2 (*entusiasmo*) esfriar

drop s. 1 gota; pingo; a drop of blood uma gota de sangue 2 descida; a drop in temperature uma queda da temperatura 3 distância 4 entrega; distribuição; food drop distribuição de comida 5 bala ■ v. 1 deixar cair 2 cair; to dance until you drop dançar até cair 3 baixar; reduzir; birth rate dropped a taxa de natalidade baixou; to drop the prices baixar os preços 4 coloquial deixar; largar; she dropped her boyfriend deixou o namorado 5 desistir; to drop a charge retirar uma queixa 6 perder; the team hasn't dropped a single match o time não perdeu um único jogo ♦ coloquial drop dead! vai-se catar! to drop the subject mudar de assunto to be a drop in the ocean ser uma gota de água no oceano drop off v. 1 adormecer 2 diminuir; sales dropped off as vendas diminuíram 3 coloquial deixar; I'll drop you off at home eu te deixo em casa drop out v. 1 abandonar os estudos 2 desistir; abandonar 3 marginalizar-se

droplet s. gotícula

dropout s. 1 (*da escola*) desistente 2 (*da sociedade*) marginal

dropper s. conta-gotas

dross s. 1 lixo 2 (*metal*) escória

drought s. seca; estiagem

drove (pretérito de to drive) s. 1 rebanho; manada 2 multidão; droves of people uma multidão de pessoas

drown v. 1 afogar(-se); to drown at sea afogar-se no mar 2 (*som*) abafar 3 ensopar (with, *de*) ♦ to drown one's sorrows afogar as mágoas

drowned *adj.* afogado

drowning s. afogamento

drowsiness s. sonolência

drowsy *adj.* sonolento; to feel drowsy sentir-se sonolento

drug s. 1 droga; to be on/take drugs drogar-se 2 medicamento ■ v. drogar; drogar-se ♦ MEDICINA drug addict toxicodependente drug addiction toxicodependência

druggist s. EUA farmacêutico

drugstore s. EUA farmácia; drogaria

dudgeon

drum s. 1 tambor; to beat a drum bater o tambor 2 barril; an oil drum um barril de petróleo drums *s.pl.* bateria; to play the drums tocar bateria ■ v. 1 tocar tambor; rufar 2 tamborilar; to drum with one's fingers tamborilar com os dedos drum out v. expulsar (of, *de*); he was drummed out of the game foi expulso do jogo drum up v. (*entusiasmo, apoio*) obter; suscitar

drumbeat s. batida de tambor; rufo

drummer s. MÚSICA baterista

drumstick s. 1 (*bateria*) baqueta 2 coxa; chicken drumsticks coxa de galinha

drunk (particípio passado de to drink) *adj., s.* bêbado, embriagado; to get drunk ficar bêbado

drunkard s. bêbado

drunken *adj.* bêbado; alcoolizado; drunken driver motorista alcoolizado

drunkenness s. embriaguez, bebedeira

dry *adj.* 1 seco; dry cough tosse seca; dry weather tempo seco 2 coloquial com sede, sedento 3 sarcástico; mordaz; cáustico; to have a dry sense of humour ter um sentido de humor cáustico 4 insípido; monótono ■ v. secar; enxugar; to dry one's hands secar as mãos ♦ dry cleaner's lavanderia dry land terra firme dry out v. secar dry up v. 1 (*rio, poço*) secar 2 Grã-Bretanha lavar a louça

dry-clean v. limpar a seco

dryer s. (*roupa, cabelo*) secador, secadora

dryness s. secura; sequidão

dual *adj.* duplo; dual citizenship dupla cidadania ♦ Grã-Bretanha dual carriageway rodovia com pista dupla

duality s. dualidade

dub v. 1 apelidar 2 dublar (into, *em*); the film was dubbed into Portuguese o filme foi dublado em português 3 armar; to be dubbed knight ser armado cavaleiro 4 (*música*) misturar

dubbed *adj.* dublado

dubbing s. dublagem

dubious *adj.* 1 dúbio; ambíguo 2 duvidoso; suspeito; dubious intentions intenções suspeitas 3 indeciso; hesitante; to be dubious about something estar hesitante em relação a alguma coisa

duchess s. duquesa

duchy s. ducado

duck s. 1 pato 2 coloquial amor, querido ■ v. 1 baixar(-se); desviar(-se); he ducked his head ele baixou a cabeça; he ducked as soon as he saw me ele baixou-se logo que me viu 2 fugir; esquivar-se a; to duck responsibility fugir à responsabilidade 3 mergulhar; he ducked quickly ele mergulhou rapidamente

duckling s. patinho

duct s. 1 conduta; water duct conduta de água 2 ANATOMIA canal; tear duct canal lacrimal ♦ EUA duct tape fita adesiva

ductile *adj.* (*metal*) dúctil

dud s. inutilidade duds *s.pl.* coloquial roupas ■ *adj.* inútil; ineficaz ♦ dud cheque cheque sem fundo

dude s. EUA coloquial tipo; meu col. ♦ EUA dude ranch rancho para turismo rural

dudgeon s. in high dudgeon em fúria, muito indignado

due

due *adj.* 1 esperado; the train is due at 5 p.m. o trem deve chegar às 5 da tarde 2 próprio; devido; in due time no devido tempo; due to devido a 3 exato, certo; due amount of money quantia certa de dinheiro 4 (*dívida*) que vence; due date prazo de vencimento; a bill due today uma conta que vence hoje ■ **s.** justo; direito; you must give him his due você tem que lhe dar o que é dele por direito dues *s.pl.* cotas; to pay the dues pagar as cotas ■ *adv.* em direção a; this plane is due north este avião está indo para o Norte ♦ after due consideration após a necessária reflexão formal with due respect com todo o respeito
duel *s.* 1 duelo 2 disputa ■ *v.* duelar
duet *s.* MÚSICA dueto; to sing a duet cantar um dueto
duff *adj.* Grã-Bretanha coloquial inútil ■ *v.* 1 calão falsificar mercadorias 2 dar (a qualquer coisa) uma aparência de novo
duffel *s.* 1 tecido grosso de lã 2 EUA (*camping*) equipamento ♦ duffel bag mochila (cilíndrica) duffel coat (*casaco*) tipo de casaco de lã
dugout *s.* (*canoa*) igara
duke *s.* duque
dukedom *s.* ducado
dull *adj.* 1 monótono 2 (*pessoa*) lento; estúpido 3 (*cor, luz*) opaco; sem brilho 4 (*som*) surdo 5 nublado; dull sky céu nublado ■ *v.* 1 atenuar; to dull the pain atenuar a dor 2 (*som*) amortecer
dullness *s.* 1 monotonia 2 lentidão; estupidez 3 falta de brilho
duly *adv.* 1 devidamente; to fill in an application form duly preencher devidamente um boletim de candidatura 2 pontualmente; to start duly at seven começar pontualmente às sete
dumb *adj.* 1 antiquado mudo 2 calado; silencioso 3 coloquial estúpido; idiota; a dumb question uma pergunta idiota ■ *v.* 1 emudecer 2 amortecer ♦ dumb show mímica dumb waiter (*restaurante*) elevador para louça e comida
dumb-bell *s.* ESPORTE haltere
dumbfound *v.* deixar sem palavras
dumbhead *s.* otário
dumbness *s.* 1 mudez 2 coloquial, pejorativo estupidez
dummy *s.* 1 (*de vitrine, costureiro*) manequim 2 (*ventríloquo*) boneco 3 reprodução; imitação 4 Grã-Bretanha chupeta 5 coloquial palerma ■ *adj.* falso; dummy note nota falsa
dump *s.* 1 lixeira; an illegal dump of toxic waste uma lixeira ilegal de resíduos tóxicos 2 (*armas*) depósito 3 coloquial, pejorativo (*local*) espelunca ■ *v.* 1 pôr; pousar; she dumped her purse on the table ela pôs a bolsa na mesa 2 despejar 3 coloquial deixar; I dumped my boyfriend deixei o meu namorado 4 vender a preço muito baixo ♦ that's not worth a dump isso não vale nada to be in the dumps estar deprimido EUA dump truck caminhão basculante
dumpbin *s.* expositor
dumping *s.* despejo; descarga ♦ no dumping proibido jogar lixo dumping ground lixeira
dumpling *s.* bolinho salgado ou doce
dumps *s.pl.* coloquial to be in the dumps estar deprimido
dumpy *adj.* gorducho
dunce *s.* estúpido
dune *s.* duna
dung *s.* estrume
dungarees *s.pl.* 1 Grã-Bretanha jardineiras 2 EUA macacão
dungeon *s.* calabouço; masmorra
duodenum *s.* ANATOMIA duodeno
dupe *s.* ingênuo; otário ■ *v.* enganar
duplex *s.* 1 EUA casa geminada 2 (*apartamento*) dúplex
duplicate[1] *adj.* duplicado; a duplicate key uma cópia da chave ■ *s.* duplicado; cópia; to make a duplicate of fazer uma cópia de; in duplicate em duplicado
duplicate[2] *v.* 1 fazer uma cópia de 2 repetir
duplication *s.* 1 cópia 2 repetição
duplicity *s.* falsidade; duplicidade
durability *s.* durabilidade; resistência
durable *adj.* duradouro; resistente; durable material material resistente ♦ EUA durable goods bens de consumo
duration *s.* duração (of, *de*) of short duration de curta duração ♦ coloquial for the duration até ao fim de
duress *s.* coação; under duress sob coação
during *prep.* durante; during the night durante a noite
dusk *s.* anoitecer; pôr do sol
dust *s.* poeira; pó; to clean the dust limpar o pó ■ *v.* 1 espanar, tirar o pó, limpar o pó a; have you dusted your room? você tirou o pó do seu teu quarto? 2 polvilhar (with, *com*); dust the cake with sugar polvilhe o bolo com açúcar ♦ to let the dust settle deixar assentar a poeira to throw dust in somebody's eyes lançar poeira aos olhos de alguém dust bowl zona desertificada Grã-Bretanha dust cart caminhão de lixo dust down *v.* escovar dust off *v.* limpar
dustbin *s.* Grã-Bretanha lata de lixo
duster *s.* espanador; pano para tirar o pó; apagador
dustman *s.* Grã-Bretanha lixeiro
dustpan *s.* pá de lixo
dusty *adj.* 1 empoeirado; poeirento; dusty road estrada poeirenta 2 (*cor*) acinzentado
Dutch *adj.* holandês; Dutch ■ *s.* (*língua*) holandês
Dutchman *s.* (*pessoa*) holandês
Dutchwoman *s.* (*pessoa*) holandesa
dutiful *adj.* obediente; cumpridor
duty *s.* 1 dever; obrigação; to do one's duty cumprir o dever duties afazeres 2 direito; imposto; customs duties direitos aduaneiros 3 serviço; to be on/off duty estar/não estar de serviço
duty-bound *adj.* formal moralmente obrigado
duty-free *adj.* isento de impostos ■ *s.* produtos isentos de impostos
duvet *s.* Grã-Bretanha edredom
dwarf *s.* 1 anão 2 duende; gnomo ■ *adj.* 1 anão; dwarf tree árvore anã 2 muito pequeno ■ *v.* 1 impedir de crescer 2 diminuir
dwarfism *s.* nanismo

dwell v. formal habitar; morar; residir; to dwell in a town residir em uma cidade dwell on/upon v. pensar em; falar sobre; I don't want to dwell on that não quero falar sobre isso
dweller s. habitante; morador; residente; city dwellers citadinos
dwelling s. formal habitação; residência
dwindle v. 1 ficar mais pequeno, diminuir 2 degenerar 3 perder importância
dye s. tinta; hair dye tinta para o cabelo ■ v. 1 pintar; to dye one's hair pintar o cabelo 2 tingir
dyer s. tintureiro; dyer's tinturaria
dying adj. 1 moribundo, agonizante 2 (voz) sumido 3 último; dying wish último desejo ♦ dying bed leito de morte

dyke s. 1 dique; represa 2 rego 3 ofensivo lésbica ■ v. represar; to dyke a stream represar um riacho
dynamic adj. dinâmico ■ s. dinâmica
dynamics s. FÍSICA dinâmica
dynamism s. dinamismo
dynamite s. 1 dinamite 2 coloquial grande sucesso; estouro; this rock band is pure dynamite este grupo de rock é um sucesso ■ v. dinamitar
dynamo s. 1 dínamo 2 (pessoa) poço de energia fig.
dynastic adj. dinástico
dynasty s. dinastia
dysentery s. MEDICINA disenteria
dysfunction s. disfunção
dysfunctional adj. disfuncional
dyslexia s. dislexia
dyslexic adj., s. disléxico

E

e *s.* (*letra*) e E MÚSICA (*nota*) mi
each *adj.* cada; each day cada dia ■ *adv., pron.* cada um; each other entre si, um ao outro; each pays a symbolic fee cada um paga uma taxa simbólica
eager *adj.* ansioso (to/for, *por*); desejoso (to/for, *por*); they're eager to leave eles estão ansiosos por partir ♦ coloquial eager beaver trabalhador incansável
eagerly *adv.* ansiosamente; to wait eagerly for news estar ansioso por notícias
eagerness *s.* ânsia (to, *de*); eagerness to learn ânsia de aprender
eagle *s.* ZOOLOGIA águia ♦ eagle eye olhos de lince
ear *s.* 1 ANATOMIA ear orelha; ouvido 2 ouvido; to have an ear for ter ouvido para; coloquial to be all ears ser todo ouvidos; to play by ear tocar de ouvido 3 espiga; wheat ears espigas de trigo ■ *v.* espigar ♦ to be up to one's ears in estar muito atarefado com coloquial to go in at one ear and out at the other entrar por um ouvido e sair por outro ● É diferente de *year*.
earache *s.* MEDICINA dor de ouvido
eardrum *s.* ANATOMIA tímpano
earl *s.* conde
earlobe *s.* (*orelha*) lóbulo
early *adv.* 1 cedo; early in one's life cedo na vida; early in the morning de manhã cedo to get up early levantar-se cedo 2 no princípio; early in the year no princípio do ano ■ *adj.* 1 prematuro; an early childbirth um parto prematuro 2 primeiro ♦ an early bird/riser uma pessoa madrugadora as early as 1998 já em 1998 at an early age muito jovem at an early date proximamente early retirement pré-reforma the early bird catches the worm Deus ajuda quem madruga the early hours a madrugada
earn *v.* 1 (*dinheiro*) ganhar; receber; how much do you earn? quanto você ganha?; to earn one's living ganhar a vida 2 render; to earn interest render juros 3 merecer; he earns our respect merece o nosso respeito
earnest *adj.* 1 sério 2 sincero ♦ in earnest a sério
earnestly *adv.* seriamente; to speak earnestly falar seriamente
earnings *s.pl.* 1 salário 2 lucro; ganhos
earphones *s.pl.* fone de ouvido
earpiece *s.* (*telefone*) auscultador
earplug *s.* (*ouvido*) tampão
earring *s.* brinco
earshot *s.* alcance do ouvido; out of earshot fora do alcance do ouvido; within earshot ao alcance do ouvido
ear-splitting *adj.* (*som*) ensurdecedor
earth *s.* 1 solo; terra 2 (*animal*) toca 3 Grã-Bretanha ELETRICIDADE fio terra ■ *v.* Grã-Bretanha ELETRICIDADE ligar à terra ♦ to come back/down to earth regressar à realidade to move heaven and earth revolver o céu e a terra who on earth did that? quem diabo fez isso? Earth Terra
Earth *s.* ASTRONOMIA (*planeta*) Terra
earthen *adj.* terreno; terrestre; de barro
earthbound *adj.* 1 terrestre 2 materialista; prático; pouco imaginativo
earthenware *s.* louça de barro; cerâmica ■ *adj.* de barro
earthling *s.* terráqueo
earthly *adj.* 1 terreno; material; earthly matters questões terrenas 2 possível; to have no earthly chance não ter a menor hipótese; to be no earthly use não servir para nada
earthquake *s.* terremoto, sismo
earthwork *s.* fortificação
earthworm *s.* ZOOLOGIA minhoca earthworm breeding minhocultura
earthy *adj.* 1 terroso 2 grosseiro; earthy jokes anedotas grosseiras
earwax *s.* cera de ouvido
ease *s.* 1 facilidade; for ease of transportation para maior facilidade de transporte 2 à vontade; desenvoltura; to be at ease with someone estar à vontade com alguém 3 tranquilidade; sossego; to lead a life of ease levar uma vida tranquila ■ *v.* 1 aliviar; abrandar; to ease the pain aliviar a dor 2 tranquilizar; to ease the population tranquilizar a população 3 mover com cuidado ♦ ease of mind paz de espírito to be ill at ease estar inquieto ease off *v.* 1 abrandar 2 (*trabalho*) diminuir ease up *v.* (*dor, tensão, chuva*) abrandar ● É diferente de *easy*.
easel *s.* (*pintura*) cavalete ● É diferente de *weasel*.
easily *adv.* 1 facilmente 2 claramente; they are easily the best eles são claramente os melhores
east *s.* GEOGRAFIA este; leste; oriente ■ *adj.* de leste; a soft east wind uma brisa de leste ■ *adv.* para leste ♦ East Este, Leste, Oriente the Middle East o Oriente Médio
Easter *s.* Páscoa; Easter egg ovo de páscoa
easterly *adj.* leste; easterly wind vento de leste ■ *s.* vento de leste
eastern *adj.* oriental; de leste; Eastern traditions tradições orientais
east-northeast *s.* GEOGRAFIA és-nordeste
east-southeast *s.* GEOGRAFIA és-sudeste
eastward *adj.* leste ■ *adv.* para leste
easy *adj.* 1 fácil; acessível easy to operate fácil de manejar; that's easy for you to say é fácil falar 2 tranquilo; she led an easy life levava uma vida tranquila 3 agradável (on, *a/para*); the sight was easy on the eye a vista era agradável aos olhos ♦ easier said than done é mais fácil dizer que fazer easy come, easy go tão depressa vem como desaparece easy going amigável go easy on that mais calma aí take it easy! tenha calma!

eat v. comer ♦ to eat like a bird comer como um passarinho to eat one's heart out roer-se de inveja **eat away** v. corroer eat away at v. **1** gastar; absorver **2** (*preocupação*) consumir, corroer **eat into** v. **1** corroer; acid eats into the metal o ácido corrói o metal **2** (*tempo, dinheiro*) consumir **eat out** comer fora **eat up** v. **1** comer tudo; eat up the soup coma toda a sopa **2** devorar; he eats up books ele devora livros **3** consumir; gastar **4** (*ciúmes, inveja etc.*) roer

eating s. alimentação ♦ eating disorder distúrbio alimentar eating patterns hábitos alimentares eating place restaurante, refeitório

eaves s.pl. (*telhado*) beiral

eavesdrop v. escutar às escondidas

eavesdropper s. abelhudo; intrometido

ebb s. (*maré*) vazante ■ v. **1** (*maré*) baixar **2** diminuir; esmorecer; to be ebbing estar esmorecendo ♦ ebb and flow os altos e baixos to be at a low ebb **1** estar deprimido **2** (*negócio*) ir mal

ebony s. BOTÂNICA ébano ■ adj. literário preto; negro

e-book s. e-book; livro digital; livro eletrônico

eccentric adj. **1** excêntrico; extravagante; eccentric behaviour comportamento excêntrico **2** GEOMETRIA, MECÂNICA excêntrico ■ s. excêntrico

eccentricity s. **1** excentricidade, esquisitice **2** GEOMETRIA, MECÂNICA excentricidade

ecclesiastic adj. eclesiástico ■ s. formal clérigo

ecclesiastical adj. eclesiástico

echo s. eco ■ v. **1** fazer eco; ecoar (with/to, *com*) **2** repetir; fazer eco de; to echo somebody's opinions repetir as opiniões de alguém ♦ echo box caixa de ressonância

echocardiogram s. MEDICINA ecocardiograma

eclectic adj., s. eclético

eclipse s. ASTRONOMIA eclipse ■ v. eclipsar ♦ lunar eclipse eclipse lunar eclipse of the sun eclipse solar

ecliptic s. ASTRONOMIA eclíptica

eco-friendly adj. ecológico; amigo do ambiente

ecological adj. BIOLOGIA ecológico; ecological footprint pegada ecológica ecological catastrophe catástrofe ecológica

ecologist s. ecologista

ecology s. BIOLOGIA ecologia

e-commerce s. comércio eletrônico

economese s. jocoso economês

economic adj. **1** econômico; economic development desenvolvimento econômico **2** barato, rentável

economical adj. **1** econômico; an economical car um carro econômico **2** poupado; to be an economical person ser uma pessoa poupada ♦ jocoso to be economical with the truth dizer meias verdades

economically adv. economicamente

economics s. (*ciência*) economia

economist s. economista

economize, economise Grã-Bretanha ■ v. economizar (on, *em*); poupar (on, *em*); I have to economize tenho de poupar

economy s. economia; economy of time economia de tempo; to make economies fazer economias ♦ economy class classe turística economy size tamanho familiar

ecosystem s. BIOLOGIA ecossistema

ecotourism s. ecoturismo

ecstasy s. **1** êxtase; to be in ecstasy over estar em êxtase por causa de **2** (*droga*) ecstasy

ecstatic adj. extático; em êxtase

Ecuadorian adj., s. equatoriano

ecumenical adj. ecumênico

eczema s. MEDICINA eczema

edaphic adj. GEOLOGIA edáfico

eddy s. remoinho ■ v. remoinhar

edema s. MEDICINA edema

eden s. éden; paraíso

Eden s. RELIGIÃO Éden

edge s. **1** borda; beira; aresta; to be on the edge of a cliff estar na borda de um precipício **2** fio; gume; the edge of the knife o gume da faca **3** (*voz*) tom agressivo **4** vantagem; to have an edge on somebody ter vantagem sobre alguém ■ v. **1** debruar; to be edged with ser debruado com **2** afiar; to edge a knife afiar uma faca **3** avançar lentamente ♦ to be on edge ter os nervos à flor da pele to be on the edge of a nervous breakdown estar à beira de um ataque de nervos to take the edge off something suavizar algo

edgy adj. **1** nervoso; agitado **2** na moda

edible adj. comestível

edict s. formal decreto; to observe an edict obedecer a um decreto

edit v. **1** (*texto, filme*) editar **2** (*publicação*) coordenar; to edit the sports section in a paper coordenar a seção esportiva de um jornal

editing s. **1** (*texto, filme*) edição **2** (*publicação*) coordenação

edition s. edição pocket edition edição de bolso

editor s. **1** editor; sports editor editor esportivo **2** diretor; editor of a paper diretor de um jornal **3** (*texto*) revisor **4** (*filme*) responsável pela montagem

editorial adj., s. editorial; an editorial on football um editorial sobre futebol ♦ editorial office redação editorial page (*jornal, revista*) página de artigos de opinião

educate v. educar; instruir

educated adj. instruído; culto

education s. ensino; educação; physical education educação física

educational adj. educativo, educacional; pedagógico ♦ educational establishment estabelecimento de ensino

educator s. formal educador

eel s. ZOOLOGIA enguia

eerie adj. **1** misterioso, estranho, fantástico **2** fantasmagórico **3** sinistro; arrepiante

eerily adv. **1** misteriosamente **2** de forma sinistra, sinistramente **3** estranhamente

efface v. formal apagar ♦ to efface oneself in the crowd desaparecer por entre a multidão

effect s. efeito (of, *de*; on, *em*); to produce a strange effect criar um efeito estranho greenhouse effect efeito estufa side effect efeito secundário, efeito colateral special effects (*audiovisual*) efeitos especiais ■ v. efetuar; realizar, efetivar ♦ for effect

effective

para impressionar in effect efetivamente; em vigor it was all to no effect foi tudo inútil or words to that effect ou qualquer coisa no gênero to come into effect entrar em vigor

effective adj. 1 eficaz, efetivo 2 real; verdadeiro; efetivo; effective output rendimento real 3 vigente; em vigor; the law is already effective a lei já entrou em vigor

effectively adv. 1 eficazmente 2 efetivamente; com efeito

effectiveness s. eficácia

effeminate adj. pejorativo efeminado

effervescence s. efervescência

effervescent adj. efervescente

efficacy s. formal eficácia

efficiency s. 1 eficiência; eficácia 2 (máquina) rendimento

efficient adj. 1 eficiente; eficaz 2 (máquina) com bom rendimento

effigy s. efígie

effluent s. efluente

effort s. esforço; to make every effort fazer o possível; not to be worth the effort não valer a pena

effortless adj. fácil; sem esforço

effusive adj. efusivo; expansivo

egalitarian adj., s. igualitário

egg s. 1 ovo; to lay an egg pôr um ovo addled egg ovo choco boiled egg ovo cozido fried egg ovo estrelado scrambled eggs ovos mexidos 2 óvulo ■ v. 1 incitar 2 provocar ♦ to put all your eggs in one basket arriscar tudo em uma só coisa

eggcup s. recipiente para ovos

eggnog s. bebida semelhante à gemada, porém com mais leite e às vezes um toque de bebida alcoólica

eggplant s. EUA BOTÂNICA berinjela

eggshell s. casca de ovo ♦ eggshell china porcelana fina

ego s. PSICOLOGIA ego

egocentric adj. egocêntrico

egocentrism s. egocentrismo

egoism s. egoísmo

egoist s. egoísta

egoistic adj. egoísta

Egypt s. Egito

Egyptian adj. egípcio

eh interj. 1 (surpresa) eh! 2 (pergunta) hã?

eiderdown s. edredom

eight adj., s. oito; it's eight o'clock são oito horas; on 8 April a 8 de abril; page/chapter eight página/capítulo oito; to be eight years old ter oito anos de idade • Observe que on 8 April se pronuncia on April the eighth ou on the eighth of April.

eighteen adj., s. dezoito; on 18 April a 18 de abril; page/chapter eighteen página/capítulo dezoito; to be eighteen years old ter dezoito anos • Observe que on 18 April se lê on April the eighteenth ou on the eighteenth of April.

eighteenth adj., s. décimo oitavo, décima oitava; an eighteenth century painting um quadro do século XVIII; on the eighteenth of June no dia 18 de junho ■ s. décima oitava parte

eighth adj., s. oitavo; on the eighth of June no dia 8 de junho ■ s. oitava parte

eighth-finals s.pl. oitavas de final

eightieth adj., s. octogésimo ■ s. octogésima parte

eighty adj., s. oitenta; page/chapter eighty página/capítulo oitenta; to be eighty years old ter oitenta anos eighties s.pl. 1 anos oitenta; in the eighties nos anos oitenta 2 (idade) oitenta anos; to be in one's eighties ter 80 e tal anos

eighty-six v. rejeitar, cancelar

either pron. 1 ambos 2 nenhum; I don't like either car não gosto de nenhum dos carros 3 um ou outro; qualquer; do it either way faça de qualquer maneira ■ adv. também não; I don't like chocolate and he doesn't either não gosto de chocolate e ele também não conj. ou; you can take either a book or a magazine você pode levar ou um livro ou uma revista • É diferente de ether.

ejaculate v. ejacular

ejaculation s. ejaculação

eject v. 1 expulsar 2 (piloto) ejetar-se

eke v. aumentar eke out v. 1 poupar; fazer durar 2 remediar-se; to eke out a living sobreviver com dificuldades

El Salvador s. El Salvador

elaborate adj. elaborado; detalhado ■ v. desenvolver; dar pormenores (sobre)

elaboration s. elaboração

elapse v. formal (tempo) decorrer, transcorrer

elastic adj. 1 elástico 2 flexível; elastic band elástico para papéis ■ s. (roupa) elástico

elasticity s. 1 elasticidade 2 flexibilidade

elated adj. eufórico (at/by, com); he was elated by the news ficou eufórico com a notícia

elation s. euforia

elbow s. 1 ANATOMIA cotovelo 2 (cano) ângulo ■ v. acotovelar; to elbow one's way abrir caminho à força, a cotoveladas. ♦ at one's elbow à mão coloquial (relação) to give somebody the elbow acabar com alguém coloquial elbow grease trabalho duro elbow patch cotoveleira elbow room 1 espaço 2 margem de manobra

elder adj. (comparativo de old) mais velho; he is my elder brother ele é o meu irmão mais velho ■ s. 1 ancião; idoso 2 o mais velho; you must respect your elders você deve respeitar os mais velhos 3 sabugueiro

elderly adj. idoso; the elderly os idosos

eldest adj. (superlativo de old) o mais velho, a mais velha

elect adj. eleito; the elect os eleitos; the President elect o Presidente eleito ■ v. 1 eleger (to, para); she has been elected to the committee ela foi eleita para o comitê 2 formal optar (to, por)

election s. eleição; to hold an election convocar eleições ♦ election campaign campanha eleitoral

elector s. eleitor

electoral adj. eleitoral ♦ electoral campaign campanha eleitoral

electorate s. eleitorado

electric adj. 1 elétrico 2 (ambiente) excitante ♦ electric blanket cobertor elétrico electric chair cadeira

elétrica electric current corrente elétrica electric guitar guitarra instalação elétrica electrical wiring
electrical adj. elétrico ♦ electrical appliance eletrodoméstico
electrician s. eletricista
electricity s. 1 eletricidade; electricity was cut off a eletricidade foi cortada 2 (ambiente) excitação
electrify v. 1 eletrificar 2 eletrizar; entusiasmar; his performance electrified the audience a sua atuação entusiasmou o público
electrifying adj. excitante; eletrizante
electrocardiogram s. MEDICINA eletrocardiograma
electrocute v. eletrocutar
electrocution s. eletrocussão
electrode s. elétrodo
electromagnet s. eletroímã
electromagnetic adj. eletromagnético
electron s. FÍSICA elétron
electronic adj. eletrônico ♦ electronic mail (e-mail) e-mail, correio eletrônico electronic tag vigilância eletrônica, em tornozeleira ou outro dispositivo
electronics s. eletrônica; electronics industry indústria eletrônica ■ s.pl. sistema eletrônico
electrotechnic adj. electrotécnico
elegance s. elegância
elegant adj. elegante; elegant clothes roupas elegantes
elegy s. LITERATURA elegia • É diferente de eulogy.
element s. 1 QUÍMICA, MATEMÁTICA elemento 2 fator; element of chance fator sorte 3 (aparelho elétrico) resistência elements s.pl. rudimentos; the elements of mathematics os rudimentos da matemática ♦ in/out of one's element dentro/fora do seu ambiente ♦ chemical element elemento químico
elementary adj. elementar; básico ♦ elementary education ensino básico
elephant s. ZOOLOGIA elefante ♦ to have a memory like an elephant ter memória de elefante; an elephant in the room um elefante na sala
elevate v. 1 elevar 2 promover (to, a); he was elevated to head of the department foi promovido a diretor do departamento
elevated adj. 1 elevado; elevated temperature temperatura elevada 2 nobre; elevado; elevated thoughts pensamentos elevados
elevation s. 1 elevação 2 (carreira) promoção 3 altura 4 (edifício) alçado
elevator s. 1 EUA elevador 2 (cereais) silo
eleven adj., s. onze; it's eleven o'clock são onze horas; page/chapter eleven página/capítulo onze; on 11 April a 11 de abril; to be eleven years old ter onze anos ■ s. equipe; onze; the first eleven o onze inicial • Observe que on 11 April se lê on April the eleventh ou on the eleventh of April.
eleventh adj., s. décimo primeiro, décima primeira; on the eleventh of June no dia 4 de junho ■ s. décima primeira parte ♦ at the eleventh hour na última hora
elf s. 1 gnomo, elfo, duende 2 anão ♦ elf child criança de peito trocada pelas fadas elf land região dos elfos, dos gnomos

embarrassed

elicit v. obter (from, de); to elicit information from somebody obter informações de alguém
elide v. elidir
eligible adj. elegível (for, para); apto (for, para); to be eligible for estar apto para ♦ an eligible young man/woman um bom partido
eliminate v. 1 excluir; pôr de parte 2 eliminar (from, de); our team was eliminated from the competition a nossa equipe foi eliminada da competição 3 liquidar; matar
elimination s. eliminação (from, de); elimination from a competition eliminação de uma competição
eliminatory adj. eliminatório
elision s. LINGUÍSTICA elisão
elite s. elite ■ adj. de elite
elitism s. elitismo
elitist adj., s. elitista
elixir s. elixir (of, de); elixir of youth elixir da longa vida
elk s. Grã-Bretanha ZOOLOGIA alce
ellipse s. GEOMETRIA elipse
elliptical, elliptic adj. elíptico
elm s. BOTÂNICA olmo; elm tree olmeiro
elocution s. elocução
elongate v. alongar(-se)
elope v. fugir com uma pessoa para se casar com ela
elopement s. fuga com uma pessoa para se casar com ela
eloquence s. eloquência
eloquent adj. eloquente
else adv. mais; anybody else? mais alguém?; anything else? mais alguma coisa?; nothing else nada mais ♦ or else se não vai ver
elsewhere adv. em outro lado
elucidate v. formal elucidar; esclarecer
elucidation s. formal elucidação; esclarecimento
elude v. fugir a; escapar a
elusive adj. 1 (pessoa) esquivo; elusivo 2 vago; evasivo; an elusive answer uma resposta evasiva
email, e-mail s. INFORMÁTICA e-mail; correio eletrônico ■ v. enviar (mensagem) por correio eletrônico/e-mail
emanate v. emanar (from, de)
emancipate v. emancipar (from, de)
emancipation s. emancipação; libertação
embalm v. embalsamar
embalmed adj. embalsamado; embalmed animal animal embalsamado
embankment s. represa; dique
embargo s. embargo (on, sobre); to lift/rise/take off the embargo levantar o embargo; trade embargo embargo comercial ■ v. embargar
embark v. embarcar; to embark on a ship embarcar em um navio embark on/upon v. empreender; iniciar
embarkation s. embarque
embarrass v. embaraçar; atrapalhar; estorvar; envergonhar
embarrassed adj. 1 embaraçado; constrangido; envergonhado 2 embaraçoso; an embarrassed silence um silêncio embaraçoso ♦ coloquial financially embarrassed em dificuldades financeiras

embarrassing

embarrassing *adj.* embaraçoso, constrangedor; an embarrassing situation uma situação embaraçosa; how embarrassing! que vergonha!
embarrassment *s.* 1 embaraço; vergonha; constrangimento you're an embarrassment to your family você é uma vergonha para a sua família 2 dificuldade; financial embarrassments dificuldades financeiras
embassy *s.* embaixada
embed *v.* fixar; firmar; incorporar, inserir (in, *em*); to embed in concrete firmar em cimento
embellish *v.* 1 embelezar; enfeitar (with, *com*); she embellished the room with flowers enfeitou a sala com flores 2 (*história*) romancear
ember *s.* brasa
embezzle *v.* (*dinheiro*) desfalcar (from, *de*); desviar (from, *de*)
embezzlement *s.* (*dinheiro*) desfalque; desvio
embitter *v.* amargar, amargurar
embittered *adj.* amargurado
emblem *s.* 1 emblema; insígnia sporting emblem emblema esportivo 2 símbolo (of, *de*); the dove is the emblem of peace a pomba é o símbolo da paz
emblematic *adj.* formal emblemático
embodiment *s.* personificação (of, *de*); he is the embodiment of evil ele é a personificação do mal
embody *v.* 1 personificar; encarnar 2 incluir; incorporar
embolism *s.* embolia
emboss *v.* gravar em relevo (on, *em*)
embrace *v.* 1 abraçar(-se); they embraced eles abraçaram-se 2 abarcar; englobar 3 (*ideia, crença*) abraçar; adotar ■ *s.* abraço
embroider *v.* 1 bordar (with, *com*); the dress was embroidered with flowers o vestido estava bordado com flores 2 (*história*) romancear; florear
embroidery *s.* 1 bordado 2 (*história*) floreado ♦ embroidery frame (*bordar*) bastidor
embroil *v.* envolver(-se) (in, *em*); enredar(-se) (in, *em*); she refused to get embroiled in the argument recusou se envolver na discussão
embryo *s.* BIOLOGIA embrião; in embryo no estado embrionário
embryologist *s.* embriólogo
embryology *s.* embriologia
embryonic *adj.* embrionário
emerald *adj., s.* (*pedra, cor*) esmeralda
emerge *v.* 1 emergir (from, *de*); the sun emerged from behind the clouds o sol emergiu por detrás das nuvens 2 vir a público; it emerged that... veio a público que...
emergence *s.* (*surgimento*) emergência; aparecimento
emergency *s.* emergência; in case of emergency em caso de emergência ♦ emergency exit saída de emergência emergency landing aterrissagem de emergência emergency number número de emergência EUA emergency room (*hospital*) sala de emergência; pronto-socorro
emergent *adj.* emergente
emetic *adj.* emético ■ *s.* emético
emigrant *s.* emigrante

emigrate *v.* emigrar (from, *de*; to, *para*); they emigrated to Switzerland emigraram para a Suíça
emigration *s.* emigração
eminence *s.* eminência ♦ Eminence (*cardeais*) Eminência
eminent *adj.* eminente; notável
emirate *s.* emirato
emissary *s.* emissário
emission *s.* (*gás, luz, calor*) emissão
emit *v.* (*luz, som*) emitir
emotion *s.* emoção; comoção
emotional *adj.* 1 emocional; emotional problems problemas emocionais 2 (*pessoa*) emotivo; sentimental 3 emocionado; comovido; to get emotional emocionar-se 4 emocionante
emotive *adj.* emotivo
empathy *s.* empatia ● É diferente de *sympathy*.
emperor *s.* imperador
emphasis *s.* realce, ênfase (on, *em*); to lay/place emphasis on dar ênfase a
emphasize, emphasise Grã-Bretanha *v.* enfatizar; realçar; destacar
emphatic *adj.* 1 categórico; explícito; claro; an emphatic victory uma vitória categórica 2 enfático; emphatic form forma enfática
empire *s.* império; an industrial empire um império industrial
empirical *adj.* empírico
employ *v.* 1 empregar; the plant employs 400 people a fábrica emprega quatrocentas pessoas 2 formal recorrer a; fazer uso de; the police had to employ force a polícia teve de usar a força 3 formal (*tempo*) ocupar ♦ formal in the employ of ao serviço de
employed *adj.* empregado
employee *s.* funcionário; empregado
employer *s.* patrão; body of employers patronato
employment *s.* 1 emprego; trabalho contratado por mês 2 formal uso (of, *de*); recurso (of, *a*); the employment of force o uso da força ♦ employment office centro de emprego
empower *v.* autorizar; to empower somebody to do something autorizar alguém a fazer alguma coisa
empress *s.* imperatriz
emptiness *s.* vazio
empty *adj.* 1 vazio; on an empty stomach de estômago vazio, em jejum 2 (*palavras, promessas*) vão empties *s.pl.* embalagens vazias ■ *v.* 1 esvaziar(-se); the police made him empty out his pockets a polícia o obrigou a esvaziar os bolsos 2 desocupar
empty-handed *adj.* de mãos vazias
emu *s.* ZOOLOGIA ema
emulate *v.* emular
emulation *s.* emulação
emulsifier *s.* emulsificante; emulsionante
emulsify *v.* emulsificar; emulsionar
emulsion *s.* emulsão
enable *v.* permitir; possibilitar; capacitar
enact *v.* 1 formal representar 2 (*lei*) promulgar; decretar
enactment *s.* lei; decreto
enamel *s.* esmalte ■ *v.* esmaltar

enamour, enamor EUA v. (*amor, paixão*) enamorar, encantar, cativar
enamoured, enamored EUA adj. 1 encantado (of/with, *com*) 2 formal apaixonado (of, *por*)
encampment s. acampamento
encephalic adj. encefálico
encephalitis s. MEDICINA encefalite
encephalogram s. encefalograma
encephalon s. ANATOMIA encéfalo
encephalopathy s. MEDICINA encefalopatia
enchant v. 1 formal encantar 2 enfeitiçar
enchanting adj. encantador
enchantment s. encanto
enchase v. engastar
encircle v. rodear; cercar
enclitic adj. LINGUÍSTICA enclítico
enclose v. 1 cercar; rodear 2 anexar; please find enclosed our catalogue junto anexamos o nosso catálogo
enclosure s. 1 recinto; área fechada 2 cerca 3 (*documento*) anexo
encode v. codificar
encore interj. MÚSICA bis! s. repetição; bis
encounter s. encontro; close encounters encontros imediatos ■ v. 1 deparar-se com; we have encountered many problems deparamo-nos com muitos problemas 2 formal encontrar
encourage v. 1 incentivar, encorajar (to, *a*); animar (to, *a*); she encouraged him not to give up ela o encorajou a não desistir 2 estimular; fomentar ◆ don't encourage him! não lhe dê corda!
encouragement s. encorajamento; apoio; estímulo; to give somebody encouragement dar apoio a alguém
encouraging adj. encorajador; animador
encroach v. 1 usurpar; apossar-se de; to encroach upon somebody's rights usurpar os direitos de alguém 2 (*terra*) invadir
encrypt v. encriptar
encryption s. encriptação
encyclical s. encíclica
encyclopaedia s. enciclopédia
encyclopaedic adj. enciclopédico
end s. 1 fim (of, *de*); at the end por fim; in the end no fim das contas, no final; on end sem fim, ininterruptamente; to put an end to acabar com; to the very end até ao fim 2 extremidade; ponta; end to end pelas extremidades; from end to end de um extremo a outro 3 objetivo; fim; to what end? com que objetivo?, para que fim? 4 (*telefone*) lado 5 morte ■ v. acabar; terminar ◆ loose ends pontas soltas (*dinheiro*) to make ends meet governar-se, manter-se dentro do orçamento end product produto final end up acabar, terminar
endanger v. ameaçar; pôr em perigo
endangered adj. ameaçado; em perigo; endangered species espécies ameaçadas
endearing adj. encantador; cativante; endearing qualities qualidades que atraem
endeavour, endeavor EUA s. formal esforço; empenho ■ v. formal esforçar-se (to, *por*); empenhar-se (to, *em*); fazer o possível (to, *por*)

endemic adj. 1 (*espécie, doença*) endêmico 2 característico; to be endemic to ser característico de ● É diferente de *epidemic*.
ending s. 1 fim; final; desenlace; happy ending final feliz 2 LINGUÍSTICA desinência, terminação
endive s. BOTÂNICA 1 Grã-Bretanha endívia 2 EUA chicória
endless adj. 1 interminável; sem fim 2 técnico circular; endless belt correia circular
endlessly adv. interminavelmente
endocrine adj. endócrino; endocrine gland glândula endócrina
endocrinologist s. endocrinologista
endocrinology s. MEDICINA endocrinologia
endorse v. 1 (*cheque*) endossar 2 apoiar publicamente 3 (*produto, serviço*) promover
endorsement s. 1 (*cheque*) endosso 2 apoio público 3 (*produto, serviço*) promoção
endoscopy s. endoscopia
endow v. doar endow with v. dotar de; to be endowed with beauty ser dotado de beleza
endowment s. 1 donativo 2 dom; talento
endurance s. resistência; beyond/past endurance insuportável ◆ endurance test prova de resistência
endure v. 1 suportar; aguentar; she couldn't endure the pain não conseguia suportar a dor 2 formal perdurar
enduring adj. duradouro; persistente
enema s. clister
enemy adj., s. inimigo; enemy forces exército inimigo; to make enemies fazer inimigos
energetic adj. enérgico; dinâmico; ativo
energetically adv. energicamente
energize, energise Grã-Bretanha v. estimular
energizing adj. energético
energy s. FÍSICA energia; to save energy poupar energia ◆ to put all one's energy into não poupar esforços para to provide/supply energy fornecer energia renewable energy energia renovável
enervate v. formal debilitar; enfraquecer
enforce v. 1 forçar; impor 2 fazer cumprir; fazer respeitar; to enforce the law fazer cumprir a lei
enforcement s. 1 coação; imposição 2 (*lei*) cumprimento; execução
enfranchise v. alforriar
enfranchisement s. alforria
engage v. 1 (*atenção*) chamar; atrair; captar 2 formal contratar (as, *como*); I engaged him as my assistant eu o contratei como meu assistente 3 combater 4 (*máquina*) encaixar (with, *em*); engatar (with, *em/com*); this wheel engages with that one esta roda engata naquela; to engage the first gear meter a primeira velocidade 5 envolver-se (in, *em*); meter-se (in, *em*)
engaged adj. 1 ocupado; comprometido; to be otherwise engaged ter outro compromisso 2 comprometido; noivo; they got engaged ficaram noivos 3 Grã-Bretanha (*telefone, linha*) ocupado; impedido; engaged tone sinal de ocupado 4 Grã-Bretanha (*banheiro*) ocupado
engagement s. 1 compromisso; to keep one's engagements ser fiel aos seus compromissos 2 noi-

engaging

vado; engagement ring anel de noivado **3** (*máquina*) engate; encaixe **4** técnico combate **5** formal contratação

engaging *adj.* encantador

engender *v.* (*gerar*) engendrar, conceber

engine *s.* **1** motor; engine failure avaria no motor **2** (*trem*) locomotiva ♦ engine driver maquinista

engineer *s.* **1** engenheiro; civil engineer engenheiro civil **2** técnico; maintenance engineer técnico de manutenção **3** EUA (*trem*) maquinista ■ *v.* **1** engendrar **2** (*genética*) manipular

engineering *s.* engenharia

England *s.* Inglaterra

English *adj.* inglês ■ *s.* (*língua*) inglês; the English os ingleses ♦ in plain English em palavras simples English Channel Canal da Mancha

engrave *v.* gravar (on, *em*; with, *com*); to engrave with an inscription gravar com uma inscrição; figurado to engrave on one's memory gravar na memória

engraver *s.* (*pessoa*) gravador

engraving *s.* gravura

engross *v.* absorver (in, *em*); he was engrossed in his work estava absorto no trabalho

engrossed *adj.* absorto

enhance *v.* **1** realçar **2** melhorar **3** aumentar **4** INFORMÁTICA otimizar

enhancement *s.* **1** realce **2** melhoria **3** aumento **4** INFORMÁTICA otimização

enigmatic *adj.* enigmático

enjoy *v.* **1** apreciar; gostar de; to enjoy oneself divertir-se **2** formal gozar de; desfrutar de; to enjoy good health gozar de boa saúde ♦ enjoy your meal! bom apetite!

enjoyable *adj.* agradável

enjoyment *s.* prazer; to live only for enjoyment viver só para o prazer; to get enjoyment out of something retirar prazer de

enlarge *v.* **1** alargar; aumentar **2** ampliar; to enlarge an image ampliar uma imagem

enlargement *s.* **1** alargamento; aumento **2** ampliação; enlargement of a drawing ampliação de um desenho

enlighten *v.* formal esclarecer (on/about, *sobre*); informar (on/about, *sobre*); to enlighten a person on something esclarecer alguém sobre alguma coisa

enlightening *adj.* esclarecedor; elucidativo

Enlightenment *s.* Iluminismo

enlightenment *s.* esclarecimento

enlist *v.* **1** angariar; aliciar **2** alistar(-se) (in, *em*); he's enlisted in the navy ele se alistou na marinha

enlistment *s.* alistamento

enliven *v.* animar

enmesh *v.* enredar (in, *em*); he was enmeshed in his own lies ele se enrolou na teia das próprias mentiras

enmity *s.* inimizade (for/towards, *em relação a*); hostilidade (for/towards, *em relação a*)

enneagon *s.* GEOMETRIA eneágono

enology *s.* enologia

enormity *s.* **1** enormidade **2** formal atrocidade

enormous *adj.* enorme

enough *adj.* suficiente (for, *para*); bastante (for, *para*); more than enough mais do que suficiente; to have enough to live on ter o suficiente para viver ■ *adv.* bastante; suficientemente; it is good enough for you serve muito bem para você; you know well enough that você sabe muito bem que ♦ enough of this nonsense! basta de disparates! enough is enough! já chega! Agora chega! I've had enough of it! já chega! sure enough com certeza

enquire *v.* perguntar (about, *sobre*); pedir informações (about, *sobre*)

enquiry *s.* **1** pergunta; to make enquiries about fazer perguntas sobre **2** investigação; inquérito; official enquiry investigação oficial

enrage *v.* enfurecer, enraivecer

enrich *v.* enriquecer

enrol, enroll EUA *v.* inscrever(-se) (in/on/for, *em*); matricular(-se) (in/on/for, *em*); he enrolled in a language course ele se inscreveu em um curso de línguas

enrolment, enrollment EUA *s.* inscrição; matrícula

ensemble *s.* conjunto

ensign *s.* bandeira

enslave *v.* escravizar

ensnare *v.* armar cilada para; enredar

ensue *v.* **1** formal seguir-se **2** formal resultar (from, *de*)

ensuing *adj.* seguinte; subsequente

ensure *v.* assegurar; garantir

entail *v.* envolver; implicar; the project entails a big investment o projeto implica um grande investimento

entangle *v.* enredar (in, *em*); enrascar, emaranhar (in, *em*); he was entangled in the net ele ficou emaranhado na rede

enter *v.* **1** entrar; please enter faça o favor de entrar **2** (*atividade*) entrar para; ingressar em; to enter the army entrar para o exército **3** (*informação*) inserir, introduzir; you must enter the code você deve inserir o código **4** inscrever(-se) em; to enter a contest inscrever-se em um concurso ♦ it never entered my head that nem sequer me passou pela cabeça que enter into *v.* **1** entrar em; to enter into negotiations entrar em negociações **2** firmar; to enter into an agreement firmar um acordo **3** ser importante para; what you think doesn't enter into it o que você pensa não vem ao caso • A preposição "entre" corresponde, em inglês, a between, among.

enterprise *s.* **1** empresa; public enterprise empresa pública **2** empreendimento; projeto **3** iniciativa; dinamismo

enterprising *adj.* empreendedor

entertain *v.* **1** entreter **2** (*visitas*) receber **3** (*ideia etc.*) considerar; tomar em consideração; I will entertain your proposal vou considerar a sua proposta

entertainer *s.* animador

entertaining *adj.* divertido, lúdico

entertainment *s.* **1** entretenimento; entertainment industry indústria do espetáculo **2** formal (*convidados*) recepção

enthral, enthrall EUA *v.* encantar; fascinar

enthusiasm *s.* entusiasmo (for, *por*); enthusiasm for one's work entusiasmo pelo nosso trabalho

enthusiast *s.* entusiasta; apaixonado; music enthusiast apaixonado pela música

enthusiastic adj. entusiástico; apaixonado; he's an enthusiastic player é um jogador apaixonado; to be enthusiastic about entusiasmar-se com
entice v. aliciar; incitar
enticing adj. tentador; atrativo; an enticing offer uma proposta tentadora
entire adj. inteiro; todo; in my entire life em toda a minha vida; the entire month o mês inteiro ● É diferente the *whole*.
entirely adv. inteiramente; totalmente
entirety s. formal totalidade; in its entirety na sua totalidade
entitle v. 1 dar direito (to, *a*); membership card entitles you to discounts o cartão de sócio dá direito a descontos 2 (*livro, texto*) intitular
entity s. entidade
entomology s. entomologia
entourage s. comitiva; séquito
entrails s.pl. 1 intestinos 2 entranhas; vísceras
entrance[1] s. 1 entrada (to, *para/de*); back entrance porta de serviço; front entrance entrada principal 2 ingresso; admissão; free entrance entrada grátis
entrance[2] v. extasiar; deslumbrar; fascinar; to be entranced by the sun ficar extasiado com o sol
entrancing adj. fascinante; arrebatador
entreat v. implorar (for, –); suplicar (for, *por*); to entreat somebody for help implorar ajuda a alguém
entreaty s. súplica; rogo
entrepreneur s. empresário
entrust v. confiar (with/to, *a*); to entrust somebody with something confiar alguma coisa a alguém
entry s. 1 entrada (into, *em*); no entry proibida a entrada 2 acesso; lines of entry into vias de acesso a 3 lançamento; registro de entrada; to make an entry in registrar 4 (*dicionário, enciclopédia*) verbete ♦ entry form formulário de inscrição
entryphone s. porteiro automático
entwine v. (*ramo, fita*) entrelaçar; entrançar
enumerate v. enumerar; contar
enumeration s. enumeração
enunciate v. 1 anunciar; expor 2 pronunciar; articular; to enunciate clearly articular com clareza
enunciation s. 1 enunciação; exposição 2 expressão; articulação; dicção
envelop v. envolver (in, *em*)
envelope s. 1 envelope; sobrescrito; sealed envelope envelope lacrado 2 invólucro
enviable adj. invejável
envious adj. invejoso (of, *de*); to be envious of invejar, cobiçar
environment s. 1 ambiente; meio; meio ambiente 2 arredores; cercanias; subúrbios
environmental adj. 1 ambiental; ecológico; environmental studies ecologia 2 ambientalista; environmental group grupo ambientalista ♦ environmental disaster catástrofe ecológica environmental impact impacto ambiental
environmentalist s. ambientalista; ecologista
environmentally adv. environmentally sensitive area área protegida
environment-friendly adj. amigo do ambiente

envisage, envision EUA v. 1 prever 2 conceber; imaginar
envoy s. enviado; mensageiro; emissário
envy s. inveja (at/of/towards, *de*); green with envy morto de inveja; out of envy por inveja ■ v. invejar; cobiçar
enzyme s. QUÍMICA enzima
ephemeral adj. efêmero
epic s. 1 (*poema*) epopeia 2 épico ■ adj. 1 épico 2 enorme; gigantesco
epicentre, epicenter EUA s. GEOLOGIA epicentro
epicure s. 1 epicurista 2 gourmet
epidemic s. MEDICINA epidemia; flu epidemic epidemia de gripe; peste ■ adj. epidêmico
epidermis s. epiderme
epidural adj., s. epidural
epiglottis s. ANATOMIA epiglote
epigram s. LITERATURA epigrama
epigraph s. LITERATURA epígrafe
epilepsy s. MEDICINA epilepsia
epileptic adj., s. epilético; epileptic fit ataque epilético
epilogue, epilog EUA s. epílogo
epiphyte s. BOTÂNICA epífita
episode s. 1 episódio, evento 2 episódio final episode of the series último episódio da série
epistle s. RELIGIÃO, LITERATURA epístola
epitaph s. epitáfio
epithelium s. ANATOMIA epitélio
epithet s. LINGUÍSTICA epíteto
epitome s. 1 epítome (of, *de*); súmula (of, *de*) 2 personificação (of, *de*); to be the epitome of something ser a personificação de algo
epoch s. época
epoch-making adj. histórico; que fez história
equable adj. 1 uniforme; constante; regular; equable pulse pulso regular 2 (*clima*) ameno 3 moderado
equal adj. 1 igual (to, *a*); idêntico (to, *a*); equivalente (to, *a*); equal opportunities/rights igualdade de oportunidades/direitos; the two squares are equal in size os dois quadrados são iguais em tamanho 2 (*competição*) equilibrado ■ v. 1 igualar 2 MATEMÁTICA ser igual a; 1 plus 1 equals 2 1 e um são 2; let x equal y seja x igual a y ■ s. igual; par; she has no equal ela não tem igual ♦ all things being equal em igualdade de condições on equal terms em pé de igualdade one's equal in age da mesma idade to be equal to estar à altura de equal sign sinal de igual, de igualdade to be equal to one's task estar à altura de seu trabalho, da tarefa with equal ease com a mesma facilidade
equality s. igualdade
equalize v. 1 ESPORTE empatar 2 equilibrar
equally adv. igualmente; equally wrong igualmente errado
equate v. 1 MATEMÁTICA equacionar 2 equalizar, equiparar, (with, *a*); comparar (with, *a*)
equation s. MATEMÁTICA equação; simple equation equação de primeiro grau; to solve an equation resolver uma equação
equator s. GEOGRAFIA equador
equestrian adj. equestre ■ s. cavaleiro
equidistant adj. equidistante (from, *de*)

equilateral

equilateral *adj.* GEOMETRIA equilátero; equilateral triangle triângulo equilátero
equilibrium *s.* equilíbrio
equinox *s.* ASTRONOMIA equinócio; the vernal/spring equinox equinócio da primavera
equip *v.* 1 equipar (with, *com;* for, *para*) 2 munir (with, *de*); prover (with, *de*) 3 preparar (for, *para*)
equipment *s.* equipamento; apetrechos; material; camping equipment material de acampamento
equitable *adj.* equitativo; justo
equity *s.* 1 equidade; justiça; imparcialidade 2 ECONOMIA ação
equivalence *s.* equivalência
equivalent *adj.* equivalente (to, *a*); to be equivalent to... equivaler a... *s.* equivalente (of/to, *de/para*)
equivocal *adj.* 1 equívoco 2 ambíguo; duvidoso
equivocate *v.* equivocar
era *s.* era; época; the Christian Era a era Cristã; the end of an era o fim de uma época
eradicate *v.* (*doença, problema*) erradicar; extirpar, destruir; to eradicate crime erradicar o crime
eradication *s.* erradicação
erase *v.* apagar
eraser *s.* borracha; ink eraser borracha de tinta
erasure *s.* rasura
erect *adj.* 1 ereto; hirto 2 (*orelha, rabo*) erguido ■ *v.* 1 (*estrutura, tenda*) montar 2 (*monumento*) fundar; construir 3 (*bandeira*) içar
erectile *adj.* erétil
erection *s.* 1 ANATOMIA ereção 2 (*monumento*) construção 3 (*estrutura*) montagem, fundação
ergonomics *s.* ergonomia
ermine *s.* ZOOLOGIA arminho
erode *v.* 1 GEOLOGIA erodir 2 GEOLOGIA sofrer erosão 3 (*substância, ácido*) corroer; desgastar 4 figurado (*confiança, fé*) minar
erosion *s.* erosão; desgaste
erosive *adj.* erosivo
erotic *adj.* erótico; sensual
eroticism *s.* erotismo
err *v.* 1 (*engano*) errar; to err is human errar é humano 2 (*falta*) pecar; to err on the side of mercy pecar por excessiva bondade ● É diferente de *error*.
errand *s.* recado; mensagem; to run errands for somebody executar tarefas para alguém; errand boy moço de recados
errant *adj.* 1 errante; errant youngsters jovens errantes 2 andante; knight errant cavaleiro andante
erratic *adj.* irregular; inconstante; imprevisível; erratic driving condução pouco segura
erratum *s.* errata
erroneous *adj.* errôneo; falso; inexato
error *s.* erro; engano; equívoco; human error erro humano; in error por equívoco; to make an error cometer um erro ♦ errors and omissions excepted salvo erro ou omissão error message mensagem de erro ● É diferente de *mistake*.
erudite *adj.* erudito, culto
erudition *s.* erudição; cultura
erupt *v.* 1 (*vulcão*) entrar em erupção 2 (*borbulha, alergia*) aparecer 3 (*dente*) romper 4 (*conflito*) estalar 5 figurado explodir
eruption *s.* 1 (*vulcão*) erupção 2 (*borbulha, alergia*) aparecimento; irrupção 3 figurado explosão
escalate *v.* 1 intensificar; alastrar; to escalate into terminar em, degenerar em 2 (*preços*) aumentar; disparar
escalator *s.* escada rolante
escapade *s.* peripécia; aventura
escape *s.* 1 fuga (from, of, *de*); evasão (from, of, *de*); escape attempt tentativa de fuga 2 (*líquido, gás*) vazamento; escape 3 (*de perigo, dificuldade*) saída ■ *v.* escapar (from, *de*); fugir (from, *de*); evadir-se (from, *de*); to escape pursuit escapar à perseguição; nothing escapes him nada lhe escapa; her name escapes me o nome dela me escapa, me foge. ♦ to escape notice passar despercebido to have a narrow escape escapar por um triz escape artist ilusionista escape key (*computador*) tecla de saída, tecla ESC escape route saída de emergência fire escape saída de emergência
escarole *s.* BOTÂNICA escarola
escarpment *s.* escarpa
eschew *v.* evitar; abster-se (–, *de*)
escort[1] *s.* 1 escolta; under police escort sob escolta policial 2 acompanhamento; séquito; followed by his escort seguido do seu séquito 3 acompanhante; escort agency agência de acompanhantes
escort[2] *v.* escoltar (to, *a/até*) *s.*
escutcheon *s.* (*símbolo*) escudo
Eskimo *adj., s.* esquimó
esophagus *s.* esôfago
esoteric *adj.* esotérico
esotericism *s.* esoterismo
especial *adj.* 1 específico; particular 2 invulgar; excepcional
especially *adv.* 1 especialmente; em particular 2 sobretudo
espionage *s.* espionagem; industrial espionage espionagem industrial
esplanade *s.* marginal; avenida à beira-mar
espouse *v.* 1 formal adotar; desposar formal aderir (–, *a*) 2 defender; apoiar; to espouse a cause defender uma causa ● As palavras "esposo" e "esposa" correspondem, em inglês, a *spouse*.
espresso *s.* café expresso; espresso machine máquina de café
essay *s.* 1 LITERATURA ensaio; an essay on Camões um ensaio sobre Camões 2 (*acadêmico*) composição; redação 3 formal tentativa; experiência ■ *v.* formal tentar; experimentar
essence *s.* 1 essência (of, *de*); essencial (of, *de*) 2 CULINÁRIA extrato; meat essence extrato de carne ♦ in essence essencialmente to be of the essence ser fundamental
essential *adj.* 1 essencial; indispensável 2 principal ■ *s.* 1 essencial; principal 2 necessidade básica 3 (*no plural*) o essencial ♦ it is essential that é indispensável que
establish *v.* 1 estabelecer; instituir 2 (*fatos*) determinar; provar; demonstrar 3 (*reputação*) afirmar (as, *como*)
establishment *s.* 1 estabelecimento; commercial establishment estabelecimento comercial; teach-

ing establishment estabelecimento de ensino 2 estabelecimento, instauração 3 pejorativo o poder instalado

estate s. 1 propriedade; sítio, herdade; Grã-Bretanha estate car carro utilitário 2 Grã-Bretanha urbanização 3 bens; fortuna; life estate bens vitalícios ◆ estate agency agência imobiliária estate agent agente imobiliário Grã-Bretanha estate car carro utilitário familiar

esteem s. estima; consideração; apreço; to hold somebody in high esteem ter alguém em grande estima ■ v. estimar; apreciar; considerar

esteemed adj. conceituado, respeitado

ester s. éster

estimate[1] s. 1 estimativa (of, de); avaliação (of, de) 2 cálculo (of, de); at a rough estimate aproximadamente 3 (custo, despesa) orçamento; to estimate for a job dar um orçamento para uma obra

estimate[2] v. 1 estimar (at, em); avaliar (at, em); fazer orçamento (for, para) 2 prever; calcular • No sentido de "ter estima por", "estimar" em inglês traduz-se por to esteem.

estimation s. 1 opinião; in my estimation na minha opinião 2 avaliação; cálculo 3 estima; consideração; to go up/down in somebody's estimation subir/descer na consideração de alguém

estuary s. GEOGRAFIA estuário

etching s. (gravura, arte) água-forte

eternal adj. 1 eterno 2 figurado infindável; incessante

eternity s. eternidade

eternize v. eternizar

ether s. QUÍMICA éter

ethereal adj. etéreo

ethic s. ética; Protestant ethic ética protestante; work ethic ética do trabalho

ethical adj. ético; moral

ethics s. ética; moral; medical/professional ethics ética médica/profissional

Ethiopia s. Etiópia

ethnic adj. étnico; ethnic cleansing limpeza étnica; ethnic minorities minorias étnicas

ethnography s. etnografia

ethnologist s. etnólogo

ethnology s. etnologia

ethyl adj. QUÍMICA etílico ◆ ethyl alcohol álcool etílico

etiquette s. etiqueta; boas maneiras; the rules of etiquette as regras de etiqueta

etymological adj. LINGUÍSTICA etimológico

etymology s. LINGUÍSTICA etimologia

EU sigla de European Union EU, União Europeia

eucalyptus s. BOTÂNICA eucalipto

eukaryote s. BIOLOGIA eucarioto, eucarionte

eukaryotic adj. BIOLOGIA eucarióticos

eulogy s. 1 elogio (to, a; of/on, de); louvor (to, a; of/on, de) 2 elogio fúnebre • Um "elogio", em inglês, traduz-se também por compliment, praise.

eunuch s. eunuco

euphemism s. LINGUÍSTICA eufemismo

euphony s. eufonia; melodia

euphoria s. euforia

euphoric adj. eufórico

eventually

eureka interj. heureca

Euro s. Euro

Europe s. Europa

European adj., s. europeu ◆ European Parliament Parlamento Europeu European Union União Europeia

euthanasia s. eutanásia

evacuate v. evacuar (from, de; to, para)

evacuation s. evacuação

evade v. fugir (–, a); evitar; to evade the law fugir à lei

evaluate v. 1 avaliar, ponderar; estimar; calcular 2 (provas) interpretar

evaluation s. 1 avaliação; estimativa 2 (provas) interpretação

evangelical adj. evangélico

evangelist s. evangelista

evangelize v. evangelizar

evaporate v. 1 evaporar(-se) 2 figurado dissipar(-se)

evaporation s. evaporação

evasion s. 1 evasão; fuga; tax evasion evasão fiscal 2 figurado evasiva

evasive adj. evasivo

eve s. véspera (of, de); on the eve of na véspera de Christmas Eve véspera de Natal

even adv. 1 ainda; até; até mesmo; even better ainda melhor; even if mesmo que; even so mesmo assim 2 mesmo; even now agora mesmo ■ adj. 1 plano; liso; regular; even surface superfície plana 2 uniforme; constante; an even temperature uma temperatura constante 3 equilibrado; an even match um jogo equilibrado 4 (número) par; even number número par ■ v. 1 nivelar 2 igualar 3 equilibrar ◆ even as we speak neste preciso momento even though embora not even nem sequer to break even empatar to even the score with acertar as contas com to get even with somebody vingar-se de alguém we're even estamos quites

evening s. fim do dia; a tarde, a tardinha; o anoitecer; in the evening ao fim do dia; good evening! boa tarde!, boa noite! ■ adj. 1 vespertino 2 da noite ◆ evening dress 1 vestido de noite 2 vestido social • Usa-se a expressão Good evening! ao encontrar uma pessoa e Good night! ao despedir-se dela.

evenly adv. 1 uniformemente 2 (espaçamento) regularmente 3 (divisão) equilibradamente; por igual

event s. 1 acontecimento; evento; in either event quer em um caso quer em outro; in that event nesse caso 2 ESPORTE prova; competição ◆ at all events seja como for in any event aconteça o que acontecer in the event of no caso de

even-tempered adj. plácido; sereno

eventful adj. 1 cheio de acontecimentos 2 animado; agitado

eventual adj. 1 final; definitivo 2 consequente • Atenção: a palavra portuguesa "eventual" significa "que pode acontecer sem data marcada, sem compromisso" e corresponde, em inglês, a accidental, casual.

eventuality s. eventualidade; possibilidade

eventually adj. finalmente, por fim; que vai acontecer com certeza • O advérbio "eventualmente" tem

ever

o sentido de "sem compromisso, sem data ou local marcado" e, em inglês, traduz-se por *occasionaly*.
ever *adv.* **1** sempre; for ever para sempre; for ever and ever para todo o sempre **2** já; alguma vez; have you ever been to England? você já esteve alguma vez na Inglaterra? **3** nunca; hardly ever quase nunca; nothing ever happens nunca acontece nada; worse than ever pior que nunca **4** de sempre; worst story ever a pior história que já se ouviu ♦ ever since desde (que) desde então ever so much tanto ever so simple tão simples as ever como sempre
everlasting *adv.* perpétuo; eterno
every *adj.* **1** cada; cada um, cada uma; every other day dia sim, dia não; every 20 minutes de 20 em 20 minutos **2** todos; every book todos os livros; every day todos os dias; every month todos os meses ♦ every man for himself salve-se quem puder every now and then de quando em quando every other day dia sim, dia não every three days de três em três dias every time sempre que
everybody *pron.* todo mundo; todos; everybody else todas as outras pessoas, todos os outros; everybody had finished todo mundo tinha terminado; everybody knows that todo mundo sabe isso/disso
everyday *adj.* cotidiano; everyday life a vida cotidiana
everyone *pron.* todo mundo; todos
everything *pron.* tudo; everything is fine está tudo bem
everywhere *adv.* em todo lugar; em toda a parte
evict *v.* (*casa*) despejar (from, *de*); desalojar (from, *de*)
eviction *s.* (*inquilino, ocupante*) despejo; eviction order/notice ordem/notificação de despejo
evidence *s.* **1** prova (of, *de*) **2** depoimento; testemunho; to give evidence prestar depoimento, testemunhar; to take somebody's evidence recolher o depoimento de alguém **3** sinal; indício ■ *v.* demonstrar; provar ♦ on the evidence of com base em to be in evidence evidenciar-se destacar-se
evident *adj.* evidente; óbvio; manifesto
evidently *adv.* evidentemente; obviamente
evil *adj.* **1** mau; perverso **2** (*influência*) prejudicial; pernicioso; nocivo **3** (*cheiro*) horrível ■ *s.* **1** mal **2** maldade ♦ evil eye mau-olhado
evildoer *s.* malfeitor
evil-minded *adj.* mal-intencionado
evocation *s.* evocação
evocative *adj.* evocativo (of, *de*)
evoke *v.* **1** evocar **2** (*reação, sentimento*) provocar, suscitar
evolution *s.* evolução; desenvolvimento ♦ theory of evolution teoria da evolução
evolutionary *adj.* **1** (*processo*) evolutivo **2** (*teoria*) evolucionista
evolutionism *s.* evolucionismo
evolve *v.* desenvolver; evoluir
ewe *s.* ovelha • É diferente de *awe*.
exacerbate *v.* exacerbar; agravar
exact *adj.* **1** exato; preciso **2** rigoroso; escrupuloso ■ *v.* **1** exigir (from, *de*) **2** requerer (from, *de*) ♦ exact sciences ciências exatas

exactly *adv.* exatamente; precisamente; I don't exactly know não sei bem; not exactly não propriamente
exactness *s.* (*precisão*) exatidão
exaggerate *v.* exagerar
exaggeration *s.* exagero
exalt *v.* **1** elevar (to, *a*); exaltar; louvar; enaltecer **2** reforçar; intensificar
exaltation *s.* **1** elevação **2** exaltação; louvor
exam *s.* exame; to take/sit an exam fazer um exame; to pass/fail an exam passar/reprovar em uma prova ♦ exam paper (*exame, teste*) enunciado
examination *s.* **1** formal exame; to take/sit an examination fazer um exame **2** inspeção **3** investigação; inquérito **4** interrogatório **5** exame médico to undergo a medical examination fazer um exame médico
examine *v.* **1** examinar, inspecionar **2** (*escola*) fazer um exame a **3** interrogar (on, *acerca de*), inquirir (on, *acerca de*) **4** (*alfândega*) revistar **5** (*passaporte*) controlar
examinee *s.* examinando
examiner *s.* examinador
example *s.* exemplo; for example por exemplo; to be an example to somebody ser um exemplo para alguém; to follow somebody's example seguir o exemplo de alguém; to set a good example dar o exemplo
exasperate *v.* exasperar; irritar
exasperating *adj.* exasperante; irritante
exasperation *s.* exasperação; irritação
excavate *v.* escavar; desenterrar
excavation *s.* escavação
excavator *s.* **1** (*máquina*) escavadora **2** escavador
exceed *v.* exceder; ultrapassar; to exceed the speed limit ultrapassar o limite de velocidade
exceedingly *adv.* extremamente
excel *v.* **1** exceder; ultrapassar; vencer; to excel oneself superar-se **2** ser muito bom (at/in, *em*); sobressair (at/in, *em*)
excellence *s.* excelência
excellent *adj.* excelente
except *prep.* exceto; salvo; à exceção de ■ *v.* excluir (from, *de*) excetuar ♦ except for com a exceção de salvo except if/when a menos que a, não ser que
exception *s.* exceção (to, *a*); the exception proves the rule a exceção confirma a regra; to make an exception abrir uma exceção; to take exception to something ofender-se com alguma coisa; with the exception of com a exceção de; without exception sem exceção
exceptionable *adj.* censurável
exceptional *adj.* excepcional
excerpt *s.* excerto (from, *de*); extrato (from, *de*); an excerpt from her new book um excerto do novo livro dela
excess *s.* **1** excesso (of, *de*) **2** (*comércio*) excedente (of, *de*) ■ *adj.* em excesso ♦ in excess of superior a to do something to excess fazer qualquer coisa em excesso excess baggage/luggage excesso de bagagem

excessive adj. excessivo
exchange s. 1 troca; permuta 2 (dinheiro) câmbio 3 (ideias, estudantes) intercâmbio 4 (telefone) central telefônica ■ v. 1 trocar (for, por; with, com); I exchanged seats with Bill troquei de lugar com o Bill 2 (dinheiro) cambiar (for, por), trocar ♦ in exchange for em troca de exchange rate taxa de câmbio
exchanger s. cambista
exchequer s. Grã-Bretanha Ministério das Finanças
excise¹ v. formal extirpar
excise² s. imposto de consumo (on, sobre) ♦ excise duties impostos indiretos
excision s. excisão; amputação; corte
excitable adj. excitável; nervoso
excite v. 1 excitar 2 provocar; despertar 3 entusiasmar; to get excited entusiasmar-se
excitement s. 1 excitação 2 agitação 3 expectativa
exciting adj. excitante; estimulante
exclaim v. exclamar
exclamation s. exclamação; Grã-Bretanha exclamation mark ponto de exclamação; EUA exclamation point ponto de exclamação
exclamatory adj. exclamatório
exclude v. 1 excluir (from, de) 2 excetuar
excluded adj. 1 excluído 2 marginalizados. s.
exclusion s. exclusão (from, de) ♦ to the exclusion of excluindo
exclusive adj. 1 exclusivo 2 (jornalismo) em exclusivo 3 (clube) elitista; fechado 4 único ■ s. (jornalismo) exclusivo ♦ exclusive of excluindo, não contando com
exclusively adv. exclusivamente
exclusivity s. exclusividade; exclusivity clause cláusula de exclusividade
excommunicate v. RELIGIÃO excomungar
excommunication s. excomunhão
excrement s. excremento
excrete v. excretar
excretion s. excreção
excruciating adj. 1 atroz, excruciante, insuportável 2 horrível
excursion s. excursão; passeio; to make an excursion fazer uma excursão
excusable adj. desculpável
excuse¹ s. desculpa (for, por/para); justificação (for, por/para); pretexto (for, por/para); his excuse for being late a desculpa dele por ter chegado atrasado; to make one's excuses pedir desculpa
excuse² v. 1 desculpar (for, por); justificar 2 dispensar (from, de); can I be excused from football practice? pode me dispensar do treino de futebol?; to excuse oneself desculpar-se, pedir licença para se ausentar ♦ excuse me com licença, desculpe excuse me? como?
execrable adj. execrável; abominável
executable adj. executável
execute v. 1 (plano) cumprir; realizar 2 (pena de morte) executar; he was executed for murder ele foi executado por homicídio 3 MÚSICA interpretar 4 (testamento) cumprir

exile

execution s. 1 execução (of, de); cumprimento (of, de); realização (of, de) 2 (morte) execução 3 MÚSICA interpretação 4 (testamento) cumprimento
executioner s. (de condenação) executor; carrasco
executive s. 1 (profissional) executivo 2 (governo) comitê central; executivo ■ adj. 1 (função, cargo) executivo 2 (serviço, objeto, espaço) para executivos ♦ executive director diretor administrativo, diretora administrativa
executor s. (testamento, tarefa) executor; responsável
exemplary adj. exemplar; modelar
exemplification s. exemplificação
exemplify v. exemplificar; ilustrar
exempt adj. livre (from, de); isento (from, de); exempt from taxation isento de imposto ■ v. isentar (from, de); dispensar (from, de); to be exempted from military service ser dispensado do serviço militar
exemption s. isenção (from, de); dispensa (from, de); exemption from military service dispensa do serviço militar
exercise s. 1 (geral) exercício; exercise book livro de exercícios; exercise of authority exercício de autoridade; physical exercise exercício físico 2 prática (of, de); aplicação (of, de) v. 1 exercer; empregar; aplicar 2 exercitar; treinar ♦ to be exercised about estar preocupado com
exert v. (influência, pressão) exercer; to exert oneself esforçar-se
exertion s. esforço
exfoliant adj. exfoliant
exfoliate v. exfoliar
exfoliation s. esfoliação; exfoliação
exhalation s. exalação
exhale v. 1 (ar) expirar 2 (cheiro) exalar
exhaust s. 1 (automóvel) escape 2 descarga; exhaust manifold cano de descarga ■ v. 1 (cansaço) extenuar 2 (recursos, tema) esgotar ♦ exhaust pipe tubo de escape
exhausted adj. exausto
exhausting adj. fatigante; extenuante
exhaustion s. esgotamento, exaustão
exhaustive adj. exaustivo
exhibit s. 1 (exposição) obra exposta 2 DIREITO prova apresentada em tribunal ■ v. 1 (artes) expor 2 apresentar; manifestar ● É diferente de display.
exhibition s. 1 (artes) exposição; to be on exhibition estar exposto 2 demonstração; an exhibition of courage uma demonstração de coragem 3 pejorativo (comportamento) cena; to make an exhibition of oneself fazer uma triste figura
exhibitionism s. exibicionismo
exhibitionist s. exibicionista
exhibitor s. expositor
exhilarate v. animar; entusiasmar; estimular
exhilarating adj. entusiasmante; estimulante
exhort v. exortar
exhumation s. exumação
exhume v. exumar; desenterrar
exile s. 1 exílio; desterro; to be in exile estar no exílio; to die in exile morrer no exílio; to go into exile

exist

exilar-se 2 (*pessoa*) exilado; desterrado ■ *v.* exilar (to, *para*); desterrar (to, *para*)
exist *v.* 1 existir 2 sobreviver (on, *com*); subsistir (on, *com*); she exists on tea and bread ela sobrevive a pão e água
existence *s.* 1 existência; to come into existence nascer 2 vida; what a miserable existence! que vida miserável!
existent *adj.* existente
existential *adj.* existencial; existential crisis crise existencial
existentialism *s.* existencialismo
existentialist *adj., s.* existencialista
existing *adj.* 1 existente 2 presente; atual
exit *s.* saída (from, *de*); emergency/fire exit saída de emergência ♦ exit poll sondagem à boca de urna exit visa visto de saída • A palavra "êxito" corresponde, em inglês, a *success, hit*.
exodus *s.* êxodo
exonerate *v.* 1 (*acusação*) ilibar (from, *de*) 2 (*culpa*) absolver (from, *de*); exonerar 3 (*obrigação*) desonerar (from, *de*); libertar (from, *de*)
exoneration *s. s.* 1 (*acusação*) ilibação 2 (*culpa*) absolvição 3 (*obrigação*) desoneração 4 dispensa, exoneração
exorbitant *adj.* exorbitante
exorcism *s.* exorcismo
exorcist *s.* exorcista
exorcize *v.* exorcizar; esconjurar
exosphere *s.* exosfera
exotic *adj.* exótico
expand *v.* 1 expandir(-se); ampliar(-se) 2 dilatar(-se); alargar(-se) 3 (*pessoa*) ser mais expansivo expand on/upon *v.* (*escrito, relato*) completar; desenvolver; ampliar
expanse *s.* extensão (of, *de*)
expansion *s.* 1 (*cidade*) desenvolvimento 2 (*negócio*) expansão; crescimento 3 (*população*) aumento 4 (*metal*) dilatação
expansionism *s.* expansionismo
expansionist *adj.* expansionista
expansive *adj.* 1 (*pessoa*) expansive; efusivo 2 (*gás, substância*) expansivo
expatriate *s.* expatriado ■ *v.* expatriar, banir
expect *v.* 1 esperar; aguardar; contar (–, *com*) 2 coloquial imaginar; supor; I expect so imagino que sim ♦ only to be expected que já era de esperar to be expecting estar grávida to expect too much (of) ter expectativas elevadas demais (em relação a)
expectancy *s.* expectativa; esperança; life expectancy esperança de vida
expectant *adj.* expectante; expectant mother futura mãe
expectation *s.* expectativa; esperança; according to expectation conforme se esperava; beyond expectation superando as expectativas; contrary to expectations contrariamente ao que se esperava
expectorant *adj., s.* expectorante
expectorate *v.* expectorar
expedient *adj.* 1 adequado; oportuno 2 pejorativo conveniente ■ *s.* expediente; meio; recurso

expedition *s.* 1 expedição; an expedition to the North Pole uma expedição ao Polo Norte 2 despacho; diligência; rapidez; to do something with expedition fazer qualquer coisa rapidamente
expel *v.* 1 (*pessoa*) expulsar (from, *de*) 2 (*ar, líquido*) expelir
expend *v.* 1 (*dinheiro*) despender (on/in, *em*); gastar (on/in, *em*) 2 (*tempo, recursos*) aplicar; empregar (on/in, *em*)
expendable *adj.* dispensável; substituível
expenditure *s.* 1 gasto; despesa; public expenditure despesa pública 2 (*esforço, tempo, energia*) dispêndio
expense *s.* despesa; gasto; custo; all expenses paid com tudo incluído; at the expense of à custa de; to be a great expense to ser um grande encargo para
expensive *adj.* caro; dispendioso; to come expensive sair caro
experience *s.* experiência (of, *em*); to lack experience não ter experiência; to speak from experience falar por experiência ■ *v.* 1 sentir; experimentar 2 (*problemas*) ter
experienced *adj.* vivido, experiente
experiential *adj.* vivencial, existential
experiment *s.* experiência ■ *v.* 1 fazer experiências (on/with, *em/com*); to experiment on animals fazer experiências em animais 2 experimentar, sentir
experimental *adj.* experimental
experimentation *s.* experimentação; experiências
expert *adj., s.* especialista (on/at/in, *em*); perito (on/at/in, *em*); an expert on economics um especialista em economia
expertise *s.* perícia; competência; proficiência
expiate *v.* 1 RELIGIÃO expiar, penitenciar-se 2 (*crime, erro*) expiar
expiatory *adj.* expiatório
expiration *s.* 1 (*respiração*) expiração 2 (*de um prazo*) expiração • É diferente de *expiation*.
expire *v.* 1 (*prazo*) terminar; expirar 2 (*respiração*) expirar 3 literário falecer
expiry *s.* termo; vencimento; caducidade; expiry date prazo de validade
explain *v.* explicar; esclarecer; explicitar to explain oneself explicar-se explain away *v.* justificar
explanation *s.* explicação (for/of, *para*); justificação (for/of, *para*); interpretação (for/of, *para*)
explanatory *adj.* explicativo
explicit *adj.* 1 explícito 2 categórico; peremptório
explode *v.* 1 explodir 2 figurado desacreditar; to explode a theory desacreditar uma teoria 3 figurado escangalhar-se (with, *de*); to explode with laughter escangalhar-se de rir
exploit[1] *s.* proeza; façanha; feito
exploit[2] *v.* 1 (*pessoa, situação*) explorar; aproveitar-se de; to exploit children's work explorar o trabalho infantil 2 (*recursos*) explorar; rentabilizar
exploitation *s.* exploração
exploration *s.* exploração (of, de)
explore *v.* 1 (*viagem*) explorar; to go exploring ir fazer uma exploração 2 figurado examinar; analisar
explorer *s.* explorador

explosion s. 1 explosão; detonação; deflagração; explosion of a bomb explosão de uma bomba; figurado an explosion of protest uma explosão de protestos 2 figurado subida em flecha; population explosion explosão demográfica

explosive adj. explosivo; explosive device engenho explosivo; figurado an explosive situation uma situação explosiva ■ s. explosivo; bomba

exponent s. 1 (teoria) defensor 2 MATEMÁTICA expoente 3 (perícia) expoente

export¹ s. 1 exportação 2 artigo de exportação

export² v. exportar

exporter s. exportador

expose v. 1 expor (to, a); sujeitar (to, a); the coast is exposed to harsh winds a costa está exposta a ventos cortantes 2 (crime, fraude) denunciar; desmascarar

exposition s. 1 exposição; enunciação 2 (indústria) feira

exposure s. 1 exposição; exposure to the sun exposição ao sol; indecent exposure exibicionismo 2 denúncia; revelação 3 (jornalismo) publicidade; cobertura; to have a lot of exposure in the media ter muita publicidade na media 4 MEDICINA hipotermia; to die of exposure morrer de hipotermia/frio

express adj. 1 expresso; manifesto 2 urgente; expresso; rápido; express bus ônibus expresso; Grã-Bretanha express post/mail/delivery correio expresso ■ s. (meio de transporte) expresso; rápido ■ v. 1 expressar; manifestar; exprimir; to express oneself expressar-se; exprimir-se 2 (carta, encomenda) enviar por correio expresso ■ adv. Grã-Bretanha por expresso; to send/deliver something express enviar/entregar alguma coisa por expresso

expressed adj. (explícito) expresso

expression s. 1 expressão; manifestação; freedom of expression liberdade de expressão 2 (rosto, olhar) expressão; an expression of anger uma expressão de fúria 3 MATEMÁTICA expressão; algebraic expressions expressões algébricas

expressive adj. 1 expressivo 2 revelador (of, de); ilustrativo (of, de)

expressly adv. expressamente; claramente

expressway s. EUA autoestrada

expropriate v. expropriar

expropriation s. expropriação

expugn v. expugnar

expulsion s. expulsão (from, de)

expurgate v.

exquisite adj. 1 belo; elegante 2 requintado; exquisite taste gosto refinado ● A palavra "esquisito", em inglês, traduz-se por strange, odd.

ex-serviceman s. ex-combatente

extend v. 1 (espaço) ampliar; alargar 2 (tempo) dilatar; adiar; to extend a deadline aumentar um prazo 3 continuar; prolongar; the valley extends as far as the river o vale se prolonga ao longo do rio 4 abranger; englobar 5 oferecer; estender; to extend your hand to somebody estender a mão a alguém 6 formal endereçar (to, a); apresentar (to, a); to extend a welcome to somebody dar as boas-vindas a alguém; to extend condolences/sympathies to somebody apresentar condolências a alguém ♦ (banco) to extend credit to somebody conceder crédito a alguém

extension s. 1 (construção) alargamento; ampliação 2 Grã-Bretanha (edifício) anexo (of, de) 3 (tempo) prolongamento; adiamento; she was given an extension of the deadline concederam-lhe um adiamento do prazo 4 extensão; ELETRICIDADE extension lead extensão elétrica; EUA extension cord extensão elétrica; (cabelo) hair extensions extensões de cabelo ♦ by extension por arrastamento

extensive adj. extenso; extensivo; amplo; vasto; extensive damage danos consideráveis; extensive debate debate amplo

extent s. 1 extensão; dimensão 2 amplitude; alcance ♦ to a great/large extent em grande medida; to a lesser/greater extent em menor/maior escala; to some/a certain extent até certo ponto; to what extent? até que ponto?

extenuating adj. atenuante

exterior s. 1 exterior; the exterior of a building a fachada de um edifício 2 aparência; aspecto; a calm exterior uma aparência calma ■ adj. exterior; externo

exterminate v. exterminar

extermination s. extermínio; exterminação

external adj. exterior; externo ■ s. 1 aspecto exterior 2 ambiente ♦ (medicamentos) for external use only para uso externo

extinct adj. extinto; an extinct volcano um vulcão extinto; extinct species espécie extinta; to become extinct extinguir-se

extinction s. extinção; to be in danger of extinction estar em perigo de extinção; to be on the verge/edge of extinction estar em vias de extinção ♦ espécies ameaçadas de extinção endangered species

extinguish v. (fumaça, fogo, luz) apagar; extinguir; debelar

extinguisher s. extintor; fire extinguisher extintor (de incêndios)

extirpate v. extirpar

extort v. extorquir (from, a)

extortion s. extorsão; to be charged with extortion ser acusado de extorsão

extra adj. extra; adicional; at no extra cost sem custos adicionais ■ s. 1 extra; (produto, serviço) optional extras extras opcionais 2 figurante 3 (jornal) edição especial ■ adv. 1 extra; a mais; à parte 2 super; they are extra nice eles são super simpáticos

extract¹ s. 1 (texto) excerto (from, de); extrato (from, de) 2 concentrado; plant extracts extratos vegetais

extract² v. 1 tirar; extrair (from, de); to extract a tooth tirar um dente 2 figurado extorquir (from, de); arrancar (from, de); to extract the truth from somebody arrancar a verdade a alguém

extraction s. 1 extração; coal extraction extração de carvão; MEDICINA to have an extraction tirar um dente 2 formal ascendência; origem; he is of Portuguese extraction ele é de ascendência portuguesa

extractive adj. extrativo; extrativista; extractive industry indústria extrativista

extractivism s. extractivism

extractor

extractor s. exaustor; extractor fan exaustor
extradite v. extraditar
extradition s. extradição; extradition order ordem de extradição
extrajudicial adj. extrajudicial
extramarital adj. extraconjugal
extraneous adj. 1 secundário; irrelevante 2 extrínseco; externo; extraneous to alheio a
extraordinarily adv. extraordinariamente
extraordinary adj. 1 extraordinário; extraordinary meeting/session reunião/sessão extraordinária 2 incrível; how extraordinary! incrível! 3 (representante) especial; an envoy extraordinary um enviado especial
extrapolate v. extrapolar
extrasensory adj. extrassensorial; extrasensory perception percepção extrassensorial
extraterrestrial adj., s. extraterrestre
extravagance s. extravagância; excentricidade
extravagant adj. 1 extravagante; excêntrico 2 esbanjador; gastador 3 (preço) exorbitante
extreme adj. 1 extremo; extreme poverty pobreza extrema 2 excepcional; in extreme circumstances em circunstâncias excepcionais 3 radical; POLÍTICA extreme left/right extrema esquerda/direita ■ s. extremo ◆ extreme sports esportes radicais in the extreme ao máximo to go from one extreme to the other passar de um extremo ao outro to take something to extremes levar alguma coisa ao extremo RELIGIÃO extreme unction Extrema-Unção
extremely adv. extremamente; muitíssimo
extremism s. extremismo; radicalismo
extremist adj., s. extremista
extremity s. 1 extremidade; limite 2 apuro; necessidade ◆ ANATOMIA extremities extremidades
extricate v. libertar (from, de); livrar (from, de)

extrovert, extravert s., adj. extrovertido
extrusion s. extrusão
exuberance s. (entusiasmo) exuberance
exuberant adj. 1 exuberante; eufórico 2 (vegetação) viçoso
exude v. 1 exsudar; transpirar 2 (sentimento, qualidade) irradiar
exult v. regozijar-se (at/in, com)
eye s. 1 olho 2 vista; visão 3 olhar; perspectiva 4 (agulha) olho 5 colcheta ■ v. fitar; observar; admirar ◆ an eye for an eye, a tooth for a tooth olho por olho, dente por dente Grã-Bretanha coloquial my eye! não acredito nem um pouco! to set eyes on ficar de olho em to turn a blind eye to fazer vista grossa a eye contact contato visual eye drops colírio eye patch pala eye socket órbita
eyeball s. ANATOMIA globo ocular ■ v. coloquial olhar; observar
eyebrow s. sobrancelha; sobrolho; supercílio
eye-catching adj. chamativo; vistoso
eyeglass s. luneta
eyelash s. pestana; to flutter one's eyelashes lançar olhar sedutor
eyelet s. ilhós
eyelid s. ANATOMIA pálpebra
eye-opener s. revelação; grande surpresa
eyepiece s. ocular
eyeshadow s. (cosmética) sombra
eyesight s. vista; visão; an eyesight test um teste de visão; to have poor eyesight ver mal; to lose one's eyesight perder a vista
eyesore s. aberração; monstruosidade; mamarracho
eyetooth s. dente canino superior ◆ to give one's eyetooth for something dar tudo para ter alguma coisa
eyewitness s. testemunha ocular
eyrie, aerie EUA s. (ave de rapina) ninho

F

f s. (letra) f **F** MÚSICA (nota) fá
fable s. fábula; lenda; mito
fabric s. 1 tecido; woollen fabrics tecidos de lã 2 figurado fundamentos; estrutura; the fabric of society a estrutura social ● Repare que **fabric** não se traduz pela palavra portuguesa "fábrica".
fabricate v. 1 inventar; forjar; to fabricate a document forjar um documento 2 técnico fabricar; produzir
fabrication s. 1 (história) invenção 2 (objetos) fabrico; manufatura
fabulous adj. 1 (aspecto, sentimento) fabuloso; espantoso; extraordinário 2 (ficção) fantástico; mítico; fabulous creatures seres fantásticos
face s. 1 rosto; face; cara 2 careta; to pull a face fazer uma careta 3 (relógio, aparelho) mostrador, visor ■ v. 1 deparar (with, com); to be faced with a problem ser confrontado com um problema 2 enfrentar; encarar; you must face the problem você tem de encarar o problema 3 admitir; reconhecer 4 estar virado para; estar de frente para; the house was faced north a casa estava virada para o norte ◆ in the face of perante let's face it! sejamos realistas! on the face of it à primeira vista Grã-Bretanha coloquial to have the face to do something ter a cara de pau de fazer alguma coisa to keep a straight face conter o riso to lose face perder o prestígio face cream creme facial face powder pó de arroz face value valor nominal what's his/her face aquele, aquela, o cara
facelift s. 1 (rosto) lifting; to have a facelift fazer um lifting 2 figurado remodelação; renovação; to give a facelift to something remodelar alguma coisa
facet s. 1 (joia) faceta 2 figurado aspecto; faceta
face-to-face adj. frente a frente; cara a cara
facial adj. facial; facial expression expressão facial ■ s. limpeza de pele
facilitate v. formal facilitar
facility s. 1 facilidade; with great facility com muita facilidade 2 talento (for, para); to have a facility for ter talento para 3 dispositivo; mecanismo facilities s.pl. (edifício) instalações
facsimile s. fac-símile
fact s. 1 fato; apart from the fact that tirando o fato de; due to the fact that devido ao fato de 2 realidade; verdade 3 dado, informação ◆ as a matter of fact de fato I know it for a fact tenho a certeza the bare facts a verdade nua e crua the facts of life informações sobre sexualidade the fact remains that a verdade é que to know for a fact que saber de fonte segura
fact-finding adj. (comissão) investigador; de investigação
faction s. 1 POLÍTICA grupo radical; facção; political faction facção política 2 parcialidade 3 tumulto

factor s. 1 fator (in, de); causa (in, de); the main factor in somebody's action a causa principal dos atos de alguém; the risk factor o fator risco 2 MATEMÁTICA fator, coeficiente; factor of safety coeficiente de segurança ■ v. 1 ser importante, influenciar 2 MATEMÁTICA decompor em fatores
factorial adj., s. fatorial
factory s. fábrica; usina ◆ factory floor área de produção factory floor worker operário de fábrica
factotum s. faz-tudo; habilidoso
factual adj. factual; objetivo; factual information informação factual
faculty s. 1 (capacidade) faculdade (of, de); in full possession of all your faculties em plena posse de todas as suas faculdades 2 dom; aptidão (for, para); he's got a special faculty for arts ele tem uma aptidão especial para as artes 3 (universidade) faculdade 4 EUA corpo docente ● É diferente de "faculdade", que, em inglês, traduz-se por college.
fad s. 1 moda 2 mania ● A palavra "fada" corresponde, em inglês, a fairy.
faddy adj. Grã-Bretanha coloquial, pejorativo esquisito; extravagante
fade v. 1 (cor) desbotar; perder a cor; the painting faded o quadro desbotou 2 (memória, imagem) desvanecer; diluir 3 escurecer; light was fading outside escurecia lá fora 4 (intensidade) esmorecer; desvanecer fade away v. 1 (imagem, som) desvanecer-se 2 (pessoa) decair fade in v. 1 (som) aumentar 2 (imagem) aparecer progressivamente fade out v. 1 (som, imagem) fazer desaparecer progressivamente 2 desvanecer-se; esmorecer
faeces s.pl. formal fezes
faff v. coloquial perder tempo; empatar; to faff about perder tempo
fag s. 1 Grã-Bretanha coloquial cigarro 2 EUA calão, ofensivo maricas ofens.; paneleiro ofens. 3 coloquial saco; chatice; what a fag! que saco! v. trabalhar muito; estafar(-se) com trabalho
fagged adj. coloquial cansado; esgotado; to be fagged out estar esgotado
faggot s. 1 molho; feixe 2 veado ofens.; EUA calão, ofensivo maricas ofens.
Fahrenheit adj. Fahrenheit; 32 degrees Fahrenheit 32 graus Fahrenheit
fail v. 1 faltar; falhar; he failed to keep his word ele faltou à palavra; my concentration failed faltou-me a concentração; words fail me faltam-me as palavras 2 fracassar 3 (teste) reprovar 4 (promessa) não cumprir 5 (máquinas) avariar 6 (saúde) ressentir-se ■ s. (teste) reprovação ◆ I fail to see não estou compreendendo without fail sem falta
failed adj. (aluno) reprovado
failing s. 1 falha 2 (personalidade) fraqueza; defeito; one's worst failing o nosso pior defeito ■ adj.

fail-safe

em declínio ■ *prep.* à falta de; failing that se isso não for possível
fail-safe *adj.* de segurança; fail-safe door porta de segurança
failure *s.* 1 fracasso; the event was a failure a iniciativa fracassou; to be doomed to failure estar condenado ao fracasso 2 falha; avaria; engine failure falha do motor 3 insuficiência; kidney failure insuficiência renal 4 falência
faint *adj.* 1 (*pessoa*) fraco 2 (*cor*) desmaiado 3 ligeiro; leve; vago; a faint accent um ligeiro sotaque; a faint hope uma vaga esperança 4 (*intensidade*) frouxo, brando; faint protests protestos frouxos ■ *v.* desmaiar, desfalecer; she fainted from the heat ela desmaiou com o calor ■ *s.* desmaio ◆ not to have the faintest idea não fazer a menor ideia
faint-hearted *adj.* tímido; medroso; a faint-hearted attempt uma tentativa tímida ◆ not for the faint-hearted não aconselhado a pessoas impressionáveis
fair *adj.* 1 justo; that's only fair nada mais justo 2 (*pessoa, ato*) correto; honesto; he is a fair player ele é um jogador correto 3 Grã-Bretanha (*quantidade*) considerável; apreciável; a fair number of things um número considerável de coisas 4 (*cabelo, pele*) claro 5 (*tempo*) ameno 6 literário belo; formoso ■ *s.* 1 feira; book fair feira do livro 2 Grã-Bretanha feira popular ■ *adv.* honestamente; corretamente ◆ Grã-Bretanha coloquial a fair crack of the whip uma oportunidade Grã-Bretanha coloquial fair enough! de acordo! coloquial fair's fair! é justo!, o que é justo, é justo! fair play jogo limpo in a fair way para ser justo/sermos justos to be fair game ser uma presa fácil to play fair fazer jogo limpo to say something fair and square falar curto e grosso ● É diferente de *fairy*.
fairground *s.* recinto de feira popular
fairly *adv.* 1 razoavelmente; it was a fairly competitive game foi um jogo razoavelmente competitivo 2 com justiça; imparcialmente; she was treated fairly ela foi tratada com justiça
fair-minded *adj.* correto; justo
fairness *s.* 1 justiça; imparcialidade 2 (*pele*) tez clara 3 (*cabelo*) louro ◆ in all fairness (to somebody) para ser justo
fairy *s.* 1 fada 2 ofensivo maricas ofens.; homossexual ◆ fairy godmother fada madrinha Grã-Bretanha fairy lights (*Natal*) luzes decorativas fairy tale conto de fadas
fairyland *s.* país das fadas; país encantado
faith *s.* 1 fé; to have faith in God ter fé em Deus 2 confiança; blind faith confiança cega 3 credo; crença; confissão; religião; people from all faiths pessoas de todas as religiões ◆ in good faith de boa fé to break faith with somebody ser desleal para com alguém to keep faith with somebody manter uma promessa
faithful *adj.* 1 fiel (to, *a*); leal (to, *a*); a faithful man um homem leal; she is faithful to her principles ela é fiel aos seus princípios 2 (*veracidade*) fiel (to, *a*); condizente (to, *com*) *s.pl.* 1 fiéis; crentes 2 seguidores, partidários

faithfully *adv.* fielmente ◆ Grã-Bretanha (*correspondência formal*) Yours faithfully atenciosamente
faithfulness *s.* fidelidade; lealdade
fake *s.* 1 falsificação; imitação 2 impostor; charlatão ■ *adj.* falso; fake news notícia falsa ■ *v.* 1 falsificar; forjar; they faked the documents eles falsificaram os documentos 2 simular; fingir; he faked pain ele fingiu ter dores
fakir *s.* faquir
falcon *s.* ZOOLOGIA falcão
falconer *s.* falcoeiro
falconry *s.* falcoaria
fall *s.* 1 queda; to have a fall cair 2 baixa (in, *de*); descida (in, *de*); a fall in prices descida dos preços 3 EUA Outono 4 (*água*) catarata ■ *v.* 1 cair; he fell from the ladder ele caiu da escada 2 (*edificação*) ruir 3 (*preços, temperatura*) baixar; diminuir; descer 4 ser derrubado; cair 5 ser derrotado; perder ◆ let fall deixar cair to fall asleep adormecer to fall asleep at the switch dormir no ponto, estar desatento to fall ill adoecer to fall in love with apaixonar-se por to fall into the clutches of cair nas garras de to fall short of não conseguir to fall flat não dar em nada to fall to pieces desfazer-se; fracassar fall about *v.* coloquial morrer de rir fall apart *v.* 1 desfazer-se; his car is falling apart o carro dele está caindo aos pedaços 2 fracassar; ir por água abaixo 3 (*sentimentos*) sofrer muito; to be falling apart estar em grande sofrimento fall back on *v.* recorrer a; to fall back on one's savings recorrer às poupanças fall back *v.* 1 retirar; bater em retirada; the soldiers fell back os soldados bateram em retirada 2 recuar; retroceder 3 Grã-Bretanha descer; baixar fall behind *v.* 1 ficar para trás 2 (*desempenho*) atrasar-se; perder terreno; to fall behind with one's work atrasar-se no trabalho fall down *v.* 1 (*edifício*) cair; ruir; the house is falling down a casa está caindo 2 (*projeto*) cair por terra; ir por água abaixo; the plan fell down o plano foi por água abaixo fall for *v.* 1 coloquial (*mentira*) cair em; deixar-se levar por; I'm not falling for that one não caio nessa 2 coloquial apaixonar-se por; ficar caidinho por fall in *v.* 1 ruir; desabar; the ceiling has fallen in o teto desabou 2 formar fileira; the soldiers fell in os soldados formaram fileiras fall in with *v.* 1 concordar com 2 (*pessoa*) juntar-se a fall into passar por; pertencer a; adquirir to fall into the habit of adquirir o hábito de fall off *v.* 1 soltar-se; cair 2 descer; baixar; prices have fallen off os preços baixaram fall out *v.* 1 zangar-se (with, *com*); she fell out with her parents ela se zangou com os pais 2 (*cabelo, dente*) cair 3 (*soldados*) dispersar fall over *v.* 1 cair 2 tropeçar em fall through *v.* falhar; ir por água abaixo; the plan fell through o plano foi por água abaixo fall to *v.* 1 (*dever*) caber a; it fell to him to cook coube a ele cozinhar 2 começar a; he fell to complaining começou a protestar
fallacious *adj.* formal falacioso; enganador
fallacy *s.* falácia
fallen (particípio passado de **to fall**) *adj.* caído; a fallen tree on the road uma árvore caída na estrada ◆ fallen arches pés chatos

fallible *adj.* falível
falling *adj.* cadente; estrela cadente falling star, shooting star
falling-out *s.* coloquial desentendimento; zanga
fallout *s.* partículas radioativas
fallow *adj.* 1 (*cultivo*) de pousio; inculto; to let the land lie fallow deixar a terra em pousio 2 (*tempo*) de interregno; de pausa; fallow days dias de pausa ■ *s.* terra de pousio • É diferente de *follow*.
false *adj.* 1 falso; postiço; to bear false witness prestar falso testemunho 2 (*pessoa*) falso; dissimulado; fingido ♦ one false move um passo em falso under false pretences fraudulentamente false alarm alarme falso false start falsa partida
falsehood *s.* falsidade; mentira
falsetto *s.* falsete
falsification *s.* falsificação
falsify *v.* falsificar
falter *v.* 1 vacilar; hesitar 2 (*voz*) titubear
fame *s.* fama; notoriedade; to rise to fame ficar famoso
famed *adj.* famoso (for, *por*)
familiar *adj.* 1 familiar (to, *para*); conhecido (to, *para*); this is vaguely familiar to me isto é vagamente familiar para mim 2 familiarizado (with, *com*); to be familiar with the Internet estar familiarizado com a Internet ♦ to become all too familiar tornar-se corriqueiro to be on familiar terms with somebody ter uma relação amistosa com alguém
familiarity *s.* familiaridade
familiarize, familiarise Grã-Bretanha *v.* familiarizar (with, *com*); acostumar (with, *a*); to familiarize oneself with familiarizar-se com
family *s.* família; immediate family família direta; to run in the family ser de família; to start a family constituir família ■ *adj.* familiar family restaurant restaurante familiar♦ family doctor médico de família family name sobrenome family tree árvore genealógica
famine *s.* fome; famine relief luta contra a fome
famished *adj.* coloquial faminto; esfomeado
famous *adj.* famoso (for, *por*); célebre (for, *por*); a famous actor um ator famoso
fan *s.* 1 fã (of, *de*) 2 ventilador 3 leque ■ *v.* 1 abanar; to fan oneself abanar-se com leque 2 atiçar; avivar; to fan a fire atiçar o fogo 3 literário estimular; incitar ♦ fan club clube de fãs fan out *v.* espalhar(-se)
fanatic *s.* 1 pejorativo fanático 2 coloquial entusiasta; fã; a football fanatic um fã de futebol americano
fanatical *adj.* fanático; fanatical behaviour comportamento fanático
fanaticism *s.* fanatismo
fancier *s.* 1 (*animais, plantas*) criador; horse fancier criador de cavalos 2 entusiasta; amador
fanciful *adj.* 1 fantasioso; imaginário 2 extravagante
fancy *s.* 1 afeto (for, *a*); afeição (for, *a*); gosto (for, *por*); I took a fancy to swimming eu tomei gosto pela natação 2 (*atitude*) fantasia; capricho; a passing fancy um capricho passageiro 3 literário fantasia; imaginação; a world of fancy um mundo de fantasia ■ *v.* 1 Grã-Bretanha apetecer; desejar; she fancied a cake apetecia-lhe um bolo 2 Grã-Bretanha coloquial gostar de; sentir-se atraído por 3 julgar (that, *que*) ■ *adj.* 1 (*estilo*) extravagante; rebuscado; elaborado; fancy language linguagem elaborada 2 EUA refinado; fancy food comida refinada 3 (*preços*) exorbitante; excessivo ♦ Grã-Bretanha fancy that! imaginem só! to fancy oneself as imaginar-se to take somebody's fancy chamar a atenção de alguém
fancy-pants *adj.* exageradamente elegante, exibido
fanfare *s.* fanfarra
fang *s.* 1 presa 2 defesa 3 raiz de dente
fanlight *s.* 1 Grã-Bretanha (*janela, porta*) bandeira 2 EUA claraboia
fantasize, fantasise Grã-Bretanha *v.* fantasiar (about, *sobre*)
fantastic *adj.* 1 (*apreciação*) fantástico; maravilhoso; what a fantastic day! que dia fantástico! 2 coloquial (*quantidade*) excepcional; a fantastic amount of money uma quantia excepcional 3 (*imaginação*) fantástico; irreal; fictício; fantastic creatures seres fantásticos
fantasy *s.* fantasia; to live in a fantasy world viver em um mundo de fantasia
far *adv.* 1 (*localização*) longe (from, *de*); that's too far isso é muito longe 2 (*nível*) bastante; muito; to be far above average estar bastante acima da média; to be far beyond one's expectations ir muito para além das expectativas; to be far too soon ser demasiado cedo ■ *adj.* 1 (*localização*) longínquo; remoto; a far place um local distante 2 extremo; POLÍTICA the far left/right a extrema esquerda/direita ♦ as far as I am concerned no que me diz respeito as far as I can remember tanto quanto me lembro as far as I know tanto quanto sei, até onde sei by far de longe, sem dúvida, com grande margem de diferença far and wide por todo o lado far from it longe disso how far is it? a que distância fica? so far as no que concerne, diz respeito a so far so good até aqui tudo bem Far East Extremo Oriente Far West EUA faroeste
faraway *adj.* 1 literário longínquo; distante; remoto; a faraway country um país remoto 2 (*pessoa*) distante; a faraway look um olhar distante
farce *s.* farsa
fare *s.* 1 (*passagem*) tarifa; return fare tarifa de ida e volta; special fare tarifa especial 2 (*táxi*) passageiro 3 comida ■ *v.* sair-se; to fare well sair-se bem
farewell *s.* despedida; to bid farewell to somebody despedir-se de alguém; a farewell dinner um jantar de despedida ■ *interj.* antiquado adeus!
far-fetched *adj.* rebuscado; forçado; irrealista; a far-fetched argument um argumento rebuscado
far-flung *adj.* 1 longínquo; distante 2 espalhado
farm *s.* sítio; chácara; fazenda; to work on a farm trabalhar em um sítio ■ *v.* 1 (*terra*) cultivar; lavrar 2 (*gado*) criar ♦ EUA farm belt região agrícola farm out *v.* contratar; delegar em
farmer *s.* lavrador; agricultor
farmhand *s.* trabalhador rural
farmhouse *s.* granja; casa de sítio
farming *s.* 1 agricultura 2 pecuária ♦ farming industry indústria agropecuária
farmyard *s.* pátio do sítio

far-off

far-off adj. (tempo, espaço) longínquo; distante; remoto
far-out adj. estranho; bizarro
far-reaching adj. de grande alcance; far-reaching measures medidas de grande alcance
farrier s. ferrador
far-sighted adj. 1 perspicaz 2 EUA hipermetrope; (pessoa idosa) presbita
fart s. 1 vulgarismo peido (cal.); traque (col.) 2 calão chato; he's a boring old fart ele é um chato ■ v. vulgarismo peidar (cal.)
farther (comparativo de far) adv. mais longe; farther away mais para lá; I didn't go farther não fui mais longe ■ adj. mais distante; mais longe; the farther end o ponto mais distante
farthest (superlativo de far) adv. mais longe; mais distante ■ adj. mais distante; mais longínquo ◆ at the farthest o mais tardar
fascicle s.. 1 (publicação) fascículo 2 BOTÂNICA fascículo
fascinate v. fascinar; encantar
fascinated adj. fascinado
fascinating adj. fascinante; encantador
fascination s. fascinação, fascínio (for, por)
fascism s. POLÍTICA fascismo
fascist adj., s. POLÍTICA fascista
fashion s. 1 moda; the latest fashion a última moda; to be in fashion estar na moda; to go out of fashion passar de moda 2 modo; maneira; one's usual fashion o nosso modo habitual ■ v. moldar; talhar ◆ fashion designer estilista fashion magazine revista de moda fashion show desfile de moda
fashionable adj. 1 moderno 2 da moda; a fashionable restaurant um restaurante da moda
fast adj. 1 rápido; veloz; a fast car carro veloz 2 (tempo) adiantado ■ adv. 1 depressa; rapidamente; he is driving fast ele está dirigindo depressa 2 (sono) profundamente; to be fast asleep dormir profundamente 3 (intensidade) firmemente; bem; hold fast! segura com firmeza! v. jejuar ■ s. jejum; abstinência; fast day dia de abstinência ◆ fast forward movimento acelerado fast lane via rápida how fast are you going? a que velocidade você vai? it was fast time to leave já era mais do que hora de ir embora coloquial (discordância) not so fast! atenção! calma! to be a fast talker ser um garganta fast food comida pronta fast-food to play fast and loose não levar a sério, tratar levianamente, precipitadamente
fasten v. 1 (vestuário, cinto) apertar; fasten your seat belt aperte o cinto de segurança 2 atar; amarrar; prender 3 (portas, janelas) trancar; fechar; fasten the front door fecha a porta da frente 4 (dentes, braços) cerrar fasten on v. concentrar-se em fasten up v. apertar; fechar; fasten your coat up aperta o casaco
fastener s. (roupa) fecho; botão; colchete
fastidious adj. meticuloso; minucioso ● Repare que não corresponde ao sentido da palavra portuguesa "fastidioso".
fat adj. 1 gordo; a fat man um homem gordo; to get fat engordar 2 (volume) espesso; grosso 3 coloquial avultado; a fat sum of money uma soma avultada de dinheiro 4 CULINÁRIA com gordura; gorduroso ■ s. 1 gordura; you should cut down on fats você devia cortar a gordura 2 banha; hog's fat banha de porco ◆ fat cat rico e privilegiado fat chance! mínima chance! to grow fat on something enriquecer às custas de alguém
fatal adj. 1 mortal; a fatal disease uma doença mortal 2 fatal; a fatal mistake um erro fatal
fatalism s. fatalismo
fatalist s. fatalista
fatalistic adj. fatalista
fatality s. 1 (acidente) vítima mortal; traffic fatalities vítimas fatais de acidentes de trânsito 2 fatalidade
fatally adv. fatalmente
fate s. destino; sorte; by a twist of fate por ironia do destino; to leave somebody to their fate deixar alguém entregue à sua sorte ■ v. traçar o destino de; destinar
fated adj. destinado (to, a)
fateful adj. fatídico; fatal
fat-free adj. (alimento) desnatado; fat-free yoghurts iogurtes desnatados
father s. 1 pai; to be a father of three ser pai de três filhos 2 criador; mentor; the father of the revolution o mentor da revolução fathers s.pl. antepassados ■ v. conceber ◆ from father to son de pais para filhos like father, like son tal pai, tal filho coloquial you are your father's son és bem o filho de teu pai Father 1 (Santíssima Trindade) Deus Pai 2 Padre the Holy Father o Santo Padre Grã-Bretanha Father Christmas Papai Noel father confessor confessor father figure figura paterna Father's day Dia dos Pais ● A palavra **pais**, no sentido de pai e mãe, corresponde em inglês a parents.
fatherhood s. paternidade
father-in-law s. sogro
fatherland s. pátria
fatherless adj. sem pai
fatherly adj. paternal
fathom s. 1 (medida) braça 2 superfície de 6 pés quadrados 3 profundidade ■ v. 1 sondar 2 compreender; entender 3 abarcar com os braços
fathomless adj. literário insondável; impenetrável
fatigue s. 1 fadiga; estafa; cansaço 2 (metal, madeira) fadiga ■ v. cansar; fatigar
fatness s. gordura
fatso s. coloquial, pejorativo gorducho
fatten v. engordar; to fatten pigs engordar porcos
fattening adj. (comida) que engorda
fatty adj. 1 (substância, comida) gordo 2 adiposo; fatty tissues tecidos adiposos ■ s. pejorativo, coloquial bucha; gorducho ◆ fatty acid ácido gordo
faucet s. EUA torneira
fault s. 1 (responsabilidade) culpa; it wasn't my fault não tive culpa; that's entirely your fault a culpa é toda sua 2 (mecanismo) falha (in, em); there is a fault in the system há uma falha no sistema 3 (personalidade) defeito; for all his faults apesar dos defeitos 4 ESPORTE falta 5 GEOLOGIA falha; tectonic fault falha tectônica ■ v. censurar (on, por); criti-

car (on, *por*); to fault somebody on something culpar alguém por alguma coisa ♦ to a fault em excesso to be at fault estar errado to find fault with implicar com
fault-finding *adj.* maldizente, crítico
faultless *adj.* irrepreensível
faulty *adj.* 1 defeituoso; a faulty machine uma máquina defeituosa 2 (*raciocínio*) incorreto
fauna *s.* fauna
favour, favor EUA *s.* 1 favor; can I ask you a favour? posso pedir-te um favor?; to do something as a favour fazer alguma coisa por favor; to owe somebody a favour dever um favor a alguém 2 aprovação 3 (*tratamento*) favoritismo; to be treated with favour ser beneficiado ■ *v.* 1 preferir 2 favorecer; beneficiar ♦ irônico do me a favour! não posso crer! (*pagamento*) in somebody's favour à ordem de alguém to be in favour of ser a favor de
favourable, favorable EUA *adj.* 1 (*opiniões*) favorável; positivo; favourable comments comentários favoráveis 2 (*circunstâncias*) favorável (to, *a*); propício (to, *a/para*) 3 agradável; bom; to make a favourable impression on somebody causar boa impressão a alguém 4 (*lucro*) vantajoso; proveitoso; on favourable terms em condições vantajosas
favourite, favorite EUA *adj., s.* favorito; preferido; predileto; he is my favourite actor ele é o meu ator preferido
favouritism, favoritism EUA *s.* favorecimento; parcialidade; to be treated with favouritism ser tratado com parcialidade
fawn *s.* enho; veado novo ■ *adj., s.* (*cor*) bege ■ *v.* adular (on/over, –); bajular (on/over, –); to fawn on one's superiors bajular os superiores
fawning *s.* adulação; lisonja ■ *adj.* bajulador; lisonjeiro
fax *s.* fax; send the form by fax envie o formulário por fax ■ *v.* enviar por fax
faze *v.* coloquial perturbar
FBI *sigla de* Federal Bureau of Investigation, agência de investigação policial do governo dos EUA
fear *s.* medo (of, *de*); receio (of, *de*); temor (of, *de; for, por*); fear of flying medo de voar; fear of heights medo das alturas; fear of the dark medo do escuro ■ *v.* recear; ter medo de; temer; to fear the worst temer o pior ♦ for fear of com receio de in fear of temeroso, receoso de to be in fear of one's life temer pela vida formal without fear of favour com justiça
fearful *adj.* 1 formal (*pessoa*) medroso; receoso 2 formal assustador 3 Grã-Bretanha coloquial terrível; horrível; the room was in a fearful mess o quarto estava em uma confusão terrível
fearless *adj.* intrépido; destemido; audaz
fearlessness *s.* intrepidez; audácia
fearsome *adj.* formal assustador; temível
feasibility *s.* viabilidade; exequibilidade
feasible *adj.* viável; exequível
feast *s.* 1 banquete; festim; to hold a feast in honour of somebody dar um banquete em honra de alguém 2 festa 3 deleite; regalo ■ *v.* banquetear-se (on, *com*); regalar-se (on, *com*) ♦ to feast one's eyes on something deleitar-se com alguma coisa ●

Repare que a palavra "festa", em inglês, traduz-se por *party*.
feat *s.* feito; façanha; proeza; it was a feat of medicine foi uma proeza da medicina
feather *s.* pena; pluma; feather bed colchão de penas ■ *v.* encher de penas ♦ a feather in your cap um motivo de orgulho coloquial to feather your (own) nest encher os bolsos
featherbrained *adj.* distraído; tolo
featherweight *s.* (*boxe*) peso pluma
feature *s.* 1 característica; traço; feição 2 (*jornalismo*) matéria (on, *sobre*); reportagem (on, *sobre*) 3 longa-metragem features *s.pl.* feições; traços; he had hard features ele tinha feições duras ■ *v.* 1 retratar; representar; the movie features country life o filme retrata a vida no campo 2 promover; publicitar; to feature a new product promover um novo produto 3 (*filme, peça*) apresentar 4 entrar, aparecer (in, *em*); my favourite actor features in this film o meu ator preferido entra neste filme
featureless *adj.* descaracterizado; banal
February *s.* fevereiro
feces *s.pl.* formal fezes
feckless *adj.* tíbio; frouxo
fecund *adj.* formal fecundo; fértil
fecundity *s.* formal fecundidade; fertilidade
fed up *adj.* coloquial farto (with, *de*); cheio (with, *de*); I'm fed up with it! estou cheio disso!
federal *adj.* federal
federalism *s.* POLÍTICA federalismo
federalist *adj., s.* POLÍTICA federalista; a federalist regime um regime federalista
federate[1] *adj.* federado; federate states estados federados
federate[2] *v.* federar(-se); confederar(-se)
federated *adj.* federado
federation *s.* POLÍTICA federação a federation of states uma federação de Estados
fee *s.* 1 (*advogado, médico*) honorários 2 (*escola, universidade*) quantia paga 3 (*associação*) cota 4 ingresso; taxa; entrance fee ingresso
feeble *adj.* 1 fraco, débil, frágil 2 sem energia 3 (*argumento*) frágil; inconsistente
feeble-minded *adj.* imbecil
feebleness *s.* 1 (*pessoa*) fraqueza; debilidade 2 (*argumento, desculpa*) fragilidade; inconsistência
feed *v.* 1 alimentar(-se); to feed on plants alimentar-se de plantas 2 dar de comer a; they were feeding bread to the ducks estavam dando pão para os patos 3 amamentar; dar mamadeira a 4 introduzir; to feed data into the computer introduzir dados no computador ■ *s.* 1 (*animal*) ração 2 (*bebê*) mamada; mamadeira
feedback *s.* (*som, reação*) feedback; the audience didn't give us feedback não houve reação do público
feeder *s.* feeder
feeding *s.* 1 (*ato*) alimentação; mamada; feeding bottle mamadeira
feel *v.* 1 (*tato*) tocar; tatear 2 sentir(-se); I feel sad eu me sinto triste 3 ser afetado por 4 (*opinião*) achar; pensar ■ *s.* 1 tato; toque; textura; I like the feel of this sweater gosto da textura deste suéter 2 (*lu-*

feeler

gar) atmosfera; ambiente 3 sensibilidade; to have a feel for music ter sensibilidade para música ◆ to feel hungry ter fome to feel like sentir-se como, ter a sensação de to feel like doing something ter vontade de fazer alguma coisa to feel small sentir-se envergonhado, humilhado to feel sorry for ter pena de to get the feel of acostumar-se a feel for *v*. ter pena de; lamentar; I feel for him tenho pena dele

feeler *s*. (*inseto*) antena ◆ coloquial to put out feelers apalpar o terreno

feel-good *adj*. que causa bem-estar; agradável; leve; coloquial feel-good movie filme levezinho

feeling *s*. 1 sentimento (of, *de*); a feeling of guilt um sentimento de culpa; to have mixed feelings ter sentimentos contraditórios 2 sensação; impressão; I have the feeling that something is wrong tenho a sensação de que algo está errado 3 opinião (on/about, *sobre*); one's personal feeling on something a sua opinião pessoal sobre alguma coisa 4 sensibilidade; he lost feeling in the arm ele perdeu a sensibilidade no braço ■ *adj*. terno; compassivo ◆ a sinking feeling um aperto no coração I know the feeling sei bem o que isso é no hard feelings sem ressentimentos to speak with feeling falar com convicção

feign *v*. formal simular; fingir

feint *s*. finta; fingimento, simulação; to make a feint fazer uma finta ■ *v*. fintar, simular, fingir ● É diferente do verbo *faint*.

feisty *adj*. determinado

feldspar *s*. GEOLOGIA feldspato

felicitate *v*. formal felicitar (on, *por*); congratular (on, *por*)

felicity *s*. formal felicidade; ventura

feline *adj*. ZOOLOGIA felino ■ *s*. felino

fell (pretérito de to fall) *v*. (*árvore, pessoa*) derrubar

felling *s*. derrubada; derrubada de árvores felling of trees

fellow *s*. 1 camarada; companheiro; colega 2 coloquial tipo; indivíduo; poor fellow! coitado do tipo! 3 Grã-Bretanha (*academia, universidade*) membro; a fellow of the academy um membro da academia ■ *adj*. próximo; semelhante; our fellow man o nosso semelhante ◆ fellow citizen concidadão fellow countryman compatriota fellow traveller companheiro de viagem

fellowship *s*. 1 companheirismo, camaradagem 2 associação 3 (*universidade*) bolsa

felon *s*. criminoso

felony *s*. crime grave

felt (pretérito, particípio passado de to feel) *s*. feltro

felt-tip *s*. caneta de feltro; marcador

female *adj*. 1 feminino 2 fêmea ■ *s*. 1 fêmea 2 mulher ◆ female screw (*parafuso*) porca

feminine *adj*. *s*. feminino

femininity *s*. feminilidade

feminism *s*. feminismo

feminist *adj.*, *s*. feminista

femur *s*. ANATOMIA fêmur

fen *s*. pântano; paul

fence *s*. 1 cerca; sebe 2 (*equitação*) obstáculo 3 coloquial receptador; the police caught the fence a polícia apanhou o receptador ■ *v*. 1 cercar; murar; restringir 2 (*esporte*) esgrimir 3 coloquial receptar; to fence stolen objects receptar objetos roubados 4 (*questões*) esquivar-se (with, *a*); desviar-se (with, *de*); he's fencing with the questions ele está se esquivando às perguntas ◆ to sit on the fence não tomar partido, ficar em cima do muro fence in *v*. 1 (*terreno*) cercar 2 (*pessoa*) limitar; confinar fence off *v*. separar com cerca

fenced *adj*. (*com muro*) vedado

fencer *s*. esgrimista

fencing *s*. 1 ESPORTE esgrima 2 (*cerca*) material de vedação

fend *v*. to fend for oneself desenrascar-se, virar-se fend off *v*. 1 (*ataque*) desviar-se de 2 (*questões*) esquivar-se a; evitar, manter à distância

fender *s*. 1 (*lareira*) guarda-fogo 2 EUA para-lama ◆ EUA coloquial fender bender (*carro*) choque leve

fennel *s*. BOTÂNICA funcho

ferment[1] *s*. 1 fermento 2 formal agitação; efervescência fig.

ferment[2] *v*. 1 (*bebida, comida*) fermentar 2 (*situação*) estar em efervescência fig.

fermentation *s*. QUÍMICA fermentação

fern *s*. BOTÂNICA samambaia

ferocious *adj*. 1 feroz; cruel; a ferocious animal um animal feroz; a ferocious war uma guerra cruel 2 terrível; intenso; a ferocious headache uma terrível dor de cabeça 3 (*opinião, argumento*) contundente

ferocity *s*. ferocidade; crueldade

ferret *s*. 1 ZOOLOGIA furão 2 investigador, detetive 3 fita de seda ou algodão ■ *v*. 1 pesquisar, investigar 2 coloquial vasculhar, remexer em (about/around, –) ferret out *v*. (*mistério*) deslindar; descobrir após cuidadosa investigação

Ferris wheel *s*. roda-gigante; to go on the Ferris wheel andar na roda-gigante

ferruginous *adj*. 1 (*com ferro*) ferroso 2 (*com ferrugem*) ferruginoso

ferry *s*. ferryboat; balsa ■ *v*. (*barco etc.*) transportar; they were ferried to town eles foram de ferryboat para a cidade

fertile *adj*. 1 BIOLOGIA fértil; fecundo 2 figurado produtivo; a fertile meeting uma reunião produtiva; fertile imagination imaginação fértil ◆ fertile ground for campo propício para

fertility *s*. fertilidade; a fertility treatment um tratamento de fertilidade

fertilization, fertilisation Grã-Bretanha BIOLOGIA *s*. fertilização ◆ fertilização in vitro in vitro fertilization

fertilize, fertilise Grã-Bretanha *v*. BIOLOGIA fertilizar

fertilizer, fertiliser Grã-Bretanha *s*. fertilizante; adubo

ferule *s*. (*castigo*) palmatória

fervent *adj*. fervoroso; ardente; a fervent supporter um torcedor fervoroso ● Repare que "fervente", em inglês, traduz-se por *boiling*, *ebullient*.

fervour, fervor EUA *s*. fervor; entusiasmo

fester *v*. 1 (*ferida*) supurar; infeccionar 2 (*sentimentos*) agravar; degenerar

festival s. 1 festival; a film festival um festival de cinema 2 feriado religioso
festive adj. festivo; alegre; festive season quadra festiva
festivity s. festa; festividade; an air of festivity um clima de festa festivities s.pl. festividades
festoon v. engrinaldar (with, com); decorar (with, com); the room was festooned with balloons a sala estava decorada com balões ■ s. festão; grinalda
fetal, foetal adj. fetal
fetus, foetus s. BIOLOGIA (embrião) feto
fetch v. ir buscar, trazer; fetch me a glass of water traga-me um copo d'água; my dad fetched me from school meu pai foi me buscar na escola ♦ (cachorro) fetch! vai buscar! to fetch and carry for somebody fazer favores/recados para alguém
fetching adj. atraente
fetid, foetid adj. formal fétido; pútrido
fetish s. fetiche; she had a fetish about hats ela tinha um fetiche por chapéus
fetishist s. fetichista
fetus s. feto
feud s. contenda (over, por causa de); rixa (over, por causa de) v. disputar (with, com); rivalizar (with, com)
feudal adj. feudal; feudal society sociedade feudal
feudalism s. feudalismo
fever s. 1 MEDICINA febre; he has a fever ele tem febre 2 febre; mania; moda ♦ Grã-Bretanha (situação) (at) fever pitch ao rubro yellow fever febre amarela
feverish adj. 1 MEDICINA febril; she felt feverish ela sentia-se febril 2 (situação, comportamento) febril; exaltado
few adj., pron. poucos; few of them came poucos vieram; very few books muito poucos livros ♦ a few alguns, uns tantos as few as só; apenas quite a few muitos that's few and far between isso é extremamente raro the chosen few os escolhidos ● Observe a diferença entre **less** e **fewer**. Usa-se **less** (comparativo de little) sobretudo com nomes não contáveis: You should eat less sugar. There is less water in my glass than in yours.
fiasco s. fiasco; fracasso
fib s. coloquial lorota; to tell fibs contar lorotas ■ v. coloquial mentir; dizer lorotas; you're fibbing! você está mentindo!
fibber s. coloquial mentiroso
fiber s. 1 fibra; cereals are high in fiber os cereais são ricos em fibra; cotton fiber fibra de algodão 2 fibra fig.; força
fibre, fiber EUA s. 1 fibra; cereals are high in fibre os cereais são ricos em fibra; cotton fibre fibra de algodão 2 fibra fig.; força
fibreglass, fiberglass EUA ■ s. fibra de vidro
fibrosis s. MEDICINA fibrose
fibrous adj. fibroso; fibrous tissue tecido fibroso
fickle adj. 1 (pessoa) inconstante; volúvel 2 (tempo) incerto; instável; fickle wind vento incerto
fiction s. 1 LITERATURA ficção; narrativa science fiction ficção científica 2 ilusão; fantasia
fictional adj. ficcional; fictional characters personagens ficcionais

fifty

fictitious adj. fictício; fabuloso; fictitious story história fictícia
fiddle s. 1 coloquial violino 2 coloquial estratagema; golpe ■ v. 1 mexer (with, em); brincar (with, com) 2 coloquial tocar violino 3 coloquial manipular; (empresa) to fiddle the books manipular as contas; to fiddle around tratar desrespeitosamente; ficar na moleza ♦ to be as fit as a fiddle estar em forma to be on the fiddle estar metido em negócios obscuros to play second fiddle to somebody desempenhar um papel secundário
fiddler s. 1 coloquial violinista 2 vigarista; trapaceiro
fidelity s. fidelidade (to, a); fidelity to one's principles fidelidade aos seus princípios; the fidelity of the report to facts a fidelidade do relatório aos fatos
fidget v. remexer-se; não parar quieto ■ s. coloquial (criança) travesso; levado ♦ Grã-Bretanha to have the fidgets ter bichos-carpinteiros
fidgety adj. coloquial irrequieto; impaciente
fief s. feudo
field s. 1 AGRICULTURA campo; to plough the field lavrar o campo 2 (saber) área (of, de); campo (of, de); in the field of history no campo da História 3 ESPORTE campo; playing field campo de jogos; to take the field entrar em campo 4 pelotão; to lead the field chefiar o pelotão 5 (mercado) setor; to lead the field liderar o setor 6 (petróleo, gás) jazida ■ v. 1 (competição) fazer-se representar por 2 (questões) enfrentar; lidar com ♦ EUA field hockey hóquei em campo field hospital hospital de campanha field of vision campo de visão Grã-Bretanha field sports caça e pesca field trip visita de estudo
fieldmouse s. ZOOLOGIA rato-do-campo
fieldwork s. trabalho de campo
fiend s. 1 fanático; to be a football fiend ser um fanático por futebol 2 diabo; demônio 3 (pessoa) pessoa cruel; monstro
fiendish adj. diabólico; a fiendish plan um plano diabólico
fierce adj. feroz; violento; fierce competition concorrência feroz
fiery adj. 1 (cor) rubro 2 ardente; fogoso 3 intenso; veemente; apaixonado 4 (comida) picante 5 (bebida) muito forte
fife s. pífaro
fifteen adj., s. quinze; on 15 April a 15 de abril; page/chapter fifteen página/capítulo quinze; to be fifteen years old ter quinze anos ■ s. Grã-Bretanha equipe de rúgbi ● Note-se que on 15 April se lê on April the fifteenth ou on the fifteenth of April.
fifteenth adj., s. décimo quinto, décima quinta; a fifteenth century painting um quadro do século XV; on the fifteenth of June no dia 15 de junho ■ s. décima quinta parte
fifth adj., s. quinto; on the fifth of June no dia 5 de junho ■ s. quinta parte ♦ EUA coloquial to feel like the fifth wheel sentir-se a mais
fifthly adv. em quinto lugar
fiftieth adj., s. quinquagésimo ■ s. quinquagésima parte
fifty adj., s. cinquenta; page/chapter fifty página/capítulo cinquenta; to be fifty years old ter cin-

fifty-fifty

quenta anos fifties s.pl. 1 anos cinquenta; in the fifties nos anos cinquenta 2 (idade) cinquenta anos; to be in one's fifties ter 50 e tal anos

fifty-fifty adj., adv. a meias; em duas partes iguais; to divide something fifty-fifty dividir algo em duas partes iguais ◆ a fifty-fifty chance 50% de hipóteses to go fifty-fifty with something repartir algo igualmente

fig s. 1 BOTÂNICA figo 2 figueira ◆ antiquado, coloquial not to care/give a fig não estar nem aí

fight s. 1 luta; briga; rixa; to pick a fight provocar uma luta 2 (ideais, esforço) luta (against, contra; for, por); a fight for better wages luta por salários melhores; the fight against hunger a luta contra a fome 3 discussão (over, por causa de); they had a fight over the car tiveram uma discussão por causa do carro ■ v. 1 lutar; combater; to fight for better work conditions lutar por melhores condições de trabalho; to fight injustice lutar contra a injustiça 2 discutir (about/over, por causa de) 3 contestar; to fight somebody till the end contestar alguém até ao fim 4 (eleições) disputar ◆ to fight like cat and dog brigar como cão e gato to put up a fight dar luta fight back v. 1 defender-se; opor resistência 2 retaliar; the army fought back o exército retaliou 3 (emoções) reprimir; she fought back her tears ela conteve as lágrimas fight off v. repelir; combater

fighter s. 1 batalhador; lutador 2 (avião) caça

fighting s. combate; luta; close fighting luta corpo a corpo ■ adj. batalhador; lutador

figurative adj. 1 (sentido) figurado 2 (representação) figurativo; figurative art arte figurativa

figure s. 1 algarismo 2 (valor exato) número; quantia 3 (formas) figura; linha 4 diagrama; esquema 5 figura; public figure figura pública ■ v. 1 figurar (in, em); constar (in, de); his name did not figure in the list o nome dele não figurava na lista 2 coloquial fazer sentido; ter lógica 3 EUA calcular; imaginar ◆ EUA coloquial go figure! vai entender! coloquial that figures! isso explica tudo! to cut a fine/ poor figure fazer boa/triste figura figure of speech figura de retórica/estilo figure skating patinação artística figure on v. contar com; estar à espera de figure out v. coloquial compreender; resolver; to figure something out by oneself resolver alguma coisa por si próprio

figurehead s. 1 (navio) figura de proa 2 (pessoa) fantoche; joguete; testa de ferro

filament s. filamento

filch v. coloquial roubar

file s. 1 arquivo (on, sobre); dossiê (on, sobre); arquivo (on, sobre); here's our file on the Middle East aqui está o nosso dossiê sobre o Oriente Médio; on file nos arquivos INFORMÁTICA arquivo 3 (madeira, metais) lima 4 (unhas) lixa 5 fila; in single file em fila indiana ■ v. 1 (documentação) arquivar (under, em); file this under B arquiva isto na letra B 2 (queixa) apresentar 3 (com lima) limar 4 (com lixa) lixar 5 (pessoas) desfilar

filename s. (computador) nome de arquivo

filiation s. filiação

filigree s. filigrana

filing s. (documentos) arquivamento filings s.pl. limalha; iron filings limalha de ferro ◆ Grã-Bretanha filing cabinet arquivo Grã-Bretanha filing clerk arquivista

fill v. 1 encher(-se); she filled the jug with water ela encheu o jarro de água; the show room filled a sala de espetáculos encheu-se 2 preencher, ocupar; to fill a vacancy preencher uma vaga; to fill the bill ser suficiente, dar conta do recado 3 (fissura) tapar; encher 4 (dentes) obturar 5 EUA aviar; to fill a prescription aviar uma receita ◆ coloquial I've had my fill of it! já estou farto disso! fill in v. 1 (documento) preencher; fill in this form preencha este impresso 2 informar; pôr ao corrente; I'll fill him in eu ponho-o ao corrente 3 (função) substituir (for, –); I'll fill in for him eu substituo-o fill out v. 1 (documentos) preencher 2 engordar fill up v. 1 (recipiente) encher(-se) até cima 2 (comida) empanturrar

filler s. enchimento

fillet, filet EUA s. (de carne, peixe) filé (of, de) ■ v. cortar em filés

filling s. 1 (dente) obturação 2 (almofada) enchimento 3 (bolo etc.) recheio ◆ filling station bomba de gasolina

filly s. poldra; potra

film s. 1 filme; to shoot a film rodar um filme 2 cinema; film festival festival de cinema 3 camada; film of dust camada de pó ■ v. filmar ◆ film fan cinéfilo film library cinemateca film star estrela de cinema

filmgoer s. Grã-Bretanha cinéfilo

film-maker s. diretor de cinema; cineasta

filmography s. filmografia

filter s. 1 filtro 2 Grã-Bretanha luz de semáforo para mudar de direção ■ v. 1 filtrar(-se); coar 2 entrar pouco a pouco (into, em)

filtering s. filtração

filth s. imundície; sujeira

filthy adj. 1 porco; imundo; sujo 2 obsceno; filthy language linguagem obscena 3 Grã-Bretanha (tempo) frio e úmido 4 coloquial irritado ◆ filthy rich podre de rico

filtration s. filtração; filtragem

fin s. ZOOLOGIA nadadeira; barbatana ● A palavra "fim" corresponde, em inglês, a end.

final adj. 1 final; último; final stage fase final 2 (decisão) definitivo ■ s. (competição) final finals s.pl. Grã-Bretanha (universidade) exames finais ◆ and that's final! e ponto final!

finale s. final ◆ the grand finale a apoteose

finalist s. finalista

finality s. caráter definitivo

finalize, finalise Grã-Bretanha v. concluir; ultimar

finally adv. 1 finalmente; por último; enfim 2 definitivamente

finance s. finanças finances s.pl. 1 fundos; to raise finance angariar fundos 2 situação financeira ■ v. financiar

financial adj. financeiro ◆ Grã-Bretanha financial year ano fiscal

financially adv. financeiramente

financing s. financiamento

finch s. ZOOLOGIA tentilhão

find s. achado; descoberta; it was quite a find foi mesmo um achado ■ v. 1 encontrar; achar; descobrir 2 (*recursos*) arranjar; conseguir I couldn't find the time to go there não arranjei tempo para lá ir 3 (*opinião*) considerar 4 formal (*julgamento*) declarar; to be found guilty ser declarado culpado
find out v. 1 descobrir; he found out the truth ele descobriu a verdade 2 pegar; his teacher found him out cheating o professor o pegou colando
finding s. 1 invenção; descoberta 2 (*julgamento*) veredicto
fine adj. 1 (*condição*) excelente; bom; a fine day um dia excelente 2 delicado; fino; fine features feições delicadas 3 (*espessura*) fino; fine grained sand areia fina 4 sutil ■ adv. coloquial muito bem; that's fine está muito bem ■ s. multa; coima; to impose a fine on a person multar alguém ■ v. multar (for, *por*); he was fined for speeding foi multado por excesso de velocidade ♦ fine arts belas artes EUA fine print texto em letra miúda in fine em suma
finely adv. 1 (*espessura*) finamente; finely ground moído muito fino 2 (*requinte*) primorosamente 3 delicadamente
fine-tune v. afinar; aperfeiçoar
finger s. dedo ■ v. 1 tocar; dedilhar 2 coloquial denunciar; acusar ♦ not to lift/raise a finger não mover uma palha Grã-Bretanha to be all fingers and thumbs ser desajeitado com as mãos to lay a finger on tocar em to let slip through one's fingers deixar fugir por entre os dedos
fingernail s. unha
fingerprint s. impressão digital ■ v. tirar as impressões digitais
fingertip s. ponta do dedo ♦ to have something at one's fingertips ter alguma coisa à mão
finicky adj. 1 picuinhas 2 minucioso; meticuloso
finish s. 1 fim; término; to be in at the finish ficar até ao fim; to finish até ao fim 2 (*superfície*) acabamento ■ v. 1 acabar; finalizar; terminar; (*corrida*) he finished third ele ficou em terceiro lugar; he has already finished the book ele já terminou o livro 2 (*acabamentos*) polir; aperfeiçoar finish off v. 1 matar; acabar com 2 terminar; concluir
finished adj. acabado; terminado; the finished work o trabalho acabado
finishing s. acabamento ♦ finishing blow golpe de misericórdia finishing line (*corrida*) meta finishing touch toque final
finite adj. finito; limitado; MATEMÁTICA finite number número finito
Finland s. Finlândia
fiord s. fiorde
fir s. BOTÂNICA abeto
fire s. 1 fogo; incêndio; to be on fire estar pegando fogo; to catch fire incendiar-se; to poke up the fire atiçar o fogo; to set fire to botar fogo em 2 (*chamas*) fogo; on slow fire em fogo baixo/brando 3 (*arma*) fogo; tiro ■ v. 1 (*emprego*) despedir; demitir 2 (*arma*) disparar; to fire a gun disparar uma arma; to fire at somebody disparar contra alguém 3 (*ânimos*) excitar; provocar ♦ a burnt child dreads the fire gato escaldado tem medo de água fria to fight fire with fire pagar na mesma moeda fire alarm alarme de incêndio EUA fire department corpo de bombeiros fire drill simulacro de incêndio fire engine carro dos bombeiros fire extinguisher extintor fire hydrant boca de incêndio fire station quartel dos bombeiros

firearm s. formal arma de fogo
firebomb s. bomba incendiária ■ v. atacar com bomba incendiária
firebrand s. incitador
firefighter s. bombeiro
firefly s. ZOOLOGIA vaga-lume
fireguard s. Grã-Bretanha (*lareira*) guarda-fogo
firelighter s. Grã-Bretanha acendalha
fireman s. bombeiro
fireplace s. lareira
fireplug s. hidrante
fireproof adj. à prova de fogo
firewood s. lenha
firework s. (*dispositivo*) fogo de artifício fireworks s.pl. (*espetáculo*) fogo de artifício
firing s. 1 tiroteio 2 dispensa, demissão ♦ firing line linha de fogo firing squad pelotão de fuzilamento
firm s. empresa; firma ■ adj. 1 firme; seguro; to hold firm manter-se firme 2 (*convicções*) sólido; inabalável; resoluto; to express firm opinions ter convicções fortes 3 (*disciplina*) duro; rigoroso ■ v. firmar; fixar ♦ to take a firm hold of agarrar com firmeza
firmament s. literário firmamento; céu
firmly adv. firmemente
firmness s. firmeza
first adj., s. primeiro; at first sight à primeira vista; who was first? quem foi o primeiro? ■ adv. primeiro; em primeiro lugar; I would say that first eu diria isso em primeiro lugar; when did you first see him? quando você o viu pela primeira vez? ♦ at first no princípio first and foremost antes de mais first and last tudo considerado first of all em primeiro lugar antes de mais nada first thing antes de mais nada from first to last do princípio ao fim from the (very) first desde o princípio I'd die first! nem morto! in the first place para começar em primeiro lugar first aid primeiros socorros first class (*transportes*) primeira classe First Lady Primeira Dama first offender réu primário first person (*pronome*, *verbo*) primeira pessoa
first-aid adj. de primeiros socorros; first-aid kit caixa de primeiros socorros
firstborn adj., s. primogênito
first-class adj. 1 (*transportes*) de primeira classe; first-class ticket passagem de primeira classe 2 (*qualidade*) de primeira; excelente ■ adv. na primeira classe; to travel first-class viajar na primeira classe
first-hand adj., adv. de primeira mão; original; first-hand information informação de primeira mão
firstly adv. primeiramente; em primeiro lugar
first-rate adj. de primeira ordem; excelente
fiscal adj. fiscal ♦ EUA fiscal year ano fiscal
fish s. peixe ■ v. 1 pescar 2 coloquial andar à procura (for, *de*) ♦ neither fish nor fowl nem carne

fishbowl

nem peixe Grã-Bretanha antiquado to be a queer fish ser uma pessoa excêntrica to feel like a fish out of the water sentir-se como um peixe fora de água coloquial fish story história exagerada, fantástica coloquial to have bigger/other fish to fry ter coisas mais importantes para tratar
fishbowl s. aquário pequeno
fisherman s. pescador
fishery s. 1 área de pesca; coast fishery pesca costeira; deep-sea fishery pesca no mar alto 2 viveiro
fishing s. pesca ♦ fishing line linha de pesca fishing net rede de pesca fishing rod cana de pesca
fishmonger s. Grã-Bretanha peixeiro ♦ Grã-Bretanha fishmonger's peixaria
fishy adj. 1 coloquial duvidoso; suspeito; there's something fishy in here há algo que está mal 2 de peixe; fishy smell cheiro de peixe
fission s. fissão; nuclear fission fissão nuclear
fissure s. fenda; fissura
fissured adj. GEOLOGIA fissurado
fist s. ANATOMIA punho ♦ fist law lei do mais forte
fit v. 1 (roupa) assentar; servir; it fits you well cai bem em você 2 caber em; the key doesn't fit the lock a chave não encaixa na fechadura 3 instalar; to fit air conditioning instalar ar-condicionado 4 ajustar(-se); encaixar(-se) 5 (fatos) ser consistente com ■ s. ataque (of, de); a fit of temper um ataque de mau gênio ■ adj. 1 apropriado (for, para); adequado (for, para); he is not fit for the position ele não se adéqua ao lugar 2 (saúde) em boa forma 3 apto (for, para); fit for duty apto para o serviço 4 Grã-Bretanha coloquial atraente ♦ (processo) by fits and starts aos solavancos to fit somebody like a glove assentar como uma luva to be fit as a fiddle estar com saúde de ferro, excelente to be in fits morrer de rir to have a fit ter um ataque de nervos water fit to drink água potável fit out v. apetrechar (with, com); equipar (with, com)
fitful adj. descontínuo; irregular
fitness s. 1 boa forma 2 adequação (for, a); fitness for a job adequação a um trabalho ♦ (exercícios físicos) fitness centre academia
fitting adj. próprio; conveniente ■ s. (roupa) prova fittings s.pl. acessórios
five adj., s. cinco; it's five o'clock são cinco horas; on 5 April a 5 de abril; page/chapter five página/capítulo cinco; to be five years old ter cinco anos ● Note-se que on 5 April se lê on April the fifth ou on the fifth of April.
fiver s. 1 Grã-Bretanha coloquial nota de cinco libras 2 EUA coloquial nota de cinco dólares
fix v. 1 (avaria) arranjar; consertar; can you fix this radio? você pode consertar este rádio? 2 (data, hora etc.) marcar; can you fix a date for the meeting? pode marcar uma data para a reunião? 3 (olhos, atenção) fixar (on/upon, em) 4 (objetos) fixar; firmar 5 subornar 6 EUA (bebida, comida) preparar 7 fazer; to fix one's hair fazer o cabelo ■ s. 1 enrascada; encrenca; to be in a fix estar em uma enrascada 2 coloquial fraude; the election was a fix! as eleições foram uma fraude! 3 (droga) dose fix on v. escolher fix up v. 1 marcar; to fix up a time marcar uma hora 2 (edifício) reformar; restaurar 3 arranjar (with, –); can you fix me up with a place to stay? você pode me arrumar um lugar para ficar? to fix someone up vingar-se; buscar retaliação
fixated adj. obcecado (on, por)
fixation s. obsessão (on/with/about, por); fixation on food obsessão por comida
fixed adj. 1 fixo; fixed idea ideia fixa; fixed price preço fixo 2 (resultados) manipulado
fixing s. 1 fixação 2 obsessão (por, for), fixação (por, about, on)
fixture s. Grã-Bretanha (acontecimento esportivo) desafio; encontro fixtures s.pl. 1 (casa) recheio fixo 2 instalações; bathroom fixtures instalações sanitárias ♦ to be a permanent fixture fazer parte do mobiliário
fizz s. 1 (bebida) gás 2 Grã-Bretanha coloquial espumante ■ v. 1 (bebida) efervescer; borbulhar 2 (som) assobiar
fizzle v. (som) sibilar; assobiar
fizzy adj. com gás; gasoso; fizzy water água com gás
fjord s. GEOLOGIA fiorde
flabbergasted adj. coloquial estupefato; sem palavras
flabbiness s. 1 flacidez 2 (caráter) moleza; frouxidão
flabby adj. 1 coloquial (músculos) flácido 2 coloquial (caráter) frouxo; fraco
flaccid adj. flácido
flaccidity s. (pele, músculos) flacidez
flag s. bandeira; estandarte; to hoist/strike the flag içar/arriar a bandeira ■ v. 1 assinalar 2 (entusiasmo) afrouxar; esmorecer ♦ to keep the flag flying não se deixar dominar
flagellate v. formal flagelar
flagellation s. formal flagelação
flagon s. flagon
flagpole s. (bandeira) haste; mastro
flagrant adj. flagrante
flagstone s. laje
flail v. 1 (cereais) malhar 2 (braços, pernas) agitar ■ s. malho; mangual
flair s. 1 dom (for, para); discernimento, faro; talento (for, para) 2 estilo; elegância ● É diferente de flare.
flake s. 1 floco (of, de); flake of snow floco de neve corn flakes flocos de milho 2 EUA coloquial, pejorativo pessoa estranha ■ v. (tinta, pele) lascar; escamar ♦ flake off! some daqui!
flaky adj. 1 às lascas 2 folhado; flaky pastry massa folhada 3 EUA coloquial estranho
flamboyant adj. 1 (pessoa) extravagante 2 vistoso; colorido; flamboyant clothes roupas vistosas
flame s. 1 chama; labareda 2 paixão; old flame paixão antiga 3 coloquial e-mail insultuoso ou zangado ■ v. 1 literário arder 2 literário (fúria, entusiasmo) inflamar-se 3 coloquial (correio eletrônico) enviar emails insultuosos ou zangados ♦ to go up in flames arder
flame-thrower s. lança-chamas

flaming adj. 1 em chamas 2 intenso; ardente; flaming passion paixão intensa 3 (cor) berrante ■ s. coloquial envio de emails insultuosos ou zangados
flamingo s. ZOOLOGIA flamingo
flan s. 1 Grã-Bretanha tarte 2 EUA flã, flan
flanelette s. (tecido) moletom
flange s. rebordo
flank s. flanco; lateral
flannel s. 1 flanela 2 Grã-Bretanha coloquial rodeio flannels s.pl. Grã-Bretanha calças de flanela ■ v. Grã-Bretanha coloquial (questão) rodear
flap s. 1 aba 2 (livro) orelha 3 (asas) batimento 4 preocupação; inquietação; coloquial to be in a flap estar aflito ■ v. 1 (asas) bater 2 ondular 3 Grã-Bretanha coloquial entrar em pânico; estar agitado; don't flap! não entre em pânico!
flare s. 1 sinal luminoso 2 chama flares s.pl. calças boca de sino ■ v. 1 arder; chamejar 2 perder a paciência; encolerizar-se flare up v. 1 (fogo) reacender 2 (violência, conflito) eclodir; rebentar 3 (doença) ter uma recaída 4 irritar-se; exaltar-se
flash s. 1 clarão (of, de); a flash of lightning o clarão de um relâmpago 2 (fotografia) flash 3 (emoções) acesso (of, de); a flash of anger um acesso de fúria 4 Grã-Bretanha (uniforme) divisa; insígnia ■ v. 1 (luz) brilhar; reluzir; piscar 2 (velocidade) passar como um raio 3 (informação, notícias) transmitir 4 (pensamento) ocorrer 5 literário (olhos) chispar; to flash with anger chispar de raiva ■ adj. Grã-Bretanha coloquial vistoso; que dá nas vistas ♦ in a flash em um instante it flashed into my mind ocorreu-me de súbito to be a flash in the pan fogo de palha
flashcard s. (ensino) cartão com uma palavra ou imagem
flashlight s. EUA lanterna
flashy adj. vistoso; aparatoso
flask s. 1 frasco de gargalo estreito 2 Grã-Bretanha garrafa térmica 3 porta-bebida
flat s. 1 Grã-Bretanha apartamento 2 (veículo) pneu vazio 3 (terreno) planura; planície 4 MÚSICA bemol ■ adj. 1 plano; liso; flat face superfície plana 2 achatado; chato; flat foot pé chato 3 (pneu) vazio 4 raso; baixo; flat shoes sapatos rasos 5 monótono 6 categórico; decisivo; a flat refusal um não categórico ■ adv. 1 (posição) horizontalmente 2 coloquial (tempo) exatamente; precisamente 3 (negação) categoricamente ♦ and that's flat e não há dúvida acerca disso coloquial flat out 1 a todo o vapor 2 EUA logo sem rodeios the flat of the hand a palma da mão to be flat as a pancake estar durango, sem dinheiro
flat-footed adj. 1 com pé chato 2 coloquial desastrado; desajeitado 3 EUA desprevenido; to catch somebody flat-footed pegar alguém desprevenido
flatly adv. 1 (negação) categoricamente 2 (voz) sem emoção
flatmate s. Grã-Bretanha companheiro de apartamento
flatten v. 1 alisar; achatar; aplanar 2 (pessoa) derrubar; jogar no chão 3 arrasar; destruir; the explosion flattened the building a explosão destruiu o prédio 4 (competição, discussão) cilindrar; arrasar
flattened adj. achatado

flatter v. 1 lisonjear; adular; gabar; I am flattered that he remembered me sinto-me lisonjeado por ele se lembrar de mim 2 (aparência) favorecer ♦ don't flatter yourself! não te iludas!
flatterer s. lisonjeador; adulador
flattering adj. 1 (roupa etc.) que favorece 2 bajulador
flattery s. lisonja; adulação
flatulence s. MEDICINA flatulência
flatulent adj. flatulento
flaunt v. pejorativo ostentar; exibir
flautist s. Grã-Bretanha MÚSICA flautista
flavour, flavor EUA s. sabor; gosto; aroma ■ v. condimentar (with, com); aromatizar (with, com)
flavouring, flavoring EUA s. 1 condimento; tempero 2 aromatizante
flavourless, flavorless EUA adv. insípido; sem sabor
flaw s. falha (in, em); defeito (in, em); flaw in the material defeito do material; a flaw in the system uma falha no sistema
flawless adj. perfeito; impecável
flax s. BOTÂNICA linho
flay v. 1 (animal) esfolar; tirar a pele a 2 literário espancar 3 formal arrasar; criticar severamente • É diferente de fly.
flea s. ZOOLOGIA pulga ♦ Grã-Bretanha to send somebody off with a flea in their ear falar mal de alguém flea market mercado de pulgas, brechó • É diferente de flee.
fleck s. mancha (of, de); flecks of dust manchas de pó ■ v. manchar (with, com); salpicar (with, de)
flee v. escapar (from, de); fugir (from, de; to, para); they fled the country fugiram do país
fleece s. velo; tosão ■ v. coloquial (dinheiro) esfolar; depenar
fleecy adj. lãzudo; felpudo
fleet s. 1 (navios) esquadra; frota; armada 2 (carros) comitiva; cortejo
fleeting adj. fugaz; efêmero
flesh s. 1 carne 2 (fruta) polpa ■ v. 1 batizar 2 excitar com carne, dar o gosto de sangue 3 saciar; fartar ♦ in the flesh em carne e osso one's own flesh and blood pessoas do mesmo sangue flesh wound ferimento superficial • É diferente de flash e de flex.
fleshy adj. 1 (pessoa) rechonchudo; corpulento 2 (frutos) suculento; carnudo
flex v. (músculos) flexionar, flectir; dobrar ■ s. Grã-Bretanha ELETRICIDADE cabo; fio
flexibility s. flexibilidade
flexible adj. flexível; flexible time horário flexível
flexion s. Grã-Bretanha flexãoion
flexitime s. Grã-Bretanha (trabalho) horário flexível
flick s. 1 pancada leve; movimento rápido 2 (dedos) piparote 3 EUA coloquial filme ■ v. 1 mover(-se) rapidamente 2 (pó etc.) sacudir 3 (chicote) zurzir 4 (máquina) premir
flicker v. 1 (luz) tremeluzir 2 (olhos) pestanejar 3 vacilar; hesitar ■ s. 1 (luz) tremulação 2 (olhos) pestanejo 3 movimento súbito
flier s. 1 coloquial piloto 2 (avião) passageiro 3 (ave, inseto) voador 4 panfleto; brochura

flight

flight s. 1 voo 2 (aves) bando; a flight of ducks um bando de patos 3 (escadas) lanço; a flight of steps um lanço de escada 4 fuga; to put to flight pôr em fuga 5 rasgo (of, de); a flight of fancy um rasgo de imaginação ♦ flight attendant assistente de bordo flight path trajetória de voo flight recorder (avião) caixa negra flight simulator simulador de voo

flimsy adj. 1 frágil; fraco 2 (tecido) fino 3 (argumento, desculpa) débil; inconsistente ■ s. (papel) duplicado

flinch v. 1 (susto, dor) estremecer 2 retrair-se (from, perante); encolher-se (from, perante); to flinch from doing something retrair-se perante algo **fling off** v. (roupa) arrancar **fling out** v. 1 expulsar 2 jogar fora; livrar-se de

fling s. 1 (divertimento) farra 2 aventura; caso ■ v. arremessar; atirar; to fling oneself at atirar-se a ♦ in full fling em plena atividade to fling one's arms around somebody abraçar alguém to have a fling at fazer uma tentativa

flint s. 1 (pedra) pederneira 2 (isqueiro) pedra

flip v. 1 (moeda) atirar ao ar; tirar cara ou coroa 2 (botão, máquina) premir; pressionar 3 (página etc.) virar; voltar 4 coloquial ter um ataque; passar-se col. to flip one's lid perder o controle, ficar muito agitado

flip-flop s. 1 (eletricidade, ginástica) flip-flop 2 coloquial mudança radical flip-flops s.pl. (chinelos) havaianas ■ v. EUA coloquial (opinião) mudar radicalmente

flippant adj. pouco sério

flipper s. nadadeira

flirt v. flertar, paquerar, namoriscar (with, com); to flirt with somebody namoriscar com alguém ■ s. namoradeiro

flirtation s. paquera

flirtatious adj. namoradeiro

flirting s. paquera

flit v. 1 esvoaçar; to flit from tree to tree esvoaçar de árvore em árvore 2 (atividade) saltar; to flit from one thing to another saltar de uma coisa para outra

float v. 1 (água) flutuar; boiar 2 (ar) planar 3 (ideia) propor; sugerir ■ s. 1 (cortejo) carro alegórico 2 boia 3 dinheiro em caixa ♦ to float somebody's boat ser do agrado de alguém

flock s. 1 (pássaros) bando; a flock of seagulls um bando de gaivotas 2 (ovelhas) rebanho 3 (pessoas) multidão 4 rebanho; paroquianos ■ v. afluir; convergir

flog v. 1 açoitar; chicotear 2 coloquial vender ♦ Grã--Bretanha coloquial to flog a dead horse esforçar-se inutilmente

flogging s. açoite

flood s. 1 cheia; inundação 2 torrente (of, de); grande quantidade (of, de); a flood of tears uma torrente de lágrimas ■ v. 1 inundar(-se); alagar(-se); the streets were flooded with tourists as ruas estavam inundadas de turistas 2 (rio) transbordar

flooded adj. alagado; inundado

floodgate s. comporta

flooding s. inundação; cheia; alagamento

floor s. 1 chão 2 (casa) andar; pavimento; ground floor andar térreo,; to live on the second floor viver no segundo andar; top floor último andar 3 fundo; on the ocean floor no fundo do mar 4 (discoteca) pista de dança 5 (debate) palavra; to ask for the floor pedir a palavra; to have the floor ter a palavra ■ v. 1 confundir; the question floored me a pergunta me confundiu 2 (adversário) derrubar 3 EUA coloquial (carro) acelerar

floorboard s. soalho

floorcloth s. Grã-Bretanha pano do chão

flooring s. pavimento

flop s. coloquial fiasco; fracasso ■ v. 1 cair pesadamente; afundar-se 2 coloquial fracassar; ser um fiasco ♦ to go flop ir por água abaixo

flophouse s. hotel, alojamento caindo aos pedaços

floppy adj. mole; frouxo ♦ floppy disk disquete

flora s. (geral) flora; BOTÂNICA the flora of the Amazon a flora da Amazônia Amazon; MEDICINA intestinal flora flora intestinal

floral adj. floral; floral tribute coroa de flores

floriculture s. floricultura

florid adj. 1 formal corado 2 (estilo) floreado; pomposo

florin s. florim

florist s. florista

floss s. fio dental ■ v. (dentes) limpar com fio dental

flotation, floatation Grã-Bretanha s. ECONOMIA flutuação

flounce s. 1 babado 2 movimento brusco ■ v. 1 (tecido) debruar; fazer babados em 2 mover-se com irritação

flounder v. 1 (dificuldades) debater-se 2 (lama, neve) patinhar 3 vacilar; hesitar ■ s. ZOOLOGIA (peixe) solha

flour s. farinha wheat flour farinha de trigo ■ v. enfarinhar; passar por farinha; to flour the fish passar o peixe na farinha

flourish v. 1 florescer; prosperar; trade is flourishing o comércio prospera 2 (planta) medrar 3 (mão) brandir; menear ■ s. 1 (movimento) floreio 2 aparato; pompa 3 (ornamento) floreado

flourishing adj. florescente; próspero ■ s. florescimento; prosperidade

floury adj. 1 enfarinhado 2 farinhento

flout v. (lei, regra) desobedecer; infringir; transgredir

flow s. 1 (líquido, trânsito) fluxo (of, de); the flow of blood o fluxo de sangue; the flow of the river o fluxo do rio 2 (mar) maré alta 3 fluxo; quantidade; the flow of information o fluxo de informação ■ v. 1 (líquido) fluir 2 (maré) encher 3 (pessoas, coisas) afluir; convergir 4 (cabelo, roupa) ondular ♦ to go with the flow deixar-se ir na onda flow chart fluxograma

flower s. BOTÂNICA flor; in flower em flor; to burst into flower florir ■ v. 1 florir; florescer 2 literário florescer; desenvolver-se ♦ flower shop florista

flowerbed s. canteiro de flores

flowering s. florescimento

flowerpot s. vaso

flowery *adj.* 1 a flores; a flowery smell um cheiro de flores 2 florido 3 (*estilo*) floreado; rebuscado; flowery language linguagem floreada
flowing *adj.* fluido
flu *s.* gripe ♦ flu remedy antigripal; to catch flu pegar uma gripe ● É diferente de *flue*.
fluctuate *v.* oscilar; variar
fluctuation *s.* oscilação; variação; fluctuation of pressure variação da pressão
flue *s.* (*chaminé*) cano
fluency *s.* fluência (in, *em*); fluency in English fluência em Inglês
fluent *adj.* 1 fluente (in, *em*); to be fluent in Spanish falar espanhol fluentemente 2 eloquente
fluff *s.* 1 (*aves*) penugem 2 cotão ■ *v.* 1 afofar 2 coloquial fazer besteira
fluffy *adj.* fofo
fluid *s.* líquido ■ *adj.* fluido
fluidity *s.* (*qualidade*) fluidez
fluke *s.* coloquial golpe de sorte
flummox *v.* coloquial confundir; baralhar
flunk *v.* EUA coloquial (*escola*) repetir de ano; ser reprovado; to flunk out ser expulso por fraco desempenho, ser reprovado ■ *s.* EUA coloquial chumbo; reprovação
fluorescent *adj.* fluorescente; fluorescent light luz fluorescente
fluoride *s.* 1 QUÍMICA fluoreto 2 (*dentifrício*) flúor
fluorine *s.* QUÍMICA (*elemento químico*) flúor
flurry *s.* 1 (*vento*) rajada 2 (*neve*) nevada 3 onda; agitação, comoção
flush *s.* 1 rubor 2 (*emoção*) acesso (of, *de*); a flush of anger um acesso de raiva 3 abundância; afluência 4 (*privada*) descarga 5 (*jogo*) série de cartas do mesmo naipe ■ *adj.* 1 coloquial rico; to be flush with money estar cheio de dinheiro 2 nivelado (with, *com*); these cupboards are flush with the wall estes guarda-louças estão nivelados com a parede ■ *v.* 1 corar 2 (*banheiro*) puxar; dar a descarga; to flush the toilet dar descarga
fluster *s.* agitação; nervosismo; to be all in a fluster estar todo nervoso ■ *v.* enervar; perturbar
flute *s.* MÚSICA flauta
flutist *s.* EUA flautista
flutter *s.* 1 bater de asas 2 agitação; to be in a flutter estar em grande agitação 3 Grã-Bretanha coloquial aposta 4 (*coração, pulso*) batimento irregular ■ *v.* 1 ondular; the flag fluttered in the breeze a bandeira ondulava ao sabor do vento 2 bater as asas; esvoaçar 3 (*coração*) palpitar ● É diferente de *flatter*.
fluvial *adj.* fluvial
flux *s.* 1 mudança permanente; to be in a state of flux estar constantemente em mudança 2 técnico fluxo blood flux fluxo de sangue
fly *v.* 1 voar 2 sobrevoar; to fly the ocean sobrevoar o oceano 3 (*avião*) pilotar 4 (*bandeira*) hastear 5 (*papagaio, balão*) lançar 6 formal fugir de; evadir-se de; they flew the country fugiram do país 7 (*pressa*) despachar-se; apressar-se; correr time flies o tempo voa; I have to fly preciso sair voando, tenho pressa; go fly a kite! some daqui! *s.* 1 ZOOLOGIA mosca fly spray mata-moscas 2 (*calças*) braguilha; carcela fly at *v.* atirar-se a; atacar; the man flew at him in rage o homem atirou-se a ele em uma fúria
flycatcher *s.* ZOOLOGIA papa-moscas
flyer, flier *s.* 1 coloquial piloto 2 (*avião*) passageiro 3 (*ave, inseto*) voador 4 panfleto; brochura
flying *s.* voo ■ *adj.* voador ♦ to get off to a flying start começar bem with flying colours com distinção, com grande sucesso flying saucer disco voador flying time horas de voo Grã-Bretanha flying visit visita relâmpago
flyleaf *s.* (*livro*) guarda
flywheel *s.* (*máquina*) volante
foal *s.* potro ■ *v.* (*égua*) parir ♦ (*égua*) in foal prenhe
foam *s.* espuma ■ *v.* espumar; fazer espuma
fob *s.* corrente de relógio de bolso ■ *v.* 1 meter no bolso 2 enganar (alguém)
focal *adj.* crucial; central; the focal point of the issue o cerne da questão ♦ focal length distância focal
focus *s.* foco; out of focus desfocado; in focus focado; to be the focus of attention ser o centro das atenções ■ *v.* 1 focar (on, –); the beams of light focused on the aircraft os holofotes focaram o avião 2 concentrar(-se) (on, *em*); focus on work concentre-se no trabalho ♦ focus group grupo de discussão
focused *adj.* focado, concentrado; motivado
focusing *s.* FOTOGRAFIA foco; focalização
fodder *s.* forragem
foe *s.* literário inimigo
foetal, fetal *adj.* fetal; foetal position/distress posição/sofrimento fetal
foetus, fetus *s.* BIOLOGIA (*embrião*) feto
fog *s.* 1 METEOROLOGIA nevoeiro 2 coloquial confusão; to be in a fog estar confuso ■ *v.* 1 embaçar 2 confundir ♦ fog lights faróis de nevoeiro
foggy *adj.* enevoado; nebuloso ♦ not to have the foggiest idea não fazer a mínima ideia
foghorn *s.* sirene de navio, de nevoeiro
foible *s.* ponto fraco ♦ every man has his foible ninguém é perfeito
foil *s.* 1 CULINÁRIA papel de alumínio 2 contraste (for/to, *para*); realce (for/to, *para*) 3 (*esgrima*) florete ■ *v.* (*plano*) frustrar
foist *v.* impor (on/upon, *a*); impingir (on/upon, *a*); to foist a rule on somebody impor uma regra a alguém
fold *s.* 1 (*tecido*) prega; dobra; vinco 2 (*ovelhas*) curral 3 GEOLOGIA dobra ■ *v.* 1 dobrar(-se) 2 (*braços*) cruzar 3 fechar; to fold the umbrella fechar o guarda-chuva 4 ir à falência 5 enrolar; embrulhar; fold the sheet of paper round the tube enrole a folha de papel em torno do tubo fold up *v.* (*tecido, papel*) dobrar
folder *s.* dossiê; pasta
folding *adj.* articulado; dobrável folding chair cadeira articulada
foliage *s.* (*árvore, planta*) folhagem; rama
folio *s.* (*livro*) fólio
folk *s.* 1 povo; gente 2 EUA coloquial (*no plural*) pais; my folks meus pais; meus familiares 3 coloquial (*no plural*) pessoal; gente; that's all for tonight, folks por esta noite é tudo, pessoal ♦ folk art arte popular folk dance dança folclórica folk song canção popular folk tale conto popular

folklore

folklore s. folclore
folkloric adj. folclórico
follicle s. ANATOMIA, BOTÂNICA folículo
follow v. 1 seguir(-se); as follows como se segue; to follow the instructions seguir as instruções; what follows? que vem a seguir? 2 perseguir; the police followed the robbers a polícia perseguiu os assaltantes 3 entender; compreender; do you follow? você está entendendo?; I don't quite follow não estou entendendo muito bem 4 resultar; ser consequência de; it followed that daí resultou que ♦ to follow suit fazer o mesmo follow through v. levar a cabo; concluir follow up v. 1 seguir de perto; investigar 2 fazer a seguir; to follow a letter up with a phone call telefonar depois de ter enviado uma carta
followed adj. seguido, contínuo, seguinte he said the following ele disse o seguinte the following day
follower s. seguidor
following prep. depois de; a seguir a; following that event depois disso ■ s. 1 seguidores; admiradores 2 seguinte, seguintes; the following have been selected foram selecionados os seguintes
follow-up s. continuação
folly s. loucura; tolice
fond adj. 1 carinhoso; afetuoso 2 apreciador; to be fond of somebody gostar muito de alguém; to be fond of doing something gostar de fazer alguma coisa 3 (anseios) vão; irrealizável
fondle v. acariciar; afagar
fondness s. afeto; carinho; ternura
font s. 1 (igreja) pia batismal 2 (letra) fonte
fontanelle, fontanel EUA s. ANATOMIA moleira, fontanela
food s. comida; alimento; food preservation conservação de alimentos ♦ food for thought coisas em que pensar to be off one's food estar sem apetite food chain cadeia alimentar food industry indústria alimentar food poisoning intoxicação alimentar food value valor nutritivo
foodstuffs s.pl. gêneros alimentícios; alimentos
fool s. 1 tolo; parvo; bobo don't be a fool não seja tolo; to be no fool não ser nada tolo; to make a fool of oneself fazer figura de bobo; to play the fool fazer de tolo 2 HISTÓRIA bobo ■ v. 1 enganar; don't let yourself be fooled não se deixe enganar 2 brincar; to fool around jogar o tempo fora, não fazer nada
foolhardy adj. imprudente; irrefletido
foolish adj. 1 (ato) insensato; disparatado 2 (pessoa) parvo
foolishly adv. estupidamente
foolishness s. tolice; parvoíce; insensatez
foolproof adj. infalível
foolscap adj. almaço
foot s. 1 ANATOMIA pé; on foot a pé 2 pata; the foot of the horse a pata do cavalo 3 (montanha, escada) pé; at the foot of the stairs ao fundo das escadas 4 (página) rodapé 5 (medida, verso) pé ♦ to be rushed/run off one's feet ter muito que fazer to knock somebody off his feet fazer alguém perder o equilíbrio to put one's foot down bater o pé, mostrar firmeza a foot in the door uma oportunidade

footage s. 1 material filmado ou gravado; imagens, cenas; video footage imagens de vídeo; real footage imagens reais 3 comprimento (em pés) ♦ old footage material de arquivo
foot-and-mouth disease s. febre aftosa
football s. 1 ESPORTE futebol; football field campo de futebol; football match/player jogo/jogador de futebol football boot chuteira table football futebol de mesa 2 bola de futebol ● Nos EUA usa-se preferencialmente o termo *soccer*, para não confundir com o futebol americano (*American football*), um esporte mais parecido com o *rugby*.
footballer s. Grã-Bretanha futebolista
footbridge s. passarela, ponte para pedestres
footer s. rodapé
footgear s. calçado
foothold s. 1 apoio para o pé 2 ponto de apoio
footing s. 1 equilíbrio; to lose one's footing perder o equilíbrio 2 base; fundamento ♦ to be on an equal footing with estar em pé de igualdade com
footlights s.pl. ribalta
footman s. lacaio; criado
footmark s. pegada
footnote s. nota de rodapé
footpath s. caminho; vereda
footprint s. pegada
footstep s. passo; pisada ♦ to follow in somebody's footsteps seguir os passos de alguém
footstool s. banquinho para os pés
footwear s. calçado
footwork s. 1 (dança, esporte) jogo de pés 2 habilidade; perícia
foppish adj. peralta
for prep. 1 para; for good para sempre; for life para toda a vida; for sale para venda; for you para você; what for? para quê? 2 durante; for a long time durante muito tempo 3 a favor de; to vote for votar em 4 por; I took him for a German eu tomei-o por um alemão 5 (proporções) em; five for seven have tried it cinco em sete experimentaram conj. formal porque ♦ as for me quanto a mim but for se não fosse for all I know tanto quanto eu sei for all that apesar de tudo isso
forage s. forragem ■ v. 1 procurar comida (for, –) 2 vasculhar (around/through/among, –)
foray s. incursão (into, em) v. saquear; devastar
forbear¹ v. formal evitar (from, –); abster-se (from, de); to forbear from doing something abster-se de fazer alguma coisa
forbear² s. formal antepassado
forbid v. 1 proibir (to, de); to forbid somebody to do something proibir alguém de fazer alguma coisa 2 formal impedir (to, de) ♦ God forbid that... Deus não permita que...
forbidden (particípio passado de to forbid) adj. proibido; forbidden fruit fruto proibido
forbidding adj. severo; hostil
force s. força; by force à força; propelling force força motriz; sea force força naval ■ v. 1 forçar (to, a); obrigar (to, a); I was forced to go eu fui forçado a ir 2 forçar; arrancar à força; to force a lock forçar uma fechadura; to force one's way abrir caminho

à força ♦ by force of circumstance por motivos de força maior by force of habit por força do hábito in force vigente to come into force entrar em vigor force back *v.* (*emoções*) reprimir force down *v.* 1 forçar a comer 2 (*avião*) obrigar a aterrissar
forced *adj.* forçado; forced landing aterrissagem forçada; forced smile sorriso forçado ♦ forced labour trabalhos forçados
force-feed *v.* alimentar à força
forceful *adj.* 1 (*pessoa*) assertivo; firme 2 convincente; forte; poderoso; a forceful argument uma razão convincente
forceps *s.pl.* MEDICINA fórceps
forcible *adj.* 1 forçado; a forcible entry uma entrada forçada 2 (*argumentação*) concludente; convincente
forcibly *adv.* à força
ford *s.* (*rio*) vau ■ *v.* passar a vau
fore *adj.* anterior; dianteiro; (*animais*) fore quarter quarto dianteiro; the fore side a parte anterior ♦ to come to the fore ficar em evidência
forearm *s.* ANATOMIA antebraço
forebode *v.* (*perigo*) pressentir
foreboding *s.* (*coisa má*) pressentimento
forecast *s.* previsão; prognóstico weather forecast previsão meteorológica ■ *v.* prever; prognosticar
foreclose *v.* (*hipoteca*) executar
forefather *s.* antepassado
forefinger *s.* dedo indicador
forefoot *s.* 1 peito do pé 2 pata dianteira
forefront *s.* at/in/to the forefront of à frente de; na linha da frente de
foreground *s.* primeiro plano; to be in the foreground estar em primeiro plano
forehand *s.* (*tênis etc.*) serviço
forehead *s.* ANATOMIA fronte; testa
foreign *adj.* 1 estrangeiro; foreign language língua estrangeira 2 externo; foreign trade comércio exterior 3 formal incaracterístico (to, *de*) 4 formal estranho; foreign body corpo estranho ♦ foreign affairs política internacional
foreigner *s.* estrangeiro
foreleg *s.* pata dianteira
foreman *s.* 1 capataz 2 presidente dos jurados
foremost *adj.* primeiro; principal
forensic *adj.* forense; forensic medicine medicina legal
forerunner *s.* 1 precursor 2 sinal
foresee *v.* prever; antever to foresee a problem antever um problema
foreseeable *adj.* 1 previsível 2 próximo; in the foreseeable future no futuro próximo
foreseen *adj.* previsto; as foreseen tal como previsto
foresight *s.* previsão; previdência
foreskin *s.* prepúcio
forest *s.* floresta ♦ forest fire incêndio florestal forest ranger guarda-florestal
forester *s.* guarda-florestal
forestry *s.* silvicultura
foretaste *s.* amostra
foretell *v.* formal predizer; pressagiar; vaticinar

formalize, formalise

forethought *s.* previdência; cautela
forever, for ever Grã-Bretanha *adv.* 1 para sempre; eternamente; forever and ever para todo o sempre; to take forever demorar uma eternidade 2 coloquial sempre; he is forever complaining about my work ele está sempre se queixando do meu trabalho
forewarn *v.* prevenir (of, *em relação a*); avisar (of, *em relação a*) ♦ forewarned is forearmed homem prevenido vale por dois • É diferente de *forearm*.
forewarned *adj.* prevenido
foreword *s.* prefácio
forfeit *v.* (*direito*) perder ■ *s.* multa; falta, penalidade; perda ■ *adj.* formal confiscado
forge *v.* 1 (*ferro*) forjar 2 falsificar; to forge a signature falsificar uma assinatura 3 (*relação*) consolidar; cimentar; to forge a relationship cimentar uma relação ■ *s.* forja forge ahead *v.* seguir em frente
forger *s.* falsificador; falsário
forgery *s.* falsificação
forget *v.* esquecer(-se) de (about, *de*); I've forgotten your name esqueci-me do seu nome; don't forget to bring a big suitcase não se esqueça de trazer uma mala grande; forget it! esquece! ♦ to forget oneself descontrolar-se; perder a cabeça
forgetful *adj.* esquecido
forgetfulness *s.* esquecimento
forget-me-not *s.* BOTÂNICA miosótis
forgettable *adj.* para esquecer
forgivable *adj.* perdoável; desculpável
forgive *v.* perdoar (for, *por*); desculpar; relevar; she forgave him for what he had done ela perdoou-lhe pelo que ele tinha feito
forgiveness *s.* perdão; to ask for forgiveness pedir perdão
forgiving *adj.* indulgente; tolerante
forgotten *adj.* esquecido
fork *s.* 1 garfo 2 forcado; forquilha 3 (*estrada etc.*) bifurcação ■ *v.* bifurcar-se fork out *v.* coloquial desembolsar
forkbeard *s.* ZOOLOGIA abrótea
forlorn *adj.* 1 (*pessoa, local*) desolado; desamparado; abandonado 2 vão; a forlorn hope uma esperança vã
form *s.* 1 forma; to take the form of assumir a forma de 2 tipo; in any form de qualquer tipo 3 (*documento*) impresso; formulário; to fill out a form preencher um formulário 4 forma; condição física; to be off form estar fora de forma; to be on form estar em forma 5 Grã-Bretanha (*escola*) ano ■ *v.* 1 formar(-se); criar; to form a class formar uma turma 2 moldar
formal *adj.* 1 formal; formal dress/letter vestido/carta formal 2 oficial; a formal declaration of war declaração oficial de guerra
formaldehyde *s.* QUÍMICA formol
formalism *s.* formalismo
formality *s.* 1 (*norma de procedimento*) formalidade; this exam is a mere formality esta prova é apenas uma formalidade; legal formalities formalidades legais 2 (*etiqueta*) cerimônia; formalidade
formalize, formalise Grã-Bretanha *v.* formalizar

formally

formally adv. 1 formalmente 2 oficialmente
format s. formato; configuração ■ v. INFORMÁTICA formatar
formation s. formação; the formation of a star a formação de uma estrela rock formations formações rochosas
formative adj. formativo; instrutivo
formatting s. INFORMÁTICA formatação
formed adj. formado, constituído
former adj. anterior; precedente; antigo; the former president o anterior presidente ■ s. primeiro; the former mentioned o primeiro mencionado ♦ in former times antigamente
formerly adv. antigamente; outrora
formidable adj. 1 extraordinário; incrível 2 temível; a formidable adversary um adversário temível
formula s. 1 fórmula; a chemical formula uma fórmula química 2 (bebê) substituto do leite materno 3 (expressão) cliché; lugar-comum ♦ Formula One (automobilismo) Fórmula Um
formulary s. formulário
formulate v. 1 formular; elaborar; desenvolver; to formulate a plan formular um plano 2 expressar; to formulate an opinion expressar uma opinião
formulation s. formulação
fornicate v. pejorativo fornicar
fornication s. pejorativo fornicação
forsake v. 1 literário abandonar; deixar 2 literário desistir
forsaken adj. abandonado; desamparado
fort s. forte; fortaleza ♦ to hold the fort for somebody substituir alguém na sua ausência
forte adj. MÚSICA forte ■ s. 1 ponto forte; that's not my forte esse não é o meu ponto forte 2 MÚSICA forte
forth adv. 1 adiante; para a frente; back and forth para trás e para a frente 2 diante; and so forth e assim por diante; from that day forth daquele dia em diante
forthcoming adj. 1 (acontecimento) próximo 2 disponível; the money will soon be forthcoming o dinheiro estará disponível em breve 3 (pessoa) aberto (about, em relação a)
forthright adj. direto; franco; frontal
fortieth adj., s. quadragésimo ■ s. quadragésima parte
fortification s. fortificação
fortify v. 1 fortificar 2 fortalecer; revigorar
fortnight s. Grã-Bretanha quinzena; quinze dias
fortnightly adj. Grã-Bretanha quinzenal ■ adv. Grã-Bretanha quinzenalmente
fortress s. fortaleza; forte
fortuitous adj. formal fortuito; casual
fortunate adj. 1 (pessoa) afortunado; felizardo 2 (acontecimento) feliz; by a fortunate coincidence por uma feliz coincidência
fortunately adv. felizmente
fortune s. 1 fortuna; to cost a fortune custar uma fortuna; to make a fortune fazer fortuna 2 sorte; fortune smiles on her a sorte sorri-lhe; to try one's fortune tentar a sorte 3 destino; sorte; to tell somebody's fortune ler a sorte de alguém; to struggle against fortune lutar contra o destino ♦ fortune cookie bolinho da sorte fortune hunter caça-fortunas
fortune-teller s. adivinho; vidente
forty adj., s. quarenta; page/chapter forty página/capítulo quarenta; to be forty years old ter quarenta anos; forty winks uma soneca curta, rápida forties s.pl. 1 anos quarenta; in the forties nos anos quarenta 2 (idade) quarenta anos; to be in one's forties ter 40 e tal anos
forum s. fórum; a forum on the environment um fórum sobre o ambiente
forward adv. 1 (movimento) para a frente; adiante a step forward um passo em frente; backwards and forwards para trás e para a frente 2 (tempo) em diante; from that moment forward dali em diante ■ adj. 1 (movimento) para a frente; forward movement movimento para a frente 2 (posição) da frente; dianteiro; the forward seat o lugar da frente 3 inovador; adiantado; avançado 4 formal (pessoa) atrevido; ousado ■ v. 1 (carta, mercadoria) enviar; expedir 2 formal impulsionar; estimular; fomentar ■ s. ESPORTE avançado; atacante ♦ to put the clock forward adiantar o relógio forward roll cambalhota forward slash barra oblíqua (/)
forwarding s. expedição; envio ♦ forwarding address novo endereço
forwardness s. atrevimento; audácia
forwards adv. 1 (movimento) para a frente; a step forwards um passo em frente; backwards and forwards para trás e para a frente 2 (tempo) em diante; from that moment forwards dali em diante
fossil s. fóssil ♦ fossil fuel combustível fóssil
fossilization, fossilisation Grã-Bretanha s. fossilização
fossilize, fossilise Grã-Bretanha ■ v. fossilizar(-se)
foster v. 1 (criança) acolher; criar 2 promover; fomentar; estimular ■ adj. adotivo; de criação; de acolhimento; foster child filho adotivo; foster family família de acolhimento; foster parents pais adotivos
foul adj. 1 imundo; sujo 2 mau; foul weather mau tempo; to be in a foul mood estar de mau humor 3 (linguagem) obsceno; grosseiro; foul language linguagem obscena 4 literário abominável; infame; vil ■ s. ESPORTE falta; infração ■ v. 1 ESPORTE cometer falta 2 sujar; poluir 3 (corda, fio) enredar ♦ foul play 1 jogo sujo 2 atividade criminosa foul up v. coloquial estragar; you've fouled it all up estragaste tudo ● É diferente de *fowl*.
foul-up s. coloquial asneirada; trapalhada
found (pretérito, particípio passado de to find) v. 1 (organização) fundar; criar; instituir; estabelecer 2 basear (on, em) 3 técnico (metal, vidro) fundir
foundation s. 1 (instituição) fundação 2 criação; fundação 3 (construção) fundações; alicerces 4 (moral) princípio; fundamento 5 (argumentação) razão de ser; fundamento; to have no foundation não ter razão de ser 6 (cosmética) base ♦ Grã-Bretanha foundation course curso de iniciação foundation stone primeira pedra

founder s. fundador ■ v. 1 formal fracassar 2 formal (*navio*) afundar-se ◆ Grã-Bretanha founder member sócio-fundador
founding s. fundação (of, *de*)
foundry s. fundição
fountain s. 1 fonte; fontanário 2 (*líquido*) jato; a fountain of blood um jato de sangue ◆ fountain pen caneta-tinteiro
four *adj., s.* quatro; it's four o'clock são quatro horas; on 4 April a 4 de abril; page/chapter four página/capítulo quatro; to be four years old ter quatro anos ◆ from the four corners of the world dos quatro cantos do mundo on all fours de quatro; de gatinhas ● Note-se que *on 4 April* se lê *on April the forth* ou *on the forth of April*.
four-eyes s. coloquial, pejorativo caixa de óculos
four-poster s. cama de dossel
foursome s. grupo de quatro
fourteen *adj., s.* quatorze; on 14 April a 14 de abril; page/chapter fourteen página/capítulo quatorze; to be fourteen years old ter quatorze anos ● Note-se que *on 14 April* lê-se *on April the fourteenth* ou *on the fourteenth of April*.
fourteenth *adj., s.* décimo quarto; décima quarta; a fourteenth century painting um quadro do século XIV; on the fourteenth of June no dia 14 de junho ■ s. décima quarta parte
fourth *adj., s.* quarto; on the fourth of July no dia 4 de julho ■ s. quarta parte
fourthly *adv.* em quarto lugar
four-wheel drive s. 1 tração às quatro rodas 2 veículo com tração às quatro rodas
fovea s. ANATOMIA fóvea
fowl s. ZOOLOGIA peru, ganso ou outra ave grande criada para alimentação ◆ neither fish nor fowl nem carne nem peixe
fox s. 1 ZOOLOGIA raposa 2 pejorativo espertalhão; velhaco; to play the fox usar de manha 3 EUA coloquial pessoa atraente ■ v. 1 Grã-Bretanha coloquial confundir 2 Grã-Bretanha coloquial enganar; ludibriar
foxglove s. BOTÂNICA dedaleira
foxhole s. abrigo subterrâneo
foxhound s. cachorro de caça à raposa
foxtrot s. foxtrot ■ v. dançar o foxtrot
foxy *adj.* 1 finório; manhoso; matreiro 2 EUA coloquial sensual; atraente
fracas s. desordem; rixa; tumulto
fraction s. 1 MATEMÁTICA fração; decimal fraction fração decimal 2 fração; parte; porção ◆ for a fraction of second em menos de um segundo
fractional *adj.* 1 MATEMÁTICA fracionário 2 pequeníssimo; minúsculo
fractionate v. fracionar, fragmentar
fractious *adj.* irritadiço
fracture s. MEDICINA fratura; a fracture of the leg uma fratura na perna ■ v. fraturar(-se)
fragile *adj.* (*objeto*) frágil
fragility s. fragilidade
fragment s. fragmento; parte ■ v. fragmentar(-se), quebrar
fragmentary *adj.* fragmentário

fragmentation s. fragmentação
fragrance s. fragrância; aroma
fragrant *adj.* fragrante; aromático; perfumado
frail *adj.* frágil; delicado
frailty s. fraqueza; fragilidade
frame s. 1 (*fotografia, quadro*) moldura 2 (*janela, porta*) caixilharia 3 (*tema, objeto*) estrutura 4 (*corpo*) constituição física 5 (*óculos*) armação 6 (*filme*) fotograma ■ v. 1 (*quadro, fotografia*) emoldurar; encaixilhar 2 (*assunto*) enquadrar; contextualizar 3 coloquial tramar; incriminar; to frame somebody for something incriminar alguém de alguma coisa 4 formal (*plano etc.*) conceber; engendrar ◆ frame of mind estado de espírito frame of reference quadro de referências, sistema de valores
frame-up s. coloquial armadilha; cilada
framework s. 1 armação; estrutura 2 (*ideias etc.*) sistema
framing s. enquadramento
franc s. (*antiga moeda*) franco ● É diferente de *frank*.
France s. França
franchise s. 1 franchise; franchise holder concessionário 2 sufrágio; universal franchise sufrágio universal ■ v. concessionar
francium s. QUÍMICA (*elemento químico*) frâncio
frangipani s. BOTÂNICA janaúba
frank *adj.* franco; sincero; honesto; to be frank para ser sincero; to be frank with somebody ser honesto com alguém ■ v. (*carta*) franquear ■ s. EUA salsicha alemã
frankly *adv.* francamente; sinceramente
frankness s. franqueza; sinceridade
frantic *adj.* 1 frenético; agitado 2 (*pessoa*) doido; desvairado; descontrolado; to be frantic with joy estar doido de alegria
fraternal *adj.* fraternal
fraternally *adv.* fraternalmente
fraternity s. 1 fraternidade 2 comunidade; classe; member of the scientific fraternity membro da comunidade científica; the medical fraternity a classe médica 3 EUA (*universidade*) república masculina
fraternization, fraternisation Grã-Bretanha s. confraternização
fraternize, fraternise Grã-Bretanha v. confraternizar (with, *com*)
fratricide s. 1 (*ato*) fratricídio 2 (*pessoa*) fratricida
fraud s. 1 fraude; burla 2 burlão; impostor; he's a fraud ele é um impostor
fraudulent *adj.* fraudulento
fraught *adj.* 1 (*situação*) problemático; delicado 2 (*pessoa*) angustiado; preocupado 3 (*problemas*) carregado (with, *de*); repleto (with, *de*); cheio (with, *de*); a life fraught with worries uma vida cheia de preocupações
fray v. 1 (*tecido*) esfiapar(-se) 2 (*ânimos*) aquecer; exaltar(-se) s. desafio; luta
frazzle s. Grã-Bretanha coloquial to be burnt to a frazzle estar completamente queimado; Grã-Bretanha coloquial to be worn to a frazzle estar arrasado
freak s. 1 coloquial, pejorativo (*pessoa*) anormal 2 coloquial fanático; maluco; to be a sports freak ser

freckle

maluco por esporte 3 aberração; bizarria; a freak of nature uma aberração da natureza ■ *adj.* coloquial insólito; estranho ■ *v.* coloquial (*nervos, fúria*) flipar col.; passar-se col. **freak out** *v.* coloquial perder a cabeça

freckle *s.* (*pele*) sarda

free *adj.* 1 livre (of/from, *de*); free association livre associação de ideias; free at last! finalmente livre!; free of all one's previous engagements livre de todos os compromissos anteriores; to do something of your own free will fazer alguma coisa de livre vontade 2 (*lugar*) desocupado; vago; livre; is this seat free? este lugar está livre? 3 (*preço*) grátis; gratuito; free entry entrada gratuita 4 (*pessoa, tempo*) disponível; livre; is there anybody free to help me? alguém está disponível para me ajudar? 5 (*regras, obrigações*) isento; free from taxes isento de impostos ■ *adv.* 1 gratuitamente; de graça; for free de graça 2 livremente ■ *v.* 1 libertar; pôr em liberdade; to free a prisoner libertar um prisioneiro 2 (*coisas*) soltar; desatar 3 disponibilizar ♦ free fall queda livre free kick (*futebol*) lance livre free pardon anistia free pass livre-trânsito free ride carona free will livre-arbítrio

free-and-easy *adj.* descontraído; informal

freebie *s.* coloquial brinde; oferta

freedom *s.* liberdade; freedom of choice/speech liberdade de escolha/expressão

freeing *s.* liberação

freelance *adj., s.* (*trabalho, trabalhador*) freelance ■ *adv.* como freelance; em regime de freelance; to work freelance trabalhar em regime de freelance ■ *v.* trabalhar como freelance

freelancer *s.* (*trabalhador*) freelance; freelancer

freeloader *s.* coloquial, pejorativo (*pessoa*) parasita

freely *adv.* livremente

free-range *adj.* do campo; caseiro; free-range chicken frango do campo, frango caipira

freestyle *s.* estilo livre

freethinker *s.* livre-pensador

freeway *s.* EUA autoestrada

freeze *v.* 1 congelar; gelar; the water froze a água congelou; to freeze food congelar comida; figurado to freeze wages congelar salários 2 (*frio*) estar congelando; I'm freezing! estou congelando! 3 (*imagem*) parar; fazer pausa em; freeze the film there para o filme aí 4 (*movimento*) parar; imobilizar-se; freeze right there! quieto já! *s.* 1 congelamento; a price freeze congelamento de preços 2 interrupção; paragem; a freeze on production uma paragem na produção 3 Grã-Bretanha onda de frio 4 EUA geada **freeze out** *v.* (*pessoa*) excluir de; pôr de parte **freeze up** *v.* congelar; gelar

freezer *s.* 1 freezer 2 EUA congelador ♦ Grã-Bretanha freezer compartment congelador

freezing *s.* congelação; congelamento ■ *adj.* gelado; a freezing wind um vento gelado ♦ freezing point ponto de congelação

freight *s.* 1 carga 2 EUA trem de mercadorias ■ *v.* (*mercadorias*) despachar

freighter *s.* navio/avião de carga

French *adj.* francês ■ *s.* (*língua*) francês; the French os franceses ♦ Grã-Bretanha French bean feijão-verde EUA French fries batatas fritas French guitar violão French kiss beijo de língua col. to take French leave despedir-se à francesa

frenetic *adj.* frenético

frenzy *s.* 1 (*situação*) frenesi; agitação 2 (*emoções*) arrebatamento

frequency *s.* frequência; high/low frequency alta/baixa frequência;(*rádio*) frequency modulation frequência modulada

frequent[1] *adj.* frequente; habitual; usual

frequent[2] *v.* frequentar

frequently *adv.* frequentemente

fresco *s.* (*pintura*) afresco

fresh *adj.* 1 fresco; fresh air ar fresco; fresh vegetables legumes frescos 2 (*tempo*) fresco; frio; it is fresher today hoje está mais frio 3 (*cor*) berrante; vivo 4 (*comportamento*) atrevido; don't you get fresh with me! que confiança é essa? 5 (*água*) doce ♦ to make a fresh start começar de novo

freshen *v.* 1 refrescar 2 (*tempo*) esfriar **freshen up** *v.* refrescar(-se)

fresher *s.* Grã-Bretanha calouro

freshly *adv.* 1 há pouco; recentemente 2 novamente; de novo

freshman *s.* EUA calouro

freshness *s.* 1 (*temperatura*) frescura; frescor 2 (*vigor*) frescura; novidade

freshwater *adj.* de água doce

fret *v.* preocupar-se (about/over, *com*) *s.* 1 preocupação 2 MÚSICA traste; ponteira ♦ to be in a fret estar muito preocupado; temeroso

fretful *adj.* 1 (*aflição*) agitado; preocupado 2 irritável; rabugento

fretwork *s.* obra de talha

friar *s.* frade; monge

fricassee *s.* CULINÁRIA fricassê

friction *s.* 1 atrito; fricção 2 (*situação*) conflito; tensão

Friday *s.* sexta-feira; every Friday todas as sextas-feiras; on Friday na sexta-feira; on Fridays às sextas-feiras; Good Friday Sexta-feira Santa

fridge *s.* coloquial geladeira

fried *adj.* frito; fried food alimentos fritos; fritura

friend *s.* 1 amigo (of, *de*); best friend melhor amigo; to be friends with somebody ser amigo de alguém; to make friends fazer amigos 2 adepto (of, *de*); defensor (of, *de*); to be no friend of não ser adepto de ♦ a friend in need is a friend indeed é nas horas difíceis que reconhecemos os verdadeiros amigos to have friends in high places ser bem relacionado

friendless *adj.* sem amigos

friendly *adj.* 1 cordial; agradável; a friendly conversation uma conversa cordial 2 simpático (to/towards, *com*); amistoso (to/towards, *com*); to be friendly to somebody ser simpático com alguém ■ *s.* Grã-Bretanha jogo amigável ♦ to be on friendly terms with somebody estar de boas relações com alguém

friendship *s.* amizade; to form a friendship estabelecer amizade

fries *s.pl.* batatas fritas

frieze s. ARQUITETURA friso
frigate s. fragata
fright s. susto; to get the fright of one's life levar um grande susto; to give somebody a fright pregar um susto em alguém ♦ coloquial to look a fright estar com um aspecto horrível to take fright at assustar-se com
frighten v. assustar; amedrontar frighten into v. pressionar; coagir; she was frightened into signing the paper ela foi coagida a assinar o papel
frightened adj. assustado (of, com); apavorado (of, com); to be frightened of ter medo de
frightening adj. assustador; alarmante
frightful adj. Grã-Bretanha coloquial horrível; pavoroso; terrível; assustador; a frightful mess uma confusão terrível
frightfully adv. 1 assustadoramente; terrivelmente 2 coloquial muito; extremamente; imensamente; to be frightfully happy estar imensamente feliz
frigid adj. 1 (sexualidade) frígido 2 (comportamento) distante; reservado 3 (temperatura) frio; gélido
frigidity s. frigidez
frill s. (costura) babado frills s.pl. acessórios
fringe s. 1 Grã-Bretanha (cabelo, tira) franja 2 orla; margem; extremidade; a fringe issue uma questão lateral; on the fringes of society à margem da sociedade 3 ala; facção; the radical fringe a ala radical ♦ fringe benefits (emprego) benefícios
frisk v. coloquial revistar
frisky adj. alegre; brincalhão
fritter s. (com farinha) frito
frivolity s. frivolidade; futilidade
frivolous adj. frívolo; fútil
frizz v. coloquial (cabelo) frisar
frizzle v. crestar; chamuscar
frizzy adj. (cabelo) frisado
frog s. ZOOLOGIA rã ♦ to have a frog in one's throat estar com dor de garganta, ter pigarro na garganta
frogman s. homem-rã
frolic v. divertir-se ■ s. travessura
from prep. 1 (origem) de; I got a present from John recebi um presente do John; she's from New York ela é de Nova Iorque; the station is five minutes from the city centre a estação fica a cinco minutos do centro da cidade; to drink from the bottle beber da garrafa 2 (tempo, lugar) a partir de; de; from now on a partir de agora; from this place onwards daqui em diante 3 (limites) desde (to, a); de (to, a); from one to two o'clock da uma às duas
frond s. fronde
front s. 1 frente; parte dianteira; fachada; to sit at the front sentar-se à frente 2 METEOROLOGIA frente; cold/warm front frente fria/quente 3 Grã-Bretanha faixa costeira 4 frente de combate 5 (atividades ilegais) fachada 6 (mar) orla; sea front orla marítima ■ adj. fronteiro; dianteiro; da frente ■ v. estar em frente de; estar voltado para; the house fronts south a casa está voltada para sul ♦ in front of em frente a to front onto something dar para algo front desk recepção front door porta da frente front line linha de combate da frente front money adiantamento EUA front office gerência front page

fryer

(jornal) primeira página front runner favorito front seat banco dianteiro/da frente
frontal adj. formal frontal; frontal attack ataque frontal ♦ METEOROLOGIA frontal system sistema frontal
frontally adv. frontalmente
frontier s. 1 fronteira (between, entre) 2 EUA região inexplorada frontiers s.pl. (conhecimento) limites ♦ frontier post posto fronteiriço
frontispiece s. (livro) frontispício
frontrunner s. (prova, concurso) favorito; principal candidato
frost s. geada ■ v. 1 cobrir de geada 2 congelar, gelar 3 queimar com frio 4 (vidro) foscar 5 EUA CULINÁRIA cobrir (bolo) com mistura de açúcar e claras
frostbite s. frieira
frostbitten adj. crestado pelo frio
frosting s. 1 EUA glacê; merengue 2 camada de geada
frosty adj. 1 (tempo, comportamento) gelado; gélido 2 (superfície) coberto de geada
froth s. 1 (líquido) espuma; the froth of the sea a espuma do mar 2 (pessoa, animal) baba ■ v. 1 (líquido) espumar; produzir espuma 2 (pessoa, animal) babar; espumar pela boca ♦ coloquial to froth at the mouth espumar de raiva
frothy adj. 1 (líquido) espumoso 2 (coisa) frívolo; inútil
frown v. franzir a sobrancelha ■ s. sobrancelha franzida; cara amarrada; carranca
frowning adj. emburrado
frozen (particípio passado de **to freeze**) adj. 1 congelado; a frozen lake um lago congelado; frozen food comida congelada 2 coloquial (pessoa) cheio de frio 3 imóvel; imobilizado; to be frozen with fear estar paralisado de medo
fructiferous adj. 1 (árvore) frutífero 2 figurado proveitoso, frutífero
fructification s. frutificação
frugal adj. frugal; parco; a frugal meal uma refeição frugal
frugivorous adj. frugívoro
fruit s. 1 BOTÂNICA fruto; fruit tree árvore de fruto 2 fruta; fruit salad/juice salada/suco de fruta 3 frutos; resultados; to bear fruit dar frutos ■ v. dar fruto
fruitcake s. 1 bolo de frutas 2 coloquial maluco; excêntrico
fruitful adj. 1 (planta, terreno) frutífero; fértil 2 (ação) frutuoso; produtivo
fruition s. to come to fruition dar frutos, dar resultados
fruitless adj. infrutífero; vão
fruity adj. 1 (aroma, sabor) frutado; fruity champagne champanhe frutado 2 (anedota) picante 3 (voz) sonante 4 ofensivo efeminado
frump s. coloquial, pejorativo (mulher) espantalho
frustrate v. (pessoas, planos) frustrar, malograr
frustrated adj. frustrado; insatisfeito
frustrating adj. frustrante; decepcionante
frustration s. 1 (pessoas) frustração 2 (planos, projetos) fracasso
fry v. fritar; to fry eggs fritar ovos ■ s. EUA batata frita
fryer s. frigideira; sertã

frying

frying s. fritura frying pan frigideira; óleo de fritura oil for frying
fuck v. vulgarismo foder vulg. ◆ vulgarismo fuck! vulg. foda-se!
fudge s. caramelo mole ■ v. 1 falsificar 2 (*questões*) evitar; to fudge the issue fugir à questão
fuel s. 1 combustível 2 incentivo ■ v. 1 (*combustível*) abastecer 2 fomentar; alimentar fig. ◆ to add fuel to the flames lançar achas para a fogueira fuel pump bomba de gasolina fuel tank depósito de combustível fossil fuel combustível fóssil
fuggy adj. (*atmosfera*) abafado
fugitive s. fugitivo ■ adj. literário fugaz; efêmero
fugue s. MÚSICA fuga
fulfil, fulfill EUA v. 1 (*desejo, sonho*) concretizar; realizar 2 (*dever, função*) cumprir; desempenhar 3 preencher; satisfazer; to fulfil all the requirements preencher todos os requisitos ◆ (*satisfação pessoal*) to fulfil oneself realizar-se
fulfilled adj. realizado; concretizado
fulfilling adj. compensador
fulfilment, fulfillment EUA s. 1 (*carreira*) realização; personal fulfilment realização pessoal 2 (*desejo, sonho*) concretização 3 (*dever*) cumprimento; the fulfilment of a promise o cumprimento de uma promessa
full adj. 1 cheio (of, de); the room was full of smoke a sala estava cheia de fumaça 2 inteiro; he spent three full hours studying ele passou três horas estudando ininterruptamente; in full time em tempo integral 3 coloquial cheio; farto; to feel full estar cheio; full of beans cheio de energia; full of crap cheio de tretas, mentiras 4 máximo; total; at full volume no volume máximo 5 (*informação*) detalhado; pormenorizado; I want a full report of the event quero um relatório detalhado do acontecimento 6 (*atividade*) preenchido; intenso; to lead a full life ter uma vida preenchida 7 (*corpo*) cheio; forte 8 (*roupa*) largo 9 (*sabor*) intenso ■ adv. diretamente; em cheio; the ball struck him full on the chest a bola lhe acertou em cheio no peito ■ s. tudo; I can't tell you the full of it não posso te contar tudo ◆ at full speed a toda a velocidade in full 1 (*texto*) por extenso 2 (*pagamento*) na íntegra to the full ao máximo full board (*hotelaria*) pensão completa full dress traje de cerimônia full house casa cheia, lotação esgotada full moon lua cheia Grã-Bretanha full stop ponto final
fullback s. (*jogador*) defesa
full-blooded adj. 1 (*animal*) de raça 2 (*ato*) vigoroso; enérgico
full-grown adj. Grã-Bretanha adulto; completamente desenvolvido
full-length adj. 1 (*retrato*) de corpo inteiro 2 (*roupa*) comprido; full-length skirt saia comprida 3 até ao chão; full-length curtains cortinas até ao chão ◆ full-length film filme de longa-metragem
full-page adj. (*anúncio*) de página inteira
full-scale adj. 1 (*desenho, modelo*) em tamanho natural 2 (*conflito*) em grande escala; de grande envergadura

full-time adj., adv. em tempo integral; full-time job emprego, trabalho em período integral; to work full-time trabalhar em período integral
fully adv. 1 inteiramente; completamente 2 (*relato*) exaustivamente
fully-grown adj. Grã-Bretanha adulto; completamente desenvolvido
fulminate v. fulminar
fulsome adj. excessivo; exagerado
fumble v. 1 remexer desajeitadamente em 2 procurar (for, –); to fumble for words procurar as palavras certas
fume v. 1 ferver de irritação 2 lançar/exalar fumaça fumes s.pl. gases
fumigate v. fumigar
fumigation s. fumigação
fun adj. divertido; alegre; a fun thing uma coisa divertida; more fun than a barrel of monkeys pessoa muito divertida ■ s. 1 divertimento; (*pessoa*) to be full of fun ser muito divertido; to be great fun ser um grande divertimento; to have fun divertir-se 2 gozo; brincadeira; we did it for fun foi na brincadeira ◆ to make/poke fun of gozar de, fazer troça de
function s. 1 função; to perform a function desempenhar uma função; MATEMÁTICA X is a function of Y X é uma função de Y 2 formal cerimônia ■ v. funcionar
functional adj. funcional; functional illiteracy iliteracia funcional
functionality s. functionalidade
fund s. fundo; verba; recursos financeiros; public funds dinheiro público; to be short of funds ter escassez de verbas ■ v. financiar
fundamental adj. fundamental; essencial; indispensável; to be fundamental to ser essencial a/para fundamentals s.pl. fundamentos; princípios básicos
fundamentalism s. fundamentalismo
fundamentalist adj., s. fundamentalista
fundamentally adv. 1 fundamentalmente; essencialmente 2 radicalmente; profundamente
funding s. financiamento
fund-raiser s. 1 angariador de fundos 2 cerimônia de angariação de fundos
funeral s. funeral ◆ it's your funeral é problema teu funeral director agente funerário funeral home/parlour funerária funeral service missa fúnebre
funereal adj. fúnebre
funfair s. Grã-Bretanha feira popular; parque de diversões
fungicide s. fungicida
fungus s. BIOLOGIA fungo
funk s. 1 MÚSICA funk 2 Grã-Bretanha medo ■ v. Grã-Bretanha fugir a ◆ to be in a funk estar morto de medo
funky adj. 1 coloquial (*coisas*) moderno 2 MÚSICA funky
funnel s. 1 funil 2 (*navio, motor*) chaminé ■ v. 1 (*caminho*) afunilar 2 verter por um funil 3 canalizar (to, para); direcionar (to, para)
funny adj. 1 engraçado; divertido; cômico; it's not funny! não tem graça! no funny business! nada de gracinhas! 2 estranho; esquisito; bizarro; a funny

smell um cheiro estranho; that's funny! que estranho! 3 coloquial adoentado; maldisposto 4 suspeito; duvidoso ♦ to go funny avariar-se funny bone nervo do cotovelo, que produz a sensação de choque elétrico quando se faz pressão sobre ele; funny money dinheiro falso
fur s. 1 (*animal*) pelo 2 (*roupa*) pele; fur coat casaco de peles 3 (*depósito mineral*) tártaro ♦ to make the fur fly armar confusão fur seal ZOOLOGIA lobo-marinho
furious adj. 1 (*comportamento*) furioso, raivoso, enfurecido 2 (*ação*) desenfreado
furnace s. fornalha; forno; (*calor*) it's like a furnace! está um forno!
furnish v. 1 (*casas*) mobiliar 2 formal fornecer; to furnish somebody with something fornecer algo a alguém
furnished adj. mobiliado; providournished; furnished flat apartamento mobiliado
furniture s. mobiliário; mobília; office furniture mobiliário de escritório ♦ coloquial to be part of the furniture fazer parte do mobiliário
furrow s. 1 (*pele*) ruga 2 AGRICULTURA sulco; rego ■ v. 1 (*pele*) enrugar 2 (*testa*) franzir; encorrilhar 3 (*terra*) sulcar
furry adj. peludo; felpudo
further (comparativo de far) adv. 1 mais adiante; mais longe; don't go any further não vá mais longe; to go one step further ir mais longe 2 avante; to take something further levar alguma coisa avante 3 mais; to investigate further investigar mais 4 ainda; he further added that he knew everything ele acrescentou ainda que sabia de tudo 5 formal para além disso; further, he won the competition para além disso, venceu a competição ■ adj. mais; are there any further questions? há mais perguntas? v. desenvolver; promover ♦ further to your letter em seguimento da sua carta for further information para maiores informações until further notice até nova ordem
furthermore adv. além disso, ademais
furthermost adj. formal mais distante
furthest (superlativo de far) adv. mais longe; that's the furthest I can go isso é o mais longe que consigo ir ■ adj. mais afastado; the furthest house in the street a casa mais afastada da rua
furtive adj. furtivo; furtive glances olhares furtivos
furuncle s. MEDICINA furúnculo
fury s. fúria; cólera, ira; to be in a fury estar furioso; to fly into a fury ter um ataque de fúria
fuse s. 1 ELETRICIDADE fusível; to blow a fuse queimar um fusível 2 (*detonação, foguete*) rastilho; mecha ■ v. 1 (*metais*) fundir(-se); derreter(-se) 2 unir(-se); fundir (-se) ♦ to blow a fuse enfurecer-se to have a short fuse ferver em pouca água fuse box caixa de fusíveis
fuselage s. fuselagem
fusilier s. mosqueteiro
fusion s. FÍSICA fusão ♦ fusion bomb bomba de hidrogênio
fuss s. 1 agitação; confusão; rebuliço; to kick up/make a fuss armar confusão 2 espalhafato; estardalhaço ■ v. 1 coloquial chatear; irritar; encher (o saco); stop fussing me! não me encha! 2 (*com ninharias*) preocupar-se (about/over, com) ♦ coloquial not to be fussed about ser indiferente to make a fuss of somebody cumular alguém de atenções
fussy adj. 1 (*forma de ser*) picuinhas 2 (*gostos*) esquisito; I'm not fussy não sou esquisito
fusty adj. 1 (*atmosfera*) bolorento; bafiento 2 pejorativo (*pessoa*) retrógrado; antiquado
futile adj. fútil; vão; inútil
futility s. futilidade; inutilidade
futsal s. futsal; futebol de salão
future s. futuro; there is no future in that isso não tem futuro; to have a promising future ter um futuro promissor ■ adj. futuro ♦ for future reference a título de informação in future da próxima vez near/distant future a curto/longo prazo
futurism s. (*arte*) futurismo
futuristic adj. futurista
futurology s. futurologia
fuzz s. 1 (*corpo*) pelo 2 cabelo frisado; cabelo crespo 3 coloquial, pejorativo polícia
fuzzy adj. 1 penugento 2 (*cabelo*) crespo 3 (*imagem*) tremido; desfocado 4 (*som*) indistinto 5 (*ideias, situação*) impreciso, vago

G

g s. (*letra*) g **G** MÚSICA (*nota*) sol
gab v. coloquial tagarelar ◆ the gift of the gab o dom da palavra
gabardine s. gabardina
gabble v. tagarelar; tartamudear ■ s. tagarelice; falação ● É diferente de *gaggle*.
gad v. coloquial vaguear
gadget s. engenhoca; dispositivo
gaff s. 1 arpão 2 Grã-Bretanha coloquial casa; apartamento ◆ Grã-Bretanha to blow the gaff deixar escapar um segredo
gaffe s. gafe; gaffe
gaffer s. 1 (*filme, programa*) eletricista 2 Grã-Bretanha coloquial chefe
gag v. 1 amordaçar 2 engasgar-se (on, *com*) 3 sentir náuseas ■ s. 1 mordaça 2 coloquial piada
gaga adj. coloquial gagá; to go gaga ficar gagá
gaggle s. bando; a gaggle of geese um bando de gansos
gaily adv. alegremente; jovialmente
gain s. 1 aumento; weight gain aumento de peso 2 ganho; proveito; lucro ■ v. 1 ganhar; to gain ground ganhar terreno 2 adquirir; to gain experience adquirir experiência 3 conquistar; alcançar; to gain support conquistar apoio 4 (*relógio*) adiantar(-se) 5 (*ações*) subir; ◆ to gain in popularity tornar-se mais popular
gainful adj. 1 lucrativo; gainful activity atividade lucrativa 2 remunerado; gainful work trabalho remunerado
gait s. passo ● É diferente de *gate*.
gaiter s. polaina ● A palavra "gaita", em inglês, corresponde a *pipe* e *bagpipe* ("gaita de fole").
gala s. 1 gala; pompa 2 Grã-Bretanha (*natação*) competição; certame
galactic adj. galáctico
galactose s. QUÍMICA galactose
galaxy s. ASTRONOMIA galáxia ◆ ASTRONOMIA Galaxy Via Láctea, Galáxia
gale s. vendaval; ventania; tempestade; it is blowing a gale! está uma ventania!
gall s. coloquial descaramento
gallant adj. 1 corajoso 2 galanteador ■ s. antiquado cavalheiro
gallantry s. 1 coragem; valentia 2 cortesia; galanteio
galleon s. (*navio*) galeão
gallery s. (*arte*) galeria; art gallery galeria de arte
galley s. 1 galé 2 (*navio*) cozinha
gallicism s. galicismo
gallicized adj. afrancesado
gallium s. QUÍMICA (*elemento químico*) gálio
gallon s. (*medida*) galão
gallop s. galope; at a gallop a galope ■ v. galopar
galloping adj. galopante
gallows s. forca ◆ gallows humour humor negro
gallstone s. MEDICINA cálculo biliar

galore adj., adv. em abundância; there'll be food galore haverá comida em abundância
galosh s. galocha
galvanize, galvanise Grã-Bretanha v. 1 (*metalurgia*) galvanizar 2 figurado incentivar (into, *a*); the defeat galvanized us into action a derrota nos incentivou a entrar em ação
gambit s. 1 (*xadrez*) gambito 2 estratagema; esquema
gamble s. 1 jogada; aposta 2 risco; to take a gamble correr um risco ■ v. 1 jogar a dinheiro; apostar 2 contar (on, *com*) 3 brincar (with, *com*); to gamble with life brincar com a vida
gambler s. jogador (a dinheiro)
gambling s. jogo a dinheiro
gambol v. saltitar
game s. 1 (*diversão, competição*) jogo; card/board game jogo de cartas/tabuleiro 2 brincadeira; divertimento; passatempo 3 (*atividade*) caça 4 intenções; what's his game? que é que ele pretende? ■ adj. disposto (for, *a*); pronto (for, *para*) v. jogar a dinheiro ◆ to play somebody's game entrar no jogo de alguém to play the game jogar limpo game bird ave de caça game park reserva de caça
gamete s. BIOLOGIA gameta
gaming s. jogo; gaming debt dívida de jogo
gamma s. (*letra*) gama ◆ gamma radiation radioatividade gama
gammon s. Grã-Bretanha presunto
gamut s. gama (of, *de*) ◆ to run the (whole) gamut of experimentar toda a espécie de
gander s. ganso ◆ to have/take a gander at something dar uma olhada a alguma coisa
gang s. 1 gang; gangue 2 galera; the whole gang a galera toda ■ v. agrupar gang up on v. conspirar contra; unir-se contra
ganglion s. MEDICINA gânglio
gangplank s. (*navio*) prancha de embarque
gangrene s. MEDICINA gangrena ■ v. gangrenar
gangster s. gângster; bandido
gangue s. (*minerais*) ganga
gangway s. 1 (*navio*) passadiço 2 (*ônibus, teatro etc.*) corredor central ◆ gangway! deixem passar, por favor!
gaol s. Grã-Bretanha prisão; cadeia ■ v. Grã-Bretanha prender
gap s. 1 vazio; abertura 2 espaço em branco; fill in the gaps preencha os espaços em branco 3 lacuna; to fill a gap preencher uma lacuna 4 (*tempo*) intervalo; age gap diferença de idades 5 fosso; abismo; the gap between the rich and the poor o abismo entre os ricos e os pobres
gape v. 1 olhar boquiaberto (at, *para*); pasmar (at, *para*) 2 abrir-se ■ s. 1 olhar pasmado 2 bocejo

gaping adj. 1 (boca) aberto 2 (pessoa) boquiaberto 3 (buraco) enorme
garage s. 1 garagem 2 (reparações) oficina 3 Grã-Bretanha posto de gasolina ■ v. meter/guardar na garagem ♦ garage sale venda de garagem
garbage s. 1 EUA lixo 2 coloquial ninharias 3 coloquial disparates; don't talk such a load of garbage! não diga tantos disparates! ♦ EUA garbage can lata de lixo EUA garbage collector lixeiro EUA garbage truck caminhão do lixo
garble v. confundir; distorcer ● É diferente de gargle.
garden s. 1 jardim 2 jardim público; parque ■ v. jardinar ♦ to lead somebody up the garden path enganar alguém garden party recepção ao ar livre
gardener s. jardineiro
gardenia s. (flor) gardênia
gardening s. jardinagem; gardening tools utensílios de jardinagem
gargle v. gargarejar (with, com) s. gargarejo
gargoyle s. gárgula
garish adj. 1 vistoso; aparatoso; espalhafatoso 2 (cor) berrante 3 (luz) brilhante; ofuscante
garland s. grinalda ■ v. literário engrinaldar
garlic s. BOTÂNICA alho; bulb/clove of garlic cabeça/dente de alho
garment s. formal peça de roupa; vestimenta
garner v. 1 armazenar; acumular 2 (informação) recolher
garnet s. (mineral) granada ■ adj., s. (cor) grená
garnish s. 1 (comida) guarnição 2 adorno ■ v. 1 (comida) guarnecer (with, com) 2 adornar (with, com)
garret s. águas-furtadas; mansarda
garrison s. guarnição militar ■ v. destinar tropas a um local
garrulous adj. tagarela ZOOLOGIA garrulous parrot baitaca, maritaca
garter s. (meia) liga ♦ EUA garter belt cinto de ligas
gas s. 1 gás 2 EUA gasolina 3 coloquial tagarelice ■ v. 1 asfixiar com gás 2 coloquial tagarelar ♦ gas burner/jet bico de gás gas chamber câmara de gás gas cylinder botijão de gás gas furnace forno a gás gas mask máscara de gás gas oil gasóleo gas pipeline gasoduto EUA gas station posto de gasolina
gaseous adj. QUÍMICA gasoso; gaseous form estado gasoso
gash s. golpe profundo ■ v. golpear; cortar
gasify v. QUÍMICA gaseificar
gasoline s. EUA gasolina
gasometer s. gasômetro
gasp v. arfar; to gasp for air respirar com dificuldade ■ s. respiração difícil ♦ to be at one's last gasp estar nas últimas
gassy adj. 1 Grã-Bretanha gasoso 2 EUA flatulento
gastric adj. MEDICINA gástrico; gastric juice suco gástrico; gastric ulcer úlcera gástrica
gastritis s. MEDICINA gastrite
gastroenteritis s. MEDICINA gastroenterite
gastroenterologist s. gastroenterologista
gastroenterology s. MEDICINA gastroenterologia
gastrointestinal adj. gastrointestinal
gastronome s. gastrônomo
gastronomic adj. gastronômico

gastronomy s. gastronomia
gate s. 1 portão; porta; entrada 2 (aeroporto) porta 3 barreira; vedação 4 (espectadores) afluência ♦ to give somebody the gate pôr alguém na rua to take the gate pôr-se a caminho
gatecrasher s. coloquial (festa) intruso; penetra
gateway s. 1 entrada; porta 2 caminho (to, para/de)
gather v. 1 juntar(-se); reunir(-se); agrupar(-se) 2 (frutos, flores) colher 3 (costura) franzir 4 deduzir (from, de); concluir (from, de) 5 formar-se ♦ as far as I can gather pelo que entendo to gather breath tomar alento to gather flesh engordar to gather one's thoughts concentrar-se to gather speed ganhar velocidade to gather strength recuperar forças
gathered adj. apanhado; coletado
gathering s. 1 reunião; assembleia; family gathering reunião de família 2 colheita; recolha 3 (costura) franzido
gauche adj. desastrado; sem tato
gaudy adj. pejorativo berrante; cafona
gauge s. 1 (instrumento) medidor; pressure gauge manômetro 2 medida; escala 3 (arma) calibre 4 (via férrea) distância entre os trilhos 5 indicador (of, de) v. 1 medir; calcular 2 avaliar; to gauge somebody's skills avaliar as capacidades de alguém
gauging s. arqueação
gaunt adj. 1 muito magro 2 (lugar) desolado; lúgubre
gauntlet s. 1 HISTÓRIA manopla 2 luva ♦ to pick up the gauntlet aceitar um desafio to run the gauntlet of sofrer expor-se a to throw down the gauntlet lançar um desafio
gauze s. gaze
gavel s. (juiz, leiloeiro) martelo
gawky adj. desajeitado
gawp v. Grã-Bretanha coloquial olhar atônito (at, para)
gay adj., s. homossexual ■ adj. 1 antiquado alegre 2 antiquado vistoso
gaze v. olhar fixamente (at/into, para) s. olhar fixo
gazelle s. ZOOLOGIA gazela
gazette s. 1 jornal oficial 2 (publicação) gazeta
gazetteer s. dicionário geográfico
gear s. 1 engrenagem 2 (automóvel, bicicleta) velocidade; mudança; first gear primeira velocidade 3 equipamento; material; camping gear equipamento de camping ■ v. 1 ligar 2 ajustar o trabalho a 3 (cavalo) arrear, aparelhar ♦ out of gear desorganizado Grã-Bretanha gear lever/stick alavanca das mudanças to get in gear entrar em marcha, deixar a preguiça de lado to gear up to do preparar-se para fazer
gearbox s. (automóvel) caixa de velocidades, caixa de câmbio
gearwheel s. roda dentada
gecko s. ZOOLOGIA lagartixa
gee interj. EUA coloquial (surpresa, aborrecimento) caramba!
geek s. coloquial 1 excêntrico, fanático 2 pessoa que entende bem e gosta muito de tecnologia; nerd
geisha s. geixa

gel

gel s. (cabelo, ducha) gel hair gel gel para o cabelo ■ v. 1 tomar forma; consolidar-se 2 dar-se bem 3 gelificar
gelatine s. gelatina
gelatinous adj. gelatinoso
geld v. castrar
gem s. 1 gema; pedra preciosa 2 (pessoa, coisa) joia
geminate v. to geminate; to double
Gemini s. pl. ASTRONOMIA Gêmeos
Geminian adj., s. geminiano
gemstone s. pedra preciosa
gender s. 1 LINGUÍSTICA gênero; feminine/masculine/neuter gender gênero feminino/masculino/neutro 2 sexo
gene s. BIOLOGIA gene
genealogical adj. genealógico
genealogy s. genealogia
general s. (posto militar) general ■ adj. 1 (abrangência) geral; genérico 2 comum; público ◆ as a general rule geralmente in general em geral general knowledge cultura geral general meeting assembleia-geral general practice clínica geral general practitioner médico de clínica geral
generality s. globalidade; totalidade
generalization s. generalização
generalize v. generalizar (about, sobre)
generalized adj. generalizado
generally adv. geralmente; em geral; generally speaking de uma maneira geral
general-purpose adj. multiusos, de uso geral
generate v. gerar; produzir
generation s. 1 geração the last generation a última geração 2 (energia) produção ◆ generation gap conflito de gerações
generative adj. gerador ■ s. (eletricidade) gerador
generator s. 1 (dispositivo) gerador 2 produtor
generic adj. genérico ◆ generic drug (medicamento) genérico
generically adv. genericamente
generosity s. generosidade
generous adj. 1 generoso 2 abundante ◆ to be generous with one's money ser mão aberta
Genesis s. RELIGIÃO Gênesis
genetic adj. genético ◆ genetic code código genético genetic engineering engenharia genética
genetically adv. geneticamente; genetically modified transgênico
genetics s. genética
genie s. (espírito) gênio
genipap s. BOTÂNICA jenipapo
genital adj. genital genitals s.pl. órgãos sexuais
genitive s. genitivo ■ adj. genitivo
genius s. 1 gênio; a work of genius uma obra de gênio 2 talento (for, para); dom (for, para); to have a genius for painting ter talento para a pintura
genocide s. genocídio
genome s. BIOLOGIA genoma
genotype s. BIOLOGIA genótipo
genre s. formal (artes) gênero; estilo
gent s. coloquial cavalheiro; senhor ◆ the gents banheiro dos homens
genteel adj. distinto; refinado
gentile adj., s. gentio
gentility s. formal gentileza; elegância
gentle adj. 1 suave 2 (pessoa) bondoso; afável; gentil 3 (família) nobre 4 (animal) manso ◆ antiquado the gentle sex o sexo fraco
gentleman s. cavalheiro; senhor ◆ gentleman's agreement acordo de cavalheiros
gentleness s. (suavidade) gentileza
gently adv. suavemente
gentry s. pequena nobreza; landed gentry proprietários de terras
genuflect v. formal genuflectir; ajoelhar(-se)
genuflection s. formal genuflexão
genuine adj. genuíno; verdadeiro; genuine friend amigo verdadeiro
genus s. (taxonomia) gênero
geocêntrico adj. ASTRONOMIA geocêntrico
geocentrism s. ASTRONOMIA geocentrismo
geographer s. geógrafo
geographical adj. geográfico; geographical map carta geográfica, mapa
geography s. geografia
geological adj. geológico
geologist s. geólogo
geology s. geologia
geometric, geometrical adj. geométrico; geometric figure figura geométrica
geometry s. geometria; analytic geometry geometria analítica
geophysical adj. geofísico
geophysicist s. geofísico
geophysics s. geofísica
geopolitical adj. geopolítico
geopolitics s. geopolítica
geothermal adj. geotérmico
geranium s. (flor) gerânio
geriatric adj. MEDICINA geriátrico
geriatrician s. MEDICINA geriatra
geriatrics s. MEDICINA geriatria
germ s. 1 germe; micróbio 2 embrião; in germ em embrião ◆ germ cell gameta
German s. (pessoa, língua) alemão do you speak German? você fala alemão? ■ adj. alemão; (doença) German measles rubéola; (raça de cachorro) German shepherd pastor-alemão
Germanic adj. germânico, alemão
Germany s. Alemanha
germicide s. germicida; microbicida
germinate v. 1 BOTÂNICA germinar 2 figurado (ideias, sentimentos) germinar, originar
germination s. germinação
gerund s. LINGUÍSTICA gerúndio
gestate v. gerar
gestation s. 1 (gravidez) gestação 2 figurado (desenvolvimento) gestação, formação, desenvolvimento
gesticulate v. gesticular
gesticulation s. gesticulação
gesture s. gesto; aceno; as a gesture of em sinal de ■ v. gesticular; fazer sinal
get v. 1 obter (from, de); to get news from ter notícias de 2 comprar; to get oneself a new car comprar um carro novo 3 atender; get the door vai

ver quem está à porta; get the phone atende o telefone 4 (*doença*) contrair; to get the flu contrair gripe 5 conseguir; arranjar; to get a job arranjar um trabalho 6 (*transporte*) pegar; to get the bus pegar o ônibus 7 entender; did you get the message? você entendeu o recado? 8 levar; trazer; get me a glass of water traga-me um copo d'água 9 atingir; the ball got him in the leg a bola o atingiu na perna 10 receber; ter; how much did you get for the sculpture? quanto você recebeu pela escultura? 11 chamar; get me the director, please passe-me o diretor, por favor 12 (*lugar*) chegar; she got home late chegou em casa tarde; to get lost perder-se 13 ficar; tornar(-se); to get what is coming to you colher o que semeou; receber o que merece; to get what one deserves ver o que é bom para a tosse ♦ to get even vingar-se; get lost! cai fora! get real! cai na real! **get across** *v.* 1 (*rua, ponte*) atravessar 2 comunicar; transmitir; he couldn't get the idea across não conseguiu transmitir a ideia **get along** *v.* 1 dar-se bem; they don't get along very well não se dão muito bem 2 sair; ir embora; we should be getting along temos de ir andando 3 progredir **get around to** *v.* ter tempo para; decidir-se a **get around** *v.* 1 andar; deslocar-se 2 vir a público; word got around that veio a público que 3 contornar; evitar 4 convencer **get at** *v.* 1 criticar; atacar; she's always getting at him está sempre implicando com ele 2 alcançar; descobrir; she will do anything to get at the truth fará qualquer coisa para descobrir a verdade; what are you getting at? onde é que você quer chegar com isso? **get away** *v.* 1 ir embora; partir 2 escapar **get away with** *v.* (*impunidade*) safar-se com; escapar com **get back at** *v.* vingar-se de **get back to** *v.* 1 (*pessoa*) voltar a ligar; responder a; I'll get back to you later volto a te ligar mais tarde 2 (*coisa*) voltar a **get back** *v.* 1 recuperar; did you get your umbrella back? você recuperou o seu guarda-chuva? 2 regressar; I'll get back at five o'clock volto às cinco horas **get behind** *v.* atrasar-se; he got behind with the payment atrasou-se no pagamento **get by** *v.* 1 sobreviver (with, *com*) 2 passar **get down to** *v.* concentrar-se em; I must get down to work tenho de me concentrar no trabalho **get down** *v.* 1 engolir; he got the tablet down engoliu a pastilha 2 anotar; get this message down anota esta mensagem 3 deprimir; entristecer 4 baixar(-se) **get in** *v.* 1 entrar (em); they couldn't get in the club não conseguiram entrar na discoteca 2 chegar 3 ser eleito 4 (*universidade*) ser admitido 5 comprar; abastecer-se de 6 entregar; enviar 7 (*colheitas*) recolher **get into** *v.* 1 entrar em 2 passar-se com; I don't know what's got into him não sei o que se passou com ele 3 meter-se em; she's got into piano lessons meteu-se em lições de piano 4 (*peça de vestuário*) enfiar **get off** *v.* 1 sair; she gets off at five o'clock ela sai às cinco horas 2 deixar; I've got the children off to school deixei as crianças na escola 3 enviar 4 (*roupa*) tirar 5 (*castigo, punição*) livrar(-se) de 6 (*trem*) descer de 7 escapar; safar-se 8 adormecer; she is getting the baby off está fazendo o neném dormir 9 coloquial largar; get off me! me larga! **get on** *v.* 1 (*roupa*) colocar; pôr 2 entrar para; subir para; get on the bus entra para o ônibus 3 progredir; avançar; (*exame*) how are you getting on? como vai? 4 relacionar-se; he gets on well with his colleagues ele se dá bem com os colegas ♦ get on with it! apresse-se! **get out of** *v.* 1 livrar-se de 2 arrancar; tirar de; he got the truth out of her arrancou-lhe a verdade 3 desabituar-se de **get out** *v.* 1 tirar; you must get me out of here você tem de me tirar daqui 2 (*lugar, veículo*) sair; she got out of the car saiu do carro 3 vir a público; if word gets out... se isto vem a público... **get over** *v.* 1 (*doença*) recuperar de 2 (*crise*) superar; ultrapassar 3 transmitir; fazer passar; she got the idea over fez passar a ideia **get over with** *v.* 1 acabar; terminar 2 libertar-se de **get round to** *v.* ter tempo para; decidir-se a **get round** *v.* 1 contornar; evitar; rodear 2 convencer 3 vir a público; word got round that veio a público que **get through** *v.* 1 atravessar; ultrapassar; get through the river atravessar o rio 2 (*exame*) passar em 3 conseguir chegar (to, *a*) 4 gastar; usar 5 (*telefone*) contatar (to, *com*); I can't get through to him não o consigo contatar 6 explicar-se; fazer-se entender **get together** *v.* 1 encontrar-se 2 juntar(-se) **get up** *v.* levantar(-se); get up out of the wrong side of the bed acordar de mau humor; acordar com o pé esquerdo

getaway *s.* coloquial fuga; evasão; to make one's getaway fugir
get-together *s.* reunião
getup *s.* coloquial vestimenta; indumentária
get-up-and-go *s.* coloquial energia, motivação
geyser *s.* 1 GEOLOGIA gêiser 2 Grã-Bretanha aquecedor de água
ghastly *adj.* 1 pálido; cadavérico 2 horrível; sinistro; a ghastly accident um desastre horroroso 3 (*edifício*) medonho; medonha
ghetto *s.* gueto
ghost *s.* fantasma; espectro; the Holy Ghost o Espírito Santo ♦ to give up the ghost 1 morrer 2 jocoso deixar de funcionar
ghostly *adj.* fantasmagórico
ghoul *s.* 1 espírito maligno que abre sepulturas e come os cadáveres 2 pessoa mórbida
giant *s.* gigante ■ *adj.* gigantesco; a giant strength uma força gigantesca
gibber *v.* falar atabalhoadamente
gibberish *s.* coloquial fala ou texto sem sentido, incompreensível
gibbet *s.* forca
gibbon *s.* ZOOLOGIA gibbon
gibe *s.* chacota; zombaria ■ *v.* 1 zombar 2 EUA coloquial concordar (with, *com*); condizer (with, *com*)
giblets *s.pl.* (*aves*) miúdos
giddy *adj.* 1 atordoado; tonto; to feel giddy ter tonturas 2 vertiginoso 3 estouvado
gift *s.* 1 presente 2 brinde 3 doação; oferta 4 dom (for, *para*); talento (for, *para*); to have a gift for music ter um dom para a música ♦ by free gift a título gratuito to have the gift of the gab ter muita lábia
gifted *adj.* talentoso; dotado; superdotado

gift-wrapped adj. embrulhado (para oferecer)
gig s. 1 concerto; atuação 2 cabriolé ■ v. atuar; dar um concerto
gigantic adj. gigantesco; enorme
giggle s. risadinha ■ v. dar risadinhas ◆ for a giggle na brincadeira
gild v. dourar ◆ to gild the lily estragar o que está bom tentando fazer ficar melhor
gill¹ s. ZOOLOGIA guelra, brânquia ◆ coloquial to the gills completamente cheio
gill² s. Grã-Bretanha 142 ml; EUA 118 ml
gilt adj., s. dourado ◆ to take the gilt off the gingerbread ser um desmancha-prazeres ● É diferente de guilt.
gimmick s. truque; estratagema
gin s. gim
ginger s. 1 BOTÂNICA gengibre 2 (cabelos) cor ruiva 3 figurado vivacidade ■ adj. 1 de gengibre 2 ruivo ■ v. 1 aromatizar com gengibre 2 dar mais vida a, animar
gingerbread s. biscoito ou bolo de gengibre
gingerly adv. cautelosamente
gingivitis s. MEDICINA gengivite
gipsy s. cigano
giraffe s. ZOOLOGIA girafa
gird v. 1 cingir (with, com) 2 rodear (with, com) ◆ to gird oneself for preparar-se para to gird up one's loins preparar-se para entrar em ação
girder s. viga, trave
girdle s. 1 (vestuário) cinta 2 cinturão, faixa 3 figurado cintura ■ v. cercar, rodear
girl s. 1 menina 2 filha
girlfriend s. 1 namorada 2 EUA amiga
girlhood s. (menina) adolescência
girlish adj. 1 ameninado 2 feminino
girth s. 1 (objeto) contorno; perímetro 2 (pessoa) corpulência 3 (sela) cilha ■ v. 1 cilhar 2 literário rodear; cingir
gist s. essencial; ideia geral; to get the gist of entender o essencial
give v. 1 dar, oferecer; to give somebody a present dar um presente a alguém 2 (mensagem, cumprimentos) enviar; transmitir 3 (medicamento) dar; administrar; to give somebody an injection dar uma injeção a alguém 4 pagar; dar col.; how much did you give for the car? quanto você pagou pelo carro? 5 (doença) transmitir; passar; you've given me your cold você me passou o seu resfriado 6 (afeto, atenção, tempo) dedicar 7 (festa, evento) organizar 8 (vida) sacrificar 9 (palavra) empenhar 10 dar (to, a); doar (to, a); he gives to the church ele dá dinheiro à igreja 11 (estrutura, tecido) ceder; dar de si ■ s. elasticidade; maleabilidade ◆ to give a hand dar uma mão to give a lift dar uma carona, to give somebody a ride home dar a alguém uma carona até sua casa to give evidence prestar declarações to give somebody to understand that dar a entender a alguém que give away v. 1 dar; oferecer 2 (qualidade, sentimento) denunciar; trair 3 (identidade, segredo) contar; revelar 4 (prêmio, presente) entregar 5 conduzir ao altar; he gave the bride away conduziu a noiva ao altar give back v. devolver; restituir; the operation gave him back his sight a operação lhe restituiu a visão give in v. 1 ceder; render-se 2 (teste, trabalho) entregar give off v. 1 (calor, luz) emitir 2 (cheiro) exalar give on/onto v. dar para; abrir para; the door gives on to the garden a porta dá para o jardim give out v. 1 (objetos, alimentos) distribuir 2 (som, calor) emitir 3 (informação) anunciar 4 (força, paciência, recurso) chegar ao fim 5 (órgão, mecanismo) deixar de funcionar give over to v. consagrar a; dedicar a; he's given his life over to work dedicou a vida ao trabalho; to give oneself over to entregar-se a give over v. 1 consagrar; dedicar; he's given his life over to work dedicou a vida ao trabalho 2 coloquial parar; to give over doing something parar de fazer alguma coisa give up on v. desistir de; perder as esperanças em relação a give up v. 1 desistir; to give something up desistir de alguma coisa 2 abandonar; deixar de; to give up eating sweets deixar de comer doce 3 dar; oferecer; dedicar ◆ to give oneself up entregar-se; render-se; give me a break! dá um tempo! me deixa em paz! give someone a hard time dar a alguém um belo problema! give or take para mais ou pra menos; mais ou menos giving up ■ s. desistência
giveaway s. 1 revelação involuntária 2 brinde ■ adj. (preço baixo) simbólico
given (particípio passado de to give) adj. 1 dado 2 determinado; at a given moment em um dado/determinado momento 3 propenso (to, a); com inclinação (to, para); I am not given to não tenho por hábito ◆ given that dado que; partindo do princípio que given name nome de batismo
giver s. doador
gizmo s. maquineta; geringonça
gizzard s. 1 CULINÁRIA moela 2 (crustáceos, insetos) canal alimentar
glaciar s. GEOLOGIA geleira, glaciar
glaciation s. GEOLOGIA glaciação
glacier s. GEOLOGIA geleira
glad adj. alegre; contente (of, about, com); to be glad alegrar-se ◆ glad to meet you! prazer em conhecê-lo!
gladden v. alegrar
glade s. clareira
gladiator s. gladiador
gladiolus s. BOTÂNICA gladíolo
gladly adv. 1 alegremente 2 com prazer 3 de boa vontade
glamorous adj. glamoroso; atraente; sedutor
glamour s. charme; glamour
glamourous adj. glamoroso
glance s. 1 olhar; vista de olhos; relance (at, a) 2 vislumbre (of, de) v. dar uma vista de olhos (at, a) ◆ at a glance de relance at first glance à primeira vista to take a glance at something dar uma vista de olhos a alguma coisa
gland s. ANATOMIA glândula
glandular adj. glandular ◆ glandular fever mononucleose infecciosa
glare s. 1 luz ofuscante 2 olhar furioso ■ v. 1 lançar um olhar furioso (at, a) 2 ter uma luz ofuscante

glaring adj. 1 (*luz*) brilhante, ofuscante 2 (*cor*) berrante 3 (*olhar*) feroz; furioso 4 (*erro, falta*) evidente
glass s. 1 vidro 2 cristal 3 copo glasses s.pl. óculos ■ v. envidraçar ◆ clear as glass claro como água to have a glass beber um copo
glassware s. objetos de vidro
glassworks s. (*fábrica*) vidraria
glassy adj. 1 (*aparência*) vítreo 2 (*olhar*) vidrado 3 (*água*) cristalino, transparente
glaucoma s. MEDICINA glaucoma
glaze s. 1 (*louça*) vidrado 2 lustro; brilho 3 CULINÁRIA cobertura ■ v. 1 (*louça*) vidrar 2 (*janela, porta*) envidraçar 3 CULINÁRIA cobrir com glacê
glazed adj. 1 (*louça, olhar*) vidrado 2 (*janela, porta*) envidraçado 3 (*papel*) acetinado 4 CULINÁRIA coberto de glacê
glazier s. vidraceiro
gleam s. 1 brilho 2 clarão 3 raio (of, *de*); gleams of sunshine raios de sol 4 figurado vislumbre ■ v. reluzir ◆ a gleam of hope um raio de esperança
gleaming adj. reluzente
glean v. (*informações*) recolher
glee s. alegria, gozo
glib adj. 1 pejorativo (*pessoa*) com muita lábia 2 pejorativo (*resposta, observação*) simplista
glide s. 1 deslize 2 voo planado 3 LINGUÍSTICA semivogal ■ v. 1 deslizar 2 planar
glider s. planador
glimmer s. 1 luz fraca 2 reflexo 3 vislumbre ■ v. 1 reluzir 2 cintilar ◆ a glimmer of hope um raio de esperança
glimpse s. vislumbre; relance; to catch a glimpse of ver de relance ■ v. entrever, ver de relance
glint v. 1 brilhar, luzir 2 cintilar ■ s. 1 brilho suave 2 clarão de luz 3 reflexo glints s.pl. (*cabelo*) reflexos
glisten s. brilho; cintilação ■ v. brilhar; cintilar (with, *com*)
glitch s. falha, problema técnico, avaria ■ v. avariar
glitter s. brilho ■ v. brilhar; reluzir ◆ all that glitters is not gold nem tudo o que reluz é ouro
glittering adj. brilhante; reluzente
gloat v. regozijar-se (over, *com*); he gloated over her failure ele regozijou-se com o fracasso dela
global adj. 1 global; total 2 mundial; em escala mundial ◆ global economy economia global global village aldeia global global warming aquecimento global
globalization, globalisation Grã-Bretanha s. POLÍTICA, ECONOMIA globalização
globalize v. globalizar
globe s. 1 globo 2 esfera
globule s. glóbulo
gloom s. 1 tristeza, melancolia 2 negativismo, pessimismo 3 obscuridade
gloomy adj. 1 escuro; sombrio 2 triste; melancólico 3 deprimido; pessimista
glorify v. 1 glorificar 2 coloquial engrandecer (with, *com*)
glorious adj. 1 glorioso 2 esplêndido; it was a glorious day! estava um dia esplêndido!

go

glory s. 1 glória 2 esplendor; beleza 3 fama; celebridade ■ v. 1 orgulhar-se de 2 regozijar-se com 3 vangloriar-se de ◆ glory be to God! glória a Deus!
gloss s. 1 lustro, brilho; gloss finish acabamento brilhante; to take the gloss off tirar o lustro a 2 anotação; comentário 3 LITERATURA (*versos*) glosa 4 (*cosmética*) batom de brilho 5 figurado falsa aparência ■ v. 1 comentar 2 polir 3 envernizar
glossary s. glossário
glossy adj. 1 brilhante, polido 2 (*pintura*) esmaltado 3 (*capa, impressão*) brilhante; glossy magazine revista cara
glottis s. ANATOMIA glote
glove s. luva; a pair of gloves um par de luvas ◆ to fit like a glove assentar como uma luva glove compartment (*automóvel*) porta-luvas
glow s. 1 brilho 2 (*metal*) incandescência 3 (*face*) rubor 4 figurado sensação de bem-estar ■ v. 1 brilhar 2 (*metal*) estar incandescente 3 figurado resplandecer (with, *de, com*)
glower s. olhar ameaçador ■ v. olhar ameaçadoramente (at, *para*)
glowing adj. 1 (*fogo*) ardente 2 (*lenha, carvão*) incandescente 3 (*cor*) vivo, brilhante 4 (*face*) afogueado 5 (*comentário, relato*) entusiástico
glow-worm, glowworm s. ZOOLOGIA vaga-lume, pirilampo
glucose s. BIOLOGIA, QUÍMICA glicose
glue s. 1 cola; instant glue cola-tudo 2 grude ■ v. colar ◆ (*atenção, concentração*) to be glued to estar colado a MEDICINA glue ear otite serosa
glueing s. ato de passar cola; colagem
gluey adj. pegajoso
glum adj. abatido; desanimado; melancólico
glumly adv. 1 sem ânimo 2 melancolicamente
glut s. 1 superabundância, excesso (of, *de*) 2 empanturramento ■ v. 1 QUÍMICA saturar 2 empanturrar; to glut oneself on empanturrar-se de 3 (*mercado*) inundar
gluteal adj. glúteo ■ s.pl. ANATOMIA glúteos
gluten s. glúten
gluteus s. ANATOMIA glúteo (pl. *gluteal*)
glutton s. glutão
gluttonous adj. glutão; guloso
gluttony s. 1 gula, gulodice 2 voracidade
glycerine, glycerin EUA s. glicerina
gnash v. (*dentes*) ranger
gnat s. ZOOLOGIA mosquito
gnaw v. 1 roer, corroer 2 figurado atormentar
gnawed adj. (*com os dentes*) roído
gnawing adj. 1 roedor 2 devorador 3 (*dúvida, remorso*) constante; permanente
gnocchi s. CULINÁRIA nhoque
gnome s. gnomo
go v. 1 ir; ir embora; partir 2 desaparecer 3 ficar; he went crazy ficou doido 4 (*máquina*) funcionar 5 correr; how are things going? como estão as coisas? 6 (*tempo*) passar 7 (*distância*) percorrer 8 caber (in, into, *em*); encaixar (in, into, *em*) 9 (*campainha*) tocar 10 (*tribunal*) recorrer ■ s. 1 energia; dinamismo 2 tentativa; to have a go at it fazer uma tentativa 3 (*jogo*) vez; it's your go é a sua vez 4

go

uso, atividade ♦ **to go too far** ir longe demais to go to sleep adormecer **go about** *v.* **1** começar; dedicar-se a **2** andar fazendo **3** (*boato*) correr **go after** *v.* andar atrás de; ir atrás de **go against** *v.* ir contra; opor-se a **go ahead** *v.* **1** (*projeto*) avançar (with, *com*) **2** ir à frente (of, *de*) go along *v.* **1** continuar **2** progredir **go along with** *v.* concordar com **go around/round** *v.* **1** andar por aí **2** (*boato*) correr **go at** *v.* atirar-se a; atacar **go away** *v.* **1** ir embora; go away! vá embora! **2** (*cidade, país*) ir para fora; I've decided to go away for the weekend decidi ir para fora no fim de semana **3** (*cheiro, dor, sensação*) passar; the pain still hasn't gone away a dor ainda não passou **go back on** *v.* voltar atrás com; he went back on his word voltou atrás com a palavra **go back** *v.* **1** voltar; voltar atrás **2** remontar (to, *a*); the castle goes back to the 11th century o castelo remonta ao século XI **go by** *v.* **1** (*regras, princípios*) guiar-se por; (*tempo*) seguir **2** passar; many years have gone by já passaram muitos anos **go down** *v.* **1** (*preço, qualidade, temperatura*) descer; diminuir **2** (*sol*) pôr-se **3** (*embarcação*) afundar; naufragar; to go down de drain ir tudo por água abaixo **4** (*computador*) parar de funcionar, falhar **5** (*jogo*) perder **6** passar de geração em geração; ser recordado; he will go down in history as a great diplomat ele vai ficar na História como um grande diplomata **7** EUA coloquial acontecer **go down with** *v.* Grã-Bretanha coloquial (*doença*) pegar; to go down with the flu pegar gripe **go for** *v.* **1** atacar **2** ter em vista; go for it! força! **3** coloquial escolher; optar por; I'll go for the yellow wall paper eu escolho o papel de parede amarelo **4** aplicar-se a; my advice goes for you too o meu conselho também se aplica a você **go in for** *v.* **1** (*competição*) participar em **2** (*exame, teste*) fazer **3** interessar-se por; I go in for painting eu me interesso por pintura **go in** *v.* entrar **go into** *v.* **1** entrar em **2** seguir; he wants to go into teaching quer seguir o ensino **3** (*colisão*) bater contra **go off** *v.* **1** (*pessoa*) ir embora **2** (*bomba*) explodir **3** (*alarme*) soar **4** (*luz*) apagar-se **5** deixar de funcionar; the radio went off o rádio desligou **6** (*comida*) estragar-se **7** (*dor*) passar **8** perder o interesse por **go on** *v.* **1** (*eletricidade, luz*) ligar-se **2** (*situação*) continuar; we can't go on like this não podemos continuar assim **3** acontecer; passar-se; what's going on? o que se passa?, o que está acontecendo? **4** ir à frente; why don't you go on? I'll catch up with you porque você não vai à frente? eu já te alcanço **5** queixar-se (about, *de*) **go out** *v.* **1** ir sair; to go out of my way sair do meu caminho **2** andar (with, *com*); namorar (with, *com*) **3** apagar-se; the candle went out a vela apagou-se **4** (*televisão, rádio*) dar **5** entrar em greve **6** passar de moda **7** (*maré*) baixar **go over to** *v.* mudar para; passar para; he went over to another supplier mudou para outro fornecedor **go over** *v.* **1** (*texto, trabalho*) examinar; rever **2** (*fato, recordação*) revisitar; repensar **3** revisar; inspecionar **go through** *v.* **1** (*experiência*) passar por **2** (*trabalho, procedimento*) rever **3** (*objeto, lugar*) revistar **4** (*dinheiro*) gastar **5** (*lei, regulamento*) ser aprovado **go through with** *v.* realizar; levar a cabo **go under** *v.* **1** (*embarcação*) afundar **2** coloquial (*empresa, negócio*) falir **go up** *v.* **1** (*preço, temperatura*) subir; aumentar **2** aproximar-se (to, *de*) **3** explodir; **to go up in flames** incendiar-se **go with** *v.* **1** acompanhar **2** combinar com; the tie goes with the shirt a gravata combina com a camisa **3** estar incluído em; the car goes with the job o carro está incluído na função

goad *s.* **1** aguilhão **2** figurado estímulo ■ *v.* **1** aguilhoar **2** incitar (into, on, *a*)

go-ahead *adj.* coloquial dinâmico; empreendedor ■ *s.* coloquial ordem para avançar; luz verde fig. ♦ É diferente de *to go ahead*.

goal *s.* **1** objetivo; meta; fim **2** ESPORTE traves e rede do gol **3** ESPORTE gol; to score a goal marcar um gol ♦ **goal kick** (*futebol*) tiro de meta

goalie *s.* ESPORTE coloquial goleiro

goalkeeper *s.* ESPORTE goleiro

goalpost *s.* poste do gol ♦ to move/shift the goalposts mudar as regras do jogo

goat *s.* ZOOLOGIA cabra; goat's cheese/milk queijo/leite de cabra ♦ to act/to play the goat fazer papel de idiota to get somebody's goat irritar alguém

goatee *s.* barbicha

gob *s.* **1** pedaço, bocado **2** Grã-Bretanha calão boca; shut your gob! cala a boca! **3** calão escarro

gobble *v.* **1** devorar **2** (*peru*) fazer glu-glu

go-between *s.* intermediário

goblet *s.* cálice

goblin *s.* demônio, duende maléfico

gobsmacked *adj.* atônito; estupefato

god *s.* deus; the gods of Mount Olympus os deuses do Olimpo **Go** *s.* RELIGIÃO Deus; God forbid! Deus nos livre!; thank God graças a Deus; for God's sake pelo amor de Deus; God only knows só Deus sabe; Almighty God Deus todo-poderoso

god-awful *adj.* coloquial terrível; horrível

godchild *s.* afilhado

goddaughter *s.* afilhada

goddess *s.* deusa

godfather *s.* padrinho

godforsaken *adj.* (*lugar*) abandonado, miserável

godlike *adj.* divino

godly *adj.* **1** religioso **2** divino

godmother *s.* madrinha; comadre

godparents *s.pl.* padrinhos

godson *s.* afilhado

go-getter *s.* coloquial lutador

goggle *v.* **1** (*olhos*) arregalar **2** olhar atônito (at, *para*) **goggles** *s.pl.* (*esqui, natação*) óculos de proteção

going *s.* **1** ida, partida; saída **2** andamento; progresso **3** velocidade ■ *adj.* **1** atual; em vigor **2** próspero, em expansão ♦ (*filme etc.*) to be heavy going ser pesado while the going is good enquanto é possível

goitre *s.* MEDICINA bócio

go-kart *s.* ESPORTE kart

gold *s.* **1** QUÍMICA (*elemento químico*) ouro; gold rush corrida ao ouro **2** figurado riqueza, dinheiro ■ *adj.* **1** de ouro **2** dourado ♦ all that glitters is not gold nem tudo o que reluz é ouro

golden *adj.* 1 dourado 2 áureo ♦ golden goose galinha dos ovos de ouro golden jubilee (*de acontecimento, instituição*) bodas de ouro golden rule regra de ouro princípio básico golden wedding (*casamento*) bodas de ouro
goldfinch *s.* ZOOLOGIA pintassilgo
goldsmith *s.* ourives
golf *s.* ESPORTE golfe ♦ golf club clube de golfe golf course campo de golfe golf tournament torneio de golfe
golfer *s.* jogador de golfe
gonad *s.* gônada
gondola *s.* gôndola
gondolier *s.* gondoleiro
gone (particípio passado de to go) *adj.* 1 desaparecido 2 morto 3 (*tempo*) depois de; it's gone 9 o'clock já passa das nove 4 coloquial grávida; four months gone grávida de quatro meses ♦ to be gone on estar louco para to be long gone há muito tempo to be too far gone ser um caso perdido
gong *s.* 1 gongo 2 coloquial medalha; prêmio
gonorrhoea *s.* MEDICINA gonorreia
good *adj.* 1 bom, excelente 2 de boa qualidade 3 amável (to, about, em, com) 4 benigno, benéfico (for, para) 5 (*condições*) vantajoso, favorável 6 hábil (at, em, a) 7 (*importância*) considerável 8 adequado (for, para) *s.* bem; for your own good para o seu bem; good and evil o bem e o mal; goods *s.pl.* 1 mercadorias 2 bens, artigos ♦ for good para sempre good afternoon! boa tarde! good heavens! valha-me Deus! Is this any good? será que isto serve, ajuda? It is no good complaining não adianta se queixar that is as good as done isso está praticamente feito that's very good of you é muita amabilidade sua this is as good as it gets o melhor que se consegue to be good at something ser bom em alguma coisa to be good for servir para to be up to no good não ter boas intenções to deliver/come up with the goods cumprir o prometido to have/get the goods on somebody ter provas contra alguém too good to be true bom de mais para ser verdade what good is it? para quê? good deal! muito bom! good faith boa fé Good Friday Sexta-Feira Santa good nature bom coração
goodbye *interj.* adeus, até logo! *s.* despedida, adeus ♦ to say goodbye to despedir-se de
good-for-nothing *adj., s.* inútil
good-humoured *adj.* 1 bem-disposto 2 alegre
good-looking *adj.* bonito; atraente
good-natured *adj.* 1 bondoso; de boa índole 2 bonachão
goodness *s.* 1 (*pessoas*) bondade 2 (*alimentos*) valor nutritivo ♦ for goodness sake! pelo amor de Deus! my goodness! meu Deus!
goodnight *interj.* boa noite!
good-tempered *adj.* 1 bem-disposto 2 afável
goodwill *s.* 1 boa vontade 2 benevolência ♦ to be in a person's goodwill estar nas boas graças de alguém
goody *s.* (*personagem*) o bom (do filme, da história) goodies *s.pl.* guloseimas ■ *interj.* linguagem infantil viva!; eia!

goose *s.* ZOOLOGIA ganso; gansa ♦ goose pimples arrepio to kill the goose that laid the golden eggs matar a galinha dos ovos de ouro
gooseberry *s.* groselha
gooseflesh *s.* pele de galinha
gorge *s.* desfiladeiro ■ *v.* 1 engolir, devorar 2 empanturrar-se (on, de)
gorgeous *adj.* 1 deslumbrante 2 esplêndido
gorilla *s.* ZOOLOGIA gorila
gorse *s.* urze
gory *adj.* ensanguentado, sangrento ♦ in gory detail com todos os pormenores
gosh *interj.* coloquial caramba!
goshawk *s.* ZOOLOGIA açor
gospel *s.* 1 normas; princípios 2 MÚSICA gospel ♦ to take something for gospel considerar uma verdade absoluta RELIGIÃO Gospel Evangelho
gossamer *s.* 1 fio muito delgado 2 teia de aranha 3 tecido muito fino
gossip *s.* 1 falação, má-língua; fofoca 2 (*pessoa*) fofoqueiro ■ *v.* coscuvilhar, bisbilhotar ♦ gossip column (*jornalismo*) crônica social
gossiper *s.* fofoqueiro
gossipy *adj.* coloquial maldizente; linguarudo
Gothic *adj., s.* (*arte*) gótico; Gothic style estilo gótico
gouge *v.* 1 (*buraco, canal*) escavar 2 EUA enganar
gourd *s.* 1 BOTÂNICA cabaça, abóbora 2 (*recipiente*) cabaça
gourmet *s.* gastrônomo ■ *adj.* gastronômico
gout *s.* 1 MEDICINA gota; podagra 2 determinada doença do trigo 3 gota, pingo 4 (*indústria têxtil*) mancha em tecido
govern *v.* 1 governar; dirigir 2 (*região*) administrar 3 (*empresa*) gerir 4 (*lei, regra*) determinar 5 LINGUÍSTICA reger
governed *adj.* governado
governess *s.* governanta; preceptora
governing *adj.* governativo; dirigente ♦ governing body conselho diretivo; conselho de administração
government *s.* 1 POLÍTICA (*país*) governo 2 administração; central/local government administração central/local; government department ministério
governmental *adj.* governamental
governor *s.* 1 POLÍTICA governador; diretor 2 (*instituição*) membro do conselho diretivo 3 Grã-Bretanha coloquial patrão; chefe
gown *s.* 1 vestido; evening gown vestido de noite, vestido social 2 (*juiz*) toga 3 (*médico*) bata
grab *v.* 1 agarrar; pegar; figurado to grab a chance agarrar uma oportunidade 2 coloquial (*ideia, sugestão*) interessar ■ *s.* tentativa de agarrar/pegar; to make a grab for/at something tratar de agarrar alguma coisa ♦ to be up for grabs estar à disposição
grace *s.* 1 graça; charme 2 gentileza 3 RELIGIÃO graça divina 4 prazo; a week's grace o prazo de uma semana 5 oração antes das refeições ■ *v.* 1 honrar (with, by, com) 2 literário adornar ♦ (*arcebispo, duque, duquesa*) His/Her/Your Grace vossa Graça to fall from grace cair em desgraça
graceful *adj.* 1 gracioso 2 gentil
gracefulness *s.* graciosidade

gracious

gracious adj. 1 amável 2 elegante, gracioso 3 (Deus) misericordioso ♦ Good Gracious! Santo Deus!
gradated adj. (cor, luz) dégradé
gradation s. gradação
grade s. 1 categoria; first grade player jogador de primeira categoria; grade B eggs ovos da categoria B 2 EUA (escola) classificação, nota 3 EUA (escola) ano 4 EUA (escola) nível 5 posto; lugar na hierarquia ■ v. 1 classificar; escalonar 2 nivelar ♦ to make the grade alcançar os objetivos EUA grade school escola primária
gradual adj. gradual, gradativo; progressivo
gradually adv. gradualmente
graduate[1] s. 1 graduado, formato em curso de nível superior 2 EUA diplomado em curso de nível médio
graduate[2] v. 1 licenciar-se (from, em; curso de nível superior) 2 EUA concluir (curso de nível médio); diplomar-se 3 escalonar; marcar
graduated adj. graduado
graduation s. 1 graduação em curso de nível superior; licenciatura 2 EUA formatura em curso de ensino médio 3 graduação
graffiti s. grafíti
graft s. 1 (órgão, planta) enxerto 2 EUA corrupção 3 Grã-Bretanha coloquial trabalho; hard graft trabalho duro ■ v. 1 (órgão, planta) enxertar (onto, em) 2 Grã-Bretanha coloquial trabalhar arduamente
grain s. 1 grão (of, de) 2 cereal 3 (madeira) veio 4 (tecido) fio; fibra ■ v. granular ♦ a grain of sense um pingo de (bom) senso to go against the grain ir contra os princípios de alguém
grainy adj. granuloso
gram, gramme Grã-Bretanha ■ s. (peso) grama
grammar s. gramática ♦ gramar book livro de gramática Grã-Bretanha grammar school escola de Ensino Fundamental e Médio com acesso através de prova de admissão
grammarian s. gramático
grammatical adj. 1 gramatical 2 gramaticalmente correto, -a
gramophone s. gramofone; vitrola
granary s. 1 celeiro 2 Grã-Bretanha trigo; granary bread pão de trigo
grand adj. 1 magnífico; fantástico 2 grande; grand duke grão-duque; grand duchess grã-duquesa 3 ilustre; grandioso 4 coloquial esplêndido; fabuloso ■ s. Grã-Bretanha coloquial mil libras; EUA coloquial mil dólares ♦ on a grand scale em grande escala EUA grand jury júri de instrução grand piano piano de cauda Grand Prix (automobilismo) Grande Prêmio, Grand Prix
grandad s. coloquial avozinho
grandchild s. neto
granddaughter s. neta
grandeur s. 1 grandiosidade; esplendor; grandeza 2 (pessoa) nobreza; distinção
grandfather s. avô ♦ grandfather clock relógio de parede
grandiose adj. grandioso
grandiosity s. (importância) grandiosidade
grandma s. coloquial avó
grandmother s. avó
grandpa s. coloquial avô, avozinho
grandson s. neto
grandstand s. arquibancada
granite s. GEOLOGIA granito
granny, grannie s. coloquial avozinha
grant v. 1 (desejo) conceder 2 garantir; admitir ■ s. 1 concessão 2 bolsa de estudos ♦ I grant you that reconheço que to take somebody for granted não dar o devido valor a alguém to take something for granted tomar algo como certo
granulated adj. (grãos grandes) granulated; granulated sugar açúcar granulado
granule s. grânulo
grape s. BOTÂNICA uva; grape harvest vindima; bunch of grapes cacho de uvas
grapefruit s. BOTÂNICA toranja
grapevine s. videira ♦ to hear it on the grapevine ouvir dizer
graph s. 1 diagrama, gráfico; sales graph gráfico de vendas 2 INFORMÁTICA, MATEMÁTICA grafo ♦ graph paper papel milimétrico
graphic adj. 1 gráfico; graphic arts artes gráficas; graphic design design gráfico 2 (descrição) pormenorizado; to describe something in graphic detail descrever algo com grande pormenor
graphics s. grafismo ■ s.pl. INFORMÁTICA gráficos
graphite s. GEOLOGIA grafite
graphologist s. grafólogo
graphology s. grafologia
grapple v. 1 lutar (with, com) 2 (problema) lidar (with, com), arcar (with, com)
grasp s. 1 força de pulso 2 figurado controle; domínio 3 figurado alcance; success is within our grasp o êxito está ao nosso alcance 4 figurado compreensão; conhecimentos ■ v. 1 agarrar, pegar 2 compreender 3 figurado aproveitar; you should grasp this opportunity você devia agarrar esta oportunidade I don't quite grasp! não consigo entender
grass s. 1 BOTÂNICA grama; please keep off the grass proibido pisar a grama 2 pasto, erva; relva 3 Grã-Bretanha calão delator; bufo 4 calão maconha ■ v. 1 relvar 2 Grã-Bretanha calão delatar (on, –) ♦ grass roots 1 raiz, fundamento 2 (organização, partido político) bases militantes, de base
grasshopper s. ZOOLOGIA gafanhoto
grassland s. pradaria; prado
grassy adj. coberto de erva
grate s. (lareira) grelha, grade ■ v. 1 CULINÁRIA ralar; grated cheese queijo ralado 2 ranger (on, em); the chalk grated on the blackboard o giz rangia no quadro
grated adj. CULINÁRIA ralado
grateful adj. grato (for, por; to, a), agradecido
gratefulness s. gratidão
grater s. CULINÁRIA ralador, raspador
gratification s. 1 gratificação, prêmio 2 prazer, satisfação; to give gratification ser gratificante
gratify v. 1 satisfazer 2 ser gratificante para 3 gratificar, premiar
gratifying adj. gratificante
gratinate v. CULINÁRIA gratinar

grating s. grade; grelha ▪ adj. (som, voz) agudo; irritante
gratitude s. gratidão (to, a; for, por)
gratuitous adj. gratuito; gratuitous violence violência gratuita
gratuity s. 1 gratificação 2 gorjeta
grave s. 1 sepultura, túmulo 2 literário morte ▪ adj. 1 grave, sério 2 (pessoa) sério 3 LINGUÍSTICA grave; grave accent acento grave ◆ to dig one's own grave cavar a própria sepultura to have one foot in the grave estar com os pés na cova
gravedigger s. coveiro
gravel s. gravilha; cascalho ▪ v. pavimentar
gravestone s. lápide
graveyard s. 1 cemitério 2 sucata ◆ EUA graveyard shift turno da noite
gravitate v. 1 gravitar (towards, em direção a) 2 deslocar-se (towards, em direção a) 3 ser atraído (towards, por)
gravitational adj. gravitacional
gravity s. 1 FÍSICA gravidade; the centre of gravity o centro de gravidade 2 (situação) gravidade; seriedade 3 (pessoa) ponderação; circunspecção
gravy s. CULINÁRIA molho de carne
gray adj. 1 EUA (cor) cinzento 2 EUA (cabelo) grisalho 3 EUA figurado triste; sombrio ▪ s. 1 EUA (cor) cinzento 2 EUA (cabelo) brancas
grayish adj. EUA acinzentado; tordilho
graze s. 1 toque leve (escoriação leve) esfoladura, arranhão ▪ v. 1 (animal) pastar; apascentar 2 (pele) arranhar; roçar
grease s. 1 gordura 2 óleo; massa lubrificante ▪ v. 1 CULINÁRIA untar 2 lubrificar ◆ to grease somebody's palm subornar alguém
greasy adj. 1 gorduroso, oleoso; greasy hair cabelo oleoso 2 escorregadio; the roads are greasy o piso está escorregadio 3 pejorativo falso; greasy smile sorriso falso ◆ greasy spoon tasca
great adj. 1 grande; a great many people muita gente; it gives me great pleasure to tenho o grande prazer de 2 coloquial excelente (at, em); ótimo (at, em); he's really great at tennis ele é fantástico no tênis; that's great! isso é ótimo! 3 (pessoa) ilustre; importante 4 vasto, imenso; the great ocean o vasto oceano ▪ adv. coloquial muito bem
great-aunt s. tia-avó
Great Britain s. Grã-Bretanha
greatcoat s. capote
great-granddaughter s. bisneta
great-grandfather s. bisavô
great-grandmother s. bisavó
great-grandparents s. bisavós
great-grandson s. bisneto
great-great-grandfather s. trisavô
great-great-grandmother s. trisavó
great-great-grandson s. trineto
greatly adv. muito; grandemente
greatness s. grandeza; grandiosidade
great-uncle s. tio-avô
Greece s. Grécia ◆ Ancient Greece Grécia Antiga
greed s. 1 (poder, riqueza) avareza; ganância (for, por) 2 (comida) gula

grilled

greediness s. 1 (poder, riqueza) ganância 2 (comida) gula
greedy adj. 1 (poder, riqueza) ganancioso (for, de) 2 glutão
Greek adj., s. grego ▪ s. 1 grego 2 (língua) grego ◆ that's all Greek to me isso para mim é grego, chinês
green adj. 1 verde; light/dark green verde claro/escuro 2 que não está maduro; the apples are green as maçãs estão verdes 3 figurado (produto) ecológico; amigo do ambiente 4 figurado inexperiente; ingênuo ▪ s. 1 (cor) verde 2 grama, gramado greens s.pl. verduras; legumes ▪ v. reverdecer ◆ (imaturidade) to be as green as grass estar muito verde to be green with envy estar verde de inveja
greenery s. verdura, folhagem
greenfinch s. ZOOLOGIA verdelhão
greengage s. BOTÂNICA caranguejeira
greengrocer s. vendedor de fruta e hortaliça ◆ greengrocer's (estabelecimento) pomar; frutaria
greenhouse s. estufa ◆ greenhouse effect efeito de estufa
greenish adj. esverdeado
greenness s. 1 verdura, frescura 2 inexperiência 3 ingenuidade
greet v. 1 cumprimentar; saudar 2 acolher; receber
greeting s. saudação, cumprimento; birthday greetings parabéns; greetings card cartão de felicitações; send him my greetings manda-lhe os meus parabéns
gregarious adj. gregário
Gregorian adj. gregoriano; Gregorian chant canto gregoriano
grenade s. granada
grenadier s. granadeiro
grey, gray EUA adj. 1 (cor) cinzento 2 (cabelo) grisalho 3 figurado triste; sombrio ▪ s. 1 EUA (cor) cinzento 2 (cabelo) grisalho; hair touched with grey cabelo grisalho ◆ grey matter massa cinzenta
greyhound s. (cachorro) galgo
greyish adj. Grã-Bretanha acinzentado; tordilho
grid s. 1 grelha, grade 2 ESPORTE grelha; starting grid grelha de partida
griddle s. CULINÁRIA placa para grelhar
gridiron s. 1 grelha; grade 2 EUA campo de futebol americano 3 EUA futebol americano
grief s. dor; pesar (over, at, por) ◆ to come to grief ter aborrecimentos
grievance s. 1 ofensa 2 queixa 3 ressentimento ◆ to nurse a grievance guardar rancor
grieve v. 1 afligir; entristecer 2 sofrer (for, over, por); to grieve for somebody chorar a morte de alguém; to grieve over something lamentar algo
grievous adj. 1 grave; to make a grievous mistake cometer um erro grave 2 penoso; doloroso
griffin s. 1 MITOLOGIA grifo 2 ZOOLOGIA griffon vulture abutre
grill s. 1 grelhador 2 grelha; churrasqueira 3 (refeição) grelhado 4 (restaurante) churrascaria ▪ v. 1 grelhar 2 tostar; he's grilling in the sun ele está tostando ao sol 3 coloquial torturar com perguntas
grille s. grade; gradeado
grilled s. CULINÁRIA grilled steak
grilled adj. CULINÁRIA grelhado

grim

grim adj. 1 (fato, história) sinistro 2 (pessoa) severo; carrancudo 3 (realidade, verdade) cru, cruel 4 (paisagem) sombrio 5 (estado, sensação) depressivo ◆ to hold on like grim death aguentar firmemente

grimace s. 1 careta 2 (dor) esgar ■ v. fazer caretas

grime s. sujeira

grimy adj. sujo, imundo

grin v. sorrir (with, at, para); to grin from ear to ear sorrir de orelha a orelha ■ s. sorriso largo ◆ to grin and bear it aguentar sem chiar wipe that grin off your face tira esse sorriso da cara

grind v. 1 (cereais, especiarias) triturar, moer 2 EUA (carne) picar 3 (dentes) ranger 4 (faca) afiar 5 coloquial estudar com afinco ■ s. 1 coloquial saco; the party was a grind a festa foi um saco 2 coloquial rotina 3 EUA coloquial (pessoa) estudioso grind down v. 1 (lente, espelho) polir 2 (pessoa) oprimir

grinder s. 1 moinho, mó; coffee grinder moinho de café 2 (facas) amolador 3 (dente) molar

grindstone s. pedra de amolar

grip s. 1 aperto 2 aderência; the tyres lost their grip os pneus perderam a aderência 3 pega; punho; cabo 4 EUA maleta 5 figurado controle; domínio ■ v. 1 agarrar 2 (atenção) interessar 3 (pneus) aderir ◆ to come to grips with a problem resolver um problema to lose one's grip perder o controle

gripe v. coloquial queixar-se (at, about, de) s. coloquial queixa gripes s.pl. coloquial cólicas

grisly adj. terrível, sinistro

grist s. grão; to be all grist to the mill valer tudo (para atingir determinado fim)

gristle s. cartilagem

grit s. 1 areia; gravilha 2 coloquial coragem; determinação ■ v. (estrada) ensaibrar ◆ to grit one's teeth ranger os dentes

gritty adj. 1 arenoso 2 corajoso; determinado

groan v. 1 gemer (with, de, com); the man was groaning with pain o homem estava gemendo de dores 2 (porta, soalho) ranger ■ s. 1 gemido 2 protesto; lamentação ◆ moaning and groaning sempre se queixando

grocer s. merceeiro ◆ grocer's (estabelecimento) mercearia

grocery s. EUA mercearia groceries s.pl. artigos de mercearia

groggy adj. grogue, tonto, cambaleante

groin s. 1 ANATOMIA virilha 2 ARQUITETURA aresta

groom s. 1 noivo 2 moço de estrebaria; tratador ■ v. 1 (cavalo) escovar; tratar 2 (pessoa) preparar (for, para); arranjar (for, para); to groom oneself arranjar-se; to groom oneself for preparar-se para 3 (animal) limpar

groove s. 1 ranhura; encaixe 2 coloquial rotina; to get stuck in a groove ficar preso à rotina ■ v. 1 entalhar 2 EUA coloquial curtir

groovy adj. fabuloso, fantástico

grope s. apalpadela ■ v. 1 tatear; pesquisar to grope for something procurar alguma coisa apalpando 2 calão (pessoa) apalpar

gross s. grosa ■ adj. 1 grosseiro; ordinário 2 EUA coloquial nojento 3 crasso; flagrante; gross error erro crasso 4 gordo 5 (peso, valor) total, bruto; gross income rendimento bruto; gross national product produto nacional bruto ■ v. (rendimento bruto) ganhar ◆ in the gross ao todo

grossly adv. 1 grosseiramente 2 extremamente

grotesque adj., s. grotesco

grotto s. gruta

grotty adj. 1 coloquial asqueroso 2 coloquial horrível 3 coloquial maldisposto

grouch s. 1 coloquial rabugento 2 coloquial queixume 3 coloquial má disposição ■ v. coloquial resmungar

grouchy adj. rabugento

ground (pretérito, particípio passado de to grind) s. 1 chão 2 solo, terra; terreno 3 (campo) football ground campo de futebol 4 (pintura, quadro) fundo 5 (conhecimentos) área, tema grounds s.pl. 1 motivos; pretextos; grounds for complaint razões de queixa 2 jardins, parque 3 (bebidas) depósito; coffee grounds depósito do café; ground coffee café moído ■ v. 1 (avião) impedir de levantar voo 2 (barco) encalhar 3 basear (in, on, em); fundamentar (in, on, em) 4 EUA coloquial proibir de sair 5 EUA (eletricidade) ligar à terra ■ adj. terrestre; térreo; ground floor piso térreo ground forces forças terrestres ◆ below ground morto e enterrado common ground consenso on the ground no terreno to be on dangerous ground estar em uma situação delicada fig. to gain/ lose ground ganhar/perder terreno ground floor andar térreo ground rule regra básica diretriz ground staff (companhia aérea) pessoal de terra to the ground por terra waste ground terreno baldio

grounding s. 1 (conhecimentos) bases (in, de) 2 (barco) encalhamento

groundless adj. infundado

groundnut s. amendoim

groundsheet s. tela impermeável

groundsman s. encarregado de recinto esportivo

groundwork s. trabalho preliminar/de base; to lay the groundwork for something lançar as bases para alguma coisa

group s. 1 grupo, agrupamento 2 MÚSICA banda, grupo ■ v. agrupar(-se) ◆ group therapy terapia de grupo

grouping s. agrupamento, série

grouse s. 1 ZOOLOGIA galo silvestre 2 coloquial resmunguice ■ v. coloquial resmungar

grout s. estuque; argamassa ■ v. estucar

grove s. 1 arvoredo; alameda 2 (frutos) pomar; orange grove pomar de laranjas

grovel v. 1 humilhar-se (to/before, perante) 2 arrastar-se; prostrar-se 3 rebolar-se (in, em)

grow v. 1 crescer 2 (quantidade, sentimento) aumentar 3 (cabelo, unhas) deixar crescer 4 (flor, planta) cultivar 5 (negócio) desenvolver-se 6 tornar-se; ficar; it's growing late está ficando tarde; to grow old envelhecer grow apart v. (pessoas, amigos) afastar-se grow into v. 1 tornar-se; transformar-se em; he grew into a strong man tornou-se um homem forte 2 (situação, função) adaptar-se a; integrar-se em grow up v. 1 crescer 2 desenvolver-se ◆ grow up! não sejas infantil!

when I grow up quando eu for grande when I was growing up quando eu era pequeno
grower *s.* (*cultivo*) produtor
growing *adj.* 1 crescente; a growing number of people um número cada vez maior de pessoas 2 de/em crescimento; growing pains dores de crescimento
growl *v.* 1 rosnar (at, *a*) 2 figurado resmungar ■ *s.* 1 rosnado; grunhido 2 figurado resmungo
grown (particípio passado de to grow) *adj.* crescido; adulto; he's a grown man ele é adulto
grown-up *adj., s.* coloquial adulto
growth *s.* 1 (*pessoas, plantas*) crescimento 2 aumento (in, *de*); incremento (in, *de*) 3 MEDICINA tumor ♦ growth area setor em expansão growth rate taxa de crescimento
grub *s.* 1 ZOOLOGIA larva; verme 2 coloquial comida ■ *v.* 1 cavar 2 figurado vasculhar
grudge *s.* 1 ressentimento; rancor (against, *em relação a*) 2 inveja; to bear somebody a grudge guardar rancor a alguém ■ *v.* 1 fazer (algo) contrariado 2 invejar
grudging *adj.* coloquial invejoso
gruelling, grueling EUA *adj.* 1 (*experiência*) duro; penoso 2 (*corrida, viagem*) fatigante; extenuante
gruesome *adj.* horrível; macabro
gruff *adj.* 1 (*voz*) grave 2 (*comportamento*) rude
grumble *s.* 1 resmungo, rosnado 2 queixa ■ *v.* 1 resmungar (at, about, *contra*) 2 roncar; my belly is grumbling a minha barriga está roncando
grumbling *adj.* resmungão; queixoso
grumpiness *s.* mau humor; má disposição
grumpy *adj.* coloquial rabugento; resmungão
grunge *s.* 1 EUA calão lixo, porcaria 2 (*música, moda*) grunge
grunt *s.* 1 grunhido 2 queixume ■ *v.* 1 (*animal*) grunhir 2 resmungar 3 figurado roncar
guan *s.* ZOOLOGIA jacu
guanaco *s.* ZOOLOGIA guanaco
guano *s.* guano; guano deposit guaneira
guarana *s.* guarana
guarantee *s.* 1 garantia; to be under guarantee estar dentro da garantia 2 caução, fiança ■ *v.* garantir; assegurar; abonar; avalizar ♦ to be guaranteed for ter uma garantia de
guarantor *s.* fiador
guaranty *s.* (*caução; montante*) fiança
guard *s.* 1 guarda; vigilância (on/over, *a*); to be on guard estar de guarda; to be under guard estar sob vigilância 2 guarda; sentinela 3 Grã-Bretanha (*trem*) guarda de estação 4 (*máquina*) dispositivo de segurança ■ *v.* 1 guardar 2 proteger (against/from, *de*) 3 ter cuidado com; guard your tongue cuidado com a língua ♦ to be on one's guard against estar de pé atrás em relação a to catch somebody off his guard pegar alguém desprevenido to drop one's guard baixar a guarda guard dog cão de guarda
guarded *adj.* 1 protegido 2 sob vigilância 3 (*pessoa*) cauteloso
guardian *s.* 1 guardião 2 DIREITO tutor; legal guardian tutor legal ♦ guardian angel anjo da guarda
guardianship *s.* DIREITO tutela

gull

guardrail *s.* parapeito
Guatemala *s.* Guatemala
Guatemalan *adj., s..* guatemalteco
guava *s.* 1 (*fruto*) goiaba 2 (*árvore*) goiabeira
guerrilla *s.* guerrilheiro; guerilla warfare guerrilha
guess *s.* 1 suposição; conjectura; to have/make a guess (tentar) adivinhar 2 tentativa; I give you two guesses você tem duas tentativas ■ *v.* 1 adivinhar 2 coloquial supor ♦ at a rough guess aproximadamente guess what! adivinhe! sabe de uma coisa? I guess not/so! parece que não/sim! to make a wild guess tentar adivinhar; chutar
guessing *s.* adivinhação; chute
guesswork *s.* suposição, conjectura; this is pure guesswork isto são apenas conjecturas
guest *s.* 1 convidado; visita; guest artist artista convidado; guest of honour convidado de honra guest house pensão; pousada 2 hóspede ■ *v.* coloquial aparecer como convidado (on, *em*); she's guesting on his show ela aparece como convidada no espetáculo dele ♦ be my guest! esteja à vontade!
guesthouse *s.* pensão
guestroom *s.* quarto de hóspedes
guffaw *s.* coloquial gargalhada ■ *v.* rir à gargalhada
guidance *s.* 1 orientação (on/about, *sobre*) 2 direção; under the guidance of sob a direção de ♦ for your guidance a título de informação
guide *s.* 1 guia; (*livro*) guide to France guia da França; (*pessoa*) tour guide guia turístico 2 (*documento*) guia; modelo ■ *v.* guiar (to, *até*); orientar (to, *até*) ♦ guide dog cão-guia
guidebook *s.* guia, roteiro
guided *adj.* 1 orientado; dirigido 2 (*excursão*) com guia; guided tour visita guiada
guideline *s.* diretriz
guiding *adj.* orientador; diretivo; guiding principle diretriz
guild *s.* corporação, associação; grêmio
guile *s.* 1 astúcia 2 artimanha
guileless *adj.* ingênuo
guillotine *s.* guilhotina ■ *v.* (*pessoa, papel*) guilhotinar
guilt *s.* 1 culpa 2 remorso (about/at, *em relação a*)
guilty *adj.* culpado (of, *de*; about, *por*) ♦ to be/ to feel guilty ser/sentir-se culpado to find somebody guilty/ not guilty declarar alguém culpado/inocente to have a guilty conscience ter a consciência pesada to plead guilty/not guilty declarar-se culpado/inocente
guinea *s.* 1 (*antiga moeda*) guinéu 2 ZOOLOGIA cobaia; guinea fowl galinha-d'angola ZOOLOGIA guinea pig porquinho-da-índia 3 BOTÂNICA guinea grass mururu
guitar *s.* 1 MÚSICA violão 2 MÚSICA electric guitar guitarra; to play the guitar tocar guitarra; tocar violão
guitarist *s.* guitarrista; violonista
gulf *s.* 1 GEOGRAFIA golfo; Gulf War guerra do Golfo; Persian Gulf Golfo Pérsico 2 figurado fosso (between, *entre*); the gulf between two cultures o fosso entre duas culturas
gull *s.* ZOOLOGIA gaivota ■ *v.* literário enganar

gullet

gullet s. 1 ANATOMIA esôfago 2 garganta ◆ it really stuck in my gullet ficou atravessado/entalado
gullible adj. crédulo, ingênuo
gully s. barranco; voçoroca
gulp s. 1 gole; trago (of, de); in one gulp de um gole só 2 gole em seco ■ v. 1 engolir 2 engolir em seco
gum s. 1 ANATOMIA gengiva 2 goma; resina 3 cola 4 borracha 5 (guloseima) goma 6 chiclete; chewing gum chiclete ■ v. colar ◆ to be up a gum tree estar em uma situação difícil
gumboil s. (gengiva) abscesso
gummosis s. (doença dos vegetais) gummosis
gumption s. coloquial bom senso
gun s. 1 arma de fogo; pistola; revólver; to aim/point a gun at somebody apontar uma arma a alguém; to carry a gun andar armado 2 coloquial assassino 3 (lubrificação) pistola ■ v. disparar ◆ to stick to one's guns manter-se firme teimar gun dog cão de caça gun licence licença de porte de arma
gunfight s. tiroteio; luta armada
gunfighter s. atirador; guerrilheiro
gunfire s. tiroteio
gunge s. coloquial porcaria; imundície
gunman s. 1 bandido; pistoleiro 2 atirador
gunner s. artilheiro
gunpowder s. pólvora
gunrunner s. traficante de armas
gunrunning s. tráfico de armas
gunshot s. tiro, disparo
gurgle v. 1 (água) borbulhar 2 gorgolejar ■ s. gorgolejo
guru s. guru
gush s. 1 jorro; golfada (of, de); a gush of blood um jorro de sangue 2 (emoções) efusão ■ v. 1 brotar, jorrar; the water gushed out from the pipe a água jorrou do cano 2 (emoções) manifestar-se efusivamente (over/about, em relação a)
gushing adj. efusivo; exuberante
gusset s. entretela; remendo
gust s. 1 rajada (of, de); gust of rain chuvada; gust of wind rajada de vento 2 figurado (fúria) ataque ■ v. (vento) soprar em rajadas

gusto s. gosto; satisfação
gusty adj. 1 forte; tempestuoso; gusty wind vento forte 2 ventoso; a gusty day um dia ventoso
gut s. 1 ANATOMIA intestino, tripa pop. 2 coloquial pança; barriga guts s.pl. 1 entranhas; tripas pop. 2 coloquial coragem; to have the guts to do something ter a coragem para fazer algo ■ adj. coloquial instintivo; gut reaction reação instintiva ■ v. 1 (animal) estripar 2 (fogo) destruir; the house was gutted in the fire a casa ficou destruída no incêndio ◆ I hate his guts não vou com a cara dele to work one's guts out matar-se de trabalhar
gutless adj. (pessoa) fraco; covarde
gutsy adj. coloquial corajoso; determinado; com garra
gutter s. 1 valeta, sarjeta 2 goteira ◆ to rise from the gutter sair da sarjeta Grã-Bretanha pejorativo gutter press imprensa sensacionalista
guttural adj. gutural
guy s. coloquial cara, tipo, indivíduo ■ s.pl. coloquial gente, pessoal; come on, guys vamos lá, gente ◆ guy rope (tenda, barraca) corda, cabo
guzzle v. 1 coloquial (comida) devorar 2 coloquial (bebida) emborcar
gym s. 1 coloquial ginásio 2 coloquial ginástica; gym lessons aulas de ginástica; gym shoes tênis de ginástica
gymkhana s. gincana
gymnasium s. ginásio
gymnast s. ginasta
gymnastics s. ESPORTE ginástica
gynaecologist, gynecologist EUA s. ginecologista
gynaecology, gynecology EUA s. ginecologia
gynoecium s. BOTÂNICA gineceu
gypsy adj., s. cigano
gyrate v. girar
gyration s. giro; rotação
gyratory adj. giratório

H

h s. (letra) h
haberdashery s. loja de miudezas; armarinho
habit s. 1 hábito; costume bad habit vício; by/out of/from habit por hábito 2 (droga) dependência 3 RELIGIÃO hábito ◆ I'm not in the habit of lending money eu não costumo emprestar dinheiro to break a habit perder um hábito to make a habit of doing something acostumar-se a fazer alguma coisa
habitable adj. formal habitável
habitat s. habitat; natural habitat habitat natural
habit-forming adj. que cria dependência
habitual adj. 1 habitual; usual 2 (mau hábito) inveterado
habituate v. habituar (to, a)
hack s. 1 golpe; pancada 2 INFORMÁTICA pirataria informática 3 EUA coloquial táxi 4 tosse seca 5 pejorativo jornalista medíocre ■ v. 1 cortar, abrir; they hacked their way through the jungle eles abriram o caminho pela selva; to hack something to pieces cortar algo aos pedaços 2 coloquial suportar; I can't hack this anymore eu não suporto mais isto 3 INFORMÁTICA (computador, arquivo) entrar ilegalmente em
hacker s. INFORMÁTICA pirata informático; hacker
hacking adj. (tosse) seco
hackneyed adj. pejorativo banal; batido; hackneyed expression clichê
Hades s. MITOLOGIA Hades
haematology, hematology EUA s. MEDICINA hematologia
haematoma s. MEDICINA hematoma
haemodialysis s. MEDICINA hemodiálise
haemoglobin, hemoglobin EUA s. hemoglobina
haemophilia, hemophilia EUA s. MEDICINA hemofilia
haemophiliac, hemophiliac EUA s., adj. hemofílico
haemorrhage, hemorrhage EUA s. MEDICINA hemorragia; nasal haemorrhage hemorragia nasal ■ v. ter uma hemorragia
haemorrhoids, hemorrhoids EUA s.pl. MEDICINA hemorroidas
hag s. pejorativo bruxa, velha feia
haggard adj. macilento; abatido
haggle v. regatear; to haggle over/about the price regatear o preço
haggler s. (barganha) regateiro
hail s. 1 granizo, saraiva 2 figurado chuva; a hail of bullets uma chuva de balas ■ v. 1 saudar, aclamar; they were hailed as heroes eles foram aclamados como heróis 2 chamar; I hailed a taxi chamei um táxi 3 granizar, saraivar 4 ser originário (from, de) ◆ Hail Mary Ave-Maria to say two hail Marys rezar duas Ave-Marias
hailstone s. pedra de granizo
hailstorm s. saraivada
hair s. 1 cabelo; hair loss queda de cabelo; hair removal depilação; to have one's hair cut ir cortar o cabelo; to let one's hair down soltar o cabelo; to wash one's hair lavar a cabeça 2 (corpo) pelos; hair remover depilatório 3 (animal) pelo ◆ he didn't turn a hair ele ficou impassível keep your hair on mantém a calma not to have a hair out of place não ter um cabelo fora do lugar to hang by a hair estar por um fio to let one's hair down descontrair to make somebody's hair stand on end pôr alguém com os cabelos em pé
hairband s. (cabelo) fita
hairbrush s. escova de cabelo
haircut s. corte de cabelo ◆ to have a haircut cortar o cabelo
hairdo s. coloquial penteado; I have a new hairdo tenho um penteado novo
hairdresser s. cabeleireiro ◆ hairdresser's salão de cabeleireiro
hairdressing s. (atividade profissional) cabeleireiro ◆ hairdressing salon salão de cabeleireiro
hairdryer s. secador de cabelo
hairgrip s. prendedor de cabelo; fivela
hairline s. 1 raiz dos cabelos; receding hairline entradas 2 linha fina
hairnet s. rede para o cabelo
hairpiece s. peruca
hairpin s. grampo de cabelo ◆ hairpin bend curva fechada
hair-raising adj. assustador
hairstyle s. penteado; corte de cabelo
hairstylist s. cabeleireiro
hairy adj. 1 cabeludo, peludo 2 coloquial assustador
Haiti s. Haiti
hake s. ZOOLOGIA abrótea; pescada
half s. 1 metade; a day and a half um dia e meio; a week and a half uma semana e meia; he cut the cake in half ele cortou o bolo ao meio; half past three três e meia (horário) it broke in half partiu-se a meio; will you go halves with me in eating this cake? você quer comer este bolo meio a meio comigo?; you don't know half of it yet! você ainda não sabe nem da metade! 2 (jogo) parte; tempo; Brazil scored in the second half o Brasil marcou no segundo tempo 3 (ano escolar) semestre ■ adj. meio; half a cup meia xícara; half a dozen meia dúzia ■ adv. 1 meio; the painting is half done o quadro está meio feito 2 metade; he earns half as much as me ele ganha metade do que eu ganho ◆ half and half metade de cada (hotel) half board meia-pensão half the battle meio caminho andado better half cara-metade I'll be there in half a second estou aí em um segundo she never does anything by halves! ela

halfback

nunca deixa nada pela metade! to go halves on pagar meio a meio half board (*hotelaria*) meia-pensão
halfback s. (*futebol, rúgbi*) médio
half-baked *adj.* 1 CULINÁRIA meio cru 2 coloquial mal concebido
half-bred s. meio-sangue; de raça mista; mestiço
half-brother s. meio-irmão
half-hearted *adj.* pouco entusiasmado; indiferente
half-mast s. (*posição*) meia-haste; at half-mast a meia haste
halfpenny s. Grã-Bretanha meio centavo
half-sister s. meia-irmã
half-time s. 1 ESPORTE (*jogo*) intervalo 2 (*trabalho*) meio tempo
half-truth s. meia-verdade
halfway *adv.* a meio caminho; a meio; we are halfway through dinner estamos no meio do jantar ■ *adj.* intermédio ♦ to meet (somebody) halfway chegar a um acordo
half-wit s. pateta; idiota
halitosis s. mau hálito; halitose
hall s. 1 entrada; vestíbulo; leave your coat in the hall deixe o casaco à entrada 2 EUA corredor 3 (*concertos, espetáculos*) sala; salão 4 (*universidade*) refeitório 5 Grã-Bretanha casa senhorial; solar ♦ hall of residence residência universitária hall porter porteiro hall stand bengaleiro
hallelujah *interj.*, s. aleluia
hallmark s. 1 (*ouro, prata, platina*) contraste 2 marca de qualidade 3 imagem de marca ■ *v.* (*ouro, prata, platina*) gravar o contraste em; remarcar
hallo *interj.* Grã-Bretanha olá!
hallow *v.* 1 santificar; consagrar 2 reverenciar
hallowed *adj.* santo; sagrado; bendito; on hallowed ground em solo consagrado; hallowed be Thy Name santificado seja o Vosso Nome
Halloween s. véspera do dia de Todos os Santos ● É celebrado no dia 31 de outubro, data em que, segundo se acredita, os mortos visitam os vivos. Na tradição anglo-saxônica, é a noite das bruxas e dos fantasmas. Nesta ocasião as crianças fazem decorações com abóboras vazias e cortadas em forma de caveira, com uma vela dentro, e batem de porta em porta, fantasiadas de bruxas e fantasmas, pedindo doces ou dinheiro.
hallucinate *v.* ter alucinações; alucinar
hallucination s. MEDICINA alucinação
hallucinatory *adj.* alucinante
hallucinogen s. (*substância*) alucinógeno
hallucinogenic *adj.* alucinógeno
hallway s. EUA entrada
halo s. auréola; halo
halogen s. QUÍMICA halogêneo
halophyte s. BOTÂNICA halófita
halt s. 1 parada, pausa; 10 minutes' halt parada de 10 minutos; to call a halt to pôr fim a; to come to a halt parar 2 (*trens*) *v.* 1 parar, deter(-se); halt! alto!, pare! 2 (*processo*) suspender, interromper
halterneck, halter-neck s. vestido ou blusa feminina aberto nas costas

halve *v.* 1 dividir a meio; partir a meio; he halved the apple ele dividiu a maçã a meio 2 (*despesas, tempo*) reduzir a metade
ham s. 1 presunto; a ham sandwich uma sanduíche de presunto; a slice of ham uma fatia de presunto; ham and cheese sandwich misto-quente 2 radioamador 3 pejorativo (*ator*) canastrão; cabotino ♦ (*atuação, comportamento*) to ham it up exagerar
hamburger s. CULINÁRIA hambúrguer
ham-fisted, ham-handed EUA *adj.* desajeitado; inábil
hamlet s. aldeia, lugarejo
hammer s. 1 (*ferramenta*) martelo; (*símbolo*) the hammer and sickle a foice e o martelo 2 (*piano*) martelo 3 (*arma*) cão 4 ESPORTE martelo ■ *v.* 1 martelar; pregar; to hammer a nail pregar um prego 2 coloquial, figurado esmagar; derrotar; we hammered the other team esmagamos a outra equipe 3 bater insistentemente (at, *a*); the police hammered at the door os policiais bateram à porta com força 4 coloquial, figurado atacar fortemente; criticar ♦ to come/go under the hammer ser leiloado to go at it hammer and tongs fazer algo com unhas e dentes to hammer one's point home insistir muito hammer in *v.* enfiar à martelada hammer out *v.* 1 trabalhar com o martelo 2 (*acordo*) chegar a; negociar
hammock s. rede (de deitar)
hamper *v.* dificultar; impedir the search was hampered by the rain a chuva dificultou a busca ■ s. cesto, balaio; a picnic hamper um cesto de piquenique
hamster s. ZOOLOGIA hamster
hamstring s. ANATOMIA tendão do jarrete ■ *v.* limitar; paralisar; neutralizar
hand s. 1 mão; hand in hand de mãos dadas; to hold hands dar as mãos 2 (*relógio, medidor analógico*) ponteiro 3 (*cartas*) jogo, mão; to have a good hand ter um bom jogo 4 (*cartas*) mão; rodada 5 (*medida*) palmo 6 ajuda; I need a hand preciso de uma ajuda; to lend a hand dar uma mão/ajuda 7 controle; mão fig. this child needs a firm hand esta criança precisa de um pulso firme 8 influência; dedo fig.; I think she had a hand in this eu acho que isto tem o dedo dela 9 aplauso; let's give him a big hand vamos recebê-lo com um grande aplauso ■ *v.* passar; will you hand me the salad? você pode me passar a salada? ♦ at first hand em primeira mão at hand à mão, disponível from hand to hand de mão em mão hands up! mãos ao ar! like the back of my hand como a palma da minha mão on my right/left hand à minha direita/esquerda on the one hand... on the other hand por um lado... por outro lado the package was delivered by hand o pacote foi entregue em mãos they are hand in glove eles são unha com carne to ask for somebody's hand in marriage pedir a mão de alguém em casamento to be in good hands estar em boas mãos to have a free hand ter carta branca to have one's hands full estar muito ocupado to have one's hands tied estar de mãos atadas hand drier/dryer secadora de mãos hand luggage bagagem de mão hand around/round *v.* 1 oferecer 2 fazer circular hand back *v.* devolver hand down *v.* transmitir; passar de uma ge-

ração para outra hand in v. entregar; apresentar; to hand in one's resignation apresentar a demissão hand out v. 1 distribuir 2 (*conselho*) dar 3 (*castigo*) aplicar hand over v. 1 entregar 2 transmitir
handbag s. bolsa (de mulher); bolsa de mão
handball s. ESPORTE handebol
handbook s. 1 manual; prontuário 2 guia
handbrake s. (*automóvel*) freio de mão; to put the handbrake on puxar o freio de mão; to release the handbrake soltar o freio de mão
handcrafted adj. artesanal
handcuff v. algemar
handcuffs s.pl. algemas
handful s. 1 punhado; mão cheia (of, *de*) 2 figurado meia dúzia (of, *de*); there was only a handful of people at the party só havia meia dúzia de pessoas na festa ♦ (*pessoas, coisas*) to be a handful dar trabalho
handicap s. 1 MEDICINA deficiência; mental handicap deficiência mental; physical handicap deficiência física 2 impedimento, obstáculo 3 (*corrida*) desvantagem; he has a handicap of 100 metres ele tem uma desvantagem de 100 metros ■ v. 1 prejudicar; colocar em desvantagem 2 impedir, embaraçar
handicapped adj. 1 MEDICINA com deficiência; deficiente 2 desfavorecido ■ s.pl. the handicapped as pessoas com deficiência
handicraft s. 1 artesanato 2 peça de artesanato 3 (*escola*) trabalhos manuais
handiwork s. 1 trabalho manual; manufatura 2 trabalho; obra 3 pejorativo obra
handkerchief s. lenço de bolso
handle s. 1 manivela 2 maçaneta; door handle maçaneta da porta 3 (*cesto, balde*) asa 4 (*vassoura, faca, espada*) cabo ■ v. 1 tocar em; mexer em 2 manejar, manusear; handle with care manusear com cuidado 3 lidar com; resolver; he handled the situation ele resolveu a situação 4 tratar de 5 vender; negociar em 6 (*carro, barco*) responder, reagir ♦ handle with care frágil to fly off the handle perder as estribeiras to get a handle on somebody/something começar a entender alguém/algo
handlebar s. (*bicicleta, moto*) guidom
handler s. 1 treinador; tratador; dog handler tratador de cachorros 2 transportador
handmade adj. feito à mão
handout s. 1 esmola 2 (*instituição, governo*) subsídio 3 prospecto, folheto 4 fotocópias 5 (*jornalismo*) comunicado à imprensa
handover s. (*poder, responsabilidade*) transferência
handpicked adj. (*fruto, legume*) apanhado, colhido à mão
handsaw s. serrote
handset s. (*telefone*) auscultador
handshake s. aperto de mão
handsome adj. 1 (*pessoa*) bonito, atraente 2 (*objeto, edifício*) bonito, elegante 3 generoso; polpudo; a handsome reward uma recompensa polpuda 4 esplêndido; we had a handsome dinner tivemos um jantar esplêndido
hands-on adj. (*experiência, ensino*) prático

happy

handstand s. ESPORTE parada de mão; pino
hand-to-hand adj., adv. corpo a corpo; a hand-to-hand fight uma luta corpo a corpo
handwriting s. caligrafia
handwritten adj. manuscrito
handy adj. 1 coloquial hábil (with, *com*) 2 prático; cômodo; útil 3 perto; à mão ♦ to come in handy dar jeito
handyman s. habilidoso; faz-tudo
hang v. 1 pendurar 2 estar pendurado 3 colocar 4 enforcar 5 ser enforcado 6 depender (on, *de*) ♦ hang about! espera aí! to hang by a thread estar por um fio to get the hang of ajeitar-se a hang back v. 1 ficar para trás 2 hesitar hang in v. coloquial aguentar-se; persistir; hang in there! força! hang on v. 1 segurar-se; agarrar-se; hang on to the hand-rail segure-se no corrimão 2 esperar; hang on for ten minutes espera dez minutos 3 aguentar; sobreviver hang onto v. 1 agarrar; segurar; she hung onto her purse ela segurou a bolsa 2 não esquecer; reter na memória; she hangs onto the past ela não esquece o passado hang out v. 1 andar por; he usually hangs out near the beach ele costuma andar perto da praia 2 estender; pendurar; she was hanging out the washing ela estava estendendo a roupa hang together v. 1 manter-se unido 2 ser coerente; the story didn't hang together a história não era coerente hang up v. (*telefone*) desligar
hangar s. hangar; galpão para aeronaves
hangdog adj. (*expressão*) envergonhado; deprimido
hanged adj. enforcado
hanger s. cabide
hanger-on s. pejorativo discípulo fig.; parasita fig.
hang-glide v. ESPORTE praticar asa-delta
hang-glider s. (*aparelho*) asa-delta
hang-gliding s. (*atividade*) asa-delta
hanging s. 1 enforcamento 2 tapeçaria (de parede) ■ adj. 1 punível com enforcamento; a hanging offence um crime punível com enforcamento 2 suspenso; pendente; figurado a hanging question uma questão pendente
hangman s. 1 carrasco 2 (*jogo*) forca; to play hangman jogar o jogo da forca
hangout s. coloquial pouso; lugar predileto
hangover s. 1 ressaca; to have a hangover estar de ressaca 2 vestígio (from, *de*)
hang-up s. 1 coloquial complexo; trauma 2 coloquial problema
hank s. meada
hanker v. desejar, ansiar (for/after, *–*)
haphazard adj. desorganizado; caótico
happen v. acontecer; ocorrer ♦ as it happens ao que parece I happened to meet him eu o encontrei por acaso it happens to be true acontece que é verdade whatever happens haja o que houver
happening s. acontecimento; evento
happily adv. felizmente ♦ and they lived happily ever after e viveram felizes para sempre
happiness s. felicidade to search for happiness andar em busca da felicidade
happy adj. 1 feliz; happy ending final feliz; happy birthday! feliz aniversário! to make somebody

hara-kiri, harakiri

hara-kiri, harakiri *s.* haraquiri
happy fazer alguém feliz **2** satisfeito (about/with, *com;* to, *por*); contente (about/with, *com;* to, *por*); they were happy about the result estavam satisfeitos com o resultado; to be happy to ter prazer/gosto em ♦ **happy hour** (*bar, pub*) período de tempo, geralmente ao fim da tarde, em que as bebidas custam menos
hara-kiri, harakiri *s.* haraquiri
harass *v.* **1** assediar **2** importunar
harassment *s.* **1** assédio; perseguição; **sexual harassment** assédio sexual **2** tensão; pressão
harbour, harbor EUA *s.* **1** porto; artificial/natural harbour porto artificial/natural **2** figurado refúgio ■ *v.* **1** abrigar; proteger **2** esconder; the criminal was harboured by his friends o criminoso foi escondido pelos amigos **3** acalentar; nutrir; to harbour a grudge against somebody guardar rancor contra alguém
hard *adj.* **1** sólido; duro; a very hard rock uma pedra muito dura **2** difícil; I find it hard to believe é difícil acreditar **3** severo (on, *com*); austero (on, *com*); to be hard on somebody/something ser severo com alguém/alguma coisa **4** prejudicial (on, *a*) **5** (*tempo*) desagradável; mau ■ *adv.* **1** duramente; he worked hard ele trabalhava duramente **2** bruscamente **3** cuidadosamente; to think hard on what to do pensar bem no que fazer ♦ **hard disk** disco rígido **hard labour** trabalhos forçados **hard of hearing** ligeiramente surdo **hard shoulder** (*estrada*) acostamento **to be hard up** estar sem dinheiro **to have a hard time** passar um mau bocado
hardback *s.* livro de capa dura
hard-boiled *adj.* **1** (*ovo*) cozido **2** coloquial, figurado duro, realista, pragmático
hardcover *s.* livro de capa dura
harden *v.* **1** (*material, expressão, atitude*) endurecer **2** (*metal*) temperar **3** (*preço, valor*) estabilizar
hardened *adj.* **1** (*metal*) temperado **2** inveterado; hardened criminal criminoso inveterado
hardening *s.* endurecimento
hardly *adv.* **1** dificilmente; I could hardly see anything dificilmente conseguia ver alguma coisa **2** mal; I hardly knew him eu mal o conhecia **3** quase nunca; raramente; I hardly see him quase nunca o vejo **4** com dureza; com aspereza; he was hardly treated ele foi tratado com dureza ♦ **hardly anyone** quase ninguém
hardness *s.* **1** dureza; QUÍMICA water hardness dureza da água **2** severidade **3** dificuldade
hardship *s.* dificuldade; provação
hardware *s.* **1** INFORMÁTICA hardware **2** ferragens; ferramentas **3** artilharia pesada
hardwired *adj.* INFORMÁTICA ligado por cabo
hard-working *adj.* trabalhador; aplicado
hardy *adj.* **1** (*pessoa, animal*) robusto, forte **2** (*planta*) resistente **3** (*pessoa*) intrépido; corajoso
hare *s.* ZOOLOGIA lebre
harebrained *adj.* (*ideia*) disparatado, insensato
harem *s.* harém
haricot *s.* feijão
harlequin *s.* arlequim

harm *s.* mal; prejuízo; dano; he meant no harm ele não fez isso por mal; no harm done não houve qualquer problema; physical harm dano físico; there's no harm in (doing something) não se perde nada em (fazer algo) *v.* **1** magoar; machucar **2** prejudicar
harmful *adj.* prejudicial, nocivo
harmless *adj.* inofensivo; inócuo
harmonic *adj.* harmônico
harmonica *s.* MÚSICA harmônica
harmonious *adj.* (*melodioso, proporcionado*) harmonioso
harmonium *s.* MÚSICA harmônio
harmonization *s.* harmonização
harmonize *v.* harmonizar(-se) (with, *com*)
harmony *s.* harmonia; concordância; to live in harmony viver em harmonia
harness *s.* **1** arreio **2** cinto; correia ■ *v.* **1** (*cavalo*) arrear, aparelhar **2** (*energia, recursos*) explorar; aproveitar; rentabilizar
harp *s.* MÚSICA harpa ■ *v.* tocar harpa
harpist *s.* MÚSICA harpista
harpoon *s.* arpão ■ *v.* arpoar
harpsichord *s.* MÚSICA cravo
harpsichordist *s.* MÚSICA cravista
harpy *s.* MITOLOGIA harpia; ZOOLOGIA **harpy eagle** harpia; gavião-real
harrow *v.* **1** arar; lavrar **2** figurado atormentar, aborrecer ■ *s.* arado; charrua
harrowing *adj.* lancinante, dilacerante
harry *v.* maltratar; oprimir
harsh *adj.* **1** (*voz, som*) estridente; áspero **2** (*palavra, castigo*) duro; severo; ríspido **3** (*cor*) vivo; berrante
harshly *adv.* **1** de modo desagradável; bruscamente **2** com severidade
harshness *s.* **1** (*som*) estridência **2** (*textura*) aspereza **3** (*palavras, tratamento*) severidade; rispidez **4** (*clima*) rigor
harvest *s.* **1** colheita; safra; apanha; (*uvas*) vindima; harvest time época das colheitas **2** ceifa **3** figurado resultado ■ *v.* **1** (*colheita*) colher **2** ceifar; segar **3** figurado angariar ♦ **to reap the harvest** colher os frutos
harvester *s.* **1** ceifeiro **2** (*máquina*) ceifeira; **combine harvester** ceifeira debulhadora
harvesting *s.* colheita ■ *adj.* de colheitas
hash *s.* **1** CULINÁRIA fricassê de carne e legumes **2** coloquial confusão; to make a hash of something embaralhar tudo ■ *v.* CULINÁRIA fazer picado de
hashish *s.* haxixe
hassle *s.* confusão; complicação ■ *v.* **1** coloquial chatear **2** discutir
hassock *s.* **1** almofada pequena (para ajoelhar na igreja) **2** tufo de grama
haste *s.* pressa; precipitação; in a haste às pressas; make haste! saiam!
hasten *v.* **1** apressar; acelerar **2** apressar-se (to, *a*)
hastily *adv.* **1** apressadamente **2** precipitadamente
hasty *adj.* **1** apressado; rápido; not so hasty! mais devagar! **2** precipitado; irrefletido

hat s. chapéu ♦ to keep something under one's hat ter alguma coisa na manga to take off one's hat to tirar o chapéu para
hatch s. 1 incubação 2 escotilha; under hatches no porão 3 comporta ■ v. 1 (*galinha*) chocar 2 tramar; arquitetar; to hatch a plan arquitetar um plano
hatchery s. 1 (*aves*) incubadora 2 (*peixes*) viveiro
hatchet s. machado; machadinha ♦ to bury the hatchet enterrar o machado de guerra hatchet job crítica feroz (especialmente em jornal) to do a hatchet job on somebody/something falar mal de alguém/algo
hatchway s. escotilha
hate s. ódio; full of hate cheio de ódio ■ v. odiar, detestar; I hate to say it lamento dizê-lo
hateful *adj.* abominável, detestável
hatpin s. alfinete de chapéu
hatred s. ódio (of, *a*); aversão (for, *a*)
hatstand s. bengaleiro para chapéus
hatter s. (*pessoa*) chapeleiro ♦ hatter's (*estabelecimento*) chapelaria
haughty *adj.* altivo; arrogante
haul s. 1 estição; puxão 2 (*distância*) trajeto 3 (*peixe*) pescaria 4 (*roubo*) pilhagem ■ v. 1 arrastar; puxar 2 rebocar
haulage s. transporte; camionagem; (*empresa*) haulage company/contractor transportadora
haunch s. ANATOMIA anca; quadril
haunt v. 1 (*fantasma*) assombrar 2 (*ideia, recordação*) perseguir, atormentar ■ s. 1 lugar preferido 2 esconderijo
haunted *adj.* 1 assombrado; encantado; a haunted house uma casa assombrada 2 (*expressão*) perturbado
have v. 1 ter; he has a new car ele tem um carro novo; she has flu ela está com gripe; they have three children eles têm três filhos; you have no sense of humor você não tem senso de humor ■ v.*principal* 2 comer, beber; to have lunch almoçar 3 tomar; to have a shower tomar uma ducha 4 (*visitas, notícias*) receber 5 (*operação, tratamento*) fazer; let me have a try deixe-me tentar; let's have a look vamos dar uma olhada 6 deixar, permitir, aceitar, tolerar; I won't have it ! não o permitirei! 7 *formação do pretérito* I've been very busy tenho estado/andado muito ocupada; she has just arrived ela acabou de chegar; they've lived there for 10 years eles viveram lá durante 10 anos; *frases interrogativas* he hasn't told you, has he? ele não te contou, contou? you've seen her, haven't you? você a viu, não? v.*auxiliar* 8 ter de, ter que, dever; I had to do that tive de fazer isso ♦ have a good day! tenha um bom dia! have a good time! divirta-se! have back v. receber, aceitar de volta; I still haven't had my book back ainda não recebi o meu livro de volta have on v. 1 trazer vestido; she had her new trousers on ela estava com as calças novas 2 deixar ligado; she had the television on all night deixou a televisão ligada a noite toda 3 instalar; I have the new computer on instalei o computador novo
haven s. 1 porto; natural haven porto natural 2 figurado abrigo; refúgio

haversack s. mochila
havoc s. estragos; destruição; to play havoc with lançar a confusão em; to wreak havoc fazer estragos
Hawaiian *adj., s.* havaiano
hawk s. ZOOLOGIA falcão; to watch somebody like a hawk observar alguém atentamente ■ v. vender na rua; apregoar ♦ hawk nose nariz aquilino
hawser s. sirga; amarra; to cast off the hawsers soltar as amarras
hawthorn s. BOTÂNICA espinheiro-bravo, pilriteiro
hay s. feno; forragem ♦ to hit the hay ir para a cama; deitar-se hay fever febre do feno, alergia
haystack, hayrick s. rolo (de feno); palheiro ♦ to look for a needle in a haystack procurar uma agulha no palheiro
haywire *adj.* 1 coloquial confuso 2 coloquial louco ♦ to go haywire ficar maluco
hazard s. 1 risco, perigo; a health hazard um risco para a saúde; literário to be at hazard correr perigo 2 azar; hazard games jogos de azar ■ v. 1 arriscar; to hazard a guess dar um palpite 2 pôr em perigo/risco ♦ hazard lights luzes de emergência
hazardous *adj.* perigoso (to/for, *para*); prejudicial (to/for, *a*); hazardous waste resíduos perigosos
haze s. 1 bruma, neblina 2 (*fumaça, pó*) nuvem 3 imprecisão; incerteza ■ v. 1 enevoar 2 toldar
hazel s. 1 (*árvore*) aveleira 2 (*fruto*) avelã 3 cor de avelã ■ *adj.* cor de avelã
hazelnut s. avelã
hazy *adj.* 1 nebuloso, enevoado; it was a hazy afternoon a tarde esteve enevoada 2 vago; confuso; to have a hazy idea of something ter uma vaga ideia de algo 3 (*cor*) difuso
he *pron. pess.* 1 (*pessoa, animal*) ele 2 aquele; quem 3 (*animal*) macho; a he-tiger um tigre macho ■ s. 1 (*pessoa*) rapaz, varão 2 (*animal*) macho
head s. 1 ANATOMIA cabeça 2 (*departamento, organização*) diretor; responsável 3 (*bando, grupo*) cabeça; líder 4 (*cama, mesa*) cabeceira 5 (*escada*) topo; cimo 6 (*jornal*) título; cabeçalho 7 (*água*) jato 8 (*gado*) cabeça ■ v. 1 (*empresa, negócio*) dirigir; gerir 2 ESPORTE cabecear 3 dirigir-se (for, *a, para*) ♦ from head to foot da cabeça aos pés head office escritório central heads or tails cara ou coroa head over heels de pernas para o ar to be off one's head estar fora de si to keep one's head manter a cabeça fria to take the head tomar a dianteira head for dirigir-se a; estar procurando
headache s. dor de cabeça; to have a headache ter uma dor de cabeça
headed *adj.* timbrado
header s. 1 mergulho de cabeça; he took a header ele deu um mergulho de cabeça 2 (*futebol*) cabeçada 3 (*página*) cabeçalho
heading s. título; cabeçalho
headlamp s. (*veículo*) farol dianteiro
headland s. cabo, promontório; pontal
headless *adj.* 1 decapitado, sem cabeça 2 figurado sem direção; desgovernado
headlight s. (*veículo*) farol dianteiro
headline s. cabeçalho; manchete; to make the headlines ser notícia

headlong

headlong *adv., adj.* 1 de cabeça; to fall headlong cair de cabeça 2 impensadamente; headlong flight fuga precipitada
headmaster *s.* diretor de escola
head-on *adj.* (*colisão, oposição*) frontal ■ *adv.* de frente; frontalmente
headphones *s.pl.* fones de ouvido
headquarters *s.pl.* 1 sede 2 quartel-general
headrest *s.* apoio para a cabeça
headstrong *adj.* teimoso; obstinado; voluntarioso
headway *s.* progresso; to make headway avançar; fazer progressos
headword *s.* (*dicionário*) entrada; verbete
heady *adj.* (*bebida alcoólica*) forte; embriagante
heal *v.* 1 curar, sarar; time heals all sorrows o tempo tudo cura 2 (*ferida, corte*) cicatrizar
healed *adj.* sarado
healer *s.* curandeiro
healing *s.* 1 cura 2 cicatrização ■ *adj.* curativo; cicatrizante
health *s.* 1 saúde; to be in good/poor health estar bem/mal de saúde; to regain health recuperar a saúde 2 (*brinde*) saúde; to drink a health to fazer um brinde a; your health! à sua saúde! ◆ health centre centro de saúde health club ginásio health food alimentos naturais
healthy *adj.* 1 saudável; são 2 (*quantidade, valor*) substancial 3 (*conversa, debate*) franco
heap *s.* monte, pilha; amontoado ■ *v.* amontoar; empilhar
hear *v.* 1 ouvir 2 ouvir dizer ◆ hear, hear! apoiado! I won't hear of it! nem pensar! hear from *v.* ter notícias de hear out *v.* ouvir até ao fim
hearer *s.* ouvinte
hearing *s.* 1 (*sentido*) audição 2 DIREITO audiência ■ *adj.* auditivo
hearsay *s.* boato, rumor
hearse *s.* carro fúnebre
heart *s.* 1 MEDICINA coração; heart attack ataque cardíaco; heart transplant transplante cardíaco 2 figurado centro; seio 3 figurado coragem; ânimo; to lose heart desanimar; to take heart ganhar coragem hearts *s.pl.* (*cartas*) copas; queen of hearts rainha de copas ◆ at heart no íntimo by heart de cor to set your heart on something empenhar-se a fundo em alguma coisa
heartache *s.* desgosto
heartbeat *s.* batimento cardíaco
heartbreak *s.* desgosto; grande mágoa
heartbreaking *adj.* de cortar o coração; dilacerante
heartbroken *adj.* desgostoso; inconsolável
heartburn *s.* acidez de estômago; azia
hearten *v.* animar; encorajar; incitar
heartening *adj.* encorajador, animador; reconfortante
heartfelt *adj.* sincero; fervoroso; my heartfelt sympathy os meus sinceros pêsames
hearth *s.* 1 lareira 2 figurado lar
heartless *adj.* cruel; desumano
heart-rending *adj.* comovente
heart-to-heart *s.* conversa franca/íntima ■ *adj.* franco; íntimo

hearty *adj.* 1 (*gesto, recepção*) caloroso 2 (*pessoa, comportamento*) alegre 3 (*refeição*) abundante
heat *s.* 1 calor 2 ardor; veemência 3 (*animal*) cio; to be on heat estar com o cio 4 ESPORTE eliminatória ■ *v.* aquecer heat up *v.* aquecer
heated *adj.* 1 (*piscina, estufa*) aquecido; com aquecimento 2 (*comida*) requentado 3 figurado (*discussão*) aceso, acalorado
heater *s.* (*elétrico, a gás*) aquecedor
heath *s.* charneca; tojal
heathen *adj., s.* pagão
heather *s.* BOTÂNICA urze, queiró, torga
heating *s.* aquecimento; calefação
heatstroke *s.* MEDICINA insolação
heatwave *s.* onda de calor; canícula
heave *v.* 1 (*com esforço*) puxar, arrastar 2 coloquial atirar 3 palpitar, agitar-se 4 (*ombros*) encolher 5 ter vômitos; that makes my stomach heave isso me embrulha o estômago ■ *s.* 1 puxão 2 náusea; vômito 3 (*mar*) ondulação
heaven *s.* 1 céu 2 figurado paraíso ◆ good heavens! meu Deus! thank heavens! graças a Deus! to move heaven and earth to do something revolver o céu e a terra para alguma coisa
heavenly *adj.* 1 celeste, celestial; ASTRONOMIA heavenly body corpo celeste 2 figurado divinal ■ *adv.* divinalmente; this ice cream tastes heavenly este sorvete é divino
heavy *adj.* 1 pesado; heavy artillery artilharia pesada 2 (*ambiente, temperatura*) opressivo 3 (*expressão*) triste 4 (*chuva, fogo*) intenso 5 (*tarefa, trabalho*) árduo 6 (*constituição*) sólido ◆ heavy breathing respiração ofegante
Hebraic *adj.* hebraico
Hebrew *s.* (*língua*) hebraico
heck *s.* coloquial diabo; what the heck are you doing? que diabo você está fazendo? *interj.* coloquial caramba!
heckle *v.* interromper com gritos
hectare *s.* (*medida*) hectare
hectic *adj.* frenético; agitado
hedge *s.* 1 sebe 2 figurado barreira; proteção ■ *v.* 1 cercar com sebe 2 esconder; encobrir 3 proteger-se (against, *de*) 4 esquivar-se (on, *a*)
hedgehog *s.* ZOOLOGIA ouriço-cacheiro
hedgerow *s.* sebe viva
hedonism *s.* hedonismo
hedonist *s.* hedonista
heed *s.* cuidado; atenção ■ *v.* estar atento a; prestar ouvidos a
heedless *adj.* desatento; descuidado ◆ to be heedless of others não querer saber dos outros
heel *s.* 1 calcanhar; Achilles heel calcanhar de Aquiles 2 (*calçado*) salto; high heels saltos altos
heifer *s.* vitela; novilho
height *s.* 1 altura; what height are you? quanto você mede?, qual é a sua altura?; to be afraid of heights ter medo das alturas, ter vertigens 2 altitude; to gain/lose height ganhar altitude 3 estatura; average height estatura média 4 auge (of, *de*); cúmulo (of, *de*) 5 intensidade; dimensão
heighten *v.* 1 aumentar; intensificar 2 realçar

heinous adj. atroz; horrendo
heir s. 1 herdeiro (to, de); heir to the throne herdeiro do trono 2 sucessor (to, de)
heiress s. herdeira (to, de)
helicopter s. helicóptero; by helicopter de helicóptero
heliocentric adj. heliocêntrico
heliocentrism s. ASTRONOMIA heliocentrismo
heliport s. heliporto
helium s. QUÍMICA (elemento químico) hélio
hell s. inferno; to go to hell ir para o inferno ◆ hell! droga! a hell of a noise um barulho dos diabos EUA get the hell out of here! ponha-se daqui para fora! vaza daqui! cai fora! to work like hell trabalhar no duro you scared the hell out of me você me deixou de cabelos em pé
hellish adj. infernal
hello interj. 1 olá! 2 (telefone) alô?
helm s. 1 leme 2 figurado governo; direção; to be at the helm ter as rédeas do poder; to take the helm assumir o comando ■ v. dirigir, governar
helmet s. 1 capacete; to put the helmet on pôr o capacete 2 elmo
helmsman s. homem do leme, timoneiro
help s. 1 auxílio; ajuda; do you need any help? precisa de ajuda? 2 empregado doméstico; my help missed work today a minha empregada doméstica não veio trabalhar hoje ■ v. 1 auxiliar (with, com); ajudar (with, com); socorrer; so help me God se Deus quiser 2 ser útil 3 (dor) aliviar 4 evitar; I could not help it não pude evitar; she couldn't help crying ela não conteve as lágrimas ◆ to help oneself to servir-se de help out v. ajudar; dar uma mão a
helper s. auxiliar; ajudante; assistente
helpful adj. útil; com préstimo
helping s. (comida) dose; he had two helpings of meat ele se serviu de carne duas vezes ◆ to give a helping hand dar uma ajuda
helpless adj. 1 (pessoa) desamparado; indefeso 2 (expressão, olhar) impotente 3 irremediável; sem remédio; you're helpless! você não tem jeito!
helplessness s. 1 desamparo 2 impotência
helpline s. (telefone) linha de apoio
helter-skelter adj. desordenado; desorganizado ■ s. 1 confusão 2 (parque de diversões) tobogã ■ adv. precipitadamente; apressadamente
hem s. bainha ■ v. fazer a bainha de
hematite s. GEOLOGIA hematita
hematophagous adj. BIOLOGIA hematófago
hemisphere s. (geral) hemisfério ◆ ANATOMIA cerebral hemisphere hemisfério cerebral GEOGRAFIA northern/southern hemisphere hemisfério Norte/Sul
hemlock s. BOTÂNICA cicuta
hemoglobin s. hemoglobina
hemorrhage s. EUA hemorragia ■ v. EUA ter uma hemorragia
hemp s. BOTÂNICA cânhamo
hen s. 1 galinha; hen coop galinheiro broody hen galinha choca laying hen, layer galinha poedeira 2 (aves) fêmea; pea hen pavoa ◆ hen party/night despedida de solteira

hence adv. 1 formal por isso; daí 2 formal daqui a; dentro de
henceforth adv. de futuro; para o futuro; daqui em diante; doravante
henchman s. 1 homem de confiança 2 capanga 3 arcaico escudeiro
hepatic adj. hepático
hepatitis s. MEDICINA hepatite
heptagon s. GEOMETRIA heptágono
her pron. pess. 1 ela, a; this gift is for her este presente é para ela; I know her very well eu a conheço muito bem 2 lhe, a ela; send her a letter envia-lhe uma carta ■ adj. poss. dela; seu, sua, seus, suas; there is her car ali está o carro dela; Her Majesty the Queen Sua Majestade a Rainha
herald s. 1 arauto; mensageiro 2 precursor ■ v. anunciar
herb s. CULINÁRIA, MEDICINA erva; herb tea chá de ervas; medicinal herbs ervas medicinais
herbaceous adj. BOTÂNICA herbáceo
herbal adj. de ervas; herbal tea tisana
herbalist s. (pessoa) ervanário ◆ herbalist's (loja) ervanário
herbarium s. BOTÂNICA herbário
herbicide s. herbicida
herbivore s. herbívoro
herbivorous adj. ZOOLOGIA herbívoro
herculean adj. hercúleo
herd s. 1 rebanho; manada 2 pejorativo multidão ■ v. 1 (animais) esporear; (pessoas) incitar 2 (animais) andar em manada 3 (pessoas) conduzir
here adv. aqui; cá; here it is! aqui está! right here aqui mesmo near here aqui perto ◆ here and now imediatamente here and there aqui e ali here you are aqui está that's neither here nor there isso não vem ao caso
hereafter adv. daqui em diante; doravante
hereby adv. (correspondência, contrato) por este meio; por este modo
hereditary adj. hereditário; hereditary illness doença hereditária
heredity s. hereditariedade
herein adv. formal (correspondência, documentos) aqui
heresy s. heresia
heretic s. herege
heretical adj. herético
herewith adv. (correspondência) junto, em anexo; herewith I send a copy of the document em anexo envio uma cópia do documento
heritage s. 1 herança 2 patrimônio; world heritage patrimônio mundial
hermaphrodite adj., s. hermafrodita
hermetic adj. hermético
hermit s. eremita
hernia s. MEDICINA hérnia
hero s. 1 herói 2 (livro, filme) protagonista 3 ídolo
heroic adj. heroico
heroin s. (droga) heroína
heroine s. 1 (pessoa) heroína 2 (livro, filme) protagonista
heroism s. heroísmo; bravura; an act of heroism um ato de heroísmo

heron

heron s. ZOOLOGIA garça
herring s. ZOOLOGIA arenque ♦ red herring 1 arenque defumado 2 figurado pista falsa
hers pron. poss. dela; seu, sua, seus, suas; is this coat hers? este casaco é dela?
herself pron. pess. refl. 1 a si mesma; a si própria; she hurt herself ela se magoou 2 ela própria; she did it herself ela própria o fez 3 a própria; Kate herself started to cry a própria Kate começou a chorar ♦ by herself sozinha sem ajuda
hesitant adj. hesitante; indeciso (about, em relação a)
hesitate v. hesitar; don't hesitate to ask não hesite em perguntar; he hesitated before answering ele hesitou antes de responder
hesitation s. hesitação; without hesitation sem hesitar
Hesperides s.pl. MITOLOGIA Hespérides, Hespéridas
heterodox adj. heterodoxo
heterogeneity s. heterogeneidade
heterogeneous adj. heterogêneo
heterosexual adj., s. heterossexual
heterotrófico adj. BIOLOGIA heterotrophic
heterotroph s. BIOLOGIA heterótrofo
hew v. 1 cortar; talhar; picar; to hew stone cortar pedra 2 escavar; to hew a tunnel escavar um túnel
hexagon s. GEOMETRIA hexágono
hexagonal adj. hexagonal
hexameter s. (verso) hexâmetro
hey interj. 1 ei!, ouça! 2 olá!
hi interj. 1 coloquial olá! 2 coloquial ei! hi, how's things? oi, tudo bem?
hiatus s. 1 hiato 2 lacuna
hibernate v. hibernar
hibernation s. hibernação
hiccup s. 1 soluço 2 figurado, coloquial contrariedade ■ v. ter soluços
hidden (particípio passado de to hide) adj. oculto, encoberto, escondido
hide v. esconder(-se); to hide something from somebody esconder algo de alguém ■ s. esconderijo
hide-and-seek s. (jogo) esconde-esconde; to play hide-and-seek brincar de pique-esconde
hideaway s. esconderijo; refúgio
hideous adj. horrível; hediondo
hideout s. esconderijo; refúgio
hiding s. 1 esconderijo; to go into hiding esconder-se; fugir 2 coloquial surra; I'll give you a hiding vou te dar uma surra
hierarchical adj. hierárquico; to organize in a hierarchical order organizar hierarquicamente
hierarchize v. hierarquizar
hierarchy s. hierarquia
hieroglyph s. hieróglifo
hi-fi s. (aparelhagem) alta-fidelidade ■ adj. de alta fidelidade
higgledy-piggledy adv. em desordem; às avessas ■ adj. desordenado; em pantanas; desarrumado
high adj. 1 alto; high tide maré alta; ten metres high dez metros de altura 2 elevado; high prices preços elevados 3 solene; a high ceremony uma cerimônia solene 4 forte; high wind vento forte 5 pleno; high summer pleno verão 6 animado; we were all in high spirits estávamos todos animados 7 calão drogado cal. ♦ high chair cadeira (alta) de bebê High Court Supremo Tribunal coloquial high jinks grande animação, divertimento high jump salto em altura high priest pontífice high relief alto-relevo high school Ensino Médio high season alta temporada Grã-Bretanha high street rua principal Grã-Bretanha antiquado high tea lanche ajantarado high treason alta traição
highbrow s., adj. pejorativo intelectual
high-class adj. 1 de classe alta; rico 2 de primeira ordem
higher adj. acima de, superior
high-flying adj. ambicioso
high-handed adj. autoritário; tirânico
high-heeled adj. de salto alto
highland s. the Highlands as terras altas da Escócia
highlight s. 1 ponto alto 2 destaque highlights s.pl. mechas; luzes; she had highlights put in her hair ela fez mechas ■ v. 1 destacar; realçar 2 (documentos) assinalar com marcador fluorescente 3 (cabelo) fazer mechas
highlighter s. marcador fluorescente
highly adv. 1 extremamente; muito; a highly dangerous chemical um químico muito perigoso 2 muito bem; favoravelmente; to think highly of somebody ter alguém em elevada consideração
high-minded adj. nobre; altruísta
highness s. 1 altura; elevação 2 (título) alteza; Your Highness Sua Alteza
high-pitched adj. 1 (som, voz) agudo; estridente 2 (estilo) rebuscado
high-powered adj. 1 (motor, veículo) muito potente 2 (equipe, tarefa) dinâmico, enérgico
high-profile adj. (cargo, pessoa) influente; proeminente
high-ranking adj. (cargo, função) de categoria elevada; high-ranking official alto funcionário
high-rise adj. (edifício) com muitos andares ■ s. arranha-céus
high-sounding adj. pejorativo (discurso) grandiloquente; bombástico
high-speed adj. de alta velocidade
high-spirited adj. 1 dinâmico; enérgico 2 (cavalo) fogoso
high-tech, high tech adj. 1 de tecnologia de ponta, tecnologicamente avançado 2 (design) vanguardista
highway s. estrada nacional, rodovia
hijack s. (avião) desvio; sequestro ■ v. (avião) desviar; sequestrar
hijacker s. (avião) sequestrador; pirata do ar
hijacking s. desvio de avião; sequestro de avião
hike s. 1 caminhada; marcha; to go for a hike fazer uma caminhada 2 (preço, taxa) subida súbita ■ v. fazer caminhadas ♦ take a hike! vai dar uma volta!
hiker s. caminhante
hiking s. realização de caminhadas; excursionismo
hilarious adj. hilariante
hill s. colina; outeiro; monte ♦ to be over the hill começar a ficar velho
hillbilly s. EUA pejorativo caipira fig., bicho do mato fig.

hillock s. morro
hillside s. ladeira
hilltop s. cume; topo
hilly adj. montanhoso
hilt s. 1 (*espada*) copos, punho 2 cabo ■ v. 1 (*espada*) pôr um punho em 2 pôr um cabo em ◆ to support/back somebody up to the hilt defender alguém com unhas e dentes
him pron. pess. 1 o; I know him conheço-o 2 ele; it's him! é ele!; I work for him eu trabalho para ele 3 lhe; are you going to give him a ring? você vai telefonar para ele? 4 aquele; just look at him! olha só para aquele!
himself pron. pess. refl. 1 se; he stretched himself on the couch ele estendeu-se no sofá 2 ele mesmo, ele próprio; he did the job himself ele próprio fez o serviço 3 sozinho; he goes to school by himself ele vai para a escola sozinho
hind s. ZOOLOGIA cerva ■ adj. posterior; traseiro; hind wheel roda traseira
hinder[1] v. impedir (from, *de*); dificultar; he hindered me from talking ele me impediu de falar
hinder[2] adj. posterior; traseiro; hinder legs patas traseiras
hindered adj.
hindquarters s.pl. ZOOLOGIA quartos traseiros
hindrance s. 1 obstáculo; impedimento 2 embaraço; estorvo
hindsight s. 1 retrospecção; in hindsight em retrospectiva; olhando para trás 2 (*espingarda*) alça
hinge s. 1 dobradiça 2 articulação 3 ponto principal, questão fundamental ■ v. 1 colocar dobradiças em 2 depender (on, *de*) ◆ off the hinges fora dos eixos
hint s. 1 dica; palpite; give me a hint dê-me uma pista 2 indireta; insinuação; to drop a hint to somebody mandar uma indireta a alguém ■ v. 1 dar a entender (that, *que*); sugerir (that, *que*) 2 fazer alusão (at, *a*); mencionar
hinterland s. interior (do país)
hip s. ANATOMIA quadril; anca; hip joint articulação do quadril
hippopotamus s. ZOOLOGIA hipopótamo
hire v. 1 (*casa, veículo*) alugar; to hire a bicycle by the hour alugar uma bicicleta à hora 2 (*pessoa*) contratar ■ s. aluguel; for hire para alugar; the hire of the house o aluguel da casa ◆ hire purchase venda a crédito, venda a prestações hire out v. 1 alugar 2 (*pessoas*) contratar
his adj., pron. poss. seu, sua, seus, suas; dele; I've already talked to a friend of his eu já falei com um amigo dele; this is his house esta é a casa dele
Hispanic adj. hispânico
Hispanic-American adj.hispano-americano
Hispanicism s. (*palavra, expressão*)
hiss s. 1 silvo; sibilo 2 assobio ■ v. 1 silvar 2 assobiar; apupar
hissing adj. sibilante
historian s. historiador
historic adj. histórico
historical adj. histórico; historical novel romance histórico

hoist

history s. 1 história; to make history fazer história, entrar para a história; to go down in history as ficar na história como; that's history isso já passou à história 2 MEDICINA historial; antecedentes
hit s. 1 pancada; golpe 2 lance feliz 3 êxito; sucesso; a musical hit um êxito musical 4 figurado boca; piada 5 INFORMÁTICA (*site*) acesso ■ v. 1 bater em; dar uma pancada em 2 acertar em; atingir 3 (*sentimentos*) afetar; magoar 4 alcançar 5 ir de encontro a 6 colidir; chocar ◆ let's hit the road! vamos embora! to hit the books começar a estudar to hit the headlines virar manchete to hit the deck dar um trambolhão hit back v. responder à altura; retrucar; replicar; to hit back at somebody/something replicar a alguém/alguma coisa hit on/upon v. descobrir por acaso; encontrar; he hit on the solution for the problem descobriu a solução do problema hit out v. atacar; agredir
hit-and-run adj. 1 (*acidente*) de atropelamento e fuga 2 (*ataque, gesto*) de surpresa
hit-or-miss adj. incerto; que pode ou não dar certo
hitch s. 1 empurrão, sacudidela 2 nó, laçada 3 dificuldade; problema ■ v. 1 prender; atar 2 (*carona*) pegar 3 coloquial andar de carona ◆ coloquial to get hitched dar o nó
hitchhike v. andar, ir de carona
hitchhiker s. pessoa que pede carona
hitchhiking s.
hitherto adv. até agora; até aqui
hitman s. calão assassino contratado
hive s. 1 colmeia; cortiço 2 enxame ■ v. 1 meter (abelhas) na colmeia 2 figurado armazenar hive off v. 1 separar; transferir 2 coloquial cair fora
hives s.pl. MEDICINA urticária
hoard v. amontoar; acumular ■ s. depósito secreto (of, *de*); esconderijo (of, *de*)
hoarding s. 1 amontoado, acúmulo 2 outdoor, cartaz de estrada
hoarse adj. rouco; roufenho
hoarsen v. enrouquecer
hoarseness s. rouquidão
hoax v. 1 burlar 2 pregar uma peça a s. 1 burla 2 peça; to play a hoax on somebody pregar uma peça a alguém
hoaxer s. 1 vigarista 2 brincalhão
hobble v. 1 mancar; coxear 2 (*patas de animais*) atar 3 figurado prejudicar
hobby s. hobby; passatempo
hobnob v. coloquial dar-se (with, *com*); conviver (with, *com*)
hobo s. EUA vagabundo
hockey s. ESPORTE hóquei; field hockey hóquei em campo; ice hockey hóquei sobre o gelo; roller-skating hockey hóquei em patins
hoe s. enxada, sachola ■ v. cavar, sachar
hog s. 1 porco castrado 2 figurado, pejorativo porco; grosseirão ■ v. coloquial açambarcar ◆ coloquial to go the whole hog ir até ao fim
hogfish s. ZOOLOGIA peixe-porco
hoist v. 1 levantar; içar; to hoist the anchor levantar a âncora 2 (*bandeira*) hastear ■ s. 1 monta-cargas 2 grua

hold

hold s. 1 apoio 2 (*barco*, *avião*) porão 3 influência; domínio 4 cela, prisão ■ v. 1 segurar 2 ter; to hold a conversation ter uma conversa 3 abraçar 4 (*exército*) controlar 5 (*prisão*, *cativeiro*) manter em 6 (*atenção*, *conversa*, *nível*) manter 7 (*espaço*) ter capacidade para 8 (*oposição*, *resistência*) aguentar(-se) 9 (*princípio*, *regra*) ser válido 10 (*opinião*) sustentar ♦ to hold the fort manter-se firme to be on hold estar à espera hold against v. usar contra; his acts were held against him os atos dele foram usados contra ele hold back v. 1 conter; the police was able to hold back the crowd a polícia conseguiu controlar a multidão; To hold someone back from doing someting evitar que alguém faça algo 2 omitir; he held back important facts omitiu fatos importantes 3 hesitar hold down v. 1 (*desordem*) controlar; reprimir 2 (*trabalho*) manter hold forth v. dissertar (on/about, *sobre*) hold off v. 1 manter à distância 2 (*decisão*, *viagem*) adiar 3 (*ataque*) resistir a 4 não chover; the rain held off during the walk não choveu durante o passeio hold on v. 1 agarrar-se (to, *a*) 2 segurar 3 manter-se fiel (to, *a*) 4 aguentar hold out v. 1 (*braço*, *perna*, *objeto*) estender 2 (*esperança*) ter 3 lutar (for, *por*) 4 (*informação*) esconder (on, *de*) 5 (*pessoa*, *força*) resistir (against, *a*) 6 (*comida*, *roupa*, *sapatos*) durar hold over v. (*decisão*, *reunião*) adiar hold to v. manter; cumprir hold together v. 1 segurar 2 manter(-se) juntos 3 ser coerente hold up v. 1 levantar; erguer; he held his arm up ergueu o braço 2 apoiar; sustentar; the beams hold the balcony up as vigas sustentam a varanda 3 reter; atrasar; I was held up by traffic fiquei retida pelo trânsito 4 (*à mão armada*) assaltar; the bank was held up o banco foi assaltado hold with v. concordar com

holder s. 1 detentor; titular; holders of debt claims credores; small holder pequeno proprietário 2 defensor; apoiador 3 recipiente 4 suporte

holding s. 1 (*empresa*) holding 2 (*museu*) espólio; coleção 3 posse

hold-up s. 1 assalto à mão armada 2 (*motivo*) atraso 3 (*trânsito*) engarrafamento; to be stuck in a hold-up estar preso em um engarrafamento

hole s. 1 buraco; cova; to dig a hole cavar um buraco; ASTRONOMIA black hole buraco negro 2 (*rato*, *lebre*, *coelho*) toca 3 falha; lacuna 4 coloquial embaraço; aperto col. 5 figurado casa pequena; buraco fig. ■ v. 1 esburacar; furar 2 (*golfe*) meter no buraco hole up v. 1 esconder-se 2 (*animal*) hibernar

holiday s. 1 feriado 2 férias; holiday camp colônia de férias; holiday resort estância turística; to be on holidays estar de férias; to take a holiday fazer férias ● Na Grã-Bretanha usa-se **vacation** principalmente para as férias de universidades e tribunais, para os outros casos é mais usado o termo **holiday**. Nos EUA **vacation** é a forma mais usada em todas as situações.

holiness s. santidade; Your Holiness the Pope Sua Santidade o Papa

holler s. grito; berro ■ v. gritar; berrar

hollow adj. 1 oco; vazio 2 côncavo 3 (*expressão*, *olhar*) encovado 4 (*riso*) forçado ■ s. 1 buraco 2 (*terreno*) desnível ■ v. 1 escavar 2 esvaziar

holly s. BOTÂNICA azevinho; holly berry baga de azevinho

holocaust s. holocausto ♦ the Holocausto o Holocausto

hologram s. holograma

holster s. coldre

holy adj. santo; sagrado ♦ Holy Bible Bíblia Sagrada Holy Family Sagrada Família Holy Father Santo Padre Holy Ghost Espírito Santo holy water água benta

homage s. homenagem (to, *a*); to pay homage to prestar homenagem a

home s. 1 casa; lar; domicílio; at home em casa 2 terra natal 3 (*crianças*, *idosos*) lar 4 BOTÂNICA, ZOOLOGIA habitat 5 (*beisebol*) base ■ adj. 1 de casa; home address endereço residencial 2 ESPORTE da casa; home team equipe da casa 3 nacional; interno; home market mercado interno 4 natal; home country terra natal ■ adv. a casa; para casa; to get home chegar em casa; to go home ir para casa ■ v. 1 regressar a casa, ir para casa 2 antiquado viver, residir, habitar 3 regressar ao país de origem, regressar à terra natal 4 antiquado alojar, dar abrigo a, ♦ home sweet home lar doce lar make yourself at home fique à vontade to feel at home sentir-se em casa

homecoming s. 1 regresso a casa 2 regresso à pátria ■ adj. 1 que regressa a casa 2 que regressa à pátria

home-grown adj. 1 de produção nacional 2 de cultivo próprio

homeland s. pátria; terra natal

homeless adj. sem abrigo ■ s.pl. the homeless os moradores de rua, os sem-teto

homely adj. 1 simples, modesto 2 acolhedor, confortável; caseiro 3 EUA feio

homeopath, homoeopath Grã-Bretanha s. homeopata

homeopathic adj. homeopático; homeopathic treatment tratamento homeopático

homeopathy, homoeopathy Grã-Bretanha s. MEDICINA homeopatia

homeowner s. 1 (*casa*) proprietário 2 morador; residente

homepage s. (*Internet*) página principal

homesick adj. nostálgico; to be homesick estar com saudades de casa

homesickness s. saudades de casa; nostalgia

homeward adj., adv. para casa; homeward journey viagem de regresso

homework s. (*escola*) trabalho de casa, lição de casa, deveres

homicidal adj. homicida

homicide s. 1 (*crime*) homicídio 2 (*pessoa*) homicida

homily s. RELIGIÃO homilia

hominid s. hominídeo

homogeneity s. homogeneidade

homogeneous adj. homogêneo, uniforme

homogenization s. 1 (*de leite*) homogeneização 2 (*uniformização*) homogeneização

homogenize v. homogeneizar

homograph adj., s. palavra homógrafa

homographic adj. homógrafo

homonym s. palavra homônima

homonymy s. homonímia
homophone s. palavra homófona
homophonous adj. homófono
homosexual adj., s. homossexual
homosexuality s. homossexualidade
Honduran adj., s. hondurenho
Honduras s. Honduras
hone s. (*objetos cortantes*) afiador
honest adj. 1 honesto, íntegro 2 sincero, franco; I don't know what happened, honest eu não sei o que é que aconteceu, a sério; to be honest, I didn't like the book para ser sincero, não gostei do livro
honestly adv. 1 honestamente 2 sinceramente, francamente
honesty s. 1 honestidade 2 sinceridade; franqueza
honey s. 1 mel 2 coloquial (*forma de tratamento*) querido, amor
honeybee s. ZOOLOGIA abelha; jataí
honeycomb s. favo de mel
honeymoon s. 1 lua de mel 2 figurado estado de graça ■ v. passar a lua de mel (in, *em*)
honeysuckle s. BOTÂNICA madressilva
honk s. 1 (*ganso*) grasnido 2 buzinada ■ v. 1 (*ganso*) grasnar 2 buzinar
honor s. EUA honra; in honor of em honra de; to have the honor of ter a honra de ■ v. EUA honrar; to honor an agreement honrar um acordo
honorary adj. honorário; honorary chairman presidente honorário
honorific adj. honorífico
honour, honor EUA s. honra; in honour of em honra de; to have the honour of ter a honra de ■ v. honrar; to honour an agreement honrar um acordo ◆ to do the honours of the house fazer as honras da casa (*universidade*) to take honours in licenciar-se em will you do me the honour of...? você me dá a honra de...?
honourable, honorable EUA adj. honrado; honorável ◆ honourable mention menção honrosa (*forma de tratamento*) the honourable member o ilustre deputado
hood s. 1 capuz; touca 2 EUA (*automóvel*) capô 3 Grã-Bretanha cobertura; capota
hooded adj. com capuz; coberto
hoodlum s. 1 EUA vadio 2 (*jovem*) valentão
hoodwink v. enganar, ludibriar
hoof s. 1 ZOOLOGIA casco 2 coloquial pata ■ v. coloquial percorrer a pé
hook s. 1 cabide 2 anzol 3 colchete 4 (*boxe*) gancho 5 (*telefone*) descanso; off the hook fora do descanso ■ v. 1 pescar 2 prender ◆ by hook or by crook por todos os meios, por bem ou por mal to let somebody off the hook libertar alguém de um compromisso hook up v. 1 (*equipamentos*) conectar; ligar (to, *a*) 2 (*peça de roupa*) fechar com colchete
hooked adj. 1 (*objeto*) curvo 2 (*nariz*) aquilino 3 coloquial viciado (on, *em*); she's hooked on chocolates ela é viciada em chocolates
hooker s. EUA vulgarismo prostituta
hookup s. 1 acoplamento; sistema de ligação 2 ligação; aliança
hooligan s. hooligan; vândalo
hooliganism s. hooliganismo; vandalismo
hoop s. 1 arco, aro 2 argola 3 (*saia*) armação 4 tosse convulsa ■ v. prender com arcos ◆ to go through the hoops passar dificuldades
hooray interj. hurra
hoot s. 1 (*coruja, mocho*) pio 2 (*carro*) buzinada 3 (*trem*) apito; (*sirene*) toque 4 coloquial vaia ■ v. 1 (*coruja, mocho*) piar 2 buzinar (at, *a*) 3 (*trem*) apitar; (*sirene*) tocar 4 coloquial vaiar ◆ coloquial he doesn't care two hoots ele não está nem aí hoots of laughter gargalhadas
hooter s. 1 (*automóvel*) buzina; (*fábrica, quartel*) sirene; (*trem*) apito 2 coloquial nariz
hoover s. aspirador ■ v. aspirar
hop s. 1 salto, pulo 2 baile, bailarico 3 BOTÂNICA lúpulo ■ v. 1 saltar, pular 2 coloquial (*trem, avião etc.*) pegar; hop in! entra!; to hop a plane to London pegar um avião para Londres ◆ Grã-Bretanha hop it! cai fora! dá o fora! to be on the hop viver sempre ocupado Grã-Bretanha to catch somebody on the hop pegar alguém com a boca na botija
hope s. esperança; to give up hope perder a(s) esperança(s); to have little hope of ter poucas esperanças de ■ v. ter esperança; esperar; I hope not/so! espero que não/sim!; I hope she comes espero que ela venha; to hope for the best esperar que tudo corra bem
hopeful adj. 1 esperançoso; otimista 2 promissor; de que se espera bom resultado
hopefully adv. 1 com esperança 2 com sorte
hopeless adj. 1 sem esperança; desesperado; a hopeless case um caso perdido 2 coloquial (*pessoa*) nulidade; desastre; to be hopeless at sport ser um desastre nos esportes
hopelessness s. desespero; desânimo
hopper s. alimentador, conduto
hopscotch s. (*jogo*) amarelinha
horde s. 1 (*pessoas*) multidão 2 horda; bando
horizon s. 1 horizonte; on the horizon no horizonte 2 figurado horizonte, perspectiva to broaden the horizons alargar os horizontes
horizontal adj. horizontal ◆ ESPORTE horizontal bar barra fixa
hormonal adj. hormonal; hormonal changes mudanças hormonais
hormone s. hormônio; hormone replacement therapy terapia hormonal de substituição; hormone treatment terapia hormonal
horn s. 1 chifre, corno 2 (*inseto*) antena 3 MÚSICA trombeta; corneta 4 (*automóvel*) buzina; (*navio*) sirene ◆ to be on the horns of a dilemma estar entre a cruz e a espada
hornet s. ZOOLOGIA vespão, moscardo ◆ a hornet's nest vespeiro uma situação difícil que envolve intrigas e traições
horny adj. 1 córneo 2 caloso; calejado 3 calão com tesão cal.
horoscope s. horóscopo
horrendous adj. horrendo; medonho
horrible adj. horrível; terrível
horrid adj. horrível (to, *para*); horroroso (to, *para*)
horrific adj. horrível

horrify

horrify v. horrorizar; chocar
horrifying adj. horripilante
horror s. horror; pavor; to have a horror of ter pavor de ◆ horror film filme de terror
horse s. 1 ZOOLOGIA cavalo; horse racing corridas de cavalos; horse riding equitação 2 (*aparelho de ginástica*) cavalo ■ v. 1 fornecer cavalos 2 ir a cavalo; montar 3 (*égua*) estar no cio ◆ hold your horses! pare, devagar! never look a gift horse in the mouth a cavalo dado não se olham os dentes
horseback adj., adv. montado, a cavalo; on horseback a cavalo ◆ EUA horseback riding equitação
horsebox s. reboque para transporte de cavalos
horse-drawn adj. puxado a cavalos
horsehair s. crina de cavalo
horseman s. cavaleiro
horsemanship s. equitação
horsepower s. 1 cavalo-vapor 2 potência de um motor (em cavalos)
horseradish s. BOTÂNICA rábano picante
horseshoe s. ferradura
horticultural adj. hortícola
horticulture s. horticultura
horticulturist s. horticultor
hose s. (*água*) mangueira ■ v. regar (com mangueira) hose down v. lavar com mangueira
hosiery s. (*artigos*) meias
hospice s. estabelecimento para doentes terminais
hospitable adj. hospitaleiro; acolhedor
hospital s. hospital; to be admitted to hospital ser internado no hospital; to be discharged from hospital ter alta do hospital; to be in hospital estar no hospital
hospitality s. hospitalidade
hospitalize v. hospitalizar, internar
hospitalized adj. hospitalizado
host s. 1 anfitrião 2 (*televisão, rádio*) apresentador 3 BIOLOGIA hospedeiro ■ v. 1 receber, ser o anfitrião de 2 (*televisão, rádio*) apresentar ◆ RELIGIÃO host hóstia
hostage s. refém; to take/hold somebody hostage manter alguém como refém
hostel s. estalagem, pousada, albergue
hosteller s.. hospedador
hostess s. 1 anfitriã 2 (*televisão*) apresentadora 3 (*avião*) aeromoça
hostile adj. 1 hostil (to, em relação a) 2 agressivo (to, com)
hostility s. 1 hostilidade 2 agressividade hostilities s.pl. hostilidades; cessation of hostilities cessação das hostilidades
hot adj. 1 quente; to be hot ter/estar com calor 2 (*comida*) picante 3 (*temperamento*) exaltado 4 (*tema*) controverso 5 (*notícias*) de última hora 6 (*objeto*) roubado 7 (*pessoa*) sexy 8 (*disputa*) renhido 9 (*filme, livro*) espetacular ■ v. coloquial aquecer ◆ hot air palavreado paleio col. hot dog cachorro-quente hot potato batata quente hot springs termas to get into hot water meter-se em problemas
hotbed s. 1 viveiro de plantas 2 figurado antro
hot-blooded adj. fogoso, apaixonado
hotchpotch s. coloquial mixórdia; misturada
hotel s. hotel; hotel industry indústria hoteleira
hotelier s. hoteleiro
hotelkeeper s. EUA hoteleiro
hothead s. pessoa que se exalta com facilidade
hotheaded adj. 1 impulsivo, impetuoso 2 violento 3 fogoso
hothouse s. estufa
hotly adv. ardentemente, intensamente
hotpot s. CULINÁRIA estufado
hotshot s. coloquial craque
hot-tempered adj. irascível, colérico
hound s. cão de caça ■ v. perseguir
hour s. hora; a quarter of an hour quinze minutos; half an hour meia hora; in an hour em uma hora hours s.pl. horário; opening hours horário de funcionamento; visiting hours horário de visitas
hourly adj. 1 de hora em hora; there's an hourly bus há um ônibus de hora em hora 2 à hora; hourly pay pagamento por hora ■ adv. de hora em hora
house s. 1 (*residência*) casa; habitação; country house casa de campo 2 (*animais*) casa, casinha 3 sala de espetáculos; full house casa cheia
housebreaker s. ladrão (de casas)
housecoat s. bata
household s. 1 família 2 casa, lar ■ adj. doméstico; household chores tarefas domésticas
householder s. 1 (*casa*) proprietário 2 (*casa*) inquilino
housekeeper s. governanta; caseiro
housekeeping s. 1 cuidado da casa; trabalhos domésticos 2 despesas domésticas
houseplant s. planta de interior
housetrain v. (*animal de estimação*) treinar; ensinar
housewarming s. inauguração de uma casa
housewife s. dona de casa
housework s. trabalho doméstico; to do one's housework fazer a faxina
housing s. habitação; alojamento; the housing market o mercado imobiliário ◆ EUA housing development urbanização Grã-Bretanha housing estate urbanização
hovel s. casebre
hover v. 1 (*ave*) pairar (over, sobre); planar (over, sobre) 2 (*pessoa*) hesitar (between, entre); vacilar (between, entre) ◆ to hover near somebody/something rondar alguém/algo
how adv. 1 como; how do you do? como está? how are you? como você está? 2 quanto; how much does this cost? quanto é que isto custa?; how old are you? quantos anos você tem?; how soon can you come? quando é que você pode vir? 3 que; how kind of you! que simpático! ◆ how about going for a walk? que tal se fôssemos dar um passeio? how about you? e você? coloquial how come he got the job? como é que ele conseguiu o trabalho? how's that? o que é que você disse? ● Em situações formais de apresentação, usa-se a fórmula How do you do? para se dirigir à(s) pessoa(s) a quem se está sendo apresentado. Em situações informais, usa-se geralmente a expressão How are you?.
however adv. 1 no entanto, todavia, contudo; I wanted to go; however, there were no more tickets eu queria ir; no entanto, já não havia bilhetes 2 de qualquer modo, seja como for, do modo que; do it

however you like faz como você quiser 3 por muito; however intelligent she may be... por muito inteligente que ela seja... 4 como; however did you find us? como é que você nos encontrou? *conj.* como; you can go however you like pode ir como você bem entender; however you try por mais que você tente
howl s. 1 uivo 2 gemido ■ v. 1 uivar 2 gemer ♦ to howl with laughter morrer de rir
howler s. coloquial 1 gemedor 2 ZOOLOGIA howler monkey guariba
hub s. 1 cubo da roda; eixo 2 figurado centro (of, *de*)
hubbub s. algazarra; tumulto, balbúrdia; it was a hell of a hubbub foi uma balbúrdia tremenda
hubby s. coloquial marido
hubcap s. (*carro*) tampão (do pneu)
huddle s. 1 grupo pequeno 2 monte, pilha ■ v. 1 encolher-se 2 juntar(-se), amontoar(-se)
hue s. (*cor*) tonalidade
huff s. fúria; to be in a huff estar furioso ■ v. enfurecer(-se); irritar(-se) ♦ to huff and puff 1 arfar 2 vociferar
huffy adj. 1 irritado 2 irritável
hug s. abraço; give me a hug dá-me um abraço ■ v. abraçar
huge adj. 1 (*edifício, objeto, valor*) enorme 2 (*êxito*) estrondoso
huh interj. hein
hula s. (*dança*) hula; hula hoop bambolê
hulk s. 1 (*navio*) carcaça 2 figurado (*pessoa*) brutamontes
hull s. 1 (*navio*) casco 2 (*cereal*) casca ■ v. (*cereais*) descascar
hullabaloo s. coloquial barulho; discussão em voz alta
hullo interj. 1 olá! 2 (*telefone*) alô?
hum s. 1 (*abelhas*) zumbido 2 (*vozes*) sussurro ■ v. 1 (*abelhas*) zumbir 2 (*vozes*) sussurrar 3 cantarolar (por entre dentes) interj. (*dúvida, hesitação*) hum! ♦ to hum and haw hesitar to make things hum pôr tudo em atividade
human adj. humano; human being ser humano; human rights direitos humanos; the human race a humanidade ■ s. ser humano
humane adj. humano, humanitário
humanism s. humanismo
humanist adj., s. humanista
humanitarian adj. humanitário; humanitarian aid ajuda humanitária ■ s. filantropo
humanitarianism s. humanitarismo
humanity s. humanidade
humanize v. humanizar
humankind s. gênero humano; humanidade
humanoid adj., s. humanoide
humble adj. humilde; modesto; in my humble opinion na minha modesta opinião ■ v. humilhar
humbug s. 1 asneiras; disparates; bobagens 2 (*pessoa*) impostor 3 Grã-Bretanha bala de menta
humdrum adj. monótono
humerus s. ANATOMIA úmero
humid adj. úmido
humidifier s. umidificador
humidify v. umidificar

humidity s. (*atmosfera*) umidade
humiliate v. humilhar
humiliating adj. humilhante
humiliation s. humilhação
humility s. humildade, modéstia
hummingbird s. ZOOLOGIA beija-flor, colibri
humongous, humungous Grã-Bretanha adj. coloquial enorme, gigantesco
humor s. EUA in a good/bad humor de bom/mau humor; sense of humor sentido de humor ■ v. EUA fazer a vontade a
humorist s. (*escritor*) humorista
humorous adj. engraçado; humorístico
humour, humor EUA s. humor; in a good/bad humour de bom/mau humor; sense of humour senso de humor ■ v. fazer a vontade a
humoured, humored EUA adj. humorado
humourless, humorless EUA adj. sem sentido de humor; sem graça
hump s. 1 corcunda 2 (*camelo*) bossa 3 (*superfície*) lomba; we're over the hump o pior já passou ■ v. 1 coloquial carregar com 2 calão ter relações sexuais com
humpback s. corcunda; ZOOLOGIA humpback whale jubarte
humus s. GEOLOGIA húmus
hunch s. 1 coloquial palpite, sugestão; pressentimento 2 corcunda; corcova ■ v. curvar; arquear
hunchback s. pejorativo corcunda
hundred adj., s. cem; a hundred per cent cem por cento; a hundred years cem anos ■ s. cento, centena; a few hundred people algumas centenas de pessoas; hundreds of times centenas de vezes
hundredfold adj. cêntuplo
hundredth adj., s. centésimo ■ s. centésima parte
hundredweight s. (*peso*) quintal
Hungarian adj., s. húngaro; (*língua*) húngaro
Hungary s. Hungria
hunger s. 1 fome; to die of hunger morrer de fome 2 figurado ânsia (for, *de*); sede (for, *de*) v. ansiar (for/after, *por*)
hungover adj. ressacado
hungry adj. 1 esfomeado, faminto; to be/get hungry ter/ficar com fome 2 (*desejo*) ávido (for, *de*)
hunk s. coloquial (*comida*) pedaço, naco
hunt v. 1 caçar 2 (*criminoso*) perseguir 3 andar à procura (for, *de*) s. 1 caça, caçada 2 (*criminosos*) perseguição 3 procura hunt down v. perseguir; andar à caça de
hunter s. 1 caçador 2 cavalo de caça
hunting s. caça; to go hunting ir à caça
huntsman s. caçador
hurdle s. 1 ESPORTE barreira 2 obstáculo; to clear/cross a hurdle ultrapassar um obstáculo hurdles s.pl. (*atletismo*) barreiras; the 400 metre hurdles os 400 metros com barreiras ■ v. (*barreira, obstáculo*) transpor, saltar
hurdling s. ESPORTE corrida de obstáculos
hurdy-gurdy s. MÚSICA realejo, sanfona
hurl v. 1 (*objeto*) arremessar, atirar 2 (*acusação, insulto*) proferir ■ s. arremesso
hurly-burly s. tumulto; azáfama

hurrah

hurrah *interj.* hurra!
hurricane *s.* METEOROLOGIA furacão
hurried *adj.* 1 apressado, rápido 2 precipitado
hurry *s.* pressa; to be in a hurry estar apressado, estar afobado ■ *v.* apressar(-se); despachar(-se); hurry up! anda logo! apresse-se!
hurt *adj.* ferido; machucado ■ *s.* mágoa, dor ■ *v.* 1 ferir; magoar 2 doer 3 (*sentimentos*) ofender ◆ it won't hurt you to get up early não te faz mal nenhum levantar cedo she wouldn't hurt a fly ela não faz mal a uma mosca
hurtful *adj.* doloroso
hurtle *v.* 1 ir a grande velocidade (towards, *para*); precipitar-se (towards, *para*) 2 arremessar, lançar
husband *s.* marido
husbandry *s.* AGRICULTURA (*atividade*) lavoura
hush *v.* 1 calar(-se) 2 sossegar; acalmar ■ *s.* silêncio ■ *interj.* psiu!; silêncio! ◆ hush money suborno hush up *v.* 1 (*escândalo*) abafar 2 (fazer) calar
hush-hush *adj.* secreto; confidencial
husk *s.* casca; folhelho ■ *v.* descascar; debulhar
huskiness *s.* (*voz, som*) rouquidão
husky *adj.* 1 rouco 2 EUA coloquial (*homem*) valentão; brigão ■ *s.* (*cachorro*) husky Siberian husky husky siberiano
hustle *s.* 1 pressa 2 agitação; hustle and bustle bulício ■ *v.* 1 empurrar; to hustle somebody up empurrar alguém, dar um encontrão em alguém 2 forçar; to hustle somebody into a decision forçar alguém a se decidir 3 apressar-se 4 EUA (*crime*) tentar aliciar
hustler *s.* 1 coloquial vigarista 2 EUA calão pessoa que se prostitui 3 pessoa expedita
hut *s.* 1 cabana 2 coberto 3 acampamento
hutch *s.* coelheira
hyacinth *s.* BOTÂNICA jacinto
hybrid *adj.* híbrido ■ *s.* híbrido
hydrangea *s.* BOTÂNICA hortênsia
hydrant *s.* hidrante
hydrate *v.* hidratar
hydrated *adj.* hidratado
hydration *s.* hidratação
hydraulic *adj.* hidráulico; hydraulic system sistema hidráulico
hydraulics *s.* hidráulica
hydrocarbon *s.* QUÍMICA hidrocarboneto
hydrocephalus *s.* MEDICINA hidrocefalia
hydrochloric *adj.* QUÍMICA clorídrico
hydrodynamics *s.* hidrodinâmica
hydroelectric *adj.* hidroelétrico; hydroelectric power station hidrelétrica, hidroelétrica
hydrogen *s.* QUÍMICA (*elemento químico*) hidrogênio; hydrogen bomb bomba de hidrogênio; hydrogen peroxide água oxigenada
hydrogenate *v.* QUÍMICA (*substância*) hidrogenar
hydrographic *adj.* hidrográfico
hydrography *s.* GEOGRAFIA hidrografia
hydrolysis *s.* QUÍMICA hidrólise
hydromassage *s.* hidromassagem; hydromassage bathtub banheira de hidromassagem
hydrometer *s.* hidrômetro
hydrophobia *s.* hidrofobia
hydroplane *s.* hidroavião
hydrosphere *s.* hidrosfera
hydrotherapy *s.* MEDICINA hidroterapia

hydroxide *s.* QUÍMICA hidróxido
hyena *s.* ZOOLOGIA hiena
hygiene *s.* higiene personal hygiene higiene pessoal
hygienic *adj.* higiênico
hygienist *s.* higienista
hygrometer *s.* higrômetro
hymen *s.* ANATOMIA hímen
hymn *s.* hino, cântico; hymn book livro de cânticos
hype *s.* 1 coloquial publicidade exagerada 2 coloquial falatório ■ *v.* coloquial publicitar
hyperactive *adj.* hiperativo
hyperactivity *s.* hiperatividade
hyperbola *s.* GEOMETRIA hipérbole
hyperbole *s.* LINGUÍSTICA hipérbole
hyperbolic *adj.* hiperbólico
hyperglycaemia, hyperglycemia EUA *s.* MEDICINA hiperglicemia
hyperlink *s.* hiperligação
hypermarket *s.* hipermercado
hypermetropia *s.* MEDICINA hipermetropia
hypernymy *s.* LINGUÍSTICA hiperonímia
hypersensitive *adj.* hipersensível
hyperspace *s.* hiperespaço
hypertension *s.* MEDICINA hipertensão
hypertensive *adj.* MEDICINA hipertenso
hypertext *s.* hipertexto
hyphen *s.* hífen
hyphenate *v.* hifenizar
hyphenation *s.* hifenização
hypnosis *s.* hipnose; to be under hypnosis estar sob hipnose
hypnotic *adj., s.* hipnótico, hipnotizante
hypnotism *s.* hipnotismo
hypnotist *s.* hipnotizador
hypnotize *v.* hipnotizar
hypoallergenic *adj.* hipoalergênico
hypochondria *s.* MEDICINA hipocondria
hypochondriac *adj., s.* hipocondríaco
hypocrisy *s.* hipocrisia
hypocrite *s.* hipócrita
hypocritical *adj.* hipócrita
hypodermic *adj.* hipodérmico
hypoglycaemia, hypoglycemia EUA *s.* MEDICINA hipoglicemia
hyponymy *s.* LINGUÍSTICA hiponímia
hypotension *s.* hipotensão
hypotensive *adj., s.* hipotenso
hypotenuse *s.* GEOMETRIA hipotenusa
hypothermia *s.* MEDICINA hipotermia
hypothesis *s.* hipótese; to propose a hypothesis formular uma hipótese
hypothetical *adj.* hipotético
hysterectomy *s.* MEDICINA histerectomia
hysteria *s.* MEDICINA histeria; mass hysteria histeria coletiva
hysterical *adj.* 1 histérico 2 coloquial hilariante
hysterics *s.* 1 crise nervosa/histérica; to go into hysterics ter um ataque de nervos 2 coloquial ataque de riso; to be in hysterics ter um ataque de riso

I

i s. (*letra*) i
Iberian adj. ibérico; Iberian Peninsula Península Ibérica
ibex s. ZOOLOGIA cabrito-montês
ibis s. ZOOLOGIA íbis
ice s. 1 gelo; ice cube/pick cubo/picador de gelo 2 Grã-Bretanha antiquado sorvete ■ v. 1 (*bolo*) cobrir com glacê 2 gelar 3 (*bebida*) pôr gelo ♦ figurado to break the ice quebrar o gelo (*projeto*) to keep on ice deixar em banho-maria to skate on thin ice estar em uma situação delicada ice cream sorvete ice cream cone sorvete de casquinha ice cream parlour sorveteria vanilla ice cream sorvete de baunilha ice hockey hóquei no gelo Grã-Bretanha ice lolly picolé ice skate patim de gelo ice skating patinação no gelo EUA ice water água gelada
iceberg s. icebergue
icebreaker s. (*barco*) quebra-gelo
icecap s. calota polar
iced adj. 1 gelado; iced tea chá gelado 2 (*bolo*) coberto com glacê
Iceland s. Islândia
ice-skate v. patinar no gelo
ichthyology s. ictiologia
icicle s. pingente de gelo
icing s. CULINÁRIA cobertura glacê ♦ the icing on the cake a cereja em cima do bolo Grã-Bretanha icing sugar açúcar glacê
icon s. ícone
icy adj. 1 gelado; glacial; my hands are icy as minhas mãos estão geladas 2 coberto de gelo; the roads are icy as estradas estão cobertas de gelo
ID s. carteira de identidade; RG
idea s. 1 (*pensamento*) ideia; good idea! boa ideia! I had no idea that... não fazia a menor ideia que...; to come up with an idea ter uma ideia; to get the general idea ficar com uma ideia geral 2 intenção; to have other ideas ter outras intenções 3 conceito; noção; to get the wrong idea entender de forma errada; what's your idea of...? o que é que você entende por...?
ideal adj. ideal (for, *para*); this is the ideal place for a holiday este é o lugar ideal para umas férias ■ s. ideal (of, *de*); ideal of beauty ideal de beleza
idealism s. idealismo
idealist s. idealista
idealistic adj. idealista
idealization, idealisation Grã-Bretanha s. idealização
idealize, idealise Grã-Bretanha v. idealizar
identical adj. idêntico (to/with, *a*) ♦ identical twins gêmeos verdadeiros
identification s. 1 identificação (of, *de*); the identification of the suspects a identificação dos suspeitos 2 documentos (de identificação)

identify v. 1 identificar (as, *como*); she was identified as the driver of the vehicle ela foi identificada como a motorista do veículo 2 determinar; identificar; they haven't identified the main causes of the accident yet eles ainda não determinaram as principais causas do acidente identify with v. 1 (*empatia*) identificar-se (with, *com*) 2 associar (with, *a*); relacionar (with, *com*)
identity s. identidade; cultural identity identidade cultural; identity crisis crise de identidade ♦ identity card carteira de identidade
ideogram s. ideograma
ideological adj. ideológico
ideology s. ideologia
idiocy s. idiotice; estupidez
idiom adj. 1 expressão idiomática 2 formal idioma; linguagem
idiomatic adj. idiomático; idiomatic expression expressão idiomática
idiot s. idiota, cretino
idiotic adj. idiota; estúpido
idle adj. 1 preguiçoso; indolente 2 desocupado; ocioso; idle hours horas de ócio 3 (*promessas, palavras*) vão; inútil 4 (*máquina, fábrica*) parado; em pausa ■ v. 1 (*carro*) estar em ponto morto 2 embromar, mandriar 3 EUA (*fábrica*) fechar; encerrar ♦ idle curiosity pura curiosidade idle away v. (*tempo*) perder; desperdiçar
idleness s. ociosidade; indolência
idler s. preguiçoso; ocioso
idly adv. ociosamente; indolentemente; sem fazer nada; to stand idly by ficar de braços cruzados
idol s. ídolo
idolater s. idólatra
idolatrous adj. idólatra
idolatry s. idolatria
idolize, idolise Grã-Bretanha v. idolatrar
idyll s. literário idílio
idyllic adj. idílico
if conj. 1 se; as if como se; if I were you... se eu fosse você...; if necessary se necessário; if it rains we'll stay at home se chover ficaremos em casa 2 embora; ainda que; it was a pleasant if expensive dinner foi um jantar agradável, ainda que caro ■ s. coloquial se; I don't want any ifs and buts não quero ses nem meios ses; if only! tomara, se pelo menos if so sendo assim
iffy adj. 1 coloquial duvidoso; 2 pouco provável
igloo s. iglu
ignition s. ignição ♦ ignition key chave de ignição
ignorance s. ignorância; to be in ignorance of something ignorar algo; out of ignorance por ignorância ♦ ignorance is bliss bendita ignorância

ignorant

ignorant *adj.* 1 ignorante (of, *de*); to be ignorant of the facts ignorar os fatos 2 coloquial grosseiro; bronco
ignore *v.* ignorar; desconhecer
ignored *adj.* ignorado
iguana *s.* ZOOLOGIA iguana
ilex *s.* BOTÂNICA caúna
ill *adj.* 1 doente; to be ill estar doente; to be taken/fall ill ficar doente 2 mau; ill deed/fortune má ação/sorte ■ *adv.* mal; to speak ill of falar mal de ■ *s.* mal ills *s.pl.* problemas; social ills problemas sociais ♦ ill feeling ressentimento to be ill at ease não estar à vontade
ill-advised *adj.* imprudente; desaconselhável
ill-at-ease *adj.* constrangido
ill-behaved *adj.* malcomportado; mal-educado
ill-bred *adj.* mal-educado
ill-considered *adj.* irrefletido; precipitado; an ill-considered decision uma decisão precipitada
illegal *adj.* ilegal; illegal worker trabalhador ilegal
illegality *s.* ilegalidade
illegible *adj.* ilegível
illegitimate *adj.* ilegítimo
ill-equipped *adj.* 1 mal equipado 2 mal preparado
ill-fated *adj.* malfadado
illicit *adj.* ilícito
illiteracy *s.* iliteracia; analfabetismo
illiterate *adj., s.* 1 analfabeto 2 ignorante
ill-mannered *adj.* grosseiro; mal educado
illness *s.* MEDICINA doença; serious illness doença grave
illogical *adj.* ilógico
ill-treat *v.* maltratar
ill-treatment *s.* maus-tratos
illuminate *v.* 1 iluminar 2 formal esclarecer; clarificar
illumination *s.* 1 iluminação 2 formal esclarecimento 3 (*livro etc.*) iluminura
illusion *s.* ilusão; to be under the illusion that ter a ilusão de que; to have no illusions about não ter ilusões em relação a; optical illusion ilusão de óptica
illusionist *s.* ilusionista
illustrate *v.* 1 ilustrar; the following examples illustrate how this operates os exemplos seguintes ilustram como isto funciona; to illustrate a book ilustrar um livro 2 esclarecer; to illustrate the subject esclarecer o assunto
illustrated *adj.* (*com gravuras*) ilustrado
illustration *s.* 1 ilustração; colour illustrations ilustrações a cores 2 exemplo (of, *de*)
illustrative *adj.* ilustrativo
illustrator *s.* ilustrador
illustrious *adj.* ilustre, famoso
image *s.* 1 imagem 2 ideia (of, *de*); to have a clear image of ter uma ideia clara de ♦ (*semelhança*) to be the spitting image of ser alguém cuspido e escarrado
imagery *s.* imagens
imaginable *adj.* imaginável; concebível
imaginary *adj.* imaginário
imagination *s.* imaginação
imaginative *adj.* imaginativo
imagine *v.* 1 imaginar; you can't imagine how sorry he was você não imagina como ele se arrependeu; you're imagining things! você está sonhando! 2 julgar; supor ♦ I can't imagine why! não sei porquê!
imam *s.* RELIGIÃO imã
imbalance *s.* desequilíbrio
imbecile *adj., s.* imbecil; idiota
imbecility *s.* imbecilidade
imbibe *v.* embeber
imbroglio *s.* imbróglio
imbue *v.* imbuir (de, *with*); to be imbued with estar imbuído de
imbuia *s.* BOTÂNICA imbuia
imitate *v.* imitar; copiar
imitation *s.* imitação; beware of cheap imitations! cuidado com as imitações! ■ *adj.* falso; de imitação; imitation jewellery joias falsas
immaculate *adj.* imaculado; impecável ♦ RELIGIÃO Immaculate Conception Imaculada Conceição
immaterial *adj.* 1 irrelevante; sem importância; that is quite immaterial isso não é importante 2 formal imaterial; incorpóreo
immature *adj.* imaturo
immaturity *s.* imaturidade
immeasurable *adj.* incomensurável; imenso
immediacy *s.* iminência; urgência
immediate *adj.* 1 imediato; an immediate reply uma resposta imediata 2 próximo; my immediate neighbour o meu vizinho mais próximo
immediately *adv.* 1 imediatamente 2 diretamente *conj.* Grã-Bretanha formal logo que
immemorial *adj.* imemorial; from time immemorial desde tempos imemoriais
immense *adj.* imenso; enorme
immensity *s.* imensidão; vastidão
immerse *v.* mergulhar (in, *em*) ♦ to be immersed in estar absorto em
immersed *adj.* imerso
immersion *s.* 1 imersão 2 absorção fig.
immigrant *s.* imigrante
immigrate *v.* imigrar
immigration *s.* imigração
imminence *s.* iminência
imminent *adj.* iminente; in imminent danger em perigo iminente
immobile *adj.* parado, imóvel
immobility *s.* imobilidade
immobilization, immobilisation Grã-Bretanha *s.* imobilização
immobilize, immobilise Grã-Bretanha *v.* imobilizar
immodest *adj.* 1 imodesto; vaidoso 2 impudico; indecente
immoral *adj.* imoral
immorality *s.* imoralidade
immortal *adj., s.* imortal
immortality *s.* imortalidade
immortalize, immortalise Grã-Bretanha *v.* imortalizar
immovable *adj.* 1 imóvel; fixo 2 (*pessoa*) intransigente; inflexível
immune *adj.* 1 imune (to, *a*); immune to a disease imune a uma doença; to be immune to criticism não

ser afetado pelas críticas 2 isento (from, *de*) 3 livre (from, *de*); to be immune from prosecution ficar livre de acusações ♦ immune system sistema imunitário

immunity s. imunidade (to/from, *a*); diplomatic immunity imunidade diplomática

immunization, immunisation Grã-Bretanha s. imunização

immunize, immunise Grã-Bretanha v. MEDICINA imunizar (against, *contra*); tornar imune (against, *contra*); to immunize against serious diseases imunizar contra doenças graves

immunodeficiency s. MEDICINA imunodeficiência

immunology s. imunologia

immutable adj. formal imutável

imp s. 1 (*contos de fada*) diabinho, diabrete 2 (*criança*) peste

impact[1] s. 1 impacto (on/upon, *em*); to have an impact on ter impacto em; to make an impact causar impacto ♦ impact test teste de impacto; environmental impact impacto ambiental

impact[2] v. 1 ter impacto (on/upon, *em*); these costs will impact on our profitability estes custos vão ter impacto no nosso lucro 2 formal colidir (on/upon, *com*)

impair v. prejudicar; to impair one's health prejudicar a saúde

impaired adj. enfraquecido; debilitado ■ s. deficiente; the visually impaired os deficientes visuais

impairment s. disfunção; insuficiência; deficiência; hearing impairment insuficiência auditiva

impartial adj. imparcial

impartiality s. imparcialidade

impassable adj. intransitável

impasse s. impasse; beco sem saída fig.

impassioned adj. apaixonado; ardente; veemente

impatience s. 1 impaciência 2 ansiedade (to, *de*); desejo (to, *de*); in her impatience to see him na ansiedade de o ver

impatient adj. 1 impaciente 2 ansioso (for, *por*); desejoso (for, *por*); impatient for his dinner ansioso pelo jantar

impeach v. acusar (for/with, *de*); to impeach a person with a crime acusar uma pessoa de um crime

impeachment s. 1 acusação 2 (*alto funcionário público*) acusação por crimes graves 3 remoção do cargo; impeachment

impeccable adj. impecável; perfeito

impedance s. FÍSICA impedância

impede v. impedir; dificultar; estorvar

impediment s. 1 impedimento (to, *para/a*); entrave (to, *para/a*); empecilho, obstáculo (to, *para/a*) 2 defeito; speech impediment defeito de fala

impel v. impelir, impulsionar

impending adj. iminente; an impending tragedy uma tragédia iminente

impenetrable adj. impenetrável; impenetrable mystery mistério impenetrável

imperative adj. 1 imperativo; imperioso; imperative tone tom imperativo 2 urgente; indispensável; imprescindível; it is imperative that you tell him immediately é indispensável que lhe diga imediatamente 3 LINGUÍSTICA imperativo ■ s. 1 imperativo; dever 2 LINGUÍSTICA imperativo

imperceptible adj. imperceptível

imperfect adj. imperfeito; defeituoso ■ s. LINGUÍSTICA (*tempo verbal*) imperfeito; in the imperfect no imperfeito

imperfection s. imperfeição; defeito

imperial adj. 1 imperial 2 imponente; majestoso

imperialism s. imperialismo

imperialist s. imperialista

imperious adj. imperioso; autoritário

impermeable adj. impermeável (to, *a*); impermeable to water impermeável à água

impersonal adj. impessoal

impersonate v. 1 fazer-se passar por 2 imitar

impersonation s. imitação

impersonator s. imitador

impertinence s. impertinência; insolência

impertinent adj. impertinente; insolente; to be impertinent to ser insolente com

impervious adj. 1 insensível (to, *a*); indiferente (to, *a*); impervious to pain insensível à dor 2 impermeável (to, *a*); impenetrável (to, *por*); impervious to water impermeável à água

impetuosity s. impetuosidade, rompante

impetuous adj. impetuoso; impulsivo

impetus s. 1 ímpeto 2 (*força*) impulso

impiety s. impiedade

impish adj. travesso; irrequieto; endiabrado

implacable adj. implacável; inexorável; implacable enemy inimigo implacável

implant[1] s. MEDICINA implante

implant[2] v. 1 incutir (in, *em*); to implant an idea in somebody meter uma ideia na cabeça de alguém 2 MEDICINA implantar; to implant an artificial heart implantar um coração artificial

implausible adj. implausível; improvável

implement[1] v. implementar; realizar; levar a cabo

implement[2] s. utensílio; farm implements utensílios agrícolas

implementation s. implementação

implicate v. implicar (in, *em*); envolver (in, *em*)

implication s. 1 implicação (of, *de*); consequência (of, *de*) 2 sugestão (of, *de*); insinuação (of, *de*); by implication implicitamente 3 (*crime*) implicação (in, *em*); envolvimento (in, *em*)

implicit adj. 1 implícito (in, *em*) 2 absoluto; incondicional; implicit trust confiança cega

implied adj. implícito; subentendido

implode v. implodir

implore v. formal implorar; rogar; suplicar

imploring adj. formal suplicante; de súplica

implosion s. implosão

imply v. 1 sugerir; insinuar 2 implicar; envolver

impolite adj. indelicado; grosseiro

impoliteness s. indelicadeza; má educação

imponderable adj. imponderável ■ s. formal (*circunstância*) imponderável

import[1] s. 1 artigo importado 2 importação; import trade comércio de importação; import and export importação e exportação 3 formal importância; a matter of great import um assunto de grande im-

import

portância 4 formal significado; sentido; what is the import of his words? qual será o significado das palavras dele?

import² v. 1 importar (from, de); these cars are imported from Japan estes carros são importados do Japão 2 formal significar; querer dizer; what does it import? que significa isso?

importance s. importância (of, de); a matter of the utmost importance um assunto muitíssimo importante; to attach importance to atribuir importância a

important adj. importante; it's not important não tem importância; to be important to ser importante para

importantly adv. com importância

importer s. importador

importune v. formal importunar

impose v. 1 impor (on, a) 2 estabelecer; instituir; to impose a tax estabelecer um imposto 3 abusar (on, de); aproveitar-se (on, de); they imposed on his good nature abusaram da bondade dele

imposing adj. imponente; grandioso; majestoso

imposition s. 1 imposição 2 abuso; that would be an imposition on your kindness isso seria abusar da sua amabilidade

impossibility s. impossibilidade; it's a physical impossibility é materialmente impossível

impossible adj. 1 impossível; to make it impossible for somebody to impossibilitar alguém de; it's impossible! é impossível 2 (pessoa) insuportável ■ s. impossível; to ask for the impossible pedir o impossível

impostor s. impostor

imposture s. formal impostura; burla; fraude

impotence s. impotência

impotent adj. 1 MEDICINA impotente 2 incapaz, impotent

impound v. confiscar; apreender

impoverish v. 1 empobrecer 2 debilitar; enfraquecer

impoverishment s. empobrecimento

impracticable adj. impraticável, inviável

impractical adj. 1 inviável; impraticável 2 pouco prático

impracticality s. 1 inviabilidade 2 falta de sentido prático

imprecise adj. impreciso; vago

imprecision s. imprecisão

impregnate v. impregnar (with, de)

impregnation s. 1 impregnação 2 fecundação

impress v. 1 impressionar; to impress somebody favourably causar boa impressão 2 imprimir (on, em); estampar (on, em) 3 incutir (upon, em); to impress something on somebody incutir algo em alguém

impression s. 1 (sensação) impressão (on, em); to be under the impression that ter a impressão que; to make a good impression causar boa impressão; to make an impression impressionar 2 imitação (of, de); he did a brilliant impression of the president ele fez uma imitação magnífica do presidente 3 marca 4 (livro) impressão

impressionable adj. impressionável; sensível

impressionism s. ARTES PLÁSTICAS impressionismo

impressionist adj. ARTES PLÁSTICAS impressionista; impressionist painting pintura impressionista ■ s. 1 impressionista 2

impressive adj. impressionante

imprint¹ s. impressão; marca

imprint² v. 1 imprimir (on, em); marcar (on, em) 2 (memória) gravar (on, em); to be imprinted on one's memory ser recordado para sempre

imprison v. aprisionar; encarcerar

imprisoned adj. preso, aprisionado, enclausurado

imprisonment s. prisão; detenção; he was sentenced to life imprisonment ele foi condenado a prisão perpétua

improbability s. improbabilidade

improbable adj. improvável

impromptu adj. improvisado; impromptu speech discurso improvisado ■ adv. de improviso ■ s. improviso

improper adj. 1 impróprio; inconveniente; indevido 2 incorreto

improve v. melhorar; aperfeiçoar ♦ to improve one's mind cultivar-se

improvement s. aperfeiçoamento, melhoramento (in/on, em/de); melhoria (in/on, em/de); there's room for improvement ainda se pode melhorar; to be an improvement on ser melhor do que ♦ home improvements obras em casa

improvisation s. MÚSICA improviso

improvise v. improvisar; to improvise on the piano improvisar ao piano

imprudence s. formal imprudência

imprudent adj. formal imprudente; irrefletido

impudence s. formal insolência; impudência; descaramento; none of your impudence! não seja insolente!

impudent adj. formal insolente; descarado

impugn v. formal impugnar; refutar; contestar

impulse s. 1 impulso; to act on impulse agir impulsivamente; to feel an impulse to sentir uma vontade súbita de 2 estímulo; incentivo; to give an impulse to incentivar

impulsion s. formal impulso; ímpeto

impulsive adj. impulsivo

impunity s. impunidade; with impunity impunemente

impure adj. 1 impuro; contaminado; impure water água contaminada 2 antiquado impuro; impure thoughts pensamentos impuros

impurity s. impureza

imputation s. imputação (of, de)

impute v. imputar (to, a); atribuir (to, a)

in prep. 1 em; in bed na cama; in New York em Nova Iorque; in summer no verão; in three weeks em três semanas 2 a; in the sun ao sol 3 de; in wood de madeira ■ adv. 1 em casa; no local de trabalho; to be in estar em casa/no local de trabalho; (trem, ônibus) ter chegado 2 para dentro; it curves in at the edges dobra-se para dentro nas extremidades ■ adj. 1 coloquial na moda 2 interno; privado; an in joke uma piada interna ♦ all in tudo incluído in a way de certa maneira in no time rapidinho the ins and outs of os detalhes the in door a porta de entrada to be in for estar prestes a to be in on saber de ter conhecimento de to be in with estar de boas relações com in the course of durante, no decorrer de to have an in with ter influência junto a in vitro loc. in vitro; in vitro fertilization fertilização in vitro

inability s. incapacidade (to, de)
inaccessible adj. inacessível (to, a)
inaccuracy s. inexatidão; imprecisão
inaccurate adj. inexato; impreciso
inaction s. inação
inactive adj. inativo; ocioso
inactivity s. inatividade
inadequacy s. 1 incapacidade 2 insuficiência; carência
inadequate adj. 1 inadequado; impróprio 2 incapaz; to make somebody feel inadequate fazer alguém sentir-se um incapaz
inadmissible adj. inadmissível
inadvertence s. (falta de atenção) inadvertência
inadvertently adv. inadvertidamente
inadvisable adj. desaconselhável; inoportuno
inane adj. idiota; imbecil
inanimate adj. inanimado
inanity s. idiotice; imbecilidade
inapplicable adj. inaplicável (to, a)
inappropriate adj. impróprio (for/to, para); inadequado (to, a)
inappropriateness s. inadequação desajustamento; inadequação
inapt adj. formal impróprio; inadequado
inarticulate adj. 1 (pessoa) com dificuldades de expressão 2 (expressão etc.) inarticulado 3 ANATOMIA sem articulações
inattention s. falta de atenção (to, a); inattention to details falta de atenção aos detalhes
inattentive adj. desatento (to, a); distraído (to, em relação a)
inaudible adj. inaudível
inaugurate v. 1 (presidente etc.) empossar 2 inaugurar
inauguration s. 1 inauguração 2 empossamento ♦ EUA Inauguration Day dia da tomada de posse do novo presidente
inborn adj. inato; congênito; inborn talent talento inato
incalculable adj. formal incalculável
incandescence s. incandescência
incandescent adj. 1 incandescente; incandescent bulb/lamp lâmpada incandescente 2 arrebatado; exaltado
incantation s. encantamento; feitiço
incapability s. incapacidade
incapable adj. incapaz (of, de); he seems to be incapable of understanding simple instructions ele parece incapaz de compreender umas simples instruções
incapacitate v. formal incapacitar (for, para); he was incapacitated for work after the accident ele ficou incapacitado para trabalhar após o acidente
incapacity s. formal incapacidade (to, para; of, de); his incapacity for kindness a sua incapacidade de ser amável

incarnate¹ v. formal encarnar
incarnate² adj. encarnado
incarnation s. 1 encarnação 2 personificação (of, de); she's the incarnation of goodness ela é a personificação da bondade
incautious adj. incauto; descuidado; imprudente
incendiary adj., s. incendiário ■ s. bomba incendiária
incense¹ s. incenso
incense² v. enfurecer
incentive s. incentivo (to, a/para); estímulo (to, a/para) ■ adj. estimulante
incessant adj. incessante; contínuo; ininterrupto
incest s. incesto
incestuous adj. incestuoso
inch s. (medida) polegada (2,54 cm); cubic inch polegada cúbica ■ v. avançar pouco a pouco ♦ by inches por pouco he knows every inch of the neighbourhood conhece o lugar como a palma da mão inch by inch pouco a pouco not an inch nada not to budge/give an inch não ceder um milímetro they couldn't see an inch before them não viam um palmo à frente dos olhos to be within an inch of estar prestes a
incidence s. formal incidência (of, de); angle of incidence ângulo de incidência; there's a high incidence of há uma grande incidência de
incident s. incidente; the scandal caused a diplomatic incident o escândalo causou um incidente diplomático
incidental adj. 1 casual; acidental; incidental expenses despesas extra 2 inerente (to, a) s. eventualidade; imprevisto ♦ incidental music música de fundo
incidentally adv. 1 a propósito 2 por acaso
incinerate v. incinerar
incineration s. incineração
incinerator s. incineradora
incision s. incisão
incisive adj. incisivo; perspicaz
incisor s. (dente) incisivo
incite v. incitar (to, a); instigar (to, a); he incited the crowd to rebellion ele incitou a multidão à revolta
incitement s. incitamento (to, a); instigação (to, a)
inclination s. 1 (cabeça) inclinação 2 inclinação (to/for/towards, para); tendência (to/for/towards, para); propensão (to/for/towards, para); to have an inclination to write gostar de escrever 3 formal declive ♦ by inclination por natureza
incline¹ s. declive; inclinação
incline² v. 1 inclinar(-se) (to/towards, para) 2 predispor (to/towards, para) 3 pender (to/towards, para); ter tendência (to/towards, para) 4 (cabeça) curvar
inclined adj. 1 inclinado; inclined plane plano inclinado 2 (vontade) disposto (to, a) 3 (talento) com inclinação (to, para) 4 propenso, com tendência (to, para) ♦ if you feel so inclined se você quiser
include v. incluir, englobar; is service included in the bill? o serviço está incluído na conta?
included adj. incluído; everything is included in the price está tudo incluído no preço
including prep. incluindo; including me contando comigo; not including... sem contar com...

inclusion

inclusion s. inclusão (in, em)
inclusive adj. 1 inclusivo; to be inclusive of incluir 2 inclusive; from page 5 to 10 inclusive da página 5 à 10 inclusive
inclusively adv. inclusive
incognito adj. incógnito ■ adv. incógnito; to travel incognito viajar incógnito
incoherence s. incoerência
incoherent adj. incoerente
income s. rendimento; to live on one's income viver dos rendimentos; to live up to one's income gastar tudo o que se ganha; to live within one's income não ultrapassar os rendimentos
incoming adj. 1 de chegada 2 futuro; próximo; the incoming year o próximo ano **incomings** s.pl. receitas; rendimentos; incomings and outgoings receitas e despesas ♦ incoming calls chamadas do exterior
incommensurable adj. incomensurável
incommensurate adj. 1 desproporcional (with, em relação a); the means are incommensurate with the ends os meios são insuficientes para os fins em vista 2 incomensurável
incommunicable adj. incomunicável
incommunicado adj., adv. incomunicável
incomparable adj. incomparável
incompatibility s. incompatibilidade
incompatible adj. incompatível (with, com)
incompetence s. incompetência
incompetent adj., s. incompetente
incomplete adj. incompleto; por terminar
incomprehensible adj. incompreensível (to, para)
inconceivable adj. inconcebível
inconclusive adj. inconclusivo; inconcludente; to be inconclusive não dar em nada
incongruent adj. incongruente
incongruous adj. 1 impróprio 2 estranho
inconsequential adj. inconsequente; sem importância
inconsiderate adj. inconsiderado (of, da parte de); pouco atencioso (of, da parte de)
inconsistency s. inconsistência
inconsistent adj. inconsistente (with, com); to be inconsistent with não coincidir com
inconsolable adj. inconsolável
inconspicuous adj. discreto; que não dá nas vistas; to make oneself inconspicuous tentar passar despercebido
inconstancy s. literário inconstância
inconstant adj. literário inconstante
incontinence s. incontinência; urinary incontinence incontinência urinária
incontinent adj. incontinente
incontrovertible adj. incontroverso; incontestável
inconvenience s. 1 incômodo; transtorno; aborrecimento; to put somebody to great inconvenience causar transtorno a alguém 2 inconveniente; desvantagem ■ v. incomodar
inconvenient adj. inconveniente; impróprio; inoportuno; at an inconvenient time a uma hora pouco conveniente
incorporate v. incorporar (in/into, em)
incorporation s. incorporação; integração; inclusão

incorrect adj. 1 incorreto; errado 2 (comportamento) inadequado; impróprio
incorrectly adv. 1 incorretamente 2 inadequadamente
incorrigible adj. incorrigível
incorrupt adj. incorrupto
incorruptible adj. incorruptível
increase^1 s. aumento (in, de); subida (in, de); acréscimo (in, de); an increase of 20% um aumento de 20%; increase in output acréscimo de rendimento; to be on the increase estar aumentando
increase^2 v. aumentar (in, de); subir (in, de); to increase in price subir de preço; to increase in value valorizar; to increase one's efforts redobrar os esforços; to increase one's pace apressar o passo
increasing adj. crescente
increasingly adv. crescentemente
incredible adj. incrível; inacreditável
incredulity s. incredulidade
incredulous adj. incrédulo; an incredulous look um olhar de incredulidade
increment s. incremento; aumento; crescimento
incriminate v. incriminar
incriminating adj. incriminatório; incriminating evidence provas incriminatórias
incrimination s. incriminação
incrust v. incrustar
incubate v. 1 (ovos) chocar 2 (doença) incubar
incubation s. incubação; (doença) incubation period período de incubação
incubator s. incubadora
inculcate v. inculcar (in, into, em)
inculpate v. inculpar; acusar
incumbency s. incumbência (as, como)
incur v. 1 incorrer em; ficar sujeito a; to incur debts incorrer em dívidas; to incur punishment incorrer em castigos 2 sofrer
incurable adj. 1 incurável; incurable disease doença incurável 2 incorrigível ■ s. doente incurável
indebted adj. 1 endividado 2 (gratidão) em dívida (to, para com); I'm indebted to all the people who helped me estou em dívida para com todos aqueles que me ajudaram
indebtedness s. endividamento
indecency s. indecência; obscenidade
indecent adj. 1 indecente; obsceno; an indecent gesture um gesto obsceno 2 inconveniente; impróprio ♦ indecent assault atentado ao pudor indecent exposure exibicionismo
indecipherable adj. indecifrável
indecision s. indecisão; incerteza
indecisive adj. 1 indeciso; irresoluto 2 inconclusivo; inconcludente
indeed adv. 1 realmente; de fato; it is a very good film indeed é realmente um filme muito bom 2 formal aliás ■ interj. (surpresa) ai sim!; essa agora!
indefensible adj. 1 injustificável; imperdoável 2 (lugar) indefensável
indefinable adj. indefinível
indefinite adj. 1 indeterminado; for an indefinite period of time por tempo indeterminado 2 inde-

finido; impreciso; vago 3 LINGUÍSTICA (*artigo, pronome*) indefinido
indefinitely *adv.* 1 indefinidamente 2 indeterminadamente
indelible *adj.* indelével; permanente; to leave an indelible mark deixar uma marca indelével
indelicacy *s.* formal indelicadeza; grosseria
indelicate *adj.* formal indelicado; grosseiro
indemnify *v.* indenizar (for, *por*); compensar (for, *por*); ressarcir (for, *por*); I was indemnified for the loss of my property fui indenizado pela perda da minha propriedade
indemnity *s.* indenização; to get an indemnity for receber uma indenização por; to pay an indemnity to indenizar
indent[1] *s.* 1 Grã-Bretanha (*encomenda*) ordem; requisição; purchase indent ordem de compra 2 indentação 3 entalhe; recorte
indent[2] *v.* 1 indentar; to indent the text indentar o texto 2 recortar; talhar; dentear 3 Grã-Bretanha encomendar (for, –); to indent for a new supply fazer uma nova encomenda
indentation *s.* 1 indentação; indentation of the text indentação do texto 2 entalhe; recorte
independence *s.* independência; fight for independence luta pela independência ♦ Independence Day Dia da Independência dos EUA (4 de julho)
independent *adj.* 1 independente (of, *de*) 2 imparcial ■ *s.* POLÍTICA independente
in-depth *adj.* aprofundado; pormenorizado
indescribable *adj.* indescritível
indestructible *adj.* indestrutível
indeterminate *adj.* indeterminado; indefinido
index *s.* 1 (*lista*) índice 2 indício (of, *de*); sinal (of, *de*); indicação (of, *de*) 3 ECONOMIA índice 4 MATEMÁTICA índice ■ *v.* indexar (to, *a*) ♦ index finger dedo indicador
indexation *s.* 1 indexação 2 ECONOMIA correção monetária
India *s.* Índia
Indian *adj., s.* 1 indiano 2 índico; Indian Ocean Oceano Índico ♦ em fila indiana in Indian file; in single file
indicate *v.* 1 indicar 2 sugerir 3 Grã-Bretanha (*carro*) dar o pisca ♦ to be indicated ser aconselhável; ser o indicado
indication *s.* indicação (of, *de*); sinal (of, *de*); to give indication of dar indicação de
indicative *adj.* 1 indicador; indicativo (of, *de*); to be indicative of indicar 2 LINGUÍSTICA (*verbo*) indicativo; indicative mood modo indicativo ■ *s.* (*verbo*) indicativo
indicator *s.* 1 indicador 2 Grã-Bretanha (*carro*) pisca
indict *v.* EUA acusar (for, *de*); indiciar (on, *por*); he was indicted on the charge of forgery ele foi indiciado pelo crime de falsificação
indictment *s.* 1 sinal; prova 2 EUA denúncia; acusação
indie *adj.* (*música, banda*) independente ■ *s.* (*música, cinema*) produtora independente
indifference *s.* indiferença; desinteresse; it's a matter of complete indifference to me para mim é completamente indiferente

indoor

indifferent *adj.* 1 indiferente; desinteressado; to be indifferent to ser indiferente a 2 medíocre; banal; an indifferent student um estudante medíocre
● Observar que a palavra inglesa *indifferent* se escreve com f duplo e a palavra *indiferente* em português se escreve com um f apenas.
indigence *s.* (*pobreza extrema*) indigência
indigenous *adj.* formal indígena; nativo; indigenous peoples povos indígenas
indigent *adj.* indigente
indigestible *adj.* 1 (*comida*) indigesto 2 (*informação*) confuso; indigesto
indigestion *s.* indigestão; to suffer from indigestion ter uma indigestão
indignant *adj.* indignado (at/about, *com*); to be indignant at something estar indignado com alguma coisa; to make somebody indignant indignar alguém
indignation *s.* indignação (against/with, *contra*; at/about, *em relação a*) ♦ indignation meeting reunião de protesto
indignity *s.* indignidade
indigo *adj., s.* (*cor*) índigo; cor de anil ■ *s.* BOTÂNICA índigo
indirect *adj.* indireto ♦ LINGUÍSTICA indirect object complemento indireto LINGUÍSTICA indirect speech discurso indireto
indirectly *adv.* indiretamente
indiscipline *s.* formal indisciplina
indiscreet *adj.* indiscreto
indiscretion *s.* indiscrição
indiscriminate *adj.* indiscriminado
indispensable *adj.* indispensável (to, *para*); imprescindível (to, *para*); essencial (to, *para*)
indisposed *adj.* 1 (*saúde*) indisposto; mal-disposto 2 formal relutante (to, *em*); pouco inclinado (to, *a*); to be indisposed to não estar com disposição para
indisposition *s.* formal indisposição; mal-estar
indisputable *adj.* incontestável; irrefutável; an indisputable truth uma verdade irrefutável
indissoluble *adj.* formal indissolúvel
indistinct *adj.* 1 indistinto; vago 2 confuso; indistinct ideas ideias confusas
indistinctly *adv.* indistintamente
individual *adj.* 1 individual 2 pessoal; particular; individual tuition aulas particulares ■ *s.* indivíduo; pessoa; every individual todas as pessoas
individualism *s.* individualismo
individualist *adj., s.* individualista
individualistic *adj.* individualista
individuality *s.* individualidade
individualize, individualise Grã-Bretanha *v.* individualizar; personalizar
individually *adv.* individualmente
indivisible *adj.* indivisível
indolence *s.* formal indolência
indolent *adj.* formal indolente; preguiçoso
Indonesia *s.* Indonesia
indoor *adj.* 1 interior 2 (*pista*) coberto; indoor record recorde de pista coberta ♦ indoor football futebol de salão

indoors

indoors *adv.* dentro; let's go indoors vamos para dentro; to stay indoors ficar em casa
indorse *v.* 1 (*cheque*) endossar 2 apoiar publicamente 3 (*produto, serviço*) promover
induce *v.* 1 formal induzir (to, *a*); levar (to, *a*) provocar; causar; to induce drowsiness provocar sonolência 3 (*parto*) provocar; induzir; to induce labour provocar o parto
inducement *s.* incentivo; estímulo
induction *s.* 1 indução 2 (*cargo*) investidura; indigitação ♦ induction course curso de formação
inductive *adj.* indutivo
indulge *v.* 1 satisfazer; ceder a; to indulge a whim satisfazer um capricho 2 entregar-se (in, *a*); he indulged in reading ele se entregou à leitura
indulgence *s.* 1 indulgência; benevolência 2 pequeno prazer; luxo 3 RELIGIÃO indulgência
indulgent *adj.* indulgente; tolerante; complacente
industrial *adj.* industrial; industrial waste resíduos industriais ♦ Grã-Bretanha industrial action greve industrial dispute conflito trabalhista EUA industrial park zona industrial
industrialist *s.* industrial
industrialization, industrialisation Grã-Bretanha *s.* industrialização
industrialize, industrialise Grã-Bretanha *v.* industrializar
industrious *adj.* trabalhador; diligente; aplicado; an industrious student um aluno aplicado
industry *s.* 1 indústria; industry machinery maquinaria industrial; the heavy industries as indústrias pesadas 2 formal dinamismo; iniciativa
inebriate *v.* embriagar; inebriar
inebriating *adj.* embriagante; inebriante
inebriation *s.* 1 embriaguez 2 entusiasmo; the inebriation of the crowd o entusiasmo da multidão
inedible *adj.* incomestível
ineffective *adj.* 1 ineficaz; inútil 2 incompetente; incapaz
ineffectual *adj.* ineficaz; inútil; ineffectual measures medidas ineficazes
inefficiency *s.* ineficiência
inefficient *adj.* ineficiente
inelegant *adj.* deselegante
ineligible *adj.* inelegível (for, *para*); to be ineligible for a post ser inelegível para um cargo
inept *adj.* 1 inepto; inábil 2 (*comentário*) disparatado
ineptitude *s.* inépcia; ineptidão
inequality *s.* desigualdade; social inequalities desigualdades sociais
inert *adj.* inerte; inert gas gás inerte
inertia *s.* 1 inércia; apatia 2 FÍSICA inércia
inestimable *adj.* inestimável; incalculável
inevitability *s.* inevitabilidade
inevitable *adj.* inevitável; fatal
inexact *adj.* inexato; impreciso
inexactitude *s.* inexatidão
inexcusable *adj.* indesculpável
inexhaustible *adj.* inesgotável
inexpensive *adj.* (*preço*) acessível; barato
inexperience *s.* inexperiência
inexperienced *adj.* inexperiente

inexpert *adj.* inábil; inexpert driving condução inábil
inexplicable *adj.* inexplicável
inexpressible *adj.* (*sentimentos*) inexprimível
inexpressive *adj.* inexpressivo
infallible *adj.* infalível
infamous *adj.* infame; an infamous lie uma mentira infame
infamy *s.* infâmia
infancy *s.* 1 infância 2 início; começo; to be in its infancy estar dando os primeiros passos
infant *s.* 1 bebê 2 criança de 4 a 7 anos de idade; infant prodigy criança prodígio 3 (*judicial*) DIREITO menor de idade ♦ infant mortality mortalidade infantil infant school escola pré-primária
infanticide *s.* 1 infanticídio 2 infanticida
infantile *adj.* infantil; pueril; infantile pranks brincadeiras infantis ♦ infantile paralysis paralisia infantil
infantry *s.* infantaria
infantryman *s.* soldado de infantaria
infatuated *adj.* louco (with, *por*); apaixonado (with, *por*); infatuated with football louco por futebol
infatuation *s.* paixão louca (with/for, *por*)
infect *v.* 1 infectar (with, *com*); (*ferimento*) to become infected infeccionar 2 (*água, alimentos etc.*) contaminar 3 (*sentimento*) contagiar (with, *com*)
infected *adj.* infectado
infection *s.* 1 MEDICINA infecção 2 contágio; to be victim of infection ser vítima de contágio; risk of infection risco de infecção
infectious *adj.* 1 contagioso; infeccioso; infectocontagioso; infectious disease doença infecciosa 2 (*riso, entusiasmo*) contagiante
infer *v.* deduzir (from, *de*); inferir (from, *de*)
inference *s.* inferência; dedução; conclusão; by inference por inferência; to make an inference tirar uma conclusão
inferior *adj., s.* 1 inferior (to, *a*); to be inferior to somebody ser inferior a alguém 2 formal subalterno (in, *em*); subordinado; he is my inferior in the company ele é meu subalterno na empresa; to be in an inferior position estar em uma posição subalterna
inferiority *s.* inferioridade ♦ inferiority complex complexo de inferioridade
infernal *adj.* infernal
infertile *adj.* 1 estéril 2 infértil; infecundo; infertile soil solo infértil
infertility *s.* infertilidade
infest *v.* infestar; to be infested with/by estar infestado de
infidelity *s.* infidelidade
infill *s.* enchimento
infiltrate *v.* infiltrar(-se) (into, *em*)
infiltrated *adj.* infiltrado
infiltration *s.* infiltração; infiltration of water infiltração de água
infiltrator *s.* infiltrado
infinite *adj.* infinito; ilimitado ■ *s.* infinito ♦ MATEMÁTICA infinite number número infinito
infinitive *s.* LINGUÍSTICA infinitivo; the infinitive of the verb o infinitivo do verbo
infinity *s.* 1 infinito 2 infinidade (of, *de*); an infinity of people uma infinidade de gente

infirm adj. enfermo; doente
infirmary s. enfermaria
inflame v. 1 MEDICINA inflamar 2 (*emoções*) *excitar*; inflamar
inflamed adj. (*inflamação*) inflamado
inflammable adj. 1 inflamável; easily inflammable material material facilmente inflamável 2 (*situação*) explosivo
inflammation s. MEDICINA inflamação
inflammatory adj. 1 MEDICINA inflamatório 2 explosivo; inflammatory statements declarações explosivas
inflatable adj., s. inflável; inflatable mattress colchão inflável
inflate v. 1 (*ar*) encher; to inflate the tyres of the car encher os pneus do carro 2 exagerar 3 inflacionar; to inflate the prices inflacionar os preços
inflated adj. 1 cheio de ar 2 (*preço*) inflacionado 3 exagerado; excessivo; to have an inflated opinion of oneself ter-se em grande conta 4 empolado; pomposo; inflated speech discurso pomposo
inflation s. 1 ECONOMIA inflação 2 (*ar*) enchimento; dilatação
inflect v. 1 (*voz*) inflectir 2 LINGUÍSTICA flexionar; conjugar
inflection s. 1 LINGUÍSTICA flexão 2 (*voz*) inflexão; entoação; modulação
inflexibility s. inflexibilidade
inflexible adj. inflexível; rígido; inflexible material material inflexível; inflexible rules regras rígidas
inflict v. 1 (*castigo etc.*) infligir (on, *a*); to inflict pain on somebody infligir dor a alguém 2 aplicar (on, *a*); to inflict a fine on somebody aplicar uma multa a alguém 3 impor (on, *a*); to inflict oneself on somebody impor a sua presença a alguém
infliction s. 1 (*pena, castigo*) aplicação 2 imposição
inflorescence s. BOTÂNICA inflorescência
influence s. influência (on, *sobre*); people of influence pessoas influentes; to be easily influenced ser influenciável; to be under the influence of ser influenciado por; to exercise influence on somebody's behalf mover influências a favor de alguém ■ v. influenciar ♦ to be under the influence estar sob o efeito de álcool influence peddling tráfico de influências
influential adj. influente; importante
influenza s. formal MEDICINA gripe; to catch flu pegar uma gripe; to have flu estar com gripe
influx s. afluência (of, *de*); influxo (of, *de*)
info s. coloquial informação
inform v. 1 informar (of/about, *de*) 2 formal influenciar inform on/against v. denunciar; fazer queixa de
informal adj. 1 informal; uma reunião informal an informal meeting 2 (*roupa*) casual
informality s. informalidade
informant s. informador; informante
information s. informação; for your information para sua informação; to give somebody a piece of information dar uma informação a alguém ♦ information bureau balcão de informações information superhighway autoestrada de informação information technology tecnologia da informação
informative adj. informativo
informer s. informante; dor
infotainment s. entretenimento cultural
infraction s. (*de lei, regra*) infração (of, *de*)
infrared adj., s. infravermelho; infrared rays raios infravermelhos
infrastructure s. infraestrutura
infrequent adj. raro; pouco frequente
infringe v. infringir; transgredir; violar; to infringe a settlement violar um acordo infringe on/upon v. (*direitos, liberdade*) restringir; limitar
infringement s. infração (of, *de*); transgressão (of, *de*); violação (of, *de*); infringement of the law violação da lei
infructescence s. BOTÂNICA infrutescência
infuriate v. enfurecer; I was infuriated by their delay fiquei furioso com o atraso deles
infuriating adj. exasperante; irritante
infuse v. 1 formal incutir (into, *em*); inculcar (into, *em*) 2 (*chá, plantas*) pôr de infusão
infusion s. 1 (*bebida*) infusão (of, *de*) 2 (*capital, energia etc.*) injeção fig. (of, *de*); capital infusion injeção de capital
ingenious adj. engenhoso; criativo; an ingenious device um aparelho engenhoso; an ingenious mind uma mente criativa
ingenuity s. engenho; habilidade ● Observe que não se traduz pela palavra portuguesa "ingenuidade".
ingenuous adj. formal ingênuo; inocente
ingenuousness s. ingenuidade ● Não confundir com a palavra inglesa *ingenuity*, que significa "engenho, habilidade".
ingestion s. ingestion
ingot s. (*metal*) lingote; barra
ingrained adj. 1 (*sujeira*) entranhado 2 (*hábito*) inveterado; arraigado
ingratitude s. ingratidão
ingredient s. 1 ingrediente 2 elemento; componente; the essential ingredient in the film is suspense a componente essencial do filme é o suspense
ingrowing adj. Grã-Bretanha (*unha*) encravado; ingrowing toenail unha do pé encravada
inhabit v. habitar; morar em; residir em; this town is inhabited by thousands of people moram milhares de pessoas nesta cidade
inhabitant s. habitante; morador
inhalation s. inalação
inhale v. inalar; aspirar
inhaler s. inalador
inherent adj. inerente (in, *a*); próprio (in, *de*)
inherit v. herdar (from, *de*); she inherited a fortune from her father herdou uma fortuna do pai
inheritance s. 1 herança 2 patrimônio; cultural inheritance patrimônio cultural
inhibit v. inibir; coibir
inhibited adj. inibido; to be/feel inhibited sentir-se inibido
inhibition s. inibição
inhuman adj. 1 desumano; cruel; inhuman treatment tratamento desumano 2 não humano

inhumane

inhumane adj. desumano
inhumanity s. desumanidade
inimitable adj. inimitável
initial adj. inicial; primeiro ■ s. (letra) inicial ■ v. rubricar; assinar; to initial a document rubricar um documento
initialize, initialise Grã-Bretanha v. INFORMÁTICA inicializar
initiate[1] v. 1 formal iniciar; começar 2 (grupo etc.) iniciar (into, em); to be initiated into a secret society ser iniciado em uma sociedade secreta
initiate[2] adj., s. iniciado
initiation s. 1 iniciação; initiation ceremony cerimônia de iniciação 2 início; princípio
initiative s. iniciativa; to do something on one's own initiative fazer algo por iniciativa própria; to lack initiative ter falta de iniciativa; to take the initiative tomar a iniciativa
inject v. 1 injetar (into, em; with, com); he was injected with penicillin ele levou uma injeção de penicilina 2 (dinheiro, ânimo etc.) dar uma injeção de fig.; to inject new life into something dar um novo fôlego a
injection s. injeção
injunction s. mandado; ordem
injure v. 1 ferir; he was injured in the accident ele ficou ferido no acidente 2 (sentimentos) ferir; ofender; to injure people's feelings ofender os sentimentos alheios
injured adj. 1 ferido 2 ofendido; prejudicado
injury s. 1 MEDICINA lesão; ferimento; a serious injury uma lesão grave; internal injuries lesões internas 2 injúria; ofensa; insulto ♦ Grã-Bretanha injury time (esporte) tempo de descontos
injustice s. injustiça; to do somebody an injustice ser injusto para com alguém
ink s. tinta; to write in ink escrever a tinta ■ v. pintar; manchar de tinta ♦ ink bottle tinteiro ink eraser borracha de tinta ink in v. passar a tinta
inkling s. 1 suspeita 2 ideia; to get an inkling of ficar com uma vaga ideia de; to have no inkling of something não fazer a mais pequena ideia de alguma coisa
inkwell s. tinteiro
inky adj. 1 manchado de tinta 2 formal escuro
inlaid adj. incrustado (with, de); embutido (with, com)
inland[1] adj. (território) interior
inland[2] adv. no interior; para o interior; to live inland viver no interior
in-laws s.pl. 1 sogros 2 parentes por afinidade ● É diferente de out-laws
inlay[1] s. 1 embutido; incrustação 2 (dente) amálgama
inlay[2] v. incrustar (with, com); embutir (with, com); a box inlaid with diamonds uma caixa incrustada de diamantes
inlet s. 1 enseada; angra 2 técnico (líquido, gás) entrada; admissão
inmate s. 1 (hospital) paciente interno 2 (prisão) detido
inmost adj. mais íntimo
inn s. 1 estalagem; hospedaria 2 taberna
innate adj. inato; innate talent talento inato

inner adj. 1 interior; interno; inner beauty beleza interior; inner room quarto interior; the inner side o lado de dentro 2 (sentimentos etc.) íntimo; secreto; profundo; inner meanings significados escondidos ♦ inner city centro da cidade inner ear ouvido interno inner tube (pneu) câmara de ar
innocence s. inocência; to plead innocence declarar-se inocente
innocent adj., s. inocente; to play the innocent fazer-se de inocente
innocuous adj. inócuo; inofensivo
innovate v. inovar
innovation s. inovação; technological innovation inovação tecnológica
innovative adj. inovador
innovator s. inovador; pioneiro
innuendo s. insinuação
innumerable adj. inumerável
inoculate v. vacinar (against, contra); inocular (against, contra); the nurse inoculated the children against hepatitis a enfermeira vacinou as crianças contra a hepatite
inoculation s. inoculação; vacina; protective inoculation vacina
inoffensive adj. inofensivo
inopportune adj. formal inoportuno; inconveniente; inopportune moment momento inoportuno
inordinate adj. excessivo; desmesurado
inorganic adj. QUÍMICA inorgânico; inorganic chemistry química inorgânica
input s. 1 INFORMÁTICA input 2 contribuição; participação 3 investimento; insumo ■ v. (informação) introduzir
inquest s. inquérito; preliminary inquest inquérito preliminar
inquire, enquire Grã-Bretanha v. inquirir, averiguar, perguntar (about, sobre); pedir informações (about, sobre) inquire into v. investigar; to inquire into a matter investigar um assunto
inquiring, enquiring Grã-Bretanha adj. 1 inquisitivo; interrogativo; inquiring look olhar inquisitivo 2 curioso
inquiry, enquiry Grã-Bretanha ■ s. 1 pergunta, indagação; to make inquiries about fazer perguntas sobre 2 investigação; inquérito; official inquiry investigação oficial ♦ inquiry desk balcão de informações
inquisition s. interrogatório ♦ HISTÓRIA Inquisition Inquisição
inquisitive adj. 1 inquiridor, inquisitivo 2 curioso, indiscreto
inquisitor s. 1 interrogador; inquiridor 2 HISTÓRIA inquisidor
insalubrious adj. insalubre; insalubrious water água insalubre
insane adj. louco; maluco; to go insane enlouquecer
insanity s. insanidade; loucura
insatiable adj. insaciável
inscribe v. 1 gravar; to inscribe one's name on a tree gravar o nome em uma árvore 2 (livro etc.) dedicar
inscription s. 1 inscrição 2 (livro) dedicatória

insect s. ZOOLOGIA inseto; insect bite/repellent picada/repelente de insetos
insecticide s. inseticida
insectivore s. (animal) insetívoro
insectivorous adj. insetívoro
insecure adj. inseguro; to feel insecure sentir-se inseguro
insecurity s. insegurança
inseminate v. inseminar
insemination s. inseminação; artificial insemination inseminação artificial
insensible adj. 1 formal insensível (to, a); impassível; insensible to pain insensível à dor 2 formal inconsciente (of, de); to be insensible of the danger estar inconsciente do perigo; to become insensible perder os sentidos ♦ by insensible degrees pouco a pouco
insensitive adj. insensível; indiferente
insensitivity s. insensibilidade
inseparable adj. inseparável (from, de); indissociável (from, de); inseparable companions amigos inseparáveis
insert[1] v. inserir (in/into, em); introduzir (in/into, em)
insert[2] s. (jornal, revista) encarte
insertion s. inserção; introdução
in-service adj. 1 (formação) contínuo; in-service training formação contínua 2 (curso) de aperfeiçoamento; de reciclagem
inshore adj. costeiro ■ adv. próximo da costa; to keep inshore permanecer próximo da costa
inside adj. interior; de dentro; inside information informação de dentro, informação privilegiada ■ adv. dentro ■ prep. dentro de; em; inside the building dentro do edifício ■ s. interior; o lado de dentro; the inside of the coat o lado de dentro do casaco; the door was locked from the inside a porta estava trancada por dentro insides s.pl. coloquial entranhas ♦ to know something inside out conhecer uma coisa como a palma da mão your shirt is inside out a tua camisa está vestida do avesso
insider s. (empresa, instituição) alguém de dentro; pessoa bem informada
insight s. 1 perspicácia 2 compreensão; entendimento; to get an insight into começar a entender
insignia s. insígnia
insignificance s. insignificância
insignificant adj. insignificante
insincere adj. insincero; fingido; falso; to sound insincere soar a falso
insincerity s. insinceridade; falsidade
insinuate v. insinuar
insinuation s. insinuação; coloquial indireta
insipid adj. 1 insípido; insosso; insipid food comida insípida 2 insípido; sem interesse; insipid conversation conversa insípida
insist v. insistir (on/upon, em); teimar (on/upon, em); I insist upon you having dinner with us insisto que jante conosco
insistence s. insistência (on, em)
insistent adj. insistente
insistently adv. insistentemente
insole s. palmilha

insolence s. insolência, desaforo
insolent adj. insolente; arrogante
insoluble adj. 1 (problema) irresolúvel 2 (substância) insolúvel; indissolúvel
insolvency s. insolvência; falência
insolvent adj. insolvente; falido; to declare yourself insolvent declarar falência
insomnia s. insônia
insomniac s. pessoa que sofre de insônia
inspect v. 1 inspecionar; vistoriar 2 verificar; examinar
inspection s. 1 inspeção; vistoria; inspection of a building vistoria de um edifício; to subject to an inspection submeter a uma inspeção; upon inspection após inspeção 2 verificação
inspector s. 1 inspetor; fiscal 2 Grã-Bretanha (polícia) inspetor
inspiration s. inspiração; to lack inspiration estar sem inspiração
inspirational adj. inspirador
inspire v. 1 inspirar; to inspire trust in somebody inspirar confiança a alguém 2 incentivar (to, a); encorajar (to, a); he inspired me to write ele me incentivou a escrever
inspiring adj. inspirador
instability s. instabilidade
install v. 1 (equipamento, software) instalar; to install central heating instalar aquecimento central 2 (cargo) empossar ♦ (poltrona etc.) to install oneself in refestelar-se em
installation s. 1 (equipamento) instalação; montagem 2 (cargo) investidura
instalment, installment EUA s. 1 prestação; to pay by/in instalments pagar em prestações 2 (coleção) fascículo
instance s. exemplo; for instance por exemplo ■ v. formal citar como exemplo ♦ in the first instance em primeiro lugar
instant s. instante; momento; at the same instant nesse preciso momento; in an instant em um instante ■ adj. 1 imediato; to feel instant relief sentir alívio imediato 2 (comida) instantâneo; instant coffee café instantâneo ♦ come here this instant! venha aqui imediatamente! on the 10th instant a 10 do corrente the next instant logo a seguir
instantaneous adj. instantâneo
instead adv. em vez (of, de); em lugar (of, de); I want this dress instead of that eu quero este vestido em vez daquele; I'd rather go with you instead preferia ir contigo
instep s. peito do pé
instigate v. instigar; incitar; to instigate a rebellion instigar à rebelião
instigation s. instigação (to, a); incitamento (to, a); instigation to violence incitamento à violência
instigator s. instigador
instil, instill EUA v. incutir (in/into, em); infundir (in/into, a)
instinct s. 1 instinto; to act on instinct agir por instinto; maternal instinct instinto maternal 2 intuição; to follow one's instincts seguir a intuição
instinctive adj. instintivo

institute

institute s. instituto; medical research institute instituto de pesquisa médica ■ v. instituir; fundar
institution s. 1 instituição; charitable institution instituição de caridade; mental institution hospital psiquiátrico 2 costume; tradição
institutional adj. institucional
institutionalize, institutionalise Grã-Bretanha v. 1 internar 2 institucionalizar
instruct v. 1 ordenar; mandar 2 formal instruir; ensinar 3 formal informar; to instruct somebody of a fact informar alguém de determinado fato
instruction s. 1 instrução; instruction manual manual de instruções; instructions for use modo de usar; to follow the instructions seguir as instruções 2 ordem; diretiva
instructive adj. instrutivo; educativo
instructor s. instrutor; driving instructor instrutor de direção
instrument s. 1 instrumento; utensílio; measurement instrument instrumento de medição; instrument panel painel de instrumentos 2 MÚSICA instrumento; stringed/wind instrument instrumento de corda/sopro 3 (pessoa) joguete
instrumental adj. 1 formal decisivo; preponderante; to be instrumental in ter um papel decisivo em 2 (música) instrumental
instrumentation s. 1 instrumentação; orquestração 2 (máquina) peças
insubordinate adj. insubordinado; insubmisso; desobediente
insubordination s. formal insubordinação; desobediência
insufferable adj. insuportável
insufficiency s. 1 (escassez) insuficiência 2 MEDICINA insuficiência cardiac insufficiency insuficiência cardíaca
insufficient adj. insuficiente (for/to, para)
insular adj. 1 pejorativo tacanho; limitado 2 (ilha) insular
insularity s. 1 pejorativo tacanhez; tacanhice; tacanharia 2 (ilha) insularidade
insulate v. 1 isolar (from/against, de) 2 proteger (from, de)
insulation s. isolamento
insulin s. insulina
insult[1] s. insulto; afronta; ofensa
insult[2] v. insultar; afrontar; ofender; xingar
insulting adj. insultuoso; injurioso; ultrajante
insurance s. 1 seguro; all-risk insurance seguro contra todos os riscos; car insurance seguro do carro; disablement insurance seguro contra invalidez; employers' liability insurance seguro contra acidentes de trabalho; insurance against fire seguro contra incêndio; insurance agent/company agente/companhia de seguros; third-party insurance seguro contra terceiros 2 proteção (against, contra); prevenção (against, contra) ◆ insurance policy apólice de seguro insurance premium prêmio de seguro ● É diferente de assurance.
insure v. fazer um seguro (against, contra); segurar (against, contra); to insure against accidents fazer um seguro contra acidentes

insured adj. segurado; no seguro
insurer s. agente/companhia de seguros, seguradora
insurgent adj. insurgente
insurmountable adj. insuperável
insurrection s. insurreição; rebelião
intact adj. intacto
intake s. 1 (ar) inalação 2 (comida etc.) consumo 3 entrada; air intake entrada do ar 4 (pessoas) leva ● É diferente de outtake.
intangible adj. intangível; impalpável
integer s. MATEMÁTICA número inteiro
integral adj. 1 (completo) integral 2 integrante integral part parte integrante 3 MATEMÁTICA integral integral calculus cálculo integral ■ s. MATEMÁTICA integral
integrate v. integrar(-se) (into/with, em); to integrate with the community integrar-se na comunidade
integrated adj. integrado; integrated circuit circuito integrado
integration s. integração; social integration integração social
integrity s. 1 integridade; honestidade; lack of integrity falta de integridade 2 formal totalidade; unidade
intellect s. 1 intelecto 2 (pessoa) intelectual
intellectual adj., s. intelectual; intellectual activity atividade intelectual
intelligence s. 1 inteligência 2 (serviços secretos) informação; to give intelligence informar 3 serviços secretos; inteligência ◆ Intelligence Department Serviços Secretos intelligence quotient quociente de inteligência
intelligent adj. inteligente
intelligible adj. inteligível; compreensível
intemperate adj. 1 intemperado; descomedido 2 (clima) rigoroso; inclemente
intend v. 1 tencionar; ter a intenção de; she did not intend to insult him ela não tinha intenção de o insultar; was that intended? isso foi de propósito? 2 destinar (for, a); it was intended as era para ser
intended adj. 1 pretendido; the intended result o resultado pretendido 2 destinado (for, a) s. antiquado prometido
intense adj. 1 intenso; intense pain dor intensa 2 (emoção) profundo
intensification s. intensificação
intensify v. intensificar(-se)
intensity s. intensidade
intensive adj. intensivo; to take an intensive course in German fazer um curso intensivo de alemão ◆ intensive care cuidados intensivos
intent s. formal intenção; she acted with good intent ela agiu com boas intenções ■ adj. 1 fixo; concentrado; intent gaze olhar fixo 2 determinado; to be intent on estar determinado a ◆ Grã-Bretanha to all intents and purposes para todos os efeitos
intention s. intenção; propósito; full of good intentions cheio de boas intenções
intentional adj. intencional; propositado
intentionally adv. intencionalmente
interact v. interagir

interaction s. interação (of, *de*; between, *entre*; with, *com*); interaction between students and teachers interação entre alunos e professores
interactive adj. interativo; interactive skills técnicas de interação; interactive television televisão interativa
intercede v. formal interceder (with, *junto a*; for, *por*); she asked me to intercede with my boss ela me pediu para interceder junto ao meu patrão; to intercede for somebody interceder por alguém
intercept v. interceptar
interception s. intercepção
intercession s. intercessão
interchange[1] s. intercâmbio; troca; interchange of ideas intercâmbio de ideias
interchange[2] v. trocar (with, *por*)
interchangeable adj. permutável
intercity adj. intercidades; intercity train trem que liga uma cidade à outra
intercom s. interfone; over the intercom pelo interfone
interconnect v. interligar(-se)
intercontinental adj. intercontinental; intercontinental flight voo intercontinental
intercostal adj. ANATOMIA intercostal
interdepartmental adj. interdepartamental
interdependence s. interdependência
interdependent adj. interdependente
interdict v. interditar
interdiction s. interdição
interest s. 1 interesse (in, *em*); she has no interest in her work ela não tem nenhum interesse no trabalho que faz 2 juro; low interest juros baixos 3 ECONOMIA participação (in, *em*); she sold her interest in the company ela vendeu a sua participação na empresa 4 ECONOMIA juro ■ v. interessar; this matter interests me a lot este assunto me interessa muito
interested adj. interessado (in, *em*)
interest-free adj. sem juros
interesting adj. interessante
interestingly adv. de forma interessante ♦ interestingly enough curiosamente
interface s. interface (between, *entre*) v. 1 funcionar como interface (de) 2 interagir (with, *com*)
interfere v. interferir (in, *em*); intrometer-se (in, *em*); to interfere in other people's affairs interferir nos assuntos dos outros
interference s. interferência; intromissão
interfering adj. intrometido
interim adj. interino; provisório ♦ in the interim entretanto
interior s. interior (of, *de*); the interior of the house o interior da casa ■ adj. interior; interior room quarto interior ♦ interior decorator decorador de interiores interior design design de interiores ● A palavra portuguesa "interior" no sentido de "região" corresponde, em inglês, *inland*.
interjection s. 1 LINGUÍSTICA interjeição 2 formal interrupção
interlace v. entrelaçar
interlaced adj. entrelaçado

interlock v. 1 entrelaçar 2 (*peças*) engrenar; encaixar
interlocutor s. (*diálogo, contenda*) interlocutor; mediador
interloper s. intruso
interlude s. 1 interlúdio 2 intervalo
intermarriage s. 1 casamento misto 2 endogamia
intermeddle v. entremear
intermediary s. intermediário
intermediate adj. intermédio, intermediário ■ v. intermediar ■ s. intermediário
interminable adj. interminável
intermingle v. misturar(-se) (with, *com*); confundir(-se) (with, *com*)
intermission s. EUA intervalo
intermittent adj. intermitente
intern[1] s. 1 EUA (*médico*) residente 2 EUA estagiário ■ adj. interno; doméstico
intern[2] v. deter; prender
internal adj. interno; interior; internal injuries ferimentos internos
internalization s. interiorização
internalize, internalise Grã-Bretanha v. interiorizar; assimilar
international adj. internacional ■ s. 1 Grã-Bretanha jogador internacional 2 Grã-Bretanha jogo internacional ♦ international relations relações internacionais
internationalize, internationalise Grã-Bretanha ■ v. internacionalizar
internee s. prisioneiro; recluso
Internet s. INFORMÁTICA Internet; internet user internauta
internment s. detenção
internship s. 1 EUA estágio 2 EUA (*médico*) residência
interpellate v. interpelar
interpersonal adj. interpessoal; interpersonal relations/skills relações/competências interpessoais
interplanetary adj. interplanetário
interplay s. interação (between, *entre;* of, *de*)
interpolate v. interpolar
interpose v. interpor
interpret v. 1 interpretar; to interpret a song interpretar uma canção 2 traduzir
interpretation s. interpretação; interpretation of the law interpretação da lei; interpretation of a role interpretação de um papel
interpreter s. intérprete
interracial adj. inter-racial; interracial conflicts conflitos inter-raciais
interrogate v. interrogar
interrogation s. interrogatório; police interrogations interrogatórios policiais ♦ interrogation mark ponto de interrogação
interrogative adj. interrogativo; interrogative pronoun pronome interrogativo
interrogator s. interrogador
interrupt v. interromper; suspender
interruption s. interrupção
intersect v. intersectar(-se); cruzar(-se); the two roads intersect as duas estradas se cruzam

intersection

intersection s. 1 (estradas etc.) cruzamento 2 interseção; point of intersection ponto de interseção
interstate adj. interestadual ■ s. EUA autoestrada interestadual
intertwine v. entrelaçar(-se); their fingers were intertwined tinham os dedos entrelaçados
interurban adj. (entre cidades) interurbano; interurban buses ônibus interurbanos
interval s. intervalo ♦ at regular intervals regularmente
intervene v. 1 intervir (in, em) 2 (tempo) decorrer
intervening adj. (tempo) intermédio; in the intervening years nos anos seguintes
intervention s. 1 intervenção (in, em) 2 MEDICINA intervention; operation
interview s. entrevista; to give an interview dar uma entrevista ■ v. entrevistar (about, sobre; for, para)
interviewee s. entrevistado
interviewer s. entrevistador
interweave v. entrelaçar
intestinal adj. ANATOMIA intestinal; intestinal infection infecção intestinal
intestine s. ANATOMIA intestino; large/small intestine intestino grosso/delgado
intimacy s. 1 intimidade 2 formal sexo
intimate[1] adj. 1 íntimo (with, de); he's intimate with my brother ele é íntimo do meu irmão 2 profundo; he has an intimate knowledge of the subject ele tem um conhecimento profundo do assunto 3 formal sexual; to have intimate relations with somebody ter relações sexuais com alguém ■ s. formal (amigo) íntimo
intimate[2] v. formal dar a entender (that, que); insinuar (that, que); she intimated that she'd like to go with us ela deu a entender que gostaria de ir conosco
intimately adv. 1 intimamente; to know somebody intimately conhecer alguém intimamente 2 estreitamente, intimamente
intimation s. formal insinuação; sugestão
intimidate v. intimidar
intimidating adj. intimidante
intimidation s. intimidação
into prep. 1 para; em; he came into the house ele veio para casa; research into cancer pesquisa sobre o câncer 2 por; to divide 50 into 8 dividir 50 por 8 3 contra; they crashed into a tree eles bateram contra uma árvore ♦ to be into something gostar de alguma coisa, interessar-se por alguma coisa
intolerable adj. intolerável
intolerance s. (atitude) intolerância; religious intolerance intolerância religiosa 2 (substância) intolerância (to, a); lactose intolerance intolerância à lactose ♦
intolerant adj. intolerante
intonation s. 1 MÚSICA entonação 2 entoação
intone v. formal entoar
intoxicate v. 1 intoxicar 2 embriagar 3 inebriar; arrebatar
intoxicated adj. 1 intoxicado 2 alcoolizado
intoxicating adj. 1 intoxicante 2 embriagante 3 inebriante

intoxication s. 1 intoxicação 2 embriaguez 3 inebriação; arrebatamento
intransigence s. intransigência
intransigent adj. intransigente
intransitive adj. LINGUÍSTICA intransitivo; intransitive verb verbo intransitivo
intrauterine adj. ANATOMIA intrauterino ♦ (contracepção) intrauterine device dispositivo intrauterino
intravenous adj. intravenoso
intrepid adj. intrépido; audaz
intricacy s. complexidade intricacies s.pl. pormenores; detalhes; sutilezas
intricate adj. complexo
intrigue s. intriga; conspiração ■ v. 1 intrigar 2 formal conspirar (against, contra)
intrigued adj. intrigado; intrigued by/with something intrigado com alguma coisa
intriguer s. intriguista
intriguing adj. intrigante
intrinsic adj. intrínseco; inerente
intro s. coloquial introdução
introduce v. 1 apresentar (to, a); let me introduce you to my friend deixe-me apresentá-lo ao meu amigo 2 introduzir, levar para (into, em); tea was introduced into Europe by the Portuguese o chá foi introduzido na Europa pelos portugueses 3 instituir; the school introduced a new procedure a escola instituiu um novo procedimento 4 iniciar; começar; the music introduces the show a música inicia o espetáculo
introduction s. 1 introdução 2 apresentação; I'll make the introductions eu faço as apresentações 3 iniciação (to, a) 4 (procedimento, lei etc.) instituição 5 MÚSICA prelúdio
introductory adj. introdutório; introductory notes notas introdutórias
introspection s. introspecção
introspective adj. introspectivo
introverted adj. introvertido
intrude v. intrometer-se (on/into, em); interferir (on/into, em)
intruder s. intruso
intrusion s. 1 invasão (into/on/upon, de); intromissão (into/on/upon, em); an intrusion upon somebody's privacy uma invasão da privacidade de alguém 2 interrupção; I can't finish this work with so many intrusions com tantas interrupções não consigo acabar este trabalho
intrusive adj. importuno; incômodo
intuit v. intuir • A palavra "intuito" traduz-se, em inglês, por intention, aim.
intuition s. intuição
intuitive adj. intuitivo
inundate v. 1 (abundância) inundar (with, de); submergir (with, com) 2 formal inundar
inundation s. 1 enchente; enorme afluência; inundação 2 formal inundação; cheia
invade v. invadir
invader s. invasor
invading adj. invasor

invalid¹ *adj., s. (pessoa)* inválido ■ *v.* 1 tornar doente 2 reformar, afastar do serviço ativo por doença ◆ invalid chair cadeira de rodas

invalid² *adj.* inválido; your passport is invalid o teu passaporte está fora da validade

invalidate *v.* invalidar; anular; to invalidate an argument invalidar um argumento; to invalidate the election invalidar as eleições

invalidation *s.* invalidação; anulação

invalidity *s.* MEDICINA invalidez

invaluable *adj.* inestimável; incalculável

invariable *adj.* invariável; imutável

invasion *s.* invasão; invasion of privacy invasão de privacidade

invent *v.* inventar; to invent a new machine inventar uma nova máquina

invention *s.* 1 invenção 2 mentira 3 engenho; criatividade

inventive *adj.* inventivo; engenhoso; criativo

inventiveness *s.* inventividade; engenho; criatividade

inventor *s.* inventor

inventory *s.* 1 inventário (of, *de*); to make an inventory of the stock fazer inventário do estoque; fazer balanço 2 EUA *(loja)* estoque ■ *v.* fazer o inventário de

inverse *adj.* inverso ■ *s.* inverso

inversion *s.* inversão

invert *v. formal* inverter

invertebrate *adj.* ZOOLOGIA invertebrado ■ *s.* invertebrado

inverted *adj.* invertido ◆ inverted commas aspas

invest *v.* 1 investir (in, *em*) 2 *(poder, autoridade)* conceder (with, –); outorgar (with, –) ◆ *(caráter)* to be invested with assumir; revestir-se de

investigate *v.* investigar

investigation *s.* investigação

investigative *adj.* de investigação; investigative journalism jornalismo de investigação

investigator *s.* investigador; detetive; private investigator detetive particular

investment *s.* ECONOMIA investimento (in, *em*)

investor *s.* ECONOMIA investidor

inveterate *adj.* inveterado; he's an inveterate gambler ele é um jogador inveterado

invidious *adj.* 1 *(tarefa)* detestável; ingrato 2 *(comparação, escolha)* injusto

invigilate *v.* Grã-Bretanha *(exame)* fazer a vigilância de

invigilation *s.* Grã-Bretanha *(exame)* vigilância

invigorate *v.* revigorar; fortalecer

invigorating *adj.* revigorante; an invigorating bath um banho revigorante

invincible *adj.* invencível

inviolable *adj.* inviolável

invisibility *s.* invisibilidade

invisible *adj.* invisível

invitation *s.* convite (to, *para*); by invitation (only) por convite

invite *v.* 1 convidar (to, *para*); he invited us to his wedding ele nos convidou para o casamento 2 pedir; solicitar 3 *(problemas, críticas)* pedir ■ *s. coloquial* convite

inviting *adj.* convidativo; atraente; tentador

invocation *s. formal* invocação

invoice *s.* fatura; to make out/draw up the invoice passar a fatura ■ *v.* enviar a fatura

invoke *v.* 1 *formal* invocar; he invoked the law in his own defense ele invocou a lei em sua defesa 2 *formal* implorar; he invoked their forgiveness ele lhes implorou perdão

involuntarily *adv.* involuntariamente

involuntary *adj. (movimento)* involuntário

involve *v.* implicar (in, *em*); envolver (in, *em*); the accident involved three cars houve três carros envolvidos no acidente

involved *adj.* 1 envolvido; to be involved in an accident estar envolvido em um acidente 2 complicado; complexo

involvement *s.* 1 envolvimento (in, *em*); participação (in, *em*) 2 relação (amorosa); envolvimento, ligação

invulnerability *s.* invulnerabilidade

invulnerable *adj.* invulnerável (to, *a*)

inward *adj.* interior; inward satisfaction satisfação interior ■ *adv.* para dentro

inwardly *adv.* interiormente; por dentro

inwards *adv.* Grã-Bretanha para dentro

IOC *sigla de* International Olympic Committee, COI, Comitê Olímpico Internacional

iodine *s.* QUÍMICA *(elemento químico)* iodo ◆ tincture of iodine tintura de iodo

ionize, ionise Grã-Bretanha *v.* ionizar(-se)

ionosfera *s.* ionosphere

iota *s.* 1 ponta; um pouco; not an iota of truth sem ponta de verdade 2 *(letra grega)* iota

Iran *s.* Irã

Iranian *adj., s.* iranian o

Iraq *s.* Iraque

Iraqi *adj., s.* iraquiano

irascible *adj.* irascível

irate *adj.* irado; furioso

Ireland *s.* Irlanda

iris *s.* ANATOMIA, BOTÂNICA íris

Irish *adj.* irlandês ■ *s. (língua)* irlandês; the Irish os irlandeses

iron *s.* 1 QUÍMICA *(elemento químico)* ferro; cast iron ferro fundido; iron deficiency deficiência de ferro (no organismo); iron ore minério de ferro; The Iron Curtain a Cortina de Ferro 2 ferro de engomar 3 *(golfe)* taco irons *s.pl.* grilhões ■ *adj.* de ferro; to have an iron constitution ter uma saúde de ferro; to have an iron will ter uma vontade de ferro, ser muito determinado; to rule with an iron hand governar com mão de ferro ■ *v. (roupa)* passar a ferro ◆ to have several irons in the fire ter muitos assuntos entre as mãos to strike while the iron's hot aproveitar a oportunidade iron out *v.* 1 passar a ferro 2 *(problema)* resolver; solucionar

ironic *adj.* irônico; to be ironic ser irônico

ironically *adv.* ironicamente

ironmonger *s.* Grã-Bretanha antiquado vendedor de ferragens ◆ ironmonger's loja de ferragens

ironwork

ironwork s. objeto de ferro
ironworks s. fundição (de ferro)
irony s. ironia ◆ the irony of fate ironia do destino
irradiate v. 1 expor a radiações 2 literário irradiar; his face irradiated happiness tinha a felicidade estampada no rosto
irradiation s. irradiação
irrational adj. 1 irracional 2 MATEMÁTICA irracional; irrational number número irracional
irreconcilable adj. incompatível (with, com); inconciliável (with, com); his opinions are irreconcilable with mine as opiniões dele são incompatíveis com as minhas; irreconcilable differences divergências irreconciliáveis
irrecoverable adj. formal irrecuperável
irreducible adj. irredutível
irrefutable adj. irrefutável
irregular adj. irregular; LINGUÍSTICA irregular verb verbo irregular
irregularity s. irregularidade
irrelevance s. irrelevância
irrelevant adj. irrelevante (to, para); that's irrelevant isso é irrelevante
irremediable adj. formal irremediável
irreparable adj. irreparável
irreplaceable adj. insubstituível
irreproachable adj. formal irrepreensível; his behaviour is irreproachable o comportamento dele é irrepreensível
irresistible adj. irresistível
irresolute adj. formal irresoluto; indeciso
irrespective adj. sem ter em conta (of, –); sem prestar atenção (of, a)
irresponsibility s. irresponsabilidade
irresponsible adj. irresponsável; that was very irresponsible of you isso foi muito irresponsável da tua parte
irreverence s. irreverência
irreverent adj. irreverente
irreversible adj. irreversível
irrevocable adj. irrevogável
irrigate v. irrigar
irrigation s. AGRICULTURA irrigação ◆ irrigation farming agricultura de regadio irrigation system sistema de irrigação, de rega
irritability s. irritabilidade
irritant adj. irritante ■ s. 1 substância que causa irritação 2 formal irritação; aborrecimento
irritate v. irritar
irritating adj. irritante
irritation s. irritação
ischaemia, ischemia EUA s. MEDICINA
island s. ilha
islander s. ilhéu
isle s. literário ilha; British Isles Ilhas Britânicas
isolate v. isolar (from, de); scientists isolated the bacterium os cientistas isolaram a bactéria
isolated adj. 1 isolado; distante; to feel isolated sentir-se isolado 2 isolado; único; an isolated case um caso isolado
isolation s. isolamento ◆ in isolation separadamente
isosceles adj. GEOMETRIA isósceles
isothermal adj. isotérmico
Israel s. Israel
Israeli adj., s. israelita
issue s. 1 questão; tema; big issue questão importante, relevante; let's not confuse the issue não vamos complicar a questão; to be at issue estar em questão, estar em discussão; to duck the issue fugir à questão 2 emissão; a new issue of stamps uma nova emissão de selos 3 (publicação) edição; número; the latest issue of the magazine o último número da revista ■ v. 1 emitir; lançar 2 publicar; editar; to issue a magazine publicar uma revista 3 distribuir; entregar; to issue an order entregar uma encomenda ◆ to make an issue out of dar importância demais a to take issue with somebody discordar de alguém
isthmus s. istmo
it pron. pess. 1 (3ª pessoa do singular neutro) ele/ela; a ele/ela; o/a 2 isso; isto; he felt the better for it ele se sentiu melhor com isso; it doesn't matter não importa; it's I/me sou eu; it is raining está chovendo; it is the ninth of March é dia nove de março ◆ pejorativo he really thinks he's it ele pensa mesmo que é o maior that's it! é isso! ● It refere-se a coisas, animais ou a crianças bem pequenas; também é usado como sujeito de verbos impessoais e, geralmente, não é traduzido. É diferente de eat.
Italian adj., s. italian ■ s. (língua) italiano
italic adj. itálico
italicize v. 1 grifar em itálico
italics s. itálico; in italics em itálico ■ adj. itálico
Italy s. Itália
itch s. 1 comichão; prurido; coceira 2 coloquial desejo; vontade; an itch to travel uma grande vontade de viajar ■ v. 1 fazer comichão; ter comichão; this wound is itching esta ferida está coçando 2 coloquial estar ansioso (to/for, por); morrer (to/for, por)
itching s. coceira ■ adj. ansioso; com coceira fig.; to be itching to viajar com coceira
itchy adj. que dá coceira ◆ to have/get itchy feet ter vontade de viajar
item s. 1 item; ponto; this is the most important item in the meeting este é o ponto mais importante da reunião 2 peça; an item of clothing uma peça de roupa 3 notícia
itemize, itemise Grã-Bretanha v. detalhar; especificar
itinerant adj. 1 itinerante 2 ambulante
itinerary s. itinerário
its pron. poss. (objetos, animais) seu/sua; dele/dela
itself pron. pess. refl. se; si mesmo; ele próprio ◆ by itself sozinho in itself em si; por si só to/for itself para si
ivory s. (material, cor) marfim ■ adj. 1 de marfim 2 (cor) marfim ◆ ivory tower torre de marfim to live in ivory towers viver em uma torre de marfim
ivy s. BOTÂNICA hera

J

j s. (letra) j
jab s. 1 murro; soco 2 Grã-Bretanha coloquial injeção; cholera jab injeção contra a cólera ■ v. espetar
jabber v. tagarelar
jabiru s. ZOOLOGIA jaburu
jaboticaba s. BOTÂNICA jabuticaba
jacana s. ZOOLOGIA piaçoca
jacaranda s. BOTÂNICA jacarandá
jacaratia s. BOTÂNICA jacaratia
jack s. 1 (carro etc.) macaco 2 (cartas) valete; jack of spades valete de espadas 3 (boliche) pino 4 ficha; telephone jack ficha de telefone ■ v. 1 (veículo) levantar com um macaco 2 EUA calão roubar 3 calão (porta etc.) abrir jack in v. Grã-Bretanha coloquial deixar; to jack in one's job deixar o trabalho jack up v. 1 (carro) levantar com o macaco 2 coloquial (preços etc.) subir
jackal s. (animal) chacal
jackass s. EUA coloquial, ofensivo burro; estúpido
jackboot s. 1 bota militar de cano alto 2 (repressão) ditadura; under the jackboot of sob a ditadura de
jackdaw s. ZOOLOGIA gralha
jacket s. 1 casaco; jaqueta 2 (livro) sobrecapa 3 EUA (disco) capa 4 Grã-Bretanha (batata) casca
jackfruit s. BOTÂNICA jaca
jackhammer s. EUA martelo pneumático
jack-in-the-box s. caixa de surpresas
jack-knife s. navalha
jack-of-all-trades s. habilidoso; faz-tudo
jackpot s. jackpot ♦ to hit the jackpot sair a sorte grande
jade s. 1 GEOLOGIA jade 2 coloquial rameira 3 cavalo de qualidade inferior ou já gasto; pileca ■ v. 1 fatigar 2 esvair-se
jaded adj. cansado; saturado
jagged adj. dentado
jaguar s. ZOOLOGIA jaguar
jail s. prisão; cadeia ■ v. prender; he was jailed for robbery ele foi preso por roubo
jailbreak s. Grã-Bretanha evasão; fuga da prisão
jam s. 1 CULINÁRIA geleia; compota; I love strawberry jam eu adoro compota de morango 2 engarrafamento; congestionamento; traffic jam engarrafamento 3 aperto; encrenca; he got into a jam ele se meteu em uma encrenca ■ v. 1 meter, colocar; I can't jam anything else in here não posso colocar mais nada aqui 2 obstruir; bloquear 3 emperrar; the window is jammed a janela está emperrada 4 (música) improvisar ♦ to jam on the brakes frear a fundo ● É diferente de jelly.
Jamaica s. Jamaica
Jamaican adj., s. jamaicano
jamb s. (janela, porta) umbral
jamboree s. 1 festa ruidosa 2 reunião de escuteiros
jamming s. (rádio etc.) interferência
jammy adj. 1 com geleia 2 Grã-Bretanha coloquial sortudo
jam-packed adj. coloquial cheio (with, de); repleto (with, de)
jangle v. 1 (metal) chocalhar 2 transtornar; irritar ■ s. ruído metálico
janitor s. EUA porteiro
January s. janeiro; in January em janeiro; on the fifth of January/on January the fifth no dia 5 de janeiro
Japan s. japão
Japanese adj., s. japonês
jar s. 1 frasco; pote; jar of jam frasco de compota 2 abalo; estremeção; we felt a jar nós sentimos um abalo 3 Grã-Bretanha coloquial copo de cerveja ■ v. 1 abanar 2 chocar (with, com); não condizer (with, com); his opinions jar with mine as opiniões dele chocam com as minhas 3 chiar; ranger
jararaca s. ZOOLOGIA jararaca
jararacussu s. ZOOLOGIA jararacuçu
jardinière s. CULINÁRIA jardineira
jargon s. gíria; jargão; medical jargon gíria médica
jasmine s. BOTÂNICA jasmim
jatoba s. BOTÂNICA jatobá, jutaí, jutaipeba
jaundice s. MEDICINA icterícia
jaunt s. excursão; to go for a jaunt in the mountains fazer uma excursão às montanhas ■ v. fazer uma excursão
jaunty adj. alegre
javelin s. ESPORTE dardo; javelin throwing lançamento do dardo
jaw s. 1 ANATOMIA maxilar; lower jaw mandíbula 2 coloquial conversa jaws s.pl. mandíbulas; crocodile jaws mandíbulas do crocodilo ■ v. coloquial conversar; tagarelar
jawbone s. ANATOMIA maxilar
jay s. (ave) gaio
jaywalk v. atravessar a rua de forma imprudente
jazz s. 1 MÚSICA jazz 2 calão disparates; asneiras; bobagens; don't give me that jazz! não me venha com histórias! 3 calão animação ■ adj. de jazz; jazzístico
jazzy adj. 1 coloquial parecido com o jazz 2 coloquial vistoso
jealous adj. 1 ciumento; to be jealous of somebody ter ciúmes de alguém 2 invejoso; com inveja (of, de); she's jealous of his success ela tem inveja do êxito dele
jealousy s. 1 ciúme 2 inveja
jeans s.pl. (calças) jeans
jeep s. jipe
jeer v. apupar; vaiar ■ s. apupo; vaia
jello s. EUA gelatina
jelly s. 1 Grã-Bretanha gelatina 2 geleia; royal jelly geleia real
jellyfish s. ZOOLOGIA água-viva; medusa

jemmy

jemmy s. Grã-Bretanha pé de cabra
jeopardize, jeopardise Grã-Bretanha v. arriscar; pôr em perigo; to jeopardize one's life arriscar a vida
jeopardy s. perigo; risco; this will put his career in jeopardy isto é um risco para a carreira dele
jequitiba s. BOTÂNICA jequitibá
jerk v. 1 dar solavancos; the car jerked to a stop o carro deu um solavanco e parou 2 sacudir ■ s. 1 solavanco 2 calão parvo; estúpido; to jerk around vagabundear; enganar, induzir ao erro
jerky adj. brusco; jerky movements movimentos bruscos
jersey s. 1 Grã-Bretanha suéter ou camisa de lã 2 (tecido) jérsei
jest v. (piadas) gracejar • A palavra "gesto", em inglês, traduz-se por gesture.
jester s. 1 bobo; the Court Jester o bobo da Corte
Jesuit adj., s. jesuíta
Jesus s. Jesus Cristo; Baby Jesus Menino Jesus ■ interj. coloquial (admiração, surpresa, susto) jesus!; credo!
jet s. 1 jato (of, de); jet aircraft avião a jato; jets of water jatos de água 2 azeviche ■ v. 1 coloquial viajar em avião a jato 2 sair em jato; jet lag cansaço devido à diferença de fuso horário
jet-propelled adj. com propulsão a jato
jetsam s. carga lançada ao mar
jet-setter s. membro do jet set; colunável
jettison s. 1 alijamento 2 carga alijada ■ v. 1 alijar 2 figurado libertar-se de
jetty s. molhe; quebra-mar
Jew s. judeu
jewel s. 1 pedra preciosa 2 joia 3 figurado tesouro; joia ◆ jewel case caixa de CD
jeweller, jeweler EUA s. joalheiro ◆ jeweller's joalheria
jewellery, jewelry EUA s. joalheria; joias; a piece of jewellery uma joia ◆ EUA jewelry store ourivesaria
Jewish adj. judeu
jib s. 1 lança de guindaste 2 (vela) bujarrona ■ v. antiquado hesitar (at, em); he jibbed at signing the contract ele hesitou em assinar o contrato ◆ coloquial I don't like the cut of his jib não gosto do aspecto dele
jiffy s. coloquial momento; instante; in a jiffy em um instante
jig s. (dança, música) jiga ■ v. dançar a jiga
jiggery-pokery s. Grã-Bretanha coloquial trapaça; manha
jiggle v. coloquial sacudir • É diferente de jingle.
jigsaw s. 1 puzzle; problema complicado 2 serra de fita
jilt v. (relação) romper; acabar
jimmy s. Grã-Bretanha pé de cabra
jingle v. tinir; chocalhar ■ s. 1 tinido 2 jingle • É diferente de jungle.
jinx s. maldição; praga; pé frio; to put a jinx on rogar uma praga a v. enguiçar; dar azar a, azarar
jinxed adj. enguiçado; to be jinxed estar enguiçado
jitters s.pl. coloquial nervosismo; to get the jitters ficar nervoso
jittery adj. coloquial nervoso; agitado
job s. 1 trabalho remunerado; emprego; job satisfaction realização profissional; to be out of a job estar sem trabalho 2 trabalho, tarefa 3 dever, obrigação 4 (dificuldade) carga de trabalhos; I had a job finishing this text on time eu tive muito trabalho para acabar este texto a tempo ◆ rush job trabalho urgente to be just the job ser mesmo aquilo que é preciso we're making the best of a bad job estamos fazendo o melhor possível
job-hunting s. procura de trabalho, procura de emprego
jobless adj. desempregado ◆ jobless rate taxa de desemprego
job-related adj. de foro profissional; job-related illness doença de foro profissional
jock s. 1 EUA coloquial atleta; esportista 2 coloquial disco-jóquei
jockey s. jóquei ■ v. competir (for, –); disputar (for, –); they're both jockeying for position eles dois estão tentando se arranjar o melhor que podem
jockstrap s. suspensório
jocose adj. literário jocoso
jog s. 1 empurrão; abanão; to give somebody a jog dar um abanão a alguém 2 corrida; to break into a jog dar uma corrida ■ v. 1 empurrar 2 fazer jogging; I go jogging every day eu faço jogging todos os dias ◆ jog my memory refresca-me a memória • A palavra "jogo", em inglês, traduz-se por game.
jogger s. praticante de jogging
join v. 1 juntar(-se); unir(-se) 2 alistar-se em; ingressar em; to join the army ingressar no exército 3 (clube, partido etc.) aderir 4 (estrada, rio) confluir ■ s. junção; ligação ◆ formal to join battle travar combate to join forces aliar esforços to join hands dar as mãos join in v. participar; tomar parte join up v. 1 alistar-se 2 juntar(-se); unir(-se); Join the club! Bem-vindo ao nosso grupo!
joiner s. Grã-Bretanha marceneiro
joinery s. marcenaria
joining s. junção
joint s. 1 articulação; junta 2 encaixe 3 Grã-Bretanha peça de carne 4 coloquial espelunca; to live in a joint viver em uma espelunca 5 calão charro ■ adj. comum; conjunto; joint bank account conta bancária conjunta ■ v. (carne) talhar ◆ I put my ankle out of joint torci o meu tornozelo coloquial to put something out of joint dar cabo de alguma coisa, acabar com alguma coisa
jointly adv. conjuntamente; em conjunto
joist s. barrote; viga
joke s. gracejo; anedota; piada; brincadeira; to crack jokes contar anedotas ■ v. brincar (with/about, com); I was only joking! estava brincando!; you must be joking! você deve estar brincando! ◆ coloquial, pejorativo the joke of the village o bobo da corte to make a joke of something gozar de alguma coisa
joker s. 1 brincalhão 2 (cartas) curinga, coringa 3 pejorativo idiota ◆ the joker in the pack a incógnita; o que não se sabe
joking s. gozação

jolly *adj.* alegre; divertido ■ *adv.* Grã-Bretanha antiquado, coloquial muito; bem; I know jolly well what you mean! sei muito bem o que você quer dizer!; it was a jolly good trip foi uma viagem muito boa ♦ Grã-Bretanha jolly good! excelente! Jolly Roger bandeira dos piratas

jolt *s.* 1 solavanco; we drove in jolts up the road seguimos aos solavancos pela estrada acima 2 (*emoções*) abanão; baque; choque; I felt a jolt when I heard the news senti um baque quando ouvi a notícia ■ *v.* 1 abanar; dar solavancos 2 (*susto, surpresa*) sobressaltar

Jordan *s.* Jordânia ♦ Jordan River rio Jordão

jostle *v.* 1 empurrar(-se); acotovelar(-se); people jostled to see what had happened as pessoas se acotovelavam para ver o que tinha acontecido 2 (*concorrência, competição*) atropelar-se ■ *s.* empurrão, encontrão

jot *s.* not a/one jot nem um pouquinho ■ *v.* apontar; anotar jot down *v.* anotar; apontar; he jotted down every word the lecturer said ele anotou todas as palavras do conferencista

jotter *s.* Grã-Bretanha bloco de apontamentos/notas

journal *s.* 1 jornal; boletim; daily journal jornal diário 2 diário

journalism *s.* jornalismo

journalist *s.* jornalista

journalistic *adj.* jornalístico

journey *s.* 1 jornada; viagem; a four days' journey uma jornada de quatro dias 2 literário trajeto ■ *v.* literário viajar

jovial *adj.* jovial; alegre

joviality *s.* jovialidade; alegria

jowl *s.pl.* papada

joy *s.* 1 alegria; júbilo; he jumped for joy ele pulou de alegria 2 Grã-Bretanha coloquial sorte; sucesso; any joy today? você teve sorte hoje? ♦ he was the joy of his parents ele era o menino dos olhos dos pais

joyful *adj.* alegre; feliz

joyless *adj.* triste; infeliz

joyous *adj.* literário alegre; jubiloso

joyride *s.* passeio em carro roubado ■ *v.* passear em carro roubado

joystick *s.* 1 INFORMÁTICA joystick 2 coloquial (*avião*) alavanca de direção

jubilee *s.* jubileu

jucara *s.* BOTÂNICA juçaara

Judaic *adj.* judaico

judge *s.* 1 DIREITO juiz 2 árbitro; the judge of the tournament o árbitro do torneio 3 especialista ■ *v.* 1 julgar; you cannot judge people by the way they look você não pode julgar as pessoas pela aparência 2 arbitrar 3 estimar; calcular; avaliar; I judge he must be rich by now calculo que ele agora deve estar rico; she was judged on her skills ela foi avaliada pelas suas capacidades 4 considerar; I judge you to be quite capable of winning the competition considero que você é bastante capaz de vencer a competição ♦ as far as I can judge... tanto quanto me parece... I'll be the judge of that isso cabe a mim decidir

judgment, judgement Grã-Bretanha *s.* 1 sentença; decisão 2 opinião (on/about/of, *sobre*); parecer (on/about/of, *sobre*); juízo (on/about/of, *sobre*); a fair judgement um juízo justo; in my judgement na minha opinião; to pass judgement on dar a opinião sobre; to reserve judgement about something não fazer comentários sobre alguma coisa 3 critério; pensamento; princípios; that is against my better judgement isso vai contra os meus princípios

judicial *adj.* 1 judicial; judicial system sistema judicial 2 crítico; judicioso

judiciary *s.* formal magistratura

judo *s.* ESPORTE judô

judoist *s.* ESPORTE judoca

jug *s.* 1 Grã-Bretanha jarro; jarra; caneca; a jug of water uma caneca de água 2 EUA cântaro 3 calão, antiquado prisão; cadeia ■ *v.* 1 (*carne*) estufar em louça de barro 2 calão, antiquado meter na cadeia; encarcerar

juggernaut *s.* 1 Grã-Bretanha caminhão Tir 2 força destruidora

juggle *v.* fazer malabarismo (with, *com*)

juggler *s.* malabarista

juggling *s.* malabarismo

juice *s.* 1 suco; sumo; orange juice suco de laranja 2 MEDICINA suco; digestive juices sucos digestivos 3 Grã-Bretanha coloquial gasolina 4 EUA coloquial eletricidade ♦ juice extractor espremedor

juicer *s.* espremedor

juicy *adj.* 1 suculento; juicy peaches pêssegos suculentos 2 coloquial picante; obsceno 3 coloquial polpudo; a juicy prize um prêmio polpudo

ju-jitsu *s.* ESPORTE jiu-jítsu

jujube *s.* BOTÂNICA jujuba; juazeiro

July *s.* julho; in mid July em meados de julho

jumble *s.* confusão (of, *de*); misturada (of, *de*); a jumble of documents uma confusão de documentos; the house is in a jumble a casa está em uma confusão ■ *v.* misturar; embaralhar ♦ Grã-Bretanha jumble sale bazar

jumbo *adj.* coloquial grande; gigante ♦ jumbo jet (*avião*) jumbo

jump *s.* 1 salto; pulo 2 subida em flecha; disparo fig. 3 figurado passo; avanço; a jump forward in the career um passo em frente na carreira 4 (*cavalo*) obstáculo ■ *v.* 1 saltar (from, *de;* to, *para*); pular (from, *de;* to, *para*); he jumps from one subject to the other ele salta de um assunto para outro; to jump at it aceitar imediatamente, de cara; to jump ship abandonar a causa 2 sobressaltar-se; levar um susto; to jump out of one's skin levar um grande susto 3 subir; aumentar; disparar; the number of runners has jumped these last years o número de corredores disparou nos últimos anos ♦ Grã-Bretanha (*fila*) to jump queues passar à frente, furar a fila to jump the gun fazer uma falsa partida to jump to conclusions tirar conclusões precipitadas jump jet avião a jato que levanta voo na vertical jump in *v.* 1 (*conversa*) intrometer-se 2 meter-se; envolver-se ♦ (*carro*) jump in! entra! jump on *v.* coloquial cair em cima de; criticar jump out at *v.*

jumper
saltar à vista de; saltar aos olhos de; to jump out at you saltar à vista
jumper s. 1 Grã-Bretanha blusa ou colete de tricô 2 EUA vestido sem manga usado sobre uma camisa 3 saltador
jumpsuit s. macacão
jumpy adj. coloquial nervoso; excitado; to look jumpy parecer nervoso
junction s. cruzamento; entroncamento; turn left in the next junction vire à esquerda no próximo cruzamento
June s. junho
jungle s. 1 selva; matagal 2 amálgama; desordem ♦ the law of the jungle a lei da selva EUA jungle gym espaldar
junior adj. 1 novo; he is junior to his brother ele é mais novo do que o irmão; he is seven years my junior ele é sete anos mais novo do que eu 2 júnior; junior championship campeonato de juniores 3 subalterno ■ s. 1 novo; I was one of the juniors of the firm eu era um dos mais novos da firma 2 subordinado; subalterno 3 Grã-Bretanha aluno da escola primária 4 ESPORTE júnior ♦ Grã-Bretanha junior school (escola) primeiro ciclo, escola primária
juniper s. BOTÂNICA zimbro
junk s. 1 tralha; lixo 2 (barco chinês) junco ■ v. coloquial jogar no lixo ♦ that's all junk isso é uma bobagem coloquial junk food comida com alto valor calórico e pobre em nutrientes junk shop loja de ferro-velho
junkie, junky s. 1 coloquial drogado 2 viciado
junta s. POLÍTICA junta militar
Jupiter s. ASTRONOMIA, MITOLOGIA Júpiter
Jurassic s. GEOLOGIA Jurássico
juridical adj. formal jurídico; juridical proceedings procedimentos jurídicos
jurisdiction s. alçada, jurisdição (over, sobre; of, de); competência (of, de); law enforcement is in the jurisdiction of the court a imposição da lei é da competência dos tribunais
jurisprudence s. jurisprudência
jurist s. DIREITO formal jurista
juror s. jurado
jury s. júri; foreman of the jury presidente dos jurados; members of the jury membros do júri; the jury pronounced the defendant guilty o júri declarou o réu culpado ♦ jury box bancada do júri
juryman s. jurado
jurywoman s. jurada
just adv. 1 mal; he could just see them in the distance ele mal os conseguia ver ao longe; he has just left ele acabou de sair 2 apenas; só; somente; I just need a couple of hours more só preciso de mais duas horas 3 quase; mesmo; I am just coming estou quase chegando; it is just like him! é típico dele!; just as I was about to leave, the phone rang quando eu estava quase saindo, o telefone tocou; just now agora mesmo 4 exatamente ■ adj. justo ♦ everything must be just so tudo tem de ficar perfeito I am just as capable as him sou tão capaz como ele it is just as well ainda bem just in case por via das dúvidas just listen! escute aqui! just right! perfeito! just then nesse preciso instante not just now! não agora, neste minuto! • A palavra "justo", no sentido de "correto, igualitário", corresponde em inglês a *fair*.
justice s. 1 justiça; to be brought to justice ser levado à justiça 2 EUA juiz ♦ to do justice to somebody favorecer alguém to do oneself justice mostrar o que realmente vale Justice of the Peace juiz de paz
justifiable adj. justificável
justification s. justificação (for, para); razão (for, para) ♦ in justification of em defesa de
justify v. justificar
justly adv. justamente
justness s. justiça
jut v. sobressair; destacar-se; projetar-se ■ s. saliência
jute s. BOTÂNICA juta
juvenile adj. 1 menor; juvenile court tribunal de menores 2 pejorativo infantil ■ s. DIREITO menor de idade ♦ juvenile delinquency delinquência juvenil
juvia s. BOTÂNICA júvia
juxtapose v. justapor (with, a); to juxtapose something with something justapor algo a algo; to be juxtaposed justapor-se
juxtaposition s. justaposição; aposição

K

k s. (*letra*) k
kale s. couve
kaleidoscope s. caleidoscópio
kamikaze adj. kamikaze; kamikaze pilot piloto kamikaze
kangaroo s. ZOOLOGIA canguru
karate s. karatê; caratê; to practise karate praticar karatê; karate chop golpe de caratê
karateka s. karateca
Kardecism s. kardecismo
Kardecist adj. kardecista
karma s. FILOSOFIA, RELIGIÃO carma
kart s. kart track kartódromo
kayak s. ESPORTE caiaque; they went down river in a kayak eles desceram o rio de caiaque
keel s. quilha ■ v. 1 carenar um barco; voltar o barco de carena 2 girar sobre a quilha ♦ on an even keel estável keel over v. 1 (*barco*) virar 2 (*pessoa*) cair
keen adj. 1 ansioso (to, *por*); desejoso (to, *de*); I am not keen on going não estou a fim de ir. 2 entusiasmado (on/to, *por*); to be keen on sports ser um entusiasta do esporte 3 perspicaz; arguto; she looked at him with a keen expression ela o olhou com uma expressão perspicaz 4 profundo; intenso 5 (*competição*) muito disputado, renhido 6 Grã-Bretanha (*preço*) competitivo 7 excelente, maravilhoso
keenly adv. 1 com entusiasmo 2 profundamente
keenness s. 1 argúcia; perspicácia 2 entusiasmo, afã
keep s. 1 subsistência; sustento; to earn one's keep ganhar o próprio sustento 2 torre de menagem ■ v. 1 continuar; keep singing continue cantando 2 guardar; to keep a secret guardar um segredo 3 (*comida*) conservar-se; the meat won't keep till tomorrow a carne não se conserva até amanhã 4 cumprir; to keep a promise cumprir uma promessa 5 atrasar; reter 6 (*animais*) criar; to keep pigs criar porcos 7 formal proteger; guardar 8 manter-se; ficar; keep still! mantenha-se quieto! ♦ to keep a lid on guardar segredo em relação a algo; to keep an eye on vigiar to keep one's head manter o sangue-frio keep away v. afastar(-se); keep away from the edge of the pool afaste-se da borda da piscina; keep the baby away from the stairs não deixe o bebê ir para a escada keep back v. 1 reservar; pôr de parte 2 conter; to keep back the tears conter as lágrimas 3 manter(-se) afastado (from, *de*) 4 não revelar keep down v. 1 controlar; limitar 2 oprimir; the country was kept down by a dictator o país foi oprimido por um ditador 3 (*comida*) aguentar (no estômago); during her illness she couldn't keep food down durante a doença ela não aguentava comida no estômago keep in v. 1 reter 2 (*emoções*) conter keep off v. 1 afastar(-se) de; keep off! mantenha-se afastado! 2 evitar; I must keep off fatty food tenho de evitar comida gordurosa 3 não falar de; they kept off religion during dinner não falaram de política durante o jantar keep on v. 1 continuar; if you keep on missing classes you'll flunk se você continuar faltando às aulas você vai repetir 2 Grã-Bretanha não parar de falar (about, *sobre*); he kept on about politics the whole evening não parou de falar sobre política a noite toda keep out of v. manter-se afastado de; não se meter em; try to keep out of trouble tente não se meter em problemas keep out v. manter afastado; não deixar entrar keep to v. 1 cumprir; seguir; he didn't keep to the plan ele não cumpriu o plano 2 limitar a; I'm keeping the number of guests to the minimum estou limitando o número de convidados ao mínimo 3 ficar em keep up v. 1 continuar 2 manter; he wasn't able to keep up two houses não conseguiu manter duas casas; to keep up appearances manter as aparências 3 manter acordado; the storm kept me up the whole night a tempestade me manteve acordado a noite toda keep up with v. 1 acompanhar; manter-se a par; he wasn't able to keep up with the rest of the class não conseguia acompanhar o resto da turma 2 manter contato com; I still keep up with my schoolfriends ainda mantenho contato com os meus colegas da escola
keeper s. 1 (*animais*) tratador 2 guarda 3 Grã-Bretanha futebol goleiro ♦ coloquial to be no one's keeper não ser o guarda de ninguém
keep-fit s. Grã-Bretanha malhação ■ adj. Grã-Bretanha (*ginástica, exercícios*) de manutenção
keeping s. 1 guarda; cuidado 2 concordância; harmonia; in keeping with em harmonia com; out of keeping with em desacordo com 3 conservação; to be in very good keeping estar em muito bom estado de conservação
keepsake s. lembrança, recordação
keg s. barril
kennel s. 1 matilha 2 casinha do cachorro 3 canil
Kenya s. Quênia
Kenyan adj., s. queniano
kepi s. quepe
kerb s. Grã-Bretanha (*rua*) passeio; meio-fio
kerchief s. lenço
kernel s. 1 (*amêndoa, avelã*) miolo da semente 2 âmago; cerne; essência; the kernel of the question o âmago da questão
kerosine EUA s. querosene
ketchup s. ketchup
kettle s. chaleira; to put the kettle boiling pôr a chaleira para ferver ♦ coloquial another/a different kettle of fish completamente diferente ● É diferente de *cattle*.
kettledrum s. MÚSICA timbale

key

key s. 1 chave 2 (*computador, piano*) tecla 3 MÚSICA tom; to change the key of the tune mudar o tom da melodia 4 (*mapa, gráfico*) símbolo ■ *adj.* fundamental; essencial; key points pontos fundamentais ■ *v.* digitar; introduzir ◆ key rack suporte para pendurar chaves key ring chaveiro
keyboard s. (*computador, piano*) teclado keyboards *s.pl.* MÚSICA instrumento de teclado ■ *v.* digitar
keyboardist s. tecladista
keyhole s. buraco de fechadura; to peek through the keyhole espreitar pelo buraco da fechadura
keypad s. 1 (*computador*) teclado numérico 2 (*calculadora, telefone*) teclado
keystone s. 1 (*arco*) chave; fecho 2 pedra angular; base; the keystone of the revolution a pedra angular da revolução
keyword s. palavra-chave
khaki *adj., s.* (*cor, tecido*) cáqui; soldiers in khaki uniforms soldados com fardas de cáqui
kibbutz s. kibbutz
kick s. 1 pontapé; chute 2 coice; patada 3 coloquial prazer; satisfação ■ *v.* 1 dar pontapés em; chutar; he kicked the ball ele deu um pontapé na bola 2 espernear kick in *v.* 1 pôr abaixo com pontapés 2 EUA (*ajuda, dinheiro*) contribuir 3 coloquial fazer efeito kick off *v.* 1 coloquial começar 2 (*jogo*) dar o pontapé inicial 3 EUA coloquial bater a bota col.; morrer; to get a kick out of gostar muito de
kicker s. chutador
kickoff s. 1 (*futebol*) pontapé de saída 2 coloquial (*festival, evento*) arranque; início; começo; inauguração, abertura for a kickoff para começar; the show's kickoff is at 9 o espetáculo começa às 9
kid s. 1 coloquial menino 2 coloquial filho; I want you to meet my kids quero que você conheça os meus filhos 3 ZOOLOGIA cabrito 4 pelica; kid gloves luvas de pelica ■ *v.* 1 coloquial brincar; I'm just kidding estou brincando 2 coloquial meter-se com; gozar 3 coloquial enganar ◆ EUA coloquial kid brother irmão mais novo EUA coloquial kid sister irmã mais nova no kidding! a sério? whiz kid criança prodígio
kiddo s. coloquial meu querido, minha querida (para crianças)
kidnap *v.* raptar, sequestrar ■ s. rapto, sequestro
kidnapper s. raptor, sequestrador
kidnapping s. rapto, sequestro
kidney s. ANATOMIA rim ◆ kidney bean feijão vermelho kidney machine rim artificial
kill s. (*animal*) matança ■ *v.* 1 matar; abater 2 destruir; acabar com 3 desligar; to kill a machine desligar uma máquina 4 (*dor*) aliviar ◆ I would kill for it eu faria qualquer coisa para isso to kill time passar o tempo to kill two birds with one stone matar dois coelhos com uma cajadada
killer s. 1 assassino; ZOOLOGIA killer whale orca 2 coloquial arraso; coisa excepcional ■ *adj.* coloquial excepcional; formidável
killing s. 1 assassínio; homicídio ■ *adj.* 1 cansativo; esgotante 2 mortal; fatal 3 coloquial divertido; engraçado ◆ coloquial (*negócios*) to make a killing fazer uma jogada fabulosa

killjoy s. desmancha-prazeres
kiln s. (*tijolos etc.*) forno; fornalha
kilo s. (*medida*) quilo
kilocalorie s. FÍSICA quilocalorie
kilogram, kilogramme Grã-Bretanha s. quilograma
kilolitre, kiloliter EUA s. quilolitro
kilometre, kilometer EUA s. quilômetro
kilometric *adj.* quilométrico
kilowatt s. FÍSICA quilowatt
kimono s. quimono
kin *s.pl.* antiquado família; the next of kin a família mais próxima
kind s. gênero; tipo; espécie; what kind of person is he? que tipo de pessoa ele é? in kind em espécie ■ *adj.* 1 amável; simpático; that's very kind of you é muita amabilidade sua 2 generoso (to, *para*); bondoso (to, *para*) 3 inofensivo; sun rays are kind to your skin after 4 p.m. os raios solares são inofensivos para a pele depois das quatro da tarde ◆ kind of mais ou menos nothing of the kind nada disso to be one of a kind ser único
kindergarten s. jardim de infância; creche
kind-hearted *adj.* bondoso; de bom coração
kindle *v.* 1 acender; atear; to kindle a bonfire acender uma fogueira 2 figurado estimular 3 figurado brilhar (with, *de*)
kindling s. acha; lenha
kindly *adj.* antiquado amável; carinhoso; kindly words palavras carinhosas ■ *adv.* 1 amavelmente; com amabilidade 2 formal por favor; would you kindly fill in this form? poderia fazer o favor de preencher este formulário? ◆ not to take kindly to não gostar de to look kindly on ver com bons olhos
kindness s. bondade; amabilidade; obséquio; will you have the kindness to tell me your name? teria a bondade de me dizer o seu nome? thank you for your kindness obrigado pela gentileza
kindred s. parentes ■ *adj.* 1 parente, aparentado 2 semelhante; próximo
kinetic *adj.* FÍSICA cinético; kinetic energy energia cinética
kinetics s. FÍSICA cinética
king s. rei; (*cartas*) king of hearts rei de copas ◆ the three Kings os três Reis Magos
kingdom s. reino; animal/plant/ kingdom reino animal/vegetal ◆ United Kingdom Reino Unido
king-size, king-sized *adj.* 1 extragrande 2 coloquial enorme; monumental
kink s. 1 nó 2 coloquial tara; mania
kinky *adj.* 1 coloquial (*sexual*) bizarro; excêntrico 2 (*cabelo*) ondulado
kinship s. 1 parentesco; ties of kinship laços de parentesco 2 semelhança; afinidade
kiosk s. 1 quiosque 2 Grã-Bretanha antiquado cabine telefônica
kipper s. arenque defumado
kiss s. beijo; to blow somebody a kiss atirar um beijo a alguém; to give somebody a kiss dar um beijo em alguém; to snatch a kiss roubar um beijo ■ *v.* beijar(-se)
kit s. 1 kit 2 equipamento ■ *v.* empacotar ● É diferente de *kite*.

kitchen s. cozinha ◆ Grã-Bretanha kitchen garden horta
kitchenette s. quitinete
kitchenware s. utensílios de cozinha
kite s. 1 papagaio de papel; pipa; to fly a kite empinar um papagaio 2 (*falcão*) milhafre; peneireiro ■ v. EUA coloquial (*preço*) subir
kitten s. gatinho ◆ Grã-Bretanha coloquial (*fúria, preocupação*) to have kittens ter um ataque
kitty s. 1 gatinho 2 (*jogos*) fundo comum; monte 3 coloquial (*dinheiro*) vaquinha
kiwi s. 1 BOTÂNICA, ZOOLOGIA quiuí; kiwi 2 coloquial neozelandês
kleptomania s. cleptomania
kleptomaniac s. cleptomaníaco
knack s. jeito (for, *para*); habilidade (for, *para*); he's got the knack for diving ele tem jeito para mergulhar; it is just a matter of knack é só uma questão de jeito
knapsack s. EUA mochila • É diferente de *backpack*.
knave s. 1 Grã-Bretanha (*cartas*) valete 2 antiquado velhaco
knavish adj. desonesto, velhaco
knead v. 1 amassar; to knead the dough amassar a massa 2 (*músculos*) massagear
knee s. ANATOMIA joelho; to be on one's knees estar de joelhos; to go down on one's knees ajoelhar-se ■ v. dar uma joelhada ◆ to force somebody to their knees humilhar alguém
kneecap s. ANATOMIA patela, rótula
knee-deep adj. 1 até aos joelhos; the river was knee-deep o rio dava nos joelhos 2 coloquial muito envolvido (in, *em*); he is knee-deep in the affair ele está muito envolvido no caso
kneel v. ajoelhar-se
kneeling adj. ajoelhado
kneepad s. ESPORTE joelheira
knell s. toque especial dos sinos em finados; to toll the knell dobrar em finados ■ v. (*sino*) dobrar em finados
knickers s.pl. Grã-Bretanha calcinha
knick-knack s. bibelô; adorno
knife s. faca; knife sharpener amolador ■ v. apunhalar; esfaquear; he was knifed to death ele foi esfaqueado até à morte ◆ to twist the knife in the wound bater na mesma tecla
knife-edge s. (*faca*) gume ◆ on a knife-edge por um fio
knight s. 1 cavaleiro 2 (*xadrez*) cavalo ■ v. armar cavaleiro ◆ Knight Templar templário the Knights of the Round Table os cavaleiros da Távola Redonda knight errant cavaleiro andante
knighthood s. dignidade de cavaleiro
knit v. 1 tricotar 2 costurar; coser 3 (pretérito, particípio passado knit) unir (together, –); juntar (together, –) 4 (pretérito, particípio passado knit) (*osso*) solidificar; to knit bones together fazer com que ossos partidos se unam ◆ to knit one's brows franzir a sobrancelha
knitting s. tricô; knitting needle agulha de tricô
knob s. 1 maçaneta; puxador; to turn the knob virar o puxador 2 (*máquina*) botão; to press the knob carregar no botão 3 ponta; bocadinho; add a knob of butter junte um bocadinho de manteiga 4 saliência; alto

knock s. 1 pancada; batida; a knock at the door uma batida na porta 2 golpe ■ v. 1 (*porta, janela*) bater (at/on, *a*); somebody is knocking at the door alguém está batendo à porta; to knock on the window bater à janela 2 palpitar; my heart knocked like crazy tinha o coração aos pulos 3 derrubar; pôr abaixo; he knocked the jug ele derrubou a jarra 4 coloquial pôr para abaixo; criticar ◆ it knocked me flat pegou-me completamente de surpresa coloquial knock on wood! bate na madeira! to knock some sense into somebody enfiar algum juízo na cabeça de alguém knock out v. 1 deixar inconsciente 2 (*boxe*) nocautear, pôr fora de combate 3 coloquial espantar; surpreender 4 (*equipe etc.*) eliminar knock up v. 1 Grã-Bretanha acordar 2 improvisar 3 (*tênis*) bater umas bolas
knockdown adj. coloquial (*preço*) reduzido ■ s. combate livre
knocker s. (*porta*) aldraba; batente
knockout s. 1 ESPORTE (*boxe*) knockout 2 coloquial arraso; espanto 3 coloquial pessoa muito atraente ■ adj. 1 (*boxe*) knockout 2 (*competição*) eliminatório 3 coloquial fantástico; espetacular
knoll s. elevação; outeiro
knot s. 1 nó; to tie a knot dar um nó to untie a knot desfazer um nó 2 (*unidade de velocidade*) nó; the ship sailed at twenty knots o barco navegava a vinte nós 3 (*pessoas*) grupo 4 (*músculo*) inchaço ■ v. atar; dar um nó ◆ at a rate of knots a uma velocidade louca to knot one's stomach contrair-se o estômago to tie oneself in knots meter os pés pelas mãos
knotty adj. 1 difícil; complicado; knotty point questão difícil 2 nodoso, cheio de nós
know v. 1 saber; as far as I know tanto quanto sei; not that I know of que eu saiba não; to know one's own mind saber o que se quer 2 conhecer; to get to know ficar conhecendo; to know by sight conhecer de vista; to make oneself known dar-se a conhecer 3 aperceber-se; I knew that something had gone wrong apercebi-me de que algo tinha corrido mal 4 entender (about/of, *de*); saber (about/of, *de*); he knows about the subject ele entende do assunto 5 reconhecer ◆ to know by heart saber de cor to know by sight conhecer de vista to know for certain that ter a certeza absoluta de que
know-all s. Grã-Bretanha coloquial sabichão
know-how s. know-how; conhecimento; expertise
knowing adj. 1 sagaz; inteligente 2 (*olhar, sorriso*) cúmplice
know-it-all s. EUA coloquial sabichão
knowledge s. conhecimento; saber; with full knowledge com conhecimento de causa; it has come to my knowledge that... fiquei sabendo que ...; not to my knowledge que eu saiba não; to my knowledge que eu saiba
known (particípio passado de to know) adj. conhecido; to become known tornar-se conhecido
knuckle s. 1 (*dedos*) nó 2 (*carne*) pernil ■ v. 1 esfregar com os nós dos dedos 2 bater com os nós dos

koala

dedos em knuckle under v. coloquial submeter-se (to, *a*); ceder (to, *a*)
koala s. ZOOLOGIA coala
Koran s. RELIGIÃO Koran
Korea s. Coreia ♦ North Korea Coreia do Norte South Korea Coreia do Sul
Korean *adj., s.* coreano ■ *s.* (*língua*) coreano
krone s. **1** (*moeda*) coroa (sueca, norueguesa ou dinamarquesa) **2** antiga moeda de prata existente na Áustria antes da guerra **3** antiga moeda de ouro alemã com o valor de 10 marcos
krypton s. QUÍMICA (*elemento químico*) criptônio
kudos s. prestígio; glória; to get the kudos for receber os louros por

L

l *s.* (*letra*) l
lab *s.* coloquial laboratório
label *s.* 1 etiqueta; rótulo 2 companhia discográfica ■ *v.* 1 etiquetar; rotular 2 figurado (*pessoa*) rotular (as, *de*)
labial *adj., s.* labial
labor *s.* 1 EUA trabalho; hard labor trabalhos forçados 2 EUA mão de obra 3 EUA trabalho de parto; to be in labor estar em trabalho de parto ■ *v.* EUA trabalhar no duro; esforçar-se
laboratorial *adj.* laboratorial
laboratory *s.* laboratório; pathology laboratory laboratório de análises clínicas
laborious *adj.* laborioso; penoso; a laborious task uma tarefa penosa
labour, labor EUA *s.* 1 trabalho; hard labour trabalhos forçados 2 mão de obra 3 trabalho de parto; to be in labour estar em trabalho de parto ■ *v.* trabalhar no duro; esforçar-se ◆ labour camp campo de trabalhos forçados
labourer, laborer EUA *s.* trabalhador; operário
labyrinth *s.* labirinto
lace *s.* 1 (*tecido*) renda; lace towel toalha de renda 2 (*sapatos*) cadarço; cordão ■ *v.* 1 atar 2 (*ingrediente*) misturar (with, *com*) lace up *v.* amarrar o cadarço de; amarrar os cordões de; to lace up one's shoes amarrar o cadarço dos sapatos ◆ A palavra "laço", em inglês, traduz-se por *ribbon*.
lacerate *v.* 1 lacerar; dilacerar 2 (*crítica*) arrasar; demolir
lack *s.* falta; carência; escassez; for lack of por falta de; lack of balance falta de equilíbrio; lack of control descontrole; lack of water escassez de água ■ *v.* faltar; carecer; to lack self-confidence ser inseguro
lackey *s.* 1 lacaio 2 adulador ■ *v.* lisonjear
lacklustre, lackluster EUA *adj.* desinteressante; apagado fig.
laconic *adj.* lacônico
lacquer *s.* 1 (*verniz*) laca 2 laquê ■ *v.* lacar
lacrimal *adj.* lacrimal ◆ lacrimal gland glândula lacrimal
lactation *s.* lactation
lactose *s.* QUÍMICA lactose
lacy *adj.* rendado
lad *s.* Grã-Bretanha antiquado moço; rapaz
ladder *s.* 1 escada portátil 2 (*meias*) malha caída 3 escala ● É diferente de *staircase*, *stairs*.
ladle *s.* (*sopa*) concha ■ *v.* servir com concha
lady *s.* senhora; ladies and gentlemen minhas senhoras e meus senhores; the first lady primeira dama; ladies' room banheiro das senhoras ◆ Lady 1 (*título honorífico*) Lady 2 RELIGIÃO Senhora Our Lady Nossa Senhora
ladybird *s.* Grã-Bretanha ZOOLOGIA joaninha
ladybug *s.* EUA ZOOLOGIA joaninha
ladyfish *s.* ZOOLOGIA ubarana
ladyship *s.* (*título*) senhoria; her/your ladyship sua senhoria
lag *s.* 1 atraso; demora 2 Grã-Bretanha antiquado, coloquial cadastrado ■ *v.* 1 ficar para trás (behind, –) 2 Grã-Bretanha (*canos etc.*) isolar
lager *s.* Grã-Bretanha cerveja clara
lagoon *s.* lagoa; laguna
laid *adj.* estatelado
laid-back *adj.* coloquial descontraído; relaxado
lair *s.* 1 toca, covil 2 Escócia sepultura, cova 3 esconderijo; refúgio ■ *v.* repousar na toca ● É diferente de *liar*.
laity *s.* os leigos
lake *s.* lago ◆ lake dwelling habitação lacustre; go jump in the lake! vai tomar banho! vai amolar outro!
lamb *s.* 1 ZOOLOGIA cordeiro 2 (*carne*) cabrito; anho; borrego 3 coloquial inocente ■ *v.* (*ovelha*) parir
lamé *s.* ZOOLOGIA lhama
lame *adj.* 1 coxo; manco; lame duck pessoa incapaz 2 pouco convincente; esfarrapado; fraco; a lame excuse uma desculpa esfarrapada ■ *v.* estropiar; aleijar
lament *s.* lamento; lamentação ■ *v.* lamentar(-se)
lamentable *adj.* lastimável ● A palavra "lamentável", em inglês, traduz-se por *regrettable*, *deplorable*.
lamentation *s.* lamentação
laminate *v.* laminar; plastificar
laminated *adj.* plastificado
lamp *s.* lampião, candeeiro; turn out the lamp desliga o abajur ● A palavra "lâmpada", em inglês, traduz-se por *bulb*.
lamppost *s.* poste de iluminação pública ◆ coloquial lamppost interview entrevista com pessoa que mantém o anonimato
lamprey *s.* ZOOLOGIA lampreia
lampshade *s.* luminária
lance *s.* lança
lancet *s.* 1 lanceta; bisturi 2 ogiva
land *s.* 1 (*superfície terrestre*) terra; to reach land chegar a terra; to travel by land viajar por terra 2 terreno; terra; a piece of land um terreno 3 terra; país; my native land a minha terra natal 4 campo ■ *v.* 1 aterrissar; pousar 2 (*avião, barco*) desembarcar 3 cair 4 coloquial conseguir; pescar; descolar 5 (*peixe*) pegar 6 coloquial (*tapa, soco*) dar, pregar (in, *em*) ◆ Grã-Bretanha land registry registro de propriedade land reform reforma agrária; Holy Land Terra Santa
landfill *s.* aterro; sanitary landfill aterro sanitário
landing *s.* 1 aterrissagem; emergency landing aterrissagem de emergência 2 (*escadas*) patamar 3 desembarque 4 Grã-Bretanha cais de desembarque ◆ landing field/strip pista de aterrissagem landing gear trem de pouso
landlady *s.* 1 senhoria 2 Grã-Bretanha (*pensão, bar*) dona

landless

landless *adj.* sem-terra
landlord *s.* 1 senhorio 2 Grã-Bretanha (*pensão, bar*) dono
landmark *s.* marco; a landmark in painting um marco na pintura
landmine *s.* mina terrestre
landowner *s.* proprietário de terras; fazendeiro
landscape *s.* 1 paisagem 2 panorama; cultural landscape panorama cultural ■ *v.* ajardinar ♦ landscape architect arquiteto paisagista landscape gardener paisagista
landslide *s.* 1 desmoronamento; desabamento; derrocada 2 vitória esmagadora; he won the elections by a landslide ele teve uma vitória esmagadora nas eleições
lane *s.* 1 (*campo*) vereda; caminho 2 (*cidade*) rua; viela; travessa 3 (*estrada*) faixa de rodagem, rodovia 4 ESPORTE pista 5 (*avião, barco*) rota • É diferente de *lame*.
language *s.* 1 língua; foreign language língua estrangeira 2 linguagem; technical language linguagem técnica; INFORMÁTICA programming language linguagem de programação ♦ to talk the same language entender-se bem
languid *adj.* lânguido
languish *v.* 1 enlanguescer; definhar 2 (*projeto*) fracassar
lantern *s.* lanterna; lampião; ZOOLOGIA lantern fly jequitiranaboia
lap *s.* 1 regaço; colo 2 volta; lap of honour volta de honra 3 (*percurso*) etapa; troço ■ *v.* 1 (*corrida*) dar volta de avanço 2 (*ondas*) marulhar
lapel *s.* lapela
lapidate *v.* lapidar
lapis lazuli *s.* GEOLOGIA lápis-lazúli
lapse *s.* 1 espaço de tempo 2 lapso; falha; lapse of memory esquecimento ■ *v.* 1 expirar; prescrever; my insurance policy lapsed a minha apólice de seguro expirou 2 formal (*tempo*) passar 3 (*comportamento*) cair (into, em); to lapse into bad habits cair em maus hábitos ♦ to lapse into silence calar-se
laptop *s.* computador portátil
lard *s.* CULINÁRIA banha de porco ■ *v.* (*carne*) lardear; entremear com gordura de porco
larder *s.* despensa
large *adj.* 1 grande; a large company uma grande empresa; a large amount of uma grande quantidade de 2 vasto; amplo 3 (*roupa*) largo ♦ at large à solta how large is it? qual é o tamanho? on a large scale em grande escala to a large extent em grande medida
largely *adv.* em grande parte
lark *s.* 1 ZOOLOGIA cotovia 2 coloquial brincadeira
larva *s.* BIOLOGIA larva; insect larvae larvas de insetos
laryngitis *s.* MEDICINA laringite
larynx *s.* ANATOMIA laringe
lasagne, lasagna *s.* CULINÁRIA lasanha
lascivious *adj.* lascivo
laser *s.* FÍSICA laser; laser beams raios laser ♦ laser printer impressora a laser
lash *s.* 1 chicotada 2 chicote 3 cílio, pestana; false lashes cílios postiços ■ *v.* 1 chicotear; to lash a horse chicotear um cavalo 2 (*rabo*) abanar 3 atar (to, *a*); amarrar (to, *a*) 4 fazer críticas violentas (into, *a*)
lashing *s.* (*cordame*) amarração
lass *s.* moça
lasso *s.* (*vaqueiro*) laço ■ *v.* laçar • No sentido de "nó em uma fita", "laço" traduz-se por *ribbon*.
last *adj.* 1 último; the last lap a última etapa 2 passado; anterior; last night/week na noite/semana passada ■ *adv.* 1 da/pela última vez; when I last saw him da última vez que o vi 2 em último lugar; to finish last ficar em último ■ *v.* durar; his speech lasted an hour o discurso dele durou uma hora ■ *s.* 1 o último 2 resto ♦ at last! até que enfim! but not least por último, mas não menos importante last judgment Juízo Final RELIGIÃO last rites extrema-unção one last thing só mais uma coisa the day before last anteontem the last but two antepenúltimo to the last até ao fim
lasting *adj.* duradouro; lasting effect efeito duradouro; lasting relationship relação duradoura
lastly *adv.* por fim; por último
last-minute *adj.* de última hora
latch *s.* (*porta*) trinco; the door is on the latch a porta está só com o trinco ■ *v.* fechar com o trinco
late *adj.* 1 atrasado; he is always late ele chega sempre atrasado 2 tardio 3 falecido; my late father o meu falecido pai ■ *adv.* tarde; I stayed up late fiquei acordado até tarde; it was too late foi tarde demais; to keep late hours deitar tarde ♦ in the late nineteenth century no fim do século XIX in their late fifties na casa dos cinquenta late in the afternoon para o fim da tarde of late ultimamente
latecomer *s.* atrasado; retardatário
lately *adv.* ultimamente; recentemente; he has not been feeling well lately ele não se tem sentido bem ultimamente
latency *s.* latência
late-night *adj.* tardio; late-night television programas ao fim da noite
latent *adj.* latente
later *adj.* posterior; at a later date em data posterior ■ *adv.* mais tarde; depois; posteriormente; an hour later uma hora depois; I'll call you later eu te ligo mais tarde; later on mais tarde
lateral *adj.* lateral; lateral impact choque lateral ♦ lateral thinking (*imaginação*) pensamento lateral
latest *adj.* (superlativo de late) último; mais recente; the latest news as últimas notícias ♦ at the latest o mais tardar
latex *s.* látex
lath *s.* ripa
lathe *s.* torno mecânico
lather *s.* 1 (*sabão*) espuma 2 (*cavalo*) suor ■ *v.* 1 ensaboar 2 fazer espuma ♦ coloquial (*nervosismo*) to be in a lather estar uma pilha
latifundium *s.* AGRICULTURA latifúndio
Latin *adj.* latino Latin languages línguas latinas; Latin countries países latinos ■ *s.* (*língua*) Latim
Latin-American *adj., s.* latino-americano ♦ Latin--American countries países latino-americanos
latitude *s.* 1 latitude 2 formal liberdade ♦ warm latitudes regiões quentes

latrine s. latrina; vaso sanitário
latte s. café com leite
latter adj. 1 último; recente; the latter months os últimos meses; this is his latter book este é o seu livro mais recente 2 segundo; the latter half of a segunda metade de ■ s. o último; este
lattice s. entrançado ◆ lattice window (*janela*) gelosia
laud s. louvor; in laud of God em louvor a Deus ■ v. figurado louvar
laudable adj. louvável
laugh s. riso; risada; to break into a laugh começar a rir, desatar a rir; to have the last laugh ser o último a rir; to raise a laugh provocar o riso ■ v. rir(-se), gargalhar ◆ he who laughs last laughs longest quem ri por último ri melhor to laugh in somebody's face rir na cara de alguém
laughing s. riso; ZOOLOGIA laughing falcon acauã, cauã
laughter s. riso; risada
launch s. 1 lancha 2 lançamento ■ v. 1 (*barco, produto etc.*) lançar 2 iniciar
launching s. (*produto, nave etc.*) lançamento ◆ launching pad plataforma de lançamento
launder v. 1 (*dinheiro*) lavar 2 formal (*roupa*) lavar e passar
launderette s. Grã-Bretanha lavanderia automática
laundering s. lavagem
laundromat s. EUA lavanderia automática
laundry s. 1 roupa suja/lavada; to do the laundry tratar da roupa 2 lavanderia
laureate v. (*homenagem, prêmio*) laurear
laurel s. BOTÂNICA loureiro laurels s.pl. louros; glória; to rest on one's laurels descansar sob os louros conquistados ◆ laurel wreath coroa de louros • A palavra "louro", no sentido de "erva", em inglês, traduz-se por *bay leaf*.
lava s. lava
lavatory s. formal banheiro
lavender s. BOTÂNICA lavanda; alfazema
lavish adj. 1 generoso (with, *com*); liberal (with, *com*) 2 gastador; esbanjador ■ v. encher (on/upon, *de*); cobrir (on/upon, *de*); to lavish something on somebody cobrir alguém de alguma coisa fig.
law s. 1 lei; to break/keep the law infringir/cumprir a lei 2 norma; regra 3 advocacia; direito; to practise Law exercer advocacia 4 coloquial polícia ◆ to take the law into one's own hands fazer justiça pelas próprias mãos law court tribunal
law-abiding adj. cumpridor da lei
lawbreaker s. criminoso
lawful adj. formal legal
lawless adj. 1 ilegal; ilegítimo 2 anárquico
lawn s. grama; gramado; to mow the lawn cortar a grama ◆ lawn sprinkler dispositivo de rega
lawnmower s. cortador de grama
lawsuit s. processo; ação judicial
lawyer s. advogado; notário; tabelião • **Lawyer** é a designação geral de um profissional que cursou Direito ou que exerce funções de caráter técnico-jurídico. Em inglês americano, para esse sentido é mais usada a palavra *attorney*, particularmente em linguagem legal ou para designar um advogado que representa pessoas em tribunal. Em inglês britânico, o *solicitor* presta aconselhamento jurídico e prepara documentos legais, enquanto o *barrister* (na Escócia *advocate*) atua em todos os tribunais. O *counsel* é um advogado que representa alguém em tribunal.
lax adj. lasso, solto, frouxo; relaxado; negligente
laxative adj., s. laxante
lay s. 1 contorno; configuração 2 literário balada ■ adj. 1 leigo 2 laico ■ v. 1 pôr; colocar; to lay aside pôr de lado 2 (*ovos*) pôr 3 apostar (on, *em*) 4 (*cilada, plano*) armar; preparar 5 Grã-Bretanha (*mesa*) pôr ◆ to lay a charge apresentar uma queixa to lay the blame on somebody pôr a culpa em alguém lay down v. 1 pousar; he laid down his glass pousou o copo 2 (*armas*) depor 3 armazenar; guardar 4 (*regras*) estabelecer; impor lay off v. 1 despedir; the factory is laying off workers a fábrica está despedindo trabalhadores 2 coloquial deixar; abandonar; he laid off eating fat deixou de comer alimentos gordurosos 3 coloquial deixar em paz; lay off me! deixa-me em paz! lay out v. 1 espalhar; estender; dispor 2 (*ideias etc.*) expor; planejar; apresentar 3 (*casa etc.*) desenhar; conceber 4 coloquial (*dinheiro*) gastar (on, *em*); desembolsar (on, *em*) 5 coloquial jogar no chão lay over v. EUA passar a noite (at/in, *em*); pernoitar (at/in, *em*) • A palavra "lei", em inglês, traduz-se por *law*.
layabout s. Grã-Bretanha coloquial vadio; mandrião
layer s. 1 camada; a layer of dust uma camada de pó; ozone layer camada de ozônio 2 galinha poedeira ■ v. 1 dispor em camadas 2 (*cabelo*) arrumar em camadas
layette s. enxoval de bebê
layman s. leigo
layout s. disposição; configuração; arranjo
laziness s. 1 preguiça; indolência 2 lentidão
lazy adj. 1 preguiçoso; ocioso; indolente; to be lazy ter preguiça 2 lento
lazybones s. coloquial mandrião; sorna; preguiçoso
lead[1] s. 1 chumbo; lead content teor de chumbo 2 (*lápis*) mina 3 EUA antiquado bala; chumbo ■ v. chumbar
lead[2] s. 1 dianteira; to take the lead ir à frente 2 comando; liderança; chefia 3 vantagem (over, *sobre*; of, *de*) 4 exemplo; to follow somebody's lead seguir o exemplo de alguém 5 (*informação*) pista 6 (*filme, peça etc.*) papel principal 7 Grã-Bretanha trela ■ v. 1 (*caminho, porta*) levar (to/into, *a*); dar (to/into, *a*) 2 liderar 3 guiar; conduzir 4 levar; to lead a quiet life levar uma vida calma ◆ to lead astray desencaminhar to lead the way ir à frente; indicar o caminho to lead to levar a; to lead to a conclusion levar a uma conclusão coloquial to lead up the garden path enganar lead on v. enganar; levar col.
leaded adj. com chumbo
leader s. 1 líder; dirigente; he's a born leader ele é um líder nato 2 Grã-Bretanha (*orquestra*) primeiro-violino 3 Grã-Bretanha editorial 4 EUA maestro
leadership s. liderança; chefia; under somebody's leadership sob a liderança de alguém
lead-free adj. sem chumbo
lead-in s. introdução

leading

leading adj. 1 principal; leading lady/man atriz/ator principal 2 de destaque; a leading figure uma figura de destaque ♦ Grã-Bretanha leading article editorial

leaf s. 1 BOTÂNICA folha; gold leaf folha de ouro 2 (mesa) aba ■ v. 1 (árvore) produzir folhas 2 (livro) folhear leaf through v. folhear

leaf-cutter s. ZOOLOGIA (leaf-cutter ant) saúva

leaflet s. folheto; panfleto ■ v. distribuir folhetos

league s. 1 liga; football league liga de futebol 2 aliança; liga; League of Nations Liga das Nações 3 categoria; classe; they're not in the same league eles não têm a mesma categoria 4 antiquado légua ■ v. ligar; associar ♦ to be in league with estar de conluio com to be out of somebody's league não estar à altura de algo

leak s. 1 fenda; buraco; a leak in the tank uma fenda no depósito 2 vazamento; the explosion was caused by a gas leak a explosão foi provocada por um vazamento de gás 3 goteira, vazamento 4 vazamento de informação 5 calão mijada pop.; I'm just going to take a leak vou só dar uma mijada ■ v. 1 verter; vazar 2 (informação) divulgar (to, a); passar (to, a) leak out v. (informação) divulgar; vazar • É diferente de leek.

leakage s. derramamento, derrame

leaky adj. vazante

lean s. carne magra ■ adj. 1 magro, esguio 2 difícil; a lean period um período difícil ■ v. 1 apoiar(-se) (against/on, em); encostar(-se) (against/on, a); she leaned against the wall ela se encostou à parede 2 inclinar-se (back, em) she leaned back in her chair ela inclinou-se em sua cadeira

leanness s. magreza

leap v. 1 saltar; pular 2 figurado aumentar ■ s. 1 salto, pulo 2 figurado aumento (in, em) ♦ to give a leap in the dark dar um tiro no escuro to leap up levantar-se num ímpeto leap year ano bissexto

leapfrog s. (brincadeira) pular carniça

learn v. 1 aprender; to learn from one's mistakes aprender com os próprios erros; to learn one's lesson aprender a lição 2 memorizar 3 ficar sabendo (about/of, de)

learned adj. erudito

learner s. aluno; estudante; Grã-Bretanha learner driver aluno de autoescola; to be a slow learner ter dificuldades de aprendizagem

learning s. aprendizagem; saber; conhecimento

lease s. aluguel, arrendamento ■ v. alugar, arrendar

leasehold s. aluguel, arrendamento ■ adj. arrendado ■ adv. por arrendamento

leaseholder s. inquilino

leash s. (cachorro) trela; to hold the dog on the leash levar o cão pela trela ♦ to hold/keep somebody on a short leash manter a rédea curta

least pron. mínimo, menos ■ adj. (superlativo de little) menos, menor, mínimo last but not least por último, mas não de menor importância ■ adv. menos; at least pelo menos; least of all muito menos

leather s. couro; pele; leather jacket jaqueta de couro

leave s. 1 licença; maternity/paternity leave licença de maternidade/paternidade; to be on leave estar de licença 2 permissão (to, para) 3 partida, saída ■ v. 1 deixar; leave me alone! deixe-me em paz! 2 sair de 3 partir (for, para) 4 esquecer-se de ♦ to be left sobrar leave behind v. abandonar; deixar para trás leave out v. 1 excluir; omitir 2 ignorar; pôr de parte

leave-taking s. despedida

leavings s. restos

lecherous adj. pejorativo libidinoso; lascivo

lecture s. 1 conferência; palestra 2 (universidade) aula 3 repreensão ■ v. 1 fazer uma conferência (on, sobre) 2 (universidade) dar aulas 3 repreender • A palavra "leitura", em inglês, traduz-se por reading.

lecturer s. 1 conferencista 2 (universidade) professor

ledge s. 1 (montanha) borda, saliência 2 (janela) peitoril

ledger s. (contabilidade) livro-mestre

leech s. ZOOLOGIA sanguessuga

leek s. BOTÂNICA alho-poró

leer s. olhar lascivo ■ v. olhar de soslaio

leeway s. 1 deriva 2 figurado espaço de manobra 3 coloquial margem de segurança

left (pretérito, particípio passado de to leave) adj. esquerdo ■ s. esquerda ■ adv. à esquerda; turn left vira à esquerda

left-handed adj. canhoto

left-hander s. 1 golpe com a esquerda 2 (pessoa) canhoto

leftover s. vestígio (from, de) leftovers s.pl. (comida) restos, sobras ■ adj. restante

left-wing s. POLÍTICA esquerda

leg s. 1 perna; to break a leg partir uma perna; a table leg a perna de uma cadeira 2 (animal) pata 3 (viagem, corrida) etapa ♦ irônico break a leg! boa sorte!

legacy s. legado; herança

legal adj. 1 legal; legítimo 2 judicial; the legal system o sistema judicial; to take legal action against intentar uma ação contra; to take legal advice consultar um advogado ♦ EUA legal holiday feriado nacional legal tender moeda com curso legal

legality s. legalidade

legalization, legalisation Grã-Bretanha s. legalização

legalize, legalise Grã-Bretanha v. legalizar

legend s. lenda • A palavra "legenda", em inglês, traduz-se por subtitle, caption.

legendary adj. lendário

leggings s.pl. calças elásticas de malha

legible adj. legível

legion s. 1 legião 2 figurado multidão, legião (of, de)

legionary s. legionário

legislate v. legislar

legislation s. legislação

legislative adj. legislativo

legislator s. legislador

legislature s. legislatura

legitimacy s. legitimidade

legitimate[1] adj. 1 legítimo; legal; legitimate child filho legítimo 2 justo; justificado

legitimate[2] v. legitimar

legitimation s. legitimação
legitimize, legitimise Grã-Bretanha v. legitimar
legume s. BOTÂNICA legume
leguminous adj. BOTÂNICA leguminoso leguminous plants plantas leguminosas
legwork s. trabalho duro
leishmaniasis s. MEDICINA leishmaniose
leisure s. 1 tempo livre; he has little leisure time ele tem pouco tempo livre 2 lazer; ócio leisure activities passatempos ♦ at leisure sem pressa
lemon s. 1 BOTÂNICA (*fruto*) limão; (*árvore*) limoeiro 2 (*cor*) amarelo-limão 3 Grã-Bretanha coloquial palerma
lemonade s. limonada
lemur s. ZOOLOGIA lêmure
lend v. 1 emprestar 2 conferir (to, *a*) ♦ to lend a hand dar uma ajuda/mão • A palavra "emprestar" corresponde, em inglês, a *lend* no sentido de "pegar emprestado") e a *borrow* para "pegar emprestado".
lending s. empréstimo
length s. 1 comprimento; it has two metres in length tem dois metros de comprimento; overall length comprimento total 2 duração ♦ at length detalhadamente demoradamente finalmente
lengthen v. 1 alongar; estender 2 (*duração*) estender-se, prolongar-se
lengthening s. (*extensão*) alongamento
lengthways adv. longitudinalmente
lengthy adj. 1 longo 2 prolongado
leniency, lenience s. 1 indulgência 2 tolerância
lenient adj. 1 indulgente 2 tolerante
lenitive adj., s. lenitivo
lens s. 1 lente; contact lenses lentes de contato 2 (*máquina fotográfica*) objetiva 3 (*olho*) cristalino
Lent s. RELIGIÃO Quaresma
lentil s. BOTÂNICA lentilha
Leo s. ASTRONOMIA Leão
leonine adj. ASTRONOMIA leonino
leopard s. ZOOLOGIA leopardo
leotard s. (*bailarinos, ginastas, acrobatas*) malha justa, maiô
leper s. leproso; leper hospital leprosaria
leprechaun s. duende
leprosy s. MEDICINA lepra, hanseníase
leprous adj. leproso
leptospirosis s. MEDICINA leptospirose
lesbian adj., s. lésbica
lesbianism s. pejorativo lesbianismo
lesion s. lesão
less pron., prep., adv. menos; less and less cada vez menos; she can't talk, much less sing ela não sabe falar, muito menos cantar; the less you think about it the better quanto menos você pensar nisso melhor • Observe a diferença entre *less* e *fewer*. Usa-se *less* (comparativo de *little*) sobretudo com nomes não contáveis: *You should eat less sugar. There is less water in my glass than in yours.*
lessen v. diminuir
lesser adj. menor; these are lesser problems são males menores; the lesser of two evils o mal menor; to a lesser extent/degree em menor grau; ZOOLOGIA lesser potoo urutau

lesson s. 1 (*escola*) aula (in, *de*); lição (in, *de*); to teach somebody a lesson dar uma lição a alguém 2 figurado sermão, lição
let s. 1 aluguel 2 estorvo ■ v. 1 deixar; permitir 2 alugar (to, *a*); room to let quarto para alugar ♦ let alone muito menos let it be que seja to let go of largar to let loose soltar let down v. 1 desiludir, desapontar 2 esvaziar 3 (*bainha*) descer let in on v. pôr ao corrente de; they let me in on the plans eles me puseram ao corrente dos planos let off v. 1 dispensar de 2 perdoar 3 disparar; let me off deixe-me sair, deixe-me descer (de ônibus, elevador) let on v. 1 coloquial (*segredo*) contar 2 dar a entender let out v. 1 (*pessoa, animal*) deixar sair 2 (*som*) soltar 3 (*espaço*) alugar 4 (*roupa*) alargar
letdown s. desilusão; decepção
lethal adj. letal, mortífero
lethargic adj. letárgico
lethargy s. letargia
letter s. 1 carta; to post a letter pôr uma carta no correio; to answer a letter responder a uma carta 2 (*alfabeto*) letra; to follow something to the letter seguir alguma coisa à letra • Para indicar "letra (de música)" em inglês diz-se *lyrics*.
letterbox, letter box s. caixa de coleta postal
lettering s. 1 inscrição 2 rótulo; título
lettuce s. BOTÂNICA alface
let-up s. 1 abrandamento; diminuição 2 pausa; interrupção
leucocyte, leukocyte s. leucócito
leukaemia, leukemia EUA s. MEDICINA leucemia
levee s. EUA dique; molhe
level s. 1 nível pollution levels níveis de poluição 2 (*instrumento*) nível ■ adj. 1 horizontal, plano 2 raso; a level spoonful of flour uma colher rasa de farinha 3 ao mesmo nível (with, *de*) v. 1 nivelar, aplanar 2 demolir ♦ coloquial on the level honesto level crossing passagem de nível level with v. coloquial ser franco; to be level with something ser franco com alguém
levelled adj. arrasado
levelling s. nivelamento
lever s. 1 alavanca; to pull a lever acionar uma alavanca 2 manivela ■ v. levantar por meio de alavanca
levitate v. levitar
levitation s. levitação
levy s. imposto; cobrança ■ v. lançar imposto (on, *sobre*)
lewd adj. 1 lascivo 2 obsceno
lexicographer s. lexicógrafo
lexicography s. lexicografia
lexicon s. léxico
liability s. 1 responsabilidade (for, *por*) 2 coloquial problema, risco liabilities s.pl. ECONOMIA passivo; dívidas
liable adj. 1 capaz (to, *de*); it's liable to happen é provável que aconteça 2 sujeito (to, *a*), suscetível (to, *de*); the script is liable to alterations o roteiro está sujeito a alterações 3 responsável (for, *por*); to be liable for somebody's debts ser responsável pelas dívidas de alguém

liaison

liaison s. 1 cooperação; ligação 2 relação, caso amoroso
liana, liane s. BOTÂNICA cipó
liar s. mentiroso; he is a big liar! ele é um grande mentiroso!
libel s. calúnia, difamação ■ v. caluniar, difamar
liberal adj. 1 liberal 2 generoso 3 (tradução) livre ■ s. liberal 3 POLÍTICA liberal ■ s. POLÍTICA liberal; the Liberals os liberais
liberalism s. POLÍTICA liberalismo
liberalization, liberalisation Grã-Bretanha s. ECONOMIA liberalização
liberalize, liberalise Grã-Bretanha v. liberalizar
liberate v. 1 libertar 2 emancipar 3 coloquial roubar
liberation s. 1 libertação 2 emancipação
liberator s. libertador
libertine s. libertino, devasso
liberty s. 1 liberdade 2 atrevimento; to take the liberty of doing something tomar a liberdade de fazer alguma coisa
libidinous adj. libidinoso
libido s. PSICOLOGIA líbido
Libra s. ASTRONOMIA Libra ■ adj. libriano
librarian s. bibliotecário
library s. biblioteca; public library biblioteca pública ◆ A palavra "livraria", em inglês, traduz-se por booktore e bookshop.
libretto s. MÚSICA libreto
Libya s. Líbia
licence, license EUA s. 1 licença, autorização, registro; Grã-Bretanha driving licence carteira de motorista; habilitação para dirigir 2 liberdade; licença; artistic/poetic licence liberdade artística/poética ■ v. (autorização) licenciar ◆ A expressão "com licença", em inglês, traduz-se por excuse me.
licensed adj. 1 autorizado; licensed manufacturer fabricante autorizado 2 Grã-Bretanha autorizado a vender bebidas alcoólicas
licentious adj. licencioso
licentiousness s. libertinagem
lichen s. BOTÂNICA líquen
licit adj. lícito
lick v. 1 lamber 2 figurado derrotar ■ s. 1 lambida; lambidela 2 coloquial (tinta) bocado (of, de) 3 Grã-Bretanha coloquial velocidade 4 coloquial soco, murro ◆ to lick one's wounds lamber as feridas to lick somebody's boots puxar saco de alguém
lid s. 1 tampa 2 (olho) pálpebra ◆ to take the lid off expor (um segredo)
lie¹ s. mentira; lie detector detector de mentiras; to tell lies dizer mentiras; white lie mentira sem importância ■ v. mentir (to, a)
lie² v. 1 deitar(-se), jazer; here lies aqui jaz; 2 estar; the solution lies in a solução reside em; the choice lay between waiting or going a escolha era entre esperar ou partir; to lie around vadiar lie back v. 1 recostar-se 2 relaxar lie down v. deitar-se ◆ É diferente do verbo lay.
lieu s. formal lugar; in lieu of em vez de
lieutenant s. tenente
life s. vida; life expectancy esperança de vida; life insurance seguro de vida ◆ for life para toda a vida to take one's own life suicidar-se life jacket colete salva-vidas life sentence prisão perpétua EUA life vest colete salva-vidas
lifebelt, lifebuoy s. boia de salvação
lifeboat s. barco salva-vidas
lifeguard s. salva-vidas
lifejacket s. colete de salvação
lifeless adj. morto; inanimado
lifelike adj. fiel; realista
lifeline s. 1 (mergulhador) corda salva-vidas 2 (palma da mão) linha da vida 3 figurado tábua de salvação
lifelong adj. de toda a vida
lifesaver s. 1 salva-vidas, nadadora-salvadora 2 coloquial (recurso) tábua de salvação
lifespan s. 1 esperança de vida 2 período de validade; tempo de vida
lifestyle s. estilo de vida
lifetime s. vida; once in a lifetime uma vez na vida; the chance of a lifetime uma oportunidade única
lift s. 1 (pessoas, carga) elevador; lift attendant ascensorista Grã-Bretanha 2 carona; she gave me a lift home ela me deu carona para casa ■ v. 1 levantar 2 pegar em; to lift a child up pegar em uma criança no colo 3 (avião) transportar 4 (cerco, bloqueio) levantar; desembargar 5 coloquial roubar 6 coloquial plagiar ◆ to lift somebody's spirits animar alguém ESPORTE to lift weights fazer musculação lift off v. (avião, nave espacial) decolar
lift-off s. (avião, nave espacial) decolagem
ligament s. ANATOMIA ligamento
ligature s. MEDICINA ligadura
light s. 1 luz 2 (elétrica) luz; lâmpada; to switch/turn/put the light on acender a luz; to switch/turn/put the light off apagar/desligar a luz 3 (estrada) semáforo; sinal; to go through the red light avançar o sinal 4 (veículo) farol 5 coloquial isqueiro ■ adj. 1 leve 2 (tonalidade) claro 3 suave ■ v. 1 acender(-se) 2 iluminar(-se) ◆ to bring to light trazer a público to come to light vir a luz light bulb lâmpada light up v. iluminar(-se)
lighted adj. iluminado (by, com)
light-fingered adj. mão-leve, que rouba
lighten v. 1 (luz) iluminar 2 (cor, céu) clarear 3 relampejar it was lightening and thundering relampejava e trovejava 4 (pessoa) alegrar-se 5 (peso, carga) aliviar 6 (impostos) reduzir
lighter s. 1 isqueiro 2 barco para transporte de passageiros e carga em pequenas distâncias, ou de um navio ao porto
light-headed adj. 1 atordoado 2 pejorativo frívolo
light-hearted adj. 1 alegre 2 divertido 3 despreocupado
lighthouse s. (navegação) farol; lighthouse keeper faroleiro
lighting s. iluminação; natural lighting iluminação natural
lightly adv. 1 levemente; ligeiramente; to sleep lightly ter o sono leve 2 levianamente; to speak lightly of something/somebody falar com leviandade sobre algo/alguém
lightness s. 1 claridade 2 leveza 3 agilidade

lightning s. relâmpago ◆ lightning visit visita relâmpago lightning conductor para-raios
lightweight s. (boxe) peso leve ■ adj. 1 leve 2 pejorativo superficial
light-year, light year s. ASTRONOMIA ano-luz
lignum s. BOTÂNICA pau-santo
like v. 1 gostar; I like him gosto dele 2 querer; I'd like a glass of water eu queria um copo d'água; gostaria de um copo d'água; I feel like estou a fim de (fazer algo). ■ prep. 1 (exemplo) como; do it like him faz como ele; countries like Brazil and Canada países como Brasil e Canadá 2 (traço típico) de; it is just like you to say that é típico você dizer isso ■ adj. semelhante, parecido conj. 1 como; like they used to do como eles costumavam fazer 2 como se; he acts like he's the owner ele age como se fosse o dono ■ adv. coloquial tipo, cerca de; it cost me something like 50 dollars custou-me cerca de 50 dólares ■ s. igual; coisa igual likes s.pl. gostos; preferências; likes and dislikes gostos e aversões ◆ as you like como queira like father, like son tal pai, tal filho
likelihood s. probabilidade (of, de) ◆ in all likelihood ... o mais provável é que...
likely adj. 1 provável 2 coloquial adequado ■ adv. provavelmente ◆ not likely! claro que não!
like-minded adj. parecidos na forma de pensar; da mesma opinião
liken v. comparar (to, a)
likeness s. semelhança (to, com); parecença (to, com)
likewise adv. igualmente; do mesmo modo; I'm leaving and you should do likewise eu vou sair e você deveria fazer o mesmo; nice to meet you – likewise prazer em conhecê-lo - igualmente
liking s. gosto; simpatia; agrado to be to somebody's liking ser do agrado de alguém
lilac s. (planta, flor, cor) lilás ■ adj. (cor) lilás
lily s. BOTÂNICA lírio
limb s. 1 ANATOMIA membro 2 BOTÂNICA ramo ◆ to be out on a limb estar em uma situação difícil
limbo s. 1 RELIGIÃO limbo 2 figurado incerteza; esquecimento
lime s. 1 BOTÂNICA limão-galego 2 QUÍMICA cal ■ v. adubar com cal
limelight s. TEATRO ribalta; to be in the limelight ser o centro das atenções
limestone s. calcário
limit s. limite (to, on, para); to set a limit estabelecer um limite; within limits dentro de certos limites; speed limit limite de velocidade ■ v. limitar (to, a), restringir (to, a)
limitation s. 1 limite; limitação 2 restrição (on, sobre) 3 incapacidade
limitative adj. limitativo, restritivo, taxativo
limited adj. limitado; limited edition edição limitada ◆ limited company sociedade anônima
limousine s. limusine
limp v. coxear; mancar ■ s. coxeio ■ adj. mole; frouxo
limpet s. ZOOLOGIA lapa
limpid adj. límpido
linctus s. xarope para a tosse
linden s. BOTÂNICA tília
line s. 1 linha; traço; straight line linha reta; lines on the face rugas no rosto 2 linha, fio fishing line linha de pesca 3 fila; to stay in line ficar na fila; to cut in line furar a fila 4 (trem, metrô, ônibus) linha 5 POLÍTICA orientação 6 especialidade 7 linha (telefônica); conexão the line is engaged a linha está ocupada; on line em linha; hold the line, remain on the line aguarde na linha 8 LITERATURA verso 9 deixa; dica 10 companhia; shipping line companhia de navegação ■ v. 1 traçar 2 enrugar 3 forrar 4 alinhar ◆ in line with de acordo com line of fire linha de fogo line of vision campo de visão to step out of line pisar na risca line up v. 1 pôr(-se) em fila 2 preparar; alinhar
lineage s. linhagem
linear adj. linear
linen s. 1 linho 2 (lençóis, toalhas) roupa branca; bed linen roupa de cama
liner s. (navio) transatlântico
linesman s. 1 guarda-linha 2 ESPORTE árbitro auxiliar
line-up s. 1 fila 2 alinhamento 3 ESPORTE composição da equipe
linger v. 1 ficar para trás; tardar 2 (cheiro, dor) persistir, perdurar
lingerie s. lingerie
lingo s. 1 coloquial gíria; jargão 2 pejorativo enrolação, blá-blá-blá
linguist s. 1 linguista 2 coloquial poliglota
linguistic adj. linguístico; linguistic studies estudos linguísticos
linguistics s. linguística
lining s. 1 forro 2 revestimento
link s. 1 elo 2 ligação (between, entre); vínculo (between, entre) 3 INFORMÁTICA hiperligação, link links s.pl. campo de golfe ■ v. 1 unir 2 relacionar 3 INFORMÁTICA criar link link up v. 1 unir-se (with, a) 2 encontrar-se (with, com)
linkage s. 1 conexão 2 sistema de ligação
linoleum s. linóleo
linseed s. BOTÂNICA linhaça; linseed oil óleo de linhaça
lion s. 1 ZOOLOGIA leão; lion's mane juba de leão 2 ZOOLOGIA lion tamarin mico-leão
lioness s. ZOOLOGIA leoa
lip s. 1 lábio; upper/lower lip lábio superior/inferior lip balm/salve batom de manteiga de cacau 2 (recipiente) borda 3 coloquial insolência
lipid s. QUÍMICA lipídio
liposuction s. MEDICINA lipoaspiração
lip-read v. ler os lábios
lipstick s. batom
lip-synch, lip-sync v. fazer playback (de)
liquefy v. FÍSICA, QUÍMICA liquefazer(-se)
liqueur s. licor
liquid s. líquido ■ adj. 1 líquido; liquid crystal display tela de cristal líquido 2 ECONOMIA líquido 3 límpido
liquidate v. (falência) liquidar
liquidation s. ECONOMIA liquidação; to go into liquidation entrar em liquidação
liquidity s. ECONOMIA liquidez

liquidize

liquidize v. liquidificar
liquidizer s. liquidificador
liquor s. álcool; bebida alcoólica; liquor store loja de bebidas
liquorice, licorice EUA s. (*planta*) alcaçuz
lisp v. ciciar ■ s. cicio
list s. 1 lista (of, *de*); waiting list lista de espera; shopping list lista de compras 2 catálogo; list price preço de catálogo ■ v. listar, catalogar; elencar
listen v. 1 escutar, ouvir (to, –); I love listening to music eu adoro ouvir música 2 prestar atenção (to, *a*); I'm sorry, I wasn't listening desculpe, não estava (te) ouvindo listen in v. 1 ouvir às escondidas; to listen in/on something ouvir algo às escondidas 2 (*rádio*) ouvir (to, –); sintonizar (to, –) • É diferente do verbo *hear*.
listener s. ouvinte
listening s. escuta; listening device aparelho de escuta
listing s. listagem
listless adj. apático; indiferente
litany s. ladainha
liter s. litro; liter bottle garrafa de litro
literacy s. 1 alfabetização 2 competência; computer literacy competência informática
literal adj. literal;; literal translation tradução literal
literary adj. literário
literate adj. 1 alfabetizado 2 letrado
literature s. 1 literatura 2 bibliografia 3 coloquial informação, folhetos
lithium s. QUÍMICA (*elemento químico*) lítio
lithosphere s. GEOLOGIA lithosphere
litigant s. DIREITO litigante
litigate v. DIREITO litigar
litigation s. litígio
litigious adj. litigioso; contencioso
litre, liter EUA s. litro; litre bottle garrafa de litro
litter s. 1 lixo, detritos; litter bin/basket lata de lixo 2 ZOOLOGIA ninhada 3 areia para gatos ■ v. 1 espalhar 2 sujar 3 (*animal*) parir
little adj. 1 (*tamanho, idade*) pequeno 2 (*extensão*) curto 3 (*quantidade*) pouco; there is little hope há pouca esperança ■ adv. pouco; I slept very little last night dormi muito pouco na noite passada pron. pouco; I know a little about that sei um pouco sobre isso ◆ as little as possible o menos possível little by little pouco a pouco to make little of something dar pouca importância a algo, fazer pouco de little bird passarinho little bit bocado; tico little finger dedo mindinho • É diferente de *few* e de *less*.
liturgical adj. litúrgico
liturgy s. RELIGIÃO liturgia
live[1] adj. 1 vivo 2 (*transmissão*) ao vivo 3 (*arma, circuito elétrico*) carregado 4 (*fogo*) em brasas 5 (*discussão*) aceso ■ adv. ao vivo; live from Paris ao vivo de Paris
live[2] v. 1 viver; he lived in the 18th century ele viveu no século XVIII; to live a life of luxury viver luxuosamente 2 morar; I live in a flat no morro em um apartamento live in dormir live on v. 1 viver de 2 sobreviver 3 ficar na memória live together v. viver juntos live up to v. 1 viver de acordo com 2 estar à altura de
livelihood s. meio de subsistência ◆ to earn one's livelihood ganhar a vida
liveliness s. animação vivacidade
lively adj. 1 animado; a lively place um lugar animado 2 enérgico
liven v. animar liven up v. animar(-se)
liver s. ANATOMIA fígado
livery s. 1 libré; uniforme 2 Grã-Bretanha (*veículo, empresa, produto*) cores características
livestock s. gado
livid adj. 1 lívido, pálido 2 coloquial furioso
living adj. vivo ■ s. vida; living conditions condições de vida; what do you do for a living? em que você trabalha? s.pl. the living os vivos ◆ living room sala de estar
lixiviation s. lixiviação
lizard s. ZOOLOGIA lagarto
llama s. ZOOLOGIA lhama
load s. 1 carga; carregamento 2 peso; maximum load peso máximo 3 (*eletricidade*) carga ■ v. carregar; to load a gun carregar uma arma; INFORMÁTICA to load a programme carregar um programa ◆ loads of um monte de load up v. (*veículo, pessoa*) carregar
loaded adj. 1 (*arma*) carregado 2 (*roleta, dados*) viciado 3 (*pergunta*) tendencioso 4 coloquial embriagado 5 coloquial podre de rico
loader s. (*dispositivo, trabalhador*) carregador
loading s. 1 carregamento 2 INFORMÁTICA download
loaf s. 1 pão assado em forma redonda ou outra; rosca 2 CULINÁRIA rolo ■ v. coloquial vadiar
loafer s. 1 coloquial mandrião 2 (*calçado*) mocassim
loan s. empréstimo; bank loan empréstimo bancário; home loan crédito imobiliário to take out a loan contrair um empréstimo; this painting is on loan este quadro é emprestado ■ v. emprestar
loanword s. (*palavra*) empréstimo
loath adj. relutante (to, *em*)
loathe v. detestar; sentir aversão por
loathing s. asco, aversão
loathsome adj. detestável; repugnante
lob adj. lançamento ■ v. ESPORTE lançar a bola muito alto
lobby s. 1 átrio; hotel lobby átrio do hotel 2 POLÍTICA grupo de pressão, lobby ■ v. fazer pressão (against, *contra*; for, *para*)
lobe s. ANATOMIA lóbulo
lobotomy s. MEDICINA lobotomia
lobster s. ZOOLOGIA lagosta; spiny lobster lagosta
local adj. 1 local; local anaesthetic anestesia local; local authorities poder local; local call chamada local 2 (*dor*) localizado ■ s. 1 coloquial habitante local 2 Grã-Bretanha coloquial bar 3 EUA trem suburbano • O substantivo "local", em inglês, traduz-se por *place*.
locality s. formal localidade
localize, localise Grã-Bretanha v. localizar(-se)
localized adv. localizado; dor localizada localized pain
locally adv. localmente
locate v. 1 localizar 2 situar 3 EUA estabelecer-se

located *adj.* 1 situado localizado; located in the Rio de Janeiro localizado no Rio de Janeiro
location *s.* 1 localização; give me the exact location me dá a localização exata 2 local de filmagem fora do estúdio; locação to film on location filmar no exterior ◆ O sentido "locação, aluguel", em inglês, corresponde a *rental* ou *lease*.
loch *s.* nome dado na Escócia a um lago
lock *s.* 1 fechadura 2 (*canal*) eclusa 3 (*cabelo*) anel, madeixa ■ *v.* 1 fechar, trancar 2 encerrar, guardar 3 (*mecanismo*) bloquear ◆ to keep something/somebody under lock and key ter qualquer coisa/alguém fechada a sete chaves lock away *v.* 1 (*objeto*) fechar a sete chaves 2 (*pessoa*) fechar; trancar lock in *v.* 1 fechar 2 prender lock up *v.* 1 fechar à chave 2 meter na prisão, trancafiar
locker *s.* cacifo ◆ locker room 1 vestiário balneário 2 coloquial (*anedota, piada*) porco
locket *s.* medalhão
locksmith *s.* serralheiro
lockup *s.* EUA coloquial prisão
locomotion *s.* locomoção
locomotive *s.* locomotiva
locust *s.* ZOOLOGIA gafanhoto
locution *s.* 1 locução; dicção 2 LINGUÍSTICA locução
lodge *s.* 1 (*jardim*) pavilhão 2 (*edifício*) portaria ■ *v.* 1 alojar(-se), hospedar(-se) 2 (*queixa*) apresentar 3 (*relatório*) remeter
lodger *s.* hóspede; to take in lodgers alugar quartos
lodging *s.* alojamento lodgings *s.pl.* quarto alugado ◆ lodging house pensão, hospedaria
loft *s.* 1 sótão; águas-furtadas 2 apartamento 3 palheiro 4 (*igreja*) galeria
lofty *adj.* 1 (*montanha, torre*) alto 2 (*sentimento, ideal*) elevado 3 (*edifício*) grandioso 4 pejorativo arrogante
log *s.* 1 toro, cepo, madeira 2 registro; diário de bordo 3 coloquial logaritmo ■ *v.* 1 registrar 2 EUA cortar, devastar
logarithm *s.* MATEMÁTICA logaritmo
logbook *s.* 1 diário de bordo 2 antiquado registro de proprietários de um veículo
logger *s.* lenhador
logic *s.* lógica; that's logic tem lógica
logical *adj.* lógico
logistic *adj.* logístico
logistics *s.* logística
logo *s.* logotipo
loin *s.* CULINÁRIA lombo
loincloth *s.* tanga
loiter *v.* 1 demorar 2 vadiar 3 rondar
loll *v.* 1 recostar-se, refestelar-se 2 (*cabeça*) pender
lollipop *s.* pirulito
lone *adj.* 1 (*caçador, explorador*) solitário 2 (*mãe, pai*) solteiro
loneliness *s.* solidão
lonely *adj.* 1 (*pessoa*) sozinho, só 2 (*lugar*) isolado
loner *s.* (*pessoa*) solitário
long *adj.* 1 (*tamanho*) longo, comprido; she has long hair ela tem cabelo comprido; it's a long way é bem distante; 10 meters/metres long mede 10 m de comprimento 2 (*tempo*) longo, com grande duração; it took a long time demorou muito tempo; 2 hours long duração de duas horas ■ *adv.* muito tempo; that was long ago isso foi há muito tempo; all night long a noite inteira; don't be long! não demore! *v.* desejar, ansiar, almejar; I'm longing for a walk estou doido para andar um pouco; I'm longing to go on holiday anseio por ir de férias ◆ a long time ago há muito tempo as/so long as enquanto in the long run/term a longo prazo long time no see! há quanto tempo! coloquial so long adeus ESPORTE long jump salto em comprimento long vacation férias grandes to be no longer não ser mais
longbow *s.* arco de arqueiro
long-distance *adj.* 1 de longa distância; de longo curso; ESPORTE long-distance runner corredor de fundo, fundista 2 (*telefonema*) interurbano; long-distance call chamada interurbana
longevity *s.* longevidade
longhand *s.* escrita à mão; he wrote it out in longhand ele escreveu à mão
longing *s.* 1 anseio, desejo (for, to, *de*) 2 nostalgia, saudade
longitude *s.* GEOGRAFIA longitude
longitudinal *adj.* longitudinal
long-lost *adj.* perdido a muito tempo
long-range *adj.* 1 (*planejamento, projeto*) de longo prazo 2 (*arma, míssil*) de longo alcance
long-sighted *adj.* 1 Grã-Bretanha hipermetrope; (*pessoa idosa*) presbita, presbíope 2 figurado perspicaz
long-sleeved *adj.* (*roupa*) de manga comprida
long-term *adj.* a longo prazo
long-time *adj.* de longa data; antigo
loo *s.* Grã-Bretanha coloquial banheiro
look *s.* 1 olhar 2 vista de olhos, olhada; espiada; to take a look dar uma olhada 3 (*rosto*) expressão 4 aspecto, aparência ■ *v.* 1 olhar (at, *para*) 2 procurar 3 parecer; it looks like it's going to rain parece que vai chover ◆ by the look of it pelos vistos look after *v.* 1 tratar de; cuidar de 2 tomar conta de 3 ocupar-se de look ahead *v.* 1 olhar em frente 2 olhar para o futuro look around olhar em torno, voltar-se look at *v.* 1 considerar 2 examinar look back *v.* olhar para trás look down on *v.* desprezar look for *v.* procurar look forward to *v.* esperar (ansiosamente) look into *v.* examinar; investigar look out *v.* ter cuidado/atenção look through *v.* examinar look up to *v.* admirar; respeitar ● É diferente do verbo *see*.
lookalike *s.* sósia
lookout *s.* 1 (*posto*) vigia 2 vigilante 3 vigilância 4 figurado perspectiva, panorama; it's a bad lookout for o panorama está mau para ◆ it's/that's your own lookout isso é problema seu to be on the lookout for estar de sentinela to keep a lookout for estar atento a; estar à espreita de
look-up *s.* consulta; pesquisa
loom *s.* tear ■ *v.* 1 assomar, surgir 2 (*ameaça*) estar iminente
loony *adj., s.* coloquial louco, doido, maluco ◆ coloquial loony bin manicômio

loop

loop s. 1 laçada 2 presilha; ilhó 3 ELETRICIDADE circuito fechado 4 (*linha férrea*) desvio ■ v. 1 dar uma laçada 2 enrolar 3 fazer um looping

loophole s. 1 buraco; abertura 2 lacuna; the loopholes in the law as lacunas da lei

loose adj. 1 largo, folgado 2 desamarrado; your shoelace is loose o seu cordão está desamarrado 3 solto; this page is loose esta página está solta 4 avulso 5 (*tradução*) livre 6 pejorativo (*comportamento*) negligente, irresponsável ■ v. 1 soltar, desprender 2 (*arma, míssil*) disparar ♦ loose ends pontas soltas to be at loose ends não ter o que fazer to be on the loose andar à solta to have a loose tongue ter uma língua comprida loose change trocos • É diferente do verbo *lose*.

loosely adv. 1 vagamente 2 aproximadamente 3 livremente

loosen v. 1 soltar(-se); desapertar(-se); desatar(-se) 2 (*controle, pressão*) abrandar loosen up v. 1 soltar-se 2 relaxar ♦ to loosen one's tongue soltar a língua

loot s. 1 saque, pilhagem 2 coloquial dinheiro ■ v. saquear, pilhar

looter s. saqueador

lop v. (*árvores*) desbastar, podar

lopsided adj. inclinado; torto; de esguelha

loquat s. BOTÂNICA nêspera

lord s. 1 senhor 2 (*título*) lorde ■ v. coloquial ordenar, dominar ♦RELIGIÃO Lord (nosso) Senhor good Lord! meu Deus! (*oração*) Lord's prayer Pai Nosso

lore s. saber tradicional; sabedoria popular • É diferente de *folklore*.

lorry s. Grã-Bretanha caminhão; to transport by lorry transportar de caminhão • É diferente de *truck*.

lose v. 1 perder; to lose weight emagrecer; to lose a game perder um jogo; to lose colour desbotar 2 (*relógio*) atrasar-se em; the clock has lost five minutes o relógio atrasou cinco minutos ♦ to have nothing to lose não ter nada a perder to lose one's temper perder a cabeça to lose one's nerve perder a coragem to lose no time não perder tempo

loser s. 1 perdedor, derrotado; to be a bad loser ser mau perdedor; to be a good loser saber perder 2 pejorativo derrotado; he's a born loser ele é um derrotado

loss s. 1 perda; loss of weight emagrecimento 2 prejuízo 3 (*militar*) baixa ♦ it's your loss! você não sabe o que perde! to be at a loss ficar atrapalhado, sem saber o que fazer to be a dead loss ser totalmente inútil to sell something at a loss vender a um preço inferior ao custo

lost (pretérito, particípio passado de **to lose**) adj. 1 perdido; lost in thoughts perdido em pensamentos 2 desperdiçado ♦ get lost! cai fora! vá embora daqui! coloquial vaza! a lost cause uma causa perdida this is a lost cause isto é um caso perdido to get lost perder-se

lot s. 1 sorte, destino 2 grande quantidade (of, *de*) 3 sorte; the children drew lots as crianças tiraram à sorte 4 lote; quinhão 5 coloquial tudo, todo; take the whole lot leve tudo ♦ a lot of muito coloquial he's a bad lot ele não é flor que se cheire this is a lot better isto está muito melhor

lotion s. loção

lottery s. 1 loteria; lottery ticket bilhete da loteria 2 rifa

lotto s. loto

lotus s. BOTÂNICA lótus

loud adj. 1 alto; in a loud voice em voz alta; out loud em voz alta 2 ruidoso 3 vistoso; espalhafatoso ■ adv. 1 alto 2 ruidosamente

loudhailer s. Grã-Bretanha megafone

loudly adv. 1 ruidosamente 2 de forma extravagante

loudspeaker s. alto-falante

lounge s. 1 sala de estar 2 (*descanso*) pausa ■ v. 1 vaguear 2 recostar-se, refestelar-se

lounger s. 1 (*mobiliário*) espreguiçadeira 2 pejorativo vadio, mandrião

louse s. 1 piolho 2 coloquial, pejorativo canalha

lousy adj. 1 piolhento 2 péssimo 3 miserável 4 pejorativo infestado (with, *de*)

lout s. pejorativo rústico, grosseiro

lovable, loveable adj. encantador; adorável

love s. 1 amor (for, *por*) 2 paixão (of, for, *por*) v. 1 amar; gostar de 2 coloquial adorar; he loves reading ele adora ler; I love tennis eu adoro tênis; they'd love to go with us eles adorariam ir conosco; I'd love to come eu adoraria ir ♦ (*tênis, pingue-pongue*) love all zero a zero love at first sight amor à primeira vista to be in love with estar apaixonado por to make love to fazer amor com love affair ligação amorosa, aventura love life vida sentimental love triangle triângulo amoroso

lovebird s. 1 (*pássaro*) periquito 2 coloquial (*namorado, noivo*) pombinho fig.

lovely adj. 1 bonito; lindo 2 adorável; encantador

lover s. 1 amante 2 apreciador (of, *de*)

lovesick adj. perdidamente apaixonado

loving adj. afetuoso; carinhoso ♦ in loving memory of em memória de

lovingly adv. ternamente

low adj. 1 (*altitude, som, temperatura, valor*) baixo; low power/pressure baixa potência/pressão; low tide maré baixa 2 MÚSICA grave 3 (*opinião*) desfavorável 4 figurado triste, desanimado; to be in low spirits sentir-se desanimado ■ adv. 1 baixo 2 em voz baixa 3 barato; to buy low comprar barato ■ s. 1 ponto baixo 2 METEOROLOGIA área de baixa pressão

low-cal adj. (*dieta, alimento*) de baixas calorias

low-cut adj. (*roupa*) decotado

lower v. 1 baixar, descer; to lower one's voice baixar a voz; to lower the rents baixar as rendas 2 reduzir em altura 3 arriar; to lower the flag arriar a bandeira 4 rebaixar, humilhar 5 diminuir ■ adj., adv. 1 (comparativo de **low**) baixo, mais baixo 2 de baixo; the lower shelf a prateleira de baixo 3 inferior; lower corner canto inferior ♦ lower case letra minúscula

lowering s. abaixamento

lowest adj. 1 (superlativo de **low**) o mais baixo; o inferior 2 ínfimo ♦ at the lowest no mínimo lowest common multiple menor múltiplo comum lowest common denominator mínimo denominador comum

low-fat adj. (alimento) magro; dietético
low-key adj. 1 discreto; sóbrio 2 (imagem) sombrio, escuro
lowly adj. 1 baixo 2 humilde 3 submisso ■ adv. humildemente
low-necked adj. (peça de roupa) decotado
low-pitched adj. 1 (voz) grave 2 (telhado) pouco inclinado
low-profile adj. (evento, iniciativa) discreto; apagado
loyal adj. leal (to, a), fiel (to, a)
loyalty s. lealdade (to, a), fidelidade (to, a) ♦ loyalty card cartão de fidelidade
lozenge s. 1 GEOMETRIA losango 2 MEDICINA pastilha, bala; cough lozenge bala/pastilha para a tosse
lubricant adj., s. lubrificante
lubricate v. lubrificar
lubrication s. lubrificação
lucid adj. 1 lúcido 2 (explicação) claro
lucidity s. 1 lucidez 2 (explicação) clareza
luck s. sorte; a stroke of luck um golpe de sorte ♦ for luck para dar sorte good luck! boa sorte! just my luck! só para mim! to be out of luck estar com azar to push one's luck! abusar da sorte
luckily adv. felizmente; por sorte
lucky adj. feliz; felizardo; sortudo ♦ to have a lucky escape escapar de boa irônico you'll be lucky! você vai ter uma sorte! lucky charm amuleto lucky break oportunidade
lucrative adj. lucrativo
ludicrous adj. ridículo
lug v. puxar com força (at, -); arrastar com dificuldade (at, -) s. (objeto) pega, asa
luggage s. bagagem ♦ luggage rack porta-bagagens
lukewarm adj. 1 morno, tépido 2 (atitude, reação) pouco entusiástico
lull s. 1 pausa (in, em); paragem (in, em) 2 embalo ■ v. 1 acalmar 2 embalar
lullaby s. canção de embalar
lumbar adj. ANATOMIA lombar
lumber s. 1 Grã-Bretanha velharias 2 EUA lenha ■ v. 1 sobrecarregar (with, com) 2 EUA cortar lenha
lumberjack s. lenhador
luminary s. 1 (pessoa) luminária 2 corpo luminoso
luminosity s. luminosidade
luminous adj. 1 luminoso 2 (sinal, tinta) fluorescente 3 (ideia) brilhante; inspirador
lump s. 1 torrão (of, de); a lump of sugar um torrão de açúcar 2 pedaço (of, de) 3 grumo 4 MEDICINA caroço 5 coloquial galo; he got a lump on the head fez um galo na cabeça 6 coloquial burro; imbecil ■ v. juntar(-se), amontoar(-se) ♦ a lump in one's throat um nó na garganta (quantia) a lump sum of um total de in the lump no conjunto
lunacy s. loucura
lunar adj. ASTRONOMIA lunar; lunar eclipse eclipse lunar; lunar module módulo lunar
lunatic adj. figurado lunático, aluado

lytchee

lunch s. almoço; lunch hour hora de almoço; to have/to take lunch almoçar; lunch case/box lancheira ■ v. 1 almoçar 2 dar almoço a ● A palavra "lanche", em inglês, no sentido de "alimento", traduz-se por snack.
luncheon s. formal almoço
lunchtime s. hora de almoço
lung s. ANATOMIA pulmão; lung cancer câncer de pulmão
lunge s. 1 investida 2 ESPORTE (esgrima) estocada; bote ■ v. 1 investir (at/towards, contra) 2 ESPORTE (esgrima) dar um bote ou estocada (at/towards, contra)
lupin s. BOTÂNICA tremoço
lurch s. 1 solavanco 2 (pessoa) cambaleio ■ v. 1 dar um solavanco 2 (coração, estômago) dar um salto 3 (pessoa) cambalear ♦ to leave somebody in the lurch deixar alguém em uma situação difícil deixar alguém plantado
lure s. 1 encanto, atração (of, de) 2 engodo; chamariz ■ v. atrair ♦ to lure somebody away from afastar alguém de
lurid adj. 1 lúgubre, tétrico, sinistro 2 (cor) berrante, garrido, vivo
lurk v. ocultar-se (in, em); esconder-se (in, em) ♦ to be on the lurk estar à espreita
luscious adj. 1 agradável; delicioso 2 coloquial (pessoa) apetitoso fig.
lush adj. 1 (vegetação) luxuriante 2 luxuoso ■ s. calão bêbado
Lusitanian adj., s. lusitano
Lusophony s. lusofonia
lust s. 1 luxúria, desejo sexual 2 cobiça, ânsia (for, de); the lust for power a ânsia do poder
lustful adj. libidinoso; lúbrico
lustre, luster EUA s. 1 lustro; brilho 2 (candelabro) lustre
lustrous adj. lustroso; reluzente
lute s. MÚSICA alaúde
Luxembourg s. Luxemburgo
luxurious adj. luxuoso
luxury s. 1 luxo; ostentação; luxury car carro de luxo; luxury flat andar/apartamento de luxo 2 objeto de luxo ♦ to live in luxury viver no luxo we can't afford luxuries não podemos nos dar a luxos
lycra s. (tecido) lycra
lymph s. linfa; lymph gland glândula linfática
lymphatic adj. linfático
lymphocyte s. BIOLOGIA linfócito
lynch v. linchar
lynching s. linchamento
lynx s. ZOOLOGIA lince
lyophilize v. liofilizar
lyre s. MÚSICA lira
lyric s. lirista
lyrical adj. lírico
lyricist s. letrista
lysergic adj. lisérgico
lytchee s. BOTÂNICA lichia

M

m s. (letra) m
macabre adj. macabro
Macao s. Macau
macaroni s. CULINÁRIA macarrão
macaw s. ZOOLOGIA arara
mace s. 1 maça, clava 2 castão pesado • A palavra "maçã", em inglês, traduz-se por *apple*.
macerate v. macerar
Machiavellian adj. maquiavélico
machinate v. maquinar
machine s. 1 máquina; (*roupa*) machine washable lavável à/na máquina; sewing machine máquina de costura washing machine máquina de lavar roupa 2 maquinismo 3 técnico computador 4 coloquial veículo 5 coloquial motorizada ■ v. 1 trabalhar à máquina 2 coser à máquina ♦ machine production produção em série INFORMÁTICA machine code código de máquina INFORMÁTICA machine language linguagem de máquina INFORMÁTICA machine translation tradução automática
machine-gun, machine gun s. metralhadora ■ v. metralhar
machinery s. 1 mecanismo 2 maquinaria
machismo s. machismo
macho adj., s. pejorativo macho, machista
mackerel s. ZOOLOGIA cavala
mackintosh s. 1 (*casaco*) impermeável 2 tecido de borracha impermeável
macrobiotic adj. macrobiótico
macrobiotics s. macrobiótica
macrocosm s. macrocosmo
macroscopic adj. macroscópico
mad adj. 1 doido, louco, maluco (with, *de*) 2 (*ciúme*) louco (with, *de*) 3 coloquial louco (about/on, *por*); they are mad about football eles são loucos por futebol 4 coloquial furioso (with/at, *com*) 5 (*cachorro*) raivoso ♦ like mad furiosamente to drive somebody mad levar alguém à loucura to go mad enlouquecer, ficar furioso mad cow disease doença da vaca louca
madam s. 1 senhora, madame 2 pejorativo mulher autoritária
madcap adj., s. impulsivo, caprichoso
madden v. enlouquecer, desatinar, desvairar
made (pretérito, particípio passado de to make) adj. 1 feito, constituído (from/of/up/of, *de/por*), formado (from/of/up/of, *de/por*) 2 coloquial feito; garantido; if you get that job you'll be made for life se você conseguir esse emprego estará com a vida feita, terá o futuro garantido • É diferente de *maid*.
made-to-measure adj. feito sob medida
madhouse s. manicômio
madman s. doido
madness s. loucura; demência; maluquice; fit of madness ataque de loucura

madrigal s. MÚSICA madrigal
mafia s. máfia
mafioso s. mafioso, gangster
magazine s. 1 revista 2 armazém, paiol • A palavra portuguesa "magazine", no sentido de "loja" corresponde em inglês a *department store*.
maggot s. ZOOLOGIA larva
magic s. 1 magia; black/white magic magia negra/branca; as if by magic como se fosse magia; like magic de repente 2 prestidigitação ■ adj. 1 mágico; magic wand varinha mágica/de condão 2 encantador ■ v. transformar por magia; fazer algo através de magia ♦ magic carpet tapete voador magic lantern lanterna mágica magic touch toque de mágica magic word palavra mágica
magical adj. 1 mágico 2 encantador
magician s. 1 mágico 2 ilusionista
magistrate s. magistrado
magma s. GEOLOGIA magma
magmatic adj. magmatic
magnanimous adj. magnânimo
magnate s. magnata
magnesium s. QUÍMICA (*elemento químico*) magnésio
magnet s. 1 ímã 2 eletroímã 3 figurado fonte de atração (for, *de*)
magnetic adj. magnético; magnetic field campo magnético; figurado magnetic personality personalidade magnética; magnetic wave onda magnética
magnetism s. magnetismo
magnetize, magnetise Grã-Bretanha v. 1 atrair 2 fascinar 3 hipnotizar
magnificent adj. magnificente, suntuoso
magnify v. 1 aumentar, ampliar 2 reforçar, intensificar 3 exagerar 4 enaltecer
magnifying adj. que amplia; que aumenta ♦ magnifying glass lupa
magnitude s. magnitude; grandeza
magnolia s. BOTÂNICA magnólia
magpie s. ZOOLOGIA pega
maharajah, maharaja s. marajá
mahogany s. 1 (*madeira*) mogno 2 (*cor*) castanho-avermelhado
maid s. 1 empregada, criada 2 (*hotel*) camareira 3 arcaico donzela; menina ♦ pejorativo to remain an old maid ficar para tia, ficar solteira maid of honour dama de honor
maiden s. arcaico moça solteira; donzela ■ adj. 1 solteiro; maiden name nome de solteira 2 inaugural; (*navio*) maiden voyage viagem inaugural
mail s. correio; correspondência; electronic mail correio eletrônico; to send something by mail enviar algo pelo correio ■ v. mandar pelo correio (to, *para/a*) ♦ by return of mail na volta do correio mail order encomenda feita pelo correio

mailbox s. EUA caixa do correio
mailman s. carteiro
maim v. estropiar, mutilar
main adj. principal, mais importante; main clause oração principal; main course prato principal; main office sede; main street rua/avenida principal ■ s. 1 (*gás, água*) conduta principal 2 (*eletricidade*) cabo principal mains s.pl. 1 rede elétrica 2 canalização principal ♦ in the main de um modo geral
mainframe s. (*computador*) mainframe, unidade central, processador central
mainland s. 1 continente 2 terra firme
mainline adj. 1 (*transporte*) interurbano 2 EUA (*corrente, tendência*) dominante
mainly adv. principalmente
mainstream s. corrente dominante ■ adj. dominante
maintain v. 1 manter; preservar 2 defender; to maintain an argument defender um ponto de vista 3 afirmar; I maintain that eu afirmo que 4 sustentar; to maintain somebody sustentar alguém
maintenance s. 1 manutenção; conservação 2 sustento; subsistência 3 Grã-Bretanha DIREITO pensão alimentícia ♦ maintenance person encarregado da manutenção
maize s. BOTÂNICA milho; maize flour fubá; maize starch maisena
majestic adj. majestoso, imponente
majesty s. majestade; Her Majesty sua majestade
major adj. 1 maior; the major part a maior parte 2 principal; major role papel principal 3 mais importante; major problem problema importante, considerável 4 MÚSICA maior; B major si maior ■ s. 1 major 2 comandante 3 EUA (*curso universitário*) especialização 4 EUA estudante universitário especializado em determinada área ■ v. graduar-se ♦ major diameter diâmetro externo major road estrada com prioridade major in v. EUA especializar-se em
Majorca s. Maiorca
majority s. 1 (*quantidade*) maioria (of, de); absolute majority maioria absoluta; silent majority maioria silenciosa; to be in the majority ser a maioria 2 (*idade*) maioridade; to reach one's majority atingir a maioridade
make v. 1 fazer; produzir; fabricar 2 (*decisão*) tomar 3 forçar, obrigar 4 nomear 5 ganhar 6 perfazer; somar 7 calcular 8 construir, criar 9 executar, realizar 10 conseguir 11 influenciar ■ s. 1 forma, feitio 2 marca (of, de) 3 fabriação made in Brazil fabricado no Brasil 4 caráter ♦ to be on the make ser interesseiro; andar no engate to make end meet ater-se ao orçamento to make a fool of somebody fazer alguém de bobo to make an exception abrir uma exceção to make believe fingir, fazer de conta to make clear deixar claro to make do adequar-se a to make friends with tornar-se amigo, fazer amizade com to make fun of caçoar de to make know tornar conhecido to make much of dar muita importância a to make oneself at home sentir-se em casa to make peace fazer as pazes to make room for fazer espaço para coloquial we just made it! chegamos em cima da hora! make of v. 1 pensar de; achar de 2 entender; compreender; interpretar make out v. 1 entender; compreender 2 dar a entender 3 fingir 4 (*cheque, recibo*) passar 5 sair-se; sair-se bem make up to v. 1 lisonjear; adular 2 compensar; I'll make it all up to you hei de te compensar por tudo o que você fez make up v. 1 maquiar(-se); I still have to make myself up ainda tenho de me maquiar 2 (*refeição, remédio*) preparar 3 (*cama*) fazer 4 formar; constituir; compor; the book is made up of several parts o livro é constituído por diversas partes 5 (*história*) inventar 6 completar 7 fazer as pazes (with, com); to make up one's mind decidir-se ● Compare com os sentidos do verbo to do.
make-believe s. simulação, fingimento; it's all make-believe é tudo inventado ■ adj. 1 falso 2 simulado
maker s. 1 fabricante, produtor 2 criador ♦ jocoso Maker (*Deus*) Criador Our Maker o Criador to meet one's Maker morrer
makeshift adj. temporário, provisório
make-up s. 1 maquiagem 2 (*ator*) caracterização 3 temperamento, caráter ♦ make-up remover removedor de maquiagem
making s. 1 fabrico; confecção 2 construção 3 criação 4 preparação ♦ in the making em evolução; a ser feito to have the makings of ter as qualidades necessárias para
maladjustment s. 1 inadaptação 2 desajustamento
malady s. formal doença
malanders s. VETERINÁRIA grapa
malaria s. MEDICINA malária; paludismo; impaludismo
Malaysia s. Malásia
malcontent adj., s. descontente
male adj. 1 masculino; male sex sexo masculino 2 (*planta, animal*) macho 3 técnico (*ficha*) macho ■ s. macho; varão ♦ male horse garanhão male screw parafuso
malevolence s. malevolência; malignidade
malevolent adj. malévolo
malformation s. malformação
malfunction s. 1 mau funcionamento 2 avaria ■ v. 1 funcionar mal 2 avariar
malice s. maldade; malícia; out of malice por maldade; to bear somebody malice querer mal a alguém
malicious adj. 1 (*pessoa, intenção*) maldoso; malévolo 2 (*prejuízo*) doloso; intencional ♦ malicious intent intenção criminosa; má-fé ● A palavra "malicioso", em inglês, traduz-se também por *sly, clever, dirty-minded*.
malign adj. 1 maligno 2 prejudicial ■ v. difamar, caluniar
malignant adj. 1 mau; maléfico 2 MEDICINA maligno; malignant tumor tumor maligno
malinger v. fingir estar doente; fazer-se de doente
mall s. 1 EUA centro comercial 2 passeio público
malleability s. maleabilidade
malleable adj. 1 maleável 2 (*pessoa*) adaptável; moldável
mallet s. maço, malho, macete
malnourished adj. subnutrido, desnutrido
malnutrition s. desnutrição; subnutrição

malpractice

malpractice s. 1 culpa, delito 2 procedimento condenável 3 negligência médica
malt s. malte
maltreat v. maltratar
maltreatment s. maus-tratos
mammal s. ZOOLOGIA mamífero
mammalian adj. ZOOLOGIA mamífero
mammary adj. mamário; mammary gland glândula mamária
mammography s. MEDICINA mamografia
mammoth s. ZOOLOGIA mamute
man s. 1 homem; a man of the world um homem experiente 2 ser humano 3 marido; namorado 4 (*jogo de xadrez*) peão 5 (*jogo das damas*) pedra ■ *interj.* coloquial cara ■ v. 1 tripular, guarnecer 2 assegurar o funcionamento de ♦ I am your man sou a pessoa que lhe convém no man ninguém no man's land terra de ninguém to the last man sem exceção • É diferente de *mankind*.
manacle s. algema ■ v. algemar
manage v. 1 dirigir; administrar; gerir 2 operar 3 conseguir; how did you manage it? como é que você conseguiu? 4 (*animal*) domar, treinar 5 lidar com 6 ser bem-sucedido em; conseguir ♦ manage as best you can arranje-se como puder to manage without something passar sem alguma coisa
management s. 1 (*processo*) administração, gestão; due to bad management devido a má administração 2 (*corpo diretivo*) gerência 3 uso, emprego 4 capacidade, habilidade ♦ management consultant consultor administrativo
manager s. 1 diretor; manager's office gabinete da direção 2 (*empresa*) gerente 3 (*propriedade*) administrador 4 TEATRO, ESPORTE empresário
managing s. administração; gerência ■ adj. gerente ♦ managing director diretor-geral
mandacaru s. BOTÂNICA mandacaru
mandarin s. 1 (*funcionário*) mandarim 2 (*fruto*) tangerina ♦ Mandarin (*língua*) mandarim
mandate s. 1 (*autorização*) mandado 2 mandato; electoral mandate mandato de deputado ■ v. 1 confiar sob mandato; autorizar 2 EUA exigir
mandatory adj. obrigatório
mandible s. ANATOMIA mandíbula; queixada mandibles s.pl. (*inseto*) pinças
mandolin, mandoline s. MÚSICA bandolim
mandrill s. ZOOLOGIA mandril
mane s. 1 (*cavalo*) crina; (*leão*) juba 2 (*pessoa*) cabeleira
maned adj. com juba; ZOOLOGIA maned wolf logo-guará
mangaba s. BOTÂNICA mangaba
manganese s. QUÍMICA (*elemento químico*) manganês
manger s. manjedoura, cocho
mango s. BOTÂNICA manga; mango tree mangueira
mangrove s. mangue; ZOOLOGIA mangrove crab uçá
mangy adj. 1 sarnento 2 coloquial sujo
manhole s. poço de inspeção
manhood s. 1 masculinidade; virilidade 2 maturidade
mania s. 1 PSICOLOGIA mania (for, de) 2 obsessão
maniac adj., s. 1 maníaco 2 fanático
maniacal adj. maníaco
manic adj. maníaco
manicure s. (*tratamento*) manicure ■ v. fazer a manicure de
manicurist s. (*profissional*) manicure
manifest adj. formal manifesto, evidente ■ v. formal manifestar, mostrar; to manifest itself manifestar-se
manifestation s. manifestação
manifold adj. 1 muitos 2 numerosos 3 diversos
manioc s. BOTÂNICA, CULINÁRIA mandioca
manipulate v. 1 manejar; manusear 2 manipular; controlar 3 forjar, falsificar
manipulation s. manipulação
manipulator s. manipulador
mankind s. a espécie humana; humanidade
manliness s. 1 masculinidade 2 figurado força, firmeza
manly adj. másculo, viril
manned adj. tripulado
mannequin s. 1 (*boneco*) manequim 2 antiquado (*pessoa*) modelo
manner s. 1 maneira; modo; in this manner deste modo 2 maneira de ser 3 comportamento 4 método; estilo; in the manner of ao estilo de manners s.pl. 1 modos, maneiras; bad manners falta de educação good manners boas maneiras 2 costumes; hábitos; novel of manners romance de costumes ♦ all manner of things todos os tipos de coisa in a manner de certo modo in a manner of speaking por assim dizer in such a manner that de tal modo que
mannerism s. 1 mania; tique 2 afetação ♦ ARTES PLÁSTICAS Mannerism maneirismo
manoeuvre s. 1 manobra 2 maquinação ■ v. 1 manobrar 2 maquinar, tramar 3 manipular
manor s. 1 feudo 2 herdade
manpower s. 1 mão de obra 2 efetivos militares
mansion s. mansão; solar; mansion house casa senhorial
manslaughter s. 1 DIREITO homicídio involuntário 2 matança, carnificina, mortandade
mantelpiece s. 1 armação de tijolo, pedra etc., em torno e por cima da lareira 2 prateleira de lareira
mantis s. ZOOLOGIA louva-a-deus
mantle s. 1 manto, capa 2 (*neve, neblina*) camada 3 (*lâmpada, candeeiro*) camisa incandescente ■ v. 1 cobrir, tapar 2 ficar coberto 3 estender-se como um manto
man-to-man adv. de homem para homem ♦ ESPORTE man-to-man marking marcação individual
manual adj. manual ■ s. manual; compêndio; instruction manual manual de instruções
manufacture s. 1 manufatura 2 fabrico, fabricação 3 indústria; the woollen manufacture a indústria de lanifícios ■ v. 1 manufaturar; fabricar 2 inventar, forjar
manufactured adj. fabricado
manufacturer s. fabricante
manufacturing adj. fabril, industrial
manure s. AGRICULTURA estrume; adubo; chemical manure adubo químico ■ v. adubar; estrumar
manuscript adj. manuscrito ■ s. manuscrito
many adj. 1 muitos; many of us muitos de nós 2 diversos 3 numerosos ■ s. maioria ♦ a great many

muitíssimos how many books have you got? quantos livros você arrumou? one too many a mais twice as many o dobro, duas vezes mais • É diferente de *much*.

map s. 1 mapa (*of*, *de*); map of the world mapa do mundo; map collection mapoteca 2 planta (de cidade) v. 1 fazer o mapa de 2 delinear, traçar 3 indicar no mapa ♦ coloquial off the map inexistente; longínquo; sem importância coloquial to put something on the map tornar algo famoso, conhecido

maple s. BOTÂNICA bordo

mapping s. mapeamento

maquette s. ARQUITETURA, ARTES PLÁSTICAS maquete

mar v. estragar; arruinar

marathon s. ESPORTE maratona; marathon runner maratonista

maraud v. pilhar, saquear

marble s. 1 GEOLOGIA mármore; marble cutter marmorista; marble slab lousa de mármore 2 (*bola, jogo*) gude; to play marbles jogar bola de gude ■ *adj.* marmóreo ■ v. marmorizar ♦ coloquial to lose one's marbles perder o juízo

marc s. (*de uvas*) bagaço

march s. 1 marcha; to be on march estar em marcha 2 avanço, progresso 3 MÚSICA marcha; bridal march marcha nupcial 4 (*acontecimentos*) curso; the march of events o curso dos acontecimentos ■ v. 1 marchar 2 fazer uma manifestação 3 pôr em marcha 4 avançar

March s. Março; at the end of March no fim de março

marcher s. manifestante

marching *adj.* que marcha

marchioness s. marquesa

mare s. ZOOLOGIA égua • A palavra "maré", em inglês, traduz-se por *tide*.

margarine s. CULINÁRIA margarina

margin s. 1 (*lago, rio, texto impresso*) margem 2 borda; orla 3 ECONOMIA margem de lucro ♦ margin of error margem de erro

marginal *adj.* 1 marginal 2 (*alteração, diferença*) pequeno, mínimo 3 (*terra*) pobre ■ s. Grã-Bretanha lugar no parlamento obtido por uma escassa maioria de votos

marigold s. BOTÂNICA malmequer

marijuana s. maconha

marinade s. CULINÁRIA marinada, vinha-d'alhos

marinate v. CULINÁRIA marinar

marine *adj.* 1 marinho, marítimo; marine biology biologia marinha 2 naval; marine engineer engenheiro naval ■ s. 1 marinha 2 fuzileiro naval; blue marines artilheiros navais

marionette s. marionete; fantoche

marital *adj.* marital; conjugal

maritime *adj.* marítimo

marjoram s. BOTÂNICA manjerona; orégano

mark s. 1 marca; sinal; question mark ponto de interrogação 2 (*escola*) nota, classificação 3 alvo, objetivo; to hit/miss the mark acertar/não acertar no alvo, alcançar/não alcançar o objetivo 4 cicatriz, arranhão ■ v. 1 marcar 2 notar, assinalar, observar 3 (*exame, teste*) classificar, avaliar 4 ESPORTE (*adversário*) marcar ♦ to mark down diminuir, remarcar para baixo to mark somebody's words prestar atenção ao que alguém diz to mark up aumentar, remarcar

marker s. 1 indicador 2 (*caneta*) marcador 3 poste de sinalização 4 (*escola*) examinador 5 ESPORTE marcador

market s. 1 mercado (*for, para*); there's not much of a market for that product não há grande mercado para esse produto 2 feira 3 comércio ■ v. comercializar, vender ♦ black market mercado negro market economy economia de mercado market place/square praça flea market mercado de pulgas

marketable *adj.* comerciável, vendável

marksman s. atirador

marl s. GEOLOGIA marga

marlin s. ZOOLOGIA espadim

marmalade s. (*laranja, cítrico*) compota

marmot s. ZOOLOGIA marmota

maroon *adj.* (*cor*) bordeaux, castanho-avermelhado; BOTÂNICA maroon cucumber maxixe ■ s. 1 (*cor*) bordeaux, castanho-avermelhado 2 petardo ■ v. abandonar em uma ilha deserta

marquee s. tenda grande

marquis s. marquês

marquise s. marquesa

marriage s. casamento, matrimônio; Grã-Bretanha marriage guidance terapia conjugal; Grã-Bretanha marriage guidance counsellor conselheiro matrimonial; marriage of convenience casamento de conveniência; to be related to somebody by marriage ser parente de alguém pelo casamento • *Marriage* refere-se ao casamento como instituição; *wedding* refere-se à cerimônia.

married *adj.* casado (*to, com*); to be married to ser casado com

marrow s. 1 medula; tutano 2 figurado âmago ♦ to be chilled/frozen to the marrow estar gelado até aos ossos

marry v. 1 casar(-se) (*to, com*); will you marry me? quer casar comigo? 2 unir; juntar marry off v. arranjar casamento; are you trying to marry me off? você está tentando me arranjar um casamento?; she has married off all her sons ela casou os filhos todos • É diferente de *merry*.

Mars s. ASTRONOMIA, MITOLOGIA Marte

marsh s. pântano, brejo ♦ marsh gas gás metano

marshal s. 1 marechal 2 chefe do protocolo 3 EUA funcionário com funções de xerife, chefe de polícia ou de bombeiros ■ v. 1 dispor 2 ordenar 3 dirigir 4 acompanhar, guiar

marshland s. pantanal

marshmallow s. 1 (*planta*) alteia 2 (*guloseima*) goma, marshmallow

marshy *adj.* pantanoso

marsupial *adj., s.* ZOOLOGIA marsupial

mart s. mercado; feira • É diferente de *Mars*.

marten s. ZOOLOGIA marta

martial *adj.* marcial ♦ martial arts artes marciais martial law lei marcial

Martian *adj., s.* marciano

martyr s. mártir ■ v. martirizar; atormentar

martyrdom

martyrdom s. martírio; tormento
marvel s. maravilha; prodígio ■ v. maravilhar-se (at, *com*), ficar maravilhado (at, *com*)
marvellous, marvelous EUA ■ adj. maravilhoso
Marxism s. marxismo
Marxist adj. marxista
marzipan s. CULINÁRIA marzipã, maçapão
mascara s. (*cosmética*) rímel
mascot s. mascote
masculine adj., s. masculino; masculine nouns substantivos masculinos
masculinity s. masculinidade
mash s. Grã-Bretanha coloquial purê de batata ■ v. 1 amassar 2 reduzir a purê
mask s. 1 máscara 2 figurado disfarce; to drop the mask deixar cair a máscara ■ v. 1 mascarar 2 figurado (*sentimentos*) esconder; dissimular
masochism s. masoquismo
masochist s. masoquista
masonic adj. maçônico
masonry s. (*trabalho com pedras*) alvenaria
masquerade s. 1 mascarada 2 disfarce, dissimulação ■ v. 1 mascarar-se (as, *de*); disfarçar-se (as, *de*) 2 fazer-se passar (as, *por*)
mass s. 1 massa (of, *de*) 2 FÍSICA massa 3 (*quantidade*) grande número (of, *de*), montão (of, *de*); masses of people um monte de gente ■ s. Mass missa ■ v. juntar(-se), congregar(-se), reunir(-se) ■ adj. 1 de massas; massivo 2 geral; coletivo ♦ mass media meios de comunicação social mass production produção em série (*pessoas*) the masses as massas
massacre s. massacre; chacina ■ v. massacrar; chacinar
massage s. massagem; to give somebody a massage fazer uma massagem em alguém ■ v. massajar; figurado to massage somebody's ego afagar o ego de alguém
masseur s. massagista
masseuse s. (*mulher*) massagista
massif s. GEOLOGIA maciço
massive adj. 1 maciço; sólido 2 enorme; grande 3 em grande escala; massivo
mass-market adj. de grande consumo, de massas
mass-produce v. fabricar em série, produzir em massa
mast s. 1 mastro 2 antena transmissora 3 BOTÂNICA bolota
mastectomy s. MEDICINA mastectomia
master s. 1 senhor 2 dono, patrão 3 mestre; conhecedor; master hand mão de mestre 4 original; master copy desenho original 5 capitão de navio mercante ■ v. 1 dominar, controlar 2 conhecer a fundo ♦ (*Universidade*) to take one's master's degree fazer o mestrado
mastermind s. (*pessoa responsável*) cérebro ■ v. organizar, dirigir, coordenar
masterpiece s. obra-prima
masterstroke s. golpe de mestre
mastery s. 1 domínio, poder 2 mestria
masticate v. mastigar, mascar
mastiff s. (*cachorro*) mastim

mastodon s. ZOOLOGIA mastodonte
masturbate v. masturbar(-se)
masturbation s. masturbação
mat s. 1 esteira; place mats peças de jogo americano 2 capacho 3 (*para tachos, travessas*) base, descanso ■ adj. fosco; baço
match s. 1 fósforo; to strike a match acender um fósforo 2 jogo, partida, desafio 3 luta, combate 4 par ideal (for, *para*) 5 adversário à altura (for, *de*); I'm no match for her when it comes to arithmetic não sou um adversário à altura dela quando toca a aritmética 6 ligação, união, combinação ■ v. 1 igualar (in, for, *em*) 2 combinar com; condizer com ♦ to be a good match calhar bem match point (*tênis*) ponto que permite encerrar uma partida, *match point*
matchbox s. caixa de fósforos
matching s. 1 emparelhamento 2 junção 3 harmonização ■ adj. harmonizado; condizente
matchless adv. incomparável; sem par
matchmaker s. casamenteiro
mate s. 1 colega, camarada 2 companheiro, cônjuge 3 (*xadrez*) mate 4 (*navegação*) piloto 5 ZOOLOGIA macho, fêmea ■ v. 1 (*animais*) acasalar (with, *com*) 2 unir(-se), juntar(-se) (*xadrez*) derrotar por xeque-mate
maté s. chá-mate; mate
material adj. 1 material 2 materialista 3 físico, corpóreo 4 essencial (to, *para*); relevante (to, *para*) s. 1 material 2 matéria; raw material matéria-prima 3 informação (for, *para*), elementos (for, *para*)
materialism s. materialismo
materialist s. materialista
materialistic adj. materialista, material
materialize, materialise Grã-Bretanha v. 1 materializar(-se); realizar(-se); concretizar(-se) 2 aparecer de repente
maternal adj. maternal, materno
maternity s. maternidade ♦ maternity hospital maternidade maternity leave licença-maternidade
mathematical adj. 1 matemático 2 rigoroso, exato
mathematician s. matemático
mathematics s. matemática
maths, math EUA s. coloquial matemática
matinée s. matinê
mating s. (*animais*) acasalamento
matriarch s. matriarca
matriarchy s. matriarcado
matricide s. 1 (*crime*) matricídio 2 (*pessoa*) matricida
matriculate v. (*universidade*) matricular(-se)
matriculation s. (*universidade*) matrícula
matrimonial adj. matrimonial
matrimony s. matrimônio
matrix s. 1 ANATOMIA matriz; útero 2 matriz, molde 3 GEOLOGIA rocha-mãe 4 figurado fonte
matron s. 1 Grã-Bretanha enfermeira-chefe 2 matrona
matt adj. fosco, sem brilho
matter s. 1 assunto, tema, questão; a matter of opinion uma questão de opinião; a matter of time uma questão de tempo 2 problema 3 matéria;

substância 4 MEDICINA pus **matters** *s.pl.* situação; estado das coisas ■ *v.* importar, interessar ◆ as a matter of fact por acaso as a matter of principle por uma questão de princípio as a matter of urgency assim que possível it doesn't matter não faz mal to let the matter drop pôr uma pedra sobre o assunto no matter what custe o que custar

matter-of-fact *adj.* 1 (*estilo, tom*) prosaico; terra a terra 2 (*pessoa*) prático; realista 3 (*análise, opinião*) factual; a matter-of-fact account relato factual

mattress *s.* colchão

maturation *s.* maturação

mature *adj.* 1 maduro 2 (*decisão*) ponderado ■ *v.* 1 crescer 2 amadurecer

maturity *s.* maturidade

maudlin *adj.* piegas

maul *v.* 1 ferir; maltratar 2 (*obra, reputação*) criticar severamente; arrasar fig.

maundy *s.* RELIGIÃO lava-pés

mausoleum *s.* mausoléu

mauve *adj., s.* (*cor*) malva

maverick *adj., s.* 1 inconformista 2 independente; dissidente

mawkish *adj.* 1 piegas 2 insípido

mawkishness *s.* pieguice

maxila *s.* ANATOMIA maxila

maxim *s.* máxima

maximize *v.* maximizar

maximum *adj.* máximo; maximum height altura máxima ■ *s.* máximo; to the maximum ao máximo

May *s.* Maio ◆ May Day primeiro de Maio

may *v.* 1 poder; ter permissão para; may I come in? posso entrar? 2 ser possível; he may be tired é possível que ele esteja cansado ◆ be that as it may seja como for come what may aconteça o que acontecer (*desejo, voto*) may you have a merry Christmas! um feliz Natal para você! ● **May** é um verbo modal que se utiliza seguido de um infinitivo sem *to*: *that may be true; it may rain.* As frases interrogativas e negativas são formadas sem o auxiliar *do*: *may I go now? he may not understand that.* Tanto *may* como *might*, que é a forma do passado, são usados para exprimir a ideia de possibilidade ou probabilidade: *they may/might not come.* Ambas as formas são utilizadas em pedidos ou observações formais: *may/might I make a suggestion?* Compare com o verbo *can*.

Maya *s.* maia

maybe *adv.* talvez; possivelmente

mayday *s.* sinal de pedido de socorro; SOS

mayhem *s.* caos

mayonnaise *s.* CULI€se

mayor *s.* prefeito; presidente da câmara municipal

mayoress *s.* 1 prefeita; presidente de município 2 mulher do presidente de município

mayweed *s.* BOTÂNICA limãozinho

maze *s.* 1 labirinto 2 figurado confusão; desorientação; to be in a maze estadesorientado ■ *v.* desorientar; confundir

me *pron. pess.* 1 mim; he made the call for me ele fez a chamada por mim 2 me; he bought me a drink ele me pagou uma bebida 3 eu; that's me in the corner sou eu no canto

meadow *s.* prado

meagre, meager EUA *adj.* (*quantidade*) escasso ● É diferente de "magro", que, em inglês, traduz-se por *slim*.

meal *s.* 1 refeição; a three-course meal uma refeição de três pratos; to have a meal comer; to prepare a meal preparar uma refeição 2 AGRICULTURA, CULINÁRIA farinha

mealtime *s.* hora das refeições

mean *v.* 1 significar; querer dizer 2 representar; significar; to mean a great deal ter uma grande importância 3 pretender, querer; he meant well ele só queria ajudar 4 tencionar 5 destinar 6 referir-se a; do you mean my mother? você está se referindo à minha mãe? ■ *adj.* 1 mau; mean looking com mau aspecto 2 mesquinho (with, *com*); to be mean with money ser avarento, pão-duro 3 maldoso (to, *para*); a mean trick uma partida baixa 4 feroz; mean dog cachorro feroz 5 coloquial espetacular 6 médio; mean temperature temperatura média ■ *s.* 1 média; arithmetical mean média aritmética 2 meio-termo

meander *s.* meandro; sinuosidade ■ *v.* 1 serpentear 2 andar sem destino

meaning *s.* 1 significado, sentido; what's the meaning of this word? qual é o significado desta palavra? 2 desígnio, propósito; intenção ■ *adj.* expressivo; significativo; meaning look olhar expressivo

meaningful *adj.* 1 significativo; expressivo 2 importante; sério

meaningless *adj.* sem significado, sem sentido; a meaningless life uma vida sem sentido

meanness *s.* malvadeza, vileza

means *s.* meio; modo; a means to an end um meio para atingir um fim; by means of por meio de ■ *s.pl.* recursos econômicos; bens, posses; to live beyond one's means gastar mais do que se tem ◆ by all means! com certeza! by no means de forma alguma

meantime *adv.* entretanto; in the meantime entretanto

meanwhile *adv.* entretanto

measles *s.* MEDICINA sarampo; German measles rubéola

measly *adj.* 1 coloquial mísero; miserável 2 com sarampo

measurable *adj.* mensurável

measure *s.* 1 medida; measure of length medida de comprimento 2 medida; quantidade, dose, proporção 3 medição (of, *de*) 4 medidor; escala 5 medida; extensão; in a certain measure em certa medida; some measure of success um certo sucesso; within measure com moderação 6 medida; providência; to adopt measures to tomar medidas para 7 MATEMÁTICA divisor; common measure divisor comum 8 projeto de lei; medida legislativa 9 MÚSICA compasso ■ *v.* 1 medir 2 tirar medidas (para fazer uma roupa) 3 medir; avaliar; determinar ◆ beyond measure desmedidamente in a large/great measure em larga medida measure up *v.* 1 tirar as medidas de 2 estar à altura, corresponder a (to, *de/a*)

measurement s. 1 medição; cálculo; measurement of speed medição da velocidade 2 medida; tamanho; chest measurement perímetro torácico
measurer s. (pessoa) medidorasurer
measuring s. medição ♦ measuring glass copo graduado measuring spoon colher medidora measuring tape fita métrica
meat s. 1 carne; fresh meat carne fresca 2 substância ♦ coloquial easy meat fácil de enganar meat grinder picadora
meatball s. CULINÁRIA almôndega
meatloaf s. CULINÁRIA rolo de carne
meaty adj. carnudo
mechanic s. mecânico; car mechanic mecânico de automóveis
mechanical adj. 1 mecânico 2 (comportamento, reação) automático ♦ mechanical engineer engenheiro mecânico mechanical engineering engenharia mecânica
mechanics s. (ciência) mecânica; quantum mechanics mecânica quântica ■ s.pl. mecanismo; funcionamento
mechanism s. mecanismo
mechanization, mechanisation Grã-Bretanha s. mecanização
mechanize, mechanise Grã-Bretanha v. mecanizar
medal s. medalha
medallion s. medalhão
medallist, medalist EUA s. medalhista; Olympic medallist medalhista olímpico
meddle v. intrometer-se (in, with, em), interferir (in, with, em, com)
meddler s. metediço, intrometido
meddlesome adj. intrometido
meddling adj. intrometido
media s.pl. meios de comunicação social; media
mediaeval, medieval adj. medieval
median s. GEOMETRIA mediana ■ adj. mediano
mediate v. mediar; to mediate the peace talks mediar as conversações de paz
mediation s. mediação
mediator s. mediador
medical adj. médico; medical attendance assistência médica, cuidados médicos; medical student estudante de medicina ■ s. coloquial exame médico; check-up ● A palavra "médico", em inglês, traduz-se por doctor.
medicate v. medicar; to medicate oneself automedicar-se
medication s. medicação; to be on medication estar medicado, estar sob medicação
medicinal adj. medicinal; for medicinal purposes para fins medicinais
medicine s. 1 medicina; medicine man curandeiro, pajé; preventive medicine medicina preventiva; to practise medicine exercer medicina 2 medicamento; remédio; fármaco; medicine chest armarinho de remédios ♦ coloquial to give somebody a taste of their own medicine pagar na mesma moeda
mediocre adj. medíocre
mediocrity s. mediocridade
meditate v. 1 meditar (on, upon, sobre) 2 planejar

meditation s. meditação (on, upon, sobre); reflexão (on, upon, sobre)
meditative adj. meditativo; contemplativo
Mediterranean adj. mediterrânico; Mediterranean climate clima mediterrânico ■ s. Mediterrâneo
medium adj. médio; of medium height de altura/ estatura média; of medium length de comprimento médio ■ s. 1 meio 2 meio de comunicação 3 meio ambiente 4 médium; vidente 5 veículo transmissor; meio ♦ medium term médio prazo in the medium term a médio prazo
mediumistic adj. mediúnico
medlar s. 1 (árvore) nespereira 2 (fruto) nêspera
medley s. 1 mistura (of, de), miscelânea (of, de) 2 MÚSICA, ESPORTE medley
medulla s. ANATOMIA, BOTÂNICA medula
medusa s. ZOOLOGIA medusa
meek adj. 1 meigo, dócil 2 passivo; submisso
meekness s. 1 docilidade 2 passividade; submissão
meet v. 1 encontrar(-se) 2 conhecer(-se); nice to meet you prazer em conhecê-lo 3 reunir-se 4 (aeroporto, estação) ir esperar 5 cumprir 6 defrontar; enfrentar ■ s. encontro esportivo ♦ to meet halfway chegar a um compromisso to meet the needs satisfazer as necessidades there's more to something/somebody than meets the eye ser mais do que parece
meeting s. 1 reunião; to attend a meeting estar presente em uma reunião; to call a meeting convocar uma reunião; to hold a meeting realizar uma reunião 2 encontro; meeting place ponto de encontro 3 junta, assembleia 4 comício 5 conferência 6 ponto de confluência
mega adj. 1 coloquial espetacular, fantástico, fenomenal 2 coloquial (sucesso) enorme, esmagador
megahertz s. FÍSICA mega-hertz
megalithic adj. megalítico
megalomaniac adj., s. megalômano
megaphone s. megafone
meiosis s. BIOLOGIA meiose
melancholic adj. melancólico
melancholy s. melancolia ■ adj. melancólico
melanin s. BIOLOGIA melanina
mellifluous adj. melífluo
mellow adj. 1 (fruto) maduro 2 (cor, som) suave 3 meigo, brando 4 sereno; ajuizado 5 (solo) rico; úmido 6 (pessoa) levemente embriagado ■ v. 1 amadurecer 2 suavizar
melodious adj. melodioso
melodrama s. melodrama
melodramatic adj. melodramático
melody s. melodia
melon s. BOTÂNICA melão
melt v. derreter(-se); fundir(-se) s. fusão melt away v. 1 desaparecer; dissipar(-se) 2 derreter(-se); the snow soon melted away a neve derreteu logo melt down v. fundir melt into v. 1 fundir-se com; misturar-se com 2 transformar-se gradualmente em 3 desfazer-se em; the clouds melt into rain as nuvens desfazem-se em chuva; to melt into tears desfazer-se em lágrimas

meltdown s. 1 (*energia nuclear*) fusão 2 coloquial colapso 3 figurado falência 4 figurado desagregação
melting adj. 1 fundente 2 (*voz, tom*) derretido; meloso 3 (*expressão*) enternecedor ■ s. 1 derretimento 2 fusão; melting point ponto de fusão ◆ melting pot cadinho de culturas
member s. membro (of, *de*); sócio (of, *de*); associado (of, *de*); (*empresa, organização*) member of staff empregado; member of Congress membro do Congresso, congressista; Member of Parliament membro do Parlamento, deputado ◆ member state estado-membro member state of the European Union estado-membro da União Europeia
membership s. 1 qualidade de associado; membership card cartão de sócio 2 conjunto de sócios
membrane s. membrana BIOLOGIA plasm membrane, cell membrane membrana plasmática
memento s. lembrança (of, *de*), recordação (of, *de*) ● A palavra "momento", em inglês, traduz-se por *moment*.
memo s. memorando
memoir s. estudo, ensaio memoirs s.pl. (*livro*) memórias; she published her memoirs ela publicou as suas memórias
memorabilia s.pl. (*objetos*) recordações
memorable adj. memorável
memorandum s. memorando
memorial s. monumento de homenagem; a memorial to the victims of terrorism um monumento às vítimas do terrorismo ■ adj. comemorativo ◆ memorial service/ceremony homenagem fúnebre
memorization, memorisation Grã-Bretanha s. memorização
memorize, memorise Grã-Bretanha ■ v. memorizar, decorar
memory s. 1 memória (for, *para*); from memory de memória, de cor; I have a bad memory for names tenho má memória para nomes 2 recordação, memória; in memory of somebody em memória de alguém; one of my earliest memories uma das minhas primeiras recordações 3 INFORMÁTICA memória; memory capacity capacidade de memória; memory card cartão de memória
menace s. 1 ameaça (to, *a*) 2 coloquial, figurado horror, peste fig.; he's a menace! ele é uma peste! v. ameaçar
menacing adj. ameaçador
mend v. 1 remendar, arranjar; reparar 2 convalescer; recuperar, restabelecer-se ■ s. conserto; remendo ◆ to be on the mend estar em convalescença to mend one's fences redimir-se to mend one's ways corrigir-se; emendar-se
mendicant adj., s. mendicante
menial adj. 1 (*tarefa*) menor; menial job trabalho menor 2 servil; inferior ■ s. pejorativo criado, lacaio
meningitis s. MEDICINA meningite
meninx s. ANATOMIA meninge
meniscus s. ANATOMIA menisco
menopause s. menopausa
menstrual adj. menstrual; menstrual cycle ciclo menstrual
menstruate v. menstruar

mesmerize, mesmerise

menstruation s. menstruação
menswear s. roupa de homem
mental adj. 1 mental; coloquial mental block bloqueio mental; mental development desenvolvimento intelectual; mental handicap deficiência mental 2 coloquial doido; maluco ◆ mental arithmetic cálculo mental mental hospital psiquiátrico
mentality s. mentalidade
menthol s. mentol
mentholated adj. mentolado
mention v. mencionar, referir; citar; to mention no names não citar nomes; to mention somebody in one's will incluir alguém no testamento ■ s. menção, alusão; referência ◆ don't mention it! não tem/tens de quê!, de nada! not to mention além de
mentor s. mentor, guia
menu s. 1 ementa; cardápio; what's on the menu? qual é o cardápio?; children's menu menu infantil 2 INFORMÁTICA menu; menu bar barra de menu(s)
mercantile adj. mercantil
mercantilism s. ECONOMIA mercantilismo
mercantilist adj., s. mercantilista
mercenary adj., s. mercenário
merchandise s. mercadorias ■ v. comercializar; promover
merchant s. comerciante; negociante ■ adj. mercante; merchant navy marinha mercante
merciful adj. misericordioso, piedoso
merciless adj. cruel, implacável
mercury s. QUÍMICA (*elemento químico*) QUÍMICA mercúrio; mercury thermometer termômetro de mercúrio ◆ ASTRONOMIA, MITOLOGIA Mercury Mercúrio
mercy s. 1 misericórdia; compaixão; at the mercy of à mercê de; to have mercy on ter misericórdia de; to show no mercy ser implacável 2 bênção; graça ◆ mercy killing eutanásia
mere adj. mero, simples; it was a mere coincidence foi uma mera coincidência ■ s. literário lago
merely adv. meramente
merge v. 1 combinar(-se) (with, *com*) 2 fundir(-se) (with, *com*); they merged with a bigger company eles fundiram-se com uma empresa maior 3 submergir (into, *em*); desaparecer (into, *em*)
merger s. ECONOMIA fusão
meridian s. meridiano
meringue s. CULINÁRIA merengue
merit s. 1 mérito; valor; a person of merit uma pessoa de mérito 2 qualidade, vantagem ■ v. merecer
mermaid s. MITOLOGIA sereia
merrily adv. alegremente
merriment s. diversão; alegria
merry adj. 1 alegre, contente; divertido; to make merry divertir-se 2 Grã-Bretanha coloquial alegre, levemente embriagado ◆ merry Christmas! feliz Natal! the more the merrier quanto mais melhor
merry-go-round s. carrossel
merrymaker s. folião
mesh s. 1 malha de rede 2 rede 3 armadilha ■ v. 1 pegar com rede 2 emaranhar; enredar 3 condizer; conjugar-se 4 engrenar
mesmerize, mesmerise Grã-Bretanha v. mesmerizar; hipnotizar

mesosfera

mesosfera s. mesosphere
mess s. 1 confusão, desordem; bagunça; to make a mess of fazer uma confusão de 2 coloquial dificuldade; trapalhada 3 conquista ■ v. 1 pôr em desordem 2 estragar; sujar ♦ to be in a mess estar uma confusão; estar em maus lençóis what a mess! que confusão! mess up v. 1 desarrumar 2 sujar 3 pôr a perder 4 fazer besteira mess with v. 1 envolver-se com; meter-se com 2 brincar com
message s. mensagem; (ao telefone) can I take a message? quer deixar recado?; to leave a message to deixar um recado para ■ v. 1 mandar uma mensagem 2 transmitir uma comunicação ♦ coloquial to get the message entender message board (Internet) fórum de discussão ● É diferente de *massage*.
messenger s. mensageiro
Messiah s. RELIGIÃO Messias
messy adj. 1 desarrumado; em desordem 2 confuso, complicado 3 desleixado; bagunceiro; sujo
mestizo s. mestiço
metabolic adj. metabólico
metabolism s. BIOLOGIA metabolismo
metal s. QUÍMICA metal; metal detector detector de metais; metal industry indústria metalúrgica; noble metals metais nobres ■ v. metalizar
metallic adj. metálico; metalizado; metallic colour cor metálica; metallic painting pintura metalizada; metallic sound som metálico
metallize v. metalizar
metallurgical adj. metalúrgico
metallurgy s. metalurgia
metamorphic adj. GEOLOGIA metamórfico
metamorphose v. metamorfosear (into, em)
metamorphosis s. metamorfose
metaphor s. LITERATURA metáfora (for, de)
metaphorical adj. metafórico
metaphysical adj. metafísico
metaphysics s. metafísica
metastasis s. MEDICINA metástase
meteor s. ASTRONOMIA meteoro; bólido
meteoric adj. ASTRONOMIA meteórico
meteorite s. ASTRONOMIA meteorito
meteoroid s. ASTRONOMIA meteoroid
meteorological adj. meteorológico
meteorologist s. meteorologista
meteorology s. meteorologia
meter s. (instrumento) contador, medidor ● É diferente de *metre, meter*.
methane s. QUÍMICA metano
method s. 1 método (of, de; for, para); method of payment modo de pagamento; teaching methods métodos de ensino 2 ordem; organização; método 3 BIOLOGIA sistema de classificação
methodical adj. metódico
methodological adj. methodológico
methodology s. metodologia
meticulous adj. meticuloso, minucioso
metonymy s. LINGUÍSTICA metonímia
metre, meter EUA s. 1 metro; cubic metre metro cúbico; square metre metro quadrado 2 LITERATURA métrica
metric adj. métrico; metric system sistema métrico

metrical adj. métrico
metropolis s. metrópole
metropolitan adj. metropolitano; metropolitan area área metropolitana
metrosexual adj., s. metrossexual
mettle s. 1 coragem; valentia 2 temperamento ♦ to be on one's mettle estar pronto para dar o melhor de si to show one's mettle mostrar aquilo de que se é capaz
mew s. mio, miado ■ v. miar
Mexican adj., s. mexicano
Mexico s. México
mezzanine s. sobreloja, mezanino
MHz FÍSICA *símbolo internacional de* megahertz
mezzo-soprano s. MÚSICA meio-soprano
miaow v. miar ■ s. mio
mica s. GEOLOGIA mica
microbe s. micróbio
microbiological adj. microbiológico
microbiologist s. microbiólogo
microbiology s. microbiologia
microclimate s. microclima
microcomputer s. INFORMÁTICA microcomputador
microcosm s. microcosmo
microfilm s. microfilme ■ v. microfilmar
micron s. mícron
microorganism s. microrganismo
microphone s. microfone; to talk into the microphone falar ao microfone
microprocessor s. microprocessador
microscope s. microscópio; under a microscope ao microscópio
microscopic adj. microscópico
microscopy s. microscopia
microwave s. FÍSICA micro-onda; (forno) microwave oven micro-ondas ■ v. cozinhar no micro-ondas
midday s. meio-dia
middle s. 1 centro (of, de), meio (of, de); parte central (of, de); in the middle of no meio de; to split down the middle partir a meio 2 coloquial cintura; cinta; round the middle na cintura, em volta da cintura ■ adj. 1 médio; intermédio; middle age meia-idade; middle class classe média 2 meio; central; middle section seção central; the middle car o carro do meio ■ v. ESPORTE centrar ♦ Middle Ages Idade Média Middle East Oriente Médio
middle-aged adj. de meia-idade
middle-class adj. de classe média
middle-distance adj. ESPORTE (corrida) de meio-fundo
middleman s. intermediário
middle-of-the-road adj. 1 moderado 2 (música) comercial, dirigido ao grande público ■ s. música comercial
middleweight s. (boxe) peso médio
midfield s. 1 (futebol) área central 2 (futebolista) médio
midfielder s. (futebolista) médio
midge s. ZOOLOGIA melga
midget s. anão ■ adj. minúsculo
midland adj. (região de um país) central, interior ■ s. (região de um país) interior

midlife s. meia-idade; in midlife de meia-idade; midlife crisis crise da meia-idade
midnight s. meia-noite; midnight sun sol da meia-noite; to burn the midnight oil trabalhar/estudar até tarde ♦ Midnight Mass missa do galo
midpoint s. 1 ponto central 2 ponto intermédio
midriff s. coloquial barriga
midst s. meio; centro; in our midst entre nós; in the midst of a meio de ■ *prep.* poético entre ♦ first, midst and last em primeiro, segundo e último lugar
midsummer s. solstício do verão
midterm s. 1 (*escola*) meio do semestre; meio do período 2 EUA (*escola*) exame realizado a meio do ano escolar 3 meio do mandato 4 meio do período de gestação
midway *adj., adv.* a meio caminho; she lives midway between these two towns ela mora a meio do caminho entre estas duas cidades
midweek s. meio da semana
midwife s. parteira
midwinter s. solstício do inverno
miffed *adj.* coloquial chateado
might (pretérito de may) s. poder, força; with might and main com todas as suas forças ● **May** é um verbo modal que se utiliza seguido de um infinitivo sem *to*: *that may be true; it may rain*. As frases interrogativas e negativas são formadas sem o auxiliar *do: may I go now? he may not understand that*. Tanto **may** como **might**, que é a forma do passado, são usados para exprimir a ideia de possibilidade ou probabilidade: *they may/might not come*. Ambas as formas são utilizadas em pedidos ou observações formais: *may/might I make a suggestion?*
mighty *adj.* 1 forte, poderoso 2 grandioso; enorme ■ *adv.* EUA coloquial muito; it was a mighty good concert foi um concerto excelente ♦ high and mighty arrogante e presunçoso
migraine s. MEDICINA enxaqueca, cefaleia
migrant s. migrante; migrador
migrate v. migrar
migration s. migração
migratory *adj.* migratório
mike s. 1 coloquial microfone 2 calão vadiice ■ v. 1 coloquial transmitir através de microfone 2 coloquial adaptar microfone a 3 vadiar 4 preguiçar
mild *adj.* 1 suave; brando; a mild punishment um castigo brando 2 (*pessoa, caráter*) calmo, moderado 3 temperado; ameno; mild summer verão temperado 4 leve; mild purgative laxante suave
mildew s. míldio
mile s. milha; English mile milha terrestre; sea mile milha marítima ♦ this is miles better isto é muitíssimo melhor to be miles away estar distraído, absorto to go the extra mile to fazer mais um esforço para
mileage s. 1 distância em milhas 2 quilometragem; car with small mileage carro com pouca quilometragem 3 coloquial (*the company*) pays him mileage a empresa lhe paga os quilômetros ♦ to get a lot of mileage out of explorar ao máximo
mileometer s. conta-quilômetros

milestone s. marco
militancy s. militância
militant *adj., s.* militante
militarism s. militarismo
militarist s. militarista
militarize v. militarizar
military *adj.* militar; military takeover golpe militar; with military honours com honras militares ■ *s.pl.* the military os militares; as forças armadas; o exército ♦ to do one's military service cumprir o serviço militar
militate v. militar
militia s. milícia
militiaman s. miliciano
milk s. leite ■ *adj.* de leite; lácteo; milk diet regime lácteo ■ v. 1 dar leite 2 ordenhar; to milk the cows mungir as vacas 3 figurado explorar; sugar ♦ no use crying over spilt milk não vale a pena chorar sobre leite derramado milk tooth dente de leite skim, skimmed milk leite desnatado whole milk leite integral
milkmaid s. leiteira, ordenhadora
milkman s. leiteiro
milkshake s. (*bebida*) batido
milky *adj.* 1 lácteo 2 leitoso ♦ ASTRONOMIA Milky Way Via Láctea
mill s. 1 moinho; engenho; coffee mill moinho de café 2 fábrica; cotton mill fiação; saw mill serração; sugar mill refinaria de açúcar ■ v. 1 moer; triturar 2 esmagar, amassar 3 (*moeda*) serrilhar 4 CULINÁRIA bater (até fazer espuma) ♦ to bring grist to the mill levar à água ao seu moinho to go through the mill passar por uma experiência rigorosa
millefeuille s. CULINÁRIA mil-folhas
millenarian *adj., s.* milenário
millenary *adj.* milenar
millennium s. milênio ♦ INFORMÁTICA millennium bug bug do ano 2000
millesimal s., *adj.* milésimo
milligram, milligramme Grã-Bretanha s. miligrama
milliliter s. mililitro
millilitre, milliliter EUA s. mililitro
millimeter s. milímetro
millimetre, millimeter EUA s. milímetro
millinery s. 1 chapéus de senhora 2 (*loja*) chapelaria
milling s. moagem
million s. milhão ♦ not in a million years nunca to be one in a million ser excepcional to look like a million dollars estar com ótimo aspecto
millionaire s. milionário
millionth *adj., s.* milionésimo ■ *s.* milionésima parte
millipede s. ZOOLOGIA lacraia, piolho-de-cobra
millpond s. (*moinho*) represa
millstone s. (*moinho*) mó ♦ to be a millstone round somebody's neck ser um fardo para alguém
millwheel s. roda de moinho
mime s. 1 (*arte*) mímica 2 (*pessoa*) mimo ■ v. 1 (*mímica*) mimar 2 fazer playback (de)
mimetic *adj.* mimético
mimic s. (*artista*) imitador ■ v. 1 imitar, copiar 2 simular; fingir

mimicry s. 1 imitação 2 BIOLOGIA mimetismo
mimosa s. BOTÂNICA mimosa
minaret s. ARQUITETURA minarete
mince v. 1 (*carne, legumes, frutos*) picar 2 pejorativo andar com afetação ■ s. carne moída ♦ not to mince matters não estar com meias medidas not to mince one's words não ter papas na língua CULINÁRIA mince pie empada recheada com uvas passas, maçãs, amêndoas e frutas cristalizadas, que se come no Natal
mind s. 1 mente; cabeça; it never crossed my mind isso nunca me passou pela cabeça 2 espírito; alma; peace of mind paz de espírito; to have an open mind ter um espírito aberto 3 cabeça; inteligência; to use one's mind usar a inteligência 4 memória 5 atenção; let's turn our minds to our work vamos prestar atenção ao nosso trabalho 6 opinião; to my mind na minha opinião 7 razão 8 juízo; to be out of one's mind estar fora de si; to lose one's mind perder o juízo ■ v. 1 prestar atenção, ter cuidado; mind the step! cuidado com o degrau! 2 importar; interessar 3 cuidar de, tomar conta de; she's minding the children ela está tomando conta das crianças ♦ do you mind?! você se importa?! I don't mind eu não ligo, não me importo mind your own business não é da sua conta never mind esqueça to set one's mind on doing something estar decidido a fazer algo
mind-blowing adj. 1 coloquial espantoso, incrível, fantástico 2 coloquial alucinante, alucinatório
mindful adj. atento (of, *a*), cuidadoso (of, *com*); to be mindful of people's needs estar atento às necessidades das pessoas
mindless adj. 1 sem interesse 2 sem sentido; gratuito 3 descuidado, negligente 4 indiferente (of, *a*); mindless of danger indiferente ao perigo
mindset s. mentalidade; forma de pensar
mine pron. poss. meu; minha; meus; minhas; these glasses are mine estes óculos são meus ■ s. 1 GEOLOGIA mina; garimpo; coal mine mina de carvão; to go down the mines trabalhar nas minas 2 mina; explosivo enterrado ■ v. 1 minar; abrir minas; to mine the earth for coal abrir minas para extração de carvão 2 extrair; explorar; to mine a bed of coal explorar um jazigo de carvão 3 minar 4 destruir, fazer explodir ♦ to be a mine of information ser um poço de informações ● É diferente de *my*.
minefield s. campo minado
miner s. mineiro
mineral adj., s. mineral; mineral water água mineral
mineralize v. mineralizar
mineralogist s. mineralogista
mineralogy s. mineralogia
mingle v. 1 misturar (with, *com*), juntar (with, *com*) 2 associar(-se); ligar(-se) 3 confundir-se (in, with, *com*)
mingy adj. coloquial mesquinho; avarento; sovina
mini s. coloquial minissaia
miniature s. 1 miniatura; in miniature em miniatura ■ adj. em miniatura ♦ miniature golf minigolfe
miniaturize v. miniaturizar; miniaturar

minibreak s. coloquial fim de semana prolongado, escapadinha
minibus s. miniautocarro
minicam s. máquina fotográfica muito pequena
minim s. MÚSICA mínima
minimal adj. 1 mínimo 2 (*arte*) minimalista
minimalism s. minimalismo
minimize, minimise Grã-Bretanha v. minimizar
minimum s. mínimo; to reduce to a minimum reduzir ao mínimo ■ adj. mínimo; minimum wage salário mínimo
mining s. 1 exploração mineira 2 indústria mineira ♦ mining engineer engenheiro de minas mining engineering engenharia de minas mining industry indústria mineira
minion s. 1 pejorativo lacaio; servidor 2 literário subordinado; subalterno 3 arcaico, literário favorito 4 letra pequena ♦ irônico, jocoso the minions of the law o braço da lei
miniseries s. minissérie
miniskirt s. minissaia
minister s. 1 POLÍTICA ministro (of/for, *de*) 2 RELIGIÃO pastor; sacerdote ■ v. ajudar; auxiliar; to minister to somebody auxiliar alguém minister to v. 1 ajudar, auxiliar; socorrer; to minister to somebody auxiliar alguém, socorrer alguém 2 contribuir para; proporcionar; many things have ministered to that result muitas coisas contribuíram para esse resultado 3 prover a; to minister to the wants of the poor prover às necessidades dos pobres
ministerial adj. 1 ministerial; ministerial office cargo de ministro 2 governamental; ministerial crisis crise governamental
ministry s. 1 ministério; to form a ministry constituir ministério 2 RELIGIÃO sacerdócio; to join the ministry tornar-se sacerdote
minivan s. (*veículo*) monovolume
mink s. 1 ZOOLOGIA marta 2 pele de marta
minor adj. 1 mínimo; pequeno; minor operation pequena cirurgia 2 MÚSICA menor; in B minor em si menor 3 secundário; minor role papel secundário ■ s. DIREITO menor
minority s. 1 minoria; ethnic minorities minorias étnicas; to be in the minority estar em minoria 2 DIREITO menoridade ■ adj. minoritário
Minotaur s. MITOLOGIA Minotauro
minster s. catedral; basílica
minstrel s. menestrel, bardo
mint s. 1 BOTÂNICA, CULINÁRIA menta, hortelã 2 gulosseima de menta 3 coloquial muito dinheiro ■ v. 1 (*moeda*) cunhar 2 (*palavras*) inventar ♦ in mint condition em perfeitas condições; como novo Mint Casa da Moeda
minuet s. MÚSICA minuete
minus adj. 1 negativo; ELETRICIDADE minus charge carga negativa 2 de subtração 3 desfavorável; his age is a minus factor a idade dele é uma desvantagem ■ prep. 1 MATEMÁTICA menos; 10 minus 5 equals 5 10 menos 5 é igual a 5 2 negativo; the temperature is minus 20 degrees a temperatura é de 20 graus negativos 3 coloquial sem; he was minus one tooth ele estava sem um dente ■ s. 1 MA-

TEMÁTICA sinal menos (-) 2 desvantagem ♦ minus sign sinal menos
minuscule adj. minúsculo
minute¹ s. 1 (tempo) minuto 2 coloquial momento; instante; hold on a minute espera um momento 3 (grau) minuto 4 minuta; ata minutes s.pl. 1 atas (of, de) 2 rascunho; notas ■ v. 1 minutar; fazer ata/minuta de; to minute a meeting fazer a ata de uma reunião 2 constar da ata; anotar na ata ♦ any minute now a qualquer momento at the last minute na última hora at this minute neste momento the minute somebody does something logo que alguém faz alguma coisa this minute imediatamente
minute² adj. 1 diminuto; minúsculo; mínimo 2 minucioso; detalhado
minutely adv. minuciosamente
minutiae s.pl. particularidades (of, de), pormenores (of, de)
miracle s. 1 milagre; by a miracle por milagre 2 maravilha, prodígio ■ adj. milagroso; miracle cure cura milagrosa ♦ to do/work miracles for fazer milagres por
miraculous adj. miraculoso, milagroso
mirage s. miragem
mire s. atoleiro, lodaçal
mirror s. 1 espelho; rearview mirror espelho retrovisor 2 figurado reflexo (of, de) v. 1 espelhar, refletir 2 assemelhar-se a
misadventure s. formal revés, infortúnio, azar ♦ Grã-Bretanha death by misadventure morte acidental
misanthrope s. misantropo
misanthropic adj. misantrópico
misapply v. aplicar erradamente; fazer mau uso de
misapprehend v. compreender mal
misapprehension s. equívoco; mal-entendido
misappropriate v. 1 apropriar-se indevidamente de 2 empregar mal 3 administrar mal; delapidar
misbegotten adj. 1 ilegítimo 2 mal concebido 3 disparatado; a misbegotten plan um plano sem pés nem cabeça
misbehave v. portar-se mal
misbehaviour s. mau comportamento
miscalculate v. calcular mal
miscalculation s. erro de cálculo
miscarriage s. 1 aborto espontâneo; to have/suffer a miscarriage perder a gravidez; abortar 2 insucesso; malogro ♦ miscarriage of justice erro judiciário
miscarry v. 1 sofrer um aborto espontâneo 2 (plano) malograr-se, falhar 3 (correspondência, encomenda) perder-se; extraviar-se
miscellaneous adj. misto, misturado; miscellaneous collection coleção variada
miscellany s. 1 miscelânea 2 antologia
mischance s. revertério, má sorte
mischief s. 1 travessura; partida 2 prejuízo, dano ♦ to make mischief criar problemas
mischievous adj. 1 travesso; irrequieto; traquinas 2 malévolo, maldoso
misconception s. 1 ideia errada, percepção errada 2 equívoco
misconduct¹ s. mau procedimento, má conduta
misconduct² v. dirigir mal; governar mal

mispronunciation

misconstruction s. interpretação errada
misconstrue v. 1 interpretar mal, interpretar erradamente 2 atribuir um mau sentido a, adulterar o significado verdadeiro de
misdeed s. delito, falta, crime
misdemeanour, misdemeanor EUA s. 1 DIREITO delito pouco grave 2 má ação
misdirect v. 1 dirigir mal, orientar mal 2 endereçar erradamente 3 dar uma informação errada 4 (revólver, pistola) apontar mal 5 (soco, golpe) calcular mal
miser s. pejorativo avarento, sovina
miserable adj. 1 miserável, infeliz; to feel miserable sentir-se infeliz 2 miserável, mau; miserable weather tempo miserável 3 pejorativo desprezível, lastimoso
miserliness s. avareza, sovinice
miserly adj. pejorativo avarento
misery s. 1 tristeza, infelicidade 2 miséria 3 angústia; aflição 4 Grã-Bretanha coloquial pessoa rabugenta ♦ to put somebody out of his/her misery acabar com o sofrimento de alguém to make somebody's life a misery tornar a vida de alguém um inferno ● A palavra "tristeza", em inglês, traduz-se por sadness.
misfire v. 1 (disparo, explosão) falhar 2 (motor) não pegar
misfit s. inadaptado
misfortune s. 1 infortúnio; desgraça 2 contratempo
misgiving s. receio; incerteza, dúvida; she had some misgivings about lending me her house ela tinha algum receio de me emprestar a casa ■ adj. receoso; desconfiado
mishandle v. 1 lidar mal com 2 maltratar
mishap s. 1 contratempo; revés 2 acidente; percalço 3 avaria mecânica
mishear v. ouvir mal
misinform v. informar mal
misinformation s. informação errada
misinterpret v. interpretar mal; entender de maneira errada
misinterpretation s. interpretação errada
misjudge v. 1 julgar mal 2 (quantidade, distância) calcular mal
mislay v. perder, extraviar
mislead v. 1 induzir em erro 2 enganar, iludir; to be misled deixar-se enganar 3 guiar mal, desorientar
misleading adj. ilusório; enganoso
misled adj. extraviado, desencaminhado
mismanage v. gerir mal; administrar mal
mismanagement s. mau governo; má administração
misogynist s. misógino
misogynous adj. misógino
misogyny s. misoginia
misplace v. 1 colocar em lugar errado 2 (temporariamente) perder 3 (afeto, confiança) depositar em pessoa indigna
misprint s. erro de impressão ■ v. imprimir mal; fazer erro de impressão
mispronounce v. pronunciar mal
mispronunciation s. pronúncia incorreta

misquotation

misquotation s. citação errada
misquote v. citar erradamente
misread v. 1 ler mal 2 interpretar erradamente
misrepresent v. deturpar; adulterar
misrepresentation s. (*fatos, ideias*) distorção; deturpação
misrule s. 1 formal desgoverno; mau governo 2 formal desordem; confusão
miss v. 1 faltar; não comparecer; he's missed school ele faltou à escola 2 (*tiro*) falhar; she fired at the target but missed falhou o alvo 3 (*oportunidade*) deixar escapar 4 perder; I missed the bus perdi o ônibus 5 sentir falta de; I miss the sun sinto falta do sol 6 não reparar em; everybody missed the mistake ninguém reparou no erro 7 evitar; fugir de; let's take this shortcut to miss the traffic vamos por este atalho para fugir do trânsito 8 (*acidente, situação desagradável*) escapar de 9 (*piada, comentário*) não entender; you've missed the whole point você não entendeu nada 10 (*motor*) falhar 11 faltar; there's a place missing falta um lugar ■ s. 1 senhorita; Miss Smith a senhorita Smith 2 (*título de beleza*) miss 3 insucesso; fracasso 4 erro; engano 5 tiro perdido ♦ to have a near miss escapar por pouco coloquial to miss the boat deixar escapar uma oportunidade **miss out** v. 1 (*fato, informação, palavra*) omitir 2 (*oportunidade*) não aproveitar; perder ● **Miss** corresponde a "senhorita" e usa-se para mulheres solteiras. **Mrs** usa-se para mulheres casadas e equivale a "senhora". **Ms** é uma forma usada quando não se sabe ou não se quer dizer o estado civil da mulher. Todas essas formas de tratamento vêm acompanhadas do sobrenome da mulher ou do nome completo.
misshapen adj. disforme, deformado; desengonçado
missile s. 1 míssil; missile launcher lança-mísseis 2 projétil
missing adj. 1 (*objeto*) perdido, faltante 2 (*pessoa*) desaparecido; missing in action desaparecido em combate; missing persons desaparecidos ♦ to go missing desaparecer to report somebody missing dar alguém como desaparecido
mission s. missão; mission accomplished missão cumprida
missionary adj., s. missionário
missis s. 1 minha senhora, senhora 2 coloquial (*esposa*) patroa col.; my missis/the missis a minha mulher, a minha patroa col.
missive s. missiva; carta
misspell v. soletrar ou escrever mal
mist s. 1 névoa; neblina; bruma 2 vapor ■ v. (*plantas*) borrifar; salpicar **mist up** embaçar
mistake s. erro; engano; spelling mistake erro ortográfico; to make a mistake cometer um erro, enganar-se ■ v. 1 compreender ou interpretar mal 2 confundir (for, *com*); there's no mistaking his car o carro dele é inconfundível ♦ by mistake sem querer make no mistake about it! que fique bem claro!
mistaken (particípio passado de to mistake) adj. 1 errado; a mistaken belief/idea uma convicção/ideia errada 2 enganado; unless I'm mistaken/if I'm not mistaken... se não estou enganado... 3 trocado; mistaken identities identidades trocadas
mister s. senhor; Mr. Smith Sr. Smith
mistime v. (*ataque, observação, gesto*) calcular mal o tempo de
mistletoe s. BOTÂNICA azevinho
mistranslate v. traduzir mal
mistreat v. maltratar
mistress s. 1 amante 2 patroa 3 dona de casa 4 antiquado senhora 5 antiquado professora ♦ to be mistress of the situation dominar a situação
mistrial s. 1 DIREITO erro judiciário, erro judicial 2 EUA julgamento nulo
mistrust s. desconfiança; he has a deep mistrust of politicians ele tem uma profunda falta de confiança nos políticos ■ v. desconfiar de, suspeitar de
mistrustful adj. 1 desconfiado (of, *em relação a*) 2 receoso; apreensivo
misty adj. 1 (*tempo*) enevoado, nublado 2 (*vidro, espelho*) embaciado 3 (*olhos*) turvo 4 figurado (*ideia*) indistinto; vago
misunderstand v. compreender mal; interpretar mal; I've been misunderstood fui mal entendido
misunderstanding s. 1 mal-entendido; equívoco; there must be some misunderstanding deve haver algum mal-entendido 2 questão; discussão; we had a slight misunderstanding tivemos uma pequena discussão
misunderstood adj. desentendido; imcompreendido
misuse[1] s. 1 (*poder, autoridade*) abuso (of, *de*) 2 (*tempo, objeto, energia, dinheiro*) uso indevido; desvio
misuse[2] v. 1 (*poder, autoridade*) abusar de 2 (*pessoas*) tratar injustamente; maltratar 3 (*tempo, objeto, energia, dinheiro*) empregar mal; desviar
mite s. 1 (*inseto*) ácaro 2 coloquial pequerrucho 3 antiquado bocado; migalha fig.
mitigate v. formal mitigar, atenuar, suavizar
mitigating adj. atenuante
mitigation s. formal mitigação; atenuação; in mitigation em sua defesa
mitosis s. BIOLOGIA mitose
mitral adj. ANATOMIA mitral; mitral valve válvula mitral
mitre, miter EUA s. 1 RELIGIÃO mitra 2 esquadria
mix v. 1 misturar(-se); juntar(-se); combinar(-se); oil and water don't mix azeite e água não se misturam 2 preparar 3 conviver (with, *com*); dar-se (with, *com*) ■ s. 1 combinação (of, *de*); mistura (of, *de*) 2 mistura; preparado; chocolate cake mix preparado para bolo de chocolate **mix up** v. 1 confundir 2 misturar; baralhar 3 preparar 4 (*ingredientes*) misturar bem 5 meter-se (with, *com*), envolver-se (with, *com*)
mixed adj. 1 misturado; combinado 2 CULINÁRIA misto; mixed salad salada mista 3 (*reação, crítica*) variável, variado 4 (*sentimentos*) confuso, ambivalente, contraditório 5 (*escola, banheiro*) misto
mixed-up adj. 1 envolvido (in, *em*); he is mixed-up in a scandal ele está envolvido em um escândalo 2 confuso, desorientado; coloquial a mixed-up kid um menino com problemas

mixer s. 1 misturador 2 batedeira 3 refresco 4 (som) misturador ♦ coloquial bad mixer bicho do mato coloquial good mixer pessoa sociável
mixture s. 1 mescla, mistura (of, de) 2 preparado farmacêutico
mix-up s. 1 confusão 2 engano
mnemonic adj. mnemônico
mnemonics s. mnemônica
moan s. 1 gemido; to give a moan of pain dar um gemido de dor 2 lamento (about, de); queixume (about, de) v. 1 gemer 2 lamentar-se; queixar-se 3 resmungar (at, com)
moat s. fosso
mob s. 1 multidão; ajuntamento 2 coloquial grupo de pessoas 3 antiquado, pejorativo classe social sem posses, ralé ■ v. 1 atacar; agredir 2 cercar; rodear
mobile adj. 1 móvel 2 (televisão, rádio) portátil 3 (clínica, biblioteca) ambulante ■ s. (objeto decorativo) móbil ♦ mobile phone celular
mobility s. mobilidade; people with reduced mobility pessoas de mobilidade reduzida
mobilization s. mobilização
mobilize v. 1 (população) mobilizar 2 (doações) angariar 3 (exército) mobilizar
moccasin s. (calçado) mocassim
mocha s. (sabor, café) moca
mock v. 1 formal zombar de; gozar; rir-se de 2 formal imitar ridicularizando 3 formal inutilizar ■ adj. falso; simulado; a mock battle uma batalha simulada ■ s. escárnio; troça; literário to make mock of fazer troça de
mockery s. 1 escárnio; gozação; troça; zombaria 2 farsa ♦ to make a mockery of something ridicularizar algo
mocking adj. debochado
mockingbird s. sabiá da América do Norte, cujo nome sugere ironia
modal adj. modal; modal verb verbo modal
modality s. modalidade
mode s. 1 modo; maneira; forma 2 técnico modo de funcionamento; the camera is on 'auto' mode a máquina fotográfica está em modo de funcionamento automático • A palavra "moda", em inglês, traduz-se por fashion.
model s. 1 modelo; manequim; male model modelo masculino 2 modelo (for, para); exemplo (of, de); padrão (for, para); to take somebody/something as one's model ter alguém/algo como modelo 3 (carro, máquina) modelo ■ adj. 1 exemplar; she is a model student ela é uma aluna exemplar 2 modelo; a model school uma escola modelo 3 em miniatura; model train trem em miniatura; model aircraft aeromodelo ■ v. 1 trabalhar como modelo 2 vestir como modelo 3 moldar
modelling, modeling EUA s. 1 modelismo 2 profissão de modelo; she does modelling ela trabalha como modelo
modem s. INFORMÁTICA modem
moderate[1] adj. 1 (preço, quantidade, tamanho) moderado, razoável, mediano 2 (forno) médio 3 (opinião, comportamento) razoável; moderado; sensato 4 (clima) temperado 5 (vento) calmo 6 (resultado) mediano; sofrível; medíocre ■ s. POLÍTICA moderado
moderate[2] v. 1 formal moderar 2 acalmar(-se) 3 (debate, competição) moderar
moderating adj. moderador
moderation s. 1 moderação; in moderation com moderação 2 formal contenção; calma 3 formal diminuição
moderator s. 1 (discussão) moderador 2 (jogo, competição) árbitro
modern adj. 1 (arte, história) contemporâneo 2 atual; novo; recente 3 (atitude, ideia) inovador 4 (língua) moderno; modern Greek Grego Moderno
modern-day adj. moderno; atual
modernism s. modernismo
modernist adj., s. modernista
modernity s. modernidade
modernization, modernisation Grã-Bretanha s. modernização
modernize, modernise Grã-Bretanha v. modernizar(-se)
modest adj. 1 modesto (about, em relação a), humilde (about, em relação a) 2 (quantia) módico, moderado 3 (atitude) pudico 4 antiquado (roupa) recatado
modestly adv. 1 modestamente, humildemente 2 comedidamente, moderadamente
modesty s. 1 modéstia, humildade; modesty forbids modéstia à parte 2 pudor, recato
modification s. modificação (to, a); alteração (to, a); to make modifications to a plan fazer alterações a um plano
modifier s. LINGUÍSTICA modificador
modify v. 1 modificar, alterar 2 LINGUÍSTICA modificar
modular adj. modular
modulate v. 1 (sinal de rádio) modular 2 (som) variar 3 MÚSICA passar de um som a outro
modulation s. modulação
module s. módulo
mogul s. magnata; mandachuva
moist adj. úmido; umedecido
moisten v. umedecer(-se); she moistened a tissue ela umedeceu um lenço
moisture s. 1 umidade 2 orvalho • A palavra "mistura", em inglês, traduz-se por mixture, mixing.
moisturize v. 1 (pele) hidratar 2 umedecer; umidificar
moisturizer s. creme hidratante
moisturizing adj. hidratante
molar adj., s. molar
molasses s. melaço; melado
mole s. 1 ZOOLOGIA toupeira 2 (pele) sinal 3 QUÍMICA mole 4 figurado, coloquial espião • O adjetivo "mole", no sentido de "suave, macio" em inglês, traduz-se por soft.
molecule s. FÍSICA, QUÍMICA molécula
molehill s. montículo de terra feito por uma toupeira ♦ to make a mountain out of a molehill fazer uma tempestade em um copo de água
molest v. 1 abusar sexualmente de 2 molestar; importunar • A palavra "moléstia", em inglês, traduz-se por illness.

mollusc, mollusk

mollusc, mollusk EUA s. ZOOLOGIA molusco
mollycoddle v. mimar; estragar com mimos; paparicar
molt s. EUA muda de pena ou de pelo; to be in the molt estar na muda ■ v. mudar as penas ou o pelo
molten adj. (metal, pedra) fundido, vazado; derretido
molybdenum s. QUÍMICA (elemento químico) molibdênio
mom s. EUA coloquial mamãe
moment s. 1 momento; instante; at any moment a qualquer momento; at the moment de momento, agora; for the moment por enquanto; in a moment em um instante 2 momento oportuno (to, para)
momentary adj. momentâneo; breve
momentous adj. solene; importante; decisivo; a momentous decision uma decisão importante
momentum s. 1 ímpeto; força 2 FÍSICA momento; velocidade; to gain momentum ganhar velocidade
Monaco s. Mônaco
monarch s. monarca
monarchical adj. monárquico
monarchism s. monarquismo
monarchist s. monárquico, monarquista
monarchy s. monarquia
monastery s. mosteiro
monastic adj. 1 monástico, monacal 2 simples; frugal
Monday s. segunda-feira; every Monday todas as segundas-feiras; on Monday na segunda-feira; on Mondays às segundas-feiras
monetary adj. monetário
money s. dinheiro; to earn money ganhar dinheiro; to make money fazer dinheiro; to put money into investir em; to put money on apostar dinheiro em ♦ money doesn't grow on trees o dinheiro não dá em árvore, não cai do céu coloquial to be in money ter muito dinheiro ser rico
moneybags s. coloquial ricaço
moneybox s. 1 mealheiro 2 caixa de esmolas
moneylender s. agiota, prestamista
moneymaker s. produto rentável; negócio rentável
money-spinner s. negócio rentável
Mongoloid s. mongoloide
mongrel s. 1 (cachorro) vira-lata 2 coloquial coisa híbrida
monitor s. 1 (televisão, computador) monitor 2 encarregado, responsável ■ v. 1 monitorar, controlar 2 pôr sob escuta
monitoring s. monitoramento
monk s. monge
monkey s. 1 ZOOLOGIA macaco 2 coloquial (criança) travesso, levado ■ v. fazer brincadeiras ♦ to make a monkey out of ridicularizar monkey bars espaldar monkey nut amendoim MECÂNICA monkey wrench chave inglesa
monkfish s. ZOOLOGIA tamboril
monochromatic adj. monocromático
monochrome adj. monocromático
monocle s. monóculo
monocotyledon s. BOTÂNICA monocotiledônea
monoculture s. AGRICULTURA monocultura
monogamous adj. monógamo, monogâmico
monogamy s. monogamia

monogram s. monograma
monograph s. monografia (on, sobre)
monolingual adj. monolíngue; monolingual dictionary dicionário monolíngue
monologue s. monólogo
monoplane s. monoplano
monopolization, monopolisation Grã-Bretanha s. monopolização
monopolize, monopolise Grã-Bretanha v. monopolizar
monopoly s. monopólio (on, de); this company holds the monopoly on communications esta empresa detém o monopólio das comunicações
monorail s. monocarril
monosyllabic adj. 1 monossilábico 2 figurado lacônico
monosyllable s. monossílabo
monotheism s. RELIGIÃO monoteísmo
monotheistic adj. RELIGIÃO monoteísta
monotone s. tom monocórdico; he talked in a slow monotone ele falava em um tom monótono e lento
monotonous adj. monótono, enfadonho
monotony s. monotonia
monoxide s. QUÍMICA monóxido
monozygotic adj. BIOLOGIA univitelino, monozigótico; monozygotic twins gêmeos univitelinos
monsignor s. monsenhor
monsoon s. monção
monster s. monstro ■ adj. coloquial enorme, gigantesco, espantoso; a monster house uma casa gigantesca
monstrosity s. monstruosidade; aberração
monstrous adj. 1 monstruoso 2 descomunal 3 ultrajante; absurdo
month s. mês; at the end of the month no final do mês; four months pregnant grávida de quatro meses; month by month de mês para mês; once a month uma vez por mês ♦ for months há séculos
monthly adj. mensal ■ adv. mensalmente ■ s. publicação mensal
monument s. monumento (to, a); memorial (to, a)
monumental adj. monumental; grandioso; colossal
moo s. mugido ■ v. mugir
mooch v. pedinchar; he tried to mooch a beer from me ele me pedinchou uma cerveja
mood s. 1 humor, disposição, estado de espírito; to be in a bad/good mood estar de mau/bom humor 2 LINGUÍSTICA modo verbal ♦ to be in a mood estar com vontade to be in no mood for não estar com disposição para to be in the mood for estar com vontade de
moodiness s. 1 instabilidade de humor 2 mau humor; rabugice 3 melancolia
moody adj. 1 temperamental; instável 2 mal-humorado; macambúzio
moon s. 1 Lua; full moon Lua cheia; half moon meia-lua; new moon Lua nova 2 poético mês ♦ to be over the moon estar no sétimo céu to cry for the moon pedir o impossível moon landing alunagem
moonbeam s. raio lunar
moonless adj. sem luar

moonlight s. luar; by/in the moonlight ao luar ■ v. coloquial ter dois empregos
moonlit adj. iluminado pela Lua
moonshine s. 1 luar 2 coloquial tolice; devaneio
moonstruck adj. com alucinações; lunático; aluado
moor s. charneca ■ v. ancorar, atracar ◆ Moor mouro
moorhen s. ZOOLOGIA galinhola
mooring s. 1 ancoragem 2 ancoradouro moorings s.pl. 1 amarras, cabos 2 figurado laços; emotional moorings laços emocionais
Moorish adj. mouro
moorland s. charneca
moose s. ZOOLOGIA alce ● É diferente de *mouse*.
moot adj. 1 controverso; discutível; a moot question uma questão controversa 2 EUA improvável; infundado ■ v. debater, discutir
mop s. 1 esfregão 2 coloquial cabelo desgrenhado, juba ■ v. 1 esfregar, limpar com esfregão 2 (*lágrimas, suor*) secar ◆ EUA to mop the floor with arrasar por completo
mope v. 1 sentir-se abatido ou triste 2 entediar-se
moral adj. 1 moral; moral support apoio moral 2 (*pessoa*) virtuoso, honrado ■ s. moral; the moral of the story a moral da história morals s.pl. costumes; princípios
morale s. moral; estado de espírito; ânimo
moralist s. 1 moralista 2 professor de ética
morality s. 1 moralidade; TEATRO morality play moralidade; standards of morality padrões morais 2 ética; Christian morality a ética cristã
moralize, moralise Grã-Bretanha v. dar lições de moral; moralizar (about, *sobre*); he keeps moralizing about my behaviour ele está sempre dando lições de moral sobre o meu comportamento
morally adv. moralmente; eticamente; morally speaking do ponto de vista ético
moratorium s. 1 moratória 2 interrupção (on, *a*); embargo (on, *a*)
moray s. ZOOLOGIA moreia
morbid adj. 1 mórbido 2 patológico
morbidity s. morbidez
mordant adj. (*crítica, humor*) mordaz; sarcástico
more adj., adv. mais; more expensive than mais caro do que; once more mais uma vez ◆ more and more cada vez mais more often than not frequentemente more or less mais ou menos the more, the merrier! quantos mais, melhor! what's more além disso
morello s. BOTÂNICA ginja; amarena
moreover adv. formal além disso, ainda por cima
morgue s. 1 morgue, necrotério 2 coloquial (*jornal*) arquivo
moribund adj. literário moribundo; agonizante
morning s. manhã; in the early morning de manhãzinha; in the morning da parte da manhã; three o'clock in the morning três da manhã; to get up early in the morning levantar-se cedo; to work mornings trabalhar de manhã ■ adj. matinal; matutino; da manhã; a morning walk um passeio matinal ◆ good morning! bom dia! morning coat fraque morning, noon and night dia e noite (*jornal*) morning paper matutino morning dress fraque
morning-after adj. 1 do dia seguinte; morning-after pill pílula do dia seguinte 2 figurado de ressaca
Moroccan adj., s. marroquino
Morocco s. Marrocos
morocco s. (*couro*) marroquim
moron s. coloquial, pejorativo imbecil, idiota
morose adj. macambúzio; taciturno
morphine s. QUÍMICA morfina
morphologic adj. morfológico
morphology s. LINGUÍSTICA morfologia
morrow s. 1 literário amanhã; on the morrow amanhã 2 literário futuro ● É diferente de *marrow*.
morsel s. bocado; pedaço; a morsel of bread um pedaço de pão
mortal adj. mortal; mortal combat combate mortal; mortal enemies inimigos figadais ■ s. mortal; the mere mortals os comuns mortais
mortality s. mortalidade; infant mortality mortalidade infantil; mortality rate taxa de mortalidade
mortally adv. 1 mortalmente; fatalmente; mortally wounded mortalmente ferido 2 gravemente; extremamente
mortar s. 1 almofariz 2 morteiro 3 argamassa
mortgage s. empréstimo; hipoteca; to take out a mortgage contrair um empréstimo; to pay off a mortgage pagar um empréstimo ■ v. hipotecar
mortician s. EUA armador fúnebre
mortifying adj. 1 humilhante; embaraçoso 2 mortificante
mortise, mortice s. encaixe; entalhe
mortuary s. 1 Grã-Bretanha morgue 2 EUA sala funerária ■ adj. formal mortuário; fúnebre
mosaic s. mosaico
mosque s. RELIGIÃO mesquita
moss s. BOTÂNICA musgo
mossy adj. musgoso
most adj., adv. 1 mais; most often mais frequentemente; most of all sobretudo, principalmente 2 formal muito; most surprised muito surpreendido 3 EUA coloquial quase; most every evening quase todas as noites 4 a maioria, a maior parte; most of the shops are closed today a maior parte das lojas estão fechadas hoje 5 o maior número; a maior quantidade; this campaign aims to reach most people esta campanha pretende chegar ao maior número de pessoas ◆ at most no máximo at the very most no máximo dos máximos for the most part geralmente most likely muito provavelmente to make the most of tirar o máximo partido de
mostly adv. na maior parte das vezes; quase sempre; na sua maioria
motel s. motel
moth s. ZOOLOGIA (*inseto*) traça; mariposa
mothball s. bola de naftalina
moth-eaten adj. 1 roído pela traça 2 figurado em mau estado; velho
mother s. 1 mãe; mother's boy filhinho de mamãe; unmarried mother mãe solteira 2 RELIGIÃO madre, abadessa; Mother Superior Madre Superiora ■ v. 1 servir de mãe a, ser mãe de 2 figurado proteger;

motherboard

cuidar de ♦ mother country país de origem mother hen mãe coruja mother tongue língua materna
motherboard s. INFORMÁTICA placa-mãe
motherhood s. maternidade
mother-in-law s. sogra
motherland s. terra natal; pátria
motherly adj. maternal, materno ■ adv. maternalmente
mother-of-pearl s. madrepérola
mother-to-be s. futura mãe
motif s. motivo, tema, assunto
motion s. 1 movimento; marcha; (audiovisual) in slow motion em câmera lenta 2 gesto; sinal; aceno; a motion of the hand um gesto 3 moção; motion denied moção rejeitada ■ v. fazer sinais; acenar ♦ to go through the motions fazer o frete to put/set in motion pôr em marcha EUA motion picture filme
motionless adj. imóvel; parado; inerte
motivate v. motivar; estimular
motivated adj. motivado, interessado
motivating adj. motivador
motivation s. motivação; estímulo
motive s. motivo; causa; he had no motive for doing that ele não tinha motivo para fazer aquilo; the motive for his behaviour is still unknown ainda não se conhece o motivo do/para o seu comportamento ■ adj. motor; motriz; motive power/force força motriz
motivity s. motricidade
motley adj. 1 matizado, multicolor 2 heterogêneo; variado; a motley crowd uma multidão heterogênea
motocross s. motocross
motor s. 1 motor 2 Grã-Bretanha antiquado carro ■ adj. 1 motor; motriz; motor nerve nervo motor 2 motorizado; motor vehicle veículo motorizado ♦ motor industry indústria automobilística motor racing corridas de automóveis
motorbike s. Grã-Bretanha coloquial moto; motocicleta
motorboat s. barco a motor
motorcade s. cortejo de automóveis
motorcycle s. formal moto; motocicleta ♦ motorcycle track pista de motociclismo
motorcycling s. motociclismo
motorcyclist s. motociclista
motoring adj. 1 motorizado; motoring sports esportes motorizados 2 automobilístico; motoring offences infrações na direção ■ s. automobilismo
motorist s. motorista
motorized adj. motorizado
motorway s. Grã-Bretanha autoestrada
motto s. lema; divisa
mould s. 1 molde; forma; casting mould molde de fundição 2 mofo; bolor 3 húmus ■ v. 1 moldar; modelar; enformar; to mould the dough moldar a massa 2 exercer influência sobre; modificar; to mould a person's character moldar o caráter de uma pessoa 3 mofar
moulder v. desfazer-se; reduzir-se a pó
mouldy adj. com mofo; com bolor; mouldy bread pão com mofo; mouldy smell cheiro de mofo
moult s. muda de pena ou de pelo; to be in the moult estar na muda ■ v. mudar as penas ou o pelo

mound s. 1 monte; colina; elevação 2 (coisas) pilha; rima; a mound of junk uma pilha de tralha
mount s. 1 monte; montanha 2 (animal) montaria 3 terreiro; eirado 4 (quadro, fotografia) moldura 5 engaste 6 ferragem 7 montagem; instalação ■ v. 1 (cavalo, bicicleta) montar 2 (campanha, ataque) lançar; concretizar 3 (exposição, evento) organizar; montar 4 (peça de teatro) pôr em cena 5 subir; galgar 6 (animais) montar; copular com 7 (tenda) montar; armar 8 encaixilhar; emoldurar 9 (pedra preciosa) engastar 10 elevar-se; aumentar
mountain s. 1 montanha; mountain chain/range serra; mountain pass desfiladeiro 2 figurado monte (of, de) ■ adj. de montanha; mountain bike bicicleta de montanha ♦ to make a mountain out of a molehill fazer uma tempestade em um copo d'água
mountaineer s. montanhista; alpinista ■ v. praticar montanhismo
mountaineering s. montanhismo; alpinismo
mountainous adj. 1 montanhoso; mountainous region região montanhosa 2 figurado gigantesco; enorme
mounted adj. 1 montado, a cavalo; mounted police polícia montada 2 (estrutura, moldura) armado; montado
mounting adj. crescente
mourn v. 1 chorar (for/over, por); to mourn over somebody chorar pela morte de alguém 2 lamentar(-se) (for/over, por)
mourner s. pessoa enlutada
mournful adj. 1 choroso; pesaroso 2 lúgubre; funesto 3 melancólico; soturno
mourning s. 1 luto; national mourning luto nacional; to be in mourning estar de luto 2 tristeza; sofrimento
mouse s. 1 ZOOLOGIA rato; camundongo 2 INFORMÁTICA mouse
mousetrap s. ratoeira
mousse s. 1 CULINÁRIA mousse; chocolate mousse mousse de chocolate 2 (cabelo) mousse
moustache, mustache EUA s. bigode; to wear a moustache ter bigode
mouth[1] s. 1 ANATOMIA boca 2 (garrafa) gargalo 3 (rio) foz; embocadura 4 (gruta, túnel) entrada; abertura ♦ to make one's mouth water dar água na boca watch your mouth! cuidado com a língua! mouth organ harmônica
mouth[2] v. 1 dizer com os lábios mas sem fazer som nenhum 2 dizer da boca para fora 3 abocanhar 4 fazer caretas (at, a)
mouthful s. 1 garfada; boca cheia; to swallow at one mouthful engolir de uma vez 2 coloquial difícil de pronunciar ♦ to give somebody a mouthful repreender a alguém
mouthpiece s. 1 embocadura 2 MÚSICA (instrumento) boquim, bocal de instrumento de sopro 3 porta-voz, intérprete
mouth-to-mouth s. boca a boca; mouth-to-mouth resuscitation respiração boca a boca
mouthwash s. elixir bucal
mouth-watering adj. to be mouth-watering ser de dar água na boca

movable *adj.* 1 móvel; movable bridge ponte móvel; movable holiday feriado móvel 2 que pode ser mudado ou alterado movables *s.pl.* bens móveis

move *s.* 1 movimento 2 mudança 3 (*jogo*) jogada; vez 4 passo; atitude; ato; to make the first move dar o primeiro passo ■ *v.* 1 mudar(-se); I moved to Australia eu me mudei para a Austrália; to move house mudar de casa 2 mudar; alterar; modificar 3 persuadir; levar; to move a person to do something convencer alguém a fazer algo 4 (*nódoa*) limpar; remover 5 propor 6 comover; to move somebody to tears levar alguém às lágrimas 7 mover-se; mexer-se; movimentar-se; coloquial keep moving! não parem! 8 transferir-se (from, *de*; to, *para*) 9 jogar; it's your turn to move é a sua vez de jogar 10 desenvolver-se; avançar; evoluir 11 girar; the earth moves round the sun a Terra gira em torno do Sol ♦ coloquial get moving! mexa-se! to be on the move estar em movimento coloquial to get a move on avançar to get moving ir embora to get something moving colocar algo para funcionar move along *v.* 1 circular; avançar 2 fazer avançar move back *v.* 1 recuar; retroceder 2 fazer recuar 3 voltar para move forward *v.* 1 fazer avançar 2 avançar move in *v.* 1 (*residência*) instalar-se; mudar-se (to, *para*); we moved in last summer nós nos mudamos no verão passado 2 (*objetos etc.*) guardar no interior; recolher 3 intervir; entrar em ação; the oil industry moved in and started raising the prices a indústria petrolífera interveio e começou a subir os preços move on *v.* 1 (*viagem*) prosseguir; continuar 2 evoluir; avançar 3 fazer circular 4 (*ponteiros*) adiantar move out *v.* 1 (*casa*) mudar-se; they want to move out to a bigger house eles querem se mudar para uma casa maior 2 (*tropas*) bater em retirada, retirar; move out troops! bater em retirada! 3 EUA coloquial ir-se embora, partir; let's move out! vamos embora! move over *v.* chegar(-se) para o lado; afastar(-se) move up *v.* 1 ser promovido 2 chegar para o lado; afastar

movement *s.* 1 movimento; deslocamento 2 movimento; ação; atividade; religious movement movimento religioso 3 transporte; movement of freight transporte de mercadorias 4 (*relógio*) mecanismo 5 MÚSICA andamento; symphony in four movements sinfonia em quatro andamentos 6 manobra; movimentação

movie *s.* EUA filme; movie critic crítico de cinema; movie star estrela de cinema; to watch a movie ver um filme movies *s.pl.* EUA cinema; to go to the movies ir ao cinema ♦ movie theatre (*edifício*) cinema

moviegoer *s.* espectador de cinema; cinéfilo

moving *adj.* 1 comovente; emocionante 2 motor ■ *s.* 1 movimento, movimentação 2 (*de residência*) mudança; moving van caminhão de mudanças

mow *v.* segar; cortar; to mow a field ceifar um campo; to mow the lawn cortar a grama ■ *s.* EUA granel; celeiro

mower *s.* AGRICULTURA ceifeiro, segador

Mozambican *adj., s.* moçambicano

Mozambique *s.* Moçambique

mozzarella *s.* CULINÁRIA mozarela; muçarela

Mr. *abreviatura de* Mister, Senhor, Sr.

Mrs. *abreviatura no feminino de* Mister, Senhora

much *adj.* muito; bastante; he was never much clever ele nunca foi muito esperto; much better than the other muito melhor do que o outro *pron.* muito; much has happened since you left muita coisa aconteceu desde que você partiu; she didn't say much ela não disse muita coisa/muito ■ *adv.* 1 muito; bastante; I don't like him much eu não gosto muito dele 2 grandemente 3 bem 4 muitas vezes ♦ as much as I know tanto quanto sei how much? quanto custa? coloquial so much for já chega de so much the better/worse tanto melhor/pior this is too much for me isto é demais para mim

muchness *s.* quantidade; grandeza ♦ much of the muchness praticamente o mesmo

muck *s.* 1 porcaria; esterco; to make a muck of something sujar alguma coisa 2 estrume ■ *v.* 1 sujar com estrume 2 sujar; to muck one's clothes sujar a roupa 3 estragar ♦ muck fly mosca-varejeira

mucous *adj.* mucoso; viscoso ♦ ANATOMIA mucous membrane mucosa

mucus *s.* muco; mucosidade

mud *s.* lama ■ *v.* enlamear ♦ to sling/throw mud at difamar

muddle *s.* 1 confusão; desordem 2 encrenca; to get in a muddle meter-se em uma encrenca ■ *v.* 1 confundir; complicar 2 desordenar; remexer 3 pôr em desordem; baralhar 4 desnortear

muddy *adj.* 1 (*solo*) lamacento 2 (*sapatos, mãos*) enlameado 3 (*água*) turvo; toldado; lodoso 4 figurado perturbado; embaralhado ■ *v.* 1 enlamear; sujar 2 (*água*) toldar; turvar 3 perturbar; confundir

mudflats *s.* (*terreno*) mangue

mudguard *s.* (*automóvel, bicicleta*) para-lama

muff *s.* (*peça de vestuário*) regalo ■ *v.* falhar; perder; to muff a ball falhar uma bola; to muff a chance perder uma oportunidade

muffin *s.* 1 Grã-Bretanha CULINÁRIA pãozinho doce 2 CULINÁRIA bolo doce com chocolate ou frutos

muffle *v.* 1 (*som*) abafar; reprimir 2 agasalhar; aconchegar

muffler *s.* cachecol

mufti *s.* (*civilização árabe*) mufti ♦ antiquado in mufti à paisana

mug *s.* 1 caneca; a mug of milk uma caneca de leite 2 calão ventas; focinho 3 calão aparvalhado ■ *v.* calão roubar

mugger *s.* gatuno; ladrão

muggins *s.* Grã-Bretanha coloquial (*comentário sobre a própria pessoa*) simplório

mugshot *s.* (*polícia*) identificação fotográfica

mulatto *s.* pejorativo mulato

mulberry *s.* 1 BOTÂNICA (*fruto*) amora 2 (*planta*) amoreira 3 cor de vinho

mulch *s.* adubo orgânico

mule *s.* 1 (*animal*) mula 2 coloquial, figurado teimoso; cabeça-dura mules *s.pl.* calçado aberto no calcanhar; mule

mull *v.* 1 (*bebida*) aquecer com açúcar e especiarias 2 confundir; misturar ■ *s.* 1 musselina 2 Escócia promontório mull over *v.* (*problema, proposta*)

mullet

refletir sobre; ponderar; pensar sobre; she mulled over the offer and decided to take it ela pensou sobre a proposta e decidiu aceitá-la
mullet s. ZOOLOGIA salmonete, parati
multicellular adj. BIOLOGIA multicelular
multicoloured, multicolored EUA adj. multicolor; colorido
multicultural adj. multicultural
multiculturalism s. multiculturalismo
multidisciplinary adj. multidisciplinar, pluridisciplinar
multifarious adj. variado; diverso
multilingual adj. multilíngue; poliglota
multimedia adj., s. multimídia
multimillionaire s. multimilionário
multinational adj., s. multinacional
multiple adj. múltiplo; diversificado; multiple interests interesses variados; multiple personality personalidade múltipla ■ s. MATEMÁTICA múltiplo ◆ MEDICINA multiple sclerosis esclerose múltipla
multiplex s. complexo de cinemas ■ adj. 1 múltiplo 2 complexo
multiplicable adj. multiplicável
multiplicand s. MATEMÁTICA multiplicando
multiplication s. MATEMÁTICA multiplicação; multiplication sign sinal da multiplicação; multiplication table tabuada
multiplicative adj. multiplicativo
multiplicity s. multiplicidade (of, de)
multiplier s. MATEMÁTICA multiplicador
multiply v. 1 multiplicar (by, por); to multiply five by twelve multiplicar cinco por doze 2 multiplicar-se; reproduzir-se; rabbits multiply rapidly os coelhos reproduzem-se rapidamente
multiplying adj. MATEMÁTICA multiplicador
multipurpose adj. multiusos
multiracial adj. multirracial
multisport adj. polidesportivo
multitasking adj., s. INFORMÁTICA multitarefa
multitude s. multidão; a multitude of um grande número de
multiuser adj. INFORMÁTICA multiusuário, partilhável
multivitamin s. complexo multivitamínico ■ adj. multivitamínico
mum s. Grã-Bretanha mamãe ■ v. mascarar-se ◆ coloquial (segredo) mum's the word! bico calado! coloquial (segredo) to keep mum manter a boca fechada
mumble v. 1 resmungar por entre dentes 2 balbuciar; to mumble an excuse balbuciar uma desculpa
mumbo-jumbo s. coloquial treta; letra
mummy s. 1 múmia 2 Grã-Bretanha, infantil mamãe
mumps s. MEDICINA cachumba; trasorelho pop.; to have the mumps estar com cachumba
munch v. mastigar ruidosamente
mundane adj. 1 mundano 2 prosaico; vulgar; básico
municipal adj. municipal
municipality s. município
mural adj. mural ■ s. pintura mural
murder s. assassínio; homicídio ■ v. 1 matar; assassinar 2 figurado estragar; assassinar fig.
murderer s. assassino; homicida

murderous adj. 1 assassino 2 cruel; bárbaro 3 mortífero; mortal
murky adj. obscuro; sombrio
murmur s. murmúrio; sussurro ■ v. 1 murmurar; sussurrar 2 queixar-se
Musca s. 1 ASTRONOMIA, MITOLOGIA Ápis
muscle s. 1 músculo 2 figurado força; pulso ■ v. imiscuir-se (in, em) ◆ not to move a muscle não mexer um dedo muscle in v. intrometer-se (on, em); imiscuir-se (on, em); stop muscling in! não se meta!
muscular adj. 1 muscular; muscular pain dor muscular 2 (corpo, estrutura) musculoso; musculado
musculature s. musculatura
muse v. musa ■ v. meditar (about/over, sobre); ponderar (about/over, sobre); refletir (about/over, sobre) ◆ MITOLOGIA Muse Musa the Muse a inspiração/a Musa the Muses as Musas; as artes liberais
museum s. museu; museum piece peça de museu
mush s. 1 polpa macia 2 EUA papa de farinha de milho ◆ coloquial that's all mush! isso é tudo uma treta!
mushroom s. cogumelo ■ v. expandir-se; proliferar; propagar-se
mushy adj. 1 mole 2 (fruta) maduro 3 (livro, peça) piegas
music s. música; music box caixa de música; music lover melômano, musicômano; to listen to music ouvir música ◆ to face the music enfrentar as consequências music hall espetáculo de variedades music score partitura music stool (de piano) tamborete mocho banquinho
musical adj. 1 musical; musical instrument instrumento musical 2 melodioso; harmonioso 3 (pessoa) com talento musical ■ s. (peça, filme) musical
musicality s. musicalidade
musician s. músico
musk s. 1 (substância) almíscar 2 (animal) almiscareiro
musket s. mosquete; arcabuz
musketeer s. mosqueteiro; the three musketeers os três mosqueteiros
muslin s. musselina Muslim adj., s. muçulmano
mussel s. ZOOLOGIA mexilhão
must v. 1 dever; he must be right ele deve ter razão 2 ter que; ter que; you must come with me você tem que vir comigo ■ s. 1 coloquial coisa imprescindível, dever; to be a must ser imprescindível 2 mosto 3 mofo; bolor
mustache s. bigode; to wear a mustache ter bigode
mustard s. BOTÂNICA, CULINÁRIA mostarda ◆ mustard gas gás mostarda
muster v. 1 reunir(-se), juntar(-se); to muster courage ganhar coragem 2 verificar 3 passar em revista ■ s. 1 revista, inspeção 2 reunião, junção 3 rol, lista
must-have adj. indispensável, essencial
musty adj. mofento; bolorento; bafiento
mutant s. mutante
mutate v. mudar (into, para); alterar (into, para); transformar-se (into, em)
mutation s. 1 mutação; transformação 2 mudança; alteração

mute adj. 1 mudo 2 (som) surdo ■ s. 1 mudo 2 MÚSICA abafador ■ v. 1 suavizar; abafar 2 diminuir o som de; pôr mais baixo
mutilate v. 1 mutilar, decepar 2 desfigurar; estragar 3 (mensagem) adulterar; distorcer
mutilated adj. mutilado
mutilation s. mutilação
mutinous adj. amotinado; revoltoso; rebelde
mutiny s. POLÍTICA motim; rebelião ■ v. amotinar-se (against, contra)
mutter v. 1 resmungar por entre dentes (to, a) 2 queixar-se (about, de)
mutton s. (carne) carneiro; mutton chop costeleta de carneiro; CULINÁRIA mutton stew guisado de carneiro
mutual adj. 1 mútuo 2 recíproco; their feelings were mutual os seus sentimentos eram recíprocos 3 comum; mutual friend amigo comum ♦ (divórcio) of mutual consent por consentimento mútuo
mutualism s. BIOLOGIA mutualismo
mutually adv. mutualmente
muzzle s. 1 focinho; focinheira 2 açaimo 3 (arma) boca ■ v. 1 açaimar 2 figurado silenciar; abafar
my adj. poss. meu; minha; meus; minhas; my dear meu caro, minha querida ♦ oh my! meu Deus!
mycorrhiza s. BIOLOGIA micorriza
mycosis s. MEDICINA micose
myiasis s. berne
myocardium s. ANATOMIA myocardium; myocardial infarction enfarte do miocárdio
myopia s. MEDICINA miopia
myopic adj. MEDICINA míope, que sofre de miopia
myrrh s. BOTÂNICA mirra
myrtle s. BOTÂNICA mirto, murta; myrtle berry baga de murta
myself pron. pess. refl. eu mesmo; eu próprio; me; a mim mesmo; by myself sem qualquer ajuda; I did it myself eu próprio o fiz
mysterious adj. misterioso; enigmático
mystery s. mistério; enigma; a mystery unsolved um mistério por desvendar ♦ mystery novel (romance) policial
mystic adj., s. místico
mystical adj. místico; enigmático
mysticism s. misticismo
mystify v. 1 mistificar 2 desconcertar
mystique s. 1 mística 2 mistério
myth s. mito
mythical adj. 1 mítico 2 imaginário; irreal
mythological adj. mitológico
mythology s. mitologia; Greek mythology mitologia grega

N

n s. (letra) n
nab v. coloquial prender; caçar
nacre s. nácar; madrepérola
nag v. aborrecer (at, -); chatear (at, -); to nag at somebody chatear alguém ■ s. coloquial chato
nail s. 1 unha; to bite one's nails roer as unhas 2 prego; to draw a nail arrancar um prego ■ v. 1 pregar; cravar 2 coloquial pegar; the police nailed the thieves a polícia pegar os ladrões 3 coloquial conseguir ♦ to hit the nail on the head tocar no ponto principal nail file (unhas) lixa nail polish esmalte para as unhas nail down v. 1 pregar 2 obrigar a tomar uma posição 3 chegar a acordo
nail-biter s. 1 pessoa que rói as unhas 2 coloquial momento de suspense
nail-biting adj. (situação) de suspense; emocionante
naive, naïve adj. ingênuo; inocente
naked adj. 1 nu; despido 2 desprotegido; exposto; to feel naked sentir-se exposto 3 direto; franco; the naked truth a verdade nua e crua ♦ with the naked eye a olho nu
nakedness s. nudez
name s. 1 nome; what's your name? qual é o seu nome?, como é que você se chama? 2 reputação; nome; to make a name for oneself ganhar nome ■ v. 1 chamar; denominar; she was named after her mother puseram-lhe o nome da mãe 2 nomear; designar ♦ by name de nome in name only só no papel in the name of em nome de to call (somebody) names insultar (alguém), xingar
nameless adj. 1 sem nome 2 anônimo; desconhecido 3 literário (emoção) indescritível
namely adv. nomeadamente; a saber; isto é
namesake s. homônimo; xará
nanny s. 1 babá 2 Grã-Bretanha coloquial avó
nap s. 1 cochilo; sesta; soneca; to take a nap tirar uma soneca 2 (pano) felpa, penugem ■ v. dormir a sesta; cochilar ♦ to be caught napping ser pego desprevenido
napa s. (couro) napa leather napa
nape s. ANATOMIA nuca; nape of the neck cachaço, cerviz
naphthalene s. QUÍMICA naftalina
napkin s. guardanapo; cloth/paper napkins guardanapos de pano/papel ♦ napkin ring argola de guardanapo
nappy s. Grã-Bretanha fralda; disposable nappies fraldas descartáveis
narcissism s. narcisismo
narcissist s. narcisista
narcissistic adj. narcisista
narcissus s. narciso
narcotic adj., s. narcótico
narrate v. narrar

narration s. narração
narrative s. formal narrativa; história ■ adj. narrativo
narrator s. narrador
narrow adj. 1 estreito; apertado; a narrow street uma rua estreita 2 limitado 3 figurado magro; escasso narrow circumstances pobreza to have a narrow escape escapar por um fio ■ v. 1 estreitar; reduzir; the street narrows up ahead a rua vai estreitar ali à frente 2 franzir; she narrowed her eyes ela franziu os olhos narrow down v. reduzir; limitar
narrowing s. estreitamento
narrowly adv. 1 por pouco; tangencialmente 2 atentamente; de perto
narrow-minded adj. de mente estreita; tacanho; limitado
narrowness s. (espaço) aperto, estreiteza
nasal adj. nasal
nasty adj. 1 desagradável; a nasty surprise uma surpresa desagradável; don't be nasty! não seja malcriado!; to have a nasty temper ser intratável 2 perverso; maldoso; to have a nasty mind ter uma mente perversa 3 repugnante; asqueroso; to have a nasty smell cheirar mal 4 (ferimento etc.) grave; a nasty accident um grave acidente
natal adj. formal natal; my natal town a minha cidade natal
nation s. 1 nação; país 2 povo ♦ United Nations (Organização das) Nações Unidas
national adj. nacional ■ s. cidadão ♦ national anthem hino nacional national costume traje típico national debt dívida pública national holiday feriado nacional Grã-Bretanha National Insurance Segurança Social Grã-Bretanha national service serviço militar obrigatório
nationalism s. nacionalismo
nationalist adj., s. nacionalista
nationality s. nacionalidade; to have dual nationality ter dupla nacionalidade
nationalization, nationalisation Grã-Bretanha s. nacionalização
nationalize, nationalise Grã-Bretanha v. (empresa etc.) nacionalizar
native s. nativo ■ adj. 1 natal; native country país natal 2 (animal, planta) autóctone; indígena 3 inato; natural ♦ native speaker falante nativo native forest floresta nativa native tongue língua materna
natty adj. coloquial elegante
natural adj. 1 natural; it's natural that you feel tired é natural que você se sinta cansado; natural defences/resources defesas/recursos naturais 2 (talento) inato 3 (atitude) autêntico; genuíno 4 (filho) natural; biológico ■ s. ás; craque; to be a natural at ser um craque a ♦ MATEMÁTICA natural number nú-

mero inteiro natural childbirth parto normal natural gas gás natural
naturalism s. naturalismo
naturalist adj., s. naturalista
naturalization s. naturalização
naturalize, naturalise Grã-Bretanha v. naturalizar(-se)
naturally adv. 1 naturalmente; she has naturally curly hair o cabelo dela tem uma ondulação natural 2 com naturalidade; espontaneamente; to come naturally to somebody ser natural em alguém 3 certamente; claro
nature s. 1 natureza 2 índole; temperamento; natureza; by nature por natureza ♦ nature reserve reserva natural nature study ciências da natureza nature trail percurso pedestre
naturism s. naturismo; nudismo
naturist s. naturista
naughty adj. 1 travesso; maroto 2 coloquial, jocoso (história, anedota) picante
nausea s. náusea; enjoo
nauseate v. 1 provocar náuseas; enjoar 2 enojar; repugnar
nauseating adj. 1 enjoativo 2 repugnante
nauseous adj. 1 enjoado 2 nauseabundo; a nauseous smell um cheiro nauseabundo
nautical adj. náutico ♦ nautical chart carta náutica nautical mile milha marítima
naval adj. naval; naval battle/station batalha/base naval; naval forces forças navais
navel s. ANATOMIA umbigo ♦ navel string cordão umbilical
navigability s. navegabilidade
navigable adj. navegável
navigate v. 1 (avião, barco) navegar 2 (carro) fazer de copiloto 3 (Internet) navegar 4 (problema, situação) lidar com 5 coloquial andar; caminhar
navigation s. navegação ♦ navigation law código marítimo navigation light (avião, barco) luz de navegação
navigator s. navegador; navegante
navy s. marinha; to enlist in the navy ingressar na marinha; to serve in the navy servir na marinha de guerra ♦ EUA navy yard estaleiro naval
Nazi adj., s. nazista
Nazism s. nazismo
NBA sigla de National Basketball Association, a Associação Nacional de Basquete
near adv., prep. 1 próximo; perto; near the window perto da janela; near by perto de; à mão near to perto de; I can't get nearer não posso me aproximar mais 2 quase; near the end of the match quase no final da partida 3 cerca de; it lasted near a century durou cerca de um século ■ adj. próximo; near relation parente próximo; near translation tradução fiel; in the near future em um futuro próximo ■ v. aproximar-se; as they neared town à medida que se aproximavam da cidade ♦ near miss errar o alvo por pouco to be near at hand estar à mão de semear Near East Oriente Próximo
nearby adj. próximo; vizinho; in the nearby town na cidade vizinha ■ adv. perto; próximo; I bought a house nearby eu comprei uma casa perto

negative

nearly adv. quase; por pouco; he nearly fell down ele por pouco não caiu; she is nearly sixteen ela tem quase dezesseis anos ♦ not nearly nem pouco, mais ou menos
nearness s. proximidade
neat adj. 1 limpo; arrumado 2 EUA coloquial espetacular; the movie is really neat! o filme é espetacular! 3 formal engenhoso; astucioso; hábil 4 Grã-Bretanha (bebida) puro 4 (gado) bovino ■ s. gado bovino
nebula s. ASTRONOMIA nebulosa
nebulization s. MEDICINA nebulização
nebulizer s. MEDICINA nebulizador
nebulous adj. formal nebuloso
necessarily adv. 1 necessariamente; not necessarily não necessariamente 2 inevitavelmente
necessary adj. necessário; preciso; essencial; if necessary se for necessário; to do the necessary fazer tudo o que for preciso
necessitate v. formal necessitar; precisar
necessity s. 1 necessidade; carência; exigência; if the necessity should arise se for necessário; to be in necessity passar necessidades 2 inevitabilidade ♦ necessity is the mother of invention a necessidade é a mãe da invenção ● É diferente de need.
neck s. 1 ANATOMIA pescoço; colo 2 gola; colarinho 3 (garrafa etc.) gargalo 4 (terra) istmo, estreito♦ a neck and neck competition uma competição taco a taco (trabalho, dívidas etc.) to be up to your neck in something estar com algo até ao pescoço to win by a neck ganhar por pouco
necklace s. colar; pearl necklace colar de pérolas
neckline s. decote
necktie s. EUA gravata
necromancer s. necromante, nigromante
necromancy s. necromancia
necropolis s. necrópole; cemitério
necrose v. necrosar
nectar s. néctar
nectarine s. nectarina
need s. 1 necessidade (for/of, de); no need for that não há necessidade disso; without the need for sem necessidade de 2 falta; carência ■ v. precisar de; I need to study harder preciso estudar mais; need I say more? é preciso dizer mais alguma coisa? ♦ if need be se for necessário people in need os necessitados to be in need passar necessidades
needle s. 1 agulha; to thread a needle enfiar uma agulha 2 (folha) agulha; pine needle folha de pinheiro 3 seringa ■ v. coloquial espicaçar; arreliar, provocar ♦ to look for a needle in a haystack procurar uma agulha no palheiro
needless adj. desnecessário; needless to say that nem é preciso dizer que
needlework s. costura, bordado
needy adj. 1 necessitado; pobre 2 (afetivamente) carente
negative adj. 1 negativo; negative answer resposta negativa; negative number número negativo; the HIV test was negative o teste de HIV deu negativo 2 coloquial pessimista ■ s. 1 (imagem) negativo 2 recusa; resposta negativa 3 (teste) resultado nega-

neglect

tivo 4 LINGUÍSTICA negativa ■ v. 1 formal recusar 2 formal refutar
neglect s. 1 negligência; descuido; desleixo; neglect of duty incumprimento de uma obrigação; out of neglect por negligência 2 (*estado*) abandono ■ v. 1 negligenciar; desamparar 2 esquecer (*judicial*)
neglectful adj. formal negligente; descuidado; to be neglectful of não prestar atenção a
negligence s. negligência; displicência; desleixo; to be charged of negligence ser acusado de negligência
negligent adj. negligente, displicente
negotiable adj. 1 negociável 2 (*caminho, estrada*) transitável
negotiate v. 1 negociar (with, *com*); to negotiate a loan of money negociar um empréstimo 2 (*caminho, estrada*) percorrer; atravessar; to negotiate a curve fazer uma curva
negotiation s. negociação; peace negotiation negociações de paz; to enter into negotiations entrar em negociações
negotiator s. negociador
neigh v. relinchar ■ s. relincho
neighbor s. 1 EUA vizinho 2 EUA país vizinho 3 EUA (*ser humano*) próximo; semelhante ■ v. EUA confinar (com)
neighbour, neighbor EUA s. 1 vizinho 2 país vizinho 3 (*ser humano*) próximo; semelhante ■ v. confinar (com)
neighbourhood, neighborhood EUA s. 1 redondezas; vizinhança; he lives in the neighbourhood ele vive nas redondezas; a friendly neighbourhood uma vizinhança simpática 2 área; zona
neighbouring, neighboring EUA adj. vizinho; próximo
neighbourly, neighborly EUA adj. amigável
neither adj. nenhum; nenhum dos dois; in neither case can I agree to that em nenhum caso posso concordar com isso; neither of nenhum dos dois on neither side nem de um lado nem de outro conj. nem; neither John nor Mark went to the cinema nem o John nem o Mark foram ao cinema ■ adv. nem; também não; he does not know, and neither does he care ele não sabe e também não se importa ◆ to be neither here nor there ser irrelevante
neoclassical adj. neoclássico
neologism s. formal neologismo
neon s. néon; neon light lâmpada de neon; neon advertising sign anúncio luminoso
neonatal adj. (*em hospital, maternidade*) neonatal; neonatal unit unidade neonatal
nephew s. sobrinho
Neptune s. ASTRONOMIA, MITOLOGIA Netuno
nerd s. 1 coloquial, pejorativo nerd 2 coloquial, pejorativo (*tecnologia*) fanático; computer nerd fanático dos computadores
nerve s. 1 ANATOMIA nervo; optic nerve nervo óptico 2 coragem; to lose one's nerve perder a coragem 3 coloquial cara de pau fig.; atrevimento; descaramento; you've got a lot of nerve! você tem uma cara de pau! nerves s.pl. nervosismo; to get on somebody's nerves pôr os nervos de alguém à flor da pele ■ v. ganhar coragem

nerve-racking adj. enervante
nervous adj. nervoso (about, *por causa de*); inquieto (about, *por causa de*); to get nervous ficar nervoso; he is nervous about the exam ele está nervoso por causa da prova; to be a nervous wreck estar uma pilha de nervos ◆ nervous system sistema nervoso nervous breakdown esgotamento nervoso
nervousness s. nervosismo
nest s. 1 ninho; wasp's nest ninho de vespas 2 lar; ninho ■ v. 1 fazer o ninho 2 figurado abrigar-se; aconchegar-se
nestle v. 1 aninhar-se; aconchegar-se; recostar-se 2 literário estar cercado
net s. rede; fishing net rede de pesca ■ adj. COMÉRCIO líquido; net price preço líquido ■ v. 1 (*peixe*) pegar com rede 2 coloquial (*gol*) marcar, fazer 3 coloquial (*dinheiro*) render; lucrar 4 conseguir; obter ◆ coloquial Net Internet net weight peso bruto
nettle s. BOTÂNICA urtiga ◆ to grasp the nettle atacar um problema de frente; provocar, exasperar
network s. rede; rail network rede ferroviária ■ v. 1 (*mensagem, programa*) transmitir em rede 2 (*computadores*) ligar em rede
neuralgia s. MEDICINA nevralgia
neuralgic adj. nevrálgico
neurologist s. neurologista
neurology s. neurologia
neuron s. neurônio
neurosis s. MEDICINA, PSICOLOGIA neurose
neurosurgeon s. neurocirurgião
neurosurgery s. MEDICINA neurocirurgia
neurotic adj., s. neurótico
neuter adj. 1 neutro; neuter noun substantivo neutro; to stand neuter manter a neutralidade 2 (*animal*) castrado; capado ■ s. LINGUÍSTICA gênero neutro ■ v. 1 (*animal*) castrar; capar 2 pejorativo neutralizar; anular
neutral adj. 1 neutral; neutro; imparcial; neutral country país neutro 2 (*marchas*) em ponto morto 3 indiferente 4 (*cor*) neutro; neutral colour cor neutra 5 QUÍMICA, ELETRICIDADE neutro ■ s. 1 (*carro*) ponto morto; in/into neutral em ponto morto 2 (*conflito*) país/pessoa neutra 3 cor neutra
neutrality s. neutralidade
neutralization s. neutralização
neutralize, neutralise Grã-Bretanha v. neutralizar
neutrino s. FÍSICA neutrino
neutron s. FÍSICA nêutron ◆ neutron bomb bomba de nêutrons
never adv. nunca; jamais; I never thought this could happen nunca pensei que tal pudesse acontecer; I've never seen him since nunca mais o vi; never again nunca mais ◆ never is a long way nunca diga desta água não beberei never mind! não faz mal! now or never agora ou nunca well, I never! por essa eu não esperava!
never-ending adj. interminável; sem fim
nevertheless adv. contudo; todavia
new adj. 1 novo; a new life uma nova vida; brand new novo em folha; he is new to the job ele é novo na profissão; to be as good as new estar como novo 2 novo; recente; a new discovery uma descoberta

recente 3 moderno 4 (*pão, queijo*) fresco ♦ New Testament (*Bíblia*) Novo Testamento New Year's Day Dia de Ano Novo

newbie s. coloquial (*Internet, computadores*) calouro; novato

newborn adj., s. recém-nascido

newcomer s. recém-chegado

newly adv. 1 recentemente; há pouco; newly painted pintado de fresco 2 novamente

news s. 1 notícia; novidade; piece of news notícia; to be in the news ser notícia; estar nas notícias to be news to somebody ser novidade para alguém; to break the news dar a notícia this is good news isto é que são boas notícias 2 (*televisão, rádio*) noticiário; the eight o'clock news o noticiário das oito ♦ news agency agência de notícias news conference conferência de imprensa no news is good news a falta de notícias é um bom sinal

newsagent s. Grã-Bretanha vendedor de jornais ♦ Grã-Bretanha newsagent's quiosque

newscast s. telejornal

newscaster s. EUA (*televisão, rádio*) noticiarista; âncora

newsflash s. notícia de última hora

newsgroup s. (*Internet*) grupo de discussão

newsletter s. boletim informativo

newspaper s. jornal

newsreader s. Grã-Bretanha (*televisão, rádio*) âncora

newsroom s. sala de redação

newsstand s. quiosque; banca de jornal

next adj. 1 próximo; seguinte; the next two weeks as próximas duas semanas 2 junto (to, *de*); ao lado (to, *de*); next door to contíguo; vizinho; pegado a adv. depois; em seguida; what next? e depois?; who is next? quem é o próximo? ♦ as the next man/person como qualquer pessoa next of kin o parente mais chegado next to nothing quase nada the next best o segundo melhor

nexus s. nexo; conexão, elo de ligação, vínculo

nib s. (*caneta*) bico; ponta ♦ antiquado, coloquial his/her nibs sua senhoria

nibble s. mordidela; bocada nibbles s.pl. coloquial petiscos, aperitivos ■ v. 1 petiscar (at, –); beliscar (at, –) 2 mordiscar

Nicaragua s. Nicarágua

Nicaraguan adj.., s. nicaraguense

nice adj. 1 simpático (to, *com*); amável (to, *com*); how nice of you! é simpático da sua parte 2 bom; agradável; we had a nice time passamos uns momentos agradáveis; it is nice here está bom aqui 3 formal sutil; refinado ♦ nice and easy calmamente nice one essa foi boa nice to meet you prazer em te conhecer nice to see you prazer em te ver nice try! boa tentativa

nicely adv. 1 bem; nicely done bem feito 2 inteligentemente; com esperteza

nicety s. 1 detalhe; pormenor; to stand upon niceties reparar nos detalhes 2 formal exatidão; rigor

niche s. nicho; BIOLOGIA ecological niche nicho ecológico

nick s. 1 corte 2 Grã-Bretanha coloquial cadeia; prisão ■ v. 1 cortar 2 Grã-Bretanha coloquial pegar 3 coloquial roubar; surripiar ♦ in the nick of time mesmo a tempo

nickel s. 1 QUÍMICA (*elemento químico*) níquel 2 (*EUA, Canadá*) moeda de 5 centavos

nickname s. alcunha, apelido ■ v. alcunhar

nicotine s. QUÍMICA nicotina

niece s. sobrinha

Nigeria s. Nigéria

niggard s. sovina; mão-fechada; unha de fome

niggardliness s. mesquinharia; sovinice

niggle v. 1 chatear; irritar 2 arreliar-se 3 cismar; implicar ■ s. 1 cisma; preocupação 2 crítica 3 dor

night s. noite; all night long durante toda a noite; at night; by night à noite; last night a noite passada; night after night noite após noite; to come home late at night chegar tarde em casa ♦ good night! boa noite! to have an early night deitar-se cedo night school escola noturna night shift turno da noite ● usa-se *Good night!* apenas na despedida, ao encontrar alguém à noite diz-se *Good evening!*.

nightclub s. clube noturno

nightdress s. camisola

nightfall s. anoitecer; at nightfall ao cair da noite

nightgown s. camisola

nightingale s. ZOOLOGIA rouxinol

nightly adj. noturno ■ adv. todas as noites

nightmare s. pesadelo; to have nightmares ter pesadelos

nightshade s. BOTÂNICA jequirioba, juá

nil s. 1 nada 2 Grã-Bretanha (*jogo*) zero; the score was two goals to nil o resultado foi de dois a zero

nimble adj. 1 ágil; hábil 2 (*pensamento*) vivo; rápido

nine adj., s. nove; it's nine o'clock são nove horas; on 9 April a 9 de abril; page/chapter nine página/capítulo nove; to be nine years old ter nove anos ♦ MATEMÁTICA to cast out the nines tirar a prova dos nove ● Note-se que *on 9 April* se lê *on April the ninth* ou *on the ninth of April*.

nineteen adj., s. dezenove; on 19 April a 19 de abril; page/chapter nineteen página/capítulo dezenove; to be nineteen years old ter dezenove anos ♦ Grã-Bretanha coloquial to talk nineteen to the dozen falar pelos cotovelos ● Note-se que *on 19 April* se lê *on April the nineteenth* ou *on the nineteenth of April*.

nineteenth adj., s. décimo nono, décima nona; a nineteenth century painting um quadro do século XIX; on the nineteenth of June no dia 19 de junho ■ s. décima nona parte

ninetieth adj., s. nonagésimo ■ s. nonagésima parte

ninety adj., s. noventa; page/chapter ninety página/capítulo noventa; to be ninety years old ter noventa anos nineties s.pl. 1 anos noventa; in the nineties nos anos noventa 2 (*idade*) noventa anos; to be in one's nineties ter 90 e tantos anos ♦ ninety-nine times out of a hundred quase sempre say ninety-nine! diga trinta e três!

ninth adj., s. nono; on the ninth of June no dia nove de junho ■ s. nona parte

nip

nip s. 1 gole; trago 2 beliscão; to give somebody a nip beliscar alguém ■ v. 1 mordiscar (at, –) 2 Grã-Bretanha coloquial dar uma saltada (to, a)
nipple s. 1 mamilo 2 EUA (mamadeira) bico
nipponese adj. nipônico, japonês
nippy adj. 1 coloquial (tempo) fresco 2 Grã-Bretanha coloquial rápido
nit s. 1 ZOOLOGIA lêndea 2 Grã-Bretanha coloquial besta; estúpido; parvo ♦ to pick nits pôr defeitos em tudo ● É diferente de knit.
nitpicker s. coloquial indivíduo meticuloso
nitpicking adj. coloquial implicante; niquento
nitrate s. QUÍMICA nitrato
nitre s. Grã-Bretanha salitre
nitric adj. QUÍMICA nítrico; nitric acid ácido nítrico
nitrogen s. QUÍMICA (elemento químico) nitrogênio
nitwit s. coloquial imbecil; cretino; pateta
no adv. não; she said no ela disse que não ■ adj. nenhum; she is no fool ela não é nenhuma idiota; there was no mistake não houve nenhum engano ■ s. não; the no won in the referendum o não venceu no referendo ♦ by no means! nem pensar! de jeito nenhum! in no time em um instante no doubt sem dúvida no less than nada menos que no man ninguém no man's land terra de ninguém no more nunca mais no one ninguém not to take no for an answer não admitir recusas no way! nem pensar! of no use sem utilidade
nobble v. 1 Grã-Bretanha coloquial chamar a atenção; fazer sinal 2 Grã-Bretanha coloquial comprar; subornar ● É diferente de noble.
nobility s. nobreza
noble adj. 1 nobre; aristocrata; fidalgo 2 nobre; digno; a man of noble character um homem de caráter nobre 3 imponente; majestoso; a noble building um edifício imponente 4 QUÍMICA raro; noble gas gás raro ■ s. nobre; fidalgo; aristocrata
nobleman s. nobre; fidalgo; aristocrata
noblewoman s. nobre; fidalga; aristocrata
nobody pron. ninguém; nobody is perfect ninguém é perfeito ■ s. zé-ninguém
noctambulist s. noctâmbulo; sonâmbulo
nocturnal adj. 1 (animal) noctívago, noturno 2 formal noturno
nocturne s. MÚSICA noturno
nod s. aceno com a cabeça indicando concordância ■ v. 1 acenar com a cabeça (to, a) 2 (sono) cabecear 3 (vento, brisa) agitar-se ♦ Grã-Bretanha coloquial on the nod de imediato coloquial to give the nod consentimento nod off v. cochilar
node s. 1 (ramo) nó 2 nódulo; tumor
nodule s. nódulo
noise s. 1 barulho; ruído; to make noise fazer barulho 2 técnico interferência ■ v. (rumor etc.) espalhar ♦ noise pollution poluição sonora
noiseless adj. silencioso; sem barulho
noisy adj. ruidoso; barulhento
nomad s. nômade
nomadic adj. nômade
nomenclature s. nomenclatura
nominal adj. nominal; nominal power/price poder/preço nominal

nominalism s. FILOSOFIA nominalismo
nominate v. 1 nomear (as, –; for/to, para); designar (for/to, para; as, –); he was nominated as chairman of the association ele foi nomeado presidente da associação; he was nominated for best actor ele foi nomeado para melhor ator; he was nominated to the board ele foi nomeado para a direção 2 propor como candidato (for, a); to nominate somebody for apresentar alguém como candidato a
nomination s. (cargo, função) nomeação
nominative adj., s. nominativo
nominee s. nomeado; candidato
nonalcoholic adj. sem álcool
nonchalance s. indiferença; despreocupação
nonchalant adj. indiferente; despreocupado
nondescript adj. 1 indeterminado, indefinido 2 insosso; insípido 3 medíocre; disforme ■ s. 1 pessoa ou coisa indefinível 2 (pessoa) nulidade
none pron. nenhum; none at all de modo nenhum; none of you nenhum de vocês; she bought none of the dresses ela não comprou nenhum dos vestidos ♦ none of that! acaba lá com isso! that's none of your business isso não te diz respeito
nonetheless adv. formal contudo; todavia
nonexistent adj. inexistente
nonillion s. nonilhão
no-nonsense adj. prático
nonsense s. bobagem; absurdo; disparate; to talk nonsense dizer bobagens
nonsensical adj. absurdo; ridículo
non-smoker s. não fumante
non-smoking adj. 1 reservado a não fumantes 2 não fumante
nonstick adj. antiaderente; nonstick frying pan frigideira antiaderente
nonstop adj. 1 (viagem) direto; sem paragens; a nonstop train um trem direto 2 contínuo ■ adv. 1 diretamente; sem paragens; to fly nonstop from Rio de Janeiro to New York fazer um voo direto do Rio de Janeiro para Nova Iorque 2 sem interrupções
noodles s.pl. (massa) macarrão
nook s. recanto ♦ every nook and cranny todos os cantos e recantos
noon s. meio-dia; I'll be there by noon chego por volta do meio-dia
noose s. 1 nó corredio, laço corredio 2 corda de forca 3 laços matrimoniais 4 prisão 5 armadilha, cilada ■ v. 1 dar um nó corredio 2 laçar
nope adv. coloquial não
nor conj. nem; tampouco; neither you nor I nem você nem eu; he neither ate nor drank ele não comeu nem bebeu
Nordic adj., s. nórdico; the Nordic countries os países nórdicos
norm s. norma; to be the norm ser a norma
normal adj. normal ■ s. normal; temperature below the normal temperatura abaixo do normal ♦ in normal circumstances normalmente
normality s. normalidade; everything returned to normality tudo voltou à normalidade
normalize, normalise Grã-Bretanha v. normalizar
normally adv. normalmente

254

normative *adj.* normativo
north *s.* norte; due north em direção ao norte; to the north para norte ■ *adj.* do norte; setentrional; north wind vento norte; north window janela virada a norte ■ *adv.* para norte ♦ North American norte-americano North Pole Polo Norte
northeast *adj.*, *s.* nordeste ■ *adv.* para nordeste
northerly *adj.* do norte; northerly latitude latitude norte
northern *adj.* do norte, setentrional ♦ northern hemisphere hemisfério norte
northerner *s.* nativo ou habitante da parte norte de um país
northernmost *adj.* mais a norte
north-northeast *adj.*, *s.* GEOGRAFIA nor-nordeste ■ *adv.* para nor-nordeste
north-northwest *adj.*, *s.* GEOGRAFIA nor-noroeste ■ *adv.* para nor-noroeste
northward *adv.*, *adj.* para norte
northwards *adv.* para norte
northwest *adj.*, *s.* noroeste ■ *adv.* para noroeste
Norway *s.* Noruega
Norwegian *adj.*, *s.*. norueguês
nose *s.* 1 nariz; (*animal*) focinho 2 olfato; (*animal*) faro 3 (*avião*) nariz ■ *v.* 1 andar cuidadosamente 2 farejar ♦ (right) under somebody's nose mesmo debaixo do nariz de alguém coloquial that gets up my nose isso me deixa fora de mim to stick one's nose into something meter o nariz onde não é chamado coloquial to turn up one's nose at torcer o nariz para alguma coisa
nosebleed *s.* hemorragia nasal
nosedive *s.* 1 (*avião*) voo picado 2 (*preços etc.*) baixa acentuada; nosedive in prices baixa acentuada de preços; to take a nosedive descer a pique ■ *v.* 1 (*avião*) descer em voo picado 2 baixar acentuadamente; cair a pique
no-show *s.* 1 pessoa que não comparece 2 não comparência
nostalgia *s.* nostalgia (de, *for*)
nostalgic *adj.* nostálgico; to feel nostalgic for ter nostalgia de
nostril *s.* ANATOMIA narina
nosy, nosey *adj.* pejorativo intrometido; abelhudo
not *adv.* não; nem; not always nem sempre; not at all de modo algum; not even nem ao menos, nem sequer not in the least de modo nenhum; not yet ainda não
notable *adj.* notável ■ *s.* notável; celebridade
notably *adv.* 1 notavelmente 2 particularmente
notary *s.* (*pessoa*) tabelião; notary office cartório, tabelionato
notation *s.* notação
notch *s.* 1 entalhe; corte; ranhura 2 (*montanhas*) desfiladeiro; garganta ■ *v.* entalhar
note *s.* 1 nota; apontamento; to make a mental note of tentar lembrar-se de; to take notes dar atenção a, tomar conhecimento de; to take no note of não tomar conhecimento de 2 bilhete 3 Grã-Bretanha nota; false note nota falsa 4 MÚSICA nota 5 marca; característica; cunho 6 importância; nota; worthy of note digno de nota; to be of some note ser de alguma importância ■ *v.* 1 notar; reparar em 2 realçar; salientar; enfatizar note down *v.* apontar; anotar
notebook *s.* caderno
noted *adj.* famoso (for, *por*); conhecido (for, *por*)
notepad *s.* bloco de apontamentos
noteworthy *adj.* notável; digno de nota
nothing *pron.* nada; nothing of the sort nada disso; that's nothing! não tem problema!; for nothing sem motivo; por nada there is nothing to it isto se faz com uma perna nas costas ■ *s.* coloquial zero; he is a nothing ele é um zero ■ *adv.* nada; de modo nenhum ♦ it's all or nothing é pegar ou largar nothing ventured nothing gained quem não arrisca não petisca
nothingness *s.* nada; não existência; to pass into nothingness deixar de existir
notice *v.* notar; reparar ■ *s.* 1 atenção; to attract notice chamar a atenção; to give notice informar, notificar; to take notice of reparar em; to take no notice of não tomar conhecimento de 2 aviso; advance notice aviso-prévio; notice board quadro de avisos; notice of receipt aviso de recepção; without notice sem aviso-prévio 3 (*livro, filme etc.*) crítica; comentário 4 notificação; ordem; until further notice até nova ordem 5 anúncio ♦ at a moment's notice dentro de momentos at short notice a curto prazo ● A palavra "notícia", em inglês, traduz-se por *news*.
noticeable *adj.* visível; evidente
notification *s.* formal notificação
notify *v.* notificar (of, *de*); comunicar (of, –)
notion *s.* noção (of, *de*); ideia (of, *de*) notions *s.pl.* EUA (*costura*) miudezas
notoriety *s.* notoriedade; fama
notorious *adj.* (*por motivos maus*) conhecido (for, *por*); célebre (for, *por*)
notwithstanding *adv.*, *prep.* formal apesar de; não obstante; notwithstanding his resistance apesar da sua resistência; notwithstanding the lack of support não obstante a ausência de apoio
nougat *s.* (*doce*) nogado
nought *s.* Grã-Bretanha zero
noun *s.* LINGUÍSTICA nome; substantivo; common/proper noun nome comum/próprio ♦ noun phrase sintagma nominal
nourish *v.* 1 nutrir; alimentar 2 formal (*ideia, sentimento etc.*) acalentar; alimentar
nourishing *adj.* nutritivo
nourishment *s.* formal nutrição; alimentação
novel *s.* LITERATURA romance; novel writer romancista ■ *adj.* novo; original; inovador ● É diferente de *navel*.
novelist *s.* romancista
novelty *s.* novidade; the latest novelties as últimas novidades
November *s.* novembro
novena *s.* RELIGIÃO novena
novice *s.* 1 novato; principiante 2 RELIGIÃO noviço
now *adv.* 1 agora; atualmente; hoje em dia; up to now até agora 2 de imediato; imediatamente; leave now! saia imediatamente!; right now imedia-

nowadays

tamente *conj.* agora que; uma vez que; desde que; now that you're ready uma vez que está pronto ■ *s.* o agora; presente; from now on de agora em diante; till now até agora ♦ by now por estas horas it's now or never é agora ou nunca now and again esporadicamente now and then de vez em quando

nowadays *adv.* atualmente; hoje em dia

nowhere *adv.* em parte alguma; em lado nenhum; he is nowhere to be found ele está em paradeiro desconhecido; to come from nowhere vir sabe-se lá de onde; you'll get nowhere with those ideas você não vai longe com essas ideias

noxious *adj.* formal nocivo; tóxico; noxious substance substância tóxica; noxious gas gás tóxico

nozzle *s.* bico; bocal

nuance *s.* nuance; matiz

nuclear *adj.* nuclear; nuclear energy/war energia/guerra nuclear; nuclear power station central nuclear; nuclear weapons armas nucleares

nucleus *s.* núcleo

nude *s.* nu; to paint nudes pintar nus ■ *adj.* nu; despido ♦ in the nude nu

nudge *s.* cotovelada ■ *v.* 1 acotovelar; tocar com cotovelo 2 incentivar; instigar 3 atingir; the temperature nudged 30 degrees a temperatura atingiu os 30 graus

nudism *s.* nudismo

nudist *s.* nudista

nudity *s.* nudez

nugget *s.* 1 (*metal*) pepita; gold nugget pepita de ouro 2 empanado; chicken nuggets empanados de frango

nuisance *s.* transtorno; chateação; aborrecimento; to make a nuisance of oneself aborrecer os outros; what a nuisance! que transtorno!

nuke *s.* coloquial arma nuclear ■ *v.* 1 coloquial atacar com armas nucleares 2 coloquial cozinhar no micro-ondas

null *adj.* nulo; sem validade; null and void desprovido de validade

nullify *v.* anular; invalidar

nullity *s.* DIREITO nulidade

numb *adj.* 1 entorpecido; dormente 2 paralisado (with, *de*); numb with fear paralisado de medo ■ *v.* entorpecer; paralisar

number *s.* 1 MATEMÁTICA número; even numbers números pares; odd numbers números ímpares; prime number número primo 2 número; quantidade; a number of people várias pessoas; a large number of people uma grande quantidade de gente 3 (*espetáculo*) número; atuação 4 LINGUÍSTICA número 5 (*revista, jornal*) número; exemplar ■ *v.* 1 numerar 2 formal incluir-se (among, *entre*) ♦ any number of things muitas coisas one of a number um entre muitos this is a number one article este é um artigo do melhor que há your days are numbered! você tem os dias contados! Grã-Bretanha number plate placa do carro

numbered *adj.* numerado

numberless *adj.* literário sem número; inumerável

numbing *adj.* entorpecente

numbness *s.* entorpecimento; dormência

numeral *s.* algarismo; número; Roman numerals numeração romana

numeration *s.* numeração

numerator *s.* MATEMÁTICA numerador

numerical *adj.* numérico; numerical computation/value cálculo/valor numérico

numerologist *s.* numerologista, numerólogo

numerology *s.* numerologia

numerous *adj.* numeroso

numismatics *s.* numismática

numismatist *s.* numismata

nun *s.* freira

nuptial *adj.* nupcial nuptials *s.pl.* antiquado núpcias; casamento

nurse *s.* 1 enfermeiro 2 antiquado babá; wet nurse ama de leite ■ *v.* 1 (*doentes*) tratar; assistir 2 (*sentimento*) acalentar; alimentar; to nurse a hope acalentar uma esperança 3 amamentar

nursery *s.* 1 creche; day nursery creche 2 (*plantas*) viveiro 3 antiquado quarto para crianças ♦ nursery school creche, jardim de infância nursery tale conto infantil

nursing *s.* 1 enfermagem 2 amamentação ♦ nursing home lar de idosos

nurture *s.* formal criação; educação ■ *v.* 1 formal criar; educar 2 formal alimentar; acalentar; to nurture an idea alimentar uma ideia

nut *s.* 1 fruto seco usado como alimento (como noz, amêndoa, avelã) 2 (*parafuso*) porca 3 coloquial tolo; doido; maluco 4 coloquial fanático; a football nut fanático por futebol 5 coloquial doido ♦ a hard nut to crack um osso duro de roer the nuts and bolts o básico; o essencial ● Alguns alimentos, como *peanut*, "amendoim", são considerados *nut* para culinária mesmo não sendo botanicamente um fruto.

nutcase *s.* coloquial maluco

nutcracker *s.* quebra-nozes

nutmeg *s.* BOTÂNICA, CULINÁRIA noz-moscada

nutrient *s.* nutriente

nutrition *s.* nutrição; alimentação

nutritionist *s.* nutricionista

nutritious *adj.* nutritivo; alimentício

nuts *adj.* coloquial louco; doido; to be dead nuts on... estar louco por...; to be nuts about... ser doido por...; to go nuts enlouquecer ■ *interj.* antiquado (*aborrecimento*) bolas!; caramba!

nutshell *s.* casca de noz ♦ in a nutshell em suma

nutty *adj.* 1 coloquial doido; maluco; louco 2 a/de noz

nuzzle *v.* encostar o nariz

nylon *s.* náilon, nylon

nymph *s.* MITOLOGIA, ZOOLOGIA ninfa

nymphomania *s.* ninfomania

nymphomaniac *s.* ninfomaníaca

O

o s. (letra) o
o'clock adv. horas; it's seven o'clock são sete horas
oaf s. imbecil; idiota
oak s. BOTÂNICA carvalho
oar s. remo ♦ Grã-Bretanha coloquial to put/stick one's oar in meter-se onde não se é chamado
oarsman s. remador
oasis s. oásis
oat s. aveia
oath s. 1 juramento; to be under oath estar sob juramento; to break an oath quebrar um juramento; to take an oath prestar juramento 2 antiquado palavrão
oatmeal s. 1 farinha de aveia 2 EUA mingau de aveia
obedience s. obediência (to, a); in obedience to em conformidade com
obedient adj. obediente
obelisk s. ARQUITETURA, HISTÓRIA obelisco
obese adj. obeso
obesity s. obesidade
obey v. obedecer; acatar; to obey an order acatar uma ordem
obituary s. necrologia; obituário; obituary page página de necrologia
object[1] s. 1 objeto; to be an object of ser objeto de 2 objetivo; fim 3 motivo; tema 4 LINGUÍSTICA objeto; complemento; direct/indirect object complemento direto/indireto ♦ to be no object não ser um problema de maior importância
object[2] v. 1 objetar (to, a); opor-se (to, a) 2 protestar; (tribunal) I object! protesto!
objection s. objeção (to, a); oposição (to, a); to raise an objection to levantar uma objeção a; to take objection to opor-se a
objective adj. objetivo ■ s. 1 objetivo; propósito 2 FOTOGRAFIA objetiva
objectivity s. objetividade
objector s. objetor; opositor
obligate v. obrigar, obrigar legalmente (to, a)
obligation s. obrigação (to, de); dever (to, de); moral obligation obrigação moral; family obligations obrigações familiares; to be under an obligation to somebody estar em dívida para com alguém
obligatoriness s. obrigatoriedade
obligatory adj. obrigatório
oblige v. 1 obrigar (to, a) 2 agradar; fazer a vontade de; will you oblige me? você faz a minha vontade? ♦ I am obliged to you for fico-lhe agradecido por I'd be obliged if ficaria grato se much obliged muito agradecido
obliging adj. (pessoa) prestativo; atencioso
oblique adj. 1 oblíquo; diagonal 2 (olhar) de lado 3 indireto ■ s. Grã-Bretanha barra oblíqua
obliquity s. obliquidade; viés
obliterate v. 1 obliterar; destruir; eliminar 2 (ideia, sentimento) apagar; fazer desaparecer

obliteration s. 1 obliteração 2 esquecimento
oblivion s. esquecimento, olvido, olbívio; to fall/to sink into oblivion cair no esquecimento ♦ Act of Oblivion/Bill of Oblivion anistia
oblivious adj. inconsciente (of/to, de); desconhecedor (of/to, de); to be oblivious to something não ter consciência de algo
oblong adj. 1 retangular 2 EUA oval ■ s. retângulo
obnoxious adj. 1 obnóxio, desagradável 2 censurável, reprovável
oboe s. MÚSICA oboé; to play oboe tocar oboé
obscene adj. obsceno
obscenity s. obscenidade
obscure adj. 1 obscuro; pouco claro 2 pouco conhecido ■ v. ocultar; ofuscar
obscurity s. 1 obscuridade 2 esquecimento; to fall/sink into obscurity cair no esquecimento
observance s. 1 observância (of, de); cumprimento (of, de); the observance of the law a observância da lei 2 rito; prática; religious observances práticas religiosas
observant adj. 1 observador; atento 2 cumpridor
observation s. 1 observação; (doente) he is still under observation ele ainda está sob observação 2 vigilância; to be under observation estar em observação, estar sob vigilância ♦ observation post posto de observação
observatory s. observatório; astronomical observatory observatório astronômico
observe v. 1 observar 2 cumprir; respeitar; to observe the law cumprir a lei
observer s. 1 observador 2 espectador
obsess v. obcecar; to be obsessed with estar obcecado com
obsession s. obsessão (with, com; about, por)
obsessional adj. obsessivo
obsessive adj. obsessivo; to be obsessive about ter a mania de
obsolete adj. obsoleto; ultrapassado; to grow obsolete ficar ultrapassado
obstacle s. 1 dificuldade; impedimento; to put obstacles in somebody's way criar dificuldades a alguém 2 obstáculo ♦ obstacle race corrida de obstáculos
obstetrician s. obstetra
obstetrics s. MEDICINA obstetrícia
obstinacy s. obstinação
obstinate adj. 1 obstinado; teimoso 2 (problema) persistente
obstruct v. 1 obstruir; tapar; to obstruct the view tapar a vista 2 impedir
obstruction s. 1 obstrução (of, a); impedimento; obstruction of justice obstrução da justiça 2 bloqueio; oclusão; MEDICINA obstruction of the bowels oclusão intestinal 3 obstáculo; (estrada) beware of

obstructive

obstructions atenção às obras; (*trânsito*) to cause an obstruction impedir a circulação
obstructive *adj.* 1 obstrucionista; obstructive measures medidas obstrucionistas 2 MEDICINA obstrutivo; obstructive lung disease doença pulmonar obstrutiva
obtain *v.* 1 formal obter; conseguir; alcançar; to obtain a scholarship obter uma bolsa de estudo 2 formal prevalecer; subsistir
obtainable *adj.* obtenível
obtrusive *adj.* incômodo; importuno
obtuse *adj.* 1 GEOMETRIA obtuso; obtuse angle ângulo obtuso 2 formal obtuso; néscio; estúpido
obvious *adj.* óbvio; evidente; to state the obvious dizer o que todo mundo já sabe
obviously *adv.* obviamente
obviousness *s.* obviedade; evidência
occasion *s.* 1 ocasião; on the occasion of por ocasião de 2 oportunidade; ensejo; on the first occasion na primeira oportunidade; should the occasion arise se houver oportunidade 3 formal motivo; to give occasion for scandal dar motivo a escândalo ■ *v.* formal causar; provocar ♦ on occasion de vez em quando; ocasionalmente; oportunamente
occasional *adj.* ocasional; esporádico
occasionally *adv.* ocasionalmente; esporadicamente; de vez em quando
occidental *adj.* ocidental
occipital *adj.* ANATOMIA occipital
occiput *s.* ANATOMIA occipício
occlusion *s.* oclusão; obstrução
occult *adj.* 1 oculto 2 esotérico; sobrenatural ■ *s.* (o) oculto
occupancy *s.* formal ocupação
occupant *s.* 1 ocupante 2 inquilino
occupation *s.* 1 ocupação; profissão 2 passatempo 3 ocupação; tomada de posse
occupational *adj.* profissional ♦ occupational disease doença profissional occupational health medicina do trabalho occupational therapy terapia ocupacional
occupier *s.* ocupante
occupy *v.* 1 (*tempo, espaço*) ocupar; preencher; to occupy oneself in doing something ocupar-se com alguma coisa 2 (*território*) ocupar; tomar posse de; the army occupied the village o exército ocupou a aldeia 3 (*cargo, função*) desempenhar; exercer 4 habitar; morar em
occur *v.* 1 ocorrer; acontecer; the accident occurred at two o'clock o acidente ocorreu às duas horas 2 surgir; aparecer ♦ should the case occur se o caso se der occur to *v.* ocorrer; vir à memória; it never occurred to me to ask nem sequer me lembrei de perguntar
occurrence *s.* ocorrência; acontecimento
ocean *s.* 1 oceano; Atlantic Ocean Oceano Atlântico; Indian Ocean Oceano Índico Pacific Ocean Oceano Pacífico 2 coloquial um monte (of, *de*)
oceanarium *s.* oceanário
Oceania *s.* Oceania
oceanic *adj.* oceânico
oceanography *s.* oceanografia
ocelot *s.* ZOOLOGIA jaguatirica

ochre, ocher EUA *adj., s.* ocre
octagon *s.* GEOMETRIA octógono
octagonal *adj.* octogonal
octane *s.* QUÍMICA octano
octave *s.* MÚSICA, LITERATURA oitava
octillion *s.* octilhão
October *s.* outubro
octogenarian *adj., s.* octogenário
octopus *s.* ZOOLOGIA polvo
ocular *adj.* ocular
odd *adj.* 1 estranho; invulgar 2 ímpar; sem par; odd number número ímpar 3 ocasional; acidental; at odd times quando calha, de vez em quando 4 excedente; restante ♦ odd jobs biscates odd man out exceção they are at odds with each other eles estão brigados three hundred odd trezentos e tal
oddity *s.* excentricidade; singularidade; particularidade
oddly *adv.* estranhamente ♦ oddly enough curiosamente
odds *s.pl.* probabilidades; possibilidades; hipóteses; against all odds contra todas as probabilidades; by all odds segundo todas as probabilidades; the odds are against me tenho poucas hipóteses; what are the odds...? quais são as probabilidades de...? ♦ how odd! que estranho! hundred and odds cento e tantos it makes no odds to me é indiferente para mim coloquial odds and ends bugigangas to be at odds with estar em desacordo com to pay over the odds pagar mais do que vale what's the odds? que importa?
odious *adj.* formal odioso; execrável; abominável
odontological *adj.* odontológico
odontologist *s.* odontologista
odour, odor EUA *s.* 1 odor; aroma; cheiro 2 perfume; fragrância
odourless, odorless EUA *adj.* inodoro; sem cheiro
oedema, edema EUA *s.* MEDICINA edema
oenology *s.* enologia
oesophagus, esophagus EUA *s.* ANATOMIA esôfago
of *prep.* 1 de; south of the mountain sul da montanha; all of them todos any of them cada um deles both of them ambos each of them cada um deles most of them a maior parte deles, a maioria deles much of it a maior parte de none of them nenhum deles some of them alguns deles which of them? qual deles? 2 por; of his own choice por escolha própria; he sold the ring of necessity ele vendeu o anel por necessidade 3 sobre; acerca de stories of my family histórias sobre a minha família 4 (*horas*) antes; five minutes of eight cinco minutos antes das oito ♦ of course claro
off *prep.* 1 de; he took the door off its hinges ele tirou a porta das dobradiças 2 longe de; afastado de, longe de; we live off the village vivemos longe da vila 3 junto a; a river off the coast um rio junto à costa da ■ *adv.* 1 longe; they were far off eles estavam longe 2 completamente; inteiramente; he paid off the loan in three years ele quitou inteiramente o empréstimo em três anos ■ *adj.* 1 (*veículo*) do lado direito 2 desligado; the machine is off

a máquina está desligada **3** coloquial inaceitável **4** desocupado; livre; in one's off time nos tempos livres; to take the day off tirar folga, não trabalhar **5** (*alimento*) que não é fresco; podre, deteriorado; that fish is a bit off esse peixe já não é fresco **6** cancelado; the wedding is off o casamento está cancelado ♦ all items are 20 per cent off todos os artigos estão com desconto de 20 por cento off and on de quando em quando off season baixa temporada off they go! lá vão eles! coloquial off with you! cai fora! vá embora they're off! a corrida começou! on and off intermitentemente, de vez em quando to be off ir embora; cancelar to be better off estar melhor financeiramente to be off one's head estar tonto, fora do ar
offal *s.* (*vísceras*) miúdos
off-chance *s.* on the off-chance na esperança de
off-colour, off-color EUA *adj.* **1** indisposto; adoentado **2** (*história, piada*) picante
offence, offense EUA *s.* **1** crime; delito **2** ofensa; injúria; no offence não me leves a mal; to cause somebody offence ofender alguém; to take offence at something ofender-se com alguma coisa **3** formal ataque; ofensiva
offend *v.* **1** ofender; injuriar **2** (*lei etc.*) transgredir; infringir; violar **3** formal cometer um crime **4** formal atentar (against, *contra*)
offended *adj.* ofendido
offender *s.* delinquente; criminoso; infrator
offending *adj., s.* ofensor; offending
offense *s.* **1** crime; delito **2** ofensa; injúria; no offence não me leves a mal; to cause somebody offence ofender alguém; to take offence at something ofender-se com alguma coisa **3** formal ataque; ofensiva
offensive *adj.* **1** ofensivo; injurioso; offensive language linguagem ofensiva **2** formal repugnante **3** de ofensiva; offensive weapon arma ofensiva ■ *s.* ofensiva; ataque; military offensive ofensiva militar; to take on the offensive tomar a ofensiva
offer *s.* **1** oferta; proposta; I'll sell the car for the best offer eu vendo o carro pela melhor oferta; the offer stands a oferta se mantém **2** promoção; to be on offer estar em promoção ■ *v.* **1** oferecer(-se); he offered to help us ele se ofereceu para ajudar; to have something to offer ter algo para oferecer **2** (*ocasião, oportunidade*) proporcionar **3** apresentar; to offer an explanation apresentar uma explicação ♦ on offer à venda
offering *s.* **1** oferta; oferecimento **2** RELIGIÃO oferenda
offhand *adj.* **1** brusco; ríspido **2** improvisado; espontâneo ■ *adv.* **1** imediatamente **2** de improviso; to play offhand tocar de improviso
office *s.* **1** gabinete; escritório **2** repartição; post office posto de correios **3** cargo; posto; função; to be in office estar no poder **4** EUA consultório médico **5** RELIGIÃO ofício religioso; culto ♦ antiquado office boy moço de recados office hours horas de expediente ● A palavra "ofício", em inglês, traduz-se por *craft*.

okra

officer *s.* **1** oficial; officer of the navy oficial da marinha; customs officer oficial da alfândega **2** agente da polícia **3** (*governo*) funcionário
official *adj.* oficial; official residence/visit residência/visita oficial ■ *s.* alto funcionário ● É diferente de *officious*.
officially *adv.* oficialmente
officiate *v.* (*ofício, cargo*) oficiar
officious *adj.* **1** oficioso **2** pejorativo intrometido
offing *s.* to be in the offing estar em perspectiva
off-licence *s.* Grã-Bretanha loja de bebidas
off-limits *adj.* de acesso interdito
offshoot *s.* **1** (*planta*) renovo; vergôntea **2** ramificação; ramo
offshore *adj.* **1** costeiro **2** ECONOMIA offshore ■ *adv.* ao largo; no mar alto; they sailed offshore eles navegaram para alto mar
offside *s.* **1** Grã-Bretanha (*carro*) lado do motorista **2** (*futebol etc.*) impedimento ■ *adj.* **1** Grã-Bretanha do lado do motorista **2** (*jogador*) impedido
offspring *s.* **1** descendência **2** ninhada
off-the-record *adj.* não oficial
off-white *adj., s.* esbranquiçado
often *adv.* muitas vezes; frequentemente; as often as possible tantas vezes quanto possível; how often have you been here? quantas vezes você veio aqui?; more often than not com muita frequência; too often demasiadas vezes; we often go to the cinema nós vamos ao cinema muitas vezes
ogive *s.* ARQUITETURA ogiva
ogle *v.* comer com os olhos ■ *s.* olhar de desejo
oh *interj.* oh; oh my God! oh meu Deus!
ohm *s.* FÍSICA ohm; ohm's law lei de Ohm
oil *s.* **1** óleo; sweet-almond oil óleo de amêndoas doces **2** petróleo; oil refinery/well refinaria/poço de petróleo ■ *v.* lubrificar ♦ oil painting pintura a óleo oil pipeline oleoduto oil rig plataforma petrolífera oil tanker petroleiro
oilcan *s.* almotolia
oilcloth *s.* tecido tratado com óleo, linóleo
oiliness *s.* oleosidade
oilskin *s.* **1** (*tecido*) linóleo **2** impermeável oilskins *s.pl.* roupa impermeável
oily *adj.* **1** oleoso; gorduroso; oily skin pele oleosa **2** figurado untuoso; pegajoso
oink *s.* (*porco*) grunhido ■ *v.* grunhir
ointment *s.* unguento ♦ the fly in the ointment a pedra no sapato
OK, okay *interj.* bem, está bem; may I go with you? OK posso ir com você?. Está bem. *adv.* bem; she is doing OK at the new job ela está indo bem no novo trabalho ■ *adj.* **1** bem; I'm felling OK with the new shoes estou bem com os sapatos novos **2** coloquial certo, correto the spelling is OK a ortografia está correta **3** coloquial satisfatório, aceitável he is not that smart, but he is OK for the job ele não é tão esperto, mas é aceitável para o trabalho **4** coloquial bom he is an OK guy ele é um cara bom, bacana ■ *s.* consentimento, aprovação I give you my OK você tem o meu consentimento, a minha aprovação
okra *s.* BOTÂNICA quiabo

old

old *adj.* 1 velho; an old man um senhor idoso; he is the oldest of the gang ele é o mais velho do grupo; I am much older than him eu sou muito mais velha do que ele; old friends velhos amigos; to grow old envelhecer 2 antigo; anterior; my old boyfriend o meu antigo namorado ■ *s.pl.* idosos ◆ good old days bons velhos tempos how old are you? quantos anos você tem? I am 13 years old tenho treze anos in days of old antigamente old age velhice old boy 1 Grã-Bretanha antigo aluno 2 Grã-Bretanha antiquado meu velho old hand pessoa experiente, veterano antiquado, pejorativo old maid solteirona antiquado, jocoso old Nick Diabo Old Testament (*Bíblia*) Velho Testamento ● As formas mais comuns do comparativo e do superlativo de **old** são *older* e *oldest*, respectivamente. É também possível usar as formas *elder* e *eldest*, sobretudo ao comparar idades de pessoas: *my eldest sister*. Observar que estas últimas duas formas não podem ser utilizadas com *than*.
old-fashioned *adj.* antiquado; ultrapassado; old-fashioned ideas ideias antiquadas
oldie *s.* 1 coloquial (*canção, filme*) clássico 2 coloquial velho
oligarchy *s.* oligarquia
olive *s.* 1 BOTÂNICA azeitona 2 oliveira; olive branch ramo de oliveira; olive grove olival 3 (*cor*) verde-azeitona ■ *adj.* verde-azeitona ◆ olive oil azeite
Olympian *adj.* do Olimpo; the gods of Olympus os deuses do Olimpo ■ *s.* atleta das olimpíadas
Olympic *adj.* olímpico; Olympic athlete atleta olímpico ◆ Olympic Games; Olympics Jogos Olímpicos
Olympus *s.* MITOLOGIA Olimpo
ombudsman *s.* funcionário encarregado de receber e investigar queixas contra empresas públicas ou privadas
omega *s.* (*letra grega*) ômega
omelette, omelet EUA *s.* CULINÁRIA omelete
omen *s.* presságio; pressentimento; agouro ■ *v.* pressagiar; augurar; anunciar
ominous *adj.* ominoso; de mau agouro
omission *s.* omissão (of/from, *de*)
omit *v.* 1 omitir; excluir 2 formal esquecer-se (to, *de*)
omnibus *s.* 1 antologia 2 Grã-Bretanha (*rádio, televisão*) compacto 3 antiquado ônibus ■ *adj.* EUA múltiplo; omnibus bill projeto de lei múltipla
omnipotence *s.* formal onipotência
omnipotent *adj.* formal onipotente
omnipresent *adj.* formal onipresente
omniscience *s.* formal onisciência
omniscient *adj.* formal onisciente
on *prep.* 1 em; sobre; em cima de; I left my purse on the table deixei a bolsa em cima da mesa; on Monday na segunda-feira; to sit on the sofa sentar-se no sofá 2 sobre; acerca de; a conference on juvenile delinquency uma conferência sobre a delinquência juvenil; what's on TV? o que está passando na televisão? *adv.* ligado; aceso; the heater is on o aquecedor está ligado ◆ on and off intermitentemente on and on sem cessar on one's own sozinho the bill is on me quem paga a conta sou eu the police are on them a polícia está no encalço deles to have nothing on estar nu
once *adv.* 1 uma vez; I've been here once já estive aqui uma vez 2 antigamente; outrora; they once lived in Australia antigamente viviam na Austrália *conj.* assim que; mal; once you get there, phone me telefone assim que chegar ◆ all at once subitamente at once imediatamente; de uma só vez once a year uma vez ao ano once again de novo once and for all de uma vez por todas once in a while de vez em quando once is enough uma vez é suficiente once more mais uma vez once or twice uma ou duas vezes once upon a time era uma vez this once desta vez
oncologist *s.* oncologista
oncology *s.* MEDICINA oncologia
oncoming *adj.* 1 (*trânsito*) em direção contrária 2 próximo; the oncoming event o próximo acontecimento
one *adj., s.* um; a thousand and one mil e um; one after the other um atrás do outro; one by one um a um; one day um dia ■ *adj.* único; um só; their one goal o único propósito deles; to be one of a kind ser único; they came in the one car eles vieram no mesmo carro *pron.* um; one Mr Jones um tal de Sr. Jones ◆ coloquial I for one am going to bed cá por mim vou dormir one and the same o mesmo one another um o outro; um ao outro one of us um de nós that's a good one! boa piada! the one and only o único who is this one? quem é este? you're my one and only você é o meu mais que tudo
one-night stand *adj.* (*espetáculo*) atuação única
one-off *adj.* Grã-Bretanha único ■ *s.* Grã-Bretanha peça única
one-piece *adj.* de uma só peça
onerous *adj.* 1 formal oneroso 2 formal pesado; an onerous task uma tarefa pesada
oneself *pron. pess. refl.* se; si próprio; si mesmo; to cut oneself cortar-se; to oneself para si
one-sided *adj.* 1 parcial; tendencioso; a one-sided account of an event um relato parcial de um acontecimento 2 unilateral
one-to-one *adj.* 1 individualizado; personalizado 2 com correspondência mútua
one-way *adj.* 1 de sentido único; one-way street rua de sentido único 2 de ida; one-way ticket passagem de ida 3 unilateral ◆ one-way mirror vidro espelhado
ongoing *adj.* em curso
onion *s.* BOTÂNICA cebola
onlooker *s.* espectador; to be an onlooker at assistir a
only *adj.* único; only child filho único; the only one o único ■ *adv.* só; somente; apenas; only you can help me só você pode me ajudar *conj.* coloquial só que; I like the dress, only it is too expensive eu gosto do vestido, só que é demasiado caro ◆ if only se ao menos it's only fair nada mais justo not only não só only just há pouco only just now agora mesmo
onomatopoeia *s.* onomatopeia
onomatopoeic *adj.* onomatopaico; onomatopeico
onrush *s.* avalancha; afluxo; onda

onset s. 1 começo (of, de); princípio (of, de); an onset of fever um princípio de febre 2 investida; ataque
onshore adj. 1 em terra 2 (vento) do mar
onslaught s. 1 arremetida, investida 2 ataque violento, ataque devastador 3 massacre
onto prep. para
onus s. formal ônus; encargo; obrigação; to have the onus of ter o encargo de
onwards, onward EUA adv. para diante; para a frente; from now onwards de agora em diante
onyx s. GEOLOGIA ônix
oops interj. ups!
ooze s. 1 lama; lodo 2 escorrimento ■ v. 1 verter 2 irradiar (with, –); transbordar (with, –); to ooze with confidence transbordar confiança
opal s. GEOLOGIA opala
opaque adj. 1 opaco; baço; opaque glass vidro opaco 2 formal (sentido) obscuro; pouco claro
open adj. 1 aberto; keep your eyes open mantenha os olhos abertos; with open arms de braços abertos 2 franco; sincero; to be open with a person ser franco com alguém 3 público; aberto; an open letter uma carta aberta; the meeting is open o encontro é de entrada livre 4 aberto; por resolver; an open issue um assunto em aberto ■ v. 1 abrir; open your eyes abre os olhos; she opened the conference ela abriu a conferência 2 inaugurar 3 estrear; the film opened yesterday o filme estreou ontem ■ s. 1 ar livre; in the open air ao ar livre; life in the open vida ao ar livre 2 ESPORTE aberto ♦ (fato) to be out in the open ser conhecido to open fire abrir fogo to open one's heart to somebody abrir-se com alguém open into/onto v. dar para; that door opens into the garden aquela porta dá para o jardim open out v. 1 desdobrar (estrada etc.) alargar 3 (pessoa) abrir-se open up v. 1 abrir; livrar; desobstruir 2 (negócio, loja) abrir 3 (arma) abrir fogo 4 (pessoa) abrir-se
open-air adj. ao ar livre; a céu aberto; open-air meeting/school comício/escola ao ar livre; open-air sewer esgoto a céu aberto
opencast adj. Grã-Bretanha (mina) a céu aberto
opened adj. (local) aberto, devassado
open-ended adj. 1 (tema etc.) que está em aberto 2 (pergunta) de desenvolvimento 3 ilimitado
opener s. abridor tin opener, can opener abridor de latas EUA ♦ EUA coloquial for openers para começar
open-eyed adj. 1 com os olhos bem abertos 2 atento; alerta
open-handed adj. 1 generoso 2 de mão aberta; an open-handed slap um tapa de mão aberta
open-hearted adj. franco
opening s. 1 abertura; inauguração; opening ceremony cerimônia de abertura 2 abertura (in, em); buraco (in, em) 3 oportunidade (for, para) 4 (emprego) vaga (for, para) 5 (floresta) clareira ■ adj. de abertura, inicial; de estreia ♦ opening hours horário de atendimento opening night noite de estreia
openly adv. abertamente
open-minded adj. tolerante
opera s. ópera

operate v. 1 funcionar; the machine is not operating a máquina não está funcionando; to be operated by electricity funcionar a eletricidade 2 manejar; manobrar; to operate a machine manobrar uma máquina 3 trabalhar; our company operates in the whole world a nossa empresa trabalha no mundo inteiro 4 (negócio) gerir; explorar 5 operar (on, –); we will operate on him for appendicitis nós vamos operá-lo de apendicite
operating adj. 1 operatório 2 operativo 3 (instruções etc.) de funcionamento ♦ INFORMÁTICA operating system sistema operacional operating theatre bloco operatório
operation s. 1 operação; police operation operação policial 2 MEDICINA operação; cirurgia; to have an operation ser operado 3 negócio; atividade 4 (máquina etc.) funcionamento 5 (lei) vigor; to come into operation entrar em vigor
operational adj. operacional ♦ operational research (empresa) investigação operacional
operative adj. 1 operativo; eficaz 2 em vigor 3 operatório; cirúrgico ■ s. 1 operário; trabalhador 2 EUA agente secreto ♦ the operative word is success a palavra-chave é êxito
operator s. 1 telefonista; to dial the operator ligar à telefonista 2 operador 3 coloquial manipulador
operetta s. opereta
ophidian s. ZOOLOGIA ofídio
ophthalmic adj. oftálmico
ophthalmological adj. oftalmológico
ophthalmologist s. oftalmologista
ophthalmology s. MEDICINA oftalmologia
opinion s. 1 opinião (about/of, sobre); in my opinion na minha opinião; to give one's opinion dar a opinião 2 (especialista) parecer (of/about, sobre) ♦ to be a matter of opinion ser discutível opinion poll sondagem
opium s. ópio
opossum s. ZOOLOGIA gambá
opponent s. 1 adversário 2 opositor; to be a strong opponent of ser um forte opositor de ■ adj. oposto; contrário
opportune adj. oportuno; apropriado; to be most opportune vir mesmo a propósito
opportunism s. oportunismo
opportunist adj., s. oportunista
opportunistic adj. oportunista
opportunity s. oportunidade (for, para; of, de); to get an opportunity ter uma oportunidade; to miss/seize an opportunity perder/aproveitar uma oportunidade ♦ at the earliest opportunity logo que possível
oppose v. 1 opor(-se); to oppose a marriage opor-se a um casamento 2 confrontar, hostilizar
opposing adj. 1 oposto; contrário 2 adversário; the opposing team a equipe adversária
opposite adj. 1 oposto; contrário; the opposite sex o sexo oposto 2 da frente; do outro lado; I live in the opposite house eu vivo na casa em frente; on the opposite page na página do outro lado ■ s. oposto (of, de); contrário (of, de) ■ prep. defronte de; em frente de; she lives opposite the station ela vive em frente da estação ■ adv. em frente

opposition

opposition s. 1 oposição (to, a) 2 adversário 3 POLÍTICA oposição
oppress v. 1 oprimir; tiranizar 2 afligir; atormentar
oppression s. 1 opressão 2 angústia
oppressive adj. 1 (poder) opressivo; tirânico 2 (tempo) abafado; sufocante 3 (situação) angustiante
oppressor s. opressor; tirano
opt v. optar (for/to, por; between, entre); to opt between two alternatives optar entre duas alternativas opt out v. abandonar; deixar de participar
optic adj. ANATOMIA óptico; optic nerve nervo óptico
optical adj. 1 (instrumento, efeito) óptico; optical character reader leitor óptico; optical fibre fibra óptica 2 visual; optical effects efeitos visuais ◆ optical illusion ilusão de óptica
optician s. oculista
optics s. FÍSICA óptica
optimal adj. ideal
optimism s. otimismo
optimist s. otimista
optimistic adj. otimista
optimization, optimisation Grã-Bretanha s. otimização
optimize, optimise Grã-Bretanha v. otimizar
optimum adj. ótimo; ideal; optimum conditions condições ótimas ■ s. o ideal
option s. opção; alternativa; to have no option não ter alternativa; to keep one's options open manter as opções em aberto
optional adj. opcional, facultativo
optometrist s. optometrista
optometry s. optometria
opulence s. opulência
opulent adj. opulento; suntuoso
or conj. ou; or something ou qualquer coisa; or so ou assim ◆ either... or ou... ou or else senão whether... or quer... quer
oracle s. oráculo
oral adj. oral; oral cavity/hygiene cavidade/higiene oral; oral examination exame oral ■ s. exame oral ● É diferente de verbal.
orality s. oralidade
orally adv. verbalmente
orange s. 1 BOTÂNICA laranja; orange juice/peel suco/casca de laranja 2 laranjeira; orange blossom flores de laranjeira 3 (cor) laranja ■ adj. (cor) laranja
orangeade s. laranjada
orangutan s. ZOOLOGIA orangotango
orator s. formal orador
oratorical adj. oratório
oratory s. 1 oratória, retórica 2 RELIGIÃO oratório
orb s. literário orbe; esfera
orbit s. 1 ASTRONOMIA órbita; the Earth's orbit a órbita da Terra; to put a satellite into orbit pôr um satélite em órbita 2 figurado esfera de ação ■ v. orbitar; girar em torno de
orbital adj. orbital; orbital station estação orbital ■ s. Grã-Bretanha (estrada) circunvalação
orchard s. pomar
orchestra s. orquestra ◆ orchestra philharmonic orquestra filarmônica orchestra stalls (teatro) área da plateia mais próxima do palco
orchestral adj. orquestral
orchestrate v. 1 MÚSICA orquestrar 2 planejar; organizar
orchestration s. 1 MÚSICA orquestração 2 planificação; organização
orchid s. BOTÂNICA orquídea
ordain v. 1 ordenar; to be ordained priest ser ordenado padre 2 formal decretar; decidir ◆ to be ordained by fate ser o destino
ordeal s. provação; má experiência; to go through a terrible ordeal passar por uma terrível provação
order s. 1 ordem; a point of order uma questão de ordem; by order of por ordem de; in order to ordem 2 (restaurante, bar) pedido 3 encomenda (for, de); made to order feito sob encomenda; order sheet ordem de encomenda; to cancel an order anular uma encomenda 4 COMÉRCIO vale; postal order vale postal 5 RELIGIÃO ordem 6 pejorativo, jocoso classe social 7 BOTÂNICA, ZOOLOGIA ordem 8 (condecoração) ordem; Order of Knighthood Ordem da Cavalaria ■ v. 1 ordenar; to order an attack ordenar um ataque 2 encomendar 3 pôr em ordem 4 (restaurante) pedir; fazer o pedido ◆ in order to para in order to do a fim de fazer; para fazer out of order fora de serviço to be in (good) working/running order estar em bom estado Grã-Bretanha (quantia) to be in the order of andar na ordem dos to be the order of the day estar na ordem do dia
ordering s. arrumação
orderliness s. ordem
orderly adj. 1 arrumado 2 ordeiro; calmo; an orderly crowd multidão ordeira ■ s. 1 empregado de hospital 2 ordenança
ordinal s. numeral ordinal ■ adj. ordinal
ordinance s. 1 ordem; determinação; police ordinance determinação policial 2 EUA norma; regulamento 3 cerimonial; rito ● É diferente de ordnance.
ordinary adj. 1 normal; habitual; Grã-Bretanha in the ordinary way normalmente 2 banal; comum; out of the ordinary fora do comum
ordination s. RELIGIÃO ordenação
ordnance s. artilharia; piece of ordnance peça de artilharia ◆ Ordnance Survey (Reino Unido) serviço cartográfico
ore s. GEOLOGIA minério
oregano s. BOTÂNICA orégano
organ s. ANATOMIA, MÚSICA órgão; organ donor doador de órgãos; vital organ órgão vital
organelle s. BIOLOGIA organela
organic adj. 1 orgânico; organic matter matéria orgânica 2 intrínseco ◆ organic chemistry química orgânica
organism s. BIOLOGIA organismo
organist s. organista
organization, organisation Grã-Bretanha s. 1 organização; arrumação; ordem good organization boa organização 2 organização; instituição ◆ World Health Organization Organização Mundial de Saúde; non-governmental organization (NGO) organização não governamental (ONG)

organizational, organisational Grã-Bretanha *adj.* organizacional
organize, organise Grã-Bretanha *v.* 1 organizar 2 (*trabalhadores*) sindicalizar
organized *adj.* organizado
organizer, organiser Grã-Bretanha *s.* organizador
organizing *s.* organização
orgasm *s.* orgasmo
orgy *s.* 1 orgia 2 pejorativo excesso (of, *de*)
orient *v.* orientar (to/towards, *para*); to orient oneself orientar-se ◆ literário Orient Oriente
oriental *adj.* oriental ◆ antiquado, ofensivo Oriental (*pessoa*) oriental
orientate *v.* Grã-Bretanha orientar (to, *para*); to orientate oneself orientar-se
orientation *s.* orientação
orifice *s.* orifício
origin *s.* origem; ascendência; procedência; of humble origins de origens humildes
original *adj., s.* original ◆ RELIGIÃO original sin pecado original
originality *s.* originalidade
originate *v.* 1 formal ter origem (in, *em*); surgir (in, *em*) 2 criar
orisha *s.* RELIGIÃO orixá
ornament *s.* ornamento; adorno; enfeite ■ *v.* ornamentar; adornar
ornamental *adj.* ornamental; decorativo
ornamentation *s.* ornamentação; decoração
ornate *adj.* 1 adornado; enfeitado 2 (*linguagem*) elaborado; rebuscado
orphan *s.* órfão ■ *v.* deixar órfão; orphaned by the war tornado órfão pela guerra; to be orphaned ficar órfão
orphanage *s.* orfanato
Orpheus *s.* MITOLOGIA Orfeu
orthodontics *s.* ortodontia
orthodontist *s.* ortodontista
orthodox *adj.* ortodoxo; convencional; tradicional; orthodox methods métodos ortodoxos
orthodoxy *s.* ortodoxia
orthoepy *s.* LINGUÍSTICA ortoépia
orthographic, orthographical *adj.* ortográfico
orthography *s.* LINGUÍSTICA ortografia
orthopaedic, orthopedic EUA *adj.* ortopédico
orthopaedics, orthopedics EUA *s.* MEDICINA ortopedia
orthopaedist *s.* MEDICINA ortopedista
oscillate *v.* 1 oscilar; balançar 2 formal hesitar; vacilar
oscillation *s.* FÍSICA oscilação
osier *s.* BOTÂNICA osier
osmium *s.* QUÍMICA (*elemento químico*) ósmio
osmosis *s.* osmose
ostensible *adj.* ostensivo; pretenso
ostentation *s.* pejorativo ostentação
ostentatious *adj.* ostentoso; fastuoso; aparatoso; in an ostentatious manner de um modo ostensivo
osteopath *s.* osteopata
osteopathy *s.* osteopatia
osteoporosis *s.* MEDICINA osteoporose
ostracism *s.* ostracismo
ostracize, ostracise Grã-Bretanha *v.* ostracizar
ostrich *s.* ZOOLOGIA avestruz
other *adj.* 1 outro; other days, other ways outros tempos, outros costumes 2 diferente *pron.* o outro; a outra; one shot the other um alvejou o outro ■ *adv.* de outro modo ◆ in other words por outras palavras none other than nada mais nada menos que on the other hand por outro lado other than além de; exceto the other day no outro dia
otherwise *adv.* de outro modo; to think otherwise pensar de forma diferente
otitis *s.* MEDICINA otite
otolaryngologist *s.* otorrinolaringologista
otter *s.* ZOOLOGIA lontra
ouch *interj.* (*dor súbita*) ai!
ought to *v.* dever; I ought to have said no eu devia ter dito que não; you ought to look after your children você devia tomar conta dos seus filhos; he ought to win ele deve ganhar (tem probabilidade de)
ounce *s.* 1 (*peso*) onça 2 ZOOLOGIA onça, leopardo-da-neve 3 coloquial pingo (of, *de*); he doesn't have an ounce of decency ele não tem um pingo de decência ◆ É diferente de *once*.
our *adj. poss.* nosso; our house is beautiful a nossa casa é bonita ◆ RELIGIÃO Our Father Pai-nosso RELIGIÃO Our Lady Nossa Senhora
ours *pron. poss.* nosso; a friend of ours um amigo nosso; their house is much bigger than ours a casa deles é muito maior do que a nossa
ourselves *pron. pess. refl.* nós mesmos; we heard ourselves on the radio nós ouvimo-nos a nós próprios na rádio ◆ all by ourselves sozinhos
oust *v.* expulsar (from, *de*)
out *adv.* 1 fora; my parents are out of the country os meus pais estão fora do país; we don't eat out a lot nós não comemos fora muitas vezes 2 longe ■ *adj.* 1 apagado 2 (*flor*) aberto; the roses are out as rosas estão abertas 3 acabado; terminado; they sold all the books before the year was out eles venderam todos os livros antes de o ano acabar 4 errado; your calculations are out os seus cálculos estão errados 5 inconsciente 6 exterior 7 (*livro etc.*) publicado ■ *prep.* fora (of, *de*) *v.* revelar a homossexualidade de ■ *s.* desculpa; escapatória ◆ one out of two um em cada dois out of devido a out of curiosity por curiosidade out of danger fora de perigo out of fashion fora de moda out of love por amor out of the question fora de questão out with it! desembucha! coloquial out you go! fora! to be out of something estar sem alguma coisa
outbid *v.* (*leilão*) cobrir o lance
outboard *adj.* externo ■ *s.* (*barco*) motor externo
outbreak *s.* surto (of, *de*); outbreak of an epidemic surto epidêmico
outbuilding *s.* anexo
outburst *s.* explosão fig.; ataque; acesso; outburst of laughter ataque de riso
outcast *adj.* marginalizado; proscrito ■ *s.* pária; marginal; social outcasts párias sociais
outclass *v.* exceder; superar
outcome *s.* resultado (of, *de*); the outcome of the meeting o resultado da reunião
outcry *s.* protesto; clamor

outdated

outdated *adj.* ultrapassado; antiquado; outdated ideas ideias ultrapassadas
outdo *v.* superar; ultrapassar
outdoor *adj.* exterior; ao ar livre; outdoor aerial antena exterior; outdoor activities atividades ao ar livre
outdoors *adv.* ao ar livre ■ *s.* ar livre; natureza
outer *adj.* exterior; externo ♦ outer space espaço intergaláctico
outermost *adj.* extremo; o mais distante
outfit *s.* 1 (*roupa*) terno; conjunto 2 coloquial (*trabalho*) equipe 3 equipamento ■ *v.* equipar (with, *com*)
outfitter *s.* 1 Grã-Bretanha coloquial loja de roupa masculina 2 EUA loja de equipamento esportivo
outflank *v.* 1 ganhar vantagem sobre 2 aproximar-se pela lateral
outflow *s.* saída; escape
outgoing *adj.* 1 extrovertido 2 (*governo, presidente*) cessante 3 de saída; outgoing calls chamadas internacionais
outgoings *s.pl.* Grã-Bretanha despesas habituais
outgrow *v.* 1 crescer demasiado para; deixar de caber em 2 crescer mais que 3 deixar para trás; pôr de parte
outhouse *s.* 1 Grã-Bretanha anexo (de uma casa) 2 EUA banheiro exterior
outing *s.* 1 passeio; excursão; school outing visita de estudo; to go on an outing fazer um passeio 2 ato de tornar pública a homossexualidade de alguém
outlandish *adj.* estranho, bizarro
outlast *v.* 1 ultrapassar em duração, durar mais que 2 sobreviver a
outlaw *v.* proibir; tornar ilegal ■ *s.* fora da lei
outlay¹ *s.* investimento inicial
outlay² *v.* desembolsar
outlet *s.* 1 escape (for, *para*); modo de canalizar (for, -) 2 ponto de venda 3 outlet; loja que vende a preços reduzidos 4 EUA tomada (elétrica) 5 escoadouro; cano
outline *s.* 1 contorno 2 esquema 3 plano geral; resumo; in outline nas suas linhas gerais ■ *v.* 1 esboçar; dar uma ideia geral de 2 esquematizar 3 contornar
outlive *v.* durar mais do que; sobreviver a ♦ to outlive its/one's usefulness deixar de ter utilidade
outlook *s.* 1 atitude (on, *em relação a*); perspectiva (on, *em relação a*); ponto de vista (on, *em relação a*) 2 previsão; perspectiva 3 vista (over, *sobre*)
outlying *adj.* afastado; distante
outmanoeuvre, outmaneuver EUA ■ *v.* levar a melhor sobre; mostrar-se mais inteligente que
outmoded *adj.* antiquado; fora de moda; ultrapassado
outnumber *v.* ultrapassar em número; estar em superioridade numérica em relação a; the women outnumber the men há mais mulheres que homens
out-of-date *adj.* 1 desatualizado 2 (*documento*) caducado
out-of-the-way *adj.* 1 distante; fora de mão 2 insólito; invulgar
outpatient *s.* paciente externo
outpost *s.* posto avançado; entreposto
output *s.* 1 produção; rendimento 2 potência 3 INFORMÁTICA saída; output
outrage *s.* 1 indignação; escândalo 2 ultraje (against, *a*); afronta (against, *a*) 3 atrocidade 4 atentado ■ *v.* indignar; ultrajar; to be outraged at indignar-se com
outrageous *adj.* 1 escandaloso; chocante; ultrajante 2 (*preço*) exorbitante 3 extravagante; escandaloso
outrider *s.* membro de escolta
outrun *v.* 1 correr mais depressa que; passar à frente de 2 ultrapassar; exceder
outsell *v.* vender mais que; superar nas vendas
outset *s.* início; princípio; from the outset desde o início; at the outset no começo
outshine *v.* brilhar mais que; ofuscar
outside *adv.* lá fora; no exterior; it's cold outside está frio lá fora ■ *prep.* 1 fora de; para fora de 2 à porta de 3 além de; para lá de; an outside chance uma possibilidade remota 4 fora; exceto ■ *adj.* 1 exterior; externo; de fora; outside aerial antena exterior; the outside world o resto do mundo 2 (*hipótese, possibilidade*) remoto 3 (*número, valor*) máximo ■ *s.* 1 exterior; parte externa; parte de fora 2 aparência 3 Grã-Bretanha (*estrada*) direita; to overtake on the outside ultrapassar pela direita ♦ at the outside no máximo
outsider *s.* 1 estranho; pessoa de fora; intruso 2 desconhecido
outsize *adj.* 1 enorme 2 de tamanho grande
outskirts *s.pl.* arredores; on the outskirts of nos arredores de
outsmart *v.* coloquial levar a melhor sobre, ser mais esperto que
outspoken *adj.* franco; direto
outspread *adj.* estendido; aberto
outstanding *adj.* 1 notável; extraordinário 2 (*importância*) vital 3 (*questão*) pendente, por resolver; (*dívida*) por saldar, pendente
outstay *v.* demorar mais do que ♦ to outstay one's welcome abusar da hospitalidade
outstrip *v.* ultrapassar; superar
outvote *v.* vencer na votação; to be outvoted perder a votação
outward *adj.* 1 exterior; externo 2 de ida; outward journey viagem de ida ■ *adv.* para fora; para o exterior
outwardly *adv.* exteriormente; aparentemente
outwards *adv.* Grã-Bretanha para fora; para o exterior
outweigh *v.* 1 pesar mais que 2 superar; compensar
outwit *v.* ser mais esperto do que; iludir; despistar
oval *adj., s.* oval ♦ Oval Office Sala Oval (escritório do Presidente dos EUA, na Casa Branca)
ovary *s.* ANATOMIA ovário
ovation *s.* ovação; to give somebody a standing ovation aplaudir alguém de pé
oven *s.* forno; gas oven forno a gás; in a hot/moderate/cool oven em forno quente/médio/brando ♦ it's like an oven in here isto aqui parece um forno
ovenbird *s.* ZOOLOGIA joão-de-barro
over *prep.* 1 sobre; em cima de; por cima de 2 do outro lado de 3 mais de; acima de; over twenty people acima de vinte pessoas; people over twenty

as pessoas com mais de vinte anos; she met him over ten years ago ela conheceu-o há mais de dez anos **4** por, durante; over dinner durante o jantar; she'll be home over Christmas ela estará em casa no Natal **5** por; he travelled all over the world ele viajou por todo o mundo **6** junto a; em torno de **7** a propósito de; por causa de ■ *adv.* **1** abaixo **2** do outro lado; ao lado; over there ali; you can sit over here você pode sentar-se deste lado **3** acima **4** de sobra; de reserva; she had no money over ela não tinha nenhum dinheiro sobrando **5** todo; por completo; até ao fim; read it over lê até ao fim **6** outra vez; I had to do everything over again tive que fazer tudo de novo **7** terminado; acabado; to be all over estar tudo acabado ■ *adj.* muito, demais; super; she is over intelligent ela é super inteligente ♦ all over again de novo left over sobrando over and above além de over and over (again) vezes sem conta to bend over debruçar-se, curvar-se to fall over cair to knock over derrubar

overact *v.* reagir exageradamente; representar com exagero
overawe *v.* intimidar
overbalance *v.* desequilibrar-se
overbear *v.* dominar; subjugar
overbearing *adj.* autoritário; dominador; prepotente
overboard *adv.* ao mar; to fall overboard cair ao mar; man overboard! homem ao mar! ♦ to go overboard ir longe de mais, exagerar
overbooking *s.* overbooking; reserva de mais lugares que os disponíveis
overburden *v.* **1** sobrecarregar, carregar demasiadamente (with, *com/de*) **2** acabrunhar
overcoat *s.* sobretudo
overcome *v.* **1** (*dificuldade, obstáculo*) vencer; superar; ultrapassar **2** (*adversário*) derrotar; vencer **3** dominar; apoderar-se de
overcook *v.* cozinhar (algo) em demasia
overcrowd *v.* encher de gente; superlotar
overcrowded *adj.* **1** cheio de gente; superlotado; a abarrotar **2** superpovoado
overcrowding *s.* sobrelotação, superlotação
overdo *v.* **1** exagerar em; abusar de **2** CULINÁRIA cozer demasiado
overdone *adj.* **1** CULINÁRIA muito passado **2** exagerado
overdose *s.* overdose
overdraft *s.* saldo negativo bancário; a €200 overdraft um saldo negativo de €200
overdraw *v.* sacar além do saldo; sacar no crédito especial; he overdrew his account by 10 euros ficou com um saldo negativo de 10 euros
overdrawn *adj.* com saldo negativo; a descoberto
overdressed *adj.* demasiado bem vestido
overdue *adj.* **1** atrasado **2** em atraso **3** vencido, fora do prazo
overeat *v.* comer em excesso
overflow[1] *v.* **1** transbordar (with, *de*) **2** alargar-se (into, *a*) ♦ to be filled to overflowing with something estar cheio de algo estar transbordando de algo
overflow[2] *s.* **1** excesso **2** enchente **3** transbordamento, transbordo; cheia **4** tubo de descarga
overflowing *s.* (*líquidos*) derramamento

overgrown *adj.* **1** coberto (with, *de*); cheio (with, *de*) **2** demasiado grande; to act like an overgrown child portar-se como uma criancinha
overhead *adv.* **1** em cima; no alto; no céu **2** por cima da cabeça ■ *adj.* **1** aéreo; superior; suspenso; no alto **2** por cima da cabeça; overhead kick pontapé de bicicleta **3** (*custos, despesas*) geral ■ *s.* **1** EUA despesas gerais **2** acetato; transparência overheads *s.pl.* Grã-Bretanha despesas gerais ♦ overhead projector retroprojetor overhead transparency acetato, transparência
overhear *v.* ouvir acidentalmente; ouvir por acaso
overheat *v.* sobreaquecer; aquecer demasiado
overheating *s.* sobreaquecimento, superaquecimento
overindulge *v.* **1** (*comida, bebida*) abusar (in, *de*) **2** fazer as vontades a; mimar
overjoyed *adj.* radiante (at, *com*); felicíssimo (at, *com*)
overkill *s.* exagero; saturação
overland *adj.* terrestre ■ *adv.* por terra
overlap[1] *v.* **1** sobrepor-se (a) **2** coincidir (with, *com*)
overlap[2] *s.* **1** superposição **2** coincidência
overleaf *adv.* no verso; no outro lado da página; see overleaf ver no verso
overload[1] *v.* sobrecarregar; she overloaded the fridge encheu demais a geladeira
overload[2] *s.* **1** sobrecarga **2** excesso; information overload excesso de informação
overloaded *adj.* sobrelotato
overlook *v.* **1** não reparar em; you've overlooked the fact that... você deixou escapar o fato de que... **2** ignorar **3** (*erro, defeito*) desculpar; deixar passar **4** negligenciar
overly *adv.* demasiadamente; I'm not overly fond of cheese não sou grande apreciador de queijo
overplus *s.* sobra, excedente
overpopulated *adj.* sobrepovoado
overpopulation *s.* excesso populacional
overpower *v.* **1** imobilizar; dominar **2** dominar; apoderar-se de
overpowering *adj.* **1** intenso; avassalador **2** (*cheiro*) muito forte; enjoativo **3** (*calor*) opressivo; excessivo **4** dominador
overpriced *adj.* demasiado caro
overproduction *s.* superprodução; excesso de produção
overrate *v.* supervalorizar; dar importância demais a
overreact *v.* exagerar (to, *em relação a*)
override *v.* **1** anular; revogar **2** sobrepor-se a; prevalecer sobre
overriding *adj.* primordial; principal
overrule *v.* **1** (*decisão*) revogar; anular **2** (*objeção*) indeferir
overrun *v.* **1** infestar; to be overrun with estar infestado de **2** invadir **3** exceder (o tempo/orçamento previsto)
overseas *adj.* **1** externo; estrangeiro **2** ultramarino ■ *adv.* no estrangeiro, para o estrangeiro
oversee *v.* supervisionar

overseer s. 1 encarregado; gerente 2 supervisor 3 capataz
overshoot v. 1 (*pista*) sair de 2 (*limite, prazo*) ultrapassar; exceder
oversight s. 1 omissão; lapso; descuido 2 formal supervisão; to have oversight of estar encarregado de
oversized *adj.* demasiado grande; desproporcionado
oversleep v. adormecer; não acordar a tempo
overstate v. exagerar
overstatement s. exagero
overstep v. 1 (*limites*) ultrapassar; passar 2 (*autoridade*) abusar de ♦ to overstep the mark passar das marcas
overt *adj.* declarado; aberto
overtake v. 1 (*na estrada*) ultrapassar; to overtake a truck fazer uma ultrapassagem de um caminhão 2 superar; ultrapassar 3 dominar; apoderar-se de
over-the-counter *adj.* não sujeito a receita médica
overthrow[1] v. (*governo, dirigente*) derrubar; depor
overthrow[2] s. derrube; deposição
overtime s. 1 hora extra; to do/work overtime fazer hora extra 2 EUA ESPORTE prolongamento
overtone s. conotação; indício; political overtones conotações políticas
overture s. 1 MÚSICA abertura 2 tentativa de aproximação
overturn v. 1 virar (de pernas para o ar); (*carro*) capotar 2 (*decisão, acusação*) anular; revogar 3 (*governo*) derrubar; depor
overview s. perspectiva geral; visão de conjunto
overweight *adj.* com excesso de peso; his luggage was overweight a bagagem tinha excesso de peso; to be 5 kilos overweight ter 5 quilos a mais ■ v. sobrecarregar
overwhelm v. 1 dominar; avassalar; invadir 2 inundar (with, *com*); encher (with, *de*) 3 (*exército*) derrotar; esmagar
overwhelming *adj.* 1 esmagador; avassalador; the overwhelming majority of a esmagadora maioria de 2 (*desejo, necessidade*) irresistível 3 (*prova*) irrefutável
oviparous *adj.* BIOLOGIA ovíparo
ovulate v. BIOLOGIA ter ovulação; ovular
ovulation s. BIOLOGIA ovulação
ovule s. BIOLOGIA óvulo

ovum s. técnico óvulo
owe v. 1 (*dinheiro*) dever; how much do I owe you? quanto lhe devo?; to owe somebody something/to owe something to somebody dever algo a alguém 2 (*gratidão*) dever; estar em dívida para com; I owe my parents a lot devo muito aos meus pais; I owe you one fico te devendo uma; he owes me a favour está me devendo um favor; you owe us an apology você nos deve um pedido de desculpas; to owe loyalty to dever lealdade a ♦ É diferente de *awe*.
owing *adj.* (*quantia, dinheiro*) em dívida; em falta
owing to *prep.* devido a
owl s. ZOOLOGIA mocho; coruja
own *adj.* próprio; do próprio; for reasons of his own por motivos que só ele conhece; for your own safety para sua segurança; I need my own computer/I need a computer of my own preciso de um computador só para mim; my own sister a minha própria irmã; to have nothing of one's own não ter nada de seu ■ v. 1 ser dono de; ter; to be owned by ser propriedade de 2 antiquado admitir (to, -) ♦ on one's own sozinho, sem ajuda coloquial to get one's own back (on somebody) vingar-se (de alguém) own goal gol contra gol na própria meta own up v. confessar; admitir; to own up to something/to doing something confessar algo/ter feito algo
owner s. proprietário; dono
ownership s. posse; propriedade; to be under new ownership ter um novo proprietário; to be in private/public ownership pertencer ao setor privado/público
ox s. ZOOLOGIA boi
oxidation s. QUÍMICA oxidação
oxide s. QUÍMICA óxido
oxidize, oxidise Grã-Bretanha v. oxidar
oxygen s. QUÍMICA (*elemento químico*) oxigênio ♦ oxygen cylinder cilindro de oxigênio oxygen mask máscara de oxigênio
oxygenate v. QUÍMICA oxigenar
oxygenated *adj.* (*substância*) oxigenado
oyster s. ZOOLOGIA ostra; oyster bed banco de ostras
ozone s. 1 QUÍMICA ozônio 2 coloquial ar puro junto do mar ♦ ozone hole buraco na camada de ozônio ozone layer camada de ozônio
ozone-friendly *adj.* amigo do ozônio; que não prejudica a camada de ozônio

P

p *s.* (*letra*) p
p.m., pm *adv.* da tarde; da noite; at 3.30 p.m. às três e meia da tarde, às 15 e 30; at 10 p.m. às dez da noite, às 22 horas ● É a abreviatura da expressão latina *post meridiem*, que significa "depois do meio-dia".
pabulum *s.* nutrientes
paca *s.* ZOOLOGIA paca
pace *s.* 1 ritmo; at one's own pace ao seu próprio ritmo; the pace of life o ritmo de vida 2 passo ■ *v.* 1 percorrer; to pace up and down andar de um lado para o outro 2 marcar o ritmo (de); to pace oneself controlar o tempo; to be well paced ter um bom ritmo ♦ to be able to stand the pace aguentar o ritmo to force the pace impor o ritmo to keep pace with acompanhar to put somebody through their paces pôr alguém à prova to set the pace marcar o ritmo; dar o tom
pacemaker *s.* 1 (*aparelho*) pacemaker 2 (*em uma corrida*) lebre; atleta que impõe o ritmo
pacific *adj.* literário pacífico; sossegado ♦ Pacific Pacífico the Pacific (Ocean) o (Oceano) Pacífico
pacifier *s.* 1 EUA chupeta 2 apaziguador; algo que apazigua, que acalma
pacifism *s.* pacifismo
pacifist *adj., s.* pacifista
pacify *v.* 1 acalmar 2 pacificar
pacing *s.* andamento; to carry on in a good pacing prosseguir com ritmo bom
pack *s.* 1 conjunto; embalagem; pack 2 EUA (*cigarro*) maço 3 EUA pacote; embalagem 4 mochila 5 (*cartas*) baralho 6 (*lobos, cachorros*) matilha, alcateia 7 (*gente*) bando; multidão 8 (*corrida*) pelotão 9 (*mentiras*) chorrilho ■ *v.* 1 fazer as malas; to pack one's suitcase fazer a mala 2 arrumar (em um saco/em uma mala) 3 embalar; empacotar 4 meter (into, *em*) 5 encher 6 compactar 7 EUA (*arma*) transportar ♦ pack animal burro de carga pack up *v.* 1 fazer as malas 2 empacotar; encaixotar 3 sair do trabalho 4 coloquial avariar; pifar
package *s.* 1 pacote 2 embalagem 3 embrulho 4 EUA (*bolachas*) pacote ■ *v.* 1 embalar 2 empacotar 3 promover; publicitar ♦ package holiday pacote de férias
packaged *adj.* acondicionado
packaging *s.* 1 embalagem; embrulho 2 imagem; apresentação
packed *adj.* 1 cheio; abarrotado 2 de malas feitas ♦ packed lunch merenda
packet *s.* 1 pacote 2 embalagem 3 maço 4 coloquial dinheirão; to cost a packet custar os olhos da cara
packing *s.* 1 empacotamento; embalagem; packing case caixa de transporte 2 ato de fazer a mala; to do one's packing fazer as malas
pact *s.* pacto

pacu *s.* ZOOLOGIA pacu
pad *s.* 1 almofada; elbow pad cotoveleira; sanitary pad absorvente higiênico; shoulder pad chumaço 2 bloco; caderno 3 (*pata de animal, carimbo*) almofada 4 (*para helicópteros, aviões pequenos*) pista de aterrissagem 5 antiquado, coloquial casa; apartamento ■ *v.* 1 almofadar; acolchoar 2 andar silenciosamente pad out *v.* (*texto*) encher
padded *adj.* almofadado; acolchoado
paddle *s.* 1 remo 2 EUA (*pingue-pongue*) raquete ■ *v.* 1 remar 2 chapinhar; patinhar; molhar os pés ♦ to go for a paddle ir molhar os pés
paddy *s.* 1 arrozal 2 Grã-Bretanha coloquial mau humor; to get into a paddy aborrecer-se; to put somebody in a paddy deixar alguém de mau humor ♦ ofensivo Paddy irlandês EUA coloquial paddy wagon carro para presos
padlock *s.* cadeado ■ *v.* fechar com cadeado; prender com cadeado
paediatric, pediatric EUA *adj.* pediátrico
paediatrician, pediatrician EUA *s.* pediatra
paediatrics, pediatrics EUA *s.* MEDICINA pediatria
paedophile, pedophile EUA *s.* pedófilo
paedophilia, pedophilia EUA *s.* pedofilia
pagan *adj., s.* pagão
page *s.* 1 página; a blank page uma página em branco; on page 43 na página 43; on the front page na primeira página; over the page na página seguinte; to tear a page out rasgar uma folha; web page página web 2 pajem 3 jovem auxiliar de um congressista norte-americano 4 mensageiro 5 (*casamento*) pagem; menino das alianças ■ *v.* 1 chamar pelos alto-falantes 2 enviar mensagem para um pager ♦ to be on the same page estar em sintonia
pageant *s.* 1 representação histórica; quadro vivo 2 EUA concurso de beleza
pager *s.* dispositivo que era usado para receber mensagens por telecomunicações antes do telefone celular, ainda em uso em alguns serviços de saúde
pagination *s.* paginação
paid (pretérito, particípio passado de **to pay**) *adj.* pago; remunerado ♦ to put paid to pôr termo a pôr cobro a
pail *s.* EUA balde
pain *s.* 1 dor; sofrimento; pain barrier limiar da dor; to be in a lot of pain estar com muitas dores, estar sofrendo muito; to cause somebody pain fazer alguém sofrer 2 coloquial chato; chatice; she's a real pain ela é muito chatinha ■ *v.* fazer sofrer; afligir ♦ coloquial a pain in the neck/arse/ass/butt/backside 1 um grande chato 2 uma grande chatice, um saco on pain of sob pena de to be at pains to do something esforçar-se para fazer algo to take great pains to do something esforçar-se muito para fa-

painful

zer algo, fazer todo o possível para fazer algo to take the pain out of something tornar algo mais fácil
painful *adj.* 1 doloroso 2 penoso
painkiller *s.* analgésico
painless *adj.* 1 sem dor; indolor 2 fácil; sem esforço
painstaking *adj.* escrupuloso; meticuloso; cuidadoso
paint *s.* tinta ■ *v.* 1 pintar; to paint something yellow/red/blue... pintar algo de amarelo/vermelho/azul... 2 descrever; retratar ♦ wet paint pintado de fresco
paintbrush *s.* pincel; trincha
painted *adj.* pintado; painted in watercolours pintado a aquarela
painter *s.* pintor
painting *s.* 1 pintura 2 quadro; pintura; a Picasso painting um quadro de Picasso
pair *s.* par; a pair of scissors uma tesoura; a pair of shoes um par de sapatos; a pair of trousers um par de calças, umas calças; in pairs em pares, dois a dois; pair work trabalho de pares; the pair of you vocês dois ■ *v.* 1 juntar (a um par); emparelhar 2 acasalar pair off *v.* 1 arranjar namorado/namorada 2 formar pares
pajamas *s.pl.* EUA pijama; a pair of pajamas um pijama; in one's pajamas de/em pijama
Pakistan *s.* Paquistão
pal *s.* coloquial amigo; companheiro ■ *v.* ficar amigo (with, *de*) • É diferente de *pall*.
palace *s.* palácio
palaeontology, paleontology *s.* paleontologia
palate *s.* 1 palato 2 paladar
palatine *adj., s.* palatino
pale *adj.* 1 pálido 2 claro; esbranquiçado 3 (*luz*) tênue ■ *v.* empalidecer; to be beyond the pale estar/cair no ostracismo
paleness *s.* palidez
paleontology *s.* paleontologia
Palestinian *adj., s.* palestino
palette *s.* (*pintura*) paleta ♦ palette knife espátula
palisade *s.* paliçada
pall *s.* 1 caixão 2 (*de fumaça, poeira*) nuvem escura 3 figurado manto; cobertura; to cast a pall over something ensombrar algo 4 pano mortuário 5 EUA caixão; urna ■ *v.* perder o encanto; tornar-se aborrecido
palladium *s.* QUÍMICA (*elemento químico*) paládio
palliative *s.* paliativo ■ *adj.* paliativo; palliative care cuidados paliativos
palm *s.* 1 (*mão*) palma; in the palm of one's hand na palma da mão 2 BOTÂNICA palmeira ■ *v.* esconder com a mão; empalmar ♦ to have somebody in the palm of one's hand ter alguém nas mãos, ter controle absoluto de palm oil azeite de palmeira; azeite de dendê Palm Sunday Domingo de Ramos palm tree palmeira palm off *v.* impingir (on, *a*)
palmistry *s.* quiromancia
palmtop *s.* palmtop; computador de bolso
palpable *adj.* 1 palpável 2 patente 3 completo
palpate *v.* palpar
palpitate *v.* palpitar
palpitation *s.* (*batimentos cardíacos*) palpitação

pampa *s.* pampa
pampano *s.* ZOOLOGIA pampo
pamper *v.* mimar; agradar
pampering *s.* mimo
pamphlet *s.* panfleto
Pan *s.* Pã
pan *s.* 1 tacho; panela; frigideira 2 (*balança*) prato 3 EUA (*forno*) tabuleiro Pan MITOLOGIA Pã ■ *v.* 1 (*metais preciosos*) crivar (for, –) 2 coloquial criticar; arrasar ♦ to go down the pan ir por água abaixo pan out funcionar; acabar bem out of the frying pan into the fire da frigideira diretamente para o fogo; de mal para pior.
Panama *s.* (*país*) Panamá panama (*chapéu*) panamá
Panamanian *adj., s.* panamenho, panamense
pancake *s.* CULINÁRIA panqueca ♦ as flat as a pancake completamente liso Grã-Bretanha Pancake Day terça-feira de Carnaval
pancreas *s.* ANATOMIA pâncreas
panda *s.* ZOOLOGIA panda; giant panda panda gigante; red panda panda vermelho ♦ Grã-Bretanha antiquado, coloquial panda car carro da polícia (pequeno, preto e branco)
pandemonium *s.* pandemônio
pane *s.* vidro; vidraça
panel *s.* 1 ARTES PLÁSTICAS painel 2 painel; grupo 3 DIREITO lista de jurados; júri
pang *s.* 1 angústia; pang of remorse rebate de consciência 2 dor súbita
panic *s.* pânico; panic attack ataque de pânico; to go into a panic entrar em pânico ■ *v.* 1 entrar em pânico; don't panic! tenha calma! 2 apavorar ♦ panic button botão de emergência, botão do alarme
panicky *adj.* coloquial nervoso; ansioso
panic-stricken *adj.* em pânico; aterrorizado
pannier *s.* jacá
panorama *s.* 1 panorama 2 panorâmica
panoramic *adj.* panorâmico; panoramic view vista panorâmica; FOTOGRAFIA panoramic photo panorâmica
pansy *s.* BOTÂNICA amor-perfeito
pant *v.* ofegar; arfar • É diferente de *pants*.
pantheism *s.* panteísmo
pantheist *s.* panteísta
pantheistic *adj.* panteísta
pantheon *s.* panteão
panther *s.* 1 ZOOLOGIA pantera; onça 2 EUA puma
panties *s.pl.* EUA calcinha
panting *adj.* (*fôlego*) ofegante
pantomime *s.* 1 peça de teatro cômica baseada em um conto de fadas, representada no Natal para um público infantil 2 pantomina; mímica 3 farsa
pantry *s.* 1 despensa 2 copa
pants *s.pl.* 1 Grã-Bretanha cuecas 2 EUA calças 3 Grã-Bretanha coloquial porcaria ♦ coloquial to beat the pants off somebody derrotar alguém coloquial to bore the pants off somebody aborrecer alguém coloquial to have ants in the pants ser ansioso, angustiado, estar impaciente; ter bicho-carpinteiro to scare the pants off somebody dar um susto muito grande em alguém

pantyhose s.pl. EUA collants; meia-calça
papal adj. papal; pontifício
papaya s. BOTÂNICA papaia
paper s. 1 papel; a piece of paper um papel; a sheet of paper uma folha (de papel) 2 jornal 3 artigo; palestra 4 (escola, universidade) prova; teste 5 trabalho escrito 6 papel de parede papers s.pl. documentos; papéis ■ adj. de papel; em papel; a paper bag um saco de papel ■ v. (parede) forrar com papel; to paper something over tentar esconder algo errado, ruim ♦ on paper em teoria, por escrito paper money papel-moeda, notas paper boy distribuidor de jornais paper cup copo de papel/papelão EUA paper cutter guilhotina (para cortar papel) paper girl distribuidora de jornais paper pusher burocrata paper round distribuição de jornais Grã-Bretanha paper shop tabacaria paper tiger tigre de papel (algo ou alguém que aparenta ser poderoso ou perigoso sem na realidade o ser) toilet paper papel higiênico paper towel 1 toalha de papel (para secar as mãos) 2 EUA papel de cozinha
paperback s. livro de capa mole; livro brochado
paperclip s. clipe
paperweight s. peso para papéis
paperwork s. papelada
paprika s. CULINÁRIA páprica
papyrus s. BOTÂNICA papiro
par s. 1 igualdade; equivalência 2 média; above par acima da média
parable s. (narração) parábola
parabola s. GEOMETRIA parábola
parabolic adj. parabólico
parachute s. paraquedas ■ v. 1 saltar de paraquedas 2 lançar de paraquedas
parachutist s. paraquedista
parade s. 1 desfile; cortejo 2 parada; desfile 3 exibição; ostentação 4 Grã-Bretanha zona comercial ■ v. 1 desfilar 2 exibir; ostentar 3 passar em revista 4 pavonear-se ♦ parade ground praça de armas
paradigm s. paradigma; a paradigm shift uma mudança de paradigma
paradise s. paraíso Paradise RELIGIÃO Paraíso
paradisiac adj. paradisíaco
paradox s. 1 paradoxo 2 pessoa paradoxal
paraffin s. 1 Grã-Bretanha parafina 2 Grã-Bretanha óleo de parafina; querosene; petróleo de iluminação
paraglider s. 1 (planador) parapente 2 praticante de parapente
paragliding s. (atividade) parapente
paragraph s. 1 parágrafo; full stop, new paragraph ponto final, parágrafo 2 (documento legal) parágrafo; alínea 3 (jornais) pequena notícia
Paraguay s. Paraguai
Paraguayan adj., s. paraguaio
parakeet s. ZOOLOGIA periquito
parallel adj. 1 GEOMETRIA paralelo (to/with, a); parallel lines linhas paralelas; the road running parallel to the estrada paralela a 2 paralelo; semelhante ■ s. 1 paralelo; equivalente 2 paralelo; paralelismo; analogia; to draw a parallel between estabelecer um paralelo entre 3 GEOGRAFIA paralelo ■ v. ser equivalente a ♦ in parallel with em paralelo com em simultâneo com parallel bars barras paralelas without parallel sem paralelo
parallelepiped s. GEOMETRIA paralelepípedo
parallelism s. paralelismo
parallelogram s. GEOMETRIA paralelogramo
Paralympics s. paraolimpíada, jogos paraolímpicos
paralyse, paralyze EUA v. paralisar
paralysis s. 1 MEDICINA paralisia 2 paralisação
paralytic adj. 1 MEDICINA paralítico 2 paralisante ■ s. antiquado paralítico
paralyze v. paralisar
paramedic s. paramédico
parameter s. parâmetro; to set/define parameters estabelecer/definir parâmetros
paramount adj. 1 primordial; fundamental; of paramount importance de importância primordial, da mais alta importância 2 supremo
paranoia s. paranoia
paranoiac adj., s. paranoico
paranoid adj., s. paranoico
paranormal adj., s. paranormal; paranormal phenomena fenômenos paranormais
parapet s. (de telhado, ponte) parapeito
paraphernalia s. parafernália; equipamento
paraphrase s. paráfrase ■ v. parafrasear
paraplegic s., adj. MEDICINA paraplégico
parapsychologist s. parapsicólogo
parapsychology s. parapsicologia
parasite s. 1 BIOLOGIA parasita 2 figurado (pessoa) parasita
parasitic adj. parasita; parasitário; parasitic plants plantas parasitas
parasitize v. parasitar
parasol s. 1 guarda-sol 2 sombrinha
paratrooper s. paraquedista
paratroops s.pl. paraquedistas
parcel s. 1 embrulho; encomenda 2 (terreno) parcela ■ v. embrulhar parcel off v. dividir em lotes
parcelled adj. parcelado
parch v. ressequir; secar; tostar
parched adj. 1 seco; ressequido 2 coloquial a morrer de sede
parchment s. pergaminho
pardon s. 1 formal perdão 2 indulto ■ v. 1 formal perdoar 2 conceder indulto a ♦ I beg your pardon desculpe, peço desculpa I beg your pardon? desculpe? como disse? if you'll pardon the expression com o perdão da expressão pardon (me) 1 desculpe 2 com licença coloquial pardon my French desculpe a linguagem
pardonable adj. perdoável
parent s. pai, mãe; my parents os meus pais; one of your parents um dos seus pais, o seu pai ou a sua mãe; parent or guardian pai/mãe ou tutor, encarregado de educação; parent company empresa-mãe ● Observe que "parentes", no sentido de "familiares", se traduz por relatives.
parental adj. dos pais
parenthesis s. parêntesis, parêntese; in parentheses entre parênteses
parenthood s. paternidade, maternidade

parish

parish s. paróquia; parish priest pároco; parish records registros paroquiais

parishioner s. paroquiano

parity s. 1 paridade; igualdade; equiparação 2 paridade monetária

park s. 1 parque; jardim público; park bench banco de jardim 2 parque; car park parque de estacionamento; amusement park parque de diversões theme park parque temático 3 Grã-Bretanha coloquial (*futebol, rúgbi*) campo ■ v. 1 (*veículo*) estacionar 2 coloquial deixar; to park oneself sentar um pouco, aguardar sentado

parking s. estacionamento ♦ no parking estacionamento proibido, proibido estacionar parking attendant fiscal de estacionamento EUA parking brake freio de estacionamento EUA parking garage parque de estacionamento (com vários pisos) EUA parking lot parque de estacionamento parking meter parquímetro parking space lugar de estacionamento parking ticket multa de estacionamento

parliament s. parlamento; a Member of Parliament um deputado; European Parliament Parlamento Europeu ● O parlamento britânico divide-se em duas câmaras: a Câmara dos Comuns (*House of Commons*), composta por deputados eleitos diretamente pelos cidadãos britânicos, e a Câmara dos Lordes (*House of Lords*), formada por membros da Igreja anglicana, aristocratas e cidadãos nomeados para o cargo. Os membros da Câmara dos Comuns são atualmente 646 e são designados MPs (*Members of Parliament*). Os Lordes são cerca de 720 e são designados Peers.

parliamentary adj. parlamentar; parliamentary election eleições parlamentares/legislativas; parliamentary privilege imunidade parlamentar

parlour, parlor EUA s. 1 antiquado salão; saleta; sala de estar 2 EUA loja; estabelecimento; beauty parlour salão de beleza

Parmesan adj. parmesão ■ s. queijo parmesão

parochial adj. 1 pejorativo provinciano; bairrista 2 formal paroquial

parody s. 1 (*texto, filme, atuação*) paródia 2 mau exemplo ■ v. parodiar

parole s. liberdade condicional; on parole em liberdade condicional; to break one's parole violar a liberdade condicional ■ v. soltar em liberdade condicional

parquet s. parquete, parquê

parricide s. 1 (*crime*) parricídio 2 (*pessoa*) parricida

parrot s. ZOOLOGIA papagaio ■ v. papaguear ♦ Grã-Bretanha as sick as a parrot muito desiludido

parsley s. BOTÂNICA salsa

parson s. pároco; vigário ● É diferente de *person*.

part s. 1 parte 2 peça; componente 3 papel; função; envolvimento 4 papel; personagem 5 MÚSICA parte, partitura 6 EUA (*cabelo*) risca ■ adv. em parte ■ v. 1 separar(-se) 2 (*cabelo*) fazer a risca ♦ for my part pela minha parte, quanto a mim for the most part na maioria in part em parte on somebody's part da parte de alguém to be part and parcel of fazer parte (integrante) de to play a part in estar envolvido em to take part in participar em to take somebody's part tomar o partido de alguém part of speech classe gramatical, parte do discurso ● É diferente de *party*.

partake v. 1 formal participar (in, *em*) 2 formal (*comida, bebida*) comer (of, -); tomar (of, -) 3 formal (*característica*) possuir (of, -)

partial adj. parcial ♦ to be partial to something/somebody gostar muito de algo/alguém ter uma preferência por algo/alguém

partiality s. 1 parcialidade 2 preferência (for, *por*); predileção (for, *por*)

partially adv. parcialmente; em parte

participant adj., s. participante (in, *em*); (*workshop, formação*) participante, formando

participate v. participar (in, *em*)

participation s. participação

participle s. LINGUÍSTICA particípio; past/present participle particípio passado/presente

particle s. partícula; not a particle of truth in nem um pingo de verdade em

particular adj. 1 específico; em especial 2 particular; especial 3 esquisito (about, *com*); exigente (about, *com*); picuinhas (about, *com*) s. detalhe particulars s.pl. informações detalhadas; dados ♦ in particular em especial ● O adjetivo "particular", no sentido de "que é propriedade de uma pessoa ou empresa; que não é público", em inglês, traduz-se por *private*.

particularity s. 1 formal singularidade; particularidade 2 formal exigência 3 formal pormenor

particularize v. singularizar, particularizar

particularly adv. especialmente; particularmente; not particularly nem por isso

parting s. 1 separação; adeus; despedida; parting shot comentário final; palavra final antes da despedida; the moment of parting o momento da despedida 2 Grã-Bretanha (*cabelo*) risca; centre parting risca ao meio ■ adj. de despedida

partisan s. 1 POLÍTICA partidário; militante 2 guerrilheiro (da resistência) ■ adj. faccioso; parcial (politicamente)

partition s. 1 divisória; divisão 2 separação ■ v. dividir

partly adv. em parte

partner s. 1 sócio 2 companheiro; EUA domestic partner companheiro (em uma união estável) 3 parceiro; partner in crime cúmplice 4 par

partnership s. 1 sociedade 2 associação; consórcio 3 parceria

partridge s. ZOOLOGIA perdiz

part-time adj., adv. em part-time; a tempo parcial

party s. 1 festa; to give/throw a party dar uma festa 2 POLÍTICA partido 3 grupo 4 DIREITO parte ■ v. coloquial divertir-se; curtir col. ♦ formal to be (a) party to estar envolvido em; ser parte de coloquial party animal farrista, festeiro party on! isso mesmo! coloquial party pooper o primeiro a sair da festa, desmancha-prazeres party wall parede comum

paschal adj. pascoal

pass v. 1 passar 2 passar; chegar; dar 3 (*lei, proposta*) aprovar 4 ultrapassar; exceder 5 (*teste, ano*) passar (em/a); ser aprovado 6 proferir; dizer 7 passar-se;

suceder 8 recusar ■ s. 1 passe 2 (*teste*) aprovação; positiva 3 desfiladeiro 4 fase; etapa ◆ literário *to come to pass* suceder coloquial *to make a pass at somebody* dar uma cantada em alguém *to pass by* passar por *to pass judgement on* fazer juízo de *to pass the buck* fugir da responsabilidade; eximir-se da culpa *to pass the hat* passar o chapéu, coletar dinheiro *to pass unnoticed* passar despercebido *pass away* v. 1 falecer 2 desaparecer *pass for* v. passar por; ser confundido com *pass out* v. desmaiar; perder os sentidos; recusar algo *pass over* ignorar • A expressão "passar (roupa)", em inglês, traduz-se por *to iron (something)*.
passable *adj.* transitável
passage *s.* 1 passagem 2 passagem; corredor 3 (*livro, peça musical*) passagem; excerto; trecho 4 (*lei*) promulgação 5 (*viagem*) passagem
passageway *s.* passagem; corredor; *a secret passageway* uma passagem secreta
passbook *s.* caderneta bancária
passenger *s.* passageiro
passer-by *s.* transeunte
passing *s.* 1 passagem 2 fim 3 falecimento 4 aprovação ■ *adj.* 1 passageiro; rápido *passing clouds* nuvens passageiras 2 que passa; *each passing day* cada dia que passa 3 EUA positivo; suficiente para aprovação ◆ *in passing* de passagem
passion *s.* 1 paixão (for, *por*); *crime of passion* crime passional 2 *formal* fúria; *to fly into a passion* ter um ataque de fúria ◆ *Passion* Paixão (de Cristo) *passion fruit* maracujá
passionate *adj.* apaixonado; ardente; fervoroso
passionately *adv.* apaixonadamente; fervorosamente
passive *adj.* passivo; LINGUÍSTICA *passive voice* voz passiva ■ *s.* voz passiva
passivity *s.* passividade
passport *s.* passaporte; *passport photo* foto para passaporte
password *s.* senha (de acesso); password
past *adj.* 1 último 2 passado; LINGUÍSTICA *past tense* pretérito 3 anterior ■ *s.* passado ■ *prep.* 1 a seguir a; *to go past something* passar por algo 2 após; depois de; *half past six* seis e meia; *it's past six* já passam das seis ■ *adv.* 1 em frente 2 ao lado ◆ *in the past, in past times* antigamente *to be past caring* já não querer saber coloquial *to be past it* estar muito velho estar ultrapassado • É diferente de *pasta*.
pasta *s.* CULINÁRIA massa
paste *s.* 1 CULINÁRIA massa; pasta; *I love all kinds of Italian pasta* adoro todos os tipos de massa italiana 2 patê 3 cola ■ *v.* 1 colar; *to paste up* empastar 2 INFORMÁTICA colar
pasteboard *s.* papelão
pasteurization, pasteurisation Grã-Bretanha *s.* pasteurização
pasteurize, pasteurise Grã-Bretanha *v.* pasteurizar
pasteurized *adj.* pasteurizado; *pasteurized milk* leite pasteurizado
pastime *s.* passatempo

patrol

pasting *s.* 1 Grã-Bretanha coloquial (*agressão, derrota*) surra; coça 2 INFORMÁTICA colagem
pastoral *adj.* 1 pastoral 2 pastoril; bucólico
pastry *s.* 1 massa (para tortas doces); *puff pastry* massa folhada 2 pastel de massa folhada; folhado
pasture *s.* pasto; pastagem ■ *v.* apascentar
pastureland *s.* pasto
pasty *adj.* 1 pálido 2 pastoso ■ *s.* CULINÁRIA bola; empanada
pat *v.* 1 dar palmadinhas em 2 acariciar; afagar ■ *s.* palmadinha ■ *adj.* pronto; preparado ◆ *a pat on the back* uma palmadinha nas costas *to pat somebody on the back* elogiar alguém
patch *s.* 1 mancha 2 remendo 3 (*olho*) pala 4 pedaço de terra 5 esparadrapo; emplastro ■ *v.* remendar ◆ Grã-Bretanha coloquial *not to be a patch on* não chegar aos pés de Grã-Bretanha coloquial *to go through a bad patch* passar um mau bocado, comer o pão que o diabo amassou
patcher *s.* remendão
pâté *s.* CULINÁRIA patê
patella *s.* ANATOMIA patela
patent *s.* patente ■ *adj.* 1 patenteado 2 *formal* patente; evidente; óbvio ■ *v.* patentear
paternal *adj.* 1 paternal 2 paterno; *paternal grandmother* avó paterna
paternalistic *adj.* paternalista
paternity *s.* paternidade ◆ *paternity leave* licença-paternidade *paternity suit/case* ação de investigação de paternidade
path *s.* 1 caminho 2 passagem 3 percurso
pathetic *adj.* patético
pathogenic *adj.* patogênico
pathologic *adj.* patológico
pathological *adj.* patológico
pathologist *s.* patologista
pathology *s.* MEDICINA patologia
pathway *s.* caminho
patience *s.* 1 paciência; *my patience is wearing thin* a minha paciência está se esgotando; *to have the patience to do something* ter paciência para fazer algo; *to lose patience/to run out of patience* perder a paciência; *to try somebody's patience* pôr à prova a paciência de alguém 2 Grã-Bretanha (*jogo de cartas*) paciência ◆ *to have the patience of Job* ter a paciência de um santo
patient *s.* doente; paciente ■ *adj.* paciente; *to be patient* ter paciência
patiently *adv.* pacientemente
patio *s.* terraço; pátio
patriarch *s.* patriarca
patriarchal *adj.* patriarcal
patrician *adj., s.* aristocrata; patrício
patrimonial *adj.* patrimonial
patrimony *s.* *formal* patrimônio
patriot *s.* patriota
patriotic *adj.* patriota; patriótico
patriotism *s.* patriotismo
patrol *v.* 1 patrulhar; fazer a ronda (em) 2 percorrer ■ *s.* patrulha; ronda ◆ *patrol car* carro-patrulha • É diferente de *petrol*.

patron

patron s. 1 patrono; patron of the arts mecenas 2 formal (*loja, restaurante, hotel*) cliente ♦ patron saint padroeiro • A palavra "patrão", em inglês, traduz-se por *boss, landlord*.

patronage s. 1 patrocínio 2 mecenato 3 EUA formal clientela; thank you for your patronage obrigado pela preferência ♦ A palavra "patrocínio", em inglês, traduz-se também por *sponsorship*.

patronize, patronise Grã-Bretanha v. 1 tratar de forma condescendente 2 formal (*loja, restaurante*) frequentar 3 patrocinar

patronizing, patronising EUA *adj*. paternalista; condescendente

patter v. tamborilar

pattern s. 1 padrão 2 modelo; exemplo 3 amostra 4 molde ■ v. modelar

paunch s. pança; barriga (grande) • É diferente de *punch*.

pause s. 1 pausa 2 intervalo ■ v. parar; to pause for breath parar para respirar

pave v. pavimentar ♦ to pave the way for preparar o terreno para

pavement s. 1 Grã-Bretanha passeio; pavement artist artista de rua 2 EUA pavimento

pavilion s. pavilhão

paving s. pavimentação; piso; laje

paw s. (*animal*) pata 2 coloquial manopla; pata ■ v. 1 (*animal*) raspar (com a pata) 2 coloquial apalpar

pawn s. 1 (*xadrez*) peão 2 figurado joguete ■ v. penhorar; pôr no prego ♦ to be in pawn estar no prego

pawned *adj*. 1 penhorado, empenhado

pawnshop s. casa de penhores

pawpaw s. Grã-Bretanha papaia

pay v. 1 pagar; he paid for the snack ele pagou o lanche; pay me what you owe me paga o que você me deve; to pay a fine/a bill pagar uma multa/uma conta; to pay €10 pagar dez euros; (*objeto, serviço, trabalho*) to pay for something pagar por algo; to pay in cash pagar em dinheiro; (*valor*) to pay something pagar algo 2 compensar; valer a pena; crime doesn't pay o crime não compensa 3 render; dar lucro ■ s. 1 salário; pay rise aumento (de pagamento por trabalho) 2 pagamento ♦ to pay a call ir ao banheiro to pay attention (to something) prestar atenção (a algo) to pay somebody a compliment/a visit fazer um elogio/uma visita a alguém pay back v. 1 (*dívida*) pagar 2 pagar a (alguém) na mesma moeda; vingar-se de (alguém) pay off v. 1 compensar; valer a pena 2 liquidar; saldar 3 pagar a totalidade de 4 subornar 5 despedir

payable *adj*. pagável; que deve ser pago; que pode ser pago

pay-as-you-go *adj*. sem assinatura; pré-pago; recarregável

payback s. 1 retorno de investimento 2 vingança; desforra

payday s. dia de pagamento

payment s. 1 pagamento; down payment entrada; monthly payment mensalidade 2 recompensa

payoff s. propina

payphone, pay phone s. telefone público

payroll s. folha de pagamentos; to have somebody on the payroll empregar alguém

pea s. BOTÂNICA ervilha

peace s. paz; peace and quiet paz e sossego; peace of mind paz de espírito; peace process processo de paz; to keep the peace manter a ordem ♦ speak now or forever hold your peace fale agora ou cale-se para sempre to hold one's peace ficar calado to make your peace with somebody fazer as pazes com alguém

peaceful *adj*. 1 sossegado 2 pacífico

peacekeeping s. manutenção da paz ■ *adj*. de manutenção da paz

peacetime s. tempos de paz

peach s. 1 BOTÂNICA pêssego; peach tree pessegueiro 2 cor de pêssego 3 antiquado beleza ■ *adj*. cor de pêssego

peacock s. ZOOLOGIA pavão

peak s. 1 pico 2 auge; apogeu 3 Grã-Bretanha (*boné, chapéu*) pala ■ v. atingir o ponto máximo ■ *adj*. máximo ♦ Grã-Bretanha peak time horário nobre

peal s. 1 (*sinos*) repique 2 carrilhão 3 estrondo; peals of laughter gargalhadas estrondosas ■ v. ressoar; repicar • É diferente de *peel*.

peanut s. BOTÂNICA amendoim peanuts *s.pl*. coloquial ninharia; coisa que vale pouco dinheiro ♦ peanut butter manteiga de amendoim

pear s. BOTÂNICA pera

pearl s. 1 pérola; a pearl necklace um colar de pérolas 2 preciosidade; joia ♦ to cast pearls before swine dar pérolas a porcos pearl onion cebolinha

peasant s. 1 camponês 2 pejorativo campônio; tosco; bronco

peck v. 1 (*pássaro*) bicar; picar 2 dar um beijo em ■ s. 1 bicada 2 beijoca

pectoral *adj*. peitoral

peculation s. DIREITO peculato

peculiar *adj*. 1 esquisito; peculiar 2 próprio (to, de); característico (to, de) 3 Grã-Bretanha coloquial adoentado

peculiarity s. 1 particularidade 2 peculiaridade; singularidade

peculiarly *adv*. 1 particularmente; especialmente 2 caracteristicamente; tipicamente 3 de modo estranho

pecuniary *adj*. formal pecuniário; financeiro

pedagogical, pedagogic *adj*. formal pedagógico

pedagogue s. pedagogo

pedagogy s. pedagogia

pedal s. pedal; the brake pedal o pedal do freio; EUA the gas pedal o acelerador; to reach the pedals alcançar os pedais ■ v. 1 pedalar 2 andar de bicicleta ♦ pedal bin lata de lixo (com pedal)

pedant s. pedante

pedantic *adj., s*. pejorativo (*ares de superioridade*) pedante

peddle v. 1 vender de porta em porta 2 (*boatos*) espalhar 3 (*ideia, opinião*) tentar vender

peddler s. 1 EUA vendedor ambulante 2 (*drogas*) traficante

pedestal s. 1 pedestal 2 pé ♦ to put/place somebody on a pedestal colocar alguém em um pedestal

pedestrian s. pedestre ■ adj. 1 para pedestres; pedestrian zone zona para pedestres 2 pedestre 3 vulgar; desinteressante ◆ Grã-Bretanha pedestrian crossing faixa de pedestres
pediatrician s. pediatra
pediatrics s. pediatria
pedicure s. pedicuro
pedigree s. (animais) pedigree ■ adj. (animais) com pedigree
pediment s. ARQUITETURA frontão
pedlar s. Grã-Bretanha vendedor ambulante
pedophile s. pedófilo
pedophilia s. pedofilia
pee v. coloquial fazer xixi ■ s. coloquial xixi; to have a pee fazer xixi
peek v. espreitar; no peeking! não vale espreitar! ■ s. espreitadela; olhadela; to take a peek dar uma espreitadela
peel v. 1 (fruta, pele) descascar 2 tirar; descolar 3 despir-se ■ s. (fruta) casca
peeler s. descascador
peeling s. 1 ação de descascar 2 descamação da epiderme peelings s.pl. cascas
peep v. 1 espreitar 2 surgir; (sol) raiar ■ s. 1 espreitadela; olhadela 2 pio 3 guincho
peer s. 1 par; igual 2 colega 3 Grã-Bretanha nobre ■ v. olhar com atenção; observar
peeve v. coloquial irritar ◆ EUA somebody's pet peeve algo que irrita alguém
peevish adj. irritadiço; rabugento
peg s. 1 cabide (na parede) 2 (tenda) estaca 3 Grã-Bretanha pregador (da roupa) 4 (instrumento musical) cravelha ■ v. 1 prender com molas 2 segurar; fixar com estacas 3 (valor, salário, preço) fixar; indexar ◆ Grã-Bretanha off the peg pronto to bring somebody down a peg (or two) pôr alguém no seu lugar coloquial peg leg perna de pau to peg someone falar mal de alguém
Pegasus s. MITOLOGIA, ASTRONOMIA Pégaso
pejorative adj. formal pejorativo
pelagic adj. pelágico
pelican s. ZOOLOGIA pelicano ◆ pelican crossing faixa de pedestres
pelt v. 1 atingir; they were pelted with bottles arremessaram-lhes garrafas; to pelt somebody with something atirar algo a alguém 2 (chuva, granizo) bater com força em; cair com força 3 coloquial ir disparado ■ s. (animal) pele; pelo ◆ (at) full pelt a toda a velocidade
pelvic adj. pélvico
pelvis s. ANATOMIA pélvis; bacia
pen s. 1 caneta; ballpoint pen esferográfica; fountain pen caneta de tinta permanente; in pen a caneta, a tinta 2 (animais) cercado; curral; redil 3 (criança) parque 4 EUA calão cadeia ■ v. formal escrever; redigir ◆ to put pen to paper pôr por escrito, passar ao papel pen name pseudônimo (de escritor) EUA pen pal correspondente
penal adj. 1 penal; penal code código penal; penal servitude trabalhos forçados 2 punível por lei
penalization, penalisation Grã-Bretanha s. penalização
penalize, penalise Grã-Bretanha v. 1 penalizar 2 punir 3 prejudicar
penalty s. 1 pena; castigo; penalidade; death penalty pena de morte 2 multa 3 desvantagem 4 penalização 5 ESPORTE pênalti; to miss a penalty perder um pênalti ◆ ESPORTE penalty area grande área, área de pênalti ESPORTE penalty shoot-out pênaltis
penance s. penitência; to do penance for cumprir penitência por
pencil s. lápis; in pencil a lápis; coloured pencils lápis de cor; eyebrow pencil lápis de sobrancelhas ■ v. escrever a lápis; desenhar a lápis ◆ pencil case/box estojo porta-lápis pencil sharpener apontador
pendant s. (joia) pendente; pingente
pendular adj. pendular
pendulum s. pêndulo
penetrate v. 1 penetrar (em) 2 infiltrar-se em 3 atravessar 4 embrenhar-se em
penetrating adj. 1 penetrante 2 (som) agudo 3 perspicaz; astuto
penetration s. penetração
penfriend s. Grã-Bretanha amigo por correspondência
penguin s. ZOOLOGIA pinguim
penicillin s. penicilina
peninsula s. GEOGRAFIA península; Iberian peninsula Península Ibérica
peninsular adj. peninsular
penis s. ANATOMIA pênis
penitence s. penitência; arrependimento
penitent adj., s. formal penitente; arrependido
penitentiary s. EUA penitenciária; cadeia
penknife s. canivete
pennant s. bandeira triangular; galhardete; flâmula
penniless adj. na miséria; sem um tostão
penny s. 1 (dinheiro) pêni, penny (moeda de um centavo); one penny um pêni; ten pence dez pence 2 (moeda) pêni; a few pennies algumas moedas de pêni pennies s.pl. 1 (moeda dos EUA) centavo 2 tostão; centavo; without a penny sem um tostão ◆ a penny for your thoughts o que você está pensando? in for a penny, in for a pound quem inicia tem de ir até o final Grã-Bretanha ten/two a penny em abundância, a dar com um pau Grã-Bretanha the penny (has) dropped finalmente entendeu to cost a pretty penny custar um dinheirão
penny-pinching adj. avarento; somítico ■ s. avareza
pennyroyal s. BOTÂNICA poejo
pension s. 1 pensão; pension fund fundo de pensões 2 reforma ■ v. aposentar
pensioner s. Grã-Bretanha pensionista; reformado; aposentado
pensive adj. pensativo
pentagon s. GEOMETRIA pentágono ◆ Pentagon Pentágono (sede do Departamento de Defesa e das forças armadas dos EUA)
pentameter s. pentâmetro
pentathlete s. atleta do pentatlo; pentatleta
pentathlon s. pentatlo; modern pentathlon pentatlo moderno
Pentecost s. RELIGIÃO Pentecostes
penthouse s. apartamento luxuoso no último andar
penultimate adj. penúltimo

people

people s.pl. 1 pessoas; ten people dez pessoas 2 gente; pessoas; a lot of people muita gente; old people os idosos; people think that as pessoas pensam que; young people os jovens ■ s. povo; the Brazilian people o povo brasileiro ■ v. povoar ♦ of all people logo ele/ela

pep s. coloquial energia; vigor; dinamismo ■ v. EUA coloquial transmitir energia; animar ♦ coloquial pep talk discurso para levantar o moral

pepper s. 1 BOTÂNICA pimenta 2 BOTÂNICA pimentão ■ v. 1 apimentar 2 encher (with, *de*); rechear (with, *com*) 3 crivar de balas ♦ pepper spray gás pimenta pepper mill moinho de pimenta pepper pot (*recipiente*) pimenteiro white/black pepper pimenta branca/preta

peppercorn s. grão de pimenta ♦ Grã-Bretanha peppercorn rent aluguel muito barato

peppermint s. BOTÂNICA hortelã-pimenta

pepperoni s. CULINÁRIA variedade de salame

peppery adj. (*sabor*) apimentado

per prep. por; per hour por hora; per person por pessoa ♦ as per conforme consoante de acordo com coloquial as per usual como de costume per se adv. em si; por si mesmo

perceive v. 1 perceber 2 considerar; encarar; entender 3 detectar; notar; observar

percent, per cent Grã-Bretanha ■ adj., adv. por cento; 70 percent 70 por cento; a 40 percent increase um aumento de 40 por cento

percentage s. 1 porcentagem; in percentage terms em termos percentuais; percentage points pontos percentuais 2 (*lucros*) porcentagem; comissão

perceptible adj. perceptível; sensível

perception s. 1 percepção 2 perspectiva; ponto de vista 3 perspicácia

perceptive adj. 1 perspicaz 2 perceptivo

perch s. 1 ZOOLOGIA perca 2 poleiro 3 coloquial posição elevada ■ v. 1 empoleirar(-se) 2 elevar(-se), içar(-se) ♦ to knock somebody off their perch fazer alguém cair do pedestal

percolate v. 1 passar; infiltrar-se 2 (*café*) filtrar; fazer 3 (*notícia, novidade*) chegar; circular

percolator s. cafeteira de filtro

percussion s. 1 percussão; percussion instruments instrumentos de percussão 2 percussionistas ♦ Grã-Bretanha percussion drill furadeira com percussão

percussionist s. percussionista

peremptory adj. formal imperioso; autoritário

perennial adj. 1 perene; perpétuo; eterno 2 (*planta*) perene ■ s. planta perene

perestroika s. perestroika

perfect[1] adj. 1 perfeito; LINGUÍSTICA (*tempo verbal*) perfeito; MATEMÁTICA (*número*) perfeito 2 perfeito; completo; a perfect stranger um completo desconhecido; to have a perfect right to do something ter todo o direito de fazer algo; to make perfect sense fazer todo o sentido

perfect[2] v. aperfeiçoar

perfection s. 1 perfeição 2 aperfeiçoamento

perfectionist adj., s. perfeccionista

perfectly adv. 1 perfeitamente; to know perfectly well that saber perfeitamente que 2 de modo perfeito; na perfeição

perfidious adj. literário pérfido

perfidy s. perfídia

perforate v. perfurar

perforated adj. 1 perfurado 2 picotado; please tear along the perforated line destacar pelo picotado 3 denteado

perforation s. perfuração

perform v. 1 (*ação, tarefa, estudo*) realizar, levar a cabo, executar; (*função, deveres*) cumprir; (*papel*) desempenhar; to perform miracles fazer milagres 2 (*artista*) atuar 3 (*peça*) representar; (*concerto*) realizar; (*peça musical*) executar

performance s. 1 desempenho 2 atuação; interpretação 3 espetáculo 4 (*ação, tarefa, estudo*) realização, execução; (*função, deveres*) cumprimento, exercício 5 coloquial proeza; trabalheira

performer s. artista; intérprete ♦ good/bad performers as pessoas com bom/mau desempenho

performing adj. 1 relacionado com o espetáculo; performing arts artes do espetáculo 2 (*animal*) amestrado

perfume s. 1 (*produto*) perfume 2 (*odor agradável*) fragrância; perfume; aroma

perfumery s. perfumaria

perfunctory adj. (*gesto, sorriso*) mecânico; superficial

perhaps adv. talvez; perhaps not talvez não

perigee s. ASTRONOMIA perigeu

perihelion s. ASTRONOMIA periélio

peril s. perigo; risco ■ v. pôr em perigo; expor ao perigo ♦ at one's peril por sua conta e risco

perilous adj. 1 perigoso 2 arriscado

perimeter s. perímetro

period s. 1 período the post-war period was very hard o período do pós-guerra foi muito difícil 2 época 3 EUA ponto final 4 (*menstruação*) período 5 tempo letivo 6 GEOLOGIA período the Jurassic period o período Jurássico ■ adj. de época; period costumes roupas de época

periodic adj. periódico ♦ QUÍMICA periodic table tabela periódica

periodical s. publicação periódica ■ adj. periódico

periodically adv. periodicamente

periodicity s. periodicidade

peripheral adj. 1 periférico; peripheral vision visão periférica 2 secundário ■ s. INFORMÁTICA periférico

periphery s. 1 periferia 2 margem

periphrasis s. perífrase

periphrastic adj. perifrástico

periscope s. periscópio

perish v. 1 formal perecer; morrer; sucumbir 2 deteriorar-se ♦ coloquial perish the thought! nem é bom pensar! Deus nos livre!

perishable adj. perecível

periwinkle s. ZOOLOGIA caramujo

perjure v. to perjure oneself cometer perjúrio; prestar falso testemunho

perjury s. perjúrio; falso testemunho

perk s. coloquial regalia; mordomia ■ v. coloquial coar o café
perky adj. coloquial alegre; animado; vivaço
perm s. (cabelo) permanente ■ v. fazer uma permanente em
permanence, permanency s. permanência; perpetuidade; continuidade
permanent adj. 1 permanente 2 estável; fixo 3 (dentição) definitivo ■ s. EUA (cabelo) permanente
permanently adv. 1 para sempre 2 irremediavelmente
permeability s. permeabilidade
permeable adj. permeável (to, a); this fabric is permeable to water este tecido é permeável à água
permeate v. 1 (cheiro) impregnar 2 infiltrar-se (through, em/por) 3 (ideias, sentimentos) impregnar; atravessar
permission s. permissão; autorização; licença; com a sua permissão with your permission; to ask permission to do something pedir permissão para fazer alguma coisa to give permission/consent dar permissão
permissive adj. permissivo
permit[1] s. licença; autorização; alvará
permit[2] v. 1 formal permitir; autorizar 2 formal permitir; tornar possível ♦ A palavra "permitir", em inglês, pode também ser traduzida por *allow*.
permutation s. permutação
pernicious adj. pernicioso
pernickety adj. Grã-Bretanha coloquial picuinha
peroxide s. 1 QUÍMICA peróxido; hydrogen peroxide peróxido de hidrogênio, água oxigenada 2 QUÍMICA água oxigenada; peroxide blonde hair cabelo louro oxigenado
perpendicular adj. GEOMETRIA perpendicular (to, a) s. perpendicular
perpetrate v. formal perpetrar; cometer
perpetrator s. formal (de crime) autor (de crime)
perpetual adj. 1 perpétuo 2 incessante; constante 3 vitalício; eterno
perpetuate v. perpetuar; eternizar
perpetuation s. perpetuação
perplex v. deixar perplexo
perplexed adj. perplexo (by, com)
perplexity s. perplexidade
persecute v. perseguir
persecution s. perseguição ♦ persecution complex mania da perseguição
persecutor s. perseguidor
perseverance s. perseverança; persistência
persevere v. perseverar (in, em); persistir (in, em)
persevering adj. perseverante; persistente
Persian adj. persa; pérsico Persian Gulf Golfo Pérsico ■ s. (língua) persa ■ s. (pessoa) persa ♦ Persian carpet tapete persa Persian cat gato persa
persimmon s. BOTÂNICA caqui
persist v. 1 persistir; subsistir 2 insistir (in, em); teimar (in, em)
persistence s. persistência
persistent adj. 1 persistente 2 reincidente 3 constante; contínuo
person s. pessoa ♦ in person pessoalmente

petard

persona s. imagem; personagem; persona non grata persona non grata
personal adj. 1 pessoal; personal details dados pessoais; personal life vida privada; personal pronoun pronome pessoal 2 particular; privado 3 personalizado ♦ personal assistant assistente pessoal personal injury danos corporais personal organizer agenda personal column (seção de jornal) mensagens personal computer computador pessoal personal stereo leitor de CD portátil; leitor de cassetes portátil
personality s. personalidade
personalize, personalise Grã-Bretanha v. personalizar
personalized adj. personalizado; personalized attention atendimento personalizado
personally adv. pessoalmente ♦ to take something personally levar algo para o lado pessoal
personification s. personificação
personify v. personificar
personnel s. 1 pessoal 2 recursos humanos; personnel department departamento de recursos humanos
perspective s. perspectiva; in perspective em perspectiva
perspiration s. transpiração
perspire v. transpirar
persuade v. convencer; persuadir
persuasion s. 1 persuasão; to have powers of persuasion ter poder de persuasão 2 formal crença; convicção; quadrante
persuasive adj. persuasivo; convincente
pertain v. 1 perdurar; existir 2 ser relativo (to, a); pertencer (to, a)
pertinence s. pertinência, relevância
pertinent adj. pertinente; relevante
Peru s. Peru
Peruvian adj., s. peruano
pervade v. invadir; dominar; propagar-se em
pervasive adj. penetrante, intenso
perverse adj. perverso
perversion s. 1 perversão 2 distorção
perversity s. perversidade
pervert[1] s. pervertido; tarado
pervert[2] v. 1 perverter 2 distorcer
pesky adj. EUA calão incômodo; aborrecido
pessimism s. pessimismo (about/over, em relação a)
pessimist s. pessimista
pessimistic adj. pessimista (about, em relação a)
pest s. 1 praga; pest control desinfestação 2 coloquial pestinha
pester v. coloquial incomodar; importunar
pesticide s. pesticida; agrotóxico
pestilence s. pestilência
pestle s. pilão
pet s. 1 animal de estimação 2 pejorativo favorito; queridinho 3 Grã-Bretanha coloquial amor; querido ■ v. 1 fazer festas a 2 coloquial acariciar-se ■ adj. preferido; favorito ♦ pet name alcunha ● É diferente de *pat*.
petal s. BOTÂNICA pétala
petard s. petardo ♦ to be hoist with one's own petard sair (a alguém) o tiro pela culatra

peter

peter v. diminuir; desaparecer
petiole s. BOTÂNICA pecíolo
petition s. 1 abaixo-assinado; petição; a petition for/against something uma petição a favor de/contra algo; to get up a petition fazer um abaixo-assinado 2 (a tribunal) requerimento; pedido; to file a petition for divorce intentar uma ação de divórcio 3 formal rogação; súplica ■ v. 1 enviar uma petição a; realizar uma petição 2 (a tribunal) requerer; apresentar um pedido
petitioner s. peticionário; signatário
petrify v. 1 petrificar 2 aterrorizar
petrol s. gasolina; petrol station bomba de gasolina; petrol tank depósito de gasolina; to run out of petrol ficar sem gasolina ◆ petrol bomb cocktail molotov
petroleum s. petróleo ◆ petroleum jelly vaselina
petticoat s. (vestuário) combinação
pettiness s. 1 insignificância; irrelevância 2 mesquinhez
petty adj. 1 pouco importante; menor; petty crime delito menor 2 insignificante; irrelevante 3 mesquinho ◆ petty cash fundo de caixa; dinheiro trocado
petulance s. impertinência
petulant adj. impertinente
pew s. banco (de igreja) interj. EUA que fedor! ◆ Grã-Bretanha jocoso take a pew! sente-se! ● É diferente de *phew*.
phalanx s. 1 (soldados, policiais) falange; barreira 2 ANATOMIA falange
phallus s. falo
phanerogam s. BOTÂNICA fanerógama
phantasm s. literário ilusão
phantom s. 1 literário fantasma 2 literário ilusão; fantasia ■ adj. 1 literário fantasma 2 imaginário; fantasma; phantom pregnancy gravidez psicológica
Pharaoh s. HISTÓRIA faraó
pharmaceutical adj. farmacêutico ■ s. fármaco
pharmacist s. farmacêutico ◆ Grã-Bretanha pharmacist's farmácia
pharmacological adj. farmacológico
pharmacology s. farmacologia
pharmacopoeia s. receituário
pharmacy s. farmácia
pharyngitis s. MEDICINA faringite
pharynx s. ANATOMIA faringe
phase s. 1 (etapa) fase; initial phase fase inicial 2 ASTRONOMIA fase; the four phases of the moon as quatro fases da Lua 3 ELETRICIDADE fase ■ v. fasear; fazer por fases
pheasant s. ZOOLOGIA faisão
phenomenal adj. fenomenal; extraordinário
phenomenon s. fenômeno
phew interj. (cansaço, calor, alívio) ufa!
philanthropic adj. filantrópico
philanthropist s. filantropo
philanthropy s. 1 filantropia 2 EUA organização filantrópica
philatelic adj. filatélico
philatelist s. filatelista
philately s. filatelia
philharmonic adj. MÚSICA filarmônico ■ s. filarmônica
philological adj. filológico
philologist s. filólogo
philology s. filologia
philosopher s. filósofo; the philosopher's stone a pedra filosofal
philosophical, philosophic adj. 1 filosófico 2 resignado
philosophize, philosophise Grã-Bretanha v. 1 filosofar 2 divagar
philosophy s. filosofia
phlegm s. 1 muco nasal 2 fleuma; impassibilidade
phlegmatic adj. fleumático; impassível
phloem s. BOTÂNICA floema, líber
phobia s. fobia; to have a phobia about something ter fobia de algo
phoenix s. fênix
phone s. telefone; over the phone/by phone por telefone; phone number número de telefone; to answer the phone atender o telefone; to be on the phone estar (falando) ao telefone; to put the phone down desligar o telefone ■ v. telefonar (a/para); can you phone back later? você pode voltar a ligar mais tarde?; to phone somebody (up) telefonar a alguém ◆ phone book lista telefônica Grã-Bretanha phone box cabine telefônica phone call telefonema chamada to get a phone call from somebody receber um telefonema de alguém to make a phone call fazer um telefonema phone in v. 1 (para o local de trabalho) telefonar; to phone in sick telefonar para avisar que se está doente 2 (em um programa) participar através do telefone
phonecard s. cartão telefônico
phone-in s. programa de rádio ou televisão com participação telefônica do público
phoneme s. LINGUÍSTICA fonema
phonetics s. LINGUÍSTICA fonética
phoney, phony EUA adj. coloquial falso; fingido; phony as a three-dollar bill falso como uma nota de três dólares ■ s. 1 impostor; farsante 2 imitação; falsificação
phonology s. fonologia
phosphate s. QUÍMICA fosfato
phosphorescence s. fosforescência
phosphorescent adj. fosforescente
phosphorus s. QUÍMICA (elemento químico) fósforo
photo s. foto, fotografia; photo album álbum de fotografias; photo booth cabine de fotos instantâneas; to take a photo of tirar uma fotografia a
photocopier s. fotocopiadora
photocopy s. fotocópia; xérox ■ v. fotocopiar, xerocar
photoelectric adj. fotelétrico
photogenic adj. fotogênico; to be photogenic ser fotogênico
photograph s. fotografia; black-and-white photograph fotografia em preto e branco; colour photograph fotografia a cores; to take a photograph of tirar uma fotografia a v. fotografar ◆ to photograph well/badly ser/não ser fotogênico; sair bem/mal nas fotografias
photographer s. fotógrafo

photographic *adj.* fotográfico; photographic memory memória fotográfica
photography *s.* fotografia; to have your photograph taken ir tirar fotografia
photojournalism *s.* fotojornalismo
photomontage *s.* fotomontagem
photon *s.* FÍSICA fóton
photosensitive *adj.* fotossensível
photosynthesis *s.* BOTÂNICA fotossíntese
phototherapy *s.* MEDICINA fototerapia
phrasal *adj.* relativo a expressão ou grupo de palavras ♦ phrasal verb conjunto de palavras com sentido próprio formado por um verbo seguido de advérbio ou preposição (ou ambos)
phrase *s.* 1 expressão 2 grupo de palavras; sintagma; noun phrase sintagma nominal 3 frase musical ■ *v.* formular; exprimir ♦ coloquial to coin a phrase como diz o outro phrase book guia de conversação
phrasing *s.* 1 formulação; termos 2 MÚSICA fraseado
phut *s.* coloquial to go phut avariar, dar o berro col.
physical *adj.* 1 físico; physical appearance aspecto físico; physical examination exame médico 2 coloquial violento; to get physical chegar à violência física ■ *s.* exame médico ♦ physical education educação física EUA physical therapist Grã-Bretanha fisioterapeuta EUA physical therapy Grã-Bretanha fisioterapia physical training preparação física
physically *adv.* fisicamente
physician *s.* EUA médico
physicist *s.* físico
physics *s.* física; nuclear physics física nuclear; quantum physics física quântica
physiognomy *s.* fisionomia
physiological *adj.* fisiológico
physiologist *s.* fisiologista, fisiólogo
physiology *s.* fisiologia
physiotherapist *s.* Grã-Bretanha fisioterapeuta
physiotherapy *s.* Grã-Bretanha fisioterapia
physique *s.* constituição física; físico
phytoplankton *s.* BIOLOGIA fitoplâncton
pianist *s.* pianista
piano *s.* MÚSICA piano; to play the piano tocar piano ♦ grand piano piano de cauda upright piano piano vertical
piassava *s.* BOTÂNICA piaçaba
piastre *s.* (*moeda*) piastra
picaresque *adj.* picaresco
piccolo *s.* MÚSICA flautim
pick *v.* 1 escolher 2 (*flores, frutos*) colher 3 tirar; arrancar ■ *s.* 1 escolha; to take one's pick fazer uma escolha, escolher 2 picareta 3 coloquial (*instrumento musical*) palheta ♦ to pick a fight começar uma discussão, provocar uma luta to pick a hole fazer um buraco to pick at someone implicar com alguém to pick holes in something criticar algo, apontar os defeitos de algo to pick one's nose limpar o salão fig., tirar meleca to pick one's teeth palitar os dentes to pick somebody's brains recorrer à sabedoria de alguém to pick somebody's pocket roubar a carteira a alguém pick off *v.* 1 abater 2 arrancar pick on *v.* 1 implicar com; meter-se com 2 escolher pick out *v.* 1 escolher; selecionar 2 reconhecer; identificar 3 entrever; distinguir 4 destacar 5 tocar de ouvido pick up *v.* 1 pegar em; levantar; apanhar 2 ir buscar 3 melhorar 4 aprender 5 (*telefone*) atender 6 ganhar; arrecadar 7 (*velocidade*) ganhar 8 (*vento*) ficar mais forte 9 (*hábito, doença*) pegar 10 EUA arrumar 11 coloquial engatar; pick it up! vamos mais rápido! força! to pick up and leave pegar as coisas e ir embora inesperadamente.
pickaxe, pickax EUA *s.* picareta ■ *v.* trabalhar com a picareta
picker *s.* apanhador; colhedor
picket *s.* 1 (*soldados, grevistas*) piquete 2 grevista 3 estaca; picket fence cerca, vedação ■ *v.* 1 formar piquete 2 protestar
pickle *s.* 1 CULINÁRIA EUA pepino conservado em vinagre; pickle 2 Grã-Bretanha CULINÁRIA escabeche; vinagre; salmoura ♦ coloquial to be in a (pretty) pickle estar metido em confusão, em rolo
picklock *s.* 1 gazua 2 gatuno
pickpocket *s.* batedor de carteiras
pick-up *s.* 1 carro utilitário de carroceria aberta; pickup 2 melhoria 3 recolha; pick-up point ponto de encontro 4 coloquial sedução (amorosa) 5 EUA aceleração 6 (*instrumento musical*) pickup
picky *adj.* difícil de satisfazer; esquisito; exigente
picnic *s.* piquenique; to have a picnic/to go for a picnic fazer um piquenique ■ *v.* fazer um piquenique ♦ coloquial to be no picnic não ser fácil
pictorial *adj.* 1 pictórico 2 ilustrado; em imagens
picture *s.* 1 imagem; to draw a picture fazer um desenho 2 fotografia; to take a picture of tirar uma fotografia de 3 quadro; pintura; as pretty as a picture muito linda; perfeita 4 retrato 5 (*na televisão*) imagem 6 filme 7 quadro; panorama ■ *v.* 1 imaginar 2 descrever 3 representar ♦ in the picture envolvido out of the picture fora da jogada coloquial to get the picture entender to put somebody in the picture pôr alguém ao corrente
picture-perfect *adj.* perfeito
picturesque *adj.* pitoresco
pidgin *s.* 1 (*língua*) pidgin 2 mistura de línguas; in my pidgin French usando um francês rudimentar
pie *s.* 1 torta ou empada; o recheio coberto pela massa 2 Grã-Bretanha empadão ♦ a piece/slice/share of the pie uma fatia do bolo coloquial pie in the sky balelas pie chart gráfico circular • Uma torta com a cobertura de creme ou outra coisa que não seja massa chama-se *tart* ou *flan*.
piece *s.* 1 pedaço; porção; a piece of advice um conselho; a piece of cake uma fatia de bolo; a piece of paper um papel; to fall to pieces cair aos pedaços, desmoronar; to take something to pieces desmontar algo 2 peça; a piece of clothing uma peça de roupa 3 (*arte*) obra; peça 4 notícia; artigo jornalístico 5 moeda ■ *v.* 1 juntar, reunir 2 remendar 3 consertar unindo e juntando várias partes ♦ piece of advice conselho, aviso coloquial a piece of work pessoa que não se pode levar a sério coloquial (all) in one piece inteiro ileso coloquial to be a piece of cake ser moleza coloquial (*pessoa*) to

piecemeal

go to pieces ir-se abaixo • **Piece** pode indicar um caso ou exemplo de nome não contável, como em a piece of news, uma notícia; a piece of information, uma informação. • É diferente de *peace*.
piecemeal *adv.* 1 aos bocados; pouco a pouco 2 à sorte; ao deus-dará ■ *adj.* 1 a pouco e pouco 2 por etapas ■ *s.* pedaço, bocado, fragmento
piecework *s.* trabalho pago por empreitada
pier *s.* 1 molhe 2 cais 3 pilar
pierce *v.* 1 furar; to have one's ears pierced furar as orelhas 2 atravessar 3 perfurar; trespassar 4 (*barreira*) romper (through, –); penetrar (through, *em*)
pierced *adj.* atravessado, varado
piercing *adj.* 1 (*olhar*) penetrante 2 (*som, voz*) agudo; estridente 3 (*vento*) cortante 4 (*sentimento*) doloroso; pungente 5 afiado; cortante ■ *s.* 1 furo 2 (*perfuração da pele*) piercing
piety *s.* piedade; devoção
pig *s.* 1 ZOOLOGIA porco, suíno 2 coloquial, pejorativo porco 3 coloquial, pejorativo comilão 4 calão, ofensivo (*polícia*) tira ■ *v.* coloquial (*comida*) enfardar ♦ irônico pigs might fly! e eu sou o Papai Noel! no dia de São Nunca! the Three Little Pigs os Três Porquinhos to buy a pig in a poke comprar algo sem verificar ou experimentar to make a pig's ear of something fazer besteira com algo
pigeon *s.* ZOOLOGIA pombo; pigeon fancying columbofilia
pigeonhole *s.* compartimento para documentos ■ *v.* 1 rotular; classificar 2 adiar
piggery *s.* 1 chiqueiro 2 sítio para criação de porcos
piggy *s.* porquinho ■ *adj.* piggy eyes olhos muito pequenos ♦ piggy bank porquinho mealheiro piggy in the middle 1 pessoa no meio de discussão 2 (*jogo*) bobinho
piggyback *s.* cavalinho; to give somebody a piggyback levar alguém de cavalinho ■ *adv.* de cavalinho ■ *v.* apoiar-se (on, *em*); encostar-se (on, *a*)
piglet *s.* leitão
pigment *s.* pigmento
pigmentation *s.* pigmentação
pigskin *s.* 1 pele de porco 2 EUA coloquial bola de futebol americano
pigsty, pigpen EUA *s.* chiqueiro; pocilga
pigtail *s.* trança; to wear one's hair in pigtails usar tranças
pike *s.* 1 EUA autoestrada com pedágio 2 (*lança*) pique ■ *s.pl.* (*peixe*) lúcio
pilaster *s.* ARQUITETURA pilastra
Pilates *s.*. pilates; to practice Pilates fazer Pilates
pilchard *s.* ZOOLOGIA sardinha
pile *s.* 1 monte; pilha 2 casarão 3 (*tapete, veludo*) pelo 4 coloquial fortuna; to make one's pile enriquecer, fazer fortuna piles *s.pl.* hemorroidas ■ *v.* 1 empilhar; amontoar 2 encher pile up *v.* 1 acumular-se; amontoar-se 2 empilhar
pile-up *s.* engavetamento
pilfer *v.* surripiar; roubar
pilgrim *s.* peregrino ♦ Pilgrim Fathers grupo de puritanos ingleses que em 1620 desembarcou na América a bordo do Mayflower e fundou as primeiras colônias dos Estados Unidos
pilgrimage *s.* peregrinação
pill *s.* 1 comprimido 2 (*contraceptivo*) pílula; to be on the pill tomar a pílula 3 EUA coloquial chato ■ *v.* (*tecido*) ficar cheio de bolinhas ♦ to sugar/sweeten the pill dourar a pílula
pillage *v.* pilhar, saquear ■ *s.* pilhagem, saque
pillar *s.* 1 pilar 2 coluna comemorativa 3 (*de fumaça*) coluna ♦ to be driven/pushed from pillar to post andar batendo a todas as portas Grã-Bretanha antiquado pillar box caixa de coleta postal
pillbox *s.* caixa para remédios
pillory *s.* estrutura de madeira, em local público, onde se expunham os criminosos; pelourinho ■ *v.* ridicularizar
pillow *s.* 1 travesseiro; almofada (de cama) 2 EUA almofada (de sofá) *v.* literário (*cabeça*) repousar ♦ pillow fight luta de almofadas, guerra de almofadas pillow talk conversas íntimas, conversas de travesseiro
pillowcase, pillowslip *s.* fronha
pilot *s.* 1 piloto 2 programa piloto ■ *adj.* (*projeto, estudo, programa*) piloto ■ *v.* 1 pilotar 2 testar 3 levar ♦ pilot light chama piloto
piloting *s.* pilotagem
pimento *s.* BOTÂNICA pimentão
pimple *s.* borbulha
pin *s.* 1 alfinete 2 EUA alfinete de peito 3 EUA crachá 4 pin 5 (*tomada*) pino 6 (*ossos partidos*) parafuso, pino 7 (*boliche*) pino 8 (*granada*) patilha; cavilha 9 (*golfe*) haste com bandeira pins *s.pl.* Grã-Bretanha coloquial pernas ■ *v.* 1 prender com alfinetes 2 pregar; prender ♦ to be on pins and needles estar agitado, apreensivo to pin one's hopes on depositar esperanças em to pin the blame on somebody atirar as culpas para cima de alguém to pin one's faith on depositar confiança em you could hear a pin drop não se ouvia nem uma mosca pin down *v.* 1 precisar; identificar 2 obrigar a tomar uma decisão
pinball *s.* (*jogo*) flipper
pincers *s.pl.* 1 torquês; tenaz 2 (*de animal*) pinças
pinch *v.* 1 beliscar 2 (*sapatos*) apertar; machucar 3 apertar com os dedos 4 Grã-Bretanha coloquial roubar 5 Grã-Bretanha antiquado prender ■ *s.* 1 beliscão 2 pitada; a pinch of salt uma pitada de sal ♦ Grã-Bretanha at a pinch em uma emergência, se necessário EUA in a pinch em uma emergência, se necessário
pinchbeck *s.* 1 pechisbeque 2 produto mais barato usado no lugar do original
pincushion *s.* pregadeira
pine *s.* 1 BOTÂNICA pinheiro; pine cone pinha; pine needle agulha (de pinheiro); pine nut pinhão; pine tree pinheiro 2 (*madeira*) pinho ■ *v.* 1 sofrer; estar desgostoso 2 sentir saudades (for, *de*); suspirar (for, *por*); ansiar (for, *por*)
pineapple *s.* BOTÂNICA abacaxi
pinewood *s.* 1 (*madeira*) pinho 2 pinhal
ping-pong *s.* coloquial pingue-pongue
pinion *v.* amarrar; agarrar; imobilizar ■ *s.* roda dentada
pink *adj.* cor-de-rosa; to go pink corar; ficar vermelho (de vergonha) ■ *s.* 1 cor-de-rosa 2 (*flor*) cravina ♦

antiquado to be in the pink gozar de boa saúde pink slip **1** EUA coloquial notificação de demissão **2** EUA coloquial (*de veículo*) registro de propriedade
pinkie, pinky *s.* EUA dedo mínimo; mindinho
pinnacle *s.* **1** ARQUITETURA pináculo **2** auge
pinpoint *v.* **1** precisar; especificar **2** apontar; identificar ■ *s.* pontinho ■ *adj.* exato; with pinpoint accuracy com precisão milimétrica
pinprick *s.* **1** picada de alfinete, alfinetada **2** contrariedade, pequeno inconveniente **3** pinta ■ *v.* picar
pinstripe *s.* **1** risca **2** tecido às riscas ■ *adj.* às riscas
pint *s.* **1** pinto (0,568 litros no Reino Unido ou 0,473 litros nos EUA; half a pint of milk 28,4 centilitros de leite **2** Grã-Bretanha cerveja
pint-sized *adj.* coloquial (*pessoa*) minúsculo; mínimo
pinwheel *s.* cata-vento
pioneer *s.* **1** pioneiro **2** explorador ■ *v.* descobrir; explorar
pip *s.* **1** Grã-Bretanha (*fruta*) semente; caroço **2** EUA (*dados, dominó*) pinta pips *s.pl.* Grã-Bretanha (*rádio*) sinal horário; o toque dos segundos ■ *v.* Grã-Bretanha coloquial (*corrida, concurso*) derrotar; adiantar-se a
pipal *s.* BOTÂNICA vedo
pipe *s.* **1** cano **2** tubo; exhaust pipe tubo de escape **3** cachimbo; peace pipe cachimbo da paz; to smoke a pipe fumar cachimbo **4** flauta rústica; charamela pipes *s.pl.* gaita de foles ■ *v.* **1** canalizar; dirigir por canos **2** (*bolos*) enfeitar **3** debruar **4** tocar flauta ♦ pipe cleaner limpa-cachimbos pipe dream sonho impossível pipe organ órgão de tubos pipe down *v.* calar-se; fazer pouco barulho
pipeline *s.* conduta; gas pipeline gasoduto; oil pipeline oleoduto ♦ in the pipeline na calha, em preparação
piper *s.* **1** gaiteiro **2** flautista
pipette *s.* pipeta
piping *s.* **1** canalização, encanamento **2** (*costura*) galão ■ *adj.* (*voz*) aguda ♦ piping hot a escaldar
pique *s.* formal ressentimento ■ *v.* **1** formal melindrar; ferir o orgulho de **2** EUA (*interesse, curiosidade*) espicaçar
piracy *s.* pirataria
piranha *s.* ZOOLOGIA piranha
pirate *s.* pirata ■ *v.* piratear
pirogue *s.* piroga
pirouette *s.* pirueta ■ *v.* fazer piruetas
Pisces *s.pl.* ASTRONOMIA Peixes ■ *adj., s.* pisciano
pisciculture *s.* piscicultura
piss *v.* calão mijar ■ *s.* **1** calão mijo **2** calão mijada; to go for/have/take a piss ir dar uma mijada ♦ calão not to have a pot to piss in não ter onde cair morto Grã-Bretanha calão to be a piece of piss ser canja calão to piss oneself (laughing) mijar-se de rir Grã-Bretanha calão to take the piss (out of somebody/something) gozar (de alguém/algo) piss off *v.* **1** calão desaparecer; piss off! vai à merda cal. **2** calão irritar; chatear
pistachio *s.* BOTÂNICA pistache
pistol *s.* pistola
piston *s.* pistom; pistão; êmbolo
pit *s.* **1** buraco; cova **2** mina (de carvão) **3** marca (na pele); cicatriz; bexiga **4** coloquial pocilga fig.; espe-

lunca; pardieiro **5** (*teatro*) plateia **6** EUA (*fruta*) caroço **7** coloquial sovaco pits *s.pl.* (*corridas de automóveis*) boxes ■ *v.* **1** esburacar **2** marcar **3** EUA (*fruta*) retirar o caroço de ♦ coloquial to be the pits ser um desastre
pitanga *s.* BOTÂNICA pitanga
pitch *s.* **1** Grã-Bretanha ESPORTE campo **2** intensidade; grau **3** (*de um som*) tom **4** (*vendedor*) conversa; discurso **5** (*beisebol*) lançamento **6** piche; pez; as black as pitch escuro como breu **7** inclinação; declive **8** Grã-Bretanha (*mercado, rua*) barraquinha; tenda ■ *v.* **1** lançar; arremessar **2** ESPORTE lançar **3** cair; ser projetado **4** (*avião, navio*) abanar **5** nivelar; colocar (a determinado nível) **6** (*tenda*) montar **7** (*voz*) colocar **8** inclinar
pitch-black *adj.* completamente negro; escuro como breu
pitch-dark *adj.* escuro como breu
pitcher *s.* **1** Grã-Bretanha cântaro **2** EUA caneca; jarro **3** (*beisebol*) lançador
pitchfork *s.* AGRICULTURA forquilha, forcado
pitfall *s.* dificuldade; armadilha; perigo
pith *s.* BOTÂNICA bagaço
pitiable *adj.* lastimoso; miserável; deplorável
pitiful *adj.* **1** lastimável; miserável **2** comovente
pitiless *adj.* **1** impiedoso; implacável **2** (*vento, sol*) fortíssimo
pity *s.* **1** pena, dó, lástima; it's a pity that you can't come with us é pena não poder vir conosco; to feel pity for ter pena de; what a pity! que pena! **2** compaixão; to take pity on somebody compadecer-se de alguém, ter piedade de alguém ■ *v.* sentir pena de ♦ for pity's sake! pelo amor de Deus! por favor!
pivot *s.* **1** eixo; ponto central ■ *v.* girar; to pivot on something girar em torno de algo
pixel *s.* INFORMÁTICA píxel
pixie *s.* **1** duende **2** fada ♦ (*cabelo*) pixie cut corte "pixie"
pizza *s.* CULINÁRIA pizza; EUA pizza parlor pizzaria
pizzeria *s.* pizzaria
placard *s.* cartaz
place *s.* **1** lugar; local; hiding place esconderijo; in places em algumas partes, em alguns pontos; meeting place ponto de encontro; place of birth local de nascimento **2** (*assento, cargo, oportunidade, função*) lugar; (*curso*) vaga; to change places (with somebody) trocar de lugar (com alguém); to save somebody a place guardar lugar para alguém **3** coloquial casa **4** (*corrida, competição*) lugar; posição **5** competência; it's not my place to... não me compete... **6** MATEMÁTICA casa; decimal place casa decimal **7** praça; rua ■ *v.* **1** colocar; pôr **2** atribuir **3** fazer; realizar; to place an order fazer uma encomenda; to place a bet fazer uma aposta **4** situar; identificar ♦ all over the place **1** por toda a parte **2** desarrumado a place in the sun um lugar ao sol in place of em vez de no lugar de in somebody's place no lugar de alguém in the first place **1** em primeiro lugar **2** sequer out of place **1** deslocado desconfortável **2** fora do lugar **3** inoportuno coloquial to be going places ir longe; ter sucesso to be well placed (for something) **1** estar em uma boa po-

placebo

sição (para algo) **2** estar bem situado (para algo); How are you placed next week? Como você está de tempo na semana que vem?; to fall into place **1** fazer sentido **2** ganhar um rumo to give place to dar lugar a, ser substituído por to go places sair; ir a lugares to take place ter lugar, ocorrer to take the place of substituir place mat (*à mesa*) peça de jogo americano place name topônimo, nome geográfico
placebo s. placebo
placement s. **1** colocação **2** estágio ♦ placement test teste diagnóstico (para avaliar o nível indicado para um aluno)
placenta s. placenta
placid adj. **1** (*pessoa, animal*) calmo; sossegado; pacato **2** plácido; tranquilo; sereno
placing s. colocação
plagiarism s. plágio
plagiarist s. plagiador; plagiário
plagiarize, plagiarise Grã-Bretanha v. plagiar
plague s. **1** peste **2** epidemia **3** praga ■ v. **1** atormentar; afligir **2** importunar; perseguir ♦ to avoid somebody/something like the plague fugir de alguém/algo como o diabo da cruz
plaice s. ZOOLOGIA solha
plaid s. **1** padrão escocês **2** manto que se usa sobre o ombro, no traje tradicional escocês
plain adj. **1** evidente; óbvio; claro; to make it plain that deixar bem claro que **2** simples; in plain English em linguagem que todo mundo entende; plain madness loucura pura e simples; plain paper papel liso; the plain truth a pura verdade **3** sincero; direto **4** simples; sóbrio **5** pouco atraente ■ adv. coloquial completamente; (pura e) simplesmente ■ s. planície ♦ in plain clothes à paisana; sem uniforme
plainly adv. **1** claramente **2** nitidamente **3** simplesmente **4** com sobriedade
plaintiff s. queixoso; demandante
plaintive adj. lamentoso; plangente
plait s. Grã-Bretanha trança; to wear one's hair in plaits usar tranças ■ v. Grã-Bretanha entrançar; to plait somebody's hair fazer uma trança a alguém
plan s. **1** plano; a change of plan uma mudança de planos; do you have any plans for tonight? você tem planos para logo à noite?; to go according to plan correr conforme o planejado; Grã-Bretanha your best plan would be to... faria melhor se... **2** projeto; programa **3** (*cidade*) mapa; (*edifício, divisão*) planta **4** esquema; diagrama; seating plan disposição dos lugares ■ v. **1** planejar; programar; to go as planned correr conforme o planejado; to plan on doing something ter a intenção de fazer algo; to plan to do something planejar fazer algo, tencionar fazer algo **2** fazer planos **3** esperar (on, -), estar à espera (on, *de*); contar (on, *com*)
plane s. **1** avião; a plane crash um desastre de avião; on a plane em um avião; to travel by plane viajar de avião **2** plano; nível **3** GEOMETRIA plano **4** plaina **5** plátano ■ v. **1** aplainar **2** (*pássaros*) planar ■ adj. técnico plano; liso ♦ plane tree plátano
planet s. planeta
planetarium s. planetário

planetary adj. planetário; planetary system sistema planetário
planisphere s. planisfério
plank s. **1** tábua; prancha **2** ponto principal; sustentáculo
plankton s. BIOLOGIA plâncton
planner s. **1** pessoa que planeja; planejador **2** agenda
planning s. planejamento; family planning planejamento familiar ♦ planning permission licença de construção, licença de obras
plant s. **1** BOTÂNICA planta; plant pot vaso de plantas **2** fábrica; power plant central elétrica **3** Grã-Bretanha equipamento; maquinaria **4** coloquial prova incriminatória **5** informador ■ v. **1** plantar; semear **2** colocar; pôr; to plant a bomb colocar uma bomba **3** (*ideia*) inculcar
plantation s. **1** plantação; sugar plantation plantação de cana-de-açúcar **2** mata
plaque s. **1** placa; commemorative plaque placa comemorativa **2** placa bacteriana
plasma s. plasma; blood plasma plasma sanguíneo ♦ plasma screen tela de plasma
plaster s. **1** estuque; reboco **2** MEDICINA gesso; in plaster engessado **3** Grã-Bretanha penso rápido ■ v. **1** empastar **2** encher; cobrir **3** (*cartaz*) **4** estucar; rebocar ♦ plaster cast **1** (*fratura*) gesso **2** molde em gesso plaster of Paris gesso
plastered adj. coloquial bêbado; to get plastered ficar bêbado, tomar um porre
plasterer s. estucador
plastic s. plástico ■ adj. **1** de plástico **2** plástico **3** artificial ♦ plastic arts artes plásticas plastic surgery cirurgia plástica to have plastic surgery fazer uma cirurgia plástica plastic surgeon cirurgião plástico EUA plastic wrap película aderente
plasticity s. plasticidade
plate s. **1** prato **2** placa; tabuleta **3** GEOLOGIA placa (tectônica) **4** camada; folha **5** ilustração **6** (*dentadura*) placa **7** Grã-Bretanha aparelho (para os dentes) **8** (*beisebol*) lugar do batedor ■ v. **1** revestir; banhar; plated with gold com banho de ouro **2** blindar ♦ to hand something to somebody on a plate dar algo de bandeja a alguém, dar algo a alguém de mão beijada coloquial to have a lot on one's plate ter muito com que se preocupar plate glass vidro laminado
plateau s. **1** GEOGRAFIA planalto; meseta **2** período de estabilização
plateful s. pratada; prato
platelet s. plaqueta
platform s. **1** (*trens*) plataforma **2** estrado; palanque **3** (*estrutura, oportunidade*) plataforma **4** programa partidário **5** (*calçado*) plataforma
platinum s. QUÍMICA (*elemento químico*) platina ♦ platinum blonde loira platinada platinum disc disco de platina
platonic adj. platônico
platoon s. pelotão
platter s. travessa ♦ on a silver platter de mão beijada, de bandeja
platypus s. ZOOLOGIA ornitorrinco

plausible adj. 1 (explicação, desculpa) plausível 2 (mentiroso) convincente
play v. 1 brincar; jogar 2 (esporte, jogo) jogar 3 (personagem) fazer de 4 (papel) desempenhar 5 (peça de teatro) estar em cena; (filme) estar em exibição 6 (instrumento) tocar 7 (CD, gravação) pôr a tocar 8 mostrar-se; fazer-se de; to play dead fazer-se de morto; to play hard to get fazer-se de difícil ■ s. 1 brincadeira 2 (teatro) peça; to put on a play fazer uma peça 3 jogo; fair play jogo limpo 4 folga ◆ at play em jogo play on words trocadilho to come into play entrar em jogo to make a play for something/somebody tentar conquistar algo/alguém to play a trick on somebody pregar uma peça em alguém to play for time tentar ganhar tempo to play it by ear 1 improvisar 2 tocar de ouvido to play safe não se arriscar to play with fire brincar com o fogo play along v. entrar no jogo play back v. (gravação) voltar a tocar play off v. 1 jogar o desempate 2 opor play on v. 1 aproveitar-se de; explorar 2 continuar a jogar
play-act v. fazer teatro; fingir
playback s. (filme, áudio) repetição
playboy s. playboy
played adj. (partida, jogo) jogado
player s. 1 jogador; tennis player tenista 2 músico; piano player pianista 3 (aparelho) leitor; CD player leitor de CDs 4 interveniente; ator
playful adj. 1 brincalhão 2 maroto
playground s. 1 (escola) recreio 2 parque infantil 3 lugar de diversão
playgroup s. Grã-Bretanha creche
playhouse s. 1 casa de espetáculos 2 (crianças) casa para brincar
play-off s. jogo de desempate play-offs s.pl. EUA finais
playpen s. (móvel) cercado para bebês; chiqueirinho
playroom s. quarto dos brinquedos
playschool s. Grã-Bretanha creche
plaything s. 1 (pessoa) joguete 2 antiquado brinquedo
playtime s. 1 Grã-Bretanha (escola) hora do recreio 2 tempo para brincar
playwright s. TEATRO dramaturgo
plaza s. 1 praça (em países de língua espanhola) 2 centro comercial (geralmente com escritórios)
plea s. 1 apelo; pedido 2 alegação; declaração; to enter a guilty plea declarar-se culpado ◆ on the plea of sob o pretexto de
plead v. 1 suplicar; apelar 2 declarar-se; to plead not guilty declarar-se inocente 3 alegar; to plead ignorance alegar desconhecimento 4 argumentar; defender
pleasant adj. agradável; simpático
please interj. por favor; se faz favor; yes, please sim, muito obrigado ■ v. 1 agradar; contentar; satisfazer; to be hard/easy to please ser difícil/fácil de agradar 2 querer; as long as you please o tempo que você quiser ◆ if you please se fizer o favor please yourself faça como entender
pleased adj. contente; satisfeito ◆ pleased to meet you! muito prazer! prazer em conhecê-lo!

pleasurable adj. agradável
pleasure s. prazer ◆ my pleasure o prazer foi meu, foi um prazer, de nada with pleasure com todo o gosto, com prazer
pleat s. prega
plebeian adj., s. plebeu
plebiscite s. plebiscito
pledge s. 1 compromisso; promessa; to fulfil a pledge cumprir uma promessa; to make a pledge to do something comprometer-se a fazer algo, assumir o compromisso de fazer algo 2 penhor; garantia 3 promessa de ajuda financeira ■ v. 1 prometer; comprometer-se; to pledge allegiance to the flag fazer o juramento de bandeira 2 fazer jurar 3 deixar como garantia
plenary adj., s. 1 plenário 2 pleno; ilimitado
plenitude s. formal abundância
plentiful adj. abundante
plenty pron. muito; bastante ■ adv. 1 coloquial o suficiente; bastante 2 EUA coloquial muito ■ s. fartura; abundância; in plenty em abundância
pleonasm s. pleonasmo
pleura s. ANATOMIA pleura
pliable adj. 1 flexível; maleável 2 influenciável; manipulável
pliers s.pl. alicate; a pair of pliers um alicate
plinth s. ARQUITETURA plinto
plod v. 1 caminhar com esforço; arrastar-se 2 trabalhar com esforço
plonk v. 1 deixar(-se) cair 2 afundar ■ s. ruído surdo; baque
plop s. (água) chape ■ v. 1 cair 2 deitar
plot s. 1 conspiração; complô; to hatch a plot fazer uma conspiração 2 (de livro, filme) enredo; intriga 3 terreno; parcela de terreno 4 jazigo 5 linha; traçado ■ v. 1 conspirar; tramar 2 (gráfico) traçar; desenhar 3 marcar; assinalar ◆ the plot thickens a questão complica-se
plotter s. 1 conspirador 2 plotter; traçador
plough, plow EUA s. AGRICULTURA arado; charrua ■ v. 1 lavrar; arar 2 caminhar a muito custo; arrastar-se
ploy s. estratagema; artimanha
pluck v. 1 arrancar 2 depenar 3 (instrumento de corda) dedilhar 4 resgatar; pôr a salvo ■ s. antiquado coragem; valentia
plug s. 1 (eletricidade) tomada 2 Grã-Bretanha coloquial tomada 3 tampa; (ouvidos) tampão; (banheira, lavatório) tampa do ralo 4 coloquial menção publicitária 5 (parafuso) bucha ■ v. 1 tapar; encher 2 preencher; to plug the gap preencher a lacuna ◆ to pull the plug on somebody/something cancelar algo, deixar de financiar algo plug away trabalhar com afinco plug in v. ligar (na tomada)
plughole s. ralo ◆ to go down the plughole ir por água abaixo
plum s. BOTÂNICA ameixa; plum tree ameixeira
plumage s. plumagem
plumb v. sondar; explorar ■ adv. coloquial exatamente; em cheio ■ adj. vertical ◆ plumb line fio de prumo
plumber s. encanador

plumbing

plumbing s. canalização
plume s. 1 pluma 2 penacho 3 (*de fumaça*) nuvem
plummet v. cair a pique; baixar drasticamente
plump adj. 1 rechonchudo; roliço 2 fofo ■ v. atirar
plunder v. pilhar; saquear ■ s. pilhagem; saque
plundering s. pilhagem, saque, rapina
plunge v. 1 cair 2 despencar 3 mergulhar 4 descer a pique ■ s. 1 queda acentuada; descida a pique 2 mergulho ♦ to take the plunge dar o passo decisivo
plunger s. 1 desentupidor; limpa-canos 2 êmbolo
plunk v. 1 coloquial atirar(-se) 2 coloquial refestelar-se 3 coloquial instalar; construir 4 coloquial cair pesadamente
pluperfect s. pretérito mais-que-perfeito
plural adj., s. LINGUÍSTICA plural
pluralism s. pluralismo
pluralist adj., s. pluralista
plurality s. 1 pluralidade 2 EUA maioria simples, maioria relativa
pluricellular adj. BIOLOGIA pluricelular
plus prep. mais; two plus eight dois mais oito; plus or minus 1% mais ou menos 1% ■ s. 1 coloquial adicional; vantagem 2 mais; the plus sign o sinal mais ■ adj. 1 positivo; plus five degrees cinco graus positivos; plus points pontos a favor, aspectos positivos 2 (*após um número*) acima de; €15,000 plus acima de 15 mil euros; children aged seven plus crianças a partir dos sete anos de idade ■ conj. coloquial além disso
plush adj. coloquial luxuoso ■ s. felpa, pelúcia
plutonium s. QUÍMICA (*elemento químico*) plutônio
pluvial adj. pluvial
pluvious adj. pluvioso, chuvoso
ply v. 1 (*transporte*) fazer carreira; fazer o trajeto 2 formal utilizar; manejar ■ s. 1 (*tecidos*) fio 2 (*papel, madeira*) folha; camada ♦ to ply for hire/trade procurar clientes to ply one's trade exercer a sua profissão ply with v. 1 (*comida, bebida*) encher de; empanturrar com 2 (*perguntas*) inundar de; importunar com
plywood s. compensado; material feito com madeira
p.m. sigla de post meridiem, usada para horário "depois do meio-dia"
pneumatic adj. pneumático; pneumatic drill britadeira, máquina pneumática de furar
pneumology s. MEDICINA pneumologia
pneumonia s. MEDICINA pneumonia
poach v. 1 (*ovos*) passar por água quente, escaldar; poached eggs ovos pochê 2 (*carne, peixe*) cozer 3 caçar furtivamente 4 roubar
poacher s. 1 caçador ilegal 2 larápio
pocket s. 1 bolso 2 bolsa 3 foco; núcleo 4 (*bilhar*) buraco ■ v. 1 meter no bolso 2 embolsar 3 arrecadar 4 (*bilhar*) meter no buraco ■ adj. de bolso; pocket book 1 carteira; pick pockets batedor de carteiras 2 livro de bolso pocket calculator calculadora de bolso ♦ to pay for something out of one's own pocket pagar algo do próprio bolso pocket knife canivete pocket money 1 Grã-Bretanha semanada; mesada 2 dinheiro para as despesas do dia a dia

pocketbook s. 1 livro de bolso 2 EUA (*dinheiro*) carteira; bolso; for every pocketbook para todos os bolsos 3 EUA antiquado bolsa (de mulher) 4 Grã-Bretanha caderno
pocketful s. a pocketful of um bolso cheio de
pocketknife s. canivete
pockmark s. 1 marca de varicela 2 furo
pod s. vagem
podgy adj. rechonchudo; roliço
podiatrist s. EUA podólogo • É diferente de *pediatric, pediatrician*.
podiatry s. EUA podologia
podium s. 1 pódio to mount the podium subir ao pódio 2 estrado
poem s. poema
poet s. poeta
poetess s. poetisa
poetic, poetical adj. poético ♦ poetic justice justiça castigo mais que justo
poetics s. poética
poetry s. poesia
pogrom s. extermínio
poignant adj. pungente; comovente
point s. 1 ponto 2 momento; altura; ponto; at one point a certa altura 3 questão; caso; that's not the point não é isso que interessa; the point is, what are you going to do? a questão é: o que você vai fazer?; to be beside the point não vir ao caso, não ter a ver com o caso, ser irrelevante 4 aspecto; ponto; good/bad points aspectos positivos/negativos 5 objetivo; sentido; the whole point is to... o objetivo é precisamente...; to get the point entender; to get to the point ir direto ao assunto; what's the point? para quê? 6 ponta; bico 7 (*telefone, eletricidade*) tomada points s.pl. (*ferrovias*) agulhas ■ v. 1 apontar (at/to, para) 2 marcar; indicar ♦ point of view ponto de vista in point of fact na realidade to be on the point of estar à beira de to make a point of doing something fazer questão de fazer algo to the point direto, certeiro up to a point até certo ponto when it comes to the point na hora da verdade point out v. 1 apontar; indicar 2 salientar; mostrar
point-blank adv. 1 (*dizer*) diretamente, de chofre, sem rodeios; (*recusar, negar*) categoricamente 2 (*disparar, alvejar*) à queima-roupa ■ adj. direto; categórico ♦ at point-blank range à queima-roupa
pointed adj. 1 pontiagudo, pontudo 2 bicudo 3 reprovador; recriminatório 4 (*arco*) em ogiva
pointer s. 1 coloquial dica; indicação 2 indicador; sinal; pista 3 (*balança, bússola, aparelho*) ponteiro; agulha 4 (*para imagens, mapas*) ponteiro; laser pointer ponteiro de laser 5 INFORMÁTICA (*mouse*) ponteiro
pointless adj. inútil; sem sentido; it's pointless não vale a pena
poise s. 1 serenidade; segurança 2 porte; postura; graciosidade ■ v. equilibrar
poison s. veneno ■ v. 1 envenenar 2 contaminar ♦ antiquado, coloquial what's your poison? que vai tomar? poison gas gás tóxico

poisoning s. 1 envenenamento; to die of poisoning morrer envenenado 2 intoxicação; food poisoning intoxicação alimentar
poisonous adj. 1 venenoso; poisonous caterpillar taturana 2 tóxico
poke v. 1 espetar; meter; tocar 2 (*fogo*) atiçar 3 espreitar; aparecer ■ s. empurrão; encontrão; cotovelada ♦ to poke fun at fazer pouco de coloquial to poke one's nose into intrometer-se em
poker s. 1 (*fogo*) atiçador 2 (*jogo*) pôquer ♦ coloquial poker face rosto inexpressivo cara séria
poky adj. coloquial (*casa, quarto*) minúsculo; apertado
Poland s. Polônia
polar adj. polar ♦ polar bear urso polar
polarity s. 1 polaridade 2 contraste; diferença
polarize, polarise Grã-Bretanha ■ v. polarizar
pole s. 1 GEOGRAFIA, FÍSICA polo; North/South Pole polo norte/sul 2 poste; (*bandeira*) mastro; Grã-Bretanha telegraph pole poste telefônico 3 varão; vara 4 (*esqui*) bastão ♦ to be poles apart ser totalmente oposto pole position 1 linha da frente primeira fila 2 (*esportes automóveis*) pole position Pole Star Estrela Polar pole vault salto à vara
poleaxe, poleax EUA ■ s. machado de guerra ■ v. 1 derrubar; atirar ao chão 2 desnortear
polecat s. 1 furão 2 EUA doninha-fedorenta
polemic s. 1 formal ataque 2 formal defesa acesa ■ adj. formal polêmico
polemics s. polêmica
police s.pl. polícia (a instituição, o departamento de polícia); the police are investigating the matter a polícia está investigando o caso; to call the police chamar a polícia; under police escort sob escolta policial ■ v. 1 policiar 2 controlar ♦ police car rádio-patrulha Grã-Bretanha police constable agente (da polícia) EUA police department (P.D.) departamento de polícia police dog cachorro treinado para auxiliar a polícia no trabalho de investigação criminal police force forças policiais police officer agente (da polícia) polícia police state estado policial police station delegacia de polícia
policeman s. policial
policewoman s. polícia; mulher-polícia
policing s. policiamento
policy s. 1 política 2 apólice; insurance policy apólice de seguros • É diferente de *politics*.
polio s. MEDICINA poliomielite
Polish adj. polonês ■ s. (*pessoa*) polonês, polaco ■ s. (*língua*) polonês
polish v. 1 polir; puxar o brilho a 2 engraxar 3 encerar 4 aprimorar ■ s. 1 polimento; enceramento 2 graxa 3 cera 4 brilhantismo; apuro 5 requinte 6 esmalte; nail polish esmalte para as unhas 7 lustre; brilho polish off v. 1 EUA coloquial (*homicídio*) despachar; acabar com 2 coloquial (*comida*) acabar com
polite adj. bem-educado, polido; delicado
politeness s. educação; delicadeza
politic adj. formal prudente; diplomático
political adj. político ♦ political geography geografia política

pond

politically adv. politicamente; politically correct/incorrect politicamente correto/incorreto
politician s. político
politics s. política ■ s.pl. opiniões políticas
polka s. (*dança, música*) polca ♦ polka dot (em um padrão) pinta, bolinha
poll s. 1 sondagem; exit poll sondagem à boca da urna; opinion poll sondagem de opinião; to carry out/conduct a poll realizar uma sondagem 2 votação; participação eleitoral; to go to the polls ir a votos polls s.pl. urnas ■ v. 1 inquirir; sondar 2 (*votos*) receber; obter
pollen s. BOTÂNICA pólen
pollination s. polinização
polling s. 1 votação; escrutínio 2 realização de uma sondagem ♦ Grã-Bretanha polling booth cabine de voto polling day dia de eleições polling station seção de voto
pollutant s. poluente
pollute v. 1 poluir; contaminar 2 corromper; contaminar
polluting adj. poluente
pollution s. poluição; air pollution poluição atmosférica
polo s. ESPORTE polo; water polo polo aquático ♦ polo neck 1 Grã-Bretanha gola alta 2 Grã-Bretanha blusa de gola alta polo shirt (*roupa*) polo • É diferente de *pole*.
polonium s. QUÍMICA (*elemento químico*) polônio
polyester s. poliéster
polyethylene s. QUÍMICA polietileno
polygamist s. polígamo
polygamous adj. polígamo
polygamy s. poligamia
polyglot adj., s. poliglota
polygon s. GEOMETRIA polígono
polygraph s. polígrafo; detector de mentiras
polyhedron s. GEOMETRIA poliedro
polynomial s. polinômio
polyp s. MEDICINA, ZOOLOGIA pólipo
polyphonic adj. polifônico; polyphonic ringtones toques polifônicos
polyphony s. polifonia
polysemy s. LINGUÍSTICA polissemia
polystyrene s. QUÍMICA poliestirene; isopor
polysyllabic adj. LINGUÍSTICA polissilábico
polysyllable s. LINGUÍSTICA polissílabo
polytechnic s. politécnica; escola politécnica
polytheism s. politeísmo
polytheistic adj. politeísta
polyunsaturated adj. poli-insaturado
polyvalent adj. QUÍMICA, BIOLOGIA polivalente
pomegranate s. BOTÂNICA romã
pommel s. 1 (*espada*) pomo 2 (*sela*) arção ♦ ESPORTE pommel horse cavalo com arções
pomp s. pompa; fausto; pomp and circumstance pompa e circunstância
pompous adj. pomposo
poncho s. poncho
pond s. (pequeno) lago ♦ coloquial across the pond do outro lado do Atlântico Grã-Bretanha pond skater alfaiate, percevejo-d'água

ponder

ponder v. refletir; meditar; ponderar
ponderous adj. 1 (livro, texto, discurso) pesado 2 (movimento) pesado; vagaroso
pontiff s. pontífice; Supreme Pontiff Sumo Pontífice
pontoon s. 1 pontão; pontoon bridge ponte de barcas 2 Grã-Bretanha (jogo de cartas) vinte e um
pony s. 1 ZOOLOGIA pônei 2 Grã-Bretanha calão 25 libras ■ v. pagar
ponytail s. rabo de cavalo
poo, pooh s. Grã-Bretanha coloquial cocô; caca; to do a poo fazer cocô ■ v. Grã-Bretanha coloquial fazer cocô
pooch s. coloquial, jocoso cachorro
poodle s. (raça de cão) poodle
pooh interj. 1 coloquial que cheiro desagradável! 2 coloquial que idiotice! s. Grã-Bretanha coloquial cocô; caca ■ v. Grã-Bretanha coloquial fazer cocô
pooh-pooh v. coloquial desprezar; desdenhar
pool s. 1 piscina 2 lago; poça; charco; a pool of blood uma poça de sangue; a pool of light um clarão 3 bilhar (americano); to shoot pool jogar bilhar pools s.pl. loteria esportiva ■ v. juntar
poop s. 1 (navio) popa 2 EUA coloquial cocô 3 EUA antiquado, coloquial novidades ■ v. EUA coloquial fazer cocô
poor adj. 1 pobre 2 mau, má; fraco; de má qualidade; in poor health mal de saúde; in poor taste de mau gosto; she's poor at science ela é fraca em ciências 3 coitado; pobre; poor thing! coitadinho! s.pl. the poor os pobres ◆ to come (in) a poor second/third/... ficar-se pelo segundo/terceiro/... lugar
poorly adv. mal; insuficientemente; poorly paid mal pago ■ adj. Grã-Bretanha doente; adoentado ◆ to be poorly off ter pouco dinheiro
pop s. 1 estalido; estouro 2 (música) pop; a pop show um concerto de música pop 3 EUA coloquial pai 4 antiquado, coloquial refrigerante com gás ■ v. 1 estalar; estourar 2 (rolha, botão) saltar 3 coloquial ir; passar; they popped out for a bite to eat saíram para comer qualquer coisa; to pop into dar um salto a; to pop round to passar por; why don't you pop in/by? porque é que não passam lá por casa? 4 coloquial aparecer 5 coloquial pôr; meter 6 (ouvido) estalar; my ears were popping ouvia estalidos ◆ EUA a pop cada (um) Grã-Bretanha to pop one's clogs morrer, bater as botas to pop the question fazer o pedido de casamento EUA pop quiz teste surpresa pop off v. morrer; bater as botas pop up v. aparecer
popcorn s. pipoca
Pope s. RELIGIÃO Papa
popemobile s. papamóvel
poplar s. BOTÂNICA choupo; álamo
poplin s. (tecido) popelina
poppy s. BOTÂNICA papoula
popsicle s. EUA picolé
populace s. formal povo; população; camadas populares
popular adj. 1 popular; popular support popular, apoio do povo; to be very popular with somebody ser muito popular junto de alguém, fazer muito sucesso com alguém 2 (opinião, crença) generalizado; contrary to popular belief ao contrário do que muita gente pensa
popularity s. popularidade; to grow/gain in popularity ganhar popularidade
popularize, popularise Grã-Bretanha ■ v. 1 popularizar; vulgarizar 2 divulgar
popularly adv. 1 vulgarmente 2 pelo povo
populate v. 1 povoar 2 habitar
population s. população; centre of population aglomerado populacional; population growth crescimento demográfico, crescimento populacional; population: 39,458 número de habitantes: 39.458
populism s. populismo
populist adj., s. populista
populous adj. formal populoso; povoado
porcelain s. porcelana
porch s. 1 átrio 2 EUA alpendre, varanda
porcupine s. ZOOLOGIA porco-espinho
pore s. poro ■ v. 1 olhar (at/over, para) 2 meditar (over, sobre) 3 ler atentamente (over, –); estudar cuidadosamente (over, –)
pork s. CULINÁRIA carne de porco; pork chops costeletas de porco ◆ EUA pork barrel projetos financiados pelo Estado, que beneficiam um grupo ou zona, com o objetivo de se obterem proveitos políticos; compra de votos ● É diferente de pig.
porn, porno s. coloquial pornografia ■ adj. coloquial pornográfico; pornô col.
pornographic adj. pornográfico
pornography s. pornografia
porosity s. porosidade
porous adj. poroso
porridge s. CULINÁRIA mingau de aveia
port s. 1 porto 2 vinho do Porto 3 (navegação) bombordo 4 INFORMÁTICA porta
portable adj. 1 portátil; transportável portable computer computador portátil, laptop 2 transferível
porter s. 1 (de bagagem) carregador 2 porteiro
portfolio s. 1 portfólio 2 POLÍTICA pasta; ministério
porthole s. (navio) vigia; (avião) janela
portico s. ARQUITETURA pórtico
portion s. 1 porção; parte 2 (refeição) dose ■ v. repartir
portrait s. retrato full-length portrait retrato de corpo inteiro ■ adj., adv. na vertical
portray v. 1 ARTES PLÁSTICAS retratar; descrever 2 interpretar
portrayal s. retrato; representação
Portugal s. Portugal
Portuguese adj., s. português the Portuguese os portugueses ■ s. (língua) português
pose v. 1 (questão, desafio, ameaça) colocar; levantar 2 (para retrato) posar; to strike a pose fazer uma pose 3 fazer-se passar (as, por) 4 exibir-se; posar; ostentar ■ s. 1 pose; postura 2 pose; afetação
poser s. 1 questão complicada; quebra-cabeças 2 pessoa afetada; exibicionista
posh adj. 1 coloquial elegante; fino; chique 2 coloquial dondoca
position s. 1 posição; in an upright position na vertical; to shift one's position mudar de posição 2 lugar correto; to be in position estar a postos; to be out

of position estar fora do lugar 3 localização 4 situação; in a difficult position em uma situação difícil; put yourself in my position ponha-se no meu lugar 5 posição; opinião 6 cargo; posto 7 (*lista classificativa*) lugar; posição; in fourth position em quarto lugar, na quarta posição ■ v. posicionar; colocar ♦ to be in a position to do something estar em condições de fazer algo to be in no position to do something não ter condições para fazer algo

positive *adj.* 1 (*teste, situação*) positivo 2 certo; to be positive ter a certeza absoluta 3 firme; categórico 4 irrefutável; concludente 5 ELETRICIDADE, MATEMÁTICA positivo; positive number número positivo; positive charge carga positiva 6 coloquial autêntico; completo ■ *s.* 1 aspecto positivo; ponto forte 2 (*experiência, análise*) resultado positivo ♦ positive discrimination discriminação positiva

positively *adv.* 1 absolutamente; verdadeiramente 2 de forma positiva 3 sem quaisquer dúvidas; de forma definitiva 4 positivamente

positivism *s.* positivismo
positivist *adj., s.* positivista
posology *s.* posologia
possess *v.* possuir; ter na sua posse ♦ what possessed you to do that? o que que te deu para fazer isso?
possessed *adj.* (*espíritos*) possesso
possession *s.* 1 posse; in possession of na posse de; to come into possession of receber; to come into somebody's possession ir parar às mãos de alguém; to have something in one's possession ter algo em seu poder 2 (*território*) possessão 3 (*por demónio*) possessão possessions *s.pl.* haveres; direitos; bens ♦ in full possession of one's faculties em pleno uso das suas faculdades
possessive *adj.* 1 possessivo a possessive person uma pessoa possessiva 2 LINGUÍSTICA possessivo ♦ possessive pronoun pronome possessivo ■ *s.* possessivo
possessor *s.* formal possuidor; detentor
possibility *s.* 1 possibilidade 2 hipótese 3 opção 4 oportunidade possibilities *s.pl.* potencial; potencialidades
possible *adj.* possível; as far as possible na medida do possível, dentro do possível; as much as possible tanto quanto possível; as soon as possible o mais depressa possível; if possible se for possível; to make it possible tornar possível, possibilitar; whenever possible sempre que possível; would it be possible for you to go there? seria possível você ir lá? *s.* possível candidato
possibly *adv.* 1 possivelmente; talvez [*em frases negativas*] 2 de modo algum; I can't possibly imagine! nem consigo imaginar! ♦ could you possibly...? será que podia...? se importa de...?
post *s.* 1 Grã-Bretanha correio; by post por correio; by return of post de volta pelo correio; first post primeira entrega do correio 2 cargo; posto 3 poste; estaca; trave 4 (*grupo de discussão, blogue*) post; mensagem ■ *v.* 1 pôr no correio; enviar por correio 2 afixar; anunciar 3 deslocar; colocar; destacar 4 (*em grupo de discussão, blogue*) colocar ♦ coloquial to keep somebody posted manter alguém informado post office correios estação dos correios formal post office box caixa postal

postage *s.* porte; franquia postal; postage and packing despesas de envio ♦ formal postage stamp selo postal

postal *adj.* postal; postal address endereço; Grã--Bretanha postal booking reserva por correio; postal workers funcionários dos correios ♦ EUA to go postal ficar furioso Grã-Bretanha postal code código postal Grã-Bretanha postal order vale postal postal vote voto por correio

postbox *s.* Grã-Bretanha caixa de coleta postal
postcard *s.* postal, cartão-postal
postcode *s.* Grã-Bretanha código postal ♦ Grã--Bretanha postcode lottery situação em que a zona em que se vive determina a qualidade dos cuidados de saúde disponíveis
postdoctoral *adj., s.* pós-doutorado
poster *s.* 1 cartaz; to put up a poster afixar um cartaz 2 pôster 3 (*grupo de discussão, blogue*) pessoa que colocou uma mensagem
posterior *adj.* posterior ■ *s.* jocoso traseiro
posterity *s.* posteridade; for posterity para a posteridade
postgraduate *s.* pós-graduado ■ *adj.* de pós--graduação; postgraduate course pós-graduação
posthumous *adj.* póstumo
postman *s.* Grã-Bretanha carteiro
postmark *s.* carimbo postal, carimbo de correio ■ *v.* carimbar
postnatal *adj., s.* pós-parto
postnuptial *adj.* pós-nupcial
postoperative *adj., s.* pós-operatório
postpone *v.* adiar (to/until, *para/até*)
postponement *s.* adiamento
postscript *s.* 1 (*carta*) pós-escrito 2 (*história*) continuação
postulate[1] *v.* 1 postular 2 defender
postulate[2] *s.* 1 postulado 2 pressuposto
posture *s.* 1 postura 2 atitude
post-war *adj.* do pós-guerra; the post-war period o pós-guerra
pot *s.* 1 panela 2 vaso 3 bule 4 cafeteira 5 frasco; boião; pote; lata 6 taça de barro 7 coloquial maconha ■ *v.* 1 plantar em vaso 2 (*animal*) caçar 3 (*bilhar*) acertar no buraco ♦ coloquial pots of money muito dinheiro coloquial the pot calling the kettle black o roto falando do esfarrapado coloquial to go to pot degradar-se
potash *s.* QUÍMICA potassa
potassium *s.* QUÍMICA (*elemento químico*) potássio
potato *s.* BOTÂNICA batata ♦ potato crisp batata frita (de pacote)
potbelly *s.* barriga grande; pança
potency *s.* 1 força 2 potência
potent *adj.* 1 forte 2 potente 3 poderoso
potential *adj.* potencial; possível ■ *s.* potencial; capacidades
pothole *s.* 1 buraco na estrada 2 Grã-Bretanha gruta
potion *s.* poção; magic potion poção mágica
potpourri *s.* MÚSICA pot-pourri

potter

potter s. oleiro; ceramista ■ v. 1 andar dum lado para o outro, sem fazer nada 2 fazer lentamente 3 perder tempo ♦ potter's wheel roda de oleiro torno de oleiro

pottery s. 1 olaria 2 louça de barro; cerâmica

potty adj. Grã-Bretanha coloquial doido; tolo; to be potty about something/somebody ser doido por algo/alguém; to drive somebody potty dar com alguém em doido ■ s. coloquial bacio; penico

pouch s. 1 pequena bolsa 2 ZOOLOGIA bolsa

pouffe, pouf s. (assento) pufe

poultry s. 1 aves domésticas; aves de criação; poultry farm aviário 2 carne de aves

pounce v. 1 atacar subitamente (on, -); precipitar-se (on, sobre) 2 (presa) capturar (on, -) s. 1 ataque súbito 2 (ave de rapina) garra

pound s. 1 (moeda) libra; pound sterling libra esterlina 2 (peso) libra (0,454 kg); half a pound of butter (cerca de) 225 gramas de manteiga; to lose a few pounds perder uns quilos 3 (animais perdidos, abandonados) canil 4 (carros rebocados) depósito; parque ■ v. 1 bater 2 martelar 3 caminhar pesadamente 4 palpitar; latejar 5 triturar ♦ pound sign 1 símbolo da libra esterlina 2 EUA cardinal

pounding s. 1 pancadas 2 embate 3 batida 4 surra; coça

pour v. 1 colocar; pôr; to pour water into a glass colocar água em um copo 2 servir; to pour a drink servir uma bebida 3 chover torrencialmente 4 sair 5 afluir; convergir ♦ to pour cold water on something criticar algo to pour oil on troubled waters botar água na fervura to pour scorn on escarnecer de

pout v. fazer beicinho ■ s. beicinho

poverty s. pobreza, miséria ♦ poverty line/limit limiar da pobreza

powder s. 1 pó; talcum powder pó de talco 2 pólvora ■ v. polvilhar ♦ antiquado to powder one's nose retocar a maquiagem EUA coloquial to take a powder ir embora powder keg barril de pólvora powder room 1 banheiro das senhoras 2 EUA banheiro de serviço

power s. 1 poder 2 força 3 autoridade 4 energia; potência 5 eletricidade; luz; power failure corte de eletricidade 6 (nação) potência 7 MATEMÁTICA potência ■ v. fornecer energia a; alimentar ■ adj. elétrico; com motor ♦ everything within my power tudo o que estiver ao meu alcance the powers that be as autoridades competentes within somebody's power ao alcance de alguém power cut corte de energia power failure corte de energia power line cabo elétrico fio de alta-tensão power of attorney procuração power plant central elétrica Grã-Bretanha power point tomada Grã-Bretanha power station central elétrica nuclear power station central nuclear power steering direção assistida

powerful adj. 1 poderoso 2 potente 3 forte 4 intenso

powerless adj. 1 impotente; they were powerless não podiam fazer nada 2 sem poder; indefeso 3 incapaz

practicable adj. praticável; viável; exequível

practical adj. 1 prático 2 eficaz; exequível 3 habilidoso ■ s. Grã-Bretanha coloquial exame prático; aula prática ♦ for all practical purposes para todos os efeitos practical joke partida

practically adv. 1 praticamente 2 na prática 3 com a prática

practice s. 1 hábito; prática; costume; to be common practice ser prática corrente 2 exercício; treino 3 prática; in practice na prática 4 procedimento 5 (médico, advogado) consultório; exercício da profissão ■ v. 1 EUA praticar 2 EUA treinar 3 EUA (profissão) exercer ♦ practice makes perfect a pratica faz o mestre a pratica leva à perfeição to be in practice estar em forma to be out of practice estar fora de forma

practise, practice EUA v. 1 praticar; to practise a religion praticar uma religião 2 treinar; he is practising English ele está treinando o inglês 3 (profissão) exercer

practising adj. praticante

practitioner s. profissional

praedial adj. predial

pragmatic adj. pragmático

pragmatism s. pragmatismo

prairie s. pradaria

praise s. elogio; louvor; to be worthy of praise merecer ser elogiado ■ v. elogiar; louvar; we all praised him for his courage todos o elogiamos pela sua coragem

praiseworthy adj. louvável; digno de louvor

pram s. Grã-Bretanha carrinho de bebê

prance v. 1 gingar-se; pavonear-se 2 (cavalo) fazer cabriolas, saltar

prank s. peça; brincadeira; molecada to play a prank on somebody pregar uma peça em alguém; fazer molecada com

prankster s. 1 brincalhão 2 pejorativo engraçadinho

prat s. calão palerma; parvo; idiota

prattle v. coloquial tagarelar (about, sobre) s. coloquial tagarelice

prawn s. camarão; prawn cocktail salada de camarão

praxis s. prática; exercício

pray v. 1 rezar (for, por) 2 rogar; suplicar; I pray to God that everything will turn out all right rogo a Deus para que tudo corra bem ♦ to be past praying for ser um caso perdido ZOOLOGIA praying mantis louva-a-deus

prayer s. 1 RELIGIÃO oração; prayer book missal 2 súplica; rogo; he is the answer to all my prayers ele é a resposta às minhas súplicas ♦ not to have a prayer não ter a mínima chance

preach v. 1 pregar; stop preaching at me para de me pregar sermões; to preach a sermon on pregar um sermão sobre 2 defender; advogar ♦ to practise what you preach praticar o que se advoga

preacher s. 1 pregador 2 EUA RELIGIÃO pastor

preamble s. preâmbulo

prearrange v. combinar previamente; preparar antecipadamente

precarious adj. 1 (lugar, situação) precário; inseguro; perigoso 2 (conclusão, hipótese) precário; instável; incerto

precariousness s. precariedade; insegurança
precaution s. precaução; cautela; as a precaution como precaução; to take precautions against tomar precauções contra
precede v. 1 preceder 2 anteceder
precedence s. 1 precedência; in order of precedence por ordem de precedência 2 prioridade; to take precedence over ter prioridade em relação a/sobre
precedent s. precedente; antecedente; it was something with no precedent foi algo sem precedentes
preceding adj. precedente; anterior; antecedente
precept s. preceito; norma; moral precept preceito moral
preceptor s. preceptor
precinct s. 1 área; zona; recinto; pedestrian precinct zona pedestre 2 EUA (policial, administrativo) circunscrição **precincts** s.pl. instalações; arredores; limites; university precincts instalações universitárias
precious adj. 1 precioso; valioso; precious stone pedra preciosa 2 querido; irônico here is your precious car! aqui está o seu querido carro!; coloquial my precious meu tesouro 3 pejorativo afetado
precipice s. precipício; despenhadeiro; on the edge of the precipice na borda do precipício; to fall over a precipice cair em um precipício
precipitate[1] adj. formal precipitado; irrefletido
precipitate[2] v. precipitar
precipitation s. 1 precipitação; pressa excessiva; to act with precipitation agir precipitadamente 2 METEOROLOGIA precipitação
precipitous adj. 1 (pessoa, ato) precipitado; apressado 2 (lugar, terreno) escarpado; íngreme
precise adj. 1 preciso; exato; at that precise moment naquele momento exato 2 meticuloso; minucioso
precisely adv. precisamente; at five o'clock precisely às cinco horas em ponto; precisely so exatamente; that is precisely what I mean é precisamente isso o que eu quero dizer
precision s. precisão; exatidão; rigor; precision instrument/testing instrumento/ensaio de precisão
preclude v. impedir (from, de); evitar (from, –); they precluded me from leaving the building eles impediram-me de deixar o edifício
precocious adj. precoce; at a precocious age em uma idade precoce
preconceive v. preconceber
preconceived adj. preconcebido; preconceived idea ideia preconcebida
preconception s. preconceito ● A palavra "preconceito", em inglês, traduz-se também por prejudice.
precursory adj., s. precursor
predate v. 1 antecedar 2 antedatar; pré-datar
predator s. predador
predatory adj. predatório; voraz
predecessor s. (cargo, função) predecessor; antecessor
predestinate adj. predestinado
predestination s. predestinação
predestine v. predestinar
predetermine v. predeterminar

prejudice

predicament s. 1 aperto; dificuldade; I'm in a real predicament estou em verdadeiros apuros 2 dilema
predicate s. LINGUÍSTICA predicado
predicative adj. predicativo
predict v. predizer; prognosticar; prever
predictable adj. previsível
prediction s. previsão; profecia; prognóstico
predilection s. predileção
predispose v. predispor (to, para)
predisposed adj. predisposto (to, para/a)
predisposition s. predisposição (to/towards, para); tendência (to/towards, para); he has got a predisposition to violence ele tem uma inclinação para a violência
predominance s. predomínio; preponderância
predominant adj. predominante
predominate v. predominar
prefab s. coloquial casa pré-fabricada
prefabricated adj. pré-fabricado; prefabricated house casa pré-fabricada
preface s. prefácio (to, a); prólogo (to, de) v. prefaciar
prefect s. 1 (aluno) delegado 2 POLÍTICA prefeito ● A palavra "prefeito", em inglês, traduz-se também por mayor.
prefecture s. prefeitura
prefer v. preferir (to, a); I prefer the red dress to the blue one eu prefiro o vestido vermelho ao azul; she prefers singing to studying ela prefere cantar a estudar ◆ to prefer charges against apresentar queixa contra
preferable adj. preferível (to, a); melhor; it is preferable that you talk to him é melhor você falar com ele; this restaurant is preferable to that one este restaurante é preferível àquele
preferably adv. preferencialmente
preference s. preferência; in preference to em vez de; to give preference to something dar preferência a algo
preferential adj. preferencial; privilegiado; especial; preferential treatment tratamento especial
prefigure v. prefigurar
prefix s. 1 LINGUÍSTICA prefixo 2 (telefone) indicativo 3 antiquado (convenção) título ■ v. pôr prefixo em; prefixar
prefixation s. LINGUÍSTICA prefixação
pregnancy s. gravidez; pregnancy test teste de gravidez; teenage pregnancy gravidez na adolescência
pregnant adj. 1 grávida; she is five months pregnant ela está grávida de cinco meses; she is pregnant with twins ele está grávida de gêmeos; to get pregnant engravidar 2 (animal) prenhe 3 formal fértil
preheat v. aquecer previamente
prehistoric adj. pré-histórico
prehistory s. pré-história
prejudge v. julgar antecipadamente
prejudice s. preconceito (against, contra); racial prejudice preconceitos raciais ■ v. 1 influenciar (against, contra); predispor (against, contra); he tried to prejudice me against my family ele tentou influenciar-me contra a minha família 2 lesar; prejudicar; you are prejudicing me with your decisions

prejudiced

você está me prejudicando com as suas decisões ♦ to the prejudice of em detrimento de
prejudiced *adj.* preconceituoso
prejudicial *adj.* prejudicial (to, *a/para*)
prelate *s.* RELIGIÃO prelado
preliminary *adj.* preliminar; preliminary investigation investigação preparatória ■ *s.* **1** preliminar **2** ESPORTE eliminatória
prelude *s.* prelúdio (to, *de*); MÚSICA Chopin's preludes prelúdios de Chopin
premature *adj.* prematuro; precoce; it is still premature to say who will win the elections é prematuro dizer quem vai ganhar as eleições; premature baby bebê prematuro
premeditate *v.* premeditar
premeditated *adj.* premeditado
premeditation *s.* premeditação
premier *s.* primeiro-ministro ■ *adj.* melhor; mais importante
premiere *s.* (*filme, peça*) estreia ■ *v.* estrear
premise *s.* premissa; on the premise that partindo do princípio que premises *s.pl.* instalações; recinto; off the premises fora do recinto; on the premises no recinto
premium *s.* prêmio; brinde; recompensa ♦ to be at a premium ter uma grande procura to put a high premium on dar muita importância a
premonition *s.* premonição; pressentimento
premonitory *adj.* premonitório; to have a premonitory feeling ter um pressentimento
prenatal *adj.* pré-natal; prenatal classes aulas de preparação para o parto
preoccupation *s.* **1** preocupação **2** obsessão
preoccupied *adj.* **1** preocupado (with, *com*); obcecado (with, *com*) **2** absorto
preoccupy *v.* preocupar
preoperative *adj.* pré-operatório
prep *s.* Grã-Bretanha coloquial trabalhos de casa; have you done your prep? já acabaste os trabalhos de casa? ♦ prep school **1** Grã-Bretanha coloquial escola de ensino básico privada **2** EUA coloquial escola de nível médio privada
prepaid *adj.* **1** pré-pago **2** com porte pago
preparation *s.* **1** preparação **2** CULINÁRIA, MEDICINA preparado preparations *s.pl.* preparativos; to make preparations for something fazer os preparativos para algo
preparatory *adj.* preparatório; preparatory essay ensaio preparatório ♦ preparatory school **1** Grã-Bretanha escola de ensino básico privada **2** EUA escola de nível médio privada
prepare *v.* **1** preparar (for, *para*); he is preparing dinner ele está preparando o jantar; I prepared myself for the exam eu me preparei para a prova **2** organizar
prepared *adj.* disposto; preparado
prepayment *s.* pré-pagamento
preponderance *s.* preponderância; predomínio
preponderant *adj.* preponderante, predominante
preposition *s.* LINGUÍSTICA preposição
prepositional *adj.* prepositional
prepossessing *adj.* cativante; atraente

preposterous *adj.* **1** absurdo, ilógico **2** escandaloso; chocante
preppy *adj., s.* EUA coloquial mauricinho; queque
prepuce *s.* ANATOMIA prepúcio
prerequisite *s.* pré-requisito
prerogative *s.* prerrogativa; privilégio
presage *s.* presságio; a presage of tragedy um presságio de tragédia ■ *v.* pressagiar; prognosticar
presbyter *s.* RELIGIÃO presbítero
presbyterian *adj., s.* RELIGIÃO presbiteriano
preschool *adj.* pré-escolar
prescribe *v.* **1** (*medicação*) receitar **2** recomendar **3** formal ditar; ordenar
prescription *s.* **1** receita médica; on/by prescription mediante receita médica; to make out/write out a prescription for somebody passar uma receita a alguém **2** medicamento; that prescription will do you good aquele medicamento vai te fazer bem **3** diretiva
prescriptive *adj.* prescritivo
presence *s.* **1** presença; to be in somebody's presence estar na presença de alguém; to make one's presence felt não passar despercebido **2** porte; postura; presença; to lack presence não ter presença ♦ presence of mind presença de espírito
present[1] *s.* **1** presente; atualidade; tempo atual; that will do for the present isso por agora chega; up to the present até ao momento **2** LINGUÍSTICA presente **3** presente; birthday/wedding present presente de aniversário/casamento ■ *adj.* **1** presente; he was present at the meeting ele esteve presente na reunião **2** atual; at the present time no momento; the present month o mês corrente ♦ LINGUÍSTICA present perfect pretérito perfeito LINGUÍSTICA present tense presente ● A palavra "presente, coisa que se dá", em inglês, traduz-se também por *gift*.
present[2] *v.* **1** presentear; dar; oferecer; he presented me with a book ele presenteou-me com um livro **2** (*relatório, documento, credencial*) apresentar **3** formal (*pedido de desculpas, cumprimentos*) apresentar **4** (*problema, dificuldade*) representar, constituir **5** (*filme, peça, programa*) apresentar, exibir, dar **6** (*programa, pessoa*) apresentar
presentable *adj.* apresentável; to look presentable ter um ar apresentável
presentation *s.* **1** (*relatório, proposta, plano*) apresentação, exposição; exibição; to give a presentation of something fazer a apresentação de algo **2** introdução, apresentação **3** oferta, presente **4** MEDICINA (*feto*) apresentação **5** representação teatral ♦ presentation copy of a book exemplar de livro destinado a oferta COMÉRCIO upon presentation of the invoice contra apresentação da fatura
presenter *s.* (*rádio, televisão*) apresentador
presentiment *s.* formal pressentimento (of, *de*); a presentiment of danger um pressentimento de perigo
presently *adv.* **1** em breve; they will be here presently eles estarão aqui em breve **2** presentemente; agora; he is presently working on his new book neste momento ele está trabalhando no livro novo ● É diferente de *currently*.

preservation s. 1 preservação; conservação; in a good state of preservation em bom estado de conservação; the preservation of a building a conservação de um edifício; the preservation of nature a preservação da natureza 2 manutenção; the preservation of peace a manutenção da paz

preservative s. conservante; no added preservatives sem conservantes ♦ A palavra "preservativo" no sentido de "proteção para sexo; anticoncepcional", em inglês, traduz-se por *condom*.

preserve s. 1 CULINÁRIA legumes de conserva 2 CULINÁRIA compota 3 reserva; game preserve reserva de caça; natural preserve reserva natural 4 domínio ■ v. 1 (*comida*) conservar 2 preservar; to preserve nature preservar a natureza 3 (*memória*) guardar; (*reputação*) proteger; manter; to preserve tradition manter a tradição; to preserve one's dignity manter a dignidade

preset v. programar

preside v. presidir (at/over, *a*); to preside at a meeting presidir a uma reunião

presidency s. POLÍTICA presidência; to be elected to the presidency of a country ser eleito para a presidência de um país; to assume the presidency assumir a presidência

president s. 1 presidente; President of the Republic Presidente da República 2 EUA (*colégio*) diretor; reitor 3 (*banco, companhia*) diretor

president-elect s. presidente eleito (antes de tomar posse)

presidential adj. presidencial; presidential elections eleições presidenciais; EUA presidential year ano de eleições presidenciais

press s. 1 (*jornais, revistas*) imprensa; I saw the news in the press eu vi a notícia nos jornais 2 prelo, impressora 3 prensa; lagar; hydraulic press prensa hidráulica 4 pressão; give the button another press aperta outra vez o botão ■ v. 1 premir, apertar; to press a button apertar um botão 2 comprimir 3 pressionar; he pressed me for an answer ele pressionou-me para lhe dar uma resposta 4 (*planta, fruta*) espremer; to press an orange espremer uma laranja 5 apertar(-se) (on, –); people pressed on the street as pessoas apertavam-se na rua; stop pressing on my arm! não aperte o meu braço! 6 passar a ferro 7 forçar a aceitar (on, –); impingir (on, *a*); to press a gift on somebody forçar alguém a aceitar um presente ♦ to get a good/bad press ter boas/más críticas to press charges against apresentar queixa contra to press somebody/something into service obrigar/forçar alguém/algo a press agency agência noticiosa press conference conferência de imprensa press photographer repórter fotográfico press release comunicado à imprensa

pressing adj. 1 urgente; this is a pressing matter este é um assunto urgente 2 crítico; they are in a pressing situation eles estão em uma situação crítica 3 insistente ■ s. 1 insistência 2 compressão

pressman s. Grã-Bretanha coloquial jornalista; repórter

press-up s. Grã-Bretanha (*exercício físico*) flexão

pressure s. 1 FÍSICA, MECÂNICA pressão 2 MEDICINA tensão; high blood pressure hipertensão; low blood pressure hipotensão; pressure drop queda de pressão 3 força; wind pressure força eólica 4 pressão psicológica; to act under pressure agir sob pressão 5 urgência; what's all this pressure for? para que é tanta urgência? v. pressionar (into/to, *a*); I pressured him into telling us the truth eu o pressionei a nos contar a verdade ♦ pressure cooker panela de pressão

pressurize, pressurise Grã-Bretanha v. 1 pressurizar 2 pressionar; exercer pressão sobre

prestige s. prestígio; to lose one's prestige perder o prestígio

prestigious adj. prestigiado

presumably adv. presumivelmente

presume v. 1 presumir; supor; he is presumed dead presume-se que ele esteja morto; I presume so suponho que sim; I presume that this decision is final suponho que esta decisão seja irrevogável 2 abusar (on, *de*); I don't want to presume on your kindness não quero abusar da sua simpatia

presumption s. 1 conjectura; suposição; the presumption is that presume-se que 2 presunção; descaramento, desplante

presumptuous adj. impertinente; inoportuno

presuppose v. formal pressupor; inferir

presupposition s. pressuposição

pretence, pretense EUA s. 1 pretensão (to, *de*); intenção (to, *de*); he makes no pretence to being an expert ele não tem pretensões de ser um perito 2 pretensão; ostentação 3 pretexto; desculpa; on the pretence of being ill com o pretexto de estar doente ♦ under/on false pretences enganando (alguém) de forma fraudulenta

pretend v. 1 fingir (to, –); simular (to, –); he was pretending to be ill ele estava fingindo estar doente; to pretend sickness simular doença 2 pretender

pretender s. 1 pretendente; pretender to the throne pretendente ao trono 2 fingidor

pretense s. 1 pretensão (to, *de*); intenção (to, *de*); he makes no pretense to being an expert ele não tem pretensões de ser um perito 2 pretensão; ostentação 3 pretexto; desculpa; on the pretense of being ill com o pretexto de estar doente

pretension s. pretensão (to, *a*); pretension to the throne pretensão ao trono

pretentious adj. pretensioso; vaidoso

pretentiousness s. pretensiosismo; petulância

pretext s. pretexto; he made up a pretext to miss the meeting ele inventou um pretexto para faltar à reunião; on/under the pretext of sob o pretexto de

pretty adj. 1 bonito; lindo; encantador 2 elegante; gentil ■ adv. coloquial bem; that is pretty good isso é bem bom ♦ pretty much the same mais ou menos o mesmo pretty nearly quase pretty well everything quase tudo you know pretty well sabes muito bem

prevail v. 1 prevalecer (in/among, *em*) 2 triunfar (over, *sobre*); levar a melhor (over, *sobre*)

prevailing

prevailing *adj.* 1 predominante 2 corrente; the prevailing tendency a tendência corrente
prevalent *adj.* preponderante; predominante
prevaricate *v.* usar subterfúgios
prevarication *s.* evasiva; subterfúgio
prevent *v.* 1 prevenir; evitar 2 impedir (from, de); he was prevented from leaving his house impediram-no de sair de casa
preventable *adj.* evitável
prevention *s.* prevenção; prevention of accidents prevenção de acidentes ♦ prevention is better than cure mais vale prevenir que remediar
preventive *adj.* preventivo; preventive actions medidas preventivas; preventive medicine medicina preventiva
preview *s.* pré-estreia ■ *v.* 1 apresentar em pré-estreia 2 ver em pré-estreia
previous *adj.* prévio; anterior; on previous occasions em ocasiões anteriores; previous to anterior a; the previous week a semana anterior
previously *adv.* 1 previamente; antecipadamente; he had been warned previously ele tinha sido avisado previamente 2 antes; everything had been decided two weeks previously tudo tinha sido decidido duas semanas antes
prewash *s.* pré-lavagem
prey *s.* 1 presa; she was an easy prey ela era uma presa fácil 2 pilhagem; saque; all stores were object of prey todas as lojas foram alvo de pilhagens 3 rapina ■ *v.* 1 arcaico atacar 2 arcaico devorar 3 arcaico espoliar; pilhar prey on/upon *v.* 1 (*animal, ave*) cair sobre 2 (*pessoa*) aproveitar-se de ♦ to prey on one's mind afligir alguém
price *s.* 1 preço; custo; at a high price a um preço alto; at reduced prices a preços reduzidos; average price preço médio; cash price preço à vista; cost price preço de custo; fixed price preço fixo 2 valor 3 prêmio; to set a price on somebody's head pôr a cabeça de alguém a prêmio ■ *v.* 1 fixar o preço; marcar o preço de 2 avaliar; she was pricing the house ela estava avaliando a casa ♦ at any price a qualquer preço not at any price por nada deste mundo
priceless *adj.* 1 sem preço; inestimável; this is a priceless ring este anel é de valor inestimável 2 valioso; precioso; he brought us some priceless piece of information ele nos trouxe umas informações preciosas 3 impagável; muito engraçado the joke was priceless a brincadeira foi impagável
prick *s.* 1 picada; prick of a mosquito picada de um mosquito 2 ferrão; aguilhão 3 espinho 4 remorso 5 calão pênis; pica vulg. 6 calão, ofensivo filho da mãe; safado ■ *v.* 1 picar 2 furar; to prick a blister furar uma bolha 3 formigar, dar formigamento 4 (*cabelo, pele*) arrepiar; eriçar ♦ prick of conscience remorsos to prick up the ears (*animal*) arrebitar as orelhas; (*pessoa*) ficar alerta
pricked *adj.* (*por mosquito*) picado
pricking *adj.* pungente
prickle *s.* 1 pico; espinho 2 formigamento ■ *v.* 1 picar; furar 2 formigar

prickly *adj.* 1 (*planta*) espinhoso; com espinhos 2 que dá a sensação de formigueiro 3 suscetível; melindroso 4 (*assunto*) delicado
pride *s.* 1 orgulho; to have pride in ter orgulho em; to take pride in sentir orgulho por 2 orgulho; vaidade; to swallow one's pride engolir o orgulho 3 (*de leões*) bando ♦ to be nursing one's pride estar curando o orgulho ferido to be one's pride and joy ser a menina dos olhos de alguém to pride oneself on orgulhar-se de
priest *s.* RELIGIÃO padre; sacerdote; to become a priest ordenar-se ■ *v.* RELIGIÃO ordenar
priestess *s.* sacerdotisa
priesthood *s.* 1 sacerdócio; to enter the priesthood ordenar-se, fazer-se padre 2 clero
priestly *adj.* sacerdotal; eclesiástico; clerical
prig *s.* pejorativo pedante; convencido
priggish *adj.* pretensioso; afetado
prim *adj.* afetado; cerimonioso
prima donna *s.* prima-dona
primacy *s.* primazia
primarily *adv.* principalmente; essencialmente
primary *adj.* 1 prioritário; primordial; that is of primary importance isso é de importância primordial; this is a primary issue esta é uma questão prioritária 2 primário; primary cause/school causa/escola primária; primary colours cores primárias; EUA primary elections eleições primárias
primate *s.* 1 ZOOLOGIA primata 2 RELIGIÃO primaz, arcebispo
prime *adj.* 1 primeiro; primitivo; primordial; the prime reason a razão primordial 2 básico, fundamental; principal; prime motive motivo principal 3 do melhor que há; máximo; nobre; this is prime material isto é material do melhor que há 4 clássico; a prime example um exemplo clássico 5 MATEMÁTICA primo ■ *s.* 1 auge; ponto máximo; the prime of perfection o cume da perfeição; to be in the prime of life estar na plenitude da existência, na primavera da vida 2 MATEMÁTICA número primo ■ *v.* preparar ♦ prime cost custo de produção prime minister primeiro-ministro prime mover fonte de energia prime number número primo prime time 1 (*televisão*) de grande audiência 2 (*televisão*) horário nobre
primeval, primaeval *adj.* primitivo; primordial
primitive *adj.* 1 primitivo; primitive man homem primitivo; primitive techniques técnicas primitivas 2 original 3 simples; rudimentar
primordial *adj.* primordial
primrose *s.* BOTÂNICA primavera, prímula ■ *adj.* (*cor*) amarelo-pálido
primula *s.* BOTÂNICA prímula
prince *s.* príncipe; prince consort/regent príncipe consorte/regente; Prince of Wales Príncipe de Gales ♦ prince charming príncipe encantado
princedom *s.* principado
princess *s.* princesa
principal *adj.* principal; the principal cause of a causa principal de; the principal part in a play o papel principal em uma peça de teatro ■ *s.* 1 (*escola*)

diretor; (*universidade*) reitor 2 chefe; dirigente 3 (*teatro, ópera etc.*) protagonista
principality s. principado; the Principality of Monaco o principado do Mônaco
principally adv. principalmente; sobretudo
principle s. 1 princípio; norma de conduta; to act against one's principles ir contra os seus princípios 2 causa; origem 3 princípio; postulado; preceito; guiding principle princípio orientador 4 FÍSICA lei geral 5 QUÍMICA princípio ativo ♦ in principle teoricamente
print v. 1 imprimir 2 publicar 3 gravar (on, *em*); marcar (on, *em*); what he said was printed on my mind o que ele disse ficou gravado na minha memória ■ s. 1 impressão; the print of the book a impressão do livro; to be in print estar no prelo; to be out of print estar esgotado 2 caracteres 3 estampa; gravura 4 pegada; the sea erased his prints o mar apagou as pegadas dele 5 impressão digital ■ adj. (*roupa*) estampado ♦ print run tiragem
printed adj. 1 estampado; printed dress vestido estampado 2 impresso; printed on the back impresso no verso
printer s. 1 INFORMÁTICA impressora 2 impressor; tipógrafo
printing s. impressão; the printing of the book a impressão do livro ♦ printing ink tinta de impressão printing press impressora
printout s. (*computador*) impressão; to do a printout of fazer uma impressão de
prior adj. 1 anterior; precedente; a prior incident came to my mind um acontecimento anterior me veio à memória 2 prévio; prior warning aviso-prévio 3 prioritário ■ s. RELIGIÃO prior
priority s. prioridade; to give priority to dar prioridade a; to take priority over ter prioridade sobre ♦ priority message mensagem urgente priority right (direito de) preferência
prise v. 1 estroncar; abrir à força 2 (*informações*) arrancar
prism s. GEOMETRIA prisma
prison s. prisão; cadeia; prison warden/yard diretor/pátio de prisão; to be in prison estar na cadeia; to put into prison meter na cadeia ♦ prison camp campo prisional
prisoner s. preso; prisioneiro; penitenciário; prisoner of war prisioneiro de guerra; to take somebody prisoner prender alguém
pristine adj. perfeito; impecável
privacy s. 1 privacidade; lack of privacy falta de privacidade 2 intimidade
private adj. 1 privado; private life/property vida/propriedade privada; to do something in private fazer alguma coisa em privado 2 confidencial; secreto; private conversation conversa confidencial 3 particular; pessoal; I need to talk to you in private preciso de falar com você a sós; strictly private estritamente pessoal 4 (*lugar*) retirado; escondido; isolado 5 (*pessoa*) reservado; solitário 6 reservado; private bus ônibus reservado ■ s. soldado raso privates s.pl. coloquial partes íntimas ♦ private detective/investigator/eye detetive particular private enterprise iniciativa privada private parts partes íntimas
privately adv. 1 em particular; em privado; they need to talk privately eles precisam falar em particular 2 secretamente, em segredo 3 intimamente, no íntimo
privation s. privação; carência; miséria; to live in privation viver na miséria; to suffer many privations sofrer muitas privações
privatization, privatisation Grã-Bretanha s. privatização
privatize, privatise Grã-Bretanha v. privatizar
privilege s. 1 privilégio; honra; it's a privilege to have you with us é um privilégio tê-lo conosco 2 regalia; benefício 3 imunidade; parliamentary privilege imunidade parlamentar 4 (*médico, advogado*) sigilo profissional ■ v. privilegiar; conceder um privilégio a
privileged adj. 1 privilegiado; to be in a privileged position estar em uma posição privilegiada
prize s. 1 prêmio; recompensa 2 sorte; prize drawing tirar à sorte ■ adj. 1 premiado; the prize car o carro premiado 2 magnífico; extraordinário; valioso; this is a prize ring to me este é um anel valioso para mim 3 clássico ■ v. valorizar ♦ coloquial no prizes for guessing tá na cara! prize fight combate de boxe prize fighter pugilista profissional
prizewinner s. premiado
prizewinning adj. premiado; ganhador
pro s. coloquial profissional; he is a true pro ele é um verdadeiro profissional ■ prep. a favor de; to be pro a motion ser a favor de uma moção ♦ the pros and cons of os pós e os contras de
proactive adj. pró-ativo
probability s. probabilidade; beyond the bounds of probability para além de todas as probabilidades ♦ in all probability muito provavelmente
probable adj. 1 provável 2 verossímil; that is not a probable excuse essa não é uma desculpa verossímil
probably adv. provavelmente
probation s. 1 estágio; prova; to be on probation estar estagiando 2 DIREITO liberdade condicional; to be on probation estar em liberdade condicional
probe v. 1 sondar (for, *para*); explorar (for, *para*); you must probe for more information você tem de sondar para obter mais informações 2 investigar (into, –); they are probing into the matter eles estão investigando o assunto ■ s. 1 sonda; space probe sonda espacial 2 investigação
probity s. formal probidade
problem s. problema; a mathematical problem um problema matemático; is there a problem? há algum problema?; coloquial no problem! não há crise!
problematic adj. problemático
procedure s. procedimento; to follow the safety procedures seguir os procedimentos de segurança
proceed v. 1 seguir; avançar 2 prosseguir (with, *com*); continuar (with, *com*); proceed with your work continue com o trabalho 3 passar (to, *a*); they proceeded to talk about the book eles passaram então a falar sobre o livro 4 vir (from, *de*); provir (from, *de*); the sound proceeded from the

proceeding

street o som vinha da rua **proceeds** s.pl. (dinheiro) receitas
proceeding s. 1 atuação; conduta; line of proceeding linha de conduta; suspicious proceedings atuação suspeita 2 procedimento; to follow the proceedings seguir os procedimentos **proceedings** s.pl. 1 ata 2 DIREITO ação em tribunal 3 debate; to conduct the proceedings orientar os debates 4 processo
process s. 1 processo; curso de operações 2 processo; método; sistema; operating process processo de trabalho 3 curso; marcha ■ v. 1 (dados) processar 2 preparar; everything must be processed in advance tudo deve ser preparado antecipadamente 3 (matérias-primas) transformar ♦ in the process em simultâneo in the process of time com o tempo to be in the process of estar em vias de
processing s. processamento ♦ INFORMÁTICA data processing processamento de dados INFORMÁTICA word processing processamento de texto
procession s. 1 procissão; to go in procession ir em procissão 2 cortejo; funeral procession cortejo fúnebre 3 comitiva ■ v. 1 desfilar em cortejo 2 ir em procissão
processor s. processador; INFORMÁTICA word processor processador de texto
proclaim v. 1 proclamar; anunciar; declarar oficialmente; he was proclaimed king ele foi proclamado rei; to have something proclaimed mandar anunciar determinada coisa 2 formal revelar; mostrar
proclamation s. proclamação; declaração; by public proclamation por proclamação pública; to make a proclamation fazer uma proclamação; the proclamation of the Republic a proclamação da República
proclitic adj. proclítico
procrastinate v. procrastinar; adiar
procrastination s. procrastinação
procreate v. procriar; gerar
procreation s. procriação; reprodução
procurator s. procurador
procure v. 1 conseguir; obter 2 proporcionar; garantir ● A palavra "procurar", em inglês, traduz-se por to look for.
prod v. 1 empurrar; I prodded him with my hand eu empurrei-o com a minha mão 2 dar palmada 3 espicaçar; estimular ■ s. 1 empurrão leve; palmada; I felt a prod on my back eu senti uma palmada nas minhas costas 2 estímulo
prodigal adj. 1 pródigo; prodigal son filho pródigo 2 esbanjador; perdulário
prodigious adj. 1 prodigioso; rico; abundante 2 maravilhoso; estupendo
prodigy s. 1 (pessoa) prodígio 2 prodígio; maravilha; portento; a prodigy of learning um prodígio da ciência
produce[1] s. 1 produto; net produce produto líquido 2 produção; farm produce produção agrícola
produce[2] v. 1 produzir; criar; gerar; the demonstration produced great effect a manifestação surtiu grandes efeitos; to produce a movie produzir um filme 2 mostrar; apresentar 3 apresentar; avançar 4 preparar; she produced a fine dinner ela preparou um jantar requintado 5 (peça, filme) produzir

producer s. produtor; actors and producers atores e produtores; cork producer produtor de cortiça
product s. 1 produto; high quality product produto de alta qualidade; product line gama de produtos 2 produto; fruto; consequência 3 produção; product engineer controlador de produção 4 rendimento 5 proveito; ganho 6 MATEMÁTICA produto
production s. 1 produção; production costs custos de produção; production line/scheduling linha/planejamento de produção; production of current produção de corrente elétrica; production of heat produção de calor 2 (documentos) apresentação; the production of evidence a apresentação de provas 3 (peça, filme) produção 4 publicação 5 produto 6 obra literária ou musical
productive adj. produtivo
productivity s. produtividade
profanation s. profanação
profane adj. 1 profano 2 blasfemo; profane word blasfêmia 3 pagão; profane practices práticas pagãs ■ v. formal profanar; macular
profess v. 1 professar; confessar 2 (religião) praticar; professar; seguir; to profess Christianity seguir o Cristianismo 3 alegar; fingir
profession s. 1 profissão; carreira; he is a doctor by profession ele é médico por profissão 2 afirmação; declaração; to make one's profession proferir votos religiosos
professional adj. profissional; professional athlete/life atleta/vida profissional; to take professional advice ouvir a opinião de pessoa abalizada ■ s. profissional; he is a great professional ele é um excelente profissional; ESPORTE to turn professional passar a profissional
professionalism s. profissionalismo
professionalize v. profissionalizar
professor s. professor universitário, professor catedrático
professorship s. 1 Grã-Bretanha (universidade) cátedra; cargo de professor universitário; to be appointed to a professorship ser nomeado professor universitário 2 (universidade) disciplina; cadeira
proffer v. 1 oferecer; estender; he proffered his hand to me ele estendeu-me a mão 2 (conselho) proferir; dar 3 apresentar; propor; to proffer a remark fazer um comentário
proficiency s. proficiência; competência ♦ proficiency course curso de aperfeiçoamento
proficient adj. proficiente (at/in, em); hábil (at/in, em); perito (at/in, em)
profile s. 1 perfil; silhueta; in profile de perfil 2 contorno; recorte ♦ high profile posição de destaque; proeminência low profile discrição; reserva to keep a low profile não chamar a atenção
profit s. 1 ECONOMIA lucro; ganho 2 proveito; vantagem ■ v. lucrar; ganhar (by/from, com)
profitability s. lucro; rendibilidade
profitable adj. 1 lucrativo; rentável 2 proveitoso; vantajoso; útil; profitable advice conselho útil
profiteer s. pejorativo explorador; especulador ■ v. pejorativo explorar; especular; enriquecer ilicitamente

profound *adj.* 1 profundo; to fall into a profound sleep cair em um sono profundo 2 profundo; intenso; to take a profound interest in interessar-se profundamente por 3 marcante; profound discoveries descobertas marcantes 4 perspicaz
profuse *adj.* abundante; copioso; profuse bleeding hemorragia abundante
profusion *s.* abundância; profusão
progenitor *s.* procriador, progenitor
progeny *s.* progênie; descendência; prole
progesterone *s.* BIOLOGIA progesterona
prognosis *s.* 1 MEDICINA prognóstico; medical prognosis prognóstico médico 2 previsão, vaticínio
prognosticate *v.* prognosticar; vaticinar; predizer
prognostication *s.* prognosticação; vaticínio; predição
program *s.* 1 (*computador*) programa 2 programa; (*televisão, rádio*) program director diretor de programação; program of the government programa governamental; TV program programa de televisão; what's the program for today? qual é o programa para hoje? *v.* 1 (*computador*) programar 2 programar
programme, program EUA *s.* programa; TV programme programa de televisão ■ *v.* programar
programmer *s.* INFORMÁTICA programador
programming *s.* programação
progress[1] *s.* progresso; avanço; desenvolvimento ♦ in the progress of time com o passar do tempo to be in progress estar em curso to make progress fazer progressos
progress[2] *v.* 1 progredir; melhorar; to be progressing estar progredindo 2 avançar; prosseguir
progression *s.* desenvolvimento; progressão; avanço
progressive *adj.* 1 progressivo; gradual; by progressive stages gradualmente; in a progressive way de um modo gradual; progressive disease doença progressiva 2 para a frente; evolutivo; progressive motion movimento para a frente 3 progressista
progressivism *s.* progressismo
prohibit *v.* 1 proibir (from, *de*); it is strictly prohibited to smoke here é estritamente proibido fumar aqui 2 impedir ● A palavra "proibir", em inglês, traduz-se também por to forbid
prohibition *s.* proibição; interdição
prohibitive *adj.* proibitivo
project[1] *s.* 1 projeto; plano; ideia; project manager coordenador de projeto(s) 2 estudo; trabalho; to develop a project on efetuar um trabalho sobre
project[2] *v.* 1 projetar(-se) 2 delinear; planejar; projetar; to project a trip planejar uma viagem 3 projetar; to project a film on a wall projetar um filme em uma parede 4 voltar-se; retornar 5 transparecer; aparecer
projectile *s.* projétil
projecting *adj.* (*superfície*) saliente
projection *s.* 1 projeção; lançamento 2 saliência; prolongamento 3 (*filme*) projeção; projection room sala de projeções 4 projeção; imagem mental
projector *s.* 1 (*de imagens*) projetor 2 (*de luz*) holofote 3 (*pessoa*) projetista
prokaryote *s.* BIOLOGIA procarionte; procarioto

prokariotic *adj.* BIOLOGIA procariótico
proletarian *adj., s.* proletário
proletarian *adj., s.* proletário
proletariat *s.* proletariado
proliferate *v.* proliferar
proliferation *s.* proliferação
prolific *adj.* prolífico; prolífero
prolix *adj.* (*discurso*) prolixo
prologue *s.* LITERATURA, TEATRO, MÚSICA prólogo; preâmbulo
prolong *v.* prolongar; they prolonged their visit eles prolongaram a visita
prolongation *s.* prolongamento
prolonged *adj.* prolongado
prom *s.* 1 Grã-Bretanha coloquial promenade 2 EUA baile de estudantes
promenade *s.* Grã-Bretanha passeio marítimo ♦ Grã-Bretanha promenade concert concerto promenade
prominence *s.* proeminência; destaque ♦ to bring into prominence realçar to give prominence to dar realce a
prominent *adj.* proeminente; prominent scientist cientista proeminente; prominent teeth dentes proeminentes
promiscuity *s.* promiscuidade
promiscuous *adj.* promíscuo
promise *s.* 1 promessa; to break a promise quebrar uma promessa; to keep one's promise cumprir o prometido; to make a promise fazer uma promessa 2 (*pessoa, acontecimento*) esperança 3 figurado sinal ■ *v.* 1 prometer; jurar; I promise I won't disappoint you prometo não te desapontar 2 garantir 3 prenunciar; anunciar ♦ Promised Land Terra Prometida
promised *adj.* prometido
promising *adj.* 1 promissor; a promising beginning um bom começo 2 promissor; esperançoso
promontory *s.* GEOGRAFIA promontório
promote *v.* 1 (*posição*) promover 2 (*marketing*) promover; fazer publicidade 3 fomentar; estimular; provocar; to promote hatred fomentar o ódio 4 (*projeto de lei*) apoiar; defender
promoter *s.* 1 promotor 2 (*evento esportivo, artístico*) organizador
promotion *s.* 1 promoção; this brand of rice is on promotion esta marca de arroz está em promoção 2 progresso; fomento 3 (*emprego*) promoção
promotional *adj.* promocional
prompt *adj.* 1 imediato; prompt decision decisão imediata 2 pronto (to, *a*); prompt payment pronto pagamento 3 diligente; rápido; prompt service serviço rápido 4 (*mercadoria*) para entrega imediata ■ *adv.* em ponto ■ *v.* 1 incitar; provocar; levar a 2 inspirar 3 (*ator*) servir de ponto a *s.* 1 prazo (de pagamento) 2 (*ator*) indicação dada pelo ponto
prompter *s.* (*teatro*) ponto
promptly *adv.* 1 prontamente; imediatamente 2 pontualmente
promptness *s.* desembaraço, prontidão
promulgate *v.* promulgar
promulgation *s.* promulgação
prone *adj.* 1 propenso (to, *a*) 2 estendido; estatelado 3 (*terreno*) inclinado; íngreme

prong

prong s. dente de garfo
pronominal adj. pronominal
pronoun s. LINGUÍSTICA pronome; demonstrative pronoun pronome demonstrativo; indefinite pronoun pronome indefinido; interrogative pronoun pronome interrogativo; personal pronoun pronome pessoal; possessive pronoun pronome possessivo; reflexive pronoun pronome reflexivo; relative pronoun pronome relativo
pronounce v. 1 pronunciar; articular 2 (*sentença*) pronunciar; proferir; the judge pronounced the verdict o juiz pronunciou o veredicto 3 pronunciar-se (on, *sobre*)
pronounced adj. pronunciado; acentuado
pronouncement s. formal declaração (on, *sobre*)
pronunciation s. pronúncia
proof s. 1 prova; demonstração; testemunho 2 prova; ensaio; experiência 3 prova; impressão para revisão 4 MATEMÁTICA prova ■ adj. formal à prova (against, *de*); resistente (against, *a*); imune (against, *a*) ♦ the proof of the pudding is in the eating só experimentando é que se sabe
proofreader s. revisor
prop s. 1 suporte; apoio 2 (*peça, filme*) adereço ■ v. 1 apoiar to prop a shelf apoiar uma prateleira 2 sustentar; suportar
propaganda s. (*ideológica*) propaganda; a political propaganda campaign uma campanha de propaganda política
propagandist adj., s. propagandista
propagate v. 1 propagar(-se); espalhar(-se) 2 divulgar; difundir 3 transmitir; to propagate heat transmitir calor
propagation s. propagação
proparoxytone adj. (*palavra*) proparoxítono
propel v. 1 impelir 2 impulsionar; mover
propeller s. hélice; three-bladed propeller hélice de três pás
propelling adj. propulsor; propelling force força propulsora ■ s. propulsão ♦ propelling pencil lapiseira de minas
propensity s. propensão (to/for, *para*); tendência (to/for, *para*)
proper adj. 1 apropriado; adequado; conveniente; at the proper time no momento oportuno 2 próprio; decente 3 característico; peculiar; próprio; in the proper sense of the word no sentido próprio da palavra 4 autêntico; verdadeiro ♦ proper noun substantivo próprio • A palavra "próprio", em inglês, traduz-se por *own*.
properly adv. 1 corretamente; devidamente 2 adequadamente; apropriadamente
property s. 1 propriedade; bens; patrimônio; private property propriedade privada; to be public property pertencer ao domínio público 2 propriedade; característica
prophecy s. profecia
prophesy v. profetizar; predizer
prophet s. profeta
prophetess s. profetisa
prophetic adj. profético
prophylactic adj. profilático ■ s. 1 medicamento preventivo 2 EUA coloquial preservativo; coloquial camisinha
prophylaxis s. MEDICINA profilaxia
propitious adj. propício
propolis s. própole
proponent s. proponente; defensor
proportion s. 1 proporção; in due proportion na devida proporção 2 parte; porcentagem 3 tamanho proportions s.pl. dimensões ■ v. tornar proporcional; harmonizar ♦ in proportion to/with em relação a to get things out of proportion exagerar as coisas
proportional adj. proporcional (to, *a*); inversely proportional inversamente proporcional
proportionate adj. formal proporcional (to, *a*)
proposal s. 1 proposta (to, *para*); to make a proposal fazer uma proposta 2 pedido de casamento
propose v. 1 propor; sugerir; apresentar; to propose a motion apresentar uma moção 2 pedir em casamento (to, –) ♦ to propose a toast to fazer um brinde a
proposition s. 1 proposta; oferta; to make a proposition fazer uma proposta 2 (*lógica, matemática*) proposição
proprietary adj. 1 registrado; patenteado 2 proprietário; relativo a propriedade
proprietor s. proprietário; dono
propriety s. probidade; correção; to act with propriety agir com probidade proprieties s.pl. boas maneiras; conveniências sociais
propulsion s. propulsão
prosaic adj. prosaico
prosaist s. prosaísta
proscribe v. proscrever; banir; exilar
prose s. LITERATURA prosa; in prose em prosa; prose poem poema em prosa; prose writer prosador
prosecute v. 1 processar (for, *por*); mover ação judicial contra; Mrs Smith, prosecuting, said that... A senhora Smith, pela acusação, disse que... 2 formal prosseguir; continuar
prosecution s. 1 ação judicial 2 acusação; witness for the prosecution testemunha de acusação 3 formal prossecução; prosseguimento
prosecutor s. advogado de acusação
prosodic adj. prosódico
prosody s. LINGUÍSTICA prosódia
prosopopoeia EUA s. LINGUÍSTICA prosopopeia
prospect[1] s. 1 perspectiva (of, *de*); esperança (of, *de*) 2 formal vista; panorama prospects s.pl. expectativas (for, *de*); projetos (for, *para*)
prospect[2] v. explorar (for, –); andar em busca (for, *de*); sondar (for, –)
prospective adj. 1 em perspectiva 2 futuro 3 possível; provável
prospectus s. prospecto; folheto
prosper v. prosperar; florescer
prosperity s. prosperidade
prosperous adj. próspero
prostate s. ANATOMIA próstata
prosthesis s. MEDICINA prótese

prostitute s. pessoa que se prostitui ■ v. prostituir; to prostitute oneself prostituir-se
prostitution s. prostituição
prostration s. prostração
protagonist s. protagonista
protect v. 1 proteger (from, *de;* against, *contra*); defender (from, *de;* against, *contra*) 2 auxiliar; amparar
protected adj. protegido
protection s. proteção (against, *contra*); defesa (against, *contra*)
protective adj. protetor; de proteção; protective coating camada protetora
protector s. protetor
protein s. proteína
protest¹ s. 1 protesto (against, *contra*); under protest sob protesto 2 reclamação
protest² v. 1 protestar (at, *perante;* against, *contra*) 2 insistir
Protestant adj., s. RELIGIÃO protestante
Protestantism s. RELIGIÃO protestantismo
protester s. manifestante; protestante
protist s. BIOLOGIA protista
protocol s. protocolo
protocolist s. protocolista
proton s. FÍSICA próton
prototype s. protótipo
protozoan s. BIOLOGIA protozoário
protracted adj. prolongado; demorado
protraction s. protelação
protractor s. 1 GEOMETRIA transferidor 2 ANATOMIA músculo extensor
protuberance s. protuberância; saliência
protuberant adj. protuberante
proud adj. 1 orgulhoso; to be proud of ter orgulho em 2 altivo; arrogante; vaidoso 3 suntuoso; imponente ◆ to do somebody proud 1 coloquial fazer com que alguém se orgulhe de si 2 antiquado tratar alguém na palma da mão
prove v. 1 provar; demonstrar 2 tirar a prova de; verificar a autenticidade de 3 pôr à prova; experimentar ◆ to prove oneself mostrar o que se vale to prove somebody wrong provar que alguém está errado
provenance s. proveniência; procedência
proverb s. provérbio; adágio
proverbial adj. proverbial
provide v. 1 dar; fornecer; abastecer (with, *de;* for, *a*); to provide food for one's family cuidar do sustento da família 2 proporcionar 3 (*lei, regra, decisão*) suster; estipular provide for v. cuidar de; tratar de; providenciar; arranjar
provided adj. abastecido; preparado; to be provided for estar preparado para *conj.* desde que; contanto que
providence s. 1 providência 2 RELIGIÃO Providência
providential adj. providencial; oportuno
provider s. fornecedor; abastecedor
providing conj. desde que; contanto que
province s. 1 província 2 competência; domínio
provincial adj. 1 regional 2 de província 3 provinciano ■ s. provinciano
provincialism s. pejorativo provincianismo

public

provision s. 1 provisão 2 abastecimento; fornecimento; provision of food fornecimento de comida 3 preparação; preparativos 4 cláusula provisions *s.pl.* provisões; mantimentos ■ v. abastecer; fornecer ◆ to make provisions for the future poupar para o futuro
provisional adj. provisório
provocation s. provocação; instigação
provocative adj. provocante; provocador
provoke v. 1 provocar; incitar 2 provocar; causar; motivar 3 irritar; exasperar
prow s. proa
prowl v. rondar ◆ to be on the prowl andar à caça
prowler s. intruso; gatuno
proximity s. proximidade; vizinhança ◆ in the proximity of perto de
proxy s. 1 procurador; delegado 2 procuração; by proxy por procuração
prude s. pejorativo puritano; pudico
prudence s. prudência; discrição
prudent adj. prudente; discreto; cauteloso
prudish adj. pejorativo puritano; pudico
prune s. ameixa seca ■ v. 1 aparar; podar 2 cortar; reduzir
pruning s. poda; pruning scissors tesoura de poda
pry v. 1 intrometer-se (into, *em*); meter-se (into, *em*) 2 fofocar (about, *sobre*); intrometer-se (about, *sobre*) 3 EUA forçar; estroncar; to pry a door open estroncar uma porta
prying adj. intrometido; curioso
psalm s. (*Bíblia*) salmo
pseudonym s. pseudônimo (of, *de;* for, *para*)
psoriasis s. MEDICINA psoríase
psyche s. psique
psychedelic adj. psicodélico
psychiatric adj. psiquiátrico
psychiatrist s. psiquiatra
psychiatry s. MEDICINA psiquiatria
psychic adj. 1 psíquico 2 extrassensorial; psychic powers poderes extrassensoriais ■ s. médium
psycho adj., s. coloquial psicopata
psychoanalysis s. psicanálise
psychoanalyst s. psicanalista
psychoanalytic adj. psicanalítico
psychological adj. psicológico
psychologist s. psicólogo
psychology s. psicologia
psychopath adj., s. psicopata
psychopathic adj. psicopata
psychosis s. MEDICINA psicose
psychotechnical adj. psicotécnico
psychotherapist s. psicoterapeuta
psychotherapy s. psicoterapia
psychotic adj., s. psicótico
puberty s. puberdade
pubic adj. púbico
pubis s. ANATOMIA púbis
public adj. público; public figures/relations figuras/relações públicas; public opinion opinião pública; public transport/utility transporte/serviço público ■ s. público; the gates were open to the public os portões foram abertos ao público ◆ in public em

publication

público to be in the public eye ser o foco das atenções EUA public defender advogado de ofício
publication s. (*livro, revista, jornal*) publicação
publicist s. agente publicitário
publicity s. publicidade; publicity agent agente publicitário; publicity campaign campanha publicitária
publicize, publicise Grã-Bretanha v. divulgar; publicitar
publish v. 1 publicar; to publish an article publicar um artigo 2 tornar público; divulgar
publisher s. 1 (*empresa*) editora 2 (*pessoa*) editor
publishing s. (*livro*) publicação ♦ publishing house editora
puck s. (*hóquei no gelo*) disco
pucker v. (*rosto, lábios, sobrancelhas*) enrugar; franzir; vincar
pudding s. 1 pudim 2 (*sobremesa*) doce; do you want pudding or fruit? quer doce ou fruta?
puddle s. 1 poça de água 2 charco; lamaçal 3 argila ■ v. 1 chapinar; chafurdar 2 (*argila*) amassar
puerile adj. pueril; infantil
puff s. 1 (*cigarro*) inalação; tragada col. 2 sopro; baforada; lufada; a puff of wind uma lufada de vento 3 (*bolo*) sonho 4 Grã-Bretanha coloquial fôlego; to be out of puff estar sem fôlego 5 elogio excessivo ■ v. 1 soprar 2 inchar; he was puffing with pride ele estava inchado de orgulho 3 arquejar; respirar com dificuldade 4 fumar; he was puffing a cigar ele estava fumando um charuto 5 elogiar excessivamente ♦ puff pastry massa folhada
puffer s. ZOOLOGIA puffer fish baiacu
puffy adj. 1 inchado 2 sem fôlego 3 (*roupa*) entufado
pugilism s. ESPORTE pugilismo
pugilist s. ESPORTE pugilista
puke v. coloquial vomitar ■ s. coloquial vomitado
pull v. 1 puxar; to pull hard puxar com força 2 arrancar; tirar 3 atrair; obter 4 (*tabaco*) fumar 5 (*músculo*) distender 6 Grã-Bretanha coloquial engatar; atrair 7 remar 8 (*arma*) sacar 9 (*carro*) encostar; parar ■ s. 1 puxão 2 força de atração 3 chamamento; atração 4 vantagem; influência 5 (*fumaça*) baforada; cachimbada 6 (*bebida*) gole 7 maçaneta; puxador ♦ to pull a face 1 fazer uma careta 2 amarrar a cara fig. to pull a fast one enganar to pull one's weight cumprir com a sua parte to pull somebody's leg enfiar uma peta a alguém to pull strings puxar os cordelinhos to pull the rug from under somebody's feet tirar o tapete de alguém pull apart v. 1 separar 2 destruir 3 criticar pull away v. 1 (*carro, ônibus*) arrancar 2 (*trem*) partir pull down v. 1 baixar 2 demolir; pôr abaixo 3 (*psicologicamente*) abater; pôr para baixo pull in v. 1 (*carro, ônibus*) parar, encostar 2 (*trem*) chegar 3 (*polícia*) deter 4 (*pessoas, dinheiro etc.*) atrair pull off v. 1 conseguir; concretizar 2 (*casaco, sapatos, luvas*) tirar 3 (*veículo*) arrancar pull out v. 1 (*arma*) sacar 2 (*tropas*) retirar 3 (*dente, unha*) tirar; extrair 4 (*tomada*) desligar 5 retirar-se 6 (*trem*) sair da estação 7 (*veículo*) arrancar pull over v. (*carro*) parar, encostar pull through v. 1 (*doença*) safar-se 2 (*problema, embaraço*) sair; resolver pull up v. 1 (*veículo*) pa-

rar; encostar 2 recuperar 3 içar 4 (*planta*) arrancar 5 (*cadeira*) puxar ● É diferente de *push*.
pullet s. franga
pulley s. roldana
pull-out s. 1 destacável, colecionável 2 retirada
pullover s. pulôver
pulmonary adj. pulmonar
pulp s. 1 polpa 2 massa; pasta; wood pulp pasta de papel 3 polpa dentária ■ adj. (*livro, revista*) de má qualidade; sensacionalista ■ v. reduzir a polpa
pulpit s. púlpito
pulsate v. 1 pulsar; palpitar; latejar 2 literário vibrar
pulsation s. MEDICINA pulsação
pulse s. 1 pulso; pulsação; pulse rate pulsações por minuto; to take somebody's pulse sentir o pulso de alguém 2 cadência pulses s.pl. leguminosas ■ v. 1 pulsar; palpitar 2 vibrar
pulverization s. 1 (*pó*) pulverization 2 (*líquido*) spraying
pulverize v. 1 pulverizar 2 coloquial derrotar completamente
pulverizer s. (*pó*) pulverizador
puma s. ZOOLOGIA puma
pumice s. pedra-pomes
pump s. 1 bomba; gas pump bomba de gasolina; water pump bomba de água 2 bombeação pumps s.pl. 1 Grã-Bretanha sapatilhas 2 Grã-Bretanha EUA sapatos sem cordões ou fivelas, especialmente de salto alto ■ v. 1 bombear 2 (*petróleo*) extrair 3 latejar 4 coloquial sondar; interrogar 5 coloquial (*informação, segredo*) arrancar ♦ coloquial to pump iron fazer exercícios com pesos
pumping s. (*manobra*) bombeamento
pumpkin s. BOTÂNICA abóbora-menina ♦ EUA pumpkin! querido!, querida!
pun s. trocadilho; jogo de palavras ■ v. fazer trocadilhos
punch v. 1 dar um murro a; socar 2 furar; perfurar 3 picotar; puncionar 4 (*botão, tecla*) carregar; premir ■ s. 1 soco; murro 2 furador 3 (*bebida*) ponche 4 força; vigor 5 MEDICINA punção ♦ coloquial not to pull any punches não andar com rodeios coloquial (*luta*) to pack a hard punch bater com força
punch-drunk adj. aturdido; confuso
punch-up s. coloquial luta
punctual adj. pontual
punctuality s. pontualidade
punctually adv. pontualmente
punctuate v. 1 pontuar 2 interromper
punctuation s. pontuação; punctuation marks sinais de pontuação
pundit s. especialista; perito
pungent adj. 1 (*sabor, cheiro*) forte 2 (*som*) agudo 3 (*dor*) lancinante 4 mordaz; cáustico
punish v. punir; castigar
punishable adj. punível
punishment s. 1 castigo; punição; corporal punishment castigo corporal 2 DIREITO pena; capital punishment pena de morte 3 tratamento rude
punitive adj. 1 punitivo 2 (*preços, impostos*) proibitivo
punk s. 1 punk 2 EUA coloquial malandro; patife

punt s. 1 barca; chalana 2 passeio de chalana 3 Grã-Bretanha coloquial aposta ■ v. viajar de chalana
puny adj. 1 enfezado; franzino 2 insignificante
pup s. 1 filhote de cachorro 2 filhote de lobo ou outro canino ■ v. dar à luz cachorrinhos ◆ to sell somebody a pup enganar alguém
pupil s. 1 aluno 2 ANATOMIA pupila
puppet s. fantoche; marionete
puppy s. cachorrinho ◆ puppy love namorico
purchase s. compra; aquisição; purchase price preço de venda; to make a purchase fazer uma compra ■ v. comprar; adquirir
pure adj. 1 puro; pure air ar puro 2 genuíno; autêntico 3 simples 4 inocente ◆ by pure chance por mero acaso pure and simple pura e simplesmente
purée s. CULINÁRIA purê
purely adv. puramente; simplesmente; meramente
purgative adj., s. purgante
purgatory s. purgatório ◆ RELIGIÃO Purgatory Purgatório
purge s. 1 purga; purgante 2 purgação ■ v. purgar; limpar; purificar
purification s. purificação
purifier s. purificador; air purifier purificador de ar
purify v. purificar, depurar
purifying adj. purificante
purism s. purismo
purist s. purista
puritan adj., s. puritano
puritanism s. puritanismo
purity s. pureza
purple adj., s. (cor) púrpura; roxo ◆ purple with rage roxo de raiva
purpose s. objetivo; propósito; finalidade; with the purpose of com o objetivo de ◆ on purpose de propósito to serve no purpose não servir para nada
purposeful adj. determinado; resoluto
purposely adv. de propósito; deliberadamente
purr s. (gato) rom-rom ■ v. 1 (gato) ronronar 2 (motor) fazer ruído surdo 3 falar com voz rouca e sensual
purse s. 1 Grã-Bretanha porta-moedas 2 Grã-Bretanha carteira 3 EUA bolsa 4 figurado dinheiro; doações ■ v. franzir; enrugar ◆ to hold the purse strings conter os gastos, segurar o dinheiro
pursue v. 1 prosseguir; continuar 2 perseguir; seguir
pursuit s. 1 prosseguimento 2 busca; procura; in pursuit of em busca de 3 atividade; ocupação
pus s. MEDICINA pus
push v. 1 empurrar 2 (botão, tecla) premir, pressionar, apertar 3 pressionar; insistir 4 convencer (into, a); persuadir (into, a); incitar (into, a) 5 coloquial (droga) traficar 6 impingir 7 coloquial fazer campanha ■ s. 1 empurrão; encontrão; abanão 2 impulso; estímulo; incentivo 3 ataque; avanço; investida 4 coloquial dinamismo; iniciativa ◆ if it comes to the push em último caso to give somebody the push 1 despedir alguém 2 terminar uma relação amorosa to push one's way abrir caminho à força Grã-Bretanha to push the boat out não olhar as despesas to push your luck abusar da sorte push in v. Grã-Bretanha coloquial (fila) passar à frente

push through v. (lei) fazer aprovar push up v. fazer subir
pushchair s. Grã-Bretanha carrinho de bebê
pushover s. coloquial to be a pushover ser canja; ser presa fácil, ser fácil de levar ou de derrotar
push-up s. EUA (exercício físico) flexão
pushy adj. insistente; agressivo
puss s. 1 coloquial bichano; gatinho 2 EUA calão ventas pop.; focinho pop.
pussy s. 1 coloquial bichano; gatinho 2 vulgarismo (órgão sexual) vulva vulg. 3 EUA coloquial, ofensivo medroso
put v. 1 pôr; colocar; to put a question colocar uma questão 2 juntar; adicionar 3 propor; apresentar; to put a motion apresentar uma moção ◆ to put an end to acabar com to put in a good word for recomendar to put something forth divulgar alguma coisa to put to bed deitar; por alguém na cama (criança ou inválido) put about/around v. coloquial espalhar; fazer constar put across v. transmitir, comunicar put aside v. 1 pôr de lado 2 ignorar; esquecer 3 poupar; pôr de lado put away v. 1 arrumar; put those toys away arruma esses brinquedos 2 (prisão) prender; (hospício) internar 3 poupar; pôr de lado put back v. 1 voltar a pôr no lugar 2 atrasar 3 adiar 4 coloquial (bebida) entornar fig. put by v. poupar; pôr de lado put down v. 1 pousar; pôr; arriar; put down the glass pousa o copo 2 apontar; anotar 3 pôr fim a; reprimir; dominar 4 humilhar 5 abater; the dog had to be put down o cachorro teve que ser abatido put forward v. 1 avançar com; sugerir 2 propor; nomear put in v. 1 empregar; fazer; investir 2 apresentar; submeter 3 instalar; colocar 4 acrescentar; afirmar subitamente put off v. 1 adiar 2 convencer a mudar de ideias; fazer desistir (de) put on v. 1 vestir; pôr 2 aplicar; pôr 3 levar à cena 4 (peso) aumentar de; I've put on weight aumentei de peso 5 (televisão, rádio) ligar 6 (disco etc.) pôr, tocar 7 pôr no fogo 8 fazer (uma aposta); apostar em 9 aumentar 10 assumir; fingir; pôr; he put on a sad look ele fez uma cara triste put out v. 1 anunciar; publicar; emitir 2 apagar; put out the lights apaga as luzes 3 pôr fora; pôr de fora 4 estender 5 (osso) deslocar 6 dar-se ao trabalho; dar-se ao incômodo put through v. 1 (chamada telefônica) passar; ligar 2 concluir; aprovar 3 submeter a put together v. montar; organizar put up to v. convencer a; instigar a; desafiar a put up v. 1 construir 2 montar; pôr 3 colar; pôr 4 dar luta a 5 apresentar 6 emprestar; fornecer 7 subir; aumentar 8 dar alojamento; instalar put up with v. suportar; aturar; tolerar
putrefaction s. putrefação
putrefy v. apodrecer
putt s. (golfe) tacada leve na bola ■ v. (golfe) dar uma tacada leve na bola
put-up adj. coloquial planejado; engendrado

puzzle

puzzle v. intrigar; confundir ■ s. 1 puzzle 2 enigma; quebra-cabeças
puzzled adj. perplexo; confuso
puzzling adj. estranho, intrigante
pygmy, pigmy s. pigmeu
pyjamas s.pl. pijama
pyramid s. GEOMETRIA pirâmide
pyre s. pira funerária
pyromania s. piromania
pyromaniac s. piromaníaco
pyrotechnic adj. pirotécnico
pyrotechnics s. pirotecnia

Q

q s. (letra) q
qua prep. formal como tal; na qualidade de
quack s. 1 (pato) grasnada 2 coloquial, pejorativo curandeiro 3 charlatão ■ v. grasnar
quadrangle s. 1 pátio interior 2 GEOMETRIA quadrângulo
quadrangular adj. quadrangular
quadrant s. GEOMETRIA quadrante
quadrilateral s. GEOMETRIA quadrilátero ■ adj. quadrilátero
quadrille s. (dança) quadrilha
quadrillion s. quatrilhão
quadriplegia s. MEDICINA tetraplegia
quadriplegic adj., s. tetraplégico
quadruped adj., s. (animal) quadrúpede
quadruple adj. quádruplo ■ s. quádruplo ■ v. quadruplicar
quadruplicate[1] v. quadruplicar
quadruplicate[2] adj. quadruplicado ■ s. quadruplicado; in quadruplicate em quadruplicado
quagmire s. 1 lamaçal; atoleiro 2 problema; encrenca
quail s. ZOOLOGIA codorna ■ v. literário acovardar-se (at/before, diante); amedrontar-se (at/before, diante)
quaint adj. pitoresco
quake v. tremer (with, de); to quake with fear tremer de medo; to quake at the knees estar com as pernas tremendo ■ s. coloquial tremor de terra
qualification s. 1 requisito (to, para); to have the necessary qualifications for reunir os requisitos necessários para 2 competência 3 restrição; limitação 4 ESPORTES (competição) qualificação qualifications s.pl. qualificações; habilitações
qualified adj. 1 habilitado; qualificado; competente; capaz; qualified person pessoa qualificada; to be qualified to do something ter as habilitações necessárias para fazer algo 2 limitado; parcial; condicional
qualifier s. 1 prova de qualificação 2 (pessoa, equipe) classificado 3 LINGUÍSTICA modificador
qualify v. 1 estar habilitado (for, para); reunir os requisitos (for, para) 2 habilitar (for, para); preparar (for, para); to qualify oneself for a job preparar-se para determinada função 3 (competição) qualificar-se (for, para); the team qualified for the final a equipe qualificou-se para a final 4 LINGUÍSTICA qualificar; modificar
qualifying adj. qualificativo ◆ qualifying exam exame de admissão qualifying round eliminatória
qualitative adj. qualitativo; QUÍMICA qualitative analysis análise qualitativa
quality s. 1 qualidade; a book of quality um livro de qualidade; quality of life qualidade de vida; to have many qualities ter muitas virtudes 2 característica; atributo ■ adj. de qualidade; quality accommodation alojamento de qualidade ◆ quality control controle de qualidade quality press imprensa séria
qualm s. dúvida; incerteza; to have no qualms about doing something não hesitar em fazer alguma coisa
quandary s. dilema; to be in a quandary over estar em um dilema quanto a
quantification s. quantificação
quantifier s. LINGUÍSTICA quantificador
quantify v. quantificar
quantitative adj. quantitativo
quantity s. quantidade
quantum s. 1 quantidade 2 porção, parte, fração 3 FÍSICA quantum ■ adj. FÍSICA quântico ◆ (grande progresso) quantum leap salto em frente quantum physics física quântica quantum theory teoria dos quanta
quarantine s. quarentena; to be in quarantine estar de quarentena ■ v. pôr de quarentena
quarrel s. discussão; desentendimento; to have a quarrel about discutir por causa de ■ v. discutir (about/over, por) quarrel with v. (ideia etc.) discordar de
quarrelsome adj. conflituoso
quarry s. 1 pedreira 2 (caça) presa ■ v. (pedreira) extrair (for/from, de)
quart s. (medida) quarto de galão ◆ Grã-Bretanha to put a quart into a pint pot fazer o impossível
quarter s. 1 quarto; a quarter of a mile um quarto de milha; to divide something into quarters dividir algo em quatro 2 quinze minutos; it's a quarter past six são seis e quinze 3 (Lua) quarto; moon at the first quarter Lua no quarto crescente 4 bairro; quarteirão; residential quarter bairro residencial 5 trimestre 6 EUA moeda de 25 centavos quarters s.pl. alojamento ■ v. 1 dividir em quatro 2 formal alojar ◆ all quarters of the globe os quatro cantos do mundo at close quarters de perto from all quarters de todos os quadrantes EUA MÚSICA quarter note semínima
quarterfinal s. ESPORTE quartas de final
quarterly adj. trimestral ■ adv. trimestralmente ■ s. publicação trimestral
quartet s. quarteto
quartz s. GEOLOGIA quartzo
quash v. 1 DIREITO anular; invalidar; revogar 2 debelar; reprimir; sufocar
quaternary adj. quaternário
quatrain s. LITERATURA (versos) quadra
quaver v. (voz) tremer ■ s. 1 Grã-Bretanha MÚSICA colcheia 2 (voz) tremor
quavering adj. trêmulo ■ s. (voz) trêmulo
quay s. cais, molhe, desembarcadouro
queasiness s. enjoo; náuseas
queasy adj. enjoado; maldisposto; to feel queasy sentir-se enjoado

queen

queen s. 1 rainha 2 (*jogo de cartas*) dama 3 (*xadrez*) rainha 4 ofensivo maricas ofens.; bicha ofens. ♦ to queen it over pavonear-se queen bee abelha-rainha, abelha-mestra Queen Mother Rainha Mãe
queenly *adj.* próprio de rainha
queer *adj.* antiquado esquisito; estranho ■ *adj.,* s. ofensivo bicha ofens.; maricas ofens. ♦ Grã-Bretanha coloquial to queer somebody's pitch estragar os planos de alguém
quell v. 1 (*rebelião*) sufocar; esmagar; reprimir 2 (*sentimento*) dissipar
quench v. 1 (*sede*) saciar 2 formal (*incêndio*) extinguir; apagar
query s. 1 pergunta; dúvida 2 ponto de interrogação ■ v. perguntar (whether, se); questionar (whether, se)
quest s. literário busca; procura; in quest of em busca de ■ v. literário andar à procura (for, de); andar em busca (for, de); to quest after the truth andar em busca da verdade
question s. 1 pergunta; questão; to ask somebody a question fazer uma pergunta a alguém 2 questão; assunto; it's a question of... é uma questão de... 3 dúvida; incerteza; there is no question não há dúvidas; to be open to question suscitar dúvidas; to call into question pôr em dúvida ■ v. 1 interrogar 2 questionar; pôr em dúvida ♦ beyond question sem dúvida to be in question estar em questão to be out of the question estar fora de questão leading question pergunta direcionadora; pergunta chave to pop the question pedir em casamento question mark ponto de interrogação without question sem dúvida
questionable *adj.* 1 questionável; discutível 2 duvidoso; suspeito
questioner s. interrogador
questioning *adj.* interrogativo ■ s. interrogatório; to bring somebody in for questioning deter alguém para interrogatório
questionnaire s. questionário escrito
queue s. Grã-Bretanha fila; to form a queue fazer uma fila; to stand in queue estar na fila ■ v. Grã-Bretanha fazer fila
quibble s. 1 sofisma 2 queixa; reclamação ■ v. 1 sofismar 2 queixar-se (about/over, de)
quibbler s. sofista
quiche s. CULINÁRIA quiche
quick *adj.* 1 rápido; veloz; quick train trem rápido 2 perspicaz; esperto; a quick child uma criança esperta; to be quick on the uptake ser perspicaz ■ *adv.* depressa ■ s. 1 (*unha*) sabugo; to bite one's nails to the quick roer as unhas até o toco 2 âmago; (*comentário, crítica*) to cut somebody to the quick ferir até ao âmago ♦ (*rapidez*) as quick as lightning como um raio quick fix solução provisória, temporária to have a quick temper irritar-se facilmente
quicken v. 1 acelerar(-se); to quicken the pace acelerar o passo 2 intensificar(-se)
quicklime s. cal viva
quickly *adv.* rapidamente; depressa

quickness s. 1 rapidez 2 perspicácia; agudeza de espírito
quicksand s. areia movediça
quick-tempered *adj.* irritadiço; irascível; pavio curto
quick-witted *adj.* perspicaz
quid pro quo s. troca; contrapartida
quid s. Grã-Bretanha coloquial libra
quiet *adj.* 1 silencioso 2 tranquilo; calmo; sossegado; a quiet street uma rua sossegada 3 (*pessoa*) calado; reservado 4 discreto; sóbrio; quiet style estilo sóbrio 5 (*negócio*) parado; fraco ■ s. 1 silêncio 2 calma; tranquilidade; sossego; to live in peace and quiet viver em paz e sossego ■ v. EUA acalmar(-se) (down, –) ♦ (*segredo*) on the quiet secretamente quiet! pouco barulho! to keep quiet não abrir a boca to keep something quiet manter em segredo
quieten, quiet EUA v. acalmar(-se) (down, –)
quietly *adv.* 1 (*voz*) baixinho 2 calmamente; tranquilamente 3 discretamente
quietness s. quietude
quiff s. (*cabelo*) topete
quill s. 1 (*ave*) pluma 2 pena de escrever 3 (*porco-espinho*) espinho
quilt s. 1 colcha 2 Grã-Bretanha edredom ■ v. acolchoar
quilted *adj.* acolchoado
quilting s. acolchoamento
quince s. BOTÂNICA marmelo; quince tree marmeleiro; quince jam marmelada
quinine s. QUÍMICA quinino
quinquagenarian *adj., s.* quinquagenário
quintessence s. formal quinta-essência
quintessential *adj.* típico
quintet s. MÚSICA quinteto
quintillion s. quintilhão
quintuple *adj.* quíntuplo ■ v. quintuplicar
quintuplet s. (*gêmeos*) quíntuplo
quip v. gracejar ■ s. gracejo
quirk s. 1 peculiaridade 2 capricho; by a quirk of fate por um capricho do destino
quirky *adj.* peculiar
quit v. 1 coloquial (*escola, emprego etc.*) abandonar; 2 deixar 2 deixar; parar; desistir; quit it! para com isso!; to quit smoking deixar de fumar 3 (*casa, lugar*) deixar
quite *adv.* 1 muito; bastante; grande; the food was quite good a comida estava muito boa that's quite a surprise é uma grande surpresa 2 razoavelmente; mais ou menos; I quite like maths eu até gosto de matemática 3 Grã-Bretanha completamente; you're quite right você tem toda a razão 4 bem; exatamente; the play wasn't quite what we expected a peça não foi bem como nós esperávamos ♦ quite frankly, I don't like him para ser sincero, não gosto dele quite a few bastante, muitos that's quite all right não faz mal
quits *adj.* coloquial quites; pago; to be quits estar quites ♦ coloquial to call it quits dar o assunto por terminado
quitter s. desistente

quiver s. 1 estremecimento, tremura 2 (*para setas*) carcás, aljava ■ v. 1 tremer, estremecer 2 palpitar 3 (*asas*) bater
quiz s. 1 concurso 2 EUA questionário; teste ■ v. perguntar; interrogar
quorum s. (*assembleia*) quórum
quota s. 1 cota; quinhão 2 contingente; to apportion quotas for an import fixar contingentes de importação
quotation s. 1 citação 2 orçamento 3 (*bolsa*) cotação ◆ quotation marks aspas
quote s. 1 citação 2 orçamento quotes *s.pl.* aspas; in quotes entre aspas ■ v. 1 citar; to quote from an author citar um autor 2 fixar o preço (for, *para*); to quote a price for something fixar o preço para algo
quotient s. MATEMÁTICA quociente

R

r s. (*letra*) r
rabbi s. RELIGIÃO rabino; rabi
rabbit s. 1 ZOOLOGIA coelho; buck rabbit coelho macho; doe rabbit coelha; stewed rabbit coelho estufado 2 pele de coelho ■ v. 1 caçar coelhos 2 coloquial conversar, tagarelar ♦ rabbit hutch coelheira
rabble s. turba; multidão
rabble-rouser s. demagogo
rabies s. (*doença*) raiva
race s. 1 corrida; a race against time uma corrida contra o tempo; to run a race participar em uma corrida 2 raça 3 (*animal, planta*) espécie races s.pl. corridas de cavalos; to go to the races ir às corridas de cavalos ■ v. 1 ESPORTE correr (against, contra); competir (against, contra) 2 correr 3 (*pulsação etc.*) acelerar; disparar 4 (*motor*) acelerar ● É diferente de *ethnicity*, "etnia".
racecourse s. Grã-Bretanha hipódromo
racegoer s. Grã-Bretanha aficionado por corridas de cavalos
racehorse s. cavalo de corrida
racer s. 1 corredor 2 cavalo/carro/barco de corrida
racetrack s. 1 pista de corridas 2 EUA hipódromo
racial adj. racial; étnico; racial discrimination discriminação racial
racing s. (*cavalos, carros etc.*) corrida ■ adj. de corrida ♦ racing car carro de corridas
racism s. racismo
racist adj., s. racista
rack s. 1 prateleira; estante 2 (*instrumento de tortura*) cavalete 3 (*carne*) costeleta ■ v. atormentar; torturar; she was racked by feelings of guilt ela estava atormentada por sentimento de culpa ♦ to be on the rack estar passando um mau bocado to go to rack and ruin ficar em ruínas to rack one's brains dar voltas à cabeça
racket s. 1 raquete 2 coloquial barulheira; algazarra; to make a racket fazer uma barulheira 3 coloquial trapaça; fraude ● É diferente de *rocket*.
racketeer s. pejorativo escroque; explorador
racketeering s. pejorativo exploração
racy adj. (*anedota, história*) picante
radar s. radar; radar antenna/range antena/alcance de radar ♦ on the radar screen no centro das atenções radar trap controle de velocidade por radar
radial adj. radial ♦ radial tyre pneu radial
radiance s. brilho; esplendor; fulgor
radiant adj. 1 radiante (with, *de*); radiant with joy radiante de alegria 2 esplendoroso; brilhante; a radiant blue sky um céu azul esplendoroso
radiate v. irradiar; difundir; espalhar; she radiated self-confidence ela irradiava autoconfiança
radiation s. radiação
radiator s. radiador

radical adj. 1 radical; básico, fundamental 2 extremo, drástico, radical radical change mudança radical 3 revolucionário; extremista ■ s. 1 pricípio básico, fundamento 2 radical
radicalism s. radicalismo
radicalize v. radicalizar
radicand s. MATEMÁTICA radicando
radio s. rádio; radio contact contato via rádio; radio station estação de rádio; to hear on the radio ouvir no rádio ■ v. contatar via rádio ♦ radio amateur radioamador radio announcer locutor de rádio radio taxi radiotáxi
radioactive adj. radioativo; radioactive waste resíduos radioativos
radioactivity s. radioatividade
radio-controlled adj. telecomandado
radiography s. radiografia
radiologist s. radiologista
radiology s. MEDICINA, FÍSICA radiologia
radiotherapy s. MEDICINA radioterapia
radish s. BOTÂNICA rabanete
radium s. QUÍMICA (*elemento químico*) rádio
radius s. 1 (*circunferência, área*) raio; within a 200 metre radius em um raio de 200 metros 2 ANATOMIA (*osso*) rádio
radon s. QUÍMICA (*elemento químico*) radônio
raffia s. (*palmeira, tecido*) ráfia
raffle s. rifa; sorteio ■ v. rifar; sortear
raft s. 1 jangada; balsa 2 (*barco*) salva-vidas 3 coloquial conjunto (of, *de*); a raft of things um conjunto de coisas
rafter s. (*telhado*) viga; barrote
rag s. 1 trapo; farrapo; retalho; pano de limpeza; in rags esfarrapado 2 pejorativo jornaleco ■ v. Grã-Bretanha antiquado escarnecer (de); zombar (de); atazanar ♦ glad rags roupa de domingo from rags to riches da pobreza extrema à riqueza rag doll boneca de trapos
rage s. raiva; ira; fúria; in a rage em um acesso de raiva; to fly into a rage ter um ataque de fúria ■ v. 1 insurgir-se (at/against, *contra*); vociferar (at/against, *contra*) 2 (*guerra, tempestade*) assolar 3 (*doença, incêndio*) propagar-se rapidamente ♦ coloquial to be all the rage estar na moda
ragged adj. 1 (*roupa*) esfarrapado; roto 2 (*pessoa*) maltrapilho; andrajoso 3 coloquial estafado; cansado 4 (*superfície, contorno*) irregular; desigual ♦ EUA coloquial to be on the ragged edge estar feito em um farrapo
raging adj. 1 exasperado; furioso; violento 2 extraordinário
raid s. 1 ataque; they are launching a raid on enemy ships eles estão lançando um ataque aos navios inimigos 2 (*polícia*) batida 3 assalto ■ v. 1 atacar 2 assaltar 3 (*polícia*) fazer uma batida

raider s. assaltante
rail s. 1 corrimão 2 trem; to go by rail ir de trem 3 trilho, carril 4 parapeito ■ v. formal insurgir-se (against/at, *contra*) ◆ coloquial to go off the rails descarrilar
railing s. grade
railroad s. EUA ferrovia ■ v. 1 pressionar (into, *a*); he was railroaded into signing the agreement ele foi pressionado a assinar o acordo 2 EUA enviar por trem
railway s. Grã-Bretanha ferrovia; estrada de ferro ◆ railway engine locomotiva railway station estação de trem
rain s. chuva; in the rain à chuva ■ v. chover ◆ come rain or shine faça chuva ou faça sol it never rains but it pours um mal nunca vem só to be as right as rain sentir-se perfeitamente bem; novo em folha to be raining cats and dogs estar chovendo muito to rain on someone's parade estragar a festa/o programa de alguém coloquial to take a rain check on deixar para outra ocasião
rainbow s. arco-íris
raincoat s. gabardina
raindrop s. gota de chuva
rainfall s. pluviosidade
rainforest s. floresta tropical
rainproof adj. impermeável
rainstorm s. chuva torrencial; carga d'água
rainy adj. chuvoso; a rainy day um dia chuvoso; rainy season estação das chuvas
raise v. 1 levantar; erguer; to raise a load levantar uma carga; to raise one's voice levantar a voz 2 (*impostos, salários, preços*) aumentar; subir 3 melhorar 4 (*animais, filhos*) criar; to raise a family criar uma família 5 (*pergunta etc.*) levantar; suscitar; to raise doubts suscitar dúvidas 6 (*dinheiro*) arrecadar; angariar; to raise funds angariar fundos, doações 7 (*cerco, embargo*) levantar; to raise a siege levantar um cerco 8 (*jogo de cartas*) subir aposta 9 contatar via rádio 10 edificar; erguer; to raise a monument erguer um monumento 11 MATEMÁTICA elevar à potência ■ s. EUA (*salário*) aumento; to get a raise conseguir um aumento ◆ to raise a row armar uma bagunça; protestar violentamente to raise your glass to beber à saúde de to raise the roof fazer uma festança ● É diferente de *rise*.
raisin s. uva-passa
raising s. (*ação de levantar*) levantamento
rajah, raja s. (*Índia*) rajá
rake s. 1 ancinho 2 inclinação 3 antiquado libertino; devasso ■ v. 1 (*ancinho*) limpar; revolver 2 vasculhar rake in v. (*dinheiro*) ganhar rake up v. 1 (*passado*) revolver 2 juntar
rally s. 1 comício 2 (*corrida*) rally; rali 3 recuperação 4 (*tênis etc.*) rebatida ■ v. 1 reunir(-se); unir(-se); juntar(-se) 2 recuperar; to rally from an illness recuperar de uma doença rally round v. dar apoio
ram s. 1 ZOOLOGIA carneiro 2 técnico êmbolo ■ v. 1 embater; chocar; abalroar 2 meter com força; enterrar; the man rammed his hat down on his head o homem enterrou o chapéu na cabeça ◆ to ram something down somebody's throat impingir alguma coisa a alguém

ramble s. Grã-Bretanha caminhada; passeio ■ v. 1 Grã-Bretanha caminhar; passear; we rambled through the woods fizemos uma caminhada pela floresta 2 balbuciar 3 (*planta*) crescer em todas as direções
rambling adj. 1 que vagueia; andarilho; vagabundo 2 sem grande coerência, desconexo; rambling speech discurso desconexo 3 irregular, torto 4 BOTÂNICA que se espalha com rebentos irregulares ■ s. 1 deambulação ramblings 2 *plural* digressões, divagações; falação
ramie s. BOTÂNICA rami
ramification s. ramificação; consequência; repercussão
ramify v. (*planta*) ramificar
ramp s. 1 rampa 2 Grã-Bretanha lombada
rampant adj. 1 furioso; desvairado 2 ARQUITETURA inclinado 4 (*planta*) que se espalha em todas as direções
rampart s. muralha
ramshackle adj. 1 decrépito, degradado 2 desmantelado
ranch s. fazenda; rancho
rancher s. rancheiro; fazendeiro
rancid adj. (*alimento, produto*) rançoso
rancidity s. ranço
rancorous adj. rancoroso
rancour, rancor EUA s. rancor
random adj. aleatório; casual ◆ at random aleatoriamente, ao acaso
randomize, randomise Grã-Bretanha v. randomizar
range against v. discordar de
range s. 1 gama; a wide range of products um amplo sortimento de produtos; top of the range topo da lista 2 limite; within the range of no limite de 3 alcance; (*tiro*) at close range à queima-roupa; out of range fora do alcance; within range ao alcance 4 (*voz, instrumento*) registro 5 (*montanhas*) cordilheira; cadeia 6 EUA pasto 7 EUA fogão ■ v. 1 abarcar; abranger 2 variar (from/between, *entre*); prices range between $10 and $50 dollars os preços variam entre 10 e 50 dólares 3 vaguear (over/through, *por*) 4 formal dispor; ordenar range over percorrer range with v. concordar com
ranger s. 1 guarda-florestal 2 EUA policial 3 soldado especializado
rank s. 1 posto; posição em hierarquia; categoria 2 fila; fileira 3 classe social 4 qualidade; of the first rank de primeira qualidade ■ v. 1 classificar; he was ranked number one worldwide ele estava classificado como o melhor mundialmente; to rank among figurar entre 2 ser considerado (–, *as*); the flood ranked as the worst ever a cheia foi considerada a pior 3 EUA ser hierarquicamente superior; generals rank captains os generais são hierarquicamente superiores aos capitães 4 alinhar ■ adj. 1 malcheiroso; fétido 2 completo; total; puro; rank fear puro medo 3 (*planta*) viçoso; luxuriante ◆ to break ranks abandonar uma organização to join the ranks of tornar-se membro de to pull one's rank on mostrar quem manda

ranking

ranking s. ranking; classificação; he is now first in the world ranking é o primeiro do ranking mundial ■ adj. do posto mais elevado; the ranking officer o oficial mais graduado

rankle v. dilacerar; amargurar

ransack v. 1 pilhar; saquear 2 esquadrinhar

ransom s. resgate; to pay ransom pagar resgate ■ v. pagar resgate ♦ to hold somebody to ransom 1 pedir um resgate por alguém 2 pôr alguém entre a espada e a parede

rant v. desatinar col.; mandar vir col.; to rant and rave desatinar col. s. discurso alto e zangado

rap s. 1 MÚSICA rap 2 pancada 3 EUA coloquial acusação 4 EUA coloquial castigo; punição; to beat the rap escapar ao castigo ■ v. 1 bater 2 fazer rap 3 criticar severamente (for, por) 4 dizer severamente ♦ a rap on/over the knuckles crítica severa coloquial to take the rap for levar a culpa de

rape v. (sexualmente) violar, estuprar ■ s. (sexual) violação; estupro; attempted rape tentativa de estupro; to commit rape estuprar

rapid adj. rápido; veloz

rapidity s. rapidez

rapist s. (sexual) estuprador

rappel s. EUA ESPORTE rapel ■ v. EUA ESPORTE praticar rapel

rapport s. afinidade (with, com; between, entre)

rapt adj. absorto; extasiado; enlevado

rapture s. formal êxtase; enlevo ♦ to go into raptures over ficar extasiado com

rare adj. 1 raro; rare stone pedra rara 2 valioso 3 (carne) malpassado

rarefied adj. 1 pejorativo elitista 2 (ar) rarefeito; to become rarefied rarefazer-se

rarely adv. raramente

rarity s. raridade; to be a rarity ser uma raridade

rascal s. 1 (criança) diabrete 2 antiquado canalha; patife

rash adj. precipitado; irrefletido; a rash act um ato irrefletido ■ s. 1 (pele) erupção; irritação; to break out in a rash ficar com a pele irritada 2 coloquial série (of, de); onda (of, de); a rash of criticism uma série de críticas

rasher s. Grã-Bretanha (fiambre, bacon) fatia

rashness s. precipitação; irreflexão

rasp s. 1 som áspero 2 lima; raspadeira ■ v. 1 raspar; limar 2 dizer em voz áspera 3 ranger

raspberry s. BOTÂNICA framboesa ♦ coloquial to blow a raspberry pôr a língua de fora

rat s. 1 ratazana, rato 2 coloquial, pejorativo vira-casaca ■ v. caçar ratos ♦ I smell a rat! aqui tem coisa! to look like a drowned rat estar com um aspecto miserável rat on v. 1 coloquial bufar cal.; denunciar 2 Grã-Bretanha coloquial (promessa etc.) falhar; não cumprir

ratchet s. (máquina) dente de engrenagem

rate s. 1 ritmo; velocidade; an average rate of 5 kilometres an hour uma velocidade média de 5 quilômetros por hora; criminality is increasing at an alarming rate a criminalidade está aumentando a um ritmo alarmante 2 taxa; proporção; razão; a high rate of unemployment uma taxa de desemprego elevada; interest rate taxa de juro 3 preço; valor; cotação; tarifa 4 classe; categoria ■ v. 1 ser considerado (as, -); he rates as one of the best players ele é considerado um dos melhores jogadores 2 avaliar; classificar 3 merecer; to rate a mention ser digno de nota ♦ at any rate de qualquer modo at this rate neste ritmo

rateable, ratable adj. 1 tributável, sujeito a pagamento de taxas 2 calculável, avaliável 3 arcaico proporcional

ratepayer s. Grã-Bretanha (impostos) contribuinte

rather adv. 1 bastante; a rather difficult question uma pergunta bastante difícil 2 em vez de; I'll have tea rather than coffee vou beber chá em vez de café 3 mais do que; it was a lecture rather than a talk aquilo foi mais uma palestra do que uma conversa 4 ou melhor; he walked, or rather ran, to the office ele foi, ou melhor correu, para o escritório ♦ I would rather... than... preferia... a...

ratification s. ratificação; homologação; confirmação

ratify v. (acordo, tratado) ratificar; homologar; confirmar

rating s. 1 nível; popularity rating nível de popularidade 2 (filme) classificação 3 Grã-Bretanha marinheiro ratings s.pl. (televisão, rádio) audiências

ratio s. razão; proporção; the ratio of men to women a proporção entre homens e mulheres

ration s. 1 ração; racionamento; ration card senha de racionamento 2 dose; porção; we have had our ration of problems for today já tivemos a nossa dose de problemas por hoje rations s.pl. mantimentos ■ v. racionar ration out v. racionar

rational adj. 1 racional; a rational explanation uma explicação racional 2 razoável; sensato

rationale s. formal fundamento lógico; razão fundamental

rationalism s. racionalismo

rationalist adj., s. racionalista

rationalization s. racionalização

rationalize, rationalise Grã-Bretanha v. 1 (comportamento etc.) justificar; fundamentar 2 Grã-Bretanha (negócio) racionalizar

rationing s. racionamento; food rationing racionamento de alimentos

rattle s. 1 barulho; chocalhada 2 (brinquedo) guizo ■ v. 1 abanar; agitar; sacudir; to rattle the dice agitar os dados 2 (veículo) mover-se ruidosamente 3 enervar; irritar ♦ coloquial to rattle somebody's cage irritar alguém rattle off v. dizer muito depressa rattle on v. falar sem parar (about, sobre)

rattlesnake s. ZOOLOGIA cascavel

raucous adj. 1 rouco; roufenho 2 barulhento

raunchy adj. coloquial sensual

ravage s. devastação; destruição ravages s.pl. estragos; danos ■ v. devastar; destruir; ravaged by the war devastado pela guerra

rave v. 1 entusiasmar-se (about/over, com); empolgar-se (about/over, com) 2 delirar; tresvariar 3 desatinar ■ adj. elogioso ■ s. 1 (festa) rave 2 EUA (livro, filme) crítica favorável

ravenous adj. 1 esfomeado 2 (apetite) devorador; voraz
raver s. Grã-Bretanha coloquial frequentador de raves
ravine s. ravina; barranco
raving adj. louco; tresloucado; raving mad completamente louco ravings s.pl. devaneio; desvario; delírio
ravioli s. CULINÁRIA ravióli
ravish v. 1 literário (sexualmente) violar 2 literário encantar; extasiar; he was ravished by her beauty ele ficou extasiado com a beleza dela
ravishing adj. encantador; arrebatador
raw adj. 1 (comida) cru; raw meat carne crua 2 em bruto; raw metal metal bruto; raw sugar açúcar não refinado 3 (pele) esfolado; em carne viva; raw flesh carne viva 4 inexperiente 5 (sentimentos) puro 6 realista; a raw description uma descrição realista 7 (tempo) muito frio ◆ to get a raw deal ser tratado injustamente to touch a raw nerve tocar em um ponto fraco de alguém raw material matéria-prima
ray s. 1 FÍSICA, MEDICINA raio 2 réstia; a ray of hope uma réstia de esperança 3 ZOOLOGIA raia
raze v. arrasar; destruir; to raze to the ground arrasar totalmente
razor s. barbeador; electric razor máquina de barbear ■ v. (barba, cabelo) rapar ◆ to be on the razor's edge estar na corda bamba razor blade lâmina de barbear
razor-sharp adj. 1 (lâmina, dente) muito afiado 2 (espírito, inteligência) perspicaz; muito agudo
re s. MÚSICA ré
reabsorb v. reabsorver; to reabsorb water reabsorver água
reach v. 1 chegar; atingir; alcançar; to reach perfection atingir a perfeição 2 (braço, mão) estender; the man reached out his hand for the money o homem estendeu a mão para o dinheiro 3 (objetivo) alcançar; conseguir 4 (acordo, conclusão etc.) chegar a; to reach an agreement chegar a um acordo 5 contatar ■ s. 1 alcance; out of reach fora do alcance; within reach ao alcance 2 distância; within easy reach a pouca distância ◆ to reach for the stars ser muito ambicioso
reached adj. alcançado
react v. reagir (to, a); to react to the news reagir à notícia
reaction s. 1 (resposta) reação (to, a); gut reaction reação imediata 2 FÍSICA, QUÍMICA reação chemical reaction reação química; chain reaction reação em cadeia reactions s.pl. reflexos; quick reactions reflexos rápidos
reactionary adj., s. reacionário
reactivate v. reativar
reactive adj. 1 reativo 2 QUÍMICA reagente
reactor s. reator; nuclear reactor reator nuclear
read v. 1 ler (about/of, acerca); to read a book ler um livro 2 interpretar; the poem can be read as a protest o poema pode ser interpretado como um protesto 3 Grã-Bretanha (universidade) estudar; I read literature at university estudo literatura na universidade 4 marcar; indicar; the thermometer reads 39° o termômetro marca 39° s. leitura; a good read uma leitura agradável ◆ do you read me? está me ouvindo? to read between the lines ler nas entrelinhas to read somebody's mind ler os pensamentos de alguém to read the future prever o futuro read out v. ler em voz alta; I'm going to read out the text vou ler o texto em voz alta
readable adj. 1 (letra) legível 2 (livro etc.) de fácil leitura
reader s. 1 leitor 2 livro de leitura 3 Grã-Bretanha (universidade) professor adjunto ◆ optical character reader leitor óptico
readily adv. 1 rapidamente 2 prontamente; de boa vontade
readiness s. 1 prontidão (for, para) 2 boa vontade (to, para)
reading s. 1 leitura; a good reading uma boa leitura 2 interpretação
readjust v. 1 adaptar-se (to, a) 2 reajustar
readjustment s. reajuste
readmit v. readmitir
ready adj. 1 pronto (for/to, para); preparado (for/to, para) 2 rápido; imediato 3 disposto (to, a); he is always ready to help está sempre disposto a ajudar ■ v. formal preparar (for, para) ◆ to be ready for a sweet estar desejoso de um doce to be ready to cry estar prestes a chorar
ready-made adj. 1 pronto; a ready-made meal comida pronta 2 banal; vulgar; ready-made ideas ideias banais
ready-mix adj. instantâneo; ready-mix pudding pudim instantâneo
ready-to-wear adj. (roupa) prêt-à-porter
reaffirm v. reafirmar
reagent s. QUÍMICA reagente
real adj. 1 verdadeiro; real gold ouro verdadeiro 2 real; the real world o mundo real 3 completo; a real idiot um perfeito idiota ■ adv. EUA coloquial muito ■ s. real; realidade ◆ EUA are you for real? você está falando sério? coloquial get real! cai na real! real estate bens imobiliários ● A palavra "real", em inglês, traduz-se por royal.
realism s. realismo
realist s. realista
realistic adj. realista
reality s. realidade; (sonho) to become a reality concretizar-se; virtual reality realidade virtual ◆ in reality na verdade reality show (televisão) reality show
realization, realisation Grã-Bretanha ■ s. 1 constatação; conscientização 2 realização; the realization of a dream a realização de um sonho 3 formal (dinheiro, lucro) obtenção
realize, realise Grã-Bretanha ■ v. 1 aperceber-se de; estar ciente de; do you realize what you are saying? você está ciente do que está dizendo? 2 concretizar; realizar; to realize one's hopes ver as suas esperanças realizadas 3 formal (dinheiro, lucro) obter ● A palavra "realizar", em inglês, traduz-se por achieve, carry out.
really adv. realmente; de fato; mesmo; he really is an amazing person ele é realmente uma pessoa fantástica; he performed really well ele esteve mesmo

realm

bem ♦ oh, really? ai sim? really? a sério? really! francamente! well really! é inadmissível!
realm s. 1 reino 2 domínio; esfera; campo
real-time adj. INFORMÁTICA em tempo real
ream s. resma; ream of paper resma de papel reams s.pl. coloquial páginas e páginas
reap v. 1 segar, ceifar 2 fazer a colheita de 3 colher; to reap the fruits of colher os frutos de; to reap benefit from tirar proveito de 4 figurado receber; recolher ♦ he who sows the wind shall reap the whirlwind quem semeia ventos colhe tempestades
reaper s. 1 ceifeiro; segador 2 (*máquina*) ceifeira
reappear v. reaparecer, ressurgir
reappearance s. reaparecimento
rear s. 1 parte traseira; he's at the rear of the house ele está na parte traseira da casa 2 retaguarda; the army attacked in the rear o exército atacou pela retaguarda; to take up the rear ocupar os últimos lugares 3 coloquial traseiro ■ adj. traseiro; the rear entrance was blocked a entrada da parte de trás estava bloqueada; rear bumper/lamp para-choques/ farol traseiro ■ v. 1 criar; I decided to rear ducks eu decidi criar patos 2 erguer-se 3 (*cavalo*) empinar
rearguard s. retaguarda
rearmost adj. último
rearview mirror s. (*carro*) espelho retrovisor
reason s. 1 razão (for/to, *para*); motivo (for/to, *para*); by reason of devido a; for some reason por algum motivo; I told him the reason why eu disse-lhe porquê; name me two reasons dá-me duas razões 2 (*entendimento*) razão; to bring somebody to reason chamar alguém à razão; to lose one's reason perder a razão ■ v. pensar; raciocinar reason with v. chamar à razão; I tried to reason with him tentei chamá-lo à razão
reasonable adj. 1 razoável; sensato; be reasonable! sê razoável! 2 (*preço*) razoável; a reasonable price um preço razoável
reasonably adv. 1 racionalmente; sensatamente 2 razoavelmente; these apples are reasonably good estas maçãs são razoáveis
reasoning s. raciocínio
reassure v. tranquilizar; reconfortar
reassuring adj. tranquilizador; reconfortante
rebate s. 1 reembolso; devolução; tax rebate reembolso de imposto 2 desconto; abatimento • A palavra "rebater", em inglês, traduz-se por *refute*.
rebel[1] s. rebelde; the rebels took over the ship os rebeldes apoderaram-se do navio
rebel[2] v. revoltar-se (against, *contra*); amotinar-se (against, *contra*); rebelar-se, insurgir-se (against, *contra*)
rebellion s. rebelião; revolta
rebellious adj. rebelde
rebirth s. renascimento
reboot v. (*computador*) reiniciar
rebound[1] s. ressalto ♦ to be on the rebound terminar relação e iniciar outra
rebound[2] v. 1 ricochetear; the ball rebounded a bola ricocheteou 2 recuperar rebound on/upon v. sair pela culatra
rebuild v. reconstruir

rebuke s. formal repreensão; censura ■ v. formal repreender (for, *por*); censurar (for, *por*)
rebut v. formal refutar; rebater; he rebutted every word I said ele rebateu todas as palavras que eu disse
recall v. 1 lembrar-se; recordar-se; as I recall tanto quanto me lembro; do you recall anything at all? lembra-se de alguma coisa?; you might recall talvez você se lembre 2 fazer lembrar; evocar 3 ordenar o regresso de 4 (*produto*) retirar do mercado ■ s. 1 recordação; memória; to be beyond recall ter caído no esquecimento 2 convocação para regressar 3 (*produto*) retirada do mercado
recap v. recapitular ■ s. recapitulação
recapitulate v. formal recapitular
recapitulation s. formal recapitulação
recapture s. 1 recaptura 2 retomada; reconquista 3 recriação ■ v. 1 recapturar 2 retomar; reconquistar; the army recaptured the city o exército retomou a cidade 3 (*sentimento etc.*) recriar
recast v. 1 reorganizar; the direction board recast the whole company o corpo diretivo reorganizou toda a empresa 2 (*filme, peça*) redistribuir; all the parts were recast todos os papéis foram reatribuídos
recede v. 1 recuar 2 desaparecer; diluir-se 3 diminuir; baixar
receding adj. (*queixo*) metido para dentro ♦ receding hairline (*cabelo*) entradas
receipt s. 1 recibo; duplicate receipt recibo em duplicado; to write out a receipt passar um recibo 2 formal recepção; I acknowledge the receipt of the product eu confirmo a recepção do produto; to pay on receipt pagar após a recepção receipts s.pl. receitas; receipts and expenses receitas e despesas ■ v. passar recibo
receive v. 1 receber; I received a package recebi um pacote 2 formal receber; hospedar; he received me in his office ele recebeu-me no consultório dele 3 (*clube, organização*) admitir (into, *em*) 4 (*rádio, televisão*) captar 5 (*bens roubados*) receptar ♦ to be on the receiving end arcar com as consequências
receiver s. 1 (*telefone*) auscultador 2 receptor; receiver of stolen goods receptador de bens roubados 3 (*aparelho*) receptor; radio receiver receptor de rádio 4 Grã-Bretanha DIREITO curador
recent adj. recente
recently adv. recentemente; ultimamente; as recently as yesterday ainda ontem; he has been studying hard recently ultimamente ele tem estudado muito; until quite recently até há muito pouco tempo
receptacle s. receptáculo
reception s. 1 recepção 2 recepção; festa 3 (*rádio, televisão*) captação ♦ reception centre centro de acolhimento Grã-Bretanha reception room sala de visitas
receptionist s. recepcionista
receptive adj. receptivo (to, *a*); aberto (to, *a*)
receptivity s. receptividade
recess s. 1 pausa; interrupção; there was a recess in the conference houve uma pausa na conferência 2 EUA (*aulas*) intervalo 3 (*parede*) nicho
recession s. recessão

recessive *adj.* recessivo; recessive gene gene recessivo
recharge *v.* recarregar
rechargeable *adj.* (*pilhas, baterias*) recarregável
recipe *s.* CULINÁRIA receita; to be a recipe for ser a receita para
recipient *s., adj.* receptor
reciprocal *adj.* recíproco
reciprocity *s.* formal reciprocidade
recital *s.* 1 (*poesia, música*) recital
recitation *s.* recitação; declamação
recite *v.* 1 recitar; declamar 2 enumerar
reckless *adj.* imprudente; descuidado; excessivo
reckon *v.* 1 imaginar; supor; I reckon he will soon be here imagino que ele em breve esteja aqui 2 calcular 3 considerar; he is reckoned to be one of the best writers ele é considerado um dos melhores escritores
reckoning *s.* cálculos; by my reckoning segundo os meus cálculos ♦ the day of reckoning o dia do juízo final
reclaim *v.* 1 reclamar; reivindicar 2 recuperar 3 reciclar
reclamation *s.* 1 reivindicação 2 (*lixo, resíduos*) reciclagem
reclassify *v.* reclassificar
recline *v.* formal reclinar(-se); you may recline your seat você pode reclinar o assento; he reclined in his armchair ele se reclinou na poltrona dele
reclining *adj.* 1 reclinável; reclining seats assentos reclináveis 2 reclinado
recluse *s.* eremita
reclusion *s.* reclusão; clausura
recognition *s.* 1 reconhecimento; beyond recognition irreconhecível; in recognition of em reconhecimento de aceitação
recognize, recognise Grã-Bretanha *v.* 1 reconhecer; I recognized the symptoms eu reconheci os sintomas 2 aceitar
recognized *adj.* reconhecido; acreditado
recoil *v.* 1 recuar (at, *perante*); retroceder (at, *perante;* from, *de*) 2 (*arma de fogo*) dar coice ■ *s.* 1 recuo 2 (*arma de fogo*) coice
recollect *v.* formal recordar; lembrar-se; as far as I recollect tanto quanto me lembro
recollection *s.* formal recordação
recommend *v.* 1 recomendar (to, *a;* for, *para*); aconselhar (to, *a;* for, *para*) 2 formal confiar; entregar
recommendable *adj.* recomendável
recommendation *s.* recomendação; on the recommendation of sob recomendação de
recommended *adj.* recomendado
recompense *s.* formal indenização (for, *por*) *v.* formal indenizar (for, *por*); compensar (for, *por*)
reconcile *v.* 1 conciliar (with, *com*); harmonizar (with, *com*) 2 reconciliar (with, *com*)
reconciliation *s.* 1 reconciliação (between, *entre;* with, *com*) 2 conciliação (between, *entre;* with, *com*)
recondition *v.* recondicionar
reconnaissance *s.* reconhecimento
reconquest *s.* reconquista
reconsider *v.* reconsiderar
reconstitute *v.* reconstituir; reorganizar

reconstitution *s.* 1 reconstituição 2 reconstrucão
reconstruct *v.* 1 reconstruir 2 reconstituir; to reconstruct a crime fazer a reconstituição de um crime
reconstruction *s.* 1 reconstrução 2 reconstituição
reconstructive *adj.* reconstructivo; reconstructive surgery cirurgia reconstrutiva
reconvert *v.* reconverter
record[1] *s.* 1 registro; to keep a record of fazer um registro de 2 disco; vinyl record disco em vinil 3 recorde 4 cadastro ♦ for the record para que conste off the record confidencialmente to put/set the record straight pôr os pontos nos is record player toca-discos
record[2] *v.* 1 registrar 2 gravar; to record on videotape gravar em vídeo
recorder *s.* 1 gravador 2 registrador 3 flauta
recording *s.* 1 gravação; recording studio estúdio de gravação 2 registro
recount *s.* **recontagem**
recourse *s.* formal recurso; to have recourse to recorrer a ♦ É diferente de *resource*.
recover *v.* recuperar; the economy is beginning to recover a economia está começando a se recuperar; to recover consciousness recuperar os sentidos
recovery *s.* recuperação; economic recovery recuperação econômica; recovery from an accident recuperação após um acidente
recreate *v.* recriar
recreation[1] *s.* divertimento; lazer ♦ Grã-Bretanha recreation ground campo de jogos
recreation[2] *s.* recriação
recreational *adj.* recreativo; lúdico
recriminate *v.* recriminar
recrimination *s.* recriminação
recruit *s.* 1 recruta 2 novo membro ■ *v.* recrutar
recruitment *s.* recrutamento
rectal *adj.* ANATOMIA retal
rectangle *s.* GEOMETRIA retângulo
rectangular *adj.* retangular
rectification *s.* retificação; correção
rectify *v.* retificar; corrigir
rectilinear *adj.* retilíneo
rector *s.* 1 (*universidade*) reitor 2 pároco
rectorship *s.* reitoria
rectum *s.* ANATOMIA reto
recuperate *v.* recuperar
recuperation *s.* recuperação ♦ A palavra "recuperação", no sentido de saúde, em inglês, traduz-se por *recovery*.
recur *v.* repetir-se ♦ A palavra "recorrer", em inglês, traduz-se por *turn to, resort to*.
recurrence *s.* recorrência; repetição
recurrent *adj.* recorrente; recurrent dream sonho recorrente
recurring *adj.* recorrente
recyclable *adj.* reciclável
recycle *v.* reciclar
recycled *adj.* reciclado; recycled paper papel reciclado
recycling *s.* reciclagem; the recycling of waste a reciclagem do lixo

red

red *adj.* 1 (*cor*) vermelho, encarnado 2 (*face*) corado; to turn red corar 3 (*cabelo*) ruivo 4 (*vinho*) tinto 5 coloquial, pejorativo comunista ■ *s.* 1 (*cor*) vermelho 2 vinho tinto 3 coloquial, pejorativo comunista; comuna ♦ coloquial to see red estar em fúria; ter sangue no olho red alert alerta máximo Red Cross Cruz Vermelha red herring diversão; pista falsa pejorativo red tape (*burocracia*) papelada
redden *v.* 1 avermelhar(-se) 2 corar; ruborizar-se
reddish *adj.* avermelhado
redecorate *v.* redecorar
redeem *v.* 1 RELIGIÃO redimir 2 (*penhor*) resgatar 3 (*dívida*) saldar 4 formal (*promessa, dever*) cumprir
Redeemer *s.* RELIGIÃO Redentor
redeeming *adj.* redentor
redemption *s.* 1 redenção; salvação 2 (*dinheiro*) resgate ♦ to be past redemption não ter salvação
red-handed *adj.* to catch somebody red-handed pegar alguém em flagrante, com a boca na botija fig.
redhead *s.* ruivo
red-hot *adj.* 1 incandescente 2 coloquial ardente; entusiasta
redirect *v.* 1 redirecionar; desviar 2 (*correspondência, encomenda*) reenviar
redistribute *v.* redistribuir
redneck *s.* EUA coloquial, pejorativo provinciano; classe trabalhadora rural do sul dos Estados Unidos
redo *v.* refazer
redouble *v.* redobrar
redress *s.* formal indenização ■ *v.* formal remediar; reparar
redskin *s.* pele-vermelha
reduce *v.* reduzir
reduced *adj.* reduzido
reducible *adj.* redutível
reduction *s.* 1 redução 2 (*preços*) baixa; abatimento 3 MATEMÁTICA, QUÍMICA, MEDICINA redução
reductive *adj.* redutor
redundance *s.* redundância
redundancy *s.* 1 Grã-Bretanha demissão 2 redundância
redundant *adj.* 1 Grã-Bretanha desempregado; redundant workers trabalhadores desempregados 2 redundante; excessivo
reef *s.* 1 recife; baixio; coral reef recife de corais 2 (*metal*) filão; veio
reek *s.* fedor; fedor ■ *v.* feder (of, *a*); tresandar (of, *a*)
reel *s.* bobina; rolo; paper in reels papel em rolos ■ *v.* 1 cambalear 2 ficar zonzo
re-enact *v.* reconstituir
re-entry *s.* reentrada
re-establish *v.* restabelecer; repor
refectory *s.* refeitório
refer *v.* 1 referir(-se) (to, *a*); referring to your letter com referência à sua carta 2 remeter (to, *para*); mandar (to, *para*); I was referred to a cardiologist remeteram-me para um cardiologista 3 consultar (to, –); recorrer (to, *a*); to refer to a dictionary consultar um dicionário

referee *s.* 1 árbitro 2 Grã-Bretanha avaliador 3 mediador ■ *v.* arbitrar
reference *s.* 1 referência (to, *a*); with reference to com referência a 2 consulta (to, *a*) 3 referência; recomendação; reference letter carta de recomendação ♦ reference book livro de consulta
referendum *s.* referendo
referral *s.* indicação (to, *de*); recomendação (to, *de*)
refill[1] *s.* 1 recarga 2 (*bebida*) rodada
refill[2] *v.* voltar a encher; recarregar
refine *v.* 1 purificar 2 refinar; aperfeiçoar
refined *adj.* 1 refinado; refined salt/sugar sal/açúcar refinado 2 refinado; sofisticado
refinement *s.* 1 requinte 2 refinamento; aperfeiçoamento
refinery *s.* refinaria; oil refinery refinaria de petróleo
refining *s.* 1 refinação 2 (*lugar*) refinaria 3 refinamento
reflect *v.* 1 refletir; espelhar 2 refletir (over, *sobre*); meditar (over, *sobre*)
reflecting *adj.* refletor
reflection *s.* 1 reflexo; reflection of light reflexo da luz 2 reflexo (of, *de*); consequência (of, *de*) 3 reflexão; meditação; on reflection após reflexão
reflective *adj.* 1 refletor; reflective jacket casaco refletor 2 reflexivo; meditativo 3 indicativo; to be reflective of ser um reflexo de
reflex *adj.* reflexo ■ *s.* reflexo; to have good reflexes ter bons reflexos
reflexive *adj.* 1 reflexivo; reflexive pronoun pronome reflexivo; reflexive verb verbo reflexivo 2 reflexivo, pensativo
reflexology *s.* reflexologia
reforest *v.* reflorestar
reforestation *s.* reflorestação
reform *s.* reforma; restruturação ■ *v.* 1 reformar 2 (*comportamento*) emendar(-se); corrigir(-se)
reformation *s.* formal reforma; remodelação ♦ HISTÓRIA, RELIGIÃO Reformation Reforma
reformatory *s.* EUA reformatório; casa de correção
reformer *s.* reformista
reforming *adj., s.* 1 reformador 2 renovador
reformist *adj., s.* reformista
reformulate *v.* reformular
refraction *s.* refração; refraction of light refração da luz
refrain *s.* refrão ■ *v.* formal abster-se (from, *de*)
refresh *v.* 1 refrescar; you must refresh my memory tens de me refrescar a memória 2 (*Internet*) atualizar
refresher *s.* curso de reciclagem; ação de formação
refreshing *adj.* 1 refrescante 2 repousante; reparador; a refreshing sleep um sono reparador 3 agradável
refreshment *s.* 1 alimento; comida; to have some refreshment comer ou beber qualquer coisa 2 repouso; descanso refreshments *s.pl.* comes e bebes
refrigerate *v.* refrigerar
refrigeration *s.* refrigeração
refrigerator *s.* refrigerador, eladeira, frigorífico
refuel *v.* (*combustível*) reabastecer(-se)
refuge *s.* refúgio; to take/seek refuge procurar refúgio
refugee *s.* refugiado
refund[1] *s.* reembolso; restituição; devolução
refund[2] *v.* reembolsar; restituir; devolver

refurbish v. remodelar; redecorar
refusable adj. recusável
refusal s. recusa; rejeição; to take no refusal insistir ◆ (em venda) to give somebody first refusal dar o direito de opção a alguém
refuse¹ v. 1 recusar; declinar; rejeitar; he refused my invitation ele declinou o meu convite 2 negar; he refused every accusation ele negou todas as acusações
refuse² s. lixo; refuse bin lata de lixo ◆ Grã-Bretanha formal refuse collector gari
refutation s. refutação; contestação
refute v. refutar; impugnar; contestar
regain v. 1 recuperar; to regain consciousness recuperar os sentidos 2 literário (lugar) voltar; regressar
regal adj. real; régio
regale v. divertir (with, com); entreter (with, com)
regalia s.pl. 1 regalia 2 insígnia; indumentária
regard s. 1 consideração (for, por); estima (for, por); to hold somebody in high regard ter alguém em elevada consideração; to pay no regard to não fazer caso de 2 formal atenção regards s.pl. cumprimentos; best regards com os melhores cumprimentos ■ v. 1 considerar; I regard him as my best friend eu o considero o meu melhor amigo 2 formal ver; observar 3 dizer respeito; this does not regard you isto não te diz respeito ◆ formal in/with regard to no que diz respeito a
regarding prep. em relação a; relativamente a
regardless adv. apesar (of, de)
regatta s. ESPORTE regata
regency s. regência
regenerate v. regenerar
regeneration s. regeneração; cell regeneration regeneração celular
regent adj., s. (Estado) regente
reggae s. MÚSICA reggae
regime, régime s. 1 regime; democratic regime regime democrático 2 dieta
regiment s. regimento ■ v. 1 arregimentar 2 disciplinar
region s. região; abdominal region região abdominal regions s.pl. província ◆ (medida, preço) in the region of cerca de
regional adj. regional; local
regionalism s. regionalismo
regionalize v. regionalizar
register s. 1 registro 2 EUA caixa registadora 3 EUA respiradouro ■ v. 1 registrar; to register a birth registrar um nascimento 2 inscrever(-se); matricular(-se) 3 formal (sentimento) expressar 4 (carta) registrar 5 (instrumento) indicar; mostrar
registered adj. 1 registrado; a registered letter uma carta registrada 2 inscrito; matriculado
registrar s. 1 funcionário administrativo 2 conservador do registro civil
registration s. 1 registro; registration of a letter registro de uma carta 2 Grã-Bretanha (veículo) placa; registration number número da placa, número da licença 3 inscrição; registration fee taxa de inscrição
registry s. registro ◆ Grã-Bretanha registry/register office registro civil
regress v. regredir

regression s. regressão; retrocesso
regressive adj. regressivo
regret s. arrependimento regrets s.pl. desculpas; to send one's regrets enviar as suas desculpas ■ v. 1 arrepender-se 2 formal lamentar
regretful adj. arrependido
regrettable adj. lamentável
regroup v. reagrupar
regular adj. 1 regular; regular pulse pulso regular; LINGUÍSTICA regular verb verbo regular 2 normal 3 habitual; frequente; regular customers clientes habituais ■ s. cliente habitual ◆ regular officer oficial de carreira
regularity s. regularidade
regularization s. regularização
regularize, regularise Grã-Bretanha v. regularizar
regularly adv. regularmente
regulate v. regular
regulating adj. regulador
regulation s. 1 regulamento; regra 2 regulação ■ adj. regulamentar
regulator s. 1 (aparelho) regulador 2 regulador
regurgitate v. formal regurgitar
regurgitation s. formal regurgitação
rehabilitate v. 1 reabilitar 2 (edifício) recuperar; restaurar
rehabilitation s. 1 reabilitação 2 (edifício) recuperação; restauro
rehearsal s. ensaio
rehearse v. ensaiar
reheat v. requentar
reign s. reinado; reino ■ v. reinar (over, –)
reimburse v. formal reembolsar
rein s. 1 rédea 2 controle; domínio; rédea fig.; to keep a tight rein on manter um controle apertado sobre ■ v. controlar; dominar
reincarnate v. reencarnar
reincarnation s. reencarnação
reindeer s. ZOOLOGIA rena
reinforce v. reforçar
reinforcement s. reforço; we need reinforcements nós precisamos de reforços
reinstall v. reinstalar
reinstate v. 1 (cargo etc.) reintegrar; readmitir 2 restabelecer
reintegration s. reintegração
reinvigoration s. revigoramento; reconforto
reissue v. reeditar ■ s. reedição
reiterate v. formal reiterar
reiteration s. reiteração
reiterative adj. reiterativo; repetitivo
reject v. rejeitar
rejection s. rejeição
rejoice v. formal regozijar-se (at/in/over, com); alegrar-se (at/in/over, com)
rejuvenate v. 1 rejuvenescer 2 renovar
rejuvenation s. 1 rejuvenescimento 2 renovação
rekindle v. (sentimento etc.) reacender; reavivar
relapse s. recaída; to have a relapse ter uma recaída ■ v. 1 (doença) recair (into, em) 2 reincidir (into, em)
relapsing adj. reincidente

relate

relate v. 1 relacionar(-se) (to, *com*) 2 formal relatar; contar; narrar
related adj. 1 relacionado 2 (*família*) aparentado; to be related to ser da mesma família que
relating adj. relativo a
relation s. 1 relação (to, *com*; between, *entre*; with, *com*); to bear a relation to ter relação com; in relation to em relação a 2 parente
relationship s. 1 relação (between, *entre*; with, *com*; to, *com*); relacionamento (between, *entre*; with, *com*; to, *com*) 2 relação amorosa 3 parentesco
relative s. parente ■ adj. 1 relativo 2 formal referente; relative to referente a 3 LINGUÍSTICA relativo; relative pronoun pronome relativo
relatively adv. relativamente
relativism s. relativismo
relativity s. FÍSICA relatividade; theory of relativity teoria da relatividade
relativize v. relativizar
relax v. 1 relaxar; descontrair 2 afrouxar; moderar
relaxation s. 1 relaxamento; relaxation of the muscles relaxamento dos músculos 2 descontração 3 abrandamento; moderação; relaxation of discipline abrandamento da disciplina
relaxed adj. relaxado; descontraído
relaxing adj. relaxante
relay[1] s. 1 (*corrida*) revezamento 2 turno; in relays por turnos 3 (*televisão, rádio*) retransmissor
relay[2] v. 1 transmitir 2 (*televisão, rádio*) retransmitir
relearn v. reaprender
release s. 1 libertação; release on bail libertação sob fiança 2 (*disco, livro, produto*) lançamento; the film is on release o filme já foi lançado 3 emissão; release of toxic gas emissão de gás tóxico 4 publicação 5 (*máquina*) interruptor ■ v. 1 libertar (from, *de*); soltar (from, *de*) 2 (*disco, livro, bomba etc.*) lançar 3 tornar público; lançar 4 desbloquear; to release money desbloquear verbas
relegate v. 1 relegar (to, *para*) 2 Grã-Bretanha (*equipe*) descer de divisão
relent v. 1 ceder 2 abrandar; afrouxar
relentless adj. implacável; inexorável
relevance s. relevância; pertinência
relevant adj. relevante; pertinente
reliability s. fiabilidade; confiança; reliability of the witness fiabilidade da testemunha ♦ reliability trial teste de resistência
reliable adj. 1 fiável; de confiança (*informação, fonte*) seguro; fidedigno
reliance s. dependência (on/upon, *de*)
reliant adj. dependente (on/upon, *de*)
relic s. relíquia
relief s. 1 alívio; to heave a sigh of relief soltar um suspiro de alívio 2 auxílio; relief fund fundo de auxílio; relief troops tropas de socorro 3 relevo; relief plane plano em relevo 4 formal (*guerra*) libertação 5 substituto ♦ relief map mapa em relevo
relieve v. 1 aliviar; to relieve the pressure aliviar a pressão 2 substituir; render; to relieve a sentry render uma sentinela 3 formal (*guerra*) libertar; the town was relieved by foreign troops a cidade foi libertada por tropas estrangeiras 4 ajudar; auxiliar 5 formal demitir; despedir ♦ to relieve one's feelings desabafar to relieve somebody's mind tranquilizar alguém
religion s. 1 religião; established religion religião oficial; to profess a religion professar, seguir uma religião 2 fé; to loose one's religion perder a fé
religious adj. 1 religioso; religious wars guerras religiosas 2 devoto; crente
religiously adv. religiosamente
religiousness s. religiosidade
relinquish v. abdicar; renunciar; he relinquished power ele abdicou do poder
relish s. 1 prazer; satisfação; to eat with great relish comer com muita satisfação 2 condimento; tempero; it lacks relish falta-lhe tempero ■ v. apreciar; gostar de
relive v. (*emoção, situação*) reviver
reload v. recarregar
reluctance s. relutância (to, *em*)
reluctant adj. relutante (to, *em*); he seemed reluctant to accept our request ele parecia relutante em aceder ao nosso pedido
rely v. 1 depender (on/upon, *de*); I've always relied on my parents eu sempre dependi dos meus pais 2 confiar (on/upon, *em*); contar (on/upon, *com*); can you rely on him? pode-se confiar nele?
remain v. 1 ficar; permanecer; the mystery remained unsolved o mistério ficou por desvendar 2 restar; if you take 5 from 9, 4 remains se de 9 você tirar 5, restam 4 ♦ (*correspondência*) I remain, yours truly com os melhores cumprimentos it remains to be seen veremos
remainder s. 1 restantes; the remainder are in London os restantes estão em Londres 2 resto; I gave away the remainder of the books dei o resto dos livros
remaining adj. restante
remains s.pl. 1 restos (of, *de*) 2 ruínas 3 formal restos mortais
remake[1] v. 1 refazer 2 (*filme etc.*) fazer uma nova versão
remake[2] s. (*filme etc.*) nova versão; remake
remark s. comentário; observação; he made a curious remark ele fez uma observação curiosa; to pass a rude remark fazer um comentário rude ■ v. comentar (on/upon, −)
remarkable adj. notável; extraordinário
remedial adj. 1 (*aula etc.*) de apoio; de recuperação; remedial classes aulas de apoio 2 (*exercício, tratamento*) terapêutico; de reabilitação
remedy s. 1 remédio 2 recurso (for, *para*); solução (for, *para*); beyond remedy sem remédio; is there any remedy for the problem? há alguma solução para o problema? v. remediar ● A palavra "remédio", em inglês, traduz-se por *medicine*.
remember v. recordar; lembrar-se (to, *de*); as far as I can remember tanto quanto me lembro; don't you remember me? não se lembra de mim? ♦ to remember by heart saber de cor remember to v. mandar cumprimentos; remember me to him manda-lhe cumprimentos meus
remembrance s. 1 lembrança (of, *de*); recordação (of, *de*); I have no remembrance of it não tenho

nenhuma ideia disso 2 formal memória; in remembrance of em memória de • A palavra "recordação", em inglês, traduz-se por *memento* quando é um objeto e por *memory* quando é uma lembrança, uma reminiscência.
remind v. 1 lembrar (to, *para;* about/of, *de*); remind me to buy a pen lembra-me de comprar uma caneta 2 fazer lembrar (of, –); he reminds me of my father ele faz-me lembrar o meu pai
reminder s. 1 recordação (of, *de*); lembrança (of, *de*); this is a reminder of him isto é uma recordação dele 2 aviso; lembrete; I received a reminder to pay the fine recebi um aviso para pagar a multa • A palavra "lembrança", em inglês, traduz-se por *recollection, souvenir*.
reminiscence s. reminiscência; recordação **reminiscences** *s.pl.* memórias
remission s. 1 remissão; perdão; a sin of no remission um pecado sem remissão 2 Grã-Bretanha (*prisão*) redução de pena 3 (*doença*) remissão
remix¹ v. (*música*) fazer um remix
remix² s. (*música*) remix
remnant s. 1 resto; sobra 2 (*tecido*) retalho
remodel v. remodelar
remorse s. remorso; to feel remorse sentir remorsos; without remorse sem piedade
remote adj. 1 remoto; distante; in a remote future em um futuro distante; in the remote past no passado remoto; they lived in a remote village eles viviam em uma aldeia remota 2 (*ideia, possibilidade*) vago 3 (*pessoa*) reservado ■ s. coloquial (*televisão etc.*) comando ◆ remote control 1 controle remoto (*televisão etc.*) comando
remotely adv. 1 remotamente 2 vagamente
removable adj. removível; amovível; removable cover tampa removível
removal s. 1 remoção; retirada; removal of waste waters remoção de águas residuais 2 Grã-Bretanha mudança; removal company empresa de mudanças 3 demissão
remove v. 1 remover; tirar; to remove a stain tirar uma nódoa 2 demitir (from, *de*); destituir (from, *de*) 3 formal despir; tirar
remover s. removedor, solvente **removers** *s.pl.* Grã-Bretanha companhia de mudanças
remunerate v. formal remunerar; pagar
remuneration s. formal remuneração
Renaissance s. HISTÓRIA Renascença, Renascimento
renal adj. renal; renal failure insuficiência renal
render v. 1 tornar; to render impossible tornar impossível 2 formal prestar (to, *a*); conceder (to, *a*); to render help to somebody prestar ajuda a alguém; to render homage to prestar homenagem a 3 traduzir (from, *de;* into, *para*); he rendered the book from German into English ele traduziu o livro de alemão para inglês 4 (*papel, canção*) interpretar ◆ to render good for evil pagar o mal com o bem to render thanks to agradecer a
renew v. 1 renovar; to renew a contract/lease renovar um contrato/aluguel 2 reatar; recomeçar 3 substituir; some parts of the engine had to be renewed algumas peças do motor tiveram que ser substituídas
renewable adj. renovável; renewable contract/energy contrato/energia renovável
renewal s. 1 renovação (of, *de*); renewal of a contract renovação de um contrato 2 recomeço (of, *de*); reatamento (of, *de*); the renewal of a relationship o reatamento de uma relação
rhenium s. QUÍMICA (*elemento químico*) rênio
rennet s. (*leite*) coalho
renounce v. 1 formal renunciar; abdicar; he renounced the throne ele abdicou do trono 2 formal rejeitar; repudiar
renovate v. restaurar
renovation s. restauro; renovation of a house restauro de uma casa
renown s. renome; fama; he was a man of renown ele era um homem famoso
renowned adj. famoso (for, *por*); célebre (for, *por*); he was renowned for his paintings tinha-se tornado famoso por causa dos seus quadros
rent s. 1 aluguel; renda; he owes me two months' rent ele me deve dois meses de aluguel 2 formal rasgão ■ v. alugar; arrendar
rental s. aluguel
renter s. inquilino
renunciation s. renúncia; abdicação
reoccupy v. reocupar
reopen v. reabrir; to reopen a case reabrir um processo
reopening s. reabertura
reorganization, reorganisation Grã-Bretanha s. reorganização
reorganize, reorganise Grã-Bretanha v. reorganizar
repair s. reparação; reparo; conserto; to be beyond repair não ter conserto; under repair em conserto ■ v. 1 reparar; consertar; I had my car repaired eu mandei consertar o meu carro 2 reparar; remediar; to repair the harm caused reparar o mal causado ◆ to be in good repair estar em bom estado de conservação repair part peça sobressalente repair shop oficina
repairer s. (*fortificante*) reparador
repartee s. réplica; resposta pronta; to be quick at repartee ter uma resposta pronta
repatriate v. repatriar
repatriation s. repatriação
repay v. 1 (*dinheiro*) devolver; reembolsar 2 retribuir (for, –); how will I ever be able to repay you? como é que eu algum dia te irei retribuir? 3 (*esforço, tempo*) compensar; valer a pena
repayable adj. reembolsável
repeal v. revogar; anular ■ s. revogação; anulação; the repeal of a law a revogação de uma lei
repeat v. 1 repetir; can you repeat the song? você pode repetir a canção?; to repeat oneself repetir-se 2 (*segredo*) revelar; contar 3 Grã-Bretanha coloquial (*sabor*) voltar à boca (on, –); onion always repeats on me o gosto da cebola fica voltando na minha boca ■ s. repetição; COMÉRCIO repeat order a repetição de uma encomenda
repeatedly adv. repetidamente; muitas vezes

repeater

repeater s. repetente
repel v. 1 repelir; oil and water repel each other a água e azeite não se misturam 2 repugnar
repellent adj. repelente; repugnante ■ s. repelente; insect repellent repelente de insetos
repent v. formal arrepender-se (of, de); he repented of all his sins ele arrependeu-se de todos os seus pecados ● A expressão "de repente", em inglês, traduz-se por *suddenly*. Já a palavra "repente" traduz-se por *outburst*.
repentant adj. formal arrependido; contrito
repeople v. repovoar
repercussion s. repercussão; consequência
repertoire s. 1 repertório; the musician had a vast repertoire o músico tinha um vasto repertório 2 capacidade; potencialidade
repertory s. 1 repertório 2 teatro de repertório
repetition s. repetição
repetitive adj. repetitivo; enfadonho
rephrase v. reformular
replace v. 1 substituir (with, por) 2 repor; restituir
replaceable adj. substituível
replacement s. 1 substituição; replacement parts peças sobressalentes 2 substituto
replay[1] v. 1 (jogo) repetir 2 (audiovisual) ver ou passar novamente
replay[2] s. 1 jogo de desempate 2 repetição
replenish v. formal reabastecer
replete adj. repleto (with, de); a room replete with flowers uma sala repleta de flores
replica s. réplica; cópia
reply v. 1 responder (to, a); I replied to the advertisement eu respondi ao anúncio 2 reagir ■ s. resposta (to, a); (correspondência) in reply to em resposta a; reply coupon cupom de resposta; she made no reply to my question ela não respondeu à minha pergunta
report s. 1 relatório (on/about, sobre; of, de); annual report relatório anual; to make a report on ocean pollution fazer um relatório sobre a poluição dos oceanos 2 reportagem 3 Grã-Bretanha (escola) boletim de avaliação 4 rumor; boato 5 estrondo 6 fama; reputação; of bad/good report de má/boa fama ■ v. 1 noticiar; the press reported that he flew from the country a imprensa noticiou que ele fugiu do país 2 comunicar; informar; I reported the theft to the police comuniquei o roubo à polícia 3 anunciar; the council of ministers reported new measures o conselho de ministros anunciou novas medidas 4 denunciar; she reported him to the police ela denunciou-o à polícia 5 apresentar-se (to, a); visitors must report to the reception desk os visitantes têm de se apresentar na recepção ◆ EUA report card (escola) boletim de avaliação
reportedly adv. alegadamente; supostamente
reporter s. repórter
repository s. 1 formal armazém 2 formal (conhecimentos) repositório
reprehensible adj. formal repreensível; censurável
reprehension s. repreensão
reprehensive adj. repreensivo
represent v. 1 representar 2 descrever

representation s. representação; legal representation representação legal
representative s. representante ■ adj. representativo ◆ EUA Representative (câmara dos representantes) deputado
repress v. 1 conter; to repress a sneeze conter um espirro 2 reprimir
repression s. repressão
reprieve v. (pena) indultar; perdoar ■ s. indulto
reprimand v. repreender; censurar ■ s. repreensão; reprimenda
reprint[1] s. reimpressão; reedição; the book is in reprint o livro está sendo reeditado
reprint[2] v. reimprimir; reeditar
reprisal s. represália; retaliação; in reprisal for como represália por; to take reprisals exercer represálias
reproach s. formal censura; repreensão; to be above/beyond reproach ser irrepreensível ■ v. formal censurar; repreender; she couldn't stop reproaching herself não conseguia deixar de se censurar
reproachful adj. reprovador; a reproachful glance/look um olhar reprovador
reproduce v. reproduzir(-se)
reproduction s. 1 BIOLOGIA reprodução 2 (quadro etc.) reprodução; cópia
reproductive adj. reprodutor; reprodutivo; reproductive system sistema reprodutor
reproof s. formal censura; reprovação
reprove v. formal censurar; reprovar; she reproved him for leaving the child alone ela censurou-o por deixar a criança sozinha
reptile s. ZOOLOGIA réptil
republic s. POLÍTICA república
republican s., adj. POLÍTICA republicano
republicanism s. POLÍTICA republicanismo
republish v. republicar
repudiate v. formal repudiar; rejeitar
repudiation s. formal repúdio; rejeição
repugnance s. formal repugnância
repugnant adj. repugnante, repulsivo
repulse v. 1 repelir 2 rejeitar; recusar ■ s. 1 repulsa 2 rejeição
repulsion s. 1 repugnância; repulsa 2 FÍSICA repulsão magnética
repulsive adj. repulsivo; repugnante; repelente
reputation s. reputação (for, de); fama (for, de); he has a reputation for efficiency ele tem reputação de ser eficiente; to have bad reputation ter má reputação
repute s. formal reputação; fama; renome; to be held in bad repute ter má reputação; to know somebody by repute conhecer alguém de nome
request s. 1 pedido (for, de); solicitação (for, de); at/by/on somebody's request a pedido de; to grant a request satisfazer um pedido 2 (rádio) discos pedidos ■ v. formal pedir (to, a); solicitar (to, a); you are requested to attend the meeting solicitamos a sua comparência na reunião
requesting s. solicitação
require v. 1 requerer; precisar; it requires great care requer grandes cuidados 2 exigir; obrigar; as required by law como a lei obriga

requirement s. 1 necessidade; to meet a requirement satisfazer uma necessidade 2 condição; requisito ♦ to be surplus to requirements ser excedente
requisite adj. formal necessário; requerido ∎ s. formal requisito
requisition s. requisição ∎ v. requisitar
rerun¹ v. 1 (filme, programa) tornar a passar; reprisar 2 repetir
rerun² s. 1 (filme, programa) reprise 2 repetição
resale s. revenda
reschedule v. 1 tornar a marcar (for, para); adiar (for, para) 2 (dívida) prorrogar o vencimento
rescind v. rescindir
rescission s. rescisão
rescue v. salvar; resgatar; they rescued her from the sea eles resgataram-na do mar ∎ s. salvamento; resgate; rescue operation operação de salvamento; to come to one's rescue vir em auxílio de alguém
rescuer s. salvador
research s. investigação (into/on, sobre); research into pollution causes investigação sobre as causas da poluição; research project projeto de investigação; research student estudante dedicado à pesquisa ∎ v. investigar (into/on, sobre); he's researching the effects of mobile phones on the brain ele está investigando os efeitos do celular no cérebro
researcher s. investigador
resemblance s. parecença (between, entre; to, com); semelhança (between, entre; to, com); to bear a resemblance to somebody/something ter semelhanças com alguém/alguma coisa
resemble v. parecer-se; assemelhar-se; they closely resemble each other eles se parecem muito um com o outro
resembling adj. parecido, semelhante
resent v. ressentir-se; melindrar-se; ofender-se
resentful adj. ressentido (of/at/about, com); melindrado (of/at/about, com)
resentment s. ressentimento (towards/against, contra); to feel/bear resentment towards somebody guardar ressentimento contra alguém
reservation s. 1 reserva; to make a reservation fazer uma reserva; without reservation sem reservas 2 EUA (índios, animais) reserva
reserve v. reservar; he reserved a table for two ele reservou uma mesa para dois; to reserve one's judgement reservar-se uma opinião ∎ s. 1 reserva; provisão; gold/oil reserves reservas de ouro/petróleo; to be held in reserve estar na reserva 2 reserva; game reserve reserva de caça; natural reserve reserva natural 3 (personalidade) reserva; recato 4 reserva; restrição; without reserve sem reservas 5 (leilão etc.) preço mínimo
reserved adj. 1 reservado; all rights reserved todos os direitos reservados; the seats are reserved for us os lugares estão reservados para nós 2 (pessoa) calado; reservado; circunspecto
reservoir s. 1 reservatório 2 (máquina, motor) depósito
reset v. 1 reajustar; acertar; to reset one's watch acertar o relógio 2 (computador) reiniciar
reshaping s. remodelação

reside v. formal residir; morar
residence s. residência; residence permit autorização de residência; to take up residence in fixar residência em ♦ artist in residence artista residente
residency s. EUA (médico) internato complementar, residência
resident s. 1 morador; residente; parking for residents only estacionamento reservado a moradores 2 EUA (médico) interno complementar, residente ∎ adj. residente; the resident population a população residente ♦ Grã-Bretanha residents' association associação de moradores
residential adj. residencial; residential district bairro residencial
residual adj. 1 formal residual 2 líquido; residual income rendimento líquido
residue s. resíduo
resign v. demitir-se (from, de); he resigned from the school ele se demitiu da escola; to resign one's post/position abandonar o cargo ♦ to resign yourself to resignar-se a
resignation s. 1 demissão; letter of resignation carta de demissão; to hand in/tender your resignation apresentar a demissão 2 resignação; I accepted the outcome with resignation aceitei o resultado com resignação
resilience s. (material, pessoa) resistência
resilient adj. (material, pessoa) resiliente
resin s. resina
resist v. resistir; I could not resist watching the film não consegui resistir a ver o filme; to resist arrest resistir à detenção
resistance s. resistência; armed/passive resistance resistência armada/passiva; to meet with resistance encontrar resistência; to offer/put up resistance oferecer resistência ♦ to choose/follow/take the line of least resistance escolher o caminho mais fácil
resistant adj. resistente
resistor s. ELETRICIDADE resistência
resit s. (competição) repescagem ∎ v. (exame) fazer um exame novamente
resize v. redimensionar; to resize an image redimensionar uma imagem
resolute adj. resoluto; decidido; determinado
resolution s. 1 resolução; decisão; to make a resolution tomar uma decisão 2 solução 3 (tela, imagem) resolução
resolve v. resolver; she resolved never to go back there ela resolveu nunca mais voltar lá ∎ s. formal decisão; determinação
resolved adj. resolvido; determinado; resoluto
resonance s. 1 (som) ressonância; acoustic resonance ressonância acústica 2 FÍSICA, MEDICINA, MÚSICA ressonância; magnetic resonance ressonância magnética
resort s. 1 estância; holiday/seaside/ski resort estância de férias/verão/esqui 2 recurso; as a last resort em último recurso ∎ v. 1 recorrer (to, a); to resort to force recorrer à força 2 frequentar (to, –) resort to v. recorrer a; to resort to violence recorrer à violência
resound v. ressoar; retumbar

resounding

resounding adj. retumbante
resource s. recurso; meio; human resources recursos humanos; natural resources recursos naturais ■ v. (meios) equipar; fornecer ◆ to pool resources conjugar esforços
resourceful adj. engenhoso
respect s. respeito (for, por); she has/shows no respect for her mother ela não tem respeito pela mãe respects s.pl. formal lembranças; to give/send your respects dar/mandar lembranças ■ v. respeitar ◆ (correspondência comercial) in respect of a respeito de in some/every respect em alguns/todos os aspectos to pay your last respects to somebody prestar a última homenagem a alguém with all due respect com o devido respeito
respectability s. respeitabilidade
respectable adj. 1 respeitável; venerável 2 aceitável; satisfatório
respected adj. respeitado
respectful adj. respeitoso; to be respectful of ter respeito por
respecting prep. formal respeitante a; relativo a; information respecting postgraduate courses informação respeitante a cursos de pós-graduação
respective adj. respectivo
respectively adv. respectivamente
respiration s. formal, técnico respiração; MEDICINA artificial respiration respiração artificial
respirator s. 1 ventilador; he was put on a respirator ele foi ligado ao ventilador 2 máscara antigás
respiratory adj. respiratório; respiratory arrest/failure paragem/insuficiência respiratória; respiratory system sistema respiratório
respond v. responder (to, a); reagir (to, a); to respond to a letter responder a uma carta; she failed to respond to treatment ela não reagiu ao tratamento ● A palavra "responder", em inglês, traduz-se por *answer*.
response s. resposta; reação; he made no response ele não deu resposta; in response to em resposta a ◆ INFORMÁTICA response time tempo de resposta ● A palavra "resposta", em inglês, traduz-se por *answer*.
responsibility s. 1 responsabilidade (for, por); he has responsibility for the sales ele é responsável pelas vendas; to accept/take responsibility for something responsabilizar-se por alguma coisa 2 dever (to, de); obrigação (to, de); a moral responsibility um dever moral
responsible adj. responsável (for, por); I am responsible for the project sou responsável pelo projeto; the judge is responsible to the law o juiz é responsável perante a lei; to be held responsible for something ser responsabilizado por alguma coisa
responsive adj. receptivo (to, a)
rest v. 1 descansar 2 apoiar; encostar 3 estar apoiado; estar encostado ■ s. 1 resto; the rest of the day o resto do dia; the rest of us todos nós 2 descanso; rest day dia de descanso; to get some rest descansar um pouco; well-earned rest descanso merecido 3 apoio; base 4 MÚSICA pausa ◆ and (all) the rest (of it) e tudo o mais at rest 1 parado 2 (morto) em descanso coloquial give it a rest! para de falar nisso! God rest his/her soul que Deus o/a tenha to lay/put something to rest pôr algo de lado acabar com algo to lay somebody to rest sepultar alguém (morto) to lie at rest repousar to let it rest esquecer o assunto rest in peace descanse em paz (you may) rest assured that... pode ter a certeza de que... fique descansado que... EUA rest area (estrada) área de serviço rest home 1 lar 2 casa de repouso
restart v. reiniciar; to restart the computer reiniciar o computador ■ s. reinício
restaurant s. restaurante ◆ Grã-Bretanha restaurant car vagão-restaurante
restful adj. tranquilo, sossegado
restitution s. restituição
restive adj. descontente; inquieto
restless adj. 1 inquieto; agitado; impaciente 2 (noite) agitado; to have a restless night dormir mal
restlessness s. inquietação; impaciência; agitação
restocking s. (provisões) reabastecimento
restoration s. 1 (edifício, objeto) restauro; recuperação 2 (tradição, lei) recuperação; reintrodução 3 (regime político) restauração 4 (bens) restituição; devolução ◆ Restoration Restauração (da monarquia britânica em 1660)
restore v. 1 restituir; devolver 2 (confiança, visão) devolver; (ordem) repor, restabelecer 3 recuperar 4 (edifício, objeto) restaurar 5 (tradição, lei) recuperar; reintroduzir
restorer s. restaurador
restrain v. 1 impedir (from, de) 2 controlar 3 restringir; conter; limitar
restraint s. 1 restrição; contenção; wage restraint contenção salarial 2 sangue-frio; comedimento 3 cinto de segurança
restrict v. restringir; limitar; reduzir
restricted adj. 1 restrito 2 restringido; limitado; to be restricted to restringir-se a 3 (acesso) reservado; (zona) de acesso reservado 4 Grã-Bretanha confidencial
restriction s. restrição; limitação; limite
restrictive adj. restritivo
restructure v. restruturar; reformular
restructuring s. reestruturação
result s. 1 resultado; a direct result of uma consequência direta de 2 Grã-Bretanha vitória ■ v. resultar (from, de); ser o resultado (from, de) result in v. levar a; provocar
resultant adj. resultante; consequente
resume v. 1 formal retomar; continuar; to resume one's seat retomar o seu lugar, voltar ao seu lugar 2 formal recomeçar; reiniciar ● A palavra "resumo", em inglês, traduz-se por *summary*.
resurface v. 1 voltar à superfície 2 ressurgir; reaparecer 3 repavimentar
resurgence s. ressurgimento; reaparecimento
resurrect v. 1 ressuscitar; reavivar; reintroduzir 2 (morto) ressuscitar
resurrection s. 1 (morto) ressurreição 2 retoma; the ressurection of o reavivar de ◆ RELIGIÃO Resurrection Ressurreição
resuscitate v. (respiração) reanimar

resuscitation s. reanimação; mouth-to-mouth resuscitation respiração boca a boca
retailer s. comerciante; retalhista; revendedor
retain v. 1 conservar; manter 2 reter 3 contratar
retainer s. 1 quantia fixa (para assegurar os serviços futuros de alguém) 2 Grã-Bretanha renda de uma habitação, paga quando esta está desocupada, para assegurar o seu aluguel no futuro 3 antiquado criado
retaliate v. retaliar
retaliation s. retaliação; represália
retard v. formal retardar; atrasar ■ s. coloquial, ofensivo atrasado mental ofens.
retch v. sentir vômitos
retention s. 1 retenção 2 manutenção
retentive adj. retentivo; que retém; a retentive memory uma memória excelente; to have a retentive memory conseguir lembrar-se de tudo
rethink v. repensar
reticence s. reserva; discrição
reticent adj. reservado
retina s. ANATOMIA retina
retinue s. comitiva; séquito
retire v. 1 reformar-se, aposentar-se; to retire early reformar-se antecipadamente 2 (corrida, competição) retirar-se (from, de); abandonar (from, –) 3 retirar-se; ausentar-se 4 literário deitar-se; recolher-se • A palavra "retirar", em inglês, traduz-se por *withdraw, take out*.
retired adj. reformado, aposentado
retirement s. 1 aposentadoria; (militar) reforma; early retirement reforma antecipada; retirement age idade de aposentadoria; (remuneração) retirement pension aposentadoria 2 afastamento (from, de) 3 (corrida, competição) abandono (from, de) ♦ retirement home asilo lar de idosos
retiring adj. 1 (pessoa) reservado; introvertido; retraído 2 (cargo) cessante
retort v. retorquir; ripostar ■ s. 1 resposta; réplica 2 QUÍMICA retorta
retouch v. retocar
retrace v. 1 (caminho, viagem) refazer; to retrace one's steps voltar pelo mesmo caminho 2 reconstituir
retract v. 1 formal desmentir; desdizer 2 formal retirar 3 técnico retrair; recolher
retrain v. (formação) reciclar(-se); reconverter(-se)
retread v. (pneu) recauchutar
retreading s. recauchutagem
retreat v. 1 (exército) bater em retirada; retirar-se 2 recuar 3 (nível das águas) baixar 4 retirar-se; recolher-se 5 ECONOMIA perder valor ■ s. 1 retirada 2 fuga; escape; a retreat from reality uma fuga à realidade 3 recuo 4 refúgio 5 retiro
retrial s. novo julgamento
retribution s. castigo; vingança; represália • A palavra "retribuição", em inglês, traduz-se por *reward*.
retrieval s. 1 recuperação 2 salvação; beyond/past retrieval irremediavelmente perdido, sem conserto 3 INFORMÁTICA extração
retrieve v. 1 ir buscar; trazer 2 recuperar; reaver 3 (situação) remediar; salvar 4 INFORMÁTICA (dados, informação) extrair

reverence

retriever s. cachorro de caça
retroactive adj. formal retroativo; com efeitos retroativos
retrograde adj. 1 retrógrado 2 para trás; a retrograde step um retrocesso
retrogress v. retroceder
retrogressive adj. retrógrado
retrospect s. retrospecção ♦ in retrospect em retrospectiva, olhando para trás
retrospective adj. 1 retrospectivo 2 com efeitos retroativos ■ s. retrospectiva
retrovirus s. retrovírus
retry v. 1 submeter a novo julgamento 2 voltar a tentar
return v. 1 voltar; regressar; to return home regressar a casa; to return to normal regressar ao normal; to return to work regressar ao trabalho 2 devolver 3 (favor, sorriso, elogio) retribuir; to return somebody's call voltar a ligar a alguém 4 responder 5 eleger 6 (veredicto) proferir 7 (lucro, prejuízo) obter; registrar ■ s. 1 regresso; on your return quando você regressar; the return flight o voo de regresso 2 devolução; restituição; return of payment reembolso 3 lucro; retorno 4 reaparecimento 5 Grã-Bretanha passagem de ida e volta; day return passagem diária 6 relatório 7 declaração; tax return declaração de impostos ♦ in return (for something) em troca (de algo) (aniversário) many happy returns (of the day)! muitas felicidades! the point of no return um ponto sem retorno, sem volta return address (endereço do) remetente Grã-Bretanha return match segundo jogo return ticket passagem de ida e volta • A palavra "retorno" corresponde, em inglês, a *turning area, U-turn*.
reunify v. reunificar; to be reunified reunificar-se
reunion s. 1 reunião; encontro 2 reencontro
reunite v. 1 reunir, reunificar; juntar 2 reencontrar; to be reunited with reencontrar-se com
reusable adj. reutilizável
reuse v. reutilizar, reaproveitar ■ s. reaproveitamento, reuso; the reuse of packaging o reaproveitamento de embalagens
rev s. coloquial rotação; rev counter conta-rotações; revs per minute rotações por minuto ■ v. acelerar
revalue v. revalorizar
reveal v. 1 revelar 2 mostrar
revealing adj. 1 revelador; elucidativo 2 (roupa) decotado; que mostra o corpo
revelation s. revelação ♦ the Book of Revelation o Apocalipse
reveller, reveler EUA s. folião; farrista
revelry s. festança col.; festejo
revenge s. 1 vingança; to take (one's) revenge on somebody vingar-se de alguém 2 desforra; to take revenge for something desforrar-se de algo ■ v. formal vingar; to revenge oneself on somebody vingar-se de alguém
revengeful adj. vingativo
revenue s. (dinheiro) receitas
reverberate v. reverberar, repercutir
revere v. reverenciar; respeitar
reverence s. reverência; respeito

reverend

reverend s., adj. RELIGIÃO reverendo; (bispo) the Right Reverend Sua Excelência Reverendíssima
reverent adj. reverente
reverential adj. respeitoso; reverencial
reverie s. devaneio; fantasia
reversal s. 1 inversão; mudança 2 revés
reverse v. 1 inverter, trocar 2 dar marcha a ré 3 DIREITO anular; revogar ■ s. 1 contrário; inverso; quite the reverse muito pelo contrário 2 verso; reverso 3 (veículo) marcha a ré 4 revés; contratempo ■ adj. inverso; contrário; in reverse order na ordem inversa; on the reverse side do avesso ◆ in reverse de trás para a frente to reverse charges fazer uma chamada a ser paga no destino reverse discrimination discriminação positiva reversing light ■ s. luz de marcha a ré
reversed adj. invertido, trocado
reversible adj. 1 reversível 2 revogável
reversion s. 1 retorno 2 restituição; devolução
revert v. regressar (to, a); reverter (to, a)
review s. 1 revisão 2 análise; balanço 3 (de livro, filme, álbum etc.) crítica 4 relatório 5 revista; inspeção ■ v. 1 reconsiderar; reavaliar 2 passar em revista; analisar; fazer o balanço de 3 escrever um crítica a; recensear 4 EUA rever a matéria; estudar 5 EUA rever; verificar se há erros 6 (militar) passar revista a
reviewer s. 1 crítico 2 revisor
revise v. 1 (ideias, planos) rever; reconsiderar 2 (texto, estimativa) rever; corrigir; modificar 3 Grã--Bretanha rever a matéria; estudar
revision s. 1 alteração; modificação 2 revisão; reavaliação 3 Grã-Bretanha revisão da matéria; he didn't do enough revision não estudou o suficiente
revitalization s. revitalização; urban revitalization revitalização urbana
revitalize v. revitalizar
revival s. 1 ressurgimento; retomada; a revival of interest in uma renovação do interesse por; economic revival retomada econômica 2 (peça de teatro) reposição em cena
revive v. 1 ganhar novo vigor; revigorar-se 2 dar novo alento a; estimular 3 (pessoa) reanimar 4 recuperar; restabelecer 5 (peça de teatro) repor ● A palavra "reviver", em inglês, traduz-se por relive.
revocable adj. revogável
revocation s. revogação; anulação
revoke v. revogar; anular
revolt s. revolta ■ v. 1 revoltar-se; insurgir-se 2 repugnar
revolted adj. revoltado
revolting adj. revoltante; repugnante
revolution s. 1 revolução 2 rotação
revolutionary adj. revolucionário ■ s. revolucionário
revolutionize, revolutionise Grã-Bretanha v. revolucionar
revolve v. girar; rodar ● A palavra "revolver", em inglês, traduz-se por turn over, dig over (terra).
revolver s. revólver
revolving adj. giratório
revue s. (espetáculo) revista ● É diferente de review.

revulsion s. repugnância
reward s. recompensa ■ v. recompensar; premiar
rewarding adj. recompensador; gratificante
rewind v. (cassete) pôr para trás; rebobinar
rewrite v. reescrever
rhapsody s. 1 MÚSICA rapsódia 2 exaltação
rhea s. ZOOLOGIA ema
rhenium s. QUÍMICA (elemento químico) rênio
rhetoric s. retórica
rhetorical adj. retórico; rhetorical question pergunta retórica
rheumatic adj. reumático
rheumatism s. MEDICINA reumatismo; reumático
rheumatologist s. reumatologista
rheumatology s. MEDICINA reumatologia
rhinitis s. MEDICINA rinite
rhino s. coloquial rinoceronte
rhinoceros s. ZOOLOGIA rinoceronte
rhizome s. BOTÂNICA rizoma
rhodium s. QUÍMICA (elemento químico) ródio
rhombus s. GEOMETRIA losango; rombo
rhyme s. 1 rima; a rhyme for something uma palavra que rime com algo 2 verso; written in rhyme escrito em verso 3 cantilena; poema ■ v. rimar (with, com) ◆ no/without rhyme or reason sem pés nem cabeça
rhythm s. MÚSICA, LITERATURA ritmo
rhythmic adj. rítmico, ritmado
rib s. 1 ANATOMIA costela 2 (corte de carne) costela ■ v. coloquial brincar com; fazer troça de
ribbon s. 1 fita 2 tira; faixa 3 insígnia militar ◆ to be cut/torn to ribbons estar cheio de cortes
ribonucleic adj. ribonucleico; ribonucleic acid (RNA) ácido ribonucleico
rice s. arroz; brown rice arroz integral; rice field/paddy arrozal
rich adj. 1 rico; rich in proteins rico em proteínas; to get rich enriquecer 2 intenso; forte 3 (alimentos) pesado 4 (solo) fértil ■ s.pl. os ricos ◆ coloquial that's rich (coming from you)! olha quem fala!
richly adv. 1 ricamente; luxuosamente 2 intensamente 3 generosamente 4 muito; richly deserved muito merecido
richness s. riqueza
ricinus s. BOTÂNICA rícino
rickets s. MEDICINA raquitismo
rickety adj. instável; desengonçado; raquítico
ricochet v. ricochetear ■ s. 1 ricochete 2 bala que fez ricochete
rid v. livrar (of, de); libertar (of, de) ■ adj. to be rid of ver-se livre de; to get rid of livrar-se de, desfazer-se de; to want rid of querer se ver livre de
riddance s. goodbye and good riddance! adeus e até nunca mais!, adeus, que já vais tarde!; good riddance to old rubbish! até que enfim vai embora!
riddle s. 1 enigma 2 charada; adivinha 3 crivo; peneira ■ v. crivar
ride v. 1 andar a cavalo; montar 2 (bicicleta, moto) andar de 3 (carro, transporte público) ir de; pegar ■ s. 1 (de transporte) viagem 2 passeio; volta 3 EUA carona ◆ to let something ride ignorar algo

to take somebody for a ride enganar alguém, dar a volta em alguém
rider s. 1 cavaleiro 2 motociclista 3 ciclista 4 (*transporte público*) passageiro 5 cláusula adicional
ridge s. 1 cume; crista 2 (*telhado*) cumeeira ■ v. sulcar
ridicule s. ridículo; troça ■ v. ridicularizar
ridiculous *adj*. ridículo
riding s. ESPORTE equitação; ato de montar a cavalo
rife *adj*. abundante; corrente; to be rife with abundar em
riff-raff s. pejorativo gentalha; ralé
rifle s. rifle, espingarda ■ v. vasculhar; revolver ♦ rifle range carreira de tiro
rifleman s. fuzileiro
rift s. 1 falha; fenda; fissura 2 (*nuvens*) brecha 3 (*desentendimentos*) ruptura; desavença
rig v. 1 manipular; falsear (*embarcação*) armar; aparelhar ■ s. 1 plataforma petrolífera 2 EUA coloquial caminhão 3 (*embarcação*) armação; aparelho
rigging s. 1 (*navegação*) cordame 2 (*eleições*) manipulação; fraude
right *adj*. 1 direito 2 certo; correto; to be right ter razão; to get something right acertar em algo; that's right! exatamente! 3 certo; oportuno 4 certo; acertado; adequado 5 justo 6 Grã-Bretanha completo; perfeito ■ *adv*. 1 bem; corretamente 2 exatamente; mesmo; right now neste preciso momento, agora mesmo 3 já; I'll be right back volto já; right away imediatamente 4 à direita; to turn right virar à direita 5 completamente ■ s. 1 direito; to have the right to do something ter o direito de fazer algo; human rights direitos humanos 2 bem; right and wrong o bem e o mal 3 direita; lado direito 4 POLÍTICA direita ■ v. 1 endireitar 2 corrigir; remediar ♦ in one's own right por mérito próprio right! 1 está bem! certo! 2 (muito) bem! pronto! 3 claro! right of way 1 (*na estrada*) prioridade to have right of way ter prioridade 2 direito de passagem 3 caminho EUA right triangle triângulo retângulo
righteous *adj*. 1 justo; reto 2 justificado
rightful *adj*. legítimo
right-hand *adj*. direito; the top right-hand corner o canto superior direito; right-hand drive com o volante do lado direito ♦ right-hand man braço direito
right-handed *adj*. destro
rightly *adv*. 1 justificadamente; and rightly so e com razão 2 corretamente 3 justamente
right-minded *adj*. reto; sensato
right-wing *adj*. POLÍTICA de direita
right-winger s. POLÍTICA partidário da direita
rigid *adj*. 1 rígido 2 inflexível 3 hirto ♦ to be bored rigid estar em uma situação maçante, entediante ou chata
rigidity s. 1 rigidez 2 inflexibilidade
rigmarole s. confusão; trapalhada; processo complicado
rigor s. 1 MEDICINA arrepio, calafrio 2 EUA rigor ♦ rigor mortis rigidez cadavérica
rigorous *adj*. rigoroso
rigour, rigor EUA s. rigor
rile v. coloquial irritar; enervar

rim s. 1 borda; extremidade 2 (*óculos*) aro 3 (*bicicleta*) aro ■ v. formal circundar; cercar
rind s. 1 (*fruta, queijo*) casca 2 (*bacon*) couro
ring[1] s. 1 anel; wedding ring aliança de casamento 2 argola; aro 3 roda; rodela; círculo 4 anilha 5 (*criminosos*) rede 6 (*boxe*) ringue 7 (*circo*) pista ■ v. 1 cercar; rodear 2 Grã-Bretanha desenhar um círculo à volta de 3 anilhar ♦ EUA ring bearer menino das alianças Grã-Bretanha ring binder capa (de argolas) caderno de argolas ring finger (*dedo*) anelar, anular ring pull argola (para abrir uma lata) ring road estrada de circunvalação, via de cintura circular
ring[2] v. 1 (*campainha, telefone, sino*) tocar; the phone was ringing o telefone estava tocando; to ring the doorbell tocar à campainha 2 Grã-Bretanha telefonar; ligar 3 soar; it didn't ring true soava a falso 4 (*ouvidos*) zumbir ■ s. 1 (*campainha, telefone, sino*) toque; ring tone toque 2 barulho 3 Grã-Bretanha coloquial telefonadela 4 aparência; to have a familiar ring to it parecer familiar ♦ to ring a bell soar familiar ring back v. voltar a telefonar; voltar a ligar ring up v. 1 Grã-Bretanha telefonar; ligar 2 (*na máquina registradora*) registrar
ringbone s. VETERINÁRIA garrancho
ringleader s. (*quadrilha, motim*) cabeça; líder
ringside s. (*circo, ringue de boxe*) primeira fila ■ *adj*. de primeira fila
ringtone s. (*celular*) toque; real/polyphonic ringtones toques reais/polifônicos
ringworm s. ZOOLOGIA lombriga
rink s. (*patinação*) pista
rinse v. 1 enxaguar; passar por água 2 (*boca*) bochechar 3 (*cabelo*) pintar ■ s. 1 enxágue 2 (*dentes*) ensaguatório 3 (*cabelo*) coloração 4 produto de limpeza para finalizar lavagem
riot s. 1 motim 2 distúrbio; tumulto 3 antiquado, coloquial comédia; divertimento ■ v. amotinar-se; revoltar-se ♦ Grã-Bretanha jocoso to read somebody the riot act pregar um sermão em alguém to run riot 1 descontrolar-se 2 (*plantas*) crescer descontroladamente 3 (*crianças*) comportar-se mal riot police polícia de choque
rioter s. desordeiro
riotous *adj*. 1 ruidoso; barulhento 2 desordeiro
rip v. 1 rasgar; romper 2 arrancar ■ s. rasgão ♦ coloquial to let (it/her) rip dar gás coloquial to let rip (at somebody) desatinar (com alguém) rip off v. 1 arrancar 2 (*objeto, clientes*) roubar
ripe *adj*. 1 maduro 2 (*cheiro*) azedo; forte 3 (*queijo*) curado 4 oportuno; pronto; when the time is ripe quando for oportuno
ripen v. amadurecer
rip-off s. 1 coloquial roubalheira; roubo 2 coloquial imitação; cópia
ripple s. ondulação; onda; a ripple of applause um crescendo de aplausos; ripple effect efeito bola de neve ■ v. ondular; ondear; to ripple through percorrer
rise v. 1 subir 2 levantar-se; erguer-se 3 subir; aumentar 4 ascender; subir; emergir; to rise to power subir ao poder 5 (*som, voz*) subir de tom 6 (*sol, rio*) nascer 7 (*massa, bolo*) crescer 8 revoltar-se

risible

9 ressuscitar 10 estar à altura; to rise to the challenge estar à altura do desafio; to rise to the occasion mostrar-se à altura das circunstâncias ■ *s.* 1 aumento; subida; a rise in prices um aumento dos preços; a rise of 5% um aumento de 5% 2 Grã-Bretanha (*salário*) aumento 3 ascensão 4 elevação; subida ♦ rise and shine! tá na hora de sair da cama! to get a rise out of somebody arreliar alguém to give rise to dar origem a rise up *v.* 1 revoltar-se (against, *contra*) 2 (*edifício, montanha*) erguer-se 3 levantar-se
risible *adj.* formal risível
rising *s.* rebelião; revolta ■ *adj.* 1 ascendente; crescente 2 em ascensão
risk *s.* 1 risco 2 perigo ■ *v.* arriscar; to risk doing something arriscar fazer algo ♦ an element of risk um certo risco at one's own risk à sua responsabilidade por sua conta e risco at risk em risco em perigo at the risk of doing something correndo o risco de fazer algo to run the risk of doing something correr o risco de fazer algo to take a risk arriscar
risky *adj.* arriscado
rissole *s.* 1 CULINÁRIA croquete 2 CULINÁRIA rissole
rite *s.* rito; to perform a rite cumprir um rito ♦ last rites extrema-unção
ritual *s.* ritual ■ *adj.* 1 ritual 2 habitual
ritualism *s.* ritualismo
ritzy *adj.* coloquial luxuoso; chique
rival *adj., s.* rival; concorrente; to have no rivals não ter rival ■ *v.* rivalizar com; competir com
rivalry *s.* 1 rivalidade 2 competição; concorrência
river *s.* rio; river beach praia fluvial; the Hudson River o rio Hudson; the mouth of the river a foz do rio; the River Thames o rio Tamisa ♦ to sell somebody down the river atraiçoar alguém river bank margem (do rio) river basin bacia hidrográfica river bed leito (do rio)
riverside *s.* margem; beira-rio
rivet *s.* 1 rebite 2 prego ■ *v.* 1 rebitar; unir 2 prender; fixar; cravar 3 cativar; fascinar ♦ to be riveted to the spot ficar paralisado (de medo)
riveting *adj.* cativante; fascinante
rivulet *s.* GEOGRAFIA riacho
road *s.* 1 estrada; rua; to cross the road atravessar a rua; by road de carro, por estrada; road accident acidente de trânsito; road safety segurança rodoviária; road sign sinal de trânsito 2 caminho; the road to success o caminho para o sucesso ♦ along/down the road mais tarde on the road 1 na estrada 2 (*artista*) na estrada em turnê the road to hell is paved with good intentions de boas intenções o inferno está cheio coloquial to hit the road fazer-se à estrada road rage violência na estrada (por descontrole emocional), comportamento agressivo road test 1 inspeção (a veículo) 2 EUA exame de direção
roadblock *s.* barreiras (na estrada)
roadside *s.* meio-fio; beira da estrada
roadway *s.* rodovia; faixa de rodagem
roadworks *s.pl.* obras (na estrada)
roam *v.* 1 vaguear; errar; to roam the streets vaguear pelas ruas 2 (*olhar*) percorrer
roaming *s.* (*celular*) roaming

roar *v.* 1 rugir; bramir 2 vociferar; bramar ■ *s.* 1 rugido; bramido 2 estrondo 3 barulheira ♦ to roar with laughter dar uma gargalhada estrondosa
roast *v.* 1 CULINÁRIA assar; roast beef rosbife 2 torrar 3 tostar 4 coloquial criticar ■ *s.* 1 CULINÁRIA assado 2 EUA (*festa*) homenagem ■ *adj.* assado
roaster *s.* 1 assador; grelha 2 forno de assar
roasting *adj.* 1 de/para assar 2 abafado; tórrido ■ *s.* coloquial sermão; ralhete
rob *v.* 1 assaltar; roubar 2 privar (of, *de*)
robber *s.* ladrão, ladra; assaltante
robbery *s.* assalto; roubo; armed robbery assalto à mão armada; attempted robbery tentativa de assalto; it's daylight robbery! é um roubo!
robe *s.* 1 manto; túnica 2 roupão; robe
robin *s.* 1 ZOOLOGIA pisco-de-peito-ruivo 2 ZOOLOGIA tordo-americano
robot *s.* robô
robotics *s.* robótica
robust *adj.* 1 robusto 2 vigoroso 3 sólido 4 firme
robustness *s.* 1 robustez 2 vigor 3 firmeza
rock *s.* 1 rocha 2 rochedo 3 EUA pedra 4 (*música*) rock ■ *v.* 1 balançar 2 abalar 3 abanar 4 coloquial ser espetacular; ser o maior ♦ on the rocks 1 (*bebidas*) com gelo 2 periclitante, complicado coloquial to rock the boat levantar ondas, agitar as águas rock bottom ponto mais baixo rock climber alpinista, escalador rock climbing alpinismo, escalada rock salt sal-gema
rocker *s.* 1 (*peça curva*) embaladeira 2 EUA cadeira de balanço 3 artista rock 4 adepto de música rock, roqueiro ♦ coloquial to be off one's rocker não bater bem
rocket *s.* 1 foguetão 2 míssil 3 foguete ■ *v.* 1 subir em flecha; disparar 2 ascender ♦ coloquial it's not rocket science não é nada de transcendente, não é preciso ser um gênio para entender Grã-Bretanha coloquial to give somebody a rocket dar uma bronca
rocky *adj.* 1 rochoso; pedregoso; rocky shore costão rochoso 2 incerto; pouco sólido ♦ Rocky Mountains Montanhas Rochosas
rococo *adj., s.* rococó
rod *s.* 1 vara; vareta 2 cana; fishing rod cana de pesca 3 barra ♦ to make a rod for one's own back fazer a cama em que se vai deitar
rodent *s.* ZOOLOGIA roedor
rodeo *s.* rodeio
roe *s.* ova ♦ ZOOLOGIA roe deer corço
roentgenium *s.* QUÍMICA (*elemento químico*) roentgênio
rogue *s.* 1 jocoso malandro; patife 2 antiquado velhaco ■ *adj.* 1 (*animal*) isolado 2 desonesto
roguish *adj.* malandro; maroto
role *s.* papel; a dual role um duplo papel; a role reversal uma inversão dos papéis; leading role papel principal; supporting role papel secundário; to play an important role (in something) desempenhar um papel importante (em algo); to play the role of fazer o papel de ♦ role model modelo, exemplo a ser seguido
role-play *s.* dramatização; role-play

roll s. 1 rolo; roll of film rolo de filme 2 pão; a cheese roll um pão com queijo 3 EUA pacote 4 cambalhota 5 lista; to call the roll fazer a chamada; electoral roll caderno eleitoral 6 (*avião, embarcação*) balanço 7 (*gordura*) pneu; rolls of fat pneus, banhas 8 (*som*) rufar; retumbar; drum rolls rufos; rolls of thunder trovões 9 (*dados*) lançamento ■ v. 1 rolar 2 rebolar 3 enrolar 4 (*mangas*) arregaçar 5 (*com rolo da massa*) alisar 6 cair; deslizar 7 (*câmeras*) estar em ação 8 (*avião, embarcação*) balançar 9 (*trovão*) ribombar, retumbar; (*tambor*) rufar 10 (*dados*) lançar 11 (*olhos*) revirar ♦ roll on holidays! que venham logo as férias! (all) rolled into one tudo em um só coloquial to be ready to roll estar pronto para arrancar to be rolling in it/money estar nadando em dinheiro to get rolling começar roll over v. virar(-se); voltar(-se) roll up v. 1 enrolar 2 arregaçar 3 (*janela de carro*) fechar 4 aparecer; chegar 5 Grã-Bretanha aproximar-se

roller s. 1 rolo 2 cilindro 3 (*mar*) vagalhão ♦ roller blind persiana (de enrolar) estore roller coaster montanha-russa roller skate patim roller skater patinador (com patins de rodas) roller skating patinação (com patins de rodas)

rollerskate s. patim

rolling s. rolamento

rolling adj. 1 ondulante, rolante 2 contínuo; regular ♦ rolling pin rolo da massa

roly-poly adj. coloquial rechonchudo; roliço

Roman adj., s. (*pessoa*) romano; Roman numerals números romanos

romance s. 1 romance; aventura amorosa; namoro 2 romantismo 3 magia; encanto 4 história de amor ■ v. 1 romancear; fantasiar 2 tentar conquistar 3 ter uma relação amorosa

Romanesque adj. 1 LITERATURA romanesco 2 ARQUITETURA românico

Romania s. Romênia

Romanian adj., s. romeno

romantic adj., s. romântico; romantic comedy comédia romântica; a romantic relationship uma relação amorosa

romanticism s. romantismo ♦ LITERATURA, ARTES PLÁSTICAS, MÚSICA Romanticism romantismo

romp v. brincar; saltar ■ s. 1 brincadeira; travessura 2 coloquial filme/livro divertido

rompers s.pl. macacão (para criança)

roof s. 1 telhado; to climb on the roof subir no telhado 2 (*túnel*) teto 3 (*veículos*) teto 4 céu da boca ■ v. cobrir (com telhado) ♦ to go through the roof 1 subir em flecha 2 enfurecer-se under the same roof debaixo do mesmo teto

roofing s. 1 materiais para telhados 2 construção de telhados; manutenção de telhados

rooftop s. telhado; on the rooftop em cima do telhado ♦ to shout from the rooftops gritar aos quatro ventos

rook s. 1 ZOOLOGIA gralha 2 (*xadrez*) torre

rookie s. 1 EUA coloquial novato; principiante 2 EUA ESPORTE júnior

room s. 1 sala; dining room sala de jantar; living/sitting room sala de estar 2 divisão; compartimento 3 quarto 4 espaço; there's enough room for... há espaço suficiente para...; to make room for arrumar espaço para 5 possibilidade; espaço; room for manoeuvre espaço de manobra; there's room for improvement há aspectos que podem ser melhorados ■ v. EUA (*quarto*) dividir ♦ room service serviço de quartos room temperature temperatura ambiente

roommate, room-mate s. 1 companheiro de quarto 2 EUA companheiro de casa; her roommate a pessoa com quem ela divide a casa

roomy adj. espaçoso

roost s. poleiro ■ v. empoleirar-se (para descansar ou dormir) ♦ coloquial to rule the roost ser quem manda

rooster s. EUA galo

root s. 1 BOTÂNICA raiz 2 origem; causa; to be/lie at the root of estar na origem de 3 LINGUÍSTICA (*de palavra*) radical 4 MATEMÁTICA raiz; square root raiz quadrada ■ v. 1 enraizar 2 vasculhar; remexer 3 (*animal*) foçar ♦ to put down roots criar raízes root out v. erradicar

rope s. 1 corda 2 cabo ■ v. amarrar ♦ to be on the ropes estar nas últimas to know the ropes estar por dentro de um assunto to show somebody the ropes mostrar a alguém o que tem de fazer rope ladder escada de corda

rosary s. RELIGIÃO rosário

rose s. 1 BOTÂNICA rosa; rose bush roseira; rose garden roseiral 2 cor-de-rosa 3 (*regador*) ralo ■ adj. cor-de-rosa (pretérito de to rise) ♦ coloquial to be coming up roses estar correndo lindamente rose window rosácea

rosebud s. botão de rosa

rose-coloured, rose-colored EUA adj. 1 cor-de-rosa 2 to look at/see/view something through rose-coloured glasses ter uma visão cor-de-rosa de algo

rosemary s. BOTÂNICA alecrim; rosmaninho

roster s. 1 lista de turnos; escala 2 lista de elementos; equipe ■ v. (*serviço*) escalar

rosy adj. 1 rosado; róseo 2 risonho; cor-de-rosa ♦ everything in the garden is rosy corre tudo às mil maravilhas

rot v. 1 apodrecer 2 decompor(-se); deteriorar(-se) s. 1 podridão 2 decomposição; deterioração 3 Grã-Bretanha antiquado disparates

rota s. Grã-Bretanha lista de turnos; escala

rotary adj. rotativo ■ s. EUA rotatória

rotate v. 1 rodar; girar 2 alternar

rotation s. 1 rotação 2 alternância; rotatividade; in rotation rotativamente

rotten adj. 1 podre 2 estragado 3 desonesto; corrupto 4 coloquial terrível 5 coloquial maldito ■ adv. coloquial de mais; Grã-Bretanha to fancy somebody rotten adorar alguém; to spoil somebody rotten estragar alguém com mimos ♦ a rotten apple uma má companhia coloquial to feel rotten 1 sentir-se mal, sentir-se adoentado 2 sentir-se mal, sentir-se culpado

rough adj. 1 áspero; rugoso 2 difícil; duro; a rough day um dia complicado 3 aproximado; a rough estimate uma estimativa por alto 4 (*mar*) agitado 5

rough-and-ready

rough-and-ready (*terreno*) acidentado **6** violento **7** grosseiro; rough paper papel de rascunho **8** tosco ■ *adv.* bruscamente; com maus modos; de forma violenta ■ *v.* **1** tornar áspero **2** (*cabelo, penas etc.*) arrepiar **3** (*cavalos*) domar, amansar **4** (*pedra preciosa*) desbastar, dar um primeiro polimento a **5** (*pessoa*) tratar rudemente ♦ in rough em forma de rascunho
rough-and-ready *adj.* **1** rudimentar **2** improvisado **3** tosco
roughen *v.* tornar(-se) rugoso; tornar(-se) áspero
roughly *adv.* **1** aproximadamente; cerca de **2** em traços gerais; roughly speaking falando por alto **3** grosseiramente; com maus modos
roughneck *s.* **1** EUA grosseirão **2** trabalhador de um poço petrolífero
roulette *s.* roleta
round *adj.* **1** redondo; circular **2** arredondado **3** (*número*) redondo ■ *adv.* **1** em volta; em redor **2** de mão em mão **3** a/para todos ■ *prep.* **1** à volta de **2** por volta de; mais ou menos ■ *s.* **1** ronda; série **2** (*bebidas*) rodada **3** (*esporte*) partida; eliminatória **4** (*boxe*) round ■ *v.* **1** arredondar **2** (*esquina*) virar; dobrar ♦ the other way round ao contrário round trip viagem de ida e volta
roundabout *s.* **1** Grã-Bretanha rotatória **2** Grã-Bretanha carrossel ■ *adj.* indireto; a roundabout way of doing something uma forma indireta de fazer algo; to say something in a roundabout way dizer algo com muitos rodeios; to take a roundabout route ir dar uma volta muito grande
roundish *adj.* (*forma*) arredondado
round-the-clock *adj.* 24 horas por dia
rouse *v.* **1** formal despertar **2** incitar **3** despertar; (*suspeitas*) levantar **4** enfurecer
rousing *adj.* estimulante; caloroso
rout *v.* derrotar; arrasar ■ *s.* derrota
route *s.* **1** caminho; itinerário; rota **2** linha; percurso; bus route linha do ônibus **3** estrada ■ *v.* enviar
router *s.* INFORMÁTICA roteador
routine *s.* **1** rotina; daily routine rotina diária **2** (*artista*) número; dance routine coreografia **3** INFORMÁTICA rotina ■ *adj.* **1** de rotina **2** rotineiro
row¹ *s.* fila ■ *v.* **1** remar **2** praticar remo **3** levar de barco ♦ in a row **1** seguido consecutivo **2** em fila EUA row house casa geminada
row² *s.* **1** Grã-Bretanha discussão; desentendimento **2** Grã-Bretanha barulheira ■ *v.* Grã-Bretanha discutir
rowdy *adj.* arruaceiro; desordeiro ■ *s.* arruaceiro; desordeiro
rower *s.* remador
rowing *s.* (*atividade, esporte*) remo ♦ Grã-Bretanha rowing boat barco a remo
royal *adj.* **1** (*monarquia*) real; His Royal Highness Sua Alteza Real; the royal family a família real; the Royal Navy a Marinha Real (Britânica) **2** majestoso; magnificente ■ *s.* coloquial membro da família real
royalist *s.* monárquico
royalty *s.* realeza; membro da realeza royalties *s.pl.* direitos de autor; royalties
rub *v.* **1** esfregar **2** friccionar **3** (*protetor solar, creme*) passar; espalhar **4** limpar; polir ■ *s.* fricção; massagem ♦ not to have two pennies to rub together estar duro, estar sem dinheiro there's the rub aqui é que está o problema to be rubbing one's hands estar esfregando as mãos de contentamento to rub shoulders with somebody ser íntimo de alguém rub off *v.* **1** limpar **2** apagar **3** (*entusiasmo, confiança*) passar (on, *para*); transmitir-se (on, *a*)
rubber *s.* **1** borracha **2** Grã-Bretanha (*para apagar lápis*) borracha **3** Grã-Bretanha (*para apagar giz*) apagador ♦ rubber band elástico EUA rubber boot galocha rubber bullet bala de borracha rubber dinghy barco de borracha rubber stamp carimbo rubber tree seringueira
rubberized *adj.* emborrachado
rubber-stamp *v.* aprovar (sem pensar o suficiente)
rubbish *s.* **1** lixo; rubbish bin lata de lixo; rubbish tip lixeira **2** coloquial porcaria **3** coloquial disparates
rubble *s.* escombros; entulho
rubidium *s.* QUÍMICA (*elemento químico*) rubídio
ruby *s.* rubi
rucksack *s.* Grã-Bretanha mochila
ruddy *adj.* **1** (*rosto*) rosado; corado **2** coloquial maldito; that ruddy dog! o maldito do cachorro!
rude *adj.* **1** mal-educado; grosseiro; indelicado; rude language linguagem grosseira **2** ordinário; indecente **3** literário tosco
rudely *adv.* **1** com má educação **2** ab-ruptamente
rudeness *s.* **1** falta de educação **2** indecência
rudiment *s.* rudimento; the rudiments of os rudimentos de, os princípios básicos de
rudimentary *adj.* **1** rudimentar **2** elementar; básico
ruffle *v.* **1** (*penas, pelo*) eriçar **2** franzir **3** encrespar **4** perturbar; enervar ■ *s.* babado
rug *s.* **1** tapete **2** manta **3** EUA peruca
rugby *s.* ESPORTE rúgbi
rugged *adj.* **1** (*terreno*) acidentado, escarpado **2** robusto; resistente **3** rude
rugosity *s.* rugosidade
ruin *v.* **1** estragar; destruir **2** arruinar ■ *s.* HISTÓRIA ruína ♦ to be the ruin of ser a desgraça de
ruinous *adj.* **1** desastroso; arrasador **2** (*preço*) incomportável **3** formal em ruínas
rule *s.* **1** regra; norma; against the rules contra as regras; as a rule em regra **2** governo; domínio; under rule of sob o domínio de **3** reinado **4** régua ■ *v.* **1** governar; chefiar; controlar **2** dominar **3** decidir; pronunciar-se **4** reger; guiar **5** coloquial ser o maior **6** (*linha*) traçar rule out *v.* **1** excluir (a hipótese de); pôr de parte; descartar **2** impossibilitar
ruled *adj.* (*papel*) pautado; com linhas
ruler *s.* **1** governante **2** soberano; monarca **3** régua
ruling *adj.* **1** dominante; preponderante **2** no poder ■ *s.* decisão; parecer
rum *s.* rum
rumba *s.* rumba
rumble *s.* **1** estrondo **2** EUA coloquial luta entre gangues rivais ■ *v.* **1** ribombar; retumbar **2** (*estômago*) roncar **3** Grã-Bretanha coloquial descobrir **4** EUA coloquial lutar
ruminant *adj., s.* ZOOLOGIA ruminante
ruminate *v.* **1** matutar (on, *em*) **2** ruminar
rumination *s.* ruminação

rummage v. procurar; vasculhar; remexer ■ s. procura ♦ EUA rummage sale feira (para beneficência) bazar

rumour, rumor EUA s. boato; rumor; rumour has it that... corre o rumor de que...; to spread a rumour espalhar um boato ■ v. to be rumoured dizer-se, comentar-se; her album is rumoured to be out in March corre o boato de que o seu álbum sairá em março

rump s. 1 (*bovino*) alcatra, rabadilha; (*cavalo*) garupa; (*ave*) rabadela 2 coloquial traseiro 3 resto

rumple v. amarrotar; enrodilhar; to rumple somebody's hair despentear alguém

run v. 1 correr 2 governar; administrar; gerir; estar à frente de 3 (*máquina*) funcionar; trabalhar 4 candidatar-se (for, a) 5 estender-se 6 levar (de carro) 7 passar; percorrer 8 (*nariz*) pingar 9 (*programa*) passar; (*artigo, notícia*) publicar 10 (*peça de teatro*) estar em cena 11 INFORMÁTICA correr; executar 12 controlar ■ s. 1 corrida; to go for a run ir correr; dar uma volta 2 percurso 3 viagem 4 série; sucessão 5 marcha; curso 6 galinheiro 7 EUA candidatura (for, a) 8 temporada ♦ in the long/short run a longo/curto prazo on the run às pressas to be on the run 1 andar em fuga, andar fugido 2 não parar to be running late estar atrasado to run a bath encher a banheira to run a risk correr um risco to run dry secar run across v. deparar-se com; dar de cara com run away v. fugir (from, de) run away with v. fugir com 2 deixar-se levar por run down v. 1 atropelar 2 criticar 3 localizar; encontrar 4 (*pilha, bateria*) acabar; descarregar 5 reduzir run into v. 1 encontrar; dar de cara com 2 (*problemas, dificuldades*) arranjar; deparar-se com 3 (*mau tempo*) pegar 4 chegar a; atingir 5 (*veículo*) esbarrar(-se) contra; bater em run out v. 1 ficar (of, sem); to run out of money/ideas ficar sem dinheiro/ideias; to run out of patience perder a paciência; we've run out of time o nosso tempo chegou ao fim 2 acabar(-se); esgotar(-se); chegar ao fim 3 expirar run over v. 1 atropelar 2 recapitular 3 transbordar run through v. 1 recapitular; repetir 2 passar os olhos por 3 estar presente em; perpassar 4 atravessar run up against v. deparar-se com; ser confrontado com; to run up against opposition ser alvo de contestação

runaway adj. 1 fugitivo; em fuga; a runaway child uma criança que fugiu de casa 2 (*veículo, cavalo*) desgovernado; descontrolado 3 (*inflação*) galopante; (*sucesso, vitória*) estrondoso ■ s. fugitivo

rung (particípio passado de to ring) s. 1 (*escada de mão*) degrau 2 figurado degrau; nível

run-in s. 1 coloquial briga; desentendimento 2 período preparatório 3 corrida preparatória

runner s. 1 corredor; atleta; marathon runner corredor da maratona 2 cavalo (participante em uma corrida) 3 contrabandista; traficante 4 mensageiro 5 (*tapete*) passadeira ♦ coloquial to do a runner ir embora fugir

runner-up s. segundo classificado, vice-campeão

running s. 1 corrida 2 atletismo; running shoes tênis (de corrida); running track pista de atletismo 3 gestão; comando; direção 4 manutenção; running costs custos de manutenção 5 funcionamento 6 contrabando; tráfico ■ adj. 1 (*água*) corrente 2 contínuo; constante; a running joke uma velha piada 3 (*total*) atualizado ■ adv. consecutivamente; three years running três anos consecutivos; the third year running o terceiro ano consecutivo ♦ to be in the running for something estar na corrida para algo to be out of the running for something estar fora da corrida para algo running time duração

runny adj. 1 (*nariz*) a pingar 2 (*olhos*) lacrimejante 3 líquido; aguado 4 pouco cozinhado

run-off s. 1 prova final; desempate 2 (*eleições*) segunda volta 3 escoamento (de águas)

run-through s. ensaio

run-up s. 1 período preparatório 2 corrida preparatória

runway s. 1 (*aviões*) pista (de aterrissagem, de decolagem) 2 EUA passarela

rupee s. rupia

rupture s. 1 ruptura; rompimento 2 desentendimento; desavença 3 MEDICINA hérnia ■ v. 1 romper 2 quebrar

rural adj. rural, campestre

ruse s. estratagema; artimanha

rush v. 1 apressar-se; ir depressa; ir correndo; to rush off/out sair correndo 2 apressar 3 fazer às pressas; to rush things precipitar-se 4 enviar com urgência 5 pressionar 6 atacar ■ s. 1 pressa; there's no rush não há pressa; to be in a rush estar com pressa 2 enchente; grande movimento 3 correria 4 corrida; grande procura 5 ímpeto 6 BOTÂNICA junco ♦ rush hour hora de ponta rush out v. publicar às pressas

rusk s. biscoito (para bebês)

Russian adj., s. russo

rust s. ferrugem ■ v. enferrujar

rustic adj. rústico ■ s. campônio

rustle v. 1 roçagar; restolhar 2 murmurar 3 (*gado*) roubar ■ s. murmúrio; sussurro

rustler s. ladrão de gado

rustproof adj. inoxidável

rusty adj. 1 enferrujado 2 ferrugento

rut s. 1 sulco 2 rotina; monotonia; to be stuck in a rut ser escravo da rotina 3 cio ■ v. sulcar

ruthenium s. QUÍMICA (*elemento químico*) rutênio

ruthless adj. implacável; impiedoso

ruthlessness s. falta de piedade; crueldade

rye s. BOTÂNICA centeio; rye bread pão de centeio

S

s s. (*letra*) s
sabbatical s. licença sabática ■ *adj.* sabático
sabotage s. sabotagem ■ v. sabotar
saboteur s. sabotador
saccharin s. QUÍMICA sacarina
saccharose s. QUÍMICA sacarose
sachet s. pacote; saqueta
sack s. 1 saco; a sack of potatoes um saco de batatas; sack race corrida de sacos 2 Grã-Bretanha coloquial demissão; to give somebody the sack demitir alguém; to get the sack ser demitido 3 saque, furto ■ v. 1 Grã-Bretanha coloquial demitir, despedir; mandar para a rua 2 saquear ♦ coloquial, antiquado to hit the sack ir para a cama ● É diferente de *sake*. A palavra "saco", em inglês, traduz-se por *bag*.
sacral *adj.* ANATOMIA sacral
sacralize v. sacralizar
sacrament s. RELIGIÃO sacramento
sacramental *adj.* RELIGIÃO sacramental
sacred *adj.* 1 sagrado; is nothing sacred anymore? já não há respeito por nada? 2 (*arte*) sacro; sacred music música sacra ♦ sacred cow vaca sagrada
sacrifice s. sacrifício; to make sacrifices fazer sacrifícios, sacrificar-se; at great personal sacrifice com muito sacrifício ■ v. sacrificar (for, *por*) ♦ formal to make the final/supreme/ultimate sacrifice sacrificar a vida
sacrilege s. sacrilégio; to be sacrilege ser um sacrilégio
sacrilegious *adj.* sacrílego
sacristy s. RELIGIÃO sacristia
sacrum s. ANATOMIA sacro
sad *adj.* triste; how sad que pena; sad to say, ... infelizmente, ...; the sad fact is that... o que é triste é que...; we were sad to hear the news recebemos a notícia com tristeza; you look sad você está com um ar triste
sadden v. formal entristecer
saddle s. 1 (*cavalo*) sela 2 (*bicicleta*) selim; (*moto*) assento ■ v. 1 (*cavalo*) selar 2 sobrecarregar (with, *de*); to be saddled with debts estar sobrecarregado de dívidas 3 incumbir (with, *de*); encarregar (with, *de*) ♦ I'm back in the saddle já monto outra vez; dei a volta por cima in the saddle 1 a montar 2 a mandar no lugar de chefia
saddlebag s. 1 alforje 2 (*bicicleta*) bolsa (de selim)
sadism s. sadismo
sadist s. sádico
sadistic *adj.* sádico
sadly *adv.* 1 infelizmente 2 tristemente 3 muito; to be sadly missed deixar saudades; to be sadly mistaken estar redondamente enganado
sadness s. tristeza
sadomasochism s. sadomasoquismo
sadomasochist s. sadomasoquista

sadomasochistic *adj.* sadomasoquista
safari s. safári; to go on safari fazer um safári
safe *adj.* 1 seguro; a safe area uma zona segura; keep it safe guarde-o bem; in a safe place em um local seguro; safe in the knowledge that seguro de que; safe sex sexo seguro; to maintain a safe distance manter uma distância de segurança; your secret's safe with me eu não conto para ninguém 2 em segurança; a salvo; livre de perigo; we were safe from attack estávamos a salvo de ataques 3 cuidadoso; cauteloso 4 certo; a safe bet uma aposta certa; he is safe to win com certeza ele ganha; it is safe to say that... podemos afirmar com segurança que ■ s. cofre; night safe cofre noturno ♦ safe and sound são e salvo Grã-Bretanha safe journey! boa viagem! Grã-Bretanha as safe as houses completamente seguro better safe than sorry mais vale prevenir do que remediar to be in safe hands estar em boas mãos to be on the safe side estar a salvo de risco to play (it) safe ser cuidadoso, evitar risco safe conduct/passage salvo-conduto safe cracker arrombador de cofres safe haven porto seguro
safeguard v. salvaguardar; to safeguard against something prevenir algo; to safeguard somebody's interests/rights salvaguardar os interesses/direitos de alguém; to safeguard something against something proteger algo contra algo ■ s. salvaguarda
safekeeping s. guarda ♦ for safekeeping por uma questão de segurança
safely *adv.* 1 em segurança; to get home safely chegar bem a casa 2 com segurança; com cuidado 3 em local seguro 4 (*afirmar, concluir*) sem grande margem de erro; com segurança
safety s. segurança; in safety em segurança; safety first a segurança em primeiro lugar; safety measures medidas de segurança ♦ safety belt cinto de segurança safety valve 1 válvula de segurança 2 escape safety curtain cortina corta-fogo safety deposit box caixa-forte, cofre privado (em um banco) safety glass vidro de segurança safety net 1 rede (de segurança) 2 proteção safety pin alfinete de segurança, alfinete de fralda safety razor lâmina de barbear, gilete
saffron s. 1 BOTÂNICA, CULINÁRIA açafrão 2 cor de açafrão
sag v. 1 vergar; curvar; abaular; ceder 2 (*pele*) descair ■ s. cova
saga s. LITERATURA saga
sagacious *adj.* formal sensato; avisado; sagaz
sagacity s. formal sensatez; bom senso
sage s. 1 BOTÂNICA sálvia 2 formal sábio ■ *adj.* formal sábio
Sagittarius s. ASTRONOMIA Sagitário
sago s. CULINÁRIA sagu

said (pretérito, particípio passado de **to say**) *adj.* formal dito; referido

sail *v.* 1 navegar 2 andar de barco; andar de navio; velejar 3 pilotar; dirigir 4 partir; zarpar 5 dirigir-se ■ *s.* 1 (*de barco, navio*) vela; to hoist the sails içar as velas 2 passeio de barco ♦ to set sail zarpar

sailing *s.* 1 (*passatempo, esporte*) vela; to go sailing praticar vela 2 navegação 3 saída (de uma embarcação) ♦ sailing boat barco à vela sailing ship veleiro

sailor *s.* 1 marinheiro; sailor suit roupa de marujo, roupa de marinheiro 2 navegante; I'm a bad sailor eu costumo enjoar quando ando de barco; I'm a good sailor não costumo enjoar quando ando de barco

saint *s.* RELIGIÃO santo ♦ Saint (*com nome próprio*) Santo, São Saint John São João

saintly *adj.* santo; de santo

sake *s.* saquê

salad *s.* CULINÁRIA salada; salad bowl saladeira; to dress the salad temperar a salada ♦ salad bar bufê de saladas

salamander *s.* ZOOLOGIA salamandra

salami *s.* salame

salaried *adj.* 1 (*trabalhador*) assalariado 2 (*cargo*) remunerado

salary *s.* salário; pagamento pelo trabalho, em geral mensal; to be on a salary of receber um salário de • **Salary** indica um pagamento mensal e aplica-se, geralmente, a profissões intelectuais. O trabalho físico pago por hora, por dia ou por semana é chamado *wage* (por exemplo, em uma fábrica).

sale *s.* 1 venda; a downturn in sales uma quebra nas vendas; (*letreiro*) for sale vende-se; I haven't made a sale não vendi nada; point of sale ponto de venda; to be for sale estar à venda; to go on sale estar à venda; to put something up for sale pôr algo à venda; withdrawn from sale retirado do mercado 2 saldo; liquidação; to buy something in the sales comprar algo na liquidação; at sale prices a preços de liquidação ♦ on sale or return em consignação EUA sales clerk vendedor, empregado de balcão, assistente de loja sales department departamento comercial, departamento de vendas sales representative/rep delegado comercial EUA sales slip recibo, comprovante de compra sales talk palavreado, lábia

saleable *adj.* vendável

salesman *s.* vendedor

salesperson *s.* vendedor

saleswoman *s.* vendedora

salient *adj.* formal mais relevante; principal

saline *adj.* salino; saline solution solução salina, soro fisiológico ■ *s.* soro fisiológico

salinity *s.* salinidade

saliva *s.* saliva

salivary *adj.* salivar; salivary glands glândulas salivares

salivate *v.* salivar

sallow *adj.* pálido, macilento

sally *s.* 1 investida; ofensiva 2 gracejo; dito espirituoso ■ *v.* 1 fazer uma investida 2 dar um passeio; partir para um passeio; they sallied out into the country partiram para um passeio no campo 3 brotar, jorrar

salmon *s.* ZOOLOGIA salmão; smoked salmon salmão defumado

salmonella *s.* salmonela

salon *s.* 1 salão; beauty salon salão de beleza; hairdressing salon salão de cabeleireiro 2 (*roupa*) boutique 3 (*de artistas, escritores*) galeria de arte; reunião literária

saloon *s.* 1 Grã-Bretanha (*carro*) sedã, sedan 2 (*no faroeste americano*) taberna 3 (*em pub, hotel*) bar 4 (*navio*) salão

salsa *s.* 1 (*música, dança*) salsa 2 molho mexicano

salt *s.* sal; a pinch of salt uma pitada de sal; bath salts sais de banho; mineral salts sais minerais; rock salt sal-gema; table salt sal refinado ■ *v.* CULINÁRIA salgar ■ *adj.* salgado; com sal; salt water água salgada ♦ to be the salt of the earth ser uma pessoa correta to take something with a pinch of salt não levar algo muito a sério, dar um desconto a algo worth one's salt digno desse nome salt cellar saleiro

salted *adj.* salgado

saltpetre, saltpeter EUA *s.* QUÍMICA salitre; nitrato de potássio

saltworks *s.* salina

salty *adj.* salgado

salubrious *adj.* salubre

salubrity *s.* salubridade

salutary *adj.* formal benéfico

salutation *s.* 1 formal (*correspondência*) saudação inicial; vocativo 2 formal saudação

salute *v.* 1 fazer continência (a) 2 formal saudar; aplaudir 3 formal saudar; cumprimentar ■ *s.* 1 continência 2 (*tiros de canhão*) salva 3 saudação; homenagem

Salvadoran *adj., s.* salvadorenho

salvage *v.* salvar; recuperar ■ *s.* 1 salvamento; resgate; salvage operations operações de salvamento 2 (*objetos*) salvados

salvation *s.* salvação ♦ Salvation Army Exército de Salvação

salvo *s.* 1 (*palmas, tiros*) salva 2 (*de gargalhadas, palmas*) explosão

Samaritan *adj., s.* samaritano

samba *s.* MÚSICA samba; samba dancer sambista

sambaqui *s.* sambaqui

sambo *s.* zambo; mestiço

same *adj.* mesmo; at the same time ao mesmo tempo; I have the same problem as you tenho o mesmo problema que você; it comes to the same thing vai dar no mesmo; the same person a mesma pessoa *pron.* the same o mesmo, igual ■ *adv.* the same da mesma forma ♦ all the same de qualquer forma, mesmo assim it's all the same to me tanto me faz, não me faz diferença one and the same a mesma pessoa, o mesmo coloquial same here e eu a mesma coisa the same to you! igualmente!

sample *s.* amostra; blood sample amostra de sangue; free sample amostra grátis ■ *v.* 1 (*comida, bebida*) provar; saborear; degustar 2 (*sondagem*) questionar; sondar 3 (*situação*) experimentar

samurai *s.* samurai

sanatorium

sanatorium s. sanatório; casa de repouso
sanctify v. 1 santificar 2 sancionar; consagrar
sanction s. 1 (*entre países*) sanção; economic sanctions sanções econômicas; to impose sanctions on impor sanções a 2 formal aprovação; sanção 3 formal castigo; sanção ■ v. formal sancionar; aprovar
sanctity s. 1 santidade 2 (*de casamento, vida*) inviolabilidade
sanctuary s. 1 (*proteção*) refúgio; abrigo; to seek sanctuary procurar refúgio 2 (*animais*) reserva natural; santuário 3 (*parte de igreja*) sacrário 4 direito de asilo
sand s. 1 areia 2 areal ■ v. lixar; esfregar com lixa ◆ sand dune duna
sandal s. sandália
sandalwood s. sândalo
sandbank s. banco de areia, baixio
sandglass s. ampulheta
sandman s. joão-pestana; sono
sandpaper s. lixa ■ v. lixar; esfregar com lixa
sandstone s. arenito
sandstorm s. tempestade de areia
sandwich s. sanduíche; a cheese sandwich um sanduíche de queijo; sandwich maker sanduicheira ■ v. entalar (between, *entre*)
sandy adj. 1 arenoso; com areia 2 (*cabelo*) louro arruivado
sane adj. 1 mentalmente são; equilibrado; no sane person ninguém no seu juízo perfeito 2 sensato; razoável
sanitary adj. 1 sanitário; sanitary conditions condições sanitárias; sanitary facilities instalações sanitárias 2 higiênico ◆ sanitary cordon cordão sanitário sanitary towel absorvente higiênico
sanitation s. 1 condições sanitárias; salubridade; basic sanitation saneamento básico; food sanitation higiene alimentar; poor sanitation más condições sanitárias 2 EUA serviços de coleta do lixo; sanitation worker trabalhador da coleta do lixo
sanity s. 1 sanidade mental; to lose/preserve one's sanity perder/manter a sanidade mental 2 sensatez
sap s. 1 BOTÂNICA seiva 2 EUA coloquial palerma; inocente ■ v. esgotar; esvaziar
sapodilla s. BOTÂNICA sapoti
sapper s. Grã-Bretanha sapador (soldado com a função de construir ou reparar edifícios, estradas etc.)
sapphire s. GEOLOGIA safira
saprophagous adj. BIOLOGIA saprófago
sarcasm s. sarcasmo
sarcastic adj. sarcástico
sarcophagus s. sarcófago
sardine s. sardinha; tinned sardines sardinhas enlatadas ◆ to be packed like sardines estar como sardinha em lata
sardonic adj. sardônico; sarcástico
sargassum s. BIOLOGIA sargaço
sarsaparilla s. BOTÂNICA salseiro
sash s. (*sobre terno, vestido*) faixa ◆ sash window janela de guilhotina
Satan s. Satanás
satanic adj. 1 satânico; satanic ritual ritual satânico 2 formal demoníaco

satchel s. (*para a escola*) pasta; sacola
satellite s. satélite; by satellite via satélite; satellite TV televisão por satélite; weather satellite satélite meteorológico ◆ satellite dish antena parabólica
satiate v. formal saciar, fartar
satiety s. saciedade
satin s. cetim ■ adj. 1 de cetim 2 acetinado
satire s. sátira
satirical adj. satírico
satirize, satirise Grã-Bretanha v. satirizar
satisfaction s. 1 satisfação 2 (*requisitos*) preenchimento 3 compensação
satisfactory adj. satisfatório
satisfied adj. 1 satisfeito (with, *com*); contente (with, *com*) 2 saciado, satisfeito 3 convencido
satisfy v. 1 satisfazer; contentar 2 (*curiosidade, fome*) satisfazer; saciar 3 (*necessidades*) satisfazer; dar resposta a 4 (*requisitos, condições*) preencher; reunir 5 (*dívida*) saldar; liquidar; (*credor*) pagar a 6 convencer
saturate v. saturar (with, *de*)
saturation s. saturação; saturation point ponto de saturação
Saturday s. sábado; every Saturday todos os sábados; on Saturday no sábado; on Saturdays aos sábados
Saturn s. ASTRONOMIA, MITOLOGIA Saturno
sauce s. 1 molho 2 antiquado descaramento ◆ sauce boat molheira
saucepan s. panela; caçarola
saucer s. pires
sauciness s. atrevimento, descaramento
saucy adj. 1 atrevido, descarado 2 picante; brejeiro
Saudi adj., s. saudita
sauerkraut s. CULINÁRIA chucrute
sauna s. sauna; to have a sauna fazer sauna
saunter v. passear; andar despreocupadamente
sausage s. salsicha ◆ antiquado, coloquial not a sausage nada de nada coloquial sausage dog (*cachorro*) salsicha teckel sausage roll folhado de salsicha
sauté v. CULINÁRIA saltear
savage adj. 1 selvagem 2 brutal; feroz ■ s. pejorativo selvagem ■ v. 1 (*animal*) atacar ferozmente 2 criticar duramente
savagery s. crueldade; violência
savannah, savanna s. savana
save v. 1 salvar; to save somebody's life salvar a vida de alguém 2 poupar; to save money juntar/poupar dinheiro; to save time poupar/economizar tempo; to save water poupar água 3 juntar; colecionar 4 guardar 5 INFORMÁTICA guardar; gravar 6 (*gol, remate*) defender ■ s. (*futebol*) defesa ■ prep. formal salvo; exceto ■ conj. formal exceto que; a não ser que
saving s. poupança; to make great savings poupar muito dinheiro savings s.pl. poupanças; economias; all my savings todas as minhas economias; savings account conta poupança
saviour, savior EUA s. salvador Saviour RELIGIÃO Salvador
savour, savor EUA v. saborear ■ s. 1 formal sabor; aroma 2 formal interesse; encanto

savoury, savory EUA *adj.* **1** saboroso, apetitoso **2** salgado; savoury snacks salgadinhos **3** amistoso; agradável

saw (pretérito de to see) *s.* **1** serra; power saw serra elétrica **2** antiquado máxima; rifão ■ *v.* serrar

sawdust *s.* serragem, serrim ■ *v.* (*carpintaria*) cobrir com serragem ◆ to knock the sawdust out of somebody dar uma surra em alguém

sawing *adj.* serrador

sawmill *s.* (*oficina*) serraria; serração

sawyer *s.* serrador (de árvores) ◆ A palavra "serralheiro", em inglês, traduz-se por *locksmith, blacksmith, metalworker.*

sax *s.* coloquial saxofone

saxophone *s.* MÚSICA saxofone

saxophonist *s.* MÚSICA saxofonista

say *v.* **1** dizer; it is said that diz-se que; to say something (to somebody) dizer algo (a alguém) **2** sugerir ■ *s.* **1** voto; to have no say não ter voto na matéria; to have the final say ter a última palavra **2** opinião; to have one's say dar a sua opinião, ter uma palavra para dizer ■ *interj.* EUA olhe!; olha! ◆ as they say como se costuma dizer easier said than done falar é fácil enough said! está tudo dito! não vale a pena dizer mais nada! having said that apesar disso "Is it big?" "I'll say!" "É grande?" "Se é!" it goes without saying nem é preciso dizer let's just say (that) digamos apenas que no sooner said than done dito e feito not to have much to say for oneself ser pouco falador EUA coloquial say what? o quê? say what you like diga o que quiser shall we say digamos that is not to say (that) isso não quer dizer que, não quero com isto dizer que that is to say quer dizer to have a lot to say for oneself ser muito falador to say nothing of para não falar de to say the least para dizer outra coisa, para dizer o mínimo what do you say? o que é que você acha? o que te parece? what have you got to say for yourself? que explicação você tem para me dar? whatever you say como queiras you can say that again isso lá é verdade; tem toda razão dizê-lo you don't say! não diga! Don't you say that! Não diga isso!

saying *s.* ditado; as the saying goes como diz o ditado

say-so *s.* autorização

scab *s.* **1** (*ferida*) crosta **2** pejorativo fura-greve

scabies *s.* MEDICINA, VETERINÁRIA sarna, escabiose

scaffold *s.* **1** andaime **2** (*para condenados*) cadafalso; patíbulo

scaffolding *s.* andaimes

scald *v.* escaldar; queimar; to scald oneself escaldar-se ■ *s.* escaldadela; queimadura

scale *s.* **1** escala; drawing to scale desenho com escala; on a large scale em grande escala; on a scale of one to ten em uma escala de um a dez; on the Richter scale na escala de Richter; scale model maquete **2** grandeza; tamanho **3** EUA balança **4** (*peixe*) escama **5** (*em canalização, máquina*) (depósito de) calcário **6** (*dentes*) tártaro scales *s.pl.* balança; a set of kitchen scales uma balança de cozinha; he tipped the scales at 8lb ele pesava 8 libras; to tip the scales fazer pender a balança ■ *v.* **1** escalar; subir **2** alterar o tamanho de **3** (*peixe*) escamar scale down *v.* reduzir

scalene *adj.* GEOMETRIA scalene triangle triângulo escaleno

scallop *s.* **1** (*molusco*) vieira **2** EUA escalope

scalp *s.* **1** couro cabeludo **2** (*troféu de guerra*) escalpo ■ *v.* **1** arrancar o escalpo a **2** EUA vender no mercado negro

scalpel *s.* bisturi

scaly *adj.* **1** (*pele*) seco, áspero **2** (*animal*) escamoso

scam *s.* coloquial falcatrua; vigarice

scamper *v.* **1** correr rapidamente **2** partir; debandar ■ *s.* **1** corrida rápida **2** passeio rápido (through, por) **3** galope, galopada

scan *v.* **1** inspecionar; estudar **2** (*texto*) ler por alto; ler na diagonal **3** fazer uma ecografia a; fazer uma radiografia a **4** (*câmera, radar*) passar por; controlar **5** INFORMÁTICA digitalizar **6** INFORMÁTICA inspecionar; examinar; to scan for viruses procurar vírus ■ *s.* **1** ecografia; radiografia; a CAT scan uma tomografia computadorizada **2** leitura por alto; vista de olhos

scandal *s.* **1** escândalo **2** difamação; mexerico ◆ to cause a scandal armar um escândalo

scandalize, scandalise Grã-Bretanha *v.* escandalizar

scandalous *adj.* escandaloso; vergonhoso

Scandinavia *s.* Escandinávia

scanner *s.* **1** escâner; leitor óptico **2** INFORMÁTICA escâner **3** MEDICINA escâner; aparelho de ultrassom; CAT scanner aparelho de tomografia computadorizada

scant *adj.* escasso; pouco; reduzido; insuficiente; a scant cup uma xícara quase cheia; a scant two years um pouco menos de dois anos; to pay scant attention to prestar pouca atenção a

scanty *adj.* **1** escasso; reduzido **2** (*peça de roupa*) reduzido; minúsculo

scapegoat *s.* bode expiatório

scapula *s.* ANATOMIA omoplata

scapular *s.* RELIGIÃO escapulário

scar *s.* **1** cicatriz **2** figurado marca; mágoa; to leave scars deixar mágoas ■ *v.* **1** deixar com cicatriz **2** figurado marcar negativamente; traumatizar; to be scarred for life ficar marcado para sempre **3** desfigurar

scarce *adj.* escasso; insuficiente ◆ coloquial to make oneself scarce escapulir-se, desaparecer

scarcely *adv.* **1** mal; quase não; scarcely ever quase nunca; scarcely had I arrived ainda mal tinha chegado; there's scarcely any coffee left já quase não há café **2** dificilmente; certamente não; this is scarcely the place to talk este não é o melhor local para falar

scarcity *s.* escassez (of, *de*)

scare *v.* **1** assustar; coloquial to scare the living daylights out of somebody pregar um grande susto a alguém **2** assustar-se ■ *s.* **1** alarme; pânico **2** susto; to give somebody a scare pregar um susto em alguém

scarecrow *s.* espantalho

scared *adj.* assustado; don't be scared não tenha medo; to be scared (of something/of somebody/of doing something) ter medo (de algo/de alguém/de

scaremonger

fazer algo); **to be scared stiff** estar cheio de medo; **to be scared to do something** ter medo de fazer algo
scaremonger *s.* alarmista
scarf *s.* 1 cachecol 2 echarpe; lenço
scarlet *adj.* escarlate ▪ *s.* escarlate; vermelho--escarlate ♦ **scarlet fever** escarlatina
scarp *s.* escarpa
scary *adj.* coloquial assustador; que mete medo
scathing *adj.* mordaz; cáustico; corrosivo; (*ataque, crítica*) feroz
scatter *v.* 1 espalhar 2 dispersar ♦ **scatter diagram/plot** gráfico de dispersão
scatterbrain *s.* coloquial cabeça de vento
scatterbrained *adj.* 1 coloquial distraído; desmiolado; avoado 2 coloquial disparatado
scattered *adj.* espalhado disperso
scatty *adj.* coloquial distraído; desligado
scavenge *v.* vasculhar; remexer
scenario *s.* 1 cenário; panorama; **in the worst-case scenario** na pior das hipóteses 2 roteiro
scene *s.* 1 cena 2 local; **on the scene** no local; **the scene of the crime** o local do crime 3 cena; escândalo; **to make a scene** fazer uma cena 4 cenário; ambiente ♦ **behind the scenes** nos bastidores **to set the scene for** preparar o terreno para
scenery *s.* 1 vista; paisagem; **you need a change of scenery** você precisa mudar de ares 2 TEATRO cenário
scenic *adj.* 1 panorâmico 2 TEATRO cênico
scent *s.* 1 cheiro; aroma 2 Grã-Bretanha perfume 3 cheiro; rastro ▪ *v.* 1 farejar; cheirar 2 pressentir; intuir 3 perfumar ♦ **to throw somebody off the scent** despistar alguém
scented *adj.* cheiroso, perfumado; **scented candles** velas perfumadas
sceptic, skeptic EUA *s.* cético
sceptical, skeptical EUA *adj.* cético (about/of, em relação a)
scepticism, skepticism EUA *s.* ceticismo
sceptre, scepter EUA *s.* cetro
schedule *s.* 1 agenda; programa; **ahead of schedule** adiantado, antes do prazo previsto; **a very busy schedule** uma agenda muito lotada; **behind schedule** atrasado, após o tempo previsto; **on schedule** no horário previsto, no prazo previsto; **to fall behind schedule** atrasar-se 2 EUA horário 3 lista oficial 4 (*televisão, rádio*) grade de programas; programação ▪ *v.* 1 agendar; marcar; **to be scheduled for** estar agendado para 2 programar; planejar; **the new hospital was scheduled to open in 2012** a abertura do novo hospital estava planejada para 2012 3 incluir em lista oficial
scheduling *s.* 1 programação; planejamento; agendamento 2 inclusão em lista oficial; (*de monumento*) classificação como patrimônio
schematic *adj.* esquemático
schematize *v.* (*planejar*) esquematizar
scheme *s.* 1 Grã-Bretanha programa; plano; esquema; **support scheme** plano de apoio 2 esquema; plano; maquinação 3 esquema ▪ *v.* conspirar; maquinar
schemer *s.* intriguista; conspirador

scheming *adj.* calculista; intriguista
schism *s.* separação; divisão; dissidência; cisão
schist *s.* GEOLOGIA xisto; micaxisto
schistosomiasis *s.* MEDICINA esquistossomose
schizophrenia *s.* MEDICINA esquizofrenia
schizophrenic *adj., s.* esquizofrênico
schmuck *s.* EUA coloquial idiota; parvo
scholar *s.* 1 erudito; estudioso 2 bolsista ● A palavra "escolar", em inglês, traduz-se por *schoolboy, schoolgirl*.
scholarly *adj.* 1 erudito 2 acadêmico
scholarship *s.* 1 bolsa de estudos; **scholarship holder** bolsista 2 erudição
school *s.* 1 escola; **language school** escola de línguas, instituto de línguas; **of school age** em idade escolar; **school year** ano letivo; **to be in school** estar na escola; **to go to school** ir para a escola; EUA estudar, treinar 2 aulas; **before school** antes das aulas 3 faculdade 4 EUA universidade 5 (*peixes, golfinhos, baleias*) cardume 6 (*artes, pensamento*) escola; **of the old school** da velha guarda; **school of thought** corrente de opinião ▪ *v.* instruir
schoolbag, school bag *s.* (*para a escola*) mochila; pasta
schoolbook *s.* livro didático
schoolboy *s.* aluno; estudante
schoolchild *s.* criança (que vai à escola); aluno
schoolgirl *s.* aluna; estudante; colegial
schooling *s.* instrução; educação; estudos
schoolmate *s.* Grã-Bretanha colega de escola
schoolroom *s.* sala de aula
schoolteacher *s.* professor
schoolwork *s.* trabalho escolar; matérias
schoolyard *s.* EUA recreio
sciatic *adj.* ANATOMIA ciático
sciatica *s.* MEDICINA ciática
science *s.* ciência; **natural/social sciences** ciências naturais/sociais ♦ **science fiction** ficção científica
scientific *adj.* científico
scientist *s.* cientista
sci-fi *s.* coloquial ficção científica
scintillate *v.* cintilar
scissors *s.pl.* tesoura; **a pair of scissors** uma tesoura ● As palavras inglesas *scissors, shears* e *secateurs* só são usadas no plural. Para nos referirmos a um só objeto, usamos a expressão *a pair of scissors*.
sclera *s.* ANATOMIA esclera
sclerosis *s.* MEDICINA esclerose; **multiple sclerosis** esclerose múltipla
sclerotic *adj.* esclerosado 1 sclerotic 2 figurado decrepit; senile
scoff *v.* 1 escarnecer (at, *de*); fazer pouco (at, *de*) 2 Grã-Bretanha coloquial devorar ▪ *s.* chacota; troça
scold *v.* repreender
scolding *s.* repreensão
scoliosis *s.* MEDICINA escoliose
scone *s.* CULINÁRIA bolo leve
scoop *s.* 1 (*utensílio*) colher 2 (*quantidade*) colher; bola; **two scoops of ice cream** duas bolas de sorvete 3 furo jornalístico ▪ *v.* 1 tirar (com colher) 2 pegar em 3 (*jornal*) adiantar-se a (em um furo jornalís-

tico) 4 (*prêmio*) arrecadar ♦ EUA coloquial what's the scoop? quais são as novidades?
scoot *v.* coloquial ir embora depressa; sair depressa
scooter *s.* 1 Grã-Bretanha scooter 2 patinete
scope *s.* 1 âmbito; alcance; beyond/outside the scope of fora do âmbito de; to be limited in scope ter um alcance limitado; within the scope of no âmbito de 2 oportunidade; possibilidades ♦ A palavra "escopo" pode corresponder, em inglês, a *target*, no sentido de "alvo"; a *aim*, como "objetivo", e a *purpose*, como "propósito".
scorch *v.* 1 queimar; chamuscar 2 (*plantas*) secar, ressequir 3 Grã-Bretanha coloquial ir a grande velocidade; acelerar; to scorch past passar a grande velocidade ■ *s.* queimadura
scorcher *s.* coloquial dia muito quente
scorching *adj.* muito quente, abrasador
score *s.* 1 pontuação; resultado 2 MÚSICA partitura 3 conjunto de vinte entidades ■ *v.* 1 ESPORTE (*gol*) marcar 2 ter como resultado; atingir a pontuação de 3 atribuir uma pontuação a 4 valer (determinado número de pontos) 5 compor a trilha sonora de ♦ on this/that score a esse respeito to settle a score ajustar contas ● É diferente de *soundtrack* (música).
scoreboard *s.* placar
scorer *s.* 1 marcador 2 pessoa que registra os resultados de um jogo 3 pessoa que obtém determinada pontuação; a high-scorer uma pessoa que obteve pontuação elevada 4 ESPORTE goleador
scorn *s.* desprezo; desdém ■ *v.* 1 desprezar; desdenhar 2 recusar ♦ to pour scorn on criticar
scornful *adj.* desdenhoso; a scornful tone um tom de desdém; to be scornful of desdenhar
Scorpio *adj., s.* escorpiano ■ *s.* ASTRONOMIA Escorpião
scorpion *s.* ZOOLOGIA escorpião
scotch *v.* pôr fim a; impedir
Scotland *s.* Escócia
scoundrels *s.* malandragem
scour *v.* 1 vasculhar; percorrer; to scour (something) for (something) percorrer (algo) à procura de (algo) 2 (*tachos, panelas*) esfregar 3 escavar
scourge *s.* 1 flagelo; problema 2 açoite ■ *v.* 1 devastar; fustigar 2 açoitar
scout *s.* 1 escoteiro 2 (*soldado*) batedor 3 avião de reconhecimento 4 caça-talentos ■ *v.* 1 explorar; fazer reconhecimento de 2 procurar talentos 3 procurar; to scout for something andar à procura de algo
scouting *s.* escotismo
scowl *v.* fazer cara feia; franzir a sobrancelha; to scowl at somebody lançar um olhar furioso a alguém ■ *s.* cara feia; carranca
scrabble *v.* 1 procurar às apalpadelas; to scrabble around for something procurar algo às apalpadelas 2 esgadanhar
scraggy *adj.* esquelético
scram *v.* coloquial, antiquado sair rapidamente; scram! saiam já! desinfetem!
scramble *v.* 1 trepar; he scrambled to his feet levantou-se em um salto; to scramble over a wall trepar um muro; to scramble down something descer de algo 2 lutar (for, *por*); disputar (for, –) 3 misturar 4 (*mensagem, informação*) codificar 5 (*ovos*) mexer; scrambled eggs ovos mexidos ■ *s.* 1 subida difícil 2 luta; disputa 3 pista de motocrosse
scrap *s.* 1 pedaço; a scrap of paper um pedaço de papel; there's no scrap of evidence não há qualquer prova 2 sucata; ferro-velho; scrap dealer sucateiro 3 coloquial briga; tumulto; to get into scraps meter-se em brigas scraps *s.pl.* (*comida*) restos; sobras ■ *v.* 1 (*sistema, plano*) abandonar 2 jogar fora 3 coloquial brigar ♦ scrap paper papel de rascunho
scrape *v.* 1 raspar 2 roçar 3 (*pele*) esfolar; esmurrar 4 (*carro, pintura*) arranhar 5 ganhar por pouco ■ *s.* 1 arranhão 2 encrenca; confusão; to get into scrapes meter-se em confusões 3 (*som*) chiada; ruído agudo ♦ to scrape the bottom of the barrel raspar o fundo do tacho, recorrer às últimas escolhas
scraper *s.* espátula
scrapheap *s.* monte de sucata ♦ coloquial on the scrapheap de lado na prateleira
scratch *v.* 1 coçar(-se) 2 (*pele*) arranhar 3 (*danificar*) arranhar; riscar 4 raspar ■ *s.* arranhão; without a scratch sem um arranhão ♦ from scratch a partir do nada to be up to scratch ser razoável ser aceitável to start from scratch começar do zero you scratch my back, I'll scratch yours uma mão lava a outra
scrawl *v.* rabiscar ■ *s.* rabisco; letra ilegível
scream *v.* gritar; berrar; to scream at somebody gritar com alguém; to scream for help gritar por ajuda; to scream one's head off gritar como um louco ■ *s.* grito ♦ coloquial to be a scream ser de morrer de rir, ter muita graça
screech *v.* 1 guinchar; chiar; the car screeched to a halt o carro travou ruidosamente 2 gritar com voz esganiçada ■ *s.* guincho
screen *s.* 1 tela; screen test teste de imagem; the small/big screen a pequena/grande tela 2 biombo; divisória 3 cortina ■ *v.* 1 (*saúde*) submeter a exame 2 proteger 3 encobrir; tapar 4 exibir; transmitir; projetar 5 fazer a triagem de 6 investigar
screening *s.* 1 (*de filme*) projeção; (*de programa*) emissão 2 (*de doença*) rastreio
screenplay *s.* roteiro
screenshot *s.* captura da imagem da tela
screenwriter *s.* roteirista
screw *s.* parafuso ■ *v.* 1 aparafusar 2 atarraxar; to screw something on enroscar algo 3 amarfanhar; fazer uma bola com 4 calão enganar; to screw somebody for something tirar algo de alguém ♦ coloquial screw you! vai-se ferrar! coloquial to have a screw loose ter um parafuso a menos screw up *v.* 1 coloquial fazer besteira, estragar tudo 2 coloquial pôr a perder 3 (*rosto*) contrair 4 amassar; fazer uma bola com 5 (*coragem*) ganhar; tomar
screwball *adj., s.* EUA coloquial maluco; excêntrico
screwdriver *s.* 1 chave de fenda; chave de parafuso 2 (*bebida*) vodka com laranja
screwed-up *adj.* 1 coloquial perturbado; estragado 2 Grã-Bretanha (*papel*) amassado
scribble *v.* 1 rabiscar 2 anotar à pressa; escrever à pressa ■ *s.* rabisco; gatafunho

scribe

scribe s. 1 (*Judeu, Antigo Egito*) escriba 2 (*Idade Média*) copista 3 jornalista; periodista
script s. 1 roteiro 2 letra; caligrafia 3 (*árabe, cirílico*) escrita; alfabeto 4 Grã-Bretanha folha de respostas (de exame) 5 INFORMÁTICA script ■ v. escrever o roteiro de
scripture s. escrito sagrado; Escritura ♦ Scripture Escrituras the Holy Scriptures as Sagradas Escrituras
scriptwriter s. roteirista
scroll s. 1 rolo (de papel, pergaminho); the Dead Sea scrolls os Manuscritos do Mar Morto 2 ARQUITETURA voluta ■ v. INFORMÁTICA deslocar; mover; rolar; to scroll up/down puxar para cima/para baixo, deslocar para cima/para baixo
scrollbar, scroll bar s. INFORMÁTICA barra de rolagem
scrotum s. ANATOMIA escroto
scrounge v. coloquial cravar col.; pedinchar; to scrounge off somebody viver às custas de alguém; to scrounge something/for something surrupiar algo de alguém ♦ coloquial to be on the scrounge andar na pedinchice, viver às custas dos outros
scrub v. 1 esfregar; limpar, esfregando; to scrub something off tirar algo, esfregando 2 coloquial desistir de 3 (*gás*) purificar ■ s. 1 mato 2 esfregadela; limpadela 3 calão zé-ninguém
scrubber s. 1 escova (para esfregar) 2 (*gás*) purificador 3 Grã-Bretanha coloquial, ofensivo puta ofens.
scruff s. maltrapilho ♦ by the scruff of the neck pelo cachaço
scruffy adj. desmazelado; com mau aspecto
scruple s. escrúpulo
scrupulous adj. 1 escrupuloso 2 cuidadoso; rigoroso
scrutinize, scrutinise Grã-Bretanha v. examinar minuciosamente; estudar; inspecionar
scrutiny s. exame minucioso; escrutínio; observação atenta
scuba s. escafandro autônomo ♦ scuba diver mergulhador scuba diving mergulho (com escafandro autônomo)
scuff v. 1 (*calçado*) gastar 2 (*pés*) arrastar
scull s. 1 remo 2 pequena embarcação ■ v. remar
scullery s. (*cozinha*) copa
sculpt v. esculpir
sculptor s. escultor
sculpture s. escultura
scum s. 1 espuma suja; (*de metais*) escória 2 pejorativo escumalha; lixo
scumbag s. calão sacana; canalha
scupper v. 1 Grã-Bretanha coloquial arruinar 2 Grã-Bretanha afundar deliberadamente (o próprio navio)
scurry v. correr ■ s. correria
scurvy s. MEDICINA escorbuto
scuttle v. 1 correr; andar em passo rápido 2 EUA arruinar 3 afundar ■ s. 1 balde para carvão 2 (*em navio*) escotilha
scythe s. gadanha ■ v. segar; ceifar
sea s. mar; by the sea junto ao mar, à beira-mar; sea animals animais marinhos; the sea breeze a brisa do mar; with sea view com vista para o mar ♦ at sea 1 no mar 2 confuso, preplexo to put out to sea fazer-se ao mar sea change mudança radical sea cucumber pepino-do-mar coloquial sea dog (*marinheiro*) lobo do mar sea horse cavalo-marinho sea lane rota marítima sea level nível do mar sea lion leão-marinho sea mile milha marítima sea power 1 poderio naval 2 potência marítima sea urchin ouriço-do-mar sea wall paredão
seafarer s. navegante; marinheiro
seafood s. marisco; seafood restaurant marisqueira
seafront s. marginal; beira-mar; frente de mar; a seafront café um café à beira-mar
seagull s. ZOOLOGIA gaivota
seal s. 1 ZOOLOGIA foca 2 selo; carimbo 3 fecho 4 selo de lacre ■ v. 1 selar; to seal a letter selar uma carta 2 fechar hermeticamente; vedar 3 encerrar ♦ my lips are sealed a minha boca é um túmulo to give one's seal of approval dar o seu aval, aprovar to seal the fate of traçar o destino de
seam s. 1 costura 2 (*de mineral*) veio; filão 3 (*de informação*) filão; mina ♦ to be bursting at the seams estar abarrotado to be coming apart at the seams estar se desfazendo
seaman s. marinheiro
seamanship s. náutica; arte, conhecimento de navegação
seamstress s. costureira; modista
seamy adj. sórdido
seance, séance s. sessão espírita
seaplane s. hidroavião
seaport s. porto marítimo
seaquake s. maremoto
sear v. 1 queimar 2 marcar 3 secar
search s. 1 procura; busca; in search of à procura de, em busca de 2 INFORMÁTICA pesquisa ■ v. 1 procurar; to search high and low for revirar tudo à procura de 2 revistar; fazer busca a ♦ coloquial search me! sei lá! INFORMÁTICA search engine motor de busca, motor de pesquisa search party equipe de busca, equipe de resgate search warrant mandado de busca
searcher s. membro de equipe de busca
searchlight s. holofote
seascape s. paisagem marítima
seashell s. concha
seashore s. costa; litoral
seasick adj. enjoado; to get seasick enjoar ao andar de barco
seasickness s. enjoo (em viagens no mar)
seaside s. beira-mar; praia ♦ seaside resort estância balnear
season s. 1 estação (do ano); the four seasons as quatro estações 2 (*período do ano*) época; dry season época seca 3 (*de atividade, espetáculos*) época; temporada; high/low season alta/baixa temporada; season ticket bilhete/ingresso de temporada; bilhete único (transporte) 4 (*moda*) estação 5 (*festividade*) quadra; season's greetings boas festas 6 (*de filmes*) ciclo ■ v. (*comida*) temperar; condimentar ♦ in season (*frutos*) da época; (*fêmea*) no cio
seasonable adj. próprio da época
seasonal adj. 1 sazonal 2 natalício
seasoning s. CULINÁRIA tempero; condimento

seat s. 1 assento; (carro) banco; the back seat o banco de trás 2 lugar (sentado); is this seat taken? este lugar está ocupado?; take a seat sente-se 3 (em uma assembleia) lugar; assento 4 sede; centro 5 formal traseiro 6 (calças) fundo; parte de trás ■ v. 1 ter capacidade para; ter uma lotação de; comportar 2 sentar; please be seated queiram sentar-se; to be seated estar sentado; to seat oneself sentar-se ♦ on the edge of one's seat na expectativa to take a back seat manter-se em segundo plano seat belt cinto de segurança

seating s. assentos; lugares sentados; seating plan esquema dos lugares, planta da sala; the seating arrangements a disposição dos lugares

seaward adj. virado para o mar ■ adv. em direção ao mar

seaweed s. alga marinha

sebaceous adj. sebáceo; sebaceous glands glândulas sebáceas

seborrhoea, seborrhea s. MEDICINA seborreia

sec s. coloquial segundo; hold on a sec espera um segundo

secession s. secessão; separação

seclude v. separar (from, de); isolar (from, de); to seclude oneself from isolar-se de

seclusion s. isolamento

second adj. 1 segundo; her second choice of restaurants sua segunda escolha de restaurantes; the school is on the second floor a escola é no segundo andar 2 adicional, outro I need a second book preciso de um outro livro 3 alternado, a cada dois; the students elect a leader every second year os estudantes elegem um líder a cada dois anos ■ adv. em segundo lugar he came second ele chegou em segundo ■ s. 1 (tempo) segundo; to count each and every second contar todos os segundos; per second por segundo 2 momento; just a second! só um segundo!

secondary adj. secundário ♦ secondary education ensino médio (no Reino Unido, entre os 11 e os 18 anos)

second-best adj. segundo melhor; to come off second-best ficar em segundo lugar, não conseguir ficar em primeiro; a second-best solution uma solução de recurso ■ s. segunda escolha

second-class adj. 1 de segunda categoria 2 (transportes) de segunda classe 3 (correio) normal 4 nota mediana em um curso superior

second-hand, secondhand adj. 1 em segunda mão; usado 2 em segunda mão; transmitido por terceiros ■ adv. 1 em segunda mão 2 por terceiros

secondly adv. segundo; em segundo lugar

second-rate adj. de qualidade inferior; medíocre

secrecy s. 1 sigilo 2 secretismo; mistério

secret adj. 1 secreto; secret admirer admirador secreto 2 misterioso; sigiloso ■ s. segredo; a well-kept secret um segredo bem guardado; in secret em segredo, às escondidas; it's a secret é segredo; state secret segredo de Estado; to keep a secret guardar segredo; to make no secret of não fazer segredo de ♦ secret agent agente secreto secret police polícia secreta secret service serviços secretos secret weapon arma secreta

secretariat s. POLÍTICA secretariado

secretary s. 1 secretário 2 POLÍTICA (no Reino Unido) ministro; (nos Estados Unidos) secretário de Estado; Foreign Secretary ministro dos Negócios Estrangeiros; Home Secretary ministro do Interior; Secretary of Defense ministro da Defesa ♦ secretary general secretário-geral Secretary of State 1 (no Reino Unido) ministro 2 (nos Estados Unidos) secretário de Estado

secrete v. 1 segregar; produzir (secreção) 2 ocultar

secretion s. secreção

secretive adj. sigiloso; reservado; to be secretive about something guardar segredo em relação a algo

secretly adv. secretamente; em segredo

sect s. RELIGIÃO, POLÍTICA seita; religious sect seita religiosa

sectarian adj. sectário

section s. 1 seção; parte 2 (em um texto) grupo; parte; (em um jornal) seção 3 (leis) parágrafo; seção 4 seção; setor; departamento 5 (da sociedade) setor 6 GEOMETRIA seção; interseção; corte ■ v. cortar; secionar

sector s. setor; private sector setor privado

secular adj. secular

secure adj. 1 seguro; to feel secure sentir-se seguro 2 seguro; protegido; em segurança 3 seguro; estável; certo; financially secure economicamente estável 4 seguro; confiante 5 seguro; firme 6 de alta segurança ■ v. 1 assegurar; garantir; conseguir 2 proteger 3 prender; fixar 4 (empréstimo) servir de garantia a ♦ O substantivo "seguro", em inglês, traduz-se por insurance.

securely adv. 1 com firmeza; securely fastened bem apertado 2 firmemente 3 com segurança

security s. 1 segurança; lack of security falta de segurança; national security segurança nacional; security camera câmera de vigilância; security forces forças de segurança; to call security chamar a segurança 2 estabilidade; job security estabilidade profissional 3 (de empréstimo) garantia; to stand security for ser fiador de securities s.pl. títulos; ações ♦ security check controle de segurança Security Council Conselho de Segurança security deposit caução (de casa alugada) security guard (pessoa) segurança, guarda

sedan s. EUA (carro) três volumes; sedan; berlina ♦ sedan chair liteira

sedate adj. 1 tranquilo 2 vagaroso 3 sóbrio; sério ■ v. sedar; administrar sedativo a

sedation s. tratamento com sedativos; to be under sedation estar sob efeito de sedativos; to keep somebody under sedation administrar sedativos a alguém

sedative s. sedativo; calmante ■ adj. sedativo; calmante

sedentariness s. sedentarismo

sedentary adj. sedentário; to lead a sedentary life levar uma vida sedentária

sediment s. sedimento

sedimentary adj. GEOLOGIA sedimentar

sedimentation s. sedimentação
sedition s. sedição
seduce v. 1 (*relação amorosa*) seduzir **2** seduzir; atrair; to seduce somebody into doing something levar alguém a fazer algo
seducer s. sedutor; her seducer o homem que a seduziu
seduction s. 1 sedução **2** tentação
seductive adj. 1 sedutor **2** (*ideia, proposta*) tentador; atraente
see v. 1 ver **2** compreender; entender **3** visitar; estar com; falar com **4** andar com; namorar com **5** certificar-se de; verificar **6** acompanhar; levar; to see somebody to the door acompanhar alguém à porta ■ **s.** diocese; the Holy See a Santa Sé ♦ as I see it na minha maneira de ver see you ...! até ...! see you (around)! tchau! see you later! até logo! see you Monday! até segunda! see you tomorrow até amanhã you see sabe see off v. **1** (*em aeroporto, estação*) despedir-se de **2** derrotar **3** escorraçar see through v. **1** entender; não se deixar enganar por **2** levar até ao fim **3** apoiar see to v. tratar de; encarregar-se de; to see to it that... certificar-se de que...
seed s. 1 BOTÂNICA semente **2** EUA (*de maçã, laranja*) caroço **3** figurado origem; semente; the seeds of change as sementes de mudança; to sow seeds of hatred semear o ódio **4** (*tênis*) cabeça de série ■ **v. 1** semear **2** tirar semente ou caroço de
seedy adj. coloquial com mau aspecto
seeing conj. seeing as/that visto que; já que
seek v. 1 formal procurar; to seek for something/ to seek something procurar algo **2** formal solicitar; pedir; to seek the advice of consultar **3** formal tentar; esforçar-se por; to seek one's fortune tentar a sua sorte
seem v. parecer; he seems to have forgotten parece que se esqueceu; it seems that... parece que...; she seems nice ela parece ser simpática; so it seems parece que sim; you seem tired você parece cansado
seeming adj. formal aparente
seemingly adv. 1 aparentemente **2** ao que parece
seep v. infiltrar-se
seer s. vidente
seesaw s. (*brinquedo*) gangorra ■ **v.** oscilar
seethe v. (*irritação*) ferver (with, *de*); to be seething estar furioso ♦ (*local*) to be seething with estar cheio de estar infestado de
segment[1] s. 1 segmento **2** (*fruta*) gomo
segment[2] v. segmentar
segmentation s. segmentação
segregate v. 1 segregar **2** separar
segregation s. 1 segregação; racial segregation segregação racial **2** separação
seismic adj. 1 sísmico **2** (*alteração*) radical
seismograph s. sismógrafo
seismologist s. sismólogo
seismology s. sismologia
seize v. 1 agarrar; she seized my arm ela agarrou o meu braço; to seize an opportunity agarrar uma oportunidade **2** tomar; conquistar; ocupar **3** capturar **4** (*droga, objetos roubados*) apreender; (*bens pessoais*) arrestar **5** (*emoção*) apoderar-se de
seizure s. 1 (*de poder, país*) tomada; conquista **2** (*de droga, objetos roubados*) apreensão **3** (*de bens pessoais*) penhora **4** ataque; epileptic seizure ataque epilético
seldom adv. raramente; raras vezes
select v. selecionar; escolher ■ **adj.** seleto ♦ select committee comissão parlamentar
selection s. 1 seleção; escolha **2** coleção **3** variedade; gama **4** BIOLOGIA natural selection seleção natural **5** ESPORTE seleção; time
selective adj. seletivo; criterioso ♦ EUA selective service serviço militar obrigatório
selector s. 1 (*mecanismo*) seletor **2** ESPORTE selecionador
selenium s. QUÍMICA (*elemento químico*) selênio
self s. eu; he's a shadow of his former self é uma sombra do que era; note to self nota para mim mesmo; she wasn't her usual self ela estava diferente; to show one's true self mostrar o seu verdadeiro eu; you'll feel your old self again você vai voltar a se sentir como antes; your good self a sua pessoa, o meu caro amigo
self-absorbed adj. centrado em si mesmo; egocêntrico
self-adhesive adj. autoadesivo
self-assurance s. autoconfiança; segurança
self-assured adj. autoconfiante; seguro
self-centred, self-centered EUA **adj.** egocêntrico
self-confidence s. autoconfiança
self-confident adj. autoconfiante; seguro de si
self-conscious adj. 1 inibido; envergonhado; to be self-conscious about something ter complexos por causa de algo **2** artificial; afetado
self-contained adj. 1 independente; autossuficiente **2** Grã-Bretanha (*apartamento*) independente; com cozinha e banheiro
self-control s. autocontrole
self-criticism s. autocrítica
self-defeating adj. contraproducente
self-defence, self-defense EUA **s. 1** defesa pessoal; autodefesa **2** legítima defesa
self-denial s. abnegação; renúncia
self-destruction s. autodestruição
self-destructive adj. autodestrutivo
self-esteem s. autoestima
self-explanatory adj. fácil de entender; claro; to be self-explanatory dispensar explicações
self-governing adj. autônomo; com governo próprio
self-government s. autonomia
self-help s. 1 autoajuda **2** autofinanciamento **3** esforço individual
self-indulgent adj. autoindulgente; que satisfaz os próprios caprichos
self-interest s. interesse próprio
selfish adj. egoísta
selfishness s. egoísmo
selfless adj. altruísta; desinteressado
self-made adj. que venceu devido aos seus esforços
self-portrait s. autorretrato

self-reliance s. autonomia; independência; autossuficiência
self-respect s. amor próprio; autoestima
self-righteous adj. moralista; arrogante
self-service adj. self-service ■ s. self-service; autosserviço
self-sufficiency s. autossuficiência
self-sufficient adj. autossuficiente
self-taught adj. autodidata
sell v. vender; to sell somebody something / to sell something to somebody vender algo a alguém; to sell something for vender algo por ♦ to sell like hot cakes vender como água to sell oneself promover-se sell out v. 1 esgotar; we have sold out of copies vendemos todos os exemplares 2 vender-se; trair uma causa 3 (negócio) vender
seller s. vendedor ♦ (produto) to be a good/bad seller vender bem/mal
selling s. vendas; selling price preço de venda ♦ selling point atrativo (para os compradores)
semantic adj. semântico
semantics s. LINGUÍSTICA semântica
semaphore s. código de bandeiras
semblance s. aparência; sensação
semen s. sêmen, esperma
semester s. semestre
semiautomatic adj. semiautomático ■ s. arma semiautomática
semicircle s. semicírculo
semicolon s. ponto e vírgula
semiconscious adj. semiconsciente
semi-final s. ESPORTE semifinal
semi-finalist s. ESPORTE semifinalista
seminal adj. BIOLOGIA seminal
seminar s. seminário; conferência
seminarian s. seminarista
seminary s. RELIGIÃO seminário
semitone s. MÚSICA meio-tom
semivowel s. semivogal
semolina s. sêmola
senate s. senado
senator s. senador
send v. 1 enviar; mandar; they send their regards eles mandam cumprimentos/lembranças; to send a letter enviar uma carta 2 (mensagem) transmitir; to send word enviar uma mensagem, um recado 3 (consequência) pôr; to send somebody crazy pôr alguém doido; to send somebody to sleep fazer alguém dormir send for v. 1 pedir; to send for a catalogue pedir um catálogo; to send for help pedir ajuda, ir buscar ajuda 2 (pessoa) mandar vir; chamar send in v. 1 enviar (por correio) 2 (tropas) enviar 3 dizer a (alguém) para entrar; mandar (alguém) entrar send off v. 1 enviar (por correio) 2 Grã-Bretanha (jogador) expulsar
sender s. remetente
sending s. (correspondência, embrulho) envio
send-off s. coloquial despedida; to give somebody a send-off fazer uma festa de despedida para alguém
senile adj. senil
senility s. senilidade

senior adj. 1 superior; sênior; principal 2 mais velho; mais antigo 3 Grã-Bretanha (escola) de nível médio 4 EUA (escola) finalista 5 ESPORTE para seniores ■ s. 1 pessoa mais velha; he's six years her senior é mais velho do que ela seis anos 2 superior 3 EUA (aluno) finalista 4 EUA idoso 5 Grã-Bretanha ESPORTE sênior ♦ senior citizen idoso, pessoa de idade • A palavra "senhor", em inglês, traduz-se por mister, Mr., Lord.
seniority s. 1 (em uma função) antiguidade 2 qualidade de mais velho 3 superioridade
senna s. BOTÂNICA sena
sensation s. 1 sensação; a strange sensation uma sensação estranha; a tingling sensation um formigamento; he had the sensation that tinha a sensação de que 2 (em uma parte do corpo) sensibilidade 3 êxito; to cause a sensation fazer sensação
sensational adj. 1 sensacional; formidável 2 sensacionalista
sensationalism s. sensacionalismo
sense s. 1 sentido; a keen sense of smell um olfato apurado, um faro apurado; sense of humour senso de humor; sense of direction sentido de orientação; the five senses os cinco sentidos 2 sensação; sentimento; a sense of well-being uma sensação de bem-estar; a sense of loss um sentimento de perda 3 bom senso; common sense senso comum, bom senso; to come to one's senses ganhar juízo, cair em si; to have the good sense to do something ter o bom senso de fazer algo; to make somebody see sense chamar alguém à razão; to see sense cair em si; to talk sense dizer coisas com sentido 4 sentido; acepção; literal sense sentido literal; in the true sense of the word na verdadeira acepção da palavra ■ v. 1 pressentir; sentir 2 detectar ♦ in a sense de certo modo in no sense de modo nenhum to make sense fazer sentido to make sense of compreender
senseless adj. 1 sem sentido 2 inconsciente; sem sentidos; to beat somebody senseless espancar alguém até ficar inconsciente 3 insensato
sensibility s. 1 (sentido artístico) sensibilidade 2 sensibilidade; suscetibilidade; to offend somebody's sensibilities ferir as suscetibilidades de alguém
sensible adj. 1 sensato; the sensible thing o mais sensato, o mais acertado 2 (calçado, roupa) prático; confortável 3 formal consciente (of, de) 4 formal perceptível • O adjetivo "sensível", em inglês, traduz-se por sensitive.
sensitive adj. 1 sensível 2 (assunto) sensível; delicado
sensitivity s. 1 sensibilidade 2 suscetibilidade 3 (de assunto) delicadeza
sensitize, sensitise Grã-Bretanha v. 1 (para problema, questão) sensibilizar (to, para); conscientizar (to, para) 2 (a substância) tornar sensível (to, a)
sensor s. sensor
sensory adj. sensorial; sensory organs órgãos dos sentidos
sensual adj. sensual
sensualism s. FILOSOFIA sensualism
sensuality s. sensualidade

sensuous

sensuous *adj.* 1 sensual; agradável aos sentidos 2 literário sensual; atraente
sentence *s.* 1 frase; sentença 2 pena; death sentence sentença de morte; he was given a five-year sentence foi condenado a cinco anos de prisão; life sentence prisão perpétua; prison sentence pena de prisão; suspended sentence pena suspensa; to pass sentence proferir a sentença; to serve a sentence cumprir uma pena ■ *v.* condenar (to, *a*)
sentenced *s.* sentenciado
sententious *adj.* sentencioso
sentiment *s.* 1 formal sentimento; opinião; nationalist sentiments sentimentos nacionalistas; my sentiments exactly exatamente o que eu penso 2 sentimentalismo
sentimental *adj.* 1 sentimental; sentimental value valor sentimental 2 sentimentalista
sentimentalist *s.* sentimentalista
sentimentality *s.* sentimentalismo
sentry *s.* sentinela ♦ sentry box guarita
separable *adj.* separável
separate¹ *adj.* 1 separado 2 à parte; on a separate sheet of paper em uma folha à parte 3 diferente; distinto ♦ to go one's separate ways ir cada um para seu lado under separate cover em envelope separado
separate² *v.* 1 separar(-se) (from, *de*) 2 dividir(-se) 3 distinguir; diferenciar
separately *adv.* separadamente; em separado
separation *s.* separação
separatism *s.* POLÍTICA separatismo
separatist *adj., s.* POLÍTICA separatista
separator *s.* (*máquina*) separador; cream separator desnatadeira
sepia *s.* sépia
September *s.* setembro
septic *adj.* MEDICINA séptico; to go septic infectar ♦ septic poisoning septicemia septic tank fossa séptica ● É diferente de *sceptic*.
septillion *s.* septilião
septuagenarian *adj., s.* septuagenário
septum *s.* ANATOMIA, BOTÂNICA, ZOOLOGIA septo; nasal septum septo nasal
sepulchre *s.* sepulcro
sequel *s.* 1 consequência; resultado 2 (*de filme, livro*) sequela; continuação
sequence *s.* 1 sequência; ordem; logical sequence sequência lógica; out of sequence fora de ordem 2 série (of, *de*); cadeia (of, *de*) 3 (*de filme*) cena; sequência ■ *v.* sequenciar
sequential *adj.* sequencial
sequester *v.* 1 (*júri*) manter isolado 2 DIREITO penhorar; arrestar ● A palavra "sequestrar", em inglês, traduz-se também por *hijack*, *kidnap*, *confiscate*.
sequestrate *v.* DIREITO penhorar; arrestar
sequestration *s.* DIREITO penhora; arresto
sequin *s.* lantejoula
sequoia *s.* BOTÂNICA sequoia
Serbia *s.* Sérvia
Serbian *adj., s.* sérvio ■ *s.* (*dialeto*) sérvio
serenade *s.* serenata ■ *v.* fazer uma serenata a

serene *adj.* sereno; tranquilo ♦ His/Her Serene Highness Sua Alteza Sereníssima
serenity *s.* serenidade; tranquilidade
serf *s.* HISTÓRIA servo
serge *s.* sarja
sergeant *s.* 1 sargento 2 (*polícia*) chefe
serial *s.* 1 série fascículo; folhetim ■ *adj.* 1 em série; serial killer assassino em série 2 de série; serial number número de série 3 (*publicação*) em fascículos ● Usa-se a palavra **serial** para uma narrativa ou história que é contada em capítulos ou episódios. Quando cada episódio contém uma história completa, usa-se o termo *series*.
seriema *s.* ZOOLOGIA seriema
series *s.* 1 série (of, *de*); sucessão (of, *de*) 2 sequência 3 (*palestras, filmes*) ciclo 4 (*televisão*) série
serigraphy *s.* serigrafia
serious *adj.* 1 sério; be serious! não brinque!; I'm serious estou falando sério 2 grave; sério 3 coloquial muito; to have some serious fun divertir-se muito
seriously *adv.* 1 gravemente; seriously injured gravemente ferido 2 seriamente; I seriously believe that acredito firmemente que; seriously worried muito preocupado; you don't seriously expect an answer, do you? não está à espera de resposta, não é? 3 a sério; seriously though mas a sério ♦ to take something/somebody serious levar algo/alguém a sério
seriousness *s.* seriedade; gravidade ♦ in all seriousness muito seriamente falando a sério
sermon *s.* 1 RELIGIÃO sermão, homilia; the Sermon on the Mount o Sermão da Montanha 2 figurado sermão, reprimenda
seropositive *adj., s.* soropositivo
serpent *s.* ZOOLOGIA serpente
serum *s.* (*sanguíneo, para vacina*) soro
servant *s.* 1 empregado; criado 2 funcionário 3 servidor 4 servo; escravo
serve *v.* 1 servir; dinner is served o jantar está na mesa; to serve as a warning servir de aviso; to serve in the army prestar serviço militar; to serve lunch servir o almoço; to serve one's country servir a pátria; to serve somebody well ser muito útil a alguém 2 (*cliente*) atender; are you being served? já foi atendido? 3 desempenhar funções; prestar serviço (*quantidade de comida*) ser suficiente para; chegar para 5 (*pena de prisão*) cumprir; he served time esteve preso 6 (*tênis, voleibol*) servir 7 (*intimação, notificação*) entregar ■ *s.* (*tênis, voleibol*) serviço, saque ♦ if my memory serves me right se bem me lembro, se não me falha a memória it serves you/him/her/them right! é bem feito (para você/ele/ela/eles)! to serve a purpose ter uma finalidade
server *s.* 1 INFORMÁTICA servidor 2 ESPORTE sacador 3 talher 4 EUA garçom 5 acólito
service *s.* 1 serviço; to be on service estar de serviço 2 serviço religioso; cerimônia religiosa; missa 3 serviço; préstimo 4 atendimento 5 (*veículo*) revisão ■ *v.* 1 servir 2 (*veículo*) fazer uma revisão a ♦ out of service avariado fora de serviço to be of service (to somebody) ser útil (a alguém) Grã-Bretanha service area área de serviço service charge taxa de

serviço service provider fornecedor de acesso à Internet service station posto de gasolina
serviceable *adj.* que pode ser usado; operacional; eficaz; it's still serviceable ainda pode ser usado
serviette *s.* Grã-Bretanha guardanapo
servile *adj.* servil
servility *s.* servilismo
servitude *s.* servidão; escravidão
sesame *s.* BOTÂNICA sésamo; gergelim; sesame oil óleo de gergelim ◆ an open sesame to uma porta aberta para open sesame! abre-te, Sésamo!
session *s.* 1 sessão; photo session sessão fotográfica; training session ação de formação, treino 2 sessão; reunião; assembleia; to meet in closed session reunir-se à portas fechadas 3 EUA período letivo ◆ É diferente de *section*.
set *v.* 1 colocar; pôr; pousar 2 (*trabalho, tarefa*) marcar; atribuir 3 (*data, preço, limite*) marcar; estipular; estabelecer 4 (*recorde, objetivo, precedente*) estabelecer 5 *[na voz passiva]* (*história, filme*) the film is set in Brazil o filme se passa no Brasil 6 (*relógio, mecanismo*) acertar; regular 7 pôr; fazer (com que); to set somebody thinking deixar alguém pensando 8 (*sol*) pôr-se 9 montar; preparar 10 solidificar; secar 11 engastar ■ *s.* 1 conjunto; grupo; (*louça*) serviço; (*lençóis*) jogo 2 aparelho; TV set televisor 3 local de filmagens, estúdio 4 cenário 5 (*cantor, banda*) atuação; espetáculo 6 (*tênis, vôlei*) set 7 MATEMÁTICA conjunto 8 círculo social; meio 9 posição; postura ■ *adj.* 1 fixo; pré-definido; estipulado; a set menu um menu fixo 2 preparado; are you set? estão preparados? 3 situado 4 (*obra, texto*) de leitura obrigatória; que faz parte do programa 5 (*opinião*) firme set about *v.* 1 começar; meter mãos à obra 2 Grã-Bretanha antiquado atacar; virar-se a set against *v.* 1 (*inimizades*) virar contra; pôr contra 2 contrapor a set apart *v.* 1 distinguir (from, *de*); tornar diferente (from, *de*) 2 reservar; destinar set aside *v.* 1 (*tempo, dinheiro*) reservar; destinar 2 pôr de lado; deixar de dar importância a 3 (*decisão*) anular set back *v.* 1 atrasar 2 coloquial custar; how much did it set you back? por quanto é que isso ficou? set down *v.* 1 pousar; colocar 2 estabelecer; estipular 3 anotar; registrar 4 (*passageiros*) deixar sair; deixar set in *v.* instalar-se; chegar; surgir set off *v.* 1 (*viagem*) partir; sair 2 desencadear 3 (*bomba*) fazer explodir 4 (*alarme*) fazer disparar 5 realçar; fazer sobressair 6 (*imposto*) deduzir (against, *de*) set on *v.* 1 atacar com violência 2 fazer atacar; he set the dogs on them ele incitou os cachorros a atacá-los set out *v.* 1 partir; to set out on a journey iniciar uma viagem 2 resolver; propor-se 3 organizar; dispor 4 expor; apresentar 5 dar os primeiros passos para v. colocar mãos à obra set up *v.* 1 (*negócio*) abrir; montar; fundar; to set up shop estabelecer-se 2 iniciar negócio; estabelecer-se 3 ajudar (alguém) a se estabelecer 4 coloquial tramar; montar uma armadilha a 5 construir; erguer 6 colocar 7 (*estrutura, aparelho*) montar; preparar 8 marcar; organizar 9 constituir; estabelecer 10 dar energia a 11 (*processo*) instaurar; desencadear

setback *s.* contratempo; revés; contrariedade; percalço
settee *s.* sofá
setting *s.* 1 cenário; ambiente; espaço 2 (*de botão, interruptor*) posição 3 moldura 4 (*joias*) engaste 5 arranjo musical 6 pôr (do sol) 7 (*talheres*) conjunto, jogo; table setting arranjo de mesa 8 parâmetro, configuração; the computer settings as configurações do computador
settle *v.* 1 resolver; decidir 2 combinar; acordar 3 tratar de 4 instalar-se; to settle back recostar-se 5 estabelecer-se; fixar-se 6 povoar; colonizar 7 (*poeira*) assentar 8 (*pássaro, olhar*) pousar 9 pagar; liquidar; saldar 10 colocar 11 acalmar settle down *v.* 1 sossegar; acalmar(-se) 2 assentar 3 acalmar; when things settle down quando as coisas estiverem mais calmas settle in *v.* (*nova situação*) adaptar-se; acostumar-se; ambientar-se; to settle into something adaptar-se a algo settle up *v.* pagar a conta
settled *adj.* 1 fixo; estável; constante 2 povoado; colonizado 3 instalado; confortável
settlement *s.* 1 acordo; peace settlement acordo de paz; to reach a settlement chegar a um acordo 2 povoação; colônia 3 povoamento; colonização 4 pagamento; liquidação 5 resolução 6 doação
settler *s.* colono; povoador
set-to *s.* coloquial briga; discussão
seven *adj., s.* sete; it's seven o'clock são sete horas; on 7 April a 7 de abril; page/chapter seven página/capítulo sete; to be seven years old ter sete anos ◆ Note-se que *on 7 April* se lê *on April the seventh* ou *on the seventh of April*.
seventeen *adj., s.* dezessete; on 17 April a 17 de abril; page/chapter seventeen página/capítulo dezessete; to be seventeen years old ter dezessete anos ◆ Note-se que *on 17 April* se lê *on April the seventeenth* ou *on the seventeenth of April*.
seventeenth *adj., s.* décimo sétimo, décima sétima; a seventeenth century painting um quadro do século XVII; on the seventeenth of June no dia 17 de junho ■ *s.* décima sétima parte
seventh *adj., s.* sétimo; on the seventh of June no dia 7 de junho ■ *s.* sétima parte
seventieth *adj., s.* septuagésimo ■ *s.* septuagésima parte
seventy *adj., s.* setenta; page/chapter seventy página/capítulo setenta; to be seventy years old ter setenta anos seventies *s.pl.* 1 anos setenta; in the seventies nos anos setenta 2 (*idade*) setenta anos; to be in one's seventies ter 70 e tantos anos
sever *v.* 1 formal cortar; (*parte do corpo*) decepar 2 formal (*relações*) romper
several *pron.* vários ■ *adj.* formal separado
severe *adj.* 1 muito grave; muito intenso; severe pain dor intense 2 (*pessoa, expressão*) severo; rigoroso 3 (*tarefa, teste*) difícil; árduo 4 (*aspecto, decoração*) austero; sóbrio
severity *s.* 1 gravidade 2 severidade 3 austeridade
sew *v.* 1 coser; costurar; to sew a button on pregar um botão 2 (*ferida*) coser

sewage

sewage s. águas residuais; esgotos ♦ Grã-Bretanha sewage works/farm estação de tratamento de esgoto
sewer s. (*cano*) esgoto; fossa
sewerage s. sistema de esgotos
sewing s. costura ♦ sewing box caixa de costura sewing machine máquina de costura
sex s. sexo; people of both sexes pessoas de ambos os sexos; sex partner parceiro sexual; the opposite sex o sexo oposto; to have sex with ter relações sexuais com ■ v. (*animal, planta*) determinar o sexo de ♦ sex discrimination discriminação sexual sex education educação sexual sex life vida sexual
sexagenarian s. sexagenário
sexed *adj.* sexuado
sexism s. sexismo
sexist *adj., s.* sexista
sexologist s. sexólogo
sexology s. sexologia
sextant s. ASTRONOMIA sextante
sextet s. MÚSICA sexteto
sexton s. sacristão
sextuple *adj., s.* sêxtuplo ■ v. sextuplicar
sexual *adj.* sexual; sexual organs órgãos sexuais; sexual discrimination discriminação sexual ♦ sexual orientation orientação sexual
sexuality s. sexualidade
sexy *adj.* 1 sensual; sexy 2 coloquial excitante
shabby *adj.* 1 (*roupas*) gasto, surrado; esfarrapado 2 (*edifício, objeto*) mal conservado; em mau estado 3 (*pessoa*) maltrapilho, esfarrapado 4 injusto
shack s. casebre; barraco de favela ■ v. não fazer nada shack up v. ir viver junto (with, *com*); unir-se (with, *com*)
shackle s. algema, grilhão; figurado to throw off the shackles of libertar-se dos grilhões de ■ v. 1 algemar; acorrentar 2 coarctar; restringir
shade s. 1 sombra; in the shade à sombra 2 (*candeeiro*) quebra-luz, pantalha 3 (*cor*) tom; matiz; tonalidade 4 EUA (*cortina*) estore 5 nuance; diferença shades *s.pl.* coloquial óculos escuros; óculos de sol ■ v. 1 escurecer; sombrear 2 fazer sombra ♦ to put somebody/something in the shade relegar alguém/algo para segundo plano
shading s. ARTES PLÁSTICAS sombreado
shadow s. 1 sombra 2 escuridão ■ v. 1 seguir de perto; vigiar 2 cobrir de sombra ♦ beyond a shadow of a doubt sem sombra de dúvidas, sem margem para dúvidas to be afraid of one's own shadow ter medo da própria sombra to cast a shadow on estragar, levantar suspeitas to have shadows under one's eyes ter olheiras without a shadow of a doubt sem sombra de dúvidas
shady *adj.* 1 (*local*) com sombra 2 (*negócio, situação*) duvidoso; obscuro; suspeito, sombrio
shaft s. 1 passagem 2 (*de elevador, mina*) poço 3 haste; cabo 4 (*luz*) fresta; nesga 5 MECÂNICA veio; eixo 6 seta; dardo ♦ to get shafted ser levado ser enganado
shaggy *adj.* 1 desgrenhado 2 (*animal*) peludo ♦ shaggy dog story piada comprida e seca
shah s. xá

shake v. 1 abanar; sacudir; agitar 2 tremer; he was shaking in his shoes tremia de cima abaixo 3 abalar ■ s. 1 chacoalhão; sacudida 2 (*bebida*) batido no liquidificador; vitamina 3 tremor; tremelique ♦ in two shakes em um abrir e fechar de olhos coloquial shake a leg! saia! vai embora! shake well before use agitar antes de usar to shake hands (with somebody) dar um aperto de mão (a alguém) to shake like a leaf tremer como vara verde to shake one's head dizer que não com a cabeça to shake somebody's hand dar um aperto de mão a alguém shake out 1 sacudir bem (para limpar) 2 estabilizar, acalmar shake off v. 1 livrar-se de 2 despistar shake up v. 1 agitar; sacudir 2 abalar; perturbar; afetar 3 reorganizar; dar um abanão a
shaken (particípio passado de to shake) *adj.* abalado; perturbado
shaker s. 1 (*cocktails*) shaker; misturador 2 saleiro; pimenteiro; açucareiro 3 (*dados*) copo
shaking *adj.* trepidante
shaky *adj.* 1 trêmulo 2 instável 3 incerto; tremido
shall v. 1 *[para formar o futuro na 1ª pessoa do singular e do plural]* I shall miss her vou sentir falta dela 2 let's try again, shall we? vamos tentar outra vez, está bem?; (*sugestões, perguntas*) shall I go with you? quer que eu vá contigo?; shall we tell him? devemos lhe dizer?; what shall I do? o que devo fazer? 3 (*obrigação*) dever; the goods shall be delivered to the buyer os artigos deverão ser entregues ao comprador ● Para formar o futuro, usa-se **shall** apenas com a primeira pessoa do singular (*I*) e do plural (*we*): shall I call you later? shall I go now? Utiliza-se **will** (ou a forma contraída, *ll*) para todas as restantes pessoas gramaticais. Em situações informais e na linguagem falada, **will** é a forma mais usada em todas as pessoas.
shallow *adj.* 1 (*águas*) raso; pouco profundo; (*prato*) baixo; the shallow end a parte menos profunda 2 (*pessoa, ideia*) superficial; fútil
sham s. 1 farsa; embuste; fantochada 2 impostor; farsante ■ *adj.* falso; a sham marriage um casamento de fachada ■ v. fingir ● É diferente de *shame*.
Shaman s. xamã
Shamanism s. xamanismo
Shamanistic *adj.* xamanístico
shamble v. caminhar tropegamente; arrastar os pés
shambles s. coloquial confusão; caos; desarrumação
shame s. 1 vergonha; to put to shame envergonhar; shame on you! você devia ter vergonha! 2 pena; what a shame! que pena! v. 1 envergonhar 2 humilhar; desonrar
shamefaced *adj.* envergonhado
shameful *adj.* vergonhoso
shameless *adj.* descarado, sem-vergonha
shamelessness s. coloquial descaramento, safadeza
shampoo s. xampu ■ v. lavar com xampu
shank s. 1 haste; cabo 2 (*de pessoa*) canela; (*de animal*) perna
shanny s. ZOOLOGIA cadoz
shanty s. 1 (*de pessoas pobres*) barraca 2 canção de marinheiros ♦ shanty town favela
shantytown s. favela

shape s. 1 forma; in the shape of sob a forma de; to take shape ganhar forma 2 feitio 3 forma física; to be in good shape estar em boa forma; to keep in shape manter a forma 4 estado; in good shape em bom estado 5 configuração 6 figura; vulto ■ v. 1 dar forma a 2 modelar; moldar shape up v. 1 atinar; ganhar juízo 2 andar; evoluir

shapeless adj. 1 sem forma; a direito 2 sem estrutura definida

shard s. caco, pedaço

share s. 1 parte; quinhão; to do one's share fazer a sua parte 2 (*finanças*) ação ■ v. partilhar (with, *com*)

shareholder s. ECONOMIA acionista

shark s. 1 ZOOLOGIA tubarão; cação 2 coloquial vigarista

sharp adj. 1 afiado; aguçado 2 (*descida, aumento*) acentuado; brusco 3 (*som, dor*) agudo 4 (*diferença*) marcante 5 (*tom*) ríspido; (*crítica*) duro; a sharp tongue uma língua afiada 6 (*forma, contorno*) definido; visível; nítido 7 perspicaz 8 elegante 9 (*curva*) apertado 10 (*sabor*) ácido; azedo 11 (*rosto, nariz*) comprido 12 MÚSICA sustenido ■ adv. (*hora*) em ponto; at nine o'clock sharp às nove horas em ponto ■ s. MÚSICA sustenido ◆ to keep a sharp eye on somebody manter alguém debaixo de olho

sharpen v. 1 afiar; apontar 2 (*apetite*) aguçar; abrir 3 intensificar; agudizar 4 aperfeiçoar

sharpened adj. (*lápis*) apontado

sharpener s. afiador; pencil sharpener apontador

sharpening s. afiamento, amolação

sharpness s. 1 agudeza; acuidade 2 perspicácia

sharpshooter s. atirador de elite

shatter v. 1 quebrar(-se); despedaçar(-se) 2 (*emoções, sonhos*) destroçar; destruir 3 abalar; arrasar

shave v. 1 fazer a barba (a) 2 depilar (com lâmina); rapar 3 reduzir; ajustar ■ s. ato de fazer a barba; to have a shave fazer a barba

shaver s. máquina de barbear

shaving s. barbear shavings s.pl. aparas ◆ shaving brush pincel para a barba shaving cream creme de barbear shaving foam espuma de barbear

shawl s. xale

she pron. pess. ela; she's tall é alta; who is she? quem é ela? ■ s. (*bebê*) menina; (*animal*) fêmea ● O pronome **she** pode ser usado para países, navios e outros veículos, armas e ferramentas.

sheaf s. 1 molho; feixe 2 (*papel*) maço

shear v. 1 tosquiar 2 literário (*cabelo*) cortar ◆ shear off romper quebrar

shearing s. tosquia

shears s.pl. tesoura de poda; tesoura de jardinagem

sheath s. 1 (*espada, faca*) bainha, estojo 2 (*objeto*) invólucro, revestimento 3 BOTÂNICA vagem 4 preservativo ■ v. revestir, cobrir, forrar

sheathe v. 1 embainhar 2 revestir; forrar

shed s. barracão; cabana; cattle shed estábulo ■ v. 1 livrar-se de 2 (*folhas, penas, pelo*) largar 3 deixar cair; derramar; largar 4 (*água, sangue, lágrima*) derramar; verter 5 (*luz*) lançar; to shed light on a matter lançar luz sobre um assunto

sheen s. brilho; lustro

sheep s. ZOOLOGIA ovelha; carneiro; a flock of sheep um rebanho ◆ black sheep ovelha negra to count sheep contar carneiros to separate the sheep from the goats separar o trigo do joio

sheepdog s. cão pastor

sheer adj. 1 puro 2 enorme 3 íngreme; a pique 4 (*tecido*) fino e transparente ■ adv. a pique

sheet s. 1 lençol 2 (*papel*) folha 3 placa; chapa 4 camada

sheikh s. (*chefe árabe*) xeque, xeique, sheikh

shelf s. prateleira ◆ coloquial, antiquado to be left on the shelf ficar para tia to buy something off the shelf comprar algo já feito shelf life tempo de armazenamento Grã-Bretanha shelf mark (*biblioteca*) cota

shell s. 1 concha; (*de tartaruga*) carapaça 2 (*ovo, noz, feijão, ervilha*) casca 3 bomba; obus; projétil 4 EUA (*balas*) cartucho 5 (*de edifício*) estrutura, armação; (*de navio*) carcaça, casco 6 figurado (*timidez*) concha; to come out of one's shell sair da concha ■ v. 1 bombardear 2 (*ovo, noz, feijão, ervilha*) descascar ◆ shell shock neurose de guerra shell suit roupa usada para fazer exercícios (de tecido brilhante) shell out v. desembolsar; to shell out for something pagar algo

shellfish s. 1 ZOOLOGIA marisco 2 CULINÁRIA marisco; frutos do mar

shelter s. 1 abrigo; guarida; to take shelter abrigar-se 2 refúgio 3 local coberto ■ v. 1 abrigar(-se) 2 proteger(-se) 3 acolher

shelve v. 1 suspender; interromper 2 colocar em uma prateleira 3 descer a pique

shepherd s. pastor ■ v. (*grupo de pessoas*) conduzir; levar ◆ shepherd's pie bolo de batata com carne moída

sheriff s. xerife

sherry s. xerez ● É diferente de *cherry*.

shiatsu s. shiatsu

shield s. 1 escudo 2 proteção; defesa 3 EUA (*polícia*) distintivo ■ v. proteger

shift s. 1 mudança; virada 2 (*trabalho*) turno; the night shift o turno da noite 3 (*teclado*) shift ■ v. 1 mexer-se no lugar 2 mudar de 3 desviar 4 mudar(-se); alterar(-se) 5 (*recursos*) canalizar 6 (*nódoas*) tirar 7 vender; escoar 8 levar

shifty adj. suspeito

shilling s. xelim (antiga moeda britânica equivalente a 1/20 de libra)

shin s. (*perna*) canela ■ v. subir; to shin up trepar a; to shin down descer de ◆ shin guard caneleira

shinbone s. ANATOMIA tíbia

shindig s. coloquial festança

shine v. 1 brilhar 2 (*lanterna, foco*) apontar 3 (*calçado*) engraxar ■ s. brilho; luminosidade ◆ to take a shine to somebody simpatizar de imediato com alguém

shingle s. seixos; pedrinhas

shiny adj. brilhante

ship s. navio; merchant ship navio mercante ■ v. 1 enviar (por navio) 2 estar disponível; disponibilizar

shipmate s. companheiro de bordo

shipment s. 1 embarque 2 envio; transporte 3 carregamento

shipowner

shipowner s. armador

shipping s. 1 embarcações; navios; shipping lane rota de navegação 2 embarque 3 envio; transporte 4 EUA custos de envio

shipwreck s. 1 naufrágio 2 barco naufragado ◆ to be shipwrecked naufragar

shipyard s. estaleiro

shire s. Grã-Bretanha (*divisão administrativa*) condado ■ v. Irlanda coloquial (*cabeça, ideias*) desanuviar

shirk v. esquivar-se (a); furtar-se (a); fugir (de) to shirk one's responsibilities esquivar-se das suas responsabilidades, fugir às suas obrigações

shirt s. 1 camisa 2 camiseta ◆ coloquial keep your shirt on! não se enerve! to give somebody the shirt off one's back dar a camisa a alguém

shit s. 1 vulgarismo merda vulg.; 2 vulgarismo cagada 3 vulgarismo, coloquial coisas, coisa, ação, ato

shiver s. arrepio; calafrio ■ v. tremer; (*frio*) tremer, tiritar ◆ to give somebody the shivers provocar arrepios a alguém

shivery adj. a tremer; to feel shivery estar com arrepios

shoal s. 1 cardume 2 (*areia*) baixio

shock s. 1 choque; electric shock choque elétrico; in a state of shock em estado de choque; it came as a shock foi um choque; to get a shock levar um choque 2 estado de choque 3 medo ■ v. 1 chocar; abalar; transtornar 2 chocar; escandalizar; indignar ◆ shock absorber amortecedor shock treatment/therapy 1 tratamento/terapia de choque 2 tratamento com choques elétricos shock wave onda de choque

shocked adj. chocado, escandalizado

shocking adj. 1 chocante; revoltante; escandaloso 2 coloquial terrível ◆ shocking pink rosa-choque

shoddy adj. 1 de má qualidade; tosco 2 de baixo nível

shoe s. 1 sapato; shoe factory fábrica de calçado; shoe industry indústria do calçado; to put on one's shoes calçar os sapatos; to take off one's shoes descalçar os sapatos 2 ferradura ■ v. (*cavalo*) ferrar ◆ EUA coloquial if the shoe fits... se a carapuça te serve... to be in somebody's shoes estar no lugar de alguém to fill somebody's shoes ocupar o lugar de alguém to put oneself in somebody's shoes pôr-se no lugar de alguém shoe polish graxa shoe shop sapataria shoe tree fôrma (para calçado)

shoehorn s. calçadeira

shoelace s. Grã-Bretanha cadarço; cordão; to tie one's shoelaces amarrar o cadarço; your shoelace is undone seu cadarço está desamarrado

shoemaker s. sapateiro; fabricante de sapatos

shoestring s. EUA cadarço; cordão ■ adj. coloquial que utiliza pouco dinheiro; shoestring budget orçamento muito apertado ◆ coloquial on a shoestring com pouco dinheiro

shoo interj. (*animais*) xô

shoot v. 1 dar um tiro em; alvejar; ferir (com um tiro) 2 disparar; don't shoot! não atire! 3 matar (com um tiro); abater; fuzilar 4 caçar 5 (*filme, cena*) filmar ■ s. 1 (*planta*) rebento 2 filmagem; sessão fotográfica 3 caçada ◆ EUA shoot! 1 diz lá! 2 bolas! to get shot of ver-se livre de coloquial to shoot it out resolver pelas armas to shoot oneself in the foot dar um tiro no pé shoot down v. 1 abater 2 (*ideias, opiniões*) rebater ● É diferente de *shut*.

shooter s. 1 atirador 2 pistola

shooting s. 1 tiroteio 2 assassinato 3 fuzilamento 4 caça (com arma de fogo); shooting season época de caça 5 filmagem ◆ shooting gallery 1 campo de tiro 2 (*feira popular*) barraca do tiro ao alvo shooting star estrela cadente

shop s. 1 loja; to go down to the shops ir às compras 2 oficina 3 trabalhos manuais; trabalhos oficinais ■ v. fazer compras; to go shopping ir às compras ◆ coloquial all over the shop por toda a parte to set up shop estabelecer-se coloquial to talk shop falar do trabalho Grã-Bretanha shop assistant vendedor empregado de balcão, assistente de loja shop floor 1 (*fábrica*) oficina 2 trabalhadores shop steward delegado sindical shop talk conversas de trabalho

shopkeeper s. comerciante; lojista

shoplifter s. ladrão (em uma loja)

shoplifting s. roubo (em lojas)

shopper s. comprador; pessoa que anda às compras

shopping s. compras; shopping area zona comercial; shopping bag saco das compras; shopping basket cesto de compras; shopping list lista de compras; shopping trolley carrinho de compras; to do the shopping fazer as compras ◆ shopping centre centro comercial shopping col. shopping mall centro comercial, shopping col. Grã-Bretanha shopping precinct zona comercial (vedada ao trânsito)

shore s. 1 praia; beira-mar 2 costa; litoral 3 (*de lago*) margem ■ v. (*estrutura*) reforçar, suportar

short adj. 1 curto; pequeno 2 baixo 3 breve 4 com falta (of/on, *de*); to be short on something ter falta de alguma coisa 5 pouco; escasso 6 brusco ■ adv. antes (of, *de*) s. 1 coloquial curta-metragem; curta col. 2 coloquial curto-circuito 3 Grã-Bretanha pequena dose de bebida alcoólica shorts s.pl. 1 short; calção; a pair of shorts uns shorts 2 EUA cueca do tipo samba-canção ◆ at short notice com pouca antecedência for short para abreviar in short em resumo, em uma palavra in the short term a curto prazo (*nome*) to be short for ser o diminutivo de to be short notice ser em cima da hora to cut somebody short interromper alguém to fall short of ser inadequado; não ser suficiente short circuit curto-circuito short cut atalho to take a short cut pegar um atalho short sight miopia short story conto short temper mau gênio

shortage s. escassez, falta

shortcake s. 1 biscoito amanteigado 2 EUA bolo com creme e frutas

short-circuit v. 1 entrar em curto-circuito 2 provocar um curto-circuito em 3 apressar

shortcoming s. 1 defeito; falha 2 falta, insuficiência, lacuna

shortcut s. (*caminho*) atalho; to take a shortcut pegar um atalho

shorten v. 1 encurtar 2 diminuir 3 abreviar; resumir

shortfall s. deficit; buraco

shorthand s. estenografia, taquigrafia ◆ shorthand typist estenógrafo

short-list, shortlist s. seleção; lista de candidatos selecionados ■ v. (para prêmio, emprego) selecionar; incluir na lista de candidatos
short-lived adj. passageiro; it was short-lived não durou muito
shortly adv. 1 em breve; dentro de momentos 2 pouco tempo; shortly after pouco depois de; shortly before pouco antes de 3 com rispidez; de forma brusca
short-range adj. 1 (arma) de curto alcance 2 (objetivos, previsão) a curto prazo
shorts s. pl. shorts, calções
short-sighted adj. 1 Grã-Bretanha míope 2 limitado
short-staffed adj. com falta de pessoal
short-tempered adj. irritadiço; com mau gênio
short-term adj. 1 de/a curto prazo; short-term memory memória de curto prazo 2 de curta duração
shot s. 1 tiro; disparo 2 (canhão, espingarda) bala 3 coloquial tentativa; to give it a shot tentar 4 foto 5 (filme) plano; a close shot um grande plano 6 coloquial injeção; vacina 7 remate 8 (lançamento do peso) peso 9 (de nave espacial) lançamento 10 (bebida) shot (pretérito, particípio passado de to shoot) ♦ a shot in the dark um tiro no escuro big shot mandachuva it's a long shot as probabilidades são poucas to do something like a shot fazer algo sem pensar duas vezes
shotgun s. espingarda
should v. 1 dever; you should have seen it você devia ter visto; (agradecimento) you shouldn't! você não devia ter se incomodado!, não era preciso!; you shouldn't do that você não devia fazer isso 2 haver de; how should I know? como é que eu havia de saber?, como é que você quer que eu saiba? 3 [em orações subjuntivas, para expressar condição] formal if I should die se eu morrer; should you need any help se necessitar de ajuda 4 formal I should be grateful eu lhe ficaria grato [forma o subjuntivo, para expressar condição]
shoulder s. 1 ANATOMIA ombro; to shrug one's shoulders encolher os ombros; padded shoulders ombreiras 2 (animal) pá, paleta, braço 3 EUA acostamento ■ v. 1 arcar com; assumir 2 colocar aos ombros; colocar nas costas 3 empurrar; abrir caminho ♦ a shoulder to cry on um ombro amigo shoulder to shoulder 1 em estreita colaboração 2 lado a lado to cry on somebody's shoulder chorar no ombro de alguém coloquial to give somebody the cold shoulder ignorar alguém shoulder blade omoplata shoulder pad ombreira shoulder strap alça
shout v. gritar; berrar ■ s. grito, berro ♦ to shout something from the rooftops espalhar algo aos quatro ventos
shouting s. gritaria; berreiro ♦ a shouting match uma discussão calorosa
shove v. 1 dar um encontrão (em); empurrar 2 coloquial atirar; enfiar ■ s. encontrão; empurrão shove off v. Grã-Bretanha coloquial shove off! desaparece!

shrug

shovel s. 1 pá 2 escavadora ■ v. cavar; tirar com uma pá ♦ coloquial to shovel food into one's mouth enfiar comida pela goela abaixo
show s. 1 espetáculo 2 (televisão, rádio) programa 3 mostra; exposição; on show em exposição 4 demonstração ■ v. 1 mostrar; to show somebody something /to show something to somebody mostrar algo a alguém 2 revelar 3 exibir 4 expor 5 ver-se; notar-se 6 aparecer 7 levar; conduzir ■ adj. modelo; show flat andar-modelo; show house moradia-modelo ♦ it goes to show that/what/how... é para verem que/o que/como... show business mundo do espetáculo show jumping hipismo to run the show estar no comando; dar as cartas to steal the show roubar a cena show off v. 1 exibir-se; dar nas vistas; ostentar 2 exibir 3 realçar show up v. 1 aparecer; ir/vir 2 notar-se 3 tornar visível 4 envergonhar; deixar ficar mal
showbiz s. coloquial mundo do espetáculo, showbiz
showcase s. 1 mostra; apresentação 2 mostruário; vitrine; expositor ■ v. mostrar
showdown s. ajuste de contas
shower s. 1 chuveiro; she's in the shower ela está no chuveiro, ela está tomando banho 2 banho de chuveiro; ducha; (banho) shower gel sabonete líquido; to have/take a shower tomar banho (de chuveiro), tomar uma ducha 3 pé-d'água; toró; chuva forte ■ v. 1 tomar banho (de chuveiro); tomar uma ducha 2 cobrir; inundar
showerproof adj. impermeável
showgirl s. 1 corista 2 bailarina
showing s. 1 (de filme, arte) exibição 2 (de equipe, candidato) exibição; apresentação ♦ on present showing da forma como as coisas estão
showman s. 1 empresário de espetáculos 2 artista
show-off s. coloquial exibicionismo
showpiece s. 1 modelo; exemplo 2 orgulho
showroom s. sala de exposições
showy adj. vistoso, chamativo
shrapnel s. (de bomba) estilhaços
shred s. 1 pedaço; tira 2 farrapo; in shreds em farrapos 3 vestígio; fragmento; resquício ■ v. 1 cortar às tiras 2 esfiar ♦ to tear to shreds 1 rasgar em pedaços 2 (ideia, proposta) arrasar
shredder s. destruidora
shrew s. 1 ZOOLOGIA musaranho 2 pejorativo megera
shrewd adj. 1 perspicaz; astuto 2 hábil; inteligente
shriek v. gritar; guinchar ■ s. grito; guincho
shrill adj. 1 estridente; agudo 2 inadmissível ■ v. 1 emitir um som estridente; the telephone shrilled o telefone tocou, estridente 2 gritar; guinchar
shrimp s. 1 ZOOLOGIA camarão 2 coloquial pessoa de baixa estatura
shrine s. 1 santuário 2 relicário
shrink v. 1 encolher 2 diminuir 3 recuar ■ s. coloquial psiquiatra; psicólogo
shrivel v. murchar; encarquilhar
shroud s. 1 mortalha; sudário 2 (de mistério, secretismo, silêncio) manto; véu ■ v. envolver (in, em)
shrub s. arbusto (em um jardim)
shrug v. encolher os ombros; to shrug one's shoulders encolher os ombros ■ s. encolher de ombros;

shudder

to give a shrug encolher os ombros shrug off v. não dar importância a; desvalorizar
shudder v. 1 tremer; estremecer 2 abanar; dar solavancos; to shudder to a halt parar de repente ■ s. 1 arrepio 2 abanão; solavanco
shuffle v. 1 andar arrastando os pés; to shuffle one's feet arrastar os pés 2 misturar; remexer 3 (*cartas*) embaralhar ■ s. 1 arrastar de pés 2 (*cartas*) ato de embaralhar ♦ to get lost in the shuffle ficar perdido na confusão
shun v. 1 evitar; esquivar-se a 2 rejeitar; desprezar
shunt v. 1 deslocar; transferir 2 (*trem, vagão*) mudar de linha
shush *interj.* psiu! v. mandar calar
shut v. 1 fechar; to shut the door/one's eyes fechar a porta/os olhos; Grã-Bretanha the shop shuts at 6 a loja fecha às 18h 2 trilhar; entalar ■ *adj.* fechado ♦ shut your mouth! cala a boca! shut away v. 1 isolar; internar; to shut oneself away isolar-se, fechar-se 2 guardar a sete chaves shut down v. (*loja, fábrica, máquina*) encerrar shut in v. fechar (lá dentro); he shut himself in fechou-se lá dentro shut off v. 1 (*aparelho, máquina*) desligar(-se) 2 (*gás, água*) cortar 3 separar; isolar; to shut oneself off (from) isolar-se (de) shut out v. 1 afastar; excluir 2 não deixar entrar 3 não deixar passar shut up v. 1 calar(-se); shut up! cale-se!, calado! 2 fechar
shutdown s. 1 (*fábrica*) encerramento 2 (*máquina*) paragem
shutter s. 1 portada 2 persiana 3 (*loja*) grade de enrolar ♦ (*negócio*) to put up the shutters encerrar
shuttle s. 1 (*transportes*) serviço de ligação; serviço shuttle; shuttle bus ônibus expresso; shuttle flight ponte aérea 2 vaivém; space shuttle vaivém espacial 3 (*tear*) lançadeira ■ v. 1 transportar 2 viajar
shuttlecock s. (*badminton*) peteca
shy *adj.* 1 tímido; envergonhado; he isn't shy of making his thoughts known não tem problemas em mostrar o que pensa; painfully shy extremamente tímido; to be shy of doing something ter vergonha de fazer algo 2 (*animal*) assustadiço 3 EUA com falta (of, *de*); a week shy of his 40th birthday a uma semana de fazer 40 anos; he's a week shy of 35 falta uma semana para ele fazer 35 anos ■ v. (*cavalo*) espantar-se; assustar-se ♦ to fight shy of (something/doing something) tentar evitar (algo/fazer algo) shy away from v. ter medo de; fugir de
shyness s. timidez, pudor
Siamese *adj., s.* siamês; (*bebês*) Siamese twins siameses; Siamese cat gato siamês
sibilant *adj., s.* sibilante
sibling s. formal irmão, irmã; sibling rivalry rivalidade entre irmãos
sick *adj.* 1 doente 2 Grã-Bretanha enjoado 3 coloquial farto (of, *de*) 4 doentio 5 (*piada*) de mau gosto ■ *s.pl.* the sick os doentes ■ s. Grã-Bretanha coloquial vomitado ■ v. (*cão*) incitar para atacar ♦ Grã-Bretanha to be sick vomitar to make somebody sick enojar alguém, meter nojo a alguém sick bag saco para o enjoo sick leave licença médica to be on sick leave estar de licença sick note 1 atestado médico 2 pedido de dispensa sick pay licença

sickbay s. (*em escola, barco*) enfermaria
sicken v. 1 enojar 2 adoecer; to be sickening for something estar ficando doente
sickening *adj.* enjoativo
sickle s. foice
sickly *adj.* 1 doente; propenso a doenças 2 débil; frágil 3 enjoativo 4 (*cor*) horroroso
sickness s. 1 doença 2 enjoos; morning sickness enjoos matinais ♦ sickness benefit subsídio de doença
side s. 1 lado 2 beira; margem; borda 3 flanco 4 encosta 5 página ■ *adj.* 1 lateral 2 secundário; menor ■ v. cortar os lados a (animal) ♦ coloquial on the small/heavy/... side para o pequeno/pesado/... side by side lado a lado to take sides tomar partido side with v. tomar o partido de
sideboard s. aparador sideboards *s.pl.* Grã-Bretanha costeletas
sideburns *s.pl.* costeletas
sidekick s. coloquial parceiro; ajudante
sidelight s. 1 informação (acidental mas esclarecedora) 2 Grã-Bretanha farolim
sideline s. 1 biscate 2 linha lateral ■ v. 1 excluir 2 (*jogador*) não convocar ♦ from/on the sidelines à margem
sidelong *adj., adv.* de lado; de soslaio; de esguelha
sidereal *adj.* ASTRONOMIA sideral
sidewalk s. EUA passeio; sidewalk artist artista de rua
sideways *adv.* de lado; para o lado ■ *adj.* de lado; de esguelha
siege s. cerco; to lift a siege levantar um cerco; state of siege estado de sítio
siesta s. sesta; to have a siesta dormir a sesta
sieve s. peneira ■ v. peneirar ♦ coloquial to have a memory like a sieve ter uma péssima memória, ser um desmemoriado
sieving s. sessação, sessamento
sift v. 1 peneirar 2 verificar ao pormenor; passar a pente fino; vasculhar
sigh v. suspirar; to sigh with relief suspirar de alívio ■ s. suspiro
sight s. 1 visão; to lose one's sight perder a visão 2 vista; at first sight à primeira vista; to catch sight of avistar; to disappear from sight desaparecer da vista; to know somebody by sight conhecer alguém de vista; to lose sight of something perder algo de vista 3 vista; panorama; paisagem 4 visão; espetáculo 5 (*arma*) mira sights *s.pl.* locais de interesse ■ v. avistar; to sight land avistar terra ♦ coloquial I can't stand the sight of him! não posso com ele! não aguento nem olhar para ele! in somebody's sight aos olhos de alguém out of sight, out of mind longe da vista, longe do coração to buy something sight unseen comprar alguma coisa sem a abrir
sighting s. avistamento
sightseeing s. passeio turístico; to go sightseeing visitar os locais principais, fazer turismo
sign s. 1 sinal 2 sinal; tabuleta 3 signo ■ v. 1 assinar 2 contratar ♦ sign for (*entrega*) assinar o recibo de to sign for a letter assinar o aviso de recebimento sign language língua gestual, linguagem gestual sign away v. renunciar a; assinar a renúncia a sign in v. 1 registrar-se (à entrada) 2 autorizar en-

trada a sign off v. 1 terminar 2 (*programa de rádio, televisão*) despedir-se 3 assinar autorização de sign out v. assinar o registro de saída sign over v. (*bens*) assinar cedência de; to sign something over to somebody pôr algo em nome de alguém sign up v. 1 inscrever-se (for, *em*); matricular-se (for, *em*) 2 recrutar; contratar
signal s. sinal ■ v. 1 dar sinal; fazer sinal 2 assinalar 3 manifestar; dar sinais de
signalling s. sinalização
signalman s. (*ferrovias*) pessoa que controla os sinais
signatory s. signatário
signature s. assinatura; digital signature assinatura digital; for signature para ser assinado; to collect signatures recolher assinaturas; to put one's signature to assinar ♦ Grã-Bretanha signature tune tema de abertura
signboard s. tabuleta
significance s. 1 significado; importância; relevância; to attach significance to atribuir significado a; to have little significance ter pouca importância 2 (*de palavras, atos*) alcance; sentido
significant adj. 1 significativo 2 expressivo ♦ somebody's significant other a cara-metade de alguém
significative adj. significativo
signify v. 1 formal significar 2 formal exprimir 3 formal ter importância
signpost s. 1 placa de sinalização 2 sinal; indicação ■ v. 1 (*estrada, local*) sinalizar 2 assinalar; indicar
silence s. silêncio; to break one's silence quebrar o silêncio; to observe a two-minute silence fazer dois minutos de silêncio ■ v. silenciar; calar ■ interj. silêncio! ♦ silence is golden o silêncio é de ouro
silencer s. silenciador; silencioso
silent adj. 1 silencioso 2 (*pessoa*) calado 3 omisso; to remain silent não se pronunciar 4 (*filme, cinema*) mudo 5 (*consoante, vogal*) mudo ♦ silent majority maioria silenciosa to be silent about something não mencionar algo
silhouette s. silhueta
silica s. QUÍMICA sílica; silica gel gel de sílica
silicate s. QUÍMICA silicato
silicon s. QUÍMICA (*elemento químico*) silício
silicone s. QUÍMICA silicone
silk s. 1 seda 2 advogado da Coroa; to take silk ser nomeado advogado da Coroa ♦ silk screen serigrafia
silken adj. 1 sedoso 2 de seda
silkworm s. ZOOLOGIA bicho-da-seda
silky adj. 1 sedoso 2 suave 3 de seda
sill s. 1 (*janela*) parapeito 2 (*veículo*) estribo
silliness s. disparate; idiotice
silly adj. 1 tolo; pateta; tonto; a silly thing uma bobagem 2 ridículo 3 amalucado ■ s. coloquial tonto ♦ coloquial to bore somebody silly aborrecer alguém de morte coloquial to laugh oneself silly rir até não poder mais silly billy (*para criança*) tontinho silly season época, no verão, em que os jornais publicam trivialidades, por falta de notícias
silo s. silo
silt s. assoreamento ■ v. encher-se com sedimentos

sincerely

silver s. 1 QUÍMICA (*elemento químico*) prata 2 objetos de prata 3 moedas de pequeno valor ■ adj. 1 de prata; silver medal medalha de prata 2 prateado ■ v. dar um banho de prata ♦ on a silver platter de bandeja silver birch (*árvore*) vidoeiro Grã-Bretanha silver foil papel de alumínio silver gilt prata dourada silver jubilee (*de acontecimento, instituição*) bodas de prata silver paper 1 Grã-Bretanha papel de prata 2 Grã-Bretanha papel de alumínio silver plate banho de prata silver wedding anniversary (*de casamento*) bodas de prata
silverware s. 1 Grã-Bretanha baixela de prata 2 EUA talheres 3 Grã-Bretanha taça (de prata); troféu
similar adj. parecido (to, *com*); semelhante (to, *a*); similar (to, *a*)
similarity s. parecença (to, *com*); semelhança (to, *com*); but there the similarity ends só são parecidos nisso; to bear a striking similarity to ter uma grande parecença com
similarly adv. 1 de forma semelhante 2 da mesma forma
simile s. símile; comparação
similitude s. semelhança
simmer v. 1 cozinhar em fogo brando; ferver em fogo brando 2 remoer ■ s. fogo brando; ponto de fervura
simple adj. 1 simples; keep it simple não complique 2 simples; puro; for the simple reason that pela simples razão de que; the simple truth a mais pura verdade 3 lerdo; atrasado
simple-minded adj. ingênuo; simplório
simpleton s. simplório; pateta
simplicity s. simplicidade; for the sake of simplicity para ser mais simples; it's simplicity itself é muitíssimo simples
simplification s. simplificação
simplify v. simplificar
simplism s. simplismo
simplistic adj. simplista
simply adv. 1 simplesmente 2 apenas 3 de modo simples 4 modestamente
simulate v. 1 simular 2 fingir; to simulate surprise fingir estar surpreendido
simulation s. 1 simulação 2 fingimento
simulator s. simulador; flight simulator simulador de voo
simultaneity s. simultaneidade
simultaneous adj. simultâneo
sin s. RELIGIÃO pecado; mortal sin pecado mortal; the seven deadly sins os sete pecados capitais; to commit a sin cometer um pecado ■ v. pecar (against, *contra*) ♦ as miserable as sin tristíssimo as ugly as sin feio como o diabo Grã-Bretanha for my sins para mal dos meus pecados
since conj. 1 desde que 2 visto que; já que ■ prep. desde; since when? desde quando?; since January desde janeiro ■ adv. desde aí; long since há muito tempo
sincere adj. sincero; our sincere thanks os nossos sinceros agradecimentos
sincerely adv. sinceramente ♦ Grã-Bretanha (*correspondência*) Yours sincerely Atenciosamente EUA

sincerity

sincerity (*correspondência*) Sincerely (yours) Com os melhores cumprimentos
sincerity s. sinceridade
sine s. MATEMÁTICA seno
sinew s. tendão
sinewy adj. magro e musculoso
sinful adj. pecador; pecaminoso
sing v. cantar
singe v. chamuscar
singer s. cantor; he's a great singer ele canta muito bem
singing s. canto; cantoria; before the singing antes de cantarem; choral singing canto coral; singing lessons aulas de canto
single adj. 1 único; single file fila indiana 2 solteiro 3 de solteiro; para uma pessoa; single bed cama de solteiro; single room quarto individual 4 Grã-Bretanha (*passagem*) de ida ■ s. 1 (*disco*) single; to release a single lançar um single 2 Grã-Bretanha passagem de ida 3 quarto individual 4 EUA nota de um dólar singles s.pl. 1 solteiros 2 (*tênis, badminton*) singles ■ v. 1 afastar, dividir 2 (*plantas*) desbastar single out v. 1 destacar; distinguir 2 escolher; selecionar
single-handed adj., adv. sozinho; sem ajuda
single-minded adj. decidido; concentrado
singlet s. 1 Grã-Bretanha camiseta sem mangas; camiseta interior 2 FÍSICA singleto
singly adv. isoladamente; separadamente; avulso
singsong s. 1 voz aos altos e baixos 2 cantoria ■ adj. (*voz*) aos altos e baixos
singular s. singular ■ adj. 1 singular; único; invulgar 2 (*palavra*) singular
singularize v. singularizar
sinister adj. sinistro; funesto
sink v. 1 afundar(-se) 2 diminuir; descer; baixar 3 (*veículo*) atolar-se 4 espetar; cravar ■ s. 1 pia 2 lavatório sink in v. ser compreendido
sinking s. afundamento, submersão
sinner s. pecador
sinuous adj. literário sinuoso
sinus s. ANATOMIA seio nasal
sinusitis s. MEDICINA sinusite
sip v. bebericar ■ s. gole; trago
siphon s. sifão ■ v. tirar com sifão
sir s. 1 senhor; Dear Sir Exmo. Senhor; Dear Sir or Madam Exmo(a). Senhor(a) 2 Grã-Bretanha professor ◆ Sir (*título honorífico*) Sir
sire s. 1 (*rei*) majestade; senhor 2 (*cavalo*) pai ■ v. ser pai de
siren s. 1 sirene 2 sereia
sirloin s. lombo de vaca
sissy s. coloquial, pejorativo maricas ■ adj. coloquial, pejorativo maricas
sister s. 1 irmã 2 companheira; irmã 3 congênere; do mesmo grupo; sister company empresa do mesmo grupo ◆ Sister 1 (*freira*) Irmã 2 Grã-Bretanha enfermeira-chefe
sister-in-law s. cunhada
sisterly adj. de irmã
sit v. 1 sentar-se; estar sentado 2 sentar 3 (*localização*) situar-se 4 (*objeto*) estar 5 (*organização*) ser membro (in/on, de); ter assento (in/on, em) 6 reunir-se 7 tomar conta (for, de) 8 Grã-Bretanha (*exame*) fazer; apresentar-se; submeter-se; to sit (for) an examination realizar um exame ◆ to sit tight manter-se firme sit back v. 1 recostar-se; pôr-se à vontade 2 cruzar os braços; não fazer nada sit down v. sentar(-se) sit up v. 1 sentar(-se) 2 sentar-se direito 3 ficar a pé; ficar acordado 4 estar alerta
sitcom s. sitcom; seriado cômico
site s. 1 local; terreno; on site no local 2 INFORMÁTICA site ■ v. (*edifício*) construir; localizar
sitter s. 1 (*fotografia, pintura*) modelo 2 EUA babá; baby-sitter 3 Grã-Bretanha (*futebol*) meta livre; to miss a sitter perder um gol com a meta livre
sitting s. 1 (*refeições*) vez; turno 2 (*tribunal, parlamento*) sessão 3 (*pintura, fotografia*) sessão ◆ in/at one sitting em uma sessão sitting duck/target presa fácil Grã-Bretanha sitting member deputado em exercício sitting room sala de estar Grã-Bretanha sitting tenant inquilino com direitos sobre o imóvel arrendado
situate v. formal situar
situated adj. situatedo; localizado
situation s. 1 situação 2 formal localização 3 antiquado emprego ◆ formal situation comedy comédia de situação
sit-up s. (*exercício*) abdominal; to do sit-ups fazer abdominais
six adj., s. seis; it's six o'clock são seis horas; on 6 April a 6 de abril; page/chapter six página/capítulo seis; to be six years old ter seis anos ◆ coloquial at sixes and sevens em uma confusão coloquial it's six of one and half a dozen of the other tanto faz, dá no mesmo ● Note-se que *on 6 April* se lê *on April the sixth* ou *on the sixth of April.*
sixteen adj., s. dezesseis; on 16 April a 16 de abril; page/chapter sixteen página/capítulo dezesseis; to be sixteen years old ter dezesseis anos ● Note-se que *on 16 April* se lê *on April the sixteenth* ou *on the sixteenth of April.*
sixteenth adj., s. décimo sexto, décima sexta; a sixteenth century painting um quadro do século XVI; on the sixteenth of June no dia 16 de junho ■ s. décima sexta parte
sixth adj., s. sexto; on the sixth of June no dia seis de junho ■ s. sexta parte ◆ sixth form últimos dois anos do ensino médio na Inglaterra, País de Gales e Irlanda do Norte sixth form college escola de ensino médio (a partir dos 16 anos) sixth sense sexto sentido
sixtieth adj., s. sexagésimo ■ s. sexagésima parte
sixty adj., s. sessenta; page/chapter sixty página/capítulo sessenta; to be sixty years old ter sessenta anos sixties s.pl. 1 anos sessenta; in the sixties nos anos sessenta 2 (*idade*) sessenta anos; to be in one's sixties ter 60 e tal anos
size s. 1 tamanho; to cut to size cortar à medida 2 (*roupa*) tamanho, número; (*calçado*) número; what size do you take? que tamanho você veste? v. 1 redimensionar; alterar o tamanho de 2 selecionar pelo tamanho 3 registrar o tamanho de ◆ that's about the size of it é mais ou menos isso to cut somebody down to size pôr alguém no seu lu-

gar size up v. 1 (*situação*) avaliar; analisar 2 tirar as medidas a
sizeable, sizable *adj.* considerável; bastante grande; (*quantia*) avultado
sizzle *v.* (*fritos*) estalar; fritar; chiar ■ *s.* estalidos; chiado
skank *s.* ZOOLOGIA gambá
skate *s.* 1 patim 2 ZOOLOGIA arraia ■ *v.* 1 patinar; andar de patins 2 andar de skate ◆ Grã-Bretanha coloquial get your skates on! despache-se! to be skating on thin ice andar brincando com o fogo
skateboard *s.* (*prancha*) skate ■ *v.* andar de skate
skater *s.* 1 patinador 2 praticante de skate
skating *s.* 1 patinação 2 patinação no gelo; skating rink ringue de patinação no gelo
skeletal *adj.* 1 ANATOMIA esquelético
skeleton *s.* 1 ANATOMIA esqueleto 2 esboço; esqueleto 3 estrutura; armação ◆ coloquial a skeleton in the closet/cupboard um esqueleto no armário, um segredo comprometedor skeleton key chave-mestra skeleton service serviços mínimos
skeptic *s.* cético
skeptical *adj.* cético (about/of, *em relação a*)
skepticism *s.* ceticismo
sketch *s.* 1 ARTES PLÁSTICAS esboço; desenho; sketch map croquis 2 esquete 3 esboço; resumo ■ *v.* 1 desenhar; fazer um esboço de 2 delinear; descrever em traços gerais
sketchy *adj.* vago; superficial; por alto
skew *v.* 1 enviesar; distorcer 2 desviar-se
skewer *s.* espeto ■ *v.* espetar; enfiar espeto em
ski *v.* ESPORTE esquiar ■ *s.* esqui; ski boots botas de esqui; ski pole bastão; ski resort estância de esqui
skid *v.* 1 derrapar 2 escorregar ■ *s.* 1 derrapagem; skid marks marcas de derrapagem; to go into a skid derrapar 2 escorregadela
skier *s.* esquiador
skiing *s.* esqui; to go skiing fazer esqui
skilful, skillful EUA ■ *adj.* 1 habilidoso; com muito jeito; capaz 2 hábil; destro 3 hábil; eficiente
skilfully *adv.* habilidosamente
skill *s.* 1 perícia; habilidade 2 aptidão; capacidade; conhecimento; destreza; computer skills conhecimentos de informática
skilled *adj.* 1 especializado; skilled labour mão de obra especializada 2 hábil; experiente
skim *v.* 1 (*gordura*) retirar 2 (*leite*) desnatar 3 dar uma vista de olhos a; passar os olhos por; ler por alto 4 roçar em; tocar em 5 (*pedra, seixo*) atirar (para rio, lago) ◆ (*assunto*) to skim the surface of aflorar tratar de forma superficial
skimmed *adj.* skimmed milk leite desnatado
skimmer *s.* escumadeira
skimming *s.* barbeiragem
skimp *v.* restringir (on, –); poupar (on, *em*)
skimpy *adj.* 1 muito pequeno; curtíssimo 2 (*refeição*) pobre
skin *s.* 1 pele 2 (*fruto*) casca; banana skin casca de banana 3 pele; película 4 camada ■ *v.* 1 (*fruto*) descascar 2 (*animal*) esfolar 3 (*parte do corpo*) esfolar; esmurrar ◆ by the skin of one's teeth por um triz soaked to the skin completamente encharcado to be (nothing but) skin and bone só ter pele e osso coloquial to get under somebody's skin enervar alguém to have a thick skin não se deixar perturbar to have a thin skin ser muito sensível coloquial to have got somebody under one's skin estar apaixonado por alguém to save one's skin salvar a pele
skin-deep *adj.* superficial; beauty is only skin-deep a beleza é superficial, o que conta é o interior
skinflint *s.* coloquial pão-duro; avarento
skinhead *s.* skinhead; cabeça-rapada
skinny *adj.* 1 coloquial magricela; magrelo 2 (*roupa*) justo 3 (*bebida*) com leite desnatado
skint *adj.* coloquial duro; liso; sem dinheiro
skip *v.* 1 saltitar; pular 2 Grã-Bretanha saltar à corda 3 (*aula*) faltar a 4 passar à frente; saltar; avançar; to skip a chapter avançar um capítulo; to skip a meal não fazer uma refeição 5 fugir de ■ *s.* 1 salto; pulo 2 (*entulho*) contentor ◆ coloquial skip it! esquece! deixa pra lá!
skipper *s.* 1 (*de barco*) capitão 2 (*de equipe*) capitão ■ *v.* capitanear; conduzir
skirmish *s.* 1 escaramuça 2 discussão ■ *v.* brigar
skirt *s.* 1 saia 2 (*de vestido, casaco*) aba 3 capa protetora ■ *v.* 1 contornar; circundar 2 (*assunto, problema*) contornar; evitar
skirting *s.* (*parede*) rodapé
skit *s.* paródia (on, *de*)
skive *v.* Grã-Bretanha coloquial (*aulas, trabalho*) baldar--se; faltar; to skive off school baldar-se às aulas
skiver *s.* Grã-Bretanha coloquial (*pessoa*) faltoso
skulk *v.* tentar passar despercebido; to skulk around rondar
skull *s.* 1 ANATOMIA crânio 2 coloquial cabeça; cachola col.; he can't get into his thick skull that... não entende que... ◆ the skull and crossbones 1 a bandeira dos piratas (com caveira) 2 sinal de substâncias perigosas (com caveira) skull cap solidéu
skunk *s.* 1 ZOOLOGIA gambá 2 calão sacana
sky *s.* céu; blue sky céu limpo; cloudy sky céu nublado ◆ the sky's the limit tudo é possível, nada é impossível
sky-blue *adj.* azul-celeste
skydiver *s.* paraquedista
skydiving *s.* ESPORTE paraquedismo
skylight *s.* claraboia
skyline *s.* linha do horizonte; silhueta
skyscraper *s.* arranha-céu
slab *s.* 1 laje; placa; bloco 2 pedaço; a slab of chocolate uma tablete de chocolate
slack *adj.* 1 frouxo; solto; folgado 2 (*período*) morto; parado; de pouco movimento 3 descuidado; desleixado ■ *s.* 1 folga 2 (*orçamento*) excedente; margem de manobra; folga slacks *s.pl.* calças ■ *v.* desleixar-se ◆ coloquial to cut somebody some slack dar algum descanso a alguém, dar um desconto a alguém to take/pick up the slack 1 tornar mais eficiente 2 (*corda*) apertar
slacken *v.* 1 abrandar; afrouxar 2 alargar
slacker *s.* coloquial preguiçoso; malandro
slag *s.* 1 escória 2 Grã-Bretanha ofensivo vaca ofens. ■ *v.* 1 transformar(-se) em escória 2 calão dizer mal de 3 Austrália cuspir

slam

slam v. 1 (*porta, janela*) bater (com); to slam the door in somebody's face bater com a porta na cara de alguém 2 pousar com estrondo; atirar com; to slam on the brakes frear a fundo; to slam the phone down desligar o telefone com um estrondo 3 criticar; arrasar com ■ s. estrondo
slammer s. calão cadeia; prisão cal.
slander s. 1 calúnia; difamação 2 injúria ■ v. 1 caluniar; difamar 2 injuriar
slanderous adj. 1 difamatório 2 injurioso
slang s. gíria; calão
slant v. 1 inclinar(-se) 2 apresentar de forma parcial; enviesar ■ s. 1 inclinação; declive; on a slant em um declive; at a slant inclinado 2 pendor; perspectiva
slanted adj. 1 inclinado 2 parcial; tendencioso
slap v. 1 dar um tapa, uma bofetada em 2 atirar com 3 bater (against, em/contra) s. 1 bofetada; tapa no rosto; tabefe; a slap across the face um tapa na cara 2 (*nas costas*) pancada ■ adv. 1 coloquial em cheio; mesmo 2 coloquial exatamente; logo ♦ to slap somebody in the back dar tapinhas nas costas de alguém (em sinal de aprovação)
slapdash adj. atabalhoado; de qualquer jeito
slap-up adj. coloquial (*refeição*) substancial
slash v. 1 cortar; to slash one's wrists cortar os pulsos 2 (*pneus*) rasgar; furar 3 (*caminho*) abrir 4 reduzir drasticamente ■ s. 1 golpe; corte 2 (*sinal gráfico*) barra 3 calão mijada cal.
slat s. 1 (*madeira*) ripa 2 tira
slate s. 1 GEOLOGIA ardósia 2 (*quadro*) ardósia; lousa 3 telha (de ardósia) v. 1 coloquial (*crítica*) arrasar 2 planejar ♦ to wipe the slate clean pôr uma pedra sobre o assunto, passar uma esponja sobre o que aconteceu
slaughter v. 1 (*animais*) abater 2 (*pessoas*) massacrar; chacinar 3 coloquial (*adversário*) massacrar ■ s. 1 (*animais*) abate 2 (*pessoas*) massacre; chacina; matança
slaughterhouse s. matadouro, abatedouro
slave s. escravo; to be a slave to/of something ser escravo de algo ■ v. to slave (away) matar-se de trabalhar ♦ slave labour mão de obra escrava slave trade tráfico de escravos
slaver v. babar
slavery s. 1 escravatura 2 escravidão; to be sold into slavery ser vendido como escravo
slavish adj. 1 servil; subserviente 2 pouco original
sleaze s. 1 sordidez; desonestidade 2 imoralidade
sleazebag, sleazeball s. EUA coloquial sacana
sleazy adj. 1 coloquial (*lugar*) sórdido 2 coloquial (*pessoa*) nojento; asqueroso
sledge, sled s. trenó ■ v. andar de trenó
sledgehammer s. marreta
sleek adj. 1 lustroso, brilhante 2 elegante; suave 3 bem-vestido ■ v. alisar (com líquido)
sleep v. 1 dormir; did you sleep well? dormiu bem?; I didn't sleep a wink all night não preguei olho a noite toda; sleep tight! dorme bem!; to sleep late dormir até tarde; to sleep soundly dormir profundamente 2 alojar; ter lugar para ■ s. 1 sono; a good night's sleep uma noite bem dormida; deep sleep sono profundo; did you have a good sleep? você dormiu bem?; he died in his sleep morreu enquanto dormia; I didn't get any sleep não dormi nada; through lack of sleep por dormir pouco; to get back to sleep voltar a pegar no sono, voltar a adormecer; to get to sleep pegar no sono, adormecer; with just six hours' sleep dormindo apenas seis horas; you need to get some sleep você precisa dormir 2 coloquial remela(s) ♦ to go to sleep 1 adormecer 2 ficar dormente to lose sleep over something perder o sono com algo to put to sleep 1 (*animal doente*) adormecer 2 anestesiar to send somebody to sleep dar sono a alguém, fazer alguém dormir to sleep like a log dormir como uma pedra to sleep on it tirar uma noite para refletir sobre o assunto; consultar o travesseiro sleep in v. dormir até mais tarde sleep over v. ficar para dormir; why don't you sleep over? porque é que não dormem aqui?
sleeper s. 1 pessoa que dorme; she's a good sleeper ela dorme bem; to be a heavy sleeper ter o sono pesado; to be a light sleeper ter o sono leve 2 pessoa que está dormindo 3 vagão-leito 4 trem com vagão-cama 5 Grã-Bretanha (*via férrea*) dormente; chulipa 6 EUA coloquial (*livro, filme*) êxito inesperado 7 EUA (*roupa de bebê*) macacão
sleepiness s. sonolência
sleeping s. 1 sono 2 ato de dormir; sleeping problems dificuldades em dormir ■ adj. adormecido; que está dormindo ♦ let sleeping dogs lie é melhor não tocar mais no assunto sleeping bag saco de dormir Sleeping Beauty Bela Adormecida sleeping car vagão-dormitório sleeping pill comprimido para dormir, soporífero Grã-Bretanha sleeping policeman quebra-molas (para controle da velocidade), lombada sleeping sickness doença do sono Grã-Bretanha sleeping tablet comprimido para dormir, soporífero
sleepless adj. 1 (*noite*) em claro; em branco; sem dormir 2 sem conseguir dormir
sleepwalk v. andar durante o sono; sofrer de sonambulismo
sleepwalker s. sonâmbulo
sleepwalking s. sonambulismo
sleepy adj. 1 sonolento; com sono; to be sleepy estar com sono 2 (*lugar*) sossegado, pacato
sleepyhead s. coloquial dorminhoco
sleet s. neve com chuva ■ v. cair neve com chuva
sleeve s. 1 manga; with short sleeves de manga curta; to roll up one's sleeves arregaçar as mangas 2 (*CD, disco*) capa (de papel, plástico, cartão); bolsa ♦ to have something up one's sleeve ter algo na manga to laugh up one's sleeve rir por dentro
sleeveless adj. sem mangas
sleigh s. trenó (puxado por animais)
sleight s. a sleight of hand um passe de mágica
slender adj. 1 esbelto; esguio; elegante 2 (*recursos, meios*) escasso, parco; (*esperanças, hipóteses*) reduzido, escasso
slice s. 1 fatia; rodela; posta; a slice of cake uma fatia de bolo 2 fatia; pedaço; a slice of the profits uma fatia dos lucros 3 (*para bolos, fritos*) espátula ■ v. 1 cortar em fatias; cortar em rodelas 2 cortar; rasgar

3 EUA cortar, reduzir ♦ a slice of life uma imagem realista da vida

slick *adj.* 1 pejorativo habilidoso 2 pejorativo dissimulado; astuto; com muita lábia 3 hábil; bem conseguido 4 escorregadio ■ *s.* 1 (*petróleo*) maré negra; poça de petróleo 2 EUA revista com ilustrações (em papel brilhante) *v.* (*cabelo*) alisar (com líquido); empastar

slide *v.* 1 escorregar 2 deslizar 3 baixar; decrescer ■ *s.* 1 escorregão; escorrega 2 deslize; escorregadela 3 (*cabelo*) bandolete 4 slide; diapositivo; slide projector projetor de diapositivos 5 queda; decréscimo 6 (*microscópio*) lamela ♦ slide rule régua de cálculo

sliding *adj.* deslizante

slight *adj.* 1 ligeiro; pequeno; a slight increase um ligeiro aumento; I haven't the slightest doubt não tenho a mínima dúvida; I haven't the slightest idea não faço a menor ideia 2 (*aspecto*) delicado; pequeno 3 formal pouco importante ■ *v.* desprezar; desconsiderar ■ *s.* desconsideração ♦ not in the slightest minimamente, de forma alguma

slim *adj.* 1 (*pessoa*) elegante; magro 2 fino; estreito 3 (*hipótese, maioria*) pequeno ■ *v.* tentar emagrecer; fazer dieta

slime *s.* 1 lodo 2 baba; muco

slimy *adj.* 1 viscoso 2 pejorativo bajulador; fingido

sling *v.* 1 coloquial atirar 2 pendurar ■ *s.* 1 (*braço ao peito*) ligadura 2 (*peito, costas*) pedaço de pano que se coloca a tiracolo para transportar um bebê junto ao corpo 3 aparelho para içar objetos pesados 4 (*arma*) funda ♦ coloquial sling your hook! desapareça!

slingshot *s.* EUA estilingue

slink *v.* escapulir-se; esgueirar-se; sair disfarçadamente

slip *v.* 1 escorregar 2 (*das mãos*) escorregar; fugir; escapar 3 esgueirar-se 4 colocar (depressa); meter; enfiar 5 piorar; baixar ■ *s.* 1 lapso; deslize; Freudian slip ato falho 2 (*papel*) tira 3 escorregadela 4 (*roupa interior*) combinação 5 (*almofada*) fronha ♦ it slipped my mind! esqueci completamente! to let something slip deixar escapar algo Grã-Bretanha slip road (*entrada na autoestrada*) via de acesso, faixa de aceleração, (*saída da autoestrada*) via de saída

slipknot, slip knot *s.* nó corredio

slipper *s.* chinelo (de quarto) ♦ slipper sock meia antiderrapante

slippery *adj.* 1 (*piso*) escorregadio 2 coloquial traiçoeiro; he's a slippery customer ele não é de confiança 3 (*conceito*) ambíguo; difícil de definir ♦ to be on a slippery slope estar em um caminho sem saída

slipshod *adj.* descuidado; desleixado

slit *s.* racha; fenda ■ *v.* cortar; to slit somebody's throat degolar alguém

slither *v.* 1 (*cobra*) deslizar 2 escorregar 3 (*veículo*) patinar

sliver *s.* 1 estilhaço; vidro 2 fatia fina

slob *s.* 1 desleixado; desmazelado; porco 2 maltrapilho

slobber *v.* babar-se

sloe *s.* abrunho

slog *v.* 1 coloquial esfalfar-se 2 coloquial andar com dificuldade ■ *s.* coloquial estafa; trabalho árduo

slogan *s.* slogan

slop *v.* entornar; transbordar ■ *s.* 1 (*ração animal*) lavagem 2 coloquial mistela, gororoba

slope *s.* 1 encosta; ladeira 2 declive 3 inclinação ■ *v.* 1 inclinar(-se) 2 formar um declive

sloping *adj.* 1 inclinado 2 caído

sloppy *adj.* 1 descuidado; desleixado; desajeitado 2 (*roupa*) largo 3 Grã-Bretanha coloquial piegas 4 aguado 5 (*beijo*) molhado

sloshed *adj.* coloquial bêbado

slot *s.* 1 abertura 2 espaço televisivo ■ *v.* 1 inserir 2 encaixar ♦ slot machine 1 Grã-Bretanha (*bebida, comida*) máquina automática, máquina distribuidora 2 (*jogo*) caça-níqueis

sloth *s.* 1 ZOOLOGIA preguiça 2 formal preguiça

slouch *v.* estar de ombros caídos; estar inclinado; don't slouch! endireita as costas! *s.* posição com os ombros descaídos; postura desleixada

slovenly *adj.* desleixado; desmazelado; desalinhado

slow *adj.* 1 lento; he's a slow reader ele lê muito devagar 2 demorado; to be slow to do something/(in) doing something demorar a fazer algo 3 (*relógio*) atrasado; my watch is ten minutes slow o meu relógio está dez minutos atrasado 4 (*comércio, negócios*) fraco, parado 5 (*trem*) regional ■ *adv.* devagar; to go slow andar devagar, ir com calma ■ *v.* abrandar ♦ coloquial to be slow on the uptake demorar para entender slow lane faixa destinada ao trânsito lento, faixa da direita (*nas Ilhas Britânicas*) faixa da esquerda in the slow lane lento, a meio gás slow motion câmera lenta slow down *v.* 1 abrandar; ir mais devagar 2 abrandar o ritmo

slowcoach *s.* Grã-Bretanha coloquial molengão; lesma

slowdown *s.* 1 abrandamento; desaceleração 2 EUA (*greve*) operação tartaruga

slowly *adv.* devagar; lentamente; take it slowly! demora o tempo que você precisar! ♦ slowly but surely devagar, mas com segurança

slug *s.* 1 ZOOLOGIA lesma 2 coloquial (*de bebida*) gole 3 EUA coloquial bala ■ *v.* EUA coloquial dar um soco em; to slug it out resolver no braço

sluggish *adj.* vagaroso; lento

sluice *s.* comporta ■ *v.* lavar com água corrente; enxaguar

slum *s.* 1 bairro degradado 2 coloquial pocilga

slump *v.* 1 cair a pique; sofrer uma queda acentuada 2 (*pessoa*) atirar-se; cair ■ *s.* 1 queda acentuada; baixa 2 crise; recessão

slur *v.* 1 (*palavras*) arrastar; enrolar 2 difamar 3 MÚSICA ligar ■ *s.* 1 crítica injusta; comentário difamatório; afronta 2 MÚSICA ligadura

slurp *v.* sorver (ruidosamente) ■ *s.* sorvo

slush *s.* 1 neve derretida; lama 2 coloquial sentimentalismo; pieguice 3 bebida doce com gelo picado ♦ slush fund (*corrupção*) suborno

sly *adj.* 1 manhoso; astuto 2 (*olhar, sorriso*) cúmplice; malicioso ♦ on the sly às escondidas pela calada

smack *v.* 1 dar uma palmada a 2 bater com; atirar 3 coloquial bater em; dar um murro em ■ *s.* 1 palmada 2 coloquial murro; soco 3 (*barulho*) estalido;

smacker pancada 4 beijoca ■ *adv.* coloquial diretamente; em cheio ◆ smack up espancar dar uma surra em
smacker *s.* 1 coloquial beijoca 2 Grã-Bretanha calão libra 3 EUA calão dólar
small *adj.* 1 pequeno 2 pouco importante; insignificante; to the smallest detail ao menor detalhe 3 (*letra*) minúsculo; with a small "d" com "d" minúsculo 4 (*voz*) baixa ■ *adv.* 1 em bocados pequenos 2 com uma letra pequena ◆ Grã-Bretanha small ads anúncios classificados small capitals/caps versaletes maiúsculas pequenas small change trocado, dinheiro miúdo small fry gente pouco importante, peixe miúdo fig. small intestine intestino delgado small print (*contrato, acordo*) letras pequenas small screen telinha (televisão) small talk conversa de circunstância, banalidades
smallest *adj.* (*quantidade*) mínimo
small-minded *adj.* pejorativo mesquinho; tacanho
smallness *s.* pequenez
smallpox *s.* MEDICINA varíola
small-scale *adj.* em pequena escala; de pequena dimensão
small-town *adj.* provinciano; de província
smarmy *adj.* coloquial bajulador
smart *adj.* 1 esperto; inteligente; a smart move uma jogada inteligente 2 elegante 3 chique 4 rápido ■ *v.* 1 (*olhos*) arder 2 sofrer (from, *com*) ◆ calão smart arse espertinho coloquial smart alec/aleck espertinho smart card cartão inteligente
smarten *v.* melhorar o aspecto de; arrumar(-se); arranjar(-se)
smash *v.* 1 partir; despedaçar 2 desfazer; esmagar; desmanchar smashed potatoes purê de batatas 3 bater; embater 4 (*rede, organização*) desmantelar 5 (*recorde*) bater ■ *s.* 1 desastre; acidente 2 estrondo 3 (*canção, filme*) êxito ◆ smash hit grande êxito êxito, estrondoso
smash-up *s.* coloquial acidente de trânsito violento; desastre
smattering *s.* 1 conhecimentos superficiais; noções; he had a smattering of Portuguese arranhava o português col. 2 pequena quantidade; a smattering of applause alguns aplausos
smear *v.* 1 besuntar 2 engordurar 3 borrar; manchar 4 difamar; enlamear fig. *s.* 1 mancha; nódoa 2 difamação; smear campaign campanha de difamação 3 MEDICINA esfregaço; cervical smear esfregaço cervical, teste de câncer cervical ◆ Grã-Bretanha smear (test) teste de Papanicolau
smell *v.* 1 cheirar 2 cheirar mal ■ *s.* 1 cheiro 2 mau cheiro; fedor 3 olfato ◆ I smell a rat estou desconfiado to smell trouble pressentir complicações
smelly *adj.* malcheiroso
smelt *v.* fundir (pretérito, particípio passado de to smell)
smile *v.* sorrir ■ *s.* sorriso
smiling *adj.* sorridente
smirk *v.* sorrir (com ar trocista, arrogante) *s.* sorrisinho (de troça, arrogância)
smock *s.* bata
smoke *s.* 1 fumaça 2 ato de fumar ■ *v.* 1 fumar 2 (*carne, peixe*) defumar 3 exalar fumaça ◆ Grã-Bretanha there's no smoke without fire não há fu-

maça sem fogo to go up in smoke 1 ir por água abaixo 2 arder, ficar em cinzas EUA where there's smoke, there's fire não há fumaça sem fogo smoke alarm/detector detector de fumaça, detector de incêndio smoke signal sinal de fumaça
smoked *adj.* defumado; smoked ham presunto defumado
smoke-free *adj.* onde não se pode fumar
smoker *s.* fumante
smoking *s.* ato ou hábito de fumar; smoking addiction tabagismo; to give up smoking deixar de fumar ■ *adj.* para fumantes ◆ no smoking proibido fumar
smoky *adj.* 1 cheio de fumaça 2 fumarento 3 (*cheiro, sabor*) de fumaça
smooth *adj.* 1 suave; macio 2 liso 3 (*massa*) uniforme 4 agradável 5 eficiente; sem problemas; suave 6 demasiado simpático ■ *v.* 1 alisar 2 espalhar 3 suavizar
smoothie *s.* 1 coloquial conquistador 2 (*bebida*) vitamina
smoothly *adv.* 1 suavemente 2 sem problemas; com facilidade
smother *v.* 1 sufocar; asfixiar 2 cobrir; to smother somebody with kisses cobrir alguém de beijos 3 (*risos, bocejo*) abafar 4 (*fogo*) apagar 5 reprimir; silenciar
smothered *adj.* abafado
smoulder, smolder EUA *v.* queimar a fogo lento; queimar sem chama
smudge *s.* mancha; borrão ■ *v.* 1 manchar(-se) 2 borrar 3 sujar
smug *adj.* presunçoso; convencido
smuggle *v.* 1 contrabandear; fazer contrabando de 2 introduzir; fazer entrar em segredo 3 trazer clandestinamente
smuggler *s.* 1 contrabandista 2 (*de droga*) traficante
smuggling *s.* 1 contrabando; smuggling ring rede de contrabando 2 (*de droga*) tráfico
smut *s.* 1 coloquial obscenidades; indecências 2 mancha de sujeira; fuligem
snack *s.* coloquial refeição leve; lanche; to have a snack comer qualquer coisa ■ *v.* petiscar (on, –) ◆ snack bar 1 bar 2 snack bar
snag *s.* 1 obstáculo; dificuldade; problema; to run into a snag deparar-se com uma dificuldade 2 objeto cortante ou saliente como gancho, prego etc. 3 buraco; fio puxado ■ *v.* 1 (*roupa*) repuxar; prender; ficar preso 2 EUA coloquial conseguir; arranjar
snail *s.* ZOOLOGIA caracol ◆ at a snail's pace a passo de caracol coloquial snail mail correio tradicional, correio lento
snake *s.* ZOOLOGIA cobra; serpente ■ *v.* serpentear ◆ a snake (in the grass) uma pessoa falsa snake charmer encantador de serpentes
snakebite *s.* mordida de cobra
snakeskin *s.* pele de cobra
snap *v.* 1 (*ramo, pau, corda*) partir; quebrar 2 estalar; to snap something shut fechar algo com um estalido; to snap one's fingers estalar os dedos 3 ser ríspido (at, *com*); falar com maus modos (at, *com*) 4 perder a cabeça; explodir; passar-se col. 5 (*animal*) morder; tentar morder 6 coloquial fotografar;

to snap a picture tirar uma foto ■ **s. 1** estalo; estalido **2** foto; instantâneo **3** EUA (*tipo de fecho*) mola ■ *adj.* precipitado ♦ coloquial snap to it! mexa-se! EUA coloquial to be a snap ser fácil, ser canja coloquial to snap out of it reagir to snap to attention ficar em sentido

snappy *adj.* **1** (*título, slogan*) curto e eficaz; chamativo **2** irritadiço; mal-humorado **3** coloquial elegante **4** alegre; animado ♦ coloquial make it snappy! depressa! despache-se!

snapshot *s.* **1** fotografia; instantâneo **2** visão global

snare *s.* **1** armadilha **2** cilada ■ *v.* **1** pegar (com armadilha) **2** (*marido*) caçar

snarl *v.* **1** rosnar (at, *a*) **2** dizer com maus modos ■ *s.* rosnado

snatch *v.* **1** tirar; arrancar; agarrar em **2** roubar com um puxão **3** raptar **4** conseguir; to snatch an hour's sleep dormir uma hora **5** (*oportunidade*) agarrar; aproveitar ■ *s.* **1** tentativa de agarrar (at, *em*) **2** (*de conversa, música*) bocado; fragmento **3** roubo **4** rapto **5** vulgarismo xoxota vulg.; xereca vulg.

snazzy *adj.* coloquial elegante; vistoso; moderno

sneak *v.* **1** esgueirar-se **2** passar sem ninguém ver; to sneak something to somebody / to sneak somebody something passar algo a alguém sem ninguém dar conta **3** coloquial roubar ■ *s.* Grã-Bretanha antiquado dedo-duro ■ *adj.* de surpresa ♦ to sneak a look/glance at olhar disfarçadamente para

sneaker *s.* (*calçado*) EUA ténis

sneaking *adj.* **1** secreto **2** (*suspeita, impressão*) ligeiro

sneer *v.* fazer troça (at, *de*); zombar ■ *s.* sorriso trocista; ar de desdém

sneeze *v.* espirrar ■ *s.* espirro ♦ coloquial not to be sneezed at não ser de desperdiçar

sniff *v.* **1** fungar **2** cheirar **3** farejar (at, –) *s.* **1** fungadela **2** indício; sinal ♦ to have a sniff around ver com atenção

snigger, snicker *v.* rir disfarçadamente (at, *de*) *s.* risinho

snip *v.* cortar (com tesoura) *s.* corte (com tesoura) ♦ Grã-Bretanha coloquial to be a snip ser uma pechincha

snipe *v.* **1** disparar (at, *contra*) **2** falar mal (at, *de*) *s.* (*ave*) narceja

sniper *s.* franco-atirador; atirador,-a furtivo,-a

snippet *s.* **1** fragmento; a snippet of information uma informação **2** trecho; excerto

snitch *v.* **1** coloquial delatar (on, –); fazer queixa (on, *de*) **2** coloquial roubar ■ *s.* delator

snob *s.* esnobe; presumido

snobbery *s.* esnobismo; presunção

snobbish *adj.* esnobe; presumido

snog *v.* coloquial beijar; curtir ■ *s.* coloquial beijo

snooker *s.* sinuca, espécie de jogo de bilhar ■ *v.* Grã-Bretanha coloquial enganar; ludibriar

snoop *v.* coloquial intrometer-se ■ *s.* **1** coloquial fofoqueiro **2** coloquial olhada

snooze *v.* coloquial cochilar; dormir uma soneca ■ *s.* coloquial soneca; to have a snooze dormir uma soneca

snore *v.* roncar ■ *s.* ronco

snorkel *s.* (*mergulho*) tubo de respiração ■ *v.* praticar mergulho com esse tubo de respiração

snorkelling, snorkeling EUA *s.* mergulho (com um tubo de respiração chamado snorkel)

snort *v.* resfolegar; bufar

snot *s.* **1** coloquial ranho; muco nasal **2** coloquial (*pessoa*) presumido

snotty *adj.* **1** presumido **2** cheio de ranho

snout *s.* **1** focinho **2** Grã-Bretanha coloquial (*preso*) bufo col.; informador

snow *s.* neve; as white as snow branco como a neve ■ *v.* nevar ♦ snow chains correntes de neve EUA coloquial snow job aldrabice snow leopard leopardo das neves EUA snow tire pneu para neve e gelo Snow White Branca de Neve to be snowed in/up ficar retido pela neve to be snowed under (with work) estar cheio de trabalho

snowball *s.* bola de neve ■ *v.* crescer; agravar-se ♦ not to have a snowball's chance in hell não ter qualquer hipótese snowball effect efeito bola de neve

snowboard *s.* prancha de snowboard ■ *v.* fazer snowboard

snowboarding *s.* snowboard

snowflake *s.* floco de neve

snowman *s.* boneco de neve ♦ the Abominable Snowman o Abominável Homem das Neves

snowmobile *s.* moto para a neve

snowstorm *s.* nevasca; tempestade de neve

snowy *adj.* **1** com neve **2** branco como neve

snub *v.* **1** desprezar; ignorar **2** boicotar ■ *s.* humilhação; ofensa ■ *adj.* (*nariz*) arrebitado

snuff *v.* **1** (*vela*) apagar (com objeto ou dedos) **2** farejar ■ *s.* rapé ♦ to snuff it bater a bota esticar o pernil

snug *adj.* **1** confortável **2** aconchegante; acolhedor **3** (*roupa*) que cai bem

snuggle *v.* aconchegar-se; enroscar-se

so *adv.* **1** tão; I'm so hungry! tenho tanta fome!; so cheap tão barato; so late tão tarde **2** também; so do/am I eu também **3** assim **4** pois, e então; so... então... **5** sim/não; I don't think so acho que não; I think so acho que sim **6** então ■ *conj.* **1** por isso; portanto **2** então **3** para que, para ■ *s.* MÚSICA sol ♦ formal so as to/so as not to para/para não de modo a/de modo a não so be it! que assim seja! so far até agora so many tantos so much tanto so much the better tanto melhor so that para que, para so (what)? e então? e depois? and so? e então? and so on etc. e por aí fora is that so? sério? não me diga

soak *v.* **1** embeber (in, *em*) **2** pôr de molho **3** encharcar **4** coloquial explorar; roubar

soaked *adj.* ensopado, encharcado

so-and-so *s.* **1** fulano; sujeito **2** sacana

soap *s.* **1** sabão **2** sabonete **3** coloquial telenovela ■ *v.* ensaboar ♦ soap dish saboneteira soap opera telenovela Grã-Bretanha soap powder sabão para a roupa

soapstone *s.* pedra-sabão

soar *v.* **1** (*número, preço, temperatura*) subir em flecha; disparar; atingir valores muito elevados **2** voar no alto **3** planar **4** erguer-se; elevar-se **5** aumentar; intensificar

sob

sob v. (choro) soluçar ■ s. soluço ◆ coloquial sob story dramalhão, história contada para suscitar pena
sobbing s. coloquial choradeira
sober adj. 1 sóbrio 2 sério; sensato; solene 3 (roupa, decoração) sóbrio ■ v. ficar sério; deixar sério sober up v. ficar sóbrio
sobriety s. 1 sobriedade 2 seriedade
so-called adj. 1 chamado, assim chamado 2 suposto; alegado
soccer s. futebol ● No Reino Unido, a palavra **soccer** é mais informal que *football*. Nos Estados Unidos, só se usa *soccer*, para evitar confusão com o futebol americano.
sociability s. convivência
sociable adj. 1 sociável 2 (noite, fim de semana) de convívio
social adj. social ■ s. (reunião) convívio ◆ social conscience consciência social social democracy social-democracia social social democrat social-democrata Grã-Bretanha social exclusion exclusão social Grã-Bretanha social housing habitação social social security 1 (subsídios) previdência social 2 EUA (sistema) previdência social social services serviços sociais social studies estudos sociais social work assistência social social worker assistente social
socialism s. POLÍTICA socialismo
socialist adj., s. POLÍTICA socialista
socialization s. POLÍTICA socialização
socialize, socialise Grã-Bretanha v. 1 conviver 2 socializar
society s. 1 sociedade 2 associação; coletividade 3 formal companhia; convívio
sociocultural adj. sociocultural
socioeconomic adj. socioeconomic
sociological adj. sociológico
sociologist s. sociólogo
sociology s. sociologia
sock s. 1 meia curta; meia 2 coloquial soco ■ v. coloquial socar ◆ coloquial, antiquado put a sock in it fecha a matraca coloquial to knock somebody's socks off deixar alguém surpreendido coloquial to pull one's socks up esforçar-se to sock it to somebody dizer a alguém poucas e boas, mostrar a alguém do que se é feito
socket s. 1 (eletricidade) tomada 2 (em um aparelho) saída 3 (olho) órbita 4 (lâmpada) bocal; soquete
soda s. 1 EUA (refresco) gasosa 2 soda; água gaseificada 3 QUÍMICA soda; caustic soda soda cáustica ◆ soda fountain 1 máquina de refrigerantes 2 sorveteria EUA soda pop refrigerante soda water água gaseificada
sodden adj. encharcado; ensopado
sodium s. QUÍMICA (elemento químico) sódio ◆ sodium bicarbonate bicarbonato de sódio sodium carbonate carbonato de sódio sodium chloride cloreto de sódio
sodomy s. sodomia
sofa s. sofá ◆ sofa bed sofá-cama
soft adj. 1 macio; suave 2 mole 3 (som, cor, luz) suave 4 (vento, chuva) fraco 5 bondoso; meigo 6 pouco firme; brando 7 covarde 8 fácil 9 doido; maluco 10 (valor, preço) em queda ◆ soft drink refrigerante soft goods artigos têxteis EUA soft shoulder acostamento soft target alvo fácil soft toy boneco de pelúcia to have a soft spot for somebody ter uma queda por alguém
softball s. 1 ESPORTE softball 2 bola de softball
soften v. 1 suavizar 2 amolecer 3 atenuar 4 amortecer
softener s. (roupa, água) amaciante
softhearted adj. bondoso
softie, softy s. 1 coloquial sentimental; coração de manteiga 2 pejorativo fraco; banana
softly adv. 1 suavemente; devagar 2 baixinho; sem fazer barulho
softness s. maciez; suavidade; moleza
soft-spoken adj. com uma voz suave
software s. INFORMÁTICA software
soggy adj. 1 empapado; ensopado 2 lamacento
soil s. solo; on British soil em solo britânico ■ v. sujar ◆ soil science ciência do solo, edafologia
solar adj. solar; solar energy energia solar ◆ solar cell célula fotovoltaica solar panel painel solar solar system sistema solar
solarium s. (terraço, sala) solário
solder s. (liga metálica) solda ■ v. soldar
soldier s. soldado; militar ◆ soldier of fortune mercenário ■ v. ser soldado; ser militar
sole adj. 1 único 2 exclusivo ■ s. 1 (pé) planta 2 (sapato) sola 3 ZOOLOGIA linguado
solely adv. unicamente; somente; apenas; to be solely responsible ser o único responsável
solemn adj. 1 solene 2 solene; sério; grave
solemnity s. 1 solenidade 2 gravidade solemnities s.pl. cerimonial
solemnize, solemnise Grã-Bretanha v. (casamento) solenizar
solen s. ZOOLOGIA (caranguejo) lingueirão
sol-fa s. solfejo
solicit v. (apoio, dinheiro, informações) solicitar, pedir
solicitor s. 1 Grã-Bretanha advogado 2 EUA vendedor; promotor
solicitous adj. solícito; atencioso
solicitude s. solicitude
solid adj. 1 sólido 2 maciço 3 compacto; denso 4 firme; estável 5 robusto; resistente 6 unânime 7 seguido 8 (traço, linha) contínuo ■ s. sólido
solidarity s. solidariedade (with, com/para com)
solidification s. solidificação
solidify v. 1 solidificar 2 consolidar
solidity s. solidez
soliloquy s. solilóquio; monólogo
solitaire s. 1 EUA (jogo de cartas) paciência; solitário 2 (joia) solitário
solitary adj. 1 solitário 2 a sós 3 único 4 isolado ■ s. 1 coloquial (prisão) solitária 2 literário eremita ◆ solitary confinement solitária, isolamento
solitude s. solidão ● Usa-se **solitude** quando a pessoa aprecia o estar sozinha; caso isso provoque tristeza, diz-se *loneliness*.
solo s. solo ■ adj. 1 individual; sem ajuda; sem companhia 2 (artista) a solo ■ adv. 1 sozinho 2 a solo; to go solo iniciar uma carreira solo
soloist s. solista

solstice s. ASTRONOMIA solstício; summer solstice solstício de verão
soluble adj. solúvel
solute s. QUÍMICA soluto
solution s. solução
solve v. resolver; solucionar
solvency s. solvência
solvent adj., s. QUÍMICA solvente
somatic adj. somático
sombre, somber EUA ■ adj. 1 taciturno; he was in a sombre mood estava macambúzio 2 sombrio; escuro
some adj. 1 algum, alguns, algumas; some years ago há alguns anos 2 um pouco de 3 um ... qualquer, uma ... qualquer *pron.* 1 alguns, algumas 2 um pouco ■ adv. 1 um tanto; would you like some more? você quer mais? 2 cerca de; some 20 people umas 20 pessoas
somebody *pron.* alguém; somebody else outra pessoa
somehow adv. 1 de algum modo; de alguma forma 2 não sei o porquê
someone *pron.* 1 alguém; someone else outra pessoa; someone new uma pessoa nova 2 uma pessoa
somersault s. 1 salto mortal 2 cambalhota ■ v. 1 dar um salto mortal 2 dar uma cambalhota 3 dar uma volta no ar
something *pron.* 1 alguma coisa; qualquer coisa; something else outra coisa; would you like something to drink? bebe alguma coisa? 2 uma coisa ♦ a little something uma lembrança, um presente he was something of a hero era uma espécie de herói something like 500 people cerca de 500 pessoas, umas 500 pessoas that's something já é qualquer coisa to be quite/really something ser um grande feito, ser muito bom to be something else ser excepcional to make something of oneself vencer na vida
sometime adv. 1 em determinada altura; sometime in June em junho; sometime soon em breve; sometime today ainda hoje 2 qualquer dia; um dia destes ■ adj. formal antigo
sometimes adv. 1 às vezes; por vezes 2 de vez em quando
somewhat adv., *pron.* um tanto; um pouco; algo
somewhere adv. em algum lado; em algum lugar; algures; somewhere around cerca de; somewhere else em outro lugar; somewhere to stay um lugar onde ficar; to go somewhere ir a algum lado
somnambulism s. sonambulismo
somnambulist s. sonâmbulo somnambulist
son s. filho ♦ ofensivo son of a bitch vulg., ofens. filho da puta vulg., ofens. sacana vulg., ofens. EUA coloquial son of a gun filho da mãe
sonar s. sonar
sonata s. MÚSICA sonata
song s. 1 canção; música; cantiga 2 canto ♦ for a song por uma pechincha, muito barato Grã-Bretanha coloquial to make a song and a dance about something fazer um escarcéu por algo
songbird s. ave canora
songwriter s. compositor
sonic adj. sônico

son-in-law s. genro
sonnet s. LITERATURA soneto
soon adv. 1 em breve; brevemente; daqui/dali a pouco tempo; soon after pouco depois; soon enough em breve 2 cedo; as soon as possible o mais cedo possível, o quanto antes; how soon can you do it? quando é que você pode fazer isso? 3 depressa ♦ as soon as assim que, logo que as soon as you can assim você puder no sooner said than done dito e feito see you soon! até à próxima! até breve! sooner or later mais cedo ou mais tarde the sooner the better quanto mais cedo melhor
soot s. fuligem
soothe v. 1 tranquilizar; acalmar 2 aliviar
soothing adj. 1 repousante; tranquilizante 2 reparador
sophism s. FILOSOFIA sofisma
sophist s. sofista
sophistic adj. sofista
sophisticate v. sofisticar, refinar
sophisticated adj. sofisticado
sophistication s. sofisticação
soporific adj. soporífero
soppy, sappy EUA ■ adj. coloquial piegas; sentimental; meloso
soprano s. MÚSICA soprano ■ adj. soprano
sorbet s. sorvete
sorcerer s. feiticeiro
sorceress s. feiticeira
sorcery s. feitiçaria
sordid adj. 1 sórdido 2 imundo
sore adj. 1 dolorido; inflamado; to have a sore throat ter dores de garganta 2 (*olhos*) irritado 3 EUA coloquial aborrecido (at/about, *com*) s. chaga; ferida ♦ a sore point um assunto delicado in sore need of a precisar desesperadamente de
sorrel s. BOTÂNICA azeda
sorrow s. tristeza; mágoa; pesar; to express one's sorrow at/for/over something manifestar o seu pesar por algo ■ v. literário chorar (over, -); sofrer (over, *com*) ♦ to drown one's sorrows afogar as mágoas
sorrowful adj. pesaroso
sorry adj. 1 (*desculpa*) I'm sorry desculpa/desculpe, lamento; I'm so sorry peço imensa desculpa, lamento imensamente, sinto muito; I'm sorry I'm late desculpe(m) o atraso; say you're sorry pede desculpa; sorry! desculpe! 2 (*pena*) to feel/be sorry for ter pena de 3 arrependido; you'll be sorry você vai se arrepender 4 deplorável; lastimoso
sort s. espécie; tipo; gênero; nothing of the sort nada disso; they sell many sorts of toy vendem vários tipos de brinquedo; what sort of...? que tipo de...? ■ v. 1 organizar; classificar; ordenar 2 separar 3 tratar de ♦ it takes all sorts (to make a world)! tem de haver de tudo! out of sorts maldisposto sort of mais ou menos, um pouco sort out 1 separar, pôr de parte 2 resolver 3 coloquial tratar de
sortilege s. sortilégio
sorting s. 1 seleção; triagem 2 distribuição 3 classificação
SOS *sigla de* Save Our Souls, pedido de socorro de uso internacional, em caso de navio afundando

so-so ou outra urgência (significa "salve nossas almas") ♦ to send out an SOS mandar um SOS
so-so adj., adv. assim, assim, mais ou menos
soufflé s. CULINÁRIA suflê
soul s. 1 alma; God rest her soul! que Deus a tenha! 2 espírito 3 essência 4 pessoa; there wasn't a soul in sight não se via vivalma 5 (*música*) soul ♦ to bare one's soul to somebody desabafar com alguém to be the soul of discretion ser a discrição em pessoa to sell one's soul (to the devil) vender a alma (ao diabo)
soulmate, soul mate s. alma gêmea
sound s. 1 som 2 barulho ■ v. 1 parecer; estar 2 soar 3 (*aviso, recomendação*) lançar 4 (*alarme*) fazer soar 5 pronunciar 6 sondar ■ adj. 1 prudente; sensato 2 são; saudável safe and sound são e salvo 3 em boas condições 4 (*conhecimentos*) sólido 5 (*sono*) profundo 6 razoável 7 (*surra*) grande ■ adv. profundamente; sound asleep a dormir profundamente ♦ by the sound of it ao que parece I don't like the sound of that isso não me agrada sound barrier barreira do som sound bite citação curta (de um discurso, aproveitada pela imprensa) sound effects efeitos sonoros INFORMÁTICA sound card placa de som sound wave onda sonora
soundly adv. 1 (*dormir*) profundamente 2 sensatamente; com sensatez 3 completamente 4 solidamente
soundproof adj. insonorizado ■ v. insonorizar
soundtrack s. 1 trilha sonora 2 pista de som
soup s. CULINÁRIA sopa; chicken soup canja de galinha ■ v. 1 dar sopa a 2 coloquial causar dificuldades a ♦ coloquial to be in the soup estar em situação complicada soup kitchen sopa dos pobres soup spoon colher de sopa
sour adj. azedo; to turn/go sour azedar ■ v. azedar
source s. 1 fonte; deducted at source retido na fonte; energy source fonte de energia; from reliable sources de fonte segura; source of income fonte de rendimento 2 origem 3 (*de rio*) nascente ♦ INFORMÁTICA source code código fonte
soursop s. BOTÂNICA graviola
south s. GEOGRAFIA sul; to the south of a sul de ■ adj. (do) sul ■ adv. para o sul ■ adj., s. (*pessoa*) South African sul-africano; South American sul-americano
southeast s. GEOGRAFIA sudeste ■ adj. (do) sudeste ■ adv. em direção ao sudeste
southeastern adj. do sudeste; in southeastern Asia no sudeste asiático
southerly adj. do sul; de sul; meridional; in a southerly direction em direção ao sul
southern adj. 1 do sul; meridional; in southern Europe no sul da Europa; the southern hemisphere o hemisfério sul 2 sulista
southerner s. habitante do Sul; sulista
south-southeast adj., s. su-sudeste ■ adv. em direção ao su-sudeste
south-southwest adj., s. su-sudoeste ■ adv. em direção a su-sudoeste
southwest s. GEOGRAFIA sudoeste ■ adj. (do) sudoeste ■ adv. em direção ao sudoeste

southwesterly adj. do sudoeste; de sudoeste
southwestern adj. de sudoeste; in southwestern Brazil no sudoeste do Brasil
souvenir s. souvenir; recordação; lembrança
sovereign s. 1 soberano; rei, rainha 2 libra de ouro ■ adj. 1 (*país*) soberano; independente 2 (*poder*) soberano; supremo
sovereignty s. soberania
Soviet adj., s. soviético
Sovietic adj., s. soviético
sow s. ZOOLOGIA porca ■ v. AGRICULTURA semear; to sow a field semear um campo
sower s. 1 semeador 2 (*máquina*) semeador
soy s. 1 soja 2 Grã-Bretanha molho de soja ♦soy bean semente de soja; soja soy milk leite de soja soy sauce molho de soja
soya s. Grã-Bretanha soja
soybean s. BOTÂNICA soja
spa s. 1 estância termal; termas; spa; spa town cidade termal 2 EUA jacuzzi
space s. 1 espaço 2 lugar ■ v. espaçar ♦ space age era espacial space agency agência espacial INFORMÁTICA space bar barra de espaço EUA space heater aquecedor espacial space race corrida ao espaço space shuttle ônibus espacial space station estação espacial
spacecraft s. nave espacial
spaceship s. nave espacial
spacing s. 1 espaçamento; double spacing espaçamento duplo 2 intervalo
spacious adj. espaçoso; amplo
spade s. pá spades s.pl. espadas; the ace of spades o ás de espadas ♦ in spades para dar e vender to call a spade a spade chamar os bois pelos nomes
spaghetti s. CULINÁRIA espaguete ♦ spaghetti bolognese espaguete à bolonhesa spaghetti western faroeste realizado na Europa, geralmente na Itália e com baixo orçamento
Spain s. Espanha
spam s. spam ■ v. enviar mensagem ou e-mail (geralmente publicitária) não solicitada a
span s. 1 período de tempo; espaço; concentration span capacidade de concentração 2 (*ave*) envergadura ■ v. 1 abranger; abarcar 2 atravessar
Spaniard s. (*pessoa*) espanhol
Spanish adj. espanhol ■ s. (*língua*) espanhol; castelhano ■ s.pl. the Spanish os espanhóis
spank v. bater em; dar palmadas em (alguém), no traseiro ● O sentido de "espancar" corresponde a *to beat (somebody) up*.
spanking s. palmadas (no traseiro); surra (no traseiro) ■ adj. 1 espantoso; rápido 2 (*brisa*) forte ♦ spanking clean limpíssimo spanking new completamente novo
spanner s. Grã-Bretanha chave de bocas; adjustable spanner chave-inglesa
spar v. 1 praticar boxe 2 brigar ■ s. 1 mastro 2 (*avião*) longarina
spare adj. 1 disponível; a mais; extra; I have a spare bedroom um quarto disponível; I have a spare ticket tenho um ingresso a mais; the spare room o quarto de hóspedes 2 livre; spare time tempo livre 3 sobressalente; de reserva; a spare key uma chave de

reserva 4 (*estilo*) sóbrio ■ *v.* 1 ter disponível; dispor de 2 dispensar; ceder 3 (*a situação desagradável*) poupar; spare me the details poupe-me dos detalhes; to spare somebody's life poupar a vida de alguém; to spare them the trouble para lhes poupar trabalho 4 sobrar; there's no time to spare não há tempo a perder; we have money to spare ainda temos algum dinheiro para gastar 5 poupar; to spare no expense não regular a gastos; we will spare no effort não pouparemos esforços

sparerib *s.* CULINÁRIA (*costela*) entrecosto
spark *s.* faísca ■ *v.* 1 provocar; desencadear 2 faiscar; to spark to life ganhar vida
sparkle *v.* 1 brilhar; reluzir; cintilar 2 estar animado ■ *s.* 1 brilho 2 vivacidade
sparkling *adj.* 1 cintilante; resplandecente 2 (*vinho*) espumante; (*água*) com gás 3 brilhante; excelente 4 animado; vivo
sparrow *s.* ZOOLOGIA pardal
sparrowhawk *s.* ZOOLOGIA gavião
sparse *adj.* 1 escasso 2 disperso; esparso 3 (*cabelo*) ralo
spasm *s.* 1 MEDICINA espasmo 2 acesso; ataque; a spasm of coughing um ataque de tosse
spasmodic *adj.* 1 espasmódico 2 intermitente; descontinuado
spate *s.* 1 (*ataques, assaltos*) onda 2 série
spatial, spacial *adj.* espacial
spatter *v.* 1 salpicar 2 (*chuva*) cair; bater ■ *s.* salpico
spatula *s.* 1 espátula 2 espátula com lâmina de borracha; pão-duro
spawn *v.* 1 desovar 2 gerar ■ *s.* ovas
speak *v.* 1 falar; do you speak English? você sabe falar inglês?; English spoken fala-se Inglês; to speak of something/somebody falar de algo/alguém; to speak to/with somebody falar com alguém 2 dizer; exprimir; to speak the truth dizer a verdade 3 discursar; falar ♦ generally speaking em termos gerais so to speak por assim dizer speaking as a... na condição de... speaking of... por falar em... strictly speaking em rigor to speak one's mind ser sincero formal to speak well/ill of falar bem/mal de **speak out** *v.* exprimir a sua opinião; to speak out against something denunciar algo **speak up** *v.* 1 falar mais alto 2 dizer o que se pensa
speaker *s.* 1 locutor; pessoa que está falando 2 orador; conferencista 3 falante; a French speaker um falante de francês, um francófono; native speaker falante nativo 4 coluna de som ♦ Speaker (*assembleia*) Presidente
spear *s.* 1 lança 2 arpão ■ *v.* 1 atravessar com lança 2 espetar
spearhead *s.* líder; dirigente; chefe ■ *v.* liderar; encabeçar
spearmint *s.* BOTÂNICA hortelã; menta
spec *s.* especificação; pormenor técnico **specs** *s.pl.* coloquial óculos ♦ coloquial on spec à sorte, sem saber no que vai dar
special *adj.* 1 especial 2 (*sessão, assembleia*) extraordinário ■ *s.* 1 especial; programa especial; edição especial 2 prato do dia ♦ on special offer em promoção special delivery correio expresso special education ensino especial special effects efeitos especiais special needs necessidades educativas especiais special school escola de ensino especial
specialist *s., adj.* especialista (in, em); heart specialist especialista em cardiologia
speciality *s.* Grã-Bretanha especialidade
specialization, specialisation Grã-Bretanha *s.* especialização
specialize, specialise Grã-Bretanha *v.* especializar-se (in, em)
specialized *adj.* especializado
specially *adv.* 1 de propósito; expressamente; especialmente 2 principalmente
specialty *s.* Grã-Bretanha especialidade
species *s.* BIOLOGIA espécie; an endangered species uma espécie em vias de extinção; protected species espécies protegidas
specific *adj.* 1 específico; preciso; concreto 2 específico; particular 3 específico; característico; próprio
specification *s.* 1 especificação; technical specifications especificações técnicas, ficha técnica 2 descrição
specify *v.* especificar; precisar; indicar; unless otherwise specified salvo indicação em contrário
specimen *s.* 1 amostra 2 espécime; exemplar
specious *adj.* enganador; falso
speck *s.* 1 mancha 2 partícula
spectacle *s.* espetáculo **spectacles** *s.pl.* formal óculos ♦ to make a spectacle of oneself fazer algo embaraçoso
spectacular *adj.* 1 espetacular; impressionante; extraordinário 2 aparatoso ■ *s.* (*programa*) especial
spectator *s.* espectador (sobretudo de evento esportivo)
spectre, specter EUA *s.* 1 literário espectro; fantasma 2 (*de algo desagradável*) fantasma; ameaça
spectrum *s.* espectro
speculate *v.* 1 especular (about/on, *sobre/acerca de*) 2 (*finanças*) especular (in/on, em)
speculation *s.* especulação
speculative *adj.* 1 especulativo 2 (*olhar*) curioso; inquisitivo
speculator *s.* (*finanças*) especulador
speech *s.* 1 LINGUÍSTICA discurso; direct/indirect speech discurso direto/indireto; to make a speech fazer um discurso, discursar 2 fala; to lose the power of speech perder a fala 3 linguagem oral 4 expressão; freedom of speech liberdade de expressão ♦ speech bubble (*quadrinhos*) balão de fala speech day dia, em algumas escolas britânicas, em que se entregam prêmios e realizam discursos speech impediment problemas de fala speech marks aspas speech recognition reconhecimento da fala speech synthesis síntese da fala speech therapist terapeuta da fala speech therapy terapia da fala
speechless *adj.* sem palavras; mudo; estupefato
speed *s.* 1 velocidade; at breakneck speed em uma velocidade alucinante; at high speed em alta velocidade; at speed a toda a velocidade; the speed of light a velocidade da luz; to pick up speed ganhar velocidade; top speed velocidade máxima 2 rapidez 3 pressa ■ *v.* 1 apressar-se 2 acelerar; dirigir

speeding

em alta velocidade ♦ speed bump quebra-molas, lombada speed camera câmera de controle de velocidade speed dial/dialling marcação rápida speed limit limite de velocidade to break/exceed the speed limit ultrapassar/exceder o limite de velocidade Grã-Bretanha coloquial speed merchant/demon motorista que dirige em alta velocidade speed trap zona de velocidade controlada por radar speed up v. acelerar

speeding s. excesso de velocidade; a speeding ticket uma multa por excesso de velocidade

speedy adj. rápido; we wish you a speedy recovery desejo ápida melhora

speleology s. espeleologia

spell v. 1 escrever (corretamente); soletrar; how do you spell that? como é que isso se escreve?; to spell one's name soletrar o nome 2 (resultado) significar; anunciar 3 EUA substituir ■ s. 1 breve período; a spell of bad luck uma maré de azar; dizzy spells tonturas 2 temporada; período 3 feitiço; to cast a spell on somebody enfeitiçar alguém 4 encantamento spell out v. 1 explicar; explicitar 2 soletrar

spellbinding adj. fascinante; maravilhoso

spellbound adj. encantado; enfeitiçado

spellchecker s. INFORMÁTICA corretor ortográfico

spelling s. ortografia; spelling mistake erro ortográfico

spend v. 1 (dinheiro, recurso) gastar (on, em) 2 (período de tempo) passar; they spent the night in a hotel passaram a noite em um hotel; to spend more time with somebody passar mais tempo com alguém; to spend one's childhood in passar a infância em 3 (tempo livre) empregar; ocupar 4 (energia, força) despender; gastar 5 esgotar

spender s. gastador; a big spender uma pessoa que gasta muito dinheiro

spending s. despesas; gastos ♦ spending money dinheiro para gastos pessoais

spendthrift s. esbanjador

sperm s. 1 espermatozoide 2 esperma ♦ sperm whale cachalote

spermatozoon s. espermatozoide

spermicide s. espermicida

spew v. 1 (fogo, fumaça) lançar 2 coloquial vomitar

sphere s. GEOMETRIA esfera

spherical adj. esférico

sphincter s. ANATOMIA esfíncter

sphinx s. esfinge

spice s. 1 especiaria 2 interesse ■ v. condimentar

spicy adj. 1 condimentado 2 picante

spider s. ZOOLOGIA aranha; spider's web teia de aranha

spike s. 1 pico; ponta afiada 2 BOTÂNICA espiga ■ v. 1 esfaquear 2 espetar; cravar 3 impedir a publicação de

spill v. 1 entornar(-se); derramar(-se) 2 (multidão) debandar; sair em bando ■ s. 1 derrame; derramamento 2 tombo; queda; to take a spill dar um tombo ♦ to spill somebody's blood derramar o sangue de alguém coloquial to spill the beans dar com a língua nos dentes

spin v. 1 rodar; girar 2 (cabeça, imagem) andar à roda 3 fiar; (teia de aranha) tecer 4 (roupa) centrifugar 5 (situação, fato) interpretar em favor próprio 6 andar a grande velocidade ■ s. 1 movimento rotativo; rotação 2 antiquado passeio de carro; to go for a spin ir dar uma volta 3 (bola de tênis) efeito 4 interpretação em favor próprio ♦ (avião) to go into a spin cair em espiral in a spin desnorteado spin out v. 1 fazer durar; prolongar 2 (dinheiro) esticar; fazer render

spinach s. BOTÂNICA espinafre

spinal adj. ANATOMIA espinal; spinal injuries lesões na coluna vertebral ♦ spinal column coluna vertebral spinal cord medula espinal EUA spinal tap punção lombar

spindle s. 1 fuso 2 eixo

spin-dry v. (roupa) secar na máquina

spine s. 1 ANATOMIA coluna vertebral; espinha dorsal 2 (de cacto, porco-espinho) espinho 3 (de livro) lombada ♦ to send a chill down somebody's spine dar a alguém um arrepio na espinha

spine-chilling adj. arrepiante; horripilante

spinner s. 1 fiadeiro 2 anzol giratório

spinning s. fiação; spinning wheel roda de fiar

spinster s. solteirona; antiquado solteira

spiny adj. espinhoso; com espinhos

spiral s. espiral ■ adj. em espiral ■ v. 1 mover-se em espiral; to spiral down cair em espiral 2 aumentar exponencialmente; disparar; the spiralling cost os custos galopantes; to spiral out of control aumentar de forma descontrolada ♦ spiral staircase escada em caracol

spire s. pináculo; agulha

spirit s. 1 espírito; team spirit espírito de equipe; the Holy Spirit o Espírito Santo; young in spirit de espírito jovem 2 atitude 3 coragem; garra spirits s.pl. 1 estado de espírito; in high spirits bem-disposto; in low/poor spirits triste; to raise somebody's spirits levantar a moral a alguém, animar alguém 2 bebidas alcoólicas ■ v. fazer desaparecer; levar ♦ that's the spirit! assim é que é! é esse o espírito! spirit level nível de bolha de ar

spirited adj. 1 determinado; dinâmico; com garra 2 animado 3 fogoso

spiritual adj. espiritual ■ s. spiritual (cântico de negros escravizados nos Estados Unidos)

spiritualism s. espiritismo

spiritualist s. espírita; espiritista

spirituality s. espiritualidade

spiritually adv. espiritualmente

spit v. 1 cuspir; to spit in somebody's face cuspir no rosto de alguém; to spit on somebody cuspir em alguém 2 chuviscar 3 (gato) bufar; (cobra) cuspir veneno 4 crepitar; estalar 5 gritar; bufar ■ s. 1 cuspo 2 (para assar) espeto 3 ponta de terra; cabo ♦ coloquial spit and polish limpeza coloquial spit it out! desembucha! Grã-Bretanha coloquial to be the dead spit of somebody ser alguém cuspido e escarrado

spite s. rancor; maldade; out of spite por despeito ■ v. irritar; aborrecer; despeitar ♦ in spite of apesar de in spite of oneself sem querer, contra a sua vontade

spiteful adj. rancoroso; maldoso

spitefully adv. rancorosamente; com maldade

spittle s. saliva

splash v. 1 salpicar (with, *de/com*); she splashed her face with cold water/she splashed cold water on her face molhou o rosto com água fria 2 chapinhar 3 (*mar*) bater 4 (*imagem, notícia*) escarrapachar ■ s. 1 barulho de algo se movendo ou a caindo na água 2 salpico; mancha 3 coloquial (*de bebida*) gota; nico ◆ to make a splash causar sensação EUA splash guard para-lama

splatter v. 1 salpicar 2 (*chuva*) cair; bater

splay v. 1 separar(-se) 2 (*pernas*) escachar(-se); abrir(-se)

spleen s. 1 ANATOMIA baço 2 formal má disposição; raiva

splendid adj. esplêndido; magnífico; sensacional ◆ antiquado splendid! ótimo!

splendour, splendor EUA ■ s. esplendor; grandiosidade

splice v. (*corda, fita, filme*) juntar; unir ■ s. junção; união ◆ Grã-Bretanha coloquial to get spliced dar o nó

splint s. tala

splinter s. 1 lasca; farpa 2 vidro ■ v. 1 partir(-se) em bocados 2 (*grupo*) dividir-se; fragmentar-se; desagregar-se ◆ splinter group grupo dissidente

split v. 1 dividir(-se) 2 separar(-se) 3 (*marido, mulher, grupo*) separar-se (from/with, *de*) 4 rasgar(-se); romper(-se); quebrar(-se) 5 (*cabeça*) rachar, abrir; (*lábio*) rasgar, abrir 6 (*lucros, despesas*) dividir; repartir 7 coloquial, antiquado pisgar-se ■ s. 1 rasgão 2 racha 3 divisão 4 divergência 5 (*no plural*) espacate; to do the splits fazer o espacate ■ adj. 1 rasgado; partido 2 dividido ◆ split ends (*cabelo*) pontas espigadas split infinitive construção gramatical em que se coloca uma palavra entre a preposição "to" e o verbo, considerada incorreta por algumas pessoas split personality dupla personalidade split second fração de segundo to split one's sides escangalhar-se de rir to split the difference chegar a um meio-termo split up v. 1 dividir 2 (*casal*) separar-se (with, *de*) 3 (*grupo*) dividir(-se); separar(-se)

splitting adj. (*dor de cabeça*) muito forte; insuportável

splutter v. 1 balbuciar 2 crepitar

spoil v. 1 estragar; destruir; I don't want to spoil your fun but... não quero ser desmancha-prazeres, mas...; you'll spoil your appetite você vai perder o apetite 2 estragar com mimos 3 mimar; tratar bem de; spoil yourself dê um presente a si mesmo 4 (*comida*) estragar(-se) 5 (*voto*) preencher mal (para que seja anulado); anular ◆ to be spoiling for trouble/a fight andar à procura de confusão

spoilsport s. coloquial desmancha-prazeres; don't be such a spoilsport! não seja desmancha-prazeres!

spoke (pretérito de to speak) s. 1 (*de roda*) raio 2 (*de guarda-chuva*) vareta ◆ Grã-Bretanha to put a spoke in somebody's wheel estragar os planos de alguém

spokesman s. porta-voz (for, *de*)

spokesperson s. porta-voz

spokeswoman s. porta-voz

sponge s. 1 ZOOLOGIA esponja 1 (*material*) esponja ■ v. 1 lavar com esponja 2 absorver; chupar 3 explorar; to sponge off somebody viver às custas de alguém ◆ Grã-Bretanha sponge bag (*bolsa, estojo*) nécessaire sponge (cake) bolo fofo, feito com farinha, açúcar, ovos e manteiga, semelhante ao pão de ló

sponger s. parasita; explorador

spongy adj. esponjoso; mole

sponsor s. 1 patrocinador 2 padrinho, madrinha 3 responsável 4 mecenas 5 (*de lei*) proponente ■ v. 1 patrocinar 2 apadrinhar 3 apoiar; promover 4 financiar

sponsorship s. (*dinheiro*) patrocínio

spontaneity s. espontaneidade

spontaneous adj. espontâneo ◆ spontaneous combustion combustão espontânea

spook s. 1 coloquial fantasma 2 EUA coloquial espião ■ v. assustar

spooky adj. 1 coloquial arrepiante; que mete medo 2 EUA assustadiço

spool s. 1 carrinho de linhas 2 bobina ■ v. enrolar

spoon s. colher ■ v. tirar com colher; mexer com colher

spoonful s. colher; colherada

sporadic adj. esporádico; descontínuo

spore s. BIOLOGIA esporo

sport s. 1 esporte 2 formal brincadeira ■ v. ostentar; exibir

sporting adj. 1 esportivo; sporting events provas esportivas; sporting figures figuras do esporte 2 esportista ◆ a sporting change (of doing something) boas hipóteses (de fazer algo)

sports adj. esportivo; de esporte

sportsman s. esportista

sportsmanship s. coloquial esportiva

sportsperson s. esportista

sportswear s. roupa de esporte; roupa esportiva

sportswoman s. esportista

spot s. 1 mancha 2 pinta; ponto; bola 3 borbulha 4 lugar 5 gota 6 coloquial bocado (of, *de*) 7 coloquial foco; holofote ■ v. 1 ver; dar com; encontrar; descobrir 2 manchar ◆ in a tight spot em uma situação difícil on the spot 1 na hora exata, no ponto certo; to be put on the spot ser colocado sob pressão 2 no local 3 EUA sem sair do lugar Grã-Bretanha coloquial to knock spots off somebody/something ser muito melhor que alguém/algo spot check inspeção aleatória

spotless adj. imaculado; completamente limpo

spotlight s. 1 foco; holofote; projetor 2 atenções; to be in the spotlight ser o centro das atenções, estar na berlinda; to turn the spotlight on chamar a atenção para ■ v. 1 iluminar com focos; iluminar com holofotes 2 dar relevo a; focalizar

spotted adj. 1 com bolas, com pintas 2 malhado

spouse s. cônjuge; marido, esposa

spout s. 1 (*em um bidão, bule*) bico 2 jorro; jato ■ v. 1 jorrar 2 (*baleia*) lançar jato de água 3 coloquial falar; dizer (de forma enfadonha)

sprain v. (*tornozelo, pulso*) torcer ■ s. entorse

sprawl v. 1 estender-se; escarrapachar-se 2 espalhar-se desorganizadamente

spray

spray s. 1 gotas; borrifo 2 spray 3 pulverizador 4 laquê 5 ramo ■ v. 1 borrifar 2 pulverizar 3 encher (with, de); crivar (with, de)
spread v. 1 espalhar(-se); estender(-se) 2 propagar(-se) 3 divulgar 4 abrir; desdobrar 5 barrar; espalhar ■ s. 1 propagação; difusão; divulgação 2 extensão 3 conjunto; leque; gama 4 manteiga, requeijão etc. para passar no pão 5 página de jornal; in a double-page spread em página dupla 6 coloquial banquete 7 (finanças) spread ♦ to spread the word passar a palavra
spreadsheet s. folha de cálculo
spree s. farra; killing spree massacre; shopping spree curto período de tempo em que se faz muitas compras
sprig s. raminho
sprightly adj. jovial; animado; alegre
spring s. 1 primavera; in (the) spring na primavera 2 mola 3 elasticidade 4 nascente; fonte; spring water água de nascente 5 salto 6 energia ■ v. 1 saltar; to spring to one's feet levantar-se com um salto; to spring to somebody's aid acorrer em auxílio de alguém 2 surgir; aparecer; where did you spring from? de onde é que você apareceu? 3 provir (from, de); proceder (from, de); derivar (from, de) 4 brotar ♦ to spring into action entrar em ação to spring to life começar a funcionar, ganhar vida to spring to mind ocorrer Spring Bank Holiday (no Reino Unido) feriado na última segunda-feira de maio spring break (nos EUA) férias da primavera, férias da Páscoa spring onion cebolinha spring roll (comida chinesa) crepe spring tide maré de sizígia spring up v. surgir; brotar
springboard s. 1 (ginástica) trampolim 2 (natação) prancha de saltos 3 rampa de lançamento; trampolim; ponto de partida
springlike adj. primaveril
sprinkle v. 1 borrifar; salpicar 2 polvilhar 3 EUA chuviscar ■ s. 1 borrifo; salpico; a sprinkle of um pouco de 2 EUA chuvisco
sprinkler s. 1 sistema de rega 2 sistema de extinção de incêndios
sprint s. 1 ESPORTE sprint; corrida de velocidade 2 corrida ■ v. 1 correr a toda a velocidade 2 arrancar
sprinter s. sprinter; velocista
sprout v. 1 BOTÂNICA brotar; germinar; nascer 2 surgir 3 (cabelo, barba) começar a crescer ■ s. 1 rebento 2 BOTÂNICA couve; Brussels sprout couve-de-bruxelas
spruce adj. asseado; arrumado ■ s. (árvore) espruce; abeto ■ v. 1 arrumar; arranjar; preparar 2 limpar, arrumar bem; deixar brilhando
spud s. coloquial batata
spun adj. (fios) fiado
spur s. 1 estímulo; impulso 2 (cavalo) espora 3 (estrada, ferrovias) ramal ■ v. 1 estimular; incitar 2 (cavalo) esporear ♦ on the spur of the moment no momento, por impulso, de repente
spurious adj. falso; ilusório
spurt v. 1 jorrar 2 arrancar; correr ■ s. 1 jorro; golfada 2 acesso (of, de); a spurt of anger um acesso de cólera

spy s. espião, espia; spy novel romance de espionagem; spy ring rede de espionagem; spy satellite satélite-espião ■ v. 1 espiar (on, –) 2 vigiar, espionar (on, –) ♦ to spy out the land apalpar terreno
spying s. espionagem
squabble v. discutir (about/over, por causa de) s. briga; discussão
squad s. 1 (polícia) brigada; unidade; esquadrão 2 pelotão; firing squad pelotão de fuzilamento 3 equipe; seleção ♦ squad car carro-patrulha
squadron s. 1 (de aviões de guerra) esquadrilha; (de navios de guerra) esquadra 2 esquadrão
squalid adj. 1 imundo; esquálido 2 sórdido
squall s. 1 borrasca; tempestade repentina; white squall tempestade que se levanta com bom tempo, sem formação de nuvens 2 rajada 3 guincho ■ v. guinchar; berrar
squalor s. miséria
squander v. 1 esbanjar (on, em) 2 (tempo, oportunidade) desperdiçar
squanderer s. esbanjador
square s. 1 GEOMETRIA, MATEMÁTICA quadrado 2 (de cidade) praça 3 (tabuleiro de jogo) casa 4 esquadro 5 coloquial retrógrado; careta ■ adj. 1 quadrado; em forma de quadrado 2 quadrado; five square metres cinco metros quadrados; square root raiz quadrada; to be ten metres square ter dez metros quadrados 3 em ângulo reto 4 paralelo (with, a) 5 honesto 6 empatado 7 coloquial quite; we're square estamos quites 8 esquadrado; antiquado; careta ■ v. 1 dar forma de quadrado a; to square the circle fazer a quadratura do círculo 2 endireitar 3 igualar; empatar 4 elevar ao quadrado 5 coloquial subornar 6 bater certo; ajustar-se; coincidir; to square it with one's conscience estar de consciência tranquila ■ adv. 1 diretamente; de frente 2 em perpendicular ♦ a square meal uma refeição completa, uma refeição decente a square peg (in a round hole) peixe fora de água from square one do zero square one início to be back at square one voltar à estaca zero square bracket colchete
squared adj. (papel) quadriculado
squash v. 1 esborrachar; esmagar 2 apertar(-se); entalar(-se) 3 reprimir ■ s. 1 ESPORTE squash; squash court quadra de squash 2 suco de fruta concentrada 3 apertão 4 BOTÂNICA nome genérico de vários tipos de abóbora
squat v. 1 agachar-se; ficar de cócoras 2 (imóvel, terreno) ocupar ■ s. 1 cócoras 2 edifício ocupado; ocupação ■ adj. 1 (pessoa) parrudo 2 baixo e largo
squatter s. grileiro; invasor
squatting s. grilagem; invasão
squawk v. 1 grasnar 2 gritar; guinchar ■ s. 1 grasnido 2 grito; guincho
squeak v. 1 (rato, calçado) chiar 2 (porta, soalho) ranger 3 guinchar ■ s. 1 rangido 2 guincho ♦ not a squeak nem um pio
squeal v. 1 guinchar; gritar 2 coloquial delatar (on, –) s. guincho; grito
squeamish adj. 1 suscetível; impressionável 2 que se enoja facilmente; nojento pop.

squeeze v. 1 apertar 2 espremer 3 meter; enfiar; to squeeze past passar 4 coloquial (*ameaças*) extorquir 5 oprimir; cortar ■ s. 1 aperto 2 pequena quantidade; esguicho 3 corte 4 EUA coloquial namorado ♦ coloquial to put the squeeze on somebody pressionar alguém squeeze in v. 1 arranjar tempo para 2 arranjar espaço para

squeezer s. espremedor; orange squeezer espremedor de laranjas

squelch v. 1 fazer um ruído semelhante ao de passos na lama 2 EUA extinguir; reprimir

squib s. 1 fogo de artifício que queima com brilho; estrelinha; sinalizador 2 sátira ♦ Grã-Bretanha a damp squib uma grande decepção, uma grande desilusão

squid s. ZOOLOGIA lula

squint v. 1 olhar (para algo), semicerrando os olhos 2 ser estrábico ■ s. estrabismo; to have a squint ser vesgo

squire s. 1 fidalgo; senhor 2 escudeiro 3 Grã-Bretanha coloquial, antiquado chefe

squirm s. contorcimento ■ v. 1 torcer-se, contorcer-se 2 enroscar-se 3 figurado mostrar ou sentir embaraço ou mal-estar

squirrel s. ZOOLOGIA esquilo ■ v. caçar esquilos

squirt v. 1 esguichar 2 jorrar ■ s. 1 esguicho 2 coloquial baixinho ♦ EUA squirt gun bisnaga; pistola de Carnaval

stab v. 1 esfaquear; apunhalar 2 espetar ■ s. 1 facada 2 dor aguda; pontada 3 coloquial tentativa; to have a stab at it fazer uma tentativa ♦ to stab somebody in the back apunhalar alguém pelas costas

stability s. estabilidade

stabilization, stabilisation Grã-Bretanha s. estabilização

stabilize, stabilise Grã-Bretanha v. estabilizar

stable adj. 1 estável 2 (*pessoa*) equilibrado ■ s. cavalariça; estábulo

stack s. 1 pilha (of, de) 2 coloquial montão (of, de); stacks of carradas de 3 chaminé stacks s.pl. (*biblioteca*) prateleiras; estantes ■ v. 1 empilhar 2 encher stack up v. 1 empilhar 2 acumular-se 3 equiparar-se

stadium s. estádio

staff s. 1 pessoal; funcionários; staff member funcionário 2 corpo docente 3 bordão 4 bastão ■ v. prover de pessoal

stag s. veado macho ♦ stag night/party despedida de solteiro

stage s. 1 fase; período; etapa; in stages faseadamente, por etapas 2 momento; altura; at one stage a certa altura; at this stage neste momento 3 palco; the international stage o palco internacional; to appear on stage subir ao palco; to be the stage for ser o palco de; to go on the stage pisar os palcos, tornar-se ator ■ v. 1 encenar 2 organizar; levar a cabo ♦ stage direction indicação cênica, didascália stage fright medo de entrar em palco stage manager diretor de cena stage name nome artístico stage whisper aparte

stagecoach s. diligência; mala-posta

stage-manage v. 1 encenar; dirigir 2 orquestrar

stampede

stagger v. 1 escalonar 2 desconcertar; espantar; deixar estupefato 3 aguentar-se 4 alterar o horário de ■ s. escala

staggering adj. surpreendente; assombroso; extraordinário

staging s. encenação

stagnant adj. estagnado

stagnate v. estagnar

stagnation s. estagnação

stain s. 1 nódoa; mancha; a stubborn stain uma nódoa persistente 2 coloração ■ v. 1 manchar; deixar nódoa 2 tingir; colorir 3 formal (*bom nome, reputação*) manchar ♦ stain remover tira-nódoas

stainless adj. sem mancha ♦ stainless steel aço inoxidável

stair s. degrau stairs s.pl. escadas; a flight of stairs um lance de escadas; on the stairs nas escadas; to fall down the stairs cair das escadas abaixo; to run up the stairs subir as escadas correndo

staircase, stairway s. escadas; escadaria

stake s. 1 estaca 2 (*condenado à morte*) fogueira; to be condemned to the stake ser condenado à fogueira 3 participação; cota 4 aposta ■ v. 1 apostar; arriscar 2 pôr estacas em; apoiar com estacas ♦ at stake em jogo to stake a claim to reivindicar stake out v. 1 vigiar 2 (*lugar*) guardar 3 demarcar

stalactite s. estalactite

stalagmite s. estalagmite

stale adj. 1 (*pão, alimento*) duro; seco 2 (*ar*) viciado; saturado 3 velho; gasto 4 estagnado; ultrapassado

stalemate s. 1 impasse; beco sem saída 2 (*xadrez*) empate por afogado

stalk s. 1 BOTÂNICA caule 2 pedúnculo ■ v. 1 perseguir furtivamente 2 perseguir; assediar 3 passar de forma zangada ou orgulhosa

stall s. 1 (*feira, mercado*) banca; barraca; estande 2 (*cavalariça*) coxia 3 cubículo; compartimento; EUA shower stall boxe, cabine de ducha stalls s.pl. (*teatro*) plateia ■ v. 1 (*veículo, motor*) ir abaixo; deixar ir abaixo 2 empatar 3 chegar a um impasse; suspender(-se)

stallholder s. feirante

stallion s. garanhão

stamen s. BOTÂNICA estame

stamina s. resistência; vigor

stammer v. gaguejar; falar gaguejando ■ s. gagueira; to have a stammer/to speak with a stammer gaguejar

stammerer s. gago

stammering s. gagueira

stamp s. 1 selo; postage stamp selo postal 2 carimbo 3 marca 4 caráter 5 bater dos pés no chão; bater dos cascos no chão ■ v. 1 carimbar 2 (*correspondência, embrulho*) selar; colocar selo em 3 gravar; estampar 4 bater com o pé 5 pisar com força (on, –) ♦ stamp collecting filatelia Grã-Bretanha stamp duty imposto de selo stamp out v. 1 acabar com; eliminar 2 apagar, pisando

stampede s. debandada ■ v. fugir em debandada; precipitar-se

stance

stance s. posição; postura; somebody's stance on something a posição de alguém em relação a algo; to adopt a strong stance against something adotar uma posição firme contra algo
stanch v. (*sangue*) estancar
stand v. 1 estar (em pé); ficar; don't just stand there! não fique aí parado! 2 levantar-se 3 *[usa-se na interrogativa e na negativa]* suportar; aguentar; I can't stand him! não o suporto! 4 colocar 5 medir 6 manter-se em vigor 7 (*bebida, refeição*) pagar 8 candidatar-se (for, *a*) s. 1 posição (on, *em relação a*) 2 posto de venda; quiosque; banca 3 stand 4 suporte 5 (*em um estádio*) bancada 6 praça de táxis 7 (*tribunal*) barra das testemunhas ◆ stand over andar à volta de, vigiar stand back v. 1 recuar; afastar-se 2 distanciar-se stand by v. 1 apoiar 2 manter 3 ficar parado; não fazer nada 4 estar a postos stand down v. 1 demitir-se; retirar-se; abandonar o cargo 2 (*testemunha*) retirar-se; sair do banco das testemunhas stand for v. 1 (*sigla*) significar; querer dizer 2 representar; defender; ser o símbolo de 3 tolerar; admitir stand in v. substituir (for, *-*) stand out v. sobressair; destacar-se stand up v. 1 levantar-se; stand up straight! fique direito! 2 ficar em pé 3 coloquial deixar pendurado 4 resistir
standard s. 1 padrão; nível; standard of living nível de vida; to be up to standard estar à altura, ser suficientemente bom 2 norma; nível de exigência 3 parâmetro; critério 4 princípio; moral standards princípios morais 5 estandarte ■ adj. 1 padronizado; estandardizado; típico 2 oficial 3 (*língua*) padrão 4 clássico ◆ he is not up to the standard ele não está à altura standard deviation desvio-padrão Grã-Bretanha standard lamp candeeiro de pé
standard-bearer s. 1 líder 2 porta-estandarte
standardization, standardisation Grã-Bretanha s. uniformização; estandardização
standardize, standardise Grã-Bretanha v. uniformizar; estandardizar
stand-in s. 1 substituto 2 (*de ator*) dublê
standing adj. 1 permanente; fixo 2 em pé, de pé; standing room lugares em pé; to get a standing ovation ser aplaudido de pé 3 (*piada*) recorrente ■ s. 1 reputação; estatuto; popularidade 2 duração; of many years' standing de longa data ◆ standing order ordem de pagamento periódico
standoffish, stand-offish adj. distante; reservado
standstill s. 1 paralisação; imobilização 2 impasse
stanza s. estrofe; estância
staple s. 1 grampo 2 alimento essencial 3 produto principal ■ v. grampear ■ adj. principal; essencial; básico
stapler s. grampeador
star s. 1 estrela; a four-star hotel um hotel de quatro estrelas; film/movie star estrela de cinema; star attraction atração principal; star of Bethlehem estrela de Belém; star of David estrela de David 2 protagonista 3 asterisco ■ v. 1 (*ator, atriz*) entrar como protagonista; desempenhar o papel principal (in, *em*) 2 ter (alguém) como protagonista 3 marcar com asterisco ◆ to see stars ver estrelas Stars and Stripes bandeira dos EUA star sign signo star turn estrela principal (de grupo, equipe)
starboard s. estibordo
starch s. 1 amido; fécula 2 (*roupa*) goma ■ v. engomar
stare v. olhar fixamente (at, *para*); fitar (at, *-*); everyone was staring todo mundo estava olhando ■ s. olhar fixo ◆ to be staring somebody in the face 1 estar debaixo do nariz de alguém 2 ser impossível de evitar
starfish s. ZOOLOGIA estrela-do-mar
stark adj. 1 austero; pouco alegre 2 inóspito 3 desagradável; cru 4 total; completo 5 notório; claro; in stark contrast to em nítido contraste com ■ adv. completamente; stark naked completamente nu, em pelo; stark raving mad doido varrido
starlight s. luz das estrelas; by starlight à luz das estrelas
starling s. ZOOLOGIA estorninho
starlit adj. iluminado pelas estrelas
starry adj. 1 (*céu, noite*) estrelado 2 (*olhos*) brilhante 3 em forma de estrela
starry-eyed adj. ingênuo; sonhador; iludido
start v. 1 começar; prices start from £15 os preços vão desde £15; three minutes, starting now três minutos a partir de agora; to get started começar; to start a family constituir família; to start doing/to do something começar a fazer algo; to start from scratch partir do zero; to start somebody thinking deixar alguém pensando 2 iniciar; provocar; to start a fire provocar um incêndio, fazer uma fogueira 3 (*negócio*) montar; abrir 4 (*carro, motor*) pegar; arrancar 5 sobressaltar-se; dar um salto ■ s. 1 princípio; início; começo; from the start desde o princípio; from start to finish do princípio ao fim, de uma ponta à outra; it's a start! já é alguma coisa!; to get off to a good start começar bem 2 sobressalto; to wake up with a start acordar sobressaltado 3 avanço (on, *em relação a*) 4 linha de partida 5 partida; a head start uma vantagem; false start falsa partida ◆ to start with 1 a princípio 2 para começar start off v. 1 começar; iniciar 2 desencadear 3 arrancar; partir 4 coloquial fazer rir; partir (alguém) todo col. 5 coloquial irritar start out v. 1 começar 2 sair; partir start up v. 1 (*empresa, negócio*) constituir; formar 2 (*motor*) ligar; (*carro*) colocar para trabalhar 3 começar
starter s. 1 entrada 2 participante; pessoa que iniciou concurso, corrida etc. 3 juiz de partida 4 dispositivo que inicia um motor ou processo ◆ coloquial for starters para começar starter home primeiro imóvel adquirido
startle v. sobressaltar; assustar; alarmar
startling adj. 1 surpreendente; assombroso 2 alarmante
starvation s. fome; falta de alimento; to die of starvation morrer de fome; starvation wages salários de miséria
starve v. 1 passar fome; morrer de fome; to starve to death morrer de fome 2 fazer passar fome; matar de fome 3 privar (of, *de*)
starving adj. 1 Grã-Bretanha esfomeado; I'm starving estou cheio de fome! 2 a morrer de fome; faminto

stash v. 1 coloquial esconder 2 coloquial guardar ■ s. coloquial porção escondida
state s. estado ■ v. 1 declarar; afirmar 2 indicar 3 estabelecer ■ adj. 1 (país) estatal; do estado; público; state secret segredo de estado 2 estadual ♦ state of emergency estado de emergência state of the art últimos avanços, conhecimentos atuais
stately adj. 1 majestoso; imponente 2 solene ♦ stately home palacete, casa senhorial
statement s. 1 afirmação 2 tomada de posição 3 declaração; comunicado 4 depoimento 5 extrato (bancário) 6 relatório 7 expressão
statesman s. estadista; homem de Estado
static adj. 1 estático 2 estável ■ s. 1 interferências (em uma transmissão radiofônica ou televisiva) 2 eletricidade estática ♦ static electricity eletricidade estática
statics s. estática
station s. 1 (trens) estação; (ônibus, camionetes) central, terminal 2 estação; posto; fire station quartel; petrol station posto de gasolina, posto de abastecimento; polling station seção de voto; space station estação espacial 3 (polícia) esquadra; posto 4 (rádio, televisão) estação; emissora 5 (energia) central; nuclear power station central nuclear; power station central elétrica 6 antiquado estatuto social ■ v. 1 colocar 2 posicionar ♦ station master chefe de estação EUA station wagon carro utilitário ● A palavra "estação" no sentido "época do ano", em inglês, traduz-se por season.
stationary adj. 1 parado; imóvel; stationary bike bicicleta ergométrica 2 fixo 3 sem alteração ● A palavra "estacionar", em inglês, traduz-se por park.
stationer s. dono de papelaria ♦ stationer's papelaria
statistic s. 1 estatística 2 figurado número; he was treated like a statistic ele foi tratado como um número
statistical adj. estatístico
statistics s. (ciência) estatística
statue s. estátua
statuette s. estatueta
stature s. 1 estatura 2 nível; envergadura; importância
status s. 1 status; posição; social status posição social 2 estado; marital status estado civil ♦ status bar barra de status
statute s. 1 diploma legal; lei 2 estatuto
statutory adj. legal; previsto pela lei ♦ statutory instrument dispositivo legal statutory offence infração prevista na lei
staunch adj. fiel; (defensor) acérrimo; (apoiador) incondicional; (aliado) firme ■ v. estancar
stave s. 1 estaca; pau 2 (escada) degrau 3 pauta (musical) ■ v. quebrar
stay v. 1 ficar 2 continuar; manter-se 3 estar hospedado 4 (ordem, decisão) suspender ■ s. 1 estadia 2 (ordem, decisão) suspensão; adiamento 3 (navio) estai ♦ is/are here to stay veio/vieram para ficar to stay put ficar no mesmo lugar, não se mexer stay away v. 1 afastar-se (from, de); não se aproximar (from, de) 2 não voltar stay in v. ficar em casa stay up v. ficar acordado; ficar a pé

steer

stead s. formal lugar; in somebody's stead no lugar de alguém ♦ to stand somebody in good stead ser muito útil para alguém
steadfast adj. 1 firme; resoluto; inabalável 2 incondicional
steadiness s. 1 segurança; estabilidade 2 firmeza 3 regularidade; constância 4 seriedade
steady adj. 1 estável; fixo 2 consistente; constante 3 firme; seguro 4 uniforme 5 ajuizado; de confiança 6 (relação, namoro) longo; oficial ■ v. 1 equilibrar(-se); to steady oneself recuperar o equilíbrio 2 estabilizar 3 acalmar; serenar ♦ steady! cuidado! steady on! tenha calma! coloquial, antiquado to go steady with somebody namorar com alguém
steak s. bife
steal v. 1 roubar; he was arrested for stealing foi detido por roubo; to steal from somebody roubar (a) alguém 2 esgueirar-se; andar de mansinho; to steal away escapulir-se, sair de mansinho ■ s. coloquial pechincha ♦ to steal a glance/look at lançar um olhar furtivo a to steal somebody's thunder roubar os louros de alguém to steal the show monopolizar as atenções, levar todos os aplausos
stealth s. sigilo; manha ♦ by stealth pela calada
stealthy adj. furtivo; dissimulado; secreto; sub-reptício
steam s. 1 vapor; steam engine máquina a vapor; steam iron ferro a vapor; to wipe the steam off the window limpar a janela embaçada 2 fumaça ■ v. 1 cozer no vapor 2 fumegar; steaming hot fumegante 3 aplicar vapor em; to steam something open/off abrir/descolar com vapor 4 passar, exalando fumaça 5 andar depressa ♦ full steam ahead a todo o vapor to let off steam aliviar a tensão, descarregar energias to pick up steam ganhar velocidade, ganhar ritmo to run out of steam cansar-se EUA steam shovel escavadora
steamboat s. barco a vapor
steamer s. 1 navio a vapor 2 panela de pressão
steamship s. navio a vapor
steamy adj. 1 embaciado 2 cheio de vapor 3 escaldante; tórrido; erótico 4 (tempo, dia) quente e úmido
steel s. 1 aço; to have nerves of steel ter nervos de aço 2 siderurgia ■ v. to steel oneself preparar-se ♦ steel mill fábrica de aço steel wool lã de aço
steelworks s. fábrica de aço; siderurgia
steep adj. 1 íngreme; a pique 2 (aumento, diminuição) acentuado; brusco 3 coloquial (preço) excessivo ■ v. embeber; colocar de molho; a place steeped in history um local mergulhado em história
steeplechase s. (hipismo, atletismo) corrida de obstáculos; 3000 metre steeplechase 3000 metros com obstáculos
steer v. 1 (veículo) guiar; conduzir 2 (navio) governar; to steer north seguir para norte 3 (pessoa) conduzir; levar; to steer somebody away from something afastar alguém de algo 4 conduzir; dirigir; estar à frente de ■ s. novilho castrado ♦ to steer a middle course tomar uma atitude moderada to steer clear of evitar, manter-se afastado de

steering

steering s. (*veículo*) direção ♦ steering committee comissão diretiva steering wheel volante guiador
stellar adj. 1 estelar 2 coloquial brilhante; excelente
stellionate s. estelionato
stem s. 1 BOTÂNICA caule 2 (*copo*) pé; haste 3 (*de palavra*) radical 4 (*cachimbo*) tubo ■ v. 1 deter; conter 2 estancar 3 proceder (from, *de*); dever-se (from, *a*) ♦ from stem to stern de popa a proa stem cell célula-tronco stem cell research investigação em células-tronco
stench s. fedor
stenographer s. EUA estenógrafo
stenography s. EUA estenografia
step s. 1 passo; one step at a time um passo de cada vez; step by step passo a passo; the first step towards o primeiro passo em direção a; to retrace one's steps voltar atrás (pelo mesmo caminho); to take a step dar um passo 2 degrau; mind the step cuidado com o degrau 3 medida; to take steps to do something tomar medidas para fazer algo 4 nível; grau; etapa 5 (*exercício físico*) step 6 EUA MÚSICA intervalo steps s.pl. Grã-Bretanha escada portátil ■ v. 1 andar; ir; to step aside ir para o lado, dar licença; to step back recuar; to step forward chegar-se à frente, dar um passo em frente; to step inside entrar; to step off one's bike descer da bicicleta; to step off the train sair do trem; to step on a train entrar em um trem; to step outside sair, ir lá para fora; to step up to somebody chegar perto de alguém, aproximar-se de alguém 2 pisar (in/on, -) ♦ in step (with) em sintonia (com) de acordo (com) mind your step! tenha cuidado! out of step (with) desajustado (de) em desacordo (com) to fall into step (with somebody) acompanhar o passo (de alguém) step aerobics (*exercício físico*) step Grã-Bretanha step change mudança profunda mudança substancial step forward v. 1 oferecer-se; prontificar-se; dar um passo adiante para ser voluntário 2 apresentar-se; dirigir-se às autoridades step in v. intervir
stepbrother s. meio-irmão
stepchild s. enteado
stepdaughter s. enteada
stepfather s. padrasto
stepladder s. escada de mão
stepmother s. madrasta
steppe s. estepe
stepsister s. meia-irmã
stepson s. enteado
stereo s. aparelhagem (de som); personal stereo leitor de CD/cassetes portátil ■ adj. estéreo; estereofônico; stereo system aparelhagem de som, sistema estéreo ♦ in stereo em estéreo
stereotype s. estereótipo ■ v. estereotipar; rotular
sterile adj. 1 estéril 2 esterilizado 3 (*solo*) infértil
sterility s. esterilidade
sterilization, sterilisation Grã-Bretanha s. esterilização
sterilize, sterilise Grã-Bretanha v. esterilizar
sterling s. libra esterlina ■ adj. 1 (*libra*) esterlina 2 (*ouro, prata*) de lei 3 excelente; inestimável
stern adj. severo; duro ■ s. (*de navio*) popa

sternum s. ANATOMIA esterno
steroid s. esteroide; anabolic steroids esteroides anabolizantes
stethoscope s. estetoscópio
stew s. estufado; guisado ■ v. estufar; guisar ♦ to be in a stew estar com os nervos em frangalhos
steward s. 1 (*avião*) comissário de bordo; assistente de bordo 2 (*navegação*) comissário, camareiro 3 mordomo, intendente, administrador 4 (*colégio, clube etc.*) administrador 5 fornecedor de navios 6 (*corridas, bailes, exposições*) organizador
stewardess s. 1 comissária de bordo; aeromoça ant. 2 (*navio*) camareira
stewed adj. 1 estufado; guisado 2 coloquial, antiquado bêbado 3 (*chá*) forte e amargo
stick s. 1 pau 2 vara 3 pedaço; barra; glue stick batom de cola 4 bengala 5 ESPORTE taco; bastão ■ v. 1 espetar 2 colar 3 afixar; stick no bills afixação proibida 4 encravar; ficar encravado 5 coloquial enfiar; meter 6 coloquial aguentar 7 vingar; ser aceito; pegar col.; the name stuck o nome pegou ♦ out in the sticks no fim do mundo pop. coloquial stick them up! mãos ao ar! to get the wrong end of the stick entender tudo ao contrário coloquial to give somebody (some) stick criticar alguém alguém col. to stick in one's mind ficar na memória to stick in one's throat 1 (*palavra*) ficar presa na garganta, não sair 2 (*situação*) ficar atravessada na garganta stick around v. 1 deixar-se ficar; ficar por cá/lá 2 coloquial ficar por ali 3 coloquial estar à espera stick out v. 1 pôr de fora 2 sobressair; ficar saliente; estar bem visível 3 aguentar stick to v. 1 cumprir; manter 2 ficar-se por; limitar-se a stick to the point não se desvie do assunto; to stick to the facts ater-se aos fatos stick together v. coloquial manter-se unido
sticker s. 1 adesivo 2 figurinha; sticker album álbum de figurinhas ♦ EUA sticker price preço de tabela
stick-in-the-mud s. coloquial careta, antiquado
stickler s. picuinhas (for, *em relação a*); to be a stickler for something dar muita importância a algo
stick-up s. coloquial assalto à mão armada
sticky adj. 1 pegajoso 2 adesivo 3 coloquial (*tempo*) abafado 4 coloquial embaraçoso; complicado ♦ coloquial to come to a sticky end ter uma morte violenta sticky note post-it Grã-Bretanha sticky tape fita adesiva
stiff adj. 1 rígido; hirto 2 duro; rijo 3 com dificuldade de movimentos; dolorido; a stiff neck um torcicolo 4 teimoso 5 espesso; consistente; firme 6 duro; severo; difícil; stiff competition concorrência forte; stiff fine multa pesada 7 (*bebida*) forte ■ adv. coloquial muito; bored stiff morto de tédio; scared stiff cheio de medo ■ s. coloquial cadáver ♦ to keep a stiff upper lip manter-se imperturbável, não perder a pose
stiffen v. 1 ficar tenso; ficar rígido 2 enrijecer; endurecer 3 ficar dolorido
stifle v. 1 asfixiar 2 reprimir; conter
stifling adj. 1 abafado; sufocante 2 asfixiante
stigma s. estigma; social stigma estigma social

stigmatize, stigmatise Grã-Bretanha v. estigmatizar

stiletto s. 1 salto agulha; sapato de salto agulha 2 (*punhal*) estilete

still adv. 1 ainda; better still ainda melhor; do you still play tennis? você ainda joga tênis?; I still don't get it continuo sem entender 2 mesmo assim; ainda assim 3 de qualquer modo ■ adj. 1 calmo; tranquilo 2 quieto; time stood still o tempo parou; to hold something still não mexer com algo; to stay still ficar quieto 3 (*bebida*) sem gás ■ s. 1 fotograma 2 literário calma; sossego; in the still of the night no sossego da noite 3 alambique ■ v. literário acalmar; sossegar ◆ still life natureza-morta

stillbirth s. morte perinatal

stillborn adj. que nasceu morto

stilt s. 1 estaca 2 perna-de-pau

stimulant s. 1 estimulante 2 estímulo (to, *a/para*); incentivo (to, *a/para*)

stimulate v. estimular; incentivar; fomentar

stimulating adj. estimulante

stimulation s. estimulação

stimulus s. 1 BIOLOGIA estímulo 2 estímulo; incentivo

sting v. 1 picar 2 (*olhos, ferida*) arder 3 ferir; ofender 4 instigar ■ s. 1 ferrão 2 pico 3 picadela 4 ardência; dor aguda 5 EUA conto do vigário ◆ to take the sting out of something tornar algo mais aprazível

stingy adj. coloquial avarento; pão-duro; mão-fechada

stink v. 1 cheirar mal; feder (of, *a*) 2 coloquial não prestar ■ s. fedor (of, *de*) ◆ to kick up a stink fazer um escândalo, fazer um escarcéu

stinking adj. 1 fedorento 2 coloquial péssimo 3 coloquial furioso 4 coloquial maldito ■ adv. coloquial extremamente; stinking rich podre de rico

stint s. período ■ v. 1 privar (on, *de*) 2 poupar (on, *–*)

stipulate v. estipular

stipulation s. 1 cláusula; exigência 2 estipulação

stir v. 1 (*com colher, pau*) mexer 2 mexer-se 3 agitar; revolver 4 instigar (to, *a*); incitar (to, *a*) 5 comover 6 (*memórias, sentimento*) despertar; avivar 7 coloquial provocar confusão ■ s. 1 alvoroço; to create/cause a stir causar alvoroço 2 mexida

stir-crazy adj. coloquial maluco (por estar muito tempo fechado ou fazendo o mesmo ato); to go stir-crazy entrar em parafuso

stir-fry v. CULINÁRIA saltear

stirrup s. estribo

stitch s. 1 ponto; cross stitch ponto de cruz; he had ten stitches levou dez pontos 2 pontada ■ v. 1 coser 2 suturar ◆ a stitch in time saves nine mais vale prevenir do que remediar to have somebody in stitches fazer alguém rir às gargalhadas

stock s. 1 estoque; to be out of stock estar esgotado 2 reserva 3 ECONOMIA ação; valores 4 gado 5 CULINÁRIA caldo 6 estirpe; linhagem 7 (*árvore*) tronco ■ v. 1 ter em estoque 2 fornecer; abastecer ■ adj. 1 em stock 2 habitual; típico; stock phrase frase feita ◆ to take stock (of something) fazer um balanço (de algo); refletir (acerca de algo) EUA stock company sociedade anônima stock cube tempero em cubo de caldo stock exchange bolsa de valores

stockade s. paliçada

stockbroker s. corretor da bolsa

stockholder s. EUA acionista

stocking s. 1 meia até o meio da perna 2 meia onde se colocam os presentes de Natal (equivalente ao "sapatinho") ◆ stocking mask meia colocada na cabeça durante um assalto

stockpile s. reservas; armazenamento ■ v. armazenar

stockroom s. armazém

stocky adj. parrudo; robusto, atarracado

stoic s., adj. estoico

stoical adj. estoico

stoicism s. estoicismo

stoke v. 1 (*fogo*) atiçar, avivar; (*fornalha*) alimentar 2 (*inveja, fúria*) alimentar; fazer aumentar

stole (pretérito de to steal) s. estola

stolid adj. 1 fleumático 2 imperturbável; impassível 3 obstinado, teimoso

stomach s. estômago; barriga; on an empty stomach de estômago vazio; on one's stomach de barriga para baixo; stomach ache dor/dores de estômago ■ v. 1 aguentar; suportar 2 conseguir comer ◆ to turn somebody's stomach virar o estômago de alguém

stomachic adj. estomacal

stomp v. caminhar com passos pesados

stone s. 1 pedra; precious stone pedra preciosa 2 (*fruto*) caroço 3 lápide 4 (*bexiga, rins*) cálculo; pedra stone(s) s.pl. unidade de peso equivalente a 6,35 kg ■ v. 1 apedrejar 2 atirar pedras a 3 tirar o caroço a ◆ a stone's throw (from) a dois passos (de) to leave no stone unturned fazer todo o possível, não poupar esforços Stone Age Idade da Pedra stone circle círculo de pedras

stone-cold adj. gelado

stoned adj. coloquial sob efeito de bebida alcoólica ou droga; muito bêbado ou drogado

stonemason s. pedreiro

stonework s. alvenaria

stooge s. 1 pau-mandado; fantoche 2 (*comédia*) personagem ridicularizada

stool s. 1 banco (sem encosto); piano stool banco de piano 2 MEDICINA excremento; stools fezes ◆ calão stool pigeon informante

stoop v. abaixar-se; curvar-se; debruçar-se ■ s. 1 corcunda; ombros curvados 2 EUA entrada ◆ to stoop so low (as to do something) descer tão baixo (ao ponto de fazer algo) to stoop to somebody's level descer ao nível de alguém

stop v. 1 parar; deixar de; she stopped eating snacks ela deixou de comer beliscos; stop it! para com isso! 2 mandar parar; deter 3 acabar; terminar 4 interromper 5 impedir (from, *de*) 6 suspender; anular 7 tapar ■ s. 1 paragem; interrupção; pausa; to bring something to a stop parar algo; to come to a stop ser interrompido 2 fim 3 (*transportes*) paragem 4 ponto final ◆ stop the clock! para o tempo! to put a stop to something pôr fim a algo to stop at nothing não ter escrúpulos to stop short parar no meio, parar bruscamente to stop short of doing something chegar quase ao ponto de fazer algo to

stopcock

stop somebody short interromper alguém *v.* passar por (cá/aí); dar um salto (aqui/aí) stop in *v.* 1 passar por (aqui/aí); dar um salto (aqui/aí) 2 ficar por casa stop off *v.* (durante uma viagem) parar stop over *v.* 1 (*durante uma viagem*) parar 2 fazer escala stop up *v.* 1 não se deitar 2 tapar; vedar
stopcock *s.* torneira de segurança
stopgap *s.* solução provisória; medida de recurso; remedeio
stoplight *s.* 1 Grã-Bretanha sinal vermelho 2 EUA semáforo 3 EUA luz de freio
stopover *s.* 1 parada 2 estadia 3 (*voo*) escala
stoppage *s.* 1 paralisação; greve 2 parada; interrupção; stoppage time período de compensação 3 obstrução
stopper *s.* rolha; tampa
stopping *s.* paragem ♦ (*direção*) stopping distance distância de segurança
stopwatch *s.* cronômetro
storage *s.* armazenamento; storage room espaço para arrumação
store *s.* 1 armazém (comercial); loja (grande); department store armazéns 2 EUA loja 3 reserva; provisão 4 armazém; depósito ■ *v.* 1 armazenar 2 guardar 3 conservar; store in a cool, dry place conservar em local fresco e seco ♦ to have something in store (for somebody) ter algo preparado (para alguém) to hold something in store for somebody reservar algo para alguém to lay in store for somebody esperar alguém to set great store by something atribuir grande importância a algo, dar muito valor a algo store card cartão de crédito (fornecido por uma loja) store detective segurança à paisana ● Em inglês britânico, a palavra **store** refere-se sobretudo a lojas de grande dimensão. Em inglês americano, usa-se para qualquer loja. É diferente de **shop**.
storehouse *s.* 1 armazém; depósito 2 (*informação, conhecimento*) fonte; mina
storekeeper *s.* EUA comerciante; lojista
storey, story EUA *s.* andar; piso; a two-storey building um edifício de dois andares
stork *s.* ZOOLOGIA cegonha
storm *s.* 1 tempestade 2 figurado onda; a storm of protest uma onda de protestos ■ *v.* 1 invadir; tomar de assalto 2 ir de rompante; to storm out sair de rompante ♦ vociferar ♦ a storm in a teacup uma tempestade em um copo de água to take by storm tomar de assalto storm cloud nuvem carregada storm door anteporta (para proteger do mau tempo)
stormy *adj.* 1 (*tempo, noite, céu*) tempestuoso; de tempestade 2 (*relação*) turbulento; tempestuoso
story *s.* 1 história; to tell somebody a story contar uma história a alguém 2 notícia; artigo 3 história; desculpa 4 mentira 5 EUA piso, andar ♦ end of story! e ponto final! e não há mais nada para dizer! e acabou-se! it's the same old story é a velha história the story goes é o que dizem that's not the whole story não é tudo, há mais to cut a long story short resumindo
storybook *s.* livro de histórias infantis

storyline, story line *s.* enredo; intriga
storyteller *s.* contador de histórias
stout *adj.* 1 (*pessoa*) robusto; encorpado 2 robusto; resistente 3 corajoso; determinado ■ *s.* cerveja preta
stove *s.* 1 fogão 2 lareira 3 fogareiro
stow *v.* 1 arrumar; guardar 2 carregar stow away *v.* 1 arrumar; guardar 2 viajar clandestinamente
stowage *s.* capacidade de carga
stowaway *s.* (*em avião, navio*) passageiro clandestino
strabismus *s.* MEDICINA estrabismo
straddle *v.* 1 sentar-se com as pernas abertas 2 abranger; atravessar
strafe *v.* metralhar; bombardear
straggle *v.* 1 ficar para trás 2 crescer de modo irregular 3 dispersar-se; they straggled in entraram aos poucos
straight *adv.* 1 a direito; em linha reta; straight ahead sempre em frente 2 diretamente 3 imediatamente; logo 4 direito; I can't think straight não consigo pensar direito; to sit up straight sentar-se direito 5 com sinceridade; to play it straight ser sincero 6 sem parar ■ *adj.* 1 (*linha*) reto; (*parte do corpo, roupa*) direito; (*cabelo*) liso 2 (*pessoa*) sincero; franco 3 arrumado 4 (*escolha*) claro; simples 5 consecutivo 6 coloquial heterossexual 7 EUA (*bebida*) puro 8 coloquial enfadonho ■ *s.* 1 Grã-Bretanha (*pista*) reta 2 coloquial heterossexual ♦ straight away imediatamente, sem demora straight from the shoulder sem rodeios straight off sem hesitar straight up a sério the straight and narrow o bom caminho to get the facts straight certificar-se de que se tem informações corretas coloquial to go straight endireitar-se, regenerar-se, entrar no bom caminho to keep a straight face manter-se sério, não rir EUA straight arrow to be a straight arrow ser muito certinho straight man personagem séria em um número cômico
straightaway *adv.* imediatamente ■ *s.* EUA reta (em uma pista)
straighten *v.* 1 endireitar(-se) 2 ajeitar 3 arrumar straighten out *v.* 1 (*situação, problema*) resolver 2 endireitar(-se) straighten up *v.* 1 endireitar(-se) 2 arrumar 3 EUA atinar
straightforward *adj.* 1 direto; frontal; franco 2 claro; simples
strain *s.* 1 tensão; pressão; to be under strain estar sob pressão 2 problema; dificuldade 3 luxação 4 traço de caráter 5 puxão 6 espécie; variedade; (*vírus*) estirpe, linhagem ■ *v.* 1 (*músculo*) distender 2 (*voz, vista*) forçar 3 esticar 4 coar; filtrar
strainer *s.* coador; passador; filtro
strait *s.* estreito; the Bering Strait o Estreito de Bering; the Strait(s) of Gibraltar/of Magellan o Estreito de Gibraltar/de Magalhães ■ *adj.* literário estreito ♦ in dire/desperate straits em uma situação difícil em apuros em um aperto ● A palavra **strait** no sentido geográfico é mais usada no plural: *the Straits of Gibraltar* ou *the Strait of Gibraltar* (o Estreito de Gibraltar).
straitjacket, straightjacket *s.* camisa de força

strand s. 1 fio 2 parte; pedaço
stranded adj. 1 (*navio*) encalhado 2 preso; sem hipótese de sair
strange adj. 1 estranho; esquisito 2 estranho; desconhecido 3 desconfortável; pouco à vontade ■ adv. EUA coloquial de forma estranha; he's been acting pretty strange tem andado muito estranho ♦ strange as it may seem por estranho que pareça strange to say por estranho que pareça, curiosamente to feel strange 1 não se sentir bem 2 achar estranho truth is stranger than fiction a realidade ultrapassa a ficção
strangely adv. estranhamente; surpreendentemente; to act strangely ter um comportamento estranho; strangely enough por estranho que pareça, curiosamente
strangeness s. 1 estranheza; caráter estranho 2 novidade
stranger s. 1 estranho; desconhecido 2 pessoa de fora; forasteiro ♦ coloquial hello, stranger! há quanto tempo! to be no stranger to something ter experiência com algo estar acostumado a algo conhecer bem algo ● É diferente de "estrangeiro", que, em inglês, traduz-se por *foreign* quando adjetivo e por *foreigner* quando substantivo.
strangle v. 1 estrangular 2 figurado sufocar; asfixiar
strangler s. estrangulador
strangulation s. estrangulamento
strap s. 1 (*relógio*) correia 2 (*vestido, soutien*) alça 3 tira; fita 4 presilha ■ v. 1 apertar; prender; are you strapped in? colocou o cinto (de segurança)? 2 (*perna, braço*) ligar
strapless adj. sem alças
stratagem s. estratagema; ardil
strategic adj. estratégico
strategist s. estrategista
strategy s. estratégia
stratified adj. estratificado
stratosphere s. estratosfera ♦ in/into the stratosphere em/para valores astronômicos
stratum s. 1 estrato; camada; social strata estratos sociais 2 GEOLOGIA estrato
stratus s. (*nuvem*) estratus
straw s. 1 palha 2 (*para beber*) canudo; canudinho ♦ a straw in the wind um indício the last straw a última gota the straw that breaks the camel's back a gota que fez transbordar o copo to clutch/grasp at straws agarrar-se a qualquer coisa (em desespero) straw poll sondagem (informal)
strawberry s. 1 BOTÂNICA morango 2 morangueiro
stray v. 1 afastar-se; desviar-se; to stray from the point dispersar-se 2 ir por maus caminhos; descarrilar ■ adj. 1 (*animal*) vadio; perdido 2 separado 3 (*bala*) perdida ■ s. animal vadio; animal perdido ● É diferente de *astray*.
streak s. 1 risca; mancha fina; a streak of lightning um raio 2 (*cabelo*) madeixa 3 faceta; traço; artistic streak veia artística 4 período; maré; to be on a lucky streak estar em maré de sorte ■ v. 1 manchar; listrar 2 cobrir 3 passar como um raio; correr 4 correr nu em um local público

stream s. 1 ribeiro; riacho 2 corrente 3 fluxo 4 fila; enchente; maré 5 Grã-Bretanha grupo (de alunos, de acordo com as aptidões) v. 1 correr; fluir 2 passar em massa 3 Grã-Bretanha agrupar (alunos, de acordo com as aptidões) ♦ to come on stream entrar em funcionamento, ficar disponível
streamer s. enfeite; serpentina
streamline v. 1 dar forma aerodinâmica a 2 agilizar; racionalizar
street s. rua ♦ it's right up his street é exatamente aquilo de que gosta right up somebody's street ideal para alguém, perfeito para alguém to be streets ahead of estar muito à frente de, estar muito adiantado em relação a street cred imagem moderna, popularidade street furniture mobiliário urbano street light candeeiro (de iluminação pública) street lighting iluminação pública street value preço de venda (de algo ilegal)
streetcar s. EUA bonde
streetlamp s. candeeiro (de iluminação pública)
strength s. 1 força; with all one's strength com toda a força 2 resistência 3 ponto forte; the strengths and weaknesses of os pontos fortes e fracos de 4 (*vento, sol, luz*) intensidade 5 (*moeda*) valor ♦ at full strength em pleno in strength em grande número on the strength of por causa de, com base em to go from strength to strength saltar de sucesso em sucesso, ir de vento em popa
strengthen v. fortalecer(-se); reforçar(-se); consolidar(-se)
strengthening s. fortalecimento
strenuous adj. 1 extenuante; strenuous exercise exercício excessivo 2 vigoroso
stress s. 1 estresse; tensão; pressão; he was under a lot of stress andava muito estressado 2 pressão; força; to put stress on fazer pressão sobre 3 ênfase; importância 4 FÍSICA tensão 5 (*moeda*) acento tônico ■ v. 1 realçar; salientar; frisar 2 insistir em 3 acentuar
stressed adj. 1 estressado 2 pressionado; enfatizado 3 LINGUÍSTICA stressed syllable sílaba tônica
stressful adj. desgastante; de muito estresse; estressante
stretch v. 1 esticar(-se); alargar 2 estender(-se) 3 espreguiçar-se 4 espalhar-se; prolongar-se 5 (*paciência*) pôr à prova 6 (*regras*) não ligar a; to stretch a point abrir uma exceção 7 (*verdade, fatos*) distorcer; alterar 8 desafiar; exigir de ■ s. 1 (*de terreno, água*) extensão 2 período; for hours at a stretch durante horas a fio 3 reta; the final stretch a reta final 4 elasticidade ♦ by no stretch of the imagination nem por sombras, de forma alguma stretch marks estrias to stretch one's legs esticar as pernas
stretcher s. maca ■ v. levar em uma maca
stretcher-bearer s. maqueiro
strew v. 1 espalhar; books were strewn across the floor estavam livros espalhados pelo chão; the floor was strewn with sand o chão estava cheio de areia 2 estar espalhado em
strict adj. 1 (*pessoa*) severo; rigoroso; rígido 2 (*regras, ordens*) rígido; expresso 3 estrito; rigoroso 4 rigoroso; absoluto; in the strictest confidence com sigilo absoluto

strictly

strictly adv. 1 expressamente; estritamente; absolutamente 2 exatamente; strictly speaking em rigor, a bem dizer 3 severamente; com rigor 4 unicamente; exclusivamente
stride v. andar a passos largos ■ s. 1 passada; passo 2 progresso; to make great strides fazer grandes progressos ♦ to put somebody off their stride desconcentrar alguém to take something in one's stride não se deixar afetar com algo
strident adj. 1 (voz, som) estridente 2 (crítica, protesto) forte; contundente
strife s. conflito
strike v. 1 bater em; atingir 2 chocar contra; ir contra 3 atacar 4 (pensamento, ideia) ocorrer; chamar a atenção; impressionar 5 (raio, relâmpago) atingir; fulminar 6 (fósforo) acender 7 (golpe) desferir 8 (relógio) dar horas; when the clock struck eight às oito badaladas 9 fazer greve ■ s. 1 greve; general strike greve geral; to be on strike estar em greve; to go on strike fazer greve 2 ataque 3 remate; pontapé 4 descoberta ♦ to strike a balance encontrar o ponto de equilíbrio to strike fear into somebody incutir medo em alguém strike back v. (a agressão) reagir; contra-atacar strike down v. 1 matar; to be struck down morrer 2 derrubar à pancada
strikebreaker s. fura-greves
striker s. 1 grevista 2 ponta de lança
striking adj. 1 impressionante; notável; surpreendente 2 em greve ♦ within striking distance (of) perto (de)
string s. 1 cordel; fio; cordão 2 cadeia; sequência; série; fila 3 (de instrumento musical, raquete) corda; string quartet quarteto de cordas 4 colar ■ v. 1 pendurar 2 enfiar (em um fio) ♦ to pull strings exercer influência ou pressão oculta; coloquial mexer os pauzinhos to pull the strings mandar
stringent adj. rigoroso; severo; austero
strip v. 1 despir(-se); stripped to the waist em tronco nu 2 fazer striptease 3 tirar; arrancar 4 (cama) tirar a roupa de 5 despojar (of, de) 6 desmontar 7 esvaziar ■ s. 1 (de papel, tecido) tira; faixa 2 (de terreno) faixa; the Gaza Strip a Faixa de Gaza 3 Grã-Bretanha (de equipe) equipamento 4 striptease 5 EUA estrada (com lojas, restaurantes etc.) ♦ Grã-Bretanha strip cartoon história em quadrinhos strip light lâmpada fluorescente (comprida)
stripe s. 1 risca; listra 2 (militar) galão ♦ of all stripes de todas as forças políticas
striped adj. 1 às riscas 2 listrado
striptease s. striptease
strive v. 1 esforçar-se (por alcançar) (for, –); aspirar (for, a); empenhar-se (to, em) 2 lutar
stroganoff s. CULINÁRIA estrogonofe
stroke s. 1 golpe; pancada; a stroke of the whip uma chicotada 2 golpe; a stroke of genius/luck um golpe de gênio/sorte 3 AVC; acidente vascular cerebral 4 traço; pincelada 5 (natação) braçada; (remo) remada; (golfe) tacada 6 carícia 7 (horas) badalada; on the stroke of seven às sete em ponto 8 Grã-Bretanha (sinal gráfico) barra ■ v. acariciar; fazer uma festa a ♦ a stroke of lightning um relâmpago at one stroke de uma só vez not to do a stroke (of

work) não mexer uma palha to put somebody off their stroke desconcentrar alguém
stroll v. 1 passear 2 andar descontraidamente ■ s. passeio; to go for a stroll ir dar um passeio
stroller s. 1 pessoa que passeia 2 EUA carrinho de bebê
strong adj. 1 forte 2 resistente 3 firme 4 convincente; sólido 5 (apoio) grande 6 impróprio; strong language linguagem imprópria 7 (sotaque)
stronghold s. 1 fortaleza, praça forte 2 baluarte, bastião 3 reduto
strontium s. QUÍMICA (elemento químico) estrôncio
strophe s. LITERATURA estrofe
structural adj. estrutural
structure s. estrutura ■ v. estruturar
struggle s. luta ■ v. lutar
strut v. pavonear-se; desfilar ■ s. suporte ♦ to strut one's stuff mostrar o que se vale
stub s. 1 (cigarro) guimba; ponta 2 (lápis) coto 3 (recibo, cheques) talão ■ v. to stub one's toe bater com o dedo do pé, dar uma topada
stubble s. 1 barba por fazer; a two-day stubble uma barba de dois dias 2 (cereais) restolho
stubborn adj. 1 teimoso; as stubborn as a mule teimoso que nem um burro 2 persistente
stubbornness s. 1 teimosia 2 persistência
stubby adj. grosso; roliço
stucco s. estuque ■ v. estucar
stuck (pretérito, particípio passado de to stick) adj. 1 encravado 2 entalado 3 preso 4 atolado 5 sem saber o que fazer ♦ to be stuck for words não saber o que dizer
stuck-up adj. presumido; arrogante; peneirento
stud s. 1 garanhão 2 (chuteira) trava 3 brinco; piercing 4 (camisa) botão ■ v. salpicar
student s. 1 estudante; aluno 2 estudioso (of, de) ♦ students' union associação de estudantes EUA student teaching estágio pedagógico
studied adj. estudado; calculado; pouco natural
studio s. 1 estúdio 2 (de artista) atelier 3 (de dança) academia ♦ studio couch sofá-cama studio flat estúdio
studious adj. 1 estudioso; aplicado 2 cuidadoso, estudado
study s. 1 estudo 2 escritório; gabinete de trabalho ■ v. 1 estudar 2 analisar
stuff s. 1 coloquial coisas 2 coloquial tralha 3 material; equipamento 4 matéria; essência ■ v. 1 rechear (with, com) 2 encher; atafulhar 3 meter 4 empanturrar; to stuff oneself/one's face empanturrar-se 5 (animal morto) empalhar; embalsamar ♦ coloquial stuff it! que se lixe!
stuffed adj. CULINÁRIA (carne, batatas) recheado stuffed turkey peru recheado
stuffing s. 1 CULINÁRIA recheio 2 enchimento
stuffy adj. 1 (espaço) abafado 2 formal; cheio de cerimônia
stumble v. 1 tropeçar (over/on, em) 2 andar aos tropeções 3 (ao falar, ler, tocar música) atrapalhar-se (over/through, em) s. tropeção
stump s. 1 (árvore) cepo; toco 2 (membro amputado, vela, lápis) coto, toco ■ v. 1 coloquial deixa

perplexo; **to be stumped for words** não ter resposta **2** caminhar com passos pesados **3** EUA fazer campanha eleitoral

stun v. **1** atordoar **2** aturdir; assombrar; deixar estupefato **3** maravilhar

stunned adj. **1** pasmo **2** atordoado

stunning adj. **1** lindo; deslumbrante **2** impressionante

stunt s. **1** cena perigosa; proeza **2** manobra; truque **3** brincadeira; gracinha; **to pull a stunt** fazer uma gracinha ■ v. tolher; atrofiar

stuntman s. dublê (para cenas perigosas)

stupefaction s. estupefação; pasmo

stupefy v. **1** deixar estupefato **2** aturdir; anestesiar; alienar

stupendous adj. tremendo; magnífico

stupid adj. **1** estúpido; parvo; idiota **2** coloquial maldito

stupidity s. estupidez; parvoíce

stupor s. MEDICINA estupor (estado de quase inconsciência)

sturdy adj. **1** robusto **2** resistente **3** firme

sturgeon s. ZOOLOGIA esturjão

stutter v. **1** gaguejar **2** balbuciar **3** abanar; estar aos solavancos ■ s. gaguez; **to speak with a stutter** gaguejar

sty s. **1** pocilga **2** terçolho

stye s. MEDICINA terçol, terçolho

style s. **1** estilo **2** moda **3** modelo ■ v. **1** desenhar; conceber **2** formal denominar; intitular ♦ **in style** em grande estilo à grande **style guide/manual** guia/livro de estilo

stylish adj. elegante; com estilo; na moda

stylist s. **1** cabeleireiro **2** responsável pela imagem **3** (escritor) estilista

stylistic adj. estilístico

stylistics s. estilística

stylize v. estilizar

suave adj. delicado; polido

sub s. **1** coloquial submarino **2** coloquial assinatura; subscrição; quotas **3** coloquial (futebol) suplente; substituto **4** Grã-Bretanha coloquial adiantamento do ordenado **5** EUA coloquial professor substituto ■ v. coloquial substituir (for, –)

subaltern s. oficial subalterno (de graduação inferior a capitão)

subaquatic adj. subaquático

subconscious adj., s. subconsciente

subcontract[1] v. subcontratar

subcontract[2] s. **1** subempreitada **2** subcontrato

subdivide v. **1** subdividir(-se) **2** EUA lotear

subdivision s. **1** subdivisão **2** subdelegação **3** EUA loteamento

subdue v. **1** dominar; controlar **2** (emoções) reprimir **3** (povo, território) subjugar

subheading s. subtítulo

subjacent adj. subjacente

subject[1] s. **1** tema; assunto; **to be on the subject of** estar falando de; **to change the subject** mudar de assunto; **to get off the subject** desviar-se do tema **2** (na escola, faculdade) disciplina **3** súdito; **a British subject** um cidadão britânico **4** (de experiência) sujeito **5** (gramática) sujeito ■ adj. **1** sujeito (to, a); dependente (to, de); **subject to availability** limitado ao estoque existente **2** propenso (to, a) ♦ **subject matter** (texto, obra de arte, discurso) tema temática

subject[2] v. **1** subjugar; dominar **2** submeter (to, a)

subjection s. **1** sujeição; subordinação; **in subjection** submetido **2** exposição (to, a)

subjective adj. subjetivo

subjectivism s. FILOSOFIA subjetivismo

subjectivity s. subjetividade

subjugate v. subjugar; dominar

subjugation s. subjugação

subjunctive adj., s. subjuntivo

sublet[1] v. subalugar (to, a); subarrendar (to, a); sublocar (to, a)

sublet[2] s. subarrendamento; sublocação

sublimation s. sublimação

sublimate v. sublimar

sublime adj. **1** sublime **2** magnífico **3** extremo ■ s. sublime

submarine s. submarino ■ adj. submarino ♦ EUA **submarine sandwich** sandwich feita em um pão comprido ou baguete

submerge v. **1** submergir **2** imergir; mergulhar **3** suprimir; afastar ♦ **to submerge oneself in** mergulhar em

submerged adj. submerso

submersible adj., s. submersível

submersion s. submersão; imersão

submission s. **1** submissão **2** apresentação; entrega **3** formal opinião; parecer

submissive adj. submisso

submit v. **1** submeter; apresentar **2** submeter-se (to, a); render-se (to, a) **3** formal alegar; sustentar

subordinate[1] adj. **1** secundário; subalterno **2** (gramática) subordinado ■ s. subordinado

subordinate[2] v. subordinar; sujeitar; subalternizar

subordination s. subordinação

subpoena s. DIREITO intimação; citação ■ v. intimar; citar; notificar

subscribe v. **1** (publicação, serviço) subscrever (to, –); assinar (to, –) **2** (ações) subscrever (for, –) **3** Grã-Bretanha (instituição) dar uma contribuição (to, para); ser sócio (to, de)

subscriber s. **1** (publicação, serviço) assinante; cliente; subscritor **2** Grã-Bretanha (instituição) sócio; contribuinte **3** (ações) subscritor **4** (ideia, opinião, crença) partidário

subscript s. subscrito; índice ■ adj. em subscrito; em índice

subscription s. **1** subscrição; assinatura; cota; mensalidade **2** (de ações) subscrição **3** donativos

subsequent adj. formal posterior; subsequente; futuro ♦ **subsequent to** após

subside v. **1** baixar **2** (terreno) aluir, ceder **3** abrandar, acalmar **4** coloquial calar o bico, calar-se **5** (sedimentos) depositar-se

subsidiary adj. **1** secundário **2** subsidiário ■ s. filial; sucursal

subsidize, subsidise Grã-Bretanha v. **1** subsidiar **2** financiar

subsidy

subsidy s. subsídio; incentivo econômico ou vantagem para impedir o aumento dos preços, diminuir custos de produção etc.
subsist v. subsistir
subsistence s. subsistência
subsoil s. subsolo
subspecies s. subespécie
substance s. 1 substância 2 essência; in substance na essência, no essencial 3 (*boato, comentário*) fundamento 4 relevância; monta
substantial adj. 1 substancial; considerável 2 sólido 3 (*refeição*) nutritivo; reforçado
substantially adv. 1 substancialmente; consideravelmente 2 em grande parte; no essencial
substantiate v. fundamentar; comprovar; demonstrar a veracidade de
substitute s. 1 substituto; EUA substitute teacher professor substituto; to be no substitute for something não substituir algo 2 suplente 3 sucedâneo ■ v. substituir; to substitute for somebody substituir alguém; to substitute something for something substituir algo por algo
substitution s. substituição
substructure s. infraestrutura
subterfuge s. subterfúgio
subterranean adj. formal subterrâneo
subtitle s. 1 (*filme, programa*) legenda 2 (*de uma obra*) subtítulo ■ v. 1 legendar 2 dar a (uma obra) o subtítulo de
subtitling s. legendagem
subtle adj. 1 sutil 2 tênue 3 engenhoso; hábil 4 perspicaz
subtlety s. sutileza
subtly adv. 1 sutilmente; com sutileza 2 com perspicácia
subtotal s. total parcial
subtract v. subtrair
subtraction s. subtração
suburb s. subúrbio
suburban adj. 1 suburbano 2 pejorativo tacanho
suburbia s. 1 subúrbios 2 estilo de vida dos subúrbios
subvention s. subvenção
subversion s. subversão
subversive adj. subversivo ■ s. pessoa subversiva
subvert v. subverter
subway s. 1 EUA metrô, metropolitano 2 Grã-Bretanha passagem subterrânea
succeed v. 1 ser bem-sucedido; ter êxito; to succeed in doing something conseguir fazer algo 2 surtir o efeito desejado 3 triunfar; vingar 4 suceder a ♦ nothing succeeds like success sucesso atrai sucesso
succeeding adj. 1 seguinte; subsequente; que se seguiu 2 sucessivo
success s. sucesso; êxito; to prove a success ser bem-sucedido, ser um êxito; to have success in doing something conseguir fazer algo
successful adj. 1 bem-sucedido; de sucesso; to be successful ser bem-sucedido, ter sucesso, ter êxito 2 (*candidato*) selecionado; eleito
successfully adv. com êxito
succession s. 1 sucessão; série 2 (*ao trono*) sucessão ♦ in succession consecutivo

successive adj. consecutivo; seguido; sucessivo
successor s. sucessor
succinct adj. sucinto
succulent adj. (*bife, fruto, planta*) suculento ■ s. planta suculenta
succumb v. sucumbir (to, *a*)
such adj., pron. 1 tal 2 tão; he's such a nice man é um homem tão simpático 3 tanto; she spoke with such conviction falou com tanta convicção ♦ and such e coisas do gênero e tal as such 1 como tal 2 propriamente exatamente but no such luck mas não tive/tivemos essa sorte in such a way that de tal modo que coloquial such and such tal e tal este ou aquele such as tal/tais como como por exemplo such is life! é a vida! there's no such thing as... não existe to such an extent that a tal ponto de/que
suchlike pron. coisas do gênero ■ adj. do gênero
suck v. 1 chupar 2 sugar; aspirar 3 mamar 4 coloquial não prestar (para nada); não vale nada; ser um saco ♦ to get sucked in/into something deixar-se arrastar para algo suck up v. coloquial esforçar-se (to, *a*)
sucker s. 1 coloquial trouxa; otário; pacóvio 2 (*objeto, parte de animal*) ventosa 3 EUA pirulito ♦ to be a sucker for something ser doido por algo
suckle v. 1 amamentar; dar de mamar a 2 mamar
suction s. sucção ♦ suction cup ventosa
sudden adj. súbito; repentino ♦ all of a sudden de repente sudden death morte súbita sudden infant death syndrome síndrome de morte súbita do lactente
suddenly adv. subitamente; de repente
sue v. processar; to sue for damages pedir uma indenização por danos e prejuízos; to sue somebody for divorce entrar com o pedido de divórcio
suede s. camurça
suffer v. 1 sofrer (from, *de*) 2 ressentir-se 3 tolerar 4 literário permitir
suffering s. sofrimento
sufficiency s. suficiência
sufficient adj. formal suficiente
suffix s. sufixo
suffixation s. LINGUÍSTICA sufixação
suffocate v. 1 sufocar; asfixiar 2 (*por falta de ar fresco*) abafar
suffocating adj. sufocante
suffocation s. asfixia; sufocação
suffrage s. direito de voto; universal suffrage sufrágio universal
sugar s. 1 açúcar; sugar bowl açucareiro; sugar lump/cube torrão de açúcar 2 colher de açúcar 3 coloquial querido ■ v. adoçar; pôr açúcar em ♦ to sugar the pill dourar a pílula sugar cane cana-de-açúcar
sugar-coated adj. 1 coberto de açúcar 2 disfarçado; enganoso
sugary adj. 1 com açúcar; açucarado 2 lisonjeiro; meloso
suggest v. 1 sugerir; to suggest something (to somebody) sugerir algo (a alguém) 2 propor 3 indicar 4 insinuar 5 dar a ideia de
suggestible adj. sugestionável; influenciável

suggestion s. 1 sugestão; to make a suggestion dar uma sugestão; at/on somebody's suggestion por sugestão de alguém; suggestion box caixa de sugestões 2 indício 3 (*de sorriso*) esboço
suggestive adj. 1 que faz pensar (of, *em*); que faz lembrar (of, –); que sugere (of, –) 2 sugestivo; insinuante
suicidal adj. suicida; suicidal tendencies tendências suicidas; it would be suicidal seria uma loucura/um desastre/o suicídio
suicide s. suicídio; to commit suicide suicidar-se
suit s. 1 terno 2 processo; ação judicial 3 (*cartas*) naipe ■ v. 1 convir a; adequar-se a; to suit all tastes para todos os gostos; to suit everyone para todos os gostos; when it suits you quando for conveniente para você 2 adequar; adaptar 3 (*roupa, cor*) ficar bem a ◆ suit yourself como você quiser, faz o que bem entender
suitability s. 1 adequação 2 conveniência
suitable adj. 1 adequado 2 próprio 3 conveniente
suitably adv. 1 adequadamente; de forma adequada 2 convenientemente 3 como era de esperar
suitcase s. mala (de viagem)
suite s. 1 (*de hotel*) suite; honeymoon suite suite nupcial 2 (*de divisões, escritórios*) grupo; conjunto 3 (conjunto de) móveis 4 (*software*) pacote; conjunto
sulk v. amuar; ficar de mau humor ■ s. amuo; mau humor; to be in a sulk estar amuado
sulky adj. 1 mal-humorado 2 que costuma amuar
sullen adj. 1 carrancudo; mal-humorado 2 (*rosto*) carregado 3 (*tempo*) sombrio
sulphamide s. QUÍMICA sulfamida
sulphate, sulfate EUA s. QUÍMICA sulfato
sulphur, sulfur EUA s. QUÍMICA (*elemento químico*) enxofre
sulphuric, sulfuric EUA adj. QUÍMICA sulfúrico; sulphuric acid ácido sulfúrico
sulphurize v. sulfatar
sultan s. sultão
sultana s. BOTÂNICA (*uva*) sultana
sum s. 1 (*dinheiro*) soma; montante; quantia 2 (*de números*) soma; adição 3 conta; cálculo; to do a sum in one's head fazer uma conta de cabeça 4 total; the sum total of o total de ■ v. somar; adicionar ◆ formal in sum em suma sum up v. 1 resumir; sintetizar; to sum up, ... em resumo, ... 2 formar uma opinião; avaliar
summarize, summarise Grã-Bretanha v. resumir; sintetizar; to summarize em resumo
summary s. resumo; síntese ■ adj. 1 sumário; resumido 2 sumário ◆ in summary em síntese
summer s. verão; in (the) summer no verão ■ v. passar o verão ◆ EUA summer camp colônia de férias Grã-Bretanha summer holidays férias de verão, férias grandes summer school escola de verão, cursos de verão summer solstice solstício de verão summer time hora de verão EUA summer vacation férias de verão, férias grandes
summertime s. verão; in (the) summertime no verão
summit s. 1 (*montanha*) cume 2 cimeira 3 auge

superlative

summon v. 1 formal chamar 2 formal intimar 3 formal convocar 4 formal pedir summon up v. 1 evocar; recordar 2 (*coragem, energias*) ganhar
summons s. intimação ■ v. intimar
sumptuous adj. suntuoso
sun s. sol; in the sun ao sol ■ v. to sun oneself pegar sol ◆ everything under the sun tudo e mais alguma coisa sun hat chapéu de praia sun lounge solário (para apanhar sol) sun lounger espreguiçadeira
sunbathe v. tomar banhos de sol
sunbeam s. raio de sol
sunbed s. 1 aparelho bronzeador; cama de solário 2 espreguiçadeira
sunblock s. protetor solar
sunburn s. queimadura solar
suncream s. protetor solar
Sunday s. 1 domingo; every Sunday todos os domingos; on Sunday no domingo; on Sundays aos domingos 2 Grã-Bretanha coloquial jornal de domingo ◆ one's Sunday best a roupa de domingo de alguém Sunday school catequese
sundial s. relógio de sol
sundown s. pôr do sol; before sundown antes de anoitecer; at sundown ao fim da tarde
sunflower s. BOTÂNICA girassol
sunglasses s.pl. óculos de sol
sunken adj. 1 submerso; no fundo do mar 2 (*rosto, olhos*) cavado; encovado 3 (*jardim*) a um nível inferior
sunlight s. luz do sol
sunlit adj. iluminado pelo sol
sunny adj. 1 ensolarado; soalheiro; a sunny day um dia de sol; it will be sunny vai fazer sol 2 radiante; alegre
sunrise s. nascer do sol; at sunrise ao amanhecer
sunscreen s. protetor solar
sunset s. 1 pôr do sol 2 (*lei*) período de vigência
sunshade s. 1 guarda-sol; chapéu de sol 2 sombrinha 3 toldo
sunshine s. 1 sol; in the sunshine ao sol 2 alegria
sunstroke s. insolação
suntan s. bronzeado; to get a suntan bronzear-se ◆ suntan lotion/oil protetor solar bronzeador
super adj. antiquado, coloquial estupendo; espetacular ■ adv. coloquial super ■ s. 1 Grã-Bretanha coloquial superintendente (da polícia); comissário 2 EUA coloquial encarregado da manutenção ◆ Super Bowl final da liga de futebol americano Super Tuesday segunda terça-feira de março, em que se realizam eleições primárias em vários estados dos EUA
superabundant adj. superabundante
superb adj. soberbo; magnífico
superficial adj. superficial
superficiality s. superficialidade
superfluous adj. formal supérfluo; desnecessário
superhuman adj. sobre-humano
superimpose v. sobrepor
superior adj. 1 superior (to, *a*) 2 de qualidade superior; excepcional 3 presunçoso; de superioridade ■ s. superior
superiority s. superioridade
superlative adj. 1 excelente; soberbo; excepcional 2 (*gramática*) superlativo; the superlative form

superman

o grau superlativo (relativo de superioridade) *s.*
1 (*gramática*) superlativo (relativo de superioridade) **2** superlativo; elogio
superman *s.* super-homem
supermarket *s.* supermercado
supermodel *s.* top model; supermodelo
supernatural *adj., s.* sobrenatural
supernumerary *adj., s.* supranumerário
superposition *s.* sobreposição
superpower *s.* superpotência
supersede *v.* superar; suplantar; ultrapassar
supersonic *adj.* supersônico
superstar *s.* superestrela; vedete
superstition *s.* superstição; crendice
superstitious *adj.* supersticioso
superstore *s.* hipermercado; grande superfície
supervise *v.* **1** supervisionar **2** orientar **3** fiscalizar; inspecionar **4** vigiar
supervision *s.* **1** supervisão; under the supervision of supervisionado por **2** orientação **3** fiscalização; inspeção **4** vigilância
supervisor *s.* **1** supervisor **2** orientador
superwoman *s.* coloquial super-mulher
supper *s.* **1** jantar; to have supper jantar **2** ceia ♦ the Last Supper a Última Ceia
supplant *v.* suplantar
supple *adj.* flexível; maleável; elástico
supplement *s.* **1** suplemento **2** complemento **3** taxa adicional ■ *v.* complementar
supplementary *adj.* complementar; suplementar
supplier *s.* fornecedor
supply *s.* **1** fornecimento; abastecimento **2** (*produtos disponíveis*) oferta; supply and demand a oferta e a procura **3** provisão; estoque; reserva; food supplies mantimentos **4** material; office supplies material de escritório ■ *v.* fornecer; abastecer; to be well supplied with something estar bem fornecido de; to supply somebody with something/to supply something to somebody fornecer algo a alguém ♦ to be in short supply ser escasso Grã-Bretanha supply teacher professor substituto
support *v.* **1** apoiar **2** sustentar; to support a family sustentar uma família **3** (*instituição*) contribuir para **4** (*peso*) sustentar; suportar **5** (*teoria, ideia*) sustentar; comprovar **6** (*equipe*) ser adepto de; which team do you support? qual é o seu clube? **7** (*vício*) alimentar ■ *s.* **1** apoio; financial support apoio financeiro **2** assistência; technical support assistência técnica **3** auxílio; in support of em favor de **4** suporte; she grabbed him for support agarrou-se a ele para se apoiar **5** sustento ♦ support group grupo de apoio
supporter *s.* **1** apoiador; partidário **2** (*de clube*) torcedor
supporting *adj.* **1** de apoio; de suporte **2** (*ator, papel*) secundário **3** (*prova*) que o confirma
supportive *adj.* compreensivo; solidário; they were very supportive eles me deram muito apoio
suppose *v.* **1** supor; I suppose not suponho que não **2** achar; julgar; I don't suppose he will come não creio que ele venha; I suppose so acho que sim **3** pressupor ♦ I don't suppose... por acaso I don't suppose you know where he is por acaso você não sabe onde é que ele está? to be supposed to do something dever fazer algo what's that supposed to mean? o que você quer dizer com isso? you're not supposed to be here você não devia estar aqui
supposed *adj.* pretenso; suposto
supposition *s.* suposição
suppository *s.* supositório
suppress *v.* **1** (*revolta*) reprimir **2** (*provas, informações*) ocultar; sonegar **3** (*sentimentos, sorriso, bocejo*) reprimir; conter **4** (*texto, obra*) suprimir **5** enfraquecer; (*apetite*) fazer perder
suppression *s.* **1** repressão **2** ocultação; sonegação **3** supressão
supremacy *s.* supremacia; preponderância
supreme *adj.* **1** supremo; máximo; sumo; of supreme importance de suma importância **2** (*esforço*) descomunal ♦ to make the supreme sacrifice sacrificar a vida Supreme Court Supremo Tribunal de Justiça
sure *adj.* **1** certo; seguro; he's sure to win tem certeza que vai ganhar; that is a sure fact esse é fato, isso acontece mesmo; to be sure ter a certeza **2** firme ♦ for sure com certeza, ao certo one thing's for sure uma coisa é certa sure! claro! sure enough de fato EUA coloquial sure thing! claro! to be sure to do something não se esquecer de fazer algo to make sure certificar-se
surely *adv.* certamente ♦ surely not! não é possível!
surety *s.* **1** caução; fiança **2** fiador; to stand surety for ficar como fiador de
surf *s.* **1** ondas **2** espuma (das ondas) *v.* fazer surfe; surfar ♦ to surf the channels fazer zapping to surf the Internet/Net navegar na Internet
surface *s.* superfície; on the surface à superfície, exteriormente ■ *v.* **1** vir à superfície **2** vir a público **3** aparecer; surgir **4** coloquial sair da cama ■ *adj.* **1** superficial **2** de superfície ♦ surface area (*de território, objeto*) superfície área
surfboard *s.* prancha de surfe
surfer *s.* **1** surfista; praticante de surfe **2** internauta
surfing *s.* ESPORTE surfe
surge *s.* **1** (*sentimento, pessoas*) onda **2** aumento súbito (in, de); surto (in, de); electrical surge pico de tensão ■ *v.* **1** (*multidão*) lançar-se; precipitar-se **2** (*sentimento, onda*) revolver-se; anger surged inside him a fúria apoderou-se dele **3** (*valor, preço*) disparar; aumentar subitamente
surgeon *s.* cirurgião; formal dental surgeon médico dentista; plastic surgeon cirurgião plástico; formal veterinary surgeon médico veterinário
surgery *s.* **1** cirurgia **2** Grã-Bretanha consultório **3** Grã-Bretanha consulta **4** EUA sala de operações
surgical *adj.* cirúrgico ♦ Grã-Bretanha surgical spirit álcool (para limpeza e desinfecção de feridas e objetos)
surmount *v.* **1** (*obstáculo, problema*) vencer; transpor; superar **2** encimar; coroar
surmountable *adj.* transponível; superável
surname *s.* sobrenome
surpass *v.* superar; exceder; ultrapassar; to surpass oneself superar-se

surplus s. excesso; excedente ■ adj. excedente; excedentário; to be surplus to requirements não ser necessário

surprise s. surpresa; a surprise party uma festa surpresa; it came as no surprise não foi nenhuma surpresa, não nos surpreendeu; to make a surprise fazer uma surpresa ■ v. 1 surpreender; admirar; espantar 2 (*ladrão, prevaricador*) surpreender; pegar ◆ to take somebody by surprise pegar alguém de surpresa, pegar alguém desprevenido

surprised adj. 1 (*admirado*) surpreso (at, by, com); 2 (*pego em flagrante*) surpreendido

surprising adj. surpreendente; it's not/hardly surprising that... não é de estranhar que...

surreal adj. surreal

surrealism s. surrealismo

surrealist adj., s. surrealista

surrender v. 1 render-se (to, *a*), entregar-se (to, *a*) 2 deixar-se vencer (to, *por*); to surrender to temptation não resistir à tentação 3 formal (*bilhete, documento*) entregar 4 (*cidade, exército*) entregar 5 abdicar de; abrir mão de ■ s. 1 rendição 2 renúncia 3 formal entrega

surrogate s., adj. formal substituto; vicário ◆ surrogate mother mãe de aluguel, barriga de aluguel

surround v. 1 rodear; cercar 2 (*inimigo, edifício*) cercar 3 envolver

surrounding adj. circundante; envolvente

surroundings s.pl. ambiente

surtax s. sobretaxa

surucucu s. ZOOLOGIA surucucu

surveillance s. vigilância; surveillance cameras câmaras de vigilância

survey¹ s. 1 inquérito; sondagem; to carry out/conduct a survey realizar um inquérito 2 levantamento; topographical survey levantamento topográfico 3 estudo; pesquisa 4 vistoria; inspeção 5 Grã-Bretanha vistoria a uma casa realizada por um potencial comprador

survey² v. 1 inquirir; sondar 2 medir; fazer o levantamento de 3 examinar; avaliar; analisar 4 Grã-Bretanha inspecionar uma casa para potencial comprador

surveyor s. 1 inspetor 2 topógrafo

survival s. sobrevivência ◆ a survival of um vestígio de the survival of the fittest a lei do mais forte

survive v. 1 sobreviver (a) 2 subsistir 3 viver mais tempo que

survivor s. sobrevivente

susceptibility s. suscetibilidade (to, *a*); propensão (to, *a*)

susceptible adj. 1 suscetível (to, *a*); propenso (to, *a*) 2 suscetível; sensível 3 suscetível (of, *de*)

sushi s. CULINÁRIA sushi

suspect¹ v. 1 suspeitar de; desconfiar de 2 duvidar de 3 imaginar

suspect² adj., s. suspeito

suspend v. suspender; suspended sentence pena suspensa

suspended adj. 1 interrompido 2 (*interditado*) suspenso

sweaty

suspender s. liga (de meia); suspender belt cinto de ligas suspenders s.pl. EUA suspensórios

suspense s. suspense; expectativa; in suspense na expectativa

suspension s. suspensão ◆ suspension bridge ponte suspensa

suspicion s. 1 suspeita; on suspicion of por suspeita de; beyond/above suspicion acima de qualquer suspeita 2 desconfiança 3 sinal; indício; esboço

suspicious adj. 1 desconfiado (of/about, *de*) 2 (comportamento, circunstância) suspeito

sustain v. 1 (*interesse, esperanças*) manter 2 (*peso*) sustentar; suportar 3 sustentar; fundamentar 4 sustentar; dar alento a 5 dar forças a 6 (*estragos, derrota*) sofrer

sustainability s. sustentabilidade

sustainable adj. sustentável

sustained adj. sustentado; continuado; constante

suture s. sutura ■ v. suturar

swaddle v. enfaixar

swagger v. 1 pavonear-se 2 antiquado fanfarronar ■ s. pavoneio; ar vaidoso

swallow s. 1 ZOOLOGIA andorinha 2 gole; trago ■ v. 1 engolir; to swallow hard engolir em seco 2 (*história, desculpa*) acreditar em; engolir ◆ one swallow doesn't make a summer uma andorinha só não faz verão to swallow one's pride engolir o orgulho, pôr o orgulho de lado

swamp s. pântano ■ v. 1 inundar 2 encher (with, *de*); atolar (with, *de*)

swan s. ZOOLOGIA cisne

swank v. coloquial mostrar com orgulho; exibir-se; ostentar ■ s. coloquial exibido; cheio de pose

swap, swop v. coloquial trocar (for, *por*); to swap places trocar de lugar ■ s. coloquial troca; to do a swap fazer uma troca

swarm s. 1 (*abelhas*) enxame 2 (*mosquitos*) nuvem 3 (*pessoas*) multidão; bando ■ v. aglomerar-se; to be swarming with estar cheio de

swastika s. suástica

swat v. 1 esmagar (inseto) 2 tentar acertar em

swatter s. mata-moscas

sway v. 1 balançar; oscilar 2 influenciar ■ s. 1 oscilação, balanço 2 influência; domínio; to hold sway (over somebody/something) dominar (alguém/algo)

swear v. 1 jurar; I swear to God juro por tudo o que é mais sagrado; to swear to do something jurar fazer algo; to swear on/by something jurar por algo; to swear on the Bible jurar sobre a Bíblia 2 fazer jurar; to swear somebody to secrecy fazer alguém jurar que não conta a ninguém 3 dizer palavrões

swearword s. palavrão

sweat s. suor; transpiração ■ v. 1 transpirar; suar; to sweat profusely suar em bica 2 coloquial preocupar-se ◆ a cold sweat suores frios coloquial no sweat! não há problema! na boa! the sweat of somebody's brow o suor do rosto sweat gland glândula sudorípara EUA sweat suit roupa (calça e casaco) usada para fazer exercícios

sweater s. suéter; pulôver

sweatshirt s. casaco de moletom

sweaty adj. 1 transpirado; suado 2 que faz transpirar

Swede

Swede s. (*pessoa*) sueco
Sweden s. Suécia
Swedish adj. sueco ■ s. (*língua*) sueco
sweep v. 1 varrer; limpar 2 empurrar; afastar 3 arrastar 4 grassar 5 arrasar ■ s. 1 varredela 2 extensão; alcance 3 curva 4 ataque
sweeper s. 1 varredor 2 máquina de varrer 3 Grã-Bretanha (*futebol*) líbero
sweeping adj. 1 (*alterações, reformas*) radical; profundo 2 com pouco fundamento; simplista; to make sweeping generalizations generalizar 3 (*vitória*) retumbante
sweet adj. 1 doce 2 amoroso 3 querido; fofo 4 (*som*) melodioso 5 (*cheiro*) agradável ■ s. 1 Grã-Bretanha doce; guloseima 2 Grã-Bretanha sobremesa 3 querido; my sweet meu querido ♦ to have a sweet tooth ser guloso
sweeten v. 1 adoçar 2 tornar mais apelativo
sweetened adj. adoçado
sweetener s. 1 adoçante 2 coloquial aliciante
sweetheart s. 1 querido 2 antiquado namorado
sweetie s. 1 coloquial (*pessoa*) doçura; amor; simpatia 2 Grã-Bretanha coloquial doce; bala 3 coloquial meu amor ♦ EUA coloquial sweetie pie amorzinho
sweetish adj. adocicado
sweetness s. 1 doçura 2 suavidade 3 encanto
swell v. 1 inchar 2 avolumar(-se); to swell the ranks of engrossar as fileiras de 3 intensificar-se; crescer ■ s. 1 ondulação 2 (*situação*) aumento crescente 3 (*som*) crescendo 4 curva 5 antiquado janota ■ adj. EUA antiquado, coloquial espetacular ♦ to swell with pride ficar inchado (de orgulho)
swelling s. 1 inchaço 2 protuberância
swelter v. abafar; morrer de calor
swerve v. 1 fazer uma virada brusca; guinar 2 desviar-se ■ s. virada brusca; guinada
swift adj. 1 rápido; to be swift to do something apressar a fazer algo, não tardar em fazer algo 2 veloz ■ s. gavião
swiftness s. radidez
swim v. 1 nadar 2 (*cabeça, imagem*) andar à roda ■ s. ato de nadar; to go for a swim ir dar um mergulho, ir nadar ♦ to swim against the tide remar contra a maré
swimmer s. nadador; to be a good swimmer nadar bem
swimming s. ESPORTE natação ♦ swimming costume traje de banho swimming pool piscina swimming trunks sunga/short de banho
swimsuit s. traje de banho
swindle v. burlar; ludibriar ■ s. falcatrua
swindler s. vigarista, burlão
swine s. 1 suíno; porco 2 sacana; filho da mãe ♦ swine fever peste suína
swing v. 1 balançar 2 mover-se; to swing open/shut abrir-se/fechar-se 3 virar(-se) to swing around dar meia-volta 4 alterar-se; oscilar 5 tentar bater; to swing at something/somebody tentar acertar em algo/alguém 6 ficar animado 7 andar de balanço ■ s. 1 balanço 2 balanço; oscilação 3 meneio 4 variação; mudança; alteração; mood swings variações de humor 5 virada 6 MÚSICA swing ♦ Grã-Bretanha swings and roundabouts perdas e ganhos in full swing em pleno swing bridge ponte giratória Grã-Bretanha swing door porta de vaivém
swipe v. 1 bater em 2 coloquial roubar 3 (*cartão de tarja magnética*) passar ■ s. 1 pancada forte 2 ataque violento ♦ swipe card cartão de tarja magnética
swirl v. 1 girar em redemoinho 2 rodopiar 3 fazer andar à roda ■ s. redemoinho
Swiss adj., s. suíço; BOTÂNICA Swiss chard acelga
switch s. 1 interruptor 2 mudança; virada; transição 3 troca ■ v. 1 mudar 2 trocar switch off v. desligar switch on v. ligar
switchboard s. 1 central telefônica; switchboard operator telefonista 2 quadro elétrico
Switzerland s. Suíça
swivel v. rodar; girar ■ s. eixo ♦ swivel chair cadeira giratória
swollen adj. inchado
swoon v. 1 extasiar-se 2 desfalecer ■ s. desfalecimento
swoop v. 1 descer em voo picado 2 fazer uma rusga ■ s. 1 voo picado 2 rusga; batida; police swoop batida policial
swop v. coloquial trocar (for, *por*) s. coloquial troca
sword s. espada; to draw/sheathe a sword desembainhar/embainhar uma espada ♦ a double-edged sword uma faca de dois gumes formal to put somebody to the sword passar alguém a fio de espada
swordfish s. ZOOLOGIA espadarte; peixe-espada
swordsman s. espadachim
sworn adj. jurado
swot s. coloquial cdf; aluno que só estuda
syllabic adj. silábico
syllable s. sílaba
syllogism s. silogismo
symbiosis s. simbiose
symbol s. símbolo
symbolic adj. simbólico; to be symbolic of something simbolizar algo
symbolism s. 1 simbolismo 2 simbologia
symbolist simbolista ■ adj., s. silogismo
symbolize, symbolise Grã-Bretanha v. simbolizar
symbology s. simbologia
symmetrical adj. simétrico
symmetry s. simetria
sympathetic adj. 1 compreensivo 2 solidário 3 propício; favorável ● ● A palavra "simpático", em inglês, traduz-se por *nice, friendly*.
sympathize, sympathise Grã-Bretanha v. 1 compreender (with, –) 2 solidarizar-se (with, *com*) 3 compadecer-se (with, *de*); ter pena (with, *de*)
sympathizer, sympathiser Grã-Bretanha s. simpatizante
sympathy s. 1 compaixão (for, *por*); pena (for, *por*) 2 solidariedade 3 compreensão 4 pêsames; sentimentos
symphonic adj. sinfônico
symphony s. sinfonia ♦ symphony orchestra orquestra sinfônica
symposium s. simpósio
symptom s. sintoma
symptomatic adj. sintomático (of, *de*)

synagogue s. sinagoga
synchronism s. sincronia
synchronization s. sincronização
synchronize, synchronise Grã-Bretanha v. 1 sincronizar 2 estar sincronizado ♦ synchronized swimming nado sincronizado
synchronous adj. 1 sincrônico 2 síncrono
syncope s. síncope
syndic s. síndico
syndicalism s. sindicalismo
syndrome s. síndrome
synonym s. sinônimo (for/of, de)
synonymous adj. sinônimo (with, de)
synonymy s. sinonímia
synopsis s. sinopse
syntactic adj. sintático
syntagm s. LINGUÍSTICA sintagma
syntax s. sintaxe
synthesis s. síntese
synthesize, synthesise Grã-Bretanha v. sintetizar
synthetic adj. sintético
syphilis s. MEDICINA sífilis
Syria s. Síria
Syrian adj., s. sírio
syringe s. seringa
syrup s. 1 xarope; cough syrup xarope para a tosse 2 calda; peach syrup calda de pêssego
system s. 1 sistema 2 método ♦ to get something out of one's system tirar algo da cabeça, deixar de pensar em algo system administrator administrador de sistemas systems analyst analista de sistemas system operator operador de sistemas
systematic adj. 1 sistemático 2 metódico
systematization s. sistematização
systematize, systematise Grã-Bretanha v. formal organizar
systole s. sístole

T

t s. (*letra*) t ♦ coloquial **to a T** perfeitamente **T cell** linfócito T

tab s. **1** etiqueta **2** (*pagamento*) conta; **put it on my tab** ponha na minha conta; **to pick up the tab** (for something) arcar com as despesas (de algo) **3** EUA (*lata*) argola **4** tabulador **5** (*browser da Internet*) separador ♦ **tab key** tabulador, tecla tab

tabernacle s. RELIGIÃO sacrário; tabernáculo

table s. **1** mesa; **at table** à mesa; **to clear the table** tirar a mesa, limpar a mesa; **to set/lay the table** pôr a mesa **2** quadro; tabela; **table of contents** índice **3** MATEMÁTICA tabuada; **seven times table** tabuada do sete **4** grupo de pessoas à mesa **5** tábua ■ v. **1** Grã-Bretanha apresentar **2** EUA adiar ♦ **to turn the tables** (on somebody) virar o jogo dar a volta na situação, fazer virar o feitiço contra o feiticeiro Grã-Bretanha **table football** futebol de botão **table lamp** candeeiro de mesa **table linen** toalhas (de mesa) e guardanapos **table manners** boas maneiras à mesa **table mat** (*travessas, pratos quentes*) descanso, base, cortiça **table tennis** tênis de mesa

tablecloth s. toalha (de mesa)

tablespoon s. colher de sopa

tablet s. **1** comprimido **2** pastilha **3** tabuleta; placa **4** EUA bloco (de folhas)

tableware s. artigos para a cozinha e sala de jantar (pratos, talheres, copos etc.)

tabloid s. (*jornal*) tabloide ■ adj. **1** (*formato*) tabloide **2** (*imprensa*) sensacionalista

taboo s. tabu ■ adj. tabu

tabulate v. dispor em tabelas; dispor em colunas

tachycardia s. MEDICINA taquicardia

tacit adj. tácito

taciturn adj. taciturno

tack s. **1** (*prego*) tacha; percevejo **2** linha de ação; tática; estratégia; caminho **4** (*de navio*) rumo; mudança de direção **5** (*costura*) alinhavo ■ v. pregar (com tacha)

tackle v. **1** enfrentar; fazer frente a; lidar com **2** abordar; confrontar; **to tackle somebody about something** confrontar alguém em relação a algo **3** (*futebol*) tentar tirar a bola de, entrar sobre; (*rúgbi, futebol americano*) placar **4** (*criminoso*) enfrentar ■ s. **1** equipamento, apetrechos **2** (*futebol*) entrada **3** (*navegação*) cordame

tacky adj. **1** coloquial cafona **2** pegajoso

tact s. tato; diplomacia; delicadeza

tactic s. tática **tactics** s.pl. tática militar

tactical adj. tático; estratégico ♦ Grã-Bretanha **tactical voting** voto útil

tactician s. perito em táticas; estrategista

tactile adj. tátil

tactless adj. sem tato; indiscreto; inconveniente

tadpole s. girino

taenia s. ZOOLOGIA tênia

taeniasis s. MEDICINA teníase

taffeta s. tafetá

tag s. **1** etiqueta; **name tag** crachá (de identificação); **price tag** etiqueta com o preço **2** (*generalização*) etiqueta; rótulo **3** citação **4** INFORMÁTICA etiqueta; tag ■ v. **1** etiquetar **2** (*generalização*) etiquetar; rotular **tag along** v. ir atrás; acompanhar

taiga s. taiga, floresta boreal

tail s. **1** (*animal*) cauda; rabo col. **2** (*vestido, avião, cometa*) cauda **3** retaguarda; parte final **4 5** coloquial detetive; espião **tails** s.pl. **1** fraque **2** (*moeda*) coroa; **heads or tails?** cara ou coroa? ■ v. seguir de perto; perseguir ♦ **the tail end** a parte final, o fim **to turn tail** fugir correndo **with one's tail between one's legs** com o rabo/rabinho entre as pernas **tail light** luz traseira

tailback s. Grã-Bretanha fila de trânsito

tailgate s. porta traseira

tailor s. alfaiate ■ v. adaptar; fazer à medida

taint v. **1** manchar **2** contaminar ■ s. mancha

take v. **1** levar **2** tirar; ficar com **3** tomar; **all the seats are taken** todos os lugares estão ocupados; **take a seat** sente-se; **to take a stand** assumir uma posição; **to take measures** tomar providências; **to take possession of** tomar posse de; **to take precautions** tomar as devidas precauções, prevenir-se **4** pegar em; segurar em, entrar sobre; **he took me by the arm** ele me agarrou pelo braço **6** (*ação*) dar, tomar, ter, fazer; **to take a bath** tomar um banho; **to take a break** fazer um intervalo; **to take a look at** olhar para; **to take a photograph** tirar uma fotografia; **to take a walk** dar um passeio **7** (*transporte*) pegar **8** ser preciso; levar; exigir; **how long is it going to take?** quanto tempo vai demorar?; **it took a lot of effort** exigiu muito esforço; **it takes courage to do what he did** é preciso coragem para fazer o que ele fez **9** aceitar **10** receber **11** aguentar; suportar **12** (*responsabilidade, consequências*) assumir **13** julgar; supor; presumir; **I took them to be honest** julguei que eram honestos; **what do you take me for?** por quem me tomas? **14** subtrair; **take ten from fifteen** subtrai dez de quinze ■ s. **1** AUDIOVISUAL take **2** opinião ♦ **take it from me** acredita em mim **take it or leave it** é pegar ou largar **to be taken with somebody/something** estar entusiasmado com alguém/algo **to take by surprise** pegar de surpresa **to take for granted** dar por certo **to take into account** levar em conta **to take it easy** viver sem preocupações coloquial **take it easy!** calma lá! **to take it out of somebody** deixar alguém exausto **to take upon oneself** assumir a responsabilidade **to take it upon/on oneself to do something** tomar a iniciativa de fazer algo (sem pedir autorização) **to take note of** preste atenção em; note/observe que **to take place** acontecer, realizar-se (evento) **to take some-**

body out of themselves fazer alguém esquecer os seus problemas **take after** v. 1 (*semelhança*) sair a 2 EUA coloquial ir atrás de **take apart** desmontar **take away** v. 1 tirar 2 levar (embora) 3 Grã-Bretanha (*comida*) levar (para comer em casa) 4 (*dor, sensação*) fazer desaparecer 5 subtrair; six take away two equals four seis menos quatro dá dois **take back** v. 1 devolver 2 aceitar de volta 3 retirar; I take it back retiro o que disse 4 fazer lembrar; fazer voltar **take in** v. 1 acolher; alojar 2 enganar; don't be taken in by não se deixe enganar por 3 compreender 4 abranger; incluir **take off** v. 1 (*roupa, calçado*) tirar; despir; descalçar; to take off one's clothes tirar a roupa, despir-se; to take off one's shoes tirar os sapatos, descalçar-se 2 tirar; retirar 3 decolar; levantar voo 4 Grã-Bretanha coloquial imitar; caricaturar 5 coloquial fugir; ir embora 6 (*férias, folga*) tirar, não ir trabalhar; to take a few days off tirar uns dias (de férias) 7 tornar-se popular **take out on** v. descarregar em; to take it out on somebody descarregar em alguém **take out** v. 1 convidar para sair; levar para passear 2 tirar; extrair 3 (*apólice*) subscrever; (*empréstimo*) contrair 4 (*dinheiro*) levantar 5 (*biblioteca*) requisitar 6 coloquial eliminar; matar 7 (*pagamento*) deduzir 8 EUA (*comida*) levar (para comer em casa) **take over** v. 1 assumir o controle de; to take over from somebody substituir alguém 2 invadir; ocupar 3 (*empresa, negócio*) adquirir **take to** v. 1 simpatizar; gostar de 2 acostumar-se a 3 encaminhar-se para; fugir para **take up** v. 1 (*atividade, hobby*) dedicar-se a 2 iniciar; to take up one's duties iniciar funções 3 (*tempo, espaço*) ocupar; preencher 4 recomeçar; retomar 5 (*proposta, desafio*) aceitar 6 (*posição*) assumir 7 juntar-se a

takeaway, takeout EUA s. 1 restaurante que vende comida embalada para viagem 2 comida embalada para viagem ■ *adj.* 1 (*restaurante*) que vende comida para levar (para comer em casa) 2 para levar; para comer em casa

takeoff s. 1 (*avião*) decolagem 2 imitação; caricatura

takeover s. 1 tomada do poder 2 (*empresa*) aquisição; takeover bid oferta pública de aquisição

talc s. talco

tale s. história; conto; fairy tale conto de fadas ♦ to tell its own tale falar por si Grã-Bretanha to tell tales reclamar

talent s. 1 talento (for, *para*) 2 jeito (for, *para*)

talented *adj.* talentoso; com talento

Taliban *adj.* talibã ■ s. membro dos talibãs; the Taliban os talibãs

talisman s. talismã

talk v. 1 falar; to talk about something falar de/sobre algo; to talk sense dizer coisas acertadas; to talk sport falar de esporte; to talk to/with somebody falar com alguém; we're talking 5 million pounds estamos falando de 5 milhões de libras 2 conversar; falar; we need to talk precisamos conversar ■ s. 1 conversa; to have a talk with somebody ter uma conversa com alguém 2 palestra; conferência 3 rumor; boato talks *s.pl.* conversações; negociações; peace talks conversações de paz ♦ it's the talk of the town só se fala nisso look who's talking! olha quem fala! coloquial now you're talking assim é que se fala talking of... por falar em... to be all talk só ter conversa to talk big contar vantagem to talk somebody into persuadir, convencer alguém a...to talk the hind legs off a donkey falar pelos cotovelos talk show talk show, programa de entrevistas talk back responder mal, desrespeitosamente

talkative *adj.* falador

talking-to s. coloquial descompostura; ralhete

tall *adj.* 1 alto; he's five feet tall mede (cerca de) 1,52 m; how tall are you? quanto é que você mede?; how tall is the building? qual é a altura do edifício? 2 (*história*) inverossímil

tallow s. sebo

tamandua s. ZOOLOGIA tamanduá

tamarind s. BOTÂNICA tamarindo

tambourine s. tamborim, pandeiro

tame *adj.* 1 manso 2 monótono 3 Grã-Bretanha coloquial solícito ■ v. 1 amansar; domesticar 2 controlar; domesticar fig.

tamer s. domador

tampon s. (*higiene íntima*) tampão

tan v. 1 bronzear(-se); ficar moreno 2 (*couro*) curtir ■ s. 1 bronzeado; to get a tan bronzear-se, ficar moreno 2 marrom-claro, castanho-claro

tandem s. 1 bicicleta de dois lugares ♦ in tandem (with) conjuntamente (com)

tang s. 1 travo; gosto azedo 2 cheiro forte

tangent *adj.* tangente ■ s. 1 GEOMETRIA tangente 2 MÚSICA tangente, peça de metal do clavicórdio ♦ coloquial to go off at a tangent desviar-se do assunto

tangerine s. BOTÂNICA tangerina ■ *adj.* cor de laranja escuro

tangible *adj.* 1 concreto; palpável 2 tangível

tangle s. 1 emaranhado 2 confusão 3 discussão ■ v. 1 emaranhar(-se); enredar(-se); prender(-se) 2 (*conflito*) meter-se (with, *com*)

tango s. tango ■ v. dançar o tango ♦ coloquial it takes two to tango a responsabilidade é dos dois

tank s. 1 reservatório; tanque; depósito; petrol tank tanque de gasolina; fish tank aquário 2 tanque; carro de combate ■ v. 1 ser um fracasso 2 falhar de propósito 3 (*ações*) descer drasticamente ♦ tank top 1 Grã-Bretanha colete, camiseta sem mangas 2 EUA camiseta sem mangas, top think tank comissão de peritos

tankard s. caneca de cerveja (de estanho ou prata)

tanker s. 1 petroleiro 2 caminhão-cisterna

tanner s. curtidor

tannery s. fábrica de curtumes

tannin s. QUÍMICA tanino

tantamount *adj.* equivalente; to be tantamount to something ser equivalente a algo, ser tão mau quanto algo

tantrum s. birra; to throw/have a tantrum fazer birra

tap s. 1 torneira; cold/hot tap torneira da água fria/quente; to turn on/off a tap abrir/fechar uma torneira 2 pancada ligeira; palmada 3 escuta telefônica 4 sapateado ■ v. 1 dar um toque; dar uma pancada ligeira 2 (*com os dedos, pés*) bater com 3

tape

aproveitar; recorrer a 4 (*telefone*) pôr escutas em 5 (*árvore*) sangrar
tape *s.* 1 fita 2 cassete 3 ESPORTE meta 4 fita métrica ■ *v.* 1 gravar 2 colar com fita adesiva ◆ tape measure fita métrica magnetic tape fita magnética
taper *v.* estreitar; afunilar taper down diminuir, decrescer ■ *s.* vela (comprida e fina)
tapering *s.* afunilamento
tapestry *s.* tapeçaria
tapeworm *s.* ZOOLOGIA tênia
tar *s.* alcatrão ■ *v.* 1 alcatroar 2 impermeabilizar com alcatrão ◆ (*castigo*) to tar and feather somebody cobrir alguém com alcatrão e penas
tarantula *s.* ZOOLOGIA tarântula
tardy *adj.* 1 formal tardio; atrasado; to be tardy in doing something atrasar-se fazendo algo 2 vagaroso
target *s.* 1 alvo; to hit/miss the target acertar/falhar no alvo 2 objetivo; meta 3 público-alvo 4 (*crítica*) objeto; alvo ■ *v.* 1 apontar; dirigir; to be targeted at doing something visar fazer algo 2 escolher como alvo; to be targeted at something ter como alvo algo
tariff *s.* 1 tarifa 2 tabela de preços; tarifário
tarnish *v.* 1 (*metal, superfície*) deslustrar; embaçar 2 (*reputação*) manchar ■ *s.* perda de brilho
tarot *s.* tarô; a tarot pack um baralho de tarô
tarpaulin *s.* lona
tarragon *s.* BOTÂNICA estragão
tart *s.* 1 torta 2 Grã-Bretanha calão, pejorativo vadia, vagabunda ofens.; porca ofens. ■ *adj.* 1 (*sabor*) azedo; amargo 2 (*tom, resposta*) ríspido ■ *v.* tornar(-se) ácido, tornar(-se) azedo
tartar *s.* 1 tártaro 2 tirano, megera ◆ tartar sauce molho tártaro
task *s.* tarefa; trabalho; incumbência; missão; a thankless task uma tarefa ingrata; to be no easy task não ser tarefa fácil; to carry out a task executar uma tarefa; to set/give somebody a task atribuir a alguém uma tarefa ■ *v.* incumbir; to be tasked with doing something ser incumbido de fazer algo ◆ to take somebody to task chamar a atenção de alguém task force 1 força operacional 2 grupo de trabalho
tassel *s.* 1 borla 2 fita presa a livro para marcar páginas 3 BOTÂNICA pendão, bandeira do milho ■ *v.* 1 guarnecer com borla, enfeitar com borlas 2 (*milho*) deitar pendão, criar pendão
taste *s.* 1 sabor; gosto 2 paladar 3 prova; amostra; to have a taste of something provar algo 4 gosto; good/bad taste bom/mau gosto; to suit all tastes para todos os gostos 5 apetência; gosto ■ *v.* 1 saber; to taste good ser gostoso 2 provar 3 experimentar ◆ there's no accounting for taste gosto não se discute taste bud papila gustativa
tasteful *adj.* com bom gosto
tasteless *adj.* 1 sem gosto; insosso 2 de mau gosto
taster *s.* 1 provador 2 Grã-Bretanha coloquial amostra; cheirinho col.
tastiness *s.* sabor; gostosura
tasty *adj.* saboroso; apetitoso
tatters *s.pl.* farrapos; in tatters em farrapos
tattle *v.* delatar; contar (segredo); denunciar
tattletale *s.* linguarudo; delator

tattoo *s.* 1 tatuagem 2 apresentação de banda militar ■ *v.* tatuar
taunt *v.* provocar; atormentar ■ *s.* insulto; provocação; boca col.
Taurus *s.* ASTRONOMIA Touro
taut *adj.* 1 esticado; retesado 2 tenso 3 firme 4 (*filme, livro*) emocionante (e sem partes desnecessárias)
tavern *s.* taberna
tawdry *adj.* 1 vistoso 2 imoral; escabroso
tax *s.* imposto ■ *v.* 1 taxar; tributar 2 pôr à prova; testar ◆ tax collector cobrador de impostos ● A palavra "taxa", em inglês, traduz-se por *fee, rate*.
taxable *adj.* coletável; tributável
taxation *s.* tributação; carga fiscal; impostos
tax-deductible *adj.* dedutível nos impostos
tax-exempt *adj.* isento de imposto
tax-free *adj.* livre de impostos
taxi *s.* táxi; by taxi de táxi; taxi driver taxista; to call a taxi chamar um táxi; to hail a taxi mandar parar um táxi; to take a taxi pegar um táxi ■ *v.* (*avião*) mover-se na pista ◆ taxi stand praça de táxis
taxicab *s.* táxi
taximeter *s.* Grã-Bretanha formal taxímetro
taxonomy *s.* taxionomia, taxonomia
taxpayer *s.* contribuinte
tea *s.* 1 chá; a cup of tea uma xícara de chá 2 Grã-Bretanha lanche 3 Grã-Bretanha jantar ◆ It is not my cup of tea não sou chegado em; não é a minha praia Grã-Bretanha tea break intervalo (no trabalho)
teach *v.* ensinar; she's taught for ten years dá aulas há dez anos; to teach somebody (how) to do something ensinar alguém a fazer algo ◆ coloquial that'll teach you! é para você aprender! to teach somebody a lesson dar uma lição em alguém
teacher *s.* professor, docente; science teacher professor de ciências; teacher training formação de professores; EUA teachers' lounge sala de professores; Grã-Bretanha the head teacher o diretor
teaching *s.* ensino; docência; teaching aids materiais pedagógicos; teaching materials material didático; teaching profession atividade docente; teaching staff corpo docente teachings *s.pl.* ensinamentos; doutrina
teacup *s.* xícara de chá
team *s.* 1 equipe; a team of scientists uma equipe de cientistas; football team equipe de futebol; national team seleção nacional; team sports esportes coletivos 2 (*de animais*) parelha ■ *v.* juntar; colocar para trabalhar em conjunto ◆ team spirit espírito de equipe team up *v.* formar equipe (with, *com*)
teamwork *s.* trabalho em equipe
teapot *s.* bule
tear[1] *s.* lágrima; to burst into tears desatar a chorar ◆ Grã-Bretanha coloquial it'll end in tears vai dar mau resultado! to be bored to tears estar morto de tédio tear duct canal lacrimal tear gas gás lacrimogêneo
tear[2] *v.* 1 rasgar(-se); romper(-se) 2 arrancar 3 irromper; passar depressa 4 dilacerar ■ *s.* rasgão ◆ to be torn (between something and something) estar dividido (entre algo e algo) tear down *v.* demolir

tear up v. 1 rasgar em pedaços 2 arrancar 3 (contrato, acordo) rasgar
teardrop s. lágrima
tearful adj. 1 choroso 2 emotivo
tearjerker s. coloquial, pejorativo dramalhão
tease v. 1 arreliar; meter-se com; implicar com 2 provocar ■ s. 1 gozador 2 piada; brincadeira; provocação 3 provocador
teaser s. 1 coloquial pergunta difícil; quebra-cabeças 2 cartaz ou anúncio promocional que revela pouco, para espicaçar a curiosidade
teaspoon s. colher de chá
teat s. 1 (animal) teta 2 Grã-Bretanha (mamadeira) bico
teatime s. Grã-Bretanha hora do chá; hora do lanche
technetium s. QUÍMICA (elemento químico) tecnécio
technical adj. técnico; technical hitch falha técnica; technical support assistência técnica
technicality s. questão técnica; pormenor técnico
technician s. técnico
technique s. técnica
technological adj. tecnológico
technology s. tecnologia
tectonic adj. GEOLOGIA tectônico; tectonic plate placa tectônica
tectonics s. GEOLOGIA tectônica; plate tectonics tectônica de placas
tedious adj. entediante; fastidioso
teem v. 1 abundar (with, de); estar cheio (with, de) 2 (chuva) cair torrencialmente
teenage adj. 1 adolescente; em idade adolescente 2 de adolescentes; teenage magazines revistas para adolescentes; teenage pregnancy gravidez em adolescentes; teenage years (anos da) adolescência
teenager s. adolescente
teeny adj. coloquial pequenino; minúsculo
teethe v. começar a ter dentes
teething s. dentição ♦ teething problems/troubles dificuldades iniciais
teetotal adj. abstêmio
teetotaller, teetotaler EUA s. abstêmio
telecommunications s.pl. telecomunicações
teleconference s. teleconferência; by teleconference por teleconferência
teleconferencing s. (método) teleconferência
telegram s. telegrama
telegraph s. telégrafo ■ v. telegrafar; enviar telegrama a ♦ Grã-Bretanha telegraph pole poste telefônico
telegraphic adj. telegráfico
telemarketing s. telemarketing
teleost s. ZOOLOGIA xaréu
teleostean adj., s. ZOOLOGIA teleósteo
telepathic adj. telepático; to be telepathic ter poderes telepáticos
telepathy s. telepatia
telephone s. telefone; on the telephone ao telefone; over the telephone/by telephone por telefone; telephone call telefonema, chamada; telephone number número de telefone ■ v. telefonar (a) ♦ telephone book lista telefônica Grã-Bretanha telephone box cabine telefônica telephone directory lista telefônica telephone exchange central de telefones EUA telephone pole poste telefônico telephone tapping escutas telefônicas
telephonist s. Grã-Bretanha telefonista
telephony s. telefonia
teleprompter s. EUA teleponto
telesales s. televendas
telescope s. telescópio ■ v. 1 condensar; resumir 2 encaixar(-se)
telescopic adj. telescópico
teleshopping s. teleshopping; telecompras
teletext s. teletexto; on teletext no teletexto
television s. televisão; cable television televisão por cabo; television set televisor; to watch television ver televisão
tell v. 1 dizer; she told me she was a doctor ela me disse que era médica; tell me about yourself fale-me de você; tell me where it is diz-me onde está; to tell a lie contar uma mentira; to tell somebody something dizer algo a alguém; to tell the truth dizer a verdade 2 contar; tell me what happened conte-me o que aconteceu 3 mandar; he told me to leave ele me mandou sair 4 dizer; indicar 5 distinguir (from, de) 6 avisar 7 fazer-se notar 8 fazer queixa ♦ all told no total I'll tell you what fazemos o seguinte I told you so eu te avisei who can tell? sabe-se lá you never can tell nunca se sabe tell apart v. distinguir tell off v. ralhar a; repreender tell on v. denunciar; fazer queixa de
teller s. 1 (em um banco) caixa 2 delegado de contagem de votos 3 contador de histórias ● É diferente de accountant.
telling adj. 1 eficaz; significativo 2 revelador ■ s. (de história) relato; narração; telling off bronca
telltale s. 1 Grã-Bretanha dedo-duro, caguete; denunciador 2 figurado sinal; indício 3 detector; alarme automático 4 (navegação) indicador da direção do vento ■ adj. (prova) revelador; significativo
telly s. Grã-Bretanha coloquial TV, televisão
temerity s. temeridade; to have the temerity to do something ter a ousadia de fazer algo
temper s. 1 mau humor; mau gênio; irritação; to be in a temper estar irritado; tempers became frayed os ânimos se exaltaram 2 humor; disposição ■ v. 1 moderar; temperar; suavizar 2 (metal) temperar ♦ to keep one's temper manter a calma to lose one's temper perder a calma, perder as estribeiras, zangar-se
temperament s. 1 temperamento; caráter 2 mau gênio
temperamental adj. 1 temperamental; caprichoso 2 de temperamento
temperance s. moderação; temperança
temperate adj. 1 (clima) temperado 2 formal comedido; moderado
temperature s. 1 temperatura; a drop in temperature uma queda da temperatura; high temperatures temperaturas altas 2 febre; to have a temperature estar com febre; to take somebody's temperature medir a febre de alguém
tempering s. (de metais) têmpera

tempest

tempest s. literário tempestade; tormenta ♦ EUA a tempest in a teapot uma tempestade em um copo de água
tempestuous adj. tempestuoso; turbulento
temple s. 1 templo 2 ANATOMIA fonte; têmpora
tempo s. 1 MÚSICA tempo 2 ritmo
temporary adj. temporário; provisório; passageiro
temporizer s. temporizador
tempt v. tentar; seduzir; to tempt somebody into doing something persuadir alguém a fazer algo
temptation s. tentação
tempting adj. tentador; apelativo
ten adj., s. dez; it's ten o'clock são dez horas; on 10 April a 10 de abril; page/chapter ten página/capítulo dez; to be ten years old ter dez anos ♦ coloquial ten to one... aposto que... ● Note-se que *on 10 April* se lê *on April the tenth* ou *on the tenth of April*. É diferente de *teen*.
tenable adj. 1 (*ideia, opinião, teoria*) defensável; sustentável 2 (*cargo, bolsa*) concedido (for, durante)
tenacious adj. 1 tenaz; persistente 2 firme
tenacity s. 1 tenacidade 2 firmeza
tenancy s. aluguel, arrendamento; tenancy agreement contrato de aluguel
tenant s. inquilino
tend v. 1 tender (to, *a*); ter tendência (to, *a/para*) 2 cuidar de; tratar de 3 guardar
tendency s. tendência; propensão; to have a tendency to do something ter tendência a fazer algo
tendentious adj. 1 tendencioso 2 controverso
tender adj. 1 terno; meigo; carinhoso 2 (*alimento*) tenro 3 dolorido 4 sensível ■ s. 1 (*de bens, serviços*) concurso público; to be put out to tender ir a concurso público 2 oferta; proposta; to put in a tender for apresentar uma proposta 3 (*para combustível, água*) vagão engatado à locomotiva ■ v. 1 formal entregar; oferecer; to tender one's resignation apresentar a demissão 2 (*concurso*) apresentar uma proposta (for, *para*) ♦ at the tender age of com a tenra idade de legal tender moeda corrente coloquial tender loving care carinho, colo fig., col.
tender-hearted adj. bondoso; compassivo
tenderness s. ternura
tendinitis s. MEDICINA tendinite
tendon s. ANATOMIA tendão
tendril s. BOTÂNICA gavinha
tenement s. prédio (principalmente em zona pobre); tenement block bloco de apartamentos
tenner s. 1 Grã-Bretanha coloquial nota de dez libras 2 EUA coloquial nota de dez dólares
tennis s. tênis; tennis ball bola de tênis; tennis court quadra de tênis; tennis player tenista; tennis racket raquete de tênis; (*calçado*) tennis shoe tênis; to play tennis jogar tênis
tenor s. 1 MÚSICA tenor 2 teor; conteúdo 3 tom
tense adj. 1 tenso 2 esticado ■ v. retesar; esticar ■ s. tempo verbal; in the past tense no passado
tension s. 1 (*emoção*) tensão 2 (*conflito*) tensão; hostilidade 3 ELETRICIDADE tensão; high tension cabos de alta tensão
tent s. tenda; barraca
tentacle s. tentáculo

tentative adj. 1 provisório; não definitivo 2 tímido; hesitante
tenth adj., s. décimo; on the tenth of December no dia dez de dezembro ■ s. décima parte
tenuous adj. tênue
tenure s. 1 (*cargo*) ocupação; mandato 2 (*propriedade*) posse 3 (*professor*) nomeação definitiva
tepid adj. 1 tépido 2 morno; pouco caloroso
terbium s. QUÍMICA (*elemento químico*) térbio
tercentenary Grã-Bretanha adj., s. tricentenário
tercentennial EUA adj., s. tricentenário
tercet s. LITERATURA terceto
term s. 1 termo; a term of abuse uma palavra insultuosa; xingamento in terms of em termos de, em relação a; technical term termo técnico 2 período (letivo) 3 período; prison term pena de prisão; (*de cargo político*) term in office mandato 4 termo; fim 5 prazo; data de vencimento 6 MATEMÁTICA termo terms s.pl. 1 condições; on equal terms em igualdade de circunstâncias; to bring to terms impor condições 2 relações; to be on bad terms with somebody estar de más relações com alguém ■ v. 1 denominar 2 classificar ♦ in the long term a longo prazo in the short term a curto prazo
terminal s. terminal ■ adj. 1 (*doença, doente*) terminal 2 terminal; final 3 irreversível
terminate v. 1 terminar; pôr fim a 2 (*contrato*) rescindir 3 (*gravidez*) interromper 4 (*trem, ônibus*) terminar a viagem em
termination s. 1 terminação; termo 2 (*contrato*) rescisão
terminology s. terminologia
terminus s. estação terminal; ponto final
termite s. ZOOLOGIA térmita, cupim
tern s. ZOOLOGIA trinta-réis
ternary adj. ternário
terrace s. 1 terraço 2 socalco 3 fila de casas semelhantes, pegadas umas às outras 4 rua (com fila de casas semelhantes) terraces s.pl. (*estádio*) bancadas
terracotta s. terracota
terrain s. terreno
terrapin s. ZOOLOGIA tartaruga (de água doce)
terrestrial adj. terrestre
terrible adj. 1 terrível 2 péssimo; to feel terrible sentir-se muito mal
terribly adv. 1 terrivelmente 2 extremamente; tremendamente; I'm terribly sorry sinto muito
terrific adj. 1 espantoso; incrível; formidável 2 tremendo; enorme
terrified adj. aterrorizado; to be terrified of something/doing something morrer de medo de algo/fazer algo
terrify v. aterrorizar; apavorar
terrifying adj. assustador; aterrador; terrível
territorial adj. territorial; territorial waters águas territoriais
territory s. território
terror s. 1 terror; pavor; to flee in terror fugir aterrorizado 2 terrorismo; terror attacks ataques terroristas; war on terror guerra contra o terrorismo 3 coloquial (*criança*) pestinha; terrorista

terrorism s. terrorismo
terrorist s. terrorista; a terrorist attack um ataque terrorista
terrorize, terrorise Grã-Bretanha v. intimidar; aterrorizar
terse adj. conciso; seco
tertiary adj. terciário; tertiary sector setor terciário ◆ Grã-Bretanha tertiary education ensino superior
test s. teste; blood test exame de sangue; driving test prova de direção; to take/do a test fazer um teste ■ v. 1 testar; examinar 2 submeter a um teste (for, a); he tested negative a análise (dele) deu negativo ◆ to put somebody/something to the test pôr alguém/algo à prova test flight voo experimental test tube tubo de ensaio
testament s. 1 testemunho (to, de) 2 testamento ◆ Old/New Testament Antigo/Novo Testamento
tester s. 1 pessoa que faz um teste; ensaiador; provador; analista 2 aparelho de verificação; testador 3 amostra
testicle s. ANATOMIA testículo
testify v. 1 testemunhar; depor; to testify against/for somebody depor contra/a favor de alguém 2 confirmar; testemunhar 3 declarar solenemente
testimonial s. 1 testemunho 2 recomendação 3 homenagem
testimony s. 1 depoimento; testemunho 2 testemunho; demonstração; to bear testimony to dar testemunho de ◆ A palavra "testemunha", em inglês, traduz-se por *witness*.
testosterone s. testosterona
testy adj. irritadiço; de mau humor
tetanus s. MEDICINA tétano
tether s. (de animal amarrado) corda; corrente ■ v. (animal) prender (com corda ou corrente); amarrar ◆ to be at the end of one's tether não aguentar mais
tetra s. ZOOLOGIA lambari
text s. 1 texto 2 (celular) mensagem 3 texto original 4 obra; excerto; a set text uma obra de leitura obrigatória 5 passagem bíblica 6 EUA manual; livro de texto ■ v. (celular) enviar uma mensagem a; enviar por SMS; enviar mensagens ◆ text message (celular) mensagem SMS
textbook s. manual escolar; livro de texto; compêndio ■ adj. ideal; modelo
textile s. têxtil; produto têxtil; textile industry indústria têxtil textiles s.pl. indústria têxtil
textual adj. (texto) textual; textual analysis análise textual
texture s. textura
Thai adj., s. tailandês
Thailand s. Tailândia
thalassotherapy s. talassoterapia
than conj. 1 (do) que; bigger than maior que; it was no other than his father não era outro senão o pai dele; more important than mais importante que; more than ever mais do que nunca 2 de; more than a week mais de uma semana; less than fifty people menos de cinquenta pessoas
thank v. agradecer; to thank somebody (for something) agradecer a alguém (algo) ◆ thank God! graças a Deus! thank you obrigado thank you very much muito obrigado to only have oneself to thank ser o único responsável
thankful adj. grato; agradecido; reconhecido
thankless adj. ingrato
thanks interj. obrigado; thanks a lot for your help muito obrigado pela ajuda ■ s.pl. agradecimento; gratidão; without a word of thanks sem uma palavra de agradecimento ◆ thanks to graças a
thanksgiving s. ação de graças ◆ Thanksgiving (Day) Dia de Ação de Graças ● O Dia de Ação de Graças é celebrado nos EUA na quarta quinta-feira do mês de novembro. A sua origem remonta a 1621, após a chegada dos primeiros europeus ao continente americano. Tratava-se de um agradecimento a Deus pela colheita abundante, que garantia a sobrevivência depois de um período de dificuldades. Hoje as famílias se reúnem para uma refeição tradicional, cujo prato principal é peru recheado.
that adj. esse, essa, aquele, aquela; that table essa mesa; those books esses livros; I want that one, not this one quero aquele lá, não este ■ pron. 1 isso; aquilo is that all? é só isso? that's enough está bom assim; that's enough! agora basta! ■ conj. 1 (sujeito, objeto) que; she suggested that I phone the doctor ela sugeriu que eu ligasse para o médico 2 em que ● É diferente de *this*.
thatch s. 1 BOTÂNICA colmo 2 telhado de colmo ■ v. cobrir com colmo
thaw v. 1 derreter; fundir 2 descongelar ■ s. degelo
the artigo definido o, a, os, as ◆ the more/less ..., the more/less ... quanto mais/menos ..., mais/menos ...
theatre, theater EUA s. 1 teatro; theatre company companhia de teatro; to go to the theatre ir ao teatro 2 EUA (edifício) sala de cinema 3 Grã-Bretanha sala de operações; bloco operatório 4 teatro; palco; local; cenário; theatre of operations teatro de operações
theatrical adj. teatral
theatricality s. teatralidade
theft s. roubo; furto
their adj. poss. 1 deles, delas; seu, sua, seus, suas; their children os seus filhos; their house a casa deles; they closed their eyes fecharam os olhos 2 seu, sua, seus, suas; anyone experiencing these symptoms should contact their doctor immediately se tiver estes sintomas, deverá contatar imediatamente o seu médico
theirs pron. poss. deles, delas; seu, sua, seus, suas; it's not theirs não é deles; a friend of theirs um amigo deles
them pron. pess. 1 os, as; I didn't see them não os vi 2 lhes; don't tell them não diga a eles; give them the key dê a chave a eles 3 eles, elas; every one of them todos eles; it's them são eles; talk to them fala com eles 4 lhe; o, a; if anyone calls, ask them to ring back tomorrow se alguém ligar, peça-lhe que volte a telefonar amanhã ■ adj. esses; aqueles ● Com o sentido de "esses, aqueles", o pronome *them* é usado na falada porém considerado incorreto na linguagem escrita.

thematic

thematic *adj.* temático
theme *s.* 1 tema 2 tema musical 3 EUA antiquado trabalho escrito (para a escola) ♦ theme park parque temático
themselves *pron. pess. refl.* eles mesmos, elas mesmas; se; a si mesmos; they cut themselves eles se cortaram; by themselves sozinhos
then *adv.* 1 naquela altura; então; back then naquele tempo; it was then that... foi então que... 2 depois; a seguir 3 então; portanto 4 então; goodbye, then! então, adeus! ■ *adj.* desse tempo; de então; the then President o então presidente ♦ but then/but then again/then again mas também por outro lado
theocracy *s.* teocracia
theocratic *adj.* teocrático
theological *adj.* teológico
theologist *s.* teólogo
theology *s.* teologia
theorem *s.* teorema; Pythagoras' theorem teorema de Pitágoras
theoretical *adj.* teórico
theoretician *s.* teórico
theorize, theorise Grã-Bretanha *v.* teorizar (about/on, *acerca de*); especular (about/on, *acerca de*)
theory *s.* teoria; in theory em/na teoria, teoricamente
therapeutic *adj.* terapêutico
therapeutics *s.* terapêutica
therapist *s.* terapeuta
therapy *s.* terapia
there *pron.* there is/are há; there might be poderá haver; there to be haver, existir; there was/were havia, houve ■ *adv.* 1 ali; lá; fifty miles there and back cinquenta milhas de ida e volta; it's there está ali; in there lá dentro; we're almost there estamos quase chegando 2 aí 3 coloquial nesse aspecto; nisso ■ *interj.* pronto!; there, I've said it! pronto, já disse!; there, there! pronto, pronto! ♦ I've been there before já passei por isso there and then no momento; imediatamente there you are 1 (*ao entregar algo*) aqui está 2 (*ao demonstrar, explicar*) já está pronto 3 aí está você there you have it pronto to be there for somebody estar do lado de alguém
thereabouts *adv.* 1 por aí; perto disso; from Liverpool or thereabouts de Liverpool ou arredores 2 aproximadamente; he's 50 or thereabouts tem cerca de 50 anos; in 1980 or thereabouts por volta de 1980
thereafter *adv.* formal em seguida; posteriormente
thereby *adv.* formal por conseguinte; assim ♦ jocoso thereby hangs a tale é uma longa história
therefore *adv.* portanto; por conseguinte; logo
therein *adv.* formal aí; nisso; there in lies... aí reside..., aí está...
thereupon *adv.* 1 formal logo a seguir; por causa disso 2 formal ali; lá; nisso 3 formal acerca disso
thermal *adj.* 1 térmico 2 termal ■ *s.* corrente ascendente de ar quente **thermals** *s.pl.* Grã-Bretanha roupa interior térmica
thermodynamic *adj.* termodinâmico
thermodynamics *s.* FÍSICA termodinâmica
thermometer *s.* termômetro
thermonuclear *adj.* termonuclear
thermos *s.* garrafa térmica
thermostat *s.* termostato
these *adj., pron. dem.* (plural de this) estes, estas
thesis *s.* tese
they *pron. pess.* eles, elas; they don't know what they want eles não sabem o que querem ♦ they say that... dizem que...
thick *adj.* 1 grosso; to be 1 cm thick ter 1 cm de grossura 2 espesso 3 denso; compacto 4 coloquial burro; tapado 5 (*sotaque*) carregado; cerrado 6 (*voz*) rouco 7 abundante 8 carregado (with, *de*); cheio (with, *de*) ♦ thick and fast em grande número in the thick of no meio de through thick and thin em todas as alturas, para o que der e vier
thicken *v.* 1 engrossar 2 tornar(-se) espesso
thicket *s.* mata, matagal, bosque cerrado
thickly *adv.* 1 em fatias grossas; em camadas espessas 2 densamente; thickly populated densamente povoado
thickness *s.* espessura, grossura
thickset *adj.* (*homem*) robusto
thief *s.* ladrão, ladra ♦ coloquial as thick as thieves unha e carne
thieve *v.* roubar
thigh *s.* ANATOMIA coxa
thighbone, thigh bone *s.* fêmur
thimble *s.* dedal
thin *adj.* 1 magro 2 fino 3 (*cor, luz*) pálido; esbatido 4 (*argumento, desculpa*) fraco ■ *v.* 1 (*em número*) diminuir 2 (*líquido*) diluir 3 (*cabelo*) enfraquecer ♦ coloquial thin on top com pouco cabelo
thing *s.* coisa; forget the whole thing esquece isso tudo; I can't remember a thing não me lembro de nada; the main thing o principal; to do the right thing fazer o que está certo, proceder bem; you poor thing! pobrezinho! ♦ all things considered no final de contas as things are no estado atual das coisas first thing (in the morning) logo de manhã for one thing para começar, por um lado it's a good thing... ainda bem que... the thing is o que acontece é que, a questão é que to pack one's things fazer as malas
think *v.* 1 pensar; I was thinking of buying a car estava pensando em comprar um carro; to think twice pensar duas vezes; what are you thinking about? em que você está pensando? 2 pensar; julgar; achar; I don't think so acho que não, não me parece; I think so acho que sim; I thought as much bem me parecia 3 raciocinar; I wasn't thinking não raciocinei; what was I thinking? onde é que eu tinha a cabeça? 4 lembrar-se 5 considerar ♦ come to think of it pensando bem to think better of it pensar melhor to think highly of somebody ter alguém em boa conta to think little of somebody não ter grande consideração por alguém to think nothing of something não dar importância a algo who would have thought? quem diria? think through *v.* considerar bem; pensar bem em; refletir sobre
thinker *s.* pensador; a logical thinker uma pessoa que pensa de forma lógica

thinking s. 1 pensamento; reflexão 2 opinião; good thinking! boa ideia!, bem pensado!; to my way of thinking na minha maneira de ver ■ *adj.* que pensa; inteligente

thinly *adv.* 1 em fatias finas; em uma camada fina 2 pouco; escassamente 3 (*sorrir*) com pouca emoção

third *adj., s.* terceiro; on the third of April no dia três de abril ■ *s.* terço; terça parte; into thirds em três partes ♦ third class terceira classe third party terceiro(s) third person terceira pessoa

third-degree *adj.* de terceiro grau

third-rate *adj.* de terceira categoria

thirst *s.* sede; to die of thirst morrer de sede; thirst for knowledge sede de conhecimento

thirsty *adj.* 1 com sede; sedento; thirsty for power sedento de poder; to be thirsty ter sede 2 seco

thirteen *adj., s.* treze; on 13 April a 13 de abril; page/chapter thirteen página/capítulo treze; to be thirteen years old ter treze anos • Note-se que *on 13 April* se lê *on April the thirteenth* ou *on the thirteenth of April.*

thirteenth *adj., s.* décimo terceiro, décima terceira; a thirteenth century painting um quadro do século XIII; on the thirteenth of June no dia treze de abril ■ *s.* décima terceira parte

thirtieth *adj., s.* trigésimo; on the thirtieth of June no dia trinta de junho

thirty *adj., s.* trinta thirties *s.* 1 anos trinta; in the thirties nos anos trinta 2 (*idade*) trinta anos; to be in one's thirties ter 30 e tal anos 3 (*temperatura*) entre 30 e 39 graus; in the low thirties entre os 30 e os 35 graus

this *adj., pron. dem.* 1 este, esta 2 isto ■ *adv.* assim; this high desta altura ♦ like this assim

thistle *s.* BOTANICA cardo

thong *s.* 1 correia; tira 2 tanga 3 EUA chinelo de dedo

thoracic *adj.* torácico

thorax *s.* tórax

thorium *s.* QUÍMICA (*elemento químico*) tório

thorn *s.* 1 espinho 2 arbusto com espinhos; espinheiro ♦ a thorn in somebody's side uma pedra no sapato de alguém

thorny *adj.* 1 (*planta*) espinhoso; com espinhos 2 (*assunto, problema*) complicado; delicado

thorough *adj.* 1 profundo; exaustivo; completo 2 meticuloso

thoroughfare *s.* rua principal ♦ no thoroughfare passagem proibida

thoroughgoing *adj.* 1 profundo; minucioso 2 completo

thoroughly *adv.* 1 completamente; inteiramente; it was thoroughly enjoyable foi muitíssimo agradável 2 meticulosamente; exaustivamente

those *adj., pron. dem.* (plural de *that*) esses, essas; aqueles, aquelas; those are the ones that aqueles são os que

though *conj.* embora; strange though it may sound por mais estranho que pareça; though a bit expensive ainda que um pouco caro; though I wasn't hungry embora não estivesse com fome ■ *adv.* mesmo assim; isn't it strange, though? mas você não acha estranho?; they didn't give up though mesmo assim não desistiram ♦ as though como se even though muito embora

thought (pretérito, particípio passado de *to think*) *s.* 1 pensamento; his thoughts were elsewhere estava pensando em outra coisa 2 ideia; intenção; she didn't like the thought of não lhe agradava a ideia de; that's a thought! boa ideia!; to have a thought ter uma ideia, lembrar-se de algo; to give up all thought of doing something abandonar por completo a ideia de fazer algo 3 reflexão; atenção; after much thought depois de muito pensar ♦ don't give it another thought! não pense mais nisso! it's the thought that counts o que vale é a intenção on second thoughts pensando melhor to have second thoughts ficar com dúvidas, hesitar, arrepender-se (*solidariedade*) to spare a thought for lembrar-se de sem pensar um segundo sem pensar duas vezes

thoughtful *adj.* 1 atencioso; amável; it was very thoughtful of you to write to me foi uma grande amabilidade da sua parte me escrever 2 pensativo; meditativo 3 cuidado; refletido

thoughtless *adj.* 1 sem consideração; it was thoughtless of him foi uma falta de consideração da parte dele 2 irrefletido

thoughtlessness *s.* inconsciência, leviandade

thousand *adj., s.* mil; a/one thousand mil; ten thousand people dez mil pessoas, dez milhares de pessoas; thousands of people milhares de pessoas

thousandth *adj., s.* milésimo ■ *s.* milésima parte

thrall *s.* escravo ♦ to be in somebody's thrall/to be in thrall to somebody ser escravo de alguém

thrash *v.* 1 dar uma surra em 2 sacudir(-se); contorcer(-se) 3 coloquial (*equipe*) derrotar; golear ■ *s.* batimento; sacudidela • É diferente de *trash.*

thrashing *s.* 1 surra; coça 2 coloquial (*em um jogo*) derrota; humilhação

thread *s.* 1 linha; fio 2 (*história*) fio condutor 3 (*luz*) réstia; fio 4 (*parafuso*) espiral ■ *v.* 1 enfiar; to thread a needle enfiar a linha em uma agulha 2 abrir caminho; atravessar

threadbare *adj.* 1 (*roupa, tecido*) gasto; coçado 2 (*desculpa, argumento*) esfarrapado; velho; batido

threat *s.* ameaça; death threats ameaças de morte; to carry out a threat cumprir uma ameaça; to make threats against somebody ameaçar alguém; to pose a threat to representar uma ameaça para; under threat ameaçado

threaten *v.* 1 ameaçar; he was threatened with death ele foi ameaçado de morte 2 (*chuva*) prenunciar; (*tempestade*) estar iminente

threatened *adj.* ameaçado

threatening *adj.* ameaçador; intimidatório

three *adj., s.* três; it's three o'clock são três horas; on 3 April a 3 de abril; page/chapter three página/capítulo três; to be three years old ter três anos • Note-se que *on 3 April* se lê *on April the third* ou *on the third of April.*

three-dimensional *adj.* 1 tridimensional; a três dimensões 2 (*personagem*) com densidade psicológica

thresh *v.* (*cereal*) debulhar; malhar

thresher *s.* 1 (*máquina*) debulhadora 2 (*pessoa*) malhador

threshing

threshing s. (*cereal*) debulha; threshing machine debulhadora
threshold s. 1 soleira; umbral; entrada 2 limiar; on the threshold of no limiar de, na iminência de
thrift s. 1 poupança; economia 2 (*flor*) arméria; cravo-do-mar ◆ thrift shop loja de roupa e outros artigos usados, com fins de beneficência, de bazar
thrifty adj. poupado
thrill s. 1 emoção; excitação 2 calafrio ■ v. emocionar; fazer vibrar
thrilled adj. empolgado, entusiasmad
thriller s. thriller; história/filme de suspense
thrilling adj. emocionante; excitante
thrive v. prosperar; desenvolver-se
thriving adj. próspero; florescente
throat s. ANATOMIA garganta; a sore throat dor de garganta; to cut somebody's throat degolar alguém ◆ to be at each other's throats estar discutindo to clear one's throat tossir, pigarrear to cut one's own throat cavar a própria sepultura to force something down somebody's throat impor algo a alguém
throb v. 1 pulsar; palpitar 2 (*cabeça*) latejar 3 vibrar ■ s. 1 pulsação 2 latejo 3 vibração
thrombosis s. MEDICINA trombose
thrombus s. MEDICINA trombo
throne s. trono; to ascend the throne subir ao trono
throng s. literário multidão ■ v. apinhar-se (em); encher
throttle v. estrangular ■ s. (*motor*) válvula reguladora ◆ at full throttle a todo o gás
through prep. 1 através de; por; pelo meio de; to go through something atravessar algo 2 através de; por meio de 3 devido a 4 durante; do princípio ao fim; all through the night durante toda a noite 5 EUA até; Monday through Friday segunda a sexta ■ adv. 1 através; to go through passar 2 de um lado para o outro 3 do princípio ao fim 4 completamente; totalmente ■ adj. (*caminho, transporte*) direto ◆ through and through completamente, da cabeça aos pés (*relacionamento*) to be through with somebody não ter nada com alguém to be through (with something) ter terminado (algo) to see through somebody não se deixar enganar por alguém
throughout prep. 1 por todo; ao longo de; throughout the country em todo o país 2 em todo; ao longo de; durante o tempo todo; throughout the year durante o ano todo ■ adv. 1 por toda a parte 2 do princípio ao fim; o tempo todo 3 completamente
throw v. 1 atirar; lançar; to throw somebody something/to throw something to somebody atirar algo a alguém; to throw something at somebody atirar algo a alguém (para atingir ou machucar); to throw the trash jogar o lixo 2 derrubar; atirar ao chão 3 (*dúvida, suspeita*) lançar; to throw some light on that aspect focar, considerar 4 deixar sem reação; desconcertar 5 (*alavanca, chave*) acionar ■ s. 1 lançamento; arremesso 2 (*dados*) jogada; lance 3 (*sofá, cadeira*) capa ◆ to throw a party dar uma festa throw away v. 1 jogar fora 2 (*dinheiro, oportunidade*) desperdiçar throw in v. 1 propor, oferecer 2 (*comentário*) fazer throw off livrar-se de throw out v. 1 jogar fora 2 expulsar; to throw somebody out on the street pôr alguém na rua 3 rejeitar; reprovar 4 (*fumaça, calor, cheiro*) emitir; produzir throw up v. 1 vomitar 2 revelar 3 (*água, pó, pedras*) levantar; atirar 4 Grã-Bretanha desistir de; largar 5 Grã-Bretanha construir às pressas
throwaway adj. 1 descartável; de usar e jogar fora 2 (*comentário*) descontraído
thrower s. ESPORTE
throw-in s. ESPORTE lançamento (para colocar a bola em jogo)
throwing s. ESPORTE lançamento; javelin throwing lançamento do dardo; hammer throwing lançamento do martelo
thrush s. 1 ZOOLOGIA sabiá 2 MEDICINA candidíase
thrust v. 1 empurrar; atirar 2 enfiar 3 cravar ■ s. 1 empurrão 2 ataque; golpe; estocada 3 ponto fulcral; ideia central 4 propulsão ● É diferente de *trust*.
thud s. baque; ruído surdo ■ v. cair com um ruído surdo
thug s. indivíduo violento; jagunço; gorila fig.
thumb s. polegar ■ v. 1 pedir carona; to thumb a lift pedir carona 2 mexer em (algo) com o polegar ◆ the thumbs up a aprovação to be all thumbs ser muito desajeitado com as mãos to be under somebody's thumb ser dominado por alguém thumb through v. folhear
thumbtack s. EUA tachinha, percevejo
thump v. 1 dar um murro em; bater em; bater contra 2 atirar com; pousar com força 3 (*coração*) bater muito depressa ■ s. 1 barulho seco; baque 2 coloquial murro; pancada
thumping adj. coloquial enorme
thunder s. 1 trovões; trovoada; a clap/crash of thunder um trovão 2 estrondo ■ v. 1 trovejar 2 vociferar 3 fazer um grande estrondo
thunderbolt s. raio; relâmpago ◆ the news hit him like a thunderbolt a notícia caiu como uma bomba
thunderstorm s. trovoada; tempestade (com trovões)
thunderstruck adj. formal pasmado; estupefato
Thursday s. quinta-feira; every Thursday todas as quintas-feiras; on Thursday na quinta-feira; on Thursdays às quintas-feiras
thus adv. 1 formal assim; deste modo 2 formal por conseguinte; assim; portanto ◆ thus far até agora, até então
thwart v. frustrar
thyme s. BOTÂNICA tomilho
thymus s. ANATOMIA timo
thyroid s. ANATOMIA tiroide
tiara s. tiara
Tibet s. Tibete
Tibetan adj., s. tibetano
tibia s. ANATOMIA tíbia
tic s. tique
tick s. 1 (*relógio*) tique-taque 2 Grã-Bretanha (*sinal*) visto 3 ZOOLOGIA carrapato 4 coloquial momento; just a tick! só um segundo! 5 antiquado, coloquial crédito; to buy on tick comprar fiado ■ v. 1 (*relógio*) fazer tique-taque 2 Grã-Bretanha assinalar; marcar com um visto ◆ what makes somebody tick

o que faz alguém ser como é tick off v. 1 Grã-Bretanha marcar; pôr um visto em 2 Grã-Bretanha ralhar a 3 EUA chatear; irritar

ticket s. 1 passagem; return ticket passagem de ida e volta; single ticket passagem de ida; ticket collector revisor; ticket office bilheteria 2 multa; parking ticket multa por excesso de velocidade 3 etiqueta 4 senha; ticket 5 (*biblioteca*) cartão 6 EUA lista (eleitoral) v. 1 vender bilhetes 2 EUA multar

ticking s. 1 (*relógio*) tique-taque 2 (*colchões, travesseiros*) tela

tickle v. 1 fazer cócegas (a) 2 fazer comichão (a); picar 3 divertir ■ s. 1 cócegas; to give somebody a tickle fazer cócegas em alguém 2 comichão

tickling s. cócegas

ticklish adj. 1 coceguento; com cócegas; are you ticklish? costuma ter cócegas? 2 sensível, suscetível 3 difícil, delicado

tictac s. tique-taque

tidal adj. de maré

tide s. 1 maré; at high tide na maré alta; at low tide na maré baixa; the tide is in/out a maré está alta/baixa 2 corrente 3 (*crimes, violência*) maré; onda ■ v. 1 (*maré*) transportar, levar 2 seguir com a maré 3 arcaico acontecer, suceder ♦ to go/swim against the tide remar contra a maré to turn the tide mudar o rumo das coisas

tidy adj. 1 arrumado 2 asseado; limpo 3 coloquial (*quantia*) simpático ■ v. arrumar

tie v. 1 amarrar 2 atar; apertar 3 ligar; relacionar 4 sujeitar; prender; vincular 5 empatar ■ s. 1 gravata 2 corda; fio; atilho 3 laço; family ties laços familiares; he didn't have any ties não tinha nada que o prendesse 4 empate 5 jogo (que faz parte de uma competição) 6 MÚSICA ligadura ♦ coloquial (*casamento*) to tie the knot casar tie down v. 1 atar; prender 2 restringir muito; ser uma prisão para tie up v. 1 amarrar 2 ocupar 3 relacionar 4 (*negócio*) finalizar; fechar 5 (*capital*) imobilizar 6 (*trânsito*) bloquear; (*linha telefônica*) ocupar; (*tribunais*) entupir

tied adj. amarrado, preso, atado

tier s. 1 fila; fileira 2 (*bolo*) camada; andar 3 nível

tiff s. arrufo; desavença; a lovers' tiff desavença amorosa

tiger s. ZOOLOGIA tigre

tight adj. 1 apertado 2 firme 3 (*segurança, controle, horário*) apertado; rigoroso 4 (*orçamento*) apertado; limitado 5 esticado 6 (*competição*) renhido 7 coloquial avarento 8 antiquado, coloquial bêbado ■ adv. com firmeza; com força; hold tight segure-se com firmeza; shut tight completamente fechado; sleep tight dorme bem

tighten v. 1 apertar 2 (*corda*) esticar 3 (*controle, segurança*) reforçar; intensificar

tight-fisted adj. pão-duro

tightrope s. (*equilibrismo*) corda (bamba) ♦ to walk a tightrope andar na corda bamba

tights s.pl. Grã-Bretanha meia-calça; a pair of tights umas meias-calças

tigress s. tigre-fêmea

tilde s. LINGUÍSTICA til

tile s. 1 azulejo 2 ladrilho 3 telha ■ v. 1 cobrir com azulejos 2 ladrilhar 3 cobrir com telha

till conj. coloquial até (que); wait till they come back espera até eles chegarem ■ prep. coloquial até; till ten o'clock até às dez horas ■ s. Grã-Bretanha caixa (registradora); at the till na caixa ■ v. lavrar; cultivar

tilt v. 1 inclinar; abanar 2 atacar ■ s. 1 inclinação 2 tentativa; a tilt at something uma tentativa para ganhar algo 3 preferência 4 torneio; justa ♦ (at) full tilt a toda a velocidade to tilt at windmills lutar contra moinhos de vento to tilt the balance in favour of jogar a favor de, desequilibrar a situação a favor de

timber s. 1 madeira 2 viga de madeira

timbrel s. MÚSICA pandeiro

time s. 1 tempo; a long time ago há muito tempo; to save time poupar tempo; time after time/ time and again repetidamente 2 altura; momento; at that time nessa altura 3 época; in my time no meu tempo 4 horas, hora; arrival time hora de chegada; by the time I get there na hora em que/quando eu chegar lá; it's time to go to bed é hora de ir para a cama; look at the time já olhou as horas?; on time na hora; this time tomorrow amanhã a esta hora; to be 30 minutes behind/ahead of time estar 30 minutos atrasado/adiantado what's the time? que horas são? 5 vez; four times quatro vezes; how many times? quantas vezes?; this time desta vez; every time todas as vezes que, sempre que; three at a time três de cada vez 3 times 3 is 9 = 3 vezes 3 = 9 6 MÚSICA compasso 7 Grã-Bretanha (*de um jogo*) final; five minutes from time a cinco minutos de terminar a partida ■ v. 1 escolher o melhor momento para; programar; to time something well/badly ser/não ser oportuno 2 cronometrar ♦ all in good time tudo a seu tempo as time goes by com o passar do tempo at my time of life na minha idade at no time nunca at times por vezes for the time being por agora from time to time de vez em quando in less than no time/in no time em um instante in one's own time 1 nos tempos livres, fora do horário de trabalho 2 quando se estiver preparado in time a tempo de most of the time a maior parte das vezes to do time cumprir pena de prisão time bomb bomba-relógio time clock (*local de trabalho*) relógio de ponto time frame período de tempo, intervalo time limit prazo prazo-limite time machine máquina do tempo time off folga, férias time out 1 pausa 2 tempo de descanso time sheet (*de trabalhador*) ficha de registro diário, ficha de assiduidade time span espaço de tempo time switch temporizador ESPORTE time trial prova contra o relógio time zone fuso horário

timekeeper s. cronometrista ♦ a bad timekeeper uma pessoa pouco pontual a good timekeeper uma pessoa pontual

timeless adj. intemporal

timeline s. barra cronológica; linha do tempo; linha cronológica

timely adj. oportuno

timetable

timetable s. 1 horário 2 programa; agenda ■ v. agendar; marcar
timid adj. 1 medroso; receoso 2 pouco confiante
timidity s. acanhamento
timing s. 1 momento escolhido 2 horário 3 sentido de oportunidade; good timing bom sentido de oportunidade 4 cronometragem 5 ritmo
tin s. 1 QUÍMICA (*elemento químico*) estanho 2 Grã-Bretanha lata; a tin of beans uma lata de feijões; a tin of paint uma lata de tinta 3 Grã-Bretanha CULINÁRIA forma ● É diferente de *can*.
tincture s. QUÍMICA tintura
tinderbox s. 1 caixa com material para fazer fogo 2 (*situação*) barril de pólvora
tinfoil s. papel de estanho
tinge s. 1 (*cor*) matiz; tom 2 laivo; traço; vestígio ■ v. colorir; pintar; dar cor a
tingle v. 1 (*sensação na pele*) picar; his fingers were tingling sentia um formigamento nos dedos 2 vibrar (with, *de*) s. formigamento
tinker s. vendedor ambulante ■ v. emendar; to tinker with something fazer pequenas alterações em algo ◆ coloquial not to give a tinker's cuss não estar nem aí
tinkle s. (*som*) (o) tilintar; (o) chocalhar ■ v. (fazer) tilintar; (fazer) tinir ◆ Grã-Bretanha antiquado, coloquial to give somebody a tinkle telefonar a alguém Grã-Bretanha coloquial to have a tinkle fazer xixi
tinned adj. enlatado; tinned food conserva
tin-opener s. Grã-Bretanha abridor de latas
tinsel s. tiras de papel brilhante
tint s. 1 matiz; cor; tom 2 (*cabelo*) tinta ■ v. 1 colorir 2 (*cabelo*) pintar
tiny adj. muito pequeno; minúsculo; a tiny minority uma minoria muito reduzida
tip s. 1 ponta; pedaço pequeno 2 gorjeta 3 dica; conselho 4 Grã-Bretanha lixeira 5 (*corrida de cavalos etc.*) dica sobre o resultado; informação 6 (*polícia*) denúncia; informação ■ v. 1 virar(-se); inclinar(-se) 2 despejar 3 dar uma gorjeta (a) 4 dar uma informação secreta a; informar 5 indicar (como vencedor, bem-sucedido etc.); sugerir; he was tipped as the favourite indicaram-no como favorito ◆ on the tip of one's tongue na ponta da língua the tip of the iceberg a ponta do icebergue
tipple s. coloquial bebida alcoólica
tipsy adj. coloquial sob efeito de bebida alcoólica; um pouco bêbado; alegrinho (col.)
tiptoe s. ponta do pé; on tiptoe(s) nas pontas dos pés ■ v. andar nas pontas de pés; he tiptoed into the lab entrou no laboratório nas pontas dos pés
tirade s. diatribe; crítica violenta
tiramisu s. CULINÁRIA (*sobremesa*) tiramisu
tire v. 1 cansar(-se) (of, *de*) 2 cansar-se (of, *de*); fartar-se (of, *de*) s. EUA pneu tire out v. cansar; deixar exausto
tired adj. 1 cansado; tired out exausto 2 farto (of, *de*) 3 (*ideias, lugares-comuns*) gasto; velho
tiredness s. cansaço, fadiga
tireless adj. incansável; infatigável
tiresome adj. 1 irritante 2 aborrecido; enfadonho
tiring adj. cansativo

tisane s. infusão de erva; chá de erva; tisana
tissue s. 1 BIOLOGIA tecido; muscle tissue tecido muscular 2 lenço de papel ◆ tissue (paper) papel de seda
tit s. 1 (*pássaro*) chapim 2 coloquial mama ◆ coloquial tit for tat vingança resposta
titan s. titã Titan MITOLOGIA, ASTRONOMIA Titã
titanium s. QUÍMICA (*elemento químico*) titânio
titbit, tidbit EUA s. 1 guloseima; petisco; comida pequena 2 pedaço; a titbit of gossip uma fofoquinha, um mexerico, falação leve
tithe s. dízimo
titillate v. excitar; titilar
title s. 1 título 2 forma de tratamento 3 direito (to, *a*) titles s.pl. (*filme, programa*) genérico ■ v. intitular ◆ title page folha de rosto, frontispício
titleholder s. 1 ESPORTE detentor do título 2 detentor de título de propriedade
tittle-tattle s. coscuvilhice; tagarelice
titularity s. titularidade
to prep. 1 (*direção*) a; para; to go to Paris ir a Paris, ir para Paris; to go to the cinema ir ao cinema; to turn to the left virar à esquerda 2 a; para; he brought a gift to his wife ele trouxe um presente para a esposa; to send/give/show something to somebody enviar/dar/mostrar algo a alguém [*em complemento indireto*] 3 (*posição*) a; to the left of à esquerda de; to the south of a sul de 4 (*limite*) até; a; from beginning to end do princípio ao fim; from Monday to Friday de segunda a sexta; ten to twenty people dez a vinte pessoas, entre dez e vinte pessoas; to count from one to twenty contar de um até vinte; to the end até ao fim; we talked about everything, from sports to painting falamos de tudo, desde esporte até pintura 5 (*finalidade, intenção*) para 6 (*tempo que falta*) para; a quarter to five quinze (minutos) para as cinco (horas) 7 (*opinião*) para; quanto a; to me that's just crazy para mim isso não passa de uma loucura 8 (*reação*) para; com; to my despair para meu desespero; to my surprise para minha surpresa 9 com; para; kind to somebody amável com alguém; married to a Brazilian woman casado com uma mulher brasileira; to speak to somebody falar com alguém 10 de; the heir to the throne o herdeiro do trono; where is the key to this door? onde está a chave desta porta? 11 junto a; rente a 12 para; segundo; to all appearances ao que tudo indica; to my knowledge segundo sei, que eu saiba 13 (*brinde, beber*) a; em honra a 14 em cada; there are 2.54 centimetres to the inch há 2,54 centímetros em uma polegada 15 formal (*futuro*) if civilization is to be saved se quisermos salvar a civilização; what are we to do? o que vamos agora fazer? adv. 1 até ficar fechado, até ficar encostado; push the door to encoste a porta 2 para diante; para a frente ◆ to and fro para trás e para a frente, de um lado para o outro ● A preposição *to* é usada para formar o infinitivo: *to speak* (falar), *she wants to go* (ela quer ir), *easy to understand* (fácil de compreender), *do you have anything to declare?* (você tem algo a declarar?).
toad s. 1 ZOOLOGIA sapo 2 coloquial pessoa desprezível
toadstool s. cogumelo venenoso

toady s. puxa-saco; bajulador ■ v. bajular (to, -)
toast s. 1 torradas; a piece/a slice of toast uma torrada 2 brinde; to drink a toast to somebody beber à saúde de alguém; to propose a toast fazer um brinde 3 (*celebridade*) menino-bonito, menina-bonita ■ v. 1 brindar a; beber à saúde de 2 torrar; tostar 3 aquecer ◆ coloquial (*confusão*) to be toast estar frito coloquial warm as toast quentinho
toasted adj. (*pão*) torrado
toaster s. torradeira
tobacco s. tabaco
tobacconist s. dono de tabacaria; vendedor de tabaco ◆ tobacconist's tabacaria, loja de tabaco
toboggan s. tobogã
today adv., s. 1 hoje; today week daqui a uma semana 2 hoje em dia; atualmente
toddle v. 1 dar os primeiros passos 2 coloquial ir; dar um salto a
toddler s. criança (que começa a andar)
toe s. 1 dedo do pé; the big toe o dedo grande do pé; to touch one's toes chegar às pontas dos pés 2 (*sapato*) biqueira, bico; (*futebol*) toe kick chute de bico◆ from head to toe da cabeça aos pés to keep somebody on their toes obrigar alguém a estar alerta to make somebody's toes curl deixar alguém envergonhado to toe the line submeter-se às ordens, acatar as regras
toecap s. (*calçado*) biqueira
toffee s. caramelo ◆ Grã-Bretanha coloquial, antiquado he can't sing/cook/play for toffee ele é um péssimo cantor/cozinheiro/jogador toffee apple maçã caramelada e com palito
toga s. toga; beca
together adv. 1 juntos; em conjunto; em grupo; they work together eles trabalham juntos 2 (*relação*) juntos; they've been together for ten years now eles já estão juntos há dez anos 3 um ao outro 4 ao mesmo tempo 5 formal sem parar; ten hours together dez horas seguidas ■ adj. coloquial (*pessoa*) equilibrado; atinado ◆ together with juntamente com, em conjunto com
toil s. faina, labuta
toilet s. 1 privada; to flush the toilet dar descarga 2 Grã-Bretanha banheiro 3 antiquado toilette ◆ to go down the toilet ir por água abaixo toilet bag necessaire toilet brush piaçaba toilet paper papel higiênico Grã-Bretanha toilet roll rolo de papel higiênico
token s. 1 prova; sinal; penhor; as a token of como prova de 2 (*para trocar*) vale 3 (*máquina*) ficha ■ adj. (*pagamento, gesto*) simbólico ◆ by the same token na mesma linha, pela mesma ordem de ideias
tolerable adj. 1 tolerável; suportável 2 razoável; aceitável
tolerably adv. razoavelmente; de modo aceitável
tolerance s. tolerância; religious tolerance tolerância religiosa; to have no tolerance for something não tolerar algo
tolerant adj. tolerante
tolerate v. tolerar; suportar
toll s. 1 pedágio; toll road estrada com pedágio; toll bar cancela (de pedágio) 2 número de vítimas; the death toll o número de mortos, o número de vítimas mortais; to take a heavy toll causar muitas vítimas 3 consequências negativas; to take its toll ter consequências negativas, deixar a sua marca, deixar mazelas 4 (*sino*) dobre ■ v. (*sino*) dobrar; tocar a finados
tollbooth s. (*cabine*) pedágio
toll-free adj. EUA gratuito; toll-free number número gratuito ■ adv. EUA gratuitamente
tom s. coloquial gato (macho)
tomato s. BOTÂNICA tomate; tomato plant tomateiro
tomb s. túmulo; sepultura
tombola s. (*jogo*) tômbola; sorteio; (*recipiente*) tombola drum tômbola
tomboy s. menina moleque
tombstone s. lápide; pedra tumular
tomcat s. gato (macho)
tome s. 1 tomo; volume 2 calhamaço
tomography s. MEDICINA tomografia
tomorrow adv., s. amanhã; tomorrow afternoon amanhã à tarde; see you tomorrow! até amanhã!; the day after tomorrow depois de amanhã
ton s. tonelada; to weigh a ton pesar uma tonelada tons s.pl. coloquial toneladas • A palavra **ton** refere-se à tonelada nos países anglo-saxônicos, equivalente no Reino Unido a 1016 kg e nos EUA a 907,2 kg. A tonelada métrica (mil quilogramas) é chamada de *tonne* ou pela expressão *metric ton*.
tone s. 1 tom de voz; in a low tone em voz baixa 2 tom; atitude; espírito 3 nível; to lower the tone of baixar o nível de 4 (*cor*) tom; tonalidade 5 sinal; engaged tone sinal de ocupado; please leave a message after the tone deixe a sua mensagem após o sinal 6 entoação ■ v. (*pele, músculos*) tonificar tone down v. 1 atenuar; suavizar 2 moderar
toner s. 1 (*tinta*) toner 2 (*cosmética*) loção; tônico
tongs s.pl. tenaz; (*gelo, salada*) pinça; a pair of tongs uma pinça
tongue s. 1 língua; to stick out one's tongue pôr a língua de fora 2 formal idioma; língua; mother tongue língua materna 3 (*fogo*) labareda 4 (*sapato*) lingueta 5 (*sino*) badalo ■ v. lamber ◆ to say something with one's tongue in one's cheek dizer algo em tom de brincadeira to set tongues wagging dar motivo para mexericos EUA tongue depressor (*observação médica*) espátula tongue twister trava-línguas
tonic s. 1 água tônica 2 tônico 3 fortificante; revigorante 4 MÚSICA tônica
tonight adv., s. esta noite; hoje à noite
tonsil s. ANATOMIA amígdala
tonsillitis s. MEDICINA amigdalite
too adv. 1 demasiado; demais; it's too expensive é caro demais; it's too short é muito curto; too many people pessoas demais; too much money dinheiro a mais; too quickly depressa demais; you're too old for that você já não tem idade para essas coisas 2 muito; she wasn't too happy ela não estava muito contente; you're too kind você é muito amável 3 também; he is a doctor too ele também é médico; me too eu também 4 ainda por cima ◆ I'd be only too glad/pleased to... teria todo o prazer em... • Quando **too** significa "também", surge no final

tool

da frase ou oração; quando significa *demasiado*, surge antes do adjetivo ou advérbio.
tool *s.* 1 ferramenta; instrumento 2 (*pessoa*) joguete; fantoche
toolbar *s.* INFORMÁTICA barra de ferramentas
toolbox *s.* caixa de ferramentas
toot *s.* buzinada ■ *v.* 1 buzinar; apitar 2 (*buzina*) tocar; to toot one's horn apitar, buzinar
tooth *s.* dente; false teeth dentadura; to brush one's teeth lavar/escovar os dentes; tooth of a saw dente de serra; wisdom tooth dente do siso ♦ in the teeth of apesar de to fight tooth and nail lutar com unhas e dentes
toothache *s.* dor de dente
toothbrush *s.* escova de dentes
toothless *adj.* desdentado
toothpaste *s.* pasta de dente; dentifrício
toothpick *s.* palito
toothy *adj.* dentuço
top *s.* 1 parte de cima; topo; at the top of no topo de 2 (*caneta, garrafa*) tampa 3 topo; primeiro lugar 4 camiseta; parte de cima; bikini top parte de cima do biquíni; pyjama top camiseta de pijama 5 (*brinquedo*) pião 6 (*mesa*) cabeceira ■ *adj.* 1 de cima; superior; the top floor o último andar; top layer camada superior; top right-hand corner canto superior direito 2 melhor; máximo; cimeiro ■ *v.* 1 superar; ultrapassar 2 encimar 3 cobrir ♦ at the top of one's voice em plenos pulmões, aos gritos coloquial (*música*) from the top desde o princípio from top to bottom de cima a baixo, de uma ponta a outra on top of 1 em cima de 2 além de 3 a controlar over the top exagerado, excessivo to come out on top sair vencedor to get on top of something conseguir lidar com algo, dar conta de algo top hat cartola
topaz *s.* GEOLOGIA topázio
topic *s.* tópico; tema; assunto
topical *adj.* 1 atual; relacionado com a atualidade 2 de uso externo; tópico
topless *adj.* de topless; com os seios descobertos ■ *adv.* em topless
topmost *adj.* mais alto; superior
topography *s.* topografia
toponym *s.* topônimo
topple *v.* 1 cair 2 deixar cair 3 (*governo, governante*) derrubar
top-secret *adj.* confidencial
topsoil *s.* camada superior do solo
topsy-turvy *adj.* virado de pernas para o ar
torch *s.* 1 Grã-Bretanha lanterna; to shine a torch on something apontar uma lanterna para algo 2 tocha; archote; the Olympic torch a tocha Olímpica ■ *v.* incendiar; pegar fogo a
toreador *s.* toureiro
torment[1] *s.* 1 tormento; angústia 2 sofrimento; in torment em grande sofrimento
torment[2] *v.* 1 atormentar; afligir 2 aborrecer
tormentor *s.* algoz
tornado *s.* METEOROLOGIA tornado
torpedo *s.* torpedo ■ *v.* 1 atacar com torpedos; torpedear 2 frustrar

torpor *s.* MEDICINA (*estado físico*) torpor
torrent *s.* torrente
torrential *adj.* torrencial
torrid *adj.* 1 tórrido 2 formal abrasador ♦ Grã-Bretanha a torrid time dificuldades
torso *s.* 1 ANATOMIA torso; tronco 2 (*escultura*) torso
tortilla *s.* CULINÁRIA tortilha
tortoise *s.* ZOOLOGIA tartaruga (terrestre)
tortuous *adj.* 1 (*caminho*) sinuoso 2 (*linguagem, texto*) arrevesado; retorcido
tortuousness *s.* tortuosidade
torture *s.* 1 tortura 2 tortura; tormento; suplício ■ *v.* 1 torturar 2 atormentar
toss *v.* 1 atirar 2 sacudir 3 (*moeda*) atirar ao ar ■ *s.* 1 lançamento 2 sacudidela 3 (*cabeça*) aceno 4 (*moeda*) ato de atirar moeda ao ar ♦ coloquial not to give a toss (about something/somebody) não estar nem aí (para algo/alguém) • A palavra "tosse", em inglês, traduz-se por *cough*.
toss-up *s.* situação duvidosa; incerteza
tot *s.* 1 coloquial criança pequena; rebento 2 (*bebida alcoólica*) golinho ■ *v.* adicionar, somar
total *s.* total; in total no total ■ *adj.* 1 total; total cost custo total 2 completo; total ■ *v.* 1 totalizar; ascender a 2 contabilizar
totalitarian *adj.* POLÍTICA totalitário
totality *s.* formal totalidade; in its totality na sua totalidade, na sua globalidade
totally *adv.* totalmente; completamente
totter *v.* 1 cambalear 2 enfraquecer; estar prestes a cair
toucan *s.* ZOOLOGIA tucano
touch *v.* 1 tocar em 2 mexer em 3 chegar a 4 comover; emocionar 5 afetar; dizer respeito a *s.* 1 tato 2 toque 3 contato; I'll be in touch eu dou notícias; to be in touch with estar em contato com; to get in touch with entrar em contato com, contatar; to keep in touch with manter o contato com, estar a par de 4 retoque 5 jeito; to lose one's touch perder o jeito ♦ a touch (of something) um pouco (de algo) to touch bottom 1 chegar ao fundo 2 Grã-Bretanha bater no fundo touch screen tela tátil; touch screen touch down *v.* 1 (*avião*) aterrissar 2 (*rúgbi*) marcar um ensaio touch on/upon *v.* mencionar; aflorar
touch-and-go *adj.* 1 coloquial incerto; arriscado; periclitante 2 coloquial em risco
touched *adj.* comovido, tocado
touching *adj.* comovente; tocante
touchline *s.* ESPORTE linha lateral
touch-sensitive *adj.* tátil; sensível ao tato
touchy *adj.* 1 sensível; suscetível 2 (*questão, assunto*) delicado; melindroso
tough *adj.* 1 duro; difícil 2 severo; to be tough on ser severo com 3 resistente; rijo 4 exigente ■ *s.* antiquado, coloquial bruto ♦ tough (luck)! azar!
toughen *v.* 1 endurecer 2 fortalecer(-se) 3 tornar mais severo
toughness *s.* 1 dificuldade 2 dureza 3 resistência 4 agressividade
tour *s.* 1 excursão; viagem organizada; tour guide guia turístico; tour operator operador turístico 2

visita; guided tour visita guiada 3 turnê; on tour em turnê ■ *v.* 1 viajar por; percorrer 2 fazer uma turnê por
tourism *s.* turismo
tourist *s.* turista ■ *adj.* turístico; tourist attraction atração turística; tourist class classe turística; tourist office posto de turismo
touristy *adj.* coloquial, pejorativo turístico demais
tournament *s.* torneio
tourniquet *s.* MEDICINA torniquete; garrote
tout *v.* 1 elogiar; apontar; he's being touted as a future football star é apontado como uma futura estrela do futebol 2 Grã-Bretanha vender no mercado negro 3 promover ■ *s.* Grã-Bretanha cambista; vendedor ilegal (de ingresso)
tow *v.* rebocar ■ *s.* reboque; on tow a reboque; to take something in tow levar a reboque ◆ coloquial with somebody in tow com alguém atrás
towards, toward EUA *prep.* 1 (*direção*) para; em direção a 2 (*atitude*) com respeito a; relativamente a; para com 3 (*objetivo*) para 4 (*tempo*) perto de; quase em
towboat *s.* rebocador
towel *s.* toalha; towel rail toalheiro ■ *v.* secar com uma toalha ◆ coloquial to throw in the towel dar o braço a torcer
tower *s.* torre ■ *v.* elevar-se sobre; erguer-se sobre ◆ tower of strength grande amparo tower block torre, prédio alto
town *s.* 1 cidade; a small town um cidade pequena, uma vila; he's in town ele está aqui (na cidade); he's out of town ele está fora (da cidade) 2 centro; baixa ◆ coloquial to be out on the town sair à noite coloquial to go to town on something perder a cabeça com algo town hall câmara municipal town planner urbanista town planning urbanismo, planejamento urbano
towrope *s.* cabo de reboque
toxic *adj.* tóxico; toxic waste resíduos tóxicos
toxicity *s.* toxicidade
toxicology *s.* toxicologia
toxin *s.* toxina
toxoplasmosis *s.* MEDICINA toxoplasmose
toy *s.* brinquedo; toy cars carros de brincar; toy shop loja de brinquedos ■ *adj.* (*animal*) anão ■ *v.* 1 brincar (with, *com*) 2 (*ideia*) considerar (with, –) toy with *v.* brincar com; to toy with the idea of pensar não muito seriamente na possibilidade de
trace *v.* 1 encontrar; localizar; the police traced the missing girl a polícia encontrou a menina desaparecida; to trace a telephone call localizar uma chamada 2 descobrir as origens de; to be traced back to remontar a 3 pesquisar; investigar 4 traçar; desenhar 5 decalcar ■ *s.* 1 vestígio; traço; sinal 2 rastro; pista; to disappear without trace desaparecer sem deixar rastro
trachea *s.* ANATOMIA traqueia
tracheotomy *s.* MEDICINA traqueostomia, traqueotomia
tracing *s.* decalque; to make a tracing of something copiar algo por cima

train

track *s.* 1 marca 2 rastro; pegada 3 caminho; trilho 4 (*corridas*) pista 5 linha férrea; trilho 6 EUA (*trens*) plataforma; cais 7 música; faixa 8 (*som gravado*) pista ■ *v.* 1 seguir a pista de; andar atrás de 2 monitorizar; acompanhar 3 EUA (*lama, sujeira*) deixar um rastro de 4 EUA agrupar (alunos, de acordo com as aptidões) ◆ on the track of na pista de, no encalço de to be on the right track estar no bom caminho to cover one's tracks destruir as provas to keep track of manter-se a par de to lose track of time perder a noção das horas, distrair-se com as horas coloquial to make tracks seguir seu caminho EUA track and field atletismo track record currículo a proven track record um currículo de reconhecido mérito track down *v.* encontrar; localizar
tracking *s.* rastreio, rastreamento
tracksuit *s.* roupa (calça e casaco) usada para fazer exercício
tract *s.* 1 aparelho; trato; digestive tract aparelho digestivo; urinary tract trato urinário 2 extensão; área
traction *s.* 1 tração 2 aderência ao piso
tractor *s.* trator
trade *s.* 1 comércio; foreign trade comércio externo 2 tráfico 3 indústria; negócio; tourist trade indústria do turismo 4 ofício; arte; profissão 5 troca ■ *v.* 1 fazer comércio; comercializar; negociar 2 (*casa comercial, empresa*) estar em atividade 3 (*ações*) vender; ser vendido 4 trocar ◆ Grã-Bretanha trade union sindicato Grã-Bretanha trade unionism sindicalismo, movimento sindical Grã-Bretanha trade unionist membro de um sindicato
trademark *s.* 1 marca comercial; a registered trademark uma marca comercial registrada 2 imagem de marca
trade-off *s.* compromisso; acordo
trader *s.* comerciante; negociante
tradition *s.* tradição; by tradition tradicionalmente
traditional *adj.* tradicional; it's traditional... é tradição...
traditionalism *s.* tradicionalismo
traditionalist *s.* tradicionalista
traffic *s.* 1 trânsito; tráfego; heavy traffic tráfego intenso; traffic sign sinal de trânsito 2 tráfico; traffic in firearms tráfico de armas de fogo ■ *v.* traficar (in, –) ◆ EUA traffic circle rotatória traffic cone cone de sinalização traffic jam engarrafamento traffic lights semáforos
trafficker *s.* traficante
tragedy *s.* tragédia
tragic *adj.* trágico
tragicomedy *s.* tragicomédia
tragicomic *adj.* tragicômico
trail *v.* 1 arrastar(-se) 2 seguir a pista de; perseguir 3 estar perdendo ■ *s.* 1 rastro; a trail of destruction um rastro de destruição; to be on somebody's trail estar no encalço de alguém; to follow the trail seguir o rastro 2 caminho; trilho
trailblazer *s.* pioneiro; precursor
trailer *s.* 1 reboque 2 trailer
train *s.* 1 trem; by train de trem; to get on a train entrar em um trem; to get off a train sair de um trem; train driver maquinista 2 sequência; a train

trained

of events uma sequência de acontecimentos; train of thought linha de raciocínio 3 (*de animais, pessoas, veículos*) fila 4 (*vestido*) cauda 5 séquito ■ v. 1 formar; qualificar 2 estudar; ter formação 3 ESPORTE treinar 4 treinar; exercitar 5 (*animal*) treinar; adestrar 6 (*máquina fotográfica, telescópio, arma*) apontar (on/at, *para*); dirigir (on/at, *para*) ♦ to set something in train pôr algo em marcha, acionar algo
trained *adj.* (*animais*) adestrado
trainee *s.* 1 estagiário; trainee teacher professor estagiário 2 aprendiz
traineeship *s.* (*aprendizagem*) estágio
trainer *s.* 1 treinador 2 formador 3 Grã-Bretanha tênis
training *s.* 1 formação; training course curso de formação 2 (*físico*) treino
trait *s.* traço; característica
traitor *s.* traidor (to, *de*)
trajectory *s.* trajetória
tram *s.* Grã-Bretanha bonde
tramlines *s.pl.* 1 trilhos do bonde 2 (*tênis*) linhas laterais para o jogo de pares
trammel *v.* 1 dificultar; estorvar 2 formal restringir; tolher
tramp *s.* 1 pedinte; mendigo; vagabundo 2 caminhada 3 ruído de passos 4 EUA antiquado vagabunda; rameira ■ *v.* 1 caminhar pesadamente 2 palmilhar; percorrer a pé
trample *v.* 1 pisar 2 espezinhar (on/over, –); pisar (on/over, –)
trampoline *s.* (*ginástica*) trampolim
trance *s.* 1 transe; to go into a trance entrar em transe 2 obsessão; fixação
tranquil *adj.* tranquilo; sereno, calmo
tranquillity, tranquility EUA *s.* tranquilidade; sossego
tranquillize, tranquilize EUA *v.* dar um calmante a; sedar
tranquillizer, tranquilizer EUA *s.* calmante; tranquilizante; sedativo
tranquillizing *adj.* tranquilizador
transact *v.* transacionar; to transact business negociar
transaction *s.* 1 transação 2 realização; cumprimento transactions *s.pl.* ata de reunião
transatlantic *adj.* transatlântico
transcend *v.* transcender; superar
transcendency *s.* transcendência
transcendent *adj.* transcendente
transcendental *adj.* transcendental; transcendente; transcendental meditation meditação transcendental
transcontinental *adj.* transcontinental
transcribe *v.* transcrever
transcribed *adj.* transcrito
transcript *s.* 1 transcrição 2 EUA (*aluno universitário*) certidão (com classificações)
transcription *s.* transcrição
transfer[1] *v.* 1 transferir(-se) (to, *para*) 2 ser transferido (to, *para*); passar (to, *para*) 3 (*chamada*) passar 4 (*viagem*) fazer transbordo 5 (*doença*) transmitir 6 (*bens*) passar para o nome de

transfer[2] *s.* 1 transferência 2 transbordo 3 (*entre aeroporto e hotel*) traslado 4 (*bens*) transmissão 5 EUA passagem intermodal
transferable *adj.* 1 transmissível; not transferable intransmissível 2 transferível
transference *s.* transferência
transfiguration *s.* transfiguração
transfigure *v.* transfigurar
transform *v.* transformar (into, *em*)
transformable *adj.* transformável
transformation *s.* transformação
transformer *s.* ELETRICIDADE transformador
transformism *s.* BIOLOGIA transformismo
transfusion *s.* transfusão; blood transfusion transfusão de sangue
transgress *v.* transgredir
transgression *s.* transgressão
transgressor *s.* transgressor
transhipment *s.* (*passageiros, mercadorias*) transbordo
transit *s.* 1 trânsito; movimento; passagem 2 transporte
transition *s.* transição
transitional *adj.* de transição; transitional period período de transição
transitive *adj.* LINGUÍSTICA transitivo
transitory *adj.* transitório
translate *v.* 1 traduzir; it translates as traduz-se por; to translate a text from English into Portuguese traduzir um texto de inglês para português 2 transpor (into, *para*); passar (in to, *para*)
translation *s.* 1 tradução 2 transposição; passagem 3 FISICA translação
translator *s.* tradutor
translucent *adj.* translúcido
transmission *s.* 1 transmissão 2 (*rádio, televisão*) emissão; transmissão
transmit *v.* 1 transmitir 2 emitir; transmitir
transmittable *adj.* transmissível; sexually transmitted disease doença sexualmente transmissível
transmitter *s.* transmissor
transparency *s.* transparência
transparent *adj.* 1 transparente 2 evidente
transplant[1] *v.* 1 transplantar 2 transferir
transplant[2] *s.* transplante; heart transplant transplante de coração
transport[1] *s.* Grã-Bretanha transporte; means of transport meio de transporte; public transport transportes públicos ♦ literário in a transport/in transports of delight extasiado, enlevado
transport[2] *v.* 1 transportar 2 (*condenados*) degredar; deportar
transportable *adj.* transportável
transportation *s.* 1 EUA transporte; means of transportation meio de transporte; public transportation transportes públicos 2 (*de condenados*) degredo; deportação
transporter *s.* transportador
transpose *v.* 1 alterar a ordem de 2 transpor; transferir 3 MÚSICA transpor
transposition *s.* transposição
transsexual *s., adj.* transexual

transverse *adj.* transversal
transvestite *s.* pejorativo travesti
trap *s.* 1 armadilha; to fall into the trap of doing something cair na armadilha de fazer algo 2 situação de encurralamento; beco sem saída fig.; círculo vicioso 3 carruagem com duas rodas 4 calão boca ■ *v.* 1 capturar; aprisionar 2 prender; encurralar 3 enganar
trapdoor *s.* alçapão
trapeze *s.* (*circo*) trapézio; trapeze artist trapezista
trapezist *s.* trapezista
trapezium *s.* 1 Grã-Bretanha GEOMETRIA trapézio 2 EUA GEOMETRIA quadrilátero com os lados desiguais e não paralelos 3 (*osso*) trapézio
trash *s.* 1 EUA lixo; trash can lata de lixo 2 coloquial disparates; asneiras; bobagens 3 coloquial porcaria 4 EUA coloquial gentalha; gentinha ■ *v.* 1 coloquial destruir 2 coloquial criticar 3 EUA jogar fora
trashy *adj.* coloquial de má qualidade; lixo
trauma *s.* 1 trauma 2 traumatismo
traumatic *adj.* traumático; traumatizante
traumatism *s.* MEDICINA traumatismo
traumatize, traumatise *v.* traumatizar
traumatology *s.* MEDICINA traumatologia
travel *v.* 1 viajar 2 andar; deslocar-se 3 percorrer 4 propagar-se; espalhar-se ■ *s.* viagens; deslocações; travel agency agência de viagens travels *s.pl.* viagens; andanças
traveller, traveler EUA *s.* viajante
travelling, traveling EUA *adj.* 1 itinerante 2 viajante 3 de viagem ■ *s.* viagens ♦ travelling salesman caixeiro-viajante
travelogue, travelog EUA *s.* filme, documentário ou livro sobre viagens
travesty *s.* paródia; farsa
trawler *s.* traineira
tray *s.* 1 tabuleiro; bandeja 2 caixa; the cat's litter tray a caixa de areia do gato
treacherous *adj.* 1 traiçoeiro 2 perigoso
treachery *s.* traição; deslealdade
treacle *s.* Grã-Bretanha melaço
tread *v.* 1 pisar; you trod on my foot! você pisou no meu pé! 2 formal caminhar ■ *s.* 1 passo; maneira de andar 2 (*degrau, pneu*) piso ♦ to tread carefully apalpar terreno, ter muito cuidado to tread on somebody's toes pisar os calos de alguém TEATRO to tread the boards pisar o palco
treadmill *s.* 1 monotonia; rotina 2 (*ginástica*) esteira ergométrica
treason *s.* (*contra um país*) traição
treasure *s.* tesouro; treasure hunt caça ao tesouro ■ *v.* 1 estimar; dar muito valor a 2 recordar com carinho
treasurer *s.* tesoureiro
treasury *s.* 1 tesouro (público); erário (público) 2 sala do tesouro ♦ the Treasury o Ministério das Finanças
treat *v.* 1 tratar; he treated her like a princess tratava-a como uma princesa; to treat a patient/an illness tratar um doente/uma doença; to treat somebody with respect tratar alguém com respeito; to treat sewage tratar águas residuais; to treat wood tratar madeira 2 encarar; to treat something seriously levar algo a sério 3 convidar; I'll treat you deixe-me ser eu a pagar, deixa que eu pago (para você); to treat oneself to something dar um presente a si próprio e comprar algo; to treat somebody to lunch pagar o almoço para alguém (*surpresa, presente*) brindar (to, com) *s.* 1 prazer; presente; convite; my treat! pago eu! 2 guloseima ♦ to work a treat funcionar às mil maravilhas
treatise *s.* 1 tratado 2 dissertação 3 obra sobre determinado assunto
treatment *s.* tratamento
treaty *s.* (*entre países*) tratado; peace treaty tratado de paz
treble *v.* Grã-Bretanha triplicar ■ *adj.* 1 Grã-Bretanha triplo; treble the amount o triplo da quantia 2 MÚSICA agudo; de soprano ■ *s.* 1 MÚSICA notas agudas 2 MÚSICA soprano; voz de soprano ♦ treble clef clave de sol
tree *s.* árvore; apple tree macieira; tree frog perereca
treetop *s.* copa da árvore; in the treetops no topo das árvores
trek *s.* caminhada ■ *v.* 1 caminhar 2 fazer trekking
trellis *s.* 1 ramada 2 pérgula
tremble *v.* 1 tremer; estremecer 2 balançar
trembling *s.* (*pessoa*) tremor ■ *adj.* trêmulo; trembling hands mãos trêmulas
tremendous *adj.* 1 tremendo; enorme 2 formidável; extraordinário
tremor *s.* tremor; an earth tremor um pequeno tremor de terra
trench *s.* 1 trincheira 2 fosso; vala ♦ trench coat gabardina impermeável
trend *s.* tendência
trendy *adj.* na moda
trepidation *s.* (*movimento*) trepidação
trespass *v.* 1 (*propriedade alheia*) invadir (on, –); no trespassing passagem proibida, propriedade privada 2 arcaico pecar; ofender; as we forgive those who trespass against us assim como nós perdoamos a quem nos tem ofendido ■ *s.* 1 (*propriedade alheia*) invasão 2 arcaico pecado; forgive us our trespasses perdoai-nos as nossas ofensas
trespasser *s.* intruso; transgressor; trespassers will be prosecuted passagem proibida, propriedade privada
trial *s.* 1 julgamento; to go on trial ser julgado 2 teste; prova; experiência; by trial and error por um processo de tentativa-erro; for a trial period por um período de experiência; on a trial basis a título experimental 3 prova de pré-seleção 4 provação ■ *v.* Grã-Bretanha testar
triangle *s.* 1 GEOMETRIA triângulo; right angled triangle triângulo retângulo 2 MÚSICA triângulo, ferrinhos 3 EUA esquadro
triangular *adj.* triangular; a triangular shape uma forma triangular
triathlon *s.* triatlo
tribal *adj.* tribal
tribalism *s.* tribalismo
tribe *s.* tribo
tribulation *s.* tribulação

tribune s. 1 tribuna 2 (*pessoa*) tribuno
tributary s. (*rio*) afluente ■ *adj.* (*imposto*) tributário
tribute s. 1 homenagem; to pay tribute to prestar homenagem a 2 tributo
trick s. 1 truque; a conjuring trick um truque de mágica; an old trick um velho truque 2 truque; armadilha; golpe; dirty trick golpe sujo; what a dirty trick! que coisa feia! 3 peça, gracejo; confidence trick conto do vigário; to play a trick on pregar uma peça a 4 Grã-Bretanha mania 5 (*jogo de cartas*) vaza ■ *v.* enganar; to trick somebody into doing something levar alguém a fazer algo, através de enganos; to trick somebody out of something tirar algo de alguém, através de enganos, roubar algo de alguém ■ *adj.* traiçoeiro; a trick question uma armadilha, uma pergunta capciosa ◆ coloquial, antiquado how's tricks? como vai isso? the tricks of the trade os segredos da profissão to do the trick resultar, funcionar to have a trick up one's sleeve ter um truque na manga
trickle *v.* 1 gotejar; pingar; escorrer 2 (*grupo*) entrar aos poucos ■ *s.* (*de líquido*) fio
tricky *adj.* 1 complicado; difícil 2 manhoso
tricoloured *adj.* tricolor
tricycle s. triciclo
trident s. tridente
triennial *adj.* trienal
trifle s. coisa sem valor, sem importância; nada; ninharia, bagatela ■ *v.* brincar; gracejar ◆ formal a trifle um pouco
trifle with *v.* não levar a sério; brincar com
trigger s. 1 (*arma*) gatilho; to pull the trigger premir o gatilho, disparar 2 causa; the trigger for something o que desencadeou algo ■ *v.* 1 desencadear; provocar 2 acionar
triggered *adj.* acionado, ativado
trigonometry s. MATEMÁTICA trigonometria
trike s. coloquial triciclo
trilingual *adj.*, *s.* trilíngue
trill s. trinado
trillion s. 1 trilhão; two trillion pounds dois trilhões de libras; figurado, coloquial a trillion photos/trillions of photos trilhões de fotografias 2 Grã-Bretanha antiquado quintilhão
trillionth s. 1 bilionésimo 2 um vasto número
trilogy s. trilogia
trim *v.* 1 aparar 2 (*planta, arbusto*) podar 3 cortar; tirar 4 reduzir 5 enfeitar; adornar ■ *s.* 1 (*cabelo*) aparadela; corte 2 enfeite; acabamento 3 (*carro*) estofamento ■ *adj.* 1 elegante; em forma 2 bem tratado ◆ in (good) trim em forma, em bom estado
trimester s. 1 (*gravidez*) trimestre 2 EUA período letivo; trimestre
trinity s. trindade; grupo de três Trinity s. RELIGIÃO Trindade; the Holy Trinity Santíssima Trindade
trinket s. bugiganga
trio s. trio
trip s. viagem; to go on a trip fazer uma viagem ■ *v.* 1 tropeçar 2 passar uma rasteira a 3 acionar
tripe s. 1 CULINÁRIA tripas 2 coloquial disparates
triphthong s. LINGUÍSTICA tritongo

triple *adj.* 1 triplo; tríplice 2 três vezes; o triplo de ■ *v.* triplicar ◆ triple jump triplo salto
triplet s. 1 trigêmeo 2 MÚSICA tercina 3 LITERATURA terceto
triplicate *adj.*, *s.* triplicado (in); in triplicate em triplicado
tripod s. tripé
tripper s. Grã-Bretanha excursionista
trisyllable s. trissílabo
Triton s. MITOLOGIA, ASTRONOMIA Tritão
triturated *adj.* triturado
triumph s. 1 triunfo; in triumph triunfalmente 2 vitória 3 regozijo; júbilo ■ *v.* triunfar
triumphal *adj.* triunfal; a triumphal arch um arco do triunfo
triumphant *adj.* 1 triunfante; vitorioso 2 exultante
trivial *adj.* insignificante; trivial
triviality s. trivialidade; banalidade
trivialize *v.* banalizar, trivializar
troglodyte s. troglodita; homem pré-histórico
trolley s. 1 Grã-Bretanha carrinho (de compras) 2 Grã-Bretanha (*comida, bebidas*) carrinho 3 EUA bonde 4 trólei ◆ coloquial to be off one's trolley não ter os parafusos todos
trombone s. MÚSICA trombone
trombonist s. trombonista
troop s. 1 cavalaria 2 multidão; bando; manada fig. troops *s.pl.* tropas ■ *v.* deslocar-se em conjunto; ir em bando
trooper s. 1 soldado de cavalaria 2 EUA agente da polícia estatal
trophy s. troféu
tropic s. trópico; Tropic of Cancer/Capricorn trópico de Câncer/Capricórnio
tropical *adj.* tropical; the tropics as regiões tropicais; tropical fruit fruto tropical
tropism s. BIOLOGIA tropismo
troposphere s. troposfera
trot *v.* 1 (*cavalo, cavaleiro*) trotar; andar a trote 2 caminhar a passo rápido 3 coloquial ir; andar; to trot off sair rapidamente ■ *s.* 1 (*cavalo*) trote 2 passo rápido trots *s.pl.* coloquial diarreia ◆ coloquial on the trot 1 consecutivamente 2 ocupado
trotter s. 1 (*porco*) chispe 2 cavalo de trote
troubadour s. trovador
trouble s. 1 problema 2 dificuldade 3 confusão; to get into trouble meter-se em confusão 4 discussões; conflitos 5 incômodo; trabalho; it's no trouble não incomoda nada; to take the trouble to do something dar-se ao trabalho de fazer alguma coisa; to go to a lot of trouble to do something esforçar-se muito por fazer algo ■ *v.* 1 preocupar; afligir 2 incomodar; perturbar 3 Grã-Bretanha formal dar-se ao trabalho de
troubled *adj.* 1 perturbado; aflito 2 agitado; conturbado
trouble-free *adj.* sem problemas; sem incidentes; tranquilo
troublemaker s. desordeiro; arruaceiro
troublesome *adj.* problemático; complicado
trousers *s.pl.* calças; a pair of trousers um par de calças, umas calças

tunnel

trout s. ZOOLOGIA truta ♦ Grã-Bretanha coloquial old trout bruxa
truancy s. absenteísmo escolar
truant s. aluno que falta às aulas sem autorização ■ v. faltar às aulas ♦ coloquial to play truant faltar às aulas
truce s. tréguas
truck s. 1 caminhão; truck driver caminhoneiro 2 carro utilitário 3 (*trem*) vagão de mercadorias ■ v. transportar de caminhão
trucker s. EUA caminhoneiro
true adj. 1 verdadeiro; a true story uma história verídica; it's true é verdade; to hold true for aplicar-se a 2 fiel; leal; to be true to one's word cumprir o prometido ■ adv. em linha reta ♦ true to life realista to come true concretizar-se, realizar-se
truffle s. trufa
truly adv. 1 verdadeiramente 2 sinceramente ♦ yours truly (*final de correspondência*) atenciosamente
trump s. 1 trunfo; what's trumps? qual é o trunfo? 2 (*jogo de cartas*) trunfo ■ v. trunfar ♦ to come/turn up trumps salvar a situação
trumpet s. MÚSICA trompete; trombeta ■ v. 1 anunciar aos quatro ventos 2 (*elefante*) barrir ♦ coloquial to blow one's own trumpet vangloriar-se
trumpeter s. trompetista; trombeteiro
truncate v. truncar
truncheon s. (*polícia*) bastão; cassetete
trunk s. 1 (*pessoa, árvore*) tronco 2 arca; baú 3 EUA mala (do carro); bagageiro 4 (*elefante*) tromba trunks s.pl. sunga/short de banho ♦ trunk call chamada de longa distância Grã-Bretanha trunk road estrada principal
trust s. 1 confiança; a position of trust um cargo de responsabilidade; to put one's trust in depositar confiança em 2 associação; fundação; charitable trust associação de caridade 3 (*dinheiro*) fundo 4 (*grupo de empresas*) truste ■ v. 1 confiar em; he can't be trusted não se pode confiar nele 2 acreditar em 3 formal esperar ♦ in the trust of ao cuidado de to trust somebody with something confiar algo a alguém
trustee s. 1 (*herança*) curador 2 administrador 3 EUA administrador de uma falência
trusting adj. confiante; crédulo; a trusting woman uma mulher que confia nos outros
trustworthy adj. digno de confiança
truth s. 1 verdade; to tell the truth dizer a verdade 2 veracidade ♦ if (the) truth be known/told verdade seja dita in truth na verdade, na realidade to tell (you) the truth para dizer a verdade
truthful adj. 1 verdadeiro; sincero 2 (*descrição, retrato*) fiel
try v. 1 tentar; coloquial to try and do something tentar fazer algo; to try to do something tentar fazer algo 2 experimentar; to try doing something experimentar fazer algo 3 (*comida, bebida*) provar 4 (*porta, janela*) tentar abrir 5 DIREITO julgar ■ s. 1 tentativa; have another try tenta outra vez; to give it a try tentar, experimentar 2 ESPORTE ensaio ♦ to try one's luck tentar a sua sorte to try somebody's patience abusar da paciência de alguém **try on** v. (*roupa*) experimentar
trying adj. difícil; duro; penoso
tsar, czar, tzar s. czar
tsarina, czarina, tzarina s. czarina
tsunami s. tsunami
tub s. 1 EUA banheira 2 tina; bacia grande 3 (*de margarina, sorvete*) caixa; embalagem
tubby adj. gorducho; rechonchudo
tube s. 1 tubo; a tube of toothpaste uma pasta de dente 2 Grã-Bretanha metrô (de Londres); by tube de metrô 3 EUA coloquial televisão ♦ coloquial to go down the tubes ir por água abaixo
tuber s. tubérculo
tuberculosis s. MEDICINA tuberculose
tubulation s. tubulação
tuck v. 1 enfiar; meter; prender 2 esconder 3 (*costura*) fazer pregas em ■ s. 1 (*costura*) prega; dobra 2 coloquial operação tuck in v. 1 aconchegar na cama; cobrir 2 coloquial (*comida*) atacar 3 (*barriga, camisa*) meter para dentro
Tuesday s. terça-feira; every Tuesday todas as terças-feiras; on Tuesday na terça-feira; on Tuesdays às terças-feiras
tuft s. tufo
tug v. 1 puxar; dar puxões; to tug (at/on) something puxar algo 2 arrastar 3 (*navio*) rebocar ■ s. 1 (*navio*) rebocador 2 puxão ♦ tug of war cabo de guerra
tuition s. 1 instrução; ensino; private tuition aulas particulares; tuition fees taxas escolares 2 EUA taxa escolar
tulip s. BOTÂNICA tulipa
tulle s. (*tecido*) tule
tumble v. 1 cair 2 andar aos tropeções 3 (*preço, valor*) descer abruptamente ■ s. trambolhão; tombo; to take a tumble dar um trambolhão ♦ Grã-Bretanha tumble dryer máquina de secar roupa
tumbler s. 1 copo (sem pé) 2 antiquado acrobata
tummy s. coloquial barriga
tumour, tumor EUA s. tumor; benign/malignant tumour tumor benigno/maligno
tumult s. tumulto
tumultuous adj. tumultuoso
tun s. tonel
tuna s. atum
tundra s. tundra
tune s. música; melodia; cantiga ■ v. 1 afinar 2 sintonizar; coloquial stay tuned! não saia daí! ♦ in tune 1 afinado 2 em sintonia out of tune 1 desafinado 2 em desacordo to the tune of na módica quantia de **tune in** v. 1 ligar; sintonizar 2 estar em sintonia **tune out** v. desligar; deixar de prestar atenção
tuner s. 1 (*pianos*) afinador 2 sintonizador
tungsten s. QUÍMICA (*elemento químico*) tungstênio
tunic s. túnica
tuning s. 1 afinação 2 sintonia ♦ tuning fork diapasão
Tunisia s. Tunísia
Tunisian adj., s. tunisiano
tunnel s. túnel; the Channel Tunnel o Túnel no Canal da Mancha ■ v. abrir túnel ♦ tunnel vision 1 visão em túnel 2 visão limitada

tunny

tunny s. Grã-Bretanha atum
Tupi s. tupi
turban s. turbante
turbinate adj. em forma de cone invertido ANATOMIA turbinate bone corneto
turbine s. turbina
turbo s. MECÂNICA turbo ♦ turbo engine motor turbo
turbodiesel s. turbodiesel
turbogenerator s. FÍSICA, MECÂNICA turbogerador
turbot s. ZOOLOGIA pregado
turbulence s. turbulência
turbulent adj. turbulento
turd s. popular cocô, monte de excrementos
tureen s. terrina
turf s. 1 grama; gramado 2 ESPORTE hipismo 3 EUA terreno; on one's home turf em casa ■ v. cobrir de grama
Turk s. (pessoa) turco
Turkish adj. turno; Turkish bath banho turco ■ s. (língua) turco
Turkey s. Turquia
turkey s. 1 peru 2 EUA coloquial idiota 3 EUA coloquial (filme, peça) fiasco ♦ EUA coloquial to talk turkey falar a sério
turmoil s. confusão; agitação
turn v. 1 virar(-se); to turn right virar à direita 2 girar; rodar 3 ficar; tornar-se; to turn red ficar vermelho, corar 4 fazer (anos); to turn forty fazer quarenta anos 5 (jogo) dar a volta a ■ s. 1 vez; it's your turn é a sua vez 2 volta; to give something a turn andar às voltas com algo 3 mudança; to take a turn for the worse mudar para pior; turn of events reviravolta 4 virada; mudança de direção; the turn of the century a virada do século; to make a right turn virar à direita 5 curva; twists and turns curvas e contracurvas 6 antiquado passeio 7 antiquado má disposição ♦ by turns sucessivamente in turn 1 como consequência 2 à vez to take turns fazer à vez revezar-se to turn one's back (on somebody/ something) virar as costas (a alguém/algo) turn down v. 1 (som) baixar; to turn the TV down pôr a televisão mais baixo 2 recusar; rejeitar turn in v. 1 entregar (à polícia) 2 EUA entregar; devolver 3 (lucro) obter 4 ir deitar turn off v. 1 (aparelho, luz) desligar; apagar 2 (torneira) fechar 3 (estrada) sair (de) 4 fazer perder o interesse turn on v. 1 (aparelho, luz) ligar; acender 2 (torneira) abrir 3 atacar; atirar-se a 4 Grã-Bretanha estar dependente de 5 excitar 6 interessar; entusiasmar turn out v. 1 acabar; resultar 2 revelar-se; it turns out that... afinal... 3 (luz) apagar; desligar 4 comparecer; participar 5 expulsar; despejar 6 produzir; fabricar 7 (bolso) virar do avesso turn over v. 1 virar(-se) ao contrário 2 capotar 3 (direito, responsabilidade) entregar; passar 4 (criminoso) entregar 5 faturar 6 (estoque) escoar 7 Grã-Bretanha virar (a página) 8 Grã-Bretanha (televisão) mudar de canal turn up v. 1 (som) pôr mais alto 2 (gás, aquecimento) pôr mais forte 3 (algo ou alguém perdido) aparecer 4 chegar; aparecer; to turn up late chegar atrasado 5 descobrir; encontrar
turnabout s. reviravolta; mudança radical
turncoat s. pejorativo vira-casaca
turning s. Grã-Bretanha via (que parte de uma estrada); take the first turning on the left vire na primeira à esquerda ♦ turning point ponto de virada
turnip s. BOTÂNICA nabo
turn-off s. 1 (estrada) saída 2 coloquial desincentivo; to be a turn-off to somebody tirar a vontade de alguém
turn-on s. coloquial estímulo; coisa excitante
turnout s. 1 afluência; adesão 2 (eleições) afluência às urnas
turnover s. 1 volume de negócios; faturamento; movimento 2 rotatividade de funcionários 3 (estoque) escoamento 4 CULINÁRIA pastel, geralmente de massa folhada e em forma triangular, com recheio de fruta
turnpike s. EUA autoestrada com pedágio
turntable s. 1 (toca-discos) prato 2 (ferrovia) plataforma giratória
turn-up s. 1 (calças) dobra 2 coloquial surpresa
turquoise s. GEOLOGIA turquesa ■ adj., s. (cor) azul-turquesa
turtle s. 1 tartaruga (marítima) 2 EUA tartaruga ♦ to turn turtle (barco, navio) virar
turtledove s. ZOOLOGIA rola
turtleneck s. blusa de gola alta
tussle s. briga; rixa ■ v. lutar; brigar
tutelary adj. tutelar
tutor s. 1 professor particular; preceptor; explicador 2 tutor; orientador 3 professor universitário ■ v. 1 ensinar; dar aulas 2 dar explicações a
tutorial s. 1 (universidade) seminário; aula individual ou com pequeno grupo 2 INFORMÁTICA tutorial
tutti-frutti s. (sorvete) tutti frutti
tuxedo s. EUA smoking; casaco de smoking
twang s. 1 som produzido pelo nariz; voz fanhosa 2 zunido ■ v. 1 (corda) tanger 2 zunir
tweak v. 1 dar um puxão a 2 torcer 3 fazer pequenas melhorias em ■ s. 1 puxão; beliscão 2 pequena modificação
tweezers s.pl. pinça; a pair of tweezers uma pinça
twelfth adj., s. décimo segundo, décima segunda; on the twelfth of August no dia 12 de agosto ■ s. décima segunda parte ♦ Twelfth Night noite de Reis
twelve adj., s. doze; it's twelve o'clock são doze horas; on 12 April a 12 de abril; page/chapter twelve página/capítulo doze; to be twelve years old ter doze anos ● Note-se que on 12 April se lê on April the twelfth ou on the twelfth of April.
twentieth adj., s. vigésimo; a twentieth century painting um quadro do século XX; on twentieth of June no dia 15 de junho ■ s. vigésima parte
twenty adj., s. vinte; twenty-five vinte e cinco; twenty-fifth vigésimo quinto **twenties** s.pl. 1 anos vinte; in the twenties nos anos vinte 2 (idade) vinte anos; to be in one's twenties ter 20 e tal anos
twice adv. duas vezes; at twice the price ao dobro do preço; twice a month duas vezes por mês; twice as much as duas vezes mais que
twig s. galho ■ v. coloquial entender; atingir col.
twilight s. crepúsculo ■ adj. obscuro; nebuloso

twin s. gêmeo; identical/fraternal twins gêmeos idênticos/fraternos ■ adj. 1 gêmeo 2 (*quarto*) com duas camas; twin beds duas camas 3 (*cidade*) geminada ■ v. geminar
twine s. cordel ■ v. entrelaçar; enroscar
twinkle v. brilhar; cintilar ■ s. brilho
twirl v. 1 rodopiar; rodar 2 encaracolar; retorcer ■ s. rodopio; volta
twist v. 1 torcer; to twist one's wrist torcer o pulso 2 girar; rodar 3 enrolar(-se) 4 contorcer-se 5 fazer uma curva 6 deturpar; distorcer ■ s. 1 torção 2 (*papel*) cartucho 3 (*limão*) rodela (torcida) 4 curva 5 acontecimento inesperado; reviravolta 6 (*dança*) twist
twisted adj. 1 dobrado; torcido; enrolado 2 (*tornozelo*) torcido 3 perverso
twister s. 1 coloquial aldrabão; vigarista 2 EUA coloquial tornado
twisting s. torção
twit s. coloquial parvo
twitch v. 1 contrair(-se); tremelicar 2 puxar; arrancar com um puxão ■ s. 1 tique nervoso 2 puxão
twitter v. 1 chilrear 2 tagarelar ■ s. chilreio
two adj., s. dois; it's two o'clock são duas horas; on 2 April a 2 de abril; page/chapter two página/capítulo dois; to be two years old ter dois anos ♦ in two em duas partes, ao meio in twos em grupos de dois coloquial that makes two of us já somos dois to put two and two together raciocinar • Note-se que on 2 April se lê on April the second ou on the second of April.
two-faced adj. hipócrita; falso
twopence s. Grã-Bretanha moeda de dois pence ♦ not to care a tuppence for não estar nem aí para
tycoon s. magnata
tympanum s. ANATOMIA tímpano
type s. 1 tipo; blood type grupo sanguíneo; this type of questions este tipo de perguntas 2 tipo de letra ■ v. digitar; datilografar; passar a computador
typescript s. cópia datilografada
typewriter s. máquina de escrever
typewriting s. datilografia
typhoid adj. tifoide ■ s. MEDICINA tifoide, febre tifoide ♦ typhoid fever febre tifoide
typhoon s. METEOROLOGIA tufão
typhus s. MEDICINA tifo
typical adj. 1 típico; característico 2 normal; típico ♦ typical! para variar!
typing s. datilografia; ato de escrever à máquina; ato de escrever no computador; typing error erro de digitação
typist s. datilógrafo ♦ to be a slow/fast typist escrever devagar/depressa (no teclado ou máquina de escrever)
typographer s. tipógrafo
typographical adj. tipográfico
typography s. composição gráfica
typology s. tipologia
tyrannical adj. tirânico
tyrannosaurus s. tiranossauro
tyranny s. tirania
tyrant s. tirano
tyre s. Grã-Bretanha pneu

U

u s. (*letra*) u
uakari s. ZOOLOGIA uacari
ubiquitous adj. ubíquo
ubiquity s. ubiquidade
udder s. teta; úbere
UFO sigla de unidentified flying object OVNI, objeto voador não identificado
ugliness s. feiura
ugly adj. 1 feio 2 desagradável; horrível; perigoso ♦ ugly duckling patinho feio
Ukraine s. Ucrânia
Ukrainian adj., s. ucraniano
ulcer s. úlcera; stomach ulcer úlcera estomacal; Grã-Bretanha mouth ulcer afta
ulterior adj. 1 oculto; secreto; an ulterior motive segundas intenções 2 ulterior; posterior ● É diferente de *further*.
ultimate adj. 1 derradeiro; final 2 supremo; máximo 3 fundamental ■ s. coloquial the ultimate in o último grito de, o melhor exemplo de
ultimately adv. 1 no fim das contas; em última análise; finalmente 2 fundamentalmente
ultimatum s. ultimato
ultra adj., s. ultra; radical
ultralight s. ultraleve
ultramarine s., adj. azul-marinho
ultramodern adj. ultramoderno
ultrasonography s. (*técnica*) ultrassonografia
ultrasound s. 1 ultrassom 2 ecografia
ultraviolet adj. ultravioleta; ultraviolet rays raios ultravioleta
ululate v. (*animal*) ulular
umbilical adj. umbilical; umbilical cord cordão umbilical
umbrage s. ofensa; ressentimento; to take umbrage at ficar ressentido com
umbrella s. 1 guarda-chuva; chapéu de chuva; beach umbrella guarda-sol; to put up one's umbrella abrir o guarda-chuva 2 elemento aglutinador; umbrella term termo abrangente 3 proteção
umpire s. (*tênis, beisebol, críquete*) árbitro ■ v. arbitrar
umpteenth adj. coloquial enésimo; for the umpteenth time pela enésima vez
unabashed adj. descarado
unable adj. incapaz; to be unable to do something não poder fazer algo, não conseguir fazer algo, não ser capaz de fazer algo
unabridged adj. integral; completo
unacceptable adj. inaceitável; intolerável
unaccompanied adj. 1 só; sem companhia 2 MÚSICA a solo; sem acompanhamento
unaccountable adj. 1 inexplicável 2 inimputável; que não tem de prestar contas
unaccounted for adj. desaparecido

unaccustomed adj. 1 desacostumado (to, *de*); não acostumado (to, *a*) 2 pouco habitual
unacknowledged adj. 1 não reconhecido 2 ignorado 3 não oficial
unacquainted adj. pouco familiarizado (with, *com*)
unafraid adj. receoso; to be unafraid of não ter medo de
unaided adj. sem ajuda
unalterable ■ adj. inalterável
unaltered ■ adj. inalterado
unambiguous adj. inequívoco; sem ambiguidades
unanimity s. unanimidade
unanimous adj. unânime; by a unanimous vote por unanimidade; the decision was unanimous a decisão foi unânime; they were unanimous in... todos concordaram que...
unannounced adj. 1 sem avisar 2 não anunciado; inesperado
unanswerable adj. 1 incontestável; irrefutável 2 a que não se pode responder; insolúvel
unanswered adj. sem resposta; to go unanswered não obter resposta; to remain unanswered continuar sem resposta
unapproachable adj. inacessível; pouco acessível
unashamed adj. descarado
unassuming adj. despretensioso; modesto
unattached adj. 1 sem ligação; independente 2 descomprometido; sem compromissos
unattainable adj. inalcançável; inatingível
unattended adj. (*criança, objeto*) sozinho; sem vigilância
unattractive adj. 1 pouco atraente 2 desagradável
unauthorized, unauthorised Grã-Bretanha adj. não autorizado
unavailable adj. 1 indisponível; não disponível 2 (*pessoa*) ocupado; não disponível
unavoidable adj. inevitável
unaware adj. to be unaware of não ter consciência de, ignorar, desconhecer
unawares adv. 1 de surpresa; desprevenido; to catch/take somebody unawares pegar alguém de surpresa, pegar alguém desprevenido 2 formal sem se dar conta
unbalanced adj. 1 desequilibrado 2 (*mentalmente*) desequilibrado; perturbado 3 tendencioso
unbearable adj. insuportável; insustentável
unbeatable adj. imbatível
unbecoming adj. 1 impróprio 2 que não fica bem; pouco favorecedor
unbelievable adj. inacreditável
unbeliever s. descrente
unbending adj. intransigente; inflexível
unbiased, unbiassed adj. imparcial
unbind v. 1 (*corda, amarra*) desamarrar, desapertar 2 desencadear

unblock v. 1 (canos, nariz) desentupir 2 desimpedir; desobstruir 3 desbloquear
unbolt v. destrancar; desaferrolhar
unborn adj. 1 por nascer; unborn baby criança que ainda não nasceu, feto 2 vindouro
unbreakable adj. inquebrantável, inquebrável
unbreathable adj. irrespirável
unbridle v. desenfrear
unbridled adj. desenfreado; incontrolável
unburden v. (de trabalho, preocupações) aliviar ♦ formal to unburden oneself desabafar
unbutton v. desabotoar
uncanny adj. estranho; esquisito; inquietante; misterioso
uncertain adj. 1 incerto; duvidoso 2 inconstante 3 desconhecido; indefinido 4 hesitante; inseguro ♦ in no uncertain terms sem rodeios
uncertainty s. incerteza
unchain ■ v. (corrente) desacorrentar
unchallenged adj. incontestado; to go unchallenged não ser posto em causa
unchanging adj. inalterável; imutável
uncharacteristic adj. incaracterístico; that is uncharacteristic of him isso nem parece coisa dele
uncharitable adj. duro; injusto
unchecked adj. desenfreado; descontrolado
uncivilized, uncivilised Grã-Bretanha adj. 1 pouco civilizado; uncivilized hour hora imprópria 2 primitivo
unclaimed adj. por reclamar; não reivindicado
uncle s. tio; my uncle and aunt os meus tios ♦ Grã-Bretanha coloquial and Bob's your uncle! e já está! EUA coloquial to say uncle render-se coloquial Uncle Sam o Tio Sam
unclear adj. pouco claro; obscuro; confuso
uncoil v. desenrolar(-se); estender(-se)
uncomfortable adj. 1 desconfortável 2 desconfortável; pouco à vontade; to feel uncomfortable sentir-se desconfortável 3 incômodo; desagradável
uncommitted adj. não comprometido; descomprometido; the uncommitted voters os indecisos
uncommon adj. invulgar
uncompromising adj. inflexível; intransigente
unconcerned adj. despreocupado; indiferente
unconditional adj. incondicional
unconnected adj. distinto; sem relação; to be unconnected to/with something não ter relação com algo, não ter ligação com
unconscious adj. 1 inconsciente; an unconscious desire um desejo inconsciente 2 desacordado, desmaiado; he was knocked unconscious ficou inconsciente, perdeu os sentidos 3 não ciente; to be unconscious of não estar ciente de ■ s. inconsciente
unconsciousness s. inconsciência
unconstitutional adj. inconstitucional
uncontrollable adj. incontrolável; irresistível
unconventional adj. pouco convencional
uncooperative adj. que não colabora; pouco cooperante
uncork v. tirar a rolha de; abrir; to uncork a bottle abrir uma garrafa
uncountable adj. não contável

underhand

uncouth adj. 1 grosseiro 2 desajeitado, rústico 3 (linguagem) pedante 4 bizarro, estranho
uncover v. 1 destapar; descobrir 2 desenterrar 3 desvendar; pôr a descoberto; revelar
unction s. 1 RELIGIÃO unção 2 formal adulação
uncultivated adj. (terra) inculto
uncurl v. 1 desencaracolar 2 desenrolar(-se)
uncut adj. 1 não cortado; por cortar 2 (livro, filme) integral; sem cortes 3 (pedra preciosa) não talhado; em bruto
undated adj. sem data; não datado
undaunted adj. sem se deixar intimidar; sem se deixar desanimar
undecided adj. 1 indeciso 2 por decidir
undecillion s. sextilião
undelivered adj. não entregue
undeniable adj. inegável; incontestável
under prep. 1 por baixo de; debaixo de; sob 2 abaixo de; menos de; people under twenty pessoas com menos de vinte anos; under €100 menos de €100 3 sob; em; under a false name com um nome falso; under discussion em discussão; under normal conditions em condições normais; under pressure sob pressão; under separate cover em separado; under the influence of sob a influência de 4 (governo, autoridade) em; under the British rule sob o domínio britânico 5 (superior hierárquico) às ordens de; to study under somebody ser aluno de alguém; to work under somebody trabalhar como subordinado de alguém 6 (lei, regra) de acordo com; nos termos de 7 (em um livro, lista) em ■ adv. 1 para baixo 2 debaixo de água 3 menos ♦ under the table secretamente under way 1 em curso em progresso 2 em andamento
underage adj. por menores de idade
underbrush s. vegetação rasteira; mato
undercarriage s. trem de pouso
underclothes s.pl. formal roupa interior
undercoat s. (tinta) primeira demão
undercover adj. 1 (investigação, operação) secreto 2 (agente) à paisana; infiltrado
undercurrent s. 1 sentimento latente 2 corrente submarina
underdeveloped adj. subdesenvolvido
underdone adj. CULINÁRIA malpassado; pouco passado
underfed adj. desnutrido
undergarment s. formal peça de roupa íntima
undergo v. passar por; to undergo a change sofrer uma alteração; to undergo surgery ser operado, ser submetido a uma intervenção cirúrgica; to undergo treatment estar em tratamento
undergraduate s. estudante universitário (de licenciatura) ■ adj. universitário (de licenciatura)
underground s. coloquial (meio de transporte) metrô Grã-Bretanha underground station estação de metrô; to go by underground ir de metrô
undergrowth s. vegetação rasteira; mato
underhand adj. 1 dissimulado; ilícito 2 EUA (passe, serviço) por baixo ■ adv. EUA (passar, atirar) por baixo

underlie

underlie v. subjazer a; ser subjacente a; estar por trás de
underline v. 1 sublinhar 2 sublinhar; salientar
underlying adj. subjacente
undermentioned adj. abaixo mencionado
undermine v. 1 minar; destruir 2 enfraquecer; debilitar
underneath prep. por baixo de, para baixo de ■ adv. 1 por baixo, para baixo 2 em baixo, na parte de baixo 3 interiormente; no íntimo ■ s. fundo; parte inferior
undernourished adj. subnutrido; subalimentado
undernourishment s. subnutrição
underpaid adj. mal pago
underpants s.pl. cuecas; a pair of underpants cueca
underpass s. passagem subterrânea
underplay v. minimizar; desvalorizar
underprivileged adj. desfavorecido ■ s.pl. the underprivileged os desfavorecidos
underrate v. subavaliar; subestimar; menosprezar
undersea adj. submarino
undershirt s. EUA camiseta usada por baixo da roupa
underside s. lado de baixo
undersigned s. abaixo assinado; I, the undersigned eu, abaixo assinado
underskirt s. saia de baixo
understand v. 1 entender; compreender 2 formal crer; julgar 3 (parte de uma frase) subentender ♦ it was understood that... partia-se do princípio de que... estava combinado que... to give somebody to understand that dar a entender a alguém que to make oneself understood fazer-se entender
understandable adj. compreensível
understanding s. 1 compreensão; percepção; conhecimento; to have an understanding of something compreender algo 2 acordo; entendimento; to come to/reach an understanding chegar a um acordo 3 compreensão; tolerância 4 interpretação ■ adj. compreensivo ♦ on the understanding that na condição de que
understatement s. afirmação que fica aquém da realidade; atenuação dos fatos; eufemismo
understudy s. (ator de teatro) substituto
undertake v. 1 encarregar-se de; empreender; assumir 2 comprometer-se; to undertake to do something comprometer-se a fazer algo
undertaker s. agente funerário; cangalheiro; undertaker's funerária
undertaking s. 1 empreendimento; tarefa; projeto 2 compromisso; promessa
undertone s. 1 voz baixa; in an undertone em um murmúrio 2 sentimento latente; laivo; sugestão; indício
undervaluation s. 1 subestimação 2 desprezo, menosprezo
undervalue v. subestimar; dar menos valor do que o devido
underwater adj. submarino; subaquático; marinho ■ adv. debaixo de água
underwear s. roupa interior
underworld s. 1 submundo MITOLOGIA inferno

underwrite v. 1 apoiar financeiramente 2 (apólice, ações) garantir
underwriter s. 1 seguradora 2 avaliador (de seguros)
undeserved adj. imerecido; injusto
undesirable adj. indesejável ■ s. pessoa indesejável
undetected adj. despercebido; to pass undetected passar despercebido, não ser detectado
undeterred adj. que não se deixa desencorajar (by, por)
undies s.pl. coloquial roupa íntima
undignified adj. indigno; pouco digno; vergonhoso
undiluted adj. 1 não diluído 2 puro; genuíno
undisciplined adj. indisciplinado
undiscovered adj. por descobrir; desconhecido
undisguised adj. manifesto; assumido; franco
undisputed adj. incontestável; inquestionável
undisturbed adj. 1 intacto 2 ininterrupto; contínuo 3 impassível (by, –); imperturbável (by, –)
undivided adj. 1 indiviso; uno 2 total; completo; you have my undivided attention sou todo ouvidos
undo v. 1 desapertar; abrir; to undo a knot desfazer um nó 2 anular; desfazer
undone adj. 1 inacabado; incompleto 2 (roupa) aberto; desapertado 3 antiquado (pessoa) arruinado; perdido
undoubtable adj. indubitável
undress v. 1 despir(-se) 2 (ferida) tirar curativo ♦ formal in a state of undress nu
undressed adj. despido
undue adj. formal excessivo
undulate v. formal ondular
undulation s. formal ondulação
undulatory adj. ondulatório
unduly adv. formal excessivamente; exageradamente
unearth v. 1 desenterrar 2 descobrir
unearthly adj. 1 sobrenatural 2 estranho 3 coloquial (hora, tempo) impróprio; at unearthly hours a horas impróprias
uneasiness s. 1 desassossego, inquietude anxiety 2 (água) turvação
uneasy adj. 1 preocupado (about, com) 2 (sensação, atmosfera) incômodo; desagradável 3 agitado; apreensivo; an uneasy sleep um sono agitado
uneatable adj. (comida) intragável
uneconomical adj. pouco econômico
uneducated adj. com poucos estudos; sem instrução
unemotional adj. 1 frio; impassível 2 objetivo
unemployed adj. desempregado; the unemployed os desempregados
unemployment s. desemprego
unequal adj. 1 desigual 2 formal inapto (to, para); I feel unequal to the situation não me sinto à altura da situação
unequalled, unequaled EUA adj. incomparável; sem igual
unequivocal adj. formal inequívoco
unerring adj. infalível
unethical adj. pouco ético
uneven adj. 1 irregular 2 desigual 3 (número) ímpar
unevenness s. desnível
uneventful adj. calmo; tranquilo

unexceptional *adj.* banal; corriqueiro
unexpected *adj.* inesperado; imprevisto
unexpectedly *adv.* inesperadamente
unexplored *adj.* inexplorado
unfair *adj.* 1 injusto 2 desleal; unfair competition concorrência desleal
unfaithful *adj.* infiel (to, *a*)
unfamiliar *adj.* 1 desconhecido; this place is unfamiliar to me este local me é desconhecido 2 pouco familiarizado; to be unfamiliar with não estar familiarizado com
unfashionable *adj.* fora de moda
unfasten *v.* desapertar
unfavourable, unfavorable EUA *adj.* desfavorável
unfeasible *adj.* irrealizável
unfinished *adj.* inacabado; incompleto ♦ unfinished business assunto pendente
unfit *adj.* 1 em baixo de forma; to be unfit não estar em forma 2 impróprio (for, *para*); unfit for consumption impróprio para consumo 3 sem capacidade (for, *de*; to, *para*)
unfold *v.* 1 desdobrar(-se); abrir(-se) 2 desvendar(-se); revelar(-se) 3 (*ideias, capacidades*) desenvolver-se; desabrochar fig.
unforeseen *adj.* inesperado; imprevisto
unforgettable *adj.* inesquecível
unforgivablel *adj.* imperdoáve
unforgivable *adj.* imperdoável
unfortunate *adj.* 1 sem sorte 2 formal infeliz; lamentável; an unfortunate remark um comentário lamentável ■ *s.* literário infeliz
unfortunately *adv.* infelizmente; lamentavelmente
unframe *v.* desenquadrar
unfriendly *adj.* 1 antipático (to/towards, *com*) 2 hostil
unfruitful *adj.* 1 infrutífero 2 literário estéril
unfulfilled *adj.* 1 frustrado; insatisfeito 2 (*sonho etc.*) por realizar
unfurl *v.* 1 (*bandeira, vela etc.*) desfraldar(-se) 2 abrir(-se); desenrolar(-se)
unfurnished *adj.* desmobilado
ungainly *adj.* desajeitado
unglue *v.* desgrudar, despegar
ungodly *adj.* ímpio; pecaminoso ♦ at an ungodly hour tarde e a más horas
ungrammatical *adj.* LINGUÍSTICA agramatical
ungrateful *adj.* ingrato; that is ungrateful of him é uma ingratidão da parte dele
unguarded *adj.* 1 sem vigilância 2 de descuido; de distração; an unguarded moment um momento de distração
unhappily *adv.* 1 tristemente 2 infelizmente
unhappiness *s.* infelicidade
unhappy *adj.* 1 infeliz; triste 2 formal infeliz; inconveniente; unhappy remark comentário infeliz 3 descontente (with/about, *com*)
unharmed *adj.* ileso
unhealthiness *s.* insalubridade form.
unhealthy *adj.* 1 pouco saudável; que faz mal; an unhealthy diet uma alimentação pouco saudável 2 doente 3 doentio; unhealthy love amor doentio

unheard *adj.* 1 não ouvido; to condemn somebody unheard condenar alguém sem o ouvir primeiro; unheard of desconhecido; sem precedentes 2 ignorado; to go unheard ser ignorado
unhelpful *adj.* 1 inútil 2 (*pessoa*) pouco prestativo; que não oferece ajuda
unhinge *v.* 1 desengonçar; deslocar 2 (*mentalmente*) desvairar, perturbar, transtornar
unholy *adj.* 1 ímpio; pecaminoso 2 profano 3 coloquial terrível
unhook *v.* desenganchar
unhurt *adj.* ileso
unhygienic *adj.* insalubre
unicellular *adj., s.* BIOLOGIA unicelular
unicolored, unicoloured Grã-Bretanha *adj.* unicolor
unicorn *s.* unicórnio
unidentified *adj.* não identificado; unidentified source fonte não identificada
unification *s.* unificação
uniform *adj.* uniforme ■ *s.* uniforme; farda; dressed in uniform fardado
uniformity *s.* uniformidade
unify *v.* unificar; unir
unilateral *adj.* unilateral; unilateral disarmament desarmamento unilateral
unimaginable *adj.* inimaginável; inconcebível
unimaginative *adj.* sem imaginação
unimpaired *adj.* intacto
unimportant *adj.* irrelevante; sem importância
uninhabited *adj.* desabitado; deserto
uninhibited *adj.* desinibido; descomplexado
uninitiated *s.pl.* os leigos ■ *adj.* leigo
uninstall *v.* INFORMÁTICA desinstalar
unintentional *adj.* involuntário; não intencional
uninterested *adj.* desinteressado (in, *em*)
uninteresting *adj.* desinteressante
uninterrupted *adj.* ininterrupto
uninvited *adj.* sem ser convidado
union *s.* 1 união 2 (*trabalhadores*) sindicato; union card cartão do sindicato ♦ Union Jack bandeira do Reino Unido
unionism *s.* sindicalismo
unionist *s.* sindicalista
unionistic *adj.* sindical
unionize *v.* sindicalizar
unique *adj.* 1 único; this is a unique opportunity esta é uma oportunidade única 2 exclusivo (to, *de*)
unisex *adj.* unissexo
unisexual *adj.* BIOLOGIA, BOTÂNICA unissexual
unison *s.* in unison em uníssono
unisonous *adj.* uníssono
unit *s.* 1 unidade; fighting unit unidade de combate; unit of measurement unidade de medida 2 (*mobiliário*) módulo 3 (*hospital*) serviço; departamento ● É diferente de *unity*.
unitary *adj.* unitário
unite *v.* unir(-se)
united *adj.* unido; conjunto; united efforts esforços unidos; united front frente unida
unity *s.* 1 unidade; (*teatro*) drama unities unidades dramáticas 2 harmonia; they lived in perfect unity eles viviam em perfeita harmonia

universal

universal adj. universal; universal suffrage sufrágio universal; universal truth verdade universal
universality s. universalidade
universalize v. universalizar
universe s. ASTRONOMIA universo
university s. universidade; university student/teacher estudante/professor universitário; university town cidade universitária
unjust adj. injusto
unjustifiable adj. injustificável
unjustified adj. injustificado
unkempt adj. 1 mal arrumado; desleixado 2 (cabelo) desgrenhado
unkind adj. indelicado (to, com); cruel (to, com)
unknown adj. desconhecido ■ s. desconhecido; (coisas, lugares, fenômenos) the unknown o desconhecido ♦ unknown quantity incógnita unknown to somebody sem o conhecimento de alguém Unknown Soldier soldado desconhecido
unlawful adj. ilegal; ilícito
unlearn v. desaprender
unleash v. desencadear
unless conj. a não ser que; a menos que; se não; unless you come here at once, you will not be able to see him se você não vier aqui de imediato, não vai poder vê-lo; you will never be successful unless you study hard você nunca será bem-sucedido a não ser que estude muito
unlike prep. 1 diferente de; this is unlike everything I've ever seen isto é diferente de qualquer coisa que eu já tenha visto 2 não típico de; it's unlike him to do such a thing isto nem parece dele 3 ao contrário de; unlike me, he really loves sports ao contrário de mim, ele gosta mesmo de esporte ■ adj. diferente; they are quite unlike são bastante diferentes
unlikely adj. 1 pouco provável; that is unlikely to happen é pouco provável que isso aconteça 2 inverossímil; that is an unlikely story essa é uma história inverosímil 3 inesperado
unlimited adj. ilimitado
unlink v. desunir, desatrelar
unlit adj. não iluminado
unload v. 1 descarregar 2 EUA desabafar (on/onto, com); to unload one's problems onto somebody desabafar com alguém 3 coloquial livrar-se de
unloading s. descarga
unlock v. 1 (porta etc.) abrir; destrancar 2 desvendar; to unlock a secret desvendar um segredo
unluckily adv. por azar
unlucky adj. 1 azarado; sem sorte; how unlucky! que azar!; it was unlucky of him to miss the train ele teve azar em perder o trem; I was unlucky enough to tive o grande azar de 2 que dá azar
unmade adj. 1 (cama) por fazer 2 (estrada) por asfaltar
unmanageable adj. incontrolável
unmanned adj. não tripulado
unmarked adj. 1 não identificado 2 despercebido 3 (jogador) desmarcado
unmarried adj. solteiro; unmarried couples casais em união estável; unmarried mother mãe solteira
unmask v. desmascarar

unmentionable adj. (assunto) tabu ■ s. assunto tabu
unmerciful adj. impiedoso
unmistakable adj. inconfundível
unmitigated adj. completo; total; an unmitigated failure um fracasso completo
unmoved adj. insensível (by, a); indiferente (by, a)
unnamed adj. anônimo; desconhecido
unnatural adj. anormal; não natural
unnecessary adj. desnecessário
unnerve v. enervar
unnoticed adj. despercebido; to go unnoticed passar despercebido
UNO sigla de United Nations Organization ONU, Organização das Nações Unidas
unnumbered adj. 1 não numerado 2 literário inumerável
unobtrusive adj. discreto, comedido, sem dar nas vistas
unofficial adj. não oficial
unorthodox adj. pouco ortodoxo
unpack v. 1 (malas) desfazer 2 desempacotar; desembalar
unpaid adj. 1 por pagar; unpaid bills contas por pagar 2 não remunerado; unpaid traineeship estágio não remunerado
unpalatable adj. 1 (ideia) intolerável 2 (comida) intragável
unparalleled adj. formal sem igual
unpatriotic adj. antipatriótico
unplanned adj. não planejado; imprevisto; inesperado
unpleasant adj. 1 desagradável; an unpleasant surprise uma surpresa desagradável 2 antipático; desagradável
unplug v. (tomada) desligar
unplugged adj. acústico; unplugged concert concerto acústico
unpopular adj. impopular (with/among, entre)
unpopularity s. impopularidade
unprecedented adj. sem precedentes; nunca visto
unpredictable adj. imprevisível
unpremeditated adj. (crime etc.) não premeditado
unprepared adj. 1 não preparado (for, para); mal preparado (for, para) 2 improvisado 3 formal relutante (to, em)
unpretentious adj. despretensioso; simples
unprintable adj. que não pode ser impresso
unproductive adj. improdutivo
unprofessional adj. pouco profissional; unprofessional conduct falta de profissionalismo
unprofitable adj. 1 (empresa, negócio) não rentável 2 formal inútil
unprotected adj. desprotegido
unprovoked adj. sem razão; não provocado
unpunished adj. impune; to go unpunished ficar impune
unqualified adj. 1 não qualificado (for/to, para) 2 incondicional; sem reservas; unqualified support apoio incondicional
unquestionable adj. inquestionável; indiscutível

unquestioning adj. (obediência, fé) incondicional; total
unquote adv. fim de citação
unravel v. 1 desemaranhar; desenvencilhar 2 (tricô) desfiar(-se); desfazer(-se) 3 esclarecer(-se)
unread adj. 1 por ler 2 (pessoa) pouco lido
unreal adj. 1 irreal 2 falso; ilusório 3 coloquial fantástico; excelente; that's unreal! isso é fantástico!
unrealistic adj. irrealista
unreasonable adj. 1 pouco razoável 2 (preço etc.) exorbitante
unrecognizable, unrecognisable Grã-Bretanha adj. irreconhecível
unrecognized, unrecognised Grã-Bretanha adj. 1 não reconhecido; his talent went unrecognized o talento dele nunca foi reconhecido 2 despercebido; to go unrecognized passar despercebido
unrefined adj. 1 (açúcar, óleo) não refinado 2 (pessoa) grosseiro; inculto
unrelated adj. 1 não relacionado 2 (pessoas) não aparentado
unrelenting adj. 1 formal incessante; ininterrupto 2 formal (pessoa) implacável; impiedoso
unreliable adj. de pouca confiança; she's unreliable não se pode confiar nela
unrepentant adj. impenitente
unreservedly adv. incondicionalmente; totalmente
unrest s. agitação
unripe adj. (fruta, legume) verde
unrivalled, unrivaled EUA adj. formal inigualável
unroll v. desenrolar(-se); the scene unrolled before our eyes a cena se desenrolou perante os nossos olhos
unruffled adj. calmo; sereno
unruly adj. rebelde
unsafe adj. 1 perigoso 2 sem proteção; unsafe sex sexo desprotegido
unsaid adj. não mencionado; to be left unsaid ficar por dizer
unsalted adj. sem sal
unsatisfactory adj. insatisfatório; insuficiente
unsavoury, unsavory EUA adj. 1 insípido 2 (pessoa, lugar) com má reputação 3 (assunto) desagradável
unscathed adj. incólume, ileso
unscented adj. sem cheiro
unscrew v. desaparafusar, desatarraxar, desenroscar
unscrupulous adj. sem escrúpulos
unseasonable adj. (tempo) fora de época
unseat v. 1 (cavalo) derrubar 2 (cargo) derrubar; depor; destituir
unseemly adj. formal indecoroso; impróprio
unseen adj. 1 invisível 2 inédito; nunca visto
unselfish adj. altruísta; generoso
unsettle v. perturbar; desassossegar
unsettled adj. 1 incerto; unsettled times tempos incertos 2 (tempo) instável 3 agitado; desassossegado 4 (problema etc.) por resolver
unshakeable, unshakable adj. inabalável; an unshakeable faith uma fé inabalável
unsheathe v. (espada) desembainhar
unsheltered adj. desabrigado
unsightly adj. feio; inestético

unskilled adj. não especializado; unskilled worker operário não especializado
unsociable adj. antissocial
unsolicited adj. não solicitado
unsophisticated adj. 1 pouco sofisticado; simples 2 rudimentar
unsound adj. 1 incerto; arriscado 2 (edifício etc.) em mau estado 3 formal demente
unsparing adj. 1 formal generoso; unsparing in one's efforts sem poupar esforços 2 formal implacável; impiedoso
unspeakable adj. 1 indescritível; inefável 2 atroz; unspeakable suffering sofrimento atroz
unspecified adj. indeterminado
unstable adj. instável
unsteady adj. 1 instável 2 trêmulo; to be unsteady on one's feet ter as pernas bambas
unstick v. descolar; descoser, descosturar
unstoppable adj. imparável
unstressed adj. (sílaba etc.) não acentuado; átono
unstuck adj. descolado
unsuccessful adj. fracassado; falhado; malogrado
unsuitable adj. impróprio (for, para); inadequado (for, para)
unsure adj. inseguro; to be unsure não ter a certeza; to be unsure of oneself não ter confiança em si mesmo
unsurmountable adj. insuperável
unsuspecting adj. que não desconfia de nada; to be unsuspecting of não suspeitar que; não desconfiar de
unswerving adj. inabalável; constante
unsympathetic adj. 1 insensível (to/towards, a); indiferente (to/towards, a) 2 contrário (to/towards, a) 3 (pessoa) antipático; desagradável
untamable adj. indomável
untangle v. 1 desemaranhar 2 (problema) desenredar; resolver
untenable adj. (argumento) insustentável
unthinkable adj. impensável; inconcebível
untidiness s. desarrumação
untidy adj. desarrumado
untie v. desatar; despertar
until prep. até; until now/then até agora/então conj. até (que); I will wait until you decide vou esperar até você decidir; not until she leaves will they come só quando ela sair é que eles vêm
untimely adj. 1 formal precoce; prematuro; untimely death morte prematura 2 formal inoportuno
untold adj. 1 incalculável; imenso; untold wealth fortuna incalculável 2 nunca contado
untouchable adj. intocável
untransferable adj. intransmissível
untried adj. 1 inexperiente 2 não testado
untrue adj. 1 falso 2 literário infiel (to, a)
unusual adj. 1 raro; invulgar 2 estranho; insólito ♦ that's unusual! que estranho!
unusually adv. invulgarmente; excepcionalmente
unvanquished adj. invencível, invicto
unveil v. 1 desvelar; to unveil a statue desvelar uma estátua 2 revelar

unwanted

unwanted *adj.* indesejado; to feel unwanted sentir-se indesejado; unwanted pregnancy gravidez indesejada
unwarranted *adj.* formal injustificado
unwary *adj.* desprevenido
unweave *v.* (*tecido*) desfiar
unwelcome *adj.* 1 desagradável; unwelcome news notícias desagradáveis 2 indesejável; inoportuno; unwelcome visitors visitas indesejáveis
unwell *adj.* formal adoentado
unwholesome *adj.* insalubre; doentio
unwilling *adj.* 1 relutante (to, *em*); reticente (to, *em*) 2 de má vontade
unwillingly *adv.* de má vontade; com relutância
unwind *v.* 1 desenrolar(-se); desdobrar(-se) 2 descontrair; relaxar
unwise *adj.* insensato; imprudente
unworkable *adj.* impraticável; inexequível
unworthy *adj.* 1 formal indigno (of, *de*); unworthy of confidence indigno de confiança 2 formal impróprio (of, *para*)
unwrap *v.* desembrulhar
unwritten *adj.* 1 não escrito 2 (*acordo etc.*) verbal
unzip *v.* 1 abrir o fecho 2 INFORMÁTICA (*arquivo*) descompactar
up *adv.* 1 para cima; from 18 up dos 18 para cima; right side/way up com o lado direito para cima 2 em cima; acima; he lives one floor up from me ele vive um andar acima de mim; we saw a plane up in the sky vimos um avião lá em cima 3 (*valor, som*) alto; to turn the volume up pôr o volume mais alto 4 coloquial pronto; lunch is up! o almoço está pronto! 5 até; up to 20 people até 20 pessoas 6 de pé; he is already up já está de pé ■ *prep.* acima; to go up the hill ir pela encosta acima; up the river pelo rio acima ■ *adj.* 1 para cima; the up lift o elevador para cima 2 (*rua*) em obras 3 à altura (to, *de*); capaz (to, *de*) 4 coloquial alegre 5 acabado; terminado; time is up! o tempo terminou 6 (*computador*) em funcionamento ■ *s.* 1 alto; ups and downs altos e baixos 2 Grã-Bretanha coloquial topo; to be on the up estar no topo ■ *v.* 1 aumentar 2 pôr-se de pé ♦ all up (with) está tudo acabado it's up to you é contigo, depende de você to be up against something enfrentar ter que lidar com to be up for it alinhar to be up to here (with) estar saturado (de alguma coisa) to be up to something/no good estar tramando alguma coisa up and about estar recuperado (*envolvimento*) up to your ears/neck in até o pescoço vulgarismo up yours! vai à merda! (*vulg.*) what's up? o que se passa? e aí?
upbeat *adj.* coloquial otimista
upbringing *s.* (*infância*) educação
update *v.* atualizar
upfront *adj.* 1 sincero; franco 2 adiantado; upfront payment pagamento adiantado ■ *adv.* adiantado
upgrade *s.* INFORMÁTICA upgrade; atualização
upheaval *s.* sublevação; convulsão
uphill *adj.* 1 ascendente 2 árduo; penoso; uphill task tarefa árdua ■ *adv.* monte acima
uphold *v.* defender; apoiar; to uphold the law fazer cumprir a lei
upholster *v.* (*cadeira etc.*) estofar; acolchoar
upholsterer *s.* estofador
upholstery *s.* (*móveis*) estofo, estofamento
upkeep *s.* 1 manutenção 2 despesas de conservação
uplifting *adj.* edificante
upload[1] *v.* INFORMÁTICA carregar; fazer o upload de
upload[2] *s.* INFORMÁTICA carregamento; upload
upmarket *adj.* Grã-Bretanha de luxo; topo de gama
upon *prep.* formal em; sobre; to be based upon something ser baseado em alguma coisa, estar de acordo com algo ♦ once upon a time... era uma vez... to be (almost) upon you estar à porta
upper *adj.* 1 superior; the upper window a janela superior 2 alto; elevado; the upper class a classe alta ■ *s.* (*calçado*) parte de cima ♦ the upper limit o limite máximo to gain/get/have the upper hand levar a melhor upper case maiúsculas Upper House (*Parlamento*) Câmara Alta
upper-class *adj.* de classe alta
uppermost *adj.* 1 mais alto 2 predominante; it was uppermost in my mind era o que mais me preocupava
upright *adj.* 1 direito; to sit/stand bolt upright endireitar as costas 2 vertical; upright position posição vertical 3 honesto; íntegro ■ *adv.* verticalmente ■ *s.* pilar; coluna
uproar *s.* tumulto; alvoroço
uproot *v.* 1 (*árvore, planta*) arrancar 2 (*pessoa*) desenraizar
upset[1] *s.* 1 contrariedade; contratempo 2 (*competição*) revés; reviravolta 3 coloquial desarranjo; indisposição; stomach/tummy upset desarranjo intestinal
upset[2] *v.* 1 transtornar; preocupar 2 derrotar; vencer 3 derrubar acidentalmente 4 afetar; prejudicar ■ *adj.* 1 chateado (about/at, *com*) 2 indisposto
upsetting *adj.* perturbador
upshot *s.* desfecho; desenlace
upstairs *adv.* acima; para cima ■ *adj.* de cima ■ *s.* andar de cima ♦ (*promoção no trabalho*) to kick somebody upstairs roer a corda a alguém
upstart *s.* pejorativo presumido
uptake *s.* 1 consumo 2 BIOLOGIA absorção ♦ coloquial to be quick on the uptake ser perspicaz coloquial to be slow on the uptake ser de compreensão lenta
uptight *adj.* 1 coloquial tenso (about, *com*); nervoso (about, *com*) 2 coloquial inibido
up-to-date *adj.* 1 atualizado; to bring something up-to-date atualizar alguma coisa; to keep/bring somebody up-to-date manter/pôr alguém ao corrente de alguma coisa 2 moderno
up-to-the-minute *adj.* 1 (*informação*) de última hora 2 moderno
uptown *adv.* na parte alta da cidade ■ *adj.* da parte alta da cidade ■ *s.* área residencial da cidade
upturned *adj.* revolto; upturned ground terra revolta
upward *adj.* 1 ascendente; para cima 2 (*tendência*) em alta ♦ upward mobility ascensão social
upwards, upward EUA *adv.* para cima; to look upwards olhar para cima ♦ upwards of mais de

uranium s. QUÍMICA (*elemento químico*) urânio
Uranus s. ASTRONOMIA, MITOLOGIA Urano
urban *adj.* urbano; urban planning planejamento urbano; urban renewal recuperação urbana
urbane *adj.* cortês; educado
urbanity s. (*cidades, maneiras*) urbanidade
urbanization s. (*processo*) urbanização
urchin s. moleque
urea s. QUÍMICA ureia
ureter s. ANATOMIA ureter
urethra s. ANATOMIA uretra
urge s. desejo, impulso irresistível; to have the urge to... sentir o impulso irresistível de... ■ *v.* 1 incitar; encorajar; to urge somebody to do something incitar alguém a fazer alguma coisa 2 recomendar; aconselhar; to urge that something be done recomendar que alguma coisa seja feita 3 formal impelir; empurrar
urgency s. urgência; a matter of urgency um assunto urgente
urgent *adj.* 1 urgente; to be in urgent need of estar precisando urgentemente de 2 formal insistente
uric *adj.* BIOLOGIA úrico; uric acid ácido úrico
urinal s. urinol
urinary *adj.* urinário
urinate *v.* urinar
urine s. urina
urn s. 1 urna 2 chaleira; cafeteira
urologist s. urologista
urology s. urologia
Ursa Major s. ASTRONOMIA Ursa Maior
Ursa Minor s. ASTRONOMIA Ursa Menor
urubu s. ZOOLOGIA urubu
Uruguay s. Uruguai
Uruguayan *adj., s.* uruguaio
us *pron. pess.* 1 nos; he gave us a book ele nos deu um livro 2 nós; all of us todos nós; with us conosco 3 Grã-Bretanha coloquial me; give us a look deixa-me ver
usable *adj.* utilizável
usage s. 1 uso; utilização; usage notes instruções de utilização 2 costume; an old usage um costume antigo 3 tratamento
use[1] s. uso; utilização; for the use of para uso de; to be in use usar-se; make use of utilizar alguma coisa ♦ it's no use é desnecessário to be no use/ of no use ser inútil to be of use to somebody ser útil a alguém to be out of use estar fora de serviço what's the use (of)? o que é que adianta? use up *v.* acabar com; gastar
use[2] *v.* 1 usar; utilizar 2 (*droga*) consumir ♦ coloquial I could use something aceito alguma coisa coloquial use your head puxa pela cabeça used to *v.* costumar; I didn't use to get up so early eu não costumava me levantar tão cedo; I used to run eu costumava correr use up consumir, gastar, usar até o fim• A construção "*used to* + infinitivo" é utilizada para aquilo que acontecia sempre ou regularmente, mas já não acontece mais. A interrogativa e a negativa são formadas com did.
used[1] *adj.* usado; em segunda mão; hardly used como novo
used[2] *adj.* acostumado (to, *a*); habituado (to, *a*); I am used to studying a lot estou acostumado a estudar muito; to get used to habituar-se a
useful *adj.* 1 útil (for/to, *para*); prestativo; to come in useful vir a ser útil; to make yourself useful ser útil, ajudar; to prove useful revelar-se útil 2 Grã-Bretanha coloquial capaz; competente
usefulness s. utilidade; to outlive its usefulness deixar de ser útil
useless *adj.* 1 inútil; it is useless to tell them to stop é inútil dizer a eles para parar; to feel useless sentir-se inútil 2 coloquial imprestável; inútil; you're useless você é um inútil
uselessness s. inutilidade
user s. 1 utilizador; utente 2 calão (*droga*) consumidor ♦ EUA user fee taxa de utilização user group grupo de utilizadores
user-friendly *adj.* de fácil utilização
username s. nome de utilizador
usher s. 1 (*cinema, teatro*) lanterninha 2 (*tribunal*) oficial de diligências 3 (*casamento*) mestre de cerimônias ■ *v.* conduzir (to/into, *a*)
usherette s. (*teatro, cinema*) arrumadora
usual *adj.* usual; habitual ■ s. coloquial the usual o costume ♦ as usual como de costume; como sempre
usually *adv.* usualmente; normalmente
usufruct s. DIREITO usufruto
usurer s. agiota
usurp *v.* formal usurpar
usurping *adj.* usurpador
utensil s. utensílio; kitchen utensils utensílios de cozinha
uterine *adj.* uterino
uterus s. ANATOMIA útero
utilitarian *adj.* formal prático
utility s. 1 formal utilidade 2 serviço; public utilities serviços públicos 3 INFORMÁTICA utilitário ■ *adj.* utilitário ♦ utility room (*casa*) lavanderia utility vehicle (*carro*) utilitário comercial
utilize, utilise Grã-Bretanha ■ *v.* formal utilizar
utmost *adj.* extremo; máximo; of utmost importance de extrema importância ■ s. máximo; to do/ try your utmost dar o máximo
utopia s. utopia
utopian *adj.* utópico ■ s. utopista
utter *adj.* perfeito; completo; total; you're an utter idiot você é um perfeito idiota ■ *v.* 1 formal proferir; pronunciar 2 formal dar; soltar; emitir; to utter a cry dar um grito
utterance s. 1 formal afirmação 2 formal expressão; to give utterance to dar expressão a; expressar
utterly *adv.* completamente; totalmente
uvula s. ANATOMIA úvula

V

v s. (*letra*) v ♦ **V-shaped** em V
vacancy s. 1 (*emprego*) vaga (for, *para*); to fill a vacancy preencher uma vaga 2 (*hotel*) acomodação disponível
vacant *adj.* 1 vago; vazio; vacant lot baldio 2 formal (*emprego*) vago; Grã-Bretanha (*jornal*) situations vacant ofertas de emprego 3 (*expressão*) vago; ausente
vacate v. 1 formal (*quarto, casa*) desocupar 2 formal (*cargo*) deixar
vacation s. 1 Grã-Bretanha férias judiciais/letivas 2 EUA férias; long vacation férias grandes; to be/go on vacation estar de férias; to take a vacation tirar férias ■ v. EUA passar férias (in/at, *em*) ● Na Grã-Bretanha usa-se **vacation** sobretudo para designar as férias das universidades e dos tribunais, nos outros casos é mais comum o termo *holiday*. Nos EUA, *vacation* é a forma mais comum em todas as situações.
vacationer s. EUA pessoa que está em férias
vaccinate v. vacinar (against, *contra*)
vaccinated *adj.* 1 vacinado, imunizado 2 figurado imune
vaccination s. vacinação
vaccine s. vacina
vacillate v. formal vacilar; hesitar
vacillation s. formal vacilação; hesitação
vacuous *adj.* formal vazio
vacuum s. 1 vácuo 2 vazio; to leave a vacuum in somebody's life deixar um vazio na vida de alguém 3 (*limpeza*) aspiração ■ v. aspirar ♦ vacuum cleaner aspirador Grã-Bretanha vacuum flask garrafa térmica
vacuum-clean v. (*limpeza*) aspirar
vacuum-packed *adj.* embalado a vácuo
vagabond s. vagabundo
vagina s. ANATOMIA vagina
vaginal *adj.* vaginal
vagrancy s. vadiagem
vagrant s. vagabundo; vadio
vague *adj.* 1 vago, impreciso; I haven't the vaguest idea não faço a mínima ideia; to be vague about something não dar detalhes em relação a 2 distraído
vaguely *adv.* vagamente
vagueness s. imprecisão
vain *adj.* 1 vão; infrutífero 2 pejorativo vaidoso ♦ in vain em vão
vainglory s. vanglória
valance s. 1 dossel 2 EUA sanefa
valentine s. 1 cartão de São Valentim 2 destinatário de um cartão de São Valentim ♦ Valentine Valentim St. Valentine's day dia de São Valentim; dia dos namorados (14 de fevereiro)
Valhalla s. MITOLOGIA Valhala
valid *adj.* 1 (*documento, prazo*) válido 2 (*argumento, prova*) legítimo; fundamentado; pertinente

validate v. 1 validar; legitimar 2 legalizar
validation s. 1 validação; legitimação 2 legalização
validity s. 1 (*prazo*) validade 2 (*argumento, prova*) valor; pertinência
valley s. GEOGRAFIA vale
valuable *adj.* 1 valioso; de valor 2 (*ajuda, informação, recurso, tempo*) precioso; (*experiência*) enriquecedor valuables s.pl. objetos de valor
valuation s. avaliação; estimativa; to put a valuation on a piece of land fazer uma avaliação de um terreno
value s. 1 valor; to be of great value ser muito valioso; to have sentimental value ter valor sentimental 2 (*moral*) valor; cultural values valores culturais; to make a value judgement fazer um juízo de valor 3 MATEMÁTICA valor ■ v. 1 valorizar; estimar, apreciar 2 técnico avaliar
valued *adj.* estimado, apreciado
valueless *adj.* sem valor
valuer s. avaliador
valve s. válvula
vampire s. vampiro
van s. 1 furgão 2 EUA carro utilitário 3 (*trem*) furgão
vanadium s. QUÍMICA (*elemento químico*) vanádio
vandal s. vândalo
vandalism s. vandalismo
vandalize, vandalise Grã-Bretanha v. vandalizar
vane s. 1 cata-vento 2 (*hélice*) pá
vanguard s. vanguarda; to be in the vanguard of estar na vanguarda de
vanilla s. baunilha ■ *adj.* de baunilha; vanilla essence essência de baunilha; vanilla pod vagem de baunilha; vanilla sugar açúcar baunilhado
vanish v. 1 desaparecer 2 dissipar-se; desvanecer-se 3 (*espécie*) extinguir-se ♦ to vanish into thin air evaporar-se to vanish off the face of the earth desaparecer da face da terra to vanish without a trace desaparecer sem deixar rastro
vanishing s. desaparecimento ♦ ARTES PLÁSTICAS vanishing point ponto de fuga
vanity s. 1 vaidade; presunção 2 futilidade 3 EUA penteadeira, toucador ♦ vanity case estojo de maquiagem
vanquished *adj.* vencido, subjugado
vantage s. vantagem; vantage ground posição vantajosa; vantage point posição estratégica
vapor s. EUA vapor
vaporization s. vaporização
vaporize, vaporise Grã-Bretanha v. 1 vaporizar 2 evaporar-se
vaporizer s. vaporizador; pulverizador
vapour, vapor EUA s. vapor
variable *adj.* 1 variável, desigual 2 (*tempo*) instável 3 (*velocidade*) regulável ■ s. MATEMÁTICA variável

variance s. diferença; discrepância; divergência; to be at variance with somebody/something estar em desacordo com alguém/algo
variant s. variante ■ adj. 1 (*forma, pronúncia*) alternativo 2 (*opinião, perspectiva*) divergente
variation s. 1 variação; variante 2 MÚSICA variação
varicose adj. varicoso ♦ varicose veins varizes
varied adj. variado; diverso
variety s. 1 variedade; diversidade; a wide variety of uma grande diversidade de; for a variety of reasons por diversas razões 2 gênero, tipo, espécie ♦ variety show espetáculo de variedades
variola s. MEDICINA varíola
various adj. 1 variado; diverso 2 vários; at various times em várias ocasiões
varix s. MEDICINA variz
varnish s. esmalte; nail varnish esmalte das unhas ■ v. envernizar
vary v. 1 variar (in, *em;* with, *segundo*) 2 alterar 3 diversificar
vascular adj. BIOLOGIA vascular
vase s. jarra; a vase of flowers uma jarra de flores
vasectomy s. MEDICINA vasectomia
vaseline s. vaselina
vassal s. vassalo, súdito
vassalage s. vassalagem
vast adj. 1 vasto, grande, extenso; a vast area uma zona extensa 2 imenso, esmagador; a vast majority uma maioria esmagadora
vastness s. vastidão; imensidão
vat s. 1 cuba, vasilha 2 barril
vault s. 1 ARQUITETURA abóbada 2 cripta, sepulcro, jazigo 3 ESPORTE salto; pole vault salto com vara ■ v. ESPORTE saltar com vara
vaulting s. 1 ARQUITETURA arqueação, abaulamento 2 ESPORTE exercício de salto ■ adj. (*ambição*) desmedido ♦ ESPORTE vaulting horse cavalo de salto
veal s. carne de vitela
vector s. 1 MATEMÁTICA vetor 2 (*doença*) portador 3 (*aeronave*) direção
veer v. 1 virar; mudar de direção; mudar de rumo; to veer to the left virar à esquerda 2 mudar de opinião; to veer round mudar de opinião ■ s. 1 mudança de direção; desvio 2 mudança de opinião
vegan s., adj. vegano
vegetable s. 1 legume; green vegetables hortaliças, verduras 2 (*planta*) vegetal 3 coloquial (*pessoa*) vegetal ■ adj. vegetal; vegetable oils óleos vegetais ♦ vegetable garden horta
vegetarian adj., s. vegetariano; vegetarian food comida vegetariana
vegetarianism s. vegetarianismo
vegetate v. vegetar
vegetation s. vegetação
vegetative adj. 1 vegetativo; vegetative reproduction reprodução vegetativa 2 figurado, pejorativo vegetativo; inativo; he is in vegetative state ele está em estado vegetativo
veggie adj., s. coloquial vegetariano
vehemence s. veemência
vehement adj. veemente

vehicle s. 1 veículo; motor vehicles veículos motorizados 2 figurado meio, veículo; a vehicle for getting something um meio para obter alguma coisa
vehicular adj. de veículos; vehicular traffic circulação de automóvel
veil s. véu ■ v. 1 velar, cobrir com véu 2 envolver, encobrir ♦ a veil of secrecy uma aura de secretismo to draw a veil over something pôr uma pedra no assunto RELIGIÃO to take the veil entrar para o convento
veiled adj. velado ♦ to be veiled in mystery estar envolto em mistério
vein s. 1 ANATOMIA veia 2 BOTÂNICA, ZOOLOGIA nervura 3 GEOLOGIA veio; filão 4 figurado linha, estilo; in a similar vein na mesma linha, do mesmo gênero
velcro s. velcro
velocipede s. velocípede
velocity s. velocidade, rapidez; high velocity alta velocidade ● **Velocity** é um termo formal, usado sobretudo em contextos científicos. Em linguagem corrente utiliza-se mais a palavra *speed* para falar de velocidade.
velodrome s. velódromo
velum s. ANATOMIA véu palatino
velvet s. veludo; velvet curtains cortinas de veludo
velvety adj. aveludado
vendetta s. contenda; rixa; to pursue the vendetta against somebody ter uma contenda com alguém
vendor s. vendedor ambulante
veneer s. 1 (*madeira*) folheado 2 figurado aparência; a veneer of happiness uma aparência de felicidade ■ v. folhear
venerable adj. venerável
venerate v. venerar; reverenciar
veneration s. veneração
venereal adj. MEDICINA venéreo; venereal disease doença venérea
Venezuela s. Venezuela
Venezuelan adj., s. venezuelano
vengeance s. vingança (on, upon, *de*); to take vengeance on somebody vingar-se de alguém; with a vengeance com intensidade
vengeful adj. vingativo
venial adj. venial; RELIGIÃO venial sin pecado venial
venison s. carne de veado
venom s. 1 peçonha, veneno 2 figurado ódio, rancor
venomous adj. venenoso; peçonhento; venomous tongue língua viperina
venous adj. venoso; venous blood sangue venoso
vent s. 1 (*ar*) saída, respiradouro 2 ZOOLOGIA orifício 3 (*roupa*) racha, abertura ■ v. descarregar; to vent one's anger on somebody descarregar a fúria em alguém ♦ to give vent to dar livre curso a
ventilate v. 1 arejar, ventilar 2 formal (*opinião, questão*) debater
ventilation s. 1 ventilação 2 formal discussão, debate
ventilator s. ventilador
ventricle s. ANATOMIA ventrículo
ventricular adj. ventricular
ventriloquist s. ventríloquo
venture v. 1 aventurar-se, arriscar 2 ousar, atrever-se a; to venture an opinion ousar uma opinião 3

venue

(*jogo*) apostar, arriscar ♦ nothing ventured, nothing gained quem não arrisca, não petisca ■ *s.* ECONOMIA empreendimento de risco; venture capital capital de risco • É diferente de *adventure*.
venue *s.* 1 local 2 ponto de encontro 3 DIREITO foro
Venus *s.* ASTRONOMIA, MITOLOGIA Vênus
veracity *s.* veracidade
veranda, verandah *s.* varanda
verb *s.* verbo
verbal *adj.* 1 oral; verbal memory memória auditiva; verbal skills competências orais 2 LINGUÍSTICA verbal; verbal noun gerúndio
verbalize, verbalise Grã-Bretanha *v.* verbalizar; exprimir
verbena *s.* BOTÂNICA verbena
verbose *adj.* verboso, prolixo
verdict *s.* 1 veredicto 2 figurado opinião (on, *sobre, acerca*)
verdigris *s.* verdete
verdure *s.* (*cor*) verdor
verge *s.* 1 limite 2 borda, orla, margem ■ *v.* 1 inclinar-se 2 desaparecer de vista ♦ on the verge of à beira de to be on the verge of doing something estar prestes a fazer alguma coisa verge on/upon *v.* 1 tocar as raias de; this verges on the ridiculous isto toca as raias do ridículo 2 estar a ponto de; estar à beira de 3 (*idade*) andar à volta de; to verge on fifty estar perto dos cinquenta
verifiable *adj.* verificável
verification *s.* verificação; comprovação
verify *v.* verificar; comprovar
verisimilitude *s.* verossimilhança
vermicidal *adj.* vermicida
vermifuge *s.* vermífugo
vermilion *s.* (*cor*) vermelhidão
vermin *s.* 1 bicharada 2 pejorativo (*pessoas*) escumalha
vermouth *s.* vermute
vernacular *adj., s.* vernáculo
vernissage *s.* vernissage
verruca *s.* verruga
versatile *adj.* versátil; multifacetado
versatility *s.* versatilidade
verse *s.* 1 verso(s); blank verse verso livre; in verse em verso 2 estrofe 3 (*Bíblia*) versículo
versed *adj.* versado (in, *em*)
versify *v.* versificar, trovar
version *s.* 1 versão (of, *de*) 2 tradução (of, *de*)
versus *prep.* versus; contra; (*jogo, torneio*) Brasil versus Argentina Brasil contra Argentina
vertebra *s.* ANATOMIA vértebra
vertebral *adj.* ANATOMIA vertebral; espinal
vertebrate *adj., s.* ZOOLOGIA vertebrado
vertex *s.* vértice (of, *de*); vertex of a polygon vértice de um polígono
vertical *adj., s.* vertical; a vertical line uma linha vertical
vertigo *s.* vertigem; to suffer from vertigo ter vertigens
verve *s.* 1 (*expressão artística*) verve 2 entusiasmo, energia, vigor
very *adv.* 1 muito; I am very sorry sinto muito; very little muito pouco; very much muitíssimo 2 precisamente; the very next morning precisamente na manhã seguinte ■ *adj.* 1 precisamente; at that very instant naquele preciso instante 2 mesmo; at the very beginning/end bem no começo /fim ♦ at the very least no mínimo the very idea! mas que ideia! the very idea/thought of... só de pensar em...
vesicle *s.* (*bolha*) vesícula
vessel *s.* 1 navio, embarcação, barco 2 *formal* recipiente; vasilha 3 ANATOMIA vaso; blood vessel vaso sanguíneo
vest *s.* 1 Grã-Bretanha camiseta usada por baixo da roupa 2 EUA colete ■ *v.* investir; conferir; the authority vested in the people a autoridade exercida pelo povo; to vest somebody with power conferir poder a alguém ♦ to have a vested interest in something ter interesse pessoal em alguma coisa
vestibular *adj.* ANATOMIA vestibular
vestibule *s.* vestíbulo, átrio
vestige *s.* vestígio (of, *de*); indício (of, *de*); there is not a vestige of truth não há uma ponta de verdade
vestment *s.* vestes; paramento
vestry *s.* sacristia
vet *s.* 1 *coloquial* veterinário 2 EUA *coloquial* veterano de guerra; ex-combatente ■ *v.* Grã-Bretanha examinar atentamente
veteran *adj., s.* veterano (of, *de*); veteran of the Second World War veterano da Segunda Guerra Mundial
veterinarian *s.* EUA veterinário
veterinary *adj.* veterinário; veterinary medicine veterinária; Grã-Bretanha veterinary surgeon veterinário
veto *s.* veto (on, *em*); to impose one's veto on vetar; to use one's veto usar o direito de veto ■ *v.* 1 vetar 2 rejeitar
vex *v.* 1 aborrecer 2 embaraçar
vexation *s.* *formal* contrariedade; aborrecimento
vexed *adj.* 1 (*pessoa, expressão*) aborrecido; incomodado 2 (*questão, tema*) polêmico; controverso
vexing *adj.* 1 (*coisa*) incômodo 2 (*pessoa*) repulsivo 3 (*questão, tema*) delicado
via *prep.* 1 (*lugar*) via; por; to travel via Milan viajar via Milão 2 (*lugar*) através de; she sends her work via email to the office ela envia o trabalho por e-mail para o escritório
viability *s.* viabilidade
viable *adj.* 1 viável 2 (*estrada*) em boas condições
viaduct *s.* viaduto
viaticum *s.* 1 (*provisões*) viático 2 RELIGIÃO viático
vibrant *adj.* 1 (*som*) vibrante 2 (*lugar, pessoa*) dinâmico; animado 3 (*cor, luz*) forte, vivo
vibrate *v.* vibrar
vibrating *adj.* vibratório; (*celular*) vibrating alert alerta vibratório
vibration *s.* 1 vibração 2 FÍSICA oscilação
vibrator *s.* 1 vibrador 2 (*harmônio*) palheta
vicar *s.* 1 (*Igreja Católica*) vigário, pároco, cura; the Vicar of Christ o Papa 2 (*Igreja Anglicana*) pastor
vicarage *s.* 1 casa do pároco 2 (*função*) vicariato
vicarious *adj.* 1 (*experiência, situação*) indireto 2 (*poder*) delegado; to give vicarious authority to delegar o poder em

vice s. 1 vício 2 imoralidade, depravação 3 (*ferramenta*) torno

vice versa adv. vice-versa, reciprocamente

vicinity s. vizinhança, proximidade, imediação; in the vicinity of nas proximidades de, aproximadamente

vicious adj. 1 cruel 2 maldoso 3 (*pancada, golpe, ataque*) violento 4 (*animais*) feroz ♦ vicious circle círculo vicioso

victim s. vítima (of, de); homicide victim vítima de homicídio; to fall victim to ser vítima de; sucumbir a

victimize, victimise Grã-Bretanha v. 1 perseguir; discriminar 2 vitimizar

victorious adj. vitorioso; vencedor; to be victorious over vencer

victory s. vitória (in, *em*); triunfo (in, *em*; over, *sobre*); Brazil's victory over Argentina a vitória do Brasil sobre a Argentina

video s. (*filme, cassete, aparelho*) vídeo; available on video disponível em vídeo ■ v. gravar em vídeo ♦ video camera câmera de vídeo video cassette fita cassete, cassete de vídeo video club locadora de vídeo video game (*jogo*) videogame video recorder videocassete

videoconference s. videoconferência

videodisc s. videodisco

videophone s. videofone

videotape s. videocassete ■ v. filmar em vídeo, gravar em vídeo

videotext s. videotexto

vie v. competir (with, *com*); disputar (with, *com*); the two are vying for the support of New York voters os dois estão disputando o apoio dos eleitores de Nova York

Vietnam s. Vietnã

Vietnamese adj., s. vietnamita ■ s. (*língua*) vietnamita

view s. 1 vista, panorama; to block the view tapar a vista 2 opinião (about/on, *sobre*); in my view na minha opinião 3 perspectiva, visão; to have a clear view of the facts ter uma visão clara dos fatos 4 intenção; with the view of com a intenção de ■ v. 1 ver 2 examinar, inspecionar; visionar 3 encarar; considerar ♦ in view of em vista de on view em exibição, aberto ao público coloquial to take a dim/poor view of não ver com bons olhos within view à vista

viewer s. 1 telespectador 2 (*aparelho*) visor

viewing s. 1 observação 2 inspeção; exame 3 programação televisiva 4 (*compra de casa*) visita ♦ viewing audience (*televisão*) telespectadores viewing figures (*televisão*) índices de audiência

viewpoint s. ponto de vista, perspectiva; from my viewpoint na minha perspectiva

vigil s. vigília; to hold a vigil fazer uma vigília; to keep vigil estar de vigília

vigilance s. vigilância ♦ EUA vigilance committee milícia popular

vigilant adj. vigilante; alerta

vignette s. 1 vinheta 2 ARTES PLÁSTICAS esboço

vigor EUA s. força, energia

vigorous adj. vigoroso; enérgico

vigour, vigor EUA s. vigor, força, energia

Viking adj., s. viking

vile adj. 1 vil, baixo, desprezível 2 coloquial nojento 3 coloquial (*temperamento, tempo*) horrível; to be in a vile temper estar com um humor de cão

vileness s. (*qualidade*) vileza

vilify v. difamar; caluniar

villa s. 1 casa de campo 2 casa de férias

village s. aldeia; povoação; global village aldeia global • Nos EUA utiliza-se **village** para aldeias da Europa, as pequenas cidades são designadas *small towns*.

villager s. Grã-Bretanha aldeão

villain s. 1 coloquial patife 2 vilão; the villain of the piece o mau da história, o vilão

villainous adj. ignóbil; infame

villainy s. vileza

vinaigrette s. CULINÁRIA vinagrete

vindicate v. 1 (*ato, método*) justificar 2 (*argumento, opinião*) confirmar

vindication s. defesa (of, *de*); justificação (of, *de*); to speak in vindication of one's conduct falar em defesa da sua conduta

vindictive adj. vingativo

vine s. 1 BOTÂNICA vinha, videira; vine grower viticultor 2 BOTÂNICA planta trepadeira

vinegar s. vinagre

vineyard s. vinha

viniculture s. vinicultura

viniculturist s. vinicultor

vintage s. 1 ano de colheita excepcional 2 vindima ■ adj. de excelente qualidade

vinyl s. vinil

violate v. 1 (*leis, normas*) violar; infringir 2 (*local sagrado, sepultura*) profanar

violation s. 1 violação (of, *de*); violation of the human rights violação dos direitos humanos 2 transgressão 3 (*locais sagrados, sepulturas*) profanação

violence s. violência; força; to resort to violence recorrer à violência

violent adj. 1 violento; to have a violent temper ser de temperamento violento 2 (*emoções*) intenso

violet s. (*flor, cor*) violeta ■ adj. (*cor*) violeta, roxo

violin s. MÚSICA violino

violinist s. violinista

viper s. 1 ZOOLOGIA víbora 2 (*pessoa*) víbora

virgin s. virgem ■ adj. 1 virgem; virgin forest floresta nativa 2 virginal; puro; imaculado ♦ RELIGIÃO Virgin Mary Virgem Maria

virginity s. virgindade

Virgo s. ASTRONOMIA Virgem ■ adj. virginiano

virile adj. viril

virility s. virilidade

virologist s. virologista

virology s. BIOLOGIA, MEDICINA virologia

virtual adj. virtual; INFORMÁTICA virtual memory memória virtual; virtual reality realidade virtual; virtual space espaço virtual

virtually adv. 1 virtualmente 2 na prática; she's virtually the leader na prática, é ela a chefe 3 praticamente; quase; it's virtually the same thing é quase a mesma coisa

virtue

virtue s. 1 virtude 2 vantagem; mérito 3 propriedade; poder; healing virtue propriedades curativas ♦ by virtue of/in virtue of em virtude de
virtuosity s. virtuosismo
virtuous adj. virtuoso
virus s. MEDICINA, INFORMÁTICA vírus ♦ virus checker (*computador*) antivírus
visa s. (*passaporte*) visto ■ v. (*passaporte*) visar
viscera s. ANATOMIA víscera
visceral adj. visceral
viscose s. QUÍMICA viscose
viscosity s. viscosidade
viscount s. visconde
viscountess s. viscondessa
viscous adj. viscoso
visibility s. visibilidade; bad/low visibility má visibilidade; good visibility boa visibilidade
visible adj. visível (to, *a*); visible to the naked eye visível a olho nu
visibly adv. visivelmente; manifestamente
vision s. 1 visão; field of vision campo de visão; (*premonição, sonho*) to have/see visions ter visões; within the range of vision dentro do campo de visão 2 (*sentido*) vista; to have good vision ter boa vista
visionary adj., s. visionário
visit s. 1 visita (to, *a*; from, *de*); to be on a visit to estar de visita a; to have a visit from receber uma visita de; to pay a visit to fazer uma visita a 2 (*médico*) visita, consulta; home visit visita domiciliária ■ v. 1 visitar; ir ver 2 Grã-Bretanha (*médico, advogado*) consultar ♦ EUA to visit with somebody conversar com alguém
visitation s. 1 formal visita oficial 2 coloquial visita prolongada ♦ RELIGIÃO Visitation Visitação (de Nossa Senhora)
visiting adj. de visita; visitante; visiting hours horário de visitas ♦ visiting card cartão de visita visiting professor (*universidade*) professor visitante
visitor s. 1 visita; convidado; to have a visitor receber uma visita, ter um convidado 2 turista, visitante ♦ visitor's book livro de visitas, livro de honra
visor s. 1 viseira 2 EUA (*boné*) pala 3 (*carro*) pala
vista s. 1 vista; panorama 2 figurado perspectiva
visual adj. visual; visual arts artes visuais ♦ visual display unit (*computador*) tela monitor
visualization, visualisation Grã-Bretanha s. visualização
visualize, visualise Grã-Bretanha ■ v. visualizar
vital adj. 1 essencial (to, for, *para*); imprescindível (to, for, *para*) 2 (*órgão, função*) vital; vital signs sinais vitais ■ s.pl. órgãos vitais ♦ vital statistics estatísticas demográficas
vitality s. 1 vitalidade; vigor 2 (*instituição, organização*) capacidade de subsistência
vitamin s. vitamina; vitamin A/B/C/D vitamina A/B/C/D; vitamin deficiency avitaminose; vitamin content teor vitamínico
vitaminic adj. vitamínico
viticulture s. viticultura
vitreous adj. vítreo
vivacious adj. animado; alegre
vivacity s. (*situação*) vivacidade

vivid adj. 1 (*descrição*) nítido; pormenorizado 2 (*luz*) intenso; brilhante 3 (*imaginação*) fértil
vividly adv. 1 nitidamente; pormenorizadamente 2 intensamente; animadamente
vividness s. 1 vivacidade 2 nitidez 3 (*luz*) intensidade; brilho
viviparous adj. BIOLOGIA vivíparo
vixen s. 1 raposa fêmea 2 pejorativo megera
vizier s. vizir
vocable s. LINGUÍSTICA vocábulo
vocabulary s. vocabulário; léxico
vocal adj. 1 vocal; vocal cords cordas vocais 2 figurado franco; sincero 3 figurado barulhento ■ s. MÚSICA pista de voz
vocalic adj. vocálico
vocalist s. vocalista, cantor
vocation s. vocação (for, *para*)
vocational adj. profissional; vocacional; vocational guidance orientação profissional; vocational training instrução profissional
vocative adj., s. LINGUÍSTICA vocativo
vociferate v. vociferar; gritar
vodka s. vodca
vogue s. voga; moda; to be in vogue estar em voga, estar na moda
voice s. 1 voz; to raise/lower one's voice levantar/baixar a voz 2 figurado voto (in, *em*); to have no voice in the matter não ter voto na matéria ■ v. exprimir, dar voz a ♦ LINGUÍSTICA in the active/passive voice estar na voz ativa/passiva to give voice to dar voz a to make one's voice heard fazer-se ouvir with one voice em uníssono ANATOMIA voice box laringe voice recognition reconhecimento de voz voice synthesizer sintetizador de voz
voiced adj. 1 expresso, verbalizado 2 LINGUÍSTICA sonoro
voice-over s. comentário
void s. vazio; vácuo ■ adj. 1 DIREITO nulo, inválido; null and void nulo, sem efeito legal 2 figurado desprovido (of, *de*); void of interest sem interesse ■ v. 1 DIREITO anular, invalidar 2 (*excrementos*) evacuar
volatile adj. 1 (*economia, mercado*) instável 2 (*situação*) explosivo 3 (*pessoa*) volúvel; inconstante 4 (*líquido*) volátil
volatilize v. QUÍMICA volatilizar
volcanic adj. 1 vulcânico; volcanic eruption erupção vulcânica; volcanic rock rocha vulcânica 2 (*temperamento, reação*) explosivo
volcanism s. GEOLOGIA vulcanismo
volcano s. vulcão; an active volcano um vulcão ativo; a dormant/extinct volcano um vulcão inativo/extinto
volition s. vontade; of one's own volition por sua própria vontade
volley s. 1 (*artilharia*) salva 2 figurado chuva fig.; torrente fig.; a volley of oaths uma chuva de insultos 3 ESPORTE batida da bola antes de ela tocar o chão ■ v. 1 (*salva, rajada*) disparar 2 ESPORTE bater a bola no ar
volleyball s. voleibol
volt s. ELETRICIDADE volt

voltage s. ELETRICIDADE voltagem, tensão; high/low voltage alta/baixa tensão
voltaic adj. ELETRICIDADE voltaico; voltaic cell pilha voltaica
voluble adj. 1 (*pessoa*) falador 2 (*discurso*) fluente
volume s. 1 volume (of, *de*); quantidade; the volume of sales has increased significantly o volume de vendas aumentou consideravelmente 2 (*livro*) volume; a dictionary in two volumes um dicionário em dois volumes 3 (*som*) volume; intensidade; to turn the volume down/up baixar/aumentar o volume ♦ to speak volumes dizer tudo volume control (*rádio, televisão*) botão de som
voluminous adj. 1 volumoso 2 (*roupa*) largo 3 (*autor, escritor*) produtivo
voluntarily adv. voluntariamente
voluntarism s. FILOSOFIA voluntarismo
voluntary adj. 1 voluntário; espontâneo 2 (*trabalho*) voluntário; de voluntariado; voluntary work trabalho de voluntariado; voluntary worker voluntário
volunteer s. voluntário (for, *para*) v. 1 (*informação, ajuda, sugestão*) oferecer 2 oferecer-se (for, to, *para*) 3 alistar-se como voluntário
voluptuous adj. voluptuoso, sensual
vomit v. vomitar ■ s. vômito
voodoo s. vudu
voracious adj. 1 formal (*apetite*) voraz, devorador 2 formal (*leitor*) insaciável
voracity s. (*comida*) voracidade
vortex s. 1 vórtice 2 (*situação, sensação*) turbilhão
vote s. 1 voto (for, *a favor;* against, *contra*) 2 votação 3 sufrágio, direito de voto ■ v. 1 votar (for, *a favor;* against, *contra;* on, *em*) 2 eleger 3 coloquial considerar; she was voted president ela foi eleita presidente 4 coloquial propor; sugerir; I vote that we go proponho que vamos ♦ vote of confidence voto de confiança vote of no confidence moção de censura
voter s. eleitor
voting s. votação ♦ EUA voting booth cabine de voto Grã-Bretanha voting paper boletim de voto
vouch s. 1 garantia 2 caução ■ v. 1 responder (for, *por*); can you vouch for his work? você pode responder pelo trabalho dele? 2 garantir (for, -), atestar (for, -); to vouch for the truth of something garantir a veracidade de alguma coisa
voucher s. 1 vale 2 talão, recibo
vow s. voto (of, *de*); promessa (of, *de*); juramento (of, *de*); to take a vow of poverty fazer voto de pobreza ■ v. 1 jurar; prometer; to vow and declare jurar solenemente; to vow vengeance against jurar vingança contra 2 fazer voto de; to vow obedience fazer voto de obediência ♦ RELIGIÃO to take the vows professar
vowel s. vogal
voyage s. (*marítima, espacial*) viagem; travessia; to go on a voyage fazer uma viagem de barco a v. viajar por mar
voyeur s. voyeur; mirone
vulgar adj. 1 vulgar 2 (*atitude, comentário, piada*) grosseiro; de mau gosto
vulgarism s. LINGUÍSTICA vulgarismo
vulgarity s. 1 vulgaridade 2 grosseria; mau gosto
vulgarize, vulgarise Grã-Bretanha v. vulgarizar; banalizar
vulgarly adv. pejorativo vulgarmente; grosseiramente
vulnerable adj. vulnerável (to, *a*)
vulture s. ZOOLOGIA abutre
vulva s. ANATOMIA vulva

W

w s. (*letra*) w
WC *sigla de* Water Closet banheiro
wacky *adj.* EUA coloquial louco; tolo
wad s. 1 (*notas, papéis*) maço (of, *de*) 2 chumaço ■ v. estofar; forrar, acolchoar
waddle v. 1 bambolear-se 2 cambalear
wade v. 1 caminhar por água ou lama; caminhar com dificuldade; atravessar a duras penas 2 (*corrente, rio*) atravessar wade into intrometer-se, intervir, entrar na conversa, discussão
wading *adj.* ZOOLOGIA pernalta; wading birds aves pernaltas
wafer s. 1 bolacha de baunilha 2 RELIGIÃO hóstia
waffle s. 1 CULINÁRIA waffle 2 coloquial tagarelice 3 coloquial palavreado, palha col. ■ v. 1 coloquial tagarelar 2 coloquial dar palha col.
waft v. 1 pairar; flutuar 2 (*som, perfume*) transportar ■ s. 1 aragem 2 (*vento*) sopro
wag v. abanar; sacudir; (*cachorro*) to wag its tail abanar o rabo ◆ to wag one's tongue dar à língua to set tongues wagging dar motivo a falatório
wage s. ordenado semanal; salário; minimum wage salário mínimo; wage agreement acordo salarial; wage claim reivindicação salarial ■ v. (*campanha, luta*) fazer, empreender; to wage a campaign against fazer campanha contra ◆ wage earner assalariado
wager s. aposta; parada ■ v. apostar (on, *em*); to wager ten dollars on something apostar dez dólares em alguma coisa
waggle v. agitar(-se); sacudir(-se) s. sacudidela; abanadela
wagon, waggon Grã-Bretanha s. 1 carroça 2 Grã-Bretanha (*trem*) vagão de carga
waif s. criança abandonada ◆ Grã-Bretanha waifs and strays pessoas abandonadas; animais abandonados
wail s. gemido; lamento ■ v. gemer; lamentar
wailing s. (*queixume*) pranto
waist s. 1 cintura; to take somebody round the waist passar o braço pela cintura de alguém 2 (*roupa*) cinta 3 (*objetos*) parte mais estreita ■ v. (*tubo*) comprimir, estreitar, apertar
waistband s. cinta; the waistband of a skirt a cinta de uma saia
waistcoat s. colete
waistline s. 1 (*corpo*) cintura 2 (*roupa*) cinta ◆ to watch one's waistline manter a linha
wait s. espera (for, *por*) v. 1 esperar; to keep somebody waiting deixar alguém à espera; wait for me! espera por mim! 2 servir; to wait at table servir à mesa ◆ I can't wait to... estou ansioso por... just you wait você vai ver; você não perde por esperar wait up v. esperar acordado (for, *por*)
waiter s. garçom

waiting s. espera ◆ to play the waiting game estar à espera do momento oportuno waiting list lista de espera waiting room sala de espera
waitress s. garçonete
waive v. 1 (*privilégio, reivindicação*) renunciar a (*obrigação, pagamento*) não exigir
wake v. 1 acordar; despertar 2 figurado estimular 3 (*morto*) velar ■ s. 1 (*funeral*) velório 2 (*água*) rastro ◆ in something's/somebody's wake depois de algo/alguém in the wake of a seguir a; na sequência de to leave something in its wake deixar um rastro de algo wake up to v. tomar consciência de; aperceber-se de; he is waking up to the truth a verdade faz luz no seu espírito wake up v. 1 acordar; I woke up late acordei tarde 2 figurado despertar; estimular
waken v. 1 despertar, acordar 2 estimular, excitar, provocar
wake-up *adj.* wake-up call serviço de despertar; (*advertência*) chamada de atenção
walk v. 1 andar a pé; caminhar 2 percorrer a pé; atravessar 3 (*animal*) passear; to walk the dog levar o cachorro para passear 4 (*pessoa*) acompanhar (to, *a*) s. 1 andar; passo 2 passeio a pé, caminhada; let's go for a walk vamos dar um passeio 3 (*atletismo*) marcha ◆ to walk in one's sleep sonâmbulo walk of life condição social walk away from v. 1 virar costas a fig. 2 sair ileso de walk away with safar-se; sacanear walk out on v. 1 (*pessoa*) abandonar 2 (*compromisso, obrigação*) não cumprir walk out v. 1 sair subitamente 2 sair em protesto
walkabout s. 1 passeio, volta 2 (*pessoa famosa*) banho de multidão
walker s. 1 caminhante 2 transeunte 3 (*crianças*) voador; andador 4 (*idosos, doentes*) andador 4 ESPORTE atleta de marcha
walking *adj.* ambulante; coloquial to be a walking dictionary ser um dicionário ambulante/vivo ■ s. 1 modo de andar 2 marcha 3 caminhada ◆ to be within walking distance ficar a uma distância que se pode fazer a pé to give somebody his walking papers/ticket pôr alguém na rua walking frame (*para idosos*) andador walking stick bengala walking tour (*turismo*) visita a pé
wall s. 1 muro 2 muralha; Great Wall of China Muralha da China 3 (*interior*) parede; to hang a picture on the wall pendurar um quadro na parede; walls have ears as paredes têm ouvidos ■ v. 1 murar; emparedar 2 amuralhar; fortificar ◆ wall lamp/light (*candeeiro*) aplique wall painting mural
wallet s. carteira
wallop s. 1 surra 2 murro ■ v. dar uma surra em

wash

wallow s. 1 charco, lamaçal 2 pocilga ■ v. 1 chafurdar 2 espojar-se ♦ to wallow in money nadar em dinheiro
wallpaper s. 1 papel de parede 2 (*computador*) imagem de monitor, wallpaper
walnut s. 1 (*fruto*) noz 2 (*árvore*) nogueira
walrus s. ZOOLOGIA morsa
waltz s. (*música, dança*) valsa ■ v. valsar (round, à volta de)
wan adj. 1 (*pessoa, rosto*) pálido; macilento 2 (*expressão, pessoa*) triste; apagado 3 (*intensidade, luz*) fraco
wand s. 1 vara 2 varinha de condão
wander v. 1 vaguear; perambular 2 afastar-se (from, off, *de*); desviar-se (from, off, *de*); to wander from the subject afastar-se do assunto ■ s. passeio, volta; to go for a wander ir dar uma volta
wanderer s. 1 vagabundo 2 viajante; nômade fig.
wane v. 1 (*lua*) minguar 2 decrescer; diminuir 3 decair, declinar ♦ to be on the wane estar diminuindo; estar em decadência
wannabe s. 1 coloquial, pejorativo aspirante, candidato 2 coloquial, pejorativo imitador ■ adj. 1 coloquial, pejorativo aspirante a 2 coloquial, pejorativo de imitação
want v. 1 querer; desejar 2 ter necessidade de; precisar de ■ s. 1 falta (of, *de*); carência (of, *de*); for want of à falta de 2 necessidade (of, *de*); to be in want of ter necessidade de 3 pobreza; miséria; to be in want passar necessidades, viver na miséria ♦ EUA want ad (*anúncio*) classificado
wanted adj. (*criminoso*) procurado ♦ (*anúncio*) help wanted procura-se funcionário (*crime*) to be wanted for ser procurado por
wanting adj. 1 com falta (in, *de*) 2 deficiente; insuficiente ♦ to be found wanting deixar a desejar to be wanting in precisar de
wanton adj. formal gratuito; desnecessário; wanton cruelty crueldade gratuita
war s. 1 guerra; to be at war with estar em guerra com; to declare war on declarar guerra a; to win/lose a war vencer/perder uma guerra; war of nerves guerra de nervos, guerra psicológica; war correspondent correspondente de guerra; war crime/criminal crime/criminoso de guerra 2 conflito; combate; luta ■ v. combater
warble s. (*ave*) trinado; gorjeio ■ v. (*ave*) trinar; gorjear
ward s. 1 guarda; defesa 2 DIREITO tutela, custódia 3 pupilo 4 (*hospital*) ala; enfermaria 5 (*prisão*) cela 6 Grã-Bretanha (*cidade*) divisão administrativa ■ v. 1 arcaico defender, proteger, guardar 2 (*doente*) hospitalizar ward off v. 1 (*ataque, perigo*) evitar, afastar 2 (*doença, mal*) defender-se de; prevenir-se contra
warden s. 1 guarda 2 guardião 3 EUA governador 4 EUA (*prisão*) diretor 5 (*edifício*) porteiro
warder s. (*prisão*) guarda
wardrobe s. 1 (*peças de roupa*) guarda-roupa; your wardrobe needs to be renewed você precisa de renovar o seu guarda-roupa 2 (*móvel*) guarda-roupa
warehouse s. 1 armazém 2 entreposto; bonded warehouse entreposto de alfândega

warfare s. guerra; biological/chemical warfare guerra biológica/química
warhead s. ogiva
warlike adj. bélico
warm adj. 1 quente; to keep oneself warm manter-se quente 2 morno, tépido; warm oven forno médio 3 (*pessoa*) afetuoso 4 caloroso, cordial; a warm welcome uma recepção calorosa ■ v. 1 aquecer(-se) 2 requentar 3 (*estima, amizade*) deixar-se conquistar (to, *por*) 4 figurado animar-se (to, *com*) ♦ warm trail rastro ainda fresco warm up v. 1 (*comida, motor*) aquecer 2 entusiasmar(-se), animar(-se) 3 ESPORTE fazer o aquecimento
warmth s. 1 calor 2 afeto; cordialidade 3 vivacidade
warm-up s. ESPORTE aquecimento; warm-up exercises exercícios de aquecimento warm-ups s.pl. EUA roupa (calça e casaco) usada para fazer exercícios
warn v. avisar (of/about, *de*); acautelar, advertir, prevenir (of/against, em relação a); he's been warned of/about the danger ele foi avisado do/em relação ao perigo; to warn somebody against doing something/not to do something avisar alguém para não fazer algo warn off v. ameaçar; meter medo a
warned adj. 1 (*avisado*) advertido, avisado 2 repreendido
warning s. aviso; advertência; without warning sem aviso-prévio ■ adj. warning signs sinais de aviso/advertência ♦ let this be a warning to you que isto te sirva de lição
warp s. 1 (*madeira*) empenamento 2 deformação 3 figurado perversão ■ v. 1 empenar 2 deformar(-se) 3 figurado perverter(-se)
warplane s. avião de combate
warrant s. 1 mandado; arrest warrant mandado de captura 2 certificado; garantia 3 ordem de pagamento 4 formal justificação ■ v. 1 justificar 2 formal garantir; certificar
warranty s. 1 (*produto, serviço*) garantia; it's still under warranty ainda está dentro do período de garantia 2 autorização
warren s. toca
warrior s. guerreiro; soldado
warship s. navio de guerra
wart s. verruga; cravo ♦ coloquial warts and all com todos os (seus) defeitos e imperfeições
wary adj. 1 cauteloso, prudente 2 matreiro, desconfiado; a wary old fox uma velha raposa matreira ♦ to be wary of somebody não confiar em alguém
wash s. 1 lavagem; lavadela 2 (*pessoa*) banho 3 roupa para lavar 4 embate das ondas 5 leve camada de tinta ■ v. 1 lavar(-se) 2 (*parede*) dar uma demão de tinta 3 coloquial pegar; that excuse won't wash essa desculpa não pega ♦ to wash ashore lançar à praia to wash one's dirty linen in public lavar a roupa suja em público I wash my hands of it lavo as minhas mãos wash away v. 1 levar; arrastar 2 fazer desaparecer wash down v. 1 lavar 2 acompanhar com (bebida), regar com (fig.) wash off v. lavar wash out v. 1 tirar; lavar 2 impossibilitar 3 sair (lavando) wash up v. 1 (*louça*) lavar 2 (*mar*)

washable

trazer; arrastar (para a praia) 3 EUA lavar o rosto e as mãos
washable adj. lavável
washbasin s. lavatório; lavabo
washed-out adj. 1 descolorido; deslavado 2 (cor) pálido 3 (cansaço) exausto
washer s. 1 (metal) anilha 2 (borracha) junta 3 coloquial máquina de lavar
washerwoman s. antiquado lavadeira
washing s. 1 lavagem 2 roupa para lavar ♦ washing line corda para estender a roupa washing machine máquina de lavar roupa washing powder (roupas) sabão em pó
washout s. 1 coloquial fiasco, fracasso; the play was a washout a peça foi um fiasco 2 (pessoa) desgraça fig., desastre fig.
washtub s. lavadouro
wasp s. ZOOLOGIA vespa
waste s. 1 desperdício (of, de) 2 lixo; resíduos; sucata wastes s.pl. (terreno) baldio ■ adj. 1 supérfluo; inútil 2 (terreno) por cultivar; baldio ■ v. 1 desperdiçar (on, em); gastar (on, em) 2 atrofiar; debilitar 3 consumir; devastar ♦ to run to waste desperdiçar-se waste disposal triturador de lixo waste away v. consumir-se; definhar
wastebasket s. EUA cesto dos papéis
wasteful adj. 1 (pessoa) esbanjador 2 (gastos) ruinoso 3 (método) pouco econômico
wasteland s. 1 ermo; baldio 2 figurado panorama desolador
watch s. 1 relógio de pulso 2 vigilância; to be on the watch estar de vigia 3 guarda, sentinela ■ v. 1 ver; observar 2 vigiar; ficar de olho em 3 ter cuidado com; he has to watch his weight ele tem de ter cuidado com o peso ♦ to watch one's step ter cuidado watch what you're doing! presta atenção ao que você está fazendo! watch out v. 1 ter cuidado (for, com); watch out! cuidado! 2 prestar atenção (for, a), estar atento (for, a) watch over v. 1 (pessoa) tratar de 2 (interesse, segurança) olhar por
watchdog s. 1 cão de guarda 2 (pessoa) guardião; (instituição) organismo de vigilância
watchful adj. 1 vigilante; atento 2 cauteloso
watchmaker s. relojoeiro; watchmaker's (shop) relojoaria
watchman s. 1 vigia, guarda 2 guarda-noturno
watchtower s. torre de vigia; torre de controle
watchword s. palavra de ordem, lema, divisa, senha
water s. 1 água; drinking water água potável 2 maré; at high water na maré alta ■ v. 1 regar; to water the plants regar as plantas 2 (terreno) irrigar 3 (animal) dar de beber a 4 diluir em água 5 (olhos) lacrimejar ♦ in deep water em dificuldades of the first water de primeira ordem to make/pass water urinar to make the mouth water dar água na boca to throw cold water on jogar água fria em water biscuit biscoito de água e sal BOTÂNICA water lily nenúfar, vitória-régia water park aquaparque, parque aquático ESPORTE water polo polo aquático GEOLOGIA water table lençol freático water down v. 1 juntar água a; diluir em água 2 (crítica, opinião) suavizar

waterbed s. colchão de água
watercolour, watercolor EUA s. aquarela
watercourse s. curso de água; canal
watercress s. BOTÂNICA agrião
watered adj. aguado, irrigaado
waterfall s. queda de água, catarata; cachoeira
watering s. rega; irrigação ♦ watering can regador watering hole (para animais) bebedouro
watermelon s. BOTÂNICA melancia
watermill s. azenha
waterproof adj. impermeável; à prova de água ■ s. Grã-Bretanha (casaco) impermeável ■ v. impermeabilizar
water-ski s. ESPORTE esqui aquático ■ v. praticar esqui aquático
water-skier s. praticante de esqui aquático
water-skiing s. ESPORTE esqui aquático
waterspout s. 1 METEOROLOGIA tromba de água 2 (canalização) bica
watertight adj. 1 estanque; hermético 2 (argumento, justificação) irrefutável
waterway s. canal, hidrovia
watery adj. 1 aquoso; aguado 2 (olhos) lacrimejante 3 (cor) pálido
watt s. FÍSICA watt
wave s. 1 onda 2 (cabelo) onda 3 figurado onda (of, de) 4 (mão) aceno ■ v. 1 agitar 2 ondular 3 acenar (at, a) ♦ to wave goodbye to dizer adeus a
wavelength s. comprimento de onda; figurado we're not on the same wavelength não estamos conseguindo nos comunicar
waver v. vacilar; hesitar
wavy adj. ondulado, ondeado; wavy hair cabelo ondulado ■ s. ZOOLOGIA ganso-das-neves
wax s. 1 cera 2 (ouvido) cerume ■ v. 1 encerar 2 depilar (com cera) 3 (Lua) crescer; to wax and wane crescer e diminuir
waxwork s.pl. figura de cera waxworks s.pl. museu de cera
way s. 1 caminho; via 2 rumo, direção 3 meio; processo, método 4 trajeto; distância 5 tendência; hábito ■ adv. longe, distante ♦ by the way a propósito by way of via in a way de certo modo in this way deste modo no way! nem pensar! on the way back no regresso on the way up na subida to be a long way off estar muito longe de to be in the way estar no caminho
wayfarer s. viajante; caminhante
wayward adj. 1 (criança, pessoa) rebelde; teimoso 2 difícil; caprichoso
we pron. pess. nós
weak adj. 1 fraco; a weak moment um momento de fraqueza; weak spot ponto fraco 2 (desculpa, argumento) pouco convincente 3 (café, bebida) pouco forte ♦ (estudos) to be weak at/in/on ser fraco a to be weak at the knees estar com as pernas tremendo
weaken v. 1 enfraquecer 2 atenuar
weakening s. enfraquecimento
weakness s. 1 fraqueza; debilidade 2 (argumentos) pobreza 3 ponto fraco ♦ to have a weakness for ter um fraco por
weal s. MEDICINA equimose; pisadura

wealth s. 1 riqueza 2 figurado grande quantidade (of, de); abundância (of, de)
wealthy adj. rico; abastado
wean v. 1 (criança) desmamar 2 coloquial separar, afastar wean off/away v. desabituar de, fazer perder um hábito; the doctor tried to wean her off smoking o médico tentou fazê-la deixar de fumar
weapon s. arma weapons s.pl. armamento
wear s. 1 roupa; ladies' wear roupa de senhora 2 uso, desgaste ■ v. 1 vestir; trazer vestido 2 (uso) gastar(-se), desgastar(-se) 3 durar; to wear well ser resistente ♦ wear and tear desgaste natural (meia, roupa) to wear a hole in fazer um buraco em to wear one's heart on one's sleeve abrir o coração wear away v. 1 desgastar(-se) 2 gastar(-se) wear down v. 1 gastar(-se), desgastar(-se) 2 fazer ceder; convencer wear off v. desaparecer gradualmente; passar wear on v. (tempo) passar lentamente wear out v. 1 ficar/estar gasto; the sweater is worn out o suéter está gasto 2 gastar; esgotar; he wears out my patience ele esgota a minha paciência 3 cansar; she wears me out ela me cansa
wearisome adj. 1 fastidioso; aborrecido 2 trabalhoso
weary adj. 1 cansado; exausto 2 farto (of, de); cansado (of, de) 3 (tarefa) cansativo; esgotante ■ v. 1 cansar(-se) 2 aborrecer(-se) (with, com)
weasel s. ZOOLOGIA doninha
weather s. tempo; clima; condições meteorológicas; weather conditions condições atmosféricas; weather forecast previsão meteorológica ■ v. 1 (dificuldades) resistir a; superar; to weather a crisis superar uma crise 2 (erosão) desgastar(-se) ♦ to be under the weather estar adoentado; estar em baixo weather report boletim meteorológico weather vane cata-vento
weathercock s. cata-vento
weathering s. intemperismo
weave v. 1 tecer 2 entrelaçar; entrançar 3 figurado urdir; tramar
weaver s. tecelão
weaving s. tecelagem
web s. 1 teia 2 (animais) membrana interdigital ♦ coloquial Web (Internet) rede, web Web page página da Internet
webcam s. webcam, câmera de vídeo que envia imagens pela Internet
webcast s. transmissão pela Internet ■ v. transmitir pela Internet
webfoot s. palmoura
wed v. 1 casar(-se) com 2 figurado aliar (to, a)
wedding s. casamento; boda; wedding anniversary aniversário de casamento; wedding cake bolo de noiva; wedding dress vestido de noiva; wedding march marcha nupcial; wedding ring aliança
wedge s. 1 cunha; calço 2 (queijo, bolo) fatia ■ v. 1 firmar com uma cunha; colocar uma cunha em 2 introduzir à força ♦ the thin end of a wedge só o princípio (de algo pior)
Wednesday s. quarta-feira; every Wednesday todas as quartas-feiras; on Wednesday na quarta-feira; on Wednesdays às quartas-feiras
wee s. coloquial xixi ■ v. coloquial fazer xixi

weed s. 1 erva daninha 2 (na água) algas 3 coloquial tabaco 4 coloquial (droga) maconha 5 coloquial, pejorativo (pessoa magra) palito ■ v. arrancar as ervas daninhas de weed out escolher, separar (o joio do trigo)
weeder s. capineiro
weeding s. capina, capinação
weedkiller s. herbicida
week s. semana; a week today de hoje a oito dias, dentro de uma semana; every week todas as semanas; Holy Week Semana Santa; last week na semana passada; next week na próxima semana; week in, week out semana após semana
weekday s. dia útil
weekend s. fim de semana; long weekend fim de semana prolongado ■ v. passar o fim de semana (at, em)
weekly adj. semanal ■ adv. 1 semanalmente; twice weekly duas vezes por semana 2 uma vez por semana ■ s. (jornal) semanário
weep v. chorar (for/over, de/por); to weep for joy chorar de alegria ■ s. choro; lágrimas ♦ to weep one's heart out chorar à vontade
weeping s. choro, pranto ■ adj. choroso ♦ BOTÂNICA weeping willow (árvore) chorão
weepy adj. choroso
weevil s. ZOOLOGIA gorgulho
weigh v. 1 pesar; how much do you weigh? quanto você pesa? 2 (argumentos, fatos) considerar, pesar; to weigh the pros and cons pesar os prós e os contras; to weigh one's words medir as palavras, refletir antes de falar 3 comparar (against, com); to weigh one thing against another comparar uma coisa com outra 4 (importância) pesar; contar; ter influência ♦ to weigh anchor levantar âncora to weigh a ton pesar toneladas
weigh-in s. ESPORTE pesagem
weight s. 1 peso 2 coisa pesada 3 figurado valor; importância; to carry weight ser importante, ter influência 4 figurado fardo, carga; that's a weight off my mind isso é um peso que me sai de cima ■ v. 1 tornar mais pesado; carregar com 2 tomar em consideração; ponderar ♦ to lose weight emagrecer to pull one's weight exercer influência, dominar to put on weight engordar weights and measures pesos e medidas ESPORTE weight training exercícios com pesos
weightlifter s. halterofilista
weightlifting s. halterofilismo; levantamento de pesos
weir s. barragem, represa, açude
weird adj. 1 estranho, esquisito 2 misterioso; sinistro
weirdo s. coloquial, pejorativo (pessoa) anormal
welcome adj. 1 bem-vindo 2 agradável ■ s. 1 boas-vindas 2 acolhimento; to give a warm welcome to acolher calorosamente ■ v. 1 acolher bem 2 dar as boas-vindas a 3 agradecer; aceitar de bom grado ■ interj. bem-vindo! ♦ you are welcome to do as you like pode fazer como quiser
weld v. 1 soldar 2 ligar 3 figurado consolidar, fundir ■ s. solda; soldadura
welder s. soldador

welding

welding s. soldadura, solda
welfare s. 1 saúde e bem-estar 2 proteção; auxílio 3 segurança social ♦ welfare services serviços sociais welfare state estado-providência welfare work assistência social welfare worker assistente social
well adj. 1 bem 2 de boa saúde 3 feliz 4 confortável ■ adv. 1 bem 2 satisfatoriamente 3 completamente 4 adequadamente 5 perfeitamente ■ s. 1 poço 2 nascente 3 (escadaria, elevador) vão; caixa ■ v. brotar; irromper; nascer; tears welled up in her eyes as lágrimas brotaram-lhe dos olhos ♦ well, well! ora bem! beleza! as well também as well as assim como
well-balanced adj. (pessoa, dieta, perspectiva) equilibrado
well-being s. 1 bem-estar 2 conforto 3 felicidade ♦ physical and moral wellbeing saúde física e moral the wellbeing of the nation a prosperidade geral da nação
well-heeled adj. coloquial endinheirado
wellingtons s.pl. botas de borracha, galochas
well-known adj. famoso; célebre ♦ as is well-known, ... como é sabido, ...
well-off adj. abastado; com posses ♦ she's well-off without him ela está melhor sem ele we're well-off for sugar temos açúcar suficiente you don't know when you're well-off você não sabe a sorte que tem
well-timed adj. oportuno
well-to-do adj. abastado; endinheirado
well-wisher s. amigo; simpatizante
welterweight s. (boxe) meio-médio
werewolf s. lobisomem
west s. oeste, poente, ocidente ■ adv. para oeste; em direção ao oeste ■ adj. ocidental; oeste ♦ West Ocidente Oeste
westerly adj. 1 ocidental 2 de oeste; oeste; westerly wind vento oeste
western adj. ocidental; do ocidente ■ s. faroeste
westerner s. ocidental
westward adj. em direção a oeste
wet adj. 1 molhado 2 úmido (tempo) chuvoso 4 (tinta) fresco; wet paint pintado de fresco 5 figurado fraco ■ v. molhar; umedecer ■ s. 1 umidade 2 tempo chuvoso ♦ to wet the bed fazer xixi na cama coloquial wet blanket (pessoa) desmancha-prazeres wet fish peixe fresco wet to the skin encharcado
whack s. 1 pancada; golpe 2 quinhão; parte 3 coloquial tentativa; to have a whack at it fazer uma tentativa ■ v. 1 dar uma pancada forte em 2 espancar
whale s. ZOOLOGIA baleia; whale watching observação de baleias ♦ coloquial to have a whale of a time divertir-se muito
whaler s. 1 pescador de baleias 2 (barco) baleeiro
wharf s. molhe, desembarcadouro, cais ■ v. 1 descarregar no cais 2 atracar ao cais
what pron. interr. 1 que 2 que coisa 3 quê pron. rel. o que; aquilo que; a coisa que ♦ what about going to the pictures? e se fôssemos ao cinema? well what of it? e daí? what's more além disso
whatever adj., pron. 1 tudo aquilo que; qualquer coisa que 2 seja o que for; if there is any chance whatever se houver qualquer oportunidade, seja ela qual for 3 qualquer ♦ he is right, whatever people may say ele tem razão, digam lá o que disserem I didn't hear anything whatever eu não ouvi absolutamente nada
whatsoever adj., pron. tudo quanto; tudo o que; seja o que for
wheat s. BOTÂNICA trigo
wheedle v. 1 lisonjear 2 convencer; to wheedle somebody into doing something convencer alguém a fazer alguma coisa; to wheedle something out of somebody sacar algo a alguém
wheel s. 1 roda; wheel of fortune roda da fortuna 2 (carro) volante de direção; to take the wheel sentar-se ao volante ■ v. 1 (carrinho, bicicleta) empurrar 2 (pessoa) girar; dar meia volta 3 (pássaro) esvoaçar ♦ to set/put the wheels in motion pôr (algo) em marcha wheel(ing) and deal(ing) tramoias; falcatruas wheel clamp (veículo) bloqueador de rodas wheel horse burro de carga
wheelbarrow s. carrinho de mão
wheelchair s. cadeira de rodas
wheeze v. respirar a custo; ofegar ■ s. 1 respiração asmática 2 Grã-Bretanha antiquado artimanha, truque
whelk s. búzio
when adv., conj. 1 quando; when did it happen? quando é que isso aconteceu?; when is your birthday? quando é que você faz aniversário?; quando é o seu aniversário? 2 assim que, logo que; let me know when you've finished avise-me quando você tiver terminado 3 no tempo em que; do you remember the day when we first met? você se lembra do dia em que nos conhecemos? 4 no momento em que; she had just arrived home when the phone rang ela tinha acabado de chegar a casa quando o telefone tocou ♦ when pigs fly nunca
whenever adv., conj. sempre que ♦ whenever you like quando você quiser
where adv. onde; tell me where you are diga-me onde você está; where are you from? de onde você é?; where is she going? aonde ela vai? ♦ that's where they are mistaken é aí que eles se enganam
whereabouts s. paradeiro; I don't know his whereabouts eu desconheço o seu paradeiro ■ adv. onde; em que lugar; whereabouts did you meet them? onde você os encontrou?
whereas conj. 1 ao passo que; enquanto que 2 visto que; considerando que
whereby adv. 1 por que; pelo que 2 segundo o qual; através do qual
wherever adv., conj. 1 onde quer que; I'll meet you wherever you like eu vou encontrar com você onde quer que você queira 2 para onde quer que; wherever she goes he goes too para onde quer que ela vá, ele vai também
whet v. (atenção, curiosidade, interesse) aguçar; afiar; to whet somebody's appetite abrir o apetite a alguém
whether conj. 1 se; the question was whether or not to accept the invitation a questão era saber se se devia ou não aceitar o convite 2 quer; whether we go

or not, the result will be the same quer vamos quer não, o resultado será o mesmo ♦ whether you like it or not quer queiras quer não

whetstone s. pedra de amolar, pedra de afiar

whew interj. 1 (alívio) uf! 2 (surpresa) credo! 3 (consternação) bolas!

which adj., pron. rel., interr. 1 que; the books which they bought os livros que eles compraram; which one? qual deles? 2 o qual, a qual, os quais, as quais; which of the two is the prettier? qual das duas é a mais bonita? 3 o que; he said nothing, which made them very angry ele nada disse, o que muito os irritou ♦ I can never tell which is which nunca sou capaz de distinguir quem é quem

whichever adj., pron. 1 qualquer, quaisquer 2 seja qual for

whiff s. 1 lufada (of, de); a whiff of fresh air uma lufada de ar fresco 2 (mau cheiro) baforada (of, de) 3 (escândalo) indícios (of, de); suspeita (of, de)

while conj. 1 enquanto; while there is life there is hope enquanto há vida há esperança 2 ainda que; embora; while I see your point, I don't agree with you apesar de entender o seu ponto de vista, não concordo com você 3 enquanto que; ao passo que; while she's very good at maths, her brother is good at English ela é muito boa em matemática, enquanto o irmão é bom em inglês ■ s. bocado; momento; espaço de tempo; after a while passado um bocado (de tempo); a long while ago há muito tempo; once in a while ocasionalmente; to stay for a short while ficar durante um bocado (de tempo) v. to while away the time passar o tempo

whim s. capricho; extravagância; on a whim por capricho ♦ as the whim takes him conforme lhe dá na veneta

whimper s. 1 lamúria; queixume; without a whimper sem se queixar 2 gemido ■ v. 1 choramingar; lastimar-se 2 gemer

whimsical adj. 1 caprichoso 2 (sorriso) enigmático 3 (história, livro) fantasista; bizarro

whine s. 1 queixume; lamento 2 gemido 3 (máquina) rangido ■ v. 1 queixar-se; lamuriar-se 2 gemer

whip s. 1 chicote 2 palmada; açoite 3 CULINÁRIA pavê ■ v. 1 dar uma(s) palmada(s) a; açoitar 2 chicotear 3 CULINÁRIA (ovos, creme) bater; whipped cream creme de chantilly 4 coloquial derrotar ♦ to whip something up provocar, incitar algo to whip the crowd into a frenzy levar a multidão à loucura

whiplash s. 1 chicotada 2 (em um acidente de trânsito) traumatismo cervical

whippersnapper s. coloquial arrogante, espertinho

whipping s. 1 castigo com chicote 2 surra 3 coloquial derrota

whirl s. 1 giro; rotação 2 remoinho 3 figurado turbilhão (of, de); her head was in a whirl ela estava confusa ■ v. 1 rodopiar; andar à roda 2 figurado (confusão) estar em um turbilhão

whirlpool s. redemoinho; turbilhão; voragem

whirlwind s. 1 turbilhão 2 furacão ♦ a whirlwind visit uma visita-relâmpago to come in like a whirlwind entrar como um furacão

whirr, whir s. zumbido ■ v. zumbir

whisk s. 1 sacudidela 2 CULINÁRIA (ovos) batedeira ■ v. 1 sacudir; abanar; the dog whisked its tail o cachorro abanou o rabo 2 CULINÁRIA bater 3 levar rapidamente

whisker s. suíça whiskers s.pl. (gato, rato) bigodes ♦ she won the race by a whisker por pouco não ganhava a corrida

whisky, whiskey EUA s. uísque

whisper s. 1 sussurro; murmúrio 2 boato; rumor; insinuação ■ v. 1 murmurar; sussurrar 2 segredar ♦ it's being whispered that... corre o boato que...

whistle s. 1 (objeto) apito 2 (som) assobio ■ v. 1 assobiar 2 apitar ♦ to blow the whistle on denunciar to wet one's whistle molhar o bico

white s. 1 (cor) branco 2 (ovo) clara; stiff egg whites/ stiffly-beaten egg whites claras batidas em neve 3 (pessoa) branco 4 (olho) córnea whites s.pl. roupa branca ■ adj. 1 branco 2 pálido ♦ White House EUA Casa Branca white elephant elefante branco white dwarf (estrela) anã branca white lie mentira piedosa white water corredeira com turbilhão

white-collar adj. (trabalho, trabalhador) de escritório; white-collar workers empregados de escritório ♦ white-collar crimes crimes de colarinho branco

whiten v. branquear; embranquecer

whiteness s. brancura

whitening adj. alvejante

whitewash s. 1 (construção) cal 2 ocultação de informações 3 (em esporte) derrota completa ■ v. 1 caiar 2 ocultar, encobrir 3 (em esporte) derrotar completamente

whitish adj. esbranquiçado

whizz, whiz EUA s. coloquial ás; gênio; prodígio; computer whizz gênio informático ■ v. 1 assobiar, sibilar, silvar 2 coloquial passar a toda a velocidade 3 EUA coloquial mijar col. ♦ EUA coloquial to take a whiz dar uma mijada col.

who pron. interr. quem; who did you talk to? com quem você falou?; who does he think he is? quem ele pensa que é? ■ pron. rel. que; o qual, a qual, os quais, as quais

WHO sigla de World Health Organization Organização Mundial da Saúde (OMS)

whodunit s. coloquial (filme, peça, história) policial

whoever pron. 1 quem quer que; come out, whoever you are! saia, quem quer que seja! 2 quem; whoever told you that? quem te disse isso?

whole adj. 1 todo; total; completo 2 (número) inteiro 3 (leite) gordo 4 (alimento) integral 5 são e salvo; ileso; intacto; to come back whole regressar são e salvo ■ s. conjunto (of, de); totalidade (of, de); in whole or in part no todo ou em parte ♦ as a whole globalmente a whole lot better muito melhor a whole lot of things muitas coisas on the whole em geral

wholegrain adj. (pão, farinha, cereais etc.) integral

wholehearted adj. 1 sincero; empenhado 2 total; incondicional

wholemeal adj. Grã-Bretanha integral; wholemeal bread pão integral

wholesale

wholesale *s.* venda por atacado ■ *adj.* **1** por atacado; atacadista **2** indiscriminado; generalizado ■ *adv.* **1** por atacado **2** em massa
wholesaler *s.* comerciante por atacado
wholesome *adj.* saudável
wholly *adv.* completamente; totalmente
whom *pron. interr.* quem; for whom are you keeping those things? para quem você está guardando essas coisas? ■ *pron. rel.* que; o qual, a qual, os quais, as quais
whopping *adj.* coloquial enorme; descomunal; a whopping lie uma mentira de todo o tamanho; MEDICINA whooping cough coqueluche, tosse convulsa
whose *pron. interr.* de quem ■ *pron. rel.* cujo, cuja, cujos, cujas; the boy whose book I found is English o rapaz, cujo livro eu encontrei, é inglês
why *adv.* **1** porquê **2** por que razão; I wonder why he didn't write to them pergunto a mim mesmo por que motivo ele não lhes escreveu ■ *s.* causa, razão; the whys and the wherefores o como e o porquê ♦ why not? porque não? why ... I really don't know bem ... na realidade não sei why, it's David olha, é o David that's why foi por isso
wick *s.* pavio, torcida; mecha ♦ Grã-Bretanha coloquial to get on somebody's wick irritar alguém
wicked *adj.* **1** mau; maldoso; perverso **2** horrível; terrível
wickedness *s.* malvadeza, ruindade
wicker *s.* vime; verga; wicker chair cadeira de vime
wicket *s.* postigo; cancela; portinhola
wide *adj.* **1** largo **2** de largura; to be 20 feet wide ter 20 pés de largura **3** amplo; vasto; extenso; a wide variety of uma grande variedade de **4** (*sorriso, olhos*) aberto ■ *adv.* **1** longe; to shoot wide of the mark errar o alvo por muito, estar por fora do assunto **2** completamente; wide awake completamente desperto; cauteloso, alerta ♦ in a wider sense em sentido mais lato
wide-awake *adj.* **1** desperto, acordado **2** coloquial alerta; atento
widely *adv.* **1** largamente; extensamente **2** muito; to be widely known ser muito conhecido
widen *v.* **1** alargar **2** estender **3** ampliar
widespread *adj.* generalizado; to become widespread generalizar-se; difundir-se
widow *s.* viúva
widower *s.* viúvo
widowhood *s.* viuvez
width *s.* **1** largura; in width de largura **2** extensão **3** vastidão
wield *v.* **1** empunhar; manejar **2** (*poder, influência*) exercer **3** governar ♦ to wield the pen ser escritor
wife *s.* esposa; mulher
wig *s.* peruca; cabeleira postiça; to wear a wig usar peruca
wiggle *v.* rebolar-se, rebolir
wild *adj.* **1** selvagem **2** (*planta*) silvestre; bravo **3** (*região*) agreste **4** (*pessoa*) furioso **5** (*pessoa*) louco; descontrolado **6** (*ato, comentário*) impetuoso; precipitado **7** (*ato, comentário*) imprudente; impensado; disparatado ■ *s.* estado selvagem; natureza; mato; to survive in the wild sobreviver na natureza ♦ it was just a wild guess disse à sorte to drive somebody wild pôr alguém maluco to let the children run wild deixar as crianças à solta to run wild andar à solta, comportar-se como um selvagem wild card **1** (*jogo de cartas*) curinga **2** INFORMÁTICA carácter de substituição **3** fator imprevisível **4** convite para participar em uma competição esportiva sem fazer provas de qualificação
wilderness *s.* **1** deserto; ermo **2** natureza em estado selvagem **3** figurado selva
wildlife *s.* vida selvagem ♦ wildlife park reserva natural
wildness *s.* **1** (*animais, plantas*) estado selvagem **2** furor; euforia **3** loucura; desvario
wiles *s. pl.* artimanhas; catimba
wilful, willful EUA *adj.* **1** obstinado; teimoso **2** premeditado; voluntário
will *s.* **1** vontade; at one's will and pleasure à vontade; she has no will of her own ela não tem vontade própria **2** arbítrio; the freedom of will o livre-arbítrio **3** desejo; the will to power o desejo do poder **4** testamento; to make one's will fazer o testamento **5** determinação, decisão **6** ordem ■ *v.* **1** I'll meet you there vou encontrar contigo lá; will you come? yes, I will você vem? vou sim *[auxiliar do futuro]* **2** (*vontade*) do as you will faça como quiser; I hope the weather will be nice espero que o tempo esteja bom **3** (*oferta, pedido, sugestão*) will you have some tea? quer tomar um chá?; will you help me, please? poderia me ajudar, por favor?; will you shut up? você não se importa de se calar? **4** (*suposição*) that will be my mother deve ser a minha mãe; she'll be about thirty ela deve ter cerca de trinta anos **5** deixar em testamento (to, *a*); his grandfather had willed everything he possessed to him o avô dele tinha-lhe deixado tudo o que possuía ♦ at will livremente; à vontade where there's a will there's a way querer é poder ● Will é um verbo modal que se utiliza seguido de um infinitivo sem to: she will be surprised; it will rain. As frases interrogativas e negativas são formadas sem o auxiliar do: will you stay for dinner? he won't go without you. Para formar o futuro utiliza-se **will** (ou a forma contraída 'll) para todas as pessoas gramaticais; usa-se **shall** apenas com a primeira pessoa do singular (*I*) e do plural (*we*): shall I call you later? shall we go now?
willing *adj.* **1** cheio de boa vontade; to show willing dar provas de boa vontade **2** (*ajuda, apoio*) de livre vontade; espontâneo **3** disposto; I'm willing to estou disposto a
willingly *adv.* de bom grado; com prazer
willow *s.* BOTÂNICA salgueiro
willpower *s.* força de vontade
wilting *adj.* (*flor*) murcho
wily *adj.* esperto; manhoso; astuto
wimp *s.* coloquial (*pessoa*) palerma; banana fig. ■ *v.* coloquial acobardar-se, amedrontar-se
win *v.* **1** ganhar; vencer **2** conseguir; alcançar; conquistar; to win all hearts conquistar a simpatia de todos ■ *s.* ganho, vitória ♦ to win hands down ganhar com toda a facilidade you can't win them all não se pode ganhar sempre win back *v.* recuperar; reconquistar

wince s. 1 estremecimento, estremeção 2 crispação nervosa 3 retraimento 4 (*dor, vergonha*) careta 5 tambor móvel usado nas tinturarias e lavanderias ■ v. 1 estremecer 2 encolher-se, retrair-se 3 (*dor, vergonha*) fazer uma careta

wind[1] s. 1 vento; a gust of wind uma rajada de vento; to have the wind in one's face ter vento pela frente 2 fôlego; respiração; let me get my wind back deixe-me recuperar o fôlego 3 Grã-Bretanha gases; to have wind ter gases 4 figurado, pejorativo palavras ocas 5 MÚSICA instrumentos de sopro ■ v. 1 deixar sem fôlego 2 arejar ◆ to find out how the wind blows ver de que lado sopra o vento to talk to the wind pregar no deserto wind power energia eólica wind up v. 1 concluir 2 (*negócio*) liquidar 3 (*janela do carro*) fechar 4 (*relógio*) dar corda a 5 coloquial enervar 6 coloquial acabar; we wound up in Spain acabamos na Espanha

wind[2] v. 1 dar voltas a; (*manivela*) desandar 2 (*relógio*) dar corda a 3 torcer; enrolar 4 serpentear; ziguezaguear

windbreak s. quebra-vento

windcheater s. (*casaco*) corta-vento, anoraque

winding adj. 1 tortuoso; sinuoso 2 (*escada*) em caracol; em espiral

windmill s. moinho de vento ■ v. 1 mexer muito os braços; abanar os braços 2 girar, rodopiar, fazer parafuso

window s. 1 janela; window seat lugar à janela 2 vitrine; to go window-shopping ir ver vitrines 3 (*banco, escritório*) guichê ◆ window box floreira window cleaner (*pessoa*) limpa-vidros window dresser decorador de vitrines window dressing 1 decoração de vitrines 2 figurado, pejorativo (*aparências*) pura fachada window pane vidraça

windowsill s. (*janela*) peitoril

windpipe s. ANATOMIA traqueia

windscreen s. (*veículo*) limpador de para-brisa

windshield s. EUA limpador de para-brisa

windsock s. biruta

windsurf v. praticar windsurf

windsurfer s. praticante de windsurf, windsurfista

windsurfing s. ESPORTE windsurf

windward s. barlavento ■ adv. a barlavento

windy adj. 1 ventoso 2 (*local*) exposto ao vento 3 (*discurso*) oco 4 Grã-Bretanha coloquial com gases

wine s. vinho; red wine vinho tinto white wine vinho branco ◆ wine vinegar vinagre de vinho

winemaking s. vinicultura ■ adj. vinícola

wineskin s. odre

wing s. 1 asa 2 (*edifício*) ala 3 ESPORTE (*jogador*) ponta 4 (*aviões*) esquadrilha wings s.pl. TEATRO bastidores ■ v. voar ◆ to take somebody under one's wing tomar alguém sob a sua proteção wing mirror espelho retrovisor externo

winged adj. alado

wingspan s. (*asas*) envergadura

wink s. 1 piscar de olhos; piscadela; to give somebody a wink piscar o olho a alguém 2 momento, instante ■ v. 1 piscar o olho (at, *a*); he winked at her ele piscou para ela 2 (*estrela, luz*) cintilar ◆ I didn't get a wink of sleep não preguei olho

winker s. (*carro*) pisca-pisca

winkle s. ZOOLOGIA escargot

winner s. 1 vencedor 2 coloquial êxito

winning adj. 1 vencedor; vitorioso 2 (*bilhete de loteria, número de rifa*) premiado 3 atraente, sedutor winnings s.pl. ganhos; lucros

winnow v. 1 (*cereais*) joeirar 2 figurado separar, selecionar ■ s. crivo

wino s. coloquial bêbado

winter s. inverno; in (the) winter no inverno; winter sports esportes de inverno ■ v. 1 passar o inverno 2 (*animais*) hibernar

wintry adj. 1 invernoso 2 figurado frio; antipático

wipe s. 1 limpeza; esfregadela 2 pano de limpeza ■ v. 1 limpar; to wipe one's nose assoar-se 2 enxugar; to wipe one's eyes enxugar as lágrimas ◆ to wipe the floor with somebody derrotar alguém por completo to wipe the slate clean começar de novo wipe out v. 1 (*objeto*) limpar 2 (*espécie, população*) exterminar 3 (*dívida*) liquidar 4 (*doença*) erradicar 5 (*marca, memória*) apagar

wiper s. limpador de para-brisas

wire s. 1 arame 2 fio elétrico 3 EUA telegrama ■ v. 1 prender com arame 2 pôr instalação elétrica em 3 EUA telegrafar (to, *a*) ◆ to pull the wires mexer os pauzinhos, usar a influência para wire wool palha de aço

wireless adj. sem fios; wireless telegraphy telegrafia sem fios ■ s. rádio; wireless sending station estação radioemissora

wiretap s. EUA escuta telefônica ■ v. EUA (*telefone*) colocar sob escuta

wisdom s. 1 sabedoria; folk wisdom sabedoria popular 2 sensatez ◆ wisdom tooth dente do siso

wise adj. 1 sábio 2 sensato; prudente 3 (*decisão*) acertado ■ v. guiar, mostrar o caminho ◆ to be wise after the event trancar as portas depois da casa roubada to grow wise/wiser aprender a lição pejorativo wise guy espertinho wise up v. dar-se conta de; abrir os olhos fig.

wish s. 1 desejo; to make a wish pedir um desejo 2 vontade; to do something against somebody's wishes fazer algo contra a vontade de alguém 3 pedido wishes s.pl. votos; (*correspondência*) best wishes com os melhores votos ■ v. 1 desejar (for, –); to wish for peace desejar a paz 2 querer; as you wish como queira ◆ I wish I knew that before quem me dera saber isso antes I wish it may last tomara que isso dure

wishful adj. desejoso; ansioso ◆ wishful thinking esperanças vãs

wishy-washy adj. 1 coloquial (*pessoa*) fraco, sem graça 2 coloquial (*cor*) deslavado 3 coloquial (*bebida*) aguado

wisp s. 1 punhado; feixe; tufo 2 (*cabelo*) madeixa 3 (*fumaça*) espiral ◆ a wisp of a girl uma moça pequenina

wistful adj. pensativo; nostálgico; melancólico

wit s. 1 agudeza de espírito; finura, perspicácia 2 engenho; talento 3 pessoa espirituosa ◆ out of one's wits desorientado to be at one's wits' end não

witch

saber o que fazer to live by one's wits viver de expedientes
witch s. bruxa; feiticeira ◆ witch doctor feiticeiro
witchcraft s. bruxaria; feitiçaria
with prep. 1 com; she lives with her parents ela vive com os pais; take it with you leva-o com você 2 (*causa*) de; to blush with embarrassment corar de/com vergonha; to tremble with fear tremer de medo 3 (*modo*) com; she cut it with a knife ela cortou o bolo com uma faca; to work with care trabalhar com cuidado 4 (*descrições*) com; de; a man with a beard um homem com/de barba; patients with cancer doentes de câncer 5 (*apoio*) por; he that is not with me is against me quem não é por mim é contra mim; I am with you there concordo contigo nesse ponto 6 com respeito a; em relação a; there's nothing wrong with him não há nenhum problema com ele; to be patient with somebody ser paciente com alguém 7 apesar de; with all her faults I like her apesar de todos os seus defeitos, gosto dela; with a few exceptions, they all agreed com/tirando algumas exceções, todos concordaram 8 no caso de; it is a habit with him é hábito nele ◆ with it atualizado, a par da situação
withdraw v. 1 retirar(-se) (from, *de*); to withdraw something from the market retirar alguma coisa do mercado; to withdraw in favour of somebody desistir em favor de alguém 2 retratar-se de 3 renunciar a 4 (*dinheiro*) levantar (from, *de*)
withdrawal s. 1 afastamento 2 retirada (*ordem*) revogação 4 (*droga*) abstinência
wither v. 1 murchar; secar 2 definhar 3 figurado fulminar; she withered him with a look ela o fulminou com o olhar
withhold v. 1 reter; deter 2 sonegar; ocultar; to withhold the truth ocultar a verdade 3 recusar, negar; to withhold one's support from somebody negar auxílio a alguém 4 impedir
within prep. 1 no interior; the noise came from within the house o barulho veio de dentro da casa 2 dentro de; (*espaço*) within the city walls dentro dos muros da cidade; (*tempo*) they'll be back within an hour eles voltam dentro de/daqui a uma hora 3 no prazo de; within 90 days no prazo de 90 dias 4 ao alcance de; within hearing distance ao alcance do ouvido ■ adv. dentro; no interior; within oneself intimamente ◆ within the week antes do fim da semana to come within the provisions of the law cair sob a alçada da lei
without prep. sem; don't leave without me! não vá sem mim!; he can't read without his glasses ele não consegue ler sem óculos; without doubt sem dúvida
withstand v. 1 resistir; suportar; aguentar 2 opor-se
witness s. 1 testemunha; to call somebody as witness notificar alguém como testemunha 2 (*depoimento, prova*) testemunho; to give witness on behalf of/against testemunhar em favor de/contra ■ v. 1 presenciar; testemunhar 2 ser testemunha de 3 atestar ◆ to bear witness to dar testemunho de; testemunhar
witticism s. dito espirituoso

witty adj. 1 (*pessoa*) engenhoso; arguto 2 (*comentário, história*) espirituoso; gracioso
wizard s. 1 feiticeiro; bruxo 2 figurado prodígio; perito
wobble v. 1 (*mesa, cadeira*) balançar 2 (*gelatina*) tremer 3 (*pessoa*) cambalear 4 (*pessoa*) hesitar (between, *entre*)
wobbly adj. 1 desequilibrado; pouco firme 2 (*cadeira, mesa*) que balança/abana 3 (*pernas*) bambo 4 (*voz*) trêmulo 5 (*pessoa*) hesitante
woe s. mágoa; dor **woes** s.pl. atribulações ◆ woe is me! pobre de mim!
woeful adj. 1 desgraçado; aflito 2 lamentável, triste
wolf s. ZOOLOGIA lobo; wolf's cub cria de lobo ■ v. devorar ◆ a wolf in sheep's clothing um lobo com pele de cordeiro to be as hungry as a wolf estar faminto to cry wolf dar falso alarme
wolffish s. ZOOLOGIA traíra
woman s. mulher; senhora; an old woman uma mulher/senhora idosa ◆ the women's movement movimento de libertação da mulher women's rights direitos das mulheres
womanhood s. condição feminina ◆ (*mulher*) to reach womanhood chegar à idade adulta
womanizer, womaniser Grã-Bretanha s. mulherengo
womanly adj. feminino
womb s. 1 útero; ventre 2 figurado matriz 3 figurado entranhas
wonder s. 1 maravilha; prodígio; to do wonders fazer maravilhas 2 admiração; espanto; to be filled with wonder estar abismado ■ adj. milagroso; wonder drug remédio milagroso ■ v. 1 admirar-se com 2 interrogar-se; perguntar a si mesmo; pensar; it makes you wonder dá o que pensar; I wonder whether she will come eu me pergunto se ela virá ◆ that is no wonder isso não me admira
wonderful adj. admirável; maravilhoso; espantoso
wonderland s. país das maravilhas ◆ Alice in Wonderland Alice no País das Maravilhas
wondrous adj. poético extraordinário; maravilhoso
wont adj. acostumado; habituado; to be wont to ter o hábito de ■ s. hábito; costume; as is one's wont como é hábito
woo v. 1 namorar; cortejar 2 (*apoio, clientes, votos*) tentar conquistar
wood s. 1 madeira; touch wood! bate na madeira 2 (*fogueira*) lenha 3 bosque, floresta; a clearing in the woods uma clareira na floresta 4 pipa, barril ◆ out of the woods livre de perigo
woodcutter s. lenhador
wooden adj. 1 de madeira; de pau; wooden floor assoalho; wooden leg perna de pau 2 coloquial rígido ◆ Grã-Bretanha wooden spoon colher de pau (*em uma competição*) to get the wooden spoon ficar em último lugar
woodland s. bosque; mata
woodlouse s. ZOOLOGIA barata-da-praia
woodpecker s. ZOOLOGIA pica-pau
woodwork s. (*atividade, obra*) carpintaria
woodworm s. caruncho, bicho-carpinteiro
woof s. au-au; latido ■ v. ladrar

wool s. lã; all/pure wool pura lã ■ adj. de lã ◆ to pull the wool over somebody's eyes lançar areia nos olhos de alguém

woolly adj. 1 de lã 2 figurado vago; impreciso

word s. 1 palavra; word game jogo de palavras 2 promessa, garantia; to break one's word faltar à palavra, não fazer o que se prometeu; to give one's word dar a sua palavra, prometer; to keep one's word cumprir a palavra dada, fazer o que se prometeu 3 informação; we have word that he will arrive tomorrow fomos informados que ele chega amanhã words s.pl. (canção) letra ■ v. 1 exprimir 2 escrever ◆ by word of mouth oralmente I can't get a word out of him não consigo lhe arrancar uma palavra in a word em suma in other words ou seja; por outras palavras not in so many words não exatamente to be lost for words não saber o que dizer word for word ao pé da letra word processing processamento de texto word processor processador de texto

work s. 1 trabalho; work in progress trabalho em curso 2 emprego; he's at work ele está no (local de) trabalho; to be out of work estar desempregado; to go to work ir trabalhar; to look for work procurar trabalho 3 atividade 4 (mecanismo) funcionamento 5 (arte, construção) obra; the complete works of Shakespeare a obra completa de Shakespeare; (responsabilidade) this is the work of it obra de; work of art obra de arte works s.pl. 1 fábrica, oficina; chemical works fábrica de produtos químicos 2 maquinaria, mecanismo ■ v. 1 trabalhar 2 surtir efeito 3 funcionar 4 atuar sobre 5 explorar 6 produzir, fabricar 7 (ferro) forjar ◆ it works both ways servir ao mesmo tempo duas partes opostas that won't work isso não dá resultado to get to work meter mãos à obra work experience experiência profissional work off v. 1 livrar-se de 2 (dívida) trabalhar para pagar 3 fazer exercício para perder peso work out v. 1 calcular 2 resolver, dar certo 3 planejar 4 entender 5 (energia, fúria) descarregar 6 fazer exercício físico 7 (quantia) ficar (at, por, em); it works out at 20 dollars a year fica por 20 dólares por ano work up v. 1 enervar 2 exaltar 3 excitar 4 aumentar; to work up an appetite abrir o apetite

workaholic s. trabalhador compulsivo

workbook s. livro de exercícios

worker s. trabalhador; operário

workforce s. 1 (empresa) pessoal; mão de obra 2 (país) população ativa

working adj. 1 de trabalho; working day dia de trabalho 2 (população) ativo; que trabalha 3 que funciona; to be in working order estar funcionando workings s.pl. (mecanismo, sistema) funcionamento; the computer's inner workings o funcionamento interno do computador; the workings of the human mind o funcionamento da mente humana working class classe trabalhadora working knowledge conhecimento por experiência working model 1 maquete 2 protótipo working party grupo de trabalho

workman s. trabalhador; operário

workshop s. oficina; workshop

workstation s. 1 posto de trabalho 2 INFORMÁTICA terminal de computador

world s. 1 mundo; all over the world em todo o mundo; on a world scale em escala mundial; world record recorde mundial 2 mundo; all the world knows todo mundo sabe ◆ out of this world extraordinário; invulgar not for (all) the world nem pensar; jamais to have the best of both worlds ter o melhor de dois mundos; ter tudo to think the world of somebody/something ter muito boa impressão de alguém/algo; gostar muito de alguém/algo who in the world is that fellow? quem diabo é aquele tipo? world champion campeão do mundo world cup (campeonato) copa do mundo, mundial de futebol world economy economia mundial world music música étnica world power (país) potência mundial world war guerra mundial

world-class adj. de nível internacional

worldly adj. 1 mundano 2 secular

worldwide adj. mundial, universal ■ adv. mundialmente; em todo o mundo

worm s. 1 verme 2 lombriga; verme pop.; to have worms ter vermes 3 carunchο 4 pejorativo (pessoa) canalha ■ v. 1 rastejar; deslizar (through, por) 2 desparasitar 3 insinuar-se (into, junto a) ◆ a can of worms um problema bicudo

worn adj. 1 usado; gasto 2 fatigado; exausto

worn-out adj. 1 (roupa, calçado) gasto 2 (pessoa) exausto 3 (ideia) batido

worried adj. inquieto (about, com); preocupado (about, com)

worry s. 1 preocupação; inquietação 2 incômodo ■ v. preocupar-se (about, over, com); afligir-se (about, over, com) ◆ I should worry! não quero nem saber! não me importo! não estou nem aí! not to worry! deixa pra lá!

worrying adj. preocupante; inquietante

worse adj. 1 (comparativo de bad) pior 2 em pior estado ■ adv. (comparativo de badly) pior; she has been taken worse ela piorou; worse off em piores condições ◆ so much the worse for them tanto pior para eles there was worse to come o pior ainda estava para vir to change for the worse mudar para pior to get worse piorar to go from bad to worse ir de mal a pior to make matters worse ainda por cima worse and worse cada vez pior

worsen v. piorar; agravar(-se)

worsening s. agravamento, piora

worship s. 1 veneração; adoração 2 culto; place of worship local de culto 3 admiração, respeito 4 (formas de tratamento) senhoria, excelência ■ v. 1 venerar; prestar culto a 2 admirar; ser fã de

worshipper s. 1 devoto 2 fã; admirador

worst adj. (superlativo de bad) pior ■ adv. (superlativo de badly) da pior maneira ■ s. o pior; parte pior; to be prepared for the worst estar preparado para o pior; at the worst na pior das hipóteses ◆ the worst case scenario a pior das hipóteses if the worst comes to the worst na pior das hipóteses to come off worst sair perdendo

worth adj. digno; merecedor ■ s. 1 valor; mérito 2 importância 3 custo, preço ◆ a thing worth having

worthless

uma coisa que vale a pena for what it's worth se servir de alguma coisa to be worth it valer a pena
worthless adj. 1 (objeto) sem valor 2 (pessoa) desprezível 3 (pessoa) inútil
worthwhile adj. 1 que vale a pena; is it worthwhile going there? valerá a pena ir lá? 2 proveitoso; compensador
worthy adj. 1 digno (of, de); merecedor (of, de); to be worthy of merecer 2 louvável; meritório
would-be adj. 1 aspirante; would-be actor aspirante a ator 2 pejorativo pretenso; a would-be poet um pretenso poeta
wound s. 1 ferida, ferimento; to dress a wound fazer o curativo em uma ferida 2 chaga; the five wounds of Christ as cinco chagas de Cristo 3 figurado ofensa ■ v. ferir
wounded adj. (fisicamente) ferido the wounded s. pl. os feridos all the wounded have already been discharged from hospital todos os feridos já tiveram alta do hospital
wow interj. uau!, ena! s. coloquial grande êxito ■ v. coloquial entusiasmar; arrebatar
wrangle s. discussão; disputa ■ v. discutir; to wrangle over trifles discutir por causa de ninharias
wrap v. 1 embrulhar 2 envolver (in, em); rodear (in, de) s. agasalho; xale ♦ to keep something under wraps manter alguma coisa em segredo to wrap somebody in cotton wool proteger alguém demasiado wrap up v. 1 agasalhar-se 2 embrulhar 3 concluir; terminar; to wrap up the deal fechar negócio ♦ to be wrapped up in estar absorto em
wrapper s. 1 invólucro 2 (livro) sobrecapa 3 (jornal) cinta
wrapping s. 1 invólucro 2 embrulho; wrapping paper papel de embrulho
wrath s. ira; raiva
wreak v. causar; provocar ♦ to wreak havoc fazer estragos to wreak revenge on vingar-se de
wreath s. (forma, flores) coroa; funeral wreath coroa funerária; laurel wreath coroa de louros
wreathe v. rodear; envolver ♦ wreathed in smiles desfeito em sorrisos
wreck s. 1 naufrágio 2 (barco, carro, avião) destroços 3 EUA (carros) acidente 4 coloquial (automóvel) sucata; lata-velha ■ v. 1 arruinar; pôr a perder 2 estragar; destruir 3 fazer naufragar ♦ to be a nervous wreck estar com os nervos à flor da pele to be a wreck ficar em mau estado ficar cansado
wreckage s. destroços; ruínas; escombros
wrecker s. 1 EUA guincho 2 (pessoa) destruidor
wrench v. 1 arrancar; puxar com força 2 (articulações) torcer; to wrench one's ankle torcer o tornozelo 3 (fatos, sentido de uma frase) falsear; deturpar 4 (coração) destroçar ■ s. 1 puxão 2 (articulações) entorse 3 (músculos) distensão 4 figurado separação dolorosa 5 EUA MECÂNICA chave inglesa, chave de porcas ♦ to wrench open arrombar to wrench oneself free soltar-se
wrestle v. 1 lutar (with, com); andar à luta (with, com) 2 debater-se (with, com) s. luta
wrestler s. ESPORTE lutador
wrestling s. ESPORTE luta

wretch s. 1 infeliz; desgraçado; poor wretch! pobre diabo! 2 canalha; patife
wretched adj. 1 infeliz; miserável; to feel wretched sentir-se muito infeliz 2 péssimo 3 coloquial maldito; the wretched door won't open! esta maldita porta não quer abrir!
wriggle v. contorcer-se; retorcer-se
wring v. torcer ♦ coloquial to wring somebody's neck torcer o pescoço de alguém wringing wet encharcado
wrinkle s. 1 ruga 2 vinco ■ v. 1 amassar; enrugar(-se); amarrotar(-se) 2 (sobrancelha) franzir
wrinkled adj. (pele) enrugado; rugoso
wrist s. 1 ANATOMIA pulso 2 (roupa) punho
wristband s. (camisa) punho
wristwatch s. relógio de pulso
writ s. mandado judicial; writ of attachment mandado de penhora
write v. 1 escrever; redigir; these pens don't write estas canetas não escrevem; to write in pencil escrever a lápis; to write somebody a letter escrever uma carta a alguém 2 MÚSICA compor 3 ser escritor ♦ it's written all over your face basta olhar para a sua cara to be nothing to write home about não ser nada do outro mundo
writer s. escritor; autor ♦ writer's block bloqueio de criatividade
write-up s. coloquial crítica; recensão
writhe s. (dor, sofrimento) contorção; estremecimento ■ v. 1 contorcer(-se); torcer(-se); to writhe in pain contorcer-se de dor 2 enroscar; enrolar
writing s. 1 (ação, profissão) escrita; writing desk escrivaninha; writing paper papel de carta 2 caligrafia; letra ♦ in writing por escrito
wrong adj. 1 errado; incorreto 2 enganado 3 injusto 4 moralmente condenável; lying is wrong não se deve mentir 5 impróprio; inoportuno; inconveniente; at the wrong time em má altura ■ adv. mal; erradamente; incorretamente; to get it all wrong entender tudo errado ■ s. 1 mal; to know right from wrong distinguir o bem e o mal 2 injustiça; to right a wrong corrigir uma injustiça, fazer justiça ■ v. 1 ser injusto com; to be wronged ser vítima de injustiça 2 lesar; prejudicar ♦ the wrong side out do avesso to be in the wrong estar enganado to be wrong não ter razão to get off on the wrong foot começar mal to go wrong correr mal what's wrong? qual é o problema?
wrongdoer s. malfeitor
wrongdoing s. maldade; malfeitoria
wronged adj. (pessoa) prejudicado
wrongful adj. 1 injusto; injustificado; wrongful dismissal dispensa sem justa causa 2 ilegal
wrongly adv. 1 indevidamente; mal; wrongly informed mal informado 2 injustamente; wrongly accused injustamente acusado
wrought adj. 1 forjado; wrought iron ferro forjado 2 lavrado, trabalhado
wry adj. 1 torto 2 irônico; sarcástico
WWW sigla de World Wide Web, que significa "rede mundial" e corresponde ao conjunto de páginas, portais, sites e outras informações acessadas com navegadores pela Internet

X

x s. (*letra*) x
xaxim s. BOTÂNICA xaxim
xebec s. (*barco*) xaveco
xenon s. QUÍMICA (*elemento químico*) xenônio
xenophilia s. xenofilia
xenophobe s. xenófobo
xenophobia s. xenofobia
xenophobic *adj.* xenófobo; xenofóbico
xerophthalmia s. MEDICINA xeroftalmia
xerox s. xerox; xerocópia, fotocópia
xylem s. BOTÂNICA xilem
xylograph s. (*impressão*) xilogravura
xylography s. (*técnica*) xilografia
xylophone s. xilofone
xylophonist s. xilofonista

Y

y s. (letra) y
yacht s. iate; yacht club clube náutico; yacht race regata
yachtsman s. 1 aficionado da vela 2 (esporte) regatista
yak s. ZOOLOGIA iaque ■ v. coloquial palrar; tagarelar
yam s. BOTÂNICA cará, inhame
yank v. coloquial puxar; dar um puxão a; to yank on the brake frear bruscamente; to yank out a tooth arrancar um dente com um puxão ■ s. puxão; to give something a yank dar um puxão em alguma coisa
yap v. 1 ladrar; latir 2 coloquial (pessoa) tagarelar; palrar ■ s. latido
yard s. 1 (unidade de medida) jarda 2 pátio 3 EUA jardim; quintal 4 terreno ■ v. encurralar ◆ EUA yard sale venda de garagem
yarn s. 1 (têxtil) fio 2 coloquial história mentirosa; to spin a yarn contar uma história longa
yawn v. bocejar; to yawn with boredom bocejar de aborrecimento ■ s. 1 bocejo 2 coloquial chatice
yeah adv. coloquial sim
year s. ano years s.pl. anos de idade; she's fifteen years old ela tem quinze anos ◆ all year round durante todo o ano for years há muito tempo he looks old for his years ele parece mais velho to be getting on in years estar envelhecendo
yearbook s. 1 anuário 2 EUA livro de curso
yearly adj. anual ■ adv. anualmente
yearn v. ansiar (for, por); estar desejoso (for, de); I'm yearning to go home estou desejoso de ir para casa
yearning s. desejo ardente (for, por/de); ânsia (for, por/de)
yeast s. levedura; fermento ◆ yeast infection candidíase vaginal
yell v. gritar (at, com); berrar (at, com); don't you yell at me! não grite comigo! s. grito; berro; to give a yell dar um berro
yellow adj. 1 (cor) amarelo 2 coloquial, pejorativo covarde 3 (jornais) sensacionalista; yellow press imprensa sensacionalista ■ s. (cor) amarelo ■ v. amarelecer ◆ yellow card (futebol) cartão amarelo yellow fever febre amarela
yellow-bellied adj. coloquial covarde; medroso
yellow-belly s. coloquial covarde; medroso
yellowish adj. amarelado
yelp v. 1 latir; ganir 2 gritar; berrar ■ s. 1 latido; ganido 2 grito; berro; a yelp of terror um grito de terror
yen s. 1 (moeda) iene 2 coloquial desejo (for/to, de)
yes adv., s. sim; to say yes to (something) aceitar (algo), consentir em (algo), autorizar (algo)
yes-man s. pejorativo indivíduo servil; capacho (fig.)
yesterday adv. ontem; I wasn't born yesterday! eu não nasci ontem!; the day before yesterday anteontem
yet adv. 1 ainda; they haven't arrived yet eles ainda não chegaram 2 já; has he eaten yet? ele já comeu? 3 até; as yet até agora, por enquanto 4 mais; yet again mais uma vez; yet another lie mais uma mentira conj. mas; contudo; todavia; a simple yet effective system um sistema simples mas eficaz ◆ yet again outra vez
yew s. BOTÂNICA teixo
yield s. 1 produção; a good yield of wheat uma boa produção de trigo 2 rendimento ■ v. 1 render; dar de lucro 2 produzir; the land yielded a good wheat crop a terra produziu uma boa colheita de trigo 3 ceder (to, a); to yield to temptation ceder à tentação 4 EUA (trânsito) dar prioridade (to, a); ceder passagem (to, a) 5 render-se; entregar-se ◆ to yield ground ceder terreno yield up v. 1 revelar (segredo) 2 ceder; entregar
yoga s. ioga
yoghurt, yogurt s. iogurte
yoghurt-maker s. iogurteira
yogi s. iogue
yoke s. 1 (bois) junta 2 jugo; canga 3 figurado jugo (of, de) v. 1 (bois) emparelhar 2 unir; ligar
yokel s. pejorativo camponês que desconhece tecnologias e não foi à escola
yolk s. (ovo) gema
yonks s. Grã-Bretanha coloquial séculos; I haven't seen him for yonks já não o vejo há séculos
you pron. pess. 1 tu 2 você; o senhor, a senhora 3 vós; vocês 4 nós; se; you can never tell! nunca se sabe!
young adj. 1 jovem; novo 2 recente 3 com ar jovem ■ s.pl. the young os jovens; (animais) filhotes, crias ◆ in his younger days quando era mais novo to be young at heart ser jovem de espírito to look young for your age estar bem conservado
youngster s. jovem
your adj. poss. 1 teu, tua, teus, tuas; it's your problem o problema é teu 2 seu, sua, seus, suas 3 vosso, vossos, vossa, vossas 4 de vocês
yours pron. poss. 1 o teu, a tua, os teus, as tuas; my eyes are blue and yours are brown os meus olhos são azuis e os teus são castanhos 2 o seu, a sua, os seus, as suas 3 o vosso, a vossa, os vossos, as vossas 4 o de vocês, a de vocês, os de vocês, as de vocês
yourself pron. pess. refl. 1 tu mesmo, ti mesmo 2 você mesmo, você mesma 3 si mesmo, si mesma; o senhor mesmo, a senhora mesma ◆ by yourself sozinho
youth s. 1 juventude 2 jovem ◆ youth hostel albergue da juventude
youthful adj. jovem; juvenil
yowl v. uivar ■ s. uivo
yo-yo s. ioiô
ytterbium s. QUÍMICA (elemento químico) itérbio
yttrium s. QUÍMICA (elemento químico) ítrio
yucky adj. coloquial nojento
yummy adj. coloquial delicioso; saboroso ■ interj que delícia!; que bom!

Z

z s. (*letra*) z
Zaire s. Zaire
Zairean adj., s. zairense
Zambia s. Zâmbia
Zambian adj., s. zambiano
zany adj. 1 coloquial cômico; engraçado 2 coloquial excêntrico
zap v. 1 coloquial eliminar; suprimir 2 coloquial (*televisão*) fazer zapping 3 coloquial cozinhar no micro-ondas 4 coloquial passar com velocidade 5 coloquial (*computadores*) enviar com rapidez
zeal s. 1 zelo 2 fervor; entusiasmo
zealot adj., s. fanático
zealous adj. 1 zeloso 2 fervoroso
zebra s. ZOOLOGIA zebra ♦ Grã-Bretanha zebra crossing (*rua*) faixa de pedestres
zed, zee EUA s. zê (nome da letra z)
Zen s. zen
zenith s. 1 ASTRONOMIA zênite 2 figurado apogeu; to be at the zenith of one's fame estar no apogeu da glória
Zeppelin s. zepelim
zero s. 1 zero; ten degrees below zero dez graus abaixo de zero 2 nada ■ v. (*arma*) apontar para ♦ zero hour hora H zero tolerance tolerância zero zero in on v. 1 concentrar-se em 2 (*arma*) apontar para
zest s. 1 entusiasmo 2 deleite; satisfação 3 estímulo 4 (*limão, laranja*) raspa
zeugma s. LINGUÍSTICA zeugma
zigzag s. zigue-zague ■ v. ziguezaguear
zilch s. coloquial nada
zillion s. coloquial um monte de; imensos; I have a zillion things to do tenho um monte de coisas para fazer
Zimbabwe s. Zimbábue
Zimbabwean adj., s. zimbabuano
zinc s. QUÍMICA (*elemento químico*) zinco
zip s. 1 Grã-Bretanha fecho ecler, zíper 2 coloquial energia; vigor 3 EUA coloquial nada ♦ EUA zip code código postal; CEP ■ v. 1 fechar com zíper 2 INFORMÁTICA zipar 3 coloquial passar como um raio zip up v. fechar(-se) com zíper
zipper s. EUA fecho ecler, zíper
zit s. coloquial espinha; borbulha
zither s. MÚSICA cítara
zodiac s. zodíaco; the signs of the zodiac os signos do Zodíaco
zodiacal adj. zodiacal
zombie s. zumbi; morto-vivo
zone s. zona; área; residential zone área residencial ■ v. dividir em zonas
zonked adj. 1 calão exausto 2 calão drogado ou embriagado
zoo s. 1 jardim zoológico 2 coloquial, figurado (*confusão*) circo fig.
zoological adj. zoológico
zoologist s. zoólogo
zoology s. zoologia
zoom s. zoom ■ v. 1 passar como um raio; the car zoomed by/past us o carro passou por nós a grande velocidade 2 subir rápido zoom in v. fazer um zoom (on, *sobre*); the camera zoomed in on the girl's face a câmera fez zoom no rosto da menina zoom out v. tirar o zoom
zoonosis s. zoonose
zoophilist s. zoófilo
zoophily s. (*gostar de animais*) zoofilia
zooplankton s. BIOLOGIA zooplâncton
zootechnics s. zootecnia
zoril s. ZOOLOGIA zorrilho
zucchini s. EUA abobrinha
zygote s. BIOLOGIA zigoto

Português–Inglês

A

a¹ *s.m.* (*letra*) a ♦ de A a Z from A to Z
a² *art.def.f.* **1** the; a multidão the crowd; as casas the houses **2** (*por cada*) a; per; R$5 a dúzia R$5 a dozen ■ *pron. pess.* **1** (*a ela*) her; eu as vi I saw them **2** (*objeto, animal*) it; comprei-a ontem I bought it yesterday **3** (*a si*) you; não a via há muito I haven't seen you for a long time *pron. dem.* that, the one; a que está à direita the one on the right ■ *prep.* **1** (*direção*) to; ir à escola to go to school; ir ao Rio de Janeiro to go to Rio de Janeiro **2** (*lugar, posição*) on; at; to; à esquerda/direita on the left/right; a sul to the south; estar à porta to be at the door **3** (*tempo*) at; on; à meia-noite at midnight; aos dez anos at (the age of) ten **4** (*distância*) away; a cinco metros five metres away **5** (*modo*) on; in; a pé on foot; às escuras in the dark **6** (*preço*) at; a R$10 o quilo at R$10 a kilo **7** (*sucessão*) by; dia a dia day by day; pouco a pouco bit by bit **8** (*finalidade*) to; ensinar a ler to teach to read **9** to; dar algo a alguém give somebody something, to give something to somebody ● Em inglês não se usa o artigo definido com: nomes de pessoas; a maioria dos nomes de países, regiões e cidades; pronome possessivos; nomes no plural, com sentido geral; nomes abstratos; dias da semana. Com parenteses, partes do corpo e objetos pessoais, usa-se o pronome possessivo: "a minha tia Ilda", *my aunt Ilda.*
à (contração da preposição a com o artigo definido a) ♦ o professor entregou a prova à aluna the teacher gave the exam to the student
aba *s.f.* **1** (*casaco, envelope*) flap **2** (*chapéu*) brim **3** (*montanha, colina*) foot ♦ aba do navegador browser tab
abacate *s.m.* BOTÂNICA avocado, avocado pear
abacateiro *s.m.* (*árvore*) avocado tree
abacaxi *s.m.* **1** BOTÂNICA pineapple **2** coloquial (*problema*) snag; hitch; descascar um abacaxi to solve a snag
ábaco *s.m.* abacus
abade *s.m.* abbot ● É diferente de *abide.*
abadessa *s.f.* abbess
abadia *s.f.* **1** abbey **2** (*cargo, funções*) abbacy
abafado *adj.* **1** smothered **2** (*atmosfera*) stifling; suffocating; a casa estava abafada the house was suffocating atmosfera abafada sultry atmosphere **3** (*tempo*) sultry **4** (*som*) muffled; vozes abafadas muffled voices manter o assunto abafado keep the matter under the wrap
abafar *v.* **1** to suffocate, to stifle **2** (*fogo*) to smother **3** (*ruído*) to muffle **4** figurado to stifle; to hush up; to suppress; abafar um escândalo to suppress a scandal; abafar uma revolta to stifle a rebellion
abaixamento *s.m.* **1** lowering **2** (*diminuição*) drop

abaixar *v.* **1** to lower; to bring down **2** to duck; abaixe a cabeça! duck your head! abaixar-se *v.pr.* to stoop; ele se abaixou para pegar o jornal he stooped to pick up the newspaper
abaixo *adv.* down; below; dois andares abaixo two storeys down; pelas escadas abaixo down the stairs ♦ abaixo de below under
abaixo-assinado *s.m.* **1** (*documento*) petition, signed petition **2** (*pessoa*) undersigned; os abaixo-assinados the undersigned
abajur *s.m.* desk lamp
abalado *adj.* shaken; upset; distressed
abalar *v.* **1** to shock; to upset; a morte do pai o abalou the death of his father upset him **2** to shake; to affect; abalar a reputação de to shake someone's reputation **3** popular to decamp; to go away
abalo *s.m.* **1** shake; jerk **2** (*emocional*) shock; blow ♦ abalo sísmico earthquake
abalroamento *s.m.* collision; crash
abalroar *v.* to collide with; to crash into; to run into; o petroleiro abalroou o veleiro the oil tanker collided with the sailing boat
abanador *s.m.* fan
abanar *v.* **1** to shake; to stir; abanar a cabeça em sinal de reprovação to shake one's head **2** to jolt **3** (*cachorro*) to wag; abanar a cauda to wag the tail ♦ voltar de mãos abanando to be back empty handed
abandonado *adj.* **1** abandoned **2** deserted; forsaken; local abandonado forsaken place
abandonar *v.* **1** to abandon; abandonar o navio! abandon ship! **2** to give up on; to quit; abandonar um projeto to give up on a project **3** (*pessoa*) to walk out on; to ditch col. **4** (*sair de*) to leave; abandonar a sala to leave the room **5** ESPORTE to withdraw from; abandonar uma competição to withdraw from a competition
abandono *s.m.* **1** abandonment; ao abandono abandoned; deixar ao abandono to abandon **2** neglect; lack of care **3** giving up; shelving; o abandono de um plano the shelving of a plan **4** desertion; abandono de um país desertion of a country
abanico *s.m.* small fan
abano *s.m.* **1** (*objeto*) fire fan **2** (*movimento*) shake; jolt; jerk
abarcar *v.* **1** to embrace **2** (*abranger*) to include; to comprehend; to comprise **3** (*açambarcar*) to monopolize; to forestall ♦ querer abarcar o céu com as mãos to reach for the stars
abarrotado *adj.* **1** (*cheio*) full; filled up **2** (*com pessoas*) overcrowded; (*com carga*) overloaded
abarrotar *v.* to fill up (de, *with*); to stuff (de, *with*); to cram (de, *with*); estar abarrotado (de) to be crammed (with)
abastado *adj.* wealthy; well-off

abastecer

abastecer v. to provide (de, with); to supply (de, with); to furnish (de, with); abastecer o mercado de produtos to supply the market with products abastecer o carro de gasolina to fill the car tank with gas, petrol abastecer-se v.pr. to stock up (de, with); abastecer-se de lenha to stock up with wood

abastecimento s.m. 1 supply; stock; abastecimento de água water supply; 2 (produtos) provisions 3 (veículo) refuelling

abate s.m. 1 (preços) discount; reduction 2 killing, shooting 3 (animal) slaughter 4 (árvores) felling

abatedouro s.m. slaughterhouse; abattoir

abater v. 1 (pessoa) to kill, to shoot down 2 (animal) to slaughter 3 (árvore) to fell; to cut down 4 (avião) to shoot down 5 (preços) to diminish, to reduce, to cut 6 (desanimar) to depress 7 to subside; to collapse

abatido adj. 1 dejected; in low spirits; downhearted; gloomy 2 (a tiro) shot

abatimento s.m. 1 (preço) discount, reduction; ela me fez um abatimento she made me a discount 2 (estado de espírito) low spirits, dejection, gloom

abaulamento s.m. bulging

abc s.m. 1 ABCs EUA, ABC Grã-Bretanha; alphabet 2 figurado basics

abcissa s.f. GEOMETRIA abscissa

abdicar v. to abdicate; abdicar do trono to abdicate the throne; abdicar em favor de to abdicate in favour of

abdome s.m. ANATOMIA abdomen

abdominal adj.2g. abdominal; dores abdominais abdominal pains abdominais s.m.pl. ESPORTE (ginástica) sit-up; fazer abdominais to do sit-ups

abdução s.f. abduction

abduzir v. to abduct

á-bê-cê s.m. 1 ABCs EUA, ABC Grã-Bretanha; alphabet 2 figurado basics

abecedário s.m. alphabet

abelha s.f. ZOOLOGIA bee; honeybee

abelhudo adj. coloquial nosy; prying ■ s.m. meddler; nosy parker

abençoado adj. 1 blessed; abençoado sejas! God bless you! 2 glorious; blissful; dia abençoado blissful day

abençoar v. to bless; que Deus te abençoe! God bless you!; ser abençoado com um dom to be blessed with a gift

aberração s.f. aberration; freak; aberração da natureza freak of nature

abertamente adv. openly, candidly, frankly, freely; falar abertamente to speak candidly

aberto adj. 1 open; aberto ao público open to the public; aberto de par em par wide open; de olhos bem abertos with eyes wide open 2 open-hearted, candid 3 (tolerante) open-minded 4 (torneira) running; deixar uma torneira aberta to leave a tap running ■ s.m. open, open championship ♦ deixar em aberto to leave (something) unfinished

abertura s.f. 1 opening; cerimônia de abertura opening ceremony 2 (fenda) crack, slit; slot insira uma moeda na abertura drop a coin in the slot 3 MÚSICA overture ♦ abertura de mente, de espírito open-mindedness

abiótico adj. BIOLOGIA abiotic

abismado adj. stunned; astonished, amazed (com, at, by); ficar abismado to be amazed

abismal adj.2g. abyssal; appalling ♦ uma diferença abismal a world of difference

abismar v. to astonish, to amaze abismar-se v.pr. to be astonished (com, at); to be appalled (com, at, by)

abismo s.m. 1 abyss 2 figurado (diferença) gulf (entre, between)

abissal adj.2g. abyssal; huge; divergências abissais huge differences

abiu s.m. BOTÂNICA abiu

abieiro s.m. BOTÂNICA abiu tree

abjeção s.f. abjection

abjeto adj. 1 abject 2 vile

abjuração s.f. 1 abjuration; renouncement 2 withdrawal

abjurar v. 1 to abjure; to renounce; abjurar uma convicção to renounce a conviction 2 to withdraw; abjurar a moção to withdraw the motion

ablação s.f. MEDICINA, GEOLOGIA ablation

abnegação s.f. abnegation; self-denial; trabalhar com abnegação to work with abnegation

abóbada s.f. ARQUITETURA vault

abobado adj. silly; foolish; witless

abobalhado adj. silly; foolish; witless

abóbora s.f. BOTÂNICA pumpkin; squash EUA

aboboreira s.f. BOTÂNICA gourd plant

abobrinha s.f. BOTÂNICA zucchini EUA; courgette Grã-Bretanha

abocanhar v. 1 to bite at 2 figurado to snap at

abolição s.f. abolition

abolicionismo s.m. abolitionism

abolicionista s.2g. abolitionist

abolir v. to abolish; abolir uma lei to abolish a law

abominação s.f. abomination

abominar v. to abominate; to abhor

abominável adj.2g. abominable; heinous

abonação s.f. 1 DIREITO warranty, guarantee 2 DIREITO bail

abonado adj. 1 (confiável) creditable; having credit and money 2 (garantia) warranted; guaranteed; assinatura abonada guaranteed signature 3 (afiançado) bailed 4 (rico) wealthy; well-off; well-to-do

abonar v. 1 to guarantee 2 to vouch for; to support

abonatório adj. 1 favourable; crítica abonatória favourable review 2 commendatory; flattering; palavras abonatórias flattering words

abono s.m. 1 benefit; abono de família child benefit 2 (garantia) warranty, guaranty 3 (fiança) bail ♦ falar em abono de alguém to speak on someone's behalf

abordagem s.f. 1 (assunto, problema) approach 2 boarding

abordar v. 1 (assunto, problema) to tackle 2 (pessoa) to approach, to accost; abordar um desconhecido to accost a stranger 3 to board; abordar um navio to board a ship

aborígene *s.2g.* Aborigine ■ *adj.2g.* aboriginal; cultura aborígene aboriginal culture

aborrecer *v.* 1 to bore 2 (*desagradar*) to annoy; to displease aborrecer-se *v.pr.* 1 to be bored (com, *with*); to get bored (com, *with*) 2 to get angry (com, *with*); eu me aborreci com ele I got angry with him 3 (*cansar-se*) to grow weary (de, *of*); to be fed up (de, *with*); ele se aborreceu de tanto discutir he grew weary of so much arguing

aborrecido *adj.* 1 (*maçante*) boring; tedious; dull; um assunto aborrecido a dull subject 2 (*enfadado*) bored; annoyed 3 (*zangado*) angry; estar aborrecido com alguém to be angry with somebody

aborrecimento *s.m.* 1 boredom; tediousness 2 (*contrariedade*) nuisance; que aborrecimento! what a nuisance!

abortar *v.* 1 (*espontaneamente*) to miscarry, to have a miscarriage 2 (*voluntariamente*) to have an abortion; ela abortou she had an abortion

abortivo *adj., s.m.* abortive

aborto *s.m.* 1 (*interrupção voluntária*) abortion 2 (*involuntário*) miscarriage

abotoadura *s.f.* cufflink

abotoar *v.* to button, to button up; abotoe o casaco button your coat up

abracadabra *s.m.* abracadabra

abraçar *v.* 1 to hug; to embrace; abraça-me hug me; eles se abraçaram they embraced 2 (*ideia, opinião, plano*) to embrace; to adopt; abraçar uma doutrina to embrace a doctrine

abraço *s.m.* hug; embrace; abraço apertado a tight hug; dá-me um abraço give me a hug ◆ manda um abraço para ele send him my regards

abrandar *v.* 1 (*ritmo, velocidade*) to slow down; (*passo*) to slacken 2 (*dor, conflito, tempestade*) to ease (off); subside; (*vento*) to drop

abrangência *s.f.* 1 (*alcance*) reach; range; scope; extent; de grande abrangência wide-ranging, far--reaching 2 (*compreensão*) comprehensiveness; inclusiveness

abrangente *adj.2g.* comprehensive; wide--ranging; all-embracing; all-inclusive; all--encompassing; um estudo abrangente a comprehensive study

abranger *v.* 1 to comprise; to include; to comprehend 2 (*compreender*) to grasp 3 to affect; to apply to

abrasador *adj.* 1 scorching; blazing; um dia abrasador a scorching day; sob um sol abrasador under a blazing sun 2 *figurado* consuming; paixão abrasadora consuming passion

abrasar *v.* 1 (*fogo*) to burn 2 (*calor*) scorch; o dia abrasava the day was scorching 3 *figurado* to kindle

abrasivo *adj., s.m.* abrasive; produto de limpeza abrasivo abrasive cleaner

abre-alas *s.m.2n.* the float that opens the carnival parade of a samba school

abreviação *s.f.* 1 abbreviation 2 shortening

abreviado *adj.* abbreviated

abreviar *v.* 1 to abbreviate; abreviar o nome de uma organização to abbreviate the name of an organization 2 to shorten; abreviar uma notícia to shorten a piece of news

abreviatura *s.f.* abbreviation; o que quer dizer esta abreviatura? what does this abbreviation stand for?

abricó *s.m.* (*fruto*) apricot

abridor *s.m.* 1 opener 2 (*cinzel*) engraver ◆ abridor de garrafas bottle opener abridor de latas tin opener, can opener EUA

abrigar *v.* 1 to give shelter to 2 (*sentimentos, dúvidas*) to harbour abrigar-se *v.pr.* 1 to shelter; to take refuge; abrigar-se da chuva to shelter from the rain 2 to protect oneself

abrigo *s.m.* 1 shelter 2 refuge; este é um abrigo seguro this is a safe refuge 3 protection

abril *s.m.* April ◆ primeiro de abril All Fools' day; April Fool's Day

abrilhantar *v.* 1 to shine; to polish 2 *figurado* to add lustre to; to lend brilliance to; to embellish; a tua presença abrilhantará a cerimônia your presence will embellish the occasion

abrir *v.* 1 to open; abre a porta open the door 2 (*com chave*) to unlock; abrir um cofre to unlock a safe 3 to unfasten; abrir o cinto to unfasten the belt 4 BOTÂNICA to blossom; as flores já abriram the flowers have already blossomed 5 (*tempo*) to clear; o céu abriu the sky has cleared 6 to start; o evento foi aberto com um discurso the event started with a speech abrir-se *v.pr.* to open up; abrir-se com alguém to open up to somebody ◆ abrir a boca (*bocejar*) to yawn abrir as asas to spread the wings abrir as cortinas to draw back the curtains abrir a torneira to turn the tap on abrir caminho to break through abrir mão de to give up on abrir o apetite to whet the appetite abrir uma exceção to make an exception abrir um presente to unwrap a gift não abrir a boca, não contar not to utter a word em um abrir e fechar de olhos in the twinkling of an eye

abrótea *s.f.* ZOOLOGIA forkbeard

abrupto *adj.* 1 abrupt; sudden; interrupção abrupta sudden break 2 steep; sharp; inclinação abrupta steep inclination 3 curt; rude; palavras abruptas curt words

abscesso *s.m.* MEDICINA abscess

absenteísmo *s.m.* 1 (*trabalho*) absenteeism 2 (*escola*) school truancy

absentista *adj., s.2g.* absentee; absent

abside *s.f.* ARQUITETURA apse

absolutamente *adv.* 1 absolutely; é absolutamente verdade it is absolutely true 2 completely; utterly ◆ absolutamente! absolutely not! absolutamente nada nothing at all

absolutismo *s.m.* HISTÓRIA, POLÍTICA absolutism

absolutista *adj., s.2g.* HISTÓRIA, POLÍTICA absolutist

absoluto *adj.* 1 absolute; complete; não há verdades absolutas there is no absolute truth 2 unlimited; unconditional; dar apoio absoluto to give unconditional support ■ *s.m.* FILOSOFIA absolute

absolver *v.* 1 RELIGIÃO to absolve (de, *of*); Deus o absolverá de todos os pecados God will absolve him of all his sins 2 DIREITO (*réu*) to acquit 3 *figurado* to pardon

absolvição

absolvição *s.f.* 1 RELIGIÃO absolution; absolvição de pecados absolution of sins 2 DIREITO acquittal; absolvição inesperada unexpected acquittal 3 figurado pardon; forgiveness

absolvido *adj.* 1 RELIGIÃO absolved 2 DIREITO acquitted; not guilty; ele foi absolvido he was pronounced not guilty 3 figurado pardoned; forgiven

absorção *s.f.* 1 absorption; absorção de umidade humidity absorption 2 (*estado*) engrossment; concentration

absorto *adj.* engrossed; absorbed; lost in thought; absent-minded

absorvente *adj.2g.* 1 absorbent; tecido absorvente absorbent cloth 2 absorbing; engaging; engrossing; uma história absorvente an engrossing story ◆ absorvente íntimo/higiênico sanitary napkin, sanitary towel

absorver *v.* 1 to absorb; absorver calor to absorb heat 2 (*líquido*) to absorb, to soak up; absorver a água entornada to soak up the spilt water 3 to take in; to drink in; absorver as palavras de alguém to drink in someone's words 4 figurado to captivate; to engage; to engross

absorvido *adj.* 1 absorbed 2 (*pessoa*) absorbed; engrossed; absorvido pelo trabalho engrossed in one's work

abstêmio *s.m.* teetotaller; sober; temperate ■ *adj.* 1 (*ausência total de álcool*) teetotal 2 (*ausência moderada de álcool*) abstemious

abstenção *s.f.* abstention; o aumento da taxa de abstenção the rise of the abstention rate

abstencionismo *s.m.* POLÍTICA abstentionism

abstencionista *s.2g.* POLÍTICA abstainer, abstentionist

abster *v.* to keep (de, *from*); to prevent (de, *from/-*); to stop (de, *from/-*) abster-se *v.pr.* 1 to abstain; (*eleições*) to abstain from voting 2 to refrain (de, *from*)

abstinência *s.f.* abstinence; abstinência sexual sexual abstinence ◆ síndrome de abstinência withdrawal symptoms

abstração *s.f.* 1 (*processo, conceito, arte*) abstraction 2 (*estado*) engrossment; concentration

abstraído *adj.* 1 absent-minded 2 (*absorto*) absorbed; engrossed

abstrair *v.* 1 to abstract 2 (*pôr de parte*) to leave out abstrair-se *v.pr.* 1 to become lost in thought 2 to withdraw (de, *from*)

abstrato *adj.* abstract; arte abstrata abstract art ■ *s.m.* abstract; em abstrato in the abstract

absurdo *adj.* 1 absurd; preposterous; isso é absurdo! that is absurd! 2 incongruous; nonsensical ■ *s.m.* 1 absurd 2 absurdity; nonsense; chega de absurdos enough of absurdities ◆ Teatro do Absurdo Theatre of the Absurd

abundância *s.f.* abundance; plenty; wealth; abundância de alimentos abundance of food; dias de abundância time of plenty

abundante *adj.2g.* 1 abundant; plentiful; safra abundante abundant crop 2 (*chuva*) heavy

abundar *v.* 1 to abound (em, *in*); os erros abundaram mistakes abounded; a terra abundava em ouro the place abounded in gold 2 to be rich (em, *in*); abundar em beleza to be rich in beauty

abusado 1 *adj.* (*atrevido*) cheeky Grã-Bretanha; impudent; bold 2 sexually abused

abusar *v.* 1 to go too far; to overstep the mark; abusar da autoridade to exceed one's authority 2 to take unfair advantage (de, *of*) 3 (*sexualmente*) to abuse; abusar de alguém to abuse someone sexually 4 (*usar demais*) to use too much 5 (*forçar*) to misuse; abusar da máquina to misuse the machine 6 (*trabalho*) overwork, overdo

abusivo *adj.* abusive, wrongful; excessive, improper; uma conclusão abusiva an abusive conclusion

abuso *s.m.* 1 abuse; abuso de menores child abuse 2 mistreat 3 violation ◆ abuso de confiança breach of trust

abutre *s.m.* ZOOLOGIA vulture

a.C. (antes de Cristo) BC, Before Christ

acabado *adj.* 1 finished; complete; bem acabado well finished 2 (*perfeito*) accomplished; perfect 3 pejorativo old and worn-out; grey; aged; ele estava acabado he looked old and worn-out ◆ tudo estava acabado everything was over

acabamento *s.m.* 1 (*processo*) completion 2 finish; o quadro tinha um acabamento interessante the painting had an interesting finish 3 finishing touch

acabar *v.* 1 (*terminar, concluir*) to finish, to end; acabar um projeto to finish a project; (*pôr fim*) to put an end (com, *to*) 2 (*chegar ao fim*) to finish, to end, to be over, to come to an end; a aula acaba às 4 the class finishes/ends at 4; o festival acabou the festival is over 3 (*tempo*) to be up; o tempo acabou time is up 4 (*prazo*) to expire; o prazo acabou the deadline has expired 5 coloquial (*relação*) to break up (com, *with*) 6 (*esgotar-se*) to run out; o tempo está acabando we are running out of time 7 (*resultar em*) to end up acabar-se *v.pr.* 1 (*terminar, concluir*) to end; to be over; acabou-se o espetáculo the show has ended 2 (*esgotar-se*) to run out; acabar-se a mercadoria to run out of stock ◆ acabar bem to have a happy ending acabar de chegar to have just arrived acabar mal to come to a bad end acabar fazendo alguma coisa to do something after all acabou por ser tudo mentira everything turned out to be a lie estar acabando to be drawing to an end é um nunca acabar de there is no end to

acácia *s.f.* BOTÂNICA acacia, acacia tree

academia *s.f.* 1 academy; academia de artes academy of arts; academia de polícia police academy; academia militar military academy 2 gymnasium; gym

acadêmico *adj.* (*geral*) academic; ano acadêmico academic year; habilitações acadêmicas academic qualifications; pejorativo questão acadêmica academic question ■ *s.m.* 1 (*estudioso*) scholar 2 (*membro de uma Academia*) academician

açafrão *s.m.* BOTÂNICA, CULINÁRIA (*planta, árvore*) saffron

açaí *s.m.* BOTÂNICA (*fruto*) assai

acalentar *v.* 1 to rock to sleep; to lull to sleep 2 (*esperança, desejo*) to harbour; to cherish; acalentar a esperança de to cherish the hope that

acalmar v. 1 (*pessoa*) to calm (down) 2 (*dor, emoção*) to relieve 3 (*conflito, protesto*) to appease 4 (*vento, tempestade*) to abate 5 (*ruído*) to quiet down 6 (*sede, fome*) to satisfy acalmar-se v.pr. 1 (*pessoa*) to calm down 2 (*vento*) to abate; to ease off

acalorado adj. 1 hot 2 (*discussão*) heated; angry; uma discussão acalorada a heated discussion 3 (*pessoa*) excited, worked up

acalorar v. 1 to heat up, to warm up 2 to excite; to inflame acalorar-se v.pr. 1 to heat up 2 to get heated

acamar v. 1 to lay in layers, to arrange in layers 2 to fall ill, to be taken ill

açambarcamento s.m. monopoly; monopolizing

acampamento s.m. 1 (*ação*) camping 2 (*lugar*) camp; ir para um acampamento to go to camp; levantar o acampamento to break up camp

acampar v. to camp; ir acampar to go camping

acanhado adj. 1 (*estreito*) cramped, narrow 2 (*inibido*) shy; bashful

acanhamento s.m. 1 (*espaço*) narrowness 2 (*inibição*) shyness; bashfulness

acanhar v. 1 (*embaraçar*) to fluster; to embarrass 2 (*estreitar*) to narrow 3 (*espaço*) to clutter up 4 (*embaraçar*) to fluster; to embarrass acanhar-se v.pr. to be shy

ação s.f. 1 action; entrar em ação to go into action; filme de ação action movie 2 (*obra, ato*) act, deed; action; uma boa ação a good deed 3 DIREITO claim, lawsuit, suit 4 ECONOMIA share, stock ♦ ação de graças thanksgiving

acariciar v. 1 to caress, to fondle 2 (*animal*) to stroke

ácaro s.m. ZOOLOGIA acarus, mite

acarretar v. 1 to carry, to cart 2 (*problemas, dificuldades*) to cause, to entail, to bring about

acasalamento s.m. (*animais*) mating

acasalar v. (*animais*) to mate

acaso s.m. (*casualidade*) chance, accident; ao acaso at random; encontrar alguém por acaso to meet somebody by chance; por acaso by chance, by accident; por um feliz acaso by a lucky break, by a fluke

acastanhado adj. 1 (*cor*) brownish, nut-brown 2 (*cabelo*) auburn

acatar v. 1 to respect 2 (*leis, normas*) to obey, to observe; acatar a lei to obey the law; acatar as regras to observe the rules

acauã s.m. ZOOLOGIA laughing falcon

acautelar v. 1 (*avisar*) to warn; to caution 2 (*defender*) to safeguard; to secure acautelar-se v.pr. 1 to be cautious; to take precautions 2 to be on one's guard (contra, *against*); to watch out

acebolado adj. CULINÁRIA with onions

acefalia s.f. acephalia

acéfalo adj. 1 acephalous 2 figurado inane; mindless

aceitação s.f. 1 (*ato de aceitar*) acceptation 2 (*acolhimento*) acceptance; ter aceitação na sociedade to be socially accepted; ter boa aceitação to be well received; (*produto*) to sell

aceitar v. 1 to accept; to receive; aceitar propostas to accept proposals; aceitar uma oferta to accept an offer 2 (*concordar*) to agree to ♦ aceitar o desafio to take up the challenge

aceitável adj.2g. acceptable; admissible

aceleração s.f. 1 acceleration; speeding up 2 (*pressa*) haste

acelerado adj. 1 (*rápido*) accelerated, speedy; quick, fast; movimento acelerado accelerated motion, fast forward 2 (*apressado*) hasty

acelerador s.m. MECÂNICA accelerator; pisar no acelerador to step on the accelerator

acelerar v. 1 to accelerate; to speed up; to quicken; acelerar o passo to quicken one's pace; acelerar o processo to speed up the process 2 (*veículo*) to accelerate 3 (*apressar-se*) to hurry up

acelga s.f. BOTÂNICA Swiss chard

acelular adj. BIOLOGIA acellular

acém s.m. middle rib; chuck rib

acenar v. 1 (*com a mão*) to wave 2 (*com a cabeça*) to nod

acender v. 1 (*cigarro, vela, fogo*) to light; acender o fogo to light the fire; acender um fósforo to strike a match 2 (*aparelho, luz*) to turn on, to put on, to switch on; acender a luz to switch on the light; acender os faróis to switch on the headlights 3 figurado to ignite acender-se v.pr. (*aparelho, luz*) to come on; to go on; acendeu-se uma luz vermelha a red light came on

aceno s.m. 1 sign, gesture 2 (*com a mão*) wave 3 (*com a cabeça*) nod

acento s.m. 1 LINGUÍSTICA accent; acento agudo acute accent; acento circunflexo circumflex accent; acento grave grave accent 2 (*de intensidade*) stress 3 (*sotaque*) accent

acentuação s.f. 1 accentuation 2 LINGUÍSTICA stress 3 intensification; emphasis

acentuar v. 1 (*palavras*) to accentuate; to stress 2 (*salientar*) to emphasize, to stress acentuar-se v.pr. (*aumentar*) to become more pronounced; to become more marked; to intensify

acepção s.f. (*sentido*) meaning, sense; na acepção mais ampla da palavra in the broadest sense of the word; no sentido mais rigoroso da palavra in the strict sense of the word

acerca adv. acerca de about, concerning

acercar v. 1 to bring closer (a, *to*); to move closer (a, *to*); to draw up (a, *to*) 2 (*cercar*) to surround; to encircle; to enclose acercar-se v.pr. 1 to draw near (de, *-/to*); to come near (de, *-/to*); to approach (de, *-*) 2 (*rodear-se*) to surround oneself (de, *with*)

acerola s.f. BOTÂNICA acerola, Barbados cherry

aceroso adj. needle-shaped

acertado adj. 1 (*correto*) right, correct, judicious; a resposta acertada the right answer 2 figurado (*sensato*) sensible, wise; uma escolha acertada a wise choice

acertar v. 1 (*ao disparar*) to hit the target 2 (*teste, jogo*) to get it right; só acertei duas respostas no teste I only got two answers right in the test 3 (*encontrar*) to find (com, *-*); acertar o buraco da fechadura to find the keyhole 4 (*relógio*) to set right 5 (*combinar*) to arrange; acertar uma data to ar-

acerto

range a date 6 (*ganhar*) win; acertar a loteria to win the lottery ♦ acertar em cheio/na mosca to hit bull's eye acertar as contas *(finanças, vingança)* to settle accounts

acerto *s.m.* 1 (*ajuste*) adjustment 2 settlement; acerto de contas settlement of accounts 3 (*sensatez*) wisdom; feito com acerto rightly done

acervo *s.m.* 1 heap, pile, mass; um acervo de a lot of 2 DIREITO estate 3 (*museu*) contents, collection

aceso *adj.* 1 (*com chama*) lit, lighted 2 *(luz, gás)* on, switched on 3 figurado (*discussão*) heated

acessar *v.* INFORMÁTICA to access

acessibilidade *s.f.* accessibility acessibilidades *s.f.pl.* (*vias de acesso*) approaches

acessível *adj.2g.* 1 accessible 2 (*fácil*) simple; easy 3 (*pessoa*) approachable ♦ preços acessíveis low prices

acesso *s.m.* 1 access (a, to); de fácil acesso easy of access 2 (*via de entrada*) approach road; os acessos à cidade the approaches to the city 3 entry; acesso reservado no entry 4 (*fúria, raiva, cólera, tosse*) fit, attack

acessório *s.m.* 1 accessory; extra; fitting 2 (*moda*) accessory 3 (*encenação*) prop ■ *adj.* 1 accessory; additional 2 not essential

acetato *s.m.* QUÍMICA acetate

acético *adj.* acetic; sour; QUÍMICA ácido acético acetic acid

acetinado *adj.* satin; (*pele*) satin-smooth, silky; tecido acetinado satin cloth

acetinar *v.* to make as smooth as satin; to smooth

acetona *s.f.* 1 QUÍMICA acetone 2 (*unhas*) varnish remover

achado *adj.* found ■ *s.m.* 1 (*descoberta*) find, discovery; um verdadeiro achado a real find 2 (*pechincha*) bargain 3 (*sorte*) godsend ♦ não se dar por achado to turn a deaf ear to something

achaque *s.m.* ailment; complaint; cheio de achaques all aches and pains

achar *v.* 1 (*encontrar*) to find, to discover 2 (*pensar*) to think; acho que não I don't think so; acho que sim I think so; ele acha que é esperto he thinks he is clever 3 (*apreciação*) to like achar-se *v.pr.* 1 to find oneself 2 to consider oneself ♦ achar graça a to find (something/somebody) amusing

achatado *adj.* 1 flattened; flat; achatado nos polos flattened at the poles 2 (*nariz*) snub

achatar *v.* 1 (*espalmar*) to flatten; to flatten out 2 (*aplanar*) to level; to even out 3 (*esborrachar*) to squash 4 figurado (*rebaixar*) to humble; to humiliate; to belittle 5 figurado (*derrotar*) to beat; to defeat

achocolatado *adj.* (*sabor*) chocolate-flavoured; (*cor*) chocolate-coloured; leite achocolatado chocolate milk ■ *s.m.* sugar and powered chocolate

acicatar *v.* 1 to prod 2 figurado to spur; to goad; to stimulate

acidentado *s.m.* injured person ■ *adj.* 1 (*terreno*) rugged, uneven, rough; bumpy 2 figurado (*viagem, vida*) eventful

acidental *adj.2g.* 1 accidental; morte acidental accidental death 2 casual

acidentalmente *adv.* 1 accidentally 2 casually, by chance

acidente *s.m.* 1 accident; crash; acidente aéreo plane crash; acidente de automóvel car crash; ter um acidente to have an accident 2 (*acaso*) chance; accident

acidez *s.f.* 1 QUÍMICA acidity; MEDICINA acidez no estômago gastric acidity 2 (*sabor*) sourness; sharpness 3 figurado bitterness; sarcasm

ácido *s.m.* QUÍMICA acid ■ *adj.* 1 acid; chuva ácida acid rain 2 (*sabor*) sour; sharp

acima *adv.* 1 above; acima de above; (*além de*) beyond; (*quantidade*) more than; acima de tudo above all; acima mencionado above mentioned; acima de qualquer suspeita above all suspicion 2 (*para cima*) up; mais acima higher up; pela rua acima up the street; rio acima upriver

acinte *s.m.* provocation

acinzentado *adj.* (*cor*) greyish

acinzentar *v.* to paint grey; to make grey

acionado *adj.* triggered, activated

acionamento *s.m.* activation; starting

acionar *v.* 1 to activate 2 (*processo*) to put/set in motion; to trigger 3 DIREITO to sue

acionista *s.2g.* ECONOMIA shareholder, stockholder

acirrar *v.* to incite; to spur on

aclamação *s.f.* 1 acclamation; por aclamação by acclamation 2 acclaim; applause

aclamar *v.* 1 to acclaim 2 (*aplaudir*) to applaud

aclarar *v.* to lighten, to brighten

aclimatação *s.f.* acclimatization Grã-Bretanha; acclimation EUA

aclive *s.m.* acclivity; ascent ■ *adj.2g.* acclivitous; abrupt; steep

acne *s.f.* MEDICINA acne

aço *s.m.* steel; aço inoxidável stainless steel ♦ nervos de aço nerves of steel

acobardar *v.* to frighten

acobreado *adj., s.m.* (*cor*) copper; cabelo acobreado copper hair

açoitar *v.* to scourge; to flog

açoite *s.m.* 1 (*palmada*) slap, smack 2 (*chicote*) scourge

acolá *adv.* there, over there

acolchoado *adj.* (*casaco, almofada*) quilted, padded ■ *s.m.* quilt

acolchoamento *s.m.* quilting, padding, wadding

acolchoar *v.* to quilt; (*forrar*) to pad; (*estofar*) to upholster

acolhedor *adj.* 1 cosy; comfortable 2 welcoming; hospitable

acolher *v.* 1 (*convidado, ideia, notícia*) to welcome 2 (*dar abrigo*) to shelter; (*refugiado, órfão*) to take in 3 (*aceitar*) to accept

acolhida *s.f.* welcome

acolhimento *s.m.* (*recepção*) reception, welcome; acolhimento cordial a warm welcome; ter bom acolhimento to be well received

acometer *v.* 1 (*atacar*) to attack; to assail; to pitch into 2 (*doença, problema*) to afflict; (*sentimento*) to come over, to seize, to assail; a tristeza a acometeu sadness came over her 3 to pounce (sobre/

contra, on); to lunge (sobre/contra, at); to charge (sobre/contra, at/towards); acometeu sobre o pai he charged at his father

acomodação s.f. accomodation; adaptation acomodações (alojamento) s.f.pl. accomodations

acomodar v. 1 (alojar) to accommodate, to lodge 2 (tornar cômodo) to make comfortable acomodar-se v.pr. 1 to make oneself comfortable 2 (instalar-se) to settle down 3 (adaptar-se) to adapt, to adjust (a, to)

acompanhado adj. 1 accompanied; bem/mal acompanhado in good/bad company 2 (orientado) oriented; guided 3 (comida, bebida) garnished (com, with); served (com, with); bife acompanhado de batatas fritas steak garnished with chips ♦ antes só do que mal acompanhado better to be seen alone than in bad company

acompanhamento s.m. 1 supervision; acompanhamento médico medical supervision 2 (auxílio) attendance 3 MÚSICA accompaniment 4 CULINÁRIA (guarnição) garnish; side dish

acompanhante s.2g. 1 escort 2 MÚSICA accompanist ■ adj.2g. escorting; accompanying

acompanhar v. 1 to accompany, to go with 2 (fazer companhia a) to keep (somebody) company 3 to follow; to keep up with; acompanhar de perto to follow closely 4 MÚSICA to accompany (a, on) 5 (comida, bebida) to serve with (com, with)

aconchegado adj. cosy; snug; comfortable

aconchegante adj.2g. cosy; comfortable, comfy col.; snug

aconchegar v. (na cama) to tuck in aconchegar-se v.pr. to snuggle down; to curl up

aconchego s.m. 1 (conforto) comfort; cosiness; snugness 2 (amparo) protection; shelter

acondicionado adj. packaged

acondicionamento s.m. 1 (arrumação) accommodation, arrangement 2 (objetos, mercadorias) packaging

acondicionar v. 1 to accommodate, to arrange 2 (empacotar objetos, mercadorias) to package

aconselhado adj. 1 wise, prudent, judicious, sensible; bem aconselhado well-advised; mal aconselhado ill-advised 2 recommended; advised

aconselhar v. to advise, to give (somebody) advice; to counsel aconselhar-se v.pr. to seek advice (com, with); to consult (com, with)

aconselhável adj.2g. advisable; pouco aconselhável unwise

acontecer v. to happen, to occur; to take place; aconteça o que acontecer come what may, no matter what; acontece que it so happens that; coisas que acontecem todos os dias everyday occurrences

acontecimento s.m. event, happening, occurrence; acontecimento esportivo sports event; foi um grande acontecimento it was quite an event; série de acontecimentos series of events; um ano cheio de acontecimentos an eventful year

acoplamento s.m. 1 coupling; linking; fitting together 2 ELETRICIDADE connection

acoplar v. 1 to couple; to link; to join; to connect; to fit together; acoplar um sistema ao outro to connect one system to the other 2 ELETRICIDADE to group; to connect

açor s.m. ZOOLOGIA goshawk

acordado adj. 1 (desperto) awake; estar bem acordado to be wide awake 2 (acordo, contrato) agreed; fixed; settled

acordar v. 1 to wake (up); to awake, to awaken; acorda! wake up!; não acordar na hora certa to oversleep 2 (concordar) to agree (em, on); acordaram em vender a casa they agreed on selling the house 3 (conciliar) to conciliate

acorde s.m. MÚSICA chord

acordeom s.m. MÚSICA accordion

acordeonista s.2g. MÚSICA accordion player

acordo s.m. agreement, accord; acordo escrito written agreement; acordo oral verbal agreement; chegar a acordo to come to terms, to reach an agreement; de acordo! all right!, agreed!; (lei, norma) de acordo com in agreement with, in accordance with; de comum acordo by common consent; estar de acordo com to agree with

acorrentar v. 1 to chain, to fetter 2 figurado (prender) to tie down

acostamento s.m. 1 (atracação) boarding; mooring 2 (estrada) shoulder EUA, hard shoulder Grã-Bretanha

acostumado adj. accustomed; used; estou acostumado a isso I am used to that

acostumar v. to accustom (a, to); to get (someone) used (a, to) acostumar-se v.pr. to accustom oneself (a, to); to get used (a, to); to get accustomed (a, to)

acotovelar v. to nudge; to jostle acotovelar-se v.pr. to jostle; as pessoas se acotovelavam no ônibus people jostled in the bus

açougue s.m. 1 butcher's; butcher's shop 2 (matadouro) slaughterhouse

acovardar v. to frighten acovardar-se v.pr. to lose courage; to chicken out col.

acre adj.2g. 1 (amargo) acrid, bitter 2 figurado (violento) severe, harsh 3 figurado (mordaz) biting ■ s.m. (medida) acre

acreditação s.f. accreditation

acreditado adj. 1 recognized; qualified 2 (diplomata) accredited

acreditar v. 1 to believe (em, in); acreditar em Deus to believe in God 2 (comércio) to credit, to give credit to 3 (afiançar) to guarantee 4 (reconhecer) to accredit 5 (credenciar alguém) to accredit someone

acrescentar v. 1 to add (a, to); acrescentar água a to add water to 2 (aumentar) to increase

acrescer v. to increase

acréscimo s.m. 1 addition 2 (aumento) increase; acréscimo de peso increase in weight 3 (subida) rise; acréscimo da temperatura rise in temperature

acrílico adj. acrylic; banheira de acrílico acrylic bath ■ adj. QUÍMICA acrylic; fibras acrílicas acrylic fibres; tinta acrílica acrylic paint

acrimônia s.f. acrimony; bitterness; harshness

acrobacia s.f. 1 acrobatics; fazer acrobacias to perform/do acrobatics 2 stunt; acrobacias aéreas stunt flying 3 figurado manoeuvre

acrobata

acrobata *s.2g.* acrobat
acrobático *adj.* acrobatic
acromático *adj.* achromatic
acrônimo *s.m.* acronym
acrópole *s.f.* acropolis
acróstico *s.m.* LITERATURA acrostic
actínia *s.f.* ZOOLOGIA actinian
actínio *s.m.* QUÍMICA (*elemento químico*) actinium
açúcar *s.m.* sugar; powdered sugar EUA; açúcar mascavo raw sugar, brown sugar; açúcar refinado refined sugar; CULINÁRIA polvilhar com açúcar to sprinkle sugar on; sem açúcar unsweetened, no sugar added
açucarado *adj.* 1 sugary, sweet 2 figurado sweet, mellifluous; uma voz açucarada a mellifluous voice
açucarar *v.* to sweeten, to sugar
açucareiro *s.m.* sugar bowl
açucena *s.f.* BOTÂNICA white lily
açude *s.m.* dam; (*comporta*) sluice
acudir *v.* 1 to come to the rescue (a, *of*) 2 to answer (a, –); acudir ao chamado to answer a call ♦ acudam! help!
acuidade *s.f.* 1 (*agudeza*) sharpness, pointedness 2 figurado (*perspicácia*) acuity, shrewdness
aculturação *s.f.* acculturation
acumulação *s.f.* 1 accumulation, amassing; acumulação de riqueza accumulation of wealth 2 (*dados*) storage 3 heap, pile, stack
acumulado *adj.* 1 (*dinheiro*) accumulated; accrued 2 (*objetos*) piled up 3 (*sentimentos, trânsito*) accumulated; built-up
acumulador *s.m.* FÍSICA accumulator
acumular *v.* 1 (*amontoar*) to pile (up), to heap (up) 2 (*guardar*) to store (up) 3 (*dinheiro*) to amass 4 (*reunir*) to accumulate, to amass 5 (*experiência*) gain 6 (*juros, dívidas*) to accumulate, to build up acumular-se *v.pr.* 1 (*amontoar-se*) to pile up
acumulativo *adj.* accumulative, cumulative
acúmulo *s.m.* 1 accumulation, amassing 2 (*dados*) storage 3 heap, pile, stack
acupuntura *s.f.* acupuncture
acupunturista *s.2g.* acupuncturist
acurado *adj.* accurate
acusação *s.f.* 1 accusation 2 DIREITO charge; estar sob acusação de to have been charged with; retirar a acusação to drop the charges 3 POLÍTICA, DIREITO (*cargo público*) impeachment EUA 4 DIREITO indictment EUA 5 (*representação*) prosecution; advogado de acusação prosecutor
acusado *adj.* accused (de, *of*); ser acusado de to be charged with, to face the charge of ■ *s.m.* DIREITO accused, defendant
acusador *s.m.* DIREITO accuser, plaintiff, prosecutor
acusar *v.* 1 to accuse (de, *of*); (*culpar*) to blame (de, *for*) 2 DIREITO to accuse, to indict, to charge with 3 POLÍTICA, DIREITO (*cargo público*) to impeach EUA 4 (*recepção*) to acknowledge; acusamos o recebimento da sua mensagem we acknowledge receipt of your message
acústica *s.f.* acoustics
acústico *adj.* acoustic

adaga *s.f.* dagger
adágio *s.m.* 1 (*provérbio*) saying 2 MÚSICA adagio
adaptação *s.f.* 1 adaptation 2 (*modificação*) adjustment
adaptador *s.m.* ELETRICIDADE adaptor
adaptar *v.* 1 to adapt 2 to adjust 3 to adapt (para, *for*); o livro foi adaptado para cinema the book was adapted for a film adaptar-se *v.pr.* to adjust; to adapt oneself (a, *to*), to get used (a, *to*); adaptei-me muito bem a esta cidade I have adapted myself very well to this town
adaptável *adj.2g.* adaptable; adjustable
adega *s.f.* wine cellar
adelgaçar *v.* 1 to slim down 2 (*emagrecer*) to lose weight; to slim
ademais *adv.* furthermore, besides
adenda *s.f. ou* **adendo** *s.m.* (*apêndice*) addendum
adentro *adv.* in, inside, indoors; ele correu portas adentro he rushed in
adepto *s.m.* 1 POLÍTICA partisan, follower 2 fan
adequado *adj.* 1 adequate 2 appropriate (a, *to, for*), suitable (a, *for*); adequado às necessidades suitable for the needs 3 (*preço*) reasonable, fair
adequar *v.* to adapt (a, *to*), to adjust (a, *to*); adequar às necessidades to adjust to the needs
aderecista *s.2g.* 1 decorator; ornamentalist 2 TEATRO propman, propwoman
adereço *s.m.* 1 item of decoration 2 (*moda*) accessory adereços *s.m.pl.* (*encenação*) props, stage properties
aderência *s.f.* 1 (*material*) adhesion 2 (*veículo de rodas*) road-holding
aderente *adj.2g.* adhesive, sticking ■ *s.2g.* follower, adherent, supporter
aderir *v.* 1 to adhere (a, *to*), to stick (a, *to*); a cola não adere à parede the glue doesn't stick to the wall 2 (*partido, causa*) to join (a, –) 3 (*moda*) to follow (a, –)
adesão *s.f.* 1 adhesion (a, *to*) 2 (*organização*) accession; adesão à União Europeia accession to the European Union 3 (*apoio*) support; backing
adesivo *adj.* sticky, adhesive ■ *s.m.* 1 adhesive; fita adesiva adhesive tape 2 sticker
adestrado *adj.* (*animais*) trained
adestrador *s.m.* (*animais*) trainer
adestramento *s.m.* (*animais*) training; taming
adestrar *v.* (*animais*) to tame, to train, to break in
adeus *s.m.2n.* goodbye; dizer adeus to say goodbye ■ *interj.* goodbye!, bye-bye!; coloquial cheerio! Grã-Bretanha ♦ coloquial (*perder*) dizer adeus a alguma coisa to kiss something goodbye
adiado *adj.* postponed; delayed; put off; ser adiado para to be postponed until; a festa foi adiada the party has been put off
adiamento *s.m.* 1 (*protelação*) postponement 2 DIREITO adjournment 3 (*prorrogação*) extension, deferral
adiantadamente *adv.* in advance, beforehand
adiantado *adj.* 1 advanced; estar adiantado nos estudos to be advanced in one's studies 2 (*relógio*) fast 3 (*tempo*) early; chegar adiantado to arrive early 4 (*pagamento*) in advance 5 (*jogador*)

offside; (*goleiro*) outside the goal mouth, out of goal ♦ devido ao adiantado da hora due to the lateness of the hour

adiantamento *s.m.* 1 (*progresso*) advance 2 (*dinheiro*) advance payment

adiantar *v.* 1 (*fazer avançar*) to move forward 2 (*relógio*) to put forward 3 (*dinheiro*) to advance, to pay beforehand 4 (*emprestar*) to lend 5 (*documentação*) to bring forward 6 (*valer a pena*) to make a difference; to do good; não adianta insistir it's no use insisting; o que é que adianta? what's the use?; gritar não adianta nada shouting won't get you anywhere adiantar-se *v.pr.* 1 (*avançar*) to make headway 2 to get ahead (a, *of*); adiantar-se a alguém to get ahead of somebody

adiante *adv.* 1 (*lugar*) forward; further; mais adiante further on 2 (*tempo*) later; mais adiante later on ■ *interj.* onward!

adiar *v.* 1 to delay, to postpone, to put off; a festa foi adiada the party has been put off 2 (*reunião*) to adjourn 3 (*sem data concreta*) to shelve; eles decidiram adiar a questão they decided to shelve the question

adiável *adj.2g.* delayable

adição *s.f.* 1 MATEMÁTICA addition; sum; sinal de adição plus sign 2 (*acrescento*) addition (a, *to*; de, *of*); com a adição de with the addition of ● É diferente de **adicção**, ou "vício", que se traduz por *addiction* na língua inglesa.

adicionado *adj.* added

adicional *adj.2g.* additional, extra, added, supplementary

adicionar *v.* 1 (*acrescentar*) to add 2 MATEMÁTICA to add up, to sum up

adipose *s.f.* MEDICINA adiposis; lipomatosis

adiposidade *s.f.* 1 adiposity 2 fat

adiposo *adj.* adipose; tecido adiposo adipose tissue

aditamento *s.m.* 1 added piece; addition 2 (*suplemento*) supplement 3 DIREITO (*Parlamento*) amendment

aditivo *s.m.* additive

adivinha *s.f.* riddle

adivinhação *s.f.* 1 (*ato de adivinhar*) guessing 2 (*vidência*) prediction, divination

adivinhar *v.* 1 to guess; como é que você adivinhou? how did you guess? 2 (*prever*) to foretell, to foresee, to predict; adivinhar o futuro to foresee the future ♦ coloquial adivinhei! a little bird told me!

adjacência *s.f.* (*proximidade*) contiguity, nearness

adjacente *adj.2g.* adjacent, adjoining, contiguous

adjetivação *s.f.* LINGUÍSTICA adjectival use

adjetival *adj.2g.* LINGUÍSTICA adjectival

adjetivar *v.* 1 LINGUÍSTICA to use as an adjective 2 to qualify

adjetivo *s.m.* 1 LINGUÍSTICA adjective 2 extra ■ *adj.* LINGUÍSTICA adjectival

adjudicação *s.f.* DIREITO adjudication

adjudicar *v.* DIREITO to award (a, *to*)

adjunção *s.f.* 1 adjunction 2 (*acrescento*) addition

adjunto *s.m.* 1 assistant 2 LINGUÍSTICA adjunct ■ *adj.* 1 assistant; ESPORTE técnico adjunto assistant coach 2 (*unido*) adjunct, adjoining

admitir

adjuvante *adj., s.2g.* 1 auxiliary, assistant 2 LITERATURA adjuvant

administração *s.f.* 1 (*direção*) administration 2 (*gestão*) management; administração de empresas business management 3 (*conjunto de administradores*) board; management; conselho de administração board of directors 4 MEDICINA administration; administração de medicamentos administration of medicine 5 RELIGIÃO administration; administração dos sacramentos administration of the sacraments

administrador *s.m.* 1 administrator, managing director, manager; administrador de empresa business administrator 2 DIREITO (*depositário*) trustee

administrar *v.* 1 (*gerir*) to administer 2 (*empresa*) to manage, to run 3 MEDICINA (*medicamento*) to administer 4 RELIGIÃO (*sacramentos*) to administer

administrativo *adj.* administrative; tarefas administrativas administrative duties

admiração *s.f.* 1 (*respeito*) admiration (por, *for*), consideration (por, *for*) 2 (*espanto*) surprise, amazement, astonishment; para minha admiração, ele veio aqui to my astonishment he came here 3 (*contemplação*) contemplation

admirado *adj.* 1 (*estimado*) admired (por, *by*), respected (por, *by*); ele era admirado por todo mundo he was admired by everyone 2 (*surpreendido*) surprised (com, *at*), amazed (com, *at, by*), astonished (com, *at, by*); fiquei admirado com o resultado I was surprised at the result

admirador *s.m.* admirer; admirador secreto secret admirer ■ *adj.* admiring

admirar *v.* 1 to look up to; to admire (por, *for*); eu o admiro pelo trabalho dele I admire him for his work 2 (*contemplar*) to admire; 3 (*causar espanto*) to surprise; não é de se admirar que seja tão caro it's no wonder that it is so expensive admirar-se *v.pr.* (*ficar surpreendido*) to be amazed (com, *at*), to be astonished (com, *at, by*), to be surprised (com, *at, by*)

admirável *adj.2g.* 1 (*digno de admiração*) admirable, remarkable 2 (*ótimo*) wonderful, excellent

admissão *s.f.* 1 (*aceitação*) admission 2 (*prova*) admission; exames de admissão admission tests 3 (*entrada*) admission; a admissão é grátis admission is free 4 (*direito de entrada*) admittance 5 (*de pessoal*) recruitment 6 técnico inlet

admissível *adj.2g.* 1 (*permitido*) admissible 2 (*aceitável*) acceptable

admitido *adj.* admitted, accepted

admitir *v.* 1 to admit, to acknowledge, to accept, to concede, to grant; admitir a derrota to admit defeat, to concede defeat; admitamos que let's suppose that; admite! admit it!; admito que você tem razão I admit that you are right 2 (*entrada*) to admit, to allow in 3 (*contratar*) to take on 4 (*consentir*) to allow, to tolerate; coloquial não admito que você vá sozinho I won't have you going alone ♦ admitamos que... let's suppose that... é de admitir que tenham sido eles admittedly it was them

admoestação

admoestação s.f. 1 (*advertência*) admonition, warning 2 (*repreensão*) reprimand, rebuke 3 (*futebol*) booking; caution
adoçado adj. sweetened
adoçante s.m. sweetener ■ adj.2g. 1 sweetening 2 figurado soothing
adoção s.f. 1 (*como filho*) adoption 2 DIREITO (*aplicação*) application 3 DIREITO, POLÍTICA (*aprovação*) adoption; passing
adoçar v. 1 (*chá, café*) to sweeten, to add sugar to 2 figurado (*atenuar*) to sweeten, to smooth
adocicado adj. 1 sweetish, sweet 2 figurado mellifluous
adocicar v. to sweeten
adoecer v. to fall ill (de, *with*), to be taken ill (de, *with*); ela adoeceu de gripe she fell ill with the flu
adoentado adj. ill, unwell, off-colour, out of sorts; sentir-se adoentado to feel ill
adoentar v. to sicken, to make sick
adolescência s.f. adolescence; teenage years
adolescente s.2g. adolescent, teenager ■ adj.2g. adolescent, teenage
adoração s.f. adoration; worship
adorado adj. adored, loved, beloved
adorar v. 1 RELIGIÃO to adore, to worship 2 (*gostar muito de*) to love; adorei este livro! I loved this book!
adorável adj.2g. adorable
adormecer v. 1 (*fazer dormir*) to put to sleep 2 (*causar sono*) to make sleepy, to make drowsy 3 to fall asleep, to doze off, to nod off; adormeci em frente à TV I fell asleep in front of the TV screen 4 (*para além da hora devida*) to oversleep 5 (*braço, mão, pé*) to go numb
adormecido adj. 1 asleep, sleeping; estar profundamente adormecido to be fast asleep, to be sound asleep 2 figurado (*dormente*) numb; o braço estava adormecido the arm went numb 3 figurado (*estagnado*) dormant ♦ A Bela Adormecida The Sleeping Beauty
adornar v. 1 *formal* to adorn, to decorate; a sala estava adornada com flores the room was adorned with flowers 2 CULINÁRIA to garnish
adorno s.m. *formal* ornament
adotado adj. adopted
adotar v. 1 (*perfilhar*) to adopt 2 (*método*) to adopt, to follow, to embrace 3 (*medida*) to take 4 (*livro*) to choose, to select 5 DIREITO, POLÍTICA to adopt, to implement; (*lei*) to pass
adotivo adj. 1 (*perfilhado*) adopted; um filho adotivo an adopted son 2 (*que perfilha*) adoptive; pais adotivos adoptive parents, foster parents 3 (*escolhido*) adopted, chosen ♦ país adotivo country of adoption
adquirir v. 1 (*comprar*) to acquire, to buy, to purchase; adquirir por leasing to lease 2 (*obter*) to acquire, to get, to obtain; adquirir fama to gain a reputation; adquirir um direito to acquire a right
adrenalina s.f. adrenalin; estar com a adrenalina subindo to get the adrenalin going, to get the adrenalin flowing
adriático adj. Adriatic
Adriático s.m. the Adriatic; the Adriatic Sea

adstringência s.f. astringency
adstringente adj.2g. astringent
adstringir v. 1 MEDICINA to astringe 2 (*contrair*) to astringe; to constrict; to compress; to tighten 3 (*obrigar*) to compel; to force; to oblige
adstrito adj. 1 (*contraído*) astringed, joined together, contracted 2 (*sujeito*) dependent
aduana s.f. (*alfândega*) customs
aduaneiro adj. customs; direitos aduaneiros customs duty; pauta aduaneira customs tariff
adubação s.f. fertilization
adubar v. AGRICULTURA to manure; to fertilize
adubo s.m. 1 AGRICULTURA (*sintético*) fertilizer; adubo químico chemical fertilizer 2 AGRICULTURA (*orgânico*) compost
adulação s.f. adulation, flattery
adulador s.m. flatterer ■ adj. flattering
adular v. to flatter, to adulate
adulteração s.f. adulteration
adulterar v. 1 to adulterate 2 to commit adultery
adultério s.m. adultery; cometer adultério to commit adultery
adúltero s.m. adulterer (s.2g.), adulteress (s.f.) ■ adj. adulterous
adulto s.m. adult, grown-up ■ adj. grown-up, adult; ele já é adulto he is already grown-up
adutora s.f. water main
adventista adj. adventist
advento s.m. advent, coming, arrival
Advento s.m. RELIGIÃO Advent
adverbial adj.2g. LINGUÍSTICA adverbial
advérbio s.m. LINGUÍSTICA adverb
adversário s.m. 1 ESPORTE adversary, opponent 2 (*inimigo*) enemy, rival ■ adj. 1 opposing 2 hostile; terreno adversário hostile territory
adversativo adj. 1 opposite, contrasting 2 LINGUÍSTICA adversative
adversidade s.f. 1 (*infortúnio*) adversity, misfortune 2 (*contrariedade*) setback
adverso adj. 1 adverse, unfavourable; condições adversas adverse conditions 2 opposed (a, *to*); ser adverso a alguma coisa to be opposed to something
advertência s.f. 1 (*aviso*) warning; fazer uma advertência to give a warning 2 (*admoestação*) reprimand; talking-to
advertido adj. (*avisado*) warned 2 (*repreendido*) reprimanded; admonished 3 (*prudente*) prudent; cautious; careful; attentive
advertir v. 1 (*avisar*) to warn (de, *of*); to advise (contra, *against*) 2 (*repreender*) to reprimand
advir v. 1 (*ocorrer*) to happen, to occur, to take place; (*algo desagradável*) to strike; quando o desastre adveio when disaster struck 2 (*resultar*) to result (de, *from*); to come (de, *from*); esta doença adveio de problemas profissionais this illness resulted from professional problems 3 (*seguir-se*) to follow; to ensue
advocacia s.f. (the) legal profession; exercer a advocacia to practise law
advogado s.m. 1 (*na Grã-Bretanha*) lawyer; (*tribunal*) barrister; (*solicitador*) solicitor; advogado de acusação prosecutor; advogado de defesa defence

lawyer 2 (*nos EUA*) counsellor; (*tribunal*) attorney, counsel; advogado de acusação district attorney, prosecuting attorney, counsel for the prosecution; advogado de defesa counsel for the defence; (*procurador geral*) solicitor general 3 (*na Escócia*) advocate ♦ ser advogado do diabo to play/be the devil's advocate

advogar *v.* 1 to work as a lawyer 2 (*defender*) to advocate; to support; to argue for 3 DIREITO to plead for, to defend

aéreo *adj.* 1 (*do ar*) air, aerial; ataque aéreo air raid, aerial attack; Força Aérea air force; por correio aéreo via airmail 2 figurado, coloquial (*distraído*) scatterbrained; inattentive; estar aéreo to be in the clouds, to be lost in thought

aeróbata *s.2g.* air acrobat
aeróbica *s.f.* ESPORTE aerobics
aeróbio *adj.* BIOLOGIA aerobic
aeroclube *s.m.* aero club; flying club
aerodinâmica *s.f.* aerodynamics
aerodinâmico *adj.* aerodynamic; carro aerodinâmico aerodynamic car
aeródromo *s.m.* aerodrome; airfield EUA
aeroespacial *adj.2g.* aerospace; indústria aeroespacial aerospace industry; engenharia aeroespacial aerospace engineering
aeromoça *s.f.* air hostess, stewardess
aeromodelismo *s.m.* model aircraft making
aeromodelista *s.2g.* model aircraft enthusiast
aeromodelo *s.m.* model aircraft
aeromotor *s.m.* wind engine
aeronauta *s.2g.* aeronaut, (aircraft) pilot
aeronáutica *s.f.* 1 (*ciência*) aeronautics 2 (*Forças Armadas*) air force
aeronáutico *adj.* aeronautical, aeronautic
aeronaval *adj.2g.* air-sea
aeronave *s.f.* aircraft; aeronave espacial spaceship
aeroplano *s.m.* aeroplane Grã-Bretanha; airplane EUA
aeroporto *s.m.* airport
aerossol *s.m.* aerosol; spray
aerostática *s.f.* aerostatics
aerostático *adj.* aerostatic
aeróstato *s.m.* hot-air balloon
aerovia *s.f.* airlane
afã *s.m.* 1 keenness, eagerness; com afã eagerly 2 effort ♦ no afã de with the objective of
afabilidade *s.f.* 1 affability, pleasantness 2 politeness
afagar *v.* (*acariciar*) to stroke, to caress, to fondle ♦ afagar o ego de to flatter
afago *s.m.* caress
afamado *adj.* renowned, famous, celebrated
afamar *v.* to make famous; to earn (somebody) fame afamar-se *v.pr.* to become famous; to earn a reputation
afastado *adj.* 1 distant (de, *from*), far (away) (de, *from*); a casa é afastada do centro the house is far away from the centre 2 (*retirado*) remote, secluded, far off 3 (*parente*) distant
afastamento *s.m.* 1 (*distância*) distance 2 (*separação*) parting
afastar *v.* 1 (*distanciar*) to drive away, to take away 2 (*apartar*) to separate 3 (*obstáculo*) to ward off, to put aside, to remove 4 (*pôr de parte*) to dismiss, to lay off afastar-se *v.pr.* 1 (*distanciar-se*) to drift apart, to become estranged (de, *from*); gradualmente nos afastamos um do outro we gradually drifted apart from each other 2 (*desinteressar-se*) to turn away 3 (*ausentar-se*) to go away 4 (*cargo*) to step down

afável *adj.2g.* affable, kind, pleasant; polite
afazeres *s.m.pl.* (*ocupações*) duties, affairs; afazeres domésticos household chores, household tasks; ter muitos afazeres to have a lot to do
afecção *s.f.* MEDICINA (*doença*) ailment, disease
Afeganistão *s.m.* Afghanistan
afegão *adj., s.m.* Afghan
afeição *s.f.* affection, fondness; ela tem uma grande afeição por você she cares deeply about you
afeiçoado *adj.* 1 attached (a, *to*) 2 (*moldado*) moulded, shaped
afeiçoar *v.* 1 (*afeição*) to win somebody's affection 2 (*dar forma a*) to shape, to mould afeiçoar-se *v.pr.* to grow fond (a, *of*); to grow attached (a, *to*)
afélio *s.m.* ASTRONOMIA aphelion
afeminado *adj.* effeminate
aferido *adj.* 1 (*avaliado*) assessed; evaluated 2 (*peso, medida*) calibrated; gauged 3 (*comparado*) compared
aferir *v.* 1 (*medir*) to calibrate, to gauge 2 (*comparar*) to compare 3 (*verificar*) to check 4 (*avaliar*) to assess
aferrar *v.* 1 to hold on to; to grasp; to grip 2 to anchor aferrar-se *v.pr.* to hold on (a, *to*); to hang on (a, *to*); to cling (a, *to*); to clutch (a, -/at); figurado aferrar-se à vida to hang on to life
aferrolhar *v.* 1 (*porta*) to bolt, to lock 2 (*dinheiro, bens preciosos*) to lock away 3 (*prender*) to lock up
afetação *s.f.* (*vaidade*) affectation, presumption
afetado *adj.* affected, snobbish, pretentious; modos afetados affected manners
afetar *v.* 1 (*prejudicar, influenciar*) to affect; afetar negativamente to have an adverse effect on 2 (*fingir*) to pretend, to feign 3 (*destinar a*) to allot, to distribute (a, *to*)
afetividade *s.f.* affectivity
afetivo *adj.* 1 affective; emotional; vida afetiva emotional life 2 loving, tender; ser afetivo to show affection
afeto *s.m.* affection, fondness, tenderness ■ *adj.* attached (a, *to*)
afetuoso *adj.* affectionate, tender, loving, warm; recepção afetuosa warm welcome
afiado *adj.* 1 (*lápis*) sharpened 2 (*lâmina*) sharp 3 (*fino*) sharp-edged 4 well-trained 5 figurado (*penetrante*) keen, quick, sharp
afiador *s.m.* (*de objeto cortante*) hone; whetstone
afiançar *v.* 1 (*garantir*) to guarantee, to assure, to warrant 2 DIREITO (*ficar por fiador*) to bail out, to stand surety for somebody, to vouch for somebody, to put up/stand bail for somebody
afiar *v.* 1 (*lápis*) to sharpen 2 (*lâmina*) to whet, to grind
aficionado *s.m.* enthusiast, buff, fan
afilado *adj.* 1 thin, slender 2 (*nariz*) pointed

afilhado

afilhado *s.m.* 1 (*batismo*) godson (*m.*), goddaughter (*f.*) 2 figurado protégé (*m.*), protégée (*f.*)
afiliar *v.* to affiliate afiliar-se *v.pr.* (*partido, grupo*) to join (em, –); to affiliate (em, *to*)
afim *adj.* 1 similar, related; são assuntos afins they are related subjects 2 kindred; common
afinação *s.f.* 1 tuning up 2 harmony 3 (*aperfeiçoamento*) fine-tuning; polishing; refining
afinador *s.m.* tuner; afinador de pianos piano tuner
afinal *adv.* 1 after all 2 in the end ♦ afinal de contas after all
afinar *v.* 1 to refine 2 MÚSICA (*instrumento*) to tune 3 to fine-tune; to polish; to refine
afinco *s.m.* tenacity; trabalhar com afinco to work doggedly
afinidade *s.f.* 1 affinity (entre, *between*; com, *with*; por, *for*); existe uma grande afinidade entre eles there's a great affinity between them 2 QUÍMICA chemical affinity
afirmação *s.f.* 1 affirmation; statement, assertion; afirmação geral sweeping assertion 2 figurado strengthening
afirmar *v.* 1 to affirm, to assert; to maintain; to declare 2 to strengthen; to reinforce afirmar-se *v.pr.* 1 to assert oneself 2 to be confirmed 3 to be recognized ♦ afirmar sob juramento to confirm by oath
afirmativa *s.f.* affirmative answer
afirmativo *adj.* affirmative ♦ em caso afirmativo if the answer is yes
afixação *s.f.* 1 (*cartazes*) billsticking 2 LINGUÍSTICA the use of affixes ♦ afixação proibida post/stick no bills
afixar *v.* 1 to put up, to stick, to post; afixar cartazes to stick bills
afixo *s.m.* LINGUÍSTICA affix
aflição *s.f.* distress; anguish
afligir *v.* 1 to distress; to trouble 2 to torment afligir-se *v.pr.* to worry (com, *about*); não se aflija com isso don't worry about it
aflitivo *adj.* distressing
aflito *adj.* distressed (com, *about*); anxious (com, *about*); worried (com, *about*)
aflorar *v.* 1 (*superfície*) to level 2 (*assunto*) to touch (lightly) on; to skim over 3 (*aparecer*) to emerge
afluência *s.f.* 1 (*líquido*) flow, influx; afluência de água influx of water 2 (*pessoas*) crowd; afluência de público flow of people, crowd of people 3 (*eleições*) turnout; afluência às urnas turnout at the polling stations
afluente *s.m.* (*rio*) tributary ■ *adj.2g.* flowing
afluir *v.* 1 (*rio*) to flow (a, *to, into*; de, *from*) 2 (*pessoas*) to flock, to crowd; afluir em grande número to flood in
afluxo *s.m.* 1 (*líquido*) afflux; flow 2 (*pessoas*) influx, flow
afobado *adj.* in a hurry; in a rush
afofar *v.* 1 fluff 2 (*solo, terra*) loosen
afogado *adj.* drowned; morrer afogado to drown ■ *s.m.* drowned person ♦ afogado em trabalho up to one's ears in work
afogamento *s.m.* drowning

afogar *v.* 1 to drown 2 figurado (*conter*) to hold back afogar-se *v.pr.* to drown, to be drowned ♦ afogar as mágoas to drown one's sorrows
afoito *adj.* 1 bold, courageous; brave 2 in a hurry
afonia *s.f.* aphonia; loss of voice
afônico *adj.* aphonic; voiceless
afora *adv.* outside, farther ■ *prep.* apart from, except for
aforismo *s.m.* aphorism
aforístico *adj.* aphoristic
afortunado *adj.* happy, fortunate, lucky
afrancesado *adj.* gallicized; frenchified
afresco *s.m.* (*pintura*) fresco
África *s.f.* Africa
africanismo *s.m.* 1 African usage 2 African manner
africanista *adj., s.2g.* Africanist
africano *adj., s.m.* African
afro-americano *adj., s.m.* Afro-American
afrodisíaco *adj., s.m.* aphrodisiac
afronta *s.f.* 1 affront, insult, offence; sofrer uma afronta to suffer an insult 2 (*indignação*) outrage
afrontar *v.* 1 to insult, to outrage 2 (*perigo*) to face, to encounter; to confront ♦ afrontar o perigo com confiança to ride out the storm
afrouxamento *s.m.* 1 (*velocidade*) slowdown 2 slackening 3 loosening 4 softening
afrouxar *v.* 1 (*velocidade, ritmo*) to slow down 2 (*cinto, laço, nó*) to loosen 3 (*diminuir o rigor*) to soften
afta *s.f.* aphtha, mouth ulcer
aftoso *adj.* aphthous ♦ VETERINÁRIA febre aftosa foot-and-mouth disease
afugentar *v.* to scare away, to frighten away
afundado *adj.* sunken, submerged
afundamento *s.m.* sinking; submersion
afundar *v.* 1 (*barco*) to sink 2 (*cavidade*) to deepen 3 figurado to plunge (em, *into*); a guerra afundou o país na miséria the war plunged the country into poverty afundar-se *v.pr.* 1 to sink 2 coloquial, figurado (*fracasso*) to go under, to bite the dust
afunilado *adj.* 1 funnel-shaped; funnel-like 2 (*estreito*) narrow
afunilamento *s.m.* tapering; narrowing
afunilar *v.* to taper; to narrow
agá *s.m.* aitch (name of the letter "h")
agachar *v. to* crouch
agarrado *adj.* 1 clinging, clung 2 stuck 3 figurado dependent 4 figurado stingy
agarrar *v.* 1 to grab, to grasp, to clutch; to lay hold of 2 to seize; agarrar alguém pelo braço to seize a person by the arm agarrar-se *v.pr.* to stick (a, *to*); to cling (a, *to*); a criança agarrou-se à mãe the child clung to his mother ♦ agarrar-se com unhas e dentes to hold on for grim death
agasalhado *adj.* well wrapped up, cosy, snug
agasalhar *v.* 1 (*roupa quente*) to muffle, to muffle up; to wrap up; to cover up 2 (*alojamento*) to house, to accommodate, to put up; (*proteção*) to shelter agasalhar-se *v.pr.* 1 (*com roupa*) to wrap up; (*com cobertor, cachecol*) to muffle up; agasalha--te bem! wrap up well! 2 (*abrigar-se*) to shelter

(de, *from*); to take shelter (de, *from*); to take cover (de, *from*); to take refuge (de, *from*)
agasalho *s.m.* (*roupa*) woolly; warm piece of clothing
agência *s.f.* 1 agency; office; agência de viagens travel agency; agência de notícias news agency 2 (*filial*) branch
agenciar *v.* 1 to manage 2 to be the agent of; to serve as an agent for 3 to employ
agenda *s.f.* 1 (*livro*) diary 2 (*plano de estudo ou trabalho*) agenda; calendar; schedule
agendamento *s.m.* scheduling
agendar *v.* 1 (*compromisso, data*) to schedule; to set
agente *s.2g.* 1 agent 2 QUÍMICA, MEDICINA agent 3 (*policial*) policeman (*m.*), policewoman (*f.*)
ágil *adj.2g.* 1 (*hábil*) agile, nimble 2 (*rápido*) quick
agilidade *s.f.* 1 (*habilidade*) agility 2 (*rapidez*) quickness
agilizar *v.* 1 to make agile; to make nimble 2 (*acelerar*) to speed up; to get (something) moving
agiota *s.2g.* (*usurário*) usurer, moneylender
agir *v.* 1 to act; agir como intermediário to act as a mediator; ele agiu em favor do pai he acted to the advantage of his father 2 to do, to play; agir com cautela to play it safe; ela agiu mal she did wrong
agitação *s.f.* 1 agitation 2 (*comoção*) commotion, excitement 3 (*inquietação*) restlessness 4 (*líquidos*) shaking 5 (*mar*) roughness
agitado *adj.* 1 agitated; shaken 2 (*inquieto*) restless; passei uma noite agitada I had a restless night 3 (*dia*) hectic; busy 4 (*mar*) rough
agitador *s.m.* agitator
agitar *v.* 1 to agitate; to shake; agitar antes de usar shake before use 2 to wave; agitar os braços to wave one's arms 3 figurado to disturb agitar-se *v.pr.* 1 (*desconforto*) to fidget 2 (*mar*) to get rough
aglomeração *s.f.* 1 agglomeration; mass, heap; cluster 2 (*multidão*) gathering ♦ aglomeração de carros traffic jam
aglomerado *adj.* heaped up; agglomerated ■ *s.m.* 1 agglomerate, mass, heap 2 (*construção*) chipboard 3 GEOLOGIA conglomerate ♦ aglomerado urbano urban sprawl
aglomerar *v.* to agglomerate, to heap up, to cluster aglomerar-se *v.pr.* (*multidão*) to crowd together
aglutinação *s.f.* agglutination
aglutinado *adj.* agglutinated
aglutinar *v.* 1 to agglutinate 2 (*colar*) to stick together, to glue
agnóstico *adj., s.m.* agnostic
agonia *s.f.* 1 (*morte*) death throes; dying breath 2 (*sofrimento*) agony; anguish 3 (*enjoo*) nausea
agoniado *adj.* 1 (*enjoo*) nauseous, sick; estou agoniado I feel nauseous 2 (*sofrimento*) anxious; anguished
agoniar *v.* 1 to nauseate; to make sick 2 to afflict; to distress agoniar-se *v.pr.* to feel sick; to feel nauseous
agonizante *adj.2g.* dying; in death throes
agonizar *v.* 1 to be dying; to be on the point of death 2 to fade away; to waste away
agora *adv.* now, at present; a partir de agora from now on; agora mesmo just now, right now; até agora up to now, so far; é agora ou nunca it's now or never; por agora for the time being *conj.* but
agosto *s.m.* August
agourar *v.* 1 to augur, to presage; to predict 2 (*mau agouro*) to jinx it; to bring bad luck
agourento *adj.* ominous
agouro *s.m.* omen, presage, augury; ser de bom agouro to augur well; ser de mau agouro to augur ill ♦ ave de mau agouro bird of ill omen; jinx
agraciar *v.* 1 to invest, to honour (com, *with*) 2 to reward (com, *with*)
agradar *v.* to please; ele consegue agradar a todos he can please everybody; isso não me agrada I don't like this
agradável *adj.2g.* agreeable; pleasant; nice; o tempo está muito agradável the weather is very nice; passamos uma noite agradável we had a pleasant evening
agradecer *v.* to thank (por, *for*); to be grateful (por, *for*); agradeça-lhe por mim give him my best thanks; agradecer antecipadamente to thank in advance
agradecido *adj.* grateful, thankful; fico-lhe muito agradecido I thank you most kindly; mal agradecido ungrateful
agradecimento *s.m.* 1 gratitude; gratefulness 2 thanks; apresentar agradecimentos to express one's thanks
agrado *s.m.* 1 pleasure, liking; faço-o com agrado I'll do it with pleasure; não é do meu agrado it's not to my liking 2 satisfaction 3 (*presente*) gift; treat
agrário *adj.* agrarian; leis agrárias agrarian laws
agravamento *s.m.* worsening; aggravation
agravante *adj.2g.* aggravating ■ *s.f.* 1 aggravating circumstance 2 added difficulty
agravar *v.* 1 to worsen; to aggravate 2 to add weight to agravar-se *v.pr.* (*doença*) to become worse
agredido *adj.* attacked, beaten
agredir *v.* 1 to attack, to assault; to hit 2 (*insultar*) to insult, to offend
agregado *s.m.* 1 agglomerate 2 a person who lives with a family without being part of it ■ *adj.* aggregate; collective
agregar *v.* 1 (*juntar*) to aggregate; to collect 2 (*acrescentar*) to add 3 to annex; to attach
agremiação *s.f.* association
agressão *s.f.* (*ataque*) aggression; attack
agressividade *s.f.* aggressiveness; hostility
agressivo *adj.* 1 aggressive 2 (*insultuoso*) offensive
agressor *s.m.* aggressor; attacker
agreste *adj.2g.* 1 (*selvagem*) wild, uncultivated 2 figurado (*pessoa*) coarse, rude ■ *s.m.* dry area in the northeast of Brazil
agrião *s.m.* BOTÂNICA watercress
agrícola *adj.2g.* 1 (*produto*) agricultural 2 (*país, técnica*) farming
agricultor *s.m.* farmer
agricultura *s.f.* agriculture, farming
agridoce *adj.2g.* 1 bittersweet 2 CULINÁRIA sweet and sour
agrimensor *s.m.* land surveyor; agrimensor de minas mine surveyor
agrimensura *s.f.* land surveying; surveying

agro

agro *s.m.* AGRICULTURA field; tilled ground ■ *adj.* 1 (*azedo*) acrid; bitter; sour 2 figurado (*árduo*) arduous; hard 3 figurado (*íngreme*) steep
agroalimentar *adj.2g.* food and agriculture; indústria agroalimentar food and agriculture industry
agronomia *s.f.* agronomy
agronómico *adj.* agronomic
agrónomo *s.m.* agronomist
agropecuária *s.f.* mixed farming
agropecuário *adj.* (of) mixed farming
agrotóxico *s.m.* pesticide
agrupamento *s.m.* 1 gathering 2 group; grouping; agrupamento de casas group of houses; agrupamento em série grouping in series
agrupar *v.* to group; agrupar em série to group in series
água *s.f.* water; água com gás sparkling water, soda water; água da torneira tap water; água doce fresh water; água oxigenada hydrogen peroxide; água salgada salt water; água sanitária bleach; água sem gás still water ♦ águas passadas não movem moinhos it's water under the bridge dar água na boca to make the mouth water botar/deitar água na fervura to pour oil on troubled waters dar água na boca to make the mouth water ir por água abaixo to go down the drain
aguaceiro *s.m.* shower; downpour
água-de-colónia *s.f.* eau de cologne, cologne
aguado *adj.* 1 watered 2 wishy-washy 3 figurado frustrated 4 figurado, coloquial to be mouth-watering for something
água-marinha *s.f.* GEOLOGIA aquamarine
aguar *v.* 1 to water down; to mix with water 2 (*plantas*) to irrigate; to water 3 (*cores*) to tone down
aguardar *v.* 1 to wait; aguardar a vez to wait for one's turn 2 to await; aguardar ordens to await orders
aguardente *s.f.* kind of brandy
água-viva *s.f.* ZOOLOGIA jellyfish; medusa
aguçado *adj.* 1 pointed, spiked; sharpened 2 figurado sharp
aguçar *v.* 1 to sharpen, to whet; aguçar o apetite to whet one's appetite 2 figurado to excite, to stimulate aguçar-se *v.pr.* to become sharper
agudeza *s.f.* 1 sharpness 2 (*gume*) edge 3 figurado (*perspicácia*) acuteness; acuteness; perspicacity 4 figurado (*aspereza*) harshness; roughness
agudo *adj.* 1 sharp, pointed 2 (*voz*) high-pitched 3 (*som*) shrill 4 (*dor, ângulo*) acute; ângulo agudo acute angle ■ *s.m.* MÚSICA treble
aguentar *v.* 1 (*sustentar*) to sustain; to support 2 (*suportar*) to bear; to put up with; to endure; aguentar firme to hold out; não aguento mais! I can't stand it any longer! aguentar-se *v.pr.* to hold out; to stand firm ♦ aguentar a pressão to keep up steam coloquial aguentar e mostrar cara alegre to grin and bear it
águia *s.f.* 1 ZOOLOGIA eagle 2 figurado (*pessoa*) whizz
aguilhoar *v.* 1 to goad; to prick 2 figurado (*espicaçar*) to spur; to needle

agulha *s.f.* needle; agulha de crochet crochet hook; buraco da agulha eye of the needle; enfiar a agulha to thread the needle ♦ procurar uma agulha no palheiro to look for a needle in a haystack
ah *interj.* ah!, oh!; ah, é? oh, really?
ai *interj.* 1 (*dor*) ouch! 2 (*exclamação*) oh!; ai jesus! oh dear! *s.m.* 1 (*suspiro*) sigh 2 (*gemido*) groan ♦ ai de mim! poor me! num ai in less than no time
aí *adv.* 1 there; aí está there it is!; aí mesmo right there 2 (*então*) then; e aí/daí? and then what? aí, sim! now you're talking ♦ ela vem aí she's coming espera aí! wait a moment! por aí fora and so on (*caminho*) vá por aí go that way
AIDS (síndrome de imunodeficiência adquirida) AIDS
ainda *adv.* 1 still; ele ainda está na cama he's still in bed 2 (*negação*) yet; ainda não not yet 3 further; posso mencionar ainda I may mention further ♦ ainda agora just now ainda assim all the same, even so ainda bem! thank goodness! ainda por cima on top of that ainda que even though
aipim *s.m.* BOTÂNICA (*mandioca*) cassava
aipo *s.m.* BOTÂNICA celery
airbag *s.m.* (*automóvel*) airbag
airoso *adj.* graceful; elegant
ajardinado *adj.* garden-like; landscaped; parque ajardinado landscaped park
ajardinar *v.* to landscape; to lay out with gardens; to build a garden around; ajardinaram a zona they have landscaped the area; ajardinaram a casa they built a garden around the house
ajeitado *adj.* arranged, fixed
ajeitar *v.* 1 (*compor*) to adjust; to arrange 2 (*arrumar*) to tidy up ajeitar-se *v.pr.* 1 to manage; eu vou me ajeitar sozinho I can manage on my own 2 (*adaptar-se*) to get the hang (a, *of*) 3 (*acomodar-se*) to make oneself comfortable
ajoelhado *adj.* 1 kneeling 2 figurado (*submisso*) on one's (its) knees
ajoelhar *v.* to make (somebody) kneel ajoelhar-se *v.pr.* 1 to keel (down); to get down on one's knees 2 figurado (*submeter-se*) to bow (perante/diante de, *to*); to submit (perante/diante de, *to*)
ajuda *s.f.* help; assistance; aid; ajuda humanitária humanitarian aid; ir em ajuda de alguém to come to somebody's assistance; prestar ajuda a alguém to help somebody, to lend a hand to somebody ♦ ajuda de custo living allowance
ajudante *s.2g.* assistant
ajudar *v.* to help; to lend a hand to; to assist; ajude-me a atravessar a rua help me across the street; em que posso ajudar? can I be of any assistance?
ajuizado *adj.* sensible, reasonable
ajuizar *v.* 1 DIREITO to judge 2 (*ponderar*) to consider 3 (*calcular*) to estimate; to assess 4 (*discernimento*) to become more sensible
ajuntamento *s.m.* gathering; crowd
ajustado *adj.* 1 (*combinado*) settled; agreed 2 (*justo*) fair 3 (*adequado*) appropriate; suitable 4 (*roupas*) tight-fitting
ajustamento *s.m.* 1 adjustment 2 (*acordo*) settlement; agreement; arrangement

ajustar v. 1 to adjust; to adapt 2 (*contas, disputa*) to settle; ajustar as contas to settle accounts, to get even 3 (*preço*) to agree on 4 (*encaixar*) to fit; ajustar peças de máquina to fit parts of machinery ajustar-se v.pr. (*adaptar-se*) to adapt (a, to), to conform (a, to); ajustar-se a alguma coisa to adapt to something
ajustável adj.2g. adjustable; adaptable
ajuste s.m. 1 (*adaptação*) adjustment 2 arrangement 3 (*contas, disputa*) settlement; figurado ajuste de contas settling of scores
ala s.f. 1 (*fileira*) file, row 2 (*edifício*) wing 3 (*hospital*) ward 4 (*igreja*) aisle
alabastro s.m. alabaster
alado adj. winged
alagado adj. flooded, submerged
alagamento s.m. flooding, inundation
alagar v. to flood, to overflow; o rio alagou os campos the river overflowed the fields
alamar s.m. braid; lace
alambique s.m. (*destilaria*) still
alameda s.f. 1 (*rua*) avenue 2 (*árvores*) grove
álamo s.m. BOTÂNICA poplar
alaranjado adj. orange-coloured ■ s.m. (*cor*) orange
alarde s.m. show, ostentation; fazer alarde de alguma coisa to boast about something
alardear v. 1 to show off, to parade; alardear riquezas to make a show of one's riches 2 to boast about
alargamento s.m. 1 enlargement 2 widening; alargamento da rua widening of the street 3 extension; alargamento do prazo limite extension of the deadline
alargar v. 1 to enlarge 2 (*tornar mais largo*) to widen, to broaden 3 (*ampliar*) to extend 4 (*afrouxar*) to loosen
alarido s.m. uproar; racket
alarmante adj.2g. alarming
alarmar v. to alarm alarmar-se v.pr. to be alarmed; to become frightened
alarme s.m. alarm; alarme de roubo burglar alarm; acionar o alarme to set off the alarm; dar o sinal de alarme to sound the alarm ♦ coloquial dar falso alarme to cry wolf
alarmismo s.m. alarmism
alarmista adj., s.2g. alarmist
alastrar v. 1 (*disseminar*) to spread 2 (*navio*) to ballast
alaúde s.m. MÚSICA lute
alavanca s.f. 1 lever; acionar uma alavanca to pull a lever 2 figurado (*meio*) expedient; springboard fig.
alavancar v. to promote; to stimulate; to boost
alazão adj. sorrel ■ s.m. (*cavalo*) sorrel horse
alba s.f. dawn, daybreak, sunrise
albanês adj., s.m. Albanian
Albânia s.f. Albania
albatroz s.m. ZOOLOGIA albatross
albergaria s.f. inn, guest house
albergue s.m. 1 hostel, lodging house, guest house; albergue da juventude youth hostel; albergue de sem-teto hostel for the homeless 2 shelter, refuge
albinismo s.m. MEDICINA, BOTÂNICA albinism

albino s.m. albino ■ adj. albinistic
albite s.f. GEOLOGIA albite
álbum s.m. 1 album; álbum de figurinhas stickers collection álbum de fotografias photo album 2 MÚSICA album; o primeiro álbum do grupo (de música) the band's first album
albume s.m. ambumen
albumina s.f. albumin
alça s.f. 1 (*vestuário*) strap 2 (*suspensório*) braces 3 (*presilha*) loop
alcachofra s.f. BOTÂNICA artichoke
alcaçuz s.m. liquorice
alçada s.f. 1 (*jurisdição*) jurisdiction 2 (*competência*) competence
alcaguete s.2g. coloquial informer; nark Grã--Bretanha; grass Grã-Bretanha; stoolpigeon EUA
alcaide s.m. governor
alcali s.m. QUÍMICA alkali
alcalinidade s.f. alkalinity
alcalinizar v. alkalise
alcalino adj. QUÍMICA alkaline
alcalinoterroso adj. QUÍMICA alkaline-earth; metais alcalinoterrosos alkaline-earth metals
alcaloide s.m. alkaloid
alcançado adj. reached, achieved
alcançar v. 1 (*pegar*) to reach, to catch 2 (*chegar*) to get to, to arrive at 3 (*conseguir*) to obtain, to attain, to achieve; alcançar um bom resultado to obtain a good result 4 (*abranger*) to comprise, to include 5 coloquial, figurado to understand, to grasp
alcance s.m. 1 (*distância*) reach, range; estar ao alcance de to be within reach of; estar fora de alcance to be out of reach; fora do alcance da vista out of sight 2 (*audição*) earshot; estar ao alcance de to be within earshot of 3 figurado (*âmbito*) scope 4 figurado (*compreensão*) understanding; estar fora do alcance da compreensão humana to be beyond human understanding
alcantil s.m. 1 (*rocha*) crag 2 (*escarpa*) slope; precipice 3 (*cume*) top; summit
alçapão s.m. 1 trapdoor 2 (*armadilha*) trap
alcaparra s.f. BOTÂNICA caper
alçar v. 1 (*elevar*) to raise; to lift up 2 (*hastear*) to hoist alçar-se v.pr. 1 (*levantar-se*) to get up 2 (*sobressair*) to stand out
alcateia s.f. pack
alcatrão s.m. tar
alce s.m. elk Grã-Bretanha; moose EUA
álcool s.m. 1 QUÍMICA alcohol; álcool etílico ethyl alcohol 2 (*bebida*) alcohol, spirits; bebidas sem álcool alcohol-free/soft drinks
alcoólatra s.2g. alcoholic; Alcoólatras Anônimos Alcoholics Anonymous
alcoolemia s.f. blood alcohol level ♦ (*bafômetro*) teste de alcoolemia breath test
alcoólico s.m. alcoholic; Alcoólicos Anônimos Alcoholics Anonymous ■ adj. alcoholic; bebidas alcoólicas alcoholic beverages
alcoolismo s.m. alcoholism
Alcorão s.m. RELIGIÃO Koran
alcunha s.f. (*apelido*) nickname

aldeão

aldeão *s.m.* villager; countryman (*m.*), countrywoman (*f.*) ■ *adj.* rural, rustic
aldeia *s.f.* village
aldeído *s.m.* QUÍMICA aldehyde
aleatório *adj.* 1 random; seleção aleatória random selection 2 MÚSICA aleatory
alecrim *s.m.* BOTÂNICA rosemary
alegar *v.* 1 to allege, to claim; ele alega que não foi informado he alleges that he was not informed 2 DIREITO to plead
alegoria *s.f.* 1 allegory 2 (*carnaval*) float
alegórico *adj.* allegorical ♦ (*carnaval*) carro alegórico float
alegrar *v.* 1 (*causar alegria*) to make happy; to please 2 (*animar*) to cheer up; to liven up alegrar-se *v.pr.* to be glad; to be pleased
alegre *adj.2g.* 1 (*contente*) happy, glad, delighted 2 (*animado*) lively, cheerful 3 (*divertido*) funny, amusing 4 (*cor*) bright
alegria *s.f.* (*prazer*) joy, happiness, cheerfulness; as alegrias da vida the joys of life
aleijado *s.m.* cripple, disabled person ■ *adj.* crippled, disabled
aleijar *v.* to cripple
aleitamento *s.m.* breast-feeding; suckling ♦ aleitamento artificial bottle feeding
aleitar *v.* to breast-feed, to nurse, to suckle
alelo *s.m.* BIOLOGIA allele
aleluia *s.f.* 1 hallelujah ZOOLOGIA winged termite ■ *interj.* hallelujah!
além *adv.* (*ali*) over there, on the other side; mais além further (on) *s.m.* o além the hereafter; the beyond ♦ além de besides; in addition to além disso moreover; furthermore; besides; what's more além da prova, tenho de fazer o trabalho besides exam, I have to do the homework
Alemanha *s.f.* Germany
alemão *s.m.* (*pessoa*) German ■ *adj.* German alemão *s.m.* (*língua*) German; você fala alemão? do you speak German?
além-mar *adv.* overseas ■ *s.m.* overseas territories
alentar *v.* to encourage alentar-se *v.pr.* to cheer up
alento *s.m.* 1 (*fôlego*) breath; ganhar alento to catch your breath 2 courage; incentive; dar alento a alguém to encourage somebody
alergia *s.f.* 1 allergy (a, *to*); ter alergia ao pó to have an allergy to dust; teste de alergias allergy test 2 figurado aversion, repulsion
alérgico *adj.* MEDICINA allergic (to, *a*); reação alérgica allergic reaction, rash; ser alérgico a to be allergic to
alergologia *s.f.* MEDICINA allergology
alergologista *s.2g.* allergist
alerta *s.m.* alert, alarm; dar o alerta to give the alert; em estado de alerta on red alert; um alerta de fogo a fire alert ■ *adv.* on the alert; estar alerta to be on the alert ■ *adj.2g.* watchful, vigilant; manter-se alerta to remain vigilant
alertar *v.* 1 to alert, to inform; tenho de alertar a polícia I must alert the police 2 to warn
aleta *s.f.* 1 little wing 2 ANATOMIA wing of the nose 3 winglet

alfabético *adj.* alphabetical; por ordem alfabética in alphabetical order
alfabetismo *s.m.* 1 (*sistema*) alphabetism 2 (*instrução*) instruction
alfabetização *s.f.* literacy; campanha de alfabetização literacy campaign
alfabetizar *v.* to teach how to read and write
alfabeto *s.m.* alphabet; aprender o alfabeto to learn the alphabet
alface *s.f.* BOTÂNICA lettuce
alfafa *s.f.* BOTÂNICA alfalfa; lucerne Grã-Bretanha
alfaiataria *s.f.* tailor's
alfaiate *s.m.* 1 tailor 2 ZOOLOGIA blue-back grassquit
alfândega *s.f.* customs; (*edifício*) customs house; despachante de alfândega customs officer
alfandegário *adj.* (of) customs; direitos alfandegários customs rights
alfanumérico *adj.* alphanumeric
alfavaca *s.f.* BOTÂNICA (*manjericão*) basil
alfazema *s.f.* BOTÂNICA lavender
alfinetada *s.f.* 1 pinprick 2 figurado acute pain 3 figurado (*provocação*) taunt
alfinetar *v.* 1 (*picar*) to pinprick 2 (*prender*) to pin 3 figurado (*criticar*) to make digs; to taunt
alfinete *s.m.* 1 pin 2 (*de peito*) brooch Grã-Bretanha, pin EUA 3 (*gravata*) tiepin Grã-Bretanha, tie tack EUA 4 (*para pregar*) drawing pin Grã-Bretanha, thumbtack EUA ♦ alfinete de fralda safety pin
alforria *s.f.* enfranchisement
alforriar *v.* to enfranchise, to release
alga *s.f.* BOTÂNICA alga, seaweed
algarismo *s.m.* digit, numeral; um número com quatro algarismos a four-digit number
algazarra *s.f.* 1 tumult, hubbub, hustle and bustle 2 (*indignação*) uproar
álgebra *s.f.* algebra
algema *s.f.* handcuffs
algemar *v.* to handcuff; algemar alguém to handcuff somebody, to put handcuffs on somebody
algo *pron. indef.* something encontre algo para fazer find something to do ■ *adv.* somewhat, rather, a bit
algodão *s.m.* cotton; camisa de algodão cotton shirt
algodão-doce *s.m.* candyfloss Grã-Bretanha, cotton candy EUA
algodoeiro *s.m.* BOTÂNICA cotton plant ■ *adj.* (of) cotton; indústria algodoeira cotton industry
algorítmico *adj.* algorithmic
algoritmo *s.m.* MATEMÁTICA algorithm
algoz *s.m.* tormentor, executioner
alguém *pron. indef.* 1 somebody; someone 2 (*interrogação*) anybody; anyone; você conhece alguém? do you know anybody?; tem alguém aqui? is anyone here? ♦ ser alguém to be a somebody
algum *pron. indef.* 1 some; algum lugar somewhere; alguma coisa something; gosto de alguns dos quadros I like some of the paintings 2 (*interrogação*) any; há algum problema? are there any problems?; mais alguma coisa? anything else? ♦ algumas centenas de several hundreds of você já esteve lá alguma vez? have you ever been there? algumas vezes a few times

alguma *s.f.* coloquial something; ele já fez alguma he's been up to something; ele anda aprontando alguma he's up to something

algures *adv.* somewhere; someplace EUA

alhear *v.* to alienate (de, *from*), to estrange (de, *from*) alhear-se *v.pr.* **1** to lose interest **2** to become lost in thought **3** to distance oneself

alheio *adj.* **1** (*propriedade, posse*) other people's **2** (*desatento*) inattentive; aloof; distant **3** (*indiferente*) mindless (a, *of*) **4** (*desconhecido*) strange, foreign, unknown (a, *to*) *s.m.* someone else's property ◆ falar da vida alheia to gossip

alho *s.m.* BOTÂNICA garlic; dente de alho clove of garlic ◆ misturar alhos com bugalhos to muddle things up

alho-poró *s.m.* BOTÂNICA leek

ali *adv.* **1** (*lugar*) there, over there; ali dentro in there; ali em cima up there; ali mesmo right there; ali vem ele! there he comes!; ele vive por ali he lives around there; vá por ali go that way **2** (*tempo*) then; até ali until then

aliado *s.m.* ally; supporter ■ *adj.* **1** allied; forças aliadas allied forces **2** (*relacionado*) allied (a, *to*), connected (a, *to, with*); os problemas aliados à pobreza the problems allied to poverty **3** (*juntamente*) in alliance (a, *with*)

aliança *s.f.* **1** (*anel*) ring; aliança de casamento wedding ring **2** POLÍTICA alliance; pact

aliar *v.* **1** (*reunir*) to ally; to unite; to join together **2** (*confederar*) to confederate **3** (*agrupar*) to pair up, to match aliar-se *v.pr.* to ally oneself (a, *with*); to form an alliance (a, *with*)

aliás *adv.* **1** (*diga-se de passagem*) by the way, incidentally **2** (*ou por outra*) or that is to say, or rather **3** (*mesmo assim*) anyway, anyhow, besides

álibi *s.m.* alibi; ter um álibi to have an alibi

alicate *s.m.* pliers ◆ alicate de unha nail clippers

alicerçar *v.* **1** to lay the foundations of, to found **2** figurado (*basear*) to found, to base (em, *on*)

alicerce *s.m.* **1** (*construção*) foundation(s) **2** figurado (*base*) foundation, basis; abalar os alicerces de alguma coisa to shake/rock the foundations of something; lançar os alicerces para alguma coisa to lay the foundations for something

aliciante *adj.2g.* **1** tempting; enticing **2** (*agradável*) delightful ■ *s.m.* **1** incentive **2** attraction, charm

aliciar *v.* **1** (*seduzir*) to allure, to seduce; to tempt **2** to arouse interest in; to motivate; to stimulate

alienação *s.f.* **1** (*geral*) alienation **2** PSICOLOGIA madness, insanity

alienado *s.m.* PSICOLOGIA mentally ill person; madman, lunatic ■ *adj.* **1** alienated (de, *from*), estranged (de, *from*); estar alienado da sociedade to be alienated from society **2** PSICOLOGIA (*louco*) mad, insane **3** DIREITO (*bens*) transferred

alienar *v.* **1** (*geral*) to alienate **2** (*enlouquecer*) to madden, to drive mad alienar-se *v.pr.* to become alienated

alienígena *adj., s.2g.* alien

alienismo *s.m.* **1** (*loucura*) insanity; mental alienation **2** (*estudo, tratamento*) alienism

alma

alimentação *s.f.* **1** (*ato*) feeding **2** (*sustento*) food, nutrition; nourishment **3** ELETRICIDADE (*abastecimento*) supply, input

alimentador *s.m.* feeder

alimentar *v.* **1** to feed **2** (*nutrir*) to nourish, to nurture **3** figurado (*fomentar*) to encourage, to support, to foster; alimentar esperanças to cherish hopes **4** ELETRICIDADE (*abastecer*) to supply ■ *adj.2g.* food, eating; cadeia alimentar food chain; hábitos alimentares eating habits; intoxicação alimentar food poisoning alimentar-se *v.pr.* to feed (de, *on*); estes animais se alimentam de raízes these animals feed on roots

alimentício *adj.* nutritious, nourishing ◆ gêneros alimentícios foodstuffs

alimento *s.m.* **1** food, nourishment **2** (*de animais*) food, feed **3** figurado (*sustento*) sustenance, nourishment **4** figurado fuel fig.

alínea *s.f.* paragraph; sub-heading

alinhado *adj.* **1** aligned, lined up; alinhado com in alignment with **2** in a line **3** figurado (*correto*) well-behaved; clean-cut **4** POLÍTICA aligned (a, *with*)

alinhamento *s.m.* **1** (*direção*) alignment, orientation; estar fora do alinhamento to be out of alignment **2** (*aliança*) alignment (com, *with*) **3** ESPORTE lining up

alinhar *v.* **1** to line up (com, *with*); to align (em relação a, *with*) **2** (*endireitar*) to straighten **3** (*nivelar*) to level **4** coloquial (*voltar ao bom caminho*) to get back on the rails

alinhavar *v.* **1** (*costura*) to baste, to tack **2** figurado (*delinear*) to draft, to sketch, to outline

alinhavo *s.m.* (*costura*) tack

alíquota *adj., s.f.* aliquot

alisar *v.* **1** (*amaciar*) to smooth out, to flatten **2** (*pentear*) to straighten, to smooth down **3** (*aplainar*) to plane, to sand down

alísio *s.m.* (*vento*) trade wind

alistamento *s.m.* **1** (*militar*) enlistment **2** (*inscrição*) registration; enrolment

alistar *v.* **1** (*militar*) to enlist (em, *into*), to recruit (em, *into*) **2** (*inscrever*) to enrol (em, *on, in*) alistar-se *v.pr.* (*militar*) to join; alistar-se no exército to join the army

aliteração *s.f.* alliteration

aliviar *v.* **1** (*atenuar*) to relieve; (*dor, sofrimento*) to alleviate, to ease, to relieve; aliviar o estresse to relieve stress; aliviar o trânsito to relieve traffic congestion **2** (*despreocupar*) to take a weight off (somebody's) mind **3** (*carga, trabalho*) to lighten **4** (*tempo*) to clear up

alívio *s.m.* **1** relief; que alívio! what a relief!; respirar de alívio to breathe a sigh of relief **2** (*dor*) soothing **3** (*aligeiramento*) lightening

alma *s.f.* **1** soul, spirit **2** figurado (*fundamento*) soul, essence, heart; ela é a alma do projeto she is the soul of the project **3** figurado real passion, intensity; ele leu o poema com alma he read the poem with all his heart almas *s.f.pl.* people ◆ alma penada lost soul almas gêmeas kindred spirits abrir a alma to bare your soul entregar-se de alma e cora-

almaço

ção a alguma coisa to throw yourself heart and soul into something vender a alma ao diabo to sell your soul to the devil
almaço *adj.* foolscap
almanaque *s.m.* almanac
almeirão *s.m.* BOTÂNICA wild chicory
almejar *v.* to long for; to yearn for
almirante *s.m.* 1 admiral; almirante da marinha Admiral of the Fleet 2 (*navio*) admiralship, flagship
almoçar *v.* to have lunch; o que é que você vai almoçar? what are you having for lunch?; almoçar fora to go out for lunch; ela vem almoçar aqui she's coming for lunch
almoço *s.m.* lunch; luncheon
almofada *s.f.* 1 (*travesseiro*) pillow; luta de almofadas pillow fight 2 (*estofo*) cushion, upholstery; almofada de ar air cushion 3 (*vestuário*) pad 4 (*carimbo*) ink-pad
almofadado *adj.* padded, upholstered; envelope almofadado padded envelope
almofadar *v.* 1 (*acolchoar*) to pad, to stuff 2 (*estofar*) to upholster
almofariz *s.m.* mortar; pilão de almofariz pestle
almôndega *s.f.* CULINÁRIA meatball
almoxarifado *s.m.* 1 antiquado (*tesoureiro*) treasurer position 2 antiquado (*administrador*) administrator position 3 (*armazém*) warehouse; store; storehouse
alô *interj.* hello! ■ *s.m.* hello
alocação *s.f.* allocation
alocar *v.* to allocate
aloé *s.m.* BOTÂNICA aloe
alojamento *s.m.* 1 (*temporário*) accommodation, lodging; procurar alojamento to look for accommodation 2 (*habitação*) housing
alojar *v.* 1 (*hospedar*) to put (somebody) up, to accommodate 2 (*dar abrigo*) to house, to lodge 3 técnico (*inserir*) to embed alojar-se *v.pr.* 1 (*hospedar-se*) to stay (em, *at*); alojar-se no hotel to stay at the hotel 2 (*bala*) to be lodged; a bala alojou-se na cabeça the bullet lodged in his head
alongamento *s.m.* 1 (*extensão*) lengthening, extension, expansion 2 (*prorrogação*) prolongation 3 ESPORTE stretch
alongar *v.* 1 (*tornar mais longo*) to lengthen, to extend 2 (*tempo*) to prolong alongar-se *v.pr.* 1 (*prolongar-se*) to go on 2 (*estender-se*) to stretch out 3 figurado (*pessoa*) to ramble on; to lose track of time
alourado *adj.* 1 (*cabelo*) light; blond 2 CULINÁRIA browned
alourar *v.* (*cabelo*) to lighten
alpendre *s.m.* porch; (*telheiro*) shed
Alpes *s.m.pl.* Alps
alpinismo *s.m.* mountaineering, mountain climbing
alpinista *s.2g.* mountaineer, mountain climber
alpino *adj.* Alpine
alpiste *s.f.* 1 BOTÂNICA canary grass 2 (*grão*) birdseed
alquimia *s.f.* alchemy
alquímico *adj.* alchemical
alquimista *s.2g.* alchemist

alta *s.f.* 1 (*preços*) rise, increase 2 MEDICINA (*hospital*) discharge; já lhe deram alta do hospital he has already been discharged from hospital
alta-costura *s.f.* high fashion; haute couture
alta-fidelidade *s.f.* (*aparelhagem*) hi-fi
altar *s.m.* altar ♦ levar ao altar to lead to the altar
altar-mor *s.m.* high altar
alta-roda *s.f.* high life, upper crust, high society
alta-tensão *s.f.* high voltage
alterabilidade *s.f.* alterability; alterableness
alteração *s.f.* 1 (*modificação*) alteration, modification, change; estar sujeito a alterações to be subject to alterations; fazer alterações to make alterations; pequenas/grandes alterações minor/major alterations 2 (*preços*) fluctuation 3 POLÍTICA (*Parlamento*) amendment
alterado *adj.* 1 altered, modified, changed 2 figurado upset; angry, irate
alterar *v.* 1 (*modificar*) to alter, to modify, to change 2 (*perturbar*) to upset, to unnerve 3 (*adulterar*) to distort, to twist; alterar o sentido de alguma coisa to twist the meaning of something 4 POLÍTICA (*Parlamento*) to amend alterar-se *v.pr.* 1 (*modificar-se*) to change 2 (*zangar-se*) to get upset; to lose one's temper
alterável *adj.2g.* alterable; changeable
altercação *s.f.* quarrel, argument, wrangle, dispute
altercar *v.* to quarrel, to argue heatedly
alternadamente *adv.* alternately, in turns
alternado *adj.* 1 alternate, in turns, every other; em dias alternados on alternate days, every other day 2 ELETRICIDADE alternating; corrente alternada alternating current
alternador *s.m.* ELETRICIDADE alternator ■ *adj.* alternating; interchanging
alternância *s.f.* 1 alternation; alternância de gerações alternation of generations 2 AGRICULTURA crop rotation
alternar *v.* 1 to alternate (com, *with*; entre, *between*); ele alternava tarefas pesadas com outras mais leves he alternated heavy tasks with lighter ones; os dias de chuva alternavam com dias de bom tempo rainy days alternated with days of fine weather 2 (*revezar-se*) to take turns; to take it in turns; alternar para fazer qualquer coisa to take it in turns to do something; eles se alternavam para ver o bebê they took turns to check on the baby
alternativa *s.f.* (*opção*) alternative (a, *to*); em alternativa, podemos ficar em casa alternatively, we can stay at home; não ter alternativa to have no alternative
alternativo *adj.* alternative; medicina alternativa alternative medicine
alterno *adj.* 1 (*alternado*) alternate; every other; dias alternos every other day 2 BOTÂNICA, GEOMETRIA, ELETRICIDADE alternate; ângulo alterno alternate angle; corrente alterna alternating current
alteza *s.f.* (*título*) highness; Sua Alteza Real His/Her Royal Highness
altímetro *s.m.* GEOGRAFIA altimeter
altíssimo *adj.* (superlativo de alto) very high
Altíssimo *s.m.* RELIGIÃO Most High; Almighty

altitude s.f. altitude
altivez s.f. arrogance, haughtiness
altivo adj. arrogant, haughty
alto adj. 1 (*altura, estatura*) tall; este prédio é muito alto this is a tall building; a minha filha é alta my daughter is tall 2 (*elevado*) high, elevated; a temperatura está alta the temperature is high; estes sapatos têm saltos altos these shoes have high heels; o teto da casa é alto the ceiling of the house is high; um alto teor de vitaminas a high vitamin content 3 (*som*) loud; está muito alto! it's too loud! 4 figurado (*importante*) high; alta sociedade high society; Alto Comissário High Commissioner 5 figurado (*profundo*) deep; a noite já ia alta it was deep in the night 6 GEOGRAFIA upper; o Alto São Francisco the Upper São Francisco 7 (*mar*) open; eles estavam no alto mar they were in the open sea 8 (*resolução*) high; uma tela de alta resolução a high-resolution screen ■ adv. 1 (*som*) aloud, loud, loudly; falar alto e bom som to speak loud and clear; lê alto, por favor read it aloud, please 2 (*aproximadamente*) roughly; falando por alto,... roughly speaking,...; ler o jornal por alto to skim the paper ■ s.m. 1 (*cume*) top; de alto a baixo from top to bottom; do alto from above 2 (*terreno*) hill 3 (*elevação*) elevation ■ interj. halt!, stop! ◆ altos e baixos ups and downs
alto-astral adj.2g. gíria (*boa disposição*) in a good mood
alto-comissário s.m. high commissioner
alto-falante s.m. loudspeaker
alto-mar s.m. high seas
alto-relevo s.m. high relief
altruísmo s.m. altruism
altruísta adj.2g. altruistic ■ s.2g. altruist
altura s.f. 1 (*edifício, montanha*) height; ter 15 metros de altura to be 15 metres high 2 (*pessoa*) height; ter 1,70 metros de altura to be 1,70 metres tall 3 (*som*) loudness 4 GEOGRAFIA altitude 5 (*tempo*) time, stage, point; a certa altura at one stage, at some point; em qualquer altura any time; em que altura? when?; esta é a melhor altura there's no time like the present; na altura certa/errada at the right/wrong time; não é altura para isso it is hardly time for that; nessa altura at that time, then; nesta altura at this stage, at this point (in time) alturas s.f.pl. RELIGIÃO (*firmamento*) Heaven ◆ estar à altura das expectativas to live up to the expectations
aluado adj. figurado lunatic, odd, crazy
alucinação s.f. 1 MEDICINA hallucination; ter alucinações to have hallucinations 2 (*ilusão*) delusion, daydream
alucinado adj. mad, crazy
alucinante adj.2g. 1 hallucinatory 2 crazy, mad 3 amazing, incredible, mind-blowing
alucinar v. 1 to hallucinate 2 (*desvairar*) to bewitch, to fascinate, to dazzle
alucinógeno adj. hallucinogenic ■ s.m. hallucinogen
aludir v. 1 to allude (to, *a*); to refer (to, *a*) 2 (*implicitamente*) to hint (a, *at*)

alugar v. 1 (*casa, apartamento*) to rent, to let, to lease; alugamos um apartamento we rented an apartment; (*carro, bicicleta*) to hire; (*terreno*) to rent; (*à hora*) to hire out 2 (*disponibilizar para aluguel*) to rent out (a, *to*), to lease out (a, *to*), to let (a, *to*); ela alugou o apartamento a um casal she rented out her apartment to a couple 3 coloquial to make somebody waste his/her time by talking to him/her ◆ aluga-se 1 (*quarto, casa*) to let 2 (*bicicleta, barco*) for hire/rent
aluguel s.m. 1 (*casa*) rent; aluguel alto/baixo high/low rent; aumentar o aluguel to raise/to put up the rent; pagar o aluguel to pay the rent 2 (*objeto*) hire, let 3 (*contrato*) lease 4 (*temporário*) rental; empresa de aluguel de automóveis car rental company
alumiar v. 1 to light, to illuminate 2 figurado to clarify
alumínio s.m. QUÍMICA (*elemento químico*) aluminium; papel alumínio aluminium foil
alunagem s.f. moon landing
alunar v. to land on the moon
aluno s.m. 1 (*escola*) student; pupil Grã-Bretanha; alunos schoolchildren; antigo aluno former pupil; aluno externo day pupil; aluno interno boarder; aluno semi-interno day boarder 2 (*universidade*) student; antigo aluno former student 3 figurado disciple; follower
alusão s.f. allusion (a, *to*), reference (a, *to*), hint (a, *at*); fazer alusão a to make an allusion to, to refer to
alusivo adj. allusive (a, *to*); suggestive (a, *of*)
aluviano adj. alluvial
aluvião s.f. 1 GEOLOGIA alluvium; terra de aluvião alluvial land 2 (*inundação*) flood
alva s.f. 1 (*aurora*) dawn; daybreak; aurora 2 (*de sacerdote*) alb 3 ANATOMIA white of the eye; sclerotic ◆ estrela d'alva morning star
alvará s.m. 1 permit, licence; alvará de construção building license; emitir um alvará to issue a permit 2 (*para negócio*) franchise
alvejado adj. 1 (*com balas*) hit by a bullet; struck by a bullet 2 (*branqueado*) bleached; whitened
alvejante adj.2g. 1 whitening; bleaching; produto alvejante whitening product 2 (*cor*) white ■ s.m. bleacher; whitener
alvejar v. (*arma*) to aim at, to shoot at
alvenaria s.f. 1 (*arte*) masonry 2 (*obra*) stonework, brickwork
alveolado adj. alveolate
alvéolo s.m. 1 (*cavidade*) cavity, hole 2 (*favo*) cell 3 ANATOMIA alveolus; alvéolo dentário dental alveolus; alvéolo pulmonar pulmonary alveolus
alvo s.m. 1 target; acertar no alvo to hit the target; atirar ao alvo to (take) aim at the target; errar o alvo to miss the target 2 figurado (*finalidade*) target, aim, objective 3 (*cor*) white ■ adj. (*branco*) white ◆ alvo primordial prime target ser alvo de debate to be a subject for debate ser um alvo fácil to be an easy target
alvorada s.f. 1 (*madrugada*) dawn, daybreak 2 (*toque militar*) reveille; tocar a alvorada to sound the reveille

alvorecer

alvorecer *v.* 1 (*amanhecer*) to dawn 2 figurado (*iniciar*) to begin, to arise
alvoroçar *v.* 1 to stir up, to agitate; to throw into turmoil 2 (*inquietar*) to alarm 3 (*entusiasmar*) to excite alvoroçar-se *v.pr.* 1 (*fúria, emoção forte*) to get worked up 2 (*revoltar-se*) to revolt
alvoroço *s.m.* 1 (*sobressalto, agitação*) turmoil, stirring up, agitation; estar em alvoroço to be in (a) turmoil 2 (*tumulto, motim*) riot, uproar 3 (*entusiasmo*) excitement 4 (*pressa*) hurry, hustle
amabilidade *s.f.* kindness, politeness, friendliness; falta de amabilidade unfriendliness; que amabilidade a sua! how kind of you!
amaciante *adj.2g.* conditioning ■ *s.m.* fabric conditioner; fabric softener
amaciar *v.* 1 to soften, to smooth 2 (*alisar*) to smooth (out)
amador *s.m.* 1 amateur; trabalho de amador amateur work 2 (*apreciador*) lover, enthusiast ■ *adj.* 1 amateur; teatro amador amateur dramatics 2 pejorativo (*sem qualidade*) amateurish; a peça é amadora the play is amateurish
amadurecer *v.* 1 (*fruto*) to ripen 2 (*pessoa, ideia*) to mature
amadurecido *adj.* 1 (*fruto*) ripe 2 figurado (*refletido*) mature
amadurecimento *s.m.* 1 (*fruto*) ripeness 2 (*pessoa*) maturity 3 (*ideias, projeto*) mature reflection
amaldiçoar *v.* to curse
amálgama *s.m.* (*geral*) amalgam
amamentação *s.f.* breast-feeding
amamentar *v.* to breast-feed
amanhã *adv.* tomorrow; amanhã de manhã tomorrow morning; de hoje para amanhã overnight; depois de amanhã the day after tomorrow ■ *s.m.* figurado (*futuro*) tomorrow, future; o dia de amanhã the future ♦ amanhã será outro dia tomorrow is another day
amanhecer *v.* 1 to dawn 2 figurado (*iniciar*) to begin, to arise ■ *s.m.* dawn, daybreak; ao amanhecer at dawn
amansar *v.* 1 (*tornar manso*) to tame; (*cavalo*) to break in 2 (*ficar manso*) to become tame 3 (*acalmar*) to calm down
amante *s.2g.* 1 (*apreciador*) lover, enthusiast, fan; ele é um amante da arte he is fond of art 2 lover ■ *adj.2g.* 1 loving 2 fond (de, *of*)
amanteigado *adj.* buttery
amar *v.* to love; amar alguém to be in love with someone; eu te amo I love you
amarelado *adj.* yellowish
amarelar *v.* 1 to yellow 2 coloquial to lose one's nerve; to chicken out; quando viu o adversário, amarelou he chickened out when he saw his opponent
amarelinha *s.f.* (*jogo*) hopscotch
amarelo *adj.* 1 yellow; ESPORTE cartão amarelo yellow card; MEDICINA febre amarela yellow fever; (*estacionamento*) linha amarela yellow line; Páginas Amarelas Yellow Pages 2 figurado (*envelhecido*) washed-out ■ *s.m.* 1 (*cor*) yellow; ela estava de amarelo she was dressed in yellow 2 (*semáforo*) amber ♦ sorriso amarelo forced smile
amargar *v.* 1 (*tornar amargo*) to embitter 2 (*sofrer*) to suffer
amargo *adj.* 1 bitter 2 figurado (*penoso*) bitter, painful; uma experiência amarga a bitter experience 3 figurado (*duro*) harsh, virulent
amargor *s.m.* 1 (*sabor*) bitter taste 2 figurado (*azedume*) bitterness, acrimony
amargura *s.f.* 1 (*sabor*) bitter taste 2 (*azedume*) bitterness, acrimony ♦ andar pelas ruas da amargura to go through a bad patch
amargurado *adj.* embittered
amargurar *v.* 1 to embitter, to make bitter 2 figurado (*afligir*) to afflict, to distress
amarração *s.f.* 1 (*cordame*) lashing, mooring 2 (*ancoradouro*) anchorage, mooring 3 coloquial romantic relationship; infatuation
amarrado *adj.* 1 (*preso*) tied (a, *to*); roped (a, *to*); encontraram os prisioneiros amarrados à árvore they found the prisoners roped to the mast 2 (*navegação*) moored 3 coloquial (*compromisso, promessa*) bound 4 coloquial (*interessado*) into (em, *–*); era muito amarrado em cinema he was really into cinema 5 coloquial (*apaixonado*) in love (em, *with*); estava amarrado nela I was in love with her
amarrar *v.* 1 (*atar*) to tie (a, *to*), to bind (a, *to*), to fasten (up) (a, *to*); amarrar a corda ao barco to tie the rope to the boat 2 (*pessoa*) to tie, to bind; estar amarrado to be bound and gagged; amarrar os pés de alguém to tie somebody's feet 3 (*cabelo*) to tie back; ela amarrou o cabelo she tied her hair back 4 figurado (*compromisso*) to tie down; to bind, to constrain 5 (*fundear*) to moor, to anchor, to tie up amarrar-se *v.pr.* 1 to attach oneself (a, *to*) 2 (*afetos*) to fall in love (em, *with*) 3 (*interesse*) to like very much (em, *–*)
amarronzado *adj.* brownish
amassar *v.* 1 (*massa*) to knead 2 (*chapa*) to dent 3 (*argamassa*) to mix ● A palavra "amass", em português, se traduz por *acumular, aglomerar, juntar*.
amável *adj.2g.* kind, polite; é muito amável da sua parte it's very kind of you; pouco amável unfriendly
amazona *s.f.* 1 MITOLOGIA Amazon 2 horsewoman
Amazonas *s.m.* Amazonas
amazônico *adj.* Amazon; a floresta amazônica the Amazon rainforest
âmbar *s.m.* amber
ambição *s.f.* ambition; falta de ambição lack of ambition; não ter ambição to have no ambition
ambicionar *v.* to aspire to, to want, to aim to; ambicionar a liderança to aspire to the leadership
ambicioso *adj.* ambitious
ambidestro *adj.* ambidextrous
ambiental *adj.2g.* environmental; desastre ambiental environmental disaster; impacto ambiental environmental impact; política ambiental environmental policy; poluição ambiental pollution of the environment; questões ambientais environmental issues
ambientalista *s.m.* environmentalist; conservationist

ambientar v. to settle in, to create conditions for ambientar-se v.pr. **1** to settle in **2** to adapt (a, *to*); to adjust (a, *to*)

ambiente s.m. **1** (*ecologia*) environment; meio ambiente environment **2** (*envolvente*) surroundings, scenery **3** (*social*) milieu **4** (*ar*) atmosphere ■ *adj.2g.* ambient; surrounding; música ambiente ambient music; temperatura ambiente ambient temperature, room temperature

ambíguo *adj.* ambiguous

âmbito s.m. (*alcance*) scope; sphere of action; neste âmbito in this context; no âmbito de in the field of

ambos *pron. indef.* both; ambos aceitaram they both said yes; de ambos os lados on both sides

ambulância s.f. ambulance; chamar uma ambulância to call an ambulance

ambulante *adj.2g.* **1** itinerant; travelling **2** wandering; walking **3** mobile ♦ (*pessoa*) enciclopédia ambulante walking encyclopaedia vendedor ambulante pedlar

ameaça s.f. threat, menace; ameaça ambiental environmental menace; ameaça de bomba bomb threat; ameaça de morte death threat

ameaçado *adj.* threatened

ameaçador *adj.* threatening, menacing

ameaçar v. **1** to threaten, to menace; ameaçar alguém de morte to threaten to kill somebody; ameaçar com uma arma to threaten with a gun **2** to endanger; to put in danger; ameaçar o ecossistema to put the ecosystem in danger **3** figurado to be imminent

ameba s.f. ZOOLOGIA amoeba

amebíase s.f. MEDICINA amoebiasis

amedrontar v. **1** (*assustar*) to frighten; to scare **2** (*intimidar*) to intimidate

ameixa s.f. BOTÂNICA plum ♦ ameixa seca prune

ameixeira s.f. BOTÂNICA plum tree

amém *interj.* **1** RELIGIÃO amen! **2** figurado so be it! s.m. amen ♦ dizer amém a to agree with

amêndoa s.f. BOTÂNICA almond; óleo de amêndoas doces sweet almond oil

amendoado *adj.* **1** (*bolo, licor*) almond **2** almond-shaped; olhos amendoados almond eyes

amendoeira s.f. BOTÂNICA almond tree, almond

amendoim s.m. BOTÂNICA peanut, groundnut ♦ manteiga de amendoim peanut butter

amenidade s.f. **1** literário amenity; pleasantness **2** literário mildness

amenizar v. **1** to soften; to make milder **2** to make less unpleasant

ameno *adj.* **1** mild; tempo ameno mild weather **2** agreeable; pleasant

América s.f. America

americanizar v. to Americanize americanizar-se v.pr. **1** (*modos, hábitos*) to become Americanized; to adopt American manners **2** (*naturalizar-se*) to become American

americano s.m. American ■ *adj.* American; cultura americana American culture; (*língua*) Inglês americano American English

amerício s.m. QUÍMICA (*elemento químico*) americium

amestrar v. (*animais*) to train; amestrar um cachorro to train a dog

ametista s.f. GEOLOGIA amethyst

amianto s.m. asbestos; cobertura de amianto asbestos mat

amídala s.f. ANATOMIA tonsil

amidalite s.f. MEDICINA tonsillitis

amido s.m. **1** QUÍMICA amide **2** (*substância*) starch; amido de milho corn starch

amieiro s.m. BOTÂNICA alder

amigável *adj.2g.* friendly; palavras amigáveis friendly words; ESPORTE desafio amigável friendly game/match

amígdala s.m. ANATOMIA tonsil

amigo s.m. friend; um amigo íntimo a close friend; um amigo meu a friend of mine; o meu melhor amigo my best friend ■ *adj.* (*atitude*) kind; generous ♦ amigo do peito bosom friend os amigos são para todas as horas a friend in need is a friend indeed

aminoácido s.m. aminoacid

amistoso *adj.* friendly; ter relações amistosas com to be on friendly terms with; ESPORTE jogo amistoso friendly game/match

amiúde *adv.* often; frequently

amizade s.f. friendship (com, *with*); fazer amizade com to make friends with amizades *s.f.pl.* friends; fazer amizades to make friends

amnésia s.f. MEDICINA amnesia

amniótico *adj.* amniotic; líquido amniótico amniotic fluid; saco amniótico amniotic sac

amo s.m. antiquado master

amolação s.f. **1** (*afiamento*) sharpening; grinding **2** coloquial (*transtorno*) annoyance; nuisance

amolador s.m. knife sharpener

amolar v. **1** (*afiar*) to sharpen; to whet; amolar uma faca to sharpen a knife **2** coloquial to bother, to pester, to hassle amolar-se *v.pr.* coloquial to get annoyed

amolecer v. **1** (*substância, pessoa*) to soften **2** figurado to mellow; o cansaço o amoleceu tiredness mellowed him

amônia s.f. QUÍMICA ammonia

amoniacal *adj.2g.* ammoniacal

amoníaco s.m. QUÍMICA ammonia

amônio s.m. QUÍMICA ammonium

amontoado s.m. heap, pile; um amontoado de papéis a heap of paper ■ *adj.* piled, heaped

amontoar v. to pile up; to heap up

amor s.m. **1** love **2** (*dedicação*) loving; care; devotion ♦ (*provérbio*) amor com amor se paga one good turn deserves another ela é um amor she's a dear fazer amor to make love não morremos de amores um pelo outro there is no love lost between us pelo amor de Deus for goodness' sake

amora s.f. BOTÂNICA mulberry ♦ BOTÂNICA amora silvestre blackberry

amordaçar v. **1** to gag **2** figurado to stifle; to repress

amoreira s.f. BOTÂNICA mulberry, mulberry tree

amoroso *adj.* **1** (*encantador*) sweet; adorable **2** (*sentimento*) amorous; sentimento amoroso amorous feeling ♦ vida amorosa love life

amor-perfeito

amor-perfeito *s.m.* BOTÂNICA pansy
amortalhar *v.* to shroud; amortalhar um cadáver to shroud a dead body
amortecedor *s.m.* shock absorber
amortecer *v.* 1 (*sons*) to deaden; to muffle 2 (*dor*) to weaken, to lessen 3 (*impacto*) to cushion
amortizar *v.* 1 (*impacto, efeito*) to mitigate 2 ECONOMIA to amortize 3 (*dívida*) to pay off
amostra *s.f.* 1 sample; amostra d'água water sample; amostras grátis free samples 2 (*investigação científica*) specimen; sample; amostra de urina urine specimen 3 (*produtos*) pattern; livro de amostras pattern book 4 (*indício*) sign; uma amostra de incompetência a sign of incompetence 5 figurado demonstration, show; isto serve de amostra this is a sheer example
amostrar *v.* (*ciência*) to sample
amotinar *v.* 1 POLÍTICA to mutiny; to rebel, to revolt 2 figurado to stir up amotinar-se *v.pr.* to rise (against, *contra*), to rebel (against, *contra*), to revolt (against, *contra*); amotinar-se contra o capitão de um navio to rise against the captain of a ship
amparar *v.* 1 (*coisa*) to prop; amparar uma prateleira to prop a shelf 2 (*pessoa*) to help; to aid; to protect; amparar um amigo to help a friend amparar-se *v.pr.* 1 to lean (em, *on*); to rest (a, *on*) 2 (*segurar-se*) to hold on (a, *to*); ampara-te em mim hold on to me
amparo *s.m.* 1 (*ajuda*) aid, help; assistance 2 (*proteção*) protection; support
amperagem *s.f* FÍSICA amperage
ampliação *s.f.* 1 (*alargamento*) enlargement; extension; ampliação de instalações enlargement of facilities 2 (*óptica*) magnification; ampliação máxima maximum magnification
ampliar *v.* 1 to enlarge; to magnify; ampliar uma fotografia to enlarge a photo 2 (*construção*) to build an extension to 3 (*perspectiva*) to broaden; ampliar um debate to broaden a debate 4 (*prazo, limite*) to extend
amplificador *s.m.* (*aparelho de som*) amplifier ■ *adj.* 1 (*som*) amplifying 2 (*óptica*) magnifying
amplificar *v.* 1 (*som*) to amplify 2 (*ampliar*) to magnify; to enlarge
amplitude *s.f.* 1 amplitude; amplitude da onda wave amplitude 2 range; scope; amplitude de uma questão scope of an issue
amplo *adj.* 1 (*quantidade*) ample; vast; um amplo número de pessoas a vast number of people 2 (*espaço*) roomy; spacious; uma divisão ampla a spacious room
ampola *s.f.* ampoule
ampulheta *s.f.* sandglass
amputação *s.f.* amputation; amputação de um braço amputation of an arm
amputar *v.* 1 MEDICINA to amputate 2 figurado to cut out
amuar *v.* to sulk
amuleto *s.m.* amuleto, talisman
anabolizante *adj.2g.* anabolic
anacrônico *adj.* anachronistic; perspectivas anacrônicas anachronistic views

anaeróbico *adj.* BIOLOGIA anaerobic
anal *adj.2g.* ANATOMIA anal
analfabetismo *s.m.* illiteracy; analfabetismo na idade adulta adult illiteracy; taxa de analfabetismo illiteracy rate
analfabeto *adj., s.m.* illiterate
analgésico *adj., s.m.* analgesic; painkiller
analisador *s.m.* analyser ■ *adj.* analysing
analisar *v.* 1 to analyse; analisar uma situação to analyse a situation 2 LINGUÍSTICA to parse; analisar uma frase to parse a sentence 3 (*investigar*) to look into
análise *s.f.* 1 analysis 2 LINGUÍSTICA parsing; análise de uma frase parsing of a sentence 3 MEDICINA test; análise ao sangue blood test ♦ em última análise in the final/last analysis
analista *s.2g.* analyst
analítico *adj.* analytic, analytical
analogia *s.f.* analogy; por analogia by analogy
analógico *adj.* 1 analogical 2 INFORMÁTICA analogue; computador analógico analogue computer
análogo *adj.* analogous, similar
ananás *s.m.* BOTÂNICA (*abacaxi*) pineapple
anão *s.m.* dwarf; midget ■ *adj.* 1 dwarf 2 figurado undersized
anarquia *s.f.* anarchy
anarquismo *s.m.* POLÍTICA anarchism
anarquista *s.2g.* anarchist
anarquizar *v.* 1 to cause anarchy 2 (*causar desordem*) to cause chaos
anátema *s.m.* anathema
anatomia *s.f.* anatomy
anatômico *adj.* anatomical; particularidades anatômicas de uma espécie the anatomical features of a species
anca *s.f.* ANATOMIA haunch; hip
anchova *s.f.* ZOOLOGIA anchovy
ancião *s.m.* elder; old man, old woman ■ *adj.* elderly
ancinho *s.m.* rake
âncora *s.f.* anchor; içar, levantar a âncora to weigh anchor, to up anchor; baixar, lançar a âncora to cast anchor, to drop anchor
ancorar *v.* to anchor; to cast anchor; to moor
andador *s.m.* 1 (*para bebê*) walker; baby walker Grã-Bretanha 2 (*idosos, doentes*) walker EUA; zimmer frame Grã-Bretanha
andaime *s.m.* scaffold, scaffolding
andamento *s.m.* 1 (*ritmo*) pacing; rhythm 2 progress 3 (*empreendimento*) development; andamento de um projeto development of a project 4 MÚSICA movement; o primeiro andamento de uma sinfonia the first movement of a symphony ♦ andamento natural das coisas course of nature dar andamento a alguma coisa to get something under way estar em andamento to be in process
andante *adj.2g.* errant, wandering; cavaleiro andante knight-errant ■ *s.m.* MÚSICA andante
andar *v.* 1 (*caminhar*) to walk; andar passeando to walk around 2 (*movimentar-se*) to go 3 (*progredir*) to progress; andar em frente to move on 4 (*verbo auxiliar*) to be; andar estudando muito to be studying hard 5 coloquial (*estar*) to feel; ele anda feliz

he feels happy 6 coloquial (*namorar*) to be dating (com, –); ele anda com ela he is dating her ■ *s.m.* 1 (*movimento*) walk; gait; um andar elegante an elegant gait 2 (*casa*) flat Grã-Bretanha; apartment EUA; 3 (*piso*) floor; primeiro andar first floor; último andar top floor; moro no quarto andar I live on the fourth floor 4 (*número de piso*) storey Grã-Bretanha; story EUA; edifício com cinco andares five-storey building
andarilho *s.m.* walker
Andes *s.m.pl.* Andes
andino *adj.* Andean, Andine
andorinha *s.f.* 1 ZOOLOGIA swallow 2 removal van Grã-Bretanha, moving van EUA
Andorra *s.f.* Andorra
andorrano *adj.* Andorran
androide *s.m.* android
andropausa *s.f.* MEDICINA andropause
anedota *s.f.* 1 (*piada*) joke; crack 2 (*acontecimento engraçado*) anecdote
anel *s.m.* 1 ring; anel de casamento wedding ring; anel de noivado engagement ring 2 (*elo de corrente*) link 3 (*cabelo*) ringlet, curl
anelar *adj.2g.* (*forma*) annular ■ *v.* figurado (*ansiar*) to long (por, *for*) ♦ dedo anelar ring finger
anelídeo *s.m.* ZOOLOGIA annelid
anemia *s.f.* MEDICINA anaemia
anêmico *adj.* 1 MEDICINA anaemic 2 figurado pale 3 figurado weak
anemômetro *s.m.* anemometer; wind gauge
anêmona *s.f.* BOTÂNICA anemone
anêmona-do-mar *s.f.* ZOOLOGIA sea anemone
anestesia *s.f.* 1 MEDICINA (*processo*) anaesthesia 2 MEDICINA (*substância*) anaesthetic 3 (*estado*) numbness ♦ anestesia geral general anaesthetic anestesia local local anaesthetic
anestesiar *v.* MEDICINA to anaesthetize
anestésico *adj., s.m.* MEDICINA anaesthetic
anestesista *s.2g.* MEDICINA anaesthetist Grã-Bretanha, anesthesiologist EUA
aneurisma *s.m.* MEDICINA aneurysm, aneurism
anexar *v.* 1 POLÍTICA to annex 2 (*documento*) to attach; to enclose 3 (*acrescentar informação*) to append (a, *to*); anexar uma crônica ao artigo to append a chronicle to the article
anexo *s.m.* 1 (*construção*) annexe (a, *to*); um anexo à casa an annexe to the house 2 (*documento*) enclosure; attachment; em anexo enclosed, in attachment ■ *adj.* 1 (*edifício*) annexed 2 (*documento*) attached; enclosed; documento anexo enclosed document ♦ (*correspondência comercial*) veja em anexo please find enclosed
anfíbio *adj.* amphibious; veículo anfíbio amphibious vehicle ■ *s.m.* ZOOLOGIA amphibian
anfiteatro *s.m.* 1 amphitheatre 2 (*universidade*) lecture hall
anfitrião *s.m.* host (*m.*), hostess (*f.*)
angariar *v.* 1 (*dinheiro*) to raise 2 (*pessoas*) to gather 3 (*atrair*) to attract 4 (*eleições*) to canvass; angariar eleitores to canvass for voters
angelical *adj.2g.* angelic

aniquilar

angina *s.f.* 1 MEDICINA (*garganta*) tonsillitis; quinsy 2 MEDICINA (*do peito*) angina
angiosperma *s.f.* BOTÂNICA angiosperm
anglicano *s.m.* Anglican ■ *adj.* RELIGIÃO Anglican; Igreja Anglicana Anglican Church
anglo-saxão *s.m.* (*pessoa*) Anglo-Saxon ■ *adj.* Anglo-Saxon anglo-saxão *s.m.* (*língua*) Anglo-Saxon, Old English
anglo-saxônico *s.m.* (*pessoa*) Anglo-Saxon ■ *adj.* Anglo-Saxon anglo-saxônico *s.m.* (*língua*) Anglo-Saxon, Old English
Angola *s.f.* Angola
angolano *adj., s.m.* Angolan
angorá *s.2g., adj.* angora
angu *s.m.* manioc porridge
ângulo *s.m.* 1 GEOMETRIA angle; ângulo agudo acute angle; ângulo obtuso obtuse angle; ângulo reto right angle 2 (*esquina, canto*) corner 3 figurado (*perspectiva*) point of view, viewpoint
angústia *s.f.* anguish
angustiado *adj.* in anguish; anxious; distressed
angustiante *adj.2g.* anguishing; tormenting
angustiar *v.* 1 to distress; to make anxious 2 to worry angustiar-se *v.pr.* 1 to get anxious 2 to worry
anidro *adj.* QUÍMICA anhydrous
anilina *s.f.* QUÍMICA aniline
animação *s.f.* 1 (*vivacidade*) liveliness; um lugar cheio de animação a lively place 2 (*estado de espírito*) enthusiasm 3 (*atividades*) activities; animação cultural cultural activities 4 animation
animado *adj.* 1 (*pessoa*) cheerful, in high spirits; excited 2 animated; desenho animado animated cartoon 3 (*local*) busy; bustling; lively 4 (*incentivado*) encouraged; sentir-se animado a fazer uma tentativa to feel encouraged to give it a try ♦ animado de bons propósitos filled with good intentions
animador *s.m.* 1 animator 2 (*atividades*) organizer; activity leader 3 figurado host; entertainer ■ *adj.* encouraging; uplifting; descoberta animadora encouraging discovery
animal *s.m.* 1 animal; beast; animal de estimação pet; animal doméstico domestic animal; animal selvagem wild animal 2 pejorativo (*pessoa*) beast; brute ■ *adj.2g.* animal
animar *v.* 1 (*dar vida*) to animate 2 (*reconfortar*) to comfort; to cheer up; to encourage; to lighten up col.; anime-se! lighten up! 3 (*alegrar*) to enliven; to brighten up; to spice up; animar uma festa to enliven a party animar-se *v.pr.* (*pessoa*) to cheer up, to liven up; to take heart
ânimo *s.m.* 1 soul; spirits; estar de ânimos exaltados to be in a rage; recobrar o ânimo to lift one's spirits 2 vigour; demonstrar um grande ânimo to show great vigour 3 (*coragem*) courage; heart; dar ânimo to encourage; perder o ânimo to lose heart ♦ de ânimo leve light-heartedly
animosidade *s.f.* animosity (contra, *against*); hostility (contra, *against*)
aninhar *v.* to nestle aninhar-se *v.pr.* 1 to nestle 2 (*de cócoras*) to crouch 3 (*aconchegar-se*) to snuggle
aniquilar *v.* 1 to annihilate; to destroy 2 figurado (*ideias*) to demolish

anis

anis *s.m.* 1 BOTÂNICA (*planta*) anise 2 BOTÂNICA (*sementes*) aniseed 3 (*licor*) anisette
anistia *s.f.* amnesty; Anistia Internacional Amnesty International; conceder uma anistia a alguém to grant an amnesty to someone
aniversariante *s.2g.* birthday boy, birthday girl ■ *adj.2g.* having birthday
aniversário *s.m.* 1 (*ocasião festiva*) anniversary; aniversário de casamento wedding anniversary 2 (*de nascimento*) birthday; feliz aniversário! happy birthday!; no seu aniversário on your birthday; presente de aniversário birthday present
anjo *s.m.* angel; anjo da guarda guardian angel
ano *s.m.* 1 year; ano bissexto leap year; ano fiscal financial year; ano letivo school year, academic year; de dois em dois anos every other year; feliz ano novo! happy new year!; no ano passado last year; por ano per annum, yearly; uma vez por ano once a year 2 (*idade*) years; estar entre os 20 e os 30 anos to be in one's twenties; festa de aniversário birthday party; quantos anos você tem? how old are you?; tenho dez anos (de idade) I am ten years old
anoitecer *v.* to grow dark; anoiteceu night fell; anoitecia it was growing dark ■ *s.m.* nightfall; dusk; ao anoitecer at dusk; mesmo antes de anoitecer just before dusk
ano-luz *s.m.* ASTRONOMIA light-year
anomalia *s.f.* anomaly
anonimato *s.m.* anonymity; levar uma vida no anonimato to lead a life of anonymity; manter o anonimato to remain anonymous
anônimo *adj.* 1 anonymous; carta anônima anonymous letter 2 figurado nameless; doadores anônimos nameless donors
anorexia *s.f.* MEDICINA anorexia; anorexia nervosa anorexia nervosa
anoréxico *adj., s.m.* MEDICINA anorexic
anormal *adj.2g.* 1 abnormal; circunstâncias anormais abnormal circumstances 2 odd; strange; unusual ■ *s.2g.* coloquial freak; whacko
anotação *s.f.* 1 (*apontamento*) annotation; note 2 (*explicação*) explanation; explanatory note
anotador *s.m.* annotator
anotar *v.* 1 (*apontar*) to make a note of; to write down 2 (*acrescentar notas*) to annotate
anseio *s.m.* (*desejo*) longing (por, *for*); craving (por, *for*); yearning (por, *for*); anseio pelo impossível craving for the impossible
ânsia *s.f.* 1 (*desejo*) longing (de, *for*); craving (de, *for*); ânsia de aprender thirst for knowledge 2 (*preocupação*) anxiety; estar em ânsias to be anxious
ansiar *v.* to long (for); ansiar por algo to long for something; ansiar (por) fazer algo to long to do something
ansiedade *s.f.* 1 anxiety; nervous tension; com ansiedade anxiously 2 (*angústia*) anguish
ansioso *adj.* 1 (*angustiado*) anxious 2 (*desejoso*) eager (por, *to*); dying (por, *to*); estar ansioso por to be dying to
anta *s.f.* 1 HISTÓRIA dolmen 2 ZOOLOGIA (*mamífero*) tapir

antagonizar *v.* to antagonize; to oppose antagonizar-se *v.pr.* to clash (com, *with*); to oppose (com, –)
antártico *adj.* Antarctic; região antártica the Antarctic region
antebraço *s.m.* ANATOMIA forearm
antecedência *s.f.* precedence; antecedence ♦ com antecedência in advance; beforehand
antecedente *adj.2g.* previous, preceding; os acontecimentos antecedentes the preceding events ■ *s.m.* precedent antecedentes *s.m.pl.* 1 MEDICINA history; ter antecedentes de to have a history of 2 record; ter antecedentes criminais to have a criminal record
anteceder *v.* to precede; to come before; antecedendo o espetáculo preceding the show
antecessor *s.m.* (*organização*) predecessor; o meu antecessor no cargo my predecessor in this position antecessores *s.m.pl.* (*antepassados*) ancestors
antecipação *s.f.* 1 anticipation; capacidade de antecipação forestalling ability; sofrer por antecipação to suffer in advance 2 (*prevenção*) prevention
antecipadamente *adv.* 1 beforehand; in advance; anunciar antecipadamente to tell in advance 2 (*expectativa*) in anticipation; entusiasmar-se antecipadamente to feel excited in anticipation
antecipar *v.* 1 (*expectativa*) to anticipate; to forestall 2 (*prever*) to predict 3 (*prevenir*) to prevent 4 (*data*) to bring forward; antecipar a consulta to bring the appointment forward 5 (*dinheiro*) to advance antecipar-se *v.pr.* 1 (*tempo*) to be early; to get there first 2 to get ahead; antecipar-se a alguém to get ahead of somebody
antemão *adv.* de antemão beforehand; in advance; saber alguma coisa de antemão to know something beforehand
antena *s.f.* 1 ZOOLOGIA antenna; feeler 2 ELETRICIDADE aerial Grã-Bretanha, antenna EUA ♦ antena parabólica satellite dish
anteontem *adv.* the day before yesterday
antepassado *s.m.* ancestor; forefather
antepenúltimo *adj.* antepenultimate; third from last; antepenúltima sílaba antepenultimate syllable
antepor *v.* 1 to put before 2 (*preferir*) to prefer (a, *to*)
anterior *adj.* 1 (*prévio*) previous; o dia anterior the previous day 2 (*precedente*) preceding; former; acontecimentos anteriores preceding events 3 (*da frente*) (*posição*) anterior; membros anteriores de um cavalo anterior limbs of a horse
anteriormente *adv.* 1 (*antes*) before; previously 2 (*antigamente*) formerly
antes *adv.* 1 (*tempo*) before; antes de before; muito tempo antes long before; pouco antes shortly before 2 (*opção*) rather; antes queria ficar I'd rather stay 3 (*antigamente*) in former times; formerly ♦ antes assim so much the better antes de mais nada first of all antes pelo contrário quite the opposite
antever *v.* to foresee; to predict; antever um problema to foresee a problem
antiácido *adj., s.m.* QUÍMICA antacid

antiaderente *adj.2g.* nonstick; frigideira antiaderente nonstick frying pan
antiaéreo *adj.* anti-aircraft; míssil antiaéreo anti-aircraft missile
antibacteriano *adj.* antibacterial
antibiótico *adj., s.m.* antibiotic
anticaspa *adj.2g.2n.* dandruff; xampu anticaspa dandruff remover
anticiclone *s.m.* METEOROLOGIA anticyclone
anticoncepcional *adj.2g.* contraceptive; pílula anticoncepcional contraceptive pill
anticonceptivo *s.m.* contraceptive
anticorpo *s.m.* QUÍMICA, MEDICINA antibody
Anticristo *s.m.* RELIGIÃO Antichrist
antidepressivo *s.m.* antidepressant; psychic energizer ■ *adj.* antidepressant
antídoto *s.m.* MEDICINA antidote (para, *to*)
antigamente *adv.* (*tempos passados*) in the past, in past times; in olden times, once, in days of old
antigo *adj.* 1 ancient; monumentos antigos ancient monuments 2 (*velho*) old; um hábito antigo an old habit 3 (*de outros tempos*) former; antigos alunos former students 4 (*antiguidades*) antique; um jarro antigo an antique jar ♦ (*Bíblia*) Antigo Testamento Old Testament
antiguidade *s.f.* 1 (*tempo*) antiquity; ancient times 2 (*trabalho*) seniority antiguidades *s.f.pl.* (*objeto*) antiques; loja de antiguidades antique shop
anti-higiênico *adj.* unhygienic
anti-horário *adj.2g.2n.* anticlockwise Grã-Bretanha; counterclockwise EUA
anti-inflamatório *adj., s.m.* anti-inflammatory
Antilhas *s.f.pl.* Antilles
antílope *s.m.* ZOOLOGIA antelope
antimônio *s.m.* QUÍMICA (*elemento químico*) antimony
antipatia *s.f.* aversion (por, *to*); antipathy (por, *to, towards*); strong dislike (por, *for, of*); antipatia mútua mutual antagonism; ter antipatia por to have a strong feeling against
antipático *adj.* 1 (*hostil*) unfriendly; hostile; cara antipática unfriendly face 2 (*desagradável*) disagreeable; unpleasant; atitude antipática disagreeable attitude
antipatizar *v.* to dislike (com, –); to take a dislike (com, *to*); antipatizar com alguém to take a dislike to someone
antiquado *adj.* 1 old-fashioned 2 (*ultrapassado*) obsolete; outdated; ideias antiquadas obsolete ideas
antiquário *s.m.* 1 (*pessoa*) antique dealer 2 (*loja*) antique shop
antiqueda *adj.2g.2n.* hair restoring; loção antiqueda hair restorer
antisséptico *adj., s.m.* MEDICINA antiseptic
antissocial *adj.2g.* antisocial; unsociable
antiterrorismo *s.m.* antiterrorism
antiterrorista *adj., s.2g.* antiterrorist
antítese *s.f.* 1 antithesis 2 exact opposite
antitetânico *adj.* MEDICINA antitetanic
antitóxico *adj.* antitoxic ■ *s.m.* antitoxin; antidote

antivírus *s.m.* 1 antivirus drug 2 INFORMÁTICA antivirus programme
antônimo *adj.* antonymous; palavras antônimas antonymous words ■ *s.m.* antonym; procurar antônimos to look for antonyms
antracito *s.m.* (*carvão mineral*) anthracite
antraz *s.m.* 1 VETERINÁRIA anthrax 2 MEDICINA carbuncle
antro *s.m.* 1 (*gruta*) cave, cavern; cavity 2 figurado (*local secreto*) den ♦ antro de perdição den of vice
antropologia *s.f.* anthropology
anual *adj.2g.* annual; yearly; festas anuais annual festivities; publicação anual annual publication; rendimento anual yearly income
anualmente *adv.* annually; yearly
anuidade *s.f.* annuity
anulação *s.f.* 1 (*contrato*) annulment; anulação de um casamento annulment of a marriage 2 cancellation 3 (*lei*) repeal 4 ESPORTE (*gol*) disallowing 5 (*perda de validade*) invalidation
anular *v.* 1 (*contrato*) to annul; anular um negócio to annul a deal 2 (*encomenda, pedido*) to cancel; to call off ESPORTE (*gol*) to disallow
Anunciação *s.f.* RELIGIÃO Annunciation
anunciar *v.* 1 (*informar*) to announce; to report 2 to advertise (em, *in, on*); anunciar na televisão to advertise on TV
anúncio *s.m.* advertisement, ad col.
ânus *s.m.* ANATOMIA anus
anzol *s.m.* 1 fish hook 2 figurado bait; morder a isca ou o anzol to swallow the bait
ao (contração da preposição a + o artigo definido o) ♦ fui ao estádio ver o jogo do Brasil I went to the stadium to watch Brazil's game ele começou a estudar italiano aos 15 anos he began studying Italian at the age of 15
aonde *adv.* where; aonde você vai? where are you going?
aorta *s.f.* ANATOMIA aorta
apadrinhar *v.* 1 (*batismo*) to be a godfather to 2 (*casamento*) to be the best man to 3 (*patrocinar*) to sponsor 4 (*proteger*) to protect 5 (*apoiar*) to support
apagador *s.m.* (*quadro*) duster
apagão *s.m.* coloquial power cut; blackout
apagar *v.* 1 (*luz elétrica, aparelhos*) to switch off, to turn off 2 (*fogo*) to put out, to extinguish 3 (*vela*) to blow out 4 (*com borracha*) to rub out, to erase 5 (*quadro*) to clean 6 INFORMÁTICA to delete, to erase apagar-se *v.pr.* 1 (*vela, fogo*) to go out 2 figurado (*desvanecer-se*) to fade away
apaixonado *adj.* 1 in love (por, *with*); infatuated (por, *with*) 2 mad (por, *about*); crazy (por, *about*); ele é apaixonado por tênis he is mad/crazy about tennis 3 passionate; fervent ■ *s.m.* lover (de, por, *of*); é um apaixonado por música he's a music lover
apaixonar *v.* to fascinate; to absorb; to thrill apaixonar-se *v.pr.* to fall in love (por, *with*)
apalpar *v.* 1 to touch, to feel, to grope 2 MEDICINA to palpate 3 (*indecentemente*) to paw 4 (*tecido*) to finger
apanhado *adj.* 1 gathered, collected 2 (*pego*) caught; apanhado pela polícia caught by the police;

apanhar

apanhado em flagrante caught in the act, caught red-handed 3 **s.m.** (*resumo*) summary ♦ ser apanhado de surpresa to be taken by surprise

apanhar *v.* 1 to catch; apanhar uma bola to catch a ball; apanharam o ladrão they caught the burglar 2 (*do chão*) to pick up 3 (*transporte*) to catch; to take 4 (*doença*) to catch 5 (*castigo, agressão*) to get

apara *s.f.* 1 (*retalho*) shred, snip 2 (*de madeira*) shavings 3 (*de papel*) clippings 4 (*limalhas*) filings

aparador *s.m.* (*mobília*) sideboard

aparafusar *v.* to screw down/in/on

aparar *v.* 1 (*cabelo, unhas*) to trim, to cut, to clip 2 (*árvores*) to prune 3 (*golpe, pancada*) to parry 5 (*queda*) to catch

aparato *s.m.* pomp, show, grandeur

aparecer *v.* 1 to appear, to come into sight, to come out; o sol apareceu no horizonte the sun appeared/came out on the horizon 2 (*pessoa, objeto perdido*) to turn up; não aparecer not to turn up, not to show up 3 (*chegar*) to show up 4 (*visitar*) to drop in (em, on)

aparelhagem *s.f.* 1 (*som*) stereo; hi-fi 2 tool, equipment

aparelhar *v.* 1 to prepare 2 (*arrear*) to saddle, to harness 3 (*navegação*) to rig; aparelhar um navio to rig a ship

aparelho *s.m.* 1 apparatus 2 (*máquina*) machine 3 (*doméstico*) appliance 4 (*rádio, televisão*) set 5 (*equipamento*) equipment 6 (*pesca*) gear, tackle 7 ANATOMIA, MEDICINA tract; system 8 (*para os dentes*) brace ♦ aparelho de audição/ouvido hearing aid

aparência *s.f.* appearance, aspect, look; manter as aparências to keep up appearances; ter aparência de to look like, to seem ♦ sob a aparência de under the guise of, under the cloak of as aparências enganam still waters run deep

aparentar *v.* 1 (*parecer*) to look, to seem; aparentar menos idade to look younger 2 to have the appearance of 3 (*fingir*) to give the appearance of; to affect, to pretend

aparente *adj.2g.* apparent; seeming; causa aparente apparent cause; sem nenhum motivo aparente for no apparent reason

aparição *s.m.* 1 appearance 2 RELIGIÃO (*visão*) vision 3 (*fantasma*) apparition, ghost

apartado *adj.* 1 separated 2 isolated 3 secluded; distant

apartamento *s.m.* 1 flat Grã-Bretanha, apartment EUA 2 (*separação*) separation

aparte *s.m.* aside; TEATRO falar em aparte to speak aside

apassivar *v.* LINGUÍSTICA to give a passive form to; to put into the passive

apatia *s.f.* apathy

apático *adj.* apathetic

apavorar *v.* 1 to terrify 2 to horrify apavorar-se *v.pr.* 1 to be terrified 2 to be horrified

apaziguar *v.* 1 to pacify; to appease 2 to calm; to soothe

apedrejar *v.* 1 to throw stones at 2 (*até à morte*) to stone (to death)

apegar *v.* to attach (a, to) apegar-se *v.pr.* (*afeiçoar-se*) to become attached (a, to)

apego *s.m.* 1 (*afeição*) affection, fondness, attachment; ter muito apego por to be deeply attached to 2 (*constância*) perseverance

apelar *v.* 1 to appeal; apelar aos amigos to appeal to friends 2 figurado, coloquial to resort (para, to); apelar para a ignorância/violência to resort to abuse/violence

apelativo *s.m.* appellative ■ *adj.* (*atrativo*) appealing

apelidar *v.* 1 (*chamar*) to name 2 (*alcunha*) to nickname

apelido *s.m.* nickname

apelo *s.m.* 1 appeal; fazer um apelo a alguém to appeal to somebody 2 (*pedido de auxílio*) cry for help 3 (*solicitação*) request

apenas *adv.* 1 (*somente*) only, merely, just; apenas lhe perguntei o nome I merely asked his name; isto é apenas um exemplo this is only an example; saiu há apenas uma hora he left but an hour ago 2 (*só, mal*) hardly, scarcely *conj.* (*logo que, mal*) as soon as; apenas o viu sair, seguiu-o as soon as he saw him leave, he followed

apêndice *s.m.* 1 appendage 2 (*livro, documento*) appendix, supplement 3 ANATOMIA appendix

apendicite *s.f.* MEDICINA appendicitis

aperfeiçoamento *s.m.* 1 (*melhoramento*) improvement 2 (*processo*) perfecting ♦ curso de aperfeiçoamento proficiency course

aperfeiçoar *v.* 1 to improve; pouco se pode aperfeiçoar this can hardly be improved 2 to perfect aperfeiçoar-se *v.pr.* to improve; aperfeiçoar-se em inglês to improve one's English

aperitivo *s.m.* 1 (*bebida*) aperitif 2 (*comida*) appetizer

aperreado *adj.* coloquial annoyed; angry; vexed

aperrear *v.* coloquial to annoy; to harass; to vex

apertado *adj.* 1 (*estreito*) narrow 2 (*justo*) tight 3 (*falta de dinheiro*) hard-up 4 (*curva*) sharp ♦ estar apertado to have an urgent need to defecate or urinate

apertão *s.m.* 1 squeeze, crush 2 (*multidão*) crowd

apertar *v.* 1 (*agarrar com força*) to hold tight, to grip 2 (*comprimir*) to squeeze 3 (*parafuso, tampa, nó, cinto*) to tighten 4 (*fecho, cinto de segurança*) to fasten 5 (*segurança*) to step up 6 (*a mão*) to shake 7 (*gatilho*) to pull 8 (*roupa, cordões, cadarço*) to do up 9 figurado (*pessoa*) to put pressure on 10 (*ficar apertado*) (*sapatos, botas, roupa*) to pinch, to be tight 11 (*chuva, frio*) to get worse 12 (*estrada*) to narrow ♦ (*poupar*) apertar o cinto to tighten one's belt

aperto *s.m.* 1 (*pressão*) pressure; squeeze 2 coloquial (*situação difícil*) jam, trouble, tight spot, fix; estar em um aperto to be in a jam 3 (*multidão*) crowd 4 MEDICINA, BIOLOGIA constriction ♦ aperto de mão handshake dar um aperto de mão to shake hands

apesar *adv.* apesar de in spite of, despite; apesar de tudo after all; apesar disso nevertheless

apetite *s.m.* appetite; o passeio lhe abriu o apetite the walk gave him a good appetite; perder o ape-

apetitoso *adj.* 1 appetizing 2 (*tentador*) tempting
apicultor *s.m.* beekeeper
apicultura *s.f.* beekeeping
apimentado *adj.* 1 (*sabor*) peppery, hot, spicy 2 figurado piquant, spicy, malicious
apimentar *v.* 1 to pepper, to put pepper on; to spice with pepper 2 figurado to spice up, to add interest to
Ápis *s.m.* 1 ASTRONOMIA Musca; Apis 2 MITOLOGIA Apis
apitar *v.* 1 (*polícia, árbitro*) to blow the whistle 2 (*carro*) to hoot 3 (*trem, chaleira*) to whistle 4 (*jogo de futebol*) to referee
apito *s.m.* (*trem, polícia, árbitro*) whistle ◆ ESPORTE apito final final whistle
aplainar *v.* 1 (*madeira*) to plane, to smooth, to make even 2 (*nivelar*) to level out
aplanar *v.* 1 (*terreno*) to level; to smooth 2 figurado (*problemas*) to smooth out
aplaudir *v.* 1 (*bater palmas*) to clap; to applaud; foi muito aplaudido he was loudly applauded 2 (*louvar*) to praise
aplauso *s.m.* 1 applause 2 (*elogio*) praise 3 (*aprovação*) approval
aplicação *s.f.* 1 application 2 (*esforço*) effort 3 ECONOMIA (*dinheiro*) investment 4 INFORMÁTICA application; aplicações de computador computer applications
aplicar *v.* 1 to apply 2 (*dinheiro*) to invest 3 (*pôr em prática*) to put to use aplicar-se *v.pr.* (*estudo, trabalho*) to apply oneself (a, em, *to*); to work hard
aplicativo *s.m.* INFORMÁTICA application ■ *adj.* applicable
aplicável *adj.2g.* 1 applicable (a, *to*) 2 appropriate (a, *to, for*); suitable (a, *for*)
apocalipse *s.m.* apocalypse
Apocalipse *s.m.* RELIGIÃO Apocalypse; besta do Apocalipse beast of the Apocalypse
apoderar-se *v.pr.* to seize (de, –); to take possession (de, *of*); to take hold (de, *of*)
apodrecer *v.* 1 to rot; to go bad; a fruta apodreceu the fruit went bad 2 figurado (*corromper*) to corrupt; to contaminate
apogeu *s.m.* ASTRONOMIA apogee
apoiador *s.m.* adherent; holder; supporter
apoiar *v.* 1 (*descansar*) to lean; to rest; apoiar o braço to rest one's arm 2 (*dar apoio*) to support; to back up; apoiar energicamente to give strong support to 3 (*moção*) to second 4 (*basear*) to base (em, *on*) apoiar-se *v.pr.* 1 to lean (em, *on*) 2 figurado (*basear-se*) to be based (em, *on*)
apoio *s.m.* 1 support; apoio moral moral support 2 (*objeto*) prop 3 figurado (*financeiro*) backing
apólice *s.f.* 1 (*certificado*) policy, certificate; apólice de seguro insurance policy 2 ECONOMIA (*ação*) share, bond
apologia *s.f.* 1 apology (de, *of*); defence (de, *of*) 2 (*elogio*) eulogy
apontador *s.m.* 1 (*ponteiro*) pointer 2 (*de lápis*) pencil sharpener

apontar *v.* 1 (*com o dedo*) to point at, to point to 2 (*erro, engano, caso interessante*) to point out 3 (*notas*) to note down, to jot down, to write down 4 (*fazer pontaria*) to aim (para, *at*), to take aim (para, *at*) 5 (*mostrar, indicar*) to show 6 (*razões*) to put forward 7 (*aparecer*) to begin to appear 8 (*fazer ponta*) to sharpen apontar um lápis to sharpen a pencil 9 (*brotar*) to sprout
aporrinhar *v.* 1 (*importunar*) to annoy; to pester; to hassle 2 (*afligir*) to worry; to distress
aportar *v.* to enter a port; to dock
após *prep.* 1 (*depois*) after; um após o outro one after the other 2 (*atrás de*) behind
aposentado *s.m.* pensioner; retired senior citizen ■ *adj.* retired; estar aposentado to be retired, to be pensioned off
aposentadoria *s.f.* 1 (*pensão*) pension 2 (*reforma*) retirement 3 antiquado lodgings
aposentar *v.* 1 to retire; to grant a pension 2 antiquado (*alojamento*) to lodge aposentar-se *v.pr.* 1 to retire (de, *from*); ela se aposentou do cargo de diretora she retired from the directorship 2 (*alojar-se*) to stay (em, *at*)
aposento *s.m.* (*quarto*) room; lodging
aposição *s.f.* 1 juxtaposition 2 apposition
aposta *s.f.* bet; wager; fazer uma aposta to make a bet
apostar *v.* 1 to bet (em, *on*); apostar em um cavalo to bet on a horse 2 figurado to have faith (em, *in*)
apostatar *v.* to apostatize
apostila *s.f.* 1 (*anotação*) apostil; apostille 2 set of lecture notes
apóstolo *s.m.* 1 RELIGIÃO Apostle 2 apostle (de, *of*)
apóstrofe *s.f.* LINGUÍSTICA apostrophe; invocation
apóstrofo *s.m.* LINGUÍSTICA apostrophe
apótema *s.f.* GEOMETRIA apothem
apreciação *s.f.* 1 (*apreciar*) appreciation 2 (*avaliação*) appraisal; assessment 3 (*opinião*) view; opinion
apreciador *s.m.* lover; é um apreciador de música he is a music lover
apreciar *v.* 1 to appreciate; to think highly of; aprecio muito a sua gentileza I greatly appreciate your kindness 2 (*gostar de*) to enjoy 3 (*avaliar*) to appraise; to assess
apreço *s.m.* (*estima*) esteem, regard; ter um grande apreço por alguém to hold somebody in high regard ◆ em apreço in question, in hand
apreender *v.* 1 (*confiscar*) to seize; DIREITO to distrain 2 (*crime*) to apprehend, to arrest 3 (*sentido*) to apprehend, to understand, to grasp
apreensão *s.f.* 1 (*receio*) apprehension, fear 2 (*conhecimentos*) grasp; comprehension; understanding 3 (*bens, contrabando*) seizure, arrest
apreensivo *adj.* apprehensive, filled with apprehension
apregoar *v.* 1 (*vendedor de rua*) to cry 2 (*anunciar*) to proclaim 3 (*louvar*) to extol; to praise apregoar-se *v.pr.* to pretend to be; to boast about being
aprender *v.* to learn; aprender a escrever to learn to write; aprender de cor to learn by heart ◆ aprender a lição to learn one's lesson

aprendiz

aprendiz *s.m.* **1** (*ofício*) apprentice **2** (*principiante*) beginner; learner
aprendizado *s.m.* **1** (*ofício*) apprenticeship; fazer o aprendizado to serve one's apprenticeship **2** (*profissão*) training
aprendizagem *s.f.* **1** learning **2** (*profissão*) training period
apresentação *s.f.* **1** presentation **2** (*pessoas*) introduction; carta de apresentação letter of introduction **3** (*espetáculo*) performance **4** (*aparência*) appearance; boa apresentação smart appearance
apresentador *s.m.* **1** presenter **2** (*televisão*) host
apresentar *v.* **1** (*mostrar*) to present, to exhibit, to show; apresentar cumprimentos to present one's respects; apresentar provas to present evidence **2** (*pessoas*) to introduce; posso lhe apresentar o meu irmão? may I introduce you my brother? **3** (*programa televisivo*) to host **4** (*denúncia, reclamação, queixa*) to make **5** (*demissão*) to tender apresentar-se *v.pr.* **1** to introduce oneself (a, to) **2** (*ocasião, oportunidade*) to rise, to present itself **3** (*a um exame*) to take ♦ apresentar desculpas to offer apologies apresentar-se bem to make a good impression
apresentável *adj.2g.* presentable
apressado *adj.* **1** in a hurry; estar apressado to be in a hurry **2** (*rápido*) speedy; fast **3** (*precipitado*) hasty
apressar *v.* **1** to hurry up; to speed up **2** (*ritmo*) to quicken; apressar o passo to quicken the pace apressar-se *v.pr.* to hurry up, to make haste
aprimorar *v.* to perfect, to refine, to improve
aprisionar *v.* **1** to imprison; to lock up **2** (*capturar*) to capture, to take prisoner
aprofundado *adj.* **1** (*extenso*) deep; wide; broad; um conhecimento mais aprofundado a deeper knowledge; um debate aprofundado a wide debate **2** (*exaustivo*) in-depth; thorough; uma análise aprofundada an in-depth analysis
aprofundamento *s.m.* **1** deepening; fazer o aprofundamento de uma questão to go deeper into a matter **2** thorough study
aprofundar *v.* **1** to deepen **2** (*assunto, questão*) to study carefully; to go thoroughly into
aprontar *v.* **1** to prepare, to get ready **2** to finish aprontar-se *v.pr.* to get ready (para, to)
apropriação *s.f.* **1** appropriation (de, of) **2** (*confiscar*) seizure (de, of); apropriação de todos os bens seizure of all property
apropriado *adj.* appropriate, suitable, adequate, fit, proper; momento apropriado suitable moment
apropriar *v.* (*adaptar*) to adapt, to fit up apropriar-se *v.pr.* **1** to take over **2** to take possession (de, of); to appropriate
aprovação *s.f.* **1** approval; consent; acenou com a cabeça em sinal de aprovação he nodded his approval; dar a sua aprovação to give one's consent/approval to **2** (*escola*) pass
aprovado *adj.* approved; (*prova*) ficar aprovado to get a pass

aprovar *v.* **1** to approve of; aprovar o comportamento de alguém to approve of somebody's behaviour **2** (*escola*) to pass **3** POLÍTICA (*lei*) to pass
aproveitamento *s.m.* **1** use; exploitation **2** (*escola*) progress
aproveitar *v.* **1** (*tirar proveito*) to take advantage of **2** (*explorar*) to make use of; to make the most of **3** (*oportunidade, ocasião*) to seize, to take **4** (*recursos naturais*) to exploit aproveitar-se *v.pr.* to take advantage (de, of); aproveitar-se de to cash in on ♦ aproveite! have a good time!
aprovisionar *v.* to provision, to stock, to supply
aproximação *s.f.* **1** coming together; bringing together **2** (*números*) approximation; por aproximação by approximation **3** (*chegada*) approach
aproximado *adj.* (*valor*) approximate; cálculo aproximado rough estimate
aproximar *v.* **1** to bring near, to bring close **2** (*reconciliar*) to bring together aproximar-se *v.pr.* **1** to come near; to come close; to draw near; to approach; aproximar-se do fim to draw to a close, to come to an end; aproxime-se! come nearer!, come closer!
aprumar *v.* **1** to plumb **2** (*endireitar*) to straighten **3** to tidy up aprumar-se *v.pr.* **1** (*endireitar-se*) to straighten oneself **2** figurado (*aparência*) to tidy up; to spruce up
aptidão *s.f.* **1** aptitude, ability, suitability; prova de aptidão aptitude test; ter aptidão para to be fit for **2** fitness; aptidão física physical fitness **3** (*talento*) gift **4** (*jeito*) knack
apto *adj.* **1** (*com grandes capacidades*) apt, skilled **2** (*físico*) fit **3** (*adequado*) suitable **4** (*capaz*) capable (de, of), able (para, to)
apunhalar *v.* **1** to stab; apunhalar pelas costas to stab in the back **2** figurado to offend, to wound fig.
apurar *v.* **1** (*aperfeiçoar*) to perfect; to improve; to refine **2** to select **3** (*verdade*) to investigate; to determine **4** (*votos*) to count **5** CULINÁRIA to thicken
aquaplanagem *s.f.* aquaplaning
aquaplanar *v.* to aquaplane
aquaplano *s.m.* ESPORTE aquaplane
aquarela *s.f.* watercolour Grã-Bretanha, watercolor EUA
aquário *s.m.* (*pequeno*) fishbowl; (*grande*) aquarium
Aquário *s.m.* ASTRONOMIA Aquarius
aquático *adj.* **1** BIOLOGIA, BOTÂNICA aquatic; plantas aquáticas aquatic plants **2** ESPORTE water; ski aquático water-skiing
aquecedor *s.m.* (*elétrico, a gás*) heater ■ *adj.* heating
aquecer *v.* **1** to heat (up); to warm (up); aquecer a comida to heat up the food; aquecer as mãos to warm one's hands **2** (*tempo, clima*) to warm (up); (*temperatura*) to get warm **3** (*discussão, debate*) to get heated aquecer-se *v.pr.* **1** to warm oneself **2** (*exercício físico*) to warm up
aquecimento *s.m.* **1** heating; aquecimento central central heating **2** ESPORTE warm-up; exercícios de aquecimento warm-up exercises
aqueduto *s.m.* aqueduct
aquele *pron. dem.* that; that one; (*no plural*) those; aquele que he who(m), the one that; aque-

les que they who, those who, those whom ♦ todo aquele que whoever

àquele (contração da preposição a + o pronome demonstrativo aquele, aquela) ♦ diga àquele menino que a mãe dele está lhe chamando tell that boy that his mother is calling him

aquém *adv.* on this side; aquém de on this side of ♦ ficar aquém de not to come up to; to fall short of

aqui *adv.* 1 (*lugar*) here; aqui está! here it is!; aqui mesmo right here; aqui perto near here 2 (*tempo*) now; de aqui a uma semana a week from now; de aqui em diante from now on ♦ aqui para nós just between us por aqui this way por aqui e por ali here and there

aquietar *v.* 1 to appease 2 to calm, to quieten aquietar-se *v.pr.* to calm down

aquilo *pron. dem.* that, it; aquilo que what

àquilo (contração da preposição a + o pronome demonstrativo aquilo) ♦ não vale a pena dar importância àquilo it's not worth it to attach importance to that

aquisição *s.f.* 1 acquisition 2 (*compra*) purchase

ar *s.m.* 1 air; ar puro fresh air; ao ar livre in the open air; à prova de ar airtight; por ar by air 2 (*aspecto*) appearance, look ares *s.m.pl.* (*arrogância*) airs; dar-se ares to put on airs ♦ fazer castelos no ar to build castles in the air no ar (*programa*) on air

árabe *s.2g.* (*pessoa*) Arab ■ *s.m.* (*língua*) Arabic ■ *adj.2g.* Arab, Arabian

arabesco *s.m.* arabesque

Arábia *s.f.* Arabia ♦ Arábia Saudita Saudi Arabia

arábico *adj.* (*povo, cultura*) Arab, Arabic; (*língua*) Arabic; (*local*) Arabian; Península Arábica Arabian Peninsula ■ *s.m.* (*língua*) Arabic

aracnídeo *s.m.* ZOOLOGIA arachnid

arado *s.m.* AGRICULTURA plough

arame *s.m.* wire; arame farpado barbed wire; rede de arame wire netting

aranha *s.f.* ZOOLOGIA spider

arapuca *s.f.* 1 (*pássaros*) bird trap 2 figurado (*estratagema*) trick; trap; ruse

arar *v.* to plough

arara *s.f.* ZOOLOGIA macaw ■ *s.2g.* (*parvo*) fool

arbitragem *s.f.* 1 arbitration 2 ESPORTE refereeing

arbitrar *v.* 1 (*disputa*) to arbitrate 2 ESPORTE (*futebol, handebol*) to referee 3 ESPORTE (*críquete, tênis*) to umpire

arbitrário *adj.* arbitrary

arbítrio *s.m.* 1 will; livre arbítrio free will 2 judgement; decision

árbitro *s.m.* 1 (*discussão*) arbiter; arbitrator 2 ESPORTE (*futebol, handebol*) referee 3 ESPORTE (*críquete, tênis*) umpire

arborizar *v.* to plant trees in

arbusto *s.m.* shrub, bush

arca *s.f.* chest, trunk ♦ RELIGIÃO Arca de Noé Noah's Ark

arcada *s.f.* 1 (*galeria*) arcade 2 (*arco*) arch

arcaico *adj.* archaic

arcar *v.* 1 (*lutar*) to grapple, to struggle 2 (*aguentar*) to deal (com, *with*), to cope (com, *with*), to face (com, –); arcar com as consequências to bear the consequences; arcar com uma responsabilidade to shoulder the responsibility

arcebispo *s.m.* RELIGIÃO archbishop

arco *s.m.* 1 ARQUITETURA arch 2 GEOMETRIA arc 3 MÚSICA bow 4 (*arma*) bow 5 (*barril*) hoop

arco-íris *s.m.* rainbow

ar-condicionado *s.m.* air conditioning, air conditioner

ardência *s.f.* 1 burning sensation 2 figurado (*veemência*) ardour

ardente *adj.2g.* 1 burning, fiery 2 (*em fogo*) on fire 3 (*picante*) spicy, hot 4 figurado (*intenso*) passionate, intense, eager

arder *v.* 1 (*fogo*) to burn 2 (*pele, antisséptico, picada*) to sting; (*golpe, ferida*) to smart ♦ arder em febre to be burning up with fever

ardil *s.m.* scheme, trick

ardor *s.m.* 1 burning sensation; heat 2 figurado ardour, passion; com ardor ardently

ardósia *s.f.* GEOLOGIA slate; telhado de ardósia slate roof

árduo *adj.* (*difícil*) arduous, strenuous, hard, difficult; trabalho árduo hard work

área *s.f.* area; surface; (*autoestrada*) área de serviço service area; área suburbana suburban area ♦ ESPORTE grande área penalty area ESPORTE pequena área goal area

arear *v.* 1 to cover with sand 2 (*metais*) to polish; (*panelas*) to scour 3 (*açúcar*) to refine

areia *s.f.* sand; areia movediça quicksand; castelo de areia sandcastle

arejado *adj.* 1 airy, well-ventilated; quarto arejado airy room 2 figurado (*ideias*) open-minded; liberal

arejamento *s.m.* airing, ventilation

arejar *v.* 1 (*quarto, roupa*) to air, to ventilate 2 figurado (*tomar ar*) to get some fresh air 3 figurado (*espairecer*) to have a break 4 (*fruta*) to wither

arena *s.f.* 1 arena 2 (*circo*) ring 3 (*touradas*) bullring

arenoso *adj.* sandy; terreno arenoso sandy soil

aresta *s.f.* edge, corner

arfar *v.* to puff and pant; to gasp for breath

argamassa *s.f.* mortar, cement

Argélia *s.f.* Algeria

Argentina *s.f.* Argentina

argentino *adj., s.m.* Argentinian

argentite *s.f.* GEOLOGIA argentite

argila *s.f.* argil, clay, brick earth

argiloso *adj.* clayey, argillaceous; terreno argiloso clayey soil

Argo *s.f.* ASTRONOMIA Argo

argola *s.f.* 1 ring; argola de guardanapo napkin ring 2 (*brinco*) hoop (earring) 3 (*de porta*) door knocker argolas *s.f.pl.* ESPORTE rings

argônio *s.m.* QUÍMICA (*elemento químico*) argon

arguir *v.* 1 to argue 2 (*interrogar*) to question; (*examinar*) to examine 3 DIREITO to accuse

argumentação *s.f.* 1 argumentation; reasoning 2 argument

argumentar *v.* 1 to argue; argumentar contra/a favor de to argue against/for 2 to reason 3 to debate; to discuss

argumento

argumento s.m. 1 argument (a favor de, for; contra, against) 2 reason; justification 3 script 4 (enredo) plot 5 (ópera) subject
árido adj. 1 (seco) arid; dry; parched 2 (desolado) barren; desolate; bleak 3 figurado (desinteressante) dull; flat; unimaginative
Áries s.m. ASTRONOMIA Aries
arisco adj. 1 (pessoa) snappy; prickly; unfriendly 2 (animal) not easily tameable; shy
aristocracia s.f. aristocracy; nobility
aristocrata s.2g. aristocrat
aristocrático adj. aristocratic
aritmética s.f. arithmetic
arma s.f. weapon, arm; arma branca cold steel weapon; arma de fogo firearm; arma nuclear nuclear weapon
armação s.f. 1 (estrutura) framework; structure; frame; (em madeira) timbers; (telhado) roof truss; (cama) bedstead; (embarcação) frame 2 (óculos) frames; rim 3 (animal) horns; (veado) antlers 4 rig 5 figurado trap
armadilha s.f. 1 trap; snare; coloquial booby-trap; armar uma armadilha to set a trap; cair em uma armadilha to fall into a trap 2 trick; stratagem
armadura s.f. 1 (soldado) suit of armour 2 (animais, plantas) armature 3 (estrutura) frame
armamento s.m. 1 armament; corrida ao armamento armament race 2 weapons
armar v. 1 (dar armas) to arm 2 to equip (com, with) 3 to set up; armar uma cilada (contra alguém) to set (someone) up, to frame (someone)
armarinho s.m. haberdasher's shop
armário s.m. 1 cupboard; cabinet 2 (roupa) wardrobe Grã-Bretanha, closet EUA ♦ coloquial (homossexualidade) sair do armário to come out of the closet
armazém s.m. 1 warehouse 2 (loja) department store
armazenar v. to store; to put in storage
Armênia s.f. Armenia
aro s.m. 1 hoop; ring 2 (roda) wheel rim
aroma s.m. 1 aroma; fragrance 2 flavour
aromaterapia s.f. aromatherapy
aromático adj. aromatic; fragrant; ervas aromáticas aromatic herbs
aromatizar v. 1 to aromatize 2 (comida) to flavour
arpão s.m. harpoon; pesca com arpão spearfishing
arqueação s.f. 1 gauging 2 arching, vaulting 3 tonnage
arquear v. 1 to arch; to curve; (dobrar) to bend 2 (sobrancelhas) to raise 3 (medir) to measure; to gauge the capacity of
arqueiro s.m. 1 archer 2 (arcas) chest maker 3 ESPORTE goalkeeper
arqueologia s.f. archaeology
arqueológico adj. archaeological
arqueólogo s.m. archaeologist
arquibancada s.f. rows of seats
arquipélago s.m. GEOGRAFIA archipelago
arquitetar v. 1 to come up with; to think up 2 to plan
arquiteto s.m. architect
arquitetônico adj. architectonic
arquitetura s.f. architecture

arquivar v. 1 to file 2 to store; to save 3 (plano) to shelve
arquivo s.m. 1 INFORMÁTICA file; abrir um arquivo to open a file; gravar um arquivo to save a file 2 archive 3 filing cabinet
arraia s.f. 1 frontier; border 2 borderline 3 ZOOLOGIA ray, skate
arraigar v. 1 to root 2 to establish; to strengthen arraigar-se v.pr. 1 to take root 2 to establish; to strengthen
arrancada s.f. 1 removal; (puxando, rasgando) pulling out, tearing out 2 (partida) start 3 (movimento rápido) jerk; tug; jolt 4 (investida) onslaught; attack 5 (corrida) sprint
arrancar v. 1 (planta, árvore) to uproot, to root out 2 (tirar com violência) to snatch 3 to pluck out, to pluck away, to pluck off 4 to pull; arrancar pela raiz to pull up by the root; arrancar um dente to pull out a tooth 5 (veículo) (pegar) to start up; (começar a andar) to move off ♦ arrancar os cabelos to tear your hair out
arranca-rabo s.m. popular (briga) set-to; scrap; scuffle
arranha-céu s.m. skyscraper
arranhão s.m. scratch
arranhar v. 1 to scratch; to scrape; ele caiu e arranhou o joelho he fell and scraped his knee; a pintura está arranhada the paint is scratched 2 figurado, coloquial (língua) to have a smattering of; ele arranha o italiano he has a smattering of Italian
arranjar v. 1 to arrange 2 to tidy up; to put in order 3 (consertar) to fix; to repair 4 to get; to find; arranjar tempo to find the time; arranjar um trabalho to get a job
arranjo s.m. 1 arrangement; arranjo de flores flower arrangement 2 (conserto) repair 3 MÚSICA arrangement 4 (arrumação) tidiness; order
arranque s.m. 1 (carro, máquina) start 2 (touro) charge 3 (jogador) sprint
arrasado adj. 1 levelled 2 destroyed; ruined; razed 3 (sentimentos) crushed; devastated 4 (exausto) exhausted; beat; ready to drop
arrasar v. 1 (destruir) to destroy; (cidade, zona) to devastate; (edifício) to level 2 (emocionalmente) to devastate; to shatter 3 (crítica) to slam (com, -) 4 (cansaço) to exhaust, to wear out 5 coloquial (vencer completamente) to sweep the board col.
arrastão s.m. 1 dragging; jerk; levar de arrastão to drag 2 (embarcação de pesca) trawler 3 (rede) trawl 4 (assalto) gang attack
arrasta-pé s.m. coloquial knees-up
arrastar v. 1 to drag; to pull along; to haul; to trail; arrastar os pés to drag one's feet 2 to carry away; o vendaval arrastou o telhado the windstorm carried the roof away 3 (voz) to drawl 4 (implicar) to implicate arrastar-se v.pr. 1 to drag yourself 2 (tempo) to drag on 3 (humilhar-se) to crawl fig. ♦ arrastar a asa a alguém to have your eye on someone
arrear v. 1 (cavalo) to harness 2 to furnish
arrebatador adj. ravishing; enthralling; fascinating

arrebatar v. 1 to snatch; to walk away with 2 to entrance; to enrapture; to enthrall **arrebatar-se** v.pr. 1 to be enthralled, to be entranced 2 (*exaltar-se*) to get carried away

arrebentar v. 1 (*balão, pneu, emoções*) to burst 2 (*plantas*) to sprout 3 (*flores*) to bud 4 (*bomba*) to explode 5 (*guerra, epidemia*) to break out 6 (*tempestade, onda*) to break 7 (*fazer explodir*) to blow up 8 (*fusíveis*) to blow 9 (*corda*) to snap

arrebitado adj. 1 turned up 2 (*nariz*) snub 3 figurado (*pessoa*) bold; saucy; cheeky

arrebitar v. 1 (*virar para cima*) to turn up 2 (*levantar*) to raise

arrecadação s.f. 1 depot; storehouse 2 (*casa*) boxroom

arrecadar v. 1 to store (away) 2 to collect 3 (*dinheiro*) to put by, to save 4 to obtain; to achieve

arredar v. to put away, to put aside; to remove **arredar-se** v.pr. 1 to move back; to get out of the way 2 to distance oneself ♦ não arredar pé to stand by

arredio adj. 1 reserved; withdrawn 2 unsociable; unfriendly 3 shy; diffident

arredondado adj. 1 (*forma*) roundish 2 (*número*) round

arredondar v. 1 to make round; to round off 2 MATEMÁTICA (*por defeito*) to round down; (*por excesso*) to round up; arredondar uma conta to round off an account, to make a round sum **arredondar-se** v.pr. 1 to become round 2 (*corpo, formas, rosto*) to fill out

arredores s.m.pl. 1 surroundings 2 suburbs, outskirts; os arredores da cidade the outskirts of the town; viver nos arredores to live in the suburbs

arrefecer v. 1 to cool, to cool down 2 to get cold; to get colder

arregaçar v. 1 (*mangas, calças*) to roll up 2 to turn up, to tuck up ♦ coloquial (*trabalho*) arregaçar as mangas to roll up your sleeves

arregalado adj. wide opened; de olhos arregalados goggle-eyed

arregalar v. (*olhos*) to open wide; de olhos arregalados goggle-eyed, staring

arreganhar v. to open; arreganhar a tacha to laugh; (*animal*) arreganhar os dentes to snarl

arreliar v. 1 to irritate; to get on (somebody's) nerves 2 to tease **arreliar-se** v.pr. to get cross; to get angry; to get irritated; ela arrelia-se facilmente she gets angry easily

arrematar v. 1 (*leilão*) to sell 2 (*leilão*) to buy 3 to finish; to complete arrematar a costura / o tricô tie up the last stich

arremedar v. 1 to mimic; to ape; to imitate 2 to caricature; to parody

arremessar v. 1 to throw; to fling; to hurl 2 to cast aside; to cast away

arremesso s.m. hurl; throw; fling

arremeter v. 1 (*acometer*) to charge (contra/para, at/towards); to lunge (contra/para, at/towards) 2 (*atacar*) to attack (contra, –)

arrepender-se v.pr. 1 to regret; hás de te arrepender! you'll live to rue it!, you'll regret it!; ele se arrependeu de ter comprado o carro he regretted having bought the car 2 RELIGIÃO to repent (de, of); arrependeu-se dos seus pecados he repented of his sins

arrependido adj. regretful, repentant; estar arrependido de alguma coisa to regret something

arrependimento s.m. 1 regret 2 RELIGIÃO repentance

arrepiado adj. 1 with hair standing up 2 (*pele*) in gooseflesh; in goose pimples 3 (*frio*) shivering; with shivers 4 figurado terrified; horrified

arrepiante adj.2g. 1 that makes your hair stand up 2 that makes your skin crawl; that gives you gooseflesh 3 that makes you shiver 4 terrible; frightful

arrepiar v. 1 (*frio, medo*) to cause to shiver, to cause to shudder 2 to make somebody's hair stand on end 3 to cause gooseflesh 4 to give somebody the creeps; to give the shivers; to make someone's flesh creep **arrepiar-se** v.pr. to get gooseflesh

arrepio s.m. shiver, shivering fit; goose pimples ter arrepios de frio to have cold shivers, to shiver with cold; isso me dá arrepios it gives me the creeps

arresto s.m. temporary seizure

arriar v. 1 to lower, to haul down; arriar a bandeira to lower the flag 2 (*desistir*) to give up

arriscado adj. 1 risky; hazardous; chancy col. 2 dangerous

arriscar v. 1 to risk, to put at risk; arriscar a vida to risk one's neck col. 2 to venture; arriscar uma opinião to venture an opinion 3 to hazard; arriscar um palpite to hazard a guess **arriscar-se** v.pr. to take risks ♦ quem não arrisca não petisca nothing ventured, nothing gained

arritmia s.f. MEDICINA arrhythmia

arroba s.f. 1 INFORMÁTICA at sign (@) 2 (*unidade de peso*) thirty-two pounds

arrogância s.f. arrogance

arrogante adj.2g. arrogant

arrogar v. 1 to arrogate 2 to claim, to assume **arrogar-se** v.pr. to take upon oneself

arrojado adj. 1 thrown 2 daring; bold; audacious 3 risky; dangerous

arrojar v. 1 to throw; to hurl 2 to drag **arrojar-se** v.pr. 1 to throw oneself 2 to summon up the courage (a, to); to have the audacity (a, to)

arromba elem. de loc. de arromba amazing, great

arrombar v. 1 to break into; arrombar uma casa to break into a house 2 to break open; arrombar uma porta to break a door open

arrotar v. to belch, to burp ♦ figurado arrotar postas de pescada to show off; to blow your own trumpet

arroto s.m. belch, burp

arroz s.m. rice; arroz integral brown rice

arrozal s.m. paddy field

arroz-doce s.m. CULINÁRIA rice pudding

arruaça s.f. 1 uproar; rumpus 2 tumult

arruaceiro s.m. hooligan; rioter ■ adj. rowdy; noisy and disorderly

arruela s.f. washer

arruinar

arruinar v. 1 to ruin; arruinar a vida to ruin one's life 2 to destroy 3 to bankrupt arruinar-se v.pr. to go bankrupt
arrulhar v. to coo
arrumação s.f. 1 (processo) ordering; organization 2 tidiness; order
arrumadeira s.f. maid
arrumado adj. 1 in good order; organized 2 (casa) tidy 3 coloquial (resolvido) taken care of; settled 4 (pronto) ready; (roupa) dressed up
arrumar v. 1 to put in order 2 (casa) to tidy (up) 3 (carro) to park arrumar-se v.pr. 1 popular to get a job 2 popular to get married 3 (para sair) to spruce yourself up
arsenal s.m. 1 (armas) arsenal; armoury 2 (navios) shipyard 3 figurado (grande quantidade) repository fig.; storehouse fig.
arsênico s.m. QUÍMICA arsenic
arsênio s.m. QUÍMICA (elemento químico) arsenic
arte s.f. 1 art; obra de arte work of art 2 skill; talent; ability 3 coloquial trick ♦ artes cênicas performing arts artes e ofícios arts and crafts artes mágicas magic arts artes marciais martial arts artes plásticas plastic arts
arteiro adj. 1 (manhoso) artful; crafty; sly 2 (habilidoso) skilful Grã-Bretanha, skillful EUA
artéria s.f. 1 ANATOMIA artery 2 figurado (estrada) main road; as artérias da cidade the thoroughfares of the city, the main roads of the city
arterial adj.2g. arterial; sangue arterial arterial blood; pressão arterial blood pressure
artesanal adj.2g. handcrafted; handmade
artesanato s.m. (objetos, arte) handicrafts; arts and crafts ♦ feira de artesanato craft fair
artesão s.m. artisan; craftsman, craftswoman
articulação s.f. 1 (fala) articulation 2 ANATOMIA joint
articulado adj. 1 (escrita, fala) articulate, fluent, eloquent 2 articulated; ônibus articulado articulated bus 3 folding; cadeira articulada folding chair; metro articulado folding rule
articular v. 1 to articulate 2 to join; to link
artificial adj.2g. 1 artificial; flores artificiais artificial flowers; MEDICINA inseminação artificial artificial insemination; luz artificial artificial light 2 synthetic
artifício s.m. artifice; clever trick; stratagem
artigo s.m. 1 (jornalismo) article 2 LINGUÍSTICA article; artigo definido definite article; artigo indefinido indefinite article 3 piece; artigo de vestuário piece of clothing; artigo esportivo sports item artigos s.m.pl. ECONOMIA goods; artigos de importação imports; artigos para exportação exports
artilhar v. to fortify with artillery
artilharia s.f. artillery; artilharia ligeira light artillery; artilharia pesada heavy artillery
artilheiro s.m. 1 artillery soldier; artilleryman, artillerywoman 2 ESPORTE striker; scorer
artimanha s.f. trick; stratagem; scheme
artista s.2g. 1 artist 2 (ator) s.m. actor (m.), actress (f.); artista de cinema film star 3 figurado artist; expert
artístico adj. artistic
artrite s.f. MEDICINA arthritis

artrópode s.m. ZOOLOGIA arthropod
artrose s.f. MEDICINA arthrosis
arvorar v. 1 (velas) to unfurl 2 (bandeira) to hoist 3 (levantar) to lift up, to haul up ♦ arvorar-se em to pretend to be
árvore s.f. tree; árvore de fruto fruit tree; árvore de Natal Christmas tree; árvore genealógica family tree; cortar árvores to fell trees
arvoredo s.m. small wood; grove
ás s.m. 1 ace; (cartas de jogo) ás de copas ace of hearts 2 (perito) ace; whiz
asa s.f. 1 (avião, ave) wing; abrir as asas to stretch the wings; bater as asas to flap the wings 2 (panela, cesto) handle 3 (campo de futebol) wing ♦ bater a asa to flee
asa-delta s.f. ESPORTE hang-glider
ascendência s.f. 1 origin; ele tem ascendência estrangeira he is of foreign origin 2 (antepassados) ancestry 3 (influência) ascendancy (sobre, over); power (sobre, over); ele ganhou ascendência sobre o sócio he gained ascendancy over his partner
ascendente adj.2g. 1 ascending; rising 2 upward; sentido ascendente upward direction ■ s.m. 1 influence; power; ter ascendente sobre to have influence over 2 ascendant; ancestry
ascender v. 1 to ascend; to rise; ascender ao trono to ascend the throne 2 to be promoted; to rise in rank or status; figurado ascender aos mais altos cargos to reach the top of the tree 3 to go up; to move upwards; to climb
ascensão s.f. 1 ascension; ascent 2 (subida) climb 3 (cargo, estatuto) rise, promotion
Ascensão s.f. RELIGIÃO Ascension; Dia da Ascensão de Cristo Ascension Day
ascensor s.m. lift Grã-Bretanha; elevator EUA
ascensorista s.2g. lift attendant Grã-Bretanha; elevator operator EUA
asco s.m. loathing; abhorrence; revulsion
asfaltar v. to asphalt; estrada asfaltada asphalt road
asfalto s.m. asphalt
asfixia s.f. asphyxia; suffocation; asphyxiation
asfixiante adj.2g. 1 asphyxiating; suffocating 2 figurado stifling; oppressive; calor asfixiante stifling heat
asfixiar v. 1 to suffocate; to asphyxiate 2 figurado to crush
Ásia s.f. Asia
asiático adj., s.m. Asian
asilar v. 1 (dar abrigo a) to give shelter to; to take in 2 (receber em um asilo) to receive in a home 3 (internar) to put in a home 4 POLÍTICA to grant asylum to asilar-se v.pr. 1 (refugiar-se) to take refuge; to take shelter 2 POLÍTICA to seek asylum
asilo s.m. 1 (refugiados) asylum; asilo político political asylum; procurar asilo to seek asylum 2 (assistência social) home; institution 3 figurado refuge; shelter
asma s.f. MEDICINA asthma
asmático adj., s.m. MEDICINA asthmatic
asneira s.f. 1 nonsense; dizer asneiras to talk nonsense 2 blunder; mistake; fazer asneira to make a

blunder, to screw up 3 (*palavrão*) obscenity; rude word; dizer asneiras to swear

asno *s.m.* 1 ZOOLOGIA ass, donkey 2 figurado ass, idiot

aspas *s.f.pl.* inverted commas Grã-Bretanha, quotation marks EUA; entre aspas in inverted commas

aspecto *s.m.* 1 aspect; side; angle; o aspecto jurídico do problema the legal aspect of the problem 2 appearance; look; ter bom aspecto to look well 3 respect; eles são parecidos em um aspecto they resemble each other in one respect

aspereza *s.f.* 1 (*caráter*) asperity, severity 2 (*superfície*) roughness; rough part 3 (*som*) harshness

áspero *adj.* 1 (*textura*) rough, coarse 2 crude; coarse; blunt; modos ásperos crude manners 3 harsh; palavras ásperas harsh words

aspiração *s.f.* 1 aspiration; ambition; ela sempre teve aspirações políticas she has always had political aspirations 2 (*respiração*) aspiration 3 técnico aspiration, suction; aspiração a seco dry suction

aspirador *s.m.* 1 (*fluidos*) aspirator

aspirante *s.2g.* 1 wannabe col.; aspirant; aspirante a ator would-be actor 2 midshipman ■ *adj.2g.* aspiring

aspirar *v.* 1 (*aspirador*) to vacuum 2 to inhale; to breathe in 3 técnico (*fluidos*) to aspirate, to draw by suction 4 to aspire (a, to); ela aspira a ser bailarina she aspires to be a ballerina

aspirina *s.f.* aspirin; tomar uma aspirina to take an aspirin

asqueroso *adj.* 1 filthy 2 loathsome; disgusting; foul 3 vile; base

assado *s.m.* CULINÁRIA roast ■ *adj.* 1 CULINÁRIA roast, roasted; assado demais overroasted, overdone; assado na brasa barbecued; carne assada roast meat 2 (*pele*) rashed ♦ assim ou assado in this way or that

assadura *s.f.* 1 CULINÁRIA roasting 2 (*bebê*) nappy rash Grã-Bretanha, diaper rash EUA

assalariado *s.m.* salaried worker, wage earner ■ *adj.* salaried

assalariar *v.* 1 (*contratar*) to hire, to engage, to employ 2 (*pagar*) to salary

assaltante *s.2g.* 1 (*rua*) mugger 2 (*banco, loja*) robber 3 (*casa*) burglar

assaltar *v.* 1 (*casa*) to break into, to burgle 2 (*pessoa*) to mug 3 (*banco*) to rob 4 (*atacar*) to attack

assalto *s.m.* 1 robbery; (*banco, loja*) assalto à mão armada armed robbery; (*pessoa*) assalto à mão armada hold-up 2 (*casa*) burglary, break-in 3 (*pessoa em local público*) mugging 4 attack; assault; tomar de assalto to take by assault; tropas de assalto assault troops 5 ESPORTE (*boxe*) round ♦ tomar de assalto to take by storm

assanhado *adj.* 1 raging; exasperated; furious 2 aggressive; violent 3 coloquial flirtatious

assanhar *v.* 1 to enrage; to infuriate 2 to irritate 3 to provoke 4 to excite assanhar-se *v.pr.* to fly into a rage; to get furious

assar *v.* 1 (*carne*) to roast; (*vegetais, frutas*) to bake; assar na grelha to grill Grã-Bretanha, to broil EUA 2 figurado (*calor*) to be roasting; to be burning up

assassinar *v.* 1 to murder; (*pessoa importante*) to assassinate 2 figurado (*executar mal*) to butcher

assassinato *s.m.* murder; (*pessoa importante*) assassination

assassino *s.m.* murderer; (*de pessoa importante*) assassin ■ *adj.* murderous

asseado *adj.* clean; neat; tidy

assear *v.* to clean; to tidy up; to neaten

assediar *v.* 1 to harass; to persecute 2 to assail; assediar com perguntas to bombard with questions, to assail with questions

assédio *s.m.* harassment; assédio sexual sexual harassment

assegurar *v.* 1 to secure 2 (*garantir*) to ensure; to guarantee 3 (*afiançar*) to assure; ele me assegurou que viria hoje à noite he assured me he would come tonight assegurar-se *v.pr.* to make sure; assegure-se de que está tudo em ordem make sure everything is ok

asseio *s.m.* cleanliness; neatness; tidiness

assembleia *s.f.* assembly; meeting; assembleia de credores creditors assembly ♦ Assembleia Legislativa Parliament

assemelhar *v.* 1 to make alike 2 to compare assemelhar-se *v.pr.* 1 to be alike; eles se assemelham muito they are very much alike 2 to resemble; to be similar to; to look like; ele se assemelha muito ao pai he closely resembles his father

assentamento *s.m.* 1 (*registro*) entry; registration; fazer o assentamento de to register 2 (*colocação*) laying; setting 3 (*anuência*) agreement; assent 4 (*declaração*) statement

assentar *v.* 1 to register; to write down 2 to lay down, to place; ele assentou a pedra no chão he placed the rock on the ground 3 to decide; to determine 4 (*roupa*) to fit; esse vestido assenta-lhe como uma luva that dress fits you perfectly 5 (*adequação*) to suit; to be suited for 6 (*fundamentos*) to be based (em, on) 7 (*estabilidade*) to settle down assentar-se *v.pr.* 1 to sit down 2 to enlist

assento *s.m.* 1 seat 2 coloquial (*rabo*) buttock, butt

assertivo *adj.* assertive

assessor *s.m.* 1 assistant; adviser; consultant 2 (*embaixada*) attaché 3 officer; assessor de imprensa press officer

assessorar *v.* 1 to assist 2 to advise 3 to act as consultant to

assessoria *s.f.* 1 consultancy 2 (*órgão*) advisory body

assexuado *adj.* BIOLOGIA asexual

assiduidade *s.f.* assiduity

assíduo *adj.* 1 assiduous 2 frequent; um visitante assíduo a frequent visitor

assim *adv.* 1 (*deste modo*) thus, like this; in this manner, in this way 2 (*portanto*) so, therefore 3 (*igualmente*) likewise ♦ assim como as well as assim ou assado one way or the other assim que as soon as assim seja! so be it! e assim por diante and so on por assim dizer so to speak; as it were

assimetria *s.f.* asymmetry

assimétrico *adj.* asymmetrical

assimilação *s.f.* assimilation

assimilar *v.* 1 to assimilate 2 (*apreender*) to take in; to grasp 3 figurado to absorb

assinalar

assinalar v. 1 (*marcar*) to mark, to signal 2 to be a sign of 3 to indicate 4 to celebrate 5 (*animais, mercadorias*) to earmark assinalar-se v.pr. to distinguish oneself

assinante s.2g. 1 (*jornais, revistas, telefone*) subscriber (*de, to*); assinante do telefone telephone subscriber; ser assinante de uma revista to be a subscriber to a magazine 2 (*documentos, ações*) underwriter

assinar v. 1 (*nome*) to sign; assinar um acordo to sign an agreement 2 (*revista, jornal*) to subscribe (–, *to*); assinar uma revista to subscribe to a magazine 3 (*contrato*) to sign (por, *for*); assinar por um clube to sign for a club

assinatura s.f. 1 (*nome*) signature 2 (*revista, jornal*) subscription; assinatura anual yearly subscription 3 (*ato*) signing 4 TEATRO (*passe*) season ticket

assistência s.f. 1 (*auxílio*) assistance; aid, help 2 (*público*) audience 3 (*presença*) attendance ♦ assistência médica medical care assistência social social welfare work assistência técnica technical support

assistente adj.2g. 1 (*apoio*) assistant; auxiliary 2 (*presente*) attending ■ s.2g. 1 (*apoio*) assistant, helper 2 (*público*) member of the audience ♦ (*avião*) assistente de bordo hostess assistente social social worker (*universidade*) professor assistente assistant lecturer

assistido adj. 1 (*auxiliado*) assisted (por, *by*); helped (por, *by*); reprodução assistida assisted reproduction; (*veículo*) direção assistida power steering, power-assisted steering Grã-Bretanha 2 (*supervisão*) supervised; aula assistida observation lesson

assistir v. 1 to be present (a, *at*); to be there 2 (*aula, conferência*) to attend (a, *at*); assistir às conferências to attend the lectures 3 (*filme, espetáculo*) to watch (a, –) 4 (*acidente*) to witness (a, –) 5 to help; to assist 6 (*cuidar de*) to attend; to care for; assistir um doente to attend a sick person 7 (*residir*) to live ♦ assistir o direito de to have a right to ● É diferente de *assist*, que significa "ajudar, prestar assistência a".

assoalho s.m. wooden floor

assoar v. (*nariz*) to blow; assoar o nariz to blow one's nose assoar-se v.pr. to blow one's nose

assobiar v. 1 (*pessoa, pássaro, navio, vento*) to whistle; assobiar uma canção to whistle a tune 2 (*vaiar*) to hiss; to boo 3 (*cobra*) to hiss; a cobra assobia the snake hisses 4 (*velocidade*) to whizz

assobio s.m. 1 whistle 2 hiss; assobio da cobra the hiss of a snake 3 (*vaias*) hiss, boo

associação s.f. 1 association; associação comercial trading association 2 (*organização*) society; organization; associação de beneficência charitable organization 3 (*parceria*) partnership 4 union; associações profissionais trade unions 5 (*relação, conexão*) association, connection, relationship to

associado s.m. 1 (*sócio*) partner; associate; ele é meu associado he is my associate 2 (*grupo, organização*) member ■ adj. 1 associate; membro associado associate member 2 associated (a, *to, with*); linked (a, *to*); connected (a, *with*)

associar v. 1 to associate (a, *with*); associar o nome de alguém a to associate somebody's name with 2 to combine; to link; to connect 3 (*como sócio*) to take as a partner associar-se v.pr. 1 to enter into partnership, to associate (a, *with*); ele associou-se ao irmão he associated with his brother 2 (*juntar-se*) to join

assolar v. to devastate, to ravage; assolado pela tempestade devastated by the storm

assomar v. 1 (*aparecer*) to appear; to come out; assomar ao cimo do monte to appear at the top of the hill 2 (*tornar-se visível*) to show

assombração s.f. 1 (*fantasma*) apparition; ghost 2 (*pavor*) horror

assombrado adj. 1 (*pasmado*) astonished; amazed; ficar assombrado to be astonished 2 (*fantasmas, espíritos*) haunted; casa assombrada haunted house

assombrar v. 1 (*pasmar*) to astonish, to amaze 2 (*assustar*) to frighten 3 (*fantasmas, espíritos*) to haunt assombrar-se v.pr. 1 to be amazed; to be astonished 2 (*escurecer*) to cloud over

assombro s.m. 1 (*pasmo*) amazement; astonishment 2 (*medo*) fright, terror 3 (*maravilha*) wonder; prodigy; é um assombro! it's amazing!

assoviar v. 1 (*pessoa, pássaro, navio, vento*) to whistle; assoviar uma canção to whistle a tune 2 (*vaiar*) to hiss; to boo 3 (*cobra*) to hiss; a cobra assovia the snake hisses 4 (*velocidade*) to whizz

assumir v. (*cargo, responsabilidade*) to assume; to take on, to take upon oneself; assumir a direção de uma empresa to take on the management of a company ♦ ele assumiu as responsabilidades he rose to the occasion

assunto s.m. 1 (*tema*) matter, subject, topic; assunto de discussão subject of debate, topic for discussion; assunto do livro subject of the book; mudar de assunto to change the subject 2 question, point 3 business, affair; cansei desse assunto I'm tired of the whole business ♦ coloquial ir direito ao assunto to cut to the chase

assustado adj. frightened; scared

assustador adj. frightful, alarming; frightening; startling; as notícias eram assustadoras the news was alarming

assustar v. 1 to frighten, to terrify 2 (*sobressaltar*) to startle; você me assustou entrando tão repentinamente you startled me by bursting in assustar-se v.pr. to be frightened; não se assuste! don't be frightened!

astato s.m. QUÍMICA (*elemento químico*) astatine

astenia s.f. MEDICINA asthenia

asterisco s.m. asterisk

asteroide s.m. ASTRONOMIA asteroid

astigmatismo s.m. MEDICINA astigmatism

astral adj.2g. astral, sidereal ■ s.m. 1 coloquial (*disposição*) mood; state of mind; spirits 2 coloquial (*ambiente*) vibes

astro s.m. 1 ASTRONOMIA star 2 figurado (*pessoa*) star; astro do cinema movie star

astrologia s.f. astrology

astrólogo s.m. astrologer

astronauta s.2g. astronaut
astronomia s.f. astronomy
astronômico adj. 1 astronomical 2 figurado (*preço, quantidade*) astronomical; preços astronômicos astronomical prices
astrônomo s.m. astronomer
astúcia s.f. astuteness, cunning; a astúcia da raposa the cunning of the fox
Astúrias s.f.pl. Asturias
astuto adj. shrewd, crafty; clever; cunning; sly
ata s.f. minutes, proceedings
atacadista s.2g. wholesaler
atacado adj. 1 attacked 2 coloquial in a bad mood; angry 3 ECONOMIA wholesale; bulk; por atacado e a varejo wholesale and retail; preços por atacado wholesale prices
atacante s.2g. 1 attacker; assailant 2 ESPORTE (*futebol*) forward ■ adj.2g. 1 attacking 2 offensive
atacar v. 1 to attack 2 (*criticar*) to criticize 3 coloquial (*fazer mal*) to affect; to upset; este medicamento pode atacar o estômago this medication may upset your stomach
atadura s.f. 1 (*ação*) tying 2 (*ligadura*) bandage 3 figurado (*vínculo*) bond; link
atalho s.m. (*caminho*) shortcut; pegar um atalho to take a shortcut
atapetar v. to carpet
ataque s.m. 1 (*agressão*) attack, assault 2 seizure, fit, stroke; ataque de fúria fit of anger ♦ ataque aéreo air raid ataque cardíaco heart attack ao ataque! charge!
atar v. (*fio, corda*) to bind, to tie, to fasten ♦ coloquial ele não ata nem desata he doesn't make up his mind
atarefado adj. busy, occupied; tive um dia atarefado I had a busy day
atarraxar v. to rivet, to screw
atazanar v. coloquial to disturb
atchim interj. atishoo! Grã-Bretanha, achoo!
até prep. 1 (*tempo*) till, until; até novo aviso until further notice; até ordem em contrário until counterdemand 2 to; até à quantia de to the amount of 3 (*tempo, lugar, quantidade*) up to; até agora up to now 4 (*lugar*) as far as; até Paris as far as Paris ■ adv. (*mesmo*) even; até o Pedro sabe isso even Peter knows that ♦ até amanhã! see you tomorrow! até aqui tudo bem so far so good até logo! see you later! até que enfim! at last! • Till é menos formal do que *until*. **Until** é mais usado na escrita. *Till* é mais comum no inglês falado e não se usa em início de frase: *Wait till we get there! Until then, he had always lived alone.*
atear v. 1 (*fogo*) to set fire to, to kindle 2 figurado to stir up; to ignite
atemorizar v. 1 (*assustar*) to frighten 2 (*intimidar*) to intimidate atemorizar-se v.pr. to be filled with fear, to get frightened
atenção s.f. 1 attention; chamar a atenção de alguém para to call someone's attention to; preste atenção! pay attention! 2 (*cuidado*) care; fazer uma coisa com atenção to do something with care 3 (*cortesia*) attention ♦ atenção! your attention, please! (*correspondência*) à atenção de for the attention of digno de atenção noteworthy em atenção a in view of the fact that; falta de atenção lack of attention; dar a devida atenção pay due attention
atencioso adj. kind, attentive, considerate
atendente s.2g. receptionist
atender v. 1 (*clientes*) to attend to, to serve; atender um cliente to serve a customer 2 (*restaurante*) to wait on 3 (*telefone*) to answer; atender o telefone to answer the phone 4 to pay attention (to) ♦ atender um pedido to answer a request
atendimento s.m. service; horário de atendimento office hours (*consultório médico*) horário de atendimento surgery hours, medical hours
atentado s.m. 1 attack; assault; atentado terrorista terrorist attack 2 (*contra a vida*) attempt (a, contra, on); atentado contra a vida do presidente attempt on the president's life 3 (*ofensa*) outrage ♦ atentado ao pudor indecent exposure
atentar v. 1 (*refletir sobre*) to ponder, to consider (em, –) 2 (*prestar atenção a*) to pay attention (em, to); to mind (em, –) 3 to make an attempt on (contra, on); to commit a crime (contra, against)
atento adj. 1 attentive; um auditório atento an attentive audience 2 polite, obliging
atenuar v. 1 (*diminuir*) to attenuate, to diminish, to lessen 2 (*suavizar*) to soften, to cushion
ater-se v.pr. to limit oneself (a, to); to restrict (a, to)
aterrar v. 1 (*amedrontar*) to terrify 2 (*terra*) to cover with earth 3 to land
aterrissagem s.f. landing; grounding; aterrissagem de emergência emergency landing; fazer uma boa aterrissagem to make a safe landing
aterrissar v. to land
aterro s.m. 1 embankment 2 landfill; aterro sanitário sanitary landfill
aterrorizar v. to terrify, to horrify
ater-se v.pr. to stick (a, to), to keep (a, to); ater-se à palavra dada to stick to one's word; ater-se ao regulamento to conform/to stick to the regulation
atestado s.m. 1 certificate; atestado médico doctor's certificate 2 (*carta de recomendação*) testimonial ■ adj. 1 certified 2 (*depósito*) full 3 coloquial (*bêbado*) loaded fig.
atestar v. 1 (*certificar*) to certify 2 (*garantir*) to attest, to testify, to confirm 3 (*encher*) to fill up; atestar o depósito de gasolina to fill up the tank 4 coloquial to cram (de, *with*)
ateu adj. atheistic ■ s.m. atheist
atiçar v. 1 (*fogo*) to poke; to fan, to stoke up 2 (*provocar*) to stir up, to instigate
atinar v. 1 (*acertar*) to guess right; to find out 2 coloquial (*pegar o jeito*) to get the hang (com, *of*) 3 (*entender*) to figure out (com, –); não atino com o que ele diz I cannot make out what he is saying 4 coloquial (*ganhar juízo*) to grow up; to wise up
atingir v. 1 (*alcançar*) to attain, to reach; atingir o ponto culminante to reach the climax 2 (*objetivo*) to achieve 3 (*acertar*) to hit; ele atingiu o alvo he hit the target 4 (*compreender*) to understand 5 (*dizer respeito*) to affect ♦ atingir a maioridade to come of age

atirador

atirador s.m. sharpshooter; shooter; marksman

atirar v. 1 (*lançar*) to throw; to toss; to cast; atirar para cima to toss up 2 (*derrubar*) to knock; atirar ao chão to knock down 3 (*disparar*) to shoot (em, contra, *at*); atirar no alvo to shoot at the target atirar-se **v.pr.** 1 (*lançar-se*) to throw oneself 2 popular to flirt (a, *with*); to make advances (a, *to*) 3 (*atacar*) jump (a, *on*); to set (a, *upon*) ◆ figurado atirar (algo) à cara de alguém to throw (something) in someone's face atirar-se de cabeça to rush headlong

atitude s.f. attitude ◆ tomar uma atitude to do something; to intervene

ativar v. 1 (*pôr em funcionamento*) to activate, to set in motion 2 (*estimular*) to motivate

atividade s.f. 1 activity 2 energy, liveliness ◆ em atividade at work em plena atividade in full swing

ativo adj. 1 active; tomar parte ativa em to take an active part in 2 (*expedito*) diligent, dynamic ■ s.m. ECONOMIA assets; ativo e passivo assets and liabilities ◆ LINGUÍSTICA voz ativa active voice 3 active; seu cartão do banco ainda está ativo your bank card is still active

atlântico adj. Atlantic; o Oceano Atlântico the Atlantic Ocean

Atlântico s.m. Atlantic; Atlantic Ocean

atlas s.m. (*livro*) atlas

atleta s.2g. athlete

atlético adj. athletic

atletismo s.m. ESPORTE athletics; athletic sports; track and field EUA

atmosfera s.f. atmosphere; atmosfera agradável pleasant atmosphere

atmosférico adj. atmospheric; condições atmosféricas atmospheric conditions; poluição atmosférica atmospheric pollution

ato s.m. 1 act, deed; um ato de violência an act of violence 2 act; ceremony; ato público public ceremony 3 TEATRO act; uma peça com quatro atos a four-act play 4 DIREITO act; ato jurídico judicial act ◆ no ato on the spot, straight away

atol s.m. atoll

atolar v. 1 (*na lama*) to stick in the mud; to get (something) stuck in the mud; ele atolou o carro he got his car stuck in the mud 2 (*tornar tolo*) to make (somebody) silly; to make (somebody) foolish atolar-se **v.pr.** 1 (*ficar atolado*) to get bogged down in the mud 2 (*enlamear-se*) to get dirty; to get muddied 3 figurado (*dívidas, trabalho*) to be up to one's ears (em, *in*); atolar-se em dívidas to be up to one's ears in debt, to be deep in debt 4 figurado (*afundar-se*) to sink

atômico adj. atomic; bomba atômica atomic bomb

átomo s.m. atom

atônito adj. astonished, amazed; stunned, dazed

átono adj. LINGUÍSTICA atonic, unstressed

ator s.m. actor, performer; ator principal leading actor; ator secundário actor in a supporting role

atordoado adj. 1 stunned; dazed; atordoado pelas notícias stunned by the news 2 (*tonto*) giddy, dizzy

atordoar v. 1 (*estontear*) to stun; to daze 2 to make dizzy

atormentar v. 1 to torture, to torment 2 (*arreliar*) to tease atormentar-se **v.pr.** to fret

atração s.f. (*geral*) attraction; FÍSICA atração magnética magnetic attraction; atrações turísticas tourist attractions; ter uma atração por alguém to be attracted to someone

atracar v. 1 to land, to moor 2 (*encostar*) to come alongside

atraente adj.2g. 1 attractive 2 appealing, interesting

atraiçoar v. 1 to betray 2 figurado to give away

atrair v. 1 to attract 2 to appeal to; to interest

atrapalhado adj. 1 (*acanhado*) embarrassed; awkward; ill at ease 2 (*confundido*) confused 3 coloquial (*aflito*) in trouble

atrapalhar v. 1 (*embaraçar*) to embarrass 2 (*confundir*) to confuse; to muddle up 3 (*dificultar*) to hinder; to get in the way of atrapalhar-se **v.pr.** 1 (*embaraçar-se*) to feel embarrassed 2 (*confundir-se*) to become confused; to get muddled up

atrás adv. 1 (*localização*) behind, back; atrás de uma árvore behind a tree; atrás das costas behind one's back 2 (*direção*) after; andar atrás de alguma coisa to be after something; correr atrás de alguém to run after a person 3 (*tempo*) ago; algumas semanas atrás some weeks ago 4 (*ao fundo*) in the back

atrasado adj. 1 late; estou atrasado I'm late 2 (*relógio*) slow 3 (*mentalidades*) backward 4 (*pagamento*) overdue 5 (*número de revista*) back ■ s.m. latecomer ◆ estar atrasado nos pagamentos to be behind in one's payments

atrasar v. 1 to delay; não me atrase mais! don't delay me any longer!; atrasar o serviço to get behind in one's duties 2 (*relógio*) to put back; ele atrasou o relógio he put the clock back 3 (*impedir o progresso*) to hold back 4 (*demorar demasiado*) to take longer than expected; a reunião atrasou the meeting took longer than expected 5 ESPORTE (*bola*) to pass back atrasar-se **v.pr.** 1 (*pessoa, transporte*) to be late 2 (*pagamento*) to get into arrears 3 (*trabalho*) to fall behind 4 (*relógio*) to be slow

atraso s.m. 1 (*pessoa, transporte*) delay; um atraso de meia hora a delay of half an hour; há um atraso no fornecimento there is a delay in delivery 2 (*relógio*) slowness 3 (*mentalidades*) backwardness ◆ um atraso de vida a hindrance

atrativo s.m. attraction; charm ■ adj. attractive; appealing

através adv. 1 (*por meio de*) through; através dos campos through the fields; através dos séculos throughout the centuries 2 across; através dos mares across the seas

atravessar v. 1 (*rua, rio*) to cross; atravessar correndo to run across; atravessar a rua to cross the street; ajudar alguém a atravessar a rua to help someone across the street 2 to pass through; atravessar um canal to pass through a channel 3 (*crise*) to go through; ele está atravessando um momento crítico he is going through a crisis 4 (*pôr ao través*) to lay across atravessar-se **v.pr.** to be in the way; figurado atravessar-se no caminho de alguém to cross a person's path

atrelar v. 1 (*viaturas*) to couple (up) 2 to take in tow atrelar-se v.pr. figurado to latch on (a, *to*), to cling (a, *to*)

atrever-se v.pr. to dare (a, *to*), to venture (a, *to*); como você se atreve? how dare you?

atrevido adj. 1 (*corajoso*) bold; audacious 2 (*descarado*) cheeky; impudent, insolent

atrevimento s.m. 1 (*ousadia*) boldness; audacity 2 impudence, cheek; nerve col. 3 (*ação, dito*) impertinence

atribuir v. 1 (*imputar*) to attribute, to ascribe (a, *to*) 2 to attach; atribuir importância a to attach importance to 3 (*tarefa, função*) to assign 4 (*prêmio, recompensa*) to award

atribular v. to distress

atributo s.m. 1 (*característica*) attribute; feature 2 LINGUÍSTICA attributive word/phrase

átrio s.m. atrium

atrito s.m. 1 FÍSICA (*fricção*) friction, attrition 2 (*desentendimento*) disagreement, trouble; provocar atritos to cause trouble

atriz s.f. actress, performer; atriz principal leading actress; atriz secundária actress in a supporting role

atrocidade s.f. atrocity

atrofiar v. to atrophy

atropelamento s.m. (*carro*) running over; running down

atropelar v. 1 to run over, to run down 2 (*derrubar*) to knock down 3 figurado (*passar por cima de*) to trample over; to walk over; to disregard

atuação s.f. 1 (*desempenho*) performance 2 intervention; action

atual adj.2g. 1 present, current; no estado de coisas atual in the present state of affairs 2 (*atualizado*) up-to-date ● Não confunda com a palavra inglesa *actual*, que significa "verdadeiro, real".

atualidade s.f. present, present time; na atualidade nowadays, in these days, at the present time atualidades s.f.pl. (*informação*) current affairs

atualização s.f. 1 modernization; update 2 (*formação*) refresher course 3 INFORMÁTICA upgrade

atualizar v. 1 to update; to modernize 2 (*formação*) to refresh 3 INFORMÁTICA to upgrade

atualmente adv. at present, currently, nowadays

atuar v. 1 to act, to intervene 2 (*palco*) to perform, to play 3 (*medicamentos*) to have an effect 4 (*funcionar*) to work

atum s.m. tuna fish; tunny fish; atum em lata canned tunny

aturar v. to bear, to endure; to put up with

aturdir v. 1 to make dizzy, to stun 2 to amaze, to bewilder

audácia s.f. 1 audacity; boldness 2 (*insolência*) impudence; cheek; que audácia! what a cheek!

audacioso adj. 1 audacious; bold 2 (*insolência*) insolent, impudent

audição s.f. 1 (*sentido, depoimento*) hearing 2 MÚSICA recital

audiência s.f. 1 audience; o rei lhe concedeu uma audiência the king granted him an audience; receber em audiência to receive in audience 2 DIREITO session, hearing 3 ratings

áudio adj., s.m. audio

audiovisual adj., s.m. audio

auditivo adj. hearing; auditory; dificuldades auditivas hearing difficulties

auditório s.m. 1 (*recinto*) auditorium, hall 2 assembly 3 (*ouvintes, espectadores*) audience; programa de auditório programme recorded before a live audience

auferir v. 1 to get, to gain, to obtain; auferir grandes lucros no negócio to make large profits in business 2 to enjoy

auge s.m. top; peak; summit (de, *of*); no auge da carreira at the height of one's career

augurar v. to augur; augurar bem to augur well

aula s.f. (*lição*) lesson; dar a aula to conduct the lesson; faltar à aula to miss the lesson ♦ aula particular private class dar aulas to teach sala de aula classroom; schoolroom

aumentar v. 1 (*quantidade*) to increase; aumentar as dificuldades to increase the difficulties; aumentar a produção to increase the output 2 (*tamanho*) to extend, to enlarge; aumentar uma fotografia to enlarge a photograph 3 (*lente*) to magnify 4 (*subir salários, preços*) to raise; aumentar o preço to raise the price; aumentar o aluguel da casa to put up the rent of the house 5 to rise, to go up; o preço aumentou 20% the price rose by 20%

aumento s.m. 1 increase 2 (*preços*) rise; aumento de preço rise in price 3 raise; pedir um aumento to ask for a raise 4 (*ampliação*) enlargement 5 (*lentes*) magnification

auréola s.f. aureole, halo

aurora s.f. 1 dawn; daybreak; ao romper da aurora at daybreak 2 figurado beginning

auscultar v. 1 MEDICINA to auscultate, to sound with the stethoscope 2 (*sondagem*) to sound

ausência s.f. 1 absence (de, *of*); na ausência de provas in the absence of evidence; na minha ausência in my absence, while I'm away 2 (*falta*) lack, want

ausentar-se v.pr. (*partir*) to leave; to go away

ausente adj.2g. 1 absent; away; ausente do país out of the country; estar ausente to be absent 2 (*abstraído*) lost in thought; faraway; distant ■ s.2g. 1 absentee 2 (*desaparecido*) missing person

austeridade s.f. 1 austerity 2 sternness, severity

austero adj. 1 austere 2 stern, severe

Austrália s.f. Australia

australiano adj., s.m. Australian

Áustria s.f. Austria

austríaco adj., s.m. Austrian

autenticação s.f. authentication

autenticar v. to authenticate; to certify

autenticidade s.f. authenticity

autêntico adj. 1 authentic; genuine; real; provou-se que era autêntico it proved to be authentic 2 (*história*) true ♦ autêntico disparate sheer nonsense

autismo s.m. MEDICINA autism

autista adj.2g. autistic ■ s.2g. autistic person

auto s.m. 1 DIREITO proceedings 2 document 3 LITERATURA morality play

autoajuda s.f. self-help
autoavaliação s.f. self-assessment
autobiografia s.f. autobiography
autoconfiança s.f. self-confidence; self-assurance
autoconfiante adj.2g. self-confident
autocrítica s.f. self-criticism
autocrítico adj. self-critical
autodefesa s.f. self-defence
autodestruição s.f. self-destruction
autodidata adj.2g. self-taught ■ s.2g. self-taught person
autódromo s.m. racetrack Grã-Bretanha; racecourse EUA
autoescola s.f. driving school
autoestima s.f. self-esteem
autoestrada s.f. motorway Grã-Bretanha, freeway EUA
autografar v. to autograph
autógrafo s.m. autograph
automaticamente adv. automatically
automático adj. automatic
automatismo s.m. automatism
automatizar v. to automatize
automedicar-se v.pr. to medicate oneself
automobilismo s.m. ESPORTE motor racing; motoring
automobilista s.2g. motor racing driver
automobilístico adj.2g. indústria automobilística car industry, automobile industry
automóvel s.m. car, motor car; automobile EUA ■ adj.2g. 1 self-propelling 2 (car; automobile EUA
autonomia s.f. 1 autonomy 2 self-government ♦ autonomia administrativa Home Rule
autônomo adj. 1 autonomous 2 self-governed 3 INFORMÁTICA off-line
autopista s.f. motorway Grã-Bretanha; freeway EUA; highway EUA
autópsia s.f. MEDICINA autopsy, postmortem
autopsiar v. MEDICINA to conduct an autopsy on
autor s.m. 1 author 2 (crime) perpetrator
autorama s.m. a slot car racing track
autoria s.f. 1 authorship 2 responsibility
autoridade s.f. 1 (geral) authority 2 (autoridade) authority; expert; ele é uma autoridade no assunto he is an authority on this matter ♦ autoridades governamentais state authorities
autoritário adj. authoritarian
autorização s.f. permission (para, to); authorization (para, to); ele lhe deu autorização para entrar na sala he gave him permission to enter the room
autorizado adj. 1 (permitido) authorized; approved 2 (digno de crédito) authoritative; reliable
autorizar v. 1 to authorize; to allow 2 to approve 3 to give authority to
autorretrato s.m. self-portrait
autossugestão s.f. autosugestion
autossustentável adj. self-sustaining
autotrófico adj. BIOLOGIA autotrophic
autótrofo s.m. BIOLOGIA autotroph
autuar v. to fine; to charge
auxiliar v. 1 (ajudar) to help (a, to); to give aid to (a, to); to lend a hand to col. 2 to assist ■ s.2g. 1 auxiliary; assistant 2 helper 3 (recurso, estratégia) aid ■ adj.2g. auxiliary; LINGUÍSTICA verbo auxiliar auxiliary verb ♦ auxiliar administrativo administrative assistant

auxílio s.m. 1 (ajuda) help, aid, assistance; auxílio imediato immediate assistance; vir em auxílio de to come to the help of 2 (subsídio) subsidy
avacalhado adj. 1 coloquial (ridicularizado) ridiculed 2 coloquial (desleixado) scruffy; slovenly
avacalhar v. 1 coloquial (desmoralizar) to dishearten 2 coloquial (desleixo) to botch up; to make a botch of 3 coloquial (promover desordem) to mess up
aval s.m. 1 (autorização) permission 2 (apoio) backing; support 3 ECONOMIA guarantee; aval ♦ dar o aval a to endorse
avalanche s.f. 1 avalanche; snowslide 2 figurado (grande quantidade) flood fig.; shower fig.
avaliação s.f. 1 valuation; estimation 2 appraisal 3 (escola) assessment; avaliação contínua continuous assessment
avaliar v. 1 to evaluate 2 to value, to estimate, appraise; avaliar os danos to appraise the damages; mandar avaliar uma joia to have a piece of jewellery appraised 3 (escola) to assess
avalizar v. 1 to guarantee; to vouch for 2 to support; to back
avançado adj. 1 advanced 2 (ideias) progressive; forward-thinking ♦ de idade avançada advanced in years; elderly hora avançada late hour
avançar v. 1 (deslocar-se para a frente) to move forward; (tropas, multidão) to advance (contra/sobre, on); avançou até nós he came towards us 2 (evoluir) to advance; (fazer progressos) to make progress 3 (comunicar) to report
avanço s.m. 1 advance 2 (melhoria) improvement; progress; avanço da ciência progress of science 3 (vantagem) lead 4 figurado (desenvolvimento) jump
avantajado adj. 1 (corpulento) (pessoa) fleshy; plump; ample 2 (grande) big; significant
avantajar v. 1 (dar vantagem a) to give an advantage to; to favour 2 (melhorar) to improve 3 (aumentar) to enlarge 4 (exagerar) to exaggerate; to play up avantajar-se v.pr. (aumentar) to enlarge; to become larger
avarento adj. avaricious; tight-fisted; stingy ■ s.m. miser; skinflint
avariado adj. 1 out of order; damaged 2 (veículo, mecanismo) broken down
avariar v. 1 (estragar) to break 2 (deixar de funcionar) to get broken; to stop working; (veículo, máquina) to break down
avassalador adj. overwhelming
avassalar v. to overwhelm
ave s.f. ZOOLOGIA bird; ave canora songbird; ave de arribação bird of passage; ave de rapina bird of prey
aveia s.f. oats, groats
avelã s.f. hazelnut
aveludado adj. velvety; soft
ave-maria s.f. RELIGIÃO (oração) Ave Maria, Hail Mary
avenida s.f. avenue
avental s.m. apron

aventura *s.f.* 1 adventure 2 risk 3 affair; love affair ◆ história de aventuras adventure story

aventurar *v.* 1 to venture; to dare 2 to risk; to try one's chance on aventurar-se *v.pr.* to venture (em, *into*)

aventureiro *s.m.* adventurer ■ *adj.* 1 adventurous 2 pejorativo rash, bold

averiguar *v.* to inquire; to investigate; averiguar um assunto to inquire into a matter

avermelhado *adj., s.m.* reddish

avermelhar *v.* to redden; to turn red avermelhar-se *v.pr.* 1 (*cor*) to redden; to turn red 2 (*corar*) to redden; to blush

aversão *s.f.* aversion (a, *to*); ter aversão a to have an aversion to

avesso *s.m.* reverse; wrong side; o avesso do tecido the wrong side of the cloth ■ *adj.* contrary (a, *to*); adverse (a, *to*); ser avesso à escola to be contrary to school ◆ voltado do avesso inside out

avestruz *s.m.* ZOOLOGIA ostrich

aviação *s.f.* aviation; aviação civil civil aviation; aviação comercial commercial aviation aviação de guerra air force

aviador *s.m.* aviator; pilot

avião *s.m.* aeroplane, airplane EUA, plane, aircraft; viajar de avião to travel by plane ◆ avião a jato jet plane

aviar *v.* 1 to dispatch 2 (*cliente*) to attend to, to serve 3 to prepare 4 to make up; aviar uma receita médica to make up a prescription aviar-se *v.pr.* 1 to hurry; to make haste

aviário *s.m.* aviary; poultry farm

avicultor *s.m.* aviculturist; poultry farmer

aviltar *v.* to debase; to degrade

avinagrar *v.* to sour

avisar *v.* 1 (*advertir*) to warn 2 (*comunicar*) to notify 3 (*informar*) to let know ◆ avisar com um mês de antecedência to give a month's notice

aviso *s.m.* 1 (*advertência*) warning 2 (*comunicação*) notice; aviso prévio advance notice ◆ aviso de recepção acknowledgement of receipt

avistar *v.* 1 to see; to sight 2 (*entrever*) to catch sight of; to get a glimpse of

avivar *v.* 1 to brighten 2 (*intensificar*) to sharpen; to intensify 3 to stoke up; avivar o fogo to stoke up the fire 4 (*memórias*) to bring back

avó *s.f.* grandmother; grandma col.

avô *s.m.* grandfather; grandpa col.

avoado *adj.* (*distraído*) absent-minded

avolumar *v.* 1 (*volume*) to swell 2 (*quantidade*) to increase; to add to avolumar-se *v.pr.* 1 to swell 2 to increase 3 to get bigger

avulso *adj.* 1 odd; individual 2 separated; detached 3 figurado (*ideias*) vague ◆ artigos avulsos sundry articles/items

avultar *v.* 1 (*aumentar*) to increase 2 (*sobressair*) to stand out 3 to add to

axila *s.f.* ANATOMIA axilla, armpit

áxis *s.m.2n.* axis

axônio *s.m.* BIOLOGIA axon

azaleia *s.f.* BOTÂNICA azalea

azar *s.m.* 1 bad luck; estar com azar to be down on one's luck; que azar! what a rotten luck! 2 (*infelicidade*) misfortune; mishap

azaração *s.f.* coloquial flirtation

azarado *s.m.* unlucky person ■ *adj.* unlucky

azarar *v.* to jinx; to bring bad luck to

azarento *adj.* unlucky; ill-starred ■ *s.m.* unlucky person; ill-starred person

azedar *v.* 1 (*alimento, ambiente, relação*) to sour; to turn sour 2 (*irritar*) to make (somebody) bitter; (*irritar-se*) to become bitter

azedo *adj.* 1 sour 2 figurado (*pessoa*) bitter 3 (*atitude*) harsh, rough; uma resposta azeda a harsh answer

azeite *s.m.* olive oil ◆ coloquial estar com os azeites to be ready to fly off the handle

azeitona *s.f.* BOTÂNICA olive

azia *s.f.* heartburn

azucrinar *v.* coloquial to pester

azul *adj.2g.* blue; céu azul blue sky ■ *s.m.* blue

azular *v.* to blue

azul-celeste *adj.2g., s.m.* azure, sky blue

azul-claro *adj.2g., s.m.* light blue

azulejo *s.m.* glazed tile

azul-escuro *adj.2g., s.m.* dark blue

azul-marinho *s.m.* navy, navy blue ■ *adj.2g.* navy-blue

azul-turquesa *adj.2g.2n., s.m.* turquoise

B

b *s.m. (letra)* b
baba *s.f. (saliva)* drool; dribble
babá *s.f.* nanny, baby-sitter
babaca *s.2g.* coloquial idiot; fool
babaçu *s.m.* BOTÂNICA babassu
babado *adj. (saliva)* slavered, slobbered ■ *s.m.* frill; flounce
babador *s.m.* bib
babão *adj.* coloquial doting
baba-ovo *s.2g.* flatterer
babaquice *s.f.* coloquial *(ato)* stupid act; *(comentário)* stupid remark
babar *v.* to slaver on, to slobber on, to dribble on, to drool on **babar-se** *v.pr.* to slaver, to slobber, to dribble, to drool; babar-se por to drool over, to be crazy about
babosa *s.f.* BOTÂNICA aloe
baboseira *s.f.* coloquial nonsense; rubbish
babuíno *s.m.* ZOOLOGIA baboon
baby-doll *s.m.* baby-dolls; baby-doll nighty
baby-sitter *s.2g.* babysitter
bacalhau *s.m.* ZOOLOGIA cod; bacalhau seco dried codfish
bacana *adj.2g.* 1 coloquial *(bom)* nice; great 2 coloquial *(rico)* rich ■ *s.2g.* coloquial rich person
bacanal *s.f.* orgy
bacharel *s.m. (universidade)* bachelor; bacharel em Direito Bachelor of Law; bacharel em Letras Bachelor of Arts; bacharel em Ciências Bachelor of Science; grau de bacharel bachelor's degree
bacharelato *s.m. (universidade)* bachelor's degree, baccalaureate
bacia *s.f.* 1 *(recipiente)* basin 2 ANATOMIA pelvis ♦ GEOGRAFIA bacia hidrográfica hydrological basin
bacilo *s.m.* BIOLOGIA bacillus
bacilose *s.f.* MEDICINA bacillus infection
backup *s.m.* INFORMÁTICA backup; fiz um backup do arquivo I made a file backup; I've backuped the file
baço *adj.* 1 *(luz, cor)* dim; dull 2 *(metal)* tarnished ■ *s.m.* ANATOMIA spleen
bacon *s.m.* bacon
bactéria *s.f.* BIOLOGIA bacterium
bacteriano *adj.* bacterial
bactericida *adj.* bactericidal
bacurau *s.m.* ZOOLOGIA white-winged nightjar
badalada *s.f.* stroke; às doze badaladas at the twelfth stroke
badalar *v.* 1 *(sino)* to clang; to chime 2 *(relógio)* to strike 3 figurado, popular to talk about; to publicize
badejo *s.m.* ZOOLOGIA cod
baderna *s.f.* 1 *(pessoa)* good-for-nothing 2 *(desordem)* disorder; confusion 3 pejorativo rabble; mob; gang
bafafá *s.m.* coloquial rumpus; fuss; kerfuffle

bafejar *v.* 1 *(respiração)* to breathe on; to puff 2 figurado *(destino)* to favour; bafejado pela sorte favoured by fate
bafo *s.m.* 1 *(respiração)* breath; puff 2 figurado *(golpe)* stroke; um bafo de inspiração a stroke of inspiration
baforada *s.f. (fumaça)* puff; grossas baforadas de vapor thick puffs of steam
bagaceiro *s.m.* husk pit; husk heap
bagaço *s.m. (uva, azeitona)* marc; *(uva, maçã)* pomace
bagageiro *s.m. (profissão)* porter; baggage handler; bagageiro de estação railway porter
bagagem *s.f.* 1 luggage; baggage EUA; bagagem de mão hand luggage, hand baggage EUA 2 figurado *(conhecimentos)* experience; background
bagatela *s.f. (pouco valor)* trifle; custar uma bagatela to cost a trifle; comprar por uma bagatela to buy on the cheap
bagre *s.m.* ZOOLOGIA catfish
baguete *s.f.* baguette
bagulho *s.m.* 1 BOTÂNICA grapeseed 2 coloquial *(objeto)* trifle
bagunça *s.f.* 1 coloquial mess; clutter; jumble 2 bulldozer
bagunçar *v.* coloquial to mess (something) up
bagunceiro *s.m.* 1 coloquial *(desarrumado)* messy person 2 coloquial *(arruaceiro)* troublemaker ■ *adj.* coloquial messy; untidy; disorderly
baía *s.f.* GEOGRAFIA bay; inlet
baiacu *s.m.* ZOOLOGIA puffer fish
bailar *v.* to dance
bailarino *s.m.* 1 *(geral)* dancer 2 *(artístico)* ballet dancer; *(mulher)* ballerina
baile *s.m.* ball, dance; baile de máscaras masked ball; organizar um baile to hold a dance ♦ figurado levar um baile de alguém to be mocked by someone
bainha *s.f.* 1 *(roupa)* hem 2 *(faca, espada)* sheath; scabbard 3 BOTÂNICA pod
bairro *s.m.* 1 *(divisão administrativa)* district 2 *(zona)* area; neighbourhood 3 *(zona típica)* quarter
baitaca *s.m.* ZOOLOGIA garrulous parrot
baixa *s.f.* 1 *(queda)* fall; drop; baixa de preços price drop; baixa de temperatura temperature drop 2 *(diminuição)* decrease; abatement; baixa nos lucros decrease in profit 3 *(doença)* sick leave 4 *(morte)* casualty
baixada *s.f.* marshland, plain
baixar *v.* 1 to lower 2 to reduce 3 *(som)* to turn down; baixar o volume da TV to turn down the volume of the TV 4 *(preços, temperatura)* to drop; a temperatura baixou the temperature dropped 5 *(maré)* to ebb **baixar-se** *v.pr.* 1 *(curvar-se)* to bend

down; baixar-se para pegar alguma coisa to bend down to pick something up 2 (*desviar-se*) to duck
baixaria *s.f.* mean act
baixinhos *s.m.pl.* the little ones
baixo *adj.* 1 low; preço baixo low price; maré baixa low tide 2 (*altura*) short; uma pessoa baixa a short person 3 (*caráter*) base; despicable; mean 4 (*valor*) poor; de baixa qualidade of poor quality ■ *adv.* softly; in a low voice; falar baixo to speak softly ■ *s.m.* 1 bottom; down; os altos e baixos da vida the ups and downs of life; lá em baixo down there; para cima e para baixo up and down; vou já para baixo I'll be down in a minute 2 MÚSICA bass; tocar baixo to play bass 3 (*terreno*) depression ♦ a parte de baixo the lower part para baixo downwards por baixo de beneath
baixo-astral *s.2g.* downheartedness; low spirits ■ *adj.2g.* down; downhearted; in low spirits; estar baixo-astral to be in low spirits
baixo-relevo *s.m.* (*escultura*) bas-relief
baixo-ventre *s.m.* 1 (*pessoa*) lower abdomen; lower belly 2 (*animal*) underbelly
bajulador *adj.* flattering ■ *s.m.* flatterer
bajular *v.* 1 to cajole 2 (*lisonjear*) to flatter
bala *s.f.* 1 bullet; à prova de bala bullet-proof 2 candy ♦ como uma bala like a shot
balada *s.f.* 1 coloquial dance club 2 MÚSICA, LITERATURA ballad
balaio *s.m.* 1 (*cesto*) hamper 2 coloquial buttocks ♦ balaio de gatos a can of worms
balança *s.f.* 1 scales 2 ECONOMIA balance
balançar *v.* to swing; to sway 2 (*hesitar*) to hesitate (entre, *between*) 3 (*equilibrar*) to balance 4 (*pesar*) to weigh balançar-se *v.pr.* to swing; to rock
balanço *s.m.* 1 (*oscilação*) swing 2 ECONOMIA balance, balance sheet 3 (*avaliação*) assessment
balão *s.m.* 1 balloon; balão de ar quente hot-air balloon 2 QUÍMICA flask 3 (*história em quadrinhos*) balloon, speech bubble
balbuciar *v.* 1 (*gaguejar*) to stammer; to stutter 2 (*falar entre dentes*) to mumble; to mutter
balbúrdia *s.f.* 1 (*alvoroço*) hubbub; racket; foi uma balbúrdia tremenda it was a hell of a hubbub 2 (*confusão*) mess; que balbúrdia! what a mess!
balcão *s.m.* 1 (*loja, café*) counter; sentar-se ao balcão to sit at the counter 2 ARQUITETURA, TEATRO balcony
balconista *s.2g.* shop assistant
balde *s.m.* 1 bucket (*em ferro ou madeira*) pail ♦ chutar o balde to give up ser um balde de água fria to be a bitter pill to swallow
baldeação *s.f.* 1 (*decantação*) transfusion; decanting 2 (*transbordo*) transshipment; fazer uma baldeação to change train, subways 3 (*lavagem*) washing down
baldio *s.m.* wasteland ■ *adj.* 1 (*terra por cultivar*) uncultivated, untilled 2 (*terra sem dono*) unowned land
balé *s.m.* ballet
balear *v.* to shoot; to gun down ■ *s.2g.* person from the Balearic Islands ■ *adj.2g.* Balearic
baleia *s.f.* ZOOLOGIA whale

baleote *s.2.* ZOOLOGIA whale calf
balir *v.* to bleat
baliza *s.f.* 1 ESPORTE goal; 2 (*limite*) boundary 3 (*navegação*) buoy
balizar *v.* to mark out; to demarcate
balneário *s.m.* health resort; bathing establishment; balneary
balofo *adj.* 1 (*gordo*) plump; puffed up; flabby 2 figurado (*superficial*) hollow; futile
balsa *s.f.* (*embarcação*) ferry-boat
bálsamo *s.m.* 1 balsam; balm 2 figurado comfort
bambo *adj.* 1 (*elástico, corda*) slack; loose 2 (*instável*) wobbly
bambolê *s.m.* hula hoop
bambolear *v.* (*menear*) to sway; to swing; to shake bambolear-se *v.pr.* to swing one's hips
bambu *s.m.* BOTÂNICA bamboo; cana de bambu bamboo pole
banal *adj.2g.* trivial; banal; commonplace
banalidade *s.f.* triviality; banality; commonplace
banalizar *v.* 1 to trivialize 2 (*menorizar*) to belittle
banana *s.f.* BOTÂNICA banana; casca de banana banana skin; cacho de bananas banana bunch ■ *s.m.* pejorativo, coloquial (*palerma*) wimp, nitwit
bananeira *s.f.* BOTÂNICA banana tree
bananosa *s.f.* coloquial fix; tight spot
banca *s.f.* 1 (*comércio*) market stall 2 (*jogo*) bank 3 (*venda de jornais, revistas*) newsstand; stand; estar nas bancas to be on sale banca examinadora examination board; banca de jurados jury box, Court bench
bancada *s.f.* 1 (*teatro*) row (of seats) 2 (*estádio, arquibancada*) terraces; bleachers 3 (*banco, oficina*) bench; bancada parlamentar parliamentary bench
bancar *v.* 1 to finance 2 coloquial to play; bancar o forte to play the strong
bancário *s.m.* bank clerk ■ *adj.* banking; bank; atividade bancária banking; conta bancária bank account ● O dono de um banco é denominado "banqueiro", em português, e *banker*, em inglês.
banco *s.m.* 1 (*estabelecimento*) bank 2 (*assento*) bench; (*individual*) stool; banco de jardim park bench; 3 (*igreja*) pew 4 (*veículo*) seat; banco da frente front seat; banco de trás back seat 5 ESPORTE (*suplentes*) bench; estar no banco to be on the bench 6 GEOGRAFIA bank; banco de areia sandbank 7 (*registro*) base; bank; INFORMÁTICA banco de dados data base 8 MEDICINA emergency service
banda *s.f.* 1 MÚSICA band; banda de rock rock band 2 popular (*lado*) side 3 coloquial area; nestas bandas around here 4 (*faixa*) strip 5 (*rádio*) band ♦ banda larga broadband
Band-Aid *s.m.* Band-Aid (marca registrada) EUA, plaster Grã-Bretanha
bandeira *s.f.* 1 flag 2 (*estandarte*) banner 3 figurado (*ideal*) motto ♦ dar bandeira to make a fool of oneself
bandeirada *s.f.* minimum fare; basic charge
bandeirinha *s.f.* streamer ■ *s.2g.* ESPORTE linesman; line judge

bandeja

bandeja s.f. 1 (*tabuleiro*) tray 2 (*em prata*) salver; bandeja de prata salver ♦ dar (algo) de bandeja to hand (something) on a plate
bandejão s.m. coloquial a kind of restaurant known by serving affordable food in a tray
bandido s.m. bandit
bando s.m. 1 (*aves*) flock; um bando de gaivotas a flock of seagulls 2 (*crime*) gang 3 (*pessoas*) swarm; um bando de gente a swarm of people
bandolim s.m. MÚSICA mandolin
bangalô s.m. bungalow
bangue-bangue s.m. 1 (*tiroteio*) shooting; shoot-out 2 far west
banha s.f. 1 CULINÁRIA lard; dripping 2 coloquial (*pessoa*) flabbiness; fat
banhar v. 1 (*objeto*) to bathe (em, in); to dip (em, in) 2 figurado to wash; o mar banhava a areia the sea washed the sand banhar-se v.pr. (*mar, rio*) to bathe (em, in); banhar-se no mar to bathe in the sea
banheira s.f. bath, bathtub; tapete de banheira bathmat
banheiro s.m. bathroom
banhista s.2g. bather; swimmer
banho s.m. 1 (*banheira*) bath; tomar um banho de espuma to have a bubble bath; dar banho to give a bath 2 (*chuveiro*) shower; tomar banho de chuveiro to take/have a shower 3 (*mar, piscina*) swim; dip; tomar banho de mar/piscina to have a swim in the sea/pool ♦ banho de imersão tub bath banho de sol sunbath fig. figurado dar um banho de alguma coisa em alguém to tip something all over somebody coloquial (*chuva*) tomar um banho to get soaked through figurado um banho de água fria a disillusionment coloquial vá tomar banho! go fly a kite! go jump in the lake!
banho-maria s.m. bain-marie; aquecer em banho-maria to heat in a bain-marie
banir v. 1 (*expulsar*) to banish (de, from) 2 (*proibir*) to ban 3 (*excluir*) to exclude (de, from)
banqueiro s.m. banker
banquete s.m. banquet
baobá s.f. BOTÂNICA baobab
baque s.m. 1 (*ruído*) bang; thud; cair com um baque to fall with a thud 2 (*choque*) shock
bar s.m. 1 bar; pub; atendente de bar barman, bartender 2 (*móvel*) cocktail cabinet
baralho s.m. (*cartas*) pack, deck; baralho de cartas pack of cards
barão s.m. baron
barata s.f. ZOOLOGIA cockroach, black beetle
baratear v. (*baixar preço*) to lower the price of 2 (*regatear*) to haggle over the price of
barateiro s.m. cheapjack; underseller ■ adj. cheap; low-cost
barato adj. cheap; inexpensive ■ adv. cheaply; at a low price; comprar barato to get something cheap ■ s.m. coloquial fun ♦ dar de barato to grant
barba s.f. beard; deixar crescer a barba to grow a beard; fazer a barba to shave ♦ nas minhas barbas right before my very eyes
barbante s.m. string; twine

barbaridade s.f. 1 (*crueldade*) barbarity 2 (*ato*) atrocity 3 figurado (*absurdo, disparate*) piece of nonsense
barbárie s.f. barbarism; savagery; viver em estado de barbárie to live in barbarism
bárbaro s.m. 1 HISTÓRIA (*povos, pessoa*) barbarian 2 (*pessoa cruel*) savage; brute ■ adj. 1 HISTÓRIA (*povos*) barbarian; costumes bárbaros barbarian traditions 2 (*pessoa*) barbaric; savage
barbatana s.f. ZOOLOGIA fin
barbeador s.m. 1 razor 2 (*elétrico*) electric shaver Grã-Bretanha, electric razor EUA
barbear v. to shave; máquina de barbear shaver; por barbear unshaven barbear-se v.pr. to shave; barbeio-me todos os dias I shave everyday
barbearia s.f. barber's
barbeiragem s.f. skimming
barbeiro s.m. 1 (*profissão*) barber 2 ZOOLOGIA kissing bug
barbudo adj. bearded
barca s.f. barque
Barcelona s.f. Barcelona
barco s.m. 1 boat; barco a motor motorboat; barco a remo rowing boat; barco a vapor steamer; barco a vela sailing boat; barco de pesca fishing boat; barco salva-vidas lifeboat; barcos para alugar boats for hire; corrida de barcos boat race 2 (*navio*) ship ♦ figurado estar no mesmo barco to be in the same boat
barganhista s.2g. coloquial trader
baricentro s.m. FÍSICA barycentre Grã-Bretanha, barycenter EUA
bário s.m. QUÍMICA (*elemento químico*) barium
barman s.m. barman; bartender EUA
barômetro s.m. FÍSICA barometer
barquilha s.f. log
barra s.f. 1 bar 2 (*risca*) stripe 3 (*ouro, prata*) ingot; barra de ouro gold ingot 4 (*sinal*) slash (/) 5 (*navegação*) harbour line 6 (*balé*) handrail, bar 7 (*baliza*) crossbar ESPORTE barras paralelas parallel bars
barraca s.f. 1 shack, shanty 2 (*cabana*) hut 3 (*feiras, camping, praia*) tent 4 coloquial (*fiasco*) blunder
barracão s.m. shed
barraco s.m. shack; shanty ♦ armar barraco to make a scene
barragem s.f. 1 dam 2 (*açude*) barrage
barranco s.m. 1 (*vala*) ditch 2 (*precipício*) ravine; gorge; gully
barra-pesada s.2g. 1 (*má índole*) rogue; rascal 2 rough; tough aquele bar é barra pesada that bar is though ■ s.f. stinker; shocker; a prova foi barra-pesada the exam was a real stinker
barraqueiro s.m. 1 (*praia*) beach attendant 2 (*mercado*) stallholder ■ adj. 1 (*desordeiro*) loutish; unruly 2 (*barulhento*) noisy; rowdy
barrar v. (*impedir*) to bar; to obstruct; barrar o caminho de alguém to bar someone's way
barreira s.f. 1 barrier 2 (*impedimento*) obstacle 3 ESPORTE hurdle; corrida de barreiras hurdle race, hurdles 4 (*barro*) clay pit ♦ barreira do som sound barrier barreira psicológica psychological barrier
barricada s.f. barricade; roadblock

barriga s.f. belly; stomach; com a barriga vazia with an empty stomach; encher a barriga to stuff one's belly; ter dores de barriga to have stomachache ♦ ANATOMIA barriga da perna calf figurado estar com a barriga roncando to be dog hungry

barrigudo adj. big-bellied; pot-bellied

barril s.m. barrel; cask

barro s.m. clay; utensílios de barro crockery, earthenware

barroco s.m. baroque ■ adj. baroque; estilo barroco baroque style

barulheira s.f. 1 (ruído) racket, blare; din 2 (confusão) hubbub

barulhento adj. noisy

barulho s.m. 1 (ruído) noise; fazer barulho to make noise 2 (arruaça) scuffle; squabble; armar barulho to cause trouble; meter-se ao barulho to get into a scuffle ♦ muito barulho por nada much ado about nothing

basalto s.m. basalt

base s.f. 1 base 2 (essência) basis 3 (cosmética) foundation ♦ base aérea air base INFORMÁTICA base de dados database base naval naval base base para copos coaster com base em grounded on de base basic

baseado adj. based (em, on); founded (em, on); uma economia baseada no consumo a consumption-based economy; baseado em fatos based on facts ■ s.m. coloquial joint; spliff

basear v. 1 to base (em, on, upon) 2 to ground (em, on) basear-se v.pr. 1 to be based (em, on, upon); basear-se em uma história tradicional to be based on a traditional story 2 to be grounded (em, on)

básico adj. 1 (fundamental) basic; fundamental; ideia básica basic idea 2 (escola) elementary; ensino básico elementary education; escola de ensino básico elementary school 3 QUÍMICA basic

basquete s.m. coloquial basketball

basquetebol s.m. ESPORTE basketball

basta interj. stop!, enough!, that will do!

bastante adv. 1 (suficientemente) enough; sufficient; bastante grande large enough; eu o conheço bastante bem I know him well enough 2 (relativamente) quite; rather; bastante caro rather expensive 3 (muito) much; a lot; ela está bastante melhor she's much better ■ adj.2g. many; lots of

bastão s.m. stick; baton; truncheon

bastar v. to be enough

bastidor s.m. (bordados) embroidery frame bastidores s.m.pl. TEATRO, TELEVISÃO stage wings; nos bastidores behind the scenes, backstage

bata s.f. 1 (casa) smock 2 (trabalho) overall 3 (branca) white coat

batalha s.f. battle; ganhar uma batalha to win a battle; perder uma batalha to lose a battle ♦ batalha campal pitched battle batalha naval 1 (combate) sea fight 2 (jogo) battleships

batalhador s.m. fighter ■ adj. 1 (lutador) fighting 2 figurado (perseverante) persevering

batalhão s.m. 1 battalion 2 figurado (multidão) army fig.; swarm fig.; um batalhão de jornalistas an army of reporters

batalhar v. 1 to fight; to battle 2 figurado to struggle hard; to strive; batalhar por melhores condições de vida to strive for better living conditions

batata s.f. BOTÂNICA potato; batatas cozidas boiled potatoes; batatas fritas em palitos chips, French fries EUA; batatas fritas de pacote crisps ♦ ficar com a batata quente to be left holding the baby vai plantar batatas! get lost!

batata-doce s.f. BOTÂNICA sweet potato

bate-boca s.m. 1 (discussão) quarrel; argument 2 (gritaria) row

bate-bola s.m. (futebol) warming in which players exchange passes before the game

batedeira s.f. 1 (manual) beater; whisk 2 (elétrica) mixer

batente s.m. door knocker

bate-papo s.m. coloquial chat; chitchat; natter

bater v. 1 (vencer) to beat, to defeat; ele bateu o adversário he beat his opponent 2 CULINÁRIA (ovos) to beat; ela estava batendo os ovos she was beating the eggs 3 (horas) to strike; o relógio bateu as seis horas the clock struck six 4 CULINÁRIA (ovos) to whip 5 (asas) to flap; bater as asas to flap the wings 6 (palpitar) to beat 7 to hit (contra, –); o carro bateu contra a árvore the car hit the tree 8 (colisão) to crash; bater o carro to crash one's car 9 (à porta) to knock (a, at); bater à porta to knock at the door bater-se v.pr. to fight ♦ bater com a porta to slam the door bater o pé to stamp one's foot bater o recorde to break the record bater palmas to clap

bateria s.f. 1 MÚSICA drums 2 battery 3 (conjunto) set; series

baterista s.2g. MÚSICA drummer

batida s.f. 1 (coração, música) beat 2 coloquial (colisão) smash; crash 3 (polícia) raid; reconnaissance 4 (caça) beating; hunting party; battue

batido s.m. milk shake ■ adj. 1 (vencido) beaten; defeated 2 figurado, coloquial outdated, old 3 figurado, coloquial (assunto) hackneyed 4 figurado, coloquial experienced

batimento s.m. 1 beating, throb 2 banging ♦ batimento cardíaco heartbeat sessenta batimentos cardíacos por minuto sixty heartbeats a minute

batina s.f. cassock, gown, soutane

batismal adj.2g. RELIGIÃO baptismal; pia batismal baptismal font

batismo s.m. RELIGIÃO baptism; christening ♦ batismo de fogo baptism of fire

batizado s.m. RELIGIÃO christening; baptism

batizar v. 1 RELIGIÃO (cerimônia) to baptize 2 RELIGIÃO (dar o nome) to christen 3 popular (bebida) to water down

batom s.m. 1 (cosmética) lipstick; lip rouge; batom de brilho gloss Grã-Bretanha, lip balm EUA 2 ESPORTE stick

batucar v. 1 to hammer, to drum 2 (tocar mal) to bang out

baú s.m. trunk

baunilha s.f. vanilla

bauxita s.f. GEOLOGIA bauxite

bazar s.f. bazaar; market

bazofiar

bazofiar v. to boast; to brag
bazuca s.f. (*arma*) bazooka
bê s.m. (*letra*) name of the letter b
bê-á-bá s.m. ABC
beatificar v. to beatify
beato s.m. 1 RELIGIÃO saint 2 RELIGIÃO pejorativo hypocrite ■ adj. 1 blessed 2 pejorativo overpious
bêbado adj. drunk ■ s.m. drunk, drunkard
bebê s.m. baby ♦ bebê de proveta test-tube baby
bebedeira s.f. drunkenness
bebedouro s.m. 1 watering place 2 drinking trough 3 (*aves*) cup, bird-bath
beber v. 1 to drink; beber à saúde de alguém to drink to somebody's health; beber da garrafa to drink from the bottle 2 (*planta, substância*) to soak up; to absorb 3 figurado (*absorver*) (*pessoa*) to drink in
bebericar v. to sip
bebes s.m.pl. drinks; beverages; comes e bebes eating and drinking, food and drink
bebida s.f. drink; beverage; bebida alcoólica alcoholic drink
beca s.f. toga; magistrate's gown
beça s.f. a lot ♦ coloquial à beça 1 (*quantidade*) lots, loads, heaps gente à beça loads of people 2 (*extremamente*) awfully, extremely bom à beça awfully good
becapar v. INFORMÁTICA to back up
becape s.m. INFORMÁTICA backup
beco s.m. alley, lane; beco sem saída blind alley, dead end, deadlock fig.
bedelho s.m. (*porta*) latch ♦ coloquial meter o bedelho em alguma coisa to poke one's nose into something
bege adj.2g., s.m. beige
beiço s.m. lip; lamber os beiços to lick one's lips
beija-flor s.m. ZOOLOGIA hummingbird
beijar v. to kiss ♦ coloquial ele beija o chão que ela pisa he worships the ground she treads on
beijo s.m. kiss; dar um beijo de boa-noite em alguém to kiss someone goodnight
beijoca s.f. coloquial smack; peck
beijocar v. to kiss often
beiju s.m. CULINÁRIA tapioca cake
beira s.f. 1 (*borda*) edge; a beira do prato the edge of the plate 2 (*aba, borda*) brim, rim; a beira de uma caneca the brim of a cup 3 (*orla*) border ♦ à beira de on the edge of; on the verge of
beirada s.f. eaves
beira-mar s.f. seashore, sea coast, seaside; uma casa à beira-mar a house at the seaside
beirar v. 1 to skirt; to fringe 2 (*confinar com*) to border with; to line with
beisebol s.m. ESPORTE baseball; jogador de beisebol baseball player
belas-artes s.f.pl. the Fine Arts
beldade s.f. beauty
beleza s.f. beauty
Bélgica s.f. Belgium
beliche s.m. (*casa*) bunk bed; as crianças dormem em beliches the children sleep in bunk beds

bélico adj. 1 warlike 2 military; material bélico military equipment
beliscão s.m. pinch; nip; tweak; dar um beliscão em alguém to give someone a pinch
beliscar v. 1 to pinch, to nip 2 (*comida*) to nibble
belo adj. 1 beautiful 2 fine; noble ♦ a Bela Adormecida Sleeping Beauty um belo dia some fine day
beltrano s.m. Mr. So-and-so, what's-his-name; Mrs. So-and-so, what's-her-name
bem adv. 1 well, right; você está bem? are you all right?; não me sinto bem hoje I don't feel well today; bem tratado well kept 2 (*muito*) very, much; está bem sujo it's very dirty 3 (*exatamente*) quite; não foi bem assim que aconteceu it didn't happen quite like that 4 (*corretamente*) right, correctly; respondi bem à pergunta I got the answer right 5 (*adequado*) OK, all right ■ s.m. 1 (*propriedade*) possession; bens de consumo consumer goods; bens de raiz assets; bens imóveis real estate 2 (*ética*) good; o bem e o mal good and evil 3 antiquado (*pessoa amada*) love, darling; meu bem! my love! 4 (*benefício*) benefit, advantage 5 (*bem-estar*) sake; isto é para o teu bem it's for your own sake ♦ por bem ou por mal whether he likes it or not até há bem pouco until quite recently por bem by fair means querer bem to wish well um homem de bem an honest man
bem-apessoado adj. good-looking; well-favoured Grã-Bretanha, well-favored EUA; handsome
bem-aventurado adj. blessed; fortunate
bem-comportado adj. well-behaved
bem-disposto adj. good-humoured; in a good mood
bem-educado adj. well-bred; polite
bem-estar s.m. well-being; comfort
bem-humorado adj. good-humoured; cheerful
bem-intencionado adj. well-intentioned; well-meant
bem-me-quer s.m. BOTÂNICA daisy ♦ coloquial bem-me-quer, mal-me-quer she/he loves me, she/he loves me not
bem-parecido adj. good-looking; handsome
bem-sucedido adj. accomplished, successful
bem-vindo adj. welcome; bem-vindo ao Recife! welcome to Recife!; um hóspede bem-vindo a welcome guest
bem-visto adj. 1 well thought of 2 highly regarded 3 (*estimado*) esteemed
bênção s.f. blessing; dar a bênção a to give one's blessing to
bendito adj. 1 blessed 2 hallowed; (*oração*) bendito seja o vosso nome hallowed be thy name
bendizer v. 1 (*louvar*) to praise 2 (*abençoar*) to bless
beneficência s.f. (*caridade*) charity; obra de beneficência charity
beneficente adj.2g. beneficent; (*organização*) charitable; evento, apresentação, espetáculo beneficente benefit event, presentation, show
beneficiamento s.m. processing
beneficiar v. 1 to benefit (com, de, *from*); eles beneficiaram do desconto they benefited from the re-

duction 2 (*favorecer*) to favour 3 (*melhorar*) to improve 4 to process
beneficiário *s.m.* 1 beneficiary 2 recipient
benefício *s.m.* 1 (*proveito*) benefit, advantage, profit; em benefício de for the benefit of, for the good of; em benefício próprio for one's own benefit 2 (*favor*) favour 3 RELIGIÃO benefice ♦ benefícios fiscais tax incentives dar o benefício da dúvida to give the benefit of the doubt
benéfico *adj.* 1 beneficial (para, *to*) 2 kind; benevolent
benemérito *adj.* worthy; well-deserving ■ *s.m.* benefactor, philanthropist
benevolência *s.f.* benevolence; goodwill; kindness
benevolente *adj.2g.* 1 benevolent 2 kind
benfeitor *s.m.* benefactor (*m.*), benefactress (*f.*)
bengala *s.f.* walking stick; cane, stick
benigno *adj.* 1 (*geral*) benign; MEDICINA doença benigna benign disease 2 (*agradável*) pleasant
bento *adj.* (*água*) holy; blessed; água benta holy water
benzer *v.* to bless benzer-se *v.pr.* to bless oneself; to make the sign of the cross
beque *s.m.* (*futebol*) back; defender; centre-back Grã-Bretanha
berçário *s.m.* 1 (*em hospital, maternidade*) neonatal unit; baby unit 2 (*creche*) nursery
berço *s.m.* 1 cot 2 (*de balanço*) cradle 3 figurado (*origem*) birthplace
bergamota *s.f.* BOTÂNICA bergamot
berílio *s.m.* QUÍMICA (*elemento químico*) beryllium
beringela *s.f.* BOTÂNICA aubergine; eggplant EUA
berlinda *s.f.* berlin ♦ estar na berlinda to be in the limelight
bermuda *s.f.* Bermuda shorts; Bermudas
berne *s.m.* myiasis
berrar *v.* 1 to bellow 2 (*chorar*) to bawl 3 (*gritar*) to shout
berreiro *s.m.* 1 (*choro*) bawling 2 (*gritos*) screaming
berro *s.m.* scream; shout; yell; aos berros at the top of your voice
besouro *s.m.* 1 (*inseto*) beetle 2 (*peixe*) bullseye
besta¹ /ê/ *s.f.* 1 (*animal*) beast; besta de carga beast of burden 2 figurado (*pessoa*) fool; blockhead; (*insulto*) besta quadrada complete ass ■ *adj.2g.* (*tolo*) idiot, stupid
besta² /é/ *s.f.* (*arma*) crossbow
besteira *s.f.* coloquial stupidity; foolishness
beterraba *s.f.* BOTÂNICA beet, beetroot
betonar *v.* 1 to concrete 2 (*cimentar*) to cement
betumar *v.* to cement
betume *s.m.* bitumen
bexiga *s.f.* 1 ANATOMIA (*órgão*) bladder 2 (*bola de encher*) balloon 3 (*varíola*) smallpox
bezerro *s.m.* calf, bullock
Bíblia *s.f.* Bible
bíblico *adj.* biblical
bibliografia *s.f.* bibliography
bibliográfico *adj.* bibliographical
biblioteca *s.f.* library; biblioteca itinerante mobile library; biblioteca pública public library
bibliotecário *s.m.* librarian

bica *s.f.* 1 water outlet; waterspout 2 coloquial chute ♦ em bica gushing/pouring out suar em bica to pour with sweat
bicada *s.f.* peck
bicampeão *s.m.* double champion, dual champion ■ *adj.* twice-winning; equipe bicampeã twice-winning team
bicar *v.* to peck
bicarbonato *s.m.* bicarbonate; bicarbonato de sódio bicarbonate of soda
bíceps *s.m.* ANATOMIA biceps
bicha *s.f.* 1 (*lombriga, verme*) worm 2 pejorativo, calão (*homossexual*) fairy cal.
bicho *s.m.* 1 (*inseto*) bug 2 worm 3 beast ♦ que bicho lhe mordeu? what's bugging him?
bicho-carpinteiro *s.m.* ZOOLOGIA woodworm ♦ ter bichos-carpinteiros to be fidgety
bicho-da-seda *s.m.* silkworm
bicho do mato *s.m.* (*pessoa*) loner; shrinking violet
bicho-papão *s.m.* linguagem infantil bogeyman; hobgoblin
bicicleta *s.f.* bicycle; bike; ir de bicicleta para a escola to cycle to school; você sabe andar de bicicleta? can you ride a bike?
bicicletário *s.m.* 1 (*armazenamento*) bicycle shed; bike shed 2 (*estacionamento*) bicycle rack; bike rack
bico *s.m.* 1 (*pássaro*) beak 2 (*caneta*) nib 3 (*ponta*) (*lápis*) point 4 (*bule, chaleira*) spout 5 (*fogão*) jet, burner; bico de gás gas jet/burner ♦ coloquial calar o bico to shut up coloquial ele não abriu o bico he didn't say a word
bico de papagaio *s.m.* 1 (*nariz*) hawk nose 2 MEDICINA bone spur; osteophyte
bicolor *adj.* bicolour
bicudo *adj.* 1 (*pontiagudo*) pointed; sharp 2 (*difícil*) difficult; tricky 3 (*mal-humorado*) ill-humoured
bidê *s.m.* bidet
bife *s.m.* steak; beefsteak; bife a cavalo steak with a fried egg on it; bife grelhado grilled steak ● A palavra inglesa *beef* significa "carne bovina".
bifocal *adj.2g.* bifocal; óculos bifocais bifocals
bifurcação *s.f.* bifurcation, fork; bifurcação de uma estrada fork of a road
biga *s.f.* chariot
bigode *s.m.* 1 moustache 2 (*gato, rato*) whisker ♦ (*acordo informal*) no fio do bigode a gentleman's agreement, an off-the-record agreement
bigorna *s.f.* anvil
bijuteria *s.f.* costume jewellery Grã-Bretanha, costume jewelry EUA
bilhão *num.* coloquial billion
bilhar *s.m.* billiards; mesa de bilhar billiard table; partida de bilhar a game of billiards; sala de bilhar billiard room; taco de bilhar billiard cue
bilhete *s.m.* 1 (*espetáculos, transportes, cinema*) ticket; bilhete de ônibus bus ticket; bilhete de avião airline ticket; bilhete de trem railway ticket; bilhete de entrada admission ticket; bilhete de ida single ticket, one-way ticket; bilhete de ida e volta return

bilheteria

ticket; bilhete de loteria lottery ticket; bilhete direto through ticket 2 (*recado*) note
bilheteria s.f. ticket office; (*cinema*) box office ♦ um êxito de bilheteria 1 (*filme*) blockbuster 2 (*livro*) best-seller
bilíngue adj.2g. bilingual; dicionário bilíngue bilingual dictionary
bilinguismo s.m. bilingualism
bilionésimo num. 1 trillionth 2 billionth
bílis s.f. MEDICINA bile
bimensal adj.2g. bimonthly
bimestral adj.2g. bimonthly
bimestre s.m. two-month period
bimotor s.m. twin-engined plane
bingo s.m. bingo
binóculo s.m. 1 binoculars 2 TEATRO opera glass
biodegradável adj.2g. biodegradable
biodiesel s.m. biodiesel
biodiversidade s.f. biodiversity
biografar v. to write the biography of
biografia s.f. biography
biográfico adj. biographical
biologia s.f. biology
biológico adj. biological
biólogo s.m. biologist
biomassa s.f. *biomass*
biombo s.m. screen
biomédico adj. biomedical
biópsia s.f. MEDICINA biopsy
bioquímica s.f. biochemistry
bioquímico s.m. biochemist ■ adj. biochemical
biosfera s.f. biosphere
biotecnologia s.f. biotechnology
biótico adj. BIOLOGIA biotic
bip s.m. 1 (*som*) beep 2 (*aparelho*) beeper
bípede adj. biped
bipolar adj.2g. bipolar; doença bipolar bipolar disorder
biqueira s.m. toecap
biquíni s.m. bikini
birra s.f. 1 fit of temper; fazer uma birra to throw a tantrum 2 (*zanga*) falling-out
biruta s.f. windsock; wind cone ■ adj.2g. coloquial crazy ■ s.2g. coloquial crazy person
bis s.m. encore ■ interj. MÚSICA bis!; encore!
bisão s.m. 1 ZOOLOGIA bison 2 ZOOLOGIA American buffalo
bisavó s.f. great-grandmother
bisavô s.m. great-grandfather
bisbilhotar v. 1 (*falar*) to gossip 2 (*espiar*) to snoop; to nose around
bisbilhotice s.f. 1 (*falatório*) gossip, chitchat 2 (*intriga*) meddlesomeness
biscate s.m. 1 sideline, small work 2 moonlighting job; odd job; ele faz uns biscates he does odd jobs
biscoito s.m. CULINÁRIA biscuit Grã-Bretanha, cookie EUA
biselar v. to bevel; to chamfer
bismuto s.m. QUÍMICA (*elemento químico*) bismuth
bisnaga s.f. 1 tube 2 (*de Carnaval*) water pistol 3 loaf of bread
bisneto s.m. great-grandson (*m.*), great-granddaughter (*f.*); os meus bisnetos my great-grandchildren
bispo s.m. RELIGIÃO bishop
bissetriz s.f. GEOMETRIA bisector, bisecting line
bissexto adj., s.m. leap; ano bissexto leap year
bissexual adj., s.2g. bisexual
bisteca s.f. CULINÁRIA grilled steak
bisturi s.m. scalpel
bizarro adj. bizarre; strange; odd
blá-blá-blá s.m. coloquial hot air; flannel
blackout s.m. blackout; blackout informativo news blackout, media blackout
blasfemar v. 1 RELIGIÃO to blaspheme 2 (*palavrões*) to curse, to swear
blasfêmia s.f. 1 blasphemy 2 swearing, cursing
blaterar v. (*camelo*) to bleat
blecaute s.m. blackout; power cut
blefar v. to bluff
blefe s.m. bluff
blindado adj. 1 (*veículo*) armoured 2 (*porta*) reinforced ■ s.m. armoured car
blindar v. 1 to armour-plate 2 (*porta*) to reinforce
bloco s.m. 1 block; bloco de apartamentos block of flats; bloco de mármore marble block 2 (*notas, apontamentos*) writing pad, notepad 3 (*conjunto*) unit
bloquear v. 1 to block; bloquear uma estrada to block a road; bloquear um jogador to block a player 2 to blockade 3 (*pessoa*) to have a mental block 4 (*mecanismo*) to get stuck
bloqueio s.m. 1 blocking 2 PSICOLOGIA mental block 3 (*mecanismo*) jamming; locking 4 blockade; levantar um bloqueio to raise a blockade
blusa s.f. blouse
blusão s.m. (*casaco*) blouson; jacket
blush s.m. (*cosmética*) blusher
boa s.f. (*problema, confusão*) tight spot; metido em uma boa in a tight spot ♦ boa! all right! andar na boa vai ela to be having a good time às boas in a friendly way dizer das boas a alguém to give somebody a good talking-to coloquial estar numa boa to be doing fine
boa-fé s.f. 1 (*intenção*) good faith 2 (*credulidade*) gullibility
boa-noite s.f. 1 good evening 2 (*despedida*) good night
boa-pinta adj.2g. smart; well-dressed
boa-praça adj., s.2g. 1 (*honesto*) honest; reliable; trustworthy 2 (*simpático*) nice
boas-festas s.f.pl. (*Natal*) Season's greetings; Merry Christmas
boas-vindas s.f.pl. welcome; dar as boas-vindas a alguém to welcome somebody
boato s.m. rumour; corre o boato de que... it's rumoured that...; espalhar um boato to spread a rumour
boa-vida s.f. dolce vita ■ s.2g. pejorativo lazybones
bobagem s.f. 1 (*disparate*) nonsense; dizer bobagens to talk nonsense 2 (*coisa supérflua*) trifle 3 (*porcaria*) rubbish; só come bobagens! he only eats rubbish!
bobalhão s.m. fool

bobear v. 1 coloquial (*dito*) to talk nonsense 2 (*comportamento*) to make a fool of oneself 3 coloquial (*hesitar*) to hesitate
bobice s.f. 1 (*comportamento*) buffoonery 2 (*tolice*) foolishness; silliness
bobina s.f. 1 bobbin; spool; roll 2 (*fio*) reel 3 ELETRICIDADE coil
bobinho s.m. (*jogo*) piggy in the middle
bobo s.m. 1 (*corte*) jester 2 figurado fool
bobó s.m. CULINÁRIA cream made of yam, palm oil and manioc
boca s.f. 1 ANATOMIA mouth 2 (*fogão*) ring 3 coloquial abertura; entrada ♦ pegar alguém com a boca na botija to catch somebody red-handed cala a boca! hold your tongue! dizer alguma coisa da boca para fora to say something without meaning it
boca de siri s.f. coloquial silence; fazer boca de siri to say nothing, to keep one's mouth shut
bocado s.m. 1 (*pedaço*) bit, piece; (a) little; um bocado de cada vez a bit at a time 2 morsel, scrap 3 (*tempo*) while ♦ passar um mau bocado to go through a bad patch
boca-livre s.f. popular (*comida*) free grub; (*bebida*) free booze
boca-mole s.m. popular (*falador*) chatterbox; (*linguarudo*) bigmouth
bocejar v. to yawn
bocejo s.m. yawn; disfarçar um bocejo to stifle a yawn
boceta s.f. 1 arcaico little box 2 calão (*vulva*) snatch
bochecha s.f. cheek
bochechar v. to rinse one's mouth
bochecho s.m. rinsing of the mouth
bochechudo adj. round-cheeked; chubby-faced
bócio s.m. MEDICINA goitre
bocó s.m. coloquial, pejorativo fool; idiot; halfwit
bode s.m. ZOOLOGIA billy goat, he-goat ♦ coloquial bode expiatório scapegoat
bodega s.f. 1 popular (*taberna*) joint, tavern 2 popular (*porcaria*) filth; mess
boêmio adj., s.m. bohemian
bofetada s.f. slap; dar uma bofetada na cara de alguém to slap someone in the face
bóhrio s. QUÍMICA (*elemento químico*) bohrium
boi s.m. ZOOLOGIA ox, bull; boi castrado bullock; junta de bois oxteam
boia s.f. 1 buoy; boia de salvamento lifebuoy 2 (*pesca*) float 3 (*para nadar*) rubber ring
boiada s.f. herd of cattle
boia-fria s.2g. day labourer Grã-Bretanha, day laborer EUA
boiar v. to float
boicotar v. to boycott
boicote s.m. boycott
boina s.f. beret
bojo s.m. 1 (*garrafa*) belly 2 (*envergadura*) capacity 3 (*saliência*) bulge; bojo de navio bulge of ship
bola s.f. 1 ball; bola de borracha rubber ball; bola de neve snowball 2 (*sabão*) bubble; bola de sabão soap bubble; fazer bolas de sabão to blow bubbles 3 coloquial (*cabeça*) head, wits; ele não regula bem da bola he has a screw loose in his head

bolacha s.f. 1 biscuit; cookie EUA 2 coloquial (*bofetada*) slap
bolada s.f. 1 stroke of a ball 2 (*críquete*) bowl 3 figurado, coloquial (*oportunidade*) opportunity 4 coloquial (*dinheiro*) lump sum; ele ganhou uma bolada he hit the jackpot
bolar v. 1 to throw a ball, to hit a ball 2 popular (*arquitetar*) to think up
bolero s.m. bolero
boletim s.m. 1 (*informação*) report, bulletin; boletim meteorológico weather report; boletim de notícias news report/bulletin 2 (*publicação*) bulletin, newsletter 3 (*escola*) school report
bolha s.f. 1 (*ar, sabão*) bubble 2 (*pele*) blister
boliche s.m. (*jogo*) bowling
bólido s.2g. 1 ASTRONOMIA meteor, fire ball 2 figurado, coloquial fast car
Bolívia s.f. Bolivia
boliviano adj., s.m. Bolivian ■ s.m. (*unidade monetária*) boliviano
bolo s.m. CULINÁRIA cake; bolo de aniversário birthday cake; fazer um bolo to make/bake a cake ♦ bolo alimentar bolus
bolor s.m. mould
bolsa s.f. 1 bag, purse 2 ANATOMIA bursa, sac, pouch 3 ECONOMIA stock exchange; Bolsa de Valores stock exchange 4 (*de estudos do governo*) grant; (*de entidade privada*) scholarship 5 pocket
bolsista adj.2g. of the stock exchange ■ s.2g. 1 ECONOMIA stockbroker; market operator 2 (*estudante*) grant holder; scholarship holder
bolso s.m. pocket; edição de bolso pocket edition ♦ do bolso de alguém at somebody's expense
bom adj. 1 good; coloquial bem bom not bad at all; daí não vai sair nada de bom no good will come of it; essa é boa! that's a good one! 2 (*bondoso*) kind 3 (*saúde*) well, fine; ficar bom to get well ■ interj. well!
bomba s.f. 1 bomb; bomba atômica atom(ic) bomb 2 coloquial (*escola*) failure 3 MECÂNICA (*gasolina, ar, água*) pump 4 (*combustível*) filling station, petrol station; gas station EUA 5 figurado (*notícia*) bombshell; cair como uma bomba to drop like a bombshell
bombada s.f. 1 (*manobra*) pumping 2 figurado, coloquial huge loss
bombar v. coloquial (*repetir, não passar na escola*) failure; to flunk
bombardear v. 1 (*bombas*) to bomb; (*mísseis*) to bombard, to shell 2 figurado (*perguntas, cartas*) to bombard (com, *with*); bombardearam o Presidente com perguntas they bombarded the President with questions
bombardeio s.m. bombing; bombardment
bomba-relógio s.m. time bomb
bombear v. 1 to bomb; to bombard 2 to pump 3 (*vigiar, espionar*) to watch, to spy
bombeiro s.m. firefighter; fireman, firewoman; carro dos bombeiros fire engine; quartel de bombeiros fire station bombeiros s.m.pl. fire brigade Grã-Bretanha; fire department EUA; bombeiros voluntários voluntary fire brigade Grã-Bretanha, vol-

bombom

untary fire department EUA; chamar os bombeiros to call the fire brigade Grã-Bretanha, to call the fire department EUA
bombom s.m. bonbon, chocolate; caixa de bombons box of chocolates
Bombril s.m. (marca registrada) steel wool; wire wool
bom-dia s.m. good morning
bom-é s.m. ZOOLOGIA yellow-rumped cacique
bom-tom s.m. politeness, good manners; ser de bom-tom to be considered polite
bonança s.f. 1 (mar) fair weather 2 figurado calm, calmness
bondade s.f. goodness, kindness; tenha a bondade de vir would you please come; ter a bondade de to be so kind as
bonde s.m. tram Grã-Bretanha, tram car Grã-Bretanha, streetcar EUA
bondoso adj. kind, good, good-hearted, good-natured, kind-hearted; ela sempre foi muito bondosa comigo she's always been very good/kind to me
boné s.m. cap
boneca s.f. doll, dolly; boneca de trapos rag doll; brincar com bonecas to play with dolls
boneco s.m. 1 doll 2 (ventríloquo, manequim) dummy 3 (fantoche) puppet ♦ boneco de neve snowman
bonificar v. 1 to give a bonus to 2 to improve
bonito adj. 1 (mulher) pretty, good-looking, lovely, beautiful; uma menina bonita a pretty girl 2 (homem) handsome, good-looking 3 (casa, tempo, gesto) nice, lovely; um dia bonito a nice day, a fine day
bônus s.m.2n. 1 bonus 2 discount
boquiaberto adj. 1 open-mouthed; agape 2 astonished; dumbfounded 3 speechless
boquim s.m. MÚSICA (instrumento) mouthpiece
borboleta s.f. ZOOLOGIA butterfly; borboleta da traça moth
borbulha s.f. 1 MEDICINA (pele) spot, pimple; cheio de borbulhas covered in spots 2 (bebida) bubble
borbulhar v. 1 to bubble 2 (jorrar) to gush out
borda s.f. 1 (orla) edge, border; (objeto circular) rim; à borda d'água at the water's edge; à borda de on the edge of 2 (rio) bank; (lago, mar) shore 3 (passeio) kerb
bordão s.m. 1 staff, stick 2 figurado aid 3 (frase) catchphrase 4 MÚSICA bass string
bordar v. to embroider
bordejar v. (estar à beira de) to be on the brink of
bordel s.m. brothel
bordo s.m. BOTÂNICA maple
bordoeira s.f. blow, stroke, knock
boré s.m. MÚSICA trumpet
boro s.m. QUÍMICA (elemento químico) boron
borracha s.f. 1 rubber; árvore da borracha rubber tree 2 (para apagar) eraser
borracharia s.f. tire workshop; tire repair shop
borracheiro s.m. 1 (funcionário) tire fitter 2 (estabelecimento) tire workshop; tire repair shop 3 (látex) latex collector

borracho s.m. 1 popular (bêbado) drunkard 2 ZOOLOGIA young dove or pigeon
borrachudo s.m. ZOOLOGIA black fly
borrar v. 1 to blot; to smudge 2 to stain ♦ borrar a pintura to spoil everything coloquial borrar-se de medo to be shit-scared
borrifar v. to sprinkle, to splatter, to spatter
Bósnia s.f. Bosnia
bosque s.m. wood, forest; passear no bosque to go for a walk in the woods
bota s.f. boot; botas de borracha rubber boots, wellingtons; botas de cano alto high boots; botas de montar riding boots ♦ figurado lamber as botas de alguém to lick somebody's boots
bota-fora s.m. 1 launching 2 (despedida) send-off
botânica s.f. botany
botânico adj. botanical; jardim botânico botanical garden ■ s.m. botanist
botão s.m. 1 (roupa) button; casa do botão buttonhole; pregar botões em to sew buttons on 2 BOTÂNICA bud; botão de rosa rosebud; em botão in bud ♦ botões de punho cufflinks falar com os seus botões to talk to oneself
botar v. 1 (estender) to lay down 2 (pôr na cama) to put to bed 3 (líquidos) to pour 4 (lançar) to cast 5 (jogar, colocar) to put; bota isso no lixo put it in the bin 6 (atirar) to throw; botar fora to throw away
bote s.m. rowing boat, rowboat EUA; (de borracha) dinghy; bote salva-vidas lifeboat
boteco s.m. coloquial bar
botequim s.m. tavern; pub Grã-Bretanha, saloon EUA
botijão s.m. (gás) gas cylinder
boto s.m. ZOOLOGIA river dolphin
botocar v. coloquial to jump out; to go out; to get out
botulismo s.m. MEDICINA botulism
boutique s.f. (loja) boutique
bovino adj. bovine
boxe s.m. 1 ESPORTE boxing; combate de boxe boxing match; praticar boxe to box 2 shower tray
boxeador s.m. ESPORTE boxer
braçada s.f. 1 armful; às braçadas by the armful 2 (natação) stroke
bracelete s.m. bracelet, bangle
braço s.m. ANATOMIA arm, upper arm; de braços cruzados with arms folded; de braço dado arm in arm ♦ dar o braço a torcer to give in de braços abertos with open arms
bráctea s.f. BOTÂNICA bract
bradar v. to shout, to yell, to cry out; bradar por socorro to cry out for help
braguilha s.f. (calças) fly
bramir v. 1 (animal) to growl; to bellow 2 to yell, to bellow
branco adj. 1 (cor) white 2 (pele) fair-skinned ■ s.m. 1 (cor) white 2 white person 3 (espaço vazio) blank; assinar em branco to sign in blank passar a noite em branco to have a sleepless night
brancura s.f. whiteness
brandir v. (arma) to brandish
brando adj. 1 soft; mild 2 CULINÁRIA (fogo) low; em fogo brando over a low heat 3 (pouco severo) lenient, soft

branqueador *s.m.* bleach; bleaching agent; whitener ■ *adj.* bleaching; whitening
branqueamento *s.m.* 1 (*branquear*) bleaching, whitening 2 (*caiar*) whitewash
branquear *v.* 1 (*corar*) to whiten, to bleach 2 (*caiar*) to whitewash 3 (*metais*) to polish
brânquia *s.f.* ZOOLOGIA gill
branquial *adj.2g.* branchial
brasa *s.f.* ember; live coal; em brasa red-hot ♦ assado na brasa barbecued estar em brasas to be anxious passar pelas brasas to doze off puxar a brasa à sua sardinha to bring grist to one's mill ser uma brasa to be a real bombshell
brasão *s.m.* coat of arms
braseiro *s.m.* 1 brazier; fire pan 2 embers
Brasil *s.m.* Brazil
brasileiro *adj.*, *s.m.* Brazilian
brasiliense *adj.* from Brasília
bravo *adj.* 1 (*corajoso*) brave, courageous 2 (*animal*) fierce; wild 3 (*mar*) rough ■ *s.m.* brave person ■ *interj.* bravo!, well done!
bravura *s.f.* 1 (*valentia*) bravery, courage 2 (*ferocidade*) fierceness
brecar *v.* (*frear*) to brake
brecha *s.f.* 1 breach, gap, opening 2 GEOLOGIA breccia 3 (*para escapar à lei*) loophole
brechó *s.m.* flea market
brega *adj.2g.2n.* popular, pejorativo tacky; naff
brejeirice *s.f.* 1 (*malícia*) sauciness 2 pejorativo vulgarity
brejo *s.m.* marsh, swamp ♦ popular ir para o brejo to go down the drain
breque *s.m.* brake
breu *s.m.* tar, pitch ♦ escuro como breu pitch-black, pitch-dark
breve *adj.2g.* short, brief, concise; ser breve to be brief ■ *adv.* soon; até breve! see you soon!; em breve soon, shortly
brevemente *adv.* 1 (*sucintamente*) briefly; shortly 2 (*dentro de pouco tempo*) soon; a reunião terá lugar brevemente the meeting will soon take place
bricolagem *s.f.* do-it-yourself; bricolage
briga *s.f.* 1 (*luta*) fight; meter-se em uma briga to get into a fight 2 (*discussão*) quarrel, argument
brigada *s.f.* brigade; squad; brigada antiterrorismo anti-terrorist squad
brigadeiro *s.m.* 1 (*militar*) brigadier 2 CULINÁRIA chocolate truffle
brigadista *s.2g.* member of a brigade
brigão *s.m.* troublemaker, brawler ■ *adj.* quarrelsome
brigar *v.* 1 (*lutar*) to fight (por, for, over; contra, against) 2 (*discutir*) to argue, to quarrel (com, with; por, about, over; com, with) 3 (*zangar-se*) to fall out 4 (*destoar*) to clash (com, with)
briguento *s.m.* troublemaker, brawler ■ *adj.* quarrelsome
brilhante *adj.2g.* 1 (*luz, cor*) bright 2 (*superfície*) shiny 3 figurado (*notável*) brilliant; uma ideia brilhante a brilliant idea 4 figurado (*promissor*) promising; futuro brilhante promising future ■ *s.m.* diamond
brilhar *v.* 1 to shine, to glow, to glitter; o Sol brilhava the sun was shining 2 figurado to do brilliantly; ele brilhou em Português este ano he did brilliantly in Portuguese this year
brilho *s.m.* 1 shine; tirar o brilho de to take the shine out of 2 (*estrela*) twinkling 3 (*luminosidade*) brightness
brincadeira *s.f.* 1 (*gracejo*) joke; estar na brincadeira to be joking; fora de brincadeira joking apart; levar alguma coisa para a brincadeira to treat something as a joke 2 (*divertimento*) fun; por/na brincadeira for fun 3 (*brinquedos, jogos*) game, play
brincalhão *s.m.* joker, teaser ■ *adj.* playful; good-humoured
brincar *v.* 1 to play; to have fun; brincar de esconde-esconde to play hide-and-seek 2 (*gracejar*) to joke, to tease; estar brincando to be joking, to be kidding
brinco *s.m.* earring
brindar *v.* 1 to toast, to drink a toast (a, to) 2 (*presentear*) to offer (com, –)
brinde *s.m.* 1 toast; fazer um brinde a to propose a toast to, to drink a toast to 2 (*presente*) gift, present
brinquedo *s.m.* 1 toy; loja de brinquedos toyshop; carro de brinquedo toy car 2 figurado (*joguete*) plaything
brisa *s.f.* breeze; brisa leve light breeze; brisa marítima sea breeze
brita *s.f.* gravel
britânico *adj.* British; as Ilhas Britânicas the British Isles ■ *s.m.* British person, Briton; os britânicos the British
broa *s.f.* CULINÁRIA maize bread
broca *s.f.* 1 MECÂNICA drill; broca mecânica drilling machine 2 (*inseto*) woodboring beetle
broche *s.m.* (*joia*) brooch
brócolis *s.m.pl.* broccoli
bromo *s.m.* QUÍMICA (*elemento químico*) bromine
bronca *s.f.* 1 (*sermão*) telling-off; dar uma bronca em alguém por to give someone a good telling-off for 2 (*problema, confusão*) mess; botch-up; dar bronca to put your foot in it
bronco *adj.* 1 (*grosseiro*) rough; coarse 2 (*estúpido*) thickheaded; stupid
brônquio *s.m.* ANATOMIA bronchus
bronquite *s.f.* MEDICINA bronchitis
bronze *s.m.* 1 bronze 2 (*competição*) bronze medal 3 tan; suntan ♦ HISTÓRIA a Idade do Bronze the Bronze Age
bronzeado *s.m.* tan; suntan ■ *adj.* 1 bronzed 2 (*pele*) tanned; suntanned
bronzeador *s.m.* suntan lotion; suntan cream
bronzear *v.* to tan bronzear-se *v.pr.* to get a suntan
brotar *v.* 1 (*líquido*) to spout out, to gush out 2 BOTÂNICA to sprout 3 figurado (*surgir*) to spring 4 figurado (*ideias*) to pop up 5 to produce
broto *s.m.* 1 BOTÂNICA sprout; bud; shoot 2 figurado youngster
brotoeja *s.f.* rash
browser *s.m.* browser

bruaca

bruaca s.f. 1 saddlebag 2 pejorativo (*mulher antipática*) hag pej. 3 pejorativo bitch vulg.
brusco adj. 1 (*atitude*) abrupt, brusque 2 (*palavras*) curt; resposta brusca curt reply 3 (*repentino*) sudden
brutal adj.2g. 1 (*violento*) brutal, savage 2 coloquial (*enorme*) huge
brutalidade s.f. 1 brutality 2 (*disparate*) stupid thing 3 (*quantidade*) tremendous amount
brutalizar v. 1 to brutalize 2 to ill-treat
bruto adj. 1 (*material*) raw, crude; petróleo bruto crude oil; (*material*) em bruto unworked, raw 2 ECONOMIA (*peso, rendimento, lucro*) gross 3 figurado (*agressivo*) insensitive 4 figurado (*grosseiro*) rude, coarse 5 figurado stupid ■ s.m. 1 brute 2 cretin
bruxa s.f. 1 witch 2 figurado, pejorativo (*mulher antipática*) hag, witch
bruxaria s.f. witchcraft; fazer bruxaria to perform witchcraft
bruxo s.m. wizard, sorcerer
bucal adj.2g. buccal, oral
bucha s.f. 1 MECÂNICA bush, bushing, dowel, plug 2 coloquial (*comida*) hunk 3 coloquial nuisance, annoyance; aguentar a bucha to swallow the pill
buço s.m. down
budismo s.m. RELIGIÃO Buddhism
budista adj., s.2g. RELIGIÃO Buddhist
bueiro s.m. 1 (*cano*) drainpipe 2 (*rua*) sewer
búfalo s.m. ZOOLOGIA buffalo
bufar v. 1 (*cansaço*) to puff 2 figurado (*protestar*) to moan, to grumble 3 figurado (*irritação*) to be fuming
bufê s.m. 1 (*refeição*) buffet; café da manhã bufê buffet breakfast 2 (*bar*) snack counter; coffee bar
bugiganga s.f. knick-knack, trinket
bujão s.m. 1 stopper; plug; meter um bujão to plug 2 gas cylinder; bujão de gás gas cylinder
bula s.f. 1 RELIGIÃO bull; Bula Papal Papal bull 2 (*medicamento*) directions for use
bule s.m. teapot
Bulgária s.f. Bulgaria
búlgaro adj., s.m. Bulgarian
bulimia s.f. MEDICINA bulimia
bulir v. 1 to move; to stir 2 popular to touch; to meddle (em, *with*)

bumbum s.m. 1 coloquial bum; bottom; buttocks 2 (*som*) rumble; boom
bunda s.f. coloquial bum; bottom; buttocks; ass (EUA, vulg.), arse (Grã-Bretanha, vulg.)
bunda-mole s.2g. coloquial, pejorativo chicken; yellow-belly; mouse
buquê s.m. 1 (*flores, pirotecnia*) bouquet 2 (*conjunto*) group, selection
buraco s.m. 1 hole; buraco da fechadura keyhole; buracos nas estradas potholes; ASTRONOMIA buraco negro black hole 2 gap, cavity, hollow 3 (*agulha*) eye
burgau s.m. gravel, shingle, rubble
burgo s.m. borough, village
burguês s.m. bourgeois ■ adj. bourgeois, middle-class
burguesia s.f. bourgeoisie; middle class
buriti s.m. BOTÂNICA buriti palm
burlar v. to swindle; to dupe
burocracia s.f. bureaucracy; red tape col.
burocrata s.2g. bureaucrat
burocrático adj. bureaucratic
burocratizar v. to bureaucratize
burrice s.f. 1 (*estupidez*) stupidity; silliness 2 (*besteira*) stupid thing; dizer burrices to talk nonsense
burro adj. stupid; asinine ■ s.m. 1 ZOOLOGIA ass, donkey 2 figurado, pejorativo (*pessoa*) fool, idiot, halfwit ◆ coloquial pra burro a lot ser burro que nem uma porta to be as thick as two short planks
busca s.f. search (de, *for*); quest (de, *for*); em busca de in search of; fazer uma busca to make a search
buscar v. 1 to fetch; to get; ir buscar to go and get; vir buscar to come and get 2 (*de carro*) to pick up; mandar buscar to send for 3 (*procurar*) to look for; to search for
bússola s.f. compass
busto s.m. 1 ANATOMIA bust 2 (*escultura*) bust
butique s.f. (*loja*) boutique
buzina s.f. 1 (*carro*) horn; tocar a buzina to sound one's horn 2 (*fábrica*) siren
buzinada s.f. toot, hoot
buzinar v. to sound one's horn; to hoot; to toot
búzio s.m. ZOOLOGIA whelk
buzugo s.m. bungle; botch
byte s.m. INFORMÁTICA byte

C

c *s.m.* (*letra*) c
cá *adv.* here, over here; vem/venha cá come here; de lá para cá since then; para lá e para cá back and forth
caatinga *s.f.* scrubland from Brazil
caba *s.f.* ZOOLOGIA wasp
cabalístico *adj.* 1 (*cabbalistic*, *kabbalistic*) 2 figurado mysterious; occult
cabana *s.f.* hut; shack
cabaré *s.m.* cabaret
cabeça *s.f.* 1 ANATOMIA head 2 (*lista, liga*) top; na cabeça da lista at the top of the list 3 figurado (*juízo*) sense; ter a cabeça no lugar to have a good head on one's shoulders; ter boa cabeça to have good sense, to be clever ■ *s.2g.* (*chefe*) head; leader ♦ andar com a cabeça na lua to have one's head in the clouds dizer de cabeça to say from memory por cabeça per/a head
cabeçada *s.f.* 1 (*dada*) head butt; dar uma cabeçada em to bang one's head against 2 (*recebida*) blow on the head 3 ESPORTE (*futebol*) header; dar uma cabeçada na bola to head the ball 4 figurado (*disparate*) blunder
cabeça-dura *adj.2g.* stubborn; pig-headed; obstinate ■ *s.2g.* (*teimosia*) mule fig.
cabeçalho *s.m.* 1 heading 2 (*jornal*) headline 3 INFORMÁTICA header
cabecear *v.* 1 (*sono*) to nod 2 ESPORTE to head
cabeceira *s.f.* (*cama, mesa*) head; (*cama*) à cabeceira de at the bedside of; sentar-se à cabeceira da mesa to sit at the head of the table
cabeçudo *adj.* 1 big-headed 2 figurado (*teimoso*) pig-headed; obstinate
cabeleira *s.f.* 1 (*peruca*) wig 2 (*cabelo*) hair 3 ASTRONOMIA (*cometa*) tail
cabeleireiro *s.m.* (*pessoa*) hairdresser cabeleireiro *s.m.* (*local*) hairdresser's
cabelo *s.m.* hair fazer o cabelo to have one's hair dressed
cabeludo *adj.* 1 hairy; long-haired 2 (*situação difícil*) complicated 3 (*palavra, piada*) dirty
caber *v.* 1 to fit; to have room enough 2 (*passar*) to go (em, *through*) 3 (*tarefa*) to be up (a, *to*) 4 (*vir a propósito*) to be appropriate ♦ não caber em si de... to be bursting with...
cabide *s.m.* 1 (*roupa, guarda-roupa*) hanger 2 (*gancho*) peg 3 (*móvel*) coat hanger, clothes hanger
cabimento *s.m.* (*adequação*) sense; reason; function
cabine *s.f.* 1 (*avião*) cockpit, cabin 2 (*embarcação*) cabin 3 room; compartment; (*loja*) cabine de prova fitting room 4 booth; cabine de som sound booth; cabine telefônica telephone box, telephone booth EUA; cabine de voto polling booth, voting booth EUA
cabisbaixo *adj.* 1 with downcast eyes 2 (*desanimado*) crestfallen

cabo *s.m.* 1 end 2 GEOGRAFIA cape; Cabo da Boa Esperança Cape of Good Hope 3 rope 4 ELETRICIDADE cable 5 (*militar*) corporal 6 (*faca, utensílios*) handle 7 (*vassoura*) broomstick ♦ ao cabo de alguns dias after some days dar cabo de to mess up de cabo a rabo from head to tail levar a cabo to carry out
caboclo *s.m.* half-caste ■ *adj.* (*cor*) copper-coloured
cabotagem *s.f.* 1 cabotage 2 (*navegação costeira*) coastal navigation; coasting
Cabo Verde *s.* Cape Verde
cabra *s.f.* ZOOLOGIA goat ■ *s.m.* 1 (*mestiço*) half-caste 2 chap, fellow
cabra-cega *s.f.* (*jogo*) blind man's buff
cabrestear *v.* 1 (*cavalo, gado*) to be easily led by a halter 2 figurado to be easily influenced
cabrito *s.m.* ZOOLOGIA kid
caca *s.f.* 1 linguagem infantil poop 2 coloquial shit
caça *s.f.* 1 (*atividade*) hunting; caça ilegal poaching 2 (*animais*) game 3 figurado chase, pursuit; dar caça a to chase, to hunt down ■ *s.m.* (*avião*) fighter
caçada *s.f.* 1 hunt; foi uma boa caçada it was a good hunt 2 chase; pursuit
caçador *s.m.* hunter; caçador ilegal poacher
caçamba *s.f.* bucket; pail; well bucket
caça-níqueis *s.m.2n.* slot machine
cação *s.m.* ZOOLOGIA shark
caçar *v.* 1 to hunt; caçar em terreno proibido to poach 2 (*com espingarda*) to shoot 3 to pursue; to chase; to hunt down 4 coloquial, figurado to catch; to get 5 (*procurar*) to look for; to search
cacarejar *v.* (*galinha*) to cluck, to cackle
cacarejo *s.m.* cackle, cluck
caçarola *s.f.* casserole
cacatua *s.f.* ZOOLOGIA cockatoo
cacau *s.m.* 1 BOTÂNICA (*árvore, fruto*) cacao 2 CULINÁRIA cocoa; cacau em pó cocoa powder
cacetada *s.f.* whack; blow
cacete *s.m.* club; cudgel; stick ■ *adj.2g.* coloquial boring; tiresome; tedious
cachaça *s.f.* cachaça
cachalote *s.2g.* ZOOLOGIA sperm whale, cachalot
cache *s.f.* INFORMÁTICA cache
cachê *s.m.* (*pagamento de artista*) fee
cachecol *s.m.* scarf
cachetar *v.* to make fun (de, *of*); to mock (de, –)
cachimbo *s.m.* pipe; cachimbo da paz peace pipe; fumar cachimbo to smoke a pipe
cacho *s.m.* 1 bunch; cluster; cacho de uvas bunch of grapes 2 (*cabelo*) curl 3 coloquial affair; fling
cachoeira *s.f.* waterfall
cachorrada *s.f.* 1 (*animais*) pack of dogs 2 ARQUITETURA corbelling; corbel work 3 figurado dirty trick
cachorrice *s.f.* dirty trick; vile behaviour

cachorro

cachorro *s.m.* 1 ZOOLOGIA dog, pup, puppy 2 pejorativo (*pessoa*) cur, wretch
cachorro-quente *s.m.* hot dog
cacique *s.m.* cacique
caco *s.m.* 1 piece; shard; feito em cacos smashed to pieces 2 coloquial (*pessoa*) wreck ♦ cacos velhos junk; rubbish
caçoar *v.* to mock
cacoete *s.m.* 1 bad habit; cacoethes 2 craze; fad; mania
cacto *s.m.* BOTÂNICA cactus
caçula *s.2g.* youngest child
cada *pron. indef.* 1 each; cada um each one 2 (*tempo*) every; a cada dois dias/duas semanas every other day/week; de cada vez que every time ♦ cada coisa no seu tempo all in good time cada vez mais more and more cada vez melhor/pior better and better/worse and worse cada vez menos less and less; fewer and fewer você diz cada coisa! the things you come up with! você tem cada uma! what a nonsense! um de cada vez one at a time
cadarço *s.m.* 1 (*seda*) floss silk 2 (*nastro*) binding tape 3 (*calçado*) lace
cadastramento *s.m.* organizing of records
cadastrar *v.* to register, to enter in the criminal record cadastrar-se *v.pr.* to register; cadastrou-se no site he registered at the site
cadastro *s.m.* register; criminal record
cadáver *s.m.* 1 corpse form.; dead body 2 MEDICINA cadaver
cadê *adv.* coloquial where is, where are; cadê os livros? where are the books?
cadeado *s.m.* padlock; fechado a cadeado padlocked
cadeia *s.f.* 1 chain 2 figurado (*sucessão*) series 3 (*prisão*) jail; ele está na cadeia he's in jail ♦ cadeia alimentar food chain cadeia de restaurantes chain of restaurants
cadeira *s.f.* 1 chair; cadeira de balanço rocking chair; cadeira de rodas wheelchair 2 (*universidade*) subject 3 (*lugar*) seat; cadeira anual annual seat
cadela *s.f.* 1 female dog; 2 pejorativo (*mulher*) bitch
cadência *s.f.* cadence, rhythm
cadenciar *v.* to give cadence to; to give rhythm to
cadente *adj.2g.* falling; estrela cadente falling star, shooting star
caderneta *s.f.* 1 register; record 2 (*banco*) passbook; bankbook
caderno *s.m.* 1 notebook; caderno de exercícios exercise book 2 (*jornal*) section
cadete *s.m.* cadet
cádmio *s.m.* QUÍMICA (*elemento químico*) cadmium
caducar *v.* 1 (*documento, prazo*) to expire 2 coloquial (*pessoa*) to get old
caduco *adj.* 1 BOTÂNICA deciduous; árvore de folha caduca deciduous tree 2 (*documento*) expired, void 3 pejorativo (*pessoa*) senile
cafajestada *s.f.* roguishness; low behaviour; villainy
cafajeste *s.m.* rogue; villain
café *s.m.* 1 coffee; café com leite white coffee; tomar um café to have a coffee 2 (*estabelecimento*) coffee bar, coffee house; café ♦ café da manhã breakfast

café da manhã britânico English breakfast café da tarde afternoon snack
cafeeiro *s.m.* BOTÂNICA coffee tree
cafeína *s.f.* caffeine; sem cafeína caffeine-free
cafeteira *s.f.* coffeepot; cafeteira elétrica coffee machine
cafezal *s.m.* coffee field
cafona *adj.2g.* coloquial tacky; of poor taste ■ *s.2g.* coloquial tacky person
cafonice *s.f.* tackiness
cafuné *s.m.* caress; fazer cafuné em alguém to stroke somebody's hair
cagaço *s.m.* calão fright; panic
cagada *s.f.* 1 calão (*ato*) shit vulg.; crap 2 calão (*porcaria*) filth; muck; crap 3 calão (*trabalho*) botched job
cágado *s.m.* ZOOLOGIA terrapin
cagaita *s.f.* BOTÂNICA myrtle berry; cagaita
caganeira *s.f.* popular the runs, the trots
cagar *v.* 1 calão to have a shit/a crap cal. 2 calão (*sujar*) to dirty 3 calão (*estragar*) to screw up cal. cagar-se *v.pr.* 1 calão to shit yourself 2 calão to get dirty ♦ calão cagar-se de medo to be shit scared calão estou cagando e andando para isso I don't give a shit about it
caiaque *s.m.* ESPORTE kayak
cãibra *s.f.* MEDICINA cramp
caído *adj.* 1 fallen; uma árvore caída a fallen tree 2 (*desanimado*) downhearted; low-spirited 3 coloquial (*apaixonado*) head over heels in love (por, with) ♦ caído do céu out of the blue um presente caído do céu a real godsend
caipira *s.2g.* yokel, peasant; countryman, countrywoman
caipirinha *s.f.* (*bebida*) caipirinha
caipirosca *s.f.* (*bebida*) caipiroska
caipora *s.m.* 1 will-o'-the-wisp; goblin; imp 2 (*azarento*) unlucky person ■ *s.f.* bad luck ■ *adj.2g.* unfortunate; unlucky
caiporismo *s.m.* 1 (*azar*) bad luck; (*infelicidade*) misfortune 2 (*mau agouro*) ill omen
cair *v.* 1 to fall (down); cair no chão to fall to the ground 2 (*cabelo, dente*) to fall out 3 (*construção*) to collapse; to fall apart 4 acontecer; o meu aniversário cai em um sábado my birthday falls on a Saturday 5 (*engano*) to be taken in ♦ cair como um pato to fall for it cair do céu to drop out of the blue cair em desgraça to fall from grace cair em si to come to one's senses cair morto to drop dead cair no esquecimento to sink into oblivion cair num armadilha to fall into a trap ao cair da noite at nightfall
cais *s.m.* quay
caixa *s.f.* 1 (*recipiente*) box 2 (*comércio*) cash; (*banco*) caixa automática cash dispenser, cashpoint, ATM EUA; (*loja*) caixa registradora cash register ■ *s.2g.* 1 (*loja*) cashier 2 (*banco*) teller ♦ caixa 24 horas cash dispenser, cashpoint Grã--Bretanha ATM, Automatic Teller Machine EUA caixa de correio letterbox caixa de ferramentas toolbox caixa de fósforos matchbox caixa eletrônico cash dispenser, cashpoint Grã-Bretanha ATM, Au-

tomatic Teller Machine EUA (*correio*) caixa postal 2 post office PO box 2 (*voz*) voicemail
caixa-forte *s.f.* safe, strongbox
caixão *s.m.* coffin; casket EUA
caixa-preta *s.f.* black box
caixote *s.m.* 1 (*cartão*) cardboard box, carton 2 (*madeira*) crate 3 case 4 (*do lixo*) dustbin; garbage can EUA
caju *s.m.* BOTÂNICA cashew, cashew nut
cajueiro *s.m.* BOTÂNICA cashew tree
cal *s.f.* lime; cal viva quicklime
calabouço *s.m.* 1 dungeon 2 prison
calado *adj.* 1 silent; quiet 2 (*reservado*) reserved; discreet
calafetar *v.* 1 to caulk 2 (*fendas*) to fill up, to stop
calafrio *s.m.* 1 shiver 2 shudder; chill ♦ dar calafrios to send shivers down one's spine
calamidade *s.f.* calamity; great disaster
calar *v.* 1 to silence; to keep quiet 2 (*esconder*) to keep to oneself calar-se *v.pr.* 1 to stop talking; to shut up 2 to remain silent ♦ quem cala consente silence gives consent
calça *s.f.* trousers Grã-Bretanha; pants EUA
calçada *s.f.* 1 cobbled street 2 pavement, sidewalk EUA
calçadão *s.m.* 1 (*praia*) promenade 2 a long and wide paved path for pedestrians, which covers the whole street
calçadeira *s.f.* shoehorn
calçado *s.m.* footwear ■ *adj.* (*piso*) paved
calcanhar *s.m.* heel ♦ calcanhar de Aquiles Achilles heel
calção *s.m.* shorts calções *s.m.pl.* shorts; calção de banho swimming trunks
calcar *v.* 1 to tread; to trample 2 figurado (*humilhar*) to walk all over
calçar *v.* 1 (*luvas, meias, sapatos*) to put on 2 (*número*) to take; que número você calça? what size do you take? 3 to provide shoes for calçar-se *v.pr.* to put one's shoes on
calcificar *v.* to calcify
calcinar *v.* 1 to calcine 2 to burn to ashes
calcinha *s.f.* knickers; panties
cálcio *s.m.* QUÍMICA (*elemento químico*) calcium
calço *s.m.* 1 wedge; chock 2 (*rasteira*) trip
calculadora *s.f.* (*máquina*) calculator
calcular *v.* 1 to calculate; to work out; já calculei a quantidade de tinta necessária I've worked out the amount of paint necessary 2 (*aproximadamente*) to reckon, to estimate; calculo que estejam aqui umas sessenta pessoas I reckon there must be around sixty people here ♦ coloquial calculo! I bet! calculo que sim I think so
cálculo *s.m.* 1 MATEMÁTICA calculation; computation 2 (*estimativa*) estimate; cálculo aproximado rough estimate 3 MEDICINA stone; cálculo biliar gallstone ♦ cálculo mental mental arithmetic
calda *s.f.* CULINÁRIA syrup; pêssegos em calda peaches in syrup
caldeira *s.f.* 1 (*aquecimento*) boiler 2 (*recipiente*) kettle; pot
caldeirão *s.m.* cauldron

calvície

caldo *s.m.* 1 CULINÁRIA broth, soup; caldo de legumes vegetable broth; caldo verde kale and potato broth 2 CULINÁRIA (*para cozinhar*) stock; caldo de galinha chicken stock
caleça *s.f.* caleche
calefação *s.f.* heating
caleidoscópio *s.m.* kaleidoscope
calejado *adj.* 1 (*pele*) horny; mãos calejadas horny hands 2 figurado (*experiente*) hard-bitten
calendário *s.m.* 1 calendar 2 (*programação*) agenda
calha *s.f.* 1 (*escoamento de água*) gutter 2 (*rego*) trench 3 (*ferrovia*) rail
calhandra *s.f.* ZOOLOGIA calandra lark
calhar *v.* to fall (a, on); to happen to be; calhou de eu não poder ir it so happened that I couldn't go ♦ vir mesmo a calhar to come in handy
calibragem *s.f.* calibration
calibrar *v.* to calibrate
calibre *s.m.* calibre
cálice *s.m.* 1 RELIGIÃO chalice 2 BOTÂNICA calyx 3 literário cup
caligrafar *v.* to write beautifully; to calligraph
caligrafia *s.f.* 1 (*arte*) calligraphy 2 (*letra*) handwriting
calma *s.f.* calm, calmness; quietness; manter a calma to keep calm; perder a calma to lose one's temper; (tenha) calma! take it easy!, calm down!
calmante *s.m.* (*medicamento*) tranquillizer ■ *adj.2g.* (*efeito*) calming, soothing
calmaria *s.f.* calm; lull
calmo *adj.* 1 (*pessoa*) calm; cool-headed; manter-se calmo to keep calm, to keep one's temper, to keep one's hair on 2 (*descontraído*) laid-back 3 quiet; peaceful; vivo em um bairro calmo I live in a quiet neighbourhood
calo *s.m.* callosity; (*mão, planta do pé*) callus; (*dedo do pé*) corn ♦ pisar nos calos de alguém to tread on someone's toes
calombo *s.m.* 1 coagulum; clot 2 (*inchaço*) swelling; tumour
calor *s.m.* 1 heat; está um calor de matar it's roasting hot; estou morrendo de calor I'm roasting 2 figurado (*entusiasmo*) eagerness; ardour
calorento *adj.* 1 (*pessoa*) sensitive to heat 2 (*tempo*) hot
caloria *s.f.* calorie; uma dieta baixa em calorias a low-calorie diet
calórico *adj.* caloric
caloroso *adj.* warm; friendly; hearty; uma recepção calorosa a warm welcome
calosidade *s.f.* callosity
calota *s.f.* GEOMETRIA calotte ♦ calota glacial icecap
calote *s.m.* 1 popular bad debt; daro calote not to pay a debt 2 swindle
caloteiro *s.m.* 1 bad payer 2 swindler
calouro *s.m.* 1 gíria freshman 2 figurado greenhorn 3 an amateur singer that takes part in a radio or TV program
calúnia *s.f.* slander; calumny
caluniar *v.* to slander; to calumniate
calvície *s.f.* baldness

calvo

calvo *adj.* bald; ficar calvo to go bald
cama *s.f.* bed; cama de casal double bed; cama de solteiro single bed; fazer a cama to make the bed; ir para a cama to go to bed ◆ cama e mesa board and lodging cair de cama to be taken ill
camada *s.f.* 1 layer; camada de ozônio ozone layer; bolo em camadas layer cake 2 *(gelo)* sheet 3 *(tinta, verniz)* coat
camaleão *s.m.* ZOOLOGIA chameleon
câmara *s.f.* 1 chamber; música de câmara chamber music 2 council; *(edifício)* Câmara Municipal Town Hall; *(organismo)* Câmara Municipal town council 3 camera; operador de câmara cameraman 4 *(pneu)* innertube ◆ *(parlamento)* Câmara dos Deputados House of Representatives câmara lenta in slow motion
camarada *s.2g.* 1 *(de partido)* comrade 2 *(amigo)* mate; pal
camaradagem *s.f.* 1 friendship; camaraderie 2 POLÍTICA comradeship
camarão *s.m.* ZOOLOGIA shrimp
camarim *s.m.* dressing room
camarote *s.m.* 1 *(navio)* cabin 2 *(teatro)* box
cambada *s.f.* 1 gang 2 pejorativo rabble; mob
cambalachar *v.* to be a swindler; to be a con artist
cambalacho *s.m.* swindle; fraud
cambalear *v.* to totter; to stagger
cambalhota *s.f.* 1 somersault; roll; dar uma cambalhota to do a somersault 2 *(queda)* tumble
cambial *adj.2g.* (of) exchange; taxa cambial exchange rate
cambiar *v.* 1 to change 2 *(dinheiro)* to exchange
câmbio *s.m.* 1 *(dinheiro)* exchange; câmbio do dia current exchange; casa de câmbio exchange bank; taxa do câmbio exchange rate 2 *(marcha)* gearbox
cambista *s.2g.* 1 *(dinheiro)* exchanger 2 *(ingresso)* ticket scalper
cambota *s.f.* 1 MECÂNICA crankshaft 2 ARQUITETURA wooden vault frame 3 *(cambalhota)* somersault
camélia *s.f.* BOTÂNICA *(flor)* camellia
camelo *s.m.* ZOOLOGIA camel
camelô *s.2g.* street vendor
câmera *s.f.* 1 camera; filmadora; máquina fotográfica; operador de câmara cameraman 2 *(pneu)* innertube ● Veja **câmara**.
camicaze *adj.2g., s.m.* kamikaze
caminhada *s.f.* long walk; trek; *(curta)* stroll
caminhão *s.m.* lorry; truck EUA; caminhão de mudanças removal van, moving van EUA; caminhão de lixo dust cart, garbage truck EUA
caminhar *v.* 1 to walk; caminhamos 5 km we've walked 5 km 2 figurado *(dirigir-se)* to head (para, for); eles caminham para a vitória they're heading for victory
caminho *s.m.* 1 way; abram caminho para a ambulância! make way for the ambulance!; abrir caminho por entre a multidão to elbow one's way through the crowd; a meio caminho halfway; fora de caminho out of the way; ir a caminho de to be on the way to; pôr-se a caminho to set off 2 path; road; track ◆ de caminho soon coloquial já é meio caminho andado it's half the battle estar no bom caminho to be on the right track preparar o caminho para to pave the way for
caminhoneiro *s.m.* truck driver EUA; lorry driver Grã-Bretanha
caminhoneta *s.f.* van
caminhonete *s.f.* van
camisa *s.f.* 1 *(de homem)* shirt; em mangas de camisa in one's shirtsleeves 2 *(de senhora)* blouse ◆ camisa de malha T-shirt camisa de força straitjacket
camiseta *s.f.* T-shirt
camisinha *s.f.* coloquial condom, French letter col.
camisola *s.f.* nightgown, nightdress
camomila *s.f.* BOTÂNICA camomile; chá de camomila camomile tea
campainha *s.f.* 1 bell; tocar a campainha to ring the bell 2 *(sininho)* handbell
campanha *s.f. (geral)* campaign; campanha eleitoral election campaign; campanha publicitária advertising campaign
campeão *s.m.* champion; campeão do mundo world champion
campeonato *s.m.* championship; campeonato do mundo world championship
campestre *adj.* rural, rustic
campo *s.m.* 1 *(interior)* country; countryside; viver no campo to live in the country 2 *(terreno)* field; campo de aterrissagem landing field; campo de futebol football ground Grã-Bretanha, soccer field EUA 3 camp; campo de concentração concentration camp; campo de refugiados refugee camp 4 ESPORTE *(golfe)* golf course 5 ESPORTE *(tênis)* tennis court 6 ESPORTE *(rúgbi)* pitch 7 *(assunto)* field; area; ele é especialista no campo da arqueologia he is an expert in the field of archaeology ◆ campo de visão line of vision
camponês *s.m.* peasant
campus *s.m.* campus
camuflagem *s.f.* camouflage
camuflar *v.* 1 to camouflage 2 figurado to disguise; to cover up
camundongo *s.m.* mouse; house mouse
camurça *s.f.* suede; sapatos de camurça suede shoes
cana *s.f.* 1 cane 2 rod; cana de pesca fishing rod 3 ANATOMIA *(nariz)* bridge of the nose 4 calão can; em cana to be arrested
Canadá *s.m.* Canada
cana-de-açúcar *s.f.* BOTÂNICA sugar cane
canadense *adj.2g., s.2g.* Canadian
canal *s.m.* 1 channel; canal de televisão TV channel 2 canal, waterway 3 MEDICINA duct; canal lacrimal tear duct ◆ Canal da Mancha English Channel
canalha *s.f.* rabble; scum ■ *s.2g.* rascal; scoundrel
canalização *s.f.* 1 *(ação)* canalization, channelling 2 *(canos)* piping 3 *(atividade profissional)* plumbing
canalizar *v.* 1 to canalize; to plumb in 2 *(direcionar)* to direct; to channel
canapé *s.m.* 1 *(mobília)* settee 2 CULINÁRIA canapé
Canárias *s.f.pl.* the Canaries; Canary Islands
canarim *s.2g.* Indian (from Goa) ■ *s.m.* long-legged man ■ *adj.2g.* tanned; swarthy

canário *s.m.* ZOOLOGIA canary
canavial *s.m.* BOTÂNICA cane plantation
canção *s.f.* song
cancela *s.f.* gate
cancelamento *s.m.* cancellation; cancelamento de um espetáculo cancellation of a show
cancelar *v.* (*evento, atividade*) to cancel; to call off; cancelar um voo to cancel a flight
câncer *s.m.* MEDICINA cancer; câncer de mama breast cancer; câncer de pulmão lung cancer
Câncer *s.m.* 1 ASTRONOMIA Cancer, the Crab 2 (*zodíaco*) Crab; Cancer
canceriano *adj., s.m.* Cancerian
cancerígeno *adj.* carcinogenic
canceroso *adj.* MEDICINA cancerous; células cancerosas cancerous cells
candidatar-se *v.pr.* 1 to run for election; to stand as a candidate (a, *to*) 2 (*emprego, bolsa de estudos*) to apply (a, *for*); candidatar-se a um emprego to apply for a job
candidato *s.m.* 1 (*cargo político*) candidate 2 (*emprego, bolsa de estudos*) applicant
candidatura *s.f.* 1 (*cargo político*) candidacy 2 (*emprego, bolsa de estudos*) application
candomblé *s.m.* candomblé; voodoo rites
caneca *s.f.* 1 mug 2 jug
canela *s.f.* 1 CULINÁRIA cinnamon 2 ANATOMIA (*perna*) shin
caneleira *s.f.* 1 ESPORTE leg pads; leg guards 2 BOTÂNICA cinnamon tree
caneta *s.f.* pen; caneta hidrográfica marker pen
caneta-tinteiro *s.f.* fountain pen
cânfora *s.f.* QUÍMICA camphor
canga *s.f.* 1 (*animais de carga*) yoke 2 (*saída de banho*) sarong
cangaceiro *s.m.* bandit; brigand; highwayman
cangaço *s.m.* banditry; crime
cangote *s.m.* the back of the neck
canguru *s.m.* ZOOLOGIA kangaroo
cânhamo *s.m.* BOTÂNICA hemp
canhão *s.m.* 1 cannon; bala de canhão cannonball 2 (*fechadura*) cylinder lock
canhoto *adj.* left-handed ■ *s.m.* left-hander
canibal *s.2g.* cannibal ■ *adj.2g.* cannibalistic
canibalismo *s.m.* cannibalism
canil *s.m.* kennel
caninana *s.f.* 1 ZOOLOGIA rat-snake 2 BOTÂNICA creeping plant
canino *adj.* canine ■ *s.m.* (*dente*) canine (tooth) ♦ estar com uma fome canina to be hungry as a wolf
canivete *s.m.* penknife
canja *s.f.* CULINÁRIA chicken soup; chicken broth ♦ (*facilidade*) é canja! it's a piece of cake!
cano *s.m.* 1 pipe; tube; cano entupido bunged up pipe 2 (*esgoto*) sewer 3 (*bota*) bootleg 4 (*espingarda*) barrel 5 coloquial mess; confusion ♦ coloquial dar o cano em alguém to stand somebody up coloquial entrar pelo cano to go down the drain to go down the plughole
canoa *s.f.* canoe
canoagem *s.f.* ESPORTE canoeing

canonização *s.f.* 1 RELIGIÃO canonization 2 figurado deification
canonizar *v.* to canonize; to beatify
cansaço *s.m.* tiredness; fatigue; weariness ♦ estar morto de cansaço to be dead tired
cansado *adj.* 1 tired; weary; sentir-se cansado to feel tired 2 (*farto*) tired (de, *of*); fed up (de, *with*)
cansar *v.* 1 to tire out; to exhaust 2 (*aborrecer*) to be boring; isso já cansou! I'm sick of all that! 3 (*saturar*) to annoy cansar-se *v.pr.* to get tired
cansativo *adj.* 1 (*fatigante*) tiring; wearying 2 (*aborrecido*) tedious; boring
canseira *s.f.* 1 (*cansaço*) fatigue 2 (*trabalho*) hard work 3 (*pressão*) stress
cantar *v.* 1 to sing; cantar bem to sing well 2 coloquial (*tentar convencer*) to talk into; (*tentar seduzir*) to sweet-talk ■ *s.m.* singing; song ♦ cantar de galo to blow one's trumpet cantar vitória antes do tempo to count the chickens before they're hatched
cantarolar *v.* to hum; to croon
canteiro *s.m.* 1 (*flores*) flowerbed 2 (*pedreiro*) stonemason
cântico *s.m.* canticle ♦ cântico de Natal Christmas carol cântico fúnebre dirge
cantiga *s.f.* song ♦ é sempre a mesma cantiga it is the same old story isso é tudo cantiga para boi dormir that is all a fabrication
cantil *s.m.* 1 (*água*) canteen 2 (*bebidas alcoólicas*) flask
cantina *s.f.* 1 (*refeições completas*) canteen 2 (*refeições leves*) cafeteria 3 (*universidade, convento*) refectory
canto *s.m.* 1 corner; edge; canto de cima à esquerda top left-hand corner 2 singing; aula de canto singing lesson 3 MÚSICA (*cântico*) chant; canto gregoriano Gregorian chant 4 LITERATURA (*parte de poema*) canto ♦ ser posto em um canto to be put on the shelf
cantor *s.m.* singer
cantoria *s.f.* (*canto*) singing; singsong col.
canudo *s.m.* 1 (*tubo*) tube; pipe 2 popular (*diploma*) university diploma, sheepskin EUA 3 (*palhinha*) straw
cão *s.m.* 1 ZOOLOGIA dog; cão de caça hound; cão de guarda watchdog 2 (*arma de fogo*) cock ♦ (*provérbio*) cão que ladra não morde barking dogs don't bite levar uma vida de cão to lead a dog's life ser como cão e gato to fight like cat and dog
caolho *s.m.* 1 (*zarolho*) person with one eye; person who is blind in one eye 2 (*estrábico*) cross-eyed person ■ *adj.* 1 (*zarolho*) one-eyed; blind in one eye 2 (*estrábico*) cross-eyed
caos *s.m.* chaos; (*desordem*) estar um caos to be a mess
caótico *adj.* chaotic
caotizar *v.* to make chaotic; to mess up
capa *s.f.* 1 (*manto*) cloak; (*jaqueta*) cape 2 (*caderno, livro*) cover 3 (*papéis*) folder
capacete *s.m.* (*geral*) helmet
capacho *s.m.* doormat ♦ ser tratado como um capacho to be treated like a doormat

capacidade s.f. 1 (*recipiente, máquina, sala*) capacity 2 (*potencialidade*) capability; ability
capacitação s.f. 1 training 2 (*mentalização*) mentalization
capacitar v. 1 to enable (*para, to*) 2 to persuade (*de, of*) capacitar-se v.pr. to convince oneself (*de, of*); to persuade oneself (*de, of*)
capadócio s.m. 1 Cappadocian 2 pejorativo (*trapaceiro*) trickster; impostor; rogue ■ adj. 1 Cappadocian 2 pejorativo (*trapaceiro*) roguish; trickish
capanga s.m. henchman
capar v. 1 (*animal*) to castrate; to neuter; capar um gato to neuter a cat 2 (*cavalo*) to geld
capataz s.m. foreman; overseer; supervisor
capatazia s.f. 1 (*cargo*) foremanship 2 (*trabalhadores*) workmen under a foreman
capaz adj.2g. capable (*de, of*); able (*de, to*); ser muito capaz to be very capable; ser capaz de to be able to ♦ (*possibilidade*) é capaz it might eu não sou capaz I can't do it pejorativo ser capaz de tudo to be game for everything
capela s.f. (*igreja*) chapel
capelão s.m. chaplain
capenga adj. 1 (*pessoa*) lame 2 wobbly; uma mesa capenga a wobbly table 3 missing parts/pieces; um brinquedo capenga a toy that misses some of its parts
capeta s.m. coloquial devil
capilar adj.2g. 1 capillary 2 hair; tônico capilar hair tonic ■ s.m. ANATOMIA capillary
capim s.m. BOTÂNICA grass
capina s.f. 1 (*agricultura*) weeding 2 figurado (*repreensão*) rebuke; reprimand
capinação s.f. weeding
capinador s.m. weeder
capinar v. to weed
capineiro s.m. weeder
capital s.f. (*cidade*) capital; a capital de um país the capital of a country ■ s.m. 1 ECONOMIA capital; money 2 ECONOMIA (*ações*) stock ■ adj.2g. capital; main; chief
capitalismo s.m. capitalism
capitalista adj., s.2g. capitalist
capitalizar v. 1 to capitalize 2 (*tirar proveito de*) to capitalize on
capitania s.f. captaincy; capitania de porto port authority
capitão s.m. (*geral*) captain
capitular v. 1 to capitulate 2 to surrender
capítulo s.m. 1 (*livro*) chapter 2 RELIGIÃO chapter; sala do capítulo chapter house
capivara s.f. ZOOLOGIA capybara
capô s.m. bonnet Grã-Bretanha; hood EUA
capoeira s.f. (*luta, esporte*) capoeira
capoeiro s.m. ZOOLOGIA small deer ■ adj. living in the bushes
capotar v. 1 (*carro*) to overturn 2 (*avião*) to nosedive 3 figurado, coloquial to fall asleep; to crash (out)
caprichar v. to do one's best
capricho s.m. whim; por capricho on a whim
caprichoso adj. (*inconstante*) whimsical; wayward

capricorniano s.m. Capricorn, Capricornean ■ adj. Capricornean
Capricórnio s.m. ASTRONOMIA Capricorn, the Goat
cápsula s.f. 1 (*farmácia*) capsule 2 ASTRONOMIA space capsule 3 (*garrafas*) cap; top
captação s.f. catchment; captação de água water catchment
captar v. 1 to catch; to capture 2 (*emissão, transmissão*) to receive 3 (*atrair*) to attract; captar a atenção to attract the attention 4 (*entender*) to grasp; to apprehend
captura s.f. 1 (*pessoa, animal*) capture 2 (*detenção*) arrest
capturar v. 1 (*animal*) to capture; to catch 2 (*pessoa*) to capture; to arrest
capucho s.m. hood
capuz s.m. hood
caqui s.m. (*fruto*) persimmon
cáqui s.m. (*cor*) khaki
caquizeiro s.m. BOTÂNICA persimmon tree
cara s.f. 1 (*rosto*) face 2 (*semblante*) countenance 3 (*moeda*) head; cara ou coroa heads or tails ■ s.m. 1 coloquial (*sujeito*) guy; bloke Grã-Bretanha; dude EUA 2 coloquial (*vocativo*) man; dude EUA; (*vocativo*) e aí, cara? what's up, man? ♦ cara a cara face to face dar de caras com to bump into estar com boa cara to look well mostrar cara de poucos amigos to pull a long face ser a cara de alguém to be someone's spitting image cara de pau popular (*atrevido*) cheeky Grã-Bretanha, sassy EUA; (*sem--vergonha*) brazen, shameless
cará s.m. BOTÂNICA yam
caracará s.m. ZOOLOGIA caracara
caracol s.m. 1 ZOOLOGIA snail 2 (*cabelo*) curl ♦ escada de caracol spiral staircase
caractere s.m. INFORMÁTICA character
característica s.f. characteristic; trait; feature
característico adj. 1 characteristic 2 typical
caracterização s.f. 1 (*descrição*) characterization 2 (*maquiagem*) make-up
caracterizar v. 1 (*descrever*) to characterize 2 (*ilustrar*) to typify 3 (*maquiagem*) to do the make--up for caracterizar-se v.pr. to be characterized (*por, by*)
caramba interj. (*susto, contrariedade, admiração*) blimey!; gosh!
carambola s.f. 1 cannon Grã-Bretanha, carom EUA 2 (*bola vermelha*) red ball 3 BOTÂNICA carambola, star fruit
caramelo s.m. 1 (*calda, sabor*) caramel 2 (*bala*) toffee; caramel candy
cara-metade s.f. wife; husband; a minha cara--metade my better half
caramujo s.m. ZOOLOGIA periwinkle
caranguejeira s.f. 1 BOTÂNICA greengage 2 ZOOLOGIA bird(-eating) spider
caranguejo s.m. ZOOLOGIA crab ♦ andar como o caranguejo to take one step forward and to backwards
carapaça s.f. 1 ZOOLOGIA carapace; shell 2 figurado (*proteção*) cover; protection
carapuça s.f. coloquial cap; hood ♦ enfiar a carapuça to take it personally qual carapuça! nonsense

não me serve a carapuça it has got nothing to do with me
caratê *s.m.* karate
caráter *s.m.* **1** (*personalidade*) character; ter grande força de caráter to have a strong character; um homem de caráter a man of character **2** INFORMÁTICA (*letra*) character, letter **3** (*teor*) nature; de caráter oficial of an official nature
caravana *s.f.* **1** (*deserto*) caravan **2** (*viajar, sair*) a group of people that go somewhere together
caravela *s.f.* caravel
carboidrato *s.m.* QUÍMICA carbohydrate
carbônico *adj.* QUÍMICA carbonic; óxido carbônico carbonic oxide
carbonização *s.f.* carbonization
carbonizar *v.* **1** to carbonize **2** (*queimar*) to burn to cinders ♦ morrer carbonizado to be burnt to death
carbono *s.m.* QUÍMICA (*elemento químico*) carbon; dióxido de carbono (*gás carbônico*) carbon dioxide; monóxido de carbono carbon monoxide; emissão de carbono carbon emission
carburador *s.m.* carburettor
carburar *v.* to carburet ♦ carburar bem to work properly
carcaça *s.f.* **1** (*animal*) carcass **2** (*estrutura, armação*) frame
cárcere *s.m.* prison, jail, gaol Grã-Bretanha; no cárcere in jail
carcereiro *s.m.* warder, jailer, gaoler Grã-Bretanha
carcomer *v.* **1** to eat away; to gnaw **2** figurado to ruin; to destroy; to undermine
cardápio *s.m.* menu
cardeal *s.m.* RELIGIÃO cardinal ■ *adj.2g.* GEOGRAFIA cardinal; pontos cardeais the cardinal points
cardíaco *s.m.* MEDICINA person with a heart condition ■ *adj.* cardiac; ataque cardíaco heart attack
cardinal *adj.2g.* **1** MATEMÁTICA cardinal; números cardinais cardinal numbers **2** (*cor*) cardinal **3** (*principal*) main; fundamental
cardiologia *s.f.* MEDICINA cardiology
cardiologista *s.2g.* MEDICINA cardiologist
cardiovascular *adj.2g.* MEDICINA cardiovascular
cardume *s.m.* **1** (*peixe*) shoal (de, *of*); cardume de sardinhas shoal of sardines **2** figurado (*pessoas*) swarm (de, *of*)
careca *s.2g.* (*pessoa*) bald person, baldhead ■ *s.f.* (*calvície*) baldness ■ *adj.2g.* **1** bald; ficar careca to grow bald **2** figurado bare **3** (*pneu*) worn-out
carecer *v.* **1** to be lacking (de, *in*); to lack (de, *–*); carecer de fundamento to fall short of the truth **2** to be short (de, *of*) **3** to stand in need (de, *of*); carecer de assistência to stand in need of help
careiro *adj.* **1** expensive; posh **2** coloquial (*pessoa*) that sells dear; ser careiro to sell dear
carência *s.f.* **1** (*falta*) lack (de, *of*) **2** (*necessidade*) want (de, *of*); need (de, *of*); carência de dinheiro want of money **3** (*penúria*) deprivation
carente *adj.2g.* **1** in need **2** (*afetivamente*) needy **3** (*desprovido*) lacking (de, *in*)
careta *s.f.* **1** face, grimace; fazer caretas to make faces, to grimace **2** (*máscara*) mask ■ *adj.2g.* coloquial, pejorativo square; straight col.

carga *s.f.* **1** (*fardo*) load; burden; animal de carga beast of burden **2** (*mercadoria*) freight; cargo; carga completa full cargo; navio de carga cargo boat **3** charge; carga elétrica electric charge **4** (*grande quantidade*) load (de, *of*); uma carga de trabalhos a load of trouble ♦ coloquial por que carga d'água? why on earth? coloquial voltar à carga to return to the attack
cargo *s.m.* **1** (*função*) post, position; exercer um cargo to hold a position **2** (*responsabilidade*) charge; ter a seu cargo to be in charge of; tomar a seu cargo to take charge of
cargueiro *s.m.* cargo ship ■ *adj.* cargo
cariar *v.* to decay
caricatura *s.f.* caricature
caricaturar *v.* to caricature
carícia *s.f.* caress; stroke; fazer carícias em to fondle
caridade *s.f.* **1** charity; instituição de caridade charitable institution **2** (*generosidade*) generosity; por caridade out of generosity **3** (*piedade*) mercy; irmãs de caridade sisters of mercy
caridoso *adj.* **1** charitable **2** (*benevolente*) benevolent; lenient **3** (*generoso*) generous; kind
cárie *s.f.* **1** MEDICINA caries; tooth decay; dente com cárie carious tooth **2** MEDICINA (*dente furado*) cavity
caril *s.m.* CULINÁRIA curry
carimbar *v.* **1** (*validar*) to stamp **2** (*correio*) to postmark
carimbo *s.m.* **1** stamp **2** (*correio*) postmark
carinho *s.m.* **1** love; affection; tenderness; ter carinho por (alguém) to be fond of (somebody) **2** (*dedicação*) loving care **3** (*carícia*) caress
carinhoso *adj.* (*afetuoso*) loving; affectionate; ser muito carinhoso com to be very affectionate with
carioteca *s.f.* BIOLOGIA nuclear membrane
cariótipo *s.m.* BIOLOGIA karyotype
carisma *s.m.* charisma; ter carisma to be charismatic
carismático *adj.* charismatic
carma *s.m.* FILOSOFIA, RELIGIÃO karma
carnaúba *s.f.* BOTÂNICA wax palm
Carnaval *s.m.* carnival; Shrovetide; domingo de Carnaval Shrove Sunday; segunda-feira de Carnaval Shrove Monday
carnavalesco *adj.* **1** (of the) carnival **2** figurado, pejorativo grotesque
carne *s.f.* **1** (*pessoa*) flesh; carne viva raw flesh **2** figurado (*corpo*) flesh **3** CULINÁRIA (*animal*) meat ♦ em carne e osso in person
carnê *s.m.* payment book
carneiro *s.m.* **1** ZOOLOGIA ram **2** CULINÁRIA mutton **3** pejorativo, figurado yes-man; weak sister fig.
carniça *s.f.* **1** carrion **2** figurado bloodbath; massacre; slaughter **3** (*jogo do eixo*) leapfrog; pular carniça to play leapfrog
carnívoro *adj.* carnivorous; planta carnívora carnivorous plant ■ *s.m.* carnivore
caro *adj.* **1** (*preço*) expensive; costly; dear; pricey; foi caro it was very expensive; vender caro to sell at a high price **2** dear; meu caro my dear; caro senhor Dear Sir ■ *adv.* at a high price; dearly ♦ pagar caro to pay a high price (for)

caroço

caroço *s.m.* 1 BOTÂNICA *(cereja, pêssego, tâmara)* stone 2 BOTÂNICA *(pera, laranja, maçã)* pit 3 MEDICINA lump

carona *s.f.* hitchhiking; lift; andar de carona to hitch-hike; dar carona a alguém to give somebody a lift; peguei carona até à cidade I hitchhiked into town ◆ de carona for free

carpete *s.f.* fitted carpet; wall-to-wall carpet

carpintaria *s.f.* 1 *(ofício)* carpentry 2 *(oficina)* carpenter's

carpinteiro *s.m.* carpenter

carpo *s.m.* 1 ANATOMIA carpus 2 BOTÂNICA fruit

carrancudo *adj.* 1 sullen; surly 2 *(agressivo)* hostile

carrapato *s.m.* 1 ZOOLOGIA tick 2 figurado, pejorativo nagger

carrasco *s.m.* 1 *(forca)* hangman 2 *(executor)* executioner 3 figurado *(pessoa cruel)* monster

carregador *s.m.* 1 *(dispositivo, trabalhador)* loader 2 *(estação)* porter 3 *(bateria)* charger; carregador de celular mobile phone charger

carregamento *s.m.* 1 *(ato de carregar)* loading 2 *(carga)* load; cargo 3 INFORMÁTICA download

carregar *v.* 1 *(mercadoria, arma)* to load; carregar um caminhão to load a truck; carregar uma arma to load a gun 2 *(bateria)* to charge 3 INFORMÁTICA to download

carreira *s.f.* 1 *(vida profissional)* career; carreira de sucesso successful career; carreira militar military career 2 *(fila)* row; carreira de árvores row of trees 3 *(caminhoneta)* coach trip 4 *(avião, barco)* route; carreira aérea flying route

carretel *s.m.* 1 *(fio, pesca)* reel 2 *(bobina)* bobbin; spool

carricinha *s.f.* ZOOLOGIA house wren

carrinho *s.m.* 1 *(de bebê)* pram Grã-Bretanha, buggy EUA 2 *(supermercado)* trolley; carrinho de compras shopping trolley, shopping cart EUA 3 *(costura)* reel; carrinho de linhas cotton reel 4 *(brinquedo)* toy car 5 *(carrinho de mão)* barrow; small cart; wheelbarrow

carro *s.m.* car; andar de carro to drive ◆ *(carnaval)* carro alegórico float carro de aluguel rental car carro de bombeiros fire engine carro fúnebre hearse pôr o carro à frente dos bois to put the cart before the horse

carroça *s.f.* 1 cart; wagon 2 coloquial *(carro)* banger; rattletrap; clunker EUA

carro-chefe *s.m.* 1 *(desfile)* the main car in a parade 2 figurado something that stands out in a group

carrossel *s.m.* merry-go-round; roundabout Grã-Bretanha; carousel EUA

carruagem *s.f.* carriage; coach

carta *s.f.* 1 letter; responder a uma carta to answer a letter 2 chart; carta de navegação pilot chart 3 *(jogo)* card; dar as cartas to deal the cards 4 *(constituição)* charter ◆ carta branca blank cheque carta registrada registered letter

cartão *s.m.* 1 card 2 *(papelão)* cardboard; cartão canelado corrugated cardboard; caixa de cartão cardboard box 3 *(postal)* postcard ◆ cartão de crédito credit card cartão de visita visiting card; calling card cartão de débito cash card

cartão-postal *s.m.* postcard

cartaz *s.m.* 1 poster; cartaz de cinema cinema poster; cartaz publicitário advertisement poster 2 *(anúncio)* bill; é proibido fixar cartazes stick no bills 3 *(aviso público)* public notice ◆ *(espetáculos)* estar em cartaz to be on

carteira *s.f.* 1 *(de bolso)* wallet 2 *(de mão)* handbag Grã-Bretanha; purse EUA 3 *(assento)* desk ◆ carteira de identidade identity card carteira de motorista driver's license EUA driving licence

carteiro *s.m.* postman Grã-Bretanha, mailman EUA; postwoman Grã-Bretanha, mailwoman EUA

cartela *s.f.* cartouche

cartilagem *s.f.* ANATOMIA cartilage

cartilha *s.f.* 1 *(aprendizagem da leitura)* spelling book; primer 2 textbook 3 RELIGIÃO catechism

cartola *s.f.* top hat

cartolina *s.f.* thin cardboard

cartomante *s.2g.* fortune-teller who uses cards

cartório *s.m.* 1 *(notário)* notary's office; register office 2 *(arquivo público)* registry

cartucho *s.m.* 1 *(arma)* cartridge 2 *(saco de papel)* packet; package EUA

cartum *s.m.* cartoon

cartunista *s.2g.* cartoonist

carvão *s.m.* 1 coal 2 *(de lenha)* charcoal 3 ARTES PLÁSTICAS charcoal; desenho a carvão charcoal drawing ◆ carvão vegetal vegetable charcoal; carvão mineral mineral charcoal mina de carvão coal mine negro como o carvão as black as coal

carvoaria *s.f.* charcoal kiln

casa *s.f.* 1 *(residência)* house; casa de campo country house 2 *(lar)* home; em casa at home 3 *(estabelecimento)* company, firm; casa comercial commercial firm 4 *(botão)* buttonhole 5 *(xadrez, damas)* square ◆ casa cheia full house casa da moeda mint casa de penhores pawnshop

casaca *s.f.* 1 *(vestuário)* fitted short coat 2 tails

casaco *s.m.* 1 *(curto)* jacket 2 *(comprido)* coat; tira o casaco take off your coat; veste o casaco put your coat on; ter o casaco vestido to have one's coat on ◆ casaco comprido topcoat casaco de peles fur coat casaco esportivo blazer casaco de lã cardigan

casado *adj.* 1 married (com, to); ser casado com to be married to 2 figurado joined

casal *s.m.* 1 *(pessoas)* couple 2 *(animais)* pair 3 *(povoado)* small village, hamlet

casamento *s.m.* 1 marriage; casamento de conveniência marriage of convenience; pedir (alguém) em casamento to propose to (somebody) 2 *(cerimônia)* wedding; aniversário de casamento wedding anniversary; casamento civil/religioso civil/church wedding 3 figurado combination ◆ O casamento como instituição é *marriage*; a cerimônia é *wedding*.

casar *v.* 1 to marry; to get married; casar na igreja to have a church wedding; casar no civil to get married in a registry office 2 figurado to match casar-se *v.pr.* 1 to get married 2 figurado to combine

casca *s.f.* 1 *(noz, ovo)* shell 2 *(fruta)* peel 3 *(banana, cebola)* skin 4 *(queijo, limão)* rind 5 *(cereais)* husk

6 *(leguminosas)* pod 7 *(árvore)* bark ♦ sair da casca to crawl out of the shell

cascalho *s.m.* 1 gravel 2 *(praia)* shingle 3 coloquial *(trocos)* coins; loose change

cascata *s.f.* 1 cascade, waterfall 2 coloquial tall story

cascavel *s.f.* ZOOLOGIA rattlesnake

casco *s.m.* 1 *(animal)* hoof 2 *(navio)* hull

casebre *s.m.* shack; hovel

caseiro *adj.* 1 *(pessoa, vida)* homely, domestic; ser muito caseiro to love being at home 2 home-made; pão caseiro home-made bread ■ *s.m.* tenant; farmer

caso *s.m.* 1 case 2 event 3 *(aventura amorosa)* affair *conj.* in case, if; caso ele te pergunte if he asks you ♦ caso contrário otherwise é um caso sério it is no laughing matter em caso de emergência in case of emergency em todo o caso anyhow não fazer caso de to take no notice of não vir ao caso to be irrelevant um caso perdido a hopeless case

caspa *s.f.* dandruff

casquinha *s.f.* 1 plated metal 2 thin rind 3 *(sorvete)* ice cream cone, cornet Grã-Bretanha

cassar *v.* DIREITO to quash; to annul

cassete *s.f.* *(vídeo, áudio)* tape, cassette

cassetete *s.m.* truncheon

cassino *s.m.* casino

castanha *s.f.* BOTÂNICA chestnut

castanho *adj.* brown; olhos castanhos brown eyes ■ *s.m.* 1 *(cor)* brown; castanho escuro dark brown 2 *(madeira)* chestnut

castanholas *s.f.pl.* MÚSICA castanets

castelhano *adj., s.m.* Castilian

castelo *s.m.* castle ♦ fazer castelos no ar to build castles in the air os planos dele ruíram como um castelo de cartas his plans collapsed like a house of cards

castiçal *s.m.* candlestick

castidade *s.f.* chastity; continence

castigar *v.* 1 to punish (por, for); eu fui castigado por ter mentido I was punished for telling lies 2 ESPORTE to penalize ♦ coloquial castiga-o severamente! give it to him hot!

castigo *s.m.* 1 *(ato)* punishment 2 *(pena)* penalty ♦ sem castigo with impunity

castor *s.m.* ZOOLOGIA beaver

castrar *v.* 1 to castrate; to emasculate 2 *(cavalo)* to geld 3 *(animal doméstico)* to neuter

casual *adj.2g.* casual, accidental, unexpected

casualidade *s.f.* 1 chance; fortuity; por casualidade by chance 2 coincidence

casulo *s.m.* 1 *(insetos)* cocoon 2 BOTÂNICA seed capsule; husk 3 *(sementes)* pod

catalisar *v.* 1 QUÍMICA to catalyse 2 to bring about

catalisador *s.m.* QUÍMICA catalyser

catálise *s.f.* QUÍMICA catalysis

catalogar *v.* to catalogue Grã-Bretanha; to catalog EUA

catálogo *s.m.* 1 catalogue Grã-Bretanha; catalog EUA 2 list; catálogo de preços price list

Catalunha *s.f.* Catalonia

catapora *s.f.* MEDICINA chickenpox

catapultar *v.* to catapult (para, to)

cáustico

catar *v.* 1 *(piolhos)* to delouse 2 *(procurar)* to look for, to search for 3 *(arroz)* to clean

catarata *s.f.* 1 waterfall 2 MEDICINA cataract; fazer uma operação de catarata to have a cataract operation

catarro *s.m.* MEDICINA catarrh

catástrofe *s.f.* catastrophe; disaster ♦ catástrofe ecológica environmental disaster

catatau *s.m.* 1 popular *(pancada)* blow; *(castigo)* punishment 2 *(pessoa)* skin and bones 3 coloquial a lot of; um catatau de livros a lot of books

cata-vento *s.m.* pinwheel weathervane

catecismo *s.m.* cat/echism

catedral *s.f.* cathedral

catedrático *s.m.* professor ■ *adj.* professorial

categoria *s.f.* 1 *(nível)* category 2 status; categoria profissional professional status ♦ de primeira categoria first-rate

categórico *adj.* 1 categorical; absolute 2 explicit; direct ♦ recusa categórica point-blank refusal

catequese *s.f.* RELIGIÃO Sunday school

catequista *s.2g.* RELIGIÃO catechist

catequizar *v.* RELIGIÃO to catechize

cateter *s.m.* MEDICINA catheter

catimba *s.f.* 1 wiles; cunning 2 ESPORTE unfair methods used by players to disturb the opponent's game

catinga *s.f.* 1 *(cheiro)* stink, stench; *(de suor)* unpleasant sweat smell 2 BOTÂNICA spiral ginger 3 *(sovinice)* miserliness; stinginess; tightfistedness

catingar *v.* 1 *(cheiro)* to stink 2 *(sovinice)* to be stingy

cativante *adj.2g.* captivating; charming

cativar *v.* to captivate; to charm

cativeiro *s.m.* captivity; em cativeiro in captivity

cativo *adj.* captive ■ *s.m.* 1 captive 2 slave

catolicismo *s.m.* RELIGIÃO Catholicism

católico *adj., s.m.* Catholic

catorze *num.* fourteen

cauã *s.m.* ZOOLOGIA laughing falcon; *(gavião-preto)* great black hawn

caução *s.f.* 1 DIREITO bail; fiança 2 *(garantia)* guarantee 3 *(atenção)* caution

cauda *s.f.* 1 *(animais)* tail; balançar a cauda to wag the tail 2 *(vestido)* train 3 *(extremidade)* end, extremity 4 *(fila)* rear 5 *(cometa)* tag, tail; cauda de um cometa tail of a comet ♦ piano de cauda grand piano

caule *s.m.* BOTÂNICA stem, stalk

caúna *s.f.* BOTÂNICA ilex; holly

causa *s.f.* 1 *(origem)* cause 2 *(ideal)* cause 3 *(motivo)* motive, reason, ground; sem causa aparente for no apparent reason 4 *(ação judicial)* lawsuit, case ♦ com conhecimento de causa with due knowledge em causa in question; at stake por causa de on account of

causar *v.* 1 to cause, to be the cause of; causar dissabores to cause trouble 2 to bring about; to occasion ♦ causar alegria to make you happy causar dano to be harmful causar má impressão to make a bad impression

cáustico *adj.* 1 caustic; corrosive 2 figurado *(humor)* dry; acid ■ *s.m.* caustic

cautela

cautela *s.f.* 1 (*cautela*) caution, precaution 2 (*loteria*) share 3 (*penhores*) pawn ticket ♦ à cautela as a precaution ter cautela com to be careful with

cauteloso *adj.* careful; cautious; wary

cavaca *s.f.* 1 CULINÁRIA light crispy cake 2 (*madeira*) chip of wood

cavaco *s.m.* coloquial chat

cavalaria *s.f.* 1 cavalry 2 (*equitação*) riding 3 HISTÓRIA chivalry; knighthood romance de cavalaria novel of chivalry

cavaleiro *s.m.* 1 rider, horseman 2 HISTÓRIA knight; cavaleiro andante knight errant

cavalete *s.m.* 1 (*pintura*) easel 2 (*violino*) bridge 3 (*suporte*) trestle

cavalgar *v.* to ride (on)

cavalheiro *s.m.* gentleman ■ *adj.* gentlemanly; chivalrous; courteous

cavalo *s.m.* 1 ZOOLOGIA horse 2 (*xadrez*) knight 3 ESPORTE long horse 4 MECÂNICA horsepower ♦ cavalo de corrida racehorse cavalo de pau rocking-horse; hobby-horse cavalo de raça blood-horse andar a cavalo to ride (on horseback) tirar o cavalinho da chuva to drop the idea

cavalo-marinho *s.m.* ZOOLOGIA sea horse

cavaquear *v.* coloquial to chat

cavaquinho *s.m.* small guitar

cavar *v.* 1 (*terra*) to dig 2 (*animal*) to burrow

caveira *s.f.* skull

caverna *s.f.* cavern

caviar *s.m.* CULINÁRIA caviar

cavidade *s.f.* 1 cavity; cavidade bucal buccal cavity 2 hole, hollow

cavilha *s.f.* 1 (*madeira*) peg 2 (*metal*) pin, bolt; cavilha de ferro iron bolt

caxumba *s.f.* MEDICINA mumps; parotitis

CD *sigla de* compact disc; CD

CDF *adj., s.2g.* vulgarismo (*estudante*) grind EUA; swot Grã-Bretanha

cê *s.m.* name of the letter c; cê agá name of the ch digraph; cê cedilhado c cedilla

cear *v.* to have supper

cebola *s.f.* 1 BOTÂNICA onion; casca de cebola onion skin 2 BOTÂNICA (*bulbo*) bulb

cebolinha *s.f.* pearl onion

cê-dê-efe *s.2g.* coloquial (*estudante*) grind EUA; swot Grã-Bretanha

ceder *v.* 1 (*lugar*) to give up (a, *to*); cedi o meu lugar a um senhor idoso I gave my seat up to an old gentleman 2 to transfer 3 (*emprestar*) to lend 4 to yield (a, *to*); to give in (a, *to*); ceder à pressão to yield to pressure 5 (*ir abaixo*) to give way; to cave in; a prateleira cedeu com o peso dos livros the shelf gave way under the weight of the books

cedilha *s.f.* cedilla

cedo *adv.* 1 early; de manhã cedo early in the morning; levantar-se cedo to get up early 2 (*em breve*) soon; mais cedo ou mais tarde sooner or later; o mais cedo possível as soon as possible

cedro *s.m.* BOTÂNICA cedar; madeira de cedro cedar wood

cédula *s.f.* 1 registration certificate 2 certificate

cefaleia *s.f.* MEDICINA migraine

cegar *v.* 1 to blind 2 (*deslumbrar*) to dazzle 3 (*embotar*) to blunt

cego *adj.* blind ■ *s.m.* blind person ♦ às cegas 1 (*sem ver*) blindly 2 (*sem pensar*) thoughtlessly, without thinking 3 (*sem conhecimento seguro*) in the dark

cegonha *s.f.* ZOOLOGIA stork

cegueira *s.f.* 1 blindness 2 figurado obsession 3 figurado fanaticism

cegueta *adj.2g.* coloquial short-sighted ■ *s.2g.* coloquial short-sighted person; blinkard

ceia *s.f.* supper ♦ RELIGIÃO a Última Ceia the Last Supper

ceifar *v.* 1 to reap, to harvest, to crop 2 figurado (*vidas*) to wipe out

cela *s.f.* (*prisão, mosteiro*) cell

celebração *s.f.* celebration

celebrar *v.* 1 (*festejar*) to celebrate; celebrar o acontecimento to celebrate the occasion 2 (*exaltar*) to praise 3 (*acordo*) to seal 4 (*contrato*) to sign; celebrar contrato com o Botafogo to sign for Botafogo 5 RELIGIÃO (*missa*) to say mass

célebre *adj.2g.* celebrated, famous, renowned, well-known

celebridade *s.f.* (*pessoa, fama*) celebrity

celebrizar *v.* to make famous celebrizar-se *v.pr.* to become famous

celeiro *s.m.* barn; granary

celeste *adj.2g.* celestial; corpos celestes celestial bodies; esfera celeste celestial sphere

celofane *s.m.* cellophane; película de celofane cellophane wrapping

Celsius *adj.2g.2n.* Celsius • Na Grã-Bretanha e no resto da Europa é mais usada a escala Celsius. Nos Estados Unidos, é mais comum usar a escala Fahrenheit. Às temperaturas de 0°C e de 100°C correspondem, respectivamente, 32°F e 212°F. Para se obter a temperatura em graus Fahrenheit a partir de graus Celsius, deve multiplicar-se por 1,8 e adicionar 32.

célula *s.f.* (*geral*) cell ♦ célula fotoelétrica photoelectric cell

celular *adj.2g.* cell; cellular; tecido celular cellular tissue ■ *s.m.* mobile phone Grã-Bretanha; cellular phone EUA; cellphone EUA

célula-tronco *s.f.* MEDICINA stem cell

celulite *s.f.* 1 (*sob a pele*) cellulite 2 (*infecção na pele*) cellulitis

cem *num.* a hundred; one hundred ♦ cem mil vezes hundreds of times cem por cento a hundred per cent cem vezes mais a hundredfold viver até aos cem to live to be a hundred

cemitério *s.m.* 1 cemetery; burying ground 2 (*igreja*) graveyard

cena *s.f.* 1 TEATRO (*parte do texto*) scene 2 TEATRO (*palco*) stage; ele retira-se de cena he goes offstage; entrar em cena to go on stage 3 (*situação*) scene; cena tocante touching scene 4 (*alarido*) scene

cenário *s.m.* 1 (*decoração de palco*) scenery 2 (*estúdio de filmagem*) set 3 (*de acontecimento*) setting, scene 4 (*panorama*) scenario

cênico *adj.* scenic artes cênicas performing arts

cenoura *s.f.* BOTÂNICA carrot

censo *s.m.* census
censor *s.m.* censor
censura *s.f.* 1 censorship 2 (*reprovação*) censure; reproach 3 (*repreensão*) reprimand
censurar *v.* 1 (*repreender*) to censure 2 (*reprovar*) to reproach (por, for) 3 (*filme, livro etc.*) to censor
centavo *s.m.* cent ♦ não vale um centavo he is not worth a penny sem um centavo penniless
centeio *s.m.* BOTÂNICA rye
centena *s.f.* a hundred; às centenas by the hundreds; centenas de vezes hundreds of times; uma centena de espectadores a hundred or so spectators
centenário *adj.* centenarian; ser centenário to be over a hundred years old ■ *s.m.* (*aniversário*) centenary; o centenário da sua fundação the centenary of its founding; o sexto centenário do seu nascimento the 600th anniversary of his birth
centésimo *num.* hundredth; centésimo lugar hundredth place
centígrado *adj.* centigrade; cinquenta graus centígrados fifty degrees centigrade
centilitro *s.m.* centilitre
centímetro *s.m.* centimetre; centímetro cúbico cubic centimetre
cêntimo *s.m.* cent
cento *s.m.* a hundred; cento e um a hundred and one; aos centos by the hundreds; por cento per cent
centopeia *s.m.* ZOOLOGIA centipede
central *adj.2g.* 1 (*localização*) central; uma casa muito central a very central house 2 (*importância*) fundamental ■ *s.f.* 1 power station; central nuclear nuclear power station; central térmica thermal power station 2 (*sede*) head office, headquarters ♦ central telefônica telephone exchange
centralização *s.f.* centralization
centralizar *v.* to centralize
centrar *v.* 1 to centre; centrar a fotografia em uma página to centre the photo on a page 2 figurado (*atenção, olhar*) to focus (em, on) 3 ESPORTE to centre
centrífuga *s.f.* 1 centrifuge 2 CULINÁRIA juice extractor
centrifugação *s.f.* centrifugation
centrifugar *v.* 1 to centrifuge 2 (*roupa*) to spin-dry
centro *s.m.* center; centre centro da cidade town centre; centro das atenções centre of attention ♦ centro comercial shopping centre; mall
centroavante *s.2g.* ESPORTE center forward
centuplicar *v.* to increase a hundredfold; to multiply a hundredfold
cêntuplo *adj.* hundredfold; centuple ■ *s.m.* a hundred times more; o cêntuplo de vinte a hundred times twenty
CEP *s.m.* (abreviatura de Código de Endereçamento Postal) zip code; postal code
cepo *s.m.* log, stump
cera *s.f.* 1 (*velas, depilação*) wax 2 (*ouvidos*) earwax ♦ fazer cera to dawdle
cerâmica *s.f.* 1 (*arte*) ceramics; pottery 2 (*objetos*) pottery, earthenware
Cérbero *s.m.* MITOLOGIA Cerberus
cerca *s.f.* 1 (*vedação*) fence; cerca de arame wire fence 2 (*sebe*) hedge 3 (*cercado*) enclosure ■ *adv.* 1 (*aproximadamente*) about, around; cerca das três horas about three o'clock; deve ter cerca de quarenta anos he must be forty or so 2 (*perto de*) near
cercado *adj.* 1 surrounded 2 fenced in ■ *s.m.* enclosure
cercar *v.* 1 to surround 2 (*com cerca*) to fence in 3 to enclose (de, com, with) 4 to besiege; to surround
cerco *s.m.* siege; levantar o cerco to raise the siege; pôr cerco a to lay siege to
cerda *s.f.* bristle
cereal *s.m.* cereal; grain cereais *s.m.pl.* breakfast cereal
cerebral *adj.2g.* 1 cerebral 2 MEDICINA of the brain; tumor cerebral brain tumour
cérebro *s.m.* 1 ANATOMIA brain 2 figurado (*pessoa muito inteligente*) brainy person 3 figurado (*autor*) (*plano, projeto*) mastermind
cereja *s.f.* BOTÂNICA cherry; caroço de cereja cherry stone
cerejeira *s.f.* BOTÂNICA cherry tree
cerimônia *s.f.* 1 (*solenidade*) ceremony; cerimônia de abertura opening ceremony; cerimônia de posse swearing-in ceremony, investiture 2 (*comportamento*) deference; ceremony; fazer cerimônia to stand on ceremony; sem cerimônias without ceremony
cerimonial *adj.2g., s.m.* ceremonial
cério *s.m.* QUÍMICA (*elemento químico*) cerium
cerne *s.m.* core
cerração *s.f.* 1 (*nevoeiro*) thick fog 2 (*escuridão*) darkness, dark
cerrado *adj.* 1 (*nevoeiro, vegetação*) thick, dense 2 (*punho*) clenched 3 (*noite*) dark 4 (*pronúncia*) thick ■ *s.m.* (*vegetação*) scrub land
cerrar *v.* 1 (*punhos*) to clench 2 (*colocar cerca*) to fence in cerrar-se *v.pr.* to close in
certamente *adv.* certainly
certeiro *adj.* 1 (*tiro*) well-aimed; tiro certeiro well-aimed shot 2 (*acertado*) accurate
certeza *s.f.* certainty; certitude; ter a certeza de ser sure; ter a certeza absoluta to be positive
certidão *s.f.* certificate; passar uma certidão to grant a certificate ♦ certidão de nascimento birth certificate certidão de óbito death certificate
certificação *s.f.* certification
certificado *s.m.* certificate
certificar *v.* 1 (*curso*) to certify 2 (*assegurar*) to assure (somebody) (de, of) certificar-se *v.pr.* to make certain (de, of); to make sure (de, of); certificar-se de alguma coisa to make sure of something
certo *adj.* 1 (*exato, correto*) right; o relógio está certo the watch is right 2 true; isso é certo that is true 3 (*certeza*) certain, sure, positive; estar absolutamente certo de to be quite sure of, to be positive about 4 (*determinado*) certain; um certo homem a certain man ■ *adv.* 1 certainly 2 (*responder, agir*) correctly ♦ certas pessoas some people ao certo for sure até certo ponto to some extent dar certo to work de certo modo in a way
cerveja *s.f.* beer, ale
cervejaria *s.f.* 1 brasserie, beerhouse 2 (*bar*) pub
cervical *adj.2g.* ANATOMIA cervical ♦ MEDICINA traumatismo cervical whiplash injury

cérvix

cérvix *s.f.* ANATOMIA cervix
cervo *s.m.* ZOOLOGIA deer
cesárea *s.f.* MEDICINA caesarean section; C-section; cesarean EUA
cesariana *s.f.* MEDICINA caesarean section; cesarean EUA
césio *s.m.* QUÍMICA (*elemento químico*) cesium
cessação *s.f.* 1 (*termo*) cessation; end; cessação de atividade end of activity 2 (*interrupção*) suspension; cessação de pagamentos suspension of payment
cessante *adj.2g.* 1 (*demissionário*) resigning 2 (*terminado*) ceasing
cessar *v.* 1 to cease; cessar fogo to cease fire 2 (*suspender*) to stop 3 (*acabar*) to come to an end
cessar-fogo *s.m.* ceasefire
cesta *s.f.* basket ♦ ESPORTE (*basquetebol*) cesta! it's a score! cesta básica a basket with enough basic supplies to last a family of four for a month ESPORTE (*basquetebol*) fazer uma cesta to score a basket
cesto *s.m.* (*geral*) basket ♦ ESPORTE (*basquetebol*) cesto! it's a score! cesto de papéis wastepaper basket ESPORTE (*basquetebol*)
ceticismo *s.m.* scepticism Grã-Bretanha; skepticism EUA
cético *adj.* sceptical Grã-Bretanha; skeptical EUA ■ *s.m.* sceptic Grã-Bretanha; skeptic EUA
cetim *s.m.* satin
céu *s.m.* 1 sky; céu limpo blue sky; céu nublado cloudy sky 2 RELIGIÃO heaven; ir para o céu to go to heaven ♦ céus! good heavens! estar no sétimo céu to be on cloud nine
cevada *s.f.* 1 BOTÂNICA barley 2 (*bebida*) barley water
chá *s.m.* 1 tea 2 (*de erva*) tisane, infusion ♦ colher de chá tea spoon; hora do chá teatime; servir o chá to pour the tea; tomar uma xícara de chá to have a cup of tea
chácara *s.f.* 1 farm 2 country house
chacareiro *s.m.* farm owner; farm administrator
chacina *s.f.* slaughter; bloodshed; carnage; massacre
chacinar *v.* to slaughter; to butcher
chacoalhar *v.* 1 (*sacudir*) to shake 2 (*repreender*) to reprimand; to scold
chacota *s.f.* mockery; fazer chacota de to make fun of
chafariz *s.m.* 1 (*fontanário*) fountain 2 (*jorro*) jet
chaga *s.f.* ulcer; sore; ter o corpo coberto de chagas to have sores all over one's body
chagar *v.* 1 to cover with ulcers 2 figurado, coloquial (*irritar*) to nag
chalé *s.m.* cottage; country house
chaleira *s.f.* kettle; pôr a chaleira para ferver to put the kettle on
chaleirar *v.* to flatter; to fawn over; to butter up
chama *s.f.* 1 flame; em chamas in flames 2 (*clarão*) blaze; céu em chamas blazing sky 3 figurado passion; enthusiasm
chamada *s.f.* 1 (*telefone*) call; chamada interurbana long-distance call; chamada local local call 2 (*escola*) roll call; (*escola*) fazer a chamada to call the roll 3 (*texto*) note; reference mark ♦ (*trabalho*) chamada de atenção warning (*pessoa*) chamada de atenção call for help

chamamento *s.m.* (*apelo*) calling; responder ao chamamento to answer the calling
chamar *v.* 1 to call; chamar a atenção para to call attention to; chamar alguém to call someone; mandar chamar to send for 2 (*dar nome*) to name chamar-se *v.pr.* to be called; como você se chama? what is your name?; eu me chamo Francisco my name is Francisco
chamariz *s.m.* 1 (*isca*) bait; decoy 2 (*atração*) attraction; draw
chá-mate *s.m.* maté
chamativo *adj.* showy, flashy; (*pessoa*) striking, attractive; (*roupa*) flamboyant ■ *s.m.* attraction; appeal
chamego *s.m.* 1 (*paixão*) passion; burning desire 2 (*agitação*) anxiousness; agitation; restlessness
chaminé *s.f.* 1 chimney 2 (*fábricas*) smokestack 3 funnel; chaminé de locomotiva a vapor steam engine funnel
champanhe *s.m.* champagne; brindar com champanhe to make a toast with champagne
champignon *s.m.* champignon; mushroom
chamuscar *v.* to singe; to scorch
chance *s.f.* 1 chance; opportunity; é a sua chance! now it's your chance! 2 chance; possibility; ele tem boas chances de ganhar he has good chances of winning
chantagear *v.* to blackmail
chantagem *s.f.* blackmail; fazer chantagem com alguém to blackmail someone ♦ chantagem emocional emotional blackmail
chantagista *s.2g.* blackmailer
chantilly *s.m.* CULINÁRIA chantilly; whipped cream
chão *s.m.* 1 (*solo*) ground; soil; jogar no chão to throw down 2 (*casa*) floor
chapa *s.f.* 1 plate; chapa de matrícula plate number 2 (*fina*) sheet; chapa ondulada de zinco corrugated zinc sheet
chapada *s.f.* 1 (*bofetada*) slap; smack 2 (*pancada na água*) splash
chapado *adj.* 1 same; ser a cara chapada de alguém to be the living portrait of someone 2 coloquial drunk; stoned
chapelaria *s.f.* 1 hatter's, hat shop 2 (*fabrico*) hat-making
chapeleiro *s.m.* 1 (*ofício*) hatter 2 (*loja*) hatter, hatter shop
chapéu *s.m.* hat; pôr o chapéu to put on one's hat; tirar o chapéu to take off one's hat ♦ é de se tirar o chapéu you should take your hat off!
chapéu-de-frade *s.f.* BOTÂNICA shepherd's purse
chapinha *s.f.* 1 (*garrafa*) cap; top 2 (*cabelo*) hair straightener
chapinhar *v.* to splash about
charada *s.f.* riddle; brainteaser; enigma
charlatão *s.m.* 1 (*aldrabão*) charlatan; fake; impostor 2 (*médico*) quack
charme *s.m.* 1 (*encanto*) charm 2 (*atração*) draw; appeal; allure
charmoso *adj.* 1 (*encantador*) charming 2 (*agradável*) delightful
charque *s.m.* dried and salted meat

charqueação s.f. (carne) drying and salting
charqueada s.f. 1 (carne) drying and salting 2 (estabelecimento) dried meat shop
charqueador s.m. 1 (preparador) dried meat preparer 2 (comerciante) dried meat dealer
charquear v. (carne) to salt and dry (meat)
charqueio s.m. (carne) drying and salting
charutaria s.f. 1 (fábrica) cigar factory 2 (loja) cigar shop; tobacconist's (shop)
charuto s.m. cigar
chassi s.m. (veículo) chassis; body; shell
chassis s.m.2n. MECÂNICA chassis
chat s.m. (mensagens) chat; (salão, fórum) chat room
chatear v. 1 coloquial (aborrecer) to pester; to nag; não me chateie mais stop pestering me 2 to crouch; to squat chatear-se v.pr. 1 coloquial (zangar-se) to get angry (com, with) 2 coloquial (aborrecimento) to get bored
chatice s.f. 1 coloquial (aborrecimento) drag 2 coloquial (incômodo) nuisance; sad business
chato adj. 1 (plano) flat; level 2 coloquial (aborrecimento) boring; dull; um dia chato a boring day ■ s.m. coloquial pain in the arse; nagger; bore; é um chato! he is such a bore!
chave s.f. key; figurado a chave do problema the key to the problem; molho de chaves bunch of keys ♦ chave de parafusos screwdriver fechar à chave to lock fechar a sete chaves to put under lock and key
chaveiro s.m. 1 (armário) key keeper 2 (argola) key-ring
chê interj. (espanto) don't tell me!; (desconfiança) nonsense!, hooey!
checar v. to check
check-in s.m. (aeroporto) check-in
chef s.m. chef
chefe s.2g. 1 (responsável) chief; boss; o chefe é que manda you're the boss 2 (líder) head; leader 3 (cozinha) chef ♦ chefe de edição editor-in-chief chefe de estado head of state
chefia s.f. 1 (liderança) leadership 2 (direção) headship; chefia da escola school headship
chefiar v. 1 to be in command of; chefiar as operações to be in command of the operations 2 (estar na direção de) to be at the head of 3 (liderar) to lead
chegada s.f. 1 arrival (a, at; de, from); à minha chegada on my arrival; chegada prevista para daqui a duas horas arrival is due in two hours 2 ESPORTE finishing line ♦ quadro das chegadas arrival board
chegado adj. 1 (próximo) near 2 (íntimo) close; parente chegado close relation; amigos chegados close friends
chegar v. 1 (viagem) to arrive (de, from; a, in); chegar a Natal to arrive in Natal; chegar às seis da tarde to arrive at six p.m.; chegar atrasado to arrive late; chegar mesmo a tempo to come just in time; ele acabou de chegar he has just arrived 2 (atingir) to reach; chegar ao destino to reach one's destination 3 (com) chegar a um acordo to come to an understanding; chegar ao fim to come to an end 4 (ser suficiente) to be enough (para, for) chegar-se v.pr. (aproximar-se) to draw near ♦ chega e sobra enough is enough chegue para lá! step away! já chega! that is enough! onde você quer chegar? what do you mean by that?
cheia s.f. flood
cheio adj. 1 full (de, of); estou cheio I'm full 2 (abundância) abounding (de, in); covered (de, in); um jardim cheio de flores a garden abounding in flowers 3 (espaço) packed; crammed 4 figurado, coloquial (farto) fed up; estar cheio de tudo to be fed up with everything ♦ maré cheia high tide (no alvo) em cheio right on the spot
cheirar v. 1 to smell; to smell (a, of); cheirar uma flor to smell a flower; cheirar a perfume to smell of perfume 2 (farejar) to scent; cheirar uma presa to scent a prey 3 figurado (suspeitar) to sense; cheira-me a problema I sense trouble 4 (mau cheiro) to stink (a, of); cheira mal it stinks 5 figurado (intrometer-se) to pry; to snoop
cheiro s.m. 1 smell (a, of); perder o cheiro to lose the sense of smell 2 (perfume) scent 3 (mau cheiro) stench
cheiroso adj. scented; fragrant; perfumed
cheque s.m. cheque Grã-Bretanha; check EUA
chiadeira s.f. creaking; squeaking
chiar v. 1 to creak; to squeak 2 to sizzle
chiclete s.m. coloquial chewing gum, gum
chicotada s.f. stroke (of the whip); lash
chicote s.m. whip
chicotear v. to whip; to lash
chicungunha s.f. MEDICINA chikungunya
chifrada s.f. horn thrust
chifrar v. 1 (couro) to scrape 2 (com os chifres) to gore; to wound with the horns 3 coloquial (infidelidade) to cheat on
chifre s.m. 1 horn 2 (veado) antler
Chile s.m. Chile
chileno adj., s.m. Chilean
chilique s.m. 1 (desmaio) swoon 2 popular (fúria) fit; seizure
chimarrão s.m. 1 (gado) wild cattle 2 (bebida) sugar-free maté; sugar-free drink ■ adj. sugar-free
chimpanzé s.m. ZOOLOGIA chimpanzee; chimp
China s.f. China
chinelo s.m. 1 (interior) slipper 2 mule ♦ botar alguém no chinelo to wipe the floor with somebody
chinês s.m. Chinese person ■ adj. Chinese; comida chinesa Chinese food chinês s.m. (língua) Chinese ♦ a Muralha Chinesa the Great Wall of China
chinfrim s.m. coloquial (barulheira) shindy; hullaballoo; ■ adj. cheap; lousy; second-rate
chip s.m. INFORMÁTICA chip
Chipre s.m. Cyprus
chique adj.2g. smart; posh; chic; um restaurante chique a posh restaurant
chiqueirinho s.m. (móvel) playpen
chiqueiro s.m. pigsty
chispar v. 1 to sparkle; to spark 2 figurado (fúria) to flare up ♦ chispa daqui! beat it!
chita s.f. ZOOLOGIA (guepardo) cheetah
chocalhar v. 1 to shake; (líquido) to agitate 2 figurado to gossip 3 (som) to jingle; to rattle

chocalho

chocalho *s.m.* 1 (*badalo*) clapper; bell 2 (*som*) jingle
chocante *adj.2g.* shocking; appalling; imagens chocantes shocking footage
chocar *v.* 1 to shock; to appal 2 (*ovos*) to hatch; to incubate; chocar os ovos to hatch the eggs 3 coloquial (*doença*) to come down with 4 (*colidir*) to collide (com, *into*); to crash (contra, *into*); o carro chocou contra uma árvore the car crashed into a tree 5 (*pessoas, ideias, cores*) to clash (com, *with*)
chocho *adj.* 1 (*seco*) dried; withered 2 (*oco*) hollow; empty 3 coloquial (*enfadonho*) dull; boring 4 coloquial (*pessoa*) in low spirits ■ *s.m.* coloquial (*beijo*) peck, smacker
chocolate *s.m.* chocolate; uma barra de chocolate a bar of chocolate ♦ chocolate branco white chocolate chocolate ao leite milk chocolate (*bebida*) chocolate quente cocoa
chofer *s.m.* driver; (*privado*) chauffeur; chofer de táxi taxi driver
chope *s.m.* 1 draught beer 2 (*copo*) glass of beer
choperia *s.f.* beerhouse
choque *s.m.* 1 (*emocional*) blow; shock; foi um grande choque it was quite a blow; estar em estado de choque to be in shock 2 (*colisão*) crash; collision; choque de frente head-on collision; choque em cadeia pile-up 3 (*pessoas, ideias*) clash; choque de ideias clash of ideas 4 ELETRICIDADE shock; choque elétrico electric shock; levar um choque to get a shock
choradeira *s.f.* coloquial sobbing; weeping
chora-lua *s.m.* ZOOLOGIA common potoo
choramingar *v.* 1 (*soluçar*) to whimper; to sob 2 (*gemer*) to whine
chorão *s.m.* 1 (*pessoa*) crybaby 2 BOTÂNICA weeping willow
chorar *v.* 1 to cry; to weep; chorar de alegria to weep for joy; desatar a chorar to burst into tears 2 to mourn; chorar a morte de alguém to mourn someone's death
chorinho *s.m.* MÚSICA a Brazilian kind of music played by using a type of mandolin, a tambourine, guitars and wind instruments
choro *s.m.* 1 crying; weeping 2 folk music
choroso *adj.* weepy; tearful
chouriço *s.m.* 1 CULINÁRIA pork sausage 2 (*portas, janelas*) weather strip
chover *v.* 1 to rain; está chovendo torrencialmente it's raining cats and dogs; parece que vai chover it looks like rain 2 (*chuvarada*) to shower; to pour ♦ choveram convites invitations poured in isso é chover no molhado that's pointless quer chova, quer faça sol come rain or shine
chuchu *s.m.* 1 BOTÂNICA chayote 2 coloquial beauty; cutie ♦ coloquial pra chuchu very much a lot isso é caro pra chuchu that's very expensive
chulé *s.m.* popular smell of cheesy feet
chumaço *s.m.* (*ombreira*) shoulder pad
chumbar *v.* (*metal*) to lead
chumbo *s.m.* 1 QUÍMICA lead 2 (*munição*) gunshot 3 (*dente*) filling 4 coloquial (*escola*) failure; levar um chumbo to flunk 5 coloquial (*tiro*) shot

chupar *v.* 1 to suck; chupar uma bala to suck a candy 2 (*absorver*) to absorb; to soak up
chupeta *s.f.* dummy Grã-Bretanha; pacifier EUA
churrascada *s.f.* barbecue
churrascaria *s.f.* grill; grillroom
churrasco *s.m.* barbecue; grill ♦ frango no churrasco grilled chicken
churrasqueira *s.f.* grill, grill restaurant
chutador *s.m.* 1 kicker 2 boaster; braggart ■ *adj.* 1 kicking 2 boasting; bragging
chutão *s.m.* coloquial bullet-like shot
chutar *v.* 1 to kick; chutar a bola to kick the ball 2 coloquial, figurado (*dizer*) to speak up 3 coloquial, figurado (*tentar acertar*) to guess; chuta um número shoot a number
chute *s.m.* 1 kick 2 guessing
chuteira *s.f.* football boot ♦ pendurar as chuteiras to retire
chuva *s.f.* rain; chuva miúda drizzle; chuva torrencial heavy rain; chuva ácida acid rain ♦ chuva de estrelas meteor shower faça chuva ou sol come rain or shine
chuveiro *s.m.* shower; tomar um banho de chuveiro to have a shower
chuviscar *v.* to drizzle
chuvisco *s.m.* drizzle; mizzle
chuvoso *adj.* 1 rainy; tempo chuvoso rainy weather 2 (*aguaceiros*) showery
cicatriz *s.f.* scar; um rosto cheio de cicatrizes a scarred face
cicatrização *s.f.* 1 MEDICINA cicatrization 2 (*cura*) healing
cicatrizar *v.* to cicatrize téc.; to heal
cíclame *s.m.* BOTÂNICA cyclamen
ciclismo *s.m.* ESPORTE cycling; prova de ciclismo cycling race
ciclista *s.2g.* cyclist
ciclo *s.m.* 1 cycle 2 (*era*) period; age
ciclone *s.m.* cyclone
ciclovia *s.f.* cycle lane; cycle path
cidadania *s.f.* citizenship
cidadão *s.m.* citizen
cidade *s.f.* city; town; cidade de Nova York New York City; cidade portuária port town
cidreira *s.f.* 1 BOTÂNICA (*erva*) balm; melissa; chá de cidreira melissa tea 2 BOTÂNICA (*árvore*) citron tree
ciência *s.f.* 1 science 2 (*conhecimentos*) knowledge 3 (*habilidade*) skill; isto requer muita ciência this demands a great deal of skill ♦ ciências naturais natural sciences ciências sociais social sciences
ciente *adj.2g.* aware (de, *of*); você está ciente do que disse? are you aware of what you've just said?
científico *adj.* scientific
cientista *s.2g.* scientist
cigano *adj., s.m.* gypsy
cigarra *s.f.* ZOOLOGIA cicada
cigarro *s.m.* cigarette
cilada *s.f.* snare; trap; cair em uma cilada to be framed
cilindrada *s.f.* 1 (*capacidade*) cylinder capacity 2 (*volume*) cylinder volume
cilindro *s.m.* 1 GEOMETRIA cylinder 2 (*estradas*) steamroller

cílio *s.m.* 1 BIOLOGIA cilium 2 ANATOMIA cilium; eyelash
cima *s.f.* top; de cima a baixo from top to bottom; em cima de on top of; lá em cima up there; na parte de cima on top; para cima upwards; para cima de um milhão over a million; para cima e para baixo up and down; por cima above ♦ em cima do acontecimento on the spot
címbalo *s.m.* MÚSICA cymbal
cimeira *s.f.* summit; conference
cimentar *v.* 1 to cement 2 *figurado* (*firmar*) to strengthen; to consolidate
cimento *s.m.* cement; concrete; cimento armado reinforced concrete
cinceiro *s.m.* thick fog
cincha *s.f.* girth; cinch EUA
cinchar *v.* 1 (*queijo*) to press; to dry 2 (*animal*) to girth; to cinch EUA
cinco *num.* five; o dia cinco the fifth; ele tem cinco anos he is five; há cinco anos five years ago
cineasta *s.2g.* film-maker; film director
cinema *s.m.* 1 cinema Grã-Bretanha; movies EUA; vamos ao cinema let's go to the movies 2 (*edifício*) film theatre; movie theatre EUA, movie house EUA ♦ cinema mudo silent films; silent movies
cingir *v.* 1 (*abraçar*) to hold tight 2 (*rodear*) to surround; to encircle 3 (*restringir*) to limit; to restrict
cínico *s.m.* cynic ■ *adj.* cynical
cinismo *s.m.* cynicism
cinquenta *num.* fifty
cinquentão *s.m.* coloquial man/woman in his fifties ■ *adj.* coloquial fiftyish
cinta *s.f.* 1 ANATOMIA waist 2 (*vestuário*) girdle 3 (*tira*) band; cinta de livro book-band
cintar *v.* 1 (*atar*) to bind up; to strap up 2 (*casaco*) to tighten
cintilante *adj.2g.* sparkling; scintillating
cintilar *v.* to scintillate; to sparkle; to glisten; to glitter
cinto *s.m.* belt ♦ cinto de segurança seatbelt; safety belt apertar o cinto to tighten one's belt
cintura *s.f.* 1 waist 2 (*roupa*) waistband ♦ cintura industrial industrial belt
cinza *s.f.* ash; ficar reduzido a cinzas to be burnt to ashes ■ *adj.2g.* ash-grey
cinzeiro *s.m.* ashtray
cinzelar *v.* 1 to chisel 2 to engrave; to carve 3 *figurado* (*aperfeiçoar*) to polish
cinzento *adj.*, *s.m.* grey; gray EUA
cio *s.m.* ZOOLOGIA heat; época do cio mating season; estar com o cio to be in/on heat
cipó *s.m.* 1 BOTÂNICA liana, liane 2 (*pau*) stick; club
cipreste *s.m.* BOTÂNICA cypress
cirandar *v.* 1 (*peneirar*) to winnow 2 *figurado* to stroll (*por*, *about*)
circo *s.m.* 1 circus 2 coloquial, figurado (*caos*) zoo fig.
circuito *s.m.* circuit ♦ circuito comercial commercial channels circuito de corrida racing circuit ELETRICIDADE circuito fechado closed circuit circuito turístico organized tour
circulação *s.f.* (*sangue*, *trânsito*) circulation; pôr em circulação to put into circulation; retirar da circulação to withdraw from circulation ♦ circulação de automóveis vehicular traffic

circular *adj.2g.* circular ■ *s.f.* 1 (*carta*) circular letter 2 roundabout Grã-Bretanha; traffic circle EUA ■ *v.* 1 to circulate 2 (*sangue*) to flow 3 (*transitar*) to move (*por*, *around*); circular pela cidade to move around the town 4 *figurado* (*passar*) to pass round; a mensagem circulou the message passed round
circulatório *adj.* MEDICINA circulatory; sistema circulatório circulatory system
círculo *s.m.* circle; traçar um círculo to draw a circle ♦ círculo de amigos circle of friends círculo vicioso vicious circle
circuncidar *v.* to circumcise
circuncisão *s.f.* circumcision
circundar *v.* to surround; to enclose; to encircle; sebes altas circundam a propriedade high hedges enclose the property
circunferência *s.f.* circumference
circunflexo *adj.* LINGUÍSTICA circumflex; acento circunflexo circumflex accent
circunscrever *v.* 1 to circumscribe 2 (*restringir*) to restrict; circunscrever a liberdade de alguém to restrict someone's freedom 3 (*rodear*) to enclose; to contain
circunspecto *adj.* circumspect; grave
circunstância *s.f.* circumstance ♦ dadas as circunstâncias under the circumstances estar nas mesmas circunstâncias to be in the same boat nas atuais circunstâncias in the present situation
cirrose *s.f.* MEDICINA cirrhosis
cirurgia *s.f.* MEDICINA surgery ♦ cirurgia plástica plastic surgery
cirurgião *s.m.* MEDICINA surgeon
cirúrgico *adj.* surgical; sofrer uma intervenção cirúrgica to undergo surgery
ciscar *v.* 1 to rake; to clean up; ciscar o jardim to rake the garden 2 to scratch in litter 3 (*aves*) to scratch
cisco *s.m.* 1 (*pó*) dust, filth 2 (*no olho*) speck
cisma *s.f.* 1 (*obsessão*) mania, fixation 2 (*preocupação*) worry 3 (*suspeita*) suspicion ■ *s.m.* (*dissidência*) schism
cismado *adj.* suspicious
cismar *v.* 1 (*pensar*) to brood (com/em, *about/over*); to mull over (com/em, –) 2 (*implicar*) to pick (com, *on*) 3 (*convencer-se*) to get into one's head
cisne *s.m.* ZOOLOGIA swan
cisterna *s.f.* reservoir, tank, cistern
cisticerco *s.m.* BIOLOGIA, MEDICINA cysticercus
cisticercose *s.f.* BIOLOGIA, MEDICINA cysticercosis
citação *s.f.* 1 citation, quotation 2 DIREITO (*intimação*) summons, subpoena
citar *v.* 1 (*mencionar*) to cite, to mention, to quote, to name; citar um exemplo to quote an example 2 DIREITO (*intimar*) to summon, to subpoena
citologia *s.f.* BIOLOGIA cytology
citoplasma *s.m.* BIOLOGIA cytoplasm
cítrico *adj.* QUÍMICA citric; ácido cítrico citric acid
ciúme *s.m.* jealousy; fazer ciúmes em alguém to make somebody jealous; morto de ciúmes eaten up with jealousy; ter ciúmes de to be jealous of
ciumento *adj.* jealous ■ *s.m.* jealous person
cívico *adj.* civic ♦ educação cívica civics serviço cívico social service

civil

civil *adj.2g.* civil ■ *s.2g.* *(pessoa)* civilian ♦ ano civil calendar/civil year Direito Civil Civil Law engenharia civil civil engineering estado civil marital status guerra civil civil war
civilização *s.f.* civilization
civilizar *v.* to civilize; to educate
civismo *s.m.* 1 community spirit 2 *(boa educação)* civility
clã *s.m.* clan
clamar *v.* 1 *(protesto)* to clamour (por, for) 2 *(gritar)* to cry out 3 *(suplicar)* to beg
clamor *s.m.* 1 *(protesto)* clamour; outcry; clamor por vingança clamour for revenge 2 *(tumulto)* uproar
clandestino *adj.* 1 *(secreto)* clandestine, secret 2 *(ilegal)* underground ■ *s.m.* *(passageiro)* stowaway
clara *s.f.* *(ovo)* white; CULINÁRIA claras em neve stiff egg whites, stiffly-beaten egg whites
clarão *s.m.* 1 *(cintilação)* flash 2 *(claridade)* gleam, glimmer
clarear *v.* 1 *(iluminar)* to brighten 2 *(deixar mais claro)* to lighten, to brighten 3 *(abrir espaço)* to make clear 4 figurado *(esclarecer)* to clarify 5 *(céu)* to clear up 6 *(tempo)* to brighten up 7 *(amanhecer)* to dawn, to grow light
clareira *s.f.* *(floresta)* clearing; glade
clareza *s.f.* clarity, clearness ♦ com clareza clearly
claridade *s.f.* *(luz)* light, brightness
clarificar *v.* *(esclarecer)* to clarify, to make clear
clarinete *s.m.* 1 MÚSICA *(instrumento)* clarinet 2 MÚSICA *(pessoa)* clarinettist
claro *adj.* 1 *(evidente)* clear, evident 2 *(luz)* bright 3 *(cor)* light, light-coloured ■ *adv.* clearly, plainly, evidently; falar claro to speak plainly ■ *interj.* of course!; claro que não! of course not!; claro que sim! of course! ♦ claro como água crystal-clear deixar claro to make something clear
classe *s.f.* 1 *(grupo social)* class; classe média middle class 2 *(escola)* class 3 *(categoria)* class; de primeira classe first-class 4 *(graduação)* rank, order 5 LINGUÍSTICA classe gramatical, classes de palavras parts of speech
clássico *adj.* 1 HISTÓRIA, MÚSICA classical; música clássica classical music 2 *(típico)* classic, usual; exemplo clássico classic example ■ *s.m.* classic
classificação *s.f.* 1 classification, rating 2 ESPORTE place, placing, ranking 3 *(escola)* mark ♦ QUÍMICA classificação periódica periodic classification
classificado *adj.* 1 classified 2 ESPORTE *(competição)* qualified classificados *s.m.pl.* classified ads
classificar *v.* 1 to class, to classify 2 *(escola)* to mark, to grade 3 *(descrever)* to label (de, as), to describe (de, as) classificar-se *v.pr.* to qualify (para, for); classificar-se para a final to qualify for the final
claustrofobia *s.f.* claustrophobia; sofrer de claustrofobia to suffer from claustrophobia
cláusula *s.f.* clause, condition
clausura *s.f.* 1 reclusion, confinement 2 *(convento)* monastic life
clavícula *s.f.* ANATOMIA clavicle, collarbone
clemência *s.f.* mercy; clemency; leniency
cleptomania *s.f.* kleptomania

cleptomaníaco *adj., s.m.* kleptomaniac
clero *s.m.* RELIGIÃO clergy
clicar *v.* to click (em, sobre, on)
cliente *s.2g.* 1 *(empresa, advogado)* client 2 *(loja, restaurante)* customer; cliente habitual regular customer
clientela *s.f.* 1 *(loja)* customers 2 *(empresa, advogado, restaurante)* clientele
clima *s.m.* 1 climate, weather; clima tropical tropical climate 2 figurado atmosphere; clima de tensão tense atmosphere
climatizar *v.* to air-condition
climatologia *s.f.* climatology
clímax *s.m.* climax
clínica *s.f.* 1 clinic 2 MEDICINA *(atividade)* (medical) practice; clínica geral general practice; clínica dentária dental practice
clínico *adj.* clinical ■ *s.m.* MEDICINA doctor, physician; clínico geral general practitioner
clipe *s.m.* 1 paper clip 2 MÚSICA music video
clique *s.m.* click
clítoris *s.m.2n.* ANATOMIA clitoris
clonagem *s.f.* BIOLOGIA cloning
clonar *v.* BIOLOGIA to clone
clone *s.2g.* BIOLOGIA clone
cloro *s.m.* QUÍMICA *(elemento químico)* chlorine
clorofila *s.f.* BOTÂNICA chlorophyll
close *s.m.* close-up ♦ dar um close to do a close-up
clube *s.m.* club ♦ clube de futebol football club
coabitar *v.* to live together, to cohabit
coadjuvante *s.2g.* 1 coadjutant 2 *(crime)* accomplice
coador *s.m.* 1 *(leite, chá)* strainer 2 *(alimentos sólidos)* colander
coagir *v.* 1 to coerce (a, into) 2 to constrain (a, to)
coagulação *s.f.* coagulation, clotting
coagular *v.* 1 BIOLOGIA, MEDICINA *(sangue)* to coagulate, to clot 2 to curdle
coágulo *s.m.* BIOLOGIA, MEDICINA coagulum, clot; coágulo de sangue blood clot
coala *s.m.* ZOOLOGIA koala, koala bear
coalhar *v.* to curdle
coar *v.* 1 *(líquidos)* to strain 2 *(alimentos sólidos)* to colander
coarctar *v.* 1 to restrain; to limit 2 to inhibit
coaxar *v.* to croak
cobaia *s.f.* 1 ZOOLOGIA guinea pig 2 figurado *(experiência)* guinea pig; servir de cobaia to be used as guinea pig
cobalto *s.m.* QUÍMICA *(elemento químico)* cobalt
coberta *s.f.* 1 *(cama)* bedspread, bedcover, quilt 2 *(embarcação)* deck
cobertor *s.m.* blanket; cobrir com um cobertor to put a blanket over
cobertura *s.f.* 1 covering, cover; cobertura vegetal vegetal cover 2 *(comunicação social)* coverage; cobertura midiática media coverage 3 *(seguros)* cover 4 CULINÁRIA coating 5 *(apartamento)* penthouse 6 *(apartamento)* penthouse
cobiça *s.f.* 1 *(ganância)* greed 2 *(inveja)* envy 3 *(desejo)* lust (de, for)
cobiçar *v.* 1 to covet 2 *(invejar)* to envy
cobra *s.f.* 1 ZOOLOGIA snake; serpent 2 figurado, pejorativo *(pessoa má)* snake ♦ dizer cobras e lagar-

colegial

tos de alguém to call somebody names, to insult somebody
cobrador *s.m.* 1 (*dívidas, faturas*) collector 2 (*ônibus*) conductor
cobrança *s.f.* 1 (*tarifas*) charging 2 (*dívida, impostos*) collection
cobrar *v.* 1 (*preço*) to charge 2 (*imposto, dívida, juros*) to collect
cobre *s.m.* QUÍMICA (*elemento químico*) copper; liga de cobre copper alloy **cobres** *s.m.pl.* coloquial small change; deu-lhe uns cobres he gave him some money
cobrir *v.* 1 to cover (com, *with*); cobrir despesas de viagem to cover travelling expenses 2 CULINÁRIA to coat (com, *with*) 3 (*casa*) to put a roof on **cobrir-se** *v.pr.* 1 to put on one's hat 2 to cover oneself up
cocaína *s.f.* cocaine
cocar *v.* popular to spy on
coçar *v.* to scratch
cóccix *s.m.* ANATOMIA coccyx
cócegas *s.f.pl.* tickling; fazer cócegas to tickle; ter cócegas to be ticklish
coceira *s.f.* itch, itching
coche *s.m.* coach, carriage
cocheira *s.f.* stable
cochichar *v.* to whisper
cochicho *s.m.* whisper
cochilada *s.f.* nap; snooze; dar uma cochilada to take a nap
cochilar *v.* to nap; to doze; to snooze
cochilo *s.m.* nap; snooze; tirar um cochilo to take a nap
cockpit *s.m.* cockpit
coco *s.m.* 1 BOTÂNICA coconut 2 CULINÁRIA (*ralado*) desiccated coconut 3 (*chapéu*) bowler ♦ (*riso*) ser de partir o coco to be a scream
cocô *s.m.* coloquial poop; fazer cocô to poop
cocoricó *s.m.* cock-a-doodle-doo
cocorote *s.m.* rap on the head
coda *s.f.* MÚSICA coda
codificar *v.* 1 INFORMÁTICA to code 2 (*leis*) to codify
código *s.m.* code; decifrar um código to break/crack a code; em código in code ♦ código de barras bar code código postal postcode Grã-Bretanha zip code EUA
codorna *s.f.* ZOOLOGIA quail
coeficiente *s.m.* coefficient, factor
coelho *s.m.* ZOOLOGIA rabbit ♦ matar dois coelhos de uma cajadada to kill two birds with one stone
coentro *s.m.* BOTÂNICA, CULINÁRIA coriander
coerência *s.f.* coherence; consistency
coerente *adj.2g.* coherent; consistent (com, *with*)
coesão *s.f.* cohesion
coeso *adj.* 1 (*união*) cohesive 2 coherent
coexistir *v.* to coexist (com, *with*)
cofre *s.m.* 1 safe, chest 2 (*banco*) safe deposit box **cofres** *s.m.pl.* (*dinheiro*) coffers; funds
cogitar *v.* to cogitate (em, *about*); to ponder (sobre, *over*)
cogumelo *s.m.* mushroom; cogumelo venenoso poisonous mushroom, toadstool

COI *sigla de* Comitê Olímpico Internacional, IOC, sigla de International Olympic Committee
coibir *v.* 1 to restrain; to restrict 2 to inhibit
coice *s.m.* 1 kick; dar coices to kick 2 (*arma*) recoil
coincidência *s.f.* coincidence; por coincidência by chance, by coincidence
coincidir *v.* 1 to coincide (com, *with*); a chegada dela coincidiu com a nossa partida her arrival coincided with our departure 2 (*concordar*) to agree
coió *s.m.* 1 ZOOLOGIA flying gurnard 2 (*pessoa*) platonic lover
coiote *s.2g.* ZOOLOGIA coyote
coisa *s.f.* thing; alguma coisa something; outra coisa something else ♦ coisa de about; roughly cada coisa a seu tempo all in good time dizer coisa com coisa to make sense mais coisa menos coisa more or less por qualquer coisa over the slightest thing
coitado *adj.* poor, wretched ■ *interj.* poor wretch!; poor thing!
cola *s.f.* 1 glue; tubo de cola tube of glue 2 coloquial (*escola*) crib ♦ ir na cola de to be on the trail of
colaboração *s.f.* 1 collaboration, cooperation; em colaboração com in collaboration with 2 (*publicação*) contribution ♦ com a colaboração de in association with
colaborador *adj.* collaborating ■ *s.m.* 1 collaborator (de, *to*) 2 (*publicação*) contributor (de, *to*); um colaborador regular da nossa revista a regular contributor to our magazine
colaborar *v.* 1 to collaborate (com, *with*; em, *on*) 2 to cooperate (com, *with*) 3 (*publicação*) to contribute (em, *to*)
colagem *s.f.* 1 glueing 2 (*artes*) collage; fazer uma colagem to make a collage
colapsar *v.* to collapse; o edifício colapsou the building collapsed; o sistema colapsou the system collapsed; ele colapsou devido ao calor excessivo he collapsed due to excessive heat
colapso *s.m.* collapse; breakdown; colapso cardíaco heart failure; colapso nervoso nervous breakdown
colar *v.* to stick; to glue; to paste ■ *s.m.* necklace; colar de pérolas pearl necklace, string of pearls
colarinho *s.m.* (*camisa*) collar; colarinho falso detachable collar
colcha *s.f.* bedspread; quilt
colchão *s.m.* 1 mattress 2 (*ginásio*) mat 3 (*inflável*) airbed
colchete *s.m.* 1 fastener, clasp, hook 2 (*parêntese reto*) square bracket ♦ colchete de gancho hook and eye
colchonete *s.f.* camping mattress
coleção *s.f.* collection; coleção de selos stamp collection ♦ peça de coleção collector's item
colecionador *s.m.* collector; colecionador de selos stamp collector
colecionar *v.* to collect
colega *s.2g.* 1 (*trabalho*) colleague; workmate 2 (*escola*) classmate 3 (*amigo*) mate; pal
colegial *adj.2g.* 1 school 2 collegiate ■ *s.2g.* schoolboy, schoolgirl

colégio s.m. 1 public school Grã-Bretanha; private school EUA; colégio interno boarding school 2 (*associação*) college; colégio eleitoral electoral college
coleira s.f. (*animal*) collar
coleiro s.m. ZOOLOGIA collared seedeater
cólera s.f. 1 fury, anger, rage; acesso de cólera fit of rage 2 MEDICINA, VETERINÁRIA cholera
colesterol s.m. cholesterol
coleta s.f. collection; (*lixo*) coleta seletiva selective collection; BIOLOGIA (*sangue*) sampling
colete s.m. 1 (*com botões*) waistcoat Grã-Bretanha, vest EUA 2 (*lã*) sleeveless pullover; tank top ♦ colete à prova de bala bulletproof vest colete salva-vidas life jacket
coletivizar v. to collectivize
coletivo adj. 1 collective; esforço coletivo collective effort; LINGUÍSTICA substantivo coletivo collective noun 2 (*transporte*) public
coletor s.m. collector coletor solar solar collector
colheita s.f. 1 (*atividade*) harvest 2 (*produto colhido*) crop
colher¹ /é/ s.f. 1 (*objeto*) spoon; colher de café coffee spoon; colher de chá teaspoon; colher de sobremesa dessertspoon; colher de sopa tablespoon 2 (*conteúdo*) spoonful; uma colher de farinha a spoonful of flour
colher² /ê/ v. 1 (*frutos, flores, legumes*) to pick 2 (*cereais*) to harvest
colibri s.m. ZOOLOGIA hummingbird
cólica s.f. colic
colidir v. 1 to collide (com, *with*); to crash (com, *into*); os dois aviões colidiram the two planes collided with each other 2 figurado (*conflito*) to clash
coligar v. to bring together coligar-se v.pr. 1 (*unir-se*) to join forces 2 POLÍTICA to form a coalition
coligir v. to collect, to gather
colina s.f. hill
colírio s.m. eye drops
colisão s.f. collision; crash ♦ rota de colisão collision course
colmeia s.f. beehive
colo s.m. 1 (*regaço*) lap 2 (*pescoço*) neck 3 (*peito*) bosom
colocação s.f. 1 placing; positioning 2 (*disposição*) arrangement 3 (*pessoas*) placement 4 (*cargo*) job, position
colocar v. 1 to put; to place 2 (*empregar*) to find a job for, to place 3 (*problema, questão, dúvidas*) to raise, to put forward 4 (*bomba*) to plant
Colômbia s.f. Colombia
colombiano adj., s.m. Colombian
colônia s.f. 1 (*território*) colony 2 (*perfume*) cologne 3 BOTÂNICA, ZOOLOGIA, BIOLOGIA colony ♦ colônia de férias holiday camp; summer camp
colonial adj.2g. colonial
colonização s.f. colonization
colonizar v. to colonize, to settle
colono s.m. 1 colonist, settler 2 AGRICULTURA farmer
coloquial adj.2g. colloquial
coloração s.f. 1 coloration; colouring 2 (*tom*) hue
colorado adj. 1 (*colorido*) coloured Grã-Bretanha, colored EUA 2 (*avermelhado*) red
colorau s.m. CULINÁRIA paprika
colorido adj. 1 coloured 2 colourful ■ s.m. colouring
colorir v. to colour
coluna s.f. 1 (*geral*) column 2 (*hi-fi, rádio*) stereo speaker 3 ANATOMIA (*vertebral*) spine; spinal column; backbone ♦ (*jornalismo*) coluna social gossip column
colunista s.2g. (*jornalismo*) columnist
com prep. 1 with, and, to; com o risco de at the risk of; com quem você está falando? who are you talking to?; pão com manteiga butter and bread 2 (*conteúdo*) of; uma mala com roupa a bag of clothes
coma s.m. MEDICINA coma; estar em coma to be in a coma
comadre s.f. 1 godmother 2 mother of the godchild 3 figurado, pejorativo (*mexeriqueira*) gossip, gossipmonger
comandante s.2g. commander; commanding officer
comandar v. to command; to be in charge of; to lead
comando s.m. 1 (*chefia*) command; leadership 2 (*direção*) control; assumir o comando to take control of 3 MECÂNICA control; 4 INFORMÁTICA command 5 (*militar*) commando
combate s.m. combat, fight, struggle, battle; deixar alguém fora de combate to knock somebody out; estar fora de combate to be out of action
combatente s.2g. fighter, combatant
combater v. 1 to fight, to struggle against, to combat 2 (*opor-se*) to oppose
combinação s.f. 1 (*acordo*) agreement 2 (*associação, mistura*) association 3 (*vestuário*) petticoat, underskirt
combinado adj. 1 combined 2 (*acordado*) settled, agreed ■ s.m. (*acordo*) agreement
combinar v. 1 to arrange; to agree; combinaram encontrar-se às dez they arranged to meet at ten; em data a combinar on a day to be agreed 2 (*juntar*) to combine 3 (*roupa, cores*) to coordinate (com, *with*); to match combinar-se v.pr. 1 (*harmonizar-se*) to go together, to match 2 (*juntar-se*) to combine
combustão s.f. combustion
combustível s.m. fuel; combustível fóssil fossil fuel ■ adj.2g. combustible
combustor s.m. street lamp
começar v. to begin, to start ♦ começar do zero to start from scratch começar mal to get off on the wrong foot para começar for starters
começo s.m. start, beginning; dar começo a to begin something; no começo in the beginning; MEDICINA o começo de uma doença the onset of a disease; ter começo to begin
comédia s.f. comedy ♦ comédia de costumes comedy of manners comédia musical musical comedy
comediante s.2g. comedian (*m.*), comedienne (*f.*)
comedir v. 1 to moderate 2 to regulate comedir-se v.pr. to control oneself; to restrain oneself
comemoração s.f. celebration; commemoration
comemorar v. 1 to celebrate 2 (*recordar*) to commemorate
comemorativo adj. commemorative

comensalismo s.m. BIOLOGIA commensalism
comentar v. 1 to comment on 2 (*criticar*) to criticize
comentário s.m. 1 comment, remark; fazer um comentário to make a remark 2 (*texto, televisão*) commentary ◆ sem comentários no comment
comentarista s.2g. commentator
comer v. 1 to eat; dar de comer a to feed 2 (*xadrez, damas*) to take, to capture 3 (*ferrugem*) to eat away; to corrode 4 vulgarismo (*sexo*) to bang (vulg.) ■ s.m. 1 (*alimento*) food 2 (*refeição*) meal ◆ comer o pão que o Diabo amassou to have a hard time
comercial adj.2g. commercial; carta comercial commercial letter
comercializar v. to commercialize, to market
comerciante s.2g. 1 dealer, trader; merchant; tradesman, tradeswoman 2 (*dono de loja*) shopkeeper Grã-Bretanha; storekeeper EUA
comerciar v. to trade, to deal in, to do business
comércio s.m. 1 (*atividade*) commerce; trade; comércio de exportação export trade; comércio de importação import trade 2 (*loja*) business ◆ comércio exterior foreign trade comércio livre free trade
comes s.m.pl. food; eatables; comestibles; comes e bebes food and drink, eating and drinking
comestível adj.2g. edible comestíveis s.m.pl. eatables; comestibles; foodstuffs
cometa s.m. ASTRONOMIA comet
cometer v. 1 (*delito, infração*) to commit 2 (*erro*) to make
comício s.m. rally; comício público public rally
cômico adj. 1 (*engraçado*) funny, amusing 2 (*de comédia*) comic; ator cômico comedy actor ■ s.m. TEATRO, TELEVISÃO comedian
comida s.f. 1 (*alimento*) food 2 (*refeição*) meal
comigo pron. pess. with me, to me; comigo mesmo/próprio with myself ◆ isso é comigo that's my affair; that's my business
comilão adj. 1 glutton 2 figurado greedy ■ s.m. glutton
cominho s.m. BOTÂNICA, CULINÁRIA cumin
comiserar v. to move (somebody) to pity; to arouse (somebody's) pity comiserar-se v.pr. to take pity (de, *on*); to commiserate (de, *over*); ela comiserou-se dele she took pity on him
comissão s.f. 1 (*comitê*) committee 2 (*porcentagem*) commission ◆ comissão de investigação court of inquiry Comissão Europeia European Commission
comissário s.m. 1 (*representante*) commissioner; alto comissário High Commissioner 2 (*polícia*) police inspector ◆ comissário de bordo flight attendant
comitê s.m. committee; comitê de boas vindas welcoming committee
comitiva s.f. suite; retinue
como adv. 1 as; faz como ele do as he does; suave como a seda soft as silk 2 like; o seu carro é como o nosso your car is like ours 3 how, in what way; como são as cerejas? how much are the cherries? 4 sorry?; pardon?; como? Não se importa de repetir? pardon? Would you mind saying that again? ■ conj. as; como cheguei em casa cedo, tirei uma soneca as I was home early, I took a nap ◆ como assim?! how then?! como eu estava dizendo... as I was saying... como você está? how are you?; how do you do? como se diz...? how do you say...? como vai isso? how's it going?

compartilhar

comoção s.f. emotion; com grande comoção very moved
cômoda s.f. chest of drawers; commode
comodidade s.f. comfort; well-being; viver com comodidade to live in comfort comodidades s.f.pl. comforts; uma casa com todas as comodidades a house with all the comforts
comodismo s.m. self-indulgence; slackness
comodista adj.2g. 1 slack; sluggish 2 selfish; self-interested ■ s.2g. slacker
cômodo adj. 1 comfortable; cosy 2 convenient
comovente adj.2g. moving; touching
comover v. to move; to touch comover-se v.pr. to be moved
comovido adj. touched; moved
compactar v. 1 to compact 2 INFORMÁTICA to compress
compacto adj. compact, dense ■ s.m. compact ◆ disco compacto compact disc
compactuar v. to agree (com, *with*), to make a pact (com, *with*)
compadecer v. to move; to arouse pity compadecer-se v.pr. to take pity (de, *on*); to feel sorry (de, *for*); a senhora compadeceu-se da pobre criança the lady took pity on the poor child
compadre s.m. 1 godfather of a son or a daughter 2 mate; fellow
compaixão s.f. pity, compassion; ter compaixão de alguém to take pity on, to have compassion for
companheirismo s.m. companionship; comradeship; fellowship
companheiro s.m. 1 companion; fellow; (*de turma*) classmate; (*de equipe*) team mate 2 (*em relação amorosa*) partner; husband (s.m.), wife (s.f.) 3 coloquial (*amigo*) mate Grã-Bretanha; buddy EUA
companhia s.f. 1 company; na companhia de in the company of; fazer companhia a alguém to keep a person company; más companhias bad company 2 ECONOMIA company, firm; companhia aérea airline; companhia de seguros insurance company; companhia teatral (theatre) company
comparação s.f. comparison; em comparação com in comparison with, when compared to; fazer comparações (entre) to make comparisons (between)
comparar v. to compare (a, *to*; com, *with*); compara o meu livro com o seu compare my book with yours
comparativo adj. comparative
comparecer v. 1 (*aparecer*) to show up; to attend; comparecer em uma reunião to attend a meeting 2 (*tribunal*) to appear; comparecer em tribunal to appear in court
comparecimento s.m. appearance; falta de comparecimento failure to appear
comparsa s.2g. 1 chap, friend 2 accomplice
comparticipar v. 1 to take part in 2 to subsidize; to finance
compartilhar v. to share; to partake

compartimentar

compartimentar v. to compartmentalize; to partition; to divide
compartimento s.m. compartment; division
compasso s.m. 1 MATEMÁTICA a pair of compasses 2 MÚSICA time; fora do compasso out of time; marcar o compasso to beat time
compatibilidade s.f. compatibility
compatibilizar v. to harmonize; to make compatible; to reconcile; compatibilizar trabalho com lazer to reconcile work and leisure compatibilizar-se v.pr. to harmonize
compatível adj.2g. compatible (com, with)
compatriota s.2g. compatriot; fellow countryman, fellowcountrywoman
compenetrado adj. 1 (concentrado) focused (em, on); motivated (em, for) 2 (convencido) deeply convinced
compensação s.f. (indenização) compensation; o trabalhador recebeu uma compensação pelo acidente the worker was granted a compensation for the accident ♦ em compensação in exchange
compensado adj. 1 (indenizado) compensated 2 (equilibrado) balanced ■ s.m. (madeira) plywood
compensar v. 1 (contrabalançar) to compensate for, to make up for; nada pode compensar a perda de um amigo nothing can make up for the loss of a friend 2 (recompensar) to repay; não sei como te compensar I don't know how to repay you 3 (indenizar) to compensate 4 (ser vantajoso) to pay 5 (valer a pena) to be worth it ♦ o crime não compensa crime doesn't pay
competência s.f. 1 (aptidão) competence; proficiency; a competência dele como professor é inquestionável his competence as a teacher is unquestionable 2 responsibility 3 DIREITO (juridisção) competence
competente adj.2g. competent; um médico muito competente a highly competent doctor
competição s.f. competition; competição disputada keen competition; participar em uma competição esportiva to enter a sports competition
competidor s.m. 1 ESPORTE competitor 2 (candidato) contestant; contender
competir v. to compete (com, with; por, for)
competitividade s.f. competitive spirit; competitiveness
competitivo adj. competitive; preços competitivos competitive prices
compilar v. to compile, to collect
complementar adj. complementary ■ v. to complement complementar-se v.pr. to complement each other
complemento s.m. 1 complement 2 supplement; complemento dietético dietary supplement 3 LINGUÍSTICA object; complemento direto direct object; complemento indireto indirect object; complemento circunstancial de tempo adverbial phrase of time
completamente adv. completely; absolutely; esqueci completamente da festa I absolutely forgot about the party
completar v. to complete; to finish; to conclude
completo adj. 1 complete; a obra completa de Machado de Assis the complete works of Machado de Assis 2 full; nome completo full name; (hospedagem) pensão completa full board 3 total; complete
complexado s.m. person full of complexes ■ adj. full of complexes
complexo adj. complex; complicated ■ s.m. 1 complex; complexo esportivo sports complex; complexo industrial industrial complex 2 PSICOLOGIA complex; complexo de inferioridade inferiority complex
complicação s.f. 1 complication; complexity 2 problem; difficulty 3 MEDICINA complication
complicado adj. complicated; complex
complicar v. 1 to complicate 2 to make worse; to make more difficult; complicar a vida de alguém to make someone's life difficult complicar-se v.pr. to become complicated; to worsen, to get worse
complô s.m. plot; conspiracy
componente adj., s.2g. component; constituent
compor v. 1 MÚSICA to compose; compor uma sinfonia to compose a symphony 2 to arrange 3 to mend; to repair compor-se v.pr. to consist (de, of); to be composed (de, of)
comporta s.f. floodgate, sluice
comportado adj. well-behaved; well-disciplined; é uma criança comportada she's a well-behaved girl
comportamento s.m. behaviour; conduct; bom comportamento good behaviour; mau comportamento bad behaviour
comportar v. 1 to contain; to comprise 2 to bear; o dinheiro juntado para a festa não comporta tantas despesas the money raised for the party can't bears so many expenses comportar-se v.pr. to behave
composição s.f. 1 (escola) essay 2 arrangement, line-up 3 (constituição) composition; a composição do solo the composition of the soil 5 MÚSICA composition
compositor s.m. composer
compostagem s.f. composting
composto adj. 1 composite 2 compound 3 tidy; neat ■ s.m. compound; composite ♦ composto de consisting of; composed of
compostura s.f. (dignidade) composure; perder a compostura to lose your composure
compota s.f. CULINÁRIA jam; compota de morango strawberry jam
compra s.f. 1 purchase; compra e venda purchase and sale 2 buy; esse livro foi uma boa compra that book was a good buy compras s.f.pl. shopping; ir às compras to go shopping ♦ compra a crédito purchase on credit compra em dinheiro cash transaction compra a prazo purchase on account compra em prestações hire purchase
comprador s.m. buyer
comprar v. to buy; comprei esta bicicleta de um amigo I bought this bike from a friend
comprazer v. 1 (tornar agradável) to please; gosta de comprazer aos amigos he likes to please his friends 2 (transigir) to give in (a, to) comprazer-se v.pr. to take pleasure (em, in); to delight (em

in); comprazer-se em fazer alguma coisa to take pleasure in doing something ■ *s.m.* compliance
compreender *v.* 1 to understand 2 (*incluir*) to comprise; to include ♦ compreende? you see?
compreensão *s.f.* (*geral*) understanding; preciso da sua compreensão I need your understanding
compreensível *adj.2g.* understandable
compreensivo *adj.* understanding; open-minded; tolerant ● Não confunda com a palavra inglesa *comprehensive*, que significa "abrangente, completo".
compressa *s.f.* compress
comprido *adj.* long; cabelo comprido long hair; é uma história muito comprida it's a long story ♦ ao comprido lengthways
comprimento *s.m.* length; a piscina tem dez metros de comprimento the swimming pool is ten meters long ♦ comprimento de onda wavelength
comprimido *s.m.* tablet; pill ■ *adj.* compressed; ar comprimido compressed air
comprimir *v.* 1 to compress; to squeeze 2 to condense
comprometedor *adj.* compromising
comprometer *v.* to compromise; to jeopardize; to endanger comprometer-se *v.pr.* 1 to commit oneself; ele se comprometeu a ajudá-la he committed himself to helping her 2 (*casamento*) to get engaged
comprometido *adj.* 1 engaged 2 (*atitude*) embarrassed 3 (*culpa*) guilty 4 (*artista, escritor*) committed
compromisso *s.m.* 1 (*responsabilidade, obrigação*) commitment 2 (*entendimento*) agreement; chegar a um compromisso to reach an agreement 3 (*encontro*) appointment; engagement ♦ solução de compromisso compromise solution
comprovação *s.f.* 1 confirmation; corroboration 2 evidence; proof
comprovante *adj.2g.* confirming ■ *s.m.* (*recibo*) receipt
comprovar *v.* 1 (*verificar*) to verify 2 (*confirmar*) to confirm; to corroborate 3 (*demonstrar*) to prove
comprovativo *s.m.* 1 (*de compra*) receipt 2 proof ■ *adj.* corroborative
compulsão *s.f.* compulsion (de, *to*)
compulsivo *adj.* compulsive; um jogador compulsivo a compulsive gambler
computador *s.m.* computer; computador pessoal personal computer; computador portátil laptop; jogo de computador computer game
comum *adj.2g.* 1 common; de comum acordo by common consent; tenho muita coisa em comum com ele I have a lot in common with him 2 ordinary; gente comum ordinary people ♦ fora do comum out of the ordinary LINGUÍSTICA substantivo comum common noun
comuna *s.f.* commune ■ *adj., s.2g.* coloquial, pejorativo (*comunista*) commie
comungar *v.* 1 RELIGIÃO to take Communion; to receive Holy Communion 2 (*proximidade, partilha*) to agree (de, *with*); to partake (de, *of*)
comunhão *s.f.* 1 RELIGIÃO Holy Communion; fazer a primeira comunhão to make one's First Communion 2 (*proximidade, partilha*) communion; estar em comunhão com a Natureza to commune with Nature
comunicação *s.f.* communication; acabo de receber a sua comunicação I've just received your communication ♦ meios de comunicação social media; mass media
comunicado *s.m.* communiqué; announcement ♦ comunicado à imprensa press release
comunicador *s.m.* communicator
comunicar *v.* 1 to communicate 2 (*informar*) to inform 3 (*doença infecciosa*) to communicate, to pass on 4 (*com, with*); não consigo me comunicar com ela I can't get in touch with her
comunicativo *adj.* communicative; talkative
comunidade *s.f.* community; a comunidade internacional reagiu ao ataque the international community reacted to the attack ♦ Comunidade Europeia European Community
comunismo *s.m.* POLÍTICA communism
comunista *adj., s.2g.* POLÍTICA communist
comunitário *adj.* (*propriedade*) communal ♦ serviço comunitário community service
comutação *s.f.* DIREITO (*de pena*) commutation 2 exchange; interchange
comutar *v.* 1 DIREITO (*pena*) to commute 2 to exchange; to interchange
conceber *v.* 1 to conceive, to become pregnant with 2 to think up; to conceive; to create 3 to imagine
conceder *v.* 1 to allow; to permit 2 (*direitos, regalias, empréstimo*) to grant, to concede 3 (*reconhecer*) to admit; to concede
conceito *s.m.* 1 concept; idea 2 opinion; judgement
conceituado *adj.* esteemed; respected; ser muito conceituado to be highly esteemed
concentração *s.f.* 1 concentration; falta de concentração lack of concentration 2 (*de pessoas*) concentration; uma concentração de tropas a concentration of troops
concentrar *v.* 1 (*atenção, esforços*) to concentrate (em, *on*), to focus (em, *on*); não consigo me concentrar na prova I can't concentrate on my exam 2 (*líquido*) to concentrate 3 (*pessoas, tropas*) to gather 4 (*poder*) to centralize
concepção *s.f.* 1 (*gestação*) conception 2 (*noção*) conception, idea; você tem uma concepção estranha da amizade you have a strange conception of what friendship is 3 creation
concepcional *adj.2g.* conceptional
concernir *v.* to concern; to refer to; to relate to
concertar *v.* 1 to concert, to arrange by mutual agreement 2 to harmonize ● É diferente de *consertar*.
concerto *s.m.* 1 (*show*) concert 2 (*composição*) concerto; os concertos de piano de Chopin Chopin's piano concertos
concessão *s.f.* 1 concession (a, *to*) 2 (*direito, privilégio*) grant, concession 3 (*comércio*) franchise ♦ fazer concessões to make concessions
concessionar *v.* to grant; to make a concession
concessionária *s.f.* car store
concha *s.f.* 1 shell 2 (*da sopa*) ladle ♦ sair da concha to come out of one's shell

conchavo s.m. connivance; de conchavo in connivance
conciliação s.f. conciliation; reconciliation; espírito de conciliação conciliatory spirit
conciliar v. 1 (*inimigos*) to conciliate, to reconcile 2 (*interesses opostos*) to reconcile 3 to harmonize, to bring to harmony
concluir v. 1 (*terminar*) to conclude; to finish 2 (*deduzir*) to conclude; to infer 3 (*negócio*) to close
conclusão s.f. 1 (*fim*) end 2 (*dedução*) conclusion; chegar a uma conclusão to come to a conclusion; tirar conclusões precipitadas to jump to conclusions; tirar uma conclusão de to draw a conclusion from
concordância s.f. 1 concordance, agreement; em concordância com in accordance with 2 LINGUÍSTICA concord, agreement
concordar v. 1 to agree (com, *with*); concordo com ele em tudo I agree with him on everything; concordar com um plano to agree to a plan 2 LINGUÍSTICA to agree
concorrência s.f. 1 competition; concorrência desleal unfair competition 2 (*confluência*) concurrence 3 (*afluência*) participation; turnout
concorrente adj.2g. competing ■ s.2g. 1 contestant; candidate 2 ECONOMIA competitor 3 opponent; adversary; rival
concorrer v. 1 to compete (com, *with*); estamos concorrendo com escolas estrangeiras we're competing with foreign schools 2 to apply (a, *for, to*); concorrer a um lugar to apply to a position 3 to contribute (para, *to*)
concorrido adj. popular; este restaurante é muito concorrido this restaurant is very popular
concretizar v. to fulfil; to achieve; concretizar um sonho to make a dream come true, to fulfil a dream
concreto adj. 1 concrete; real 2 specific ■ s.m. concrete; o concreto e o abstrato the concrete and the abstract; concreto armado reinforced concrete
concurso s.m. 1 competition; contest; concurso de beleza beauty contest 2 (*televisão*) quiz show 3 (*de circunstâncias*) combination
conde s.m. (*título*) count, earl
condecoração s.f. decoration; medal
condecorar v. to decorate, to grant a decoration
condenação s.f. 1 (*desaprovação*) condemnation; utter disapproval 2 DIREITO sentence
condenar v. 1 (*desaprovar*) to condemn; to blame 2 DIREITO to sentence (a, *to*); to condemn (a, *to*); ele foi condenado a dez anos de prisão he was sentenced to ten years in prison
condensação s.f. 1 (*fenômeno*) condensation 2 (*resumo*) abridgement
condensador adj. condensing ■ s.m. ELETRICIDADE condenser; capacitor ◆ condensador de ar air condenser condensador de luz light condenser condensador de superfície surface condenser
condensar v. 1 (*gases, líquidos, vapores*) to condense, to concentrate 2 (*resumir*) to abridge, to condense condensar-se v.pr. to condense
condescender v. to condescend (em, *to*); to comply (em, *to*)

condessa s.f. (*título*) countess
condição s.f. 1 condition; condições de trabalho working conditions; ele não está em condições de dirigir he is in no condition to drive; em boas condições in good condition 2 (*acordo, contrato*) condition, term 3 (*sociedade*) rank; class; pessoas de todas as condições sociais people of all ranks in society ◆ em condição alguma on no condition
condicionador s.m. conditioner ■ adj. conditioning
condicional adj.2g. conditional ◆ DIREITO liberdade condicional parole; probation
condicionar v. to condition; to determine
condimentar v. to season; to flavour; ela condimentou a carne com sal e ervas aromáticas she seasoned the meat with salt and herbs
condimento s.m. seasoning; flavouring
condizer v. to match; to go well (com, *with*); as cortinas condizem com o papel de parede the curtains match the wallpaper
condolência s.f. condolence; as minhas condolências please accept my condolences
condomínio s.m. 1 (*copropriedade*) joint ownership 2 (*associação*) residents' association
condor s.m. ZOOLOGIA condor
condução s.f. 1 driving 2 FÍSICA conduction
conduta s.f. 1 (*comportamento*) conduct; código de conduta code of conduct 2 (*cano*) conduit; conduta de gás gas conduit
condutor s.m. 1 driver; motorista 2 FÍSICA conductor; um bom condutor de eletricidade a good conductor of electricity ■ adj. conductive
conduzir v. 1 (*carro*) to drive; não sei conduzir I can't drive 2 (*moto*) to ride 3 (*levar*) to lead (a, *to*); as pistas conduziram o policial ao local do crime the clues led the policeman to the scene of the crime
cone s.m. cone
conector s.m. connector ■ adj. connecting
conexão s.f. connection
confecção s.f. (*realização*) making (de, *of*) confecções s.f.pl. (*indústria*) ready-to-wear industry; clothing industry
confeccionar v. 1 to make 2 (*refeição*) to prepare
confederação s.f. confederation, confederacy
confeitar v. 1 CULINÁRIA to coat with sugar; (*frutas*) to candy 2 figurado (*suavizar*) to sugar; to sweeten
confeitaria s.f. 1 (*estabelecimento*) confectioner's 2 (*bolos etc.*) confectionery
conferência s.f. 1 lecture; dar uma conferência sobre to lecture on 2 conference; convention; realizar uma conferência to hold a conference; sala de conferências conference room ◆ conferência de imprensa press conference
conferenciar v. to confer (com, *with*); o presidente está conferenciando com os conselheiros the president is conferring with his advisors
conferir v. 1 (*verificar*) to check; to verify 2 (*título*) to confer (a, *on*), to bestow (a, *on*); a universidade conferiu um grau honorário ao professor the university conferred an honorary degree on the professor 3 (*estar conforme*) to confer (com, *with*)

confessar v. 1 (*admitir*) to confess; to admit 2 (*crime, pecado*) to confess; to own up to; confessar um crime to confess to a crime
confete s.m. (*carnaval*) confetti
confiança s.f. 1 confidence; trust; ganhar/perder a confiança de alguém to gain/lose somebody's confidence; trair a confiança de alguém to betray somebody's trust 2 (*relacionamento*) familiarity ♦ abuso de confiança breach of trust ser de confiança to be trustworthy; to be reliable
confiante adj.2g. confident
confiar v. 1 to trust (em, (in)); to rely (em, on, upon); confiar em alguém to rely upon a person; não confio em você I don't trust you 2 (*depositar*) to entrust; confiar uma coisa a alguém to entrust someone with something 3 (*segredo, problema*) to confide 4 (*acreditar*) to be confident (que, that) confiar-se v.pr. to confide (a, in)
confiável adj.2g. reliable; trustworthy
confidência s.f. confidence; secret; fazer confidências a alguém to take a person into one's confidence
confidencial adj.2g. confidential; informações confidenciais classified information
confidencialidade s.f. confidentiality
confidente s.2g. confidant
configuração s.f. 1 configuration; shape 2 INFORMÁTICA configuration
configurar v. 1 to shape 2 INFORMÁTICA to configure configurar-se v.pr. to take form, to take shape
confinar v. 1 (*restringir*) to confine 2 (*território*) to border (com, –); to be bordered (com, by) ♦ estar confinado à cama to be confined to bed
confirmação s.f. confirmation
confirmar v. 1 (*opinião, suspeição, tese*) to confirm, to support 2 (*reforçar*) to strengthen; to reinforce 3 (*acordo, tratado*) to ratify, to endorse
confiscar v. to confiscate; to seize; a polícia confiscou as armas the police confiscated the weapons
confissão s.f. 1 (*admissão*) confession; admission; confissão de culpa admission of guilt 2 RELIGIÃO confession, profession
conflito s.m. 1 conflict; dispute; clash; entrar em conflito com to come into conflict with 2 conflict; fight; struggle; conflito armado armed conflict ♦ conflito de interesses clash of interests
confluir v. to converge; to come together
conformar v. 1 to shape 2 to adapt (a, to) conformar-se v.pr. 1 (*aceitar*) to give in; to resign oneself (com, to) 2 (*contentar-se*) to be content (com, with); to be happy (com, with)
conforme adj.2g. 1 identical; similar 2 suitable; appropriate ■ prep. according (to); in conformity with; conforme as circunstâncias according to circumstances; ele age conforme os seus princípios he acts in conformity with his principles conj. according to what; conforme li no jornal according to what I read in the newspaper ♦ coloquial está tudo nos conformes everything is OK
conformidade s.f. conformity ♦ em conformidade com in conformity with
confortar v. 1 (*fortificar*) to strengthen; to invigorate 2 (*consolar*) to comfort

confortável adj.2g. comfortable ♦ Observe que as palavras inglesas *comfortable* e *comfort* são escritas com m.
conforto s.m. comfort; no conforto da nossa casa in the comfort of our own home
confraternização s.f. fraternization
confraternizar v. to fraternize (com, with)
confrontar v. 1 to confront (com, with); confrontamos os suspeitos com as provas we confronted the suspects with the evidence 2 to compare; to confront 3 (*estar defronte*) (*edifício*) to be opposite to confrontar-se v.pr. (*enfrentar*) to come face to face (com, with); só agora é que ela vai se confrontar com as dificuldades only now will she face the difficulties
confronto s.m. 1 confrontation; conflict 2 comparison
confundir v. 1 (*misturar*) to mix up; não confunda tudo! don't mix everything up! 2 (*baralhar*) to confuse; to puzzle; não me confunda! stop confusing me! 3 (*enganar-se*) to mistake (com, for); confundi o sal com o açúcar I mistook the salt for the sugar 4 (*perturbar*) to embarrass confundir-se v.pr. 1 to get confused 2 to make a mistake 3 (*perturbação*) to be embarrassed
confusão s.f. 1 (*equívoco*) confusion; misunderstanding; mistake 2 (*desordem*) mess; que grande confusão! what a mess! 3 tumult; armar confusão to make a racket
confuso adj. 1 (*pessoa*) confused; mixed-up 2 (*pouco claro*) unclear; confusing; difficult to understand
congelado adj. 1 frozen 2 (*frio*) freezing cold congelados s.m.pl. frozen food
congelador s.m. (*parte da geladeira*) freezer
congelamento s.m. freezing
congelar v. to freeze
congênito adj. congenital; MEDICINA deficiência congênita congenital anomaly
congestão s.f. MEDICINA congestion
congestionado adj. congested ♦ tráfego congestionado traffic jam
congestionamento s.m. 1 (*congestão*) congestion 2 (*trânsito*) traffic hold-up Grã-Bretanha, traffic jam EUA; congestion 3 INFORMÁTICA congestion
congestionar v. to congest; to block congestionar-se v.pr. 1 to become congested 2 (*rosto*) to go red
congratulação s.f. congratulation; felicitation
congratular v. to congratulate; to felicitate; congratulo-te pela tua vitória I congratulate you on your victory congratular-se v.pr. 1 to be pleased (com, with); to be happy (com, about) 2 to congratulate oneself (com, on); congratulo-me com a minha sorte I congratulate myself on my good luck
congregação s.f. 1 assembly 2 (*igreja*) congregation
congregar v. to congregate; to assemble; to bring together; to gather
congresso s.m. 1 congress; convention 2 meeting; assembly
conhaque s.m. cognac, brandy

conhecedor

conhecedor *s.m.* expert; connoisseur; ele é um bom conhecedor de música he is a music connoisseur, he is an expert in music ■ *adj.* knowing
conhecer *v.* 1 to know; conheço esta cidade como a palma da minha mão I know this city like the back of my hand; você conhece algum restaurante aqui perto? do you know of any restaurant nearby? 2 (*saber*) to know (de, *about*); to be an expert (de, *in*) 3 to meet; to get to know; nós nos conhecemos há muito tempo we've known each other for a long time; prazer em conhecê-lo! pleased to meet you! ◆ conhecer de nome to know by name conhecer de vista to know by sight
conhecido *s.m.* acquaintance ■ *adj.* 1 known; ser conhecido como to be known as 2 (*famoso*) well-known; famous; este é o quadro mais conhecido de Van Gogh this is Van Gogh's best-known painting
conhecimento *s.m.* 1 (*saber*) knowledge; (*notícia*) chegar ao conhecimento de to come to one's knowledge; dar conhecimento de to bring to one's knowledge; tomar conhecimento de to find out about 2 (*pessoa*) acquaintance; travar conhecimento com to make the acquaintance of ◆ com conhecimento de causa with full knowledge
cônico *adj.* conic, conical
conivência *s.f.* connivance (em, *in*); em conivência com in connivance with
conivente *adj.2g.* who connives; ser conivente em to connive in
conjecturar *v.* to conjecture; to speculate
conjugação *s.f.* 1 conjugation 2 (*junção, união*) combination; conjunction; uma conjugação de fatores favoráveis a conjunction of favourable factors ◆ conjugação de esforços combination of forces
conjugal *adj.2g.* conjugal; direitos conjugais conjugal rights; vida conjugal married life
conjugar *v.* 1 (*verbos*) to conjugate 2 (*combinar*) to combine conjugar-se *v.pr.* to converge
cônjuge *s.2g.* spouse
conjunção *s.f.* 1 LINGUÍSTICA conjunction 2 conjunction; combination
conjuntivite *s.f.* MEDICINA conjunctivitis
conjuntivo *adj.* (*tecido*) connective
conjunto *s.m.* 1 set; MATEMÁTICA conjunto de números primos set of prime numbers 2 whole; uma visão de conjunto a vision of the whole 3 (*grupo musical*) band 4 (*vestuário*) suit, outfit; conjunto de saia e casaco suit ■ *adj.* joint; uma ação conjunta de vários países a joint action of several countries ◆ em conjunto together
conjuntura *s.f.* conjuncture; uma conjuntura favorável a favourable conjuncture
conosco *pron. pess.* 1 with us; quer vir conosco ao cinema? do you want to come with us to the cinema? 2 about ourselves; nunca nos preocupamos conosco we never worry about ourselves 3 with ourselves; é muito importante nos sentirmos bem conosco próprios it's very important that we are comfortable with ourselves ◆ coloquial organizar viagens é conosco we're experts at organizing trips coloquial deixa isso conosco! leave it to us!
conotar *v.* to connote

conquista *s.f.* conquest; (*relações amorosas*) fazer muitas conquistas to make a lot of conquests
conquistador *s.m.* 1 (*de terras*) conqueror 2 figurado (*de corações*) heartbreaker; (*homem*) lady-killer; ele é um verdadeiro conquistador! he is such a heartbreaker!
conquistar *v.* 1 (*terras, corações*) to conquer 2 (*encantar*) to win over, to charm; a tua simpatia me conquistou imediatamente your kindness won me over instantly 3 (*ganhar*) to attain; to win; ela conquistou a fama mundial she won world fame
consagração *s.f.* 1 RELIGIÃO consecration 2 (*de artista*) recognition 3 (*entrega*) dedication, consagração a uma causa dedication to a cause
consagrar *v.* 1 RELIGIÃO to consecrate 2 (*palavra, expressão*) to establish 3 (*artista, obra*) to confirm; to acclaim 4 (*homenagear*) to pay tribute to 5 (*devotar*) to dedicate (a, *to*) consagrar-se *v.pr.* to devote oneself
consciência *s.f.* 1 (*moral*) conscience 2 (*sentidos*) consciousness; perder a consciência to lose consciousness 3 (*conhecimento*) awareness; ter consciência de to be aware of ◆ ter a consciência pesada to have a guilty conscience ter a consciência tranquila to have a clear conscience
consciente *adj.2g.* 1 conscious; ele está consciente he is conscious 2 aware; ela está bem consciente do seu potencial she is well aware of her potentialities
conscientizar *v.* to raise (somebody's) consciousness (para, *to*) conscientizar-se *v.pr.* to become aware (de, *of*)
consecutivo *adj.* consecutive, following; em dias consecutivos on consecutive days
conseguir *v.* 1 to get; to obtain; eu sempre consigo o que quero I always get what I want 2 (*objetivo*) to manage; to succeed; consegui passar na prova I succeeded in passing the examination; consegui! I did it! 3 (*capacidade*) can; não consigo dormir I can't sleep
conselheiro *s.m.* 1 POLÍTICA counsellor; conselheiro de Estado Counsellor of State; conselheiro de embaixada embassy counsellor 2 (*terapeuta*) adviser; counsellor; conselheiro pedagógico educational adviser 3 (*vereador*) councilman EUA; councilwoman EUA
conselho *s.m.* 1 (*recomendação*) advice; dar um conselho a alguém to give somebody a piece of advice; pedir um conselho a alguém to ask somebody's advice 2 (*grupo, assembleia*) council; board ◆ (*empresa*) conselho de administração board of trustees, managing directors conselho de guerra court martial conselho de ministros cabinet council (*escola*) conselho diretivo school board conselho disciplinar disciplinary board
consenso *s.m.* (*acordo*) consensus; agreement
consentimento *s.m.* consent; permission; eu te dou o meu consentimento I give you my consent
consentir *v.* 1 (*permitir*) to allow; não consinto que você me trate assim! I won't allow you to treat me like this! 2 (*concordar*) to agree (em, *to*); to consent (em, *to*)

consequência s.f. consequence; result ♦ arcar com as consequências to suffer the consequences em consequência de in consequence of, due to por consequência therefore

consequente adj.2g. 1 (*resultante*) consequent; resulting 2 (*coerente*) consistent

consertar v. to repair; to mend; to fix ● É diferente de *concertar*.

conserto s.m. repair; fixing; o aparelho não tem conserto the device is beyond repair

conserva s.f. tinned food ♦ fábrica de conservas cannery

conservação s.f. 1 (*de alimentos*) preservation 2 (*de calor, energia*) conservation 3 (*manutenção*) maintenance; preservation; cuidados de conservação maintenance cares

conservador s.m. 1 (*museu, biblioteca*) curator 2 POLÍTICA conservative 3 (*preservar*) preserver ■ adj. (*tradicionalista*) conservative

conservante s.m. preservative; (*alimentos*) sem corantes nem conservantes without colourings or preservatives

conservar v. 1 (*alimentos*) to preserve 2 (*manter*) to maintain; to keep conservar-se v.pr. 1 (*manter-se*) to keep 2 (*perdurar*) to survive

conservatório s.m. conservatoire

consideração s.f. 1 (*respeito*) consideration; regard; ter muita consideração por alguém to have consideration for someone, to hold somebody in high regard 2 (*atenção*) account; consideration considerações s.f.pl. reflection; thought; tecer considerações to ponder ♦ por consideração a out of consideration for sem a menor consideração without the slightest compunction tomar em consideração to take into consideration, to take into account

considerar v. 1 (*tomar em consideração*) to take into account, to take into consideration 2 (*refletir*) to consider; to contemplate; não considerei essa hipótese I didn't contemplate that hypothesis 3 (*julgar*) to regard; to consider 4 (*estimar*) to esteem; considerar muito uma pessoa to hold someone in high esteem

considerável adj.2g. considerable; substantial; uma quantia considerável a substantial amount

consignar v. 1 (*comércio*) to consign 2 (*confiar*) to entrust; to consign 3 (*registrar*) to register; to record 4 DIREITO to deposit

consigo pron. pess. 1 to you; a decisão é consigo! the decision is up to you! 2 with you; posso ir consigo ao cinema? can I go with you to the cinema? 3 about yourself; não se preocupe tanto consigo! don't worry so much about yourself! 4 with himself, with herself

consistência s.f. 1 (*dureza*) consistency 2 (*coerência*) coherence; truth; a notícia não tinha consistência there was no truth in the news

consistente adj.2g. 1 (*firme*) firm; solid 2 (*espesso*) thick; dense 3 (*coerente*) coherent (com, *with*); ideias consistentes com atos ideas coherent with action

consistir v. to consist (em, *of, in*)

constrangedor

consoante s.f. LINGUÍSTICA consonant ■ prep. 1 (*segundo*) according to; consoante o gosto de cada um according to one's taste 2 (*conforme*) in accordance with; consoante a opinião de alguém in accordance with someone's opinion

consolação s.f. consolation; comfort; isso é pouca consolação that's not much for a comfort ♦ prêmio de consolação consolation prize

consolar v. to comfort consolar-se v.pr. (*regalar-se*) to relish (com, *-*); to enjoy (com, *-*)

console s.f. 1 (*mobiliário*) console table 2 INFORMÁTICA, ARQUITETURA console; console de jogos game console

consolidar v. 1 (*fortificar*) to consolidate; to reinforce 2 (*amizade*) to strengthen

consolo s.m. 1 (*conforto*) consolation; comfort 2 (*prazer*) solace; ele é o único consolo dos pais he is the only solace of his parents

consórcio s.m. consortium; partnership

conspiração s.f. conspiracy; plot ♦ teoria da conspiração conspiracy theory

conspirar v. to conspire (contra, *against*); to plot (contra, *against*)

conspurcar v. 1 to dirty 2 (*corromper*) to corrupt; to tarnish

constante adj.2g. 1 (*invariável*) constant; unchanging; steady; andamento constante steady pace; dores constantes constant pain 2 (*fiel*) faithful; never-failing; uma amizade constante a never-failing friendship 3 DIREITO, POLÍTICA (*referido*) mentioned (em, *in*); alluded (em, *to*) ■ s.f. MATEMÁTICA constant

constar v. 1 (*estar registrado*) to be reported (em, *in*); conforme consta nos autos as it is reported in the minutes 2 (*dizer-se*) to be told; constou-me que I heard that 3 (*consistir*) to consist (de, *of*) 4 (*assunto*) to be (de, *about*)

constatação s.f. 1 (*prova*) confirmation; verificação 2 (*descoberta*) realization; discovery

constatar v. 1 (*aperceber-se*) to realize 2 (*evidência*) to verify

constelação s.f. ASTRONOMIA constellation

consternação s.f. consternation; dismay

consternado adj. (*chocado*) with consternation; devastated

consternar v. to dismay

constitucional adj.2g. POLÍTICA, DIREITO constitutional

constituição s.f. 1 POLÍTICA, DIREITO constitution; a constituição norte-americana the US constitution 2 (*físico*) constitution; build; MEDICINA constituição débil poor constitution 3 (*composição*) composição 4 (*formação*) formation

constituir v. 1 (*representar*) to constitute; to represent; constituir um perigo to constitute danger 2 (*estabelecer*) to set up; to establish; constituir uma nova empresa to set up a new firm 3 (*formar*) to form; to put together; to make up ♦ constituir família to get married

constrangedor adj. (*embaraçoso*) embarrassing; inhibiting

constranger v. 1 (*compelir*) to constrain (a, *to*); to compel (a, *to*) 2 (*embaraçar*) to inhibit; to embarrass

constrangido adj. (*embaraçado*) embarrassed; inhibited

constrangimento s.m. 1 (*embaraço*) embarrassment; inhibition; sem o mínimo constrangimento without the slightest inhibition 2 (*limitação*) limitation; control

construção s.f. 1 (*processo*) construction; building; em construção under construction 2 (*local*) building site 3 (*estrutura*) frame; structure; construção em pedra stone structure ♦ construção civil building industry construção naval ship building construção de automóveis car manufacture

construir v. 1 to construct; to build; construir uma casa to build a house; construir uma estrada to construct a road 2 (*formar*) to organize; to form

construtivo adj. constructive; positive; crítica construtiva constructive criticism

construtora s.f. (*empresa*) constructor

cônsul s.m. consul

consulado s.m. 1 consulate; o consulado brasileiro na Itália the Brazilian consulate in Italy 2 (*cargo*) consulship

consulta s.f. 1 MEDICINA, DIREITO appointment; consulta no dentista appointment at the dentist's 2 (*reunião, estudo*) consultation (a, *with*); o assunto está ainda em consulta the matter is still in consultation 3 reference; livro de consulta reference book 4 (*inquérito*) survey; consulta nacional national survey

consultar v. 1 (*aconselhar-se*) to consult; to take advice with; to see; consultar um perito to consult an expert; consultar o médico to see a doctor 2 (*livro*) to look up; consultar uma palavra no dicionário to look up a word in the dictionary

consultório s.m. consulting room; surgery

consumação s.f. consummation; completion

consumar v. to consummate; consumar o casamento to consummate marriage

consumidor s.m. consumer; purchaser; agir em defesa dos consumidores to act on behalf of the consumers ■ adj. consuming; mercado consumidor consuming market

consumir v. 1 (*bens*) to consume; consumir petróleo to consume oil 2 (*gastar*) to use up; consumir todo o combustível to use up the fuel 3 (*fogo*) to burn down

consumista adj.2g. consumerist; acquisitive

consumo s.m. 1 ECONOMIA consumption 2 ECONOMIA (*despesa*) expenditure 3 (*venda*) sale; order 4 (*substâncias*) use ♦ consumo de energia consumption of energy bens de consumo consumption goods impróprio para consumo unfit for consumption sociedade de consumo consumer's society

conta s.f. 1 (*aritmética*) sum; conta de dividir division; conta de somar addition, sum 2 (*banco*) account; conta poupança savings account 3 (*cálculo*) calculation 4 (*compra, despesa*) bill 5 (*terço*) bead ♦ afinal de contas after all ajustar contas com alguém to settle accounts with someone dar-se conta de to realize estar em conta to be at a cheap rate fazer de conta to pretend isso não é da sua conta! mind your own business! já perdi a conta! I've lost count! por sua conta e risco at one's own risk sem conta countless ter-se em grande conta to have a high opinion of oneself tomar conta de to take care of

contabilidade s.f. 1 accounting; accountancy 2 book-keeping

contabilizar v. to calculate; to estimate

contactar v. to contact (com, –); to reach (com, –); não consegui contatá-la I couldn't reach her; vou tentar contatá-lo I'll try to contact him

contador s.m. 1 (*instrumento*) meter 2 (*narrador*) teller; contador de histórias story teller 3 (*contabilista*) accountant

contagem s.f. counting ♦ contagem decrescente countdown

contagiante adj.2g. (*riso, entusiasmo*) infectious; contagious

contagiar v. to infect (com, *with*); to contaminate (com, *with*)

contágio s.m. contagion; contamination

contagioso adj. contagious; infectious; doença contagiosa contagious disease

conta-gotas s.m. dropper

container s.m. container

contaminação s.f. 1 (*doença*) contamination 2 (*poluição*) pollution; contamination; contaminação da água water contamination

contaminar v. 1 (*contagiar*) to contaminate 2 (*poluir*) to contaminate; to pollute

contar v. 1 (*narrar*) to tell; to narrate; contaram-me que I was told that 2 (*números*) to count; contar nos dedos to count on one's fingers; contar até cem to count up to a hundred 3 (*esperar*) to expect; vou contar com você para jantar I'm expecting you for dinner; sem contar unexpectedly 4 to rely; contar com alguém to rely on somebody; conte com isso rely upon it ♦ conta comigo! include me in! sem contar com not counting with tudo conta everything matters

contatar v. to contact (com, –); to reach (com, –); não consegui contatá-la I couldn't reach her; vou tentar contatá-lo I'll try to contact him

contato s.m. 1 (*geral*) contact 2 ELETRICIDADE contact; mau contato faulty contact ♦ contatos sociais social contacts entrar em contato com to get in touch with manter-se em contato to keep in touch perder o contato com alguém to lose touch with someone

contêiner s.m. 1 (*caminhão*) container 2 (*lixo*) skip

contemplar v. 1 (*meditar*) to contemplate; to meditate 2 (*observar*) to gaze; to stare 3 (*dar*) to award; ser contemplado com um prêmio to be awarded contemplar-se v.pr. (*observar-se*) to look (a, *at*); to stare (a, *at*); contemplar-se ao espelho to look at oneself on the mirror

contemporâneo s.m. contemporary; ela foi contemporânea dele she was his contemporary ■ adj. contemporary; contemporaneous; arte contemporânea contemporary art

contemporizar v. to compromise

contenção s.f. (*abrandamento*) dampening; wane; contenção de despesas expenditure dampening
contentamento s.m. contentment; joy; uma expressão de contentamento an expression of joy
contentar v. to please; contentar alguém to please someone contentar-se v.pr. to content oneself (com, *with*); to be satisfied (com, *with*); não se contenta com nada nothing seems to satisfy him ♦ contentar-se com pouco not to ask for much
contente adj.2g. (*satisfeito*) pleased; glad; happy; estar contente to be pleased, to be glad; fico contente I'm glad
contento s.m. (*satisfação*) satisfaction; contentment; a contento de todos to everyone's satisfaction
conter v. 1 (*ter*) to contain; to hold 2 (*incluir*) to include; a embalagem contém um brinde the package includes a gift 3 (*suster*) to refrain; conter o riso to refrain from laughing conter-se v.pr. to restrain oneself; to refrain; tive de me conter para não o insultar I had to hold my tongue not to swear at him
conterrâneo adj. 1 (*país*) of the same country 2 (*terra*) of the same region ■ s.m. 1 (*país*) compatriot; countryman, countrywoman 2 (*região*) local
contestação s.f. 1 (*refutação*) refutation; negation 2 (*desafio*) challenge 3 (*polêmica*) controversy; debate
contestar v. 1 (*refutar*) to contest, to refute 2 (*desafiar*) to challenge; to dispute 3 (*contradizer*) to contradict; to deny
contestável adj.2g. questionable; disputable
conteúdo s.m. content; conteúdo de uma embalagem content of a package
contexto s.m. context ♦ fora do contexto out of context
contextualizar v. to contextualize; to put into context
contigo pron. pess. with you; estou contigo count on me
continência s.f. 1 continence; abstinence 2 (*militar*) salute; fazer continência to salute
continental adj.2g. continental; território continental continental territory
continente s.m. continent; o continente europeu the European continent
contingente adj.2g. 1 contingent 2 (*acidental*) accidental ■ s.m. contingent; contingente de tropas contingent of troops
continuação s.f. 1 (*sequência*) follow-up; a continuação da série the follow-up of the series 2 (*retoma*) resumption; continuação dos trabalhos resumption of work
continuar v. 1 to continue; to go on (–, *with*); continua no próximo episódio to be continued; continua! go on!; a luta continua the fight goes on; continuar a história to go on with the story 2 (*persistir*) to persevere (a, *in*)
continuidade s.f. continuity ♦ ter continuidade to have a follow-up
contínuo adj. 1 continuous; uninterrupted; variação contínua continuous variation 2 (*incessante*) unbroken; incessant; esforços contínuos unbroken effort ■ s.m. 1 (*departamento*) messenger 2 (*escola*) porter ♦ ato contínuo immediately linha contínua continuous line
conto s.m. 1 LITERATURA short story; um conto de Hemingway a short story by Hemingway 2 (*história*) tale; contar um conto to tell a tale ♦ conto de fadas fairy tale conto popular folk tale
contorcer v. 1 to contort; to twist; contorcer o rosto to contort one's face 2 (*corpo*) to squirm; to wriggle contorcer-se v.pr. 1 (*mexer o corpo*) to squirm 2 (*dor*) to convulse; contorcer-se de dores to convulse with pain
contorcionista s.2g. (*circo, espetáculo*) contortionist
contornar v. 1 (*lugar, tema*) to skirt; contornar a rua to skirt the street 2 (*rotatória*) to go round
contorno s.m. 1 (*perímetro*) outline; os contornos dos prédios the outline of the buildings 2 (*esboço*) contour; o contorno dos olhos the contour of the eyes
contra prep. against; estar contra alguém to be against someone; ser contra tudo e todos to be against everything and everyone ■ s.m. (*desvantagem*) drawback ♦ contra todas as expectativas against all odds dez contra um ten to one os prós e os contras the pros and cons ser do contra to put everything down
contra-atacar v. to counterattack
contra-ataque s.m. counterattack
contrabaixo s.m. 1 MÚSICA (*instrumento*) contrabass, double bass, string bass 2 MÚSICA (*pessoa*) contrabassist
contrabalançar v. to counterbalance
contrabandista s.2g. smuggler
contrabando s.m. 1 (*atividade*) smuggling; fazer contrabando to smuggle 2 (*bens*) contraband; smuggled goods; contrabando de guerra contraband of war
contração s.f. 1 ANATOMIA contraction; contração de um músculo contraction of a muscle 2 LINGUÍSTICA contraction 3 (*doença*) contraction; contração de uma doença infecciosa contraction of an infectious disease
contracapa s.f. (*livro*) back cover
contracenar v. to act (com, *with*)
contraceptivo s.m. contraceptive; usar contraceptivos to use contraceptives ■ adj. contraceptive; método contraceptivo contraceptive method ♦ pílula contraceptiva contraceptive pill
contradição s.f. contradiction; inconsistency; cair em contradição to contradict oneself ♦ espírito de contradição spirit of contradiction
contraditar v. to contradict; to refute
contraditório adj. contradictory; inconsistent; ideias contraditórias contradictory ideas; provas contraditórias contradictory evidence
contradizer v. 1 (*opor*) to contradict; to dispute 2 (*negar*) to deny contradizer-se v.pr. to contradict oneself; ele não parava de se contradizer he kept on contradicting himself
contraente adj.2g. contracting
contragosto s.m. dislike; distaste ♦ a contragosto reluctantly, unwillingly

contraindicar

contraindicar v. to contraindicate
contrair v. 1 (*apertar*) to contract 2 (*doença*) to contract 3 (*encolher*) to shorten 4 (*dívida*) to run up; contrair uma dívida pesada to run up a heavy debt 5 LINGUÍSTICA to contract; to join contrair-se v.pr. 1 (*apertar-se*) to contract; o músculo se contraiu the muscle contracted 2 (*encolher-se*) to shrink ♦ contrair matrimônio com alguém to marry someone
contramão s.f. wrong lane; dirigir na contramão to drive in the wrong lane
contrapartida s.f. counterpart; compensation ♦ em contrapartida on the other hand
contraponto s.m. MÚSICA counterpoint
contrapor v. 1 (*contrastar*) to contrast (a/com, *with*) 2 (*contrariar*) to oppose 3 (*argumentar*) to argue (que, *that*) contrapor-se v.pr. to be opposed (a, *to*)
contraprova s.f. counterproof
contrariar v. 1 to contradict; to dispute; contrariar uma ideia to contradict an idea 2 (*projeto*) to thwart 3 (*arreliar*) to annoy; to antagonize; estar contrariado to be annoyed
contrário adj. 1 (*oposto*) contrary; opposite; no lado contrário da rua at the opposite side of the street 2 (*inimigo*) enemy; o exército contrário the enemy army 3 (*adverso*) adverse ■ s.m. 1 (*oposto*) opposite 2 (*inimigo*) adversary; enemy ♦ ao contrário do irmão unlike his brother caso contrário if not de contrário otherwise muito pelo contrário quite the opposite parece estar tudo ao contrário everything seems to be up-side down pelo contrário on the contrary (*avesso*) vestir o casaco ao contrário to put on the coat inside out
contrastar v. 1 (*comparar*) to contrast (com, *with*); contrastar uma ideia com outra to contrast one idea with another 2 (*colocar o contraste*) to assay; contrastar um anel de ouro to assay a gold ring 3 (*opor*) to oppose (em, *in*)
contraste s.m. 1 (*oposição*) contrast (entre, *between*); estabelecer um contraste entre to make a contrast between 2 (*ouro, prata*) hallmark
contratar v. 1 to contract; contratar novos trabalhadores to contract new workers 2 (*prestação de serviços*) to hire; to take on; contratar um jardineiro por uma tarde to hire a gardener for an afternoon 3 (*acordar*) to settle; to agree 4 (*músicos, teatro*) to engage
contratempo s.m. setback; mishap; surgiu um contratempo a mishap has come up
contrato s.m. 1 contract; redigir um contrato to draw up a contract; ter contrato com to sign on 2 (*acordo*) agreement; settlement ♦ contrato de arrendamento rental agreement contrato de trabalho labour agreement
contratorpedeiro s.m. destroyer
contratura s.f. MEDICINA contracture
contravenção s.f. DIREITO contravention; infringement
contravir v. 1 (*transgredir*) to contravene; to transgress 2 (*retorquir*) to retort; to counter; to rejoin 3 (*intervir*) to intervene

contribuição s.f. 1 (*ajuda*) contribution; pode contar com a minha contribuição you may rely on my contribution 2 (*donativo*) donation; subscription
contribuinte s.2g. 1 (*pagador de impostos*) taxpayer 2 (*que contribui*) contributor
contribuir v. 1 to contribute (para, *to*) 2 (*para caridade*) to donate (com, *–*)
controlador s.m. 1 (*profissão*) controller 2 (*pessoa*) dominator; ruler ♦ controlador aéreo air-traffic controller
controlar v. 1 to get hold of; controlar a situação to get hold of the situation 2 (*governar*) to dominate; to rule; controlar um país to dominate a country 3 (*verificar*) to control; to regulate; controlar uma máquina to control a machine controlar-se v.pr. to control oneself; to hold back
controle s.m. control, check; perder o controle to lose control; sem controle out of control ♦ controle remoto remote control controle biológico biological control; controle de natalidade birth control controle de tráfego aéreo air-traffic control
controvérsia s.f. controversy; dispute; fora de controvérsia beyond controversy
controverso adj. 1 (*polêmico*) controversial 2 (*discutível*) debatable
contudo conj. nevertheless; however
contundir v. to contuse; to bruise
conturbar v. 1 (*agitar*) to trouble; to agitate 2 (*perturbar*) to disturb; to upset
contusão s.f. MEDICINA contusion (em, *to*), bruise (em, *on*)
convalescença s.f. convalescence, recovery; período de convalescença convalescence time
convalescer v. to convalesce; to recuperate; convalescer de uma doença grave to convalesce from a dangerous disease
convecção s.f. FÍSICA convection
convenção s.f. 1 (*acordo*) convention, agreement 2 (*formalidade*) convention; agir conforme as convenções to act according to the conventions ♦ Convenção de Genebra Geneva Convention
convencer v. 1 (*fazer crer*) to convince (de, *about, of*); convencer alguém de to convince someone of 2 (*persuadir*) to persuade (a, de, *to*); convencer alguém a comprar um produto to persuade someone to buy a product convencer-se v.pr. to convince oneself (de, *of*); convencer-se de uma mentira to convince oneself of a lie
convencido s.m. prig; snob; você é um convencido! you're such a prig! ■ adj. 1 (*convicto*) convinced; estou convencido que I feel confident that 2 coloquial (*pretensioso*) smug; self-satisfied
convencional adj.2g. conventional
convencionar v. (*estipular*) to stipulate
conveniência s.f. 1 convenience 2 (*decência*) propriety; decorum; há que respeitar as conveniências you have got to show some decorum ♦ casamento de conveniência marriage of convenience loja de conveniência convenience store
conveniente adj.2g. 1 (*próprio*) fit; suitable 2 (*útil*) handy 3 (*vantajoso*) convenient; ser muito conveniente to be a great convenience; em uma

hora conveniente at a convenient hour 4 (*decente*) decent; proper; palavras convenientes proper words
convênio s.m. convention
convento s.m. convent; nunnery
convergir v. to converge (em, *on*)
conversa s.f. 1 conversation; conversa animada lively conversation 2 (*entre conhecidos*) talk; chat; estar na conversa to be chatting; o grande tema de conversa the talk of the town ♦ conversa fiada small talk conversa telefônica phone call ir na conversa to fall for it
conversação s.f. conversation; conversações de paz peace talks
conversão s.f. 1 conversion (a, *to*) 2 (*moeda*) exchange
conversar v. to talk (com, *with;* sobre, *about*); to chat (sobre, *about*); conversamos sobre tudo we chatted about everything
conversível adj.2g. convertible ■ s.m. (*veículo*) convertible
conversor s.m. converter
converter v. 1 (*transformar*) to convert (em, *into*); converter em energia to convert into energy 2 (*mudar, cambiar*) to change (em, *into*); converter reais em dólares to change reais into dollars converter-se v.pr. RELIGIÃO, POLÍTICA to become converted (a, *to*)
convés s.m. deck
convicção s.f. 1 (*crença*) conviction; manter-se fiel às suas convicções to stick to one's convictions 2 (*convencimento*) persuasion; falar com convicção to speak convincingly
convicto adj. convinced (de, *of*)
convidado s.m. guest ■ adj. invited (para, *to*)
convidar v. 1 (*para evento*) to invite (para, *to*) 2 (*solicitar*) to ask (a, *to*); convido-o a se retirar I am asking you to leave
convidativo adj. inviting; attractive; appealing; um dia convidativo an inviting day
convincente adj.2g. convincing; pouco convincente unconvincing
convir v. 1 (*ser conveniente*) to suit; to fit; como lhe convier at your own convenience; se lhe convém if that suits you 2 (*ser próprio*) to be proper; to be wise; não convém I don't think that's wise
convite s.m. 1 invitation (para, *to*); aceitar um convite to accept an invitation 2 (*cartão*) invitation card
convivência s.f. 1 (*relação com outros*) sociability 2 (*convívio*) conviviality 3 (*união*) togetherness; uma vida de convivência a lifetime of togetherness
conviver v. to socialize; to get together
convívio s.m. 1 (*reunião*) get-together; gathering; ir a um convívio to go to a get-together 2 (*convivência*) social life 3 (*contato frequente*) conviviality (com, *with*); togetherness (com, *with*); convívio com idosos conviviality with old people
convocação s.f. 1 (*chamada*) convocation; summoning 2 (*aviso*) notice; convocação de reunião notice of a meeting
convocar v. 1 to summon; to call together; convocar o Parlamento to summon Parliament 2 (*greve, reunião*) to call; convocar uma reunião to call a meeting 3 (*eleições*) to hold; convocar eleições to hold an election
convocatória s.f. 1 notification 2 (*chamada*) summons; convocation; call to a meeting 3 (*greve*) call; notice
convosco pron. pess. with you; quero ir convosco I want to go with you; isso é convosco that's up to you
convulsão s.f. 1 MEDICINA convulsion 2 POLÍTICA figurado agitation; turbulence; convulsões sociais social turbulence
convulsivo adj. convulsive
convulso adj. convulsed; contorted ♦ tosse convulsa whooping cough
cooperação s.f. 1 (*em conjunto*) cooperation (com, *with*); collaboration (com, *with*); em cooperação com in cooperation with 2 (*assistência*) solidarity; assistance; é necessária mais cooperação further assistance is required
cooperar v. to cooperate (com, *with*); to collaborate (com, *with*); cooperar com o grupo to cooperate with the group
cooperativa s.f. ECONOMIA cooperative
coordenação s.f. coordination (de, *of;* entre, *between*); coordenação de esforços coordination of efforts
coordenada s.f. 1 MATEMÁTICA, GEOMETRIA coordinate 2 LINGUÍSTICA coordinate phrase 3 (*orientações*) coordinates; coordenadas de voo flight coordinates; coordenadas geográficas geographical coordinates
coordenador s.m. (*organizador*) coordinator; organizer ♦ coordenador de edição editor
coordenar v. 1 (*projeto*) to coordinate; to organize; coordenar ideias to coordinate ideas 2 (*movimentos*) to coordinate; to regulate
copa s.f. 1 (*árvore*) top, tree top 2 (*cozinha*) pantry, scullery 3 (*competição*) cup; copa do mundo world cup copas s.f.pl. (*naipe*) hearts
cópia s.f. 1 copy; duplicate; fazer uma cópia to make a copy; fique com uma cópia para você keep one of the duplicates 2 (*imitação*) imitation; ser uma cópia de to be an imitation of 3 (*cassete, CD*) reproduction 4 (*impressão*) print ♦ INFORMÁTICA cópia de segurança backup, backup copy
copiar v. 1 (*fazer cópia*) to copy; to transcribe; INFORMÁTICA copiar um arquivo to copy a file; copiar uma citação to transcribe a quotation 2 (*imitar*) to imitate; copiar o estilo de alguém to imitate somebody's ways coloquial (*escola*) to crib (em, *in*); to cheat (em, *in*); copiei no teste de Matemática I cheated in my Maths test ■ s.m. veranda; porch
copiara s.f. veranda; porch
copidescar v. to copyedit
copidesque s.m. 1 (*ato*) copyediting 2 (*setor*) copy desk ■ s.2g. (*pessoa*) copyeditor
copiloto s.2g. copilot
copo s.m. 1 glass; copo de pé stemmed glass 2 cup; copo de dados dice cup
copular v. to copulate (com, *with*)
coque s.m. 1 QUÍMICA coke 2 (*cabelo*) bun
coqueiro s.m. BOTÂNICA coconut tree, coconut palm

coqueluche s.f. 1 MEDICINA whooping cough 2 coloquial craze; fad
coquetel s.m. cocktail
coqueteria s.f. coquetry; flirtation
cor[1] /ô/ s.f. 1 colour; cores cruas raw colours; cores quentes warm colours; cores vivas lively colours 2 (*tonalidade*) hue; shade 3 (*pessoa*) complexion; cor macilenta pale complexion ◆ cor local local colour a cores in colour
cor[2] /ó/ s.m. heart; saber de cor to know by heart
coração s.m. 1 ANATOMIA heart 2 figurado centre, middle 3 figurado kindness; generosity; pessoa com coração a kind sort of person ◆ de bom coração kind-hearted de partir o coração heartbreaking do fundo do coração straight from the heart
corado adj. blushing; red; rosy; rostos corados rosy cheeks
coragem s.f. 1 courage; heart; guts col.; encher-se de coragem to pluck up courage; perder a coragem to lose heart; ter a coragem de to have the guts to 2 pejorativo (*descaramento*) nerve; é preciso ter coragem! you've got some nerve!
corajoso adj. courageous; brave
coral s.m. 1 ZOOLOGIA coral 2 MÚSICA chorus; choir 3 MÚSICA (*composição*) chorale ■ adj.2g. MÚSICA choral ◆ banco de coral coral reef
corante s.m. CULINÁRIA colouring ■ adj.2g. colouring; substância corante colouring substance
corar v. 1 (*faces*) to blush; to flush; corar de vergonha to blush in shame 2 (*roupa*) to bleach
corça s.f. ZOOLOGIA doe, hind
corcunda s.2g. 1 hump 2 pejorativo (*pessoa*) hunchback
corda s.f. 1 rope; corda para skipping rope 2 (*para roupa*) line; pendurar a roupa na corda to hang the laundry on the line 3 MÚSICA string; instrumentos de corda the strings 4 ANATOMIA cord; cordas vocais vocal cords ◆ dar corda ao relógio to wind up the clock estar com a corda na garganta to have the rope round one's neck estar com a corda toda to blow off steam
cordão s.m. 1 (*calçado*) shoestring, shoelace 2 (*acessório*) string; cordão de ouro gold string 3 cord 4 (*de policiais*) cordon ◆ ANATOMIA cordão umbilical umbilical cord
cordeiro s.m. ZOOLOGIA, CULINÁRIA lamb ◆ um lobo com pele de cordeiro a wolf in sheep's clothing
cordel s.m. string; atar com cordel to string up; rolo de cordel ball of string
cor-de-rosa adj.2g., s.m. (*cor*) pink ◆ sonhos cor-de-rosa! sweet dreams! ver tudo cor-de-rosa to see everything in bright colours
cordial adj.2g. (*amistoso*) cordial; amiable
cordialidade s.f. cordiality; warmth; affability
cordilheira s.f. GEOGRAFIA mountain range; mountain chain
coreano adj., s.m. Korean coreano s.m. (*língua*) Korean
Coreia s.f. Korea ◆ Coreia do Norte North Korea Coreia do Sul South Korea
coreografia s.f. choreography
coreógrafo s.m. choreographer
coreto s.m. bandstand
coringa s.m. (*jogo de cartas*) joker
corista s.2g. chorister, chorist; choirboy, chorus girl
corja s.f. pejorativo rabble; mob
córnea s.f. ANATOMIA cornea
córner s.m. ESPORTE corner; corner kick; cobrar córner contra to call for a corner kick against
corneta s.f. 1 MÚSICA bugle 2 MÚSICA (*trompete*) trumpet 3 coloquial (*nariz*) beak, snoot
corneto s.m. ANATOMIA turbinate bone
corno s.m. horn ◆ calão pôr os cornos a alguém to cheat on someone
cornucópia s.f. (*vaso, símbolo*) cornucopia cornucópias s.f.pl. (*desenho, padrão*) paisley
coro s.m. 1 (*conjunto de pessoas*) choir 2 MÚSICA, TEATRO chorus 3 (*igreja*) choir stalls; choir 4 (*conjunto de vozes*) chorus; falar em coro to speak in chorus ◆ menino do coro choirboy
coroa s.f. 1 crown; coroa de espinhos crown of thorns 2 (*poder, trono*) Crown; throne; aspirar à coroa to aspire to the throne 3 (*grinalda*) wreath; coroa de flores wreath of flowers 4 (*moeda*) tail; cara ou coroa? heads or tails? 5 (*dente*) crown; pôr uma coroa em um dente to crown a tooth ■ s.2g. coloquial duffer; old chap
coroação s.f. coronation; crowning
coroar v. to crown; coroar de glória to crown with glory
coroca adj.2g. decrepit ■ s.2g. decrepit person
corola s.f. BOTÂNICA corolla
coronel s.m. colonel
corpete s.m. bodice; corset
corpo s.m. 1 ANATOMIA body 2 (*organização*) corps; corpo médico medical corps 3 (*cadáver*) dead body; corpse 4 font size ◆ corpo diplomático diplomatic corps corpos celestes heavenly bodies de corpo e alma heart and soul luta corpo a corpo hand-to-hand fight tomar corpo to take form
corporação s.f. 1 corporation; association 2 corps ◆ corporação de bombeiros fire brigade
corporal adj.2g. corporal; castigo corporal corporal punishment ◆ odor corporal body odour
corporativo adj. corporate
correção s.f. 1 (*teste, prova*) correction; estar cheio de correções to be covered in corrections; fazer uma correção to make a correction 2 (*castigo*) punishment 3 correction; emendation 4 (*precisão*) accuracy; precision 5 (*civilidade*) correctness; civility 6 (*retidão*) rectitude; rightness ◆ ECONOMIA correção monetária indexation
corredeira s.f. rapid
corredor s.m. 1 ESPORTE runner; corredor da maratona marathon runner 2 (*jogging*) jogger 3 ESPORTE (*automóveis*) racer; pilot corredor s.m. 1 ARQUITETURA corridor 2 ARQUITETURA gallery 3 (*teatro, avião*) gangway
correia s.f. 1 (*em couro*) leather strap 2 (*trela*) leash 3 (*corrente*) chain ◆ correia de bicicleta bicycle chain
correio s.m. 1 mail; post; pôr uma carta no correio to post a letter; mandar pelo correio to send by post; na volta do correio by return of post 2 (*correspondência*) correspondence; letters 3 (*carteiro*)

postman correios *s.m.pl.* (*edifício*) Post Office ◆ correio aéreo airmail correio eletrônico electronic mail, e-mail caixa do correio postbox

corrente *adj.2g.* 1 (*sem parar*) running; água corrente running water 2 (*habitual*) common; usual; prática corrente common practice 3 (*atual*) current; present; entrar no uso corrente to come into currency 4 (*conta bancária*) current; conta corrente current account ■ *s.f.* 1 (*mar, rios*) current; corrente submarina undercurrent; ser arrastado pela corrente to be swept away by the current 2 (*rios, sangue*) stream; a favor da corrente downstream 3 ELETRICIDADE current 4 (*correia*) chain; corrente de bicicleta bicycle chain; corrente de segurança guard chain 5 (*comércio*) current; instant ◆ corrente de ar draught contra a corrente upstream, against the tide corrente de opinião current of opinion corrente sanguínea bloodstream estar ao corrente da situação to know what is going on moeda corrente current money pôr alguém ao corrente da situação to tell someone about the course of events

correnteza *s.f.* current

correr *v.* 1 to run, to race; correr atrás de to run after 2 (*apressar-se*) to hurry 3 (*líquido*) to flow, to run 4 (*boato, notícia*) to go around, to be said; corre o boato de que it is said that 5 (*tempo*) to pass, to elapse 6 ESPORTE to race 7 (*viajar*) to travel across; correr o mundo to travel 8 (*risco*) to run 9 (*expulsar*) to drive out 10 (*cortinas*) to draw 11 INFORMÁTICA (*programa*) to run ◆ correr às mil maravilhas to go really well correr com alguém to get rid of somebody correr perigo to be in danger nos dias que correm nowadays

correria *s.f.* rush, scurry

correspondência *s.f.* 1 correspondence, letters, mail; manter correspondência com to keep up a correspondence with 2 (*de meios de transporte*) connection ◆ correspondência comercial commercial correspondence

correspondente *adj.2g.* 1 corresponding (a, to) 2 (*equivalente*) equivalent (a, to) *s.2g.* 1 (*jornalismo*) correspondent 2 coloquial penfriend ◆ correspondente de guerra war correspondent

corresponder *v.* 1 (*equivaler*) to correspond (a, to) 2 (*retribuir*) to return (a, –); amor não correspondido unrequited love corresponder-se *v.pr.* (*cartas*) to correspond (com, *with*), to exchange letters (com, *with*)

corretivo *adj.* corrective; lentes corretivas corrective lenses ■ *s.m.* (*castigo*) punishment

correto *adj.* 1 (*certo*) correct; right; está correto that is correct 2 (*exato*) accurate; precise; medida correta precise measure 3 (*adequado*) proper; fit; correct; appropriate; vestido de modo correto properly dressed

corretora *s.f.* broker's, stock broker's

corrida *s.f.* 1 (*ato de correr*) run 2 ESPORTE race, course; entrar em uma corrida to run a race 3 (*táxi*) fare, ride ◆ corrida contra o relógio time trial, race against the clock, race against time corrida de cavalos horse race

corrigir *v.* 1 (*retificar*) to correct, to amend, to make amends for 2 (*testes*) to mark, to correct 3 to read 4 (*castigar*) to punish corrigir-se *v.pr.* to mend one's ways

corrimão *s.m.* (*escada*) banister, handrail; descer pelo corrimão to slide down the banisters

corrimento *s.m.* MEDICINA discharge, gleet

corriqueiro *adj.* 1 (*habitual*) common, ordinary 2 (*trivial*) trivial, well-worn

corroborar *v.* to corroborate, to confirm

corroer *v.* 1 (*metais*) to corrode 2 (*gastar-se*) to erode, to eat away corroer-se *v.pr.* 1 to corrode 2 (*gastar-se*) to erode

corroído *adj.* 1 (*metal*) corroded 2 (*gasto*) eaten away, eroded

corromper *v.* 1 to corrupt 2 (*adulterar*) to adulterate 3 (*subornar*) to bribe corromper-se *v.pr.* to become corrupted

corrosão *s.f.* QUÍMICA corrosion

corrosivo *adj., s.m.* QUÍMICA corrosive ◆ agente corrosivo corrosive agent

corrupção *s.f.* 1 corruption 2 (*atividades*) corrupt practices 3 (*decomposição*) decay

corrupto *adj.* 1 corrupt 2 figurado (*pervertido*) depraved

cortar *v.* 1 to cut, to chop; cortar ao meio to cut in halves; cortar em pedaços to cut to pieces; (*no cabeleireiro*) cortar o cabelo to have one's hair cut 2 (*água, telefone*) to cut off 3 (*com tesoura*) to cut out 4 (*estrada, rua*) to close 5 (*árvore*) to cut down, to fell 6 (*conversa*) to interrupt, to cut short 7 (*grama*) to mow, to cut 8 (*trunfar*) (*jogo de cartas*) to trump; (*baralho*) to cut cortar-se *v.pr.* (*golpear-se*) to cut oneself ◆ cortar o coração to break one's heart

corte¹ /ó/ *s.m.* 1 cut, incision; corte de cabelo haircut 2 (*gume*) blade, cutting edge 3 (*desenho*) sectional drawing; corte transversal cross section 4 (*roupa*) style 5 (*bola*) tackle ■ *s.f.* (*curral*) stable ◆ ELETRICIDADE corte automático automatic cut-off corte de energia power cut

corte² /ô/ *s.f.* 1 court; homem da corte courtier 2 antiquado (*namoro*) courtship; fazer a corte a to court, to woo

cortejar *v.* 1 (*fazer a corte*) to court, to woo 2 (*lisonjear*) to flatter

cortejo *s.m.* 1 RELIGIÃO (*religioso, fúnebre*) procession 2 (*Carnaval*) parade

cortês *adj.* 1 courteous, polite 2 (*corte*) courtly; LITERATURA, HISTÓRIA amor cortês courtly love

cortesia *s.f.* 1 courtesy, civility; por cortesia out of courtesy 2 (*oferta*) free offer

córtex *s.m.* 1 ANATOMIA cortex 2 BOTÂNICA bark, cortex

cortiça *s.f.* BOTÂNICA cork, bark

cortiço *s.m.* (*abelhas*) hive, beehive

cortina *s.f.* curtain; correr as cortinas to draw the curtains; janelas tapadas por cortinas curtained windows ◆ Cortina de Ferro Iron Curtain cortina de fumaça curtain of smoke

coruja *s.f.* ZOOLOGIA owl ■ *adj.2g.* (*pai, mãe*) proud, doting

corvo *s.m.* ZOOLOGIA crow, raven

cós s.m.2n. waistband, neckband
coser v. to sew, to stitch; coser um botão to sew a button
cosmética s.f. cosmetics; linha de cosmética range of cosmetics
cosmético adj. cosmetic ▪ s.m. cosmetics, make-up; indústria dos cosméticos cosmetics industry
cossecante s.f. GEOMETRIA cosecant
costa s.f. 1 (mar) coast, shore; dar à costa to be washed ashore 2 (montanha) slope costas s.f.pl. 1 ANATOMIA back; às costas on one's back; deitar-se de costas to lie on one's back 2 ESPORTE (natação) backstroke; nadar de costas to do the backstroke ♦ costas da mão back of the hand dor nas costas backache fazer alguma coisa pelas costas de alguém to do something behind somebody's back
costabaixo s.m. declivity; slope
costado s.m. 1 ANATOMIA popular back 2 (embarcação) broadside
costão s.m. rocky shore
Costa Rica s.f. Costa Rica
costa-riquenho adj., s.m. Costa Rican
costela s.f. ANATOMIA rib; costelas falsas false ribs; costelas flutuantes floating ribs
costeleta s.f. CULINÁRIA (porco) chop; (vitela, cordeiro) cutlet
costumar v. 1 (no presente) to usually do something; eu costumo ir a este restaurante I usually go to this restaurant 2 (no passado) to use to do something; ele costumava dizer... he used to say; eu costumava vir aqui I used to come here
costume s.m. 1 habit; adquirir o costume de to get into the habit of; perder o costume de to kick the habit of; ter o costume de to be in the habit of 2 (povo, país) custom costumes s.m.pl. (comportamento) behaviour ♦ como de costume as usual ▪ É diferente da palavra inglesa costume, que significa "traje".
costura s.f. 1 (atividade) sewing, needlework; máquina de costura sewing machine 2 (peça de roupa) seam; sem costura seamless 3 (cicatriz) (cirurgia) scar ♦ alta costura haute couture caixa de costura sewing box máquina de costura sewing machine
costurar v. to sew, to stitch
costureiro s.m. 1 tailor; dressmaker 2 (alta-costura) fashion designer; couturier
cota s.f. 1 (porção) quota, share 2 (faca) back of a knife 3 (nota marginal) note
cotação s.f. 1 ECONOMIA (preços) quotation, list 2 ECONOMIA (ações) price 3 figurado (apreço) esteem, regard
cotangente s.f. GEOMETRIA cotangent
cotar v. 1 to rate; (ações) to quote; to value 2 (avaliar) to assess
cotejar v. to check, to compare
cotidiano adj. daily; quotidian ▪ s.m. everyday life
cotoco s.m. 1 ANATOMIA stump 2 (vela) stub 3 (faca) small knife
cotonete s.m. cotton bud
cotovelada s.f. 1 (para abrir caminho) shove 2 (para chamar a atenção) nudge
cotoveleira s.f. elbow patch

cotovelo s.m. 1 ANATOMIA elbow; abrir caminho com os cotovelos to elbow one's way through a crowd 2 (estrada) bend ♦ dor de cotovelo jealousy, envy falar pelos cotovelos to talk nineteen to the dozen
country s.m. MÚSICA country music ▪ adj.2g.2n. country
couraça s.f. armour, breastplate; protection
couro s.m. 1 leather; jaqueta de couro leather jacket 2 (animal) hide ♦ couro cabeludo scalp coloquial tirar o couro de alguém to speak ill of somebody
couve s.f. BOTÂNICA cabbage; olho da couve heart of the cabbage ♦ couve de Bruxelas Brussels sprout
couve-flor s.f. BOTÂNICA cauliflower
cova s.f. 1 (buraco) hole; fazer uma cova to dig a hole 2 (sepultura) grave
covarde adj.2g. cowardly; chicken-hearted col. s.2g. coward
covardia s.f. cowardice
covinha s.f. (queixo, face) dimple
coxa s.f. ANATOMIA thigh
coxear v. to limp, to hobble
coxinilho s.m. woollen saddle-cloth
coxo s.m. lame person, cripple ▪ adj. lame, hobbling; ser coxo to have a limp, to hobble
cozer v. 1 CULINÁRIA (em água) to boil 2 CULINÁRIA (no forno) to bake 3 CULINÁRIA to cook ♦ cozer a bebedeira to sleep it off
cozido adj. CULINÁRIA boiled, cooked; ovo cozido hard-boiled egg ▪ s.m. CULINÁRIA stew
cozinha s.f. 1 kitchen; utensílios de cozinha kitchenware 2 (arte) cookery; livro de cozinha cookery book 3 (gastronomia) cooking ♦ chefe de cozinha chef pano de cozinha tea towel
cozinhar v. CULINÁRIA to cook; não sei cozinhar I can't cook
cozinheiro s.m. CULINÁRIA cook
crachá s.m. badge
crack s.m. crack
crânio s.m. 1 ANATOMIA skull; cranium 2 figurado (pessoa inteligente) genius; brain
crápula s.2g. coloquial crook, swindler
craque s.2g. 1 ace, expert 2 ESPORTE star, crack ▪ s.m. ECONOMIA crash
crase s.f. LINGUÍSTICA crasis
cratera s.f. crater ♦ cratera vulcânica volcanic crater
craúna s.f. ZOOLOGIA chopi blackbird
cravar v. 1 (prego) to drive in, to nail 2 (estaca, faca, punhal) to stick 3 (unhas, dentes, garras) to dig into 4 (pedras preciosas) to set 5 (os olhos) to stare at, to rivet the eyes on
cravina s.f. BOTÂNICA pink
cravinho s.m. BOTÂNICA, CULINÁRIA clove
cravo s.m. 1 BOTÂNICA (flor) carnation 2 (na pele) wart 3 (prego) nail 4 MÚSICA (instrumento) harpsichord 2 BOTÂNICA clove
cravo-da-índia s.m. BOTÂNICA clove
creche s.f. day nursery, crèche
credencial s.f. MEDICINA referral note credenciais s.f.pl. credentials
crediário s.m. installment paying plan
credibilidade s.f. credibility
creditar v. 1 to credit 2 to grant credit to, to loan

crédito s.m. 1 credit; a crédito on credit 2 (*confiança*) trust, esteem, credit; dar crédito a to trust, to believe, to give credit to; digno de crédito reliable ♦ cartão de crédito credit card
credo s.m. RELIGIÃO creed; credo ■ *interj.* heavens!, good heavens!
credor s.m. creditor ■ *adj.* 1 worthy, deserving 2 (*comércio*) credit
cremar v. to cremate
creme s.m. 1 CULINÁRIA (*sopa*) soup 2 CULINÁRIA (*doce*) custard 3 (*cosmética*) cream ■ *adj.2g.* (*cor*) cream, cream-coloured ♦ creme de barbear shaving cream creme hidratante moisturizer creme removedor de maquiagem facial remover
cremoso *adj.* creamy
crença s.f. 1 RELIGIÃO (*fé*) faith 2 (*convicção*) belief
crendice s.f. pejorativo superstition, absurd belief
crente s.2g. 1 believer 2 naive person ■ *adj.2g.* 1 believing, faithful; estar crente que... to believe that... 2 RELIGIÃO religious 3 a Christian not of a Catholic church 4 pejorativo (*ingênuo*) gullible
crepe s.f. 1 (*tecido*) crepe 2 CULINÁRIA crepe; thin pancake
crepitar v. (*fogo*) to crackle
crepúsculo s.m. twilight; dusk
crer v. to believe (em, *in*); creio que sim I believe so, I suppose so, I think so; fazer crer to make believe; não creio I don't think so, I believe not; crer em Deus to believe in God 2 (*presumir*) to suppose crer-se v.pr. (*julgar-se*) to believe oneself to be ♦ coloquial ver para crer seeing is believing
crescendo s.m. 1 MÚSICA crescendo 2 (*intensificação*) crescendo; em crescendo in crescendo
crescente adj.2g. increasing, growing ■ s.m. ASTRONOMIA (*fase da Lua*) crescent ♦ por ordem crescente in ascending order ASTRONOMIA quarto crescente crescent moon
crescer v. 1 to grow, to grow up; deixar crescer a barba to grow a beard; deixar crescer o cabelo to let one's hair grow 2 (*aumentar*) to increase; crescer em população to increase in population 3 (*vegetar*) to thrive 4 (*sobejar*) to be left over 5 CULINÁRIA (*bolo*) to rise
crescimento s.m. 1 growth 2 (*aumento*) increase
crespo *adj.* 1 (*áspero*) rough 2 (*cabelo*) frizzy, crisp, curled 3 (*mar*) choppy, rough
crestar v. to singe, to scorch
cretino s.m. pejorativo idiot ■ *adj.* cretinous
cria s.f. baby animal, suckling; (*de animal selvagem*) cub; (*de porco, cachorro*) litter; (*de vaca*) calf; (*de cabra*) kid; (*de ave*) brood; as crias the young
criação s.f. 1 creation 2 (*animais*) breeding, raising 3 (*educação*) education, upbringing 4 (*invenção*) invention, creation
criado s.m. servant, domestic; maid (f.)
criado-mudo s.m. bedside table
criador s.m. 1 creator 2 (*animais*) farmer, breeder; criador de gado cattle breeder ■ *adj.* creative
Criador s.m. RELIGIÃO Creator
criança s.f. child; kid; brincadeira de criança child's play; criança de colo infant ■ *adj.2g.* childish
criançada s.f. children, kids

crivar

criancice s.f. pejorativo childishness
criar v. 1 to create; to make; criar distúrbios to make trouble 2 (*produzir*) to produce 3 (*inventar*) to invent 4 (*crianças, filhos*) to bring up, to educate 5 (*plantas*) to grow; criar raízes to take root 6 (*animais*) to breed, to raise, to rear 7 (*amamentar*) to suckle, to nurse 8 (*fundar*) to set up criar-se v.pr. (*crescer*) to grow up, to be brought up
criatividade s.f. creativity
criativo *adj.* creative, inventive
criatura s.f. creature; pobre criatura! poor soul!
crime s.m. crime; DIREITO (*delito*) felony
criminalidade s.f. criminality, crime
criminalizar v. to criminalize
criminoso s.m. criminal ■ *adj.* criminal; ato criminoso criminal act
crina s.f. mane
crioulo *adj.*, s.m. Creole
criptógama s.f. BOTÂNICA cryptogam
criptônio s.m. QUÍMICA (*elemento químico*) krypton
crisálida s.f. ZOOLOGIA chrysalis
crise s.f. 1 crisis; estar em crise to be in crisis 2 (*escassez*) shortage (de, *of*) 3 MEDICINA (*histeria, nervos*) fit, attack
crisma s.2g. RELIGIÃO chrism, confirmation
crismar v. RELIGIÃO to confirm
crispar v. 1 (*enrugar*) to wrinkle 2 (*encrespar*) to curl, to crisp crispar-se v.pr. (*contrair-se*) to twitch
crista s.f. 1 (*galo*) cockscomb 2 (*montanha, onda, outras aves*) crest ♦ levantar a crista to stand up to somebody
cristal s.m. 1 crystal; cristal de gelo ice crystal 2 (*vidro*) crystal 3 GEOLOGIA (*de rocha*) quartz, rock crystal cristais s.m.pl. (*objetos*) glassware
cristaleira s.f. china cabinet
cristalino *adj.* crystalline, crystal clear ■ s.m. ANATOMIA (*olho*) lens, crystalline lens
cristalizado *adj.* 1 crystallized 2 (*açúcar*) granulated 3 glacé; frutas cristalizadas glacé fruits, candied fruits
cristalizar v. 1 to crystallize 2 figurado to remain unchanged
cristão s.m. RELIGIÃO Christian ■ *adj.* RELIGIÃO Christian; era cristã Christian era
cristianismo s.m. RELIGIÃO Christianity
Cristo s.m. 1 RELIGIÃO Christ 2 (*crucifixo*) crucifix
critério s.m. 1 (*princípio, norma*) criterion 2 (*juízo*) judgement, discretion; deixar alguma coisa ao critério de alguém to leave something to someone's judgement
crítica s.f. 1 criticism 2 (*análise*) critique 3 (*arte, filme, livro*) review; write-up col. ♦ receber boas críticas to receive critical acclaim
criticar v. 1 to criticize 2 (*avaliar*) to judge, to evaluate 3 (*filme, obra*) to review
crítico s.m. 1 critic 2 (*livro*) reviewer ■ *adj.* 1 (*estudo, apreciação*) critical; with notes; análise crítica critical analysis 2 (*pessoa*) critical; atitude crítica critical attitude 3 (*grave*) critical; em situação crítica in a critical condition 4 (*decisivo*) crucial
crivar v. 1 (*peneirar*) to sift 2 (*balas*) to riddle (de, *with*) 3 (*insultos, perguntas*) to bombard (de, *with*)

Croácia

Croácia s.f. Croatia
crocante adj.2g. crunchy, crispy
crochê s.m. crochet; agulha de crochê crochet hook
crocodilo s.m. ZOOLOGIA crocodile ♦ figurado lágrimas de crocodilo crocodile tears
croissant s.m. CULINÁRIA croissant
cromado adj. chrome; chromium-plated
cromo s.m. s.m. QUÍMICA (*elemento químico*) chromium
cromossomo s.m. BIOLOGIA chromosome; cromossomo X X chromosome; cromossomo Y Y chromosome
crônica s.f. 1 HISTÓRIA chronicle 2 (*análise, comentário*) review 3 (*jornalismo*) newspaper column 4 (*jornalismo*) feature
crônico adj. 1 (*doença*) chronic 2 (*hábito*) inveterate
cronista s.2g. 1 (*jornalismo*) columnist, feature writer 2 HISTÓRIA chronicler
cronologia s.f. chronology
cronometragem s.f. timing
cronometrar v. to time, to clock
cronômetro s.m. stopwatch, chronometer; timer
croquete s.m. CULINÁRIA croquette
crosta s.f. 1 GEOLOGIA crust; crosta terrestre the earth's crust 2 (*ferida*) scab
cru adj. 1 CULINÁRIA (*por cozinhar*) raw; peixe cru raw fish 2 CULINÁRIA (*mal cozido*) underdone 3 (*verdade*) unvarnished, plain 4 (*linguagem*) crude
crucial adj.2g. (*decisivo*) crucial
crucificar v. 1 RELIGIÃO to crucify 2 figurado (*martirizar*) to torture
crucifixo s.m. RELIGIÃO crucifix
cruel adj.2g. 1 cruel 2 (*insensível*) insensible 3 (*severo*) harsh
crueldade s.f. cruelty
crustáceo s.m. shellfish, crustacean
cruz s.f. cross ♦ cruz gamada swastika
cruzada s.f. HISTÓRIA, RELIGIÃO crusade
cruzado adj. crossed; com as pernas cruzadas cross-legged, with one's legs crossed; estar de braços cruzados to be with one's arms folded ■ s.m. 1 HISTÓRIA crusader 2 (*antiga moeda brasileira*) cruzado 3 (*antiga moeda portuguesa*) crusado ♦ fogo cruzado crossfire palavras cruzadas crossword
cruzamento s.m. 1 (*estrada*) crossing, crossroads; cruzamento ferroviário railway crossing 2 BIOLOGIA, ZOOLOGIA (*animais, plantas*) cross, cross-breeding; cruzamento seletivo selective mating
cruzar v. 1 to cross; cruzar as pernas to cross one's legs 2 (*braços*) to fold 3 (*navegação*) to cruise 4 (*animais, plantas*) to cross-breed cruzar-se v.pr. 1 (*dispor em cruz*) to cross 2 (*encontrar-se*) to meet (com, –); cruzar-se no caminho to cross one's path
cruzeiro s.m. 1 cruise; fazer um cruzeiro to go on a cruise 2 (*vila, aldeia*) market cross, cross
cruzes interj. heavens!; good heavens!
cu s.m. calão butt (EUA col.), arse (Grã-Bretanha vulg.)
cuba-libre s.f. Cuba libre
cubano adj., s.m. Cuban
cúbico adj. MATEMÁTICA cubic, cubical; centímetro cúbico cubic centimetre ♦ raiz cúbica cube root
cubículo s.m. cubicle

cubo s.m. 1 GEOMETRIA cube 2 MATEMÁTICA (*expoente*) cube, third power; elevar ao cubo to cube; 5 elevado ao cubo é 125 the cube of 5 is 125 3 (*forma*) cube; cubo de gelo ice cube 4 (*jogos para crianças*) brick
cuca s.f. 1 coloquial head 2 (*mulher*) hag
cuco s.m. 1 ZOOLOGIA cuckoo 2 (*relógio*) cuckoo clock
cu de ferro adj., s.2g. vulgarismo (*estudante*) grind EUA; swot Grã-Bretanha
cueca s.f. underpants
cueiro s.m. nappy Grã-Bretanha; diaper EUA; cheirar a cueiros to be very young; deixar os cueiros to leave childhood
cuíca s.f. 1 ZOOLOGIA opossum 2 drum-like instrument
cuidado s.m. 1 (*cautela*) care; com cuidado carefully; cuidado com a cabeça mind the head; cuidado com o cão beware of the dog; ter cuidado to be careful, to take care 2 (*responsabilidade*) care; ao cuidado de c/o, care of; enviar ao cuidado de send care of 3 (*tratamentos*) care; cuidados médicos medical care 4 (*preocupação*) worry, concern ■ adj. (*pensado*) thought-out ■ interj. look out!, watch out!
cuidadoso adj. 1 careful (com, *with*), cautious (com, *with*); seja mais cuidadoso! be more careful! 2 (*exaustivo*) careful; exame cuidadoso careful examination
cuidar v. 1 to take care (de, *of*), to look after (de, –); cuidar da casa to take care of the house 2 (*refletir*) to think, to meditate cuidar-se v.pr. (*aparência*) to look after oneself
cujo pron. rel. 1 (*de quem*) whose, of whom 2 (*de que*) of which
culinária s.f. cookery
culminar v. to culminate, to reach the highest point
culpa s.f. 1 (*responsabilidade*) fault, blame; aceitar as culpas to bear the blame; de quem é a culpa? who is to blame? 2 (*sentimento*) guilt ♦ pôr a culpa em alguém to blame someone por culpa de because of
culpado s.m. 1 (*que tem culpa*) culprit 2 (*criminoso*) criminal ■ adj. guilty (de, *of*); ar culpado guilty looks; provou-se que era culpado he was found guilty ♦ consciência culpada guilty conscience declarar-se culpado to plead guilty
culpar v. 1 to blame 2 (*incriminar*) to incriminate, to accuse 3 DIREITO (*na justiça*) to find guilty culpar-se v.pr. to take the blame
cultivar v. 1 (*flores, plantas*) to grow 2 to cultivate; cultivar o espírito to cultivate the mind ♦ cultivar uma amizade to cultivate a person's friendship
culto adj. 1 (*instruído*) cultivated, cultured 2 (*expressão, linguagem*) formal ■ s.m. (*veneração*) cult, worship; prestar culto to worship
cultura s.f. 1 AGRICULTURA cultivation, growing; cultura alternada crop rotation 2 BIOLOGIA culture; cultura de tecido tissue culture 3 (*conhecimento*) culture, knowledge; cultura ocidental Western culture 4 (*criação de animais*) breeding ♦ cultura geral general knowledge
cultural adj.2g. cultural; centro cultural arts centre

cume s.m. 1 top, summit; chegar ao cume to reach the top 2 figurado (*apogeu*) apex, apogee, climax
cúmplice s.2g. accomplice; DIREITO accessory ■ adj.2g. (*olhar, sorriso*) knowing
cumplicidade s.f. 1 DIREITO complicity (em, *in*) 2 (*em uma relação*) intimacy
cumprido adj. 1 fulfilled; accomplished; missão cumprida! mission accomplished! 2 (*pena, serviço militar*) served
cumprimentar v. 1 (*saudar*) to greet, to salute 2 (*felicitar*) to compliment, to congratulate
cumprimento s.m. 1 (*realização*) accomplishment, fulfilment 2 (*saudação*) greeting 3 (*elogio*) compliment 4 (*lei, ordem*) compliance cumprimentos s.m.pl. best wishes; regards; apresentar os cumprimentos a alguém to give someone one's regards
cumprir v. 1 (*promessa, obrigação*) to fulfill 2 (*lei, ordem*) to comply with, to obey; fazer cumprir to enforce 3 (*ordem*) to carry out 4 (*palavra*) to keep 5 (*prazo*) to meet 6 (*pena*) to serve 7 (*dever*) to do; cumprir serviço militar to do one's military service 8 (*convir*) to be necessary cumprir-se v.pr. (*realizar-se*) to come true, to be fulfilled
cumular v. to accumulate, to heap
cúmulo s.m. 1 heap, pile 2 (*auge*) height ♦ é o cúmulo! that does it!
cunhado s.m. brother-in-law, sister-in-law
cunho s.m. 1 stamp, die 2 figurado (*marca*) hallmark ♦ ter o cunho de to bear the hallmark of
Cupido s.m. Cupid
cupim s.m. ZOOLOGIA termite; white ant
cupom s.m. coupon
cúpula s.f. 1 ARQUITETURA cupola, dome, vault 2 POLÍTICA (*partido*) leadership 3 BOTÂNICA (*fruto*) cup
cura s.f. 1 MEDICINA cure, healing; descobrir a cura de to find a cure for 2 (*tratamento*) treatment ■ s.m. RELIGIÃO priest, vicar
curador s.m. curator; Grã-Bretanha DIREITO receiver
curandeiro s.m. 1 (*feiticeiro*) healer; medicine man 2 pejorativo (*charlatão*) quack
curar v. 1 MEDICINA (*doença*) to cure, to heal 2 (*alimentos*) to cure; curar presunto to cure ham curar-se v.pr. (*restabelecer-se*) to recover (de, *from*), to be cured (de, *from*); curar-se do sarampo to recover from the measles
curativo adj. curative, healing ■ s.m. 1 (*tratamento*) treatment 2 (*ferida*) dressing; fazer um curativo to put on a dressing
curinga s.m. (*jogo de cartas*) joker
curiosidade s.f. 1 curiosity; ter curiosidade sobre to be curious about 2 (*raridade*) curio ♦ por curiosidade out of curiosity
curioso s.m. 1 (*observador*) onlooker 2 pejorativo (*intrometido*) busybody, snooper ■ adj. 1 curious, eager 2 (*interessante*) interesting
curral s.m. stable, ox stall, sheepfold
curricular adj.2g. curricular; mudanças curriculares curriculum changes
currículo s.m. 1 curriculum vitae 2 (*empregado, estudante*) record; ter um bom currículo acadêmico to have a good academic record
curriculum vitæ s.m. curriculum vitae; résumé EUA
curry s.m. curry
cursar v. 1 (*aulas, escola*) to attend 2 (*curso*) to follow 3 (*matéria*) to study
curso s.m. 1 course; curso de línguas languages course 2 (*universidade*) degree; curso universitário/superior university degree 3 (*água*) course 4 (*caminho, trajeto*) path, track; viagem de longo curso long voyage 5 (*sequência*) run; course; (*processo*) em curso in progress; o curso dos acontecimentos the run of events; o mês em curso the current month 6 (*rumo*) direction; route
curta-metragem s.f. short film
curtição s.f. 1 coloquial fun; good time 2 (*couro, peles*) tanning
curtir v. 1 (*couro*) to tan; curtir peles to tan leader hides 2 coloquial (*gostar*) to dig, to enjoy; não curto futebol I don't dig football 3 coloquial to have fun
curto adj. 1 (*tamanho*) short; camisa de manga curta short-sleeved shirt; cabelo curto short hair 2 (*duração*) brief 3 (*inteligência*) limited ♦ curto de palavras laconic de vistas curtas short-sighted
curto-circuito s.m. short circuit; entrar em curto-circuito to short-circuit
curtume s.m. tannery
curva s.f. 1 curve; fazer uma curva to take a curve 2 (*estrada, rio*) bend; curva fechada sharp bend; curva perigosa an abrupt turn ♦ coloquial vai dar uma curva! get lost!
curvar v. 1 to bend; curvar a cabeça to bend one's head 2 (*objeto*) to arch, to crook curvar-se v.pr. to bow
cuscuz s.m. CULINÁRIA couscous
cuspe s.m. spit, spittle, saliva
cuspidária s.f. BOTÂNICA trumpet creeper
cuspir v. 1 to spit; cuspir sangue to spit blood; cuspir em alguém to spit at somebody 2 (*lançar*) to toss ♦ cuspir no prato em que come to bite the hand that feeds you
custar v. 1 to cost; custar muito dinheiro to cost a lot of money; quanto custa? how much does it cost? 2 (*ser doloroso*) to be painful; custa-me falar com você assim it pains me to talk to you like this 3 (*ser difícil*) to be difficult, to be hard; custa a crer! it is hard to believe! 4 (*ser caro*) to be expensive ♦ custar os olhos da cara to cost an arm and a leg, to cost a fortune custe o que custar at any price, at all costs
custear v. 1 to bear the cost of 2 to pay ♦ custear as despesas to cover the expenses
custo s.m. 1 (*preço*) cost, price 2 figurado (*esforço*) difficulty, pain; a custo with difficulty ♦ custo de vida cost of living ajuda de custo living-allowance, expenses a todo o custo at all cost, by all means com grande custo painfully, at great cost
custódia s.f. 1 (*criança*) custody, keeping; pôr sob a custódia de to place in the custody of 2 (*prisioneiro*) detention, imprisonment 3 RELIGIÃO monstrance, custodial
custodiar v. 1 to keep in custody 2 (*proteger*) to guard; to protect
customizar v. to customize

cutâneo

cutâneo *adj.* cutaneous; erupção cutânea cutaneous eruption
cutelaria *s.f.* 1 cutlery 2 cutler's shop
cutia *s.f.* ZOOLOGIA common agouti
cutícula *s.f.* cuticle
cutucada *s.f.* *(com o cotovelo)* nudge; *(com o dedo)* prod, poke
cutucar *v.* *(com o cotovelo)* to nudge; *(com o dedo)* to prod, to poke
CV *sigla de* Curriculum Vitae, CV

D

d *s.m. (letra)* d
dáblio *s.m.* name of the letter w
dádiva *s.f.* 1 *(donativo)* donation 2 *(oferta)* gift
dado *adj.* 1 *(sociável)* affable, kind 2 *(determinado)* given; em dado momento at a given moment 3 *(propenso)* given to; ser dado a to be given to 4 *(muito barato)* dirt cheap ■ *s.m.* 1 *(jogo)* dice 2 MATEMÁTICA given quantities dados *s.m.pl. (informação)* data ♦ dado que given that, provided that
daí (contração da preposição de + o advérbio aí) ♦ coloquial e daí? so what? sai daí! *(desse lugar)* get out of there! daí em diante *(desse momento)* from then on, thenceforth
dali (contração da preposição de + o advérbio ali) ♦ dali em diante *(tempo)* ever since, from then on, thenceforth tirei esta folha de papel dali *(desse lugar)* I took this sheet of paper from (over) there
dálmata *adj., s.m. (cachorro)* Dalmatian
daltônico *adj.* daltonic, colour-blind
daltonismo *s.m.* daltonism, colour blindness
dama *s.f.* 1 *(senhora)* lady; dama de companhia lady-in-waiting; primeira-dama the first lady 2 *(maid)* dama de honra bridesmaid 3 *(xadrez, cartas)* queen damas *s.f.pl. (jogo)* draughts Grã-Bretanha; checkers EUA; tabuleiro do jogo de damas draughtboard Grã-Bretanha, checkerboard EUA
damasco *s.m.* 1 BOTÂNICA apricot 2 *(tecido)* damask
damasqueiro *s.m.* BOTÂNICA apricot tree
danado *adj.* 1 *(condenado)* damned 2 *(mau)* wicked 3 *(zangado)* angry, furious; estava danado he was furious 4 *(malandro)* naughty ♦ estar com uma fome danada to be starving um susto danado a hell of a fright
dança *s.f.* dance; dança folclórica folk dance; dança de salão ballroom dancing
dançar *v.* 1 to dance; quer dançar comigo? will you dance with me?; dançar o tango to tango 2 *(figurado)* to move, to tremble 3 *(falhar)* to fail; dancei! I'm out!
dançarino *s.m.* dancer
danificar *v.* 1 to damage, to spoil 2 DIREITO to damnify
daninho *adj.* harmful; erva daninha weed
dano *s.m.* 1 damage; loss; danos e prejuízos damages 2 *(moral)* harm; causar dano a to harm
daquele (contração da preposição de + o pronome demonstrativo aquele, aquela) ♦ depois daquela festa não estive mais com ela after that party I haven't been with her depois daquele temporal a cidade ficou destruída after that storm the city got destroyed elas saíram daquela casa they came out of that house eles tiveram uma briga daquelas! they had a really bad argument! eles vieram daquele lado they came from that side está em um dia daqueles it's just one of those days está um frio daqueles! it's really cold! esta mochila é daquela menina this backpack belongs to that girl este apontador é daquele menino this sharpener belongs to that boy eu estava falando daquela menina ali I was talking about that girl over there
daqui (contração da preposição de + o advérbio aqui) ♦ daqui a pouco soon, shortly daqui a um mês in a month's time, within a month *(tempo)* daqui em diante from now on, henceforth tire isso daqui! *(espaço)* take it from here!
daquilo (contração da preposição de + o advérbio aquilo) ♦ ela está falando daquilo que a incomoda she is talking about what annoys her ela quer manter distância daquilo she wants to keep the distance from that eu não sabia de nada daquilo I didn't know anything of that quero um pouco daquilo que você preparou para sobremesa I want a little bit of that thing you made for dessert
dar *v.* 1 to give; ele me deu a chave he gave me the key 2 *(aulas)* to teach; dar Ciências to teach science 3 *(matéria)* to do; estamos dando os verbos irregulares we're doing the irregular verbs 4 to strike; o relógio deu meio-dia the clock struck noon 5 *(fruto, flor)* to bear; dar fruto to bear fruit 6 *(cartas)* to deal 7 *(problemas)* to cause 8 *(fruto, leite)* to produce 9 *(bater)* to hit, to strike 10 *(encontrar)* to find, to come across; dar com uma coisa to find something 11 *(ser suficiente)* to be enough (para, for, to); isto dá para tudo? is this enough for everything? 12 *(ser possível)* to be possible; dá para nadar aqui? is it possible to swim here? 13 *(ir ter)* to lead to (para, to); este caminho dá para o rio this path leads to the river 14 *(estar voltado)* to overlook; o meu quarto dá para o jardim my bedroom overlooks the garden dar-se *v.pr.* 1 to give oneself up to, to devote oneself to 2 *(acontecer)* to happen 3 *(sair-se)* to get on; dar-se bem/mal com to get on well/badly with 4 *(com alguém)* to get on (com, with); dar-se bem com alguém to get on well with somebody ♦ dar à luz to give birth to *(hospital)* dar alta a um doente to discharge a patient dar cabo de to put an end to dar motivo a to give ground for dar nas vistas to strike the eye dar o braço a torcer to yield dar um passeio to take a walk dar-se a conhecer to make oneself known dar-se por to pretend to be vai dar no mesmo it all comes to the same thing
dardo *s.m.* 1 ESPORTE javelin; lançar o dardo to throw the javelin 2 *(jogo)* dart
data *s.f.* 1 *(tempo)* date; data de nascimento date of birth; data de validade sell-by date; nessa data at that date 2 *(grande quantidade)* large quantity
datação *s.f.* dating
datar *v.* 1 to date; to put a date on; datar um documento to date a document 2 to date (de, from); datar de 1985 to date from 1985
datilografar *v.* to type, to typewrite

datilografia s.f. typewriting; typing
datilógrafo s.m. typist
d.C. (depois de Cristo) a.D. (Anno Domini)
de prep. 1 (*posse*) of; o livro do Pedro Peter's book 2 (*origem, procedência*) from; de Londres ao Rio from London to Rio; são de São Paulo they are from São Paulo 3 (*descrição de pessoas*) with; in; of; a senhora do vestido verde the lady in the green dress 4 (*descrição de coisas*) of; um vestido de linho a linen dress 5 (*meio de transporte*) by; de trem by train 6 on; de propósito on purpose 7 upon 8 out of 9 (*temporal*) at, in; de noite at night; de tarde in the afternoon 10 (*série*) every; de dez em dez dias every ten days 11 (*causa*) of; morrer de fome to die of hunger
dê s.m. name of the letter d
deambular v. to roam, to rove, to wander
debaixo adv. 1 under (de, –); debaixo da mesa under the table 2 below 3 underneath
debandar v. to rout out; to split; to disperse
debate s.m. 1 debate 2 (*disputa*) dispute 3 (*discussão*) discussion
debater v. to debate; to argue; to discuss debater-se v.pr. to struggle, to strive
debelar v. 1 to extinguish 2 to subdue 3 (*crise*) to overcome 4 (*doença*) to cure
debicar v. to peck
débil adj.2g. 1 (*pessoa*) weak, feeble 2 PSICOLOGIA retarded; coloquial, pejorativo débil mental mentally handicapped person
debilitar v. to debilitate; to enfeeble; to weaken debilitar-se v.pr. to become weak
debitar v. to debit, to charge; debitar em conta to debit the account
débito s.m. 1 (*comércio*) debit 2 (*dívida*) debt
debochar v. 1 to corrupt; to pervert 2 (*zombar*) to mock (de, –)
deboche s.m. 1 (*devassidão*) debauchery 2 (*troça*) mockery
debruar v. 1 (*roupa*) to edge, to hem 2 (*desenho*) to adorn
debruçar v. 1 (*inclinar*) to bend 2 figurado (*humilhar*) to humiliate debruçar-se v.pr. 1 (*inclinar-se*) to lean (sobre, *over*); to bend (sobre, *over*); debruçar-se sobre a janela to lean out of the window; debruçar-se para a frente to lean forward 2 (*deitar-se de bruços*) to lie on one's chest 3 (*dependurar-se*) to droop ♦ debruçar-se sobre/acerca de 1 (*examinar*) to examine to pore over to consider debruçar-se sobre os pormenores to pore over the details 2 (*pensar sobre*) to think about to consider debrucemo-nos sobre os fatos let's consider the facts 3 (*tratar de*) to deal with to focus on este livro se debruça sobre várias questões práticas this book deals with several practical issues
debulhar v. 1 (*grão*) to thresh, to thrash 2 (*descascar*) to shell ♦ coloquial debulhar-se em lágrimas to melt into tears
debutante s.2g. débutante
debutar v. to make one's début
década s.f. decade; a década de oitenta the eighties

decadência s.f. 1 decadence; decay; em decadência on the wane, in decay 2 decrease
decadente adj.2g. decadent; decaying
decágono s.m. GEOMETRIA decagon
decair v. 1 to decline; to decay 2 to fall away 3 to sink 4 (*estabelecimento*) to go downhill 5 (*pressão, velocidade*) to drop
decalcar v. 1 (*desenho*) to transfer 2 to trace 3 figurado to imitate, to copy
decalque s.m. 1 (*desenho*) tracing; papel de decalque tracing paper 2 (*imitação*) copy
decantação s.f. decantation
decantar v. to decant
decapitar v. to decapitate; to behead
decência s.f. 1 decency, modesty 2 propriety; decorum, respectability
decente adj.2g. 1 decent 2 (*apropriado*) proper 3 (*honrado*) respectable 4 (*trabalho*) neat, presentable
decepar v. to mutilate; to cut off, to maim
decepção s.f. 1 deception; disappointment 2 fraud
decepcionado adj. disappointed; disillusioned; ficou decepcionado com os resultados he was disappointed at the results
decepcionante adj.2g. disappointing
decepcionar v. 1 (*desiludir*) to disappoint 2 (*falhar*) to let down decepcionar-se v.pr. to be disappointed
decibel s.m. FÍSICA decibel
decidido adj. 1 decided; settled, resolved 2 (*pessoa*) determined; resolute; estar decidido a to be bent on, to be determined to
decidir v. 1 (*determinar*) to decide, to determine; to settle 2 (*solucionar*) to resolve decidir-se v.pr. 1 to make up one's mind; vê se se decide! make up your mind! 2 to decide (a, *to*; por, *on*); decidimo-nos todos pelo vermelho we all decided on the red one
decíduo adj. deciduous
decifrar v. 1 (*escrita*) to decipher; to make out 2 (*mensagem*) to decode 3 (*enigma*) to solve
decimal adj.2g. decimal; fração decimal decimal fraction; sistema decimal decimal system
decímetro s.m. decimetre
décimo num. tenth
decisão s.f. 1 decision; tomar uma decisão to take a decision 2 resolution; chegar a uma decisão to come to a resolution ♦ ainda não tomei uma decisão I haven't quite made up my mind yet por decisão do Senado by grace of the Senate
decisivo adj. 1 decisive; conclusive; ultimate 2 (*jogo*) deciding
declamar v. 1 to declaim (contra, *against*); declamar contra to declaim against 2 (*poemas*) to recite
declaração s.f. 1 (*ação, documento*) declaration; declaração de amor love declaration, proposal; declaração de guerra declaration of war 2 (*afirmação*) affirmation 3 (*depoimento*) statement; a polícia ouviu a sua declaração the police took his statement 4 (*revelação*) revelation ♦ declaração de direitos bill of rights
declarado adj. 1 (*intenção*) declared 2 revealed 3 (*inimigo*) sworn; inimigo declarado sworn enemy, declared enemy 4 (*opinião*) professed

deficiência

declarante s.2g. 1 deponent 2 witness
declarar v. 1 (*em público*) to state 2 to declare; declarar alguém culpado to declare guilty; tem alguma coisa a declarar? do you have anything to declare? 3 to proclaim, to affirm 4 (*confessar*) to confess declarar-se v.pr. (*manifestar-se*) to come out, to pronounce oneself, to declare oneself (a favor de, *in favour of*; contra, *against*); declarar-se a favor de alguma coisa to come out in favour of something; declarar-se contra alguma coisa to come out against something ♦ declarar inocente to clear from blame declarar-se culpado to plead guilty declarar-se inocente to plead not guilty
declinar v. 1 (*recusar*) to decline, to refuse; declinar uma proposta to decline a proposal 2 (*diminuir*) to decrease 3 (*decair*) to decay 4 (*sol*) to go down
declive s.m. declivity; slope; em declive sloping
decodificação s.f. decoding
decodificador s.m. decoder
decodificar v. (*código, escrita, enigma*) to decode, to decipher; to crack col.
decolagem s.f. takeoff
decolar v. to take off; to lift off
decompor v. to decompose decompor-se v.pr. to decompose; to rot
decomposição s.f. (*geral*) decomposition
decompositor s.m. BIOLOGIA decomposer
decoração s.f. (*atividade*) decoration; decoração da casa house decoration; decoração de vitrines window dressing
decorador s.m. decorator; decorador de vitrines window-dresser
decorar v. 1 (*ornamentar*) to decorate; to adorn; decorar vitrines to dress windows 2 (*memorizar*) to learn by heart; to commit to memory
decorativo adj. decorative
decorrer v. 1 (*tempo*) to pass, to elapse 2 to run 3 (*acontecer*) to happen, to take place ■ s.m. course; no decorrer dos tempos in the course of time, as time goes on
decotado adj. 1 open at the neck 2 low-necked, low-cut; vestido decotado low-cut dress
decote s.m. 1 (*roupa*) low neck 2 cleavage ♦ decote em V V-neck decote redondo crew neck
decrescente adj.2g. 1 decreasing; diminishing 2 (*lua*) waning ♦ por ordem decrescente in descending order
decrescer v. 1 to decrease; to decay; to lessen 2 (*lua*) to wane
decretar v. 1 to decree 2 (*determinar*) to determine; to order 3 (*estado de sítio*) to declare 4 (*anunciar*) to announce
decreto s.m. decree; edict; order; promulgar um decreto to issue a decree ♦ coloquial nem por decreto not on your life
dedal s.m. thimble
dedaleira s.f. 1 thimble case 2 BOTÂNICA purple foxglove
dedão s.m. coloquial big toe
dedetização s.f. pest control

dedicação s.f. 1 devotion (a, *to*); dedication (a, *to*); dedicação a uma causa devotion to a cause 2 affection
dedicado adj. dedicated (a, *to*), devoted (a, *to*); dedicado aos pacientes devoted to his patients; amigo dedicado a loving friend
dedicar v. 1 (*poema, canção*) to dedicate (a, *to*); dediquei o livro ao meu pai I dedicated the book to my father 2 (*tempo, atenção*) to devote (a, *to*) 3 (*autografar*) to autograph dedicar-se v.pr. 1 to devote oneself (a, *to*); dedicar-se ao estudo to devote oneself to study 2 to apply oneself
dedicatória s.f. dedication
dedilhar v. to finger
dedo s.m. 1 (*mão*) finger; pontas dos dedos fingertips 2 (*pé*) toe ♦ coloquial dar dois dedos de conversa to chat a little não mexer um dedo not to stir a finger pôr o dedo na ferida to put one's finger on the spot
dedo-duro s.m. (*delator*) sneak; snitch
dedução s.f. 1 deduction; inference 2 subtraction
dedurar v. coloquial (*delatar*) to grass on; to snitch on; dedurou o companheiro à polícia he grassed on his mate to the police
deduzir v. 1 (*quantia*) to deduct, to subtract; deduzir uma quantia to deduct a sum 2 (*concluir*) to deduce (de, *from*), to infer (de, *from*)
defecar v. to defecate
defeito s.m. 1 defect; defeito na fala speech defect 2 (*moral*) fault; apesar dos seus muitos defeitos in spite of his many faults; pôr defeitos em to find fault with 3 (*roupa*) flaw
defeituoso adj. defective, faulty
defender v. 1 DIREITO to defend 2 (*proteger*) to protect 3 (*gol*) to save 4 to guard 5 (*ideia*) to stand up for; defender uma opinião to stand up for an opinion defender-se v.pr. 1 (*ataque*) to defend oneself (de, *against*); defender-se de um ataque to defend oneself against an attack 2 (*frio*) to protect oneself (de, *against*); defender-se do frio to protect oneself against cold ♦ coloquial defender com unhas e dentes to fight tooth and nail (*universidade*) defender uma tese to submit a thesis
defensiva s.f. defensive; na defensiva on the defensive
defensivo s.m. defensivo agrícola agrochemical, pesticide
defensor s.m. 1 defender 2 DIREITO defensor, defending counsel
deferir v. 1 to confer 2 (*pedido, petição*) to grant 3 to concede 4 (*prêmio, condecoração*) to award 5 (*sugestão*) to accept 6 to defer to
defesa s.f. 1 defence Grã-Bretanha; defense EUA; atuar em legítima defesa to act in self-defence 2 (*proteção*) protection; defesa do consumidor consumer protection 3 (*animal*) tusk 4 ESPORTE defence Grã-Bretanha; defense EUA; o goleiro fez uma defesa incrível the goalkeeper made a spectacular defence ■ s.m. ESPORTE back
deficiência s.f. 1 handicap 2 deficiency 3 imperfection

deficiente

deficiente *adj.2g.* 1 MEDICINA handicapped 2 deficient (em, *in*); deficiente em alguma coisa deficient in something 3 (*imperfeito*) defective ■ *s.2g.* 1 (*mentalmente*) mentally handicapped person; coloquial, pejorativo deficiente mental retarded person 2 (*fisicamente*) disabled person

déficit *s.m.* deficit; shortage

definhar *v.* 1 to waste away; to pine away; to wane; ele está definhando por falta de alimento he is wasting away for lack of food 2 BOTÂNICA to wither

definição *s.f.* 1 definition 2 explanation

definido *adj.* 1 definite; LINGUÍSTICA artigo definido definite article 2 determined 3 defined, clear, clean, precise

definir *v.* 1 to define; definir a posição to define one's position 2 to set out 3 (*explicar*) to explain definir-se *v.pr.* 1 (*ganhar forma*) to take form 2 (*decidir-se*) to make a decision 3 (*explicar-se*) to make one's position clear 4 (*tomar uma posição*) to come out (contra, against; a favor de, in favour of) 5 (*descrever-se*) to describe oneself (como, *as*)

definitivamente *adv.* 1 (*sem dúvida*) definitely 2 (*permanentemente*) for good

definitivo *adj.* 1 (*final*) final 2 (*solução*) definitive 3 (*permanente*) permanent 4 (*resposta, data*) definite ♦ oferta definitiva firm bid/offer

deflagrar *v.* 1 to burst out 2 (*bomba*) to explode 3 (*incêndio*) to deflagrate

deformação *s.f.* 1 (*corpo*) deformation 2 disfigurement 3 deformity 4 (*imagem, pensamento*) distortion

deformar *v.* 1 (*corpo*) to deform 2 (*rosto*) to disfigure 3 (*imagem, pensamento*) to distort 4 (*roupa*) to put out of shape deformar-se *v.pr.* 1 (*vestuário*) to lose shape 2 (*corpo*) to become deformed 3 (*imagem, pensamento*) to become distorted

defraudar *v.* to defraud; to cheat

defrontar *v.* 1 to face (com, –) 2 (*enfrentar*) to confront defrontar-se *v.pr.* to face each other

defumado *adj.* smoked, cured

defumar *v.* (*alimentos*) to smoke

defunto *s.m.* deceased; dead person ■ *adj.* deceased; dead; late

degelar *v.* 1 to thaw; a estrada começou a degelar the road has started to thaw; o sol degelou a neve the sun thawed the snow 2 figurado to warm 3 figurado to soften

degeneração *s.f.* 1 (*processo*) degeneration 2 (*estado*) degeneracy

degenerar *v.* to degenerate (em, *into*); degenerar em algo to degenerate into something degenerar-se *v.pr.* to become degenerate

deglutir *v.* to swallow

degolar *v.* to behead; to decapitate

degradação *s.f.* 1 degradation 2 (*moral*) dishonour, disgrace 3 (*cargo*) loss of rank

degradante *adj.2g.* (*situação, condição*) degrading

degradar *v.* 1 to degrade 2 to debase degradar-se *v.pr.* (*deteriorar-se*) to deteriorate

degradável *adj.2g.* degradable

dégradé *adj.2g.* 1 (*cor, luz*) gradated 2 (*cabelo*) layered ■ *s.m.* 1 (*cor, luz*) gradation 2 (*cabelo*) layering

degrau *s.m.* 1 step; no último degrau da escada on the top step of the ladder 2 (*escada portátil*) rung 3 (*nível*) degree

degredar *v.* to banish, to exile

degustação *s.f.* 1 (*comida*) degustation 2 (*bebida*) tasting

degustar *v.* 1 (*bebida*) to taste 2 (*comida*) to degustate 3 (*saborear*) to savour

deitar *v.* 1 (*estender*) to lay down 2 (*pôr na cama*) to put to bed 3 (*líquidos*) to pour 4 (*colocar*) to put 5 (*atirar*) to throw; deitar fora to throw away deitar-se *v.pr.* 1 (*estender-se*) to lie down 2 (*na cama*) to go to bed

deixa *s.f.* 1 sinal; indicação 2 catchword; dica

deixar *v.* 1 to leave; deixar para trás to leave behind; vou deixar isso com você I'll leave it to you 2 (*permitir*) to let, to allow; deixa-me ver let me see; deixar alguém ficar mal to let someone down; não o deixe fazer o que quer don't let him get away with it 3 (*desistir, despedir-se*) to quit 4 coloquial (*namorado/a*) to dump 5 (*herança*) to bequeath; deixar em testamento to bequeath 6 (*abandonar*) to give up (de, –); deixar de estudar to give up your studies 7 (*acabar*) to stop; deixe de brincadeiras stop fooling around; coloquial deixe de histórias stop beating about the bush ♦ deixar muito a desejar to leave something to be desired deixa pra lá! let it be! não posso deixar de I can't help

déjà-vu *s.m.* déjà vu

dejeto *s.m.* waste

dela (contração da preposição de + o pronome pessoal ela) ♦ este carro é dela this car is hers a casa dela her house um amigo dela a friend of hers eles estavam falando dela they were talking about her a leoa era muito protetora com os filhotes dela the lioness was very protective with its cubs

delatar *v.* 1 (*denunciar*) to accuse, to denounce 2 (*pessoa*) to inform on 3 (*à polícia*) to report

dele (contração da preposição de + o pronome pessoal ele) ♦ este carro é dele this car is his a casa dele his house um amigo dele a friend of his eles estavam falando dele they were talking about him o leão era muito protetor com os filhotes dele the lion was very protective with its cubs

delegação *s.f.* delegation

delegacia *s.f.* 1 delegacy 2 police station

delegado *s.m.* 1 (*representante*) delegate; representative; deputy 2 (*comissário*) commissioner 3 (*da polícia*) police inspector

delegar *v.* to delegate; to assign

deleitar *v.* to delight; to please deleitar-se *v.pr.* 1 to take pleasure (em, *in*) 2 to be delighted (com, *with*; em, *at, in*)

deletar *v.* INFORMÁTICA to delete

delfim *s.m.* 1 ZOOLOGIA dolphin 2 (*xadrez*) bishop 3 HISTÓRIA Dauphin 4 heir

deliberar *v.* 1 to decide; to resolve 2 to deliberate; to ponder

delicadeza *s.f.* 1 (*qualidade*) delicacy 2 (*cortesia*) kindness, politeness, courtesy; que delicadeza! how thoughtful!; ter a delicadeza de to have the

courtesy to 3 (*tato*) tact, diplomacy; é uma falta de delicadeza! it's very tactless!
delicado *adj.* 1 delicate, fine 2 (*suave*) tender 3 (*cortês*) kind, polite; ser extremamente delicado com to be very considerate to 4 (*frágil*) fragile 5 (*sensível*) sensitive
delícia *s.f.* 1 (*prazer*) pleasure; delight; que delícia! how lovely! 2 (*comida*) dainty; delicacy; ser uma delícia to be delicious
deliciar *v.* to delight; to please; to charm deliciar-se *v.pr.* 1 to delight oneself 2 to take delight (com, *in*); deliciar-se com algo to take delight in something
delicioso *adj.* 1 (*comida*) delicious 2 (*encantador*) delightful; lovely
delimitar *v.* 1 to delimit 2 to mark out 3 to restrict
delineador *s.m.* delineator ■ *adj.* delineating delineador *s.m.* eyeliner
delinear *v.* to delineate; to trace; to draw; to outline
delinquência *s.f.* 1 delinquency; delinquência juvenil juvenile delinquency 2 crime 3 guilt
delinquente *s.2g.* 1 delinquent 2 criminal; offender ■ *adj.2g.* 1 delinquent 2 guilty
delirante *adj.2g.* 1 delirious; raving; ecstatic 2 (*incrível*) amazing 3 (*atuação, espetáculo*) thrilling
delirar *v.* 1 (*febre*) to be delirious 2 (*prazer*) to go wild; a assistência delirou de entusiasmo the audience went wild with excitement 3 (*dizer disparates*) to talk nonsense
delírio *s.m.* 1 MEDICINA delirium; delírio febril febrile delirium 2 (*excitação*) enthusiasm 3 (*êxtase*) ecstasy
delito *s.m.* (*crime*) crime ♦ delito leve misdemeanour
delta *s.m.* GEOGRAFIA delta
deltoide *adj.2g.* deltoid ■ *s.m.* ANATOMIA deltoid
demagogia *s.f.* demagogy
demais *adv.* besides, moreover *pron. dem.* the others, the rest; ajudar os demais to help the others
demanda *s.f.* 1 DIREITO lawsuit 2 (*disputa*) claim 3 (*requisição*) request 4 ECONOMIA demand 5 plea ♦ em demanda de in search of; in quest of
demandar *v.* 1 DIREITO to sue at law, sue; demandar terra to sue for land 2 (*exigir, reclamar*) to claim, to want, to demand 3 to seek 4 (*porto*) to head for
demão *s.f.* (*tinta*) coat, coating; dar uma demão a to coat ♦ a última demão the last touch
demarcar *v.* 1 to limit 2 (*delimitar*) to demarcate
demasia *s.f.* surplus; excess; em demasia in excess, too much, too many
demência *s.f.* 1 insanity; madness; folly 2 MEDICINA dementia
demente *adj.2g.* 1 mad; insane 2 MEDICINA demented
demissão *s.f.* resignation; pedido de demissão resignation
demitir *v.* to dismiss; to discharge demitir-se *v.pr.* to resign (de, *from*); demitir-se de um cargo to resign from a post
demo *s.m.* 1 (*diabo*) devil 2 (*Grécia antiga*) deme; demos
democracia *s.f.* democracy
democrata *s.2g.* democrat ■ *adj.* democratic

dentar

democrático *adj.* democratic
democratizar *v.* to democratize
demografia *s.f.* demography, demographics
demográfico *adj.* demographic
demolhar *v.* to soak
demolição *s.f.* 1 demolition 2 figurado destruction
demolir *v.* 1 to demolish; to knock down; demolir um edifício to demolish a building 2 figurado to destroy
demônio *s.m.* 1 demon 2 coloquial brat ♦ com mil demônios! the deuce!
demonstração *s.f.* 1 (*lição prática*) demonstration; demonstração pública public demonstration; fazer uma demonstração to give a demonstration 2 (*manifestação*) show, display 3 (*prova*) proof
demonstrar *v.* 1 to demonstrate 2 to exhibit 3 (*comprovar*) to prove 4 (*sentimentos*) to show
demonstrativo *adj.* 1 demonstrative; LINGUÍSTICA adjetivo demonstrativo demonstrative adjective 2 proving 3 illustrative
demora *s.f.* 1 (*atraso*) delay; sem mais demora without further delay 2 (*trânsito*) hold-up
demorar *v.* 1 to delay 2 to slow down 3 (*tardar a vir*) to be late 4 (*conserto*) to take time demorar-se *v.pr.* 1 to linger 2 (*permanecer*) to stay for a long time 3 to be long; você vai demorar? will you be long?; não demore com isso! don't be long about it!
demover *v.* to dissuade (de, *from*); demover alguém de algo to dissuade somebody from doing something, to talk somebody out of something
dendê *s.m.* oil palm
dendezeiro *s.m.* BOTÂNICA African oil palm
dendrito *s.m.* BIOLOGIA dendrite
denegar *v.* 1 (*negar*) to deny; denegaram as acusações they denied the accusations 2 (*recusar*) to deny; to refuse; denegaram-lhe a liberdade condicional he has been refused probation; denegaram o seu pedido de asilo they refused his asylum request 3 (*desmentir*) to contradict denegar-se *v.pr.* to refuse
denegrir *v.* pejorativo 1 to blacken 2 (*difamar*) to denigrate
dengue *s.f.* MEDICINA dengue; dengue fever ■ *s.m.* affectation ■ *adj.2g.* affected
denominação *s.f.* 1 RELIGIÃO denomination 2 (*título*) name, designation 3 (*ato*) naming
denominador *s.m.* MATEMÁTICA denominator; denominador comum common denominator
denominar *v.* 1 to name 2 to call 3 to designate denominar-se *v.pr.* 1 to be called, to be named 2 (*a si mesmo*) to call oneself
denotar *v.* 1 to denote 2 (*indicar*) to indicate 3 (*significar*) to signify
densidade *s.f.* 1 density 2 (*espessura*) thickness ♦ densidade populacional population density
densitometria *s.f.* densitometry; densitometria óssea bone densitometry
denso *adj.* dense; thick
dentada *s.f.* bite
dentadura *s.f.* 1 set of teeth 2 (*postiça*) false teeth, dentures
dentar *v.* 1 to bite; to cut into; to nip 2 to indent

dentário

dentário *adj.* dental
dente *s.m.* 1 tooth; dor de dente toothache 2 (*animal*) fang, tusk 3 (*alho*) clove; dente de alho clove of garlic 4 (*garfo, ancinho*) prong 5 MECÂNICA (*roda*) cog ♦ figurado, coloquial dar com a língua nos dentes to blab falar entre os dentes to mutter
dentear *v.* to indent
dentifrício *s.m.* toothpaste
dentista *s.2g.* dentist; ir ao dentista to go to the dentist's
dentro *adv.* 1 (*local*) in; inside; aqui dentro in here; lá dentro in there; para dentro inwards 2 (*tempo*) within; in; dentro de momentos in a little while 3 (*restrição*) within; dentro do que é razoável within reason ♦ estar por dentro de um assunto to know the ins and outs of a subject
dentuço *adj.* toothy; buck-toothed
denúncia *s.f.* 1 (*delação*) denunciation 2 (*condenação pública*) accusation; condemnation
denunciar *v.* 1 (*condenar*) to denounce; to condemn 2 (*acusar*) to accuse 3 (*à polícia*) to frame; denunciar alguém à polícia to frame someone
deparar *v.* 1 (*encontrar*) to come across; deparar com alguém to come across someone 2 to run (com, *into*) deparar-se *v.pr.* (*enfrentar*) to face (com, *with*); deparar-se com um problema to be faced with a problem
departamento *s.m.* department; section; figurado isto não é do meu departamento this is not my department
depenar *v.* 1 (*aves*) to pluck 2 (*tirar dinheiro*) to skin; to strip of money; to fleece
dependência *s.f.* 1 dependence (de, -) 2 (*vício*) addiction; dependência de drogas drug addition 3 (*subordinação*) subjection 4 (*construção*) outbuilding
dependente *adj.2g.* dependent (de, *on, upon*); reliant (de, *on, upon*); estar dependente de uma resposta to be dependent upon an answer ■ *s.2g.* dependant; não ter dependentes to have no dependant
depender *v.* 1 to depend (de, *on, upon*); isso depende that depends; isso depende de você that is up to you 2 (*assentar*) to rest (de, *on*) 3 (*estar subordinado*) to be subject (a, *to*); depende da sua aprovação it is subject to your approval
dependurar *v.* to suspend (em, *on*); to hang (em, *on*); dependurar a roupa na corda to hang the washing on the line; dependurar um quadro na parede to hang a painting on the wall
depilação *s.f.* 1 hair removal; depilation 2 (*com cera*) waxing; fazer depilação nas pernas com cera to wax one's legs; ir fazer depilação nas pernas com cera to have one's legs waxed 3 (*com lâmina*) shaving; fazer depilação nas pernas com lâmina to shave one's legs
depilar *v.* 1 to depilate 2 (*com cera*) to wax 3 (*com lâmina*) to shave
deplorar *v.* 1 (*condenar*) to deplore 2 (*lamentar*) to lament; to regret
deplorável *adj.2g.* 1 (*lastimável*) deplorable; regrettable; acontecimento deplorável deplorable event; estar em um estado deplorável to be in a deplorable condition 2 (*abominável*) appalling
depoente *s.2g., adj.2g.* DIREITO deponent
depoimento *s.m.* DIREITO evidence; testimony; deposition; prestar depoimento to give evidence
depois *adv.* 1 after; pouco depois soon after; um dia depois one day after 2 (*em seguida*) afterwards; só vamos lá depois we will only go there afterwards 3 (*então*) then; só depois é que começamos only then did we start 4 (*mais tarde*) later; dois dias depois two days later; falamos depois we'll talk later ♦ e depois? so what?
depor *v.* 1 (*armas*) to lay down 2 (*poder*) to depose; to oust; to throw out 3 (*colocar*) to place; to put; to set 4 DIREITO to testify; to give evidence
deportado *adj.* deported ■ *s.m.* deportee
deportar *v.* to deport
depositar *v.* 1 to deposit (em, *in*); depositar uma quantia em um banco to deposit a sum in the bank 2 (*confiança*) to entrust (em, *to*); depositar confiança em alguém to entrust confidence to someone 3 to have (em, *on*); depositar esperança em alguém to have high expectations on someone
depósito *s.m.* 1 deposit; depósito de bagagem luggage office 2 (*água*) reservoir 3 (*gasolina*) petrol tank; gas tank EUA 4 (*armazém*) warehouse; storehouse 6 (*líquidos*) sediment
depravação *s.f.* depravation
depravado *adj.* depraved; corrupt
depravar *v.* to deprave; to corrupt
depreciar *v.* 1 (*subavaliar*) to depreciate; to devalue; to undervalue 2 (*menosprezar*) to belittle; to trivialize 3 (*criticar*) to disparage
depreciativo *adj.* 1 (*crítico*) disparaging, derogatory 2 (*reprovador*) deprecatory, disapproving
depreender *v.* 1 (*aperceber-se*) to perceive 2 (*deduzir*) to deduce; to infer 3 (*concluir*) to conclude; to gather; daí se depreende que... so you can gather that...
depressa *adv.* 1 (*velocidade*) fast; quickly; rapidly 2 (*tempo*) soon ♦ mais depressa! hurry up!
depressão *s.f.* 1 ECONOMIA depression; slump; recession 2 PSICOLOGIA depression; entrar em depressão to fall into a depression 3 (*terreno*) depression 4 METEOROLOGIA depression
depressivo *adj.* depressive; depressing
deprimente *adj.2g.* depressing; depressive; gloomy
deprimir *v.* to depress; to sadden; to put down
depurar *v.* 1 (*purificar*) to depurate; to purify 2 (*limpar*) to cleanse
deputado *s.m.* Member of Parliament Grã-Bretanha; Representative EUA; deputado do Parlamento Europeu Member of the European Parliament
deriva *s.f.* drift GEOLOGIA deriva dos continentes continental drift
derivação *s.f.* derivation
derivado *s.m.* 1 (*produto*) by-product 2 derivative ■ *adj.* derived; derivative
derivar *v.* to derive (de, *from*); to come (de, *from*)
dermatologia *s.f.* MEDICINA dermatology

dermatológico *adj.* MEDICINA dermatological; tratamento dermatológico dermatological treatment
dermatologista *s.2g.* dermatologist
derradeiro *adj.* (*último*) last; final
derramamento *s.m.* 1 (*líquidos*) overflowing; spilling 2 (*sangue, lágrimas*) shedding 3 (*petróleo*) spillage; discharge
derramar *v.* 1 (*entornar*) to spill; o leite derramou the milk has spilt 2 (*lágrimas, sangue*) to shed
derrame *s.m.* 1 (*de líquido*) leakage 2 MEDICINA (*hemorragia*) haemorrhage; derrame cerebral cerebral haemorrhage
derrapar *v.* 1 (*veículo*) to skid 2 (*deslizar*) to slide
derrear *v.* (*extenuar*) to wear out; to exhaust
derreter *v.* 1 (*neve, gelo*) to melt; to thaw 2 (*dissolver*) to dissolve derreter-se *v.pr.* 1 to melt; a manteiga derreteu-se butter melted 2 figurado to dote (por, *on*); ele derrete-se por ela he dotes on her
derrocar *v.* 1 (*demolir*) to demolish; to knock down 2 (*desmoronar-se*) to collapse; to fall down; o edifício derrocou the building collapsed 3 figurado (*humilhar*) to humiliate
derrogar *v.* 1 DIREITO to derogate 2 (*anular*) to annul; to abolish; to eradicate
derrota *s.f.* 1 defeat; sofrer uma derrota to be defeated 2 (*retumbante*) rout; foi uma derrota daquelas it was a true rout
derrotar *v.* 1 to defeat; to beat; eles nos derrotaram por pouco we were beaten by an inch 2 (*destroçar*) to rout
derruba *s.f.* felling of trees
derrubar *v.* 1 POLÍTICA to overthrow; to topple; to overturn 2 ESPORTE to knock down; derrubar o adversário to knock one's opponent down 3 (*objeto*) to throw down 4 (*árvore*) to fell; to cut down; to chop
desabafar *v.* 1 (*abrir-se*) to open up (com, *with*; sobre, *about*); to open one's heart (com, *with*; sobre, *about*); desabafar com alguém to open up with someone; desabafar sobre alguma coisa to open up about something 2 (*conversar*) to talk; preciso de alguém com quem desabafar I need someone to talk to
desabafo *s.m.* 1 (*alívio*) relief 2 (*revelação*) exteriorization; externalization; foi apenas um desabafo dele he was just saying that
desabamento *s.m.* 1 collapse; tumbling down; desabamento de um edifício collapse of a building 2 (*terras*) landslide; avalanche 3 (*pequeno deslize de terras*) landslip
desabar *v.* (*construções*) to collapse; to tumble down
desabitado *adj.* uninhabited; deserted; prédio desabitado uninhabited building; zona desabitada deserted area
desabituar *v.* to disaccustom desabituar-se *v.pr.* to grow unaccustomed (de, *to*)
desabotoar *v.* (*roupa*) to unbutton; desabotoar o casaco to unbutton one's coat
desabrigado *adj.* (*local*) unsheltered; open
desabrochar *v.* 1 (*flor*) to bloom; to blossom 2 figurado (*aparecer*) to show; to open; to come out
desacatar *v.* 1 (*desobedecer*) to disobey; to disregard; desacatar ordens to disobey orders; eles desacataram as regras they disregarded the rules; desacatou a decisão do tribunal he disregarded the court ruling 2 (*desrespeitar*) to disrespect 3 (*provocar*) to provoke
desacato *s.m.* 1 (*desrespeito*) disrespect; insolence 2 (*afronta*) affront (a, *to*); desacato à autoridade affront to the authority 3 trouble; quarrel; brawl
desacelerar *v.* to decelerate; to slow down; o carro desacelerou the car decelerated; a economia desacelerou em novembro the economy decelerated in November; teve de desacelerar o veículo he had to decelerate the vehicle; ela desacelerou o passo she slowed down
desaconselhar *v.* 1 to advise against 2 to dissuade (de, *from*)
desacordado *adj.* 1 (*desmaiado*) unconscious 2 (*discordado*) disagreed 3 (*irrefletido*) heedless; thoughtless; inconsiderate
desacordo *s.m.* 1 (*falta de acordo*) disagreement (com, *with*); dissension (com, *with*); conflict; estar em desacordo com alguém to disagree with someone 2 (*desajuste*) unfitness
desacorrentar *v.* 1 (*corrente*) to unchain 2 (*trela*) to unleash 3 figurado to let loose; to free
desacostumar *v.* to disaccustom desacostumar-se *v.pr.* to lose the habit (de, *of*); to get unused (de, *to*); desacostumar-se de ir ao cinema to get unused to going to the cinema
desacreditar *v.* 1 (*causar o descrédito*) to discredit; descreditar alguém to bring someone into discredit 2 (*difamar*) to slander
desafiar *v.* 1 (*competição, duelo*) to challenge (para, *to*); to dare (a, para, *to*); eu te desafio a negar a verdade I dare you to deny the truth; eu te desafio para um duelo I challenge you to a duel 2 (*desobedecer*) to defy; to disobey; desafiar a lei to defy the law
desafinar *v.* MÚSICA to be out of tune
desafio *s.m.* 1 (*provocação*) challenge; aceitar um desafio to accept a challenge 2 (*concurso*) competition 3 ESPORTE match; desafio de futebol football match 4 (*contestação*) defiance (a, *of*); em desafio à autoridade in defiance of the authority
desafogar *v.* 1 (*libertar*) to loose; to set free 2 (*descomprimir*) to ease up desafogar-se *v.pr.* (*aliviar-se*) to be at ease; to be relieved
desaforado *adj.* 1 (*petulante*) impudent; insolent 2 (*atrevido*) saucy; cheeky
desaforo *s.m.* 1 (*petulância*) insolence; impudence 2 (*atrevimento*) sauciness; cheekiness
desagradar *v.* 1 (*não agradar*) to displease (a, –); to annoy (a, –) 2 (*não satisfazer*) to fail to satisfy
desagradável *adj.2g.* 1 (*pouco agradável*) unpleasant; disagreeable; displeasing 2 (*enervante*) annoying; irritating 3 (*pessoa*) unfriendly
desagravar *v.* 1 (*reparar falta*) to redress; to repair 2 (*atenuar*) to lessen; to mitigate
desagregar *v.* 1 (*desunir*) to disintegrate; to break up 2 (*espalhar*) to scatter; to crumble
desaguar *v.* 1 (*rio*) to flow (em, *into*); o rio deságua no mar the river flows into the sea 2 (*em sarjeta*) to drain

desajeitado

desajeitado *adj.* 1 (*sem habilidade*) unskilful 2 (*desastrado*) awkward; clumsy
desajustamento *s.m.* (*inadequação*) inappropriateness; inadequacy; unsuitability
desajustar *v.* 1 (*desordenar*) to put out of order 2 (*desencaixar*) to pull apart
desalentar *v.* 1 (*perder ânimo*) to lose heart 2 to discourage; to dishearten
desalinhar *v.* 1 (*desarrumar*) to rumple; to ruffle 2 (*desorganizar*) to disorder; to put out of order 3 (*pôr fora do lugar*) to misplace
desalinhavar *v.* (*costura*) to remove loose stitches from
desalmado *adj.* inhuman; cruel; nasty
desalojar *v.* 1 (*expulsar*) to evict 2 (*deslocar*) to dislodge
desamarrar *v.* 1 (*corda, amarra*) to unbind 2 (*desapertar*) to untie; to unfasten 3 to unmoor; to weigh anchor desamarrar-se *v.pr.* to get loose
desamparar *v.* 1 (*abandonar*) to forsake; to abandon 2 (*deixar de apoiar*) to deprive of assistance
desamparo *s.m.* 1 (*abandono*) abandonment; forsaking 2 (*desproteção*) helplessness 3 (*pobreza*) destitution
desancar *v.* popular to beat; to thrash; to hit
desandar *v.* 1 (*debandar*) to run away; to decamp; desanda! get going!, beat it! 2 (*piorar*) to get worse 3 (*recuar*) to turn back
desanimar *v.* 1 to lose heart; não desanime! lighten up! 2 (*desencorajar*) to discourage
desânimo *s.m.* 1 (*desincentivo*) discouragement 2 (*estado de espírito*) despondency; dejection 3 (*desesperança*) hopelessness
desanuviar *v.* 1 (*céu*) to clear up; o dia desanuviou the day cleared up 2 figurado (*animar-se*) to cheer up; to lighten up
desaparafusar *v.* to unscrew
desaparecer *v.* 1 (*deixar de se ver*) to disappear (de, *from*); to vanish (por, *for*); desaparecer por uns tempos to disappear for a while; desaparecer de vista to disappear from your sight 2 (*perder-se*) to be lost; as minhas chaves desapareceram I have lost my keys 3 (*desvanecer-se*) to fade out (em, *in*); desaparecer na distância to fade out in the distance 4 (*esconder-se*) to hide away; to disappear; o sol desapareceu por detrás das nuvens the sun hid away behind the clouds 5 (*extinguir-se*) to become extinct
desaparecido *adj.* missing; coloquial você anda desaparecido! I haven't seen you around!; ser dado como desaparecido to be reported missing; desaparecido em combate missing in action; a bicicleta continua desaparecida the bike is still missing ■ *s.m.* missing person
desaparecimento *s.m.* 1 (*pessoa*) disappearance; vanishing 2 (*extinção*) extinction
desapertar *v.* 1 (*botão, nó*) to unfasten; desapertar o cinto de segurança to unfasten the seat-belt 2 (*laço*) to unlace 3 (*nó*) to untie 4 (*botão*) to unbutton
desapontar *v.* (*decepcionar*) to disappoint
desaprender *v.* to unlearn

desapropriar *v.* 1 (*retirar posse de*) to dispossess (de, *of*); to strip (de, *of*) 2 (*desalojar*) to evict
desaprovar *v.* 1 (*reprovar*) to disapprove 2 (*rejeitar*) to reject; to turn down 3 (*criticar*) to censure; to criticize
desaproveitar *v.* (*desperdiçar*) to waste; to squander
desarborizar *v.* to deforest
desarmamento *s.m.* disarmament; desarmamento nuclear nuclear disarmament
desarmar *v.* 1 (*tirar armas*) to disarm 2 (*tirar equipamentos*) to dismantle 3 figurado (*surpreender*) to take by surprise
desarranjar *v.* 1 (*descompor*) to disarrange 2 (*desorganizar*) to disorder; to put out of order 3 (*perturbar*) to upset; to trouble 4 (*desarrumar, baguncar*) to mess up; to make untidy
desarregaçar *v.* to roll down; to unroll; desarregaçar as mangas to roll down one's sleeves
desarrolhar *v.* to uncork; to draw the cork; to unstop
desarrumação *s.f.* untidiness; disorder; mess
desarrumar *v.* 1 (*desorganizar*) to mess up; to make untidy 2 (*tirar do lugar*) to displace
desarticular *v.* 1 (*articulações*) to dislocate; to disarticulate; to disjoint 2 (*peças*) to disarticulate; to disengage desarticular-se *v.pr.* to disarticulate; to be disjointed
desassossegar *v.* 1 (*preocupar*) to worry 2 (*inquietar*) to disquiet; to unsettle 3 (*perturbar*) to disturb; to distress
desastrado *adj.* clumsy; awkward
desastre *s.m.* 1 (*meios de transporte*) accident; crash 2 (*catástrofe*) calamity; catastrophe; disaster 3 figurado (*insucesso*) disaster ♦ (*pessoa*) você é um desastre! you're so clumsy!
desastroso *adj.* (*calamitoso*) disastrous; calamitous
desatar *v.* 1 (*despertar*) to untie; to unfasten 2 (*cordões*) to unlace 3 (*soltar*) to loosen; figurado desatar a língua to loosen one's tongue 4 (*começar*) to begin to; to start; desatar a correr to start running; desatar a gritar to start screaming 5 (*chorar, rir*) to burst; desatar a rir to burst into laughter; desatar a chorar to burst into tears desatar-se *v.pr.* (*laço, cordão*) to get untied
desatarraxar *v.* to unscrew
desatento *adj.* 1 (*distraído*) absent-minded 2 (*desatencioso*) uncaring; unfeeling
desatinar *v.* 1 to madden; to infuriate 2 to go crazy; to flip out; to crack up; desatinar com alguém to go mad at someone
desativar *v.* to deactivate
desatolar *v.* to pull out of mud, to draw out of mud
desatracar *v.* 1 (*embarcação*) to put off; to unmoor 2 (*separar*) to separate; to part 3 (*afastar-se*) to go away
desatrelar *v.* 1 (*desunir*) to unlink 2 (*soltar*) to unleash 3 (*bois*) to unyoke
desatualizado *adj.* 1 (*fora de moda*) out-of-date; outmoded, outdated 2 (*antiquado*) old-fashioned

desautorizar v. 1 (*votar ao descrédito*) to discredit; to bring into disrepute 2 (*negar autoridade*) to deny authority to
desavença s.f. 1 (*desacordo*) disagreement; argument 2 (*zanga*) quarrel; conflict
desbaratar v. 1 (*derrotar*) to defeat; to crush 2 (*desperdiçar*) to squander; to waste; to dissipate; desbaratar a herança to dissipate the inheritance
desbastar v. 1 (*aparar*) to trim; to clip 2 (*cortar levemente*) to pare down
desbloquear v. 1 to raise the blockade of; desbloquear o celular to cancel keylock of the mobile phone 2 figurado to free; to release
desbocado adj. foul-mouthed; abusive
desbotar v. to lose colour; to bleach; a camisa desbotou the shirt has bleached
desbravar v. 1 (*terras*) to grub up; to tame; to conquer 2 (*animais*) to tame; to domesticate
desbundar v. coloquial to revel; to make merry
desburocratizar v. 1 to debureaucratize; to end bureaucracy 2 (*simplificar*) to simplify desburocratizar-se v.pr. to be simplified
descabelado adj. 1 (*calvo*) bald; hairless 2 (*despenteado*) shaggy; unkempt
descabelar v. 1 (*despentear*) to dishevel 2 (*tirar cabelo*) to pull out somebody's hair
descafeinado s.m. decaf; decaffeinated coffee ■ adj. decaffeinated
descalçar v. to take off; to remove; descalçar os sapatos to take off the shoes; descalçar as luvas to take off the gloves descalçar-se v.pr. to take off one's shoes ♦ descalçar a bota to get out of a scrape
descalcificar v. to decalcify
descalço adj. in bare feet, barefoot; andar descalço to walk barefooted; ir descalço to go barefoot ♦ ser apanhado descalço to be taken unawares não ficar descalço not to lose much
descamar v. 1 to scale 2 to flake off; to desquamate; a minha pele está descamando my skin is flaking off
descambar v. 1 (*pender*) to slide down 2 figurado (*degradar-se*) to go downhill; isto já está descambando things are going downhill
descampado s.m. 1 (*terreno*) open country; viver em um descampado to live in the open country 2 (*deserto*) desert; wilderness, wasteland
descansar v. 1 (*repousar*) to rest; to take a rest; descansar um pouco to take a short rest; descansar o corpo to rest one's body 2 (*dormir*) to sleep, to be asleep; estar descansando to be asleep 3 (*fazer uma pausa*) to pause; to have a break; descansar durante duas horas to have two hours break 4 (*não se preocupar*) not to worry; to relax; está tudo bem, descanse don't worry, everything is all right 5 (*tranquilizar*) to reassure 6 (*aliviar*) to relieve
descanso s.m. 1 (*repouso*) rest; repose; estar em descanso to be at rest 2 (*intervalo*) pause; break; não me dão descanso there is never time for a pause; sem descanso without a break 3 (*alívio*) relief; comfort 4 (*apoio*) hook
descapitalizar v. ECONOMIA to decapitalize; to lose capital

descaracterizar v. 1 pejorativo (*locais*) to disfigure; to deface; to mar 2 (*maquiagem*) to undo the make-up
descarado adj. 1 (*atrevido*) cheeky; saucy 2 (*desavergonhado*) shameless 3 (*sem pudor*) unbashful 4 (*malcriado*) impudent; rude; disrespectful
descaramento s.m. 1 figurado, coloquial nerve; cheek; brass; ter o descaramento de perguntar to have the cheek to ask; que descaramento! the nerve! 2 (*má-criação*) impudence; rudeness 3 (*sem vergonha*) shamelessness
descarga s.f. 1 discharge; descarga de eletricidade power discharge; descargas químicas chemical discharge 2 (*mercadoria*) unloading; (*barco*) unshipment 3 (*emoções*) outlet (de, *for*); descarga de todas as tensões an outlet for all the tensions 4 (*vaso sanitário*) toilet flush; dar descarga to flush the toilet
descarregar v. 1 (*arma, mercadoria*) to unload 2 ELETRICIDADE to discharge 3 (*aliviar*) to relieve 4 (*frustração, raiva, cólera*) to vent; descarregar em cima de alguém to take it out on somebody descarregar-se v.pr. ELETRICIDADE (*bateria, pilha*) to go flat
descarrilhamento s.m. (*trem*) derailment
descarrilhar v. 1 (*provocar descarrilhamento*) to derail 2 (*vagão*) to run off the rails, to leave the rails 3 figurado (*sair do bom caminho*) to go off the rails
descartável adj.2g. disposable; fraldas descartáveis disposable nappies
descasar v. 1 (*casal*) to separate; to divorce 2 (*desemparelhar*) to uncouple descasar-se v.pr. to get divorced
descascar v. 1 (*fruta, pele*) to peel 2 (*ervilhas, marisco, nozes*) to shell 3 (*cereais*) to husk 4 coloquial (*repreender*) to tear a strip off somebody 5 ZOOLOGIA (*cobra*) to shed its skin
descendência s.f. 1 (*origem*) descent, lineage 2 (*geração vindoura*) descendants, offspring
descendente adj.2g. 1 descended (de, *from*) 2 (*decrescente*) descending, going down ■ s.2g. descendant (de, *of*); descendente da Rainha Vitória descendant of Queen Victoria
descender v. 1 to be descended (de, *from*) 2 (*derivar*) to derive (de, *from*); to come (de, *from*); to proceed (de, *from*)
descentralizar v. to decentralize
descentrar v. to deviate from the centre
descer v. 1 (*escadas, ladeira*) to go down, to come down; descer as escadas to go downstairs 2 (*objetos*) to take down 3 (*do ônibus, bicicleta, cavalo, trem*) to get off; (*do carro*) to get out 4 (*nível, preços, temperatura*) to drop 5 ESPORTE (*de divisão, lugar*) to be relegated (a, to) ♦ descer ao nível de alguém to descend to somebody's level
descida s.f. 1 descent 2 (*declive*) slope 3 (*temperatura, preços*) fall, drop 4 ESPORTE (*de divisão, lugar*) relegation
desclassificação s.f. disqualification
desclassificar v. 1 ESPORTE to disqualify 2 (*desacreditar*) to discredit

descoberta

descoberta *s.f.* **1** discovery; fazer uma descoberta to make a discovery **2** find; descoberta arqueológica archaeological find **3** (*invenção*) invention

descobridor *s.m.* discoverer; explorer

descobrimento *s.m.* (*descoberta*) discovery, find

descobrir *v.* **1** (*encontrar*) to discover, to find; descobrir uma ilha to discover an island; descobrir uma vacina to discover a vaccine **2** (*destapar*) to uncover **3** (*averiguar*) to find out **4** (*petróleo*) to strike descobrir-se *v.pr.* (*tirar o chapéu*) to take off one's hat

descolado *adj.* **1** unstuck; papel descolado unstuck paper **2** coloquial (*esperto*) cunning; sly

descolar *v.* **1** (*autocolante*) to unstick, to unglue **2** (*separar*) to detach, to remove **3** coloquial (*arranjar, conseguir*) to get; descolar um emprego to get a job descolar-se *v.pr.* to come off

descolonizar *v.* to decolonize

descoloração *s.f.* QUÍMICA discolouration

descolorante *adj.2g.* discolouring, bleaching

descolorir *v.* to discolour Grã-Bretanha, to discolor EUA

descompactar *v.* INFORMÁTICA to unzip

descompor *v.* **1** (*desordenar, alterar*) to make something untidy; to disarrange, to unsettle **2** (*repreender*) to scold, to tell off

descompressão *s.f.* FÍSICA decompression; câmara de descompressão decompression chamber

descomprimir *v.* to decompress

descomunal *adj.2g.* **1** (*extraordinário*) unusual, extraordinary **2** (*colossal*) enormous, huge

desconcentrado *adj.* **1** (*distraído*) inattentive; unmindful; absent-minded **2** (*descentralizado*) decentralized **3** QUÍMICA deconcentrated

desconcentrar *v.* to distract desconcentrar-se *v.pr.* to lose one's concentration

desconcertar *v.* **1** to disconcert **2** (*desorientar*) to baffle **3** (*transtornar*) to disturb

desconchavar *v.* **1** (*deslocar*) to put out of joint **2** (*desligar*) to disconnect

desconexão *s.f.* disconnection

desconfiança *s.f.* **1** suspicion, distrust, mistrust **2** (*ciúmes*) jealousy

desconfiar *v.* **1** (*suspeitar*) to suspect, to be suspicious **2** (*duvidar*) to doubt **3** (*supor*) to suppose

desconfortável *adj.2g.* uncomfortable

desconforto *s.m.* discomfort

descongelar *v.* **1** (*alimento, congelador*) to defrost, to unfreeze **2** (*degelar*) to thaw out

descongestionamento *s.m.* decongestion; descongestionamento das vias respiratórias decongesting the respiratory tract; descongestionamento do tráfico decongestion of traffic

descongestionar *v.* **1** (*cabeça, trânsito*) to clear **2** MEDICINA to relieve

desconhecer *v.* **1** (*ignorar*) to ignore, not to know **2** (*não reconhecer*) not to recognize

desconhecido *adj.* **1** unknown, unheard of **2** (*misterioso*) strange ■ *s.m.* stranger; outsider

desconjuntar *v.* **1** MEDICINA (*articulação, ossos*) to dislocate **2** to disunite, to disjoint desconjuntar-se *v.pr.* (*desfazer-se*) to come apart

desconsagrar *v.* to desecrate; to profane

desconsertar *v.* **1** (*avariar*) to put out of order **2** (*estragar*) to spoil; to damage desconsertar-se *v.pr.* to break down

desconsiderar *v.* **1** to disregard, to ignore **2** (*vexar*) to humiliate, to snub

desconsolado *adj.* **1** (*pesaroso*) miserable, disconsolate **2** coloquial (*insípido*) insipid **3** coloquial (*sem graça*) dull, cheerless; estar desconsolado to be dispirited

descontaminar *v.* to decontaminate

descontar *v.* **1** (*abater*) to deduct, to deduce **2** figurado (*não fazer caso*) to make light of

descontente *adj.2g.* **1** discontented (com, *with*); dissatisfied (com, *with*); displeased (com, *with*) **2** (*triste*) unhappy

descontinuar *v.* to discontinue, to stop, to interrupt

descontínuo *adj.* discontinuous, intermittent

desconto *s.m.* **1** discount; um desconto de 15% a 15% discount; com desconto at a discount; fazer um desconto to give a discount **2** (*imposto*) contribution **3** ESPORTE injury time, stoppage time ♦ dar desconto a to make allowances for

descontrair *v.* to relax

descontrole *s.m.* lack of control

desconversar *v.* to change the subject

descoordenar *v.* to disorganize, to unsettle

descorar *v.* **1** (*desbotar*) to discolour **2** (*empalidecer*) to fade, to pale, to become pale

descordar *v.* (*tauromaquia*) to sever the spinal cord (of the bull) with a dagger

descortês *adj.* discourteous, impolite, rude, ill-mannered

descortinar *v.* **1** (*retrato*) to unveil **2** figurado (*avistar*) to catch sight of **3** figurado (*solução*) to find out

descoser *v.* **1** to unstitch, to unsew **2** (*rasgar*) to rip apart descoser-se *v.pr.* **1** to come apart at the seams **2** to come off **3** coloquial (*segredo*) to spill the beans; to let the cat out of the bag

descosturar *v.* to unstitch, to unsew

descrédito *s.m.* **1** discredit; lançar o descrédito sobre to throw discredit on **2** (*desonra*) dishonour

descrente *adj.2g.* sceptical, unbelieving ■ *s.2g.* **1** sceptic, disbeliever **2** RELIGIÃO unbeliever

descrever *v.* **1** (*fazer descrição*) to describe **2** (*traçar*) to draw, to describe

descrição *s.f.* description; corresponder à descrição de to answer to the description of, to fit the description of

descriminalizar *v.* to decriminalize

descuidar *v.* **1** (*descurar*) to neglect, to disregard; descuidar a aparência to be neglectful of one's appearance **2** (*não fazer caso*) to overlook descuidar-se *v.pr.* **1** to be careless **2** to become careless

descuido *s.m.* **1** (*erro*) oversight, slip, careless mistake; por descuido inadvertently **2** (*falta de cuidado*) carelessness

desculpa *s.f.* **1** (*justificativa*) excuse (para, *for*); arranjar desculpas to make excuses; não há desculpa para chegar tarde there's no excuse for being late; sem desculpa without excuse **2** (*pedido de perdão*) apology; pedir desculpa a alguém por alguma coisa to apologize to somebody for something, to make an apology ♦ desculpa esfarrapada poor excuse

desculpar *v.* 1 (*perdoar*) to forgive, to pardon; desculpar alguma coisa a alguém to forgive somebody for something 2 to excuse; (*para pedir perdão*) desculpe sorry; (*para chamar a atenção*) excuse me; (*quando não se ouviu bem*) sorry, I beg your pardon desculpar-se *v.pr.* to apologize

descurar *v.* to neglect, to disregard

desde *prep.* (*lugar*) from... to...; caminhei desde a praia até ao restaurante I walked from the beach to the restaurant ♦ desde então (*tempo*) ever since, from then on

desdém *s.m.* disdain, contempt, scorn; com desdém disdainfully; coloquial tratar com desdém to spit upon

desdenhar *v.* to disdain, to scorn

desdentado *adj.* toothless

desdizer *v.* 1 (*desmentir*) to deny 2 (*contradizer*) to contradict desdizer-se *v.pr.* to contradict oneself

desdobrar *v.* 1 (*mapa, papel*) to unfold 2 (*dividir*) to split up 3 (*tecido*) to unfurl 4 (*esforços*) to increase, to redouble desdobrar-se *v.pr.* 1 to unfold 2 (*empenhar-se*) to work hard, to make a big effort

desdramatizar *v.* to soften; to play down

desejar *v.* 1 to want; to desire 2 to wish ♦ desejar ardentemente to long for desejar boa sorte a alguém to wish somebody good luck que deseja? what would you like? deixar a desejar to leave a lot to be desired

desejo *s.m.* 1 wish; satisfazer um desejo to make a wish come true 2 (*anseio*) desire, longing 3 (*apetite*) craving; ter desejos de to have a craving for

desemaranhar *v.* 1 to disentangle, to untangle 2 (*decifrar*) to unravel

desembaçar *v.* 1 to make (something) bright 2 figurado, coloquial (*reanimar*) to cheer up

desembalar *v.* (*embrulho*) to unpack, to unwrap

desembaraçar *v.* 1 (*livrar*) to free 2 (*desenredar*) to disentangle 3 (*desobstruir*) to clear desembaraçar o cabelo to get the tangles out of one's hair desembaraçar-se *v.pr.* to get rid of (de, *of*)

desembaraço *s.m.* 1 promptness; com desembaraço with dispatch 2 (*viveza*) liveliness 3 (*facilidade*) ease 4 (*confiança*) forwardness, confidence, self-assurance

desembarcar *v.* 1 (*carga*) to unload 2 (*passageiros*) to put on shore, to set ashore 3 to land, to disembark; desembarcou em Paris he landed in Paris

desembargador *s.m.* DIREITO (*Tribunal da Relação*) judge

desembargar *v.* 1 ECONOMIA to lift an embargo 2 to dispatch 3 (*resolver*) to free, to clear

desembarque *s.m.* 1 landing, disembarkation 2 (*aeroporto*) arrivals 3 (*mercadoria*) unloading

desembocar *v.* 1 (*rio*) to flow (em, *into*); o rio desemboca no mar the river flows into the sea 2 (*rua, túnel*) to lead (em, *into*); esta rua desemboca na praça this street leads into the square

desembolsar *v.* to spend, to pay out, to expend, to disburse

desembraiar *v.* to declutch; to ungear

desembrear *v.* to declutch; to ungear

desembrulhar *v.* 1 to unwrap, to unpack 2 figurado (*esclarecer*) to clear up

desembuchar *v.* coloquial (*falar*) to spit it out; desembucha! speak out, spit it out!

desempacotar *v.* to unpack, to unwrap

desempatar *v.* 1 to decide 2 ESPORTE (*corrida, jogo*) to play it off, to decide 3 to break the deadlock

desempate *s.m.* tie-break; ESPORTE jogo de desempate play-off

desempenhar *v.* 1 (*cumprir*) to perform, to carry out, to fulfil 2 (*papel*) to play 3 (*cargo*) to hold 4 (*dívidas*) to free from debt

desempenho *s.m.* 1 (*papel*) performance, acting 2 (*obrigações, tarefas*) fulfilment o time brasileiro teve um ótimo desempenho the Brazilian team had a great performance

desempregado *adj.* unemployed ■ *s.m.* unemployed person; os desempregados the unemployed

desemprego *s.m.* unemployment; coloquial estar no desemprego to be unemployed seguro-desemprego unemployment benefit, dole Grã-Bretanha, unemployment compensation EUA

desencadear *v.* 1 (*soltar*) to unleash, to let loose 2 (*causar*) to trigger, to set off desencadear-se *v.pr.* (*suceder inesperadamente*) to break out

desencadernar *v.* to unbind

desencaixar *v.* 1 to dismount 2 (*deslocar*) to dislocate, to dislodge desencaixar-se *v.pr.* to get out of place

desencaixotar *v.* to unpack

desencaminhar *v.* 1 to mislead, to lead astray 2 figurado to corrupt, to pervert

desencantar *v.* 1 (*desiludir*) to disenchant, to disappoint 2 (*descobrir*) to find, to unearth

desencanto *s.m.* disenchantment, disappointment

desencontrar-se *v.pr.* 1 to fail to meet, to miss each other; desencontrar-se de alguém to fail to meet with somebody 2 to lose each other

desencontro *s.m.* 1 failure to meet 2 (*divergência*) disagreement, divergence

desencorajar *v.* to discourage

desencostar *v.* to move away desencostar-se *v.pr.* 1 (*afastar*) to move away from (de, *from*) 2 (*endireitar-se*) to stand up straight

desencravar *v.* 1 to take off 2 figurado (*desenrascar*) to get out of a fix

desencrencar *v.* coloquial to relieve somebody of trouble (de, -)

desenferrujar *v.* 1 (*metal*) to remove the rust from 2 figurado (*língua*) to brush up 3 figurado (*pernas*) to stretch

desenformar *v.* CULINÁRIA (*bolo, torta*) to remove from a mould

desenfreado *adj.* 1 (*descomedido*) unbridled 2 (*desregrado*) unruly, wild

desenfrear *v.* to unbridle desenfrear-se *v.pr.* 1 (*cavalo*) to take the bit in its teeth 2 figurado (*enfurecer-se*) to get angry, to get furious 3 figurado (*exceder-se*) to lose one's self control

desenganar

desenganar v. 1 to disillusion 2 (*esclarecer*) to open somebody's eyes 3 MEDICINA (*doente*) to declare incurable, to give no hope of recovery desenganar-se *v.pr.* 1 to become disillusioned 2 to realize the truth
desenganchar v. to unhook
desengano s.m. 1 disillusion, disillusionment 2 (*desapontamento*) disappointment
desengatar v. 1 to unhook 2 (*desatrelar*) to uncouple
desengatilhar v. to pull the trigger, to fire
desengonçado adj. 1 (*objeto*) rickety 2 (*pessoa*) ungainly, clumsy
desengonçar v. to unhinge, to disjoint, to dislocate desengonçar-se *v.pr.* figurado to wiggle
desengordurar v. to remove the grease from, to scour
desenhar v. 1 to draw 2 (*mobiliário, produtos, vestuário*) to design desenhar-se *v.pr.* (*esboçar-se*) to take shape
desenhista s.2g. draughtsman Grã-Bretanha, draftsman EUA; draughtswoman Grã-Bretanha, draftswoman EUA; (*de móveis, vestuário*) designer; (*de história em quadrinhos*) cartoonist
desenho s.m. 1 drawing; desenho animado cartoon; desenho geométrico technical drawing 2 cartoon 3 design; desenho gráfico graphic design 4 (*esboço*) sketch
desenjoar v. 1 to relieve of nausea 2 (*distrair*) to amuse, to entertain
desenquadrar v. to unframe
desenraizar v. 1 to uproot 2 figurado (*extrair*) to extract desenraizar-se *v.pr.* to lose one's roots
desenrascar v. 1 to disentangle 2 figurado to help somebody out; to get somebody out of a tight spot desenrascar-se *v.pr.* 1 coloquial to manage; to get by 2 (*problemas*) to fend for oneself
desenredar v. 1 to disentangle; to unravel 2 (*dúvida*) to clear up; to clarify; to sort out desenredar-se *v.pr.* to extricate oneself (de, *from*)
desenrolar v. 1 (*papel, rolo*) to unroll 2 (*cabo*) to unwind 3 (*narrativa*) to develop, to unfold desenrolar-se *v.pr.* figurado to unfold
desenroscar v. to unscrew
desenrugar v. 1 to unwrinkle 2 to smooth
desentalar v. 1 to free 2 figurado (*problema, confusão*) to get out of a tight spot
desentendido adj. misunderstood ♦ fazer-se de desentendido to pretend not to understand
desentendimento s.m. 1 misunderstanding 2 (*desacordo*) disagreement
desenterrar v. 1 to dig up, to excavate 2 (*informação*) to unearth 3 (*cadáver*) to exhume
desentortar v. to straighten up
desentupidor s.m. plunger; plumber's helper ■ adj. clearing; produtos desentupidores clearing products
desentupir v. (*cano*) to unblock
desenvencilhar v. to disentangle, to untie desenvencilhar-se *v.pr.* (*livrar-se*) to free oneself
desenvoltura s.f. 1 (*desembaraço*) self-confidence 2 (*agilidade*) nimbleness, agility, briskness 3 (*vivacidade*) liveliness

desenvolver v. to develop; desenvolver os músculos to develop the muscles desenvolver-se *v.pr.* 1 to develop 2 (*progredir*) to evolve
desenvolvimento s.m. 1 development; países em vias de desenvolvimento developing countries; os recentes desenvolvimentos the latest developments 2 (*crescimento*) growth
desequilibrar v. (*pessoa*) to throw off balance, to unbalance desequilibrar-se *v.pr.* to lose one's balance
desequilíbrio s.m. 1 imbalance 2 (*mental*) derangement
deserdar v. DIREITO to disinherit
desertar v. to desert, to abandon
desertificação s.f. GEOGRAFIA desertification
deserto adj. 1 (*desabitado*) desert, deserted, forsaken; ilha deserta desert island 2 (*solitário*) lonely ■ s.m. desert
desesperançar v. to discourage desesperançar-se *v.pr.* to lose hope
desesperar v. 1 to drive to despair 2 (*enfurecer*) to infuriate 3 to despair, to give up all hope desesperar-se *v.pr.* 1 to become desperate, to despair 2 (*encolerizar-se*) to become infuriated
desespero s.m. despair, desperation; com desespero in despair; em desespero de causa in desperation; levar ao desespero to drive to despair
desestabilizar v. to destabilize; to disrupt
desfalcar v. 1 (*dinheiro*) to embezzle 2 (*defraudar*) to swindle 3 (*diminuir*) to reduce
desfalecer v. 1 (*desmaiar*) to faint, to swoon 2 (*enfraquecer*) to weaken 3 (*desalentar*) to lose heart
desfalque s.m. 1 embezzlement, misappropriation 2 (*diminuição*) reduction
desfasar v. to phase out desfasar-se *v.pr.* to be out of step
desfavorável adj.2g. 1 unfavourable (para, *for/to*) 2 (*adverso*) adverse
desfavorecer v. 1 to be unfavourable to 2 to treat less favourably
desfavorecido adj. 1 ill-favoured 2 poor; needy ■ s.m. one of the underprivileged; os desfavorecidos the underprivileged
desfazer v. 1 (*embrulho, nó*) to undo 2 to dissolve 3 CULINÁRIA (*batatas, cenoura, fruta*) to mash 4 (*destruir*) to smash 5 (*dúvida, engano*) to dispel; (*mistério*) to clear up 6 (*mala*) to unpack 7 (*noivado*) to break off desfazer-se *v.pr.* 1 (*costura, nó*) to come undone 2 (*derreter-se*) to melt 3 (*livrar-se*) to get rid (de, *of*) 4 (*casamento*) to break up ♦ desfazer-se em lágrimas to cry one's eyes out, to burst into tears desfazer-se em desculpas to offer many excuses
desfechar v. 1 (*tiro*) to fire; (*seta*) to shoot; desfechar um tiro to fire a shot 2 (*golpe*) to deal; desfechar um soco to deal a blow 3 (*olhar*) to cast (a glance) desfechar-se *v.pr.* (*arma*) to go off
desfecho s.m. outcome, denouement, ending
desfeita s.f. 1 (*ultraje*) outrage 2 (*insulto*) insult, slight

desfeito adj. 1 (*desmanchado*) undone 2 (*dissolvido*) dissolved 3 (*contrato*) broken 4 figurado (*pessoa*) weary, destroyed

desfiar v. 1 (*tecido*) to unweave, to unravel 2 CULINÁRIA (*bacalhau, frango*) to tear into thin shreds 3 (*tecido*) to fray, to become frayed ♦ desfiar o rosário to tell all your problems

desfigurado adj. 1 disfigured; ficou desfigurada depois do acidente the accident left her disfigured 2 (*deturpado*) distorted

desfigurar v. 1 (*cidade, pessoa*) to disfigure; paisagem desfigurada disfigured landscape 2 (*texto*) to mutilate

desfilar v. to parade, to march

desfile s.m. parade, procession ♦ desfile de moda fashion show

desflorestamento s.m. deforestation

desflorestar v. to deforest

desfocar v. 1 to put out of focus 2 to be out of focus

desfrisar v. to straighten

desfrutar v. 1 (*deliciar-se*) to enjoy (de, –) 2 (*zombar*) to mock (de, –), to jest (de, *at*)

desgarrar v. 1 to lead astray; to mislead 2 (*barco, navio*) to push off course desgarrar-se v.pr. 1 (*barco, navio*) to stray off course; to drift 2 (*afastar-se*) to wander off; to stray

desgastar v. 1 to wear out 2 GEOLOGIA (*rochas*) to wear away; to erode desgastar-se v.pr. to wear away

desgaste s.m. 1 (*máquinas, mobiliário, vestuário*) wear and tear, wearing out 2 GEOLOGIA (*rochas*) erosion; desgaste por atrito detrition 3 (*emocional*) stress and strain

desgostar v. 1 (*desagradar*) to displease, to disgust 2 (*arreliar*) to annoy, to upset 3 (*afligir*) to grieve desgostar-se v.pr. 1 (*perder o gosto*) to lose one's liking (de, *for*) 2 to be displeased

desgosto s.m. 1 (*pesar*) sorrow, grief; desgosto de amor heartbreak; morrer de desgosto to die of grief 2 displeasure; annoyance

desgostoso adj. 1 (*triste*) sad; sorrowful, regretful; sentir-se desgostoso to sorrow at, to feel sad 2 (*descontente*) displeased, discontent

desgovernado adj. out of control

desgovernar v. 1 (*gerir mal*) to mismanage, to misgovern 2 to make (something) lose control desgovernar-se v.pr. 1 (*desregrar-se*) to lose one's self-control 2 (*veículo*) to get out of control

desgraça s.f. 1 (*acontecimento*) tragedy; disaster; calamity; catastrophe 2 (*azar*) misfortune; bad luck 3 figurado (*vergonha*) disgrace; disaster

desgraçado s.m. wretch; miserable creature; poor devil ■ adj. 1 (*azarado*) unfortunate; unlucky 2 (*infeliz*) unhappy; miserable; wretched; levar uma vida desgraçada to lead a wretched life 3 (*pobre*) poor; needy; indigent

desgraçar v. 1 to disgrace; to dishonour; to discredit 2 (*pessoa*) to ruin, to bring to ruin 3 (*bens*) to squander, to waste desgraçar-se v.pr. 1 to disgrace yourself 2 to ruin yourself

desgravar v. to wipe; to rub off

desgrenhar v. (*cabelo*) to dishevel, to tousle

desgrudar v. 1 to unglue; to unstick; desgrudei o papel da parede I unstuck the paper from the wall 2 figurado to turn away; to look aside; não desgrudaram os olhos de mim they kept staring at me desgrudar-se v.pr. 1 to come unstuck; to come off 2 figurado (*pessoa*) to separate (de, *from*); to distance (de, *from*); to go away (de, *from*); ele não (se) desgruda de mim he follows me wherever I go

desidratação s.f. 1 dehydration; desidratação da pele skin dehydration 2 (*alimentos*) desiccation

desidratar v. 1 to dehydrate 2 to desiccate

design s.m. design

designar v. 1 (*nomear, escolher*) to appoint; to name; designar um sucessor to name a successor 2 (*indicar*) to show; to indicate 3 to represent

designer s.2g. designer; designer de moda fashion designer

desigual adj.2g. 1 (*injusto*) unequal; unfair 2 (*desequilibrado*) uneven 3 (*textura, superfície*) uneven; irregular

desigualdade s.f. 1 inequality; difference 2 disparity; desigualdades sociais social disparities 3 irregularity 4 fluctuation; variation

desiludir v. to disappoint; to disillusion; to let down desiludir-se v.pr. to be disillusioned; to be disappointed

desilusão s.f. 1 (*coisa, pessoa*) disappointment; letdown; ele é uma grande desilusão para a família he's a big disappointment to his family; o filme foi uma desilusão the film was a letdown 2 (*sentimento*) disappointment; disillusion; sofrer uma desilusão to suffer a disillusion

desimpedido adj. free; clear; o caminho está desimpedido the coast is clear

desimpedir v. 1 to clear; to free; desimpedir o caminho to clear the way 2 to unblock; to unclog

desincentivar v. to discourage; medidas para desincentivar a pirataria measures to discourage piracy

desinchar v. 1 (*inchaço*) to reduce a swelling 2 (*inflamação*) to reduce inflammation 3 figurado to deflate; to humble

desinência s.f. LINGUÍSTICA ending, termination

desinfestar v. to disinfest

desinfetante adj.2g., s.m. disinfectant; antiseptic

desinfetar v. to disinfect; to cleanse

desinformar v. to misinform

desinibido adj. uninhibited; open

desinibir v. to make (somebody) lose inhibitions desinibir-se v.pr. to lose one's inhibitions

desinquietar v. to disturb; to worry; to disquiet lit.

desinstalar v. INFORMÁTICA to uninstall

desintegrar v. to disintegrate desintegrar-se v.pr. to disintegrate; to break apart, to come apart; to crumble

desinteresse s.m. 1 disinterest (por, *in*) 2 (*imparcialidade*) disinterestedness; impartiality; objectivity 3 (*altruísmo*) unselfishness

desintoxicação s.f. detoxication; detoxification; (*álcool, drogas*) detox

desintoxicar v. to detoxify, to detoxicate

desistência s.f. 1 giving up 2 withdrawal

desistir

desistir v. 1 to give up (de, on) 2 (estudos, competição) to drop out (de, of), to withdraw (de, from); ele desistiu da faculdade he dropped out of college

desleal adj.2g. disloyal; unfaithful; false; ele foi desleal com o amigo he was disloyal to his friend; um amigo desleal a false friend

deslealdade s.f. 1 disloyalty; falseness, falsehood, falsity 2 untruthfulness

desleixado adj. 1 careless; slovenly 2 (desinteressado) negligent; inattentive

desleixo s.m. 1 negligence 2 slovenliness; carelessness 3 neglect

desligar v. 1 to turn off; desliga a luz! turn off the light! 2 to disconnect; desligar a eletricidade to cut off the electricity; desligar da corrente to unplug; desligar o telefone to hang up, to ring off Grã-Bretanha 3 to become disconnected desligar-se v.pr. 1 (desinteressar-se) to turn off; to lose interest 2 (associação, partido) to leave

deslizante adj.2g. 1 sliding 2 slippery

deslizar v. 1 to slide; to glide 2 (escorregar) to slip

deslize s.m. 1 slide; slip 2 (lapso) blunder; slip (of the tongue)

deslocado adj. 1 dislocated, disjointed, out of joint 2 displaced; dislocated; out of place

deslocar v. 1 MEDICINA (osso) to dislocate, to displace 2 to move deslocar-se v.pr. 1 to travel; ela se deslocou ao estrangeiro she travelled abroad; ele se desloca sempre de carro he always travels by car 2 to move

deslumbrante adj.2g. 1 dazzling; splendid; magnificent 2 fascinating; enthralling

deslumbrar v. to dazzle deslumbrar-se v.pr. 1 to be dazzled 2 to be fascinated

desmagnetizar v. to demagnetize

desmaiado adj. 1 (pessoa) unconscious; senseless 2 (cor) faded, pale 3 (som) faint, low

desmaiar v. 1 (perder os sentidos) to faint; to pass out; to lose consciousness; to swoon 2 (cor, brilho) to fade; to pale

desmaio s.m. faint; blackout; swoon lit.

desmamar v. 1 (criança) to wean 2 figurado to emancipate

desmancha-prazeres s.2g.2n. spoilsport; killjoy; party pooper EUA

desmanchar v. 1 (nó, laço) to undo, to untie 2 (máquina) to take to pieces, to dismantle 3 (namoro, noivado) to put an end to desmanchar-se v.pr. to come undone ♦ desmanchar-se de rir to fall about laughing

desmantelar v. 1 to dismantle 2 to demolish 3 to unrig

desmaquiar v. to cleanse; to take off the make-up desmaquiar-se v.pr. to take off the make-up

desmarcar v. 1 (consulta, reunião) to cancel 2 to take away the marks

desmascarar v. to unmask; to expose; to nail; desmascarar uma mentira to nail a lie; o ladrão foi desmascarado the thief was unmasked

desmatamento s.m. deforestation

desmazelado adj. careless; slovenly; scruffy ■ s.m. slob; sloven

desmembrar v. 1 to dismember 2 figurado to divide desmembrar-se v.pr. to be divided; to be separated

desmentir v. 1 to deny; to disclaim; desmentir uma notícia to deny a story 2 to contradict

desmerecer v. to prove oneself unworthy of

desmilitarizar v. to demilitarize

desmiolado s.m. scatterbrain ■ adj. hare-brained; silly

desmistificar v. to demystify

desmobilizar v. 1 (forças, tropas) to demobilize 2 to disband

desmontar v. 1 to get off 2 to take to pieces; to dismantle; to disassemble 3 (cavalo) to dismount

desmontável adj. that can be dismantled; that can be disassembled

desmoralizar v. 1 (desmotivar) to demoralize; to dispirit; to discourage 2 (corromper) to corrupt; to pervert; to deprave

desmoronamento s.m. collapse; breakdown

desmoronar v. to knock down; to pull down desmoronar-se v.pr. 1 (edifício) to collapse; a parede desmoronou-se the wall collapsed 2 figurado to fail; to collapse; to fall through, to fall down; os nossos planos desmoronaram-se our plans fell through

desmotivação s.f. 1 (ato) demotivation; discouragement 2 (estado de espírito) lack of motivation; despondency

desmotivante adj.2g. demotivating; discouraging

desmotivar v. to demotivate; to discourage; to dishearten desmotivar-se v.pr. to lose all motivation

desnatado adj. skimmed; leite desnatado skimmed milk

desnatar v. to skim; to cream

desnaturado adj. cruel; inhuman

desnecessário adj. 1 (não necessário) unnecessary; needless; dispensable 2 (excessivo) superfluous; redundant

desnível s.m. 1 unevenness 2 drop; declivity

desnivelar v. to make uneven

desnorteado adj. 1 disorientated, disoriented; lost 2 bewildered; confused

desnortear v. 1 to disorientate 2 to mislead; to lead astray 3 to bewilder; to baffle; to confuse desnortear-se v.pr. 1 to lose one's way; to go astray 2 to get confused; to lose one's bearings

desnudar v. (despir) to denude; to bare desnudar-se v.pr. to undress

desnutrição s.f. malnutrition, malnourishment

desnutrido adj. underfed; malnourished

desobedecer v. to disobey (a, –); desobedecer às regras to disobey the rules; ela desobedeceu à mãe she disobeyed her mother

desobediência s.f. disobedience (a, to)

desobediente adj.2g. 1 disobedient (a, to); disobeying 2 insubordinate

desobrigar v. 1 to exempt (de, from) 2 to free (de, from, of) desobrigar-se v.pr. to free oneself from a duty/an obligation

desobstruir v. 1 to clear away; to clear out 2 to unblock

desocupar v. 1 (*edifício*) to vacate 2 to clear 3 to empty 4 to pull out; to retreat
desodorante s.m. deodorant
desolado adj. 1 (*local*) desolate; dreary 2 (*pessoa*) desolate; miserable; wretched
desolar v. 1 (*lugar*) to desolate; to devastate; to ruin 2 (*pessoa*) to desolate; to deject; to sadden
desonestidade s.f. dishonesty; deceitfulness
desonesto adj. dishonest; deceitful; crooked
desonra s.f. 1 dishonour; ignominy; disgrace 2 dishonourable act
desonrar v. to dishonour; to disgrace; to discredit
desordem s.f. 1 (*desarrumação*) disorder; untidiness; mess 2 (*confusão*) chaos; disarray; confusion 3 (*tumulto*) riot; quarrel
desordenar v. 1 (*desarrumar*) to untidy; to disarrange; to jumble 2 (*desorganizar*) to disorganize 3 (*confundir*) to confuse; to muddle up
desorganização s.f. 1 disorganization 2 confusion; chaos
desorganizar v. to disorganize; to jumble; to mix up
desorientar v. 1 (*desnortear*) to disorientate 2 (*confundir*) to confuse 3 (*desvairar*) to bewilder; to perplex desorientar-se v.pr. 1 (*desnortear-se*) to lose direction 2 (*confundir-se*) to become confused
desossar v. to bone
desovar v. to spawn
desoxirribonucleico adj. deoxyribonucleic; ácido desoxirribonucleico deoxyribonucleic acid (DNA)
despachado adj. 1 (*determinado*) resolved; resolute; determined 2 (*ativo*) nimble; agile; active 3 (*eficiente*) prompt; efficient 4 (*pronto*) ready
despachar v. 1 (*mercadorias etc.*) to dispatch, to ship 2 (*tarefa*) to accomplish, to finish off 3 (*problema*) to solve; to deal with despachar-se v.pr. to hurry up; despache-se! hurry up!
desparasitar v. to delouse
despedaçar v. 1 to break to pieces; to shatter 2 to tear
despedida s.f. 1 farewell; goodbye; festa de despedida farewell party 2 end; a despedida do verão the end of the summer
despedir v. to dismiss; to discharge; to sack col. , to fire cal. despedir-se v.pr. 1 to resign 2 to say goodbye; despedir-se à francesa to leave without saying goodbye; fomos nos despedir dele na estação we saw him off at the train station
despegar v. 1 to unglue; to unstick 2 to detach 3 to separate 4 popular (*do trabalho*) to finish work; to knock off (work) col. despegar-se v.pr. 1 to unglue 2 to come apart
despeitado adj. 1 (*vingativo*) spiteful; vindicative 2 (*magoado*) hurt; distressed; sad
despeitar v. to spite; to vex
despeito s.m. spite; grudge; resentment; por despeito out of spite ♦ a despeito de in spite of
despejar v. 1 (*recipiente*) to empty; ele despejou o caixote do lixo he emptied the garbage can 2 (*lixo, resíduos*) to dump 3 (*líquidos*) to pour (em, in, into); despeja a água no lavatório pour the water in the sink 4 (*habitação*) to evict (de, from)
despenalizar v. to decriminalize; to legalize

despencar v. 1 (*frutos*) to pick; to pluck 2 to plummet; to plunge
despenhadeiro s.m. precipice; cliff; slope
despenhar v. to throw down a precipice; to hurl down despenhar-se v.pr. 1 (*avião, carro*) to crash 2 to fall down a precipice
despensa s.f. larder; pantry
despentear v. (*cabelo*) to mess up, to tousle, to dishevel; não me despenteie! don't mess up my hair!
despercebido adj. unnoticed; fazer-se despercebido to pretend not to have noticed something; passar despercebido to escape (somebody's) notice, to go unnoticed
desperdiçar v. 1 (*esbanjar*) to waste; to squander 2 (*juventude, talento, oportunidade*) to waste, to throw away; desperdicei uma oportunidade única I threw away a unique opportunity
desperdício s.m. waste desperdícios s.m.pl. (*lixo*) rubbish
despertador s.m. alarm clock, alarm watch; o despertador tocou às cinco da manhã the alarm went off at five in the morning; pôr o despertador para as sete to set the alarm for seven o'clock
despertar v. 1 to wake, to wake up 2 (*aperceber--se, compreender*) to wake up (para, to) 3 (*apetite*) to whet, to stimulate 4 (*curiosidade, interesse*) to arouse; to excite 5 (*ódios, paixões*) to arouse
despesa s.f. expense; despesas de educação educational expenses; não olhar a despesas to spare no expense
despido adj. 1 undressed; naked 2 (*árvore*) bare 3 figurado free (de, of); despido de preconceitos unprejudiced
despir v. 1 (*roupas*) to take off 2 (*pessoa*) to undress, to unclothe despir-se v.pr. 1 to undress; ela se despiu e foi para a cama she undressed and went to bed 2 figurado (*árvore*) to lose leaves
despistar v. 1 to mislead; to disorientate; to lead astray 2 (*polícia*) to shake off 3 (*doença*) to detect; to screen despistar-se v.pr. 1 to lose one's way; to go astray 2 (*carro*) to crash
desplante s.m. audacity; cheek; impertinence; ele teve o desplante de me chamar de mentirosa he had the cheek to call me a liar
despolarizar v. to depolarize
despoluir v. to reduce pollution in; to depollute; to clean up; despoluir os rios locais the reduce pollution in the local rivers
despontar v. 1 BOTÂNICA to sprout; to bud; to peep out 2 (*dia*) to break; to peep out; acordei logo que o dia despontou I woke up as soon as the day broke 3 to appear; to emerge
desponte s.m. lopping of the tops of corn stalks
desposar v. to marry, to get married to; to espouse
despovoado adj. depopulated ■ s.m. desert place
despovoar v. to depopulate, to reduce the population of despovoar-se v.pr. to depopulate, to decline in population
desprazer v. to displease ■ s.m. displeasure
despregar v. 1 to pull out; to take out; despregar um quadro da parede to pull a painting out of a wall 2 (*separar*) to detach; to remove 3 figurado (*os*

desprender

olhos) to turn away; to take (one's eyes) (de, *off*); não despregava os olhos da namorada he couldn't take his eyes off his girlfriend **despregar-se** *v.pr.* 1 (*soltar-se*) to come off; estava costurando um botão que se despregou she was sewing a button that came off 2 (*separar-se*) to come apart

desprender *v.* 1 to unfasten; to loosen; to unbind 2 to untie 3 to unhook **desprender-se** *v.pr.* 1 to loosen, to get loose 2 (*o que estava pendurado*) to fall 3 figurado to distance oneself (de, *from*)

despreocupar *v.* to set (somebody's) mind at ease; to reassure (somebody); to free (somebody) from (their) worries **despreocupar-se** *v.pr.* to stop worrying; despreocupou-se dos seus problemas he stopped worrying about his problems

desprestigiar *v.* 1 (*fazer perder o prestígio*) to discredit; to bring into disrepute; to demean 2 (*não dar o devido valor*) to depreciate; to disparage; to underestimate

desprevenido *adj.* 1 unwary; careless; negligent 2 unprepared; caught by surprise ♦ pegar alguém desprevenido to catch somebody napping

desprezado *adj.* 1 despised; scorned 2 underestimated; undervalued

desprezar *v.* 1 (*tratar com desprezo*) to despise; to scorn; to look down on 2 (*menosprezar*) to underestimate; to undervalue 3 (*não dar atenção*) to give no attention to; to neglect

desprezível *adj.* despicable; vile; contemptible

desprezo *s.m.* 1 disdain; contempt; scorn 2 (*renúncia*) renunciation; desprezo dos confortos materiais renunciation of material comforts

desproporcional *adj.2g.* disproportionate; unbalanced; out of proportion

desproteger *v.* 1 (*deixar de apoiar*) not to protect, not to look after; (*abandonar*) to forsake form., to abandon 2 (*destapar*) to uncover

desprotegido *adj.* 1 unprotected; defenceless; unguarded; exposed 2 forsaken; abandoned

desprover *v.* to deprive (de, *of*)

desprovido *adj.* 1 deprived (de, *of*); lacking (de, *in*) 2 devoid (de, *of*)

desqualificar *v.* to disqualify **desqualificar-se** *v.pr.* 1 to get disqualified 2 to fall into disrepute

desquite *s.m.* divorce

desregrado *adj.* 1 (*indisciplinado*) unruly; undisciplined 2 (*imoderado*) immoderate; excessive

desrespeitar *v.* to behave disrespectfully towards

desrespeito *s.m.* 1 disrespect (para com, por, *towards*) 2 insolence; cheek

desresponsabilizar *v.* to free (somebody) of all responsibility **desresponsabilizar-se** *v.pr.* to evade responsibility

dessalgar *v.* 1 to remove the salt from 2 figurado to make insipid; to make bland

desse (contração da preposição de + o pronome demonstrativo esse, essa) ♦ ele saiu desse carro he came out from that car ela saiu dessa porta she came out from that door lembro desse seriado I remember that TV series quero um pedaço desse bolo I want a piece of that cake quero uma fatia dessa pizza I want a slice of that pizza não me lembro dessa professora I don't remember that teacher

dessemelhança *s.f.* dissimilarity; difference

dessemelhante *adj.2g.* dissimilar; different

destacamento *s.m.* 1 (*funções*) assignment 2 (*militar*) detachment

destacar *v.* 1 (*funções*) to assign (para, *to*) 2 to detach 3 (*fazer sobressair*) to highlight; to stress; to underline **destacar-se** *v.pr.* to stand out; to be prominent; ele se destaca entre os outros jogadores he stands out among the other players

destacável *adj.* detachable ■ *s.m.* pull-out

destapar *v.* 1 to take the lid off, to open 2 to pull the bedclothes off 3 to uncover; to reveal; to expose

destaque *s.m.* prominence; eminence; de destaque outstanding, prominent; estar em destaque to be in evidence, to be in the limelight; pôr em destaque to point out, to highlight

deste (contração da preposição de + o pronome demonstrativo este, esta) ♦ adoro as músicas desta cantora I love this singer's songs desta forma this way desta vez farei tudo de maneira diferente this time I'll do everything in a different way eles vieram deste lado they came from this side gosto muito deste livro I love this book coloquial ir desta para melhor to kick the bucket quero uma destas saias para mim I want one of these skirts for me tirei deste armário I took it out of this cupboard vou embora deste país I'll leave this country

destemido *adj.* fearless; courageous; bold; brave

desterrar *v.* (*exilar*) to exile; to expatriate; to expel; to banish **desterrar-se** *v.pr.* 1 (*exilar-se*) to go into exile 2 (*afastar-se*) to distance oneself

destilação *s.f.* distillation

destilar *v.* 1 to distil 2 to exude 3 to trickle down

destilaria *s.f.* distillery

destinar *v.* 1 (*predestinar*) to destine; to fate; to predestine 2 (*verbas*) to allocate; to set apart; verbas destinadas para ajuda humanitária money allocated for humanitarian aid **destinar-se** *v.pr.* to be destined (a, *for*)

destinatário *s.m.* 1 (*carta, encomenda*) addressee 2 (*mensagem*) receiver ♦ chamada a cobrar no destinatário reverse charge call

destino *s.m.* 1 fate; destiny 2 (*viagem*) destination; eles chegaram ao destino they arrived at their destination; um avião com destino a Nova Iorque a plane bound for New York; viajar sem destino to travel without destination 3 (*finalidade*) purpose; end

destituir *v.* 1 (*demitir*) to dismiss (de, *from*) 2 (*privar*) to deprive (de, *of*)

destoar *v.* 1 (*não condizer*) to clash (de, *with*) 2 (*divergir*) to clash (de, *with*); to jar (de, *with*); to be at odds (de, *with*) 3 MÚSICA to be out of tune

destrambelhado *adj.* 1 (*amalucado*) foolish; daft; crazy 2 (*trapalhão*) clumsy; awkward 3 (*desorganizado*) scatterbrained

destrancar *v.* to unbolt; to unlock; to unbar

destratar *v.* to mistreat; to affront

destravar *v.* 1 (*veículo*) to release the brake of 2 to unfetter

destreinado *adj.* 1 out of practice 2 ESPORTE out of training

destreza *s.f.* 1 (*agilidade de mãos*) dexterity; deftness; sleight of hand; adroitness 2 (*sagacidade*) astuteness; shrewdness; mental adroitness

destrinchar *v.* 1 (*desenredar*) to disentangle; to unravel 2 (*distinguir*) to distinguish; destrinchar a realidade da ficção to distinguish between fact and fiction 3 (*esmiuçar*) to set out in great detail

destro *adj.* 1 (*hábil*) dexterous; skilful; deft 2 (*astuto, sagaz*) clever; shrewd; astute 3 (*que usa a mão direita*) right-handed

destroçar *v.* 1 (*arruinar*) to destroy; to ruin 2 (*despedaçar*) to shatter; to break; figurado ele está com o coração destroçado he is broken-hearted

destróier *s.m.* destroyer

destronar *v.* 1 (*expulsar do trono*) to dethrone 2 (*derrotar*) to beat; ele destronou o recordista mundial he beat the world's record-holder

destroncar *v.* 1 to cut off the trunk 2 (*articulação*) to sprain

destruição *s.f.* 1 destruction; devastation; ruin, ruining 2 extermination; annihilation

destruído *adj.* 1 destroyed; ruined 2 devastated

destruir *v.* 1 to destroy; to devastate; to ravage 2 to annihilate; to exterminate

desumanizar *v.* to dehumanize

desumano *adj.* 1 inhuman; cruel; ruthless; heartless 2 barbaric

desunião *s.f.* 1 disunion 2 disagreement

desunir *v.* to disunite; to disjoin; to separate desunir-se *v.pr.* to break up; to separate

desuso *s.m.* disuse; cair em desuso to fall into disuse, to go out of use

desvairado *adj.* deranged; insane; mad; out of one's mind

desvairar *v.* 1 (*enfurecer-se*) to madden; to drive mad; to rave 2 (*desconcertar*) to bewilder; to baffle 3 (*descontrolar-se*) to rave 4 (*enlouquecer*) to go crazy; to freak out; to be out of one's mind

desvalorização *s.f.* 1 ECONOMIA depreciation 2 loss of value 3 (*subestimação*) undervaluation; underestimation

desvalorizar *v.* 1 ECONOMIA (*moeda, bens*) to depreciate 2 (*pessoas, coisas*) to undervalue; to underrate, to underestimate; to depreciate; desvalorizar um acontecimento not to take much account of an event

desvanecer *v.* 1 literário (*nevoeiro, dúvidas*) to dissipate; to disperse 2 literário (*esperanças, crenças*) to dispel desvanecer-se *v.pr.* literário (*esbater--se*) to wane; to fade away; to melt away

desvanecimento *s.m.* 1 literário (*dissipação*) dissipation 2 literário (*esvaecimento*) waning; fading away

desvantagem *s.f.* 1 disadvantage; estar em desvantagem to be at a disadvantage 2 inconvenience; drawback; é só desvantagens there are way too much drawbacks 3 (*falha*) handicap

desvantajoso *adj.* 1 (*prejudicial*) disadvantageous (para, *to*); ser desvantajoso para o país to be disadvantageous to the country 2 (*incômodo*) inconvenient

desvendar *v.* 1 (*mistério*) to discover; to solve; to unveil 2 (*adivinha*) to unriddle; to unravel; to disentangle 3 (*revelar*) to reveal; to tell 4 (*tirar venda*) to take the blindfold from someone's eyes

desvestir *v.* to undress

desviar *v.* 1 (*caminho*) to deflect; to turn 2 (*olhos*) to turn away; to look aside 3 (*objeto*) to remove; to take away; to put something out of the way 4 figurado to lead astray 5 (*conversa*) to digress; figurado desviar a conversa to beat about the bush 6 (*enganar*) to divert; desviar as atenções to divert attention 7 (*dinheiro*) to embezzle (de, *from*) 8 (*aviões*) to hijack; o avião foi desviado para Roma the plane was hijacked to Rome

desvincular *v.* 1 (*propriedade*) to disentail 2 (*compromisso*) to free of (de, *of*) 3 (*objeto*) to untie; to disengage desvincular-se *v.pr.* to disassociate oneself (de, *of*); to free oneself (de, *of*)

desvio *s.m.* 1 (*direção*) deflection; turn 2 deviation; desvio padrão standard deviation 3 (*trânsito*) detour; tivemos que fazer um desvio we had to make a detour 4 (*dinheiro*) embezzlement 5 (*assunto*) digression; turn

desvitalizar *v.* 1 (*tirar vida*) to devitalize 2 (*dentes*) to kill the nerve of (a tooth)

detalhar *v.* to go into details; to give a full report of; não vamos agora detalhar o que aconteceu let's not go into details about what happened

detalhe *s.m.* (*pormenor*) detail; entrar em detalhes to go into details detalhes *s.m.pl.* pejorativo (*minudência*) trifles, trivialities; particulars

detectar *v.* 1 (*notar*) to detect; to notice; detectar uma avaria to detect a fault 2 (*descobrir*) to detect; to discover; to find 3 (*sentir*) to detect; to sense

detector *s.m.* detector; detector de incêndios fire detector; detector de metais metal detector

detenção *s.f.* DIREITO detention; arrest; imprisonment; confinement

deter *v.* 1 (*prender*) to detain (por, *for*); to arrest (por, *for*); ser detido por crimes graves to be arrested for felony; ser detido por posse de armas to be arrested for possession of guns 2 (*reter*) to detain; to hold; to keep deter-se *v.pr.* 1 (*parar*) to stop; deter-se em uma vitrine to stop before a shop window 2 (*imobilizar-se*) to stand still

detergente *s.m.* detergent; ■ *adj.2g.* detergent; cleansing

deteriorar *v.* (*situação*) to deteriorate; to impair deteriorar-se *v.pr.* 1 (*situação*) to deteriorate; to degenerate 2 (*saúde*) to deteriorate; to get worse 3 (*alimentos*) to decay; to decompose

determinação *s.f.* 1 (*ordem*) determination; setting; cumprir determinações superiores to observe superior determinations 2 (*firmeza*) determination; resolution; decision; com determinação determinedly

determinar *v.* 1 (*decidir*) to determine; to decide 2 (*organizar*) to determine; to settle; to regulate; to stipulate 3 (*achar*) to determine; to ascertain; to discover 4 (*valor*) to work out; to figure out EUA

detestar

detestar *v.* (*odiar*) to detest; to loathe; to hate
detestável *adj.2g.* detestable; loathsome; hateful
detetive *s.2g.* detective; detetive particular private eye
detido *s.m.* 1 person under arrest; prisoner 2 (*prisão*) inmate ■ *adj.* (*trânsito*) trapped; ficar detido em um engarrafamento de trânsito to be trapped in a traffic jam
detonador *s.m.* detonator; torpedo Grã-Bretanha
detonar *v.* 1 (*explodir*) to detonate; to explode 2 (*ruído*) to bang; to blast
detrás *adv.* 1 (*atrás*) behind; detrás de todos behind all others; por detrás da casa behind the house 2 (*depois*) after; detrás do cortejo after the parade
detrito *s.m.* (*obras, destroços*) detritus; debris; rubble
deturpar *v.* 1 (*distorcer*) to misrepresent; to distort 2 (*alterar*) to disfigure; to alter 3 (*interpretar mal*) to misread; to misinterpret
deus *s.m.* god (*s.m.*), goddess (*s.f.*); os deuses do Olimpo the gods of Mount Olympus Deus *s.m.* RELIGIÃO God; Deus nos livre! God forbid!; graças a Deus thank God; pelo amor de Deus for God's sake, for goodness' sake; só Deus sabe God only knows; Deus todo-poderoso Almighty God
deus-dará *elem. de loc.* ao deus-dará at random; viver ao deus-dará to live from hand to mouth
devagar *adv.* 1 (*sem pressas*) slowly; slow; ir muito devagar to move slow 2 (*pouco a pouco*) little by little ♦ devagar se vai longe fair and soft goes far in a day
devassado *adj.* 1 (*local*) opened; exposed; unprotected 2 (*pessoas*) exposed; vidas devassadas exposed lives
devasso *s.m.* pejorativo libertine ■ *adj.* 1 pejorativo (*corrupto*) dissolute; corrupt 2 pejorativo (*lascivo*) licentious; lewd; lascivious
devastar *v.* to devastate; to destroy; to ravage
devedor *s.m.* debtor
dever *s.m.* duty; obligation; cumprir o dever to fulfil one's duty deveres *s.m.pl.* homework; você já fez os deveres? have you done your homework yet? *v.* 1 (*dinheiro, favor*) to owe (a, to); dever dinheiro a alguém to owe money to someone; coloquial (*favor*) fico te devendo uma I owe you one; quanto devo? how much do I owe you? 2 should; ought to; você devia seguir o meu conselho you should follow my advice 3 (*probabilidade*) must; deve ser assim it must be so 4 (*ter dívidas*) to be in debt dever-se *v.pr.* to be due (a, to); isso se deve a that is due to
devidamente *adv.* 1 (*adequadamente*) properly; adequately; devidamente equipado properly equipped 2 (*convenientemente*) properly; decently; devidamente vestido decently dressed
devido *adj.* due; na altura devida in due course, at the right time ♦ devido a due to; owing to com o devido respeito if I may say so
devoção *s.f.* 1 RELIGIÃO devotion (a, to); devoção a Deus devotion to God 2 (*causa, pessoa*) devotion (a, to); dedication (a, to); devoção à arte devotion to art
devolução *s.f.* 1 handing back; aceitar uma devolução to take something back 2 devolution 3 (*dinheiro*) refund; repayment
devolver *v.* (*objeto*) to return; to hand back; to give back; devolva-me o dinheiro! give me back my money!
devolvido *adj.* return; produto devolvido return product
devorar *v.* 1 (*comer sofregamente*) to devour; to wolf; to raven; to eat up; devorou tudo o que lhe puseram à frente he devoured everything that was laid before him 2 (*paixão*) to consume 3 figurado to devour; devorar um livro to devour a book
devotar *v.* 1 RELIGIÃO to devote 2 to dedicate (a, to); to devote (a, to); devotar a vida ao trabalho to dedicate one's life to work devotar-se *v.pr.* RELIGIÃO to devote 2 (*dedicar-se*) to dedicate oneself (a, to); to devote oneself (a, to); devotar-se ao estudo to devote oneself to studies
devoto *adj.* RELIGIÃO devout; staunch; pious ■ *s.m.* devotee
dez *num.* ten; os Dez Mandamentos the Ten Commandments
dezembro *s.m.* December
dezena *s.f.* 1 (*número*) ten; coloquial uma dezena de vezes about ten times 2 MATEMÁTICA unit of ten ♦ às dezenas by the dozen
dezenove *num.* nineteen; no dia 19 on the nineteenth
dezesseis *num.* sixteen; aos dezesseis anos isso é normal that is a normal thing to do when you are sixteen
dezessete *num.* seventeen
dezoito *num.* eighteen
dia *s.m.* day; de dia by day; dentro de alguns dias within a few days; há alguns dias some days ago; no dia 5 de janeiro on the 5th January; o dia inteiro the whole day; o dia seguinte the day after; todos os dias every single day ♦ dia sim, dia não every other day de um dia para outro overnight estar em dia to be up-to-date mais dia menos dia sooner or later
diabetes *s.f.2n.* MEDICINA diabetes
diabético *adj., s.m.* diabetic
diabo *s.m.* coloquial devil ♦ fala-se no diabo e ele aparece talk of the devil foi o diabo it was a dreadful mess um pobre diabo a poor wretch coloquial vai para o diabo! go to hell!
Diabo *s.m.* Devil; Satan
diabólico *adj.* diabolical; devilish; uma ideia diabólica a devilish idea
diadema *s.m.* diadem; tiara
diafragma *s.m.* 1 ANATOMIA, FOTOGRAFIA diaphragm 2 (*contraceptivo*) diaphragm; cap
diagnosticar *v.* MEDICINA to diagnose; foi diagnosticado de um câncer his illness was diagnosed as cancer
diagnóstico *s.m.* MEDICINA diagnosis; fazer o diagnóstico da doença to diagnose the disease ■ *adj.* MEDICINA diagnostic
diagonal *adj.2g., s.f.* diagonal
dialeto *s.m.* dialect
diálise *s.f.* MEDICINA dialysis

dialogar v. 1 to dialogue 2 (*conversar*) to talk (sobre, *about*; com, *with*); to converse (sobre, *about*; com, *with*)
diálogo s.m. 1 dialogue 2 dialogue; conversation (com, *with*); talk (com, *with*)
diamante s.m. diamond
diâmetro s.m. GEOMETRIA diameter
diante adv. 1 (*perante*) before 2 (*posicionamento*) in front; diante da janela in front of the window 3 (*movimento*) ahead; de hoje em diante from now on, henceforth; e assim por diante and so forth, and so on; ir por diante to go on; para diante ahead
dianteira s.f. 1 (*liderança*) lead; estar na dianteira to have the lead; tomar a dianteira to take the lead 2 (*frente*) front
diapositivo s.m. slide
diária s.f. 1 (*rendimento*) daily income 2 (*despesa*) daily charge; daily expense
diário adj. daily; caderno diário notebook; uso diário daily use ■ s.m. 1 (*pessoal*) diary, journal; ter um diário to keep a diary 2 (*jornal*) daily newspaper, daily paper ♦ diário de bordo log book
diarreia s.f. MEDICINA diarrhoea Grã-Bretanha, diarrhea EUA
diatomácea s.f. BIOLOGIA diatom
dica s.f. coloquial tip; hint; piece of advice; vou te dar uma dica let me give you a hint
dicção s.f. diction
dicionário s.m. dictionary; dicionário de verbos verbal dictionary; procurar uma palavra no dicionário to look up a word in the dictionary
dicionarizar v. 1 (*organizar*) to compile (a dictionary) 2 (*introduzir palavra*) to include (a word) in the dictionary
dicotiledônea s.f. BOTÂNICA dicotyledon
dicotomia s.f. dichotomy
dicotômico adj. dichotomous
didática s.f. didactics; pedagogy; teachings
didático adj. teaching; pedagogical; educational; livro didático textbook; material didático teaching materials
diesel adj.2g.2n., s.m. diesel; motor a diesel diesel engine
dieta s.f. diet; estar fazendo dieta/estar de dieta to be on a diet; uma dieta diária equilibrada a balanced daily diet; uma dieta saudável a healthy diet
dietético adj. dietetic
difamação s.f. 1 (*destruir reputação*) defamation; detraction 2 (*caluniar*) slander; calumny; smear
difamar v. 1 (*prejudicar reputação*) to defame; to detract 2 (*caluniar*) to slander
diferença s.f. 1 difference (entre, *between*); distinction (entre, *between*); faz diferença it makes a difference; não faz diferença it makes no difference; qual é a diferença entre um e outro? what's the difference between one and the other? 2 (*divergência*) difference; divergence; diferença de opiniões divergence of opinion 3 (*troco*) subtraction; calcular a diferença to work out the subtraction diferenças s.f.pl. (*desentendimento*) disagreement; conflict; há que resolver as diferenças you must make amends

dignidade

diferenciação s.f. differentiation; BIOLOGIA diferenciação celular cell differentiation
diferencial adj.2g., s.m. MATEMÁTICA, ECONOMIA differential
diferenciar v. (*distinguir*) to distinguish, to differentiate (-, *between*) diferenciar-se v.pr. 1 (*divergir*) to differ; to diverge 2 (*afastar-se*) to stand apart
diferente adj.2g. (*distinto*) different (de, *from*); distinct (de, *from*); muito diferente quite different ● Observe que a palavra inglesa *different* se escreve com f duplo.
diferir v. 1 (*ser diferente*) to differ (de, *from*); diferir de caso para caso to differ from one case to the other 2 (*discordar*) to differ; to disagree 3 (*adiar*) to defer; to put off; postpone
difícil adj.2g. 1 difficult; hard; exercício difícil difficult exercise 2 (*texto*) obscure 3 (*trabalhoso*) toilsome; arduous 4 (*improvável*) unlikely; improbable; é difícil que isso aconteça it's unlikely that something like that will happen ♦ difícil de contentar hard to please atravessar uma fase difícil to be going through hard times fazer-se de difícil to play hard to get
dificuldade s.f. 1 difficulty; levantar dificuldades to create difficulties; ter dificuldade em fazer alguma coisa to have difficulty in doing something 2 (*obstáculo*) obstacle; hindrance 3 (*aflição*) distress; estar em dificuldades to be in trouble
dificultar v. to make difficult; to make things harder
difteria s.f. MEDICINA diphtheria
difundir v. 1 (*espalhar luz*) to diffuse; to spread; to scatter 2 (*escrito*) to publish; to give out 3 (*transmissão*) to broadcast; to transmit difundir-se v.pr. 1 (*informação*) to circulate; a notícia se difundiu rapidamente the news spread out quickly 2 (*derramar*) to diffuse; to scatter
difusão s.f. 1 FÍSICA diffusion; difusão de luz diffusion of light 2 (*circulação*) circulation; disseminação 3 (*transmissão*) transmission; broadcast
digerir v. 1 (*alimentação*) to digest 2 (*informação, conhecimento*) to digest; to absorb; to assimilate
digestão s.f. digestion ♦ de difícil digestão hard to swallow
digestivo adj. digestive; aparelho digestivo digestive tract; sistema digestivo digestive system ■ s.m. (*alimento, bebida*) digestive
digital adj.2g. 1 INFORMÁTICA digital; gravação digital digital recording; relógio digital digital watch 2 (*dedos*) digital; finger; impressões digitais fingerprints
digitalização s.f. 1 INFORMÁTICA digitization, digitalization; (com escâner) scanning 2 MEDICINA digitalization
digitalizar v. INFORMÁTICA to digitize
digitar v. to type; to key, to key in
dígito s.m. digit
dignar-se v.pr. to deign (a, *to*); to stoop (a, *to*); to condescend (a, *to*); ele não se dignou a aparecer he did not condescend to show up
dignidade s.f. 1 (*princípio moral*) dignity; dignidade humana human dignity 2 (*tributo*) honour; tribute; distinction 3 (*valor*) merit; worth; value

digno

digno *adj.* 1 (*pessoa*) dignified 2 (*honrado*) honourable; respectable 3 (*com valor*) worthy; honourable 4 (*fiável*) honest; trustworthy; dependable; digno de confiança reliable
dilacerar *v.* 1 (*desfazer*) to tear to pieces 2 (*ferir*) to lacerate; to gash 3 (*perfurar*) to pierce
dilapidar *v.* to dilapidate; to squander; to waste
dilatação *s.f.* 1 (*extensão*) dilatation; extension 2 (*aumento*) expansion; growth 3 (*prorrogação*) prolongation; prorogation
dilatar *v.* 1 (*olhos*) to dilate 2 (*prolongar*) to extend; to prolong; o prazo foi dilatado the deadline was extended
dilema *s.m.* dilemma; quandary; estar em um dilema to find oneself in a dilemma
diligência *s.f.* 1 (*solicitude*) diligence 2 (*eficiência*) efficiency; effectiveness 3 (*prontidão*) readiness; preparation; com toda a diligência ready as can be diligências *s.f.pl.* (*esforços*) proceeding; exertion; fazer todas as diligências para to do one's best to
diligente *adj.2g.* 1 (*empreendedor*) diligent; industrious 2 (*eficaz*) effective; efficient 3 (*trabalhador*) diligent; hard-working; meticulous 4 (*cauteloso*) cautious; attentive 5 (*rápido*) quick; swift
diluição *s.f.* dilution
diluir *v.* to dilute; to water down diluir-se *v.pr.* literário, figurado to fade away; diluir-se na distância to fade away in the distance
dilúvio *s.m.* deluge ♦ (*Bíblia*) o Dilúvio the Flood; the Deluge
dimensão *s.f.* (*medidas*) dimension; a três dimensões three-dimensional; dimensões de uma casa dimensions of a house dimensões *s.f.pl.* proportion; dimension; de grandes dimensões large-scale
dimensionar *v.* to measure, to measure up
diminuição *s.f.* 1 (*decréscimo*) decrease; reduction 2 (*abrandamento*) slack; drop; diminuição de velocidade drop of speed 3 MATEMÁTICA subtraction
diminuir *v.* 1 (*reduzir*) to diminish; to reduce; to decrease; diminuir as despesas to reduce expenses; o número de alunos diminuiu the number of students has decreased 2 (*valor*) to lower; diminuir o preço to lower the price 3 (*abrandar*) to slacken; to slow down; diminuir a velocidade to slow down 4 (*temperatura*) to drop; o calor diminuiu the heat has dropped 5 MATEMÁTICA to subtract diminuir-se *v.pr.* (*rebaixar-se*) to demean oneself; to humiliate oneself
diminutivo *adj., s.m.* LINGUÍSTICA diminutive
Dinamarca *s.f.* Denmark
dinamarquês *adj.* Danish ■ *s.m.* (*pessoa*) Dane dinamarquês *s.m.* (*língua*) Danish
dinâmica *s.f.* 1 dynamic 2 FÍSICA (*ciência*) dynamics
dinâmico *adj.* (*geral*) dynamic
dinamismo *s.m.* 1 dynamism 2 initiative
dinamitar *v.* 1 (*com dinamite*) to dynamite 2 (*explodir*) to blow up
dinamite *s.f.* dynamite
dinamizar *v.* 1 to energize 2 (*ativar*) to activate
dinastia *s.f.* dynasty; a dinastia de Avis the Avis dynasty

dinheiro *s.m.* 1 money; estar sem dinheiro to be short of money, to be penniless; ganhar muito dinheiro to make a lot of money 2 (*notas ou moedas*) cash; pagar em dinheiro to pay in cash; dinheiro em caixa cash in hand ● No sentido de "condição financeira para fazer ou comprar algo", a palavra "dinheiro" traduz-se por *to afford to*.
dinossauro *s.m.* ZOOLOGIA dinosaur
diocese *s.f.* RELIGIÃO diocese
dióxido *s.m.* QUÍMICA dioxide
diploide *adj.* BIOLOGIA diploid
diploma *s.m.* 1 (*de curso*) diploma 2 (*documento certificativo*) certificate
diplomacia *s.f.* 1 POLÍTICA diplomacy 2 (*tato*) diplomacy; tact; tratar um problema com diplomacia to deal tactfully with a problem
diplomata *s.2g.* diplomat
diplomático *adj.* diplomatic ♦ corpo diplomático diplomatic corps
dique *s.m.* dike
direção *s.f.* 1 (*sentido*) direction; em direção a towards; em direção oposta in the opposite direction 2 (*comando*) direction; direção artística art direction 3 (*endereço*) address 4 (*gestão*) management 5 (*administração*) board of directors 6 steer
direcionar *v.* to direct (para, *at/to/towards*); vamos continuar a direcionar a atenção para este assunto we will continue to direct our attention to this matter
direita *s.f.* 1 (*lado*) right; right side; à direita on the right 2 POLÍTICA the right; right wing; extrema direita far/extreme right
direitinho *adv.* 1 coloquial (*diretamente*) straight; directly; foi direitinho para a cama it went straight to bed 2 coloquial (*exatamente*) exactly; ele descreveu direitinho o que tinha visto he reported exactly what he had seen 3 coloquial (*muito bem*) perfectly; very well; dançou direitinho she danced perfectly ■ *adj.* coloquial flawless; impeccable
direito *adj.* 1 (*certo*) right; isto não está direito this is not right 2 (*posição*) straight; põe-te direito! straighten yourself up! 3 (*justo*) just; fair ■ *s.m.* 1 (*leis*) law; direito civil civil law 2 (*regalias*) right (a, *to*); ter direito a to have the right to 3 (*privilégio*) right; privilege; de direito by right
direto *adj.* 1 direct; ação direta direct action 2 (*em linha reta*) direct; through; trem direto through train 3 (*imediato*) immediate 4 (*franco*) blunt; straightforward; frank 5 figurado (*evidente*) clear; plain; explicit ■ *adv.* directly; straight; ir direto ao assunto to get straight to the point
diretor *s.m.* 1 director 2 (*gerente*) manager 3 (*de escola*) head teacher, principal EUA; headmaster (*s.m.*) Grã-Bretanha; headmistress (*s.m.*) Grã-Bretanha; (*de jornal*) editor; (*de filme, peça*) director; (*de prisão*) governor Grã-Bretanha, warden EUA ■ *adj.2g.* directorial
diretoria *s.f.* 1 board of directors 2 (*cargo*) directorship
diretório *s.m.* INFORMÁTICA directory
diretriz *s.f.* 1 GEOMETRIA directrix 2 (*instrução*) directive

dirigente s.2g. 1 leader; head 2 (*associação, clube*) officer ■ *adj.2g.* 1 (*instruções*) directing; guiding 2 (*governante*) ruling; classes dirigentes ruling classes

dirigir v. 1 (*comandar*) to lead; to command; dirigir as operações to command the operations 2 (*direcionar*) to direct (para, to, towards); (*atenção, esforços*) to focus (para, on) 3 (*veículo*) to drive; não sei dirigir I can't drive dirigir-se *v.pr.* 1 to go (a, to); dirija-se à mesa de informações go to the information desk 2 (*falar*) to address (a, –); dirigir-se a alguém to address someone

dirigível s.m. airship ■ *adj.2g.* dirigible; steerable

discar v. to dial; discar um número no telefone to dial a number on the phone

discente *adj.2g.* studying, learning; corpo discente the student body

discernimento s.m. literário discernment; judgement; perder o discernimento to go crazy

discernir v. 1 (*perceber*) to discern; to make out 2 (*distinguir*) to distinguish

disciplina s.f. 1 (*escola, saber*) subject; qual é a sua disciplina favorita? what's your favourite subject? 2 (*ordem*) discipline; order; disciplina militar military discipline 3 (*castigo*) punishment

disciplinar *adj.2g.* disciplinary; problemas disciplinares disciplinary problems ■ v. 1 (*ordenar*) to discipline; to put in order 2 (*regular*) to regulate; to organize 3 (*castigar*) to discipline; to punish

discípulo s.m. 1 RELIGIÃO disciple 2 figurado discípulo; follower

disco s.m. 1 disc; disk EUA; disco compacto compact disc, CD, INFORMÁTICA disco rígido hard disk 2 MÚSICA record; disco de vinil vinyl record 3 (*objeto redondo*) saucer; disco voador flying saucer 4 ESPORTE discus; lançamento do disco discus throwing

discografia s.f. discography

discordar v. 1 (*opinião*) to disagree (de, with) 2 figurado (*contrastar*) to clash

discórdia s.f. 1 (*diferença de opiniões*) discord; discordance 2 (*discussões*) quarrelling

discorrer v. 1 (*argumentar*) to reason; to argue 2 (*explanar*) to discourse (sobre, on); discorrer sobre um assunto to discourse on a subject

discoteca s.f. 1 (*clube*) club; discotheque, disco 2 (*loja*) music shop 3 (*coleção*) CD collection; record collection

discrepância s.f. 1 (*divergência*) discrepancy (entre, between; em, in); divergency (entre, between; em, in) 2 (*contradição*) contradiction; incongruency

discrepar v. 1 (*diferir*) to diverge (de, from); to differ (de, from) 2 (*discordar*) to disagree (de, with)

discreto *adj.* 1 (*reservado*) discreet 2 (*cauteloso*) cautious; prudent; careful 3 (*cor*) sober; low-key

discrição s.f. 1 (*reserva*) discretion; tact; reserve 2 (*cautela*) caution; prudence ♦ à discrição at one's discretion

discriminação s.f. 1 (*sexo, etnia*) discrimination (contra, against); discriminação racial racial discrimination; discriminação sexual gender discrimination 2 (*discernimento*) discernment; perception 3 (*distinção*) distinction (entre, between)

discriminar v. 1 (*sexo, etnia*) to discriminate 2 (*distinguir*) to discern; to distinguish

discursar v. 1 (*fazer discurso*) to make a speech 2 (*dissertar*) to discourse (sobre, on); discursar sobre política to discourse on politics

discurso s.m. speech; fazer um discurso to make a speech ♦ LINGUÍSTICA discurso direto direct speech LINGUÍSTICA discurso indireto reported speech, indirect speech

discussão s.f. 1 (*conflito*) argument; quarrel; discussão acesa bitter quarrel, heated argument 2 (*debate*) discussion (sobre, on); debate (sobre, on); estar em discussão to be under discussion 3 dispute; controversy; refutation

discutir v. 1 (*debater*) to discuss 2 (*altercar*) to argue (com, with); to quarrel (com, with); to fight (com, with); discutir com alguém to fight with someone

discutível *adj.2g.* 1 debatable 2 (*controverso*) controversial

disenteria s.f. MEDICINA dysentery

disfarçar v. 1 (*pôr disfarce*) to disguise 2 (*ocultar*) to hide 3 (*bocejo*) to suppress; to stifle 4 to feign indifference disfarçar-se *v.pr.* to put on a disguise; to disguise oneself; disfarçar-se de pirata to put on a disguise of a pirate

disfarce s.m. 1 disguise 2 (*máscara*) mask 3 (*traje*) costume; disfarce de carnaval carnival costume 4 (*dissimulação*) dissimulation; deception

disjuntor s.m. ELETRICIDADE circuit breaker

disparar v. 1 (*arma*) to shoot; to fire; disparar à queima-roupa to fire at point-blank range 2 (*arma, bomba*) to let off 3 figurado (*correr*) to bolt; to dash; disparar porta fora to make a dash for the door 4 figurado (*subir rapidamente*) to jump; to shoot up; to soar; os preços dispararam prices have soared

disparatar v. 1 (*dizer disparates*) to talk foolishly; to drivel on; to rabbit on 2 (*fazer besteira*) to blunder; to bungle

disparate s.m. 1 nonsense; rubbish; disparate! rubbish!; dizer disparates to talk nonsense 2 (*asneira*) blunder; gaffe

dispendioso *adj.* expensive; pricey; costly

dispensa s.f. 1 (*isenção*) exemption 2 (*licença*) release (de, from); liberation; letting off; dispensa de serviço release from duty 3 RELIGIÃO dispensation 4 (*demissão*) dismissal

dispensar v. 1 (*prescindir*) to dispense with; to discard; to do without; dispenso ajuda I can manage on my own 2 (*isentar*) to exempt 3 (*despedir*) to dismiss; dispensar mão de obra to dismiss workers 4 (*dever*) to release from; to excuse from; hoje você está dispensado do trabalho you are excused from work today 5 (*ceder, emprestar*) to spare; você pode me dispensar este livro? can you spare me this book?

dispensável *adj.2g.* 1 (*objeto*) dispensable 2 (*pessoa*) disposable; expendable

dispersão s.f. 1 (*pessoas, objetos*) dispersion; dispersal; scattering 2 (*pessoas*) disbandment 3 (*difusão*) diffusion 4 (*estado de espírito*) abstraction

dispersar v. 1 (*pessoas, coisas*) to disperse; to scatter; to break up; as pessoas dispersaram people have

disperso

disperso broken up 2 (*difundir*) to diffuse; to disseminate dispersar-se *v.pr.* 1 (*estado de espírito*) to become lost in thought 2 (*texto, discurso*) to digress

disperso *adj.* 1 (*espalhado*) scattered; disperse 2 (*difuso*) diffuse; imprecise; vague 3 (*estado de espírito*) abstract; absent-minded

displicência *s.f.* 1 (*negligência*) negligence; carelessness 2 (*aborrecimento*) annoyance

displicente *adj.2g.* 1 (*descuidado*) negligent; careless 2 (*aborrecido*) annoyed

disponibilidade *s.f.* 1 availability (para, *to*) 2 (*vontade*) willingness; receptiveness; ter disponibilidade para to be willing to

disponibilizar *v.* (*providenciar*) to provide

disponível *adj.2g.* 1 (*produto, pessoa*) available; não estou disponível no momento I am not available right now 2 spare; free; ainda há espaço disponível there is still spare room

dispor *v.* 1 to lay out 2 to arrange 3 (*estabelecer*) to determine; to stipulate 4 (*ter*) to have (de, –); to possess (de, –); não dispor de tempo suficiente not to have enough time 5 (*usufruir*) to dispose (de, *of*) dispor-se *v.pr.* to be willing (a, *to*) *s.m.* disposal; ao seu dispor at your disposal ♦ coloquial disponha! any time!

disposição *s.f.* 1 (*estado de espírito*) mood; estar com boa disposição to be in a good mood 2 (*vontade*) disposition (de, *to*); estar com disposição para to be in the disposition to 3 (*serviço*) disposal; à sua disposição at your disposal 4 (*alinhamento*) arrangement; line-up 5 (*arrumação*) arrangement; layout

dispositivo *s.m.* 1 (*instrumento*) device; gadget; dispositivo eletrônico electronic device 2 (*estrutura*) apparatus; dispositivo militar military apparatus; dispositivo de segurança safety apparatus 3 (*máquina, veículo*) gear

disposto *adj.* 1 (*pronto*) prepared (a, *to*) 2 (*organizado*) disposed; laid out; a mercadoria estava disposta em prateleiras the merchandise was disposed in shelves 3 (*regulamentado*) ordered; regulated; conforme disposto according to the regulations

disputa *s.f.* 1 (*altercação*) dispute; question; em disputa in dispute 2 (*discussão*) quarrel; dispute; argument 3 (*polêmica*) controversy 4 (*conflito*) dispute; struggle; conflict 5 ESPORTE competition (com, *against*)

disputar *v.* 1 (*contender*) to dispute; to contend; disputar a vitória to dispute the victory 2 (*questionar*) to debate; to question; disputar uma verdade to question a truth 3 ESPORTE to compete for; to contest; to play; disputar um torneio to play in a tournament; disputar uma corrida to race

disquete *s.m.* diskette, floppy disk; disquete de inicialização boot disk

dissecar *v.* (*geral*) to dissect

disseminação *s.f.* dissemination (de, *of*); spreading (de, *of*); propagation (de, *of*); diffusion (de, *of*); disseminação do conhecimento dissemination of knowledge

disseminar *v.* to disseminate; to diffuse; to scatter; to spread

dissentir *v.* to dissent (de, *from*); to disagree (de, *with*)

dissertação *s.f.* 1 (*discurso*) dissertation; speech 2 (*ensaio*) dissertation; essay

dissertar *v.* 1 (*discurso*) to dissertate (sobre, *on*) 2 (*escrito*) to write an essay (sobre, *on*)

dissimular *v.* 1 (*sentimentos*) to dissimulate; to hide 2 figurado (*disfarçar*) to disguise; to feign 3 (*esconder*) to conceal; to hide 4 (*fingir*) to dissimulate; to deceive; to dissemble

dissipar *v.* 1 to dispel; dissipar dúvidas to dispel doubt 2 (*esbanjar*) to dissipate; to waste; to squander; dissipar uma fortuna to dissipate a fortune dissipar-se *v.pr.* (*desaparecer*) to vanish; to disappear; to dissipate; as nuvens se dissiparam clouds vanished, the sky cleared

disso (contração da preposição de + o pronome demonstrativo isso) ♦ acerca disso with regard to that além disso besides apesar disso even so eu não estava falando disso I wasn't talking about that nada disso nothing of the kind (*alimento*) quero experimentar um pouco disso I want to taste a little bit of that você gosta disso? do you like that?

dissociar *v.* 1 (*separar*) to dissociate 2 (*desligar*) to disconnect dissociar-se *v.pr.* to dissociate oneself (de, *from*); to distance oneself (de, *from*)

dissolução *s.f.* 1 (*assembleia, associação, casamento*) dissolution 2 (*desintegração*) disintegration 3 QUÍMICA dissolution

dissolver *v.* 1 to dissolve (em, *in*) 2 (*casamento, parlamento*) to dissolve 3 (*liquefazer*) to liquefy 4 figurado to break up; dissolver uma aliança to break up an alliance dissolver-se *v.pr.* 1 (*líquido*) to dissolve 2 (*desvanecer-se*) to vanish; to fade away

dissonância *s.f.* 1 MÚSICA dissonance; disharmony 2 (*discórdia*) discord; disagreement

dissuadir *v.* to dissuade (de, *from*); to discourage (de, *from*); dissuadir alguém de um propósito to dissuade someone from doing something

distância *s.f.* 1 distance (de, *of*; entre, *between*); a curta distância de within easy distance of; a grande distância at great distance, a long way off; a que distância fica? how far is it? 2 (*temperamento*) aloofness; distance; detachment; manter-se à distância to keep one's distance 3 (*frieza*) coldness; reserve

distanciar *v.* (*objetos*) to separate; to set apart distanciar-se *v.pr.* 1 to distance oneself (de, *from*); to detach oneself (de, *from*); distanciar-se dos amigos to distance oneself from our friends 2 (*deixar para trás*) to leave behind; distanciar-se do passado to leave the past behind

distante *adj.2g.* 1 distant (de, *from*); remote; locais distantes far away places 2 (*temperamento*) distant; reserved; manteve-se distante he kept his distance

distender *v.* 1 (*dilatar*) to distend; to swell; to enlarge 2 (*expandir*) to expand 3 (*retesar*) to stretch; distender os músculos to stretch one's muscles

distensão *s.f.* 1 MEDICINA distension; swelling 2 (*músculo*) wrench; sofrer uma distensão muscular to sprain a muscle

dístico *s.m.* 1 LITERATURA (*versos*) distich, couplet 2 (*rótulo*) inscription; label

distinção *s.f.* 1 (*diferenciação*) distinction (entre, *between*); difference (entre, *between*); distinção entre o bem e o mal the distinction between good and evil; sem fazer distinção without making any distinction 2 (*honra*) distinction (a, *on*); honour (a, *on*) 3 (*mérito*) distinction; merit; com distinção with merit

distinguir *v.* to distinguish (de, *from*; entre, *between*); to differentiate (de, *from*; entre, *between*); distinguir um do outro to distinguish one from the other distinguir-se *v.pr.* to distinguish oneself (em, *in*); to excel (em, *in*); ele distinguiu-se nos estudos he distinguished himself in his studies

distintivo *adj.* distinctive ■ *s.m.* 1 badge 2 (*sinal*) sign

distinto *adj.* 1 (*diferente*) distinct; different 2 (*nítido*) clear; bright 3 (*importante*) eminent; prominent; distinguished; um homem distinto an eminent man 4 (*único*) singular; unique

disto (contração da preposição de + o pronome demonstrativo isto) ♦ disto se depreende que... of this comes out that... estávamos falando disto agora mesmo we were just talking about this muito antes disto long before this por meio disto by this você gosta disto? do you like this?

distorção *s.f.* 1 distortion; misrepresentation; distorção da realidade distortion of reality 2 (*interpretação errada*) misinterpretation; misread

distorcer *v.* (*fatos, imagem, palavras, som*) to distort, to twist

distração *s.f.* 1 (*falta de atenção*) absent-mindedness; por distração inadvertently 2 (*divertimento*) distraction, amusement; para distração for pleasure 3 (*descuido*) oversight

distrair *v.* 1 (*tornar desatento*) to distract, to divert 2 (*divertir*) to amuse distrair-se *v.pr.* 1 to be distracted; distrair-se com as horas to lose track of time 2 (*divertir-se*) to amuse oneself 3 (*passar o tempo*) to pass one's time

distribuição *s.f.* 1 distribution; ELETRICIDADE quadro de distribuição switchboard 2 (*correspondência*) delivery 3 (*água, eletricidade, gás*) supply 4 TEATRO (*papéis*) casting 5 (*prêmios*) prize-giving

distribuidor *s.m.* 1 distributor, distribution company 2 wholesaler 3 MECÂNICA distributor

distribuir *v.* 1 (*comida, panfletos, roupas*) to distribute 2 (*folheto*) to hand out 3 (*repartir*) to share 4 (*cartas*) to deliver

distrito *s.m.* district; distrito urbano urban district

distúrbio *s.m.* 1 disturbance, trouble 2 (*violento*) riot; criar distúrbios to make trouble; provocar distúrbios to cause a disturbance 3 PSICOLOGIA disorder; distúrbio afetivo emotional disorder

ditado *s.m.* 1 (*escola*) dictation; (*alunos*) fazer um ditado to take dictation 2 (*provérbio*) saying, proverb; como diz o ditado... as the saying goes...

ditador *s.m.* dictator, tyrant

ditadura *s.f.* dictatorship, tyranny; durante a ditadura militar under the military dictatorship

ditar *v.* 1 to dictate 2 (*impor*) to impose

dito *adj.* said, aforesaid; dito de outra forma/maneira in other words; dito e feito no sooner said than done; tenho dito! so that's that! *s.m.* 1 saying 2 remark ♦ dar o dito por não dito to withdraw a statement

dito-cujo *s.m.* coloquial you-know-who

ditongo *s.m.* LINGUÍSTICA diphthong

diurese *s.f.* MEDICINA diuresis

diurético *adj., s.m.* diuretic

diurno *adj.* 1 day, daytime, daily; voos diurnos daytime flights 2 ASTRONOMIA, BOTÂNICA, ZOOLOGIA diurnal

diva *s.f.* diva

divã *s.m.* divan, couch, sofa

divagação *s.f.* digression, rambling

divagar *v.* 1 (*assunto*) to digress, to wander off, to ramble on 2 (*vaguear*) to wander, to stray

divergência *s.f.* 1 divergence, deviation 2 (*de opinião*) disagreement

divergir *v.* 1 to diverge (de, *from*) 2 (*opinião*) to disagree, to differ, to diverge

diversão *s.f.* diversion, amusement, entertainment; (*para desviar a atenção*) criar uma diversão to create a diversion; parque de diversões amusement park Grã-Bretanha; funfair EUA

diversidade *s.f.* 1 diversity (de, *of*), variety (de, *of*); diversidade cultural cultural diversity; BIOLOGIA diversidade biológica biological diversity 2 (*diferença*) difference

diversificar *v.* 1 to diversify 2 (*expandir*) to branch out, to diversify into

diverso *adj.* 1 different, diverse, varied 2 (*no plural*) various, several; de diversas formas in various ways; diversas vezes several times

divertido *adj.* 1 amusing, entertaining 2 (*engraçado*) funny; ser muito divertido to be great fun 3 (*agradável*) enjoyable

divertimento *s.m.* amusement, entertainment, fun

divertir *v.* to amuse, to entertain divertir-se *v.pr.* to have a good time, to enjoy oneself, to have fun

dívida *s.f.* debt

dividir *v.* 1 (*comida, despesas, lucro, recompensa*) to divide, to share 2 (*separar*) to separate dividir-se *v.pr.* to be divided, to divide, to split up

divindade *s.f.* 1 (*natureza divina*) divinity 2 (*entidade*) divinity; deity

divinizar *v.* to deify

divino *adj.* 1 godlike, divine; dádiva divina godsend 2 coloquial, figurado excellent, divine

divisa *s.f.* 1 (*emblema*) emblem, badge 2 (*lema*) motto, slogan divisas *s.f.pl.* (*militar*) stripes

divisão *s.f.* 1 division; divisão de tarefas division of labour 2 BIOLOGIA, MATEMÁTICA division 3 (*partilha*) distribution, sharing 4 (*casa*) room 5 ESPORTE league, division 6 figurado (*desunião*) disagreement, dissension

divisar *v.* 1 (*avistar*) to make out, to discern, to see 2 (*delimitar*) to delimit

divisória *s.f.* (*casa*) partition

divisório *adj.* dividing; linha divisória dividing line

divorciado *s.m.* divorcé (*s.m.*), divorcée (*s.f.*) ■ *adj.* divorced

divorciar *v.* 1 to divorce 2 figurado (*separar*) to separate divorciar-se *v.pr.* to get divorced (de, *from*)

divórcio

divórcio s.m. divorce; requerer o divórcio to sue for divorce
divulgação s.f. 1 divulging, diffusion 2 (*segredo*) revelation, disclosure
divulgar v. 1 (*notícias*) to spread 2 (*segredo*) to reveal; to divulge 3 (*produto*) to market
dizer v. 1 to say; to tell; to utter; disse que sim he said yes 2 (*narrar*) to narrate; (*versos*) to recite 3 (*condizer*) to go well with, to match dizer-se v.pr. 1 to call oneself, to claim to be 2 to be said; diz-se que... it is said that..., they say that... s.m. (*dito*) saying ♦ dizer a verdade to tell the truth dizer respeito a to concern eu te disse! I told you so! não me diga! you don't say! por assim dizer so to speak o que isto quer dizer? what does it mean? quer dizer that is to say; in other words sem dizer nada without a word
dizimar v. to decimate; to wipe out
DNA *sigla de* ácido desoxirribonucleico; DNA, sigla de deoxyribonucleic acid
do (contração da preposição de + o artigo definido o, a) ♦ a bicicleta da Carla está nova em folha Carla's bike is brand new as meias das crianças são bonitinhas the kid's socks are cute dos pés à cabeça from head to foot/toe o Brasil é o maior país da América do Sul Brazil is the largest country in South America o Pará é um dos estados mais quentes do Brasil Pará is one of the hottest states in Brazil o skate do Lucas está novo em folha Lucas' skateboard is brand new os carrinhos dos meninos são eletrônicos the boys' toy cars are electronic uma das meninas chegou atrasada one of the girls arrived late um dos meus amigos chegou atrasado one of my friends arrived late
dó s.m. 1 pity, compassion; sem dó nem piedade ruthlessly; ter dó de alguém to take pity on somebody 2 MÚSICA (*nota musical*) do; (*tom*) C
doação s.f. donation, gift; MEDICINA doação de órgãos organ donation; fazer uma doação to make a donation
doador s.m. donor; doador de órgãos organ donor; doador de sangue blood donor
doar v. (*bens, dinheiro, órgãos, sangue*) to donate (a, to), to give (a, to); doar dinheiro para a pesquisa sobre o câncer to donate money to cancer research
dobermann s.m. (*cachorro*) Doberman; Doberman pinscher
dobra s.f. 1 (*tecido*) fold, pleat; (*envelope, livro*) flap 2 (*calças*) turn-up Grã-Bretanha; cuff EUA 3 GEOLOGIA fold, folding, bend
dobradiça s.f. hinge
dobrar v. 1 (*duplicar*) to double 2 (*papel*) to fold 3 (*barra de ferro, joelho*) to bend 4 (*esquina*) to turn, to go round 5 figurado (*convencer*) to talk somebody round 6 (*sinos*) to toll dobrar-se v.pr. (*curvar-se*) to bend over ♦ dobrar a língua to hold one's tongue
dobrável adj.2g. 1 (*objeto*) folding; bending; pliable 2 figurado (*temperamento*) flexible; bent; ele é facilmente dobrável he's easily bent
dobro num. double ■ s.m. twice as much, twice as many

doca s.f. dock; doca flutuante floating dock; doca seca dry dock
doce adj.2g. 1 sweet, sugary 2 (*água*) fresh 3 figurado (*pessoa, voz*) gentle, soft ■ s.m. 1 (*sobremesa*) sweet 2 (*compota*) jam; (*de cítricos*) marmalade 3 (*bala, pirulito*) candy
docência s.f. 1 (*ensino*) teaching 2 (*cargo*) teaching profession
docente s.2g. teacher ■ adj.2g. teaching; corpo docente teaching staff
doceria s.f. a place where candies are made and/or sold
dócil adj.2g. docile, submissive
documentação s.f. 1 documentation 2 (*de pessoa*) papers; (*de carro*) documents
documentar v. to document, to supply with documents
documentário adj., s.m. documentary (sobre, on/about); um documentário sobre a escravidão a documentary on/about slavery
documento s.m. document; redigir um documento to draw up a document documentos s.m.pl. (*de uma pessoa*) papers; (*de carro*) documents
doçura s.f. 1 sweetness 2 (*ternura*) gentleness, softness, meekness
dodô s.m. ZOOLOGIA dodo
dodói s.m. linguagem infantil wound, bruise
doença s.f. MEDICINA illness, sickness; disease ♦ doença contagiosa contagious disease doença crônica chronic disease doença mental mental illness
doente adj.2g. MEDICINA sick, ill; estar doente to be sick ■ s.2g. 1 MEDICINA sick person; os doentes the sick 2 (*paciente*) patient
doentio adj. 1 (*débil*) sickly 2 (*clima, comida*) unhealthy, unwholesome 3 pejorativo (*curiosidade, interesse*) morbid
doer v. 1 (*estômago, perna*) to hurt 2 (*cabeça, dentes, músculo*) to ache 3 (*pesar*) to grieve doer-se v.pr. to resent, to be offended
dogmatizar v. to dogmatize
doideira s.f. 1 (*loucura*) madness; insanity; craziness; lunacy 2 (*disparate*) silliness; nonsense; folly; foolishness
doidice s.f. 1 (*loucura*) madness; insanity; craziness; lunacy 2 (*disparate*) silliness; nonsense; folly; foolishness
doido adj. mad (por, about); crazy (por, about); insane; doido por ela mad about her; coloquial doido varrido raving mad; ficar doido to go mad ■ s.m. pejorativo madman, maniac, lunatic
dois num. two; os dois both of them, the two of them; os dois livros both books ■ s.m. 1 (*número*) two; dois a dois in twos, in pairs 2 (*data*) the second; no dia dois de agosto on the second of August 3 (*carta de jogar, dados, dominó*) deuce ♦ (*pontuação*) dois pontos colon matar dois coelhos de uma cajadada to kill two birds with one stone não ter dois dedos de testa to be thick as two short planks somar dois mais dois to put two and two together
dólar s.m. dollar; coloquial buck EUA
dolo s.m. DIREITO fraud; deceit

doloroso adj. 1 (que dói) painful, aching 2 (amargurado) distressing, sorrowful
doloso adj. DIREITO fraudulent
dom s.m. gift, talent, knack; coloquial o dom da palavra the gift of the gab
domador s.m. tamer
domar v. 1 to tame, to domesticate; domar um animal selvagem to tame a wild animal 2 (cavalo) to break in 3 (subjugar) to subdue
doméstica s.f. (empregada) housemaid
domesticar v. 1 to domesticate, to tame 2 figurado (civilizar) to civilize
doméstico adj. 1 household; tarefas domésticas household chores, housework 2 domestic; animais domésticos domestic animals ■ s.m. (funcionário) domestic
domiciliar adj.2g. domiciliary ■ v. to domicile, to domiciliate; to house domiciliar-se v.pr. to take up residence (em, in); to settle (em, in)
domicílio s.m. 1 (residência) home, residence, dwelling; entrega em domicílio delivery service; mudança de domicílio change of address 2 DIREITO (sede) domicile
dominador adj. 1 (pessoa, personalidade) domineering, dominating, ruling 2 (olhar) imposing
dominante adj.2g. 1 dominant, ruling; cor dominante dominant colour 2 (predominante) predominant, prevailing
dominar v. 1 to dominate, to rule, to control; dominar a situação to gain/get the upper hand of 2 (reprimir) to repress 3 (língua estrangeira) to be fluent in, to speak fluently 4 (matéria, técnica) to be good at 5 (preponderar) to dominate, to prevail dominar-se v.pr. (conter-se) to control oneself, to keep one's temper
domingo s.m. Sunday; aos domingos on Sundays; no domingo passado last Sunday ♦ RELIGIÃO Domingo de Ramos Palm Sunday ♦ RELIGIÃO Domingo de Páscoa Easter Sunday
dominical adj.2g. Sunday; RELIGIÃO escola dominical Sunday School
dominicano adj., s.m. Dominican
domínio s.m. 1 (controle) control, domination, power; estar sob o domínio de alguém to be in/under the control of somebody 2 (língua estrangeira) fluency, command 3 (âmbito, campo, setor) field, sphere; ser de domínio público to be common knowledge 4 (técnica) mastery 5 (território) domain 6 figurado property, estate; domínio público public property
dominó s.m. 1 (jogo) dominoes; jogar dominó to play dominoes 2 (pedra) domino ♦ efeito dominó domino effect
dona s.f. (casada) Mrs.; (estado civil desconhecido) Ms.; dona Fernanda Santos Mrs. Santos
donativo s.m. 1 donation; fazer um donativo to make a donation 2 (presente) gift, present
dondoca s.f. coloquial posh woman
doninha s.f. ZOOLOGIA weasel
dono s.m. 1 (proprietário) owner; donos de animais animal owners 2 (senhor) master; dono da situação master of the situation ♦ dar o seu a seu dono to give someone one's due
donzela s.f. maiden
dopar v. to dope
dor s.f. 1 MEDICINA pain; ache; dor de cabeça headache; dor de garganta sore throat; aliviar a dor to relieve the pain, to ease the pain; estar com dores to be in pain 2 (mágoa) grief, sorrow ♦ coloquial, figurado ter dor de cotovelo to be jealous
dormência s.f. 1 (membro) numbness 2 (sonolência) sleepiness; drowsiness 3 BOTÂNICA, GEOLOGIA dormancy 4 figurado (inatividade) dullness; inertia; inactivity
dormente adj.2g. numb; asleep; dormant meu pé esquerdo está dormente my left foot is gone to sleep; vulcão dormente dormant volcano
dorminhoco s.m. coloquial sleepyhead
dormir v. to sleep; durma bem! sleep tight!; estar meio dormindo to be half asleep; muitas noites sem dormir many sleepless nights; não deixar alguém dormir to keep somebody awake; não dormir nada not to sleep a wink; dormir um soninho to take a nap ♦ dormir como uma pedra to sleep like a log dormir fora de casa to sleep out
dormitar v. to doze, to drowse; to slumber
dormitório s.m. dormitory
dorso s.m. ANATOMIA back; dorso da mão back of the hand
dosagem s.f. dosage
dosar v. to divide into doses, to measure out
dose s.f. 1 dose (de, of), portion (de, of) 2 (bebida alcoólica) shot, measure ♦ uma grande dose de a great deal of
dotado adj. 1 (talentoso) gifted, talented 2 (de uma qualidade) endowed (de, with); dotado de inteligência endowed with intelligence 3 (equipado) equipped (de, with)
dotar v. 1 (dote) to give a dowry to 2 to endow (de, with); dotar um hospital de camas to endow a hospital with beds
dote s.m. 1 (de casamento) dowry 2 figurado (talento) gift, talent; ter dotes musicais to have a gift for music
dourar v. 1 to gild, to cover with a thin layer of gold 2 figurado (tornar brilhante) to brighten 3 figurado (embelezar, disfarçar) to embellish, to adorn, to disguise; dourar a pílula to sugar the pill 4 CULINÁRIA to brown
doutor s.m. 1 doctor 2 (ensino) Ph.D
doutorado s.m. (pessoa) doctor doutorado s.m. 1 (curso) doctor's degree; doctorate 2 (posição) doctorship
doutorar v. to confer the degree of doctor doutorar-se v.pr. to graduate
doutrina s.f. doctrine
doze num. twelve ■ s.m. 1 twelve 2 (data, décimo segundo) the twelfth
dragão s.m. 1 dragon 2 (cavalaria) dragoon
dragar v. to dredge
dragoeiro s.m. BOTÂNICA dragon tree
drama s.m. 1 drama; tragedy 2 TEATRO drama; drama histórico historical drama

dramalhão

dramalhão s.m. coloquial, pejorativo tearjerker; weepie
dramático adj. dramatic; TEATRO arte dramática dramatics
dramatização s.f. dramatization
dramatizar v. to dramatize
dramaturgia s.f. TEATRO dramaturgy
dramaturgo s.m. TEATRO playwright, dramatist
drástico adj. drastic; medidas drásticas drastic measures; mudança drástica drastic change
drenagem s.f. drainage, draining
drenar v. to drain
dreno s.m. drain
driblar v. ESPORTE to dribble
drible s.m. ESPORTE dribble; dribbling
drinque s.m. aperitif; drink
droga s.f. 1 (substância) drug; 2 figurado, pejorativo shit ■ interj. damn!
drogado s.m. addict, drug addict ■ adj. on drugs, drugged
drogar v. to drug drogar-se v.pr. to take drugs, to use drugs, to be on drugs
drogaria s.f. chemist's Grã-Bretanha; drugstore EUA; pharmacy
dromedário s.m. ZOOLOGIA dromedary
dropes s.m.2n. (bala) drop
duas num. two; às duas horas at two o'clock; das duas uma one of two things; de duas em duas horas every two hours; duas vezes twice
dublado adj. dubbed
dublagem s.f. dubbing
dublar v. to dub (em, into); dublar um filme sueco em português to dub a Swedish film into Portuguese
dublê s.2g. double; stand-in; stuntman, stuntwoman
ducha s.f. shower; tomar uma ducha to have/take a shower
dúctil adj.2g. (metal) ductile
duelo s.m. duel; bater-se em duelo to fight a duel, to duel; desafiar alguém para um duelo to challenge somebody to a duel
duende s.m. elf, goblin
dueto s.m. MÚSICA duet, duo
duna s.f. dune
dunga adj.2g. coloquial exceptional
duo s.m. 1 MÚSICA (par) duo 2 MÚSICA (composição) duet

dupla s.f. 1 pair, couple, duo 2 ESPORTE (tênis) doubles
duplicar v. 1 (copiar) to duplicate 2 (dobrar) to double
duplo adj. double, twofold, dual; duplo sentido double meaning ■ num. twice as much/many
duque s.m. 1 (título) duke 2 (jogo de cartas) deuce
duração s.f. 1 duration; de curta duração of short duration; de pouca duração short-lived 2 (filme) length 3 (lâmpada, pilhas) life; pilhas de longa duração long-life batteries
duradouro adj. lasting, durable, enduring; efeito duradouro lasting effect; material duradouro durable material; relação duradoura lasting relationship
durante prep. 1 during, throughout; durante a nossa vida throughout our life; durante o dia during the day 2 for; durante algum tempo for some time; durante uma hora for an hour
durar v. 1 to last; durar muito to last a long time 2 (subsistir) to endure
durex s.m.2n. (fita adesiva) sellotape Grã-Bretanha; Scotch tape EUA
dureza s.f. 1 hardness, stiffness; QUÍMICA dureza da água water hardness 2 figurado (severidade) harshness, hardness 3 figurado (penúria) pennilessness
duro adj. 1 hard; solid 2 figurado (castigo, clima, crítica) harsh, cruel 3 figurado (forte, resistente) tough 4 (pão) stale 5 coloquial (sem dinheiro) broke ♦ ser duro com alguém to be hard on somebody ser duro de roer to be a hard nut to crack
dúvida s.f. 1 doubt; dar o benefício da dúvida a alguém to give somebody the benefit of the doubt; pôr em dúvida to doubt; sem dúvida! absolutely!; ter dúvidas sobre to have doubts about 2 (pergunta) question, query ♦ em caso de dúvida when in doubt
duvidar v. 1 (pôr em causa) to doubt, to question; duvido! I doubt it! 2 (estar na dúvida) to be uncertain; duvidar de to have doubts about, to distrust, to mistrust 3 (hesitar) to hesitate
duvidoso adj. 1 doubtful; caráter duvidoso doubtful character 2 (suspeito) suspicious, dubious, questionable
duzentos num. two hundred
dúzia s.f. dozen; à dúzia by the dozen; meia dúzia half a dozen
DVD sigla de digital video disk

E

e¹ /é/ *s.m.* (*letra*) e

e² /i/ *conj.* 1 LINGUÍSTICA and 2 (*frases interrogativas*) and what about 3 (*para indicar horário*) past; 8 e 10 10 past 8

ébano *s.m.* BOTÂNICA ebony

ébrio *s.m.* drunkard ■ *adj.* drunk, drunken; intoxicated

ebulição *s.f.* 1 FÍSICA boiling, ebullition 2 figurado excitement ♦ entrar em ebulição to come to the boil ponto de ebulição boiling point

eclipsar *v.* 1 ASTRONOMIA to eclipse 2 figurado (*ofuscar*) to outshine; to overshadow eclipsar-se *v.pr.* (*desaparecer*) to disappear

eclipse *s.m.* ASTRONOMIA eclipse ♦ eclipse lunar lunar eclipse eclipse solar eclipse of the sun

eclíptica *s.f.* ASTRONOMIA ecliptic

eclodir *v.* 1 (*surgir*) to appear, to emerge 2 (*estourar*) to break out 3 (*desabrochar*) to bloom

eco *s.m.* 1 echo; fazer eco to echo 2 repercussion; ter eco to have repercussions

ecoar *v.* 1 (*repetir*) to repeat 2 (*ressoar*) to resound 3 (*fazer eco*) to echo

ecocardiograma *s.m.* MEDICINA echocardiogram

ecologia *s.f.* 1 BIOLOGIA ecology 2 (*escola*) environmental studies

ecológico *adj.* BIOLOGIA ecological; catástrofe ecológica ecological catastrophe

economês *s.m.* jocoso economese

economia *s.f.* 1 (*administração*) economy 2 (*ciência*) economics economias *s.f.pl.* (*poupanças*) savings; fazer economias to save, to put aside/by ♦ economia de mercado market economy economia doméstica household management, housekeeping

econômico *adj.* 1 economic 2 (*barato, rentável*) economical; carro econômico economical car 3 (*pessoa*) thrifty

economizar *v.* 1 to economize, to cut costs 2 (*poupar*) to save; economizar tempo to save time

ecossistema *s.m.* BIOLOGIA ecosystem

ecoturismo *s.m.* ecotourism

eczema *s.m.* MEDICINA eczema

edáfico *adj.* GEOLOGIA edaphic

edema *s.m.* MEDICINA edema; swelling

éden *s.m.* eden; paradise; heaven

Éden *s.m.* RELIGIÃO Eden

edição *s.f.* 1 edition; primeira edição first edition 2 (*tiragem*) edition 3 (*publicação*) publication 4 (*audiovisual*) editing ♦ edição de bolso pocket edition

edificar *v.* 1 (*construir*) to construct, to build up 2 figurado (*espiritualmente*) to edify, to instruct, to enlighten

edifício *s.m.* building; edifice; edifício público public building

edital *s.m.* (*oficial*) proclamation, edict

editar *v.* 1 (*publicar*) to publish 2 INFORMÁTICA to edit

editor *s.m.* 1 (*o que publica*) publisher 2 (*o que coordena*) editor 3 INFORMÁTICA editor; editor de texto text editor

editora *s.f.* (*casa editorial*) publishing house, publisher

editorial *adj.2g.* editorial, publishing ■ *s.m.* (*jornalismo*) editorial, leader, leading article

edredom *s.m.* eiderdown, down quilt

educação *s.f.* 1 (*ensino*) education 2 (*dos filhos*) upbringing; boa educação good upbringing 3 (*cortesia*) manners; falta de educação rudeness, impoliteness; não ter educação to have no manners ♦ educação especial special education; special needs education educação física physical education

educacional *adj.2g.* educational

educado *adj.* 1 (*culto*) educated 2 (*cortês*) polite; well-mannered ● As palavras "bem-educado" e "mal-educado" correspondem a *well-bred* e *ill-bred*

educador *s.m.* educator, teacher; educador infantil infant teacher

educar *v.* 1 (*instruir*) to educate 2 (*criar*) to bring up 3 (*animais*) to train

educativo *adj.* 1 educational; brinquedos educativos educational toys; (*escola*) material educativo teaching aids 2 (*programa, sistema*) education

edulcorante *s.m.* sweetener; edulcorante artificial artificial sweetener ■ *adj.2g.* sweetening

efe *s.m.* name of the letter f

efeito *s.m.* 1 (*resultado*) effect; sem efeito of no effect; surtir efeito to take effect 2 ESPORTE (*da bola*) spin 3 (*fim, objetivo*) purpose; para efeitos de for the purpose of; para todos os efeitos to all intents and purposes ♦ efeito estufa greenhouse effect efeito secundário side effect AUDIOVISUAL efeitos especiais special effects com efeito in fact; indeed com efeito a partir de with effect from ficar sem efeito to be without effect levar a efeito to bring/put into effect ter efeito to come into effect; to take effect

efeminar *v.* to make effeminate efeminar-se *v.pr.* to become effeminate

efervescência *s.f.* 1 effervescence 2 figurado excitement

efervescente *adj.2g.* 1 (*bebida*) effervescent; coloquial fizzy 2 figurado (*pessoa, temperamento*) hot-headed

efervescer *v.* to effervesce, to bubble up

efetivar *v.* 1 (*cortes, mudanças*) to effect, to carry out, to accomplish 2 (*tornar efetivo*) to get tenure, to be given tenure 3 (*levar a efeito*) to bring into effect, to put into effect

efetivo *adj.* 1 effective; controle efetivo effective control 2 (*real*) real, actual 3 (*cargo, funcionário*) permanent ■ *s.m.* efetivo militar force

efetuar

efetuar v. 1 (*realizar*) to achieve, to accomplish, to fulfil 2 (*executar*) to effect, to carry out; efetuar um pagamento to pay; efetuar uma paragem to stop efetuar-se v.pr. (*ter lugar*) to take place
eficácia s.f. 1 (*de uma pessoa*) efficiency 2 MEDICINA (*de um tratamento*) effectiveness, efficacy
eficaz adj.2g. 1 MEDICINA (*tratamento*) effective 2 (*pessoa*) efficient, capable
eficiência s.f. efficiency
eficiente adj.2g. efficient, competent
efluente adj. effluent
egípcio adj. Egyptian ■ s.m. Egyptian
Egito s.m. Egypt
ego s.m. PSICOLOGIA ego; fazer bem ao ego to be good for one's ego ♦ afagar o ego de to flatter massagear o ego de to flatter
egocêntrico adj. pejorativo egocentric, self-centred
egocentrismo s.m. egocentrism
egoísmo s.m. selfishness, egoism
egoísta adj.2g. selfish, egoistic ■ s.2g. egoist
égua s.f. ZOOLOGIA mare
eh interj. hey!
ei interj. hey!
eis adv. here it is
eita interj. wow!
eixo s.m. 1 MECÂNICA (*roda*) axle; eixo dianteiro front axle; eixo motor driving axle 2 MECÂNICA (*máquina*) shaft, spindle; eixo de transmissão drive shaft 3 GEOGRAFIA, MATEMÁTICA axis; eixo imaginário imaginary axis 4 (*jogo*) leap-frog ♦ pôr nos eixos to set straight sair dos eixos to be off the hinges
ejaculação s.f. ejaculation, discharge; MEDICINA ejaculação precoce premature ejaculation
ejacular v. 1 (*sêmen*) to ejaculate 2 (*líquido*) to spurt
ejetar v. to eject; ejetou-se do avião he ejected out of the plane
ela pron. pess. (*sujeito*) she; (*com preposições*) her; (*coisa*) it; ela mesma/própria she herself ♦ coloquial ela por ela tit for tat, blow for blow
elaboração s.f. 1 elaboration 2 (*preparação*) preparation 3 (*teoria*) working out
elaborar v. 1 (*preparar*) to prepare 2 (*fazer*) to make, to produce 3 (*redigir*) to draw up 4 (*teoria*) to work out
elasticidade s.f. 1 (*objeto*) elasticity 2 (*pessoa*) suppleness
elástico adj. 1 elastic; material elástico elastic material 2 (*atleta*) flexible, supple 3 (*colchão*) springy ■ s.m. 1 (*para papéis*) elastic band 2 (*roupa*) elastic
ele pron. pess. (*sujeito*) he; (*com preposições*) him; (*coisa*) it; ele mesmo/próprio he himself
elefante s.m. ZOOLOGIA elephant ♦ elefante branco white elephant
elegância s.f. elegance, gracefulness; andar com elegância to walk gracefully; ter elegância to be graceful
elegante adj.2g. 1 elegant, graceful 2 (*na moda*) fashionable 3 (*esbelto*) handsome
eleger v. 1 (*eleição*) to elect 2 (*escolher*) to choose, to select eleger-se v.pr. to get elected
eleição s.f. 1 election; poll; convocar eleições to call an election 2 (*escolha*) choice ♦ eleições legislativas general election dia de eleições polling day
eleitor s.m. elector; voter
eleitorado s.m. electorate; body of electors
eleitoral adj.2g. electoral ♦ campanha eleitoral electoral campaign
elementar adj. 1 elementary 2 (*fundamental*) basic, fundamental
elemento s.m. 1 QUÍMICA, MATEMÁTICA element 2 (*equipe*) member 3 (*parte*) component elementos s.m.pl. 1 figurado rudiments 2 (*recursos*) means 3 (*informação*) grounds, fact ♦ elemento químico chemical element
elencar v. to list
elenco s.m. 1 list 2 cast
eletricidade s.f. electricity; movido a eletricidade worked by electricity ♦ eletricidade estática static electricity fio de eletricidade cable
eletricista s.2g. electrician
elétrico adj. 1 electric, electrical 2 figurado nervous ♦ corrente elétrica electric current instalação elétrica electrical wiring
eletrificar v. to electrify
eletrizar v. 1 to electrify 2 figurado to thrill, to excite
eletrocardiograma s.m. MEDICINA electrocardiogram
eletrocutar v. to electrocute
eletrodoméstico s.m. electrical appliance
elétron s.m. FÍSICA electron
eletrônica s.f. electronics
eletrônico adj. electronic ♦ calculadora eletrônica electronic calculator
eletrotecnia s.f. electrical engineering
eletrotécnico adj. electrotechnic; engenheiro eletrotécnico electrical engineer ■ s.m. electrotechnician
elevação s.f. 1 elevation 2 (*altura*) height 3 (*ponto elevado*) bump 4 (*ato*) raising; elevação da voz raising of the voice 5 (*aumento*) rise; elevação da temperatura rise in temperature
elevado adj. 1 high 2 (*pensamento, estilo*) elevated 3 (*distinto*) noble
elevador s.m. lift ♦ elevador de serviço service lift
elevar v. 1 to elevate 2 (*preço, voz*) to raise; elevar a voz to raise the voice 3 (*levantar*) to lift up 4 MATEMÁTICA to raise (a, to); elevar a uma potência to raise to a power elevar-se v.pr. 1 to amount to 2 (*erguer-se*) to rise; elevar-se no ar to rise in the air
eliminação s.f. elimination
eliminar v. 1 to eliminate; to exclude 2 to cut off; to strike out; eliminar um obstáculo to clear away an obstacle 3 (*suprimir*) to delete 4 MEDICINA to expel 5 ESPORTE to eliminate
eliminatória s.f. ESPORTE qualifying round; (*corrida*) heat
eliminatório adj. eliminatory, disqualifying
elipse s.f. 1 GEOMETRIA ellipse 2 LINGUÍSTICA ellipsis
elisão s.f. 1 LINGUÍSTICA elision 2 suppression
elite s.f. elite
elixir s.m. elixir
elo s.m. 1 link; connexion; elo de uma cadeia the link of a chain 2 BOTÂNICA tendril ♦ o elo mais fraco the weakest link
elogiar v. to praise (por, for, on); to commend (por, for); coloquial elogiar ao máximo to praise to the sky

elogio *s.m.* 1 praise; commendation; digno de elogio creditable, praiseworthy; fazer um grande elogio to commend a person highly 2 (*cumprimento*) compliment

El Salvador *s.m.* El Salvador

elucidar *v.* to elucidate; to explain; to make clear

em *prep.* 1 (*dentro*) in, inside; as chaves estão na gaveta the keys are in the drawer 2 (*para dentro*) into; entrou no quarto he went into the room 3 (*sobre*) on; está na mesa it's on the table 4 (*terra, país*) in; trabalham em Belo Horizonte they work in Belo Horizonte 5 (*ponto de referência*) at; em casa at home 6 (*tempo, meses, anos*) in; no verão in the Summer 7 (*tempo, dia*) on; é em uma segunda-feira it falls on a Monday 8 (*festas religiosas, momento*) at; nesse momento at that moment 9 (*dentro de*) in; em dois dias in two days; estarei aqui em uma hora I'll be here in an hour 10 (*modo*) in; pagar em euros to pay in euros 11 (*assunto*) in, on; perito em computadores an expert in/on computers 12 (*estado*) in; em boas condições in a good condition 13 (*diferença*) by; reduzir/aumentar em 20% to reduce/increase by 20% ◆ em baixo below em cheio fully em cima above em geral generally

ema *s.f.* ZOOLOGIA emu

emagrecer *v.* 1 to lose weight; emagrecer três quilos to loose three kilos 2 (*dieta*) to slim; to become thin 3 to make (somebody) slimmer; essa saia te emagrece that skirt makes you look slimmer

emagrecimento *s.m.* 1 loss of weight, emaciation 2 (*dieta*) slimming

e-mail *s.m.* INFORMÁTICA email

emanar *v.* 1 to come from, to proceed from 2 (*luz, calor*) to emanate (de, *from*) 3 (*odor*) to exhale

emancipação *s.f.* 1 emancipation; liberation 2 (*maioridade*) coming of age

emancipar *v.* to emancipate; to liberate; to free emancipar-se *v.pr.* 1 to emancipate oneself 2 to break loose 3 (*maioridade*) to come of age

emaranhar *v.* to tangle; to entangle emaranhar-se *v.pr.* 1 to involve oneself (em, *in*) 2 (*cabelo*) to get tangled 3 figurado to get into a mess

embaçado *adj.* 1 (*enganado*) deceived; cheated 2 (*embaraçado*) embarrassed; confused 3 (*embaciado*) dull; dim

embaçar *v.* 1 (*embaciar*) to mist up; to mist over 2 popular (*enganar*) to deceive; to trick 3 popular (*envergonhar*) to embarass 4 (*parar*) to stop; to come to a halt 5 (*ficar envergonhado*) to be embarassed embaçar-se *v.pr.* to mist up; to mist over

embaixada *s.f.* embassy

embaixador *s.m.* 1 ambassador (2g.); ambassadress (f.) 2 (*representante*) emissary; agent

embaixatriz *s.f.* ambassador's wife

embaixo *adv.* 1 under 2 at the bottom; assine o documento embaixo sign the document at the bottom 3 downstairs; na casa dos meus pais, os quartos são embaixo at my parents', the rooms are downstairs ◆ embaixo de under lá embaixo down there

embalado *adj.* 1 (*arma*) loaded 2 (*acelerado*) speedy 3 (*apressado*) in a hurry 4 packed; wrapped ◆ ir embalado to race along

embalagem *s.f.* package, packing; embalagem incluída packing included; embalagem original original package

embalar *v.* 1 (*empacotar*) to pack 2 (*criança*) to rock 3 (*sossegar*) to lull

embalo *s.m.* 1 lull 2 (*balanço*) rocking 3 (*impulso*) rush ◆ aproveitar o embalo to take the opportunity

embalsamado *adj.* embalmed; animal embalsamado embalmed animal

embalsamar *v.* 1 (*cadáver*) to embalm 2 (*aves*) to stuff

embaraçado *adj.* 1 (*constrangido*) embarrassed; deixar alguém embaraçado to leave a person in the lurch 2 (*confuso*) confused

embaraçar *v.* 1 (*constranger*) to embarrass 2 (*estorvar*) to hinder 3 (*complicar*) to complicate 4 (*obstruir*) to obstruct embaraçar-se *v.pr.* to become embarrassed

embaraçoso *adj.* 1 embarrassing 2 (*perturbador*) troublesome 3 (*complicado*) difficult

embarcação *s.f.* boat; vessel; embarcação a remos rowing boat

embarcar *v.* 1 (*passageiros, navio*) to embark 2 (*mercadorias*) to load 3 (*avião*) to board 4 (*tripulante*) to join a ship 5 figurado to take part (em, *in*) ◆ embarcar em algo to fall for something

embargar *v.* 1 to embargo, to ban 2 (*colocar obstáculos*) to hinder 3 DIREITO to seize

embargo *s.m.* 1 embargo; levantar um embargo to take off an embargo 2 DIREITO seizure ◆ sem embargo nevertheless

embarque *s.m.* 1 (*pessoas*) boarding, embarkation; está em andamento o embarque do voo AZ34 flight AZ34 is now boarding 2 (*mercadorias*) shipping, shipment; documentos de embarque shipping documents

embarrar *v.* 1 to touch 2 to run (em, *against*)

embasbacado *adj.* dumbfounded, open-mouthed; ficar embasbacado to be dumbfounded

embasbacar *v.* to astound; to dumbfound; to flabbergast embasbacar-se *v.pr.* to be astounded (com, *with*); to be dumbfounded (com, *with*)

embater *v.* to shock; to collide with

embebedar *v.* to make drunk embebedar-se *v.pr.* to get drunk (com, *on*)

embeber *v.* to imbibe; to drink in; to drench embeber-se *v.pr.* to be soaked in; to become absorbed in

embelezar *v.* 1 to embellish; to adorn 2 (*casa*) to brighten up embelezar-se *v.pr.* to make oneself beautiful

embiara *s.f.* prey

embira *s.f.* (*corda*) cipó rope

embirrar *v.* 1 (*teimar*) to be stubborn; to be obstinate 2 to insist (que, *that*) 3 (*implicar*) to take a dislike (com, *to*); embirrar com alguma coisa to take a dislike to something

emblema *s.m.* 1 emblem 2 (*roupa*) badge

emblemático *adj.* emblematic

embocadura *s.f.* 1 (*instrumento*) mouthpiece 2 (*rio*) mouth 3 (*freio*) bit

embora

embora *conj.* though, although; embora não gostasse dele though I didn't like him; muito embora although ■ *adv.* away; ir embora to go away, to leave; vai embora go away!, off you go! *interj.* be off! ◆ vamos embora let's go

emborcar *v.* 1 to dump; to empty 2 to topple down

emborrachado *adj.* rubberized

emboscada *s.f.* ambush; armar uma emboscada a alguém to lay an ambush for someone

embraiar *v.* to put into gear

embreagem *s.f.* MECÂNICA clutch ◆ disco de embreagem clutch plate pedal de embreagem clutch pedal

embrear *v.* 1 (*alcatroar*) to pitch; to cover with pitch; to tar 2 (*embrear*) to clutch

embriagado *adj.* 1 (*bêbado*) drunk; intoxicated 2 figurado (*extasiado*) enraptured

embriagar *v.* 1 to intoxicate, to make drunk 2 (*extasiar*) to enrapture embriagar-se *v.pr.* 1 to get drunk (com, *on*) 2 figurado (*extasiar-se*) to be enraptured

embriaguez *s.f.* 1 drunkenness; intoxication 2 figurado (*êxtase*) rapture

embrião *s.m.* BIOLOGIA embryo

embromação *s.f.* 1 (*logro*) deceit 2 (*mentira*) lie

embromar *v.* 1 (*enganar*) to deceive 2 (*empatar*) to play for time; to stall

embrulhar *v.* 1 (*presente, embalagem*) to wrap up (em, *in*); to pack up (em, *in*); embrulhar em papel to wrap up in paper 2 (*enrolar*) to roll up 3 figurado (*confundir*) to muddle up 4 figurado (*enganar*) to cheat, to deceive 5 (*estômago*) to upset

embrulho *s.m.* (*pacote*) package, parcel, packet; fazer um embrulho to wrap up a parcel

embrutecer *v.* 1 to numb; to have a mind-destroying effect on 2 to become brutish 3 to become dull embrutecer-se *v.pr.* 1 to become brutish 2 to become dull

embuchar *v.* 1 (*engolir*) to gobble up 2 (*animal*) to feed 3 (*sentir-se cheio*) to feel stuffed 4 coloquial to make (somebody) pregnant 5 figurado (*amuar*) to sulk 6 figurado (*ficar sem palavras*) to be speechless

emburrado *adj.* 1 frowning 2 annoyed; angry; ill-humoured

embutido *s.m.* inlaid work ■ *adj.* ARQUITETURA built-in; fitted; armários embutidos fitted cupboards

embutir *v.* 1 (*armário*) to build in 2 (*marfim*) to inlay

eme *s.m.* name of the letter m

emenda *s.f.* 1 (*correção*) correction 2 (*lei*) amendment 3 (*pessoa*) improvement 4 (*ligação*) joint 5 (*remendo*) seam ◆ é pior a emenda do que o soneto the remedy is worse than the disease não ter emenda to be past praying for

emendar *v.* 1 (*erros, defeitos*) to correct 2 (*lei*) to amend 3 (*provas*) to emend 4 (*reparar*) to mend 5 (*juntar*) to put together emendar-se *v.pr.* figurado to mend one's ways; to turn over a new leaf

emergência *s.f.* 1 emergency 2 (*crise*) crisis 3 (*surgimento*) emergence; rising ◆ em caso de emergência in case of emergency saída de emergência emergency exit

emergir *v.* 1 to emerge; to come up 2 to appear; to come into view

emigração *s.f.* emigration (de, *from;* para, *to*)

emigrante *s.2g.* emigrant

emigrar *v.* 1 to emigrate (de, *from;* para, *to*) 2 (*aves*) to migrate

eminência *s.f.* 1 eminence 2 (*título*) Eminence

emissão *s.f.* 1 (*emanação*) emission 2 (*programa*) broadcast 3 transmission; problemas com a emissão transmission problems 4 (*notas, selos, ações*) issue

emissário *s.m.* 1 agent 2 (*esgoto*) emissary

emissor *adj.* 1 (*notas*) issuing 2 broadcasting ■ *s.m.* 1 emitter, sender 2 transmitter; emissor automático automatic transmitter

emissora *s.f.* 1 (*estação*) broadcasting station 2 (*empresa*) broadcasting company ◆ emissora de rádio radio station

emitir *v.* 1 (*calor, luz, som*) to emit; emitir calor to emit heat 2 (*notas, documentos*) to issue; emitir um passaporte to issue a passport 3 to broadcast 4 (*opinião*) to utter, to express

emoção *s.f.* 1 (*comoção*) emotion 2 (*excitação*) excitement; que emoção! how exciting!

emocional *adj.2g.* emotional

emocionante *adj.2g.* 1 (*comovente*) emotional; moving 2 (*excitante*) thrilling, exciting

emocionar *v.* 1 (*comover*) to move 2 (*excitar*) to thrill emocionar-se *v.pr.* 1 (*comover-se*) to be moved (com, *by*) 2 (*excitar-se*) to get excited (com, *about*)

emoldurar *v.* to frame

emotivo *adj.* emotional, emotive

empacar *v.* 1 (*empacotar*) to pack 2 (*parar*) to balk, to baulk Grã-Bretanha

empacotar *v.* 1 to pack up; to bale 2 coloquial (*morrer*) to pop one's clogs

empada *s.f.* 1 (*grande*) pie 2 (*pequena*) pasty

empalhar *v.* 1 (*louça, fruta*) to pack up with straw 2 (*animais*) to stuff

empalidecer *v.* to grow pale

empanado *adj.* 1 (*coberto*) covered; wrapped up 2 CULINÁRIA (*à milanesa*) breaded; crumbed with bread

empanar *v.* 1 figurado to tarnish 2 CULINÁRIA to coat with flour or breadcrumbs

empancar *v.* 1 to block 2 to hold back

empanturrar *v.* to glut; to stuff empanturrar-se *v.pr.* (*comida*) to gorge oneself; to stuff oneself (de, com, *with*)

empapar *v.* to soak; to drench empapar-se *v.pr.* to get soaked

emparedar *v.* to wall up; to cloister emparedar-se *v.pr.* to immure oneself

empastar *v.* 1 to paste up; to get thick 2 to plaster (de, *with*); empastar o cabelo de pomada to plaster the hair with grease

empata *s.2g.* pejorativo fifth wheel EUA; deadwood

empatar *v.* 1 (*votação, concurso*) to tie; as duas equipes empataram the two teams tied 2 (*resultado final*) to draw (com, *with*) 3 ESPORTE to equalizee

empate *s.m.* 1 ESPORTE (*jogo*) draw 2 (*concurso, votação*) tie 3 (*xadrez*) stalemate

empatia *s.f.* empathy
empecilho *s.m.* impediment; tie; snag col.; ser um empecilho to be a snag
empedrar *v.* 1 to pave 2 to petrify 3 to harden empedrar-se *v.pr.* to harden
empenar *v.* 1 (*torcer, entortar*) to warp; to bend 2 (*avariar*) to break down 3 (*emperrar*) to get stuck
empenhado *adj.* 1 (*penhorado*) pawned 2 (*endividado*) indebted; coloquial estar empenhado até os olhos to be up to the ears in debt 3 (*interessado*) interested (em, *in*)
empenhar *v.* 1 (*penhorar*) to pawn 2 (*palavra*) to pledge; empenhar a palavra to pledge one's word 3 (*empregar*) to exert empenhar-se *v.pr.* 1 (*endividar-se*) to run into debt 2 (*esforçar-se*) to bind oneself (em, *to*) 3 (*interessar-se*) to take interest (em, *in*)
empenho *s.m.* 1 (*penhora*) pawn 2 (*interesse*) interest 3 (*esforço*) commitment (em, *to*); ele pôs todo o empenho neste projeto he committed himself wholeheartedly to this project
emperiquitado *adj.* coloquial dressed up to the nines
emperiquitar *v.* coloquial (*roupas, acessórios*) to adorn in excess col. emperiquitar-se *v.pr.* coloquial (*roupas, acessórios*) to adorn oneself in excess col.
emperrar *v.* 1 (*junta*) to be stiff 2 (*gaveta, porta*) to stick 3 (*máquina*) to jam, to be jammed 4 (*encravar*) to get stuck (em, *in*) 5 (*teimar*) to be stubborn 6 to harden 7 (*porta, junta*) to make (something) stiff
empestar *v.* 1 (*infectar*) to infect; to contaminate 2 to stink (a, *of*)
empilhar *v.* to heap up; to pile up, to stack; empilhar a madeira to pile the wood
empinar *v.* 1 to raise 2 (*cavalo*) to rear up 3 to fly; empinar uma pipa to fly a kite
empobrecer *v.* 1 to impoverish 2 (*pessoa*) to grow poor 3 (*solo*) to deplete
empoeirado *adj.* 1 dusty; covered with dust 2 figurado, pejorativo (*presumido*) haughty; conceited
empoeirar *v.* to cover in dust
empolar *v.* 1 to puff up 2 (*pele*) to rise up in blisters empolar-se *v.pr.* 1 to blister 2 (*ser orgulhoso*) to grow proud
empoleirar *v.* (*pássaro*) to roost empoleirar-se *v.pr.* to perch
empolgado *adj.* thrilled; excited
empolgante *adj.2g.* overpowering; thrilling
empolgar *v.* to stimulate, to thrill
empreendedor *s.m.* entrepreneur ■ *adj.* enterprising; homem empreendedor man full of enterprise ◆ espírito empreendedor spirit of enterprise
empreender *v.* to undertake; to enterprise
empreendimento *s.m.* enterprise; undertaking; empreendimento arriscado dangerous undertaking
empregado *adj.* 1 employed 2 applied ■ *s.m.* 1 employee 2 (*escritório*) clerk; empregado bancário bank clerk 3 (*limpeza*) cleaner 4 (*restaurante*) waiter 5 (*loja*) shop assistant ◆ bem empregado well-spent mal empregado ill-spent

empregar *v.* 1 (*pessoal*) to employ; to engage 2 (*utilizar*) to use; empregar a força to use violence 3 (*tempo, dinheiro*) to spend (em, *on*)
emprego *s.m.* 1 employment; agência de emprego employment bureau 2 (*cargo*) post 3 (*local*) office 4 (*trabalho*) job; candidatar-se a um emprego to apply for a job 5 (*utilização*) use, application
empreitada *s.f.* 1 piecework; trabalhar de empreitada to do piecework 2 (*tarefa difícil*) enterprise; venture ◆ de empreitada 1 by the job 2 (*de uma vez*) all at once in one go
empreiteiro *s.m.* contractor
empresa *s.f.* 1 company; firm; empresa privada private company; empresa pública public sector company; empresa comercial trading company; pequenas e médias empresas small and medium-sized enterprises, SMEs 2 (*projeto*) enterprise; undertaking
empresarial *adj.2g.* corporate; (of) business
empresário *s.m.* 1 businessman, businesswoman; entrepreneur 2 (*artístico*) manager; agent 3 TEATRO impresario
emprestar *v.* to lend, to loan; emprestar dinheiro to lend money; empresta-me o teu lápis? may I borrow your pencil?
empréstimo *s.m.* 1 lending 2 (*objeto*) borrowing 3 (*financeiro*) loan; contrair um empréstimo to take out a loan; pedir um empréstimo to ask somebody for the loan of ◆ empréstimo hipotecário mortgage empréstimo bancário bank loan
empunhar *v.* to handle; to seize
empurrão *s.m.* push; shove; aos empurrões jostling; dar um empurrão to give a shove
empurrar *v.* 1 to push; to shove; empurrar o carrinho de compras to push the shopping trolley; não empurre! stop pushing! 2 (*pressionar*) to push (para, *into*); a família o empurrou para o jornalismo his family pushed him into studying journalism
emudecer *v.* 1 (*calar*) to silence 2 to be silent 3 (*perder a fala*) to strike dumb
emular *v.* to emulate
enaltecer *v.* to exalt; to praise
enamorar *v.* 1 (*amor, paixão*) to enamour Grã--Bretanha, to enamor EUA; to inflame (somebody) with love 2 (*encantar*) to charm; to fascinate enamorar-se *v.pr.* to fall in love (de, *with*)
encabeçar *v.* to be at the head of, to head
encabulado *adj.* 1 (*tímido*) shy; timid 2 (*embaraçado*) embarrassed
encabular *v.* 1 to embarrass 2 to be ashamed; to be embarrassed
encachoeiramento *s.m.* 1 (*formação*) formation of a waterfall 2 (*cachoeira*) waterfall
encadear *v.* 1 to chain 2 (*ideias*) to link; to connect
encadernação *s.f.* binding
encadernar *v.* to bind
encafifado *adj.* 1 (*embaraçado*) embarrassed; ashamed 2 (*pensativo*) thoughtful
encafifar *v.* 1 to be intrigued 2 to make somebody be intrigued 3 to feel ashamed 4 to make somebody feel ashamed
encafuar *v.* to shut up; to lock up encafuar-se *v.pr.* to hide; to retreat

encaiporar

encaiporar v. to make (somebody) unhappy encaiporar-se *v.pr.* 1 (*ter azar*) to be unlucky; to have bad luck 2 (*aborrecer-se*) to get bored

encaixar v. 1 (*pôr em caixa*) to box; to encase 2 (*juntar*) to fit (-, *in*; -, *together*; em, *into*) 3 (*inserir*) to insert 4 (*carpintaria*) to rabbet 5 to fit; não encaixa it doesn't fit encaixar-se *v.pr.* to fit (em, *in*) ♦ coloquial encaixar na cabeça to get into one's head

encaixe *s.m.* 1 groove, notch 2 (*ato de encaixar*) fitting 3 (*buraco*) socket

encaixilhar v. 1 (*quadro*) to frame 2 (*janela*) to sash

encaixotar v. 1 to box 2 to pack up

encalhar v. 1 (*navegação*) to run ashore, to run aground 2 to ground, to strand 3 figurado (*processo*) to grind to a halt 4 (*mercadoria*) to be returned, not to sell 5 pejorativo (*ficar solteiro*) to be left on the shelf

encaminhar v. 1 (*dirigir*) to lead, to direct, to guide 2 (*pôr no bom caminho*) to put on the right path 3 (*processo*) to set in motion 4 (*aconselhar*) to advise encaminhar-se *v.pr.* to set out (para, *for*); to head (para, *for*); encaminharam-se para casa they headed home

encanado *adj.* 1 (*canalizado*) canalized; piped 2 (*preocupado*) worried

encanador *s.m.* plumber

encanamento *s.m.* piping; plumbing

encandear v. 1 to dazzle 2 to hallucinate 3 figurado to charm

encantador *s.m.* charmer; encantador de serpentes snake charmer ■ *adj.* 1 charming, delightful 2 lovely; cute

encantar v. 1 (*cativar*) to charm, to enchant 2 (*deliciar*) to delight 3 (*enfeitiçar*) to bewitch

encanto *s.m.* 1 enchantment, charm; é um encanto it is charming; ela é um encanto she's lovely 2 (*feitiço*) spell; quebrar o encanto to break the spell

encapar v. 1 (*cobrir*) to cloak 2 (*envolver*) to wrap up 3 (*livro*) to put a cover on

encaracolado *adj.* 1 (*cabelo*) curly, curled 2 BOTÂNICA spiral

encaracolar v. 1 (*cabelo*) to curl 2 to twist; to spiral encaracolar-se *v.pr.* to curl up

encarar v. 1 (*enfrentar*) to face; encarar uma pessoa to look a person full in the face 2 (*olhar*) to stare at 3 (*considerar*) to consider ♦ encarar as coisas como elas são to face the facts

encarcerar v. to incarcerate; to imprison

encardir v. to soil; to foul; to get grimy

encarecer v. 1 (*subir o preço*) to raise the price of 2 to go up in price; está tudo encarecendo everything is going up

encargo *s.m.* 1 (*posto*) charge; office 2 (*obrigação*) duty; ter muitos encargos to have many duties 3 (*tarefa*) commission 4 (*responsabilidade*) responsibility 5 (*oneroso*) burden ♦ caderno de encargos specification

encarnação *s.f.* 1 incarnation 2 embodiment

encarnar v. 1 to embody 2 TEATRO to play 3 to incarnate; to be embodied encarnar-se *v.pr.* to incarnate; to be embodied

encarquilhar v. 1 (*pele*) to wrinkle 2 (*enrugar*) to crumple encarquilhar-se *v.pr.* 1 (*fruta*) to wither 2 (*pele*) to get wrinkled, to be wrinkled

encarregar v. 1 to charge (de, *with*), to entrust (de, *with*); encarregar alguém de algo to charge a person with something 2 to commit encarregar-se *v.pr.* 1 (*comprometer-se*) to undertake; encarregar-se de fazer algo to undertake to do something 2 (*ser responsável*) to take charge of; encarregar-se de alguma coisa to take charge of something 3 (*cuidar*) to look after; quem se encarrega do bebé? who will look after the baby? ♦ eu me encarrego dele I'll tackle him

encarreirar v. 1 (*guiar*) to guide, to lead 2 (*negócios*) to run 3 (*moralmente*) to put on the right track 4 to go right

encarrilar v. 1 to put on the rails 2 to direct 3 to go right 4 figurado to succeed

encarte *s.m.* 1 (*certificado, diploma*) registration; license 2 (*revista, jornal*) insert; foldout

encasquetar v. figurado to get into one's head; encasquetar com uma ideia to get an idea into one's head

encastrar v. 1 (*joias, pedras*) to embed 2 (*incrustar*) to insert; to inlay 3 (*encaixar*) to build in

encefálico *adj.* MEDICINA encephalic

encéfalo *s.m.* ANATOMIA encephalon

encefalograma *s.m.* encephalogram

encefalopatia *s.f.* MEDICINA encephalopathy ♦ VETERINÁRIA encefalopatia espongiforme bovina bovine spongiform encephalopathy

encenação *s.f.* 1 TEATRO (*peça*) staging 2 (*produção*) production 3 figurado (*fingimento*) simulation ♦ coloquial fazer encenação to put it on

encenar v. 1 TEATRO to stage, to stage-manage 2 (*produzir*) to produce 3 figurado (*fingir*) to put on

enceradeira *s.f.* floor polisher

encerar v. to wax

encerramento *s.m.* 1 (*estabelecimento*) closure 2 (*cerimónia*) closing; discurso de encerramento closing speech

encerrar v. 1 to shut; to close; encerrar uma conta bancária to close a bank account 2 (*reunião, audiência*) to end 3 (*limitar*) to limit; to bound

encestar v. 1 to put in a basket 2 ESPORTE to score a basket

encetar v. 1 (*iniciar*) to begin; to start 2 (*começar a cortar*) to cut

encharcado *adj.* 1 drenched; soaked; wet through; estar encharcado to be soaked through 2 (*terreno*) swamped ♦ estar encharcado até aos ossos to be wet to the skin

encharcar v. 1 to drench; to soak; to wet 2 (*alagar*) to flood encharcar-se *v.pr.* to get drenched

enchente *s.f.* 1 (*cheia*) overflow; flood 2 figurado abundance (de, *of*); overflow (de, *of*); uma enchente de gente an overflow of people

encher v. 1 to fill (de, *with*); (*depósito da gasolina*) to fill up; encher até transbordar to fill to the brim; encher de mais to overfill 2 to stuff; to cram 3 (*com ar*) to inflate; to blow up; (*pneu*) to pump up 4 (*maré*) to rise encher-se *v.pr.* 1 (*recipiente, sala*) to fill up 2 (*de comida*) to stuff yourself 3 coloquial

to get tired; to be fed up ♦ encher-se de coragem to screw up your courage encher-se de orgulho to swell with pride
enchimento s.m. 1 filling up 2 stuffing
enchova s.f. anchovy
enciclopédia s.f. encyclopaedia
enciclopédico adj. encyclopaedic
enciumar v. to make jealous enciumar-se v.pr. to feel jealous
enclaustrar v. to cloister enclaustrar-se v.pr. to cloister oneself
enclausurado adj. 1 (*preso*) imprisoned; shut away 2 (*isolado*) isolated; secluded
enclausurar v. 1 to enclose 2 to imprison enclausurar-se v.pr. to shut oneself up
enclítica s.f. LINGUÍSTICA enclitic
encoberto adj. 1 (*escondido*) hidden; concealed 2 (*disfarçado*) disguised 3 (*céu, dia*) overcast; cloudy
encobrir v. 1 to conceal; to hide 2 DIREITO (*criminoso*) to harbour
encolher v. 1 to shrink 2 (*ombros*) to shrug; encolher os ombros to shrug one's shoulders encolher-se v.pr. 1 to shrink back 2 to grow smaller
encomenda s.f. 1 order; anular uma encomenda to cancel an order; fazer uma encomenda to place an order; feito por encomenda made to order 2 (*pacote*) parcel; levantar/retirar uma encomenda postal to collect a parcel from the Post Office 3 (*trabalho*) commission ♦ encomenda postal parcel post encomenda registrada registered parcel
encomendar v. to order; encomendei o livro na loja I've ordered the book from the shop encomendar-se v.pr. to commend
encontrão s.m. shove; push; andar aos encontrões to push and shove; dar um encontrão em alguém to shove someone
encontrar v. 1 (*coisa*) to find; to discover 2 (*pessoa*) to meet; to come across; encontrar alguém por acaso to chance upon someone; encontrar alguém no caminho to come across someone in the street encontrar-se v.pr. 1 (*encontro marcado*) to meet (com, *with*) 2 (*por acaso*) to run into; to come across; eu me encontrei com ela em uma loja I ran into her in a shop ♦ encontrar obstáculos to meet with obstacles encontrar-se à venda no mercado to be on sale in the market
encontro s.m. 1 (*amigos*) appointment; (*amoroso*) date; marcar um encontro to make an appointment, to arrange to see/meet somebody 2 (*reunião*) meeting 3 (*colisão*) collision; ir de encontro a alguém/algo to collide with someone/something 4 ESPORTE contest; (*futebol*) match ♦ encontro amigável friendly match ponto de encontro meeting place
encorajamento s.m. encouragement
encorajar v. to encourage; to hearten; to cheer up
encorpado adj. (*pessoa*) corpulent
encorrilhar v. 1 (*amassar*) to wrinkle; este tecido encorrilha facilmente this fabric wrinkles easily 2 (*encarquilhar*) to shrivel
encorujar-se v.pr. to retire

endoidar

encosta s.f. slope; hillside ♦ encosta abaixo downhill encosta acima uphill pela encosta abaixo down the slope
encostar v. 1 to prop (a, *against/on*) 2 to lean (a, *on*); encostou a cabeça no ombro dele she leaned her head on his shoulder 3 (*carro*) to pull over 4 (*porta, janela*) to leave ajar encostar-se v.pr. 1 (*apoiar-se*) to lean (a, *against/on*); encoste-se no meu braço lean on my arm 2 (*reclinar-se*) to lean back ♦ encostar alguém na parede to drive someone to the wall
encosto s.m. 1 prop; stay 2 (*cadeira*) back
encravado adj. 1 (*embutido*) inlaid 2 (*mecanismo, porta*) stuck 3 (*unha, pelo*) ingrown
encravar v. 1 to nail; to get stuck 2 (*joia*) to set
encrenca s.f. fix; trouble; meter-se em encrenca to get into trouble
encrencar v. 1 coloquial (*situação*) to complicate 2 coloquial (*pessoa*) to get (somebody) into trouble encrencar-se v.pr. coloquial to get entangled
encrenqueiro s.m. coloquial troublemaker ■ adj. coloquial troublemaking
encrespado adj. 1 (*cabelo*) crisp 2 (*mar*) stormy 3 (*irritado*) irritated
encrespar v. 1 to curl 2 (*cabelo*) to frizzle 3 (*mar*) to foam 4 to wrinkle 5 to get cross; to get angry; to rage
encruzilhada s.f. crossway; crossroads; crossing; chegar a uma encruzilhada to reach a crossroads
encucação s.f. coloquial obsession; fixation
encucar v. coloquial to put into one's head
encurralar v. 1 to stable 2 to confine 3 figurado to trap; to corner
encurtar v. 1 (*roupa, cabelo*) to shorten; to trim 2 (*atalhar*) to shorten; to abridge; encurtar o caminho to cut across 3 (*reduzir*) to diminish 4 (*resumir*) to abbreviate
encurvado adj. bent; stooping; andar encurvado to walk with a stoop
encurvar v. 1 (*dobrar*) to bend 2 (*linha*) to curve
endemia s.f. MEDICINA endemic disease
endêmico adj. endemic
endereçar v. 1 (*pôr endereço*) to address (a, *to*) 2 (*enviar*) to send (a, *to*); to direct (a, *to*) 3 (*sorriso, palavras*) to address; to direct
endereço s.m. address; INFORMÁTICA endereço de correio eletrônico e-mail address
endeusar v. to deify
endiabrado adj. naughty; mischievous
endinheirado adj. rich; moneyed
endireitar v. 1 (*pôr direito*) to straighten 2 (*ficar direito*) to straighten (–, *out*) 3 (*corrigir*) to set right; to correct 4 figurado (*corrigir-se*) to amend endireitar-se v.pr. to stand upright
endividado adj. in debt
endividamento s.m. indebtedness
endividar v. to put (somebody) into debt endividar-se v.pr. to get into debt; to run into debt
endocrinologia s.f. MEDICINA endocrinology
endocrinologista s.2g. endocrinologist
endoidar v. to go crazy

endoidecer

endoidecer v. 1 to madden; to drive mad 2 to go mad
endoscopia s.f. endoscopy
endossar v. to endorse
endosso s.m. endorsement
endurecer v. 1 (*tornar duro*) to harden; to make hard 2 (*ficar duro*) to harden 3 figurado to make insensitive 4 to toughen
endurecimento s.m. 1 hardening; stiffening 2 (*zona endurecida*) hardness; rigidity 3 (*insensibilidade*) harshness; roughness
ene s.m. name of the letter n
eneágono s.m. GEOMETRIA enneagon
enegrecer v. 1 (*cor*) to blacken 2 (*escurecer*) to darken
energético adj. energizing; energetic
energia s.f. 1 FÍSICA energy; power; consumo de energia power consumption; fornecer energia to provide/supply energy 2 (*vigor*) energy; vigour; strength; com energia energetically; estar sem energia to be lacking in energy ♦ energia elétrica electric power energia eólica wind power energias renováveis renewable energy energia vital vital energy
enérgico adj. 1 energetic 2 (*pessoa, atitude*) dynamic; vigorous 3 (*poderoso*) potent; powerful
enervante adj.2g. irritating; enervating
enervar v. 1 (*pôr nervoso*) to make somebody nervous 2 (*irritar*) to get on somebody's nerves; to irritate; coloquial ele me enerva he really gets to me; não se enerve com isso don't let it get to you enervar-se v.pr. 1 to be upset 2 to become/get nervous
enfadar v. 1 (*aborrecer*) to bore 2 (*fartar*) to annoy; to tire enfadar-se v.pr. to get bored
enfadonho adj. tiresome; boring
enfaixar v. to swaddle; to swathe
enfardar v. 1 to pack up; to bale 2 coloquial (*surra*) to be beaten
enfartar v. to cram (com, *with*); to glut (com, *with*) enfartar-se v.pr. to stuff oneself (com, *with*)
enfarte s.m. MEDICINA heart attack; coronary
ênfase s.f. emphasis; dar ênfase a to emphasize, to put emphasis on
enfatizar v. to emphasize; to highlight; to stress
enfeitar v. 1 (*embelezar*) to adorn; to embellish; to trim; enfeitar um vestido to trim a dress 2 (*decorar*) to decorate (com, *with*) 3 (*vitrine*) to dress
enfeite s.m. ornament; decoration; trimming ♦ enfeites de Natal Christmas ornaments
enfeitiçar v. 1 to bewitch; to cast a spell on; to put a spell on 2 figurado to seduce; to enchant
enfermagem s.f. nursing
enfermaria s.f. (*hospital*) ward; (*escola, instituição*) infirmary
enfermeiro s.m. nurse (s.f.); male nurse (s.m.); enfermeiro chefe charge nurse Grã-Bretanha, head nurse EUA
enferrujado adj. rusty
enferrujar v. to rust
enfiar v. 1 to thread; to string; enfiar um colar to string a necklace; enfiar uma agulha to thread a needle 2 (*roupa, sapatos*) to slip on enfiar-se v.pr. to slip (em, *into*)
enfileirar v. to rank
enfim adv. 1 finally; at length; até que enfim! at last! 2 (*resumindo*) in short; to cut a long story short
enfocar v. to focus
enfoque s.m. 1 (*ato*) focusing; (*efeito*) focus 2 (*assunto, problema*) approach (de, to)
enforcado s.m. hanged man/woman ■ adj. hanged
enforcar v. to hang enforcar-se v.pr. 1 to hang oneself 2 coloquial to get married
enfraquecer v. to weaken; to debilitate
enfraquecimento s.m. weakening
enfrascar v. 1 to bottle 2 popular (*embebedar*) to fill up enfrascar-se v.pr. 1 (*ensopar-se*) to soak 2 popular (*embebedar-se*) to get drunk
enfrentar v. 1 to face; to withstand; to confront; enfrentar um perigo to face danger 2 (*encarar*) to face up to; enfrentar a realidade to face up to reality
enfurecer v. to infuriate; to enrage enfurecer-se v.pr. 1 to lose one's temper; to get mad (com, *at*) 2 figurado (*mar, vento*) to rage
enfurecido adj. 1 furious; angry; mad 2 figurado (*mar*) rough
enfusta s.f. oblique prop
engaiolar v. 1 to cage 2 figurado to imprison 3 coloquial to coop up in
engalfinhar v. to catch; to seize engalfinhar-se v.pr. to fight (com, *with*); to grapple (com, *with*)
enganado adj. 1 (*errado*) mistaken; wrong; estar enganado to be mistaken 2 (*burlado*) deceived; betrayed; ser enganado to be deceived
enganador adj. 1 (*impostor*) misleading 2 (*ilusório*) deceptive
enganar v. 1 (*trair*) to cheat on 2 (*iludir*) to mislead; to deceive; enganar alguém to lead someone up the garden path enganar-se v.pr. 1 (*equivocar-se*) to be wrong; enganar-se no caminho to take the wrong road 2 (*iludir-se*) to be mistaken; enganar-se a respeito de alguém to be mistaken about someone 3 (*cometer erro*) to make a mistake
enganchar v. to hook; to grapple enganchar-se v.pr. to become entangled
engano s.m. 1 (*erro*) mistake; por engano by mistake, by accident 2 (*mal-entendido*) misunderstanding; deve haver um engano there must be some misunderstanding 3 (*ilusão*) delusion; deception ♦ (*telefone*) é engano! you've got the wrong number!
enganoso adj. 1 (*ilusório*) deceptive 2 (*falso*) misleading
engarapar v. to alure; to entice
engarrafado adj. 1 (*líquido*) bottled 2 (*trânsito*) jammed
engarrafamento s.m. 1 (*bebidas*) bottling 2 (*trânsito*) traffic jam
engarrafar v. 1 (*bebidas*) to bottle 2 (*trânsito*) to jam
engasgado adj. 1 choked (com, *on*) 2 (*fig.*) speechless; strangled
engasgar v. to choke engasgar-se v.pr. 1 to choke (com, *on*); engasgar-se com pão to choke on

bread 2 (com palavras) to get stuck; ele se engasgou nesta palavra he got stuck on this word
engastar v. to enchase; (diamante) to set; (pedra preciosa em ouro) to mount
engatar v. 1 to cramp; to hook 2 (atrelar) to hitch; to couple 3 (marcha) to put into gear
engatinhar v. 1 to crawl; to go on all fours 2 figurado to begin
engelhar v. to crease; to wrinkle; to shrivel
engendrar v. 1 (gerar) to engender; to beget 2 (conceber) to make up
engenharia s.f. engineering
engenheiro s.m. engineer
engenho s.m. 1 engine; device 2 (moinho) mill 3 figurado art; skill; ingenuity
engenhoso adj. 1 (hábil) ingenious; skilful 2 (talentoso) clever
engessado adj. in plaster
engessar v. to plaster
englobar v. 1 (juntar) to include 2 (abarcar) to comprise
engolir v. 1 to swallow 2 (comer depressa) to gobble; ele engoliu o almoço he gobbled his lunch ♦ engolir em seco to gulp
engomar v. 1 (com goma) to starch 2 (passar a ferro) to iron
engordar v. 1 to put on weight 2 (alimento) to be fattening 3 to fatten up
engordurar v. 1 (com gordura) to grease 2 (com óleo) to oil
engraçado adj. 1 (divertido) funny; amusing; que engraçado! how funny! 2 (curioso) odd; strange; funny
engrandecer v. 1 (alargar) to enlarge 2 (enobrecer) to dignify; to honour
engravidar v. 1 to get (somebody) pregnant 2 to become pregnant
engraxar v. 1 to polish; to shine 2 figurado (bajular) to bootlick; to butter up
engraxate s.2g. bootblack; shoeblack Grã-Bretanha
engrenagem s.f. (dispositivo) gear; roda de engrenagem gear-wheel
engrenar v. 1 to put into gear; to gear (up, down) 2 to connect
engrossador s.m. 1 (grossura) thickener 2 (aumento) increaser 3 (bajulador) flatterer ■ adj. 1 (grossura) thickening 2 (aumento) increasing
engrossar v. 1 to thicken 2 (aumentar) to increase 3 coloquial (conversa) to flare up; to grow heated
enguiçar v. 1 (máquina) to break down 2 (mau-olhado) to bring ill luck to; to bewitch
enigma s.m. puzzle; enigma; riddle
enjaular v. 1 to jail; to cage 2 figurado (prisão) to put into jail
enjeitar v. 1 (rejeitar) to reject 2 antiquado (criança) to expose
enjoado adj. 1 sick; (no mar) seasick; estar enjoado to be seasick 2 (farto) sick and tired; já estou enjoado de o ouvir falar I'm sick and tired of listening to him

enrubescer

enjoar v. 1 to make (somebody) sick; to turn one's stomach; isso me enjoa that makes me sick 2 to get sick; (no mar) to get seasick
enjoativo adj. sickening; nauseating
enjoo s.m. nausea; (no mar) seasickness
enlaçar v. 1 (atar) to tie 2 (cingir) to entwine 3 (abraçar) to hold
enlace s.m. 1 (união) connection; union 2 (casamento) marriage
enlatado adj. tinned; canned ■ s.m. tinned food; canned food
enlatar v. to tin; to can
enlouquecer v. 1 to drive mad 2 (irritar) to anger 3 to go mad
enojar v. 1 to disgust; to sicken; to turn one's stomach 2 figurado (aborrecer) to bore enojar-se v.pr. 1 (sentir nojo) to be disgusted 2 (enfadar-se) to be bored
enorme adj. huge, enormous
enquadramento s.m. framing
enquadrar v. 1 to frame 2 to fit in 3 to fit; to go with enquadrar-se v.pr. to accommodate; to conform
enquanto conj. 1 (temporal) as long as; while; whilst; enquanto esteve no hospital whilst in hospital; enquanto eu dormia while I was sleeping; enquanto puder as long as I can 2 (oposição) whereas; on the other hand; eu gosto de praia, enquanto ele prefere o campo I like the beach, whereas he prefers the countryside 3 (na qualidade de) as; ele foi muito conhecido enquanto ator he was very famous as an actor ♦ por enquanto for the moment, for the time being
enraivecer v. to enrage; to anger; to infuriate enraivecer-se v.pr. to get angry/wild
enraivecido adj. 1 (pessoa) furious; enraged 2 (animal) rabid
enraizar v. 1 to root; to take root 2 figurado to settle
enrascada s.f. popular fix; tight spot; meter-se em uma enrascada to get into a tight spot
enrascar v. 1 to entangle 2 coloquial to entangle; to embroil
enredo s.m. 1 (livro) plot; storyline 2 (intriga) intrigue
enrijecer v. 1 to harden; to toughen 2 (robustecer) to strengthen
enriquecer v. 1 (tornar rico) to make rich 2 to get rich 3 (melhorar) to enrich; to improve; enriquecer o vocabulário to improve one's vocabulary
enriquecimento s.m. 1 acquiring of wealth 2 (melhoramento) improvement
enrolação s.f. coloquial lie; trick; story
enrolar v. 1 (papel, tapete) to roll up; (fio, corda) to wind up; (cabo) to coil up 2 (cabelo) to curl 3 (onda) to swell 4 figurado (enganar) to con; to deceive enrolar-se v.pr. 1 to wind 2 (embrulhar-se) to wrap up, to roll up 3 (serpente) to coil up
enroscar v. 1 (atarraxar) to screw on; enroscar a tampa to screw the top on 2 (enrolar) to roll round; to coil; to twist enroscar-se v.pr. 1 (cachorro, gato) to curl up 2 (cobra) to coil up
enrouquecer v. to hoarsen
enrubescer v. to redden; enrubescer de vergonha to redden with embarrassment

enrugar

enrugar *v.* 1 (*pele*) to wrinkle 2 (*roupa*) to crease 3 (*papel*) to crumple ♦ enrugar a testa to frown

ensaboar *v.* 1 to soap 2 coloquial (*reprimenda*) to scold; to rebuke

ensacar *v.* to bag; to pack (into bags)

ensaiar *v.* 1 to practise 2 MÚSICA, TEATRO to rehearse; ensaiar um papel to rehearse a role 3 (*tentar*) to attempt; to try

ensaio *s.m.* 1 LITERATURA essay 2 MÚSICA, TEATRO rehearsal; TEATRO ensaio geral dress rehearsal 3 test

ensanguentar *v.* to cover with blood; to stain with blood

ensartar *v.* 1 (*pérolas, contas*) to string; to thread 2 (*encadear*) to link; to connect

enseada *s.f.* inlet; cove; bay

ensebar *v.* 1 (*pôr gordura*) to grease 2 (*sujar*) to stain; to soil

ensimesmar-se *v.pr.* to muse; to moon

ensinamento *s.m.* teaching; lesson

ensinar *v.* 1 to teach; ensinar alguém a ler to teach someone (how) to read; ensinar línguas to teach languages 2 (*mostrar*) to show; ensine-me o caminho show me the way 3 (*animal*) to train

ensino *s.m.* 1 education; instruction 2 (*área profissional*) teaching profession; estar no ensino to be a teacher ♦ ensino básico basic compulsory education ensino fundamental elementary school ensino privado private education ensino público state education ensino médio high school ensino superior higher education estabelecimento de ensino educational establishment

ensolarado *adj.* sunny

ensopado *adj.* soaked; wet ■ *s.m.* CULINÁRIA stew; ragout ♦ estar ensopado até os ossos to be wet through, to be soaked to the skin

ensopar *v.* to soak; to dunk; to dip (em, *in*) ensopar-se *v.pr.* to get soaked

ensurdecedor *adj.* deafening; barulho ensurdecedor deafening noise

ensurdecer *v.* 1 to deafen 2 to go deaf

ensurdecimento *s.m.* deafness

entabocar *v.* to press; to tighten

entaipar *v.* to enclose; to wall up

entalado *adj.* 1 drawn together; tightened; (*pessoas*) packed 2 figurado in a tight corner ♦ entalados como sardinhas em lata packed like sardines

entalar *v.* 1 to get (something) caught (em, *in*); entalei o dedo na janela I got my finger caught in the window 2 (*prender*) to tighten 3 figurado (*comprometer*) to embarrass entalar-se *v.pr.* to get caught; entalei-me na porta I got caught in the door

entalhar *v.* to carve; to engrave

entanto *adv.* in the meantime; meanwhile ♦ no entanto however; nevertheless

então *adv.* 1 (*nesse momento*) then; by then; até então till then; desde então since then 2 (*naquele tempo*) at that time; by that time; eu era então estudante I was a student by that time 3 (*nesse caso*) so; ela não ligou, então eu fiquei em casa she didn't call, so I stayed at home 4 (*em vista disso*) after that ■ *interj.* 1 (*espanto*) now then!; well then!; com que então! so then! 2 (*impaciência, discordância*) e então? so what? 3 (*ânimo*) come on!

entardecer *v.* to draw on (the evening) *s.m.* evening; nightfall; close of day

ente *s.m.* being; living being; creature ♦ entes queridos loved ones

enteado *s.m.* stepchild; stepson (*m.*), stepdaughter (*f.*)

entediar *v.* to bore entediar-se *v.pr.* to get bored

entendedor *s.m.* connoisseur; expert ■ *adj.* knowing ♦ para bom entendedor meia palavra basta a word to the wise is enough

entender *s.m.* opinion; understanding; no meu entender in my opinion ■ *v.* 1 (*compreender*) to understand; não entender bem o sentido not to grasp the meaning; não consigo entender I can't understand 2 (*achar*) to believe (que, *that*) 3 (*ouvir*) to hear; não entendi nada do que você disse I couldn't hear a thing you said 4 (*ser sabedor*) to master (de, –) entender-se *v.pr.* 1 (*concordar*) to agree 2 (*dar-se bem*) to get on (com, *with*) ♦ dar a entender qualquer coisa to give a hint; to imply something fazer-se entender to make oneself clear/understood

entendido *s.m.* expert (em, *at, in, on*); connoisseur (em, *of*); specialist (em, *in*); um entendido em antiguidades an expert in antiques ■ *adj.* 1 understood 2 (*conhecedor*) skilled (em, *in*); expert (em, *in*) 3 (*combinado*) settled; agreed; fica entendido it's settled

entendimento *s.m.* 1 (*compreensão*) understanding; discernment 2 (*acordo*) agreement; understanding ♦ chegar a um entendimento to reach an understanding

enternecer *v.* to move; to touch enternecer-se *v.pr.* to be moved; to be touched

enterrar *v.* 1 to bury 2 to sink (em, *into*); enterrar os pés na areia to sink your feet into the sand 3 figurado (*esquecer*) to lay aside; to forget about; enterrar o passado to put one's past behind enterrar-se *v.pr.* 1 (*comprometer-se*) to be caught out 2 (*refestelar-se*) to sink (em, *into*), enterrar-se em uma poltrona to sink into an armchair

enterro *s.m.* burial; funeral

entidade *s.f.* 1 entity 2 being ♦ entidade patronal employer

entoação *s.f.* 1 MÚSICA intonation; modulation 2 tone; voz com uma entoação doce soft-toned voice

entoar *v.* to intone; to carol

entonação *s.f.* 1 (*entoação*) intonation 2 (*orgulho*) pride

entontecer *v.* 1 to make dizzy 2 to become dizzy 3 to stun; to daze

entornar *v.* 1 (*líquido*) to spill; to pour out; entornar um copo d'água to spill a glass of water 2 coloquial (*beber de golada*) to knock back entornar-se *v.pr.* (*líquido*) to spill; (*recipiente*) to fall over

entorpecente *adj.2g.* numbing ■ *s.m.* narcotic

entorpecer *v.* to numb entorpecer-se *v.pr.* to go numb

entorpecido *adj.* (*membros*) numb; (*articulações*) stiff

entorpecimento *s.m.* numbness; torpor

entortar v. 1 to bend; to crook; entortar os olhos to squint the eyes 2 to grow awry

entrada s.f. 1 (*local*) entrance; hall; espero por você na entrada I'll wait for you at the entrance 2 (*para carros*) access drive 3 (*admissão*) entry; admittance; entrance; entrada grátis free entrance 4 (*pagamento*) down payment 5 (*refeição*) starter 6 (*dicionário, enciclopédia*) headword entradas s.f.pl. (*cabelo*) receding hairline ♦ dar entrada no hospital to be admitted to the hospital

entrançar v. 1 (*cabelo*) to braid 2 to plait; to interweave

entranhar v. to penetrate; to go deep entranhar-se v.pr. to penetrate deep; to go deep

entranhas s.f.pl. entrails

entrar v. 1 to enter; to come in; to go in/inside; to step in; entrar à força to rush in by force; entrar no trem to get on the train; mandar entrar to send (someone) in; posso entrar? may I come in? 2 (*associação, clube, tropa*) to join; entrar para a tropa to join the army 3 (*jogo*) to play; to join in 4 (*brincadeira*) to take part in 5 to penetrate 6 (*mudanças*) to engage 7 INFORMÁTICA to log in ♦ coloquial entrar com alguém to pull someone's leg entrar em detalhes to go into details entrar de férias to start your holidays entrar em vigor to come into effect entrar por um ouvido e sair pelo outro to go in one ear and out the other

entrave s.m. hindrance; obstacle

entre prep. 1 (*dois*) between; o meu carro está entre a árvore e o poste de iluminação my car is between the tree and the street lamp 2 (*vários*) among; amongst; entre eles among themselves; estavam falando entre si they were talking to each other ♦ entre aspas in inverted commas entre a vida e a morte between life and death entre dentes spitefully entre todos together

entreaberto adj. ajar; unclosed; half-open

entreabrir v. to half-open; to set ajar

entrecortar v. to interrupt; to intersect; com voz entrecortada in a broken voice

entrecosto s.m. 1 sparerib; rib; entrecosto bovino mid ribs 2 CULINÁRIA entrecôte

entrega s.f. 1 (*produto, encomenda*) delivery; no ato da entrega on delivery 2 (*passar em mão*) handing over 3 (*rendição*) surrender; capitulation 4 (*desistência*) giving up 5 (*empenho*) commitment (a, to) ♦ entrega em domicílio home delivery

entregar v. 1 (*produto, objeto*) to deliver; o carteiro entregou uma carta the postman delivered a letter 2 (*documento*) to hand in; entregar um trabalho ao professor to hand in a project to the teacher 3 (*em mão*) to hand over (a, to); entregar um livro a alguém to hand a book over to someone 4 pejorativo (*denunciar*) to betray; to sell out; to double-cross 5 (*confiar alguma coisa*) to confide (a, to); to entrust (a, to) entregar-se v.pr. 1 (a alguém ou alguma coisa) to give oneself up (a, to) 2 (*render-se*) to surrender (a, to); entregar-se ao inimigo to surrender to the enemy 3 (*empenhar-se*) to commit oneself (a, to); entregar-se a um projeto to commit oneself to a project ♦ entregar a alma ao criador to go to kingdom come entregar o jogo to throw in the towel

entregue adj.2g. 1 (*carta, objeto*) delivered; handed over 2 (*aos cuidados de alguém*) taken care of ♦ estar entregue a si próprio to be on one's own estar entregue aos seus pensamentos to be lost in thought

entrelaçado adj. 1 (*enlaçado*) interlaced; intertwined 2 (*emaranhado*) interwoven

entrelaçar v. to interweave; to interlace

entrelinha s.f. interlineation ♦ ler nas entrelinhas to read between the lines

entremear v. to intermeddle; to intermingle

entreposto s.m. 1 (*armazém*) warehouse 2 (*empório*) emporium

entretanto adv. in the meantime; meanwhile ■ s.m. (*espaço de tempo*) time lag; time gap; no entretanto in the meantime

entretenimento s.m. 1 (*divertimento*) amusement; enjoyment; diversion 2 (*espetáculo*) entertainment; show 3 (*passatempo*) hobby; pastime

entreter v. 1 (*divertir*) to amuse 2 (*espectadores*) to entertain 3 (*desviar atenções*) to distract; to sidetrack

entrevado s.m. paralytic; invalid; cripple ■ adj. paralytic, paralytical; crippled

entrever v. 1 to catch a glimpse of 2 (*prever*) to foresee; to anticipate

entreverar v. (*tropas*) to mix up

entrevero s.m. mêlée of troops

entrevista s.f. 1 interview (para, for; a, to); dar uma entrevista a to give an interview to 2 (*consulta*) appointment 3 (*reunião*) meeting

entrevistador s.m. interviewer

entrevistar v. to interview

entristecer v. to sadden

entroncamento s.m. junction

entronizar v. to enthrone; to crown

entulhar v. 1 (*encher*) to fill up with rubbish 2 (*amontoar*) to heap up (de, with); to store up (de, with); entulhar um quarto de tralha to heap up a room with junk

entulho s.m. 1 (*lixo*) rubbish; trash; refuse 2 (*de obras*) waste material; rubble; debris

entupimento s.m. 1 obstruction; blocking up 2 figurado (*embaraço*) embarrassment

entupir v. 1 (*cano, nariz*) to obstruct; to bung up 2 (*trânsito*) to clog; to jam 3 (*obstruir-se*) to get obstructed; to block 4 figurado (*embatucar-se*) to choke on words entupir-se v.pr. 1 (*obstruir-se*) to get obstructed; to block 2 (*trânsito*) to clog; to jam 3 figurado (*embatucar-se*) to choke on words

entusiasmado adj. thrilled (com, with); enthusiastic (com, about, over)

entusiasmar v. 1 to excite 2 (*instigar*) to incite (a, to); to instigate (a, to) entusiasmar-se v.pr. 1 to get excited (com, about); to be enthusiastic (com, about); entusiasmar-se com um filme to be enthusiastic about a film 2 (*arrebatar-se*) to be carried away (com, by); entusiasmar-se com a ideia to be carried away by the thought

entusiasmo

entusiasmo *s.m.* 1 (*arrebatamento*) enthusiasm; zest; excitement; ter entusiasmo por to be enthusiastic about 2 (*paixão*) passion; devotion
entusiasta *s.2g.* enthusiast; lover; fan; ser um entusiasta pelas artes to be an art lover
enumeração *s.f.* 1 (*conta*) enumeration; numbering 2 (*pormenorização*) enumeration; detailing; specification
enumerar *v.* 1 (*contar*) to enumerate; to number; to count 2 (*enunciar*) to name 3 (*pormenorizar*) to enumerate; to detail; to list; to specify
enunciação *s.f.* 1 (*articulação*) enunciation; articulation 2 (*expressão*) enunciation; statement; expression
enunciado *s.m.* 1 (*discurso*) statement 2 (*teste*) test sheet
enunciar *v.* 1 (*pronunciar*) to enunciate; to pronounce 2 (*declarar*) to enunciate; to express; to state
envaidecer *v.* to make vain; to praise; to puff up envaidecer-se *v.pr.* to grow vain; to become proud
envasilhar *v.* 1 (*pôr em vasilha*) to put into vessels 2 (*pôr em barril*) to cask; to barrel 3 (*engarrafar*) to bottle
envelhecer *v.* 1 (*pessoa*) to grow old; to become old 2 (*objeto, vinho*) to grow old; to age
envelhecimento *s.m.* ageing
envelope *s.m.* envelope
envenenamento *s.m.* poisoning
envenenar *v.* 1 to poison 2 figurado (*relações, situações*) to poison; to taint 3 (*corromper*) to corrupt envenenar-se *v.pr.* to take poison
envergadura *s.f.* 1 spread; span; (*asas do avião*) wingspan 2 (*capacidade*) ability; skill 3 (*alcance*) range; scope; span 4 figurado importance; matter; um acontecimento desta envergadura an event of such importance
envergar *v.* 1 to put on 2 to wear
envergonhado *adj.* 1 (*embaraçado*) embarrassed (por, by; com, about) 2 (*tímido*) shy
envergonhar *v.* to embarrass; to shame; to put to shame envergonhar-se *v.pr.* (*embaraçar-se*) to feel ashamed; to feel embarrassed
envernizar *v.* 1 to varnish 2 (*polir*) to polish 3 (*polir com verniz*) to lacquer
enviar *v.* (*objeto, pessoa*) to send (a, *to*); to dispatch (a, *to*); to forward (a, *to*); envie-me sua resposta send me your answer
envidraçado *adj.* (of) glass; paredes envidraçadas glass walls
envidraçar *v.* to glaze
enviesado *adj.* 1 (*inclinado*) slanting; inclined; tilt; oblique 2 figurado (*dúbio*) dubious; biased 3 figurado (*com brusquidão*) blunt; harsh; resposta enviesada blunt answer
enviesar *v.* 1 (*inclinar*) to slant; to slope; to tilt; to incline 2 (*voltar*) to turn (para, *to*); to deviate (para, *to*); to deflect (para, *to*); enviesar para a esquerda to turn to the left
envio *s.m.* 1 (*carta, embrulho*) sending 2 (*em barco*) shipment 3 (*de dinheiro*) remittance

enviuvar *v.* (*mulher*) to become a widow; (*homem*) to become a widower; ele enviuvou bem novo he became a widower at an early age
envolver *v.* 1 (*embrulhar*) to wrap up (em, *in*); a cidade estava envolta em nevoeiro the town was wrapped up in fog 2 (*abraço*) to enfold; to embrace 3 (*abranger*) to comprise; to reach; assunto que envolve muitos aspectos a far-reaching subject 4 (*cobrir*) to envelop; to engulf 5 figurado (*implicar*) to involve (em, *in*) envolver-se *v.pr.* (*pessoas*) to get involved (com, *with*; em, *in*)
envolvimento *s.m.* 1 (*situação*) involvement; participation 2 (*relação*) romantic involvement; affair
enxada *s.f.* hoe
enxaguar *v.* 1 (*passar em água*) to rinse; enxaguar a roupa suja to rinse the laundry 2 (*lavar*) to wash
enxame *s.m.* 1 (*abelhas*) swarm 2 figurado (*pessoas*) swarm; multitude
enxaqueca *s.f.* MEDICINA migraine
enxergar *v.* 1 to see; eu não conseguia enxergar nada I couldn't see a thing 2 figurado (*entender*) to grasp; to get; não enxergar nada not to get it
enxerido *s.m.* busybody; meddler ■ *adj.* nosy; meddlesome
enxerir *v.* to insert; to put in enxerir-se *v.pr.* to meddle
enxertar *v.* BOTÂNICA to graft
enxerto *s.m.* BOTÂNICA graft; fazer um enxerto to graft
enxofre *s.m.* QUÍMICA sulphur; brimstone
enxotar *v.* 1 (*pessoas, animais*) to drive away; to scare away 2 (*moscas*) to swatter
enxoval *s.m.* 1 (*bebê*) layette 2 (*noiva*) trousseau
enxovalhar *v.* 1 (*manchar*) to dirty; to stain 2 (*amarrotar*) to wrinkle; to crumple 3 figurado (*reputação*) to discredit; to tarnish
enxugar *v.* 1 to dry 2 (*louça*) to dry up; to wipe
enxurrada *s.f.* 1 torrent; flux; rush 2 (*chuvada*) shower 3 figurado torrent; hail; enxurrada de perguntas hail of questions
enxuto *adj.* dry; olhos enxutos dry eyes ♦ enxuto de carnes slim; lean
enzima *s.f.* QUÍMICA enzyme
epicentro *s.m.* GEOLOGIA epicentre
épico *adj.* epic; um autor épico an epic author ■ *s.m.* epic
epidemia *s.f.* 1 MEDICINA epidemic; plague; epidemia de gripe flu epidemic 2 (*contágio*) contagion; contamination
epidêmico *adj.* epidemic
epiderme *s.f.* epidermis
epidural *adj.2g.*, *s.f.* epidural
epífita *s.f.* BOTÂNICA epiphyte
epiglote *s.f.* ANATOMIA epiglottis
epígrafe *s.f.* 1 LITERATURA epigraph; motto 2 (*inscrição em edifício*) inscription 3 (*título*) heading; title
epigrama *s.m.* LITERATURA epigram
epilepsia *s.f.* MEDICINA epilepsy
epilético *s.m.* (*pessoa*) epileptic ■ *adj.* epileptic; ataque epilético an epileptic fit
episcopal *adj.2g.* RELIGIÃO episcopal
episódio *s.m.* 1 (*acontecimento*) episode; event; episódio histórico historical event 2 TELEVISÃO ep-

isode; episódios seguintes following episodes; último episódio da série final episode of the series
epístola *s.f.* RELIGIÃO, LITERATURA epistle
epitélio *s.m.* ANATOMIA epithelium
epíteto *s.m.* 1 LINGUÍSTICA epithet 2 (*alcunha*) nickname
época *s.f.* 1 epoch; age; era; time; naquela época at that time 2 (*temporada*) season ♦ teve a sua época it had its day
epopeia *s.f.* epic
equação *s.f.* MATEMÁTICA equation; equação de primeiro grau simple equation
equacionar *v.* 1 MATEMÁTICA to equate, to make an equation 2 (*sistematizar*) to equate; é preciso equacionar o problema the problem must be equated
equador *s.m.* GEOGRAFIA equator
equatoriano *adj.*, *s.m.* Ecuadorian
equestre *adj.2g.* equestrian; estátua equestre equestrian statue
equidistante *adj.2g.* equidistant
equilibrado *adj.* 1 balanced; dieta equilibrada balanced diet 2 figurado (*condição mental*) sound; sane; sensible; uma pessoa equilibrada a sane person
equilibrar *v.* 1 to balance 2 (*compensar*) to compensate; to offset equilibrar-se *v.pr.* to keep one's balance (em, *on*); ele tentava equilibrar-se na corda he tried to keep his balance on the tightrope
equilíbrio *s.m.* 1 balance; equilibrium; manter o equilíbrio to keep one's balance; perder o equilíbrio to lose one's balance 2 figurado (*estado de espírito*) equilibrium; composure; poise
equilibrista *s.2g.* tightrope walker
equinócio *s.m.* ASTRONOMIA equinox
equipagem *s.f.* 1 (*apetrechos*) gear; equipment; outfit 2 (*tripulação*) crew
equipamento *s.m.* 1 (*roupa*) equipment; outfit; equipamento militar military outfit; equipamento de mergulho diving equipment 2 (*apetrechos*) outfit; equipment; kit; equipamento de pronto-socorro medical kit
equipar *v.* 1 (*apetrechar*) to equip (with, *com;* para, *for*); equipar um grupo para uma expedição to equip a team for an expedition 2 to furnish; equipar um escritório to furnish an office equipar-se *v.pr.* 1 (*vestir-se*) to put on an outfit (para, *for*) 2 to equip oneself (com, *with*; para, *for*)
equiparar *v.* 1 (*comparar*) to compare (a, *to*); equiparar um fato ao outro to compare one fact to the other 2 (*nivelar*) to put on the same footing; to level off, to level out equiparar-se *v.pr.* to compare (a, *to*)
equipe *s.f.* team; group ♦ equipe adversária opposing team espírito de equipe team spirit
equitação *s.f.* 1 ESPORTE riding 2 horsemanship
equivalência *s.f.* equivalence; correspondence; equivalência de valores equivalence of values
equivalente *s.m.* equivalent (de, *of*) ■ *adj.2g.* equivalent (a, *to*); corresponding (a, *to*); equal (a, *to*); similar (a, *to*); ser equivalente a to be equivalent to
equivaler *v.* to be equivalent (a, *to*)

equivocado *adj.* mistaken; wrong
equivocar *v.* to equivocate; to mislead equivocar-se *v.pr.* to be mistaken
equívoco *s.m.* 1 (*engano*) mistake 2 (*mal-entendido*) misunderstanding ■ *adj.* equivocal; ambiguous ♦ por equívoco in error
era *s.f.* era; age; epoch; a era dos celulares the age of mobile phones
ereção *s.f.* 1 ANATOMIA erection 2 (*monumento*) erection; putting up 3 (*fundação*) erection; establishment; foundation
eremita *s.2g.* hermit; anchorite
ergonomia *s.f.* ergonomics
erguer *v.* 1 (*objeto*) to lift; to raise 2 (*olhos, cabeça*) to lift 3 (*voz*) to raise 4 (*erigir*) to build; to erect erguer-se *v.pr.* 1 (*levantar-se*) to stand up 2 (*pôr-se direito*) to raise oneself 3 literário (*edifício, montanha*) to rear; to tower
eriçar *v.* 1 (*pelo, pele*) to bristle 2 (*penas*) to ruffle eriçar-se *v.pr.* 1 (*pelo, pele*) to bristle 2 coloquial (*irritar-se*) to lose one's cool 3 (*medo*) to shudder; to shiver
erigir *v.* to erect; to build; to rise
ermo *adj.* solitary; desert; empty; um local ermo a desert place ■ *s.m.* wilderness; wasteland
erosão *s.f.* 1 (*natureza*) erosion 2 figurado (*situações*) degradation; deterioration
erosivo *adj.* erosive
erótico *adj.* erotic
erotismo *s.m.* eroticism
erradicação *s.f.* eradication; removal
erradicar *v.* 1 to eradicate 2 (*doença*) to stamp out
errar *v.* 1 (*cometer erro*) to fail; to be wrong (em relação, *about*); errar o exercício to fail the exercise 2 (*falhar*) to miss; errar o alvo to miss the target 3 (*andar sem destino*) to wander (por, *in*); to roam (por, *in*) 4 (*equivocar-se*) to be wrong (em, *in*); to be mistaken (em, *in*); não há que errar there is no mistaking ♦ errar é humano to err is human
errata *s.f.* erratum
erre *s.m.* name of the letter r
erro *s.m.* 1 (*engano*) error; mistake; foi um erro it was a mistake 2 (*falha*) mistake; fault; o exercício está cheio de erros the exercise is full of faults ♦ erro crasso blunder, gross mistake erro ortográfico misspelling salvo erro if I am not mistaken
erudição *s.f.* erudition; learning
erudito *s.m.* scholar; learned person ■ *adj.* erudite; learned
erupção *s.f.* 1 GEOLOGIA eruption; entrar em erupção to erupt 2 (*cutânea*) rash
erva *s.f.* 1 BOTÂNICA grass 2 (*chá, remédios*) herb ♦ erva daninha weed
erva-cidreira *s.f.* BOTÂNICA balm; melissa
erva-doce *s.f.* 1 BOTÂNICA anise 2 CULINÁRIA aniseed
ervateiro *s.m.* maté dealer
ervilha *s.f.* BOTÂNICA pea; vagem de ervilha pea pod; ervilhas congeladas frozen peas
esbaforido *adj.* out of breath
esbagaçar *v.* to break into pieces; to shatter; to smash

esbanjador

esbanjador s.m. squanderer ■ adj. (*gastador*) prodigal; extravagant; profligate

esbanjar v. 1 (*recursos*) to squander 2 (*dinheiro*) to splash out (em, on); to waste (em, on)

esbarrar v. (*objetos*) to collide esbarrar-se v.pr. 1 (*embater*) to crash (contra, *into, against*); to hit (contra, *into, against*); to collide (contra, *into, against*); esbarrar-se contra uma parede to hit against a wall 2 coloquial to come across; esbarrei-me com ele no teatro I came across him at the theatre

esbater v. 1 (*cor*) to tone down; to shade off 2 figurado (*atenuar*) to diminish; to attenuate 3 figurado (*problema*) to smooth over esbater-se v.pr. 1 (*até desaparecer*) to fade away; to die out 2 (*atenuar-se*) to fade out; to fizzle out

esbelto adj. 1 slender; slim 2 elegant

esboçar v. (*desenho, plano*) to sketch; to outline ◆ esboçar uma tentativa to give it a try esboçar um sorriso to twitch the corners of the lips

esboço s.m. 1 ARTES PLÁSTICAS sketch 2 (*rascunho*) draft 3 LITERATURA synopsis; summary

esbodegar v. 1 to damage; to wreck 2 coloquial (*esbanjar*) to waste; to squander esbodegar-se v.pr. 1 (*cansar-se*) to get tired 2 coloquial (*desmazelar-se*) to grow careless; to let oneself go

esbofetear v. to slap; to smack; to slap someone's face

esborrachar v. 1 (*esmagar*) to crush 2 (*apertar muito*) to squash; to squeeze esborrachar-se v.pr. 1 to get squashed 2 coloquial (*queda*) to fall flat

esbranquiçado adj. whitish; off-white

esburacar v. to bore; to drill; to make holes

escabiose s.f. MEDICINA *scabies*

escada s.f. 1 stairs; descer as escadas to go downstairs; subir as escadas to go upstairs 2 (*escadaria*) staircase ◆ escada de bombeiros scaling ladder escada de caracol winding stairs escada de mão ladder escada rolante escalator

escadaria s.f. 1 staircase 2 (*lanço de escadas*) set of stairs; stairway

escala s.f. 1 (*medição*) scale; escala de um mapa scale of a map 2 (*âmbito*) scale; range; em larga escala on a grand scale; em pequena escala on a small scale 3 (*graduação*) scale; gradations 4 (*navegação*) sea port; fazer escala to touch a port 5 (*aviação*) intermediate stop 6 MÚSICA scale; gamut

escalada s.f. 1 climb; escalada de montanha mountain climb 2 (*agravamento*) escalation; increase; escalada da violência escalation of violence 3 ESPORTE climbing

escalão s.m. 1 (*degrau*) step 2 (*carreira*) rung; rank

escalar v. 1 (*montanha*) to climb; to scale 2 (*árvore*) to climb 3 (*cabelo*) to layer

escaldar v. 1 to scald CULINÁRIA to blanch; to boil escaldar-se v.pr. 1 (*queimadura*) to scald oneself; to burn oneself 2 figurado (*prejudicar-se*) to burn one's fingers

escalfar v. (*ovos*) to poach

escalonar v. 1 (*determinar escalão*) to grade; to classify 2 (*estipular*) to schedule

escama s.f. scale

escamar v. to scale; to take the scales off escamar-se v.pr. coloquial to get angry; to get mad

escancarar v. 1 (*porta*) to set wide open; to open wide 2 (*situação*) to expose

escanchar v. to open in half escanchar-se v.pr. to sit or stand with the legs wide apart

escandalizado adj. 1 (*chocado*) shocked; scandalized 2 (*indignado*) outraged; furious

escandalizar v. to outrage; to shock; to scandalize escandalizar-se v.pr. to feel outraged (com, *with*); to be shocked (com, *with*)

escândalo s.m. 1 (*situação*) scandal; fazer um escândalo to make a scandal 2 (*ato ofensivo*) outrage; foi um autêntico escândalo it was an outrage

escandaloso adj. 1 (*comportamento*) scandalous; outrageous 2 (*situação*) scandalous; shocking 3 (*vergonhoso*) shameful

Escandinávia s.f. Scandinavia

escanear v. INFORMÁTICA to copy with a scanner

escâner s.m. INFORMÁTICA scanner

escangalhar v. 1 (*mecanismo*) to break down 2 (*partir*) to break to pieces 3 (*desmontar*) to disjoint; to disconnect 4 (*situação*) to ruin; você escangalhou tudo! you've ruined everything escangalhar-se v.pr. to break down; o rádio escangalhou-se the tuner has broken down

escaninho s.m. 1 (*em um móvel*) secret compartment, secret drawer 2 (*recanto*) quiet corner; hiding place

escanteio s.m. ESPORTE corner; corner kick; marcar escanteio contra to call for a corner kick against ◆ coloquial chutar para escanteio to put aside

escapamento s.m. escape

escapar v. 1 (*fugir*) to escape (de, *from*); to get away (de, *from*); escapar da polícia to escape from the police 2 (*situação, dever*) to escape (de, *from*); to wriggle out (de, *of*) 3 (*segredo*) to slip; deixar escapar to drop 4 (*situação, pergunta*) to avoid (a, -); to shun (a, -); escapar a uma pergunta to shun a question escapar-se v.pr. 1 (*de prisão*) to evade; to escape 2 (*escapulir-se*) to steal away; to sneak away 3 (*esquecimento, deslize*) to slip; escapar-se da memória to slip one's mind ◆ escapar de boa to have a lucky escape escapar por um triz to have a narrow escape

escapatória s.f. 1 (*pergunta, situação*) subterfuge; dodge 2 (*meio hábil de fugir*) loophole fig. ◆ não há escapatória there's no way out

escape s.m. 1 MECÂNICA exhaust 2 PSICOLOGIA escape (a, *from*)

escapulário s.m. RELIGIÃO scapular

escapulir v. to escape; to slip away; to get away escapuliu(-se) pela porta de trás he escaped through the back door

escaravelho s.m. ZOOLOGIA beetle

escarcéu s.m. (*alarido*) uproar; fuss

escargot s.m. winkle

escarlatina s.f. MEDICINA scarlet fever

escarnecer v. to scoff; to mock; to make fun (de, *of*); escarnecer dos outros to make fun of others

escarola s.f. BOTÂNICA escarole

escarpado *adj.* 1 (*íngreme*) steep 2 (*inclinado*) sloping; slanting
escarrar *v.* to spit
escarro *s.m.* spit; gob
escassear *v.* 1 (*faltar*) to lack 2 (*haver pouco*) to become scarce; to fall short; a produção escasseia production falls short 3 (*tempo*) to run short; o tempo escasseia time is running short
escassez *s.f.* 1 (*haver pouco*) scarcity (de, *of*); escassez de alimentos scarcity of food 2 (*falta*) lack (de, *of*); escassez de tempo lack of time
escasso *adj.* (*insuficiente*) sparse; short; o tempo é escasso there is not much time left ◆ escassas vezes seldom
escavação *s.f.* 1 (*covas*) digging 2 técnico excavation; escavações arqueológicas archaeological excavations
escavadeira *s.f.* 1 (*a vapor*) steam shovel 2 (*mecânica*) digger, mechanical digger; excavator
escavar *v.* to dig; to excavate
esclarecer *v.* 1 (*dúvida, explicação*) to explain; to clear up; esclarecer uma dúvida to clear up a doubt 2 (*desentendimentos*) to clear up; estamos esclarecidos? is that clear? 3 (*enigma, mistério*) to solve esclarecer-se *v.pr.* (*dúvida, enigma*) to clear up
esclarecimento *s.m.* 1 (*desentendimento, dúvida*) clearing up 2 (*informação*) enlightenment (sobre, *about*); explanation (sobre, *about*) 3 (*mistérios*) solving
esclerosado *adj.* 1 sclerotic 2 figurado decrepit; senile
esclerose *s.f.* MEDICINA sclerosis ◆ esclerose múltipla multiple sclerosis
escoamento *s.m.* 1 (*vazamento*) flowing off 2 (*canalização, tubulação*) drainage 3 (*mercadoria*) selling
escoar *v.* 1 (*líquido*) to drain 2 (*mercadoria*) to sell out escoar-se *v.pr.* 1 (*fluir*) to glide away; to flow away 2 (*desaparecer*) to disappear; to fade away
escocês *s.m.* Scotsman, Scot; Scotswoman, Scot ■ *adj.* Scottish; Scotch; Scots; pronúncia escocesa Scottish accent
Escócia *s.f.* Scotland
escola *s.f.* 1 school 2 (*edifício*) schoolhouse 3 (*ensino superior*) college; school 4 experience; training ◆ escola pré-primária nursery school escola primária elementary school
escolado *adj.* cunning, crafty, wily
escolar *adj.2g.* school; ano escolar school year; (*ensino superior*) academic year; período escolar school term; crianças em idade escolar children of school age; trabalho(s) escolar(es) school work
escolaridade *s.f.* schooling ◆ escolaridade obrigatória compulsory schooling
escolarizar *v.* to provide schooling for; to school
escolha *s.f.* 1 (*seleção*) choice; selection; pick; isso fica à sua escolha that's your choice 2 (*alternativa*) choice; option; alternative; não me deixa escolha you leave me no choice ◆ à escolha take your pick
escolher *v.* 1 (*selecionar*) to choose; to select; to pick; escolher à vontade to take your pick 2 (*preferir*) to choose; to prefer ◆ (*provérbio*) quem muito escolhe pouco acerta he who goes further fares worse tem de escolher um ou outro you can't have it both ways
escolhido *adj.* 1 (*selecionado*) chosen; selected; bem escolhido well-chosen 2 (*preferido*) chosen; preferred ■ *s.m.* appointee; the chosen one
escoliose *s.f.* MEDICINA scoliosis
escolta *s.f.* 1 (*pessoa, veículo*) escort; escolta policial police escort 2 (*proteção*) guard; escolta armada armed guard
escoltar *v.* 1 to escort; to convoy; to accompany 2 (*dirigir*) to guide
escombros *s.m.pl.* rubble; ruins ◆ ficar em escombros to crumble
esconde-esconde *s.m.* (*jogo*) hide-and-seek
esconder *v.* 1 (*objeto, pessoa*) to hide 2 (*informação, sentimento*) to hide; to conceal 3 (*guardar segredo*) to hold back; to keep; esconder algo de alguém to keep something from someone esconder-se *v.pr.* to hide oneself; to go into hiding
esconderijo *s.m.* 1 (*local*) hideout; hiding place 2 (*refúgio*) refuge; shelter
escopo *s.m.* (*propósito*) purpose; aim
escora *s.f.* 1 shore; prop 2 figurado support
escorar *v.* to prop; to support; to hold up; (*muro, teto*) to shore up
escorbuto *s.m.* MEDICINA scurvy
escória *s.f.* 1 (*metal*) slag; dross 2 (*carvão*) slag 3 figurado, pejorativo scum; dregs (of society)
escoriação *s.f.* scratch; graze; grazing
escorpiano *adj., s.m.* Scorpio
escorpião *s.m.* ZOOLOGIA scorpion
Escorpião *s.m.* ASTRONOMIA Scorpio
escorraçar *v.* to drive/chase away; to expel; to banish
escorredor *s.m.* 1 (*louça*) drainer; (*banca*) draining board 2 (*alimentos*) colander
escorrega *s.f.* (*parque infantil*) slide
escorregadio *adj.* slippery
escorregador *s.m.* (*parque infantil*) slide
escorregão *s.m.* (*escorregadela*) slip; levou um escorregão e caiu he slipped and fell
escorregar *v.* 1 to slip; to slide; to take a false step; escorregar na lama to slip in the mud 2 figurado to make a blunder
escorrer *v.* 1 to flow off 2 (*louça*) to drain; deixar a louça escorrendo to leave the dishes to drain 3 to drip; pôr a roupa para escorrer to hang up the washing to drip 4 (*alimentos*) to colander
escoteiro *s.m.* boy scout; girl scout
escotismo *s.m.* scouting, scouting movement
escova *s.f.* brush ◆ escova de unhas nail brush escova metálica wire brush escova de dentes toothbrush escova de sapatos shoebrush escova de cabelo hairbrush
escovado *adj.* 1 brushed; cabelo escovado brushed hair 2 figurado, popular (*bem vestido*) well dressed 3 (*matreiro*) cunning; smart; sly
escovar *v.* 1 (*cabelo, peça de roupa*) to brush; escovar o terno to brush one's suit 2 (*cavalo, cachorro*) to groom 3 figurado, coloquial (*bajulação*) to suck up to

escovinha

escovinha *s.f.* **1** small brush **2** BOTÂNICA garden cornflower ♦ (*cabelo*) corte à escovinha crew cut

escravatura *s.f.* **1** (*escravidão*) slavery **2** (*tráfico*) slave trade

escravidão *s.f.* **1** slavery; enslavement **2** (*servidão*) servitude

escravizar *v.* to enslave

escravo *s.m.* slave ■ *adj.* slavish; servile ♦ escravo do trabalho slave to work

escrever *v.* **1** (*a mão*) to write; (*no computador*) to type; escrever por extenso to write in full; escrever um livro to write a book; escrever umas linhas a alguém to drop a few lines to someone **2** to spell; como é que se escreve o seu nome? how do you spell your name?

escrita *s.f.* **1** writing **2** (*caligrafia*) handwriting

escrito *s.m.* **1** piece of writing **2** bill; letter; note ■ *adj.* written ♦ pôr por escrito to commit to paper; to set down in writing

escritor *s.m.* writer

escritório *s.m.* **1** (*local de trabalho*) office **2** (*em casa*) study

escritura *s.f.* DIREITO (*documento legal*) deed; escritura de venda deed of sale; fazer uma escritura to draw up a deed

escriturar *v.* **1** to register; to write down **2** ECONOMIA to keep books

escrivaninha *s.f.* desk; writing desk

escrivão *s.m.* **1** clerk; notary **2** (*tribunal*) clerk

escroto *s.m.* ANATOMIA scrotum

escrúpulo *s.m.* scruple; reluctance ♦ pessoa sem escrúpulos unscrupulous person

escudar *v.* to shield; to protect escudar-se *v.pr.* to shield oneself; escudei-me naquele argumento I used that argument as an excuse

escudo *s.m.* **1** shield **2** (*símbolo*) escutcheon; arms; escudo de armas coat of arms **3** (*antiga moeda*) escudo

esculhambado *adj.* **1** coloquial (*crítica dura*) demoralized; disheartened **2** coloquial (*desorganizado*) disorganized; untidy

esculpir *v.* to sculpt; (*madeira, pedra*) to carve; (*ouro, prata*) to chase; (*mármore*) to chisel; esculpir em pedra to cut in stone

escultor *s.m.* sculptor

escultura *s.f.* **1** (*obra*) sculpture **2** (*arte*) sculpture; carving

escumadeira *s.f.* skimmer

escurecer *v.* **1** to darken; to dim **2** figurado to obscure; to cloud **3** to grow dark; to darken

escuridão *s.f.* **1** darkness; dark; na escuridão in the dark **2** figurado ignorance

escuro *adj.* **1** dark; está ficando escuro it's getting dark; escuro como breu pitch-black **2** (*pão*) brown ■ *s.m.* dark; ter medo do escuro to be afraid of the dark

escusar *v.* **1** (*dispensar*) to excuse (de, *from*); to exempt (de, *from*) **2** (*desculpar*) to excuse escusar-se *v.pr.* to apologize (por, *for*)

escuta *s.f.* listening; à escuta on the alert, listening; estar à escuta to be on the watch ♦ escuta eletrônica phone tapping, bugging aparelho de escuta sound locator, bug

escutar *v.* **1** (*prestar atenção*) to listen (–, to) **2** (*ouvir*) to hear; (*secretamente*) to eavesdrop

esfacelar *v.* **1** to gangrene **2** (*despedaçar*) to blow to pieces **3** (*destruir*) to ravage; to smash

esfaquear *v.* to knife; to stab

esfarelar *v.* to crumble; esfarelou o pão she crumbled the bread

esfarrapado *adj.* **1** (*pessoa*) ragged; in rags; andar esfarrapado to go about in rags **2** (*roupa*) torn; tattered; as minhas calças estão esfarrapadas my trousers are in tatters

esfarrapar *v.* to tear; to rip

esfarripar *v.* **1** to fray **2** (*tecido*) to tear **3** (*cabelo*) to dishevel; to ruffle

esfera *s.f.* **1** (*globo*) sphere; globe **2** (*área de atividade*) scope; range; sphere; figurado as altas esferas políticas the higher realms of politics ♦ esfera armilar armillary sphere esfera celeste celestial sphere esfera de influência sphere of influence

esferográfica *s.f.* biro; ballpoint (pen)

esfiapar *v.* to fray

esfinge *s.f.* **1** sphinx **2** figurado inscrutable person

esfoladouro *s.m.* (*matadouro*) skinning department

esfolar *v.* **1** (*tirar pele*) to skin; to flay **2** (*arranhar*) to scratch; to graze; to scrape **3** figurado (*explorar*) to fleece

esfoliação *s.f.* exfoliation

esfoliante *s.m., adj.2g.* exfoliant

esfoliar *v.* to exfoliate

esfomeado *adj.* starving; hungry

esforçado *adj.* **1** (*trabalhador*) hard-working; (*empenhado*) dedicated **2** (*corajoso*) courageous; brave

esforço *s.m.* effort; endeavour; (*físico*) fazer um esforço to make an effort, to exert oneself; (*moral*) fazer um esforço to try hard, to strive ♦ não poupar esforços to spare no pains

esfregar *v.* **1** to scrub; esfregar o chão to scrub the floor **2** (*panela, tacho*) to scour **3** (*friccionar*) to rub; esfregar os olhos to rub one's eyes

esfriar *v.* **1** to cool (something) down; to cool off; to refrigerate **2** to get cold; to cool **3** figurado (*sentimentos, relacionamento*) to cool down; to cool

esfumaçar *v.* to fill with smoke; (*escurecer*) to darken with smoke

esfumar *v.* to shade (off); to smooth out; to blur; to stump

esgalhar *v.* **1** (*podar*) to prune; to lop off the branches **2** (*novos galhos*) to sprout new branches **3** (*ramificar-se*) to branch out; to fork off **4** coloquial to speed; to drive at speed **5** popular to work hard; to toil

esganar *v.* **1** (*estrangular*) to strangle **2** (*sufocar*) to choke; to stifle esganar-se *v.pr.* **1** to hang oneself **2** figurado to be greedy

esganiçar *v.* to raise (one's voice) to a shrill pitch esganiçar-se *v.pr.* to shriek; to screech; to squeak; to shrill

esgaravatar *v.* **1** to scrape; to scratch **2** (*nariz, dentes*) to pick **3** (*ave*) to peck (, *at*) **4** figurado to search; to inquire

esgarçar *v.* to fray; to wear
esgoelar-se *v.pr.* to bawl; to scream one's head off
esgotado *adj.* 1 *(produto, entrada)* sold out 2 *(livro, na loja)* sold out; *(livro, na editora)* out of print 3 *(pessoa)* exhausted; tired out 4 *(recursos)* exhausted ♦ *(teatro, show)* lotação esgotada full house
esgotamento *s.m.* 1 *(estado, ação)* exhaustion 2 MEDICINA breakdown; collapse ♦ esgotamento nervoso nervous breakdown
esgotar *v.* 1 *(recursos)* to drain; to use up 2 *(pessoa, tema, paciência)* to exhaust; to wear out; esgotar um tema to exhaust a subject 3 *(mercadoria)* to be sold out esgotar-se *v.pr.* 1 *(livro, bilhete)* to be sold out 2 *(forças, energia, paciência)* to run out; a minha paciência está se esgotando I'm running out of patience
esgoto *s.m.* drain; gutter ♦ esgoto a céu aberto open drain rede de esgoto sewage system
esgravatar *v.* 1 to scrape; to scratch 2 *(nariz, dentes)* to pick 3 *(ave)* to peck (, *at*) 4 figurado to search; to inquire
esgrima *s.f.* ESPORTE fencing; professor de esgrima fencing master; praticar esgrima to fence
esgrimir *v.* 1 *(praticar esgrima)* to fence 2 to brandish 3 *(discussão)* to put forward (arguments)
esgueirar *v.* 1 *(desviar)* to divert; *(olhar)* to avert 2 antiquado to steal; to swipe esgueirar-se *v.pr.* to slip away; to sneak off; to steal away
esguichar *v.* to squirt; to spurt; to gush
esguicho *s.m.* *(jato)* jet; squirt; gush; um esguicho d'água a jet of water
esmagar *v.* 1 to crush 2 *(objeto mole)* to squash 3 *(em papa)* to mash 4 *(em pó)* to grind 5 *(rebelião)* to crush, to suppress 6 *(dominar)* to overwhelm 7 *(derrotar)* *(jogo)* to hammer
esmaltar *v.* to enamel
esmalte *s.m.* 1 enamel; louça de esmalte enamel ware 2 nail polish, nail varnish Grã-Bretanha
esmeralda *s.f.* GEOLOGIA emerald; anel de esmeraldas an emerald ring
esmerar *v.* to perfect; to refine; to improve esmerar-se *v.pr.* 1 *(esforço)* to take great pains; to do one's best; esmerou-se naquele artigo he's put a lot of effort into the article 2 *(superar as expectativas)* to surpass oneself; to do a wonderful job; desta vez você se esmerou! you've really surpassed yourself this time!
esmerilar *v.* 1 to polish (with emery) 2 *(esmerar)* to perfect; to polish 3 *(pesquisar)* to investigate; to examine
esmero *s.m.* care; neatness
esmigalhar *v.* 1 *(pão, bolachas)* to crumble; to mash 2 *(esmagar)* to crush esmigalhar-se *v.pr.* *(pão, rocha)* to crumble
esmiuçar *v.* *(examinar)* to analyse; to go through (something) in detail
esmola *s.f.* alms; charity; dar uma esmola a alguém to give alms to somebody ♦ caixa de esmolas poor box pedir esmola to beg
esmolambado *adj.* ragged ■ *s.m.* ragamuffin
esmorecer *v.* 1 *(desencorajar)* to discourage; to dishearten 2 *(desencorajar-se)* to lose heart 3 *(afrouxar)* to slow down 4 *(sentimento, luz)* to fade away
esmurrar *v.* 1 *(dar murros)* to box; to punch 2 *(amolgar)* to dent; esmurrar o carro to dent the car
esnobar *v.* 1 to be snobbish 2 to give (somebody) the cold shoulder
esnobe *s.2g.* snob ■ *adj.2g.* snobbish; pretentious; superior
és-nordeste *s.m.* east-northeast
esôfago *s.m.* ANATOMIA oesophagus
esotérico *adj.* esoteric
esoterismo *s.m.* esotericism
espaçar *v.* 1 *(pôr intervalos)* to space out; to set at intervals 2 *(ampliar)* to extend; to enlarge 3 *(adiar)* to delay; to put off; to postpone
espacial *adj.2g.* 1 spatial 2 space ♦ nave espacial space ship estação espacial space station
espaço *s.m.* 1 *(extensão)* space 2 *(a ocupar)* room; espaço livre free room; deixar espaço para to leave room for 3 *(tempo)* interval; period ♦ espaço aéreo airspace espaços verdes green spaces INFORMÁTICA espaço em disco disk space
espaçoso *adj.* spacious; wide; ample; uma sala espaçosa a spacious living room
espada *s.f.* *(arma)* sword; desembainhar a espada to draw the sword; embainhar a espada to sheathe the sword espadas *s.f.pl.* *(naipe)* spades; rei de espadas king of spades
espádua *s.f.* ANATOMIA scapula; shoulder-blade
espaguete *s.m.* CULINÁRIA spaghetti
espairecer *v.* 1 *(passear)* to stroll; to go for a walk 2 *(distrair-se)* to amuse oneself
espalhafatoso *adj.* 1 pejorativo *(espampanante)* garish; ostentatious; showy 2 *(barulhento)* noisy; fussy
espalhar *v.* 1 *(estender)* to spread 2 *(papéis, flores)* to strew 3 *(sementes)* to scatter 4 *(barrar)* to spread; espalhar a manteiga na torrada to spread the butter on the toast 5 *(polvilhar)* to sprinkle 6 *(pomada)* to apply 7 *(difundir)* to spread; espalhar uma notícia to spread the news espalhar-se *v.pr.* 1 *(notícia, doença)* to spread 2 *(objetos)* to scatter 3 coloquial *(cair)* to fall flat
espalmar *v.* 1 *(esmagar)* to flatten; to lay flat; to squash 2 *(estender)* to lay out; to spread espalmar-se *v.pr.* to flatten oneself (contra, *against*); espalmar-se contra a parede to flatten oneself against the wall
espanador *s.m.* duster; feather duster
espanar *v.* to dust
espancar *v.* to beat (somebody) up ● O verbo inglês *spank* significa "dar palmadas nas nádegas, bater nas nádegas".
Espanha *s.f.* Spain
espanhol *s.m.* *(pessoa)* Spaniard; os espanhóis the Spanish ■ *adj.* espanhol *s.m.* *(língua)* Spanish; falar espanhol to speak Spanish
espanholizar *v.* to Hispanicize
espantado *adj.* astonished (com, *at*); surprised (com, *by*); amazed (com, *at*); estou espantado com o que você está me contando I'm amazed at what you're telling me

espantalho

espantalho s.m. scarecrow
espantar v. 1 (*surpreender*) to surprise; to amaze; to astonish 2 (*assustar*) to frighten; to scare 3 (*afugentar*) to drive (somebody/something) away
espantar-se v.pr. 1 (*surpreender-se*) to be astonished 2 (*fugir*) to run off
espanto s.m. 1 (*surpresa*) amazement; astonishment; para meu espanto, ele veio aqui to my astonishment he came here 2 (*pasmo*) marvel; wonder ♦ fazer ar de espanto to look amazed
espantoso adj. 1 (*extraordinário*) wonderful; amazing; marvellous 2 (*assombroso*) dreadful; frightful
esparadrapo s.m. sticking plaster Grã-Bretanha; adhesive tape
espargir v. to pour; to spread; to splash
espartilho s.m. corset
espasmo s.m. MEDICINA spasm; cramp
espatifar v. to shatter; to crush; to break to pieces; to wreck
espátula s.f. spatula
especial adj.2g. 1 (*particular*) special; por especial favor by special favour 2 (*excelente*) remarkable; exceptional
especialidade s.f. 1 CULINÁRIA speciality 2 (*ramo de atividade*) speciality; field 3 MEDICINA area of medical specialization
especialista s.2g. 1 (*perito*) specialist; expert 2 MEDICINA specialist ■ adj.2g. specialist; expert
especialização s.f. specialization (em, *in*); fazer uma especialização em química to specialize in chemistry
especializado adj. 1 specialized (em, *in*) 2 (*trabalhador*) skilled
especializar v. 1 to specialize 2 to particularize especializar-se v.pr. to specialize (em, *in*); especializar-se em cirurgia to specialize in surgery
especialmente adv. 1 (*particularmente*) especially; adoro música, especialmente música clássica I love music, especially classical music 2 (*expressamente*) specially; desenhado especialmente para specially designed for
especiaria s.f. spice
espécie s.f. 1 (*gênero*) sort; kind; variety 2 BOTÂNICA, ZOOLOGIA species; espécie ameaçada de extinção threatened species, endangered species; espécie extinta extinct species 3 goods; pagar em espécie to pay in goods ♦ da pior espécie of the worst sort fazer espécie to intrigue
especificação s.f. specification
especificar v. to specify; to detail; to particularize
específico adj. 1 specific; particular; este caso específico this particular case; um problema específico a specific problem 2 BOTÂNICA, ZOOLOGIA (*espécie*) specific ■ s.m. MEDICINA (*medicamento*) specific
espécime s.m. 1 (*amostra*) specimen; sample 2 (*exemplo*) example 3 (*modelo, padrão*) pattern; model
espectador s.m. 1 ESPORTE spectator 2 TELEVISÃO viewer 3 member of the audience; os espectadores the audience 4 (*acontecimento, acidente*) onlooker; witness

espectro s.m. 1 spectrum; espectro da luz visível visible spetrum 2 range 3 spectre, ghost
especulação s.f. speculation (sobre, *about*); pura especulação pure speculation
especulador s.m. speculator
especular v. to speculate (sobre, *on, about*)
especulativo adj. speculative
espeleologia s.f. speleology
espelhar v. 1 to mirror; to reflect 2 to polish
espelho s.m. 1 mirror; looking-glass; ver-se ao espelho to look at yourself in the mirror 2 figurado model, example 3 (*fechadura*) escutcheon (of a lock) ♦ (*interior*) espelho retrovisor rearview mirror (*exterior*) espelho retrovisor direito/esquerdo right/left-hand wing mirror
espelunca s.f. coloquial slum; dump; hole; viver em uma espelunca to live in a slum
espera s.f. 1 waiting; (*período*) wait; estar à espera de to be waiting for 2 (*demora*) delay 3 (*cilada*) ambush; trap; fazer uma espera to ambush ♦ sala de espera waiting room
esperança s.f. 1 hope; ter a esperança de to hope that; ter esperança em to hope for 2 expectancy; esperança de vida life expectancy 3 ESPORTE (*pessoa*) hope; ele é uma das grandes esperanças do tênis he's one of the most promising tennis players ♦ alimentar esperanças to cherish hopes estar de esperanças to be expecting (a baby) na esperança de que in hope that
esperançoso adj. 1 hopeful 2 confident; trusting
esperar v. 1 to wait; espere por mim wait for me; estou à espera do ônibus I'm waiting for the bus; fazer alguém esperar to keep someone waiting 2 to hope for; é melhor do que eu esperava it's better than I hoped for 3 to expect; era de esperar it was to be expected; não estava à espera que você viesse I wasn't expecting you to come ♦ esperar a vez to wait one's turn esperar por uma ocasião favorável to wait till the clouds roll by espero que não I hope not espero que sim I hope so
esperma s.f. sperm ♦ banco de esperma sperm bank
espermatozoide s.m. spermatozoon
espermicida s.m. spermicide ■ adj.2g. spermicidal
espernear v. to kick; to stamp; to throw a tantrum
espertalhão s.m. wise guy col.
esperteza s.f. 1 (*inteligência*) cleverness 2 (*manha*) cunning; sagacity; craft 3 (*vivacidade*) liveliness; vivacity
espertinho adj., s.m. coloquial smart alec Grã-Bretanha, smart aleck EUA; smarty pants
esperto adj. 1 (*inteligente*) clever; smart; sharp 2 (*astuto*) artful; cunning 3 (*ativo*) acute; quick; brisk 4 (*acordado*) awake; alert
espesso adj. thick; dense; molho espesso thick sauce; pano espesso thick cloth
espessura s.f. thickness; ter 20 centímetros de espessura to be 20 centimetres thick
espetacular adj.2g. 1 (*que dá nas vistas*) spectacular; fantastic; sensational; os fogos de artifício foram espetaculares the fireworks were fantastic 2 (*excelente*) excellent; o jantar estava espetacular dinner was excellent

espetáculo s.m. 1 TEATRO, MÚSICA show; performance; presentation; ir a um espetáculo to go to a show 2 (*demonstração*) exhibition; display 3 coloquial (*pessoa, evento*) humdinger; a festa foi um espetáculo the party was a real humdinger 4 (*cena, escândalo*) spectacle; scene; dar espetáculo to make a scene ♦ espetáculo de variedades variety show o mundo do espetáculo show biz show business

espetada s.f. 1 prick; sting 2 CULINÁRIA (*comida*) kebab

espetar v. 1 (*alfinete*) to prick; to pierce; to spit; (*garfo*) to spear 2 (*cravar*) to stick; espetar uma faca em algo to stick a knife into something espetar-se v.pr. 1 to prick yourself 2 figurado (*falhar*) to fail; to blunder

espeto s.m. spit; skewer; assar no espeto to spit-roast ♦ (*magreza*) ele é um espeto he's thin as a lath/rake

espevitado adj. 1 (*animado*) perky; lively 2 (*atrevido*) cheeky

espezinhar v. 1 to tread (–, on); to trample (–, on); to stamp (–, on); ser espezinhado pela multidão to be trampled by the crowd 2 figurado (*humilhar*) to humiliate

espia s.f. spy; secret agent; informer

espiada s.f. (*olhadela*) look (a/em, at); glance (a/em, at)

espião s.m. spy; secret agent; informer

espiar v. 1 to spy on 2 to watch out for

espichar v. 1 to stretch 2 to grow 3 to extend

espiga s.f. 1 BOTÂNICA (*inflorescência*) spike 2 BOTÂNICA (*grão*) ear; (*milho*) cob

espigado adj. 1 spiked 2 coloquial grown-up 3 (*pontas do cabelo*) ragged

espigar v. 1 to ear; to seed 2 coloquial to grow up

espinafre s.m. BOTÂNICA spinach

espingarda s.f. rifle; tiro de espingarda rifle shot ♦ espingarda de ar comprimido air gun, air rifle espingarda de caça shotgun espingarda de dois canos double-barrelled gun

espinha s.f. 1 ANATOMIA backbone; spine; espinha dorsal spine 2 (*peixe*) fishbone 3 (*acne*) pimple 4 figurado trouble; obstacle; difficulty ♦ ter uma espinha atravessada na garganta to have a lump in one's throat

espinho s.m. 1 BOTÂNICA thorn 2 ZOOLOGIA spine 3 figurado difficulty; obstacle

espionagem s.f. spying; espionage; intelligence service; fazer espionagem to spy ♦ espionagem industrial industrial espionage

espionar v. 1 to spy (on) 2 coloquial (*espiar, vigiar*) to sneak on

espiral s.f. spiral; spire ■ adj.2g. spiral ♦ (*livro, caderno*) argolas em espiral spiral binding escadas em espiral spiral staircase

espirar v. (*respirar*) to breathe; (*soprar*) to blow

espírita adj., s.2g. medium

espiritismo s.m. spiritualism; ir a uma sessão de espiritismo to attend a seance

espírito s.m. 1 spirit; espírito maligno evil spirit 2 (*alma*) soul 3 (*mente*) mind; ter um espírito analítico to have an analytical mind 4 (*fantasma*) ghost, spectre 5 (*graça*) wit; cheio de espírito very witty ♦ espírito de equipe team spirit Espírito Santo Holy Ghost estado de espírito mood presença de espírito presence of mind um espírito aberto an open-minded person

espiritual adj.2g. spiritual; vida espiritual spiritual life ■ s.m. MÚSICA spiritual ♦ diretor espiritual father confessor

espiritualidade s.f. spirituality

espiritualismo s.m. FILOSOFIA spiritualism

espirituoso adj. 1 witty; humorous; clever; comentário espirituoso witty remark 2 (*bebida*) spirituous; bebida espirituosa spirit ♦ dito espirituoso witticism

espirrar v. 1 to sneeze 2 (*esguichar*) to gush out; to spurt; to squirt

espirro s.m. sneeze; dar um espirro to sneeze

esplêndido adj. 1 (*fantástico*) splendid; excellent; brilliant; superb; uma ideia esplêndida a splendid idea 2 (*luxuoso*) magnificent; eles têm uma casa esplêndida they have a magnificent house 3 (*pessoa*) magnificent; stunning; gorgeous; ela está esplêndida she looks magnificent

espoliar v. 1 (*cidade*) to pillage; to plunder 2 (*loja, casa*) to loot; to strip 3 (*expropriar*) to dispossess

esponja s.f. 1 ZOOLOGIA sponge 2 (*material*) sponge; limpar com uma esponja to sponge 3 coloquial, figurado sponge; drunkard; wineskin ♦ figurado passar uma esponja sobre to draw a curtain over

esponjoso adj. spongy; porous

espontaneidade s.f. spontaneity

espontâneo adj. spontaneous ♦ de livre e espontânea vontade of one's own free will

espontar v. 1 to clip; to trim; espontar o cabelo to trim one's hair 2 BOTÂNICA to bud; to sprout 3 (*dia*) to break

espora s.f. spur

esporádico adj. sporadic

esporão s.m. 1 spur 2 ZOOLOGIA (*galo*) spur 3 (*barco*) head

esporear v. 1 to spur 2 figurado to stimulate

esporo s.m. BIOLOGIA spore

esporro s.m. 1 vulgarismo come; cum 2 reprimand

esporte s.m. sport ■ adj.2g.2n. 1 (*roupa*) casual; sporty; esporte fino elegant, but not formal 2 sports; carro esporte sports car

esportista s.2g. sportsman, sportswoman

esportiva s.f. coloquial sportsmanship

esportivo adj. 1 sporting; sports; carro esportivo sports car; equipamento esportivo sports equipment Grã-Bretanha, sporting goods EUA; provas esportivas sporting events 2 casual; sporty; roupas esportivas casual wear, sporty clothes

esposa s.f. wife

esposo s.m. husband; esposos s.2g. spouse

espreguiçadeira s.f. 1 chaise longue; lounger 2 (*praia*) deck chair

espreguiçar-se v.pr. to stretch oneself

espreitar v. 1 to spy on; to peep at; espreitar para dentro to peep in/into; espreitar para fora to peep out 2 (*esperar escondido*) to lie in wait; to lurk

espremedor

espremedor *s.m.* squeezer; espremedor de laranjas orange squeezer ♦ espremedor elétrico juicer

espremer *v.* 1 (*fruta, esponja*) to squeeze; (*uvas*) to press 2 (*à mão*) to wring; (*na máquina*) to spin-dry 3 figurado (*interrogar*) to pump (someone)

espuma *s.f.* 1 (*mar*) foam 2 (*sabonete, xampu, detergente*) lather 3 (*líquido fervendo, saliva*) froth, foam 4 (*para o cabelo*) mousse 5 (*banho*) bubble; banho de espuma bubble bath 6 (*sopa, compota*) scum ♦ espuma de barbear shaving foam

espumar *v.* 1 to foam; to froth; to lather 2 (*bebidas com gás*) to bubble; to sparkle ♦ figurado espumar de raiva to foam at the mouth

esquadra *s.f.* 1 police station 2 (*embarcação*) fleet 3 squad 4 (*aviação*) wing

esquadrilha *s.f.* 1 (*aviação*) squadron; wing; Esquadrilha da Fumaça Smoke Squadron 2 (*navegação*) flotilla

esquadrinhar *v.* to search; to ferret about; to go through in detail; eu esquadrinhei a gaveta I ferreted about in the drawer

esquadro *s.m.* set square; esquadro em T T-square

esquartejar *v.* to quarter; to tear up; (*no açougue*) to cut up

esquecer *v.* to forget; esqueci completamente disso I completely forgot about it esquecer-se *v.pr.* to forget; to leave behind; eu me esqueci de trazer o livro I forgot to bring the book; eu me esqueci do casaco I left my coat behind

esquecido *adj.* 1 (*objeto*) forgotten; esquecido há muito long forgotten 2 (*pessoa*) forgetful

esquecimento *s.m.* 1 (*falta de memória*) forgetfulness 2 oblivion ♦ (*um assunto*) deixar cair no esquecimento to let a matter drop

esquelético *adj.* 1 ANATOMIA skeletal 2 coloquial skinny

esqueleto *s.m.* 1 ANATOMIA skeleton 2 (*estrutura*) framework 3 figurado (*magrelo*) a bag of bones 4 figurado sketch

esquema *s.m.* 1 (*plano*) scheme 2 (*resumo*) outline, plan 3 (*diagrama*) diagram ♦ esquema de segurança security operation esquema tático tactical scheme

esquematizar *v.* 1 (*planejar*) to schematize, to diagram 2 (*resumir*) to outline

esquentada *s.f.* 1 hottest hour of the day 2 heating; dar uma esquentada na comida to heat the food

esquentar *v.* 1 to warm; to overheat 2 (*irritar-se*) to get annoyed 3 figurado (*irritar*) to annoy esquentar-se *v.pr.* (*irritar-se*) to get annoyed

esquerda *s.f.* 1 left; virar à esquerda to turn left 2 POLÍTICA left-wing; políticos de esquerda left-wing politicians

esquerdo *adj.* left

esquete *s.m.* sketch

esqui *s.m.* 1 ski 2 ESPORTE (*atividade*) skiing; fazer esqui to go skiing ♦ ESPORTE esqui aquático water-skiing

esquiar *v.* ESPORTE to ski; gosto muito de esquiar I love skiing

esquilo *s.m.* ZOOLOGIA squirrel

esquimó *adj., s.2g.* Eskimo

esquina *s.f.* 1 corner 2 (*orla*) edge

esquisitice *s.f.* eccentricity; oddity

esquisito *adj.* 1 (*estranho*) odd; strange; weird col.; que esquisito! how strange! 2 (*exigente*) choosy; hard to please

esquistossomose *s.f.* MEDICINA schistosomiasis

esquivar *v.* 1 (*furtar-se a*) to avoid; to dodge; to shun 2 (*desdenhar de*) to disdain; to despise esquivar-se *v.pr.* 1 (*evitar*) to avoid (a/de, –); to dodge (a/de, –); to sidestep (a/de, –); esquivar-se do trabalho to avoid work; ele se esquivou de dar opinião he avoided giving his opinion 2 (*fugir do assunto*) to duck the issue; to dodge the issue 3 (*escapulir*) to sneak off; to slip away

esquizofrenia *s.f.* MEDICINA schizophrenia

esquizofrênico *adj., s.m.* MEDICINA schizophrenic

esse *adj.* that; esses livros those books **pron. dem.** that one; (*plural*) those; prefiro esse I prefer that one; não quero esses I don't want those; quem é esse? who's that? ♦ ainda mais essa! that's all we need! essa é boa! that's a good one! ainda mais essa! that's all we need! não me venha com essa! come off it! por essas e por outras for these and other reasons

essência *s.f.* 1 (*ser*) essence 2 (*existência*) nature 3 (*aroma*) perfume; scent

essencial *adj.2g.* 1 essential (para, to, for); essencial para alguma coisa essential for something 2 (*principal*) main ▪ *s.m.* main thing; essence

és-sudeste *s.m.* GEOGRAFIA east-southeast

és-sueste *s.m.* GEOGRAFIA east-southeast

estabelecer *v.* 1 (*determinar, ordenar*) to establish 2 (*decidir*) to settle 3 (*fundar*) to set up; estabelecer uma sociedade to set up a company 4 (*recorde*) to set estabelecer-se *v.pr.* 1 (*decidir*) to establish that; to decide that 2 (*fixar-se*) to settle 3 (*negócio*) to set up; estabelecer-se por conta própria to set up your own business

estabelecimento *s.m.* 1 (*fundação, instituição*) establishment 2 (*determinação*) settlement 3 (*loja*) shop 4 (*comercial*) business 5 (*instalações*) premises ♦ estabelecimento de ensino school

estabilidade *s.f.* stability

estabilizar *v.* 1 to stabilize; o estado do doente estabilizou the patient's condition has stabilized 2 (*determinar*) to settle, to fix estabilizar-se *v.pr.* to stabilize

estábulo *s.m.* 1 (*cavalos*) stable 2 (*vacas*) cowshed

estaca *s.f.* 1 (*pau*) stake; post 2 (*tenda*) peg 3 BOTÂNICA cutting ♦ voltar à estaca zero to go back to square one

estação *s.f.* 1 (*paragem, oficina*) station 2 (*ano*) season; meia estação cool season 3 (*repartição*) office ♦ estação de trem railway station estação de serviço service station/area estação dos correios post office estação emissora broadcasting station estação orbital orbital station

estacionamento *s.m.* 1 parking; estacionamento proibido no parking 2 (*espaço*) parking space 3 (*lugar, parque*) car park

estacionar *v.* 1 (*veículo*) to park; estacionar em segunda fila to double-park 2 (*situação, pessoa*) to remain stationary

estada *s.f.* stay; staying; sojourn
estadia *s.f.* 1 (*permanência*) stay; sojourn 2 (*gastos*) living expenses; pagar os custos da viagem e a estadia to pay travel and living expenses
estádio *s.m.* 1 ESPORTE stadium 2 (*período*) period 3 (*fase*) phase
estado *s.m.* 1 (*divisão territorial*) state 2 (*circunstância*) state; neste estado de coisas in this state of affairs 3 (*condição de saúde, conservação*) condition; em bom/mau estado in good/bad condition 4 (*situação*) situation 5 (*civil*) status; estado civil marital status 6 POLÍTICA nation; country; state 7 (*posição*) position; estar em estado de fazer algo to be in a position to do something ◆ estado de espírito state of mind estado de sítio state of siege
Estado *s.m.* state; chefe de Estado head of state; homem de Estado statesman; servir o Estado to serve the country
Estados Unidos da América *s.m.pl.* the United States of America
estadual *adj.2g.* state; federal; lei estadual state law
estafa *s.f.* 1 (*fadiga*) fatigue 2 (*esgotamento*) nervous exhaustion 3 (*faina*) hard work
estafado *adj.* tired out; exhausted
estafar *v.* to tire; to fatigue; to weary
estafeta *s.2g.* courier; messenger
estagiar *v.* to be in training; to take a training post; to do a traineeship
estagiário *s.m.* 1 trainee 2 (*professor*) trainee teacher 3 (*médico*) junior doctor
estágio *s.m.* 1 (*aprendizagem*) traineeship 2 (*fase*) stage 3 ESPORTE training; centro de estágio training camp
estagnado *adj.* stagnant; still
estagnar *v.* 1 (*água*) to stagnate 2 to make stagnant 3 (*negociações*) to come to a standstill 4 (*país*) to bring to a standstill
estai *s.m.* (*embarcação*) stay
estalactite *s.f.* GEOLOGIA stalactite
estalar *v.* 1 to crack; fazer um chicote estalar to crack a whip 2 (*crepitar*) to crackle 3 (*língua*) to click 4 (*dedos*) to snap 5 (*ruído*) to clap 6 (*quebrar*) to break
estaleiro *s.m.* dockyard, shipyard ◆ estaleiros navais naval construction works
estalo *s.m.* 1 crack 2 noise 3 (*dedos*) snap 4 (*língua*) click
estampa *s.f.* 1 (*figura impressa*) print 2 (*ilustração*) picture; plate; estampas coloridas colour plates
estampado *adj.* printed; vestido estampado printed dress ■ *s.m.* 1 (*tecido*) print 2 (*padrão*) pattern ◆ tinha a angústia estampada no rosto his anxiety was written on his face
estampar *v.* 1 (*marcar*) to stamp; estampar couro to stamp leather 2 (*imprimir*) to print estampar-se *v.pr.* coloquial (*acidente*) to have an accident; to crash (contra, *into*); estampar-se contra uma parede to crash into a wall
estancar *v.* 1 (*sangue*) to stanch 2 (*parar, cessar*) to stop; estancar um vazamento to stop a leak 3 (*drenar*) to drain 4 (*vedar*) to run dry

estender

estanceiro *s.m.* 1 owner of a timber yard 2 landowner
estância *s.f.* 1 resort 2 LITERATURA stanza ◆ estância balneária seaside resort
estandardizar *v.* to standardize
estandarte *s.m.* standard; banner
estande *s.m.* stand
estanho *s.m.* QUÍMICA (*elemento químico*) tin
estante *s.f.* 1 (*armário*) bookshelf, bookcase 2 (*prateleira*) shelf 3 (*suporte*) stand; desk; estante para partituras music stand
estar *v.* 1 (*encontrar-se*) to be 2 (*aspecto*) to look; você está muito bonita you look very nice 3 to lie in (em, *in*); o segredo está na originalidade the success lies in its originality 4 (*data, tempo, temperatura*) to be; está frio/calor it's cold/hot; estamos no dia 3 de maio it's the third of May 5 (*em casa*) to be in; a Ana está? is Anna in? 6 (*fora de casa*) to be out 7 (*modo*) to be; estar com medo to be afraid; estar doente to be ill; estar em si to be in one's right mind; estar fora de si to be out of one's mind ◆ está bem! ok! como você está? how are you?
estardalhaço *s.m.* noise; fuss; racket; fazer estardalhaço to make a racket
estarrecer *v.* 1 (*assustar*) to frighten 2 (*espantar*) to amaze
estatelado *adj.* 1 laid flat on the ground; uma pessoa estatelada no meio do chão a person lying flat on the ground 2 (*derrubado*) knocked down
estatelar *v.* to throw down estatelar-se *v.pr.* to fall flat down
estático *adj.* 1 static 2 (*imóvel*) motionless
estatística *s.f.* statistics
estatístico *adj.* statistic, statistical ■ *s.m.* (*profissional*) statistician
estátua *s.f.* statue ◆ como uma estátua stock-still
estatura *s.f.* stature; height; de baixa estatura short; de estatura mediana of medium height
estatuto *s.m.* 1 DIREITO statute 2 (*associação*) rule; regulation 3 (*cidade*) by-law 4 (*social*) status
estável *adj.2g.* 1 (*situação, economia, saúde*) stable 2 (*durável*) lasting
esteira *s.f.* 1 (*tapete*) straw mat, mat 2 (*barco*) wake 3 (*caminho*) path 4 (*vestígio*) vestige; track ◆ ir na esteira de to follow in the wake of
estelar *adj.2g.* stellar; starry
estelionato *s.m.* DIREITO stellionate
estender *v.* 1 (*desdobrar, espalhar*) to spread out; estender um mapa to spread a map out 2 (*braços, pernas*) to stretch out 3 (*alargar*) to extend; estender o prazo das matrículas to extend the registration period 4 (*roupa*) to hang out 5 (*massa*) to roll out 6 (*conversa*) to draw out 7 (*corda*) to pull tight 8 (*mão*) to hold out, to reach out estender-se *v.pr.* 1 (*deitar-se*) to lie down 2 (*assunto*) to dwell upon; estender-se sobre um assunto to dwell upon a subject 3 (*espaço*) to stretch; o jardim se estende até o lago the garden stretches down to the lake 4 (*temporal*) to last; o debate se estendeu horas e horas the debate lasted hours 5 (*propagar-se*) to spread; a epidemia se estendeu a todo o país the epidemic spread through the whole country

estepe

6 coloquial (*estatelar-se*) to fall flat 7 coloquial (*exame*) to fail
estepe *s.f.* steppe ■ *s.m.* (*pneu*) spare tire
esterco *s.m.* (*estrume*) dung; manure
estéreo *adj.* stereo
estereótipo *s.m.* stereotype
estéril *adj.2g.* 1 (*pessoa, animal*) sterile 2 (*objeto*) barren 3 (*terra*) infertile 4 (*infrutífero*) unfruitful 5 figurado (*inútil*) futile
esterilidade *s.f.* 1 (*pessoa, animal*) sterility 2 (*terra*) infertility 3 (*escassez*) dearth
esterilização *s.f.* sterilization
esterilizar *v.* (*pessoa, animal, objeto*) to sterilize; esterilizar instrumentos cirúrgicos to sterilize surgical instruments
esterno *s.m.* ANATOMIA sternum; breastbone
estética *s.f.* aesthetics
esteticista *s.2g.* beautician
estético *adj.* aesthetic
estetoscópio *s.m.* MEDICINA stethoscope
estiada *s.f.* (*tempo*) opening, sunny spell
estiagem *s.f.* drought
estibordo *s.m.* starboard
esticar *v.* 1 (*alongar*) to extend 2 (*corda*) to stretch 3 (*braço, perna*) to stretch out 4 (*dinheiro*) to spin out 5 (*alisar*) to smooth
estigma *s.m.* 1 BIOLOGIA stigma 2 RELIGIÃO stigma 3 (*marca*) scar, mark
estigmatizar *v.* 1 to stigmatize 2 (*marginalizar*) to ostracize 3 (*acusar*) to blame
estilete *s.m.* 1 (*punhal*) stiletto 2 (*faca para gravar*) stylus 3 MEDICINA probe 4 BOTÂNICA style 5 (*para tela*) stylus
estilhaçar *v.* 1 to break to pieces; to splinter 2 (*despedaçar*) to shatter 3 to fly into splinters estilhaçar-se *v.pr.* to shatter
estilhaço *s.m.* chip; fragment; splinter
estilingue *s.m.* slingshot EUA; catapult Grã--Bretanha
estilismo *s.m.* (*moda*) fashion design
estilista *s.2g.* (*moda*) fashion designer, stylist
estilizar *v.* 1 to stylize 2 (*ornamentar*) to ornament
estilo *s.m.* style ◆ cheio de estilo stylish estilo de vida way of life; lifestyle
estima *s.f.* 1 esteem 2 (*consideração*) regard; ser tido em grande estima to be held in high regard 3 (*afeto*) affection
estimação *s.f.* 1 (*estimativa*) estimate, calculation 2 (*estima*) esteem, respect ◆ animal de estimação pet
estimado *adj.* 1 dear; estimado cliente dear customer; antiquado estimados senhores (*cartas*) dear sirs; (*discurso*) ladies and gentlemen 2 (*cuidado*) cared for; bem estimado well cared for 3 (*calculado*) estimated (em, *at*)
estimar *v.* 1 (*ter estima*) to prize; to have a high regard for 2 (*cuidar*) to treasure; to take good care of 3 (*avaliar*) to estimate (em, *at*); to value (em, *at*); estimar em quarenta reais to value at forty reais 4 (*apreciar*) to appreciate ◆ estimar muito to value
estimativa *s.f.* 1 estimate; fazer uma estimativa de algo to estimate something 2 (*avaliação*) valuation 3 (*cálculo*) calculation ◆ estimativa de custo estimate, costing
estimulante *adj.2g.* stimulating; exciting ■ *s.m.* stimulant; a cafeína é um estimulante caffeine is a stimulant
estimular *v.* 1 to stimulate; to spur; to urge 2 (*incentivar*) to encourage
estímulo *s.m.* stimulus, stimulation; spur; incentive; falta de estímulo lack of incentive
estipular *v.* to stipulate; to settle; estipular condições to settle terms
estirar *v.* 1 to extend; to stretch 2 to roll; to draw
estirpe *s.f.* race; lineage ◆ de baixa estirpe of humble origin
estivador *s.m.* docker; stevedore
estocar *v.* to stock
estofado *adj.* 1 quilted 2 (*móveis*) upholstered ■ *s.m.* an upholstered sofa set
estofador *s.m.* upholsterer
estofar *v.* 1 (*móveis*) to upholster; cadeira estofada upholstered chair 2 (*acolchoar*) to stuff; to cushion
estofo *s.m.* 1 (*móveis*) upholstery 2 (*acolchoamento*) wadding; stuff, stuffing; padding 3 figurado (*pessoas*) kind, sort
estojo *s.m.* 1 (*lápis, óculos*) case 2 (*unhas*) set 3 (*maquiagem, joias*) box 4 (*ferramentas*) kit ◆ estojo de primeiros socorros first-aid kit estojo de tintas paintbox estojo de unhas manicure set
estomacal *adj.2g.* stomachic
estômago *s.m.* stomach; de estômago vazio on an empty stomach; dor de estômago stomach ache ◆ revirar o estômago to turn one's stomach, to make one's stomach rise
estontear *v.* 1 (*maravilhar*) to dazzle; to stun 2 (*atordoar*) to stun; (*provocar tonturas em*) to make (somebody) dizzy, to make (somebody's) head spin
estopa *s.f.* tow
estoque *s.m.* 1 (*espada*) rapier 2 (*de mercadoria*) stock
estorno *s.m.* 1 (*quantia*) refund 2 (*contrato*) cancellation
estorricar *v.* 1 (*queimar*) to burn 2 (*secar*) to scorch 3 figurado to roast; ela estava estorricando no sol she was roasting in the sun
estorvar *v.* 1 (*dificultar*) to embarrass 2 (*impedir*) to hinder; estorvar o trabalho de alguém to hinder someone in his work 3 (*constranger*) to constrain 4 figurado (*importunar*) to bother
estourar *v.* 1 to burst 2 (*explodir*) to explode 3 (*escândalo*) to blow up 4 (*guerra*) to break out 5 (*zangar-se*) to blow up 6 (*chegar*) to turn up
estouro *s.m.* 1 (*explosão*) burst; explosion 2 (*ruído*) crash ◆ coloquial ser um estouro to be great
estrábico *adj.* MEDICINA cross-eyed; squint-eyed
estrabismo *s.m.* MEDICINA strabismus; squint
estraçalhar *v.* 1 (*pessoa*) to cut up, to dismember 2 (*livro, objeto*) to pull to pieces
estrada *s.f.* 1 road; beira da estrada road side; estrada ruim rough road 2 (*via rápida*) highway ◆ estrada nacional main road
estrado *s.m.* 1 (*palanque*) platform 2 (*cama*) base

estragar v. 1 to spoil; estragar a roupa to spoil one's clothes 2 (*arruinar*) to ruin 3 (*saúde*) to damage 4 (*mimar*) to spoil 5 (*máquina*) to break 6 (*desperdiçar*) to waste estragar-se v.pr. 1 (*avariar*) to break down 2 (*comida*) to go off, to go bad 3 (*fruta*) to go bad 4 (*planos*) to be ruined 5 (*desperdiçar-se*) to be wasted; a comida que se estragou! what a waste of food!
estrago s.m. 1 (*dano*) damage 2 (*desperdício*) waste 3 (*destruição*) destruction
estrangeiro s.m. 1 foreigner 2 (*estranho*) stranger ■ adj. 1 foreign, outlandish 2 (*estranho*) strange, alien ♦ ir ao estrangeiro to go abroad no estrangeiro abroad
estrangulamento s.m. 1 strangulation; strangling 2 (*asfixia*) suffocation
estrangular v. 1 to strangle 2 (*sufocar*) to throttle
estranhar v. 1 (*achar estranho*) to find strange 2 (*surpreender-se com*) to be surprised at; to wonder at; estranhei a sua conduta I was surprised at your behaviour 3 (*sentir-se desconfortável*) to feel uneasy with ♦ estranhar a alimentação to take a dislike to food
estranho s.m. 1 (*desconhecido*) stranger 2 (*de fora*) foreigner; outsider ■ adj. 1 strange; por mais estranho que pareça strangely enough 2 (*esquisito*) odd ♦ o nome não me é estranho the name rings a bell
estratégia s.f. strategy; strategics
estratégico adj. strategic, tactical
estratificado adj. stratified
estrato s.m. 1 GEOLOGIA stratum; layer 2 (*social*) stratum 3 (*nuvens*) stratus
estratosfera s.f. stratosphere
estrear v. 1 (*roupa*) to wear for the first time; estrear um terno to wear a suit for the first time 2 (*inaugurar*) to inaugurate 3 (*em peça de teatro*) to perform for the first time, to stage for the first time 4 (*uma peça*) to open 5 (*veículo*) to use for the first time 6 (*filme*) to premiere estrear-se v.pr. 1 to make one's debut 2 (*ator, jogador*) to make one's first appearance
estrebuchar v. to struggle
estreitamento s.m. 1 (*diminuição*) narrowing 2 (*relações*) strengthening; estreitamento de relações strengthening of friendship/ties 3 (*aperto*) tightening
estreitar v. 1 (*reduzir*) to narrow 2 (*estrada*) to narrow 3 (*diminuir*) to diminish; to shorten 4 (*roupa*) to take in 5 (*relações*) to strengthen estreitar-se v.pr. 1 (*relações*) to deepen 2 (*reduzir-se*) to become narrower ♦ estreitar nos braços to clasp in one's arms
estreito adj. 1 (*reduzido*) narrow 2 (*apertado*) tight 3 (*roupa*) straight 4 (*vínculo, relação*) close 5 (*medida*) strict ■ s.m. GEOGRAFIA strait; channel
estrela s.f. 1 ASTRONOMIA star 2 star; celebrity 3 figurado (*destino*) fortune; destiny ♦ estrela cadente shooting star estrela de cinema film star (*dor*) ver estrelas to see stars
estrelado adj. 1 (*céu*) starry; starlit 2 (*ovos*) fried; ovos estrelados fried eggs
estrela-do-mar s.f. ZOOLOGIA starfish

estudo

estrelar v. 1 (*céu*) to star 2 (*ovo*) to fry
estrelo adj. (*animal*) blazed
estremecer v. 1 (*vibrar*) to shake 2 (*tremer*) to tremble; to quake 3 (*arrepiar-se, horrorizar-se*) to shudder; estremecer de medo to shudder with fear
estrepar-se v.pr. coloquial to fail
estressado adj. stressed; under stress; andava muito estressado he was under a lot of stress
estressante adj.2g. stressful
estressar v. coloquial to stress; to put under stress; to stress out estressar-se v.pr. coloquial to get stressed; não se estresse! don't stress!
estresse s.m. stress
estria s.f. 1 (*pele*) stretch mark 2 (*ranhura*) groove; stria
estribeira s.f. stirrup ♦ coloquial perder as estribeiras to lose one's temper
estribilho s.m. 1 MÚSICA chorus 2 (*poema*) refrain
estribo s.m. stirrup
estridente adj.2g. strident, shrill, piercing
estrofe s.f. LITERATURA strophe, stanza
estrogonofe s.m. CULINÁRIA stroganoff, beef stroganoff
estroncar v. 1 (*partir*) to break 2 (*fechadura, porta*) to break into; to force open 3 (*árvore*) to cut off the trunk
estrôncio s.m. QUÍMICA (*elemento químico*) strontium
estrondo s.m. 1 (*som*) roar; crash 2 figurado (*aparato*) pomp; ostentation; com grande estrondo ostentatiously
estrondoso adj. 1 (*ruidoso*) noisy 2 (*ovação*) clamorous; thunderous 3 (*sucesso*) resounding 4 (*aparatoso*) magnificent; showy 5 (*notícia*) sensational
estropiar v. 1 (*aleijar*) to maim; to cripple 2 (*texto*) to mutilate 3 (*pronúncia*) to mispronounce
estrume s.m. manure; dung
estrutura s.f. 1 structure; a estrutura de um edifício the structure of a building 2 (*armação*) frame; framework 3 (*contextura*) composition
estruturar v. to structure
estuário s.m. estuary
estucar v. to stucco
estudante s.2g. 1 (*universidade*) student 2 (*escola*) pupil
estudantil adj.2g. student; movimento estudantil student movement
estudar v. 1 to study; estudar todos os aspectos da questão to study all sides of the question 2 (*documento*) to read 3 (*analisar*) to examine 4 to be a student
estúdio s.m. 1 (*rádio, televisão*) studio 2 (*apartamento*) studio flat, studio ♦ estúdio cinematográfico film studio
estudioso adj. 1 studious 2 (*aplicado*) hard-working; diligent
estudo s.m. 1 (*científico*) study; estudo da História study of History 2 (*aprendizagem*) learning; estudo profundo deep learning 3 (*escolaridade*) education; não ter estudos to lack education ♦ estudo de mercado consumer research

553

estufa

estufa s.f. 1 greenhouse; glasshouse 2 (*fogão*) plate warmer ◆ este quarto é uma estufa this room is like an oven efeito estufa greenhouse effect
estufar v. CULINÁRIA to stew
estupefato adj. amazed; stupefied
estupendo adj. 1 amazing; astonishing 2 (*maravilhoso*) wonderful 3 coloquial fantastic
estupidez s.f. 1 stupidity 2 (*ato, dito*) stupid thing; que estupidez! what a stupid thing to do!
estúpido s.m. 1 dunce; idiot 2 calão moron 3 (*grosseiro*) oaf ■ adj. 1 stupid; dull, dullish 2 (*disparatado*) senseless
estupor s.m. 1 MEDICINA stupor 2 coloquial (*sacana*) bastard
estuprador s.m. rapist
estuprar v. to rape; to ravish
estupro s.m. rape; violation
estuque s.m. 1 stucco 2 (*massa*) plaster
esturjão s.m. ZOOLOGIA sturgeon
esturricar v. 1 (*comida*) to burn 2 (*secar*) to dry
esvanecer v. 1 literário (*nevoeiro, dúvidas*) to dissipate; to disperse 2 literário (*esperanças, crenças*) to dispel
esvaziar v. 1 to empty; esvaziar uma garrafa de suco to empty a bottle of juice 2 (*pneu*) to deflate
esverdeado adj. greenish
esvoaçar v. to flutter
eta s.m. (*alfabeto grego*) eta
eta-ferro interj. wow!
etapa s.f. 1 (*fase*) stage; por etapas in stages 2 (*caminho*) stop 3 ESPORTE stage
etário adj. age; faixa etária age group; escalão etário age bracket
éter s.m. ether
eternidade s.f. eternity ◆ (*muito tempo*) uma eternidade ages
eternizar v. 1 (*tornar eterno*) to eternize 2 (*pessoa*) to immortalize
eterno adj. eternal; perpetual; everlasting; vida eterna eternal life
ética s.f. ethics
ético adj. ethical
etílico adj. QUÍMICA ethyl; álcool etílico ethyl alcohol
etimologia s.f. LINGUÍSTICA etymology
etimológico adj. LINGUÍSTICA etymological
Etiópia s.f. Ethiopia
etiqueta s.f. 1 (*boas maneiras*) etiquette; good manners 2 (*mala de viagem*) tag 3 (*roupa*) label 4 (*preço*) price tag
etiquetar v. 1 to label, to tag 2 figurado (*rotular*) to brand
etnia s.f. ethnic group
étnico adj. ethnic ◆ limpeza étnica ethnic cleansing música étnica world music
etnografia s.f. ethnography
etnográfico adj. ethnographic, ethnographical
etnógrafo s.m. ethnographer
etnologia s.f. ethnology
etnólogo s.m. ethnologist
eu pron. pess. 1 (*sujeito*) I; eu e minha irmã vamos my sister and I will go 2 (*comparações, com preposições*) me; como eu like me ◆ eu próprio myself

EUA sigla de Estados Unidos da América, USA, sigla de United States of America
eucalipto s.m. BOTÂNICA eucalyptus
eucarionte s.m. BIOLOGIA eukaryote
eucariótico adj. BIOLOGIA eukaryotic
eucarioto s.m. BIOLOGIA eukaryote
eufemismo s.m. LINGUÍSTICA euphemism
eufonia s.f. euphony
euforia s.f. euphoria; exuberance
eufórico adj. euphoric; exuberant; overjoyed
euro s.m. Euro
Europa s.f. Europe
europeu adj., s.m. European
eutanásia s.f. euthanasia
evacuação s.f. 1 evacuation; evacuação da população civil evacuation of the civilian population 2 MEDICINA discharge
evacuar v. 1 to defecate 2 (*transportar*) to evacuate; evacuar os refugiados to evacuate the refugees 3 to withdraw from 4 MEDICINA to discharge 5 (*partir, sair*) to leave
evangélico adj. evangelical
evangelista s.2g. evangelist
evangelização s.f. evangelization
evangelizar v. to evangelize
evaporação s.f. evaporation
evaporar v. to evaporate evaporar-se v.pr. 1 to evaporate 2 (*desaparecer*) to vanish
evasão s.f. 1 (*distração*) evasion 2 (*fuga*) escape; tentativa de evasão attempt to escape ◆ evasão fiscal tax evasion
evasiva s.f. 1 (*escapatória*) evasion; respondeu com evasivas his answers were only evasions 2 (*subterfúgio*) subterfuge
evasivo adj. evasive, elusive
evento s.m. 1 (*acontecimento*) event, happening 2 (*incidente*) incident
eventual adj.2g. 1 (*ocasional*) occasional 2 (*possível*) possible
eventualidade s.f. 1 (*casualidade*) eventuality 2 (*possibilidade*) possibility; chance
evidência s.f. 1 obviousness; clearness 2 evidence; testimony ◆ em evidência in evidence
evidenciar v. 1 (*mostrar*) to show 2 (*comprovar*) to prove; to evince evidenciar-se v.pr. 1 (*destacar*) to stand out 2 (*demonstrar*) to be obvious; to be evident
evidente adj.2g. evident; clear; obvious; plain
evitar v. 1 (*esquivar-se*) to avoid; ele faz de tudo para me evitar he does everything he can to avoid me 2 (*prevenir*) to prevent; evitar uma catástrofe to prevent a disaster 3 (*golpe, obstáculo*) to dodge ◆ não consigo evitar I can't help it
evocar v. 1 (*recordar*) to evoke; to call to mind 2 (*espíritos*) to summon up; to invoke
evolução s.f. 1 evolution; development; a evolução da criança child development 2 manoeuvres ◆ teoria da evolução theory of evolution
evolucionismo s.m. evolutionism
evolucionista adj. evolutionary ■ s.2g. evolutionist
evoluir v. 1 to develop; to progress 2 to evolve

exacerbar v. to exacerbate exacerbar-se v.pr. (agravar-se) to worsen; to deteriorate

exagerar v. 1 (aumentar) to exaggerate; to overemphasize 2 (fazer de mais) to overdo it 3 (reação) to overreact; não vamos exagerar let's not exaggerate

exagero s.m. exaggeration; excess; pode-se dizer sem exagero que one can say without any exaggeration that

exalar v. 1 (gás, vapor, odor) to exhale; to emit; to free; exalar um odor to exhale an odour 2 to exhale; to breathe out; exalar o último suspiro to breath one's last, to gasp one's last breath

exaltação s.f. 1 (excitação) exaltation; excitement 2 (irritação) irritation; anger; estar em um estado de grande exaltação to be in a state of fury 3 (engrandecimento, louvor) elevation; exaltation; glorification

exaltar v. 1 (excitar) to exalt 2 (irritar) to annoy; to anger 3 (louvar) to praise; exalt; exaltar as qualidades de alguém to praise someone's attributes exaltar-se v.pr. 1 (irritar-se) to lose one's temper; to get worked up; não se exalte keep your temper 2 (excitar-se) to get excited

exame s.m. 1 (prova) examination; exam; test; essay; fazer um exame to do/sit an exam; fazer o exame de autoescola to take your driving test; ter exames to be sitting exams 2 MEDICINA examination; fazer um exame médico to undergo a medical examination, to have a medical 3 (interrogatório) inquiry; investigation 4 (inspeção) inspection 5 (análise) scrutiny; observation ♦ exame de admissão entrance examination, admission test exame de consciência self-examination exame de múltipla escolha multiple-choice exam exame final finals

examinador s.m. examiner

examinar v. 1 (observar) to eye; to study; to examine; (pessoa) to look someone up and down; examinar superficialmente to run over 2 (doente) to examine 3 (máquina) to check; to overhaul 4 (caso, situação) to look into 5 (conta) to check; to verify 6 (documento) to examine; to study 7 (pessoa) to test; to put (someone) to the test; to examine ♦ examinar a fundo to see into

exasperar v. 1 to exasperate; to irritate; a espera estava exasperamdo-o the waiting was exasperating him 2 (dor, sentimento) to aggravate exasperar-se v.pr. to get angry; to become exasperated

exatamente adv. exactly; precisely; são exatamente onze horas it's precisely eleven o'clock

exatidão s.f. 1 (precisão) exactness; precision; accuracy 2 (pontualidade) punctuality 3 (perfeição) correctness

exato adj. 1 (número, quantidade) exact; precise; para ser exato to be exact 2 (descrição) exact; accurate; uma descrição exata an exact description 3 (idêntico) identical; exact; uma cópia exata an identical copy ♦ ciências exatas exact sciences

exaustão s.f. exhaustion; intense fatigue

exaustivo adj. 1 (minucioso) thorough; exhaustive; uma procura exaustiva a thorough search 2 (cansativo) exhausting

exausto adj. exhausted; dead tired; worn-out; sentir-se completamente exausto to feel absolutely exhausted

exaustor s.m. extractor fan; ventilator

exceção s.f. exception; abrir uma exceção to make an exception ♦ à exceção de except for sem exceção without exception

excedente adj.2g., s.m. surplus; excess

exceder v. to exceed; to surpass; to excel; exceder em coragem to excel another in courage; exceder os seus poderes to exceed one's powers exceder-se v.pr. 1 (suplantar-se) to excel oneself 2 (exagerar) to overdo; você se excedeu no sal you overdid the salt 3 (enfurecer-se) to fly into a passion ♦ exceder as expectativas to surpass one's expectations

excelência s.f. 1 superiority; excellence; por excelência par excellence 2 primacy; supremacy

excelente adj.2g. 1 (qualidade) first-rate; excellent; top 2 (refeição, bebida) excellent; superb; este suco é excelente this juice is superb 3 (pessoa) wonderful; marvellous; ela é uma pessoa excelente she's a wonderful person 4 (nota) very good; excellent; A 5 (atuação) outstanding

excentricidade s.f. 1 eccentricity; extravagance; oddity 2 GEOMETRIA, MECÂNICA eccentricity

excêntrico adj. 1 eccentric; odd; unconventional 2 MECÂNICA eccentric ■ s.m. 1 eccentric 2 pejorativo crank 3 MECÂNICA cam

excepcional adj.2g. exceptional; extraordinary; uncommon; não ser nada de excepcional to be nothing special; vantagens excepcionais exceptional advantages

excessivo adj. 1 excessive; exceeding; trabalho excessivo too much work 2 (preço) exorbitant 3 (apetite) inordinate

excesso s.m. 1 (imoderação) excess; com/em excesso excessively; comer em excesso to overeat; praticar excessos to overindulge 2 (excedente) surplus; excesso de energia surplus energy ♦ excesso de peso overweight excesso de bagagem excess baggage excesso de trabalho excess of work excesso de velocidade speeding

exceto prep., adv. except; save; but; já foram todos exceto você everyone has gone but you; todos exceto um all but one

excetuar v. to except (-, from); to exclude; sem excetuar ninguém without excluding anyone, no one excluded

excitação s.f. 1 (entusiasmo) excitement; enthusiasm 2 (exaltação) agitation; commotion 3 FISIOLOGIA stimulation 4 (sexual) arousal

excitante adj.2g. 1 exciting; stimulating 2 (sexualmente) arousing

excitar v. 1 (entusiasmar) to excite 2 (exaltar) to inflame; to stir up 3 FISIOLOGIA to excite; to stimulate 4 (sexualmente, sentimentos) to arouse excitar-se v.pr. to get excited (com, about, over)

exclamação s.f. 1 exclamation (de, of); outcry (de, of); uma exclamação de surpresa an exclamation of surprise 2 LINGUÍSTICA exclamation; ponto de exclamação exclamation mark, exclamation point

exclamar v. to exclaim; to cry out

exclamativo

exclamativo *adj.* exclamatory
excluído *adj.* 1 excluded; excluído da lista de convidados excluded from the guestlist 2 (*socialmente*) excluded; rejected 3 (*reprovado*) failed ■ *s.m.* excluded person; os excluídos do concurso those who were excluded from the competition
excluir *v.* to exclude; to reject; excluir a possibilidade de to exclude the possibility of; excluir um candidato to turn down a candidate
exclusão *s.f.* 1 exclusion; rejection; à exclusão de excluding, to the exclusion of 2 (*expulsão*) (*organização*) expulsion; (*sala, reunião*) ejection ♦ exclusão social social exclusion
exclusivamente *adv.* exclusively; solely; purely; depender exclusivamente de to depend exclusively on; por razões exclusivamente profissionais solely for professional reasons
exclusividade *s.f.* exclusivity; ter a exclusividade de uma reportagem to have exclusive coverage of an event; ter um contrato de exclusividade to have an exclusive contract
exclusivo *adj.* 1 (*único*) exclusive; modelo exclusivo exclusive model 2 (*pessoal*) sole ■ *s.m.* 1 exclusive; monopoly 2 privilege 3 (*jornal*) scoop
excomungar *v.* RELIGIÃO to excommunicate
excremento *s.m.* excrement
excursão *s.f.* 1 (*passeio*) excursion; trip; tour; excursão de 6 dias pelo país a 6-day tour around the country; fazer uma excursão to go on a trip 2 (*divagação*) digression
execução *s.f.* 1 (*trabalho, ordem*) execution; carrying out; accomplishment; pôr em execução to put in execution, to put into operation 2 (*pintura*) execution 3 (*dança, peça musical*) performance 4 (*lei*) enforcement 5 (*sentença*) execution 6 (*pena de morte*) execution ♦ (*lei*) em execução in force
executar *v.* 1 (*tarefa, ordem, plano*) to carry out; to execute; (*trabalho*) to complete; (*missão*) to accomplish; (*promessa*) to fulfil; executar as ordens de alguém to carry out someone's orders 2 (*testamento*) to execute; (*sentença*) to carry out; executar um mandado de prisão to serve a warrant 3 (*pessoa*) to execute 4 MÚSICA, TEATRO to perform; (*peça musical*) to execute
executável *adj.2g.* 1 feasible 2 INFORMÁTICA executable; arquivo executável executable file
executivo *s.m.* executive; businessman, businesswoman ■ *adj.* executive; diretor executivo executive director; poder executivo executive power; classe executiva business class ■ *s.m.* POLÍTICA executive
exemplar *adj.* exemplary; commendable; worthy; comportamento exemplar exemplary conduct ■ *s.m.* 1 copy; exemplar grátis free copy 2 pattern; model
exemplificar *v.* to exemplify; to illustrate
exemplo *s.m.* example; instance; como exemplo as an example ♦ dar um bom exemplo to set a good example por exemplo for instance, for example servir de exemplo to be an example
exercer *v.* 1 (*profissão*) to practise; exercer medicina/advocacia to practise medicine/law; já não exerço I no longer practise 2 (*autoridade, influência*) to exercise; to exert; exercer pressão sobre alguém to exert pressure on somebody; exercer um direito to exercise a right 3 (*função*) to act; exercer as funções de to act as
exercício *s.m.* 1 (*ação de exercitar*) practice 2 (*atividade física*) exercise; exercício físico physical exercises, physical jerks; (*ginástica*) exercícios no solo floor exercises; fazer exercício to take exercise, to drill, to exercise 3 (*escola*) exercise; exercícios de matemática maths exercise 4 (*ação de exercer*) exercise; entrar em exercício to take up one's duties; no exercício das suas funções in the exercise of his duties
exercitar *v.* 1 (*corpo, espírito, memória*) to train; to exercise 2 (*atleta, equipe*) to train exercitar-se *v.pr.* 1 to practise; to exercise; exercitar-se em to train oneself to do something 2 (*atleta*) to train
exército *s.m.* army; corpo de exército army corps; estar no exército to be in the army ♦ exército permanente standing army
exibição *s.f.* 1 (*exposição*) exhibition; display; exibição de pintura painting exhibition 2 (*apresentação*) display; presentation; exhibition; exibição aérea air display; estar em exibição to be on exhibition 3 performance; showing; (*filme*) em exibição showing 4 pejorativo (*ostentação*) flaunting; showing off
exibicionismo *s.m.* exhibitionism
exibicionista *s.2g.* exhibitionist ■ *adj.* exhibitionistic
exibido *s.m.* popular show-off ■ *adj.* exhibited; shown
exibir *v.* 1 (*mostrar*) to exhibit; to show; to display 2 (*ostentar*) to flaunt; to display; to show off 3 (*filme, peça etc.*) to show; to exhibit exibir-se *v.pr.* to show off; to parade
exigência *s.f.* 1 (*ato de exigir*) demand; requirement 2 (*solicitação*) demand 3 (*necessidade*) requirement; need; satisfazer as exigências to meet the needs 4 (*reclamação*) demand; ela está sempre com exigências she's always making demands
exigente *adj.2g.* demanding; pressing; exacting
exigir *v.* 1 to require; to demand; to claim; exigir demasiado to be very demanding; exigir uma indenização to demand compensation 2 (*requerer*) demand; to require; to call for; esta planta exige grande cuidado this plant requires a lot of care; este trabalho exige uma grande atenção this work requires the closest attention
exilar *v.* to exile; to banish; to send into exile; to extradite exilar-se *v.pr.* to go into exile
exílio *s.m.* exile; banishment; ir para o exílio to go into exile
exímio *adj.* distinguished; excellent; renowned
existência *s.f.* 1 (*realidade*) existence; being 2 (*vida*) life 3 (*duração*) duration; a companhia teve uma existência de 30 anos the firm had a duration of 30 years
existencial *adj.2g.* existential; crise existencial existential crisis
existente *adj.2g.* 1 (*matéria*) existing; existent 2 (*seres*) living; existing; alive

existir v. 1 to exist; to be; isso não existe that doesn't exist 2 (*viver*) to live

êxito s.m. success; com êxito successfully; não ter êxito to fail, not succeed ♦ êxito de bilheteria box-office hit êxito de livraria bestseller

êxodo s.m. exodus

exonerar v. 1 (*de culpa, de um encargo*) to exonerate; to exempt 2 (*despedir*) to dismiss; to relieve; to discharge exonerar-se *v.pr.* (*demitir-se*) to resign

exorbitante adj.2g. 1 (*preço, quantia*) exorbitant; steep; a conta foi exorbitante the bill was pretty steep 2 (*exagerado*) excessive 3 (*pedido*) immoderate; unreasonable

exorcismo s.m. exorcism
exorcista s.2g. exorcist
exorcizar v. to exorcize
exortar v. to exhort; to encourage; to persuade
exosfera s.m. exosphere
exótico adj. 1 exotic; foreign; flores exóticas exotic flowers 2 (*esquisito*) extravagant; odd; weird

expandir v. 1 (*alargar*) to expand; to enlarge 2 (*desenvolver*) to develop 3 (*dilatar*) to expand; to extend 4 (*divulgar*) to spread expandir-se *v.pr.* 1 to expand; to branch out 2 (*dilatar-se*) to expand 3 (*divulgar-se*) to spread 4 figurado (*desabafar*) to open one's heart

expansão s.f. 1 (*aumento, desenvolvimento*) expansion; growth; increase 2 (*dilatação*) expansion 3 (*difusão*) spreading 4 (*manifestação efusiva*) expansiveness ♦ expansão econômica economic growth

expansionismo s.m. expansionism
expansionista adj., s.2g. expansionist; política expansionista expansionist policy
expansivo adj. 1 (*pessoa*) expansive; effusive; open-hearted 2 (*gás, substância*) expansive
expatriar v. to expatriate; to banish expatriar-se *v.pr.* 1 to emigrate 2 to go into exile
expectante adj.2g. expectant
expectativa s.f. expectation; hope; prospect; estar na expectativa de to be waiting for something, to be hopeful of ♦ ficar aquém das expectativas to fall short of somebody's expectations superar as expectativas to be beyond somebody's expectations
expectoração s.f. expectoration
expectorante adj.2g., s.m. expectorant
expectorar v. to expectorate
expedição s.f. 1 (*viagem*) expedition; voyage; enterprise; uma expedição ao Polo Norte an expedition to the North Pole 2 (*grupo de pessoas*) expedition; party 3 (*envio, despacho*) shipping; dispatch; (*remessa*) shipment 4 (*militar*) campaign
expediente s.m. 1 (*horário de trabalho*) office hours; fora do expediente outside/out of office hours 2 (*desembaraço*) resource; ela tem muito expediente she's resourceful 3 (*recurso*) expedient; means; scheme 4 (*correspondência*) daily mail ♦ viver de expedientes to live by one's wits
expedir v. 1 (*mercadoria*) to send; to dispatch; to ship; expedir mercadorias to send off goods 2 (*correio, telegrama*) to send; expedir por correio to send by post

expelir v. to expel; to eject; to throw out
experiência s.f. 1 (*prova*) try; experiment 2 (*situação*) experience; uma experiência desagradável an unpleasant experience 3 (*tentativa*) trial 4 (*prática*) experience; practice; um cirurgião com muita experiência a surgeon with a lot of experience 5 (*observação, demonstração*) experiment; fazer uma experiência to make an experiment ♦ à experiência on trial falta de experiência inexperience por experiência from experience
experiente adj.2g. experienced; qualified; skilled; skilful
experimental adj.2g. experimental
experimentar v. 1 (*testar*) to experiment; to test; to try out 2 (*fazer uma tentativa*) to try; experimenta outra chave try another key; experimente! give it a try!, try it! 3 (*provar*) (*roupa*) to try out; (*comida, bebida*) to taste, to try; experimenta esta saia try on this skirt; experimenta esta fruta have a taste of this fruit 4 (*sentir, passar por*) to experience; to feel; (*aumento*) to show; experimentar grandes dificuldades to experience great difficulty 5 (*atrever-se a*) to dare; to try
expiar v. 1 RELIGIÃO to expiate; to atone for 2 (*crime, erro*) to expiate; to make amends for
expiatório adj. 1 expiatory 2 RELIGIÃO expiatory; redeeming ♦ ser o bode expiatório to be the scapegoat
expiração s.f. 1 (*respiração*) expiration; breathing out; exhalation 2 (*de um prazo*) expiration, expiry; (*de um período*) cessation, termination; data de expiração expiration/expiry date
expirar v. 1 (*respiração*) to breathe out; to exhale 2 (*morrer*) to pass away; to die 3 (*prazo, contrato*) to terminate; to end; to expire
explanar v. to explain; to expound
explicação s.f. 1 (*esclarecimento*) explanation; tem de haver uma explicação there must be some explanation 2 (*razão, causa*) reason; explanation; qual é a explicação para isso? what's the reason for this? 3 (*interpretação*) explanation; interpretation; meaning; a explicação de um sonho the interpretation of a dream 4 (*lição*) private class; private lesson explicações s.f.pl. tutoring lessons, private classes; private lessons; dar explicações to tutor (someone)
explicador s.m. tutor; coach; private teacher
explicar v. 1 (*esclarecer*) to explain; to tell; to expound 2 (*justificar*) justify; explicar a presença de alguém to justify someone's presence 3 (*ensinar*) to explain; to teach 4 (*descrever*) (*sensações, sentimentos*) describe explicar-se *v.pr.* to explain oneself; to make oneself understood; to make oneself clear
explicativo adj. explanatory; elucidative
explicitar v. to explain; to clarify
explícito adj. explicit; clear; detailed; ser bastante explícito to be quite clear
explodir v. 1 (*fazer explodir*) to blow up; to detonate; to explode 2 (*rebentar*) to explode; to blow

exploração

up; to burst out **3** figurado to explode; explodir de raiva to explode in rage

exploração s.f. **1** exploration **2** (*pesquisa*) research; investigation; survey **3** (*negócio*) production; exploitation; exploração mineira mining **4** (*abuso*) exploitation; speculation; exploração do trabalho infantil exploitation of child labour

explorador s.m. **1** (*investigador*) explorer; researcher **2** figurado (*de pessoas*) exploiter ■ *adj.* exploiting; exploring

explorar v. **1** (*território*) to explore; explorar novas regiões to explore new countries **2** (*investigar*) to search into; to analyse; to study; explorar a mente humana to study the human mind **3** (*negócio*) to run; to exploit **4** (*especular*) to exploit; to take advantage of **5** (*mina*) to drill; to prospect **6** (*uma pessoa*) to use, to exploit

explosão s.f. **1** explosion; blast **2** figurado (*aumento*) explosion; outbreak; explosão demográfica population explosion **3** figurado (*sentimentos*) outburst; uma explosão de alegria an outburst of joy

explosivo *adj., s.m.* explosive ♦ situação explosiva explosive situation

expoente s.m. **1** MATEMÁTICA exponent **2** (*pessoa*) exponent

expor v. **1** (*mostrar, patentear*) to show; (*mercadoria*) to display; expor na vitrine to exhibit in the shop-window **2** (*exibir*) to expose **3** (*arriscar*) to expose **4** (*um assunto*) to present; to state; expor toda a questão to state the whole case **5** (*fazer uma exposição*) to exhibit

exportação s.f. export; exportation ♦ empresa de exportação export firm

exportador s.m. exporter ■ *adj.* exporting

exportar v. to export

exposição s.f. **1** (*arte*) exhibition, show; (*mercadorias*) display; (*feira*) fair; em exposição on exhibition **2** (*apresentação*) presentation **3** (*ideias, feitos*) exposé **4** (*ao sol, ao vento*) exposure ♦ exposição universal world fair

expositor s.m. **1** display stand **2** exhibitor, showcase

expressão s.f. **1** expression; communication; expressão verbal verbal communication **2** phrase; sentence; expression; uma expressão vulgar a common expression **3** (*expressão facial*) expression; air; look; expressão de alegria happy look ♦ expressão escrita written communication expressão oral oral communication expressão idiomática idiomatic expression

expressar v. to express; to show; to state; expressar os seus sentimentos to express one's feelings expressar-se v.pr. to express oneself; to speak

expressivo *adj.* **1** (*significativo*) expressive; meaningful; revealing **2** (*vivo*) expressive; vivid

expresso *adj.* **1** (*explícito*) expressed; explicit; uma ordem expressa an expressed command **2** (*de propósito*) intended **3** (*categórico*) categorical; definite **4** (*rápido*) express ■ *s.m.* **1** (*trem*) express; express train **2** (*café*) espresso ♦ o Expresso do Oriente the Orient Express

exprimir v. **1** to express; to declare; to state; to voice; exprimir gratidão to express one's gratitude **2** (*significar*) to show; to denote exprimir-se v.pr. to express oneself

expropriar v. to dispossess; to expropriate; to seize

expugnar v. to expugn; to vanquish

expulsão s.f. **1** expulsion; ejection; banishment **2** ESPORTE sending-off **3** (*escola*) expulsion; (*universidade*) sending down

expulsar v. **1** to expel; to eject; to throw out **2** ESPORTE to send off **3** (*escola*) to expel; (*universidade*) to send down **4** (*inquilino*) to evict **5** (*de casa*) to kick out

expurgar v. **1** to expurgate; to purge **2** (*ferida*) to clean; to cleanse **3** figurado to purge

êxtase s.m. ecstasy; rapture

extasiado *adj.* enraptured; ecstatic

extasiar v. to transport; to enrapture

extensão s.f. **1** (*porção de espaço*) extent; size; vastness **2** (*superfície*) area, expanse; (*estrada*) stretch **3** (*comprimento*) length **4** (*porção de tempo*) duration; length **5** ELETRICIDADE extension **6** (*ramal telefônico*) extension **7** (*cabelo*) hair extension

extensivo *adj.* extensive

extenso *adj.* **1** (*em tamanho*) extensive; vast; large **2** (*longo*) long **3** (*texto, discurso*) lengthy; long; uma carta extensa a long letter **4** (*demorado*) extended ♦ por extenso at length

extenuar v. **1** (*esgotar*) to wear out; to exhaust; to tire out **2** (*debilitar*) to weaken extenuar-se v.pr. to tire oneself out

exterior *adj.2g.* **1** exterior; external; outer **2** (*porta, janela*) outside; (*parede*) outer; muro exterior outer wall **3** (*sinal*) outward **4** (*estrangeiro*) foreign ■ *s.m.* **1** (*superfície externa*) exterior; outside **2** (*estrangeiro*) abroad; overseas; relações com o exterior overseas relations; ir para o exterior to go abroad **3** (*pessoa*) appearance **4** ESPORTE outside

exteriorizar v. to show; to reveal; to express outwardly; exteriorizar os sentimentos to express one's feelings

exterminar v. **1** (*pessoas*) to exterminate; to massacre **2** (*insetos, parasitas*) to exterminate **3** figurado to eradicate; to abolish

extermínio s.m. **1** extermination **2** extinction; o extermínio de animais selvagens the extinction of wild animals **3** figurado (*costumes, tradições*) extinction; annihilation

externo *adj.* **1** external; outward; parte externa outside; (*medicamento*) de uso externo external use only **2** (*aluno*) day **3** POLÍTICA foreign; dívida externa foreign debt ■ *s.m.* (*aluno*) day pupil

extinção s.f. **1** (*apagamento*) extinction; extinção de um incêndio extinction of a fire **2** (*extermínio*) extinction; destruction **3** (*abolição*) abolition; extinção da pena de morte abolition of death penalty ♦ espécies em vias de extinção endangered species

extinguir v. **1** to suppress; to eradicate; to extinguish **2** (*fogo*) to extinguish; to put out **3** (*espécie, epidemia*) to wipe out; to eradicate; extinguir uma epidemia to eradicate an epidemic **4** (*povo, etnia*) annihilate **5** (*força, energia*) to sap; to decline **6** (*esperança, fé*) to crush extinguir-se v.pr. **1** (*fogo,* *luz*) to go out 2 (*espécie*) to die out; to become extinct; to disappear 3 (*amor*) to die away 4 (*prazo*) to expire; to run out

extintor *s.m.* extinguisher; extintor de incêndios fire extinguisher

extirpar *v.* 1 (*planta*) to root out; to pull up 2 MEDICINA to remove; to extract 3 figurado to eradicate; to abolish; to wipe out

extorquir *v.* 1 (*dinheiro, bens*) to extort 2 (*informação, confissão*) to wring

extorsão *s.f.* 1 extortion 2 (*chantagem*) blackmail; coercion

extra *s.m.* 1 extra 2 coloquial (*gratificação*) freebie ■ *adj.2g.2n.* extra; additional; trabalhar horas extra to work extra time

extração *s.f.* 1 extraction; removal; extração de um dente extraction of a tooth 2 (*loteria*) draw; extração da loteria the national lottery draw 3 INFORMÁTICA retrieval; extração de dados data retrieval

extraconjugal *adj.2g.* extramarital

extradição *s.f.* extradition

extraditar *v.* to extradite

extrair *v.* 1 to extract; to draw; extrair carvão to extract coal 2 (*dente*) to pull out; to extract 3 MATEMÁTICA to extract; extrair a raiz quadrada to extract the square root

extrajudicial *adj.2g.* extrajudicial

extraordinário *adj.* 1 (*raro*) extraordinary; unusual; uncommon 2 (*notável*) outstanding; exceptional 3 (*despesas*) additional; extra 4 (*pagamento*) bonus

extrapolar *v.* to extrapolate

extraterrestre *adj., s.2g.* extraterrestrial

extrativismo *s.m. extractivism*

extrativista *adj. extractive*; indústria extrativista extractive industry

extrato *s.m.* 1 (*substância*) extract; extrato de plantas plant extract 2 (*trecho*) extract; excerpt; passage 3 (*bancário*) bank statement; statement of account

extravagância *s.f.* 1 extravagance; eccentricity; excess 2 oddity; queerness

extravagante *adj.2g.* 1 (*comportamento, ideia*) extravagant 2 (*pessoa*) flamboyant; bizarre ■ *s.2g.* flamboyant person

extravasar *v.* 1 to pour 2 figurado (*limite*) to overstep 3 figurado (*sentimentos, emoção*) to pour out 4 (*transbordar*) to overflow

extraviar *v.* 1 (*objeto*) to mislay; to lose 2 (*desencaminhar*) to lead astray; to mislead; to pervert extraviar-se *v.pr.* 1 (*pessoa*) to get lost 2 (*objeto*) to get mislaid; to go astray; o pacote extraviou-se the pack has gone astray 3 figurado (*desencaminhar-se*) to go astray

extravio *s.m.* 1 deviation 2 (*desfalque*) embezzlement 3 (*perda*) loss

extrema-direita *s.f.* POLÍTICA far right; extreme right

extrema-esquerda *s.f.* POLÍTICA far left; extreme left

extremidade *s.f.* 1 (*ponta*) extremity; end; tip; de uma extremidade à outra through and through 2 (*limite*) edge; end; border; margin 3 ANATOMIA limb; extremity

extremo *adj.* 1 (*exagerado*) extreme; calor extremo extreme heat 2 (*intenso*) utmost; great 3 (*remoto*) extreme; far; remote; um lugar extremo a remote place ♦ ponto extremo GEOGRAFIA extreme point ■ *s.m.* 1 (*ponta*) extreme; end; o carro está no extremo da rua the car is at the end of the road 2 (*excesso*) point; extreme; chegar ao extremo de roubar to get to the point of stealing 3 (*oposto*) extreme; passar de um extremo ao outro to go from one extreme to another ♦ Extremo Oriente Far East

extrovertido *s.m.* extrovert ■ *adj.* extroverted; sociable

extrusão *s.f.* extrusion

exuberância *s.f.* 1 (*entusiasmo*) exuberance; enthusiasm 2 (*abundância*) abundance; luxury

exuberante *adj.2g.* 1 (*deslumbrante*) exuberant; luxuriant 2 (*volumoso*) overwhelming 3 (*vegetação*) lush; abundant 4 (*vivo*) exuberant; enthusiastic; effusive

exultar *v.* to exult; to rejoice; to jubilate; exultar de alegria to jump for joy

exumação *s.f.* exhumation

exumar *v.* to exhume; to unbury

F

f *s.m. (letra)* f
fá *s.m.* MÚSICA F, fa
fã *s.2g.* fan; admirer
fábrica *s.f.* factory; plant; mill ◆ fábrica de automóveis car plant preço de fábrica cost price
fabricação *s.f.* 1 *(produção)* manufacture; production; making 2 figurado *(invenção)* fabrication
fabricado *adj.* 1 manufactured; made; fabricado no Brasil made in Brazil 2 figurado invented; made up; estes números são fabricados these figures have been made up
fabricante *s.2g.* manufacturer; maker
fabricar *v.* 1 *(produzir)* to make; to manufacture; to produce 2 figurado *(inventar)* to fabricate; to invent ◆ fabricado no Brasil made in Brazil fabricar em série to mass-produce
fabril *adj.2g.* manufacturing; industrial
fábula *s.f.* 1 LITERATURA fable 2 *(mito)* myth; legend
fabuloso *adj.* 1 LITERATURA fictitious; fabulous; mythical 2 *(mitológico)* legendary; mythological 3 *(excelente)* fabulous; remarkable; excellent; o jantar fabuloso dinner was excellent
faca *s.f.* knife; afiar uma faca to sharpen a knife; cortar com uma faca to cut with a knife ◆ coloquial ir para a faca to undergo an operation estar com a faca e o queijo na mão to hold all the trumps
facada *s.f.* 1 stab 2 figurado *(emoções)* shock; blow; painful surprise 3 figurado fraud; embezzlement
façanha *s.f.* deed; feat; stunt; exploit
facção *s.f.* 1 POLÍTICA faction; party 2 *(grupo divergente)* faction; wing
face *s.f.* 1 *(rosto)* face 2 *(bochecha)* cheek 3 *(superfície)* face; surface; à face de on the surface of 4 *(moeda)* head ◆ face a face face to face em face de in view of fazer face às despesas to meet the expenses
faceta *s.f.* 1 *(face)* facet 2 *(característica)* side; feature; aspect
fachada *s.f.* 1 ARQUITETURA front; façade 2 figurado *(aparência)* outward show
facho *s.m.* torch
facial *adj.2g.* facial; paralisia facial facial paralysis
fácies *s.m.2n.* countenance; look
fácil *adj.2g.* 1 easy; simple; fácil de obter easy to get 2 *(acessível)* easy; accessible; essa pergunta é fácil that's an easy question 3 *(leviano)* easy; facile ◆ coisa fácil child's play
facilidade *s.f. (capacidade)* facility; ease; com toda a facilidade quite easily, with ease **facilidades** *s.f.pl.* facilities; com facilidades de pagamento on easy terms
facilitar *v.* 1 *(simplificar)* to make easy; to facilitate 2 *(proporcionar)* to provide; to supply with; facilitar a acomodação to provide accommodation
fã-clube *s.m.* fan club

faculdade *s.f.* 1 *(capacidade)* faculty; ability; perder as faculdades to lose one's faculties 2 *(poder)* faculty; power; faculdades mentais mental powers 3 *(universidade)* faculty, college; entrar na faculdade to go to college; faculdade de direito faculty of law, law school
facultar *v.* 1 *(permitir)* to allow; facultar a entrada a alguém to allow someone in 2 *(conceder)* to grant; to facilitate
facultativo *adj.* optional
fada *s.f.* fairy ◆ fada madrinha fairy godmother conto de fadas fairy tale; fairy story
fadiga *s.f.* 1 *(cansaço)* fatigue; exhaustion; weariness 2 *(trabalho árduo)* toil; hard work; labour
fado *s.m.* 1 *(destino)* fate, destiny, doom 2 MÚSICA fado, Portuguese folk song
fagulha *s.f.* spark
Fahrenheit *adj.* Fahrenheit; 32 graus Fahrenheit 32 degrees Fahrenheit
faina *s.f.* toil; labour
faisão *s.m.* ZOOLOGIA pheasant
faísca *v.f.* 1 *(chispa)* spark; gleam 2 *(raio)* streak of lightning; thunderbolt 3 ELETRICIDADE *(descarga elétrica)* spark ◆ lançar faíscas to throw off sparks
faiscar *v.* 1 *(metal, fogo)* to sparkle; to flash 2 *(cintilar)* to twinkle; to glitter
faixa *s.f.* 1 *(para a cintura)* sash; waistband 2 *(tira)* band; strip 3 *(ligadura)* bandage 4 *(estrada)* lane; faixa de rodagem carriageway, lane 5 *(disco, CD)* track 6 *(de terra)* strip ◆ faixa etária age group faixa de pedestres *(rua)* zebra crossing, pedestrian crossing Grã-Bretanha crosswalk EUA
fajuto *adj.* 1 coloquial *(falso)* fake 2 coloquial *(qualidade)* bad; poor 3 coloquial *(pessoa)* dishonest; unreliable
fala *s.f.* speech ◆ ficar sem fala to be speechless
falador *s.m.* chatterbox ■ *adj.* talkative; communicative
falante *s.2g.* speaker; falante nativo native speaker ■ *adj.2g.* talking; bem falante eloquent; um animal falante a talking animal
falar *v.* 1 to speak (com, *to*; de, em, sobre, *about*); to talk (com, *with*; de, em, sobre, *about*); ele falou comigo he spoke to me 2 *(língua)* to speak; ela fala alemão she speaks German 3 *(assunto)* to talk (sobre, *about*); to refer (sobre, de, em, *to*); to mention (sobre, em, de, –); ele me falou nisso he mentioned that 4 *(dizer)* to speak; to tell; to say; falar a verdade to speak the truth; não fale mais nisso say no more about it falar-se *v.pr.* to speak; to talk; eles não se falam há anos they haven't spoken for years ■ *s.m.* speech ◆ falar ao ouvido de alguém to whisper in someone's ear falar em público to speak in public falar para a parede to talk to a brick wall falando sério joking apart isso vai dar o que falar that

will set people talking olha quem fala! look who's talking! por falar nisso by the way ● **To speak** é um termo mais geral do que **to talk**: *please speak louder!*; *to speak in public*. Em referência a diversas pessoas, usa-se mais *to talk*: *what are they talking about? we were talking about football*.

falatório *s.m.* 1 (*fofoca*) gossip 2 (*muitas vozes*) chattering

falcão *s.m.* ZOOLOGIA hawk; falcon

falcatrua *s.f.* (*fraude*) fraud; cheat; swindle

falecer *v.* to die, to pass away

falecido *s.m.* deceased ■ *adj.* deceased; late; departed; o meu falecido irmão my late brother

falecimento *s.m.* death; departure

falência *s.f.* 1 bankruptcy; insolvency; ir à falência to go bankrupt 2 (*falha*) failure

falésia *s.f.* GEOLOGIA cliff

falha *s.f.* 1 (*erro*) mistake; error; falha humana human error 2 (*defeito*) defect; flaw 3 (*lacuna*) gap 4 GEOLOGIA fault; falha sísmica seismic fault

falhar *v.* 1 (*não acertar*) to fail; to miss; falhar o alvo to miss the target 2 (*não se realizar*) to fail; o plano falhou the plan failed 3 (*errar*) to be wrong 4 (*freios*) to fail 5 (*enganar-se*) to fail

falho *adj.* (*carecido*) wanting (de, *in*); lacking (de, *in*)

falir *v.* 1 to go bankrupt 2 to fail

falsear *v.* 1 (*falsificar*) to counterfeit; to forge 2 (*adulterar*) to give a false account of; to distort

falsidade *s.f.* 1 falsehood; untruthfulness 2 (*mentira*) lie

falsificação *s.f.* 1 (*ato*) falsification 2 (*objeto*) forgery 3 (*dinheiro*) counterfeiting

falsificado *adj.* (*assinatura, documento, dinheiro, joias*) forged; counterfeit; fake

falsificador *s.m.* 1 (*de objetos*) forger (*de dinheiro*) counterfeiter

falsificar *v.* 1 to falsify 2 (*objeto*) to forge; falsificar uma assinatura to forge a signature 3 (*dinheiro*) to counterfeit

falso *adj.* 1 false; untrue 2 (*pessoa*) insincere; false 3 (*dinheiro*) false, counterfeit 4 (*arte*) forged ◆ alarme falso false alarm

falta *s.f.* 1 (*escassez*) shortage (de, *of*); falta d'água shortage of water; falta de gêneros shortage of goods 2 (*carência*) lack (de, *of*); want (de, *of*) 3 (*ausência*) absence; dar por falta de to notice the absence of; falta de provas absence of evidence 4 (*erro*) mistake; fault 5 ESPORTE (*futebol*) foul; (*tênis*) fault ◆ falta de cuidado carelessness falta de educação impoliteness por falta de for lack of sem falta without delay sentir a falta de to miss estar com/ter falta de to be short of

faltar *v.* 1 to be missing; (*pessoa*) to be absent; está faltando um dos meus livros one of my books is missing; coloquial faltar às aulas to miss classes, to cut classes; quem falta? who's missing? 2 (*fazer falta*) to be lacking 3 (*falhar*) to fail; faltaram-me forças my strength failed me 4 (*não cumprir*) to fail; faltar à palavra to break one's word; faltar ao respeito a alguém to be rude to someone, to show disrespect to someone 5 to remain; to be left; falta pouco para it won't be long till; faltam cinco minutos para as nove it's five to nine; quanto falta para Belo Horizonte? how much further is it to Belo Horizonte?

fama *s.f.* 1 (*renome*) fame; ter fama mundial to be world-famous; ganhar fama to become famous 2 (*reputação*) reputation; name; ter boa fama to have a good name; ter má fama to have a bad name

família *s.f.* 1 family; household; o mais velho da família the eldest of the family 2 (*categoria*) family; group; category ◆ estar em família to be among friends

familiar *adj.2g.* 1 (*da família*) family; of the family 2 (*conhecido*) familiar; well-known 3 LINGUÍSTICA colloquial ■ *s.2g.* relative; relation

familiarizado *adj.* familiar (com, *with*); não estou familiarizado com essa teoria I am not familiar with that theory

familiarizar *v.* to familiarize (com, *with*); to make familiar (com, *with*) familiarizar-se *v.pr.* to grow familiar (com, *with*); to familiarize oneself (com, *with*)

faminto *adj.* 1 (*esfomeado*) famished; hungry; starving 2 figurado (*ávido*) longing (de, *for*); craving (de, *for*)

famoso *adj.* famous (por, *for*); well-known (por, *for*) *s.m.* famous person; celebrity

fanático *adj.* fanatic ■ *s.m.* 1 fanatic; addict fig.; fanático do futebol soccer addict 2 (*fundamentalista*) bigot

fanatismo *s.m.* 1 fanaticism 2 (*fundamentalismo*) bigotry

fanerógama *s.f.* BOTÂNICA phanerogam

fanfarrão *adj.* swanky; boastful ■ *s.m.* show-off; braggart; boaster

fanho *adj.* nasal

fanhoso *adj.* 1 snuffling 2 nasal

faniquito *s.m.* coloquial nervous fit

fantasia *s.f.* 1 (*imaginação*) fantasy 2 (*irrealidade*) fancy 3 (*objeto, joia*) fantasy; imitation; colar de fantasia fashion jewellery necklace 4 (*máscara*) costume

fantasiar *v.* 1 (*imaginação*) to fantasize (com, *about*) 2 (*mascarar*) to dress (somebody) up (de, *as*) fantasiar-se *v.pr.* to put on a fancy dress

fantasma *s.m.* ghost

fantástico *adj.* 1 (*situação, acontecimento*) fantastic; terrific; wonderful; isso é fantástico! that is terrific! 2 (*incrível*) fantastic; unbelievable; incredible

fantoche *s.m.* puppet; marionette; teatro de fantoches puppet show

faqueiro *s.m.* 1 canteen 2 knife case

faraó *s.m.* HISTÓRIA Pharaoh

farda *s.f.* 1 (*polícia, soldado, estudante, funcionário*) uniform 2 (*soldados*) regimentals 3 (*criados*) livery

fardar *v.* to dress in uniform

fardo *s.m.* 1 (*carga*) burden; ele carregava um fardo nas costas he carried a burden on his back 2 (*tecido, papel, cereais*) bale; um fardo de papel a bale of paper 3 figurado (*coisa difícil de suportar*) strain; burden; pressure; ele se tornou um fardo para ela he became a burden to her

farejar *v.* 1 (*cheirar*) to sniff (-, *at*) 2 (*presa, rastro*) to scent; to follow 3 (*pressentir*) to sense; to scent

farelo *s.m.* (*farinha*) bran

faringe

faringe s.f. ANATOMIA pharynx
faringite s.f. MEDICINA pharyngitis
farinha s.f. flour; farinha de centeio rye flour; farinha de mandioca cassava; farinha de milho maize flour; farinha de trigo wheat flour; farinha integral whole flour; farinha de rosca breadcrumbs
farmacêutico s.m. (*pessoa*) chemist; pharmacist ■ adj. pharmaceutical
farmácia s.f. 1 (*estabelecimento*) chemist's, pharmacy; pharmacist's; drugstore EUA 2 (*ciência*) pharmacy
faro s.m. 1 scent; smell 2 figurado (*intuição*) intuition
faroeste s.m. Far West; Wild West
farofa s.f. CULINÁRIA typical Brazilian food made with cassava flour
farol s.m. 1 (*navegação*) lighthouse 2 (*automóvel*) headlight; light; faróis de nevoeiro fog lamps Grã-Bretanha, fog lights EUA; farol de trás rear light; baixar os faróis to dim the head-lights
farpa s.f. 1 (*arame*) barb 2 (*madeira*) splinter
farpado adj. barbed; arame farpado barbed wire
farra s.f. coloquial party; shivaree
farrapo s.m. 1 (*tecido*) rag; tatter; shred; em farrapos in rags, in tatters 2 figurado, coloquial (*pessoa*) wreck; ele se sentia um farrapo he felt like a wreck
farsa s.f. 1 TEATRO farce 2 figurado (*embuste*) sham; fiction
fartar v. 1 (*comida, prazer*) to satiate; fartar a vista to satiate one's eyes 2 (*alimentar em excesso*) to overfeed 3 (*aborrecimento*) to tire; to weary fartar-se v.pr. 1 (*comer muito*) to gorge oneself; to glut oneself 2 (*aborrecer-se*) to get fed up (de, with)
farto adj. 1 (*quantidade*) abundant; uma colheita farta an abundant crop 2 (*cansado, aborrecido*) fed up (de, with); estar farto da rotina cotidiana to be fed up with the daily routine
fartura s.f. 1 (*abundância*) abundance; great deal; plenty; com fartura in plenty
fascículo s.m. 1 (*publicação*) fascicle 2 BOTÂNICA fascicle 3 (*plano, história*) instalment
fascinação s.f. 1 (*estado de espírito*) fascination; absorption 2 (*atração*) charm (de, of); appeal (de, of)
fascinado adj. fascinated; lançar um olhar fascinado a alguém to cast a fascinated glance to someone
fascinante adj.2g. fascinating; uma história fascinante a fascinating story
fascinar v. 1 to fascinate 2 (*seduzir*) to charm
fascínio s.f. 1 (*estado de espírito*) fascination; absorption 2 (*atração*) charm (de, of); appeal (de, of)
fascismo s.m. POLÍTICA fascism
fascista adj., s.2g. POLÍTICA fascist; regime fascista fascist regime
fase s.f. 1 (*etapa*) phase; period; stage; desativar a fábrica por fases to phase out the plant; fase inicial initial phase; introduzir a nova técnica por fases to phase in the new technique; nesta fase at this stage 2 ASTRONOMIA phase; as quatro fases da lua the four phases of the moon 3 ELETRICIDADE phase 4 (*de competição*) round; fase de qualificação qualifying round

fatal adj.2g. 1 (*mortal*) fatal; mortal; deadly; acidente fatal fatal accident 2 (*inevitável*) fatal; inevitable; certain
fatalidade s.f. fatality
fatalmente adv. fatally; inevitably
fatia s.f. 1 (*bolo*) slice; piece; em fatias sliced; cortar em fatias to slice up; ficar com a melhor fatia do bolo to keep the best piece of the cake to oneself 2 (*pão*) piece 3 (*carne*) piece; joint
fatídico adj. 1 (*destino*) fateful 2 (*morte*) fatal, tragic
fatigar v. 1 (*cansar*) to tire out; to fatigue; to weary 2 (*aborrecer*) to bore; to weary fatigar-se v.pr. 1 (*cansar-se*) to get tired 2 (*fartar-se*) to get fed up (de, with)
fato s.m. 1 (*realidade*) fact; reality; truth; a verdade dos fatos the truth of the facts 2 (*acontecimento*) fact; event; fato histórico historic fact ♦ de fato as a matter of fact; really; indeed; in fact
fator s.m. 1 factor; element; part 2 MATEMÁTICA factor
fatura s.f. invoice; bill
faturar v. 1 (*mercadoria, serviço*) to invoice; to bill; to charge for 2 (*dinheiro*) to turn over; o filme faturou vários milhões de dólares the film turned over several million dollars
fauna s.f. fauna
favela s.f. shantytown; slum
favelado s.m. slum dweller; favela dweller
favo s.m. honeycomb
favor s.m. favour; fazer um favor to do a favour ♦ você é a favor ou contra? are you for or against? faz/por favor! please! ser a favor de alguma coisa to support something ter a seu favor to have to one's credit votar a favor to vote yes
favorável adj.2g. 1 positive; favourable (a, to); resposta favorável favourable response; mostrar-se favorável à proposta to be favourable to the proposition 2 (*situação, vento*) favourable; propitious
favorecer v. 1 (*preferência*) to favour 2 (*apoiar*) to promote; to foster; to support; to help; favorecer o desenvolvimento de alguma coisa to promote the development of something 3 (*ficar bem*) to become; não o favorece that doesn't become him
favorecido adj. well-off; well-to-do; os mais favorecidos the well-off
favorito adj. favourite; o meu cantor favorito my favourite singer ■ s.m. favourite; não há favoritos there is no favourite
fax s.m. fax; responda por fax fax me your answer
faxina s.f. housework; fazer a faxina to do one's housework
faxineiro s.m. cleaner
faz de conta s.m. make-believe; brincar de faz de conta to play make-believe; no país do faz de conta in the land of make-believe
fazenda s.f. 1 (*tecido*) cloth; material; fazenda de lã woollen cloth 2 (*propriedade rural*) plantation; estate; ranch; fazenda de café coffee plantation 3 (*finanças públicas*) treasury; fazenda pública Public Exchequer
fazendeiro s.m. landowner
fazer v. 1 (*criação, formulação, ação*) to make; fazer a cama to make the bed; fazer uma oferta to make

an offer 2 to do; que você está fazendo? what are you doing?; fazer justiça to do justice; fazer negócio to do business; faça como quiser do as you please; o que você faz? what is your job? 3 (*influenciar*) to make; isso o fez mudar de ideias that made him change his mind; isso a fez sentir-se melhor that makes her feel better 4 (*realizar*) to carry out; to perform; fazer tudo até ao fim to carry through one's task 5 (*aniversário*) to turn; fazer vinte anos to turn twenty; quando você faz aniversário? when is your birthday? 6 (*saúde*) to be; to do; fazer mal ao estômago that is bad for your stomach; isto vai te fazer bem this will do you good 7 (*representar*) to play; ele faz o ladrão na série he plays a thief in the series fazer-se *v.pr.* to grow into, to become; to turn ◆ fazer de conta to make believe fazer esporte to practise sport fazer pouco de alguém to make fun of someone fazer uma reclamação to put in a claim não faz mal! never mind! não saber o que fazer to be at a loss que é feito dele? what has become of him? tanto faz! all the same! ter mais que fazer to have other fish to fry

faz-tudo *s.2g.* (*habilidoso*) jack-of-all-trades; handyman

fé *s.f.* 1 RELIGIÃO faith (em, *in*); ter fé em Deus to have faith in God 2 (*confiança*) faith (em, *in*); confidence (em, *in*)

febre *s.f.* 1 MEDICINA fever; temperature; febre alta high fever; a febre baixou fever has dropped; estar com febre to have a fever 2 figurado fever; frenzy; a febre do momento the hit of the moment ◆ febre aftosa foot-and-mouth disease febre amarela yellow fever

febril *adj.2g.* 1 MEDICINA feverish; em estado febril feverishly 2 figurado (*exaltado*) feverish, passionate

fechadura *s.f.* lock ◆ fechadura de segredo puzzle lock buraco da fechadura keyhole

fechar *v.* 1 (*porta, loja, olhos*) to close; fechar a porta to close the door, to shut the door; fecha os olhos!; close your eyes!; fechar um negócio to close a bargain; fechar uma conta to close an account 2 (*trancar*) to lock; fechar a porta à chave to lock the door; fechar com ferrolho to bolt; fechar com tranca to bar 3 (*torneira*) to turn off 4 (*terreno*) to enclose; to fence in 5 (*cortina*) to draw; fechar as cortinas to draw the curtains 6 (*terminar*) to come to an end 7 (*encerrar permanentemente*) to be shut down; to close down; a loja fechou há uns anos the store was shut down a few years ago fechar-se *v.pr.* 1 (*etapa*) to come to an end; fechou-se um ciclo we have come full circle 2 (*calar-se*) to shut up ◆ fechar com chave de ouro to end in beauty

fecho *s.m.* 1 (*roupa*) zip; zipper EUA; zip fastener; fechar o fecho to zip up 2 (*ferrolho*) bolt; fastener 3 (*porta*) lock; fecho de mola spring lock 4 figurado (*fim*) finish; close; end; o fecho da história the end of the story

fécula *s.f.* starch

fecundação *s.f.* BIOLOGIA fertilization

fecundar *v.* BIOLOGIA to fertilize

fecundidade *s.f.* fecundity; fruitfulness; figurado a fecundidade da obra de alguém the fecundity of someone's work

fedelho *s.m.* popular brat; punk

feder *v.* popular (*cheiro*) to stink (a, *of*); to reek (a, *of*)

federação *s.f.* 1 POLÍTICA federation; uma federação de Estados a federation of states 2 (*organizações*) federation; association; league

federado *adj.* 1 federated 2 (*atleta*) belonging to a sports association

federal *adj.2g.* federal; estado federal federal state

federalismo *s.m.* POLÍTICA federalism

fedido *adj.* stinking; fetid

fedor *s.m.* calão stench; reek; stink; que fedor! it stinks!

fedorento *adj.* 1 calão stinking 2 (*fétido*) smelly; fetid ■ *s.m.* popular (*chato*) pain in the neck, pain in the arse

feição *s.f.* 1 (*traço*) feature; trait; characteristic 2 (*figura*) figure; form; shape feições *s.f.pl.* features; feições regulares clean-cut features

feijão *s.m.* BOTÂNICA bean

feijão-fradinho *s.m.* BOTÂNICA black-eyed bean, blackeye bean; cowpea

feijoada *s.f.* typical Portuguese dish with beans and several kinds of meat

feijoeiro *s.f.* BOTÂNICA bean plant

feio *adj.* 1 (*aspecto*) ugly; hideous; unsightly 2 (*situação*) ugly; hard; dangerous; a coisa está feia things don't look well 3 (*insultuoso*) rude; coarse; palavras feias rude words

feioso *adj.* very ugly

feira *s.f.* 1 (*mercado*) market; fair 2 (*exposição*) show; exhibition; feira de automóveis car show 3 figurado (*desordem*) tumult; confusion; hubbub; hullabaloo

feirante *s.2g.* stallholder

feital *s.m.* exhausted soil

feitiçaria *s.f.* 1 (*atividade*) sorcery; witchcraft; witchery 2 (*efeito*) enchantment; spell; charm

feiticeiro *s.m.* sorcerer (*m.*), sorceress (*f.*); witch (*f.*)

feitiço *s.m.* 1 (*bruxedo*) sorcery; witchcraft 2 figurado (*encantamento*) charm; spell ◆ virar o feitiço contra o feiticeiro to turn the tables on someone

feitio *s.m.* 1 (*forma*) form; shape; de todas as formas e feitios in any shape and size 2 (*vestuário*) shape; não gosto do feitio do casaco I don't like the coat's shape

feiura *s.f.* ugliness

feixe *s.m.* 1 (*lenha*) faggot 2 (*trigo, milho*) sheaf 3 (*roupa*) bundle 4 (*luz*) beam, shaft; um feixe de luz a beam of light

fel *s.m.* 1 bile; gall 2 figurado (*azedume*) bitterness; spite; palavras de fel bitter words

feldspato *s.m.* GEOLOGIA feldspar

felicidade *s.f.* 1 (*estado*) happiness; andar em busca da felicidade to search for happiness 2 (*sorte*) luck; muitas felicidades! good luck to you!; ter a felicidade de to be lucky enough to

felicíssimo *adj.* (superlativo de *feliz*) most happy; very happy; ficou felicíssimo com o resultado he was most happy with the result

felicitar

felicitar v. (*elogio*) to congratulate (*por, on*); gostaria de felicitá-lo por tudo o que fez may I congratulate you on what you have done?
felino adj., s.m. ZOOLOGIA feline
feliz adj.2g. 1 (*estado*) happy; dar-se por muito feliz to count oneself happy; um casamento feliz a happy marriage 2 (*ocasião*) merry; joyful; feliz Natal! merry Christmas! 3 (*acaso*) fortunate; lucky
felizardo s.m. lucky devil; lucky dog
felizmente adv. happily; fortunately
felpo s.m. (*tecido*) nap; pile
felpudo adj. 1 downy 2 hairy
feltro s.m. felt; chapéu de feltro felt hat
fêmea s.f. 1 (*animal*) female; um tubarão fêmea a she-shark 2 (*gancho*) eye 3 (*parafuso*) nut
feminilidade s.f. femininity
feminino adj. 1 LINGUÍSTICA feminine; pronome feminino feminine pronoun; substantivo feminino feminine noun 2 (*de mulher*) feminine; o sexo feminino the feminine gender ■ s.m. LINGUÍSTICA feminine; no feminino in the feminine
feminismo s.m. feminism
feminista adj., s.2g. feminist; conceitos feministas feminist concepts
fêmur s.m. ANATOMIA femur
fenda s.f. 1 (*louça, parede*) crack; split 2 (*rocha, terra*) fissure; crevice 3 (*frincha*) chink
feno s.m. hay
fenomenal adj.2g. 1 (*incrível*) phenomenal; incredible 2 (*colossal*) prodigious; colossal 3 (*espantoso*) remarkable; amazing
fenômeno s.m. phenomenon
fera s.f. 1 ZOOLOGIA wild beast; wild animal 2 figurado (*perito*) expert; ace; genius ♦ ele ficou uma fera he was mad with rage
feriado s.m. holiday; feriado nacional national holiday; feriado oficial bank holiday; feriado religioso religious holiday
férias s.f.pl. holidays; vacation; férias da Páscoa Easter holidays; férias de Natal Christmas holidays
ferida s.f. 1 (*ferimento*) wound; injury; cicatrizar uma ferida to heal a wound 2 figurado (*mágoa*) hurt ♦ pôr o dedo na ferida to touch a person on the raw
ferido adj. 1 (*fisicamente*) wounded; hurt; injured; gravemente ferido badly wounded 2 (*emocionalmente*) hurt ■ s.m. wounded person feridos s.m.pl. the wounded; the injured; todos os feridos já tiveram alta do hospital all the injured have already been discharged from hospital
ferimento s.m. wound; injury; ferimentos graves severe injury
ferir v. 1 (*ferida*) to wound; to injure; ferido em combate wounded in action 2 figurado (*magoar*) to hurt; ferir os sentimentos de alguém to hurt someone's feelings 3 (*ofender*) to vex ferir-se v.pr. to get injured; to hurt oneself; to get hurt
fermentação s.f. 1 QUÍMICA fermentation; leavening 2 figurado (*agitação*) agitation; turmoil
fermentar v. 1 to ferment 2 figurado (*agitar*) to ferment; to agitate; to excite

fermento s.m. CULINÁRIA yeast; fermento em pó baking powder
ferocidade s.f. 1 (*animais*) ferocity 2 figurado (*crueldade*) cruelty
feroz adj.2g. 1 (*animais, pessoas, situação*) fierce; ferocious; savage; um combate feroz a ferocious battle 2 figurado (*cruel*) cruel; fierce; tinha um brilho feroz no olhar he had a fierce look in his eyes
ferrado adj. 1 (*com ferro*) ferruginous; iron bearing 2 (*obstinado*) obstinate; stubborn 3 coloquial (*tramado*) in big trouble; done for ♦ estar ferrado no sono to be sleeping like a log, to be in a deep sleep
ferradura s.f. horseshoe
ferramenta s.f. tool; caixa de ferramentas tool box
ferrão s.m. (*inseto*) sting; ferrão de abelha bee sting
ferrar v. 1 (*morder*) to bite 2 (*cavalo*) to shoe 3 (*gado*) to brand
ferreirinha s.f. 1 ZOOLOGIA southern pochard 2 ZOOLOGIA titling
ferreiro s.m. (*ofício*) blacksmith; smith ♦ (*provérbio*) em casa de ferreiro, espeto de pau shoemaker's children are always ill-shod
ferro s.m. 1 QUÍMICA (*elemento químico*) iron 2 (*de engomar*) iron; passar a ferro to iron ♦ ferro forjado wrought iron ninguém é de ferro we are only human
ferro-velho s.m. 1 (*sucata*) scrap iron 2 junk-dealer; junk shop 3 (*em segunda mão*) second-hand dealer
ferrovia s.f. railway; railroad EUA
ferroviário adj. of the railway; of the railroad EUA; acidente ferroviário railway accident; via ferroviária railway track
ferrugem s.f. rust; ganhar ferrugem to rust away
fértil adj.2g. 1 BIOLOGIA fertile; período fértil fertile period; solo fértil fertile soil 2 BOTÂNICA fruitful 3 figurado (*produtividade*) fertile; fruitful; ter uma imaginação fértil to have a fertile imagination
fertilidade s.f. fertility; fecundity
fertilização s.f. fertilization ♦ fertilização in vitro in vitro fertilization
fertilizante s.m. AGRICULTURA fertilizer ■ adj.2g. fertilizing
fertilizar v. BIOLOGIA to fertilize; to fecundate
fervente adj.2g. boiling
ferver v. 1 to boil; água fervendo boiling water; ferver de mais to overboil; ferver o leite to boil the milk 2 figurado (*enervar-se*) to seethe; to fume
fervilhar v. 1 (*ferver*) to simmer; to boil 2 figurado (*abundar*) to swarm (de, *with*); fervilhar de gente to swarm with people
fervor s.m. (*ardor*) fervour; enthusiasm; zeal
fervoroso adj. 1 (*ardente*) fervent; ardent; passionate; torcedores fervorosos fervent supporters 2 (*entusiasta*) zealous; enthusiastic
fervura s.f. (*ebulição*) boiling; levantar fervura to boil up ♦ botar/deitar água na fervura to pour oil on troubled waters
festa s.f. 1 party; dar uma festa to give a party; festa de aniversário birthday party; festa de boas-vindas welcome party; festa de despedida farewell party; organizar uma festa to hold a party 2 (*reunião*) get-

figurinha

-together; gathering; vou organizar uma pequena festa I'm going to hold a small get-together **3** (*festa religiosa*) feast; festival **4** (*comemoração*) celebration; commemoration **5** (*banquete*) feast; banquet **6** (*carícia*) stroke; caress ◆ Boas Festas! Season's Greetings; Merry Christmas! fazer a festa e soltar os foguetes to applaud one's own feats

festança *s.f.* **1** big party **2** revelry; merrymaking

festão *s.m.* **1** festoon; garland **2** big party

festejar *v.* **1** to celebrate; to commemorate; festejar o quinto aniversário de casamento to celebrate the fifth wedding anniversary; festejar um gol to celebrate a goal **2** (*festa*) to have a party; temos de festejar we must have a party

festejo *s.m.* **1** (*comemoração*) commemoration; celebration **2** RELIGIÃO feast; festivity

festim *s.m.* **1** feast; banquet **2** blank cartridge

festival *s.m.* **1** (*evento*) festival; festivais de verão summer festivals; festival de música rock rock festival; festival de cinema film festival **2** (*concurso*) contest; festival da canção song contest **3** coloquial show; display; foi um autêntico festival it was quite a show

festividade *s.f.* (*celebração*) festivity; festival

festivo *adj.* **1** (*época, evento*) festive **2** (*festa*) joyous

fetal *adj.2g.* foetal; posição fetal foetal position

fetiche *s.m.* fetish

feto *s.m.* **1** BIOLOGIA (*embrião*) foetus **2** BOTÂNICA fern

feudalismo *s.m.* HISTÓRIA feudalism

fevereiro *s.m.* February

fezes *s.f.pl.* faeces; excrement

fiabilidade *s.f.* reliability

fiação *s.f.* **1** (*processo*) spinning; fiação e tecelagem spinning and weaving **2** (*fábrica*) textile mill; fiação de seda silk mill

fiado *adj.* **1** (*fios*) spun **2** (*a crédito*) on credit; on trust; comprar fiado to buy on credit

fiador *s.m.* guarantor; surety; servir de fiador to stand surety

fiança *s.f.* **1** (*caução*) guaranty; security **2** (*montante*) guarantee; guaranty **3** DIREITO bail; pagar a fiança de alguém to bail a person out; sair sob fiança to be out on bail

fiapo *s.m.* thread

fiar *v.* **1** (*fio, lã*) to spin **2** (*venda ou compra*) to sell on credit **3** (*confiança*) to trust; ele não é de fiar he is not to be trusted fiar-se *v.pr.* to trust (em, *to*); to rely (em, *on*)

fiasco *s.m.* (*fracasso*) fiasco; flop; blunder

fibra *s.f.* **1** fibre **2** figurado (*coragem*) guts; nerve ◆ fibra de vidro fibreglass fibra óptica optical fibre

fibroso *adj.* fibrous; tecido fibroso fibrous tissue

ficar *v.* **1** to stay; ficar em casa to stay at home; ficar para trás to lay behind; não quero ficar para trás I don't want to be left behind **2** (*permanecer*) to remain; to stay; ficar na mesma to stay the same **3** (*manter*) to keep; fica com isso keep it; ficar calado to keep quiet **4** (*estado de espírito*) to be; to feel; ficar com medo to be scared; ficar triste to be sad; fico contente I'm glad **5** (*situar-se*) to be (em, *in*; junto a, *by*); a casa fica junto ao mar the house is by the sea; isso fica no centro da cidade that is in the town centre **6** (*classificação*) to be placed (em, *-*); ficar em terceiro to be placed third **7** (*assentar bem*) to become; to suit; to fit; o vestido fica muito bem em você the dress really becomes you **8** (*expectativa*) to be supposed (de, *to*); ele ficou de me telefonar he was supposed to call me ficar-se *v.pr.* coloquial not to go further; fico-me por aqui I won't go any further ◆ como ficamos então? what are we to do then? ficar de pé to stand ficar na sua to stick to one's point ficar por fazer to be left undone ficar velho to grow old

ficção *s.f.* **1** LITERATURA fiction **2** figurado fiction; fabrication; isso é pura ficção that is sheer fiction ◆ LITERATURA ficção científica science fiction

ficha *s.f.* **1** (*biblioteca, arquivo*) card; ficha de arquivo card index **2** (*dados pessoais*) record; dossier; file **3** (*escola*) sheet; ficha de trabalho exercise sheet; ficha de avaliação evaluation test **4** (*de jogo*) chip

fichário *s.m.* binder

fictício *adj.* **1** (*história*) fictitious; made-up; história fictícia fictitious story; personagem fictícia fictitious character **2** (*forjado*) counterfeit; forged

fidedigno *adj.* credible; trustworthy; dependable; fontes fidedignas credible sources

fidelidade *s.f.* **1** (*moral*) fidelity; faithfulness; fidelidade conjugal marital fidelity **2** (*lealdade*) loyalty; fidelity; faithfulness **3** (*exatidão*) accuracy; fidelity

fidelização *s.f.* development of loyalty; fidelização de clientes development of customer loyalty

fidelizar *v.* to secure the loyalty of

fiel *adj.2g.* **1** (*leal*) faithful; loyal **2** (*descrição, relato*) exact; precise; accurate; um relato fiel dos acontecimentos an accurate report of the events ■ *s.m.* (*instrumento*) beam; fiel da balança beam fiéis *s.m.pl.* (*crentes*) the faithful ◆ ser fiel a to be faithful to

figa *s.f.* amulet; lucky charm ◆ fazer figas to cross one's fingers

fígado *s.m.* ANATOMIA liver

figo *s.m.* BOTÂNICA fig

figueira *s.m.* BOTÂNICA fig tree

figura *s.f.* **1** figure LITERATURA figura de retórica figure of speech; MATEMÁTICA figura geométrica geometrical figure **2** (*pessoa conhecida*) figure; personality; um quadro com várias figuras históricas a painting with several historical figures **3** (*aparência*) figure; appearance; boa figura fine figure **4** (*imagem*) picture

figurado *adj.* figurative; metaphorical; linguagem figurada figurative language; sentido figurado figurative sense

figurante *s.2g.* ARTES CÊNICAS extra

figurar *v.* **1** (*aparecer*) to figure (em, *in*); to feature (em, *in*); to come up (em, *in*); figurar em uma lista to come up in a list **2** (*simbolizar*) to stand for; to represent

figurativo *adj.* figurative; arte figurativa figurative art

figurinha *s.f.* **1** (*adesiva*) sticker; **2** (*não adesiva*) picture card

figurino

figurino *s.m.* 1 (*revista de moda*) fashion magazine; fashion plate 2 (*figurado*) (*modelo*) model; example

fila *s.f.* 1 file; line 2 (*espera*) queue; line; fazer fila to queue 3 (*objetos, sala*) row; rank; filas de trás back rows; primeira fila front row, front rank ♦ em fila indiana in single file

filantropia *s.f.* philanthropy

filantrópico *adj.* philanthropic

filão *s.m.* GEOLOGIA vein; seam; filão de ouro vein of gold

filarmônica *s.f.* MÚSICA philharmonic

filarmônico *adj.* MÚSICA philharmonic; orquestra filarmônica Philharmonic Orchestra

filé *s.m.* 1 (*de carne, peixe*) fillet 2 (*tecido*) netting 3 (*fio*) small thread 4 coloquial best part of

fileira *s.f.* 1 (*geral*) rank; row; fileira de casas row of houses 2 (*pessoas*) file; line

filetar *v.* 1 (*ornamentação*) to fillet 2 (*carne, peixe*) to fillet

filete *s.m.* fio ou fluxo reduzido

filhinho *s.m.* little son (m.), little daughter (f.) ♦ filhinho de mamãe a kid who is too spoiled by his/her mother filhinho de papai rich kid

filho *s.m.* son (m.), daughter (f.); o filho mais novo the youngest son; a filha mais velha the eldest daughter; sou filho único I'm an only child **filhos** *s.m.pl.* (*jovens*) children ♦ (*provérbio*) filho de peixe, peixinho é he is a chip off the old block

filhote *s.2g.* 1 ZOOLOGIA (*mamíferos*) baby animal; cub 2 ZOOLOGIA (*pássaros*) nestling; fledgling 3 coloquial, figurado (*pessoa*) baby; deary

filiação *s.f.* 1 (*pais*) filiation; affiliation 2 (*grupo, partido*) affiliation (em, to)

filial *s.f.* branch; affiliation; filial de um banco affiliation of a bank, local branch of a bank

filiar *v.* 1 (*grupo, partido*) to affiliate; to admit; to incorporate as member 2 (*adoção*) to adopt filiar-se *v.pr.* (*partido, grupo*) to join (a, –); to affiliate (a, to)

Filipinas *s.f.pl.* the Philippines

filmagem *s.f.* (*processo*) shooting; filming filmagens *s.f.pl.* (*imagens*) footage; film

filmar *v.* to film; to shoot; filmar um acontecimento to film an event

filme *s.m.* 1 (*reportagem*) film 2 movie; film; picture; filme de ação action film; filme de suspense thriller

filogenia *s.f.* philogeny

filologia *s.f.* philology

filólogo *s.m.* philologist

filosofal *adj.2g.* philosophic, philosophical ♦ pedra filosofal philosopher's stone

filosofar *v.* to philosophize; to theorize

filosofia *s.f.* philosophy

filósofo *s.m.* philosopher

filtração *s.f.* filtering, filtration téc.

filtrar *v.* to filter

filtro *s.m.* 1 (*utensílio*) filter; papel de filtro filtering paper 2 (*tabaco*) filter tip

fim *s.m.* 1 (*final*) end; ao fim da tarde late in the afternoon; ao fim do dia at the end of the day; chegar ao fim to come to an end; pôr um fim a to put an end to 2 (*conclusão*) conclusion; end; o fim da peça the conclusion of the play 3 (*objetivo*) aim; goal; objective; end; purpose; com que fim? to what purpose? ♦ a fim de in order to a fim de que so that ao fim e ao cabo after all levar até ao fim to carry through por fim at last sem fim endless

final *adj.2g.* 1 (*final*) final; last; etapa final final stage 2 (*conclusivo*) conclusive; decisive; definite ■ *s.m.* 1 (*fim*) end; final feliz happy end; no final in the end 2 (*desfecho*) ending; closing; o final do filme the closing of the film ■ *s.f.* ESPORTE final; a final da copa do mundo de futebol the final of the football world championship

finalidade *s.f.* (*propósito*) purpose; aim; goal ♦ com esta finalidade to this effect sem finalidade aimless; purposeless

finalização *s.f.* 1 (*conclusão*) conclusion 2 ESPORTE finishing; scoring

finalizar *v.* 1 to finish; to conclude 2 (*futebol*) to shoot

finalmente *adv.* 1 (*por fim*) finally; at last, lastly 2 (*por último*) in conclusion

finanças *s.f.pl.* finances

financeira *s.f.* finance company

financeiro *adj.* financial; a nível financeiro in financial terms; dificuldades financeiras financial difficulties

financiamento *s.m.* 1 (*ato*) financing; funding 2 (*montante*) finance; faltar o financiamento not to have enough finance; financiamento privado private finance

financiar *v.* to finance; to fund; financiar um evento to finance an event

fincar *v.* 1 (*cravar*) to stick; to thrust in; to drive in; to dig 2 (*prender*) to fix 3 (*os olhos*) to stare (em, at) fincar-se *v.pr.* 1 (*prender-se*) to be fixed; to stand steady 2 (*insistir*) to insist; to persevere; to persist

findar *v.* 1 (*acabar*) to finish; to end; to conclude 2 (*prazo*) to be over; to be due

fingidor *s.m.* pretender

fingimento *s.m.* 1 (*simulação*) pretence; simulation 2 (*hipocrisia*) hypocrisy; dissimulation

fingir *v.* 1 (*dissimulação*) to pretend; fingir não ouvir to pretend not to hear; para de fingir stop pretending 2 (*falsidade*) to feign; to simulate; to fake; fingir preocupação to feign concern fingir-se *v.pr.* (*dissimulação*) to pretend; ela se fingiu de doente she pretended to be sick

Finlândia *s.f.* Finland

fino *adj.* 1 (*espessura*) thin 2 (*magro*) thin; slender 3 (*requintado*) refined; elegant; gente fina elegant people 4 (*esperto*) clever; sharp; és muito fino! how clever you are! 5 (*voz*) thin

finta *s.f.* ESPORTE feint; fazer uma finta to feint

fintar *v.* 1 ESPORTE (*boxe*) to feint 2 ESPORTE (*futebol*) to dribble 3 figurado (*enganar*) to deceive; to cheat

fio *s.m.* 1 (*linha*) thread; string; line; fio de algodão cotton thread; fio de seda silk thread 2 (*têxtil*) yarn 3 (*arame, eletricidade*) wire; fio condutor conducting wire 4 (*de objeto cortante*) edge; o fio de uma navalha the edge of a razor **5** (*água, sangue*) trickle; thread; fio de água water thread ♦ fio dental dental floss de fio a pavio from beginning to end estar por um fio to hang by a thread horas a fio hours on end perder o fio da meada to lose track of a subject

fiorde *s.m.* GEOLOGIA fjord

firma *s.f.* firm; business company; enterprise

firmar *v.* **1** (*assentar*) to make steady; to settle **2** (*segurar*) to secure; to hold on; to set; to fix **3** POLÍTICA to settle; to reach; firmar um acordo to settle an agreement

firme *adj.2g.* **1** (*estável*) firm; stable; terra firme dry land **2** (*sem vacilar*) steady; steadfast; firme como uma rocha as steady as a rock **3** (*resoluto*) resolute; steadfast; unwavering; vontade firme unwavering will ♦ aguenta firme! hold on fast! manter-se firme to hold one's ground

firmeza *s.f.* **1** (*estabilidade*) steadiness; firmness; stability; firmeza de caráter firmness of character **2** (*determinação*) tenacity

fiscal *adj.2g.* tax; ano fiscal financial year Grã-Bretanha, fiscal year EUA ■ *s.2g.* **1** (*agente governamental*) inspector **2** (*de departamento*) controller

fiscalização *s.f.* **1** (*dentro de organização*) control **2** (*a nível governamental*) inspection

fiscalizar *v.* **1** (*departamento*) to control **2** (*governo*) to inspect

fisgada *s.f.* (*dor*) sharp pain; stitch

fisgar *v.* **1** (*peixe*) to hook (*entender*) to get the meaning of; to sort out

física *s.f.* physics; física nuclear nuclear physics; física quântica quantum physics

físico *adj.* **1** (*corpo*) physical; esforço físico physical effort **2** (*ciência*) physical; material; propriedades físicas da matéria physical properties of matter **3** (*substância*) material ■ *s.m.* (*cientista*) physicist físico *s.m.* (*corpo*) build; body

fisiologia *s.f.* physiology

fisiológico *adj.* physiological

fisionomia *s.f.* **1** (*feições*) physiognomy; features **2** (*semblante*) countenance

fisioterapeuta *s.2g.* physiotherapist Grã-Bretanha; physical therapist EUA

fisioterapia *s.f.* physiotherapy Grã-Bretanha; physical therapy EUA

fissura *s.f.* fissure (em, *in*); cleft (em, *in*); crevice (em, *in*); fissura em uma rocha fissure in a rock

fissurado *adj.* **1** GEOLOGIA fissured **2** (*rachado*) cracked; split **3** coloquial crazy (em/por, *for*); ser fissurado em futebol to be crazy for football

fita *s.f.* **1** (*de tecido*) ribbon; tape; band; fita de cabelo hairband; ela prendeu o cabelo com uma fita vermelha she tied her hair with a red ribbon **2** (*filme*) film; movie **3** coloquial scene; fazer uma fita to make a scene ♦ fita adesiva adhesive tape fita magnética magnetic tape fita métrica tape-measure

fitar *v.* (*fixar a vista em*) to stare (–, *at*); to glare (–, *at, upon*)

fitoplâncton *s.m.* BIOLOGIA phytoplankton

fivela *s.f.* buckle; clasp

floema

fixação *s.f.* **1** fixing; fastening **2** (*obsessão*) fixation (por, *about, on*); obsession (por, *for*)

fixador *s.m.* (*cabelo*) hair spray; hair cream

fixar *v.* **1** (*prender*) to fix; to fasten; to secure **2** (*prazo, preço, taxa*) to fix; to settle; to specify **3** (*fitar*) to stare at **4** (*memorizar*) to memorize; to learn by heart **5** (*instalar*) to establish; to set up; fixar residência to take up residence fixar-se *v.pr.* **1** (*instalar-se*) to settle down; to take up residence (em, *in*) **2** to be set (em, *on*); quando ele se fixa em uma coisa, ninguém o demove when he is set on something, nobody can dissuade him

fixo *adj.* **1** fixed; endereço fixo fixed address; ideia fixa fixed idea; preços fixos fixed prices **2** (*pregado*) nailed **3** (*estável*) stable; steady; emprego fixo a stable job

flacidez *s.f.* **1** (*pele, músculos*) flaccidity; flabbiness **2** figurado (*caráter*) feebleness; weakness

flácido *adj.* flaccid; flabby

flagelar *v.* to flagellate

flagelo *s.m.* **1** (*chicote*) whip **2** (*calamidade*) scourge

flagra *s.m.* coloquial flagrant act ♦ pegar alguém no flagra to catch somebody in the act to catch somebody red-handed dar o flagra em alguém to catch somebody in the act to catch somebody red-handed

flagrante *adj.2g.* **1** flagrant **2** obvious; blatant; conspicuous; glaring; um erro flagrante a glaring error ♦ em flagrante delito red-handed ser pego em flagrante to be caught red-handed; to be caught in the act

flagrar *v.* **1** (*arder*) to burn **2** (*flagrante*) to catch

flamingo *s.m.* ZOOLOGIA flamingo

flâmula *s.f.* **1** little flame **2** pennant

flanco *s.m.* **1** flank **2** ANATOMIA flank; loin **3** (*lado*) side **4** (*campo, recinto*) wing

flanela *s.f.* flannel; camisa de flanela flannel shirt

flat *s.m.* flat Grã-Bretanha, apartment EUA

flatulência *s.f.* MEDICINA flatulence

flauta *s.f.* MÚSICA flute

flautista *s.2g.* MÚSICA flautist, flutist, flute player

flecha *s.f.* arrow; arco e flecha bow and arrow; lançar uma flecha to shoot an arrow ♦ rápido como uma flecha quick as a flash

flectir *v.* to flex; to bend

flertar *v.* to flirt

fleuma *s.f.* phlegm

flexão *s.f.* **1** flexion Grã-Bretanha; flection EUA **2** ESPORTE press-up Grã-Bretanha; push-up EUA **3** LINGUÍSTICA inflexion Grã-Bretanha; inflection EUA; flexão nominal nominal inflexion; flexão verbal verbal inflexion

flexibilidade *s.f.* **1** flexibility; nimbleness **2** (*versatilidade*) adaptability; versatility

flexibilizar *v.* to make more flexible

flexionar *v.* **1** to flex; to bend **2** LINGUÍSTICA to inflect

flexível *adj.2g.* **1** (*material*) pliable, pliant; flexible; elastic **2** (*ágil*) flexible; nimble; agile; limber **3** (*versátil*) versatile; adaptable; flexible

floco *s.m.* flake; flocos de aveia oatmeal flakes; flocos de neve snowflakes; flocos de milho corn flakes

floema *s.m.* BOTÂNICA phloem

flor

flor s.f. 1 BOTÂNICA flower; flores campestres wild flowers; flores secas dried flowers; um ramo de flores a bunch of flowers 2 BOTÂNICA (*árvore de fruto*) blossom; flor de laranjeira orange blossom ◆ em flor in flower; in bloom; in blossom não ser flor que se cheire to be a nasty piece of work

flora s.f. (*geral*) flora; BOTÂNICA a flora da Amazônia Amazon the flora of the Amazon; MEDICINA flora intestinal intestinal flora

floração s.f. (*florescência*) blossoming; flowering

floral adj.2g. floral; um vestido com um padrão floral a dress with a floral pattern

florescente adj.2g. 1 (*planta*) in flower, in bloom 2 (*próspero*) prosperous; thriving; prospering

florescer v. 1 (*dar flor*) to bloom; to blossom 2 (*prosperar*) to prosper; to flourish

floresta s.f. forest; floresta tropical rain forest; floresta nativa native forest

florestal adj.2g. forest; guarda florestal forester; incêndio florestal forest fire

floricultura s.f. 1 (*arte, técnica*) flower growing; floriculture 2 (*estabelecimento*) florist's

florido adj. 1 (*em flor*) in bloom, in flower 2 (*enfeitado com flores*) florid; flowery 3 (*embelezado*) ornate; florid; adorned

florir v. 1 to flower; to bloom; to blossom 2 figurado to flourish; to thrive

florista s.2g. (*pessoa*) florist; flower-seller ■ s.f. (*loja*) florist's; flower shop

flotação s.f. flotation

fluência s.f. fluency; articulateness; eloquence; ela fala inglês com fluência she speaks fluent English

fluente adj.2g. fluent (em, in); ela é fluente em francês she is fluent in French

fluidez s.f. 1 (*qualidade*) fluidity 2 flow; a fluidez do trânsito the flow of traffic 3 fluency; a fluidez de um discurso the fluency of a speech

fluido s.m. fluid ■ adj. 1 fluid 2 (*linguagem, estilo*) fluent

fluir v. to flow

flúor s.m. 1 QUÍMICA (*elemento químico*) fluorine 2 (*pasta de dentes*) fluoride

fluorescente adj.2g. 1 fluorescent; lâmpada fluorescente fluorescent lamp 2 (*sinal, tinta*) luminous

flutuar v. 1 (*boiar*) to float 2 (*ao vento*) to flutter 3 figurado (*vacilar*) to hesitate; to vacillate 4 figurado (*variar*) to fluctuate; to vary

fluvial adj.2g. fluvial; river; praia fluvial river beach

fluxo s.m. 1 flux; fluxo de sangue blood flux 2 flow; o fluxo das águas the flow of the water 3 figurado abundance; overflow

fobia s.f. phobia (de, *about*)

foca s.f. ZOOLOGIA seal

focagem s.f. FOTOGRAFIA focussing

focalização s.f. 1 (*de lente*) focussing 2 (*importância*) focus (em, on) 3 (*narrador*) focalization; point of view

focalizar v. to focus (em, on/upon)

focar v. 1 FOTOGRAFIA to focus 2 (*assunto, questão*) to approach

focinheira s.f. 1 (*focinho*) muzzle; snout 2 noseband

focinho s.m. 1 (*animal*) snout; muzzle 2 popular (*cara*) mug

foco s.m. 1 FOTOGRAFIA focus; focal point 2 (*luz*) spotlight 3 source; um foco de infecção a source of infection ◆ pôr em foco to bring into focus

foder v. vulgarismo to fuck vulg.; to fornicate pej. ◆ vulgarismo foda-se! fuck! vulg.

fofo adj. 1 (*material*) soft 2 coloquial (*pessoa*) plump; chubby 3 coloquial (*amoroso*) cute; adorable; lovely; um cachorro fofinho such a cute dog

fofoca s.f. a piece of gossip

fofocar v. to gossip

fofoqueiro s.m. gossiper

fogão s.m. cooker, stove EUA; fogão a gás gas stove; fogão elétrico electric stove

fogo s.m. 1 fire; apagar um fogo to put out the fire; pôr fogo em to set fire to, to set on fire 2 (*armas*) fire; abrir fogo to open fire; arma de fogo firearm 3 flame; heat; CULINÁRIA cozinhar em fogo baixo to cook in a low flame ◆ à prova de fogo fireproof onde há fumaça há fogo there's no smoke without fire fogos s.m.pl. firework; queima de fogos fireworks soltar fogos to celebrate

fogueira s.f. fire, bonfire; fazer uma fogueira to build a fire ◆ pôr lenha na fogueira to add fuel to the fire

foguete s.m. rocket; lançar um foguete to launch a rocket ◆ como um foguete very quickly

foice s.f. sickle

folclore s.m. 1 folklore 2 (*dança*) folk-dance

folclórico adj. 1 folkloric 2 pejorativo (*berrante*) garish; gaudy; showy

fôlego s.m. 1 breath; estar sem fôlego to be out of breath; perder o fôlego to lose your breath; recuperar o fôlego to catch your breath 2 (*descanso*) rest; break

folga s.f. 1 rest; break 2 time off; day off; dar folga to give time off; estar de folga to be off duty; segunda é o meu dia de folga Monday is my day off

folgado adj. 1 (*roupa*) loose, loose-fitting 2 (*vida*) comfortable; well off 3 (*atrevido*) cheeky; impertinent

folgar v. 1 (*tirar folga*) to have time off; to have freetime; ele folga duas vezes por semana he takes time off twice a week 2 (*descansar*) to rest 3 (*divertir-se*) to amuse oneself; to have fun 4 (*regozijar*) to be delighted; folgo muito em te ver! I'm delighted to see you!

folha s.f. 1 BOTÂNICA leaf; árvore de folha caduca deciduous tree; árvore de folha perene evergreen; uma folha de alface a leaf of lettuce 2 (*papel*) sheet; uma folha de papel em branco a clean sheet of paper 3 (*metal*) foil; folha de alumínio aluminium foil ◆ INFORMÁTICA folha de cálculo calculation sheet folha de pagamento payroll novo em folha brand new

folhagem s.f. foliage

folhear v. (*livro, revista*) to leaf through, to thumb through, to turn over the pages of

folheto s.m. leaflet; pamphlet; brochure

folhinha s.f. 1 small leaf; leaflet 2 (*calendário*) calendar 3 (*de orações*) ordinal

folia s.f. revelry; spree

folião s.m. reveller; merrymaker; raver
folículo s.m. ANATOMIA, BOTÂNICA follicle
fome s.f. 1 hunger; famine; estar com/ter fome to be hungry 2 figurado (*desejo ardente*) hunger (de, *for*); yearning (de, *for*); fome de poder hunger for power ♦ luta contra a fome famine relief morrer de fome to starve to death passar fome to starve
fomentar v. 1 (*promover*) to promote; to support; to encourage; to foster 2 (*instigar*) to foment; to instigate; to provoke; ele foi acusado de fomentar a discórdia he was accused of fomenting discord
fone s.m. earphone; fone de ouvido earphone
fonema s.m. LINGUÍSTICA phoneme
fonética s.f. LINGUÍSTICA phonetics
fonte s.f. 1 (*nascente*) spring; água da fonte spring water 2 (*chafariz*) fountain 3 (*origem*) source; fontes de informação sources; fontes de rendimento sources of revenue 4 (*caracteres*) font; type fontes s.f.pl. ANATOMIA (*têmpora*) temples ♦ saber de fonte segura to have it on good authority
fora adv. 1 outside; ir lá para fora to go outside; por fora a casa parece mais bonita the house looks prettier from the outside 2 out; passamos o dia inteiro fora we were out all day 3 (*no estrangeiro*) abroad; ele foi para fora he travelled abroad ■ prep. 1 (*para além de*) besides 2 (*exceto*) except for 3 (*fora de*) out of; away from; fora de perigo out of danger ■ interj. 1 go away! 2 down with ♦ fora de horas after hours dar o fora to slip out estar fora de si to be beside yourself levar um fora to get dumped
foragido s.m. (*fugitivo*) fugitive; runaway
foral s.m. HISTÓRIA charter
forasteiro s.m. stranger; outsider
forca s.f. gallows
força s.f. 1 force; as forças da natureza the forces of nature 2 strength; força interior inner strength; ele empurrou o carro com toda a força he pushed the car with all his strength 3 force; violence; à/ pela força by force; recorrer à força to resort to violence 4 (*pressão psicológica*) pressure; fazer força para to pressure someone to ♦ força aérea air force força de vontade willpower forças armadas armed forces por motivos de força maior by force of circumstance
forcado s.m. 1 AGRICULTURA pitchfork, hay fork 2 (*tourada*) bullfighter; torero
forçar v. 1 (*coagir*) to force (a, *to*); to compel (a, *to*); to coerce (a, *into*); ela o forçou a assinar o contrato she coerced him into signing the contract 2 (*vista*, *voz*) to strain; forçar a vista to strain your eyes 3 (*arrombar*) to force (open); to break open; forçar uma fechadura to force a lock
forcejar v. to struggle
fórceps s.m. MEDICINA forceps
forjar v. 1 (*metal*) to forge 2 (*falsificar*) to forge; to fabricate; forjar um documento to fabricate a document 3 figurado (*criar*) to invent; to create
forma¹ /ó/ s.f. 1 (*feitio*) shape; form; sob a forma de in the shape of; tomar forma to take shape 2 (*modo*) manner; way; desta forma in this way; de certa forma in a way; de tal forma que in such a way that 3 (*condição física*) shape; fitness; em forma in shape; estar fora de forma to be in poor shape; manter-se em forma to keep fit ♦ de alguma forma somehow de forma alguma by no means de outra forma otherwise de qualquer forma anyway
forma² /ô/ s.f. 1 (*de pudim*) mould; pudding mould 2 (*de bolo*) cake tin Grã-Bretanha, cake pan EUA 3 (*de sapato*) last 4 (*de gelo*) ice-tray
formação s.f. 1 formation; creation; foundation 2 (*educação*) upbringing 3 (*ensino*) education; formação universitária college education 4 training; formação profissional vocational training 5 formation formações rochosas rock formations 6 (*desenvolvimento*) development; growth 7 ESPORTE line-up; formação inicial starting line-up
formado adj. 1 formed (por, *by*); constituted (por, *by*) 2 (*licenciado*) holding a degree (em, *in*); ela é formada em Direito she has a degree in Law 3 (*estabelecido*) definite; settled; fixed; ideias/opiniões formadas fixed ideas/opinions
formal adj.2g. 1 (*forma*) formal 2 (*atitude*) formal; ceremonious; polite; roupa formal formal dress
formalidade s.f. 1 (*norma de procedimento*) formality; esta prova é apenas uma formalidade this exam is a mere formality; formalidades legais legal formalities 2 (*etiqueta*) ceremony; formality; etiquette
formalismo s.m. formalism
formalizar v. to formalize
formando s.m. trainee
formar v. 1 (*dar forma a*) to shape; to form; to create 2 (*opinião*, *ideia*) to form; já formei a minha opinião sobre ela I've formed my opinion about her 3 (*frase*) to build 4 (*fundar*) to found; to set up; to establish 5 (*educar*) to raise formar-se v.pr. 1 (*surgir*) to appear; to emerge 2 (*curso*) to graduate
formatação s.f. INFORMÁTICA formatting
formatar v. INFORMÁTICA to format
formativo adj. 1 formative 2 educational
formato s.m. 1 (*forma*) format; shape; size; com o formato de in the shape of 2 (*configuração*) format; configuration; structure; alterar o formato do programa to change the format of the program
formatura s.f. (*universidade*) graduation; dia da formatura graduation day
fórmica s.f. (*material*) Formica
formidável adj.2g. 1 (*fantástico*) wonderful; splendid 2 (*colossal*) huge; gigantic
formiga s.f. ZOOLOGIA ant
formigamento s.m. itching
formigar v. 1 (*sentir comichão*) to be itching 2 (*multidão*) to be swarming (de, *with*); to be teeming (de, *with*)
formigueiro s.m. 1 anthill 2 (*multidão*) crowd
formol s.m. QUÍMICA formaldehyde
formoso adj. 1 antiquado (*pessoa*) beautiful; comely; fair 2 antiquado (*aprazível*) pleasant
formosura s.f. beauty; ela é uma formosura! she is a beauty!
fórmula s.f. formula; fórmula química chemical formula; uma fórmula mágica a magic formula ♦ ESPORTE Fórmula Um Formula One
formulação s.f. formulation

formular

formular v. 1 to formulate 2 to express
formulário s.m. formulary
fornecedor s.m. 1 supplier 2 (*restauração*) caterer
fornecer v. to supply; fornecer mantimentos a to supply with provisions; fornecer informações to provide information
fornecimento s.m. supply; delivery; distribution
fornicar v. to fornicate; to have sex
forno s.m. 1 (*cozinha*) oven; CULINÁRIA cozer em forno médio durante 30 minutos bake in a medium oven for 30 minutes 2 técnico furnace ♦ (*calor*) aqui dentro está um forno! it's like an oven in here!
foro s.m. 1 court of justice 2 nature; character; problemas do foro íntimo problems of an intimate nature
forragem s.f. fodder
forrar v. 1 (*roupa*) to line 2 (*parede*) to (wall) paper 3 (*mobília*) to upholster
forro s.m. 1 (*de roupa*) lining 2 (*de mobília*) cover, covering 3 (*de parede*) wallpaper
forró s.m. popular dance from Brazil
fortalecer v. 1 to strengthen 2 (*animar*) to encourage 3 (*corroborar*) to confirm; to consolidate; to corroborate
fortalecimento s.f. 1 strengthening 2 reinforcement; consolidation
fortaleza s.f. 1 (*fortificação*) fortress 2 (*força*) strength
forte adj. 1 (*geral*) strong 2 (*cor*) bright; strong 3 (*chuva*) heavy 4 (*crítica, dor*) severe ■ s.m. 1 fort 2 strong point; a sinceridade não é o forte dele sincerity is not his strong point
fortificante adj.2g. invigorating; fortifying ■ s.m. tonic
fortificar v. 1 (*fortalecer*) to strengthen 2 to fortify
fortuna s.f. 1 (*riqueza material*) fortune; wealth; prosperity; fazer fortuna to make a fortune 2 (*sorte*) fortune; good luck 3 (*destino*) fate; destiny ♦ caçador(a) de fortunas fortune hunter
fórum s.m. forum
fosco adj. 1 dim 2 (*baço*) dull; lustreless; tarnished 3 (*vidro*) frosted
fosfato s.m. QUÍMICA phosphate
fosforescente adj.2g. phosphorescent
fósforo s.m. 1 QUÍMICA (*elemento químico*) phosphorus 2 match; acender um fósforo to strike a match; caixa de fósforos matchbox
fossa s.f. 1 sewer; cesspit 2 (*cova*) hole; cavar uma fossa to dig a hole 3 ANATOMIA fossa; cavity
fóssil s.m. fossil
fossilizar v. to fossilize
foto s.m. coloquial photo; tirar uma foto to take a photo; uma foto de família a family photo
fotocópia s.f. photocopy; fotocópia colorida colour photocopy; tirar fotocópias de um documento to make photocopies of a document
fotocopiadora s.f. photocopier; photocopying machine
fotocopiar v. to photocopy
fotogênico adj. photogenic; ser fotogênico to be photogenic, to photograph well
fotografar v. to photograph; to take a photograph of

fotografia s.f. 1 (*arte*) photography 2 (*retrato*) photograph, photo; snapshot ♦ fotografia colorida colour photography fotografia para passaporte passport photograph tirar uma fotografia to take a photo
fotográfico adj. photographic ♦ máquina fotográfica camera memória fotográfica photographic memory sessão fotográfica photo shoot
fotógrafo s.m. photographer; fotógrafo de moda fashion photographer
fotonovela s.f. photo romance
fotossíntese s.f. BOTÂNICA photosynthesis
fototerapia s.f. MEDICINA phototherapy
fóvea s.f. fovea
foz s.f. (*de rio*) mouth
fração s.f. 1 MATEMÁTICA fraction 2 (*porção*) fraction; fragment; portion
fracassar v. to fail; to fall through; to break down; not to succeed; o meu plano fracassou my plan fell through; as conversações de paz fracassaram the peace talks broke down
fracasso s.m. 1 failure; flop; fiasco 2 (*pessoa*) failure; loser
fracionar v. to fractionate; to fragment; to divide
fraco adj. 1 weak; ele sempre foi fraco em Matemática he has always been weak at Maths 2 (*saúde*) weak; sentir-se fraco to feel weak 3 poor; unsatisfactory; mediocre; de fraca qualidade of poor quality; memória fraca poor memory 4 (*caráter*) cowardly; yellow-bellied ■ s.m. (*predileção*) weakness; ter um fraco por to have a weakness for
frágil adj.2g. 1 (*objeto*) fragile; breakable; frail 2 (*pessoa*) weak; feeble; frail
fragilidade s.f. 1 fragility 2 frailty; weakness
fragilizar v. to weaken; to debilitate
fragmentação s.f. fragmentation; separation
fragmentar v. to fragment; to break up; to split up fragmentar-se v.pr. to fragment; to break up
fragmentário adj. fragmentary
fragmento s.m. 1 fragment; piece; part 2 (*de madeira, vidro*) splinter
fragrância s.f. fragrance; perfume
fralda s.f. nappy Grã-Bretanha; diaper EUA; trocar a fralda do bebê to change the baby's nappy
fraldário s.m. baby changing station
framboesa s.f. BOTÂNICA raspberry
França s.f. France
francamente adv. frankly; honestly; sincerely
francês adj. French ■ s.m. (*pessoa*) Frenchman, Frenchwoman; os franceses the French francês s.m. (*língua*) French ♦ sair à francesa to take French leave
franchising s.m. (*sistema, método*) franchising; (*acordo, autorização*) franchise
franco s.m. (*antiga moeda*) franc ■ adj. 1 (*sincero*) frank; sincere; open-hearted; honest 2 (*isento de imposto*) duty-free
franga s.f. pullet ♦ coloquial soltar a franga to lose one's inhibitions
frango s.m. chicken ♦ frango de churrasco barbecued chicken
franja s.f. 1 (*cabelo*) fringe Grã-Bretanha; bangs EUA; usar franja to wear a fringe 2 (*tecido*) fringe; trimming

franqueza s.f. frankness; sincerity ♦ para dizer com franqueza to speak candidly
franquia s.f. 1 (*regalia*) exemption from duties 2 (*portes de correio*) postage 3 (*comércio*) franchising
franquiar v. (*carta, encomenda*) to stamp, to frank
franzino adj. 1 (*pessoa*) feeble; frail 2 (*corpo*) puny; small
franzir v. (*testa, sobrancelha*) to wrinkle ♦ franzir as sobrancelhas to frown
fraque s.m. dress coat
fraquejar v. 1 (*enfraquecer*) to weaken 2 (*ceder*) to yield; to give in; to surrender
fraqueza s.f. 1 weakness; feebleness; frailty; um momento de fraqueza a weak moment 2 (*defeito*) weak point; fault; defect 3 (*fome*) hunger 4 (*falta de coragem*) cowardice; faint-heartedness
frasco s.m. 1 (*de comprimidos*) bottle 2 (*de perfume*) flask 3 (*de compota, geleia*) jar
frase s.f. sentence; construir uma frase to build a sentence ♦ frase feita saying; meaningless phrase
fraternal adj.2g. fraternal; brotherly
fraternidade s.f. fraternity; brotherhood
fratura s.f. fracture
fraturar v. to fracture
fraudar v. 1 (*burlar*) to defraud; to cheat 2 (*lesar*) to harm 3 (*contrabandear*) to smuggle
fraude s.f. fraud
fraudulento adj. fraudulent; deceitful; dishonest
freada s.f. brake, braking; freada brusca sudden braking
frear v. to brake
freguês s.m. customer; client ♦ o freguês tem sempre razão the customer is always right
freguesia s.f. 1 (*clientela*) clientele; customers; clients 2 (*concelho*) parish; community Grã--Bretanha; civil township, borough EUA
freio s.m. 1 (*veículo*) brake 2 (*cavalo*) bit 3 figurado repression
freira s.f. nun; virar freira to become a nun ♦ colégio de freiras Catholic school
frenesi s.m. 1 frenzy 2 MEDICINA antiquado phrenitis
frenético adj. 1 frantic; frenetic; frenzied 2 furious; in a rage
frente s.f. 1 front 2 (*edifício*) front 3 front; front line ♦ frente a frente face-to-face frente de batalha battle front (*impressão*) frente e verso on both sides METEOROLOGIA frente fria/quente cold/warm front (*carro*) à frente in the front à frente de ahead of de frente para facing fazer frente a alguém to stand up to someone ir à frente to lead the way sai da frente! get out of the way! seguir em frente to move forward
frentista s.2g. petrol pump attendant Grã-Bretanha, gas station attendant EUA
frequência s.f. 1 frequency 2 (*ensino superior*) examination 3 attendance (de, at); a frequência das aulas attendance at school ♦ alta/baixa frequência high/low frequency com frequência frequently (*rádio*) frequência modulada frequency modulation
frequentado adj. 1 (*estabelecimento*) busy; attended; ser bem frequentado to be well attended; ser mal frequentado to be bad attended 2 (*curso*) attended
frequentador s.m. regular customer
frequentar v. 1 to frequent; to visit regularly 2 (*loja*) to patronize; to be a regular (customer) at 3 (*curso, escola*) to attend
frequente adj.2g. 1 frequent; habitual; regular; um cliente frequente a regular customer 2 common; um erro frequente a common mistake
frequentemente adv. frequently; often
fresco adj. 1 (*temperatura*) cool; fresh; crisp; o tempo hoje está fresco! it's a bit fresh today! 2 (*alimento*) fresh; pão fresco fresh bread; vegetais frescos fresh vegetables 3 (*notícia*) latest ■ s.m. ARTES PLÁSTICAS fresco ♦ pegar ar fresco to catch some fresh air tinta fresca wet paint!
frescor s.m. freshness
frescura s.f. 1 freshness 2 coolness 3 vigour 4 popular touchiness; cheio de frescura very touchy
fresta s.f. chink; slit; gap
fretar v. to charter
frete s.m. 1 freight 2 task
frevo s.m. a typical Brazilian dance performed with a raised open colorful umbrella
fricassê s.m. CULINÁRIA fricassee
fricção s.f. 1 friction; rubbing; chafing 2 figurado (*conflito*) clash; disagreement; conflict
friccionar v. to rub
frieira s.f. chilblain
frieza s.f. 1 (*frio*) coolness; cold 2 (*indiferença*) indifference; cold-heartedness; tratar alguém com frieza to give somebody the cold shoulder
frigideira s.f. frying pan
frigorífico s.m. 1 (*geladeira*) refrigerator; fridge 2 (*câmara*) refrigerating chamber
frio adj. 1 (*geral*) cold 2 (*atitude*) cold; distant ■ s.m. cold; estou com muito frio I'm very cold; faz muito frio aqui it's very cold in here ♦ pegar frio to catch cold a sangue frio in cold blood; cold--bloodedly CULINÁRIA carnes frias cold cuts está um frio de rachar it's freezing
friorento adj. sensitive to cold
frisa s.f. TEATRO box
frisado adj. (*cabelo*) wavy, curly
frisar v. 1 (*cabelo*) to curl; to frizz 2 figurado (*salientar*) to lay stress on
friso s.m. ARQUITETURA frieze
fritadeira s.f. electric fryer
fritar v. to fry
frito adj. fried; batatas fritas chips, fried potatoes ■ s.m. piece of fried food ♦ (*pessoa*) estar frito to be done for
fritura s.f. 1 frying; óleo de fritura oil for frying 2 (*prato*) fried food; fritura de peixes fried fish
frívolo adj. frivolous
fronde s.f. frond
fronha s.f. pillowcase
frontal adj.2g. 1 (*ataque*) frontal 2 (*pessoa*) frank 3 (*choque*) head-on
frontalmente adv. 1 frontally 2 openly
frontão s.m. ARQUITETURA pediment
fronte s.f. ANATOMIA forehead; brow

fronteira

fronteira s.f. frontier (entre, between); boundary; border (com, on); atravessar a fronteira to cross the border; O Brasil faz fronteira com a Bolívia Brazil borders on Bolivia; na fronteira on the frontier
frontispício s.m. 1 (livro) frontispiece 2 ARQUITETURA façade; forefront
frota s.f. fleet; frota mercante merchant fleet
frouxo adj. 1 (elástico, corda) slack 2 (sem ânimo) remiss 3 (fraco) feeble, weak 4 coloquial (tolerante) soft
frufrulhar v. to rustle
frugívoro adj. frugivorous
fruir v. to enjoy
frustração s.f. frustration
frustrante adj.2g. frustrating
frustrar v. 1 (pessoa) to frustrate 2 (planos) to thwart; frustrar os planos de alguém to thwart somebody's plans frustrar-se v.pr. (projetos, planos) to fail; to come to nothing ♦ o negócio frustrou-se the affair is off
fruta s.f. fruit; fruta da época fruit of the season; salada de frutas fruit salad
fruta-do-conde s.f. BOTÂNICA sugar apple
fruta-pão s.f. BOTÂNICA breadfruit
fruteira s.f. 1 (cesto) fruit basket 2 (louça) fruit bowl
frutífero adj. 1 (árvore) fructiferous 2 figurado (proveitoso) fruitful; useful
frutificação s.f. fructification
fruto s.m. 1 BOTÂNICA fruit; árvore de fruto fruit tree; frutos secos dried fruit 2 (resultado) result, effect 3 (lucro) profit; reward ♦ dar fruto to bear fruit o fruto proibido é o mais apetecido stolen sweets are best
fuá adj.2g. distrustful; suspicious
fubá s.f. (de milho) maize flour; (de arroz) rice flour
fubeca s.f. 1 (sova) thrashing 2 (reprimenda) scolding
fuça s.f. popular mug; apanhar na fuça to be punched; ir às fuças a alguém to punch somebody
fuga s.f. 1 (evasão) flight, escape; pôr em fuga to put to flight 2 (prisão) escape 3 (gás, água) leak, leakage 4 MÚSICA fugue
fugaz adj.2g. fleeting
fugida s.f. flight ♦ dar uma fugida to pop out for a moment
fugir v. 1 (prisão) to escape (de, from); fugiram da prisão they escaped from prison 2 (casa, colégio) to run away (de, from); ela fugiu de casa she ran away from home 3 (país) to flee; fugiram do país they have fled the country ♦ fugir do assunto to stray from the subject fugir da justiça to evade justice
fugitivo adj. fugitive, runaway ■ s.m. fugitive
fuinha s.f. ZOOLOGIA beech marten
fulano s.m. so-and-so; Mr./Mrs. So-and-so, what's-his-name; fulano, sicrano e beltrano Tom, Dick and Harry; fulano de tal John Doe; fulana de tal Jean Doe
fulgor s.m. brightness; brilliance; glitter
fuligem s.f. soot
fulminante adj.2g. 1 (que lança raios) fulminating 2 (doença) sudden 3 (olhar) withering
fulminar v. 1 to fulminate 2 (raio) to thunder 3 (ferir, matar) to strike down 4 (olhar) to wither

fumaça s.f. smoke screen; cortina de fumaça smoke screen
fumaceira s.f. cloud of smoke
fumante adj.2g. smoking ■ s.2g. smoker; fumante passivo passive smoker; não fumante non--smoker ♦ (transportes, restaurantes) fumante ou não fumante? smoking or non-smoking?
fumar v. to smoke; deixar de fumar to give up smoking ♦ proibido fumar no smoking
fumegar v. 1 (fumaça) to smoke 2 (vapor) to steam
fumigar v. to fumigate
fumo s.m. 1 (fogo) smoke 2 (gás, vapor) fume
função s.f. 1 (geral) function 2 (cargo) duty, occupation, office; desempenhar as funções de to act as 3 (espetáculo) performance 4 (papel) role ♦ em função de according to entrar em funções to take up one's post
funcional adj.2g. functional
funcionalidade s.f. functionality
funcionamento s.m. working, operation; funcionamento irregular irregular working; modo de funcionamento working method ♦ pôr em funcionamento to set going, to start
funcionar v. 1 to function 2 (máquina) to work, to run 3 (resultar) to work 4 (combustível) to run (a, on); este carro funciona a diesel this car runs on diesel ♦ não funciona it's out of order
funcionário s.m. 1 employee 2 (representante) official; funcionário da ONU a UN official ♦ funcionário público civil servant
fundação s.f. 1 (criação) establishment 2 (instituição) foundation 3 (base) base, basis ♦ fundação de beneficência charitable institution fundação particular private trust
fundador s.m. founder ■ adj. founder, founding; os membros fundadores the founder members
fundamental adj.2g. 1 (básico) fundamental 2 (essencial) essential
fundamentar v. 1 to found 2 (argumento) to substantiate 3 (basear) to base (em, on)
fundamento s.m. 1 (razão) reason, cause 2 (base) foundation 3 (motivo) ground ♦ sem fundamento unfounded
fundar v. 1 (criar) to found; to establish; fundar um hospital to found a hospital; fundar uma sociedade to establish a society 2 (basear) to base (em, on, upon); to ground (em, on)
fundição s.f. 1 (fábrica) foundry 2 (atividade) casting, fusion ♦ fundição de ferro iron foundry, ironworks
fundir v. 1 (unir) to fuse 2 (em molde) to cast, to found 3 (metal) to smelt, to melt down 4 (lâmpada, fusível) to burn out, to blow fundir-se v.pr. 1 (derreter-se) to melt 2 (juntar-se) to merge, to fuse
fundo adj. 1 deep; um poço muito fundo a very deep well 2 (profundo) profound, unfathomable ■ s.m. 1 bottom; chegar ao fundo da questão to get to the bottom of a subject 2 (quadro) background 3 (loja, quarto) back; quarto dos fundos back room 4 (rua, corredor) end; ao fundo do corredor at the end of the corridor ♦ do fundo do coração from the bottom of one's heart; from the heart ir ao fundo

to sink no fundo at the core, deep down **fundos** *s.m.pl.* 1 (*casa*) back; rear 2 dinheiro; recursos financeiros

fúnebre *adj.2g.* 1 (*funeral*) funeral; funereal 2 (*aparência*) gloomy, mournful

funeral *s.m.* funeral; ir a um funeral to attend a funeral

funerária *s.f.* undertaker's, funeral home EUA

fungar *v.* to sniff

fungo *s.m.* BOTÂNICA fungus

funil *s.m.* funnel

fura-bolo *s.2g., s.m.* coloquial forefinger

furacão *s.m.* 1 hurricane 2 (*redemoinho*) whirlwind ♦ entrar como um furacão to storm in

furadeira *s.f.* drill

furado *adj.* 1 (*perfurado*) bored 2 (*pneu*) flat 3 (*orelha*) pierced 4 (*dente*) bad 5 coloquial (*frustrado*) spoiled, frustrated

furador *s.m.* 1 (*broca*) borer, piercer 2 (*papel*) paper punch

fura-greve *s.2g.* strikebreaker, blackleg Grã-Bretanha

furão *s.m.* ZOOLOGIA ferret

furar *v.* 1 (*perfurar*) to bore 2 (*furadeira*) to drill 3 (*papel*) to punch holes in 4 (*pneu*) to puncture; furar um pneu to puncture a tyre 5 (*orelha*) to pierce 6 (*fila*) to jump ♦ furar uma greve to break a strike

furgão *s.m.* luggage van

fúria *s.f.* fury, rage, anger; explosão de fúria a fit of temper

furioso *adj.* 1 furious, mad 2 (*raivoso*) raging, raving

furo *s.m.* 1 (*perfuração*) bore 2 (*buraco*) hole 3 (*pneu*) puncture 4

furor *s.m.* 1 (*ira*) fury, rage 2 (*entusiasmo*) enthusiasm ♦ fazer furor to be all the rage

furreca *adj.2g.* 1 coloquial insignificant 2 coloquial worn out

furtar *v.* 1 to steal 2 (*coisas de pouco valor*) to pilfer furtar-se *v.pr.* (*esquivar-se*) to avoid (a, –), to evade (a, –); furtar-se a responsabilidades to evade responsibility

furto *s.m.* theft, robbery

furúnculo *s.m.* MEDICINA furuncle, boil, blotch

fusão *s.f.* 1 FÍSICA fusion 2 (*gelo, metais*) melting; ponto de fusão melting point 3 (*empresas*) merger 4 (*união*) union

fusca *s.f.* (*carro*) beetle Grã-Bretanha; bug EUA

fuselagem *s.f.* fuselage

fusível *s.m.* ELETRICIDADE fuse; um fusível queimou a fuse blew out ♦ caixa de fusíveis fuse box

fuso *s.m.* (*para fiar*) spindle ♦ fuso horário time zone

futebol *s.m.* ESPORTE soccer; football Grã-Bretanha jogador de futebol football player; jogar futebol to play football; jogo de futebol football match; time de futebol 1 (*jogadores*) football team 2 (*clube*) football club ♦ futebol americano football; American football futebol de praia beach football Grã-Bretanha, beach soccer EUA futebol de salão indoor football

fútil *adj.2g.* 1 (*inútil*) futile; 2 (*frívolo*) frivolous 3 (*insignificante*) trivial

futilidade *s.f.* 1 (*inutilidade*) futility 2 (*insignificância*) triviality, trifle

futsal *s.m.* futsal; indoor soccer

futurismo *s.m.* (*arte*) futurism

futurista *adj.2g.* futuristic

futuro *s.m.* 1 future; assegurar o futuro da família to provide for the future of one's family 2 LINGUÍSTICA future tense ■ *adj.* future, coming ♦ de futuro for the future; in future num futuro distante in the distant future num futuro próximo in the near future

fuxicar *v.* 1 (*amarrotar*) to crumple 2 (*revolver*) to rummage 3 (*mexericar*) to gossip

fuxico *s.m.* gossip; intrigue

fuzil *s.m.* rifle, flintlock

fuzilar *v.* to shoot

fuzuê *s.m.* 1 coloquial partying; clamor EUA, clamour Grã-Bretanha 2 coloquial confusion

G

g s.m. *(letra)* g
gabar v. to praise (–, *for*); gabaram-lhe a coragem they praised him for his courage **gabar-se** v.pr. to boast (de, *about, of*); to brag (de, *about*)
gabarito s.m. 1 *(modelo)* model 2 *(medidor)* gauge
gabinete s.m. 1 *(departamento)* office; gabinete de imprensa press office 2 POLÍTICA cabinet; gabinete ministerial the cabinet 3 *(escritório)* office 4 coloquial small study, den; gabinete de estudo den
gadanheira s.f. AGRICULTURA mower; reaper
gado s.m. livestock; gado bovino cattle; gado ovino sheep; gado suíno pigs
gafanhoto s.m. ZOOLOGIA grasshopper
gafe s.f. gaffe; blunder
gagá adj.2g. coloquial, pejorativo gaga; estar gagá to be gaga
gago s.m. stammerer, stutterer ■ adj. stuttering
gagueira s.f. stammering, stutter
gaguejar v. to stammer, to stutter
gaiola s.f. 1 *(pássaro)* cage; gaiola de pássaros birdcage 2 figurado *(prisão)* prison
gaita s.f. 1 pipe, reed 2 *(dinheiro)* money
gaivota s.f. 1 ZOOLOGIA seagull 2 *(barco)* pedalo
gala s.f. gala, pomp, show; dia de gala gala day traje de gala formal dress
galã s.m. 1 figurado *(conquistador)* ladies' man 2 *(ator)* romantic lead
galactose s.f. 1 QUÍMICA galactose; brain sugar 2 *(produção)* lactation
galantear v. to court, to woo
galanteio s.m. gallantry, courtship
galão s.m. 1 *(costura)* braid 2 stripe; chevron 3 *(medida)* gallon
galar v. 1 *(copular)* to copulate 2 *(olhar)* to make eyes at
galáxia s.f. ASTRONOMIA galaxy
galé s.f. galley galés s.f.pl. *(castigo)* galleys
galegada s.f. 1 popular, pejorativo *(dito)* gibber 2 *(pessoas)* group of Galicians 3 pejorativo Portuguese people
galera s.f. 1 NÁUTICA galley 2 coloquial guys
galeria s.f. 1 *(arte)* gallery 2 TEATRO gods 3 *(mina)* drift way, tunnel ♦ galeria comercial shopping arcade
galgar v. 1 *(saltar)* to leap over; to jump 2 *(atravessar)* to cross
galho s.m. 1 *(animal)* horn 2 *(árvore)* branch 3 coloquial *(complicação)* fix; quebrar um galho to help solve a problem
galinha s.f. 1 *(animal)* hen; galinha choca broody hen; galinha poedeira laying hen, layer 2 CULINÁRIA chicken ♦ matar a galinha dos ovos de ouro to kill the goose that lays the golden eggs
galinha-d'angola s.f. ZOOLOGIA guinea fowl
galinheiro s.m. *(lugar)* coop, hen-house
gálio s.m. QUÍMICA *(elemento químico)* gallium

galo s.m. 1 ZOOLOGIA *(ave)* cock, rooster 2 coloquial *(inchaço)* bump; tinha um galo na cabeça I had a bump on my head ♦ ao cantar do galo at daybreak
galocha s.f. galosh, golosh galochas s.f.pl. rubbers; wellingtons
galopante adj.2g. galloping
galopar v. to gallop
galope s.m. 1 gallop; a galope at full gallop 2 *(repreensão)* reprimand
galpão s.m. hangar
galvanizar v. 1 *(metalurgia)* to galvanize 2 figurado *(estimular)* to stimulate
gamação s.f. infatuation
gamado adj. 1 hooked; cruz gamada hooked cross, swastika 2 coloquial hooked; ficar gamado em to be hooked on
gamar v. coloquial to fall (em, *for*)
gambá s.2g. ZOOLOGIA 1 opossum 2 skank
gameta s.m. BIOLOGIA gamete
ganância s.f. 1 *(avidez)* greed 2 *(usura)* usury
ganancioso adj. covetous; greedy
gancho s.m. 1 hook 2 *(cabelo)* hairpin 3 *(murro)* jab 4 *(calças)* crotch
gandaia s.f. 1 *(vadiagem)* idleness 2 *(farra)* living it up ♦ cair na gandaia to live it up
gandula s.2g. 1 lazybones 2 ESPORTE *(futebol, tênis)* ball boy/girl
gang s.m. gang
ganga s.f. 1 *(minerais)* gangue 2 *(tecido)* nankeen
gangorra s.f. 1 *(balanço)* seesaw; teeter 2 *(armadilha)* trap; snare
gangrena s.f. MEDICINA gangrene
gângster s.m. gangster
gangue s.m. gang
ganha-pão s.m. 1 coloquial breadwinner 2 *(subsistência)* livelihood
ganhar v. 1 to win; ganhar a loteria to win the lottery 2 *(derrotar)* to beat (de, –); O Brasil ganhou da Argentina Brazil beat Argentina 3 *(experiência, força, tempo)* to gain (em, *by; com, from*); ganhar a confiança to gain the confidence; ganhar fama to gain a reputation; o que eu ganho em te dizer? what do I gain by telling you? 4 *(obter)* to obtain 5 *(adquirir)* to get 6 *(dinheiro, respeito)* to earn ♦ ganhar sem dificuldade to win hands down ganhei o dia it made my day
ganir v. 1 *(cachorro)* to yelp 2 *(pessoa)* to squeal
ganso s.m. ZOOLOGIA goose, gander
garagem s.f. garage
garanhão s.m. 1 *(cavalo)* stallion, sire 2 figurado *(homem)* stud
garantia s.f. 1 *(segurança)* guarantee 2 *(produtos)* warranty; guarantee; estar na garantia to be under guarantee

garantir v. 1 (*afiançar, responsabilizar-se*) to guarantee 2 (*certificar*) to warrant 3 (*assegurar*) to assure; eles virão, te garanto they'll come, I assure you
garça s.f. ZOOLOGIA heron
garçom s.m. waiter
garçonete s.f. waitress
garfo s.m. fork ♦ ser um bom garfo to be a hearty eater
gargalhada s.f. burst of laughter, peal of laughter, guffaw; cair na gargalhada to break into laughter
gargalhar v. to laugh loudly; to roar with laughter
gargalo s.m. (*garrafa*) neck
garganta s.f. 1 ANATOMIA throat; atravessar-se na garganta to stick in one's throat 2 (*esôfago*) gullet 3 GEOLOGIA (*desfiladeiro*) gorge 4 figurado (*bazófia*) bluff; é só garganta! he's bluffing!
gargantilha s.f. (*joia*) choker
gargarejar v. to gargle
gargarejo s.m. 1 (*líquido*) gargle 2 (*ação*) gargling
gari s.2g. road sweeper; street cleaner
garimpeiro s.m. 1 (*ouro*) gold miner; (*com peneira*) gold panner 2 (*diamantes*) diamond seeker
garimpo s.m. mine
garoa s.f. drizzle
garotada s.f. kids
garoto s.m. kid; lad (*m.*), girl (*f.*)
garra s.f. 1 (*animal*) claw 2 (*ave de rapina*) talon 3 figurado (*entusiasmo*) enthusiasm 4 figurado (*determinação*) guts garras s.f.pl. figurado (*poder*) clutches; cair nas garras de alguém to fall into somebody's clutches
garrafa s.f. bottle; de/em garrafa bottled garrafa térmica thermos
garrafal adj.2g. round, huge; letras garrafais round letters
garrafão s.m. flagon, demijohn
garrafeiro s.m. (*fabricante*) bottle maker; (*vendedor*) bottle seller
garrancho s.m. 1 VETERINÁRIA ringbone 2 (*ramo*) tortuous branch 3 (*graveto*) twig 4 (*letra*) bad handwriting
garupa s.f. 1 (*cavalo*) croup, hind quarters 2 (*moto*) back seat ♦ ir na garupa do cavalo to ride pillion
gás s.m. gas; vazamento de gás gas leak gases s.m.pl. MEDICINA wind; ter gases to be troubled with wind ♦ gás lacrimogêneo tear gas a todo o gás at full speed
gaseificado adj. (*bebidas*) carbonated; sparkling
gaseificar v. 1 QUÍMICA to gasify 2 (*bebidas*) to carbonate
gasoduto s.m. gas pipe
gasolina s.f. petrol; gasoline
gasosa s.f. fizzy drink, soda pop
gasoso adj. 1 QUÍMICA gaseous 2 (*água*) sparkling 3 (*bebida*) fizzy ♦ água gasosa tonic water
gastar v. 1 (*dinheiro, tempo*) to spend (em, on); gasto muito em revistas I spend a lot on magazines 2 (*esgotar*) to use up; você gastou o meu perfume todo you've used up all my perfume 3 (*desperdiçar*) to waste; gastar tempo e dinheiro to waste time and money 4 (*vestuário, calçado*) to wear out

gasto adj. 1 (*roupa, sapatos*) worn out 2 (*tempo, dinheiro*) spent 3 (*água, eletricidade*) used up 4 (*desperdiçado*) wasted ■ s.m. (*despesa*) expense, cost
gastrenterologia s.f. MEDICINA gastroenterology
gastrenterologista s.2g. gastroenterologist
gástrico adj. MEDICINA gastric ♦ úlcera gástrica gastric ulcer
gastrintestinal adj.2g. gastrointestinal
gastrite s.f. MEDICINA gastritis
gastroenterite s.f. MEDICINA gastroenteritis
gastronomia s.f. gastronomy
gastronômico adj. gastronomic
gata s.f. 1 (*animal*) cat; (*fêmea*) female cat, she-cat 2 coloquial (*mulher, moça*) good-looking woman
gatafunhar v. to scribble; to scrawl
gatilho s.m. trigger; apertar o gatilho to pull the trigger
gato s.m. 1 ZOOLOGIA cat 2 (*macho*) tom-cat 3 (*grampo*) cramp 4 coloquial (*homem, moço*) good-looking man
gatuno s.m. thief
gaturamo s.m. ZOOLOGIA violaceous euphonia
gaúcho s.m. Gaucho
gaveta s.f. drawer
gavião s.m. 1 ZOOLOGIA sparrowhawk 2 BOTÂNICA tendril 3 (*homem*) womanizer; ladies' man
gay adj., s.2g. gay; homosexual
gaze s.f. gauze
gazela s.f. ZOOLOGIA gazelle
gê s.m. name of the letter g
geada s.f. frost, hoar-frost, ice
gear v. to frost
gêiser s.m. GEOLOGIA geyser
gel s.m. gel gel de cabelo hair gel
geladeira s.f. 1 fridge, refrigerator 2 (*industrial*) icebox 3 (*congelador*) freezer, deep freeze
gelar v. 1 (*congelar*) to freeze 2 (*esfriar muito*) to chill ♦ o sangue gelou-lhe nas veias his blood ran cold
gelatina s.f. 1 (*ingrediente*) gelatine 2 (*doce*) jelly
gelatinoso adj. gelatinous
geleia s.f. 1 (*fruta*) jelly; jam 2 (*carne*) jelly; geleia real royal jelly
geleira s.f. 1 (*glaciar*) glacier 2 (*iceberg*) iceberg
gelificar v. 1 (*gelo*) to freeze 2 (*gel*) to gel
gelo s.m. ice; cubo de gelo ice cube ♦ quebrar o gelo to break the ice
gema s.f. 1 (*ovo*) yolk 2 GEOLOGIA (*pedra preciosa*) gem ♦ sou carioca da gema I'm a true carioca
gemada s.f. beverage made of yolk, sugar, milk, sometimes cinnamon ● A **gemada** é semelhante ao *eggnog* porém com menos leite e em geral sem álcool.
gêmeo s.m. twin; gêmeos verdadeiros identical twins; eles são gêmeos they are twins ■ adj. twin; irmãos gêmeos twin brothers
Gêmeos s.m.pl. ASTRONOMIA Gemini, the Twins
gemer v. 1 (*som baixo*) to moan; to groan (de, with); gemer de dor to groan with pain 2 (*som agudo*) to wail; to howl (de, with)
gemido s.m. 1 (*baixo*) groan; moan; soltar um gemido to groan 2 (*agudo*) wailing; howl; cry
geminar v. to geminate; to double

geminiano

geminiano adj., s.m. Geminian
gene s.m. BIOLOGIA gene
genealógico adj. genealogical, genealogic ♦ árvore genealógica family tree
general s.m. general
generalizado adj. 1 (*vulgarização*) generalized; widespread; ideia generalizada generalized idea 2 (*massas*) massive; large-scale; uso generalizado de agrotóxicos massive use of pesticides
generalizar v. 1 (*tornar geral*) to generalize 2 (*difundir*) to spread 3 (*banalizar*) to trivialize generalizar-se v.pr. to become widespread
genericamente adv. generically; in general; as a rule
genérico adj. generic ■ s.m. generic drug
gênero s.m. 1 gender 2 (*tipo*) kind; sort; type; coisas desse gênero that sort of thing 3 BIOLOGIA genus 4 (*arte*) genre; type; gênero literário literary genre gêneros s.m.pl. (*artigos*) items; goods ♦ gêneros alimentícios foodstuffs gêneros de primeira necessidade essentials
generosidade s.f. 1 (*comportamento*) generosity 2 (*bondade*) kindness 3 (*altruísmo*) selflessness; unselfishness
generoso adj. 1 (*comportamento*) generous; magnanimous 2 (*altruísta*) unselfish; selfless 3 (*dinheiro*) open-handed; liberal
Gênesis s.m. RELIGIÃO Genesis
genética s.f. genetics
genético adj. genetic ♦ código genético genetic code
gengibre s.m. BOTÂNICA ginger
gengiva s.f. ANATOMIA gum
gengivite s.f. MEDICINA gingivitis
genial adj.2g. 1 brilliant 2 (*fantástico*) splendid; great; ideia genial great idea
gênio s.m. 1 (*talento*) genius; você é um gênio you are a genius 2 (*temperamento*) nature; temper; de mau gênio ill-tempered; ter mau gênio to have a bad temper 3 (*espírito*) genie
genital adj.2g. genital; órgãos genitais genitals, genitalia genitais s.m.pl. genitals; genitalia
genocídio s.m. genocide
genoma s.m. BIOLOGIA genome
genótipo s.m. BIOLOGIA genotype
genro s.m. son-in-law
gentalha s.f. pejorative mob; gang; pack
gente s.f. 1 (*pessoas*) people; toda a gente everybody 2 (*multidão*) crowd; mob; o teatro estava cheio de gente the theatre was crowded 3 (*alguém*) someone, somebody; anyone, anybody; tem gente em casa? is there anyone at home? 4 coloquial (*nós*) we; you; a gente se vira we can manage; a gente nunca sabe you never can tell
gentil adj.2g. 1 (*suave*) gentle; mild 2 (*amável*) kind; affable; é muito gentil da sua parte that is very kind of you
gentileza s.f. 1 (*suavidade*) gentleness; mildness 2 (*delicadeza*) kindness 3 (*educação*) politeness; urbanity ♦ é muita gentileza da sua parte that is very kind of you formal por gentileza... I beg your pardon...
genuflexão s.f. genuflexion

genuíno adj. 1 (*real*) genuine; authentic 2 (*verdadeiro*) genuine; sincere; sentimentos genuínos sincere feelings
geocêntrico adj. geocentric
geocentrismo s.f. ASTRONOMIA geocentrism
geografia s.f. geography
geográfico adj. geographical
geologia s.f. geology
geológico adj. geological
geólogo s.m. geologist
geometria s.f. geometry ♦ geometria analítica analytic geometry geometria descritiva descriptive geometry
geométrico adj. geometric; geometrical
geração s.f. 1 generation; a última geração the last generation 2 (*formação*) formation; creation 3 (*procriação*) procreation 4 (*descendência*) offspring; breed 5 (*época*) age; time; epoch; o artista mais promissor da sua geração the most promising artist of his time ♦ as gerações futuras future generations
gerador adj. generative ■ s.m. 1 (*eletricidade*) generator 2 (*criador*) breeder 3 (*pai*) progenitor
geral adj.2g. 1 (*abrangência*) general; cultura geral general knowledge 2 (*acesso*) common; public; é de domínio geral que... it is common knowledge that... s.f. TEATRO gallery ♦ de um modo geral on the whole em geral in general
geralmente adv. in general; usually; geralmente vêm juntos they usually come together
gerar v. 1 (*criação*) to beget; to create; to generate; gerar novos seres to beget new beings 2 (*produzir*) to produce; to generate; gerar novas fontes de rendimento to produce new sources of income 3 (*eletricidade*) to generate 4 (*sentimentos*) to generate; to give rise to; gerar controvérsia to give rise to controversy
gerência s.f. 1 (*corpo diretivo*) management; board of directors 2 (*processo*) management
gerenciar v. 1 (*empresa, negócio*) to administer 2 INFORMÁTICA (*arquivos*) to manage
gerente s.2g. manager ■ adj.2g. managing
gergelim s.m. 1 (*planta*) sesame 2 (*semente*) sesame seed 3 (*bolo*) sesame cake
geriatra s.2g. geriatrician
geriatria s.f. MEDICINA geriatrics
geriátrico adj. MEDICINA geriatric
geringonça s.f. coloquial (*objeto*) contraption; gadget; para que serve esta geringonça? what's this gadget for?
gerir v. to administer; to run; to manage; gerir os recursos to administer one's resources
germânico adj. Germanic; cultura germânica Germanic culture; estudos germânicos German studies
germe s.m. germ
germinação s.f. (*plantas, ideias*) germination
germinar v. 1 BOTÂNICA to germinate; to sprout 2 figurado (*ideias, sentimentos*) to germinate; to originate
gerúndio s.m. LINGUÍSTICA gerund
gesso s.m. 1 (*arte*) plaster; gesso 2 MEDICINA (*material*) plaster of Paris; gypsum 3 MEDICINA plaster cast

gestação s.f. 1 (*gravidez*) gestation; pregnancy 2 figurado (*desenvolvimento*) gestation; formation; development
gestante adj.2g. pregnant ■ s.f. pregnant woman
gestão s.f. 1 (*departamento*) management 2 (*direção*) administration
gesticulação s.f. gesticulation; gesturing
gesticular v. to gesticulate; to gesture
gesto s.m. 1 (*mãos*) gesture 2 (*ação*) gesture; token; sign; um gesto de amizade a token of friendship
gestual adj.2g. using gestures ♦ linguagem gestual sign language
gibi s.m. comic, comic book EUA
gibão s.m. ZOOLOGIA gibbon
gigante adj.2g. gigantic; huge ■ s.m. giant
gigantesco adj. gigantic; huge; colossal; um êxito gigantesco a colossal hit
ginásio s.m. gymnasium; gym col.
ginasta s.2g. gymnast
ginástica s.f. ESPORTE gymnastics; aula de ginástica gym lesson
gincana s.f. gymkhana
gineceu s.m. BOTÂNICA gynoecium
ginecologia s.f. gynaecology
ginecológico adj. gynaecological
ginecologista s.2g. gynaecologist
ginga s.f. scull
gingado s.m. figurado (*ginga*) swing
gingar v. to swing; to waddle
gira s.f. walk; stroll ■ s.2g. silly person
girafa s.f. ZOOLOGIA giraffe
girar v. 1 to turn round; girar o volante to turn the wheel round 2 (*volta completa*) to revolve; a Terra gira em torno do sol the Earth revolves around the sun 3 (*rodar*) to gyrate; to rotate; to whirl round 4 (*em velocidade*) to spin; to swivel 5 (*conversa, debate*) to revolve (em torno de, *around*); to centre (em torno de, *on*)
girassol s.m. BOTÂNICA sunflower
giratório adj. gyratory ♦ cadeira giratória swivel chair, revolving chair porta giratória revolving door
gíria s.f. (*linguagem técnica*) jargon; argot; a gíria dos médicos medical jargon
girino s.m. ZOOLOGIA tadpole
giro s.m. 1 (*volta*) rotation 2 (*ronda*) circuit; beat; fazer o giro to be on one's beat 3 coloquial (*passeio*) stroll; turn; ramble; dar um giro to go for a stroll
giz s.m. chalk
glacê s.m. CULINÁRIA icing
glaciação s.f. glaciation
glaciar s.m. GEOLOGIA (*geleira*) glacier
glamoroso adj. glamourous
glamour s.m. glamour
glande s.f. 1 BOTÂNICA acorn 2 ANATOMIA glans
glândula s.f. ANATOMIA gland
glaucoma s.m. MEDICINA glaucoma
glicerina s.f. glycerin
glicose s.f. BIOLOGIA, QUÍMICA glucose
global adj.2g. 1 (*mundial*) global 2 (*genérico*) general ♦ quantia global lump sum no global on the whole

globalidade s.f. generality; a globalidade das pessoas people in general
globalização s.f. globalization
globalizar v. to globalize
globo s.m. 1 (*mundo*) globe, world; por todo o globo around the world 2 (*objeto*) globe 3 (*esfera*) sphere ♦ ANATOMIA globo ocular eyeball
glóbulo s.m. (*sangue*) corpuscle; blood cell ♦ glóbulos brancos white corpuscles glóbulos vermelhos red corpuscles
glória s.f. 1 (*vitória*) glory; triumph; um dia de glória a day of glory 2 (*honra*) glory; prestige; honour 3 RELIGIÃO glory ♦ jogo da glória game of goose levar a banca à glória to sweep the board
glorioso adj. 1 (*ilustre*) glorious; famous 2 (*estupendo*) glorious; wonderful 3 (*celestial*) glorious; heavenly
glosa s.f. 1 LITERATURA (*versos*) gloss 2 (*explicação*) gloss; comment
glossário s.m. glossary
glucose s.f. BIOLOGIA, QUÍMICA glucose
glúten s.m. gluten
glúteo adj. gluteus (pl. *gluteal*) glúteos s.m.pl. ANATOMIA gluteal muscle
gnomo s.m. gnome
goela s.f. coloquial pipes; goozle; throat ♦ coloquial molhar a goela to wet one's whistle
goiaba s.f. BOTÂNICA guava
goiabada s.f. guava jam
goiabeira s.f. BOTÂNICA guava, guava tree
gol s.m. ESPORTE goal; defender um gol certo to save the goal; fazer/marcar um gol to score ♦ gol contra own goal gol de placa a goal scored with great skill
gola s.f. (*roupa*) collar; gola alta polo neck
gole s.m. 1 (*pequena quantidade*) sip; beba um gole have a sip 2 (*golada de líquido*) gulp; swig; de um gole só in one gulp
goleada s.f. ESPORTE high score
goleador s.m. ESPORTE scorer
golear v. to thrash; o Brasil goleou a Argentina por 5-0 Brazil thrashed Argentina 5-0
goleiro s.m. goalkeeper
golfada s.f. 1 (*líquido*) gush; jet; spout; spurt 2 (*vento*) gust; blast ♦ golfada de sangue jet of blood
golfar v. 1 (*líquidos*) to spout out; to gush out; to jet 2 (*vento*) to gust; to blast; to flurry
golfe s.m. ESPORTE golf ♦ campo de golfe golf course jogador de golfe golfer
golfinho s.m. ZOOLOGIA dolphin
golfista s.2g. golfer
golfo s.m. GEOGRAFIA gulf ♦ Golfo Pérsico Persian Gulf
golpe s.m. 1 (*corte*) cut; gash; slash 2 (*choque*) blow (em, *to*); figurado um golpe nas aspirações de alguém a blow to someone's expectations 3 (*laivo*) stroke (de, *of*); um golpe de mestre a stroke of genius 4 ESPORTE throw; de um golpe só at one stroke 5 POLÍTICA coup 6 (*truque, manobra*) trick; dodge ♦ golpe baixo dirty trick golpe de Estado coup d'état golpe de misericórdia coup de grace
golpear v. 1 (*cortar*) to cut; to slash 2 figurado (*ferir*) to hurt; to wound

goma

goma s.f. 1 (*doce*) gum, gumdrop 2 (*cola*) glue 3 (*para passar roupa*) starch
gomo s.m. 1 (*planta*) bud; uma árvore em gomos a tree in bud 2 (*fruto*) segment; gomo de laranja orange segment
gomose s.f. gummosis
gônada s.f. gonad
gôndola s.f. gondola
gongo s.m. gong
gorar v. 1 to frustrate; to block; to thwart; gorar os intentos de alguém to frustrate someone's intents 2 to fail; to fall through; to go wrong; o plano gorou the plan fell through
gordo adj. 1 fat; um homem gordo a fat man; ficar gordo to get fat; ela está mais gorda she's put on weight 2 (*alimento*) fatty, fat; carne gorda fat meat ■ s.m. fat person; fat man/woman ♦ coloquial nunca o vi mais gordo I don't know him from Adam
gorducho adj. plump; chubby
gordura s.f. 1 (*alimentos*) fat; gordura vegetal vegetable fat 2 (*óleo*) grease; nódoa de gordura grease spot 3 (*pessoa*) fatness 4 (*molho de carne*) dripping 5 (*banha de porco*) lard
gorduroso adj. 1 (*óleo*) greasy; oily 2 (*gordo*) fat
gorgulho s.m. 1 ZOOLOGIA weevil 2 ZOOLOGIA (*do trigo*) bunt
gorila s.m. ZOOLOGIA gorilla
gorjeta s.f. tip; dar uma gorjeta to give a tip, to tip
gorro s.m. round cap; cap
gospel s.m. gospel
gostar v. 1 to like (de, –); gostar de chocolate to like chocolate; gostar muito de alguma coisa to hold something dear; eu gostaria mais de ir ao cinema do que ficar em casa I would rather go to the cinema than stay at home; você gostaria de vir? would you like to come?; não gostar de alguma coisa to have a dislike for something 2 (*simpatizar*) to be fond (de, *of*); to be keen (de, *on*); gostar de esporte to be fond of sports 3 (*amor*) to love (de, –); gostar de alguém to love someone 4 (*apreciar*) to enjoy (de, –); to like (de, –); gostou da viagem? did you enjoy your trip?
gosto s.m. 1 (*sabor, preferência*) taste; bom gosto good taste; gosto amargo bitter taste; sem gosto absolutamente nenhum absolutely tasteless 2 (*sabor*) flavour; taste; com gosto de chocolate with chocolate flavour ♦ a seu gosto as you please gostos não se discutem there is no accounting for tastes muito gosto em conhecê-lo I'm happy to meet you
gostoso adj. 1 (*saboroso*) tasty 2 (*agradável*) pleasant; agreeable 3 (*atraente*) attractive 4 (*alegre*) happy; joyful; merry
gostosura s.f. 1 (*sabor*) tastiness 2 (*iguaria*) delicacy 3 coloquial (*prazer*) delight
gota s.f. 1 (*líquido, medicamento*) drop; gota a gota drop by drop 2 (*bebida*) dash; drop; só quero uma gota just a dash, please 3 MEDICINA gout ♦ a gota d'água the last straw gota de chuva raindrop gota de orvalho dewdrop a gota que faz transbordar o copo the last straw uma gota no oceano a drop in the ocean
goteira s.f. 1 (*caleira*) gutter; trough 2 (*fenda*) leak
gotejar v. to drip
gótico adj., s.m. (*arte*) Gothic; estilo gótico Gothic style
governado adj. 1 governed; ruled; managed 2 (*poupado*) economical
governador s.m. POLÍTICA governor
governamental adj.2g. governmental ♦ decisão governamental government decision
governanta s.f. (*criada*) governess
governante adj.2g. governing ■ s.2g. leader; ruler
governar v. 1 to govern 2 (*dirigir*) to rule 3 NÁUTICA to steer; to take the helm
governativo adj. governmental
governo s.m. 1 POLÍTICA (*país*) government 2 POLÍTICA (*processo*) governing 3 (*gestão*) administration; management 4 NÁUTICA steering
gozação s.f. joking
gozado adj. 1 (*ridicularizado*) mocked 2 (*usufruído*) enjoyed 3 (*engraçado*) funny
gozar v. 1 (*disfrutar*) to enjoy; gozar a vista to enjoy the view 2 (*zombar*) to make fun of; gozar alguém to make fun of someone; to laugh (com, *at*); gozar da cara de alguém to laugh at someone's face 3 (*sentidos*) to take delight in; to take pleasure in 4 (*usufruir*) to have; to enjoy; gozar férias to be on holiday 5 to enjoy (de, –); gozar de boa saúde to enjoy good health
gozo s.m. 1 (*prazer*) pleasure; satisfaction; joy 2 (*posse*) possession; enjoyment
Grã-Bretanha s.f. Great Britain
graça s.f. 1 grace 2 (*graciosidade*) gracefulness; grace; elegance 3 (*piada*) crack; joke; dizer uma graça to crack a joke; não teve graça nenhuma that was not funny ♦ graças a thanks to de graça for free
gracejar v. 1 (*piadas*) to jest; to joke; to make jokes 2 (*pequenas provocações*) to banter (sobre, *about*); gracejar sobre o acontecido to banter about what happened
graciosidade s.f. gracefulness; grace; com graciosidade gracefully
gracioso adj. 1 (*elegante*) gracious; graceful; elegant 2 (*delgado*) slender; slim
gradativo adj. (*gradual*) gradual
grade s.f. 1 (*em janelas, portas*) grating 2 (*em vedações*) railing; grade de ferro iron railings 3 (*caixilho*) frame 4 (*garrafas*) crate ♦ atrás das grades behind bars
gradear v. 1 (*janelas, portas*) to put bars up at 2 (*vedação*) to rail
graduação s.f. 1 (*medida em graus*) graduation 2 grade; rank
graduado adj. graduated; graduate ■ s.m. graduate ♦ frasco graduado graduated flask
gradual adj.2g. gradual; progressive
gradualmente adv. gradually; bit by bit; little by little; by degrees
graduando s.m. undergraduate
graduar v. 1 (*regular*) to grade 2 figurado (*classificar*) to classify; to categorize graduar-se v.pr. (*universidade*) to graduate (em, *in*); to take a degree (em, *in*); graduar-se em Física to graduate in Physics

grafar v. 1 (*escrever*) to write down 2 (*ortografar*) to spell

gráfica s.f. (*empresa*) printing firm

gráfico adj. graphic; design gráfico graphic design ■ s.m. graph; chart

grã-fino s.m. coloquial rich person ■ adj. coloquial rich

grafite s.f. GEOLOGIA graphite

gralha s.f. 1 ZOOLOGIA jackdaw; magpie 2 (*escrita*) misprint; spelling mistake 3 figurado, coloquial (*pessoa*) chatterbox, chatterer

grama s.m. (*medida de peso*) gram, gramme ■ s.f. BOTÂNICA grass

gramado adj. (*tecido, material*) swingled ■ s.m. 1 lawn 2 football field

gramática s.f. 1 (*ciência*) grammar 2 (*livro*) grammar book, grammar; gramática de Inglês English grammar

gramatical adj.2g. grammatical; regras gramaticais grammatical rules

grampeador s.m. stapler

grampear v. 1 (*folhas*) to staple 2 (*telefone*) to bug

grampo s.m. 1 (*grampeador*) staple 2 (*cabelo*) grip Grã-Bretanha, pin EUA 3 (*para colar madeiras*) clamp 4 (*para unir blocos*) cramp

grana s.f. coloquial (*dinheiro*) dough; dosh Grã-Bretanha

granada s.f. 1 grenade; shell 2 GEOLOGIA (*pedra*) garnet 3 (*cor*) garnet red

grandalhão adj. coloquial huge; very big ■ s.m. coloquial big person

grande adj. 1 big; great; grande cidade big town 2 (*espaçoso*) large; roomy; spacious; uma sala grande a spacious room 3 (*grandioso*) great; grand 4 (*pessoa alta*) tall; ser grande para a idade to be tall for one's age 5 (*quantia*) large; great; uma grande quantidade de a great deal of, a large amount of 6 (*eminente*) important; great; eminent; um grande poeta a great poet ♦ quando eu for grande when I grow up

grandeza s.f. 1 (*grandiosidade*) grandeur; magnificence; grandeza de um evento the grandeur of an event 2 (*importância*) greatness; eminence; escritores desta grandeza writers of such greatness 3 (*dimensões*) vastness 4 (*alcance*) magnitude; de primeira grandeza of the first magnitude 5 MATEMÁTICA quantity; value 6 (*honra*) dignity; honour; grandeza de alma nobility

grandiosidade s.f. 1 (*importância*) grandiosity; greatness 2 (*dimensões*) vastness

grandioso adj. 1 (*imponente*) imposing; grand; impressive 2 (*eminente*) eminent; great 3 (*ideias, objetivos*) lofty; exalted

granito s.m. granite

granizo s.m. hail

granja s.f. (*propriedade*) grange

granulado adj. 1 (*grãos grandes*) granulated; açúcar granulado granulated sugar 2 (*em grão*) grainy; granular

grão s.m. 1 (*cereais, arroz*) grain 2 (*para moer*) grist 3 (*sal, areia*) grain; particle 4 (*café*) bean; café em grão coffee in bean, coffee beans ♦ (*provérbio*) de grão em grão a galinha enche o papo many a mickle makes a muckle

grão-de-bico s.m. BOTÂNICA chickpea

grapa s.f. VETERINÁRIA malanders

grasnar v. 1 (*pato*) to quack 2 (*corvo, gralha*) to caw; to croak

grassar v. to spread; to disseminate

gratidão s.f. gratitude (por, *for*); thankfulness (por, *for*); demonstrar gratidão por to show one's gratitude for

gratificação s.f. 1 (*agrado*) gratification 2 (*recompensa*) reward 3 (*gorjeta*) tip; gratuity 4 (*extra*) bonus

gratificante adj.2g. gratifying; rewarding; um trabalho gratificante a gratifying job

gratificar v. 1 (*recompensar*) to reward 2 (*agradar*) to gratify; to please 3 (*dar gorjeta*) to tip

gratinar v. CULINÁRIA to gratinate

grátis adv. free; gratis; entrada grátis entrance free; isto é grátis this is for free

grato adj. grateful; thankful; sou-lhe muito grato I thank you; sou-lhe tão grato! I am ever so grateful to you!

gratuito adj. 1 (*preço*) free; gratuitous; gratis; ser gratuito to be for free 2 (*situação*) gratuitous; atos de violência gratuita gratuitous acts of violence 3 (*inútil*) aimless

grau s.m. 1 MATEMÁTICA, FÍSICA degree; zero graus centígrados nought degrees centigrade 2 LINGUÍSTICA degree; grau comparativo comparative degree; grau superlativo superlative degree 3 (*classificação*) grade; rank 4 (*nível*) level; elevado grau de dificuldade high level of difficulty 5 (*etapa*) step; grau a grau step by step ♦ em alto grau to a high degree óculos de grau prescription glasses queimaduras de terceiro grau third-degree burns

graúdo adj. 1 (*pessoas, animais, coisas*) big; great; large 2 (*pessoa*) grown-up

graúna s.f. ZOOLOGIA giant cowbird

gravação s.f. 1 (*som, imagem*) recording; gravação de uma peça de teatro recording of a play 2 ARQUEOLOGIA inscription 3 (*metal, madeira, pedra*) engraving ♦ gravação de vídeo VCR recording gravação em CD CD recording

gravador s.m. 1 (*pessoa*) engraver 2 (*som, imagem*) recorder ♦ gravador de cassetes tape recorder gravador de vídeo VCR

gravar v. 1 (*fita magnética*) to tape 2 (*som, imagem*) to record; gravar um disco to record 3 INFORMÁTICA to save (em, *in*); gravar no disquete to save in the floppy disc 4 (*pedra*) to engrave 5 (*madeira*) to carve; to cut 6 (*memória*) to stamp; to sink; ficar gravado na memória to be stamped on one's memory

gravata s.f. tie, necktie

gravata-borboleta s.f. bow tie

grave adj.2g. 1 (*condição*) serious; severe; acidente grave serious accident; doença grave serious illness 2 (*assunto*) serious; earnest; uma questão grave a serious issue 3 (*personalidade*) serious; solemn; olhar grave solemn look 4 (*voz*) deep; low-pitched 5 LINGUÍSTICA (*acento*) grave

graveto

graveto s.m. (*ramo*) twig
grávida s.f. pregnant woman
gravidade s.f. 1 FÍSICA gravity 2 (*assunto, circunstância*) gravity; seriousness; importance; assunto de extrema gravidade a matter of the utmost importance ♦ centro de gravidade centre of gravity
gravidez s.f. pregnancy ♦ gravidez indesejada unwanted pregnancy teste de gravidez pregnancy test
graviola s.f. BOTÂNICA soursop
gravitar v. 1 to gravitate (em direcção a, *towards*) 2 to be drawn (em direcção a, *towards*)
gravura s.f. 1 (*pedra, madeira, metal*) engraving 2 (*livro*) picture; illustration ♦ gravura rupestre rock engraving
graxa s.f. 1 (*sapatos*) shoe polish 2 figurado, coloquial butter; flattery
graxear v. to date
Grécia s.f. Greece ♦ Grécia Antiga Ancient Greece
gregário adj. gregarious
gregoriano adj. Gregorian; canto gregoriano gregorian chant, plainsong
grilagem s.f. squatting
grileiro s.m. squatter
grelar v. to sprout
grelha s.f. 1 (*quadro*) chart 2 (*lareira*) grate 3 CULINÁRIA grill 4 (*janelas, vedações*) grid; lattice
grelhado adj. CULINÁRIA grilled; peixe grelhado grilled fish ■ s.m. CULINÁRIA grill
grelhador s.m. grill
grelhar v. to grill
grêmio s.m. 1 (*corporação*) guild; union 2 (*associação*) club; society; association
greve s.f. strike; fazer greve to go on strike ♦ greve de fome hunger strike greve geral general strike
grevista s.2g. striker
grifar v. 1 (*em itálico*) to italicize 2 (*sublinhar*) to underline 3 (*cabelo*) to curl
grifo s.m. 1 MITOLOGIA griffin 2 ZOOLOGIA (*abutre*) griffon vulture
grilado adj. coloquial worried
grilar v. coloquial to worry grilar-se v.pr. coloquial to get worried
grilo s.m. ZOOLOGIA cricket
grinalda s.f. garland; wreath
gringo s.m. pejorativo, coloquial gringo
gripado adj. 1 (*pessoa*) with flu; estou gripado I've got (the) flu 2 (*motor*) seized up
gripar v. 1 (*doença*) to catch flu 2 (*motor*) to seize up; to jam
gripe s.f. MEDICINA influenza; flu; pegar uma gripe to catch flu; estar com gripe to have flu
grisalho adj. 1 (*pessoa*) grey-haired; cabelo grisalho grey hair 2 (*cor*) greyish; grey
gritante adj.2g. 1 (*que grita*) crying 2 (*que clama*) clamorous 3 (*chocante*) shocking; appalling 4 (*berrante*) striking; screaming
gritar v. 1 (*susto, medo*) to cry; to yell 2 (*grito agudo*) to scream; to shriek 3 (*falar alto*) to shout (por, *for*); to cry (por, *for*); (*zanga*) gritar com alguém to shout at someone; gritar por socorro to cry for help; não grite comigo! don't shout at me! 4 (*choro, dor*) to yell; to cry 5 (*chamar alto*) to call out; to cry out; gritar o nome de alguém to call out someone's name
gritaria s.f. shouting; screaming
grito s.m. 1 (*emoção*) cry; grito de surpresa cry of surprise 2 (*voz forte*) shout 3 (*agudo*) scream; shriek; yell; aos gritos screaming 4 (*apelo*) call; grito de socorro a call for help 5 figurado (*moda*) hit; trend; o último grito the latest hit
grogue s.m. (*bebida*) grog ■ adj.2g. coloquial (*bêbado*) drunk; tipsy
grosa s.f. 1 (*doze dúzias*) gross 2 (*lima*) wood rasp
grosar v. to rasp
groselha s.f. 1 (*fruto*) gooseberry 2 (*xarope*) gooseberry juice
grosseiro adj. 1 (*rugoso*) harsh; tecido grosseiro harsh material 2 (*pessoa*) coarse; vulgar; rude 3 (*modos*) impolite; churlish 4 (*ordinário*) vulgar; crude 5 (*falha grave*) gross; erro grosseiro gross mistake
grosseria s.f. 1 coarseness 2 (*desrespeito*) rudeness; disrespect 3 (*palavrão*) rude word
grosso adj. 1 (*espessura*) thick; suéter grosso thick sweater 2 (*denso*) thick; dense 3 (*rude*) coarse; rude 4 (*chuva*) heavy 5 (*grosseiro*) rude ■ s.m. bulk; mass ♦ fazer vista grossa a to shut one's eyes to
grossura s.f. 1 (*espessura*) thickness 2 (*tamanho*) size 3 (*dimensões*) bigness; largeness
grotesco adj. pejorativo (*aberrante*) grotesque; hideous ■ s.m. grotesque
grou s.m. ZOOLOGIA crane
grua s.f. 1 (*guindaste*) crane 2 (*barcos, poços de petróleo*) derrick
grudar v. 1 (*colar*) to glue; to stick 2 coloquial (*não largar alguém*) to cling (em, *to*); to hang on (em, *to*); grudar em alguém to hang on to someone
grude s.m. 1 (*cola*) glue 2 (*pasta*) paste
grunhir v. 1 (*porco*) to grunt 2 figurado (*resmungar*) to grumble; to moan
grupo s.m. 1 (*conjunto*) group; dividir em grupos to group up 2 (*conjunto de pessoas*) party; pertencer ao grupo to be one of the party 3 (*amontoado*) group; bunch; cluster; um grupo de casas a cluster of houses 4 MÚSICA band, group; um grupo de rock a rock band 5 ESPORTE (*time*) team
gruta s.f. GEOLOGIA cave; cavern
guaiamu s.m. ZOOLOGIA blue land crab
guampa s.f. 1 (*chifre*) horn 2 (*recipiente*) horn cup
guanaco s.m. ZOOLOGIA guanaco
guaneira s.f. guano deposit
guano s.m. guano
guará s.m. 1 ZOOLOGIA scarlet ibis 2 ZOOLOGIA maned wolf
guaraná s.m. guarana
guaraxaim s.m. ZOOLOGIA crab-eating fox; wood fox
guarda s.f. 1 guard; protection; estar sob guarda to be under guard 2 (*prisioneiro*) custody; estar sob a guarda da polícia to be under custody 3 (*vigilância*) watch; guard; estar de guarda to keep watch to be on guard 4 (*patrulha*) guard 5 (*livro*) endpaper ■ s.2g. 1 (*policial*) policeman; police officer 2 (*prisão*) guard; warder 3 (*vigilante*) watchman ♦ guarda costeira coast guard guarda de honra guard

of honour a velha guarda the old guard render a guarda to relieve guard
guarda-chuva *s.m.* umbrella; fechar o guarda--chuva to put your umbrella down
guarda-costas *s.2g.* bodyguard
guarda-florestal *s.2g.* forester; forest ranger
guardanapo *s.m.* napkin; serviette
guardar *v.* 1 (*vigiar*) to guard (de, *from*; –, *against*); to watch 2 (*proteger*) to protect; to shelter; to keep 3 (*manter*) to keep; guardar um segredo to keep a secret 4 (*dinheiro*) to put away; to save up 5 (*conservar*) to preserve; guarde o leite na geladeira preserve the milk in the fridge
guarda-roupa *s.m.* wardrobe
guarda-sol *s.m.* parasol; sunshade
guarda-vento *s.m.* windbreak
guardião *s.m.* guardian
guariba *s.m.* ZOOLOGIA howler monkey ■ *s.f.* ZOOLOGIA parakeet; paroquet
guarida *s.f.* 1 (*covil*) den 2 (*proteção*) shelter (a, *to*); to protect (a, –); dar guarida a alguém to give shelter to someone
guarita *s.f.* sentry box
guarnecer *v.* 1 (*adornar*) to garnish; to adorn 2 (*fornecer*) to furnish; to provide with 3 to fortify; to garrison; to man
guarnição *s.f.* 1 garrison 2 (*adorno*) trimming 3 CULINÁRIA garnish
Guatemala *s.f.* Guatemala
guatemalteco *adj., s.m.* Guatemalan
guaxinim *s.m.* crab-eating raccoon
gude *s.m.* marble; brincar com bolas de gude to play marbles
gueixa *s.f.* geisha
guelra *s.f.* gill
guepardo *s.m.* ZOOLOGIA (*chita*) cheetah
guerra *s.f.* 1 war; warfare; declarar guerra a to declare war on; estar em guerra com to be at war with 2 (*luta*) struggle; fight ♦ guerra biológica biological warfare guerra civil civil war guerra fria cold war guerra química germ warfare guerra santa holy war
guerrear *v.* 1 (*guerra*) to make war 2 (*lutar*) to fight; to struggle
guerreiro *s.m.* warrior ■ *adj.* warlike; martial; fighting; espírito guerreiro fighting spirit
guerrilha *s.f.* guerilla warfare
guerrilheiro *s.m.* guerilla fighter
gueto *s.m.* ghetto
guia *s.2g.* 1 guide, leader 2 (*turismo*) tour leader ■ *s.m.* guidebook

guiar *v.* 1 (*veículos*) to drive; guiar um carro to drive a car; guiar a toda a velocidade to drive at full speed 2 (*aconselhar*) to guide (a, *into*); to advise (a, *to*) 3 (*barco*) to steer 4 (*indicar caminho*) to lead the way guiar-se *v.pr.* (*orientar-se*) to find one's way (por, *by*); to guide oneself (por, *by*); guiar-se pelo mapa to guide oneself by the map
guichê *s.m.* 1 (*balcão fechado*) window; ticket window 2 (*balcão de atendimento*) desk; counter; guichê de informações information desk
guidom *s.m.* (*bicicleta*) handlebars
guilhotina *s.f.* 1 (*executar pessoas*) guillotine 2 (*cortar papel*) paper-cutter; guillotine
guilhotinar *v.* 1 (*execução*) to guillotine; to behead 2 (*papel*) to guillotine
guinada *s.f.* 1 (*automóvel*) swerve; o carro deu uma guinada the car swerved 2 (*barco, avião*) yaw; pitch 3 (*dor, emoção*) twinge
guinar *v.* 1 (*automóvel*) to swerve; to veer 2 (*barco, avião*) to yaw; to pitch
guinchar *v.* 1 (*som agudo*) to squeal 2 (*grito ou riso agudo*) to shriek; to screech 3 (*carro, navio*) to tow
guincho *s.m.* 1 (*ruído agudo, som de animais*) squeal; o guincho dos freios the squeal of brakes 2 (*grito, riso*) shriek; screech; soltar um guincho to screech 3 (*máquina*) winch; hoist 4 (*em reboque*) crab
guindaste *s.m.* crane
guiraponga *s.f.* ZOOLOGIA bare-throated bellbird
guisar *v.* to stew
guitarra *s.f.* MÚSICA electric guitar; tocar guitarra to play the guitar
guitarrista *s.2g.* guitar player, guitarist
guizo *s.m.* 1 (*para bebês*) rattle 2 (*sininho*) little bell
gula *s.f.* gluttony
guloseima *s.f.* 1 (*bala*) candy 2 (*doce*) goody; treat 3 (*algo apetitoso*) delicacy; titbit
guloso *adj.* 1 (*comilão*) gluttonous; ser guloso to have a sweet tooth 2 (*voraz*) greedy ■ *s.m.* sweet tooth
gume *s.m.* edge; gume de uma faca edge of a knife ♦ espada de dois gumes two-edged sword
gupiara *s.f.* gravel deposit
guri *s.m.* boy
guria *s.f.* girl
gurijuba *s.f.* ZOOLOGIA urutu catfish
guru *s.m.* guru
gutural *adj.2g.* guttural; harsh; som gutural guttural sound
guzo *s.m.* strength; energy

H

h *s.m. (letra)* h
hã *interj.* 1 *(interrogação)* what?; huh? 2 *(espanto)* oh!
hábil *adj.2g.* 1 *(capaz)* skilful; handy 2 *(astuto)* clever; ingenious
habilidade *s.f.* 1 *(aptidão)* skill 2 *(perspicácia)* cleverness; smartness habilidades *s.f.pl.* *(truques)* tricks ◆ ter habilidade para to be good at
habilidosamente *adv.* 1 *(com destreza)* skilfully Grã-Bretanha, skillfully EUA 2 *(com astúcia)* cleverly
habilidoso *adj.* skilful; handy ■ *s.m.* handyman; jack-of-all-trades
habilitação *s.f.* 1 *(capacidade)* ability; capacity 2 DIREITO entitlement 3 driver's license EUA driving licence habilitações *s.f.pl.* *(qualificações)* qualifications
habilitado *adj.* 1 *(que possui habilitações)* qualified 2 *(apto)* able; fit; capable
habilitar *v.* 1 *(qualificar)* to qualify; to entitle 2 *(preparar)* to prepare (para, *for*); to make ready (para, *for*) habilitar-se *v.pr.* to apply (a, *at*)
habilmente *adv.* 1 *(com habilidade)* skilfully 2 *(com perspicácia)* cleverly; cunningly
habitação *s.f.* 1 residence; dwelling; house 2 *(ato de habitar)* habitation; occupation
habitacional *adj.2g.* dwelling; housing; problema habitacional the housing problem
habitante *s.2g.* 1 *(país, povoação)* inhabitant 2 *(local, casa)* dweller; resident
habitar *v.* 1 *(região, país)* to inhabit; to live in 2 *(morar)* to live (em, *in*); apartamento pronto para ser habitado flat ready to move in
habitat *s.m.* habitat; habitat natural natural habitat
hábito *s.m.* 1 *(costume)* habit; custom; adquirir maus hábitos to get into bad habits; ter o hábito de to be in the habit of 2 *(traje)* habit ◆ hábitos alimentares eating patterns *(provérbio)* o hábito não faz o monge fine feathers make no bird
habitual *adj.2g.* 1 *(hábito)* usual; habitual; customary 2 *(frequente)* frequent; usual; regular ◆ como é habitual as usual; as always
habituar *v.* to habituate (a, *to*); to accustom (a, *to*); to get used (a, *to*) habituar-se *v.pr.* to get used (a, *to*); to become accustomed (a, *to*); to accustom oneself (a, *to*)
hacker *s.2g.* INFORMÁTICA hacker
Hades *s.m.* MITOLOGIA Hades
Haiti *s.m.* Haiti
hálito *s.m.* breath ◆ mau hálito halitosis; bad breath
halo *s.m.* halo
halófita *s.f.* BOTÂNICA halophyte
halogênio *s.m.* QUÍMICA halogen
haltere *s.m.* ESPORTE dumb-bell
halterofilia *s.f.* ESPORTE weightlifting
halterofilismo *s.m.* ESPORTE weightlifting

hambúrguer *s.m.* CULINÁRIA hamburger; hambúrguer de queijo cheeseburger
hamster *s.m.* ZOOLOGIA hamster
handebol *s.m.* ESPORTE handball
hangar *s.m.* hangar
hanseníase *s.f.* MEDICINA Hansen's disease, leprosy
haras *s.m.* stud; horse breeding farm
harém *s.m.* harem
harmonia *s.f.* *(geral)* harmony ◆ em harmonia com in harmony with
harmônico *adj.* harmonic
harmonioso *adj.* 1 *(melodioso)* harmonious; tuneful; melodious 2 *(proporcionado)* harmonious; well-proportioned
harmonização *s.f.* harmonization
harmonizar *v.* to harmonize; harmonizar ideias to harmonize opinions
harpa *s.f.* MÚSICA harp
harpia *s.f.* ZOOLOGIA harpy eagle
haste *s.f.* 1 *(bandeira)* pole; staff 2 BOTÂNICA *(ramo)* stem; *(talo)* stalk 3 *(animal)* horn ◆ bandeira a meia haste flag at half-mast
hastear *v.* *(bandeira etc.)* to hoist; to run up
havaiano *adj., s.m.* Hawaiian; sandálias havaianas flip-flops Grã-Bretanha, thongs EUA
haver *v.* 1 *(existir)* there to be; há there is, there are; há aqui algo de estranho there is something wrong here 2 *(acontecer)* to happen; que é que houve? what happened? ◆ há muito tempo a long time ago há pouco tempo recently há um ano a year ago haja o que houver come what may devia haver there should be pode haver there may be que há com ele? what's up with him? haveres *s.m.pl.* *(bens, direitos)* possessions ● Usa-se there is com nomes no singular e não contáveis; usa-se there are com nomes no plural: *there is someone who can help you; there was no evidence of struggle; there are many people who think otherwise.*
hebraico *adj.* Hebraic, Hebrew ■ *s.m.* *(língua)* Hebrew
hectare *s.m.* *(medida)* hectare
hediondo *adj.* 1 *(horroroso)* hideous; ghastly; awful 2 *(malvado)* mean; nasty 3 *(assustador)* frightful; appalling; shocking
hein *interj.* huh?; e esta, hein? how about that?
hélice *s.f.* 1 *(avião, barco)* propeller; pá de hélice propeller blade 2 *(helicóptero)* rotor blade 3 *(espiral)* spiral; coil
helicóptero *s.m.* helicopter; chopper col. ◆ helicóptero de combate helicopter gunship
hélio *s.m.* *(elemento químico)* helium
heliocêntrico *adj.* heliocentric
heliocentrismo *s.m.* ASTRONOMIA heliocentrism
heliporto *s.m.* heliport
hem *interj.* eh?; what?; hey!

hematita *s.f.* GEOLOGIA hematite
hematófago *adj.* BIOLOGIA hematophagous
hematoma *s.m.* MEDICINA haematoma
hemisfério *s.m.* (*geral*) hemisphere ♦ ANATOMIA hemisfério cerebral cerebral hemisphere GEOGRAFIA hemisfério Norte/Sul northern/southern hemisphere
hemodiálise *s.f.* MEDICINA haemodialysis
hemofilia *s.f.* MEDICINA haemophilia
hemofílico *adj., s.m.* haemophiliac
hemorragia *s.f.* MEDICINA haemorrhage; hemorragia cerebral cerebral haemorrhage; hemorragia nasal nasal haemorrhage
hepatite *s.f.* MEDICINA hepatitis
heptágono *s.m.* GEOMETRIA heptagon
hera *s.f.* BOTÂNICA ivy
herança *s.f.* 1 (*bens, dinheiro*) inheritance; heritage 2 BIOLOGIA (*genética*) heredity 3 (*legado*) legacy; bequest
herbáceo *adj.* BOTÂNICA herbaceous
herbário *s.m.* BOTÂNICA herbarium
herbicida *s.f.* herbicide
herbívoro *adj.* herbivorous ■ *s.m.* ZOOLOGIA herbivore
herdar *v.* to inherit (*de, from*); herdar uma fortuna to inherit a fortune
herdeiro *s.m.* heir, heiress; o herdeiro do trono the heir to the throne; príncipe herdeiro Crown prince, princess; legítimo herdeiro rightful heir, legitimate heir
hereditariedade *s.f.* heredity
hereditário *adj.* hereditary; doença hereditária hereditary illness; título hereditário hereditary title
herege *adj.2g.* heretical ■ *s.2g.* heretic
heresia *s.f.* 1 heresy 2 figurado (*disparate*) nonsense
hermafrodita *adj., s.2g.* hermaphrodite
hermético *adj.* 1 (*objeto*) hermetic; airtight 2 (*texto*) hermetic
hérnia *s.f.* MEDICINA hernia; rupture
herói *s.m.* 1 (*livro, filme*) hero 2 (*feito*) hero; braveman 3 (*ídolo*) hero; idol
heroico *adj.* heroic; brave; feitos heroicos heroic deeds
heroína *s.f.* 1 heroine 2 (*droga*) heroin
heroísmo *s.m.* heroism; bravery; um ato de heroísmo an act of heroism
hesitação *s.f.* hesitation ♦ sem a mínima hesitação without the slightest hesitation
hesitante *adj.2g.* hesitant (*em, to*)
hesitar *v.* 1 (*incerteza*) to hesitate (*em, to*); não hesite em perguntar don't hesitate to ask 2 (*indecisão*) to waver (*entre, between*); to hesitate (*entre, between*) ♦ sem hesitar without flinching
Hespérides *s.f.pl.* MITOLOGIA Hesperides
Hespérides *s.f.pl.* MITOLOGIA Hesperides
heterogêneo *adj.* heterogeneous
heterossexual *adj., s.2g.* heterosexual
heterotrófico *adj.* BIOLOGIA heterotrophic
heterótrofo *s.m.* BIOLOGIA heterotroph
eureca *interj.* eureka!
hexagonal *adj.2g.* hexagonal
hexágono *s.m.* GEOMETRIA hexagon
hiato *s.m.* hiatus; um hiato no tempo a hiatus in time
hibernar *v.* to hibernate

hipnotizar

híbrido *adj.* hybrid
hidrante *s.f.* fireplug EUA, hydrant, fire hydrant
hidratação *s.f.* 1 hydration 2 (*pele*) moisturizing
hidratado *adj.* 1 hydrated 2 (*pele*) moisturized
hidratante *adj.2g.* moisturizing ■ *s.m.* moisturizing cream
hidratar *v.* 1 to hydrate 2 (*pele*) to moisturize
hidráulica *s.f.* hydraulics
hidráulico *adj.* hydraulic; sistema hidráulico hydraulic system
hidrelétrica *s.f.* hydroelectric power plant
hidrocarboneto *s.m.* QUÍMICA hydrocarbon
hidrocefalia *s.f.* MEDICINA hydrocephalus, hydrocephaly
hidrodinâmica *s.f.* hydrodynamics
hidrofobia *s.f.* hydrophobia
hidrogenar *v.* QUÍMICA (*substância*) to hydrogenate
hidrogênio *s.m.* QUÍMICA (*elemento químico*) hydrogen ♦ bomba de hidrogênio hydrogen bomb
hidroginástica *s.f.* ESPORTE aquarobics
hidrografia *s.f.* GEOGRAFIA hydrography
hidromassagem *s.f.* hydromassage; banheira de hidromassagem hydromassage bathtub, spa bath
hidrômetro *s.m.* hydrometer
hidrosfera *s.f.* hydrosphere
hidroterapia *s.f.* MEDICINA hydrotherapy
hidrovia *s.f.* waterway
hidroviário *adj.* of waterways
hiena *s.f.* ZOOLOGIA hyena
hierarquia *s.f.* hierarchy
hierárquico *adj.* hierarchical
hierarquizar *v.* to hierarchize
hieróglifo *s.m.* hieroglyph
hífen *s.m.* hyphen; dash
hifenizar *v.* to hyphenate
higiene *s.f.* hygiene; higiene oral mouth hygiene; higiene pessoal personal hygiene
higiênico *adj.* hygienic ♦ papel higiênico toilet paper
higrômetro *s.m.* hygrometer
hilariante *adj.2g.* hilarious ♦ gás hilariante laughing gas
hímen *s.m.* ANATOMIA hymen
hino *s.m.* anthem; hymn ♦ hino nacional national anthem
hiperatividade *s.f.* hyperactivity
hiperativo *adj.* hyperactive
hipérbole *s.f.* LINGUÍSTICA hyperbole
hiperglicemia *s.f.* MEDICINA hyperglycaemia Grã-Bretanha, hyperglycemia EUA
hipermercado *s.m.* hypermarket
hipermetropia *s.f.* MEDICINA hypermetropia
hiperonímia *s.f.* LINGUÍSTICA hypernymy
hipertensão *s.f.* MEDICINA hypertension
hipertenso *adj.* hypertensive ■ *s.m.* MEDICINA hypertensive person
hipismo *s.m.* ESPORTE horse riding
hipnose *s.f.* hypnosis
hipnótico *adj., s.m.* hypnotic
hipnotismo *s.m.* hypnotism
hipnotizante *adj.2g.* hypnotic; mesmerizing
hipnotizar *v.* 1 to hypnotize 2 figurado (*fascínio*) to mesmerize; to fascinate

hipocondria s.f. MEDICINA hypochondria
hipocondríaco adj., s.m. hypochondriac
hipocrisia s.f. hypocrisy
hipócrita adj.2g. hypocritical ■ s.2g. hypocrite
hipódromo s.m. racetrack
hipoglicemia s.f. MEDICINA hypoglycaemia Grã--Bretanha, hypoglycemia EUA
hiponímia s.f. LINGUÍSTICA hyponymy
hipopótamo s.m. ZOOLOGIA hippopotamus
hipoteca s.f. mortgage
hipotecar v. 1 to mortgage 2 figurado (*pôr em risco*) to jeopardize
hipotenusa s.f. GEOMETRIA hypotenuse
hipotermia s.f. MEDICINA hypothermia; exposure
hipótese s.f. 1 (*suposição*) hypothesis; assumption; isto é só uma hipótese this is a sheer assumption 2 (*possibilidade*) chance (de, of); possibility (de, of) 3 (*teoria*) hypothesis; formular uma hipótese to propose a hypothesis ♦ não ter hipóteses to have no chance na pior das hipóteses at the worst
hipotético adj. hypothetical
hispânico adj. Hispanic; Spanish
hispanismo s.m. 1 (*palavra, expressão*) Hispanicism 2 (*estudo*) Hispanic studies
hispano-americano adj. Hispanic-American; Latin-American
histerectomia s.f. MEDICINA hysterectomy
histeria s.f. MEDICINA hysteria; hysterics ♦ histeria coletiva mass hysteria
histérico adj. hysterical; riso histérico hysterical laughter
história s.f. 1 (*conhecimento*) History 2 (*fatos*) history 3 (*narração*) story; tale; contar uma história to tell a story; história para crianças nursery tale 4 (*enredo*) plot; story; qual é a história do filme? what's the story of the film? ♦ história em quadradinhos funnies história em quadrinhos comic strip que história é essa? what's that all about?
historiador s.m. historian
historial s.m. history; record; account
histórico adj. 1 (*relativo à história*) historical 2 (*memorável*) historic; memorable 3 (*verdadeiro*) historical; true; baseado em fatos históricos based on historical facts
hobby s.m. hobby; quais são os teus hobbies? what are your hobbies?
hoje adv. today ♦ hoje em dia nowadays até hoje up till now de hoje em diante from this day on de hoje para amanhã any time in the future por hoje chega that's all for today
Holanda s.f. the Netherlands; Holland
holandês adj. Dutch ■ s.m. (*pessoa*) Dutchman; Dutchwoman ■ s.m. (*língua*) Dutch
holocausto s.m. 1 (*massacre*) holocaust 2 (*sacrifício*) sacrifice; burnt offering ♦ o Holocausto the Holocaust
holofote s.m. 1 (*busca*) searchlight 2 (*foco*) spotlight
holograma s.m. hologram
homem s.m. 1 (*indivíduo*) man 2 (*ser humano*) human being; ele é apenas um homem he is just a human being 3 popular (*marido*) husband; man homens s.m.pl. (*espécie humana*) mankind; human race; os homens estão ameaçados pela doença mankind is being threatened by the disease ♦ homem de palavra man of his word (*provérbio*) homem prevenido vale por dois forewarned is forearmed homem primitivo caveman de homem para homem man-to-man pobre homem! poor chap!
homenageado s.m. guest of honour; honouree
homenagear v. to pay homage to; to pay tribute to; to honour
homenagem s.f. homage; tribute ♦ prestar homenagem a to pay homage to; to pay tribute to
homeopata s.2g. homeopath, homoeopath Grã--Bretanha
homeopatia s.f. MEDICINA homeopathy
homeopático adj. homeopathic; tratamento homeopático homeopathic treatment
homicida s.2g. homicide; murderer; killer ■ adj.2g. homicidal; murderous
homicídio s.m. homicide; murder
homilia s.f. RELIGIÃO homily
hominídeo s.m. hominid
homogeneidade s.f. homogeneity
homogeneização s.f. 1 (*de leite*) homogenization 2 (*uniformização*) standardization; homogenization
homogeneizar v. to homogenize
homogêneo adj. homogeneous; uniform
homologação s.f. ratification; recognition
homologar v. to approve; to ratify
homossexual adj., s.2g. homosexual; gay
homossexualidade s.f. homosexuality
Honduras s.f.pl. Honduras
hondurenho adj., s.m. Honduran
honestidade s.f. honesty
honesto adj. 1 (*íntegro*) honest; upright; reliable 2 (*sincero*) honest; frank; open
honorário adj. (*estatuto, membro*) honorary honorários s.m.pl. fees; emoluments
honorável adj.2g. honourable Grã-Bretanha, honorable EUA
honorificar v. to honour Grã-Bretanha, to honor EUA
honra s.f. honour ♦ em honra de in honour of fazer as honras da casa to do the honours ter a honra de to have the honour of
honrado adj. 1 (*respeitável*) honourable; respectable; gente honrada respectable people 2 (*honesto*) honest; reliable; trustworthy 3 (*decente*) decent; virtuous
honrar v. 1 (*respeitar*) to honour; to respect 2 (*homenagear*) to honour
hora s.f. 1 (*unidade de tempo*) hour; meia hora half an hour; são duas horas it's two o'clock; uma hora inteira a full hour 2 (*tempo*) time; a qualquer hora at any time; chegar na hora to be on time; dizer as horas to tell the time; horas extraordinárias overtime; hora local local time; hora marcada appointed time; que horas são? what time is it?, what's the time? 3 (*momento*) moment; chegou a hora the moment has come ♦ hora H zero hour a toda a hora all the time
horário adj. 1 (*de hora a hora*) hourly 2 time; fuso horário time zone ■ s.m. (*escola, transportes*)

timetable; schedule ♦ horário de trabalho working hours horário nobre primetime
horizontal *adj.2g.* horizontal; linha horizontal horizontal line
horizonte *s.m.* 1 horizon; skyline; no horizonte on the horizon 2 figurado (*perspectiva*) horizon; perspective; você deve alargar os seus horizontes you must broaden your horizons
hormonal *adj.2g.* hormonal; tratamento hormonal hormone treatment
hormônio *s.m.* hormone
horóscopo *s.m.* horoscope
horrendo *adj.* horrible; horrifying; frightful
horripilante *adj.2g.* 1 (*terrível*) horrifying; horrific; terrible 2 (*assustador*) hair-raising; ghastly; terrifying
horripilar *v.* 1 (*horrorizar*) to horrify; to terrify 2 (*causar arrepios*) to make (somebody) shiver horripilar-se *v.pr.* 1 (*horrorizar-se*) to be horrified 2 (*arrepiar-se*) to shudder; to shiver
horrível *adj.2g.* awful; dreadful; appalling
horror *s.m.* 1 (*pavor*) horror; terror; fear 2 (*aversão*) horror; abhorrence ♦ que horror! how awful! ser um horror to be awful; to be a nightmare ter horror a to loathe
horrorizado *adj.* horrified; appalled; terrified
horrorizar *v.* 1 (*aterrorizar*) to terrify; to petrify 2 (*assustar*) to frighten; to scare
horroroso *adj.* 1 (*medonho*) horrible; terrifying; um acontecimento horroroso a terrifying event 2 (*mau*) dreadful; awful 3 (*assustador*) frightful; scary; creepy; espetáculo horroroso creepy show
horta *s.f.* vegetable garden, kitchen garden
hortaliça *s.f.* greens, green vegetables
hortelã *s.f.* BOTÂNICA mint
hortênsia *s.f.* BOTÂNICA hydrangea
horticultor *s.m.* horticulturist
horticultura *s.f.* horticulture
horto *s.m.* market garden Grã-Bretanha; truck farm EUA
hospedador *s.m.* hosteller
hospedagem *s.f.* accommodation; lodging
hospedar *v.* to lodge; to put up hospedar-se *v.pr.* to lodge; to put up; to take lodgings
hospedaria *s.f.* inn; hostel
hóspede *s.2g.* 1 (*visita*) guest 2 (*hotel*) lodger; boarder
hospedeiro *adj., s.m.* BIOLOGIA (organismo) host
hospício *s.m.* antiquado madhouse
hospital *s.m.* hospital; estar no hospital to be in hospital; ir para o hospital to go to hospital; ser internado no hospital to be admitted to (the) hospital; ter alta do hospital to be discharged from hospital
hospitalar *adj.2g.* hospital
hospitaleiro *adj.* hospitable
hospitalidade *s.f.* hospitality ♦ abusar da hospitalidade de alguém to wear out one's welcome
hospitalizado *adj.* hospitalized; in hospital

husky

hospitalizar *v.* to hospitalize; to send into hospital
hóstia *s.f.* RELIGIÃO host; Eucharistic wafer
hostil *adj.2g.* 1 (*inimigo*) hostile (a, to) 2 (*agressivo*) aggressive
hostilidade *s.f.* hostility hostilidades *s.f.pl.* (*guerra*) hostilities; suspender as hostilidades to suspend hostilities
hostilizar *v.* 1 (*opor*) to oppose; to antagonize 2 (*guerra*) to wage war on
hotel *s.m.* hotel ♦ hotel de cinco estrelas five star hotel
hotelaria *s.f.* 1 (*atividade*) catering business 2 (*curso*) hotel management
hoteleiro *s.m.* hotel manager, hotelier ■ *adj.* hotel; indústria hoteleira hotel industry
hulha *s.f.* coal
humanidade *s.f.* 1 (*gênero humano*) humankind 2 (*sentimento*) humanity humanidades *s.f.pl.* (*área de estudo*) humanities
humanismo *s.m.* humanism
humanista *adj., s.2g.* humanist
humanitário *adj.* humanitarian; ajuda humanitária humanitarian aid
humanitarismo *s.m.* humanitarianism
humanizar *v.* to humanize
humano *adj.* 1 (*pessoa*) human; direitos humanos human rights; natureza humana human nature; ser humano human being 2 (*bondoso*) humane; um sistema judicial mais humano a more humane judicial system ■ *s.m.* human being
humildade *s.f.* 1 (*modéstia*) humility; modesty 2 (*pobreza*) humbleness
humilde *adj.2g.* 1 (*modesto*) humble, modest 2 (*pobre*) low, poor ♦ de origem humilde lowborn
humilhação *s.f.* humiliation; abasement; sofrer humilhação to be humiliated
humilhante *adj.2g.* humiliating
humilhar *v.* to humiliate; to humble; to abase humilhar-se *v.pr.* to humble oneself; to abase oneself
humor *s.m.* 1 (*comicidade*) humour; ter senso de humor to have a good sense of humour 2 (*disposição*) mood; estar de bom/mau humor to be in a good/bad mood ♦ humor negro black comedy
humorado *adj.* 1 humoured Grã-Bretanha, humored EUA 2 (*disposição*) tempered
humorismo *s.m.* 1 (*humor*) humour Grã-Bretanha, humor EUA; humorousness 2 (*comédia*) comedy
humorista *s.2g.* 1 (*escritor*) humorist 2 (*ator*) comedian
humorístico *adj.* humorous
húmus *s.m.* GEOLOGIA *humus*
húngaro *adj., s.m.* Hungarian húngaro *s.m.* (*língua*) Hungarian
Hungria *s.f.* Hungary
husky *s.m.* (*cachorro*) husky; husky siberiano Siberian husky

I

i s.m. (*letra*) i
iate s.m. yacht
iatismo s.m. yachting
ibérico adj. Iberian
ibope s.m. 1 (*TV, rádio*) audience rating 2 figurado prestige
içar v. 1 (*bandeira*) to hoist, to lift 2 (*vela*) to haul up
iceberg s.m. iceberg
ícone s.m. (*geral*) icon
icterícia s.f. MEDICINA jaundice
ictiologia s.f. ichthyology
ida s.f. 1 (*marcha*) going 2 (*partida*) departure, setting off ♦ passagem de ida e volta return ticket; round-trip ticket na ida on the way there
idade s.f. 1 age; não aparentar a idade not to look one's age 2 (*anos*) years; um ano de idade one year old; que idade você tem? how old are you? 3 (*época*) age ♦ Idade Média the Middle Ages pessoa de idade an elderly person
ideal adj.2g. ideal; o lugar ideal the ideal place ■ s.m. (*princípio, valor*) ideal
idealismo s.m. idealism
idealista adj. idealistic ■ s.2g. idealist
idealização s.f. idealization
idealizar v. 1 to idealize 2 (*imaginar*) to fancy, to dream 3 (*planejar*) to devise, to create
ideia s.f. 1 (*pensamento*) idea; transmitir uma ideia to convey an idea 2 (*noção*) notion; cheio de ideias erradas full of silly notions 3 (*ideologia*) convictions; ideias políticas political convictions ♦ ideia genial brainwave mudar de ideia to change one's mind que ideia! the very idea! ter uma ideia to come up with an idea
idem pron. dem. ditto; idem
idêntico adj. identical (a, *to*); é idêntico ao meu it's identical to mine
identidade s.f. 1 identity 2 identity card; carteira de identidade identity card
identificação s.f. identification
identificar v. 1 to identify; não identificado unidentified 2 (*reconhecer*) to recognize identificar-se v.pr. 1 (*documentação*) to identify oneself 2 (*empatia*) to identify (com, *with*)
ideologia s.f. ideology
ideológico adj. ideological
ideólogo s.m. ideologist
idílio s.m. idyll
idioma s.m. idiom, language
idiomático adj. idiomatic ♦ expressão idiomática idiomatic expression
idiota adj. idiot, idiotic ■ s.m. idiot
idiotice s.f. 1 silliness, idiocy 2 (*disparate*) nonsense; dizer idiotices to talk nonsense
idolatrar v. 1 to idolize 2 figurado (*adorar*) to adore
idolatria s.f. 1 idolatry 2 figurado (*admiração*) admiration
ídolo s.m. 1 idol 2 figurado false god
idoneidade s.f. 1 suitability; fitness 2 reliability
idôneo adj. 1 (*adequado*) suitable, fit 2 (*de confiança*) reliable
idoso adj. elderly, old ■ s.m. elderly man/woman; os idosos the elderly
igara s.f. dugout
igarapé s.m. stream
igarité s.m. canoe
igariteiro s.m. canoeist
iglu s.m. igloo
ignição s.f. ignition ♦ chave de ignição ignition key
ignorado adj. 1 ignored 2 (*desconhecido*) unknown
ignorância s.f. 1 (*desconhecimento*) ignorance; por ignorância out of ignorance 2 (*inexperiência*) inexperience 3 (*analfabetismo*) illiteracy
ignorante adj.2g. 1 ignorant 2 (*iletrado*) unlearned ■ s.2g. ignoramus
ignorar v. 1 (*desconhecer*) to ignore, not to know; ignorar o fato to be ignorant of the fact 2 (*não dar atenção*) to disregard
igreja s.f. church; ir à igreja to go to church
Igreja s.f. Church; Igreja Católica Romana Roman Catholic Church; Igreja Anglicana Anglican Church, Church of England; Igreja Ortodoxa Orthodox Church
igual adj.2g. 1 equal; duas partes iguais two equal parts 2 (*idêntico*) just like (a, *–*); aquela saia é igual à sua that skirt is just like yours 3 (*superfície*) even ■ s.2g. equal; nunca veremos outro igual we shall never see his equal ♦ de igual para igual between equals sem igual without equal
igualar v. 1 (*tornar igual*) to equal 2 (*nivelar*) to level 3 to be equal to; to match 4 ESPORTE to equalize igualar-se v.pr. (*comparar-se*) to compare (a, *to*)
igualdade s.f. 1 (*paridade*) equality 2 (*uniformidade*) evenness, uniformity ♦ igualdade de direitos equal rights estar em pé de igualdade com to be on an equal footing with
igualmente adv. 1 equally; in an equal manner; eles são igualmente culpados they are equally guilty 2 (*também*) likewise, also 3 (*saudação*) the same to you!
iguana s.m. ZOOLOGIA iguana
iguaria s.f. CULINÁRIA delicacy
ilegal adj.2g. illegal, illicit
ilegalidade s.f. illegality
ilegitimidade s.f. illegitimacy
ilegítimo adj. 1 illegitimate 2 (*ilegal*) illegal
ilegível adj.2g. illegible
ileso adj. unhurt, uninjured; ele sempre sai ileso he always comes off clear

ilha s.f. 1 island 2 (*com nome próprio*) isle ♦ Ilhas Britânicas British Isles
ilhéu adj. insular ■ s.m. 1 (*pessoa*) islander 2 (*ilhota*) islet
ilhós s.2g.2n. eyelet
ilibar v. 1 (*inocentar*) to declare not guilty of 2 (*reabilitar*) to rehabilitate
ilícito adj. illicit, illegal; unlawful; venda ilícita illicit sale
ilimitado adj. 1 (*sem restrições*) unlimited; confiança ilimitada unlimited confidence 2 (*infinito*) infinite 3 (*sem limites*) boundless
iludir v. to delude; to deceive; iludir alguém to deceive someone iludir-se v.pr. to deceive oneself
iluminação s.f. 1 lighting; illumination; iluminação elétrica electric light; iluminação natural natural lighting 2 figurado (*esclarecimento*) enlightenment
iluminado adj. 1 lighted (com, *by*); lit (com, *with*); a cozinha estava iluminada com velas the kitchen was lit (up) with candles; mal iluminado poorly lit 2 figurado (*esclarecido*) enlightened ■ s.m. visionary
iluminar v. 1 (*casas, ruas*) to illuminate; to light up 2 (*apontar uma luz*) to shine a light (–, *on*) 3 (*esclarecer*) to enlighten iluminar-se v.pr. to light up; o rosto dele se iluminou his face lit up
Iluminismo s.m. Enlightenment
ilusão s.f. 1 illusion 2 (*engano*) delusion ♦ ilusão de óptica optical illusion
ilusionismo s.m. conjuring
ilusionista s.2g. conjurer; illusionist
ilustração s.f. 1 (*livro*) picture, plate 2 (*exemplo*) illustration
ilustrado adj. 1 (*com gravuras*) illustrated; bem ilustrado well-illustrated 2 (*instruído*) learned, erudite
ilustrador s.m. illustrator
ilustrar v. (*geral*) to illustrate
ilustrativo adj. illustrative
ilustre adj.2g. illustrious, famous ♦ um ilustre desconhecido a complete stranger
ilustríssimo adj. (superlativo de ilustre) most illustrious ♦ (*em correspondência*) ilustríssimo senhor Dear Sir
imã s.m. RELIGIÃO imam
ímã s.m. magnet
imaculado adj. immaculate ♦ Imaculada Conceição Immaculate Conception
imagem s.f. 1 image 2 picture 3 (*figura pública*) public image 4 (*espelho*) reflection ♦ imagem de marca brand image passar uma boa/má imagem de to present a good/bad image of
imaginação s.f. 1 (*fantasia*) fancy, fantasy 2 (*criatividade*) imagination ♦ dar asas à imaginação to give free rein to one's imagination sem imaginação unimaginative
imaginar v. 1 to imagine 2 (*conceber*) to conceive; to create 3 (*supor*) to suppose ♦ imagine! just fancy!
imaginário adj. 1 imaginary 2 (*ilusório*) illusory ■ s.m. the imagination
imaturidade s.f. immaturity

impacto

imaturo adj. 1 immature 2 (*não desenvolvido*) undeveloped 3 (*prematuro*) premature
imbatível adj.2g. 1 (*preço, recorde*) unbeatable 2 (*invencível*) invincible
imbecil s.2g. 1 (*idiota*) imbecile, idiot; jerk col. 2 (*estúpido*) stupid ■ adj.2g. 1 (*idiota*) imbecile 2 (*estúpido*) stupid
imbecilidade s.f. imbecility
imbuia s.f. BOTÂNICA imbuia
imediatamente adv. immediately, at once, right away; eles decidiram a questão imediatamente they came to a decision then and there
imediato adj. 1 immediate; uma resposta imediata an immediate response 2 (*seguinte*) next (a, *to*) 3 (*instantâneo*) without delay, prompt; entrega imediata prompt delivery ♦ de imediato straight away
imensamente adv. a lot; choveu imensamente it rained a lot ♦ lamento imensamente I'm awfully sorry
imensidade s.f. immensity
imensidão s.f. immensity, vastness
imenso adj. immense; vast; enormous ■ adv. a lot
imergir v. to immerse
imersão s.f. (*submersão*) immersion, submersion ♦ em imersão under water
imerso adj. immersed
imigração s.f. immigration
imigrante adj., s.2g. immigrant
imigrar v. to immigrate
iminência s.f. imminence
iminente adj.2g. 1 (*prestes a acontecer*) imminent, impending; estar iminente to impend 2 (*próximo*) upcoming ♦ perigo iminente imminent danger
imitação s.f. 1 imitation 2 (*cópia*) copy 3 (*espetáculo*) impression; impersonation ♦ imitação fraudulenta fake cuidado com as imitações! beware of imitations!
imitar v. 1 (*copiar*) to imitate; to copy 2 (*parodiar*) to mimic; imita muito bem os professores he's really good at mimicking the teachers 3 (*espetáculo*) to impersonate
imobiliária s.f. estate agent's
imobiliário adj. immovable; setor imobiliário real estate
imobilizar v. 1 to immobilize 2 (*parar*) to stop 3 (*capital*) to tie up 4 (*progresso*) to bring to a standstill imobilizar-se v.pr. to come to a stop
imoral adj.2g. immoral
imoralidade s.f. immorality
imortal adj., s.2g. immortal
imortalidade s.f. immortality
imortalizar v. to immortalize; to render immortal
imóvel adj.2g. 1 immobile 2 (*parado*) motionless, still; permanecer imóvel to stand still ■ s.m. 1 (*edifício*) building 2 DIREITO real estate
impaciência s.f. impatience
impacientar v. to make impatient; to exasperate impacientar-se v.pr. 1 to lose one's patience 2 to get worked up (com, *about*)
impaciente adj.2g. 1 impatient 2 (*agitado*) restless
impacto s.m. (*geral*) impact ♦ impacto ambiental environmental impact causar impacto to cause a stir; to make an impact

impagável

impagável *adj.2g.* 1 (*inestimável*) priceless 2 (*hilariante*) priceless; hilarious
impaludismo *s.m.* MEDICINA antiquado malaria
ímpar *adj.2g.* 1 (*número*) odd; número ímpar odd number 2 (*único*) single; unique
imparcial *adj.2g.* impartial (em relação a, *towards*)
impasse *s.m.* impasse, deadlock
impecável *adj.2g.* 1 impeccable 2 (*perfeito*) faultless 3 (*pessoa*) great; é um cara impecável he's a great guy
impedância *s.f.* FÍSICA impedance
impedido *adj.* 1 hindered, prevented 2 (*linha telefônica*) engaged 3 (*trânsito*) blocked
impedimento *s.m.* 1 (*obstáculo*) obstacle; hindrance 2 DIREITO impediment
impedir *v.* 1 (*impossibilitar*) to prevent (de, *from*) 2 (*dificultar*) to hinder; to hamper
impelir *v.* 1 (*dar impulso a*) to propel; to drive forward 2 figurado (*incitar*) to impel; to incite
impenetrável *adj.2g.* 1 (*que não dá passagem*) impenetrable; florestas impenetráveis impenetrable forests 2 (*incompreensível*) incomprehensible, inscrutable
impensado *adj.* 1 thoughtless, rash 2 (*inesperado*) unexpected
imperador *s.m.* emperor
imperar *v.* 1 (*governar*) to rule 2 (*prevalecer*) to prevail
imperativo *adj.* 1 imperative; uma ordem imperativa an imperative order 2 (*dominante*) commanding ■ *s.m.* LINGUÍSTICA (*modo*) imperative
imperatriz *s.f.* empress
imperceptível *adj.2g.* 1 imperceptible 2 (*sem discernimento*) undiscernible, unapparent
imperdível *adj.2g.* (filme, espetáculo) unmissable
imperdoável *adj.2g.* unforgivable, inexcusable
imperfeição *s.f.* 1 imperfection 2 (*defeito*) defect; fault
imperfeito *adj.* 1 imperfect; trabalho muito imperfeito poorly done work 2 (*defeituoso*) defective ■ *s.m.* LINGUÍSTICA (*tempo verbal*) imperfect
imperial *adj.2g.* imperial
imperialismo *s.m.* imperialism
imperialista *adj., s.2g.* imperialist
império *s.m.* empire
impermeabilizar *v.* to waterproof
impermeável *adj.2g.* 1 (*tecido, roupa*) waterproof 2 (*geral*) impermeable (a, *to*); impervious (a, *to*) *s.m.* (*casaco*) waterproof, mackintosh, raincoat
impertinente *adj.2g.* impertinent
impessoal *adj.2g.* impersonal
ímpeto *s.m.* 1 (*força*) impetus 2 (*movimento súbito*) start; levantar-se num ímpeto to get up with a start 3 (*impulso*) impulse; urge
impetuosidade *s.f.* 1 impetuosity 2 (*violência*) violence 3 (*veemência*) vehemence
impetuoso *adj.* 1 (*pessoa*) impetuous, hotheaded; passionate 2 (*violento*) violent 3 (*ato*) rash, hasty 4 (*rio*) fast-moving
impiedade *s.f.* 1 impiety 2 (*crueldade*) cruelty 3 (*implacável*) mercilessness
impiedoso *adj.* 1 unmerciful, merciless 2 (*cruel*) hard-hearted
impingir *v.* 1 (*impor*) to impose (a, upon) 2 (*mentiras, mercadorias*) to foist (a, on)
implacável *adj.2g.* 1 implacable 2 (*destino, perseguição*) relentless 3 (*pessoa*) unforgiving
implantação *s.f.* 1 implementation 2 (*introdução*) introduction 3 MEDICINA implant
implantar *v.* 1 MEDICINA to implant 2 (*estabelecer*) to implement 3 (*fixar*) to fix
implante *s.m.* MEDICINA implant
implementar *v.* 1 to implement 2 (*executar*) to fulfil Grã-Bretanha, to fulfill EUA, to perform
implicância *s.f.* tease, annoyance
implicar *v.* 1 (*envolver em*) to implicate; implicaram-no no assassinato he was implicated in the murder 2 (*acarretar*) to involve 3 (*pressupor*) to imply 4 (*discutir*) to pick a quarrel 5 (*chatear*) to tease, to pick (com, on); implicar com alguém to pick on somebody 6 (*incriminar*) to incriminate
implícito *adj.* 1 implicit 2 (*implicado*) implied
implodir *v.* to implode
implorar *v.* to implore (-, *for*), to beg (-, *for*)
implosão *s.f.* implosion
imponência *s.f.* magnificence, splendour
imponente *adj.2g.* 1 imposing; sumptuous 2 (*pomposo*) stately
impopular *adj.* unpopular
impopularidade *s.f.* unpopularity
impor *v.* 1 (*condições, multa*) to impose (a, *on*) 2 (*respeito, ordem*) to command impor-se *v.pr.* 1 (*afirmar-se*) to assert oneself 2 (*fazer-se respeitar*) to command respect 3 (*prevalecer*) to prevail (-, *over*)
importação *s.f.* 1 (*ato*) importation, imports; reduzir as importações to reduce imports 2 (*mercadoria*) import; importação de trigo the import of wheat ♦ importação e exportação import and export
importador *s.m.* importer
importância *s.f.* 1 importance; um ar de importância an air of importance 2 (*dinheiro*) sum; cost; amount; qual é a importância? what is the amount? ♦ não tem importância never mind sem importância unimportant, immaterial
importante *adj.2g.* 1 important; é muito importante it is very important 2 (*considerável*) considerable; um importante número de livros a considerable number of books ■ *s.m.* the essential point ♦ dar-se ares de importante to give oneself airs
importar *v.* 1 (*ter importância*) to matter; não importa it doesn't matter 2 (*comércio*) to import 3 (*quantidade*) to amount to 4 (*custar*) to cost 5 (*interessar*) to concern importar-se *v.pr.* 1 to mind (de, que, *if*); importa-se de fechar a porta? do you mind shutting the door?; se não se importa if you don't mind 2 (*preocupar-se*) to care (com, *about*); parece não se importar com o frio he doesn't seem to care about the cold; coloquial pouco me importa! I couldn't care less!
importunar *v.* 1 to importune 2 (*aborrecer*) to annoy 3 (*molestar*) to harass
imposição *s.f.* 1 imposition 2 (*regra*) rule

impossibilidade s.f. impossibility; ver-se na impossibilidade de to be deprived of the means to
impossibilitar v. 1 to render impossible; impossibilitar algo to make something impossible 2 (*incapacitar*) to disable
impossível adj.2g. impossible; é impossível! it's impossible!, that's not possible! ♦ pedir o impossível to cry for the moon
imposto s.m. 1 (*contribuição*) tax; isento de imposto tax-free 2 (*taxa*) duty ♦ imposto de renda income tax
impostor s.m. 1 impostor, deceiver 2 (*charlatão*) charlatan
impotência s.f. (*geral*) impotence
impotente adj.2g. 1 MEDICINA impotent 2 (*incapaz*) impotent; powerless
impraticável adj.2g. 1 impracticable 2 (*rua, rio*) impassable
imprecisão s.f. inaccuracy; imprecision
impregnar v. to impregnate (de, *with*) impregnar-se v.pr. to be impregnated (de, *with*)
imprensa s.f. 1 (*jornalistas*) press 2 (*jornais*) papers
imprescindível adj.2g. indispensable
impressão s.f. 1 (*sensação*) impression 2 (*processo*) printing; erro de impressão misprint; impressão a cores colourprinting 3 INFORMÁTICA printout 4 (*noção*) notion 5 (*opinião*) opinion ♦ impressão digital fingerprint
impressionante adj.2g. 1 (*comovente*) moving, affecting, touching; uma cena impressionante a touching scene 2 (*impressivo*) impressive; um feito impressionante an impressive achievement 3 (*espetacular*) striking; uma beleza impressionante a striking beauty
impressionar v. 1 (*causar respeito*) to impress 2 (*emocionar*) to move; to affect impressionar-se v.pr. (*comover-se*) to be moved (com, *by*)
impresso adj. printed; impresso no verso printed on the back ■ s.m. 1 (*folheto*) leaflet 2 (*formulário*) form; preencher um impresso to fill in a form 3 (*impressão*) printed matter
impressora s.f. INFORMÁTICA printer; impressora laser laser printer
imprevisível adj.2g. unpredictable; unforeseeable
imprevisto adj. unforeseen, unexpected; despesas imprevistas unforeseen charges ■ s.m. accident, unexpected event; surgiu um imprevisto something came up
imprimir v. 1 to print; imprimir um jornal to print off a newspaper 2 (*marca*) to stamp 3 INFORMÁTICA to print out 4 figurado (*inspirar*) inspire
improdutivo adj. 1 unproductive 2 (*ineficaz*) ineffective 3 (*não lucrativo*) unprofitable
impróprio adj. 1 (*inadequado*) unsuitable (para, *for*); água imprópria para consumo water unsuitable for human consumption 2 (*indecente*) improper; piada imprópria blue joke
improvável adj.2g. 1 (*acontecimento*) improbable 2 (*inverossímil*) unlikely
improvisação s.f. 1 improvisation 2 MÚSICA impromptu
improvisar v. 1 to improvise; improvisar um discurso to improvise a speech 2 MÚSICA to extemporize
improviso s.m. improvisation ♦ falar de improviso to speak impromptu
imprudência s.f. 1 rashness 2 (*descuidado*) carelessness
imprudente adj.2g. 1 (*irrefletido*) rash 2 (*motorista*) careless
impugnar v. to refute
impulsionar v. 1 (*impelir*) to impel 2 figurado (*estimular*) to promote
impulsivo adj. 1 impulsive 2 (*precipitado*) hasty 3 (*impetuoso*) hot-headed
impulso s.m. 1 impulse 2 figurado (*estímulo*) boost ♦ num impulso on an impulse
impune adj. unpunished; ele saiu impune he left scot-free
impunidade s.f. impunity
impureza s.f. 1 impurity 2 (*sujeira*) uncleanness
imputar v. 1 to impute (a, *to*) 2 (*atribuir*) to attribute (a, *to*); to ascribe (a, *to*) 3 (*acusar*) to blame (–, *for*); imputar algo a alguém to blame somebody for something
imundice s.f. 1 (*porcaria*) dirt, filth 2 (*lixo*) rubbish
imundície s.f. 1 (*porcaria*) dirt, filth 2 (*lixo*) rubbish
imundo adj. filthy
imune adj. immune (a, *to*)
imunidade s.f. 1 immunity 2 (*imposto, responsabilidade*) exemption ♦ imunidade diplomática diplomatic immunity
imunitário adj. MEDICINA (sistema, defesas) immune
imunizar v. MEDICINA to immunize (contra, *against*); imunizar alguém contra uma doença to immunize somebody against a disease
imunologia s.f. immunology
inabalável adj.2g. 1 (*crença, confiança, opinião*) unshakeable; firm; deep-rooted 2 (*pessoa*) intrepid 3 (*laços, vínculos*) deep-seated; unbreakable
inacabado adj. unfinished; incomplete
inacabável adj.2g. unfinishable; interminable
inaceitável adj.2g. unacceptable; inadmissible
inacessível adj.2g. 1 (*local*) inaccessible; remote 2 (*distante*) (*pessoa*) unapproachable, distant 3 (*inalcançável*) unattainable, unachievable 4 (*preço*) prohibitiv
inacreditável adj.2g. incredible; unbelievable
inadequado adj. unsuitable (a, para, *for, to*); inappropriate (a, para, *for, to*)
inadiável adj.2g. 1 (*que não pode ser adiado*) that cannot be delayed, that cannot be postponed 2 (*urgente*) pressing; urgent; uma decisão inadiável a pressing decision
inadimplência s.f. default
inadimplente s.2g. DIREITO defaulter; defaulting party ■ adj.2g. defaulting
inadmissível adj.2g. inadmissible; unacceptable; um comportamento inadmissível unacceptable behaviour
inadvertência s.f. (*falta de atenção*) inadvertence; carelessness
inadvertidamente adv. inadvertently

inadvertido

inadvertido *adj.* 1 (*sem intenção*) unintentional 2 (*distraído*) inadvertent; inattentive; distracted
inalação *s.f.* inhalation
inalador *s.m.* inhaler
inalar *v.* to inhale; to breathe in
inalterado *adj.* 1 unaltered; unchanged 2 (*pessoa*) undisturbed
inalterável *adj.2g.* unalterable; unchangeable
inanimado *adj.* inanimate
inapto *adj.* (*sem aptidão*) inapt; incompetent; unskilful
inatingível *adj.2g.* 1 (*inalcançável*) unattainable 2 (*incompreensível*) incomprehensible
inativo *adj.* 1 (*não ativo*) inactive 2 (*não operacional*) inoperative; inactive 3 (*desempregado*) unemployed 4 (*vulcão*) dormant; inactive
inato *adj.* innate; inborn; qualidades inatas innate qualities
inauguração *s.f.* inauguration
inaugurar *v.* to inaugurate; to (declare) open
incalculável *adj.2g.* inestimable; immeasurable; incalculable
incandescência *s.f.* incandescence, candescence; glow
incandescente *adj.* incandescent; glowing
incansável *adj.2g.* tireless
incapacidade *s.f.* 1 incapacity (para, *for*) 2 incapability; incapacidade física physical disablement
incapacitar *v.* 1 (*tornar incapaz*) to incapacitate; to render incapable 2 (*fisicamente*) to disable; to cripple
incapaz *adj.* 1 (*que não consegue*) incapable (de, *of*); unable (de, *to*); ele é incapaz de entender o que eu digo he is unable to understand what I say 2 (*inapto*) incompetent; inept
incendiar *v.* 1 to set on fire, to set fire to 2 (*provocar*) to ignite; to give rise to incendiar-se *v.pr.* 1 to catch fire 2 (*excitar-se*) to become excited
incêndio *s.m.* fire; incêndio florestal forest fire; incêndio criminoso arson
incenso *s.m.* incense
incentivar *v.* 1 (*estimular*) to encourage (a, *to*); to stimulate (a, *to*); to inspire (a, *to*) 2 ECONOMIA to give incentives to
incentivo *s.m.* 1 incentive (a, *for; to*) 2 (*motivação*) incitement; encouragement
incerteza *s.f.* uncertainty; incertitude; doubt
incerto *adj.* 1 (*inconstante*) variable, varying; inconstant; tempo incerto variable weather 2 (*indeciso*) irresolute; hesitant; undecided 3 (*pouco fiável*) untrustworthy 4 (*desconhecido*) uncertain; unknown; futuro incerto uncertain future
inchaço *s.m.* swelling
inchado *adj.* 1 swollen 2 (*vaidoso*) puffed-up; boastful; proud; vain
inchar *v.* 1 to swell 2 figurado (*orgulho*) to puff up
incidência *s.f.* incidence ♦ ângulo de incidência angle of incidence
incidente *s.m.* incident; event
incidir *v.* to fall (em, *upon*)
incineração *s.f.* incineration

incinerador *s.m.* incinerator; incinerador de resíduos waste incinerator ■ *adj.* incinerating
incinerar *v.* to incinerate
incisão *s.f.* incision; cut
incisivo *adj.* incisive; sharp *sm* (*dente*) incisor
inciso *adj.* incised
incitar *v.* 1 (*estimular*) to incite (a, *to*); to urge (a, *to*); to exhort (a, *to*) 2 (*instigar*) to instigate; incitar à violência to instigate violence
inclinação *s.f.* 1 GEOMETRIA, GEOLOGIA inclination 2 (*tendência*) tendency (para, *to*) 3 (*jeito*) inclination (para, *for*); bent (para, *for*); ela tem uma inclinação natural para as línguas she has a natural bent for languages 4 (*afeição*) affection (por, *for*)
inclinado *adj.* 1 (*oblíquo*) inclined; leaning; sloping; plano inclinado inclined plane 2 (*propenso*) prone (a, *to*)
inclinar *v.* 1 (*posição*) to incline 2 (*cabeça*) to bow; to bend 3 (*levar a, predispor*) to incline (a, *to*); to dispose (a, *to*); to predispose (a, *to*) inclinar-se *v.pr.* 1 (*curvar-se, baixar-se*) to bend (down); to bow (down); to lean; inclinar-se para a frente to lean forward; inclinar-se para trás to lean back 2 (*ter jeito para*) to have a bent (para, *for*); to have an inclination (para, *for*) 3 (*interessar-se*) to incline (por, *towards*); to feel drawn (por, *to*)
incluído *adj.* included; está tudo incluído no preço everything is included in the price
incluir *v.* to include; este preço não inclui o imposto this price doesn't include tax
inclusão *s.f.* inclusion (em, *in*)
inclusive *adv.* inclusively; inclusive
incoerência *s.f.* incoherence
incoerente *adj.2g.* 1 (*ideias*) incoherent; illogical 2 (*discurso*) disconnected
incógnita *s.f.* 1 MATEMÁTICA (*equação*) unknown quantity 2 (*mistério*) mystery; enigma
incolor *adj.2g.* colourless
incomodado *adj.* 1 disturbed; annoyed; bothered 2 (*indisposto*) indisposed; ill 3 (*preocupado*) troubled (com, *with*)
incomodar *v.* (*importunar*) to disturb; to trouble; to bother (com, *with*); ela está sempre me incomodando she bothers me all the time; desculpe incomodá-lo I hate to disturb you incomodar-se *v.pr.* 1 to worry (com, *about; over*); não se incomode com isso don't worry about that, never mind that 2 to get upset (com, *about*) ♦ (*placa, aviso*) não incomodar do not disturb
incômodo *adj.* 1 (*desconfortável*) uncomfortable; esta cadeira é muito incômoda this chair is very uncomfortable 2 (*que perturba*) annoying; upsetting; distressing ■ *s.m.* 1 (*incômodo*) trouble; inconvenience; dar-se ao incômodo de fazer alguma coisa to take the trouble to do something 2 (*indisposição*) ailment
incomparável *adj.2g.* incomparable (a, *to*)
incompatibilidade *s.f.* incompatibility (com, *with*)
incompatibilizar *v.* to make incompatible incompatibilizar-se *v.pr.* 1 to become incompatible 2 (*cortar relações*) to fall out

incompatível adj.2g. incompatible (com, with)
incompetência s.f. incompetence; incapacity
incompetente adj.2g. incompetent; unfit (para, for); um empregado incompetente an incompetent employee
incompleto adj. 1 (não acabado) incomplete; unfinished 2 (imperfeito) imperfect
incompreendido adj. misunderstood; misinterpreted
incompreensão s.f. incomprehension; failure to understand
incompreensível adj.2g. incomprehensible; unintelligible
incomunicável adj.2g. incommunicable; unspeakable
inconcebível adj.2g. 1 (impensável) inconceivable; unimaginable; unthinkable 2 (inacreditável) incredible; extraordinary
incondicional adj.2g. unconditional; absolute; full; este projeto tem o meu apoio incondicional this project has my full support ♦ rendição incondicional unconditional surrender
inconfidência s.f. 1 indiscretion 2 (falta de confiança) lack of trust, distrust
inconformado adj. not resigned (com, to)
inconformismo s.m. non-conformity
inconfundível adj.2g. unmistakable
inconsciência s.f. 1 unconsciousness 2 (irresponsabilidade) irresponsibility; thoughtlessness
inconsciente adj.2g. 1 unconscious; o doente ainda está inconsciente the patient is still unconscious 2 unaware (de, of) 3 (irresponsável) thoughtless; irresponsible ■ s.m. the unconscious
inconsequência s.f. 1 inconsistency; incoherence 2 (irreflexão) thoughtlessness
inconsequente adj.2g. 1 inconsequential; illogical 2 (incoerente) incoherent; incongruous 3 (irrefletido) hasty
inconsistência s.f. inconsistency; incoherence; inconstancy
inconsistente adj.2g. 1 (material) unstable 2 (incoerente) inconsistent; incoherent
inconsolável adj.2g. desolate
inconstância s.f. 1 (volubilidade) inconstancy; moodiness 2 (instabilidade) variability; changeability
inconstante adj.2g. 1 (que muda) changeable; inconstant 2 (de caráter instável) inconstant; fickle; comportamento inconstante fickle behaviour
inconstitucional adj.2g. unconstitutional; medida inconstitucional unconstitutional measure
incontável adj.2g. uncountable
incontestável adj.2g. indisputable; unquestionable; undeniable; provas incontestáveis indisputable evidence
incontinência s.f. incontinence ♦ incontinência urinária incontinence of urine
incontrolável adj.2g. uncontrollable
inconveniência s.f. 1 inconvenience 2 (grosseria) impropriety; indelicacy
inconveniente adj.2g. 1 (inoportuno) inconvenient; inopportune 2 (indelicado) impolite

indefinido

3 (indecoroso) indecorous ■ s.m. 1 (obstáculo, transtorno) inconvenience; hindrance 2 (desvantagem) disadvantage
incorporação s.f. incorporation; integration
incorporar v. 1 to incorporate (em, in/into); to include (em, in/into) 2 (grupo, corporação) to fuse; to merge 3 (admitir) to admit incorporar-se v.pr. 1 to be incorporated (em, in/into) 2 (grupo, corporação) to become a member (em, of)
incorreção s.f. 1 (imprecisão) inaccuracy 2 (erro) mistake; error 3 (indelicadeza) impoliteness
incorrer v. to incur (em, –)
incorreto adj. 1 (inexato) incorrect; inaccurate; wrong 2 (indelicado) impolite; ser incorreto to have bad manners
incorrigível adj.2g. incorrigible; incurable
incrédulo adj. incredulous; sceptical; unbelieving ■ s.m. unbeliever
incrementar v. 1 to expand; to enlarge; to increase 2 (fomentar) to promote; to foment
incriminar v. to incriminate; to prove guilty
incrível adj.2g. 1 (que não se pode acreditar) incredible; unbelievable; unconceivable; por incrível que pareça incredible as it may seem 2 (extraordinário) amazing; remarkable
incrustar v. 1 to incrust 2 to inlay 3 (pedras preciosas) to set; ele mandou incrustar o diamante no anel he had the diamond set on a ring
incubadora s.f. incubator
incubar v. 1 (ovos) to incubate; to hatch; to brood 2 (doença) to incubate; incubar uma gripe to be coming down with a flu
inculcar v. to inculcate (em, in, into)
inculpar v. to inculpate; to accuse; to incriminate
inculto adj. 1 (terra) uncultivated 2 (sem educação) uncultured; unrefined; uncultivated
incumbência s.f. 1 incumbency (como, as) 2 duty; mission
incumbir v. to put in charge (de, of) incumbir-se v.pr. to take upon oneself (de, to)
incurável adj.2g. 1 incurable; uma doença incurável an incurable disease 2 (irremediável) irremediable; irreparable
incutir v. 1 (infundir) to instil (em, in); to inculcate (em, in) 2 (inspirar) to inspire
indagação s.f. inquiry; investigation; research
indagar v. to inquire; to investigate
indecência s.f. 1 indecency 2 (desrespeito) impoliteness; disrespect 3 (dito, ato) obscenity
indecente adj.2g. 1 (vergonhoso) indecent; shameful 2 (inconveniente) inconvenient
indecifrável adj.2g. indecipherable; unintelligible
indecisão s.f. indecision; irresolution
indeciso adj. undecided; irresolute; hesitating ■ s.m. (eleições) floating voter
indeferir v. to reject; to refuse; to deny
indefeso adj. (desprotegido) helpless; defenceless
indefinido adj. 1 indefinite; undefined; uncertain; ele estará ausente por tempo indefinido he will be absent for an indefinite period 2 (ideias, pensamentos) vague; ambiguous 3 LINGUÍSTICA indefinite; artigo indefinido indefinite article

indelicadeza

indelicadeza s.f. indelicacy; impoliteness; incivility
indelicado adj. 1 (*grosseiro*) indelicate; crude 2 (*mal-educado*) impolite; uncivil
indenização s.f. 1 (*montante*) indemnity; compensation; pagar uma indenização a to pay an indemnity to 2 (*ato de indenizar*) indemnification
indenizar v. to indemnify (por, *for*); to compensate (por, *for*); ser indenizado por to receive compensation for
independência s.f. independence; autonomy; independência financeira financial independence
independente adj.2g. 1 independent (de, *of*); um candidato independente an independent candidate 2 (*autônomo*) autonomous; self-sufficient ■ s.2g. POLÍTICA independent
indescritível adj.2g. indescribable; beyond description
indesejável adj.2g. 1 undesirable; unwanted; unwelcome; efeitos indesejáveis undesirable effects 2 (*inaceitável*) unbecoming; unacceptable
indestrutível adj.2g. 1 indestructible 2 (*eterno*) imperishable; everlasting
indeterminado adj. 1 (*incerto*) indeterminate; indefinite; uncertain; por tempo indeterminado for an indefinite period 2 (*indeciso*) irresolute
indevidamente adv. 1 wrongly; incorrectly; falsely; proceder indevidamente to act wrongly 2 (*de forma imprópria*) improperly
indevido adj. 1 (*impróprio*) improper; wrong 2 (*injusto*) unjust; unfair; undeserved
indexação s.f. INFORMÁTICA indexation; index-linking
indexar v. to index
Índia s.f. India
indiano adj., s.m. Indian ♦ em fila indiana in Indian file; in single file
indicação s.f. 1 (*instrução*) direction; instruction; seguir as indicações to follow the instructions 2 (*dica*) pointer 3 (*sinal*) sign (de, *of*) 4 (*recomendação*) recommendation; advice; por indicação de at the recommendation of; on the orders of
indicador adj. indicative (de, *of*); symptomatic (de, *of*) s.m. 1 indicator 2 (*dedo*) index finger, forefinger
indicar v. 1 (*apontar*) to point at 2 (*ser sinal de*) to indicate; to be a sign of 3 (*aconselhar*) to recommend; to suggest 4 (*fazer referência a*) to mention; to refer to
indicativo adj. indicative; modo indicativo indicative mood ■ s.m. 1 LINGUÍSTICA indicative 2 (*telefone*) dialling code
índice s.m. 1 index 2 (*taxa*) rate; index 3 (*nível*) level
indiciar v. 1 DIREITO to indict, to accuse 2 (*ser indício de*) to indicate; to denote; to be a sign of
indício s.m. sign (de, *of*); indication (de, *of*); indícios de melhoria signs of improvement
índico adj. Indian; Oceano Índico Indian Ocean
indiferença s.f. (*desinteresse*) indifference; detachment
indiferente adj.2g. indifferent; para mim é completamente indiferente I couldn't care less; ser indiferente a to be indifferent to ● Observe que a palavra inglesa *indifferent* se escreve com f duplo.

indígena adj.2g. indigenous; povos indígenas indigenous peoples ■ s.2g. native
indigência s.f. (*pobreza extrema*) indigence; poverty
indigente adj.2g. indigent; poor; needy ■ s.2g. indigent person
indigestão s.f. indigestion; ter uma indigestão to suffer from indigestion
indigesto adj. indigestible
indigitar v. (*nomear*) to designate; to appoint; to nominate
indignação s.f. indignation
indignado adj. indignant (com, perante, *at, about*; por, *that*)
indignar v. to arouse indignation; a atitude dele indignou os colegas his attitude aroused the indignation of his coworkers indignar-se v.pr. to grow indignant (com, *at, about*)
indignidade s.f. indignity
indigno adj. 1 undignified; unseemly; indecent 2 unworthy (de, *of*); indigno de respeito unworthy of respect
índigo s.m. 1 (*corante, cor*) indigo 2 BOTÂNICA indigo plant
índio adj., s.m. (*pessoa*) Indian ■ índio s.m. QUÍMICA (*elemento químico*) indium
indireta s.f. coloquial insinuation; hint; mandar uma indireta to drop a hint
indireto adj. indirect; efeitos indiretos indirect effects ♦ LINGUÍSTICA complemento indireto indirect object LINGUÍSTICA discurso indireto reported speech
indisciplina s.f. indiscipline, lack of discipline
indisciplinado adj. undisciplined; unruly; disobedient
indiscreto adj. 1 (*intrometido*) indiscreet; gossipy 2 (*sem tato*) tactless; thoughtless
indiscrição s.f. 1 (*falta de discrição*) indiscretion 2 (*imprudência*) imprudence 3 (*gafe*) gaffe; blunder
indiscriminado adj. indiscriminate
indiscutível adj.2g. unquestionable; indisputable; undeniable
indispensável adj.2g. 1 (*obrigatório*) indispensable; obligatory; mandatory 2 (*essencial*) essential; vital ♦ apenas o indispensável the bare essentials
indisponível adj.2g. 1 unavailable 2 busy
indispor v. 1 (*indisposição física*) to upset 2 (*incomodar*) to upset; to disturb; to annoy indispor-se v.pr. to grow angry
indisposição s.f. indisposition; ailment
indisposto adj. indisposed; slightly unwell
individual adj.2g. 1 individual; (*comida*) doses individuais individual portions 2 (*quarto*) single; quarto individual single room
individualidade s.f. 1 individuality 2 (*pessoa célebre*) personality; celebrity
individualismo s.m. 1 individualism 2 pejorativo (*egoísmo*) selfishness
individualista adj.2g. 1 individualistic 2 pejorativo selfish ■ s.2g. individualist
individualizar v. to individualize; to distinguish
individualmente adv. individually; separately
indivíduo s.m. individual; person
indivisível adj.2g. indivisible

índole s.f. character; temper
indolência s.f. indolence; idleness
indolente adj.2g. indolent; idle
indolor adj.2g. painless; parto indolor painless childbirth
indomável adj.2g. untamable
Indonésia s.f. Indonesia
indubitável adj.2g. undoubtable; undeniable; indisputable
indução s.f. induction
indulgência s.f. 1 indulgence; tolerance 2 RELIGIÃO indulgence
indulgente adj.2g. indulgent; lenient; tolerant; permissive
indumentária s.f. costume; clothing
indústria s.f. industry ♦ indústrias pesadas heavy industries indústria petrolífera oil business indústria têxtil clothing industry
industrial adj.2g. industrial ■ s.2g. industrialist ♦ revolução industrial industrial revolution zona industrial industrial park
industrialização s.f. industrialization
industrializar v. to industrialize industrializar-se v.pr. to become industrialized
industriário s.m. factory worker
induzir v. 1 (incitar) to induce (a, to); ele a induziu a tomar o remédio he induced her to take the pill 2 (inferir) to infer (de, from); to deduce (de, from) ♦ induzir em erro to lead into error
inédito adj. 1 (obra) unpublished 2 (acontecimento) unprecedented ■ s.m. unpublished work
ineficácia s.f. inefficiency; ineffectiveness
ineficaz adj.2g. 1 ineffective, ineffectual 2 (inútil) useless; futile
ineficiente adj.2g. inefficient
inegável adj.2g. undeniable; incontestable; irrefutable
inepto adj. (inábil) inept, inapt; unskilful; unskilled
inércia s.f. 1 inertia; apathy 2 FÍSICA inertia
inerente adj.2g. inherent (a, in); intrinsic (a, to)
inerte adj.2g. inert; motionless
inesgotável adj.2g. inexhaustible; unceasing; endless
inesperado adj. unexpected; unforeseen; sudden
inesquecível adj.2g. unforgettable; memorable
inevitável adj.2g. inevitable; unavoidable
inexistência s.f. 1 non-existence 2 lack (de, of); want (de, of)
inexistente adj.2g. nonexistent
inexperiência s.f. inexperience (em, in)
inexperiente adj.2g. 1 inexperienced (em, in) 2 (ingênuo) innocent; naïve
inexplicável adj.2g. inexplicable; unexplainable
infalível adj.2g. infallible; unfailing
infamar v. to defame, to slander, to calumniate
infame adj.2g. 1 (desacreditado) infamous; disreputable 2 (desprezível) despicable ■ s.2g. infamous fellow
infâmia s.f. 1 infamy 2 disgrace
infância s.f. 1 childhood; recordações de uma infância feliz memories of a happy childhood 2 figurado (princípio) infancy

inflacionar

infantaria s.f. infantry; foot-soldiers; infantaria a cavalo mounted infantry
infante s.2g. 1 (realeza) infante, infanta; prince, princess 2 antiquado (criança) infant; child 3 (exército) infantryman, infantrywoman; foot soldier
infantil adj.2g. 1 (criança) infantile 2 pejorativo immature; childish ♦ não seja infantil! grow up!
infantilidade s.f. childishness; childish behaviour
infarte s.m. MEDICINA heart attack; coronary
infarto s.m. MEDICINA heart attack; coronary
infecção s.f. MEDICINA infection ♦ risco de infecção risk of infection
infeccionar v. 1 to infect (com, with) 2 to become infected
infectado adj. infected
infectar v. 1 to infect (com, with); to contaminate 2 to become infected
infectocontagioso adj. infectious
infelicidade s.f. 1 unhappiness 2 (acontecimento) misfortune
infeliz adj.2g. 1 unhappy; miserable 2 (sem sorte) unfortunate; unlucky
infelizmente adv. unfortunately
inferior adj. 1 (qualidade) inferior (a, to); de qualidade inferior of inferior quality 2 lower; membro inferior lower limb ■ s.m. subordinate
inferioridade s.f. inferiority ♦ complexo de inferioridade inferiority complex
inferiorizar v. 1 (diminuir o valor) to diminish; to belittle; to depreciate 2 (desprezar) to look down on
inferir v. to infer (de, from); to deduce (de, from)
infernal adj.2g. infernal; hellish; que barulheira infernal! what an infernal racket!
infernizar v. to torment; to torture; infernizar a vida de alguém to make someone's life hell
inferno s.m. hell ♦ vai para o inferno! go to hell!
Inferno s.m. Hell
infértil adj.2g. infertile; barren
infertilidade s.f. infertility; barrenness
infestar v. to infest; to plague
infidelidade s.f. 1 (adultério) infidelity; adultery 2 (falta de lealdade) unfaithfulness; disloyalty
infiel adj.2g. 1 (adúltero) unfaithful (a, to) 2 (desleal) disloyal (a, to) s.2g. RELIGIÃO infidel
infiltração s.f. infiltration (em, in, into); a infiltração de espiões no exército the infiltration of spies in the army; a infiltração de água no solo the infiltration of water into the soil
infiltrado adj. infiltrated ■ s.m. infiltrator
infiltrar v. 1 (líquido) to permeate (em, through/into); to infiltrate (em, into); a chuva infiltrou-se na parede rainwater permeated through the wall 2 (pessoa) to infiltrate (em, into); forças inimigas infiltraram-se no país enemy forces infiltrated into our country
infinidade s.f. infinity (de, of); infinitude (de, of); uma infinidade de gente an infinity of people
infinitivo s.m. LINGUÍSTICA (modo) infinitive
infinito adj. infinite ■ s.m. the infinite
inflação s.f. ECONOMIA inflation
inflacionar v. 1 to inflate; isso vai inflacionar os preços this will inflate prices 2 (moeda) to devalue

inflamação

inflamação s.f. MEDICINA inflammation
inflamado adj. 1 (inflamação) inflamed 2 figurado passionate; vehement
inflamar v. 1 MEDICINA to inflame 2 (fogo) to ignite; to set on fire 3 figurado (exaltar) to inflame; to excite
inflamatório adj. MEDICINA inflammatory
inflamável adj.2g. (substância) inflammable
inflável adj.2g. inflatable; colchão inflável inflatable mattress
inflexibilidade s.f. inflexibility
inflexível adj.2g. 1 (rígido, que não se dobra) inflexible; unbendable; stiff 2 (intransigente) uncompromising
infligir v. to inflict (a, on, upon); to impose (a, on, upon)
inflorescência s.f. BOTÂNICA inflorescence
influência s.f. 1 influence (sobre, on, upon, over); exercer influência junto de alguém to exert one's influence with someone; sob a influência de under the influence of; ter influência em to have influence on; um homem de influência a man of influence 2 ascendancy (em, in)
influenciar v. 1 to influence; to exert influence on 2 (alterar) to affect 3 (condicionar) to bias
influenciável adj.2g. easily influenced; easily led
influente adj.2g. influential; powerful
influenza s.f. MEDICINA influenza
influir v. 1 to exert influence (em, on) 2 (ter importância) to matter
informação s.f. information (sobre, on, about); recolher informação to gather information; uma informação útil a useful piece of information informações s.f.pl. (telefone) directory enquiries; information EUA ♦ serviços de informação Intelligence Department tecnologia de informação information technology
informado adj. informed; estar bem informado sobre to be well-informed about; estar mal informado (incorretamente) to be misinformed, to be wrongly informed; (pouco) to be ill-informed; mantenha-me informado keep me informed
informador s.m. informant; (da polícia) informer
informal adj.2g. 1 informal; uma reunião informal an informal meeting 2 (roupa) casual
informar v. to inform (de, of, about) informar-se v.pr. 1 to ask for information (de, sobre, about, on) 2 to keep informed ♦ formal informamos que... we would like to inform you that...
informática s.f. computing; computer science
informático s.m. computer expert, computer scientist ■ adj. computing
informativo adj. informative
informatizar v. to computerize
informe adj.2g. 1 shapeless 2 (incompleto) unfinished; incomplete 3 (monstruoso) grotesque; monstrous ■ s.m. piece of information
infortúnio s.m. misfortune
infração s.f. 1 (de lei, regra) infraction (de, of); violation (de, of) 2 ESPORTE foul play
infraestrutura s.f. infrastructure
infrator s.m. criminal offender; infractor
infravermelho adj., s.m. infrared

infringir v. to infringe; to violate; infringir a lei to break the law
infrutescência s.f. BOTÂNICA infructescence
infundado adj. groundless
infundir v. 1 to instil (em, in, into); to inculcate (em, in, into) 2 (sentimentos) to inspire; infundir medo to inspire fear
infusão s.f. infusion (de, of)
ingenuidade s.f. ingenuousness; naïvety; innocence ● Não confunda com a palavra inglesa ingenuity, que significa "engenho, habilidade".
ingênuo adj. naïve; ingenuous
ingerir v. to swallow; to ingest
ingestão s.f. ingestion; swallowing
Inglaterra s.f. England
inglês adj. English ■ s.m. Englishman, Englishwoman ■ s.m. (língua) English ♦ isso é só para inglês ver that's just show-off
ingratidão s.f. ingratitude; ungratefulness
ingrato adj. 1 (pessoa) ungrateful 2 (atividade) thankless; unpleasant; uma tarefa ingrata a thankless task
ingrediente s.m. 1 ingredient; os ingredientes de um bolo the ingredients of a cake 2 figurado (componente) ingredient; component
íngreme adj.2g. steep; uma estrada íngreme a steep road
ingressar v. 1 (escola, universidade) to gain admission (em, to) 2 (associação) to join (em, -); to enter (em, into); to become a member (em, of); ingressar em uma sociedade to enter into a partnership 3 to join (em, -); to enlist (em, -); ingressar na Força Aérea to join the Air Force
ingresso s.m. 1 (bilhete) ticket 2 (admissão) admission; access; preço de ingresso admission fare
inhame s.m. BOTÂNICA yam
inibir v. to inhibit; to repress
iniciação s.f. 1 (primeira experiência) initiation 2 (formação) introduction (a, to) ♦ (ritual) cerimônia de iniciação initiation ceremony
inicial adj.2g. initial; o objetivo inicial the initial aim ■ s.f. (letra) initial, initial letter; as iniciais de um nome the initials of a name
inicialmente adv. in the beginning; initially
iniciar v. 1 (começar) to initiate; to start; iniciar um torneio to initiate a tournament 2 (primeira experiência) to initiate (em, into) iniciar-se v.pr. 1 to enter; iniciou-se no mundo da ciência he entered into the world of science 2 (sociedade) to be admitted (em, to) 3 (acontecimento) to begin; to start
iniciativa s.f. initiative ♦ por iniciativa própria on one's own initiative ter capacidade de iniciativa to have initiative tomar a iniciativa to take the initiative
início s.m. beginning; start; outset ♦ desde o início from the outset ter início to start off
inigualável adj.2g. unparalleled; unequalled; unmatched; unrivalled
inimaginável adj.2g. unimaginable; inconceivable
inimigo s.m. enemy; foe; derrotar os inimigos to defeat one's enemies ■ adj. enemy
inimizade s.f. enmity; hostility
ininterrupto adj. uninterrupted; unceasing; constant

injeção s.f. 1 MEDICINA injection; shot; tomar uma injeção to have an injection 2 coloquial (*aborrecimento*) bore

injetar v. to inject (em, *into*); injetar o antibiótico na veia to inject the antibiotic into one's veins

injúria s.f. 1 (*ofensa*) insult; offence 2 (*calúnia*) slander; calumny

injuriar v. 1 (*insultar*) to insult 2 (*caluniar*) to slander; to defame

injustiça s.f. injustice; unfairness

injustificado adj. unjustified; unwarranted; comportamento injustificado unjustified behaviour; (*emprego, escola*) falta injustificada unjustified absence

injusto adj. unjust; unfair; inequitable

inocência s.f. 1 (*condição*) innocence; proclamar a sua inocência to protest one's innocence 2 (*ingenuidade*) naivety; innocence ♦ a idade da inocência the age of innocence

inocentar v. 1 (*crime*) to declare not guilty; to acquit 2 (*transgressão*) to clear (de, *of*)

inocente adj.2g. 1 (*culpa*) innocent; guiltless; DIREITO declarar inocente to declare not guilty 2 (*inocente*) naïve ■ s.2g. innocent ♦ fazer-se de inocente to play the innocent

inocular v. to inoculate (com, *with*; contra, *against*)

inodoro adj. odourless; scentless ♦ gás inodoro odourless gas

inofensivo adj. harmless

inoportuno adj. inopportune; unseasonable; inconvenient; untimely; a uma hora inoportuna at an unseasonable hour

inorgânico adj. QUÍMICA inorganic

inovação s.f. innovation; inovação tecnológica technological innovation

inovador adj. innovative; progressive ■ s.m. innovator; pioneer

inovar v. to innovate

inox s.m. stainless steel

inoxidável adj.2g. rustproof ♦ aço inoxidável stainless steel

input s.m. ECONOMIA, INFORMÁTICA input

inquebrantável adj.2g. 1 unbreakable; (*inflexível*) inflexible; (*sólido*) iron; amizade inquebrantável unbreakable friendship 2 (*incansável*) untiring; tireless; indefatigable

inquebrável adj.2g. unbreakable, nonbreaking

inquérito s.m. 1 (*opinião pública*) survey (sobre, *about, of*) 2 (*polícia*) inquiry; investigation; abrir um inquérito to hold an inquiry ♦ inquérito preliminar preliminary inquest

inquietação s.f. 1 (*agitação*) restlessness; unrest 2 (*perturbação*) uneasiness; worriness 3 (*preocupação*) anxiety; anxiousness; concern

inquietar v. to worry inquietar-se v.pr. to fret (com, *over, about*); to worry (com, *about*); inquietar-se com a demora to fret over the delay; não se inquiete don't worry

inquieto adj. 1 (*agitado*) restless 2 (*preocupado*) worried; concerned

inquilino s.m. tenant

inquirir v. 1 (*investigar*) to inquire into; to look into; to investigate 2 (*perguntar*) to inquire; to ask; to query EUA 3 (*testemunha*) to inquire; to interrogate; to question

Inquisição s.f. HISTÓRIA Inquisition, Office

insaciável adj.2g. 1 (*condição mental*) insatiable; unquenchable 2 (*sentidos*) voracious; insatiable; apetite insaciável voracious appetite

insalubridade s.f. unhealthiness; insalubrity form.

insanidade s.f. 1 (*loucura*) insanity; madness 2 (*insensatez*) senselessness

insano adj. 1 (*louco*) insane; mad 2 (*insensato*) senseless; foolish

insatisfação s.f. dissatisfaction (com, *with*)

insatisfatório adj. unsatisfactory; resposta insatisfatória unsatisfactory answer

insatisfeito adj. dissatisfied (com, *with*); estar insatisfeito com a situação atual to feel dissatisfied with the current situation

inscrever v. 1 (*pôr em lista*) to register (em, *at*); to sign in (em, *at*) 2 (*escola, universidade*) to enrol (em, *on*) 3 (*gravação*) to inscribe (em, *on*) inscrever-se v.pr. 1 to register (em, *at*); você já se inscreveu? have you registered yet? 2 to enlist (em, *in, into*); inscrever-se na Força Aérea to enlist in the Air Force 3 (*escola, universidade*) to enrol (em, *in*); inscrever-se em um curso de tradução to enrol in a translation course

inscrição s.f. 1 (*em pedra ou metal*) inscription 2 (*competição*) entry; não houve muitas inscrições para a corrida there were not many entries to the race 3 (*matrícula*) enrolment; registration 4 (*candidatura*) application

insegurança s.f. 1 (*sentimentos, situação*) insecurity 2 (*incerteza*) uncertainty; doubt 3 (*perigo*) lack of safety

inseguro adj. 1 (*sem confiança*) insecure; sentir-se inseguro to feel insecure 2 (*duvidoso*) uncertain; doubtful 3 (*situação*) unsafe; insecure

inseminação s.f. insemination ♦ inseminação artificial artificial insemination

inseminar v. to inseminate

insensatez s.f. foolishness; senselessness; aquilo foi uma insensatez that was a foolish thing to do

insensato adj. 1 unwise; unreasonable 2 (*tolo*) foolish; silly

insensível adj.2g. (*sentidos*) insensitive (a, *to*); insensível à dor insensitive to pain

inseparável adj.2g. inseparable (de, *from*)

inserir v. 1 to insert (em, *in, into*) 2 (*sociedade*) to integrate (em, *into*)

inseticida adj., s.m. insecticide; pó inseticida insect powder

inseto s.m. ZOOLOGIA insect

insígnia s.f. 1 (*organizações*) emblem; insignia 2 figurado (*símbolo*) token; symbol

insignificância s.f. 1 insignificance; a insignificância da soma the insignificance of the sum 2 (*ninharia*) trifle; triviality; preocupar-se com insignificâncias to worry about trifles

insignificante adj.2g. insignificant; unimportant

insinuação s.f. insinuation; hint

insinuar

insinuar v. to insinuate; to hint at; o que você está insinuando? what are you insinuating? insinuar-se **v.pr.** 1 pejorativo (*meio*) to worm one's way (em, *into*) 2 (*sedução*) to make a pass (junto a, *at*)
insípido adj. 1 (*sabor*) insipid; tasteless; savourless 2 figurado (*monotonia*) dull; uninteresting
insistência s.f. 1 insistence (em, *on*) 2 (*persistência*) persistence 3 (*teimosia*) stubbornness
insistente adj.2g. 1 insistent 2 (*persistente*) persistent 3 (*teimoso*) stubborn
insistir v. 1 to insist (em, *on, upon*) 2 (*persistir*) to persist (em, *in*) 3 (*discurso, discussão*) to make a point of 4 to pressure (com, –); insistir com alguém to pressure someone
insociável adj.2g. unsociable
insolação s.f. MEDICINA sunstroke
insolente adj.2g. 1 (*comportamento*) insolent; rude 2 arrogant
insolúvel adj.2g. 1 (*substância*) insoluble 2 figurado (*sem solução*) unsolvable; insoluble
insônia s.f. insomnia; sleeplessness; ter insônias to suffer from insomnia
insosso adj. 1 (*sem sal*) unsalted 2 (*sem sabor*) unsavoury; insipid; tasteless 3 figurado (*sem interesse*) dull; boring
inspeção s.f. inspection; examination ♦ inspeção sanitária health inspection
inspecionar v. to inspect; to investigate; to look into
inspetor s.m. 1 (*oficial*) inspector; surveyor; inspetor de escola school inspector 2 (*polícia*) inspector; superintendent; inspetor de polícia police inspector
inspiração s.f. 1 (*criação*) inspiration (para, *for; de, from*) 2 (*respiração*) breathing; inhaling ♦ estar sem inspiração to lack inspiration fontes de inspiração sources of inspiration
inspirar v. 1 to inspire (a, *to*) 2 (*sentimentos*) to inspire (a, *in*); inspirar confiança em alguém to inspire trust in someone 3 (*respiração*) to breathe in; to inhale; inspire! breathe in! inspirar-se **v.pr.** to draw inspiration (em, *from*); to be inspired (em, *by*)
instabilidade s.f. 1 (*situação*) instability 2 (*desequilíbrio*) unsteadiness
instalação s.f. 1 (*situação*) installation 2 (*equipamento*) fitting; equipment 3 (*colocação*) setting-in; instalação de um novo quadro elétrico the setting-in of a new electrical board instalações **s.f.pl.** (*edifício*) facilities; ótimas instalações fine facilities ♦ instalação elétrica electrics
instalar v. (*maquinaria*) to install; to set up; to fit out instalar-se **v.pr.** 1 (*estabelecer-se*) to settle 2 (*acomodar-se*) to sit comfortably
instância s.f. (*exemplo*) instance; case ♦ em última instância as a last resource
instantâneo adj. 1 (*imediato*) instantaneous; immediate; a reação foi instantânea reaction was instantaneous 2 (*súbito*) sudden; morte instantânea sudden death 3 (*alimentos*) instant; café instantâneo instant coffee
instante s.m. instant; moment ♦ a cada instante all the time nesse preciso instante at that very moment num instante in a moment

instar v. 1 (*pressionar*) to urge (a que, *to*) 2 (*solicitar*) to request (a, *to*)
instauração s.f. establishment
instaurar v. 1 (*estabelecer*) to establish; to institute 2 DIREITO (*processo*) to bring (contra, *against*)
instável adj.2g. 1 (*equilíbrio*) unsteady; shaky 2 (*situação*) unstable; unpredictable 3 (*pessoa*) unstable; unbalanced
instigação s.f. instigation (a, *to*); incitement (a, *to*)
instigar v. to instigate (a, *to*); to incite (a, *to*)
instintivo adj. 1 instinctive; reação instintiva instinctive reaction 2 (*impulsos*) spontaneous 3 (*mente*) intuitive
instinto s.m. 1 instinct; instinto de sobrevivência survival instinct; agir por instinto to act on instinct 2 (*mente*) intuition
institucional adj.2g. institutional
institucionalizar v. to institutionalize
instituição s.f. 1 (*organização*) institution; organization; instituição de caridade charitable institution 2 (*processo*) institution; setting-up; establishment; creation; instituição de novas regras the setting-up of new regulations
instituir v. 1 (*regra, sistema*) to institute; to establish 2 (*fundação*) to set up; to found 3 (*nomear*) to appoint (em, *to*)
instituto s.m. 1 (*ensino, investigação*) institute 2 (*arte*) academy; institute ♦ instituto de beleza beauty salon
instrução s.f. 1 (*ensino*) instruction; teaching; education 2 (*aprendizagem*) education; learning; training instruções **s.f.pl.** (*indicações, ordens*) instructions; seguir as instruções to follow instructions; receber instruções para to be instructed to
instruir v. 1 (*ordens*) to instruct 2 (*ensino*) to train instruir-se **v.pr.** to learn
instrumental adj.2g. instrumental
instrumentista s.2g. MÚSICA instrumentalist
instrumento s.m. 1 MÚSICA instrument; instrumento de corda stringed instrument; instrumento de sopro wind instrument 2 (*ferramentas*) instrument; tool; device; instrumentos cirúrgicos surgical instruments
instrutor s.m. instructor; trainer; teacher
insubordinar v. to rouse (somebody) to rebellion; to cause (somebody) to rebel insubordinar-se **v.pr.** 1 (*revoltar-se*) to rebel (contra, *against*); ele insubordinou-se contra as regras da escola he rebelled against the school rules 2 (*desobedecer*) to be insubordinate
insubstituível adj.2g. irreplaceable
insuficiência s.f. 1 (*escassez*) insufficiency; shortage 2 MEDICINA insufficiency; failure; insuficiência renal kidney failure
insuficiente adj.2g. insufficient ■ s.m. (*avaliação de escola*) D; tive conceito insuficiente no teste I got a D on the test
insuflar v. (*sopro*) to breathe into
insulina s.f. insulin
insultar v. (*linguagem, ato*) to insult; to be offensive to
insulto s.m. insult; abuse; offence; isso é um insulto à minha inteligência that is an insult to my intelligence

insumo s.m. ECONOMIA input
insuperável adj.2g. 1 (*obstáculo*) insurmountable; insuperable; dificuldades insuperáveis insurmountable difficulties 2 (*competição*) unbeatable 3 (*sem paralelo*) unrivalled; unmatched; unparalleled
insuportável adj.2g. unbearable; intolerable
insurgir v. to incite (somebody) to rebellion insurgir-se v.pr. to rebel (contra, *against*); to rise (up) (contra, *against*)
insurreição s.f. 1 insurrection 2 riot
insustentável adj.2g. 1 (*argumento*) untenable 2 unbearable; intolerable; situação insustentável unbearable situation
intacto adj. 1 (*inteireza*) intact 2 figurado (*pureza*) untouched
íntegra s.f. totality; full text ◆ na íntegra in full
integração s.f. integration
integrado adj. integrated; circuito integrado integrated circuit
integral adj.2g. 1 (*completo*) integral; complete; leitura integral comprehensive reading 2 (*alimento*) whole; alimentos integrais wholefood; farinha integral wholewheat, wholemeal; pão integral wholemeal bread 3 MATEMÁTICA integral; cálculo integral integral calculus; número integral integral number ■ s.f. MATEMÁTICA integral
integrante adj.2g. integral ◆ parte integrante integral part
integrar v. 1 to integrate (em, *into*); integrar na sociedade to integrate into society 2 (*pertencer*) to be part of; to take part in; integrar uma equipe to be part of a team
integridade s.f. integrity; honesty
íntegro adj. 1 (*totalidade*) whole; complete; entire 2 (*moral*) upright; honest; righteous
inteiramente adv. completely; entirely; fully; absolutely; estar inteiramente de acordo com alguém to absolutely agree with someone
inteirar v. (*informar*) to inform; to tell inteirar-se v.pr. to find out (de, *about*); to learn (de, *about*); inteirar-se de um assunto to learn about a matter
inteiro adj. 1 entire; whole; complete; in one piece col. 2 MATEMÁTICA integer; número inteiro integer ◆ no país inteiro all over the country por inteiro fully
intelectual adj., s.2g. intellectual; atividade intelectual intellectual activity
inteligência s.f. 1 intelligence 2 (*agudeza de espírito*) wit ◆ inteligência artificial artificial intelligence
inteligente adj.2g. intelligent
intemperismo s.m. weathering
intenção s.f. intention; aim; goal; purpose; qual é a intenção? what's the purpose? ◆ segundas intenções ulterior motive ter a intenção de to mean to
intencional adj.2g. intentional; premeditated; deliberate
intensidade s.f. (*geral*) intensity
intensificar v. 1 (*força*) to intensify 2 (*reforçar*) to enhance; to heighten
intensivo adj. intensive ◆ cuidados intensivos intensive care curso intensivo crash course
intenso adj. intense
interação s.f. interaction; interplay

intermédio

interagir v. to interact
interativo adj. interactive; atividades interativas interactive activities
intercalar v. to insert
intercâmbio s.m. interchange; exchange
interceder v. to intercede (por, *for*; junto de, *with*); interceder por alguém to intercede for someone
interceptar v. 1 (*viajante, encomenda*) to intercept 2 (*sinal de rádio*) to intercept; to interfere
intercomunicador s.f. (*aparelho*) intercom
intercostal adj.2g. ANATOMIA intercostal
interdição s.f. (*proibição*) interdiction; prohibition
interditar v. to interdict
interessado adj. 1 (*curiosidade*) interested (em, *in*) 2 (*empenho*) interested (em, *in*); concerned (em, *in*); mostrou-se interessado em aprender mais sobre o tema he showed interest in learning the subject further 3 DIREITO concerned (em, *in*); as partes interessadas the concerned parties ■ s.m. interested party
interessante adj.2g. 1 interesting 2 (*absorvente*) engrossing; absorbing; um livro interessante an engrossing book
interessar v. 1 to interest 2 to be interesting interessar-se v.pr. 1 (*gosto*) to be interested (por, *in*); to take an interest (por, *in*) 2 (*empenho*) to concern; isso me interessa that interests me ◆ a quem interessar to whom it may concern não interessa it doesn't matter não interessar para nada to be of no value whatsoever
interesse s.m. interest (por, em, *in*); perder o interesse em to lose interest in ◆ interesses pessoais self-interest ser do interesse de to be in the interest of cuidar dos próprios interesses to look after one's own interests
interesseiro adj. self-interested ■ s.m. false friend
interferência s.f. interference
interferir v. (*intervenção*) to interfere (em, in, with)
interfone s.m. intercom; intercommunicator system
interino adj. temporary; interim; provisional; presidente interino interim president
interior adj.2g. 1 interior 2 POLÍTICA home; internal; domestic; ministro do interior home secretary 3 (*estradas, autódromos*) inside; faixa interior inside lane ■ s.m. 1 (*recipiente, casa, veículo*) interior; inside; decorador de interiores interior decorator 2 (*território*) inland; interior; habitantes do interior inlanders
interiorização s.f. internalization
interiorizar v. to internalize; interiorizar conhecimentos to internalize knowledge
interjeição s.f. LINGUÍSTICA interjection
interligado adj. interconnected; interrelated
interligar v. to interconnect; to interrelate
interlocutor s.m. 1 (*diálogo*) interlocutor 2 (*contenda*) interlocutor; mediator
intermediário s.m. go-between; middleman; intermediary
intermédio adj. 1 intermediate 2 (*tamanho*) medium; average ◆ por intermédio de through

interminável

interminável *adj.2g.* endless; never-ending; interminable
intermitente *adj.2g.* intermittent
internacional *adj.2g.* international ◆ comércio internacional international trade direito internacional international law relações internacionais international relations
internacionalizar *v.* to internationalize
internado *adj.* (em hospital) hospitalized, admitted to hospital; (em instituição psiquiátrica) admitted (em, to), confined (em, in/to) *s.m.* (em hospital, instituição psiquiátrica) in-patient
internar *v.* 1 (*hospital, clínica*) to hospitalize 2 (*doenças mentais*) to commit; internar alguém em uma clínica para doentes mentais to commit someone to a mental institution
internato *s.m.* boarding school
internauta *s.2g.* Internet user; net surfer
Internet *s.f.* INFORMÁTICA Internet; Net; fazer uma pesquisa na Internet to make a search on the Internet; navegar na Internet to surf the Net
interno *adj.* 1 (*interior*) internal; interior 2 (*aluno*) boarding 3 POLÍTICA internal; domestic; home; assuntos internos internal affairs 4 (*território*) interior; inland; comércio interno inland trade
interpelar *v.* to interpellate; to question; interpelar um ministro to interpellate a minister
interplanetário *adj.* interplanetary; espaço interplanetário interplanetary space
interpor *v.* 1 (*intercalar*) to interpose; to put between 2 (*acrescentar*) to insert; to add interpor-se *v.pr.* to come (entre, between); to interpose (entre, between); interpor-se entre os dois lutadores to interpose between the two fighters
interpretação *s.f.* 1 interpretation; interpretação de textos interpretation of a text 2 (*músico, ator*) performance 3 (*tradução*) interpreting
interpretar *v.* 1 (*situação*) to interpret; to take; to make out; como você interpreta a reação dele? how do you take his reaction? 2 (*texto, filme*) to interpret 3 (*tradução*) to interpret; to translate 4 (*músico, ator*) to interpret; to perform
intérprete *s.2g.* 1 (*tradutor*) interpreter; translator 2 (*ator, atriz, músico*) performer
interrogação *s.f.* 1 (*ação*) interrogation; inquiry; query 2 (*pergunta*) question 3 figurado doubt; ainda estava cheia de interrogações she was still full of doubts ◆ ponto de interrogação question mark
interrogar *v.* 1 to interrogate; to question 2 (*investigação criminal*) to cross-examine; to examine; interrogar testemunhas to cross-examine witnesses
interrogativo *adj.* interrogative; inquisitive; olhar interrogativo inquisitive glance ◆ pronome interrogativo interrogative pronoun
interrogatório *s.m.* 1 (*tribunal*) cross-examination 2 (*investigação*) inquiry, enquiry 3 (*geral*) interrogation
interromper *v.* to interrupt
interrupção *s.f.* 1 interruption 2 (*pausa*) break; pause; interrupção momentânea a temporary break 3 (*corte*) cutting off; breakdown; interrupção das comunicações cutting off of communications; interrupção de energia power cut
interruptor *s.m.* switch; desligar o interruptor to switch off; interruptor da luz electric light switch
interseção *s.f.* intersection
intersectar *v.* to intersect
interurbano *adj.* 1 (*entre cidades*) interurban; ônibus interurbanos interurban buses 2 (*telefone*) long-distance; chamada interurbana long-distance call
intervalo *s.m.* 1 interval; com curtos intervalos at short intervals; com intervalos de at intervals of 2 (*pausa*) break; vamos fazer um intervalo let's take a break 3 (*espaço*) gap
intervenção *s.f.* 1 intervention (em, *in*); intervenção armada armed intervention 2 MEDICINA intervention; operation; intervenção cirúrgica surgical operation
intervir *v.* (*participação*) to intervene (em, *in*); to take action (em, *in*); intervir em uma disputa to intervene in a dispute
intestinal *adj.2g.* ANATOMIA intestinal; problemas intestinais intestinal troubles
intestino *s.m.* ANATOMIA intestine ◆ intestino delgado small intestine intestino grosso large intestine
intimação *s.f.* 1 intimation; announcement; notification 2 DIREITO summons; subpoena
intimamente *adv.* 1 intimately; conhecer alguém intimamente to know somebody intimately 2 (*estreitamente*) closely; intimately; estar intimamente ligado com to be closely related to
intimar *v.* DIREITO (*notificar*) to summon; to notify
intimidade *s.f.* 1 (*proximidade*) intimacy; closeness; ter uma relação de intimidade com alguém to have a close relationship with someone 2 (*privacidade*) intimacy; privacy
intimidar *v.* to intimidate
íntimo *adj.* 1 (*amizade*) intimate; close; amigos íntimos close friends 2 (*espaço*) intimate; cosy; 3 (*privado*) intimate; private; conversa íntima private conversation ■ *s.m.* core; heart; no seu íntimo deep down inside
intitular *v.* to give a title to; to name intitular-se *v.pr.* 1 (*livro, canção etc.*) to be entitled; to be called 2 to call oneself
intolerância *s.f.* 1 (*atitude*) intolerance 2 (*substância*) intolerance (a, *to*) ◆ intolerância religiosa religious intolerance
intolerante *adj.2g.* intolerant; bigoted; narrow-minded; prejudiced
intolerável *adj.2g.* intolerable; insufferable; unbearable
intoxicação *s.f.* poisoning; intoxicação alimentar food poisoning
intoxicar *v.* to poison
intragável *adj.2g.* 1 (*comida*) uneatable 2 figurado, pejorativo (*insuportável*) unbearable; insufferable; um filme intragável an insufferable film
intranquilidade *s.f.* 1 (*agitação*) restlessness 2 (*preocupação*) unease; disquiet
intranquilo *adj.* 1 (*agitado*) restless 2 (*preocupado*) uneasy; worried; anxious
intransigência *s.f.* intransigence; inflexibility

intransigente *adj.2g.* intransigent; inflexible
intransitável *adj.2g.* (*via*) impassable
intransitivo *adj.* LINGUÍSTICA intransitive; verbo intransitivo intransitive verb
intransmissível *adj.2g.* untransferable
intrauterino *adj.* ANATOMIA intrauterine ◆ (*contracepção*) dispositivo intrauterino intrauterine device
intravenoso *adj.* intravenous
intriga *s.f.* 1 (*maquinação*) intrigue; plotting 2 (*enredo*) plot
intrigado *adj.* intrigued; intrigado com alguma coisa intrigued by/with something
intrigante *adj.2g.* intriguing; puzzling; baffling
intrigar *v.* 1 (*perplexidade*) to intrigue; to perplex; to puzzle; o telefonema me intrigou the call puzzled me 2 (*conspiração*) to intrigue; to plot; to scheme
intriguista *s.2g.* schemer; plotter; intriguer
intrínseco *adj.* intrinsic; inherent; qualidades intrínsecas intrinsic qualities
introdução *s.f.* 1 introduction; introdução de novas ideias introduction of new ideas 2 (*obra*) introduction; preface; foreword
introduzir *v.* 1 to introduce (em, *in*); to bring in; introduzir novas tecnologias to bring in new technologies 2 (*estabelecimento*) to establish; to set up; introduzir novas regras to set up new regulations
intrometido *adj.* meddlesome; interfering
intromissão *s.f.* interference (em, *in*)
introspecção *s.f.* introspection; momentos de introspecção moments of introspection
introspectivo *adj.* introspective
introvertido *adj.* introverted ■ *s.m.* introvert
intrujar *v.* 1 (*enganação*) to swindle 2 (*enganar*) to deceive; to fool; to take in
intruso *s.m.* 1 (festa, local) intruder 2 (propriedade) trespasser
intuição *s.f.* 1 (*sentidos*) intuition; instinct; a minha intuição me diz que sim my intuition tells me so 2 (*conhecimento*) perception; insight
intuir *v.* to intuit; to guess
intuitivo *adj.* intuitive; instinctive
intuito *s.m.* aim; goal; objective; com o intuito de aiming to
inumerável *adj.2g.* innumerable; countless
inúmero *adj.* innumerable; countless; inúmeras vezes countless times, times out of number, time and time again
inundação *s.f.* flood
inundado *adj.* 1 flooded, inundated form.; (*barco*) waterlogged 2 figurado flooded; swamped
inundar *v.* 1 to flood 2 figurado to inundate (com, *with*)
inusitado *adj.* unusual; uncommon; never seen before
inútil *adj.2g.* 1 (*sem utilidade*) useless 2 (*vão*) vain; pointless ■ *s.2g.* a good-for-nothing; não passava de um inútil he was nothing but a good-for-nothing
inutilidade *s.f.* uselessness
inutilizado *adj.* 1 (*objeto*) damaged; unusable 2 (*ingresso, selo*) invalid 3 pejorativo (*pessoa*) invalid

investigador

inutilizar *v.* 1 (*estragar*) to damage 2 (*pessoa*) to disable; to cripple; o acidente o inutilizou the accident disabled him 3 (*anular*) to invalidate
invadir *v.* (*geral*) to invade
invalidar *v.* to invalidate
invalidez *s.f.* MEDICINA invalidity; disability; handicap
inválido *adj.* 1 (*pessoa*) disabled; handicapped 2 (*validade*) invalid; o contrato foi considerado inválido the contract was considered invalid ■ *s.m.* (*pessoa*) disabled person; handicapped person
invariável *adj.2g.* 1 (*imutável*) invariable; unchangeable 2 (*constante*) firm; persistent; constant
invasão *s.f.* invasion ◆ invasão de privacidade invasion of privacy
invasor *adj.* invading; tropas invasoras invading troops ■ *s.m.* invader
inveja *s.f.* envy (de, *at, of, towards*); morto de inveja green with envy; roer-se de inveja to bite one's heart out
invejar *v.* to envy
invejoso *adj.* envious (de, *of*) *s.m.* envious person
invenção *s.f.* 1 (*invento*) invention 2 pejorativo (*imaginação*) fabrication
invencível *adj.2g.* 1 (*competição*) unbeatable; invincible; um time invencível an unbeatable team 2 (*território*) unconquerable; undefeatable
inventar *v.* 1 (*engenho, técnica*) to invent; inventar uma nova máquina to invent a new machine 2 (*história, mentira*) to make up 3 (*plano, esquema*) to devise; to conceive
inventariar *v.* to draw up an inventory; to register
inventário *s.m.* (*listagem*) inventory (de, *of*); fazer um inventário to make an inventory
inventivo *adj.* inventive; ingenious; creative; espírito inventivo inventive mind
invento *s.m.* invention
inventor *s.m.* inventor
inverno *s.m.* winter; inverno rigoroso hard winter ◆ esportes de inverno winter sports
inversão *s.f.* inversion; reversal ◆ inversão de marcha reversing of motion; turning round
inverso *adj.* 1 inverse; em ordem inversa in reverse order 2 (*contrário*) opposite
invertebrado *adj., s.m.* ZOOLOGIA invertebrate
inverter *v.* to invert; to reverse; inverter a ordem natural das coisas to reverse the natural course of things
invertido *adj.* reversed; (*imagem*) inverted; a fotografia está invertida the photograph is the wrong way round, the photograph is inverted; QUÍMICA açúcar invertido invert sugar
invés *s.m.* contrary ◆ ao invés on the contrary ao invés disso instead of that
investidor *s.m.* ECONOMIA investor
investigação *s.f.* 1 (*polícia, ciência*) investigation 2 (*pesquisa*) research; investigação científica scientific research; trabalho de investigação research work
investigador *s.m.* 1 (*polícia, função*) investigator 2 (*pesquisa*) researcher 3 police officer

investigar

investigar v. 1 (*crime*) to investigate; to look into 2 (*pesquisar*) to do research on; to research ◆ investigar a fundo to go to the root of the matter
investimento s.m. 1 ECONOMIA investment (em, in); outlay 2 (*bens*) investment; acquisition
investir v. 1 to invest (em, in); investir capitais to invest money 2 (*cargo, título*) to invest (em, *with*); to install (em, in); investir alguém em um cargo to invest someone with an office 3 to attack (sobre, –); to assault (sobre, –)
inviável adj.2g. impracticable; unfeasible
invicto adj. (*invencível*) unvanquished; invincible; unconquered
inviolável adj.2g. inviolable
invisível adj.2g. invisible
invocado adj. 1 coloquial angry 2 coloquial suspicious
invocar v. to invoke
invólucro s.m. 1 (*embrulho*) wrapping; wrapper; invólucro de papel paper wrapping 2 (*embalagem*) pack; packet EUA
involuntariamente adv. involuntarily
involuntário adj. 1 (*movimento*) involuntary 2 (*erro*) unintentional
iodo s.m. QUÍMICA (*elemento químico*) iodine ◆ tintura de iodo tincture of iodine
ioga s.f. yoga
iogurte s.m. yoghurt; iogurte desnatado low-fat yoghurt
ioiô s.m. yo-yo
ionosfera s.f. ionosphere
ípsilon s.m. 1 name of the letter y 2 (*alfabeto grego*) upsilon
ir v. 1 (*geral*) to go; ir a pé to go on foot; (*transportes*) ir de carro/trem to go by car/train; (*estado*) como vão as coisas? how are things going? 2 MATEMÁTICA to carry; 22 e vão dois 22 and carry two **ir-se** v.pr. 1 (*partir*) to go away, to depart; ir-se embora to go away 2 (*luz, dor*) to go; foi-se a luz the electricity's gone
ira s.f. anger, rage, wrath; acesso de ira fit of rage
Irã s.m. Iran
iraniano adj., s.m. Iranian
Iraque s.m. Iraq
iraquiano adj., s.m. Iraqi
irar v. to anger; to infuriate; **irar-se** v.pr. to get angry; to lose one's temper
íris s.f. ANATOMIA, BOTÂNICA iris
Irlanda s.f. Ireland
irlandês adj. Irish ■ s.m. Irishman, Irishwoman ■ s.m. (*língua*) Irish
irmandade s.f. 1 (*entre homens*) brotherhood; (*entre mulheres*) sisterhood 2 (*associação*) association
irmão s.m. brother
ironia s.f. irony ◆ ironia do destino the irony of fate
irônico adj. ironic; ser irônico to be ironic
ironizar v. 1 to use irony 2 to speak ironically
irracional adj.2g. irrational
irradiação s.f. irradiation; radiation
irradiar v. to irradiate; to radiate

irreal adj.2g. 1 (*não real*) unreal 2 (*imaginário*) imaginary
irreconhecível adj.2g. unrecognizable
irrecuperável adj.2g. irrecoverable; irretrievable
irrecusável adj.2g. 1 (*convite*) that cannot be refused 2 (*incontestável*) irrefutable
irredutível adj.2g. irreducible
irregular adj. 1 irregular 2 (*situação*) abnormal; uma situação irregular an abnormal situation ◆ LINGUÍSTICA verbo irregular irregular verb
irregularidade s.f. 1 irregularity 2 (*superfície*) unevenness; irregularidades do terreno unevenness of the ground
irrelevância s.f. irrelevancy
irrelevante adj.2g. irrelevant
irremediável adj.2g. 1 (*situação*) irremediable 2 (*sem remédio*) incurable 3 (*irrecuperável*) irrecoverable
irreparável adj.2g. 1 (*estragos, situação*) irreparable; perda irreparável irreparable loss 2 (*irremediável*) irremediable, irretrievable
irrequieto adj. (*inquieto*) turbulent, restless; criança irrequieta a restless child
irresistível adj.2g. 1 irresistible; encantos irresistíveis irresistible charms 2 (*desejo*) overwhelming
irresponsabilidade s.f. irresponsibility
irresponsável adj.2g. (*pessoa, ato*) irresponsible; pessoa irresponsável an irresponsible person
irreverência s.f. irreverence
irreverente adj.2g. irreverent
irreversível adj.2g. irreversible
irrigação s.f. 1 AGRICULTURA irrigation, watering 2 MEDICINA circulation; irrigação sanguínea circulation
irrigar v. 1 to irrigate, to water 2 MEDICINA to irrigate, to wash
irrisório adj. derisory
irritabilidade s.f. irritability
irritação s.f. 1 (*nervosismo, cólera*) irritation, anger 2 (*pele, olhos*) rash, irritation
irritante adj.2g. irritant, irritating, annoying
irritar v. 1 (*enervar*) to irritate; to anger; to annoy 2 (*pele, olhos*) to inflame, to irritate **irritar-se** v.pr. to get angry (com, *with*; por, *about*), to get annoyed (com, *with*; por, *about*) ◆ irritar-se por tudo e por nada to get annoyed very easily
irromper v. to burst (em, in, into)
isca s.f. (*pesca*) bait, decoy
isenção s.f. exemption (de, *from*) ◆ isenção fiscal tax exemption
isentar v. 1 (*dispensar*) to exempt (de, *from*); isentar do serviço militar to exempt from service in the army 2 (*livrar*) to free (de, *from*); isentar de restrições to free from restrictions
isento adj. exempt (de, *from*); free (de, *of, from*); isento de direitos duty free; isento de imposto tax-free
Islândia s.f. Iceland
isolamento s.m. 1 isolation 2 insulation; isolamento acústico sound insulation
isolante adj.2g. insulating; fita isolante insulating tape ■ s.m. insulator, insulating material

isolar *v.* **1** (*separar*) to isolate (de, *from*) **2** (*ruído*) to soundproof **3** (*pôr incomunicável*) to cut off (de, *from*) **4** ELETRICIDADE to insulate (de, *from*) **isolar-se** *v.pr.* to isolate oneself (de, *from*)
isopor *s.m.* polystyrene Grã-Bretanha; Styrofoam
isósceles *adj.2g.2n.* (triângulo, trapézio) isosceles
isqueiro *s.m.* lighter
isquemia *s.f.* MEDICINA ischaemia Grã-Bretanha, ischemia EUA
Israel *s.m.* Israel
israelita *adj., s.2g.* Israeli

isso *pron. dem.* that, it ♦ é isso mesmo that's it é só isso? is that all? nada disso none of that nem por isso not really por isso mesmo for that very reason não é isso that is not it
istmo *s.m.* isthmus
isto *pron. dem.* this ♦ com isto with this isto é that is
Itália *s.f.* Italy
italiano *adj., s.m.* Italian italiano *s.m.* (*língua*) Italian
itálico *s.m.* italics; em itálico in italics ■ *adj.* italic
item *s.m.* item
itinerário *s.m.* itinerary

J

j *s.m.* (*letra*) j
já *adv.* 1 (*referindo-se ao passado*) already; você já acabou? have you finished already? 2 (*imediatamente*) at once, right now; vem já aqui! come here at once!; já vou! I'm coming! 3 (*agora mesmo*) right away 4 (*em perguntas*) yet 5 (*alguma vez*) ever; você já esteve na Inglaterra? have you ever been to England? 6 (*uso enfático*) já sei I know; sim, já percebi yes, I understand *conj.* on the other hand ♦ já então even then já não no longer já que since
jabota *s.f.* ZOOLOGIA red-footed tortoise
jaburu *s.m.* 1 ZOOLOGIA jabiru 2 pejorativo ugly person
jabuti *s.m.* ZOOLOGIA red-footed tortoise
jabuticaba *s.f.* BOTÂNICA jaboticaba
jaca *s.f.* BOTÂNICA jackfruit
jacá *s.m.* pannier
jacamim *s.m.* ZOOLOGIA trumpeter
jaçanã *s.m.* ZOOLOGIA wattled jacana
jacapé *s.m.* BOTÂNICA fragrant spikesedge
jacarandá *s.m.* BOTÂNICA jacaranda
jacaratiá *s.f.* BOTÂNICA jacaratia
jacaré *s.m.* ZOOLOGIA alligator
jacarina *s.f.* ZOOLOGIA blue-black grassquit
jacatupé *s.m.* BOTÂNICA yam bean
jacinto *s.m.* BOTÂNICA hyacinth
jactar-se *v.pr.* to boast; to brag
jacu *s.m.* ZOOLOGIA guan
jacuguaçu *s.m.* ZOOLOGIA dusky-legged guan
jacumã *s.m.* canoe paddle
jacuru *s.m.* ZOOLOGIA white-eared puffbird
jacuruaru *s.m.* ZOOLOGIA gold tegu
jacurutu *s.m.* ZOOLOGIA great horned owl
jade *s.m.* GEOLOGIA jade
jaga *s.f.* boat's drain
jaguané *s.m.* ZOOLOGIA hog-nosed skunk
jaguar *s.m.* ZOOLOGIA jaguar
jaguatirica *s.f.* ZOOLOGIA ocelot
jagunço *s.m.* heavy
jalapinha *s.f.* BOTÂNICA alamo vine
Jamaica *s.f.* Jamaica
jamaicano *adj., s.m.* Jamaican
jamais *adv.* 1 never; jamais conheci alguém assim I've never known anyone like him 2 (*com palavra negativa*) ever; ninguém jamais o tratou assim nobody ever treated him like that
jambo *s.m.* BOTÂNICA rose apple
janaúba *s.f.* BOTÂNICA frangipani
jandaia *s.f.* ZOOLOGIA sun parakeet
jandiá *s.m.* ZOOLOGIA catfish
janeiro *s.m.* January
janela *s.f.* 1 window; olhar pela janela to look out the window; reservar um lugar na janela to book a window seat 2 (*parede, telhado*) opening 3 coloquial (*aulas, compromisso*) free period ♦ jogar pela janela fora to throw out of the window peitoril de janela window-sill
jangada *s.f.* raft, float
janta *s.f.* popular dinner
jantar *s.m.* dinner; no jantar at dinner time ■ *v.* to have dinner, to dine; jantar fora de casa to dine out ♦ jantar de despedida farewell dinner
jaó *s.m.* ZOOLOGIA tinamou
japacanim *s.m.* ZOOLOGIA black-capped Donacobius, black-capped mockingthrust
japana *s.f.* BOTÂNICA ayapana
Japão *s.m.* Japan
japonês *adj., s.m.* Japanese
japu *s.m.* ZOOLOGIA crested oropendola
japuíra *s.m.* ZOOLOGIA red-rumped cacique
jaqueta *s.f.* short jacket
jará *s.f.* BOTÂNICA jara palm
jaramataia *s.f.* BOTÂNICA white mangrove
jararaca *s.f.* 1 ZOOLOGIA jararaca 2 figurado, pejorativo (*pessoa*) shrew
jararacuçu *s.f.* ZOOLOGIA jararacussu
jardim *s.m.* garden ♦ jardim de infância nursery school; kindergarten jardim zoológico zoo
jardinagem *s.f.* gardening
jardinar *v.* to garden
jardineira *s.f.* 1 CULINÁRIA jardinière 2 (*calças*) dungarees Grã-Bretanha; overalls EUA
jardineiro *s.m.* gardener
jargão *s.m.* jargon
jarra *s.f.* 1 (*bebida*) jug Grã-Bretanha, pitcher EUA; jarra de água water jug 2 (*flores*) vase
jarro *s.m.* 1 (*bebida*) jug Grã-Bretanha, pitcher EUA; jarro de água water jug 2 (*cântaro*) pitcher 3 BOTÂNICA arum lily
jasmim *s.m.* BOTÂNICA jasmine
jataí *s.f.* ZOOLOGIA honeybee ■ *s.m.* BOTÂNICA yatay palm
jato *s.m.* 1 (*água*) jet, stream 2 (*luz*) flash 3 (*ar*) blast 4 jet; avião a jato jet plane ♦ a jato at top speed coloquial de um jato at a stretch
jaú *s.m.* ZOOLOGIA jau catfish
jaula *s.f.* 1 cage 2 coloquial (*prisão*) jail
javali *s.m.* ZOOLOGIA wild boar, wild sow
jazer *v.* to lie ♦ aqui jaz here lies
jazida *s.f.* 1 GEOLOGIA (*minerais*) bed, deposit; uma jazida de carvão a coalfield 2 (*cemitério*) resting place 3 (*arqueologia*) site
jazigo *s.m.* 1 (*monumento funerário*) tomb; jazigo de família family tomb 2 (*cemitério*) grave 3 GEOLOGIA (*minerais*) bed, deposit, field; jazigo de minerais ore bed
jazz *s.m.* MÚSICA jazz
jeans *s.m.pl.* (*calças*) jeans ■ *adj.2g.2n., s.m.2n.* (*tecido*) denim

jeca s.2g. country person ■ adj. coloquial tacky; of poor taste
jegue s.m. 1 ZOOLOGIA donkey 2 figurado stupid person
jeito s.m. 1 (*modo*) way; não gosto do jeito como ele fala I don't like the way he talks; de jeito nenhum! no way! 2 (*habilidade*) skill, flair (para, *for*); não ter jeito para nada to be clumsy; ter jeito para o inglês to have a flair for English 3 (*torcedura*) sprain; dar um jeito no pé to sprain your foot 4 (*conserto, jeito*) fixing; dar um jeito na televisão to fix the television 5 coloquial (*favor*) favour ◆ com jeito gently ficar sem jeito to feel awkward
jeitoso adj. 1 (*hábil*) handy, skilful 2 (*elegante*) handsome 3 (*apropriado*) suitable
jejuar v. 1 to fast 2 figurado to abstain (de, *from*)
jejum s.m. fast, fasting; estar de jejum to be fasting; quebrar o jejum to break one's fast
jenipapada s.f. CULINÁRIA genipap sweet
jenipapo s.m. BOTÂNICA genipap; marmaladebox genip
jequirioba s.f. BOTÂNICA nightshade
jequitibá s.m. BOTÂNICA jequitiba
jequiranaboia s.f. ZOOLOGIA lantern fly
jereba s.m. ZOOLOGIA turkey vulture
jerimu s.m. BOTÂNICA pumpkin
jerivá s.2g. BOTÂNICA queen palm
jérsei s.m. jersey
jesuíta adj., s.m. Jesuit
Jesus s.m. Jesus; o menino Jesus Baby Jesus
jetica s.f. BOTÂNICA sweet potato
jiboia s.f. ZOOLOGIA boa constrictor
jiçara s.f. BOTÂNICA assai palm; juçara palm
jiló s.m. BOTÂNICA scarlet eggplant
jiloeiro s.m. BOTÂNICA scarlet eggplant
jipe s.m. jeep
jipoúba s.f. BOTÂNICA green pod stripe
jiripiti s.m. brandy
joalheiro s.m. jeweller
joalheria s.f. 1 (*joias*) jewellery 2 (*loja*) jeweller's
joanete s.m. MEDICINA bunion
joaninha s.f. ZOOLOGIA ladybird Grã-Bretanha; ladybug EUA
joão-barbudo s.m. ZOOLOGIA crescent-chested puffbird
joão-bobo s.m. ZOOLOGIA white-eared puffbird
joão-congo s.m. ZOOLOGIA crested oropendola
joão-de-barro s.m. ZOOLOGIA ovenbird
joão-ninguém s.m. a nobody
joão-pinto s.m. ZOOLOGIA campo oriole
joça s.f. 1 coloquial, pejorativo thing 2 coloquial, pejorativo piece of junk
jocoso adj. jocose
joelhada s.f. blow with the knee; dar uma joelhada em alguém to knee somebody
joelheira s.f. 1 ESPORTE kneepad 2 MEDICINA knee support 3 (*remendo*) knee patch
joelho s.m. knee; até os joelhos knee-deep; deslocar um joelho to put one's knee out of joint; ficar de joelhos to go down on one's knees
jogada s.f. 1 (*vez*) play 2 (*jogo*) move 3 (*lançamento*) throw, hit 4 (*tacada*) stroke; bela jogada! jolly good stroke! 5 (*negócio*) scheme ◆ coloquial a jogada é a seguinte this is the situation

judoca

jogado adj. 1 (*jogo*) played 2 (*atirado*) thrown 3 (*largado*) abandoned; left; jogado a um canto abandoned at a corner ◆ bem jogado lucky move, wise move mal jogado unlucky move
jogador s.m. 1 (*competição*) player; jogador de futebol football player 2 (*dinheiro*) gambler
jogar v. 1 (*futebol, cartas*) to play; jogar às escondidas to play hide and seek 2 (*jogos de azar*) to gamble 3 (*dados*) to throw; joga os dados throw the dice 4 to put money (em, *on*) 5 to play; coloquial jogar limpo/sujo to play fair/dirty 6 to throw; jogar fora to throw away ◆ figurado jogar (algo) na cara de alguém to throw (something) in someone's face jogar na loteria to buy a lottery ticket
jogo s.m. 1 (*diversão, competição*) game; jogo de tabuleiro board game 2 (*jogos de azar*) gambling; perder ao jogo to gamble away 3 (*divertimento*) game; pastime 4 (*artimanha*) trick; jogo sujo dirty tricks 5 (*conjunto*) set; jogo de chaves set of keys ◆ Jogos Olímpicos Olympic Games abrir o jogo to lay one's cards on the table coloquial em jogo at stake pôr em jogo to bring into play
jogral s.m. jester
joia s.f. 1 (*adorno*) jewel, piece of jewellery; ele lhe comprou uma joia he bought her a jewel 2 (*inscrição, taxa*) entrance fee, membership fee 3 coloquial (*pessoa*) darling, treasure; ela é uma joia she's a treasure ■ adj.2g. coloquial awesome; excellent
joio s.m. BOTÂNICA darnel ◆ separar o joio do trigo separate the wheat from the chaff
jóquei s.m. ESPORTE (*cavaleiro*) jockey
Jordânia s.f. Jordan
jornada s.f. 1 (*viagem*) journey 2 (*dia*) a day's work 3 ESPORTE round
jornal s.m. 1 newspaper; paper col.; jornal diário daily paper 2 news
jornaleiro s.m. newspaper vendor
jornalismo s.m. journalism
jornalista s.2g. journalist
jorrar v. to spout out, to gush out, to shoot out; o sangue jorrava da ferida the blood was spouting from the wound
jota s.m. name of the letter j
jovem adj.2g. 1 young 2 (*aspecto*) youthful ■ s.2g. young person, youth
jovial adj.2g. 1 jovial 2 (*alegre*) cheerful, jolly
joystick s.m. joystick
juá s.m. BOTÂNICA nightshade
juazeiro s.m. BOTÂNICA jujube; joazeiro
juba s.f. 1 (*leão*) mane 2 (*cabelo*) mop
jubarte s.f. ZOOLOGIA humpback whale
juçapé s.m. BOTÂNICA Brazilian satintail
juçara s.f. BOTÂNICA jucara palm
judaico adj. 1 Judaic 2 (*judeu*) Jewish
judeu adj. Jewish ■ s.m. Jew
judiação s.f. mistreatment
judiar v. (*maltratar*) to mistreat
judicial adj.2g. judicial; separação judicial judicial separation
judiciário adj. judiciary
judô s.m. ESPORTE judo
judoca s.2g. ESPORTE judoist

juiz

juiz *s.m.* 1 judge 2 ESPORTE referee ♦ ESPORTE juiz de campo referee, umpire juiz de instrução coroner

juizado *s.m.* court ♦ juizado de menores juvenile court

juízo *s.m.* 1 (*sensatez*) good sense, common sense 2 (*discernimento*) discernment 3 (*sentença*) judgement 4 (*foro*) court ♦ juízo de valor value judgement RELIGIÃO Juízo Final Last Judgement estar em perfeito juízo to be in sound mind não estar no seu juízo perfeito to be out of one's mind

julgamento *s.m.* 1 (*parecer*) judgement 2 (*veredicto*) sentence 3 DIREITO (*audiência*) trial; ser submetido a julgamento to stand trial

julgar *v.* 1 (*considerar, avaliar*) to judge; até onde posso julgar as far as I can judge 2 (*sentenciar*) to pass sentence upon 3 (*achar*) to think, to suppose; julgo que não I don't think so; julgo que sim I think so julgar-se *v.pr.* to think of oneself (–, *as*); julgar-se feliz to count oneself happy

julho *s.m.* July; em meados de julho in mid July

jumbeba *s.f.* BOTÂNICA Brazilian pricklypear

jumento *s.m.* ZOOLOGIA donkey; ass

junção *s.f.* 1 joining 2 (*união*) coupling 3 (*ponto de união*) junction 4 (*junta*) join

junco *s.m.* BOTÂNICA rush

junho *s.m.* June

júnior *adj.2g.* junior, younger ■ *s.2g.* ESPORTE junior; ele joga nos juniores he plays in the junior team

junta *s.f.* 1 (*ligação*) joint 2 (*comissão*) board, committee 3 POLÍTICA junta 4 (*bois*) yoke 5 ANATOMIA joint, articulation ♦ Junta de Saúde Medical Board

juntamente *adv.* jointly, together (com, *with*); juntamente com alguém together with someone

juntar *v.* 1 (*unir, ligar*) to join, to unite; to put together; juntamos as mesas? shall we put the tables together?; juntei os dois pedaços I've joined the two pieces 2 (*emparelhar*) to couple 3 (*reunir*) to bring together 4 (*adicionar*) to add; junte um pouco de água add a little water 5 (*poupar*) (*dinheiro*) to save up; estou juntando dinheiro para um skate I'm saving up for a skateboard 6 (*recolher*) to collect 7 coloquial to beat; to hit; to attack juntar-se *v.pr.* 1 (*reunir-se*) to gather, to meet 2 (*com um fim*) to club together (para, *to*) 3 (*casal*) to move in together 4 (*associar-se*) to join up

junto *adj.* 1 (*unido*) united 2 (*ligado*) joined 3 (*um com o outro*) together; todos juntos all together 4 (*em anexo*) attached, enclosed ■ *adv.* 1 (*juntamente*) together 2 (*conjuntamente*) jointly 3 (*em anexo*) enclosed; junto segue please find enclosed, in attachment you will find 4 (*próximo*) near, next (a, de, *to*); junto do cinema next to the cinema, near the cinema

juó *s.m.* ZOOLOGIA tinamou

Júpiter *s.m.* ASTRONOMIA, MITOLOGIA Jupiter

juquiri *s.m.* BOTÂNICA mimosa

jura *s.f.* 1 (*juramento*) oath 2 (*compromisso solene*) vow

jurado *adj.* sworn ■ *s.m.* juror, member of a jury; bancada dos jurados jury-box

juramentado *adj.* jurado

juramento *s.m.* oath; prestar juramento to take an oath; sob juramento on/upon one's oath

jurar *v.* 1 to swear 2 (*voto solene*) to vow to, to promise 3 (*fazer juramento*) to take an oath ♦ jurar em falso to commit perjury juro por Deus! I swear to God!

Jurássico *s.m.* GEOLOGIA Jurassic

júri *s.m.* 1 (*concurso*) panel of judges 2 DIREITO jury; membro do júri member of the jury, juror 3 (*prova, avaliação*) examining board

jurídico *adj.* juridical

jurisdição *s.f.* jurisdiction

juro *s.m.* ECONOMIA interest

jurupetinga *s.f.* BOTÂNICA jurubeba

jururu *adj.2g.* coloquial gloomy; sad

jus *s.m.* right; fazer jus a algo to live up to something

jusante *s.f.* downstream

justamente *adv.* 1 (*precisamente*) exactly, just; eu o encontrei justamente onde você me disse I found it just where you told me 2 (*de modo justo*) fairly, rightfully

justapor *v.* to juxtapose (a, *with*); justapor algo a algo to juxtapose something with something justapor-se *v.pr.* to be juxtaposed

justiça *s.f.* 1 justice; tratar com justiça to treat fairly 2 (*organização estatal*) law 3 (*equidade*) fairness 4 figurado (*tribunal*) court ♦ fazer justiça pelas próprias mãos to take the law into one's own hands

justiceiro *s.m.* defender of the justice

justificação *s.f.* justification (para, *for*)

justificar *v.* 1 to justify 2 (*demonstrar*) to prove 3 (*desculpar*) to excuse; justificar a ausência to excuse one's absence 4 (*explicar*) to give reasons (–, *for*); justifica a sua resposta give reasons for your answer

justificativa *s.f.* justification

justo *adj.* 1 (*razoável*) just, fair, equitable; ser justo com to be fair to; uma decisão justa a fair decision 2 (*correto*) right; o preço justo the right price 3 (*adequado*) fit, proper 4 (*apertado*) tight; esta saia está muito justa this skirt is too tight for me

juta *s.f.* jute

jutaí *s.m.* BOTÂNICA jatoba

jutaipeba *s.f.* BOTÂNICA jatoba

juvenil *adj.2g.* 1 (*roupa*) teenage; moda juvenil teenage fashion 2 (*caráter, ar*) youthful 3 ESPORTE junior

juventude *s.f.* 1 (*idade*) youth 2 (*jovialidade*) youthfulness 3 (*jovens*) young people; a juventude de hoje the young people/youth of today

júvia *s.f.* BOTÂNICA juvia

K

k *s.m.* (*letra*) k
kardecismo *s.m.* Kardecism
kardecista *adj.* Kardecist
kart *s.m.* go-kart
kartódromo *s.m.* kart track
ketchup *s.m.* ketchup
kibutz *s.m.* kibbutz
kiwi *s.m.* 1 BOTÂNICA (árvore, fruto) kiwi 2 ZOOLOGIA (ave) kiwi
know-how *s.m.* know-how

L

l s.m. (letra) l
lá adv. 1 (lugar) there; lá e cá here and there; lá dentro in there; lá embaixo down there, downstairs; lá em cima up there, upstairs 2 (fora de um local) outside ■ s.m. MÚSICA A ◆ (estrangeiro) lá fora abroad até lá until then (quantidade) para lá de more than (local) para lá de beyond por lá that way sei lá! don't ask me!
lã s.f. 1 wool 2 (ovelha) fleece ◆ de lã woollen de pura lã pure wool
labareda s.f. (fogo) blaze; flame
lábia s.f. prattle, babble ◆ ter muita lábia to be honey-tongued; to be glib
labial adj.2g., s.f. labial
lábio s.m. ANATOMIA lip; lábio inferior lower lip; lábio superior upper lip
labirinto s.m. 1 labyrinth 2 (jardim) maze
laboral adj.2g. (trabalhista) labour; working ◆ horário laboral working hours
laborar v. to labour; laborar em um erro to labour under a mistake
laboratorial adj.2g. laboratorial; (of) laboratory; técnicas laboratoriais laboratory techniques
laboratório s.m. laboratory; lab col.; laboratório de análises clínicas pathology laboratory; laboratório de investigações científicas scientific research laboratory
lacar v. to lacquer
laçarote s.m. ribbon
laço s.m. 1 (laçada) bow 2 (fita) ribbon 3 (gravata) knot 4 figurado (vínculo) bond, tie; laços de família family ties
lacraia s.f. ZOOLOGIA centipede
lacrar v. to seal
lacre s.m. sealing wax
lacrimejar v. (olhos) to water
lacrimogêneo adj. tear ◆ gás lacrimogêneo tear gas
lactação s.f. lactation
lácteo adj. milky ◆ produtos lácteos dairy products
lactose s.f. QUÍMICA lactose
lacuna s.f. gap; preencher uma lacuna to fill a gap
ladainha s.f. 1 litany 2 figurado rigmarole 3 tedious talk
ladeira s.f. hillside
lado s.m. 1 (geral) side 2 (rumo) direction, way; foram por outro lado they went a different way; olhar para todos os lados to look in all directions 3 (lugar) place; andar de um lado para o outro to run about from one place to another; em algum lado somewhere ◆ lado a lado side by side ao lado de beside de lado sideways de todos os lados on all sides; on every side do lado de alguém on someone's side por outro lado on the other hand por um lado on the one hand pôr de lado to set aside
ladrão s.m. 1 thief 2 (bancos) robber 3 (casas) burglar 4 (automóveis) carjacker

ladrar v. to bark (a, at)
ladrilhar v. to pave
ladrilho s.m. 1 (azulejo) tile 2 (tijolo) brick 3 (chão) tiled floor
lagarta s.f. ZOOLOGIA caterpillar
lagartixa s.f. ZOOLOGIA gecko
lagarto s.m. ZOOLOGIA lizard
lago s.m. 1 (natural) lake; região de lagos lake district 2 (jardim, parque) pond
lagoa s.f. (laguna) lagoon
lagosta s.f. ZOOLOGIA lobster; spiny lobster; viveiro de lagostas lobster-bed
lagostim s.m. ZOOLOGIA crayfish
lágrima s.f. tear ◆ lágrimas de crocodilo crocodile tears derramar lágrimas de sangue to shed bitter tears
laguna s.f. lagoon
laia s.f. (pessoa) type, sort; da mesma laia of that type ◆ à laia de by way of
laje s.f. 1 (construção exterior) paving stone, flagstone 2 (construção interior) floor tile 3 (placa) slab; laje de granito granite slab
lama s.f. mud; enterrar-se na lama to stick in the mud ■ s.m. ZOOLOGIA llama
lamaçal s.m. quagmire, mire
lamacento adj. muddy; caminhos lamacentos muddy roads
lambada s.f. 1 (bofetada) slap 2 (dança) lambada
lambari s.m. ZOOLOGIA tetra
lambe-botas s.2g.2n. (puxa-saco) crawler fig.; toady
lambe-olhos s.f.2n. ZOOLOGIA stingless bee
lamber v. to lick ◆ lamber as botas de alguém to lick someone's boots
lambuzar v. 1 (besuntar) to besmear 2 (sujar) to dirty 3 (manchar) to stain
lamentação s.f. (queixa) lament, complaint
lamentar v. to lament, to regret lamentar-se v.pr. 1 (lastimar-se) to lament 2 (queixar-se) to complain (em relação a, about) ◆ lamentamos informar que we regret to inform you that lamento muitíssimo I'm terribly sorry
lamentável adj.2g. 1 (deplorável) deplorable 2 (erro, injustiça) regrettable 3 (aspecto, condição) pitiful
lâmina s.f. 1 (faca, espada) blade; lâmina cortante blade of a cutting tool 2 (placa metálica) plate; lâmina de metal metal plate 3 (microscópio) slide 4 (persiana) slat 5 (barba) razor blade
laminar v. to laminate; to roll ■ adj.2g. laminar
lâmpada s.f. light bulb ◆ lâmpada incandescente glow-lamp lâmpada elétrica electric bulb lâmpada fluorescente fluorescent light
lamparina s.f. 1 antiquado lamp 2 antiquado (azeite) oil lamp

lampião s.m. 1 (*casa*) lantern 2 (*rua*) streetlamp 3 (*jardim*) garden light
lamuriar-se v.pr. (*queixar-se*) to complain (de, about)
lança s.f. lance, spear
lançador s.m. 1 ESPORTE thrower 2 (*leilão*) bidder 3 ESPORTE (*beisebol*) pitcher
lançamento s.m. 1 ESPORTE throwing; lançamento do dardo javelin throwing; lançamento do martelo hammer throwing 2 (*produto, míssil*) launch 3 (*disco, filme*) release; novo lançamento new release; (*livro*) new title
lançante adj.2g. throwing; tossing ■ s.m. hillside
lança-perfume s.m. perfume squirter
lançar v. 1 ESPORTE to throw 2 (*produto, míssil*) to launch; lançar no mercado to put on the market 3 (*disco, filme*) to release 4 (*registrar*) to enter lançar-se v.pr. (*atirar-se*) to throw oneself (para, at)
lance s.m. 1 (*arremesso*) throwing, throw, casting 2 (*acontecimento*) event; incident 3 (*leilão*) bid; cobrir um lance to overbid 4 ESPORTE (*jogada*) shot ♦ ESPORTE lance livre free throw
lancha s.f. launch
lanchar v. 1 to have tea; lanchamos às seis we have tea at six o'clock 2 (*à tarde*) to take afternoon tea 3 (*refeição rápida*) to have a snack
lanche s.m. 1 (*refeição rápida*) snack 2 (*tarde*) afternoon tea
lancheira s.f. lunch case, lunch box
lanchonete s.f. snack bar
lantejoula s.f. sequin, spangle
lanterna s.f. 1 lantern 2 (*portátil*) torch; flashlight ♦ lanterna mágica magic lantern
lanterninha s.2g. 1 (*cinema, teatro*) usher 2 (*futebol*) team at the bottom of the division
lapela s.f. lapel ♦ (*flor*) na lapela in the buttonhole
lapidar v. 1 (*pedras preciosas*) to lapidate 2 figurado (*refinar*) to refine
lápide s.f. 1 (*tumular*) tombstone, gravestone 2 (*comemorativa*) memorial stone
lápis s.m. pencil; a lápis in pencil ♦ lápis de cera crayon lápis de cor coloured pencil lápis de olhos eye pencil
lapiseira s.f. propelling pencil Grã-Bretanha; mechanical pencil EUA
lápis-lazúli s.m. GEOLOGIA lapis lazuli
lapso s.m. 1 (*erro*) mistake; por lapso by mistake 2 (*memória*) slip 3 (*tempo*) period of time
laptop s.m. laptop
laquê s.m. lacquer; hair lacquer
laqueação s.f. MEDICINA ligature
laqueadura s.f. MEDICINA ligature
laquear v. 1 MEDICINA to tie the arteries 2 (*verniz*) to lacquer
lar s.m. 1 (*casa*) home 2 (*família*) family, household ♦ lar da terceira idade old people's home lar doce lar home sweet home
laranja s.f. BOTÂNICA orange; casca de laranja orange peel; suco de laranja orange juice ■ s.m. (*cor*) orange ■ adj.2g.2n. (*cor*) orange
aranjada s.f. orange juice
aranjeira s.f. BOTÂNICA orange tree

latrina

larapiar v. to pilfer; to filch; to pinch
lareira s.f. fireplace
largada s.f. 1 (*animais, balões*) release 2 ESPORTE start 3 sailing
largado adj. 1 (*abandonado*) abandoned; dropped; largado à própria sorte abandoned to one's fate 2 figurado (*descuidado*) careless
largar v. 1 (*lançar*) to release 2 (*bomba*) to drop 3 (*soltar*) to let go; to drop; larga isso! drop it!; larga-me! let me go! largar-se v.pr. popular (*gases intestinais*) to break wind
largo adj. 1 (*medida, extensão*) broad; wide; estrada muito larga wide open road 2 (*roupa*) loose; baggy; calças largas baggy trousers 3 (*tempo*) many; durante largos anos for many years ■ s.m. 1 (*praça*) square; plaza 2 open sea; fazer-se ao largo to put out to sea
largura s.f. width; breadth; largura de uma mesa width of a table; qual é a largura da sala? how wide is the room?; ter um metro de largura to be one meter wide
laringe s.f. ANATOMIA larynx; voice box
laringite s.f. MEDICINA laryngitis
larva s.f. BIOLOGIA larva; grub; larvas de insetos insect larvae
lasanha s.f. CULINÁRIA lasagna
lasca s.f. 1 (*fragmento*) chip 2 (*madeira, metal*) splinter 3 (*comida*) morsel
lascar v. 1 to splinter; to chip 2 (*fender*) to crack
laser s.f. FÍSICA laser ♦ raios laser laser beams
lástima s.f. 1 (*pena*) pity 2 (*pessoa*) dreadful state; ela está uma lástima she is in a dreadful state
lastimar v. (*lamentar*) to deplore; to regret lastimar-se v.pr. (*queixar-se*) to complain
lastimável adj.2g. regrettable; pitiful; deplorable
lastimoso adj. 1 (*lastimável*) lamentable; deplorable; pitiful 2 (*pesaroso*) pitiful; mournful
lastro s.m. ballast
lata s.f. can; tin ♦ conservas em lata tinned goods; canned goods
latão s.m. yellow brass, brass
lataria s.f. bodywork
lata-velha s.f. old banger
latejar v. to throb
latência s.f. latency
latente adj. 2g. latent
lateral adj.2g. lateral; questão lateral lateral issue
látex s.m. latex
laticínio s.m. dairy product
latido s.m. (*cachorros*) bark
latifundiário s.m. large land owner
latifúndio s.m. AGRICULTURA latifundium; large estate
latim s.m. Latin ♦ não precisa gastar o seu latim you can save your breath
latino adj. Latin; Roman; cultura latina Latin culture; línguas latinas Latin languages; países latinos Latin countries ■ s.m. (*pessoa*) Latin
latino-americano adj., s.m. Latin-American ♦ países latino-americanos Latin-American countries
latir v. to bark
latitude s.f. latitude
latrina s.f. latrine

laudo

laudo s.m. report; laudo médico medical report
laurear v. (*homenagem, prêmio*) to laureate; to honour
lava s.f. lava
lavabo s.m. (*lavatório*) washbasin lavabos s.m.pl. (*banheiro*) toilet
lavadeira s.f. antiquado washerwoman
lavado adj. 1 (*roupa*) clean 2 (*louça*) washed ♦ estar lavado em lágrimas to cry one's heart out
lavagem s.f. 1 (*limpeza*) wash, washing 2 (*comida para porcos*) hog wash; swill; slops ♦ lavagem a seco dry cleaning lavagem cerebral brainwash
lavanda s.f. BOTÂNICA lavender
lavanderia s.f. 1 (*estabelecimento*) dry cleaner's 2 (*divisão em casa*) utility room 3 (*divisão em edifício*) laundry ♦ levar à lavanderia to have (something) cleaned; to take (something) to the cleaner's
lava-pés s.m. RELIGIÃO maundy
lava-pratos s.m.2n. BOTÂNICA coffee senna
lavar v. (*roupa, louça, corpo*) to wash; lavar a cabeça to wash one's hair; lavar a louça to do the dishes; lavar a roupa to do the laundry; lavar as mãos to wash one's hands; ♦ lavo as minhas mãos desse assunto I wash my hands of it that matter
lavatório s.m. washbasin; sink; lavatory
lavável adj.2g. washable
lavoura s.f. 1 AGRICULTURA (*atividade*) husbandry; farming 2 AGRICULTURA (*lavra*) tillage
lavrador s.m. 1 (trabalhador agrícola) farmhand 2 (proprietário) farmer; casa de lavradores farmhouse
lavrar v. 1 (*arar*) to plough 2 (*cultivar*) to till; to cultivate 3 (*documento*) to draw up
laxante adj.2g., s.m. laxative
lazer s.m. 1 (*ócio*) leisure; relaxation 2 (*tempo livre*) spare time; free time; recreation
leal adj.2g. 1 (*confiança*) loyal; fair; faithful; trustworthy; ser leal to play fair 2 (*relações*) faithful 3 (*sinceridade*) honest
lealdade s.f. 1 (*confiança*) loyalty; fair play 2 (*relações*) faithfulness 3 (*sinceridade*) honesty
leão s.m. ZOOLOGIA lion; juba de leão lion's mane
Leão s.m. ASTRONOMIA Leo, the Lion
leão-marinho s.m. ZOOLOGIA sea lion; fur seal
lebre s.f. ZOOLOGIA hare
lecionar v. (*aulas*) to teach; to lecture
legado s.m. legacy
legal adj.2g. 1 legal; lawful 2 coloquial great; nice ♦ em termos legais legally speaking recorrer a meios legais to take legal proceedings
legalidade s.f. legality; legitimacy; lawfulness
legalização s.f. legalization
legalizar v. 1 (*situação*) to legalize 2 (*documento*) to certify; to validate
legalmente adv. according to law; legally
legar v. 1 (*herança*) to bequeath 2 figurado to pass on
legenda s.f. 1 subtitle 2 (*jornais, livros*) caption 3 (*inscrição*) inscription
legendagem s.f. 1 subtitling 2 (*jornais, livros*) captioning
legendar v. 1 to subtitle 2 (*imagem, mapa*) to caption

legião s.f. 1 legion; legião estrangeira foreign legion 2 figurado (*multidão*) legion; hoards; masses
legionário s.m. legionary
legislação s.f. legislation
legislar v. to legislate
legislativo adj. legislative ♦ reformas legislativas legislative reform
legislatura s.f. legislature; legislative body
legista s.2g. DIREITO jurist
legitimação s.f. legitimation
legítimo adj. 1 (*ato*) legitimate; valid; acceptable; justifiable 2 (*dentro da lei*) lawful; legal; legitimate ♦ em legítima defesa in self-defense
legível adj.2g. legible; readable
légua s.f. antiquado league ♦ légua marítima marine league
legume s.m. BOTÂNICA legume legumes s.m.pl. vegetables; greens; legumes frescos green vegetables
leguminoso adj. BOTÂNICA leguminous; plantas leguminosas leguminous plants
lei s.f. 1 (*autoridade*) law; infringir a lei to break the law 2 (*regra*) rule; regulation ♦ lei orgânica constitutional law a lei do mais forte the law of the jungle a lei do menor esforço the principle of least effort fora da lei outlaw; criminal
leigo adj. 1 (*não religioso*) lay; secular 2 figurado (*não especializado*) lay; unprofessional; ordinary; público leigo lay public ■ s.m. layman, laywoman
leilão s.f. auction; levar a leilão to sale at an auction; vender tudo em leilão to auction off
leiloar v. to auction; to sell by auction
leiloeiro s.m. auctioneer
leirão s.m. rat
leishmaniose s.f. MEDICINA leishmaniasis
leitão s.m. ZOOLOGIA sucking pig, suckling pig
leite s.m. milk ♦ leite condensado condensed milk leite desnatado skimmed milk; skim milk leite em pó dried milk; powdered milk leite integral whole milk (EUA), full-fat milk (Grã-Bretanha) leite desnatado skimmed milk; skim milk leite semidesnatado low-fat milk tirar leite de pedra to do something considered impossible
leiteira s.f. 1 (*recipiente*) milk pot, milk jug 2 (*pessoa*) milkmaid
leiteiro s.m. milkman, milkwoman ■ adj. dairy; gado leiteiro dairy cattle; vaca leiteira dairy cow
leito s.m. (*geral*) bed; leito do rio riverbed, river bottom
leitor s.m. 1 (*textos*) reader 2 (*universidade*) foreign language assistant 3 (*palestra*) lecturer ♦ leitor de CD CD player leitor óptico optical character reader
leitoso adj. milky
leitura s.f. 1 (*texto*) reading; leitura fácil easy reading; uma boa leitura a good reading 2 (*interpretação*) reading; interpretation; understanding
lema s.m. 1 (*divisa*) motto 2 (*publicidade*) slogan
lembrança s.f. 1 (*memória*) recollection 2 (*pequeno presente*) souvenir lembranças s.f.pl (*cumprimento*) regards; manda lembranças minha à sua mãe give my regards to your mother

lembrar v. 1 (*passado*) to remember; to recall; to recollect 2 (*pessoa*) to remember (de, *to*); to remind (de, *of*, *to*) lembrar-se v.pr. 1 (*memória*) to remember (de, –); to recall (de, –); não me lembro do número I can't remember the number 2 (*fixar na memória*) to bear in mind; lembre-se disso mark my words ◆ se bem me lembro if I remember rightly tanto quanto me lembro to the best of my recollection

lembrete s.m. 1 (*lembrança*) reminder; note 2 coloquial (*repreensão*) rebuke; reproach

leme s.m. NÁUTICA helm

lenço s.m. handkerchief; hankie ◆ lenço de papel tissue lenço do pescoço scarf

lençol s.m. sheet; lençol de baixo bottom sheet; lençol de cima top sheet; jogo de lençóis sheet set ◆ lençol d'água sheet of water estar em maus lençóis to be in a pickle

lenda s.f. 1 (*história tradicional*) legend 2 (*mito*) myth

lendário adj. 1 (*lenda*) legendary 2 (*fama*) legendary; renowned; famous

lêndea s.f. ZOOLOGIA nit

lenga-lenga s.f. rigmarole

lenha s.f. wood; firewood; lenha rachada split wood; pilha de lenha wood pile

lenhador s.m. woodcutter; lumberjack

lenitivo adj., s.m. lenitive

lentamente adv. slowly

lente s.f. lens ◆ lentes de contato contact lenses

lentidão s.f. 1 (movimento) slowness 2 (ritmo, duração) sluggishness

lentilha s.f. BOTÂNICA lentil

lento adj. 1 (*velocidade*) slow; trânsito lento slow-moving traffic 2 (*inteligência*) slow, slow-witted; lumpish; thick; você foi um pouco lento para entender a piada you were a bit slow off the mark 3 (*ritmo arrastado*) sluggish

leoa s.f. ZOOLOGIA lioness

leonino adj. leonine

leopardo s.m. ZOOLOGIA leopard

lepra s.f. MEDICINA leprosy

leproso adj. leprous ■ s.m. leper

leptospirose s.f. MEDICINA leptospirosis

leque s.m. 1 (*objeto*) fan 2 figurado (*gama*) variety; diversity; range; um grande leque de opções a wide range of options

ler v. to read; ler um livro to read a book; ler os pensamentos de alguém to read someone's thoughts; aprender a ler e a escrever to learn how to read and write; ele não sabe ler he can't read; ler em voz alta to read aloud; ler por alto to skim over ◆ ler de fio a pavio to read through ler nas entrelinhas to read between the lines

lerdo adj. 1 slow 2 coloquial, pejorativo dull; slow

lero-lero s.m. coloquial idle chat; chat; chitchat

lesão s.f. MEDICINA injury; lesion; ter uma lesão grave to be seriously injured

lesar v. (*prejudicar*) to harm; to damage; to impair

lésbica adj., s.f. lesbian

lésbico adj. 1 (*de Lesbos*) from Lesbos 2 (*homossexual*) lesbian ■ s.m. native or inhabitant of Lesbos

lesionar v. to injure; to hurt; to wound

lesma s.f. ZOOLOGIA slug

leste s.m. GEOGRAFIA east; países do Leste Eastern countries; seguir para leste to move on eastward ◆ estar a leste de alguma coisa to be unaware of something

letal adj.2g. lethal; mortal; deadly

letivo adj. academic ◆ ano letivo school year período letivo term

letra s.f. 1 (*alfabeto*) letter 2 (*caligrafia*) handwriting 3 MÚSICA lyrics letras s.f.pl. arts; humanities; letters; faculdade de Letras Humanities university ◆ com todas as letras word for word; literally

letreiro s.m. sign; notice

letrista s.2g. lyricist

leucemia s.f. MEDICINA leukaemia

leva s.f. (*grupo*) intake; a leva de estudantes deste ano this year's intake of students

levantamento s.m. 1 (*ação de levantar*) raising 2 (*em terreno*) land surveying 3 (*revolta*) insubordination; rebellion; levantamento militar army rebellion ◆ ESPORTE levantamento de pesos weightlifting

levantar v. 1 (*voz, objeto*) to raise; to lift 2 to raise; levantar dúvidas to raise doubts 3 to pick up 4 (*voo*) to take off 5 (*tempo*) to clear up levantar-se v.pr. 1 (*de assento*) to stand up; levantar-se de um pulo to spring up 2 (*de cama*) to get up; to rise; levantar-se cedo to get up early ◆ levantar-se da mesa to leave the table

levar v. 1 to take; leva o casaco take the coat; levar pela mão to take by the hand 2 (*transportar*) to carry; quem leva o saco? who carries the bag? 3 (*afastar*) to take away; leva isso daqui take that away from here; levar à força to take away by force 4 (*conter*) to hold 5 (*vida*) to lead; levar uma vida de cão to lead a dog's life 6 (*preço*) to charge; to ask for 7 to lead; levar a crer to lead to believe 8 coloquial (*pancada*) to be smacked; to be hit ◆ levar a cabo to carry it out levar a mal to take something amiss levar a sério to take it seriously

leve adj. 1 (*pouco peso*) light 2 (*tênue*) thin; faint; uma leve esperança a faint hope 3 (*suave*) soft; mild 4 (*ligeiro*) slight; um leve resfriado a slight cold ◆ leve como uma pena as light as a feather de leve slightly

leveza s.f. lightness

leviandade s.f. 1 (*inconsciência*) thoughtlessness 2 (*superficialidade*) frivolity; superficiality

leviano adj. 1 (*inconsciência*) thoughtless; light-headed 2 frivolous; superficial; light

levitação s.f. levitation

levitar v. (*corpo*) to levitate

lhama s.f. lamé

lhe pron. pess. 1 (*a ele*) him; (*a ela*) her; (neutro) it; (*a você, a vós*) you 2 (*para ele*) to him; (*para ela*) to her; (neutro) to it; (*para você, para vós*) to you

libélula s.f. ZOOLOGIA dragonfly

liber s.m. BOTÂNICA phloem

liberação s.f. freeing; releasing

liberal adj.2g. 1 (*generosidade*) liberal; generous 2 (*tolerância*) tolerant; liberal; educação liberal liberal education 3 POLÍTICA liberal; moderate 4 (*men-*

liberalidade

talidade) broad-minded, open-minded ■ *s.2g.* POLÍTICA liberal; os liberais the Liberals ◆ profissões liberais liberal professions

liberalidade *s.f.* 1 (*generosidade*) generosity 2 (*tolerância*) tolerance 3 (*mentalidade*) broad-mindedness, open-mindedness

liberalismo *s.m.* POLÍTICA liberalism

liberalização *s.f.* ECONOMIA liberalization

liberalizar *v.* to liberalize

liberar *v.* 1 to liberate, to set (somebody) free 2 (*obrigação, dívida*) to free (de, *from*); to release (de, *from*)

liberdade *s.f.* freedom; liberty ◆ liberdade de ação freedom of action liberdade de expressão freedom of speech liberdade poética poetic licence estar em liberdade condicional to be on probation tomar a liberdade de to take the liberty of

líbero *s.m.* (*futebol*) sweeper

libertação *s.f.* 1 (*prisioneiros*) release; libertação de refugiados refugee release 2 (*calor, energia, gases*) release; emission; discharge; libertação de calor para a atmosfera emission of heat into the atmosphere 3 (*liberdade*) liberation; freedom; uma ânsia de libertação a craving for freedom

libertador *s.m.* liberator

libertar *v.* 1 (*pôr em liberdade*) to set free 2 (*soltar*) to release 3 (*calor, energia*) to release; to discharge; to emit libertar-se *v.pr.* 1 (*livrar-se*) to get rid (de, *of*) 2 (*soltar-se*) to set oneself free (de, *from*)

libertinagem *s.f.* licentiousness

libertino *adj.* licentious ■ *s.m.* libertine

Líbia *s.f.* Libya

libido *s.f.* PSICOLOGIA libido

libra *s.f.* pound ◆ libra esterlina pound sterling libra irlandesa punt

Libra *s.f.* ASTRONOMIA Libra

libriano *adj., s.m.* libra

lição *s.f.* 1 (*escola*) lesson 2 figurado (*sermão*) lecture; lesson; não preciso das suas lições stop lecturing me ◆ dar uma lição a alguém to teach somebody a lesson que isto te sirva de lição let this be a lesson to you serviu-lhe de lição it served him right

licença *s.f.* 1 (*dispensa legal*) leave; estar de licença to be on leave 2 (*permissão*) permission; consent; authorization; conceder licença to grant permission 3 (*documento*) licence; permit; licença de construção building permit ◆ dá licença? (*fazer algo*) excuse me!, may I? (*de passagem*) can you step aside, please?

licenciado *s.m.* (*universidade*) graduate; licenciado em Letras Master of Arts ■ *adj.* 1 (*licença*) authorized; allowed 2 (*estudos*) graduate

licenciando *s.m.* undergraduate

licenciar *v.* (*autorização*) to license; to authorize licenciar-se *v.pr.* (*universidade*) to graduate

licenciatura *s.f.* graduation; academic degree

lichia *s.f.* BOTÂNICA lytchee

licitação *s.f.* (*leilão*) bidding

licitar *v.* 1 (*vender*) to sell by auction 2 (*comprar*) to bid for

lícito *adj.* 1 (*legal*) licit; legal 2 (*legítimo*) lawful

licor *s.m.* liqueur

lidar *v.* 1 (*enfrentar*) to deal (com, *with*); como vamos lidar com este problema? how will we deal with this problem? 2 (*luta*) to fight (com, -); to struggle (com, -)

lide *s.f.* 1 (*labuta*) toil 2 (*luta*) fight; struggle 3 (*tourada*) bullfighting

líder *s.2g.* leader

liderança *s.f.* 1 (*organização, grupo*) leadership; capacidade de liderança leadership ability 2 (*competição*) head; top; estar na liderança da corrida to be at the head of the race

liderar *v.* to lead; to be at the head of

liga *s.f.* 1 (*aliança*) alliance; league; pact 2 QUÍMICA alloy 3 ESPORTE league; Liga dos Campeões Champions League 4 (*vestuário*) garter

ligação *s.f.* 1 (*relação*) connection; association; em ligação com in connection with 2 (*telefone*) connection; call; a ligação está feita the call is through 3 (*relação amorosa*) relationship ◆ ligação química chemical bond

ligadura *s.f.* 1 (ferida) bandage 2 (material cirúrgico) ligature

ligamento *s.m.* ANATOMIA ligament

ligar *v.* 1 (*juntar*) to unite; to join; to link up 2 (*canos, fios*) to connect; to link 3 (*relacionar*) to connect 4 (*telefone*) to phone (a, *to*); to ring up (a, -) 5 (*luz, aparelho*) to switch on, to turn on; liga a televisão turn the TV on 6 ELETRICIDADE to plug in; ligar a tomada à corrente to plug in 7 (*dar importância*) to care (a, *for*); to pay attention (a, *to*); ele não liga pra mim he pays no attention to me; não ligue never mind ligar-se *v.pr.* (*sentimentos*) to grow attached (a, *to*)

ligeira *s.f.* 1 (*rapidez*) swiftness; quickness; à ligeira quickly 2 popular (*diarreia*) diarrhoea Grã-Bretanha, diarrhea EUA 3 (*chicote*) whip

ligeiro *adj.* 1 (*leve*) light; superficial 2 (*ao de leve*) slight; um toque ligeiro a slight touch

light *adj.2g.2n.* 1 low-calorie 2 low-alcohol 3 diet; refrigerante light diet cola

lilás *s.m.* 1 BOTÂNICA lilac 2 (*cor*) lilac; mauve ■ *adj.2g.* (*cor*) lilac; mauve

lima *s.f.* 1 (*lixa*) file; 2 BOTÂNICA sweet lime

limão *s.m.* BOTÂNICA lemon; da cor do limão lemon-coloured

limãozinho *s.m.* BOTÂNICA mayweed

limar *v.* 1 (*metal, madeira, unhas*) to file; to smooth 2 figurado (*aperfeiçoar*) to polish; limar as arestas to polish up

limitação *s.f.* 1 (*restrição*) limitation; restriction 2 (*incapacidade*) limitation; shortcoming; conhecer as suas limitações to know one's limitations

limitar *v.* 1 (*restrição*) to limit; to restrict; limitar as entradas to limit entries; limitar despesas to limit expenditure 2 (*espaço*) to limit; to bound; to circumscribe limitar-se *v.pr.* to limit oneself (a, *to*); to do no more (a, *than*); eu me limitei a dizer que não I just said no; limitar-se ao necessário to stick to the point

limite *s.m.* 1 (*restrição*) limit; restriction 2 (*extremo*) limit; end 3 (*fronteira*) limit; border; edge; o limite da propriedade the limit of the estate ◆ limite de velocidade speed limit chegar ao limite da paciência to run out of patience dentro de certos limites within limits

limo s.m. 1 BOTÂNICA algae, seaweed 2 (*lodo*) slime
limoeiro s.m. BOTÂNICA lemon tree
limonada s.f. lemonade
limpa s.f. 1 (*limpeza*) cleaning 2 (*clareira*) clearing 3 (*poda*) pruning 4 pillage; robbery
limpar v. 1 (*geral*) to clean; to tidy up 2 (*pó, louça, lágrimas*) to wipe; to rub 3 (*ferida*) to cleanse 4 coloquial to clean out; to wipe; os ladrões limparam a loja the thieves wiped out the store ♦ limpar a seco to dry-clean limpar o nome to clear one's name limpar o pó to dust
limpeza s.f. 1 (*processo*) cleaning; fazer uma grande limpeza na casa to clean down the house; fazer limpeza to clean up 2 (*estado*) neatness 3 figurado, coloquial (*roubo*) snatch; knock-over; foi uma limpeza total it was quite a snatch ♦ limpeza a seco dry cleaning
límpido adj. 1 limpid; crystal-clear 2 (*céu*) clear
limpo adj. 1 (*sem sujeira*) clean; mãos limpas clean hands; roupa limpa clean laundry 2 (*céu*) clear; bright 3 (*honesto*) fair ♦ tirar a limpo to get to the bottom of a thing pôr tudo em pratos limpos to lay the cards on the table
limusine s.f. limousine; limo col.
lince s.m. ZOOLOGIA lynx ♦ ter olhos de lince to be keen-sighted
linchar v. to lynch
lindo adj. 1 beautiful 2 (*pessoa*) pretty; handsome; uma menina linda a pretty girl; um menino lindo a handsome boy
linear adj.2g. linear
linfa s.f. lymph
linfático adj. lymphatic
linfócito s.m. BIOLOGIA lymphocyte
lingerie s.f. lingerie; women's underwear
língua s.f. 1 ANATOMIA tongue 2 (*idioma*) language; tongue; falar várias línguas to speak several languages; língua estrangeira foreign language; língua materna mother tongue; língua morta dead language; língua viva modern language ♦ dar com a língua nos dentes to let the cat out of the bag na ponta da língua on the tip of one's tongue o gato comeu a sua língua? has the cat got your tongue? língua de sogra party blower, party horn
linguado s.m. ZOOLOGIA sole
linguagem s.f. language; linguagem ofensiva rude language ♦ linguagem corporal body language INFORMÁTICA linguagem de programação programming language linguagem gestual sign language
linguajar v. to prattle; to chatter ■ s.m. dialect
linguarudo adj. popular gossipy ■ s.m. popular 1 gossip 2 tattletale
lingueirão s.m. ZOOLOGIA solen, razor shell
linguiça s.f. CULINÁRIA spicy sausage
linguista s.2g. linguist
linguística s.f. linguistics
linguístico adj. linguistic; estudos linguísticos linguistic studies

litosfera

linha s.f. 1 (*traço*) line; linha reta straight line 2 INFORMÁTICA line; connection; em linha on line 3 (*fio*) thread; line; agulha e linha needle and thread; linha de pesca fishing line 4 (*elegância*) figure; manter a linha to keep slim 5 (*trens etc.*) railway; linha principal main line 6 (*rota*) line; route; linha aérea airline ♦ linha de ação course of action linha de montagem assembly line ESPORTE linha de partida mark linha divisória dividing line em linhas gerais generally speaking escrever umas linhas a to drop a few lines to manter alguém na linha to keep someone under control
linhaça s.f. 1 (*semente*) linseed 2 (*óleo*) linseed oil
linhagem s.f. (*famílias*) lineage
linho s.m. 1 BOTÂNICA flax 2 (*tecido*) linen; toalha de linho linen towel
link s.m. INFORMÁTICA link
liofilizar v. to lyophilize
lipídio s.m. QUÍMICA lipid
lipoaspiração s.f. MEDICINA liposuction
liquefazer v. 1 FÍSICA, QUÍMICA to liquefy 2 (*legumes, fruta*) to liquidize; to blend 3 (*derreter*) to melt
líquen s.m. BIOLOGIA lichen
liquidação s.f. 1 (*falência*) liquidation; winding-up 2 (*loja*) clearance sale; sell-out ♦ liquidação total clearance sale
liquidar v. 1 (*falência*) to liquidate; to wind up 2 (*recheio de loja*) to sell out 3 (*conta*) to close; liquidar uma dívida to pay off a debt
liquidificador s.m. liquidizer
liquidificar v. to liquidize
líquido s.m. liquid; fluid ■ adj. 1 liquid 2 (*fluido*) fluid; flowing 3 ECONOMIA (*quantia*) net; liquid; peso líquido net weight
lira s.f. 1 MÚSICA lyre 2 (*antiga moeda*) lira
lírio s.m. BOTÂNICA lily
lirista s.2g. 1 (*poeta*) lyric poet 2 pejorativo second-rate poet; poetaster 3 MÚSICA lyre player, lyrist
liso adj. 1 (*regular*) smooth; even 2 (*plano*) plain; flat 3 (*cabelo*) straight 4 (*sem nada*) blank; folha lisa blank sheet of paper 5 (*cor*) plain 6 figurado, coloquial broke; estou completamente liso I'm broke
lisonjear v. to flatter
lista s.f. 1 (*rol*) list 2 (*risca*) stripe; tecido com listas striped cloth 3 (*cardápio*) menu; carte ♦ lista de compras shopping list lista de espera waiting list lista telefônica phone directory
listagem s.f. listing, list
listar v. to list; to catalogue; to index
listra s.f. stripe; streak
listrado adj. striped
literal adj.2g. literal; no sentido literal in the literal sense; tradução literal literal translation; word for word translation
literatura s.f. literature
litigar v. DIREITO to litigate
lítio s.m. QUÍMICA (*elemento químico*) lithium
litorâneo adj. littoral
litoral s.m. coastline, coastal region, littoral ■ adj.2g. coastal, littoral
litosfera s.f. GEOLOGIA lithosphere

litro

litro s.m. litre
liturgia s.f. RELIGIÃO liturgy
livrar v. 1 (*libertar*) to release (de, *from*); to free (de, *from*) 2 (*salvar*) to save (de, *from*) livrar-se v.pr. 1 (*libertar-se*) to free oneself (de, *from*); to save (de, *from*) 2 (*desembaraçar-se*) to get rid (de, *of*); livrar-se de alguém to get rid of someone 3 (*escapar-se*) to escape (de, *from*) ♦ Deus me livre! God forbid! livrar-se de boa to have a narrow escape
livraria s.f. bookshop Grã-Bretanha, bookstore EUA ● Não confunda com a palavra inglesa *library*, que significa "biblioteca".
livre adj. 1 (*liberdade*) free; um país livre a free country 2 (*espaço*) open; ao ar livre in the open air 3 (*disponível*) free; available; você está livre agora? are you free now?; este lugar está livre? is this seat taken? 4 (*sem obstáculos*) clear; o caminho está livre the coast is clear 5 (*salvo*) out (de, *of*); free (de, *from*); estar livre de perigo to be out of danger ■ s.m. ESPORTE (*futebol*) free kick ♦ de livre vontade on one's own free will
livre-arbítrio s.m. free will
livro s.m. book; livro de bolso pocketbook; livro de consulta reference book ♦ ser um livro aberto to be an open book
lixa s.f. 1 (*material*) sandpaper; glasspaper 2 (*utensílio*) file; lixa para as unhas nail file
lixar v. 1 to sandpaper; to glasspaper 2 calão to brass off; to tick off lixar-se v.pr. calão to screw up; que se lixe! screw it!; vai-te lixar! go to hell!
lixeira s.f. dump; dumping ground
lixeiro s.m. dustman Grã-Bretanha, garbage man EUA, garbage collector EUA; dustwoman Grã-Bretanha, garbage woman EUA, garbage collector EUA
lixiviação s.f. lixiviation
lixo s.m. 1 rubbish; refuse; trash; garbage EUA 2 (*resíduos*) waste; lixo atômico atomic waste
lobisomem s.m. werewolf
lobo-cerval s.m. ZOOLOGIA lynx
logo-guará s.m. ZOOLOGIA maned wolf
lobo-marinho s.m. ZOOLOGIA fur seal
locação s.f. 1 location 2 aluguel
local adj.2g. local; autoridades locais local authority ■ s.m. 1 (*lugar*) place 2 (*ponto específico*) site 3 (*povoação*) locality ♦ local de nascimento birthplace local de trabalho workplace
localidade s.f. place; site
localização s.f. 1 (*ação*) location 2 (*local*) locale; site
localizado adj. 1 (*situado*) located; situated; estar bem/mal localizado to be desirably/undesirably located; localizado no Rio de Janeiro located in the Rio de Janeiro 2 (*dor*) localized; infecção localizada localized infection 3 (*ginástica*) concentrating on one part of the body
localizar v. 1 (*situar*) to locate; to pinpoint 2 (*procurar*) to track down 3 (*restringir*) to localize; to contain localizar-se v.pr. to be situated (em, *in*); to be located (em, *in*)
loção s.f. lotion ♦ loção de barbear shaving lotion loção para depois da barba aftershave lotion
locar v. to rent; to lease

locatário s.m. 1 (*quarto*) lodger 2 (*inquilino*) tenant
locomoção s.f. locomotion
locomotiva s.f. railway engine; locomotive
locução s.f. 1 locution; diction 2 LINGUÍSTICA locution; phrase
locutor s.m. 1 (*geral*) announcer; locutor de continuidade continuity announcer 2 (*notícias*) newscaster
lodo s.m. (*lama*) mud
lógica s.f. logic; tem lógica that's logic
lógico adj. logical; reasonable; argumento lógico logical argument ■ s.m. logician ♦ é lógico of course
logística s.f. logistics
logístico adj. logistic, logistical
logo adv. 1 (*em breve*) soon 2 (*em seguida*) by and by 3 (*imediatamente*) right away, at once 4 (*justamente*) just, right; ele chegou logo depois he showed up just afterwards 5 (*mais tarde*) later conj. therefore, so, consequently; penso, logo existo I think, therefore I am; logo que as soon as ♦ até logo! see you later!
logomarca s.f. logo; logotype
logotipo s.m. logo; logotype
lograr v. 1 (*obter*) to obtain 2 (*alcançar*) to achieve 3 (*enganar*) to cheat
loiro adj. blond; fair; cabelo loiro blond hair ■ s.m. (*pessoa*) blond ● Compare com *louro*.
loja s.f. 1 shop 2 (*maçônica*) lodge ♦ loja de brinquedos toy store toyshop
lombada s.f. 1 (*livro*) spine, back 2 (*animal*) rump
lombar adj.2g. ANATOMIA lumbar; região lombar lumbar region
lombo s.m. 1 CULINÁRIA loin; lombo de porco pork sirloin 2 popular back
lombriga s.f. ZOOLOGIA ringworm
lona s.f. canvas, sailcloth ♦ estar na lona to be broke
lonca s.f. leather strip
longa-metragem s.f. feature film, full-length movie
longe adv. far, far away (de, *from*), a long way (de, *from*) longes s.m.pl. 1 (*fundo*) background 2 (*indícios*) hints ♦ ao longe at a distance; far off de longe from far away; by a long way longe da vista, longe do coração out of sight, out of mind longe disso far from it nem de longe not by a long sight
longevidade s.f. longevity
longínquo adj. distant, remote, faraway; regiões longínquas the remote regions
longitude s.f. GEOGRAFIA longitude
longitudinal adj.2g. longitudinal
longo adj. 1 (*extenso, comprido*) long 2 (*demorado*) lengthy ♦ ao longo de along; throughout
longueirão s.m. ZOOLOGIA razor shell
lontra s.f. ZOOLOGIA otter
lorota s.f. popular fib, lie; story
losango s.m. GEOMETRIA rhombus
lotação s.f. 1 (*veículo*) capacity 2 (*navio*) tonnage 3 (*teatro*) house ♦ lotação esgotada the house is sold out; full house
lote s.m. 1 (*leilão*) lot 2 (*porção*) share, portion 3 (*ações*) parcel, batch 4 (*terreno*) plot
loteamento s.m. division into lots

lotear v. (*terreno*) to divide into plots Grã-Bretanha; to divide into lots EUA; to parcel out ♦ terrenos para lotear plots for sale
loteria s.f. lottery; bilhete de loteria lottery ticket; ganhar um prêmio na loteria to draw a prize in the lottery
loto s.m. (*jogo*) lotto
lótus s.m.2n. BOTÂNICA lotus
louça s.f. 1 tableware; dishes; lavar a louça to do the dishes 2 (*conjunto*) crockery ♦ louça de barro earthenware
louco adj. 1 mad (por, *about*), crazy (por, *about*) 2 (*demente*) insane ■ s.m. madman, madwoman; lunatic
loucura s.f. 1 madness, folly; fazer uma loucura to do a foolish thing 2 (*demência*) insanity ♦ que loucura! it's mad!
louro adj. blond; fair; cabelo louro blond hair ■ s.m. (*pessoa*) blond ■ s.m. 1 BOTÂNICA laurel; coroa de louros laurel wreath 2 CULINÁRIA bay leaf 3 ZOOLOGIA parrot louros s.m.pl. figurado (*honra*) credit; colher os louros de to take credit for ♦ Compare com *loiro*.
lousa s.f. slate
louva-a-deus s.m. ZOOLOGIA praying mantis
louvar v. to praise (por, *for*)
louvável adj.2g. laudable; praiseworthy; creditable
louvor s.m. praise, commendation; digno de louvor praiseworthy
lua s.f. moon; Lua cheia full moon; Lua nova new moon; fases da Lua the phases of the moon ♦ andar na lua to be in the clouds ♦ lua de mel honeymoon
luar s.m. moonlight; iluminado pelo luar moonlit
lubrificação s.f. lubrication
lubrificante adj.2g., s.m. lubricant
lubrificar v. to lubricate
lucidez s.f. lucidity; clearness
lúcido adj. lucid; clear-headed
Lucina s.f. 1 literário Moon 2 MITOLOGIA Lucina
lucrar v. 1 (*ganhar*) to gain 2 (*tirar proveito*) to profit (com, *from;* em, *by*)
lucrativo adj. lucrative, profitable; negócio lucrativo lucrative trade
lucro s.m. 1 profit; com lucro at a profit 2 (*benefício*) gain; profit
ludibriar v. to deceive
lúdico adj. entertaining; recreational
lugar s.m. 1 (*local, localidade*) place 2 (*posição, situação*) place; position ♦ está tudo no lugar everything is in the right place; fora do lugar out of place; que lugar! what a place! 3 (*cinema, teatro, veículo*) seat; lugar na janela window seat; perder o lugar to lose one's seat 4 (*espaço*) space, room; deixar lugar para to leave room for ♦ dar lugar a to give place to em lugar de instead of em lugar seguro in safety em primeiro lugar firstly pôr-se no lugar de alguém to put oneself in someone else's shoes
lugar-comum s.m. commonplace, cliché
lugarejo s.m. hamlet
lula s.f. ZOOLOGIA squid
luminária s.f. light
luminosidade s.f. 1 (*luz*) luminosity 2 (*brilho*) brightness
luminoso adj. 1 (*luz*) luminous; bright 2 (*letreiro*) illuminated 3 figurado (*ideia*) brilliant
lunático s.m. lunatic
luneta s.f. eyeglass
lunfardo s.m. thief; pilferer
lupa s.f. magnifying glass
lusitano adj., s.m. Lusitanian
luso adj. Portuguese
lusofonia s.f. lusophony
lusófono adj. Portuguese-speaking ■ s.m. Portuguese speaker
lustrar v. 1 (*polir*) to polish 2 (*purificar*) to purify; to lustrate 3 (*brilhar*) to shine
lustre s.m. (*candelabro*) lustre
luta s.f. 1 (*combate*) fight (contra, *against;* por, *for*) 2 (*conflito*) struggle; luta de classes class struggle ♦ ESPORTE luta livre wrestling
lutador s.m. 1 fighter 2 ESPORTE wrestler
lutar v. 1 to struggle (para, por, *for*) 2 (*combater*) to fight (por, *for;* contra, *against*) 3 ESPORTE to wrestle ♦ lutar em vão to beat the air
luto s.m. 1 mourning; estar de luto to be in mourning 2 (*traje*) mourning dress
luva s.f. (*mãos*) glove; luvas de borracha rubber gloves ♦ assentar como uma luva to fit like a glove
luxação s.f. MEDICINA dislocation
luxar v. 1 MEDICINA to dislocate; to put out of joint; to luxate téc. 2 antiquado (*com luxo*) to show off; to flaunt; to display luxury
Luxemburgo s. Luxembourg
luxo s.m. luxury ♦ dar-se ao luxo de to allow oneself to de luxo luxury; luxurious
luxuoso adj. luxurious; casa luxuosa luxurious house
luxúria s.f. lust, lasciviousness
luz s.f. light; desligar a luz to switch off the light, to turn off the light luzes s.f.pl. figurado (*noções*) notions ♦ à luz do dia in broad daylight dar à luz to give birth to
luzir v. to glitter, to gleam ♦ nem tudo o que luz é ouro all that glitters is not gold
lycra s.f. (*tecido*) lycra

M

m *s.m.* (*letra*) m
maca *s.f.* **1** MEDICINA stretcher **2** (*padiola*) litter
maçã *s.f.* BOTÂNICA apple; caroço de maçã apple core ♦ maçãs do rosto cheekbones CULINÁRIA torta de maçã apple pie
macabro *adj.* macabre, gruesome
macacão *s.m.* **1** (*roupa de trabalho*) overall **2** (*calças com peitoral*) dungarees
macaco *s.m.* **1** ZOOLOGIA monkey; ape **2** MECÂNICA screw jack; macaco hidráulico hydraulic jack ♦ macaco de imitação copycat macacos me mordam! I'll be damned!
macaná *s.m.* wooden club
maçaneta *s.f.* **1** (*porta*) doorknob, door handle **2** (*porta, gaveta*) knob, handle
maçante *adj.* boring
macaquinho *s.m.* little monkey ♦ coloquial ter macaquinhos no sótão to have bats in the belfry
maçar *v.* **1** (*importunar*) to bother, to pester **2** (*chatear*) to bore maçar-se *v.pr.* **1** (*incomodar-se*) to trouble oneself **2** (*chatear-se*) to get bored
maçarico *s.m.* **1** (*chama*) blowtorch, blowpipe; maçarico de soldar soldering-lamp **2** coloquial (*pessoa*) beginner
maçaroqueira *s.f.* spinning machine
macarrão *s.m.* CULINÁRIA macaroni
macarronada *s.f.* CULINÁRIA dish of macaroni with cheese and minced meat
Macau *s.m.* Macao
macerar *v.* to macerate
macete *s.m.* (*ferramenta*) mallet
machado *s.m.* axe ♦ feito a machado bungled
macheza *s.f.* machismo
machismo *s.m.* machismo
machista *adj.2g., s.m.* male chauvinist
macho *s.m.* **1** (*sexo*) male **2** (*camisa*) pleat **3** (*vestido*) box-pleats **4** ZOOLOGIA mule **5** técnico (*roscas*) tap **6** (*eletrônica*) plug ■ *adj.* **1** male **2** figurado (*viril*) virile
machucado *adj.* hurt ■ *s.m.* wound
machucar *v.* **1** (*pisar, magoar*) to bruise **2** (*esmagar*) to crush **3** (*ferir*) to hurt
maciço *adj.* **1** (*quantidade*) massive; uma dose maciça a massive dose **2** (*denso*) heavy **3** (*espesso*) thick **4** (*objeto*) solid; ouro maciço solid gold ■ *s.m.* GEOLOGIA massif
macieira *s.f.* BOTÂNICA apple tree
macio *adj.* **1** (*tenro*) soft **2** (*liso*) smooth
maço *s.m.* **1** packet **2** (*notas*) bundle, wad **3** (*martelo*) mallet **4** (*folhas*) pad
maconha *s.f.* **1** BOTÂNICA hemp **2** (*droga*) cannabis Grã-Bretanha, marijuana EUA
macota *adj.2g.* **1** (*grande*) huge; enormous **2** (*superior*) superior; powerful **3** (*bom*) good ■ *s.m.* big shot

má-criação *s.f.* **1** (*rudeza*) rudeness **2** (*grosseria*) coarseness
macular *v.* **1** (*manchar*) to stain, to sully **2** (*desonrar*) to dishonour, to shame
macuma *s.f.* female slave
macumba *s.f.* **1** voodoo **2** (*feitiçaria*) sorcery
macumbeiro *s.m.* sorcerer (m.), sorceress (f.)
madame *s.f.* (*senhora*) lady
madeira *s.f.* **1** (*material*) wood; de madeira wooden **2** (*construção*) timber ♦ bater na madeira to touch wood
madeixa *s.f.* **1** (*cabelo*) lock **2** (*cabeleireiro*) highlight; fazer madeixas to have highlights put in one's hair
madrasta *s.f.* stepmother
madre *s.f.* **1** RELIGIÃO (*superiora*) mother **2** RELIGIÃO (*freira*) nun ♦ madre superiora Mother Superior
madrepérola *s.f.* mother-of-pearl
madrigal *s.m.* MÚSICA madrigal
madrinha *s.f.* **1** (*batismo*) godmother; ser madrinha de uma criança to stand godmother to a child **2** figurado (*patrocinadora*) patron
madrugada *s.f.* dawn, daybreak; de madrugada at daybreak
madrugar *v.* (*levantar-se*) to rise early, to get up early
maduro *adj.* **1** (*fruta*) ripe **2** (*evolução*) fully developed **3** (*pessoa*) mature **4** (*meia-idade*) elderly **5** (*sensato*) prudent, wise
mãe *s.f.* **1** mother; mãe de família wife and mother **2** figurado (*fonte*) source (de, of) ♦ futura mãe expectant mother ♦ mãe de santo candomblé priestess
maestro *s.m.* MÚSICA conductor, maestro
má-fé *s.f.* malicious intent
máfia *s.f.* mafia
mafioso *s.m.* mafioso, mobster, gangster ■ *adj.* mafia
magia *s.f.* **1** magic **2** (*bruxaria*) sorcery, witchcraft ♦ magia negra black magic
mágica *s.f.* magic; por um passe de mágica by sleight of hand
magicar *v.* **1** (*matutar*) to brood (em, about, over) **2** (*considerar*) to rack one's brain
mágico *adj.* magical, magic ■ *s.m.* (*ilusionista*) magician
magistério *s.m.* **1** (*profissão*) the teaching profession **2** (*ensino*) teaching **3** (*professorado*) teachers
magistrado *s.m.* magistrate
magma *s.f.* GEOLOGIA magma
magmático *adj.* magmatic
magnata *s.2g.* magnate, tycoon
magnésio *s.m.* QUÍMICA (*elemento químico*) magnesium
magnético *adj.* magnetic ♦ campo magnético magnetic field
magnetismo *s.m.* magnetism
magnetizar *v.* to magnetize

magnífico *adj.* (*esplendoroso*) magnificent; splendid; voz magnífica magnificent voice
magnitude *s.f.* 1 magnitude 2 (*importância*) importance
mago *s.m.* magician ♦ os três reis magos the three wise men
mágoa *s.f.* sorrow, grief, sadness mágoas *s.f.pl.* (*lamentações*) complaints
magoado *adj.* 1 (*emocional*) hurt 2 (*físico*) hurt; injured
magoar *v.* 1 (*físico*) to hurt; to injure 2 (*emocional*) to hurt magoar-se *v.pr.* to get injured; to hurt oneself
magrelo *s.m.* skinny person
magreza *s.f.* 1 leanness; thinness 2 (*escassez*) spareness
magricela *adj.2g.* skinny ■ *s.2g.* barebones, skinny person
magro *adj.* 1 (*pessoa*) slim; thin 2 (*carne*) lean 3 figurado (*parco*) meagre 4 (*alimento*) low-fat 5 (*leite*) skimmed
maia *s.m.* Maya
maio *s.m.* May
maiô *s.m.* 1 (*de ginástica*) leotard 2 (*praia, piscina*) swimsuit; bathing costume
maionese *s.f.* CULINÁRIA mayonnaise
maior *adj.* 1 (comparativo de **grande**) (*tamanho*) larger (do que, *than*), bigger (do que, *than*); São Paulo é maior do que o Rio de Janeiro São Paulo is bigger than Rio de Janeiro 2 (comparativo de **grande**) (*importância*) greater (do que, *than*); bigger (do que, *than*); tenho problemas maiores do que esse I've got bigger problems than that 3 (superlativo de **grande**) (*tamanho*) biggest; o maior dos três the biggest of the three 4 (superlativo de **grande**) (*importância*) greatest; um dos maiores escritores da atualidade one of the greatest writers of today 5 MÚSICA major; dó maior C major ♦ a maior parte das pessoas most people ser maior de idade to be of age
maioral *s.m.* 1 chief, boss 2 (*responsável*) head; higher-up
Maiorca *s.f.* Majorca; Mallorca
maioria *s.f.* majority; a maioria de most of ♦ maioria absoluta absolute majority maioria silenciosa silent majority estar em maioria to be in the majority
maioridade *s.f.* (*idade*) full age, coming of age, adulthood, majority; atingir a maioridade to come of age
maioritário *adj.* (of) majority
mais *adv.* 1 (*comparativo*) more (do que, *than*); ela é mais inteligente do que eu she is more intelligent than me 2 (*aliás*) moreover 3 (*com pronomes interrogativos, indefinidos*) else; mais alguém? anybody else?; que mais? what else?; quem mais? who else? 4 MATEMÁTICA plus; dois mais dois são quatro two plus two are four 5 (*negativas*) only; não sabemos mais do que isto we only know that 6 (*de sobra*) spare; ter uma caneta a mais to have a spare pen 7 (*superlativo*) most (de, *in, of*); a loja que vendeu mais livros the shop that has sold most books; o edifício mais antigo da cidade the oldest building in the town ♦ mais dia, menos dia some day mais ou menos more or less de mais too much gostar mais de to like (something) better por mais que whatever, however sem mais nem menos out of the blue
maisena *s.f.* maize starch
maitaca *s.f.* ZOOLOGIA blue-headed parrot
maiúscula *s.f.* capital letter; escreva em maiúsculas write in block letters/in capitals
maiúsculo *adj.* capital; letra maiúscula capital letter; com um "R" maiúsculo with a capital "R"
majestade *s.f.* 1 (*título*) majesty; Sua Majestade His (Her) Majesty; Vossa Majestade your Majesty 2 (*pompa*) grandeur 3 (*dignidade*) dignity
major *s.m.* major
majoração *s.f.* increase
majoritário *adj.* (of) majority
mal *s.m.* 1 (*moral*) evil; o bem e o mal good and evil 2 (*problema*) problem 3 (*dano*) harm; ele não fez por mal he meant no harm; fazer mal to be harmful ■ *adv.* 1 badly 2 (*quase não*) hardly; mal sabe ler he can hardly read 3 (*mau*) ill; falar mal de to speak ill of 4 (*qualidade, aspecto*) bad; cair mal it doesn't become you, it doesn't suit you; parecer mal to look bad 5 (*errado moralmente*) wrongly; você escolheu mal you've made the wrong choice 6 (*quase nunca*) hardly ever; agora mal os vemos we hardly ever see them now 7 (*pouco mais de*) scarcely; mal faz um ano scarcely a year ago *conj.* (*assim que*) as soon as, no sooner ... than; mal chegaram as soon as they arrived ♦ de mal a pior out of the frying pan into the fire há males que vêm por bem every cloud has a silver lining levar a mal to take something amiss não faz mal! never mind! o mal menor the lesser of two evils
mala *s.f.* 1 (*viagem*) suitcase; fazer as malas to pack 2 (*carro*) boot 3 handbag 4 (*saco*) bag ♦ mala sem alça boring person
malabarismo *s.m.* 1 juggling 2 figurado (*estratagema*) shrewd manoeuver
malabarista *s.2g.* 1 juggler 2 figurado (*fofoqueiro*) smooth operator
malagueta *s.f.* BOTÂNICA chilli pepper
malandragem *s.f.* 1 (*malandros*) scoundrels 2 (*vadiagem*) lazing around
malandro *s.m.* rascal, scamp ■ *adj.* mischievous; naughty; malicious
malária *s.f.* MEDICINA malaria
Malásia *s.f.* Malaysia
mal-assombrado *adj.* 1 (*enfeitiçado*) haunted 2 (*sombrio*) gloomy; dismal
malcheiroso *adj.* smelly, stinking
malcomportado *adj.* badly behaved
malcriado *adj.* 1 (*grosseiro*) rude 2 (*ill-bred*, impolite
maldade *s.f.* 1 (*malícia*) malice 2 (*ruindade*) wickedness, evil 3 (*mau comportamento*) naughtiness; fazer maldades to be naughty
maldição *s.f.* curse, malediction
maldisposto *adj.* 1 (*saúde*) indisposed, out of sorts 2 (*humor*) in a bad mood, grumpy, cross
maldito *adj.* 1 (*amaldiçoado*) cursed, damned 2 (*mau agouro*) ill-omened

maldizer

maldizer v. 1 (*difamar*) to slander, to defame 2 (*amaldiçoar*) to curse
maldoso adj. 1 (*mau*) wicked, bad 2 (*malicioso*) mischievous 3 (*mal-intencionado*) ill-meant
maleável adj.2g. 1 malleable, supple 2 (*flexível*) pliable
mal-educado adj. 1 ill-bred, ill-mannered 2 (*grosseiro*) rude
malefício s.m. (*dano*) harm, damage
maléfico adj. 1 (*malévolo*) evil 2 (*nocivo*) harmful, noxious
maleita s.f. 1 (*doença*) ailment; malaise 2 coloquial malaria
mal-encarado adj. 1 ugly, ill-looking 2 (*antipático*) unfriendly; disagreeable
mal-estar s.m. 1 (*indisposição*) indisposition, discomfort 2 (*embaraço*) uncomfortableness, uneasiness
maleta s.f. small suitcase, grip
malfeitor s.m. crook, villain
malfeitoria s.f. crime
malha s.f. 1 (*rede*) mesh 2 (*jogo*) quoit 3 (*meia*) ladder 4 (*animal*) spot 5 (*balé, ginástica*) leotard malhas s.f.pl. (*roupas*) knitwear; fazer malha to knit
malhado adj. (*animal*) spotted
malhar v. 1 (*cereais*) to thresh 2 (*bater*) to beat 3 (*martelar*) to hammer 4 coloquial (*exercitar-se*) to exercise ♦ malhar em ferro frio to make ropes out of sand
malho s.m. (*maço*) mallet
mal-humorado adj. 1 ill-tempered; estar mal--humorado to be in a bad mood 2 (*antipático*) unfriendly
malícia s.f. 1 malice 2 (*malevolência*) malevolence, spite
malicioso adj. 1 malicious 2 (*maroto*) naughty 3 (*espirituoso*) witty 4 (*interpretação*) dirty-minded
maligno adj. 1 MEDICINA malignant 2 (*prejudicial*) pernicious 3 (*malévolo*) malevolent ♦ tumor maligno malignant tumour
má-língua s.f. (*ação*) gossip, backbiting ■ s.2g. (*pessoa*) backbiter ♦ dizem as más-línguas que... gossip has it that...
mal-intencionado adj. evil-minded, malicious
malmequer s.m. BOTÂNICA daisy
malograr v. 1 (*frustar*) to frustrate 2 (*confundir*) to baffle 3 (*planos*) to spoil malograr-se v.pr. 1 (*fracassar*) to fail 2 (*não ter êxito*) to miscarry 3 (*planos*) to fall through, to fall flat
malote s.m. 1 small suitcase 2 private mail service
mal-sucedido adj. failed, unsuccessful
maltrapilho adj. ragged, tattered ■ s.m. ragamuffin, scoundrel
maltratar v. 1 to ill-treat, to ill-use 2 (*verbalmente*) to abuse 3 (*estragar*) to damage
maluco adj. mad (por, about), crazy (por, about); estar maluco to be crazy, to be out of one's mind; ela é maluca por chocolate she's mad about chocolate; isso me deixa maluco it drives me crazy ■ s.m. madman, madwoman; crazy person

maluquice s.f. 1 (*loucura*) madness 2 (*ideia*) wild notion 3 (*disparate*) crazy thing; é uma maluquice ir sozinho it's crazy to go alone
malvadeza s.f. 1 wickedness, malignancy 2 (*ato*) wicked thing
malvado adj. wicked ■ s.m. malefactor, criminal
malvisto adj. badly thought of; discredited
mama s.f. breast, teat; boob pop.
mamada s.f. feeding, nursing, suckling
mamadeira s.f. feeding bottle; baby bottle
mamado adj. coloquial drunk
mamãe s.f. mummy Grã-Bretanha, mommy EUA
mamão s.m. BOTÂNICA papaya
mamar v. 1 to suck; dar de mamar to suckle, to breastfeed 2 (*bebê*) to feed
mamífero s.m. ZOOLOGIA mammal ■ adj. mammalian
mamilo s.m. nipple
mamografia s.f. MEDICINA mammography
mamulengo s.m. puppet show
mamute s.m. ZOOLOGIA mammoth
manada s.f. 1 (*gado*) herd, drove 2 coloquial (*punhado*) handful (of, *de*)
manar v. 1 (*fluir*) to stream (de, *from*); to flow (de, *from*) 2 (*jorrar*) to spout (de, *from*); to spurt (de, *from*) 3 (*derramar*) to pour 4 (*produzir*) to produce 5 (*provir*) to come (de, *from*)
mancada s.f. coloquial blunder, gaffe
mancar v. 1 to limp; to hobble 2 (*faltar*) to miss
mancha s.f. 1 (*sujeira*) stain; uma mancha de gordura a grease stain 2 (*pele*) spot, mark 3 (*pintura*) blotch 4 figurado (*mácula*) spot; sem manchas spotless
manchar v. 1 (*sujar*) to stain (de, *with*) 2 (*reputação*) to soil, to dishonour
manchetar v. 1 to headline; to write a headline for 2 to write headlines
manchete s.f. headline
manco adj. 1 popular (*estropiado*) crippled 2 popular (*coxo*) lame ■ s.m. popular cripple, lame person
mandacaru s.m. BOTÂNICA (*cacto*) mandacaru
mandachuva s.m. 1 (*figurão*) big shot 2 (*chefe*) boss, leader
mandado s.m. 1 (*ordem*) order 2 DIREITO writ, injunction, warrant ♦ mandado de prisão warrant of arrest um mandado de busca a search warrant
mandamento s.m. 1 RELIGIÃO commandment 2 order
mandão adj. bossy ■ s.m. bossy boots col.
mandar v. 1 (*ordenar*) to command, to order 2 (*enviar*) to send; mandar buscar to send for; mandar embora to send away 3 (*encomendar, levar*) to have something done; mande fazer isto para mim get this done for me; vou mandar limpá-lo I'm going to have it cleaned 4 (*atirar*) to cast 5 (*governo*) to be in power 6 to be the leader 7 (*chefe*) to be the boss; gostar de mandar nos outros to enjoy bossing people around
mandarim s.m. mandarin
mandato s.m. 1 (*autorização*) mandate 2 POLÍTICA term of office 3 (*ordem*) order
mandíbula s.f. mandible
mandinga s.f. witchcraft

mandioca s.f. manioc, cassava
mandioquinha s.f. BOTÂNICA arracacha, apio, Peruvian carrot
mando s.m. 1 (*comando*) command, rule; a mando de by order of 2 (*poder*) power, authority
mandril s.m. ZOOLOGIA mandrill
mandubi s.m. BOTÂNICA peanut
mané s.m. fool ■ adj. foolish
maneia s.f. hobble
maneira s.f. 1 (*modo*) manner (de, *of*), way (de, *of*); de outra maneira elsewise; de que maneira? in what way?; de qualquer maneira anyway, anyhow 2 (*estilo*) style, fashion, mode maneiras s.f.pl. (*comportamento*) manners; ter boas maneiras to have good manners ◆ à maneira de in the way of, in the manner of de certa maneira in a way, to a certain extent de maneira nenhuma by no means, not at all
maneiro adj. 1 (*prático*) manageable; handy 2 (*manual*) manual 3 (*atributos positivos*) cool; nice 4 (*portátil*) portable
manejar v. 1 (*instrumento*) to handle 2 (*máquina*) to operate (com, *with*) 3 (*lidar*) to deal (com, *with*)
manequim s.m. 1 (vitrine) dummy 2 (pessoa) model
manete s.f. lever
manga s.f. 1 (*roupa*) sleeve; em mangas de camisa in shirt sleeves 2 BOTÂNICA mango ◆ ter pano para mangas to have plenty to argue about
mangaba s.f. BOTÂNICA mangaba fruit
mangabal s.m. mangaba plantation
mangabeira s.f. BOTÂNICA mangaba
manganês s.m. QUÍMICA (*elemento químico*) manganese
mangar v. to mock; to tease
mangará s.m. BOTÂNICA bulb
mangue s.m. 1 (*terreno*) mudflats 2 BOTÂNICA mangrove
mangueira s.f. 1 (*água*) hose; mangueira de incêndio firehose 2 BOTÂNICA mango tree
manguito s.m. 1 (*vestuário*) muff 2 (*gesto*) bent elbow insult; V-sign Grã-Bretanha
manha s.f. 1 (*astúcia*) cunning; ter manha to be cunning 2 (*ardil*) trick 3 (*fingimento*) act; fazer manha to put on an act ◆ usar de manha to play the fox
manhã s.f. morning; amanhã de manhã tomorrow morning; de manhã in the morning; de manhã cedo early in the morning; todas as manhãs every morning
manhoso adj. cunning; crafty; artful
mania s.f. 1 MEDICINA mania; mania da perseguição persecution mania 2 (*obsessão*) craze 3 (*passatempo*) hobby; tem a mania de colecionar selos his hobby is collecting stamps
maníaco s.m. maniac ■ adj. maniac, crazy
manicômio s.m. mental hospital
manicure s.f. 1 (*pessoa*) manicurist 2 (*tratamento*) manicure
manifestação s.f. 1 (*protesto*) demonstration 2 (*expressão*) expression, display; uma manifestação de apoio an expression of support
manifestante s.m. demonstrator

mão

manifestar v. 1 (*expressar*) to express; manifestar a sua opinião to express one's opinion 2 (*revelar*) to show manifestar-se v.pr. 1 to demonstrate (contra, *against;* a favor de, *in favour of*); manifestar-se contra o desmatamento to demonstrate against deforestation 2 (*pronunciar-se*) to express an opinion
manifesto adj. evident, clear ■ s.m. manifesto
manipulação s.f. manipulation, handling ◆ manipulação genética genetic manipulation
manipulador s.m. manipulator
manipular v. 1 to manipulate; não se deixe manipular don't let yourself be manipulated 2 (*manejar*) to handle 3 (*genética*) to engineer
manivela s.f. handle, crank
manjado adj. coloquial broadly known
manjar s.m. 1 (*iguaria*) delicacy, titbit 2 (*comida*) food
manjedoura s.f. manger
manjericão s.m. BOTÂNICA sweet basil
manjerona s.f. BOTÂNICA marjoram
mano s.m. coloquial brother, bro (m.), sister, sis (f.) ◆ mano a mano one on one
manobra s.f. 1 (*carro, barco, tropas*) manoeuvre 2 (*trem*) shunting 3 figurado move
manobrar v. 1 to manoeuvre 2 (*manusear*) to handle 3 (*mecanismo*) to operate 4 (*manipular*) to manipulate
mansão s.f. mansion
manso adj. 1 (*pessoa*) meek 2 (*brando*) mild, gentle 3 (*mar*) calm 4 (*animal*) tame
manta s.f. 1 (*cobertor*) blanket 2 (*viagem*) rug 3 (*xale*) shawl
manteiga s.f. butter; manteiga de cacau cocoa butter; manteiga sem sal unsalted butter; pão com manteiga bread and butter; pôr manteiga em to butter
manteigueira s.f. butter dish
manter v. 1 (*preservar*) to maintain 2 (*conservar*) to keep 3 (*financeiramente*) to support 4 (*afirmar*) to affirm 5 (*princípios*) to abide (–, *by*); manter uma decisão to abide by one's decision manter-se v.pr. 1 (*situação, problema*) to remain; manter-se calmo to keep/remain calm 2 (*sustentar-se*) to support oneself ◆ manter-se firme to stand one's ground
manto s.m. mantle, cloak
manual adj.2g. manual, handmade ■ s.m. 1 manual, handbook 2 (*escola*) textbook, schoolbook ◆ manual de instruções instruction manual
manufatura s.f. manufacture, producing
manufaturar v. to manufacture
manuscrever v. to handwrite
manuscrito s.m. manuscript ■ adj. handwritten; manuscript
manusear v. 1 to handle 2 (*livro*) to thumb through
manutenção s.f. 1 (*conservação*) maintenance 2 (*administração*) management 3 (*casa*) upkeep 4 (*família*) sustenance, support ◆ manutenção da paz peacekeeping
mão s.f. 1 hand 2 (*de animal*) forefoot 3 (*de tinta*) coat 4 figurado (*ajuda*) help; dar uma mão a to lend a hand to 5 figurado (*controle*) control (em, *over*); authority (em, *over*) 6 (*jeito*) hand (para,

mão-curta

for); talent (para, *for*) ♦ mão de ferro iron hand/fist abrir mão de to forgo à mão (close) at hand à mão armada at gunpoint fora de mão out of the way dar a mão à palmatória to admit one is in the wrong pôr mãos à obra to set to work; to put one's hands to the plough de mão em mão from hand to hand de mãos abanando empty-handed de mãos dadas holding hands em primeira mão at first hand estar em boas mãos to be in good hands

mão-curta *s.m.* ZOOLOGIA red brocket deer
mão de obra *s.f.* labour; mão de obra barata cheap labour; mão de obra especializada skilled labour
mão de vaca *s.2g.* miser; penny pincher
mapa *s.m.* map; plan; mapa de estradas road map; um mapa do centro da cidade a map of the city centre ♦ desaparecer do mapa to disappear off the face of the Earth
mapa-múndi *s.m.* world map
mapeamento *s.m.* mapping
mapear *v.* to map
mapoteca *s.f.* map collection
maquete *s.f.* 1 ARQUITETURA, ARTES PLÁSTICAS maquette; scale model 2 modelo; impressão ou exemplar para teste
maquiador *s.m.* make-up artist
maquiagem *s.f.* make-up; pôr maquiagem to put on make-up
maquiar *v.* 1 to make up 2 (*dinheiro*) to embezzle maquiar-se *v.pr.* to put on make-up
maquiavélico *adj.* Machiavellian; um plano maquiavélico a Machiavellian plan
máquina *s.f.* 1 machine 2 *figurado* efficient worker; ele é uma máquina! he is very efficient ♦ máquina de calcular calculator máquina de lavar louça dishwasher máquina de lavar roupa washing machine máquina fotográfica camera
maquinar *v.* to machinate; to plot
maquinista *s.2g.* 1 (*de trem*) engine driver; engineer EUA 2 (*construtor de máquinas*) machinist
mar *s.m.* 1 sea, ocean; acima/abaixo do nível do mar above/below sea level; fazer-se ao mar to set sail, to put out to sea; por mar by sea 2 *figurado* (*abundância*) sea; um mar de gente a sea of people ♦ no alto mar on the open sea um mar de rosas a bed of roses
maracujá *s.m.* BOTÂNICA passion fruit
marajá *s.m.* maharajah
marasmo *s.m.* 1 apathy; lethargy 2 stagnation; inactivity
maratona *s.f.* ESPORTE marathon; correr a maratona to run the marathon
maravilha *s.f.* wonder; marvel; as sete maravilhas do mundo the seven wonders of the world ♦ às mil maravilhas fine and dandy fazer maravilhas to work wonders
maravilhado *adj.* amazed; awestruck; overwhelmed
maravilhar *v.* to amaze; to overwhelm maravilhar-se *v.pr.* to be struck with wonder; to be amazed
maravilhoso *adj.* marvellous; wonderful
marca *s.f.* 1 (*sinal distintivo, característica*) mark; sign 2 (*produto*) brand (de, *of*); make (de, *of*); marcas de detergente marks of detergent; qual é a marca do teu carro? which make of car do you drive? 3 (*nível*) level; mark 4 (*cicatriz*) scar ♦ (*papel*) marca d'água watermark marca registrada registered trademark roupa de marca designer clothes
marcação *s.f.* 1 (*reserva*) reservation; booking; fazer uma marcação to make a booking/reservation; uma marcação em nome de... a reservation in the name of... 2 ESPORTE (*de um jogador adversário*) marking
marcador *s.m.* 1 (*caneta*) marker, marker pen Grã-Bretanha; marcador de texto highlighter 2 (*de livro*) bookmark 3 ESPORTE (*jogador*) marker 4 ESPORTE (*quadro*) scoreboard
marcante *adj.2g.* 1 (*notável*) remarkable; outstanding 2 (*acontecimento*) important; momentous
marcar *v.* 1 to mark; marcar uma falta em alguém to mark someone absent 2 (*influenciar*) to leave its mark on 3 (*número de telefone*) to dial 4 (*consulta, data, reunião*) to arrange; to set 5 (*reservar*) to book; to reserve 6 ESPORTE to score; marcar um gol to score a goal 7 ESPORTE to mark; os defesas estão marcando o atacante the defence is marking the forward 8 (*gado*) to brand ♦ marcar a diferença to stand out
marca-texto *s.m.* (*caneta*) highlighter
marcenaria *s.f.* joinery; cabinet-making
marceneiro *s.m.* joiner; cabinet-maker
marcha *s.f.* 1 march; em marcha on the march, in progress 2 (*automóvel*) gear 3 ESPORTE (*atletismo*) walk ♦ pôr alguma coisa em marcha to get something going
marchand *s.2g.* art dealer
marchar *v.* 1 to march 2 to walk 3 (*prosseguir*) to advance; to progress
marciano *adj., s.m.* Martian
marco *s.m.* 1 milestone; landmark 2 (*de fronteira*) boundary stone 3 (*de correio*) letter box Grã-Bretanha, mailbox EUA 4 (*antiga moeda*) mark; marco alemão German mark
março *s.m.* March; ela nasceu em março she was born in March; no fim de março at the end of March; o meu aniversário é dia 15 de março my birthday is on the twenty fifth of March/on March the twenty fifth
maré *s.f.* 1 tide; maré alta/cheia high tide; maré baixa low tide; a maré está subindo the tide is coming in 2 *figurado* streak; series; estar em maré de sorte/azar to be on a lucky/unlucky streak; uma maré de desgraças a series of misfortunes ♦ maré negra oil slick andar ao sabor da maré to go with the flow
marechal *s.m.* marshal
maremoto *s.m.* 1 seaquake 2 (*onda gigante*) tidal wave
maresia *s.f.* sea breeze
marfim *s.m.* ivory
margarida *s.f.* BOTÂNICA daisy
margarina *s.f.* CULINÁRIA margarine
margem *s.f.* 1 (*texto impresso*) margin; ela rabiscou na margem da folha she scribbled in the margin 2 (*de rio, lago, canal*) bank; shore; a margem esquerda do rio the left bank of the river; uma casa nas margens do lago a house on the shores of the

lake ♦ margem de erro margin of error dar margem para to give scope for
marginal *adj.2g.* marginal ■ *s.2g.* 1 outcast 2 (*criminoso*) delinquent ■ *s.f.* esplanade; coast road
marginalidade *s.f.* 1 exclusion; marginalidade social social exclusion 2 delinquency
marginalização *s.f.* segregation; ostracism; marginalização das minorias ostracism of minorities
marginalizado *adj.* excluded; left out; marginalized
marginalizar *v.* 1 to segregate; to ostracize 2 to ignore; to neglect
maria-chiquinha *s.f.* (*cabelo*) bunches
maria vai com as outras *s.2g.2n.* coloquial sheep fig.
marido *s.m.* husband
marimbondo *s.m.* a type of wasp
marinar *v.* CULINÁRIA to marinate
marinha *s.f.* navy; ele alistou-se na Marinha he joined the Navy; oficial da Marinha Navy officer, marine ♦ marinha mercante merchant navy marinha de guerra (war) navy
marinheiro *s.m.* sailor; seaman ♦ marinheiro de água doce unexperienced sailor
marinho *adj.* 1 marine; biologia marinha marine biology 2 sea; ave marinha sea bird
marionete *s.f.* puppet; espetáculo de marionetes puppet show
mariposa *s.f.* 1 ZOOLOGIA moth 2 ESPORTE (*estilo de natação*) butterfly stroke
mariquinhas *adj.2g.2n.* yellow-bellied; chicken; cowardly ■ *s.2g.2n.* yellow-belly; sissy; coward
marisco *s.m.* 1 ZOOLOGIA shellfish 2 CULINÁRIA seafood
marítimo *adj.* 1 maritime; uma grande potência marítima a great maritime power 2 sea; brisa marítima sea breeze
marmanjo *s.m.* 1 popular (*adulto*) grown man, grown woman 2 popular (*patife*) rogue; rascal; knave
marmelada *s.f.* 1 CULINÁRIA quince jam 2 coloquial (*carícias, beijos*) smooch; snog
marmelo *s.m.* BOTÂNICA quince
marmita *s.f.* small pot
mármore *s.m.* GEOLOGIA marble ♦ CULINÁRIA bolo mármore marble cake
marmota *s.f.* 1 ZOOLOGIA (*peixe*) whiting 2 ZOOLOGIA (*animal roedor*) marmot
marombeiro *adj.* flattering
marquês *s.m.* marquis
marquesa *s.f.* 1 (*nobreza*) marquise; marchioness Grã-Bretanha 2 MEDICINA (examination) table 3 (*canapé*) couch
marquise *s.f.* glass veranda
marra *s.f.* 1 (*sacho*) hoe 2 (*maço*) mallet 3 (*valeta*) gutter 4 (*clareira*) clearing ♦ na marra forcibly, by force
marrar *v.* 1 (*dar marrada*) to butt 2 (*teimar*) to insist
marreco *s.m.* ZOOLOGIA call duck
marreta *s.f.* sledgehammer
Marrocos *s.m.* Morocco
marrom *adj., s.m.* brown
marroquino *adj., s.m.* Moroccan
marsupial *adj.2g., s.m.* ZOOLOGIA marsupial
marsúpio *s.m.* ZOOLOGIA pouch
marta *s.f.* ZOOLOGIA marten
Marte *s.m.* ASTRONOMIA, MITOLOGIA Mars
martelada *s.f.* hammer blow
martelar *v.* 1 to hammer 2 (*insistir*) to harp on; ela não para de martelar no mesmo assunto she doesn't quit harping on the same subject
martelo *s.m.* 1 hammer 2 (*no tribunal, em leilões*) gavel
mártir *s.2g.* martyr; um mártir da liberdade a martyr for the cause of freedom
martírio *s.m.* 1 martyrdom 2 figurado torment; torture; suffering
martirizar *v.* 1 to martyr 2 figurado to torment; to torture
maruí *s.m.* ZOOLOGIA Amazonian mosquito
marujo *s.m.* sailor; seaman
marupaúba *s.f.* BOTÂNICA quassia; bitterwood
marxismo *s.m.* Marxism
marxista *adj.* Marxist
mas *conj.* but; yet; não só... mas também not only... but also ■ *s.m.* (*obstáculo, senão*) but; obstacle ♦ nem mas nem meio mas! (there are) no buts about it!
mascar *v.* (*mastigar*) to chew
máscara *s.f.* 1 mask 2 (*disfarce*) disguise; mask; (*desmascarar*) tirar a máscara a alguém to unmask someone, to expose someone ♦ máscara de mergulho snorkelling mask máscara de oxigênio oxygen mask (*cosmética*) máscara facial face mask
mascarado *adj.* 1 in fancy dress 2 in disguise; masked
mascarar *v.* 1 (*pôr um disfarce*) to dress up as 2 (*disfarçar*) to mask; to disguise; to conceal mascarar-se *v.pr.* 1 to dress up (de, as); ela se mascarou de bruxa she dressed up as a witch 2 to put on a mask
mascate *s.m.* 1 (*mulato*) person of mixed race 2 (*vendedor ambulante*) peddler
mascatear *v.* to peddle
mascote *s.m.* mascot
masculinidade *s.f.* masculinity; manliness
masculino *adj.* 1 masculine; manly 2 LINGUÍSTICA masculine; substantivos masculinos masculine nouns
másculo *adj.* manly; masculine; feições másculas manly features
masoquismo *s.m.* masochism
masoquista *s.2g.* masochist ■ *adj.2g.* masochistic
massa *s.f.* 1 paste 2 CULINÁRIA pasta; adoro todos os tipos de massa italiana I love all kinds of Italian pasta 3 CULINÁRIA dough; pastry; mixture; massa de bolo cake mixture; massa de pão bread dough; massa folhada puff pastry 4 FÍSICA mass massas *s.f.pl.* masses ♦ massa cinzenta grey matter em massa en masse produção em massa mass production
massacrar *v.* 1 to massacre; to slaughter 2 figurado to plague (com, *with*); to pester (com, *with*); to tease (com, *with*)
massacre *s.m.* massacre; slaughter
massagear *v.* to massage

massagem

massagem *s.f.* massage; fazer uma massagem em alguém to give somebody a massage; uma massagem nas costas a back massage
massagista *s.2g.* masseur (*m.*), masseuse (*f.*)
massaroca *s.f.* **1** CULINÁRIA dough **2** coloquial dough; dosh
massificar *v.* **1** to generalize **2** to influence (through mass communication) massificar-se *v.pr.* to become stereotyped
massinha *s.f.* **1** soup noodles **2** (*de modelar*) plasticine
mastectomia *s.f.* MEDICINA mastectomy
mastigação *s.f.* chewing
mastigar *v.* **1** (*mascar*) to chew; to masticate; to munch **2** (*murmurar*) to mumble; to mutter **3** (*ponderar*) to consider; to ponder
mastim *s.m.* ZOOLOGIA mastiff
mastro *s.m.* mast
masturbação *s.f.* masturbation
mata *s.f.* wood
mata-borrão *s.m.* blotting paper
mata-burro *s.m.* cattle guard, stock guard
matador *s.m.* **1** (*assassino*) killer **2** (*toureiro*) matador **3** figurado (*sedutor*) seducer ■ *adj.* murderous; deadly
matadouro *s.m.* slaughterhouse; abattoir
matagal *s.m.* **1** (*bosque denso*) thicket; brake **2** (*confusão*) tangle; confusion; mess
mata-moscas *s.f.2n.* **1** (*objeto*) flyswatter **2** (*spray*) fly spray
matança *s.f.* slaughter; massacre
matar *v.* **1** to kill; to put to death; to murder **2** figurado (*satisfazer*) to quench; to satisfy; matar a fome to satisfy one's hunger; matar a sede to quench one's thirst **3** figurado to kill; matar o tempo to kill time, to while away time **4** (*animais*) to slaughter **5** coloquial (*faltar*) to skip; matar aula to skip class matar-se *v.pr.* to kill yourself; to commit suicide ♦ matar dois coelhos de uma cajadada só to kill two birds with one stone
matarana *s.f.* **1** BOTÂNICA ginger **2** (*de madeira*) hard wood club
mate *s.m.* **1** (*xadrez*) mate, checkmate **2** (*chá*) a kind of tea very popular in Brazil
matemática *s.f.* mathematics, maths col.; professora de matemática maths teacher
matemático *s.m.* mathematician ■ *adj.* mathematical
matéria *s.f.* **1** matter **2** (*assunto*) subject; ser perito na matéria to be an expert on the subject
material *s.m.* **1** (*tecido*) material; fabric **2** material; materiais de construção building materials; material escolar school materials **3** equipment; material esportivo sports equipment ■ *adj.2g.* material; bens materiais wordly goods; o mundo material the material world
materialismo *s.m.* materialism
materialista *s.2g.* materialist ■ *adj.2g.* materialistic
materializar *v.* **1** (*tornar material*) to materialize **2** (*concretizar*) to fulfil; to make come true materializar-se *v.pr.* **1** (*concretizar-se*) to come true; to materialize **2** (*tornar-se material*) to become material; to materialize
matéria-prima *s.f.* raw material
maternal *adj.2g.* maternal; motherly; ter instintos maternais to have maternal instincts ■ *s.m.* (*escola*) nursery school Grã-Bretanha
maternidade *s.f.* **1** maternity; motherhood **2** (*hospital, clínica*) maternity, maternity hospital
materno *adj.* **1** motherly; maternal; avô materno maternal grandfather **2** mother; língua materna mother tongue
matina *s.f.* morning; às duas da matina at two o'clock in the morning
matinal *adj.2g.* morning
matinê *s.f.* matinée; matinee
mato *s.m.* thicket; wood ♦ coloquial ser mato to be very common
matombo *s.m.* hole where manioc is planted
matriarca *s.f.* matriarch
matrícula *s.f.* (*em escola, curso*) enrolment; registration
matricular *v.* (*em escola, curso*) to enrol (em, in/for); to register (em, for); (*em universidade*) to matriculate (em, in)
matrimonial *adj.2g.* matrimonial; marital; votos matrimoniais marital vows
matrimônio *s.m.* matrimony; marriage
matriz *s.f.* **1** (*origem, fonte*) origin; source **2** MATEMÁTICA matrix ■ *adj.* **1** original; initial **2** main ♦ igreja matriz main church
matungada *s.f.* herd of old horses
matungo *s.m.* old horse
maturidade *s.f.* **1** maturity; adulthood; atingir a maturidade to reach maturity **2** full development
matutar *v.* to muse (em, *about/on/over*); to brood (em, *about/on/over*); ela ainda está matutando no que ele lhe disse she is still brooding over what he said to her
matutino *adj.* morning ♦ pessoa matutina morning person
matuto *adj.* **1** (*do mato*) living in the woods **2** (*provinciano*) rustic ■ *s.m.* rustic
mau *adj.* **1** bad; em má altura in a bad time; más notícias bad news; mau humor bad mood; mau perdedor bad looser; mau tempo bad weather **2** (*maléfico*) evil; wicked **3** poor; em mau estado in a poor condition ■ *s.m.* **1** evil **2** a person of bad character **3** (*diabo*) devil maus *s.m.pl.* the wicked; the baddies col. ♦ de má vontade unwillingly maus-tratos abuse; maltreatment ter má vontade em relação a alguém to bear somebody ill will
mau-olhado *s.m.* evil eye
mauricinho *s.m.* coloquial posh person; preppy person ♦ *adj.* coloquial preppy; posh
mausoléu *s.m.* mausoleum
maxila *s.f.* ANATOMIA maxila; jaw
maxilar *s.m.* ANATOMIA jaw; maxilla ♦ maxilar inferior lower jaw maxilar superior upper jaw
maximizar *v.* to maximize
máximo *adj.* **1** maximum; prisão de segurança máxima maximum security prison **2** highest; a nota máxima the highest mark ■ *s.m.* maximum; um

máximo de 15 pessoas a maximum of 15 people; ao máximo to the maximum ♦ é o máximo que posso fazer por você that is all I can do for you no máximo at the most; tops ser o máximo to be great

maxixe *s.m.* BOTÂNICA maroon cucumber

meado *s.m.* middle; em meados de junho in mid-June

mecânica *s.f.* mechanics ♦ mecânica quântica quantum mechanics

mecânico *s.m.* mechanic; mecânico de automóveis car mechanic ■ *adj.* **1** mechanical; avaria mecânica mechanical failure **2** (*automático*) mechanical; automatic; ela nos deu uma resposta mecânica she gave us a mechanical answer ♦ engenheiro mecânico mechanical engineer

mecanismo *s.m.* mechanism

mecanizar *v.* to mechanize

mecha *s.f.* **1** lamp wick **2** (*porção de cabelos*) lock **3** (*cabelo de outra cor*) highlight; fazer mechas to have highlights put in one's hair ♦ coloquial na mecha at full speed

medalha *s.f.* **1** medal; atribuir uma medalha to award a medal **2** (*joia*) medallion

medalhão *s.m.* medallion

média *s.f.* **1** average; abaixo da média below average; acima da média above average; em média on average **2** (*velocidade*) average speed; ele fez uma média de 70 km por hora He did an average speed of 70 km per hour **3** MATEMÁTICA mean; média aritmética arithmetic mean **4** coloquial coffee milk; caffè latte

mediador *s.m.* **1** mediator; arbitrator **2** agent ■ *adj.* mediatory

mediante *prep.* by means of; thanks to

mediar *v.* **1** (*dividir*) to divide in two **2** (*intervir*) to mediate (–, *in*); to be a mediator (–, *in*); mediar um processo de paz to be a mediator in a peace process **3** (*estar no meio*) to lie between; to be in the middle

mediatriz *s.f.* GEOMETRIA perpendicular bisector

medicação *s.f.* medication; estar sob medicação to be on medication

medicamento *s.m.* medication; drug; medicine; tomar um medicamento to take a medicine

medicar *v.* to medicate; to treat with medication

medicina *s.f.* medicine ♦ faculdade de medicina medical school medicina alternativa alternative medicine

medicinal *adj.2g.* **1** medicinal; ervas medicinais medicinal herbs **2** medicated; xampu medicinal medicated shampoo

médico *s.m.* doctor; physician EUA ■ *adj.* medical; investigação médica medical research ♦ médico de clínica geral general practitioner médico de família family doctor médico especialista specialist, consultant

medida *s.f.* **1** measurement; tirar as medidas de alguém to take somebody's measurements **2** (*providência*) measure; medidas de precaução preventive measures ♦ à medida de according to feito à medida made to measure na medida do possível as far as possible em certa medida to some extent

medidor *s.m.* (*pessoa*) measurer; medidor de terras land surveyor ■ *adj.* measuring; copo medidor measuring cup, measuring jug medidor *s.m.* (*instrumento*) gauge; meter

medieval *adj.2g.* mediaeval, medieval

médio *adj.* **1** middle; classe média middle class **2** medium; um homem de altura média a man of medium height **3** average; temperatura média average temperature ■ *s.m.* ESPORTE halfback, half ♦ a Idade Média the Middle Ages o Oriente Médio the Middle East

medíocre *adj.* **1** (*mediano*) mediocre; average **2** (*de qualidade inferior*) second-rate; inferior

mediocridade *s.f.* mediocrity

medir *v.* **1** to measure; esta sala mede dez metros quadrados this room measures ten square meters **2** (*pessoa*) to be... tall; ele mede um metro e oitenta he is 1,80 metres tall **3** (*calcular*) to estimate; medir as consequências to estimate the consequences **4** (*avaliar*) to assess; to judge **5** (*ponderar*) to ponder; to weigh; medir as palavras to weigh your words ♦ medir alguém de alto a baixo to look somebody up and down medir forças com to match one's strength with

meditação *s.f.* meditation

meditar *v.* to meditate

mediterrâneo *adj.* Mediterranean

Mediterrâneo *s.m.* Mediterranean

mediterrânico *adj.* Mediterranean; clima mediterrânico Mediterranean climate

médium *s.2g.* (*vidente*) medium

mediúnico *adj.* mediumistic

medo *s.m.* fear (de, *of*); dread (de, *of*); a medo tentatively; estar morrendo de medo to be terrified

medonho *adj.* **1** (*assustador*) frightening; terrifying; horrifying **2** (*horrível, feio*) hideous; awful; ugly

medroso *adj.* fearful

medula *s.f.* ANATOMIA, BOTÂNICA medulla; marrow; medula óssea bone marrow ♦ até à medula to the marrow

medusa *s.f.* ZOOLOGIA medusa, jellyfish

megafone *s.m.* megaphone

mega-hertz *s.m.* FÍSICA megahertz

megera *s.f.* pejorativo shrew

meia *s.f.* **1** (*curta*) sock; um par de meias a pair of socks **2** (*até meio da perna*) stocking

meia-calça *s.f.* tights Grã-Bretanha, pantihose EUA

meia-idade *s.f.* middle age; de meia-idade middle-aged

meia-irmã *s.f.* half-sister

meia-lua *s.f.* **1** half-moon; crescent; em forma de meia-lua crescent shaped **2** coloquial (*unhas*) white mark

meia-noite *s.f.* midnight

meia-tigela *s.f.* object of no value or importance; de meia-tigela of no value, of no importance

meia-vida *s.f.* QUÍMICA half-life

meigo *adj.* **1** (*pessoa*) tender; loving; affectionate **2** (*voz, olhar, expressão*) soft; gentle; kind

meio *s.m.* **1** (*centro*) middle; ele é o filho do meio he is the middle son; na gaveta do meio in the mid-

meio-campo

dle drawer **2** means; meio de transporte means of transport **3** medium; meios de comunicação mass media **4** (*expediente*) way **5** (*ambiente*) environment; meio social social environment, milieu **6** (*grupo*) world; o meio artístico the artistic world ■ *adj.* half; a meio caminho halfway; (*comida*) meia dose half a serving; meio litro half a litre; meia hora half an hour ■ *adv.* half; ele está meio dormindo he is half asleep meios *s.m.pl.* (*recursos*) means ♦ ao meio **1** in half **2** (*trabalho*) half (done) (*hotelaria*) meia pensão half board no meio do nada in the middle of nowhere o meio ambiente the environment por meio de by means of

meio-campo *s.m.* **1** ESPORTE (zona do campo) midfield **2** ESPORTE (jogador) halfback

meio-dia *s.m.* midday; noon; ao meio-dia at midday/noon

meio-fio *s.m.* (*calçada*) kerb Grã-Bretanha; curb EUA

meio-irmão *s.m.* half-brother

meio-médio *s.m.* (*boxe*) welterweight

meiose *s.f.* BIOLOGIA meiosis

meio-tempo *s.m.* ESPORTE half-time

meio-termo *s.m.* compromise; happy medium; encontrar o meio-termo entre... to strike the happy medium between...

meio-tom *s.m.* MÚSICA semitone; half-tone

mel *s.m.* honey ♦ favo de mel honeycomb

melado *adj.* **1** (*doçura*) sweet as honey; (*cor*) honey-coloured **2** (*pegajoso*) sticky **3** (*voz*) slushy; schmaltzy ■ *s.m.* sugar-cane syrup

melancia *s.f.* BOTÂNICA watermelon

melancolia *s.f.* melancholy

melancólico *adj.* melancholic, melancholy; canções melancólicas melancholy songs

melanina *s.f.* BIOLOGIA melanin

melão *s.m.* BOTÂNICA melon

meleca *s.f.* **1** (*nariz*) piece of snot; bogey Grã-Bretanha **2** (*sujeira*) dirt; filth; muck **3** (*má qualidade*) piece of rubbish Grã-Bretanha; piece of garbage EUA; o filme foi uma meleca the film was rubbish

melga *s.f.* **1** ZOOLOGIA gnat, midge **2** coloquial (*pessoa*) nagger; pest

melhor *adj.* **1** (comparativo de **bom**) better; não há nada melhor do que there's nothing better than; o meu irmão é melhor do que eu a matemática my brother is better at maths than me **2** (superlativo de **bom**) best; a minha melhor amiga my best friend ■ *adv.* (comparativo de **bem**) better; ela pinta muito melhor do que eu she paints much better than I do ■ *s.m.* best; ele é o melhor! he is the greatest!; fazer o melhor possível to do one's best ♦ é melhor do que nada it's better than nothing (*morrer*) é desta para melhor to give up the ghost tanto melhor so much the better tirar o melhor partido de to make the most of

melhora *s.f.* improvement melhoras *s.f.pl.* change for the better; recovery; melhoras! get well soon!

melhorada *s.f.* coloquial improvement

melhoramento *s.m.* improvement; BIOLOGIA melhoramento genético genetic improvement

melhorar *v.* **1** to improve; tenho de melhorar o meu inglês I must improve my English **2** (*depois de doença*) to get better; to recover **3** (*tempo*) to clear up

melhoria *s.f.* **1** improvement (de, in); betterment (de, in) **2** (*depois de doença*) recovery

melindrar *v.* to offend; to hurt melindrar-se *v.pr.* to take offence

melodia *s.f.* melody; tune

melodrama *s.m.* melodrama

melodramático *adj.* melodramatic

meloso *adj.* **1** sweet; mellifluous **2** pejorativo sugary; mawkish

melquetrefe *s.m.* **1** coloquial (*intrometido*) busybody; nosy parker **2** coloquial good-for-nothing

membrana *s.f.* membrane; BIOLOGIA membrana plasmática plasm membrane, cell membrane

membro *s.m.* **1** member (de, of); um membro da família a member of the family **2** ANATOMIA limb; membro inferior lower limb; membro superior upper limb

memorando *s.m.* memorandum; memo col.

memorável *adj.2g.* memorable; unforgettable

memória *s.f.* memory; recollection; perda de memória memory loss memórias *s.f.pl.* LITERATURA memoirs ♦ memória auditiva verbal memory em memória de in loving memory of se a memória não me falha if my memory serves me well

memorial *s.m.* memorial; um memorial às vítimas da guerra a memorial to the victims of the war

memorização *s.f.* memorization

memorizar *v.* to commit to memory; to memorize

menção *s.f.* mention; fazer menção a to mention ♦ menção honrosa honourable mention

mencionar *v.* to mention; to make mention of; to refer to; abaixo mencionado undermentioned; acima mencionado aforementioned

mendigar *v.* to beg

mendigo *s.m.* beggar

menina *s.f.* **1** (little) girl; uma menina de seis anos a six-year-old girl **2** Miss; é a menina Isabel this is Miss Isabel ♦ ser a menina dos olhos de alguém to be the apple of somebody's eye

meninge *s.f.* ANATOMIA meninx

meningite *s.f.* MEDICINA meningitis

menino *s.m.* boy meninos *s.m.pl.* (*crianças*) kids ♦ menino de rua slum/street kid menino prodígio child prodigy

menisco *s.m.* meniscus

menopausa *s.f.* menopause

menor *adj.2g.* **1** (comparativo de **pequeno**) (*em tamanho*) smaller; a minha casa é menor do que a sua my house is smaller than yours **2** (superlativo de **pequeno**) smallest; ele é o menor dos cinco primos he is the smallest of the five cousins **3** (*de idade*) underage **4** (*de pouca importância*) minor; um escritor menor a minor writer **5** MÚSICA minor; dó menor C minor ■ *s.2g.* minor; proibida a entrada a menores entry barred to minors ♦ em maior ou menor grau to a greater or lesser degree em trajes menores in underwear não faço a menor ideia! I haven't got a clue!

menos *adv.* **1** less; este livro é menos interessante do que o anterior this book is less interesting than the last one **2** least; ele apareceu quando menos o esperávamos he showed up when we least expected **3** fewest; o livro com menos páginas the book with fewest pages ■ *pron. indef.* **1** less; nada menos do que nothing less than **2** fewer; estavam menos de cem pessoas na festa there were fewer than a hundred people at the party ■ *prep.* **1** except; apart from; estamos abertos todos os dias menos à segunda-feira we're open every day apart from Monday **2** MATEMÁTICA minus; dez menos três são sete ten minus three is seven ♦ ainda menos even less a menos que unless cada vez menos less and less pelo menos at least por menos que even though quanto menos... tanto menos/mais the less...the less/the more

menosprezar *v.* to undervalue; to underestimate

menosprezo *s.m.* **1** (*subestimação*) undervaluation; underestimation **2** (*desprezo*) contempt; disdain; scorn

mensageiro *s.m.* messenger; go-between

mensagem *s.f.* message

mensal *adj.2g.* monthly

mensalidade *s.f.* **1** (*que se paga*) monthly payment, instalment **2** (*que se recebe*) monthly allowance

mensalmente *adv.* monthly

menstruação *s.f.* menstruation; period

menstrual *adj.2g.* menstrual; ciclo menstrual menstrual cycle; dores menstruais cramps

menstruar *v.* to menstruate

mensurar *v.* to measure, to measure out

menta *s.f.* BOTÂNICA, CULINÁRIA mint; com sabor de menta mint-flavoured

mental *adj.2g.* mental ♦ cálculo mental mental arithmetic

mentalidade *s.f.* mentality; mind; uma mentalidade conservadora a conservative mentality; ter uma mentalidade aberta to have an open mind, to be open-minded

mentalizar *v.* **1** (*imaginar*) to imagine; to picture; to fancy **2** (*conscientizar*) to make somebody aware; to make somebody realize **3** (*refletir*) to ponder; to think

mente *s.f.* **1** mind; intellect; ele tem uma mente brilhante he has a brilliant mind **2** imagination; mind; uma mente fértil a fertile imagination ♦ ter em mente to have in mind

mentir *v.* to lie (a, *to*)

mentira *s.f.* lie; dizer mentiras to tell lies ♦ uma mentira descarada a barefaced lie uma mentira piedosa a white lie

mentiroso *s.m.* liar; ele é um grande mentiroso! he is a big liar! ■ *adj.* lying; untruthful; deceitful

mentol *s.m.* menthol

mentolado *adj.* mentholated

mentor *s.m.* mentor, guide

menu *s.m.* **1** (*cardápio*) menu **2** INFORMÁTICA menu ♦ menu turístico tourist menu

mequetrefe *s.2g.* **1** coloquial (*intrometido*) busybody; nosy parker **2** coloquial good-for-nothing

mercado *s.m.* market ♦ mercado de trabalho labour market mercado negro black market

mercadoria *s.f.* goods; merchandise

mercante *adj.2g.* merchant; marinha mercante merchant navy Grã-Bretanha, merchant marine EUA

mercantil *adj.2g.* mercantile; commercial

mercantilismo *s.m.* mercantilism

mercantilista *adj., s.2g.* mercantilist

mercearia *s.f.* grocer's (shop), grocery shop mercearias *s.f.pl.* (*produtos*) groceries

mercenário *adj., s.m.* mercenary

mercúrio *s.m.* QUÍMICA (*elemento químico*) mercury; termômetro de mercúrio mercury thermometer

Mercúrio *s.m.* ASTRONOMIA, MITOLOGIA Mercury

merda *s.f.* vulgarismo shit (vulg.); crap cal.; este livro é uma merda this book is crap ♦ vulgarismo vai à merda! piss off! (vulg.)

merecedor *adj.* worthy (de, *of*); deserving (de, *of*); ele é merecedor da nossa consideração he is worthy of our consideration

merecer *v.* **1** to deserve; a equipe de vocês mereceu ganhar your team deserved to win **2** to be worthy of; ele merece o nosso respeito he is worthy of our respect ♦ ter o que se merece to get what you deserve

merecimento *s.m.* **1** merit **2** worthiness

merenda *s.f.* afternoon snack; merenda escolar school lunch

merendar *v.* to take an afternoon snack

merengue *s.m.* CULINÁRIA meringue

mergulhador *s.m.* diver

mergulhar *v.* **1** to dive, to plunge; ele mergulhou no rio he dived into the river **2** to dip

mergulho *s.m.* **1** dive **2** (*banho rápido*) dip; plunge; ir dar um mergulho to go for a dip ♦ roupa de mergulho diving suit (*piscina*) prancha de mergulho diving board

meridiano *adj., s.m.* meridian

mérito *s.m.* **1** (*pessoa*) merit **2** (*pessoa, coisa*) worth ♦ por mérito próprio on its merits

mero *adj.* mere; uma mera formalidade a mere formality; por mero acaso by pure chance

mês *s.m.* month; daqui a um mês in a month's time; no mês passado last month; no fim do mês at the end of the month; o mês em curso the current month; uma vez por mês once a month; um bebê de seis meses a six-month-old baby

mesa *s.f.* **1** table; levantar a mesa to clear the table; levantar-se da mesa to rise from the table; pôr a mesa to lay/set the table **2** figurado food; gostar da boa mesa to be a gourmet **3** (*em hotel, pensão*) board; cama e mesa board and lodging ♦ mesa (mesinha) de cabeceira bedside table Grã-Bretanha, night table EUA

mesada *s.f.* monthly allowance

mesa-redonda *s.f.* round table

mescla *s.f.* mixture (de, *of*); medley (de, *of*); uma mescla de sabores a medley of flavours

mesclado *adj.* mixed; variegated

mesmo *adj.* same; do mesmo modo in the same way; vivemos na mesma casa há doze anos we live in the same house for twelve years ■ *adv.* **1** just;

mesófrio

ele saiu agora mesmo he's just left; era mesmo disto que eu precisava this is just what I needed; por isso mesmo for that very reason 2 even; mesmo que chova vou ao teatro even if it rains, I'm going to the theatre 3 really; você vem mesmo à festa? are you really coming to the party? *pron. dem., s.m.* the same; eu voltaria a fazer o mesmo I would do the same thing again ♦ ao mesmo tempo at the same time dar no mesmo to come to the same thing do mesmo modo in the same way estar na mesma to be just the same

mesófrio *s.m.* ANATOMIA the space between the eyebrows

mesosfera *s.f.* mesosphere

mesquinharia *s.f.* (*sovinice*) niggardliness; meanness

mesquinho *adj.* 1 (*perverso*) mean; nasty 2 (*insignificante*) paltry; petty; trifling 3 (*sovina*) niggardly; stingy

mesquita *s.f.* mosque

Messias *s.m.* RELIGIÃO Messiah

mestiço *s.m.* mestizo; mixed-blood ■ *adj.* 1 intercast; of mixed breed 2 (*cachorro*) mongrel

mestrado *s.m.* (*universidade*) master's degree

mestre *s.m.* (*especialista*) master; expert ■ *adj.* chief; main ♦ golpe de mestre masterstroke parede-mestra master wall essa foi de mestre! you couldn't beat that one! mestre de cerimônias master of ceremonies; host

mestre-cuca *s.m.* cook

meta *s.f.* 1 (*fim*) end; limit 2 ESPORTE finishing post, finishing line; passar a meta to cross the finishing line 3 (*objetivo*) goal, aim; atingir as nossas metas to reach one's goals

metabolismo *s.m.* BIOLOGIA metabolism

metade *s.f.* half; pagar metade to pay half ♦ deixar as coisas pela metade to do things by halves

metáfora *s.f.* LITERATURA metaphor

metal *s.m.* QUÍMICA metal; metal precioso precious metal metais *s.m.pl.* MÚSICA brass

metálico *adj.* 1 (*metal*) metallic 2 (*som*) metallic; harsh; som metálico metallic sound

metalizado *adj.* metallic; cor metalizada metallic colour

metalizar *v.* to metallize

metalurgia *s.f.* metallurgy

metalúrgico *adj.* metallurgic ■ *s.m.* metallurgist

metamórfico *adj.* GEOLOGIA metamorphic

metamorfose *s.f.* 1 metamorphosis 2 figurado change; transformation

metano *s.m.* QUÍMICA methane

meteórico *adj.* 1 ASTRONOMIA meteoric 2 figurado meteoric; dazzling; uma carreira meteórica a meteoric career

meteoro *s.m.* ASTRONOMIA meteor

meteoroide *s.m.* ASTRONOMIA meteoroid

meteorologia *s.f.* meteorology

meteorológico *adj.* meteorological ♦ boletim meteorológico weather report

meteorologista *s.2g.* meteorologist

meter *v.* 1 (*introduzir*) to put 2 (*enfiar*) to thrust; ele meteu o papel no bolso he thrust the paper into his pocket 3 (*início*) to set meter-se *v.pr.* 1 to meddle (com, *with*); to pick a quarrel (com, *with*); não se meta comigo! don't meddle with me! 2 (*intrometer-se*) to interfere (em, *in*); meter-se na vida alheia to meddle in other people's business 3 (*iniciar alguma coisa*) to start; to set out 4 (*envolver-se*) to get (em, *into*) 5 (*relação amorosa*) to get involved (com, *with*) ♦ meter na cabeça to put into one's head coloquial meta-se na sua vida! mind your own business! no que eu fui me meter! what have I let myself in for!

meticuloso *adj.* 1 (*pessoa*) meticulous; fastidious 2 (*atividade*) painstaking; scrupulous

metido *adj.* 1 (*envolvido*) involved (em, *in*); mixed up (em, *in*); andar metido em algo to be mixed up in something; estar metido em apuros to be in trouble; coloquial andar metido com alguém to have an affair with somebody 2 (*metediço*) interfering; meddling; nosy

metódico *adj.* methodical; systematic

método *s.m.* method; system; technique; com método methodically

metodologia *s.f.* methodology

metodológico *adj.* methodological

metodólogo *s.m.* methodologist

metralhadora *s.f.* machine-gun

métrico *adj.* metrical ♦ sistema métrico metric system

metro *s.m.* (*unidade de medida*) metre; metro articulado folding rule; metro cúbico cubic metre; metro quadrado square metre; ter cinco metros de altura to be five metres high; ter dois metros de largura to be two metres wide

metrô *s.m.* coloquial (*meio de transporte*) underground Grã-Bretanha, tube Grã-Bretanha; subway EUA; estação de metrô underground station; ir de metrô to go by underground ♦ O metrô de Londres é designado normalmente como *the tube*, em uma alusão à estrutura cilíndrica dos túneis cuja construção teve início no século XIX.

metrópole *s.f.* metropolis

metropolitano *adj.* metropolitan ■ *s.m.* (*meio de transporte*) underground Grã-Bretanha, tube Grã-Bretanha; subway EUA ♦ área metropolitana metropolitan area

metroviário *s.m.* underground employee Grã-Bretanha; subway employee EUA ■ *adj.* of the underground Grã-Bretanha; of the subway EUA; mapa da rede metroviária map of the underground system

meu *pron. poss.* 1 mine; isso é meu that's mine 2 my; o meu amigo my friend; um amigo meu a friend of mine

mexer *v.* 1 (*alimentos*) to stir; acrescente a farinha e mexa stir the flour in; mexer o café to stir one's coffee 2 (*partes do corpo*) to stir; mexer o corpo to stir one's body 3 (*tocar*) to touch (em, –); não mexa em nada don't touch anything 4 (*com as mãos*) to fidget (em, *with*); to fiddle (em, *with*) 5 (*sentimentos*) to stir up; isso mexe comigo that really stirs me up mexer-se *v.pr.* (*movimento*) to stir; to move ♦ mexa-se! get a move on!

mexerica *s.f.* BOTÂNICA tangerine

mexericar v. 1 (causar desentendimentos) to intrigue; to scheme 2 (intrometer-se) to gossip
mexeriqueiro s.m. gossip; busybody
mexicano adj., s.m. Mexican
México s.m. Mexico
mexilhão s.m. ZOOLOGIA mussel
mi s.m. MÚSICA E, mi
miado s.m. mew, mewing
miar v. to mew, to meow, to miaow
miau s.m. 1 miaow; mew 2 linguagem infantil (gato) pussy, pussy cat
mica s.f. GEOLOGIA mica
miçanga s.f. bead
micar v. coloquial to ogle; to fix; to be riveted on
mico s.m. 1 ZOOLOGIA marmoset; tamarin 2 (vexame) embarrassing situation; humiliation; shame; que mico! how embarrassing!; pagar mico to experience an embarrassing situation
mico-leão s.m. ZOOLOGIA lion tamarin
micorriza s.f. BIOLOGIA mycorrhiza
micose s.f. MEDICINA mycosis
micro s.m. 1 coloquial (microfone) mike 2 coloquial microradiography
micróbio s.m. microbe
microbiologia s.f. microbiology
microclima s.f. microclimate
microcomputador s.m. INFORMÁTICA microcomputer
microfone s.m. microphone; falar ao microfone to talk into the microphone
micro-ondas s.m.2n. (eletrodoméstico) microwave, microwave oven
microrganismo s.m. microorganism
microscópico adj. microscopic
microscópio s.m. microscope; ao microscópio under a microscope
mictório s.m. urinal
micuim s.m. ZOOLOGIA Cayenne tick
migalha s.f. 1 (pão, bolos) crumb; migalha de pão breadcrumb 2 (porção) small amount; crumb; bit ♦ ficar com as migalhas to be left with the crumbs
migração s.f. migration
migrar v. to migrate
migratório adj. migratory; aves migratórias migratory birds
mijada s.f. coloquial piss vulg.
mijão s.m. popular someone who is always going for a pee
mijar v. calão to piss; to pee mijar-se v.pr. calão to piss; to wet oneself; mijar-se nas calças to wet one's pants
mijo s.m. calão, popular piss
mil num. thousand; mil milhões billion ♦ as Mil e Uma Noites the Arabian Nights
milagre s.m. miracle ♦ fazer milagres to work miracles não faço milagres I'm no miracle worker por milagre by a miracle
milagroso adj. 1 miraculous; cura milagrosa miracle cure 2 (extraordinário) amazing
milanesa s.f. breaded food ♦ à milanesa breaded
milenar adj.2g. millenary

milênio s.m. millennium; um novo milênio a new millennium
milésimo num. millesimal; thousandth
mil-folhas s.f. 1 CULINÁRIA millefeuille 2 BOTÂNICA milfoil; yarrow
milha s.f. mile; milha marítima nautical mile ♦ ficar a milhas de to be miles away from
milhão s.m. million; um milhão de vezes a million times
milho s.m. BOTÂNICA maize Grã-Bretanha; corn EUA
miligrama s.m. milligramme
milímetro s.m. millimetre
milionário s.m. millionaire
militante s.2g. militant; active member ■ adj.2g. militant
militar adj.2g. military; agente da polícia militar military policeman, policewoman; polícia militar military police ■ s.2g. soldier; military man, military woman; os militares the military ■ v. to militate; to be a militant; to be an active member (em, of)
militarismo s.m. militarism
militarista s.2g. militarist; activist ■ adj.2g. militaristic
militarizar v. to militarize
milongas s.f.pl. 1 (mexericos) gossip; intrigue 2 witchcraft; sorcery
mim pron. pess. me; a mim mesmo to myself; faz isso por mim do it for me; para mim for myself; quanto a mim as for myself
mimar v. 1 (tratar bem) to pamper 2 (indulgência) to spoil
mímica s.f. mime
mímico adj. mimic; imitative; mimetic
mimo s.m. 1 pampering; estragar alguém com mimos to spoil someone 2 (carícia) caress 3 (presente) present; gift 4 TEATRO mime artist
mimosa s.f. BOTÂNICA mimosa
mimoso adj. delicate
mina s.f. 1 (minério) mine; pit 2 (lapiseira) lead; refill 3 (bomba) mine 4 coloquial girl ♦ mina de carvão coal mine mina de ouro gold mine descobrir uma mina to strike oil
minadouro s.m. spring
minar v. 1 (pôr minas) to mine; minar um campo to mine a field 2 GEOLOGIA (explorar minas) to dig 3 figurado (corroer) to undermine; minar um projeto to undermine a plan
mindinho s.m. little finger
mineiro s.m. miner; (carvão) collier Grã-Bretanha ■ adj. mining; região mineira mining district
mineral adj.2g., s.m. mineral; água mineral mineral water
mineralizar v. to mineralize
mineralogia s.f. mineralogy
mineralogista s.2g. mineralogist
minério s.m. GEOLOGIA ore; minério de cobre copper ore
mingau s.m. CULINÁRIA porridge
minguante adj.2g. decreasing ♦ quarto minguante last quarter
minguar v. 1 to shrink 2 (diminuir) to decrease; to diminish 3 (escassear) to become scarce

minhoca

minhoca s.f. ZOOLOGIA earthworm ♦ ter minhocas na cabeça to be full of notions
minhococultura s.f. earthworm breeding
miniatura s.f. miniature; em miniatura in miniature
mínima s.f. 1 METEOROLOGIA minimum temperature 2 MÚSICA minim Grã-Bretanha, half note EUA ♦ coloquial não ligar a mínima to pay no attention, to ignore
minimizar v. 1 (redução) to minimize 2 (depreciação) to play down
mínimo adj. 1 (quantidade) smallest; least; não existem condições mínimas de segurança there aren't the least safety conditions 2 (valor) lowest; temperatura mínima lowest temperature 3 (conceitos) slightest; faintest; não faço a mínima ideia I haven't got a clue ■ s.m. 1 minimum 2 ANATOMIA little finger mínimos s.m.pl. (faróis) parking lights; ligar os mínimos to turn on the parking lights ♦ é o mínimo que se pode fazer that is the least you can do no mínimo at the least o mínimo possível as little as possible
minissérie s.f. TELEVISÃO miniseries
ministério s.m. ministry; office ♦ DIREITO Ministério Público Public Prosecutor
ministrar v. 1 (fornecer) to supply 2 (medicamento, injeção) to administer
ministro s.m. minister ♦ Conselho de Ministros the Cabinet
minoria s.f. minority; estar em minoria to be in a/ the minority; minorias étnicas ethnic minorities
minoritário adj. minority; grupo minoritário minority group
Minotauro s.m. MITOLOGIA Minotaur
minucioso adj. 1 (exigente) meticulous 2 (implicativo) particular; fussy 3 (estudo, trabalho) accurate; precise; descrições minuciosas minute descriptions
minúscula s.f. lower case, small letter
minúsculo adj. miniscule; tiny; small
minuta s.f. minute; escrever minutas to take minutes
minuto s.m. 1 (medição de tempo) minute; falta um minuto one minute left 2 (momento) minute; moment; dentro de minutos within minutes; espere um minuto wait a minute
miocárdio s.m. myocardium; enfarte do miocárdio myocardial infarction
miolo s.m. 1 (pão) crumb 2 (nozes) kernel 3 figurado (âmago) kernel; core 4 (mente) the brain
míope adj. MEDICINA myopic; short-sighted col. s.2g. MEDICINA myope; short-sighted person col.
miopia s.f. MEDICINA myopia; short-sightedness col.
mira s.f. 1 (arma) sight 2 figurado (objetivo) goal; aim; ter alguma coisa em mira to aim at something ♦ ponto de mira line of sight
mirabolante adj.2g. incredible
miragem s.f. 1 mirage 2 figurado (ilusão) delusion; deception
mirante s.m. 1 sightseeing point 2 (em edifício) glassed-in balcony
mirar v. 1 (olhar) to look (–, at); to stare (–, at); to glance (–, at) 2 (pontaria) to aim (–, at) mirar-se v.pr. to look at oneself; to gaze at oneself; mirar-se ao espelho to look at oneself in the mirror

mirrado adj. 1 withered; dried up 2 (magro) skinny
mirrar v. 1 (plantas) to wither; to shrivel 2 (pessoas) to wither; to shrink
miscigenação s.f. miscegenation
miserável adj.2g. 1 (pobre) poor; indigent 2 (desgraçado) wretched; pitiable 3 (sem valor) worthless 4 (quantia) paltry; meagre; um salário miserável a paltry wage ■ s.2g. 1 (infeliz) wretch 2 (pedinte) beggar
miséria s.f. 1 (pobreza) poverty 2 (condição) wretchedness; squalor 3 (pouca quantidade) trifle; sheer nothing ♦ viver na miséria to live in misery and want
misericórdia s.f. 1 (comiseração) mercy (de, on); pity (de, on); pedir misericórdia to cry for mercy 2 (instituição) charity, charitable institution 3 (perdão) forgiveness; pardon ♦ golpe de misericórdia finishing stroke
mísero adj. 1 (pobre) poor 2 (sem valor) worthless 3 (quantidade) sheer; mere; uns míseros tostões a sheer nothing
miss s.f. 1 (concurso de beleza) Miss; Miss Mundo Miss World; Miss Brasil Miss Brazil 2 figurado stunner
missa s.f. Mass ♦ missa do galo midnight Mass coloquial não sabes da missa a metade you don't know half of it
missão s.f. (geral) mission ♦ missão diplomática diplomatic mission
míssil s.m. missile ♦ míssil de longo alcance long-range missile
missionário s.m. missionary
mistério s.m. mystery ♦ fazer mistério de to make a mystery of
misterioso adj. mysterious; enigmatic
misticismo s.m. mysticism
místico s.m. RELIGIÃO mystic ■ adj. mystic; mystical
misto adj. mixed ■ s.m. 1 (mistura) mixture; blend 2 cheese and ham toast ♦ ensino misto coeducation escola mista coeducational school
misto-quente s.m. ham and cheese sandwich
mistura s.f. 1 (variedade) mixture; assortment; medley 2 (substâncias) mixture; combination; blend
misturar v. 1 to mix 2 (juntar) to combine 3 (mexer) to stir together 4 MÚSICA to sample 5 CULINÁRIA (adicionar) to add misturar-se v.pr. (pessoas) to mingle; to mix; misturar-se com os outros to mingle with others
mito s.m. myth
mitologia s.f. mythology ♦ mitologia grega Greek mythology
mitológico adj. mythological; deuses mitológicos mythological gods
mitose s.f. BIOLOGIA mitosis
mitral adj.2g. ANATOMIA mitral; válvula mitral mitral valve
miúdo adj. 1 (tamanho) tiny; minute 2 (magro) slender; slim miúdos s.m.pl. 1 (trocos) small change 2 (vísceras) (animais) offal; (aves) giblets ♦ despesas miúdas petty expenses

mixuruca *adj.2g.* coloquial shoddy; cheap
moagem *s.f.* milling
mobilar *v.* 1 (*mobílias, adornos*) to furnish 2 (*equipamento*) to fit up; to kit out
mobília *s.f.* furniture; mobília completa a suite of furniture
mobiliado *adj.* furnished; apartamento mobiliado furnished flat
mobilidade *s.f.* mobility
mobilização *s.f.* mobilization; gathering; mobilização de um país mobilization of a country; mobilização da população mobilization of population
mobilizar *v.* to mobilize; to gather
moçambicano *adj., s.m.* Mozambican
Moçambique *s.* Mozambique
mocambo *s.m.* antiquado (*escravos, gado*) hideout in the woods
mochar *v.* 1 (*animal*) to mutilate; (*touro*) to cut off the horns of 2 (*enganar*) to deceive; to cheat 3 (*promessa*) to fail to keep a promise
mochila *s.f.* rucksack; backpack EUA
mocho *s.m.* 1 ZOOLOGIA owl 2 (*assento*) stool
mocidade *s.f.* youth
mocinho *s.m.* 1 young boy, young girl 2 (*personagem*) hero (*m.*), heroine (*f.*); o mocinho e o bandido the hero and the gangster
moço *adj.* young; ele é ainda muito moço he is still very young ■ *s.m.* 1 (*jovem*) young boy, lad Grã--Bretanha col.; young girl, lass Grã-Bretanha 2 (*servical*) servant; moço de recados errand boy
mocotó *s.m.* CULINÁRIA dish made of calf's foot and beans
moda *s.f.* 1 (*novas tendências*) fashion; a última moda the latest fashion 2 (*costumes*) way; custom; à nossa moda our way ♦ estar na moda to be all the fashion fora de moda out of fashion, old-fashioned lançar a moda to set the trend
modalidade *s.f.* 1 modality 2 ESPORTE sport; qual é a tua modalidade esportiva favorita? what sport do you like the most?
modelar *adj.2g.* (*exemplo*) exemplary ■ *v.* 1 (*moldar*) to mould; to shape 2 (*adaptar*) to adapt; to adjust; to fit
modelo *s.m.* (*geral*) model; modelo de virtudes a model of virtue ■ *s.2g.* 1 (*moda*) model 2 (*pintura, escultura*) model; sitter ♦ passagem de modelos fashion show
modem *s.m.* INFORMÁTICA modem
moderação *s.f.* 1 (*comportamento*) moderation; restraint; temperance; com moderação in moderation 2 figurado (*atitude*) prudence; sense
moderado *adj.* 1 POLÍTICA moderate; middle-of-the road 2 (*temperamento*) moderate 3 (*preços*) affordable; moderate; despesas moderadas affordable expenses ■ *s.m.* POLÍTICA moderate
moderador *adj.* moderating ■ *s.m.* 1 (*discussão, debate*) moderator 2 (*instrumento*) regulator
moderar *v.* 1 to moderate 2 (*restringir*) to restrain; to cut down 3 (*velocidade*) to slow down; moderar a marcha to slow down 4 (*discussão, debate*) to moderate; to mediate; moderar as negociações to

molde

mediate negotiations moderar-se *v.pr.* to check oneself; to control oneself
modernidade *s.f.* modernity
modernismo *s.m.* modernism
modernista *adj., s.2g.* modernist; arte modernista modernist art
modernização *s.f.* modernization; updating
modernizar *v.* to modernize; to update
moderno *adj.* 1 (*época*) modern; línguas modernas modern languages 2 (*atual*) modern; up-to-date; hip col.; estilo moderno modern style
modéstia *s.f.* modesty
modesto *adj.* 1 (*despretensioso*) modest; unassuming 2 (*humilde*) humble; simple 3 (*tímido*) modest, shy 4 (*comedido*) modest; moderate; salário modesto modest wage
modificação *s.f.* (*mudança*) modification; change
modificar *v.* (*mudar*) to modify; to alter; to change modificar-se *v.pr.* (*personalidade*) to change
modo *s.m.* 1 way; manner; mode; modo de dizer manner of speaking; modo de vida way of living 2 LINGUÍSTICA mood; modo verbal verbal mood 3 MÚSICA mode modos *s.m.pl.* (*atitudes*) manners; bons modos good manners; com bons modos politely ♦ modo de usar instructions for use modo de ser temperament de certo modo in a way de modo geral broadly speaking de modo nenhum by no means de modo que in order that, so that de qualquer modo anyway, all the same, at any rate
modular *adj.2g.* modular ■ *v.* to modulate
módulo *s.m.* 1 (*unidade*) module; component; unit 2 AERONÁUTICA (*cápsula*) capsule; module
moeda *s.f.* 1 (*peça*) coin 2 (*unidade monetária*) currency ♦ casa da moeda the mint atirar a moeda ao ar to toss up a coin pagar na mesma moeda to give tit for tat
moela *s.f.* CULINÁRIA gizzard
moer *v.* 1 (*grãos*) to grind 2 (*esmagar*) to crush 3 coloquial (*cansar*) to tire; to weary 4 coloquial (*bater*) to cudgel; to beat 5 figurado, coloquial to grind down; to nag
mofar *v.* to mock (de, *at*); to poke fun (de, *at*)
mofina *s.f.* 1 (*azar*) misfortune 2 (*avareza*) meanness; stinginess 3 (*artigo*) scandal rag
mofo *s.m.* 1 (*bafio*) mould; mildew; cheiro de mofo mouldy smell, frowst 2 (*bolor*) must
moinho *s.m.* 1 (*edifício*) mill; moinho de água water mill; moinho de vento windmill 2 (*utensílio*) mill; grinder; moinho de café coffee grinder ♦ (*provérbio*) levar a água ao seu moinho to bring grist to one's mill
moita *s.f.* thicket
mola *s.f.* 1 (*peça*) spring; colchão de molas spring mattress 2 (*roupa*) peg 3 (*carteiras*) clutch; mola de ímã magnetic clutch
molambento *adj.* ragged
molar *adj.2g., s.m.* molar
moldar *v.* to mould; to shape moldar-se *v.pr.* (*ajustar-se*) to adjust oneself (a, *to*)
molde *s.m.* 1 (*forma*) cast; mould 2 (*padrão*) pattern; model

moldura

moldura *s.f.* frame; picture frame; moldura de madeira wooden frame
mole *adj.* 1 (*coisa*) soft; smooth 2 (*pessoa*) soft; mellow; soft-hearted 3 pejorativo (*preguiça*) indolent; lazy
molecada *s.f.* 1 coloquial (*grupo*) bunch of kids 2 coloquial (*criancice*) childish thing; childish prank
molécula *s.f.* molecule
moleira *s.f.* ANATOMIA fontanelle Grã-Bretanha, fontanel EUA
molenga *adj.2g.* coloquial lazy; idle ■ *s.2g.* coloquial lazybones; sleepyhead
moleque *s.m.* urchin
molestar *v.* 1 (*incomodar*) to bother 2 (*assediar*) to harass 3 (*abuso sexual*) to molest
moléstia *s.f.* disease
moletom *s.m.* (*tecido*) flanelette
moleza *s.f.* 1 (*suavidade*) softness; smoothness 2 (*preguiça*) slackness; laziness
molhado *adj.* 1 wet; (*encharcado*) soaked; pés molhados wet feet; estar todo molhado to be soaking wet 2 (*embriagado*) drunk
molhar *v.* to wet; molhar os lábios to wet one's lips molhar-se *v.pr.* to get wet; to get soaked; ele molhou-se todo he got wet through
molho^1 /ó/ *s.m.* 1 (*palha, cereais*) sheaf 2 (*lenha*) faggot; bundle 3 (*papéis*) bundle; pile ♦ molho de chaves bunch of keys
molho^2 /ô/ *s.m.* 1 CULINÁRIA sauce ♦ molho de tomate tomato sauce; molho picante Worcester sauce 2 CULINÁRIA (*carne*) gravy 3 (*água*) soak; pôr de molho to put to soak ♦ estar de molho to be sick in bed pôr as barbas de molho to be on the lookout
molusco *s.m.* ZOOLOGIA mollusc
momentâneo *adj.* 1 (*breve*) momentary; brief 2 (*transitório*) transient; transitory
momento *s.m.* 1 (*tempo*) moment; instant; time 2 (*espera*) moment; second; só um momento, por favor just a second, please 3 (*oportunidade*) opportunity; chance; chegou o seu momento now is your chance ♦ a todo o momento at any time, at any moment até o momento up to now chegou o momento de the time has come to de momento for the moment de um momento para o outro from one minute to the next no último momento in the nick of time
Mônaco *s.m.* Monaco
monarca *s.2g.* monarch
monarquia *s.f.* monarchy ● O Reino Unido é uma monarquia constitucional. Seu Chefe de Estado é um monarca cujos poderes são limitados pelo Parlamento e por uma série de leis fundamentais. Apesar da importância política e simbólica como Chefe de Estado, o monarca é politicamente neutro, acompanhando o trabalho do governo, aprovando a legislação votada no Parlamento e concedendo determinadas honras.
monárquico *adj.* monarchical ■ *s.m.* monarchist; royalist
monarquismo *s.m.* monarchism
monarquista *s.2g.* monarchist
monção *s.f.* monsoon

monetário *adj.* monetary
monge *s.m.* monk
mongoloide *s.2g.* 1 (*etnia*) Mongoloid 2 coloquial (*insulto*) mongoloid
monitor *s.m.* 1 INFORMÁTICA, TELEVISÃO monitor; screen 2 (*professor*) instructor
monitoramento *s.m.* monitoring
monitorar *v.* to monitor
monitorizar *v.* to monitor
monocotiledônea *s.f.* BOTÂNICA monocotyledon
monocultura *s.f.* AGRICULTURA monoculture
monogamia *s.f.* monogamy
monografia *s.f.* monograph
monólogo *s.m.* monologue; soliloquy ♦ LITERATURA monólogo interior stream of consciousness
monopólio *s.m.* monopoly
monopolizar *v.* 1 to monopolize 2 coloquial to hog; to keep for oneself
monotonia *s.f.* 1 monotony 2 dreariness
monótono *adj.* monotonous
monóxido *s.m.* QUÍMICA monoxide; monóxido de carbono carbon-monoxide
monstro *s.m.* monster
monstruosidade *s.f.* monstrosity
monstruoso *adj.* 1 (*dimensões*) monstrous; gigantic 2 (*abominável*) monstrous; shocking
montagem *s.f.* 1 (*objetos*) setting; fitting up 2 AUDIOVISUAL editing 3 (*fábricas*) assembly; linha de montagem assembly line
montanha *s.f.* 1 mountain; cadeia de montanhas mountain range 2 figurado (*pilha*) heap; pile; mountain
montanha-russa *s.f.* roller-coaster
montanhoso *adj.* mountainous
montante *s.m.* 1 (*quantia*) amount; sum; no montante de amounting to 2 (*rio*) upstream; a montante upstream, up-river
montão *s.m.* heap; pile; mass; aos montões by heaps
montar *v.* 1 (*equitação, ciclismo*) to ride; to mount 2 (*exposição*) to put on 3 (*objetos*) to fit up 4 (*campanha*) to launch 5 (*fábricas*) to assemble 6 (*estabelecer*) to set up 7 (*camping*) to pitch; montar uma tenda to pitch a tent
montaria *s.f.* 1 hunting 2 (*lugar*) hunting ground; preserve 3 (*canoa*) dugout 4 (*montada*) mount 5 figurado (*vaia*) hooting
monte *s.m.* 1 hill; hillock; o topo do monte the hilltop 2 figurado (*pilha*) heap; pile montes *s.m.pl.* figurado loads (de, *of*); a lot (de, *of*); montes de loads of
monumental *adj.2g.* 1 monumental 2 figurado (*grandioso*) majestic 3 coloquial (*enorme*) huge
monumento *s.m.* 1 monument; monumento nacional national monument 2 memorial
moqueação *s.f.* meat drying
moquear *v.* (*carne*) to dry
moqueca *s.f.* CULINÁRIA fish or seafood ragout with cocunut oil
moquém *s.m.* drying kiln
moquenca *s.f.* CULINÁRIA beef ragout
morada *s.f.* residence
moradia *s.f.* residence, house, dwelling

morador s.m. 1 (*casa, bairro*) resident 2 (*de casa alugada*) tenant 3 (*habitante*) inhabitant ■ *adj.* resident (em, in)

moral *adj.2g.* moral, ethical; dever moral moral duty ■ s.f. 1 (*conclusão*) moral, morals; moral da história moral of the story 2 (*ética*) ethics ■ s.m. (*ânimo*) morale; o moral do time é excelente the morale of the team is excellent

morango s.m. BOTÂNICA strawberry

morar v. to live; onde você mora? where do you live? ♦ (*mudanças*) ir morar em to move to

mórbido *adj.* morbid

morcegar v. 1 to take advantage of 2 coloquial to jump in or out a moving vehicle

morcego s.m. ZOOLOGIA bat

mordaça s.f. gag; pôr uma mordaça a alguém to gag somebody

morder v. (*pessoa, cachorro*) to bite; morder os lábios to bite one's lips ♦ morder-se de inveja to grow green with envy

mordiscar v. to nibble

mordomia s.f. 1 (*regalia*) perk 2 (*luxo*) luxury

mordomo s.m. butler, steward

moreia s.f. ZOOLOGIA moray, moray eel

moreno *adj.* 1 (*pele*) dark-skinned; tez morena dark complexion 2 (*cabelo*) dark-haired 3 (*bronzeado*) suntanned; brown; ficar moreno to get a suntan ■ s.m. 1 (*cabelo*) dark-haired person; brunette (f.) 2 (*pele*) dark person

morfina s.f. QUÍMICA morphine

morfologia s.f. morphology

morfológico *adj.* morphologic

morgue s.f. mortuary, morgue

moribundo *adj.* moribund, dying ■ s.m. dying person

moringa s.f. clay jar used to keep the water cool

mormaço s.m. sultry weather

morno *adj.* lukewarm, tepid

morrer v. 1 to die 2 figurado (*desvanecer-se*) to fade away 3 (*desejo*) to long (por, for) ♦ morrer de curiosidade to be dying to know morrer de fome to starve to death morrer de frio to freeze to death morrer de rir to kill oneself laughing

morro s.m. 1 (*monte*) hillock 2 (*favela*) shanty town; slum

morsa s.f. ZOOLOGIA walrus, morse

mortadela s.f. Italian sausage, salami

mortal *adj.2g.* 1 mortal 2 (*veneno, inimigo*) deadly; ódio mortal deadly hatred 3 (*doença, acidente*) fatal ■ s.2g. mortal ♦ os restos mortais the mortal remains RELIGIÃO pecados mortais mortal sins

mortalha s.f. (*cadáver*) shroud

mortalidade s.f. mortality ♦ mortalidade infantil infant mortality taxa de mortalidade death rate

mortandade s.f. 1 slaughter 2 (*massacre*) massacre

morte s.f. death; por morte de on the death of

morteiro s.m. mortar

mortífero *adj.* deadly, lethal

morto *adj.* 1 dead 2 (*inexpressivo*) lifeless ■ s.m. 1 dead person 2 (*vítima*) victim ♦ morto de cansaço dead tired cair morto to drop dead estar morto por to be itching to não ter onde cair morto to have nowhere to lay one's head ponto morto deadlock, standstill

mortuário *adj.* mortuary ♦ casa mortuária funeral home

mosaico s.m. 1 mosaic 2 figurado miscellany

mosca s.f. ZOOLOGIA fly ♦ mosca varejeira bluebottle estar às moscas to be empty não faz mal a uma mosca he wouldn't hurt a fly

mosca-morta s.2g. 1 coloquial, pejorativo spiritless person; shrinking violet 2 coloquial, pejorativo (*dissimulado*) hypocrite

moscatel *adj.2g.*, s.m. muscatel

mosqueteiro s.m. musketeer

mosquitada s.f. swarm of mosquitoes

mosquiteiro s.m. mosquito curtain, mosquito net

mosquito s.m. ZOOLOGIA mosquito; picada de mosquito mosquito bite

mostarda s.f. BOTÂNICA, CULINÁRIA mustard

mosteiro s.m. 1 monastery 2 (*freiras*) convent

mostra s.f. (*exibição*) show, display mostras s.f.pl. (*sinais*) signs, indications; dar mostras de to show signs of ♦ à mostra uncovered, bare, naked

mostrador s.m. (*relógio*) dial, face

mostrar v. 1 to show 2 (*mercadorias*) to display, to exhibit 3 (*indicar*) to point out 4 (*provar*) to demonstrate, to prove; mostrou ser indigno he proved to be unworthy mostrar-se v.pr. 1 (*parecer*) to appear, to seem 2 (*exibir-se*) to show off ♦ mostrar os dentes to snarl

mostruário s.m. 1 collection of samples 2 showcase 3 (*loja*) shop window

motel s.m. motel

motim s.m. 1 riot, rebellion; promover um motim to stir up a rebellion 2 (*militar*) mutiny

motivação s.f. motivation

motivado *adj.* 1 (*interessado*) motivated 2 (*causado*) caused; originated

motivador *adj.* motivating ■ s.m. motivator

motivar v. 1 (*incentivar*) to motivate 2 (*causar*) to cause; to give rise to; motivar uma reclamação to give grounds for complaint

motivo s.m. 1 (*causa*) cause (de, of), reason (de, para, for); o motivo da nossa viagem the reason for our trip; por motivos de saúde for health reasons 2 (*razão*) ground (para, for); não há motivo para there is no ground for 3 (*padrão*) pattern 4 MÚSICA motif ♦ sem motivo for no reason

moto s.m. 1 (*motorizada*) bike 2 (*lema*) motto; de moto próprio of one's own accord 3 (*impulso*) motion; moto contínuo continual motion

motocicleta s.f. motorcycle

motociclismo s.m. motorcycling

motociclista s.2g. motorcyclist

motoqueiro s.m. biker, motorcyclist

motor s.m. 1 motor; barco a motor motorboat 2 (*carro, avião*) engine ■ *adj.* 1 ANATOMIA motor; nervo motor motor nerve 2 técnico driving ♦ motor de arranque starter

motorista s.2g. motorista

motorizado *adj.* 1 (*com motor*) motorized; veículo motorizado motor vehicle 2 coloquial (*pessoa*) who has transport; who has wheels col.

motricidade s.f. motivity
mouro adj. Moorish ■ s.m. Moor
mouse s.m. INFORMÁTICA mouse
mousse s.f. (geral) mousse
movediço adj. (instável) unstable, changeable ♦ areias movediças quicksand
móvel adj.2g. movable, mobile; bens móveis movables; personal property ■ s.m. 1 (peça de mobília) piece of furniture; os móveis estavam cobertos de pó the furniture was covered in dust 2 (causa) motive, cause
mover v. 1 (mudar de lugar) to move; to shift; to remove 2 (induzir) to persuade 3 (comover) to affect, to touch mover-se v.pr. 1 to move 2 (deslocar-se) to walk, to go; mover-se pesadamente to pound along ♦ mover céu e terra to move heaven and earth DIREITO mover uma ação contra alguém to bring an action against somebody
movimentado adj. 1 (rua, lugar) busy; rua muito movimentada busy street 2 (animado) lively; um bar muito movimentado a very popular bar
movimentar v. 1 to move 2 (animar) to liven up
movimento s.m. 1 movement 2 técnico motion; movimento acelerado accelerated motion; em movimento in motion, on the move; pôr em movimento to set in motion, to set going 3 (atividade) activity 4 ECONOMIA turnover 5 MÚSICA time 6 (trânsito) traffic; há pouco movimento nas estradas there is very little traffic on these roads
mozarela s.m. CULINÁRIA mozzarella
MP3 INFORMÁTICA MP3
MPB sigla de Música Popular Brasileira, Brazilian popular music
muamba s.f. contraband
muçulmano adj., s.m. Muslim
muda s.f. 1 change; muda de roupa change of clothes 2 (transformação) transformation 3 (penas) moulting
mudança s.f. 1 (alteração) change (de, in, of); houve uma mudança de planos there has been a change of plans 2 (vento) shifting 3 (casa) move; removal
mudar v. 1 (alterar) to change (de, -) 2 (transformar) to transform 3 (casa) to move; mudar de casa to move 4 (trocar) to change 5 TEATRO to shift; mudar de cena to shift the scene mudar-se v.pr. (casa) to move ♦ mudar a fralda to change a nappy mudar de ideias to change your mind mudar de roupa to change mudar o disco to drop the subject
mudo adj. 1 dumb, mute 2 LINGUÍSTICA silent; letras mudas silent letters ■ s.m. mute, dumb person ♦ cinema mudo silent films
mugido s.m. 1 (touro) bellow 2 (vaca) moo
mugir v. 1 (touro) to bellow 2 (vaca) to moo, to low
muito adj. 1 (frases afirmativas) a lot of; tenho muito trabalho a fazer I've got a lot of work 2 (frases negativas e interrogativas) much; muito melhor much better; não muito not much 3 (no plural, frases negativas e interrogativas) many; coloquial a lot of; muitos mais plenty more; não havia muitos ingleses there weren't many English people ■ pron. indef. 1 (frases afirmativas) a lot; muitos dos meus amigos a lot of my friends 2 (frases negativas e interrogativas) much; (no plural) many ■ adv. 1 (com adjetivo ou advérbio, em respostas) very, very much; estão muito bem they are very well; muito devagar very slowly 2 (com formas comparativas) much; você é muito mais velho do que ela you're much older than her; muito mais interessante much more interesting 3 (muito tempo) a long time; há muito a long time ago ♦ muitas vezes often não há muito tempo not long ago por muito que você faça whatever you do quando muito at the most
mula s.f. 1 ZOOLOGIA mule 2 figurado (teimoso) mule
mulato adj., s.m., pejorativo mulatto
muleta s.f. 1 (andar) crutch; andar de muletas to walk on crutches 2 figurado (apoio) support
mulher s.f. 1 woman 2 (esposa) wife ♦ direitos das mulheres women's rights
mulherengo s.m. womanizer ■ adj. womanizing
multa s.f. fine; levar uma multa to get fined; pagar multa to pay a fine
multar v. to fine; multar em dez dólares to fine a person 10 dollars
multicelular adj. BIOLOGIA multicellular
multicultural adj. multicultural
multidão s.f. crowd ♦ uma multidão de lots of
multidisciplinar adj.2g. multidisciplinary
multinacional adj.2g. multinational
multiplicação s.f. multiplication
multiplicador adj. MATEMÁTICA multiplying ■ s.m. multiplier, multiplicator
multiplicando s.m. MATEMÁTICA multiplicand
multiplicar v. to multiply (por, by); multiplicar dois por quatro to multiply two by four multiplicar-se v.pr. 1 to multiply 2 (produzir-se) to grow
multiplicativo adj. multiplicative
multiplicável adj.2g. multiplicable, multipliable
múltiplo adj. 1 (aposta, escolha) multiple; múltipla escolha multiple choice; uma fratura múltipla a multiple fracture 2 (numerosos) numerous ■ s.m. MATEMÁTICA multiple
múmia s.f. mummy
mundano adj. worldly, mundane
mundial adj.2g. 1 worldwide 2 (guerra, recorde) world; Primeira Guerra Mundial First World War ■ s.m. (campeonato) world championship
mundo s.m. 1 world; dar volta ao mundo to go round the world 2 (terra) the earth 3 (grande quantidade) a large quantity ♦ meio mundo all the world and his wife não ser nada de outro mundo to be nothing to write home about vir ao mundo to come into the world
munheca s.f. wrist
munição s.f. (armas) ammunition munições s.f.pl. munitions, supplies
municipal adj.2g. municipal ♦ (organismo) polícia municipal local police
município s.m. 1 municipality 2 (divisão administrativa) township 3 (câmara) city council
munir v. to provide (de, with)
mural adj.2g., s.m. mural

muralha s.f. 1 (*muro*) wall 2 (*fortaleza*) rampart ♦ Muralha da China Great Wall of China

murar v. (*muro*) to wall, to enclose; murar um jardim to enclose a garden

murchar v. 1 (*flor*) to wither 2 figurado to fade

murcho adj. 1 (*flor*) wilting, withered 2 figurado (*débil*) languid, resigned

murmurar v. 1 (*segredar*) to murmur, to whisper 2 (*queixar-se*) to grumble 3 (*maldizer*) to backbite, to gossip (–, *about*)

murmúrio s.m. 1 murmur, whisper 2 (*queixa*) complaint

muro s.m. wall

murro s.m. punch, cuff; levar um murro de alguém to be punched by somebody

mururu s.m. BOTÂNICA guinea grass

musa s.f. 1 muse 2 (*inspiração*) poetical inspiration

musaranho s.m. ZOOLOGIA shrew

musculação s.f. ESPORTE body-building; praticante de musculação body-builder

muscular adj. muscular; lesão muscular a muscle injury; tecido muscular muscular tissue

musculatura s.f. musculature

músculo s.m. 1 muscle 2 figurado (*força*) strength; ter músculo to be strong

musealizar v. 1 to put in a museum; to display in a museum; musealizar achados arqueológicos to put archaeological finds in a museum 2 pejorativo to convert into a museum piece; to allow to become a museum piece

museu s.m. 1 museum; museu aeronáutico air museum 2 (*pintura*) gallery

musgo s.m. BOTÂNICA moss

música s.f. 1 music 2 coloquial (*canção*) song ♦ dar música a alguém to wind somebody up

musical adj.2g. musical; instrumento musical musical instrument ■ s.m. (*peça, filme*) musical ♦ fundo musical background music

músico s.m. musician

mutação s.f. mutation

mutante adj., s.2g. mutant

mutilação s.f. mutilation

mutilado adj. 1 mutilated 2 (*pessoa*) maimed ■ s.m. (*inválido*) disabled person; cripple

mutilar v. to mutilate

mutirão s.m. voluntary mobilization

mutreta s.f. 1 coloquial (*conversa*) idle talk; prattle; chatter 2 coloquial (*ardil*) trick; ruse; trap

mutualismo s.f. BIOLOGIA mutualism

mutuamente adv. 1 mutually 2 (*um ao outro*) each other, one another; odeiam-se mutuamente they hate each other

mutuca s.f. ZOOLOGIA horse-fly

mútuo adj. mutual, reciprocal; de mútuo acordo by mutual consent ♦ sociedade de ajuda mútua mutual benefit society

muvuca s.f. coloquial a noisy crowd

N

n *s.m.* (*letra*) n
nabo *s.m.* 1 BOTÂNICA turnip 2 coloquial (*estúpido*) blockhead, dork
nação *s.f.* nation ♦ Organização das Nações Unidas United Nations Organization
nacional *adj.2g.* 1 (*da nação*) national; bandeira nacional national flag 2 (*de âmbito interno*) domestic; produtos nacionais domestic goods; voos nacionais domestic flights
nacionalidade *s.f.* nationality; ter dupla nacionalidade to have dual nationality
nacionalismo *s.m.* nationalism
nacionalista *adj., s.2g.* nationalist
nacionalização *s.f.* 1 ECONOMIA nationalization 2 (*estrangeiro*) naturalization
nacionalizar *v.* 1 ECONOMIA to nationalize 2 (*estrangeiro*) to naturalize nacionalizar-se *v.pr.* to become naturalized
nada *pron. indef.* 1 (*coisa nenhuma*) nothing, anything; ele ainda não fez nada hoje he has done nothing all day 2 (*proibição*) do not; coragem, nada de pânico! courage, do not panic! *adv.* at all; a casa não foi nada cara the house was not expensive at all ■ *s.m.* nothingness ♦ nada feito nothing doing nada mais nothing else absolutamente nada not at all; not in the least antes de mais nada first of all de nada! not at all! não é nada contigo it is none of your business não ser nada do outro mundo to be nothing to write home about por nada for no reason at all ● Utiliza-se *nothing* quando o verbo está na forma afirmativa e *anything* quando está na forma negativa: there's nothing you can do; I haven't seen anything.
nadadeira *s.f.* fin
nadador *s.m.* swimmer
nadar *v.* to swim ♦ nadar em dinheiro to roll in money
nádega *s.f.* ANATOMIA buttock
nado *s.m.* swim ♦ ir a nado to go swimming
naftalina *s.f.* QUÍMICA naphthalene
náilon *s.m.* nylon
naipe *s.m.* (*cartas*) suit
naja *s.f.* ZOOLOGIA cobra
namoradeiro *adj.* (*pessoa*) flirtatious ■ *s.m.* flirter, womanizer
namorado *s.m.* boyfriend (*m.*), girlfriend (*f.*)
namorador *adj.* (*pessoa*) flirtatious ■ *s.m.* flirter, womanizer
namorar *v.* 1 (*casal*) to date; to go out together; to be dating (com, -) 2 figurado (*cobiçar*) to covet 3 (*pessoa*) to have a boyfriend/girlfriend
namorico *s.m.* coloquial flirtation, flirt
namoriscar *v.* to go out (com, *with*)
namoro *s.m.* 1 (*relação*) relationship 2 (*ação de namorar*) courtship
nanar *v.* linguagem infantil to sleep
nandaia *s.f.* ZOOLOGIA sun parakeet
nandu *s.m.* ZOOLOGIA rhea
nanismo *s.m.* dwarfism
nanquim *s.m.* 1 (*tecido*) nankeen 2 (*tinta*) Indian ink
não *adv.* 1 (*resposta*) no; não, obrigado no, thank you 2 (*verbos, advérbios, frases*) not; não é um bom exemplo it's not a good example; que eu saiba não not that I know of; para não dizer not to say; pois não! certainly! *s.m.* no; ele me respondeu com um não redondo he answered with a downright "no" ♦ não me faltava mais nada! that's all I need!
napa *s.f.* napa leather
naquele (contração da preposição em + o pronome demonstrativo aquele, aquela) ♦ eles fugiram naquela direção they escaped in that direction eu estudo naquela escola I study at that school fiquei muito feliz ao te encontrar naquele dia I got very happy when I met you that day naquele tempo at that time
naquilo (contração da preposição em + o pronome demonstrativo aquilo) ♦ ficou naquilo there the matter ended fiquei pensando naquilo que você disse ontem I was thinking about that thing you told me yesterday
narceja *s.f.* ZOOLOGIA South American snipe
narcisismo *s.m.* narcissism
narcisista *adj.2g.* narcissistic ■ *s.2g.* narcissist
narcótico *adj., s.m.* narcotic
narcotraficante *s.2g.* drug trafficker
narcotráfico *s.m.* drug traffic
narigudo *adj.* long-nosed; ser narigudo to have a big nose
narina *s.f.* ANATOMIA nostril
nariz *s.m.* nose; nariz arrebitado turned-up nose, snub nose ♦ meter o nariz em tudo to poke one's nose into everything; to nose around torcer o nariz a to turn up one's nose at
narração *s.f.* 1 narration, narrative 2 (*relato*) account
narrador *s.m.* 1 narrator 2 storyteller
narrar *v.* to narrate; to tell
narrativa *s.f.* narrative, tale
narrativo *adj.* narrative
nasal *adj.2g.* nasal
nascença *s.f.* 1 (*nascimento*) birth 2 (*origem*) origin, source ♦ de nascença from birth; by birth
nascente *s.f.* 1 (*água*) spring; nascente de água water spring 2 GEOLOGIA (*rio*) source ■ *s.m.* East, Orient ■ *adj.2g.* 1 new 2 (*Sol*) rising
nascer *v.* 1 (*pessoa, animal*) to be born 2 (*Sol*) to rise 3 (*ave*) to hatch 4 (*planta*) to sprout 5 (*cabelo*) to grow 6 (*dente*) to come through 7 (*dia*) to dawn 8 (*ter origem*) to come into existence, to come into being ■ *s.m.* 1 birth 2 (*Sol*) rising ♦ nascer em berço de ouro to be born with a silver spoon in one's mouth eu não nasci ontem I wasn't born yesterday

nascimento *s.m.* 1 birth 2 (*origem*) origin 3 (*estirpe*) descent
nata *s.f.* 1 cream 2 (*leite fervido*) skin 3 figurado (*elite*) cream; a nata da sociedade the cream of society 4 CULINÁRIA (*pastel*) cream cake
natação *s.f.* ESPORTE swimming
natal *adj.2g.* 1 (*local de nascimento*) native; país natal native country 2 (*nascimento*) natal
Natal *s.m.* Christmas; Feliz Natal! Merry Christmas!
natalício *adj.* 1 (*Natal*) Christmas; época natalícia Christmas tide 2 natal; aniversário natalício birthday 3 (*terra, local*) birth
natalidade *s.f.* birth ♦ taxa de natalidade birth rate
natalino *adj.* Christmas; época natalina Christmas time
nativo *adj., s.m.* native
nato *adj.* born; um músico nato a born musician
natural *adj.2g.* 1 (*natureza*) natural 2 (*gesto, riso*) instinctive; spontaneous 3 (*bebida*) at room temperature 4 (*provável*) likely; é natural que chova it is likely to rain 5 (*seda*) pure 6 (*alimento*) fresh; abacaxi ao natural fresh pineapple 7 (*iogurte*) plain ♦ os naturais do Rio the people from Rio ser natural de to be a native of; to come from
naturalidade *s.f.* 1 (*simplicidade*) simplicity 2 (*espontaneidade*) spontaneity; agir com a maior naturalidade to act as if nothing had happened 3 (*nascimento*) birthplace
naturalismo *s.m.* naturalism
naturalista *adj., s.2g.* naturalist
naturalização *s.f.* naturalization
naturalizar *v.* to naturalize naturalizar-se *v.pr.* to become naturalized
naturalmente *adv.* naturally ■ *interj.* (*certamente*) naturally!, of course!
natureza *s.f.* 1 nature 2 (*espécie*) kind, sort, class 3 (*caráter*) character, nature; natureza humana human nature
naturista *adj., s.2g.* naturist
nau *s.f.* ship, vessel
naufragar *v.* 1 to be shipwrecked 2 figurado (*fracassar*) to fail
naufrágio *s.m.* 1 shipwreck 2 figurado (*malogro*) failure
náufrago *s.m.* castaway, shipwrecked person
náusea *s.f.* 1 (*enjoo*) nausea; ter náuseas to feel nauseous/sick 2 coloquial (*repulsa*) sickness, nausea; isso me dá náuseas it's disgusting
nauseabundo *adj.* 1 (*cheiro*) nauseating, sickening 2 (*aparência, aspecto*) disgusting, loathsome
náutica *s.f.* 1 navigation; seamanship 2 (*ciência*) nautical science
náutico *adj.* 1 (*instrumento, ciência, esporte*) nautical 2 (*clube*) sailing
navalha *s.f.* 1 (*arma*) knife 2 (*barba*) razor 3 ZOOLOGIA razor clam
nave *s.f.* 1 NÁUTICA ship 2 ARQUITETURA nave, aisle; nave central nave, central aisle ♦ nave espacial spacecraft; spaceship
navegação *s.f.* 1 navigation 2 (*comércio*) shipping; companhia de navegação shipping company 3 (*viagem*) voyage ♦ navegação aérea air traffic

negociável

navegador *s.m.* navigator
navegante *s.m.* navigator, seaman, sailor
navegar *v.* 1 to sail 2 INFORMÁTICA to surf; navegar na Internet to surf the Net
navegável *adj.2g.* navigable
navio *s.m.* ship, vessel; navio de guerra warship; navio mercante merchant ship ♦ ficar a ver navios to be left high and dry
nazi *adj., s.2g.* Nazi
nazismo *s.m.* Nazism
nazista *adj., s.2g.* Nazi
neblina *s.f.* mist; neblina matinal morning mist
nebrinar *v.* to drizzle
nebulização *s.f.* MEDICINA nebulization
nebulizador *s.m.* MEDICINA nebulizer
nebulosidade *s.f.* 1 METEOROLOGIA cloud cover 2 (*nevoeiro*) cloudiness, mist ♦ nebulosidade variável patchy cloud
nebuloso *adj.* 1 misty, foggy 2 (*céu*) cloudy 3 figurado (*ideias, futuro*) hazy, vague
nécessaire *s.m.* toilet bag Grã-Bretanha; toilet kit EUA
necessário *adj.* necessary, needful; fazer o que for necessário to do what's necessary; não é necessário que você venha it's not necessary for you to come; se for necessário if need be
necessidade *s.f.* 1 (*coisa imprescindível*) necessity; o aquecimento é uma necessidade heating is a necessity 2 (*o que se necessita*) need (de, *for*) 3 (*pobreza*) poverty; want ♦ fazer as necessidades to do as nature calls não há necessidade there's no need passar necessidades to be in need
necessitado *adj.* 1 needy 2 (*carente*) in need (de, *of*) *s.m.* poor person, needy person; ajudar os necessitados to help the poor/the needy
necessitar *v.* to need (de, –); to be in need (de, *of*); necessitar de alguma coisa to need something
necrosar *v.* to necrose; to necrotize
necrotério *s.m.* morgue
néctar *s.m.* nectar
negação *s.f.* 1 negation 2 (*desmentido*) denial 3 (*recusa*) refusal 4 LINGUÍSTICA negative ♦ ser uma negação a to be hopeless at
negar *v.* to deny; to refuse negar-se *v.pr.* to refuse (a, *to*) não se pode negar que it is undeniable that
negativo *adj.* (*geral*) negative
negligência *s.f.* negligence; carelessness ♦ por negligência through negligence
negligenciar *v.* 1 (*trabalho, responsabilidade*) to neglect 2 (*ignorar*) to disregard
negligente *adj.2g.* negligent, careless
negociação *s.f.* 1 negotiation; entrar em negociações com to enter into negotiations with 2 (*transação*) transaction 3 (*acordo*) deal
negociador *s.m.* 1 (*comerciante*) trader 2 (*empresário*) businessman 3 POLÍTICA negotiator
negociar *v.* 1 to negotiate; to negotiate (com, *with*); negociar com alguém to do business with somebody 2 to trade; to trade (em, *in*); to deal (em, *in*); negociar em alguma coisa to trade in something
negociável *adj.2g.* negotiable

negócio

negócio *s.m.* 1 business; homem/mulher de negócios businessman/businesswoman 2 (*transação*) deal; mau negócio bad deal 3 (*coisa*) thing ◆ negócio fechado it's a deal fazer um bom negócio to strike a bargain

negrito *s.m.* bold

negro *adj.* 1 (*cor*) black 2 (*pele*) dark 3 figurado (*terrível*) gloomy, black ■ *s.m.* black person, black; black man, black woman ■ *s.m.* (*cor*) black

nele (contração da preposição em + o pronome pessoal ele) ◆ escolhi uma mochila e guardei os documentos nela I chose a bag and put the documents in it não consigo parar de pensar nela I can't stop thinking of her não consigo parar de pensar nele I can't stop thinking of him

nem *conj.* 1 (*negativa dupla*) nor, neither; nem eu neither do I; nem um nem outro neither one nor the other 2 (*nem sequer*) not even; nem mesmo not even ◆ nem mais nem menos that's just it nem que not even if

nenê *s.2g.* coloquial baby

neném *s.2g.* baby

nenhum *pron. indef.* 1 (*nem um só*) none, not one; nenhum deles none of them 2 (*de dois*) neither; em nenhum dos casos in neither case 3 no, not any; não é nenhum tolo he's no fool ◆ de modo nenhum in no way em nenhuma parte nowhere

néon *s.m.* QUÍMICA (*elemento químico*) neon

nervo *s.m.* 1 ANATOMIA nerve 2 BOTÂNICA vein, nervure 3 (*carne*) sinew 4 ARQUITETURA rib 5 figurado (*energia*) energy, strength nervos *s.m.pl.* (*irritabilidade*) nerves ◆ andar com os nervos à flor da pele to be on edge que nervos! how upsetting! ser uma pilha de nervos to be a real live wire ter um ataque de nervos to lose it

nervosismo *s.m.* 1 nervousness 2 (*irritabilidade*) nervous irritability

nervoso *adj.* 1 nervous 2 (*exaltado*) upset 3 (*irritável*) irritable, touchy 4 ANATOMIA (*célula, fibra*) nerve ◆ esgotamento nervoso nervous breakdown sistema nervoso nervous system

nêspera *s.f.* BOTÂNICA loquat

nesse (contração da preposição em + o pronome demonstrativo esse, essa) ◆ ele mora nessa casa he lives in that house não encoste nesse fio! don't touch that wire! por favor, não toque mais nesse assunto please, don't mention that subject anymore

neste (contração da preposição em + o pronome demonstrativo este, esta) ◆ eu moro neste bairro desde criança I live in this neighborhood since I was a kid não gosto de ter que trabalhar nestas condições I don't like having to work under these circumstances

neto *s.m.* grandchild; grandson (*m.*), granddaughter (*f.*)

Netuno *s.m.* ASTRONOMIA, MITOLOGIA Neptune

neurocirurgia *s.f.* MEDICINA neurosurgery

neurocirurgião *s.m.* neurosurgeon

neurologia *s.f.* MEDICINA neurology

neurologista *s.2g.* neurologist

neurônio *s.m.* neuron; nerve cell

neurose *s.f.* MEDICINA neurosis

neurótico *adj., s.m.* neurotic

neutralidade *s.f.* neutrality

neutralização *s.f.* neutralization

neutralizar *v.* 1 to neutralize 2 (*anular*) to counteract 3 to render ineffective

neutrino *s.m.* FÍSICA neutrino

neutro *adj.* 1 neutral 2 LINGUÍSTICA (*gênero*) neuter ■ *s.m.* ELETRICIDADE, LINGUÍSTICA neuter

nêutron *s.m.* FÍSICA neutron

nevar *v.* to snow

neve *s.f.* METEOROLOGIA snow; bola de neve snowball; boneco de neve snowman; floco de neve snowflake; tempestade de neve snowstorm

neviscar *v.* to snow a little

névoa *s.f.* 1 METEOROLOGIA fog, mist 2 (*olhos*) film

nevoeiro *s.m.* METEOROLOGIA fog, mist; está muito nevoeiro it's very foggy

nevralgia *s.f.* MEDICINA neuralgia

nexo *s.m.* 1 (*ligação*) nexus, link 2 (*coerência*) coherence ◆ sem nexo incoherent

nhambi *s.m.* BOTÂNICA culantro; fitweed

nhoque *s.m.* gnocchi

Nicarágua *s.f.* Nicaragua

nicaraguense *adj.2g., s.2g.* Nicaraguan

nicho *s.m.* niche; BIOLOGIA nicho ecológico ecological niche

nicotina *s.f.* QUÍMICA nicotine

Nigéria *s.f.* Nigeria

ninfa *s.f.* MITOLOGIA, ZOOLOGIA nymph

ninfomania *s.f.* nymphomania

ninguém *pron. indef.* nobody; no one; mais ninguém nobody else; não tem ninguém aqui there is no one here; ninguém sabe nobody knows

ninharia *s.f.* (*insignificância*) trifle; triviality

ninho *s.m.* 1 (*pássaros*) nest 2 (*animais selvagens*) lair 3 (*esconderijo*) lair; den; hiding place 4 coloquial (*lar*) home ◆ sair do ninho to leave the nest

nipônico *adj.* nipponese, japanese

níquel *s.m.* QUÍMICA (*elemento químico*) nickel

nissei *s.2g.* a son or a daughter of Japanese citizens who is born out of Japan

nisso (contração da preposição em + o pronome demonstrativo isso) ◆ eu sabia que ia dar nisso! I knew it was going to finish up like this! nisso você tem razão in that you are right

nisto (contração da preposição em + o pronome demonstrativo isto) ◆ não toque nisto don't touch this desliguei o telefone e nisto chegou o meu pai I hung up the phone and my father arrived at that very moment

nitidamente *adv.* distinctly; clearly

nitidez *s.f.* 1 (*clareza*) clarity; clearness 2 (*imagem*) sharpness 3 (*de pensamentos, ideias*) comprehensibility; clarity; intelligibility

nítido *adj.* 1 (*imagem*) sharp 2 (*transparente, límpido*) clear; transparent 3 (*inconfundível*) unmistakable; obvious; clear

nitrato *s.m.* QUÍMICA nitrate

nitrogênio *s.m.* QUÍMICA (*elemento químico*) nitrogen

nível *s.m.* 1 level 2 (*categoria*) rank; status; posição 3 figurado (*gabarito*) class; distinction; uma pessoa com nível a distinct person 4 (*instrumento*) level ◆ nível de vida standard of living; living standard níveis de poluição pollution levels a nível internacional at international level ao mais alto nível at the highest level estar ao mesmo nível to be on a level

nivelamento s.m. levelling

nivelar v. 1 to level; nivelar por baixo/por cima to level down/up 2 (*diferenças*) to reconcile nivelar-se v.pr. to level off; to even out

no (contração da preposição em + o artigo definido o, a) ♦ na cama in bed na escola at school na guerra at war na terça-feira on Tuesday no almoço at lunch no Brasil in Brazil no carro in the car no domingo on Sunday no ônibus on the bus o sapato está na caixa the shoe is in the box

nó s.m. 1 knot; dar um nó to tie/make a knot; o nó da gravata the knot of the tie 2 (*vínculo*) bond; tie 3 (*madeira*) knot 4 (*dedo*) knuckle 5 (*vias de comunicação*) junction Grã-Bretanha; intersection EUA 6 NÁUTICA (*unidade de velocidade*) knot 7 BOTÂNICA node ♦ nó cego dead knot (*casar*) dar o nó to tie the knot ter um nó na garganta to have a lump in one's throat

nobre adj. 1 noble; uma família nobre a noble family 2 (*ideais, princípios*) noble; high; lofty; uma causa nobre a noble cause; um homem de nobres princípios a man of high principles 3 (*ilustre*) illustrious; distinguished 4 (*majestoso*) grand; magnificent; majestic ■ s.2g. noble person ♦ os nobres the nobility

nobreza s.f. 1 nobility; aristocracy; membro da nobreza member of the nobility 2 (*de caráter*) dignity; nobility; excellence

noção s.f. 1 notion (de, *of*); idea (de, *of*); conception (de, *of*); ter uma vaga noção de to have a vague notion of noções s.f.pl. fundamentals (de, *of*); rudiments (de, *of*); ter noções de Física to know the fundamentals of Physics

nocaute s.m. 1 ESPORTE knockout; foi derrubado por nocaute he was knocked out; não conseguiu o nocaute he didn't manage to get a knockout 2 figurado (*derrota*) hammering; thrashing

nocautear v. ESPORTE to knock out

nocivo adj. noxious; pernicious; harmful; os efeitos nocivos do sol the harmful effects of the sun

nódoa s.f. 1 (*mancha*) stain; spot; speck; nódoas difíceis stubborn stains 2 figurado (*reputação*) stigma; smirch; taint ♦ nódoa negra bruise ser uma nódoa a to be hopeless at

nódulo s.m. 1 nodule 2 BOTÂNICA knot

nogueira s.f. BOTÂNICA walnut

noitada s.f. 1 a night out 2 (*estudo, trabalho*) all-nighter

noite s.f. 1 night; amanhã à noite tomorrow night; à noite by night; esta noite tonight; ontem à noite last night; toda a noite all night long 2 (*fim do dia*) evening 3 (*vida noturna*) nightlife ♦ a altas horas da noite late at night ao cair da noite at nightfall (*despedida, antes de dormir*) boa noite! good night! (*saudação*) boa noite! good evening! uma noite passada em claro a sleepless night

noivado s.m. engagement; romper o noivado com to break off the engagement to

noivo s.m. 1 (*noivado*) fiancé (m.), fiancée (f.); os noivos the engaged couple; ficar noivo to get engaged 2 (*cerimônia*) groom (m.), bridegroom (m.); bride (f.); vivam os noivos! long live the bride and groom!, long live the newlyweds! noivos s.m.pl. 1 (*noivado*) engaged couple 2 (*cerimônia*) the bride and the groom

nojento adj. 1 disgusting; gross 2 (*atitude, ato*) despicable; contemptible 3 (*que se enoja facilmente*) queasy

nojo s.m. 1 disgust (de, *at; for*); repugnance (de, *for*) 2 filthiness; o seu quarto está um nojo! your room is filthy! ♦ ter nojo de to be disgusted by que nojo! gross!

nômade s.2g. nomad ■ adj.2g. nomadic; tribos nômades nomadic tribes

nome s.m. 1 name; o seu primeiro e o último nomes your first and last names 2 figurado name; reputation 3 LINGUÍSTICA noun; nome comum common noun; nome próprio proper noun ♦ nome artístico stage name nome completo full name nome de batismo Christian name; forename nome de família family name; surname xingar de tudo o que é nome to call somebody names em nome de on behalf of

nomeação s.f. 1 (*cargo, função*) nomination; appointment 2 (*galardão*) nomination (para, *for*)

nomear v. 1 to nominate 2 (*nome*) to name; to call by name 3 (*cargo, função*) to appoint (–, *as*); to designate (–, *as*)

nomenclatura s.f. nomenclature; terminology

nominal adj.2g. 1 (*nome*) nominal 2 ECONOMIA face; valor nominal face value

nominalismo s.m. FILOSOFIA nominalism

nominativo adj., s.m. nominative

nonagenário adj., s.m. nonagenarian

nonagésimo num. ninetieth

nonilião num. nonillion

nono num. ninth

nora s.f. daughter-in-law

nordeste s.m. northeast ■ adj. north-eastern; north-easterly

nórdico adj., s.m. Nordic; os países nórdicos the Nordic countries

norma s.f. 1 (*regra*) rule; regulation; as normas da escola school regulations 2 (*requisito*) standard; normas europeias European standards ♦ por norma normally; as a rule

normal adj.2g. normal; usual; em circunstâncias normais under normal circumstances; é normal você estar cansado it's normal that you feel tired ♦ fora do normal unusual

normalidade s.f. normality; voltar à normalidade to return to normal

normalizar v. 1 (*tornar normal*) to normalize 2 (*padronizar*) to standardize normalizar-se v.pr. to become normal; to go back to normal

normalmente adv. normally; usually; ordinarily

normativo adj. 1 normative 2 prescriptive; gramática normativa prescriptive grammar

nor-nordeste s.m. GEOGRAFIA north-northeast

nor-noroeste s.m. GEOGRAFIA north-northwest

noroeste s.m. northwest ■ adj. north-western; north-westerly
norte s.m. north ■ adj. north; northern ◆ no norte in the north a norte de to the north of para o norte northwards perder o norte to lose one's bearings
norte-americano adj., s.m. North American
nortear v. to guide; to lead nortear-se v.pr. to be guided (por, by)
Noruega s.f. Norway
norueguês adj., s.m. Norwegian
nos pron. pess. us; ele nos chamou he called us; ele mal nos vê he can barely see us
nós pron. pess. 1 we; nós nos adoramos we love each other 2 us; esse presente é para nós? is that gift for us?; quanto a nós as for us 3 ourselves; cá entre nós between you and me, between ourselves; temos a casa só para nós we have the house all to ourselves
nosso pron. poss. 1 our; a nossa casa é bonita our house is beautiful 2 ours; um amigo nosso a friend of ours; o carro de vocês é maior que o nosso your car is bigger than ours ◆ à nossa! cheers! minha nossa! my goodness! nos nossos dias nowadays os nossos our family
nostalgia s.f. nostalgia (de, for); ter nostalgia de to feel nostalgic for
nostálgico adj. nostalgic
nota s.f. 1 (apontamento) note; annotation 2 (escola) mark Grã-Bretanha; grade EUA; ter boas notas to get good grades/marks 3 (dinheiro) note Grã-Bretanha; bill EUA; nota falsa counterfeit note; uma nota de cem reais a 100 reais note 4 MÚSICA note ◆ nota de rodapé footnote custar uma nota preta to be exorbitant tomar nota de to note down; to make a note of
notabilizar v. to make famous notabilizar-se v.pr. to become famous
notar v. 1 (reparar) to notice; to take notice of 2 (comentar) to observe; to comment; to remark
notário s.m. 1 (pessoa) notary (public) 2 (local) notary's office
notícia s.f. 1 (jornalismo) a piece of news; report; notícias de última hora latest news; notícias em primeira mão first-hand news 2 news; boas/más notícias good/bad news; dar uma má notícia a alguém to break the news to somebody; ter notícias de alguém to hear from somebody
noticiar v. to publish; to report
noticiário s.m. the news; newscast
notificação s.f. 1 notification 2 DIREITO summons; citation
notificar v. 1 to notify (de, of); to inform (de, of) 2 DIREITO to summon; to cite
notoriedade s.f. 1 (do que é bom) fame; repute; prestige 2 (do que é mau) notoriety; disrepute
notório adj. 1 (óbvio) evident; obvious; clear 2 (público, conhecido) public; well-known ● A palavra inglesa notorious significa "de má reputação".
noturno adj. 1 nocturnal 2 (vida) night ■ s.m. MÚSICA nocturne
noutro (contração da preposição em + o pronome demonstrativo outro) noutro dia some other day; noutro lugar somewhere else, elsewhere, in some other place; noutros tempos long ago
novamente adv. again; once more
novato s.m. beginner; tyro; novice (em, at); ele é um novato no tênis he is a novice at tennis; um professor novato a tyro teacher ■ adj. inexperienced; unpractised; amateurish
nove num. nine; no dia nove de março in the ninth of March
novecentos num. nine hundred; o século de novecentos the nineteenth century
nove-horas s.f.pl. coloquial ceremony; fussiness; cheio de nove-horas fussy
novela s.f. 1 LITERATURA short story; narrative 2 TELEVISÃO soap opera
novelo s.m. 1 ball; novelo de lã ball of wool 2 figurado (enredo) mix-up; tangle
novembro s.m. November
novena s.f. RELIGIÃO novena
noventa num. ninety; os anos noventa the nineties
noviço s.m. RELIGIÃO novice
novidade s.f. 1 novelty; os celulares já não são novidade cell phones are no longer a novelty 2 news; piece of news; contar as novidades to tell the news; isso é novidade para mim that's news to me
novilha s.f. heifer
novilho s.m. steer
novo adj. 1 new 2 (pessoa) young ◆ novo em folha brand new (Bíblia) Novo Testamento New Testament começar de novo to start over de novo again nada de novo nothing new
noz s.f. 1 BOTÂNICA walnut 2 (de manteiga) knob
noz-moscada s.f. BOTÂNICA, CULINÁRIA nutmeg
nu adj. 1 (pessoa) naked; nude; unclothed; ela estava completamente nua she was totally naked 2 (parte do corpo) bare; ombros nus bare shoulders ■ s.m. ARTES PLÁSTICAS nude ◆ (segredo) pôr a nu to expose visível a olho nu visible to/with the naked eye
nublado adj. (céu) cloudy; overcast
nublar v. 1 (céu) to cloud; to cover with clouds 2 figurado (escurecer) to darken; to shade nublar-se v.pr. (céu) to cloud over; to become overcast
nuca s.f. ANATOMIA nape; back of the neck
nuclear adj.2g. 1 nuclear; bomba nuclear nuclear bomb 2 FÍSICA nuclear, of the nucleus
núcleo s.m. 1 (de átomo, célula) nucleus 2 (de fruto) kernel 3 (de questão) crux; kernel
nudez s.f. nudity; nakedness
nudismo s.m. nudism; naturism; praticar nudismo to practise nudism
nudista s.2g. nudist; naturist; uma praia de nudistas a nudist beach
nulo adj. 1 null; resultados nulos null results 2 DIREITO (inválido) null and void; invalid 3 (vão, ineficaz) useless; pointless; vain
numeração s.f. numeration ◆ numeração árabe Arabic numerals numeração romana Roman numerals
numerado adj. 1 numbered 2 in numerical order
numerador s.m. MATEMÁTICA numerator
numeral s.m. 1 number 2 numeral ■ adj.2g. numeral ◆ numeral cardinal cardinal number numeral ordinal ordinal number

numerar v. to number
numérico adj. numerical ♦ por ordem numérica in numerical order
número s.m. 1 number; número primo prime number; números ímpares odd numbers; números pares even numbers 2 (*publicação*) number; issue; edition 3 (*espetáculo*) number; act; um número de dança a dance number 5 (*tamanho*) (*roupa, sapatos*) size
numerologia s.f. numerology
numerólogo s.m. numerologist
numeroso adj. 1 numerous; uma família numerosa a numerous family 2 (*vários*) many; numerous; countless; ela recebeu numerosos presentes she received many gifts
nunca adv. 1 never; nunca estive na África I have never been to Africa 2 ever; mais/melhor do que nunca more/better than ever; quase nunca hardly ever ♦ nunca antes never before nunca diga nunca never say die nunca mais no more; never again; nevermore nunca se sabe you never know é agora ou nunca it's now or never popular no dia de S. Nunca à tarde when pigs fly
nupcial adj.2g. nuptial; bridal; wedding; marcha nupcial wedding march
núpcias s.f.pl. wedding; noite de núpcias wedding night ♦ casar em segundas núpcias to marry for the second time
nutrição s.f. 1 nutrition 2 nourishment
nutricionista s.2g. nutritionist
nutriente s.m. nutrient ■ adj.2g. nourishing
nutrir v. 1 (*alimentar*) to nourish; to feed 2 (*sentimento*) to foster; to nurture; to cherish 3 (*estimular*) to stimulate; to encourage nutrir-se v.pr. to feed oneself (de, on)
nutritivo adj. nutritious; nourishing
nuvem s.f. cloud; coberto de nuvens cloudy, clouded; nuvens de fumaça/poeira smoke/dust clouds; sem nuvens cloudless ♦ andar nas nuvens to have your head in the clouds cair das nuvens to wake up to reality
nylon s.m. nylon

O

o¹ /ó/ *s.m.* (*letra*) o

o² /u/ *art.def.m.* the; o carro deu defeito the car has broken down; o Pedro me levou ao cinema Pedro took me to the cinema ■ *pron. pess.* **1** him; ela o viu na semana passada she saw him last week **2** it; depois de ler o livro, devolvi-o after reading the book, I returned it ■ *pron. dem.* **1** it; já o disse e não volto a dizê-lo I have said it and I won't say it again **2** the one; o de cabelo comprido é muito simpático the one with the long hair is very nice

O GEOGRAFIA (símbolo de Oeste) W (símbolo de West)

ó ou **ô** *interj.* **1** (*chamamento*) oh!; ó pai! daddy!; ó Ana! Ana!, oh, Ana!; ó meninos, cheguem aqui come here, children **2** (*aflição*) oh!; ó meu Deus! oh my God!, oh, God! **3** (*chamar a atenção*) oi!; hey!; listen!; ó, vocês aí, menos barulho! oh, you, keep it down!; ó da casa! hello, is there anybody home!, what ho! arc.

oásis *s.m.* oasis

obcecado *adj.* obsessed ■ *s.m.* maniac

obcecar *v.* to obsess; to haunt

obedecer *v.* to obey (a, *to*); to comply (a, *with*); obedecer às leis to comply with rules

obediência *s.f.* **1** obedience (a, *to*); compliance (a, *with*) **2** (*sujeição*) submission; meekness; docility ◆ em obediência a in compliance with; in obedience to prestar obediência a to pay obedience to

obediente *adj.2g.* **1** (*que obedece*) obedient; compliant; dutiful **2** (*submisso*) submissive; meek; docile

obelisco *s.m.* ARQUITETURA, HISTÓRIA obelisk

obesidade *s.f.* obesity

obeso *adj.* obese; fat; overweight

óbito *s.m.* death ◆ certidão de óbito death certificate

objeção *s.f.* objection

objetiva *s.f.* FOTOGRAFIA objective; lens

objetividade *s.f.* **1** objectivity **2** impartiality

objetivo *adj.* objective ■ *s.m.* aim; goal; objective; alcançar um objetivo to achieve an aim/goal; ter o objetivo de to aim to

objeto *s.m.* **1** object; thing; item **2** (*estudo*) subject **3** LINGUÍSTICA object; objeto direto direct object; objeto indireto indirect object ◆ objeto de desejo object of desire objetos de valor valuables

objetor *s.m.* objector ◆ objetor de consciência conscientious objector

oblíqua *s.f.* GEOMETRIA oblique line

oblíquo *adj.* **1** oblique; slanting; sloping; ângulo oblíquo an oblique angle **2** sideways; sidelong; olhar oblíquo sidelong glance

obliterar *v.* **1** (*apagar*) to obliterate; to efface; to blot out **2** (*ingresso, selo*) to validate

obra *s.f.* **1** (*artística*) work **2** (*ação, feito*) deed; feat **3** (*construção*) construction site obras *s.f.pl.* (*estrada*) roadworks; (*casa*) home improvements ◆ obra de arte work of art obra póstuma posthumous work obras públicas public works mãos à obra! let's get cracking! ser obra de to be the work of

obra-prima *s.f.* masterpiece, masterwork

obrar *v.* (*defecar*) to evacuate; to excrete

obrigação *s.f.* obligation; duty; commitment; cumprir as suas obrigações to fulfil one's obligations

obrigado *adj.* **1** (*forçado*) compelled (a, *to*); forced (a, *to*) **2** (*grato*) thankful (por, *for*); grateful (por, *for*) ■ *interj.* thank you!, thanks!; muito obrigado! many thanks!, much obliged!, thank you very much!

obrigar *v.* **1** (*forçar*) to compel (a, *to*); to force (a, *to*); to constrain (a, *to*); to oblige (a, *to*); obrigar alguém a fazer alguma coisa to force somebody to do something **2** (*exigir*) to require; to demand obrigar-se *v.pr.* **1** (*comprometer-se*) to commit yourself (a, *to*) **2** (*responsabilizar-se*) to assume responsibility (por, *for*)

obrigatoriedade *s.f.* obligatoriness; compulsoriness

obrigatório *adj.* obligatory; compulsory; mandatory

obsceno *adj.* obscene; indecent

obscurecer *v.* **1** to obscure **2** (*ofuscar*) to outshine **3** (*confundir*) to confuse; to mix up; to confound

obscuro *adj.* **1** (*escuro*) obscure; dark **2** figurado (*difícil de compreender*) obscure; unclear **3** figurado (*secreto*) hidden; secret; concealed

obsequiar *v.* **1** (*favor, serviço*) to do a favour to **2** (*tratar com agrado*) to treat kindly **3** (*presentear*) to offer; to present (somebody) (com, *with*)

obséquio *s.m.* kindness; favour; faça-me o obséquio de abrir a porta do me a favour and open the door ◆ por obséquio please

observação *s.f.* **1** (*ação*) observation (de, *of*) **2** (*comentário*) remark; comment; observation; fazer uma observação to make an observation **3** (*ordem, regulamento*) observance (de, *of*); compliance (de, *with*); observação da lei observance of the law, compliance with the law ◆ estar em observação to be under observation

observador *s.m.* observer ■ *adj.* **1** observant, perceptive; shrewd **2** (*ordem, regulamento*) observant; compliant

observância *s.f.* (*cumprimento*) observance (de, *of*); compliance (de, *with*); observância do regulamento da escola observance of the school's regulations

observar *v.* **1** to observe; to watch **2** (*notar*) to notice; to perceive **3** (*cumprir*) to comply with; to observe; to obey; observar as regras da sociedade to observe the rules of society **4** (*comentar*) to remark; to comment

observatório s.m. observatory ◆ observatório astronômico astronomical observatory observatório meteorológico weather station
obsessão s.f. obsession (por, with); fixation (por, with); a obsessão dele por carros his fixation with cars
obsoleto adj. obsolete; out of date; tornar-se obsoleto to become obsolete
obstaculizar v. to obstruct; to hinder
obstáculo s.m. obstacle (a, to); hindrance (a, to); impediment (a, to) ◆ corrida de obstáculos obstacle race ultrapassar um obstáculo to overcome an obstacle
obstante adj.2g. hindering; não obstante o mau tempo, não cancelamos a viagem despite the bad weather, we didn't cancel the trip; o tempo está péssimo; não obstante, não vamos cancelar a viagem the weather is awful; however, we are not cancelling the trip
obstetra s.2g. obstetrician
obstetrícia s.f. MEDICINA obstetrics
obstinado adj. 1 (teimoso) obstinate; stubborn 2 (persistente) persistent
obstipar v. to constipate
obstrução s.f. obstruction ◆ MEDICINA obstrução intestinal intestinal obstruction
obstruir v. 1 to obstruct; to clog; to block up 2 (impedir) to hinder; to impede; to hamper
obtenível adj.2g. obtainable
obter v. 1 (adquirir) to obtain; to get; to acquire 2 (conseguir, alcançar) to achieve; to accomplish; to attain
obturação s.f. 1 (dente) filling 2 (canal, orifício) sealing; obturation; closing 3 MEDICINA obstruction
obturar v. 1 (obstruir) to obstruct; to block up; to clog 2 (tapar, fechar) to seal; to close (up); to plug (up)
obtuso adj. 1 GEOMETRIA (ângulo) obtuse 2 figurado, pejorativo (estúpido) stupid; slow-witted; dull; obtuse
obviamente adv. obviously
óbvio adj. obvious; evident ◆ por razões óbvias for obvious reasons
oca s.f. 1 (jogo) snakes and ladders 2 BOTÂNICA oca
ocasião s.f. 1 (momento) occasion; em várias ocasiões on several occasions; por ocasião de on the occasion of; se houver ocasião if the occasion arises 2 (oportunidade) opportunity; chance; ainda não tive ocasião para falar com ela I haven't had the chance to talk to her yet ◆ aproveitar a ocasião to make hay while the sun shines (preço) de ocasião cut-price; at bargain prices
ocasional adj.2g. 1 (esporádico) occasional; sporadic; casual 2 (casual) accidental; casual
ocasionar v. to occasion; to bring about; to give rise to; to cause
ocaso s.m. sunset
occipício s.m. ANATOMIA occiput
occipital adj.2g. occipital
Oceania s.f. Oceania
oceânico adj. ocean; oceanic; correntes oceânicas ocean currents

ocupar

oceano s.m. ocean; as profundezas do oceano the depths of the ocean ◆ Oceano Atlântico Atlantic Ocean Oceano Índico Indian Ocean Oceano Pacífico Pacific Ocean
oceanografia s.f. oceanography
ocidental adj.2g. western; west; Europa Ocidental Western Europe; hemisfério ocidental western hemisphere ■ s.2g. westerner
ocidente s.m. 1 (oeste) west; no ocidente to the west; a ocidente de to the west of; navegaram para ocidente they sailed west 2 (no horizonte) occident
Ocidente s.m. West; Occident Ocidente países do Ocidente Western countries; Império Romano do Ocidente Western Roman Empire
ócio s.m. 1 (tempo livre) leisure time; free time 2 (preguiça) idleness; indolence
ociosidade s.f. idleness; indolence; laziness
ocioso adj. 1 (desocupado) inactive; unemployed; unoccupied 2 (preguiçoso) idle; lazy; indolent 3 (inútil) pointless; useless ■ s.m. idler
oclusão s.f. occlusion
oco adj. 1 hollow; void; empty 2 figurado (vão) vain; futile; useless 3 figurado (ignorante) empty-headed; ignorant
ocorrência s.f. (acontecimento) occurrence; event; incident
ocorrer v. 1 (suceder) to occur; to happen; to take place; ocorreu uma coisa inesperada something came up 2 (vir à mente) to occur (a, to)
octana s.f. octane
octilhão num. octillion
octogenário adj., s.m. octogenarian
octogésimo num. eightieth
octógono s.m. GEOMETRIA octagon
ocular adj.2g. ocular; (of the) eye ◆ globo ocular eyeball testemunha ocular eyewitness
oculista s.m. (estabelecimento) optician's s.2g. (pessoa) optometrist; optician Grã-Bretanha
óculos s.m.pl. spectacles, glasses, eyeglasses; usar óculos to wear glasses ◆ óculos de proteção goggles óculos de sol sunglasses
ocultar v. 1 (esconder) to conceal; to hide 2 (não revelar) to conceal; to keep secret; to hush up; ocultar um segredo to hush up a secret
oculto adj. 1 occult; ciências ocultas the occult sciences 2 (escondido) hidden; concealed 3 (secreto) secret; unknown; mysterious ■ s.m. the occult; the supernatural
ocupação s.f. 1 (profissão) occupation; job; profession 2 occupation; seizure; conquest; ocupação militar military occupation 3 (passatempo) pastime; hobby; fazer compras é a ocupação favorita dela shopping is her favourite pastime
ocupacional adj.2g. occupational; PSICOLOGIA terapia ocupacional occupational therapy
ocupar v. 1 (espaço) to occupy; to take up; to fill; a mesa ocupa quase toda a sala de jantar the table takes up most of the dining room 2 (cargo, função) to hold; to fill 3 (território) to occupy; to conquest 4 (tempo) to do ocupar-se v.pr. to take care (de, of); to busy yourself (de, with)

odiar

odiar v. to hate; to abhor; to loathe; eles se odeiam they loathe each other
ódio s.m. hatred (de, por, of, for); hate (de, por, of, for); loathing (de, por, of, for)
odontologia s.f. MEDICINA odontology; dentistry
odontológico adj. odontological
odontologista s.2g. odontologist ■ adj. odontological
odor s.m. 1 odour; smell 2 (agradável) fragrance; scent; aroma 3 (desagradável) stench; stink
oés-noroeste s.m. west-northwest
oés-sudoeste s.m. west-southwest
oeste s.m. west ■ adj. westerly; western ♦ a oeste de to the west of
ofegante adj.2g. (fôlego) panting; out of breath; breathless
ofegar v. to pant; to gasp; to breathe heavily
ofender v. 1 (magoar) to hurt (someone's feelings); to offend; eu não queria ofender I meant no offence 2 (insultar) to insult ofender-se v.pr. to take offence (com, at)
ofendido adj. offended ■ s.m. plaintiff
ofensa s.f. 1 offence 2 (afronta) affront (a, to); insult (a, to) 3 RELIGIÃO (pecado) sin; perdoai as nossas ofensas forgive us for our sins ♦ ofensa física bodily harm sem ofensa no offence
ofensiva s.f. offensive; attack; assault; ofensiva militar military offensive ♦ tomar a ofensiva to take the offensive
ofensivo adj. 1 (insultuoso) offensive; insulting; comentários ofensivos offensive remarks 2 (que ataca) attacking; offensive
ofensor adj. offending ■ s.m. offender
oferecer v. 1 (dar, proporcionar) to offer; ter muito para oferecer to have a lot to offer 2 (dedicar) to dedicate (a, to) ♦ oferecer resistência to offer resistance oferecer-se v.pr. to offer (para, to); to volunteer (para, to); ele se ofereceu para fazer o jantar he offered to cook supper
oferecimento s.m. offer; offering
oferenda s.f. offering
oferta s.f. 1 offer; fazer uma oferta to make an offer; aceitar/recusar uma oferta to accept/refuse an offer 2 (presente) gift; present 3 ECONOMIA demand; oferta e procura supply and demand 4 (leilão) bid; a oferta mais alta the highest bid
ofertar v. to offer
office boy s.m. office boy
oficial adj.2g. official; residência oficial official residence; uma visita oficial ao Japão an official visit to Japan ■ s.2g. 1 officer; oficial da marinha navy officer; oficial do exército army officer 2 (official) 3 clerk; oficial de justiça clerk of the court
oficializar v. 1 (tornar público) to make official; to announce; o casal oficializou o divórcio the couple announced their divorce 2 (tornar oficial) to sanction
oficiar v. 1 (ofício, cargo) to officiate 2 (missa) to celebrate Mass
oficina s.f. 1 workshop; oficina de carpinteiro carpenter's workshop 2 (mecânica) garage; o carro está na oficina para ser consertado the car is being repaired

ofício s.m. 1 (mester) trade; craft; aprender um ofício to learn a trade 2 (profissão) job; occupation 3 (função) role; function 4 (carta oficial) official note 5 RELIGIÃO office; ofício divino divine office ♦ os ossos do ofício the drawbacks of one's job
ofídio s.m. ZOOLOGIA ophidian
oftálmico adj. ophthalmic
oftalmologia s.f. MEDICINA ophthalmology
oftalmológico adj. ophthalmological
oftalmologista s.2g. ophthalmologist; optician; eye doctor
ofuscante adj.2g. 1 blinding; uma luz ofuscante a blinding light 2 (deslumbrante) dazzling; overwhelming; overpowering
ofuscar v. 1 (obscurecer) to obscure; to eclipse 2 (visão) to blind; to dazzle; a luz do sol me ofuscou the sunlight blinded me 3 figurado (deslumbrar) to overwhelm 4 figurado (confundir) to muddle; to befuddle
ogro s.m. (contos infantis) ogre
oi interj. 1 (saudação) hi!; oi, tudo bem? hi, how's things? 2 (incompreensão) what?; sorry?; oi? não entendi sorry? I don't understand
oitavo num. eighth; em oitavo lugar in eighth place ■ s.m. eighth; um oitavo de one eighth of
oitenta num. eighty; estar na casa dos oitenta to be in your eighties; os anos oitenta the eighties
oito num. eight ♦ oito ou oitenta all or nothing de hoje a oito a week from today nem oito nem oitenta not so much nor so little
oitocentos num. eight hundred
olá interj. hello!, hi!
olé interj. hello!, hallo! Grã-Bretanha; hi!
óleo s.m. 1 oil 2 ARTES PLÁSTICAS oil paint, oils; um quadro a óleo an oil painting ♦ óleo de amêndoa doces almond oil óleo de fígado de bacalhau cod liver oil óleo de girassol sunflower oil
oleoduto s.m. pipeline
oleosidade s.f. 1 oiliness 2 greasiness
oleoso adj. 1 oily 2 (cabelo, pele) greasy
olfato s.m. smell; olfaction; o sentido do olfato the sense of smell
olhada s.f. look; dar uma olhada to take a look
olhar s.m. glance; look; eles trocaram olhares furtivos they exchanged furtive glances; um olhar triste a sad look ■ v. to look (para, at); olha para mim look at me; olhar à volta to look round; olhar de relance para to glance at; para onde você está olhando? what are you staring at?; ela o olhou por alguns instantes she looked at him for a few moments olhar-se v.pr. 1 to look at yourself; ele se olhou ao espelho he looked at himself in the mirror 2 to look at each other ♦ olhar alguém olho nos olhos to look at somebody in the face olhar por alguém to look after someone olhar de esguelha to look sideways olha quem fala! look who's talking!
olheiras s.f.pl. dark circles, dark rings; estar com olheiras to have dark rings under the eyes
olho s.m. 1 ANATOMIA eye; abrir/fechar os olhos to open/close your eyes; olhar alguém nos olhos to look somebody in the eye 2 (de hortaliças) heart olho de sogra a round candy made of a prune filled

with a condensed milk cream olho roxo black eye a olho by rule of thumb a olho nu with the naked eye a olhos vistos clearly bons olhos te vejam! I'm glad to see you! não pregar olho not to sleep a wink em um abrir e fechar de olhos in the blink of an eye pôr alguém no olho da rua to throw somebody out pôr os olhos em to set eyes on ter olho para to have an eye for

oligarquia s.f. oligarchy

olímpico adj. Olympic; atleta olímpico Olympic athlete ♦ Jogos Olímpicos Olympic Games; Olympics

olimpo s.m. MITOLOGIA Olympus; os deuses do Olimpo the Olympians, the gods of Olympus

Olimpo s.m. MITOLOGIA Olympus

oliva s.f. BOTÂNICA olive

oliveira s.f. BOTÂNICA olive tree

olmeiro s.m. BOTÂNICA elm tree

ombreira s.f. 1 shoulder pad; um casaco com ombreiras a jacket with shoulder pads 2 ARQUITETURA doorpost

ombro s.m. ANATOMIA shoulder; largo de ombros broad-shouldered, well-built; levar ao ombro to carry on one's shoulder ♦ encolher os ombros to shrug (one's shoulders) olhar alguém por cima do ombro to look down on somebody

omelete s.f. CULINÁRIA omelet, omelette

omissão s.f. 1 omission; lacuna 2 withholding; omissão de provas withholding of evidence

omitir v. 1 (não mencionar) to omit; to leave out 2 to keep (secret); to hide; a secretária omitiu informação ao seu superior the secretary kept some information from her superior

omoplata s.f. ANATOMIA shoulder blade, scapula

OMS sigla de Organização Mundial da Saúde, WHO, sigla de World Health Organization

onça s.f. 1 ZOOLOGIA ounce; snow leopard 2 (medida de peso) ounce

oncologia s.f. MEDICINA oncology

oncologista s.2g. oncologist

onda s.f. 1 (geral) wave 2 figurado wave; surge; uma onda de pânico a surge of panic; uma onda de crimes a crime wave ♦ FÍSICA onda curta/média/longa short/medium/long wave onda de calor heat wave onda de frio cold snap/wave estar na crista da onda to be on the crest of the wave estar na mesma onda to be on the same wavelength ir na onda to swim with the tide

onde adv. where; de onde? where from?; onde você vai? where are you going?; onde você mora? where do you live?; para onde? where to? ♦ onde quer que seja wherever

ondulação s.f. 1 (água) ripple; ruffle; waves 2 undulation 3 (cabelo) waviness

ondulado adj. 1 (cabelo) wavy 2 (papel, chapa) corrugated

ondular v. 1 to wave; ondular o cabelo to wave one's hair 2 (papel, chapa) to corrugate

ondulatório adj. undulatory; undulous

ônibus s.m.2n. bus

ônix s.m. GEOLOGIA onyx

ontem adv. yesterday; ontem de manhã/à tarde/à noite yesterday morning/afternoon/night; antes de ontem the day before yesterday; como se fosse ontem as if it were yesterday ♦ olhar para ontem to have your head in the clouds

ONU sigla de Organização das Nações Unidas UNO, United Nations Organization

ônus s.m.2n. 1 onus; burden 2 tax

onze num. 1 eleven; um edifício com onze andares an eleven-story building 2 eleventh; dia onze de setembro the eleventh of September

opaco adj. 1 opaque 2 figurado (significado) obscure

opção s.f. 1 option; choice; alternative; ter boas opções to have good choices 2 freedom of choice

opcional adj.2g. optional

open s.m. open; open championship; open tournament

ópera s.f. 1 (espetáculo) opera; ir à ópera to go to the opera 2 (edifício) opera house

operação s.f. 1 (geral) operation 2 ECONOMIA transaction; deal ♦ MEDICINA operação cirúrgica surgical operation; surgery operação stop traffic control operation operações de salvamento rescue operations MEDICINA (cirurgião) fazer uma operação to perform an operation

operacional adj.2g. operational

operador s.m. 1 MEDICINA surgeon 2 (aparelho) operator ♦ operadora de telefonia celular mobile operator operador de câmera cameraman; camerawoman operador de telemarketing telemarketer

operadora s.f. (empresa) operator; operadora turística tour operator; operadora de telecomunicações telecommunications operator

operar v. 1 MEDICINA to operate on; to perform surgery on; operar um paciente to operate on a patient 2 (provocar) to bring about 3 (funcionar) to work; to have the desired effect

operário s.m. worker, hand; workman (m.), workwoman (f.); a classe operária the working class

opinar v. to give an opinion (sobre, about/ on)

opinião s.f. opinion; view; dar uma opinião to give an opinion; mudar de opinião to change your opinion; na minha opinião in my opinion, as I see it; ter uma boa/má opinião de to have a high/low opinion of ♦ opinião pública public opinion

opor v. (contrapor) to reply with; to counter with opor-se v.pr. 1 (opinião, atitude) to be (a, against); opor-se à ideia to be against the idea 2 (objetar) to object (a, to); to protest (a, against)

oportunamente adv. 1 (a tempo) in due time 2 (na ocasião própria) at a suitable time

oportunidade s.f. 1 opportunity; aproveitar a oportunidade to seize the opportunity; perder uma oportunidade to let an opportunity slip 2 (possibilidade) chance; opportunity; ainda não tive oportunidade I haven't had the chance yet 3 (momento) occasion; chegou a sua oportunidade your moment has come ♦ igualdade de oportunidades equal opportunities

oportunismo s.m. opportunism

oportunista s.2g. opportunist ∎ adj.2g. opportunistic

oportuno adj. 1 (conveniente) opportune; convenient; um comentário oportuno an opportune remark; não foi nada oportuno it was rather incon-

oposição

venient 2 (*tempo*) well-timed 3 (*adequado*) right; suitable; proper
oposição *s.f.* 1 POLÍTICA opposition; chefe da oposição leader of the opposition; ser da oposição to be in opposition 2 (*resistência*) opposition; resistance
oposto *adj.* 1 (*contrário*) opposite 2 (*que está em frente*) facing; opposite; a casa oposta the opposite house ■ *s.m.* contrary; opposite; reverse ♦ o sexo oposto the opposite sex
opressão *s.f.* (*geral*) oppression; POLÍTICA regime de opressão oppressive regime
opressor *s.m.* oppressor; persecutor; tyrant
oprimir *v.* to oppress
optar *v.* (*decisão*) to opt (por, *for*); to decide (por, *to*); optar por outra solução to opt for another solution; optei por não dizer nada I decided not to say anything
óptica *s.f.* 1 FÍSICA optics 2 (*estabelecimento*) optician's 3 (*opinião*) point of view; opinion
óptico *adj.* 1 (*instrumento, efeito*) optical; instrumentos ópticos optical instruments 2 (*nervo*) optic
oração *s.f.* 1 RELIGIÃO prayer; livro de orações prayer book 2 LINGUÍSTICA clause; oração principal main clause; oração subordinada subordinate clause
oráculo *s.m.* (*pessoa, local*) oracle
orador *s.m.* orator; speaker
oral *adj.2g.* 1 spoken; oral 2 oral; comprimidos de ingestão oral pills to be taken orally ■ *s.f.* (*prova, teste*) oral, oral test
oralidade *s.f.* orality
orangotango *s.m.* ZOOLOGIA orangutan
orar *v.* to pray
oratória *s.f.* oratory
oratório *adj.* oratorical; declamatory ■ *s.m.* RELIGIÃO oratory
órbita *s.f.* 1 ASTRONOMIA orbit; path; a órbita da lua the orbit of the moon 2 ANATOMIA eye socket 3 figurado (*âmbito*) sphere of action; range ♦ entrar em órbita to go into orbit
orbital *adj.2g.* orbital
orca *s.f.* 1 ZOOLOGIA killer whale; orca 2 (*ânfora*) small clay amphora 3 (*para dados*) shaker; cup
orçamentar *v.* 1
orçamento *s.m.* budget
ordem *s.f.* 1 (*diretiva*) order; instruction; command; receber uma ordem para to be ordered to 2 (*aviso*) notice; warrant; até nova ordem until further notice 3 (*sequência*) order; ordem alfabética alphabetical order; ordem numérica numerical order 4 (*arrumação*) order; tidiness; neatness; pôr em ordem to tidy up 5 (*disciplina*) order; discipline 6 BIOLOGIA order ♦ às suas ordens at your disposal com ordem orderly sempre às ordens! you're welcome
ordenado *s.m.* salary; wage ■ *adj.* ordered; in order
ordenar *v.* 1 (*mandar*) to order; to command; ordeno que você saia! I command you to go! 2 (*sequência*) to put in order; ordenar alguma coisa por ordem alfabética to put something in alphabetical order 3 (*dispor*) to arrange; to dispose; ordenar os móveis to arrange the furniture 4 RELIGIÃO to ordain ordenar-se *v.pr.* RELIGIÃO to take orders
ordenhar *v.* to milk

ordinal *adj.2g.* ordinal; número ordinal ordinal number ■ *s.m.* ordinal number
ordinário *adj.* 1 (*habitual*) common; ordinary 2 pejorativo (*grosseiro*) vulgar; rude; homem ordinário rude man ♦ de ordinário usually ● A palavra inglesa *ordinary* significa "normal, habitual".
orear *v.* (*roupa*) to air
orégano *s.m.* BOTÂNICA marjoram
orelha *s.f.* 1 ANATOMIA ear; furar as orelhas to have one's ears pierced; orelhas de abano pricked ears 2 (*de livro*) flap ♦ até às orelhas from head to toe ter as orelhas ardendo to have one's ears tingling
orelha-de-pau *s.f.* BIOLOGIA wood ear
orelhão *s.m.* 1 ZOOLOGIA moon fish 2 (*puxão de orelhas*) box on one's ears 3 coloquial (*parotidite epidêmica*) epidemic parotitis; mumps 4 coloquial payphone, telephone box Grã-Bretanha, telephone booth EUA
orelheira *s.f.* 1 (*porco*) pig's ears 2 CULINÁRIA pork's ears
orelhudo *adj.* 1 big-eared 2 figurado, pejorativo (*estúpido*) stupid; ignorant 3 figurado, pejorativo (*teimoso*) pigheaded; stubborn ■ *s.m.* figurado, pejorativo dunce
orfanato *s.m.* orphanage
órfão *s.m.* orphan ■ *adj.* (*desprovido*) bereft (de, *of*) ♦ órfão de mãe motherless child órfão de pai fatherless child ficar órfão to be orphaned
Orfeu *s.m.* MITOLOGIA Orpheus
organela *s.f.* BIOLOGIA organelle
orgânico *adj.* organic; química orgânica organic chemistry; produtos orgânicos organic food products
organismo *s.m.* 1 BIOLOGIA organism 2 (*instituição*) institution; organization; body; organismo do Estado state institution
organização *s.f.* 1 organization; organização de um evento organization of an event 2 (*associação*) institution; organization; organização sem fins lucrativos non-profit-making organization ♦ Organização Mundial de Saúde World Health Organization;; organização não governamental (ONG) non-governmental organization (NGO)
organizado *adj.* organized
organizar *v.* 1 (*eventos*) to organize; organizar uma manifestação to organize a demonstration 2 (*estruturar, ordenar*) to organize organizar-se *v.pr.* to get organized
organograma *s.m.* company diagram
órgão *s.m.* ANATOMIA, MÚSICA organ ♦ órgãos de comunicação em massa mass media órgãos digestivos digestive organs
orgasmo *s.m.* orgasm
orgia *s.f.* orgy
orgulhar *v.* to make proud orgulhar-se *v.pr.* to be proud (de, *of*); to take pride (de, *in*), to pride oneself (de, *on*); to glory (de, *in*); orgulhar-se de seu trabalho to pride oneself in one's work
orgulho *s.m.* 1 (*vaidade*) pride 2 (*arrogância*) arrogance; pride; haughtiness ♦ perder o orgulho to lose one's pride ser o orgulho de alguém to be someone's pride ter orgulho em to be proud of

orgulhoso *adj.* 1 (*satisfeito*) proud; estar orgulhoso de to be proud of 2 (*arrogante*) proud; haughty; arrogant; ser orgulhoso to be arrogant

orientação *s.f.* orientation ♦ orientação política political orientation orientação profissional career guidance; vocational guidance sentido de orientação sense of direction sob a orientação de under the guidance of

orientador *s.m.* 1 (*escola*) tutor 2 (*conselheiro*) adviser 3 (*guia*) guide

oriental *adj.2g.* eastern; oriental ■ *s.2g.* Oriental

orientar *v.* 1 (*guiar*) to direct; to guide 2 (*liderar*) to lead; to direct 3 (*conselhos*) to advise orientar-se *v.pr.* to find one's bearings

oriente *s.m.* east; a oriente de to the east of; no oriente to the east

Oriente *s.m.* 1 (*região a leste*) East; o Extremo Oriente the Far East; o Oriente Médio the Middle East; o Próximo Oriente the Near East 2 (*China, Japão*) East; Orient lit.

orifício *s.m.* 1 (*abertura*) opening; mouth; orifice 2 (*buraco*) orifice; hole

origem *s.f.* 1 (*princípio*) origin; source 2 (*pessoa*) extraction; de origem brasileira of Brazilian extraction 3 (*causa*) cause; origin ♦ dar origem a to give rise to país de origem fatherland

original *adj.2g.* (geral) original ■ *s.m.* (documento, obra de arte) original

originalidade *s.f.* originality

originar *v.* to originate; to cause to begin; ser originado por to grow out of

originário *adj.* (*pessoa*) native (de, *of*); ser originário de to come from

oriundo *adj.* native (de, *of*); descendant (de, *from*); ele é oriundo de um país estrangeiro he comes from a foreign country

orixá *s.m.* orisha; orixa

orla *s.f.* 1 (*fímbria*) edge; border; skirt 2 (*bainha*) hem 3 (*beira*) edge; brink ♦ orla marítima seafront

ornamentação *s.f.* ornamentation; decoration

ornamental *adj.2g.* ornamental; decorative

ornamentar *v.* to ornament; to adorn; to decorate

ornar *v.* 1 (*adornar*) to ornament; to decorate; to adorn; to trim 2 (*embelezar*) to embellish

orquestra *s.f.* orchestra ♦ orquestra filarmônica philharmonic orchestra orquestra sinfônica symphony orchestra

orquestrar *v.* 1 MÚSICA to orchestrate 2 figurado (*organizar*) to orchestrate; orquestrar uma campanha contra alguém to orchestrate a campaign against someone

orquídea *s.f.* BOTÂNICA orchid

ortodoxo *adj.* orthodox; pouco ortodoxo unorthodox

ortoépia *s.f.* LINGUÍSTICA orthoepy

ortografia *s.f.* LINGUÍSTICA orthography; spelling

ortopedia *s.f.* MEDICINA orthopaedics

ortopédico *adj.* orthopaedic; sapatos ortopédicos orthopaedic shoes

ortopedista *s.2g.* MEDICINA orthopaedist

orvalhar *v.* to dew

orvalho *s.m.* dew; gotas de orvalho dewdrops

outono

oscilação *s.f.* 1 FÍSICA oscillation 2 ECONOMIA flutuation; oscilação de mercado market fluctuation

oscilar *v.* 1 (*movimento*) to oscillate; to swing; to sway 2 (*variar*) to fluctuate; to oscillate

ósmio *s.m.* QUÍMICA (*elemento químico*) osmium

ossada *s.f.* bones; heap of bones; remains

ósseo *adj.* bony; osseous

osso *s.m.* ANATOMIA bone ♦ osso duro de roer a hard nut to crack em carne e osso in flesh and blood são ossos do ofício it is all part of the business

ostensivo *adj.* 1 (*objeto*) ostensible; showy 2 (*pessoa*) ostentatious; flashy; flamboyant 3 (*comportamento*) ostentatious; conspicuous

ostentação *s.f.* 1 (*exibição*) parade; show; exhibition 2 (*aparato*) ostentation; pomp 3 (*vaidade*) boasting; brag

ostentar *v.* to display; to exhibit; to show

osteoporose *s.f.* MEDICINA osteoporosis

ostra *s.f.* ZOOLOGIA oyster

otário *s.m.* popular dumbhead; dummy

ótica *s.f.* 1 FÍSICA optics 2 (*estabelecimento*) optician's 3 (*opinião*) point of view; opinion

otimismo *s.m.* optimism

otimista *adj.2g.* optimistic; confident; previsões otimistas optimistic forecasts ■ *s.2g.* optimist

ótimo *adj.* 1 (*qualidade*) very good; excellent 2 (*ideal*) optimum; ideal; condições ótimas optimum conditions

otite *s.f.* MEDICINA otitis

otorrino *s.2g.* ear, nose and throat specialist; ENT specialist; otorhinolaryngologist form.; otolaryngologist form.

otorrinolaringologista *s.2g.* otolaryngologist; ear, nose and throat specialist

ou *conj.* or; ou... ou either... or; ou ficas ou vais either you stay or you go; ou então... or else... ♦ ou seja that is

ourama *s.f.* heap of gold

ouriçado *adj.* 1 (*pelo*) bristly 2 figurado (*irritado*) prickly; snappish 3 coloquial (*animado*) cheerful; excited; lively

ouriçar *v.* 1 (*pelo*) to bristle 2 figurado (*enervar-se*) to ruffle; to prickle; to bristle 3 coloquial (*animar-se*) to cheer up; to brighten up

ouriço *s.m.* 1 BOTÂNICA chestnut bur 2 ZOOLOGIA hedgehog

ouriço-do-mar *s.m.* ZOOLOGIA sea urchin

ourives *s.m.2n.* goldsmith; jeweller

ouro *s.m.* QUÍMICA (*elemento químico*) gold; banhado de ouro gold-plated; de ouro golden ouros *s.m.pl.* (*jogo de cartas*) diamonds; ás de ouros ace of diamonds

ousadia *s.f.* 1 (*audácia*) boldness; ter a ousadia de fazer alguma coisa to be so bold as to do something 2 (*atrevimento*) nerve; cheek

ousado *adj.* 1 (*coragem*) bold 2 (*atrevimento*) forward

ousar *v.* 1 (*atrever-se*) to dare; não ousarias tal! you wouldn't dare such a thing! 2 (*arriscar*) to venture 3 (*tentar*) to try

outono *s.m.* autumn; fall EUA

outorgar

outorgar v. 1 (*conceder*) to grant 2 DIREITO to execute; draw up

outro pron. indef. 1 (*pessoa*) someone else, somebody else; other, other one; alguns outros a few others; e outros que tal and the like; nem um nem outro neither one nor the other; um ao outro each other; um e outro both; uns aos outros one another 2 (*objetos*) something else; other one; outro tanto as much more; outro qualquer any other; um outro igual another one 3 (*pessoa, objeto*) other; another; dême o outro casaco give me the other coat; dê-me outro casaco give me another coat; de outra maneira otherwise

outrora adv. formerly; long ago

outubro s.m. October

ouvido s.m. 1 ANATOMIA ear 2 (*audição*) hearing ♦ chegar aos ouvidos de alguém to come to somebody's knowledge dar ouvidos a to listen to duro de ouvido hard of hearing dizer ao ouvido to whisper in someone's ear entrar por um ouvido e sair pelo outro to go in at one ear and out at the other fazer ouvidos de mercador to turn a deaf ear to ser todo ouvidos to be all ears

ouvinte s.2g. 1 (*quem ouve*) listener; hearer 2 (*de rádio*) listener

ouvir v. 1 (*sons*) to hear; não ouço nada I can't hear a thing 2 (*sentido*) to listen; ouça-me! listen to me!; ouvir música to listen to music 3 (*sem querer*) to overhear

ova s.f. 1 ZOOLOGIA (peixe, rã, sapo) spawn 2 ZOOLOGIA (peixe) roe ♦ uma ova! you wish!

ovacionar v. to applaud; to acclaim; to cheer

oval adj.2g., s.f. oval

ovar v. (*aves, insetos*) to lay eggs; (*peixes*) to spawn

ovário s.m. ANATOMIA ovary

ovelha s.f. ZOOLOGIA sheep; (*fêmea*) ewe; um rebanho de ovelhas a flock of sheep ♦ ovelha negra black sheep

overdose s.f. overdose

ovíparo adj. BIOLOGIA *oviparous*

óvni s.m. UFO, unidentified flying object

ovo s.m. egg; pôr ovos to lay eggs ♦ ovo choco addled egg ovo cozido boiled egg ovo estrelado fried egg ovos mexidos scrambled eggs

ovulação s.f. BIOLOGIA ovulation

ovular v. BIOLOGIA to ovulate

óvulo s.m. BIOLOGIA ovule

oxidação s.f. 1 QUÍMICA oxidation 2 (*ferrugem*) rusting

oxidar v. 1 QUÍMICA to oxidize 2 (*enferrujar*) to rust

oxigenado adj. 1 (*substância*) oxygenated 2 (*cabelo*) peroxide; cabelo louro oxigenado peroxide blonde hair 3 (*renovado*) renewed

oxigenar v. 1 QUÍMICA to oxygenate 2 (*cabelo*) to bleach; oxigenar o cabelo to have one's hair bleached

oxigênio s.m. QUÍMICA oxygen

ozônio s.m. QUÍMICA ozone

P

p *s.m.* (*letra*) p
pá *s.f.* **1** (*quadrada*) spade; pá de praia beach spade **2** (*redonda*) shovel; pá e apanhador pick and shovel **3** (*remo*) blade ■ *interj.* **4.** gíria a great quantity
Pã *s.m.* MITOLOGIA Pan
pabular *v.* to boast; to brag; to swagger
pábulo *s.m.* **1** pabulum; food; nourishment **2** (*gabarola*) boaster; braggart
paca *s.f.* ZOOLOGIA paca
pacato *adj.* **1** (*pessoa*) peaceful; placid; mild **2** (*local*) quiet; tranquil
pacu *s.m.* ZOOLOGIA pacu
paciência *s.f.* patience; esgotar a paciência to run out of patience
paciente *adj.2g.* patient ■ *s.2g.* (*doente*) patient paciente do ambulatório outpatient; paciente internado no hospital in-patient
pacificar *v.* **1** to pacify; to appease **2** (*acalmar*) to calm down; to quiet down
pacífico *adj.* pacific; peaceful
Pacífico *s.m.* GEOGRAFIA (*oceano*) Pacific
pacifismo *s.m.* pacifism
pacifista *adj.*, *s.2g.* pacifist; movimento pacifista pacifist movement
pacote *s.m.* **1** (*embalagem*) parcel **2** (*embalagem pequena*) package **3** ECONOMIA package; um pacote de medidas a package of measures ♦ pacote de férias package holiday
pacto *s.m.* pact; deal; agreement ♦ pacto de não agressão non-aggression pact
pactuar *v.* to make a pact; to make a deal (com, with); to compromise oneself (com, to); não pactuarei com isso I will not compromise myself to such a thing
padaria *s.f.* **1** (*fabrico*) bakery **2** (*loja*) baker's shop, baker's
padecer *v.* to suffer (de, from); padecer de uma doença incurável to suffer from an incurable disease
padeiro *s.m.* baker
padrão *s.m.* **1** (*arquétipo*) pattern; archetype **2** (*esboço*) pattern; outline **3** (*modelo*) standard; medida padrão standard measure **4** (*tecido*) pattern **5** (*monumento*) stone pillar ♦ padrão de comportamento behaviour pattern
padrasto *s.m.* stepfather
padre *s.m.* RELIGIÃO priest; father; clergyman; o Santo Padre the Holy Father
padrinho *s.m.* **1** (*batismo*) godfather **2** (*casamento*) best man **3** (*duelo*) second
padroeiro *s.m.* patron, patron saint ■ *adj.* patron ♦ santo padroeiro patron saint
padronizar *v.* to standardize
pagamento *s.m.* **1** (*salário*) pay; wage; salary; dia de pagamento pay day **2** (*ato*) payment ♦ folha de pagamento payroll pagamento à vista ready payment pagamento em dinheiro cash payment pagamento em prestações payment by instalments
pagão *adj.*, *s.m.* pagan
pagar *v.* **1** (*ato*) to pay; pagar a meias to go halves on, to go fifty-fifty; queria pagar, por favor! check, please! **2** (*liquidação*) to pay off; pagar uma dívida to pay off a debt ♦ pagar na mesma moeda to give tit for tat
página *s.f.* page; em que página você está? what page are you at?; na página 1 on page 1 ♦ a páginas tantas at a given moment primeira página front page
paginação *s.f.* pagination
paginar *v.* **1** (*artes gráficas*) to lay out; to make into pages **2** to paginate; to page, to page up
pagode *s.m.* coloquial (*alegria*) spree; merriment
pai *s.m.* father; dad col. pais *s.m.pl.* (*pai e mãe*) parents; os meus pais my parents ♦ puxar ao pai he takes after his father tal pai, tal filho like father like son pai de santo candomblé priest; faith healer pai dos burros coloquial dictionary
paina *s.f.* BOTÂNICA kapok
paineira *s.f.* BOTÂNICA kapok tree
painel *s.m.* **1** ARTES PLÁSTICAS panel **2** (*comandos*) panel; board ♦ painel de controle control panel
pai-nosso *s.m.* RELIGIÃO Lord's Prayer; paternoster
paiol *s.m.* magazine; storeroom
pairar *v.* **1** to hover (sobre, over); to hang (sobre, over); paira uma tempestade sobre nós a thunderstorm is brewing over our heads **2** figurado (*ver do alto*) to soar; to tower
país *s.m.* country ♦ país das maravilhas wonderland país em vias de desenvolvimento developing country país natal fatherland
paisagem *s.f.* scenery; landscape; view; observar a paisagem to gaze at the scenery
paixão *s.f.* passion (por, for); falar com paixão to speak passionately
Paixão *s.f.* RELIGIÃO Passion; semana da Paixão Passion Week
pajem *s.m.* HISTÓRIA page
palácio *s.m.* palace ♦ Palácio da Justiça Courthouse
paladar *s.m.* **1** (*sentido*) taste; palate **2** (*sabor*) flavour **3** ANATOMIA palate
paládio *s.m.* QUÍMICA (*elemento químico*) palladium
palanque *s.m.* platform; stand; stage
palatino *adj.*, *s.m.* palatine
palavra *s.f.* word ♦ palavra de honra! upon my word cumprir a palavra to keep one's word em poucas palavras in short passar a palavra to give the word about tirar a palavra da boca to take the words out of one's mouth voltar com a palavra atrás to go back on one's word
palavra-chave *s.f.* keyword

palavrão

palavrão s.m. 1 (*palavra grosseira*) swearword; obscene word, obscenity 2 (*palavra difícil*) long word; difficult word
palavreado s.m. prattle; babble
palco s.m. stage
palerma s.2g. silly person; ninny; nit-wit; daft Grã-Bretanha ■ adj.2g. silly; stupid
paleontologia s.f. paleontology
palestino adj., s.m. Palestinian
palestra s.f. lecture; dar uma palestra sobre to hold a lecture on
paleta s.f. (*pintura*) palette
paletó s.m. 1 (*casaco curto*) jacket 2 (*sobretudo*) overcoat
palha s.f. 1 straw; chapéu de palha straw hat 2 (*ninharia*) trifle 3 (*na escrita*) pap; waffle; dar palha to waffle
palhaçada s.f. 1 clowning; buffoonery 2 figurado (*disparate*) fooling around; messing around
palhaço s.m. 1 clown 2 figurado (*brincalhão*) clown; joker
palidez s.f. paleness; pallor
pálido adj. pale; pallid; estar pálido to look pale
palitar v. to pick; palitar os dentes to pick the teeth
palito s.m. 1 toothpick; palito de dente toothpick 2 figurado, coloquial (*pessoa*) bag of bones, stack of bones, beanpole ♦ palito de fósforo match, matchstick
palma s.f. 1 (*mão*) palm 2 BOTÂNICA (*árvore*) palm tree 3 BOTÂNICA (*folha*) palm leaf palmas s.f.pl. (*aplausos*) clap; clapping; bater palmas to clap; uma salva de palmas a round of applause ♦ como a palma da mão like the back of one's hand
palmada s.f. slap, smack, clout; dar palmadas nas costas to slap on the back; dar uma palmada em alguém to slap someone
palmatória s.f. (*castigo*) ferule ♦ dar a mão à palmatória to admit one's guilt
palmeira s.f. BOTÂNICA palm tree
palmilha s.f. 1 (*sapato*) insole 2 (*meia*) foot of sock
palmito s.m. 1 BOTÂNICA (*tipo de palmeira*) palmetto; fan palm 2 BOTÂNICA (*folha*) palm leaf 3 BOTÂNICA, CULINÁRIA (*comestível*) heart of palm
palmo s.m. (*medida*) span ♦ palmo a palmo inch by inch não ter um palmo de testa to be a dumbhead não ver um palmo à frente do nariz not to see a thing
palmoura s.f. webfoot
palpar v. 1 to touch; to feel 2 MEDICINA to palpate; to examine
pálpebra s.f. ANATOMIA eyelid; palpebra
palpitação s.f. 1 (*batimentos cardíacos*) palpitation; 2 (*coração agitado*) throbbing; palpitações do coração heart-throbs
palpitar v. (*coração*) to pulsate; to throb 2 (*pressentimento*) to have an inkling; to have a feeling; palpita-me I have an inkling
palpite s.m. 1 (*pressentimento*) hunch; feeling; tenho o palpite de que as coisas vão ser diferentes I have this hunch that things will turn out differently 2 (*dica*) hint; tip; suggestion; vou te dar um palpite I'll give you a hint

palrar v. 1 coloquial to prattle; to chatter 2 (*bebê*) to babble
palude s.m. swamp
paludismo s.m. malaria
palustre adj.2g. swamp
pamonha s.2g. 1 lazybones 2 a typical sweet Brazilian food made of green corn paste rolled in corn husks and cooked
pampa s.m. pampa; prairie
pampo s.m. ZOOLOGIA pampano
panaca adj.2g. dumb; stupid; gullible ■ s.2g. fool; sucker col.; dope col.
panaché s.m. (*bebida*) shandy
panamenho adj., s.m. Panamanian
panamense adj., s.2g. Panamanian
pança s.f. coloquial paunch; pot belly; encher a pança to stuff one's belly
pancada s.f. 1 (*murro*) blow; stroke 2 (*barulho*) bang 3 (*encontrão*) knock; bang 4 (*pancadaria*) beating; brawl; moer alguém de pancada to beat someone hard 5 figurado, coloquial (*mania*) crank
pancadaria s.f. brawl; punch-up
pâncreas s.m. ANATOMIA pancreas
pançudo adj. big-bellied, pot-bellied
panda s.m. ZOOLOGIA panda
pandeiro s.m. MÚSICA timbrel
pane s.f. breakdown; failure
panela s.f. pot; panela de pressão pressure cooker; panelas e tachos pots and pans
panelinha s.f. 1 small pot; pipkin 2 figurado (*grupo*) gang; coterie; clique 3 coloquial (*tramoia*) intrigue; plot
panfleto s.m. 1 (*folheto*) pamphlet; booklet 2 POLÍTICA (*texto*) lampoon
pânico s.m. panic; alarm; entrar em pânico to panic; to flap; tomado de pânico panic-stricken
panificação s.f. baking; indústria de panificação baking industry
pano s.m. 1 cloth 2 TEATRO curtain; subir o pano to raise the curtain ♦ pano de pó wiper; duster pano de prato dishcloth ter pano para mangas to have enough and to spare
panorama s.m. panorama; landscape; scenery
panorâmica s.f. 1 panoramic view; panorama uma panorâmica dos últimos acontecimentos a panorama of the latest events 2 pan, panoramic shot panorâmica horizontal horizontal panoramic shot panoramic photo
panorâmico adj. panoramic; vista panorâmica panoramic view
panqueca s.f. CULINÁRIA pancake
pantanal s.m. marshland
pântano s.m. swamp; marsh; bog
pantanoso adj. marshy; swampy; terra pantanosa marshy ground
pantera s.f. ZOOLOGIA panther
pantufa s.f. slipper
pão s.m. 1 (*individual*) bread; pão com manteiga bread and butter; pão integral wholemeal bread (*para cortar em fatias*) loaf; bread; pão de forma tin loaf pão de ló sponge cake 3 figurado (*alimento*

food; nourishment ♦ pão pão, queijo queijo to call a spade a spade pão ralado breadcrumbs
pão-duro *s.2g.* **1** coloquial miser; niggard; skinflint ■ *adj.2g.* **2** coloquial mean; stingy **3** (*de cozinha*) spatula
papa *s.f.* **1** (*bebês, doentes*) pap; mush **2** (*de cereais*) porridge ♦ não ter papas na língua to be outspoken **Papa** *s.m.* RELIGIÃO Pope
papa-capim *s.m.* ZOOLOGIA collared seedeater
papa-figos *s.m.2n.* **1** ZOOLOGIA beccafico; figpecker **2** NÁUTICA course **3** bogeyman Grã-Bretanha, boogeyman EUA
papagaio *s.m.* **1** ZOOLOGIA parrot **2** (*de papel*) kite; soltar um papagaio to fly a kite
papai *s.m.* linguagem infantil daddy; dad ♦ Papai Noel Santa Claus
papaia *s.f.* BOTÂNICA papaya
papamóvel *s.m.* popemobile
papanicolau *s.m.* MEDICINA smear, smear test
papar *v.* linguagem infantil to eat
paparicar *v.* **1** (*mimar*) to spoil, to pamper **3** (*agradar*) to caress, to fondle
papel *s.m.* **1** (*material*) paper **2** piece of paper **3** part; role; desempenhar o papel principal to play the leading role; papel secundário supporting role **papéis** *s.m.pl.* (*documentos*) papers; documents; você está com os papéis em ordem? are all your papers in order? ♦ papel celofane cling film papel de alumínio foil papel de embrulho wrapping paper papel de parede wallpaper papel de rascunho scrap paper papel de seda silk paper papel higiênico toilet paper papel vegetal tracing paper
papelada *s.f.* **1** (*quantidade*) heap of papers **2** (*documentos*) documents; papers
papelão *s.m.* pasteboard
papelaria *s.f.* stationer's, stationer
papel-carbono *s.m.* carbon paper
papiro *s.m.* **1** BOTÂNICA papyrus **2** a writing on papyrus
papironga *s.f.* swindle; fraud
papo *s.m.* **1** (*inchaço*) swell; swelling **2** ZOOLOGIA crop **3** coloquial (*conversa*) chat; bater/levar um papo com alguém to have a chat ♦ coloquial estar de papo para o ar to be lying on one's back coloquial isso já está no papo that's under control
papo-furado *s.m.* coloquial idle talk; flannel Grã-Bretanha col.; bull col.
papoula *s.f.* BOTÂNICA poppy
paquera *s.f.* **1** coloquial (*engate*) flirting; sair na paquera to go out looking for talent, to go out on the pull Grã-Bretanha **2** coloquial (*conquista*) pick-up
paquerador *s.m.* coloquial womanizer; lecher ■ *adj.* womanizing; lecherous
paquerar *v.* coloquial to flirt with; to chat up
paquete *s.m.* **1** NÁUTICA (*passageiros*) liner; (*correspondência*) mailboat **2** (*funcionário*) errand boy; message boy **3** (*mensageiro*) bellboy
Paquistão *s.m.* Pakistan
par *adj.* **1** MATEMÁTICA even; número par even number; o número é par ou ímpar? is it an even or odd number? **2** (*parecido*) similar; alike ■ *s.m.* **1** pair; couple; aos pares in pairs **2** (*conjunto*) pair; trabalho de pares pair work; trabalhar em pares to work

paranoia

in pairs **3** (*roupa*) pair; um par de calças a pair of trousers; um par de sapatos a pair of shoes **4** (*título*) peer; os pares do reino the peers of the realm ♦ aberto de par em par wide open a par side by side a par disto besides this estar a par de uma situação to be aware of a matter
para *prep.* **1** (*direção*) to; o carro segue para Copacabana the car is heading to Copacabana; para com towards; para mim to me; para onde? where to? **2** (*objetivo*) for; não servir para nada to be good for nothing; para quê? what for? **3** (*finalidade*) in order to; para ser feliz in order to be happy **4** (*temporal*) for; around; lá para as dez horas around ten o'clock; para o ano next year
parabenizar *v.* to congratulate (por, *on*)
parabéns *s.m.pl.* congratulations; dar os parabéns a alguém por... to congratulate someone on... *interj.* (*aniversário*) happy birthday!
parabólica *s.f.* satellite dish
para-brisa *s.m.* windscreen Grã-Bretanha; windshield EUA
para-choque *s.m.* bumper
parada *s.f.* **1** (*desfile*) parade; participar em uma parada to parade **2** (*jogada*) stake **3** (*de transportes públicos*) stop
paradeiro *s.m.* whereabouts; ninguém sabe do paradeiro dele no one knows his whereabouts
paradisíaco *adj.* paradisiac; heavenly; paisagens paradisíacas paradisiac landscapes
paradoxo *s.m.* paradox
parafina *s.f.* paraffin
parafuso *s.m.* **1** (*parede*) screw **2** (*unir peças*) bolt; parafuso com porca nut screw ♦ chave de parafusos screwdriver ter um parafuso a menos to have a screw loose
parágrafo *s.m.* **1** (*texto*) paragraph; dividir em parágrafos to paragraph **2** (*contrato*) clause
Paraguai *s.m.* Paraguay
paraguaio *adj., s.m.* Paraguayan
paraíso *s.m.* paradise; heaven
Paraíso *s.m.* RELIGIÃO Paradise
para-lama *s.m.2n.* mudguard Grã-Bretanha, fender EUA
paralela *s.f.* GEOMETRIA parallel; traçar uma paralela to draw up a parallel
paralelepípedo *s.m.* GEOMETRIA parallelepiped
paralelismo *s.m.* parallelism
paralelo *adj.* **1** GEOMETRIA parallel **2** (*semelhante*) similar; equivalent; parallel ■ *s.m.* **1** parallel; sem paralelo unparalleled **2** GEOGRAFIA parallel
paralisação *s.f.* **1** (*processo, atividade*) stoppage **2** (*entorpecimento*) paralysing; numbing
paralisar *v.* **1** (*parte do corpo*) to paralyse **2** (*atividade, processo*) to paralyse; to stop
paralisia *s.f.* **1** MEDICINA paralysis **2** (*entorpecimento*) numbness ♦ paralisia cerebral brain palsy
paralítico *adj., s.m.* MEDICINA paralytic
paramédico *s.m.* paramedic
parâmetro *s.m.* parameter; nestes parâmetros within these parameters
paranoia *s.f.* paranoia

paranoico *adj., s.m.* paranoid
paranormal *adj.2g., s.m.* paranormal; supernatural; fenômenos paranormais paranormal phenomena
paraolimpíada *s.f.* Paralympics, Paralympic Games
paraolímpico *adj.* ESPORTE special olympic, paralympic; atleta paraolímpico special olympic athlete
parapeito *s.m.* parapet; parapeito de janela window sill
parapente *s.m.* 1 (*planador*) paraglider 2 ESPORTE (*atividade*) paragliding; voar em parapente to paraglide
paraplégico *adj., s.m.* MEDICINA paraplegic
parapsicologia *s.f.* parapsychology
parapsicólogo *s.m.* parapsychologist
paraquedas *s.m.* parachute; saltar de paraquedas to parachute
paraquedismo *s.m.* skydiving; parachute jumping
paraquedista *s.2g.* 1 skydiver; parachutist 2 (*militar*) paratrooper; tropas paraquedistas paratroops
parar *v.* 1 (*trânsito, processo*) to stop; mandar parar to halt; sem parar ceaselessly 2 (*interromper*) to stop; to hold; parar um movimento to hold a movement 3 (*passo*) to halt 4 (*acabar*) to come to an end
para-raios *s.m.* lightning conductor Grã-Bretanha; lightning rod EUA
parasita *s.m.* 1 BIOLOGIA parasite 2 figurado (*pessoa*) parasite; sponger; leech ■ *adj.2g.* BIOLOGIA parasitic; plantas parasitas parasitic plants
parasitar *v.* to parasitize
parati *s.m.* ZOOLOGIA mullet
para-vento *s.m.* windscreen; windbreaker
parceiro *s.m.* 1 (*sócio*) partner; collaborator 2 (*colega*) partner; mate; colleague 3 (*relação amorosa*) partner
parcela *s.f.* 1 parcel 2 (*divisão*) share; part; uma parcela dos lucros a share in profit
parcelado *adj.* 1 (*em parcelas*) parcelled 2 (*com parcéis*) shoaly; shallow
parcelar *v.* 1 (*dividir*) to divide into parts 2 (*terreno*) to parcel ■ *adj.2g.* 1 (*dividido*) divided into parts 2 (*parcial*) partial; incomplete
parceria *s.f.* partnership (com, *with*); alliance (com, *with*); em parceria com in partnership with
parcial *adj.2g.* 1 (*não isento*) partial; biassed 2 (*não acabado*) partial; incomplete
parcialidade *s.f.* 1 (*falta de isenção*) partiality; bias 2 (*preferência*) partiality; preference
parcialmente *adv.* partially; partly
pardal *s.m.* ZOOLOGIA sparrow
pardo *adj.* 1 (*acinzentado*) grey, greyish 2 (*cinza acastanhado*) dun
parecer *v.* 1 to seem; to look like; parece que it seems like, it looks as though 2 (*opinião*) to think; to seem; está me parecendo que it seems to me that parecer-se *v.pr.* 1 (*semelhança*) to look (com, *like*); to resemble (com, –); ele se parece com o irmão he looks just like his brother 2 (*soar*) to sound like; tudo me parece uma grande mentira it all sounds like a big lie to me ■ *s.m.* 1 (*ar*) looks; appearance; ter bom parecer to be good-looking 2 (*opinião*) opinion; comment; statement 3 DIREITO judgement; verdict; counsel ◆ (*conveniências*) parecer mal to be unbecoming ao que parece apparently
parecido *adj.* resembling; alike; são muito parecidos um com o outro they look alike
parede *s.f.* wall; parede mestra main wall ◆ as paredes têm ouvidos walls have ears
parente *s.2g.* relative; parentes afastados distant relatives; parentes próximos close relatives ● Observe que a palavra inglesa *parent* significa "pai" ou "mãe" (e não inclui primo, sobrinho, avôs).
parentesco *s.m.* kinship; relationship; tie; laços de parentesco family ties
parêntese *s.m.* (*geral*) parenthesis; (*sinal gráfico*) bracket; abrir parênteses to open brackets; entre parênteses in brackets; fechar parênteses to close brackets ◆ parênteses curvos round brackets parênteses retos square brackets
parêntesis *s.m.2n.* (*geral*) parenthesis; (*sinal gráfico*) bracket; abrir parêntesis to open brackets; entre parêntesis in brackets; fechar parêntesis to close brackets ◆ parêntesis curvos round brackets parêntesis retos square brackets
páreo *s.m.* 1 HISTÓRIA horse race 2 figurado competition 3 (*vestuário*) beach wrap, pareu
paridade *s.f.* parity; equality
parietal *adj.2g.* 1 (*parede*) mural 2 ANATOMIA parietal ■ *s.m.* ANATOMIA parietal
parir *v.* to give birth to; to cub; to bring forth
parlamentar *adj.2g.* parliamentary; assento parlamentar a chair in parliament ■ *s.2g.* member of parliament
parlamento *s.m.* parliament; Parlamento Europeu European Parliament ● O Parlamento britânico divide-se em duas câmaras: a Câmara dos Comuns (*House of Commons*), composta por deputados eleitos diretamente pelos cidadãos britânicos, e a Câmara dos Lordes (*House of Lords*), formada por membros da Igreja anglicana, aristocratas e cidadãos nomeados para o cargo. Os membros da Câmara dos Comuns somam atualmente 646 e são designados MPs (*Members of Parliament*). Os Lordes somam cerca de 720 e são designados Peers.
parmesão *adj.* Parmesan ■ *s.m.* Parmesan cheese
Parnaso *s.m.* (*monte*) Parnassus
paródia *s.f.* 1 parody 2 (*festança*) spree; shindig
parodiar *v.* to parody
paróquia *s.f.* (*zona*) parish
parque *s.m.* park ◆ parque de campismo campsite, camping park parque de diversões amusement park parque de estacionamento car park parque industrial industrial estate parque infantil playground
parreira *s.f.* vine
parte *s.f.* 1 (*porção*) share; portion; lot; em partes iguais in equal shares; eu pago a minha parte I'll pay my share 2 (*lado*) side; chamar à parte to call aside; à parte aside 3 (*metade*) half; ESPORTE primeira parte do jogo first half of the match 4 DIREITO ECONOMIA party; ouvir ambas as partes to hear both parties; parte interessada concerned party 5 (*local*) place; de toda a parte from all quarters; em parte

alguma nowhere; em qualquer outra parte somewhere else, elsewhere; em toda a parte everywhere ♦ dar parte de to press charges partes *s.f.pl.* (*órgãos genitais*) genitals ♦ a maior parte do tempo most of the time em parte partly pela minha parte as far as I am concerned tomar parte to take part in

parteira *s.f.* midwife

participação *s.f.* 1 (*tomar parte*) participation; involvement; participação em um jogo involvement in a game 2 (*informações*) communication; report; notice 3 ECONOMIA (*ter ações*) sharing

participante *s.2g.* 1 (*atividade*) participant (em, *in*) 2 (*que colabora*) collaborator; partner ■ *adj.2g.* 1 (*tomar parte*) participating 2 (*colaboração*) sharing; collaborating

participar *v.* 1 (*associar-se*) to associate (em, *with*); to join (em, –) 2 (*informar*) to inform; to report 3 (*tomar parte*) to participate (em, *in*); to take part (em, *in*); to join (em, *in*); participar em uma atividade to participate in an activity 4 (*partilhar*) to share (em, *in*); participar nos lucros to have a share in the profits

particípio *s.m.* LINGUÍSTICA participle; particípio passado past participle

partícula *s.f.* (*geral*) particle

particular *adj.2g.* 1 (*privado*) private; casa particular private house 2 (*íntimo*) private; personal; em particular privately, particularly 3 (*peculiar*) particular; peculiar ■ *s.m.* 1 individual; a casa é de um particular it is a private house 2 (*conversa*) private conversation particulares *s.m.pl.* (*pormenores*) particulars; details

particularidade *s.f.* (*singularidade*) particularity; peculiarity; singularity

particularizar *v.* 1 (*singularizar*) to particularize; to singularize 2 (*especificar*) to specify

particularmente *adv.* 1 (*em particular*) particularly, in particular; especially 2 (*em privado*) in private; privately

partida *s.f.* 1 (*saída*) departure; leaving; estar de partida to be about to leave 2 (*arranque*) start; ponto de partida starting point 3 ESPORTE match; game; uma partida de futebol a football match 4 (*brincadeira*) trick; prank

partido *s.m.* 1 POLÍTICA party; filiar-se a um partido to join a party 2 (*parceiro*) match; catch; ser um bom partido to be a good catch 3 (*apoio*) side; tomar o partido de alguém to side with someone ■ *adj.* (*quebrado*) broken; cracked; in pieces tirar partido de to take advantage of

partilha *s.f.* division; sharing out; fazer a partilha to divide up an inheritance

partilhar *v.* 1 to share (com, *with*); partilhar alguma coisa com alguém to share something with someone 2 (*partilha*) to share (de, –); to partake (de, –); partilhar da mesma opinião to share the same opinion; partilhar dos mesmos gostos to like the same things

partir *v.* 1 (*quebrar*) to break; partir ao meio to cut in halves; partir em pedaços to break in pieces; partir em dois to break in two, to halve 2 (*ir embora*) to depart (para, *for*); to leave (para, *to*); to go away (para, *to*); a que horas parte o trem? what time does the train leave?; estar para partir to be about to leave 3 (*dividir*) to divide; to parcel out ♦ a partir de 1 de maio from the 1st May on a partir de agora from now on

partitura *s.f.* MÚSICA score

parto *s.m.* delivery; labour; estar em trabalho de parto to be in labour; parto prematuro premature delivery

Páscoa *s.f.* Easter ♦ domingo de Páscoa Easter Sunday

pascoal *adj.2g.* paschal

pasmar *v.* to be amazed; to be astonished; pasmem! behold!

pasmo *s.m.* 1 (*admiração*) amazement; astonishment 2 (*surpresa*) wonder; surprise; olhar com pasmo to stare in wonder 3 (*perplexidade*) bewilderment; perplexity

passa *s.f.* (*uva*) raisin

passada *s.f.* 1 (*andar*) step; ouvir passadas to hear footsteps 2 (*ritmo*) pace; a passadas regulares in a steady pace

passado *s.m.* past; falar do passado to speak about the past ■ *adj.* 1 (*história*) past; gone; os tempos passados those far gone days 2 (*tempo*) past; last; later; o mês passado last month; passados alguns momentos some moments later 3 coloquial (*descontrolado*) crazy; berserk; você deve estar passado! you must be crazy!; ficar passado to go berserk 4 CULINÁRIA done; bife bem passado well done steak

passageiro *adj.* 1 (*movimento*) passing; moving; nuvens passageiras passing clouds 2 (*fugaz*) fleeting; transient; momentos passageiros fleeting moments ■ *s.m.* 1 (*meios de transportes*) passenger 2 (*viajante*) traveller ♦ passageiro clandestino stowaway

passagem *s.f.* 1 (*tempo*) passage; a passagem do tempo the passage of time; com a passagem dos anos as years went by 2 (*caminho*) passage; passageway; passagem para pedestres pedestrian crossing 3 (*caminho*) way; abrir passagem to make way; tapar a passagem to block the way 4 (*preço*) fare; quanto custou a passagem? how much was the fare? 5 (*bilhete*) ticket 6 (*excerto*) passage; section ♦ passagem de nível level crossing passagem subterrânea underpass diga-se de passagem by the way

passaporte *s.m.* passport

passar *v.* 1 (*movimento*) to pass; to go; deixe-me passar! let me through! 2 (*ultrapassar*) to go beyond; passar à/na frente to get ahead, to move ahead of 3 coloquial to hang (por, *around*); ele costuma passar por aqui he usually hangs about this neighbourhood 4 (*um veículo*) to overtake; passar um carro em alta velocidade to overtake a car at high speed 5 (*atravessar*) to go through; to suffer; to endure; passar por diversas provações to go through several hardships 6 (*tempo*) to go by; to pass; à medida que o tempo passava as time went by 7 to spend; passar tempo to spend time 8 (*prova*) to pass 9 (*dor, barulho, estado*) to come to an end; to finish; to stop; to pass 10 (*avançar*) to proceed (a, *to*); to go (a, *to*); to move (a, *to*); passar a outro assunto to proceed to

passarela

another matter **11** (*aprovar*) to pass; to approve; to enact; passar uma lei no parlamento to approve a law at Parliament **12** (*objeto*) to hand; passe-me a travessa, por favor hand me the plate, please **13** (*informações, ideias*) to convey; to put across **14** (*ilegalidade*) to smuggle; to deal in; **15** (*roupa*) to iron; to press **16** (*exceder*) to exceed; to surpass; passar o limite de velocidade to surpass the speed limit **17** ESPORTE to pass; passar a bola to pass the ball **18** to sell (with trade) passar-se *v.pr.* **1** (*acontecer*) to happen; to go on; o que se passa? what's going on? **2** to pretend to be (por, –) ♦ passar pela cabeça to cross one's mind (*escapar ao olhar*) passar por cima to overlook não consigo passar sem isso I cannot do without it (*reconforto*) pronto, já passou now, it's all right

passarela *s.f.* catwalk

passarinho *s.m.* little bird, birdie

pássaro *s.m.* ZOOLOGIA bird; ninho de pássaro bird's nest ♦ (*provérbio*) mais vale um pássaro na mão do que dois voando a bird in the hand is worth two in the bush

passatempo *s.m.* hobby

passe *s.m.* **1** ESPORTE pass; o atacante fez um passe perfeito the striker made a perfect pass **2** (*transportes, passagem*) pass; passe de ônibus bus pass **3** (*licença*) licence; permit

passear *v.* **1** (*dar uma volta*) to take a walk, to go for a walk **2** (*vaguear*) to stroll; passear pela praia to stroll along the beach **3** to walk; to take for a walk; levar o cachorro para passear to walk the dog ♦ mandar alguém passear to send somebody packing vai passear! get out of here!

passeata *s.f.* popular stroll; promenade

passeio *s.m.* **1** walk; stroll; ir dar um passeio a pé to go for a walk; ir dar um passeio de carro to go for a drive **2** (*viagem*) outing; trip; tour **3** (*calçada*) pavement Grã-Bretanha; sidewalk EUA

passivo *adj.* **1** (*ausência de ação*) passive; unresponsive; resistência passiva passive resistance **2** LINGUÍSTICA passive; voz passiva passive voice

passo *s.m.* **1** (*movimento do pé*) step; dar um passo to take a step; passo a passo step by step; um passo em frente one step forward **2** (*ao andar*) walk; passo irregular unsteady walk **3** (*ritmo*) pace; a este passo at this pace; a passo slowly **4** (*excerto*) passage; excerpt **5** figurado (*jogada*) move; qual é o próximo passo? what is the next move? ♦ passo em falso wrong move a cada passo every now and then acertar o passo com to be in step with ao passo que while

pasta *s.f.* **1** (*documentos*) briefcase; attaché case **2** (*documentos, trabalhos*) portfolio **3** (*escola*) schoolbag **4** (*preparado*) paste; pasta de dente toothpaste **5** INFORMÁTICA folder ♦ pasta de dentes toothpaste

pastagem *s.f.* pasture, pasturage; pastureland

pastar *v.* (*gado*) to pasture; to graze

pastel *s.m.* **1** (*frito*) samosa; pastel de queijo cheese samosa **2** pie; pasty; pastel de carne meat pasty **3** (*cor*) pastel ■ *adj.2g.* (*cor*) pastel

pastelão *s.m.* **1** CULINÁRIA big pie **2** popular (*preguiçoso*) lazybones; sluggard

pastelaria *s.f.* confectionery, confectioner's; baker's; cake shop

pasteurizado *adj.* pasteurized; leite não pasteurizado unpasteurized milk; leite pasteurizado pasteurized milk

pasteurizar *v.* to pasteurize

pastilha *s.f.* **1** MEDICINA (*comprimido*) pill **2** MEDICINA (*para chupar*) pastille; lozenge; pastilha para a garganta throat pastille

pasto *s.m.* pastureland; pasture

pastor *s.m.* **1** shepherd (*m.*), shepherdess (*f.*) **2** figurado guide ■ *s.m.* RELIGIÃO minister; pastor ■ *adj.* (of) shepherd; cão pastor shepherd's dog

pastoral *s.f.* LITERATURA pastoral

pastor-alemão *s.m.* (*raça de cachorro*) German shepherd; Alsatian

pastoril *adj.2g.* **1** pastoral **2** (*rústico*) rural; rustic; bucolic

pastoso *adj.* **1** (*viscoso*) clammy; slimy **2** (*pegajoso*) sticky **3** (*voz*) muzzy

pata *s.f.* **1** paw; pata dianteira fore foot; pata traseira hind foot **2** ZOOLOGIA female duck ♦ tire as patas! keep your paws to yourself!

patada *s.f.* coloquial kick

patamar *s.m.* **1** (*escadas*) landing **2** (*planalto*) plateau **3** figurado (*nível*) stage; level; neste patamar at this level

patavina *s.f.* nothing; não entender patavina de to make neither head nor tail of

patê *s.m.* CULINÁRIA pâté

patego *adj.* coloquial stupid; jerk; dorf ■ *s.m.* coloquial stupid person; jerk; dorf

patela *s.f.* **1** ANATOMIA patella; kneepan **2** (*disco*) quoit **3** (*jogo*) quoits

patente *adj.2g.* patent; obvious; clear; foi patente o embaraço dele his embarrassment was clear enough ■ *s.f.* **1** (*registro*) patent; tirar patente de to take out a patent for **2** (*militar*) commission; rank

patentear *v.* **1** (*evidenciar*) to manifest; to show **2** (*registro oficial*) to patent

paternal *adj.2g.* paternal; fatherly; amor paternal fatherly love

paternidade *s.f.* paternity; fatherhood ♦ licença de paternidade paternity leave

paterno *adj.* paternal; fatherly; avó paterna paternal grandmother

pateta *s.2g.* **1** simpleton; jerk **2** (*tolo*) fool; silly **3** (*estúpido*) blockhead; dumbhead ■ *adj.2g.* **1** (*disparatado*) foolish; silly **2** (*estúpido*) stupid; dumb

patetice *s.f.* **1** (*disparate*) nonsense; rubbish **2** (*tolice*) silliness; foolishness

patético *adj.* pathetic; pitiable

patíbulo *s.m.* scaffold; gallows

patifaria *s.f.* wickedness; meanness

patife *s.m.* villain; rascal

patim *s.m.* rollerskate ♦ patins em linha in-line skates; rollerblades

patinação *s.f.* roller skating; patinação artística figure skating; patinação no gelo ice skating

patinador *s.m.* skater

patinar *v.* **1** (*gelo, recinto*) to skate; ir patinar to go skating **2** (*derrapar*) to skid; to slide

patinete *s.f.* (*brinquedo*) scooter
patinho *s.m.* 1 duckling 2 coloquial fool ◆ patinho de borracha rubber duck o patinho feio the ugly duckling cair que nem um patinho to fall into the snare
pátio *s.m.* yard; courtyard; pátio da escola school yard
pato *s.m.* ZOOLOGIA duck; drake ◆ coloquial caiu como um pato he got it in the neck
patogênico *adj.* pathogenic
patola *s.f.* popular big paw ■ *adj.2g.* stupid; foolish
patologia *s.f.* pathology
patológico *adj.* pathologic, pathological
patologista *s.2g.* pathologist
patrão *s.m.* boss; employer
pátria *s.f.* fatherland; motherland; mother country; homeland
patriarca *s.m.* patriarch
patriarcal *adj.2g.* patriarchal
patricinha *s.f.* coloquial a young girl who is too concerned about wearing fancy clothes, going to fancy places etc.
patrimonial *adj.2g.* patrimonial
patrimônio *s.m.* 1 (*herança*) patrimony; heritage 2 (*propriedade*) property; estate 3 (*valor cultural*) heritage ◆ patrimônio do Estado State property patrimônio mundial world heritage
patriota *s.2g.* patriot
patriotismo *s.m.* patriotism
patroa *s.f.* 1 (*empresa*) boss; employer 2 (*dona de casa*) lady of the house 3 popular (*esposa*) wife
patrocinador *s.m.* sponsor; (*mecenas*) patron; patrocinador de um acontecimento sponsor of an event
patrocinar *v.* 1 (*custear*) to sponsor; to support 2 (*artes*) to patronize 3 (*apoiar*) to support; to protect
patrocínio *s.m.* 1 sponsorship; funding; backing 2 patronage 3 (*apoio*) support; protection
patronal *adj.2g.* employer's
patrono *s.m.* 1 patron saint 2 (*patrocinador*) sponsor 3 (*defensor*) patron
patrulha *s.f.* patrol
patrulhamento *s.m.* patrol; patrolling
patrulhar *v.* to patrol; patrulhar as ruas to patrol the streets
paturi *s.m.* ZOOLOGIA masked duck
patusco *adj.* 1 coloquial (*alegre*) cheerful; funny; light-hearted 2 coloquial (*tolo*) silly; foolish
pau *s.m.* 1 (*madeira*) stick; piece of wood 2 (*arma*) cudgel 3 vulgarismo, coloquial cock paus *s.m.pl.* (*cartas*) clubs; ás de paus ace of clubs ◆ pau para toda obra (*pessoa*) jack-of-all-trades mexer os pauzinhos to pull the strings
pau-brasil *s.m.* brazilwood
pau-d'água *s.m.* drunkard
paulada *s.f.* blow; stroke; cudgel blow
pau-mandado *s.m.* coloquial, pejorativo plaything; cat's paw; dupe
pausa *s.f.* 1 (*intervalo*) pause; break; time off; intermission; fazer uma pausa to take a break 2 (*paragem*) stop 3 MÚSICA mark
pausado *adj.* 1 (*lento*) slow 2 (*relaxado*) leisurely; relaxed 3 (*meditado*) measured
pau-santo *s.m.* BOTÂNICA lignum vitae

pauta *s.f.* 1 MÚSICA stave 2 (*lista*) register; list; roll 3 (*papel*) paper-ruler
pautado *adj.* (*papel*) ruled; folhas pautadas ruled sheets
pautar *v.* 1 (*linhas em papel*) to rule 2 (*orientar*) to direct; to lead pautar-se *v.pr.* to be defined (*por, by*); to be characterized (*por, by*)
pauzinho *s.m.* small stick pauzinhos *s.m.pl.* (*comida chinesa*) chopsticks ◆ mexer os pauzinhos to pull the strings
pavão *s.m.* ZOOLOGIA peacock
pavilhão *s.m.* 1 ESPORTE pavilion 2 (*feira*) stand
pavimentação *s.f.* paving; surfacing; pavimentação de asfalto asphalting; obras de pavimentação resurfacing work
pavimentar *v.* to pave
pavimento *s.m.* 1 (*chão*) floor 2 (*ruas*) surface of a road; pavement EUA
pavio *s.m.* wick; pavio de uma vela wick of a candle ◆ de fio a pavio from beginning to end
pavor *s.m.* dread; terror ◆ ter pavor de to have a horror of
paz *s.f.* peace ◆ deixar em paz to leave alone deixe-me em paz! let me be!
pé *s.m.* 1 ANATOMIA foot; em pé up, standing; ir a pé to go on foot 2 (*medida*) foot; 30 pés de comprimento 30-foot length 3 (*mobília*) leg; pé de uma cadeira leg of a chair 4 base; bottom 5 (*flor, copo*) stem 6 (*luminária*) standard ◆ (*cautelosamente*) pé ante pé on tiptoe ao pé nearby ao pé da letra literally ao pé de next to bater o pé to put one's foot down do pé para a mão from one moment to the other em pé de igualdade on equal terms estar de pé atrás to be on one's guard estar em pé de guerra to be on a war footing na ponta dos pés on tiptoes meter os pés pelas mãos to mess up sem pés nem cabeça without rhyme or reason pé de atleta (*micose*) athlete's foot pé de cabra crowbar pé de chinelo poor devil ■ *adj.2g.* coloquial cheap; second-rate pé de galinha (*ruga*) crow's foot pé de meia savings; nest-egg; ter um bom pé-de-meia to have some money put away pé de pato flipper pé de vento (*confusão*) hullabaloo; commotion
pê *s.m.* name of the letter p
peão *s.m.* 1 rural worker 2 (*xadrez*) pawn 3 figurado (*joguete*) pawn; puppet
pebolim *s.m.* table football
peça *s.f.* 1 (*parte de um todo*) piece; item; uma peça de roupa a piece of clothing 2 (*material*) part; peças sobressalentes spare parts 3 TEATRO play 4 (*molecada*) trick; prank; practical joke; pregar uma peça em alguém to play a trick on someone 5 (*jogos*) playing piece
pecado *s.m.* RELIGIÃO sin
pecador *s.m.* sinner; wrongdoer
pecar *v.* 1 RELIGIÃO to sin 2 to err; pecar por excesso de to err on the side of
pechincha *s.f.* bargain; find; isso realmente foi uma pechincha! this was really a find
pechinchar *v.* (*regatear*) to bargain; to haggle
pechisbeque *s.m.* pinchbeck
pecíolo *s.m.* BOTÂNICA petiole

peçonha

peçonha *s.f.* 1 (*veneno*) poison; (*cobras, aranhas*) venom 2 figurado, pejorativo (*malícia*) venom; spite
pecuária *s.f.* cattle breeding; cattle raising
pecuário *adj.* cattle ♦ indústria pecuária cattle industry
peculato *s.m.* DIREITO peculation; embezzlement
peculiar *adj.2g.* peculiar
peculiaridade *s.f.* peculiarity
pecuniário *adj.* pecuniary; monetary
pedaço *s.m.* 1 (*pequena quantidade*) bit; piece 2 (*fragmento*) piece; shatter; ficar em pedaços to break down to pieces 3 (*naco*) morsel; scrap; chunk; um pedaço de carne a chunk of meat; um pedaço de pão a morsel of bread
pedágio *s.m.* 1 (*quantia*) toll 2 (*local*) toll; tollgate, tollbooth
pedagogia *s.f.* pedagogy
pedagógico *adj.* pedagogical; material pedagógico teaching aids
pedagogo *s.m.* pedagogue
pedal *s.m.* pedal
pedalar *v.* to pedal
pedalinho *s.m.* (*barco*) pedalo
pedante *adj.2g.* pejorativo (*ares de superioridade*) pedantic; pretentious ■ *s.2g.* 1 pejorativo pedant 2 pejorativo (*gabarolas*) braggart; show-off
pedestal *s.m.* base; stand; pedestal ♦ pôr em um pedestal to set on a pedestal
pedestre *adj.2g.* pedestrian
pediatra *s.2g.* paediatrician
pediatria *s.f.* MEDICINA paediatrics
pediátrico *adj.* paediatric Grã-Bretanha, pediatric EUA
pedicura *s.f.* (*tratamento*) pedicure
pedicuro *s.m.* pedicure; chiropodist
pedido *s.m.* 1 (*apelo*) appeal; call; pedido de ajuda call for help; um pedido de desculpas an apology 2 (*demanda*) request; demand; a pedido de by desire of, at the request of; atender a um pedido to yield to a request 3 (*encomenda*) order; request; fazer um pedido to place an order 4 (*casamento*) proposal
pedigree *s.m.* pedigree
pedincha *s.f.* begging ■ *s.2g.* cadger; scrounger
pedinchar *v.* 1 pejorativo (*pedir*) to beg; to beg (por, *for*) 2 pejorativo (*lamentar-se*) to whine (por, *for*)
pedinte *s.2g.* beggar
pedir *v.* 1 (*solicitar*) to ask for; pedir desculpas to apologize; pedir esclarecimentos to ask for explanations; pedir um conselho to ask for a piece of advice; pedir um favor to ask a favour 2 (*implorar*) to beg for; to implore 3 (*encomendar*) to order 4 (*requerer*) to request; to demand; pedir a vistoria de um perito to demand an expert's survey; pedir indenização to claim damages from 5 (*apelar*) to call; pedir ajuda to call for help 6 (*rezar*) to pray (a, *to*); pedir a Deus to pray to God 7 (*esmolas*) to beg ♦ pedir alguém em casamento to propose to someone pedir emprestado a to borrow from
peditório *s.m.* 1 (obra de caridade) collection 2 (pedintes) begging
pedofilia *s.f.* paedophilia
pedófilo *s.m.* paedophile; child molester ■ *adj.* paedophilic

pedra *s.f.* 1 stone; atirar pedras to throw stones 2 (*jogo de damas*) round piece, piece; man 3 (*túmulo*) tombstone 4 (*grão*) grain; pedra de sal grain of salt ♦ pedra preciosa precious stone; gemstone
pedrada *s.f.* blow with a stone
pedra-pomes *s.f.* pumice stone
pedra-sabão *s.f.* soapstone
pedregulho *s.m.* boulder
pedreira *s.f.* stone quarry; stone pit
pedreiro *s.m.* mason, stonemason
pegada *s.f.* 1 (*pés*) footprint; footmark 2 (*vestígios*) trace; track; seguir as pegadas de alguém to follow someone else's track
pegado *adj.* 1 (*colado*) stuck; glued 2 (*próximo*) next (a, *to*); a sua casa é pegada à minha your house is next to mine 3 figurado (*apegado*) attached (a, *to*); affectionate (a, *towards*); ela é muito pegada à mãe she is very attached to her mother 4 (*planta*) rooted
pegajento *adj.* sticky; slimy
pegajoso *adj.* sticky; slimy
pegar *v.* 1 (*colar*) to stick; to glue 2 to catch; pegar alguém desprevenido to catch somebody off (their) guard; pegar em flagrante to catch in the act, to catch red-handed; pegar desprevenido to catch somebody off (their) guard pegaram o ladrão they caught the burglar; pegar uma bola to catch a ball; pego pela polícia caught by the police; te peguei! I've got you!, gotcha! col. 3 (*do chão*) to pick up 4 coloquial (*ir buscar*) to pick up 5 (*levantar, agarrar*) to take (em, *up*); to seize (em, –); to hold (em, *up*); pegar alguém no colo to take someone up in one's arms 6 (*canal, sinal*) to get 7 (*motor*) to start; o carro não pega the car won't start 8 (*cadeia*) to get; pegou dois anos de prisão he got two years in prison 9 (*condições atmosféricas*) pegar bom tempo to get good weather; pegar chuva to be caught in the rain; pegar sol to sunbathe 10 (*planta*) to take root 11 (*ser contaminado por doença*) to catch; peguei uma gripe I caught the flu 12 (*fogo*) to set; a casa pegou fogo the house set on fire 11 (*meio de transporte*) to catch; pegar o ônibus to catch the bus 12 (*ir buscar*) to collect; to pick up; fui pegar a minha mãe no aeroporto I collected my mother from the airport 13 coloquial (*ir*) to go; pegar um cinema to go to the cinema 14 (*canal, sinal*) to get 15 (*estrada*) to pick up 16 (*juntar*) to join; to put together; to unite 17 (*tourada*) to grapple 18 (*provocar*) to tease (com, –) pegar-se *v.pr.* 1 (*colar-se*) to cling; to stick; to glue 2 figurado (*discussão, luta*) to quarrel; to have a row; eles se pegaram they had a row
Pégaso *s.m.* MITOLOGIA, ASTRONOMIA Pegasus
peidar *v.* vulgarismo to fart (vulg.)
peido *s.m.* vulgarismo fart (vulg.)
peito *s.m.* 1 ANATOMIA chest 2 (*parte superior*) breast 3 (*seio*) breast; bosom; criança de peito breast-fed child 4 figurado (*sentimentos*) heart
peitoral *adj.2g.* pectoral; xarope peitoral pectoral syrup ■ *s.m.* ANATOMIA pectoral
peitoril *s.m.* 1 (*varanda, corrimão*) parapet 2 (*janela*) window sill
peixaria *s.f.* fishmonger's; fish market

peixe s.m. fish; peixe fresco wet fish ◆ estar como peixe fora d'água to be out of one's element (*provérbio*) filho de peixe peixinho é like father like son
peixe-boi s.m. ZOOLOGIA Amazonian manatee
peixe-espada s.m. ZOOLOGIA swordfish
peixe-galo s.m. ZOOLOGIA john dory
peixeiro s.m. fishmonger
peixe-porco s.m. ZOOLOGIA hogfish
peixe-rei s.m. ZOOLOGIA atherine
Peixes s.m.pl. ASTRONOMIA Pisces, the Fishes
pejorativo adj. pejorative; disparaging; comentários pejorativos disparaging comments
pelada s.f. 1 MEDICINA alopecia 2 (*floresta*) clearing 3 football game; ball game
pelado adj. 1 (*casca, pele*) skinned 2 (*pelo, cabelo*) bald; hairless 3 coloquial (*nu*) naked ■ s.m. coloquial slyboots; cunning person
pelágico adj. pelagic, oceanic
pelar v. 1 (*cabelo, pelos*) to pull off 2 CULINÁRIA (*legumes*) to peel; (*amêndoas*) to blanch 3 (*cortiça*) to bark 4 to be very hot; a sopa está pelando the soup is very hot pelar-se v.pr. to be keen (por, on); to enjoy (por, –); figurado pelar-se por alguma coisa to do anything for something
pele s.f. 1 (*pessoas*) skin; pele oleosa oily skin; pele seca dry skin; pele sensível sensitive skin 2 (*tez*) complexion; pele clara light complexion 3 (*animais*) fur; casaco de peles fur coat 4 (*fruta, legumes*) peel; pele de tomate tomato peel ◆ arriscar a pele to risk one's neck não queria estar na sua pele I wouldn't like to be in your shoes emoções à flor da pele too sensitive ser só pele e osso to be all skin and bones
pelego s.m. 1 (*xairel*) sheepskin saddlecloth 2 figurado (*pessoa*) boor
peleja s.f. 1 (*batalha*) battle; combat; fight 2 (*discussão*) quarrel; fight; argument
pelejar v. 1 (*lutar*) to fight 2 (*brigar*) to struggle 3 (*discutir*) to quarrel
pele-vermelha s.2g. redskin; American Indian
pelica s.f. kid; luvas de pelica kid gloves
pelicano s.m. ZOOLOGIA pelican
película s.f. film; película fotográfica photographic film ◆ película aderente clingfilm
pelintra adj.2g. 1 penniless; hard up; ser pelintra to be hard up 2 (*maltrapilho*) shabby; ragged; tattered 3 (*fanfarrão*) boastful; bragging 4 (*sovina*) mean; stingy ■ s.2g. 1 poor person 2 (*fanfarrão*) show-off; boaster
pelotão s.m. 1 platoon 2 ESPORTE (*corridas, ciclismo*) bunch ◆ pelotão de fuzilamento firing squad
pelourinho s.m. pillory
pelouro s.m. 1 (*bala*) cannonball 2 (*serviços*) office; department
pelúcia s.f. (*tecido*) plush
peludo adj. hairy
pélvico adj. pelvic
pélvis s.f. ANATOMIA pelvis
pena s.f. 1 (*aves*) feather; plume 2 (*caneta*) quill 3 (*sentimento*) pity; ter pena de to be sorry for, to pity 4 DIREITO (*castigo*) penalty; punishment ◆ não vale a pena it's no use valer a pena to be worthwhile
penacho s.m. plume; plume of feathers
penado adj. 1 (*desgostoso*) grieved; sorrowful 2 (*castigado*) punished; alma penada lost soul 3 (*com penas*) feathered
penal adj.2g. penal ◆ código penal penal code
penalidade s.f. 1 DIREITO penalty; punishment 2 ESPORTE penalty; grande penalidade penalty
penalização s.f. 1 (*castigo*) penalty; punishment 2 DIREITO penalization 3 ESPORTE penalty
penalizar v. 1 (*afligir*) to distress; to grieve; to pain; penaliza-me ver-te assim it pains me to see you this way 2 (*prejudicar*) to harm; to hinder penalizar-se v.pr. to regret
pênalti s.m. (*futebol*) penalty
penar v. (*sofrer*) to be in pain; to suffer; to grieve
penca s.f. 1 BOTÂNICA white cabbage 2 coloquial (*nariz grande*) conk col.
pendente adj. 1 (*pendurado*) hanging; suspended 2 (*questão, trabalho*) pending; standing; assuntos pendentes pending matters ■ s.m. (*ornamento*) pendant
pender v. 1 (*algo pendurado*) to hang; to be suspended; pender por um fio to hang by a thread 2 (*inclinação*) to lean; to slant; pender para a direita to slant to the right
pendular adj.2g. pendular ■ s.m. (*trem*) pendular train
pêndulo s.m. pendulum
pendurado adj. 1 hanging (em, on) 2 coloquial (*hipotecado*) pawned; mortgaged 3 coloquial (*endividado*) indebted; in debt 4 coloquial (*fiado*) on credit; on trust ◆ (*expectativa, impasse*) deixar alguém pendurado to leave someone dangling
pendurar v. 1 to hang; pendurar um quadro to hang a painting 2 coloquial (*empenhar*) to pawn 3 coloquial (*levar fiado*) to take on credit
penduricalho s.m. 1 pendant 2 irônico (*condecoração*) decoration
penedo s.m. rock; boulder
peneira s.f. (*objeto*) sieve; (*máquina*) sifting machine peneiras s.f.pl. coloquial, pejorativo show-off; snobbery
peneirar v. (*cereais, terra*) to sift
peneirento s.m. coloquial, pejorativo prig; snob; goody-goody ■ adj. coloquial, pejorativo priggish; show-off
penetra s.2g. coloquial crasher; intruder; uninvited guest
penetração s.f. (*geral*) penetration
penetrante adj.2g. 1 (*dor, som*) piercing; sharp 2 (*olhar*) sharp; piercing; probing 3 (*cheiro*) pervading
penetrar v. 1 (*entrar*) to penetrate; penetrar em território inimigo to penetrate enemy territory 2 (*líquido, espião*) to infiltrate (em, –) 3 (*perceber*) to grasp
penhasco s.m. cliff; ravine
penhor s.m. 1 (*empenhar bens*) pawn 2 (*prova*) pledge; guarantee; como penhor da minha palavra

penhora
as a pledge of my word ♦ casa de penhores pawnbroker, pawn shop
penhora s.f. DIREITO seizure; attachment
penhorado adj. 1 seized; distrained 2 figurado thankful; grateful; indebted
penhorar v. 1 (*indivíduo*) to pawn 2 DIREITO (*Estado*) to seize; to attach
penicilina s.f. penicillin
penico s.m. chamber pot; jerry col.
península s.f. GEOGRAFIA peninsula ♦ Península Ibérica Iberian Peninsula
peninsular adj.2g. peninsular
pênis s.m. ANATOMIA penis
penitência s.f. 1 (*arrependimento*) penitence; repentance 2 RELIGIÃO (*castigo*) penance
penitenciar v. (*castigar*) to penance penitenciar-se v.pr. (*arrepender-se*) to do penance; to repent
penitenciária s.f. prison; penitentiary EUA
penitenciário s.m. prisoner
penoso adj. 1 (*doloroso*) painful 2 (*trabalhoso*) difficult; hard
pensador s.m. thinker
pensamento s.m. thought ♦ vir ao pensamento to come to mind
pensão s.f. 1 (*acomodação*) boarding house; guest house; inn; pension; pensão completa full board 2 (*subsídios, reformas*) pension ♦ pensão de alimentos alimony pensão por invalidez disability allowance
pensar v. 1 to think (em, *of*); penso que ele não está dizendo a verdade I don't think he's telling the truth; em que você está pensando? what are you thinking of? 2 (*opinião*) to think (que, *that*) 3 (*para si mesmo*) to wonder; estava só pensando I was just wondering 4 (*ferida*) to dress ♦ pensa bem! think it over! pensando melhor on second thoughts dar que pensar to give food for thought não pense mais nisso! forget it! pensando bem, ... all things considered, ... ter mais em que pensar to have other things on one's mind
pensativo adj. thoughtful; estar pensativo to be lost in thought
pênsil adj.2g. hanging; suspended; pensile; ponte pênsil suspension bridge
pensionista s.2g. pensioner
pentágono s.m. GEOMETRIA pentagon
pente s.m. 1 (*cabelo*) comb 2 (*para a lã*) card ♦ passar a pente fino to search all over
penteadeira s.f. dressing table
penteado s.m. hairdo ■ adj. combed; cabelo bem penteado well combed hair
pentear v. 1 (*cabelo*) to comb 2 (*cavalo*) to curry pentear-se v.pr. to comb one's hair; to do one's hair ♦ vai pentear macacos! get lost!
Pentecostes s.m. RELIGIÃO Pentecost
pentelho s.m. 1 vulgarismo pubic hair 2 vulgarismo (*pessoa*) an annoying person
penugem s.f. 1 (*aves*) down 2 (*tecidos*) fluff
penúltimo adj. the last but one; penultimate
penumbra s.f. 1 (*escuridão*) half-light; dark 2 (*crepúsculo*) dusk ♦ na penumbra in the dark
pepino s.m. BOTÂNICA cucumber

pepino-do-mar s.m. ZOOLOGIA sea cucumber, holothurian
pepita s.f. nugget; pepita de ouro gold nugget
pequenada s.f. children
pequenez s.f. 1 smallness; small size 2 (*infância*) childhood; infancy 3 figurado (*mesquinhez*) meanness; stinginess; pettiness
pequenino s.m. child; little boy, little girl ■ adj. tiny; very little; very small
pequeno adj. 1 (*dimensões*) small 2 (*quantidade*) little 3 (*baixo*) short ■ s.m. child; little boy, little girl ♦ quando eu era pequeno when I was growing up
pé-quente s.m. 1 lucky person 2 a reckless driver who drives too fast
pequerrucho s.m. little boy, little girl ■ adj. small; little
pera s.f. 1 BOTÂNICA pear 2 (*barba*) beard 3 (*interruptor*) switch ♦ não ser pera doce to be no picnic
peralta adj.2g. 1 foppish; dandyish 2 (*criança*) naughty; mischievous ■ s.2g. 1 dandy; fop; coxcomb 2 (*criança*) naughty child
perambular v. to wander; to roam
perante prep. 1 (*na presença de*) before; in the presence of; a testemunha depôs perante o juiz the witness testified before the judge; o testamento foi assinado perante duas testemunhas the will was signed in the presence of two witnesses 2 (*face a*) in the face of; before; ela mostrou muita determinação perante a adversidade she showed a great determination in the face of adversity
pé-rapado s.m. coloquial poor person
perca s.f. ZOOLOGIA perch
percalço s.m. 1 (*contratempo*) mishap; misfortune; contretemps 2 (*transtorno*) drawback; hindrance; obstacle
perceber v. 1 to understand; to comprehend; não percebi nada do que ele disse I didn't understand a word of what he said 2 (*ver, distinguir*) to perceive; to make out; to see; to discern 3 (*ouvir*) to hear; to perceive 4 (*sentir*) to sense; to feel; o cachorro percebeu a presença de estranhos the dog sensed the presence of strangers
percentagem s.f. percentage; rate
percentil s.m. percentile
percentual adj.2g. percentage; a inflação subiu um ponto percentual inflation has risen one percentage point ♦ em termos percentuais in percentage terms
percepção s.f. 1 (*apreensão*) perception 2 (*compreensão*) insight; understanding
perceptível adj.2g. 1 perceptible; perceivable 2 (*visível*) discernible; visible
perceptivo adj. perceptive; sharp; observant
percevejo s.m. ZOOLOGIA bedbug
percorrer v. 1 (*a pé*) to cover; percorremos trinta quilômetros em um dia we covered thirty kilometres in a day 2 (*país*) to travel over; o candidato percorreu todo o país em campanha the candidate travelled all over the country in campaign 3 (*analisar*) to look over; to go through
percurso s.m. 1 course; route 2 distance ♦ (*parque*) percurso pedestre nature trail

percussão *s.f.* percussion ♦ MÚSICA instrumentos de percussão percussion instruments
percussionista *s.2g.* percussionist
perda *s.f.* 1 loss; perda de sangue loss of blood; sentimento de perda sense of loss 2 (*desperdício*) waste; vir aqui foi uma perda de tempo coming here was a waste of time 3 figurado (*morte*) death; loss
perdão *s.m.* 1 pardon; (com o seu) perdão! excuse me!; (peço) perdão! (I beg your) pardon!, I am sorry! 2 forgiveness; pedir perdão a alguém por alguma coisa to ask somebody for forgiveness for something 3 DIREITO pardon; conceder um perdão to grant a pardon
perdedor *s.m.* loser ■ *adj.* losing ♦ mau perdedor bad loser
perder *v.* 1 (*geral*) to lose; perder a calma to lose one's temper; perder o emprego to lose one's job; perder o interesse por to lose interest in 2 (*sofrer derrota*) to lose; to be defeated 3 (*oportunidade, transporte*) to miss; eu não perdia esta peça por nada deste mundo I wouldn't miss this play for the world 4 (*desperdiçar*) to waste; perder tempo to waste time 5 (*ser derrotado*) to lose; ele perdeu as eleições por menos de mil votos he lost the elections by less than a 1000 votes; perder um jogo to lose a game 6 (*ação, dinheiro*) to lose value perder-se *v.pr.* 1 (*desorientar-se*) to get lost; to lose one's bearings; to go astray 2 figurado (*desgraçar-se*) to fall into ruin ♦ perder o fio da meada to lose the thread of the story perder o juízo to lose your mind você não tem nada a perder you have nothing to lose perder-se em pensamentos to become lost in thought
perdição *s.f.* 1 (*imoralidade*) vice; immorality; iniquity 2 (*desgraça*) downfall; disgrace 3 coloquial (*tentação*) weakness (–, *for*); soft spot (–, *for*); fondness (–, *for*); o chocolate é a minha perdição I have a weakness for chocolate 4 RELIGIÃO perdition
perdido *adj.* 1 lost; recuperar o tempo perdido to make up for lost time; uma causa perdida a lost cause 2 (*desaparecido*) lost; astray; missing; o meu livro favorito está perdido my favourite book is missing ♦ perdido de sono very sleepy perdido por cem, perdido por mil in for a penny, in for a pound achados e perdidos lost and found
perdigão *s.m.* ZOOLOGIA male partridge
perdigoto *s.m.* dribble
perdiz *s.f.* ZOOLOGIA partridge
perdoar *v.* 1 to forgive; nunca te perdoarei pelo que você me disse I will never forgive you for what you said 2 (*delicadeza*) to excuse; to pardon; perdoe a minha ignorância, mas o que significa isto? pardon my ignorance, but what does this mean?; perdoe a minha interrupção excuse my interrupting you 3 (*dívida, castigo*) to pardon; perdoar uma dívida to pardon a debt
perdoável *adj.2g.* pardonable; forgivable
perdulário *s.m.* spendthrift; prodigal; squanderer ■ *adj.* prodigal; wasteful; extravagant
perdurar *v.* 1 to last long 2 to endure; to survive
perdurável *adj.2g.* durable; lasting; perdurable arc.

perecer *v.* 1 to perish 2 to die; to lose one's life; to expire
perecível *adj.2g.* perishable
peregrinação *s.f.* pilgrimage; ir em peregrinação to go on a pilgrimage
peregrinar *v.* 1 (*peregrinação*) to go on a pilgrimage 2 figurado (*vaguear*) to wander like a pilgrim
peregrino *s.m.* pilgrim
peremptório *adj.* decisive; ultimate
perene *adj.2g.* 1 (*árvore, planta*) perennial 2 (*eterno*) eternal; ever-lasting; endless
perereca *s.f.* ZOOLOGIA tree frog
perestroika *s.f.* perestroika
perfazer *v.* (*totalizar*) to amount to; to total; to add up to; os rendimentos mensais dele perfazem 3 mil reais his monthly earnings amount to 3 thousand reais
perfeccionismo *s.m.* perfectionism
perfeccionista *adj., s.2g.* perfectionist
perfeição *s.f.* perfection; o desempenho da atriz esteve perto da perfeição the performance of the actress was close to perfection ♦ na perfeição beautifully
perfeito *adj.* 1 perfect (para, *for*); está um dia perfeito para um piquenique it's a perfect day for a picnic 2 absolute; complete; isso é um perfeito disparate! that's absolute nonsense! 3 LINGUÍSTICA (*tempo verbal*) perfect 4 MATEMÁTICA (*número*) perfect ♦ ninguém é perfeito nobody's perfect
perfídia *s.f.* perfidy lit.; treachery
pérfido *adj.* perfidious
perfil *s.m.* (*geral*) profile; traçar o perfil de to profile ♦ perfil psicológico psychological profile de perfil in profile
perfilhar *v.* 1 (o filho de outrem) to adopt 2 (o próprio filho) to admit paternity of
performance *s.f.* performance; a performance dos atletas foi excelente the athletes' performance was outstanding; (*carro*) teste de performance performance test
perfumado *adj.* scented; velas perfumadas scented candles
perfumar *v.* to perfume; to scent
perfumaria *s.f.* perfumery
perfume *s.m.* 1 (*produto*) perfume; scent; fragrance 2 (*odor agradável*) fragrance; odour; perfume; aroma
perfuração *s.f.* 1 perforation; drilling; boring 2 (*furo*) hole; bore 3 MEDICINA perforation
perfurar *v.* 1 (*geral*) to perforate; to pierce 2 (*terreno*) to bore; to drill
pergaminho *s.m.* parchment
pergunta *s.f.* question; fazer uma pergunta a alguém to ask somebody a question; fugir a uma pergunta to parry a question; responder a uma pergunta to answer a question ♦ pergunta retórica rhetorical question
perguntar *v.* 1 to ask; perguntar o preço to ask the price 2 to ask (por, *after*); to inquire (por, *after*); perguntar por alguém to inquire after somebody perguntar-se *v.pr.* to wonder

perícia

perícia s.f. 1 expertise (em, in); proficiency (em, in); skill (em, in); mastery (em, of) 2 (exame) inspection; examination
periclitante adj.2g. 1 unstable 2 (arriscado) risky; chancy; uncertain 3 (em perigo) in danger
periculosidade s.f. dangerousness
periélio s.m. ASTRONOMIA perihelion
periferia s.f. 1 (geral) periphery 2 (de cidade) outskirts; eles vivem na periferia de Londres they live on the outskirts of London
periférico adj. peripheral ■ s.m. INFORMÁTICA peripheral ◆ MEDICINA visão periférica peripheral vision
perigeu s.m. ASTRONOMIA perigee
perigo s.m. 1 danger; peril 2 (risco) risk; danger; hazard; perigo de incêndio fire risk/hazard ◆ perigo de morte danger correr perigo to be in danger correr perigo de vida to be in mortal danger em perigo (de) in danger (of) estar fora de perigo to be out of danger pôr em perigo a vida de alguém to put somebody's life at risk
perigosidade s.f. dangerousness
perigoso adj. 1 dangerous; perilous; unsafe 2 (arriscado) risky; chancy
perímetro s.m. perimeter
periódico adj. periodic; periodical; regular; inspeções periódicas periodical inspections ◆ QUÍMICA tabela periódica periodic table
período s.m. 1 (quantidade de tempo) period; time; span; o pós-guerra foi muito difícil the post-war period was very hard 2 (escola) term; trimester 3 (menstruação) period; estar com o período to have your period 4 LINGUÍSTICA sentence 5 GEOLOGIA period; o período Jurássico the Jurassic period
peripécia s.f. 1 (incidente) incident; episode 2 (aventura) adventure
periquito s.m. ZOOLOGIA parakeet
periscópio s.m. periscope
perito s.m. (especialista) expert (em, at, in, on); specialist (em, in); authority (em, on) ■ adj. expert (em, at, in); skilled (em, at, in); o professor é perito em robótica the professor is an expert in robotics
permanecer v. 1 (manter-se) to remain 2 (local) to stay 3 (persistir) to stay behind; to be left
permanência s.f. 1 (continuidade) permanence; constancy; steadfastness 2 (estada) stay; a permanência dele aqui causa muito incômodo his stay here causes a lot of trouble ◆ em permanência permanently
permanente adj.2g. 1 permanent 2 (duradouro) enduring ■ s.f. (cabelo) perm, permanent wave; fazer uma permanente to have a perm
permeabilidade s.f. permeability
permear v. 1 (atravessar) to permeate; to pass through 2 (interpor-se) to interpose; to be between
permeável adj.2g. 1 permeable (a, to); este tecido é permeável à água this fabric is permeable to water 2 figurado receptive (a, to)
permissão s.f. permission (para, for, to); consent (para, to); leave (para, to); com a sua permissão with your permission; dar permissão to give permission/consent; pedir permissão para fazer alguma coisa to ask permission to do something
permissível adj.2g. allowable; permissible form.
permissivo adj. 1 permissive; assenting; acquiescent 2 (tolerante) tolerant; liberal
permitido adj. allowed; authorized; permitted; não são permitidos animais no edifício animals are not allowed in the building; não é permitido fumar smoking is not allowed
permitir v. 1 (consentir) to allow (-, to); to consent (-, to); to permit (-, to); não é permitido fumar smoking is not allowed; não é permitido tirar fotografias durante o espetáculo photographs are not allowed during the show; vamos à praia, se o tempo o permitir we're going to the beach, weather permitting 2 (possibilitar) to allow
permuta s.f. exchange (de, of)
perna s.f. (geral) leg; de pernas cruzadas cross-legged; esticar as pernas to stretch one's legs; partir a perna to break your leg ◆ pernas para que te quero! run for it! de pernas para o ar upside down passar a perna em alguém to cheat someone
perna de pau s.2g. ESPORTE coloquial, pejorativo a bad player
pernalta adj.2g. 1 ZOOLOGIA wading; aves pernaltas wading birds, waders 2 coloquial (pessoa) long-legged
perneta adj.2g. one-legged ■ s.2g. one-legged person ■ s.f. 1 small leg 2 popular (teima) obstinacy; stubbornness
pernicioso adj. pernicious; harmful
pernil s.m. 1 slender leg 2 (de porco) leg
pernilongo s.m. ZOOLOGIA stilt ■ adj. long-legged
pernoitar v. to stay overnight (em, in)
pérola s.f. 1 pearl; um colar de pérolas a pearl necklace 2 figurado (gota) drop; bead ◆ dar pérolas a porcos to cast pearls before swine
perpendicular adj. perpendicular (a, to) s.f. GEOMETRIA perpendicular line
perpetuação s.f. perpetuation
perpetuar v. 1 (dar continuidade) to perpetuate; to give continuity to 2 (imortalizar) to immortalize; to eternalize perpetuar-se v.pr. 1 to last forever 2 to go on
perpétuo adj. 1 (eterno) perpetual; eternal; everlasting 2 (contínuo) continuous; incessant; perpetual 3 (cargo, função) permanent
perplexidade s.f. 1 perplexity 2 (dúvida) doubt
perplexo adj. 1 (espantado) perplexed 2 (indeciso) irresolute; hesitating
perro adj. popular (fechadura, porta) stiff
persa adj.2g. Persian ■ s.m. (língua) Persian ■ s.2g. (pessoa) Persian ◆ gato persa Persian cat tapete persa Persian carpet
perseguição s.f. 1 chase; pursuit (de, of); a polícia partiu em perseguição do foragido the police went in pursuit of the fugitive 2 (repressão) persecution (de, of); perseguição política political persecution; perseguição religiosa religious persecution ◆ mania da perseguição persecution complex
perseguidor s.m. persecutor; chaser

perseguir v. 1 to chase; o cachorro perseguiu o gato the dog chased the cat 2 to persecute; os judeus foram perseguidos pela Inquisição Jews were persecuted by the Inquisition
perseverança s.f. perseverance; persistence; determination
perseverante adj.2g. persevering; persistent; tenacious
perseverar v. to persevere (em, *in*); to persist (em, *in*)
persiana s.f. blind; subir/baixar as persianas to pull up/to pull down the blinds
pérsico adj. Persian; Golfo Pérsico Persian Gulf
persistência s.f. persistence; perseverance; determination
persistente adj.2g. 1 (*tenaz*) persistent; persisting; persevering; tenacious 2 (*constante*) unremitting; incessant; chuva persistente incessant rain; tosse persistente unremitting cough 3 BOTÂNICA (*folha*) persistent
persistir v. 1 (*perseverar*) to persist (em, *in*); to persevere (em, *in*); ela persiste na busca da verdade she persists in her search for the truth 2 (*insistir*) to insist; ela persiste em não falar com ele she insists on not speaking to him 3 (*perdurar*) to persist; to continue (to exist); persistem algumas dúvidas there are still some doubts
personagem s.2g. 1 (*filme, obra*) character; personagem principal main character; personagem secundária minor character 2 (*pessoa ilustre*) personality; personage; celebrity
personalidade s.f. 1 (*caráter*) personality; character; ter uma personalidade forte to have a strong character 2 (*celebridade*) personality; personage; celebrity ♦ PSICOLOGIA dupla personalidade split personality
personalizado adj. 1 personalized; atendimento personalizado personalized attention, one-to-one service; crédito personalizado personalized loan 2 (*para o cliente*) customized; custom-made; personalized 3 made out to a specific person; named
personalizar v. (*tornar pessoal*) to personalize; to individualize
personificação s.f. 1 personification 2 personification (de, *of*); embodiment (de, *of*)
personificar v. to personify
perspectiva s.f. 1 (*arte*) perspective 2 (*ponto de vista*) point of view; perspective; na minha perspectiva in my opinion, from my point of view; ver as coisas de uma perspectiva diferente to look at things from a different perspective 3 (*possibilidade*) prospect; possibility; um jovem sem perspectivas a young man with no prospects ♦ em perspectiva in perspective
perspicácia s.f. acumen; insight
perspicaz adj.2g. discerning; shrewd; sagacious
persuadir v. 1 to persuade (a, *to*) 2 (*convencer*) to persuade (de, *of*); to convince (de, *of*); o réu persuadiu o juiz da sua inocência the accused persuaded the judge of his innocence
persuasão s.f. persuasion ♦ poder de persuasão power of persuasion; persuasiveness
persuasivo adj. persuasive; convincing

pesar

pertença s.f. property
pertencente adj.2g. 1 belonging (a, *to*) 2 (*relativo a*) pertaining (a, *to*)
pertencer v. 1 (*posse*) to belong (a, *to*); este relógio pertence ao meu pai this watch belongs to my father 2 (*dizer respeito*) to pertain (a, *to*) 3 (*ser membro de*) to be part of
pertences s.m.pl. belongings
pertinência s.f. pertinence; relevance
pertinente adj.2g. pertinent; relevant; uma pergunta pertinente a pertinent question
perto adv. near; nearby; close by; at hand; eu moro aqui perto I live close by; o restaurante é aqui perto the restaurant is nearby ♦ (*espaço*) perto de close to; near (*aproximadamente*) perto de close on; nearly de perto closely por perto nearby; close by
perturbação s.f. 1 (*alteração, transtorno*) disturbance; disruption; upset 2 (*problema*) trouble; problem; perturbações respiratórias respiratory problems 3 (*mental*) derangement ♦ perturbação da ordem pública disturbance of public order
perturbado adj. disturbed; distressed; upset
perturbador adj. 1 disturbing 2 (*indisciplina*) disruptive; unruly
perturbar v. 1 (*transtornar*) to upset; to disturb; as más notícias perturbaram-na the bad news upset her 2 (*prejudicar*) to disturb; to disrupt 3 (*incomodar*) to bother; to disturb
peru s.m. ZOOLOGIA turkey; CULINÁRIA peru recheado stuffed turkey
Peru s.m. Peru
perua s.f. 1 (*ave*) turkey hen 2 coloquial (*bebedeira*) intoxication; drunkenness 3 coloquial, pejorativo (*mulher*) showy woman
peruano adj., s.m. Peruvian
peruca s.f. wig; usar peruca to wear a wig
perversão s.f. perversion ♦ perversão sexual sexual perversion/deviation
perversidade s.f. perversity
perverso adj. 1 perverse 2 (*malvado*) wicked; evil
perverter v. to pervert perverter-se v.pr. to become perverted
pesadelo s.m. 1 nightmare; bad dream; ele ainda tem pesadelos com o acidente he still has nightmares about the accident 2 figurado (*experiência*) nightmare; terrible experience; ordeal; a aula foi um pesadelo! the class was a nightmare!; viver um pesadelo to go through a nightmare
pesado adj. 1 (*objeto, pessoa*) heavy; weighty; a minha mochila está muito pesada my backpack is very heavy 2 (*intenso*) heavy; intense; strong; sono pesado heavy sleep 3 (*árduo*) hard; arduous; trabalho pesado heavy/ hard work 4 (*tenso*) heavy; uncomfortable; tense; depois da discussão o ambiente ficou pesado after the argument the atmosphere got heavy
pêsames s.m.pl. condolences; dar os pêsames a to offer your condolences to
pesar v. 1 (*objeto, pessoa*) to weigh; ela pesa 52 quilos she weighs 52 kilos; quanto você pesa? how much do you weigh?, how heavy are you? 2 (*ponderar*) to weigh; pesar as palavras to weigh your

pesaroso

words **3** (*avaliar*) to estimate; to weigh up; to assess; pesar os prós e os contras to weigh up the pros and the cons **4** (*importunar*) to oppress; to burden **5** (*influenciar*) to influence; to make a difference ■ *s.m.* **1** (*mágoa*) sorrow; grief **2** (*arrependimento*) regret; remorse

pesaroso *adj.* **1** (*triste*) sorrowful; unhappy; sad **2** (*arrependido*) sorry; regretful

pesca *s.f.* **1** (*atividade*) fishing; barco de pesca fishing boat **2** (*indústria*) fishery

pescada *s.f.* ZOOLOGIA hake

pescado *s.m.* catch

pescador *s.m.* fisherman (*m.*), fisherwoman (*f.*); fisher (*2g.*)

pescar *v.* **1** to fish (–, *for*); to go fishing; pescar truta to fish for trout; amanhã vamos pescar we're going fishing tomorrow **2** figurado (*arranjar*) to get; to obtain **3** figurado, coloquial (*entender*) to understand; não pesco nada de alemão I can't understand a single word of German

pescaria *s.f.* **1** fishing **2** (*grande quantidade de peixe*) good haul, good catch

pescoço *s.m.* ANATOMIA neck ◆ até o pescoço up to his neck estar com a corda no pescoço to be in dire straits

peso *s.m.* **1** weight; perder peso to lose weight; 50 quilos de peso 50 kilos in weight **2** figurado (*fardo*) burden; ser um peso para alguém to be a burden for someone **3** ESPORTE weight; peso pesado heavyweight; peso pluma feather weight **4** (*moeda*) peso ◆ peso bruto gross weight peso líquido net weight peso morto deadweight de peso important ter dois pesos e duas medidas to be unfair ter um peso na consciência to have a weight on your conscience tirar um peso de cima de alguém to take a weight off somebody's mind

pesqueiro *adj.* fishing; barco pesqueiro fishing boat

pesquisa *s.f.* **1** research; fazer pesquisa to do research; pesquisa científica scientific research **2** investigation **3** INFORMÁTICA search ◆ (*marketing*) pesquisa de mercado market research

pesquisador *s.m.* **1** researcher **2** investigator

pesquisar *v.* to research (–, *into*)

pêssego *s.m.* BOTÂNICA peach

pessegueiro *s.m.* BOTÂNICA peach tree

pessimismo *s.m.* pessimism

pessimista *adj.2g.* pessimistic ■ *s.2g.* pessimist

péssimo *adj.* **1** terrible; foi uma péssima experiência it was a terrible experience **2** lousy; awful; o tempo está péssimo the weather is lousy

pessoa *s.f.* **1** person; qualquer pessoa anyone; uma pessoa de idade an old person **2** LINGUÍSTICA person; primeira pessoa first person ◆ em pessoa in person pessoa física natural person pessoa jurídica legal entity na pessoa de in the person of; on behalf of ser boa pessoa to be a nice person

pessoal *adj.2g.* **1** personal; recorde pessoal personal best; vida pessoal personal life **2** LINGUÍSTICA personal; pronomes pessoais personal pronouns **3** private; assuntos pessoais private matters ■ *s.m.* **1** (*funcionários*) personnel; staff; o pessoal da segurança the security personnel **2** coloquial guys; olá, pessoal! hi guys! **3** coloquial people

pessoalmente *adv.* personally; in person

pestana *s.f.* eyelash

pestanejar *v.* to blink; to wink ◆ sem pestanejar without a wince

pestanejo *s.m.* blinking; winking

peste *s.f.* **1** (*epidemia*) plague; um surto de peste an outburst of plague **2** figurado (*pessoa*) menace ◆ MEDICINA peste bubônica bubonic plague Peste Negra Black Death

pesticida *s.m.* pesticide

pestilência *s.f.* **1** pestilence; plague **2** figurado stench; stink

pestilento *adj.* (*cheiro*) stinking; foul-smelling

peta *s.f.* coloquial fib; white lie; contar uma peta to tell a fib

pétala *s.f.* petal

petardo *s.m.* **1** petard **2** (*fogo de artifício*) cracker

petição *s.f.* (*pedido, requerimento*) petition

petiscar *v.* to nibble; to pick at; petiscamos uns aperitivos we nibbled some appetizers

petisco *s.m.* delicacy; dainty; treat petiscos *s.m.pl.* nibbles

petiz *s.2g.* kid, child; little boy, little girl ■ *adj.2g.* small; little

petrificar *v.* **1** to petrify; to turn to stone **2** figurado (*aterrorizar*) to petrify; to paralyse (with fear) petrificar-se *v.pr.* to petrify

petroleiro *s.m.* (*navio*) oil tanker

petróleo *s.m.* oil; petroleum ◆ petróleo bruto crude ● É diferente de *petrol*, que significa "gasolina".

petrolífero *adj.* **1** oil-bearing **2** oil ◆ companhia petrolífera oil company exploração petrolífera oilfield plataforma petrolífera oil rig; oil platform

petulância *s.f.* **1** (*insolência*) cheekiness; impertinence **2** (*arrogância, vaidade*) arrogance; presumption

petulante *adj.2g.* **1** (*atrevido*) cheeky; impertinent; saucy **2** (*vaidoso*) conceited; vain

pevide *s.f.* pip; seed

pez *s.m.* pitch; tar

pH QUÍMICA PH

pi *s.m.* **1** (alfabeto grego) pi **2** MATEMÁTICA pi

pia *s.f.* **1** (*banheiro*) washbasin **2** (*cozinha, roupa*) sink **3** (*para animais*) trough ◆ pia batismal font

piá *s.m.* halfbred boy

piaçaba *s.m.* **1** BOTÂNICA piassava palm **2** (*vassoura*) piassava

piaçoca *s.f.* ZOOLOGIA jacana

piada *s.f.* **1** joke, crack; boa piada! that's a good one!; dizer uma piada to crack a joke; piadas porcas dirty jokes **2** fun; não tem piada nenhuma! it's not funny!

pianista *s.2g.* pianist; piano player

piano *s.m.* MÚSICA piano; tocar piano to play the piano ◆ piano de cauda grand piano piano vertical upright piano

pião *s.m.* (*brinquedo*) top; fazer o pião rodar to spin the top

piar *v.* (*pássaro*) to peep; to tweet

piastra *s.f.* (*moeda*) piastre

pica s.m. vulgarismo penis; cock
picada s.f. 1 (*de inseto*) sting 2 (*de outro animal*) bite 3 (*de agulha, alfinete*) prick 4 (*dor aguda*) prick; twinge; tingle ◆ isso é o fim da picada! that's great!
picadeiro s.m. riding school
picadela s.f. (*de inseto*) sting; (*mosquito, serpente*) bite
picadinho adj. beef stew ◆ coloquial faço você em picadinho you're dead meat
picado adj. 1 pricked; stung 2 (*carne*) minced 3 (*cebola*) chopped 4 (*mar*) rough ■ s.m. CULINÁRIA hash ◆ voo picado nosedive
picadura s.f. (de inseto) sting; (de outro animal) bite
picanha s.f. CULINÁRIA rump steak
picante adj.2g. 1 (*comida*) spicy; hot 2 (*anedota*) saucy; bawdy
pica-pau s.m. ZOOLOGIA woodpecker
picar v. 1 (*agulha, espinho*) to prick; ela picou o dedo em uma agulha she pricked her finger on a needle 2 (*insetos*) to sting; fui picada no braço por uma abelha I was stung in my arm by a bee 3 (*mosquitos, serpentes*) to bite 4 (*pássaro*) to peck 5 (*furar*) to pierce; to punch 6 CULINÁRIA to mince; picar carne to mince some meat 7 figurado (*provocar*) to tease; to tempt 8 (*roupa, tecido*) to itch; to prickle; este suéter pica muito this sweater really itches 9 (*barba, bigode*) to tickle; to prickle; a sua barba pica your beard tickles 10 (*avião*) to do a nosedive picar-se v.pr. to prick yourself; ela se picou nas roseiras she pricked herself in the rosebushes ◆ picar o ponto to punch your time card
picareta s.f. pickaxe
pichação s.f. (*muro, parede*) anything written with graffiti spray, generally on street walls
pichar v. to cover with pitch
piche s.m. pitch; tar
picles s.m.pl. CULINÁRIA pickle
pico s.m. 1 (*montanha*) summit; peak 2 (*planta*) thorn; prickle 3 (*auge*) climax; peak; no pico do verão at the peak of summer 4 coloquial a little more; odd; ela tem setenta e picos she is seventy odd; era meia-noite e pico it was just after midnight
picolé s.m. ice lolly Grã-Bretanha; Popsicle EUA
picota s.f. 1 (*haste*) stake; post 2 ZOOLOGIA helmeted guineafowl
picotado adj. perforated ■ s.m. perforations; destacar pelo picotado tear out along the perforations
picotar v. 1 (*papel*) to perforate 2 (*bilhete*) to punch
picuinhas adj.2g.2n. fussy; choosy; finicky; ela é cheia de picuinhas com a comida she is very choosy about what she eats
piedade s.f. 1 (*devoção*) piety; devoutness 2 (*compaixão*) mercy; compassion; pity; ter piedade de alguém to have mercy on somebody
piedoso adj. 1 merciful; pitiful 2 (*devoto*) devout; pious
piegas adj.2g.2n. maudlin; mawkish
pieguice s.f. 1 (*sentimentalismo*) mawkishness; sentimentalism 2 (*medo*) bashfulness
piercing s.m. piercing

pifar v. 1 popular (*roubar*) to pilfer; to snitch; to pinch 2 (*mecanismo, veículo*) to conk out; to break down; o rádio pifou the radio conked out
pigarro s.m. frog in the throat; ter pigarro na garganta to have a tickle in one's throat, to have a a frog in one's throat
pigmentação s.f. pigmentation
pigmento s.m. pigment
pijama s.m. pyjamas; calças de pijama pyjama trousers; um pijama a pair of pyjamas
pilantra s.2g. crook
pilão s.m. pestle
pilar s.m. ARQUITETURA (decorativo) pillar; (não decorativo) pier; column
pilastra s.f. ARQUITETURA pilaster
pilates s.m.2n. Pilates; fazer Pilates to practice Pilates
pileque s.m. coloquial drunkenness
pilha s.f. 1 (*monte*) pile (de, *of*); heap (de, *of*); pilhas de livros piles of books 2 FÍSICA battery; este rádio leva quatro pilhas this radio needs four batteries 3 coloquial (*lanterna*) torch; flashlight pilhas s.f.pl. (*grande quantidade*) a lot (de, *of*), piles (de, *of*) ◆ uma pilha de nervos a bag of nerves
pilhagem s.f. 1 (*durante a guerra*) pillage; plundering 2 (em lojas, casas) looting
pilhar v. to pillage; to plunder
pilotagem s.f. piloting
pilotar v. 1 (*avião*) to fly; to pilot 2 (*navio*) to steer; to pilot 3 (*carro de corrida*) to drive
piloto s.2g. pilot ■ adj. pilot; trial; programa piloto pilot programme ◆ piloto automático automatic pilot piloto de corridas race driver
pilriteiro s.m. BOTÂNICA hawthorn
pílula s.f. 1 (*comprimido*) pill; tablet 2 (*contraceptivo oral*) the pill ◆ dourar a pílula to sweeten the pill
pimenta s.f. pepper; grão de pimenta peppercorn; moinho de pimenta pepper-mill; pimenta branca/preta white/black pepper
pimenta-do-reino s.f. black pepper
pimentão s.m. BOTÂNICA pepper; pimentão vermelho/verde red/green pepper
pimenteira s.f. BOTÂNICA pepper plant
pimenteiro s.m. 1 BOTÂNICA pepper plant 2 (*recipiente*) pepper pot, pepper shaker
pináculo s.m. 1 ARQUITETURA pinnacle 2 (*de monte*) peak
pinça s.f. 1 tweezers; (pair of) pincers 2 (*da lagosta*) pincers
píncaro s.m. peak; top ◆ estar nos píncaros to be on top of the world pôr alguém nos píncaros to put someone on a pedestal
pincel s.m. 1 paintbrush 2 coloquial (*maçada*) bore ◆ pincel de barbear shaving brush
pincelada s.f. brush stroke; umas pinceladas de tinta a few dabs of paint
pincelar v. 1 to brush 2 to paint 3 to daub
pinchar v. 1 (*pular*) to jump; to leap; to hop 2 (*bola*) to bounce; to rebound
pincho s.m. leap; jump; hop
pindaíba s.f. 1 (*corda*) palm-fiber rope 2 BOTÂNICA custard-apple tree 3 coloquial lack of money; ele estava na pindaíba he was broke

pinga

pinga s.f. figurado, popular **1** cachaça **2** (*álcool*) booze
pingar v. **1** (*gotejar*) to drip; to trickle; a torneira está pingando the tap is dripping **2** (*chuviscar*) to rain; já está pingando it's beginning to rain
pingente s.m. pendant
pingo s.m. **1** (*gota*) drop (de, of) **2** (*gotejar*) drip **3** (*bebida*) short caffè latte **4** coloquial (*pequena quantidade*) a tiny bit; ele não tem um pingo de vergonha na cara he doesn't have the tiniest bit of shame
pinguço adj., s.m. drunk
pingue-pongue s.m. ESPORTE ping-pong, table tennis
pinguim s.m. ZOOLOGIA penguin
pinha s.f. BOTÂNICA pine cone
pinhão s.m. pine nut; pine kernel
pinheiro s.m. BOTÂNICA pine
pinheiro-do-paraná s.m. BOTÂNICA Paraná pine
pinho s.m. (*madeira*) pinewood
pino s.m. **1** (*ginástica*) handstand; fazer o pino to stand on one's hands **2** (*auge*) peak; height **3** (*boliche*) pin
pinote s.m. (*de cavalo*) curvet; caper
pinta s.f. **1** (*mancha*) spot, mark **2** (*bolinha*) dot **3** figurado appearance; look
pinta-cega s.f. ZOOLOGIA night hawk
pintado adj. **1** painted; pintado a aquarela painted in watercolours; pintado de verde painted in green **2** (*com pintas*) spotted; dotted **3** (*maquiado*) with make-up; wearing make-up **4** (*cabelo*) dyed **5** figurado (*descrito*) painted; portrayed; pictured ♦ nem pintado by no means not at all in no way ■ s.m. ZOOLOGIA long-whiskered catfish
pintainho s.m. ZOOLOGIA chick; baby chicken
pintar v. **1** to paint; mandamos pintar a casa we had the house painted; pintamos a parede de branco we painted the wall white; ela gosta de pintar paisagens a óleo she likes to paint landscapes in oil **2** (*cabelo*) to dye **3** (*descrever, retratar*) to paint; to portray **4** (*imaginar*) to imagine; to picture **5** (*aparecer*) coloquial to come up; pintou um imprevisto something unexpected came up pintar-se v.pr. (*cosmética*) to put on make-up
pinto s.m. **1** ZOOLOGIA chick, baby chicken **2** coloquial penis; cock (vulg.) ♦ estar molhado como um pinto na chuva to be soaked
pintor s.m. **1** painter **2** (*construção civil*) decorator
pintura s.f. **1** (*atividade artística*) painting; a pintura é um dos passatempos dela painting is one of her hobbies **2** (*quadro*) painting; picture **3** (*de objeto, casa, carro*) painting; coat of paint; a casa está precisando de uma pintura the house needs some painting **4** (*maquiagem*) make-up ♦ pintura abstrata abstract painting pintura a óleo oil painting
pio s.m. **1** (*ave*) chirp; tweet; peep **2** (*coruja*) cry ■ adj. **1** (*devoto*) pious; devout **2** (*caridoso*) charitable; generous ♦ não dar um pio to not say a word nem mais um pio! shut up! perder o pio to lose the speech; to be left speechless
piolhento adj. lousy
piolho s.m. louse

pioneiro s.m. pioneer; ground-breaker; um pioneiro no campo da robótica a pioneer in the field of robotics ■ adj. innovating; ground-breaking; um projeto pioneiro a ground-breaking project
pior adj.2g. **1** (comparativo de mau) worse; ser muito pior do que to be much worse than **2** (superlativo de mau) worst; foi o pior filme que vi até hoje it was the worst film I have seen so far; os meus piores receios confirmaram-se my worst fears were confirmed ■ adv. **1** (comparativo de mal) worse; ele fez o trabalho pior do que eu he did his work worse than I did **2** (superlativo de mal) worst ♦ pior ainda worse still cada vez pior worse and worse ir de mal a pior to go from bad to worse na pior das hipóteses if the worst comes to the worst tanto pior so much the worse
piorar v. **1** to grow worse; to get worse; to worsen; o doente piorou durante a noite the patient got worse during the night; o tempo piorou the weather got worse **2** to worsen; to make worse; não piore as coisas don't make things worse
piorio s.m. coloquial awfulness; dreadfulness
pipa s.f. **1** cask; barrel; keg **2** coloquial (*grande quantidade*) a lot of
pipeta s.f. pipette
pipi s.m. **1** linguagem infantil (*pássaro*) birdie **2** linguagem infantil (*xixi*) pee; fazer pipi to have a pee Grã-Bretanha, to take a pee EUA **3** linguagem infantil (*genital*) pee-pee parts **4** pejorativo (*janota*) fop
pipo s.m. keg; cask; barrel
pipoca s.f. **1** popcorn **2** (*borbulha*) pimple
pique s.m. (*avião*) ir a pique to do a nosedive; (*navio*) ir a pique to sink
piquenique s.m. picnic; fazer um piquenique to go for a picnic
piquetear v. to harness
pira s.f. pyre
piração s.f. coloquial craziness; madness
pirado adj. coloquial mad; crazy
piraí s.m. rawhide whip
pirajá s.m. heavy windy shower
pirâmide s.f. GEOMETRIA pyramid
piranha s.f. **1** ZOOLOGIA piranha **2** (*cabelo*) claw clip
pirão s.m. CULINÁRIA porridge
pirar v. **1** coloquial to go mad **2** coloquial to take off; to scarper; to run away
pirata s.m. pirate; navio de piratas pirate ship ■ adj.2g. pirate; gravações pirata pirate recordings; rádio pirata pirate radio station ♦ pirata do ar hijacker pirata informático hacker
pirataria s.f. piracy ♦ INFORMÁTICA pirataria informática computer hacking
piratear v. **1** to pirate; to plagiarize **2** to pirate; to plunder
pires s.m.2n. saucer
pirex s.m. **1** (*vidro*) Pyrex **2** (*recipiente*) Pyrex bowl; Pyrex dish
pirilampo s.m. ZOOLOGIA (*vaga-lume*) glow-worm, firefly
piripiri s.m. **1** BOTÂNICA chilli pepper Grã-Bretanha, chili pepper EUA **2** ZOOLOGIA vulturine parrot
piririca s.f. waterfall ■ adj.2g. rough
piroga s.f. pirogue

pirotecnia *s.f.* pyrotechnics
pirotécnico *adj.* pyrotechnic, pyrotechnical ■ *s.m.* pyrotechnist
pirralho *s.m.* brat
pirueta *s.f.* pirouette; spin; whirl
pirulito *s.m.* lolly; lollipop
pisada *s.f.* 1 footstep, tread 2 (*uvas*) pressing ♦ seguir as pisadas de alguém to follow in someone's footsteps
pisadela *s.f.* 1 (*calcadela*) treading; trampling 2 (*contusão*) bruise; contusion téc.
pisadura *s.f.* bruise
pisão *s.m.* beetle
pisar *v.* 1 (*calcar*) to tread (–, *on*); to trample (–, *on*) 2 (*esmagar*) to crush, to smash with your feet 3 figurado (*humilhar*) to humiliate; to disgrace 4 (*pôr o pé*) to tread; pisar nos palcos to tread the stage ♦ pisar o risco to step out of line
pisca *s.m.* (*carro*) indicator; blinker EUA
piscadela *s.f.* 1 wink; blink 2 twinkle
pisca-pisca *s.f.* (*carro*) winker; blinker; indicator Grã-Bretanha; turn signal EUA
piscar *v.* 1 (*olhos*) to blink 2 (*piscadela*) to wink; ela piscou-lhe o olho she winked at him 3 (*luzes*) to twinkle ♦ num piscar de olhos in the blink of an eye
pisciano *adj.*, *s.m.* Pisces; Piscean
piscicultura *s.f.* pisciculture
piscina *s.f.* swimming pool; piscina interior indoor pool; piscina exterior outdoor pool
piso *s.m.* 1 (*pavimento*) paving; piso de cimento concrete paving 2 (*andar*) storey; floor; um edifício de dois pisos a two-storey building 3 (*chão*) floor; ground
pisotear *v.* to trample on; to tread on; to stamp on
pista *s.f.* 1 (*corrida*) running track 2 (*aeroporto*) runway; pista de aterrissagem landing strip 3 (*trem*) railway track 4 (*dança*) dance floor 5 figurado (*rastro*) trail; trace 6 figurado (*indício, sinal*) clue; hint; lead; dar uma pista to drop/give a hint; seguir pistas to follow leads
pistache *s.m.* BOTÂNICA pistachio
pistão *s.m.* piston
pistola *s.f.* 1 pistol; gun 2 (*de tinta*) sprayer ♦ pistola de água water pistol
pistolão *s.m.* coloquial (*recomendação, pessoa*) connections
pitada *s.f.* pinch; uma pitada de sal a pinch of salt
pitanga *s.f.* pitanga, brazilian cherry, suriname cherry
pitéu *s.m.* dainty; delicacy
pitoresco *adj.* picturesque; idyllic; charming
pium *s.m.* ZOOLOGIA buffalo gnat; black fly
pivete *s.m.* stink; stench
pivô *s.m.* 1 (*eixo*) pivot 2 MEDICINA crown 3 figurado (*centro*) pivot ■ *s.2g.* ESPORTE pivot
pixel *s.m.* INFORMÁTICA pixel
pizza *s.f.* CULINÁRIA pizza
pizzaria *s.f.* pizzeria
placa *s.f.* 1 (*comemorativa, decorativa*) plaque 2 (*metal*) plate; sheet 3 (*tabuleta*) sign 4 (*dentadura postiça*) dentures; false teeth 5 (*bacteriana*) plaque 6 (*fogão*) hotplate ♦ placa de veículo number plate; license plate INFORMÁTICA placa de som sound card INFORMÁTICA placa gráfica graphic card
placa-mãe *s.f.* INFORMÁTICA motherboard
placar *v.* 1 (*acalmar*) to calm down; to appease; to soothe; to placate 2 ESPORTE to tackle; to bring down ■ *s.m.* 1 (*competição esportiva*) scoreboard 2 (*avisos, informações*) notice board
placebo *s.m.* placebo
placenta *s.f.* placenta
plácido *adj.* placid; serene; calm; tranquil
plagiador *s.m.* plagiarist ■ *adj.* plagiaristic
plagiar *v.* to plagiarize
plágio *s.m.* plagiarism
planador *s.m.* glider ■ *adj.* gliding
planalto *s.m.* GEOGRAFIA plateau; tableland
planar *v.* 1 to plane 2 to glide
plâncton *s.m.* BIOLOGIA plankton
planejamento *s.m.* planning ■ *s.m.* planning ♦ planejamento familiar family planning planejamento urbanístico town planning
planejar *v.* to plan; estou planejando sair de férias na próxima semana I'm planning on going on holiday next week
planeta *s.m.* planet
planetário *s.m.* planetarium ■ *adj.* planetary ♦ sistema planetário planetary system
planície *s.f.* plain; prairie
planificar *v.* to plan; to design; to think out
planilha *s.f.* spreadsheet
planisfério *s.m.* planisphere
plano *adj.* 1 (*achatado*) flat; level; even 2 (*superfície*) plane ■ *s.m.* 1 MATEMÁTICA plane 2 (*nível*) plane; level; neste plano at this level 3 (*projeto*) plan; project; aprovar um plano to approve of a plan; estragar os planos de alguém to upset someone's plans 4 (*conspiração*) scheme; design; plot
planta *s.f.* 1 BOTÂNICA plant; plantas medicinais medicinal herbs; vaso de plantas plant pot 2 ARQUITETURA plan; diagram ♦ ANATOMIA planta do pé sole of the foot
plantação *s.f.* 1 (*cultivo*) planting 2 (*terreno cultivado*) plantation; plantação de cana-de-açúcar sugar plantation
plantão *s.m.* service; duty ♦ estar de plantão to be on duty; to be on call
plantar *v.* to plant; to cultivate; plantar árvores to plant trees
plantio *s.m.* plantation
plaqueta *s.m.* ANATOMIA (*sangue*) blood platelet; thrombocyte
plasma *s.m.* ANATOMIA plasma; plasma sanguíneo blood plasma
plástica *s.f.* MEDICINA plastic surgery
plasticidade *s.f.* plasticity
plástico *s.m.* plastic; indústria do plástico plastics industry ■ *adj.* plastic ♦ artes plásticas plastic arts MEDICINA cirurgia plástica plastic surgery
plastificado *adj.* laminated
plastificar *v.* to laminate
plataforma *s.f.* 1 (*estação*) platform 2 (*palanque*) platform; stage 3 (*terraço*) terrace ♦ plataforma petrolífera oil rig; oil platform

plateia

plateia s.f. 1 (*sala de espetáculos*) main level; stalls Grã-Bretanha 2 (*público*) audience; public; viewers
platina s.f. QUÍMICA (*elemento químico*) platinum
platinado adj., s.m. (*cor*) platinum; loiro platinado platinum blonde ■ adj. platinized ■ s.m. contact set
platônico adj. Platonic; amor platônico Platonic love
plausível adj.2g. plausible; reasonable
plebe s.f. lower class; masses
plebeu adj., s.m. plebeian
plebiscito s.m. plebiscite
pleitear v. 1 (*litigar*) to plead; to sue; to prosecute 2 (*rivalizar*) to go to law; to vie with
pleito s.m. 1 DIREITO lawsuit, suit; action at law 2 (*contestação*) argument; contestation
plenamente adv. fully; completely; absolutely; estou plenamente de acordo contigo I absolutely agree with you
plenário s.m. (*sessão*) plenary; convocar um plenário to call for a plenary ■ adj. 1 (*completo*) complete; entire; absolute 2 (*reunião*) plenary; sessão plenária plenary meeting
plenitude s.f. 1 peak; prime; plenitude lit. 2 fullness
pleno adj. 1 (*cheio*) full; filled; dar plenos poderes to invest with full powers 2 (*completo*) complete; entire ◆ em pleno dia in broad daylight em pleno inverno in the middle of winter
pleonasmo s.m. pleonasm; redundancy
pleura s.f. ANATOMIA pleura
plissado adj. pleated ■ s.m. pleating
plissar v. to pleat
plugue s.m. plug
pluma s.f. plume; feather
plumacho s.m. tuft of feathers
plumagem s.f. plumage
plural adj.2g., s.m. LINGUÍSTICA plural
pluralidade s.f. plurality; multiplicity
pluralismo s.m. pluralism; diversity
pluricelular adj.2g. BIOLOGIA pluricellular
pluridisciplinar adj.2g. multidisciplinary
Plutão s.m. ASTRONOMIA, MITOLOGIA Pluto
plutônio s.m. QUÍMICA plutonium
pluvial adj.2g. pluvial; rainy
pluviosidade s.f. rainfall; precipitation
pluvioso adj. pluvious; rainy
pneu s.m. 1 (*carros*) tyre; pneu furado flat tyre; pneu sobressalente spare tyre 2 coloquial (*barriga*) belly fatness
pneumático adj. pneumatic ■ s.m. (*pneu*) tyre
pneumologia s.f. pneumology
pneumonia s.f. MEDICINA pneumonia
pó s.m. 1 powder 2 (*sujeira*) dust; cheio de pó dusty; limpar o pó to dust
pô interj. coloquial, vulgarismo good heavens!
pobre adj.2g. 1 poor; needy 2 (*qualidade*) poor; bad ■ s.2g. poor person
pobreza s.f. poverty
poça s.f. puddle; pool; poça de sangue pool of blood ◆ meter o pé na poça to blow it
poção s.f. potion
pocilga s.f. 1 (*para porcos*) pigsty; pen; sty 2 figurado pigsty; dump; tip

poço s.m. 1 well; poço petrolífero oil well 2 GEOLOGIA pit 3 AERONÁUTICA (*de ar*) bump 4 (*elevador*) shaft ◆ ser um poço de sabedoria to be a deeply learned person
poda s.f. pruning; lopping
podar v. to prune; to lop
poder v. 1 (*autorização*) may; posso entrar? may I come in? 2 (*capacidade*) can; to be able to 3 (*possibilidade*) can; não pode ser verdade! that can't be true!; vou fazer o que puder I will do all that I can 4 (*suposição*) may; might; ele pode ter perdido o trem he might have missed the train 5 (*aguentar*) to hold (com, –); você pode com isso? can you hold that? s.m. 1 power; authority; assumir o poder to assume power 2 (*capacidade*) capacity; ability ◆ poder de compra purchasing power em poder de in the hands of não pode ser! that's impossible! não posso com ele! I can't stand him! (*provérbio*) querer é poder where there is a will there is a way
poderoso adj. 1 (*poder*) powerful; strong 2 (*domínio*) mighty 3 coloquial, figurado (*intenso*) stunning; awesome
pódio s.m. podium; subir ao pódio to mount the podium
podologia s.f. chiropody; podiatry EUA
podólogo s.m. chiropodist; podiatrist EUA
podre adj.2g. 1 (*fruta*) rotten; decomposed 2 (*dentes*) carious; decayed 3 (*ovo*) addled podres s.m.pl. vice; (*escândalo*) dirt ◆ podre de rico filthy rich
podridão s.f. 1 decay; rottenness 2 (*costumes*) decay
poejo s.m. BOTÂNICA pennyroyal
poeira s.f. dust ◆ deixar assentar a poeira to let the dust settle deitar poeira nos olhos de alguém to throw dust in someone's eyes
poeirento adj. dusty
poema s.m. poem; recitar um poema to recite a poem
poente adj.2g. setting ■ s.m. west ◆ sol poente setting sun
poesia s.f. poetry
poeta s.2g. poet
poética s.f. poetics
poético adj. poetical, poetic; prosa poética poetic prose
poetisa s.f. poetess
poial s.m. 1 (*lugar*) high place 2 (*banco*) stone bench
poio s.m. popular turd
pois conj. because; since; as ■ adv. quite; right; precisely; pois bem well then; pois, eu sei yes, I know
polaco adj. Polish ■ s.m. (*pessoa*) Pole polaco s.m. (*língua*) Polish
polaina s.f. gaiter
polar adj.2g. polar; Estrela Polar Pole Star; urso polar polar bear
polaridade s.f. polarity; polarization
polarizar v. to polarize
polegada s.f. (*medida*) inch
polegar s.m. thumb
poleiro s.m. roost
polêmica s.f. polemics; controversy
polêmico adj. controversial, polemical
pólen s.m. BOTÂNICA pollen

polícia s.f. (*instituição*) police; chamar a polícia to call the police ■ s.2g. (*agente policial*) police officer, cop col.; policeman, policewoman
policial adj.2g. police; forças policiais police forces ■ s.m. LITERATURA crime novel ■ s.2g. police officer, cop col.; policeman, policewoman
policiamento s.m. policing; patrol; patrolling
polidesportivo adj. multisport; pavilhão polidesportivo sports hall
polidez s.f. 1 (*comportamento*) politeness 2 (*superfície lisa*) smoothness
polido adj. 1 (*comportamento*) polite; courteous 2 (*superfície lisa*) smooth; even
poliéster s.m. polyester
poliestireno s.m. QUÍMICA polystyrene
polietileno s.m. QUÍMICA polyethylene
poligamia s.f. polygamy
poliglota adj., s.2g. polyglot
polígono s.m. GEOMETRIA polygon
polimento s.m. 1 (*lustre*) polishing, polish 2 (*cabedal*) patent leather 3 (*verniz*) varnish 4 figurado (*cortesia*) politeness; delicateness
polinização s.f. pollination
poliomielite s.f. MEDICINA polio
pólipo s.m. MEDICINA, ZOOLOGIA polyp
polir v. 1 to polish 2 figurado (*comportamento*) to polish; to civilize
polissemia s.f. LINGUÍSTICA polysemy
polissílabo adj. LINGUÍSTICA polysyllabic ■ s.m. LINGUÍSTICA polysyllable
politécnico adj. polytechnic; instituto politécnico polytechnic
política s.f. 1 (*ciência*) politics 2 (*medidas*) policy; política ambiental environmental policy
politicagem s.f. pejorativo armchair politics
político adj. political; prisioneiro político political prisoner ■ s.m. politician; statesman
polivalente adj.2g. 1 QUÍMICA, BIOLOGIA polyvalent 2 (*usos*) multipurpose
polo s.m. 1 GEOGRAFIA, FÍSICA pole 2 ESPORTE polo; jogo de polo polo match; polo aquático water polo 3 (*suéter*) jumper; sweater; (*manga curta*) polo shirt ♦ Polo Norte North Pole Polo Sul South Pole
polonês adj. Polish ■ s.m. (*pessoa*) Pole polonês s.m. (*língua*) Polish
Polônia s.f. Poland
polpa s.f. (fruta, legume) pulp; flesh
poltrona s.f. armchair; easy chair
polução s.f. 1 (*poluição*) pollution 2 (*profanação*) defilement 3 (*ejaculação*) spontaneous ejaculation
poluente adj.2g. polluting ■ s.m. pollutant
poluição s.f. pollution; contamination ♦ poluição atmosférica air pollution poluição sonora noise pollution
poluir v. to pollute; to contaminate
polvilhar v. CULINÁRIA to sprinkle (com, *with*); to dredge (com, *with*)
polvo s.m. ZOOLOGIA octopus; tentáculos de polvo octopus tentacles
pólvora s.f. gunpowder

ponto

polvorosa s.f. flurry; commotion; stir; estar tudo em polvorosa to be all up in a stir
pomada s.f. cream; ointment
pomar s.m. 1 (*campo*) orchard; pomar de pessegueiros peach orchard 2 (*loja*) greengrocer's
pomba s.f. ZOOLOGIA dove
pombear v. to pursue
pombeirar v. to pursue
pombinho s.m. pigeon pombinhos s.m.pl. sweethearts
pombo s.m. ZOOLOGIA pigeon
pombo-correio s.m. carrier pigeon; homing pigeon
pomo s.m. *pome* pomo de Adão Adam's apple
pompa s.f. pomp; ostentation ♦ com pompa e circunstância stately
pompom s.m. pom-pom
pomposo adj. (pessoa, atitude, cerimônia) pompous
ponche s.m. punch
poncho s.m. poncho
ponderação s.f. 1 (*reflexão*) reflection; meditation 2 (*avaliação*) evaluation; appraisal
ponderado adj. 1 (*prudência*) prudent; wise; judicious 2 (*refletido*) measured
ponderar v. 1 (*avaliar*) to evaluate; to weigh 2 to think (sobre, *over*); to ponder (sobre, *on*); ponderar sobre a questão to ponder on the issue
pônei s.m. ZOOLOGIA pony
ponta s.f. 1 (*extremidade*) extremity; end; de ponta a ponta from beginning to end 2 tip; pontas dos dedos fingertips; ponta do nariz tip of the nose; ficar na ponta dos pés to stand on tiptoe 3 (*limite*) extremity; border; edge; na ponta da mesa at the edge of the table 4 (*topo*) head; summit; peak 5 TEATRO small part; supporting part ♦ até à ponta dos cabelos up to one's ears
pontada s.f. (*dor aguda*) twinge; (*de lado*) stitch
ponta-direita s.2g. ESPORTE outside right
ponta-esquerda s.2g. ESPORTE outside left
pontal s.m. 1 NÁUTICA depth; height 2 GEOGRAFIA promontory
pontão s.m. (*plataforma*) pontoon
pontapé s.m. kick; dar um pontapé to kick ♦ ESPORTE pontapé de saída kick-off figurado, coloquial há aos pontapés there are loads of it
pontaria s.f. aim; errar a pontaria to miss one's aim; fazer pontaria to take aim
ponte s.f. 1 ARQUITETURA bridge; ponte com dois níveis double-level bridge; ponte levadiça bascule bridge 2 NÁUTICA deck; bridge 3 AERONÁUTICA shuttle; ponte aérea air shuttle 4 (*dia*) long weekend
pontear v. 1 (*superfície*) to dot; to fleck 2 (*costura*) to baste; to tack; to stitch
ponteiro s.m. 1 (escola, palestra) pointer 2 (relógio, balança) hand 3 (instrumentos) pointer; needle
pontiagudo adj. sharp; pointed
pontífice s.m. the Pope
pontilhar v. to dot
pontilheiro s.m. pinker
ponto s.m. 1 (*posicionamento*) point; ponto de partida point of departure 2 (*lugar*) spot; ponto de encontro meeting place 3 (*marca*) dot 4 (*costura*) stitch 5 TEATRO prompter 6 CULINÁRIA degree; ponto

pontuação

de bala sugar-degree 7 (*jogos*) score; quantos pontos temos? what's our score? 8 (*prova*, *teste*) point 9 (*transporte público*) stop; ponto de ônibus bus stop ♦ ponto de interrogação question mark ponto e vírgula semicolon ponto final full stop ponto cardeal cardinal point ponto de venda sales outlet ponto de vista point of view ponto fraco tender spot (*cravo*, *pele*) ponto negro blackhead às duas em ponto at two o'clock sharp até certo ponto to a certain extent dois pontos colon

pontuação *s.f.* 1 LINGUÍSTICA punctuation; sinal de pontuação punctuation mark 2 ESPORTE score; quadro da pontuação score board

pontual *adj.2g.* 1 (*pessoa*) punctual; on time 2 (*situação*) isolated; accidental; um caso pontual an isolated incident

pontualidade *s.f.* punctuality

pontuar *v.* 1 (*texto*) to punctuate 2 ESPORTE to score

pontudo *adj.* pointed, sharp

pop *s.m.* pop; música pop pop music

popa *s.f.* stern ♦ ir de vento em popa to run smoothly

popelina *s.f.* (*tecido*) poplin

população *s.f.* population; aumento de população increase in population

populacional *adj.2g.* population; people

popular *adj.2g.* 1 popular; widespread; crenças populares widespread belief 2 popular; era uma pessoa popular he was a popular person 3 (*tradição*) folk; canção popular folk song ■ *s.2g.* man in the street

popularidade *s.f.* popularity

popularizar *v.* to popularize

populoso *adj.* populous

pop-up *s.2g.* (*computador*, *Internet*) pop-up

pôquer *s.m.* poker; jogo de pôquer poker game

por *prep.* 1 (*direção*) by; through; por ali that way; por aqui this way; segue por ali go through there 2 (*posicionamento*) in; por baixo below; por cá over here; por cima above; por dentro in the inside; por fora in the outside; por perto nearby 3 (*tempo*) for; por algum tempo for a while; por enquanto for the present; por hoje é tudo that's it for today; por quanto tempo? for how long? 4 (*consequência*) out of; for; por falta de for want of; por medo out of fear 5 (*cerca de*) about; around; ele anda por aí he is around there 6 (*porcentagem*, *ritmo*) per; duas vezes por ano twice a year; por ano per year, yearly; por cento per cent; vinte quilômetros por hora twenty kilometres per hour 7 (*motivo*) for; por isso therefore 8 (*autoria*) by; isto foi feito por mim this was done by me 9 (*modo*) in; by; por assim dizer so to speak; por certo certainly; por escrito in writing; por mar across the sea; por via aérea by plane ♦ nem por isso not really por exemplo for instance por extenso in full por fim at last por falar nisso by the way por isso mesmo for that very reason por mim as for me por que why

pôr *v.* 1 (*colocar*) to put; pôr à venda to put up for sale; pôr de parte to put aside; pôr termo a to put an end to 2 (*disposição*) to lay; to place; to set; pôr a mesa to lay the table; pôr as cartas na mesa to lay one's cards on the table 3 (*movimento*) to start; to set; to carry out; pôr em andamento to start rolling 4 (*ovos*) to lay 5 (*estabelecer*) to set; nunca pus os pés lá I've never set my foot there 6 (*aparelho*) to turn; põe o rádio mais alto turn the radio up; põe o rádio mais baixo turn the radio down pôr-se *v.pr.* 1 (*sol*) to set 2 (*posição*) to stand up; to rise 3 (*iniciar algo*) to start (a, to) ♦ pôr tudo em pratos limpos to clear things up sem tirar nem pôr precisely pôr *s.m.* pôr do sol sunset; ao pôr do sol at sunset

porão *s.m.* 1 NÁUTICA hold 2 (*casa*) basement

porca *s.f.* 1 ZOOLOGIA sow 2 (*carpintaria*) screw nut ♦ aí é que a porca torce o rabo that's where the shoe pinches

porcalhão *adj.* dirty ■ *s.m.* coloquial pig; dirty fellow

porção *s.f.* 1 (*parte*) portion; share 2 (*grande quantidade*) a lot (de, of)

porcaria *s.f.* 1 (*sujeira*) dirt; filth 2 calão crap 3 (*obscenidade*) smut; filth

porcelana *s.f.* china; chinaware; porcelain; jogo de porcelana china set

porcentagem *s.f.* percentage; rate

porco *s.m.* 1 ZOOLOGIA pig; (*castrado*) hog 2 CULINÁRIA pork; carne de porco pork meat ■ *adj.* (*sujo*) dirty; filthy

porco-espinho *s.m.* ZOOLOGIA porcupine

porém *conj.* yet; but; however

pormenor *s.m.* detail; em pormenor in detail; entrar em pormenores to go into details

pormenorizado *adj.* detailed

pormenorizar *v.* to detail; to go into details

pornô *adj.2g.2n.*, *s.m.* coloquial porn, porno

pornografia *s.f.* pornography

pornográfico *adj.* pornographic, porn

poro *s.m.* pore

porosidade *s.f.* porosity, porousness

poroso *adj.* 1 (relativo a poros) porous 2 (algo absorvente) spongy

porquanto *conj.* since; seeing that

porque *conj.* because; as; since; for

porquê *s.m.* cause; reason; os porquês das coisas the reasons why

porquinho-da-índia *s.m.* ZOOLOGIA guinea pig

porra *interj.* vulgarismo (*impaciência*) damn!; shit! vulg.

porrada *s.f.* 1 calão (*sova*) thrashing; beating; spanking; levar porrada to be thrashed 2 coloquial (*grande quantidade*) loads (de, of); uma porrada de livros loads of books

porre *s.m.* coloquial drunken state; tomar um porre to get drunk; estar de porre to be drunk

porreta *adj.2g.* coloquial cool; great

porta *s.f.* door; bater com a porta to slam the door ♦ de porta em porta from door to door

porta-aviões *s.m.* aircraft-carrier, carrier

porta-bandeira *s.m.* ensign-bearer, standard-bearer

portada *s.f.* 1 (*porta*) portal 2 (*janela*) shutter

portador *s.m.* 1 (*documento*) bearer; holder 2 (*título*) bearer 3 (*objetos*) porter 4 MEDICINA carrier

porta-estandarte *s.2g.* ensign-bearer, standard-bearer

porta-guardanapos s.m.2n. napkin ring; serviette ring Grã-Bretanha
porta-joias s.m. (*caixa*) jewel box; (*estojo*) jewel case
portal s.m. 1 gateway 2 portal
porta-lápis s.m. pencil box, pencil case
porta-luvas s.m. glove compartment
porta-malas s.m.2n. trunk EUA, boot Grã-Bretanha
porta-moedas s.m. purse
portanto conj. 1 (*por isso*) therefore; consequently; as a consequence 2 (*então*) so
portão s.m. gate; gateway
porta-retratos s.m.2n. picture frame; photo frame
porta-revistas s.m.2n. magazine rack
portaria s.f. 1 (*edifício*) main door; front door 2 (*hotel*) reception desk 3 POLÍTICA (*diretiva*) governmental order
portar-se v.pr. (*comportamento*) to behave, to be good; to conduct oneself; portar-se bem to behave; portar-se mal to misbehave; portar-se o melhor possível to be on one's best behaviour
porta-terno s.m. garment bag
portátil adj.2g. portable; computador portátil laptop, portable computer; telefone portátil portable phone ■ s.m. INFORMÁTICA laptop
porta-voz s.2g. spokesperson
porte s.m. 1 (*postura*) posture; bearing 2 (*elegância*) poise; elegance 3 (*correios*) postage; porte incluído postage included; porte suplementar additional postage 4 (*taxa*) carriage; porte pago carriage paid 5 (*carga*) freight; cargo
porteiro s.m. 1 (*edifício*) doorkeeper; porter Grã-Bretanha; doorman, doorwoman 2 (*cinema*) commissionaire 3 (*escola, instituição*) caretaker; janitor ◆ porteiro eletrônico entryphone
portfólio s.m. portfolio
pórtico s.m. ARQUITETURA portico
porto s.m. 1 (*internacional*) port; entrar no porto to enter port; porto de escala call port; sair do porto to put out to sea 2 (*abrigo de mar*) harbour; haven 3 (*vinho*) port, port wine
Porto Rico s.m. Puerto Rico
porto-riquenho adj., s.m. Puerto Rican
porto-riquense adj.2g., s.2g. Puerto Rican
portuário adj. port; cidade portuária port town
portuense adj.2g. (of) Oporto ■ s.2g. native or inhabitant of Oporto
Portugal s. Portugal
português adj., s.m. Portuguese
porventura adv. 1 (*casualidade*) by chance; by accident; se porventura o vir if you happen to see him 2 (*hipótese*) perhaps; maybe; você acha porventura que eu faria tal coisa? have you ever thought that I might do such a thing?
porvir s.m. literário future; time to come
pós prep. post
posar v. to pose (para, for)
pós-doutorado s.m. postdoctoral graduate pós--doutorado s.m. postdoctoral degree
pose s.f. 1 (para retrato) pose 2 (forma de estar) poise; elegance
pós-graduação s.f. (*universidade*) post-graduation
pós-graduado adj., s.m. postgraduate

poste

posição s.f. 1 (*espaço*) position; posição horizontal horizontal position; posição vertical vertical position 2 (*opinião*) position; opinion 3 (*esporte, hierarquia*) rank
posicionar v. to position; to place posicionar-se v.pr. to position oneself
positivismo s.m. positivism
positivista adj., s.2g. positivist
positivo adj. 1 (*teste, situação*) positive; o teste deu positivo the test is positive 2 (*atitude*) positive; optimistic; atitude positiva positive attitude 3 (*resposta*) affirmative; uma resposta positiva an affirmative answer 4 ELETRICIDADE, MATEMÁTICA positive; número positivo positive number; carga positiva positive charge
pós-meridiano adj. post meridiem; after noon
pós-nupcial adj.2g. postnuptial
posologia s.f. 1 (*dosagem*) posology; dosage 2 (*instruções*) directions for use
pós-operatório s.m. postoperative period ■ adj. postoperative
pós-parto adj.2g. postnatal; postpartum ■ s.m. postpartum period
possante adj.2g. powerful; strong
posse s.f. 1 (*objeto, bens*) possession; ownership; posse de terras possession of land; ter na sua posse to have in one's possession 2 (*faculdades*) possession; estar em plena posse das suas capacidades to be in full possession of one's faculties posses s.f.pl. (*patrimônio*) wealth; belongings; não ter posses para not to have enough money for ◆ tomar posse to take possession
possessão s.f. possession
possessivo adj. 1 possessive; uma pessoa possessiva a possessive person 2 LINGUÍSTICA possessive ◆ pronome possessivo possessive pronoun
possesso adj. 1 (*espíritos*) possessed 2 (*furioso*) mad; angry; ele ficou possesso he was mad
possibilidade s.f. possibility; não há qualquer possibilidade there is no possibility
possibilitar v. to make possible; to enable
possível adj.2g. 1 (*hipótese*) possible; é bem possível it may well be; não é possível! it can't be!; o mais depressa possível as soon as possible 2 (*concretizável*) possible; feasible ■ s.m. possibility ◆ fazer todo o possível (para) to do one's best (to)
possivelmente adv. possibly; perhaps; probably
possuído s.m. person possessed ■ adj. 1 possessed (por, by); possuído pelo demônio possessed by the devil 2 coloquial (*furioso*) angry; mad
possuidor s.m. owner; possessor
possuir v. (*objeto, bem*) to possess; to own; to have
post s.m. (grupo de discussão, blogue) post
posta s.f. 1 (*fatia*) slice; piece; posta de carne slice of meat 2 (*peixe*) steak; posta de salmão salmon steak
postal adj.2g. postal; vale postal postal order ■ s.m. postcard; card; postal ilustrado postcard
postar v. 1 (*colocar*) to station; to post; to place 2 (*na Internet*) to post 3 (*correspondência*) to post; to mail postar-se v.pr. to place oneself
poste s.m. post; pole ◆ ESPORTE postes da baliza goalposts poste de iluminação lamp-post

posteja s.f. blister; pustule
pôster s.m. poster
posteridade s.f. posterity ♦ ficar para a posteridade to go down in history; to be handed down to posterity
posterior adj.2g. 1 (tempo) posterior; subsequent; ser posterior a to be subsequent to 2 (seguinte) following; later 3 (animais) posterior; hind; rear
posteriormente adv. later on; subsequently
postiço adj. false; artificial ♦ cabeleira postiça wig dentes postiços false teeth
postigo s.m. 1 (janela) peep-window; peephole 2 (repartição, bilheteria) wicket 3 NÁUTICA scuttle
posto s.m. 1 (trabalho) post 2 (local) station; post; posto de observação observation post 3 (militar) rank; de posto inferior lower in rank ■ adj. 1 (objeto) placed; put; set 2 (sol) set ♦ posto de gasolina filling station posto que since; as estar a postos to be ready
postulado s.m. postulate
póstumo adj. posthumous
postura s.f. 1 (corpo) posture; poise 2 (comportamento) attitude; manner 3 (linha de ação) posture; outlook 4 (ovos) laying
potássio s.m. QUÍMICA (elemento químico) potassium
potável adj.2g. drinkable; água potável drinking water
pote s.m. 1 (recipiente) pot 2 (bacio) chamber pot ♦ está chovendo a potes it's raining cats and dogs
potência s.f. 1 (poder) power; de grande potência high-powered 2 (capacidade) potency 3 MATEMÁTICA power; elevar à segunda potência to raise into the second power
potencial adj.2g. potential; possible ■ s.m. potential; ter muito potencial to have a lot of potential
potencialidade s.f. potential; uma pessoa cheia de potencialidades a person full of potential
potenciar v. 1 MATEMÁTICA to raise to a power 2 (fortalecer) to strengthen
potente adj.2g. 1 (força) powerful; strong; potent 2 figurado, coloquial (acontecimento) wild; impressive
pot-pourri s.m. MÚSICA potpourri
potrilho s.m. ZOOLOGIA colt under three years of age
potro s.m. ZOOLOGIA colt
pouco pron. indef. 1 (quantidade) little 2 (no plural) few; poucos vieram only a few came ■ adv. 1 (quantidade) little; not much; percebo pouco disso I don't know much about it; pouco a pouco little by little 2 (tempo) little; dentro em pouco in no time ■ s.m. (quantidade) little; bit; um pouco de a bit of; espera um pouco! wait a moment! ■ adj. little; few; há pouco tempo a little while ago; poucas vezes a few times ♦ pouco depois soon after estar por pouco to hang by a thread fazer pouco de alguém to make fun of someone foi por pouco that was close uma semana ou pouco mais ou menos a week or so
pouco-caso s.m. indifference
poupa s.f. 1 ZOOLOGIA (de ave) crest 2 (cabelo) quiff
poupado adj. economical; thrifty; sparing
poupança s.f. thrift; savings ♦ conta poupança savings account
poupar v. 1 (dinheiro, esforços) to save; poupar dinheiro to save money, to save up 2 (não fazer mal a) to spare
pousada s.f. travel inn; lodge, lodging house; guest house ♦ pousada da juventude youth hostel
pousar v. 1 (objeto, pessoa ao colo) to put down; to set down; pousa a mala put your suitcase down 2 (pássaro) to perch 3 (avião) to land 4 (telefone) to hang up p
pouso s.m. 1 (lugar) place 2 (estadia) stay 3 (lugar predileto) hangout
povinho s.m. 1 popular common people; hoi polloi; masses 2 pejorativo (ralé) scum
povo s.m. 1 people; os povos de língua inglesa English-speaking people 2 (populaça) crowd; populace 3 (tradições) folk; cultura do povo folk culture
povoação s.f. 1 (vila) village 2 (conjunto de casas) settlement
povoado adj. populous; peopled ■ s.m. 1 (vila) village 2 (grupo de casas) settlement
povoamento s.m. 1 populating; population 2 (colonização) settlement
povoar v. 1 to populate 2 (colônia) to colonize 3 (território) to settle povoar-se v.pr. to become populated
poxa interj. coloquial good heavens!
praça s.f. 1 (largo) square; plaza 2 (feira, mercado) market place ♦ praça de táxis taxi rank; taxi stand
praceta s.f. small square
pradaria s.f. prairie
praga s.f. 1 (maldição) curse; lançar uma praga a alguém to curse someone 2 (calamidade) plague
pragmática s.f. pragmatics
pragmático adj. pragmatic; practical
praguejar v. 1 (maldição) to curse; to damn 2 (insulto) to swear
praia s.f. 1 (mar, rio) beach; ir à praia to go to the beach 2 (costa) seaside; shore; posada/hotel de praia shore resort
prancha s.f. board; plank ♦ (natação) prancha de batimentos kick board prancha de surfe surfboard (natação) prancha para mergulho diving board
prancheta s.f. drawing board
pranto s.m. 1 (queixume) wailing; whining 2 (choro) weeping; tears
praseodímio s.m. QUÍMICA (elemento químico) praseodymium
prata s.f. QUÍMICA (elemento químico) silver; medalha de prata silver medal pratas s.f.pl. (louçaria) silverware
prateado adj. 1 (tonalidade) silver; silvery 2 (revestido a prata) silver-plated
pratear v. to silver
prateleira s.f. 1 (móvel) shelf 2 (estante) rack; preciso de uma prateleira para meus livros I need a rack for my books
prática s.f. 1 (execução, ato) practice; pôr em prática to put into practice 2 (experiência) experience (em, in); falta de prática inexperience, lack of experience; ter prática em to be experienced in

3 (*forma de ação*) practice; procedure; prática corrente common practice

praticamente *adv.* practically

praticante *adj.2g.* practising ■ *s.2g.* practitioner; praticante de esporte sporty person

praticar *v.* (*atividade, esporte*) to practise; to exercise

praticável *adj.2g.* practicable; practical; feasible

prático *adj.* **1** (*pessoas*) practical; matter-of-fact; espírito prático practical mind **2** (*roupa*) practical; functional; casual **3** (*com experiência*) skilled; experienced

prato *s.m.* **1** dish; plate; prato da sobremesa dessert plate; prato de sopa soup plate; prato raso dinner plate **2** CULINÁRIA course; prato do dia today's special; refeição de dois pratos two-course meal; um prato de peixe a fish course **3** (*balança*) pan; scale pratos *s.m.pl.* MÚSICA cymbals ◆ pôr tudo em pratos limpos to make a clean breast of it

praxar *v.* coloquial to initiate

praxe *s.f.* **1** (*costumes*) custom; tradition **2** coloquial (*universidade*) hazing; initiation ritual

prazenteiro *adj.* **1** (*alegre*) joyful; cheerful **2** (*agradável*) nice; pleasant

prazer *s.m.* **1** (*satisfação*) pleasure; enjoyment; delight; ter prazer em to take delight in, to find pleasure in **2** (*em apresentações*) pleasure; com todo o prazer with pleasure; prazer em conhecê-lo! nice to meet you!

prazo *s.m.* term; no prazo de três dias in three days time ◆ prazo de validade expiry date; expiration date prazo limite deadline a curto prazo in the short term a longo prazo in the long run a prazo on credit fora do prazo outdated

preá *s.m.* ZOOLOGIA Brazilian guinea pig

pré-aviso *s.m.* advance notice

precariedade *s.f.* **1** (*fragilidade*) precariousness **2** (*insegurança*) insecurity

precário *adj.* precarious; insecure; situação precária narrow circumstances

precaução *s.f.* precaution ◆ por precaução as a precaution tomar precauções contra to take precautions against

precaver *v.* to warn (de, *of*); to forewarn (de, *of*); to caution (de, *against*) precaver-se *v.pr.* to take precautions (de, *of*; contra, *against*)

precavido *adj.* cautious; vigilant; careful; prudent

prece *s.f.* prayer

precedência *s.f.* precedence

precedente *s.m.* precedent; abrir um precedente to set a precedent ■ *adj.2g.* preceding; previous; um caso precedente a preceding case ◆ sem precedentes unheard of

preceder *v.* to precede; to come before

preceito *s.m.* **1** (*princípio*) precept; maxim; principle **2** (*regra*) rule; etiquette; seguir todos os preceitos to observe etiquette

preceptor *s.m.* preceptor; tutor; teacher

preciosismo *s.m.* pejorativo (*linguagem, ato*) preciosity

precioso *adj.* **1** (*valor*) precious; prized; metal precioso precious metal; pedra preciosa precious stone **2** figurado (*tempo*) valuable

precipício *s.m.* precipice; cliff; cair em um precipício to fall into a cliff

precipitação *s.f.* **1** METEOROLOGIA precipitation; precipitação atmosférica rainfall **2** (*pressa*) precipitation; hastiness; hurry

precipitado *adj.* rash; hasty ◆ ser precipitado to be hasty tirar conclusões precipitadas to jump to conclusions

precipitar *v.* (*pressa*) to precipitate; to hasten; precipitar os acontecimentos to precipitate events precipitar-se *v.pr.* **1** (*agir irrefletidamente*) to be hasty; to jump to conclusions **2** (*lançar-se*) to rush (para, *for*); to dash (para, *to*); precipitar-se para to make a dash for; precipitar-se para a rua to dash into the street

precisamente *adv.* precisely; exactly; quite so; é precisamente isso o que quero it's just what I want ◆ mais precisamente to be precise

precisão *s.f.* precision; accuracy; exactness ◆ instrumentos de precisão precision instruments

precisar *v.* **1** (*necessitar*) to need (de, –); to want (de, –); precisa de mais alguma coisa? do you need anything else?; você não precisa disso you don't need that **2** (*ter de*) must (de, –); have to (de, –); need to (de, –); você não precisa ir you needn't go; já não precisar de to have no further use for; preciso vê-lo I have to see him **3** to specify; to clarify precisar-se *v.pr.* to be in want ◆ precisa-se wanted

preciso *adj.* **1** (*necessário*) necessary; needful; se for preciso in case of need **2** (*claro*) accurate; precise; exact **3** (*exato*) precise; exact; nesse preciso momento in that precise moment

preço *s.m.* **1** price; cost; descida de preços a cut in prices; os preços estão subindo prices are going up; qual é o preço disto? how much is this? **2** (*serviço*) charge; preço do bilhete ticket charge ◆ preço de custo cost price preço fixo set price a qualquer preço at any price não ter preço to be priceless

precoce *adj.2g.* **1** precocious **2** premature **3** early

preconceber *v.* to preconceive

preconcebido *adj.* preconceived; ideia preconcebida preconceived idea, preconception

preconceito *s.m.* prejudice; preconception ◆ sem preconceitos without prejudice

preconceituoso *adj.* prejudiced; biased

preconizar *v.* **1** (*defender*) to advocate **2** (*recomendar*) to recommend; to advise

precursor *adj.* precursory ■ *s.m.* precursor; forerunner; predecessor

predador *s.m.* predator ■ *adj.* predatory

pré-datado *adj.* previously dated

predecessor *s.m.* predecessor

predestinação *s.f.* predestination

predestinado *adj.* predestinate, predestined

predestinar *v.* to predestine

predeterminação *s.f.* predetermination

predial *adj.2g.* praedial

predicado *s.m.* **1** LINGUÍSTICA predicate **2** (*característica*) attribute; quality; talent

predicativo *adj.* predicative ■ *s.m.* LINGUÍSTICA complement; predicativo do sujeito subject complement

predileção

predileção *s.f.* predilection; preference; liking; partiality ♦ ter grande predileção por to have a great liking for

predileto *adj.* 1 (*coisas*) favourite; pet 2 (*pessoas*) favourite; o sobrinho predileto one's favourite nephew

prédio *s.m.* 1 (*edifício*) building; ele vive em um prédio velho he lives in an old building; prédio de apartamentos apartment building 2 (*propriedade*) estate; property

predispor *v.* 1 to predispose (a, *to*) 2 (*preparar*) to prepare (para, *for*) predispor-se *v.pr.* to prepare yourself (para, *for*); to get ready (para, *for*)

predisposição *s.f.* 1 (*inclinação*) inclination (para, *for*, *towards*); tendency (para, *for*, *to*, *towards*) 2 MEDICINA predisposition (para, *to*, *towards*)

predisposto *adj.* predisposed (para/a, *to*)

predizer *v.* to foretell; to predict; predizer o futuro to foretell the future

predominante *adj.2g.* predominant; preponderant

predominar *v.* to prevail (sobre, *over*); to predominate (sobre, *over*)

predomínio *s.m.* 1 (*preponderância*) predominance; preponderance 2 (*domínio*) supremacy; dominion

preencher *v.* 1 (*impresso, formulário*) to fill in 2 (*requisitos, critérios*) to fulfil; to meet; to satisfy 3 (*vaga*) to fill; a vaga já está preenchida the vacancy has already been filled 4 (*tempo, necessidade*) to fill in

preenchimento *s.m.* filling (in)

pré-escolar *adj.2g.* preschool

preestabelecer *v.* to pre-establish; to predetermine

preestabelecido *adj.* pre-established; preset

pré-estreia *s.f.* sneak preview

preexistente *adj.2g.* pre-existent

pré-fabricado *adj.* prefabricated; casa pré-fabricada prefabricated house, prefab

prefácio *s.m.* preface; foreword; introduction

prefeito *s.m.* 1 prefect 2 (*escola, universidade*) monitor, proctor 3 *mayor*

prefeitura *s.f.* prefecture

preferência *s.f.* 1 (*predileção*) preference (por, *for*); predilection (por, *for*) 2 (*prioridade*) priority; privilege; precedence ♦ dar preferência a to give (a) preference to de preferência preferably por ordem de preferência in order of preference

preferencial *adj.2g.* preferential

preferencialmente *adv.* preferably

preferido *adj.* favourite; é um dos meus filmes preferidos it's one of my favourite movies ■ *s.m.* favourite; estas bolachas são as minhas preferidas these cookies are my favourite

preferir *v.* to prefer; preferia ir sozinha I would rather go alone; prefiro chá a café I prefer tea to coffee

preferível *adj.2g.* preferable; é preferível não lhe contarmos a verdade it is preferable not to tell her the truth

prefixação *s.f.* LINGUÍSTICA prefixation, prefixion; palavra formada por prefixação word formation by means of a prefix

prefixo *s.m.* LINGUÍSTICA prefix

prega *s.f.* 1 (*costura*) fold; pleat; saia de pregas pleated skirt 2 (*ruga*) crease; wrinkle

pregadeira *s.f.* pincushion

pregado *s.m.* ZOOLOGIA turbot

pregador *s.m.* preacher

pregão *s.m.* 1 (street) cry 2 announcement

prego *s.m.* 1 nail; tack; pregar um prego to hammer a nail 2 CULINÁRIA steak 3 coloquial (*casa de penhores*) pawnshop; pôr no prego to put in pawn

preguiça *s.f.* 1 laziness; indolence; sloth; estou com preguiça de sair I am too lazy to go out; ter preguiça to be lazy 2 ZOOLOGIA sloth

preguiçoso *adj.* lazy; idle; indolent; slothful ■ *s.m.* lazybones; idler

pré-história *s.f.* prehistory

pré-histórico *adj.* prehistoric

prejudicado *adj.* 1 (*pessoa*) wronged; affected; o mais prejudicado the most hit, the most affected 2 (*saúde*) damaged; affected ■ *s.m.* person affected

prejudicar *v.* 1 (*lesar*) to be harmful to; to be bad for; to harm 2 (*danificar*) to damage 3 (*reputação*) to sully; to tarnish

prejudicial *adj.2g.* prejudicial (a, para, *to*); detrimental (a, para, *to*); harmful (a, para, *to*)

prejuízo *s.m.* 1 loss; ter prejuízo em um negócio to make a loss on a deal 2 (*dano*) damage; harm; causar prejuízo cause damage ♦ em prejuízo de to the detriment of ● A palavra inglesa *prejudice* significa "preconceito".

preliminar *adj.2g.* preliminary ■ *s.m.* 1 preliminaries; prelude 2 prologue; introduction

prelo *s.m.* press; printing press; este artigo acabou de sair do prelo this article is hot off the press ♦ estar no prelo to be in the press

prelúdio *s.m.* 1 introduction; prologue; prelude 2 MÚSICA prelude

prematuro *adj.* 1 (*bebê, parto*) premature; preterm 2 (*precoce*) premature; precocious

premeditação *s.f.* premeditation; pre-planning; forethought

premeditado *adj.* premeditated; planned; assassinato premeditado premeditated murder

premeditar *v.* to premeditate; to scheme; to preplan

premente *adj.2g.* urgent; pressing; um assunto premente a pressing matter

premer *v.* to press

premiação *s.f.* awarding of prizes

premiar *v.* 1 (*galardoar*) to award a prize to 2 (*recompensar*) to reward

prêmio *s.m.* 1 prize; conceder um prêmio a to award a prize to; conquistar o primeiro prêmio to get the first prize; ganhar o prêmio Nobel da Paz to win the Nobel Peace prize 2 (*recompensa*) bonus; reward 3 (*de seguro*) premium ♦ prêmio de consolação consolation prize ter a cabeça a prêmio to have a price set on one's head

premir *v.* to press; to push

premissa *s.f.* premise

premonição *s.f.* 1 (*pressentimento*) premonition 2 (*aviso*) forewarning

pré-natal *adj.2g.* antenatal Grã-Bretanha; prenatal EUA

prenda s.f. (*presente*) gift; present; dar uma prenda a alguém to give somebody a present; este cordão foi uma prenda da minha mãe this necklace was a gift from my mother

prendedor s.m. peg; pin; prendedor de roupa clothes peg; prendedor de cabelo hairpin

prender v. 1 (*deter*) to arrest; prender alguém por ter cometido algo to arrest someone for something 2 (*fechar*) to lock up; ela prendeu o cachorro na garagem she locked up her dog in the garage 3 (*fixar*) to attach; to fasten; to fix; ele prendeu a prateleira à parede he fixed the counter to the wall 4 (*cabelo*) to tie back; ela prendeu o cabelo she tied her hair back 5 figurado (*cativar*) to attract; to captivate 6 figurado (*laço afetivo*) to bind; nada me prende a esta cidade nothing binds me to this city **prender-se** v.pr. 1 (*ficar preso*) to get stuck; to get caught; o meu cabelo se prendeu no botão do casaco my hair got caught on the button of the jacket 2 (*relacionar-se*) to be related (com, to) 3 figurado (*afeiçoar-se, casar-se*) to tie yourself down

prenha adj. coloquial pregnant

prenhe adj.2g. (*animal*) pregnant

prensa s.f. 1 (*compressão*) press 2 (*máquina impressora*) printing press

prensar v. to press

prenúncio s.m. 1 (*presságio*) premonition; foreboding 2 (*previsão*) prognostic; prediction; forecast

pré-nupcial adj.2g. antenuptial, prenuptial; acordo pré-nupcial antenuptial contract

preocupação s.f. 1 (*sentimento*) anxiety; worry; apprehension 2 (*problema*) care; worry; problem

preocupado adj. worried (com, about); concerned (com, about); ele parece preocupado he looks worried

preocupante adj.2g. worrying

preocupar v. to worry; to bother; preocupa-me que ela coma tanto it worries me that she eats so much **preocupar-se** v.pr. to worry (com, about); to get worried (com, about); não se preocupe comigo! don't worry about me!

pré-operatório adj. preoperative

preparação s.f. 1 (*geral*) preparation 2 (*treino*) preparation (para, for); training (para, for); preparação para o exame preparation for the exam ♦ preparação farmacêutica pharmaceutical preparation

preparado adj. prepared (para, for); ready (para, for); bem preparado well prepared; mal preparado ill-prepared; ela não estava preparada para as más notícias she wasn't ready for the bad news ■ s.m. preparation; preparados farmacêuticos pharmaceutical preparations

preparador s.m. trainer ♦ preparador físico coach

preparar v. 1 to prepare (para, for); to (make) ready (para, for); preparar para o pior to prepare for the worst; preparar uma força militar to prepare a military force; preparar as lições to prepare one's lessons; preparar os alunos para os exames to prepare the students for the exams 2 (*treinar*) to train 3 (*cozinhar*) to prepare; to make; preparar uma refeição to prepare a meal; preparar uma sobremesa to make a dessert 4 (*organizar*) to arrange; to plan; preparar uma festa to arrange a party 5 (*equipar*) to fit out; to fit; to equip **preparar-se** v.pr. to get ready (para, for); to prepare oneself (para, for); prepare-se para uma grande surpresa prepare yourself for a big surprise; preparar-se para trabalhar to get ready to work; ela se preparou para sair she got ready to go out

preparativos s.m.pl. arrangements; preparations; os preparativos para a viagem travel arrangements

preparatório adj. preparatory; escola preparatória prep school

preponderância s.f. preponderance; predominance; supremacy

preponderante adj.2g. 1 (*predominante*) preponderant; predominant; prevailing 2 (*importante*) decisive; important

preponderar v. to predominate

preposição s.f. LINGUÍSTICA preposition

preposicional adj.2g. prepositional

prepotência s.f. tyranny

prepotente adj.2g. overbearing; tyrannical; authoritarian

prepúcio s.m. ANATOMIA prepuce; foreskin

pré-requisito s.m. prerequisite

prerrogativa s.f. prerogative (de, of); privilege (de, of)

presa s.f. 1 prey 2 (*lobo, serpente*) fang 3 (*garra de ave de rapina*) talon 4 (*elefante*) tusk

presbiterano adj., s.m. presbyterian

presbiteriano s.m., adj. presbyterian

presbitério s.m. RELIGIÃO presbytery

presbítero s.m. presbyter

prescindir v. to renounce (de, -); to give up (de, with); to do without (de, -); prescindo da sua ajuda I can do without your help

prescrever v. 1 (*medicamento*) to prescribe 2 (*determinar*) to establish; to determine 3 (*recomendar*) to recommend; to suggest 4 DIREITO to lapse; to expire

prescrição s.f. 1 (*receita médica*) prescription 2 DIREITO expiration 3 (*ordem*) command; order; directive

presença s.f. 1 presence; a presença dele me incomoda his presence annoys me 2 (*existência*) presence; existence; o exame de urina revelou a presença de glicose na urina the urinalysis revealed the presence of glucose in the urine ♦ presença de espírito presence of mind na presença de in the presence of

presenciar v. to witness

presente s.m. 1 (*tempo atual*) the present 2 present, gift; presentes de Natal Christmas presents 3 LINGUÍSTICA present tense ■ adj.2g. 1 (*comparência*) present; estar presente (em) to be present (at) 2 (*atual*) present; current; no tempo presente at the present time ♦ ter presente to bear in mind

presentear v. to present (com, with)

presépio s.m. crib

preservação s.f. 1 (*conservação*) preservation; a preservação do centro histórico da cidade the preservation of the historical centre of the city 2 (*proteção*) protection; conservation; a preservação da natureza the conservation of nature

preservar

preservar v. 1 (*conservar*) to preserve; to conserve; to maintain; preservar a qualidade da água to maintain the quality of water 2 (*proteger*) to keep safe; to protect; to safeguard; medidas para preservar os animais selvagens measures to protect wildlife

preservativo s.m. condom; prophylactic EUA; sheath Grã-Bretanha

presidência s.f. 1 POLÍTICA (*país*) presidency 2 (*empresa, instituição*) chairmanship; administration; assumir a presidência to take the chair, to chair 3 (*câmara*) mayoralty

presidenciais s.f.pl. POLÍTICA presidential elections

presidencial adj.2g. presidential; eleições presidenciais presidential election

presidente s.2g. 1 (*país, banco, instituição*) president; presidente da associação de estudantes president of the students' union; Presidente da República President of the Republic 2 (*empresa*) chairman, chairwoman; a presidente da companhia petrolífera the chairwoman of the oil company; presidente do conselho executivo Chief Executive Officer 3 (*câmara*) mayor

presidiário s.m. convict; prisoner

presídio s.m. (*cadeia*) prison; jail

presidir v. 1 (*comandar*) to preside (a, at, over); to chair (a, –); presidir à reunião to chair the meeting, to preside at the meeting 2 to take the chair

presilha s.f. (*calças*) (belt) loop

preso adj. 1 (*cadeia*) arrested; ele esteve preso durante vários anos he's been in jail for several years 2 stuck; ficar preso no trânsito to be stuck in traffic 3 (*atado*) tied (a, to) 4 (*ligado*) bound; tied; estar preso a um contrato to be bound by a contract ■ s.m. prisoner; convict

pressa s.f. haste; hurry; rush ♦ à/com pressa in haste; in a hurry a toda a pressa at full speed estar com pressa to be in a hurry não há pressa there is no rush não tenha pressa! take your time! para quê tanta pressa? what's the rush?

pressagiar v. 1 (*agourar*) to presage; to foreshadow; to augur; to bode 2 (*prever*) to foretell; to predict

presságio s.m. 1 (*agouro*) presage; omen; portent; ser um bom presságio to be a good omen, to bode well; ser um mau presságio to be a bad omen, to bode ill 2 (*previsão*) prediction; prevision

pressão s.f. (*geral*) pressure ♦ pressão arterial blood pressure pressão atmosférica atmospheric pressure METEOROLOGIA alta pressão high pressure METEOROLOGIA baixa pressão low pressure fazer alguma coisa sob pressão to do something in haste/ in a hurry (*problemas, trabalho*) estar sob pressão to be under pressure (*influência*) fazer pressão to pressure; to put pressure on

pressentimento s.m. 1 (*coisa má*) foreboding, presentiment 2 (*palpite*) feeling; tenho o pressentimento de que ele não vem I have the feeling he is not coming; um bom pressentimento a good feeling

pressentir v. 1 (*perigo*) to forebode; to foretell; to predict 2 (*sentir*) to feel

pressionar v. 1 (*pessoa*) to pressure (a, to, into); to put pressure on (a, to, into) 2 (*botão, tecla*) to press; to push

pressupor v. 1 to presuppose; to presume; to assume; pressuponho você que seja o irmão dele I presume you to be his brother 2 to imply

pressuposição s.f. presupposition; presumption

pressuposto s.m. (*premissa*) assumption; premise ■ adj. 1 (*suposto*) assumed; presupposed 2 (*esperado*) taken for granted; expected

prestação s.f. 1 (*quantia*) instalment; compra a prestações hire purchase, installment plan; pagar em prestações to pay by instalments 2 (*cota*) contribution 3 (*de serviços*) providing, rendering

prestar v. 1 (*serviços*) to render, to provide; honorários por serviços prestados payment for services rendered 2 (*atenção, homenagem*) to pay; crianças, prestem atenção! children, pay attention!; os alunos prestaram homenagem ao professor reformado the students paid homage to the retired teacher 3 (*juramento*) to take; a testemunha prestou juramento no tribunal the witness took an oath in court 4 to be of use; não prestar para nada to be good for nothing, to be of no use prestar-se v.pr. 1 (*ser adequado*) to lend oneself; to be suitable for; a voz dela se presta a este tipo de canções her voice lends itself for this type of songs 2 (*estar disposto a*) to volunteer; to offer (oneself)

prestativo adj.2g. obliging; helpful

prestes adj.2g. ready ♦ prestes a ready to; about to estar prestes a to be on the point of

prestidigitação s.f. conjuring; magic

prestígio s.m. prestige; um hotel de prestígio internacional a hotel of international prestige

prestigioso adj. prestigious

préstimo s.m. 1 (*utilidade*) usefulness; utility; service 2 (*valor*) merit; worth; value; um político de muito préstimo a politician of great merit

presumido adj. conceited; self-important; presumptuous

presumir v. to presume; to assume; to suppose

presumível adj.2g. alleged; suspected; o presumível assassino the suspected murderer

presunção s.f. (*geral*) presumption

presunçoso adj. conceited; self-important; presumptuous; arrogant

presunto s.m. CULINÁRIA smoked ham

pretendente s.2g. 1 (*cargo, trono, lugar*) claimant (a, to); pretender (a, to) 2 antiquado (*admirador*) suitor; admirer

pretender v. 1 (*desejar*) to wish; to want 2 (*tencionar*) to intend to 3 (*ambicionar*) to aspire to

pretensão s.f. 1 (*exigência*) pretension; claim 2 (*intenção*) aim; goal

pretensioso adj. pretentious; affected; arrogant; conceited

pretenso adj. 1 supposed; assumed; presumed 2 would-be; um pretenso escritor a would-be writer

pretérito s.m. LINGUÍSTICA past tense

pretexto s.m. pretext; excuse; arranjar um pretexto para to find a pretext for; com o pretexto de under the pretence of

preto *s.m.* pejorativo (*pessoa*) black, coloured ■ *adj., s.m.* (*cor*) black; uma fotografia em preto e branco a black and white photo ♦ pôr alguma coisa preto no branco to put something down in black and white

prevalecer *v.* 1 (*superar*) to prevail (sobre, *over*) 2 (*predominar*) to predominate; to preponderate

prevenção *s.f.* 1 prevention; a prevenção é o melhor remédio prevention is better than cure; prevenção de incêndios fire prevention; uma campanha para a prevenção do câncer a campaign for the prevention of cancer 2 (*alerta*) alert; estar de prevenção to be on the alert

prevenido *adj.* forewarned; prepared ♦ homem prevenido vale por dois forewarned is forearmed

prevenir *v.* 1 (*prever*) to anticipate; to forecast 2 (*avisar*) to forewarn (em relação a, *against*); to caution (em relação a, *against*) 3 (*evitar*) to prevent; to avoid prevenir-se *v.pr.* (*preparar-se*) to prepare yourself ♦ mais vale prevenir que remediar prevention is better than cure

preventivo *adj.* preventive; medicina preventiva preventive medicine

prever *v.* to predict; to foresee; to anticipate

prévio *adj.* 1 previous; prior; aviso prévio prior notice 2 former; earlier

previsão *s.f.* forecast; prediction; estimate; as previsões de vendas foram ultrapassadas sales estimates have been topped ♦ previsão meteorológica weather forecast

previsível *adj.2g.* 1 predictable; foreseeable; resultados previsíveis foreseeable results 2 pejorativo predictable; uninteresting

previsto *adj.* foreseen; predicted; expected; anticipated ♦ tal como previsto as foreseen ter previsto to plan

prezado *adj.* 1 dear; (*carta*) prezada amiga my dear friend 2 esteemed; respected; admired

prezar *v.* 1 (*estimar*) to esteem; to prize; to respect 2 (*dar valor*) to value; to treasure; prezo a minha liberdade I treasure my freedom

primar *v.* (*distinguir-se*) to stand out (por, *for*); este artista prima pela originalidade this artist stands out for his originality

primário *adj.* 1 primary; cores primárias primary colours; escola primária primary school 2 (*fundamental*) prime; necessidade primária prime necessity 3 pejorativo (*primitivo*) primitive

primata *s.m.* ZOOLOGIA primate

primavera *s.f.* 1 (*estação do ano*) spring 2 figurado (*juventude*) youth; ela está na primavera da vida she is in her prime primaveras *s.f.pl.* (*anos de idade*) years of age; a minha vó fez noventa e quatro primaveras my grandma completed 80 years of age ♦ na primavera in spring

primaveril *adj.2g.* springlike

primazia *s.f.* 1 (*superioridade*) primacy; superiority 2 (*prioridade*) priority; precedence; o clube dá primazia aos sócios the club gives priority to its members

primeira *s.f.* (*classe*) first class; ela só viaja em primeira she only travels first class; hotel de primeira first-class hotel

primeiro *num.* first; primeiro andar first floor; primeiro prêmio first prize ■ *adj.* 1 first; a Primeira Dama the First Lady; a primeira vez the first time; LINGUÍSTICA primeira pessoa first person; viajar em primeira classe to travel first class 2 (*essencial*) fundamental; basic; bens de primeira necessidade basic needs ■ *s.m.* the first; ele é o primeiro em tudo he is the first in everything ■ *adv.* 1 first; ele chegou primeiro he came first; primeiro que tudo first of all 2 firstly ♦ primeiros socorros first aid em primeira mão first-hand

primitivo *adj.* 1 primitive; o homem primitivo primitive man; tribos primitivas primitive tribes 2 (*rudimentar*) rudimentary

primo *s.m.* cousin; primo afastado distant cousin; primo direito first cousin; primo em segundo grau second cousin ■ *adj.* 1 MATEMÁTICA (*número*) prime 2 (*matéria*) raw; matérias primas raw materials

primogênito *adj., s.m.* firstborn

primor *s.m.* 1 (*perfeição*) perfection; excellence; magnificence 2 (*beleza*) beauty; charm 3 (*requinte*) refinement; finesse; delicacy ♦ com primor delicately

primordial *adj.2g.* 1 (*primitivo*) primordial; primeval; primitive 2 (*principal*) main; most important

primórdio *s.m.* origin; beginning

primoroso *adj.* exquisite; excellent; perfect

prímula *s.f.* BOTÂNICA primula; primrose EUA

princesa *s.f.* princess; a princesa real the royal princess

principado *s.m.* 1 (*título*) princedom 2 (*nação*) principality; principate

principal *adj.2g.* 1 main; principal; chief; estrada principal main road; prato principal main course; rua principal main street, high street 2 (*ator*) leading ■ *s.m.* 1 principal 2 (*o mais importante*) the main thing

príncipe *s.m.* prince ♦ príncipe encantado Prince Charming príncipe herdeiro Crown Prince

principiante *s.2g.* beginner; novice ♦ sorte de principiante beginner's luck

principiar *v.* formal to begin; to start; to begin (a, *to*); to start (a, *–*); principiei a estudar hoje I started studying today

princípio *s.m.* 1 (*início*) beginning; start; outset 2 (*preceito moral*) principle; manter-se fiel aos seus princípios to stick to your principles 3 (*regra*) princípio; rule; law; o princípio da relatividade the principle of relativity ♦ em princípio in principle desde o princípio from the beginning do princípio ao fim from beginning to end no princípio (de) in the beginning (of) partindo do princípio de que assuming that

prioridade *s.f.* 1 (*geral*) priority; dar prioridade a to give priority to 2 (*estrada*) right of way; dar prioridade a to give right of way; ter prioridade to have right of way

prioritário *adj.* urgent; assunto prioritário urgent business

priorizar *v.* to give priority to; to prioritize

prisão

prisão *s.f.* 1 (*cadeia*) prison; jail; ir para a prisão to go to prison; prisão de alta segurança high-security prison 2 (*detenção*) arrest; detention; capture 3 (*clausura*) arrest; custody; imprisonment ♦ MEDICINA prisão de ventre constipation prisão perpétua life imprisonment

prisional *adj.2g.* prison

prisioneiro *s.m.* prisoner; convict ♦ prisioneiro de guerra prisoner of war prisioneiro político political prisoner; prisoner of conscience

prisma *s.m.* 1 GEOMETRIA prism 2 figurado (*ponto de vista*) point of view; perspective; não vejo as coisas por esse prisma I don't see the issue from that perspective

privação *s.f.* want (de, *of*); lack (de, *of*); deprivation (de, *of*); os sintomas da privação do sono the symptoms of sleep deprivation **privações** *s.f.pl.* hardship; passar privações to suffer hardship

privacidade *s.f.* privacy

privada *s.f.* 1 water closet 2 (*pública*) latrine; toilet 3 coloquial (*universidade*) private university 4 (*vaso sanitário*) toilet

privado *adj.* 1 (*privativo, pessoal*) private; personal 2 (*necessitado, carente*) deprived (de, *of*) ♦ em privado in private

privar *v.* 1 to deprive (de, *of*) 2 to be on intimate terms (com, *with*); to rub shoulders (com, *with*) **privar-se** *v.pr.* to deprive yourself (de, *of*)

privativo *adj.* private; exclusive; restricted; banheiro privativo private bathroom

privatização *s.f.* privatization

privatizar *v.* to privatize

privilegiado *adj.* 1 privileged; estar em uma posição privilegiada to be in a privileged position 2 (*sortudo*) fortunate; lucky ■ *s.m.* privileged person; lucky person

privilegiar *v.* to favour; to privilege

privilégio *s.m.* privilege

pró *s.m.* pro; advantage ■ *adv.* in favour of, for, pro ♦ nem pró nem contra neither for nor against os prós e os contras the pros and cons

proa *s.f.* prow; bow

probabilidade *s.f.* probability; chance; cálculo das probabilidades rule of probabilities; o náufrago tem poucas probabilidades de sobreviver the castaway has only a slim chance of surviving

probidade *s.f.* probity; honesty; uprightness

problema *s.m.* 1 problem; difficulty; trouble; o teu problema é ser tão preguiçoso the trouble with you is that you are very lazy; resolver um problema to solve/fix a problem 2 (*questão*) question; issue 3 MATEMÁTICA problem ♦ problemas financeiros financial problems/troubles

problemático *adj.* 1 problem; problematic; uma criança problemática a problem child 2 (*pessoa*) difficult

procarionte *s.m.* BIOLOGIA prokaryote

procariótico *adj.* BIOLOGIA prokaryotic

procarioto *s.m.* BIOLOGIA prokaryote

procedência *s.f.* 1 (*origem*) origin; provenance 2 (*linhagem*) descent; ancestry

procedente *adj.2g.* coming (de, *from*)

proceder *v.* 1 (*agir*) to behave; to act; proceder bem to do the right thing; proceder mal to act wrongly 2 (*ter origem*) to originate (de, *in*); to arise (de, *from*); to come (de, *from*); este vocábulo procede do Latim this word comes from Latin 3 (*levar a efeito*) to proceed (a, *with*); get on (a, *with*)

procedimento *s.m.* 1 procedure; seguir os procedimentos de segurança to follow the safety procedures 2 (*comportamento*) conduct; behaviour; mau procedimento wrongdoing

processador *s.m.* INFORMÁTICA processor ♦ INFORMÁTICA processador de texto word processor

processamento *s.m.* processing ♦ INFORMÁTICA processamento de dados data processing INFORMÁTICA processamento de texto word processing

processar *v.* 1 DIREITO to sue; to proceed against 2 INFORMÁTICA to process

processo *s.m.* 1 process; o processo de paz do Oriente Médio the Middle East peace process 2 DIREITO lawsuit 3 (*maneira*) way; manner; não há melhor processo de fazer isto there is no better way of doing this 4 (*documentos*) file ♦ processo de aprendizagem learning process

procissão *s.f.* procession; train

proclama *s.m.* banns

proclamação *s.f.* proclamation; announcement; declaration ♦ a proclamação da República the proclamation of the Republic

proclamar *v.* 1 (*anunciar*) to proclaim; to announce; to declare; proclamar a independência to declare independence 2 (*eleger*) to proclaim; a população proclamou-o rei the people proclaimed him king **proclamar-se** *v.pr.* to proclaim oneself; ele proclamou-se rei he proclaimed himself king

proclítico *adj.* proclitic

procriação *s.f.* procreation; reproduction

procriar *v.* to procreate; to reproduce

procura *s.f.* 1 (*busca*) search; pursuit; quest; à procura de in search of, in pursuit of 2 ECONOMIA demand; oferta e procura supply and demand; satisfazer a procura to meet the demand

procuração *s.f.* DIREITO power of attorney

procurador *s.m.* attorney ♦ Procurador Geral da República Attorney General

procuradoria *s.f.* attorneyship

procurar *v.* 1 to search for; to look for; procurar emprego to look for a job; procurei o livro em todo lado I've searched everywhere for the book 2 (*tentar*) to try; procurei falar com ela I tried to talk to her ♦ procurar agulha em palheiro to look for a needle in a haystack procura-se apartamento flat wanted

prodígio *s.m.* 1 (*maravilha*) prodigy; marvel; wonder; os prodígios da natureza the marvels of nature 2 (*pessoa*) prodigy; genius; menino prodígio infant prodigy

prodigioso *adj.* prodigious; marvellous; astounding; amazing

produção *s.f.* 1 (*fabrico*) production; custos de produção production costs 2 production; produção cinematográfica film production 3 (*produto, obra*) produce; production; product; yield; diminuição d

produção de leite reduction in milk yield ◆ produção em massa mass production
produtividade *s.f.* productivity
produtivo *adj.* 1 productive; um trabalhador altamente produtivo a highly productive worker 2 fertile; solo produtivo fertile soil
produto *s.m.* (*geral*) product; o lançamento de novos produtos the launch of new products; o produto de 2 e 3 é 6 the product of 2 and 3 is 6 ◆ produtos de limpeza cosmetics ECONOMIA produto interno bruto gross domestic product produtos naturais natural produce
produtor *s.m.* (*geral*) producer ■ *adj.* producing; um país produtor de cortiça a cork-producing country
produtora *s.f.* 1 (*pessoa*) producer 2 (*empresa*) production company
produzir *v.* 1 (*fabricar*) to produce; to manufacture 2 (*produtos naturais*) to produce; to grow 3 (*render*) to produce; to bear; to yield; esta macieira produz muita fruta this apple tree yields a lot of fruit 4 (*originar*) to cause; to produce produzir-se *v.pr.* 1 (*vestir-se*) to dress up 2 (*ocorrer*) to happen; to occur; to take place
proeminência *s.f.* 1 (*saliência*) prominence 2 (*importância*) prominence; importance
proeminente *adj.2g.* 1 (*importante*) important; eminent; prominent 2 (*saliente*) prominent; protuberant
proeza *s.f.* deed; feat; achievement; cometer uma proeza to perform a feat/deed
profanar *v.* to profane; to desecrate; to debase; profanar um local sagrado to profane a sacred place
profano *adj.* 1 (*sacrílego*) profane; sacrilegious 2 (*secular*) secular; temporal ■ *s.m.* (*leigo*) lay person
profecia *s.f.* prophecy; forecast; prediction
proferir *v.* 1 (palavra, som) to utter 2 (acusação, insulto) to hurl
professar *v.* 1 (*reconhecer publicamente*) to profess; to claim 2 (*crença, religião*) to profess 3 to take religious vows
professor *s.m.* 1 (*escola*) teacher; professora de Inglês English teacher 2 (*universidade*) professor; full professor EUA ◆ Professor Doutor Doctor
profeta *s.m.* prophet
profético *adj.* prophetic
profetizar *v.* to prophesy; to predict; to foresee
profilaxia *s.f.* MEDICINA prophylaxis
profissão *s.f.* 1 (*ofício*) profession; ele é químico de profissão he's a chemist by profession 2 (*emprego*) job; qual é a sua profissão? what's your job? 3 RELIGIÃO taking of vows ◆ RELIGIÃO profissão de fé profession of faith profissão liberal profession
profissional *adj.2g.* 1 professional; formação profissional professional training 2 (*competente*) professional; competent; a minha secretária é muito profissional my secretary is highly professional ■ *s.2g.* professional; profissionais de saúde health professionals
profissionalismo *s.m.* professionalism; com profissionalismo professionally
profissionalizar *v.* to professionalize profissionalizar-se *v.pr.* to become professional

projeção

profundeza *s.f.* depth; as profundezas do oceano the depths of the ocean
profundidade *s.f.* 1 depth; a uma profundidade de 100 metros at a depth of 100 metres 2 (*sentimentos*) depth; strength ◆ em profundidade deeply
profundo *adj.* 1 (*fundo*) deep; águas profundas deep waters; um corte profundo a deep cut 2 (*intenso*) deep; strong; sentimentos profundos strong feelings 3 (*respiração, sono*) deep; heavy
profusão *s.f.* profusion
profuso *adj.* 1 (*abundante*) profuse; abundant; copious 2 (*pródigo*) prodigal; wasteful 3 (*prolixo*) prolix; verbose
progenitor *s.m.* 1 (*procriador*) progenitor; mother; father 2 (*antepassado*) ancestor
progesterona *s.f.* BIOLOGIA progesterone
prognosticar *v.* 1 (*pressagiar*) to prognosticate; to foretell; to predict 2 (*doença*) to diagnose
prognóstico *s.m.* 1 (*previsão, indício*) prognosis; forecast; prediction 2 MEDICINA prognosis
programa *s.m.* 1 programme 2 (*programação*) programme; plan; order of the day 3 (*escola, universidade*) syllabus, curriculum 4 INFORMÁTICA program
programação *s.f.* 1 (*planejamento*) planning 2 INFORMÁTICA programming; linguagem de programação programming language 3 TV programming
programador *s.m.* INFORMÁTICA programmer
programar *v.* 1 (*planejar*) to plan; to programme; to arrange; programar as férias to plan your holidays 2 (*computador, máquina*) to program; ele programou o vídeo para gravar o noticiário he programmed the VCR to record the newscast
progredir *v.* 1 (*conhecimento, pessoa*) to progress; to develop; este aluno progrediu muito this student made good progress 2 (*tempo, situação*) to improve; to progress; a situação está progredindo lentamente the situation is slowly improving
progressão *s.f.* progression ◆ progressão na carreira career progression
progressismo *s.m.* progressivism
progressista *adj.2g.* progressive
progressivo *adj.* progressive
progresso *s.m.* progress ◆ progresso tecnológico technological progress fazer grandes progressos to make great progress
proibição *s.f.* prohibition; forbiddance ◆ sinal de proibição prohibition sign
proibido *adj.* forbidden ◆ proibido fumar no smoking proibida a entrada no entry (*estrada*) sentido proibido wrong way
proibir *v.* to forbid (de, to); to prohibit (de, from); a mãe dela a proibiu de ir ao show her mother forbade her to go to the concert; você está proibido de falar sobre o assunto you are forbidden to mention the subject
proibitivo *adj.* 1 (*lei*) prohibitive; repressive; inhibitory 2 (*preço*) prohibitive; exorbitant
projeção *s.f.* 1 (*lançamento*) toss; thrust 2 (*luz, imagem*) projection 3 (*filme*) screening 4 PSICOLOGIA projection; transfer 5 figurado (*importância*) importance

projetar

projetar v. 1 (*lançar*) to cast; to throw; to toss 2 ARQUITETURA to sketch; projetar um edifício to sketch a building 3 (*planejar*) to plan; to project; to program 4 (*luz, imagem, som*) to project projetar-se v.pr. 1 (*atirar-se*) to throw yourself 2 (*prolongar-se*) to cast a shadow; o edifício se projeta no rio the building casts a shadow on the water 3 (*tornar-se conhecido*) to achieve fame
projétil s.m. projectile; missile
projeto s.m. 1 project; plan; scheme; fazer projetos to make plans for the future 2 ARQUITETURA sketch; draft ♦ projeto de lei bill
projetor s.m. projector ♦ projetor de diapositivos slide projector
prol s.m. profit; advantage ♦ em prol de in favour of
prolatar v. 1 (*sentença*) to pronounce; to pass 2 (*lei*) to pass; to enact
prole s.f. (*descendência*) offspring; progeny
proletariado s.m. proletariat
proletário adj., s.m. proletarian
proliferação s.f. proliferation; spread; propagation
proliferar v. to proliferate; to spread; to propagate
prolixo adj. (*discurso*) prolix; lengthy; tedious
prólogo s.m. LITERATURA, TEATRO, MÚSICA prologue
prolongado adj. 1 prolonged; extended 2 (*de grande duração*) long; lengthy ♦ após doença prolongada after a long illness
prolongamento s.m. 1 (*geral*) prolongation 2 (*prazo*) extension 3 ESPORTE extra time Grã-Bretanha; overtime EUA
prolongar v. to prolong; to lengthen; to extend prolongar-se v.pr. 1 (*estender-se*) to stretch 2 (*durar*) to go on; to last
promécio s.m. QUÍMICA (*elemento químico*) promethium
promessa s.f. 1 promise; cumprir uma promessa to keep a promise; fazer uma promessa to make a promise; quebrar uma promessa to break a promise 2 RELIGIÃO vow
prometer v. 1 to promise (a, to, –) 2 to be promising; esta noite promete! tonight will be fun! ♦ prometer mundos e fundos to promise the earth
prometido adj. promised ♦ o prometido é devido you must keep your promises
promiscuidade s.f. promiscuity
promíscuo adj. promiscuous
promissor adj. promising; up-and-coming; auspicious; um estudante promissor an up-and-coming student; um futuro promissor a promising future
promoção s.f. 1 (*profissional*) promotion (a, to) 2 (*produtos*) promotion; marketing; uma campanha de promoção do novo suco de fruta a promotion campaign of the new fruit juice 3 (*desconto*) promotion; discount; estar em promoção to be at a discount
promocional adj.2g. promotional
promotor s.m. promoter ♦ promotor de vendas sales representative DIREITO promotor público public prosecutor
promover v. 1 (*profissão*) to promote; ela foi promovida a diretora de vendas she was promoted to sales manager 2 (*fomentar*) to promote; to further; to advance
promulgar v. to promulgate
pronome s.m. LINGUÍSTICA pronoun; pronome demonstrativo demonstrative pronoun; pronome pessoal personal pronoun; pronome possessivo possessive pronoun; pronome relativo relative pronoun
pronominal adj.2g. pronominal
prontamente adv. readily; promptly; immediately
prontidão s.f. 1 (*desembaraço*) readiness (para, to); willingness (para, to) 2 (*rapidez*) promptness; swiftness ♦ com prontidão promptly; quickly
prontificar v. (*ajuda, meios*) to offer prontificar-se v.pr. to offer oneself (a, to); to volunteer (a, to); ela se prontificou a ajudar she volunteered to help
pronto adj. 1 (*preparado*) ready (para, for, to); prepared (para, for, to); estou quase pronto! I'm nearly ready! 2 (*disposto*) ready (a, para, for, to); willing (a, para, for, to) 3 (*terminado*) ready; o jantar está pronto dinner is ready 4 (*imediato*) prompt; immediate; resposta pronta prompt reply ♦ pronto pagamento prompt payment
pronto-socorro s.m. emergency department
prontuário s.m. handbook; manual
pronúncia s.f. pronunciation; accent ♦ pronúncia do Norte northern accent
pronunciar v. 1 (*som, palavra*) to pronounce; to utter 2 (*discurso*) to deliver pronunciar-se v.pr. to express an opinion; (*manifestar-se*) to declare oneself (contra, against; a favor de, in favour of)
propagação s.f. propagation; spread
propaganda s.f. 1 propaganda; uma campanha de propaganda política a political propaganda campaign 2 advertising
propagar v. 1 (*difundir*) to propagate; to spread 2 (*reproduzir*) to propagate 3 (*doença*) to spread
paroxítono adj. (*palavra*) paraparoxytone
propensão s.f. propensity (para, for, to); tendency (para, for, to); propensão para a violência propensity for violence
propenso adj. inclined (a, to); prone (a, to); vulnerable (a, to); ser propenso a to be prone to
propiciar v. 1 (*favorecer*) to contribute to 2 (*proporcionar*) to offer
propício adj. propitious; favourable; advantageous; um ambiente propício ao estudo a propitious atmosphere to study
propina s.f. 1 fee 2 (*universidade*) tuition fees Grã-Bretanha; tuition EUA
própole s.m. propolis
propor v. to propose; to suggest; propor alterações à lei to propose changes to the law propor-se v.pr. 1 (*tencionar*) to intend (a, to) 2 to be willing (a, to)
proporção s.f. (*geral*) proportion ♦ em proporções iguais in equal proportions
proporcional adj.2g. proportional (a, to) ♦ inversamente proporcional inversely proportional
proporcionar v. 1 (*dar*) to provide; to give; to offer 2 (*dar ensejo para*) to cause; to give rise to; to bring about proporcionar-se v.pr. (*ocasião, oportunidade*) to present itself

proposição s.f. 1 (*proposta*) proposition; proposal 2 (*declaração*) assertion; statement 3 LINGUÍSTICA sentence
propositado adj. intentional; deliberate
proposital adj. deliberate, intentional
propósito s.m. 1 (*intenção*) intention; design 2 (*objetivo*) aim; purpose ♦ a propósito by the way de propósito intentionally; on purpose
proposta s.f. proposal; proposition; offer; aceitar uma proposta to accept an offer; proposta de casamento marriage proposal; recusar uma proposta to turn down an offer
proposto s.m. 1 (*proposta*) proposal 2 (*representante*) representative 3 (*cargo, função*) candidate; applicant
propriamente adv. 1 (*no sentido próprio*) properly 2 (*exatamente*) really; ele não é propriamente um bom cantor he's not really a good singer
propriedade s.f. 1 (*característica*) property; quality; characteristic; propriedades medicinais medicinal properties 2 property; real estate; propriedade privada private property 3 (*fazenda*) land; farm
proprietário s.m. 1 owner 2 (*de terras*) landowner 3 (*de casas*) landlord (m.), landlady
próprio adj. 1 (*posse*) own; o meu próprio pai my own dad 2 (*mesmo*) self; ele próprio me contou he told me himself; eu próprio vou falar com ela I'll speak to her myself 3 (*apropriado*) proper; appropriate; right; no momento próprio at the right moment 4 (*exato*) precise; exact; very; no próprio dia on the very day 5 (*característico*) characteristic (*de, of*); typical (*de, of*) ♦ nome próprio proper name em defesa própria in self-defence ver com os próprios olhos to see it with your own eyes por conta própria (all) on your own
propulsão s.f. propulsion; propelling ♦ propulsão a jato jet propulsion propulsão a vapor steam propulsion
prorrogação s.f. 1 (*prolongamento*) extension 2 (*adiamento*) adjournment
prorrogar v. 1 (*prolongar*) to extend; to protract 2 (*adiar*) to postpone; to adjourn
prosa s.f. LITERATURA prose
prosador s.m. prose writer; proser
prosaico adj. prosaic; ordinary; commonplace
prosaísta s.2g. prosaist
prosápia s.f. (*bazófia*) boast; brag
prosar v. 1 to write prose 2 to chat
proscrever v. 1 (*banir, exilar*) to proscribe; to banish; to exile 2 (*proibir*) to forbid
proscrito s.m. (*exilado*) exile; expatriate ■ adj. banished; exiled
prosear v. to chat; to talk
prosista s.2g. 1 prose writer; prosaist 2 (*palrador*) chatterbox; talker
prosódia s.f. LINGUÍSTICA prosody
prosódico adj. prosodic
prosopopeia s.f. LINGUÍSTICA prosopopoeia
prospecção s.f. 1 (*pesquisa*) research; study 2 (*recursos*) prospecting; exploring; prospecção petrolífera oil prospecting
prospecto s.m. prospectus; brochure; leaflet

prova

prosperar v. 1 (*desenvolver-se*) to prosper; to thrive 2 (*enriquecer*) to become rich
prosperidade s.f. prosperity
próspero adj. prosperous
prosseguimento s.m. pursuit
prosseguir v. to continue; to carry on
próstata s.f. ANATOMIA prostate
prostíbulo s.m. brothel
prostituição s.f. prostitution
prostituir v. to prostitute
prostituta s.f. prostitute
prostituto s.m. male prostitute
prostração s.f. prostration
protactínio s.m. QUÍMICA (*elemento químico*) proctatinium
protagonismo s.m. leading role; important role
protagonista s.2g. 1 LITERATURA main character; protagonist 2 CINEMA, TEATRO leading man, leading actor; leading lady, leading actress; o papel de protagonista the leading role 3 (*acontecimento*) main figure
protagonizar v. 1 to take the leading role 2 (*acontecimento*) to lead; to take the lead
proteção s.f. 1 (*defesa*) protection; security; defence 2 (*abrigo*) shelter
proteger v. 1 to protect (de, *from*); to guard (de, *from*) 2 (*preservar*) to protect; to preserve; proteger o ambiente to protect the environment
protegido adj. protected ■ s.m. protégé
proteína s.f. BIOLOGIA protein
protelação s.f. protraction; postponement; delay
protelar v. to delay; to adjourn; to put off
prótese s.f. 1 MEDICINA prosthesis 2 MEDICINA (*membro*) artificial limb
protestante adj., s.2g. RELIGIÃO Protestant
protestantismo s.m. RELIGIÃO Protestantism
protestar v. 1 (*insurgir-se*) to protest (contra, *against*; por, *for*) 2 (*manifestação*) to demonstrate (contra, *against*; por, *for*); protestar por melhores salários to demand better salaries 3 (*queixar-se*) to complain
protesto s.m. protest; apresentar um protesto to make a protest; levantar protestos to give rise to protests
protético adj. prosthetic
protetor adj. protective; protecting ■ s.m. protector; guardian; protetor solar sunscreen
protista s.m. BIOLOGIA protist
protocolista s.2g. protocolist
protocolo s.m. protocol
próton s.m. FÍSICA proton
protótipo s.m. prototype; este carro é um protótipo this is a prototype car
protozoário s.m. BIOLOGIA protozoan
protuberância s.f. 1 (*saliência*) protuberance; bump; bulge 2 ANATOMIA hump; lump
protuberante adj.2g. protuberant; protruding
prova s.f. 1 (*escola*) test 2 (*investigação*) evidence; provas evidentes clear evidence 3 (*demonstração*) proof revisão de provas proof-reading 4 ESPORTE competition 5 (*alimento*) tasting ♦ à prova d'água waterproof como prova de as a proof of dar provas

provação

de grande valor to prove one's worth pôr à prova to put to the test

provação *s.f.* 1 (*prova*) probation; trial 2 (*situação aflitiva*) hardship; distress; misfortune

provador *s.m.* 1 (*lojas de roupa*) fitting room 2 (*profissão*) taster

provar *v.* 1 (*demonstrar*) to prove; to show; ficou tudo provado everything was proven 2 (*alimento, bebida*) to taste; deixa-me provar isso let me have a taste of it 3 (*roupa*) to try on

provável *adj.2g.* probable; likely ♦ é provável probably

provedor *s.m.* 1 ombudsman, ombudswoman 2 (*instituições de caridade*) chairman, chairwoman 3 (*fornecedor*) supplier

provedoria *s.f.* ombudsman's office

proveito *s.m.* 1 (*lucro*) profit; gain; benefit; tirar proveito to reap the benefit 2 (*utilidade*) utility; usefulness ♦ em proveito de alguém for somebody's benefit em proveito próprio to one's personal benefit bom proveito! enjoy your meal!

proveitoso *adj.* 1 (*lucrativo*) profitable; lucrative 2 (*vantajoso*) advantageous 3 (*útil*) useful

proveniência *s.f.* provenance; source; origin

proveniente *adj.2g.* proceeding (de, *from*); coming from (de, *from*); proveniente de Brasília coming from Brasília

prover *v.* to provide (de, *with*); to supply (de, *with*)

proverbial *adj.2g.* proverbial

provérbio *s.m.* proverb; maxim; adage

proveta *s.f.* test tube ♦ bebê de proveta test-tube baby

providência *s.f.* 1 precaution; prevention; tomar providências to take precautions 2 (*circunstância feliz*) happy chance; stroke of fortune

Providência *s.f.* RELIGIÃO Providence

providencial *adj.2g.* providential; fortunate; lucky

providenciar *v.* 1 (*tomar medidas*) to take measures 2 (*fornecer*) to provide; to supply

providente *adj.2g.* provident; prudent

provido *adj.* furnished (de, *with*); provided (de, *with*); equipped (de, *with*); provido de tudo o que é necessário equipped with everything that is necessary

província *s.f.* 1 province 2 (*fora da cidade*) country; viver na província to live in the country

provincial *adj.2g.* provincial ■ *s.m.* RELIGIÃO provincial

provincianismo *s.m.* pejorativo provincialism

provinciano *adj.* pejorativo provincial; parochial ■ *s.m.* pejorativo provincial

provir *v.* 1 (*resultar*) to proceed (de, *from*) 2 (*origem*) to come (de, *from*)

provisão *s.f.* 1 provision 2 (*abastecimento*) supply provisões *s.f.pl.* (*mantimentos*) provisions; victuals; supplies

provisório *adj.* provisional; temporary

provocação *s.f.* 1 (*atitude*) provocation 2 (*desafio*) challenge

provocador *adj.* provocative ■ *s.m.* 1 (*arreliador*) teaser 2 (*agitador*) agitator

provocante *adj.2g.* 1 (*atitude*) provocative 2 (*aspecto físico*) attractive; sensual; tempting

provocar *v.* 1 (*causar*) to give rise to; to cause; to provoke; to prompt 2 (*desafiar*) to challenge; to dare 3 (*seduzir*) to tempt; to excite ♦ provocar uma briga to pick a fight

provocatório *adj.* provocative

proximidade *s.f.* proximity proximidades *s.f.pl.* (*arredores*) surroundings; vicinity; nas proximidades de in the vicinity of

próximo *adj.* 1 (*espaço*) near; close; próximo da praia near the beach; o mais próximo que você puder as close as you can get; onde é a farmácia mais próxima? where is the closest pharmacy? 2 (*tempo*) next; no próximo mês next month 3 (*iminente*) imminent ■ *adv.* near; close ■ *s.m.* (*semelhante*) neighbour

prudência *s.f.* prudence; caution; good sense; temperance

prudente *adj.2g.* 1 (*cuidadoso*) prudent; cautious; careful 2 (*sensato*) wise; sensible; discreet

prumo *s.m.* (*fio de prumo*) plumb line ♦ a prumo vertically

prurido *s.m.* itch

pseudônimo *s.m.* 1 pseudonym; assumed name 2 (*escritor*) pen name; nom de plume

psicanálise *s.f.* psychoanalysis

psicanalista *s.2g.* analyst; psychoanalyst

psicanalítico *adj.* psychoanalytic, psychoanalytical

psicodélico *adj.* psychedelic; luzes psicodélicas psychedelic lights

psicologia *s.f.* psychology ♦ psicologia social social psychology

psicológico *adj.* psychological

psicólogo *s.m.* psychologist

psicopata *s.2g.* psychopath; psycho col.

psicose *s.f.* MEDICINA psychosis

psicotécnico *adj.* psychotechnical ♦ teste psicotécnico aptitude test; achievement test

psicoterapeuta *s.2g.* psychotherapist

psicoterapia *s.f.* psychotherapy

psique *s.f.* psyche

psiquiatra *s.2g.* psychiatrist

psiquiatria *s.f.* MEDICINA psychiatry

psíquico *adj.* psychic

psiu *interj.* 1 (silêncio) hush! 2 (chamada) pst!

psoríase *s.f.* MEDICINA psoriasis

puberdade *s.f.* puberty

púbico *adj.* pubic; pelos púbicos pubic hair

púbis *s.f.2n.* ANATOMIA pubis

publicação *s.f.* 1 (*obra, revista, jornal*) publishing; printing 2 (*obra publicada*) publication

publicar *v.* to publish; to issue

publicidade *s.f.* 1 (*anúncios*) advertising; fazer publicidade de to advertise 2 (*divulgação*) publicity

publicitar *v.* 1 (anúncios) to advertise 2 (campanha, evento) to publicize

publicitário *adj.* advertising ■ *s.m.* (*pessoa*) advertising executive ♦ anúncio publicitário commercial (*papel*) anúncio publicitário advert; advertisement

público *adj.* 1 public; open; common; jardim público public garden 2 (*do Estado*) public; national empresa pública public enterprise; setor público public sector ■ *s.m.* 1 public; aberto ao público open to the public 2 (*teatro, show*) audience ♦ em público publicly; in public tornar público to announce (publicly)

púcaro *s.m.* mug

pudera *interj.* no wonder!

pudico *adj.* 1 pejorativo prudish; priggish; prim 2 (*envergonhado*) bashful; modest; shy

pudim *s.m.* pudding; fôrma de pudim pudding basin

pudor *s.m.* 1 (*timidez*) shyness; bashfulness 2 (*modéstia*) modesty

puericultura *s.f.* MEDICINA child care

pueril *adj.2g.* 1 (de crianças) puerile 2 (atitude, mentalidade) childish

puf *interj.* phew!

pufe *s.m.* (*assento*) pouffe

pugilismo *s.m.* ESPORTE pugilism, boxing

pugilista *s.2g.* ESPORTE pugilist, boxer

pugna *s.f.* fight; battle; combat

pugnar *v.* 1 (*lutar*) to fight (por, *for*); to struggle (por, *for*) 2 to stand up (por, *for*); pugnar por princípios to stand up for principles

pujança *s.f.* strength; vigour; might

pular *v.* 1 (*saltar*) to jump (sobre, *over*); pular sobre a sebe to jump over the hedge 2 (*saltitar*) to skip; to spring 3 (*salto alto ou longo*) to leap; to bound ♦ pular de alegria to jump for joy

pulga *s.f.* ZOOLOGIA flea; picada de pulga flea bite ♦ estar com a pulga atrás da orelha to be suspicious

pulgão *s.f.* ZOOLOGIA aphid

pulha *adj.2g.* contemptible ■ *s.2g.* pejorativo rogue; rotter

pulmão *s.m.* ANATOMIA lung ♦ cantar a plenos pulmões to sing heartily and loudly

pulmonar *adj.2g.* pulmonary; doença pulmonar pulmonary disease

pulo *s.m.* jump; leap ♦ aos pulos by leaps and bounds levantar-se de um pulo to rise with a bound o meu coração deu um pulo my heart jumped

pulôver *s.m.* sweater; jumper; pullover

pulsação *s.f.* MEDICINA pulsation; pulse; throbbing; medir a pulsação to take someone's pulse ♦ pulsação do coração heart beating

pulsar *v.* (*coração*) to pulse; to throb

pulseira *s.f.* bracelet; bangle ♦ pulseira de relógio watch bracelet

pulso *s.m.* 1 ANATOMIA wrist 2 MEDICINA (*pulsação*) pulse; beat; tomar o pulso a to feel the pulse of 3 figurado (*força*) strength; authority ♦ conquistar a pulso to work hard for ter pulso to have command

pulular *v.* (*abundar*) to swarm (de, *with*); to abound (de, *in*)

pulverização *s.f.* 1 (*pó*) pulverization 2 (*líquido*) spraying

pulverizador *s.m.* 1 (*pó*) pulverizer 2 (*líquido*) sprayer

pulverizar *v.* 1 (*pó*) to pulverize; to grind 2 (*líquido*) to spray

pum *interj.* bang!; boom! ■ *s.m.* flatulence

puma *s.m.* ZOOLOGIA puma, cougar

pumba *interj.* boom!, bang!

punção *s.f.* MEDICINA punch

pundonor *s.m.* honour Grã-Bretanha, honor EUA

pungente *adj.2g.* 1 (*agudo*) pricking; sharp; piercing 2 figurado (*comovente*) moving; touching 3 figurado (*doloroso*) painful

punhado *s.m.* 1 (*mão cheia*) handful 2 (*pequena quantidade*) a few

punhal *s.m.* dagger

punhalada *s.f.* stab

punheta *s.f.* vulgarismo wank

punho *s.m.* 1 ANATOMIA fist 2 (*vestuário*) cuff; botão de punho cuff-link 3 (*arma, utensílio, instrumento*) handle; grasp; punho de remo grasp of an oar ♦ pelo próprio punho in his own handwriting

punição *s.f.* punishment

punir *v.* to punish

pupila *s.f.* ANATOMIA pupil

pupilo *s.m.* 1 (*discípulo*) pupil 2 (*órfão*) ward 3 (*protegido*) protégé (m.), protégée (f.)

purê *s.m.* 1 CULINÁRIA purée, mash 2 CULINÁRIA (*sopa*) thick soup ♦ purê de batata mashed potatoes; creamed potatoes

pureza *s.f.* 1 (*geral*) purity 2 (*castidade*) chastity; purity; innocence

purgante *adj., s.m.* purgative; laxative

purgar *v.* 1 MEDICINA to purge 2 (*purificar*) to purify; to clean; to cleanse

purgatório *s.m.* purgatory; expiation ■ *adj.* purgative

Purgatório *s.m.* RELIGIÃO purgatory

purgueira *s.f.* BOTÂNICA physic nut

purificação *s.f.* purification

purificador *s.m.* purifier ■ *adj.* purifying ♦ purificador de ar air purifier

purificante *adj.2g.* purifying

purificar *v.* (*livrar de impurezas*) to purify

purismo *s.m.* LINGUÍSTICA purism

puritano *adj.* 1 puritan 2 pejorativo prudish ■ *s.m.* 1 puritan 2 pejorativo prude

puro *adj.* 1 pure 2 (*bebidas*) neat; uísque puro neat whiskey 3 (*ar*) pure; clean; fresh 4 (*mero*) sheer; pure; pura maldade pure mischief; pura perda de tempo sheer waste of time

puro-sangue *s.m.* ZOOLOGIA thorough-bred, pure-bred

púrpura *adj.2g., s.f.* (*cor*) purple

pururuca *adj.2g.* 1 (*quebradiço*) brittle; fragile; friable 2 (*tostado*) toasted

pus *s.m.2n.* MEDICINA pus; dar pus to gather pus

puta *s.f.* vulgarismo bitch vulg.; whore vulg.

putrefação *s.f.* putrefaction; decomposition

puxa *interj.* blast!

puxado *adj.* 1 coloquial (*trabalho, teste*) hard; tough; difficult 2 coloquial (*preço*) expensive; pricey; dear 3 (*alimento*) hot; highly seasoned

puxador *s.m.* 1 (*porta*) door handle; (*redondo*) knob 2 (*gaveta*) handle

puxão *s.m.* 1 (*esticão*) pull 2 (*com força*) tug ♦ dar um puxão de orelhas a alguém to pull somebody's ear

puxar *v.* 1 (*objeto, pessoa*) to pull; puxar o cabelo a alguém to pull someone's hair; puxar com força to pull hard 2 (*arrastar*) to drag 3 (*rebocar*) to tug; to haul 4 figurado (*incentivo*) to cheer (por, –); puxar

puxa-saco

por uma equipe to spur a team **5** popular (*ser parecido*) to take (a, *after*); ele puxou ao pai he takes after his father ♦ puxar a brasa à sua sardinha to bring grist to one's mill puxar pela cabeça to rack one's brains • É diferente de **push**, que significa "empurrar".

puxa-saco *s.2g.* coloquial crawler; creep ∎ *adj.2g.* coloquial smarmy

Q

q *s.m.* (*letra*) q

quadra *s.f.* **1** LITERATURA (*versos*) quatrain; four-line stanza **2** (*quarteirão*) block **3** ESPORTE court **4** (*cartas*) four **5** (*época*) season

quadrado *s.m.* MATEMÁTICA, GEOMETRIA square; três ao quadrado square of three ■ *adj.* **1** MATEMÁTICA, GEOMETRIA square **2** figurado, pejorativo (*mentalidade*) rigid

quadragésimo *num.* fortieth

quadrangular *adj.2g.* quadrangular; tetragonal

quadrângulo *s.m.* GEOMETRIA quadrangle

quadrante *s.m.* GEOMETRIA quadrant

quadrícula *s.f.* squares; grid

quadriculado *adj.* (*papel*) squared; papel quadriculado squared paper ■ *s.m.* square pattern

quadril *s.m.* ANATOMIA haunch; hip

quadrilátero *adj., s.m.* GEOMETRIA quadrilateral

quadrilha *s.f.* **1** (*ladrões*) gang **2** (*dança*) quadrille

quadrinho *s.m.* little square ◆ história em quadrinhos comic strip, strip cartoon Grã-Bretanha quadrinhos *s.m.pl.* comic strip, strip cartoon Grã-Bretanha

quadro *s.m.* **1** (*pintura*) painting; picture; um quadro de Picasso a Picasso painting **2** (*escola, estações*) board; quadro branco whiteboard **3** (*funcionários*) staff; quadro de professores teaching staff **4** (*tabela*) table; chart

quadrúpede *adj.2g., s.m.* ZOOLOGIA quadruped

quadruplicar *v.* to quadruple

quádruplo *adj.* quadruple; fourfold

qual *pron. interr.* **1** (*escolha*) which; de qual você gosta mais? which do you like best?; qual dos dois? which of the two? **2** (*distinguir objetos*) what; qual é o nome dele? what is his name?; qual livro? what book? ■ *pron. rel.* **1** (*coisa indeterminada*) what; seja qual for a resposta no matter what the answer is **2** (*pessoas*) who **3** (*pessoas, coisas*) that **4** (*coisas*) which ■ *interj.* nonsense!; what!; qual quê! you wish! ◆ coloquial tal e qual that is just it

qualidade *s.f.* **1** (*produto*) quality; de elevada qualidade high-quality; de má qualidade poor-quality **2** (*atributo*) characteristic; attribute **3** (*representação*) capacity; na qualidade de in the capacity of ◆ qualidade de vida quality of life

qualificação *s.f.* **1** ESPORTE qualification **2** (*habilitação*) qualification; skill qualificações *s.f.pl.* (*estudos*) qualifications

qualificado *adj.* qualified; trabalhador qualificado qualified worker

qualificar *v.* to qualify; to describe (de, *as*) qualificar-se *v.pr.* (*prova*) to qualify

qualificativo *adj.* qualifying ■ *s.m.* qualifier ◆ LINGUÍSTICA adjetivo qualificativo qualifier

qualquer *pron. indef.* **1** any; qualquer pessoa anybody; qualquer coisa anything; em qualquer lugar anywhere **2** (*em dois*) either; qualquer dos dois serve either one will do ◆ qualquer dia one of these days de qualquer modo at any rate em qualquer altura any time

quando *adv.* when; até quando? until when?; desde quando? since when?; diz quando say when ■ *conj.* when; quando eu for você vai comigo when I leave you will go with me ◆ quando muito at most quando menos at least de vez em quando sometimes, occasionally, now and then seja quando for any time

quantia *s.f.* sum; amount

quântico *adj.* quantum; física quântica quantum physics

quantidade *s.f.* **1** (*grandeza*) quantity **2** (*grande número*) bulk; deal; a lot; em grande quantidade in bulk **3** (*porção*) amount; portion

quantificação *s.f.* quantification

quantificador *s.m.* LINGUÍSTICA quantifier

quantificar *v.* to quantify

quantitativo *adj.* quantitative; análise quantitativa quantitative analysis

quanto *pron. interr.* **1** (*quantia*) how much; quanto custa? how much is it? **2** (*quantidade*) how many; quantas vezes você já foi lá? how many times have you been there?; quantos livros compraste? how many books did you buy? **3** (*tempo*) how long; how much; quanto tempo leva? how long does it take? ■ *adv.* **1** (*comparativo*) as; é tão alto quanto o pai he is as tall as his father **2** (*quantidade*) as; leva tantos livros quanto quiseres take as many books as you wish *conj.* the more; quanto mais cedo melhor the sooner the better ◆ quanto a mim as for me quanto antes the sooner the better; as soon as possible tanto quanto sei as far as I know

quão *adv.* literário how; quão inteligente ele era how bright he was

quarenta *num.* forty

quarentão *s.m.* forty-something; person in his/her forties

quarentena *s.f.* quarantine; estar de quarentena to remain in quarantine; pôr de quarentena to quarantine

Quaresma *s.f.* RELIGIÃO Lent

quarta *s.f.* **1** (*quarta parte*) quarter; fourth **2** (*dia da semana*) Wednesday **3** MÚSICA fourth **4** MATEMÁTICA power of four; elevado à quarta (potência) to the power of four **5** (*esgrima*) quarte ◆ quarta de final quarterfinal

quarta-feira *s.f.* Wednesday ◆ RELIGIÃO Quarta--Feira de Cinzas Ash Wednesday

quartão *s.m.* **1** earthen vessel **2** small horse

quarteirão *s.m.* (*edificação*) block, block of houses; a dois quarteirões de distância two blocks away

quartel *s.m.* barracks; station; quartel dos bombeiros fire station

quartel-general *s.m.* headquarters

quarteto

quarteto s.m. quartet
quarto num. fourth; quarto lugar fourth place ∎ s.m. 1 (*divisão em casa*) room; quarto de dormir sleeping room; bedroom; quarto de casal double bedroom; quarto de hóspedes guest room; quarto para alugar room to let 2 ASTRONOMIA, MATEMÁTICA quarter 3 (*horas*) quarter; fifteen minutes ♦ ASTRONOMIA quarto crescente/minguante first/last quarter
quartzo s.m. GEOLOGIA quartz
quase adv. 1 (*prestes*) almost; nearly; estou quase pronto I'm almost ready; quase duas horas nearly two o'clock; quase não o via I could hardly see you 2 (*muito perto*) about; approximately; é quase isso it is much about it ♦ quase nunca hardly ever quase sempre nearly always
quaternário adj. quaternary
quati s.m. ZOOLOGIA coati
quatorze num. fourteen
quatrilhão num. quadrillion
quatro num. four
quatrocentista adj.2g. relating to the 15th century ∎ s.2g. quattrocentist
quatrocentos num. four hundred
quatro-olhos s.m.2n. 1 ZOOLOGIA four-eyed fish 2 popular four-eyes
que pron. rel. 1 (*pessoas*) who; (*complemento*) whom; that; a menina que está à janela the girl who is at the window; ele chamou a menina que estava falando comigo he called the girl whom I was talking to 2 (*coisas*) which; that; este é o livro de que eu te falei this is the book which I told you about ∎ pron. interr. what; o que você quer? what do you want?; que há de novo? what's new? ∎ adv. 1 (*seguido de adjetivo*) how; (*seguido de substantivo*) what; que lindo! how pretty!; que maçada! what a nuisance!; que pena! what a pity! 2 (*comparativo*) than
quê pron. interr. what; com quê? with what?; o quê?! what?!; para quê? what for? ♦ não tem de quê you're welcome sem quê nem porquê for no good reason
quebra s.f. 1 (*perda*) loss; quebra de receitas loss of income 2 (*ruptura*) break; breach
quebra-cabeça s.m. 1 coloquial (*jogo*) jigsaw (puzzle) 2 complicated problem
quebradiço adj. brittle; breakable; fragile
quebrado adj. 1 broken; uma janela quebrada a broken window; promessas quebradas broken promises 2 (*falido*) broke 3 (*desalentado*) downhearted; despondent 4 (*avariado*) broken ∎ s.m. (*terreno*) slope; quebrados s.m.pl. change, small change
quebra-galho s.m. 1 coloquial (*salvador*) lifesaver 2 coloquial (*biscate*) casual job; odd job
quebra-jejum s.m. breakfast
quebra-molas s.m.2n. speed bump, speed hump Grã-Bretanha, sleeping policeman Grã-Bretanha
quebra-nozes s.m.2n. nutcracker
quebrar v. 1 (*objeto*) to break; to smash 2 (*avariar*) to break, to break down quebrar-se v.pr. 1 (*objeto, osso*) to break; to smash 2 (*estilhaçar*) to shatter

queda s.f. 1 fall; sofrer uma queda to fall down 2 (*descida*) drop; queda de preços drop in prices; queda de temperatura temperature drop 3 (*avião*) crash 4 (*declínio*) downfall; decay; decline; a queda do império romano the downfall of the Roman empire 5 (*talento*) talent; ter queda para a música to be gifted for music ♦ queda d'água waterfall queda de cabelo hair loss
quede v. popular where is; where are; quede as chaves? where are the keys?
queijada s.f. CULINÁRIA small cheese cake
queijaria s.f. 1 (*produção*) cheese making 2 (*estabelecimento*) cheese dairy
queijo s.m. cheese queijo ralado grated cheese
queima s.f. burning
queimada s.f. burning; clearing of the soil by fire
queimado adj. 1 (*ação do fogo*) burnt 2 (*exposição ao sol*) sunburnt 3 (*plantas*) dried up 4 figurado (*tramado*) condemned; doomed; você está queimado you're doomed
queimador s.m. burner
queimadura s.f. burn; queimadura de primeiro grau first degree burn; queimadura solar sunburn
queimar v. 1 (*fogo*) to burn; queimar lenha to burn wood 2 (*com líquido*) to scald 3 (*sol*) to parch; o sol queimou as plantas the sun parched the plants queimar-se v.pr. 1 (*escaldar-se*) to scald oneself 2 coloquial, figurado (*estar tramado*) to be done for ♦ queimar as pestanas to work overnight queimar o último cartucho to fire one's last shot
queima-roupa elem. de loc. à queima-roupa point-blank
queixa s.f. 1 DIREITO complaint; charge; apresentar queixa contra to press charges against 2 (*reclamação*) complaint; não ter razão de queixa to have no cause for complaint
queixada s.f. 1 ANATOMIA jawbone 2 ZOOLOGIA peccary
queixar-se v.pr. 1 to complain (de, *about*) 2 (*resmungar*) to grumble (de, *about*)
queixinhas s.2g.2n. coloquial tattletale
queixo s.m. ANATOMIA chin
queixoso s.m. DIREITO plaintiff, complainant
queixume s.m. 1 (*reclamação*) complaint 2 (*lamento*) lament; lamentation 3 (*gemido*) groan; moan
quem pron. interr. who; quem está aí? who's there?; quem te disse isso? who told you that? ∎ pron. rel. who; gostaria de saber quem fez isso I'd like to know who did that; quem quiser pode vir those who want to come may do so ∎ pron. indef. who; anyone who; seja quem for whoever it may be ♦ quem me dera! if only I could! quem dera que fosse verdade! would that it were true! a quem whom a quem você deu isso? to whom did you give that? de quem whose de quem é a culpa? whose fault is it?
Quênia s.m. Kenya
queniano adj., s.m. Kenyan
quente adj.2g. 1 (*alta temperatura*) hot; tempo quente hot weather; um banho quente a hot bath 2 (*temperatura amena*) warm 3 figurado (*ambiente*) hot; exciting ♦ ficar com a batata quente to be left holding the baby

quepe *s.m.* kepi
quer *conj.* 1 (*alternativa*) either... or...; quer ele quer ela either him or her 2 (*na negativa*) whether... or...; quer ele queira quer não whether he likes it or not
querela *s.f.* dispute; quarrel
querer *v.* 1 to want; quer que eu saia? do you want me to leave?; (*pedido*) queria um café, por favor an espresso, please 2 (*desejar*) to wish; como queira as you wish ♦ querer dizer to mean querer é poder where there's a will there's a way sem querer unintentionally (*provérbio*) quem tudo quer tudo perde grasp all lose all
querido *adj.* dear; darling; sweetheart; honey EUA ■ *s.m.* dear; darling
quermesse *s.f.* 1 (*festividade*) kermess 2 (*caridade*) bazaar
quero-quero *s.m.* ZOOLOGIA southern lapwing
querosene *s.m.* kerosene, kerosine EUA, paraffin Grã-Bretanha
querubim *s.m.* cherub
quesito *s.m.* query; question
questão *s.f.* 1 (*geral*) question; colocar uma questão a alguém to ask someone a question; o homem em questão the man in question 2 (*assunto*) issue; point; a questão é que the point is 3 (*contenda*) quarrel; argument; arranjar uma questão com to pick a quarrel with 4 (*assunto*) matter; uma questão de gosto a matter of taste; uma questão de tempo a matter of time ♦ em questão in question faço questão I insist fazer questão de alguma coisa not to take no for an answer fora de questão out of the question
questionar *v.* 1 (*interrogar*) to question; to interrogate 2 to quarrel questionar-se *v.pr.* to wonder; questiono-me se eles serão felizes I wonder if they are happy
questionário *s.m.* 1 (*conjunto de perguntas*) questionnaire; list of questions 2 (*passatempo*) quiz
questionável *adj.2g.* questionable; doubtful; dubious
quetzal *s.m.* (*ave, moeda*) quetzal
quiabo *s.m.* BOTÂNICA okra
quibandar *v.* to sift
quibebe *s.m.* CULINÁRIA pumpkin purée
quiçá *adv.* perhaps; maybe
quiche *s.f.* CULINÁRIA quiche
quieto *adj.* 1 (*sem movimento*) motionless; still 2 (*calmo*) quiet; calm; está quieto! quiet down!
quietude *s.f.* quietness; tranquillity; peace
quilate *s.m.* 1 (*ouro*) carat 2 figurado (*perfeição*) excellence; perfection; algo deste quilate a thing of such excellence
quilo *s.m.* (*medição*) kilo; um quilo de arroz a kilo of rice
quilocaloria *s.f.* FÍSICA kilocalorie
quilograma *s.m.* kilogram, kilogramme
quilolitro *s.m.* kilolitre
quilombo *s.m.* hiding place
quilometragem *s.f.* distance in kilometres
quilométrico *adj.* kilometric

quotidiano

quilômetro *s.m.* kilometre; quilômetros por hora kilometres per hour; quilômetro quadrado square kilometre
quilowatt *s.m.* FÍSICA kilowatt
quimama *s.f.* delicacy made of flour, sesame and salt
quimanga *s.f.* coconut vessel for keeping food
química *s.f.* chemistry
químico *adj.* chemical ■ *s.m.* (*profissional*) chemist
quimioterapia *s.f.* MEDICINA chemotherapy
quimono *s.m.* kimono
quina *s.f.* 1 (*brasão*) shield 2 (*cartas*) five 3 (*ângulo*) sharp edge
quincha *s.f.* thatch
quinchar *v.* to thatch
quingentésimo *num.* five-hundredth
quinhão *s.m.* share; part
quinhentista *adj.2g.* relating to the 16th century ■ *s.2g.* cinquecentist
quinhentos *num.* five hundred
quinquagenário *adj., s.m.* quinquagenarian
quinquagésimo *num.* fiftieth
quinquilharia *s.f.* cheap jewellery; bauble
quinta *s.f.* (*propriedade rural*) farm
quinta-feira *s.f.* Thursday; RELIGIÃO Quinta-Feira Santa Maundy Thursday
quintal *s.m.* 1 kitchen garden; backyard EUA 2 (*medida*) a hundredweight; quintal
quinteto *s.m.* MÚSICA quintet
quintilhão *num.* quintillion
quinto *num.* fifth ♦ ir para os quintos do Inferno to go to the depths of hell
quintuplicar *v.* to quintuple
quíntuplo *adj., s.m.* quintuple; fivefold
quinze *num.* fifteen; quinze dias fortnight; daqui a quinze dias in a fortnight; no dia quinze on the fifteenth
quinzena *s.f.* fortnight; two weeks
quinzenal *adj.2g.* fortnightly; jornal quinzenal fortnightly newspaper
quiosque *s.m.* kiosk; newsagent
quiproquó *s.m.* quid pro quo; misunderstanding
quirana *s.f.* louse
quiromancia *s.f.* palmistry
quisto *s.m.* MEDICINA cyst
quitanda *s.f.* 1 (*tenda*) stall; booth 2 (*estabelecimento*) greengrocer's
quitandeiro *s.m.* greengrocer
quitar *v.* 1 (*dívida, obrigação*) to settle; to pay 2 (*livrar*) to acquit (de, *of*); to discharge 3 coloquial (*veículo, aparelho*) to fit out; to equip
quite *adj.* (*livre*) free; released ♦ estamos quites we're even
quitinete *s.f.* kitchenette
quitute *s.m.* coloquial tasty dish; delicacy
quivi *s.m.* BOTÂNICA, ZOOLOGIA kiwi
quociente *s.m.* MATEMÁTICA quotient ♦ quociente de inteligência intelligence quotient
quota *s.f.* 1 (*parte*) share; portion 2 (*bens*) quota; allowance quotas *s.f.pl.* subscription dues
quotidiano *adj.* daily; quotidian ■ *s.m.* every-day life

R

r *s.m.* (*letra*) r
rã *s.f.* ZOOLOGIA frog
rabanada *s.f.* **1** CULINÁRIA bread fritter **2** (*vento*) blast, gust
rabanete *s.m.* BOTÂNICA radish
rábano *s.m.* BOTÂNICA horse radish
rabeca *s.f.* fiddle; violin
rabecada *s.f.* popular (*reprimenda*) reprimand; rebuke
rabi *s.m.* RELIGIÃO rabbi
rabicho *s.m.* pigtail
rabino *s.m.* RELIGIÃO rabbi
rabiola *s.f.* (*papagaio de papel*) kite tail
rabiscar *v.* to scrawl; to scribble
rabisco *s.m.* scrawl; scribble
rabo *s.m.* **1** (*animal*) tail **2** (*pessoas*) bottom, bum ♦ olhar com o rabo do olho a to peep at rabo de cavalo (*penteado*) ponytail rabo de saia coloquial piece of skirt; bird Grã-Bretanha; chick EUA
rabugento *adj.* (*resmungão*) grouchy; grumpy
rabugice *s.f.* moodiness; sulkiness
raça *s.f.* **1** (*etnia*) race **2** (*animais*) race; breed; cavalo de raça thoroughbred horse; de raça pura full-blooded
ração *s.f.* ration
racha *s.f.* **1** (*algo partido*) split; crack **2** (*rocha, parede*) fissure; crevice; crack **3** (*saia, vestido*) split **4** (*pequena abertura*) chink; (*rocha, chão*) cleft
rachadura *s.f.* crack
rachar *v.* **1** (*cabeça, lábio*) to split **2** (*lenha*) to chop **3** (*fender*) to break up; to split up; to crack **4** (*dividir*) to split; to divide; rachar os lucros to split the profits ♦ ou vai ou racha it's make or break um frio de rachar bitter cold
racial *adj.2g.* racial; segregação racial racial segregation
raciocinar *v.* to reason
raciocínio *s.m.* **1** reasoning **2** (*capacidade*) thinking ability; intelligence
racional *adj.2g.* rational; reasonable; ser racional rational being
racionalismo *s.m.* rationalism
racionalista *adj., s.2g.* rationalist
racionalização *s.f.* **1** rationalization **2** ECONOMIA streamlining; rationalization
racionalizar *v.* to rationalize; racionalizar as despesas to rationalize the expenses
racionamento *s.m.* rationing; racionamento dos alimentos food rationing
racionar *v.* to ration
racismo *s.m.* racism
racista *adj., s.2g.* racist
radar *s.m.* radar
radiação *s.f.* radiation
radiador *s.m.* radiator

radialista *s.2g.* (*produção*) radio producer; (*locução*) radio announcer
radiante *adj.2g.* **1** (*brilho*) bright **2** (*alegria*) radiant; happy; glowing
radicado *adj.* settled (em, *in*); based (em, *in*, *at*); radicados nos Estados Unidos based in the United States
radical *adj.2g.* **1** (*ideias*) radical; extremist; direita radical radical right **2** (*total*) radical; complete; full; mudança radical radical change, changeover **3** ESPORTE extreme; esportes radicais extreme sports ■ *s.m.* **1** MATEMÁTICA, QUÍMICA radical **2** LINGUÍSTICA (*palavra*) root; radical **3** POLÍTICA radical
radicalismo *s.m.* radicalism
radicalista *adj., s.2g.* radical
radicalizar *v.* to radicalize radicalizar-se *v.pr.* to become radical
radicando *s.m.* MATEMÁTICA radicand
radicar *v.* **1** to root **2** to base (em, *in*) radicar-se *v.pr.* **1** (*planta*) to take root **2** (*fixar-se*) to settle down (em, *in*); radicou-se no campo he settled down in the country
rádio *s.m.* **1** ANATOMIA radius **2** QUÍMICA (*elemento químico*) radium **3** (*aparelho*) radio set, radio; wireless; ouvir rádio to listen to the radio ■ *s.f.* (*instituição*) radio; estação de rádio radio station
radioamador *s.m.* **1** (*atividade*) amateur radio **2** (*pessoa*) amateur radio operator; ham
radioatividade *s.f.* radioactivity
radioativo *adj.* radioactive; resíduos radioativos radioactive waste
radiodifusão *s.f.* broadcasting
radiografar *v.* to X-ray
radiografia *s.f.* X-ray; radiography; tirar uma radiografia to have an X-ray taken
radiogravador *s.m.* radio cassette player
radiologia *s.f.* MEDICINA, FÍSICA radiology
radiologista *s.2g.* radiologist
radioso *adj.* **1** (*claridade, luminosidade*) radiant **2** (*expressão*) radiant; cheerful; joyful
radiotáxi *s.m.* radio taxi; radio cab
radioterapia *s.f.* MEDICINA radiotherapy
radiouvinte *s.2g.* radio listener, listener
ráfia *s.f.* **1** (*tecido*) raffia **2** (*palmeira*) raffia, raffia palm
raia *s.f.* **1** ZOOLOGIA ray **2** (*fronteira*) border, frontier raias *s.f.pl.* the highest degree, the limits
raiar *v.* **1** (*dia*) to break **2** (*estriar*) to streak **3** (*tocar os limites de*) to border on **4** (*aparecer*) to appear
rainha *s.f.* **1** queen; (*cartas*) rainha de paus queen of clubs **2** ZOOLOGIA queen bee
raio *s.m.* **1** (*luz*) ray, beam; raio de sol sunbeam **2** FÍSICA, MEDICINA ray **3** GEOMETRIA radius **4** (*distância*) range; em um raio de 2 quilômetros within a range of two kilometres **5** (*roda*) spoke **6** figurado (*indí-*

cio) ray; um raio de esperança a ray of hope **7** figurado sphere; raio de ação sphere of action ■ *interj.* calão damn!; raios o partam! damn him! ◆ raios X X rays como um raio with lightning speed

raiva *s.f.* **1** (*ira*) anger, fury **2** (*ressentimento*) grudge; ter raiva de alguém to bear somebody a grudge **3** VETERINÁRIA, MEDICINA rabies

raivoso *adj.* **1** (*furioso*) furious, angry **2** VETERINÁRIA, MEDICINA mad, rabid

raiz *s.f.* **1** BOTÂNICA root; arrancar pela raiz to pull up by the roots; lançar raiz to take root **2** LINGUÍSTICA root **3** MATEMÁTICA root; raiz cúbica cube root; raiz quadrada square root **4** figurado (*origem*) origin, source

rajada *s.f.* **1** (*vento*) blast, gust, squall; forte rajada a heavy squall; rajada de vento blast of wind **2** (*tiros*) burst **3** (*corrente ininterrupta*) barrage; uma rajada de insultos a barrage of insults

ralado *adj.* **1** (*pão, amêndoa*) grated **2** figurado (*preocupado*) worried **3** (*ferido*) grazed; joelho ralado grazed knee

ralador *s.m.* CULINÁRIA grater, scraper

ralar *v.* **1** CULINÁRIA (*comida*) to grate **2** figurado (*inquietar*) to worry, to annoy; não se ralar nol to care a pin **3** coloquial (*trabalhar muito*) to labour; to toil; ralava o dia inteiro na fábrica he laboured all day in the factory **ralar-se** *v.pr.* (*dar importância*) to care (com, *about*)

ralé *s.f.* pejorativo low people, mob, populace

ralhar *v.* to scold, to rebuke, to tell off; ralhar com alguém to tell somebody off

rali *s.m.* rally

ralo *s.m.* **1** (*banheira, pia*) drain **2** (*regador*) nozzle **3** (*líquidos*) strainer; ralo de aspiração strainer ■ *adj.* (*cabelo, tecido*) thin

rama *s.f.* **1** (*árvore, planta*) foliage; branches **2** (*em rama*) raw; algodão em rama raw cotton ◆ pela rama superficially

ramada *s.f.* **1** (*latada, parreira*) trellis **2** (*árvore*) branches, boughs

ramal *s.m.* **1** branch; ramal de tubulação branch of piping **2** (*ferrovias*) branch line **3** (*estrada*) branch road **4** (*telefone*) telephone extension line

ramalhete *s.m.* bouquet; bunch of flowers

rameira *s.f.* pejorativo prostitute; tart

rami *s.m.* BOTÂNICA ramie

ramificação *s.f.* (*geral*) ramification ◆ ANATOMIA ramificações capilares capillary network

ramificar *v.* **1** (*planta*) to ramify; to branch **2** (*subdividir*) to subdivide **ramificar-se** *v.pr.* **1** (*estrada*) to branch off; a estrada ramificou-se em duas direções the road branched off in two directions **2** (*subdividir-se*) to divide (em, *into*); o curso ramifica-se em três áreas the course is divided into three areas

ramo *s.m.* **1** BOTÂNICA branch, bough **2** (*flores*) bunch **3** (*atividade, domínio*) line; ramo de negócios line of business **4** (*descendência*) branch; ramo feminino female branch of family ◆ Domingo de Ramos Palm Sunday

rampa *s.f.* **1** (*plano inclinado, ligação*) ramp **2** (*ladeira*) slope **3** (*plataforma*) pad, ramp; rampa de lançamento launching pad

rancho *s.m.* **1** (*grupo*) band, gang **2** (*crianças*) swarm **3** (*herdade*) ranch **4** (*folclore*) group of folk dancers **5** (*refeição*) mess food, ration **6** (*cabana*) hut; shack

ranço *s.m.* rancidity; ter cheiro de ranço to smell rancid; criar ranço to go rancid

rancor *s.m.* grudge; guardar rancor por alguém to bear somebody a grudge

rancoroso *adj.* resentful

rançoso *adj.* (*alimento, produto*) rancid; toucinho rançoso rancid pork fat

ranger *v.* **1** (*porta, soalho*) to creak, to grate **2** (*dentes*) to grind, to gnash; ranger os dentes to gnash the teeth

rangido *s.m.* **1** (*porta*) creak **2** (*dentes*) gnashing, grinding

rango *s.m.* coloquial grub; nosh

ranheta *s.f.* coloquial snot; booger EUA ■ *s.2g.* impertinent person

ranho *s.m.* **1** (*nariz*) mucus, run **2** (*animais*) snivel

ranhoso *adj.* **1** (*nariz*) running, snotty **2** (*criança*) snivelling **3** figurado (*reles*) rotten

ranhura *s.f.* **1** (*superfície*) groove **2** notch

ranking *s.m.* league table; list; um ranking das melhores escolas a league table of the best schools; fica entre os dez primeiros no ranking mundial he is among the top ten in the world

ranzinza *adj.* sullen; ill-humoured

rapadura *s.f.* a candy made of raw brown sugar

rapar *v.* **1** (*tacho, panela*) to scrape, to rub out **2** (*barba, cabelo*) to shave; rapar o cabelo to shave one's head

rapariga *s.f.* coloquial whore vulg.

rapaz *s.m.* **1** (*criança, menino*) boy **2** coloquial (*homem jovem*) young man, young fellow, lad; um bom rapaz a nice fellow

rapaziada *s.f.* **1** (*grupo*) group of boys, gang **2** (*travessura*) boyish trick

rapazola *s.m.* lad

rapel *s.m.* ESPORTE abseil Grã-Bretanha; rappel EUA

rapidez *s.f.* **1** (*velocidade*) speed, velocity **2** (*ligeireza*) rapidity, quickness; com rapidez quickly; ele calcula com rapidez e precisão he is quick and accurate with figures

rápido *adj.* **1** (*velocidade*) fast, swift, speedy; um voo rápido a speedy flight **2** (*duração*) quick, short ■ *s.m.* (*trem*) express

rapina *s.f.* **1** (*pilhagem*) plundering, robbery **2** (*extorsão violenta*) prey ◆ ave de rapina bird of prey

rapinar *v.* to plunder, to pilfer, to rob

raposa *s.f.* **1** ZOOLOGIA (*macho ou fêmea*) fox **2** ZOOLOGIA (*fêmea*) vixen **3** (*pele*) fox fur **4** figurado (*manhoso*) crafty person; manhoso como uma raposa as cunning as a fox

raptar *v.* to kidnap; to abduct

rapto *s.m.* kidnap; abduction

raptor *s.m.* kidnapper

raqueta *s.f.* **1** (*tênis, badminton*) racket **2** (*tênis de mesa*) bat

raquete *s.f.* **1** (*tênis, badminton*) racket **2** (*tênis de mesa*) bat

raquítico *s.m.* rickety person ■ *adj.* rickety

raquitismo

raquitismo s.m. 1 MEDICINA rickets; rachitis 2 BOTÂNICA blight 3 figurado small-mindedness

rarefazer v. (gás, ar) to rarefy rarefazer-se v.pr. to become rarefied

rarefeito adj. rarefied

raridade s.f. 1 rarity 2 (objeto, acontecimento) curiosity

raro adj. 1 (pouco comum) rare 2 (pouco frequente) exceptional, uncommon, infrequent

rasante adj.2g. 1 (voo) low-flying; voo rasante low flight 2 (tiro) low

rasar v. 1 (terreno) to level, to flatten 2 (encher) to fill to the top 3 (roçar, passar) to skim

rascunho s.m. 1 (texto, desenho) rough copy, rough draft; fazer o rascunho de to draft; papel de rascunho rough paper 2 (esboço, plano) rough outline

rasgado adj. 1 (roupa, tecido) ragged, torn 2 (papel) torn up 3 (boca, olhos) wide, large 4 figurado (elogio, aplauso) frank 5 figurado (gesto, sorriso) unreserved, wide

rasgão s.m. 1 (buraco) tear; um rasgão no casaco a tear in my coat 2 (fenda) split 3 (arranhão) graze, cut; um rasgão no joelho a cut in the knee

rasgar v. 1 (papel) to tear up, to tear to pieces, to rip; rasgar um papel ao meio to tear a piece of paper in half 2 (roupa, tecido) to tear 3 (pele, carne) to cut open rasgar-se v.pr. to tear; este tecido rasga-se facilmente this material tears easily

rasgo s.m. 1 (rasgão) tear, rip 2 (ímpeto) burst, flight; rasgo de imaginação flight of imagination 3 (ação nobre) noble act (de, of); num rasgo de coragem in a noble act of courage

raso adj. 1 (plano) plain 2 (terreno, chão) flat 3 (salto, sapato) flat 4 (recipiente) level, full

raspa s.f. 1 scrape, rasp 2 (lasca) shaving 3 CULINÁRIA zest, grated peel; raspa de limão grated lemon peel

raspagem s.f. 1 (rasura) erasure 2 (alisamento) shaving 3 (tinta) scraping 4 MEDICINA curettage

raspão s.m. scratch, scrape, graze; tocar de raspão to graze

raspar v. 1 (superfície) to scrape, to scratch 2 (casca) to grate; raspar um casca de laranja to grate the skin of an orange 3 (inscrição) to erase, to rase 4 (cenoura, batata) to peel, to scrape 5 (ferir de raspão) to graze 6 (rapar) to shave; raspar a barba to shave one's beard raspar-se v.pr. coloquial to sneak off

rasteira s.f. 1 tripping up; passar uma rasteira a alguém to trip somebody up 2 figurado (armadilha) trap; (tramar alguém) passar uma rasteira a to set someone up ♦ (exames) perguntas com rasteira tricky questions

rasteiro adj. 1 BOTÂNICA creeping; planta rasteira creeper 2 figurado (ordinário) common

rastejante adj.2g. 1 (planta) creeping 2 (animal) crawling

rastejar v. 1 (planta) to creep 2 (animal) to crawl 3 figurado (rebaixar-se) to grovel

rastilho s.m. 1 (fio) fuse; atear o rastilho to light the fuse 2 figurado (causa, pretexto) cause, reason; servir de rastilho a to trigger

rasto s.m. 1 (vestígio, pista) trace, vestige; desapareceu sem deixar rasto he disappeared without a trace 2 (animal, veículo) track, trail; perder o rasto to lose the trail

rastrear v. 1 to track down, to trace 2 MEDICINA (doença) to screen

rastreio s.m. 1 (rastro) tracking, tracing 2 MEDICINA (doença) screening; rastreio da tuberculose screening for tuberculosis

rastro s.m. 1 (vestígio, pista) trace, vestige; desapareceu sem deixar rastro he disappeared without a trace 2 (animal, veículo) track, trail; perder o rastro to lose the trail

rasura s.f. (rasurar) erasure, rubbing out; sem rasura clean

rasurar v. to rub out, to scratch out, to erase

rata s.f. 1 ZOOLOGIA rat 2 (gafe) blunder; gaffe; boob Grã-Bretanha

ratazana s.f. rat

raticida s.m. rat poison

ratificação s.f. ratification

ratificar v. to ratify

rato s.m. ZOOLOGIA mouse; rat ♦ rato de biblioteca bookworm

ratoeira s.f. 1 mousetrap 2 (armadilha) snare, trap; cair na ratoeira to fall into a trap

ravina s.f. ravine, gully

ravióli s.m. CULINÁRIA ravioli

razão s.f. 1 reason; não ter razão to be wrong; ter razão to be right 2 (causa, motivo) reason, motive; não ter razão para to have no reason to; sem qualquer razão for no reason 3 MATEMÁTICA rate, ratio; à razão de at the rate of

razoável adj.2g. 1 reasonable; um pedido razoável a reasonable request 2 (moderado, sensato) moderate, sensible 3 (fortuna, quantia) considerable

ré s.f. 1 the defendant, the accused 2 NÁUTICA stern; à ré! astern! 3 (marcha) reverse gear ∎ s.m. MÚSICA D, re

reabastecer v. 1 (despensa, quartel) to replenish 2 (veículo) to refuel 3 (mantimentos) to supply

reabastecimento s.m. (provisões) restocking; replenishment; (combustível) refueling

reabertura s.f. reopening

reabilitação s.f. (regeneração) reform, rehabilitation; reabilitação de um delinquente reform of a delinquent

reabilitar v. to rehabilitate reabilitar-se v.pr. to rehabilitate oneself

reabrir v. to reopen

reabsorver v. to reabsorb, to resorb; to absorb again; reabsorver água to reabsorb water

reação s.f. 1 (resposta) reaction; a reação do público the public's reaction 2 FÍSICA, QUÍMICA reaction 3 (oposição) opposition, struggle ♦ reação em cadeia chain reaction

reacender v. 1 (chama) to rekindle; to light again 2 figurado to revive; to reinflame

readaptar v. to readjust; to readapt

readmitir v. 1 to readmit (em, to); readmitiram-no na escola he was readmitted to school 2 (funcionário) to reinstate

readquirir v. to acquire again; to recover; to regain
reafirmar v. to reaffirm; to restate; to reassert
reagente adj.2g. reactive, reacting; papel reagente test paper ■ s.m. QUÍMICA reagent ◆ papel reagente test paper
reagir v. 1 to react (a, to); reagir à notícia to react to the news 2 (resistir) to resist, to fight 3 (responder) to respond (a, to), to react (a, to); o doente não está reagindo ao tratamento the patient is not responding to the treatment
reagrupar v. to regroup
reajustar v. 1 to readjust 2 (salário) adjust reajustar-se v.pr. to adapt (a, to)
reajuste s.m. readjustment
real s.m. 1 (o que existe) reality 2 (moeda) real ■ adj.2g. 1 real; a vida real real life 2 (caso, história) true 3 (realeza) royal
realçar v. 1 to enhance, to heighten 2 (cores) to brighten 3 (destacar) to emphasize, to stress
realce s.m. 1 (destaque) emphasis, distinction; dar realce a to set off, to enhance 2 (brilho) highlight 3 (contraste) relief
realeza s.f. royalty
realidade s.f. reality ◆ realidade virtual virtual reality na realidade in fact, actually
realismo s.m. 1 realism 2 reality; o realismo da cena the reality of the scene 3 (monarquia) royalism ◆ LITERATURA realismo mágico magical realism
realista adj.2g. 1 realistic, lifelike 2 (monarquia) royalistic ■ s.2g. 1 realist 2 (monarquia) royalist
realização s.f. 1 (concretização) accomplishment, achievement 2 (projeto, trabalho) execution 3 (sonho, objetivo) fulfilment
realizador s.m. accomplisher, executor
realizar v. 1 (objetivo) to achieve, to accomplish 2 (sonho, ambições) to fulfil 3 (projeto, trabalho) to carry out; realizar um plano to carry out a plan 4 (reunião) to hold realizar-se v.pr. 1 (reunião, evento) to be held, to take place 2 (sonhos) to come true; o sonho realizou-se the dream came true 3 (pessoa) to fulfil oneself
realizável adj.2g. 1 (tarefa, atividade) accomplishable, achievable 2 (obra, programa, projeto) feasible 3 (sonho, promessa) possible
realmente adv. 1 (verdadeiramente) really 2 (de fato) in fact, actually, indeed
reanimação s.f. MEDICINA revival
reanimar v. 1 MEDICINA to revive 2 (esperança, confiança) to revive; to put new life into
reaparecer v. to reappear
reaparecimento s.m. reappearance; (de sintoma) recurrence
reaprender v. to relearn
reaproveitamento s.m. reuse; reutilization; o reaproveitamento de embalagens the reuse of packaging
reaproveitar v. to reuse; to reutilize; reaproveitar alimentos to reuse leftovers
reatar v. 1 (nó) to tie again, to rebind 2 (conversa, relação, negociação) to resume, to renew, to re-establish; reatar as relações to renew acquaintance
reativar v. to reactivate
reator s.m. AERONÁUTICA, FÍSICA reactor

reaver v. 1 (dinheiro, documento) to recover, to recuperate, to retrieve 2 (direito, credibilidade) to regain
reavivar v. 1 (cor, fogo) to revive, to restore 2 figurado (acontecimento, recordação) to renew
rebaixa s.f. reduction
rebaixar v. 1 (teto, degrau) to lower 2 (preço) to depreciate 3 figurado (humilhar) to humiliate, to debase rebaixar-se v.pr. (dignidade) to cheapen oneself, to humiliate oneself
rebanho s.m. 1 (ovelhas, carneiros) flock 2 (gado, cabras) herd 3 figurado, pejorativo (pessoas) sheep
rebate s.m. (sinal) alarm, alert
rebater v. (ideia, argumento) to refute
rebatível adj.2g. reclining
rebelde adj.2g. 1 rebellious 2 (desobediente) wayward ■ s.2g. rebel
rebeldia s.f. (revolta) rebellion, revolt
rebelião s.f. 1 (revolta) rebellion, revolt 2 (rebeldia) insurrection, insubordination
rebentar v. 1 (balão, pneu, emoções) to burst 2 (plantas) to sprout 3 (flores) to bud 4 (bomba) to explode 5 (guerra, epidemia) to break out 6 (tempestade, onda) to break 7 (fazer explodir) to blow up 8 (fusíveis) to blow 9 (corda) to snap
rebento s.m. 1 BOTÂNICA shoot 2 BOTÂNICA bud 3 figurado (filho) offspring
rebobinar v. to rewind
rebocador s.m. NÁUTICA towboat, tug
rebocar v. (carro, navio) to tow
reboco s.m. plaster; parget; tirar o reboco a to unplaster; reboco de parede wall plaster
rebolar v. (quadril, corpo) to waddle, to wiggle, to swing
rebolear v. to swing a lasso
rebolir v. 1 (rebolar-se) to wiggle 2 (andar depressa) to walk very fast
reboque s.m. 1 NÁUTICA (ato) tow, towage 2 (veículo) trailer, towing vehicle; (ir) a reboque (to go) on tow
rebordo s.m. edge, border
rebuliço s.m. 1 (multidão) tumult, hubbub 2 (agitação) fuss, agitation 3 (ruído, discórdia) noise, row; armar rebuliço to start a row
rebuscado adj. 1 searched 2 figurado (estilo, escrita) far-fetched
rebuscar v. 1 (bolsa, gavetas) to search, to ransack 2 figurado (estilo, discurso) to refine
recado s.m. (mensagem) message; dar um recado to deliver a message ◆ dar conta do recado to be successful
recaída s.f. 1 MEDICINA relapse; o doente teve uma recaída grave the patient has had a serious relapse 2 figurado (reincidência em um erro) relapse
recair v. 1 to relapse (–, into, in) 2 (culpa, responsabilidade) to fall (sobre, on); as culpas recaíram sobre ele the blame fell on him
recalcado adj. 1 (terra, terreno) trodden down, beaten 2 (reprimido) kept down 3 PSICOLOGIA (sentimento, pessoa) repressed

recalcar

recalcar v. 1 (*terreno*) to tread down 2 PSICOLOGIA (*sentimento, pessoa*) to suppress, to repress
recambiar v. 1 (*devolver*) to return 2 coloquial (*pessoa*) to send back
recanto s.m. 1 (*canto*) corner, recess 2 (*esconderijo*) retreat, hiding place 3 (*compartimento*) compartment, cubicle
recapitulação s.f. recapitulation
recapitular v. 1 (*relembrar*) to recapitulate, to sum up, to summarize 2 (*fatos*) to review 3 (*matéria*) to revise
recarga s.f. (*caneta*) refill
recarregar v. 1 (*recipiente, veículo*) to reload, to refill 2 (*bateria*) to recharge ♦ recarregar as baterias to recharge one's batteries
recarregável adj.2g. (*pilhas, baterias*) rechargeable; (*cartão*) pay-as-you-go; (*isqueiro*) refillable
recatado adj. 1 (*pessoa, vida*) discreet 2 (*local*) secluded, retired; vivia em uma aldeia recatada she lived in a secluded village
recato s.m. 1 (*pudor*) modesty 2 (*recolhimento*) secrecy, retirement
recauchutagem s.f. retreading; remoulded
recauchutar v. (*pneu*) to retread
recear v. to fear; to fear (por, *for*); recear o pior to fear the worst
receber v. 1 (*amigos, visitantes*) to welcome; receber alguém com alegria to give a warm welcome to someone 2 (*hóspedes, refugiados*) to take in, to admit 3 (*notícias*) to hear (de, *from*) 4 (*algo*) to receive; receber um convite to receive an invitation 5 (*ganhar*) to earn 6 (*paciente*) to see 7 (*ser pago*) to be paid
receio s.m. 1 (*medo*) fear (de, *that*) 2 (*preocupação*) concern, worry
receita s.f. 1 CULINÁRIA recipe 2 MEDICINA prescription; passar uma receita to write out a prescription 3 ECONOMIA (*Estado*) revenue 4 ECONOMIA (*instituição*) income
receitar v. 1 MEDICINA to prescribe; receitar um medicamento to prescribe a medicine 2 figurado (*recomendar*) to advise
receituário s.m. 1 pharmacopoeia, pharmacopeia 2 CULINÁRIA recipe book; cookbook
recém-casado adj., s.m. newly-wed
recém-chegado s.m. newcomer; new arrival ■ adj. newly arrived
recém-nascido s.m. newborn child ■ adj. newborn
recenseamento s.m. (*estatística*) census ♦ recenseamento eleitoral polling
recensear v. 1 (*população*) to take a census of 2 (*bens, espécies*) to make an inventory of
recente adj.2g. 1 (*descoberta*) recent 2 (*edifício, construção*) new, modern 3 (*marcas*) fresh
recentemente adv. recently, lately
receoso adj. 1 (*medroso*) fearful 2 (*tímido*) timid
recepagem s.f. pruning
recepção s.f. 1 (*carta, encomenda*) receipt (de, *of*); acusar a recepção de to acknowledge receipt of 2 (*estabelecimento*) reception, reception desk, front desk 3 (*acolhimento*) reception, welcoming 4 (*reunião, festa*) party, reception

recepcionamento s.m.
recepcionar v. 1 to receive; to entertain 2 (*em aeroporto*) to meet
recepcionista s.2g. receptionist, reception clerk
receptáculo s.m. receptacle; depository; container
receptar v. 1 (*espólio, dinheiro, ouro*) to receive, to conceal 2 (*artigos roubados*) to fence col.
receptividade s.f. receptivity, receptiveness
receptivo adj. 1 (*compreensivo*) receptive (a, *to*), open-minded 2 MEDICINA (*organismo*) susceptible, vulnerable (a, *to*); receptivo a certas doenças vulnerable to some diseases
receptor s.m. receiver; receptor de rádio radio receiver; emissor e receptor transmitter and receiver ■ adj. receiving
recessão s.f. ECONOMIA recession
recessivo adj. recessive; gene recessivo recessive gene
rechamada s.f. redialling; rechamada automática automatic redialling
recheado adj. 1 CULINÁRIA (*carne, batatas*) stuffed; peru recheado stuffed turkey 2 figurado (*repleto*) filled, full (de, *of*); recheado de gente full of people
rechear v. 1 CULINÁRIA to stuff 2 CULINÁRIA (*empadas*) to fill 3 figurado (*enriquecer*) to fill (com, *with*)
recheio s.m. 1 CULINÁRIA stuffing, filling 2 stuffing
rechonchudo adj. (*gordo*) chubby, plump
recibo s.m. receipt, acquittance, voucher; passar um recibo por to write out a receipt for
reciclado adj. recycled; papel reciclado recycled paper
reciclagem s.f. 1 (*objetos, substâncias*) recycling 2 (*pessoas*) retraining
reciclar v. 1 (*objetos, substâncias*) to recycle 2 (*pessoas*) to retrain
reciclável adj.2g. recyclable
recidivar v. MEDICINA to relapse
recife s.m. reef, ridge; recife de coral coral reef
recinto s.m. 1 (*espaço delimitado*) enclosure; enclosed area 2 (*esportes*) rink, court
recipiente s.m. 1 (*vasilha*) vessel 2 QUÍMICA recipient, receptáculo 3 FÍSICA receiver
reciprocidade s.f. reciprocity
recíproco adj. reciprocal, mutual
recitação s.f. recitation; declamation
recital s.m. 1 (*poesia*) recital, recitation 2 MÚSICA recital, musical performance, concert
recitar v. to recite
reclamação s.f. 1 (*queixa*) complaint, protest 2 DIREITO claim
reclamar v. 1 (*reivindicar*) to claim 2 (*exigir*) to demand 3 (*restaurante, hotel*) to complain (de, *about*); reclamaram da comida they complained about the food
reclame s.m. 1 (*anúncio*) advertisement; fazer grande reclame to advertise largely 2 (*cartaz*) poster, display; reclame luminoso electric sign
reclassificar v. 1 to reclassify 2 (*funcionário público*) to regrade
reclinar v. (*corpo, cabeça*) to recline, to lean back reclinar-se v.pr. (*recostar-se*) to lean back

reclinável *adj.2g.* reclining; cadeira reclinável recliner; bancos reclináveis reclining seats
reclusão *s.f.* 1 (*prisão*) prison 2 (*clausura*) seclusion 3 detention
recluso *s.m.* 1 (*prisioneiro*) prisoner; convict 2 figurado (*isolamento*) hermit
recobrar *v.* to recover
recolha *s.f.* 1 (*colheita*) gathering, harvesting 2 (*pesquisa*) gathering, collecting
recolher *v.* 1 to collect 2 (*documentos, poemas*) to compile 3 (*depoimento*) to gather 4 (*velas, roupa secando*) to take in 5 (*gado*) to bring in 6 (*acolher*) to shelter 7 (*regressar*) to return home, to come back; recolheram-se tarde they came home late recolher-se *v.pr.* 1 (*retirar-se*) to retire 2 (*abrigar-se*) to take shelter 3 (*ir para a cama*) to go to bed
recolhido *adj.* 1 (*isolado*) retired; secluded 2 (*recebido*) collected 3 (*concentrado*) meditating 4 (*aposentos*) in one's bedroom; está ainda recolhido he is not up yet
recolhimento *s.m.* 1 (*isolamento*) retirement; seclusion 2 (*meditação*) abstraction; contemplation; musing 3 RELIGIÃO retreat; shelter; home; refuge
recomeçar *v.* to start again
recomeço *s.m.* 1 new beginning, fresh start 2 (*escola, aulas*) reopening
recomendação *s.f.* 1 (*indicação, sugestão*) recommendation 2 (*conselho*) advice, guidance 3 (*aviso*) warning; fazer uma recomendação to give a warning ♦ carta de recomendação letter of recommendation, letter of introduction
recomendado *adj.* recommended ■ *s.m.* protégé
recomendar *v.* 1 (*sugerir*) to recommend 2 (*indicar para cargo*) to recommend 3 (*lembrar*) to remind (que, to), to urge (que, to)
recomendável *adj.2g.* recommendable
recompensa *s.f.* (*prêmio*) prize (de, por, for), reward (de, por, for)
recompensar *v.* (*premiar*) to reward (por, for)
recompor *v.* 1 to reorganize 2 to rearrange recompor-se *v.pr.* 1 (*retomar a compostura*) to recover oneself 2 (*restabelecer-se*) to recover (de, from)
recôncavo *s.m.* (*gruta*) hollow; cave 2 (*baía*) bight
reconciliação *s.f.* reconciliation
reconciliar *v.* to reconcile reconciliar-se *v.pr.* 1 to be reconciled (com, with); reconciliar-se com alguém to make friends again with somebody 2 (*zanga*) to patch things up 3 (*nações*) to make peace
recondicionar *v.* to recondition
recôndito *adj.* 1 (*lugar*) hidden 2 figurado (*pensamento, desejo*) inner ■ *s.m.* nook, corner
reconduzir *v.* 1 to lead back (a, to) 2 (*cargo*) to reinstate
reconfortante *adj.2g.* 1 (*apoio, palavra*) comforting 2 (*passeio, alimento*) invigorating, refreshing
reconfortar *v.* 1 (*reanimar*) to comfort 2 (*revigorar*) to invigorate, to refresh
reconforto *s.m.* reinvigoration; recomforture
reconhecer *v.* 1 (*identificar, validar*) to recognize 2 (*admitir*) to admit, to acknowledge; reconhecer o erro to admit one's mistake 3 (*assinatura*) to ratify, to witness; reconhecer a assinatura to witness the signature reconhecer-se *v.pr.* 1 to recognize oneself 2 (*identificar-se reciprocamente*) to recognize each other 3 (*confessar-se*) to acknowledge
reconhecido *adj.* 1 (*agradecido*) thankful, grateful; estar reconhecido a to be grateful to 2 (*mérito, utilidade*) acknowledged, accepted, recognized 3 (*identificado*) recognized
reconhecimento *s.m.* 1 recognition, acknowledgement 2 (*gratidão*) gratefulness, gratitude 3 (*militar*) reconnaissance 4 (*assinatura*) witnessing; reconhecimento de uma assinatura witnessing of a signature
reconquista *s.f.* reconquest, recovery
reconquistar *v.* 1 (*readquirir*) to recover 2 (*conquista*) to reconquer
reconsiderar *v.* to reconsider
reconstituição *s.f.* 1 reconstitution 2 reconstruction
reconstituir *v.* 1 to reconstitute 2 (*crime*) to reconstruct; to piece together 3 (*monumento, objeto*) to restore 4 (*forças*) to recover
reconstrução *s.f.* reconstruction
reconstruir *v.* 1 (cidade, monumento) to rebuild 2 (país, sociedade) to reconstruct
reconstrutivo *adj.* reconstructive; cirurgia reconstrutiva reconstructive surgery
recontagem *s.f.* recount, recounting; rechecking
reconverter *v.* to reconvert
recordação *s.f.* 1 (*memória*) memory, remembrance 2 (*turismo*) souvenir
recordar *v.* 1 (*lembrar-se de*) to remember 2 (*lembrar a alguém*) to remind of 3 (*vir à ideia*) to call to mind recordar-se *v.pr.* to remember (de, –)
recorde *s.m.* record; bater um recorde to break a record ♦ recorde mundial world record
recordista *s.2g.* record-holder; recordista mundial world record-holder ■ *adj.2g.* record-breaking
recorrente *adj.2g.* recurrent, recurring
recorrer *v.* 1 (*fazer uso*) to resort (a, to) 2 (*auxílio*) to turn (a, to)
recortado *adj.* cut out; indented
recortar *v.* 1 (*papel, figura*) to cut out, to clip 2 figurado (*destacar*) to outline
recorte *s.m.* 1 (*jornal*) cutting, clipping; recortes de jornal newspaper cuttings, newspaper clippings 2 (*linha limite*) outline, border, sketch 3 GEOGRAFIA outline; o recorte do litoral the outline of the coast
recostar *v.* to recline, to lean, to rest recostar-se *v.pr.* to lean back; recostar-se em uma poltrona to install oneself in an armchair
recrear *v.* to re-create; to amuse recrear-se *v.pr.* to amuse oneself
recreativo *adj.* recreational
recreio *s.m.* 1 diversion, recreation 2 (*local*) playground 3 (*intervalo*) (*escola*) break, playtime ♦ barco de recreio pleasure boat
recriar *v.* 1 to recreate 2 (*filme*) to remake
recriminação *s.f.* recrimination
recriminar *v.* (*acusar*) to recriminate
recruta *s.2g.* recruit ■ *s.f.* (*instrução*) military training

recrutamento

recrutamento *s.m.* 1 recruitment 2 (*alistamento, registro*) enlistment, enrolment 3 (*emprego*) hiring

recrutar *v.* 1 (*militar*) to recruit 2 (*alistar, registrar*) to enlist 3 (*emprego*) to hire

recuar *v.* 1 (*andar para trás*) to go back 2 to push back 3 (*exército*) to retreat 4 (*carro*) to back 5 figurado (*ceder*) to back down 6 (*muro, vedação*) to put further back

recuo *s.m.* 1 (*ato de recuar*) backing 2 (*militar*) retreat 3 (*arma*) recoil 4 MECÂNICA backlash 4 indentation

recuperação *s.f.* 1 (*reaquisição*) recovery, reacquisition 2 ECONOMIA, MEDICINA recovery, recuperation 3 (*reaproveitamento*) re-use, recycling; recuperação de materiais recycling of materials

recuperar *v.* 1 (*dinheiro*) to recover 2 (*monumento, pintura*) to restore 3 (*saúde, forças*) to recover; to get back col.; to recover (de, *from*); recuperar de uma doença to recover from an illness 4 (*reabilitar*) to rehabilitate 5 (*tema, assunto*) to take up again 6 (*tempo, aulas*) to make up for; recuperar o tempo perdido to make up for lost time

recurso *s.m.* 1 (*meio*) recourse; homem de largos recursos a man of resource 2 (*qualquer meio*) resort; em último recurso as a last resort recursos *s.m.pl.* (*meios*) resources ♦ recursos audiovisuais audiovisual aids recursos humanos human resources recursos naturais renováveis renewable natural resources recursos naturais não renováveis non-renewable natural resources

recusa *s.f.* 1 refusal; recusa formal point-blank refusal 2 (*negação*) denial

recusar *v.* 1 (*presente, cargo, convite*) to refuse, to reject; recusar uma oferta to refuse an offer; recusar um convite to decline an invitation 2 (*negar*) to deny recusar-se *v.pr.* to refuse (a, *to*); eles se recusaram a vir they refused to come

recusável *adj.2g.* refusable; rejectable

redação *s.f.* 1 (*ato de redigir*) editing 2 (*escrita*) writing 3 (*texto*) wording 4 (*local*) editorial office 5 (*redatores*) editorial staff 6 (*composição*) (*escola*) essay, composition

redator *s.m.* 1 writer 2 (*jornalismo*) editor

rede *s.f.* 1 net; rede de pesca fishing net 2 (*comunicações*) network; rede ferroviária rail network 3 (*água, luz*) mains; rede de distribuição elétrica electric light mains 4 ESPORTE net 5 (*segurança*) safety net 6 (*cama de rede*) hammock 7 (*organização, sucursal*) chain, network 8 (*cabelo*) hairnet

rédea *s.f.* rein ♦ à rédea solta at full speed; freely

redemoinho *s.m.* 1 whirl 2 (*água*) whirlpool 3 (*vento*) whirlwind

redenção *s.f.* redemption

redentor *adj.* redeeming ■ *s.m.* redeemer, saviour
Redentor *s.m.* RELIGIÃO Redeemer; Saviour

redigir *v.* to write; redigir uma carta to write a letter

redimensionar *v.* to resize; redimensionar uma imagem to resize an image

redimir *v.* 1 RELIGIÃO to redeem 2 (*salvar*) to save, to deliver redimir-se *v.pr.* to make up (por, *for*)

redistribuir *v.* to redistribute

redobrar *v.* 1 (*aumentar*) to increase 2 (*intensificar*) to intensify 3 (*multiplicar*) to multiply

redoma *s.f.* glass case, glass dome ♦ viver em uma redoma to be wrapped in cotton wool

redondel *s.m.* bullring; arena

redondezas *s.f.pl.* (*arredores*) surroundings; nas redondezas in the vicinity

redondo *adj.* 1 round, circular 2 figurado (*gordo*) fat, plump

redor *s.m.* ao redor around; duas milhas em redor two miles round

redução *s.f.* 1 (*desconto, diminuição*) reduction, decrease 2 (*conversão*) conversion 3 MATEMÁTICA, QUÍMICA, MEDICINA reduction

redundância *s.f.* redundance

redundante *adj.2g.* redundant

redutível *adj.2g.* reducible

redutor *adj.* 1 reductive 2 pejorativo reductionist

reduzido *adj.* 1 reduced 2 (*pequeno*) tiny 3 (*limitado*) limited

reduzir *v.* 1 to reduce, to diminish, to cut down; reduzir a velocidade to slow down 2 (*medidas, valores*) to convert 3 (*abreviar*) to abridge

reedição *s.f.* 1 reissue, re-edition 2 (*nova edição*) new edition

reeditar *v.* 1 (*livro*) to reissue, to republish 2 figurado (*repetir*) to repeat

reeducação *s.f.* re-education

reeducar *v.* to re-educate

reeleger *v.* to re-elect

reeleição *s.f.* re-election

reeleito *adj., s.m.* re-elected

reembolsar *v.* 1 (*gastos*) to reimburse 2 (*quantidade paga*) to refund

reembolso *s.m.* refund; repayment

reencarnação *s.f.* reincarnation

reencarnar *v.* to reincarnate

reencontrar *v.* 1 (*alguém*) to meet again 2 (*algo*) to find again reencontrar-se *v.pr.* to meet again

reencontro *s.m.* reunion

reentrância *s.f.* 1 hollow, cavity 2 (*estátua*) recess

reenviar *v.* 1 to send again; to forward (para, *to*) 2 (*devolver*) to return

reenvio *s.m.* 1 return, forwarding 2 (*remissão*) cross-reference

reescrever *v.* to rewrite

reescrito *adj.* rewritten

reestruturação *s.f.* restructuring; reorganizing; a nossa empresa está em plena reestruturação our company is going through a major restructuring

reestruturar *v.* to restructure

refazer *v.* 1 (*trabalho*) to redo, to remake 2 (*reparações*) to repair 3 to reorganize 4 (*vida, amizade*) to rebuild refazer-se *v.pr.* to recover (de, *from*); refazer-se de uma doença to recover from an illness

refeição *s.f.* meal; na hora da refeição at meal time

refeitório *s.m.* 1 (*escola, fábrica*) canteen, cafeteria, refectory 2 (*sala de refeições*) dining hall

refém *s.2g.* hostage; fazer alguém refém to take somebody hostage

referência *s.f.* 1 reference, allusion; com referência a with reference to; fazer referência a to refer to 2

(*exemplo*) model, example (para, *to*); ser uma referência para alguém to be an example to someone
referências *s.f.pl.* (*informações*) references, information; ter boas referências to have good references
referendo *s.m.* referendum; realizar um referendo to hold a referendum
referente *adj.2g.* concerning (a, –); regarding (a, –); pertaining (a, *to*); as leis referentes ao divórcio the laws pertaining to divorce ■ *s.m.* LINGUÍSTICA reference
referir *v.* to refer to; to mention referir-se *v.pr.* to refer (a, *to*)
refestelar-se *v.pr.* to lean back
refinação *s.f.* 1 refining; refinement 2 (*lugar*) refinery 3 (*requinte*) refinement
refinado *adj.* 1 refined; açúcar refinado refined sugar 2 (*requintado*) polished; sophisticated; refined
refinamento *s.m.* refinement
refinar *v.* 1 (*produto*) to refine; to purify 2 (*pessoa*) to educate; to polish
refinaria *s.f.* refinery ♦ refinaria de açúcar sugar refinery
refletir *v.* 1 (*imagem*) to mirror; to reflect 2 (*revelar*) to reflect; to show; to reveal 3 (*ponderar*) to reflect (em, sobre, *on, upon*); to ponder (em, sobre, *about, on, over*); to muse (em, sobre, *about, on, over*) refletir-se *v.pr.* 1 to reflect; to be reflected 2 (*repercutir-se*) to affect (em, –)
refletor *adj.* reflecting ■ *s.m.* reflector; refletor de lâmpada reflecting mirror, reflector; refletor metálico metal reflector
reflexão *s.f.* 1 (*de luz, calor, imagem*) reflection 2 (*meditação*) reflection (sobre, *on*); tempo de reflexão time for reflection
reflexivo *adj.* 1 LINGUÍSTICA reflexive; pronome reflexivo reflexive pronoun 2 (*que medita*) reflective; pensive; meditative 3 (*calmo*) calm
reflexo *s.m.* 1 (*luz, imagem*) reflection 2 (*ato involuntário*) reflex 3 (*consequência*) reflection; result; consequence ■ *adj.* reflex; reação reflexa reflex response ♦ PSICOLOGIA reflexo condicionado conditioned reflex
reflexologia *s.f.* reflexology
reflorestamento *s.m.* reforestation
reflorestar *v.* to reforest
refluxo *s.m.* 1 (*maré*) ebb 2 figurado recess; retrocession
refogado *adj.* CULINÁRIA stewed ■ *s.m.* 1 CULINÁRIA onion sauce 2 CULINÁRIA stew
refogar *v.* CULINÁRIA to stew
reforçar *v.* 1 to strengthen; to reinforce 2 (*ideia*) to emphasize; to stress 3 (*segurança, vigilância*) to tighten reforçar-se *v.pr.* to grow stronger
reforço *s.m.* 1 booster; reinforcement; strengthening 2 reinforcement; enviar reforços to send in reinforcements
reforma *s.f.* 1 retirement 2 (*pensão*) retirement pension 3 (*melhoramento*) reform; improvement ♦ RELIGIÃO, HISTÓRIA a Reforma the Reformation
Reforma *s.f.* HISTÓRIA, RELIGIÃO Reformation
reformado *adj.* 1 retired; um militar reformado a retired soldier 2 (*melhorado*) reformed; improved ■ *s.m.* 1 pensioner; retiree EUA 2 (*idoso*) senior citizen
reformar *v.* 1 (*melhorar*) to reform; to improve 2 (*dar a reforma*) to pension off reformar-se *v.pr.* to retire; to go into retirement
reformatório *s.m.* reformatory Grã-Bretanha; reform school EUA
reformular *v.* to reformulate
refração *s.f.* (*luz*) refraction
refrão *s.m.* refrain
refrear *v.* 1 to contain; to restrain 2 to bridle refrear-se *v.pr.* to contain oneself
refrescante *adj.2g.* 1 (*bebida*) refreshing; cool; thirst-quenching 2 (*revigorante*) invigorating
refrescar *v.* 1 (*tornar mais fresco*) to freshen; to cool; to refrigerate 2 (*revigorar*) to refresh; refrescar a memória to refresh your memory 3 (*esfriar*) to cool down 4 (*acalmar*) to calm down; to cool down refrescar-se *v.pr.* 1 (*matar a sede*) to quench your thirst 2 (*lavar-se*) to freshen up
refresco *s.m.* refreshment
refrigeração *s.f.* refrigeration; cooling; refrigeração de ar air cooling
refrigerador *s.m.* 1 refrigerator; freezer; refrigerador elétrico electric refrigerator 2 refrigerator; fridge
refrigerante *s.m.* soft drink, cool drink
refrigerar *v.* 1 to refrigerate; to cool 2 figurado to comfort
refrigério *s.m.* 1 refreshment; freshness; coolness 2 (*alívio*) relief; comfort
refugiado *s.m.* refugee
refugiar-se *v.pr.* 1 (*abrigar-se*) to take shelter (em, *in*); to hide (em, *in*) 2 (*exilar-se*) to take refuge (em, *in*); ele refugiou-se no país vizinho he took refuge in the neighbouring country
refúgio *s.m.* (*abrigo*) refuge; shelter; hideaway; procurar refúgio to seek refuge
refugo *s.m.* reject, waste matter
refutar *v.* 1 (*negar, desmentir*) to refute 2 (*contestar*) to dispute; to argue against
rega *s.f.* watering, irrigation
regador *s.m.* watering can
regalado *adj.* 1 (*confortável*) comfortable; snug; levar uma vida regalada to lead an easy life 2 (*satisfeito*) delightedly; gladly
regalia *s.f.* 1 privilege; perk 2 (*real*) royal prerogative
regalo *s.m.* 1 (*prazer*) delight; pleasure 2 (*mimo*) treat; luxury 3 (*abafo*) muff
regar *v.* 1 to water; to irrigate; regar as plantas to water the plants 2 figurado to wash down
regata *s.f.* ESPORTE regatta; boat race
regatear *v.* to bargain; to haggle (over)
regateiro *s.m.* haggler, bargainer
regato *s.m.* stream
regelar *v.* 1 to freeze 2 (*congelar*) to turn to ice
regência *s.f.* 1 regency 2 rule
regeneração *s.f.* 1 regeneration; regeneração celular cell regeneration 2 (*revitalização*) revival; revitalization
regenerar *v.* 1 to regenerate 2 (*reformar, melhorar*) to reform; to improve; to better regenerar-se *v.pr.* 1 to regenerate 2 (*pessoa*) to go straight

regente

regente adj.2g. 1 regent 2 ruling ■ s.2g. 1 (*Estado*) regent 2 MÚSICA (*orquestra*) conductor 3 (*cadeira universitária*) tutor ◆ príncipe regente Prince Regent

reger v. 1 (*governar*) to rule; to govern 2 (*guiar, orientar*) to lead; to guide 3 (*orquestra*) to conduct 4 (*cadeira universitária*) to tutor 5 LINGUÍSTICA to govern reger-se v.pr. to be guided (por, *by*)

reggae s.m. reggae

região s.f. 1 (*zona*) region 2 (*administrativa*) district ◆ região autônoma autonomous region

regime s.m. 1 POLÍTICA regime; government; regime democrático democratic regime 2 (*sistema*) system 3 (*dieta*) diet; regimen; fazer regime to be on a diet; regime alimentar dietary regimen

regimento s.m. regiment

régio adj. royal; kingly

regional adj.2g. regional; local; jornal regional regional newspaper

regionalismo s.m. regionalism

regionalizar v. to regionalize

registador adj. registering

registrar v. 1 to register 2 (*dados*) to record; to register; to write down

registro s.m. 1 (*oficial*) registration; registro de nascimentos birth registration; registro de óbitos death registration 2 record; registration; register; registro de despesas record of expenses 3 (*civil*) register office, registry; casamento pelo registro civil marriage 4 (*predial*) land registry Grã-Bretanha; land office EUA

rego s.m. 1 furrow 2 drain 3 trench

regozijar v. to be delighted (com, *by*); to rejoice

regozijo s.m. delight; pleasure

regra s.f. rule; cumprir as regras to follow the rules; em regra as a rule ◆ regras de segurança safety rule

regrado adj. 1 (*com regras*) regular; systematic; steady 2 (*vida*) orderly 3 (*pessoa*) reasonable; moderate

regredir v. to regress

regressão s.f. regression

regressar v. to come back; to return

regressivo adj. regressive

regresso s.m. 1 return; no caminho de regresso on the way back 2 (*vedete*) comeback ◆ regresso a casa homecoming

régua s.f. ruler

regulação s.f. regulation; adjustment; settlement

regulador adj. regulating

regulamentação s.f. 1 (*ato de regulamentar*) regulation; regulamentação do comércio regulation of trade 2 (*regulamento*) rules; regulation

regulamentar v. to regulate; to subject to regulations ■ adj.2g. in accordance with the rules

regulamento s.m. regulation; rules; statutes; de acordo com o regulamento according to the rules; quebrar o regulamento to break the rules

regular adj.2g. 1 regular; steady; MEDICINA pulso regular regular pulse 2 (*simétrico*) uniform; evenly-shaped; symmetrical 3 (*mediano*) average; ordinary; um aluno regular an average student 4 LINGUÍSTICA regular; verbos regulares regular verbs ■ v. 1 (*ajustar*) to adjust; regular o volume to adjust the volume 2 (*sujeitar a regras*) to regulate; to subject to regulations 3 (*funcionar*) to work well regular-se v.pr. to be guided (por, *by*) ◆ não regular bem da cabeça to be out of one's mind

regularidade s.f. 1 (*frequência*) regularity; frequency; com regularidade frequently 2 (*feições*) regularity; symmetry

regularização s.f. regularization, regularizing

regularizar v. 1 to regularize 2 (*sujeitar a regras*) to regulate

regularmente adv. regularly

regulável adj.2g. adjustable

regurgitação s.f. regurgitation

regurgitar v. to regurgitate

rei s.m. king ◆ Dia de Reis Epiphany os Reis Magos the Three Wise Men ter o rei na barriga to be full of oneself

reima s.f. 1 MEDICINA rheum 2 (*mau gênio*) bad temper

reimpressão s.f. reprint

reinado s.m. reign

reinante adj.2g. ruling; dominant; prevailing

reinar v. 1 (*governar*) to reign; to rule; to govern 2 (*predominar*) to prevail

reincidente adj.2g. relapsing

reincidir v. 1 to relapse (em, *into*) 2 DIREITO to commit a second offence

reiniciar v. to restart; reiniciar o computador to restart the computer

reinício s.m. restart; new beginning

reino s.m. kingdom ◆ Reino Unido United Kingdom

Reino Unido s.m. the United Kingdom

reinserção s.f. new insertion

reinstalar v. to reinstall; ele teve de reinstalar o programa he had to reinstall the software

reintegração s.f. 1 reintegration 2 (*cargo, função*) reinstatement

reiteração s.f. reiteration

reiterativo adj. reiterative; repetitive

reitor s.m. rector

reitorado s.m. rectorate; rectorship

reitoria s.f. 1 (*cargo*) rectorship 2 (*gabinete*) rectory

reivindicação s.f. 1 DIREITO claim 2 (*exigência*) demand ◆ reivindicação salarial wage claim

reivindicar v. 1 DIREITO to claim 2 to demand

reivindicativo adj. claimable; demandable

rejeição s.f. 1 rejection 2 (*convite, oferta*) refusal

rejeitar v. 1 to reject 2 (*convite, oferta*) to refuse; to turn down 3 (*pôr de parte*) to discard

rejeito s.m. reject

rejuvenescedor adj. rejuvenating

rejuvenescer v. 1 to rejuvenate; to breathe new life into 2 to rejuvenate; to gain new life

relação s.f. 1 (*pessoas, países*) relation; relationship; cortar relações com to fall out with; ter boas relações com to be on good terms with 2 (*entre fatos*) connection; relation; em relação a in relation to, concerning, as for 3 (*amorosa*) relationship 4 (*lista*) listing; relação de bens asset list 5 (*proporção*) proportion; na relação de 3 para 1 in the proportion of 3 to 1 relações s.f.pl. acquaintances

relacionamento s.m. relation; relationship

relacionar v. to relate; to connect; to associate **relacionar-se** v.pr. 1 (*amigo*) to be friends (com, with) 2 (*conhecer*) to get acquainted (com, with)
relâmpago s.m. lightning, thunderbolt
relampejar v. 1 to lighten; lá fora relampejava e trovejava it was lightening and thundering outside 2 figurado to gleam; to glitter; to sparkle
relance s.m. glance ◆ de relance at a single glance num relance in the twinkling of an eye
relatar v. 1 (*fazer relatório*) to report 2 (*contar, narrar*) to narrate; to tell
relatividade s.f. relativity ◆ teoria da relatividade theory of relativity
relativismo s.m. relativism
relativizar v. to relativize
relativo adj. 1 relative; tudo é relativo all is relative 2 (*referente*) relative (a, to) pronomes relativos relative pronouns ◆ com relativa frequência with some frequency
relato s.m. 1 account; narration; report 2 (*esportivo*) commentary
relatório s.m. report; relatório médico medical report
relaxado adj. 1 (*descontraído*) relaxed; easygoing 2 (*músculos*) loose; slack; relaxed
relaxamento s.m. 1 relaxation 2 (*desleixo*) carelessness; slovenliness 3 (*costumes*) laxity; depravity; dissoluteness
relaxante adj.2g. relaxing
relaxar v. 1 (*descontrair*) to relax 2 (*músculos*) to slacken; to relax 3 (*nó*) to loosen up **relaxar-se** v.pr. 1 pejorativo to grow slack 2 pejorativo to weaken
relegar v. to relegate (para, to)
relembrar v. 1 to remember 2 to remind
relento s.m. open air ◆ ao relento in the open air
reler v. to read again; to read through/over
reles adj.2g.2n. 1 (*de má qualidade*) lousy; second-rate 2 (*sem valor*) worthless
relevância s.f. relevance; importance; um comentário sem qualquer relevância a comment of no relevance whatsoever
relevante adj.2g. 1 relevant; importante; essa pergunta não é relevante that question is not relevant 2 (*que sobressai*) outstanding; eminent
relevar v. (*perdoar*) to forgive
relevo s.m. 1 (*saliência*) relief 2 (*eminência*) eminence; distinction; pôr alguma coisa em relevo to make something stand out ◆ de relevo of importance
religião s.f. religion
religiosidade s.f. religiousness
religioso adj. religious; cerimônia religiosa religious ceremony ■ s.m. member of a monastic order
relinchar v. to neigh
relíquia s.f. relic **relíquias** s.f.pl. antiques ◆ relíquias sagradas holy relics
relógio s.m. 1 (*de parede, de mesa*) clock; adiantar o relógio to set the clock forward 2 (*de pulso*) watch; o meu relógio está adiantado/atrasado my watch is fast/slow; o relógio adiantou-se/atrasou-se 5 minutos the watch gained/lost 5 minutes 3 (*de sol*) sundial ◆ relógio biológico biological clock
relojoaria s.f. watchmaker's (shop)
relojoeiro s.m. watchmaker

remo

relutância s.f. (*hesitação*) reluctance (em, to); unwillingness (em, to)
relutante adj.2g. reluctant (em, to); unwilling (em, to)
reluzente adj.2g. gleaming; shiny
reluzir v. to glitter; to gleam ◆ nem tudo o que reluz é ouro all that glitters is not gold
relva s.f. grass
remador s.m. rower (2g.); oarsman, oarswoman
remake s.m. remake
remar v. to row ◆ remar contra a maré to swim against the tide
remarcar v. 1 (*ourivesaria*) to hallmark 2 (*número de telefone*) to dial again 3 (*preço*) to change the price of
rematar v. 1 (*completar*) to finish off 2 (*últimos retoques*) to put the finishing touches on 3 (*encimar*) to crown; to top 4 ESPORTE to shoot; to strike
remate s.m. 1 (*final*) end 2 (*conclusão*) completion; conclusion 3 (*acabamento, retoque*) finishing touch 4 (*costura*) trimming 5 ESPORTE shot; strike; remate à baliza shot at the goal
remedar v. 1 to mimic; to ape; to imitate 2 to caricature; to parody
remedeio s.m. popular stopgap; improvisation
remediado adj. coloquial (*pessoa*) comfortably off
remediar v. to remedy; to rectify; to correct **remediar-se** v.pr. to make shift
remédio s.m. 1 (*medicamento*) medicine; remedy; tomar o remédio to take your medicine 2 figurado (*solução*) remedy; solution; não há remédio it's useless
remela s.f. (*olhos*) sticky eye secretion
remeloso adj. with sleep in one's eyes
remendão s.m. 1 (*remendos*) patcher; mender 2 figurado, pejorativo (*trapalhão*) bungler; botcher ■ adj. 1 patching; mending 2 figurado, pejorativo (*trapalhão*) bungling; clumsy
remendar v. 1 (*com remendo*) to patch; to mend; to repair 2 (*buraco*) to darn; to stitch up 3 figurado to correct
remendo s.m. 1 gusset; patch 2 figurado (*solução*) solution
remessa s.f. 1 shipment; dispatch 2 (*carga*) load; shipment 3 (*dinheiro*) remittance
remetente s.2g. sender
remeter v. 1 (*enviar*) to send; to ship; to dispatch 2 (*dinheiro*) to remit 3 (*recomendação*) to refer (para, to); o médico remeteu a paciente para um especialista the doctor referred the patient to a specialist
remexer v. 1 to rummage; to search; to fumble; ela remexeu na bolsa à procura das chaves she fumbled in her purse for her keys 2 (*mexer*) to stir
reminar-se v.pr. to revolt; to rebel
reminiscência s.f. reminiscence; recollection; remembrance; memory
remissão s.f. 1 RELIGIÃO (*perdão*) remission; forgiveness; remissão dos pecados remission of sins 2 DIREITO (*pena*) remission
remo s.m. 1 oar, paddle 2 ESPORTE (*atividade*) rowing; praticar remo to do rowing ◆ barco a remos rowing boat

remoção

remoção s.f. removal; remoção de nódoas stain removal
remoçar v. 1 to rejuvenate 2 to be rejuvenated
remodelação s.f. 1 reshaping 2 reorganization 3 (*ministerial*) reshuffle
remodelar v. to remodel; to reshape
remoer v. 1 to grind again 2 figurado (*repensar*) to chew (something) over
remoinho s.m. 1 whirl 2 (*de vento*) whirlwind 3 (*de água*) whirlpool
remontar v. to date back (a, to); to go back (a, to); este edifício remonta ao início do século this building dates back to the beginning of the century
remorso s.m. 1 (*arrependimento*) remorse; regret; repentance; sentir remorsos to feel remorse 2 (*sentimento de culpa*) guilty conscience
remoto adj. 1 (*no espaço*) remote; isolated; uma ilha remota a remote island 2 (*no tempo*) remote; distant; no passado remoto in the remote past 3 (*recordação*) vague; faint
remover v. to remove
removível adj.2g. removable
remuneração s.f. 1 (*salário*) remuneration; salary 2 (*recompensa*) reward; compensation
remunerado adj. paid; waged; bem remunerado well-paid
remunerar v. to remunerate (por, *for*); to reward (por, *for*)
rena s.f. ZOOLOGIA reindeer
renal adj.2g. renal; insuficiência renal renal failure
Renascença s.f. HISTÓRIA Renaissance
renascentista adj.2g. Renaissance; literatura renascentista Renaissance literature
renascer v. 1 to be reborn 2 (*reanimar*) to revive 3 (*rejuvenescer*) to gain new life; to rejuvenesce 4 (*reaparecer*) to reappear
renascimento s.m. rebirth; renascence; revival
Renascimento s.m. HISTÓRIA Renaissance
renda s.f. 1 lace 2 (*aluguel*) rent; aumentar a renda to put the rent up; pagar a renda da casa to pay the house rent
rendado adj. lacy; lace-trimmed
render v. 1 (*dar rendimento*) to yield 2 (*prestar*) to pay; to render; render homenagem a to pay homage to 3 (*substituir*) to relieve; o guarda foi rendido seis horas depois the sentry was relieved six hours later 4 (*tempo*) to be productive; o dia de trabalho rendeu muito my work day was very productive 5 (*durar*) to last; este detergente rende mais do que o outro this detergent lasts longer than the other render-se v.pr. to surrender (yourself); to give yourself up; os sequestradores renderam-se the hijackers surrendered
rendez-vous s.m. 1 (*encontro*) rendezvous 2 (*ponto de encontro*) meeting place
rendição s.f. surrender; capitulation
rendimento s.m. 1 income; declaração de rendimentos declaration of income; fonte de rendimento source of income 2 (*empresa, país*) revenue 3 (*desempenho*) performance; productivity 4 (*lucro*) profit; gain

renegar v. 1 (*negar*) to deny; to disclaim 2 (*repudiar*) to repudiate; to reject; to scorn
renhido adj. fierce; eager; intense; uma luta renhida a fierce fight
rênio s.m. QUÍMICA (*elemento químico*) rhenium
renitente adj.2g. 1 reluctant 2 obstinate; persistent
renome s.m. renown; repute; de renome renowned; famous
renovação s.f. 1 (*edifício, mobiliário*) renovation; remodelling 2 (*contrato, documento*) renewal
renovador adj. 1 reforming 2 revolutionary ■ s.m. renewer
renovar v. 1 (*contrato, documento*) to renew 2 (*edifício, mobiliário*) to renovate; to remodel
renovável adj.2g. renewable
renovo s.m. 1 sprout; shoot 2 figurado (*descendência*) lineage renovos s.m.pl. agricultural products
rentabilidade s.f. profitability
rentabilização s.f. profitability
rentabilizar v. to make a profit on; to make profitable
rentável adj.2g. profitable; lucrative; cost-effective
rente adj.2g. very short; cortar rente to cut short ■ adv. close (a, to); rente ao chão close to the ground
renúncia s.f. 1 renunciation; giving up 2 (*cargo*) resignation 3 (*trono*) abdication
renunciar v. 1 (cargo, oferta, direito) to renounce 2 (trono) to abdicate
reocupar v. to reoccupy
reordenar v. 1 to reorganize 2 (*ordenar de novo*) to order again 3 RELIGIÃO to ordain again
reorganização s.f. reorganization
reorganizar v. 1 to reorganize 2 (*melhorar, reformar*) to reform; to improve
reparação s.f. 1 (*conserto*) repair; fixing up; reparação de avarias damage repair 2 (*desagravo*) reparation; amends
reparador s.m. 1 (*fortificante*) repairer; restorer 2 (*de indenização*) redresser; restitutor 3 (*de ofensa*) satisfier 4 (*que observa*) observer ■ adj. 1 (*fortificante*) repairing; restoring; sono reparador balmy sleep, refreshing sleep 2 (*cirurgia*) corrective
reparar v. 1 to notice (em, –); to take notice (em, *of*) 2 (*consertar*) to repair; to fix 3 (*desagravar*) to make amends for; to make up for
reparo s.m. 1 (*conserto*) repair; fixing 2 (*crítica*) criticism 3 (*comentário*) comment; remark; fazer um reparo to make a remark
repartição s.f. 1 (*divisão*) partition; division 2 (*distribuição*) distribution 3 (*departamento*) department; subdivision; branch 4 (*escritório*) bureau; office
repartir v. 1 (*distribuir*) to divide; to distribute 2 (*partilhar*) to share; ela repartiu o bolo com a irmã she shared the cake with her sister
repatriação s.f. repatriation
repatriar v. to repatriate
repelente adj.2g. repugnant; disgusting; repulsive ■ s.m. repellent; repelente de insetos insect repellent
repelir v. 1 to repel; to ward off 2 (*rejeitar*) to reject

repensar v. 1 (*pensar novamente*) to rethink 2 (*refletir*) to reflect on; to think over
repente s.m. 1 outburst 2 sudden act ♦ de repente suddenly, all of a sudden ter bons repentes to have one's moments
repentinamente adv. suddenly; all of a sudden
repentino adj. sudden; unexpected
repercussão s.f. (*consequência*) repercussion; effect; consequence; ter repercussões em to have repercussions on
repercutir v. 1 to reverberate; to echo 2 to send back repercutir-se v.pr. to affect; to have an effect; a crise econômica repercute-se na vida de todos the economic crisis affects the lives of everyone
repertório s.m. repertory, repertoire
repescagem s.f. (*competição*) resit; (*exame*) fazer repescagem to resit an exam
repescar v. 1 to recover; to retrieve 2 to give a second chance to
repetente s.2g. repeater; repeat student
repetição s.f. repetition
repetir v. to repeat repetir-se v.pr. 1 to recur; to repeat itself 2 to say again
repetitivo adj. repetitive
repicar v. (*sinos*) to chime
repisar v. to repeat over and over again
repleto adj. 1 (*cheio*) replete (de, *with*) 2 (*bem provido*) well-supplied (de, *with*)
réplica s.f. 1 (*cópia*) replica; copy; reproduction 2 (*resposta*) retort; response
replicar v. (*retorquir*) to reply; to retort
repolho s.m. BOTÂNICA round cabbage
reponta s.f. 1 new point 2 (*espada*) return thrust 3 (*maré*) rising tide
repor v. 1 to put back 2 (*devolver*) to return; ele repôs o dinheiro que roubou he returned the money he had stolen 3 (*restabelecer*) to restore; repor a ordem to restore order 4 (*instalar de novo*) to reinstall
reportagem s.f. 1 news report 2 reporting
repórter s.2g. reporter; journalist; repórter fotográfico photojournalist, press photographer
reposição s.f. 1 (*substituição*) replacement 2 (*restituição*) return 3 (*restabelecimento*) restoration
repositório s.m. repository
repousar v. 1 to rest, to take a rest 2 (*acalmar*) to calm 3 (*olhar*) to rest (em, *on*)
repouso s.m. (*descanso*) rest; repose; um repouso bem merecido a well-earned rest; em repouso in repose, at rest
repovoar v. to repeople
repreender v. to reprimand; to scold
repreensão s.f. reprehension
repreensível adj.2g. reprehensible
repreensivo adj. reprehensive
represa s.f. dam
represália s.f. retaliation; reprisal; requital; medo de represálias fear of retaliation
representação s.f. 1 (*símbolo*) representation 2 (*estatuto de representante*) representation; representatives; representação legal legal representation 3 (*espetáculo*) performance; show 4 (*atores*) acting
representante s.2g. representative

requeijão

representar v. 1 to represent 2 (*ilustrar*) to depict; to picture; este quadro representa a minha visão da sociedade this picture depicts my view of society 3 (*ator*) to act; adoro representar! I love acting!
representativo adj. representative (de, *of*)
repressão s.f. repression
reprimenda s.f. reprimand
reprimir v. 1 (*conter, controlar*) to repress; to restrain; to control; reprimir as emoções to repress one's feelings 2 (*oprimir*) to suppress; reprimir uma rebelião to suppress a rebellion
reprisar v. (filme, novela) to reprise
reprise s.f. (filme, novela) reprise
reprodução s.f. (*geral*) reproduction; reprodução de som sound reproduction; época de reprodução breeding season ♦ DIREITO direito de reprodução copyright
reprodutivo adj. reproductive; órgãos reprodutivos reproductive organs
reprodutor adj. reproductive ■ s.m. 1 reproducer 2 (*animal*) breeding animal
reproduzir v. 1 to reproduce 2 (*copiar*) to duplicate; to copy reproduzir-se v.pr. to reproduce; to breed
reprovação s.f. 1 (*escolar*) fail 2 (*condenação*) reproach
reprovado adj. 1 (*aluno*) failed; ficar reprovado em uma prova to fail in an examination 2 (*rejeitado*) rejected; refused
reprovar v. 1 to fail; o professor reprovou o aluno the teacher failed the student; ela ficou reprovada em matemática she failed in mathematics; ela ficou reprovada no exame de direção she failed her driving test 2 (*censurar*) to disapprove of; to condemn; to criticize 3 (*rejeitar*) to reject
reprovável adj.2g. blameworthy; reprehensible
réptil s.m. ZOOLOGIA reptile
repto s.m. challenge
república s.f. 1 POLÍTICA republic 2 (*universidade*) student's hostel
República Checa s.f. Czech Republic
República Dominicana s.f. Dominican Republic
republicanismo s.m. republicanism
republicano adj., s.m. republican
repudiar v. 1 to repudiate 2 (*condenar*) to condemn; to reproach 3 (*rejeitar*) to reject; to refuse
repugnância s.f. 1 (*aversão, nojo*) repugnance (por, *for*); aversion (por, *for*) 2 (*caráter repulsivo*) repulsiveness
repugnante adj.2g. 1 (*repulsivo*) repugnant; repulsive; disgusting 2 (*odioso*) loathsome
repugnar v. 1 to disgust 2 to be repugnant
repulsa s.f. repulsion; aversion; disgust; causar repulsa a alguém to fill someone with disgust
repulsivo adj. repulsive; disgusting
reputação s.f. reputation; repute; fame; arruinar a reputação de alguém to ruin somebody's reputation; ganhar reputação to become renowned
reputado adj. famous; renowned; reputed
repuxar v. 1 (*esticar*) to stretch 2 (*puxar*) to pull hard
requalificação s.f. revitalization
requeijão s.m. CULINÁRIA Brazilian cream cheese

requentar v. to reheat
requerente s.2g. 1 petitioner 2 applicant
requerer v. 1 (*solicitar*) to request; requerer autorização to request permission 2 (*requisitar*) to request; to apply for; to petition for; a defesa requereu uma audiência the defence petitioned for a hearing 3 (*implicar*) to require; to demand; esta prova requer muito estudo this exam requires hard study
requerimento s.m. 1 DIREITO petition 2 (*pedido*) request
requintado adj. 1 (*pessoa*) refined; sophisticated; cultivated 2 (*ambiente*) refined; luxurious
requinte s.m. 1 (*pessoa*) refinement; sophistication 2 (*ambiente*) class; luxury
requisição s.f. 1 DIREITO requisition 2 request
requisitar v. 1 to request 2 DIREITO to requisition
requisito s.m. requisite; requirement; preencher os requisitos to fulfil all the requirements
rescindir v. to rescind; to revoke; to annul; rescindir um contrato to rescind a contract
rescisão s.f. rescission; rescisão de um contrato rescission from a contract
resenha s.f. 1 (*publicação*) write-up; review 2 description
reserva s.f. 1 reserve; store; stock 2 reservation; fazer uma reserva em nome de to make a reservation in the name of 3 (*área protegida*) reserve; preserve; reserva natural nature reserve; reserva indígena Indian reservation 4 (*cautela*) caution; reserve 5 (*militar*) the reserve
reservado adj. 1 (*marcado*) reserved; booked; temos quarto reservado we have booked a room 2 (*distante*) reserved; standoffish 3 (*guardado*) reserved; set apart 4 (*confidencial*) confidential; secret 5 (*restrito, limitado*) restricted; área de acesso reservado restricted area
reservar v. 1 (*marcar*) to book; to reserve; reservar uma mesa para duas pessoas to reserve a table for two; reservar um quarto to book a room 2 (*guardar*) to reserve; to put aside; to store, to lay by reservar-se v.pr. to claim; reservar-se o direito de fazer alguma coisa to claim the right to do something
reservatório s.m. 1 reservoir 2 tank
resfriado s.m. chill; cold; pegar um resfriado to catch a chill
resfriar v. 1 (*esfriar*) to chill; to cool 2 to grow cold; to become cold; o tempo resfriou the weather has turned cooler 3 figurado (*desanimar*) to cool (down); resfriar o entusiasmo to cool one's enthusiasm resfriar-se v.pr. (*constipação*) to catch a cold
resgatar v. 1 (*libertar*) to ransom 2 (*dívida, hipoteca*) to redeem; to pay
resgate s.m. 1 ransom 2 redemption
resguardar v. 1 (*abrigar*) to shelter 2 (*proteger*) to protect resguardar-se v.pr. 1 (*abrigar-se*) to take shelter 2 (*proteger-se*) to protect oneself
resguardo s.m. 1 (*vedação*) fence 2 (*de cama*) undersheet
residência s.f. 1 residence; abode; residência oficial official residence 2 (*universitária*) hall of residence
♦ visto de residência residence permit

residencial adj.2g. residential; bairro residencial residential district
residente adj., s.2g. resident
residir v. 1 (*morar*) to reside (em, *at, in*) 2 (*consistir*) to lie (em, *in*)
residual adj.2g. residual
resíduo s.m. 1 (*lixo*) waste; resíduos domésticos domestic waste; resíduos industriais industrial waste; resíduos tóxicos toxic waste 2 (*resto*) remainder
resignação s.f. 1 (*conformação*) resignation; forbearance; ela aceitou a situação com resignação she accepted the situation with resignation 2 (*demissão voluntária*) resignation
resignar v. (*demitir-se*) to resign resignar-se v.pr. to be resigned (com, *to*)
resina s.f. resin
resistência s.f. 1 resistance (a, *to*); oferecer resistência a to offer resistance to 2 (*força, vigor*) stamina; vigour linha de resistência line of defence; resistência armada armed resistance 3 ELETRICIDADE resistor
resistente adj.2g. 1 resistant 2 (*robusto*) durable; strong; solid
resistir v. 1 to resist (a, *to*); to oppose (a, –); to offer resistance (a, *to*); resistir à pressão to resist to pressure 2 (*tentação*) to resist (a, –); to say no (a, *to*); resistir à tentação de to resist the temptation of
resma s.f. ream
resmungão adj. grumbling; grumpy; moaning ■ s.m. grumbler; moaner
resmungar v. 1 to mutter, to mumble 2 to grumble; to complain
resolução s.f. 1 (*solução*) resolution; solving; a resolução do conflito the resolution of the dispute 2 (*decisão*) decision; deliberation; resolution; tomar uma resolução to make a resolution 3 (*determinação*) determination; resolution 4 (*de imagem*) definition
resoluto adj. 1 (*decidido*) resolute; firm; determined 2 (*corajoso*) bold; daring
resolver v. 1 (*solucionar*) to resolve; to solve; to find a solution for 2 (*decidir*) to decide to 3 MATEMÁTICA to solve; resolver uma equação to solve an equation resolver-se v.pr. to decide (a, *to*)
resolvido adj. 1 (*solucionado*) solved; resolved 2 (*combinado*) settled; agreed 3 (*pessoa*) decided; determined; resolute
respe s.m. coloquial reprimand; reproach
respectivo adj. 1 respective 2 corresponding
respeitado adj. 1 respected 2 esteemed; considered 3 admired
respeitante adj.2g. concerning (a, –); referring (a, *to*)
respeitar v. 1 (*admirar*) to respect; respeitar a opinião de alguém to respect somebody's opinion 2 (*cumprir*) to observe; to follow; to comply with; respeitar o regulamento to comply with the rules 3 (*concernir*) to concern (a, –); to regard (a, –) ♦ no que respeita a as regards
respeitável adj.2g. respectable; honourable
respeito s.m. 1 respect (por, *for*); com o devido respeito with all due respect; perder o respeito por alguém to lose your respect for somebody 2 (*cumpri-*

mento) observance; respeito da lei observance of the law 3 (*assunto*) regard; respect; a este respeito in this regard; a todos os respeitos in every respect; com respeito a with respect to; pelo que diz respeito a regarding, with regard to, concerning; isso não te diz respeito! that's none of your business!

respeitoso *adj.* respectful

respingar *v.* 1 to splash; to spatter; a água respingou por todo o lado water splashed everywhere 2 (*resposta*) to reply rudely; to answer back; não hesitou em respingar he didn't hesitate to answer back 3 (*coice*) to kick

respiração *s.f.* breathing; respiration; prender a respiração to hold one's breath

respirar *v.* to breathe; respirar ar puro to breathe fresh air ♦ respirar fundo to take a deep breath

respiratório *adj.* respiratory; trato respiratório respiratory tract

resplandecer *v.* 1 to shine; to gleam 2 figurado (*sobressair*) to stand out; to excel

resplendor *s.m.* 1 (*brilho*) brilliance; brightness 2 (*auréola*) aureole; halo; nimbus 3 figurado (*glória*) glory

respondão *adj.* cheeky; impertinent; mouthy ■ *s.m.* cheeky person

responder *v.* 1 (*dizer em resposta*) to answer; responder a um questionário to answer a questionnaire 2 (*responsabilizar-se*) to answer (por, *for*), to vouch (por, *for*); eu respondo por ele I will answer for him 3 (*replicar*) to reply 4 (*reagir*) to respond (a, *to*); responder a um tratamento to respond to treatment

responsabilidade *s.f.* 1 responsibility 2 DIREITO, ECONOMIA liability

responsabilizar *v.* 1 to hold responsible (por, *for*) 2 to blame responsabilizar-se *v.pr.* to be responsible (por, *for*), to answer (por, *for*), to take responsibility (por, *for*)

responsável *adj.2g.* responsible (por, *for*) *s.2g.* 1 (*encarregado*) person in charge 2 (*causador, culpado*) person to blame; culprit

resposta *s.f.* 1 (*réplica*) answer, reply 2 (*reação*) response, reaction 3 (*solução*) solution

resquício *s.m.* 1 vestige; trace 2 (*fenda*) cleft; crack; chink

ressabiado *adj.* 1 (*desconfiado*) suspicious; mistrustful 2 (*ofendido*) resentful; offended; estar ressabiado to be offended

ressaca *s.f.* 1 figurado (*bebedeira*) hangover 2 figurado (*consequências*) aftereffect; a ressaca eleitoral aftereffects of the elections

ressaibo *s.m.* 1 (*comida*) bad taste 2 (*vestígio*) vestige

ressaltar *v.* 1 (*realçar*) to stress 2 (*fazer ressalto*) to bounce

ressalva *s.f.* 1 (*ação*) note, remark 2 (*correção*) correction 3 (*salvaguarda*) safeguard 4 (*condição*) reservation; sem ressalva without reservation, freely

ressalvar *v.* 1 (*erro, lapso*) to correct 2 (*exceção*) to except 3 (*direitos*) to safeguard 4 (*situações, casos*) to exempt

restituir

ressarcimento *s.m.* 1 (*compensação*) compensation, indemnity 2 (*recuperação*) recuperation

ressarcir *v.* 1 to make amends (de, *for*) 2 (*compensar*) to compensate (de, *for*); ressarcir uma perda to make good a loss

ressecar *v.* 1 to dry too much 2 MEDICINA to resect

ressentido *adj.* 1 (*melindrado*) resentful 2 (*afetado*) hurt, affected ♦ ficar ressentido to bear a grudge

ressentimento *s.m.* resentment; grudge

ressequir *v.* 1 (*corpo, rosto*) to wither, to shrivel 2 (*planta, terra*) to parch ressequir-se *v.pr.* to shrivel, to wither

ressoar *v.* 1 to resound 2 (*ecoar*) to echo

ressoca *s.f.* second sprout of sugarcane

ressonância *s.f.* 1 (*som*) resonance, acoustics, ring; ressonância acústica acoustic resonance 2 FÍSICA, MEDICINA, MÚSICA resonance; ressonância magnética magnetic resonance

ressonar *v.* to snore

ressurgimento *s.m.* 1 (*renovação*) revival 2 (*reaparição*) reappearance, resurrection

ressurgir *v.* to reappear

ressurreição *s.f.* 1 resurrection 2 figurado (*ressurgimento*) revival

Ressurreição *s.f.* RELIGIÃO Resurrection

ressuscitar *v.* 1 (*trazer de volta à vida*) to resuscitate, to restore to life 2 (*morto*) to rise again 3 (*costume, prática*) to revive

restabelecer *v.* 1 (*comunicação, contato*) to re-establish 2 (*lei, regime, ordem*) to restore, to bring back restabelecer-se *v.pr.* (*saúde*) to recover (de, *from*); restabelecer-se de uma doença to recover from an illness; restabelecer-se depressa to make a quick recovery

restabelecimento *s.m.* 1 re-establishment 2 (*saúde*) recovery (de, *from*); em vias de restabelecimento on the way to recovery 3 (*ordem*) restoration

restante *adj.2g.* remaining ■ *s.m.* remainder; rest

restar *v.* 1 (*esperança, dúvida*) to remain 2 (*sobejar*) to be left over 3 (*ter*) to have left; é tudo quanto me resta that's all I have left

restauração *s.f.* 1 (*monumento*) restoration; restauração de obras de arte the restoration of works of art 2 (*costumes, usos*) revival 3 (*renovação*) renewal

restaurante *s.m.* restaurant

restaurar *v.* 1 (*edifício, móvel*) to restore, to repair; restaurar uma igreja to restore a church 2 (*costume, uso*) to re-establish, to restore ♦ restaurar o equilíbrio to redress the balance

restauro *s.m.* 1 restoration; restauro de obras de arte the restoration of works of art 2 revival, renewal

réstia *s.f.* ray

restinga *s.f.* spit; coastal vegetation found in eastern Brazil

restituição *s.f.* 1 restitution, return 2 (*dinheiro*) repayment 3 (*devolução de coisa emprestada*) return 4 (*cargo*) reinstatement

restituir *v.* 1 (*devolver*) to return, to give back; restituir um livro to return a book 2 (*forças, saúde, calma*) to restore 3 (*dinheiro*) to repay

resto

resto s.m. 1 (*excedente, restante*) rest; leavings; quanto ao resto as for the rest 2 MATEMÁTICA remainder restos s.m.pl. 1 (*comida*) scraps, leftovers; restos de cozinha kitchen-scraps; restos de uma refeição the remains of a meal 2 (*cinzas, ossos*) remains ◆ de resto besides
restolho s.m. 1 (*cereais*) stubble 2 figurado noise; din
restrição s.f. 1 restriction 2 (*limitação*) restraint
restringir v. 1 (*acesso, abertura*) to restrict; restringir as atividades to restrict one's activities 2 (*despesas*) to cut down, to limit; restringir as despesas to limit one's expenses restringir-se v.pr. to restrict oneself (a, *to*)
restritivo adj. restrictive
restrito adj. 1 restricted, limited; número restrito de convites limited number of invitations 2 (*sentido*) strict; no sentido mais restrito in the narrowest sense
resultado s.m. 1 (*consequência, efeito*) result, consequence, outcome, effect 2 (*solução*) solution 3 ESPORTE score resultados s.m.pl. (*porcentagem, pontuação*) results; os resultados da eleição the results of the election
resultante adj.2g. resultant (de, *from*), resulting (de, *from*)
resultar v. 1 (*funcionar*) to work; resulta! it works! 2 (*consequências*) to result (em, *in*) 3 (*decorrer*) to result (de, *from*), to arise (de, *from*)
resumido adj. 1 abridged; abbreviated; versão resumida abridged version 2 (*conciso*) brief; concise
resumir v. 1 (*texto, livro*) to summarize, to abridge 2 (*informações, dados*) to sum up resumir-se v.pr. (*consistir*) to consist (a, em, in, *of*); a questão se resume a isto the question boils down to this ● Não confunda com a palavra inglesa *resume*, que significa "recomeçar, retomar".
resumo s.m. summary, abridgement; em resumo in short; resumo das notícias news summary
reta s.f. 1 (*linha*) straight line 2 (*estrada*) stretch of a straight road ◆ na reta final in the closing stages
retaguarda s.f. 1 (*parte traseira*) rear, back 2 rearguard
retal adj.2g. ANATOMIA rectal
retalhar v. 1 to shred, to cut into shreds 2 (*papel, tecido*) to cut out 3 (*terreno, território*) to divide up
retalhista s.2g. retailer ■ adj. retail
retalho s.m. 1 (*tecido*) remnant, scrap; comprei um retalho de fazenda I bought a remnant of cloth 2 (*varejo*) (*preços, negócio*) retail; a retalho at retail; vender a retalho to sell something retail
retaliação s.f. retaliation, reprisal
retaliar v. 1 (*inimigo*) to pay back 2 (*vexame, humilhação*) to retaliate
retangular adj.2g. rectangular
retângulo s.m. GEOMETRIA rectangle ■ adj. rectangular
retardado adj. 1 (*atrasado*) delayed 2 (*lento*) slow; tardy 3 (*adiado*) postponed; adjourned 4 (*mentalmente*) retarded; mentally retarded ■ s.m. mentally retarded person
retardar v. 1 (*adiar, atrasar*) to delay; retardar a chegada to delay one's arrival 2 (*funcionamento, processo*) to keep back 3 (*andamento, passo*) to slow down
retardatário s.m. latecomer; late arrival ■ adj. (*alguém*) late
retenção s.f. 1 (*ato de reter*) confiscation 2 (*memorizar*) retention 3 ECONOMIA discount 4 MEDICINA retention
reter v. 1 (*guardar*) to retain, to keep 2 (*pessoa*) to detain, to hold 3 (*memorizar*) to remember 4 (*lágrimas, impulsos*) to hold back 5 (*parar*) to stop
reticente adj.2g. reticent
retido adj. 1 stopped 2 (*detido*) under arrest; detained 3 (*reprimido*) repressed; restrained
retificação s.f. 1 rectification 2 (*ajuste*) adjustment, correction 3 MECÂNICA adjustment
retificar v. 1 to rectify; to correct 2 MECÂNICA (*motor*) to tune
retilíneo adj. 1 rectilinear 2 (*aresta, segmento*) straight
retina s.f. ANATOMIA retina
retirada s.f. 1 (*ato de retirar*) removal 2 (*militar*) retreat; bater em retirada to beat a retreat, to be in full retreat
retirado adj. 1 (*isolado*) secluded, isolated 2 (*aposentado*) retired
retirar v. 1 (*objeto, substância*) to remove; retirar mercadorias da alfândega to clear goods from the custom-house 2 (*valor, quantia*) to withdraw, to draw out 3 (*recursos*) to extract 4 (*afirmação, acusação*) to take back 5 (*ajuda, liberdade*) to deprive of 6 (*militar*) to withdraw, to retreat retirar-se v.pr. 1 to leave, to go away 2 (*desistir*) to withdraw (de, *from*) 3 (*retirar-se, abandonar*) to retire (de, *from*); retirar-se da vida política to retire from political life
retiro s.m. 1 (*isolamento*) retreat; fazer um retiro espiritual to go into retreat 2 (*lugar ermo*) hideaway, refuge
reto adj. 1 (*caminho, linha*) straight 2 (*poste*) upright 3 (*ângulo*) right 4 figurado (*pessoa*) right, just, upright ■ s.m. ANATOMIA rectum
retocar v. (*obra, pintura*) to retouch, to touch up
retomar v. 1 (*liderança, chefia*) to take again, to resume; retomar o lugar to resume one's post 2 (*assunto, conversa etc.*) to restart; to take up; to renew
retoque s.m. 1 retouch, finishing touch; dar o último retoque to give the finishing touch to 2 (*emenda*) improvement, correction
retorcer v. 1 to twist; to wring 2 (*olhos*) to roll retorcer-se v.pr. 1 to writhe; to double up, to double over; retorcia-se de dor she was writhing in pain 2 figurado (*ser evasivo*) to use evasions; to weasel
retórica s.f. rhetoric ◆ figura de retórica figure of speech
retórico adj. rhetorical ■ s.m. rhetorician
retornar v. 1 (*regressar*) to return; to come back 2 (*devolver*) to bring back
retorno s.m. 1 (*regresso*) return; viagem de retorno homeward journey, journey back 2 (*devolução de bens*) exchange
retorquir v. to retort, to reply

retraído *adj.* 1 figurado (*reticente*) reticent, reserved 2 figurado (*tímido*) shy
retrair *v.* 1 (*ato de retrair*) to withdraw, to retract 2 (*membros*) to draw in, to pull in 3 (*órgão, músculo*) to contract 4 (*sentimentos*) to hold back, to control 5 figurado (*intimidar*) to intimidate retrair-se *v.pr.* 1 (*pensamentos*) to conceal one's thoughts 2 figurado (*encolher-se*) to shrink back
retransmissão *s.f.* rebroadcast
retransmitir *v.* to broadcast again
retrasado *adj.* before last; a noite retrasada the night before last; o ano retrasado the year before last
retratar *v.* 1 ARTES PLÁSTICAS to portray 2 FOTOGRAFIA to photograph 3 (*descrever*) to describe, to depict 4 (*voltar atrás*) to retract
retrato *s.m.* 1 (*representação*) portrait; retrato de corpo inteiro full-length portrait 2 FOTOGRAFIA photograph; tirar um retrato to take a photograph 3 (*remição*) redemption 4 (*retratação*) retraction; withdrawal
retribuição *s.f.* 1 (*retribuir*) retribution 2 (*recompensa*) reward
retribuir *v.* 1 (*corresponder*) to return, to repay (–, *for*); retribuir cumprimentos to return compliments 2 (*recompensar*) to reward
retroativo *adj.* retroactive ■ *s.m.* retroactive payment
retroceder *v.* 1 to retrogress, to regress 2 (*decair*) to decline 3 (*desistir*) to back down
retrocesso *s.m.* 1 regression 2 (*doença*) aggravation 3 (*economia*) slowdown
retroprojetor *s.m.* overhead projector
retrospectiva *s.f.* retrospective ♦ em retrospectiva in retrospect
retrospectivo *adj.* retrospective
retrovisor *s.m.* 1 rearview mirror 2 (*exterior*) wing mirror
retrucar *v.* to retort; to reply
retumbante *adj.2g.* 1 resounding 2 figurado (*êxito*) overwhelming
retumbar *v.* 1 (*ressoar*) to resound; to echo 2 (*repercutir*) to sound 3 figurado to cause a sensation
réu *s.m.* DIREITO accused, defendant
reumático *adj.* rheumatic ■ *s.m.* 1 (*doença*) rheumatism 2 (*doente*) person with rheumatism
reumatismo *s.m.* MEDICINA rheumatism
reumatologia *s.f.* MEDICINA rheumatology
reumatologista *s.2g.* rheumatologist
reunião *s.f.* 1 (*negócios*) meeting; convocar uma reunião to call a meeting; marcar uma reunião to fix a meeting; realizar uma reunião to hold a meeting 2 (*reencontro*) reunion; reunião de antigos estudantes a college reunion 3 (*social*) gathering, party
reunificar *v.* to reunite, to reunify
reunir *v.* 1 (*partes*) to reunite 2 (*pessoas*) to bring together, to assemble, to gather 3 (*juntar-se*) to meet; to get together; reunir-se em assembleia to hold a meeting 4 (*objetos, dados*) to collect 5 (*qualidades*) to combine; to fulfil; reunir as condições necessárias to fulfil all the requirements reunir-se *v.pr.* (*unir-se*) to join
reuso *s.m.* reuse

reutilizar *v.* to reuse
reutilizável *adj.2g.* reusable
revalorizar *v.* to revalue
revanche *s.f.* revenge
réveillon *s.m.* New Year's Eve party
revelação *s.f.* (*segredo*) revelation, disclosure
revelar *v.* 1 to reveal; to disclose 2 (*trair*) to betray; revelar um segredo to betray a secret 3 (*qualidades, sentimentos*) to show; revelar o seu caráter to show one's true colours revelar-se *v.pr.* 1 to reveal oneself, to turn out to be; ela se revelou muito esperta she turned out to be very clever 2 (*mostrar-se*) to appear
revelia *s.f.* default, non-attendance; julgar à revelia to judge by default
revenda *s.f.* resale, wholesale; desconto para revenda trade discount
revendedor *s.m.* retailer, stockist, dealer, wholesaler
rever *v.* 1 (*tornar a ver*) to see again 2 (*opinião, teoria, proposta, tese*) to re-examine, to correct
reverência *s.f.* 1 (*respeito, veneração*) reverence, respect, veneration; sua reverência His Reverence 2 (*cumprimento respeitoso*) bow; fazer uma reverência to bow
reverenciar *v.* to revere
reverendo *s.m.* RELIGIÃO reverend ■ *adj.* 1 RELIGIÃO reverend 2 (*personalidade*) venerable, respectful
reversível *adj.2g.* reversible
reverso *s.m.* 1 (*face oposta*) reverse 2 (*oposto*) opposite ♦ o reverso da medalha the other side of the coin
reverter *v.* 1 to revert (para, *to*), to return (para, *to*); reverter a favor de to be to the advantage of 2 (*recair*) to turn (contra, *against*); receio que a situação reverta contra ela I'm afraid the situation will turn against him 3 (*resultar*) to result (em, *in*)
revertério *s.m.* coloquial mischance; setback
revés *s.m.* 1 (*contrariedade*) misfortune 2 (*fracasso*) drawback, failure 3 (*reverso*) reverse
revestimento *s.m.* 1 coating, covering 2 (*caixa*) lining 3 (*cobertura*) wrapping
revestir *v.* 1 to face, to coat (de, *with*); revestir de aço to coat with steel 2 (*parede*) to cover 3 (*roupa*) to clothe revestir-se *v.pr.* 1 (*poderes*) to assume, to take on 2 to arm oneself (de, *with*) 3 (*assumir*) (*caráter*) to be invested (de, *with*)
revezamento *s.m.* 1 taking turns 2 (*alternativa*) alternation
revezar *v.* 1 (*alternar*) to alternate 2 (*trocar com alguém*) to rotate revezar-se *v.pr.* to take turns
revidar *v.* 1 (*ofensa*) to pay back 2 (*replicar*) to retort; to answer
revigorante *adj.2g.* invigorating, refreshing
revigorar *v.* 1 to invigorate; to strengthen 2 to grow strong
revirado *adj.* 1 (*virado do avesso*) inside out, turned inside out 2 (*virado para cima*) turned up 3 rummaged through; (*em desordem*) upside down; gaveta revirada drawer that has been rummaged through

revirar

revirar v. 1 (*tornar a virar*) to turn again 2 (*bolsos*) to turn inside out 3 (*olhos*) to roll; revirar os olhos to roll one's eyes revirar-se v.pr. (*dar voltas*) to twist and turn

reviravolta s.f. 1 (*mudança*) sudden change, turnabout 2 (*argumento, situação*) turn, turning 3 (*opinião*) reversal

revisão s.f. 1 (*escola*) revision; hoje vamos fazer revisões we're going to do some revision today 2 (*verificação*) examination, check 3 proofreading 4 (*máquina*) overhaul

revisar v. 1 (*passaporte*) to put a visa on, to visa 2 (*texto*) to revise, to look over; revisar e corrigir um livro to revise and correct a book; revisar provas tipográficas to read proofs 3 (*verificar*) to examine

revisor s.m. 1 proofreader 2 (*bilhetes*) ticket inspector, ticket collector

revista s.f. 1 (*busca*) search 2 (*publicação*) magazine 3 (*publicação especializada*) journal 4 (*militar*) inspection, review 5 TEATRO revue

revistar v. 1 to examine 2 to search; os passageiros foram revistados the passengers were searched

revisto adj. revised; edição revista revised edition

revitalização s.f. revitalization; revitalização urbana urban revitalization

revitalizar v. to revitalize; to revive

reviver v. 1 (*emoção, situação*) to relive 2 (*renascer*) to return to life

revogação s.f. 1 (*lei*) repeal, revocation 2 (*ordem*) reversal

revogar v. 1 (*artigo, lei*) to revoke, to repeal; revogar uma lei to repeal a law; revogar uma sentença to revoke a sentence 2 (*decisão, acordo*) to annul

revogável adj.2g. revocable

revolta s.f. 1 revolt, insurrection, rebellion; abafar uma revolta to suppress a rebellion 2 figurado (*indignação*) indignation, outrage; aquelas palavras causaram-lhe revolta those words caused her indignation 3 figurado (*repugnância*) disgust, repugnance

revoltado adj. 1 revolted 2 (*indignado*) outraged 3 (*com repugnância*) disgusted ■ s.m. rebel, mutineer

revoltante adj.2g. revolting, shocking, disgusting; é revoltante! it is shocking!

revoltar v. 1 (*insurgir*) to revolt 2 (*indispor*) to turn against 3 (*indignar*) to outrage 4 to be outrageous revoltar-se v.pr. 1 to rebel (contra, *against*) 2 (*indignar-se*) to be outraged (com, *by*)

revolto adj. 1 upturned; terra revolta upturned ground 2 (*tempo*) rough; boisterous; turbulent; mar revolto rough sea; tempo revolto boisterous weather 3 (*agitado*) turbulent; tumultuous 4 (*cabelo*) dishevelled Grã-Bretanha, disheveled EUA; tousled

revoltoso adj. insurgent; rebellious ■ s.m. insurgent; rebel

revolução s.f. 1 revolution 2 (*mudança radical*) radical change

revolucionar v. to revolutionize

revolucionário adj., s.m. revolutionary

revolver v. 1 (*girar*) to revolve 2 (*gaveta*) to rummage in, to search; revolver os bolsos to rummage the pockets ◆ revolver o céu e a terra to move heaven and earth

revólver s.m. revolver, gun

reza s.f. prayer, praying

rezar v. 1 (*oração*) to pray; to pray (por, *for*); rezar uma oração to say a prayer; rezar por alguém to pray for somebody 2 (*referir*) to say; lá reza o ditado as the saying goes

rezingar v. 1 to grumble; to complain; to moan 2 (*altercar*) to quarrel; to squabble

ria s.f. GEOGRAFIA estuary, mouth of a river

riacho s.m. GEOGRAFIA rivulet, brook; creek EUA

ribaldaria s.f. popular roguery; knavery

ribalta s.f. 1 footlights; luzes da ribalta footlights 2 TEATRO stage 3 figurado (*cena*) limelight

ribanceira s.f. 1 (*rampa*) steep slope 2 (*margem*) steep river bank 3 (*precipício*) cliff

ribeira s.f. (*riacho*) small river, stream, brook

ribeirão s.m. (*riacho*) small river, stream, brook

ribeirinho adj. riparian; riverine; waterside ■ s.m. 1 rivulet; brook 2 (*recados*) gofer

ribeiro s.m. brook, stream

ribonucleico adj. ribonucleic; ácido ribonucleico ribonucleic acid (RNA)

ricaço adj. very rich, wealthy ■ s.m. wealthy man, wealthy woman; big shot fig.

rícino s.m. BOTÂNICA ricinus, castor oil plant; óleo de rícino castor oil

rico adj. 1 (*que tem riqueza*) rich (em, *in*), wealthy 2 (*loja, empresa*) prosperous 3 (*campo, região*) fertile ■ s.m. os ricos the rich

ricochete s.m. ricochet, skip, rebound; fazer ricochete to ricochet

ridicularizar v. 1 (*zombar*) to ridicule, to make fun of 2 (*escarnecer*) to mock at

ridículo adj. 1 (*alguém*) ridiculous 2 (*cena, figura*) laughable ◆ cair no ridículo to make a fool of oneself

rifa s.f. 1 (*sorteio*) raffle; vender em rifa to sell in a raffle 2 (*bilhete*) raffle ticket

rifar v. (*sortear*) to raffle

rifle s.m. rifle

rigidez s.f. 1 (*dureza*) rigidity, stiffness; rigidez muscular muscular rigidity 2 (*austeridade*) severity, strictness 3 (*inflexibilidade*) inflexibility

rígido adj. 1 (*rijo, duro*) rigid, hard, stiff 2 (*severo*) stern, rigorous, harsh, strict; disciplina rígida rigid discipline

rigor s.m. 1 (*meticulosidade*) rigour; o máximo rigor da lei the utmost rigour of the law 2 (*severidade*) harshness, austerity, stiffness 3 (*exatidão*) precision 4 (*tempo*) inclemency

rigoroso adj. 1 (*meticuloso*) rigorous 2 (*severo*) strict, inclement, stern, severe; medidas rigorosas strict measures; um inverno rigoroso a severe winter 3 (*castigo*) harsh 4 (*minucioso*) precise

rijo adj. 1 (*material, superfície*) hard, tough; carne rija tough meat 2 figurado (*resistente*) robust, tough; rijo e são hale and hearty 3 figurado (*festa, pancada*) big, great

rim s.m. ANATOMIA kidney

rima s.f. 1 rhyme 2 (*pilha*) heap

rimar v. 1 to rhyme 2 figurado (*concordar*) to agree, to suit
rímel s.m. (cosmética) mascara
ringue s.m. ring
rinhar v. (*galos*) to fight
rinite s.f. MEDICINA rhinitis
rinoceronte s.m. ZOOLOGIA rhinoceros
rinque s.m. rink
rio s.m. river rios s.m.pl. figurado (*grande quantidade*) piles (de, *of*)
ripa s.f. batten, lath
riqueza s.f. 1 (*dinheiro*) wealth 2 (*fartura*) abundance 3 (*fertilidade*) fertility
rir v. 1 to laugh; desatar a rir to break into a laugh, to burst into laughter 2 (*sorrir*) to smile 3 (*gracejar*) to joke, to jest 4 to laugh; rir na cara de alguém to laugh in a person's face 5 (*escarnecer*) to laugh (de, *at*); rir à custa de alguém to laugh at someone's expense
risada s.f. laughter, loud laugh; soltar uma risada to give a loud laugh
risca s.f. 1 (*traço, linha*) line 2 (*cabelo*) parting 3 (*roupa*) stripe, streak ♦ à risca to the letter
riscado adj. 1 (tecido) striped 2 (papel) lined 3 (frase, nome) crossed out 4 (*suprimido*) excluded
riscar v. 1 (*superfície*) to scratch 2 (*apagar*) to strike out, to cross out; riscar o nome da lista to strike the name off the list; riscar uma palavra to strike out a word 3 (*esboçar, traçar*) to trace, to outline
risco s.m. 1 (*perigo*) risk, danger; contra todos os riscos against all risks; correr o risco to run the risk; por sua conta e risco at one's own risk 2 (*rabisco*) scribble 3 (*esboço*) sketch
riso s.m. laughing; laugh; laughter ♦ morrer de riso to split one's sides with laughter um ataque de riso a fit of laughter
risonho adj. 1 (*pessoa*) cheerful, laughing 2 (*rosto*) smiling; rosto risonho a smiling face 3 (*futuro*) bright
risota s.f. 1 (*riso*) laughter 2 (*troça*) sneer
risoto s.m. 1 CULINÁRIA risotto 2 CULINÁRIA dish of rice with vegetables, tomato sauce and shredded meat or seafood
rispidez s.f. harshness
ríspido adj. harsh, rough
rissole s.m. CULINÁRIA rissole; rissole de carne meat rissole; rissole de peixe fish rissole
ritmado adj. rhythmic, rhythmical; cadenced
rítmico adj. rhythmic, rhythmical
ritmo s.m. 1 MÚSICA, LITERATURA rhythm, cadence 2 (*movimento ou ruído*) movement; o ritmo das ondas the movement of the waves ♦ ao ritmo de at the pace of
rito s.m. 1 RELIGIÃO rite 2 (*cerimônia*) ritual
ritual s.m. 1 RELIGIÃO ritual, rite 2 (*cerimonial*) ceremony ■ adj.2g. 1 ritual 2 (*cerimonial*) ceremonial
ritualismo s.m. ritualism
rival adj.2g. 1 rival 2 (*antagonista*) emulous ■ s.2g. 1 rival; sem rival without a rival 2 (*antagonista*) emulator
rivalidade s.f. (*competição*) rivalry; competition
rivalizar v. 1 (*igualar-se em mérito*) to rival (com, *with*) 2 (*competir*) to compete (com, *with*)

rodoviária

rixa s.f. quarrel, row, brawl
rizoma s.m. BOTÂNICA rhizome
RNA *sigla de* ácido ribonucleico, RNA (sigla de ribonucleic acid)
roaming s.m. (*celular*) roaming
robalo s.m. ZOOLOGIA sea bass
robe s.m. dressing-gown, robe, bathrobe
roble s.m. 1 (*árvore*) oak tree 2 (*madeira*) oak wood
robô s.m. robot
robótica s.f. robotics
robustez s.f. robustness, vigour
robusto adj. 1 (*atleta*) strong, vigorous, robust 2 (*resistente*) hardy, sturdy
roca s.f. distaff
roça s.f. 1 (*terreno*) clearing 2 (*mato*) bush; thicket 3 (*plantação*) plantation 4 (*campo*) country
roçado adj. 1 (*tecido*) worn out 2 (*vegetação*) cut ■ s.m. (*clareira*) clearing; glade
roçar v. 1 (*tocar ao de leve*) to graze, to skim 2 figurado (*atingir*) to border on
rocha s.f. 1 rock 2 (*penedo*) crag
rochedo s.m. cliff, rock
rochoso adj. 1 rocky 2 (*pedregoso*) stony
rocinante s.m. nag; jade
roda s.f. 1 (*peça, veículo*) wheel; roda dentada notched wheel 2 (*amigos*) circle; roda de amigos circle of friends 3 (*saia, vestido*) width ♦ roda da fortuna fortune's wheel
rodada s.f. (*bebidas*) round
rodado adj. 1 (*saia, vestido*) wide 2 (*veículo*) run in
roda-gigante s.f. Ferris wheel; big wheel; andar na roda-gigante to go on the Ferris wheel
rodapé s.m. 1 (*parede*) skirting, skirting board 2 (*página*) foot; nota de rodapé footnote
rodaque s.m. frock coat
rodar v. 1 (*girar*) to turn; rodar a chave to turn the key 2 (*girar rapidamente*) to wheel, to spin 3 (*filme*) to shoot; rodar um filme to shoot a film 4 (*adquirir movimento*) to roll 5 (*rodopiar*) to whirl, to spin
rodear v. 1 (*circundar*) to surround, to encircle 2 (*assunto, questão*) to beat about the bush; rodear um assunto difícil to beat about the bush 3 (*local, objeto*) to go round rodear-se v.pr. to surround oneself (de, *with*); to be accompanied (de, *by*)
rodeio s.m. 1 (*discurso*) circumlocution 2 (*subterfúgio*) subterfuge, evasion; encher-se de rodeios to beat about the bush; sem rodeios bluntly 3 (*gado*) rodeo
rodela s.f. 1 (*pedaço*) slice 2 (*pequena roda*) small ring
ródio s.m. QUÍMICA (*elemento químico*) rhodium
rodízio s.m. 1 (*mesas*) caster, castor, trundle 2 (*haste*) wooden pole
rodo s.m. rake; (*lareira*) fire rake ♦ a rodos plentifully dinheiro a rodo money to burn
rodopiar v. to whirl, to rotate
rodopio s.m. 1 (*rodar*) whirl, spin 2 (*cabelo*) twist
rodovia s.f. highway
rodoviária s.f. 1 (*de pessoas*) coach company; bus company 2 (*de mercadorias*) haulage company Grã-Bretanha; haulier Grã-Bretanha; trucking company EUA 3 (*paragem*) coach station; bus station

rodoviário

rodoviário *adj.* 1 (*estrada*) road 2 (*polícia*) traffic
roedor *adj., s.m.* ZOOLOGIA rodent
roer *v.* 1 (*dentes*) to gnaw, to bite, to nibble 2 (*corroer*) to erode, to eat away 3 *figurado* (*inquietar*) to weigh on roer-se *v.pr.* to fret, to worry; coloquial roer-se de inveja be eaten up with envy ♦ roer as unhas to bite one's nails
rogado *adj.* begged; implored ♦ fazer-se de rogado to play hard to get
rogar *v.* 1 to beg, to entreat 2 (*rezar*) to pray (a, *to*)
rogo *s.m.* request; petition; entreaty; prayer; a rogo de at the request of
roído *adj.* 1 (*com os dentes*) gnawed; nibbled 2 (*gasto*) corroded; eaten away; worn away 3 (*consumido*) consumed; roído de inveja green with envy
rojão *s.m.* 1 firework 2 CULINÁRIA stewed pork
rol *s.m.* 1 (*lista*) roll, list 2 (*registro*) record
rola *s.f.* ZOOLOGIA turtledove
rolamento *s.m.* 1 rolling 2 MECÂNICA bearing
rolante *adj.2g.* rolling; escada rolante escalator esteira rolante travolator, travelator, moving walkway
rolar *v.* 1 (*cair*) to roll 2 (*decorrer*) to roll by 3 (*virar*) to turn
roldana *s.f.* pulley
roleta *s.f.* roulette ♦ roleta russa Russian roulette
rolha *s.f.* 1 cork; tirar a rolha to uncork 2 (*de vidro*) stopper
roliço *adj.* 1 cylindrical 2 (*corpo, pernas*) plump; chubby
rolo *s.m.* 1 (*papel*) roll; rolo de papel higiênico paper roll, toilet tissue tube 2 (*pintura, cabelo*) roller 3 CULINÁRIA (*massa*) rolling pin; rolinho chinês spring roll; rolo da massa rolling pin
romã *s.f.* BOTÂNICA pomegranate
romance *s.m.* 1 LITERATURA novel 2 (*caso amoroso*) romance 3 *figurado* (*história*) complicated story
romancear *v.* 1 (*exagerar*) to exaggerate 2 (*escrever*) to write novels 3 (*fantasiar*) to fantasize
romancista *s.2g.* novelist
romanesco *adj.* 1 LITERATURA Romanesque 2 (*romântico*) fanciful, romantic
românico *adj.* 1 ARQUITETURA Romanesque 2 LINGUÍSTICA Romance
romano *adj., s.m.* (*pessoa*) Roman; números romanos Roman numerals
romântico *adj., s.m.* romantic
romantismo *s.m.* romanticism
romaria *s.f.* 1 (*peregrinação*) pilgrimage 2 (*festa popular*) popular festival 3 *figurado* (*multidão*) crowd
romãzeira *s.f.* BOTÂNICA pomegranate tree
rombo *adj.* blunt, flat ■ *s.m.* 1 (*navio*) leak 2 (*buraco*) hole 3 (*prejuízo*) loss 4 *figurado* (*desfalque*) embezzlement
Romênia *s.f.* Romania
romeno *adj., s.m.* Romanian
romeu e julieta *s.m.* CULINÁRIA cheese with guava jelly
rompante *s.m.* impetuosity, outburst; de rompante impetuously
romper *v.* 1 (*corda, fio*) to break 2 (*rasgar, furar*) to tear 3 (*calçado*) to wear out 4 (*atravessar*) to break through 5 (*penetrar violentamente*) to push through; romper pela multidão to push through the crowd 6 *figurado* (*contrato, promessa*) to break off 7 (*aparecer*) to come through 8 (*relação*) to break up (com, *with*) 9 (*sol, manhã*) to break through romper-se *v.pr.* 1 (*rasgar-se*) to get torn; a blusa rompeu-se the blouse got torn 2 (*partir-se*) to break, to snap; a corda rompeu-se the rope broke 3 *figurado* (*interromper-se*) to be broken
rompimento *s.m.* 1 (*corte*) rupture; breaking; break; rompimento de relações breaking of relations 2 (*princípio*) outbreak
roncar *v.* 1 (*ressonar*) to snore 2 (*ruído*) to rumble, to roar 3 (*grunhir*) to grunt
ronco *s.m.* 1 (*som*) snore; snoring 2 (*ruído contínuo*) roar 3 (*grunhido*) grunt
ronda *s.f.* 1 (*grupo de vigilantes*) patrol 2 (*vigilância*) round, beat; fazer a ronda to make one's rounds, to go one's rounds 3 *figurado* (*conversações*) talk
rondar *v.* 1 (*fazer a ronda*) to round, to watch, to patrol 2 (*vigiar*) to lurk round 3 (*ameaçar*) to threaten 4 (*idade*) to be around; já ronda os sessenta anos she is around sixty
ronrom *s.m.* purr, purring
ronronar *v.* to purr
roque *s.m.* rook; castle; fazer roque to castle
roqueiro *s.m.* 1 (*músico, fã*) rocker 2 (*roca*) distaff maker ■ *adj.* rocky
rosa *s.f.* BOTÂNICA rose; botão de rosa rosebud ■ *s.m.* (*cor*) pink ♦ rosa dos ventos compass card ■ *adj.2g.2n.* (*cor*) pink, rose-coloured
rosado *adj.* rosy, pinky
rosário *s.m.* 1 RELIGIÃO rosary 2 *figurado* (*série*) series
rosbife *s.m.* CULINÁRIA roast beef
rosca *s.f.* 1 (*parafuso*) screw thread 2 (*espiral*) spiral 3 (*pão*) rusk
roseira *s.f.* BOTÂNICA rose, rosebush
roseiral *s.m.* rose garden
rosnar *v.* 1 to snarl 2 *figurado* (*resmungar*) to grumble
rosquinha *s.f.* ring-shaped cookie
rosto *s.m.* 1 (*cara*) face; countenance 2 (*livro*) front
rota *s.f.* 1 (*rumo, direção*) route, course; o navio saiu da rota the ship went off course 2 (*caminho*) way, path; as nossas rotas cruzaram-se our paths crossed
rotação *s.f.* 1 rotation 2 (*ocorrência periódica*) alternation, recurrence
rotativo *adj.* rotary, rotative
roteador *s.* INFORMÁTICA router
roteiro *s.m.* 1 (*região*) guidebook, road map 2 NÁUTICA map of course 3 (*viagem*) plan of a trip 4 (*filme*) script
rotina *s.f.* 1 routine 2 (*costume*) custom, practice
rótula *s.f.* ANATOMIA kneecap, patella
rotular *v.* to label
rótulo *s.m.* label; pôr um rótulo em to label on
rotunda *s.f.* 1 roundabout 2 ARQUITETURA rotunda
roubalheira *s.f.* 1 (*série de roubos*) robbery, theft 2 coloquial (*preço exagerado*) exorbitant charge 3 (*fraude*) fraud
roubar *v.* 1 to steal; roubar um beijo to steal a kiss 2 (*loja*) to shoplift

roubo s.m. 1 theft, robbery 2 coloquial (*preço excessivo*) daylight robbery

rouco adj. hoarse

round s.m. 1 (*boxe*) round; combate em três rounds three-round contest 2 figurado (*etapa*) round; leg

roupa s.f. 1 clothes, clothing; roupas para homem men's wear; roupas para senhora ladies' wear 2 (*para lavar*) washing; estender a roupa to hang out the washing ♦ roupa branca linen roupa de baixo, roupa íntima underwear

roupão s.m. dressing-gown; roupão de banho bathrobe

roupeiro s.m. wardrobe

rouquidão s.f. hoarseness

rouxinol s.m. ZOOLOGIA nightingale

roxo s.m. (*cor*) violet, purple ■ adj. 1 (*cor*) violet, purple 2 (*mãos, lábios*) blue

rua s.f. 1 street; atravessar a rua to cross the street; rua secundária by-street 2 (*exterior*) out; na rua outside; rua! out! 3 (*moradores*) the whole street ♦ pôr na rua to give the sack

rubéola s.f. MEDICINA German measles

rubi s.m. ruby

rubídio s.m. QUÍMICA (*elemento químico*) rubidium

rubor s.m. (*face*) blush, flush

ruborescer v. to blush; to flush; to redden

rubrica s.f. 1 (*assinatura abreviada*) signed initials; a minha rubrica é esta these are my initials 2 (*assunto*) heading, item

rubricar v. to initial

rubro adj. red, ruddy, red-hot; ao rubro red-hot

rude adj.2g. 1 (*terreno, pele*) rough 2 (*grosseiro*) rude, impolite, insolent, coarse; homem rude uncouth man; maneiras rudes rough manners 3 (*sem educação*) uneducated

rudimentar adj.2g. rudimentary, elementary

rudimento s.m. rudiment

rúcula s.f. BOTÂNICA arugula, rocket

ruela s.f. lane, by-street

rufar v. to drum; rufar o tambor to beat the drum

rufo s.m. drumbeat, roll

ruga s.f. 1 (*pele*) wrinkle, line; fazer rugas to wrinkle 2 (*dobra*) crease

rúgbi s.m. ESPORTE rugby; jogo de rúgbi rugby match

rugido s.m. roar

rugir v. 1 to roar; o leão ruge the lion roars 2 (*seda*) to rustle

rugosidade s.f. rugosity; roughness

rugoso adj. 1 (*pele*) wrinkled 2 (*terreno*) rough 3 (*tecido*) creased, corrugated

ruidar v. to make noise

ruído s.m. 1 (*barulho*) noise, din; o ruído das máquinas the rattle of the machinery; ruído surdo muffled noise 2 figurado (*alvoroço*) uproar, fuss

ruidoso adj. 1 noisy 2 figurado (*aparatoso*) showy

ruim adj. 1 (*malvado*) bad, wicked; homem ruim a wicked man 2 (*prejudicial*) bad

ruína s.f. 1 (*construção*) ruin; estar em ruínas to be in ruins 2 ECONOMIA financial ruin 3 (*decadência*) downfall, disaster ruínas s.f.pl. HISTÓRIA ruins, remains

ruindade s.f. 1 wickedness, meanness 2 (*malícia*) malice

ruir v. 1 (*desabar*) to collapse, to tumble 2 figurado (*deixar de existir*) to crumble down

ruivo adj. 1 (*cabelo*) red, ginger; cabelo ruivo red hair 2 (*pessoa*) red-haired ■ s.m. ZOOLOGIA red surmullet

rum s.m. rum

rumar v. 1 to steer, to set a course 2 to head (para, *for*)

rumba s.f. rumba

ruminação s.f. 1 rumination 2 figurado (*meditação*) meditation

ruminante adj.2g., s.m. ZOOLOGIA ruminant

ruminar v. 1 (*animal*) to ruminate; to chew the cud 2 figurado (*matutar*) to muse; to chew the cud

rumo s.m. 1 AERONÁUTICA, NÁUTICA (*rota*) course; route; manter o rumo to keep the course; mudar de rumo to change course 2 figurado (*vida, situação*) way; bearings; ele perdeu o rumo he has lost his bearings

rumor s.m. 1 (*boato*) rumour 2 (*som, vozes*) rumble; murmur

rupestre adj.2g. rock; arte rupestre rock art; pinturas rupestres rock engravings

rupia s.f. rupee

ruptura s.f. 1 (*relações*) breach; rupture; split 2 (*lesão física*) rupture; hernia 3 ELETRICIDADE break

rural adj.2g. rural; vida rural rural life

rusga s.f. search; fazer uma rusga to make a search

russo adj., s.m. Russian

rústico adj. 1 (*do campo*) rustic; bucolic; rural; casas rústicas rustic houses 2 pejorativo (*grosseiro*) rude; boorish 3 (*mal-educado*) impolite

rutênio s.m. QUÍMICA (*elemento químico*) ruthenium

S

s s.m. (letra) s
sábado s.m. Saturday; aos sábado on Saturdays
sabão s.m. soap; bola de sabão soap bubble; barra de sabão bar of soap; sabão em pó powder detergent
sabático adj. sabbatical ♦ licença sabática study leave
sabedoria s.f. 1 (da experiência) wisdom 2 (estudo) knowledge
saber s.m. learning; knowledge ■ v. 1 (ter conhecimento) to know; saber de cor to know by heart; que eu saiba as far as I know, for all I know; se eu soubesse if only I knew; sei lá! how should I know? 2 (entender) to know; to understand 3 (capacidade) can; você sabe nadar? can you swim? 4 (descobrir) to find out; eu soube disso ontem I found that out yesterday 5 (aperceber-se) to be aware of; eu sei isso I'm aware of that ♦ a saber namely não querer saber not to give a damn não saber a quantas anda to be at a loss
sabiá s.m. ZOOLOGIA thrush
sabichão s.m. pejorativo wise guy
sabido adj. 1 (prudente) wise; prudent 2 (esperto) cunning; smart; shrewd 3 (com experiência) experienced ♦ como é sabido as everyone knows
sábio adj. 1 wise 2 (estudos) learned; knowledgeable ■ s.m. (conhecimentos) wise man; sage
sabonete s.m. toilet soap
saboneteira s.f. 1 (banheiro) soap dish 2 (caixa) soapbox
sabor s.m. (alimentos) taste; flavour; sabor amargo bitter taste; sem sabor tasteless ♦ ir ao sabor das ondas to go with the flow
saborear v. 1 (gosto, sabor) to savour 2 figurado (situação, acontecimento) to enjoy; to relish
saboroso adj. 1 (sabor) savoury; tasty; appetizing 2 (agradável) pleasant; agreeable
sabotador s.m. saboteur
sabotagem s.f. sabotage
sabotar v. to sabotage; to undermine
sabugo s.m. 1 BOTÂNICA (substância) pith 2 corncob 3 (unhas) root
sacada s.f. ARQUITETURA (varanda) balcony
sacador s.m. ECONOMIA drawer
sacaí s.m. dry twig
sacana s.2g. creep
sacanagem s.f. 1 (ato) despicable act 2 (comentário) malicious comment; mischievous comment
sacanear v. 1 coloquial (enganar) to con 2 coloquial (incomodar) to annoy; to pester; to bother
sacar v. 1 (arma, faca) to draw; to pull; sacar uma faca to draw a knife; sacar um revólver to pull out a gun 2 (informações) to pull out; to take out 3 (dinheiro) to draw 4 coloquial (entender) to get it
sacarina s.f. QUÍMICA saccharin
saca-rolhas s.m. corkscrew
sacarose s.f. QUÍMICA saccharose; sucrose

sacerdócio s.m. priesthood
sacerdotal adj.2g. priestly; pastoral; obrigações sacerdotais pastoral duties
sacerdote s.m. priest; clergyman
sacerdotisa s.f. priestess; clergywoman
saci s.m. 1 Saci 2 ZOOLOGIA striped cuckoo
saciar v. 1 (fome) to satiate 2 (sede) to quench
saciedade s.f. satiety; fullness; surfeit
saco s.m. 1 (compras) bag; saco de plástico plastic bag 2 sack; um saco de batatas a sack of potatoes; sacos de areia sacks of sand 3 coloquial (chatice) pain in the neck; drag 4 coloquial (paciência) patience; encher o saco de alguém to wind somebody up; estar de saco cheio to be fed up ♦ meter tudo no mesmo saco to lump together não cair em saco roto to serve a purpose
sacralizar v. to sacralize
sacramental adj.2g. RELIGIÃO sacramental
sacramento s.m. RELIGIÃO sacrament; Santíssimo Sacramento Holy Sacrament
sacrário s.m. RELIGIÃO tabernacle
sacrificar v. 1 to sacrifice 2 figurado (abdicar) to give up on; to sacrifice; to renounce; sacrificar os próprios interesses to sacrifice one's own interests sacrificar-se v.pr. to sacrifice oneself (por, for); sacrificar-se pelos outros to sacrifice oneself for the others
sacrifício s.m. sacrifice
sacrilégio s.m. sacrilege
sacrílego adj. sacrilegious
sacristão s.m. sexton
sacristia s.f. RELIGIÃO sacristy; vestry
sacro adj. RELIGIÃO sacred; holy; música sacra sacred music ■ adj. s.m. ANATOMIA relating to sacral boné; sacrum
sacudida s.f. 1 shake 2 coloquial (surra) smack
sacudidela s.f. shake; dá-lhe uma sacudidela give it a shake
sacudir v. 1 (movimento) to shake 2 (pó) to dust; to shake off 3 figurado (mentalidades) to stir 4 (cauda) to wag sacudir-se v.pr. to shake oneself
sádico adj. sadistic ■ s.m. sadist
sadio adj. sound; healthy
sadismo s.m. sadism
sadomasoquismo s.m. sadomasochism
sadomasoquista adj.2g. sadomasochistic ■ s.2g. sadomasochist
safa s.f. coloquial (borracha) rubber ■ interj. good gracious!; dear God!
safadeza s.f. 1 coloquial shamelessness; cheek; nastiness 2 (devassidão) depravity; licentiousness; debauchery
safado adj. coloquial (malvadez) shameless, wicked ■ s.m. scoundrel; trickster
safanão s.m. 1 (abanão) shake 2 (empurrão) push; shove

safar *v.* 1 (*com borracha*) to rub out 2 coloquial (*de perigo*) to help out (de, *from*); to rescue (de, *from*) safar-se *v.pr.* 1 (*escapulir-se*) to get away; to sneak away 2 (*desenrascar-se*) to make it

safari *s.m.* safari

safira *s.f.* sapphire

safo *adj.* 1 coloquial (*de perigo*) clear 2 coloquial (*livre*) free

safra *s.f.* harvest; crop

saga *s.f.* LITERATURA saga

sagacidade *s.f.* sagacity

sagaz *adj.2g.* 1 (*discernimento*) sagacious; discerning 2 (*perspicácia*) shrewd; sharp

Sagitário *s.m.* ASTRONOMIA Sagittarius, the Archer

sagrado *adj.* sacred; holy ◆ Sagrada Família Holy Family Sagrado Coração Sacred Heart

sagrar *v.* to consecrate sagrar-se *v.pr.* figurado (*vencer*) to conquer; to win; sagraram-se campeões they conquered the championship

sagu *s.m.* CULINÁRIA sago

saguão *s.m.* 1 (*pátio*) inner yard 2 (*alpendre*) porch

sagui *s.m.* ZOOLOGIA marmoset

saia *s.f.* skirt

saia-calça *s.f.* culottes; divided skirt

saída *s.f.* 1 (*ato*) going out 2 (*porta*) exit; saída de emergência emergency exit 3 (*escape, trajeto*) way out; outlet 4 (*comentário*) witty retort ◆ à saída on the way out

saído *adj.* 1 (*protuberante*) jutting out; sticking out 2 popular (*atrevido*) bold; cheeky; ser saído da casca to have got the nerve

saiote *s.m.* petticoat

sair *v.* 1 to leave; to go out; acaba de sair he has just left 2 (*depressa*) to get out 3 (*edição etc.*) to be released; to come out 4 (*semelhanças*) to take after (a, *after*); ele sai ao pai he takes after his father 5 (*problemas*) to get out (de, *of*); sair de um aperto to pull through 6 (*nódoa*) to come off sair-se *v.pr.* 1 (*de situação*) to do; afinal ele saiu-se bem he did well after all 2 (*resultar*) to come out (com, *with*); saiu-se com uma daquelas he came out with one of those sayings ◆ sair caro to come out dear sair precipitadamente to rush out

sal *s.m.* salt; pitada de sal pinch of salt; sal refinado table salt

sala *s.f.* room ◆ sala de aula classroom sala de espera waiting room sala de estar living room sala de jantar dining room sala de operações surgery

salada *s.f.* 1 CULINÁRIA salad; temperar a salada to dress the salad 2 figurado (*confusão*) mess

saladeira *s.f.* salad bowl

saladeiro *s.m.* 1 (*carne*) drying and salting 2 (*estabelecimento*) dried meat shop

salamandra *s.f.* 1 ZOOLOGIA salamander 2 (*aquecimento*) stove

salame *s.m.* salami

salão *s.m.* 1 (*estabelecimento*) salon; parlour; salão de beleza beauty salon 2 (*sala grande*) hall; salão de baile dance hall 3 (*exposição*) salon; show

salariado *s.m.* wage earner

salarial *adj.2g.* (of) wage; aumentos salariais wage rises

salário *s.m.* salary; wage ◆ salário mínimo minimum wage

saldar *v.* 1 (*contas*) to settle 2 (*dívida*) to pay off 3 (*preço*) to sell at low price

saldo *s.m.* 1 balance; saldo bancário bank balance 2 coloquial (*restante*) remainder; rest saldos *s.m.pl.* (*compras*) sales

saleiro *s.m.* 1 (*recipiente*) salt cellar Grã-Bretanha; salt shaker EUA 2 (*pessoa*) salter; salt merchant ■ *adj.* (of) salt

salgadinho *s.m.* CULINÁRIA hors d'oeuvre; starter; snack

salgado *adj.* salted; salty; água salgada salt water; comida salgada salty food

salgar *v.* 1 CULINÁRIA to salt; (*em excesso*) to add too much salt to 2 CULINÁRIA (*conserva*) to put in brine, to preserve in brine

saliência *s.f.* 1 (*em superfície*) bulge; bump 2 (*ponta*) salience; protuberance

salientar *v.* 1 (*fazer notar*) to point out; to stress 2 (*de superfície*) to jut out; to stick out salientar-se *v.pr.* (*desempenho*) to stand out

saliente *adj.2g.* 1 (*superfície*) projecting; jutting 2 (*importância*) salient; striking

salina *s.f.* saltworks

salinidade *s.f.* salinity

salino *adj.* saline

salitre *s.m.* saltpetre

saliva *s.f.* saliva; spit

salivar *v.* (*segregação de saliva*) to salivate ■ *adj.2g.* salivary ◆ glândulas salivares salivary glands

salmão *s.m.* ZOOLOGIA salmon; salmão defumado smoked salmon

salmo *s.m.* RELIGIÃO psalm

salmonela *s.f.* salmonella

salmonete *s.m.* ZOOLOGIA red mullet

salmoura *s.f.* brine

salobro *adj.* brackish

salpicar *v.* 1 (*líquido*) to sprinkle (de, *with*); to spatter (de, *with*) 2 (*pó*) to powder (de, *with*); to sprinkle (de, *with*); salpicar com açúcar to powder with sugar 3 (*manchas*) to speckle (de, –); to fleck (de, –); salpicar de lama to splash with mud

salpico *s.m.* 1 (*mancha, ponto*) speck; spot; dot 2 (*líquido, substância*) spatter; sprinkling

salsa *s.f.* 1 BOTÂNICA parsley; salsa picada chopped parsley 2 MÚSICA salsa

salsada *s.f.* mess; muddle; confusion

salsão *s.m.* BOTÂNICA celery

salseiro *s.m.* 1 BOTÂNICA sarsaparilla 2 BOTÂNICA Chillean willow

salsicha *s.f.* sausage

salsichão *s.m.* CULINÁRIA thick sausage

saltar *v.* 1 (*para o alto*) to jump; to leap 2 (*rapidez*) to spring; to hop; saltar da cama to hop out of bed 3 (*saltitar*) to skip 4 (*assunto*) to jump (de, *from*); to switch (de, *from*); saltar de um assunto para outro to jump from one subject to another 5 (*obstáculo*) to jump (over) 6 (*omissão*) to jump; to skip; ele saltou três páginas do livro he skipped three pages of the book ◆ saltar à vista to be obvious saltar de pa-

salteado

raquedas to parachute os fatos saltam à vista facts stare us in the face
salteado adj. 1 (alternância) alternated 2 CULINÁRIA sauté ◆ saber de cor e salteado to know by heart
saltear v. 1 CULINÁRIA to sauté 2 (alternar) to alternate
saltimbanco s.m. member of a travelling circus
saltitar v. to skip; to hop
salto s.m. 1 leap; jump; de um salto at a jump 2 (pequeno salto) hop 3 (sapatos) heel; saltos altos high heels ◆ salto com vara pole vault salto em altura high jump salto em comprimento long jump salto mortal somersault salto triplo triple jump, hop skip and jump
salubre adj.2g. salubrious; healthy
salubridade s.f. salubrity; wholesomeness
salutar adj.2g. 1 (saudável) healthy 2 (benéfico) salutary; beneficial
salva s.f. 1 BOTÂNICA sage 2 (tiros) salvo 3 (bandeja) salver; tray ◆ salva de palmas round of applause
salvação s.f. 1 (perigo) rescue 2 RELIGIÃO salvation
salvador s.m. saviour; rescuer ■ adj. saving; rescuing
Salvador s.m. RELIGIÃO Saviour
salvadorenho adj., s.m. Salvadoran, Salvadorian
salvaguarda s.f. 1 (garantia) safeguard 2 (proteção) security; protection
salvaguardar v. to safeguard
salvamento s.m. 1 (ato) salvation; rescue 2 NÁUTICA (bens) salvage
salvar v. 1 to save 2 (resgatar) to rescue (de, from); to save (de, from); salvar alguém de um incêndio to rescue people from a fire salvar-se v.pr. to get away; to make one's escape ◆ salve-se quem puder! every man for himself!
salva-vidas s.m.2n. lifeboat
sálvia s.f. BOTÂNICA sage, salvia
salvo adj. safe; estar a salvo to be free from danger ■ prep. save; except; but for
samambaia s.f. fern
samário s.m. QUÍMICA (elemento químico) samarium
samaritano adj., s.m. Samaritan
samba s.m. MÚSICA samba
sambaqui s.m. sambaqui
sambar v. to dance the samba
sambista s.2g. (bailarino) samba dancer; (músico) samba composer
samurai s.m. samurai; tradição samurai samurai tradition
sanatório s.m. sanatorium
sanção s.f. 1 (medidas) sanction; sanções econômicas economic sanctions 2 (aprovação) ratification; approval 3 (multa) fine; penalty
sancionar v. to sanction; to ratify; to approve
sandália s.f. sandal
sândalo s.m. BOTÂNICA Indian saldalwood
sanduíche s.f. sandwich
saneamento s.m. 1 (detritos) sewerage 2 (higiene) sanitation 3 drainage
sanear v. 1 (saúde) to render salubrious; to make healthy 2 figurado (despedir) to dismiss; to fire
sanfona s.f. MÚSICA hurdy-gurdy
sangramento s.m. bleeding; bloodletting
sangrar v. to bleed

sangrento adj. bloody
sangria s.f. 1 (ato de sangrar) bleeding 2 (derramamento de sangue) bloodshed; bloodletting 3 (bebida) sangria
sangue s.m. 1 BIOLOGIA blood; análise de sangue blood count 2 figurado (família) blood ◆ estar no sangue to be in one's blood
sangue-frio s.m. composure; calm; perder o sangue-frio to lose one's head ◆ (crime) a sangue-frio in cold blood
sanguessuga s.f. 1 ZOOLOGIA leech 2 figurado, pejorativo (explorador) bloodsucker
sanguinário adj. bloodthirsty; sanguinary
sanguíneo adj. (sangue) of the blood ◆ tipo sanguíneo blood group
sanidade s.f. 1 (saúde mental) sanity 2 (higiene) hygiene 3 (discernimento) sanity; soundness
sanitário adj. sanitary; hygienic; condições sanitárias sanitary conditions
sanitários s.m.pl. toilet Grã-Bretanha; lavatory Grã-Bretanha; restroom EUA
sansei s.2g. a grandson or a granddaughter of Japanese citizens who is born out of Japan
santidade s.f. holiness; sanctity ◆ Sua Santidade His Holiness
santificar v. to sanctify
santo adj. holy; saintly ■ s.m. saint ◆ Santo Deus! good heavens! dia de Todos os Santos All Saints' Day todo o santo dia all day long
santuário s.m. sanctuary; shrine
são adj. 1 (saudável) sound; healthy 2 (condição mental) sane 3 RELIGIÃO saint ◆ são e salvo safe and sound
São Tomé e Príncipe s.m. São Tomé and Príncipe
sapata s.f. 1 (calçado) leathern slipper 2 ARQUITETURA bracket; console; overspan
sapatada s.f. slap
sapatão s.m. 1 wooden shoe 2 vulgarismo lesbian
sapataria s.f. 1 (fabricante) shoemaker's 2 (loja) shoe shop
sapateado s.m. tap-dance; dançar sapateado to tap-dance
sapatear v. 1 (dança) to tap-dance 2 (bater com o pé) to stamp
sapateira s.f. ZOOLOGIA rock crab
sapateiro s.m. 1 (fabricante) shoemaker 2 (consertos) cobbler
sapatilha s.f. 1 ballet shoe, ballet slipper 2 ballet flat
sapato s.m. shoe; sapatos de salto alto high heels
sapecar v. (folhas) to parch; (carne) to scorch
sapiência s.f. wisdom; knowledge
sapiranga s.f. blepharitis
sapo s.m. ZOOLOGIA toad ◆ engolir sapos vivos to sit back and take it
sapopema s.f. group of roots
sapoti s.m. BOTÂNICA sapodilla
saprófago adj. BIOLOGIA saprophagous
saque s.m. 1 (produto) plunder; booty; loot 2 (ato) pillage; sack 3 ECONOMIA draft; bill 4 ESPORTE serve; service
saqué s.m. sake, saki

saquear v. to plunder; to loot; to sack
sarado adj. 1 healed 2 coloquial well-muscled; well-built; well-toned
saraiva s.f. hail
saraivada s.f. 1 (meteorologia) hailstorm 2 figurado (grande quantidade) shower (de, of); torrent (de, of)
saraivar v. to hail
saramba s.m. type of fandango
sarampo s.m. MEDICINA measles
sarandear v. to rock; to wriggle
sarapatel s.m. 1 CULINÁRIA spicy stew with pork or lamb and some entrails 2 figurado confusion; pell-mell
sarar v. 1 (*curar*) to cure; to heal 2 (*recuperar*) to recover (de, *from*)
sarará s.2g. ZOOLOGIA carpenter ant
sarau s.m. evening party
sarcasmo s.m. 1 (dito) sarcasm; taunt 2 (expressão facial) sneer
sarcástico adj. 1 (*dito*) sarcastic; biting 2 (*humor*) ironic; dry
sarcófago s.m. sarcophagus
sarda s.f. (*pele*) freckle
sardento adj. freckled, freckly
sardinha s.f. sardine; lata de sardinha tin of sardines ♦ como sardinha em lata packed like sardines
sargaço s.m. BIOLOGIA sargassum, gulfweed
sargento s.m. sergeant
sariema s.f. ZOOLOGIA seriema
sarjeta s.f. gutter
sarna s.f. MEDICINA, VETERINÁRIA scabies
sarnento adj. 1 (rugosidade na pele) scabious 2 (comichão) itchy 3 (animal doente) mangy; scruffy
sarrabisco s.m. scrawl, scribbling
sarrabulho s.m. 1 clotted pig's blood 2 CULINÁRIA dish made with pig's blood and meat
sarro s.m. 1 (*dentes*) tartar 2 (*língua*) fur (on the tongue)
Satanás s.m. Satan; the Devil
satânico adj. Satanic
satélite s.m. satellite; transmissão via satélite transmission by satellite
sátira s.f. satire
satírico adj. (*escrito*) satirical; jornal satírico satirical newspaper ■ s.m. satirist
satirizar v. to satirize
satisfação s.f. 1 satisfaction; pleasure; delight 2 (*realização*) accomplishment; fulfilment 3 (*explicação*) explanation; pedir satisfações to demand an explanation
satisfatório adj. satisfactory
satisfazer v. 1 (*pedido, necessidade*) to satisfy; to meet 2 (*desempenho*) to fulfil 3 (*agradar*) to please; nada o satisfaz nothing pleases him; difícil de satisfazer hard to please 4 (*contentar*) to be enough for satisfazer-se v.pr. (*contentar-se*) to be satisfied
satisfeito adj. 1 (*contente*) satisfied; pleased; dar-se por satisfeito com to be satisfied with 2 (*com comida*) satiated
saturação s.f. saturation

secadora

saturado adj. 1 saturated 2 figurado (*farto*) sick to death; tired; fed up
saturar v. 1 to saturate (de, *with*) 2 coloquial (*aborrecer*) to tire 3 (*mercado*) to glut
Saturno s.m. ASTRONOMIA, MITOLOGIA Saturn
saudação s.f. greeting
saudade s.f. 1 (*anseio*) longing; yearning; ter saudades de alguém to miss someone 2 (*casa, país*) homesickness; ter saudades de casa to be homesick 3 (*sentimento*) nostalgia
saudar v. to greet
saudável adj.2g. healthy; sound
saúde s.f. health; healthiness; estar bem de saúde to be in good health ■ interj. cheers! ♦ beber à saúde de to drink to somebody's health casa de saúde nursing home tratar da saúde de alguém to fix someone
saudita adj., s.2g. Saudi, Saudi Arabian
saudosismo s.m. (*saudade*) nostalgia
saudosista adj.2g. nostalgic; sentimental
saudoso adj. 1 (nostalgia) nostalgic 2 (casa, país) homesick
sauna s.f. sauna; fazer sauna to take a sauna
saúva s.f. ZOOLOGIA leaf-cutter ant
savana s.f. savannah
savoir-faire s.m.2n. savoir-faire
saxofone s.m. MÚSICA saxophone; sax col.; tocar saxofone to play the saxophone
saxofonista s.2g. MÚSICA saxophone player, saxophonist
sazonal adj.2g. seasonal
scanner s.m. INFORMÁTICA scanner
scone s.m. CULINÁRIA scone
script s.m. script ♦ coloquial não estar no script not supposed to happen unforseen
se conj. 1 (*possibilidade*) if; como se as if 2 (*alternativa*) whether; se sim ou não whether or not 3 (*no caso de*) in case; se assim for in that case; se estiveres interessado in case you are interested ■ pron. pess. 1 (*masculino*) himself; (*feminino*) herself; (*objeto*) itself; (*plural*) themselves; eles magoaram-se they hurt themselves 2 (*reciprocidade*) each other; one another; eles amam-se they love each other pron. pess. you; one; como se sabe as it is known; diz-se it is said ♦ se bem que though; although
sé s.f. cathedral
seabórgio s.m. QUÍMICA (*elemento químico*) seaborgium
seara s.f. (*milho, cevada*) cornfield; (*trigo*) wheatfield
sebáceo adj. sebaceous; glândulas sebáceas sebaceous glands
sebento adj. 1 (*untuoso*) greasy; oily 2 (*sujo*) dirty; filthy
sebista s.2g. second-hand bookseller
sebo s.m. 1 (*vela, sabão*) tallow 2 (*livraria*) second-hand bookshop
seborreia s.f. MEDICINA seborrhoea Grã-Bretanha, seborrhea Grã-Bretanha
seboso adj. greasy; dirty
seca s.f. drought
secador s.m. (roupas, cabelo) dryer
secadora s.f. dryer

secagem s.f. 1 (roupa, cabelo) drying 2 (madeira) seasoning

secante adj.2g. 1 drying 2 figurado boring; tedious ■ s.m. (produto) siccative; dryer ■ s.f. GEOMETRIA secant

seção s.f. 1 (ato) section; cut 2 (parte) section; division; portion 3 (departamento) department; section; seção de anúncios advertising section 4 GEOMETRIA section; intersection

secar v. 1 to dry; to dry up 2 (planta) to wither 3 (terra) to parch; to bake; o sol secou o terreno the sun parched the ground

secessão s.f. secession

secionar v. to section

seco adj. 1 dry; ramos secos dry branches 2 (alimentos) dried; frutos secos dried fruits 3 (magro) lean; slim 4 (atitude) cold; impersonal; distant 5 (com sede) dry; thirsty; sentir a garganta seca to feel one's throat dry

secreção s.f. secretion

secretaria s.f. 1 (repartição) office 2 (instituição de governo) secretary

secretária s.f. 1 (funcionária) secretary 2 (peça de mobiliário) desk, writing desk

secretariado s.m. 1 secretariat 2 (curso) secretarial course

secretário s.m. secretary ♦ secretário de Estado Secretary of State

secreto adj. 1 (privado) secret; private 2 (escondido) secret; hidden; porta secreta hidden door ♦ os serviços secretos the Secret Services

sectário adj., s.m. sectarian

secular adj.2g. secular

século s.m. century; século XX twentieth century séculos s.m.pl. (muito tempo) ages; há séculos for ages

secundário adj. 1 (importância) secondary; assuntos secundários secondary issues; tudo isso é secundário that is all secondary 2 (acessório) unimportant; accessory 3 (representação) supporting; papel secundário supporting role

secura s.f. 1 (falta de umidade) drought; dryness 2 figurado (frieza) harshness; sharpness

securitário adj. (of) insurance ■ s.m. security guard

seda s.f. silk

sedativo adj., s.m. sedative; sob efeito de sedativos under sedation

sede[1] /é/ s.f. 1 seat; sede do Governo seat of the Government 2 (de uma empresa) head office; headquarters

sede[2] /ê/ s.f. 1 thirst; thirstiness; matar a sede to quench one's thirst; ter sede to be thirsty 2 figurado (ânsia) eagerness; thirst; crave; sede de conhecimento thirst for knowledge

sedentário adj. sedentary; levar uma vida sedentária to lead a sedentary life

sedentarismo s.m. sedentariness

sedento adj. 1 (sequioso) thirsty; dry 2 figurado (ansioso) eager (de, for); thirsty (de, for); sedento de atividade eager for action

sediado adj. seated (em, in); settled (em, in); sediado em Londres seated in London

sedição s.f. sedition; rebellion; uprising

sedimentação s.f. sedimentation; settling

sedimentar adj. GEOLOGIA sedimentary

sedimentar v. 1 to settle 2 to consolidate

sedimento s.m. sediment

sedoso adj. silky

sedução s.f. seduction

sedutor adj. 1 seductive 2 figurado tempting ■ s.m. 1 (relação amorosa) seducer (m.), seductress (f.) 2 (influência) charmer; flatterer

seduzir v. 1 (pessoa) to seduce 2 (encantar) to charm 3 (atrair) to tempt

segmentação s.f. segmentation

segmentar v. to segment segmentar-se v.pr. to split

segmento s.m. segment

segredar v. to whisper; to murmur

segredo s.m. 1 (informação) secret; dizer um segredo to tell a secret; guardar um segredo to keep a secret 2 (mistério) secret; mystery; em segredo in secret, in secrecy, secretly 3 (secretismo) secrecy

segregação s.f. segregation ♦ segregação racial racial segregation

segregar v. 1 (separação) to segregate 2 BIOLOGIA to secrete

seguida s.f. sequence; continuation; de seguida then; em seguida soon after, afterwards; foi tudo de seguida it was all in a row

seguido adj. 1 (a seguir) followed (de, by) 2 (incessante) continuous; uninterrupted; tratamento seguido continuous treatment 3 (tempo) running; in a row; três dias seguidos three days running

seguidor s.m. 1 (clube, grupo, fé) follower 2 (apoiador) supporter

seguimento s.m. following; follow-up; no seguimento de following

seguinte adj.2g. following; next; ele disse o seguinte he said the following; o dia seguinte the following day

seguir v. 1 to follow; seguir uma pista to follow a lead; siga-me! follow me 2 (ideias, modelos) to follow; seguir o exemplo de alguém to follow someone's example 3 (enveredar) to turn (por, to); to go on (por, in); seguir por uma estrada velha to turn to an old road seguir-se v.pr. 1 (por escrito) to follow; to ensue; segue-se a descrição do que aconteceu the events were as follows 2 (vir em seguida) to come next ♦ a seguir! next! logo a seguir just then quem se segue? who's next? que se irá seguir? what next?

segunda s.f. 1 coloquial (meios de transporte) second class; viajar em segunda to travel second class 2 MÚSICA second ♦ (qualidade) de segunda second-rate

segunda-feira s.f. Monday

segundo num. second; em segundo lugar in second, secondly; ele chegou em segundo he came second ■ adj. second; o segundo dia the second day ■ s.m. 1 (tempo) second; contar todos os segundos to count each and every second 2 (instante) second; moment; é só um segundo just a moment, please ■ prep. according to; segundo o que me disseram according to what I was told ♦ em segunda mão second-hand por segundo per second

segurado s.m. insured; policy holder ■ adj. insured

segurador s.m. insurer ■ adj. insuring; insurance
seguradora s.f. insurance company; insurer
segurança s.f. 1 (geral) security 2 (ausência de perigo) safety; em segurança safely 3 (confiança) confidence; certainty; falar com segurança to speak with confidence ■ s.2g. (vigilante) watchman ♦ segurança na estrada road safety segurança social social security; welfare
segurar v. 1 (pessoa) to hold; to seize; segurar alguém pelo braço to hold someone by the arm 2 (pegar) to hold (em, –); segura nisto hold this 3 (fazer seguro) to insure; segurar contra incêndios to insure against fire segurar-se v.pr. to hold on; segure-se bem! hold on tight!
seguro adj. 1 (sentimentos, situações) safe; sentir-se seguro to feel safe 2 (fixo) steady; solid; stable 3 (de confiança) trustworthy; reliable; uma fonte segura a trustworthy source ■ s.m. insurance ♦ o seguro morreu de velho better safe than sorry
seguro-desemprego s.m. unemployment benefit, dole Grã-Bretanha, unemployment compensation EUA
seio s.m. 1 ANATOMIA breast 2 figurado (interior) heart; core; no seio de among
seis num. six; o dia seis the sixth; seis contra um six to one
seiscentésimo num. six hundredth
seiscentista adj.2g. of the seventeenth century
seiscentos num. six hundred
seita s.f. 1 RELIGIÃO, POLÍTICA sect; cult; seita religiosa religious sect 2 figurado, pejorativo (grupo) gang; são todos da mesma seita! they all belong to the same gang
seiva s.f. BOTÂNICA sap
sela s.f. saddle
selar v. 1 (cavalo) to saddle 2 (carta, produto) to seal; selar uma garrafa to seal a bottle 3 (carimbar) to stamp; selar uma carta to stamp a letter 4 (acordo) to finish; to settle
seleção s.f. 1 (escolha) selection; choice; sorting; seleção manual hand-sorting 2 BIOLOGIA selection; seleção natural natural selection 3 ESPORTE seleção; team; squad; seleção nacional national team
selecionador s.m. 1 (quem escolhe) selector; chooser 2 (treinador) coach
selecionar v. to select; to choose; to pick
selênio s.m. QUÍMICA (elemento químico) selenium
seletivo adj. selective; processo seletivo selective process
seleto adj. select
self-service s.m. self-service
selim s.m. saddle
selo s.m. 1 (carimbo oficial) seal; selo de garantia guarantee seal 2 (correspondência) stamp; colocar um selo em to stick a stamp on
selva s.f. jungle; selva amazônica Amazon jungle
selvagem adj.2g. 1 (animal, vegetal) wild; animais selvagens wild animals 2 pejorativo (agressivo) savage; comportamento selvagem savage behaviour ■ s.2g. savage; barbarian
sem prep. without; sem avisar without warning; sem demora without delay

sena

semáforo s.m. 1 traffic light, light 2 NÁUTICA semaphore
semana s.f. week; dentro de uma semana within a week; há uma semana a week ago; na semana passada last week; para a semana next week; todas as semanas every week; uma vez por semana once a week ♦ semana sim, semana não every other week
semanada s.f. weekly allowance
semanal adj.2g. weekly; jornal semanal weekly newspaper
semanário s.m. weekly paper
semântica s.f. LINGUÍSTICA semantics
semântico adj. semantic
semblante s.m. 1 literário (rosto) countenance, face 2 literário (aparência) appearance; look
semear v. 1 AGRICULTURA to sow; semear um campo to sow a field 2 figurado (espalhar) to spread; to scatter ♦ semear a discórdia to sow discord semear o pânico to spread panic
semelhança s.f. similitude, similarity; likeness; à semelhança de just like; semelhança com likeness to
semelhante adj.2g. 1 (parecido) similar; alike; resembling; muito semelhante much the same; nunca vi nada semelhante I've never seen anything like that 2 (relacionado) related; such 3 (tal) such ■ s.m. fellow being; neighbour
sêmen s.m. BIOLOGIA sperm
semental adj.2g. (of) sowing
semente s.f. 1 BOTÂNICA seed; plantar as sementes to sow the seeds 2 figurado (origem) source; seed
semestral adj.2g. half-yearly, biannual
semestre s.m. half year; (universidade) semester
semicírculo s.m. semicircle
semicircunferência s.f. semicircumference
semidesnatado adj. low-fat
semifinal s.f. ESPORTE semi-final
semifinalista s.2g. ESPORTE semi-finalist
seminal adj.2g. BIOLOGIA seminal; germinative ♦ glândula seminal spermary
seminário s.m. 1 RELIGIÃO seminary 2 (conferência) seminar
seminarista s.m. seminarian
seminu adj. half-naked
sem-número s.m. infinity (de, of); num sem-número de situações in countless occasions
sêmola s.f. semolina
sempre adv. 1 (costume) always; nem sempre not always 2 (continuidade) straight; sempre em frente straight ahead 3 (afinal) after all; actually; sempre era verdade it was actually true; sempre vou I'm going after all ♦ sempre que whenever como sempre as usual de uma vez para sempre for good para sempre forever quase sempre nearly always
sem-terra s.2g.2n. landless worker; movimento dos sem-terra landless movement ■ adj.2g.2n. landless
sem-teto adj.2g.2n. homeless ■ s.2g.2n. homeless person
sem-vergonha s.2g.2n. shameless person ■ adj.2g.2n. shameless
sena s.f. BOTÂNICA senna

senado

senado s.m. 1 (instituição) senate 2 (edifício) senate house
senador s.m. senator
senão prep., adv. except; but; não come senão bolachas he eats nothing but cookies ■ conj. otherwise; if not; or else; corre senão chegará tarde run or else you'll be late; faz o que te dizem, senão... do what you are told, otherwise... ■ s.m. (dificuldade) hindrance ♦ eis senão quando when all of a sudden (provérbio) não há bela sem senão no garden without its weeds
senectude s.f. decrepitude; senility
senha s.f. 1 (palavra) watchword; password 2 sign; senha e contra-senha sign and countersign 3 (transportes) luggage ticket 4 (talão) ticket 5 (almoço) luncheon voucher
senhor s.m. 1 mister; sir; (cartas) caro senhor dear sir 2 (patrão) master; ser senhor de si mesmo to be one's own master 3 (grau de nobreza) lord; os senhores da terra the lords of the land ♦ ser senhor do seu nariz to know one's mind
Senhor s.m. RELIGIÃO Lord
senhoria s.f. ladyship; Vossa Senhoria Your Lordship (m.), Your Ladyship (f.)
senhorio s.m. 1 landlord, landlady; pagar o aluguel ao senhorio to pay the rent to the landlord 2 domain; manor
senhorita s.f. miss
senil adj.2g. senile
senilidade s.f. senility
sênior adj., s.2g. senior
sensação s.f. 1 (sentidos) sensation; feeling; uma sensação agradável a nice feeling 2 (sentimento) feeling; impression; ter a sensação que to have the feeling that 3 (sucesso) hit; a sensação do momento the hit of the moment 4 (acontecimento) sensation; stir; causar sensação to create a sensation
sensacional adj.2g. sensational
sensacionalismo s.m. sensationalism
sensacionalista adj.2g. sensational; sensationalistic
sensatez s.f. 1 (bom senso) wisdom; good sense 2 (prudência) prudence
sensato adj. (atitude) sensible; wise; reasonable
sensibilidade s.f. sensitivity
sensibilizar v. 1 (alertar) to sensitize (para, to); to raise (people's) awareness (para, of); sensibilizar as pessoas para o problema to sensitize people to the problem 2 figurado (emocionar) to touch; to move
sensitivo adj. 1 (dos sentidos) sensory; sensible; órgão sensitivo sensory organ 2 (sensível) sensitive
sensível adj.2g. 1 (geral) sensitive 2 (suscetibilidade) sensitive; touchy; não seja tão sensível stop being so touchy ● Não confunda com a palavra inglesa sensible, que significa "sensato".
sensivelmente adv. 1 (sentidos) visibly; perceptibly 2 (aproximadamente) approximately; nearly
senso s.m. 1 (faculdade) sense 2 (sensatez) reason; wisdom; uma pessoa de senso a wise person ♦ senso comum common sense bom senso good sense
sensor s.m. sensor
sensorial adj.2g. sensory

sensual adj.2g. sensual
sensualidade s.f. sensuality
sensualismo s.m. FILOSOFIA sensualism
sentar v. to seat sentar-se v.pr. to sit down; não quer se sentar? won't you sit down?; sente-se! sit down!, take a seat!; sentar-se direito to sit up straight
sentença s.f. 1 (judicial) sentence; penalty 2 sentence; saying 3 (ditado popular) saying; maxim ♦ cada cabeça sua sentença so many heads, so many wits
sentenciado s.m. sentenced person
sentenciar v. to sentence; sentenciar alguém à morte to sentence someone to death
sentencioso adj. sententious
sentido adj. 1 (sinceridade) sincere; heart-felt; uma declaração sentida a heart-felt assertion 2 (ofendido) hurt; offended; ficar sentido com alguma coisa to be offended by something ■ s.m. 1 (função) sense; os cinco sentidos the five senses 2 (significado) sense; meaning; fazer sentido to make sense; o sentido da vida the meaning of life; sem sentido meaningless 3 (percurso) direction; way; em sentido contrário in the opposite direction; rua de sentido único one-way street 4 (atenção) attention; toma sentido pay attention ♦ sentido crítico critical sense sentido de humor sense of humour perder os sentidos to lose conscience
sentimental adj.2g. 1 sentimental; mawkish; soppy; histórias sentimentais soppy stories; uma pessoa sentimental a sentimental person 2 (relação) loving; uma relação sentimental a love affair
sentimentalismo s.m. sentimentality
sentimentalista s.2g. sentimentalist
sentimento s.m. (emoção) feeling ■ sentimentos s.m.pl. (condolências) condolences; sympathies; os meus sentimentos my sympathies
sentinela s.f. sentry; estar de sentinela to be on sentry
sentir v. 1 (dor, emoção) to feel 2 (temperatura) to feel; to be; sentir frio to be cold 3 (lamentar) to regret; to feel sorry; sinto muito I am sorry sentir-se v.pr. 1 to feel; como se sente? how do you feel?; sentir-se melhor to feel better 2 (ofensa) to resent (com, –); to take offence (com, at); ela sentiu-se com o comentário she resented the comment ♦ sentir-se à altura to feel equal to
senzala s.f. slave quarters
separação s.f. 1 (ato) separation 2 (estado) separateness 3 (relação) separation; break-up; divorce
separadamente adv. 1 (à parte) separately 2 (individualmente) individually
separado adj. 1 separate; quero tudo separado I want it separate 2 (relação) separated; eles estão separados they are separated
separador s.m. 1 (estradas) separator 2 (cadernos, ficheiros) divider
separar v. 1 (objetos, pessoas) to separate 2 (ideias, opiniões) to distinguish between; to make a distinction separar-se v.pr. 1 (casal) to break up; to split up 2 (afastamento) to part (de, with)
separatismo s.m. POLÍTICA separatism; autonomy
separatista adj., s.2g. POLÍTICA separatist; movimento separatista separatist movement

separável *adj.2g.* separable
sépia *s.f.* sepia
séptico *adj.* MEDICINA septic
septilhão *num.* septillion
septo *s.m.* 1 ANATOMIA, ZOOLOGIA septum; septo nasal nasal septum 2 BOTÂNICA dissepiment; septum
septuagenário *adj., s.m.* septuagenarian
septuagésimo *num.* seventieth
sepulcro *s.m.* sepulchre; tomb; grave
sepultar *v.* to bury
sepultura *s.f.* grave; tomb
sequela *s.f.* 1 (*livro, filme, peça*) sequel; follow-up 2 (*acontecimento*) sequel; consequence; development **sequelas** *s.f.pl.* MEDICINA after-effects; side-effects
sequência *s.f.* 1 (*objetos, acontecimentos*) sequence; succession 2 (*continuação*) continuation; follow-up; na sequência de alguma coisa following something 3 (*filme*) sequence; scene
sequenciar *v.* to sequence; sequenciar os genes do vírus da gripe to sequence the genes of the flu virus
sequer *adv.* even; não houve um único sequer there wasn't even one; nem sequer me perguntou! he didn't even ask me!
sequestrador *s.m.* 1 kidnapper; abductor 2 (*avião*) hijacker
sequestrar *v.* 1 (*rapto*) to abduct; to kidnap 2 DIREITO (*propriedade*) to sequestrate, to sequester; to confiscate
sequestro *s.m.* 1 (*pessoa*) abduction; kidnap 2 (*avião*) hijack 3 DIREITO (*bens*) sequestration; confiscation; seizure
sequidão *s.f.* 1 (*secura*) dryness 2 (*sede*) thirst 3 (*frieza*) coldness; indifference
sequioso *adj.* 1 (*sede*) thirsty 2 (*secura*) parched; dried up 3 figurado (*avidez*) eager (de, *for*); avid (de, *for*); keen (de, *on*)
séquito *s.m.* retinue; train; escort
sequoia *s.f.* BOTÂNICA sequoia
ser *s.m.* (*criaturas*) being; seres vivos living creatures ■ *v.* 1 to be; e assim foi! and so it was!; é você? is that you? 2 (*acontecimento*) to happen; que é? what's the matter?; que foi? what happened? 3 (*incerteza*) to wonder; será que ele vem? I wonder if he'll come 4 (*propriedade*) to belong (de, *to*); de quem é isto? who is this from?; ser de alguém to belong to someone 5 (*proveniência*) to be (de, *from*); to come (de, *from*); de onde você é? where do you come from? ♦ a não ser que unless (*contos*) era uma vez once upon a time se assim for if that be the case seja como for nevertheless seja qual for whatever
serão *s.m.* 1 (*tempo*) evening; ao serão in the evening 2 figurado (*trabalho extra*) night work; fazer serão to work overtime, to stay up at night
serapilheira *s.f.* burlap; sackcloth
sereia *s.f.* 1 MITOLOGIA mermaid 2 (*toque de alarme*) siren
serelepe *adj.2g.* lively; sharp ■ *s.2g.* lively person ■ *s.m.* ZOOLOGIA squirrel
serenata *s.f.* serenade

serviçal

serenidade *s.f.* 1 (*tempo, estado*) serenity 2 (*pessoa*) serenity; self-control
sereno *adj.* serene; calm; tranquil
série *s.f.* 1 (*sequência*) series; sequence; train; uma série de acontecimentos a train of events 2 TELEVISÃO series; uma série cômica a comedy series 3 figurado (*quantidade*) bunch; uma série de mentiras a bunch of lies; uma série de vezes many times 4 (*automóveis*) class 5 (*massificação*) mass; produção em série mass production ♦ fora de série exceptional número de série serial number
seriedade *s.f.* (*comportamento*) seriousness; earnestness; com toda a seriedade in earnest, earnestly
seriema *s.f.* ZOOLOGIA seriema
serigrafia *s.f.* serigraphy; silk screen printing
seringa *s.f.* syringe; seringa hipodérmica hypodermic syringe
seringueira *s.f.* BOTÂNICA rubber tree
seringueiro *s.m.* rubber tapper
sério *adj.* 1 serious; grave; earnest; um caso sério a serious matter; uma conversa séria a serious conversation 2 (*honesto*) honest ♦ a sério in earnest levar a sério to take seriously você não está falando sério, está? you don't mean that, do you?
sermão *s.m.* 1 RELIGIÃO sermon; homily 2 figurado (*reprimenda*) sermon; lecture; dar um sermão a alguém to lecture someone
seropositivo *adj.* HIV positive ■ *s.m.* HIV-positive person
serpente *s.f.* ZOOLOGIA serpent; snake
serpentear *v.* 1 (*movimento*) to snake; to wind 2 (*sucessão de curvas*) to zigzag; to meander
serpentina *s.f.* (*festas*) streamer
serra *s.f.* (*utensílio de corte*) saw; serra circular circular saw; serra elétrica power saw
serração *s.f.* (*oficina*) sawmill
serrador *adj.* sawing ■ *s.m.* sawyer
serradura *s.f.* sawdust
serragem *s.f.* sawmill; sawdust
serralharia *s.f.* (*oficina*) blacksmith's; smithy; forge
serralheiro *s.m.* blacksmith, smithy; locksmith
serralheria *s.f.* (*ferro*) blacksmith's shop; (*fechadura*) locksmith's shop
serrania *s.f.* ridge of mountains; mountain range
serrano *adj.* mountainous ■ *s.m.* mountaineer
serrar *v.* to saw; to saw off; serrar um toro to saw through a log
serraria *s.f.* sawmill
serra-serra *s.m.* ZOOLOGIA blue-black grassquit
serrim *s.m.* sawdust
serrote *s.m.* handsaw
sertã *s.f.* frying pan
sertão *s.m.* backwoods
serutinga *s.f.* BOTÂNICA black mangrove
servente *s.2g.* 1 (*funcionário*) servant 2 (*ajudante*) helper; assistant 3 (*mensageiro*) errand boy
serventia *s.f.* 1 (*função*) service 2 (*utilidade*) use; usefulness
Sérvia *s.f.* Serbia
serviçal *adj.2g.* 1 (*objeto*) serviceable 2 (*pessoa*) obliging; accommodating ■ *s.2g.* servant

serviço

serviço *s.m.* 1 (*sistema, organização*) service; ao serviço in active service 2 (*emprego*) duty; estar de serviço to be on duty; não estar de serviço to be off duty 3 (*louça*) set; service; serviço de jantar dinner service, dinner set 4 (*funcionamento*) service; work; operation; fora de serviço out of work 5 (*atendimento*) service 6 (*atividade*) job; service 7 RELIGIÃO service; office 8 ESPORTE service ♦ serviço público public utility serviços sociais social services irônico (*besteira*) lindo serviço! now you've done it! prestar um mau serviço to do a bad turn
servidão *s.f.* servitude; slavery; bondage
servidor *s.m.* 1 (*criado*) servant 2 (*funcionário*) attendant 3 INFORMÁTICA server
servil *adj.2g.* pejorativo servile; subservient
servilismo *s.m.* servility; subservience
sérvio *adj., s.m.* Serbian ■ *s.m.* (*dialeto*) Serbian
servir *v.* 1 (*préstimo*) to serve; to work for; servir o interesse público to serve the public interest 2 (*utilidade*) to be of use to; to suit a purpose; em que posso servi-lo? what can I do for you?; para que serve isso? what is it for?; não serve de nada it is of no use 3 (*estabelecimento comercial*) to serve; to attend on; servir um cliente to serve a client 4 (*refeições*) to serve out; servir a sobremesa to serve out dessert 5 (*restaurante*) to wait upon; servir à mesa to wait at tables 6 (*roupa*) to fit; to suit; este vestido já não me serve this dress doesn't fit me any more 7 (*ser o necessário*) to do; to be enough; qualquer coisa serve any old thing will do; serve muito bem it will do very well; também serve it'll do just the same 8 ESPORTE to serve servir-se *v.pr.* 1 (*à mesa*) to help oneself; sirva-se help yourself 2 (*usar*) to make use (de, *of*)
servo *s.m.* HISTÓRIA serf
sésamo *s.m.* BOTÂNICA sesame
sessa *s.f.* sieving; sifting
sessação *s.f.* sieving; sifting
sessamento *s.m.* sieving; sifting
sessão *s.f.* 1 (*instituição*) session; sitting; abrir a sessão to open the session 2 (*reunião*) meeting; adiar a sessão to adjourn the meeting 3 (*espetáculo*) show; performance; sessão de cinema cinema show; sessão contínua continuous performance
sessar *v.* to sieve; to sift
sessenta *num.* sixty
sessentão *adj., s.m.* sexagenarian
sesta *s.f.* siesta; nap; fazer uma sesta to take a nap
sesteada *s.f.* nap
seta *s.f.* arrow
sete *num.* seven
setecentista *adj.2g.* of the eighteenth century
setecentos *num.* seven hundred
setembro *s.m.* September
setenta *num.* seventy
setentrional *adj.2g.* northern
setilhão *num.* septillion
sétimo *num.* seventh
setor *s.m.* 1 sector 2 (*repartição*) department; office ♦ setor privado private sector
seu *pron. poss.* 1 (terceira pessoa singular) his; her; its 2 (terceira pessoa plural) their 3 (no plural) one's 4 (segunda pessoa plural) your; o seu carro é lindo your car is beautiful 5 yours; isto é seu? is this yours? 6 (no plural) theirs ♦ o seu a seu dono what's yours is yours, what's mine is mine
seva *s.f.* grating manioc roots
sevadeira *s.f.* woman who grates manioc roots
sevar *v.* to grate manioc roots
severidade *s.f.* severity
severo *adj.* severe
sevilhano *adj., s.m.* Sevillian
sexagenário *s.m.* sexagenarian
sexagésimo *num.* sixtieth
sexcentésimo *num.* six hundredth
sexismo *s.m.* sexism
sexista *adj., s.2g.* sexist
sexo *s.m.* 1 sex; o sexo oposto the opposite sex 2 (*características de gênero*) gender 3 (*ato sexual*) intercourse; sex; sexo seguro safe sex
sexologia *s.f.* sexology
sexólogo *s.m.* sexologist
sexta *s.f.* 1 (*dia da semana*) Friday 2 (*veículo*) sixth, sixth gear 3 MÚSICA sixth 4 (*esgrima*) sixte 5 RELIGIÃO sext
sexta-feira *s.f.* Friday ♦ Sexta-Feira Santa Good Friday
sextante *s.m.* ASTRONOMIA sextant
sexteto *s.m.* MÚSICA sextet
sextilião *num.* 1 undecillion; sextillion Grã-Bretanha ant. 2 sextillion
sexto *num.* sixth
sêxtuplo *num.* sextuple
sexuado *adj.* sexed
sexual *adj.2g.* sexual; órgãos sexuais sex organs
sexualidade *s.f.* sexuality
sexy *adj.* sexy
shampoo *s.m.* shampoo
shiatsu *s.m.* shiatsu
shopping *s.m.* shopping centre; mall EUA
short *s.m.* shorts
show *s.m.* show; show de dança a dance show
si *s.m.* MÚSICA B, si; si bemol B flat ■ *pron. pess.* 1 (*ele*) himself; (*ela*) herself; (*objeto, animal*) itself; para to próprio to himself 2 (*genérico*) oneself; estar fora de si to be beside oneself 3 (*você*) yourself; you; cabe-lhe a si decidir it's up to you to decide ♦ por si só in itself
siamês *adj., s.m.* Siamese; (*bebês*) siameses Siamese twins; gato siamês Siamese cat
siciliano *adj., s.m.* Sicilian
sicrano *s.m.* Mr. so-and-so, what's-his-name; Mrs. so-and-so, what's-her-name
siderado *adj.* stupefied (com, *at*); bewildered (com, *at*); ficou siderado com a notícia he was stupefied at the news
sideral *adj.2g.* ASTRONOMIA sidereal
siderar *v.* to stagger; to stupefy
siderurgia *s.f.* 1 (*indústria*) iron and steel industry 2 (*atividade*) ironworks; steelworks
siderúrgica *s.f.* iron and steel company
siderúrgico *adj.* of iron and steel; oficina siderúrgica ironmonger
sidra *s.f.* (*bebida*) cider

sifão s.m. siphon
sífilis s.f. MEDICINA syphilis
sigilo s.m. 1 (*secretismo*) secrecy; secret; sigilo profissional professional secrecy 2 RELIGIÃO seal; sigilo da confissão seal of confession ◆ no mais absoluto sigilo in the utmost secrecy
sigiloso adj. secret; classified
sigla s.f. initialism, acronym
signatário adj., s.m. (*documento*) signatory
significação s.f. meaning; sense; signification
significado s.m. 1 (*palavra, frase*) meaning; sense; qual é o significado desta palavra? what's the meaning of this word? 2 (*valor*) meaning; significance; consequence; import; isso não tem o mínimo significado that is of small import
significante adj.2g. significant; meaningful ■ s.m. LINGUÍSTICA signifier
significar v. 1 (*querer dizer*) to mean; to signify; que significa esta palavra? what does this word mean? 2 (*importância*) to mean (para, to); to matter (para, to)
significativo adj. 1 (*com significado*) significative; meaningful 2 (*importante*) significant
signo s.m. (*geral*) sign ◆ signo do Zodíaco zodiac sign
sílaba s.f. LINGUÍSTICA syllable; sílaba átona unstressed syllable; sílaba tônica stressed syllable
silábico adj. syllabic
silenciador s.m. 1 (*arma*) silencer 2 (*motor*) silencer; muffler
silenciar v. 1 (*impor silêncio a*) to silence 2 (*ocultar*) to hush up silenciar-se v.pr. to be silent
silêncio s.m. silence ■ interj. silence!; hush! ◆ em silêncio in silence em silêncio absoluto in complete silence guardar silêncio to keep quiet
silencioso adj. 1 silent 2 (*calmo*) silent; quiet; calm
silhueta s.f. silhouette; contour; profile
sílica s.f. QUÍMICA silica
silicato s.m. QUÍMICA silicate
silício s.m. QUÍMICA (*elemento químico*) silicon
silicone s.f. QUÍMICA silicone
silo s.m. silo
silogismo s.m. syllogism
silva s.f. BOTÂNICA bramble; blackberry bush
silvar v. to hiss; to whistle
silvestre adj.2g. wild; flores silvestres wild flowers
sim adv. yes ■ s.m. yes; consent ◆ claro que sim! of course! dia sim, dia não every other day dizer que sim com a cabeça to nod parece-me que sim I think so pelo sim, pelo não just in case
simbiose s.f. symbiosis
simbólico adj. symbolic
simbolismo s.m. 1 (*símbolos*) symbolism; imagery 2 (*arte*) symbolism
simbolista adj., s.2g. symbolist
simbolizar v. to symbolize; to represent
símbolo s.m. symbol (de, of) ◆ símbolos químicos chemical symbols
simbologia s.f. symbology
simetria s.f. symmetry
simétrico adj. symmetric; symmetrical
similar adj.2g. similar; alike
símile s.m. simile

similitude s.f. similarity; resemblance
simpatia s.f. 1 (*afinidade*) liking (por, for) 2 (*amabilidade*) kindness; friendliness; warmth 3 (*ideia, causa etc.*) inclination (por, towards); attraction (por, for) 4 (*ritual*) spell ◆ ser uma simpatia to be a delightful person ● Observe que as palavras inglesas *sympathy* e *sympathetic* significam respectivamente "compaixão, compreensão" e "compreensivo, solidário".
simpático adj. (*situação, coisa, pessoa*) nice; friendly; charming; é muito simpático da sua parte how nice of you
simpatizante s.2g. sympathizer; supporter; well-wisher
simpatizar v. 1 (*pessoa*) to take a liking (com, to); to like (com, –); eu simpatizo com ele I like him 2 (*ideia, sugestão*) to approve (com, of); eu simpatizo com essa ideia I approve of that idea
simples adj.2g.2n. 1 (*fácil*) easy; simple; é muito simples it is simple enough 2 (*comportamento*) simple; unpretending; unaffected 3 (*mero*) simple; sheer; por simples curiosidade out of sheer curiosity 4 (*ingenuidade*) simple; innocent; naive
simplesmente adv. simply; just; merely
simplicidade s.f. 1 simplicity 2 (*ingenuidade*) innocence; naivety
simplicíssimo adj. (superlativo de simples) most simple
simplificação s.f. simplification
simplificar v. to simplify; to make something easy
simplismo s.m. simplism
simplista adj.2g. simplistic; oversimplified
simplório s.m. simpleton; idiot; dumbhead ■ adj. simple-minded; naïve
simpósio s.m. symposium; conference
simulação s.f. 1 (*fingimento*) simulation; pretence 2 (*máquina, procedimento etc.*) simulation ◆ simulação de incêndio fire drill
simulacro s.m. 1 (*imitação*) imitation; simulation; pretence 2 (*ludíbrio*) sham; fake; fraud
simulador s.m. (*instrumento*) simulator; simulador de voo flight simulator
simular v. 1 to simulate 2 (*fingir*) to feign
simultaneidade s.f. simultaneity
simultâneo adj. simultaneous
sina s.f. popular destiny; fate; ler a sina to tell someone's fortune
sinagoga s.f. RELIGIÃO synagogue
sinal s.m. 1 sign 2 (*pele*) mole, beauty spot; (*marca de nascença*) birthmark 3 MATEMÁTICA (*símbolo*) sign; sinal de mais plus sign; sinal de menos minus sign 4 (*gesto*) sign; gesture 5 (*vestígio*) trace ◆ sinal de trânsito traffic sign (*telefone*) sinal de chamada line signal (*telefone*) sinal de ocupado engaged tone não dar sinal de vida to show no sign of life por sinal as a matter of fact sinal verde go-ahead
sinalização s.f. 1 (*ato*) signalling; signposting 2 (*estradas*) road signs
sinalizar v. 1 (*indicar*) to signal; to indicate 2 (*marca*) to mark
sinceiro s.m. BOTÂNICA white willow
sinceridade s.f. sincerity ◆ com toda a sinceridade in all sincerity

sincero

sincero *adj.* 1 (*franco*) sincere; frank 2 (*verdadeiro*) honest; true ♦ para ser sincero to be honest
síncope *s.f.* LINGUÍSTICA, MEDICINA syncope
sincronia *s.f.* synchronism; synchrony
sincrônico *adj.* synchronous
sincronização *s.f.* synchronization
sincronizar *v.* 1 (*tempo*) to synchronize 2 (*rádio*) to tune in
sindical *adj.2g.* unionistic
sindicalismo *s.m.* unionism, trade unionism
sindicalista *adj.2g.* trade unionistic, unionistic ■ *s.2g.* trade unionist, unionist
sindicalizar *v.* to unionize sindicalizar-se *v.pr.* to become unionized
sindicância *s.f.* inquiry; investigation
sindicato *s.m.* trade, trade union
sindicatura *s.f.* 1 syndicship 2 (*de condomínio*) management
síndico *s.m.* 1 syndic 2 (*de condomínio*) manager
síndrome *s.f.* MEDICINA syndrome
sinfonia *s.f.* MÚSICA symphony
sinfônico *adj.* symphonic; orquestra sinfônica symphony orchestra
singelo *adj.* 1 (*simples*) simple; plain 2 (*despretensioso*) unpretentious
singrar *v.* 1 to sail 2 figurado (*progredir*) to do well
singular *adj.2g.* 1 LINGUÍSTICA (*número*) singular 2 (*raro*) peculiar; odd 3 (*único*) unique; um acontecimento singular a unique event ■ *s.m.* LINGUÍSTICA singular
singularizar *v.* 1 (*tornar singular*) to singularize 2 (*especificar*) to particularize; to specify 3 (*destacar*) to single out singularizar-se *v.pr.* to distinguish oneself; to make oneself noticeable
sinistrado *adj.* 1 (*pessoas*) injured 2 (*coisas*) damaged; crashed; wrecked ■ *s.m.* 1 (*ferido*) injured person 2 (*vítima*) victim
sinistro *adj.* 1 (*terrífico*) sinister; ominous; um homem de aspecto sinistro a sinister looking man 2 (*horrível*) eerie ■ *s.m.* (*acidente*) disaster; accident
sino *s.m.* bell
sinônimo *s.m.* LINGUÍSTICA synonym (de, *of*); ser sinônimo de to be a synonym of
sinopse *s.f.* synopsis; outline; summary
sintagma *s.f.* LINGUÍSTICA syntagm; phrase
sintagmático *adj.* LINGUÍSTICA syntagmatic
sintático *adj.* syntactic; syntactical; análise sintática syntactic analysis
sintaxe *s.f.* LINGUÍSTICA syntax
síntese *s.f.* synthesis
sintético *adj.* 1 (*resumido*) concise 2 (*artificial*) synthetic; man-made
sintetizar *v.* 1 (*resumir*) to abridge; to cut; to shorten 2 (*produzir*) to synthetize; to manufacture
sintoma *s.m.* 1 MEDICINA symptom; ter sintomas de febre to have symptoms of flu 2 figurado (*indício*) sign (de, *of*)
sintonia *s.f.* (*rádio*) tuning ♦ estar em sintonia com to be in tune with
sintonização *s.f.* tuning in
sintonizador *s.m.* tuner
sintonizar *v.* to tune in, to tune; sintonizar o rádio to tune the radio
sinuca *s.f.* snooker
sinuoso *adj.* sinuous; winding
sinusite *s.f.* MEDICINA sinusitis
sirene *s.f.* (polícia, bombeiros, ambulâncias) siren
sirgo *s.m.* 1 (*bicho-da-seda*) silkworm 2 (*seda bruta*) raw silk
siri *s.m.* ZOOLOGIA crab
sírio *adj.*, *s.m.* Syrian
sísmico *adj.* seismic
sismo *s.m.* earthquake
sismólogo *s.m.* seismologist
siso *s.m.* sense; judgement ♦ dentes do siso wisdom teeth
sistema *s.m.* (*geral*) system ♦ ANATOMIA sistema digestivo digestive system ANATOMIA sistema imunológico immunological system ANATOMIA sistema nervoso nervous system INFORMÁTICA sistema operacional operating system ASTRONOMIA sistema solar solar system por sistema as a rule
sistemático *adj.* 1 (*método*) systematic; methodical 2 (*frequência*) regular; usual
sistematização *s.f.* systematization; organization
sistematizar *v.* to systematize; to organize; to order
sístole *s.f.* systole
sisudo *adj.* 1 (*comportamento*) serious; grave 2 (*prudência*) circumspect; prudent
site *s.m.* INFORMÁTICA (*Internet*) site
sitiar *v.* to besiege
sítio *s.m.* 1 (*lugar*) place 2 (*localização*) place; location; site sítio arqueológico archaeological site 3 (*localização*) place; location; site 4 (*propriedade rural*) estate; small farm 5 INFORMÁTICA (*Internet*) site
sito *adj.* situated; located ■ *s.m.* must; mustiness
situação *s.f.* 1 (*geral*) situation 2 (*trabalho*) job; position ♦ que situação! what a situation!
situado *adj.* located; situated; positioned; a casa está situada a norte the house is situated northwards; estar situado to lie
situar *v.* 1 (*colocar*) to situate; to place; to set 2 (*encontrar*) to locate; to find situar-se *v.pr.* 1 to be 2 to take place
skate *s.m.* skate; andar de skate to skate; prancha de skate skateboard; praticante de skate skater
sketch *s.m.* sketch
slide *s.m.* (*diapositivo*) slide
slogan *s.m.* slogan; slogans políticos political slogans
smoking *s.m.* (*vestuário*) tuxedo; estar de smoking to wear a tuxedo
snobe *s.2g.* snob
snobismo *s.m.* snobbery
só *adj.2g.* 1 (*sem companhia*) alone; on one's own 2 (*solitário*) lonely; sentir-se só to feel lonely 3 (*único*) only; um só sobrevivente one only survivor; uma só vez only that one time ■ *adv.* 1 (*restrição*) just; only; merely; é só isso? is that all? 2 (*temporal*) only; ele só chega às duas he will only arrive at two; só ontem o vi I only saw him yesterday ♦ a sós alone; by oneself não só... mas também not only... but also; both... and nem um só not even one; not a single one

soalheiro adj. sunny; dia soalheiro sunny day
soalho s.m. wooden floor
soar v. 1 (som, voz, alerta) to sound; soar o alarme to sound the alarm 2 (ressoar) to echo; to reverberate; to ring ♦ soar bem to sound well soar familiar to ring a bell
sob prep. 1 under; sob juramento under oath 2 underneath; sob os lençóis underneath the sheets 3 under; beneath; sob a cama under the bed 4 under; in; sob certas circunstâncias in certain circumstances
soberania s.f. sovereignty ♦ órgãos de soberania organs of power
soberano adj., s.m. sovereign; Estado soberano sovereign state
soberba s.f. arrogance; pride
soberbo adj. 1 (magnífico) superb; magnificent; grand; uma casa soberba a superb house 2 (arrogante) haughty; arrogant
sobra s.f. (excedente) overplus; surplus; há de sobra there's more than enough ■ **sobras** s.f.pl. 1 (comida) leftovers; scraps 2 (objetos) remains; remnants
sobrado s.m. wooden floor
sobranceiro adj. 1 (arrogante) arrogant 2 (pendente) hanging (a, over)
sobrancelha s.f. eyebrow; franzir as sobrancelhas to knit one's brows, to frown
sobrar v. to be left over; não sobrou nada there was nothing left; quanto te sobrou? how much have you got left?
sobre prep. 1 (sem tocar) over; above; mesmo sobre as nossas cabeças right above our heads 2 (a tocar) on; on top of; sobre a mesa on the table 3 (a respeito de) on; about; falar sobre to speak about
sobreaquecer v. to overheat
sobreaquecimento s.m. overheating
sobreaviso s.m. warning; precaution ♦ estar de sobreaviso em relação a to be wary of
sobrecapa s.f. (livro) jacket; dust cover
sobrecarga s.f. 1 (veículo) overload 2 (trabalho) overcharge
sobrecarregar v. 1 (veículo) to overweight; to overload 2 (taxa, imposto) to overcharge; to overtax 3 (tarefa) to overwork; to overburden 4 ELETRICIDADE to overload
sobreloja s.f. entresol; mezzanine
sobrelotação s.f. overcrowding
sobrelotado adj. overloaded
sobremesa s.f. dessert; que temos de sobremesa? what's for dessert?
sobrenatural adj.2g., s.m. supernatural
sobrenome s.m. 1 (nome de família) surname; family name 2 (apelido) nickname
sobrepor v. 1 to superimpose (a, to) 2 (em camadas) to overlay; to overlap 3 (objetos) to stack; to pile up sobrepor-se v.pr. 1 to be superimposed 2 (sucessão) to come between; outros acontecimentos se sobrepuseram other things came between
sobreposição s.f. 1 superposition 2 (imagem) superimposition 3 (acontecimentos, coisas) overlapping
sobrescrito s.m. envelope
sobressair v. to stand out

sobressalente adj.2g. spare; peças sobressalentes spare parts; pneu sobressalente spare tyre
sobressaltar v. (assustar) to startle sobressaltar-se v.pr. (assustar-se) to be startled; to start
sobressalto s.m. 1 (surpresa, medo) start; levantar-se de sobressalto to start up 2 (medo) fear; fright
sobrestimar v. to overrate; to overvalue; to overestimate
sobretaxa s.f. surtax; extra charge; additional charge
sobretudo s.m. overcoat ■ adv. especially; above all; chiefly; mainly; sobretudo porque mainly because
sobrevir v. to occur; to befall; sobreveio uma desgraça a misfortune occurred
sobrevivência s.f. survival; a luta pela sobrevivência the struggle for survival
sobrevivente s.2g. survivor ■ adj.2g. surviving
sobreviver v. 1 (doença, calamidade) to survive; to escape; ele sobreviveu he survived 2 (viver mais tempo) to outlive (a, –); to survive (a, –); sobreviver aos irmãos to outlive one's brothers and sisters 3 (subsistir) to survive (com, on); to live (com, with); to subsist (com, on); sobreviver com quase nada to subsist on nearly nothing at all
sobrevoar v. to fly over, to overfly
sobriedade s.f. 1 (moderação) sobriety; moderation 2 (bebida) sobriety
sobrinho s.m. nephew (m.), niece (f.); você tem sobrinhos? do you have any nephews or nieces?
sóbrio adj. (geral) sober; ele parecia sóbrio he looked sober
sobrolho s.m. eyebrow ♦ franzir o sobrolho to frown
socar v. to punch to knead
sociabilizar v. to socialize
social adj.2g. (geral) social
socialismo s.m. POLÍTICA socialism
socialista adj., s.2g. socialist
socialização s.f. socialization
socializar v. to socialize
sociável adj.2g. 1 sociable; tornar-se pouco sociável to retire into oneself, to be unsociable 2 (comunicativo) talkative, communicative
sociedade s.f. 1 (geral) society 2 ECONOMIA company 3 (associação) association; society ♦ sociedade anônima incorporated company
sócio s.m. 1 (clube, associação) member 2 (empresa, negócio) partner, associate 3 coloquial (companheiro) fellow, partner
socioambiental adj.2g. social and environmental
sociocultural adj.2g. sociocultural
socioeconômico adj. socioeconomic
sociologia s.f. sociology
sociológico adj. sociological
sociólogo s.m. sociologist
soco[1] /ó/ s.m. (calçado) clog
soco[2] /ô/ s.m. (murro) punch; um soco valente a heavy blow
soçobrar v. 1 (afundar) to sink, to go to the bottom 2 (aniquilar-se) to fall
soçobro s.m. 1 shipwreck; sinking 2 figurado discouragement

socorrer

socorrer v. 1 (*acudir*) to help, to aid, to rescue; socorrer os náufragos to rescue the shipwrecked 2 (*prestar auxílio*) to assist socorrer-se v.pr. to have recourse (de, *to*), to resort (de, *to*)

socorrista s.2g. first aider

socorro s.m. help, relief, assistance, aid ■ *interj.* help! ◆ gritar por socorro to call for help; to call out posto de socorro aid station primeiros socorros first aid

soda s.f. 1 QUÍMICA soda; soda cáustica caustic soda 2 (*bebida*) soda water

sódio s.m. QUÍMICA (*elemento químico*) sodium

sofá s.m. sofa; couch

sofá-cama s.m. studio couch; sofa bed

sofisma s.f. 1 FILOSOFIA sophism; fallacy 2 popular trick

sofista s.2g. sophist ■ adj.2g. sophistic, sophistical

sofisticado adj. sophisticated

sofisticar v. 1 to sophisticate; to refine 2 (*falsificar*) to falsify; to adulterate 3 (*sofismar*) to use sophistry

sôfrego adj. 1 (*comer, beber*) greedy, voracious 2 (*ávido*) keen 3 figurado (*desejoso*) eager (de, for)

sofreguidão s.f. 1 (*comida ou bebida*) greediness, eagerness 2 (*ambição*) greed 3 (*impaciência*) impatience

sofrer v. 1 to suffer, to grieve, to be in pain 2 (*calúnia, humilhações*) to bear, to endure 3 (*derrota, abalo*) to go through, to suffer; sofrer uma derrota to suffer defeat 4 (*acidente, ataque*) to have; sofrer um acidente to have an accident 5 (*doença*) to suffer (de, *from*)

sofrimento s.m. 1 (*padecimento*) suffering, pain 2 (*angústia*) anguish

software s.m. INFORMÁTICA software; engenharia de software software engineering

sogro s.m. father-in-law (*m.*), mother-in-law (*f.*)

soja s.f. 1 BOTÂNICA (*planta*) soya 2 (*alimento*) soya bean

sol s.m. 1 MÚSICA G 2 (*luz solar*) sunshine; sunlight ◆ sol de pouca dura flash in the pan de sol a sol from sunrise to sunset nascer do sol sunrise

Sol s.m. ASTRONOMIA Sun

sola s.f. 1 (*couro*) hide, leather 2 (*sapato*) sole; sapatos de sola de borracha rubber-soled shoes

solama s.f. scorching sun

solar adj.2g. 1 (*relativo ao Sol*) solar; sistema solar solar system 2 (*creme, protetor*) sun; protetor solar sunscreen, suntan lotion ■ s.m. (*mansão*) manor house

solarengo adj. manorial

solário s.m. solarium

solavanco s.m. (*veículo*) jolt; andar aos solavancos to jolt along

solda s.f. (*substância*) solder

soldado s.m. soldier ◆ soldado raso private soldados de chumbo tin soldiers; toy-soldiers o soldado desconhecido the unknown soldier

soldador s.m. welder

soldadura s.f. 1 (*ato*) welding 2 (*objeto*) weld

soldar v. to solder, to weld, to braze

solene adj.2g. 1 (*pomposo*) solemn 2 (*grave, sério*) grave, serious

solenidade s.f. 1 solemnity 2 (*ato solene*) ceremony 3 (*gravidade*) gravity, solemnity

solenizar v. to solemnize

soletração s.f. spelling

soletrar v. 1 (*palavra*) to spell; soletra o meu nome spell my name 2 (*texto*) to read word by word

solfejar v. MÚSICA to sol-fa

solha s.f. 1 ZOOLOGIA flounder 2 coloquial slap

solicitação s.f. requesting

solicitante adj.2g. asking; requesting ■ s.2g. asker; requester

solicitar v. 1 to request 2 (*pedir*) to ask (–, *for*); solicitar uma assinatura to ask for a signature 3 (*benefícios, privilégios*) to look (–, *for*)

solícito adj. 1 solicitous; helpful 2 attentive; careful

solicitude s.f. solicitude

solidão s.f. 1 (*estado*) solitude 2 (*sensação*) loneliness

solidariedade s.f. solidarity, support; solidariedade social social support

solidário adj. 1 (*causa*) sympathetic 2 (*que apoia*) supportive (com, *towards*); ser solidário com alguém to support somebody

solidarizar v. to show solidarity (com, *towards*) solidarizar-se v.pr. to feel sympathetic (com, *with*); solidarizou-se com a situação daquelas crianças he felt sympathetic with those children's situation

solidez s.f. solidity, strength

solidificação s.f. solidification

solidificar v. 1 (*líquido*) to solidify 2 (*endurecer*) to harden

sólido adj. 1 solid 2 firm; strong ■ s.m. GEOMETRIA solid

solilóquio s.m. soliloquy

solitária s.f. 1 ZOOLOGIA (*tênia*) tapeworm, taenia 2 (*prisão*) solitary

solitário adj. 1 (*pessoa*) solitary 2 (*lugar*) lonely, retired, isolated ■ s.m. 1 (*pessoa*) loner 2 (*joia*) solitaire

solo s.m. 1 (*terra*) soil, earth, land; solo argiloso clayey soil 2 MÚSICA solo; um solo de violino a violin solo

solstício s.m. ASTRONOMIA solstice; solstício de verão summer solstice

solta s.f. release, freeing ◆ à solta on the loose andar à solta to be at large

soltar v. 1 (*desatar*) to loosen, to untie, to unfasten 2 (*libertar*) to set free, to release 3 (*largar*) to let go (–, *of*); solta-me! let go of me! 4 (*cabelo*) to let down 5 (*freio, animais*) to release soltar-se v.pr. 1 (*desprender-se*) to come loose 2 (*desinibir-se*) to let oneself go 3 (*libertar-se*) to escape ◆ soltar a língua to loosen one's tongue

solteirão s.m. confirmed bachelor, old bachelor (*m.*); old maid pej. , spinster (*f.*)

solteiro adj. unmarried, single ■ s.m. single person; bachelor, single man (*m.*); single woman

solto adj. 1 (*que anda à solta*) loose 2 (*livre*) free 3 (*desatado*) undone; untied 4 LITERATURA (*verso*) blank

soltura s.f. 1 (*libertação*) release 2 (*atrevimento*) boldness; daring 3 popular diarrhoea

solução s.f. 1 (*resolução*) solution (para, *to*); solução para o problema solution to the problem 2 QUÍMICA, FÍSICA solution; solução aquosa aqueous solution

soluçar v. 1 (*ter soluços*) to hiccup 2 (*chorar*) to sob

solucionar v. to solve

soluço s.m. 1 hiccup 2 (*choro*) sob ♦ aos soluços in drips and drabs

solúvel adj.2g. 1 (substância) soluble 2 (problema) solvable

solvente adj.2g. 1 (*substância, produto*) remover 2 (*dívida*) solvent ■ s.m. QUÍMICA solvent

som s.m. sound ♦ ao som de to the sound of à prova de som sound-proof

soma s.f. 1 MATEMÁTICA (*adição*) sum, addition; fazer a soma to add up 2 MATEMÁTICA (*resultado*) total, sum; a soma de 2 e 2 é 4 the sum of 2 and 2 is 4 3 (*quantia*) amount, sum

somar v. 1 MATEMÁTICA (*adicionar*) to sum, to add up 2 (*ser equivalente a*) to add up (–, *to*); a despesa soma 40 euros the expenses add up to 40 euros ♦ conta de somar sum; addition

somatório s.m. 1 (*soma total*) sum 2 (*totalidade*) total, sum total

sombra s.f. 1 (*ausência de sol*) shade; estar na sombra to be in the shade 2 (*silhueta*) shadow 3 (*cosmético*) eyeshadow 4 (*vestígio*) trace; nem sombra dele no trace of him ♦ dormir à sombra da bananeira to rest on one's laurels fazer sombra a alguém to put someone in the shade nem por sombras! don't even think of it! sem sombra de dúvida without a shadow of a doubt

sombreado s.m. ARTES PLÁSTICAS shading

sombrear v. 1 (*desenho*) to shade 2 (*cobrir-se de sombra*) to cover with shadows 3 (*escurecer*) to darken; to dim 4 figurado (*entristecer*) to sadden; to grieve 5 figurado (*manchar*) to blemish; to stain

sombrinha s.f. sunshade, parasol

sombrio adj. 1 (*escuro*) shady, dark; lugar sombrio shady spot 2 (*triste*) gloomy 3 (*rosto*) grim

somente adv. only, solely, merely; tão somente only

somítico adj. stingy, close-fisted ■ s.m. miser

sonambulismo s.m. somnambulism, sleepwalking

sonâmbulo s.m. somnambulist, sleepwalker ■ adj. somnambulistic

sonar s.m. sonar

sonata s.f. MÚSICA sonata

sonda s.f. 1 ASTRONÁUTICA probe 2 MEDICINA tube, probe ♦ sonda espacial space probe

sondagem s.f. 1 (*opinião pública*) opinion poll, poll 2 MEDICINA probing

sondar v. 1 (*opinião pública*) to sound out, to research 2 MEDICINA to probe, to catheter

soneca s.f. nap ♦ dormir uma soneca to take a nap; to have a snooze; to have a doze

sonegar v. (*omitir*) to withhold; sonegar provas to withhold evidence

soneira s.f. popular drowsiness

soneto s.m. LITERATURA sonnet

sonhador s.m. dreamer, daydreamer ■ adj. dreamy

sonhar v. 1 (*ter sonhos*) to dream (com, *about, of*) 2 figurado (*fantasiar*) to daydream 3 (*aspirar a*) to idealize, to long (com, *for*); sonhar com um mundo melhor to long for a better world ♦ sonhar acordado to daydream

sonho s.m. 1 (*durante o sono*) dream 2 (*aspiração*) dream, ambition; realizar todos os sonhos to fulfil all one's dreams 3 figurado (*ilusão*) illusion

sônico adj. sonic

sonífero adj. soporific ■ s.m. sleeping drug, sleeping pill

sono s.m. 1 (*estado*) sleep; sono profundo sound sleep; sono reparador refreshing sleep 2 (*sonolência*) sleepiness ♦ cheio de sono heavy with sleep ter sono leve to be a light sleeper

sonolência s.f. drowsiness; sleepiness

sonolento adj. drowsy, sleepy

sonoplastia s.f. 1 sound moulding, sound effects 2 (*efeitos acústicos*) sound track

sonorizar v. to render sonorous; to add the soundtrack

sonoro adj. 1 sound; onda sonora sound wave; sinal sonoro sound signal 2 (*gargalhada, voz*) resounding, sonorous, sounding 3 (*banda, filme*) talking 4 LINGUÍSTICA (*consonante*) voiced

sonso s.m. shammer, slyboots ■ adj. sly, cunning

sopa s.f. CULINÁRIA soup; sopa de verduras vegetable soup

sopapo s.m. slap

sopé s.m. (*montanha*) foot, base

sopeira s.f. 1 (*recipiente*) tureen 2 popular maid; servant

sopeiro adj. (of) soup ■ s.m. person who likes soup

soporífero adj. soporific ■ s.m. sleeping drug

soprano s.2g. MÚSICA soprano

soprar v. 1 (*vento*) to blow 2 (*balão, saco*) to blow up

sopro s.m. 1 (*ato de soprar*) blow, blowing 2 (*hálito*) breath, breathing 3 MEDICINA murmur; sopro cardíaco cardiac murmur

soquete s.f. ankle sock

sórdido adj. 1 (*sujo*) squalid; sordid 2 (*vil*) mean 3 (*obsceno*) indecent, dirty

sorna s.f. indolence, laziness ■ s.2g. lazybones, lazy person

soro s.m. 1 MEDICINA serum 2 (*leite*) whey ♦ soro fisiológico saline solution

soropositivo adj., s.m. seropositive; HIV positive

sororoca s.f. 1 death rattle 2 ZOOLOGIA Spanish mackerel

sorrateiro adj. 1 (*matreiro*) cunning, crafty 2 (*manhoso*) stealthy

sorridente adj.2g. 1 (*que sorri*) smiling 2 (*alegre*) cheerful

sorrir v. to smile (a, para, *at*); sorrir para alguém to smile at someone ♦ a sorte sorriu-lhe fortune smiled upon him

sorriso s.m. smile ♦ sorriso amarelo forced smile

sorte s.f. 1 (*ventura*) luck 2 (*destino*) fate, fortune 3 (*casualidade*) chance 4 (*condição*) lot ♦ boa sorte! good luck! por sorte fortunately tirou a sorte grande he won the lottery tentar a sorte to try one's luck

sortear v. 1 to draw lots 2 (*rifar*) to raffle

sorteio

sorteio s.m. 1 draw 2 (*rifa*) lottery, raffle ♦ por sorteio by lot
sortido adj. assorted, mixed ■ s.m. assortment
sortilégio s.m. 1 (*bruxaria*) sortilege; witchcraft; sorcery 2 (*encantamento*) charm; enchantment 3 (*trama*) plot; intrigue
sortudo adj. lucky ■ s.m. lucky devil, lucky dog
sorumbático adj. gloomy, sullen, dour
sorver v. 1 (*engolir*) to sip 2 (*tragar*) to swallow up
sorvete s.m. CULINÁRIA ice cream
sorveteria s.f. ice cream parlour Grã-Bretanha, ice cream parlor EUA
SOS SOS ♦ mandar um SOS to send out an SOS
sósia s.2g. look-alike, double, dead ringer
soslaio s.m. askew, aslant ♦ olhar de soslaio to look askance at
sossegado adj. quiet, peaceful, still, calm
sossegar v. 1 to calm 2 to be quiet, to calm down
sossego s.m. calm, quiet, peace
sótão s.m. attic, loft
sotaque s.m. accent
soterrar v. to bury, to cover up
soturno adj. 1 (*sombrio*) sullen, gloomy 2 (*taciturno*) taciturn
sova s.f. thrashing, beating, hiding; dar uma sova to give a good hiding; to thrash, to beat
sovaco s.m. ANATOMIA armpit
sovar v. (*massa de pão*) to knead
soviético adj., s.m. Sovietic, Soviet
sovina s.2g. miser, skinflint ■ adj.2g. miserly, mean, stingy
sovinice s.f. miserliness; stinginess
sozinho adj. 1 (*sem companhia*) all alone; estava sozinha em casa she was alone in the house 2 (*sem ajuda*) by oneself; o menino já come sozinho the boy can eat by himself now
spam s.m. (correio eletrônico) spam
spray s.m. 1 spray; aerosol; spray desodorante deodorant spray 2 (*jato*) spray; squirt
sprint s.m. ESPORTE sprint
sprinter s.2g. sprinter
squash s.m. ESPORTE squash
stand s.m. stand
standard adj.2g. standard; usual; regular EUA; formato standard standard format ■ s.m. standard procedure
status s.m.2n. 1 (*estado*) status; standing 2 (*prestígio*) prestige; distinction
stop s.m. 1 (*sinal*) stop sign; halt sign 2 (*paragem*) stop ■ interj. stop!
stress s.m. stress
suã s.f. 1 CULINÁRIA pork back bone 2 spine; backbone
suado adj. sweaty, perspiring
suar v. 1 (*transpirar*) to sweat, to perspire 2 figurado (*esforçar-se muito*) to work hard ♦ suar em bica to sweat buckets
suástica s.f. swastika
suave adj.2g. 1 (cor, luz, música, voz) soft 2 (superfície) smooth 3 (brisa, pessoa, som) gentle 4 (castigo, clima, sabor) mild 5 (exercícios, chuva, vento) light

suavidade s.f. 1 (*afabilidade*) gentleness 2 (*aprazível aos sentidos*) smoothness, softness 3 (*brandura*) mildness
suavizar v. 1 (*tornar suave*) to smooth, to soothe 2 (*atenuar*) to mitigate, to relieve
subalimentado adj. undernourished; malnourished
subalterno adj., s.m. subaltern, subordinate
subaquático adj. subaquatic; underwater
subchefe s.m. deputy chief, assistant director
subconsciente adj.2g., s.m. subconscious
subcontratação s.f. subcontracting
subcontratar v. to subcontract
subdelegado s.m. subdelegate; subdelegado de saúde assistant medical officer of health
subdesenvolvido adj. underdeveloped
subdesenvolvimento s.m. underdevelopment
subdiretor s.m. subdirector; assistant manager
subdividir v. to subdivide
subdivisão s.f. subdivision
subentender v. to understand; to imply; isso subentende-se that goes without saying
subestimar v. to undervalue, to underrate, to underestimate
subida s.f. 1 (*ascensão*) climb, slope, way up 2 (*encosta*) slope 3 (*aumento*) rise (de, in), rising; uma subida de preços a rise in prices
subir v. 1 (*ir ou vir para cima*) to go up, to come up; subimos ao segundo andar we went up to the second floor 2 (*escadas, rua*) to go up, to come up 3 (*trepar*) to climb 4 (*temperatura, rio*) to rise 5 (*maré*) to come in 6 (*preços*) to go up; subir em flecha to shoot up 7 (*aumentar preço*) to raise, to put up 8 (*montanha*) to climb 9 (*pôr mais para cima*) to put up 10 (*volume*) to turn up 11 (*persiana*) to raise ♦ subir à cabeça to go to one's head subir pelas paredes to hit the roof
súbito adj. sudden, hasty ♦ de súbito all of a sudden; suddenly morte súbita sudden death
subjacente adj.2g. subjacent form. , underlying
subjetividade s.f. subjectivity
subjetivismo s.m. FILOSOFIA subjectivism
subjetivo adj. subjective
subjugação s.f. subjugation
subjugar v. 1 to subjugate, to master, to subdue 2 (*inimigo*) to overpower 3 (*moralmente*) to dominate
subjuntivo s.m. LINGUÍSTICA subjunctive ■ adj. (*subordinado*) subordinate; subjunctive
sublevação s.f. uprising; revolt
sublimação s.f. sublimation
sublimado adj. sublimated ■ s.m. sublimate
sublimar v. to sublimate
sublime adj.2g. 1 sublime 2 (*magnífico*) magnificent
sublinhar v. 1 (*palavra*) to underline, to underscore 2 figurado (*realçar*) to highlight, to stress
submarino s.m. submarine, U-boat ■ adj. submarine, underwater; corrente submarina undercurrent
submergir v. 1 (margem, terreno) to submerge 2 (*afundar*) to sink 3 (*inundar*) to flood
submergível adj.2g. submersible
submersão s.f. submersion
submersível adj.2g. submersible ■ s.m. submarine

submerso *adj.* submerged, underwater
submeter *v.* 1 (*procurar aprovação*) to submit (a, to); submeter o projeto ao conselho to submit the project to the council 2 (*expor*) to subject (a, to) 3 (*dominar*) to subdue submeter-se *v.pr.* 1 (*sujeitar-se*) to submit (a, to) 2 (*sofrer*) (*tratamento, operação etc.*) to undergo (a, –)
submissão *s.f.* submission, submissiveness, humility
submisso *adj.* 1 submissive 2 (*obediente*) yielding, obedient, humble
submundo *s.m.* underworld
subnutrição *s.f.* malnutrition; underfeeding
subnutrido *adj.* malnourished; undernourished
subordinação *s.f.* subordination
subordinado *adj.* 1 (*dependência*) subordinate, inferior, subject (a, to) 2 LINGUÍSTICA (*oração*) subordinate ■ *s.m.* underling, subordinate
subordinar *v.* to subordinate, to subject (a, to); estar subordinado a alguém to be subject to somebody
subornador *s.m.* briber
subornar *v.* to bribe
suborno *s.m.* bribery
subscrever *v.* 1 (*opinião, ações*) to subscribe to 2 (*assinar*) to sign 3 (*jornal, revista etc.*) to take out a subscription for subscrever-se *v.pr.* (*assinar*) to sign one's name
subscrição *s.f.* 1 (*produto, serviço*) subscription 2 (*contribuição*) contribution (para, to) 3 (*assinatura*) signature
subscrito *adj.* signed; underwritten; subscribed ■ *adj., s.m.* subscript
subscritor *s.m.* subscriber
subsecretário *s.m.* under-secretary
subsequente *adj.2g.* subsequent ♦ subsequente a subsequent to; following
subsidiar *v.* to subsidize
subsídio *s.m.* subsidy; grant
subsistência *s.f.* subsistence
subsistir *v.* 1 (*viver*) to subsist 2 (*perdurar*) to survive, to remain; a dúvida subsiste the doubt remains
subsolo *s.m.* 1 GEOLOGIA subsoil 2 (*construção*) basement, underground
substância *s.f.* 1 (*geral*) substance 2 (*essência*) essence ♦ sem substância lacking in substance
substancial *adj.2g.* 1 substantial 2 (*nutritivo*) nourishing; refeição substancial a substantial/solid meal
substantivo *s.m.* LINGUÍSTICA noun, substantive
substituição *s.f.* substitution; replacement
substituir *v.* 1 (*trocar*) to substitute (por, *with*); to replace (por, *with*) 2 (*fazer as vezes de*) to stand in (–, *for*) 3 (*pneu, fechadura*) to change 4 (*tomar o lugar de*) to take the place of
substituível *adj.2g.* replaceable
substituto *s.m.* substitute, fill-in, deputy ■ *adj.* substituting
substrato *s.m.* 1 (*essência*) essence; core 2 (*fundamento*) basis; foundation 3 (*resíduo*) residue; remains; remainder; rest 4 GEOLOGIA substratum; subsoil; undersoil 5 LINGUÍSTICA, FILOSOFIA, BIOLOGIA,

suficiência

QUÍMICA substratum ■ *adj.* 1 RELIGIÃO antiquado prostrate 2 (*íntimo*) inner
subterfúgio *s.m.* subterfuge
subterrâneo *adj.* subterranean, underground; passagem subterrânea subterranean passage ■ *s.m.* subterranean chamber
subtração *s.f.* MATEMÁTICA subtraction
subtrair *v.* 1 MATEMÁTICA to subtract 2 (*roubar*) to steal
suburbano *adj.* suburban
subúrbio *s.m.* suburb subúrbios *s.m.pl.* outskirts, suburbs
subvenção *s.f.* subvention; subsidy; grant
subversão *s.f.* subversion
subversivo *adj.* subversive
subverter *v.* 1 (*inverter, deturpar*) to subvert 2 (*corromper*) to corrupt
sucata *s.f.* 1 (*material inutilizado*) scraps, scrap metal 2 (*local*) scrapyard, scrapheap; mandar para a sucata to place on the scrapheap
sucção *s.f.* suction
suceder *v.* 1 (*emprego, cargo*) to succeed 2 (*acontecer*) to happen, to occur 3 (*seguir-se*) to follow suceder-se *v.pr.* (*seguir-se*) to follow
sucedido *s.m.* event, occurrence, affair, fact ♦ ser bem-sucedido to succeed; to prosper in life ser mal-sucedido to fail ● Repare que bem-sucedido e mal-sucedido são outras palavras, escritas com hífen.
sucessão *s.f.* 1 (*série*) succession; series 2 (*herança*) succession; inheritance 3 (*descendência*) lineage, heir 4 (*trono*) succession
sucessivo *adj.* successive; durante dias sucessivos for days running; três grandes vitórias sucessivas three great victories in succession
sucesso *s.m.* 1 (*êxito*) success; não ter sucesso to fail 2 (*acontecimento*) event 3 (*filme, música*) hit; foi um sucesso it was a hit
sucessor *s.m.* 1 (cargo, função) successor (a, de, to) 2 (*herdeiro*) heir
sucinto *adj.* succinct, concise
suco *s.m.* 1 juice 2 FISIOLOGIA juice; suco gástrico gastric juice
suculência *s.f.* succulence
suculento *adj.* succulent, juicy
sucuri *s.f.* ZOOLOGIA anaconda
sucumbir *v.* 1 (*render*) to yield (a, to), to succumb (a, to) 2 (*esmorecer*) to die
sucursal *s.f.* branch
sudeste *s.m.* GEOGRAFIA southeast ■ *adj.* southeast, southeastern ♦ a sudeste southeastern para sudeste south-eastward
súdito *s.m.* subject
sudoeste *s.m.* GEOGRAFIA south-west ■ *adj.* south-west, south-western ♦ de sudoeste south-westerly para sudeste south-westward
Suécia *s.f.* Sweden
sueco *adj.* Swedish ■ *s.m.* (*pessoa*) Swede sueco *s.m.* (*língua*) Swedish
sueste *s.m.* GEOGRAFIA southeast ■ *adj.2g.* southeast, southeastern
suéter *s.f.* sweater; jersey; jumper
suficiência *s.f.* sufficiency

suficiente

suficiente s.m. 1 (*classificação*) sufficient 2 (*o que basta*) enough; mais do que o suficiente more than enough ■ adj.2g. 1 (*que satisfaz*) fair, satisfactory 2 (*bastante*) sufficient 3 (*que basta*) enough
sufixação s.f. LINGUÍSTICA suffixation
sufixo s.m. LINGUÍSTICA suffix
suflê s.m. CULINÁRIA soufflé
sufocante adj.2g. suffocating, stifling
sufocar v. 1 (*asfixiar*) to suffocate 2 (*abafar*) to stifle 3 (*perder a respiração*) to choke
sufoco s.m. 1 suffocation, choking 2 coloquial (*aperto*) jam; tight spot; fix; estar em um sufoco to be in trouble, to be in a tight spot 3 coloquial (*pressa*) hurry; haste
sufrágio s.m. suffrage, vote ♦ sufrágio universal universal suffrage
sugar v. 1 (*sorver*) to suck 2 (*extrair*) to absorb 3 figurado (*extorquir*) to extort
sugerir v. 1 (*dar a entender*) to suggest, to imply, to hint 2 (*propor*) to propose
sugestão s.f. suggestion, hint, insinuation; por sugestão de at the suggestion of
sugestionar v. to influence by suggestion, to suggest
sugestivo adj. suggestive
Suíça s.f. Switzerland
suicida adj. 1 (*tendências*) suicidal; self-destructive 2 (*ação, ataque*) suicide ■ s.2g. suicide
suicidar-se v.pr. to commit suicide
suicídio s.m. suicide
suíço adj., s.m. Swiss
suíno s.m. ZOOLOGIA pig, hog ■ adj. 1 (*gado*) swinish 2 VETERINÁRIA (*peste*) swine
suite s.f. suite ♦ suite presidencial the presidential suite
suíte s.f. 1 (*hotel*) suite 2 MÚSICA suite
sujar v. 1 to dirty; sujou a camisa he dirtied his shirt 2 figurado (*nome, honra*) to stain, to sully 3 coloquial to get bad; sujou, vamos fugir! it got bad, run away! sujar-se v.pr. to become dirty, to get dirty
sujeição s.f. 1 subjection 2 (*submissão*) servitude
sujeira s.f. 1 (*porcaria*) filth; dirt 2 (*excrementos*) excrement 3 figurado mess
sujeitar v. 1 (*submeter*) to subject (a, *to*) 2 (*dominar*) to subdue sujeitar-se v.pr. (*submeter-se*) to subject oneself (a, *to*), to submit (a, *to*); sujeitar-se à crítica to subject oneself to criticism
sujeito s.m. 1 LINGUÍSTICA subject 2 (*indivíduo*) person ■ adj. 1 (*submetido*) subject (a, *to*) 2 (*exposto*) liable (a, *to, for*)
sujidade s.f. 1 (*imundície*) filth 2 (*estado*) dirtiness
sujo adj. 1 (*imundo*) dirty, unclean; mãos sujas dirty hands 2 figurado (*desonesto*) dishonest
sul adj.2g., s.m. GEOGRAFIA south
sul-africano s.m. (*pessoa*) South African ■ adj. South African
sul-americano s.m. (*pessoa*) South American ■ adj. South American
sulcar v. to furrow, to plough
sulco s.m. 1 AGRICULTURA furrow 2 (*disco, metal*) groove 3 (*rastro*) track
sulfamida s.f. sulphamide
sulfatar v. to sulphurize
sulfato s.m. QUÍMICA sulphate

sultana s.f. BOTÂNICA (*uva*) sultana
sultão s.m. Sultan
suma s.f. abridgement ♦ em suma in sum; in short
sumário adj. 1 (*breve*) brief, concise 2 summary ■ s.m. summary, digest, précis
sumiço s.m. disappearance ♦ dar sumiço em to do away with levar sumiço to disappear; to vanish
sumidade s.f. (*pessoa*) prominent person, celebrity, authority
sumido adj. 1 (*voz*) dying; low 2 (*olhos*) deep-set; sunken; hollow 3 (*magro*) thin; lean; gaunt 4 (*fraco*) weak; feeble 5 (*desaparecido*) not to be seen; missing; ele anda sumido I haven't seen him around lately
sumir v. 1 (*desaparecer*) to disappear; to vanish; o dinheiro sumiu the money has disappeared 2 (*dar sumiço*) to make disappear (com, –) 3 (*afundar*) to sink; to submerge 4 (*ocultar*) to hide; to conceal sumir-se v.pr. 1 (*desaparecer*) to disappear; to vanish 2 (*extinguir-se*) to die away; to fade away 3 (*fugir*) to scarper; to take off; some daqui! get out of my sight!
sumo s.m. (*suco*) juice ■ adj. 1 (*supremo*) highest, supreme 2 (*elevado*) sovereign ♦ Sumo Pontífice Sovereign Pontiff
sumô s.m. sumo
sunga s.f. trunks
suntuoso adj. sumptuous, splendid, lavish
suor s.m. 1 (*transpiração*) sweat, perspiration 2 figurado (*trabalho*) effort; hard work ♦ com o suor do rosto by the sweat of one's brow
superabundante adj.2g. 1 superabundant, copious 2 (*supérfluo*) superfluous; exuberant
superaquecimento s.m. overheating
superar v. 1 (*ultrapassar*) to surpass, to exceed, to outdo 2 (*inimigo, dificuldade*) to overcome; superar um obstáculo to overcome an obstacle 3 to improve
superável adj.2g. surmountable
supercílio s.m. 1 ANATOMIA eyebrow 2 figurado pride; conceit; vanity
superdotado adj. gifted ■ s.m. gifted child
superficial adj.2g. superficial
superfície s.f. 1 (*parte externa*) surface; à superfície da terra above ground 2 (*extensão*) area 3 GEOMETRIA face, plane 4 figurado (*aparência*) appearance ♦ superfície terrestre land surface
supérfluo adj. 1 superfluous 2 (*despesas*) needless, unnecessary
superintender v. to superintend
superior adj. 1 (*acima de*) higher (a, *than*) 2 (*quantidade*) greater (a, *than*) 3 (*qualidade*) superior (a, *to*); era superior ao rival he was superior to his rival 4 (*nível, ponto, lábio*) upper, top 5 (*oficial*) senior ■ s.m. superior, master, chief
superioridade s.f. superiority
superlativo adj., s.m. LINGUÍSTICA superlative
superlotação s.f. overcrowding
superlotado adj. full, overcrowded; jam-packed col
superlotar v. to overcrowd
supermercado s.m. supermarket
supermodelo s.2g. supermodel; top model

suspeita

superpotência s.f. superpower
superprodução s.f. overproduction
supersônico adj. supersonic
superstição s.f. superstition
supersticioso adj. superstitious
supervalorizar v. 1 (pessoa, filme) to overrate 2 (propriedade, moeda) to overvalue
supervisão s.f. supervision
supervisionar v. to supervise
supervisor s.m. supervisor
supetão elem. de loc. de supetão suddenly; unexpectedly
supimpa adj.2g. coloquial great
suplantar v. to supplant
suplementar adj.2g. 1 supplementary 2 (adicional) additional, extra
suplemento s.m. 1 (jornal, revista etc.) supplement 2 extra
suplente adj.2g. 1 (substituto) stand-by, substitutive 2 (pneu, peça) spare ■ s.2g. 1 ESPORTE substitute, reserve 2 TEATRO understudy ♦ ESPORTE ser suplente to be on the bench
súplica s.f. 1 (pedido) request; entreaty 2 (prece) plea 3 (ato de suplicar) pleading
suplicar v. to beg; to implore; supliquei-lhe que não o fizesse I begged him not to do it
suplício s.m. 1 torture 2 (sofrimento) torment, suffering
supor v. to suppose, to imagine, to presume; suponhamos que... let's assume that...; suponho que não I suppose not, I guess not; suponho que sim I suppose so, I guess so
suportar v. 1 (sustentar) to support, to hold up 2 (pessoa, situação) to put up with, to bear, to endure; não posso suportar o barulho I can't stand the noise; não suportar uma pessoa to be unable to bear a person; suportar as despesas to bear the expenses 3 (peso, pressão, dor) to withstand
suportável adj.2g. (dor, medo, ruído) tolerable, bearable
suporte s.m. 1 support 2 (comunicação) medium; aid ♦ INFORMÁTICA suporte de dados data carrier
suposição s.f. supposition, conjecture, assumption; baseado em suposições based on supposition; isto é uma mera suposição this is mere presumption
supositório s.m. suppository
supracitado adj. above-mentioned, above-named
supranumerário adj., s.m. supernumerary; extra
supremacia s.f. supremacy
supremo adj. supreme ♦ Supremo Tribunal Supreme Court
supressão s.f. 1 (extinção) suppression; extinction 2 (omissão) exclusion; omission 3 (redução) reduction; supressão de despesas expense reduction
suprimir v. 1 (eliminar) to suppress; to do away with; to eliminate 2 (cancelar) to cancel 3 (omitir) to omit
suprir v. 1 (satisfazer) to fulfil; suprir uma carência to fulfil a need 2 (complementar) to supplement
surdez s.f. deafness
surdina s.f. MÚSICA mute ♦ em surdina silently falar em surdina to speak in whispers

surdo adj. 1 deaf; ficar surdo to go deaf; ser surdo de nascença to be born deaf 2 LINGUÍSTICA (consoante) voiceless, unvoiced ■ s.m. deaf person ♦ surdo como uma porta as deaf as a post
surdo-mudo s.m. deaf-mute ■ adj. deaf-and-dumb
surf s.m. ESPORTE surfing
surfar v. to surf
surfe s.m. ESPORTE surfing
surfista s.2g. surfer
surgimento s.f. appearance; emergence; advent
surgir v. 1 (aparecer) to appear; to show up; to come forth 2 (emergir) to emerge
surpreendente adj.2g. surprising; amazing; astonishing
surpreender v. 1 (causar surpresa) to surprise; to amaze; to astonish 2 (pegar em flagrante) to take by surprise; to catch unawares; to surprise; a polícia surpreendeu os ladrões the police took the burglars by surprise surpreender-se v.pr. to be surprised
surpreendido adj. 1 (admirado) surprised (com, at, by); amazed (com, at, by); astonished (com, at, by) 2 (apanhado em flagrante) taken by surprise; caught unawares
surpresa s.f. surprise ♦ fazer uma surpresa para alguém to surprise somebody ser apanhado de surpresa to be taken by surprise
surpreso adj. surprised
surra s.f. thrashing; beating; dar uma surra em alguém to give somebody a thrashing; levar uma surra to get a thrashing
surrado adj. threadbare; tattered
surrar v. 1 (peles) to curry 2 (dar uma surra) to thrash; to beat
surreal adj.2g. surreal
surrealismo s.m. surrealism
surripiar v. popular to pilfer; to filch
surtir v. to originate; to bring about ♦ surtir efeito to take effect; to work
surto s.m. 1 (aparecimento repentino) outbreak; wave 2 (desenvolvimento) boom; um inesperado surto econômico an unexpected economic boom
surucucu s.f. ZOOLOGIA surucucu
sururu s.m. 1 (confusão) racket; row; fuss 2 (discussão) quarrel; row; argument
suscetibilidade s.f. 1 (vulnerabilidade) susceptibility (a, to) 2 (sensibilidade) sensibility, touchiness suscetibilidades s.f.pl. susceptibilities ferir suscetibilidades to offend the susceptibilities
suscetibilizar v. to offend; to hurt; to wound suscetibilizar-se v.pr. to feel hurt; to take offence
suscetível adj.2g. 1 (vulnerável) susceptible (a, to); liable (a, to); prone (a, to) 2 (melindroso) sensitive; touchy 3 (passível) susceptible (de, of)
suscitar v. 1 to raise; to excite; to arouse; suscitar a curiosidade de alguém to arouse someone's curiosity; suscitar interesse em to raise interest in 2 (causar) to cause; to bring on
sushi s.m. CULINÁRIA sushi
suspeita s.f. suspicion ♦ acima de qualquer suspeita above/beyond suspicion lançar suspeitas sobre al-

suspeitar

guém to cast suspicion on somebody levantar suspeitas to arouse suspicion sob suspeita under suspicion

suspeitar v. 1 (*desconfiança*) to mistrust (de, –) 2 to suspect (de, –); sem suspeitar de nada suspecting nothing 3 (*supor, julgar*) to suspect; to feel; to think; suspeito que eles possam estar mentindo I suspect that they might be lying

suspeito s.m. suspect ■ adj. 1 suspicious; altamente suspeito highly suspect; em circunstâncias suspeitas in suspicious circumstances 2 (*responsável*) suspected (de, *of*)

suspender v. 1 (*interromper*) to interrupt; to discontinue; to suspend 2 (*aplicar suspensão*) to suspend (de, *from*); o meu irmão foi suspenso da escola por um mês my brother was suspended from school for a month 3 (*cancelar*) to cancel; suspender uma encomenda to cancel an order 4 (*pendurar*) to hang; to suspend

suspensão s.f. 1 (*interdição*) suspension (de, *from*) 2 (*interrupção*) suspension; interruption 3 suspension

suspense s.m. suspense ♦ filme de suspense thriller

suspenso adj. 1 (*interrompido*) suspended; interrupted 2 (*adiado*) adjourned 3 (*interditado*) suspended 4 (*pendurado*) hanging

suspensórios s.m.pl. braces Grã-Bretanha, suspenders EUA

suspirar v. to sigh ♦ (*desejo*) suspirar por to long for

suspiro s.m. sigh; soltar um suspiro de alívio to let out a sigh of relief ♦ dar o último suspiro to die

sussurrar v. to whisper; to murmur

sussurro s.m. whisper; murmur

sustentação s.f. 1 (*apoio*) support; help; aid 2 (*manutenção*) maintenance

sustentáculo s.m. 1 (*estrutura*) support; prop; stay 2 (*pessoa*) mainstay; supporter

sustentabilidade s.f. sustainability

sustentar v. 1 (*estrutura*) to sustain; to bear 2 (*financeiro*) to maintain; to keep; to provide for 3 (*apoiar*) to support; to help; to stand by 4 (*financiar*) to sponsor; to support; sustentar uma causa to sponsor a cause sustentar-se v.pr. to sustain oneself; to support oneself; to be self-sufficient

sustentável adj.2g. 1 sustainable; desenvolvimento sustentável sustainable development 2 (*defensável*) defensible; esta proposta é pouco sustentável this suggestion is hardly defensible

sustento s.m. 1 (*condições materiais*) maintenance; upkeep 2 (*ganha-pão*) breadwinner

suster v. 1 (*estrutura*) to sustain; to bear; to hold 2 (*refrear*) to restrain; to stifle 3 (*fazer parar*) to stop; to bring to a halt 4 (*respiração*) to hold

susto s.m. fright; scare; levar um grande susto to get the fright of your life; pregar um susto a alguém to give someone a fright/scare

sutiã s.m. bra; brassiere

sutil adj.2g. 1 (*tênue*) subtle 2 (*fino*) thin; fine 3 figurado (*perspicaz*) acute, astute

sutileza s.f. 1 subtlety 2 (*delicadeza*) refinement 3 (*astúcia*) sharpness

sutura s.f. (cirurgia) suture

suturar v. (*cirurgia*) to suture; to stitch

suvenir s.m. souvenir

T

t *s.m.* (*letra*) t
tá *interj.* 1 coloquial (*aceitação*) OK!; all right! 2 (*ordem de parar*) stop!; stop it!; enough!
taba *s.f.* Indian village
tabacaria *s.f.* tobacconist's (shop)
tabaco *s.m.* tobacco
tabagismo *s.m.* smoking addiction
tabefe *s.m.* coloquial slap
tabela *s.f.* 1 (*quadro*) table 2 (*lista*) list; tabela de preços price list 3 (*horário*) timetable; chegar à tabela to be on time 4 (*basquetebol*) backboard ♦ QUÍMICA tabela periódica periodic table apanhar por tabela to be unjustly punished
tabelar *v.* to set prices
tabelião *s.m.* notary public
tabelionato *s.m.* notary office
taberna *s.f.* tavern; pub
tabernáculo *s.m.* 1 RELIGIÃO tabernacle 2 (*sacrário*) reliquary; shrine
tabique *s.m.* partition wall
tablado *s.m.* 1 (*estrado*) platform 2 (*palco*) stage
tablete *s.f.* bar; tablete de chocolate chocolate bar
tabloide *s.m.* (*jornal*) tabloid
taboca *s.f.* 1 bamboo 2 (*loja*) small shop 3 figurado deception; swindle
tabu *adj., s.m.* taboo
tábua *s.f.* 1 board; tábua de passar ironing board 2 (*tabela*) table; MATEMÁTICA tábua de logaritmos table of logarithms ♦ CULINÁRIA tábua de cozinha chopping board; cutting board tábua de salvação last resort
tabuada *s.f.* MATEMÁTICA (multiplication) table; a tabuada dos cinco the five times table
tabuleiro *s.m.* 1 (*bandeja*) tray 2 (*forno*) baking tray 3 (*jogo*) board; tabuleiro de xadrez chessboard; tabuleiro de damas draughtboard Grã-Bretanha, checkerboard EUA 4 (*ponte*) platform
tabuleta *s.f.* signboard
taca *s.f.* leather strap
taça *s.f.* 1 (*tigela*) bowl; taça de sorvete ice cream bowl 2 (*copo*) glass 3 ESPORTE cup; ganhar a taça to win the cup
tacada *s.f.* 1 (*bilhar*) cue stroke; shot 2 (*golfe*) putt ♦ de uma tacada in one go at one blow
tacanhez *s.f.* narrow-mindedness; pettiness; small-mindedness
tacanho *adj.* narrow-minded; petty; small-minded
tacha *s.f.* stud; tack
tachar *v.* (*rotular*) to brand (de, *as*)
tachinha *s.f.* drawing pin Grã-Bretanha; thumbtack EUA
tacho *s.m.* (*recipiente*) pan; pot; (*comida*) de raspar o tacho muito gostoso, delicioso
tácito *adj.* tacit; unstated; acordo tácito tacit agreement

taco *s.m.* 1 ESPORTE (*bilhar*) cue 2 ESPORTE (*golfe*) club 3 ESPORTE (*hóquei*) stick 4 ESPORTE (*beisebol*) bat 5 (*soalho*) plank
tafetá *s.m.* taffeta
tagarela *s.2g.* chatterbox ■ *adj.2g.* talkative; chatty
tagarelar *v.* 1 to chatter; to babble; to prattle 2 (*fazer fofoca*) to gossip
tagarelice *s.f.* 1 chatter; prattle; estar na tagarelice to chatter away 2 (*fofoca*) gossip
taiga *s.f.* taiga, boreal forest
tailandês *adj., s.m.* Thai
Tailândia *s.f.* Thailand
tailleur *s.m.* woman's suit
tainha *s.f.* ZOOLOGIA grey mullet
taioba *s.f.* BOTÂNICA arrowleaf elephant ear
tal *adj.2g.* 1 such; nunca vi tal coisa I have never seen such a thing 2 like; tal pai, tal filho like father, like son ■ *pron. dem.* the one; assim que o viu ela percebeu que ele era o tal the moment she saw him she realized he was the one; esta é a tal atriz de que te falei this actress is the one I've told you about ♦ a tal ponto to such an extent como tal as such de tal modo/ maneira que in such a manner... that que tal? how about? que tal irmos ao cinema? how about going to the cinema? tal como just like such as tal e qual exactly the same
tala *s.f.* splint
talão *s.m.* 1 (*recibo*) receipt; (*bilhete*) ticket 2 counterfoil; stub
talassoterapia *s.f.* thalassotherapy
talco *s.m.* talc, talcum; pó de talco talcum powder
talento *s.m.* 1 talent (para, *for*); gift (para, *for*); ele tem muito talento para a música he has a great gift for music 2 (*pessoa*) talented person; talent; jovens talentos young talents
talentoso *adj.* talented; gifted; skilled; jovens talentosos talented youngsters
talha *s.f.* carving; talha dourada golden carving
talhada *s.f.* (*fatia*) slice; wedge
talhado *adj.* 1 (*pedra*) cut 2 (*madeira*) carved 3 (*pessoa*) fit (para, *for*); well suited (para, *for*); cut out (para, *for*); ele não é talhado para a advocacia he is not cut out for advocacy
talhar *v.* 1 (*cortar*) to cut 2 (madeira, pedra) to carve 3 (roupa) to tailor 4 (leite) to curdle
talhe *s.m.* 1 (*peça de roupa*) cut; style 2 (*forma*) shape; form
talher *s.m.* knife and fork talheres *s.m.pl.* cutlery; flatware; pôr os talheres na mesa to set the cutlery on the table ♦ ser um bom talher to be a big eater
talibã *adj.2g.* Taliban ■ *s.m.* member of the Taliban; os talibãs the Taliban
tálio *s.m.* QUÍMICA (*elemento químico*) thallium
talismã *s.m.* talisman; amulet
talo *s.m.* BOTÂNICA stalk

talvez

talvez *adv.* perhaps; maybe; talvez pudéssemos ir ao cinema maybe we could go to the cinema
tamanco *s.m.* clog
tamanduá *s.m.* 1 ZOOLOGIA tamandua 2 big lie
tamanho *s.m.* size; que tamanho você veste? what size do you take?
tâmara *s.f.* BOTÂNICA date
tamareira *s.f.* BOTÂNICA date palm
tamarindo *s.m.* BOTÂNICA tamarind
tamaru *s.m.* ZOOLOGIA mantis shrimp; squilla
tamarutaca *s.f.* ZOOLOGIA mantis shrimp; squilla
tamatiá *s.m.* ZOOLOGIA boatbill
tambatajá *s.m.* BOTÂNICA caladium
também *adv.* 1 also; too; as well; eu sou alto e você também I'm tall and so are you; também tenho um livro desses I also have one of those books, I have one of those books too 2 (*em frases negativas*) either; neither; eu não fui à festa e o João também não I didn't go to the party and João didn't either, I didn't go to the party and neither did João *conj.* also; as well; too
tambor *s.m.* 1 (*instrumento*) drum; tocar tambor to play the drums 2 (*de máquina*) drum; roller 3 (*de arma*) barrel 4 (*músico*) drummer
tamboril *s.m.* ZOOLOGIA monkfish
tamborilar *v.* 1 to patter 2 to drum
tamborim *s.m.* MÚSICA tambourine
tampa *s.f.* 1 (*recipiente*) lid 2 (*caneta, garrafa*) cap; top
tampão *s.m.* 1 (*para vedar*) plug; stopper 2 (*menstruação*) tampon 3 (*ouvidos*) earplug
tampo *s.m.* 1 (*de mesa*) table top 2 (*tampa*) lid; top
tampouco *adv.* nor
tanga *s.f.* 1 (*cueca*) tanga; G-string 2 (*veste primitiva*) loincloth 3 coloquial (*troça*) mockery
tangente *adj.2g., s.f.* GEOMETRIA tangent ◆ à tangente by the skin of one's teeth
tanger *v.* 1 (*instrumento musical*) to play; (*de corda*) to strum 2 (*gado*) to drive 3 (*sino*) to ring 4 (*soar*) to sound 5 figurado to concern; to refer to
tangerina *s.f.* BOTÂNICA tangerine; mandarin
tangível *adj.2g.* tangible
tango *s.m.* tango
tanino *s.m.* QUÍMICA tannin
tanorexia *s.f.* tanorexia
tanque *s.m.* 1 (*reservatório*) tank; reservoir; vat; tanque de água water tank 2 (*para lavar roupa*) wash tank 3 tank; tanque de guerra war tank
tantã *s.m.* (*tambor*) tom-tom
tântalo *s.m.* QUÍMICA (*elemento químico*) tantalum
tanto *pron. indef.* 1 so much; tenho tanto trabalho! I have so much work to do! 2 (*no plural*) so many; tantas pessoas so many people; tantas vezes so often, so many times ■ *adv.* 1 so much; ele comeu tanto que ficou enjoado he ate so much that he felt sick 2 (*temporal*) so long; você demorou tanto you took so long ■ *s.m.* bit ◆ (*de repente*) às tantas suddenly não é caso para tanto! it's not such a big deal! se tanto at most tanto... como both tanto como/quanto as much as tanto faz it doesn't matter! tanto melhor so much the better tanto quanto sei as far as I know tanto se me dá como se me deu I couldn't care less um tanto a bit um tanto ou quanto somewhat, slightly
tão *adv.* 1 so; ele é tão lindo! he's so handsome! 2 such; ela é tão boa pessoa she's such a good person 3 that; não é assim tão mau it's not that bad; nunca tinha ido tão longe I had never gone that far ◆ tão... como/quanto as... as... você é tão bom como eu you're as good as I am
tapa *s.f.* 1 (*vedação*) plug 2 (*de arma*) tampon 3 (*argumento*) clincher 4 (*alimento*) tapa, bar snack ■ *s.m.* slap
tapado *adj.* 1 (*coberto*) covered (up) 2 (*nariz*) blocked 3 coloquial (*pessoa*) stupid; thick; dense
tapar *v.* 1 (*cobrir*) to cover 2 (*ocultar*) to screen, to hide 3 (*um buraco*) to stop; to block up 4 (*cobrir com tampa*) to put the lid on
tapeação *s.f.* popular swindle; trickery
tapear *v.* popular to trick; to fool; to dupe
tapeçaria *s.f.* 1 tapestry 2 (*loja*) carpet shop
tapera *s.f.* shack
tapete *s.m.* carpet; rug ◆ tapete voador magic carpet
tapicuri *s.m.* manioc wine
tapioca *s.f.* CULINÁRIA tapioca
tapume *s.m.* 1 (*divisória*) screen; partition 2 (*sebe*) fence; hedge
taquara *s.f.* (variety of) bamboo
taquaral *s.m.* bamboo thicket
taquari *s.m.* (variety of) bamboo
taquicardia *s.f.* MEDICINA tachycardia
taquigrafia *s.f.* 1 shorthand; stenography EUA 2 (*Grécia e Roma Antigas*) tachygraphy
tara *s.f.* 1 (*defeito*) flaw; fault 2 (*obsessão*) mania; craze 3 (*loucura*) derangement; madness 4 (*peso de veículo sem carga*) tare
tarado *adj.* demented; maniac; mad ■ *s.m.* maniac; madman, madwoman; nutcase
tarântula *s.f.* ZOOLOGIA tarantula
tardança *s.f.* procrastination
tardar *v.* 1 (*demorar*) to take time; to be long 2 (*atrasar-se*) to come late ◆ o mais tardar at the latest
tarde *adv.* late; chegar tarde to be late; está ficando tarde it's getting late; mais tarde later on, afterwards ■ *s.f.* afternoon; amanhã à tarde tomorrow afternoon; boa tarde! good afternoon! ◆ antes tarde do que nunca better late than never
tardio *adj.* 1 late; tardy 2 (*vagaroso*) slow; sluggish
tarefa *s.f.* task; job; cumprir uma tarefa to carry out a task
tarifa *s.f.* 1 (*preço fixo*) tariff; fare; tarifas aéreas air fares
tarifar *v.* to price
tarifário *s.m.* price list; tariff Grã-Bretanha
tarimbado *adj.* experienced
tarô *s.m.* tarot; um baralho de tarô a tarot pack
tarot *s.m.* tarot; um baralho de tarot a tarot pack
tarraxa *s.f.* screw
tartamudear *v.* to stammer; to stutter
tártaro *s.m.* MEDICINA tartar ■ *adj.* tartar; CULINÁRIA molho tártaro tartar sauce
tartaruga *s.f.* 1 ZOOLOGIA tortoise 2 ZOOLOGIA (*marinha*) (sea) turtle

tasco s.m. 1 (linho) refuse 2 popular pub; (de má qualidade) dive
tataíba s.f. BOTÂNICA fustic tree
tatajuba s.f. BOTÂNICA fustic tree
tatalar v. to rattle; to clatter
tatamba s.2g. shy person
tataranha s.2g. shy person
tatear v. 1 (tocar) to feel; to touch 2 (procurar) to grope 3 figurado (sondar) to sound out
tática s.f. tactic; strategy
tático adj. tactical; erro tático tactical error
tato s.m. 1 (sentido) touch; sentido do tato sense of touch 2 (diplomacia) tact; diplomacy
tatu s.m. ZOOLOGIA armadillo
tatuagem s.f. tattoo; fazer uma tatuagem no braço to have your arm tattooed
tatuar v. to tattoo
taturana s.m. ZOOLOGIA poisonous caterpillar
tau s.m. (alfabeto grego) tau ■ adj.2g.2n. Taoist ■ interj. (tiro, pancada) bang!
tauaçu s.m. (jangada) anchor stone
taurino adj. 1 (of) bullfighting; taurine 2 (signo) Taurean
tauromaquia s.f. bullfighting; tauromachy
taverna s.f. tavern; pub
taxa s.f. 1 tax; fee; cobrar uma taxa to charge a fee 2 (índice) rate
taxar v. 1 (tributar) to tax; to tariff 2 (ter na conta de) to rate (de, as)
taxativamente adv. 1 restrictedly 2 strictly
taxativo adj. limitative
táxi s.m. taxi; cab; pegar um táxi to take a taxi; chamar um táxi to call a taxi
taxímetro s.m. taximeter
taxista s.2g. taxi driver
taxionomia s.f. taxonomy
taxonomia s.f. taxonomy
tchau interj. bye!; see you!
te pron. pess. 1 you; amanhã telefono-te I'll call you tomorrow 2 for you; trouxe-te um bolo de chocolate I brought a chocolate cake for you 3 to you; eu explico-te tudo I'll explain everything to you 4 yourself; lava-te e veste-te wash and dress yourself
tê s.m. name of the letter t
tear s.m. loom
teatral adj.2g. 1 (relativo ao teatro) theatrical; dramatic 2 pejorativo (pouco natural) stagy; theatrical; melodramatic
teatralidade s.f. theatricality
teatro s.m. 1 (local) theatre; playhouse 2 (arte) theatre; ir ao teatro to go to the theatre 3 figurado (exagero) dramatics
tecelagem s.f. weaving
tecelão s.m. weaver
tecer v. 1 to weave 2 (engendrar) to contrive; to devise; tecer um plano to contrive a plan ♦ tecer um elogio to make a compliment
tecido s.m. 1 cloth; material; fabric 2 BIOLOGIA, ANATOMIA tissue; tecido nervoso nervous tissue ■ adj. woven

telefonia

tecla s.f. key; apertar uma tecla to press a key ♦ você está sempre batendo na mesma tecla you're always harping on about the same subject
tecladista s.2g. MÚSICA keyboard player, keyboardist
teclado s.m. keyboard
teclar v. 1 (palavra, texto) to type 2 (dados, informação) to key in 3 (número de telefone) to dial 4 (sala de chat) to chat
tecnécio s.m. QUÍMICA (elemento químico) technetium
técnica s.f. 1 technique; technology 2 (estratégia) method
técnico adj. technical; apoio técnico technical support; termos técnicos technical terms ■ s.m. technician
tecnologia s.f. technology; alta tecnologia high technology
tecnológico adj. technological
tectônica s.f. tectonics; tectônica de placas plate tectonics
tectônico adj. tectonic; placa tectônica tectonic plate
tédio s.m. boredom; que tédio! what a bore!
teia s.f. 1 (de aranha) cobweb; spider's web 2 (de espionagem) spy ring 3 (rede) web; network; uma teia de estradas a network of roads
teima s.f. 1 (teimosia) stubbornness; obstinacy 2 (capricho) whim
teimar v. to persist (em, in); to insist (em, on)
teimosia s.f. obstinacy; stubbornness
teimoso adj. stubborn; headstrong
teiú s.m. ZOOLOGIA tegu lizard
tela s.f. 1 (de pintura) canvas 2 (de cinema) (movie) screen; a peça foi adaptada para a tela the play was adapted for the screen 3 (televisão, monitor) screen 4 (quadro) painting 5 (tecido de linho) linen cloth
telão s.m. 1 big screen 2 (teatro) advertising curtain
telecomandar v. to operate (something) by remote control
telecomando s.m. remote control
telecompra s.f. TV shopping
telecomunicação s.f. telecommunication; telecom col. telecomunicações s.f.pl. telecommunications; rede de telecomunicações telecommunications network
telecomunicações s.f.pl. telecommunications; rede de telecomunicações telecommunications network
teleconferência s.f. 1 (método) teleconferencing 2 teleconference; conference call; por teleconferência by teleconference, by conference call
teleférico s.m. cable car
telefonar v. to telephone (a, –); to phone (a, –); to call (a, –); to give a ring (a, to); importa-se de telefonar mais tarde? could you phone back later?
telefone s.m. 1 telephone; phone; desligar o telefone to put the phone down; telefone ocupado line engaged; telefone sem fio cordless phone 2 coloquial phone number
telefonema s.m. call; phone call; fazer um telefonema to make a phone call; receber um telefonema receive a phone call
telefonia s.f. radio; wireless set; ouvir telefonia to listen to the radio

telefônico

telefônico *adj.* phone; telephone; cabine telefônica telephone box Grã-Bretanha, telephone booth EUA; lista telefônica telephone directory Grã-Bretanha, phone book EUA
telefonista *s.2g.* telephonist Grã-Bretanha; telephone operator EUA
telegrafar *v.* to telegraph; to cable
telegráfico *adj.* telegraphic
telégrafo *s.m.* telegraph; por telégrafo by wire
telegrama *s.m.* telegram; cablegram; enviar um telegrama to send a telegram; receber um telegrama to receive a telegram
teleguiado *s.m.* guided missile
teleguiar *v.* to operate (something) by remote control
telejornal *s.m.* newscast; news; ver o telejornal das oito to watch the eight o'clock news
telemarketing *s.m.* telemarketing; telesales Grã-Bretanha
telenovela *s.f.* soap opera
teleobjetiva *s.f.* FOTOGRAFIA telephoto lens
teleósteo *adj., s.m.* ZOOLOGIA teleostean
telepatia *s.f.* telepathy
telescópio *s.m.* telescope
telespectador *s.m.* viewer
teletexto *s.m.* teletext
televenda *s.f.* home shopping service
televisão *s.f.* 1 (*aparelho*) television; television set; televisão a cores colour television 2 (*meio de comunicação*) television; TV; canal de televisão TV channel; ver televisão to watch television ♦ televisão por cabo cable TV
televisivo *adj.* television; TV; programa televisivo television programme
televisor *s.m.* television set
telha *s.f.* 1 (*telhado*) roof tile 2 *figurado* bad mood; estar com a telha to be in a bad mood 3 *figurado* head; ela só faz o que lhe dá na telha she only does what she wants; ele não é bom da telha he's not right in the head
telhado *s.m.* roof
telúrio *s.m.* QUÍMICA (*elemento químico*) tellurium
tema *s.m.* 1 (*assunto*) subject; topic; tema de conversa topic of conversation; tema de debate subject of debate 2 (*arte*) theme
temática *s.f.* themes
temático *adj.* thematic
temer *v.* (*recear*) to fear; to dread; to be afraid of; temer o pior to fear the worst
temerário *adj.* 1 (*audacioso*) daring; bold; audacious 2 (*arriscado*) risky; dangerous
temeridade *s.f.* temerity; audacity; boldness
temeroso *adj.* 1 (*terrível*) dreadful 2 (*medroso*) timorous; fearful
temível *adj.2g.* dreadful; fearful
temor *s.m.* 1 (*medo*) fear; dread 2 (*respeito*) awe
têmpera *s.f.* (*de metais*) tempering
temperado *adj.* 1 (*clima*) temperate, mild 2 (*comida*) seasoned; bem temperado well-seasoned
temperamental *adj.2g.* temperamental; moody
temperamento *s.m.* 1 (*feitio*) temperament; disposition 2 (*estado de espírito*) temper

temperar *v.* 1 (*comida*) to season; to spice 2 (*moderar*) to temper; to moderate
temperatura *s.f.* 1 temperature; queda da temperatura a drop in temperature 2 (*febre*) fever; temperature; a menina está com temperatura alta the little girl is running a temperature
tempero *s.m.* 1 CULINÁRIA (*ato de temperar*) seasoning 2 (*condimento*) seasoning mix; condiment
tempestade *s.f.* storm; tempest; tempestade de areia sand storm ♦ uma tempestade em um copo d'água a storm in a teacup
tempestivo *adj.* opportune; seasonable
tempestuoso *adj.* 1 (*tempo*) tempestuous; stormy 2 (*pessoa*) fiery; violent
templo *s.m.* temple
tempo *s.m.* 1 time; acabou o tempo time's up; há muito tempo a long time ago, long ago; perder tempo to waste (one's) time, to dilly-dally 2 METEOROLOGIA weather; tempo chuvoso rainy weather 3 ESPORTE (*de jogo*) half; no primeiro tempo marcaram três gols in the first half they scored three goals 4 LINGUÍSTICA tense ♦ tempo livre spare time, leisure time a seu tempo in due time a tempo e horas in time com tempo in advance de tempos em tempos from time to time; now and then já não é sem tempo it is high time trabalhar em tempo integral to work full-time
têmpora *s.f.* ANATOMIA temple
temporada *s.f.* 1 (*algum tempo*) some time; spell 2 (*atividade*) season; temporada de caça hunting season
temporal *s.m.* tempest; storm ■ *adj.2g.* time; limite temporal time limit
temporão *adj.* 1 premature; untimely 2 (*flor, fruto*) early; morangos temporãos early strawberries
temporário *adj.* temporary; transient; provisional
temporizador *s.m.* temporizer
tenacidade *s.f.* tenacity
tenaz *adj.2g.* (*persistente*) tenacious; persevering; determined ■ *s.f.* (*ferramenta*) tongs
tenção *s.f.* intention; purpose; intent
tencionar *v.* to intend; to mean; to have in mind; não tenciono ir à festa I don't intend to go to the party
tenda *s.f.* 1 tent; desmontar a tenda to take down the tent; montar a tenda to put up the tent 2 (*feira, mercado*) stall
tendão *s.m.* ANATOMIA tendon; sinew
tendência *s.f.* 1 (*inclinação*) tendency (para, for, to, towards) 2 (*moda, política etc.*) trend
tendencioso *adj.* tendentious; partial; biassed
tender *v.* (*ter tendência*) to tend (a, para, to, towards)
tendinite *s.f.* 1 tendinitis 2 (*por movimentos repetitivos*) repetitive stress injury
tenebroso *adj.* 1 (*escuro*) dark; gloomy 2 (*assustador*) frightful; dreadful
tenente *s.m.* lieutenant
tenente-coronel *s.2g.* lieutenant colonel
tênia *s.f.* ZOOLOGIA taenia, tapeworm
teníase *s.f.* MEDICINA taeniasis
tênis *s.m.* 1 ESPORTE tennis 2 (*calçado*) sneaker, tennis shoes

tenista *s.2g.* tennis player
tenor *s.m.* MÚSICA tenor
tenro *adj.* (*alimento*) tender ♦ de tenra idade at a tender age
tensão *s.f.* 1 (*estresse*) tension; strain 2 MEDICINA pressure; tensão arterial blood pressure 3 ELETRICIDADE tension; cabos de alta tensão high-tension cables
tenso *adj.* tense
tentação *s.f.* temptation ♦ cair na tentação to yield to temptation
tentáculo *s.m.* tentacle
tentador *adj.* tempting; uma proposta tentadora a tempting offer
tentar *v.* (*experimentar*) to try; to attempt
tentativa *s.f.* attempt; try ♦ fazer uma nova tentativa to have another try; to have another shot; to give it another go por tentativas by trial and error
tentilhão *s.m.* ZOOLOGIA finch
tento *s.m.* 1 (*cuidado*) care; caution; attention 2 (*juízo*) sense; judgement 3 (*cálculo*) calculation; estimate 4 (*jogos*) counter 5 (*ponto*) point 6 (*futebol*) goal
tênue *adj.* 1 (*luz*) dim 2 (*fino*) thin; tenuous 3 (*sutil*) subtle
teocracia *s.f.* theocracy
teocrático *adj.* theocratic, theocratical
teologia *s.f.* theology
teólogo *s.m.* theologist
teor *s.m.* 1 (*texto, conversa*) tenor; purport 2 QUÍMICA content; teor de zinco zinc contents
teorema *s.m.* MATEMÁTICA theorem
teoria *s.f.* theory ♦ teoria da relatividade theory of relativity
teórico *s.m.* theoretician ■ *adj.* theoretical
tépido *adj.* tepid; lukewarm; warmish
tequila *s.f.* tequila
ter *v.* 1 (*geral*) to have; ela tem cinco filhos she has five children; ter um bebê to have a baby; ter uma ideia to have an idea 2 (*possuir*) to possess; to own; to have (got); ele tem duas casas e cinco carros he owns two houses and five cars 3 (*conter*) to contain; a sua composição tem alguns erros your essay contains some mistakes 4 (*idade, sensação*) to be; quantos anos você tem? how old are you?; ter calor to be hot 5 (*dor, doença*) to have; ele teve um ataque cardíaco he had a heart attack; ter dores de cabeça to have a headache 6 (*receber*) to get; ter uma nota to get a mark 7 (*medidas*) to be; o muro tem três metros de altura the wall is three meters high 8 (*conversa*) to hold; to have ♦ (*obrigação*) ter de/que to have to ir ter a to lead to ir ter com to meet (*resposta a agradecimento*) não tem de quê not at all o que é que você tem? what's the matter with you?
terapeuta *s.2g.* therapist
terapêutica *s.f.* MEDICINA therapeutics
terapêutico *adj.* therapeutic, therapeutical
terapia *s.f.* therapy ♦ terapia da fala speech therapy terapia de grupo group therapy
térbio *s.m.* QUÍMICA (*elemento químico*) terbium
terça *s.f.* coloquial Tuesday
terça-feira *s.f.* Tuesday

território

terceiro-mundista *adj.2g.* third-world ■ *s.2g.* Third Worlder
terceto *s.m.* 1 LITERATURA tercet 2 MÚSICA trio
terciário *adj.* tertiary; setor terciário tertiary sector
terço *s.m.* 1 (*terça parte*) third part, third 2 RELIGIÃO rosary; rezar o terço to say one's beads
terçol *s.m.* MEDICINA sty
terçolho *s.m.* coloquial sty, stye
termal *adj.2g.* thermal; água termal thermal water
termas *s.f.pl.* thermal baths; hot springs
termelétrica *s.f.* thermal power station
térmico *adj.* thermal; energia térmica thermal energy
terminação *s.f.* 1 (*fim*) termination; ending 2 LINGUÍSTICA ending
terminal *adj.2g., s.m.* (*geral*) terminal
terminantemente *adv.* 1 categorically 2 once and for all
terminar *v.* 1 to end; to finish; to terminate; eles terminaram a relação they ended their relationship; terminar um contrato to terminate a contract 2 to end; to come to an end; to be over; está terminado it's over; o filme terminou às onze horas the film finished at eleven o'clock
término *s.m.* 1 (*fim*) finish; end 2 (*limite*) limit
termodinâmica *s.f.* FÍSICA thermodynamics
termodinâmico *adj.* thermodynamic
termoelétrica *s.f.* thermal power station
termômetro *s.m.* thermometer
termostato *s.m.* thermostat
termóstato *s.m.* thermostat
ternário *adj.* 1 ternary; threefold 2 MÚSICA triple; compasso ternário triple time
terninho *s.m.* lady's suit
terno *adj.* tender; fond; loving ■ *s.m.* 1 (*jogo de cartas*) three 2 (*roupa*) suit
ternura *s.f.* tenderness; fondness; lovingness
terra *s.f.* 1 (*superfície terrestre*) land 2 (*terreno*) soil; ground 3 (*país*) land; country ♦ terra de ninguém no-man's land terra natal homeland Terra Prometida Promised Land Terra Santa Holy Land
Terra *s.f.* ASTRONOMIA (*planeta*) Earth
terraço *s.m.* terrace
terracota *s.f.* terracotta; o Exército de Terracota the Terracotta Army
terraplenagem *s.f.* ground levelling
terraplenar *v.* to level ground
terráqueo *s.m.* earthling
terreiro *s.m.* 1 (*adro*) public square 2 (*terreno livre*) yard
terremoto *s.m.* earthquake
terreno *s.m.* 1 (*solo*) ground; soil; terreno arenoso sandy soil 2 GEOGRAFIA terrain; terreno montanhoso mountainous terrain 3 (*lote*) plot; site; terreno para construção building plot ■ *adj.* earthly ♦ preparar terreno para to pave the way for sondar terreno to feel one's way
térreo *adj.* ground; piso térreo ground floor
terrestre *adj.2g.* terrestrial
terrífico *adj.* terrifying; frightful; fearful
territorial *adj.2g.* territorial; águas territoriais territorial waters
território *s.m.* (*geral*) territory

terrível

terrível adj.2g. terrible; shocking; dreadful
terrivelmente adv. terribly; awfully; frightfully; dreadfully
terror s.m. 1 (*medo*) terror; dread 2 horror; filme de terror horror film
terrorismo s.m. terrorism; combater o terrorismo to fight terrorism
terrorista adj., s.2g. terrorist
tesão s.m. calão hard-on
tese s.f. 1 thesis 2 (*argumento*) thesis; argument ◆ tese de doutoramento doctoral thesis
tesoura s.f. scissors, a pair of scissors; onde está a tesoura? where are the scissors?; tesoura de jardinagem, tesoura de poda secateurs; tesoura de unhas nail scissors ● As palavras *scissors, shears* e *secateurs* só são usadas no plural; para indicar um só objeto, usa-se a expressão *a pair of scissors*.
tesourada s.f. 1 snip 2 figurado (*comentário*) jibe
tesouraria s.f. 1 (*finanças públicas*) treasury 2 (*instituição, empresa*) treasurer's department, treasury
tesoureiro s.m. 1 (finanças públicas) treasurer 2 (empresa, instituição) cashier
tesouro s.m. 1 (*dinheiro, joias*) treasure 2 (*erário*) exchequer; Treasury 3 figurado (*estima, valor*) treasure; precious
testa s.f. ANATOMIA forehead; brow ◆ estar à testa de to be at the head of
testa de ferro s.m. figurehead
testamento s.m. 1 DIREITO will 2 figurado (*carta muito extensa*) long text ◆ RELIGIÃO Antigo/Novo Testamento Old/New Testament
testar v. 1 (*experimentar*) to try out; to test; testar um modelo novo de um carro to test a new model of a car 2 (*conhecimento*) to test; to examine; testar os conhecimentos to put one's knowledge to the test
teste s.m. 1 test 2 (*artes cénicas*) audiction ◆ teste surpresa pop quiz
testemunha s.f. DIREITO witness; testemunha ocular eye witness
testemunhal adj.2g. testimonial
testemunhar v. 1 DIREITO (*dar testemunho*) to testify 2 DIREITO to give evidence (contra, *against*; a favor de, *for*) 3 (*comprovar*) to testify to; to attest; to witness to 4 (*presenciar*) to witness; to see
testemunho s.m. 1 (*declaração*) testimony; statement 2 (*prova*) proof (de, *of*); token (de, *of*); em testemunho da minha amizade as a token of my friendship
testículo s.m. ANATOMIA testicle
testosterona s.f. testosterone
testudo adj. 1 that has a very large head 2 (*teimoso*) stubborn
tetânico adj. relating to tetanus
tétano s.m. MEDICINA tetanus
teteia s.f. 1 (*brinquedo*) toy 2 (*berloque*) trinket 3 coloquial precious purse
tetraplegia s.f. MEDICINA quadriplegia; tetraplegia
tetraplégico adj., s.m. quadriplegic; tetraplegic
tetravó s.f. great-great-great-grandmother
tetravô s.m. great-great-great-grandfather
tétrico adj. gruesome; macabre

teu pron. poss. 1 your; o teu carro your car 2 yours; isto é teu this is yours; um amigo teu a friend of yours
teúba s.f. ZOOLOGIA small yellow bee
têxtil adj.2g. textile; indústria têxtil textile industry
texto s.m. text
textual adj.2g. 1 (*texto*) textual; análise textual textual analysis 2 (*literal*) literal; word by word
textura s.f. 1 texture 2 (*composição*) structure
tez s.f. complexion
ti pron. pess. you; isto é para ti this is for you
tia s.f. 1 aunt 2 popular, pejorativo (*solteirona*) old maid; spinster 3 coloquial posh woman ◆ coloquial ficar para tia to stay single
tia-avó s.f. great-aunt
tiara s.f. tiara
tibetano adj., s.m. Tibetan
Tibete s.m. Tibet
tíbia s.f. ANATOMIA shinbone, tibia
tico s.m. little bit
tico-tico s.m. 1 ZOOLOGIA rufous-collared sparrow 2 figurado, pejorativo insignificance
ticum s.m. BOTÂNICA tucuma, awarra
tiete s.2g. fan; admirer
tifo s.m. MEDICINA typhus
tifoide adj. MEDICINA typhoid; febre tifoide typhoid fever, typhus fever
tigela s.f. bowl ◆ de meia tigela shabby
tigre s.m. ZOOLOGIA tiger
tigresa s.f. tigress
tijoleira s.f. tile
tijolo s.m. brick
til s.m. LINGUÍSTICA tilde
tília s.f. BOTÂNICA linden, lime tree
timão s.m. 1 (*do arado*) beam 2 NÁUTICA tiller 3 figurado command
timbaúba s.f. BOTÂNICA batibatra
timbrado adj. 1 (papel selado) stamped 2 (com cabeçalho impresso) with a letterhead
timbrar v. to stamp
timbre s.m. 1 (*carimbo*) stamp; mark; seal 2 MÚSICA (*voz, instrumento*) timbre
time s.m. team
timidez s.f. shyness; timidity
tímido adj. shy; timid
timo s.m. ANATOMIA thymus
tímpano s.m. ANATOMIA tympanum, eardrum
tim-tim s.m. tim-tim por tim-tim in full detail, item by item
tina s.f. (recipiente) vat; tub
tingir v. 1 (*meter em tinta*) to dye 2 (*cabelo*) to tint; to dye 3 (*mudar a cor*) to tinge (de, *with*); tingir de azul to tinge with blue
tinhoso adj. 1 coloquial (*invejoso*) grudging 2 (*teimoso*) stubborn
tinir v. (*vidro, metal*) to chink; to clink
tino s.m. 1 (*juízo*) judgment; sense 2 (*prudência*) prudence; caution ◆ com tino wisely perder o tino to lose one's mind sem tino nenhum bearing no sense at all
tinta s.f. 1 (escrita, impressão) ink 2 (roupa, cabelo) dye; tinta para o cabelo hair dye 3 (paredes, quadros) paint

tinteiro s.m. 1 (canetas) ink bottle; inkpot 2 INFORMÁTICA (impressora) cartridge
tinto adj. (vinho) red
tintura s.f. tincture
tinturaria s.f. dyer's
tio s.m. uncle (m.), aunt (f.); os meus tios my uncle and aunt ♦ ficar para tia to stay single
tio-avô s.m. great-uncle
típico adj. 1 (representativo) typical; characteristic; representative 2 (próprio) typical (de, of); isso é típico dele that's typical of him 3 (região) regional; provincial; trajes típicos regional costumes
tipiti s.m. tipiti
tipo s.m. 1 (gênero) type; kind 2 (letra) type não faz o meu tipo not my type 3 coloquial (indivíduo) guy, bloke (m.); girl (f.)
tipografia s.f. 1 (atividade) typography; printing 2 (oficina) printing office; printshop
tipográfico adj. typographical; erro tipográfico printing error
tipógrafo s.m. typographer; compositor; typesetter
tipoia s.f. (braço) arm sling
tipologia s.f. typology
tipu s.m. BOTÂNICA Brazilian rosewood
tique s.m. 1 (som) tick 2 (espasmo) twitch; tic ♦ tique nervoso nervous tic; nervous twitch
tique-taque s.m. tictac; ticking ♦ fazer tique-taque to tictac
tíquete s.m. 1 ticket; number 2 (recibo) receipt
tira s.f. 1 (papel, pano) strip; shred 2 (fita) ribbon 3 (faixa) band ♦ tira de história em quadrinhos comic strip
tiracolo s.m. (correia) shoulder strap ♦ a tiracolo slung over the shoulder
tirada s.f. 1 (discurso) long speech 2 (caminhada) long walk; stretch 3 (acesso repentino) outburst; flash
tiragem s.f. 1 circulation; output; edition 2 (livros, jornais, revistas) number of copies 3 (ar) draught, draft
tira-gosto s.m. appetizer; snack
tiramisu s.m. CULINÁRIA (sobremesa) tiramisu
tirania s.f. tyranny; oppression
tirano s.m. tyrant; oppressor
tira-nódoas s.m.2n. stain remover
tiranossauro s.m. tyrannosaurus
tirar v. 1 (retirar) to take off; to remove; tira as mãos daí! hands off! 2 (afastar) to draw away; to take away; tira isso daqui take that away 3 (extorquir) to take; tiraram-me o lápis someone has taken my pencil 4 (dente) to extract; to pull out 5 (documento, classificação) to get; to obtain 6 (roupa) to take off 7 (curso) to take on 8 (conclusão) to draw ♦ tirar partido de to take advantage of tirar uma fotografia to take a photo sem tirar nem pôr no more and no less
tira-teimas s.m.2n. 1 decisive argument 2 popular dictionary
tireoide s.f. thyroid
tiririca s.f. 1 ZOOLOGIA small freshwater fish 2 BOTÂNICA flatsedge ■ adj.2g. coloquial (furioso) angry; irate; furious

todavia

tiro s.m. 1 (disparo) shot; gunshot 2 (atividade) shooting; firing ♦ ESPORTE tiro ao alvo target practice ESPORTE tiro com arco archery
tiroide s.f. ANATOMIA thyroid
tiroteio s.m. shooting; shoot-out
tisana s.f. tisane
titã s.m. MITOLOGIA Titan
Titã s.m. MITOLOGIA, ASTRONOMIA Titan
titânio s.m. QUÍMICA (elemento químico) titanium
títica s.f. coloquial poo; poop
titubear v. 1 (hesitar) to hesitate 2 (gaguejar) to stutter 3 (cambalear) to stagger; to totter
titular s.2g. 1 (ministério) minister 2 (detentor) holder; titular de uma conta holder of an account 3 ESPORTE title-holder
titularidade s.f. 1 titularity 2 (jogador) first-team place
título s.m. 1 (texto, filme, programa, música) title 2 (jornal) heading; headline 3 (de pessoa) title 4 (designação profissional) diploma; patent; título universitário university degree 5 (documento) title deed; deed; bond ♦ cartão de eleitor voter's card 6 (motivo) motive; reason; a título de curiosidade out of curiosity 7 ESPORTE title; o detentor do título the title-holder ♦ a título pessoal in a personal capacity
toa s.f. random ♦ à toa at random; inconsiderately
toalete s.m. (banheiro) toilet; bathroom EUA ■ s.f. (higiene pessoal) personal hygiene; toilet ant.
toalha s.f. 1 (mesa) cloth; toalha de mesa tablecloth; pôr a toalha to lay the cloth 2 (banheiro) towel; toalha das mãos hand towel; toalha de banho bath towel
toalheiro s.m. tower rail Grã-Bretanha, towel rack EUA
toalhete s.m. (higiene) tissue; small towel
tobogã s.m. toboggan
toca s.f. 1 (animais pequenos) burrow; hole; dwelling 2 (animais ferozes) den; lair
toca-discos s.m.2n. record player
tocado adj. 1 touched 2 (fruta, legume) bruised
toca-fitas s.m.2n. cassette player
tocaia s.f. 1 ambush 2 coloquial (galinhas) roost
tocaiar v. 1 to ambush 2 to keep watch
tocante adj.2g. 1 (tato) touching; moving 2 (assunto) concerning; no tocante a essa questão as far as this issue is concerned
tocar v. 1 MÚSICA (instrumento) to play; to blow (a trumpet, a horn) 2 (com as mãos) to touch (em, –); ele gosta de tocar em tudo he likes to touch everything 3 (estar próximo de) to be contiguous to 4 figurado (comover) to move; to touch 5 (campainha) to ring; estão tocando a campainha the doorbell is ringing; o telefone está tocando the phone is ringing 6 (sino) to ring; to toll 7 (assunto) to mention (em, –); to talk (em, about); ele se recusa a tocar nesse assunto he refuses to talk about that tocar-se v.pr. coloquial to realize ♦ pelo que me toca as far as I am concerned
tocha s.f. torch ♦ tocha olímpica Olympic torch
toco s.m. 1 (árvore, dentes) stump 2 (lápis) stub; end
todavia conj. 1 (contudo) nevertheless; yet; however 2 (ainda assim) all the same

todo

todo *adj.* (*totalidade*) all; whole; entire; todo o ano all the year round; todo o dia all day (long) *pron. indef.* (*no plural*) all; everybody; everyone; já chegaram todos everybody is here; todos sem exceção everyone of them ■ *adv.* through; entirely; completely; all over; estou todo molhado I am soaked through ◆ a todo o momento any time now ao todo on the whole em todo o caso at all events; in any case

todo-poderoso *adj.* almighty

toga *s.f.* 1 HISTÓRIA (Roma antiga) toga 2 (magistrado, professor universitário, advogado) gown; robe

toilette *s.f.* 1 (*roupa*) outfit 2 (*higiene pessoal*) personal hygiene

tola *s.f.* popular (*cabeça*) nut col.

toldar *v.* 1 (*cobrir com toldo*) to hang an awning over 2 (*tempo*) to cloud, to gloom **toldar-se** *v.pr.* (*tempo*) to get cloudy

toldo *s.m.* (*loja, varanda*) awning; canopy

tolerância *s.f.* 1 (*atitude*) tolerance; open-mindedness 2 (*resistência*) resistance; endurance

tolerante *adj.2g.* 1 (*pessoa*) tolerant; open-minded 2 (*organismo*) tolerant; resistant

tolerar *v.* 1 (*aceitação*) to tolerate 2 (*aturar*) to suffer; to bear; to put up with

tolerável *adj.2g.* tolerable

tolher *v.* to hinder; to check; to thwart

tolice *s.f.* 1 (*disparate*) nonsense 2 (*loucura*) silliness; folly; crazyness

tolo *adj.* foolish; silly ■ *s.m.* fool ◆ fazer figura de tolo to act the fool

tom *s.m.* (*geral*) tone ◆ (*voz*) baixar o tom to lower one's voice

toma *s.f.* dose; *interj.* there!

tomada *s.f.* 1 capture; seizure; conquest 2 takeover; seizure 3 investiture 4 ELETRICIDADE socket; power point ◆ tomada de consciência awareness tomada de posse takeover

tomar *v.* 1 to take 2 (*alimento, bebida*) to have; tomar o café da manhã to have breakfast; tomar um café to have a cup of coffee 3 (*medicamento, injeção*) to take 4 (*ocupar, conquistar à força*) to capture; to take 5 (*coragem*) to gain 6 (*considerar*) to take (por, for); to think (por, –); por quem me tomas? who do you think I am? ◆ tomar a iniciativa to take the initiative tomar a liberdade de to take the liberty of tomar conta de alguém to look after someone tomar medidas to take measures

tomara *interj.* if only; tomara que ele venha! if only he would come!, I wish he would come!; tomara que sim I hope so; tomara que não I hope not

tomate *s.m.* BOTÂNICA tomato

tombada *s.f.* slope

tombadilho *s.m.* quarter-deck

tombar *v.* 1 (*queda*) to topple over; to fall over 2 (*inclinar*) to tilt; to incline

tombo *s.m.* tumble; fall; dar um tombo to fall down; grande tombo! what a nasty tumble!

tomilho *s.m.* BOTÂNICA thyme

tomo *s.m.* (*obra*) tome; volume

tomografia *s.f.* MEDICINA tomography

tona *s.f.* (*água*) surface ◆ vir à tona to come to the surface; to emerge

tonalidade *s.f.* (*cor*) hue; tint; shade

tonel *s.m.* tun; vat

tonelada *s.f.* ton

toner *s.m.* toner

tônica *s.f.* 1 LINGUÍSTICA stressed syllable 2 figurado (*tema principal*) main point; main topic; crucial issue; pôr a tônica em to emphasize; to lay the stress on

tônico *adj.* 1 (*substância*) tonic; água tônica tonic water 2 LINGUÍSTICA stressed ■ *s.m.* tonic

tonificar *v.* (*pele, músculo*) to strengthen; to invigorate

tonsila *s.f.* tonsil

tonto *adj.* 1 (*atordoado*) giddy, dizzy 2 (*idiota*) silly; daft

tontura *s.f.* 1 (*estado*) dizziness, giddiness; estou com tonturas I feel dizzy 2 (*vertigem*) vertigo

top *s.m.* 1 (*roupa*) top 2 (*tabela de vendas*) charts

topar *v.* coloquial (*entender*) to get; to figure out; estou a topar I get it

topázio *s.m.* GEOLOGIA topaz

topete *s.m.* 1 (*cabelo*) quiff 2 (*cavalo*) forelock 3 popular (*cabeça*) head 4 figurado (*atrevimento*) impudence; insolence

tópico *s.m.* topic; theme; por tópicos in topic ■ *adj.* 1 topical 2 (*medicamento*) external; uso tópico external use

topless *s.m.* topless

topo *s.m.* top; summit; peak; chegar ao topo to reach the top

topografia *s.f.* topography

topônimo *s.m.* toponym, place name

toque *s.m.* 1 (*tato*) touch 2 (*sinos*) chime 3 (*campainha, telefone*) ringing 4 (*telefonema*) ring; depois dou-te um toque I'll give you a ring later 5 (*buzina*) toot; hoot 6 ESPORTE handball

torácico *adj.* thoracic; ANATOMIA caixa torácica thoracic cage

toranja *s.f.* BOTÂNICA grapefruit

torar *v.* 1 (*madeira*) to cut into logs 2 to tear to pieces

tórax *s.m.* ANATOMIA thorax

torção *s.m.* twisting; torsion

torcedor *s.m.* ESPORTE supporter; rooter EUA ■ *adj.* twisting torcedor *s.m.* 1 twister 2 (*roca*) spindle

torcer *v.* 1 (*geral*) to twist 2 (*roupa*) to wring 3 (*distorcer*) to distort; to twist 4 (*articulação, osso*) to sprain; to wrench; to twist ◆ torcer o nariz a alguma coisa to turn one's nose up at something torcer por to support; to root for não dar o braço a torcer not to give in

torcicolo *s.m.* (*pescoço*) stiff neck; crick in the neck

torcida *s.f.* 1 (*pavio*) wick 2 ESPORTE supporters Grã-Bretanha; rooters EUA

torcido *adj.* 1 twisted 2 (*torto*) crooked; sinuous; winding 3 (*distorcido*) distorted; twisted 4 (*perverso*) twisted; devious

tório *s.m.* QUÍMICA (*elemento químico*) thorium

tormenta *s.f.* storm; tempest

tormento *s.m.* 1 (*tortura*) torment; torture 2 (*dor extrema*) torment; agony; anguish

tornado *s.m.* METEOROLOGIA tornado; cyclone

tornar v. 1 (*repetir*) to do again; não torne a fazer tal coisa don't you ever do such a thing again 2 (*fazer*) to make; to render; a vida o tornou duro life hardened him 3 (*regressar*) to return (a, *to*); to come back (a, *to*) **tornar-se** v.pr. 1 (*crescimento*) to become (em, –); to grow (em, *into*) 2 (*transformar-se*) to become; to change into ♦ tornar a si to recover one's senses

tornassol s.m. 1 (*girassol*) sunflower 2 QUÍMICA litmus; papel de tornassol litmus paper

tornear v. (*peça, objeto*) to shape

torneio s.m. ESPORTE tournament

torneira s.f. tap; faucet EUA; abrir a torneira to turn on the tap; fechar a torneira to turn off the tap

torniquete s.m. MEDICINA (*instrumento*) tourniquet

torno s.m. 1 (madeira, metal) lathe 2 (utensílio para prender objeto) vice; clamp 3 (oleiro) potter's wheel ♦ em torno de about; around

tornozeleira s.f. anklet tornozeleira eletrônica ankle monitor

tornozelo s.m. ANATOMIA ankle

toró s.m. popular (*chuva*) heavy shower; downpour

torpe adj.2g. base; vile

torpedear v. 1 to torpedo 2 figurado (*frustrar*) to thwart; to torpedo 3 figurado (com críticas, perguntas) to bombard (com, *with*)

torpedeiro s.m. torpedo boat

torpedo s.m. torpedo

torpor s.m. 1 MEDICINA (*estado físico*) torpor; drowsiness 2 figurado (*estado psicológico*) lethargy; numbness

torque s.m. 1 bracelet; bangle 2 FÍSICA couple system

torrada s.f. toast

torradeira s.f. toaster

torrado adj. 1 (*pão*) toasted; (*café*) roasted; pão torrado toasted bread, toast; um pão torrado a piece of toasted bread, a toasted roll 2 (*bronzeado*) tanned 3 (*queimado*) burnt

torrão s.m. (*porção*) lump ♦ CULINÁRIA torrão de açúcar lump of sugar

torrar v. to toast; to roast

torre s.f. 1 (*geral*) tower 2 (*xadrez*) rook, castle ♦ Torre de Babel Tower of Babel (*aeroporto*) torre de controle control tower

torrencial adj.2g. torrential; chuva torrencial pouring rain

torrencialmente adv. in torrent; flowing down; está chovendo torrencialmente it's raining cats and dogs

torrente s.f. 1 torrent 2 figurado (*grande quantidade*) torrent (de, *of*); stream (de, *of*)

torresmo s.m. CULINÁRIA crackling

tórrido adj. torrid; scorching; scalding

torta s.f. CULINÁRIA (fruta, compota) tart; (fruta, carne) pie; torta de maçã apple pie

tortilha s.f. tortilla

torto adj. 1 (*torcido*) crooked; bent; twisted 2 (*enviesado*) awry; not straight 3 (*resposta*) blunt ♦ a torto e a direito by hook or by crook

tortuosidade s.f. 1 tortuousness 2 (*perversão*) deviousness

tortuoso adj. tortuous; twisted; sinuous

tortura s.f. 1 (*tormento*) torture 2 figurado (*angústia*) anguish; pain; torment ♦ estar sob tortura to be under torture

torturar v. to torture

tosco adj. 1 (*grosseiro*) coarse; uncouth; rough 2 (*desajeitado*) awkward; clumsy

tosquia s.f. shearing

tosquiadela s.f. shearing

tosquiar v. 1 (ovelhas) to shear 2 (cachorros, cavalos) to clip

tosse s.f. cough; ter tosse to have a cough ♦ tosse convulsa whooping cough

tossir v. to cough

tostado adj. 1 (*pão, carne*) toasted 2 (*pele*) tanned

tostão s.m. old Portuguese coin ♦ não ter um tostão not to have a cent não valer um tostão furado not to be worth a cent

tostar v. 1 (*pão*) to toast 2 (*assado*) to roast 3 (*pele*) to parch

total adj.2g. total; whole; absolute; uma anarquia total complete anarchy; eclipse total total eclipse ■ s.m. 1 (*quantia*) total; sum total; quanto é no total? how much is it in total? 2 (*conjunto*) total; whole

totalidade s.f. totality; whole; entirety ♦ na totalidade on the whole

totalista s.2g. betting winner

totalitário adj. POLÍTICA totalitarian

totalizar v. to total

totalmente adv. totally; completely; entirely

totó s.m. 1 coloquial little dog 2 coloquial pancada leve

touca s.f. 1 cap 2 (banheira, chuveiro) shower cap 3 (piscina) swim cap

touceira s.f. clump

toucinho s.m. bacon

toupeira s.f. ZOOLOGIA mole

tour s.m. tour

tourada s.f. 1 bullfight 2 figurado (*desordem*) hubbub

toureador s.m. bullfighter

tourear v. to fight bulls

toureio s.m. bullfighting

toureiro s.m. bullfighter, toreador

touro s.m. ZOOLOGIA bull

Touro s.m. ASTRONOMIA Taurus, the Bull

toxicidade s.f. toxicity; poisonousness

tóxico adj. toxic; poisonous ■ s.m. 1 (*veneno*) poison 2 (*droga*) drug

toxicodependência s.f. drug addiction

toxicodependente s.2g. drug addict, addict

toxicologia s.f. toxicology

toxicomania s.f. MEDICINA drug addiction

toxicomaníaco adj. addicted to drugs ■ s.m. drug addict

toxina s.f. MEDICINA toxin

toxoplasmose s.f. MEDICINA toxoplasmosis

trabalhador s.m. worker; employee ■ adj. 1 (*pessoa*) hard-working; laborious; industrious; pessoa trabalhadora hard-working person 2 (*classe*) working; a classe trabalhadora the working class

trabalhão s.m. hard work

trabalhar v. 1 (*atividade*) to work (em, *in*); onde você trabalha? where do you work? 2 (*material*) to work 3 (*objeto*) to operate, to work (com, *with*) 4

trabalheira

(*motor, carro, máquina*) to start; to run 5 (*objetivo*) to work (para, *for*) 6 (*terra*) to till
trabalheira *s.f.* hard work; que trabalheira! what an effort!
trabalhista *adj.2g.* POLÍTICA Labour; partido trabalhista, de trabalhadores Labour Party
trabalho *s.m.* 1 (*ato*) work 2 (*emprego*) job; employment; trabalho em tempo integral full-time job; trabalho em tempo parcial part-time job 3 (*tarefa*) task 4 (*esforço*) effort trabalhos *s.m.pl.* (*dificuldades*) hardships ♦ trabalho de casa homework trabalho de grupo group work trabalhos forçados forced labour
trabalhoso *adj.* 1 (*árduo*) laborious; toilsome 2 (*difícil*) demanding 3 (*cansativo*) tiresome
traça *s.f.* ZOOLOGIA clothes moth
traçado *adj.* 1 (*esquema*) outlined; designed 2 (*plano, projeto*) planned 3 (*papel, tecido*) moth-eaten ■ *s.m.* 1 (*esboço*) outline; sketch 2 (*planejamento*) planning; traçado de uma estrada road planning
tração *s.f.* 1 traction; tração elétrica electric traction 2 (*veículo*) drive; tração às quatro rodas four-wheel drive
traçar *v.* 1 (*linha*) to draw 2 (*esboçar*) to outline; to sketch 3 (*plano, projeto*) to draw; to delineate 4 (*capa*) to tuck up
tracejado *s.m.* dotted line ■ *adj.* dotted
tracejar *v.* 1 (*esboçar*) to sketch; to outline 2 (*linha*) to trace 3 (*fazer traços*) to draw lines
traço *s.m.* 1 (*linha*) line 2 (*feição*) feature; trait 3 figurado (*vestígio*) track; sign; trace
tradição *s.f.* 1 tradition ♦ tradições populares folklore
tradicional *adj.2g.* traditional
tradicionalismo *s.m.* traditionalism
tradicionalista *s.2g.* traditionalist ■ *adj.2g.* traditional
tradução *s.f.* 1 (*línguas*) translation (de, *from;* para, *into*); tradução simultânea simultaneous translation 2 figurado (*interpretação*) interpretation, explanation
tradutor *s.m.* translator; (*oral*) interpreter
traduzir *v.* 1 (*línguas*) to translate (de, *from;* para, *into*); to render into; traduzir do francês para o português to translate from French into Portuguese 2 figurado (*interpretação*) to interpret 3 figurado (*exprimir*) to express
tráfego *s.m.* 1 (*trânsito*) traffic; tráfego aéreo air traffic 2 (*comércio*) trade; commerce
traficante *s.2g.* dealer; trafficker
traficar *v.* (*negócio ilegal*) to traffic in
tráfico *s.m.* (*negócio ilegal*) traffic
trafulha *s.2g.* crook
trafulhice *s.f.* coloquial swindle; scam; fiddle
tragada *s.f.* (*cigarro*) drag; puff
tragar *v.* 1 to swallow 2 (*devorar*) to devour; to gulp down; to bolt down; tragou o jantar he bolted down his dinner 3 (*fumaça*) to inhale 4 figurado to engulf; to swallow up; ele foi tragado pelas ondas the waves swallowed him up 5 figurado (*suportar*) to tolerate; to endure; to put up with; já não o consigo tragar I can't put up with him anymore 6 figurado (*olhar*) to eye up
tragédia *s.f.* 1 LITERATURA tragedy 2 figurado (*acontecimento*) tragedy; calamity; disaster
trágico *adj.* 1 tragic; heróis trágicos tragic heroes 2 figurado (*acontecimento*) tragic; fatal; disastrous
tragicomédia *s.f.* TEATRO tragicomedy
tragicômico *adj.* tragicomic
trago *s.m.* gulp; draught
traição *s.f.* 1 treason 2 (*amizade*) betrayal
traiçoeiro *adj.* treacherous; disloyal; unfaithful
traidor *s.m.* traitor; betrayor
trailer *s.m.* trailer
traineira *s.f.* trawler
trair *v.* 1 (*geral*) to betray 2 (*relação*) to cheat on 3 (*denunciar*) to give away
traíra *s.f.* ZOOLOGIA wolffish
trajar *v.* to dress; to wear
traje *s.m.* 1 (*cerimônia*) dress; traje de gala full dress, formal dress; traje a rigor evening dress 2 (*país*) costume ♦ em trajes menores in smalls; in underwear
trajeto *s.m.* 1 (*percurso*) way; course; road; no trajeto para casa on one's way home 2 (*viagem*) journey
trajetória *s.f.* trajectory
tralha *s.f.* coloquial stuff; gear
trama *s.f.* 1 (*fio*) woof; weft 2 figurado (*conspiração, enredo*) plot
tramar *v.* 1 (*conspirar*) to plot; to conspire 2 popular (*prejudicar*) to frame; tramaram para ele he was framed
trambecar *v.* to stagger; to totter
trambicar *v.* coloquial to swindle; to deceive
trambique *s.m.* coloquial con trick; scam
trambolhão *s.m.* tumble; fall; dar um trambolhão to fall flat down ♦ andar aos trambolhões to come tumbling down
trambolho *s.m.* 1 (*animal*) tether 2 figurado (*fardo*) encumbrance; burden 3 popular heavy person
trâmite *s.m.* (*caminho*) course; path trâmite *s.m.pl.* (*procedimentos*) procedures; seguir os trâmites legais to follow legal procedures
tramoia *s.f.* popular plot; scheme
trampa *s.f.* popular crap; shit; dung
trampolim *s.m.* 1 (*ginástica*) trampoline; spring board 2 (*piscina*) diving-board
tranca *s.f.* bar; sash fastener
trança *s.f.* 1 (*cabelo*) plait; pigtail 2 (*fios*) braid 3 figurado intrigue; plot
trancafiar *v.* coloquial to lock up; to put in prison
trancar *v.* 1 (barra) to bar 2 (*ferrolho*) to bolt (porta) to lock 4 (*documento*) to cancel
trançar *v.* 1 (*cabelo*) to plait Grã-Bretanha, to braid EUA 2 (*entrelaçar*) to interlace; to interweave
tranca-trilhos *s.m.2n.* (passagem de nível) gate
tranco *s.m.* 1 (*solavanco*) bump; jolt 2 (*cavalo*) stride ♦ aos trancos e barrancos 1 jolting 2 figurado with great difficulty
tranquilamente *adv.* quietly; calmly; peacefully
tranquilidade *s.f.* 1 (*paz*) tranquillity; peacefulness 2 (*sossego*) calmness; stillness; quietness

tranquilizador *adj.* tranquillizing; reassuring
tranquilizante *s.m.* tranquillizer
tranquilizar *v.* 1 (*acalmar*) to tranquillize; to calm down 2 (*reconfortar*) to reassure; tranquilizar alguém to reassure a person tranquilizar-se *v.pr.* to calm down; to quieten
tranquilo *adj.* 1 tranquil; peaceful 2 (*pessoa*) serene; tranquil; calm
transa *s.f.* 1 coloquial transaction; deal 2 coloquial sexual intercourse
transação *s.f.* 1 (*troca*) transaction 2 (*acordo*) agreement 3 (*negócio*) deal; business
transacionar *v.* 1 (*bens*) to transact 2 (*negociar*) to deal
transar *v.* 1 coloquial to arrange; to plan 2 coloquial to have sex (com, *with*)
transatlântico *adj.* transatlantic ■ *s.m.* NÁUTICA transatlantic liner
transbordar *v.* 1 (*curso de água*) to overflow 2 (*recipiente*) to brim over; to spill over 3 figurado (*sentimento*) to overflow (de, *with*); transbordar de felicidade to overflow with happiness
transbordo *s.m.* (*passageiros, mercadorias*) transhipment; transfer; fazer transbordo to change Grã--Bretanha, to transfer EUA
transcendência *s.f.* transcendency
transcendental *adj.2g.* transcendental; meditação transcendental transcendental meditation
transcendente *adj.2g.* transcendent
transcender *v.* 1 (*ultrapassar*) to surpass 2 (*exceder*) to exceed
transcontinental *adj.2g.* transcontinental
transcorrer *v.* to elapse; to go by
transcrever *v.* to transcribe; to copy out
transcrição *s.f.* 1 (*reprodução*) transcription; copy 2 (*texto transcrito*) transcript ♦ LINGUÍSTICA transcrição fonética phonetic transcription
transcrito *adj.* 1 transcribed 2 (*citado*) quoted; copied ■ *s.m.* transcript
transe *s.m.* (*hipnose*) trance; entrar em transe to go into a trance
transeunte *s.2g.* passer-by; pedestrian
transexual *adj.*, *s.2g.* transsexual
transferência *s.f.* 1 (*pessoa, objeto*) transference; transfer 2 (*mudança*) change; shift
transferidor *s.m.* GEOMETRIA protractor
transferir *v.* 1 (*pessoa, objeto*) to transfer 2 (*poder, governo*) to hand over 3 (*mudar*) to shift; to change 4 (*tempo*) to postpone 5 ECONOMIA to transfer; to convey
transferível *adj.2g.* 1 transferable 2 INFORMÁTICA downloadable
transfiguração *s.f.* transfiguration; transformation
transfigurar *v.* to transfigure; to transform transfigurar-se *v.pr.* 1 (*expressão*) to be transfigured 2 (*transformação*) to be transformed
transformação *s.f.* transformation; change; alteration; sofrer uma transformação to be changed
transformador *s.m.* ELETRICIDADE transformer
transformar *v.* 1 (*modificar*) to transform, to change (em, *into*) 2 (*converter*) to convert (em,

transplantar

into) transformar-se *v.pr.* to change, to be transformed, to become (em, *into*)
transformável *adj.2g.* transformable; changeable
transformismo *s.m.* 1 BIOLOGIA transformism 2 (*travestismo*) transvestism
transfusão *s.f.* transfusion ♦ MEDICINA transfusão de sangue blood transfusion
transgênico *adj.* (*organismo, planta*) genetically modified
transgredir *v.* (*lei, regras*) to break, to transgress; to infringe
transgressão *s.f.* 1 (*valores*) transgression 2 (*lei*) infringement; violation 3 (*pacto*) breach
transgressor *s.m.* transgressor; lawbreaker
transição *s.f.* transition; uma época de transição a period of transition
transigência *s.f.* 1 (*aceitação*) compliance; compromise 2 (*tolerância*) tolerance
transigente *adj.2g.* 1 (*acordo*) compliant; compromising 2 broadminded; (*tolerante*) tolerant
transitar *v.* 1 (*atravessar*) to pass (para, *to*) 2 (*circular*) to circulate; to move
transitável *adj.2g.* passable
transitivo *adj.* LINGUÍSTICA (*verbo*) transitive
trânsito *s.m.* 1 (*estradas*) traffic 2 (*passageiros, mercadorias*) transit; passageiros em trânsito passengers in transit
transitório *adj.* 1 (*passageiro*) transitory; temporary 2 (*efêmero*) transient
translação *s.f.* FÍSICA translation
transladação *s.f.* (*objetos*) removal; conveyance
transladar *v.* (*mudar de lugar*) to remove
translúcido *adj.* translucent
transluzir *v.* 1 to shine; to appear; o sol transluzia por entre as árvores the sun was shining through the trees 2 (*manifestar*) to reveal; to show 3 (*deduzir*) to deduce (de, *from*); to infer (de, *from*)
transmissão *s.f.* 1 (*passagem*) transmission; transmissão de conhecimentos transmission of knowledge 2 broadcast; transmission; transmissão ao vivo live broadcast 3 MECÂNICA transmission; sistema de transmissão system of transmission ♦ transmissão de pensamento thought transmission
transmissível *adj.2g.* transmittable; doença sexualmente transmissível sexually transmitted disease
transmissor *s.m.* transmitter
transmitir *v.* 1 to transmit 2 (*programa*) to broadcast 3 (*vírus, doença*) to infect with; to contaminate with 4 (*ideia, conhecimento*) to pass on; to convey
transmontano *s.m.* native or inhabitant of Trás--os-Montes ■ *adj.* of Trás-os-Montes
transparecer *v.* to show through
transparência *s.f.* 1 (*textura*) transparency 2 FOTOGRAFIA transparency; slide
transparente *adj.2g.* 1 (*material*) transparent 2 figurado (*evidente*) clear; plain
transpiração *s.f.* 1 perspiration; transpiration 2 (*suor*) sweat
transpirar *v.* 1 (*pessoa*) to perspire 2 figurado (*notícia*) to leak out; to transpire
transplantar *v.* to transplant

transplante s.m. MEDICINA transplant; transplante de coração heart transplant
transpor v. 1 (*barreira*) to leap over; to get over 2 (*dificuldade*) to overcome
transportador s.m. transporter; conveyor ■ *adj.* transporting; conveying
transportadora s.f. (*empresa*) carrier ♦ transportadora aérea air company transportadora de móveis haulage company
transportar v. 1 (*mercadorias*) to transport; to carry 2 (*levar*) to carry; transportar uma mala to carry a suitcase ♦ (*comércio*) a transportar to be carried forward
transportável adj.2g. transportable
transporte s.m. 1 (*ação, veículo*) transport 2 (*comércio*) transfer ♦ transporte aéreo air transport transporte marítimo shipment transportes coletivos public transport
transposição s.f. transposition
transtornado adj. upset; disturbed
transtornar v. to upset; to disorganize
transtorno s.m. 1 (*ato*) inconvenience 2 figurado (*contratempo*) disturbance, annoyance 3 figurado (*perturbação mental*) mental disorder
transvasar v. to transfuse; to decant
transversal adj.2g. 1 transverse; linha transversal transverse line 2 (*rua*) side; rua transversal side street
transviado adj. 1 lost; miscarried 2 (*pessoa*) wayward
transviar v. to lead astray
trapaça s.f. trick; swindle
trapacear v. 1 (*fraude*) to swindle; to trick; to defraud 2 (*enganar no jogo*) to cheat
trapaceiro s.m. cheat; trickster ■ *adj.* deceitful
trapalhada s.f. mess; que trapalhada! what a mess!
trapalhão s.m. 1 (*desastrado*) clumsy; awkward; você é tão trapalhão! you're so clumsy! 2 (*trabalho*) bungler; incompetent
trapalhice s.f. 1 (*confusão*) mess; muddle 2 (*trabalho errado*) bungle; botch Grã-Bretanha 3 (*trapaça*) con
trapézio s.m. 1 ESPORTE trapeze 2 GEOMETRIA trapezium Grã-Bretanha; trapezoid EUA
trapezista s.2g. trapezist, trapeze artist
trapo s.m. rag; boneca de trapos rag-doll
traque s.m. coloquial fart; dar um traque to break wind
traqueia s.f. ANATOMIA trachea, windpipe
traquejar v. 1 (*perseguir*) to pursue; to chase 2 (*exercitar*) to train; to exercise 3 (*mato*) to beat
traquejo s.m. popular experience; practice; ter muito traquejo em alguma coisa to have a lot of experience in something
traqueostomia s.f. tracheotomy
traqueotomia s.f. MEDICINA tracheotomy
traquina adj.2g. (*criança*) naughty; wild ■ s.2g. brat; naughty child
traquinice s.f. prank; practical joke
trás adv. 1 behind; por trás from behind; ficar para trás to fall behind 2 back; (*exterior*) jardim na parte de trás garden at the back; olhar para trás to look back; porta de trás back door ■ *interj.* bang! ♦ dizer de trás para a frente to say backwards

traseira s.f. back part; rear
traseiro adj. back; rear ■ s.m. coloquial (*nádegas*) behind; buttocks; backside
trasladação s.f. 1 (*mudança de lugar*) removal 2 (*transporte*) conveyance
trasladar v. (*mudar de lugar*) to remove
trasorelho s.m. MEDICINA mumps
traste s.m. 1 (*coisa velha*) piece of junk 2 pejorativo (*pessoa*) good-for-nothing; creep
trasto s.m. MÚSICA fret
tratado s.m. 1 (*estudo, obra*) treatise 2 POLÍTICA treaty; tratado de paz peace treaty
tratador s.m. groom; trainer
tratamento s.m. 1 (*físico*) treatment; tratamento de beleza beauty treatment; tratamento de uma doença treatment of a disease 2 (*cuidados a doentes*) nursing; tratamento diário daily nursing 3 (*entre pessoas*) form of address 4 (*lixo, resíduos*) disposal
tratante s.2g. pejorativo crook
tratar v. 1 MEDICINA to treat 2 (*dirigir-se a alguém*) to treat; to address 3 (*abordar*) to treat; to handle; trata o assunto com cuidado handle the matter carefully 4 (*cuidar*) to take care (de, of); eu trato disso I'll take care of it 5 (*lixo, resíduos*) to dispose of **tratar-se** v.pr. 1 (*saúde*) to be under treatment 2 (*assunto*) to be the matter; trata-se de... the question is...; de que se trata? what's the matter? ♦ não se trata disso that is not the point
trato s.m. 1 (*modos*) manner 2 (*acordo*) agreement; pact; treaty 3 ANATOMIA tract; trato digestivo digestive tract
trator s.m. tractor; trator agrícola farm tractor
trauma s.m. PSICOLOGIA trauma; trauma de infância childhood trauma
traumático adj. traumatic; experiências traumáticas traumatic experiences
traumatismo s.m. MEDICINA traumatism; traumatismo craniano concussion
traumatizar v. to traumatize
traumatologia s.f. 1 MEDICINA traumatology 2 (*hospital*) casualty department; emergency department
travado adj. 1 (*veículo*) with the brakes on 2 (*saia*) hobble 3 (*porta*) locked
travagem s.f. (*freada*) brake, braking; travagem brusca sudden braking
trava-língua s.m. tongue twister
travanca s.f. obstacle; hindrance; clog
travar v. 1 (*porta*) to lock 2 (*processo*) to hinder 3 (*frear*) to brake 4 (*luta*) to fight; travar uma batalha to fight a battle 5 figurado (*refrear*) to check ♦ travar conhecimento com alguém to make someone's acquaintance
trave s.f. 1 beam, crossbeam 2 (*baliza*) crossbar; bar; bater na trave to hit the bar ♦ ESPORTE trave olímpica beam
través s.m. 1 slant; bias 2 NÁUTICA beam ♦ de través crosswise olhar de través to look askew
travessa s.f. 1 (*rua*) crossroad; narrow street; by-street 2 (*para comida*) plate; dish 3 (*cabelo*) sidecomb
travessão s.m. 1 LINGUÍSTICA (*sinal gráfico*) dash 2 (*cabelo*) slide 3 (*balança*) beam

travesseiro s.m. pillow; bolster ♦ consultar o travesseiro to sleep on it
travessia s.f. crossing; passage; travessia do canal da Mancha crossing of the English Channel
travesso adj. (criança) naughty; playful
travessura s.f. prank; practical joke
travesti s.2g. pejorativo transvestite
travo s.m. bad taste; acrid taste
trazer v. 1 (transportar) to bring; traz isso contigo bring it with you 2 (objeto) to carry; trazer uma mala to carry a suitcase 3 (peça de vestuário) to wear; to have on 4 (informações) to bear; to bring; trazer más notícias to be the bearer of bad news 5 (consequências) to bring about
trecho s.m. 1 MÚSICA piece 2 (obra) passage; extract
treco s.m. 1 thing; stuff 2 popular (desmaio) faint; fit; swoon
trégua s.f. (pausa) rest; pause tréguas s.f.pl. (guerra) truce
treinador s.m. 1 ESPORTE coach; trainer; treinador de uma equipe de futebol coach of a football team 2 (animais) trainer; (domador) tamer
treinar v. 1 ESPORTE to train; (treinador) to coach 2 (exercitar) to practise
treino s.m. 1 ESPORTE training; exercise 2 practice
trejeito s.m. 1 (careta) grimace 2 (tique nervoso) twitch
trela s.f. (cachorro) leash; lead; levar o cão pela trela to take the dog on the leash ♦ dar trela a alguém to let someone speak
trem s.m. 1 train 2 coloquial (conjunto) set ♦ AERONÁUTICA trem de pouso landing gear
trema s.f. LINGUÍSTICA diaeresis
tremelicar v. 1 to tremble; to quiver 2 (frio) to shiver 3 (objeto) to wobble
tremendo adj. 1 (terrível) dreadful; terrible 2 (assustador) awful; frightful 3 figurado (intensidade) immense; impressive
tremer v. 1 (medo, frio) to tremble (de, with); to shiver (de, with) 2 (voz) to quaver 3 (abanar) to shake; a terra tremeu the earth shook 4 (chama, luz) to flicker ♦ tremer como vara verde to shake in one's shoes
tremido adj. 1 (que treme) shaky; wobbly 2 (duvidoso) shaky; doubtful 3 (fraco) feeble 4 (imagem) out of focus
remoço s.m. BOTÂNICA lupin
remor s.m. 1 (pessoa) trembling; shiver; quiver; tremor 2 (edifício, terra) quake ♦ tremor de terra earthquake
rêmulo adj. 1 trembling; lábios trêmulos trembling lips; mãos trêmulas trembling hands 2 (voz) quavering 3 (luz) flickering
renó s.m. sledge; sleigh; toboggan; andar de trenó to sledge
repa s.f. 1 popular thrashing; beating 2 popular (descompostura) dressing-down; scolding
repadeira s.f. BOTÂNICA creeper; climber
repador adj. climbing ■ s.m. climber
repar v. 1 (subir) to climb (a, to) 2 (planta) to creep; to clamber up

trigueiro

trepidação s.f. 1 (movimento) trepidation 2 (agitação) bustle; stir; fuss
trepidante adj.2g. 1 shaking; vibrating 2 (vacilante) hesitant 3 (assustado) frightened
trepidar v. to shake; to tremble
três num. three; no dia três on the third
tresloucado adj. mad; deranged; insane
tresnoitar v. 1 to spend a sleepless night 2 (não deixar dormir) to keep awake
trespassar v. (bala, seta etc.) to pierce through
trespasse s.m. 1 (transferência) transfer 2 (estabelecimento) conveyance of property 3 (vestuário) wrap; saia de trespasse wrap-around skirt
treta s.f. 1 (balela) nonsense 2 (estratagema) trick
trevas s.f.pl. darkness; a idade das trevas the age of darkness
trevo s.m. BOTÂNICA clover
trevo-de-quatro-folhas s.m. four-leaf clover
treze num. thirteen
trezentos num. three hundred
triagem s.f. sorting; screening
triangular adj.2g. triangular; uma forma triangular a triangular shape
triângulo s.m. GEOMETRIA triangle; triângulo equilátero equilateral triangle; triângulo isósceles isosceles triangle; triângulo retângulo right-angled triangle ♦ (veículo) triângulo de sinalização warning triangle
triatlo s.m. ESPORTE triathlon
tribal adj.2g. tribal
tribalismo s.m. tribalism
tribo s.f. tribe; chefe de uma tribo head of a tribe; membro de uma tribo tribesman
tribofe s.m. coloquial cheating
tribulação s.f. tribulation; hardship
tribuna s.f. (palanque) tribune; platform
tribunal s.m. court, court of justice; law cour
tributar v. to tax
tributário adj. tributary; contributing ■ s.m. tributary; taxpayer tributário s.m. (rio) tributary
tributável adj.2g. 1 (imposto) taxable 2 (cálculo) assessable
tributo s.m. 1 (homenagem) tribute; homage; prestar tributo a alguém to pay a tribute to someone 2 (imposto) tax
tricentenário adj., s.m. tercentenary Grã-Bretanha, tercentennial EUA
triciclo s.m. tricycle; trike
tricô s.m. knitting; agulha de tricô knitting needle; fazer tricô to knit
tricolor adj.2g. tricoloured
tricotar v. to knit
tridimensional adj.2g. three-dimensional; imagem tridimensional three-dimensional image
trienal adj.2g. triennial
trifásico adj. ELETRICIDADE three-phase
trigêmeo s.m. 1 (pessoa) triplet 2 ANATOMIA trigeminal nerve ■ adj. ANATOMIA trigeminal
trigésimo num. thirtieth
trigo s.m. BOTÂNICA wheat; corn; farinha de trigo wheat flour; pão de trigo wheat bread
trigonometria s.f. MATEMÁTICA trigonometry
trigueiro adj. swarthy; dark

triguilho

triguilho s.m. wheat bran
trilha s.f. 1 (*cereais*) threshing, thrashing 2 (*rastro*) track; trail; trace 3 figurado example ♦ trilha sonora soundtrack
trilhão s.m. trillion
trilhar v. 1 (*entalar*) to pinch; trilhar os dedos na porta to pinch one's fingers on the door 2 (*caminho*) to beat; to tread 3 (*pisar*) to tread ♦ trilhar o seu próprio caminho to follow one's own path
trilho s.m. 1 (*carril*) rail 2 (*caminho*) track; path
trilião num. 1 quintillion; trillion Grã-Bretanha ant. 2 trillion
trilingue adj., s.2g. trilingual
trilíngue adj., s.2g. trilingual
trilogia s.f. trilogy
trimestral adj.2g. quarterly, trimonthly
trimestre s.m. quarter; trimester
trinado s.m. trill; warble; chirrup, chirp
trinca s.f. bite
trincadela s.f. coloquial bite
trincar v. 1 (*morder*) to bite; trincar a língua to bite one's tongue 2 (*mastigar*) to chew; (*algo duro*) to crunch
trincha s.f. (*pincel*) paintbrush
trinchar v. CULINÁRIA (*carne*) to carve
trincheira s.f. trench
trinco s.m. (*porta*) latch
trindade s.f. trinity
Trindade s.f. RELIGIÃO Trinity; Santíssima Trindade the Holy Trinity
trineto s.m. great-great-grandchild (2g.); great-great-grandson (m.), great-great-granddaughter (f.)
trinta num. thirty; nos anos trinta during the thirties; o dia trinta the thirtieth
trinta-réis s.m.2n. ZOOLOGIA tern
trio s.m. trio
tripa s.f. tripe
tripartir v. to divide into three parts
tripé s.m. tripod
tripeiro s.m. 1 tripe seller 2 coloquial native of Oporto
triplicado adj., s.m. triplicate ♦ em triplicado in triplicate
triplicar v. to triple; to treble; to triplicate
triplo adj. triple; threefold ■ s.m. triple; treble; quero o triplo I want three as much ♦ ESPORTE triplo salto triple jump
tripulação s.f. crew; (*avião*) aircrew
tripulante s.2g. crew member; (*barco*) seaman
tripular v. 1 NÁUTICA, AERONÁUTICA (*pessoal*) to man 2 NÁUTICA, AERONÁUTICA (*dirigir*) to steer; to operate
trisavó s.f. great-great-grandmother
trisavô s.m. great-great-grandfather
triscar v. 1 to quarrel; to row 2 (*roçar*) to scrape; to brush
trissílabo s.m. trisyllable ■ adj. trisyllabic, trisyllabical
triste adj.2g. 1 (*pessoa, situação*) sad; estar triste to feel sad; um acontecimento triste a sad event 2 (*lamentável*) poor
tristeza s.f. sadness; sorrow

tristonho adj. 1 (*pessoa*) sad-looking; sad; melancholy 2 (*tempo, lugar*) gloomy
Tritão s.m. MITOLOGIA, ASTRONOMIA Triton
tritongo s.m. LINGUÍSTICA triphthong
triturado adj. 1 triturated; ground; crushed 2 (*mastigado*) masticated; chewed 3 figurado tormented
trituradora s.f. grinder; crushing machine
triturar v. to grind
triunfal adj.2g. triumphal
triunfante adj.2g. triumphant; victorious
triunfar v. 1 (*vitória*) to triumph (sobre, *over*); to prevail (sobre, *over*); triunfar sobre os inimigos to triumph over one's enemies 2 (*ultrapassar*) to overcome (sobre, –); triunfar sobre as adversidades to overcome the obstacles
triunfo s.m. triumph; victory; success
trivela s.f. (futebol) curl
trivial adj.2g. trivial; commonplace
trivialidade s.f. triviality; pettiness; insignificance
trivializar v. to trivialize
triz s.m. instant, moment ♦ foi por um triz! that was close! por um triz by a hair's breadth
troca s.f. 1 (*geral*) exchange; switch; swap 2 (*negócios, acordos*) barter 3 (*ideias, processos*) interchange ♦ troca de palavras exchange of words em troca in return
troça s.f. mockery; derision; fazer troça de to make fun of
trocadilho s.m. pun; play on words
trocado s.m. (*dinheiro*) change, small change
trocar v. 1 (*geral*) to exchange; trocar dinheiro to exchange money 2 (*lugares, coisas*) to change; to switch; to swap; pode trocar de lugar comigo? can you change places with me?; trocar de casa to move; trocar de roupa to change clothes 3 (*opiniões, ideias*) to interchange 4 (*substituir*) to replace; trocar os móveis to replace the furniture
troçar v. (*gozo*) to mock (de, –); to make fun (de of); troçar de alguém to make fun of somebody
trocista adj.2g. mocking; scornful; um sorriso trocista a mocking smile ■ s.2g. mocker; scoffer
troco s.m. (*dinheiro*) change, odd money; fique com o troco keep the change ♦ a troco de in return for; in exchange for
troço s.m. 1 (*estrada*) stretch 2 (*couves*) cabbage stalk 3 (*pedaço*) fragment; piece
troféu s.m. trophy
troglodita s.2g. troglodyte
trólei s.m. 1 (*veículo*) trolleybus 2 (*dispositivo*) trolley
trololó s.m. light music
tromba s.f. 1 (*animal*) trunk 2 METEOROLOGIA water spout 3 popular (*rosto*) grimace ♦ estar de tromba to pull a long face
trombada s.f. collision
trombadinha s.2g. coloquial an underage petty thief
trombeta s.f. MÚSICA trumpet
trombo s.m. MEDICINA thrombus
trombone s.m. MÚSICA trombone
trombonista s.2g. trombonist
trombose s.f. MEDICINA thrombosis

turbulento

trombudo adj. (carrancudo) sulky; sullen
trompa s.f. 1 MÚSICA horn 2 ANATOMIA tube; trompa de Eustáquio Eustachian tube; trompa de Falópio Fallopian tube
trompete s.m. MÚSICA trumpet
trompetista s.2g. trumpeter, trumpet player
troncho s.m. stump ■ adj. 1 mutilated 2 crooked
tronco s.m. 1 BOTÂNICA (árvore) trunk; tronco de madeira log 2 ANATOMIA torso; trunk 3 (genealogia) stock; lineage
trono s.m. throne; o herdeiro do trono the heir to the throne; subir ao trono to ascend to the throne
tropa s.f. 1 (soldados) troop 2 (exército) army 3 coloquial (serviço militar) military service, national service; fazer a tropa to do national service; ir para a tropa to attend national service **tropas** s.f.pl. military forces, troops; tropas aéreas flying corps
tropeção s.m. stumble; dar um tropeção to stumble
tropeçar v. to stumble (em, on); to trip (em, over); tropeçar nas palavras to stumble; tropeçar em uma pedra to trip over a stone
tropeço s.m. stumbling block; obstacle; impediment
trôpego adj. shaky; unsteady; doddering
tropical adj.2g. tropical; as regiões tropicais the tropics; fruto tropical tropical fruit; tempo tropical tropical weather
trópico s.m. GEOGRAFIA tropic ♦ trópico de Câncer/Capricórnio Tropic of Cancer/Capricorn
tropismo s.m. BIOLOGIA tropism
troposfera s.f. troposphere
trotar v. to trot
trote s.m. 1 trot; a trote trotting 2 prank ♦ (pessoa) ir a trote to be in haste
trotineta s.f. (brinquedo) scooter
trotinete s.f. (brinquedo) scooter
trouxa s.f. (roupa) bundle; pack ■ s.2g. coloquial (pessoa) sucker
trovador s.m. LITERATURA troubadour; bard
trovadoresco adj. courtly; poesia trovadoresca courtly troubadour poetry
trovão s.m. thunder; (muito forte) thunderclap
trovar v. to versify trovar-se v.pr. to put into rhyme
trovejar v. to thunder
trovoada s.f. thunderstorm
trovoar v. popular to thunder
trucidar v. 1 (assassinar) to kill; to murder 2 (mutilar) to mangle; to mutilate; to maim
truculento adj. 1 (cruel) cruel; savage 2 (feroz) fierce; ferocious; crítica truculenta scathing criticism
rufa s.f. BOTÂNICA, CULINÁRIA truffle
truncar v. 1 (árvore) to cut off, to lop off 2 (obra) to truncate 3 (mutilar) to mutilate; to maim 4 (cortar) to shorten
trunfa s.f. mop; head of hair
trunfar v. (jogo de cartas) to trump, to play a trump card
trunfo s.m. (jogo de cartas) trumps; trump card ♦ ter os trunfos na mão to have the ball at one's foot
truque s.m. 1 (artimanha) trick; catch; conhecer todos os truques to know all the tricks; qual é o truque? what's the catch?; um truque de magia a magic trick 2 (esquema) dodge; scheme

truste s.m. ECONOMIA trust
truta s.f. ZOOLOGIA trout
tsunami s.m. tsunami
tu pron. pess. you; e tu? what about you?; tu não sabes nada you don't know anything
tua pron. poss. 1 your; é esta a tua casa? is this your house? 2 yours; uma amiga tua a friend of yours
tubarão s.m. ZOOLOGIA shark
tubérculo s.m. BOTÂNICA tuber
tuberculose s.f. MEDICINA tuberculosis, TB
tuberculoso adj. MEDICINA suffering from tuberculosis; tuberculous ■ s.m. TB sufferer
tubo s.m. 1 (cano) pipe 2 (embalagem) tube; tubo de pasta de dentes tube of toothpaste ♦ ANATOMIA tubo digestivo alimentary canal QUÍMICA tubo de ensaio test tube tubo de escape exhaust pipe
tubulação s.f. tubulation; piping
tucano s.m. ZOOLOGIA toucan
tucum s.m. BOTÂNICA tucuma, awarra
tudo pron. indef. 1 (totalidade) all; tudo depende de ti it all depends on you; tudo junto all together; tudo o mais everything else 2 (todas as coisas) everything; tudo é possível anything is possible; já está tudo nas malas everything is packed ♦ dar tudo por tudo to do your best ou tudo ou nada all or nothing
tufão s.m. METEOROLOGIA typhoon
tufo s.m. (cabelo, vegetação) tuft
tugir v. to mutter
tuim s.m. ZOOLOGIA kind of parakeet
tuiuiú s.m. ZOOLOGIA wood ibis
tule s.m. (tecido) tulle
túlio s.m. QUÍMICA (elemento químico) thulium
tulipa s.f. BOTÂNICA tulip
tumba interj. crash!; bang!
tumor s.m. MEDICINA tumour
túmulo s.m. tomb; grave
tumulto s.m. tumult; turmoil; commotion
tumultuar v. to excite; to stir up; to agitate
tumultuoso adj. tumultuous; uproarious; noisy
tuna s.f. university students' musical group
tundra s.f. tundra
túnel s.m. 1 tunnel 2 round
tungstênio s.m. QUÍMICA (elemento químico) tungsten
túnica s.f. tunic
Tunísia s.f. Tunisia
tunisiano adj., s.m. Tunisian
tupi s.m. Tupi
turba s.f. rabble; mob
turbante s.m. turban
turbilhão s.m. 1 (água) swirl; whirl; eddy 2 (vento) whirlwind; whirl 3 figurado (processo, ato) bustling activity; bustle; stir
turbina s.f. turbine
turbo s.m. MECÂNICA turbo ♦ motor turbo turbo engine
turbodiesel s.m. turbodiesel
turbogerador s.m. FÍSICA, MECÂNICA turbogenerator
turbulência s.f. 1 (instabilidade atmosférica) turbulence 2 (agitação) turbulence; unrest; unsteadiness
turbulento adj. 1 (época) turbulent; tumultuous 2 (comportamento) turbulent; troublesome; unruly

turco

3 (*água*) turbulent; choppy; rough; mar turbulento choppy sea

turco *s.m.* (*pessoa*) Turk ■ *adj.* Turkish turco *s.m.* (*língua*) Turkish ◆ banho turco Turkish bath pano turco Turkish towelling

turfa *s.f.* turf, peat

turismo *s.m.* 1 (*geral*) tourism 2 (*negócio*) tourist trade; tourist industry ◆ turismo rural tourism in the country posto de turismo tourism office

turista *s.2g.* tourist

turístico *adj.* tourist; visita turística tourist visit

turma *s.f.* 1 (*escola*) class; chefe de turma head boy, head girl 2 (*amigos*) gang

turnê *s.f.* tour

turno *s.m.* 1 (*trabalho*) shift; turno da noite night shift 2 (*vez*) turn 3 ESPORTE round ◆ por turnos by turns; by spells por seu turno in his turn

turquesa *s.f.* GEOLOGIA turquoise ■ *adj.2g., s.m.* (*cor*) turquoise

Turquia *s.f.* Turkey

turra *s.f.* popular butt with the head ◆ andar às turras com alguém to be on bad terms with somebody

turrão *adj.* obstinate ■ *s.m.* obstinate person

turvação *s.f.* 1 (*desassossego*) uneasiness; disquietude; anxiety 2 (*água*) muddiness 3 (*tempo*) overcasting

turvar *v.* 1 to cloud 2 (*preocupação*) to disturb

turvo *adj.* 1 (*água, ar*) muddy; cloudy 2 (*escuro*) dark; obscure; dim

tutano *s.m.* marrow ◆ até ao tutano to the marrow

tutela *s.f.* 1 DIREITO guardianship (de, –); estar sob a tutela de alguém to be under someone's guardianship 2 figurado (*proteção*) protection (de, *of*); care (de, *of*)

tutelar *adj.2g.* tutelary; protective ■ *v.* 1 DIREITO to tutor 2 figurado (*proteger*) to protect; to guard

tutor *s.m.* DIREITO tutor; guardian

tutti frutti *adj.2g.2n.* tutti-frutti

tutu *s.m.* 1 (*balé*) tutu 2 dish prepared with beans and manioc 3 coloquial money

TV *sigla de* televisão, TV (sigla de television)

U

u s.m. (letra) u
uacari s.m. ZOOLOGIA uakari, ouakari
uaicima s.f. BOTÂNICA Caesar weed
uamiri s.m. small arrow
uariquina s.f. variety of red pepper
uauaçu s.m. BOTÂNICA babassu palm
ubacaba s.f. BOTÂNICA bacaba
ubarana s.m. ZOOLOGIA ladyfish
ubatã s.m. Brazilian tree
úbere adj.2g. 1 formal (fértil) fertile; fruitful 2 formal (abundante) abundant; plentiful; copious ■ s.m. (teta) udder
ubiquidade s.f. ubiquity; omnipresence
ubíquo adj. ubiquitous; omnipresent
ubuçu s.m. BOTÂNICA troolie palm
uçá s.m. ZOOLOGIA mangrove crab
Ucrânia s.f. Ukraine
ucraniano adj., s.m. Ukrainian
UE sigla de União Europeia, EU, European Union
ué interj. (admiração) wow!; (espanto) ah!; (surpresa) oh!
ufa interj. whew!; what a relief!
ufanar v. 1 (envaidecer) to make (somebody) proud 2 (regozijar) to rejoice ufanar-se v.pr. 1 (envaidecer-se) to be proud (de, of); to feel proud (de, of) 2 (gabar-se) to boast (de, of); to brag (de, about/of)
ufano adj. proud; boasting; bragging
uh interj. 1 (desilusão) aw! 2 (desdém) huh! 3 (dor) ah!; ouch!; ow! 4 (para assustar) boo!
ui interj. 1 (dor) ouch! 2 (surpresa) wow!; oh!
uirapuru s.m. ZOOLOGIA musician wren
uísque s.m. whisky; whiskey EUA
uivar v. to howl
uivo s.m. howl
úlcera s.f. MEDICINA ulcer ◆ úlcera gástrica gastric ulcer
ulo s.m. (gemido) groan, moan; (lamento) lament
ulterior adj.2g. (tempo futuro) ulterior; further; future
última s.f. coloquial latest; news; já sabes da última? do you know the latest yet?; qual é a última? what's new?
ultimamente adv. lately, of late; recently
ultimar v. to finalize; to complete; to settle
ultimato s.m. ultimatum; fazer um ultimato a to give (someone) an ultimatum, to deliver an ultimatum to
último adj. 1 (sequência) last; ficar em último lugar to be last; pela última vez for the last time; por último lastly; quando o viu pela última vez? when did you last see him ? 2 (conclusivo) final; last; último retoque final touch 3 (enumeração) latter; o último mencionado the latter 4 (edifício) top; último andar top floor ■ s.m. last
ultra adj.2g. ultra; extreme; radical ■ s.2g. ultra; extremist; radical

ultrajante adj.2g. 1 (insultuoso) insulting 2 (ofensivo) outrageous
ultrajar v. to outrage; to insult
ultraje s.m. 1 (insulto) insult; abuse 2 (ofensa) outrage; offence
ultraleve s.m. AERONÁUTICA ultralight, ultralight plane, ultralight craft
ultramar s.m. overseas territories; ele navegou para o ultramar he sailed overseas
ultramarino adj. overseas
ultrapassado adj. (antiquado) outmoded, outdated; old-fashioned; ideias ultrapassadas old-fashioned ideas
ultrapassagem s.f. overtaking; fazer uma ultrapassagem de um caminhão to overtake a truck
ultrapassar v. 1 (automóvel) to overtake; to pass 2 (a pé) to go by; to pass, to pass by 3 (superar) to surpass; to exceed 4 (ser melhor) to outdo (em, in) 5 (abuso) to go beyond
ultrassom s.m. FÍSICA ultrasound
ultrassonografia s.f. 1 (técnica) ultrasonography; ultrasound 2 (exame) ultrasound scan; ultrasound examination
ultravioleta adj.2g.2n. ultraviolet; raios ultravioleta ultraviolet rays
ulular v. 1 (animal) to ululate; to howl 2 (vento) to moan 3 (gritar) to yell; to shriek
um art.indef.m. 1 a; an; um ano depois a year later 2 (algum) some; a few; uns anos atrás some years ago 3 (aproximadamente) about; some; um bom par de horas about a couple of hours ■ pron. indef. one; um a um one by one; um deles one of them num. one; o número um number one ◆ um ao outro to each other um e outro both
umari s.m. BOTÂNICA spiny andira
umbamba s.f. BOTÂNICA palm-tree developing in marshes
umbaúba s.f. BOTÂNICA trumpet tree; silverleaf pumpwood
umbigo s.m. ANATOMIA navel
umbigueira s.f. VETERINÁRIA umbilical affection
umbilical adj.2g. umbilical; cordão umbilical umbilical cord
umedecer v. to dampen; to moisten
úmero s.m. ANATOMIA humerus
umidade s.f. 1 (atmosfera) humidity 2 (vapor) moisture; umidade do ar moisture of the air 3 (parede) dampness, damp
umidificador s.m. humidifier
úmido adj. 1 (clima) humid 2 (ar) moist 3 (grama) wet 4 (roupa) damp
unânime adj. unanimous; united; por voto unânime by unanimous vote
unanimidade s.f. unanimity; accord ◆ por unanimidade unanimously

unção

unção *s.f.* unction
undécimo *num.* eleventh
ungir *v.* to anoint (de, com, *with*)
unguento *s.m.* ointment
unha *s.f.* 1 (*pessoas*) nail, fingernail; unha encravada ingrowing nail; unhas dos pés toe nails 2 (*garra*) claw; (*ave de rapina*) talon; as unhas dos gatos cat's claws
unhada *s.f.* nail scratch
unhas de fome *s.2g.2n.* niggard
unheiro *s.m.* MEDICINA agnail; whitlow; hangnail
união *s.f.* 1 (*países, pessoas*) alliance 2 (*relação*) union; match; marriage; a união perfeita the perfect union 3 POLÍTICA union ♦ União Europeia European Union união monetária monetary union a união faz a força united we stand, divided we fall
unicamente *adv.* 1 (*somente*) only; merely 2 (*exclusivamente*) uniquely; solely; exclusively
unicelular *adj.2g., s.m.* BIOLOGIA unicellular
único *adj.* 1 (*somente um*) only; ele era o único que sabia he was the only one to know; fui lá uma única vez I only went there once 2 (*situação*) sole; com o único propósito de with the sole purpose of 3 (*invulgar*) unique; exceptional; ter um talento único to have a unique talent ♦ ser filho único to be an only child preço único set price tamanho único one size
unicolor *adj.2g.* unicoloured Grã-Bretanha, unicolored EUA; one-coloured Grã-Bretanha, one-colored EUA
unicórnio *s.m.* unicorn
unidade *s.f.* 1 (*união*) unity 2 (*medida*) unit; unidade de tempo time unit 3 MATEMÁTICA unit 4 (*equipe*) unit; unidade hospitalar hospital unit; unidade militar army unit
unido *adj.* 1 (*instituições, acordos*) united; linked 2 (*amizades*) close 3 (*objetos*) joined, joint; connected
unificação *s.f.* unification; unificação econômica economic unification
unificar *v.* to unify
uniforme *adj.2g.* uniform; regular ■ *s.m.* (*farda*) uniform
uniformidade *s.f.* uniformity
uniformização *s.f.* standardization
uniformizar *v.* to standardize
unilateral *adj.2g.* unilateral; one-sided; declaração unilateral unilateral declaration
unir *v.* to unite; to join unir-se *v.pr.* (*pessoas, organizações*) to unite (a, *with*); to join (a, –); uniram-se para enfrentar o poder they joined forces to fight the power
unissex *adj.2g.2n.* unisex; roupas unissex unisex clothes
unissexual *adj.2g.* 1 BIOLOGIA unisexual 2 BOTÂNICA diclinous; unisexual
uníssono *adj.* unisonous; in harmony ■ *s.m.* MÚSICA unison; em uníssono in unison
unitário *adj.* unitary ♦ preço unitário price per item
universal *adj.2g.* 1 (*total, geral*) universal; general 2 (*mundial*) universal; global; leis universais universal laws
universalidade *s.f.* universality
universalizar *v.* to universalize; to generalize
universidade *s.f.* university

universitário *adj.* 1 (*curso, aluno*) university; concluir um curso universitário to take a university degree 2 (*honras*) academic ■ *s.m.* 1 (*aluno*) university student 2 (*docente*) university teacher
universo *s.m.* 1 ASTRONOMIA universe 2 figurado environment; sphere
univitelino *adj.* BIOLOGIA monozygotic; gêmeos univitelinos monozygotic twins
uno *adj.* sole; one only; unique
untar *v.* CULINÁRIA to grease ♦ untar as mãos de alguém to grease someone's palm
upa *interj.* up!; upa!, levanta-te! up with you!, up you get! *s.f.* frisk; jerk; bounce
upgrade *s.m.* INFORMÁTICA upgrade; fazer um upgrade em to upgrade something
urânio *s.m.* QUÍMICA (*elemento químico*) uranium ♦ urânio enriquecido enriched uranium
Urano *s.m.* ASTRONOMIA, MITOLOGIA Uranus
urbanidade *s.f.* 1 (*cidades*) urbanity 2 (*maneiras*) urbanity; politeness
urbanismo *s.m.* town planning, urbanization
urbanista *s.2g.* town-planner Grã-Bretanha; urban-planner Grã-Bretanha; city-planner EUA
urbanização *s.f.* 1 (*processo*) urbanization 2 (*conjunto de casas*) house estate, block of flats
urbanizar *v.* (*cidades*) to develop
urbano *adj.* 1 (*cidades*) urban; zonas urbanas urban areas 2 (*comportamento*) urbane; polite
urbe *s.f.* city, town
urco *adj.* huge; enormous ■ *s.m.* big horse
urdir *v.* 1 (*tecelagem*) to warp; to weave 2 (*conspiração*) to plot
ureia *s.f.* BIOLOGIA urea
ureter *s.m.* ANATOMIA ureter
uréter *s.m.* ANATOMIA ureter
uretra *s.f.* ANATOMIA urethra
urgência *s.f.* 1 (*pressa*) urgency; com urgência urgently; ter urgência em to be urgent to 2 (*hospitais*) emergency services
urgente *adj.2g.* urgent; pressing; um assunto urgente a pressing matter
urgir *v.* 1 (*necessitar ação rápida*) to be urgent 2 (*pressionar*) to urge; to press; o tempo urge time is pressing
úrico *adj.* BIOLOGIA uric; ácido úrico uric acid
urina *s.f.* urine; exame de urina urinalysis
urinar *v.* to urinate
urinário *adj.* urinary; aparelho urinário urinary tract
urinol *s.m.* urinal
urna *s.f.* 1 (*caixão*) coffin; cask EUA 2 (*cinzas de cadáver*) urn 3 (*eleições*) ballot box
urologia *s.f.* MEDICINA urology
urologista *s.2g.* urologist
urrar *v.* to roar; to bellow
urro *s.m.* roar; bellow
Ursa Maior *s.f.* ASTRONOMIA Ursa Major; Great Bear
Ursa Menor *s.f.* ASTRONOMIA Ursa Minor; Little Bear
urso *s.m.* 1 ZOOLOGIA bear 2 figurado (*bom aluno*) top student ♦ ZOOLOGIA urso polar polar bear
urticária *s.f.* MEDICINA hives
urtiga *s.f.* BOTÂNICA nettle
uru *s.m.* ZOOLOGIA partridge

urubu *s.m.* ZOOLOGIA urubu; black vulture
urucari *s.m.* BOTÂNICA palm-tree
urucu *s.m.* BOTÂNICA annatto
uruçu *s.m.* type of bee
urucubaca *s.f.* coloquial misfortune; bad luck
urucueiro *s.m.* BOTÂNICA annatto tree, anatto tree
Uruguai *s.m.* Uruguay
uruguaio *adj., s.m.* Uruguayan
urutau *s.m.* ZOOLOGIA lesser potoo
urutu *s.m.* ZOOLOGIA urutu snake
usado *adj.* 1 (*gasto*) worn out; used up 2 (*em segunda mão*) second-hand; carros usados second-hand cars 3 (*habitual*) usual; frequent
usar *v.* 1 (*geral*) to use 2 (*roupa, estilo*) to wear; to have on; usar cabelo curto to wear one's hair short 3 (*recorrer*) to use; to employ; usar a força to use force 4 pejorativo (*pessoas*) to use; to exploit; ele usa toda a gente he uses everybody 5 (*expediente*) to employ (de, –); to exercise (de, –); usar dos seus direitos to exercise one's rights usar-se *v.pr.* (*moda*) to be fashionable, to be in; isso já não se usa that is no longer the fashion
usina *s.f.* factory; power station usina hidrelétrica hydroelectric power station
usineiro *s.m.* factory worker
uso *s.m.* 1 (*utilização*) use; usage; em uso in use; fazer uso de to make use of, to bring into play; fora de uso out of use 2 (*tradição*) custom; practice; habit; usos e costumes customs and traditions 3 (*roupa*) wear; este casaco já teve muito uso this coat has had its wear ♦ de uso corrente in common use
usual *adj.2g.* usual; customary; ordinary; clientes usuais usual clients
usualmente *adv.* usually; normally

usuário *s.m.* user; usuário de computadores computer user
usufruir *v.* 1 (*fruir*) to enjoy (de, –) 2 DIREITO to have the usufruct of
usufruto *s.m.* DIREITO usufruct
usurpador *adj.* usurping; seizing ■ *s.m.* usurper; seizer
usurpar *v.* to usurp; to seize
utensílio *s.m.* 1 (*tarefas domésticas*) utensil; implement; utensílios de cozinha cooking utensils 2 (*ferramenta*) tool
utente *adj.2g.* user
uterino *adj.* uterine
útero *s.m.* ANATOMIA uterus; womb
útil *adj.2g.* 1 useful 2 (*pessoa*) useful; helpful; posso ser-lhe útil? can I be of any use to you? ♦ dias úteis weekdays; working days
utilidade *s.f.* utility; usefulness; use; não ter utilidade nenhuma to be of no use
utilitário *adj.* utilitarian; economical ■ *s.m.* INFORMÁTICA utility program ♦ veículo utilitário utility vehicle
utilização *s.f.* use; utilization
utilizador *s.m.* user
utilizar *v.* 1 (*objeto*) to use; utilizar um computador to use a computer 2 (*ato*) to put to use ● O verbo inglês utilize EUA, ou utilize Grã-Bretanha, corresponde ao sentido de "utilizar, empregar" porém é de uso formal.
utopia *s.f.* utopia
utópico *adj.* utopian
uva *s.f.* BOTÂNICA grape; um cacho de uvas a bunch of grapes ♦ uvas-passas raisins
uva-passa *s.f.* raisin
úvula *s.f.* ANATOMIA uvula

V

v *s.m.* (*letra*) v ♦ em V V-shaped
vá *interj.* 1 (*ânimo*) go on! 2 (*pressa*) come on!; keep going!; get going!
vaca *s.f.* 1 ZOOLOGIA cow 2 vulgarismo (*insulto*) bitch vulg., whore vulg. ♦ CULINÁRIA carne de vaca beef voltar à vaca fria to return to the point
vacante *adj.2g.* 1 (*cargo*) vacant 2 (*livre*) vacant; unoccupied; free; lugar vacante free seat
vacaria *s.f.* 1 (curral de vacas) cowshed 2 (recolha de leite) dairy
vacilação *s.f.* 1 (*hesitação*) vacillation; hesitation 2 (*oscilação*) oscillation
vacilar *v.* 1 (*hesitar*) to vacillate; to hesitate; to waver 2 (*oscilar*) to oscillate; to waver 3 (*cambalear*) to stumble; to lurch
vacina *s.f.* vaccine; vacina da gripe flu vaccine
vacinação *s.f.* vaccination
vacinado *adj.* 1 vaccinated 2 figurado (*imune*) immune; estar vacinado contra críticas to be immune to criticism ♦ ser maior e vacinado to be an adult
vacinar *v.* to vaccinate; to inoculate vacinar-se *v.pr.* to get vaccinated (contra, *against*); vacinar-se contra a varicela to get vaccinated against smallpox
vácuo *s.m.* 1 FÍSICA vacuum 2 void ■ *adj.* vacuous; empty
vadiação *s.f.* 1 vagrancy 2 (*ócio*) idleness
vadiagem *s.f.* 1 vagrancy 2 (*ócio*) idleness
vadiar *v.* 1 to wander (por, *in*); to roam (por, *around*); to ramble (por, *over*); vadiar pelas ruas to wander in the streets 2 figurado (*ócio*) to idle
vadio *adj.* 1 (*vagabundo*) vagrant 2 stray; cachorros vadios stray dogs ■ *s.m.* vagabond; tramp; bum
vaga *s.f.* 1 (*onda*) breaker; wave 2 figurado (*aumento*) surge; rise 3 (*lugar*) vacancy; preencher uma vaga to fill in a vacancy; sem vagas no vacancies
vagabundagem *s.f.* vagrancy
vagabundear *v.* 1 to live a vagabond life 2 to wander (por, *in*); to drift (por, *around*)
vagabundo *adj.* 1 vagrant; vagabond 2 (*sem destino*) wandering ■ *s.m.* 1 vagabond; tramp; bum 2 (*quem passeia*) wanderer
vaga-lume *s.m.* ZOOLOGIA glow-worm; firefly
vagamente *adv.* vaguely; indistinctly; indefinitely; ser vagamente familiar to be vaguely familiar
vagão *s.m.* (*trem*) carriage; car; coach
vagar *v.* 1 (*desocupar, deixar*) to vacate 2 (*cargo*) to become vacant 3 (*lugar*) to become empty ■ *s.m.* leisure; idleness; com vagar slowly; não ter vagar para nada to have no free time
vagarosamente *adv.* slowly; unhurriedly; leisurely
vagaroso *adj.* 1 (*movimentos*) slow, slow-moving; sluggish 2 (*sem pressas*) leisurely; unhurried
vagem *s.f.* 1 BOTÂNICA (*feijão-verde*) string bean, green bean 2 BOTÂNICA (*feijões, ervilhas*) pod

vagina *s.f.* ANATOMIA vagina
vaginal *adj.2g.* vaginal
vago *adj.* 1 (*imagem, conceito*) vague 2 (*cargo, lugar*) vacant; este lugar está vago? is this seat taken?; o lugar ainda está vago the post is still vacant 3 (*tempo*) free; spare; nas horas vagas in one's free time
vaguear *v.* to stroll; to ramble; to wander
vaia *s.f.* hoot; boo; jeer
vaiar *v.* to hoot down; to boo; to jeer
vaidade *s.f.* vanity; conceit
vaidoso *adj.* vain; conceited
vaivém *s.m.* 1 (*movimento*) to and fro motion 2 (*pessoas*) comings and goings 3 (*aeronave*) shuttle
vala *s.f.* 1 (*estrada, campo*) ditch 2 (*trincheira*) trench 3 (*sepultura*) grave; vala comum common grave
vale *s.m.* 1 GEOGRAFIA valley 2 (*documento*) voucher; vale de compras voucher ♦ vale postal postal order; money order
valentão *adj.* coloquial, irônico bragging; swaggering ■ *s.m.* coloquial, irônico braggart
valente *adj.2g.* 1 (*caráter, ato*) brave; courageous 2 (*temerário*) fearless
valentia *s.f.* bravery; courage
valer *v.* 1 to be worth 2 to be equivalent to; valer o mesmo que to be equivalent to 3 (*ser válido*) to be valid ♦ valer a pena to be worth it; to be worthwhile vale tudo! anything goes! a valer truly; for real isso não vale! that's not (playing) fair! fazer valer os seus direitos to assert one's rights valer-se *v.pr.* (*recorrer*) to turn (de, *to*)
valeta *s.f.* gutter
valete *s.m.* (*cartas*) knave, jack
Valhala *s.m.* MITOLOGIA Valhalla
valia *s.f.* (*valor*) value; worth; de pouca valia of little worth
validação *s.f.* validation; confirmation; validação de um resultado validation of a result
validade *s.f.* validity; dentro da validade within validity
validar *v.* 1 (*confirmação*) to validate; to confirm 2 (*lei, decisão*) to ratify
válido *adj.* 1 (*argumentação*) valid 2 (*documento*) valid; legal
valioso *adj.* 1 (*valor*) valuable 2 (*caro*) expensive; pricey
valor *s.m.* 1 (*quantia*) value; valor declarado declared value 2 (*preço*) price; saber o valor exato to know the right price 3 (*significado*) meaning 4 (*mérito*) value; worth; um homem de valor a man of worth ■ valores *s.m.pl.* 1 values; principles 2 (*bens*) valuables; valores imóveis real estate; valores móveis movables
valorização *s.f.* 1 (*moeda, ato*) increase in value 2 (*desenvolvimento*) development; improvement

valorizar v. 1 (*moeda, objetos*) to increase in value 2 (*estima*) to value 3 (*enriquecer*) to develop; to improve 4 (*atitude*) to enhance; to stress
valsa s.f. MÚSICA waltz
valva s.f. BIOLOGIA valve
válvula s.f. 1 BIOLOGIA, MECÂNICA valve; válvula de segurança safety valve 2 ELETRICIDADE plug
vampiro s.m. vampire
vanádio s.m. QUÍMICA (*elemento químico*) vanadium
vandalismo s.m. vandalism; hooliganism; um ato de vandalismo puro an act of sheer vandalism
vandalizar v. to vandalize
vândalo s.m. vandal; hooligan
vanglória s.f. vainglory; boastfulness; conceit
vangloriar-se v.pr. to boast (de, *about*); to brag (de, *of*; de, *about*)
vanguarda s.f. 1 (*inovação*) vanguard; forefront 2 (*arte, movimento*) avant-garde
vanguardismo s.m. avant-gardism
vanguardista adj.2g. avant-garde
vantagem s.f. 1 (*condição*) advantage; estar em vantagem to have the advantage; levar vantagem sobre os adversários to be ahead of one's opponents 2 (*ganho*) profit; gain; tirar vantagem de alguma coisa to benefit from something
vantajoso adj. 1 (*circunstâncias*) favourable 2 (*lucro*) profitable
vão adj. vain; futile; fruitless; esperança vã vain hope ■ s.m. 1 (*espaço*) empty space 2 (*janela, porta*) opening ♦ em vão in vain
vapor s.m. 1 steam; vapour 2 NÁUTICA (*barco*) steamer ♦ NÁUTICA a todo o vapor full steam ahead
vaporização s.f. 1 (*evaporação*) vaporization; evaporation 2 (*pulverização*) spraying
vaporizador s.m. vaporizer; sprayer
vaporizar v. to spray vaporizar-se v.pr. (*passar a estado gasoso*) to vaporize
vaqueano s.m. guide
vaqueiro s.m. cowboy (*m.*), cowhand (*2g.*), cowgirl (*f.*)
vaquejar v. 1 to pursue 2 (*gado*) to round up
vaquinha s.f. coloquial whip-round; kitty fazer uma vaquinha to have a whip-round
vara s.f. 1 (*pau fino*) twig; stick 2 (*pau grosso*) pole; rod 3 (*porcos*) herd of swine
varado adj. 1 (*atravessado*) pierced 2 (*barco*) aground; stranded 3 figurado (*espantado*) astonished; amazed 4 coloquial full (de, *of*); estou varado de fome I'm starving
varadouro s.m. 1 (*navio*) beaching place 2 figurado meeting place
varal s.m. 1 (*roupa*) clothesline; washing line Grã-Bretanha 2 (*carruagem*) shaft 3 (*liteira, andor*) pole
varanda s.f. 1 balcony 2 (*alpendre*) veranda; porch
varandim s.m. 1 narrow balcony 2 (*janela*) parapet
varão s.m. 1 (*homem*) male; man; o filho varão the son 2 (*corrimão*) rail 3 (*cortina*) curtain rod
varapau s.m. 1 cudgel; stick; staff 2 coloquial, figurado (*pessoa*) beanpole
vareja s.f. ZOOLOGIA (*mosca*) bluebottle; blowfly
varejar v. 1 (*árvore*) to beat; (*frutos*) to bring down, to shake down, to knock down 2 (*açoitar*) to beat; to whip; to flog 3 (*a tiro*) to shoot at; to fire on/at 4 (*revistar*) to search 5 figurado (*incomodar*) to trouble; to bother
varejeira s.f. ZOOLOGIA (*mosca*) bluebottle; blowfly
varejo s.m. 1 (*árvore*) beating; (*frutos*) bringing down, shaking down 2 (*fisco*) search, searching 3 (*armas*) volley of shots; hail of bullets; salvo 4 (*retalho*) (*preços, negócio*) retail; a varejo at retail; vender a varejo to sell something retail 5 figurado (*repreensão*) scolding; lecture; rebuke
vareta s.f. rod
variação s.f. 1 (*mudança*) change; modification; alteration 2 (*níveis*) variation; fluctuation; variação de preços fluctuation in prices 3 (*temperatura*) variance; change 4 MÚSICA variation
variado adj. 1 (*diverso*) diverse; different 2 (*amplo*) varied; wide-ranging; uma variada gama de produtos a wide range of products
variante s.f. 1 (*elemento*) variant 2 (*curso*) branch
variar v. 1 to vary (em, *in*); to differ (em, *in*); variar em tamanho to vary in size 2 (*mudar*) to vary; to change; variar as refeições to vary one's meals; variar de cor to change colour 3 popular (*delirar*) to rave; to be delirious ♦ para variar for a change
variável adj.2g. variable; changeable ■ s.f. MATEMÁTICA variable
varicela s.f. MEDICINA chickenpox
variedade s.f. 1 (*coisas*) variety; diversity 2 (*tipos diversos*) variety; sort; kind; toda a variedade de pessoas all sorts of people 3 BIOLOGIA variety; strain variedades s.f.pl. TEATRO variety; vaudeville; um espetáculo de variedades a variety show
varinha s.f. 1 (*vara*) pointer 2 (*magia*) wand; varinha de condão magic wand 3 (*eletrodoméstico*) mixer, electric mixer
varíola s.f. MEDICINA variola; smallpox
vários adj. 1 (*número impreciso*) several; há vários dias several days ago 2 (*diversos*) diverse; various
variz s.f. MEDICINA varix; varicose vein
varonil adj.2g. 1 male 2 (*másculo*) manly; virile; masculine 3 figurado vigorous; brave; fearless
varredor s.m. sweeper
varrer v. to sweep
varrido adj. 1 swept; clean; o chão está varrido the floor is swept 2 figurado (*doido*) mad; fool; doido varrido stark mad, utter fool ■ s.m. sweeping
várzea s.f. tilled plain; meadow
vascular adj.2g. BIOLOGIA vascular
vasculhar v. 1 to rummage 2 (*investigação*) to dig into
vasectomia s.f. MEDICINA vasectomy
vaselina s.f. vaseline; petroleum jelly
vasilha s.f. 1 (*recipiente*) vessel; container 2 (*pipa*) cask
vasilhame s.m. casks
vaso s.m. 1 (*plantas*) vase; flowerpot 2 ANATOMIA vessel; vaso sanguíneo blood vessel
vasqueiro adj. 1 (*náusea*) nauseating 2 (*raro*) scarce; sparse 3 difficult to understand/find ■ s.m. coloquial racket
vassalagem s.f. vassalage; servitude
vassalo s.m. vassal; bondsman
vassoura s.f. sweep; broom

vassourada s.f. 1 (*pancada*) blow with a broom 2 (*ato*) sweeping
vassourinha s.f. 1 small hand-brush 2 BOTÂNICA broomweed
vastidão s.f. vastness; immensity
vasto adj. vast; immense; huge
vaticínio s.m. prophecy; prediction; presage
vau s.m. ford; passar um rio a vau to ford a river
vazante adj.2g. 1 leaky ■ s.f. 2 (*maré*) ebb
vazão s.f. 1 (*líquido*) drainage; outflow 2 (*mercadoria*) outlet 3 (*clientes*) service; attendance; dar vazão aos clientes to see to customers
vazar v. 1 (*espaço*) to empty 2 (*líquido*) to drain; to outflow 3 (*marés*) to flow, to ebb 4 coloquial (*ir embora*) to take a hike; to beat it; vaza daqui! beat it!
vazio adj. 1 (*sem nada*) empty 2 (*oco*) hollow 3 (*vácuo*) void 4 figurado (*discurso, ideias*) empty; barren ■ s.m. 1 (*vácuo*) vacuum; void 2 (*sentimento*) emptiness ♦ de estômago vazio on an empty stomach de mãos vazias empty-handed
vê s.m. name of the letter v ♦ duplo vê double-u
veado s.m. 1 ZOOLOGIA deer; (*macho*) stag; (*fêmea*) hind 2 calão queer; poof Grã-Bretanha; fag EUA
vedação s.f. 1 (*muro*) fence; barrier 2 (*de sebe*) hedge 3 (*em barras horizontais*) rail 4 (*recinto fechado*) enclosure
vedado adj. 1 (*com muro*) fenced; walled in 2 (*recipiente*) tight 3 (*fechado*) closed
vedar v. 1 (*espaço, terreno*) to enclose; to fence; vedar um recinto to fence a place 2 (*recipiente*) to shut tight; to close tight 3 (*passagem*) to close 4 (*proibir*) to restrict 5 (*líquido*) to stop leaking; a torneira não veda bem the tap leaks
vedete s.f. star; uma vedete da TV a TV star
vedo s.m. 1 BOTÂNICA pipal; sacred fig 2 (*sebe*) fence; hedge
veeiro s.m. GEOLOGIA vein
veemência s.f. vehemence; impetuosity
veemente adj.2g. vehement; impetuous
vegano adj. vegan
vegetação s.f. vegetation
vegetal adj.2g. 1 (*óleo etc.*) vegetable 2 BOTÂNICA plant ■ s.m. 1 plant 2 figurado (*pessoa*) vegetable
vegetar v. (*pessoa*) to vegetate
vegetarianismo s.m. vegetarianism
vegetariano adj., s.m. vegetarian
vegetativo adj. 1 vegetative; reprodução vegetativa vegetative reproduction 2 figurado, pejorativo vegetative; inactive; ele está em estado vegetativo he is in vegetative state
veia s.f. 1 ANATOMIA, BOTÂNICA vein 2 GEOLOGIA vein; seam 3 figurado (*talento*) talent; gift
veicular v. to convey; to send out
veículo s.m. vehicle
veio s.m. 1 BOTÂNICA vein 2 GEOLOGIA seam; vein 3 (*riacho*) brook
vela s.f. 1 (*barco, moinho*) sail 2 ESPORTE sailing; praticar vela to sail 3 (*de cera*) candle; à luz das velas by candlelight; acender uma vela to light a candle
velado adj. 1 (*discrição*) veiled; guarded 2 (*iluminação fraca*) subdued; dim; luz velada subdued light

velar v. 1 (*pôr véu*) to veil 2 (*esconder*) to veil; to conceal 3 (*cuidar*) to watch, to watch (por, over)
velcro s.m. velcro
veleiro s.m. NÁUTICA sailing boat; sailing ship
velejador s.m. sailor
velejar v. to sail
velhacaria s.f. dishonesty
velhaco adj. 1 (*malvadez*) knavish; roguish 2 (*matreirice*) crafty ■ s.m. rascal
velharia s.f. (*coisa velha*) old stuff; old junk velharias s.f.pl. (*antiguidades*) antiques
velhice s.f. old age
velho adj. 1 (*geral*) old; ele é mais velho do que eu he is older than me; ficar velho to get old; o irmão mais velho the eldest brother 2 (*desatualizado*) out-dated; old-fashioned 3 old man, old woman ♦ meu velho old chap ● Em referência a parentescos, a expressão "mais velho" pode ser traduzida tanto por *elder* (grau comparativo) como por *eldest* (grau superlativo): o meu irmão mais velho my older brother, my elder brother; o meu filho mais velho my oldest son, my eldest son.
velhote s.m. old man, old woman
Velígero s.m. ASTRONOMIA Aries
velocidade s.f. speed; velocity; a toda a velocidade at full speed, at full swing velocidade da luz speed of light velocidade do som sound speed
velocímetro s.m. speed-counter, speedometer
velocípede s.m. velocipede
velocista s.2g. ESPORTE sprinter
velório s.m. wake
veloz adj.2g. speedy; swift; quick
velozmente adv. fast; quickly; swiftly
veludo s.m. velvet
vencedor adj. winning; victorious ■ s.m. 1 (*competição*) winner 2 (*guerra, batalha*) conqueror
vencer v. 1 (*competição*) to win; vencer o campeonato to win the championship 2 (*adversário*) to beat; to defeat 3 (*infecção*) to subdue 4 (*adversidade*) to overcome; to get through 5 (*terminar*) to expire; to come to an end; o prazo venceu the deadline expired
vencido adj. 1 (*subjugação*) vanquished; overcome 2 (*competição*) defeated; beaten 3 (*dívida*) due; (*prazo*) expired; juros vencidos due interest ♦ dar-se por vencido to give in
vencimento s.m. 1 (*salário*) pay; wage; salary 2 (*juros, prazo*) due time; expiration; ao vencimento when due
venda s.f. 1 (*transação*) sale; à venda now on sale; para venda for sale 2 (*ato*) selling; preço de venda selling price 3 (*dos olhos*) blindfold
vendar v. to blindfold
vendaval s.m. 1 (*ventania*) gale 2 (*tempestade*) storm
vendável adj.2g. saleable; marketable
vendedor s.m. 1 seller; (*de rua*) vendor 2 (*loja*) shop assistant Grã-Bretanha, salesclerk EUA 3 (*empresa*) salesman (m.), saleswoman (f.); sales representative
vender v. to sell (a, on; a, at) vender-se v.pr. 1 to be sold; to be on sale 2 figurado (*pessoa*) to sell oneself ♦ vender saúde to be as fit as a fiddle vende-

-se for sale ter para dar e vender to have enough and to spare
veneno s.m. 1 (substância) poison; (cobra) venom 2 figurado (maledicência) malice, spite; venom; lá está ela colocando veneno there comes her venom again!
venenoso adj. poisonous
veneração s.f. (culto) veneration; worship
venerando adj. venerable; revered
venerar v. to venerate; to worship
venerável adj., s.2g. venerable
venéreo adj. MEDICINA venereal; doença venérea venereal disease
veneta s.f. 1 coloquial (acesso) fit 2 coloquial (capricho) fancy; whim ♦ dar na veneta to take into one's head
veneziana s.f. (estore) Venetian blind
veneziano adj., s.m. Venetian
Venezuela s.f. Venezuela
venezuelano adj., s.m. Venezuelan
venoso adj. BIOLOGIA (sangue) venous
venta s.f. popular (narina) nostril ventas s.f.pl. popular (nariz) nose
ventania s.f. gale; high wind
ventar v. to blow; to be windy
ventilação s.f. ventilation; airing
ventilador s.m. ventilator; fan
ventilar v. 1 (ar) to ventilate; to air 2 (ideias) to ventilate; to divulge
vento s.m. wind; faz vento the wind is blowing ♦ ir de vento em popa to do very well
ventoinha s.f. (ventilador) fan; ventoinha de teto ceiling fan; ventoinha elétrica electric fan
ventosa s.f. 1 (objeto) suction cup 2 ZOOLOGIA sucker, sucking disk 3 MEDICINA cupping glass
ventosidade s.f. flatulence
ventoso adj. (vento) windy
ventre s.m. 1 (barriga) belly 2 (útero) womb
ventricular adj.2g. ventricular
ventrículo s.m. ANATOMIA ventricle
ventríloquo s.m. ventriloquist; boneco de ventríloquo ventriloquist's dummy
ventura s.f. 1 (sorte) fortune; good luck 2 (acaso) chance
Vênus s.f. ASTRONOMIA, MITOLOGIA Venus
ver v. 1 (visão) to see; você já o viu? have you seen him yet?; não vejo nada I can't see a thing 2 (olhar para) to look; veja isto take a look at this 3 (reparar) to notice 4 (com atenção) to watch; ver televisão to watch television 5 (verificar) to see; to check; vê se é esse o caso check if that is the case ver-se v.pr. 1 (encontrar-se) to find oneself; ver-se em uma situação difícil to find oneself in a difficult situation 2 (imaginar-se) to see oneself; to picture oneself; não me vejo fazendo isso I don't picture myself doing such a thing ♦ ver para crer seeing is believing vê lá o que você faz! mind you! veremos wait and see a meu ver as I see it coloquial eu vi logo! I knew it! não ter nada a ver com to have nothing to do with não ver bem a questão to miss the point ter a ver com to have to do with
veracidade s.f. veracity; truthfulness

vermelhidão

veranear v. to spend the summer (em, in, at)
verão s.m. 1 (estação do ano) summer 2 (período) summertime
verba s.f. 1 (quantia em dinheiro) sum 2 (fundo) fund
verbal adj.2g. 1 LINGUÍSTICA verbal 2 (oralidade) oral; verbal
verbalizar v. to verbalize; to put into words
verbalmente adv. orally
verbena s.f. BOTÂNICA verbena
verbete s.m. (dicionário) entry
verbo s.m. 1 LINGUÍSTICA verb; verbo auxiliar auxiliary verb 2 (palavra) word
verdade s.f. 1 truth; dizer a verdade to tell the truth; é verdade that's true ♦ a verdade nua e crua the naked truth coloquial (recordação) ah, é verdade! oh, I nearly forgot faltar à verdade to be economical with the truth na verdade in fact
verdadeiro v. 1 true; uma história verdadeira a true story; um amigo verdadeiro a true friend 2 (autêntico) real; veritable; foi uma verdadeira enxurrada it was a veritable downpour 3 (gêmeos) identical
verde adj.2g. 1 (cor) green 2 (fruta) unripe 3 (vinho) green; tart 4 figurado (pessoa) fresh; immature ■ s.m. (cor) green; verdes s.m.pl. 1 CULINÁRIA vegetables; greens 2 POLÍTICA Greens; environmentalists ♦ ficar verde de inveja to be green with envy
verde-claro adj., s.m. light green
verde-escuro adj., s.m. dark green
verdejante adj.2g. green
verdete s.m. verdigris
verdoengo adj. 1 (fruta) green; unripe 2 (cor) greenish
verdor s.m. 1 (cor) verdure; greenness 2 figurado (vigor) vigour; freshness
verdura s.f. 1 (cor) greenness 2 (vegetação) foliage; verdure 3 (legumes) vegetables; greens
verdureiro s.m. greengrocer
vereador s.m. town councillor
vereda s.f. footpath
veredicto s.m. DIREITO verdict; dar o veredicto de to return the verdict of
verga s.f. twig ♦ cadeira de verga wicker chair
vergar v. 1 (dobrar) to bend 2 (subjugar) to abase; to subjugate vergar-se v.pr. 1 (dobrar o corpo) to bow; to stoop 2 (submeter-se) to submit (a, to)
vergonha s.f. shame; estar com vergonha to feel ashamed; corar de vergonha to flush with shame
vergonhoso adj. (ato, experiência) shameful; disgraceful
vergôntea s.f. 1 (rebento) shoot; sprout 2 figurado (filho) offspring
verídico adj. true; truthful
verificação s.f. 1 (investigação) verification; examination 2 (controle) checking
verificar v. 1 (fato, situação) to check 2 (teoria) to verify; to examine verificar-se v.pr. (acontecer) to happen; to take place
verme s.m. worm
vermelhidão s.f. 1 (cor) vermilion; redness 2 (rosto) flush; redness

vermelho

vermelho adj., s.m. (cor) red ♦ (futebol) cartão vermelho direct red card (corar) ficar vermelho to blush
vermicida adj.2g. vermicidal ■ s.m. vermicide
vermífugo s.m. vermifuge
vermute s.m. vermouth
vernáculo adj., s.m. vernacular
vernissage s.f. vernissage
verniz s.m. varnish; polish
verosímil adj.2g. 1 (credível) credible 2 (provável) likely; probable
verossímil adj.2g. 1 (credível) credible 2 (provável) likely; probable
verossimilhança s.f. 1 verisimilitude 2 (probabilidade) probability; likeness
verruga s.f. wart
versado adj. versed (em, in); learned (em, in)
versão s.f. version
versar v. to deal (sobre, with); to consist (sobre, of)
versátil adj.2g. versatile
versatilidade s.f. versatility
versículo s.m. RELIGIÃO verse
versificar v. to versify
verso s.m. 1 LITERATURA verse; line; os primeiros versos do poema the first lines of the poem 2 (de folha) verso ♦ em verso in verse imprimir frente e verso to print on both sides ver no verso see overleaf
vértebra s.f. ANATOMIA vertebra
vertebrado adj., s.m. ZOOLOGIA vertebrate
vertebral adj.2g. ANATOMIA vertebral; spinal; coluna vertebral spinal column
vertente s.f. 1 (encosta) slope; side 2 (ponto de vista) point of view; aspect
verter v. 1 (vazar) to pour out (para, into) 2 (derramar) to spill 3 (lágrimas) to shed 4 (gota a gota) to leak; to ooze; to trickle; to seep
vertical adj.2g., s.f. vertical
vértice s.m. 1 (polígonos) vertex 2 (topo) apex; top; summit 3 (organização) apex; head
vertigem s.f. 1 (alturas) vertigo; causar vertigens to give vertigo 2 (tontura) dizziness; giddiness 3 figurado (agitação) frenzy
vesgo adj. pejorativo squinting, squint-eyed; cross-eyed ■ s.m. pejorativo squint-eyed person, squinter
vesícula s.f. (bolha) vesicle ♦ vesícula biliar gall bladder
vespa s.f. ZOOLOGIA wasp
vespão s.m. ZOOLOGIA hornet
véspera s.f. 1 (festividades) eve; véspera de Ano Novo New Year's Eve; véspera de Natal Christmas Eve 2 (ocasião) day before, previous day ♦ preparar tudo de véspera to prepare everything in advance
vespertino adj. evening ■ s.m. evening paper
veste s.f. dress; clothing
vestiário s.m. 1 (local de diversão) cloakroom Grã-Bretanha; checkroom EUA 2 ESPORTE changing room, dressing room 3 (provador) fitting room
vestibular adj.2g. vestibular ■ s.m. university entrance examination
vestíbulo s.m. vestibule; entrance hall; lobby

vestido s.m. dress ■ adj. dressed; vestido de preto dressed in black ♦ vestido de noiva wedding dress bem vestido well-dressed
vestígio s.m. vestige
vestimenta s.f. garment; clothing
vestir v. 1 (peça de roupa) to put on; vestir o casaco to put on one's coat 2 (outra pessoa) to dress; você já vestiu o bebê? have you dressed the baby yet? 3 (trazer vestido) to wear vestir-se v.pr. 1 to get dressed 2 (estilo de roupa) to dress; ele veste-se muito bem he dresses really well; vestir-se de branco to dress in white
vestuário s.m. clothes; clothing; dress
vetar v. POLÍTICA to veto; to block
veterano adj., s.m. veteran
veterinária s.f. veterinary medicine
veterinário s.m. veterinary surgeon, vet; veterinarian EUA ■ adj. veterinary
veto s.m. veto; ter o poder de veto to have the power of veto
vetor s.m. MATEMÁTICA vector
véu s.m. 1 veil; véu de noiva bride's veil 2 figurado (disfarce) veil; disguise
vexação s.f. 1 (humilhação) humiliation; (vergonha) shame 2 (opressão) oppression; repression
vexame s.m. (humilhação) shame; humiliation; que vexame! how shameful!
vexar v. to vex
vez s.f. 1 (ocasião) time; a maior parte das vezes most of the time; às vezes sometimes; da próxima vez next time 2 (oportunidade) turn; chegou a tua vez your turn has come ■ vezes s.f.pl. MATEMÁTICA times; multiplied by; 5 vezes 5 é igual a 25 5 times 5 makes 25 ♦ cada vez melhor better and better de vez once and for all de vez em quando now and then; occasionally duas vezes twice em vez de instead of era uma vez once upon a time mil vezes again and again muitas vezes often um de cada vez one at a time uma vez once de vez em quando once in a while
via s.f. 1 (caminho) way 2 (documento) copy of document; pedir uma segunda via to ask for a copy 3 ANATOMIA passage; canal; track 4 (procedimento) method; procedure ■ prep. (trajeto) via; by way of; ir para Roma via Madri to go to Rome via Madrid ♦ via de acesso way in (ferrovias) via larga broad gauge em vias de in the process of estar em vias de fazer alguma coisa to be about to do something por via aérea by airmail
viabilidade s.f. viability
viabilizar v. to make viable; to make possible; viabilizar um projeto to render a project viable
viação s.f. (trânsito) traffic
viaduto s.m. viaduct
viagem s.f. 1 (geral) trip; journey; ir de viagem to go on a journey, to go on a trip 2 (mais longa) travel; journey 3 (por mar) voyage 4 (percurso) tour; fazer uma viagem pela Itália to make a tour round Italy ♦ viagem de ida e volta return trip viagem espacial space travel viagem no tempo time travel boa viagem! have a nice trip!

viajante *adj.2g.* travelling ■ *s.2g.* 1 traveller 2 (*meio de transporte*) passenger
viajar *v.* to travel (para, *to;* por, *by*)
viático *s.m.* 1 viaticum; provision 2 RELIGIÃO viaticum
viatura *s.f.* vehicle
viável *adj.2g.* 1 (*transitável*) viable 2 (*possível*) sustainable; possible
víbora *s.f.* ZOOLOGIA viper; adder
vibração *s.f.* vibration vibrações *s.f.pl.* coloquial vibes; más vibrações bad vibes
vibrador *s.m.* vibrator
vibrante *adj.2g.* 1 (*som*) vibrant 2 figurado (*emoções*) thrilling; vibrant
vibrar *v.* 1 to vibrate 2 figurado (*emoções*) to be overcome with emotion
vibratório *adj.* vibrating; (*celular*) alerta vibratório vibrating alert
vice-campeão *s.m.* ESPORTE runner-up; sagrar-se vice-campeão to finish runner-up, to finish second
vice-presidente *s.2g.* vice president
vice-reitor *s.m.* deputy vice-chancellor
vice-versa *adv.* vice versa
viciado *adj.* 1 (*pessoa*) addicted (em, *to*) 2 (*ar, ambiente*) stuffy ♦ dados viciados loaded dice
viciante *adj.2g.* addictive
viciar *v.* 1 (*substâncias, atos*) to make addicted 2 (*corromper*) to corrupt; to debase; to pervert viciar-se *v.pr.* to become addicted (em, *to*)
vício *s.m.* 1 (*drogas, álcool, jogo*) addiction (em, *to*) 2 (*mau hábito*) bad habit
vicioso *adj.* vicious; ciclo vicioso vicious circle
viço *s.m.* (*vegetação*) exuberance ♦ sem viço withered
viçoso *adj.* (*vegetação*) exuberant
vida *s.f.* 1 (*geral*) life 2 (*período de tempo*) lifetime 3 (*vivacidade*) liveliness; vitality ♦ vida sentimental love life a vida depois da morte life after death com vida alive meter-se na vida dos outros to poke your nose into other people's business na vida real in the real world para toda a vida for life sem vida lifeless
vide *s.f.* BOTÂNICA (*ramo*) vine branch; (*planta*) grape vine
videira *s.f.* BOTÂNICA vine, grapevine
vidente *s.2g.* 1 (*profeta*) seer; prophet 2 (*espírita*) clairvoyant; psychic
vídeo *s.m.* (*aparelho, filme*) video; gravar em vídeo to video
videoamador *s.m.* person who makes amateur videos
videocâmara *s.f.* (*grande*) video camera; (*pequena*) camcorder
videocassete *s.f.* video cassette, video tape
videochamada *s.f.* video call; celular com videochamada mobile phone with a video call feature
videoclipe *s.m.* music video
videoconferência *s.f.* videoconference
videogravador *s.m.* video recorder, video cassette recorder
videoteca *s.f.* (*local*) video library; (*coleção*) video collection
videovigilância *s.f.* video surveillance
vidoeiro *s.m.* BOTÂNICA white birch

vinagre

vidraça *s.f.* window pane
vidraçaria *s.f.* 1 glass windows 2 (*estabelecimento*) glazier's
vidraceiro *s.m.* glazier
vidrado *adj.* 1 (*olhos*) glassy 2 coloquial (*apaixonado*) crazy (em, *about*) 3 crazy (em, *about*); madly in love (em, *with*)
vidraria *s.f.* 1 (*fábrica*) glass factory; glazier's 2 (*atividade*) glasswork
vidrilho *s.m.* glass bead
vidro *s.m.* 1 (*material*) glass; objetos de vidro glassware 2 (*janela*) pane 3 (*veículos*) window; vidros elétricos power windows ♦ vidro duplo double glazing vidro fosco frosted glass olho de vidro glass eye
viela *s.f.* alley; alleyway
viés *s.m.* obliquity ♦ cortado em viés cut on the bias olhar de viés to look from the corner of one's eye
Vietnã *s.m.* Vietnam
vietnamita *adj., s.2g.* Vietnamese ■ *s.m.* (*língua*) Vietnamese
viga *s.f.* 1 (*de madeira*) beam; joist 2 (*de ferro etc.*) girder ♦ viga mestra bearer
vigarice *s.f.* 1 (*pessoas*) swindle 2 (documentos, esquemas) fraud
vigário *s.m.* RELIGIÃO vicar ♦ cair no conto do vigário to be had ensinar o pai-nosso ao vigário to teach one's grandmother how to suck eggs
vigarista *s.2g.* swindler; crook
vigarizar *v.* to swindle
vigência *s.f.* validity ♦ entrar em vigência to come into force estar em vigência to be in force
vigente *adj.2g.* in force; in effect; in operation
vigésimo *num.* twentieth
vigia *s.f.* 1 (*vigilância*) watch; look-out; estar de vigia to be on the watch 2 (*janela*) peephole 3 (*navio, avião*) porthole ■ *s.2g.* (*profissão*) sentinel
vigiar *v.* 1 to watch 2 (*estar atento*) to look out for; to keep an eye on 3 (*tomar conta*) to look after
vigilância *s.f.* 1 (*ação*) surveillance 2 (*cuidado*) care; watchfulness ♦ estar sob vigilância to be under watch vigilância eletrônica eletronic tag
vigilante *adj.2g.* 1 (*precaução*) vigilant; watchful 2 (*atenção*) cautious; attentive ■ *s.2g.* 1 guard 2 (*exames*) invigilator Grã-Bretanha; proctor EUA
vigília *s.f.* 1 (*doente, trabalho*) vigil 2 (*insônia*) insomnia; sleeplessness
vigor *s.m.* 1 (*força*) vigour; energy 2 (*lei, regulamento*) force; effectiveness; em vigor in force; entrar em vigor to come into force, to come into effect
vigorar *v.* to be in force
vigoroso *adj.* (*físico*) vigorous; strong; robust
viking *adj., s.2g.* Viking
vil *adj.2g.* vile; base; despicable
vila *s.f.* 1 (*povoação*) small town; village 2 (*casa*) country house, villa
vilão *s.m.* (*personagem*) villain
vileza *s.f.* 1 (*qualidade*) vileness; baseness 2 (*comportamento*) vile act; despicable deed
vime *s.m.* osier; wicker; cesto de vime wicker basket
vimeiro *s.m.* BOTÂNICA osier
vinagre *s.m.* vinegar

vinagrete

vinagrete *s.m.* CULINÁRIA vinaigrette
vincar *v.* 1 (*papel, tecido*) to crease 2 figurado (*argumento*) to emphasize; to stress; to enhance
vinco *s.m.* (*papel, tecido*) crease; o vinco das calças the crease in someone's trousers
vincular *v.* to tie (a, *to*); to bind (a, *to*)
vínculo *s.m.* 1 (*ligação, obrigação*) tie; link 2 (*herança*) entail 3 (*contrato*) bond
vinda *s.f.* coming; arrival ♦ à vinda on one's way back
vindima *s.f.* grape harvest; grape gathering
vindouro *s.m.* future; forthcoming; as gerações vindouras the future generations
vingador *s.m.* avenger
vingança *s.f.* vengeance; revenge; retaliation; agir por vingança to act in vengeance
vingar *v.* 1 to revenge 2 (*plano, negócio etc.*) to thrive; to do well vingar-se *v.pr.* to take revenge (de, *on*); to get even (de, *with*); vingar-se de alguém to take revenge on somebody
vingativo *adj.* revengeful; vindictive
vinha *s.f.* BOTÂNICA vineyard
vinheta *s.f.* 1 vignette 2 (*desenho animado*) cartoon
vinho *s.m.* wine
vinícola *adj.2g.* winemaking; wine-growing; região vinícola wine-growing area
vinicultor *s.m.* viniculturist; wine grower
vinicultura *s.f.* viniculture
vinil *s.m.* vinyl; disco em vinil vinyl record
vinte *num.* twenty; o dia vinte the twentieth ♦ dar no vinte to hit the mark
viola *s.f.* MÚSICA guitar; tocar viola to play the guitar
violação *s.f.* 1 (*pessoa*) rape 2 (*lei, regra*) violation; infringement
violador *s.m.* rapist
violão *s.m.* MÚSICA French guitar
violar *v.* 1 (*pessoa*) to rape 2 (*lei, regras*) to break; to infringe; to violate 3 (*privacidade*) to violate; to desecrate 4 (*local*) to trespass 4 (*forçar a ato sexual*) to rape
violência *s.f.* 1 (*atitude*) violence; force 2 intensity
violentar *v.* (*pessoa*) to rape
violento *adj.* 1 violent; ação violenta violent action; morte violenta violent death 2 (*emoções*) intense; impetuous; vehement
violeta *adj.2g.2n., s.m.* (*cor*) violet ■ *s.f.* BOTÂNICA violet
violinista *s.2g.* violinist
violino *s.m.* MÚSICA violin; fiddle col.
violoncelista *s.2g.* cellist
violoncelo *s.m.* MÚSICA cello
violonista *s.2g.* guitarist
viperino *adj.* 1 (*víbora*) viper-like 2 figurado (*venenoso*) viperish; venomous; língua viperina venomous tongue
vir *v.* 1 (*geral*) to come; ele vem aí there he comes; você vem conosco? do you want to come with us?; vir para dentro to come in 2 (*origem*) to come (de, *from*); de onde você vem? where do you come from? ♦ vir à baila to come up vir à cabeça to spring to mind isso não vem ao caso that is irrelevant mandar vir com alguém to give a lecture to someone o que vem a ser isto? what's all this about? vem no jornal de hoje it is on today's paper
vira *s.m.* Portuguese folk dance and music
vira-casaca *s.2g.* turncoat
virada *s.f.* 1 mudança 2 mudança rápida
vira-lata *s.m.* stray dog; mutt, mongrel
virar *v.* 1 (*direção*) to turn; virar à direita turn right 2 to turn; to turn over; virar um suéter do avesso to turn a sweater inside out 3 (*capotar*) to capsize 4 (*tornar-se*) to become virar-se *v.pr.* 1 (*voltar-se*) to turn; virar-se para o lado to turn aside 2 coloquial to manage 3 popular (*atacar*) to attack (a, –) ♦ virar a casaca to turn one's coat virar a página to turn over a new leaf virar as costas a to turn one's back on não saber para onde se virar not to know which way to turn
virgem *adj.2g.* 1 (*pessoa*) virgin; ser virgem to be a virgin 2 (*cassete, CD*) blank; unused 3 (*azeite*) virgin; pure 4 (*mata, floresta*) native, original
Virgem *s.f.* 1 ASTRONOMIA Virgo, the Virgin 2 RELIGIÃO Virgin; a Virgem Maria the Virgin Mary
virgindade *s.f.* virginity
virginiano *adj., s.m.* Virgo, Virgoan
vírgula *s.f.* comma
viril *adj.2g.* manly; virile; masculine
virilha *s.f.* ANATOMIA groin
virilidade *s.f.* virility
virologia *s.f.* BIOLOGIA, MEDICINA virology
virologista *s.2g.* virologist
virose *s.f.* MEDICINA virus infection
virtual *adj.2g.* virtual ♦ realidade virtual virtual reality
virtualidade *s.f.* 1 virtuality 2 (*potencialidade*) potentiality
virtude *s.f.* 1 (*qualidade*) virtue 2 (*retidão*) virtue; rectitude; uprightness ♦ em virtude de on account of por virtude de by virtue of
virtuoso *adj.* virtuous
vírus *s.m.2n.* 1 MEDICINA virus; novos vírus new viruses 2 INFORMÁTICA computer virus
visagem *s.f.* 1 (*careta*) grimace 2 apparition; ghost
visão *s.f.* 1 (*sentido*) vision; sight; problemas de visão sight problems 2 (*alucinação*) vision; hallucination; ter visões to see things 3 (*ponto de vista*) view; opinion ♦ visão geral overview
visar *v.* 1 (*objetivo*) to aim at 2 (*passaporte*) to visa 3 (*autorização*) to visa; to ratify
víscera *s.f.* ANATOMIA viscera
visceral *adj.2g.* visceral
visco *s.m.* (*pássaros*) birdlime
viscose *s.f.* QUÍMICA viscose
viscosidade *s.f.* viscosity; viscidity
viscoso *adj.* viscous; adhesive; sticky
viseira *s.f.* 1 (*capacete*) visor 2 (*boné*) peak
visgueiro *s.m.* BOTÂNICA nitta tree
visibilidade *s.f.* visibility; fraca visibilidade low visibility
visionário *adj., s.m.* visionary
visita *s.f.* 1 (*ato*) visit; fazer uma visita a alguém to pay a visit to someone 2 (*pessoa*) visitor, caller; tenho visitas em casa I have visitors at home 3 (*turismo*) tour; visita guiada guided tour ♦ visita de estudo field trip visita de médico short visit visita

relâmpago flying visit; lightning visit (*médico*) visitas em domicílio house calls (*hospital*) horário de visitas visiting hours
Visitação *s.f.* RELIGIÃO Visitation
visitante *adj.2g.* visiting; ESPORTE equipe visitante visiting team ■ *s.2g.* visitor; caller
visitar *v.* 1 (*pessoas*) to visit; to pay a visit to 2 (*local*) to visit; to see
visível *adj.2g.* 1 visible 2 (*evidente*) apparent; clear; esforços visíveis apparent efforts; progressos visíveis clear progress
visivelmente *adv.* visibly; clearly
vislumbrar *v.* to catch a glimpse of; to catch sight of; to make out
vislumbre *s.m.* 1 (*luz*) glimmer; flicker 2 (*imagem*) glimpse; flash 3 figurado (*vestígio*) glimmer; um vislumbre de esperança a glimmer of hope
visor *s.m.* 1 (*arma*) sight 2 FOTOGRAFIA viewfinder
víspora *s.f.* lotto
vista *s.f.* 1 (*olhos*) sight; eyesight; dar cabo da vista to ruin one's eyesight 2 (*paisagem*) view; vista aérea air view ♦ à primeira vista at first sight conhecer de vista to know by sight dar nas vistas to strike the eye dar uma vista de olhos a to take a look at longe da vista, longe do coração out of sight, out of mind ter algo em vista to have something in view
visto *s.m.* 1 (*passaporte*) visa; permit 2 (*autorização*) approval 3 (*sinal*) tick; pôr um visto no teste to tick a test ■ *adj.* 1 (*exame*) examined 2 coloquial (*conhecido*) very common; old; isto já está muito visto this is not very original ♦ visto que as; since; seeing that bem visto! good point! está visto que... it is clear that... pelos vistos apparently
vistoria *s.f.* inspection; survey; fazer uma vistoria a to inspect
vistoriar *v.* to inspect; to survey; to examine
vistoso *adj.* showy; flashy
visual *adj.2g.* visual; artes visuais visual arts; meios visuais visual aids ■ *s.m.* look
visualização *s.f.* visualization
visualizar *v.* 1 to visualize 2 INFORMÁTICA to display
vital *adj.2g.* 1 (*vida*) vital; sinais vitais vital signs 2 figurado (*essencial*) vital; essential; crucial; uma questão de importância vital a crucial matter
vitalício *adj.* for life; lifelong ♦ pensão vitalícia life annuity
vitalidade *s.f.* vitality
vitamina *s.f.* BIOLOGIA vitamin ♦ vitamina C vitamin C
vitaminado *adj.* vitamin-enriched; with added vitamins
vitamínico *adj.* vitaminic; carências vitamínicas vitamin deficiencies; teor vitamínico vitamin content
vitela *s.f.* 1 ZOOLOGIA calf 2 CULINÁRIA (*carne*) veal
vitelo *s.m.* ZOOLOGIA calf
vitícola *adj.2g.* vine-growing; wine-producing
viticultor *s.m.* wine grower; wine producer
viticultura *s.f.* wine growing
vítima *s.f.* victim; casualty ♦ fazer-se de vítima to play the victim ser vítima de to fall victim to
vitimar *v.* (*morte*) to victimize; to cause casualty; o acidente vitimou dez pessoas the accident caused ten casualties

vocábulo

vitória *s.f.* victory; triumph; success; alcançar a vitória to win; o caminho para a vitória the road to victory
vitória-régia *s.f.* BOTÂNICA water lily
vitorioso *adj.* victorious; triumphant
vitral *s.m.* (*janela*) stained-glass window vitrais *s.m.pl.* (*arte*) stained glass
vitrine *s.f.* 1 (*em loja*) shop window 2 (*armário*) showcase
vitrola *s.f.* gramophone
viuvez *s.f.* widowhood
viúvo *s.m.* widower (*m.*), widow (*f.*)
viva *s.m.* cheer; dar vivas a alguém to cheer someone ■ *interj.* 1 (*bravo*) hurrah!, hurray! 2 (*olá*) hi!, hello! 3 (*após espirro*) God bless you!; gesundheit!
vivacidade *s.f.* 1 (*situação*) vivacity; liveliness; animation 2 (*personalidade*) spirit; wit
vivaço *adj.* lively; vivacious; vivid
vivalma *s.f.* living soul ♦ não ver vivalma not to see a living soul
viveiro *s.m.* 1 (*peixes*) fish farm 2 (*plantas*) nursery 3 figurado breeding ground
vivência *s.f.* living experience
vivencial *adj.2g.* experiential; existential
vivenciar *v.* to experience; to go through; to undergo; to live through; to suffer; vivenciar uma perda to suffer a loss
vivenda *s.f.* villa; cottage
viver *v.* 1 (*ter vida*) to live; to be alive; enquanto eu viver for as long as I live; viver até à idade de to live to the age of 2 (*morar*) to live (em, *in;* com, *with*); onde você vive? where do you live?; viver com os pais to live with one's parents; viver em Paris to live in Paris 3 (*experiência*) to live, to live through; to experience 4 (*subsistir*) to live (de, *on*); viver da caridade alheia to live on other people's charity; viver de expedientes to live by one's wits ♦ viver de to live on
víveres *s.m.pl.* provisions; victuals
vivido *adj.* experienced; with much life experience; ele é uma pessoa vivida he knows the ways of the world
vivíparo *adj.* BIOLOGIA viviparous
vivo *adj.* 1 (*que tem vida*) alive; ele está vivo he is alive 2 (*que está vivo*) living; os seres vivos the living beings 3 (*cor*) bright 4 (*inteligência*) quick; bright; sharp ♦ carne viva raw flesh apresentação ao vivo live concert de viva voz by word of mouth transmissão ao vivo live transmission
vizindário *s.m.* local residents
vizinhança *s.f.* 1 (*pessoas*) neighbourhood; uma vizinhança simpática a friendly neighbourhood 2 (*locais*) vicinity; neighbourhood; nearness
vizinho *s.m.* neighbour ■ *adj.* neighbouring; near; adjacent
voador *adj.* flying ■ *s.m.* (*para crianças*) walker, baby walker
voar *v.* 1 (*ave, avião*) to fly; voar sobre uma cidade to fly over a town 2 figurado (*pressa*) to run ♦ o tempo voa time flies
vocabulário *s.m.* vocabulary; words
vocábulo *s.m.* LINGUÍSTICA vocable; word

vocação

vocação s.f. 1 (*ocupação*) vocation; inclination; talent; ter vocação para a medicina to have a vocation for medicine 2 RELIGIÃO calling; vocation

vocacional adj.2g. vocational; teste vocacional vocational test

vocal adj.2g. vocal; cordas vocais vocal cords

vocálico adj. vocalic; sons vocálicos vocalic sounds

vocalista s.2g. vocalist; lead singer

vocativo adj., s.m. LINGUÍSTICA vocative

você pron. pess. 1 you; como você se chama? what is your name?; isso agora é com você that is up to you now 2 (*vocês*, *vós*) you; o que se passa com vocês? what's the matter with you?; vocês são todos doidos you are all crazy 3 (*tu*, *você*) you; que é que você tem? what is the matter with you?; para você/vocês, vós for you

vociferar v. to vociferate; to shout

voçoroca s.f. gully

vodka s.f. vodka

vodu s.m. voodoo

voga s.f. vogue; fashion ◆ estar em voga to be in vogue estar muito em voga to be all the rage; to be all the fashion

vogal s.f. LINGUÍSTICA vowel ■ s.2g. (*assembleia*) voter; member of a board

volante s.m. 1 (*carro*) steering wheel 2 ESPORTE (*badminton*) shuttle, shuttlecock

volátil adj.2g. 1 QUÍMICA volatile 2 (*situação*, *pessoa*) volatile; fickle; unstable

volatilizar v. QUÍMICA to volatilize

vôlei s.m. ESPORTE volleyball

voleibol s.m. ESPORTE volleyball

voleibolista s.2g. volleyball player

volfrâmio s.m. QUÍMICA (*elemento químico*) tungsten

volt s.m. ELETRICIDADE volt

volta s.f. 1 (*movimento circular*) turn; rotation 2 (*passeio*) stroll; ir dar uma volta to go for a stroll 3 (*regresso*) return; passagem de ida e volta return ticket Grã-Bretanha, round trip ticket EUA 4 (*modificação*) turn 5 ESPORTE lap; volta de aquecimento warm-up lap 6 (*etapas*) round ◆ volta e meia once in a while de volta back (*local*) em volta de around (*temporal*) por volta de about coloquial vai dar uma volta! get lost!

voltagem s.f. ELETRICIDADE voltage

voltar v. 1 to turn 2 (*regressar*) to come back (de, from); to return (de, from); quando você volta? when are you coming back?; voltar de uma viagem to return from a journey 3 (*direção*) to turn (a, to); voltar à direita to turn right; voltar para trás to turn back 4 (*fazer de novo*) to do again (a, –); voltar a tentar to try again voltar-se v.pr. to turn round ◆ voltar a si to come back to one's senses volto já back soon

volume s.m. 1 (*som*) volume; baixa o volume! turn the volume down 2 (*líquidos*) volume 3 (*cabelo*) volume 4 (*livro*) volume; tome; uma obra em dois volumes a piece of work in two volumes 5 (*embalagem*) parcel; package

volumoso adj. 1 voluminous 2 (*objeto*) bulky

voluntariado s.m. 1 (*atividade*) voluntary service; organização de voluntariado voluntary organization; trabalho de voluntariado voluntary work 2 (*as pessoas*) the volunteers

voluntariamente adv. voluntarily; by choice

voluntário s.m. volunteer; exército de voluntários volunteer army; há voluntários? is there any volunteer? ■ adj. 1 (*atividade*) voluntary 2 (*vontade*) willing; spontaneous

voluntarioso adj. (*determinação*) headstrong; self-willed; obstinate

voluntarismo s.m. FILOSOFIA voluntarism

volúpia s.f. 1 (*desejo*) lust 2 (*sensualidade*) voluptuousness; sensuality

voluptuoso adj. voluptuous

volúvel adj.2g. inconstant; fickle

volver v. 1 (*virar*) to turn; volver os olhos to roll one's eyes 2 (*revolver*) to revolve 3 (*replicar*) to reply; to answer; to retort 4 (*regressar*) to return; to go back; volver-se v.pr. 1 (*revolver-se*) to roll about in 2 (*tempo*) to elapse; to pass by ■ s.m. 1 (*decurso*) lapse; evolution; com o volver do tempo as time passes 2 (*movimento*) turning; rolling; volver de olhos glance, look

vomitado s.m. vomit

vomitar v. 1 to throw up 2 figurado, pejorativo to spew

vômito s.m. vomit; estar com vômitos to be vomiting ◆ isso dá vômitos that makes me sick

vontade s.f. 1 will; de minha livre vontade at my own free will 2 (*desejo*) wish; fazer a vontade a alguém to comply with a person's wishes; ter vontade de fazer alguma coisa to feel like doing something 3 (*empenho*) determination ◆ de boa vontade willingly de livre vontade by choice de má vontade unwillingly esteja à vontade make yourself at home

voo s.m. 1 flight 2 (*ação*) flying ◆ levantar voo to take off

voracidade s.f. 1 (*comida*) voracity, voraciousness; gluttony 2 figurado greed, greediness

voraz adj.2g. voracious; ravenous; avid; insatiable

vos pron. pess. you; depois digo-vos I'll tell you later; não vos vou mentir I won't lie to you

vós pron. pess. you; quem sois vós? who are you?

vosso pron. poss. 1 your; na vossa casa at your place; não entendo a vossa ideia I don't understand your idea 2 yours; isto é vosso? is this yours?; um amigo vosso a friend of yours

votação s.f. 1 (*ato*) voting; decidir por votação to decide by vote; levar a votação to put to vote 2 (*eleição política*) polls

votar v. 1 (*dar o voto*) to vote (a favor, for; contra, against; em, in) 2 (*decisões*) to vote, to put to vote 3 (*ato*) to cast a vote, to vote; você já votou? have you voted yet?

voto s.m. 1 (*geral*) vote 2 RELIGIÃO vow votos s.m.pl. (*desejo*) wishes; votos de felicidade best wishes ◆ voto de confiança vote of confidence voto secreto secret ballot

vovó s.f. coloquial granny, grandma

vovô s.m. coloquial grandpa

voyeur s.2g. voyeur

voz s.f. (*geral*) voice; voz aguda high-pitched voice ◆ LINGUÍSTICA voz ativa active voice LINGUÍSTICA voz

passiva passive voice em voz baixa in a low voice; softly ler em voz alta to read aloud
vozeirão *s.m.* thundering voice
vudu *s.m.* voodoo
vulcânico *adj.* volcanic; erupção vulcânica volcanic eruption
vulcanismo *s.m.* GEOLOGIA volcanism
vulcão *s.m.* volcano
vulgar *adj.2g.* 1 (*comum, popular, trivial*) common; trivial 3 (*grosseiro*) vulgar; coarse; rude
vulgaridade *s.f.* 1 (*banalidade*) triviality; pettiness 2 (*grosseria*) vulgarity; coarseness; rudeness
vulgarismo *s.m.* LINGUÍSTICA vulgarism

vulgarizar *v.* to turn normal, to turn common vulgarizar-se *v.pr.* to popularize; to become fashion
vulgarmente *adv.* usually; commonly; normally
vulgo *s.m.* 1 the people; the common people 2 (*pessoa normal*) the man in the street
vulnerar *v.* 1 (*ferir*) to wound; to injure 2 (*melindrar*) to wound somebody's feelings; to hurt somebody's feelings
vulnerável *adj.2g.* vulnerable
vulto *s.m.* 1 (*rosto*) face; visage; countenance 2 (*figura*) shape; figure ♦ de vulto important
vulva *s.f.* ANATOMIA vulva

W

w *s.m.* (*letra*) w
waffle *s.f.* CULINÁRIA waffle
watt *s.m.* watt
webcam *s.f.* webcam
whisky *s.m.* whisky, whiskey
windsurfe *s.m.* windsurf
windsurfista *s.2g.* windsurfer
wireless *adj.2g.2n.* wireless ■ *s.m.2n.* wireless connection
workshop *s.f.* workshop; study group
WWW *sigla de* World Wide Web; WWW

X

x s.m. (letra) x
xadrez s.m. 1 (jogo) chess 2 (padrão) checked cloth; checked material; casaco xadrez checked coat 3 coloquial jail; can EUA; nick Grã-Bretanha; estar no xadrez to be inside, to be in the nick
xadrezista s.2g. chess player
xaiá s.m. ZOOLOGIA crested screamer
xaile s.m. shawl
xale s.m. shawl
xamã s.m. Shaman
xamanismo s.m. Shamanism
xamanístico adj. Shamanistic
xampu s.m. shampoo; pôr xampu no cabelo to shampoo one's hair
xará s.2g. 1 (homônimo) namesake 2 (companheiro) buddy; friend
xaréu s.m. ZOOLOGIA teleost
xarope s.m. syrup ■ s.2g. figurado, coloquial bore ■ adj.2g. figurado, coloquial boring; dull
xaroposo adj. 1 syrupy; sticky 2 figurado, coloquial dull; boring
xaveco s.m. 1 (barco) xebec 2 (pessoa) nobody; nonentity
xaxim s.m. BOTÂNICA xaxim, tree fern
xelim s.m. shilling
xenofilia s.f. xenophilia
xenófilo s.m. xenophile ■ adj. xenophilous
xenofobia s.f. xenophobia
xenofobismo s.m. xenophobia
xenófobo s.m. xenophobe ■ adj. xenophobic
xenônio s.m. QUÍMICA (elemento químico) xenon
xeque s.m. 1 (xadrez) check 2 (Arábia) sheikh 3 figurado (risco) stake; pôr alguma coisa em xeque to put something at stake
xeque-mate s.m. checkmate
xereta s.2g. coloquial busybody; nosy parker Grã-Bretanha ■ adj.2g. coloquial nosy; meddlesome
xeretar v. (intrometer-se) to poke; to nose around
xerez s.m. sherry
xerife s.m. sheriff

xerocar v. to photocopy
xerocópia s.f. xerox; photocopy
xeroftalmia s.f. MEDICINA xerophthalmia
xerox, xérox s.m./f.2n. 1 (cópia) photocopy 2 (máquina) photocopier
xeta s.f. kiss
xexé adj. coloquial senile
xexéu s.m. ZOOLOGIA yellow-rumped cacique
xícara s.f. cup
xilema s.m. BOTÂNICA xylem
xilindró s.m. popular (prisão) clink; nick Grã-Bretanha; pokey EUA
xilofone s.m. MÚSICA xylophone
xilografia s.f. 1 (técnica) xylography; wood engraving; xilografia a cores chrome wood engraving 2 (impressão) xylograph
xingação s.f. insult; abuse
xingador adj. insulting; offending ■ s.m. insulter
xingamento s.m. insult; abuse
xingar v. to insult; to offend; to abuse
xingo s.m. insult; abuse
xiquexique s.m. BOTÂNICA key tree cactus
xis s.m.2n. 1 name of the letter x 2 MATEMÁTICA x
xispar v. coloquial to run away; to take off; to scarper
xisto s.m. GEOLOGIA schist
xixi s.m. coloquial wee; pee; wee-wee infant.; fazer xixi to wee, to go for a pee; fazer xixi na cama to wet the bed
xixica s.f. popular tip
xô interj. 1 (animais) shoo! 2 coloquial, figurado (pessoas) get out of here!, get a hike!
xodó s.m. 1 passion; love 2 (mexerico) gossip; tittle-tattle ◆ ser o xodó de alguém to be the apple of somebody's eye
xonar v. coloquial to sleep
xoxota s.f. vulgarismo vulva
xucro adj. wild; untamed; unbroken; cavalo xucro wild horse

Y

y *s.m.* (*letra*) y
yoga *s.m.* yoga
yuppie *s.2g.* yuppie

Z

z *s.m.* (*letra*) z
zabumba *s.m.* 1 popular (*bombo*) bass drum 2 BOTÂNICA thorn apple
zaga *s.f.* 1 (*militar*) antiquado rearguard 2 (*futebol*) midfield
zagueiro *s.m.* (*futebol*) back; defender; zagueiro direito/esquerdo right/left back
zairense *adj., s.2g.* Zairean
zambiano *adj., s.m.* Zambian
zambo *s.m.* sambo; half-breed pej.; half-caste pej.
zanga *s.f.* quarrel; fight
zangado *adj.* angry; estar zangado com alguém to be angry with someone
zangão *s.m.* (*inseto*) drone
zangar *v.* to anger; to make angry zangar-se *v.pr.* 1 (*discussão*) to get angry (com, *with*); to get cross (com, *with*) 2 (*relacionamento*) to have a fall-out
zanzar *v.* to wander; to roam; passou a manhã a zanzar pela casa he spent the morning wandering around the house
zanzo *s.m.* BOTÂNICA queensland hemp
zarabatana *s.f.* blowpipe
zaragata *s.f.* 1 (*altercação*) quarrel; fight 2 (*desordem*) disturbance; disorder
zarolho *adj.* squint-eyed; one-eyed ■ *s.m.* squint-eyed person; one-eyed person
zarpar *v.* 1 NÁUTICA to set sail, to sail away 2 (*pessoa*) to sneak away; to make off; zarpei dali para fora I sneaked away from there
zás *interj.* bang!, slash!, crash!
zê *s.m.* zed Grã-Bretanha, zee EUA (name of the letter "z")
zebra *s.f.* 1 ZOOLOGIA zebra 2 (*pedestres*) zebra crossing Grã-Bretanha, crosswalk EUA 3 pejorativo (*pessoa*) silly ass 4 coloquial (*competição esportiva*) unexpected result
zebrado *adj.* striped ■ *s.m.* (*pedestres*) zebra crossing Grã-Bretanha, crosswalk EUA
zelador *s.m.* 1 watchman, watchwoman 2 caretaker Grã-Bretanha, janitor EUA
zelar *v.* to watch (por, *over*); to take care (por, *of*); to look (por, *after*)
zelo *s.m.* 1 (*dedicação*) zeal 2 (*cuidado*) care
zeloso *adj.* zealous
zen *s.m.* Zen
zé-ninguém *s.m.* popular, pejorativo a nobody
zênite *s.m.* ASTRONOMIA zenith
zepelim *s.m.* AERONÁUTICA Zeppelin
zero *num.* zero; nought ■ *s.m.* coloquial (*nada de nada*) zilch ♦ abaixo do zero below zero começar do zero to start from scratch ser um zero à esquerda to be a good-for-nothing voltar à estaca zero to be back at square one
zeta *s.m.* (alfabeto grego) zeta
zeugma *s.m.* LINGUÍSTICA zeugma
zigoto *s.m.* BIOLOGIA zygote
zigue-zague *s.m.* zigzag
ziguezaguear *v.* to zigzag
zimbabuano *adj., s.m.* Zimbabwean
Zimbábue *s.m.* Zimbabwe
zimbro *s.m.* BOTÂNICA juniper tree
zinco *s.m.* QUÍMICA (*elemento químico*) zinc
zinga *s.f.* NÁUTICA scull
zingar *v.* NÁUTICA to scull
zinho *s.m.* guy; fellow
zip *s.m.* 1 INFORMÁTICA zip file 2 (*fecho*) zip fastener, zipper EUA
zipar *v.* INFORMÁTICA to zip
zíper *s.m.* zip Grã-Bretanha, zipper EUA
ziquizira *s.f.* 1 coloquial bad luck 2 coloquial unknown disease
zircônio *s.m.* QUÍMICA (*elemento químico*) zirconium
zoada *s.f.* 1 hum; drone 2 (*zumbido*) buzz, buzzing 3 coloquial (*troça*) mockery; scoff
zoar *v.* 1 (*ruído*) to hum; to whirr, to whir 2 (*inseto*) to buzz 3 coloquial (*gozar*) to mock; to make fun of
zodiacal *adj.2g.* zodiacal
zodíaco *s.m.* zodiac; os signos do zodíaco the signs of the zodiac
zombar *v.* to mock (de, *–*); to scoff (de, *at*); to make fun (de, *of*); zombaram da sua ideia they mocked his idea
zombaria *s.f.* mockery; scoffing; ridicule

zombie *s.m.* zombie
zona *s.f.* 1 area; ele vive nesta zona he lives in this area 2 (*território*) region; nesta zona do país in this region of the country 3 (*espaço demarcado*) zone; zona militar military zone 4 coloquial (*desordem*) mess; shambles; a casa está uma zona! the house is in an absolute shambles! ◆ zona industrial industrial park zona reservada restricted area
zonzear *v.* to become giddy
zonzeira *s.f.* dizziness; giddiness
zonzo *adj.* dizzy, giddy; sentir-se zonzo to feel dizzy
zoo *s.m.* zoo
zoofilia *s.f.* 1 (*amizade aos animais*) zoophily; zoophilism 2 (*patologia*) zoophilia
zoófilo *s.m.* zoophilist ■ *adj.* zoophilic; zoophilous
zoologia *s.f.* zoology
zoológico *adj.* zoological ◆ jardim zoológico zoo, zoological garden
zoologista *s.2g.* zoologist
zoólogo *s.m.* zoologist

zoom *s.m.* 1 (*lente*) zoom lens 2 (*plano*) zoom; fazer um zoom to zoom in
zoonose *s.f.* zoonosis
zooplâncton *s.m.* BIOLOGIA zooplankton
zootecnia *s.f.* zootechnics
zorra *s.f.* 1 (*veículo*) skid; dray 2 (*raposa*) old fox 3 figurado (*pessoa*) slowcoach Grã-Bretanha, slowpoke EUA 4 coloquial (*bagunça*) confusion; mess; disorder
zorrilho *s.m.* ZOOLOGIA zoril, zorille
zorro *s.m.* ZOOLOGIA pampas fox, zorro
zumbi *s.m.* zombie
zumbido *s.m.* 1 (abelhas, vespas) buzz 2 (insetos, máquinas) hum
zumbir *v.* to buzz
zunir *v.* 1 to buzz; to hum 2 (*sibilar*) to whistle; to whizz Grã-Bretanha, to whiz EUA
zurrar *v.* to bray
zurro *s.m.* bray

Apêndices

Anos escolares nos Estados Unidos da América
Anos escolares na Grã-Bretanha
Comparativo de anos escolares
Numerais cardinais
Ponto ou vírgula na indicação de milhares e fracionários
Numerais ordinais
Numerais fracionários
Datas em inglês americano
Datas em inglês britânico
Abreviaturas ligadas a datas
Os dois sons do TH em inglês
O som do R em inglês
Unidades de medida americanas e britânicas
Bibliografia

Anos escolares nos Estados Unidos da América

Idade média do aluno	BRASIL		EUA	
	ANO		GRADE	
3		Educação Infantil		Early Childhood Education
4				
5				
6	1º primeiro ano	Anos Iniciais do Ensino Fundamental	1st first grade	Elementary School
7	2º segundo ano		2nd second grade	
8	3º terceiro ano		3rd third grade	
9	4º quarto ano		4th fourth grade	
10	5º quinto ano		5th fifth grade	
11	6º sexto ano	Anos Finais do Ensino Fundamental	6th sixth grade	Middle School
12	7º sétimo ano		7th seventh grade	
13	8º oitavo ano		8th eighth grade	
14	9º nono ano		9th ninth grade	High School
15	1º primeiro ano	Ensino Médio	10th tenth grade	
16	2º segundo ano		11th eleventh grade	
17-18	3º terceiro ano		12th twelfth grade	

Anos escolares na Grã-Bretanha

Idade média do aluno	BRASIL		GRÃ-BRETANHA	
	ANO		YEAR	
3		Educação Infantil		Nursery School
4				
5				
6	1º	Anos Iniciais do Ensino Fundamental	Y1 Year One	Primary School
7	2º		Y2 Year Two	
8	3º		Y3 Year Three	
9	4º		Y4 Year Four	
10	5º		Y5 Year Five	
11	6º	Anos Finais do Ensino Fundamental	Y6 Year Six	
12	7º		Y7 Year Seven	Secondary School
13	8º		Y8 Year Eight	
14	9º		Y9 Year Nine	
15	1º	Ensino Médio	Y10 Year Ten	
16	2º		Y11 Year Eleven	
17-18	3º			Tertiary School

Comparativo de anos escolares

Idade média do aluno	BRASIL		EUA		GRÃ-BRETANHA	
	ANO		GRADE		YEAR	
3		Educação Infantil		Early Childhood Education		Nursery School
4						
5						
6	1º	Anos Iniciais do Ensino Fundamental	1st	Elementary School	Y1	Primary School
7	2º		2nd		Y2	
8	3º		3rd		Y3	
9	4º		4th		Y4	
10	5º		5th		Y5	
11	6º	Anos Finais do Ensino Fundamental	6th	Middle School	Y6	
12	7º		7th		Y7	Secondary School
13	8º		8th		Y8	
14	9º		9th	High School	Y9	
15	1º	Ensino Médio	10th		Y10	
16	2º		11th		Y11	
17-18	3º		12th			Tertiary School

Numerais cardinais

	NUMERAIS CARDINAIS	CARDINAL NUMBERS
0	zero	zero
1	um, uma	one
2	dois, duas	two
3	três	three
4	quatro	four
5	cinco	five
6	seis	six
7	sete	seven
8	oito	eight
9	nove	nine
10	dez	ten
11	onze	eleven
12	doze	twelve
13	treze	thirteen
14	catorze ou quatorze	fourteen
15	quinze	fifteen
16	dezesseis	sixteen
17	dezessete	seventeen
18	dezoito	eighteen
19	dezenove	nineteen
20	vinte	twenty
21	vinte e um	twenty-one
22	vinte e dois	twenty-two
23	vinte e três	twenty-three
25	vinte e cinco	twenty-five
30	trinta	thirty
34	trinta e quatro	thirty-four
36	trinta e seis	thirty-six
40	quarenta	forty

47	quarenta e sete	forty-seven
49	quarenta e nove	forty-nine
50	cinquenta	fifty
58	cinquenta e oito	fifty-eight
60	sessenta	sixty
70	setenta	seventy
80	oitenta	eighty
90	noventa	ninety
100	cem	hundred
220	duzentos e vinte	two hundred and twenty
340	trezentos e quarenta	three hundred and forty
460	quatrocentos e sessenta	four hundred and sixty
580	quinhentos e oitenta	five hundred and eighty
630	seiscentos e trinta	six hundred and thirty
750	setecentos e cinquenta	seven hundred and fifty
870	oitocentos e setenta	eight hundred and seventy
990	novecentos e noventa	nine hundred and ninety

Ponto ou vírgula na indicação de milhares e fracionários

- Até 999, os números são escritos da mesma maneira em português e em inglês.
- A partir de *mil*, no Brasil usamos um ponto ou um espaço, e o número fica 1.000 ou 1 000. O mesmo número em inglês, ou seja, *one thousand*, é escrito com uma vírgula: 1,000 ou um espaço: 1 000.
- O contrário acontece com números menores do que uma unidade: abaixo de 1, indicamos em português do Brasil com vírgula: os números "1,5" e "1,2" significam "um vírgula cinco" e "um vírgula dois"; em inglês, esses números são indicados "1.5" e "1.2" e lidos "one point five", "one point two".

Numerais ordinais

NUMERAIS ORDINAIS		ORDINAL NUMBERS	
1º	primeiro	1st	first
2º	segundo	2nd	second
3º	terceiro	3rd	third
4º	quarto	4th	fourth
5º	quinto	5th	fifth
6º	sexto	6th	sixth
7º	sétimo	7th	seventh
8º	oitavo	8th	eighth
9º	nono	9th	ninth
10º	décimo	10th	tenth
11º	décimo primeiro	11th	eleventh
12º	décimo segundo	12th	twelfth
13º	décimo terceiro	13th	thirteenth
14º	décimo quarto	14th	fourteenth
15º	décimo quinto	15th	fifteenth
16º	décimo sexto	16th	sixteenth
17º	décimo sétimo	17th	seventeenth
18º	décimo oitavo	18th	eighteenth
19º	décimo nono	19th	nineteenth
20º	vigésimo	20th	twentieth
21º	vigésimo primeiro	21th	twenty-first
22º	vigésimo segundo	22th	twenty-second
23º	vigésimo terceiro	23th	twenty-third
25º	vigésimo quinto	25th	twenty-fifth
30º	trigésimo	30th	thirtieth
34º	trigésimo quarto	34th	thirty-fourth
36º	trigésimo sexto	36th	thirty-sixth
40º	quadragésimo	40th	fortieth
47º	quadragésimo sétimo	47th	forty-seventh

49º	quadragésimo nono	49th	forty-ninth
50º	quinquagésimo	50th	fiftieth
58º	quinquagésimo oitavo	58th	fifty-eighth
60º	sexagésimo	60th	sixtieth
70º	septuagésimo	70th	seventieth
80º	octogésimo	80th	eightieth
90º	nonagésimo	90th	ninetieth
100º	centésimo	100th	hundredth
220º	ducentésimo vigésimo	220th	two hundred twentieth
340º	tricentésimo quadragésimo	340th	three hundred fortieth
460º	quadringentésimo sexagésimo	460th	four hundred sixtieth
580º	quingentésimo octogésimo	580th	five hundred eightieth
630º	sexcentésimo trigésimo	630th	six hundred thirtieth
750º	septingentésimo quinquagésimo	750th	seven hundred fiftieth
870º	octingentésimo septuagésimo	870th	eight hundred seventieth
990º	nongentésimo nonagésimo	990th	nine hundred ninetieth
1.000º	milésimo	1.000th	one thousandth

Numerais fracionários

uma metade, meio	1/2	a/one half
um terço	1/3	a/one third
um quarto	1/4	a/one quarter
um quinto	1/5	a/one fifth
um sexto	1/6	a/one sixth
sétimo	1/7	a/one seventh
oitavo	1/8	an/one eighth
nono	1/9	a/one ninth
décimo	1/10	a/one tenth
centésimo	1/100	a/one hundredth
milésimo	1/1.000	a/one thousandth
milionésimo	1/1.000.000	a/one millionth

Datas em inglês americano

PORTUGUÊS BRASILEIRO		INGLÊS AMERICANO	
19/1/2021	19 jan. 2021	1/19/2021	January nineteenth, twenty twenty-one
28/2/2007	28 fev. 2007	2/28/2007	February twenty-eighth, two thousand seven
10/3/1998	10 mar. 1998	3/10/1998	March tenth, nineteen ninety-eight
4/11/1803	4 nov. 1803	11/4/1803	November fourth, eighteen hundred three
6/7/733	6 jul. 733	7/6/733	July sixth, seven hundred thirty-three
30/6/2015	30 jun. 2015	6/30/2015	June thirtieth, twenty fifteen
8/7/2009	8 jul. 2009	8.7.2009	July eighth, two thousand nine
7/9/2030	7 set. 2030	9/7/2030	September seventh, twenty thirty
31/10/2019	31 out. 2019	10/31/2019	October thirty-first, twenty nineteen
5/11/2003	5 nov. 2003	5.11.2003	November fifth, two thousand three
31/12/2020	31 dez. 2020	31.12.2020	December thirty-first, twenty twenty

Datas em inglês britânico

PORTUGUÊS BRASILEIRO		INGLÊS BRITÂNICO	
19/1/2021	19 jan. 2021	19.1.2021	The nineteenth of January, twenty twenty-one
28/2/2007	28 fev. 2007	28.2.2007	The twenty-eighth of February, two thousand seven
10/3/1998	10 mar. 1998	10.3.1998	The tenth of March, nineteen ninety-eight
4/11/1803	4 nov. 1803	4.11.1803	The fourth of November, eighteen hundred three
6/7/733	6 jul. 733	6.7.733	The sixth of July, seven hundred thirty-three
30/6/2015	30 jun. 2015	30.6.2015	The thirtieth of June, twenty fifteen
8/7/2009	8 jul. 2009	8.7.2009	The eighth of July, two thousand nine
7/9/2030	7 set. 2030	7.9.2030	The seventh of September, twenty thirty
31/10/2019	31 out. 2019	31.10.2019	The thirty-first of October, twenty nineteen
5/11/2003	5 nov. 2003	5.11.2003	The fifth of November, two thousand three
31/12/2020	31 dez. 2020	31.12.2020	The thirty-first of December, twenty twenty

Abreviaturas ligadas a datas

	INGLÊS	PORTUGUÊS
BC	before Christ	a.C., antes de Cristo
BCE	Before the Common Era Before the Christian Era Before the Current Era	antes desta era antes da era cristã (expressam uso sem intenção religiosa)
CE	Christian Era Common Era Current Era	d.C., depois de Cristo
AD	Anno Domini (the year of the Lord)	ano do Nosso Senhor

BC, BCE e CE são escritas após a data: 300 BC ou 300 BCE, 325 CE.

No inglês americano, essas abreviaturas são escritas com letras maiúsculas e sem pontuação.

No inglês britânico, também são escritas em maiúsculas, com ou sem pontuação.

Os dois sons do TH em inglês

Em português são conhecidos e comuns dígrafos como NH e CH, que são duplas de letras que representam um som diferente do que corresponderia a cada letra. Em inglês é muito comum o dígrafo TH, que pode representar dois sons que não temos em português:

- **th sonoro**, nas palavras *the* (o, a, os, as), *mother* (mãe) e *this* (isto). A pronúncia é feita com som na garganta mais a língua entre os dentes da frente.
- **th surdo**, como nas palavras *thanks*, *birthday* e *bath*. A pronúncia é feita só com a língua entre os dentes da frente, sem som na garganta.

O som do R em inglês

O r em inglês corresponde **apenas ao r** do interior de São Paulo e Minas Gerais. Exemplos: *red, rose, married, orange, printer, bedroom*.

O r em inglês NÃO tem o mesmo som do r em *rua, rato, carro, barra*. Esse som em inglês é falado como h: *head, house*.

Unidades de medida americanas e britânicas

O metro, o centímetro, o quilômetro, o grama, o quilograma, o litro etc. são unidades de medida do sistema métrico internacional, usadas no Brasil, nos EUA, na Grã-Bretanha e outros países do mundo todo.

Nos Estados Unidos são usadas também as medidas tradicionais americanas, chamadas em inglês de *United States Customary System* (USCS ou USC).

MEASURE	MEDIDA	ABREVIAÇÃO	EQUIVALÊNCIA
1 inch	1 polegada	in or "	2,54 cm
1 foot	1 pé	ft or '	30,48 cm
1 yard	1 jarda	yd	91,44 cm
1 mile	1 milha	milha	1,609 km
1 acre	1 acre	acre	4.046 m²
1 US cup	1 xícara	cp	236 ml
1 gallon	1 galão	gal	3,785 l
1 pound	1 libra	lb or #	453,59 g
1 troy pound	1 libra troy	lb t	373 g
1 ounce	1 onça	oz	28,34 g
1 troy ounce	1 onça troy	oz t	31,1 g

Na Grã-Bretanha são usadas também as medidas tradicionais inglesas, chamadas *imperial units* ou *British Imperial Standards*.

MEASURE	MEDIDA	ABREVIAÇÃO	EQUIVALÊNCIA
1 inch	1 polegada	in or "	2,54 cm
1 foot	1 pé	ft or '	30,48 cm
1 yard	1 jarda	yd	91,44 cm
1 mile	1 milha	milha	1,609 km
1 acre	1 acre	acre	4.046,873 m²
1 cup	1 xícara	cp	240 ml
1 gallon	1 galão	gal	3,785 l
1 pound	1 libra	lb or #	453 g
1 troy pound	1 libra troy	lb t	373 g
1 ounce	1 onça	oz	28,34 g
1 troy ounce	1 onça troy	oz t	31,1 g

Bibliografia

Obras consultadas na adaptação para o leitor brasileiro:

Academia Brasileira de Letras. *Vocabulário ortográfico da língua portuguesa – Volp*. Versão on-line. Disponível em: <http://www.academia.org.br/nossa-lingua/busca-no-vocabulario>. Acesso em: 13 nov. 2019.

Iltec – Instituto de Linguística Teórica e Computacional. *Vocabulário ortográfico português*. Disponível em: <http://www.portaldalinguaportuguesa.org/>. Acesso em: 13 nov. 2019.

Lexikon Editora Digital. *Aulete digital*. Projeto Caldas Aulete. Disponível em: <http://www.aulete.com.br/>. Acesso em: 13 nov. 2019.

Schumacher, Cristina. *Inglês urgente para brasileiros*. 18. ed. São Paulo: Campus, 1999.

Wikipedia, the Free Encylopedia. Disponível em: <https://en.wikipedia.org/>. Acesso em: 13 nov. 2019.

Wikipédia, a enciclopédia livre. Disponível em: <https://pt.wikipedia.org/>. Acesso em: 13 nov. 2019.